المَنار

AL-MANAR

SET UP AT THE PRESS OF LIBRAIRIE DU LIBAN - BEIRUT
PRINTED IN BEIRUT BY COLOR PRESS

المنار

قاموس إنكليزي - عربي

تأليف

حسن سعيد الكرمي

AL-MANAR

An English–Arabic Dictionary

Hasan S. Karmi

Longman   Librairie du Liban

LONGMAN GROUP LIMITED
London

Associated companies, branches and representatives throughout the world

Librairie du Liban
Immeuble Esseily, Place Riad Solh, Beirut.

First published 1971
Second Revised Edition 1979
ISBN 0 582 76147 6 (78020 9)
Printed in Beirut

CONTENTS

List of Plates

To
Amina
Siham, Ziyad and Ghada

الإهداء
إلى
أمينة
وسهام وزياد وغادة

INTRODUCTION

AL-MANAR English-Arabic Dictionary is an abridgement of a larger dictionary which was originally planned by the author. It is a medium dictionary, with a vocabulary of about forty-thousand words, and is intended for use by students in secondary schools and in colleges, and also by the general reader and the translator.

It is considered that a dictionary of this size, with its judicious and methodical selection of words, is all that is required for such students and readers. A larger dictionary would take us into specialist, scientific, and technical fields, and into the field of very learned or recondite words.

In compiling the present dictionary, I have relied first of all on the frequency lists of words prepared by previous lexicographers. The most recent dictionaries published in Britain and America were also consulted. Therefore, with the exception of a small number of words of special importance, all the words included are those most commonly used. This is a distinctive characteristic of AL-MANAR.

Another is the indication of correct pronunciation, made as simple as possible. There is also a most important aid to the reader and the translator, namely, the provision of the Past Tense, Part Participle and Present Participle forms of those verbs which present difficulty to the speaker and the writer. Similarly, the Plural of irregular nouns is shown.

We should also stress the point that the Dictionary is illustrated. This will obviously make certain words more readily intelligible.

The Arabic meanings of words are given for the English words as they are used in practice. It is of course understood that the Dictionary in its present size cannot give every possible meaning of each word; a selection, therefore, has had to be made, and we have ensured that the meanings furnished are those most commonly used. For economy of space, the Arabic meanings of a word have been spread over its derivatives, so that the meanings for root-word and derivatives are shared by all. For instance, the meanings given for CORRUPT (adjective), CORRUPT (verb), CORRUPTIBLE, and CORRUPTION should apply to all, in the sense that رشا and رشوة , which are not mentioned each time, should apply also to the adjective CORRUPT. Another instance is shown by the Arabic meanings for SANCTIFICATION and SANCTIFY; three meanings are given for the former word and six for the latter, but all the six meanings should apply to both words. Similarly, see COMPLICATE, COMPLICATED, and COMPLICATION, and others.

Frequently, a major difficulty faces a lexicographer in choosing the Arabic words for individual English words. The old Arabic classical words, which may provide the correct equivalents, have often become archaic, obsolete, or unfamiliar to the general reader. The Dictionary avoids these unless there is no adequate alternative, and in such cases these words are explained. An example is shown by the meanings of the word SCARECROW. These are given as follows:

مِجْدار = فزاعة = خيالة تنصب لتفزيع الطير (أو) الوحش = نُطار

Here, the sign = is used to introduce an explanation or an equivalent word. Colloquial or dialect Arabic words and foreign words are shown in square brackets: [ ]. Parentheses ( ) are used to enclose alternative words or words which add clarity to the meaning.

Americanisms and American spellings have been included, but in pronunciation the Dictionary follows very closely the *Concise Oxford Dictionary*.

It is sometimes not easy to read an Arabic word correctly if it is given without the vowel marks. This danger has been obviated by giving almost all the Arabic words with their complete or nearly complete vowel marks.

To add to the usefulness of the Dictionary, a number of appendices have been added, which are shown in the list of contents.

No dictionary can be complete or perfect. The present Dictionary, although very carefully prepared and produced, is no exception. It will continue to be in need of improvement from time to time; each new edition will be thoroughly revised.

I have been encouraged in my work on this Dictionary by the fact that for the last forty years of my life, first as a teacher of English in secondary schools and colleges in Palestine under the British Mandate, and later both as Language Supervisor in the Arabic Service of the B.B.C. and as teacher and broadcaster of English by radio from London, I have been in constant touch with both languages. My residence in Britain for over twenty years has also been of invaluable help.

London 1970 H. S. Karmi

HOW TO USE THE DICTIONARY

A B C D E F G H I J K L M N O P Q R S T U V W X Y Z

The words in the Dictionary are set in alphabetical order: that is, in the order of the letters as they occur in the English Alphabet, which is printed above.

There are, therefore, twenty-six letter-sections, each containing the words beginning with one of these letters. Inside each letter-section, the words are set in the alphabetical order of their (second and later) letters. For example, in the third section, where all words begin with the letter C, the earliest words begin with CA-, the last words begin with CZ-; CAB appears before CAD, because B comes before D in the alphabet; CABARET comes before CABBAGE because when we find that the first three letters in both these words are the same, we look at the fourth letter. It is A in CABARET, and B in CABBAGE.

At the top of each page in the Dictionary, the first word listed on the page in the left-hand column is shown for you on the left side, and the last word in the right-hand column is shown on the right side. Therefore, when you want to find a word in the Dictionary, you will first look for the section headed by the first letter of the word, and then you will look at the tops of the pages to find the column which contains the word.

A little practice will make you accustomed to the English alphabet and to the way of finding a word in the Dictionary.

كيفية إستعمال القاموس لإيجاد الكلمة المطلوبة

A B C D E F G H I J K L M N O P Q R S T U V W X Y Z

الأحرف المصفوفة في السطر فوق هذا الكلام هي أحرف الهجاء الإنكليزية مرتبة بحسب ترتيبها المتعارف عليه . وكل كلمة في القاموس مؤلفة من حروف من أحرف الهجاء هذه ، تزيد أو تنقص بحسب طول الكلمة او قصرها. وتكون الحروف في الكلمة مرتبة بحسب الترتيب الهجائي للأحرف الإنكليزية المبين في السطر فوق هذا الكلام .

وفي الإنكليزية ٢٦ حرفاً هجائياً ، ولذلك فأن القاموس مقسم إلى ٢٦ جزأ ، كل جزء منها خاص بحرف واحد . فجميع الكلمات في ذلك الجزء تبدأ بالحرف المخصص له ، وتكون أحرفها مرتبة بالترتيب الهجائي . فلو نظرنا مثلا إلى الجزء الثالث الخاص بحرف C لوجدنا أن جميع الكلمات تبدأ بهذا الحرف ، وأن أول الكلمات تبدأ بـ -CA وآخر الكلمات تبدأ بـ -CZ . ثم إن CAB في القاموس تقع قبل CAD لأن B في الترتيب تكون قبل D . وكذلك CABARET تأتي قبل CABBAGE فالكلمتان تبدآن كلتاهما بـ CAB ، فهما سواء من هذه الناحية ، ولذلك ننظر إلى الحرف الرابع فهو A في CABARET و B في CABBAGE فكلمة CABARET إذاً تأتي قبل CABBAGE وهكذا .

وفي أعلى كل صحيفة من القاموس على الشمال واليمين كلمتان : الأولى على الشمال هي أول كلمة في عمود الكلمات في الصحيفة على الشمال والثانية هي آخر كلمة في العمود الثاني من الصحيفة على اليمين وإذا أريد إيجاد كلمة في القاموس فأول شيء هو فتح القاموس على الجزء الخاص بالحرف الأول من الكلمة ، ثم ينظر إلى أعلى الصحيفة لمعرفة عمود الكلمات التي منها الكلمة المطلوبة .

والممارسة كفيلة بإتقان هذه العملية مع مرور الوقت .

MERITS OF AL-MANAR DICTIONARY

1. It is an up-to-date dictionary, incorporating words of recent coinage in politics, science, technology, and colloquial usage.
2. It indicates pronunciation by a new method, which enables the user to see the spelling and the pronunciation at once.
3. The Arabic meanings give current modern usage, and are not taken from any previous dictionary.
4. The Arabic meanings are the true equivalents, and not mere translations of explanations in English dictionaries.
5. As is necessary, the Arabic words are given with essential vowel marks.
6. The Arabic words are such that both the beginner and the scholar will find them useful in translation.
7. The Dictionary contains personal, geographical, and historical names whose equivalents do not readily come to mind, such as: Avicenna, Tigris, Duke of York, Zeus.
8. In the treatment of verbs, the Dictionary gives the Past, the Past Participle, and the Present Participle wherever the verb presents any difficulty, such as:
   abet: (abetted, abetting)
   die: (died, dying)
   fly: (flew, flown, flying)
   go: (went, gone, going)
   traffic: (trafficked, trafficking)
9. In the treatment of adjectives, the Dictionary gives the Comparative and the Superlative degrees wherever there is any difficulty, as:
   bad: (worse, worst)
   hot: (hotter, hottest)
   uncanny: (uncannier, uncanniest)
10. In the treatment of nouns, the plural forms are given wherever necessary, as:
    alumnus: pl. alumnī
    louse: pl. lice
    trousseau: pl. trousseaus, trousseaux [-sōz]
    ultimatum: pl. ultimatums, ultimata
11. There are many technical and scientific terms for which new Arabic equivalents have been coined or discovered.
12. Finally, the proof of the pudding is in the eating, as the English proverb says, or التجربة خير برهان as the Arabic saying goes.

KEY TO PRONUNCIATION

Vowels

A	a	fat, mat sat
	â	fâther
	ā, ai, ay	fāte, fairy, say
E	e	beg, bell, tell
	ē, ea, ee,	bē, beat, meet,
	ie, ei	piece, receive
	er, ir, ur	fern, bird, burn
	ẹ	bettẹr, saddẹn
	ĕ	bĕfore, statĕd, acnĕ
	-e final -e is silent, unless shown otherwise	baffle, bone, came, Aristotle

I	i, y = ĕ	bit, synonym, very
	ī, ȳ	bīte, whȳ
	ĩ	amĩr
	ie = ē	piece
	ir = er	bird
O	o	not, pocket
	ō	nōte, ōver
	ô, au, aw, oa	fôr, cause, saw, broad
	õ	mõve, prõve
	oo	book, foot, good
	o͞o	bo͞ot, ro͞ot
	oi = oy	oil, boy
	ou, ow	out, down
U	u	but, uncle, currant
	ū, eu, ew	ūnite, dūe, neuter, few
	ụ	fụll, pụt
	ũ	rũde, sũre
	ur = er	burn
Y	ȳ = ī	bȳ, trȳ

Consonants

C	c = s unless shown otherwise	before e, i, y: cement, receive, piece, city, icy
	c = k	in all other places: carry, cry, back, disc, decompose
CH	ch = tsh	achieve, change, child, church
G	final -g = ġ	beg, dog, rug
	ġ = hard g	ġet, ġird, ġood, ruġby, foġġy
	g = dj	general, charge, emergency
K	kh = soft	loch
NG	final -ng	hang, ring, trying
	medial -nġ-	sinġer, brinġing
	medial -ng-	hinges, stranger
PH	ph = f	elephant, Philip
S	s, ss	sit, breast, dress
	ṡ = z	deṡire, pleaṡe, wiṡe
	ŝ = sh	ŝure, aŝŝurance
T	-tial = shẹl	partial, substantial
	-tion = shẹn unless shown otherwise	nation, oration
	-ture = chẹr unless shown otherwise	agriculture, nature
	-tious = shẹs	ambitious, propitious
TH	the = Arabic ث	thin, broṫh, filthy
	ṭh = Arabic ذ	ṭhen, ṭhere, ṭhis
Z	(zh = French j) (used only as a symbol)	casual, usual

-ia	-yẹ	Algeria, amnesia, Syria
-ial	-yẹl	burial, imperial
-ian	-yẹn unless shown otherwise	amphibian, Arabian
-ion	-yẹn	bunion, onion
-ious	-yẹs	amphibious, glorious, previous
-ium	-yẹm	calcium, medium, tedium
-ous	-ẹs	barbarous, famous
-ssion	-shẹn unless shown otherwise	admission, permission

Notes on Pronunciation

To economise on space, the following general rules have been followed:

1. If the pronunciation of a word is given, and the word is then repeated in another part of speech (verb, adjective, etc.), the pronunciation is given again only if there is a change.
   For instance:
   ache [āk], *n.*
   ache, *v.* (no pronunciation given)
   court [kôrt], *n.*
   court, *v.* (no pronunciation given)
   plough [plow], *n.*
   plough, *v.* (no pronunciation given)
   But:
   refūse', *v.*
   re'fūse, *n.*

2. If the word is hyphenated and the pronunciation of the first word has been given, the pronunciation of the second word only is shown.
   For instance:
   āble, *a.*
   able-bodied [-bodid], *a.*
   afôre, *prp.*
   afore-said [-sed], *a.*

3. If the word is not hyphenated, and is a derivative of a word of which the pronunciation is already given, the full pronunciation is given if there is a possibility of a mispronunciation.
   For instance:
   advise, *v.*
   advisement, [-zm-], *n.*
   blood [blud], *n.*
   bloodshed [blud-], *n.*

4. If no confusion is likely to occur, the pronunciation of a derivative word may be omitted.
   For instance:
   adjourn [ajern], *v.*
   adjournment, *n.* (no pronunciation given)
   brother [bruth-], *n.*
   brotherhood, *n.*
   brother-in-law, *n.* } (no pronunciation given)
   brotherly, *a(d).*
   build [bild], *v.*
   builder, *n.*
   building, *n.* } (no pronunciation given)
   brusque [brusk], *a.*
   brusquely, *ad.* (no pronunciation given)

5. The user of the Dictionary should therefore study the pronunciation of the root-word to ascertain the pronunciation of a derivative, unless further indication is given.

Note on Verbs

Verbs ending in **-e** form their Past Tense and Past Participle by adding **-d**, and the Present Participle by dropping the **-e** and adding **-ing**.
For instance:

abate, *v.* (-ted, -ting)
invade, *v.* (-ded, -ding)
mitigate, *v.* (-ted, -ting)

The Past Tense, the Past Participle, and the Present Participle have been included in the Dictionary only when they are formed in some exceptional way.

ABBREVIATIONS USED IN THIS DICTIONARY

a.	adjective	نعت . صفة
ad.	adverb	ظرف . حال . تمييز
a(d).	adjective/adverb	
con.	conjunction	أداة (أو حرف) عطف
int.	interjection	(حرف) نداء (أو) ندبة
n.	noun	إسم
p.	past	ماض
pl.	plural	جمع
pp.	past participle	اسم مفعول
ppr.	present participle	اسم فاعل
prp.	preposition	حرف جر
prn.	pronoun	ضمير
sn.	singular	مفرد
v.	verb	فعل (في الصرف والنحو)
vn.	verbal noun	مصدر . اسم مصدر . شبه فعل
def. art.	definite article	أداة المعرفة (أل)
indef. art.	indefinite article	(أداة) النكرة
excl.	exclamation	هتاف
pref.	prefix	داخلة حرفية (في أول الكلمة)
suff.	suffix	لاحقة حرفية (في آخر الكلمة)

The sign (') stands for the accent, and is placed after the stressed syllable. It is somewhat similar to the Arabic شَدَّة

A

A, a, أول حروف الأبجدية . أداة التنكير أمام الكلمة المبتدئة بحرف صامت . أداة بمعنى (أل) أحيانًا أو بمعنى (واحدٌ) أحيانًا اخرى .

aback′, *ad.* الى الوراء

taken —, بُهِتَ = أخذته الدَّهْشةُ = أُبهِتَ

ab′acus, *n.* مِعداد

abâft′, *prp., ad.* الى الخلف . وراء . نحو مؤخَّر السفينة

aban′don, *v.* تَرَكَ . تخلَّى (عن) . أهمَلَ . هَجَرَ . استرسل

aban′don, *n.* تَهَتُّكٌ . استرسال = سَدْر . إنهماك

aban′doned [-nd], *a.* متروك . مُهمَلٌ . مهجورٌ . مُتهتِّك . سادِرٌ . مُعتكِف (على)

aban′donmẹnt, *n.* تَرْكٌ . التخلّي (عن) . تَهَتُّكٌ

abāse′, *v.* وَضَعَ (أو) حَطَّ (من المَقام او القَدْر) . أذَلَّ

abāse′mẹnt [-sm-], *n.* هَوان . انحطاط أو حطّ (في القدر او المنزلة) . ذِلَّة . إذلال

abash′, *v.* أخجَلَ . خَجَّلَ . أرْبَكَ حياءً

abashed′ [-shd], *a.* خجلان . مُضطرِبٌ خجلًا (او) حياءً

abāte′, *v.* خَفَّضَ . نَزَّلَ . نقص . قَلَّ . خَفَّ . حَسَمَ . أزال . بتّ

abāte′mẹnt [-tm-], *n.* تخفيض . تنزيل . انخفاض . تَنْقِيص . تخفيف . إزالة

abb′é [abā], *n.* خوري . قسيس . رئيس دير

abb′ey [-i], *n.* دَير . كنيسة دَير . كنيسة

abb′ot, *n.* رئيس ديرٍ . صاحب دَير

abbrēv′iāte, *v.* اختصر . قَصَّرَ . أَوْجَز . اقتضب

abbrēviā′tion, *n.* اختصار . تقصير . إيجازٌ . اقتضاب

ab′dicāte, *v.* تخلَّى (أو) تنازل (عن العرش) . نَبَذ

abdicā′tion, *n.* التخلّي او التنازل (عن العرش)

abdōm′ẹn *or* **ab′domẹn,** *n.* بَطنٌ

abdom′inal, *a.* بَطني

abduct′, *v.* ساقه (او) حمله (او) فَرَّ به عَنوةً

abduc′tion, *n.* اختطاف . خَطْف . استلاب

abeam′, *ad.* على خط عمودي على محور السفينة

abed′, *ad.* في الفراش

abet′, *v.* (-tted, -tting), = أَشَّبَ = أزَّ . أغرى (أو) شجَّع (أو) أعان (على عمل الشر)

abey′ance [-bay-], *n.* تَرْكٌ (أو) تعليق مُوَقَّت

in —, مَوقوفٌ (أو) مُعلَّق موقتًا

abhôr′, *v.* (-rred, -rring) أبغض بغضًا شديدًا . مَقَتَ . اشمأزَّ (من)

abhô′rrẹnce, *n.* بُغض . مَقْت . اشمئزاز

abhô′rrẹnt, *a.* بَغيضٌ = مقيتٌ

abīde′, *v.* (-ded *or* -bode, -ing), مكث . أقام . بقي . انتظر . احتمل (أو) أقام (على)

— by, حافَظَ (على) . التزم (ب)

abīd′ing, *a.* مُقيم . باقٍ . دائمٌ

abil′ity, *n.* اقتدار . مَهارة . حِذْقٌ . قَدارة

to the best of my —, بأحسنِ ما استطيع

ab'ject, *a.* = أخضعُ . باثسٌ . ذَليل . حقير . راضٍ بالذل . مَهين = زَريٌّ . مُخبت . مُتضرِّع

abjūrā'tion, *n.* الكُفْران بالشيء = جَحدُه . نبذُه (بقسم)

abjūre', *v.* تحرَّم (من) . كَفَر (به) = جحد . نبذ . أقسم على نبذه

ablāze', *a(d)*. ملتهب . مُشتعلٌ . مُتقدٌ . مُتوهجٌ . متأجج

ā'ble, *a.* (-ler, -lest) قادرٌ . مُقتدر . قديرٌ

-able, *suff.* كاسعة (او) زائدة حرفية في آخر الكلمة بمعنى قابل (او) صالح

ā'ble-bod'ied [-lbodid-], *a.* قويٌّ . صَحيحُ الجسم . قوي البنية

ablū'tion, *n.* وُضوءٌ . تطهُّر (للعبادة)

ā'bly, *ad.* عن مقدرة . عن مهارة

abnēgā'tion, *n.* نَبذ . تحرُّم . حِرمان

abnôrm'al, *a.* خارجٌ عن العادة . على غيرِ العادة . شاذٌّ . غير معهود

aboard', *prp.*, *ad.* على ظهر سفينةٍ (او) في قطارٍ (او) في سيارة للركاب

abōde', *n.* مَقام . مَسكَن . مَنزِل

abōde', *v.*, *p.*, *pp.* *of* abide

abol'ish, *v.* ألغى (أو) أبطل . نَسَخ

aboli'tion, *n.* إلغاء . إبطال . نَسخٌ

aboli'tionist [-shẹn-], *n.* نصير إلغاء الرِّق . داعيةٌ الى إلغاء (أو) إبطال الرِّق

abom'inable, *a.* شَنيعٌ ، بغيضٌ . كريهٌ . مستخبث

abom'ināte, *v.* مَقَت . استقذر . استخبث . استكره

abominā'tion, *n.* شُنعة . رِجسٌ . خبيثة إستخباثٌ . استكراه

abori'ginal, *n.*, *a.* أهلي . أصلي . ساكنٌ أصليٌّ

abori'ginēs, *n. pl.* أهل (أو) سكان البلد الأصليون

abôr'tion, *n.* إجهاض = تطريح . مَخلوقٌ غيرُ سَوِيّ

abôrt'ive, *a.*, *n.* جَهيض . خاسرٌ = مُخفقٌ . طِرحٌ = سِقطٌ . خَديج

abound', *v.* تَوافَر = كَثُر وجوده = وَفَر

Seas — in fish, البحار يتوافر فيها السمك

The library —s with manuscripts, المكتبة وافرة المخطوطات

about', *prp.*, *ad.* حَول . نَحو . مُوشِكٌ (أو) مُشرِفٌ (على) . حَوالَى . تقريباً . بقريبٍ (من)

about'-fāce', *n.* تحوّلٌ (أو) انقلاب عكسي

above' [abuv], *prp.*, *a.* فَوق . أجَلُّ (أو) أعلى (من)

above', *ad.* فوق . من فوق

above'-board, *a(d)*. من غير مواراة (أو) تكتم (أو) تحيُّل . صَراحةً [على المكشوف]

above'-men'tioned [-shẹnd], *a.* آنفُ (أو) سابقُ الذكر

abracadab'ra, *n.* كلمة سحريّة تستعمل رُقية أو تعويذة . هُراء . هَذَر

abrāde', *v.* كَشَطَ . سَحج=حَتَّ=جلَفَ . جرَدَ

A'braham [ay-], *n.* ابراهيم

abrā'sion [-zhẹn], *n.* سَحج . جَلط . انسحاج . انجراد

abrās'ive, *n.* جرَّاد = جلَّاء

abreast' [-rest], *a(d)*. مُواهِق = مُجارٍ (لِ) . متحاذٍ (مع) . على مسامتة (أو) موازاة واحدة

abridge' [-rij], *v.* أوجز . قَصَّر . اختصر . انتقص (من)

abridge'ment [-rijm-], *n.* إيجاز . تقصير . اختصار

abroad', *a.* مُنتَشِرٌ انتشارًا واسعاً

abroad', *ad.* خارجَ البيت (أو) البلد = بَرًّا

ab'rogāte, *v.* ألغى . فَسَخ . نقَض .

abrupt', *a.* مُباغِتٌ . مُفاجِئٌ . مُتَسَرِّع . على غير انتظار . شديد الانحدار . جافٍ = فَظٌ . مُتَقَطِّع . مبتور

abrupt'ly, *ad.* مباغَتَةً . بتسرع . بجفوة

ab'scess, *n.* خُراجٌ = وَرَمٌ يجتمع فيه القَيْح

abscond', *v.* خَرَج (أو) ذهب خِفيةً . اسْتَخفى (من وجه الحكومة أو الشرطة) = أقْنَب

ab'sence, *n.* غِياب . عدم وجود . غَيْبَة

— of mind, ذُهول . غَفلة . غياب الذهن

ab'sent, *a.* غائب . غير موجود . غَافِلٌ

absent', *v.* تَغَيَّب

absentee', *n.* مُتغيِّب

ab'sently, *ad.* غِياباً . وَذِهنُهُ غائبٌ . وهو غافِلٌ (أو) ذاهِلٌ

ab'sent-mīn'dēd, *a.* غائب الذهن . ذاهل

ab'solūte, *a.* تام . مُكَمَّل . مُطبق . ناصِعٌ . مَحضٌ . خالص . مُطلق

the — truth, الحقيقة الناصعة

— alcohol, كحول خالص (أو) محض

ab'solūtely [-tli], *ad.* تماماً . حتماً . على الاطلاق . بتّةً

absolute monarchy, الملكية المُطلَقة

absolute temperature, (درجة) الحرارة المطلقة

absolute zero, درجة الصفر في الحرارة المطلقة

absolū'tion, *n.* إحلال من الذنب . صفح (مع ترك العقوبة) . تبرئة

absolve', *v.* صَفَح (عن) = سامح (بالذنب) . برّأ

absôrb', *v.* تَشَرَّب (أو) نَشَّف . امتص . اغترق (او) استغرق (الفكر) . استحوذ (على الذهن او الانتباه) . استوْعى . استوعب

absôrbed' [-bd], *a.* مُنغَمِسٌ (أو) مُنهَمِكٌ (أو) مُستَغرِقٌ (في) . مستغرَقُ الذهن

absôrb'ent, *a.*, *n.* نَشَّاف (أو) مادة نشَّافة

absôrb'ing, *a.* يَستَغرِقُ (أو) يَغتَرِقُ (الذهن) لِمُتعَته

absôrp'tion, *n.* تنشيف . تَشَرُّب . استغراق (او) انغماس (الذهن)

abstain', *v.* عَفَّ (أو) امتنع (أو) كَفَّ (عن) . أحجم

abstēm'ious, *a.* مُتقَلِّل (أو) مُتَعَفِّف (في الطعام او الشراب)

ab'stinence, *n.* أَزْم = امتناع (أو) تعفُّف (عن الشراب والملذات)

ab'stinent, *a.* مُمتَنع (عن الشراب . . .)

ab'stract, *a.* اعتباري . نَظَري (أو) معنوي (= في الفكر فقط) . صَعبٌ

— noun, اسم معنى

ab'stract, *n.* خلاصة . مُوجز . مُلَخَّص

in the —, نَظَرياً (لا عملياً) . وِجدانياً

abstract', *v.* استخلص . اختلس (أو) استلَّ خِلسة . جرّد (معنوياً)

abstract'ēd, *a.* غائبُ الذِّهن . ذاهِلٌ . سامِدٌ

abstrac'tion, *n.* اختلاس . تجريد (معنوي) . ذهول

abstract'ēdly, *ad.* وهو غائب الذهن . وهو ذاهِلٌ

abstrūse', *a.* (-ser, -sest) غامض المعنى . صعبُ الفهم . عَويص . مُستغلِق

absurd', *a.* مناف للمعقول . ظاهِرُ الخطإ (أو) البُطلان . سخيف . مُوجِبٌ للضحك

absurd′ity, *n.* حماقة . سخافة (الرأي) (أو) بطلانه . رقاعة

absurd′ly, *ad.* عن قلة عقل (أو) سخف (أو) حماقة

abun′dance, *n.* كثرة . وفرة . فيض

abun′dant, *a.* كثير (الوجود) . وفير . مبذول

abun′dantly, *ad.* بكثرة . بوفور . بوفرة

abūse′, *v.* جرجه = استعمله في غير حقه . أساء استعماله . سب . سفه . قابح في المعاملة

abūse′, *n.* سوء (أو) إساءة الاستعمال . مفسدة . مقابحة . سب

abūs′ive, *a.* سبي . سفيه . مقذع

abut′, *v.* (-tted, -tting) طاور = كان على حد الشيء . حاد

abut′mẹnt, *n.* ناطح = ركيزة (او) دعمة لقاعدة القنطرة (او) القوس = رجل

abyṡ′mal, *a.* لا قرار له . بعيد الغور . غوير . لجي

abyss′, *n.* عمق سحيق . هوة . هاوية . مهواة . هور

Abyssin′ia, *n.* الحبشة

Abyssin′ian, *n.*, *a.* حبشي

acā′cia [-sha], *n.* شجرة القرظ . اقاقيا . شجرة السنط . [هشاب] . سمرة

academ′ic, *a.* متعلق بدور العلم . متعلق بالنظريات والأدبيات . نظري . كلامي

academ′ical, *a.* متعلق بكلية (أو) جامعة

acad′ẹmy, *n.* مدرسة (أو) كلية (أو) جامعة. مدرسة عالية خاصة. مجمع علمي (أو) أدبي (أو) فني

accēde′ [aks-], *v.* أجاب (إلى) . وافق . طاوع . ولي (العرش) . تولى . تولج

to — to a treaty, انحاز (أو) انضم (إلى)

accel′ẹrāte [aks-], *v.* أسرع . عجل . أوفز

accelẹrā′tion, *n.* إسراع . زيادة سرعة . تسارع

accel′ẹrātor, *n.* سراعة = مسراع = عجالة = شيء من آلة السيارة للإسراع

ac′cẹnt [aks-], *n.* شدة (في النطق أو الكتابة) . نبرة . لهجة . لكنة

accent′, *v.* شدد الحرف (أو) الكلمة (في النطق) . أكد . وضع الشكل (او) الحركات .

accen′tūāte, *v.* نبر (في الكلام) . شدد . أكد . أجهر . أبرز . قوى

accept′ [aks-], *v.* قبل . صدقه وسلم بصحته . رضي

accept′able, *a.* مقبول . مرض . يحصل به الرضا . مرضي

accept′ance, *n.* قبول . رضا . تصديق

acceptā′tion, *n.* المعنى العرفي. المعنى المتعارف

ac′cess [aks-], *n.* سبيل . وصول . توصل

ac′cess, *n.* زيادة . سورة (المرض او الغضب) . فورة

access′ary [aks-], *n.* ممالئ (أو) معاون (على الجرم). قطعة إضافية (او) تكميلية

access′ible [aks-], *a.* ممكن (او) سهل الوصول اليه . سهل الحصول عليه. غير محجوب

acces′sion [-shẹn], *n.* تولي (أو) ارتقاء (أو) تبوء (العرش) . زيادة . إضافة

acces′sory [aks-], *n.*, *a.* شيء ملحق (أو) تكميلي . إضافي

ac′cidẹnt [aks-], *n.* عارض . حادثة . عرض

by —, عرضا

acciden′tal, *a.* عرضي = على غير انتظار (أو) تدبير

acciden′tally, *ad.* عرضا = على غير انتظار

acclaim′, *v.* أبدى استحساناً . هَتَفَ (تحية أو ترحيباً) = أَهَلَّ (بِ) . حيّا . نادى . نادى به (ملكاً)

acclaim′, *n.* هُتاف (تحية أو ترحيب) = إهلال

acclamā′tion, *n.* مُجاهرة بالاستحسان . تصفيق وهُتاف . إهلالٌ . مُناداة

acc′līmāte, *v.* = acclimatize

acclīm′atīze, *v.* عوّد (أو) تعوّد (على الاقليم)

accomm′odāte, *v.* واءم . لاءم . تلاءم . وَفَّقَ . ساعف . استوعب . اتسع (لِ) . أَسكن

accomm′odāting, *a.* مُياسِر . مُساعِف . نَطيب نفسُه لصنع المعروف . مُسمِح

accommodā′tion, *n.* محل (أو) غُرفة سَكَن . مُساعفة . تسميح . مهايأة

accom′paniment [-kum-], *n.* مُصاحِبٌ . مُصاحبة . مُتالاة موسيقية

accom′panist, *n.* مُتالِ موسيقي = رسيل

accom′pany [-kum-], *v.*, (-nied, -nying) صَحِبَ . صاحَبَ . أصحب

accom′plice, *n.* شريك في الجرم (او) في الشرّ

accom′plish, *v.* أنجز . أتمّ . قضى . كمّل

accom′plished [-sht], *a.* مُنجزٌ . ظريف الشمائل . مُكمّل . حاذق . ماهر . موهوب

accom′plishment, *n.* إنجاز . كمال . نَقانة

accôrd′, *v.* وافق . طابق . أولى (شرفاً او معروفاً)

accôrd′, *n.* وِفاق . وِئام . وَفق

of his own —, طوعاً . مِن تلقاء نفسِه من ذات حِدَته

accôrd′ance, *n.* توافق . تواؤم . مطابقة

in — with, وَفقاً (أو) طِبقاً (لِ) . بحسب . حسبما

accôrd′ing, *ad.* مُوافِق . مطابِق

— to, بِحسب . حسب . وَفقاً (لِ)

accôrd′ingly, *ad.* بحسب ذلك . طِبقاً (أو) وَفقاً لذلك . على ذلك

accôrd′ion, *n.* آلة موسيقية كالأرغن الصغير بمنفاخ

accost′, *v.* ناغى . عَمَد إليه (أو) تَصدّى له وكلّمه . تحرّش (او) تعرّض بالكلام (او) التحيّة . راوَد

account′, *n.* بَيان . حكاية . تعليل . سَبَب . داعٍ . حساب . اعتبار . قيمة

It is of no —, لا يُعتدُّ به (أو) لا يُؤبَه له . لا يُحتسب به

to call to —, فاتش . حاسَب

on — of, بسبب . من أجل

account′, *v.* قدّم حِساباً . حَسب . عَدَّ

to — for, فسّر (أو) عَلّل (تعليلاً مُرضياً)

accoun′table, *a.* مسئول . مُحاسَب . يمكن تعليلُه

accoun′tant, *n.* مُحاسِبٌ

accou′ter / **accou′tre** } **[akōōtẹr]**, *v.* لبِس . ألبس

accou′trements [akōōtẹr-], *n. pl.* لِباس . جِهاز . عُدّة

accred′it, *v.* فوّض . اعتمد . صَدّق

accred′itĕd, *a.* مُعتَمد . مُعتَرَفٌ به رسمياً

accrūe′, *v.* عادَ (على) . تأدّى (إلى) . حصَل . نَتَج . زاد . عاد الريع (الى) . استفاد

accūm′ūlāte, *v.* جَمّع . تحفّل . تراكم . تحوّش

accūmūlā′tion, *n.* تَجمُّع . تراكم . رُكامٌ . رُكْمة

accūm′ūlātor, *n.* جمّامة = حَفّالة = جمّاعة (كهربائية) = خزّانة

acc'ūracy, *n.* صِحَّة (أو) سَلامة (من الخطإ أو الغلط) . ضَبط

acc'ūrate [-rit], *a.* صَحِيح . مَضبوط . دَقيق . مُحكم

accurs'ĕd, *a.* مَلعون . لَعِين . ذَمِيم

accurst', *a.* = accursed

accūsā'tion, *n.* إتِّهام . تُهمة . تَجَنٍّ

accūs'ative, *a.*, *n.* (في) صيغة المفعول الصريح

accūse', *v.* اتَّهم . لام . استذنب . تَجَنَّى (على)

accū'şer, *n.* مُتَّهِم . مُتَجَنٍّ

accus'tom, *v.* عَوَّد . تَعَوَّد = ضَرِي (بِ)

accus'tomed [-md], *a.* مُعتاد . مُعَوَّد . مُتَعَوِّد = ضارٍ (بِ)

āce, *n.* الآس (في لعب الورق) . اليَكُّ (في النرد)

within an —of, على قيد ذراع (من) . على قاب قوسين أو أدنى . على قيد شعرةٍ (من)

āce, *n.* مِطيار = طَيَّارٌ حاذق

acet'ylēne, *n.* غاز الأستلين = غازٌ يحترق بنورٍ شديدٍ يستعمل للإنارة

āche [-āk], *v.* وَجِع . أَوجع . تَوَجَّع . تحرّق شوقاً

āche, *n.* وَجع (الرأس ، السن ، القلب)

achieve', *v.* عَمِل بنجاحٍ . أنجزَ . أدرك

achieve'mẹnt [-vm-], *n.* فائزة=مَفلحة . مَنجزة . إنجازٌ . عَمَلٌ مُوَفَّق (أو) جليل . [مُوَفَّقِيَّة]

a'cid, *a.*, *n.* حَمِض . حامِض . (أسِيد) . حامِز

acid'ity, *n.* حُموضة

acknowl'edge [-nolij], *v.* أقرَّ (أو) اعترف (أو) سَلَّم (بصحته) . أعلم (بتسلّم أو بوصول . .) . أعربَ عن الشكر . نَوَّه

acknowl'edg(e)mẹnt [-jm-], *n.* إقرارٌ (بصحته) . إعلام (بتسلّم أو بوصول) . اعتراف بالفضل

ac'mē, *n.* أعلى الشيء . ذِروة . حد الكمال

ac'nē, *n.* حَبّ الشَّباب

ac'olyte, *n.* واهِف (الكنيسة) = مُساعِد الخوري . مساعِد

ac'onīte, *n.* (نبات) البيش = خانق النمر = خانق الذئب

ā'corn, *n.* حَبَّة (أو جَوزَة) البلوط

acous'tics [akōōs-], *n. pl.* or *sing.* الحالة السمعية (في مكان) . علم الأصوات (أو) السَّمعيَّات

acquaint' [akw-], *v.* عَرَّف (ب) . تَعَرَّف

to be —ed with, عَرَف (أو) تَعَرَّف (ب) . له عَهد (أو) معرفة (ب)

acquain'tance, *n.* أحد المعارف . تَعَرُّف . مَعرفة

acquiesce' [akwies], *v.* طابَق . قَبِلَ طائعًا . طاوَعَ . أذعن . إئتمر . طَبَق

acquiesc'ẹnce, *n.* قَبول طَوعي . مطاوَعة . إذعان . إئتمار

acquīre' [akwīr], *v.* اكتسب . حصل (على) بالتملُّك . اشترى .

acquiṡi'tion [akwi-], *n.* اكتساب . تَحصيل . امتلاك .

acquis'itive, *a.* حَصَّال . مُحِبّ للحصول (على) . حريص على الكسب . متحرّص . طمّاع

acquit' [akwit], *v.* برّأ (من التهمة أو الذنب او الدَّين)

acquitt'al, *n.* براءة . تبرئة

ā'cre [ākẹr], *n.* فَدّان من الأرض مساحته أربعة آلاف متر مربع تقريباً أو ٤٨٤٠ ياردا مربعًا

A′cre [ākęr], *n.* مدينة عكا
ā′creage [-kęrij], *n.* المساحة بالفدادين. عدد الفدادين .
ac′rid, *a.* حرّيف . حادّ . مُرّ. لاذع . جافٍ
acrimōn′ious, *a.* حادٌ. جافٍ . جافي المُعاملة
ac′rimony, *n.* جفوة الكلام . حِدّة (أو) جفوة الخُلُق . ضِغن
ac′robat, *n.* بهلوان
acrobat′ic, *a.* بهلواني
acrop′olis, *n.* حِصن العالية = المكان المرتفع المحصّن في مدينة يونانية قديمة
across′, *prp.* من جانبٍ الى جانب . فوقَ . على عَرض . مُعترضٌ (فوقَ أو على) . عَبرَ . على عُدوة . على (أو في) الجانب الآخر
to go — the road, قطعَ (أو) عَبرَ
He lives — the street, يسكن في عَبر الشارع (أو) في الجانب الآخر منه .
across′, *ad.* عَرضاً . عَبْر . جَوبَ . جوزَ
act, *v.* عَمِل . تَصرّف . سَلَكَ . مَثَّل (في رواية) . أثَّر (في)
to — for, تَوَكَّل (أو) ناب (عن)
act, *n.* عَمل . عَمْلَة . فِعل . فَصل (في رواية) . قانون مسنونٌ
an — of God, قضاء وقدَر. آفة سماوية
ac′ting, *a.* وَكيل . قائم مَقام
ac′ting, *n.* تمثيل (رواية)
ac′tion, *n.* عَمل . صُنع . تَصرُّف . تأثير . دعوى . قتال . معركة
in —, في العمل . في المعركة
to go into —, أخذ (أو) شرع في القتال . دخل في المعركة
to take —, شرع في العمل . تحرّك . أقام دَعوى . إتخذَ إجراء

ac′tive, *a.* عامِلٌ . قائمٌ بالعمل . فعّال . نَشيط . جَمُّ النشاط
— verb, فِعلٌ مُتَعَدٍّ
— voice, صيغة المعلوم
ac′tively [-vl-], *ad.* بنشاطٍ . بجدّ في العمل
activ′ity, *n.* عَمل . نَشاطٌ . عَملٌ نَشيطٌ . كثرة العمل (او) الحركة
ac′tor, *n.* فاعِلٌ . مُمثّل مسرحي (أو) رِوائي
ac′trēss, *n.* مُمَثِّلة مَسرَحيّة
ac′tūal, *a.* حَقيقي . فعلي . حالي = راهن . واقعي
actūal′ity, *n.* واقِع . وُجودٌ حقيقي . شيءٌ واقعي . واقعة
ac′tūally, *ad.* في الحقيقة . في الواقع . فِعلًا
ac′tūāte, *v.* أعمَل . حرّك (أو) بعث (أو) حَفز (على العمل)
acūm′en, *n.* فَراهة. نفاذ بصيرة. شِدة الفِراسة . حِدَّة الذهن
acūte′, *a.* حادٌ . ثاقب . مُدَبَّب الرأس . حاد الذهن
— angle, زاوية حادّة
acūte′ness [-tn-], *n.* حِدّة . ذكاء . فِطنة . ثُقوب الذهن
A.D. بعد الميلاد (ب.م)
ad′age [-ij-], *n.* حِكمة سائرة. قول مأثور. مَثَل
Ad′am, *n.* آدم (أبو البشر)
ad′amant, *n., a.* مادة صَلدَة . صَلدٌ . لا يلين . مُعتَنِد . مُكِدٌ
adaman′tīne, *a.* صَلدٌ = قاسٍ جدا . مُصِرٌّ
adapt′, *v.* هَيّأ . صَيّر الشيءَ صالحًا (لِ) . حَوّر . لاءم . واءم
adaptabil′ity, *n.* قابلية التلاؤم (أو) التكيُّف (أو) التحوُّر

adapt´able, *a.* قابِلٌ للتلاؤُم (أو) الملاءمة (أو) التحوير

adaptā´tion, *n.* تلاؤُم. تَحَوُّر. اقتباس(مُحَوَّر). تنسيب

add, *v.* جَمَعَ. أَضَافَ. زاد (من)

adden´dum, *n.; pl.* -da لَحَقٌ = مُلْحَق

add´ẹr, *n.* أفعى. أُفْعُوان

add´ict, *n.* مُعاقِر. مُدمِن. مُلازِمٌ

addict´, *v.* ضَرِيَ بالشيء = تَعَوَّده وأدمنه. ضَرَّى. أَضرَى

addic´têd, *a.* مُستَهتَرٌ = ضارٍ. مُدمِنٌ. مُبتَلىً. عاكفٌ (على). مُولَع (ب)

addic´tion, *n.* ضَراوة. إدمان. تعوُّد وتولُّع. معاقرة

addi´tion, *n.* جَمع. إضافة. زيادة. عِلَاوة. قسم إضافي

in — (to), زيادة (أو) عِلاوة (على). فضلًا (عن)

addi´tional [-shẹn-], *a.* إضافي. عِلَاوي. زائد

addit´ionally, *ad.* زيادةً. بالإضافة

ad´dle, *v.* شَوَّش (الذهن). مَذَّر

ad´dle, *a.* مُشَوَّش. مَذِر = فاسِد. مُضطَرب الذهن

ad´dle-brained [-lnd], *a.* مضطرب الذهن. ركيك العقل

address´, *n.* خِطاب. خُطبَة. عُنوان بريدي

address´, *v.* خاطَب. خَطَب. عَنوَن

addūce´, *v.* أَورَد (شاهدا). أدلى (ببرهان)

ad´ēnoids, *n. pl.* مَرَض سُداد الأنف. زائدة لحميَّة في أعلى الحلق خلف الأنف

adept´, *a., n.* خبير. حاذِق. ماهِرٌ جداً = صَنَاع

ad´ēquacy [-kwasi], *n.* كِفَاية. وَفاء بالغَرَض

ad´ēquate[-kwit], *a.* كافٍ. وافٍ (بالحاجة). لا بأس به. مُجزِئ

ad´ēquately, *ad.* بما فيه الكفاية. بما يفي بالحاجة

adhēre´, *v.* لَصق (أو) عَلق (ب). تمسَّك (ب). لَزِم. تَشَبَّث. والَى. ناصَر

adhēr´ẹnce, *n.* التحاق. مُوالاة. مُلَازَمة

adhēr´ẹnt, *n., a.* مُلتَصِق. مُوالٍ. نصير. تابِعٌ. مَنُوط

adhē´sion [-zhẹn], *n.* التحام. التصاقٌ. تَعَلُّقٌ

adhēs´ive, *a.* قابل الالتصاق (أو) الإلصاق

adhēs´ive, *n.* لَصُوق = لِزَاق (أو) لِصَاق = مادة مُلصِقَة

adieu´ [adū], *n., int.* وَدَاع. استودِعك الله. وَدَاعاً

adjā´cẹnt, *a.* قَريبٌ. مُجَاوِر. متجاور. مُلَاصِقٌ. مما يلي

adj´ēctive, *n.* نَعت. صِفة

adjoin´, *v.* مما يلي. لاصَق. وَلِيَ = قَرُب ودنا (من). دانى. قارب

adjoin´, *v.* أَضافَ. ألحقَ. ألصق

adjourn´ [ajern], *v.* تَوَقَّف (عن العمل). وَقَّف. أَرجأ = أَخَّر (إلى موعدٍ آخر). انتقل (او) تحوَّل (الى)

adjourn´mẹnt, *n.* تأخير. إرجاء

adjudge´, *v.* حَكَم. قرَّر. قضى

adjūd´icāte, *v.* حَكَم. قَضَى. فَصَل

adj´unct, *n.* مُلحَق. ضَميم. مُضاف. لَفِيف

adjūrā´tion, *n.* استحلاف. مُناشَدة. تعزيم

adjūre´, *v.* استَحلَف. ناشَد. أقسم (او) عزم (على)

adjust´, *v.* سوَّى. عَدَّل. واءم. ضَبَط. تَضَبَّط

adjust´able, *a.* قابل التعديل (أو) المواءمة

adjust´mẹnt, *n.* تسوية . تعديل . تَضبيط . أداة تعديل

adj´ụtant, *n.* مُساعِد (أو) رِدْف (القائد)

admin´istẹr, *v.* أجرى (القانون) . أدار . دَبَّر . ناول . أعطى . أسهم (في) . تولَّى . صرَّف

administrā´tion, *n.* إدارة . حكومة

admin´istrative [or -rāt-], *n., a.* إداري . خاصٌ بالإدارة (أو) الحكومة

admin´istrātor, *n.* مدير . وَكيل (أو) متولي أملاك المتوفَّى . مُجيز = قيّم بأمر اليتيم

ad´mirable, *a.* مُعجِب . جيد جداً . بَارِع . يَبعث على الإعجاب . مُونِق

ad´mirably, *ad.* بأحسنِ ما يكون . بما يدعو الى الإعجاب

ad´miral, *n.* قائد أمير بحر . (اميرال) . اسطول بحري . أمير الماء

ad´miralty, *n.* إمارة البحر . ديوان البحرية . البحرية

admirā´tion, *n.* إعجاب . مَبعَثُ إعجابٍ

admīre´, *v.* أُعجب (ب) . استبدع . تأمَّل مُعجباً (ب)

admīr´ẹr, *n.* مُعجَبٌ (ب) . مَفتونٌ . عاشِق

admiss´ible, *a.* مقبول . مُسلَّم (به) . جَديرٌ بالدخول (أو) الإدخال . مسموحٌ (به) . له حق الدخول

admi´ssion, *n.* حقُّ الدخول . إدخال . دخول . إذن بالدخول

admi´ssion, *n.* تسليم . إقرار . جُعل الدخول = [دخولية]

admit´, *v.* (-tted, -tting) سمح بالادخال (او) بالدخول . أَدْخَلَ . أقرَّ . احتمل . إتسع (لِ) . اعترف

admitt´ance, *n.* حقُّ الدخول . إذن بالدخول . دُخول

admitt´ẽdly, *ad.* عُرفاً . لا نُكرَانَ . بإقرار (أو) اعتراف الجميع

admix´ture, *n.* مَزيج . مِزاج

admon´ish, *v.* حضَّ . حَذَّر . وَعَظ = نَصَح وأَنذر

admoni´tion, *n.* تحذير . وَعظٌ = نُصحٌ وإنذار

adō´, *n.* هَمكَة = كَثرَةُ حَركةٍ واهتمام

adōb´ẽ [or -ōb], *n., a.* طُوبٌ . من الطُوب

adoles´cẹnce, *n.* فُتُوّة . مُراهَقة

adoles´cẹnt, *n.* فَتيً . فتيٌ . مُراهِق

adopt´, *v.* تَبَنَّى . اتخذ . أَخَذَ (بِهِ) . تحوّل . وافق بالتصويت

adop´tion, *n.* التزام . التَّبَنّي . اتخاذ . موافقة (على) . تحوُّل

adôr´able, *a.* رائِعُ . ظريف . يُحَبُّ (إلى درجة العبادة)

adorā´tion, *n.* عِبادَة . تقديس . هِيامٌ . إجلال

adôre´, *v.* عَبد . قَدَّس . هام به حُبّاً . أَجلَّ

adôrn´, *v.* زَيَّنَ . حَلَّى . جمَّل . تَزَيَّن

adôrn´mẹnt, *n.* زِينَة . تَزيين

adrift´, *a(d).* سادِرٌ = مُتَضَلْضِل . مُنساق (بلا دليل) . هائمٌ (على الماء) . مُتسكِّع = يجري على غير هُدىً

adroit´, *a.* ماهِرٌ . ذو دِرايَة . لَبِق

adroit´nẹss, *n.* مَهارة . دِراية . تَقانة

ad´ūlāte, *v.* أَطرى . مَدَح متملِّقاً

adūlā´tion, *n.* تملُّق وَضيع . إطناب في المدح (الى حدّ المَلَق)

adult´ *a., n.* حالِمٌ = بالغ . راشِدٌ . مُكتَهِلٌ

adul´tẹrāte, *v.* شابَ . غشَّ . [زَغَلَ] . غلَث . عَلَث

adultẹrā´tion, *n.* غِشّ . غُشُوشة . [زَغَل] . غَلثٌ

adul'tẹrẹr, *n.* معاهِرٌ . عاهِر . زانٍ
adul'tẹrẽss, *n.* معاهِرة . عاهِر = زانية
adul'tẹry, *n.* عِهر . عَهارة . سِفاح . زِنى . عُهورة
advance', *n.* تَرَقٍ . تَقَدُّم . ارتفاع . رَفْعٌ . تزلُّف . مقاربة . محاولة تودّدية
advânce', *n.* تَمتِين (في البليارد) . سُلْفَة مالية . دُفْعَة أولية
in —, قُدّام . مُتَقَدّم . مُقدَّماً
advânce', *v.* تَقدَّم . ارتفع . رَفَع . تَرَقّى . أسلف
advânced' [-sd], *a.* مُتَقَدِّم . مُسبَق . طاعِنٌ
advânce'mẹnt [-sm-], *n.* تَقَدُّم . الترَقّي . تقديم
advân'cėṡ [-siz], *n. pl.* مُقارَبات . تَرَقِّيات (علمية) . محاولات التودد
advân'tage [-tij], *n.* فضيلة . مَزِيّة . مَنفَعة . فائدة . فضل
advāntā'geous [-jẹs], *a.* ذو فضيلة . ذو مَزِيّة . مُفيد . مُسعِف . نافع
ad'vent, *n.* مَقْدَم . حُلول . وُرُود
adventi'tious, *a.* طارىء . عَرَضي . عَفويّ
adven'ture, *n.* مُغامَرة . خِبْرة مُثيرة
adven'ture, *v.* غامَر . قحَم . خاطَر
adven'turẹr [-cher-], *n.* مُغامِرٌ . أفّاقٌ
adven'turous, [-cher-] *a.* مُغامِر . مُتَقَحِّم . مُخاطِرٌ
ad'verb, *n.* ظَرْفٌ . حالٌ
ad'vẹrsary, *n.* عَدُوٌّ . ضِدٌّ . مناوِىءٌ . قِرْن
ad'verse, *a.* مُعادٍ . مُعاكِس . ضِدّ المصلحة . عَكْسي . مُضِر
advers'ity, *n.* لأواء = شِدّة = ضَرّاء = كَبَد . حَزّة . ضُغطة
advert', *v.* التفت . أشار . لفت الانتباه
ad'vẹrtīse, *v.* أعْلَن . أشادَ (بِ)
advert'isemẹnt [-sm-], *n.* إعلان . إشادة
advīce', *n.* خَبَر . مَشُورة . إعْلام
advīsabil'ity, *n.* إستحباب . إستصواب
advīs'able, *a.* مستحَب . مُستَصوَب من المَصلَحة . من الحِكمة
advīse', *v.* أشار (على) . أعْلَم . نَصَح
advīse'mẹnt [-zm-], *n.* إستشارة . رَوِيّة . إنعام النظر
advīs'ẹr, advīs'or, *n.* مُشِير . مستشار . مُدَبِّرٌ
advīs'ory, *a.* شُوري . استشاري
ad'vocacy, *n.* محاماة . دِفاع . مناصَرة
ad'vocāte, *v.* دافع (أو) حامى (عن) . حضَّ (على)
ad'vocāte [*or* -kit], *n.* مُحامٍ . نَصِير
adze, *n.* قَدُوم . [قَدّوم]
ae'gis [ēj-], *n.* وِقاء . حِماية . رعاية
ae'on [ē-], *n.* دهرٌ (طويل) . حِقبة
ā'erāte, *v.* عَرَّض للهواء . خلَّل بالهواء
aer'ial [ār-], *n.* لاقِطٌ (أو سِلْكٌ) هوائي
aer'ial, *a.* هوائي . كالهواء . رَقيق القِوام كالهواء = هِفّ
aer'ie, aer'y [ā- *or* ē-], *n.* وَكْر العقاب . عُش العُقاب . مقام عالٍ = علياء
aer'odrōme[ār-], *n.* مَراح طائرات . مَطار
aer'onaut [ār-], *n.* مَلّاح جوي . نوتي جوي
aeronaut'ics [ār-], *n. pl.* علم الطيران . مِلاحةُ الجو
aer'oplāne [ār-], *n.* طائرة
aesthet'ic [ēs-], *a.* مُؤْنِق . جَمالي . مُقَدِّر للجمال
afâr', *ad.* عن بُعدٍ . بعيداً
from —, من البعد . من بعيد . عن بُعدٍ

affabil'ity, *n.* لِين الجانب . أُنس . لُطف

aff'able, *a.* لَيِّن الجانب . لَطيف المعشَر . أَنيس . سهل الخلق

affair', *n.* عَمَل . شَأنٌ . أَمرٌ . قَضيَّة . وِصال

affairs', *n. pl.* أَشغال . أعمال . شئون

affect', *v.* أَثَّر . تأثر . فَعل فِعلَه (في) . أَشجى

affect', *v.* تَصَنَّع . تَظاهَر (ب) . أَحبَّ (أو) تَولَّع (ب) . أَعدى . تكلَّف

affectā'tion, *n.* تَصَنُّع (أو) تَظاهُر (بقصد التأثير) . رِياء

affec'tĕd, *a.* مُتأَثِّرٌ . مُصابٌ . متأثِر نَفسيًّا (أو) عاطفيًّا

affec'tĕd, *a.* مُتَصَنِّع . مُتكلَّف

affect'ing, *a.* مُحرِّك للقلب (أو) للنفس (أو) للشفقة . مُحزِن . متعلِّق (ب) . مؤثِّر

affec'tion, *n.* مَيل . مَحَبَّة . إصابة مَرَضِيَّة . مَوَدَّة . عِلَّة . عَدوَى

affec'tionate [-shẹnnit], *a.* وَدُود . أَنُوس . حَنُون . ولوع . حُبِّي . مُحِب

aff'ẹrẹnt, *a.* وَارِد (كالأعصاب الواردة)

affī'ance, *n.* ذِمَّة . عَهد . وَعد بالزواج

affī'anced [-st], *a.* مُملَكٌ = مَعقودٌ إملاكُه (أو) خِطبته

affidāv'it, *n.* بيان مكتوب ومشفوع باليمين

affil'iāte, *v.* أَناط . أَلحَق . استلحق . عزا (الابن لابيه)

affiliā'tion, *n.* إلحاق . استلحاق . انتساب . عَزو . انتماء

affin'ity, *n.* مُوالَفة . صِلَة (قَرابة) . مُناسَبة . مجانسة . تجاذب كيماوي . تضايف . نَزعة

affirm', *v.* أَكَّدَ . ذَكَر (أو) قالَ مُؤَكِّدًا (أو) جازمًا

affirmā'tion, *n.* تأكيد . إثبات

affirm'ative, *a.* تأكيدي . إيجابي . مُثبِت

affirm'ative, *n.* إثبات . إيجاب . مُوجَب

affix', *v.* أَلصق . أضاف . أَلحَق

aff'ix, *n.* مُلحَقة (أو) زائدة حَرفية . لَزيق . إضافة . مُلحق

afflict', *v.* عَذَّب . برَّح (ب) . أَمضَّ . ابتلى . كَرَب

afflic'tion, *n.* تبريح . مَضَض . بَلاء . كَرْب

aff'lũẹnce, *n.* غِنًى . ثَراء . نَعمة

aff'lũẹnt, *a.* ثَرِيٌّ . وَفير . مُنعَم . موسِر

affôrd', *v.* أطاق (أو) وَسِع (أو) قَدِر . أَتاحَ . سَنَّى

affray', *n.* مُهاوَشة . هَوشَة

affrīght' [-rīt], *v.* أخاف . روَّع

affrīght', *n.* خوف . ارتياع . ذُعر

affront' [-runt], *v.* أَهان (عَمداً وجَهراً) = جَبَه

affront', *n.* جَبْهٌ = عدم توقير . جَبيهة = إهانة (عَمدِيَّة وجَهرِية)

afield', *ad.* في (أو على) الحقل . بَعيداً . بعيداً (عن الوطن أو المكان)

afīre', *a(d).* مُحترِق . مُشتَعِل . مُتَحَمِّس . مُتحرِّق

aflāme', *a(d).* مُلتَهِب . مُشتَعِل

afloat' [-lōt], *a(d).* على سطح البحر (أو) الماء . عائم . في البحر . مُعوَّم . طافٍ . مُتَرَدِّد او منتشر (كالشائعات)

aflutt'ẹr, *a(d).* يُرَفرِف . يَخفق

afoot', *a(d).* مَشيًا (أو) ماشيًا (على الأقدام) . جارٍ . مستمرّ . على ساق

afôre', *a(d).*, *prp.* (من) قَبلُ . قبلًا

afôre'said [-rsed], *a.* الآنِفُ (أو) السابِقُ (أو) المتقدِّمُ الذكر

afoul′, *a(d)*. في اختلاط . مُرْتَبِك . متشابك . في وَرطة

afraid′, *a*. خائف . خاشٍ . هائب . متأسف

afresh′, *ad*. مِن جديد . مرَّةً أُخرى . مُعادًا

Af′rica, *n*. (قارة) إفريقية

Af′rican, *a*., *n*. إفريقي

âft, *a(d)*. عند مؤخر السفينة (أو) نحوه (او) بالقرب منه

âf′tẹr, *a(d)*., *prp*., *con*. بعدَ . فيما بعد . غِبَّ . خَلف . عَقِبَ . بعدما . بِحَسَب

âf′tẹrdeck, *n*. سَطحٌ في السفينة عند المؤخرة

âf′tẹr-effect, *n*. تأثير لاحِق . لُحوق أَثَرٍ

âf′tẹrġlōw [-lō], *n*. وَهج لاحِق . لَحَق الضوء . شفق

âf′tẹrmath, *n*. لَحَقٌ = غَلَّة ثانية . مَغَبَّة . عاقِبة

âftẹrnōōn′, *n*. ما بعد الظهر (إلى المساء) = العصر

âf′tẹrthought [-thôt], *n*. رأي مُستَدرَك (أو) ناشئ = بَداة . رأي يأتي بعد الفوات . تدبُّر . رأي باد (او) دَبَريّ

âf′tẹrwards, *ad*. بعد ذلك . فيما بعد . ثُمَّ

aġain′, *ad*. أيضًا. مرَّةً أُخرى. فَضلًا (عن). ثُمَّ

aġainst′, *prp*. ضِدَّ . لِقاء . تلقاء . في مقابل . إلى . عَلَى استعداد (لِ)

aġāpe′, *a (d)*. فاغِر (أو) مُنجلِق . مفتوح الفم تعجبًا

aġ′ate [-ġit], *n*. عقيق (يماني)

āge [āj], *n*. عُمر . مدة العمر . سِن . عصر . زَمن (جيولوجي)

to be (come) of —, بلغ السّنّ القانونيّة

to be of —, (أو) سنّ الرشد

āge, *v*. طَعَن في السّن = أسَنَّ . كَبُر في العمر

ā′ged [ājid], *a*. مُسِنٌّ . كبير في السّن

āged [ājd], *a*. له من سِنُّه (أو) عُمره . السن (أو) العمر . في سِنّ (أو) عمر كذا

ā′gẹncy, *n*. عَمَل . عامِليّة . وكالة . واسطة

agen′da, *n*. *pl*. *of* agendum جدول أعمال

ā′gẹnt, *n*. وَكيل. عامِل. قوة عاملة. فاعل. وكيل تجاري متجوّل . اداة

agent′ provocateur′ [azhan provokatur], بحِراك (او) سِمسار الشرّ . مُحارِش . وَرَّاش

aġġ′randīze, *v*. عَظَّم . تَعظَّم

aġġ′ravāte, *v*. زاد (الحالةَ) سوءًا (أو) خَطَرًا (أو) شِدَّة . تفاحش . أحنق

aġġ′ravā′tion, *n*. استشراء . تفاقم. زيادة (الحالة) سوءًا (أو) خطرًا (أو) شدة

aġġ′reġāte, *v*. تجمَّعَ . تَلَملَم . بلغ مجموعُهُ

aġġ′reġate [-ġit], *n*., *a*. جملة. حَصِيلَة . مجموع. مُتَجمِّع . مُتَضامٌّ. مَلمُوم. مُلتَمّ . لمَّة . كسارة الحجر مع الرمل

aġġ′reġā′tion, *n*. تَجمُّع . تَلَملُم . انضمام

aġġres′sion, *n*. هُجوم (عُدوَاني). عُدوان . مبادأة بالشر

aġġress′ive, *a*. مُبادِئٌ بالهجوم (أو) العُدوان . عُدواني . مُتَهَجِّم = عارِم

aġġres′sor, *n*., *a*. المُبادِئ بالشر (أو) المُعتَدي . العادي

aġġrieve′, *v*. أحزَن . أساء (إلى) . كدَّر . ظَلَم

aġġrieved′ [-vd], *a*. مُتَضَرِّر . مُتَظلِّم . مظلوم . مهضوم الحقّ

aġhâst′, *a*. مَبهُوت . مُرتاع . مَشدوه

a′gīle [aj-], *a*. نشيطٌ خفيفُ الحركة . رَشيق . كَذْلاذ

agil′ity, *n*. خِفّة الحركة . رَشاقة . خِفّة في العمل

a'gitāte, *v.* هيَّج . أجزَع . إرتجف . شَغَب . أرجَف

a'gitātĕd, *a.* مُضطَرِب . مُرتَجف

agitā'tion, *n.* تَهَيُّج . اضطراب . ارتجاف

a'gitātor, *n.* شَغَّاب . مُشاغِب . مُهَيِّج . مُبَلبِل . مُرجِف

aġlōw' [-ō], *a(d).* شديد الحرارة . مُتَوَقِّد . مُتَوَهِّج . مُتَنَضِّر

aġnos'tic, *n.* لا أدري (من مذهب اللاأدريين)

aġō', *a(d).* قَبل . من قبل . منذ

aġoġ', *a(d).* مُتَشَوِّق . بتشوق . مأخوذ . مُستفز

aġ'onīze, *v.* آلم إيلاماً شديداً . أمَضَّ . عَذَّب

aġ'ony, *n.* عذاب النفس . تبريح . ألم مُمِضٌ (أو) مُبَرِّح

aġrār'ian, *n., a.* أرضي . زراعي . نصير فكرة توزيع الأراضي

— reform, إصلاح زراعي

aġree', *v.* (-reed, -reeing) قَبِل . وافق . اتفق

to — with, لاءَم . وافق

aġree'able, *a.* مُستَعِدٌّ لِلمُوافقة . مَقبول . مُلائم . طَيِّب . مُمتع

aġreed', *a.* مُجمَع . على وفاق في الرأي . مُتَّفَق عليه

aġree'mėnt, *n.* قَبول . موافقة . اتفاق . إتفاقيَّة . توافق . مُطابَقة . مُوآمة

aġricul'tural [-chėr-], *a.* زِراعِي . فِلاحي

aġ'riculture, *n.* زراعة . فِلاحة

aġricul'turist [-chėr-], *n.* مُزارِع . خبير زراعي

aġround', *a(d).* مُرتَطم بالأرض . على الارض (حينما تجنح السفينة)

āġ'ūe [āgū], *n.* [بَرَدِيَّة] . البُرَداء = حُمَّى الرِعدة

ahead' [ahed], *a(d).* قُدَّام . مُتَقَدِّم . سابق . أمام

— of, قبل . قُدَّام

ahoy', *int.* هُتاف من البحَّارة لجلب الانتباه عن بعدٍ

aid, *v.* أعان . أسعَف

aid, *n.* استعانة . إعانة . إسعاف = مُستعانة

first —, الإسعاف الأولي

aide, *n.* مُرافِق (أو) معاوِن

aide-de-camp [ād' de kom'], *n.*; *pl.* aides-de-camp معاوِن (أو) مرافق عسكري [أو يَاوَر]

aiġ'rette [-t], *n.* البَلَشُون = مالكٌ الحزين له ريش طويل أبيض . ريشة (أو) ريش على مُقدَّم الرأس للزينة

ail, *v.* عَرَا . اشتكى (من مرض) . أهَمَّ

What —s you? ما يؤلمك ؟ ما بِك ؟ ما لَكَ ؟

ail'ėron, *n.* رانِفة = طَفطَفة = رَفرَف جَناح الطائرة

ail'mėnt, *n.* شَكوة = مَرَض . عِلَّة

aim, *v.* هَدَف (إلى) . سَدَّد = صَوَّب . قصد . وَجَّه . تَوَخَّى

aim, *n.* تسديد . قصد . هدَف . غَرَض

aim'lĕss, *a.* سَبَهلَل = بدون هَدَفٍ (أو قَصد)

aim'lĕssly, *ad.* سبهللاً . عَبَثاً . بدون غاية

ain't = am not, are not; is not, has, *or* have not.

air, *n.* هواء . جَوّ . هيئة . سيماء . نَغمة

in the —, غير مبتوت (أو) مُقَرَّر = مُعلَّق . مُنتَشِر . ذائع

air, *v.* هَوَّى . أذاع . عَرَض . تعالى

air, *a.* هَوائي

air attack, هجمة (أو) غارة جوية

air'bāse, *n.* محطة (أو) قاعدة جوية

air'castle [-sl], *n.* حُلم في النهار = قَصر في الهواء = تخيل باطل

air'-condi'tioning [-shẹn-], *n.* تكييف الهواء . [كَنْدَشَة]

air'crâft, *n.* طائرة (او) طائرات . مَراكِب جوية . مَرْكَب جوي

air'crâft-carr'ier, *n.* حاملة طائرات

air'drōme, *n.* = aerodrome

air'field, *n.* مَطَار . مراح طائرات

air'ily, *ad.* باستخفاف . بانشراح وبشاشة . بِمَرَح

air'ing, *n.* تهوية . تعريض للهواء . نزهة في الهواء الطلق

air'-lift, *n.* نقل جَوِّي . شَيل جوّي

air'line, *n.* خطّ (سَفَر) جَوّي

air'liner, *n.* ماخِرة جَوِّيَّة . طائرةُ سفرٍ جوي

air'mail, *n.* بريد جوي

air'man, *n.*; *pl.* -men طَيَّار

air'plāne, *n.* طائرة

air'-pockĕt, *n.* هُوَّة جَوية . مَهواة جوية

air'pôrt, *n.* مَطَار . ميناء جوي

air'-pump, *n.* مِضَخَّة هوائية

air raid, غارة جوية

airs, *n. pl.* تَحالٍ = تظاهر بالعَظَمة

air shâft, مَسرب هوائي . مَسْحَب هواء

air'ship, *n.* مُنْطَاد آلي . مَركب جَوّي

air strip, سريحة طيران

air'-tīght [-tīt], *a.* مُحكَم السَّدّ . مانع للهواء . حَصين . قاطِع مانِع

air'way, *n.* مَمَرّ هواء . طريق جوي

air'y, *a.* (-ier, -iest). هوائي . هَفْهَاف = هاوٍ . هِفٌّ = خفيف لا مادة فيه . مَرِح . بشوش

aisle [īl], *n.* مَمَرٌّ (في كنيسة أو . . .) جَناح (في كنيسة) = جِنح الكنيسة

ajâr', *a(d).* مَفْرُوج = مفتوح قليلًا . مُتَنافِرٌ .

akim'bō, *a(d).* حَوْقَلَةً = مُتخاصِرًا = واضعًا اليدين على الوركين والمرفقان إلى الخارج

akin', *a.* مُنتَسِب . قَريب . شبيه . مِنْ قَبيل . .

al'abâster, *n.* مَرْمَر (رَخو) = هَيصَم = بَلَنط

alack', *int.* وأسفاه ! أَوَّاه !

alac'rity, *n.* نَشَاطَة . أَرْيَحيَّة . انتهاز = إقبال شديد = مُبادَرة

alârm', *n.* إِنْذار بالخَطَر . فَزَع . مَفْزَعة . صَرْخة الفزَع . هَيْعَة

alârm', *v.* استصرخ . أنذر بالخطر . أفزَع . فَزَّع . ارتاع . ارتعب

alarm'-clock', *n.* ساعة مُنبِّهة

alârm'ing, *a.* مُفزِع . مُريع . مُرعِب

alârm'ist, *n.* مُرجِف . مُفزِع = فَزَّاعة . جَزُوع . مُهوِّل

ala'rum = alarm

alas', *int.* أَوَّاه ! واأسفاه ! وَيلاه !

alb, *n.* ثوب أبيض بكمين ضيقين يلبسه الخوري في الكنيسة

al'batross, *n.* طائر القادوس (أو) القَطرَس (أو) البَترَس

albē'it [ôlbē-], *con.* بَلْهَ . بيد (أنَّ) ومع (أنَّ) . رغمًا (عن)

albī'no, *n.* [*or* -ī-]; *pl.* -nos, = أحسب = أبيض الشعر والبشرة

Al'bion, *n.* انكلترا . بريطانيا

al'bum [-ẹm], *n.* (ألبوم) = دفتر لحفظ التصاوير (أو) الطوابع

albūm'ẹn [*or* al'-], *n.* آحين = مادة زلالية في بياض البيض مثلًا

al'chemist [-k-], *n.* كيماوي ساحر

AIRCRAFT

طائرة

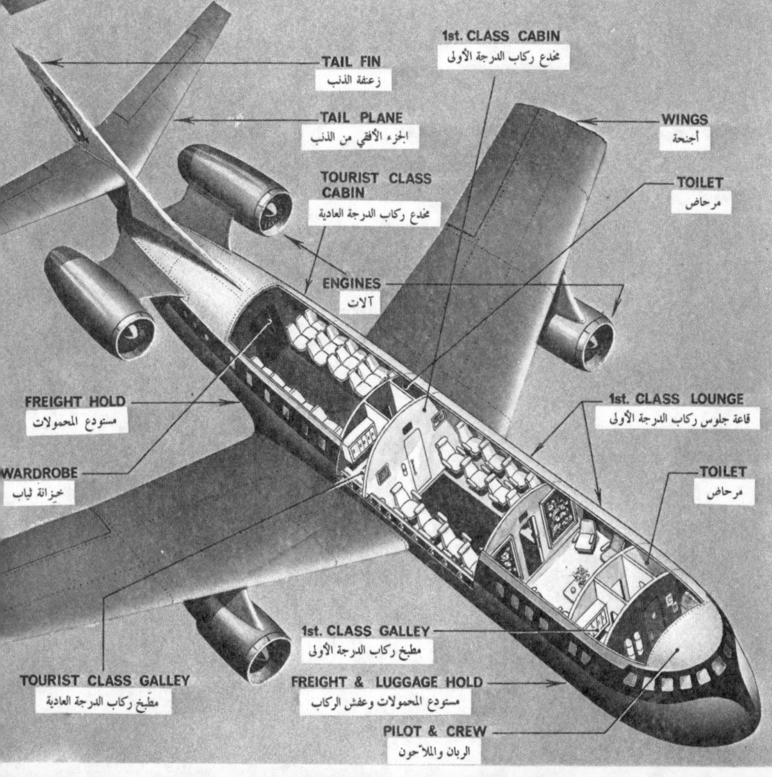
1st. CLASS CABIN
مخدع ركاب الدرجة الأولى
TAIL FIN
زعنفة الذنب
TAIL PLANE
الجزء الأفقي من الذنب
WINGS
أجنحة
TOURIST CLASS CABIN
مخدع ركاب الدرجة العادية
TOILET
مرحاض
ENGINES
آلات
FREIGHT HOLD
مستودع المحمولات
1st. CLASS LOUNGE
قاعة جلوس ركاب الدرجة الأولى
WARDROBE
خزانة ثياب
TOILET
مرحاض
1st. CLASS GALLEY
مطبخ ركاب الدرجة الأولى
TOURIST CLASS GALLEY
مطبخ ركاب الدرجة العادية
FREIGHT & LUGGAGE HOLD
مستودع المحمولات وعفش الركاب
PILOT & CREW
الربان والملاحون

al'chemy [-k-], *n.* الكيمياء السحرية.

al'cohol, *n.* كُحُول. (مَشْرُوبٌ) مُسْكِرٌ

alcohol'ic, *a.* كُحولي. ذو كحول

alcohol'ic, *n.* سِكّير. مُدْمِن الخمر

al'coholism, *n.* إنسمام غَوْلي = مَرَض إدمان السكر

al'cōve, *n.* طاقٌ (أو) فَجوَةٌ واسعةٌ في الجدار من داخل الغرفة. مُعرّش (أو) خلوة (أو) مُخلًى (في جنينة). كُوّة

al'dẹr [ôl-], *n.* نَغْطٌ = شجرٌ يُشبِه الجَوْز. جَوْزٌ رومي

al'dẹrman [ôl-], *n.; pl.* -men عضو مجلسٍ محلي (أو) بَلَدي

āle, *n.* جِعَةٌ خفيفة اللون = مِزْرٌ

alert', *n.* تحذير. انذار (بغارة جوية)

on the —, مُتيَقِّظ. على حَذَرٍ. مُتهيِّئ

alert', *a.* (-ter, -test) مُتيَقِّظ. مُتحذِّرٌ. نَشيطٌ وخفيف عند الحاجة. هَبوب

alert', *v.* أنذر. حَذَّر. انذر (بغارة جوية)

alert'ness, *n.* تَيَقُّظ. نَشاط وخِفَّة. تَحذُّر

alfal'fa, *n.* فِصْفِصَة = برسيم حجازي. خُتّات

al'ġa, *n.; pl.* -gae أُشْنَة = نبات أولي

al'gae [-jē], *n. pl.* أُشْنات = نباتات أولية

al'gebra, *n.* (علم) الجبر

Algē'ria, *n.* الجزائر (في شمال افريقيا)

Algē'rian, *n.* جَزائري

Algiers', *n.* مدينة الجزائر

āl'ias, *n., ad.; pl.* -ases اسم مُنتَحَل (أو) مُستعار. اسم آخر

Jones, — Smith, جونز، (أو) سْمِث كما يُسمّى خلاف ذلك

al'ibī, *n.; pl.* -bīs إثبات التحيُّز (في مكانٍ ما). الادعاء (أو) البيّنة على الوجود في مكانٍ آخر غير مكان الجريمة. تعذُّر. مَفلَص

āl'ien [-yẹn], *n.* غريب (أو) أجنبي (شَخصٌ)

āl'ien, *a.* غَريبٌ (عن). مُنافٍ (ل)

āl'ienāte, *v.* نفّر = جافَى. نابذ. تنابذ. استفزّ. حَوّلَ (أو) نقل (المُلْك الى شخصٍ آخر). استفسد

āliena'tion, *n.* نَفرة. جفاء. التجافي. تحويل (أو) نقل الملك

āl'ienist, *n.* طبيبٌ نفساني

alīght' [-līt], *v.* حطّ. نَزَل. حوّل. ترجّل

alīght', *a(d).* مُحترِق. مُشتعِل. مُشرِق

alīgn' [-līn], *v.* صفّ. وَضع في سطرٍ. اصطف. إنحاز

alīgn'mẹnt [-līn-], *n.* صفّ. إنحياز. اصطفاف. الوقوف في صفّ

alīke', *a(d).* مُتشابِه. على السَّواء. على حدٍّ سِوًى

al'imẹnt, *n.* أُكْل. طعام. غذاء

alimen'tary, *a.* طعامي. غِذائي. هضمي

alimentary canal, القناة الهضمية

al'imony, *n.* نفقةٌ شرعيّة

alīne, *v.* = align

alīne'mẹnt [-nm-], *n.* = alignment

alīve', *a.* حيٌّ. نَشيط. يعِجّ (أو) يَنغَشّ بالناس

Look —! أسرِع! عجِّل

— to, مُتفطّن (إلى). دارٍ (ب)

al'kalī, *n.; pl.* -lis *or* -lies = القِلْي (مادة كيماوية)

al'kalīne *or* **-in,** *a.* قِلَوي

al'kaloid, *n.* قَلَويد = مادة كالقلي توجد في بعض النباتات

all [ôl], *prn.* كُلٌّ (من). كُلٌّ. جميع

at —, مُرسَلًا = إطلاقًا. على أيّ حال. أصلًا. البتّة. قطُّ

all, *a.* جميع . عُموم . كُلّ

all, *ad.* بأجمعه . أجمع . جمعاء .

all′-around, *a.* = all-round

All′ah, *n.* أللّه

allay′, *v.* هدّأ . سكّن . فرّج . لطّف

allēgā′tion, *n.* زَعْم . تعذُّر = تحجُّج . إدّعاء

allege′ [alej], *v.* زعم . تعذّر = تحجّج . ادّعى

allē′giance [-jęns], *n.* وَلاء . طاعة . إخلاص . موالاة

allēgo′ric(al), *a.* مَجازي . على سبيل الحكاية

all′ēgory, *n.* حكاية مجازيّة (تهذيبية)

alleg′rō [-lā-], *n., a(d).*; *pl.* -ros. سريع (في الموسيقى) . بسرعة . قطعة موسيقية سريعة

all′ęrgy, *n.* حساسية . كُره شديد

allēv′iāte, *v.* خفّف . هوّن . فرّج

allēviā′tion, *n.* تخفيف . تهوين . تفريج

all′ey [ali], *n.* [زاروب] . مَرْنَجة = زُقاق . زَقَب

a blind —, زقاق مُصمَّم = غير نافذ . (عَمَلٌ) ليس له مُؤدّى

allī′ance, *n.* حلف . تحالف . ائتلاف . تصاهر

allīed′ [alīd], *a.* مُتحالف . مُنتسب . مُؤتلف . مُتّصل

all′īes [alīz], *n. pl.* أحلاف . حلفاء

all′igātor, *n.* تِمساحٌ أمريكي

allitera′tion, *n.* جناس ناقص

all′ocāte, *v.* قسّط = وزّع . أحصّ = أعطى (أو) عيّن الحصة (أو) النصيب

allocā′tion, *n.* تخصيص (مالي) . إحصاص = إعطاء الحِصة

allot′, *v.* (-tted, -tting) وزّع (أو) قسّم (حِصصًا)

allot′męnt, *n.* مَحفلة = إكارة = حقلة . توزيع . حصّة

allow′, *v.* سَمَحَ (بِ) . جوّز . أباح

— for, حسب حساب . . .

allow′able, *a.* مسموحٌ به . جائز . مُباح

allow′ance, *n.* مَجعول = جراية (ماليّة) = تعيين (مالي او غيره) . [خصم]

make — for, حسب حساب . . تسمّح (أو) تسامح بسبب . .

alloy′, *or* **all′oy,** *n.* خليطةٌ معدنيّة

all rīght [ôlrīt], *a(d).* صحيحٌ . بعافية . بخير . نعم

all′-round, *a.* شامل (أو) متنوّع المعرفة (أو) المقدرة (أو) المنفعة = بلتماني

All Saints' Day, عيد أول نوفمبر (تشرين الثاني) لجميع القدّيسين

all′spīce [ôl′-], *n.* بهار = تابل له رائحة كمزيج من القرفة و كبش القرنفل وجوزة الطيب

allūde′ [*or* -ū-], *v.* لمّح = سنّح . أشار (أو) عرّض . كنى

allūre′, *v.* استهوى . فتن . شوّق

allūre′męnt [-rm-], *n.* استهواء . تشويق . استفتان . مَفتنة

allūr′ing, *a.* يستهوي . جذّاب . مُغرٍ

allū′sion [*or* -ūzhęn], *n.* تلويح . تلميح . إشارة خفيفة . كِناية

allūv′ial, *a.* غِرْيَني

allȳ′, *v.* (-llied, -llying) حالف . ناسب

all′ȳ, *n.* حليف . عهيد

all′y, *n.* مِصكاك = كُريّة تُقذف على الكريات الأخرى في لعبة الكرات الصغيرة (أو) لعبة الكُلل

Al′ma Māt′ęr, *n.* مدرسة الشخص (أو) كليته (أو) جامعته الخاصة به

al'manac [**ôl-**], *n.* زيجٌ = مَطبُوخٌ = تقويم (الأيام والأشهر)

almi'ghty [**ôlmīti**], *a.* قادر على كل شيء

The Almighty, *n.* (الله) القدير

alm'ond [**âmond**], *n.* لُبّ اللَّوز . لَوزة

al'monęr [*or* **âm-**], *n.* مُوَزِّع الصَّدَقات (نيابةً عن ملك أو مؤسسة خيرية)

al'mōst [**ôl-**], *ad.* لا يَبلُغ ان يكون = يكاد يكون . . . تقريباً

âlmṡ [**âmz**], *n.* صَدَقة . صَدَقات

âlmṡ'-house [**âmz-**], *n.* تَكيَّة

al'oe [**-ō**], *n.* (نبات) الصَبر

al'oeṡ [**alōz**], *n. pl.* الصَّبِرُ = الصَبِرَة المرَّة . لُوَة . أُلُوَّة

aloft', *ad.* عالياً . إلى الأعلى . إلى فوق

alōne', *a.* منفرد . وَحدَه . وَحيد

let —, أغفل . خلَّى . فضلًا عن . دَعه وشأنه

alōne', *ad.* على انفراد . على حِدَة . على حِيال

aloṅg', *prp.* بِحِذاء . على طول (أو) امتداد . . . بطول

— with, مع . بصُحبة

aloṅg', *ad.* بالطول . طُولاً . أماماً . مع

all —, طول المدة (أو) الوقت

get —, مضى . تقدَّم . نجح

aloṅg'sīde, *ad.* بِطوار . محاذِياً . جنباً إلى جنب . بإزاء

aloṅg'sīde, *prp.* بِحِذاء . بجانب

alo͞of', *a(d).* بَعيداً . مُتَباعِد . مجنِب . مُنحاشٌ .

alo͞of'nĕss, *n.* تباعد . تجاف . انحياش

aloud', *ad.* بصوتٍ عالٍ (أو) مَسموع

alp, *n.* طَوْد = جبل شامخ

alpac'a, *n.* حيوان ضأني في امريكا الجنوبية = قرمَل . قُماش من صوف هذا الحيوان . نوع من قماش قطني صوفي [ألباكا]

al'pha, *n.* أوَّل . بداية

Alpha and Omega, البداية والنهاية . الأول والآخر . الألف والياء

al'phabĕt, *n.* الأبجدية . حروف الهجاء

alphabet'ical, *a.* أبجدي . بترتيب حروف الهجاء

alphabet'ically, *ad.* بترتيب حروف الهجاء . . على نَسَق حروف الهجاء

Al'pīne, *n.* طَوْدي = خاصٌ بجبل شامخ (أو) جبال شاهقة

Al'pīne, *a.* خاص بجبال الألب (أو) مثلها

Alps, *n. pl.* جبال الألب

alread'y [**ôlredi**], *ad.* كانَ (قَدْ . . .) . قَدْ . قَبلًا . مِنْ قَبل

al'sō [**ôl-**], *ad.* ثمَّ . أيضاً

al'tar [**ôl-**], *n.* مَذبَح (في كنيسة)

al'tęr [**ôl-**], *v.* جعله غير ما كان . بَدَّل . غَيَّر . عَدَّل

altęrā'tion [**ôl-**], *n.* تَغيير . تَبَدُّل . تحويل

altęrcā'tion [**ôl-**], *n.* مشادة (أو) مُشاجَرَةُ كلام = مُقاوَلَة

al'tęrnāte [**ôl-**], *v.* خالَفَ (بين . .) . تَبادل . تَعاقب . رازَم = ناوَب . تغاير

altern'ate [**ôl-nit**], *a.* مُعاقب . عَقيب . بَديل . آخَر . مُغاير . خِلفة

on — days, إغباباً . في أيَّام الغبّ

altern'ately [**-nit-**], *ad.* بالدَّور . بالتعاقب . بالتناوب

al'tęrnāting [**ôl-**], *a.* مُتَعاقِب . مُتَخالف . مُتَحَوِّل

the — current, التيار المتعاقب (أو) المتناوِب (أو) المتغاير

altęrnā'tion [**ôl-**], *n.* تَعاقُب . تناوب . تبادل

altern'ative[ôl-], *a.* تخييري (بين شيئين)

altern'ative, *n.* مُغاير . خِيَرَة . اختيار . تخييرة . بَديل

alţhough' [ôlţhō], *con.* وَلَو ، مع أنَّ . . وإن

al'titūde, *n.* ارتفاع . عُلُو (عن سطح البحر) . مُرْتَفَع

al'tō, *n.; pl.* -tos. قِطعةٌ تُغَنَّى بأخفض صوتٍ نسائي (أو) أرْفَع صوتٍ رِجالي

al'tō, *n.* امرأة (أو) رجل تُغَني (أو) يُغَني بهذا الصوت

altoġeţh'ęr [ôl-], *ad.* جُملةً . أجمع . بالكلّية . برُمَّته . بجملته

al'trūism, *n.* الايثار على النفس . الايثار الغيري

altrūis'tic, *a.* إيثاري غيري . ايثاري على النفس

al'um, *n.* شَبٌّ = حجر الشَّبّ

alūmin'ium *or* **alūm'inum,** *n.* (معدن) الألومنيوم

alum'nī, *n.; pl. of* alumnus

alum'nus, *n.; pl.* -ni طالب جامعة مُتَخَرِّج . خِرّيج

al'ways [ôl-], *ad.* دوماً . أبدًا . كُلَّ مرة

A.M. *or* **a.m.** قبل الظهر . قبل الزوال

am, *v.* أكون (للمفرد المتكلم)

amain', *ad.* بشدة . بكمال السرعة

amal'ġam, *n.* خليطة من الزئبق ومعدن آخر = مَلغَمة

amal'ġamāte, *v.* مَلغَم. خَلَط . ضمّ . اندمج

amalġamā'tion, *n.* مَلغمة . خلط . انضمام . دَمْجٌ

amanūen'sis, *n.; pl.* -ses [-sēṡ] كاتب إملائي . ناسِخ

am'aranth, *n.* سالِف العروس = قُطيفة = زَهرَة موهومة لا تذوي أبدًا

amaran'thīne, *a.* لا يَذوي أبدًا . أرجواني

amaryll'is, *n.* نبات له زهرٌ كبيرٌ وردي اللون = زنبق الحشيشة الحمراء

amass', *v.* طَمَّر المال = جمعه وركَمه . جَمَع . كوَّم . كدَّس

am'ateur [-ter], *n.* مُتَعَشِّق = (هاوٍ)

amateur'ish [-ter-], *a.* يُعمَل كما يُعمل المتعشق (عن غير خبرة أو مهارة)

am'atory, *a.* غَرامي

amāze', *v.* عَجَّب . تَعَجَّب . أذهش

amāze'mẹnt [-zm-], *n.* تَعَجُّب . عَجَبٌ شديد

amāz'inġ, *a.* مُعَجِب . رائع

Am'azon, *n.* نهر الأمازون . امرأة محاربة شديدة (عند الأغريق)

ambass'ador, *n.* سَفير

am'bẹr, *n.* كهرباء = كَهْرَمان (كارِب)

am'bẹrgrīs, *n.* عَنبَر (خام)

am'biẹnt, *a.* محيط . مُطيف

ambigū'ity, *n.* إشتباه. إبهام. لَبْس. التباس

ambig'ūous [-ẹs-], *a.* مُشْتَبِه . مُبهَم . ذو مَعنيَين (أو أكثر)

ambi'tion, *n.* طُموح . مَطمَح

ambi'tious, *a.* طَمُوح . طامح طَمّاح . سامي الهمة . بعيد المَطمَح

am'ble, *v.* سار رَهْوًا (أو) رُوَيدًا . خَبَّ [رَهْوَن] . رَمَل

am'ble, *n.* سيرٌ رَهْوٌ (أو) سهلٌ خَبَب . [رَهْوَنة]

ambrō'ṡia [*or* -zh-], *n.* عنبرية . طعام الآلهة (عند الأغريق) . لذيذة

ambrō'ṡial [*or* -zh-], *a.* مثل طعام الآلهة . لذيذ . عنبري الرائحة

am'būlance, *n.* عربة (أو ناقلة) إسعاف
ambuscāde', *n.* كَمين . مَكمَن
ambuscāde', *v.* كَمَن . أَكْمَن . تَرَصَّد
am'bụsh, *n.* كَمين . مَكمَن
am'bụsh, *v.* كَمَن . أَكْمَن . تَرَصَّد
amēb'a, *n.* = amoeba
amēl'iorāte, *v.* حَسَّن . صَلَّح . أصلح
amēliorā'tion, *n.* صَلاح . إصلاح . تحسين
āmen' [*or* **âmen**], *int.* آمين
amēn'able, *a.* خاضِع . يستجيب (إلى) . مُنقادٌ . لَيِّن العَريكة . قَؤود
amend', *v.* صَحَّح . أصلح . عَدَّل
amend'mẹnt, *n.* تصحيح . تعديل
amendṡ', *n. sing. or pl.* تكفير . تعويض = أَرْشٌ
amēn'ity, *n.* ظَرْف . طِيب . لَطافة . مُلاطفة . مَنعَم
Ame'rica, *n.* أمريكا
Ame'rican, *n., a.* أمريكي
Ame'ricaniṡm, *n.* الوِلاء للولايات المتحدة . استعمال لغوي أمريكي . عُرف أمريكي
am'ĕthyst, *n.* حَجَر الجَمَسْت (أو) الجَمَشْت (أو) الجَمز = جَبَلَّقوم
ām'iable, *a.* مُحَبَّب (أو) قَريب إلى القلب . كريم النفس . لطيف . حلو الشمائل
am'icable, *a.* وُدّي . حُبّي
amid', *prp.* وَسْطَ . بَيْن
amid'ships, *ad.* نحو (أو في) وسَط السفينة
amidst', *prp.* وَسْطَ . بَيْن
amīr', *n.* أمير
amiss', *a(d).* خَطَأٌ . خَطأً . على غير مَحله . غَلَط
am'ity, *n.* وِداد . صَداقة . حسن عَلاقات
ammōn'ia, *n.* غاز النُّشادر
amm'onīte, *n.* صَدَفة (أو) مَحارة حلزونية الشكل
ammūni'tion, *n.* عَتاد حربي . ذخيرة حربية
am'nĕsty, *n.* عَفوٌ عام
amock' [**-muk**], *ad.* = amuck
amoeb'a [**-mē-**] *n.*; *pl.* -bas *or* -bae [**-bē**] جُرثومة الأَميبا
among' [**-mung**], *prp.* (من) بَيْن . من (أو) في جملة . . .
amonġst' [**-mungst**], *prp.* فيما بين . وَسْط
am'orous, *a.* عَشّاق . عاشِق . تَعَشُّقي
amôrph'ous, *a.* غير مُتَبَلِّر (أي ليس على شكل بلورات) . ليس له شكلٌ مُعيَّن . غير مُنتَظِم
amount', *n.* كَمِّية . مَبلَغ . جُملة
amount', *v.* بَلَغ (مجموعه) . عادَل
to — to, هو كِنايةٌ (عن) = بمثابة
amour' [**amōōr**], *n.* غَرام . وِصال
am'pere [**-pār**], *n.* أمبير = وَحدة لقياس قوة التيار الكهربائي
amphib'ian, *a., n.* (حيوان) لَجايٌّ = بَرّي مائي
amphib'ious, *a.* لَجايٌّ = بري مائي
am'phithēatre [**-thēẹtẹr**], *n.* مُدَرَّج مَسرَحي
am'ple, *a.* كَثير . رَحيب . مُتَّسِع . وافر . وافٍ . ضافٍ
amplificā'tion, *n.* تَوسيع . تكبير . شَرْح
am'plifīẹr, *n.* مُكَبِّر (أو) مُفخِّم (الصوت أو التيار)
am'plifȳ, *v.* (-fied, -fying) شَرَح = وَسَّع . كَبَّر . وَفَّى
am'plitūde, *n.* كُبر . وُسعة . وَفرة
am'ply, *ad.* بوَفرة . بصورةٍ جَزيلة

am′pūtāte, *v.* بَتَر = قَطَع (عضوًا)
ampūtā′tion, *n.* بَتْر (أحد الاعضاء)
amuck′, *ad.* مُستفرِسٌ = مُستقتِل. مُتَشَمِّق
run —, رَكِبَ رأسه (أو) غار مُستقتلًا. شَمِق = تشمَّق = تنشط كالمجنون
am′ūlĕt, *n.* حِرْزٌ. حِجاب. عُوذة. حفيظة
amūse′, *v.* سَلَّى. فَكَّه. تفكَّه
amūse′mẹnt [-zm-], *n.* تَسلية. تفكِهة. نُزهة الخاطر
amūs′ing, *a.* مُسَلٍّ. مُفكِّه
an, *a*, أداة نكرة أمام حرف علة أو شِبهه
anach′ronism [-k-], *n.* مُنافاة زمنية (أو) تاريخية
anacon′da, *n.* حِرْبِش = أفعى كبيرة تحطم فريستها
anaem′ia [anē-], *n.* فقر الدم
anaesthēs′ia, [anis-], *n.* بنج. تخدير
anaesthet′ic, [anis-], *a.*, *n.* بَنجٌ. بَنجي. تبنيجيٌّ
anal′oġous, *a.* شَبيهٌ. مُتشابهٌ. نَظِير
anal′ogy [-ji], *n.* تَمثيل = تشبيه. شَبَه. قِياس
an′alȳse, *v.* حَلَّل. دَقَّق. مَحَّص
anal′ysēs, *n. pl. of* analysis
anal′ysis, *n.* تَحليل. تمحيص
analyt′ical, *a.* تحليلي. تَمحيصي
an′alȳze, *v.* = analyse
an′archist [-k-], *n.* فَوْضوِي
an′archy [-k-], *n.* اختلال النظام. عَدَم الحكومة. فَوْضوية
anath′ĕma, *n.* لَعنَةٌ (تُستنزَل بدَعْوة إلهية). شيء (أو) شخصٌ مُستلعن (أو) مغضوب عليه. محرَّم
anath′ĕmatīze, *v.* لَعَن. استنزل اللَّعنة. حرَّم
anatom′ical, *a.* تشريحي
anat′omist, *n.* مُشَرِّح
anat′omīze, *v.* شَرَّح. حَلَّل. فصَّل
anat′omy, *n.* (علم) التشريح
an′cēstor, *n.* أبٌ أوّل. سَلَف
ances′tral, *a.* مُتَعلِّقٌ بالأجداد (أو) موروثٌ عنهم
an′cestry, *n.* أَجداد. (أصل) النَّسَب (القديم)
anc′hor [-k-], *n.* أَنجر = مِرساة. هِلب
anc′hor, *v.* رسا. أرسى. ارتزَّ
anc′horage [-kẹrij], *n.* رُسُوّ. مَرْسى. رُساوة = أُجرة الرُّسُوّ
an′chovy *or* **anchō′vy**, *n.* سَنَمُورَة. بَلَمٌ. صِيرٌ
ān′cient [-shẹnt], *a.* كُنْتِي = كبير العمر. قديم. عتيق. فانٍ = هَرِمٌ
the ancients, الأقدمون. الشعوب القديمة. القُدماء
ān′ciently [-shẹn-], *ad.* في الأزمنة القديمة
and, *con.* حرف العَطْف (الواو أو الفاء أو ثُمَّ)
Andalū′sia [-sha], *n.* الأندلس
andan′tē, *a(d).*, *n.* بطيء نوعًا ما (في الموسيقى). قطعة موسيقية بطيئة نوعًا ما
an′dīron [-dīẹrn], *n.* مَسند الحَطَب المشتعل في الموقد
an′ĕcdōte, *n.* سالِفة = نادِرَة = قصة قصيرة مُستَملَحة
anēmom′ĕtẹr, *n.* مقياس سرعة الريح
anem′onē, *n.* زهرة الريح = أَنُومِيَّة = ضرب من الشَّقِر (أو) شقائق النُّعمان
anesthetic, *n.*, *a.* = anaesthetic
anew′, *ad.* من جديد. مُجدَّدًا
ān′gẹl, *n.* مَلاك. مَلَك

angel'ic, *a.* مَلَائِكي . كالمَلَاك

angel'ical, *a.* ملائكي . سماوي . طاهرٌ . بري.

An'gelus, an'gelus [-lẹs], *n.* صلاة البشارة = عبادات (أو) صَلَوَاتٌ تذكارًا لتقمص المسيح الشكل الانساني . جرسٌ إيذانًا بهذه الصلوات

anġ'ẹr, *n.* غَضَبٌ . حَفيظة

anġ'ẹr, *v.* أَغضب . أَحفظ

anġ'le, *v.* صاد (او) تصيَّد السمك (بالصِنَّارة) . دَبَّر لاصطياد . احتال (لِ)

anġ'le, *n.* أداة صيد السمك

anġ'le, *n.* زاوية

anġ'lẹr, *n.* صَيَّاد سمك (بالصنَّارة)

Anġ'lican, *a., n.* انكليكاني

anġ'ling, *n.* صيد (السمك) بالصنَّارة

anġ'rily, *ad.* بغضب . بحِدَّة

anġ'ry, *a.* غَضبان . مُغضَب . عن غَضَب

anġ'uish [-wish], *n.* كَمَدٌ . مَضَضٌ . جَوىً . بَرْحٌ

anġ'uish, *v.* آلم شديدَ الألم . أَمَضَّ . أَجوَى . بَرَّح . أكمد

anġ'ūlar, *a.* ذو حُروفٍ (أو) زوايا (أو) قُرَن ناتئة . زاوِيّ

anġūla'rity, *n.* كَوْن الشيء ذا زوايا (أو) نتوءات . قُرْنة ناتئة

an'ilīne [*or* -lin], *a., n.* الأنيلين = سائل زيتي لصنع الصباغ . مصنوع من الأنيلين

animadver'sion [-shẹn], *n.* لَوْم=عَذل . تعذيل . تثريب

an'imal, *n.* حَيوان . دابَّة . جِسم

an'imal, *a.* كالحيوان . حَيوانيٌّ . جِسْمي

— spirits, انتعاش . نَشاط . حَيويَّة . إنشراح

an'imāte, *v.* حرَّك النفس . بَعَث فيه الروح . أحيا . أنعش

an'imate [-rit], *a.* حَيوان . ذُو حياةٍ . حَيٌّ

an'imātẽd, *a.* مُحتَدّ . نَشِيط . مُنتَعِشٌ . حَيّ

animā'tion, *n.* حَماسة . اشتداد . نَشاطة

animos'ity, *n.* عَداوة . بُغض . شَحناء

an'imus, *n.* مُستَكِنَّة = سَخيمة = ضَغينة . كُرهٌ . إِحنَة

an'ise [-is], *n.* نبات (أو بزر) الأنيسون

ankle, *n.* كَعب . (مَفصِل) الكعب . كُرسوع القدم

ank'let, *n.* خَلخَال . حَجل

ann'alist, *n.* أخبارِي . راوية تاريخ

ann'als, *n. pl.* تأريخ . أخبار التاريخ

anneal', *v.* أَنَّث = عامل (بالحرارة ثم بالتبريد) حتى يصير مَرِنًا لَدْنًا

annex', *v.* ضَمَّ . أَلحق . استضاف . أتبع

ann'ex, *n.* مُلحق . بناءٌ مُلحق

annexā'tion, *n.* ضَمٌّ . إلحاق . استضافة

ann'exe, *n.* مُلحق . بناءٌ مُلحق

annī'hilāte [-īil-], *v.* أباد . أفنى . محا (من الوجود) . دَمَّر

annihilā'tion [-īil-], *n.* إبادة . إفناء . محوٌ (من الوجود)

annivers'ary, *n.* حَوْليَّة = ذكرى سنوية . عِيد (سنوي)

ann'ōtāte, *v.* ذَيَّل = علَّق عليه بشروح

ann'ōtā'tion, *n.* تذييل . تعليق بشروح

announce', *v.* أعلن = أذَّن (ب) . خبَّر

announce'mẹnt [-sm-], *n.* إعلامٌ (عامٌّ) . إعلان . تأذين

announ'cẹr, *n.* مُذيعٌ . مُؤذِّن

annoy', *v.* أَمعض . كَدَّر . أَغاظَ

annoy'ance, *n.* إزعاج . امتعاض . اغتياظ

annoy'ing, *a.* مزعِج . مُغيظ . مُزعِل

ann'ūal, *a.* سنوي . في العام . لسنةٍ

ann'ūal, *n.* نبات حوليٌّ (أو) موسمي . كتابٌ حوليٌّ

ann'ūally, *ad.* سَنَويًّا . في السنة . مُسانَهةً

annū'ity, *n.* سَنَوية = قِسط (أو) مرتَّب سنوي . دُفعة مالية سنوية

annul', *v.* (-lled, - lling) أبطل . فسخ

ann'um, *n.* سَنة (أو) عام (باللاتيني)

per —, في السنة . سَنَويًّا

annunciā'tion, *n.* إعلان

Annunciā'tion, *n.* عيد البشارة

anoint', *v.* مَسَح (بالزيت) . إدّهن . دَهَن

anom'alous, *a.* غير مُتَّسِقٍ . خِلاف القياس (أو) العادة . شاذٌّ

anom'aly, *n.* نابية . شذوذ

anon', *ad.* في الحال . عن قريب

anon'ymous, *a.* مُغفَل . مجهولُ الاسم . مجهولٌ . غُفلٌ = لا يُعرَف اسمُه (أو) واضعُه (أو) مؤلِّفه

anoth'er [-uth-],*a.,prn.* آخر. أخرى. غير.

ân'swer [-ser], *v.* أجاب . كان مسئولا (عن) . رَدَّ (على) . سَدَّ مَسَدَّ . وَفَى (ب) . طابَق

ân'swer, *n.* جوابٌ . ردٌّ . حَلّ (مسألة)

ân'swerable [-ser-], *a.* يمكن الاجابة عنه . مؤآخذ . مسئول

ant, *n.* نَمل . نَملة

antag'onism, *n.* مُقاوَمة. مناوأة. مُناكرة

antag'onist, *n.* مُناصِب . مُناهض . مناوىءٌ . مُناكِرٌ . ضِدّ

antagonis'tic, *a.* مُناوىءٌ. مُنازِعٌ. معارِضٌ

antag'onize, *v.* كَسَبَ عداوتَه (أو) جعله عَدُوًّا . إستفسد

antarc'tic, *n.* المنطقة القطبية الجنوبية

antarc'tic, *a.* متعلق بالمنطقة القطبية الجنوبية

an'tē-, *pref.* قَبل . أمام

ant'-eat'er, *n.* حيوان آكِلُ النمل . دابة النمل

antēcēd'ent, *a.* قبل . مُتقدِم . سابقٌ . مَتبُوعٌ .

antēcēd'ent, *n.* العائد = الاسم السابق (لاسم الموصول) . سابقة . مُقَدَّم

antēcēd'ents, *n. pl.* ماضي (الشخص) (أو) سيرته السابقة

an'tēchāmber, *n.* قَيطون = غرفة تؤدي إلى أخرى أكبر منها

antēdāte', *v.* حَدَث من قبل . قَدَّم (أو) سَبَّق التاريخ

antēdilūv'ian, *n., a.* قبل الطوفان . شخصٌ (أو شيء) من قبل الطوفان . عتيقٌ . من عهد نوح . بعمر نوح

an'tēlōpe, *n.* غزال . ظَبيٌ . بَقَرةٌ وَحشيَة = ظَبية

antenn'a, *n.; pl.* -nas, *or* -nae **[-ni]** لامسة (أو) مِلمَس (في رأس الحشرة). [أنتين]

antēr'ior, *a., n.* قَبل . قُدّام . أمام . أمامي . مُتَقَدِم

an'tē-rōom, *n.* مُخدَعٌ . غُرفَة انتظار

an'them, *n.* تَرتيلة = نَشيد (أو) تسبيح ديني . نَشيدٌ

an'ther, *n.* مِئبَر = حاملة غُبار الطلع

ant'-hill', *n.* قرية النمل

anthol'ogy, *n.* مجموعة مختارات (شعرية أو نثرية)

an'thracīte, *n.* نوعٌ صُلبٌ من الفحم الحجري قليل الدخان (أو) اللهب

an´thrax, n. الجَمْرَةُ الخَبيثة (داء) .
الجمرة الفحمية

an´thropoid, a., n. شِبه الانسان . شبيهٌ
بالانسان . نسناس

anthropol´ogy, n. علم الانسان

anti-, pref. ضدّ . مُضاد

anti-air´craft, a. مُضاد للطائرات

an´tic, n., a. مُضحك . حركة . غريب
(أو) لعبة مضحكة . مُهَرِّج

An´tichrīst [-k-], n. عدو المسيح .
الدَّجَّال

anti´cipāte, v. تَوَقَّع . تَطَلَّع (إلى) . إستبدر .
بادر وسبق . بَدَر . احتاط (لـ) .
احتسب مُقَدَّمًا . سَبَق . عاجَلَ

anticipā´tion, n. معاجلة . ابتدار . تَوَقُّع .
تَطَلُّع . نوقع واحتياط . احتساب .
تسبيق . استبدار

an´tics, n. pl. حَرَكات مُضحكة

an´ticlīmax, n. التَّدَلّي (وهو ضد التناهي)
في علم الأدب . إسفافُ

an´tidōte, n. بادِذَكَر . مَسُوسٌ = تِرْياق .
علاج شاف

an´timony, n. إثْمِد = حَجَر الكُحل

An´tioch [-k], n. مدينة أنطاكية

antip´athy, n. إجتواء = تنافر (أو) نُفُور .
طبع . مُنافَرة . مُباغَضَة . التنابي .
منابأة

antip´odēs, n. pl. مكانان متقابلان على
طرفي الأرض . متناقضان . متضادّان

antiquār´ian [-kwār-], n., a. مُتَعَلِّق
بالمتروكات العتيقة . خبير بالمتروكات
العتيقة . تاجر المتروكات العتيقة

an´tiquary [-kwar-], n. خبير بالمتروكات
العتيقة . تاجر متروكات عتيقة

an´tiquātēd [-kwā-], a. قديم العهد .
مُتقادم = انقضى عَهدُه (أو) زمانه

antique´ [antīk], a., n. قديم . عَتيق .
شيء عَتيق (أو) أثَري . عادي

anti´quities [-kwitiz], n. pl. عادِيَّات .
= آثار قديمة

anti´quity [-kwiti], n. قِدَم . عُتْق .
قديم الزمان

antisep´tic, a., n. مُعَقِّم . تعقيمي

anti-slāv´ery, n. ضِدِّية الرِّقّ

antith´esis, n.; pl. -theses [-ēs-] المقابلة
(في البديع) . ضِدّ . نَقيض . مُباين . طِباق

antitox´in, n. مادة تتكون في الجسم تقي
من سموم الجراثيم . دواء واقٍ من
المرض . لقاح واقٍ

ant´ler, n. قرنُ الوَعِل (أو) شُعبةٌ منه .
رَوْق أشْعَب

an´tonym, n. كلمة مُضادَّة . كلمة مناقضة
في المعنى لكلمة أخرى

an´vil, n. سِندان

anxī´ety [angzīeti], n. قَلَق . هَمٌّ .
بَلبَالٌ . جَزَعُ

anx´ious [angkshes], a. مَهمومٌ .
مشغول البال . مُتَشَوِّق

an´y, a. أيُّ . أيَّة . أيُّما

an´y, prn. أيُّ . أيَّةُ

an´ybody, prn. أيُّ أحَد . أحَدٌ

an´yhow, ad. كيفما كان . مها كان الامر .
كيف اتفق . على أي حال

an´yone, any one [-wun], prn. أيّ
واحِد . اية واحدة

an´ything, n., prn. أيُّ شيء . . شيءٌ ما

an´yway, ad. كيفما كان . كيف اتفق .
على أي حال

an'ywhere [-wār], *ad.* حيثما (أو اينما) كان . أي مكان

an'ywīse, *ad.* كيفما كان

āort'a, *n.; pl.* -tas, *or* -tae [-tē] (عِرق) الوَتين (من القلب)

apāce', *ad.* بِسُرعة . على عَجَل . حَثيثًا

ap'anage [-ij], *n.* = appanage

apârt', *ad.* مُنفصِلًا . على انفراد . على حِدَة . حجرةً . مُنحرِدًا . فضلًا (عن)

— from, فضلًا (عن) . (ما) عدا . في مَعزِل

apârt'mẹnt, *n.* [شُقّة] . حُجرْ . حُجرَة . غُرفة . مَقصورة

apathet'ic, *a.* جامِد النفس (أو) الشعور . عديم الاكتراث (أو) المبالاة

ap'athy, *n.* جمود النفس (او) الشعور . قلة المبالاة (أو) عدَمُها

āpe, *n.* قِرد . نَسناس . شَخصٌ مُقلِّدٌ

āpe, *v.* مَايَر = باوَى = حاكى (او) قلَّد . قلَّد مُستهزِئًا

ap'ẹrture [-chẹr], *n.* فَتحَة . كُوَّة . قُترَة

āp'ex, *n.;pl.* -exes, -ices [-ēṡ] رأس . ذُروة . مُنتهَى

aph'is [*or* ā-], *n.; pl.* aph'ides [-ēṡ] *or* aphids [-dṡ] أَرَقةٌ = قملة النبات

aph'orism, *n.* مَثَل . حِكمة . قول مأثور

apiece', *ad.* الواحد(ة) . كُلٌّ (من) . لِكُلٍّ (من)

apoc'alypse, *n.* كَشفُ (المُغيَّب) . إلهام . إيحاء (رَبّاني) . التكهن عن احوال الآخرة

Apoc'alypse, *n.* سِفر الرؤيا (وهو آخر أسفار العهد الجديد)

apoc'rypha, *n.* أربعة عشر سفرا في العهد القديم غير مُعتَرَف بها من العموم

apoc'ryphal, *a.* مشكوك في صحته

apologet'ic, *a.* اعتذاري . تَعَذُّري . تَعَلُّلي . مُقِرٌّ بالخطأ . دِفاعي

apologet'ically, *ad.* باعتذار . عن تَعَذُّر . بانتحال الأعذار (أو) المبررات . بتأوُّل

apol'ogist, *n.* مُتأوِّل . مُتعذِّر = مُدافِع عن فِكرة

apol'ogīze, *v.* اعتذَر . استعتب . انتحل الأعذار (أو) المبررات . استماح عذرًا

apol'ogy, *n.* اعتذار . مَعذِرة . استماحةٌ . عُذر . استعتاب

ap'oplexy, *n.* داء السَّكتة

apos'tasy, *n.* ارتداد (عن الدين أو المبدأ)

apos'tāte, *n.* صابِىء = مُرتَدّ (عن دين أو مبدأ)

apos'tle [-sl], *n.* رسولٌ . نبيٌّ مُرسَل . حَوارِيٌّ . داعية (أو مُبشِّر) ديني (مسيحي)

apostol'ic, *a.* مُتعلِّق بالداعية (أو) المُبشِّر . بابوي

apos'trophẽ [-fi], *n.* إشارة (') في don't مثلًا . الألتفات (في علم البيان)

apoth'ẽcary, *n.* أجزائي . صَيدلي

apothẽōs'is, *n.;pl.* -ses[-sēṡ] تأليه . تمجيد

appal', appall' [apôl], *v.* (-lled, -lling) راع . أجزَع . أرعب . هال

appall'ing, [-ô-] *a.* مُجزِعٌ . مُرعِب . هائلٌ . فظيع

app'anage [-nij], *n.* = نِحلَة = توليجة = أرضٌ (أو) عَقار (أو) مُلك يُفرَز لإعاشة الاولاد الصغار للملوك (أو) الأمراء . مُلحقة . مُلك خاصّ = فِرزٌ (مَقسوم)

apparāt'us, *n.; pl.* -tus, *or* -tuses [-eṡ] أَداة . عُدّة . جِهاز

appa'rẹl, *n.* كِسوة . لِباس . تجهيز

appa'rẹl, *v.* (-elled, -elling) . كَسا . اكتسى . أَلبَس

appar'ẹnt [*or* **-ārẹnt**], *a.* . ظاهِرٌ . ظاهري . مُبَيَّن

appar'ẹntly, *ad.* . كما يَظهر (أو) يبدو . من الجليّ (أو) الواضح

appari'tion, *n.* خَيال . طَيف . تَرَئّي

appeal', *n.* . مُناشدة . استرحام . استئناف . استنجاد . استهواء . جاذبية

appeal', *v.* . ناشد . استرحم . استنجد . [استنخى] . راق . أعجب . استهوى . لجأ (إلى) . استشهد (ب) . استأنف

appeal'ing, *a.* . يستهوي . يُعجِب. يَروق. استعطافي . استنجادي

appeal'inġly, *ad.* . باستهواء . باستعطاف. باستنجاد

appear', *v.* ظهر . لاحَ

appear'ance, *n.* = ظاهِر . ظُهور . مَظْهر . لائحة . خَيال

appeaṡe', *v.* سَكَّنَ . أهجع . رَضّى

appeaṡe'mẹnt [**-zm-**], *n.* . تسكين . مصانَعة . مراشاة . مرامقة . ترضية

appell'ant, *n.*, *a.* مستأنف . استئنافي

app'ẹllate [**-it**], *a.* مستأنَفٌ له . استئنافي

appellā'tion, *n.* تسمية . لقب . مناداة بالاسم

append', *v.* أَضاف . ألحق . ذَيَّل

appen'dage [**-ij**], *n.* . إضافة . ذَيل . إلحاقة . شَواة البَدَن = أحد اطرافه

appendicīt'is, *n.* التهاب الزائدة الدودية

appen'dix, *n.; pl.* -dixes [**-ēṡ**] -dices [**ēṡ**] . المِعَى الأعور=الزائدة الدودية . تَتمة . مُلحَق

appẹrtain', *v.* . عاد (أو) رَجع (إلى) . خصَّ . اختصَّ (أو) تَعلّق (بِ) (من حَقه)

app'ētīte, *n.* . اشتهاء (أو) قابلية (للطعام) . رَغبة (شديدة)

app'ētīzẹr, *n.* (شيءٌ) مُشَهٍّ (أو) مُقبِّل

app'ētīzing, *a.* مُشَهٍّ . مُحرِّك للقابلية

applaud', *v.* صاح (أو) صَفّق استحسانًا (او) رضىً . استحسن . أثنى على . رَفَع عَقيرتَه بالثناء

applauṡe', *n.* . صِياح (أو) تصفيق استحسان . استحسان . ثناء

ap'ple, *n.* . تُفّاحة . تُفّاح . شجرة التُّفّاح

applī'ance, *n.* استعمال . أداةُ استعمال . أداةٌ آليَّة . آلة (كهربائية) للاستعمال المنزلي

app'licable, *a.* مُنطَبِقٌ . يمكن تطبيقه (والانتفاع به) . مُلائم

app'licant, *n.* مُستَدعٍ . طالِبُ (وظيفة أو عمل . . .)

applicā'tion, *n.* . استدعاء . مَعروضٌ . طَلَبٌ . تطبيق . استعمال . دُؤُوب = مواظبة . طَلِبَة . لَزْقة

applied' [**-līd**], *a.* تَطبيقي

applȳ', *v.* (-lied, -lying) وَضع . طَبَّق. استعمل . انطبق . سَرى . دأَب (على) . توفَّر (على) . طَلَب . قَدَّم طلبًا

appoint', *v.* . وَظَّف . عَيَّن . واعَد . قرَّر . رَسَم (أو) حَكَم (بِ)

appoint'ēd, *a.* مُوَظَّف . مُعيَّن . مَوْعودٌ

appointee', *n.* (شخص) مُعيَّن

appoin'tive, *a.* يكون بالتعيين

appoint'mẹnt, *n.* تَعيين . وَظيفة. مُواعَدَة

appôr'tion, *v.* قسَّطَ = قَسَّم حِصَصًا على السَّواء

appôr'tionmẹnt [**-shẹnm-**], *n.* تَقسيط = تقسيم حِصَصًا

app´ośite, *a.* مُلائم . مُناسِب . موافق لمقتضى الحال . تابع (في النحو)

apposi´tion, *n.* تبعيّة . تراصُف . بَدَل

appraiś´al, *n.* ترويز . تَثْمين . تخمين . تقدير

appraiśe´, *v.* حَكَم على القيمة (أو) الحقيقة = رَوَّز . ثَمَّن . خَمَّن . قَدَّر

apprē´ciable [-sha-], *a.* ذُو بالٍ = محسوس (أو) ملموس

apprē´ciably [-sha-], *ad.* بقدر محسوس (أو) ملموس

apprē´ciāte [-shi-], *v.* تَذَوَّق . أكبَرَ . عَرَف قَدْره = أدرك قيمته

apprēciā´tion [-shi-], *n.* تَذَوُّق . إكبار . عِرْفان القدر

apprē´ciative [-shi-], *a.* مُكبِرٌ . مُقَدِّر . إكباري

apprĕhend´, *v.* ألقى القبضَ (على) . فَهِم . وَجِل . تَخَوَّف

apprĕhen´sion [-shẹn], *n.* إلقاء القبض . فَهْم . تَخَوُّف . إشفاق . تَوَجُّس

apprĕhen´sive, *a.* مُتَخَوِّف . مُشْفِقٌ . وَجِلٌ . سَرِيع الفَهْم

apprĕhen´sively [-sivl-], *ad.* بِتَخَوُّف . بإيجاس . بِوَجَل

appren´tice, *n.* متعلِّم الصنعة . تلميذ صَنعة . مُبْتَدِئ

appren´tice, *v.* أَخَذه تلميذَ صَنعة . تتلمذ في الصنعة

appren´ticeship [-s-sh-], *n.* تَلْمَذةُ الصنعة (أو) مُدَّتُها

apprīśe´, *v.* أعلَمَ = آذَنَ (بِ) . أدرَى

approach´ [-rō-], *v.* دَنا . تَدَنَّى . دانَى . قارب . تَقَرَّب . أقبل (على) . تأتَّى (إلى) = تَطَرَّق . تَوَلَّج (إلى او في)

approach´, *n.* تأتٍّ . مُتَناوَل . طريقة المُعالجة . طريقة التولُّج (إلى الأمر) . مَدْخَل . إقبال . مَزْلفة (البلد) = رزّافة . مَدْنًى

approbā´tion, *n.* استحسان . رِضًى . تصويب

apprōp´riate, *a.* مُلائم . لائق . موافِق (او) مناسِب لمقتضى الحال

apprōp´riāte, *v.* أخذه (او) احتازه لنفسه . تخوَّل = تملَّك من غير حق . خَصَّص (مالًا)

apprōp´riātely [-iātli], *ad.* بما يليق (أو) يناسب

apprōpriā´tion, *n.* إحتجارٌ = احتياز . تَخَوُّل . تخصيص (مالي)

apprōv´al, *n.* استحسان . استصواب . موافقة

on —, تحت الخِيار (أو) الموافقة

apprōve´, *v.* استحسن . استصوب . وافق (على)

apprōved´ [-vd], *a.* مُصدَّق . مَقبول . موافَقٌ عليه

apprōv´ingly, *ad.* برضًى وقَبول . بموافقة

approx´imāte, *v.* قَرُبَ (من) . قرَّب . قارَبَ . ناهَز

approx´imate [-mit], *a.* قريبٌ إلى الصواب . تقريبي

approx´imately [-mit-], *ad.* تقريباً . نحوَ . على (وجه) التقريب

approximā´tion, *n.* تَقَرُّب . تقريب . مقدار تقريبي

appurt´enance, *n.* لاحقة . مُتَعَلِّقة . مُلحقَة

āp´ricot, *n.* مِشْمِش

Ap´ril [ā-], *n.* ابريل = نَيسان

āp´ron, *n.* [وَزْرَة] = لِبابَة = (مَرْيول) . وِثرة . مِيدَعَة

apropōs′[-pō], *a(d).* وعلى ذِكرِ . . . في محلّه . طِبق مقتضى الحال
— of, بِمُناسَبة
apse, *n.* الجزء الناتئ على شكل نصف دائرة في طرف الكنيسة المقابل للباب
apt, *a.* حَقيقٌ = خليقٌ . قابِلٌ (لِ) . من شأنه (أو) دأبه (أن) . طِبق المرام او المُقتضَى . لَقِنٌ (أو) سريع التعلم
ap′titūde, *n.* إستعداد (أو) مَقدرة طبيعية . اهليّة . لَقانة . إستعداد نفسي . قابلية ذهنية
apt′ly, *ad.* طِبقًا للمقتضى . بلَقانة . بذَهانة
apt′nĕss, *n.* = aptitude
aquār′ium [akwār-], *n.* حَوضٌ لحفظ الحيوانات أو النباتات المائية . مُستَمْهًى
aquat′ic [-kw-], *a.* مائي . يعيش (أو) ينمو (أو) يحدث في الماء
a′quēduct [-kwi-], *n.* مَجرٌ ماء . مَجرّةُ ماء
a′quēous [-kwiẹs], *a.* مائيّ . كالماء
— humour, الرطوبة المائيّة (في العين)
a′quilīne [*or* -kwilin], *a.* كالعُقاب . أعقفُ (أو) أقنى (كالأنف الأعقف)
A′rab, *n., a.* عربي
arabesque′ [-besk], *n., a.* رسومٌ متشابكة (او) متناظرة من الاوراق والازهار والخطوط في أشكال هندسية
Arā′bia, *n.* شبه الجزيرة العربية . بلاد العرب
Arāb′ian, *n., a.* عربيّ . من بلاد العرب
A′rabic, *a., n.* عربيّ . اللغة العربية
— numerals, الأرقام العربيّة(او)الغُبارِيّة
a′rable, *a., n.* مُفتَلَح . صالِحٌ للفِلاحة (او) الزَّرع
ârb′itẹr, *n.* حاكِمٌ (أو) حَكَم (في خصومة)
ârbit′ramẹnt, *n.* حُكم الحَكَم
ârbitrar′ily, *ad.* استبداداً . تحكُّماً . افتئاتًا
ârb′itrary, *a.* تَعَسُّفي . اعتباطي . (كيفي) . افتئاتي
ârb′itrāte, *v.* حكَمَ في خُصومة . أحال إلى التحكيم
ârbitrā′tion, *n.* تحكيم
ârb′itrātor, *n.* مُحَكَّم
ârb′itrĕss, *n.* (امرأة) حَكَم
arb′or, *n.* = arbour
ârb′our, ârb′or [-bẹr], *n.* ظَليلة . مكانٌ ظليل بين الاشجارِ . عريشة
ârb′ūtus, *n.* قَطلَب = قاتِلُ أبيه (وهو نبات)
ârc, *n.* قَوسٌ . حَنيّة . قَنطرة
ârcāde′, *n.* قَناطِر . ساباط = قَابولٌ
ârch, *n.* طاق . عَقد . قَنطرة . قَوس
ârch, *v.* تَقَوَّسَ . قوّس . حَدَّبَ
ârch, *a.* رأس = رئيس = أرخون (أو) اركون . مُماكِرٌ
ârchaeolo′gical [-ki-], *a.* مُتَعَلِّقٌ بآثار الإنسان القديم . اركيولوجي
ârchaeol′ogist [-ki-], *n.* عالمٌ بالآثار
ârchaeol′ogy [-ki-], *n.* عِلمُ الآثار القديمة
ârchā′ic [-k-], *a.* قَديمٌ . مهجور الاستعمال . مُهمَل . حُوشي . دارِسٌ . عُقمي
ârch′āngẹl [-k-], *n.* مَلَكٌ أعلى . رئيس (او) أركون الملائكة
ârchbish′op, *n.* مطران . رئيس أساقفة
ârchdeac′on, *n.* كبير (او) رئيس الشَّمامسة
ârch′dūke [*or* -dūk], *n.* أرشيدوق = أميرٌ نمساوي
ârched′ [-chd], *a.* مُقوَّس . مُحدَّب . مُقبَّب . مُحقوقِف
ârch′ẹr, *n.* ناشِب . نَبّال = أسوارٌ . نَشّاب
ârch′ẹry, *n.* نِشابَة . رِماية . نبالة = أساورة

ârchiepis'copal [-k-], *a.* خاصٌّ برئيس أساقفة

ârchipel'agō [-k-], *n.* ; *pl.* -go(e)s [-gōz] أرخبيل

ârch'itect [-k-], *n.* مُهندِس معماري . مِعماريٌّ

ârchitec'tural [-chẹr-], *a.* مُتعلِّق بالهندسة المعماريّة

ârch'itecture[-chẹr], *n.* الهندسة المعمارية .. طراز البناء.

ârch'itrāve [-k-], *n.* الجائز المُستنِد على أعلى العمود (أو أكثر) مباشرةً = مِقعَم

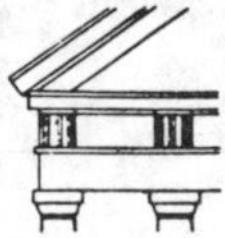

ârch'īveṡ [-k-], *n. pl.* المحفوظات (من الوثائق والسجلّات). مَحفظ (الوثائق والسجلّات)

ârch'ly, *ad.* مُعابثةً . تداهيًا . مُداعبة . بتأدُّب . بتكلّف الخبث والدهاء.

ârch'way, *n.* طريق (او ممرّ) مُقنطر

ârc'tic, *a.*, *n.* منطقة القطب الشمالي . متعلّق بهذه المنطقة

ârd'ẹnt, *a.* يَتحرَّقُ حِميَّةً (او حماسةً) = مُحترٌّ . متلهِّب . مُتَّقد

ârd'ẹntly, *ad.* بحماسةٍ شديدة. باحترارٍ. بتلهُّبٍ

ârd'or, *n.* = ard'our

ârd'our, ard'or [-dẹr], *n.* = احترار رغبة (او) حماسة متلهبة . تَلَهُّب . حَرارة

ârd'ūous [-ẹs], *a.* صَعبُ المرتقى . شاقٌّ . مُجهِدٌ . مُنهِك . جهيد . كَؤُود

âre [âr], *v.* (انتَ) تكون . (انتم) تكونون

ār'ēa, *n.* مِساحة . رَجاً = مِنطقة

arēn'a, *n.* مِضمار . رَحبة . مَيدان . مُعترَك . حَومة . مَراد . مَرحى (الحرب)

âren't [ârnt], *v.* = are not

âr'gẹnt, *n.*, *a.* فضة . فضيّ

âr'ġosy, *n.* سفينةٌ تجاريّة كبيرة

âr'gūe, *v.* خاصمَ . حاجَّ . جادلَ . إستدلَّ (او) دلَّ على

âr'ġūmẹnt, *n.* حِجاج . مُحاجة . حُجَّة . جَدَل

ârgūmen'tative, *a.* جدلي . مُحِبٌّ للجدل = مُماحِك

a'rid, *a.* قاحِلٌ = مَرِتٌ . مُمحِل . مُجدِب

arid'ity, *n.* قُحولة . جُدوبة . مُروتة

arīght' [arīt], *ad.* صوابًا . على الوجه الصحيح . بحقّ

arīṡe', *v.* (arose, arisen, arising) قامَ . نَهَضَ . صَعِدَ . نَشأَ . نَجَم

ariṡ'ẹn, *v.*, *pp. of* arise

aristoc'racy, *n.* الخاصّة = طبقة الاشراف (أو) النبلاء . الارستقراطية (أو) حكومتها

a'ristocrat, *n.* أحد الارستقراطيّة

aristocrat'ic, *a.* ارستقراطيّ

Ar'istotle, *n.* أرسطو . ارِسطوطاليس

arith'mẹtic, *n.* حِساب

arithmet'ical, *a.* حِسابي

arithmẹti'cian [-shẹn], *n.* حاسب . عالِمٌ بالحساب

ârk, *n.* سفينة (او تابوت) نوح . صندوق

Ark of the Covenant, تابوت العهد

ârm, *n.* ذِراع

ârm, *n.* سِلاح . شُعبة من شُعَب القوى المسلّحة

ârm, *v.* سَلَّح . تسلَّحَ . استعدَّ للحرب

ârmâd'a, *n.* أُسطول (او) عِمارةٌ بحرية حربية

ârmadill'ō, *n.* ; *pl.* -os مُدرَّع = حيوان أميركي

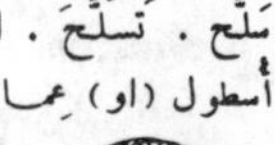

ârm'amęnt, *n.* أسلحة (او) تجهيزات حربية. قوّة مسلَّحة

ârm'ature[-chęr], *n.* سِلاح . درعٌ (واقٍ) . واقية

ârm'chair , *n.* كرسي (أو مَسند) راحةٍ

ârm'fụl, *n.* غُمر . حِضنٌ

ârm'hōle, *n.* فتحة الذراع (في الثوب)

ârm'istice, *n.* هُدنة (دائمة)

Armistice Day, عيدُ الهدنة = اليوم الحادي عشر من نوفمبر (تشرين الثاني)

ârm'lĕt, *n.* مِعضاد = طوقٌ يُلبس على الذراع للزينة = دُمْلُج

ârm'or = arm'our

ârmôr'ial, *a., n.* خاصٌ بالرُّنوك (او) بالرسوم الشرفية

ârm'our, ârm'or [-męr], *n.* = دِرعٌ سَنَوَّر

ârm'oured [-męrd], *a.* مُدرَّع

ârm'ourer, ârm'orer [-męr-], *n.* [عَمُّوري] = صانع (أو مُصلِح) الدروع (او) الاسلحة = [خَندَقجي]

ârm'oury, ârm'ory [-męri], *n.* دارُ السِلاح . مَسلحة

ârm'pit, *n.* مَغبن . إبط . باطنُ الكتِف

ârmṡ, *n. pl.* أَسلحة . سِلاح . حرب

coat of —, رَنك = رسم الشَرافة

ârm'y, *n.* جَيش . جُند . جحفلٌ

ârn'ica, *n.* زَهرةُ العُطاس . سائل نعالج به الجروح والرضوض ويستخرج من أزهار وأوراق وجذور هذا النبات

arōm'a, *n.* رائحة ذكية (او) طيبة . فَوحة . شَذا . عِطر . ضوعة . نَشرة

aromat'ic, *a.* شَذِي = طيب (او) (ذكي) الرائحة . ذو نَشرة

aromat'ic, *n.* ذَريرة . طِيب

arōṡe', *p. of* arise

around', *prp.* نحو . حَول . مُحيطٌ (ب)

around', *ad.* حَوالى . من جميع الجهات . مِن حول

arouṡe', *v.* أثارَ . أنهض . أيقظ

ar'quebus [-kwi-], *n.* نَوع من البنادق القديمة

arraign' [-ān], *v.* أحضر الى المحكمة . اتهم . شكّ في صدقهِ . نَعيَّب

arraign'mẹnt [-ān-], *n.* استدعاء للمحاكمة . إحضار الى المحكمة . إتهام

arrānge', *v.* رَتَّبَ . دَبَّرَ . سوّى . صَفَّ

arrange'mẹnt [-jm-], *n.* تدبير . ترتيب . تسوية . مهايأة

a'rrant, *a.* مُطبِق . كلّي . مُحكَم

He is an — coward, هو جبانٌ كُلُّ الجبان

a'rras, *n.* سِجف = نوع من النسيج المُرَقَّم (للستائر) . ستار

array', *v.* صَفَّ (بنظام) . نَقَمَّش (او) تزخرف (بأفخر الثياب) . زَيَّنَ

array', *n.* اصطفاف (او) صَفٌ (بنظام) . جَمعٌ (او عرض) باهر . البسة (فاخرة)

arrēarṡ', *n. pl.* مُتَبَقِّيات . بقايا (أو) نوالي (او) مآخير (الدَّين او العمل)

in —, مُتعَوِّق . متأخر

arrest', *n.* توقيف . استيقاف . القاء القبض (على) . ضبط

arrest', *v.* وقَّف . إستوقف . ألقى القبض . ضَبَطَ

arres'ting, *a.* مُعجِب . يستوقف الانتباه . باهر

arrīv'al, *n.* وصول . قُدوم . قادِم . مَقدَم

arrīve', *v.* وَصل . قدِم . جاءَ . وَرَدَ

  to — at, وَصل . توصَّل . بلغ . إنتهى (الى)

a'rroġance, *n.* تكبُّر . غطرسة . صَلَف . عَجرفة . تعظُّم

a'rroġant, *a.* مُتَعَجرِف . مُتَكبِّر . متغطرس . مُتبَذِّخ . مُدَّعٍ صَلِف

a'rroġāte, *v.* إدّعى لنفسه . إنتحل (او تحوَّل) لنفسه

a'rrōw [-ō], *n.* سَهم . نشَّابة . نَبلَة

a'rrōw-head [-hed], *n.* نصل السهم . رأسُ السهم . (نبات) القَطبة

a'rrowy [-ōwi], *a.* نَبلي . كالسهم (في الشكل)

ârs'ęnal, *n.* دار الصناعة الحربيَّة . مَسلَحة

ârs'ęnic, *n.* الزَّرنيخ = الشَّك

ârs'on, *n.* إحراق تعمُّدي

ârt, *n.* صناعة = مهارة = حِذق . فَنّ . دَهاء . مَكر = مداهاة

  black —, السِحر

ârt, *v.* in : thou art = you are

ârtēr'ial, *a.* شِرياني

ârt'ęry, *n.* شريان . طريق (أو) ممرّ (او) مَجرى اصليّ (او) كبير

ârtē'sian well, *n.* حِسْيٌ . بئر أرتوازية . بئر الخَسْرج

ârt'fụl, *a.* خدَّاع . [شاطر] = مَكَّار (او) محتال (او) محَّال . ماهِر

ârt'fụlly, *ad.* [بشَطارة] = بمَكرٍ (او) باحتيال (او) بمهارة . بتَمَحُّل

ârt'ichōke, *n.* (نبات) الخُرشوف = أرضي شوكي

ârt'icle, *n.* مَقال (او) مَقالة . بَند . نُبذَة . مادَّة . شيء . أداة

  the definite —, اداة التعريف

  the indefinite —, اداة التنكير

ârtic'ūlāte, *v.* أفصحَ (في النطق) . فَصَّل . وَصَّل (بمفصِل)

ârtic'ūlate [-lit], *a.* ناطِق . فصيح (النُّطق) . ذو مَفاصِل . مُفَصَّل

ârticūlā'tion, *n.* إفصاح . نُطق . مَفصِل

ârt'ifice, *n.* حِذق . تَمَحُّل . تحَيُّل . مَحْلٌ

ârtif'icęr, *n.* [صنائعي] . صانعٌ ماهر . صاحب صَنعةٍ (او) حِرفة . حاذق

ârtifi'cial [-shal], *a.* صِناعي . مَصنوع . غير طبيعي = مُتَصنَّع

ârtifi'cially [-shal-], *ad.* تَصَنُّعاً . صُنعِياً

ârtill'ęry, *n.* مَدافع . مِدفَعيَّة

ârtisan', *n.* صاحب صَنعة . [صَنائعي]

ârt'ist, *n.* فَنَّان . مُصوِّر (او) رسَّام . مِصناع

ârtis'tic, *a.* فنِّي . متقن (الصنع) . بذوقٍ فنِّي

ârtis'tically, *ad.* بِتَفَنُّن (او) تَذَوُّق (او) إتقان فنِّي

ârt'istry, *n.* صُنع فنِّي . تَفَانة (فنية) . تَفَنُّن . مِصناعيَّة (الفنَّان)

ârt'lĕss, *a.* بَسيط (القلب) . ساذَج . غير ماهِر (أو) مُتفنِّن

ârts', *n. pl.* آداب (في جامعة)

  Bachelor of A —, حامل شهادة بكلوريوس آداب

  fine —, الفنون الجميلة

as, *prp.* كَ . مثل . بمَثابة

as, *prp.* كما . مِثلا

as, *ad.*, *con.* كأنَّ . بما أنَّ . لأنَّ . لمّا . كما . مثل . أمّا . حتى إنَّ . بأنَّ . على أنَّ . بحيث . من حيث . وبينما
— far —, بِقدر ما . إلى غاية
— for (me), أمّا (أنا)
— long —, طالما . ما دامَ . [طولَ ما]
— soon —, حالما
— if, كأنَّ . كما إذا . كما أنَّ
— though, كما لو (أنَّ)
— regards, مِن حيث
— yet, بعدُ . الى الآن . حتّى الآن
asafoet'ida [-fēt-], *n.* حِلتيت (أو) حِلتيت (مُنتِن)
asbes'tos, *n.* حرير صخري . حَجر الفتيل . اسبستُس
ascend', *v.* صَعِد . إرتقى . إعتلى . إرتفع . طلعَ . عرَج
ascen'dancy [*or* -ency], *n.* إستعلاء . سيطرة . سَطوة . أوج السلطان . أوجُ القوّة والسلطان . صعود
ascen'dant, *a.*, *n.* مُستعلٍ . مُسيطر . في أوج السلطان
in the —, مُستَعلٍ . مُسيطر . في صُعود
ascen'sion [-shẹn], *n.* صعود . إرتقاء . طُلوع
Ascension Day, عيد الصعود (أو) المِعراج
ascent', *n.* [طَلعَة] = صَعود . عَقبة = سَنَد
ascent', *n.* صُعودٌ . إرتقاء . طُلوع
ascẹrtain', *v.* تحقَّقَ (أو) تثبَّتَ (من) . حقَّق . تبيَّن
ascet'ic, *n.*, *a.* زُهدي . تعفُّفي . زاهد . ناسك . عابد . مُتزهِّد
ascet'icism, *n.* زُهدٌ
ascrībe', *v.* نَسبَ (أو) عزا (أو) أرجعَ (الى)
ascrip'tion, *n.* نسبة . عَزو = إسناد
ash, *n.* رَماد
ash, *n.* (شجرة أو خشب) الدَّرْدار
ashāmed' [-md], *a.* خَجلان . خَزيان
ash'ẹn, *a.* أشهب . رَمادي . شاحب اللَّون
ash'ẹn, *a.* مَصنوعٌ من خشب الدَّردار
ash'eṡ, *n. pl.* رَماد . رُفات (الميت)
ashôre', *a(d).* على الشاطىء . على البَرّ
ash'-tray, *n.* مَرمَدة = مَنفَضة (للسكاير)
Ash Wednesday, أوّل يَوم من أيّام صَوم الأربعين
ash'y, *a.* رَماديّ . كالرَّماد . مُغطّى بالرماد . شاحبُ اللَّون
A'sia [āsha], *n.* آسيا
Asia Mīnor, بَرّ الأناضول . آسيا الصُغرى
Asiat'ic [āshiat-], *a.* آسيَوي
asīde', *ad.* ناحيةً . جانباً . على خَلوَة
asīde', *n.* مُخلَويَّة . مخافتة = كلامٌ يُقال ويُراد اخفاؤه . مُهامَسة
as'inīne, *a.* مُغفَّل . [مُتَيَّس] . بليد الذهن
âsk, *v.* سألَ . ساءَل . طَلبَ
askance', *ad.* بارتياب . شَزْرًا = بمُؤخَّر العين
to look — at, نَظرَ شَزْرًا = شَنَفَ . استرابَ . نظر بعين الريبة
askant', *ad.* = askance
askew', *a(d).* بالوَرب . مَوروب . منحرف . أقعَم
aslânt', *a(d).* مائل = أزور . بميلٍ
asleep', *a(d).* نائم . خَدِر
asp, *n.* حيّةٌ صغيرة
aspa'ragus, *n.* الهِليَون
as'pect, *n.* هيئة = راءَة = مَرأى . مَنظَر . وَجه . جِهة . مَقبَل . طلعة

as'pẹn, *n., a.* حَوَر الرَّجرَج. حَوَر رَجراج. رَجراجٌ. حَوَرِي رجراجي. مترجرج
aspẹ'rity, *n.* حُرشة = خُشونة. قَساوة. شِدَّة
asperse', *v.* تَقوَّلَ (على). شَنَّعَ (على)
asper'sion [-shẹn], *n.* تَقوُّل. تشنيع
as'phalt, *n.* حُمَّر = زِفت
as'phodel, *n.* (نبات) بَرْواق = خُنثَى = بَروقة = نَرجس بَري
asphyx'iāte, *v.* خَنقَ. إختَنَقَ
asphyxiā'tion, *n.* خَنق. إختناق
as'pic, *n.* نوعٌ من الهُلام يُعمل من اللحم وعصير الطاطم و...
as'pirant [or -pīr-], *n.* طَموح. تَوَّاق. طَلَّاع
as'pirāte, *v.* لفظ هَمساً (كصوت الهاء)
as'pirate [-rit], *a., n.* صوت الهاء. مَهموس
aspirā'tion, *n.* مَطمح. تَوَقان. النَّفَس
aspīre', *v.* تَطلَّبَ بشوقٍ عظيم. طمحَ. طَمَّحَ
as'pirin, *n.* عَقَّار الأسبيرين
ass, *n.* حمار. عَير. بليد
assail', *v.* هَجم (على). ساوَرَ. صال. إعتَدى
assail'ant, *n.* مُساوِر. مُهاجِمٌ. مُعتَدٍ
assass'in, *n.* قاتِل. فتَّاك. مُغتال. فتَّاك مُستأجَر
assass'ināte, *v.* قتَل غِيلة (أو) غَدرًا. إغتال. فتَك (ب)
assass'inā'tion, *n.* القَتلُ غيلةً. إغتيال
assault', *v.* هاجم (عَنوةً). سطا (على)
assault', *n.* هجومٌ (عَنوةً). سَطوٌ
assay', *v.* حَصَّل (او) خَلَّص (المعدن). مَحَّص (المعدن). حاول. اختبر

assem'blage [-lij], *n.* جَمعٌ. مجموعة. تجميع. إجتماع
assem'ble, *v.* ضَمَّ. جَمَّعَ. تَجمَّعَ. إجتمَعَ
assem'bly, *n.* تَجمع. جَمعية. تجميعة. تأليف
assent', *v.* وافق (على). قَبِل (رسمياً)
assent', *n.* مُوافقة. قبُولٌ (رسمي)
assert', *v.* شَهِد. أعلَن. قال جازمًا. ادَّعى مُشَدِّدًا
to — himself, أصرَّ على مُدَّعاه. أثبتَ موجوديته
asser'tion, *n.* قَولٌ جازم. تَشدُّد في الادّعاء. إصرار
asser'tive, *a.* مُتَيَقِّن. واثق (اكثر مما يجب). مُصِرّ. مستوثِق. إصراري
assess', *v.* خَمَّنَ. قَرَّرَ (أو) عَيَّنَ (المقدار). فَرَضَ
assess'mẹnt, *n.* تخمين. تعيين المِقدار. القيمة المخمَّنة
assess'or, *n.* خارِصٌ = مُقدِّر. مُثَمِّن. مُخَمِّن. مستشار القاضي
ass'et, *n.* شيءٌ ثمين قيِّمٌ (يُقتَنَى). ذُخر
ass'ets, *n. pl.* متروكات. موجودات. مقتنيات. أملاك. [طابق]
asseverā'tion, *n.* قولٌ (او) تصريح جازم
assidū'ity, *n.* دُؤوب. مُواظبة
assid'ūous [-ūẹs], *a.* دَؤوب. مُجِدّ. مُواظِب
assīgn' [asīn], *v.* أعطى حِصَّة. خَصَّصَ. عَيَّن. ولَّج = حوَّل. خوَّل
assīgn'mẹnt [asīn-], *n.* تَعيين. وظيفة (معيَّنة). توليج. تخويل
assim'ilāte, *v.* مَثَّلَ. ماثَلَ. استمثل. تَمَثَّل. إستوعب. هَضَم

assimilā'tion, *n.* تمثيل (او) استمثال (الطعام) . استيعاب . هَضْم

assist', *v.* ساعَدَ

assist'ance, *n.* مُساعدة

assist'ant, *n.* مساعِد . مُعاون

assīze, *n.* دَوْرة مَحكمِيّة في انكلترا

assō'ciāte [*or* **-shi-**], *v.* أشرَكَ . شارَكَ . قارَنَ . عاشَرَ . اقترن . لازَمَ . رافقَ . خالط

assō'ciate [**-it**], *n.*, *a.* شريك . مُقارِن . أليف . خليط

assōciā'tion, *n.* مشاركة . إقتران . صِلة . جمعية . خُلطة . مُعاشرة . إئتلاف

assôrt', *v.* صَنَّفَ . رتَّبَ في انواع

assôrt'ĕd, *a.* مُنوَّع . مُصَنَّف . مُختلط

assôrt'mẹnt, *n.* تَنويعة . تَصنيفة . نُخبةٌ مُنوَّعة

assuāge' [**-wāj**], *v.* سكَّنَ . لطَّفَ . هَدَّأَ . خَفَّفَ . أطفأَ

assūme', *v.* إفترض . ظَنَّ . إنتحل . إدَّعى . تَولَّى . تَقلَّدَ (الامر)

assūm'ing, *a.* مُدَّعٍ . فَيَّاش . مُتَبَذِّخ . مُفاخِرٌ بما ليس فيه

assump'tion, *n.* إفتراض . ادِّعاء . تقلُّد

aŝŝūr'ance, *n.* تأكيد . ميثاق . ثقة (بالنفس) . تأمين . اطمئنان

aŝŝūre', *v.* استوثق . تَيقَّن . أكَّدَ . آمَنَ . أمَّنَ

aŝŝūred' [**-rd**], *a.* مُؤَمَّن . مُستَيقِن . واثق

aŝŝūr'ĕdly, *ad.* لا جرم . بوثوق . بإدلال . باجتِراء

Assyr'ia, *n.* (بلاد) آشور

Assyr'ian, *n.* أشوري

as'tẹr, *n.* (نبات) زهرة النجمة

as'tẹrisk, *n.* إشارة (*)

astern', *a(d)*. الى الخلف . وراء . عند (او) نحو مؤَخَّر السفينة

asth'ma [**asma**], *n.* مَرض الرَّبو (او) النسمة . ضيقة النفس

astir', *a(d)*. ناهض (من النوم) . مائج . مُتحرِّك

astig'matism, *n.* حَرَجُ النظر

aston'ish, *v.* حَيَّرَ . بَهَّتَ . أَدْهَش

aston'ishing, *a.* مُحيِّر . مُبهِت . مُدهِش

aston'ishmẹnt, *n.* حَيرة . دَهشة . تَعجُّب

astound', *v.* بَحَّرَ = أدهَش وبَهَّتَ . أدهَش حتى أذهَلَ . راعَ

astrad'dle, *a(d)*. = astride

astrakhan', *n.* فروة جَعدة لبعض الخِراف

astray', *a(d)*. حائِدٌ (عن الطريق القويم) . ضالٌّ

astrīde', *a(d)*. مُتفَحِّج . مُتَفَحِّجًا . مُفرشِحٌ

astrin'gẹnt, *n.*, *a.* عاقول . عَفِصٌ . قابِض = عاقِل = ماسك (ضد الدافع)

as'trolābe, *n.* أَسطُرلاب

astrol'ogẹr, *n.* مُنجِّم . نَجّام . رَمَّال

astrolo'gical, *a.* تنجيمي . نِجاميّ

astrol'ogy, *n.* تنجيم . نِجامة

astron'omẹr, *n.* فلكي . عالِمٌ بعلم الهيئة (او) الفلك

astronom'ical, *a.* فلكيّ . فاحِش العِظَم

astron'omy, *n.* علم الفلك . علم الهيئة

astūte', *a.* أريب . داهٍ . داهية . يعلم مِن أينَ تُؤكَل الكَتِف

astūte'nĕss [**-tn-**], *n.* دَهاء = نُكر . فِطنَة

asun'dęr, *ad.* بعضُه عن بعض . قِطعًا . بِضَمًّا
asȳl'um, *n.* مَلجأ . مَوئِل . مُلتجأ . أمان
political —, الأمان السياسيّ . الاستجارة السياسيّة . الالتجاء (او) اللجوء السياسي
the right of —, حقُّ طلب الأمان . حقّ الاستجارة
at, *prp.* عند . في . على . من لدن . بِ . لِ . لَدى
ate [et], *v., p. of* eat
āth'ēism, *n.* إلحادٌ = الكُفر بالله = إنكار وجود الله
āth'ēist, *n.* مُلحِدٌ = كافرٌ بالله
āthēis'tic, *a.* إلحادي . كُفري
Athēn'ian, *a., n.* منسوب الى مدينة أثينا . أثيني
Ath'ens, *n.* مدينة أثينا
athirst', *a.* ظمآن . عطشان . متعطِّش . مُشتاق
ath'lēte, *n.* لَعّاب رياضي
athlet'ic, *a.* قويّ نشيط . مختص بالالعاب الرياضية . قويُّ الجسم
athlet'ics, *n. pl.* الألعابُ الرياضية
athwart' [-ô-], *prp., ad.* مُعترِضًا . على عَرض . بالعرض
Atlan'tic, *n., a.* المحيط الأطلنطي (أو) الأطلسي . بحرُ الظُلمات . خاص (أو) متعلق بالبحر الأطلنطي
at'las, *n.* دفتر خرائط = أطلس
at'mosphēre, *n.* كُرة الهواء (حول الارض) . جَوٌّ . لُوحٌ
atmosphę'ric, *a.* جويّ . هوائيّ . لُوحي
— pressure, الضغط الجويّ
atoll' [*or* at'oll], *n.* رَزَنٌ مَرجاني=جزيرة مَرجانية مستديرة يتوسطها ماء = دَبَرة
at'om, *n.* ذَرَّة . الجوهر الفرد
— bomb, قنبلة ذَرّيَة
atom'ic, *a.* ذَرّيٌّ
— energy, الطاقةُ الذَرّيَة
at'omīzęr, *n.* ذرّارَة . رذّاذة
at'omy, *n.* ذرّة . قزم
atōne', *v.* كفّر (عن) . عَوّضَ
atōne'męnt [-nm-], *n.* كفّارة . تكفير . تعويض
The Atonement, يوم (أو عيد) الكفّارة
atop', *a(d)., prp.* فوق . في أعلى . مُتَسنِّم
āt'rium, *n.; pl.* -ia *or* -iums الغرفةُ الكبرى في بيت روماني قديم . أُذَينة (القلب)
atrō'cious [-shęs], *a.* فاحش . مُريع . فظيع (القسوة او الوحشية) . من الكبائر
atro'city, *n.* قساوة (فظيعة او وحشية) . فظيعة
at'rophy, *n.* ضمورٌ . هُزال . خَبْل الاعضاء
at'rophy, *v.* (-phied, -phying) ضَمَر . هَزَل . خَبَل
attach', *v.* رَبط . وَصَل . ألصقَ . لَحِقَ . ألحقَ (بِ) . عَلّقَ . نعلّق (بِ) . نَسَبَ
attach'é [-shā], *n.* مُلحَق (دبلوماسي)
attach'męnt, *n.* رَبطٌ . وَصلٌ . اعتلاق . تَعلُّق . علاقة . حجزٌ . مَودّة = عَلاقة
attack', *v.* هجَم . حَملَ (على) . هاجَمَ
attack', *n.* هُجومٌ . هَجمة . حَملة . عَادِيَة
attain', *v.* بَلغَ . أدرك . حصَّل
attain'able, *a.* يُمكن بلوغه (او) تحصيله
attain'dęr, *n.* فقدان الحقوق المدنية بعد الحكم . الحكم بهدر الحقوق القانونية
attain'męnt, *n.* بلوغ . تحصيل . كَمال
attain'męnts, *n. pl.* تحصيل عِلمي . معارف مُكتسبة

attaint′, *v.*, *n.* لَوَّثَ . أخزى . حكم عليه بفقدان الاملاك والحقوق

att′ar, *n.* عِطر (الورد)

attempt′, *v.* حاول . سعى . هَمَّ

to — the life of, هَمَّ بقتل . حاولَ القتل

attempt′, *n.* محاولة . محاولة قتل . مجهود

attend′, *v.* رَعى = تَعهَّد واهتمَّ (ب) . واظب . صَحِبَ

attend′, *v.* حضَرَ . شَهِدَ

attend′, *v.* تَفطَّن = إنتبه . قام بخدمةٍ (أو) بحاجة . . .

attend′ance, *n.* حضور . حاضرون . مواظبة . انتباه . قيام بالخدمة (أو) بالحاجة

attend′ant, *n.*, *a.* حافد = خادم . مُلازِم . مُرافق

atten′tion, *n.* انتباه . إِعتناء . مُلاطَفَة

to come to —, / **to stand at —,** وقفَ مُتهيئًا . وقفَ مُنتصبًا ساكنًا

atten′tive, *a.* مُنتبه . فَطِن . مُعتَنٍ . أديب

atten′ūāte, *v.* رقَّقَ نحَّفَ . خَفَّفَ

attest′, *v.* شَهِدَ . صَدَّقَ . أثبتَ

att′ic, *n.* [سقفية] = غرفة (أو) فراغ في أعلى البيت (أو) تحت سطح البيت = عُلِّيَة السقف = مَشْرَبة

attīre′, *n.* لِباس . كِسوَة فاخرة

attīre′, *v.* لَبِسَ . لَبِسَ أحسَنَ ثيابه

att′itūde, *n.* مَظهر = لائحة . وَضع . هيئَة (أو وضعية) الجسم . [وضعية] . موقف

attorn′ey [-terni], *n.* نائب . وكيل . توكيلٌ . محام

— general, *n.*; *pl.* attorneys-general *or* attorney-generals نائب عمومي (أو) عام

attract′, *v.* إجتذب . إستمالَ . فتَنَ

attrac′tion, *n.* جَذب . إنجذاب . استمالة . جاذبية

attrac′tive, *a.* (جميل) جَذَّاب . مُعجِب . رائع . مُرَغِّب . مُغرٍ

attrac′tivenēss [-tivn-], *n.* جاذبية . جمالٌ جذَّاب . فَتَانَة . إغراء

attrib′ūtable, *a.* يُمكن إضافتُه (أو) نسبتُه (أو) إسنادُه

attrib′ūte, *v.* أسنَدَ . نَسَبَ = عزا

att′ribūte, *n.* صِفة . صِفة خاصّة (او) لازِمة . رَمزٌ فارق

attribū′tion, *n.* إضافة = إسناد . نسبة

attri′tion, *n.* بَرْي . إنهاك . مُطاوَلة . مُصابرة

attūne′, *v.* دَوزنَ . عَدَّلَ . سَوَّى

aub′urn [-bẹrn], *n.*, *a.* كَستَنائي . بُنيٌّ أحمر . خَرُّوبي

auc′tion, *v.* نَقاوَى = باعَ بالمزاد (أو) المزايدة

auc′tion, *n.* التقاوي = بَيع المزاد (أو) المزايدة

auctioneer′, *n.* دَلَّال (في بيع المزايدة)

audā′cious [-shẹs], *a.* جَريء . مُجترئ . مُتطاول . وَقِح

auda′city, *n.* إجتراء . تَطاول . وَقاحة

aud′ible, *a.* مَسموعٌ . عالٍ بحيث يُسمَع

aud′ibly, *ad.* بصورة مَسموعة . بحيث يُسمع

aud′ięnce, *n.* مَحضر . الحاضرون . جماعة المستمعين (أو) المشاهدين . الحضور . استماع . مقابلة (رسمية)

aud′it, *n.* فَحصُ (أو ضبطُ) الحسابات

aud′it, *v.* فَحَصَ (أو ضَبَطَ) الحسابات

audi′tion, *n.* استماع . إستماع اختباري

aud'itor, *n.* فاحص الحسابات

auditôr'ium, *n.* قاعة الحضور = مَحضَر(ة)

aud'itory, *a.* سَمعي . خاصٌّ بالسَّمع

aud'itory, *n.* قاعة الحضور . جماعة الحضور

auġ'ẹr, *n.* = مِقدَح . بَزال . [بَرِّيمة]

aught [ôt], *n.*, *ad.* أيّ شيء . شيءٌ . شيئًا ما . البتَّة

auġment', *v.* زادَ . زيَّدَ . كبَّرَ . نمَّى

auġmẹntā'tion, *n.* زيادة . إزدياد . تعاظُم

auġ'ur [-ġẹr], *n.* عائف = زاجر = مُتكهِّن . طالِعٌ

auġ'ur, *v.* تَعيَّفَ = زَجَر = تكهَّن . تحزَّى . تفاءَل (أو) تَشاءَم

to — ill, أنذرَ بِشَرٍّ . يُتطيَّرُ (أو) يُتَشاءَم منه

to — well, بَشَّرَ (ب) . يُتَفاءَلُ (أو) يُستبشر (به)

auġ'ūry, *n.* عِيافة = زَجر = تحزِية . طالِع . مَخِيلَة

auġust', *a.* مَهيب . جَليل . عظيم . فخم

Auġ'ust, *n.* شهر آب (أو) اغسطس

auk, *n.* (طائر) بحريّ شمالي له وَتَرات بين مخالبه

aunt [ânt], *n.* عمَّة . خالة . زوجة العم (أو) الخال

aur'a, *n.* عَبِير (أو) نَشرة (كنشرة الزهر) . رَسِيس الصَّرَع . هبوَة . هبوة روحية . رَوعة . طَفاوة (أو) شبهها لا يراها الا اصحاب الاحساس المرهف

aur'ēōle, *n.* هالة (من النور) . دارة

au revoir' [revwâr], *ad.* مع السلامة . الى اللقاء

aur'icle, *n.* أُذَينة القلب . الأذن الخارجية

auric'ūlar, *a.* أُذيني . أُذنيّ . كالأُذن . سماعي . إسراري

aurôr'a, *n.* شَفَق . فجر

— boreāl'is, الشَّفق الشمالي

aus'pice, *n.* يُمن (أو) شؤم . طالِعُ سَعدٍ (أو) نَحس . فأل (أو) طِيَرة . عِيافة الطير . فأل

aus'picẽs, *n. pl.* طوالع . رِعاية

auspi'cious [-shẹs], *a.* ميمونٌ (الطالع) . مُبارك . مُبشِّر بالفوز

austēre', *a.* خَشِن (الطبع) . قَشِفُ (العيش) . شَظِف . متجهِّم الوجه

austẹ'rities [-iz], *n. pl.* قَشَف . تقشُّف . تخشُّن في المعيشة

austẹ'rity, *n.* تَقحُّل . تقشُّف = شظف العيش

Aus'tria, *n.* (بلاد) النمسا

authen'tic, *a.* أصليّ . صحيح . حقيقيّ . مُصدَّق . موثوق (به)

authen'ticāte, *v.* أحقّ . أثبت حقيقته (أو) صِحّته

authenti'city, *n.* أصليَّة . صحَّة . حقيقيَّة . [موثوقيَّة]

auth'or, *n.* مُؤلِّف . واضِع . فاعِل . مُسبِّب . مُحدِث

autho'ritātive, *a.* من مصدر مَسئُول (أو) رسمي . مُعتَمَد . أمري

autho'rity, *n.* سُلطة . سُلطان . حُجَّة . ثَبتٌ . سَند

authorīzā'tion, *n.* إذن . تفويض . تَسويغ

auth'orīze, *v.* أذِنَ . فوَّضَ . أجازَ

auth'orship, *n.* تأليف . صناعة التأليف . مَصدر . أصل . إحداث

aut´ō, *n.*; *pl.* **aut´ōs** = automobile
autobīōgraph´ic (al), *a.* خاص بسيرة شخصٍ كتبها بنفسه
autobīog´raphy, *n.* سيرة (أو) ترجمة حياة شخص كتبها بنفسه
autoc´racy, *n.* الحكم المطلق (أو) الاستبدادي . تحكّم . حُكم الحاكم بأمره
aut´ocrat, *n.* (سلطانٌ) حاكمٌ بأمره (أو) مطلق . شخصٌ مُستبد
autocrat´ic (al), *a.* مُطلَق الحُكم . استبداديّ
aut´ograph, *n.* إسم (أو توقيع) شخص كتبه بنفسه
aut´ograph, *v.* كتَب اسمه (أو) توقيعه بنفسه
automat´ic (al), *a.* ذاتيّ العمل (أو) الحركة . ذو حدثٍ ذاتي . استلزامي . [اوتوماتيكي]
automat´ically, *ad.* بالحدث (أو) باللزوم الذاتي . ذاتيًّا . استلزامًا . [اوتوماتيكيًا]
automā´tion, *n.* اوتوماتية . التذويتُ الآلي = الضبط الاوتوماتيكي للآلات والانتاج بدون عُمّال في المصانع
autom´aton, *n.* مَذووت=شيء (أو) شخص يعمل (أو) يتحرك كالآلة . آلة تتحرك من نفسها = مذوونة
automobīle´, *n.* أوتوموبيل . سيّارة
automō´tive, *a.* مُتحرِّك بنفسه (أو) من نفسه . ذاتي الحركة
auton´omous, *a.* ذو حُكمٍ ذاتيّ . حاكم نفسِه . مُستقِلّ في حكم نفسه
auton´omy, *n.* الحكم الذاتي . الاستقلال (الداخلي)
aut´umn [-tum], *n.* خريف . فصل الخريف . [تشارين]
autum´nal, *a.* خريفيّ . في الخريف
auxil´iary [ôgzil-], *n.*, *a.* مساعد . معاون . عَون . إضافي . جنديّ رافِد (أو) مساعد من دولة اجنبية (او) محالِفة
auxil´iary verb, فِعل مساعد
avail´, *v.* أَفاد . أجدى . نَفَع
— himself of, إغتنم . استفاد . انتفع = ارتفق
avail´, *n.* فائدة . جَدوى . نَفع
availabil´ity, *n.* تَيَسُّر . وُجود . سهولةُ الحُصول (على)
avail´able, *a.* مُتاح = مُتيسِّر (للاستعمال) . موجودٌ
av´alânche [-nsh], *n.* هيلٌ (أو هور) ثلجي . هَيلٌ
av´arice, *n.* شدّة الحرص (أو) الطمع (في جمع المال) . جَشَع
avari´cious [-shẹs], *a.* طَمّاع . جَشِع . شحيح . لاحوسٌ
avâst´, *int.* كُفّ ! كَفى ! قف ! مكانَك !
avenge´, *v.* ثأَرَ (أو) أَخذَ بالثأر (من) . إنتقَمَ
aven´gẹr, *n.* منتقِم . آخذٌ بالثأر
av´ēnūe, *n.* شارع عريض . سِكّة . سَبيل
aver´, *v.* (-rred, -rring) صَدَّقَ . قال جازمًا (أو) مؤكّدًا = شهد . أشهدَ
av´ẹrage [-ij], *n.* مُتوسِّط . مُعدَّل
av´ẹrage [-ij], *v.* كان بمتوسط (أو) بمُعدَّل
Averr´ōes, *n.* إبن رشد (١١٢٥ – ١١٩٨م)
averse´, *a.* راغب (عن) . مُتأبٍّ . نافِرٌ . مُعرِضٌ . مُتكرِّه . مُتجافٍ
aver´sion [-shẹn], *n.* صُدود . نُفور . تكرُّه . مَكرَهة . إجتواء . مأباةٌ
avert´, *v.* دَرأ . حاصَ (عن) . أَشاحَ . تفادى . صَرَفَ

āv'iary, *n.* قَفَص كبير (او حظيرة) للطيور
āviā'tion, *n.* الطيران (في الطائرات)
āv'iātor, *n.* طيَّار (في الطائرات)
Avicenn'a, *n.* ابن سينا (٩٨٠–١٠٣٧م)
av'id, *a.* شديد الرغبة (او) الشهوة . نَهِم . مَنهوم
avid'ity, *n.* نَهَمٌ . جَشَعٌ
avocā'tion, *n.* عَملٌ (إضافي) . عَمل ثانوي . عَملٌ للتَلَهِّي . مَلهاة
avoid', *v.* تَجَنَّبَ . تجانَبَ . تحاشى . حاد (عن) . تفادى . توقّى
avoid'ance, *n.* تَجَنُّب . مَناص . مَندوحة . مُجانَبة . مُحاشاة
avoirdūpois' [avẹr-], *n.* نظام الاوزان العاديّة على أساس كون الرطل الانكليزي (١٦) اوقية انكليزية
avouch', *v.* ضَمِنَ . شهد (بصحته) . جاهَرَ (جازمًا) . اعترفَ . أكَّد
avow', *v.* اعترفَ (صراحةً واختيارًا) . أقرَّ . برَّرَ
avow'al, *n.* إعترافٌ (أو) إقرار (صراحة واختيارًا) . تبرير
avow'ĕdly, *ad.* عُرفًا = اعترافًا . صراحة
await', *v.* رَصِدَ . أرصد . انتظر . تَطلَّع (الى) . ترقَّبَ
awāke', *v.* (awoke *or* awaked, awaking) أيقظ . نَبَّهَ . أهاجَ
awāke', *a.* مُستيقظ . مُستفيق . مُتيَقِّظ . ناشط
awāk'ẹn, *v.* إستفاق . إستيقظ . أيقظَ . نبَّه
awāk'ẹning, *n.* نَهضة . استيقاظ . استفاقة . إيقاظ
award' [-ô-], *v.* حَكمَ (ب) . قرَّرَ . حَكم (أو قرَّرَ) (منح . . .)
award', *n.* حُكم . قَرار . جائِزة

awāre', *a.* عارف . شاعر . دارٍ
away', *a(d).* بعيدٌ . غائب . على بعدٍ (من) . بعيدًا عن . من هنا
to give — a secret, أفشى . باحَ (ب)
He is —, هو غائب (عن هنا)
to run —, شَرَدَ . هَرَبَ . فرَّ
— with you ! أبعد ! اليك عني ! إخسأ !
He is chanting —, هو سادر (أو) مسترسِل في غنائه
Go — ! إنصرفْ (من هنا)
to pass —, مات . قضَى . مَضى
to do — with, تخلَّص (من) . أزالَ
awe [ô], *v.* هابَ . تهيَّبَ . راعَ
awe, *n.* هَيبة . مَهابة . رَوْعَة
awear'y, *a.* تَعِب . سأمانُ
awe'some [ôsẹm], *a.* مَهيب . رهيب . مَهُول . رائع . ذو روعة (في النفس)
awe'struck [ôstr-], *a.* أصابته رَوعة (أو) هَيبة
awf'ul [ôf-], *a.* مَهيب . ذو روعة (في النفس) . مَهُول
awf'ully, *ad.* بِروعةٍ ورَهبة . جِدًا
awhile' [awīl], *ad.* هُنيهة . بعضَ الوقت . قليلًا من الوقت . لمدّة قليلة
awk'ward [ôk-], *a.* مُضايق . غليظ (أو) سمج الهيئة . عَسِر (الاستعمال) . أرفل = أخرق . مُربك . مُحرِج
awk'wardly [ôk-], *ad.* بثقلٍ وسماجة . برَفالة
awk'wardnĕss [ôk-], *n.* سَماجة . ثِقَل وغلاظة . رَفالة . حَراجة
awl [ôl], *n.* مِخرَز = مِسرد = أشفَى
awn'ing [ôn-], *n.* مِظَلّة = سعنة . تَندَة . غِماء (او) سقف من الجنفيص = زِفن . ظُلّة

awōke', *v.*, *p.*, *pp. of* awake

awry' [arī], *a(d).* ملتوٍ . أزوَر . أقمم . معوجٌّ . أعصل . شزرًا

ax(e), *n.* فأسٌ . [بلطة]

to have an — to grind, له أرَبٌ (أو) مأربة . يَشوي في الحريق سَمكته

ax'ial, *a.* محوري . مداري

ax'iom, *n.* أمرٌ معروف في بدائه العقول . بديهية . متعارفة . أوّليّة

axiomat'ic(al), *a.* بديهي . بيّن لذاته . مليء بالبديهيّات

ax'is, *n.* ; *pl.* **axēṡ** محور . مَدار . قُطب

ax'le, *n* مَسد = مِروَد (أو) جُزع (الدولاب).

Ax'minstęr, *n.* دُرنوك = بِساط من نسيج مخملي

ay, aye [ī], *n.*, *int.* ; *pl.* ayes [īz] بلى . نعم . أيسٌ . جواب (أو) تصويت أيسيّ (أو) بالايجاب

azāl'ēa, *n.* جَنبة (أو) شجيرة لها ازهار كازهار الأزدرخت = صحراوية = أزاليِة

a'zure [azhęr, āzhęr], *n.*, *a.* السماء الصاحية . القبّة الزرقاء . لازوردي . سمنجوني

B

B, b [bē], حرف (ب) في الأبجدية الانكليزية

B.A. = Bachelor of Arts. (شهادة) ب . ع . = بكلوريوس آداب . حامل هذه الشهادة

baa [bâ], *v.* مأمأ (كالشاة) . بعبع

Bā'al [*or* bâl], *n.* بَعلٌ = إله الفينيقيين . طاغوت

bab'ble, *v.* ثرثر (أو) برْبَر . هذر (في الكلام) = بقبق . كَركَر

bab'ble, *n.* بربرة (كلام) . بقبقة . كركرة (الماء)

bābe, *n.* طفل . طفلة . رضيعٌ

Bāb'ęl, *n.* بابل . برج بابل

Tower of —, برج بابل

bāb ęl, *n.* بلبلة أصوات . لغط

baboon', *n.* قُردوح . قِردٌ شرسٌ كبير الحجم نسبيًا = رُبّاح . قِرد كلبي

bāb'y, *n.*, *a.* رَضيعٌ . طِفل . مُصغّر

bāb'yhood, *n.* الطفولة

Bab'ylon, *n.* مدينة فاسقة . مدينة بابل القديمة

Babylōn'ian, *a.* بابلي . فاجر

bāb'y-sittęr, *n.* رَقّاب . رقّابة

Bacc'hanal [-ka-], *n.*, *a.* خاص بالاله باخوس . حفلة سكر صاخبة . قصفة سكر

Bacc'hus [-k-], *n.* باخوس = إله الخمر عند اليونان

bach'ęlor, *n.* عَزَب (للمذكر والمؤنث) . أعزب . عازِب . عَزباء

— of arts, (حامل شهادة) بكلوريوس آداب

bacill'us, *n.* ; [*pl.* **-cillī**] مِكروب عَصَوي (أو) أنبوبي

back, *n.* ظهر . مُؤخّر . خلف . وراء . ظاهر . ظَهير

at the — of his mind, يكاد يذكره (أو) يتذكّره . لا يذكره الآن

to put his — up, أحفظ . أغضب

to turn his — upon, أدبر (أو) تولّى (عن) . أعرض (عن) . أهمل

with his — to the wall, مُحرَجٌ

back, *a.* خَلفانيّ . خَلفي . سابق . مُتأخر

back, *ad.* خلفاً . مِن قَبل

to go — to his place, رَجَعَ (الى) . عاد

to keep —, أخرَّ . اعتقب

to put it —, أرجعه . أعاده

to go — upon his word, friend, انقلب (عن ، على) . تحوَّل

a few years —, قَبلَ بضع سنوات

back, *v.* شَدَّ الأزر = ظاهَرَ = عاوَن . عاضَد

to — down, تَخَلَّى (عن) . تَرَك . انسحب . نَكَل

to — out, فَشِلَ (عن) . رَجَع (في وعده أو عهده) = انسحب منه

to — up, ظاهَرَ . سانَد . عاضد

back'bīte, *v.* (-bit, -bitten) اغتاب = هَمَز

back'bōne, *n.* السلسلة الفقرية . قَناةُ الظهر . مِحوَر . قِوام

back'bōne, *n.* عِماد . صَميم . متانة خُلق . تصميم

back'ẹr, *n.* ظَهير . مظاهر . مُسانِد

back'fīre, *n.*, *v.* تَفجُّر الغاز (أو) الوقود في آلةٍ قبل الأوان (أو) في المكان الخطأ . خاب . أخفق . أتى بخلاف المطلوب

backġamm'on, *n.* لُعبَة النَّرد (أو) الطاولة

back'ġround, *n.* خَلفيَّة . تأسيس . صَدر (الصورة) . أرضيّة . أساس . ملابسة أساسيّة

in the —, مُتنَحٍ . مُحتَجِب . متزايل . مُنحاشٌ

back'hand, *n.*, *a.* ضَربة مَقلوبة . جرّة قلمٍ بإمالةِ الكتابة إلى جهة اليد اليسرى . غير صادق

back'handĕd, *a.* فيه مُوارَبة . فيه تعريض . غير صادق

back'ing, *n.* مظاهَرة = معاوَنة

back'slīde, *v.* فتَرَ اهتمامُه (أو) حماسته الدينية . ارتكس (أو) ارتدّ = عاد إلى ما كان عليه (من الذنب)

back'track, *v.* تراجَع . عاد من حيثُ أتى . عاد أدراجَه

back'ward [-wẹrd], *a.* إلى الخلف . تَقَهقُري . مُتأخر . بطيء . متخلِّف . مُحجِم

a — movement, إلى الخلف . تَقَهقُري

a — child, مُتخلِّف (أو) مُتأخِر (في تعلمه)

a — country, بَلَدٌ متأخِر (أو) مُتخلِّف

to be — in preparations, مُتقاعِسٌ . مُتعوِّق . مُقصِّر . متأخِر . مُتوانٍ

back'ward(ṡ) [-wẹrd], *ad.* أخرًا (ضد قُدُمًا) . عَكسًا . خلفًا

to spell his name —, عَكسًا . منكوسًا . مقلوبًا

The work is going —, إلى وَراء . سار القَهقَرى . تَراجَع . قَصَّر

back'wardnĕss [-wẹr-], *n.* تأخُّر . تَخَلُّف . إحجام

back'watẹr [-wô-], *n.* مَركَد . ماءٌ مَرجوع . جَدول من الماء مُنشَق عن النهر يرفده الماء المتراجع . حالة ركود

back'woodṡ, *n. pl.* أرض الغاب (أو) الأجَم (بعيدة عن الحضَر)

back'woodṡman, *n.* ; *pl.* -men رجل يعيش في أرض الغاب

bāc'on, *n.* لحم الخنزير المحفوظ المُملَّح

bactēr'ia, *n. pl.* جراثيم

bactēr'ial, *a.* جُرثومي

bactēriol'ogy, *n.* علم الجراثيم (أو) البكتيريا

bad, *a.* (worse, worst) رَديء . سَيِّء . فاسِد . أثيم

a — tooth, مُسَوَّس

a — man, رديء . ذَميم . رذيلٌ . فاسِقٌ

to eat — meat, فاسِد

a — coin, بَهرَج . زائف

I am having a — time, عَصيب . شديد . عسير

He is very — today, سَيِّء الحالة جدًّا = مُستَثقِلٌ (مرضًا)

to use — language, لغة بذيئة (أو) قبيحة

to be in a — temper, غضبان . نَزِق

a — debt, ضِمارٌ = دَين هالِكٌ

a — egg, بَيضة مَذِرَة

This is — for your health, مُضِرٌّ . مُؤذٍ

not —, = fairly good, لا بأسَ به

bad, *n.* أمرٌ قَبيحٌ (أو) رَديءٌ . سوء الحال . فُسوق

to take the — with the good, القبيح مع الحَسَن . سوء الحظ مع حسن الحظ . الغث مع السمين

bad blood [-blud], عداوة . شَحناء . كُره . بَغضاء . ضَغينة

bāde, *v., p. of* bid

badge [baj], *n.* وَسمة = عَلامَة (أو) سُومَة مُمَيَّزة = مُشَهَّرة . رَمزٌ . سِيماء

badg'ẹr [-j-], *n.* يَغر . غُرَير . زَبزَب . عَناق الأرض = نُفَّة

badg'ẹr, *v.* ألَحَّ (على) (أو) أبرَم (أو) أضجر (بكثرة الطلب أو السوآل)

bad'ly, *ad.* بسوء . برداءةٍ . كثيراً جداً

bad'-tempẹred [-rd], *a.* سيء الخُلُق . حادّ الطبع

baf'fle, *v.* أعجز . أعيا . خَيَّب . حَيَّر . أعاق

baf'fle, *n.* عائق . حاجز . عارِض

bag, *n.* كيس . وَفضة . جراب

bag, *v.* (-gged, -gging) وَضع في الكيس . انتفخ واسترخى . إصطاد

bagġ'age [-ij], *n.* [عَفشه] = مَتاع المسافر (أو) ثَقَلُه

bagġ'y, *a.* (-ier, -iest) كالكيس . منتفخ ومسترخٍ . مُتَبَجِّج . مُتَهَدِّل

bagġ'pīpe, *n.* كَوبَةٌ = مِزمار المِنفاخ = مِزمار الزِّق

bâh [-bâ], *int.* صوت يُهتَف به احتقاراً (أو) استخفافاً

bail, *n.* كَفيل . كَفالَة

bail, *n.* دَلو . مِنزَفة . عُروَة الدلو (أو) القِدر (على شكل نصف دائرة)

bail, *v.* نَزَف (أو) نَزَح الماءَ (من السفينة بالدلو أو . . .)

to — out, أخرج بالكَفالة . نطَّ (أو) قَفَز (من الطائرة بالبراشوت)

bail'iff, *n.* وكيل أراضٍ . مأمور قضائي موكَّل بالمساجين في المحكمة

bairn, *n.* وَلَد (في اللغة الاسكتلندية)

bait, *n.* طُعم . إغواء . إغراء

bait, *v.* وَضَع الطُّعم . حَرَّش (الكلاب) = هارش

baize, *n.* قُماش صَفيق (أخضر) خشن من الصوف

bāke, *v.* طَبخ . خبز . شوى . صَخد . أَجَر (الطين) = شواه

bāk′ẹr, *n.* خَبَّاز . فرَّان

bāk′ẹry, *n.* مَخبَز . فُرنٌ

bāk′ing, *n.* خَبزٌ . خَبزة . خبيز

bāk′ing-pow′dẹr, *n.* ذَرُور يُوضع في العجين حتى ينتفخ عند الخَبز

bal′ance, *n.* ميزان . قبَّان . توازن . اتزان . رصيد . استواء

(trembling) in the —, مُعلَّق (لم يُبرَم) . في يد القدَر

bal′ance, *v.* وَزَن . وازَن . اتَّزن . توازن . رَصَد

bal′cony, *n.* شُرفة

bald [bôld], *a.* أصلع . مُجرَّد . أجرد . مجهور

bal′derdash [bôl-], *n.* سَفساف الكلام . تفقيع كلام . كلامٌ فارغ . هُراء . هَذَر

bal′dric [bôl-], *n.* حِمالة (السيف أو . . .)

bāle, *n.* رِزمة . [باله] = إِبَالَة

bāle, *v.* رَزَم . حزم في بالات

bāle′fụl [-lf-], *a.* خبيث . شرّير . ضارّ . مؤذٍ

balk [bôk], *v.* حرَن . أحجم . أعاق . أحبط . نكَل = عرَّد

balk, *n.* إعاقة . إحباط . منع

balk′y [-ôk-], *a.* (-kier, -kiest) حَرون

ball [bôl], *n.* كُرَة . كُجَّة . بُندُقة . قُنبُلَة

ball [bôl], *n.* حَفلة رقص

ball′ad, *n.* قصيدةٌ روائية (تُغنَّى في الغالب)

ball′ast, *n.* صابورة (المركَب) . صَبارة . حَصباء

ball′-bear′ing [bôlbār-], *n.* مَسنَد (أو) مَنصب (في آلة) يدور فيه الساعدُ على عددٍ من الكرات المعدنية

ball′et [balā], *n.* باليه = رَقصٌ مَسرحي توقيعي

ballis′tics, *n. pl.* عِلم الجَرخيّات (أو) المقذوفات (أو) المرجومات

balloon′, *n.* مُنطاد

ball′ot, *n.* ورقة الاقتراع (في الانتخاب) . اقتراع سري . مجموع أصوات الناخبين

ball′ot, *v.* انتخب (أو) اقترع

ball′room [bôl-], *n.* قاعة (أو) غُرفة الرقص = مَقلَس

balm [bâm], *n.* تَرُنجان . دُهن (أو) مرهم البَلسم . (نبات) الطَرُنجان

balmy [bâm-], *a.* (-ier, -iest) عَطِرٌ . مُلطِّف . لَطيف . شاف

bal′sam [bôl-], *n.* شجرة البَلَسان . بَلسم

bal′ustẹr, *n.* قائمة الدَّرابَزين

balustrāde′, *n.* دَرَابَزين

bamboo′, *n.* قَنا . خَيزُران . (بوص هندي) . غاب خيزراني

bamboo′zle, *v.* ضَلّل . خدَع . لَبَّس عليه الأمر . حيَّر . ماكر

ban, *n.* حَظر . تحريمٌ . منع . نَهيٌ (عن) . استنكار

ban, *v.* (-nned, -nning) حَظر . حرَّم . منَع . نَهى (عن) . استنكر

bān′al [*or* banal′], *a.* مُبتَذل . نافه

banâ′na, *n.* مَوز . مَوزة . طَلح

band, *n.* زُمرة . عُصبة . زُنَّار . عِصابة . رباطٌ

band, *n.* شَريط = [قُردِيلة] = بَندٌ . جَوقة موسيقية . ثُلَّة = [شِلَّة]

band, *v.* عصَب . اعتصب = تجمهر . تجمع على هيئة عُصبة = تألَّب

ban′dage [-dij], *n.* ضمادة . لِفافة . عِصابة = خبيبة

ban′dage, *v.* عصَّب (الجرح) . ضمَّد

bandan(n)′a, *n.* مِنديلٌ مُلوَّن كبير

band′box, *n.* صندوق من الورق المقوّى توضع فيه القبعات

ban′dit, *n.; pl.* -dits, -ditti قاطع طريق . لِصّ

banditt′i, *n. pl.* قُطّاع طُرُق . لصوص

ban′dy, *v.* (-died, -dying) ترامى . تبادل . تقاذف

ban′dy, *a.* متحدّب (أو) مُتقوّس (أو) مُنحنٍ (إلى الخارج)

ban′dy-legged′ [-legd], *a.* أعصل = أفجّ = مُعوجّ الساقين

bāne, *n.* آفةٌ . مُوبِقة = مَهلكة . سُمٌّ

bāne′ful [-ānf-], *a.* مُهلِكٌ = مُبيفٌ . مُتلِف . مُضِر

bang, *v.* طرَّر = قصَّ الناصية (أو) الطُّرَّة بحذاء الجبهة

bang, *v.* صفق . خبط . دقّ بعنف . طرق

bang, *n.* صفقة . خبطة . طرقة . فرقعة

bangle, *n.* عاجةٌ = سِوار من العاج (أو القرون) = مَسَكٌ . دُمْلُج . [غُوَيش] . سوار (أو) خلخال

bangs, *n. pl.* طُرّة = فارِغة = قُصّة = ناصية المرأة تقصها وتسويها

ban′ian, *n.* = ban′yan

ban′ish, *v.* أبعد . نفى . غرَّب

ban′ishment, *n.* نفيٌ . إجلاءٌ . تغريب

ban′ister, *n.* قائمة الدَّرابزين

ban′isters, *n. pl.* دَرابزين

banjō, *n.;* [*pl.* -jōs *or* -jōes] مِعزَف وَتَريٌّ يُعزَف عليه بالأصابع = طُمْبُرة

bank, *n.* رُكمة . رُكام . حَدَب (من الأرض) . مَضحل

bank, *n.* مَصرِف = بنك

bank, *n.* حَفاف (النهر) . شطّ . حافة . ضِفّة (النهر)

bank, *v.* كوَّم . طَبَن (النار) كبَّاها . ميَّل = حَدَل

bank, *v.* وَدَع (أو) وَضَع في مَصرِف

to — on, اعتمد، اتّكل (على)

bank′er, *n.* مَصرِفي . صَيرَفيٌّ . مُدير (أو) صاحب مَصرِف

bank′ing, *n.* أعمال المصرف = مصرفِيّة = صَيرَفِيّة

bank′ing, *n.* مُحادَلَة الطريق = تمييلها بحيث يكون أحد طرفيها أعلى من الآخر

bank′-nōte, *n.* وَرَقةٌ نقدية

bank′rupt, *n., a.* مُفلسٌ

bank′rupt, *v.* أفلس . فلَّس

bank′ruptcy, *n.* إفلاس . فَلَس

bann′er, *n.* سَنجق = لِواء . بَيرَق . عُنوان . عُنوان كبير

banner, *a.* مُقدَّم . عَلَمٌ . مُعلَمٌ . فَذٌّ

bann′ock, *n.* قُرصة من الشعير (أو) الهرطمان تعمل في اسكتلنده

banns, *n. pl.* إعلام زَواج

ban′quēt [-kwit], *n.* وَليمة

ban′quet, *v.* أوْلم

ban′shee, ban′shie, *n.* رُوحٌ تُنذِر بعويلها عن قرب موت أحد أفراد الأسرة = نَعّاقة

ban′tam, *n.* بَرنيّة = ديك صغير الجسم . مُهارِش . دَجاجة صغيرة الجسم

ban′ter, *v.* هازَلَ . طايَب = مازَح = لاغى

ban′ter, *n.* مُطايَبة = مُمازَحة = ملاغاة . مهازَلة

ban'yan, *n.* شجرة تين هندية تتدلى فروعها حتى تصل الأرض وتضرب جذوراً
baptīse', *v.* عمّد . نصّر . سمّى عند التعميد
bap'tism, *n.* تعميد . معمودية . تطهير
baptis'mal, *a.* تعميدي . معمودي
Bap'tist, *n.* صابغ = معمدان . أحد طائفة المعمودية
bap'tist(ẹ)ry, *n.* مكان التعميد . جرن التعميد
baptīze', *v.* = baptise
bâr, *n.* جرزٌ = قضيب (من الحديد) . رمزنة . حاجز . حائل . عارض . مانعٌ معترض . شِجار (أو) دقر (الباب) = درباس
bâr, *v.* سدّ = اعترض . منع = زوى . حجز (عن) . أترس (الباب) دقّره (أو) شجره = دربس
bâr, *n.* سطرٌ (موسيقى) . فاصلة موسيقية . حانة = كلبة
bâr, *n.* موقف المتهم (في المحكمة) . محكمة . جماعة المحامين . شرطة
bâr, *n.* تخطيطة = خطّ = خطّة
bârb, *n.* صيصة = شوكة منعقفة إلى الخلف
bârb, *v.* صيّص = جعل له كلاليب (أو) شوكاً
bârbār'ian, *a., n.* بربري . متوحش . غجري
bârba'ric, *a.* بربري . فظٌ . غجري
bârb'arism, *n.* بربرية . كلمةٌ حوشية = طمطمانية = حضرمية
bârba'rity, *n.* بربرية . عملٌ بربريٌّ وحشي . جفاء
bârb'arous, *a.* بربري . متوحشٌ . غليظ الطبع . جافٍ
Bârb'ary, *n.* بلاد المغرب
bârb'ĕcūe, *v.* حنذ = شوى (خروفاً أو خنزيراً بكامله) . شوى
bârb'ĕcūe, *n.* حنيذٌ = شواء . وليمة شِواء . منصب (أو) مشبك للشواء (أو) للتجفيف
bârb'ed [-bd], *a.* مصيّص = شائكٌ
— **wirė**, سلك شائك
bârb'ẹr, *n.* حلّاق . مزيّن
bârb'ẹr, *v.* حلق . طرّر (أو) سوّى شعر اللحية (أو) الرأس
bârb'ẹr(r)y, *n.* (نبات) بَرباريس = أمبر باريس = أنبر باريس
bârd, *n.* شاعرٌ . رجّازٌ
bāre, *a.* عريان . عارٍ . مكشوف . مجرّد . عاطلٌ (عن الزينة. . .)
to lay —, كشف . عرّض . فضح
bāre, *v.* جرّد . عرّى . حسر (عن) . كشف
bāre, *v., p. of* bear
bāre'back [bārb-], *a(d).* غير مسرج = عريٌ . عرياً
[bāre'faced [bārfāst], *a (d).* حاسر الوجه . عديم الحياء . وقح . صفيق الوجه
bāre'foot [bārf-], *a(d).* عاري القدمين . حافٍ = غير منتعل . حافياً
bāre'footĕd [bārf-], *a.* حافٍ
bāre'-headĕd [-hed-], *a(d).* عاري الرأس . مكشوف (أو حاسر) الرأس
bāre'ly [bārl-], *ad.* صراحةً . لا يكاد يكون . . . لا يبلغ أن
bāre'nĕss [bārn-], *n.* تعرٍ . تجرّد . عطلٌ (من الزينة)
bârġ'ain [-ġin], *n.* صفقة . مساومة . شرية (أو) بيعة رخيصة
a hard —, مماكسة شديدة . مجارفة في السوم
into the —, فوقَ هذا وذاك
bârġ'ain, *v.* ساوم . تساوم . ماكس . قاول في البيع . ثامن

to — for, استعدّ (لِ) . حَسَب حساب . توقّع . إنتظر

bârge, *n.* سُنبوك = صَندل = قارب شحن . جَرم . مَركب نُزهة . فُلك

ba'ritōne, *n.* صوتٌ رجالي متوسط . مغنٍ بهذا الصوت

bār'ium [*or* **bâr-**], *n.* (مادة) الباريوم .

bârk, *n.* حَرّاقة = سفينة شراعية ذات ثلاث سوارٍ أو أكثر

bârk, *n.* لِحاء (أو قشر) الشجر = قِرافة

bârk, *v.* لَحى = قشر . قلف = جلط . نبح . صوّت .

bârk, *n.* نُباح . تصويت

bârk'ẹr, *n.* نَبّاح . عزّام = مُروّج (ينادي على البضائع)

bârl'ey [**-li**], *n.* شَعير

bâr'maid, *n.* حانِيّة = امرأة تخدم الزبائن في الحانة

bâr'man, *n.*, *pl.* -men حانِيّ

bârn, *n.* [بائكة] . كُندوج = مَخزَن الغلة والتبن

bârn'acle, *n.* بطلينوس (أو) نوع من اللُزّيق (أو) الحلزون البحري (يلصق بالسفن وبالصخور . . .) . زيار (للفرس) = لِواشة

bârn'yârd, *n.* فِناء (أو ساحة) الكُندوج

barom'etẹr, *n.* باروميتر = مِقياس الضغط الجوي

ba'ron, *n.* بارون = لَقَب شَرَف

ba'roness, *n.* بارونة

ba'ronēt, *n.* لقب شَرَف أقلّ من البارون

barōn'ial, *a.* باروني

ba'rony, *n.* بارونية

barōque' [**-ōk**], *n.*, *a.* مُبَرّج = مُزَخرَف . مُعجَق . غريب الشكل ومن صنع الخيال . على غير نظام معروف . بَهرَج

barouche' [**-rōōsh**], *n.* = [كَرُّوسَة] عربة ذات أربعة دواليب ومقعدين متقابلين

bârque [**bârk**], *n.* حَرّاقة = سفينة بثلاثِ سَوارٍ أو أكثر

ba'rracks, *n. pl.* [قِشلَة] = ثُكنَة (أو) ثُكنات الجنود

barr'age [**-rij**], *n.* سَدٌّ (على النيل مثلًا) . حاجز

barr'age [**-râzh**], *n.* قصف شديد (أو) نارٌ حاميةٌ من المدافع (على نقطة مُعيّنة) . حاجزٌ من قصف المدافع لمنع تقدم العدو

ba'rrẹl, *n.* برميل . مِلء برميل . أنبوبة البندقية

ba'rrẹl, *v.* (-elled, -elling) وضَعَ في برميل

ba'rrẹn, *a.* جَديب . جَدباء . لا يُنبِت . لا يُغِل . لا يُثمِر . مُجدِب . ماحِل . جافّ . عقيم . مُخبِل = ضد مُلقِح . عاقِر

ba'rrẹnness, *n.* إجداب . عُقم . عُقر . مَحْلٌ

barricāde', *v.* تَترّس . اعتصم وتحصّن

barricāde', *n.* مِتراسٌ

ba'rriẹr, *n.* حائل . حاجز . عائق . حِجاب

bârr'ing, *prp.* باستِثناء . إذا استثنينا

ba'rristẹr, *n.* محامٍ (يُرافع في جميع المحاكم)

bâr'rōōm , *n.* حانة .

ba'rrōw [**-ō**], *n.* عَربة يدوية

ba'rrōw, *n.* ثاية = جُثوة = رُجمة (أو رُجم (على قبر قديم)

bârt'ẹr, *v.* قايَض . عاوَض . بادل

bârt'ẹr, *n.* تجارة المُقايضة . التبادل التجاري بالسِلَع

ba'rytōne, *n.* = baritone

bās'al, *a.* قاعِدي . أساسي

bas'alt [**-ôlt**], *n.* حجر جهنّمَ

bāse, *n.* قاعدة . أساس . أصل . حَضيض

bāse, *a.* وَضيع النسب . سافِل . خسيس . لئيم . دُونٌ . حَطِيء

bāse, *v.* بَنَى . أَسَّس . وَطَّد . وضع على أساس

bāse'ball [bāsbôl], *n.* لعبة البيسبول

bāse'bôrn [bāsb-], *a.* وَضِيع النَّسَب . نَغْل

bāse'lēss [bāsl-], *a.* لا أَصْلَ (أو) لا أساسَ له

bāse'mẹnt [bāsm-], *n.* الطبقة السفلى (في البيت أو البناء)

bāse'nēss [bāsn-], *n.* وَضَاعة . سَفَالة . دَنَاءة . خِسَّة

bash, *v.* طَرَق . خَبَط . هَشَم بضربةٍ شديدة

bash'fụl, *a.* حَيِيٌّ . خَجُول . هَيُوب

bash'fụlnēss, *n.* شدة استحياء . خَجَل

bās'ic, *a.* أَساسي . أَصلي

bas'il, *n.* حَبَق (نبطي) . حَبَق سليماني . رَيحان . باذروج . باسليقون . ضَوْمر

basil'ica, *n.* بناء على شكل رَدْهة طويلة وفيها صف من الاعمدة في كل جانب وجزء نصف دائري في طرفها

bas'ilisk, *n.* أرقش (أو) رَقشاء = حيوان خرافي كالضب له نَفَسٌ قاتل (أو) نظرة مميتة = صَنَّاجة

bās'in, *n.* طَسْت = لَقَن . حَوْض نهر

bās'is, *n., pl.* bases [bās'ēs] قِوام . أَصل . أَساس . أُس .

bâsk, *v.* تَشَمَّس . تَشَرَّق . تَضَحَّى

bâs'kēt, *n.* سَلَّة . قُفَّة . مَقطَف . قَرْطَل

bâs'kētball [-bôl], *n.* لعبة كرة السَّلَّة

bâs'kētry, *n.* سِلال . صِناعة السلال

bass, *n.* فَرْخٌ = وهو نوعٌ من السمك . نوع من الجمة

bass, *n.* ليف اللحاء الداخلي من شجر الزيزفون ومن النخيل والاشياء المصنوعة منه

bāss, *n.* صوتٌ قراري

bāss, *a.* قَرَارِيّ (الصوت)

bassinet', *n.* عَرَبة (أو) مَهد للأطفال من القُضبان

bassōōn', *n.* زَمَّارة (أو) شَبَّابة بأنبوبين ولها صوت عميق

bāss'-vī'ol, *n.* كمنجة طويلة بطول قامة الإنسان

bass'-wood, *n.* خشب الزيزفون . شجرة الزيزفون

bast, *n.* لحاء الشجرة الليفي . لحاء داخلي للزيزفون

bas'tard [or bâs-], *n.* وَلَد سِفَاح (أو) زنا

bāste, *v.* شَلَّ (الثوبَ) = شَرَّجه = خاطه خياطة متباعدة = شَبَل

bāste, *v.* خَبَط (أو) دَبَل (بالعصا) . حَمَط

bāste, *v.* رَشْرَش (أو) شَلْشَل السَّمْنَ (أو) الدهن

bās'tings, *n. pl.* تَشريج = شَلّ = بَشْك

bas'tion [-tyẹn], *n.* باشُورَة = تحصينة بارزة (من قلعة)

bat, *n.* مِخراق . طَبطابة . مِضْرَب = نُوز = مِطَثّة . مِلَقٌ

bat, *v.* (-tted, -tting) طَثّ = ضَرَب (أو) أصاب بالمِضْرَب

bat, *n.* خُفَّاش . وَطواط

batch, *n.* [وَجبة] . خَبْزة . جماعة . طائفة . كَمِّيَّة

bāte, *v.* قَلَّل . خَفَّف . خَفَّض . أخفت

bâth, *n.* اغتسال . [حَمَّام] . غُسْل . مَغْسَل

bāṭhe, *v.* غَسَّل . اغتسل . استحمَّ . تَسَبَّح . غَمَر . نَضَح

bāṭhe, *n.* تَسَبُّحٌ . سَبْحة

bâth'rōbe, *n.* ثوب (أو بُرْنُس) الحمّام

bâth'rōōm, *n.* حَمَّام . غرفة الحمَّام
bâth'tub, *n.* حوض الحَمَّام = إبْزَن
batiste' [-st], *n.* (قماش) البانيستا = قماش كتاني (أو) قطني رقيق فاخر
bat'on, *n.* مِخْصَرة = عصا قصيرة . قَضيب
bats'man, *n.*; *pl.* -men اللاعب الذي يضرب بالمِضْرَب .
battal'ion, *n.* كتيبة (من الجيش) = [أُرْطَة]
batt'ẹn, *n.* قِدَّة (أو) شُقّة رقيقة من الخشب
batt'ẹn, *v.* شَدَّ (أو) مَكَّن بقِدَّة (أو) قِدَد من الخشب
batt'ẹn, *v.* سَمِن . سَمَّن
batt'ẹr, *v.* دَقَّ . رَدَس . هَدَّ . رَدَى
batt'ẹr, *n.* عَجينٌ رِخْفٌ مَخْفُوق
batt'ẹring-ram, *n.* الكَبْش = آلة لخرق الحصون = مِرْداةٌ . مِرْداس
batt'ẹry, *n.* بَطَّارِيَّة . طابِيَة . مجموعة . طائفة
batt'ẹry *n.* (جُرم) الضَّرب (أو) التَّحَرُّش بشخص ما
bat'tle, *n.* مَعْرَكة (أو) مَوْقِعة حربية . قِتال . مُجاهَدة
bat'tle, *v.* حارب . قاتل . ناجز . عارك . جاهد
bat'tle-axe [-aks], *n.* فأس الحرب = طَبَرْزِين
bat'tledôre [-tld-], *n.* مِقْفَعة = مِطَثّة يُضْرَب بها
bat'tlefield [-tlf-], *n.* مُعتَرَك . ساحة الحرب (أو) المعركة . مَيدان القتال . حَوْمَة الوَغى
bat'tleġround [-lġ-], *n.* = battlefield
bat'tlemẹnt [-lm-], *n.* سورٌ بشرفات في أعلى الحصن . شُرَّافة

bat'tleship [-lsh-], *n.* بارجة حربية
bau'ble, *n.* لُعبة مُزَخرفة = داحٌ = داحةٌ
baulk, *v.*, *n.* = balk
bawd'y, *a.* (-dier, -diest) = نَهْمَوي مُجوني . فُحشي . فُجوري
bawl, *v.* بَعَق . عَجَّ . صَيَّح . صَوَّت . نعر
bawl, *n.* بُعاق . عجيج . جَعجعَة = فَديد . نُعار
bay, *n.* (نبات) الرَند . (نبات) الغار
bay, *n.* خليج = جَوْن
bay, *n.*, *a.* بُنّيٌ مُحْمَرٌ = كُمَيتٌ . أشقر . حصان أشقر
bay, *n.* نُباح . عُواء .
bay, *n.* جَوبَة = فَراغٌ في البناء بين أعمدة . جَناح (أو) جزءٌ بارزٌ من البناء مُجَوَّف من الداخل
at —, مُتَزَجِرٌ لا يجرأ على التقدم . في مَزْجَرٍ
to bring to —, سَدَّ عليه طريق النجاة صَيَّره إلى مَحْرَج
bay, *v.* نبح . عَوَى . زَجر = طرد صائحًا
bay'onẹt, *n.* حَرْبة = [سِنْجَة]
bay'onẹt, *v.* طعن (أو) رَزَّ (أو) شَكَّ بالسِنْجة
bay rum, *n.* سائل طيّب الرائحة يُستخرج من أوراق شجرة مُعَيَّنة
bay window, شُبّاك خارج (أو) ناتيء من الجدار
bazaar' [-zâr], *n.* سُوقٌ شَرقية . شارع السوق . بازار خيري
B. C. قبل الميلاد (ق.م.)
bē, *v.* كان
beach, *n.* شِحْرة = شَطٌّ = طَفٌّ = مَنْشَ (الساحل) = كَنار
beach, *v.* ساق إلى الشَطّ
beac'on, *n.* إشارة . مَنار (لهداية السفن أو الطائرات)

beac'on, *v.* لَمَحَ . لَمَعَ (أو) أنار (للتحذير أو للهداية)

bead, *n.* خَرَزَة . حَبَاب (فوق الماء) . حَبَّة

bead'ing, *n.* تَلْفِيفَة نصف دائرية على حدّ البناء . تَزْيِينَة بالخرز المنظوم . تطريفة في الخشب على شكل كريات خشبية صغيرة

bea'dle, *n.* بوّاب في كُلِّيَّة . مراسِل المحكمة . موظّف صغير في الأبرشية لحفظ النظام . حامل الصولجان في موكب نائب رئيس الجامعة

bea'gle, *n.* كلب صيد صغير الجسم

beak, *n.* مِنسر (أو) مِنقار (الطائر) (يكون أعقف) . أنف السفينة

beak'er, *n.* مِشْرَبَة . قَدَحٌ . عُسٌّ . قارورة

beam, *v.* تَبَلَّجَ (إليه) = هَشَّ . بَشَّ . ابتسم . أشرق . أشعّ . وَجَّه (الموجات)

beam, *n.* عارضة (أو) رافدة (من حديد أو خشب) . عمود (أو) ذراع (الميزان) = طَيَّار = شاهين . جسر (في البناء) . شُعاع ابتسامة = هَشَّة

beamed [-md], *a.* مُوَجَّه (في الاذاعات)

beam'ing, *a.* باشّ الوجه . مُبْتَسِم . مُتَهَلِّل

bean, *n.* باقلاء = فول ، فاصوليا ، لوبيا

bean'stalk [-stôk], *n.* سُوَيْقَة الفاصوليا (أو) الفول

bear [bār], *v.* (bore, born, bearing) حَمَل . حَبِلَت (المرأة) (أو) وَلَدَت . احتمل . تَمَلَّق . حَمَل (أو) تحامل (على)

to — down, تحامل (على) . ضغط . كَبَس . غَلَب . تغلّب (على) . بذل جهداً

to — down on, upon, تحمّل (أو) حَمَل (على) . شدّ (على) . ضغط . بذل جهداً عظيماً

to — out, أثبت . بَرْهن على صحته

to — up, تجلّد . تشجّع . تحمّل

bear [bār], *n.* دُبٌّ . شخصٌ شَرِسٌ سيء الخلق

beard [bērd], *n.* لِحْيَة

beard, *n.* شُعَاع (أو) سَفَا السنبل = حَسَكُه (أو) شوكُه = مَرْق

beard, *v.* شَدّ (أو) جَذَب (من اللحية) . عاصى

beard'ĕd, *a.* مُلْتَحٍ . ذو سَفًا

beard'lĕss, *a.* حَليق . لا لحية له . أمْرَد . أملد = لا يلتحي

bear'er [bār-], *n.* حامِلٌ . ناقل

bear'ing [bār-], *n.* تصرُّف . مَسْلك . هَيئة . حَمْل . ولادة . احتمال . تحمُّل

bear'ing [bār-], *n.* وِجْهَة . اتجاه . حاملة (أو) كُرْسِي = قِسمٌ من آلة يتحرك عليه قسمٌ آخر . مُسْتَنَد . مَسْنَد

bear'ish [bār-], *a.* كالدّب . شَرِس

beast, *n.* بهيم . دابّة . وَحْشٌ

— of burden, زامِلة . حَمولة

— of prey, سبع الوحش . حيوان مفترس

beast'ly, *a.* (-ier, -iest) بهيمي . وَحْشي . شَنيع

beat, *v.* (beat, beaten, beating) ضَرَب . لطم . دَبَل = ضَرَب ضرباً متتابعاً . غَلَب . طَرَق . طَرَّق . خَفَق . نبض . دَقّ

to — her breast, لطم . صَكّ

to — its wings, خَفَق . صَفَق

to — (up) an egg, خَفَق = جَدَح

to — a carpet, طَرَق = وَجَن

to — out gold, طَرَّق

to — down in price, مَاكَس البائع حتى حطّ (أو) خَفَّض الثمن

to — off an attack, صَدّ . دَحَر . رَدّ

to — a retreat, أعطى الإشارة للتراجع . فرّ . ولّى الأدبار

beat, *n.* ضَربة . دَقّة . خَفقة . نبضه . وحدة الإيقـاع . مَراد = مَطاف = طُرقة . دأب . سَنَن

beat'ẹn, *a.* مَضروب . مَغلوب . مَطروق . مَخفوق . مُطرَّق

beat'ẹr, *n.* ضارب . حائش (الصيد) . خفّاقة = مِسواط

bēatif'ic, *a.* يجمل الغبطة في النفس . رائع الجمال

bēat'ifȳ, *v.* (-fied, -fying) جعل في عداد السعداء عند الله . أسعَدَ . طوَّب

beat'ing, *n.* ضَرب . خَفق . هَزيمة

bēat'itūde, *n.* طُوبَى . نَعيم . السعادة الكبرى . غبطة

beau [**bō**], *n.*; *pl.* beaus *or* beaux [**bōz**] مُتَعَشِّق . مُتطرِّز (في لباسه) = غندور . خِلّ (أو) خِدْن (الفتاة)

beaut'ēous [**bū-**], *a.* جَميل . حَسَن

beaut'ifīẹr [**bū-**], *n.* مُجمِّل . مُحسِّن

beaut'iful [**bū-**], *a.* جميل . لطيف

beaut'ifȳ [**bū-**], *v.* (-fied, -fying) جَمَّل . حسَّن

beaut'y [**bū-**], *n.* جَمال . جَميلة = حسناء . تحسينة . مُحسِّن

beaux [**bōz**], *n. pl. of* beau

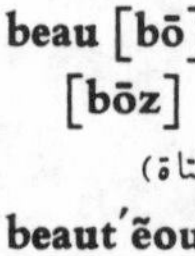

beav'ẹr, *n.* جُندُبَستَر = قُندُر = قُندُس = كلب الماء . قُنفُذ بحري

beav'ẹr, *n.* خطم الخُوذَة = القسم الأمامي الأسفل المتحرك من الخوذة لوقاية الذقن والفم

bēcâlm' [**-kâm**], *v.* رَكَدَ . سكَن . أبسرت (أو) رنَّقت (السفينة) = توقَّفت في مكانها لسكون الريح . جعلها تركد (أو) تتوقف عن المسير لركود الريح

bēcāme', *v., p. of* become

bēcause', *con.* لأنَّ . بما أنَّ . حيث إن

— of, بسبب . من أجل . لأجل

beck, *n.* إشارة (أو) إيماءة

beck'on, *v.* أشار (أو) أومأ

bēcloud', *v.* حَجَبَ بالغيوم . طَمَسَ . غمَّ

bēcome' [**-cum**], *v.* (became, become, becoming) صار . أصبح . غدا . لَبِقَ (أو) لاق (ب) . جَمُلَ (أو) حَسُنَ (ب)

to — of, لَبِقَ (أو) لاق (ب) . جَرَى له . صار به . آل الأمر (ب)

bēcom'ing [**-cum-**], *a.* لائق . ملائم . جَميل (أو) حَسَن (ب)

bed, *n.* فِراش . مَضجَع . قاعدة . طَبَقة . قَعر (النهر) . مَنبَتة . بساط

bed, *v.* (bedded, bedding) آوَى (إلى الفِراش) . أضجَعَ . غَرَسَ . ضاجَعَ

bed'chāmbẹr, *n.* غُرفة النوم

bed'-clōṭhes [**-ṭhz**], *n. pl.* أغطية الفِراش . جهاز الفِراش

bedd'ing, *n.* أدوات (أو) مَوادُّ الفِراش . تَفريشة (للدواب)

bēdeck', *v.* زَيَّن . حلَّى . تزَيَّن

bēdew', *v.* ندَّى . تندَّى

bed'fellow [**-ō**], *n.* ضَجيع . مُضاجِع

bēdīght' [**-dīt**], *v.* (-dight, -dighting) زَيَّن باللباس . زَيَّن

bēdim', *v.* جعله أغبش = غَبَّش . غمَّ = [عَتَّم]

bēdiz'ẹn, *v.* تزَيَّا (أو) زَيَّا باللباس المُبهرج

bed'lam, *n.* صَخَب . ضَجيج . عَطعَطة . مستشفى المجانين

bed'ouin [**-ooin**], *n., a.* بَدَوي

bẽdraġ´ġle, *v.* . نَلْكَكَ = نَلْثَلَثَ
مَرطَل = لَكَّكَ = جَرَّ ولوَّث

bed´-riddẹn, *a.* (مريض) مُثْبَت. (مريض)
مُسبِت. مَلزوم في الفراش (طويلًا)

bed´rōōm, *n.* غرفة النوم

bed´sīde , *n.*, *a.* . بقرب (أو بجانب) السرير.
قُرب (أو جانب) السرير (وخاصة سرير
المريض)

bed´spread [-spred], *n.* = شَرشَف
غِطاء الفِراش

bed´stead [-sted], *n.* هيكل سرير (أو
تخت) النوم

bed´tīme, *n.* وقت (أو ميعاد) النوم

bee, *n.* نحلة = دَبرة . مُساحلَة

beech, *n.* . شَجَر (أو خشب) الزَّان . مُرَّان

beech´ẹn, *a.* . من شجر الزان . من خشب
الزان

beech´nut, *n.* جَوزة الزَّان

beef, *n.* . ثورٌ عليف . ثور (أو) بقرة .
لحم بقر

beef´eatẹr, *n.* أحد حُرَّاس برج لندن

beef´steak [-stāk], *n.* هَبرة (مُرقَّقة)
من لحم البقر تُشوى (أو) تُقلى = صَليقة
(شِواء)

beef´y, *a.* (-ier, -iest) . لَحِيم . بَدِينٌ
قويٌّ . عَضِل

bee´hīve´, *n.* خَلِيَّة نحل = كُوَّارَة

bee´-līne, *n.* خط عامد (أو) قاصد = خط مستقيم

been, *v.*, *pp. of* be

beer, *n.* بِيرَة = جِعَة

Beershē´ba, *n.* (بلدة) بئر السبع

beeṡ´wax, *n.* شمع العَسَل

beet, *n.* (نبات) البَنجَر (أو) الشَّمَندَر
(أو) الشَّمَندُور

bee´tle, *n.* خُنفُساء . جُعَل

bee´tle, *v.* . أشرَف . نتأ
أوطف (شعرُ الحاجبين)

beet´ling, *a* . ناتِئٌ . مشرِفٌ

beet´rōōt, *n.* . شمَندُور
شمَندَر . بنجر

bẽfall´ [-fôl], *v.* (-fell, -fallen, -falling) . جرى . حَدَث . وَقَع (له)
انتاب = أصاب

bẽfall´ẹn [-fôl-], *v.*, *pp. of* befall

What has befallen him ? ماذا جرى
له (أو) حلَّ به (او) نابه (أو) أصابه ؟

bẽfell´, *v.*, *p. of* befall

bẽfit´, *v.* (-fitted, -fitting) . لاءَم
لاق . انبغى . كان حَرِيًّا (ب)

bẽfitt´ing, *a.* ملائم . لائق . حَرِيٌّ

bẽfog´, *v.* (-fogged, -fogging)
شَوَّش . عَمَّى . غَشَّى بالضَّبـاب .
طَمَس . أَضَبَّ = صار ذا ضباب

bẽfôre´, *prp.* . دُونَ . قُدَّام . قُبالَة
أمام . قبل . بين يدَي . . .

bẽfôre´, *ad.* من قبل . قبلًا . قبلُ

bẽfôre´, *con.* قَبلَ (أن) . قبلما

bẽfôre´hand [-fôrh-], *a(d)*. . مُقدَّمًا
سَلَفًا . أولًا . قبلًا . قبل الموعد

bẽfoul´, *v.* قَذَّر . لطَّخ . شنَّع (على)

bẽfriend´ [-frend], *v.* . صادَقَ . ساعدَ
نألَّف

bẽfudd´le, *v.* [سَطلَه] الخمرُ = نكَّه
= هرَّجه . شَوَّش الذهن = اختبله

beg, *v.* (-gged, -gging) شحَذ
= استعطى . تسوَّل . سأل . التمس

to — the question, احتجّ (لاثبات
رأيه) بحجةٍ هي موضع الخلاف

bĕgan′, *v.*, *p. of* begin
bĕget′, *v.* (-got, -gotten *or* -got, -getting) وَلَد . نَسَل . أورث . أَولَد . وَلَّد . أحدث
beġġ′ar, *n.* شحّاذ . مُتَسوِّل . مِسكين . مُكْدٍ
beġġ′ar, *v.* أفقر . أعجز
beġġ′arly, *a.* فقير مُدقِع . حقير . خسيس
beġġ′ary, *n.* فقرٌ مُدقِعٌ = فاقةٌ = دَوقعة
bĕġin′, *v.* (-gan, -gun, -ginning) بدأ . شرَع . أخذ (في) . طفِق
bĕġinn′ẹr, *n.* بادئٌ . مُبتدِئٌ
bĕġinn′ing, *n.* شُروع . ابتداء . حداثة الأمر . أول (الأمر)
bĕġirt′, *a.* مُحاط . مُكتنَف . مُنَطَّق
bĕġone′ [-ġôn], *int.* إنصرِف !. إليكَ عني . ابعد !
bĕġōn′ia, *n.* بغونِية = نبات له أوراق جميلة وأزهار شمعية
bĕġot′, *v.*, *p.*, *pp. of* beget
bĕġot′tẹn, *v.*, *pp. of* beget
bĕġrīme′, *v.* تَكلَّع . كَلَّع = وَسَّخ
bĕġrudge′, *v.* بَخِل = ضَنَّ (ب) . حسد . نفس
bĕġuīle′ [-ġīl], *v.* غرَّ . خلب . خدع . غشَّ . أخذ خِداعاً واحتيالاً . سلَّى = عَلَّل . فتن
bĕġun′, *v.*, *pp. of* begin
bĕhâlf′ [-hâf], *n.* أجل . مصلحة . منفعة
in — of, لِمصلحة . من أجل
on — of, مِن قِبَل . . . باسم (أو) نيابة (عن)
bĕhāve′, *v.* سلَك . أحسن السلوك . تأدّب
bĕhāv′iour, bĕhāv′ior [-yẹr], *n.* مَسلَك . سُلوك . فِعل . انفعال

bĕhead′ [-hed], *v.* قطع الرأسَ . ضرَب العنق
bĕheld′, *v.*, *p.*, *pp. of* behold
bĕhēm′oth, *n.* دابة البحر . بَهَموت . حيوان هائل الجسم
bĕhest′, *n.* أمر
bĕhīnd′, *prp.* خلف . (من) وراء . متخلِّف (عن)
bĕhīnd′, *ad.* خَلف . وراء . إلى الخلف
to fall —, تخلَّف . قصَّر
to look —, تلفّت وراءه
to leave —, خلَّف . جاوز . غبَّر في وجهه
bĕhīnd′hand, *a(d)*. مُقصِّر . متأخِّر . متوانٍ
bĕhōld′, *v.* (-held, -holding) تطلَّع . شاهدَ . أبصر . نظر
bĕhōl′dẹn, *a.* [ممنون] . مَدينٌ بالفضل (لِ)
bĕhōld′ẹr, *n.* مُشاهِدٌ . ناظِرٌ
bĕho͞of′, *n.* فائدة . منفعة
bĕho͞ove′, *v.* = behove
bĕhōve′, *v.* إنبغى . اقتضى . جدُر . لاق (ب)
beige [bāj *or* bāzh], *n.*, *a.* لون الصوف الطبيعي . نسيجٌ صوفي ناعم . بلون الصوف الطبيعي . [بيج]
bē′ing, *n.* كينونة . وُجود . كَون . كائن . مخلوق . ماهِيَّة
bē′ing, *a.* حاضِر . حاليّ
for the time —, في الوقت الحاضِر . موقتاً . إلى حين (آخر)
bē′ing, *v.*, *ppr.* فعل مساعد للزمن الحاضر الاستمراري
bĕlāb′our [-bẹr], *v.* ضَرَب ضرباً شديداً . أوسع ضَرباً . هبج (أو) دبَل (بالعصا) . انهال عليه تقريعاً (أو) انتقاداً

bēlāt'ĕd, *a.* مُمسٍ (أو) عاتمٌ = متعوِّق . مُتأخر . مُتَمَاسٍ

bēlay', *v.* جَلَز = شَدَّ (أو) رَبَط (الحبل) بلفّه على وَتد (أو) ما يشابه ذلك

belch, *v.* تجشأ . نفث . قَذَف

bel'dam(e), *n.* عَجوز . عجوز شَوهاء

bēleaġ'uer [-ġẹr], *v.* حاصر . حاوطَ

bel'fry, *n.* جَرَسِيَّة = بُرج الجرس (أو) الناقوس

Bel'gium [-jẹm], *n.* بلجيكا

Bēl'ial, *n.* إبليس . الشيطان

bēlīe' [-lī], *v.* (-lied, -lying) أكذَبَ . كذَّبَ . خَيَّبَ

bēlief', *n.* إيمان . مُعتَقد . تصديق

bēlieve', *v.* آمن (بِ) . اعتقد . صَدَّقَ

to make —, ادّعى . تظاهر . أوهم (نفسه)

bēliev'ẹr, *n.* مُؤمن

bēlīke', *ad.* مُحتمل جدًا . لَعَلَّ . رُبَّما

bēlit'tle, *v.* استقلَّ . استصغر . استخسَّ . قَدَح (في)

bell, *n.* جرس . ناقوس . جُلجُل . دَقَّة الجرس

bell, *v.* عَلَّق الجرس (أو) الجلجل

belladonn'a, *n.* (نبات) ستّ الحُسن (وعَقَّاره سام)

belle, *n.* حَسناء . حُسَّانة . غادة

bell'icōse, *a.* مُتحرِّب = مَيَّالٌ للحرب (أو) المناوشة

belli'gẹrẹnce, *n.* حالة الحرب . حُبّ الحرب والمحاربة

belli'gẹrẹnt, *a., n.* محب للحرب . في حرب . مُحارِب

bell'ōw [-ō], *v.* عَجَّ . صَوَّت . خاز . جأر . نَعَر (كالثور)

bell'ōw, *n.* عجيج . خُوار . جُؤار . نعير

bell'ōwṡ [-ōz], *n. pl.* كِير = زِقّ الحداد

bell'-weṭhẹr, *n.* كَرّاز (من الضأن) = يكون في عنقه جرس ويتبعه القطيع

bell'y, *n.* بطن . كَرِش . جَوف

bell'y, *v.* (-llied, -llying) انتفخ (كشراع السفينة)

bēlong', *v.* انتسب . انتمى . اتصل (ب) . تبع

to — to, هو (لِ) (أو) مُلكٌ (لِ) . هو خاصٌّ (بِ)

bēlong'ingṡ, *n. pl.* أمتعة . مملوكات

bēlov'ed, *n., a.* [-luvd *or* -luvid], *a.* حبيب . عزيز . محبوب . معشوق

bēlow' [-lō], *prp.* تحت . دُونَ . أسفل

bēlow', *ad.* في (أو إلى) أسفل . على الأرض

belt, *n.* حِزام . نِطاق . زُنّار . قِشاط (لتحريك الآلات)

belt, *v.* حَزَّمَ . نطّق . جَلَدَ

bēmoan' [-mōn], *v.* ندَبَ . ناحَ . تَفَجَّع (على)

bench, *n.* [بَنك] = مَقعد طويل . طاولة النجار (أو) الصانع . مَقعد القاضي (في المحكمة) . قاضٍ (أو) قضاة (في محكمة) . جماعة القضاة

bend, *v.* (bent, bending) ثَنَى . عَطَف . حَنى . انحنى . عقف . عَكَف (على)

bend, *v.* أضرع . أجنح = خضع . خَنَع . انكبَّ . خَضَع

bend, *v.* انثنى . انعرج . عَطَف (أو) عاج (في سيره إلى . . .)

bend, *n.* لَوذ = مُنعَطف . مُنعرَج . عُرقوب (الوادي) . ثِنيٌ . مَحناة

ben'dĕd, *a.* مَحنِيّ

bẽneath', *prp.* تحت . أسفل . أحط . دون . أحقر (من أن . . .) • يُزري (بِ)

bẽneath', *ad.* تحتُ

Benẽdic'tīne, *n.*, *a.* راهب (أو) راهبة من الرهبان البندكتيين . بندكتي

benẽdic'tion, *n.* دُعاء بالبركة . بَرَكة

benẽfac'tion, *n.* فِعل الخير . جميل . إحسان

ben'ẽfactor, *n.* فاعلُ خيرٍ . مُحسِن . مُنعِم

ben'ẽfactrẽss, *n.* فاعلة خير . مُحسِنَة

ben'ẽfice, *n.* وَظيفة كَنَسية (أو) وَقف يُعاش منه . إقطاعة

bẽnef'icẹnce, *n.* إحسان . كَرَم . لُطف

bẽnef'icẹnt, *a.* مُحسِن . كريم . فاعل خير

benẽfi'cial [-shẹl], *a.* نافع . مُفيد . يعود بالخير (على)

benẽfi'ciary [-fishẹri], *n.* مُنتَفِع . مُتنَفِع

ben'ẽfit, *n.* خيرٌ . فائدة . عائِدة . إنعام . عَمَل خيري

ben'ẽfit, *v.* (-fited, -fiting) نفعَ . أفاد . انتفع

bẽnev'olẹnce, *n.* صَفاء (أو حُسن) النية . حُبّ الخير للناس . إحسانٌ . هبة (أو) عَطية سَخية

bẽnev'olẹnt, *a.* حَسَن النية . مُحِبٌّ للخير . مُحسِن

bẽnīght'ẽd [-nīt-], *a.* عَمِيّ القَلب . مطموس البصيرة . في ظلام . جاهل . في جَهالة (أو) جاهلية

bẽnīgn' [-nīn], *a.* لَطيف . رَفيق . نافع . طيِّب . سليم

bẽnig'nant, *a.* لطيف . سليم . كريم الأخلاق . محبّ للخير

bẽnig'nity, *n.* لُطف . تَكَرُّم . معروف = جميل

ben'iṣon [-zẹn], *n.* بركة . نِعمة

bent, *v.*, *p.*, *pp. of* bend . مَحنيّ . مُصَمِّم . مُكِبٌّ (على)

bent, *n.* مَيل . نَزعة

bẽnumb' [-m], *v.* خدَّر . أخدَر . نَمِل . أقرَس (أو) أخصَر (البردُ)

ben'zēne, *n.* بنزين = سائل عديم اللون يُستخرَج من قار الفحم

ben'zīne, *n.* روح النفط = سائل يُستخرج من النفط للوقود

bẽqueaṭh' [-kwēṭh], *v.* وَرّث بوصيّة . وَرَّث . خَلَّف

bẽquest' [-kwest], *n.* إرث بوصيّة . تَرِكة . إرث . ميراث

bẽrāte', *v.* [جدَلَ]=عَنَّف تعنيفًا شديدًا . قرَّع

bẽreave', *v.* (-ved *or* -reft) فَجع . أفقد . ثَكَل

bẽreave'mẹnt [-vm-], *n.* فِقدان . فَجعة . ثُكل

bẽreft', *v.*, *p.*, *pp. of* bereave فاقِد . مَلهوفٌ . مَفجوعٌ . ثاكِل

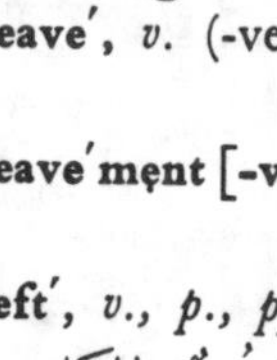

ber'et [berā], *n.* سِيدارة . [بيريه]

berg, *n.* جُمُد = جَبَل جليد (طافٍ في الماء) . كتلة جليدية طافية

bẹ'rry, *n.* حَبّة . كُباث = ثمر مدوَّر كالزَعرور . كُبابة . صُعرورة

bẹ'rry, *v.* (-rried, -rrying) جَمع الحَبّ (أو) الصَّمارير

berth, *n.* مَرقَد (أو) سرير (في سفينة) . مَربط (للسفينة)

to give him a wide —, أجنب (عن) . حَيَّد (عن) . لوَّح

be'ryl, *n.* زَبَرجد = حجر كريم · الحجر الأزرق

bēseech', *v.* (besought *or* -seeched, -seeching) تَوَسَّل (إلى) . تَضَرَّع

bēseem', *v.* لاقَ (بِ) . جَمُلَ (ب)

bēset', *v.* (-set, -setting) حَفَّ . أحاق (بِ) أحدَق. ساور. هَجم (من كل جانب). تكنَّف . رصع

bēsett'ing, *a.* يعتريه عادةً . ملازِم . مُعاوِد

bēsīde', *prp.* بجَنب . عِند . بقرب . في جنب . غير . عدا

— himself, خارجٌ عن عقله

This is — the question, خارجٌ عن (صَدَد) البحث

bēsīdes' [-dz], *ad.*, *prp.* عدا عن ذلك . ثُمَّ . أيضاً . (لا) بل . غير . خِلاف . عَدا

bēsiege', *v.* حاصر. حصَر . حاوط . تجمَّع (حولَ) . غَمر

bēsieg'er, *n.* مُحاصِرٌ

bēsmear', *v.* نطَف = طَمَل = لَبَّط = لطَّخ . مرَّغ

bēsmirch', *v.* لَوَّث . لطَّخ . وَسَّخ

bēs'om, *n.* مِكسَحَة = مكنسة من العيدان (أو الغُصُنات)

bēsott'ēd, *a.* [مَسطول] . فاقِد الشعور . أحمق . مُغفَّل

bēsought' [-sôt], *v.*, *p.*, *pp.* *of* beseech

bēspāke', *v.* = bespoke

bēspan'gle, *v.* زَيَّن بالتباريق

bēspatt'er, *v.* لَوَّث . رَشَّش ولَوَّث

bēspeak', *v.* (bespoke, bespoken *or* bespoke, bespeaking) إستصنع = وَصَّى (بصنع شيء) . حَجَز . دلَّ (على) . نَمَّ

bēspōke', *v.*, *p.*, *pp.* *of* bespeak

best, *a.* أحسَن . خَير . أفضل . مُعظَم

best, *ad.* أجود (أو بأجود) ما يمكن . خَير

best, *n.* خَير . . . أفضل

to the — of my knowledge, (على) مبلغ علمي

to do my —, بذلت قُصاراي (أو) وُسعي

to get the — of, غلب . تغلَّب . فاز

make the — of his time, انتفع بالوقت على افضل وجه

best, *v.* فاز . بَرَع . فاق . غلَب

bes'tial, *a.* بَهيمي . وَحشي . شهواني

bēstir', *v.* (-tirred, -tirring) إستهمَّ . حَرَّك (أو) تحرَّك (للعمل) . بذَل الهِمَّة

bēstōw', [-tō], *v.* أعطى . وَهَب . مَنَح . أتحف . أودَع · أولى = مَنَحَ = بذَل

bēstōw'al, *n.* عَطِيَّة . مِنَح . إنعام

bēstrew' [-rū], *v.* بذَر . نَثر (فيه) . بَعثر (فيه) . إنبذر

bēstrīde', *v.* (-rode *or* -rid, -ridden *or* -rid) تَفحَّج (فوق) . جَلَس (أو) ركب مُتَفَحِّجاً . فَحَج (عن)

bēstrōde', *v.* *p.* *of* bestride

bet, *n.* رِهان . مراهنة . مُشارطة

bet, *v.* (bet *or* betted, betting) راهن

bētāke', *v.*, (-took, -taken, -king) ذَهَب . انصرف . عَمَد (الى)

to — himself, انصرف (إلى) . عَكَف (على)

beth'ẹl, *n.* بيت الله

bĕthink', *v.* (-thought, -thinking) تَفَكَّر . استذكر . تذكّر

Beth'lĕhem, *n.* (بلدة) بيت لحم

bĕthought' [-ô-], *v., p., pp. of* bethink

bĕtīde', *v.* جرَى . أصاب . ناب . أَلَمّ (ب)

woe — him, له الوَيل . تَعساً له

bĕtīmeṡ', *ad.* مُبَكِّرًا . في الأوان . قبل الفوات

bĕtōk'ẹn, *v.* هو آيةٌ (أو) علامةٌ (على) = دَلَّ (على) . أظهر

bĕtook, *v., p. of* betake

bĕtray', *v.* غدَر (أو) خاسَ (ب) . أسلَم (الى العدو) . خانَ . خذَل . أفشى (السرّ) . نَمَّ . وَشى

bĕtray'al, *n.* إسلامٌ (الى العدو) . خِيانة . غدْر . وِشاية

bĕtrōṭh', *v.* وَعَد بالزَّوَاج . خطَب . عقد الخِطبة

bĕtrōṭh'al, *n.* وَعد بالزواج . إملاك = خِطبة . عَقد الخِطبة

bett'ẹr, *a(d).* أفضل . أجود . خيرٌ . أصلح . أمثل

— off, أغنى . أحسَن حالًا

We had — go, أولَى بنا (أو) خيرٌ لنا أن نذهب

to get the — of, تفوّق (على) . غلَب . تغلّب (على)

had —, الأفضل (له) . خيرٌ (له) . يَنبغي

to think — of, بَدا له = غيَّر رأيه

bett'ẹr, *v.* حسَّن . جوَّد . فاق (على)

to — himself, حسَّن مركزه (أو) حالته

bett'ẹr, bett'or, *n.* مُراهِن

bett'ẹrmẹnt, *n.* تحسين . إصلاح . تحسُّن

bett'ẹrṡ, *n. pl.* مَن هم أعلى مَقامًا (أو) أحسن شأنًا (مِن)

bett'ing, *n.* مُراهنة

bett'or, *n.* = better

bĕtween', *prp.* بَين . ما بين . فيما بين

bĕtween', *a.* بَين . دون

bĕtween', *ad.* فيما بين . ما بين

bĕtwixt', *prp.* = between

bev'ẹl, *n.* حَفَّة مائلة . حرفٌ مائل . شَطفة . جَلفة . أداة (أو آلة) لقياس الزوايا (أو) رسم الزوايا

bev'ẹl, *v.* (-lled, -lling) ميَّل الحَرفَ (أو) الحَفَّة . حرَّف . شطف . جلف

bev'ẹrage [-ij], *n.* شَراب . مَشروب

bev'y, *n.* سِرب . سُربة . لُمَّة (نساء)

bĕwail', *v.* ناحَ . نَدَب . أعوَل . تفجَّع

bĕwāre', *v.* احترَس (أو) حذِر (من)

bĕwāre! *int.* احترِس ! حَذارِ ! إيّاك !

bĕwil'dẹr, *v.* حيَّر . شوَّش . تيَّه

bĕwil'dẹrmẹnt, *n.* تشويش ذهني . حَيْرَة . ارتباك . تَلَدُّه . مَسكَعة

bĕwitch', *v.* سَحَر . فَتَن . أخذ بلُبِّه

bĕyond', *prp.* بَعد . وراء . فَوتَ . فوق

He was — help, ليس في الامكان إغاثته = هو فَوتَ الإغاثة

He was — hope, مأيوسٌ منه

bĕyond', *ad.* هنالك

bĕyond', *n.* الحياة الأُخرى . (عالم) الغيب

the great —, = beyond *(n.)*

bīann'ūal, *a.* مرّتين في السنة . نصف سَنوي

bī'as, *n.* خط مُنحرِف (أو) مَوروب . جَنَفٌ = تحامُلٌ . محاباة . تحرُّف . مُحاوَزة . ضَلَعٌ . مَرامٌ

on the —, بالَميل . بالوَرْب

bī'as, *v.* (-ased, -asing) حَرَّف . تَحَرَّف . جَنِف = تحامل . جاوز . حابى . جار (على)

bī'ased, bī'assed [-sd], *a.* جائر . مُنحرِف . جانف . ضالع = مُتَجانِف . مُحاوِز

bib, *n.* قطعة من قماش يلبسها الأولاد على أعلى الصدر لحماية الثياب = مِنفَضة = تَلبيبة

Bī'ble, *n.* الكتاب المقدس (العهد القديم والعهد الجديد)

Bib'lical, bib'lical, *a.* متعلق بالكتاب المُقدَّس

bibliog'raphy, *n.* فهرس (أو) جدول بالكتب (أو) المقالات المَرجِعيَّة

bīcarb'onāte of sōda, *n.* ثاني فحمات السوديوم

bī'ceps, *n.* العَضَلة الأمامية في العَضُد = العضلة ذات الرأسين (أو) ذات القرينتين

bick'ẹr, *v.* ناقر (في الكلام) = نازع فيه وشاجر

bīcus'pid, *n., a.* السن الضاحِكة . ذو شَرخين . ذو شُرفتين (أو) نتوءين

bī'cycle, *n.* دَرَّاجة (بدولابين)

bī'cyclist, *n.* راكب الدَّرَّاجة

bid, *v.* (bad *or* bade *or* bid, bid *or* bidden, -dding) أمر . دعا . قال (تحيةً أو وداعًا) . سامَ . = زايد . تَهَمَّم . هَمَّ

to — fair, يُحتمَل (له) . الدلائل تُبَشِّر (ب) . يُرجى (منه)

bid, *n.* أمر . دعوة . سَوْم . مزايدة . هَمَّة

bidd'ẹn, *v., pp. of* bid مأمورٌ . مدعوٌّ

bidd'ẹr, *n.* مُساوِم = مُزايِد

bidd'ing, *n.* أمر . دَعوة . مُزايَدة

bīde, *v.* (bode *or* bided, bided, biding) سَكَن . انتظر . تربَّص . تَرَيَّث

— my time, تَرَبَّصتُ الفرصة (أو) ترصَّدتُها

bīenn'ial, *a., n.* (نبات) حَطيم = يعيش سنتين . (شيء) يعرِض (أو) يَقع كل سنتين

bier, *n.* نَعش = سَرير الميت = شَرجَع . تابوت

big, *a.* كبير . عظيم . واسع . مُهِمّ

big'amy, *n.* الزَّواج المُثنوي . الزواج بزوجتين في وقت واحد

bīght [bīt], *n.* لَجَف نهري (أو) بحري . خليج منبسط

big'ness, *n.* كِبَر . عِظَم

big'ot, *n.* مُتَعَصِّب = مُتَرَفِّض

big'otēd, *a.* مُتَعَصِّب . تَرَفُّضي

big'otry, *n.* تَعَصُّب . تَرَفُّض

bī'jou [-zhōō], *n., a.; pl.* -joux تُحفة . جَوهرة . صَغير . طَريف

bīke, *n.* = bicycle

bīlat'ẹral, *a.* بين طرفين (أو) جانبين . ثُنائي

bīle, *n.* المِرَّة (الصفراء) . ضيق (الخلق أو الصدر) . حِدّة الطبع

bilge, *n.* تَمَّة (أو بُؤرة) السفينة = الفسحة بين القعر ومُستودَع السفينة . مُنتَفَخ البرميل = أعرض مكان فيه

— water, الماء الوسخ في قعر السفينة

bil'ious, *a.* مَمرُور . صَفراوي . ضَيِّق الخلق

bill, *n.* لائحة قانونية . مشروع قانون

bill, *n.* ورقة (أو بيان أو كشف) الحساب = فُنداق . إعلان . نشرة . ورقة نقدية . قائمة (أو) جدول

— of exchange, سُفتَجة . كمبيالة

— of fare, لائحة أنواع الطعام
bill, *v.* أدرج في القائمة . أعلن
bill, *n.* مِنقاد (الطائر) (يكون غير أعقف) . خطم (الحيوان)
bill, *v.* لاغَم = وَضَع فمه على فمه
bill'ĕt, *v.* (-leted, -leting) أسكن (الجنود) . خَصَّص مسكناً (للجنود)
bill'ĕt, *n.* أمرٌ بتخصيص مسكن (للجنود) . مَسكَن مَفروضٌ (للجنود) . نَمِيقة
bill'iards [-yardz], *n.* لعبة البليارد
bill'ion [-yon], *n.* مليون مليون (في بريطانيا وألمانيا) . ألف مليون (في فرنسا والولايات المتحدة)
bill'ōw [-ō], *n.* أذِيَّة = مَوجةٌ عظيمة = لُجَّة . تَيهور
bill'ōw, *v.* خَبَّ (أو) هاج (البحرُ) . تَموَّج كَلُجِّ البحر = إلتَجَّ . انتفخ وانتشر
bill'ōwy, *a.* عَلَت لُجَجُهُ = مُلتَجٌّ . مُنتفِخ . مُنتَشِر
bi-month'ly, *n.*, *a(d).* نَشرة (تصدر مرتين كل شهر أو مرة كل شهرين) . مرَّةً كُلَّ شهرين . مرتين كل شهر
bin, *n.* خابية
bin, *v.* (binned, binning) وَضَع (أو ادَّخر) في خابية
bīnd, *v.* (bound, binding) رَبَط . حَزَم . عَصَب . جَلَّد . حَبَك . ألزم
bīn'dęr, *n.* رِباط . مُجَلِّد (كتب) . آلة مُمَارِة . ضِمادَة (الجرح)
bīn'ding, *n.* جِلد . تجليد . زِيقٌ (في الثوب)
bīn'ding, *a.* مُلزِم . مُوجِب . حَتمِي
binn'acle, *n.* صندوق (أو) عُلبة . حُكّ السفينة . بيت الحُكّ . بيت الأبرة

bīnoc'ūlar [*or* binoc'-], *n.*, *a.* مِنظار ذو عينين . يستعمل العينين معاً . متعلق بكلتا العينين
bīnoc'ūlarṡ, *n. pl.* ناظورٌ مُزدَوِج
bīoġ'raphęr, *n.* كاتب (أو مُترجِم) سيرة شخص (أو) حياته
bīoġraph'ical, *a.* متعلق بالسيرة (أو) بترجمة الحياة
bīoġ'raphy, *n.* سيرة شخص = ترجمة حياته
bīolo'gical, *a.* بيولوجي = أحيآئي
bīological war'fare, حرب الجراثيم
bīol'ogist, *n.* عالِم أحيائي (أو) بيولوجي
bīol'ogy, *n.* علم الحياة (أو) الأحياء
bī'ped, *n.* حيوان برجلين (أو) قائمتين
bī'plāne, *n.* طائرة بجناحين
birch, *n.* . شجرة الحِكمة . (شجرة) البَتولاء . (شجرة) الفَوش (أو) السَّندَرة . مِطرَق (أو) قضيب
bird, *n.* طائر . عُصفور
— of passage, طائر قاطِع
— of prey, طائرٌ جارِحٌ (أو) كاسر . من سباع الطير
bird'-līme, *n.* الدِّبق (لصيد الطيور)
bird of Paradise, طائرٌ جميلُ تلاوين الريش
bird'ṡ-eye [-ī], *a.* مُصغَّر . عام . مُجمَل . عن بُعدٍ (أو) من ارتفاع . عليه علامات كأعين الطير
birth, *n.* مَولِد . ميلاد . نَسَب . منشأ
to give — to, وَلَد
birth'day, *n.* (عيد) مَولِد . عيد ميلاد
birth'-plāce, *n.* منشأ . مكان الولادة = مَسقَط الرأس
birth'-rāte, *n.* نِسبة المواليد

BIRDS OF THE MIDDLE EAST

طيور الشرق الاوسط

birth'rīght [-rīt], *n.* حقُّ البُكوريَّة . الحق المكتَسَب بحكم المَولِد . حقٌّ طبيعي

bis'cuit [-kit], *n.* بَسكوت

bīsect', *v.* نَصَّف . قَسَم (أو قطَع) نصفين = شطَر

bish'op, *n.* أُسقُف

bish'opric, *n.* أُسقُفية

bis'muth, *n.* البِزموت وهو معدن هَشٌّ

bīs'on, *n.* ثورٌ بَرّي (أمريكي) . جاموس أمريكي

bit, *n.,* نوعًا مـا . إلى حدٍّ ما . قليلٌ (من) . نَبذٌ (أو) قطعةٌ (من) . هُنَيهة

— by —, تبريضًا = شلتحةً = قليلًا قليلًا

not a —, البتّة . أصلًا . بالمرة

bit, *v.* (-tted, -tting) شَكَم . لَجَم . قرَّط اللِجام

bit, *v., p., pp. of* bite

bit, *n.* شَكيمة اللجام . شَكيمة

bit, *n.* مِنقر . [مِقدح] . مِثقب

bit, *n.* مِسلاط (أو) مِيشاق (المفتاح) = سِنّه

bitch, *n.* كَلْبَة . أُنثى الثعلب (أو) الذئب

bīte, *v.* (bit, bitten, biting) عَضَّ . قَرَص . لدغ . كَزَم . قرَم . لَذَع

bīte, *n.* عَضَّة . لُقمة . كَزْمة . قَرْصة . قَرْسة . لذعة

bīt'ing, *a.* لاذِع . قارسٌ (للبرد) . قارِص (للكلام)

bitt'ẹn, *v., pp. of* bite مَقروصٌ . مَلدوغٌ = لَديغ

bitt'ẹr, *a.* مُرٌّ . لَدود . مُلتاعٌ . قارِسٌ . حادّ . مَرير . مُغِلّ = حاقِد

bitt'ẹrly, *ad.* بمرارة . بِحِدَّة . بحقدٍ وغِلّ

bitt'ẹrn, *n.* (طائر) الواق (أو) البوبو (أو) القوق = (طائر) العجّاج

bitt'ẹrnĕss, *n.* مَرارة . عَلقَمة . حِدَّة . غِلّ . وَغَر

bitt'ẹr-sweet, *n., a.* شُجَيرةٌ مُتفرِّشة . عِنَب الذئب . ياسمين بري . مرّ حلو

bit'ūmẹn, *n.* حُمَرٌ = قارٌ معدني

bitūm'inous, *a.* حُمَري . قاري

bī'valve, *n., a.* مَحار . حيوان صَدَفي بصدفة ذات مِصراعين . ذو مِصراعين . ذو شِقَّين

biv'ouac [-ŭac], *n.* مُعَرَّس = مُعَسكَر خلائي (أو) عَرائي

biv'ouac, *v.* (-ouacked, -ouacking) عَرَّس . عَسكَر في الخلاء (أو) العراء

bizârre', *a.* غريبُ (أو) هَجين (الهيئة) . نابٍ

blab, *v.* (-bbed, -bbing) أفشى (أو) نَمَّ (السِرّ) . أكثر (أو) وقوق (في الكلام) . هَذَر

black, *a.* أسود . قاتم . أدهم . أسحم

black, *n.* سَواد . رُقطة سوداء . ثياب الحِداد . زَنجي

black, *v.* سَوَّد . سَحَّم

black'amōōr, *n.* زَنجي . أسود

black'berry, *n.* تُوت وَحشي . تُوت السِياج . تُوت العُلَّيق (أو) البرّي

black'bird, *n.* شُحرور = [جَحموِمة]

black'board, *n.* سُبُّورة = لوحٌ أسود

black'ẹn, *v.* سوَّد . اسودَّ . سَوَّدَ السُمعة = شَنَّع (على)

black eye, عين سوداء القُزَحية . عين اسودّ اللحم حولها بسبب كَدمة (أو) رَضّة

black'ġuard [blaġard], *n.* لئيم . لُكَعٌ = (رَجل) عديم المروءة . لُكَعَة . [حرفوش]

black'ġuard, *v.* شتم . قابح . أفحش في الشتم = أقذع

black'-list, *n.* قائمة سوداء

black'mail, *n.* مراشاةٌ = [خاوةٌ أو خُوَّة] = مالٌ يؤخذ بالتهديد . إكراه بالتهديد

black'mail, *v.* راشى = [أخذ خُوَّة] (أو) حاول أخذها . أكره بالتهديد

black market, سوق سوداء

black'nĕss, *n.* سواد . ظُلمة . سخيمة . سواد القلب

black'-out, *n.* إطفاء (أو كمّ) الأنوار

black'smith, *n.* حدّاد

black'thôrn, *n.* نبات الشوكة السوداء

bladd'ẹr, *n.* مَثانة . شيء منتفخ

blāde, *n.* شَفرة . نصل . سيف . شخص همَّام نفَّاذ = أروع = صَلتٌ

blāde, *n.* خُوصة = ورقة عُشب (أو) نبات . فراشة = طرفٌ مبسوط من اي شي

blām'able, *a.* مُليم . يستحق اللوم

blāme, *v.* لامَ . آخذ . عَذَل

he is to —, هو المستحقُ اللوم . هو المُليم

blāme, *n.* لوم . مَلامة . ذَنبٌ

blāme'lĕss [-ml-], *a.* لا ذَنبَ له . لا لومَ عليه . بريء . طاهر الذيل

blanch, *v.* بَيَّض . ابيضَّ . اصفرَّ (او) امتُقع لونه . انكفأ لونُه

bland, *a.* ناعمٌ . لطيف . مُعتدِل . سَهلُ الخُلق . أديب

blan'dish, *v.* لاين وداهن . دالَسَ . خالَب

blan'dishmẹnt, *n.* مُدالَسة . مُخالَبة . مُداهَنة

blank, *n.* بياضٌ = فراغٌ (أو) فُسحة في الكتابة (او) الطبع

blank, *a.* أبيض = فارِغٌ من الكتابة (أو) الطبع

blank'ĕt, *n.* [حِرام] . [بطَّانيَّة] . غشاء

blank'ĕt, *v.* غطّى بالبطانية . لَحَف . كمَّ

blāre, *v.* زعق (البوق) . زَعَق

blāre, *n.* زَعيق

blârn'ey [-ni], *n.* مُداهَنة . مُدالَسة . خِلابة . خَلب

to kiss the Blarney Stone, مَهَر في المداهنة والمدالسة

blasphēme', *v.* جَدَّف = تكلَّم كلامًا احتقاريًا (أو) كفريًا بحق الخالق (أو) المقدَّسات

blas'phẹmous, *a.* تجديفي

blas'phẹmy, *n.* تجديف

blâst, *v.* هَبَّ . عصَف . نسَف . آفَ

blâst, *n.* هبَّة . عَصفَة . انفجار . فَقعة . لَفحة . عاهة (للزرع)

— furnace, أتون الصَّهر . مَصهر

blāt'ant, *a.* صَخَّاب . عَجَّاج . فَدَّاد . فاضِحٌ . جاهِر

blāze, *v.* التهب . تأجج . تَسعَّر

blāze, *n.* جاحِم (أو) ضِرام (أو) سَعيرُ النار . حَريق . لَظىً . تَوَقُّد

blāze, *n.* احتدام (الغضب او الخُلق) = تَلَظٍّ

blāze, *n.* غُرَّة = صُقعة = وَضَح (في جبين الدابة) = قُرحة

blāze, *n.* عَلامة (أو) فُرضة (في لحاء الشجرة)

blāze, *v.* سَنَّ سُنَّة جديدة . عَلَّم (الشجرة) بعلامة (أو) فُرضة . طرَّق طريقة = أنار سبيلًا

blāze, *v.* أذاع . نَشَر . أعلن

blāz'ẹr, *n.* ماريٌّ = سترة مُلوَّنة للألعاب

blāz'on, *v.* رَسَمَ رَنكاً . أعلن . أشهرَ

blāz'on, *n.* رَنكٌ = رَسمة تَمييز النبلاء

bleach, *v.* بيَّض . حوَّر

bleak, *a.* عَرِيٌّ . مُعرَّض (أو) مُنكشِفٌ . صَرِدٌ = شديد البرد . مُوحِشٌ

blear, *v.* عَمَّش . غَبَّشَ

blear, *a.* أعمش . أغطش

blear'y, *a.* أعمش . أغبش . أغطش

bleat, *v.* ثغا . مأمأ . ضَغا

bleat, *n.* ثُغاء . مأمأة . ضُغاء

bled, *v., p., pp. of* bleed

bleed, *v.* (bled, bleeding) أدمى . دَمِيَ . استدمى . رَعَف (الأنف)

bleed, *v.* نَزَف . فَصَد . استنزف . استبز

bleed'ing, *n.* استدماء . نَزيف . رُعاف (الأنف)

blem'ish, *n.* وَصمة . عيبٌ . شَين . شُوهة = رَدَّة

without —, كامِلٌ . لا عَيبَ فيه . لا يَشينه شيء

blem'ish, *v.* عابَ . شانَ . أخلَّ (بِ)

blench, *v.* انقبض . أحجم . تجمجم . نكَص . أجفل وتأخَّر

blench, *v.* اصفرَّ . امتُقِع لونه . بيَّض

blend, *v.* (-ded *or* blent, -ing) مَزَج . امتزَج

blend, *n.* مَزيج . كلمة منحوتة

blent, *v., p., pp. of* blend

bless, *v.* (-ssed *or* blest, blessed *or* blest, -ssing) بارَك . نبارك . دَعا بالخير . سَمَّت على الشيء . ذكر اسمَ الله عليه

bless'ĕd (*or* **blest**), *a.* مُبارَك . طُوبى . مَسعود

bless'ĕdnĕss, *n.* الطُوبى = السعادة والغبطة

bless'ing, *n.* نِعمة . بَرَكة . رِضا . تَسميت . دعاء بالبركة

blest, *v., p., pp. of* bless, = blessed

blew [-ōō], *v., p. of* blow

blīght [**blīt**], *n.* آفةٌ (أو) عاهة (للزرع) . غائلة . جائحة

blīght, *v.* آفَ = عَوَّه . غال . جاح

blīnd, *a.* أعمى . كفيف . أعمه . مُعمَّى . غير نافذ . مُبهَم . صَتم

— alley, رَدْب = مُصتَّم = زقاق غير نافذ

blīnd, *n.* سِتارة = [بُرداية] . تعمية . سِتار

blīnd, *v.* أعمى . أضلَّ . غطَّى على البصر

blīnd'fōld, *v.* كمَّ (أو) عصَب (العينين)

blīnd'fōld, *a.* مكموم (او معصوب) العينين

blīnd'ly, *ad.* عن عَمىً . على العمياء . من غير تبصُّر (أو) هداية

blīnd'nĕss, *n.* عمىً . عَماية . عمه

blink, *v.* طرَف = [رَمَش] = بصَّص . بَصَّ (النورُ) = وَبَص

to — the fact that, تعامَش (أو) تعامى (عن)

blink, *n.* طرفة = [رَمشة] . بَصيص . وَبيص

blink'ers, *n. pl.* غمامات (على العينين)

bliss, *n.* سَعادة . هَناء . نعيمٌ كامِلٌ

bliss'ful, *a.* في نَعيم . في هَناء

blis'tẹr, *n.* مَجلة = بثرة فيها ماء تحت الجلد = نَفطة = نُفاطة = نبخة

blis'tẹr, *v.* نَفِط . تنفَّط . أنفط . مَجِلَ = [بقبق] . تنبَّخ

blīthe, *a.* فرحان . جذلان . مُبتهج . مشروح الصدر

blīṭhe'some [blīṭhsẹm], *a.* فَرْحان . مُنشَرِح الصدر

blitz, *n.* هَجمَةٌ خاطفة

blizz'ard, *n.* ريحٌ شديدة مع ثلج = دَمَق . حَاصِبٌ

bloat [blōt], *v.* تَوَرَّم = بَجبَجَ = تَبَجَّج . تبجبج

bloat [blōt], *v.* مَلَّح ودَخَّن سمكَ الفسيخ

bloat'ẹr [-ō-], *n.* سَمكُ الفسيخ المُملَّح والمُدَخَّن

blow'pīpe [-ō-], *n.* أُنبوب النفخ (على اللهيب لتكثير الحرارة)

bloc, *n.* كُتلة (أو جَمرة) من أحزابٍ (أو) دول

block, *n.* قَرطة (حطب) . فِدرَة = قطعة ضخمة = [قُرمِيَّة] . صُبرَة

block, *n.* (بناءٌ) مُجمَّع . قالَب . قُرزوم الحذَّاء . وَضَم (الجزار)

block, *n.* عائقٌ . سَدٌّ . مانع . زاكم . مَسَدّ

block, *v.* سَطَم = سَدَّ . كَظَمَ . رتج . زكم . [قَولَب]

blockāde', *n.* حِصارٌ (بحري)

to run the —, مَرَقَ (أو تسلَّل) من الحصار

blockāde', *v.* حاصَرَ . ضرب حِصارًا (بحريًا)

block'head [-hed], *n.* تَيسٌ = بليد الذهن . مُغفَّلٌ . غبيٌّ . [مُتَيَّسٌ]

block'house, *n.* مَحصَنٌ . مَحمًى . أجم

blond(e), *n., a.* أشقر . شَقراء

blood [blud], *n.* دَمٌ . أصل . نَسبٌ . طِينَة

in cold —, عن عَمدٍ . لا عن حَمِيَّة

bad —, شحناء . تباغض

blood'hound [blud-], *n.* كلبٌ طرَّادٌ (شديد حاسة الشم)

blood'lēss [blud-], *a.* غيرُ دامٍ . شاحِب . بدون سفك دماء . لا دم فيه . عديم الحِسّ (أو) الرِقّة (أو) النشاط

blood money, دِيَة القتل

blood poisoning, تسمُّم الدم

blood pressure, ضغط الدم

blood'shed [blud-], *n.* سَفك (أو) سَفح الدماء . مَجزَرة . مَذبَحة

blood sucker, مَصّاص (الدم) . عَلَقة . بلَّاص . مُبتز

blood'thirsty [blud-], *a.* حَريصٌ على سَفك الدماء . سَفّاح . فتّاك

blood'-vessel [blud-], *n.* عِرق = شَريان (أو) وَريد

blood'y [bludi], *a.* (-dier, -diest) دَمَويٌّ . دامٍ . قتَّال

blōōm, *v.* أزهَر . نوَّر . نضِر

blōōm, *n.* زَهرة . نَورَة . رَيعان . نَضرة . رَونق . جَرمَة

blōōm'ing, *a.* زاهر . ناضِرٌ . مُترَعرع . مُبَهرَم

bloss'om, *n.* زَهر (أو) نَور (الشجر) = نَوّار = فُقّاح

bloss'om, *v.* نَوَّر (الشجر) = أزهَر

blot, *n.* لُطخَة . بُقعة (حبر) . مَعابة . مَعَرَّة

blot, *v.* (-tted, -tting) طَمَل . لطَخ . لوَّث . نشَّف

to — out, محا . طَمس . طَلَس . عَفَّى (الأثر)

blotch, *n.* بَثرة . لُطخة (أو) بُقعة (على الثوب او الجلد)

blotch, *v.* لَطَّخ . بقَّع . طمَل . تَدَعَّر (الوجه أو الجلد) . تبثَّر

blott'ẹr, *n.* طَلّاسة . نَشّافة
blott'ing-pā'pẹr, *n.* ورقٌ نَشّاف
blouṣe, *n.* ثُوبٌ خارجي للمرأة يغطي الصدر بكمين = قِدْعَة = [أُبلوزَة] . [بْلوزة] = دِرْع
blow [blō], *n.* ضَربة . هَبَّة . نفخة . نَكبة
blow [blō], *v.* (blew (-ōō), blown (-ō), blowing) هَبَّ . نفخ . نَخَط . سَفى . ذَرا . نَسَف . صَفر . فَجَّر . تَنَفَّج . أطفأ
blow'ẹr [blō'-], *n.* مِنفاخٌ . نَفّاخٌ
blown [blōn], *a.*, *v.*, *pp.* *of* blow مبهورٌ = مقطوع النَفَس . مُنتفِخ . مَذرُوٌّ
blubb'ẹr, *n.* انتحاب . دُهن (أو شحم) الحوت
blubb'ẹr, *v.* انتحب = بكى بصوت مسموع . نَشَج
bludg'eon [bluj'ẹn], *n.* دَبّوس = [دبسة] = عصا غليظة في رأسها شيء كالكرة
bludg'eon, *v.* ضرب بالدَّبّوس . تَغَشمَر
blue [blōō], *a.* (-uer, -uest) أزرق . مكتئِب . مُتكَدِّر . بائِسٌ
blue, *n.* زُرقَة . نِيلَة . سماء . بحر
  out of the —, طارئ . من حيث لا يحتسب . على غير انتظار
blue'bell [-ōō-], *n.* (نبات) الكُشتبان = سُنبُلٌ بري
blue'bird [-ōō-], *n.* عصفور (أمريكي) أزرق من المُغرِّدات
blue'book [-ōō-], *n.* كتابٌ أزرق = كتاب (او) نشرة للحكومة (البريطانية)
blue'bottle [-ōō-], *n.* (نبات) التُّرنشان . ذُبابةٌ كبيرةٌ زرقاء الجسم = عَنتَر
blue'jackĕt [-ōō-], *n.* جندي بحري . بحري . نوتي
blue'print [-ōō-], *n.* رسمة فنية فيها تخطيط ابيض على أرض زرقاء .
bluẹ ribbon جائزة أولى . قصب السَّبق
bluff, *n.* [بَلف] = استغرار . إيهام
bluff, *v.* [بَلَف] = استغرَّ . فايَش
bluff, *n.* مكان مرتفعٌ كالجدار = صَدَف
bluff, *a.* شديد الارتفاع (أو) الانحدار . خَشِنُ الصَّراحة
blu(e)'ish [-ōō-], *a.* مُزرَقٌّ . ضارِبٌ إلى الزُّرقة
blun'dẹr, *n.* حمقة مُحكَمة = هَترة = غلطة فاحشةٌ . [تَتيِيسَةٌ]
blun'dẹr, *v.* رَهَد = أتى بحماقة عظيمة . غلط غلطةً فاحشة . [تَيَّس] . تَعثَّر . تعمَّه = طَسَّس (في البلاد)
blun'dẹrbuss, *n.* غَدّارة = بندقية قصيرة بفوهة واسعة
blunt, *a.* كَليلٌ (أو) كَهامٌ (الحدّ) = غير ماضٍ . بَليد الذهن . ساذَج في كلامه
blunt, *v.* أكَلَّ (الحدَّ) . كَلَّ
blunt'ly, *ad.* بصراحةٍ مؤذِيَة . بغير تجمُّل (أو) تَلطُّف
blur, *n.* غُبشَة = سُحبَة . اسمِدرار (البصر)
blur, *v.* (-rred, -rring) أغبَش . غَبَّش . اسمَدَرَّ (البصرُ)
blurt, *v.* اندفع يتكلم من غير تروٍ = قَذَف بكلامه = تَبعَّق . بَقَّ . بقبق (في الكلام)
  — out, باحَ (بالسِّر) فَجأة
blush, *v.* إحمرَّ (الوجه خجلًا) . تَضرَّج
blush, *n.* إحمرار (الوجه خجلًا) . تضرُّج
  at first —, لِأَوَّل لمحة . عند أول نظرة . لأول وهلة
blus'tẹr, *n.* هَجهَجة (أو) زَفزَفة (أو) زَمجرة (الريح أو الكلام) . غَطغطة . زَخورة . عَربدة

blus′tẹr, *v.* فَرْتَن . هَتَّ . غَذْمَر . عَجَّ . زَخْوَر وتَزَخَّر = تكبَّر وتوعَّد

bō′a, *n.* [بُوآ] = أفعى ضخمةٌ جدًّا

bō′a-constric′tor, *n.* أفعى كبيرة تعصِرُ فريستها وتقتلها

boar, *n.* ذكر الخنزير = رَتٌّ . هِلَّوف (أو خنزير بَرِّيٌّ) . عِفْر

board, *n.* خَشَبَة . صَفيحة (أو لوحة) خَشَب . دَفَّة = دَفٌّ . طاوِلة . رُقعة الشطرنج

on —, على (ظهر) (سفينة أو قطار)

board, *n.* مائدة . طعام

board, *n.* مَجلس إدارة . لجنة (أو) مَجلس

board, *v.* سَدَّ (أو) غطَّى (أو) فرَش بلوحٍ (أو) ألواح . خَشَّبَ

board, *n.* رَكِبَ (السَّفينةَ أو القطار)

board, *v.* أطعم (أو) أكَل (في منزلٍ لقاء ثمنٍ)

board′ẹr, *n.* ساكِنٌ (أو نازِلٌ) بالإيجار . طالب (أو تلميذٌ) داخلي

board′ing, *n.* إسكان وإطعام بالثمن

board′ing-house, *n.* بيت مَسكَن ومطعم = قِناقٌ

board′ing-school. *n.* مدرسة داخلية

boards, *n. pl.* مسرح

boast [bōst], *v.* تمدَّح . تفاخر . تبجَّح

boast, *n.* تَمَدُّح . تَفاخُر . تَبَجُّح

boast′ful [-ō-], *a.* مُتَمَدِّح . بَجّاح . مُتَبَذِّخ

boat [bōt], *n.* قارب . مَركب . زَوْرَق

boat′-house, *n.* حَظيرة المراكب (أو القوارب)

boat′man, *n.; pl.* -men مَراكِبي . [فَلايكي]

boats′wain [bōsn], *n.* دارِيٌّ = مُتَوَلِّي الشِّراع والحبال . . .

bob, *v.* (-bbed, -bbing) قَصَّ الشعر وقَصَّره

bob, *n.* قَصَّة شعرٍ قصيرة

bob, *v.* (-bbed, -bbing) طَلَع (أو نَبَق) فجأة . تَنَقَّز . تَدَهدَق . تَنَوَّس (بحركة قصيرة سريعة) = نأوَدَ . تَقَمَّس (في الماء)

bob, *n.* نَبقة . تَقمُّة . تَنَقُّز . تَدَهدُقٌ . تَنَوُّسٌ (بحركة قصيرة سريعة)

bob, *n.* شِلِن (في النقد الانكليزي) . ثَقَّالة (في نهاية خيط . . .) = مِرجاسٌ

bobb′in, *n.* بَكَرة خِيطان . بِكَبّ . مِلَفّ

bobb′y, *n.* شُرطي . بوليس

bob′olink, *n.* طائر مُغرِّد أمريكي

bob′tail, *n.* أذناب الناس . ذَنَب مَقطوش . حيوان أقطش الذنب

bōde, *v.* بَشَّر (أو) أنذر (بِ) . آذَن (بِ)

to — well, بَشَّر بخيرٍ

to — ill, أنذر بِشَرٍّ

bōde, *v., p. of* bide

bod′ice, *n.* صِدارٌ (في ثوب المرأة)

bod′ilēss, *a.* لا جِسمَ (أو جَسَدَ) له

bod′ily, *a.* جِسمي . جَسَدي

bod′ily, *ad.* جُملةً . مَعًا . بنفسه . شخصيًا

bod′kin, *n.* مِرادٌ = مِسَلَّة

bod′y, *n.* جِسم . جُثَّة . جُثمان . مُعظَم . جُلٌّ . جُملة . جِرم . أحدٌ . مادة

bod′yġuard [-ġârd], *n.* حاشية . جِندار (أو جَنادِرة) = حَرَسٌ خاصٌّ . جَنداري

Bô′er [bôr], *n.* مُزارِع هولندي في جنوب افريقيا

bog, *n.* حَمأة . سَبخَة . سُواخٌ . مُستَنقَعٌ

bog, *v.* (-gged, -gging) ارتطم . ارتدَغَ = وَحِل = تَسَوَّخ (في السَّبخة)

to get (be) boġġed وَحِل = ارندغ = ارتطم

bōġ'ey [-ġi], *n.* = bogy

boġ'ġle, *v.* نَكَل. تجافى. تكفكف. جفل (عن) تحرّج. نقز. لهوج (العمل) = لم يُحسِنه

boġġ'y, *a.* سَبَخي. مُستنقعي. رَدَغي

bōġ'ie, *n.* = bogy

bōġ'us, *a.* زَيْفٌ. زائف

bōġ'y, *n.* عِفريت. هُولة. غولٌ. بُعْبُع

Bōhēm'ian, *n.*, *a.* بوهيمي = أديب (أو) فنّان مُتبذِّل (في سلوكه). نَوَري من بوهيميا. مُستهتِر (لا يبالي)

boil, *v.* غَلى. فار. جاش. ثارت ثائرته. أغلى = غلّى. سَلَق

boil, *n.* غَلَيان. غَلْيَة

boil, *n.* دُمّل

boil'ẹr, *n.* تَسخانةٌ = مِرْجَل. خِلقين. جُهْمة

boil'ing-point, *n.* درجة (حرارة) الغليان

bois'tẹrous, *a.* عَجّاج. صَخّاب. زَيّاط

bois'tẹrously, *ad.* بعجيج. بزِياط. بِصخب

bōld, *a.* جريء. مُجتَرِئ. مُتطاوِل

bōld'ly, *ad.* بجراءة. باجتراء. بتطاول

bōld'nĕss, *n.* جراءة. اجتراء. تطاول

bōle, *n.* جِذع الشجرة

Bol'shevik, *n.*, *a.* بَلْشَفي. [ثَوْرَوي]

Bol'shevism, *n.* البَلْشَفية. [الثَّوْرَوِية] الشيوعية

bōl'stẹr, *n.* مِسنَد طويل. مِخدَّة (أو وسادة) طويلة. رِفادة

bōl'stẹr, *v.* سَنَد. دَعَم. رَدَأ. رَفَد

to — up his spirits, دَعَم. شَجّع. شَدّد (من).

bōlt, *n.* (مِسمارٌ) بُرغي

bōlt, *v.* شَدّ بمِسمار البرغي

bōlt, *n.* زِلاج = مِزلاج = [دُقّرة]

bōlt, *v.* أزلَجَ (البابَ) = [دَقّره]

bōlt *or* boult [bōlt], *v.* نَخَل. مَرَط. ازدرد. نَدّ = شَرَد

bōlt, *n.* مُنخُل. نُدود = شُرود. صاعِقة. سهم قصير ثقيل = حُظَيَّة

bōlt-up'rīght [-rīt], *ad.* جاذِل = كالجذل مُنتَصِباً

bomb [bom], *n.* قُنبُلَة. قُنْبُرَة

bomb, *v.* قَذَف بالقُنبُلة (أو) أسقطها

bombârd', *v.* راجم. قصف (أو) ضَرَب بالمدافع (أو) القنابل. انثال (أو) انهال

bombârd'mẹnt, *n.* مراجَمة. قصفٌ (أو) ضَرب بالمدافع (أو) القنابل. إنهيال

bom'bast, *n.* طَنطَنة في الكلام. تَشَدّق (أو تقعّر) في الكلام

bombas'tic, *a.* تَشَدُّقي

bomb'ẹr [-mẹr], *n.* (طائرة) قاذفة قنابل

bomb'-prōōf [bomp-], *a.* مَنيع ضد القنابل

bomb'-shell [bomsh-], *n.* قُنبلة. مفاجأة مُذهِلة

bōn'a fīd'ē, عن خلوص نِية

bonan'za, *n.* رِكيزة (أو) رِكاز مَعدني

bon'-bon, *n.* مُلَبَّس

bond, *n.* رابطة. وَشيجة. ذِمّة. مَوثِق

bond, *v.* رصّ (الشيء بالشيء). ألحم. ألصق. ألصب. رَصَق. إرتَصق

bond, *n.* سند تعهُّد (بالدفع). سند (دين حكومي)

bond, *n.* قَيدٌ. كَبل

bon'dage [-ij], *n.* عُبودِيَّة. رِقّ

bond'ĕd, *a.* مضمون بسندات . موضوع تحت ولاية الحكومة بميثاق (أو) ارتهان . مُستودَع

bonded warehouse, مستودَع لحفظ البضائع إلى أن تُدفع الضريبة

bond(ṡ)'man, *n.; pl.* -men قِنٌّ = عَبدٌ مملوكٌ أَصيل . كفيل

bond'woman [-wụm-], *n.; pl.* -men عَسيفَة . قِنَّة = مملوكة أصيلة

bōne, *n.* عَظمَة . عَظم

bōne, *v.* نقّى (من العَظم) = جَلَم (اللحم) . لَحَب = عَرَم

bon'fīre, *n.* (نارٌ) كُبارَةٌ = نار كبيرة في الخلاء

bonn'ĕt, *n.* غطاء للرأس (للنساء غالبًا) = رُسَّة . غطوة السيّارة (من الأمام)

bonn'y, bonn'ie, *a.* عَبلَة = جميلة . مَليحَة الجسم = ممكورة

bōn'us, *n.* مَنيحة = نافِلَةٌ = عَطيَّة (أو) هِبَة إضافية = نُحلَة

bōn'y, *a.* (-ier, -iest) عَظمِيّ . هزيل . مُخشِب = غليظ العِظام . مَعروق العظام

bōō, *int., n.; pl.* boos [bōōṡ] هُتافٌ للتكرُّه (او) الاحتقار (أو) التخويف

bōō, *v.* (-ooed, -ooing) هَتَف (أو) صاح نكرها (أو) احتقارًا (أو) تخويفًا = عَطعَط

bōōb'y, *n.* (طائر) الأطيَش . مُغفَّل . فَدْم . أطيش

booby trap, نَغريرة = قُنبلة مَستورة لا يُفطَن لها . مَغواة

book, *n.* كتاب . دفتر

to keep —s, مَسَكَ دفاتر حسابات

The Book, الكتاب . الكتاب المُقَدَّس

book, *v.* قيَّد . حجَز (تذكرة سفر أو . . .)

book'-bīnding, *n.* تجليد كتب

book'cāse, *n.* خِزانة كتب

book'ing-clerk [-âr-], *n.* مأمور تذاكر

book'ish, *a.* قَرّاء كُتُب . عِلمه من الكتب لا من التجربة . أدبي . مُتَنَطِّع

book'-keepẹr, *n.* حافظ (أو ماسِك) دفاتر (الحسابات)

book'-keeping, *n.* حفظ (أو مسك) الدفاتر

book'lĕt, *n.* كُتَيِّب . دُفَيتِر . كُرّاس

book'mârk, *n.* علامة توضع في الكتاب لمعرفة المكان المُراد

books, *n. pl.* حسابات التاجر

book'sellẹr, *n.* بائع كتب

book'shop, *n.* دُكّان كتب . مكتبة

book'worm [-werm], *n.* سُمَيكة (تأكل الورق) . سُرفَة (أو) أرَضة . عِلقُ كتب

bōōm, *n.* دُوِيّ . هَديد . هَزيم . فورة رَواج

bōōm, *v.* دَوَّى . هَدَر . رَوَّج . تَرَوَّج

bōōm, *n.* خَشَبَة عارضة . عمودٌ من خشب . عُودٌ (أو) سَهم (في السفينة)

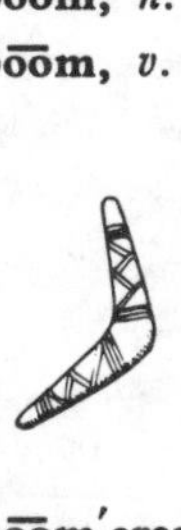

bōōm'ẹrang, *n.* عُرجُون (أو) عُرجُد (استرالي) . شيءٌ يَرجِعُ ضَرَرُه على صاحِبه

bōōm'ẹrang, *v.* ارتد . ارتد الشيء على صاحبه

bōōn, *n.* فَضل . نعمة . حَسَنَة

bōōn, *a.* مَرِح . أَنيس

— companion, خَليل . خِلص . نديم

bōōr, *n.* جِلفٌ . عُتُلٌّ = جافٍ غليظ

bōōr'ish, *a.* فَظّ . جاف

bōōst, *n.* رَفدَة = دَفعة تَرفع من الشأن (أو) الحال

bōōst, *v.* شالَ . رَفع . عَلّى . رَوَّج . دَفَع وأصعد . رَفَد

bōōst'ẹr, *n.* [دفّاش] . شوّال . رافِع . رافِد . دفّاع

bōōt, *n.* حِذاء . جَزْمَة (قصيرة) . نعل

bōōt, *v.* لبس الجزمة . انتعل . طَرَد (من العمل)

bōōt, *v.* أفاد . أجدى . أتى بطائل

bōōt, *n.*, *in* : to —, كَذلك = أيضًا . زيادةً على ذلك

bōōt, *n.* خِلفة = مَخْلَفٌ = مكان [العَفش] في عَرَبة (أو) سيّارة = مُحتَقَب

bōōt'black, *n.* مَسَّاح أحذية

bōōṭh, *n.* ; *pl.* booths [-ṡ] حَظِيرة . خُصٌّ . عَريشٌ

bōōt'leg, *v.* (-legged, -legging) باع المشروبات الروحية ضد القانون

bōōt'leggẹr, *n.* بائع المشروبات الروحية ضد القانون

bōōt'lẽss, *a.* لا يُفيد . لا يُجدي . لا طائلَ فيه

bōōt'y, *n.* سَلَب . غنيمة

bôr'ax, *n.* بُورَق . تنكار = مِلح الصاغة

bôrd'ẹr, *n.* حَدٌّ . زِيقٌ = نَطريفة . طُرَّة . حاشية . حَفَّة . دائر

bôrd'ẹr, *v.* حادَّ . تاخَم . قارب . ناهز . صاقَب . جاور . اكتنف . طرَّف أو حشّى (الثوب)

bôrd'ẹrland, *n.* سِيف البر . أرض التخوم . تُخم . بَين البَينين

bôrd'ẹrlīne, *n.*, *a.* بَين بين . غير مُميَّز . مُبهَم . خط الحدود

bôre, *v.* نَقَب . خَرَق . ثَقَب . قوّب . بأرَ

bôre, *v.* أسأم . أبرَم . أمَلَّ

bôre, *v.*, *p. of* bear

bôre, *n.* ثُقبَة . ثَقب . خَرق

bôre, *n.* شَخصٌ مُبرِمٌ = ثقيل الظل

Bôr'ẽas, *n.* الشَّمول = ريح الشَّمال . الريح الشَّمالية

bôre'dom [-rd-], *n.* سأم . تَبَرُّم . ضَجَر

bôr'ẹr, *n.* مِثقَب = ثُنطُب = آلة الخَرق = مِجوابٌ . مِقواب

bô'ric, *a.* بُورقي . يحتوي على البورون

bôrn, *a.* ; *v.*, *pp. of* bear مولود . مَفطورٌ (أو) مطبوعٌ (على) . .

bôrne, *a.* ; *v.*, *pp. of* bear

bôr'on, *n.* مادة معدنية توجد في البورق

bo'rough [-rẹ], *n.* قَصَبة = مِصرٌ (أو) كُورَة = بَلدةٌ ذات مجلس بلدي وبراءة خاصة = مِخْلاف

bo'rrōw [-rō], *v.* استدان . استقرض . استعار . استسلف

to — trouble, استسلف الهمَّ (قبل وقوعه)

bo'rrōwẹr [-rō-], *n.* مُستدين . مستقرِض . مُستعير

bos'ky, *a.* ظليل . كثير الشجر (أو) الغاب = دِيسي

bo'som [bụz-], *n.* صَدْر . عُبّ الثوب (أو) صَدره . حِجر

— friend, صديق حميم

boss, *n.* مدير . رئيس (العَمَل)

boss, *n.* فَلكةٌ للزينة = شيء مُدوَّر (للزينة)

boss, *v.* أدار . راقب . ترأَّسَ

botan'ical, *a.* نَباتي . مُتعلّق بالنبات

bot'anist, *n.* إخصائي (أو عالِم) نَباتي

bot'any, *n.* علم النَّبات

botch, *v.* بَشَك (العملَ) = لزَّقه (بدون إتقان)

bōth, *a(d).* كِلا . كلتا . على السواء . سواء

bōth, *prn.*, *con.* كلا . كلتا . جميعًا . معًا

boṭh'ẹr, *v.* أنعب . صدّع . عنّى . تعنّى

boṭh'ẹr, *n.* كُلفة . إزعاج . تنكيد . عَناء

bot'tle, *n.* زُجاجة . قِنينة

bot'tle, *v.* وضع في زُجاجة (أو) قنّينة

to — up, وَضع في مكان وحصر = حَقَن . كظم . حصر . زَنَق . صَدَّ . كبت

bot'tleneck [-tln-], *n.* مَلحَج = مَزنَق = مَأزِم . خانِق . زَنقة . مَحصَر

bott'om, *n.* سُفالة . قَعر . أسفل . مَقعَدة . غور . سافلة

bott'om, *a.* أسفل . أدنى . آخِر

bott'omlẽss, *a.* لا قعرَ (أو) قرارَ له . لا يُدرَك غورُه (أو) كُنهه

bou'doir [boo̅dwâr], *n.* حَجلَة=خِدرٌ = غرفة خاصة للسيدة

bough [bou], *n.* فَرع (شجرة) كبير

bôught [bôt], *v.*, *p. of* buy

bou'illon [boo̅yon], *n.* حساء رقيقٌ مصفّى

boul'dẹr [bōl-], *n.* وَغلة = جَلهَةٌ = جَلمد (أو) جُلمود (صخر) مَلموم = شُنظُورة

boul'evârd [boo̅lvâr *or* -vârd], *n.* نَهج (أو) سِكّة (بأشجار على الجانبين)

boult [bōlt], *v.* نَخَل . نَخَّل . سَرط

bounce, *n.* [نطّة] . قفزة . نَزوة

bounce, *v.* تَنطَّط . تَنَزَّى (كالكرة) . نَزَى (الكرة) = مَقَّط

boun'cing, *a.* فائضٌ بالنشاط والصحة . يتنزّى صحةً (أو) نشاطًا

bound, *v.*, *p. of* bind

bound, *a.* متوجهٌ . قاصدٌ . مُلزَم

bound, *n.* حَدٌّ

bound, *v.* حَدَّد = وضع حَدًّا . حَدَّ

bound, *v.* [نطّ] . قفز . نَزا

bound, *n.* [نطّة] . قفزة . نَزوة

boun'dary, *n.* حَدٌّ . تُخم

boun'dẹn, *a.* إلزامي . لازِم . مُقتضىً . مَحتوم

boun'dẹr, *n.* (شَخصٌ) حديث النّعمة لا يَستحقها . متُصلّف سَمجٌ = مُتَعنفِص

bound'lẽss, *a.* لا حَدَّ له . غير مُحدَّد

boun'tẽous, *a.* مُنعِمٌ . جوادٌ . سَخيّ

boun'tifụl, *a.* جَواد . جود . غزير . وافِرٌ

boun'ty, *n.* بَذلٌ . جُود . سَخاء . إفضال . مِنحة . جائزة

bouquet' [bookā], *n.* باقة . طاقة . أريج . نفحة . شَذا

bour'geois [boorzhwâ], *n.*, *a.* من الطبقة المتوسطة = بُرجوازي

bour'geoiṡie' [-zhwâzi], *n.* (جماعة) الطبقة المتوسطة

bourn(e) [bôrn], *n.* غاية . حَدّ . هدف . جدول ماء . ساقية

bout, *n.* نَوبة . عَركة . مُغالَبة

bōv'īne, *a.* بَقَري . كالبقر . بليد (الذهن)

bow, *n.* حَيزوم = مُقَدَّم السفينة = قيدومُها (أو) قَيدامُها

bōw [bō], *n.* أُنشوطة (أو) عُقدة (على شكل خاص . مِضراب الكمنجة . مِنداف (القطن)

bōw [bō], *n.* حَنِيَّة = قَوسٌ (الرمي النشاب) . حِنو . مُنحنَى

bow, *v.* حنا . انحنى . طأطأ . خَضَع

bow, *n.* انحناءة . طأطأة

bow'ẽls, *n. pl.* أمعاء . مَصارين . أحشاء

bow'ẹr, *n.* عالّةٌ = ظليلةٌ = مُعرَّشٌ

bow'ẹry, *a.* على شكل ظليلة . ظليل

bōw'ie-knīfe [bōwi nīf], *n.* سِكين (أو مُدية) طويلة للصيد تحمل في قِرابٍ

bōwl [bōl], *n.* كرةٌ خشبية تُدَحرج على الحشيش

bōwl [bōl], *v.* رَمى الكرة في لعبة الكريكت

bōwl [bōl], *n.* زِبدِيَّة . طاس . تقعيبة = حُقَّة

bōwl [bōl], *v.* سابَ . جَرى مُسرِعًا مُنسابًا

bōwlder, *n.* = boulder

bōw'leġġed [bōleġd], *a.* متقوس (أو) أعوج الساقين (الى الخارج) = أحنب الساقين . مُحَنَّب

bōwl'ing [-ō-], *n.* = bowls

bōwlṡ [bōlz], *n.* لعبة بكرات خشبية وأوتاد كالقناني تنصب على الحشيش

bōw'man [bō-], *n.*; *pl.* -men قَوَّاسٌ

bōw'shot [bō-], *n.* غَلوة = مَرمى السهم

bōw'sprit [bō-], *n.* رَوْق السَّفينة = سارية مُمتَدَّة وناتئة من مُقَدَّم السفينة

bōw'string [bō-], *n.* وتر القوس = قِناب

box, *n.* عُلبَة . صُندوقَة . لَوْج أو [بنوار] في مسرح

box, *v.* صَفَع . وضع في صُندوقة . لاكَم

box, *n.* صَفعة . [كَفٌّ] . مقعد (أو كرسي) الحُوذِي

box, *n.* (شجرة) البَقس

box'ẹr, *n.* مُلاكِم

box'ing, *n.* مُلاكَمة

box'wood, *n.* خشب شجرة البَقس وهي شجرة دائمة الخضرة

boy, *n.* صَبيٌّ . غُلامٌ

boyc'ott, *v.* (-tted, -tting) قاطَع = تَرَك مُعامَلَته

boyc'ott, *n.* مُقاطَعة

boy'hood, *n.* غُلامِيَّة . صِبا . صُبُوَّة . صِبيان

boy'ish, *a.* صَبوِيٌّ = خاصٌّ بالصَّبي (أو) الغُلام . [صِبياني]

boy scout, *n.* كَشَّاف

brāce, *n.* شِدادٌ . ضِمامٌ . إِيادٌ . ماسِكة

— and bit, الماسِكة و[المِقدَح]

brāce, *n.* زَوج (= اثنان) . احدى هاتين العلامتين { }

brāce, *n.* [شَيَّالة] . حمالة (أو) حَمَّالة (البنطلون)

brāce, *v.* شَدَّ . نَشَّط . قَوَّى . دَعَم . تَجَلَّد

to — up, تَشجَّع . عادت شجاعته . تَجَلَّد . انتعش . شدّد من عزيمته

brāce'lēt [-sl-], *n.* سِوارٌ . دُملُجٌ = مِعضَدٌ

brācēṡ, *n. pl.* [شَيَّالات] . حمائل (أو) [حَمَّالات البنطلون]

brāc'ing, *a.* مُنعِشٌ . مُنَشِّط . مُشَدِّد

brack'ẹn, *n.* (نبات) الدِّشار = خِنشار

brack'ēt, *n.* ساعِدَة = دعامَة ناتئة من الجدار (أو) مُثبَتة فيه = مِشجَب

brack'ēt, *n.* ساعِدَة = عَلامة حَصر = [ ] ، ( ) ، { }

brack'ēt, *v.* دَعَم بساعِدةٍ . حَصَر بين ساعدتين

brack'ish, *a.* مَسُوس = عُذَبِي = مُخَضرَم = مِلحٌ قليلًا

brad, *n.* مسمار صغير دقيق

brae [brā], *n.* مُنحَدَر . سَفح

brag, *v.* (-gged, -gging) تفاخر . تَبَجَّح . فايَش

brag, *n.* تَبَجُّح . فَنخَرَة

bragg'art, *n.* صَلَّاف . بَجَّاحٌ . فيَّاش = فنخير

brah'man, brah'min [**brâ-**], *n., a.* بَرهَمي

braid, *n.* ضفيرة . جَديلة . سَفيفة

braid, *v.* ضَفَر . جدَل . سَفَّ

brain, *n.* دماغ = مُخّ الرأس . مُخّ

to rack his —, كَدَّ العقلَ . أعمل الفكر = أجهده

brain, *v.* شَدَخ الرأسَ (و نَثَر الدماغ)

brain'lĕss, *a.* لا عقل له . خالٍ من الدماغ

brainṡ, *n. pl.* عَقل . فهم . ذكاء

brain'y, *a.* (-ier, -iest) لَبيب

braiṡe, *v.* طَبخ (اللحم) طبخًا بطيئًا في قدر مُغطَّاة

brāke, *n.* (نبات) الدِّشار

brāke, *n.* غَيلٌ . أَشَبٌ . أَجَمة

brāke, *n.* الزَّاوي = [الفرمَلَة] = كَمَّاحة

brāke, *v.* زَوَى (السيارةَ) . [فرمَلها]

brāke(s)'man, *n.; pl.* -men زَوَّاء

bram'ble, *n.* عُلَيقة . (نبات) العُلَّيق (أو) الكُبوش = خَتزير

bran, *n.* نُخالَة

brânch, *n.* فرعٌ . شُعبَة . سَعفَة

brânch, *v.* تفرَّع . تشعَّب . انفرق

brand, *n.* قَبَسٌ . جُذوة . قَبسَة . نوعٌ . ساقور = مِيسَمٌ

brand, *n.* سِماء . وَسمَة . وَصمَة . [دَمغة]. علامة تجارية فارقة لبعض المصنوعات . نوعٌ خاص من السِّلع

brand, *v.* وَسم (بالنار) . وَصم . [دَمَغ] . رَصن الدابةَ بالمِيسم (أو) المِرصَن

bran'dish, *v.* لوَّح . أَشرَع (أو) أشهر (السلاحَ) وهزَّه . ظَلَّل (بالسيف مثلًا)

brand'-new', *a.* جديدٌ خَلنجٌ = جديدٌ داشِنٌ

bran'dy, *n.* مَشروبٌ كحوليٌّ = براندي

brā'sier [*or* **-zhẹr**], *n.* = brazier

brâss, *n.* نُحاسٌ أصفر = صُفرٌ = شَبَهٌ

brâss, *a.* من نُحاسٍ أصفَر . صُفريٌّ

brass'ière [**-yār**], *n.* صَدرية تحتانية (للنساء) يُشَدّ بها أعلى الجسم والثديين

brat, *n.* بَزرٌ = وَلَدٌ (تستعمل احتقاراً)

bravâ'dō, *n.; pl.* -do(e)s ابتهار الشجاعة . تَفايُش = ادعاء الشجاعة (أو) التظاهر بها بالباطل

brāve, *a.* شجاع . جريء . مِقدام

brāve, *n.* محاربٌ من الهنود الحمر

brāve, *v.* جَسَرَ . قَحَم . عاصَى . عتا (على)

to — a lion in his den, قَحَم الأسد في عَرينه

brāve'ly [**-vl-**], *ad.* بشجاعةٍ . بإقدام

brāv'ẹry, *n.* شَجاعة . جَرَاءة الطلعة

brâ'vō, *int.;* [*pl.* **-vōṡ**] مَرحَى

brâ'vō [*or* **brā'-**], *n.; pl.* -vo(e)s عَيَّار = مَن يُستأجَر للقتال (أو) للقتل . فَتَّاك . فِداوي

brawl, *n.* هَوشَة . دَغوَشَة = شِجارٌ بِصَخَبٍ

brawl, *v.* هاوَش . دَغوَش = تشاجر بِصَخَبٍ

brawn, *n.* عَضَل . قوة العضل (أو) الجسم

brawn'y, *a.* (-ier, -iest) عَضِلٌ = قَويُّ (العَضَل)

bray, *n.* صُحار = شهيق (أو) نَهيق (الحمار) . زَعيق

bray, *v.* صَحَر = شَهَق (أو) نَهَق (الحمارُ) . زَعَق . سَحَن

brāz'ẹn, *a.* صُفريٌّ = من النحاس الأصفر . صَفيق الوجه = عديم الحياء

brāz'ẹn, *v.* واقَح . تواقَح . تَوَقَّح

to — it out *or* **through,** = جلَّح أظهر الوقاحة وعدم الاستحياء . وثبت عليها

brāz'ęnly, *ad.* بوقاحة . بصفاقة (أو صَخارة أو صلابة) وجه

brā'zięr [*or* **-zhęr**], *n.* مِجمَرَة . كانون نار . صَفَّار = صانع الصُّفر

breach, *n.* خَرق . ثُغرَة . ثُلمَة . نَقبٌ . نقضٌ . إخلال . إخلاف . قَطيعة . صَرم

breach, *v.* خَرَق . ثَلَم . نَقَب . نَقَض . أَخلَف

bread [**bred**], *n.* خُبز = عَيشٌ

bread'fruit [**bredfrōōt**], *n.* ثَمَرة كبيرة مُدَوَّرة نَشَوِيَة تُخبَز وتؤكل كالخبز

bread'stuff' [**bred-**], *n.* حُبوب لعمل الخبز . دقيق . طَحين . خُبز

breadth [**bredth**], *n.* عَرض . اتساع . سَعة

break [**brāk**], *v.* (broke, broken, breaking) كسر . انكسر . نقض . أخلف . شَقّ . دخل (أو) خرج (عَنوَة) . انبتّ . انقصف . قطع . انقطع . ذلَّل . راض . وهى . فسخ . فرسخ

to — away, أفلت . انفكّ . فارق . إنصرم

to — down, انحطم . عَطِب . انقطع

to — in, درَّب . روَّض . قَطَع . دَخَل عَنوة

to — off, فَسَخ . فَصَم . باين . قاطع . انقصف . انبتّ

to — out, اندلع . هَبّ . شَبّ

to — up, كسَّر . حطَّم . فَضّ . انفضّ

to — with, انسلخ (أو) انقطع (عن) . انفضّ (عن) . تولّى (عن) . فارق

break [**brāk**], *n.* كَسرٌ . فَجر . فَترة . انقطاع . خَلَل . فَجوة . قَطيعة . فرسخة

break'age [**brākīj**], *n.* كَسرٌ . كُسارة . خَسارة (أو ضرر) التكسير . احتساب عن الخسارة (أو) الضرر بسبب الكسر

break'down [**brā-**], *n.* عَطَب . انقطاع . انهدام . انهيار

break'ęr [**brā-**], *n.* مَوجَة (تتكسر بزبدها على الشط)

break'fast [**brek-**], *n.* فَطُور

break'fast, *v.* أفطَر . فطَّر

break'neck [**brāk-**], *a.* خَطِر جدًا (على الحياة) . جُنوني . مودٍ (بالحياة)

break of day, طُلوع النهار . فَجر

break'water [**brākwôtęr**], *n.* نَجَفٌ (أو نَجَفَةُ) الميناء = مِنجَم . مِنجَف

bream, *n.* أبراميس = سمك نهري (أو) بحري

breast [**brest**], *n.* صَدرٌ . ثَديٌ . نَهدٌ . ثُندُوَة . صَدر = قلب

to make a clean — of, أقرَّ بكل شيء = نَفَض جميع ما في صَدرِه (أو) باح به . بَثّ . جَلّى عن ضميره

breast, *v.* ناصَب = قاوَم . تَصدّى

breast'bōne [**brest-**], *n.* قَصٌّ = عظم وَسَط الصدر

breast'plāte [**brest-**], *n.* جَوشَن = دِرع الصدر

breast'work [**brestwerk**], *n.* مِتراس (أُقيم على عَجَل) . صَدٌّ

breath [**breth**], *n.* نَفَس . نَسمَة . تَنَفُّس . نفحة

below *or* **under his —,** هَمساً . مُخافَتَةً

out of —, مَبهورٌ = مُنقطِع النفس
breathe, *v.* تَنفّس . هَمَس . نَبَس
breath'lĕss [breth-], *a.* لاهِثٌ . مبهورٌ . مُنبهِرٌ (من الدهشة)
bred, *v., p., pp. of* breed
breech, *n.* عَجز = مُؤخَّر . عَقِب (البندقية) . ثُفر (أو) ثَفر
breech'eṡ [-chiz], *n. pl.* بَنطلون يُعقَد أسفلَ الركبة
breech'ing, *n.* حقَب = حِياصَة = إطنابة = السير على فخذي الدابة من الخلف
breed, *v.* (bred, -breeding) وَلد . ولَّد . رَبَّى . انتج . أورث . استولد . توالد . تناتج
breed, *n.* نَسل . سُلالة . ذُرِّيَة
breed'ẹr, *n.* مُربٍ . مُولِّد
breed'ing, *n.* تربية . تربية (الحيوانات) . إنسال . تسافُد . تناتُج
breeze, *n.* نَسيم . نَسمَة
breez'y, *a.* (-ier -iest) رَيِّح = هَفهاف = تهِف فيه الريح والنَّسَم . مَرِح
breṭh'ren, *n. pl.* إخوانٌ . إخوَة
Bret'on, *n., a.* أحد سكان مقاطعة بريتاني في فرنسا
brēv'iary, *n.* كتاب صلوات (في أوقات معينة) . كتاب فروض كنسية
brev'ity, *n.* قِصَر . إيجاز
brew [broo], *v.* خَمَّر (أو صنع) الجِعَة . سَوَّى (الشاي) . تمخَّض . دَبَّر منصوبًا (أو) مَكيدة
brew [-broo], *n.* ما خُمِّر (أو) صُنِع (من الجِعَة . .) . نَقيع الشاي المُغلى
brew'ẹr [-oo-], *n.* صانع الجِعَة (أو) البيرة
brew'ẹry [-oo-], *n.* مَنبذَة (أو) مَصنع الجعة
brī'ar, *n.* وَردٌ بَرِّي
brībe, *v.* بَرْطل . رَشى
brībe, *n.* بَرْطيل . رَشْوَة
brīb'ẹry, *n.* بَرْطَلَة = إرتشاء . تَبَرطُلٌ
bric'-à-brac, *n.* تُحَف صغيرة يُزَيَّن بها البيت
brick, *n.* آجُرٌ . قَرْميد . طُوبٌ . [طابوق]
brick, *v.* قَرْمَد . غطّى او بَنى (أو) رَدَم بالقرميد
brick'bat, *n.* كِسرَة آجر (أو) قرميد (يُقذَف بها)
brick'layẹr, *n.* مُقَرمِدٌ = الباني بالقرميد (أو) الآجر
brick'work [-werk], *n.* بناء بالآجر (أو) القرميد
brīd'al, *a., n.* عُرسٌ . عُرْسي . عَرُوسِيٌّ
brīde, *n.* عَرُوسٌ
brīde'gro͞om [brīdgr-], *n.* عَريس
brīdeṡ'maid [brīdz-], *n.* شَبينة (العروس)
bridge, *n.* مَعبر . جِسر . قَنطرة
bridge, *n.* حِمار الكمنجة = عَتَب الكمنجة . قَصبَة (الأنف)
bridge, *v.* عَقَد (أو) بنى جسرًا (فوق . .) . كان كالجسر . تخطّى . جاوز . لاءَم (بين)
bridge, *n.* سُدّة رُبّان السفينة . لُعبة البردج
bridge'head [brijhed], *n.* نُقطةُ هجوم عبرَ نهر مما يلي العدو
brī'dle, *n.* لِجام = (الحديد في فم الفرس مع العذارين والسير)
brī'dle, *v.* أَلجَم . كَبَح . ضَبط . تمالك . سَمَد = رفع رأسه ونَصَبَ صَدرَه . أَقمَح . شَمَخ برأسه (أو) أنفه استكبارًا . إخرَنطَم

brief, *v.* بَصَّر . فطَّن

brief, *a.* قصير . مُوجَزٌ . وَجيز

in —, بأيجاز . مُوجَزُ القول

brief, *n.* بيان موجَز . خلاصة . مذكرة بحيثيات القضية

to hold a — for, إحتجَّ له = دافع عنه

brief'ly, *ad.* بأيجاز . في مدة وجيزة

brī'ẹr, *n.* = briar

brī'ẹr, *n.* عَوْسَجٌ . نِسرين = ورد بري

brig, *n.* بَريق = سَفينة شراعيَّة ذات ساريتين . سِجن على سفينة

brigāde', *n.* لِواء = (ثلاث أو أربع كتائب أو أُرَط)

brigadier', *n.* (أمير) لواء . زعيم

brigadier'-gen'ẹral, *n.* أمير لواء . زَعيم

brig'and, *n.* قاطع طريق . لِصٌّ

brig'antīne, *n.* سفينة لها ساريتان وشراعان أكبران

brīght [brīt], *a.* فاقعٌ . مُشرِقٌ . بَرّاق . زاهٍ . بَهيج . فرِح . زاهِرٌ . ألمعِيٌّ . ناضِرٌ

brīght'ẹn [brīt-], *v.* أشرق . بَرَق . لَمَع . توقّد . أزهر . تَهَلَّل . تَباهج . تَبلَّج

to — up, أشرق (وجهُه) . تلألأ الوجه بالسرور . إبرَنْشق = فَرِح وسُرَّ

brīght'ly, *ad.* بتوهّج . بتوقد . بابتهاج

brīght'ness, *n.* إشراق . تلألؤ . بَهجة . ألمعِية

brill'iance / **brill'iancy** } *n.* تألُّق . بَهاء . ألمعية . لمعان . بَداعة

brill'iant, *a.* مُتألِّق . ألمعي . لَمّاع . بديع . بارع

brill'iant, *n.* ألماسَةٌ (برلنت)

brill'iantly, *ad.* بتألق . ببهاء . بألمعِيَّة . ببراعة

brim, *n.* حَرْف . صُبر = حافة . طَفاف . كِفاف . حِتار . سَبَلة (الإناء)

the river's —, طَفّ (أو) طَفافُ النهر

brim, *v.* (-mmed, -mming) = أترَع أفعم = طَفَح = طَفَّف . طفَح

The fountain is brimming over, طَفّانُ . طافِحٌ . يطفح

brim'fụl(l), *a.* مُفعَم . طافِح . مُترَع . طَفّان = مَزْكور . مُحتَشِكٌ

brim'stōne, *n.* كبريت

brin'dle, *a.* = فيه خطوط وبُقَع متخالفة = مُلَمَّع

brin'dled [-ld], *a.* مُلَمَّع

brīne, *n.* ماء البحر . الأُقيانوس . مَاء شَديدُ المُلوحة (أو) أُجاج

bring, *v.* (brought, bringing) أتى (أو) جاء (ب) . جَلَب . أحضر . أقنع . حَمَل (إلى) . قدَّم . نَقل

to — about, سَبَّب . تسبَّب (ب) . أحدَث . أوقع

to — around, أصحى . أَقنع

to — forth, وَلَد . أظهَر . أدلى . أورد . وَلَّد . انتج

to — forward, أبدَى . أدلى . أحضر . أورد . قدَّم . نَقل وحَوَّل

to — on a bad cold, جلب . سَبَّب

to — over, أقنع . استمال

to — round, أصحى . أقنع

to — to, أصحى . اوقف

to — up, أنار . رَبَّى . أوقف فجأة

brink, *n.* شفير (أو) شفا . حَفّة

on the — of (ruin), على شَفَا (أو) شفير

brīn'y, *a.* (-ier, -iest) (مِلح) أُجاجٌ = شديد الملوحة

brisk, *a.* سَريعٌ . نَشيط . حَثيثٌ . زَفوفٌ . ناشِط (أو) دارٌ (عن التجارة أو السوق)

brisk'ĕt, *n.* لحم لُبَّة (الحيوان)

brisk'ly, *a.* بِخفَّة . بحثاثة

brisk'ness, *n.* خفَّة . حَثاثة

bri'stle [-sl], *n.* هُلْب (أو) سَأف = شعر الخنزير (أو) الغليظ من الشعر . سَأفة = سافة

bri'stle, *v.* تَجَفَّل = قام (الشَّعرُ) = قَفَّ . اقشعر . تَنَصَّب . احرَنفَش = تَنَفَّش . حَفَل (أو) احتشك (بالشيء)

bri'stly [-sl-], *a.* (-lier, -liest) أهلَب = ذو شعر كالإبر (أو) الشوك

Brit'ain [-tẹn], *n.* بريطانيا

Britann'ia, *n.* بريطانيا العظمى . الأمبراطورية البريطانية

Brit'ish, *a.* بريطاني

Brit'ishẹr, *n.* (شخص) بريطاني (أو) انكليزي

Brit'on, *n.* (شخصٌ) بريطاني المولد . بريطاني قديم

brit'tle, *a.* قَصِم = هَشٌّ = فَدِر = سريع الانكسار

brōach [brōch], *n.* مِبزَل . مِقوَر لتوسيع الثقب . سَفُّود

brōach, *v.* بَزَل . استبزَل . فَتَح . قوَّر ووسَّع (الثقب) . افتتح (الكلام عن . . .) . أثار (موضوعاً . .)

broad, *a.* واسع . رحيب . عريض . فسيح . متسامح . إجمالي . غَليظ (غير مهذَّب)

a — hint, تلميحة مكشوفة

in — daylight, في رائعة (أو وَضَح) النهار

broad, *n.* بُحيرة = هَوْر

broad'câst, *v.* أذاع . بَثّ . بَذَر . نَشَر

broad'câst, *n.* إذاعة = حديث (أو برنامج) مُذاعٌ

broad'câst, *a(d).* مُذاع . مَبثوث . منثورٌ (في مسافة فسيحة) = مُبَدَّد

broad'cloth, *n.* جُوخ . قماش صُوفي فاخر أملس

broad'ẹn, *v.* عَرَّض . وَسَّع . أَرْحَب

broad jump, (لعبة) القفز العريض

broad'mīndĕd, *a.* رَحْب الفهم . متحرِّر (أو متَّسِع) العقل . متسامِح . غير متعصِّب

broad'sīde, *n.* جميع جانب (أو صفحة) السفينة فوق الماء . عُرْضُ السفينة (فوق الماء)

broad'sīde, *n.* إطلاق المدافع دفعة واحدة من جانب واحدٍ من السفينة

broad'sīde, *ad.* عَرْضاً . مُعارضة

broad'sword [-sôrd], *n.* مُصَفَّح = سيف عريض النصل = مِعبَلة

brōcāde', *n.* قُماش حَريريٌّ مُوَشًّى = دِيباجٌ

broc'coli, *n.* كُرنب هِلْيوني = زُنبوبا = نوعٌ من القَنَّبيط بساقٍ أخضر وزهر في أعلاه = زَنبوط

brōġue [brōġ], *n.* لُكنة ايرلندية في التلفظ بالانكليزية . لكنة خاصة

brōġue [brōġ], *n.* حذاء ثقيل

broid'ẹr, *v.* = embroider

broil, *v.* شَوَى . انشوى . صَخَد . أحرق . قاظ = اشتد حَرُّه

broil, *n.* انشواء

broil, *v.* شاجر . تشاجر . تهاوش

broil, *n.* شِجار . مشاجرة . مُصاخَبة . هَرْج

broil′ẹr, *n.* مِشواة . مُشاجِر . فَرُّوج للشَّي

brōke, *v., p. of* break

brōke, *a.* مُفلِس . مُنفِض

brōk′ẹn, *v., pp. of* break

brōk′ẹn-down, *a.* معطوب . مُخَرَّب . مَهدود . مهدود الصحة (أو) الجسم

brōk′ẹn-heart′ĕd [-hârt-], *a.* = عَميد كسير (أو منكسر) القلب (حُزنًا)

brōk′ẹr, *n.* سِمسار . وكيل

brōk′ẹrage [-krij], *n.* سَمسَرَة

brōm′īde, *n.* عَقّار لتخفيف التهيج العصبي واستجلاب النوم = بروميد

brōm′īne, *n.* برومين = مادة كيماوية

bron′chī [-k-], *n. pl.* قُصَيبات (أو شُعَيبات) الرئة . شُعبتا (أو قصبتا) الرئة

bron′chial [-ki-], *a.* شُعَبي (رئوي)

bronchīt′is [-kī-], *n.* التهاب الشُّعَب (الرئوية)

bron′c(h)ō [-k-], *n.* فرسٌ صغير الجسم يعيش في غرب الولايات المتحدة

bron′chus [-k-], *n.; pl.* -chi [-kī] قُصَيبة (أو شُعَيبة) الرئة . شُعبة (أو قَصَبة) الرئة

bronze, *n.* بُرُنْز = مزيج معدني من النحاس والقصدير

bronze, *a.* أصحَم (اللون) = بُرُنْزي . أكلف (أو) أسفع (اللون) . من البرونز

bronze, *v.* صَحَّم = جعله بلون البرونز

bronzed [-zd], *a.* أصحم . بُنّي مُشرَب بصفرة = أسفعُ اللون = بُني (أو) أسود مُشرَبٌ بحمرةٍ

brooch [brōch], *n.* [بروش] = دَبّوس (أو مِشبَك) زينة

brōōd, *n.* ضِنْو (أو) دَرْدَق (من الأولاد) . فراخ صغيرة . تَفريخَة

brōōd, *v.* أَرخَم (أو) رَخَّم (على البيض) = حضَن . أدمَن التفكُّر (مَهمومًا)

brook, *n.* زُرنوق = جدول صغير من الماء

brook, *v.* احتمل . أطاق . صَبَر

brook′lĕt, *n.* ساقية صغيرة

brōōm, *n.* شاروف = مِقَشَّة . مِنظَفَة = مِكنَسَة (بيدٍ طويلة) . (نبات) الرَّتَم (أو) البَلّان (أو) الوَزَّال

brōōm′stick, *n.* عصا المِقَشّة (أو) يدها الطويلة

broth, *n.* مَرَق (اللحم) . حِساءٌ من المَرَق

broṭh′ẹr [bruṭh-], *n.; pl.* brothers, brethren أَخٌ . أحد الإخوة (أو) الإخوان

broṭh′ẹrhood, *n.* أَخوية . أُخُوَّة . إخوة . إخوان

broṭh′ẹr-in-law, *n.* سِلفٌ . صِهرٌ = زوج الأخت (أو) أخو الزوجة

broṭh′ẹrly, *a.* أَخَوي . حَميم

brough′am [brōōm, brōōam, brōam], *n.* عَرَبة (أو سيارة) مُقفَلة يكون السائق في الخارج منها إلى الأمام

brought [brôt], *v., p., pp. of* bring

brow, *n.* جَبهَة . جبين . حاجب . حَجاج (العين) = جُبَّة . عُرعُرَة (أو) فارِعَة (الجبل أو التل)

brow′beat, *v.* (-beat, -beaten, -beating) تَغَشمَره ليجعلَه يعملُ ما يريد . جعله يعمل ما يريد بالغَشمَرة (أو) التهديد والتخويف . تَنَمَّر

brown, *a.* أسمر . بُنّي . أحمر أكلف

brown, *n.* شيء (أو لون) أسمر (أو) بُنّي

brown, *v.* سمّر = جعله أسمر . جعله بُنّيَّ اللون

brown'ie, *n.* عِفريتٌ (أو) جِنّيّ (أو جِنّيّة) يخدم في البيت

brown'ish, *a.* بُنّي اللون قليلًا . ضارب إلى السُمرة

browse, *v.* قَرطَم . قطّم . رَعَى = رَتَع . تصفّح وقرأ مُتنقّلًا من مكان إلى آخر

browse, *n.* العساليج أو الأغصان الصغيرة للدواب

brū'in, *n.* دُبّ

bruise [brōōz], *n.* رَضٌّ . كَدْمٌ . شَدْخ . تخضُّد . سَحْن

bruise, *v.* رَضّ . كدَمَ . شدّخ . خضّد . تَشَدَّخ

bruit [brōōt], *v.* أذاع . أشاع

brūnette', *n.*, *a.* (امرأة) سمراء = لعساء

brunt, *n.* = وَعْكة = طَحمة (أو حَمُّ) الشيء . مُعظَمُه وشدّته وحِدّته

brush, *n.* [فُرْشة] = بَرْشيمة . مَسْحة . مَسّة . نوشة = مُقاتلة (أو) مشاجرة سريعة قصيرة .

brush, *v.* [فَرشَى] = بَرشَم . مَسَح = مَسّ خفيفًا . هَفّ

brush, *n.* = brushwood خِيس

brush'wood, *n.* أَجَمة = أَشَبٌ = نبات مُلتفّ . هَشيم (أو) عَضيد (الشجر)

brusque [brusk *or* brusk], *a.* جافٍ . فظٌّ . عَجرَفي . [جَفِص]

brusque'ly, *ad.* بجفاء . بعجرفة . [بجفاصة] . باتهارٍ

Brussels sprouts, نوعٌ من الملفوف الصغير النابت على ساقٍ واحدة

brūt'al, *a.* قاسٍ . بهيمي . وَحشِي

brūtal'ity, *n.* وَحشِيّة . غِلظة . قسوة وحشية . عمل وحشي

brūt'ally, *ad.* بقسوةٍ وَحشية

brūte, *n.* بَهيمة . دابّة . وَحشٌ مُخيف

brūte, *a.* قاسٍ . غاشِم . عاتٍ

brūt'ish, *a.* كالبهيمة . بهيمي . غليظ الذهن

bub'ble, *n.* فُقّاعة . نُفّاخة . يَعلولٌ

bub'ble, *v.* فار . بَقبَق وأخرج الفقاقيع . غطغط (كالقِدر)

būbon'ic, *a.* دُبَيلي طاعوني

bubonic plague, الطاعون الدُبيلي

buccaneer', *n.* قُرْصان . لص بحر

buck, *n.* ظَبيٌ . تَيسٌ . ذكر الأرانب . جَلَم = ذكر الظباء (أو) الأرانب

buck, *v.* ضَبَر = قفز بظهره إلى الأعلى مع خفض الرأس . نَكَت = وَثَب ثم نزل على رجليه الأماميتين . قَمَص

buck'ĕt, *n.* دَلوٌ . رَكوة . جَرْدَل . شَكوة

buc'kle, *n.* إبزيم . [بُكلة]

buc'kle, *v.* شَدّ بالأبزيم = [بَكَّل] . تَعوّج . تعكّف . تحنّى

to — down to, عكف (على) . انكبّ (على)

buck'ler, *n.* يَلَب = دَرَقة = تُرسة . وقاء

buck'ram, *n.* قُماش خَشِنٌ ومُقفقِفٌ معامَلٌ بالغراء

buck'shot, *n.* بُندُقة كبيرة يُصاد بها الظباء

buck'skin, *n.* جِلدٌ مدبوغٌ ناعِمٌ (من) الظباء او المعز) = حَوَر

buck'wheat, *n.* نبات له حبوب مُضلّعة (أو) مثلثة الشكل لعلف الحيوانات والدّجاج . حِنطةٌ سوداء

būcol'ic, *a.* ريفي . بَدَوي . رِعائي

bud, *n.* بُرعوم . بُرْعُمَة . زَمَعَة

bud, *v.* (-dded, -dding) بَرْعَم . نَهَد . نَشأ

Buddh'a [buda], *n.* بوذا

Buddh'ism, *n.* البوذية . الدين البوذي

Buddh'ist, *n., a.* بُوذِيّ

budge, *v.* تَحرَّك قليلًا . تَحلحَل . تَلحلح . تَحتح . تَزحزح = تَرمرم

budg'ēt, *n.* مِيزانية . مَجموعة . جُملة

budg'ēt, *v.* وَضع برنامجًا (للإِنفاق) (أو) ميزانية

buff, *n.* جلد من البقر (أو) الجاموس مدبوغٌ قويٌّ ليّنٌ أصفر (أو) برتقالي

buff, *a.* مصنوعٌ من جلد البقر (أو) الجاموس . أصفر خفيف

buff, *v.* دَلَّص = صَقَل = دَلَك = سَفَن (أو) ملَّس (بقطعة من الجلد)

buff'alō, *n.; pl.* -oes [-ōz] جاموس . جاموسة

buff'ẹr, *n.* مِدرَأة = واقِيَة الاصطدام . مِسفَن

buffer state, دولة حاجزة (أو) دارئة

buff'ēt *v.* ضَرَب . لَطَم . صَتّ . تَقاذَف . طَوَّح (ب) . كافح . شَقّ (طريقًا)

buff'ēt, *n.* ضَربة . صَكّة . لَطمة . طائحة = قاذِفَة (من قواذف الدهر)

bụff'et [bụfā], *n.* مَقصَف

buffōōn', *n.* مُهرِّج . بُهلول . ماجِنٌ

bug, *n.* ضَمجة . بَقَّة . فِسفِسة

bug'aboo, *n.* = bugbear

bug'bear [-bār], *n.* بُعبُع . هُولَةٌ = شيء مَخُوف (بلا مُوجب) .

bugg'y, *a.* (-ier, -iest) كثير البَقّ (أو) الفِسفِس

bū'gle, *n.* نفير . بوقٌ

bū'gle, *v.* ضرب النفير . نفخ في النفير . بَوَّق

būg'lẹr, *n.* بَوّاق = نافخ البوق

build [bild], *v.* (built, -ding) بَنَى . شَيَّد . ابتنى . عَمَّر . أَسَّس . رَشَّح . رَبَّى . بَنَى

build, *n.* بِنية . شَكل . تركيب (أو) بِنيَة الجسم

buil'dẹr, *n.* بَنّاء . (مِعماري) . عَمَّار

buil'ding, *a.* للبناء

buil'ding, *n.* بِناء . بِناية . عِمارة . مَبنًى

built [bilt], *v., p., pp. of* build

bulb, *n.* أُفتُوخة = بَصلَة (جذر النبات) . مَهوَة (أو) بِلَّورَة (كهرباء)

bul'bous, *a.* بَصلي . مُنتفِش . مُكعبَرٌ . مُكرنَف (كالأنف)

bulge, *n.* بُجرة . حَدَبة . انتفاخ (إلى الخارج) = نابئة . نُتوء

bulge, *v.* بَجِر . تَحدَّب . نَبأ = انتفخ (الى الخارج) . تَقبَّب . تَعجَّر

bulk, *n.* عِظَم . حَجم . جِرمٌ = جسمٌ (أو مقدارٌ) كبير . كتلة (أو كمية) كبيرة . جُلّ . مُعظم

in —, بالجملة . بكميات كبيرة . بدون تعبئة . فَلْت

the — of, معظم = جُلّ

bulk, *v.* عظُم . كوَّن (أو) ألَّف مُعظَم . . . كان ذا شأنٍ عظيم

bulk'head [-hed], *n.* أحد القواطع التي تقسم السفينة إلى حجُرات لمنع الغرق

bul'ky, *a.* (-kier, -kiest) جَرِم = كبير الجرم (أو) الحجم . جَسيم

bụll, *n.* أمر (أو بيان) بابوي رسمي

bụll, *n.* غلطة مُضحِكة (في الكلام) لسخافتها

bull, *n.* ثَوْر . فحل . ذكر (الحيوان) عموماً
bull'dog, *n.* كلب فُرني . كلب دِرْواسي (كبير الرأس)
bull'dōzer, *n.* دَكّاكة . مِرداس
bull'ĕt, *n.* رَصاصة . بُندُقة
bull'ĕtin, *n.* نَشْرَة (إخبارية)
bull'fight [-fīt], *n.* مصارعة (أو) مغالبة الثيران
bull'finch, *n.* شوّالة = طائر مُغرِّد جميل الريش = طائر الحُمَّرة = صِعاء = دَغْناش
bull'frog, *n.* ضِفدَعة ضخمة أمريكية
bull'-headĕd [-hed-], *a.* له رأس ثَوْر . مُصِرّ على العِناد اعتباطاً
bull'ion, *n.* صَليجة = وَذِيلة = سبيكة (ذهب أو فضة)
bull'ock, *n.* ثَوْرٌ . ثور خَصِيّ
bull's'-eye [-ī], *n.* غُرَّة = عَين القِرطاس = كَبِد القرطاس (أو) الهَدَف . رَمْيَة مُقَرطِسة
bull'y, *n.* متفشمِر . مُتَصَوِّل . مُتَعَرِّم
bull'y, *v.* (-llied, -llying) = تَجهَّم تَفشمَر = صاول وتَهدَّد
bul'rush, *n.* نبات موْذٍ للضأن = دِيس . أَسَل . قَصباء
bul'wark [-werk], *n.* حِماء . مِتراسٌ . مُعتَصَمٌ
bum'ble-bee [-lb-], *n.* نحلة بَرِّية = نَحلةٌ ضَخمةُ الجسم (سوداء وصفراء) ذات زَغَب
bump, *n.* صَدمة . دَقْمة . قُمعُولة (أو) نَبرَة (أو) حَيد (أو) عُجرة (في الرأس أو غيره) = كُمْنُبَة
bump, *v.* صَدَم . دَقَم . تَعجَّر . انتبر = نَشز . تكعثب
bum'pẹr, *n.* كأسٌ مُترَعة . مِدرَأة (أو واقية) الصِدام
bum'pẹr, *a.* زاخِر . عَميم . طائسٌ . دَغفَليّ (= عامٌ أو محصول دغفلي) . كُوثَة
bump'kin, *n.* طَنبَل = شخصٌ ريفي أزْفَل في سلوكه (أي غير لبق أو ظريف)
bun, *n.* قُرْص . قُرْصَة . عِقصة (شعر المرأة على القفا)
bunch, *n.* ضُمَّة . قطف . عِذْق . عُنقود . طاقة . جُرزة . إضمامة . لَمَّة = جُمعة
bunch, *v.* تَجمَّع (معاً) . تَكوَّف = تَلملَم . لَمَّ
bun'dle, *n.* حُزمة . رِزمة . صُرَّة . بُقجة . كارة
bun'dle, *v.* رَزَم . صرَّ . دَفَع
bung, *n.* سِدادة = سِطامٌ (لثقب البرميل)
bung'alow [-lō], *n.* طِرزٌ = بيت بطبقةٍ واحدةٍ (غالباً من الخشب)
bung'le, *v.* بَشَك = هَرْبَج = خَرْبَش (العَمَل) = لَهْوَجَ = عمله بدون إتقان وأفسده
bung'le, *n.* عَملٌ مُهرْبَجٌ = مُخَرْبَش . مُخَرْبَق = مَبشُوك
bun'ion, *n.* دُخاس = شِثْنة ملتهبة = وَرَمٌ ملتهب في القدم (عند الأبهام)
bunk, *n.* سَريرٌ ضَيِّقٌ مُلصَقٌ بالجدار كالرَّف
bunk, *v.* نام في سرير ضَيِّق (أو مناماً خَشِناً)
bunk'ẹr, *n.* خابية الفحم (في السفينة) . كومةٌ صغيرة (أو) جُنبُذَة (في ملعب الكولف)
bunn'y, *n.* أُرَيْنِب = اسم تحبي للأرنب
bunt, *v.* دَحَّ (أو) طَثَّ الكرة خفيفاً . نَطَح
bun'ting, *n.* قُماش رقيق يُستعمل غالباً لعمل الأعلام . أعلام . شِقَق من القماش الملون كالأعلام تُستعمل للزينة في الشوارع والمباني

bun'ting, *n.* طائرٌ صغير كالعُصفور = مُرْعة

buoy [boy], *n.*. طافية (أو) عَوّامَة (أو) [شَمَنْدُورة] (لهداية السفن)

buoy [boy], *v.* طَفّى = أبقى طافياً

— up, زَهّا . طَفّى . أنعش

buoy'ancy [boy-], *n.* قابلية الطُّفُوّ . ازدهاء = سرعة ابتهاج.

buoy'ant [boy-], *a.* قابل للطُّفُو . سريع الابتهاج (أو) الازدهاء . مُنتعش

bur, *n.* = burr

burd'ẹn, *n.* حِمل . ثِقل . عِبءٌ . وَسْق . وِقر . حِملٌ باهظ . عَناءٌ

burd'ẹn, *v.* حَمَّل . أثقل . فَدَح . أوقر . بَهَظ

burd'ẹn, *n.* تحميلة (أو) لازمة (موسيقية) . فِكرة أساسية = عُمْدَة

burd'ẹnsome [-sẹm], *a.* مُثقِل . فادِحٌ . شاقٌ

bur'dock, *n.* إسكَندي = عُكْشٌ = أرقطيون = نبات خَشِن طويل وله حَسَك

būreau' [-ō], *n.*; *pl.* -eaus *or* -eaux [-ōz] مَكتَب . [قَلَم] . ديوان

būreau'cracy [-ro-], *n.* حكومةُ موظفين = بُورُقراطِيَّة . تَضَخُّم الادارة الحكومية

burg, *n.* = burgh

bur'gēss, *n.* قاطِنٌ (أو) ابن بَلدَة

bu'rgh [-rẹ], *n.* قَصَبَة (أو) بلدة بيراءة تأسيسية (في اسكتلندة)

bur'ghẹr, *n.* ابن البلدة (أو) القَصَبة

burġ'lar, *n.* لصّ (أو) سَرّاق (البيوت)

burġ'lary, *n.* سَرِقة (البيوت) . السَّطو (على البيوت)

burġ'omâstẹr, *n.* رئيس بلدية . رئيس البلدة (أو) المدينة (في شمال أوروبا الوسطى)

bu'rial [bẹr-], *n.* دَفن . جَنازة

bu'ried [bẹrid], *a.* دَفين . مَدفون

burl'ap, *n.* خَيش . جُنفيص . قماش خَشِن

burlesque' [-lesk], *n.* مُعارَضة أدَبِيَّة تَهَكّمية = أُهكومة

burlesque', *a.* مُضحِك

burlesque', *v.* حاكى (أو) عارض على سبيل التهكم

burl'y, *a.* (-lier, -liest) ضَخم الجسم . قَوِيٌّ بَدِين . عُتُلٌّ

burn, *v.* (-ned *or* burnt, -ning) أشعل . أحرَق . كَوَى . احترق . شَيَّط . صَلَى . تَحَرَّق . شوَى

burn, *n.* حَرق . حَرْقة . حُرْقة

burn'ẹr, *n.* حارِق . حَرّاق . مُحَرِّقٌ . مَشعَلة . شَعّالة

burn'ĕt, *n.* (نبات) المَسيكة

burn'ish, *v.* دَلَّص = صَقَل . جَلا . انصقل

burn'ish, *n.* صَقل . جَلو . جَلاء

burnous(e)' [-o͞os *or* -o͞oz], *n.* بُرْنُس

burnt, *v.*, *p.*, *pp.* *of* burn مَحروق

burr [bẹr], *n.* نتوء (أو) حَرف تتركه الأداة في خشب (أو) حديد

burr, *n.* حَرشون = حَسَكة شائكة تتعلق بالثياب (أو الصوف) . بَلسَكاء = فُوَّة بَرِّيَّة = (نبات) القُطرُب . (شخص) عُلقة كالدّبق = عِنكاشٌ

burr, *v.* تلفَّظ بكلام وَعري . تلفّظ بتفخيم احد الحروف مثل الراء

burr, *n.* طُمطُمانية . لُكنة (أو لهجة) وَعرية (أو) خشنة

bu'rrōw [-ō], *v.* . حَفَر (جُحرًا) . انقبع . تَجحَّر . إنسرَب . إنجحر

bu'rrōw, *n.* وِجار = جُحر . دَولج . سَرَب . وَكْر (الحية) . مَكو (الأرنب)

burst, *v.* (burst, -ting) . فَجَر . انفَجَر . شَقَّ . انفقع . فقَع . تَفجَّر . انبجس . انفقأ . انبعق . تَشقَّق . دَمر (أو) دَغَر (من المكان وإليه) . تمزَّع (غيظًا)

burst, *n.* . انفجار . اندلاع . فَورة (غضب) . دَفعة . اندفاق

burṭh'ẹn, *n.* = burden

bu'ry [bẹri], *v.* (buried, -rying) دَفَن . قَبَر . طَمَر . وارى . غَيَّب . أخفى . انغمس

bus, *n.* ; *pl.* bus'es [-siz] = بَصٌّ سيارة ركاب كبيرة

bụsh, *n.* . دَغَلة . [هِيشَة] . عُلَّيقَة . عاقولَة . [هِيشٌ] . عَوسَجة

to beat about (around) the —, راوغ (أو لاوَصَ) عن نقطةِ البحث . حام (او) حوَّم حول الموضوع (أو) المعنى

bụsh'ẹl, *n.* بُشِل = مِكيال للحبوب أو للفواكه (يعادل ٨ كالونات) = مُدٌّ

bụsh'y, *a.* (-ier, -iest) كثيف . جَثْلٌ . أثيث . [مُهَيِّشٌ] . مُعنفِش . دَغِلي

bus'ily [biz-], *ad.* . بانهماك . بنشاط . باجتهاد

bus'iness [biznis], *n.* عمل الكَسب والتجارة . شُغْل . عَمَل . حِرفَة . شأن . تجارة (أو) مصلحة تجارية . محل تجاري

Mind your own —, عليكَ بشأنك . عليك نفسَك

It is no — of yours, هذا ليس من شأنك

bus'iness-līke, *a.* . [حسب الأصول] عَمَلِيٌّ . ماضٍ نشيط . مُنظَّم . يمكن التعامل على أساسه

bus'inessman, *n.* ; *pl.* -men رجل أعمال (أو) مصالح . صاحب مصلحة (تجارية أو صناعية)

bus'kin, *n.* نعلٌ طويلٌ يَصِل إلى نصف الساق (عند القدماء)

buss, *v.*, *n.* قَبَّل = [باس] . قُبلة

bust, *n.* . تمثال نِصفي . صدر (المرأة) . جِذع (الجسم)

bu'stle [-sl], *n.* كثرة الحركة والضَجَّة مع العَجَلة والتظاهر = خَشْقٌ . هَمْشَة . هَمَكة

bu'stle, *v.* خَشَق = اكثر الحركة والضَجَّة مع العَجَلة والتظاهر . [انعجق] . تَهَمَّش

bu'stle, *n.* جَفجافة = حَشِيَّة تُعظِّم بها المرأة لباسها عند العجيزة = مِنفَجة

bus'y [bizi], *a.* ; (-ier, -iest) كثير الحركة . [شغَّال] . كثير العمل . مُنهَمِك . مشغولٌ

bus'y, *v.* ; (busied, busying) . أشغَل . اشتغل . تَشَغَّل

bus'ybody [biz-], *n.* . مُتَكلِّف . فُضولي . دَخَّال

but, *prp.* إلَّا ؛ إلَّا (وَ) ؛ عدا

but, *ad.* . إنما هو ؛ لولا أنَّ . على الأقل . كاد (أنَّ)

but, *con.*, *prn.* . غير أنَّ . إلَّا أنَّ ؛ بَيدَ . ولكنَّ . بل . إلَّا (وَ)

but for, لولا

bụtch'ẹr, *n.* جَزَّار . قَصَّاب . لَحَّام . سَفَّاح

butch'ẹr, *v.* ذَبح . أثخَن = قتَّل . خَرْبَش

butch'ẹry, *n.* جِزارة . مَلحمة . مَذبحة . تَقتيل

but'lẹr, *n.* رئيس الخَدَم . ساقٍ . خادم المائدة

butt, *n.* بَتِيَّة = برميل كبير . عَقِب

butt, *n.* غَرَضٌ . هَدَف . عُرضة . دَرِيئة

butt, *n.* عَقِب (أو) [كَعْب] البندقية = قُنْدَاق . نطحة

butt, *v.* نَطَح . لَهَز . دَغَش . لأَم (أو) ضَمّ

būtte [būt], *n.* قارة = أكمة صغيرة قائمة وَحدها

butt'ẹr, *n.* زُبد(ة) . سَمن . مُداهَنة

butt'ẹr, *v.* دَهَن بالزُّبدة (أو) وَضَعها (على) . داهَن

butt'ẹrcup, *n.* (زَهرة) رِجل الغراب

butt'ẹrflȳ, *n.* خِرْطِيطٌ = فَراشةٌ مَنقوشة مُلوَّنة الجناحين

butt'ẹrmilk, *n.* المَخيض من اللبن (بعد أخذ الزبدة)

butt'ẹry, *n.* مَخزَن المُؤَن (والمشروبات)

butt'ẹry, *a.* زُبدي . شبيه بالزُّبد

butt'ocks, *n. pl.* أَلْيَتان . عَجُز . مَقعَدة . عَجِيزة

butt'on, *n.* زِر . جُمْزة = برعوم النبات فيه الحبة

butt'on, *v.* زَرَّر . صَرَّ . زَمَّ

butt'onhōle, *n.* عُروة الزر

butt'onhōle, *v.* = عَرَّى صَنَع عُرًى . أخذه بتلابيبه ليجبره على الاستماع لكلامه = لَبَّب

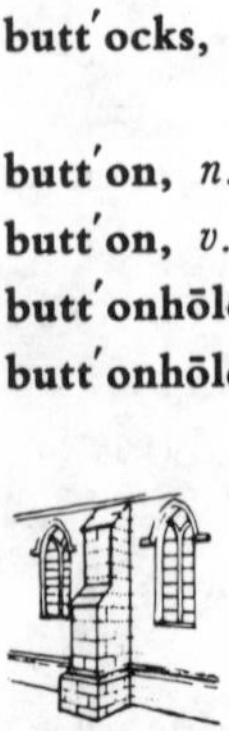

butt'rēss, *v.* ردء = ظَهْر(ة) = دِعامة (إلى جنب بناء)

butt'ress, *v.* ظاهَر . دَعَم . أيَّد . رَدَأ

bux'om, *a.* عَبلة . بَضَّة . مُمتلئة الجسم نشيطة النفس . بَثْنة

buy [bī], *v.* (bought, buying) ابتاع . شَرَى . اشترى

buy'ẹr [bī-], *n.* شارٍ . مُشترٍ . مُبتاع

buzz, *n.* دَندَنة . طَنين . أزيز . هَينَمة

buzz, *v.* طَنَّ . دَندَن . زَطَّ . هَينَم . أزَّ . رَزَّ

  to — an aeroplane, تَحَرَّش . حارَش

  to — about, خَشَقَ = تَحرَّك مُنهمِكاً

buzz'ard, *n.* (طائر) الحِدَأة

buzz'ẹr, *n.* طَنَّان . أَزّازٌ . دَنَّان . رَزّاز = شيءٌ كالجرس الكهربائي

bȳ, *ad.* من هنا . هنا

  to go —, مَرَّ . مَضَى . جاز

  I saw him pass —, جاز . اجتاز

  — and by, بعد قليل . عن قريب . فيما بعد

bȳ, *prp.* عند . جنب . بجنب . بِ . من . بواسطة . قربَ . بحسب . عند نهاية . لِ

  bȳ and large, إجمالًا . على العموم

  bȳ the bȳ(e), (ومما يذكر) في هذه المناسبة . والشيء بالشيء يُذكر

bȳe-bȳe' [bī-], *int.* مع السلامة ! . إلى اللقاء !

bȳe'-law [bī-], *n.* نظام فَرعي . قانون مَحلّي . أنظمة تفريعية

bȳ-elec'tion, *n.* انتخاب فرعي

bȳ'gone, *a.*, *n.* سالف . ماضٍ . ما مضى

bȳ'-law, *n.* = bye law

bȳ'-pâss, *n.* ممر (أو) طريق حائد (أو) جانبي

bȳ'-pâss, *v.* حاد (عن) . تحاشى . دار (حَولَ)

bȳ′-pâth, *n.* شاكِلةُ طريق = طريق فرعي (أو) جانبي = طريقٌ ناشطة
bȳ′-product, *n.* مَحصُول ثانوي (أو) مُشتَق
bȳ′-rōad [-rōd], *n.* طريقٌ جانبي(أو)خاصٌ
bȳ′stander, *n.* مُشاهِد. [مُتفرِّج]. نَظّار
bȳ′-way, *n.* طريقٌ جانبي (أو) قليل الاستعمال
bȳ′-word [-werd], *n.* مَثَل = (شَخص) عُرّة (بين الناس) . مَحقَرة . قولٌ مأثور (أو) سائر
Byzan′tīne, *a.* بيزنطي . بوزنطي

C

C,c [sē], *n.* ; *pl.* **C's, c's** الحرف الثالث من أحرف الهجاء . رمزٌ للرقم ١٠٠ عند الرومان
cab, *n.* عَرَبَة (أو مركبة) للكِراء
cabal′, *n.* فِئة صغيرة من المتآمرين . أُلبَة = جَماعةٌ ذات سِرٍّ وتدبيرٍ واحد . دَسيسة
cab′aret[-arā], *n.* مَلهىً . مَقلَس = [كَباريه]
cabb′age [-ij], *n.* مَلفُوفٌ . [كُرُنب] . [لَخنة] . بقلة الأنصار
cab′in, *n.* طارِمَة = كُوخةٌ . حُجرَةٌ (أو) غرفة في سفينة = [قَمرة] . عُشّة
cab′inĕt, *n.* خِزانَةٌ . مَقصورة . مجلس وزراء . ديوان وزراء
cab′inĕt-mākẹr, *n.* نَجّار خزائن
cā′ble, *n.* قَلسٌ = حَبلٌ غليظٌ (من الأسلاك او القنب) . برقيّة
cā′ble, *v.* أَقلَسَ = أَرسَلَ برقيةً (بالقَلسِ السلكي) . أبرق
cā′bleġram [-lġ-], *n.* قَلسِيّة = رسالة (أو) برقيـة بالقَلس السلكي (تحت البحر) . برقية
cab′man, *n.* ; *pl.* -men حُوذِيّ (عربة الكراء)
cacā′ō, *n.* (شجرة) (أو) (حَبّ) الكاكاو
cache [kash], *n.* مَطمُورة . خَبيئَة
cac′kle, *n.* كتكتة . قَوقَأة (الدجاج أو الوز) . وَقوقَة (كلام)
cac′kle, *v.* كَتكَتَ (في الكلام) . قاق . قوقَأ . وَكوَكَ (في الكلام) . وَقوَق
cac′tus, *n.* ; *pl.* **-tuses**, *or* **-tī** صُبّار . [صَبر]
cad, *n.* عُضروط = شخصٌ لئيمٌ (لا يسلك مسلك الكِرام) . دُونٌ . حُوزي
cadav′ẹrous, *a.* كالأموات . كالخِلال . أصفر ناحِلٌ . عليه أمارات الموت
cadd′ie, *n.* شَخص يَحمِل عِصِيّ الكُولف
cād′ẹnce, *n.* إيقاع . تنغيم . ترنيم
cadet′, *n.* ابنٌ (أو) أخٌ ثانٍ في العمر . مُرَشّح ضابط . تلميذ مدرسة حربية (أو) بحرية
Caeṡ′ar [sē-], *n.* قَيصر
caf′é [-ā], *n.* مَطعم (صغير) . مَقهىً
cafĕtēr′ia, *n.* مُستَطعَمٌ = مَطعَمٌ يخدم الإنسانُ نفسه فيه
caff′ēīne, *n.* بُنّين = مادة مُنبّهة توجد في البُن
cāge, *n.* قَفَصٌ . مُقفَصٌ
cāge, *v.* وَضع (أو حَفِظ) في قَفَص
Cain, *n.* قابيل (أو) قايين أخو هابيل
cairn, *n.* إرَمَة = قُهقُور = جُثوَة = رُجمَة = كَومة من الحجارة
Cai′ro [kīrō], *n.* (مدينة) القاهرة

caiss'on, *n.* صُندوق للذخيرة الحربية . صندوق (أو) حُجرة محكمة السد للعمل تحت الماء .

cait'iff, *n.*, *a.* رَذْلٌ . خُوزِيّ = شخصٌ مَخسولٌ (أو) مَرذُول . نَذْلٌ

cajōle', *v.* زَهلج = تلطّف له ليُقنِعَه . دالس . خالَب = داور = مالث

cajōl'ęry, *n.* مُسانَاة = مداورة . مُدالسة . تلطّف للإقناع (أو) للمخادعة = مُمالثة

cāke, *n.* كمك . كعكة . قُرصٌ

cāke, *v.* قرَّص . كَمَّز . تَكلَّز . تَجمَّد . تحجَّر

cal'abash, *n.* قرعة الظروف . قرعة العوم . مَدْعة = نارجيلة (أو) قرعة مفرغة تستعمل كالإناء

calam'itous, *a.* مُفجِع . فاجع

calam'ity, *n.* رَزِيَّة . فاجعة . مُصيبة عظيمة . داهية

cal'cifȳ, *v.* (-fied, -fying) كلَّس . تَكلَّس . تَحَجَّر كالكلس (أو) العظم

cal'cine, *v.* حوّله إلى جيرٍ بالحرارة

cal'cium, *n.* كلسيوم

cal'cūlāte, *v.* حسَب . قدّر . قصَد . أَزْكَن

cal'cūlātẽd, *a.* مَقصودٌ به . مُقدَّر له

calcūlā'tion, *n.* حساب . تَدبير . تقدير

cal'cūlātor, *n.* حاسب . آلة حاسبة

cal'dron [*or* **kôl-**], *n.* = cauldron

Calẽdōn'ia, *n.* = Scotland اسكتلندة

cal'ẽndar, *n.* تقويم . [نتيجة] . رُوزنامة

cal'ẽndęr, *n.* مَلَّاسَة . دَلَّاصة

calf [**kâf**], *n.*; *pl.* calves [**kâvz**] سَقْب = ولد الناقة . عِجلٌ . ولد الفيل = دَغفَل . ولد الحوت (أو) الظبي . جلد العجل

calf [**kâf**], *n.*; *pl.* calves [**kâvz**] رَبلَة (أو عَضَلة) الساق . [بطّة الساق]

calf'skin [**kâf-**], *n.* جلد العجل المدبوغ

cal'ibre *or* **cal'iber** [**-bẹr**], *n.* القُطر الداخلي (للأنبوب) . مِعيار . مقدرة (عقلية)

cal'icō, *n.*; *pl.*-co(e)s خام. شيت. بَفتة

cāl'if, cāl'iph, *n.* خَليفة

cal'iphate [**-fit**], *n.* خِلافة

cal(l)isthen'ics, *n. pl.* الرياضة البدنية الصرفة لتقوية الجسم وترشيقه

calk [**kôk**], *v.* جَلفَط السفينة = حَشا حُزوزَها (بالقار)

calk [**kôk**], *n.* سنَّة نائتة تُرَكَّب على نعل الفرس (أو) الثور لمنع الانزلاق

call [**kôl**], *v.* سمَّى . نادى . دعا . ندَهَ . زار . صات . صاح . أيقظ . زجر

This —s for immediate action, هذا يستدعي . .

to — for the doctor, استدعى الطبيب

to — on, طَلَب . دَعا . زار

to — up, استعاد إلى الذاكرة . [تَلفَنَ]

call, *n.* صَوت . صيحة . أمر . دعوة . نداء . زَوْرة = زيارة قصيرة

call'ęr [**kôl-**], *n.* زائر . منادٍ

call'ing [**kôl-**], *n.* مِهنة. [شُغل]. دَعوة

call'ous, *a.* مُكنِبٌ = غَليظٌ قاسٍ . فيه دِمانٌ . جامد القلب

call'ōw [**-ō**], *a.* أمرط (من الريش) . غير مُرَيَّش . قليل التجربة

call'us, *n.*; *pl.* -ses كَنَبٌ = دِمَانٌ = مكان غليظ الجلد في الجسم

calm [**kâm**], *v.* سكَّن . هدّأ . رَكَد . هدأ

calm [**kâm**], *n.* سُكون . هُدوء . هدوء الجوارح . سَكِينة . رَباطة الجأش

calm, *a.* هادئ . راكِد . ساكن

calm'ly [**kâm-**], *ad.* بهدوء . من غير اهتياج

calm'ness [**kâm-**], *n.* هدوء . هدوء الطبع . طُمأنينة

cal'omel, *n.* كَلومِل = مُركَّب كيماوي زئبقي يستعمل علاجاً

cal'orie, *or* **cal'ory,** *n.* سُعْرٌ = حُرورَةٌ = عيار الحرارة

calum'niāte, *v.* بَهَت = تَقَوَّل (على)

calum'nious, *a.* بُهتاني

cal'umny, *n.* بَهِيتة = فِريَة . بُهتان . تَقَوُّلٌ . نميمة

Cal'vary, *n.* مكان صلب المسيح = الجُلجُثَة

calve [**kâv**], *v.* وَلَدَتْ (عِجلًا (أو) خشفًا . .)

calveṡ [**kâvz**], *n. pl. of* calf عُجُول . عضَلات (السيقان)

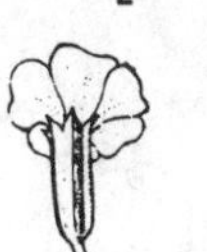

cal'yx. *n.; pl.* -lyxes *or* -lyces كِم (أو) كِمام الزهرة = كأسٌ . قُمَال

cam, *n.* نُتُوء على دولابٍ (أو) ساعدٍ لتغيير الحركة الدورية في الآلة

camarâderie', *n.* الصداقة والوفاء بين الاصدقاء

cam'bium, *n.* طبقةٌ من الليف الليِّن بين اللحاء والخشب في الشجر = خُلب

cam'bric, *n.* شاش . نسيج قطني (أو) كتاني رقيق

cāme, *v., p. of* come

cam'ẹl, *n.* جَمَل . بعيرٌ

cam'ēo, *n.; pl.* -os حجر كريم (أو) جوهرة عليها صورة منقوشة شاخصة = قامِعٌ = كَحلَة

cam'ẹra, *n.* آلة تصوير (أو) مُصَوِّرَة

cam'omīle, *n.* بابونج . حَبَق البقر

cam'ouflâge [**kamuflâzh**], *n.* تعمية . تنكير . إكماء

cam'ouflage, *v.* نكَّر . عَمَّى = كَمَّى . ضَلَّل

camp, *n.* مُعسكَر . مُخيَّم

camp, *v.* عَسكَر . خَيَّم

campaign' [**-pān**], *n.* عمليات حربية . حَملَة (مُنظَّمة)

campaign', *v.* اشترك (أو) عَمِل في عمليات حربية . قام بحملةٍ

campaign'ẹr [**-pā-**], *n.* قائم بحملةٍ

campanīl'ē, *n.* برج الجرس (في الكنيسة) ويكون غالباً منفرداً = شُخشيخة

camp' fire, نارُ المُعسكَر . مُحتَفَل اجتماعي

cam'phor, *n.* كافور

cam'pus, *n.* حَرَم . حِجْر . فِناء (أو) ساحَة (المدرسة أو الكلية)

can, *v., p.* could استطاع . أمكن . تمكَّن . أطاق

can, *n.* عُلبَة . [تَنكَة]

can, *v.* (canned, canning) وَضَع (أو أوعَى) في عُلبة . عَلَّب

Cān'aan [**-nan**], *n.* كَنعان . بلاد كَنعان

canal', *n.* قَناة . تُرعَةٌ

canârd', *n.* تلفيقة . شائعة (أو إشاعة) كاذِبة . نميمة . خدعة

canār'y, *n.* تُرُنجي = (عُصفور) الكَنارِيّ = كَنارٌ . عصفور مُغرِّد = هَزار

can'cel, *v.* (-cel(l)ed, -cel(l)ing) أبطل . [شَطَب] . محا

cancellā'tion, *n.* إبطال . [شطب] . محو

can'cer, *n.* وَرَمٌ خَبيثٌ = داء السَرَطان

Can'cer, *n.* بُرج السرطان . مدار السرطان (في الجغرافية)

candēlāb'rum, *n.*, *pl.* -bra ثُرَيَّا من الشَمعدانات

can'did, *a.* صادق . ناصِحٌ . مُصارِحٌ . مُنصِف

can'didate [-dit], *n.* مُرَشَّح . طالب (أو) مُتَقَدِّم (إلى فحص أو وظيفة)

can'didly, *ad.* عن نُصحٍ (أو) إخلاص . مُصارَحَةً

can'died [-did], *a.* مُرَبَّى (في القَنْد أو السكر) = مُقنَّد

can'dle, *n.* شَمعَةٌ

can'dle-līght [-l-līt], *n.* نُور الشمعة موعد إيقاد الشمع

candle power, قوة الضوء بالشمعات

can'dlestick [-ls-], *n.* شَمعَدان . مَغرَز مَنصب الشمعة

can'dor, *n.* = candour

can'dour [-der], *n.* إخلاص . نَصاحة . صَراحَةٌ

can'dy, *n.* سُكَّر القَنْد = سكر نبات = بُرْت

can'dy, *v.* (-died, -dying) قَنَّد = عَمِل بالقند

can'dytuft, *n.* (نبات) زهرة الأندلس

cāne, *n.* قَصَب . قَصَبَة . خَيزُرانة . عَصاً

cāne, *v.* ضَرَب بالخيزرانة

cān'īne, *n.*, *a.* كلبٌ . كلبي . نابي

canine tooth, نابٌ

cank'er, *n.* قَرحة . قُلاعة = قرحة (في الفم) . أُكال (أو) آكلة (في العضو) . قادِحٌ (في الشجر والأسنان) . نَخَر

cank'er, *v.* تأكَّلَ . قَدَح . نَخِرَ

cank'er-worm [-werm], *n.* قادِحة = دودة تنخر الشجر

canned [-nd], *a.* محفوظ في علب = مُعلَّب

cann'ery, *n.* مصنع التعليب (للمواد الغذائية)

cann'ibal, *n.*, *a.* إنسان (أو حيوانٌ) يأكل لحمَ أخيه

cann'ibalism, *n.* أَكْلُ الإنسان (أو الحيوان) لحمَ أخيه

cann'on, *n.*, *pl.* -non(s) مِدْفع . مَدافع

cannonāde', *n.*, *v.* ضَربٌ متواصل بالمدافع . هاجم بالمدافع

cann'on-ball [-bôl], *n.* قُنبُلة

cannot', *v.* = can not

cann'y, *a.* (-ier, -iest) حَذِرٌ . أَريبٌ . مُتَحَرِّسٌ . [مُتَحَسِّبٌ] . حَريص . [حَربوق] . داهِيَة

canoe' [kanōō], *n.* قاربٌ خفيف يُدفَع بالمجداف (أو) المُردي = نَقيرةٌ (أو) رَكوَة = بلم

canoe' *v.* (-oed, -oeing) رَكِب (أو سَيَّر) النَقيرة

can'on, *n.* شريعة . قانون كَنَسي . شِرْعة = قاعدة = دُستور = ضابِطَة

can'on, *n.* شَمَّاسٌ . الأسفار الدينية المعترف بها

can'on, *n.* أحد أفراد جماعة إكليريكية

cañon, *n.* = can'yon

canon'ical, *a.* بحسب القانون الكَنَسي

can'onīze, *v.* أعلن قُدسِيَّتَه . رسمه قِدِّيساً

can'opy, *n.* سُدَّة . ظُلَّة . غاشِية . كُنَّة
canst, *v.* = can, *in* Thou canst
cant, *n.* رَطنة (أو) رَطانة . مُمَاينة = رِياء
cant, *v.* رَطن (بلغةٍ خاصةٍ بقومٍ (أو) طائفة)
cant, *n.* مَيل . انحدار
cant, *v.* ماذَق = ماين (في كلامه) . قالَ ما لا ينوي فعلَه (أو) يؤمن به
cant, *v.* جفأ . أمال . كفأ . كفت . كَبَّ
cân't, *v.* = cannot
can'taloup [-lōōp], *n.* نوعٌ من البطيخ الأصفر
cantank'ẹrous, *a.* عَسِر الخُلق . شَكِسٌ . مُعاسِر
cantâ'ta, *n.* أغنية تغنيها جَوقة موضوعها قصة (أو) حادثة
canteen', *n.* مَزادة (أو) إداوَة (للماء) = شَكوَة
canteen', *n.* مطعمٌ خاصٌ . [كنتين] . مخزن (أو) دكان للبيع في معسكر (أو) مصنع
can'tẹr, *n.* تقريب (الفرس) بين الخَبب والعدو الشديد . عدو
can'tẹr, *v.* قرَّب الفرس
can'ticle, *n.* أغنية (أو) ترنيمة دينية
can'tilēvẹr, *n.* جِسر (أو) جائز يَستند على أحد طرفيه
can'tle, *n.* قَرَبوس السرج الخلفي
can'tō, *n.*; *pl.* -tos فَصيلة (أو) قِطعَة من قصيدة طويلة
can'ton [*or* canton'], *n.* مقاطعة . وِلاية . دُوَيلة (في سويسرا)
canton'mẹnt [-tōōn-], *n.* مَنازِل (موقتة) للجنود . مُخَيَّم للجنود . مَحَلَّة للجنود
can'vas, *n.* خَيش = [جِنفاص] . [جنفيص]
can'vass, *v.* راوَضَ = حاوَشَ (على الأصوات في الانتخابات أو على الاشتراكات في جريدة أو مجلة) . استجدى
can'yon, *n.* إفجيج = وادٍ ضَيِّق عَميق
caou'tchouc [kouchōōk], *n.* = مَطّاط [كاوتشوك]
cap, *n.* [طاقِيَة] = كُمَّة . قمعة (أو) كُمدة (أو) عفاص (القنينة) . أعلى = ضُهر . قُبعة (الزهر وغيره) . كُمَّة خاصة . [كَبّسون]
cap, *v.* (-pped, -pping) غطّى (القِمَّة) . وَضع طاقيةً على رأسه . قَلنس . كَلَّل . منح درجة جامعية . قَمَّع (القارورة) . بارى . فاق
cāpabil'ity, *n.* طاقة . مُكنَة . استطاعة . قابلية
cāp'able, *a.* مستطيع . مُقتدِرٌ . قابلٌ . كُفءٌ
capā'cious [-shẹs], *a.* وَعيب . وَسيع . فَسيح . رَحيبٌ
capa'city, *n.* وَعابة . وُسعَة . سَعَة . مَقدِرة عقلية . طاقة . استيعاء
capa'rison, *n.* [قربصون] = رَختٌ = حِلية (أو) زينة السرج
capa'rison, *v.* رَخَت = ألبس الرَّخت . تَحَفَّل (أو تزين) باللباس = تَقَمَّش
cāpe, *n.* رأسٌ (من البر داخِلٌ في البحر)
cāpe, *n.* [كاب] . رِداء = كِساءٌ خارجي بلا كُمَّين
cāp'ẹr, *n.* نَطنَطَة . تَنقُّزٌ . نَقزَة (أو) طَفرَة (عن مَرَح ونشاط) = أَشَرٌ
cāp'ẹr, *v.* نطنطَ = أَشِر = تَنقَّز (أو) تَوَثَّب (مرحًا ونشاطًا)
cāp'ẹr, *n.* (نبات) قُبّار (أو) كَبَر = أَصَف = لَصَف

capill'ary, *a.*, *n.* شَعريٌّ . عِرقٌ شَعري
cap'ital, *n.* رأس مال. تاج (أو رأس) العمود
to make — (out) of, انتفع (ب) . اغتنم . استفاد أعظم استفادة
cap'ital, *n.* قاعدة (أو) عاصِمَة (أو) قَصَبَة (البلاد)
cap'ital, *n.* حَرفٌ كبير . حَرفٌ ثُلُثِيٌّ
cap'ital, *a.* عَظيم . فائق . فاخِر
— punishment, عقوبة الإعدام
cap'ital, *a.* انتاجي . إنشائي . رأس ماليّ . استثماري . تأسيسي
— goods, بضائع إنتاجية (أو) استثمارية
cap'italism, *n.* الرأسماليَّة
cap'italist, *n.* (شخص) رأسماليّ
capitalis'tic, *a.* رأسمالي
capitalīzā'tion, *n.* تحويل إلى رأس مال
cap'italīze, *v.* حَوَّل إلى راس مال . استعمل كرأس مال. انتفع (أو) استفاد. اغتنم
Cap'itol, *n.* العِمارة التي يجتمع فيها الكونغرس الأمريكي في واشنطن
capit'ūlāte, *v.* سَلَّم (أو) استسلم (صلحاً أو معاهدة)
capitūlā'tion, *n.* تسليم (أو) استسلام (بمعاهدة) . امتياز أجنبي
cāp'on, *n.* ديكٌ مَخصِيٌّ يُسَمَّن للأكل = كَبُّون
caprīce', *n.* شَهوَةٌ نفسيَّة . تَقَلُّب (أو) تَبدُّلٌ فجائي (في الرأي أو السلوك) بلا مُوجب = ثَوَلٌ . هَوًى عارض
capri'cious [-shẹs], *a.* قَلُوبٌ = كثيرُ التقلُّب (في الرأي والسلوك) . صاحب بَدَوات (أو) أهواء عارِضة
Cap'ricôrn, *n.* برج الجَدي . مدار الجدي (في الجغرافية)

capsīze', *v.* كَفَأَ . انكفأ . إنقلب
cap'stan, *n.* مِلواةٌ (أو آلة) لرفع حبال السفينة أو المرساة = بُوجِيٌّ
cap'sūle, *n.* قُرزُجة . قُلافَة = غشاءٌ (أو) غِلافٌ . [كَبسُولَة]
cap'tain [-tin], *n.* رُبَّان (أو آمر) السفينة = [قُبطان] . رئيس (أو) (يوزباشي) في الجيش . رئيس
cap'tain, *v.* تَولَّى أمر السفينة . تَرَأَّس . قاد
cap'tion, *n.* عُنوان تفسيري . رَأسيَّة . [ترويسة]
cap'tious, *a.* لُوَمَة . لوّام . مُتَسَقِّط للأغلاط . كثير الانتقاد والتشكي . عَيَّاب يتسقط هَفَوات الآخرين
cap'tivāte, *v.* أَسَرَ اللُّبّ . خَلَب . فَتَن . سَبَى . تَصَبَّى
cap'tive, *n.*, *a.* مأسور . أَسِير (حربٍ) . سَبِيٌّ . سَبيَّة
captiv'ity, *n.* إسارة . إسَارٌ . أسرٌ . سَبْيٌ
cap'tor, *n.* آسِر . ساب
cap'ture, *v.* قبض (على) . صاد . أَسَر . استولى (على) . فازَ (ب)
cap'ture, *n.* المقبوض (عليه) . أسير = أخيذ
cap'ture, *n.* أَسير . القَبضُ (على) . أَسْرٌ . استيلاء
câr, *n.* مَركَبة . عَرَبة . سَيَّارة
ca'rabīn(e), *n.* = carbine

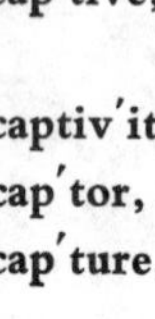

carâfe', *n.* [كَرَّافة] . قَرْقارة . صُراحِيَّة
ca'ramel, *n.* سُكَّرٌ مَحرُوقٌ . حَلوَى مُقنَّدة
ca'rat, *n.* قِيراطٌ = مِعيارٌ للأحجار الكريمة والذهب

ca'ravan, *n.* قَيْرَوان = قافِلَة . رَكْبٌ . بَيتٌ سَيَّار . (عربة) راحِلة = قَيْرَوانَة

caravan'sary, *n.* [وكالة] = خان (للقوافل)

ca'ravel, *n.* سفينة صغيرة سريعة (في القرنين الخامس عشر والسادس عشر) = صُرصُور

ca'raway, *n.* قَرنَباد . (نبات أو بزر) الكَرَويا (من الأبازير)

câr'bīne, *n.* قَرَبِينَةٌ = بندقية قصيرة للفرسان = غدّارة

câr'bohȳd'rāte, *n.* مُرَكَّب كيماوي مثل السكر والنشا

carbolic acid, حامض الكربول . فِنول

câr'bon, *n.* فَحم . كربون

câr'bonāte, *v.* حَوّل إلى كربونات . طعَّم (أو) أشبع بغاز حامض الكربون

câr'bonate [-it], *n.* كربونات

câr'bon'ic, *a.* فحمي . كربوني

câr'bonif'ęrous, *a.* فيه فحمٌ

câr'bonīze, *v.* فَحَّم . حَوَّل إلى فحم . غطى بالفحم

câr'buncle, *n.* بَثرة حمراء = (فَرخٌ) جَمرَةٌ . ياقوت جَمري . بَهرَمان

câr'būrett'or *or* **-ęr,** *n.* خَلّاطَة = لخلط بخار البترول بالهواء في آلة السيارة تمهيدًا للانفجار

câr'c'ase, *n.* = carcass

câr'c'ass, *n.* رَبضة = ذَبيحة = مَسلوخة . جُثّة (حيوان ميت أو مقتول)

câr'd, *n.* [كَرتٌ] = بِطاقة . وَرَقَةُ لعب . مِمشَقَة (للقطن او للكتان)

câr'd, *v.* مَشَق (أو) مَشَّط (القطن ليسترسل) . حلَج

câr'damom, *or* **-mum,** *n.* قاقُلَّة = حبّ الهال

câr'dboard, *n.* وَرَقٌ مُقَوًّى . [كرتون]

câr'dīgan, *n.* سُترة (أو) جاكيت من الصوف المحبوك

câr'dinal, *n.* كَردِنال = أحد مُقدَّمي الكنيسة الكاثوليكية

câr'dinal, *n.* لونٌ أحمرُ زاهٍ (أو) قانىءٍ

câr'dinal, *a.* عُمدَة . أصلي . مُهِمّ

— numbers, الأرقام الأصلية (من ١ إلى ٩)

— points, الجهات الأصلية

cāre, *n.* اهتمام . احتراس . مبالاة . اعتناء . رعاية

to take —, احترس . اعتنى . حافظ (على)

to take — of, اعتنى (ب) . رَعَى . تَعَهَّد

cāre, *v.* اهتم . بالى . اعتنى . تحذّر . احترس

Would you — for a cup of tea? هَل لكَ في . . .

She never —d for her child, ما اهتمت (أو) عُنِيَت بولدها

careen', *v.* أنكأ = أمال = أضجع . كفأ إلى جانب

career', *n.* شَوط . سِيرَة . مَسلكٌ مَعيشيّ

career', *v.* عار = عدا بأقصى السرعة لا يَثنيه شيء = جَمَز = مَحَص = استَنّ

cāre'free [kārf-], *a.* رَغدٌ . خالي البال . لا هَمَّ له = خَليٌّ

cāre'fụl [kārf-], *a.* مُتحَرِّسٌ . مُهتَمٌّ . مُعتَنٍ . مُتَنَبِّهٌ

care'fụlly, *ad.* باهتمام . باعتناء . بتبصر

care'fụlness, *n.* اعتناء . احتراس . عناية

care'lĕss [kārl-], *a.* لا يُبالي . لا يكترث . لا يهتم . عن عدم تبصر (أو) انتباه . مُهمِل

care'lĕssness, *n.* عدم اهتمام (أو) تَبَصُّر . عدم اعتناء (أو) إتقان . إهمال

c/o = care of, بواسطة . . .
caress′, *v.* جَمَّش = مَلَّس (أو) لَمَّس (عن تحبب) . عانق . قبَّل
caress′, *n.* تجميش . تمليس (أو) تلميس (عن تحبب) . مناغاة . مُبَاغمة
ca′ret, *n.* علامه (٨) لتبين مكان إضافة شيء إلى النص
cāre′tāker [kārt-], *n.* قيِّم (المكان) . حافِظ
— government, حكومة قائمة بالمقام
cāre′wôrn, *a.* مَهمُومٌ . مُعنًى
cârġ′ō, *n.*; *pl.* -go(e)s وَسْق (أو حِمل) السفينة = شَحن

caribou′, cariboo′ [-boo], *n.* أيَّلٌ شمالِيٌّ
caricature′, *n.* صورة هَزْلية (أو) كريكاتورية
caricature′, *v.* صَوَّر صورةً هزلية (أو) كريكاتورية
cār′ies, *n.* حَفَر = نَخَرُ (الأسنان) = أَكَل
carill′on [-lyẹn], *n.* عددٌ من الأجراس يُعزَف عليها . نغمة تُعزَف على هذه الأجراس
câr′lōad [-lōd], *n.* حِمل (عربة أو سيارة)
câr′mine [*or* -mīn], *n., a.* (لون) أحمر أُرجواني (أو) عميق . قرمزي (خفيفٌ)
câr′nage [-nij], *n.* مقتلة عظيمة . مَلحَمَة = موقعةٌ عظيمة القتل
câr′nal, *a.* جسماني . شهواني . دنيوي
câr nā′tion, *n.* قَرَنفُل
câr nēl′ian, *n.* يَنَعٌ = حجر كريم أحمر مُسفِر . عَقيق أحمر
câr′nival, *n.* مَرْفَع . مَرَافِع . [كرنفال]
câr niv′orous, *a.* لاحِمٌ = حيوان آكل لحوم
ca′rol, *n.* أهزوجة . تغريدة . ترنيمة
ca′rol, *v.* (-lled, -lling) . هَزَج . غَرَّد . تَرَنَّم
carouṡ′al, *n.* حفلة قاصفة . حفلة شراب
carouṡe′, *v.* شرب وأكل كثيراً = قَصَف
carouṡe′, *n.* حفلة قاصفة
cârp, *v.* تَسقَّط الهفوات . عَيَّب . تَجَنَّى (على)
cârp, *n.*; *pl.* carp *or* carps نوع من البلطي = سَمَكٌ يعيش في المياه العذبة = شَبَار = شِرّ . شَبُّوط = لَبَتَة
câr′penter, *n.* نَجَّار
câr′penter, *v.* نَجَّر
câr′pentry, *n.* نِجارة
câr′pet, *n.* طُنفُسة . بِساط . زُرْبِيَّة
câr′pet, *v.* فَرَش ببساط (أو) زُرْبِيَّة
ca′rriage [-rij], *n.* مَرْكَبَة . نقلٌ (من مكان إلى مكان)
ca′rriage, *n.* حُملان = أُجرة النقل
ca′rriage, *n.* حامِلة المِدفَع
ca′rriage, *n.* مِشيَة . سَمت (أو) هيئة الجسم
ca′rrier, *n.* ناقِل . أداة نقل . حَمَّال . ساعٍ
ca′rrion, *n., a.* جِيفَةٌ . جائفٌ
ca′rrot, *n.* جَزَرٌ . جَزَرَة
ca′rry, *v.* (carried, carrying) نَقَل . حَمَل . فاز (ب) . سَلَك
to — away, أخذ ونَقَل . استخفَّ . استطار
to — off, اجتالَ . ذهب به (عَنوَة)
to — on, تَمَّ (على) = واصَل . تَعاطى . استمرَّ

to — out, نَفَّذ . أنجز . امتثل

cârt, *n.* عَرَبة نقل . [كارَّة]

cârt, *v.* نَقَل بعربة نقل

cârt'el, *n.* مجمع شركات احتكاري . أُلْبة (أو) ائتلافٌ بين الشركات للتحكم بالإنتاج والأسعار . اتفاق دولي لتبادل الأسرى

cârt'ẹr, *n.* سائق عربة النقل

Câr'thage [-ij], *n.* قَرطَجَنَّة

cârt'ilage [-lij], *n.* غُضروف . غُضروفة . مارن (الأنف)

cârt'on, *n.* سَفَط (أو) صُندوق من الكرتون

cârtōōn', *n.* صورة رَمزية

cârtōōn'ist, *n.* مصورٌ رمزي

cârt'ridge, *n.* [خَرطُوشَة] . [فَشكة]

cârve, *v.* حَزَّ (أو) قَطَّع (أو) شَرَّح (اللحم) . نَقَر = حَفَر . نقش . خَرَّط (اللحم)

cârv'ẹr, *n.* صُلت = سِيخٌ = سكين طويلة لتقطيع اللحم

cârv'ing, *n.* نَقشٌ = حَفرٌ . نَقرٌ

caryat'id, *n.* تمثالُ امرأة يُستَعمَلُ عَموداً

cascāde', *n.* ثَرَّار = شَلَّال (صغير) . [خَرَّار]

cascâr'a, *n.* كَسكارة = دواء لتحريك الأمعاء يستخرج من لحاء بعض النباتات

cāse, *n.* حالة . ظَرفٌ . قَضيَّة . دعوى . حادِثة . أمرٌ . إصابة

in that —, إذاً

in any —, على أي حال

in — of, في حالة حدوث . إذا حَدَث

cāse, n. صِوان . إطارٌ . كيس . صندوق . ظَرف . محفظة . قِمَطرٌ . غِلاف . غِمد . قِراب . صَونة = عَتيدة

cāse, *v.* غَلَّف . كَيَّس . أظرَف

cāse, *n.* حالة الرفع (أو) النصب (أو) الجر (في النحو)

cās'ēin, *n.* جُبنين = مادة زلالية بيضاء توجد في اللبن (الحليب)

cāse'mẹnt [kāsm-], *n.* شُبَّاكٌ (له مِصراعان كالباب)

cash, *n.*; *pl.* cash نَقد . نقود . دراهم

cash, *v.* صَرَف (نقداً) . نَقَد . قَبض نقداً

cash'ew, *n.* شجرة تنمو في أمريكا الاستوائية لها حبٌّ على شكل الكلوة = كاد هِندي

cashier', *n.* أَمين الصندوق

cashier', *v.* عَزَل (أو) طَرَد (من منصب عسكري)

cash'mēre, *n.* صوف لين فاخر . شَمْلة تعمل منه

cās'ing, *n.* تَغليف . غِلَاف . [بِرواز] . كِفاف

casī'nō, *n.* [كَزينو] = مُنتَدَى عامٌّ للترفيه والقمار

câsk, *n.* بَتيَّة . برميلٌ . (مِلْء) برميل

câs'kēt, *n.* سَفَط (أو عُلبة) الحُلِيّ . تابوت صغير

Cas'pian, *n.* قَزويني

casque [kask], *n.* خُوذَة

cassâ'va, *n.* نبات استوائي له جذر ثخين يؤكل كالخضراء

cass'erōle, *n.* طابَق = إناء يطبخ فيه وهو مُطبَق

ca'ssia, *n.* نوعٌ من القرفة = سَليخَة . خيار شَنبر

cass'ock, *n.* تُونيَّة = ثوب طويل أسود يلبسه الكاهن عادةً = رَسْتاِيَّة

câst, *v.* (cast, casting) رمى (ب) . ألقى (ب) . زَجَّ . طَرَح . نَبَذ . سلخ . سَبَك

to — a vote, أعطى الصوت (في الانتخابات)
to — about, بَحَثَ (أو) فَتَّش (عن) هنا وهنا
to be — down, مغموم (أو) كاسف البال
to — off, طَرَح . نبذ . ألقى
to — out, نبذ (ب)
câst, *n.* حَذفة . رَمية . مَرمى . سَبيكة . قالَب
a — (in the eye), قَبَلٌ = حَوَل خفيف (في العين)
câst, *v.* (cast, casting) سَكَبَ = أفرغ في قالب
câst, *n.* شَكلٌ . قالَب . كِينة . هَيئة . لَون . سِيماء . مَسحة (من اللون)
câst, *n.* نَوع . جماعة الممثلين في تمثيلية
cas'tanet, *n.* وَنٌّ . صَنجٌ . طُسيت
câst'away, *n.*, *a.* مَنبُوذ . لَقىً
câste, *n.* صِنف من الناس . طَبقة اجتماعية . طَبقة مُنحصِرة
cas'tellātĕd, *a.* ذو قِلاع . مَبنيٌّ على شكل القلعة
câs'tẹr, *n.* = castor
cas'tigāte, *v.* أدّب . عنّف . هذّب . نقّح
castigā'tion, *v.* تأديب . تعنيف
câst'-ī'ron [-īẹrn], *a.* من حديد الصَّبّ . قاسٍ . جَلد = صُلب . شديد
cast iron, حديد الصَّبّ . حديدٌ زَهرٌ
câ'stle [kâsl], *n.* قَصر . قَلعة
câstoff', *a.*, *n.* مَرذول . مَنبوذ . مُهمَل . شخصٌ منبوذٌ . لَقىً
câs'tor, *n.* قارورة فيها ملح وخردل وخَلّ . جُندُ بَستر . جَرّاية (أو) دُحروجة
castor oil, دُهن (أو زيت) الخروع
castrāte', *v.* طوّش . خصى
ca'sūal [kazh-], *a.* عديم الاكتراث . اتفاقي . عَرَضي . عارض
— labour, عمل مصادَفة . عمل فَرَطي . عَمَلٌ طارِىء (أو) عرضي
ca'sūally [kazh-], *n.* مُصادَفة . في الفَرَط . فَرَطًا . عَرَضًا . عن غير قصدٍ (أو) اهتمام
ca'sūalty [kazh-], *n.* حادثة (عَرَضيّة) . إصابة (مميتة أو غير مميتة) . شخص مُصابٌ
ca'śūist [*or* kazh'ooist], *n.* شَخصٌ مجادل سُفُسطائي (في الحقّ والباطل) . شَخصٌ يُفتي في مسائل العقيدة والسلوك
cat, *n.* هِرٌّ . قِطٌّ . سِنَّور
cat'aclyśm, *n.* كائنة . طامّة . جائحة . جُحاف . حادثٌ . تغييرٌ عنيف فجائي
cat'acōmb [-kōm], *n.* مَدفن دِيماسي (أو سرداني)
cat'aloġue [-loġ], *or* **cat'alog,** *n.* فِهرِس (أو) قائمة (كتب وأسماء)
cat'aloġue, *v.* فَهرَس . جعل في فهرس (أو) قائمة
cat'apult, *n.* مَنجنيق . مِخذَفة
cat'apult, *v.* جَنَّق = قَذَف بالمنجنيق . خَذَف
cat'aract, *n.* جَندَلٌ (على نهر النيل) . شَلّال . هَيل مائي . الماء الأزرق (في العين)
catârrh', *n.* زُكام . نَزلة . [رشح]
catas'trophē, *n.* نَكبَة . داهية = مُصيبةٌ عظيمة
cat'call [-kôl], *n.* زَعيقٌ (أو) صفيرٌ حادٌّ بقصد الاستهجان = عطعطة

catch, *v.* (caught, catching) أمسك . صاد . لقف . تلقّف . زقف . اجتذب . تلقّى . [لقط] . أخذ . علق (ب) . اعتلق (في) . استمسك . لحق . باغت

to — a train, أدرك . [لحّق] . لحق وأخذ

to — up with him, أدرك = لحق (ب)

to — fire, أخذ يحترق . دبّت (أو) علقت فيه النار

to — him out (in every mistake) أخذه (عند كل غلطة) . تخطّأ له (في)

catch, *n.* ممسك . دقرة (الباب) . لقفة

catch, *n.* صيد . صيدة . خدعة = ممسك

catch'ẹr, *n.* لاقف . متلقّف

catch'ing, *a.* معدٍ . ناقل للعدوى . جذّاب

catch'y, *a.* جذّاب . يعلق (في النفس أو في الذهن . يعرّض للخطأ

cat'ēchiṡe, *v.* = catechize

cat'ēchiṡm [-kizm], *n.* كتاب تعليم الدين بالسؤال والجواب . مجموعة اسئلة

cat'ēchīze [-kīz], *v.* علّم الدين بالسؤال والجواب . سأل بدقة واستقصاء

catēgo'rical, *a.* بلا قيد ولا شرط . قطعي . مبرم . باتّ

cat'ēgory, *n.* بابة = صنف . نسق . مقولة (في الفلسفة)

cāt'ẹr, *v.* موّن . زوّد . [قدّم]

cat'ẹrpillar, *n.* عقربانة = نبات ذنب العقرب . أسروع = سروة . دباة

— tractor, سيّارة نقل جرّارة لنقل الأحمال الثقيلة فوق أرض وعرة

cat'fish, *n.* ; *pl.* -fish *or* -fishes سلّور

cathârt'ic, *n.* سهول = دواء مسهل (كزيت الخروع)

cathēd'ral, *n.* كاتدرائية = كنيسة جامعة

a — mosque, مسجد جامع . جامع

cath'olic, *a.* عالمي . جامع . كلّي . متسامح

Cath'olic, *a.*, *n.* كاثوليكي

Cathol'iciṡm, *n.* الكاثوليكية

catholi'city, *n.* عالمية . شمول . تسامح

cat'kin, *n.* عثكول (أو عنقود) زهرات الصفصاف

cat'nip, *n.* نعناع بري (تحب أكله القطاط)

cat-o'-nine-tails, *n. pl.* & *sing.* سوط ذو تسع شعب معقودة = عرفاص

cat's'-paw, cats'paw, *n.* نسمة خفيفة تجعد سطح الماء . أداة مسخّرة (من الغير)

cat'sup *or* ketchup, *n.* صلصة بندورة (أو) طماطم

cat'tle, *n.* نعم وخصوصاً الأبقار = ماشية

cattle'man [-lm-], *n.* بقّار . عجّال

Cau'casus, *n.* القفقاس . القفجاق

cauc'us, *n.* لجنة تنظيمية محلية (لحزب سياسي)

caud'al, *a.* ذنبي . عند الذنب

caught [kôt], *v.*, *pp.*, *pt. of* catch

caul'dron, *n.* قدر عظيمة . خلقين = [دست] = مرجل كبير

caul'iflowẹr [kol-], *n.* قنّبيط=[قرنبيط]

caulk [kôk], *v.* جلفط . [قلفط]

cauṡe, *n.* علّة . سبب . موجب . مقتضى . داعٍ . مجلبة . مدعاة . قضيّة (أو مصلحة) عامّة

cauṡe, *v.* سبّب . أحدث . جلب . أوجب . جعل

cauṡe'lēss [-zl-], *a.* بلا سبب . لا داعي (أو) لا موجب له

cause'way [-zw-], *n.* مَجازَةٌ = طُرقَةٌ مُرتَفِعَةٌ عَبْرَ أرضٍ سَبِخة (أو) مبلولة

caus'tic, *a.* مُحرِقٌ . كاوٍ . لاذعٌ . مُقذِع

caut'ẹrīze, *v.* كَوَى

cau'tion, *v.* حَذَّر . أنذر . نَبَّه

cau'tion, *n.* حَذَر . انذار . تنبيه . تحذير

cau'tious, *a.* حَذِر . محتاط . مُحتَرِس

cavalcāde', *n.* رَكْبَة (أو) رَكْبان (أو) كوكَبة (فرسان) . مَوكِب (أو) رَكْب (خَيَّالة)

cavalier', *n.* خَيَّال . فارسٌ . شَهمُ الأخلاق

cavalier', *a.* بدون اهتمام . مُتَرَفِّع . عُنجُهِيٌّ . عَجرَفِيّ

cav'alry, *n.* خَيَّالة . فُرسان

cāve, *n.* مَغارَة (في الأرض او الجبل) . غارٌ . مَغفَرة

cāve, *v.* كهَف . جَوَّف

— in, تَقَعوَش = انخسف (أو) تكوَّر (البئرُ على من فيه) = تَجوَّخ

cāve-man [-vm-], *n.*; *pl.* -men ساكنُ الكَهفُ . إنسانٌ على الفِطرة الفَظَّة

cav'ẹrn, *n.* مَغارَةٌ كبيرة = كهفٌ

cav'ẹrnous, *a.* أجوَف . مُتَكَهِّفٌ = ذو كُهوفٍ (أو) نُقَر

caviar(e)' [*or* **kav'-**], *n.* خِبيَاري = بطارخ من سمك الحَفش

cav'il, *v.* (-il(l)ed, -il(l)ing) . ماحك . تَمَحَّك . حافى

cav'il, *n.* مماحكة . تَمَحُّك . مُحافاة

cav'ity, *n.* جَوبَة . نُقرَة . تجويفة . وَقبَة

caw, *v.* شَحَجَ = نَعَق (أو) نَعَب (الغراب)

caw, *n.* نَعِيق . نَعِيب . شَحِيج

cayenne', *n.* فُلفُل حارٌّ مَدقُوق

cease, *v.* تَوَقَّف . انقَطَع . كَفَّ (عن) . انتهى (أو) انفكَّ (عن) . تنهنه (عن) . زال

to — not, لا ينفكّ . لم يَزَل

cease'lẽss [sēsl-], *a.* لا يَنقَطِع . لا يُقلِع . لا يَرِيمُ . مُتَمادٍ

cease'lẽssly, *ad.* بلا انقطاع . بلا توقف

cēd'ar, *n.* (شجر) الأرز . أرزَةٌ

cēde, *v.* تَنَزَّل (أو) تَخَلَّى (عن) . سَلَّم

cel'andīne, *n.* عُروق الصَّبَّاغين . بقلة الخطاطيف

ceil'ing, *n.* [طَوَان] . سَقفٌ . الحدُّ الأعلى (للأسعار) = سَماوة (الأسعار)

cel'ẽbrāte, *v.* احتفل (بعيدٍ أو موسم) . كَرَّم (أو) احتفى (ب)

cel'ẽbrātẽd, *a.* مَشهُور . شَهِير . نابه الذكر

celẽbrā'tion, *n.* احتفال . احتفاء

celẽb'rity, *n.* (شَخص) مَشهور . شُهرَة

cẽle'rity, *n.* سرعة (أو خِفّة) الحركة . رشاقة الحركة

cel'ẹry, *n.* (نبات) الكرَفس البستاني

cẽles'tial, *a.* سَماوي . رائع الجمال (أو) الجُودة

cel'ibacy, *n.* التَّبَتُّل = التأبُّد = العُزُوبَة

cel'ibate [-bit], *n.*, *a.* مُتَبَتِّل . متأبِّد

cell, *n.* بُولسٌ = حُجرَة صغيرة (في سِجن) . خَلوَة (في حَمَّام ..) . صَومَعة . نُخروب (في قرص العسل) = وَقبة . حُجيرَة (في الجسم) . خَلية كهربائية

cell'ar, *n.* سِرداب المُؤنة . غُرفَة (أو) غُرَف تحت الأرض لحفظ المُؤن

cell'ist, 'cell'ist [ch-], *n.* عازف على الكمنجة القَرَارية (أو) البَربَط

cell'ō, 'cell'ō [**ch-**], *n.*; *pl.* -os كَمَنجة قَرَارِيَّة = بَرْبَطٌ

cell'ophāne, *n.* مادة رقيقة شَفَافة تُستعمل في لف الأشياء

cell'ūlar, *a.* حُجَيْرِي (أو) حُجري . (نسيج) مُفرَّج

cell'ūloid, *n.* (مادة) السَّلُولُويد .

cell'ūloid, *a.* كالحجيرات . (معمول) من مادة السلولويد

cell'ūlōse, *n.*, *a.* (مادة) السَّلُّولُوز (= القِوَام الخشبي في النبات) . من مادة السلولوز

Celt [*or* **k-**], *n.* كَلْت (أو) كلتي (من الشعوب الكلتية)

Cel'tic [*or* **k-**], *a.*, *n.* كَلتي . لغة الكَلْت

cēment', *v.* لحم . التحم . لَيَّط (بالاسمنت) = مَدَّر . وَثَّق

cēment', *n.* إسمنت . لِيَاطٌ

cem'ētery, *n.* مَقبَرَة . مَدفَن . جَبَّانة

cen'sẹr, *n.* مِبخَرَة = كُبوَة . مِجمَرَة البَخُور

cen'sor, *n.* رَقيبٌ = [سَنسُور أو سَنسَر] . نَقَّاد . عَيَّاب

cen'sor, *v.* [سَنسَر] = راقب المطبوعات (أو) الرسائل

censôr'ious, *a.* سَريع الانتقاد . عَيَّاب . عَذَّال . فتَّاش عن الأخطاء

cen'sorship, *n.* السَّنسَرة = عمل السَّنسَر

cen'sure [**-shẹr**], *n.* لومٌ . تقريع . استنكار

cen'sure, *v.* سَوَّأ (على) . قَرَّع . وَبَّخ

cen'sus, *n.* تَعداد (أو) إحصاء النفوس

cent, *n.* سنت = جزء من مئة من الدولار الأمريكي . مِئة

per — = %, في المئة

cen'taur, *n.* وَحشٌ خُرافي شَطرُه الأعلى انسان والأسفل حصان

centen'ary [*or* **-tēn-**] *n.*, *a.* مِئِي = له مئة سنة . لمئة سنة . عيدٌ مِئَوي

centenn'ial, *a.*, *n.* = centenary بعد مرور مئة سنة

cen'tẹr = cen'tre

cen'tigrāde, *a.* من مئة درجة . مُقَسَّم إلى مئة درجة

cen'tigramme, *n.* واحد من مئة من الغرام

centīme' [**sân-**], *n.* واحد من مئة من الفرنك

cen'timētre [**-tẹr**], *n.* سنتمتر = جزء من مئة من المتر

cen'tipēde, *n.* حَريش = هامّة دودية بأرجل عديدة

cen'tral, *a.* مركزي . وَسَطي . في الوَسَط عن المركز . متوسِّط . عليه المدار . رئيسي

centralīzā'tion, *n.* مَركَزَة . تَمَركُز . مَركَزية (السلطة الحكومية)

cen'tralīze, *v.* مَركَز . تَمَركَز

cen'trally, *ad.* عن (أو من) المركز . مركزياً

cen'tre, -ter [**-tẹr**], *n.* مركز . وَسَط . قَلب . قُطب

cen'tre, *v.* مَركَز . تمركز . تَرَكَّز . وَسَّط

cen'tre, *a.* مركزي . وَسَطي . في الوَسَط

centre of gravity, مركز الثِقل

centrif'ūgal, *a.* مُنضَرِحٌ (أو) مُنشَعِبٌ عن المركز

— force, قوة الضَّرح المركزي

centūr'ion, *n.* رئيس (أو) قائد المئة (عند الرومان)

cen'tury [-chẹri], *n.* قَرن = مئة سنة

century plant, نبات مكسيكي من جنس النرجسيات

Cerb'ẹrus, *n.* كلبٌ بثلاثة رؤوس يحرس مدخل جهنم = شَرشير

cēr'ēal, *n.* نباتٌ يغلُّ حُبوباً . حَبٌّ . طعامٌ من الحبوب

cē'rēal, *a.* من الحبوب . حُبوبي

cerēbell'um, *n.* دُمَيغ = مُخيخ (الرأس)

ce'rēbral, *a.* دِماغي

cerēmōn'ial, *a.* رَسمي . بحسب المراسم . شعائري

cerēmōn'ial, *n.* شَعارَة = مَرسَم . إحدى الشعائر

cerēmōn'ious, *a.* بحسب مراسم السلوك . كثير التَرَسُّمات = مُتَرَسِّم . يَتكلَّف الحَفاوة (أو) الرَسميات

ce'rēmony, *n.* مَرسَم . مراسم احتفالية . احتفال

ce'rēmony, *n.* شَعارة (أو) شعائر (دينية) . حَفاوَة

cerīse', *a., n.* لونٌ كَرَزي. بلون ثمر الكرز

cert'ain [-tin], *a.* ثابتٌ يقيناً . على يقين . مُتيَقِّن . واثقٌ. مُحقَّق (الوقوع) . بَعض (أو) أَحد

cert'ain, *a.* مُعَيَّنٌ . فلانٌ (من الناس) . ما

cert'ainly [-tin-], *ad.* لا شكَّ. [معلوم] . يَقيناً . حتماً . لا جَرَم . أَجل . جدًّا . [من كل بُد]

cert'ainty [-tin-], *n.* إيقان . تَيَقُّنٌ . يَقين . إيناس . أَمرٌ يَقيني

cert'eṡ [*or* -tēz], *ad.* حَتماً . حَقاً

certif'icate [-kit], *n.* شهادة . تصديق . إثبات

cert'ified [-fīd], *a.* مَشهودٌ عليه. مُصدَّق. مُحَقَّق

— milk, حليب (أو) لبن مَكفول

cert'ifȳ, *v.* (-fied, -fying) شَهِدَ (أو) صادَق (على) . صَدَّق . أَثبت . ضَمِن

cerūl'ēan, *a.* أزرق سماوي

cessā'tion, *n.* انقطاع . توقف . انفكاكٌ (عن)

ce'ssion, *n.* تنازل (أو) نزولٌ (عن) . تسليم

cess'pōōl, *n.* بَلُّوعة . بالُوعَة . قَرارَة القاذورات

chāfe, *v.* فَرك . لَحس (أو) سحج الجلدَ (بالاحتكاك) . مَشَح = مَشَق . غاظ . تزَنَّد . تحرَّج صدرُه

châff, *n.* حَثاةٌ = عُصافة = عَصف . تِبن (للحيوانات)

châff, *v.* مازَحَ على سبيل المُضاجَرة (أو) المغايظة

châff, *n.* مُمازَحة (أو) مُطايَبة للمضاجرة (أو) المغايظة

chaff'inch, *n.* (طائر) شَرشور . دُجّ

chaġrīn' [sh-], *n.* مرارة الخَيبة. كَمَدٌ. غُصَّة . سَدَم . تحسُّر . تلهُّف

chaġrīn', *v.* أَكمَد . أسدَم . أَغَمَّ . حسَّر . تلهَّف

chain, *n.* سلسلة = زِنجير . قَيد . غُل

chain, *n.* مقياس طوله ٦٦ قدماً في المساحة أو (١٠٠) قدم في الهندسة

chain, *v.* زَنجَر = قَيَّد (أو) سلسل (بالسلاسل) . استعبد

chainṡ, *n. pl.* سَلاسِل . أغلال . عُبودية

chair, *n.* كُرسي . سُدَّة = مَنصِب

chair'man, *n.*; *pl.* -men رئيس مَجلس (أو) اجتماع (أو) جلسة

chair'manship, *n.* رئاسة المجلس (أو) الاجتماع (او) الجلسة

chaiṡe [sh-], *n.* عَرَبة خفيفة لها غطاء ينطوي

Chaldē'a [k-], *n.* بَلَد (أو بلاد) الكلدانيين

chal'et [shalā], *n.* عِرزال = كوخُ الراعي . بيتٌ كوخي . كُوخ

chal'ice, *n.* كأس . كأس العشاء الرَّبَّاني . جام

chalk [-ôk], *v.* عَلَّم بالطَبْشُور

chalk, *n.*, *a.* طَبْشُور(ة) . طَبْشُوري

chalk'y [-ô-], *a.* (-kier, -kiest) طَبشوري . طباشيري

chall'ēnge, *n.* مُناجَزة . استدعاء لمباراة (أو) مبارزة . استنهاد = طلبٌ للمُناهَدة (أو) للقتال = حُدَيًّا . انتهارة الاستعراف (من الحارس لشخصٍ مارّ) . اعتراض

chall'ēnge, *v.* ناجز . استدعى لمبارزة . تَحَدَّى . استنهد . انتهر للاستعراف . اعترض . تشكك (فيه) (أو) أنكر صحتَه

chall'ēngẹr, *n.* مُناجز . مُناهِد

chall'is, *n.* قُماش مُطَبَّع خفيف

chām'bẹr, *n.* مجلس . أحد مجلسي البرلمان

The C— of Commerce, غرفة التجارة

chām'bẹr, *n.* غرفةُ (نوم) . حُجرة . مُخدَع

chām'bẹrlain [-lin], *n.* حاجبٌ . ناظِرُ خاصّة الملك

chām'bẹrmaid, *n.* فرّاشة . [كَمَريرة] = خادمة غرفة النوم

chām'bẹrṡ, *n. pl.* مجموعة غُرَف للسكنى (أو) للعمل . مكتب المحاماة

chamēl'ēon [k-], *n.* الحِرباء (ة) = أبو قُرَّة . أبو بَراقش

chamēl'ēon, *a.* حِرباوي . كالحرباء تقلُّبًا (أو) تلوُّنًا

cham'ois [shamwâ], *n.* أُرْوَى . أُروِيَة = [شَموَة] = شاةٌ جبلية = نَيْتَل = بَدَن

cham'ois [shami], *n.* جلدٌ ناعمٌ ليِّن . شَمْوَة

champ, *v.* عَلَك . لاك . خضم . مَضَغ

champ, *n.* صَوت عَلْك (اللجام) (أو) خضم العَليق

champagne' [shampān], *n.* مشروب الشمبانيا

cham'paign [-pān], *n.* مَرج = بَراز

cham'pion, *n.* مُبَرِّز . بَطَل . نَصير . ذائد

cham'pion, *a.* فائق . مُبَرِّز (على الأقران أو المبارين)

cham'pion, *v.* دافع (أو) ذاد (عن) . انتصر (ل)

cham'pionship, *n.* بَرازة . بُطولة . انتصار . مُناصَرة

chânce, *n.* حظٌ . مصادَفة = اتفاق . فُرصة . احتمال

by —, عَرَضًا = اتفاقًا

on the —, على احتمال (أو) أمل

take one's —, تَرَك للحظ . (عمل و) توكَّل

chânce, *a.* عَرَضي = اتفاقي = على غير ترتيب (او) ميعاد

chânce, *v.* اتَّفق = تصادف . صادف

to — it, وَكَله إلى الحظ

chân'cel, *n.* ساحة (أو فُسحة) المذبح (في الكنيسة)

chân'cellor, *n.* رئيس وزارة . رئيس جامعة

C— of the Exchequer, وزير المالية (في بريطانيا)

The Lord (High) C—, وزير العدلية

chân'cęry, *n.* شُعْبة من محكمة العدل العليا (في بريطانيا)

chandelier' [sh-], *n.* شَمعدَان . ثُرَيَّا

chānge, *n.* تَبَدُّل . غِيَار . تغيير . تحوُّل

chānge, *n.* صَرف (النقود) . صُرَافة

I have no —, = [فكَّة] = صُرَافة [فُرَاطة]

chānge, *v.* بَدَّل . غَيَّر . تَحَوَّل

chānge'able [-jabl], *a.* مُتغيِّر . مُتبَدِّل . مُتقَلِّب . سريع التحول

chānge'fụl [-jf-], *a.* كثير التغيّر . متقلّب

chānge'lẽss [-jl-], *a.* لا يَتبَدل . لا يتغيّر . ثابتٌ على حاله

chānge'ling [-jl-], *n.* طِفل (أو وَلَد) دَسِيس = ولد (أو) طِفل يُوضَع سِرًّا بَدَلَ آخر

chann'el, *n.* مَجرى (أو) مَسِيل (ماء) = مَسْرَبٌ . قَنَاةٌ . سِيب = مَسيب . مَجَازٌ = مَضِيق . سَبيل

chann'el, *v.* (-elled, -elling) حفَر (أو) شَقَّ (أو) جاب مجرىً (أو) مسيلًا

chânt, *v.* شَدَا . طَرَّب . تغَنَّى . سَبَّح

chânt, *n.* تَرْنيلة . تسبيحة

chân't(e)y [-ti], *n.* أهزوجة البحَّارة

chân'ticleer, *n.* ديكٌ . الزَّاقي

chā'os [k-], *n.* هَرْج ومَرْج . اختلاط مُحكَمٌ . فَوضى مُحكَمة . عَمَاءٌ

chāot'ic [k-], *a.* في حالة فوضى واضطراب

chap, *v.* (-pped, -pping) = شَرِثَ خَشُن وتَشقَّق . تَشرَّث

chap, *n.* شَرَثٌ = خُشونة مع تشقق . زَلَع

chap, *n.* شَخصٌ . فتىً . حَنَكٌ . شِدْق

chap'el, *n.* كنيسة خاصَّة . مُصَلّىً (خاص)

chap'erōn(e) [sh-], *v.* ناظر (أو) راعَى (أو) راقب فتاةً (أو) امرأة غير متزوجة في الحفلات

chap'erōn(e), *n.* ناظُورة = امرأة متزوجة (أو) كبيرة السن قليلًا تراعي فتاة (أو) امرأة غير متزوجة في الحفلات

chap'lain [-lin], *n.* قِسّيس (خاص)

chap'lẽt, *n.* إكليل للرأس . سُبحَة . سِمطٌ (من الخرز)

chap'man, *n.*; *pl.* -men بَيَّاع مُتجوِّل . بيَّاع طوَّاف

chaps, *n. pl.* فَنيكٌ = مُجتمَع لَحْيَي الإنسان

chap'tẹr, *n.* فَصل . سُورة . أصحاح

chap'tẹr, *n.* جماعة رجال الدين في كاندرائية (أو) دير

châr, *v.* (-rred, -rring) شيَّط = حَرَق قليلًا . فحَّم

cha'ractẹr [k-], *n.* خُلُق . طبع . شهادة أخلاق . حرف (أو) علامة كتابية . ماهيّة . كُنه . خاصّة . مُمثل في رواية . شخص في قصة . شخص غريب الأطوار

charactẹris'tic [k-], *a.* خُلُقي . من شيمته . من طَبعه

charactẹris'tic, *n.* صفة مُمَيِّزة . خليقة . شِيمَة

charactẹris'tically, *ad.* كما هو طَبعُه (أو سَجِيته)

characterizā'tion, *n.* وصف وتحليل الطباع الخاصة

cha'ractẹrīze, *v.* وَصَف الطباعَ الخاصة وحلَّلها . اتصف وتميَّز

charâde′ [sh-], *n.* لُعبة تُعرَف فيها الكلمة من حركات تمثيلية ترمز إلى مقاطع الكلمة

châr′coal [-kōl], *n.* فَحمُ حَطَب

chârge, *n.* [عُهدَة] . مسئولية . واجب . تكليف

He is in — of, متكلِّف (أو) مُتَوَكِّل (ب) . مُتَولِّي أمر

to take — of, تَكَلَّف (أو) تَوَكَّل (ب) . تولَّى (أمر . . .)

chârge, *n.* حِمل . شِحنَة = [نعميرة] البندقية (أو) حَشوَتها . تُهمَة . سعر . ضَريبة . رسم . جُعل . كلفة

chârge, *n.* حَملَة . كَرَّة . هَجمَة

chârge, *v.* اتَّهم . عَهِد (إلى) . طلب ثمنًا . أوعز (إلى) . وَكَل (إلى) . كَلَّف . وَجَب = أَلزم

chârge, *v.* وَصَّى . حَضَّض . ثاوَر . كَرَّ . حَمَل (على) . شَحَن = [عَمَّر] البندقية

chârge′able [-jabl], *a.* عُرضَة للاتهام . يمكن قيدُه دينًا (على)

chargé′ d'affaires [shârzhā dafār], *n.* القائم بالأعمال (الدبلوماسية)

châr′gẹr, *n.* صَحفَة . صِينيَّة . صحن كبير مُسطَّح

châr′gẹr, *n.* جَواد . فَرَسٌ (من أفراس الحرب)

cha′riot, *n.* مَركَبة (أو) عَرَبة (للحرب)

charioteer′, *n.* سائق مركبة (أو) عربة (الحرب)

cha′ritable, *a.* مُحسن . مُتصَدِّق . كريم النفس

cha′rity, *n.* سَماحة . بِرٌّ . صَدَقة . إحسان . كَرَم

chârl′atan [sh-], *n.* [دَجَّال] . جاهِلٌ مُدَّعٍ . مُدَّعٍ كاذب

chârm, *n.* سِحرٌ . عُوذَة . أُخذة . رُقية . حِرزٌ . ظَرافة . صُخبة = خرزة الساحر

chârm, *v.* سَحَر . فَتَن . عَوَّذ . أَعجب . رَقَى

chârm′ẹr, *n.* ساحر . حَسناء . فاتنة

chârm′ing, *a.* فاتِن . رائِقٌ . مُعجِب . ظَريف

chârn′el-house, *n.* مَدفن الأموات (أو) عظامهم . مستودع جثث الموتى (أو) عظامهم

chârt, *n.* رَهنامَجٌ = خريطة بحرية . خريطة . مُرَسَّم توضيحي

chârt, *v.* رَسَم خريطة (بحرية)

chârt′ẹr, *n.* بَرآءة . كتاب الإنعام . ترخيص

chârt′ẹr, *v.* مَصَّر (المدينة) . أعطى بَرآءةً . رَخَّص . استأجر

châr′woman [-wụm-], *n.*; *pl.* -men امرأة تُستأجَر لقضاء الأعمال البيتية الشاقة

châr′y, *a.* يَحتَرِس (من) . ضَنِين . يَغار (على) . خَجول . مُتَحَشِّم . مُتَوَقٍّ

chāse, *v.* تَصَيَّد . طارد . طَرَّد

chāse, *n.* طِراد . طَريدة . صَيد

chaṡm [k-], *n.* فَلقٌ (أو شَقٌّ) عظيم . مَهواة . وَهدَة = هُوَّة . مسافة الخُلف

chass′is [shasi], *n.*; *pl.* -ssis مَتْنِيَّة (أو نَصبة) (السيارة) . قاعِدة . جازع

chāste, *a.* طاهِر(ة) . عفيف (ة) . مُحصَنَة

chā′stẹn [-sẹn], *v.* عاقَبَ للاصلاح . أَدَّب . أَحصَن

chastīse′, *v.* أَدَّب . عاقب (للتأديب) . ضَرَب . عَزَّر

chas′tiṡemẹnt [-zm-], *n.* عقاب . تأديب

chas'tity, *n.* عَفَاف . حَصَانة . طَهارة

chat, *n.* حديث خالٍ من الكُلفَة . مناقلة حديث . حديث

chat, *v.* (-tted, -tting) حادث و تحدَّث (من غير كلفة) . ناقل (أو تناقل) الحديث

chât'eau [shatō], *n.*; *pl.* -teaux (-toz) قَصر (أو) قلعة (في فرنسا)

chât'eaux [shatōz], *n.*; *pl.* قُصُور (أو) قِلاع (في فرنسا)

chât'elaine [sh-], *n.* قَهرَمانة . سيدة القصر (أو) القلعة . بَرِيم (أو) سلسلة على وسط المرأة لتعليق المفاتيح (أو) كيس النقود

chatt'ẹl, *n.* مَتاعٌ . ملكٌ مَنقُول

chatt'ẹr, *n.* هَذرَمة = كلامٌ سريعٌ بلا طائل . وَطوَطة . شَقشَقة

chatt'ẹr, *n.* اصطكاك (الأسنان من البرد)

chatt'ẹr, *v.* هَذرَم . وَقوَق . زَقَح (القرد) . شَقشَق

chatt'ẹr, *v.* اصطكَّت (الأسنان) . قرقَف (أو) قَفقَف (من البرد)

chatt'ẹrbox, *n.* كَتكات = وَطواطي . مِكثارٌ . ثرثارٌ . وَقواقة

chatt'y, *a.* (-tier, -tiest) مُحِبّ للّغو (أو) مناقلة الحديث . مُحِبّ للمؤآنسة بالحديث . مؤآنِس بالحديث

chauff'eur [shōfẹr], *n.* سائق (سيارة) مُحترِف

chaunt, *n.* = chant

cheap, *a.* رَخيص . بَخسُ الثمن . مُبتَذَل . خَسيسٌ

to feel —, شَعر بالمهانة . استخزى

cheap'ẹn, *v.* رَخَّص . خَسَّس . بَخَّس

cheat, *v.* غَشَّ . غَبَن . أخذَ بالحيلة . والَس

cheat, *n.* غَشَّاشٌ . احتيال . غَبينة

check, *v.* أخذ على يَدَيه . قَمَع . قصر = رَدَع = كَفَّ . أوقَف . زَجَر . حَجز . تَوَقَّف (فجأةً)

check, *v.* ضَبَط . حقَّق صِحَّتَه بمراجعته (أو) بمقابلته بشيء آخر

check, *n.* (قُماشٌ) مُخطَّطٌ بالتربيع (أو) أبلق شِطرَنجي

check, *a.* من قماش مخطط بالتربيع (أو) أبلق شِطرَنجي

check, *n.* ضَبطٌ . تحقيق الصحة بالمراجعة (أو) المقابلة

check, *n.* زاجِر . حاجِز . مانع . ضابط . صَدَّة

check, *n.* = cheque, صَكٌّ مالي = [شَك]

check'ẹr, *v.* = chequer

check'ẹred [-rd] = chequered

check'ẹrṡ, *n. pl.* لعبة الدامة

checkmāte', *v.*, *n.* حَرَّك حركةً في الشطرنج كانت الغالبة . الحركة الغالبة

check'-rein [-rān], *n.* شِناق = حبلٌ لمنع الحصان من إنزال رأسه

cheek, *n.* خَدّ . صَفحة الوجه

cheek, *n.* وَقاحَة . صَفاقة وجه

cheep, *n.* زَقزقة . صُئِيّ = [صُوِي]

cheep, *v.* زَقزَق . صَأى

cheer, *n.* انشراح = طِيب النفس . ابتهاج

cheer, *v.* شَرَح (الصدرَ) . أبهَج . طَيَّب النفسَ

— up! اشرح! . طِب نَفساً! تجلَّد! تجمَّل

cheer, *v.* هَتَف (ترحيباً أو استحساناً) . حَمَّس

cheer, *n.* هَتفَة (ترحيب أو استحسان)

cheer'fụl, *a.* مُنشَرِح الصدر . مُستَبشِر . بَهيجٌ

cheer′fụlness, *n.* انشراح = طِيب النفس . استبشار . بَشاشة

cheer′ily, *ad.* بانشراح . بابتهاج . ببشاشة

cheer′lẽss, *a.* منقبض الصدر . قابضٌ للصدر . مُوحِشٌ

cheer′y, *a.* (-ier, -iest) شارِحٌ للصدر . جَذِلٌ = فرحان

cheeṡe, *n.* جبن . جُبنة

cheeṡe′-cloth, *n.* شاشٌ (قُطني) سَحِيل النسج (للفّ الجُبن أو الزبدة)

cheet′ah, *n.* شِيتا = سَبُعٌ شبيهٌ بالنمر

chef [shef], *n.* رئيس الطبّاخين . مُشرِف المطبخ

chem′ical [k-], *a.*, *n.* كيماوي . مادة كيماوية

chemiṡe′ [shẽmēz], *n.* شِعَار المرأة = قميصها مما يلي الجسد = غِلالة

chem′ist [k-], *n.* كيماوي . أجزآتي = صَيدَلي

chem′istry [k-], *n.* كيمياء . علم الكيمياء

cheque [chek], *n.* صَك مالي = [شِك] . سُفتجة

chẹ′quẹr, check′ẹr [checkẹr], *n.* (طِرازٌ) مُعَلَّمٌ بتخطيطات مُربَّعة (أو) ألوانٍ متغايرة (أو) مُتخالِفة

chẹ′quẹr [-kẹr], *v.* بَرقَش . خطّط بتخطيطات مربعة (أو) ألوان متغايرة

chẹ′quẹred [-kẹrd], *a.* مُبرقَش . مُخرَّج . مُخطَّط بتخطيطات مُربَّعة . ذو تقلباتٍ (أو) تنوعات في الأحوال والظروف

chẹ′quẹrṡ [-kẹrṡ], *n. pl.* لعبة الدّامة

chẹ′rish, *v.* حَدِبَ (أو) تحدَّب (على) . أعزّ . تعلَّق (ب) . ذَخَر . أكَنّ

chẹ′rry, *n.* (نبات أو ثمر) الكَرَز

chẹ′rry, *a.* كرزي (أو) يانِع (اللَّون) : ألعس

chẹ′rub, *n.*; *pl.* -ubs *or* -ubim مَلاك من الطبقة الثانية (على صورةِ طفل بجناحين) = كَرُوب

chẹ′rubim, *n. pl.* ملائكة كَروبيون

chess, *n.* شِطرنج

chest, *n.* صَدر . صُندُوق . خِزانة (للنقود)

chest′nut, *n.*, *a.* شاه بَلُّوط = قَسطل = [كستنا = أبو فروة] كستنائي اللون = أحوَى = كُمَيت . حصان أحلس

chevalier′ [shev-], *n.* فارِسٌ

chev′iot, *n.* قُماش صوفي خَشِن

chev′ron [sh-], *n.* شريط بشكل (٧) يكون على ذِراع الجندي تمييزاً

chew [chōō], *v.* مَضَغ . عَلَك . اجترّ . تفكّر

chic [sh-], *n.*, *a.* سِبر = لِبسَة = زِيّ . حَسَن السِّبر . أنيق

chicān′ẹry [sh-], *n.* احتيال . تَمَحُّل = مخادَعة . موالسة . تمحّك

chick, *n.* قُوبٌ = نِقنِقٌ = [صُوص]

chick′ẽn, *n.* فرُّوج . فَرخ (الدجاج) . دَجاجة . لحم دَجاج

chick′ẽn-pox, *n.* جُدَري الماء

chick′-weed, *n.* حَبَق الدَّجاج

chic′ory, *n.* هِندَباء . شيكُوريّة = عِلك

chick′pea, *n.* حِمّص . حِمِّصة

chid, *v.*; *p. of* chide

chīde, *v.* (chid *or* chided, chid, chided *or* chidden; chiding) وَبَّخ . لام . أنَّب

chief, *n.* كبير . رئيس = قَبّ . مُقدَّم . عَرِيف . شيخ . سَرِيّ

chief, *a.* كبير . رئيسي . أهمّ

chief'ly, *ad.* أوّلًا . على الخصوص . في الأكثر

chief'tain [-tin], *n.* قائد . شيخ (أو) سيّد (قبيلة أو عشيرة)

chiff'on [sh-], *n.* قُماش حريري رقيق = [شيفون]

chiffonier' [sh-], *n.* خِزانة لها جوارير (ومرآة)

chil'blain, *n.* وَرَمٌ وحِكّة من البرد=[تثليج]

chīld, *n.; pl.* children وَلَدٌ . طِفل . وَلِيد

chīld's play, شيءٌ ليس فيه صعوبة . لُعبة أولاد صِغار

chīld'birth, *n.* وِلادة . نِفاس

chīld'hood, *n.* وُلودِيّة . صِغَر

chīld'ish, *a.* وُلودي = [صبياني] . طُفولي

chīld'ishness, *n.* [وَلْدَنَة] = عمل أولادٍ صغار . قِلة عقل . رَقاعة

chīld'lēss, *a.* بلا وَلَدٍ . لم يُخلّف وَلدًا

chīld'līke, *a.* كالوَلَدِ (براءةً ونقاءَ سَريرة)

child'ren, *n.; pl. of* child أولاد . وِلْد

chill, *n.* شَفيف . قِرَّةٌ = بَرْدِيَة . بَرْدَة . قَرّة

chill, *a.* قارٌّ = قَرٌّ = بارِدٌ

chill, *v.* بَرَّد . صَقَع . قَرَّس . خَصِر (من البرد)

chil(l)'i, *n.; pl.* -ies فُلفل أحمر حار

chill'y, *a.* (-llier, -lliest) = قارسٌ قارٌّ = بارِدٌ . مُبْرِد . مُتجافٍ . صَرِدٌ = يتأثر بالبرد

chimae'ra, *n.* = chimera

chīme, *v.* طَنَّ (أو) دَقَّ (على نغمةٍ مُعيّنة)

chīme, *n.* أجراسٌ (أو) طَنّاتٌ (أو) دَقّات (متوافقة في نغمةٍ معينة)

chimēr'a [k-], *n.* غولٌ برأس أسد وجسم ماعز وذيل حية . مخلوقٌ مريع الخلقة = هُولة

chime'rical [k-], *a.* وَهمي باطِلٌ . خيالي . مستحيل

chim'ney [-ni], *n.* داخِنَة . داخون . مَدْخَنة

chim'ney-sweep, *n.* مُنقّي المداخن = عَزّال المداخن

chimpanzee', *n.* قِرْد البَعام . شِمبانزي

chin, *n.* ذَقَن = مكان ملتقى اللحيين في أسفل الفم

chīn'a, *n.* الفَغْفُوري = الخَزَف الصّيني

Chīn'a, *n.* (بلاد) الصّين

Chīn'aman, *n.; pl.* -men صِيني

chīn'awāre, *n.* أواني الصيني

chinchill'a, *n.* حيوان صغير من جنس الجِرْذان له فروة ثمينة

Chīnēse', *a., n.* صِيني

chink, *n.* شَقّ (أو) صَدْعٌ = خَصاصَةٌ . صِير (الباب)

chink, *v.* أصلح الشَّقّ = سَدّه

chink, *n.* صَلصلة . خَشْخَشَة

chink, *v.* صَلصل . خَشْخَش

chintz [-ts], *n.* (قُماش) شِيت . (قُماش) يَمَني

chip, *v.* (-pped, -pping) ثَلَم . شَحّف = كَسَر (أو) قَطَع قطعًا مبسوطة رقيقة . [تَشطّف] . شَطَّف . تَقَلْفَع

chip, *n.* ثُلْمَة . شِحفة = قطعة مبسوطة رقيقة . شِطفة = قِلفِعَة

chip'muck, *n.* = chip'munk

chip'munk, *n.* سِنجابٌ أمريكي = صَيْدَنٌ

chirp, *v.* صَرَّ . صَرصَر . زقزق

chirp, *n.* صَرصَرَة . زَقْزَقة

chi'rrup, *v.* صرصَر . زَقْزَق . شَقشَق

chi'rrup, *n.* صَرصَرة . زَقزَقة . شَقشَقة

chiś'ęl, *n.* مِنحات . إزميل . مِنقار

chiś'ęl, *v.* (-elled, -elling) نَحَت . سوّى بالإزميل

chiv'alric [sh-], *a.* = chivalrous

chiv'alrous [sh-], *a.* فُروسي . أرْيَحِي . ذو نَخْوَة . ذو مُروءة (أو) نَجدة . أديبٌ

chiv'alry [sh-], *n.* فُروسيّة . مُروءة . فُتُوّة . حَمِيّة . نَخوَة

chīve, *n.* ثوم مُعَمَّر (من جنس البصل) = كُرّاث المائدة = قِرْط

chlôr'al [k-], *n.* مادة كيماوية من الكلور والكحول . عَقّار مُنَوِّم

chlôr'īde [k-], *a.* كلوريد

chlôr'īne [klôrīn *or* -rēn], *n.* مادة الكلور (أو) الكلورين

chlor'ofôrm [k-], *n.*, *v.* بَنج الكلوروفورم . بَنَّج بالكلوروفورم

chlor'ophyll [k-], *n.* اليَخضُور = المادة الخضراء في ورق النبات

choc'olate [-lit], *n.* شُكُلاتَة

choc'olate, *a.* أدْبَس = بلون الشكلاتة

choice, *n.* اختيار . خِيار . خِيرَة . نُخبة

choice, *a.* خَيْرَة . صَفوة (مُختارة) . مُنتَقى . مُختار . فاخِر

choir [kwīr], *n.* جَوقَة المُرَنِّمِين في الكنيسة (أو) المُغَنِّين . مَحلّ هذه الجوقة في الكنيسه

chōke, *v.* خَنَق . غَمَّ . كَمَّ . كَظَّ . اكتظ . غَصّ . أغَصَّ . كَبَت . شَرِق . كظم . طَمَّ . سَطم

chōke, *n.* خَنق . صوت الاختناق . غَصّة . شَرَق

chol'ęr [k-], *n.* المِرّة الصفراء = أحد أخلاط البَدَن . حِدة الطبع . غضب . حَنَق = زَمَكٌ

chol'ęra [k-], *n.* = [الكوليرا] (مَرَض) وَبآء الهَيضة = [الهواء الأصفر]

chol'eric [k-], *a.* فَيُور = سريع الغضب . حاد الطبع

chōōśe, *v.* (chose, chosen, choosing) اختار . انتقى . تَخَيَّر . استحب . فَضَّل

chop, *n.* هَرْمَة (لحم) . قِطعَة (لحم) . ضِلعَة . قُرْطة . وِذرَة

chop, *n.* سَطرَة (أو) خَبطَة (أو) ضَربَة (فأس أو ساطور)

chop, *v.* (-pped, -pping) شَقَّف (الحَطَب) . قَرَّط . قَطَّع . هرَّم = [فرَّم] . سَطر

chop, *n.* = chap حَنَك . شِدْق

chopp'ęr, *n.* مِعضاد . ساطور = [قَطّاعة]

chopp'y, *a.* مُتَمَوِّر (أو) مُلتَجّ (كالبحر) . سريع التحوّل

chop'sticks, *n. pl.* قضبان صغيرة يستعملها الصينيون زوجاً زوجاً لالتقاط الطعام

chôr'al [k-], *a.* مختص بجوقة المُرَنِّمين (أو) المغنين

chôrd [k-], *n.* أُلفة صوتية . تأليفة نَغَمِيّة

chôrd [k-], *n.* وَتَر (الدائرة) . حَبل . وَتَر

chôrd [k-], *v.* وَتَّر (القوسَ أو الآلة الموسيقية)

chôre, *n.* شُغلة . عَمَل بيتي (من قبيل التنظيف)

cho'ristęr [k-], *n.* أحد أفراد جوقة المرنمين في الكنيسة

chor'oid [k-], *a.* شبه المشيمة

choroid coat غشاء شبه المشيمة

chôr'tle, *v.* شَقشَق في الضَّحِك . هَزرَق في الضحك . شَخَر (ضاحكاً)

chôr'us [k-], *n.; pl.* -ruses [خُورس] = جَوقَة المُرَنِّمين (أو) المغنين . قطعة غنائية من الجوقة . لازمة موسيقية (أو) غنائية

chōṣe, *v.; p. of* choose اختار

chōṣẹn, *v.; pp. of* choose مُختار . مُنتَخَب

chow, *n.* كلب صيني متوسط الجسم بلون واحد له شعرٌ كثيف ولسان أسود

chow'dẹr, *n.* عَصيدَة من سمك ولحم وبصل وحليب . . .

chow'dẹr, *n.* لونٌ من الطعام يعمل من السمك والخُضَر وغيرها . . .

Chrīst [k-], *n.* المسيح

chri'stẹn [krisẹn], *v.* سَمّى . عَمَّد . نَصَّر

Chri'stẹndom [krisẹn-], *n.* العالم المسيحي

chri'stẹning[-sn-], *n.*. تَعميد . مَعمُودِيَة . عُمَّاد . تَنصير

Chris'tian [k-], *n., a.* مسيحي . نصراني

— name, الاسم الأول . الاسم الشخصي

Christian'ity [k-], *n.* (الديانة) المسيحية (أو) النصرانية

Chris'tianīze [k-], *v.* نَصَّر

Chris'tmas [krism-], *n.* عيد الميلاد

— Day, يوم عيد الميلاد

— Eve, يوم وَقفة عيد الميلاد

— -tree, شجرة عيد الميلاد

chromat'ic [k-], *a.* لَوني . خاصّ بالألوان . يتدرج الصوت الموسيقي بنصف صوت

chrōme [k-], *n.* = chromium

chrōm'ium [k-], *n.* معدن الكروم

chron'ic [k-], *a.* مُزمِن . قَديم . دائم

chron'icle [k-], *n.* تاريخ . قِصَّة . ديوان للوقائع بحسب تاريخها

chron'icle, *v.* أرَّخ . قَص . دَوَّن الوقائع بحسب تواريخها

chron'iclẹr, *n.* مُؤَرِّخ . أخبارِي

chronolo'gical [k-], *a.* بحسب الترتيب الزماني (للوقائع)

chronol'ogy [k-], *n.* علم تعيين تواريخ الحوادث . علم حساب التواريخ . سلسلة (أو) جدول بالحوادث وتواريخها

chrys'alis [k-], *n.; pl.* -lid(e)s, *or* -salises أُسرُوعٌ = دودة قبل أن تنسلخ وتصير فراشة

chrysan'themum [k-], *n.* = آذَريُون ضَربٌ من الأقحوان

chrys'olīte [k-], *n.* ياقوت أصفر الى الخضرة = حجر كريم

chubb'y, *a.* (-ier, -iest) = مُفَرثَد مُعبَّل (أو) مُطهَّم (أو) مُكَلثَم (الوجه) = مُدَوَّر سَمينٌ مُتَجَمِّع . [مُربرَب]

chuck, *n.* تَربيتةٌ (أو) طَبطَبَةٌ (تحت الذقن) . حَذفَة

chuck, *v.* طَبطَب (أو) رَبَّت (تحت الذقن). حَذَف = رمى (بِ)

chuck, *v.* نَقَّر للدابةِ وللدَّجاج يدعوها (أو) يَحُثُّها

chuc'kle, *v.* زَقزَق = ضحك ضحكًا خفيفًا مكتومًا

chuc'kle, *n.* زَقزَقَة = ضحك خفيف مكتوم . هَنبَصَة

chug, *v.* (-gged, -gging) تَحرَّك وهو يُجَقجِق . جَقجَق

chug, *n.* جَفَّة = دُفْعَة من البخار مثلًا تحدث صوتًا

chum, *n.* خِلص . خَليل . خِلٌّ . صديقٌ حميم = خِلمٌ

chum, *v.* (-mmed, -mming) خالَّ . صادق صداقةً حميمة

chumm'y, *a.* أنيس . مُعاشر . أَلوف . حَميم

chunk, *n.* جزلَة = قَرْطَة = قطعة ثخينة. فِدْرَة.

church, *n.* كنيسة . بِيعة

Church, *n.* جماعة المسيحيين . طائفة (أو فرقة) مسيحية

church'man, *n.; pl.* -men أحد رجال الدين

Church of England, الكنيسة الانكليزية المعترف بها رسميًا ورئيسها الملك (أو) الملكة

church'warden [-wôr-], *n.* قيِّم أملاك الكنيسة (وهو موظف غير ديني)

church'yârd, *n.* فِناء (أو باحة) الكنيسة. مَقبَرة في فِناء الكنيسة

churl, *n.* (شَخصٌ) جِلفٌ (أو) عجرَفِيٌّ . أَكَّار = حَرَّاث . مَخسُولٌ

churl'ish, *a.* جِلفُ الطِباع . شَرِسٌ . فَظٌّ

churn, *n.* مِمخَضٌ . مِمخَضَة = إبرِيجَة

churn, *v.* مَخَض . امتخض . تمخَّض . مار

chute [shoot], *n.* حادُورة . صَبَّابٌ . زُحلوفة . مَكفَت

cicād'a, *n.; pl.* -das, -dae [-dī] زِيزٌ

cīd'ęr, *n.* عصير التفاح (أو) شرابه

cigâr', *n.* سيكار (أوراق تبغ ملفوف بعضها فوق بعض)

cigarette', *n.* سيكارة (تبغ مهروم وملفوف

cil'ia, *n. pl.* أَهداب (العين)

cinch, *n.* بِطانُ الدابة (أو) حِزامُها . أمرٌ مؤمَّن مُيَسَّر

cinchon'a [-k-], *n.* شجرة الكينا (ويؤخذ الكينا من لحائها)

cinc'ture, *n., v.* حِزام = نِطاق . حَظيرة . حَزَّم

cin'dęr, *n.* حُممَة . جُذوَة . مَلَّة = جَمرٌ في رماد

cin'ēma, *n.* السِّنِما . دار السِّنِما

cinn'amon, *n.* القِرفَة = الدارصيني

cinn'amon, *a.* قِرفي . قِرفي اللون = أعفَر

cīph'ęr, *n.* صِفرٌ . شَخصٌ (أو شيء) هو والعدَم سواء . [شِفرة] = جَفر = كتابة ذات رموز سرية (أو) جَفرِيَّة

cīph'ęr, *v.* حَسَب . كتب بالرموز السرية = جَفَّر

Cir'cē, *n.* ساحرة كانت تمسخ الانسان حيوانًا

cir'cle, *n.* دائرة . حَلقَة . مَحفِل . دَورَة . دَور

cir'cle, *v.* دار . استدار (أو) أطاف (ب) . دَوَّر . حام . حَوَّم

circ'lĕt, *n.* دائرة صغيرة . طَوق . خُرص

circ'uit [-kit], *n., v.* مدار = مَطاف (أو) مجال . دائرة . دورة . دَوَران . استدارة = محيط . دار . استدار (حولَ)

circū'itous, *a.* بتلويذ . دَوَراني . بمداورة . بملاوَذَة . لوَذاني . غير مباشر

circ'ūlar, *a.* مستدير . دَوري . دَوَراني . دائري

circ'ūlar, *n.* مَنشورٌ تعميمي = تَعمِيم

circ'ūlarīze, *v.* عَمَّم . أرسل منشورات تعميمية

circ'ūlāte, *v.* دارَ . أدارَ . طافَ . داول . تداول . طوَّف . نَشَر . أدال = جعل مُتَداوَلًا . وَزَّع

circūlā'tion, *n.* دَوَران . تَدَاوُلٌ . سَيْرُورة . توزيع . توزيع (أو مبيع) جريدة (أو) مجلة

circ'ūlātory, *a.* دَوْرِي . دَوَراني

circ'umcīse, *v.* خَتَن

circum'fęręnce, *n.* مُحِيط (دائرة) . استدارة . دَوْر

circumlocū'tion, *n.* المُداوَرَة (أو) المُراوَغة في الكلام . الكناية الدورية (في الكلام) . كأن يُقال: أبو ابن أدهم بدلًا من أدهم . إتِّكاء (في الكلام)

circumnav'igāte, *v.* أبحَر (حولَ) . طاف بحرًا (حولَ)

circ'umscrībe, *v.* أحاط . حَوَّق (أو) حَوَّط (على) . حَدَّد . حَصَر

circ'umspect, *a.* مُحتاطٌ . مُحاذِرٌ . مُحتَرِس . حازِمٌ

circumspec'tion, *n.* حِيطَة . مُحاذَرَة . احتراس . حَزْمٌ

circ'umstance, *n.* قَرِينة . ظَرْف . حال . حالة . أَمْرٌ

circ'umstancēs, *n. pl.* مُلَابَسات . ظروف (أو قرائن) الحال . ذات اليد

in (under) the —, نَظَرًا إلى الظروف . والحالةُ هذه

in bad —, مُختَلُّ الحال . في ضيق (أو) فقر

circumstan'tial [-shal], *a.* مُتوقِّف على الظروف . متعلق بقرائن الأحوال . متعلق بالبينة الاستئناسيّة . عَرَضي = غير ضروري . وافي (ودقيق) التفاصيل . مستوفىً

circumvent', *v.* غَلَب (أو) تغلّب (عليه بالحيلة والمكر) . أحبط

cir'cus, *n.* دُوَّارَة = ساحة مستديرة بين الشوارع . ملعب حيوانات وبهلوانيات

cirque [serk], *n.* ساحة دائرية

ci'rrus, *n.; pl.* -rri طُخْرور = سحابٌ كالصوف المنفوش في عَنان السماء

cis'tern, *n.* حاصِل الماء . صِهرِيجٌ = حَوْضٌ (أو) بئر لجمع الماء

cit'adel, *n.* حِصن (أو) قلعة (في مدينة)

cītā'tion, *n.* ذِكْر . استشهاد . تَنْوِيهٌ

cīte, *v.* ذكر . استشهد . ساق (أو) أورد (مثالًا)

cit'izęn, *n.* مُواطِن . مَدَنِي . رَعِيٌّ = أحد الرَّعِيَّة

cit'izęnry, *n.* جماعة المواطنين . الرَّعِيَّة

cit'izęnship, *n.* رَعَوِيَّة . جِنْسية

cit'ric, *a.* ليموني . حَمْضِي

cit'ron, *n.* أُتْرُجٌّ = تُرُنج = [كَبَّاد]

cit'rous, *a.* لَيموني . حَمضي

cit'rus, *n.* لَيمونٌ . حَمضٌ

cit'y, *n., a.* مدينة . مدني . سكان المدينة

civ'ĕt, *n.* (قِط) الزَّبَاد

civ'ic, *a.* مَدَنِي . رَعَوِيّ

civ'ics, *n. pl.* علوم مدنية

civ'il, *a.* مُهَذَّب . أديب . لطيف . مُراعٍ

civ'il, *a.* مَدَني [مِلكي] = غير عسكري . عِلماني . أهلي

— Service, الإدارة المدنية . خِدْمة مَدَنية (في الحكومة) . الإدارة الحكومية

civil'ian, *a.* مُختَصّ بالمَدَنيين . مدني = [مِلكي]

civil'ian, *n.* شَخصٌ مدني [مِلكي] = غير عسكري

civil'ity, *n.* أَدَب . لُطْف . تَلَطُّف . مُلاطَفَة

civilīzā'tion, *n.* تَمَدُّن . عُمران . حَضَارة

civ'ilīze, *v.* مَدَّن . حَضَّر

clack, *v.* طَقْطَقَ . لَقْلَقَ

clack, *n.* طقطقة . لقلقة

clad, *v.; p., pp. of* clothe = clothed

claim, *v.* ادَّعى (أو) طالَب (بحقٍ أو بملكٍ) . اقتضى . زَعَم

claim, *n.* مُطالَبَة . حَقٌ (مطالَبٌ به أو مُدَّعى) . مُدَّعَى

claim'ant, *n.* مُطالِب . مُدَّعٍ

clairvoy'ant, *a., n.* كَشَّاف الغَيب

clam, *n.* حَلَزُونٌ بحري ذو شقين (كالمحار) = سُلَجة . شخصٌ كتوم (أو) صَمُوت

clam, *v.* (-mmed, -mming) تطلَّب هذا الحلزون بالحفر عنه

clam'bẹr, *v.* [تَشَعبَقَ] = صَعِد وتَسَلَّق (باليدين والقدمين)

clam'bẹr, *n.* [تَشَعْبُقٌ] . تَوَقُّلٌ

clamm'y, *a.* (-ier, -iest) دَبِقٌ . بارِدٌ رَطْبٌ . بارِدٌ

clam'or, *n., v.* = clamour

clam'orous, *a.* مُجلِب . زَيَّاط . عَيَّاط . عَجَّاجٌ

clam'our [-mẹr], *v.* ضَجَّ (بالطلب) = لجَّ (به) . ضَجَّ = جلَّب

to — for, لجَّ (أو) ضجَّ (بالطلب)

clam'our, *n.* لَجَّة . ضجيج . جَلَبة . عِياط

clamp, *n.* مِضبَّة = شيء يُشَدُّ به ويُلَزّ = لِزاز . مِلزَمة = مِنزَمة

clamp, *v.* شدَّ (أو) لزَّ بالمِلزَمة (أو) الكتيفة

clan, *n.* عشيرة . قبيلة

clandes'tine, *a.* خفيٌ . سِرِّي . بالخُفْيَة

clang, *v.* صَخَّ = صَقع = صَجَّ (ضرب الحديد بالحديد فصوَّت) . دوَّى

clang, *n.* صَخَّة . صَقع . صَجَّةٌ . دَوِيّ

clang'our [-gẹr], *n.* صَخيخ = صوت صك الحديد بالحديد

clank, *v.* قَعقَع . صَلَّ . خشخش

clank, *n.* قعقعة . صَليل . خَشخَشَة . صاخِرٌ

clann'ish, *a.* عَشَري (أو) عَشيري . مُنقطِع إلى عشيرته (أو) جماعته (دون غيرها) = مُتَراهِط

clans'man, *n.; pl.* -men فرد من أفراد العَشيرة

clap, *n.* صَفق . صَفقَة . قَصف . هَدَّة

clap, *v.* (-pped, -pping) صَفَّق . قَصف (الرعد)°. سَفق

clapp'ẹr, *n.* مِدَقَّة (أو) مِضراب (أو) لِسان الجرَس = لَقلاقَة . قعقعة (لطرد الطير) . ضَرّابة الناقوس

cla'ret, *n.* نبيذٌ فرنسي أحمر (من بوردو)

cla'ret, *a.* أحمر أُرجواني

clarificā'tion, *n.* تجلية . توضيح . شرح

cla'rifȳ, *v.* (-fied, -fying) جَلَّى . وضَّح . صفَّى

cla'rinet, *n.* صِرْناية . نايٌ

cla'rion, *n.* ناقورٌ = بوقٌ (زَعَّاقٌ) . صوت كالزعيق

cla'rion, *a.* شديد الصوت كالزعيق

cla'rity, *n.* وُضوح . صَفاء

clash, *v.* هَيقَعَ = قَرقَع . جَلجَل . اصطكَّ . اصطدم . عارَض

clash, *n.* هَيقَعَة = قَرقَعَة = جَلجَلَة (أجراس أو حديد) . صوتُ الاصطكاك . صِدام . تَعارُض . تنافُر

clâsp, *v.* شَبَك . ضَمَّ . ضَبَث = قَبَض شديدًا . عانَق

clâsp, *n.* إِطنابَة = مِشبَك = ضِمامٌ . قَبضَةُ اليد . ضَبثَة = ضَمَّة شديدة . مُعانقة

clâss, *n.* صِنف . طَبقة (من الناس) . رُتبة

clâss, *n.* [فصل] = صَفٌّ (مدرسي) . مدة الدرس في الصف

clâss, *v.* صَنَّف . رَتَّب (في مراتب أو طبقات) . جَنَّس

class'ic, *n.* مُؤَلِّف (أو) فَنَّانٌ (قديم) . مُعْتَمَد (أو) مَأْثور (عنه) . أثر فني (أو) أدبي فَذٌّ . مَأْثورٌ

class'ic, *a.* [كلاسيكي] . فَذٌّ . بارع . من الطبقة الأولى . مأثور

class'ical, *a.* من الطبقة الأولى . فَذٌّ . متعلق بالآداب والثقافة اليونانية-الرومانية

class'ics, *n. pl.* الدراسات اليونانية-الرومانية

classificā'tion, *n.* تصنيف. تبويب. ترتيب

class'ified [-fīd], *a.* مُصَنَّف

class'ifȳ, *v.* (-fied, -fying) صَنَّف . بَوَّب

clâss'māte, *n.* رفيق الصف (في مدرسة)

clâss'rōōm, *n.* (غُرفة) الصف

clatt'ẹr, *n.* قَرْقَعة . طَقْطَقة . دَقْدَقة . دَبْدَبة

clatt'ẹr, *v.* قَرْقَع . طَقْطَق . دَقْدَق . دَبْدَب

clauṡe, *n.* جُمْلَة صُغرى (أو) تابعة . بَنْد . فِقْرَة

clav'icle, *n.* عظم التَّرْقُوَة

claw, *n.* مِخْلَب (الطير أو الوحش) . بُرْثُن . مِضْبَث

claw, *v.* خلج = خَلَب = خَدَش . خَمَش

clay, *n.* صَلصالٌ = [دِلغان] = طِينٌ لَزِجٌ . طِينَةٌ . غَضار = طين الفخار (أو) الآجر

clay'ey [-i], *a.* صَلصالي . مُلَيَّط بالصَّلصال

clean, *a.* نَظيفٌ . طاهر . نَقِيّ . مُهَنْدَم . مُحكَم

clean, *v.* نَظَّف . طَهَّر . نَقَّى . هَنْدَم . أحكم

clean, *ad.* تمامًا . نظيفًا . بِكُلِّيَّته

clean'ẹr, *n.* مُنَظِّف . مادة للتنظيف = ناظوف

clean'liness [klen-], *n.* حُبّ النظافة

clean'ly [klēn-], *ad.* بنظافة . بنقاوة

clean'ly [klen-], *a.* (-lier, -liest) مُمتاز (أو) محافظ على النظافة

clean'ness, *n.* نظافة . طَهارة . نقاوة

cleanṡe [klenz], *v.* نَظَّف . طَهَّر . غَسَل وطَهَّر

clear, *a.* جَلِيٌّ . واضِحٌ . صافٍ . فاضٍ = خالٍ . مكشوف

clear, *a.* رائق . نقيٌّ . خالص . صاحٍ . مُبَيَّنٌ . صَريح

clear, *v.* بَيَّن . جَلَّى . وَضَّح . صَفَّى . رَوَّق . [فَضَّى] . أصحى . أزاح . أجهى (السماء) . نَقَّى = [عزَّل] . بَرَّأ . خَلَّص . انقشع

to — the streets of snow, [فَضَّى] = [عزَّل] = نَقَّى

to — up certain points, حَلَّ . فَسَّر . وَضَّح . جَلَّى

clear, *n.* صَحوٌ . فَضوٌ

clear'ance, *n.* فَضاء = فُسحة خالية = جَوْبة . تَنقية = [تعزيل] . توضيح . تخليص (بضاعة) . تصفية

clear'-cut, *a.* مُتَمَيِّز المَعالِم . مُستَبين

clear'ing, *n.* تَنقية . أرضٌ قَراح . بَراح = فُسحةٌ لا شجر فيها

clear'ly, *ad.* بوضوح . بواضح الأمر . من الواضح

clear'nĕss, *n.* وُضوح . جلاء . صفاء . صَحو . خُلوص . خلاء . صراحة

cleat, *v.* رَدَّع = وضع خشبة (أو) حديدة لمنع الانزلاق . مَكَّن بكَلَبة (أو) بمسمار (أو) عود

cleat, *n.* رَدْعة = خشبة (أو) حديدة لمنع الانزلاق. كَلْبة = مِسمارٌ (أو عُودٌ) تمكين = رِكاسة

cleav'age [-ij], *n.* تشقُّق . انقسام . انشقاق . فَلْق . تَبَضُّع

cleave, *v.* (cleft, cleaved *or* clove ; cleft, cleaved, *or* cloven ; cleaving) فَلَح = شَقَّ . بَضَع . مَخَر

cleave, *v.* لَصِق = لَصِب = لَزِم . والى . عَسِك (ب)

cleav'ẹr, *n.* سِيخٌ = سكين كبير . ساطور (اللَّحام)

clef, *n.* مِفتاح الأنغام الموسيقية

cleft, *v.*; *p.*, *pp. of* cleave مَفروق. مَشقوق . مَفلوق . مُفلَّق

cleft, *n.* فَتٌّ = فَلْق . فَلْع . سَلْع

clem'atis, *n.* (نبات) رِجل الغُراب = ذو عناقيد من الزهر بيضاء (أو) أرجوانية ذات رائحة عَطِرة

clem'ẹncy, *n.* رَحمة . رَأفة . اعتدال (أو لَطافة) الجوّ

clem'ẹnt, *a.* رحيم . رؤوف . لطيف

clench, *v.* قَرْطَب = أَزَم = كَزَّ . ضَبَّ = قَبَض بشدة . بَشَم (أو) بَجَّن المسمار

clench, *n.* أَزْمة = كَزَّة . صَرَّة . قَبضة شديدة = ضَبْثة

cler'gy, *n.* رجال الدين = إكليروس

cler'gyman, *n.*; *pl.* -men خُوري . قِسّيس

clẹ'ric, *n.* قسيس . أحد رجال الدين

clẹ'ric, *a.* إكليروسي

clẹ'rical, *a.* إكليروسي . كِتابي

clerk, [-âr-], *n.* كاتب (في مكتب حكومي أو شركة)

clev'ẹr, *a.* ماهِرٌ . حاذِق . أَرِيب . لَبيب

clev'ẹrness, *n.* حَذاقة . حِذْق . لَوذَعِيَّة

clew [klōō], *n.* كُبَّة (خيوط) . إشارة دالّة . تَفسِرة = سَمْتة (في الاصل خيط غزل للخروج من التيه)

clich'é [-shā], *n.* فكرة (أو عبارة) مُبتذَلة

click, *v.* قلقل (المفتاح). نقر. نكتك (كالساعة)

click, *n.* طَقّة . قَلقلة . نَقرة . نكتكة

clī'ẹnt, *n.* زَبون . مُوكِّل (في دعوى)

clī'entēle, *n.* جماعة الزبائن (أو) الموكِّلين

cliff, *n.* جُرفٌ (صخري) = [شِيرٌ] . صَدَف

clīm'ate [-it], *n.* مَناخ = حالة الجو . طَقس

clīmat'ic, *a.* مَناخي

clīm'ax, *n.* التَّناهي . مُنتهى . الترقية والتصاعد (في المعاني) وهما ضد التدلية والانحدار

clīmb [-m], *v.* تَوَقَّل = صَعِد . رَقِيَ . ارتقى . تَسَلَّق

clīmb, *n.* صعود . ارتقاء . تسلُّق = عقبة شاقة

clī'mbẹr [-mẹr], *n.* صاعِد . مُتسلِّق . دالية (أو) نبات مُتسلِّق . شَخصٌ طَمّاح

clīme, *n.* صُقعٌ . مَناخ

clinch, *v.* بَشَم = بَجَّن . قَلَد . قَرَّر . بَتَّ . فَصَل . أَحكم . عَصَب . شَدَّد القبض (باليد) = صَرَّ

clinch, *n.* تبشيم = تبجين . قَلْدٌ . إحكام

cling, *v.* تَمَنْقَشَ = تشبَّث أو تَعلَّق (ب). دَبِقَ = لَصِق

clin'ic, *n.* مستوصَف طبي

clin'ical, *n.* سَريري . مُستوصَفي . عِيادي . تَطبيقي

clink, *n.* طَنَّة . طنين

clink, *v.* طَنَّ . طَنْطَن

clink'ẹr, *n.* رَمادِيات . حُمَمٌ = رمادٌ مُتَحجِّر في الأَتُّون

clip, *n.* مِلقط (للورق) . ضِمامٌ . مِشبَك (زينة) . مِمسَك

clip, *n.* جِزَّة = جُزازَة (صوف) . جُذاذَة

clip, *n.* مَلْعٌ = سُرعة السير = دَفدَفَة . زَفزَفَة

clip, *v.* (-pped, -pping) جَذَّ . قَذَّ . حَذَف . قَصَّ . قَرَض . جَزَّ . هَلَب . قَضَب . هَذَّ . اقتضب . خَذَم . اقتطع . قَطَّ

clip, *v.* (-pped, -pping) شَبَك . شَكَّ بالمشبك . ضَمَّ

clip, *v.* (-pped, -pping) مَلَع (في السير) = زَفزَف = أسرع

clipp'ẹr, *n.* جَلَم . مِقراضٌ . زَفَّاف = زَفُوفٌ . سفينة شراعية سريعة = دُونيج = يَعبُوب

clipp'ẹr (ṡ), *n.* جَلَم = مِقرَاض . قَرَّاضَة . مِقلَام . فِرْزَل

clipp'ing, *n.* جُذاذة . جُزازَة . قُصاصَة . قُرَاضَة

clique [klēk], *n.* فِئَةٌ (أو زُمرَةٌ) خاصّة . طُغمة

clōak [klōk], *n.* عَباءة . سِتارٌ = خِفاء

clōak, *v.* لَبِس (أو ألبس) العباءة . وارى . ستر . أخفى

cloak'-rōōm, *n.* مَوْدِع الألبسة (أو الأمتعة) . مُستراح

clock, *n.* ساعة كبيرة (دقاقة أو غير دقاقة)

clock'wiṡe, *a(d).* بَتًّا = في اتجاه حركة عقرب الساعة

clock'work [-werk], *n.* آلة الساعة (الكبيرة)

like —, مثل الساعة . كالساعة . بانتظام

clod, *n.* قُلَاعَة = كُدرة = مَدَرَة = عَتَلَة = كتلةٌ من التراب (أو الطين) . شَخصٌ فَدْمٌ بليدٌ = بَلدَم = جِبس

clog, *v.* (-gged, -gging) كَظَم . سَدَّ . [سطم] . رَبَّث (أو) خَزَّل = أعاق (أو) عَوَّق = عَرْقَل . ثَبَّط . انسدَّ = [انسطم]

clog, *n.* تَخزيل = رَبيثَة (أو) عائِق = عُرقُولة . قَبقاب

clois'tẹr, *n.* رِوَاق . مُعتَكَفٌ . دَيْرٌ . خِدْر

clois'tẹr, *v.* عَكَفَ = نَحَّى (أو) عَزَل (في مكانٍ مُنعزِل أو دَير) . خَدَّر

clois'tẹred [-rd], *a.* مُحتَجِب . مُتَوَحِّد . مُعتَزِل . مُخَدَّر

clōke, *n., v.* = cloak

clōṡe, *v.* (-sed, -sing) سَدَّ . خَتَم . أطبق . أغلق . أقفل

clōṡe, *v.* جَمَع . ضَمَّ . لَزَّ . تضامَّ . تلازَّ

to — the ranks, ضَمّ الصّفوف

clōse, *n.* خاتمة . نهاية . حَرَم (الكنيسة أو . . .)

clōse, *a.* (نسيج) مُحَرْقَص = مَلزوزٌ . مَحبوك . مُتَلَبِّدٌ . مُنضَمّ . مَلزُوزٌ . مُتَراصّ . قريبٌ . متقارِب . وَثيق . (قرابة) ماسّة

clōse, *a.* (يومٌ) عَكيك . مكتوم . كَتُومٌ . دَقيق . بَخيل . ضَيِّق . شَديد . فاسد الهواء . مُناهِز . زُهاء

clōse, *a(d).* مُقارِبٌ . قريبًا (من) . مُضيَّق . ضَيِّق . بِلِزَّة

clōse'ly [-sl-], *ad.* شَديدًا . بتدقيق . عن قُربٍ (أو) كَثَب . بإمعانٍ = بإنعام

clōse'ness [-sn-], *n.* قُرْب . دِقَّة . ضِيق . تَلَزُّز . تَضَامّ . وَثَاقة

clos'ĕt, *n.* خلوَة = غرفة خاصة . مِخْدَعٌ . خِزَانَة . مُستَرَاح

clos'ĕt, *v.* (-ted, -ting) اختلى (للحديثِ سِرّي) . أخدر . تخدَّر . خَدَّر

clō'sure [-zhẹr], *n.* إغلاق . إقفال . خاتمة

clot, *n.* جُلطة = قطعة خاثرة (أو) متجمدة (من الدم أو اللبن) . عَلَقَة

clot, *v.* (-tted, -tting) = صَنَك (الدمُ) تجلَّب = جمد = تخثَّر . تجلَّط

cloth, *n.* قُماش = بَزّ . قُمَاشَة . مِمسحة

clōṭhe, *v.* (-thed *or* clad ; clothing) كَسَا . ألبس

clōṭhes [klōṭhz], *n. pl.* ملابس . ألبسة . ثياب

clōṭhes'-peg, *n.* مِلقاط لإمساك الغسيل على الحبل . مِلقَط غسيل

clōth'ing, *n.* ألبسة . لباس . ملبوسات

cloud, *n.* غَيمة . غَمامة . عَجاجة

cloud, *v.* غَيَّم . اكفهرّ . تكدّر . تَرَبَّد

cloud'-burst, *n.* بَعقة = هَلَّة مَطَر . بُوقَة = دُفعةٌ شَديدةٌ (او) شُؤبوب (من المطر)

cloud'lĕss, *a.* مُصحٍ = صَاحٍ . مُصحٍ . صافي (الأديم) . مُشمس

cloud'y, *a.* مُغَيِّم . مُكفَهِر . كَدِر

clout, *n.* خِرْقَة . مِمسحة . خبطة

clout, *v.* خَبَط . ضرب = رَقَع = لَدَم

clōve, *v. p., of* cleave شَقَّ

clōve, *n.* كَبش قَرَنفُل . فَصّ (أو) سِن (ثوم أو مثله)

clō'vẹn, *a.; v. pp. of* cleave مَشقُوق

clōv'ẹr, *n.* نَفَل . قَتٌّ = [بَرْسِيم] = فِصفِصة = رَطبة

clown, *n.* هَزَّال . بُهلُول . جُعَيْدِيٌّ = [مُهَرِّج] . جِلف

clown'ish, *a.* كالجُعَيدِي . فيه جلافة

cloy, *v.* سَنِق = بَشِم . أُتخِم (لكثرة الطعام)

club, *n.* بَيْزَارة . مِخباط . هِرَاوَة . نَبُّوتٌ

club, *n.* نادٍ . مُنتَدَى . سِباتي (في لعب الورق)

club, *v.* (-bbed, -bbing) خَبَط (أو) ضَرَب بالهراوة

cluck, *n.* قَرْقٌ (الدَّجاجة)

cluck, *v.* قَرْقَتْ (الدَّجاجةُ)

clue [-ōō], *n.* لُمعة = نَمَّة = مَنسِمٌ = إشارة دالَّة . تَفسِرَة = سَمْتَة = بَصِيرة

clump, *n.* لَفّ (أو لَفِيف) من الشجر = حائشٌ . كُتلَة

clump, *v.* تكتَّل . تلفَّف . تَفَنَّك = مَشَى بخطوٍ ثقيل باضطراب = هَيَّس = تَهَيَّس

clum'ṡily, *ad.* بتثاقلٍ وَرَفَل . بِعثَلٍ

clum'ṡiness, *n.* ثِقَلُ الحركةِ واضطرابها = رَفَل . عَثَل

clum'ṡy, *a.* (-ier, -iest) أخرَق = أرفَل . عَثِل = غَليظٌ قبيح . مُكتَنِزٌ . [مُدَبدِب]

clung, *v.; p., pp. of* cling

clus'tẹr, *n.* عُنقُود . ضُمَّة . لَفِيفٌ . لُمَّة . حِزقَة

clus'tẹr, *v.* التفّ . تجمَّع (على شكل عنقود) . تَلَملَم = تكبكب . حَفَّ (بِ) . تلفَّف (حوله)

clutch, *n.* مَسِيكةٌ . قبضة شديدة = ضَبَّة . مِضبابٌ (في الآلة) . مِضبَث

clutch, *v.* مَسَّكَ . قَبَض شديدًا = ضَبَث = ضَبَّب . كَلَّب

clut'chĕṡ, *n. pl.* مَضابث . مَخالِب . كلاليب . خطاطيف

clutt'ẹr, *n.* بَعَاثِير = حُبَاشَة (أشياء) مُبعثرة . تشويش واختلاط . لغَط . قرقعة شديدة

clutt'ẹr, *v.* بعثَر (أو) بحثَر (الأشياءَ في مكانٍ) . لغَط . قرقَع

Co. = Company

C/o = care of بواسطة (تُكتَب في عناوين البريد)

coach [kōch], *n.* [كَرُّوسَة] = مركبة كبيرة مُغلقة = [عَرَبانة] . حافِلة

coach, *v.* دَرَّسَ . ساعَدَ على الإعداد لامتحان

coach, *n.* مُدَرِّس خاصّ

coach'man, *n.*; *pl.* **-men** = حُوذِي = سائق المركبة

cōadj'ụtor [*or* -jōō-], *n.* مُعاوِن . مساعد

cōaġ'ūlāte, *v.* = انعقد = خَثُرَ = تخثّر = تكتَّع . ثَخُن وغَلُظ (كاللبن)

cōaġūlā'tion, *n.* تجلُّب (الدم) . تخثُّر . [تجلُّط]

coal [kōl], *n.* فحم حجري . جمرة . نارة

coal, *v.* تموَّنَ (أو تزوَّد) بالفحم الحجرى

cōalesce', *v.* تكارَس = تكمَّل = تدامج . دَغم . اندغم . توحَّد

cōales'cẹnce, *n.* اندغام . تدامُج . تكارُس

cōali'tion, *n.* إئتلاف . اتحاد . اندماج

coal'-scuttle, *n.* سطل الفحم

coal'-tār, *n.* قار فحمي

coarse [kôrs], *a.* خَشِن . فظٌّ . جافٍ . شَظِفٌ = أخشب

coarse'ly [-sl-], *ad.* بخشونة . بفظاظة

coars'ẹn, *v.* خَشُنَ . تخشَّن

coarse'ness [-sn-], *n.* خُشُونة . فَظاظة . شَظَافة

coast [kōst], *n.* ساحِل (أو) سِيف (البحر) . تزَحلُف

coast [kōst], *v.* أبحر (أو) سافر (في البحر) بِحذاء الساحل . تزَحلَف

coast'al [kōst-], *a.* على الساحل . ساحِلي

coast'guard [-ġârd], *n.* خَفَر السواحل

coast'wīse, *a(d).* بحذاء الساحل

coat [kōt], *n.* معطَف . سِترة . طَليَة . طاقٌ (أو) طبقة رقيقة . فَروة (الحيوان)

coat, *v.* ألبَس معطفًا . طَلى (بدهان) . غشَّى

coat'ing [kōt-], *n.* طَليَة (أو) طاقٌ (من الدهان) . دَهنَة

coat of arms, = رَنك = شِعار النَّسَب

coat of mail, *pl.* coats of – لأمة الزَّرَد

coax [kōks], *v.* داوره على الشيء بلطيف الكلام . زَهلَج = [دَهلَز] = خالَب = ساني

cob, *n.* عِرناسٌ . فَرَسٌ قصير القوائم قوي . ذَكَر الوز العراقي. الوسط الخشبي من سنبل الذرة

cōb'alt [-bôlt], *n.* مَعدن الكُوبلت . مادة ملوَّنة شديدة الزُّرقة

cob'ble, *v.* خصَف (النعل) = رَقَعه وأصلحه . [سكَّف] = لزَّق (العمل) = لم يُحسِن عمله (أو) إصلاحه

cob'ble, *n.* حَجَرٌ مُدوَّر يُستعمل لرصف الطرق

cobb'lẹr, *n.* خرَّاز = خصَّاف = [سكَّاف] . إسكافيّ

cob'ble-stōne, *n.* = cobble

cōb'ra, *n.* صِلٌّ = ناشِرٌ = حَيَّةٌ خبيثة = حِنفِش

cob'web, *n.* نسج (أو) بيت العنكبوت . خيط العنكبوت

cocain (e)′, *n.* كوكائين = مادة مُخَدِّرة

coch′ineal, *n.* صبغ القِرمِز . دودة القرمز

cock, *n.* دِيكٌ . ذَكَر الطَيْر . حَنَفِيَّة

cock, *n.* كَوْم (أو) عُرْمَة (قش) . زِنَاد (أو ديك) البندقية

cock, *n.* قَفعَةٌ (أو) رَدَّة (إلى فوق)

cock, *v.* رَفَع (أو) نصب زناد البندقية (استعدادًا للإطلاق)

cock, *v.* حَدَج بالعين = نَظَر مع تَنصيب الرأس

cock, *n.* إمَالة (أو تَنصيبُ) الرأس (عن تدلّل أو تأنق)

cockāde′, *n.* عُقدَة على هيئة الوردة (لتزيين القُبَّعَة

cockatōō′, *n.* ببغاء كبيرة لها ذؤابة على رأسها

cock′atrice, *n.* حية خرافية كانت إذا نظرت إلى شخص قتلته

cock′ẹrẹl, *n.* دُوَيكٌ

coc′kle, *n.* مَحَارَة . صَدَفَة . دُلَاعٌ

to warm the —s of his heart, أبهج الصدر . أنعش النفس

coc′kle, *v.* إقرنفط . تَقَفَّع = تَقَبَّض وتَزَوَّى وتَغَضَّن

coc′kle, *n.* سُنبوقٌ (أو) سُنبُوكٌ . قاربٌ صغيرٌ

coc′kle, *n.* دُحرَيج (كالزُوَان أو الشَيلَم)

cock′ney [-ni], *n.* أحد سكان لندن . أحد سكان لندن من الأحياء الفقيرة يتكلم بلكنة خاصة

cock′ney, *a.* كأحد سكان لندن . كأحد سكان لندن بلهجته الخاصة

cock′pit, *n.* سَلُوقِيَّة = مَقعَد (أو مَحَل) رُبَّان الطائرة

cock′roach [-rōch], *n.* بِنتُ وَرْدَان = [صُرْصُور]

cocks′-comb [-kōm], *n.* عُرف الديك . قُنْزَعة الديك = زَيْن . بستان أبروز = عُرف ديك البساتين

cock-sûre′, *a.* واثق كلَّ الوثوق (مع العِناد)

cock′tail, *n.* كُكتيل = مشروب كحولي ممزوج

cock′y, *a.* مُتَعَجرِف . واثق مع الوَقَاحة . صَلِفٌ . مُتَعَنطِز

cōc′ō(a) [-kō], *n.; pl.* -co(a)s شجر النارَجيل (أو) جوز الهند

cōc′ōa [-kō], *n.* كاكاو. مشروب الكاكاو

cōc′onut, coc′oanut, *n.* جَوزَةُ الهند = نارجَة

cocōōn′, *n.* فَيلَجَة (أو) شَرنَقَة

cod, *n.; pl.* cod *or* cods سمك البَقَلَة أو [البَقَلَاي]

cod′dle, *v.* (-led, -ling) نعّم (أو) رَفَّه (أو) دَلَّل

cōde, *n.* (مجموعَةُ) قوانين (أو) قواعد (أو) أنظمة . (مجموعة) إشارات (أو) رموز عسكرية (أو) بحرية (أو) سرية اصطلاحية

cōde, *v.* وَضَع بأشارات (أو) رموز سرية

cōd′ex, *n.; pl.* -ices مُجلَّد مَخطوط . مُصحَف

cod′fish, *n.; pl.* -fish(es) سمكة البَقَلَة

cōd′ifȳ, *v.* (-fied, -fying) جَمَع ونَظَّم . بوَّب . نَسَّق

cod′ling, *n.* نوعٌ من التفاح للطبيخ . تفاحة فِجّة

codling moth, عُثة التفاح (لها دودٌ يفتك بالأثمار)

cōerce′, *v.* أكره . أرغم = قَسَر = غَصَب

cōer′cion [-shẹn], *n.* إكراه . جَبْر=قَسْر

cōer′cive, *a.* إكراهي . قَسري . غصبي

cōēv′al, *a., n.* قَرِين العُمر . تِرْب . مُجايل . مُزامِن . معاصر

cōēxist′, *v.* عايش . زامن

cōēxis′tẹnce, *n.* مُعايشة

coff′ee [kofi], *n.* بُن . قهوة . شجرة البُن

coff′ẹr, *n.* صُندوق (أو) خِزانة (مال)

coff′ẹr, *v.* وَضَع في صندوق (أو) خزانة

coff′ẹrṡ, *n. pl.* أموال . خزائن المال

coff′in, *n.* تابوتُ (الميّت)

coff′in, *v.* وَضَع في التابوت

cog, *n.* سِنّ الدولاب (أو) العَجَل

cō′gẹncy, *n.* قوة الحجة (أو) الاقناع

cō′gẹnt, *a.* مُقنِع . قوي الحُجّة

co′gitāte, *v.* أعمل الفكر . مَخَض الرأيَ . رَوَّى . فكّر مليًا = تأمَّل

cogitā′tion, *n.* تَرْوِية . تفكير وتدقيق

cognac [konyak], *n.* مشروب الكُنْياك

coġ′nāte, *a.* من أصل واحد . مُنتَسِب (بالقرابة) . متناسب . نَسيب

coġni′tion, *n.* تَعَرُّف . تَفهُّم . مَعرِفة . دِرَاية . إدراك

coġ′nizance, *n.* عِلم . اطلاع

coġ′nizant, *a.* عالِمٌ . دارٍ

coġnōm′ẹn, *n.* اسم الأُسرة . لَقَب

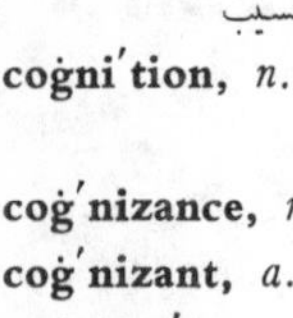

coġ′-whẹel, *n.* دولاب مُفرَّض (أو) مُسنَّن

cohēre′, *v.* تماسَك = تلازب . تلافَق

cohēr′ẹnce, *n.* تلافُق . تدامُج . تماسُك . تلازُب . تلاحم . انسجام

cohēr′ẹnt, *a.* مُتلافِق . متماسِك . متلاحِم . متآلِف . مُنسجِم

cohē′sion [-zhẹn], *n.* تماسُك . تلاصُق . قوة تماسكية

cohēs′ive, *a.* تماسكي . متماسك

cō′hôrt, *n.* كتيبة عسكرية رومانية . قطعة من الجنود

coif, *n.* مِقنَعة الرأس (تلبسها المرأة)

coiffure′ [kwâfūr], *n.* تصفيفة (أو) تسريحة (أو) تمشيطة للشعر . تسوية الشعر

coil, *n.* مِكوَرَة (أو) لِفافة . لَفّة

coil, *v.* كَوَّر . تكوَّر . تلوَّى . لَفَّ

coin, *n.* نقد . قطعة نقود . مَسكوكة

coin, *v.* سَكَّ النقود (أو) ضربها . وَضَع (كلمةً جديدة)

coin′age [-ij], *n.* سَكّ النقود . مَسكُوكات . نقد

cōincīde′, *v.* طابق (في الوقت والمكان) . تطابق . صاقب . وافق

cōin′cidẹnce, *n.* تطابُق . مُصاقَبة = مُصادَفة

cōin′cidẹnt, *a.* مُطابِق . متطابق . مُصاقِب . متوافق

cōke, *n.* فحم الكُوك (ويكون بعد استخلاص الغاز)

col′andẹr [kul-], *n.* مِنطَبة = مِصفاة

cōld, *a.* بارِدٌ . شديد البرودة . بَرْدان = صَرِدٌ . باردُ الطبع

cōld, *a.* فَاتِرٌ . عديم الاهتمام . بارِد الهمة . [بائخ]

cōld, *n.* بَرْدٌ . بُرودة . زُكام

to catch (take) (a) —, زُكِمَ = أَصابه زُكام

cōld-blood′ĕd [-bludid], *a.* ذو (أو ذات) الدم البارد . عديم الشفقة . قاسٍ

cōld′ly, *ad.* ببرودةٍ . باردًا . بفتور

cōld′ness, *n.* برْدٌ . بُرودة . فُتور

cold war [-wôr], حَرْبٌ بارِدة = (التنافس في انتهاز المنافع السياسية دون حرب (أو) قطع العلاقات الدبلوماسية)

cōle, *n.* نبات شبيه بالملفوف

col′ic, *n.* قُضَاع = قُولَنج = مَغص

collab′orāte, *v.* تَعَاون (أو) أعان (في العَمَل الأدبي أو الفني) . مَالأ (العدوَّ ضد بلاده)

collaborā′tion, *n.* تعاون . مُمَالأة (العدو)

collab′orātor, *n.* مُعَاونٌ . شَرِيكٌ (في العمل)

collapse′, *n.* سُقوط . زُزُوح . انخساف . انهيار . إنقياص . تَجَوُّخ

collapse′, *v.* تَكَرْفَس . تَهَوَّر . تَجَوَّخ = سَقَط . زَزَح . إنخسف . انهار

to — a telescope, كَرْفَسَ = أدخل بعضه في بعض

coll′ar, *n.* طَوْق . بَنيقَة . زُنَّار (بِناء) . [قَبَّة = ياقة] . لَبَبٌ (الفَرَس) = تصدير

coll′ar, *v.* طَوَّق . أخذ بخناقه . أمسك . قَبَض

coll′ar-bōne, *n.* (عظم) التَرْقُوَة

collat′ẹral, *n.,a.* إضافي . جانبي . مُجانِب . غير لاصق النسب = كَلَالِيّ

coll′eague [kolēġ], *n.* زَمِيلٌ . رَصِيفٌ (في العمل)

collect′, *v.* حَوَّش . جَمَع . تَجَمَّع . لَمَّ . حَصَّل (أو) جَبَى (الضريبة) . استجمع

collec′tēd, *a.* مجموع . متجمّع . مُستجمع الحواس . رابط الجأش

collec′tion, *n.* تَحويش . تجميع . مجموعة . لَمَّة . تحصيل = جِبَاية

collec′tive, *n.* مَشَاعَة = مزرعة جَمَاعِيَّة

collec′tive, *a.* جَمَاعِي . مُشْتَرَك . جامعٌ . مُجتَمِع

— noun, اسم جنس. اسم جمع. شبه جمع

— punishment, عقوبة مشتركة

collec′tively [-tivl-], *ad.* جَميعًا . باشتراك الجميع

collec′tor, *n.* جَمَّاع . مُحصِّل (أو) جابي (ضرائب) . جَمَّاع تُحَف وقطع فنية و . . .

coll′ege [-ij], *n.* كُلِّيَّة . مدرسة كُلِّيَّة

collē′gian, *n.* طالب كلّية

collēg′iate [-ji-it], *a.* مُختَصٌّ (أو مُتعَلِّقٌ) بكلّية

collīde′, *v.* إصطدَم . صادَم . تَصَادم

coll′ie, *n.* كَلْبُ غَنَمٍ . كَلْبُ راعٍ

coll′ier [-yẹr], *n.* سَفينة ناقلة للفحم . عامل (أو مُعَدِّن) في منجم فحم

coll′iery [-yẹri], *n.* فَحَّامَة = منجم فحم حجري

colli′sion [-zhẹn], *n.* اصطدام . تصادم . تعارض

collocā′tion, *n.* رَصْف . تَرْصيف . تَوْضيع = ترتيب الأشياء في أمكنتها

collō′quial [-kwiẹl], *a.* عَامّي (من حيث اللغة)

collō′quialism [-kwi-], *n.* استعمال عامّي . كلمة (أو عبارة) عامية

coll′oquy [-kwi], *n.* مكالمة . مُحادثة . مشافَهة

collū′sion [-zhẹn], *n.* ممالأة (أو) تواطؤ (على الشر)

col′ocynth, *n.* حَنظَل

cōl′on, *n.* عَلَامَة وَقْف (أو) تفصيل = :

cōl′on, *n.; pl.* -lons *or* -la المِعَى الغليظ الأسفل = قُولون (أو) كُولون

colon′el [kernel], *n.* بِكباشِي . قائمقام (عسكري) . عَقيد

colōn'ial, *a.* مُختَصٌّ بالمستعمرات . استعماري

colōn'ial, *n.* شَخصٌ مُعَمِّر (أو) مُستَعمِرٌ . ساكن إحدى المستعمرات

col'onist, *n.* مُتَبَلِّد = مُعَمِّر . مُستَعمِر . طارىء . مُستَوْطِنٌ

colonīzā'tion, *n.* استعمار . تعمير . استيطان . تَبَلُّد

col'onīze, *v.* استعمر . عَمَّر . استوطن . تَبَلَّد

colonnāde', *n.* صَفٌّ من الأعمدة المسقوفة (أو) الأشجار (المتساوية الأبعاد)

col'ony, *n.* مُستَعمَرة . طارئة = سُكان مُستَعمرة . مَهجَر . مَعمَر . سَكنَة = نَزْلَة = [كولونيَّة] = عَمِيرة

col'or, *n.* = colour

colorā'tion, *n.* تَلوين . لَوْن . اصطباغ . ترتيب الألوان

col'ored, *a.* = coloured

col'orful, *a.* = colourful

col'oring, *n.* = colouring

col'orless, *a.* = colourless

coloss'al, *a.* كبير جدًّا . جَسِيم . هائل (الحجم) . ضَخمٌ

coloss'us, *n.*; *pl.* **-ssī, -ssuses** تمثال هائل الحجم . (شَخصٌ) جَبَّار . جَبَرُوت

col'our [kulęr], *n.* لَوْن . صِبغ . صِبَاغ . صِبغة . تلوينة . تَوَرُّد . احمرار . لائحة = شَبَهٌ = ظاهرة

col'our-blīnd, *a.* مصاب بالعمى اللَّوْني

col'oured [-ęrd], *a.*, *n.* مُلوَّن . أسود . زَنجي . فيه جَنَف (أو) غرض . مُتَأَثِّر(ب) . خَرَجيّ = بين الأسود والأبيض

col'ourfụl [-ęr-], *a.* مُشبَع بالألوان . مُمتِع . زاهٍ . شائق . بَهِيج . ناضِر (أو) زاهر (الألوان)

col'ouring [-ęr-], *n.* تَلوين . لَوْنٌ . مادة مُلوِّنة . تمويه . صِبغة . تلبيس

col'ourlĕss, *a.* شاحِب . لا لَوْنَ له . تافِهٌ . لا تُعرَفُ له صِفةٌ مميزة

col'ourṡ [-ęrṡ], *n. pl.* علَم . راية . خدمة عسكرية

cōlt, *n.* فِلوٌ = مُهرٌ (الفرس) . جَحشٌ = ولد الحمار

col'umbīne, *n.* (نبات) جُلنَسرين . حشيشة الأسد

col'umn [-ęm], *n.* عَمُودٌ = أُسطوانة . حَقل (في الكتاب) . رَتَلٌ (أو) صَفٌّ

cōm'a, *n.*; *pl.* -mas غَمْيَة عميقة . تسبيخ = سَبتَةٌ مرَضيَّة = مُوتَة = غَشيٌ . سُبات

cōmb [kōm], *n.* مِشط . مِمشَط . فُترَعَة (أو) عُرْف (الديك) . شَهدَة (عسل)

cōmb, *v.* مَشَّط = سَرَّح . نَفَض (أو) استقرى المكانَ = فَتَّشه تفتيشًا دقيقًا . فَلَّى

com'bat, *n.* مقاتَلَة . محاربة . مُقارَعة . مجاوَلة

com'bat, *v.* (-t(t)ed, -t(t)ing) قاتل . حارب . قارع . جاوَل

com'batant, *n.*, *a.* مقاتل . مُحارِب . معارك . مجاول

combe [kōōm], *n.* شِعب=وادٍ ضيق=فَرْز

combinā'tion, *n.* انضمام . اتحاد . تدامج . تأَلُّب . اعتصابٌ

combīne', *v.* ضَمَّ . انضَمَّ . اتَّحَد . تأَلَّب . تدامج

com'bīne, *n.* عُصبة . أُلبة . أُلبة شركات . حَصَّادة مُرَكَّبة (أو) جامِعة

combus'tible, *a.* سريع الاشتعال (أو) الاحتراق . قابل للاشتعال (أو) الاحتراق

combus'tion, *n.* اشتعال . احتراق

come [kum], *v.* (came, come, coming) جاء . أتى . أقبل . جرى . حلَّ
to — about, حصل . حدث . جرى
to — across, صادف . لقي . عثر (على) . أصاب
to — of age, بلغ سنّ الرشد . أدرك
to — out, خرج . ظهر . طلع . نجم . علن
to — round, أفاق . صحا
to — to pass, حدث
comēd′ian, *n.* مُمَثّل هزلي . هزّال . مُهرّجٌ
com′ēdy, *n.* رواية (تمثيلية) هزليّة
come′liness [kuml-], *n.* مَلاحة . وسامة . حلاوة المنظر
come′ly [kuml-], *a.* (-lier, -liest) مليحٌ = حلوُ المنظر . لائق
com′ẹr [kum-], *n.* آتٍ . داخلٌ . قادمٌ
com′ĕt, *n.* (كوكبٌ) مُذنَّب
com′fit [kum-], *n.* حلواء
com′fort [kumfẹrt], *n.* رفاهية . راحة . ترفّه . تنعّم . سلوى . أُسوة
com′fort, *v.* رفّه . عزّى . سلّى . طيّب خاطره (أو) قلبه . جبر قلبه
com′fortable [-fẹr-], *a.* رافهٌ . مُريحٌ . هنيءٌ . مُستريحٌ . ناعمٌ
com′fortably, *ad.* براحة . باستراحة . برفاهة . بتنعم . بسهولة
com′fortẹr [kumfẹr-], *n.* مؤسٍّ . مُعزٍّ . مُطيِّب (أو جابر) الخاطر
com′ic, *a.* مُضحك . هزلي . فُكاهي
com′ic, *n.* قصة هزليّة مُصوّرة
com′ical, *a.* مُضحِك . فُكاهي
com′ing [kum-], *n.* مَجيءٌ . قدومٌ . مَقدَم
com′ing, *a.* آتٍ . قادم . قابل

com′ity, *n.* لُطف . حُسن الصِلات . محاسَنة
comm′a, *n.* فاصلةٌ للوقف القصير = (,)
commând′, *v.* أمر . قاد . وصّى . استحوذ (على) . تصرّف (ب) . أشرف (أو) أطلَّ (على) . تولّى (أمرَ)
commând′, *n.* أمر . وصيّة . قيادة . تمكُّن
commândant′, *n.* آمِرٌ . قائد (حامية أو حصن) . قائد معسكر
commandeer′, *v.* سخّر (لأغراض عسكرية وبأحكام عرفية)
commân′dẹr, *n.* آمِرٌ . قائد . وكيل رئيس (في البحرية)
comman′dẹr-in-chief, *n.* ; *pl.* commanders-in- — قائدٌ عموميّ . قائد القوّاد
commând′mẹnt, *n.* أمرٌ . وصيّة
commân′dō, *n.* ; *pl.* -do(e)s مِغوار . جسّار (وهم جسّارة) = قَماندو . قسورة
commem′orāte, *v.* حَفِظ الذِكرَ . حفظ (أو) أحيى ذِكرى . احتفل بذكرى
commemorā′tion, *n.* حِفظ الذِكر . حِفظ (أو) احياء ذكرى . عيد (أو) احتفالٌ تذكاري
in — of, احتفالاً بذكرى . تكريمًا للذِكر . تكريمًا للذِكرى
commence′, *v.* شرع (في) . بدأ
commence′mẹnt [-sm-], *n.* شُروع . ابتداء . بدء . احتفال توزيع الشهادات
commend′, *v.* استودع . عهد به (إلى) . حمد . أثنى (على) . قرّظ
commen′dable, *a.* حَميد . محمود . ممدوحٌ
commendā′tion, *n.* مَدحٌ . حمدٌ . توصية . ثناء . استحفاظ . تقريظ

commen'surate [**-sherit**], *a.* مُتَقَايِسٌ (أو) مُتَنَاسِبٌ (مع) . متساوٍ . متكافِيء . بوزن
comm'ent, *n.* تَحْشِيَة . تَعليقة . شَرْحٌ . تأويلٌ
comm'ent, *v.* حَشَّى . علَّق . شَرَح . أَوَّل
comm'entary, *n.* تَعليقات . تَفسِير
comm'entātor, *n.* مُعلِّق . مُفسِّر
comm'erce, *n.* بيعٌ وشراء . تجارة . مُتاجرة
commer'cial [**-shal**], *a.* تِجَاريّ . مُرْبِح . للبيع
commer'cial, *n.* إعلان تجاري (بالراديو)
commer'cialīze [**-shal-**], *v.* جعل الشيء مَتجرةً . إتَّجر (بِه) . تاجَر
commer'cially [**-shali**], *ad.* تِجارِيًّا . بصورة مُربِحة
commin'gle, *v.* خَلَط . اختلط . خالط . مَزَج
commis'erāte, *v.* تحزَّن
commisera'tion, *n.* مُواساةٌ (في حزن) . تَحَزُّن . حنَّة
commissâr', *n.* وزير (أو مدير) دائرة (في الاتحاد السوفييتي)
commissar'iat, *n.* دائرة الأرزاق (أو) المؤن في الجيش . دائرة حكومية (في الاتحاد السوفييتي)
comm'issary, *n.* مَخزن أرزاق . مدير أرزاق
commi'ssion, *n.* اقتراف (أو) ارتكاب (جُرم) . اجترام . اجتراح
commi'ssion, *n.* توسيد . تفويض . عَهدٌ . انتداب . مأموريّة . أمر التفويض (أو) التعيين
in —, في حالة صالحة للعمل
out of —, مُتعطِّل . فيه عُطل (عن العمل)
commi'ssion, *n.* عُمُولَة = سَمسَرَة . [قومسيون]
commi'ssion, *n.* لجنة مُفوَّضة (أو) مُنتَدَبَة
commi'ssion, *v.* عَهِدَ (إلى) . فَوَّض . أَمَر بتفويض (أو) تعيين . نَدَب
commi'ssioner, *n.* عُضو لَجنة . مُفوَّض . مَندُوبٌ . جَرِيّ
High C—, مندوب سام
commit', *v.* (**-tted, -tting**) استحفظ . استودع . أَوْدع . عَهِد (إلى) . التزم
commit', *v.* اجترم . اقترف (أو) ارتكب (جرمًا)
commit'ment, *n.* إيداع . التزام . تَعَهُّد
committ'al, *n.* إيداع (في السجن) . إلزامٌ
committ'ee, *n.*, *sing. or pl.* لَجنة
commōde', *n.* خِزانة جوارير . مِنصَّة يوضع عليها ابريق ولقن
commōd'ious, *a.* واسِعٌ . رَحْبٌ . وَعِيبٌ . مُبَحبَح
commod'ity, *n.* سِلعة . بضاعة . بِياعَة
comm'odôre, *n.* آمِرٌ (مُوقَّت) لِعِمارة (أو وَحدَة) بحرية
comm'on, *a.* (**-ner, -nest**) عُمُومي . مُشتَرَك . مُشَاع . شائع . وَضِيع . عامِّيٌّ
in —, مُشتَرَك . بالمَشَاع . بالاشتراك
in — with, كَ . مِثْلَ . بالاشتراك (مع)
comm'on, *n.* مُشَاع (القرية أو البلدة)
comm'oner, *n.* عَامِّيٌّ = سَوَادِيٌّ = بُوشِيٌّ . دَهْمائي
comm'only, *ad.* عادةً . عمومًا . غالبًا
common noun, اسم نكرة . اسم مشترك
comm'onplāce, *n.*, *a.* مَألُوف . مُبتَذَلٌ . مَطرُوقٌ

comm'ons, *n. pl.* العوامّ . العامّة . سَواد الشَّعب

The Commons, مجلس النوّاب (أو) العموم (في بريطانيا)

House of Commons, مجلس العموم

common sense, الحِسّ العام . عَقل مَطبوعٌ (أو) سليم . حُسن تَصوُّر . فَهامَة

comm'onweal, *n.* الخير العام

comm'onwealth [-welth], *n.* أَهْلُون . دَوْلَة (جمهورية)

Comm'onwealth, *n.* الكومنولث (البريطاني)

commō'tion, *n.* هَرج . رَهج . هَوْشَة . هَيج . هَمرَجَة . هَزهزة

comm'ūnal [*or* **komū'nal**], *a.* عامٌّ . لِعامَّة الشعب . مُشاعِيٌّ

comm'ūne, *n.* (مَعْشَرة) جَماعِيَّة . ناحية (أو مقاطعة) إدارية

commūne', *v.* ناجَى . تَناجَى . تناول القربان

commūn'icāte, *v.* اتَّصَل (ب) . أَوْصَل . أَبلَغ . سَرَى . أَسرَى . تَواصَل (بالكلام أو الكتابة) . ناقَل . راسل . نَقَل . أخبر . خابر

commūnicā'tion, *n.* اتصال . ايصال . تَواصُل . إبلاغ . نَقلٌ . سَرَيان . إخبار . مُخابرة

commūn'ion, *n.* مُشارَكة . مُشايَعة . مُناجاة

The (Holy) Communion المشاركة في العَشاء الرَّبَّانِي . القُربان المُقدَّس

commūn'iqué [-kā], *n.* بَلاغٌ (رسميٌّ)

comm'ūnism, *n.* شُيوعِيَّة

comm'ūnist, *n.* (شَخصٌ) شيوعي

Comm'ūnist, *n.* شُيُوعِيٌّ (في الحزب الشيوعي)

commūn'ity, *n.* جَماعة . شَعب . مَعشَرٌ (أو) جَماعَةُ سُكَّانٍ . جَماعَةُ السُّكَّان (أو) الأهلين . أَهلُون . وَحدَة . تَشارك

commūtā'tion, *n.* استعاضة . استبدال . تخفيض العقوبة (أو) الحكم

comm'ūtātor, *n.* عاكِسة التيار الكهربائي

commūte', *v.* (-ted, -ting) أبدَل . استبدل . خَفَّف الحكم . عكس اتجاه التيار الكهربائي

com'pact, *v.* كَزَّ . لَبَّد . لَزَّ . رَصَّ . حَشَك . حَبَك

compact', *a.* مُلزَلَز . مُضَمضَم . مَحبوك . كَزٌّ . مُتَلَبِّد . مُلَزَّز . مُرتَصٌّ . مُكتَنِزٌ . مَضبور . مُوجَزٌ . مُلَملَم (في حيز ضيق)

com'pact, *n.* اتفاقٌ . عَهدٌ

com'pact, *n.* قَفَدانَة (للمرأة تضع فيها الحُمرة و . . .)

compan'ion, *n.* صاحِب . رَفيق . مُصاحِب

compan'ion, *v.* صاحَب . رافَق

compan'ionable, *a.* حَسَنُ الصُّحبَة . حَسَن العِشرة . مُؤالِف . أَنِيس

compan'ionship, *n.* صَحابَة . صُحبَة . رُفقَة

com'pany [**kum-**], *n.* صُحبَة . عِشرَة . صَحبٌ . سَرِيَّة . زَرافَة = جَماعَة

a — of soldiers, = سَرِيَّة = [بُلُوك] حَظِيرة

to keep him —, رافَق . صَحِب . بَقِي بصحبته

com'pany [**kum-**], *n.* شَرِكةٌ (تجارية)

com'parable [-pẹr-], *a.* . يُقَاس (ب) . مُضَارِعٌ . مُضَاهٍ (لِ) . مُماثِل

compa'rative, *a.* . نِسبيٌّ . بالمُقَايَسَة . مُقارِن

compa'rative, *n.* صيغة أفعل التفضيل

compa'ratively [-tivl-], *ad.* . نِسبياً . بالقِياس (إلى غيره) . بالماثلة

compāre', *v.* . قَايَس . مَاثَل . قارن . وازن . فَاضَل

cannot — with, لا يُقَاس (أو) لا يَتَشَبَّه (بِ) . لا يُماثِله

compāre', *n.* مقايَسة . مماثَلة . مُقارَنة

beyond, without, past —, لا يُقاس به أحد . بَزَّ كُلَّ أحدٍ . لا نَظيرَ له

compa'rison, *n.* . مُقايَسة . مُفاضَلة . مُشَابَهة . شَبه

in — with, بالقياس (أو) بالنسبة (إلى)

no — between them, لا قِياسَ (أو) لا نِسبةَ بينها . لا يُقَاس أحدُها بالآخر

compârt'mẹnt, *n.* . شِقَّة . حُجرَة . عَيْن (في صندوقٍ)

com'pass [kum-], *v.* . دار (حَولَ) . أحاط (أو) أطاف (ب) . أنجز . دَبَّر (مكيدة)

com'pass, *n.* . بيت الإبرة . حُكٌّ . حُقٌّ الإبرة = ابرة المَلَّاحين = قُنبَاص

com'pass, *n.* . حَدٌّ . مُحيط . نِطاق

com'passẽs *n. pl.* . بِرْكار = فِرْجار = دوَّارة

compa'ssion, *n.* . شَفقَة . تحنُّن . تَرَحُّم . حَنحَنَة

compa'ssionate [-it], *a.* . شَفِيقٌ . مُؤَاسٍ . رَحِيم

compat'ible, *a.* . مُتلائِمٌ . مُؤتَلِف . مُتَوافِق

compat'riot, *n., a.* . مُوَاطِن . من بلدٍ (أو) وطن واحد

compeer', *n.* . سِيٌّ = نَظِير = نِدٌّ . قرين

compel', *v.* (-lled, -lling) . أجبَرَ . اضطرَّ . غصَب . فَرَض بالقوة

com'pensāte, *v.* . عَوَّض . عَادَل . كافأ

compensā'tion, *n.* . تَعويض . مُعادَلَة . مُكافَأة

compēte', *v.* . نَافَس . زاحَم . تحدَّى . بارَى . سَابَق (أو تسابق) للحصول (على) . ساجل

com'petẹnce, *n.* . كِفَايَة . صَلاحِيَة . أَهليَّة

com'petẹnt, *a.* . مُقتَدِر . ذو صلاحِيَّة . كَفيٌّ

the — authority, السلطة صاحبة الشأن

competi'tion, *n.* . منافسة . مباراة . مسابقة للحصول (على) . مساجلة . مثاقفة (في المهارة)

compet'itive, *a.* . بالمباراة . بالمسابقة . بالتَّحدِّي

— examination, امتحان مسابقة

— price, أسعار مُضارِبة

compet'itor, *n.* . مُبارٍ . مسابِق . مُزاحِم . مُساجِل

compīle', *v.* . جَمَع . أَلَّف

complā'cẹnce, *n.* } . اغتباط . عُجبٌ . اغتباط بالنفس . تَوَاكُل
complā'cẹncy, *n.*

complā'cẹnt, *a.* . مُغتَبِطٌ بنفسه . مُعجَبٌ بنفسه . مُتَوَاكِلٌ

complain', *v.* . تَشَكَّى . تَظَلَّم . انتقد

complain'ant, *n.* . شَاكٍ . مُشتَكٍ . مُتَظَلِّمٌ

complaint', *n.* . شَكوى = ظُلَامة (أو) عِلَّة

complais'ance, *n.* . سَلاسة . مُسايَرة . مراعاةٌ . مكارَمة . لطف

complais′ant, *a.* يُحِبّ عَمَل المعروف (مع الناس) . سَلِس . مُياسِر . مُكارِم . مُلاطِف . لَيِّن

com′plẽmẹnt, *n.* مُتَمِّم. تَتِمَّة. تَكمِلَة

complẽment′, *v.* تَمَّم . أَكمَل

complẽmen′tary, *a.* مُتَمِّم . تتميمي . تكميلي

— angle, زاوية مُتَمِّمة

complēte′, *a.* تام. مُتَمَّم. كامِل. مُكمَّل

complēte′, *v.* تَمَّم . استتمّ . استكمل . وَفَّى

complēte′ly [-tl-], *ad.* تمامًا. بالكلِّيَّة. بكامله . على التمام

complēte′ness [-tn-], *n.* تَمام . كَمال . اكتمال

complē′tion, *n.* تَمام . إتمام . إكمال . تكميل

com′plex, *a.* مُرَكَّب . مُعقَّد . مُتَعَرقِل

com′plex, *n.* وَسْواسٌ مَرَضِيٌّ = عُقدَة نفسانية . شَبَكَة . مجموعة مترابطة

comple′xion [-kshẹn], *n.* سَحنةُ الوجه = بُوصٌ . هَيئَة . مَظهر . لون البشرة = مُوهَة

complex′ity, *n.* تَرَكُّب . تَعَقُّد . تَشَابُك

complī′ance, *n.* امتثال . مُطاوَعة . انقياد

in — with, عَمَلًا (ب) . امتثالًا (ل)

com′plicāte, *v.* عَقَّد . عرقَل . عَصَّد

com′plicātẽd, *a.* مُعقَّد . مُعَرقَل . مُلبَّكٌ . مُعربَس

complicā′tion, *n.* تَعقيد . تَلبيكَة . عَربَسَة

complicā′tion, *n.* مُضاعَفَة (أو) ملابَسة (مَرَضِيَّة)

compli′city, *n.* مُشارَكة (في الذَّنب)

compliment′, *v.* مَدَح . أثنى (على) . أطرَى

com′pliment, *n.* مَدح . إطراء . تَحِيَّة . تَكرِمَة

complimen′tary, *a.* إطرائي . تكريمي . إكرامي . مجّاني

com′pliments, *n. pl.* تحيّات

complȳ′, *v.* (-lied, -lying) امتثل . طاوَع . استكان . أَذعَن

compōn′ẹnt, *a.* متعلق بجزء أصلي (أو) جزء مركّب

compōn′ẹnt, *n.* جزء أصلي . جُزءٌ . جزء مُؤَلِّف (أو) مُرَكِّب

compôrt′, *v.* سَلَك . تلاءم

compōṡe′, *v.* أَلَّف . رَكَّب . صَفَّ (الحروفَ للطبع) . أنشأ

compōṡe′, *v.* تأهّب . صَمَّم . تَسَكَّن . سَوَّى . هَدَّأ . تمالك نفسه

compōṡ′ed [-zd], *a.* مُتَسَكِّنٌ . ساكِن الجأش . مُتمالِك النّفس

compōṡ′ẹr, *n.* مُؤَلِّف (موسيقي) . مُنشِئٌ

com′poṡite, *n., a.* شيءٌ مُرَكَّب (أو) مُؤَلَّف (من أجزاء)

compoṡi′tion, *n.* تأليف. إنشاء. مُرَكَّب

com′post, *n.* سَماد المزرعة = دَمال . خليط

compō′ṡure [-zhẹr], *n.* هُدوء البال . هُدُوء . سَكينَة . رباطة جأش

com′pound, *a., n.* مُرَكَّب . مَزيجٌ . خَليط

compound′, *v.* رَكَّب . مَزَج . سَوَّى بالمُهايَأَة (أو) المُصالَحَة

com′pound, *n.* حَوْش=حظيرة تضم عدة بيوت

comprẽhend′, *v.* فَهِم . اشتمل (على) . حَوَى . استوعب

comprẽhen′sible, *a.* مَفهوم . يمكن فَهمُه

comprēhen′sion [-shẹn], *n.* فَهم . شُمول . إحاطة . استيعاب

comprēhen′sive, *a.* شامل . حاوٍ للجميع . جامع . مُستوعِب

compress′, *v.* زَغَد . حَزَق . كَزَّ . ضَيَّق . لَبَّد . لَزَّ . ضَغَط . رَصَّ . كَبَس . عَصَر . كَرْفَسَ . تَكَرْفَس . أوجز

com′press, *n.* ضِمادَة (أو خِرْقَةٌ) مبلولة توضع (أو تُعصَب على الجُرْح (أو غيره) = رفادة

hot —, كِمادَ(ةٌ)

compressed′ [-st], *a.* مَزْغود = مَلزوز . مكبوس . محزوق . مُلَكَّك . مضغوط

compre′ssion, *n.* كَزٌّ . تَضييق . تَلبيد . لَزٌّ . ضَغط . كَبس . زَغد . إلتزاز . إيجاز

comprīse′, *v.* تَضَمَّن . تألَّف (من) . احتوى

com′promīse, *v.* سَوَّى بالمُهاوَدة (أو التراضي (أو) المسامحة . سافَط . هاوَد

com′promīse, *n.* مُهاوَدة . مُسافَطة . حَلٌّ وَسَط

comptroll′ẹr [kon-], *n.* ناظر (أو رقيبُ) الخرج

compul′sion [-shẹn], *n.* إضطرار . ضرورة . إجْبار . غَصبٌ

compul′sory, *a.* إجباري . اضطراري . إلزامي

compunc′tion, *n.* نَدامَة . وَخز الضمير

compūtā′tion, *n.* حِسابٌ . إحصاء

compūte′, *n.* حَسَب . عَدَّ . أحصى

compū′tẹr, *n.* الحاصِبَة = الدماغ الألكتروني

com′rāde, *n.* قَرين . رَفيق

—s in arms, [هَمْشَرِيَة] رِفاق الجندية.

con, *n.* ضِدَ . سبب مُنافٍ . حجة مُعارِضة

con, *v.* (-nned, -nning) دَرَس . تعلَّم الشيء غَيبًا . تَحفَّظ (غيبًا)

concatenā′tion, *n.* تَسَلسُل . تساوُق . ترابُط . سلسلة

con′cāve, *a.* مُقعَر . مُنقعِر

concav′ity, *n.* سطحٌ (أو شيء) مُقعَّر . تَقَعُّر

conceal′, *v.* خَبَأَ . تَوارى . أخفى . كَتَم

conceal′mẹnt, *n.* تَخبئة . مواراة . إخفاء . كِتمان

concēde′, *v.* سَلَّم (أو) أَقَرَّ (بصحته) . سَمَح . مَنَح . أسمح . أذعن

conceit′, *n.* إعجابٌ بالنَّفس . عُجبٌ . خُيَلاء . صَلَف . زَهو

conceit′ēd, *a.* مَزهوٌّ . مُختالٌ . صَلِف

conceiv′able, *a.* يَتصوَّرُه العقل . معقول

conceiv′ably, *ad.* في حد المعقول . على حَدِّ التَّصوُّر . فيما يتصوره العقل

conceive′, *v.* وَلَّد (أو) صَوَّر (في الذهن) . عَبَّر (عن) . تَصوَّر . حَبِلَت (المرأة)

con′centrāte, *v.* رَكَّزَ = جَمَّع في مكانٍ واحد . كَثَّف . صَرَف الوُكْد . انصبَّ (على) = تَجَرَّدَ

concentrā′tion, *n.* حَشد (أو) تَجمير (الجيش) . تَرْكيزٌ . تَكثيف . صَرْفُ الذِّهن (أو) الوُكْد . انصباب الذِّهن . تَجَرُّد

concentration camp, مُعسكَر اعتقال . مُعتقَل

concen′tric, *a.* مُشترَكُ (أو مُوحَّد) المركز . مُتطابِق (في المركز)

con′cept, *n.* مَفهوم . صُورةٌ فِكريَّة . فِكرَةٌ (عُموميَّة)

concep′tion, *n.* فِكرة . تَصوُّر . حَبَل

concern′, *v.* . أَ كْتَرَث . إهتمّ . أهمَّ = عَنَى . عَنَى = [خصَّ] . اختص (أو) تعلَّق (ب)

concern′, *n.* . إ كتراثٌ . همٌّ = عَنَايَة . تعلُّق . شأن . مُهِمَّة

concern′, *n.* مَصلَحة تجارية . بيت تجاري

concerned′ [-nd], *a.* . مُكتَرِث . مُهتمّ . قلِق

concern′ing, *prp.* . [بخصوص] . بشأن . فيما يتعلّق

con′cert, *n.* . حَفلَة موسيقية . وِفَـاقٌ . تطَابُق . اتحاد

in —, . معًا . يدًا واحدةً . مُتطابِقين . مُتَّحِدين

concert′, *v.* . دَبَّر (معًا) . تجامع = تضافَر . تألَّب

concert′ẽd, *a.* مُجمعٌ . مُجتَمِعٌ . مُتَّفَق عليه . مُؤلَّب

concertī′na, *n.* · آلة موسيقية صغيرة تشبه الأكورديون

concert′ō [-cher-], *n.*; *pl.* -tos قطعة موسيقية تعزف بآلة (أو) أكثر مع مصاحبة النوبة (أو) الأوركسترا

conce′ssion, *n.* (أو) مُسَاهَلة. مسامحة. إقرار (أو) تسليم (بصحة الشيء). تنازل امتياز. إذعان

conch [-k], *n.* = صَدَفَة حلزونية كبيرة صدفة البوق

concil′iāte, *v.* . راضى. اسْتَعتَب = استرضى . صَالَح . وَفَّق (أو) ألَّف (بين)

conciliā′tion, *n.* . استرضاء . مصالحة . تألُّف . توفيق (بين)

concil′iatory, *a.* . مُوادِع . استعتابي . استرضائي . بِمُداراة

concīse′, *a.* . وَجيزٌ مع الجزالة . مُوجَزٌ . جَزْلٌ . مُختصر مُفيد

conc′lāve, *n.* . مباحثة سِرِّية . اجتماع خاص . اجتماع الكرادلة لانتخاب البابا

conclũde′, *v.* . إنتهى . أنهى . خَتَم . استنتج . عَقَد

to — a treaty, عقد معاهدة

conclũ′sion [-zhẹn], *n.* . نهاية . خاتمة . استنتاج . نتيجة . عَقد

to try —s with, = ماهر . مَاحَل . قاوى (أو) كايد

conclũs′ive, *a.* . قاطِعٌ . قطعِيّ . نهائي . مُقنِعٌ . خِتامي

conclũs′ively [-vl-], *ad.* بصورةٍ قاطِعة (أو) فاصِلة

concoct′, *v.* . لَفَّق (طَبخَةً) . دَبَّر . لفَّق . افتعل = بَكَّل . خرَّص

concoc′tion, *n.* (طَبخَة =) بَكيلة . مُلفَّقة . تلفيقة . تَدْبيرة

concom′itant, *a.* . مُلازِم . مُرافِق . مُقارِن

concom′itant, *n.* . شيء (أو) ظرف مُلازِم . مُتلازم

conc′ôrd, *n.* . وِفَاق . وِئام . ائتلاف . اتفاق

concôrd′ance, *n.* . تلاؤم . وِفاق . ائتلاف . قاموس المطابَقات

conc′ourse [-kôrs], *n.* = لَمٌّ = حَفلٌ = جَمعٌ كبيرٌ = حَوقَة . مُلتقى . رَحْبة

conc′rēte, *n.* حَجَرِيّة (الإسمنت) = عَدَسَة = خرسانة

conc′rēte, *a.* . ذاتي . حَقيقي . مادّي . عَيني . خاصّ باسم العَيْن (أو) الذات

conc′ūbīne, *n.* سُرِّيَّة = زوجة (أو) امرأة غير شرعية

concur′, *v.* (-urred, -urring) اتفق (أو) وافق (حدوثُه) . طابَق . تجامع . توافَق = تساعد

concu'rrẹnce, *n.* توافُق . مُوآناةٌ . تجامُع . تَوارُد . تعاوُنٌ . تَجارٍ

concu'rrẹnt, *a.* متوافِق (مع) . مُوافِق . مصاقِب . مُعاون . جنبًا إلى جنب

concu'rrẹnt, *n.* حادث وفيق (أو) مُتجارٍ

concu'ssion, *n.* ارتجاج . رَجّة . زعزعة

condemn' [-m], *v.* شَدَّد النكير . نقِم (على) . حَكَم (على) = دَانَ . استهجن = ثَرَّب . فَسَّل = أسقط صلاحيته . حكم بعدم صلاحه

condemnā'tion, *n.* دَيْنٌ (أو) دَينة = حُكمٌ (على) . استهجان . تثريب . تفسيل

condensā'tion, *n.* تَكَثُّف . تَكثيف . مُكَثَّفٌ . تلخيصٌ

condense', *v.* كَثَّف . لَخَّص

conden'sẹr, *n.* مُكَثِّفٌ . مُلَخِّصٌ

condescend', *v.* تنازَل . تَواضَع

condescend'ing, *a.* وَطِيء الجانب

condescen'sion [-shẹn-], *n.* تنازُلٌ . تواضُعٌ . وَطاءة (النفس)

condīgn' [-dīn], *a.* وِفاق . لائق . حَقٌّ . عادل

con'dimẹnt, *n.* تَابِلٌ (كالفلفل والأفاويه)

condi'tion, *n.* كِيْنَة = حالة . ظَرْف . شَرْطٌ

on — that, إذا . بشرطِ أن

without —, من غير شَرْطٍ

condi'tion, *v.* أصلح الحال . استلزم = كان شرطًا (لِ) . اشْتُرِط (فيه) . اشتَرَط . ضَرَّى . كَيَّف

condi'tional [-shẹn-], *a.* شَرْطي . مَوقوفٌ (على)

condi'tionally, *ad.* على شَرْطٍ

condōle', *v.* عَزَّى . واسى (في الحزن)

condōl'ẹnce, *n.* تَعزِيَة . مواساة (في الحزن)

condōne', *v.* أغمض (أو) أغضى (عن الذنب) = تجاوَزَ . صَفَح

con'dor, *n.* عُقَابٌ أمريكية . نسرٌ أجلح . رَخَمة

condūce', *v.* دَعَا (أو) أفضى (أو) أدّى (إلى) . أعانَ (على) . جَلَب . بعث . استجلب

condū'cive, *a.* داعٍ . وسيلة . مُؤَدٍّ (إلى) . مُعِينٌ (على) . مَجلَبَةٌ

con'duct, *n.* سِيرة . مَسلك . سُلوكٌ . تصريف . تسيير

conduct', *v.* أوْصَل . هَدَى . اقتاد . سَيَّر . دَلَّ . أدار

to — oneself, سَلَك . تَصَرَّف

conduc'tion, *n.* إيصال . توصيل . جَرٌّ (الماء في الأنابيب)

conductiv'ity, *n.* خاصّية التوصيل

conduc'tor, *n.* مُدير جوقة موسيقية . مُسيِّر . عَريفُ (الرُّكّاب)

conduc'tor, *n.* مُوَصِّل (للحرارة أو الصوت أو الكهرباء)

con'duit [-dit], *n.* مَجرًى . جَارُورٌ = قَناةٌ = سَرَب = كِظَامة

cōne, *n.* مَخرُوطٌ . جَوْزَة الصنوبر

con'ey [-ni], *n.* = cony

confec'tion, *n.* حَلْوَى . مُرَبًّى (معمول بالسكر) . فاكهة مُقَنَّدة

confec'tionẹr [-shẹn-], *n.* حلواني . بائع مُرَبَّيات وسكاكر

confec'tionẹry, *n.* مُرَبَّيات وسكاكر . دكان مربيات وسكاكر

confed'ẹracy, *n.* إئتلاف . عُصبة . تَمالُؤ . تألُّب . حِلف . مؤامرة

confed'ẹrāte, *v.* اعتصب . تحالف . تألّب . حالف . [آلب]

confed'ẹrate [-rit], *a.* . [مُعاصِبٌ] . [مؤآلِبٌ] . مُحالِفٌ . صاحِبٌ

confedẹrā'tion, *n.* . عُصبةُ دولٍ مُتّحِدة . اتحاد . تحالف . تآلف

confer', *v.* . تذاكر . تداول الرأيَ . تشاور . ائتمر

confer', *v.* (-erred, -erring) . مَنح . وَهب . خوّل . أنعم . مَنّ (على)

con'fẹrẹnce, *n.* مُذاكرة . مُؤتَمر

confess', *v.* أقرّ . اعترف . أفضى (أو) اعترف (بالذنب للقسيس) . تلقّى (أو سمع) الاعتراف (بالذنب)

confe'ssion, *n.* إقرار . إفضاء (أو) إعتراف (بالذنب) . شهادة (بالعقيدة الدينية)

confe'ssional [-shẹn-], *n.* حُجرة الاعتراف . كرسي الاعتراف

confess'or, *n.* . مُقِرّ (بالإيمان) . مُعترِف . مُعرِّف = متولي الاعتراف

confett'i, *n.* نِثار = ما يُنثَر في الأعراس وغيرها من مُحلّيات وقطع من الأوراق الملوّنة

confidant', *n.* كاتم (أو أمين) السر = وَليجة = بِطانة

confidante', *n.* كاتمة (أو أمينة) السر

confīde', *v.* . استودع (سرًّا أو وديعة) . استسرّ . أسرّ (إلى)

confīde', *v.* . إئتمن . وَثِق (ب) . اطمأنّ (إلى)

con'fidẹnce, *n.* . جُرأة . ثِقة . إطمئنان . سِرٌّ . مُسارّة . استئمان

con'fidẹnt, *a.* . وَاثِقٌ . مُطمَئن (إلى) . مُوقِنٌ . مُستأمِن

confiden'tial [-shẹl], *a.* . مكتوم . سِرّي . مُؤتَمَنٌ (على السر) . أمين

confiden'tially, *ad.* سِرًّا . بالسِرّ

con'fidẹntly, *ad.* بوثوق . باطمئنانٍ . بأيقانٍ

confīd'ing, *a.* . واثِقٌ . مطمئن (إلى) . مُستأمِن

configūrā'tion, *n.* . هَيئة . شَكل . تَشاكيل . تشكُّل . توضيع

confīne', *v.* . حَصر . قَصر (على) . حَبس . اقتصر (على) . ألزم . عكف

to be —d, محبوس . محصور . كانت في المخاض (أو) الولادة

con'fīne, *n.* تُخم . حَدّ . طَرَف

confīne'mẹnt [-nm-], *n.* . حَصر . حَبسٌ . ولادة . تحديد

confirm', *v.* . أثبت . ثبّت . رسّخ . أقرّ . أكّد . صدّق . صادق . ثبّت = مَنح سِرّ الميرُون

confirmā'tion, *n.* تثبيت . إقرار . تأييد . تصديق . تثبيت العضوية في الكنيسة

confirmed' [-md], *a.* . مُثبَت . مُؤكَّد . مُقرَّر . راسِخ

to be —, مُثبَت في الكنيسة

con'fiscāte, *v.* ضَبط (أو) صادر . استولى (على) بأمرٍ قانوني

confiscā'tion, *n.* ضَبط (أو) مصادرة (قانونية)

conflagrā'tion, *n.* . نِيرانٌ . نارٌ هَوجاء . نار عظيمة . نار جائحة

conflict', *v.* . عارَك . صارع . داعَك . تَداعَك . [عاكس] . خالف . عارض . تنافى (مع)

to — with, [تعاكس] (أو) تعارَض (مع) . تشاكَس (مع)

con′flict, *n.* عِرَاك . صِرَاع . تشاكُس . تعارض . تخالف . مُضادّة

con′fluẹnce, *n.* تَسَايُل . توارد . ملتقى (أو) مُجتمع (أنهار) . جَمهرة = حَشد

con′fluẹnt, *a.*, *n.* مُسَايِل . مُخالِط في السَّيل . ساعِد (أو) رافد (النهر)

con′flux, *n.* تسايل . توارد . مُسايلة . مخالطة في السيل

confôrm′, *v.* شاكَل . امتثل . تابَع . تالَى . لاءَم . جارى

confôrm′able, *a.* مُشاكِل . مُوافق . مُطابِق

confôrmā′tion, *n.* تَشكُّل . شَكل . تركيب

confôrm′ity, *n.* مُشَاكلة . امتثال . مطابقة . متابعة . موالاة

confound′, *v.* بَلبَل . حَيَّر . شَوَّش . عَجَّب . بَهَت . خَلَط (بين . . . و . . .) . عَرقَل (الكلام)

confront′ [-frunt], *v.* وَاجَه = كافَح . تصدَّد = تصدَّى

confūse′, *v.* لَبَّس = شَوَّش . خَلَط (بين هذا وهذا) . بَلبَل . رَبَّك = لبَّك . التبس . أخجل . أدهش

confūs′ẽdly, *ad.* بتشويش . بالتباس . بارتباك . ببحثرة

confū′sion [-zhẹn], *n.* تشويش . لَخبَطة . بلبلة . التباس . خجل . دَهَش

confūtā′tion, *n.* دَحض

confūte′, *v.* دَحَض = أبطل

congeal′, *v.* تجمَّد . تعقَّد . جَمَس . تجلَّب (الدم)

congēn′ial, *a.* مُوافِق (أو) ملائم (للمزاج) . مُجانِس . مُطابِع . مُؤتلِف

congen′ital, *a.* خِلقي

congen′itally, *ad.* خِلقةً

coṅg′ẹr, *n.* جِرّي (أو) حَنكليس بحري كبير

congest′, *v.* كَظَّ . اكتظّ . غصّ . احتقن (الدم)

conges′tẽd, *a.* مُحتشِك = مُكتظّ . غاصّ . مُحتقِن

conges′tion, *n.* اكتظاظ . احتقان . احتشاك

coṅglom′ẹrāte, *v.* كَعَّز = جَمَّع ودَوَّر . تَكتَّل . تَلَملَم . تكمَّز

coṅglom′ẹrate [-rit], *a.* مُجمَّع ومُدوَّر = مُلَملَم . مُلفَّف . مُكمَّز

coṅglomẹrā′tion, *n.* تَلَملُم . لفيف . أخلاط

coṅgrat′ūlāte, *v.* هَنَّأ . غَبَّط . [بارك]

coṅgratūlā′tion, *n.* تهنِئة . تغبيط . [مباركة]

coṅg′rẽgāte, *v.* تجمَّع . تجمهر = تجمَّى . تحفَّل . تلملم

coṅgrẽgā′tion, *n.* تجمُّع . جَمهرة . جماعة المصلين

coṅgrẽgā′tional [-shẹn-], *a.* جُمهوري . جَمعي

coṅg′rẽss, *n.* مَجمَع . مجمع تشريعي . مؤتمر

The Coṅgress, الكونكرس = البرلمان الأمريكي

coṅgre′ssional [-shẹn-], *a.* متعلق بالكونكرس (أو) بمؤتمر

Coṅg′rẽss-man, *n.*, *pl.* -men أحد أعضاء الكونكرس

coṅg′rụẹnt, *a.* مُطابِق . مؤتلِف . ملائم . موافق

conġ′rūous, *a.* يَنطبق (على) . مُطابق . مُوافِق . ملائم

con′ic, *a.* مَخرُوطي . مخروطي الشَّكل

— sections, = conics

con′ical, *a.* مَخروطي الشكل . على هيئة المخروط

con′ics, *n. pl.* هَندَسة المخروطيّات

con′ifẹr, *n.* نبات من الفصيلة الصَّنَوْبَرِية

conjec′tural [-chẹr-], *a.* ظَنِّي . مُرَجَّم . حَدْسي

conjec′ture [-chẹr], *v.* ظَنَّ . تَحَزَّرَ . رَجَّم

conjec′ture, *n.* تَحَزُّر . ترجيم = تَعديق

conjoin′, *v.* ضَمَّ . لأم . جَمع

conjoint′, *a.* مَضموم . مُلتئِم (مع) . معطوف (على)

conjoint′ly, *ad.* معًا . بالاشتراك

con′jụgal, *a.* زَوَاجي . زِيجي . قِراني

con′jụgāte, *v.* صَرَّف (الفعل) . أزْوَج . قَرَن

con′jụgate [-it], *a.* مُزاوِج . مُزَوَّج . مُشتَق

con′jụgate [-it], *n.* كلمة مشتقة مع كلمة أُخرى من الأصل نفسه

conjụgā′tion, *n.* تصريف (الفعل) . إزواج

conjunc′tion, *n.* اقتران . إقران . قِران (الكواكب) . انضمام . اتصال . حرف عطف (أو) وَصْل

conjunc′tive, *a.* وَصْلي . رابط

conjụrā′tion, *n.* تَعزيم = شَعوَذة

con′jure [kunjẹr], *v.* شَعوَذ . مَخرَق . دَخمَس . عَزَّم = استدعى (أو) طرد الأرواح بالعزائم السحرية

conjure′ [-jōōr], *v.* عَزَم عليه = استحلفه . نَشَد

con′jurẹr [kunjẹr-], *n.* مُمَخرِق . مُعزِّم . عَزَّام . مُشعوِذ

con′juror, *n.* = conjurer

connect′, *v.* وَصل . رَبَط . له علاقة (أو) صِلة

connec′tion, *n.* وَصْل . رَبْط . اتصال . صِلَة . رابطة . تسلسل . قرابة . مناسَبة . مُقاطرة (في السفر)

connec′tive, *n., a.* رابِط . أداة وصل . اتصالي . وَصْلي

connec′tor, *n.* واصِل . وَصيلة = ما يوصَل به

conne′xion [-kshẹn], *n.* = connection

conning tower, برج المراقبة (في غواصة) = مَرقَبة

connīv′ance, *n.* = تغاضٍ (عن) = تغاطُش = جَلهزَة

connīve′, *v.* تَغاضى (أو) تغاطش . تواطأ قصدًا (عن) = جَلهزَ . مالأ

connoisseur′ [konisẹr], *n.* = قسطر = جهبذ = سِفسار = نقّاد خبير

connotā′tion, *n.* معنى ضِمني . دلالة مُلابِسة . معنى مُلابِس . تلميح . فَحوى . لحن

connōte′, *v.* عَنَى ضِمنًا . فَحَّى (أو) فَحا = عَنَى تلميحًا (أو) مُلابَسةً

connūb′ial, *a.* زَواجي

con′quer [-kẹr], *v.* غَلَب . انتصر (أو) ظَفِر (على) . قَهر . فَتح (البلاد) . استولى . أخذ بالقوة . تغلَّب (على)

con′queror [-kẹrẹr], *n.* غالِب . قاهر . مُنتَصِر . مُظفَّر . فاتِح

con′quest [-kwest], *n.* انتصار . فُتوح . تَغلُّب . استيلاء . قَهر

consanġuin′ity [-ġwin-], *n.* قَرابة . وِحدة الدم . نَسَب . قرابة (الدَّم)

con'science [-shẹns], *n.* وِجدان . ضمير . [ذِمّة]

conscient'ious [-shienshẹs], *a.* صاحب ذِمّة . أمين (في العمل) . مُخلِصٌ (في واجبه أو . . .) . متفانٍ (في العمل)

— objector, قَمَدِيّ = شَخصٌ يرفض الجندية لأن ذلك ضد ضميره = مُتأثِّم من الحرب = مِلتَبٌ

con'scious [-shẹs], *a.* شاعِرٌ . دارٍ . مُدْرِكٌ . مقصودٌ . صاحٍ . مَشعُورٌ (به) . خَجلان

con'sciously, *ad.* عن شعورٍ (أو) إدراك . عن قصدٍ

con'sciousnẽss, *n.* شعور . دِراية . مَشاعِر . صَحوٌ

conscript', *v.* جَنَّد (إجبارًا) . سخَّر

con'script, *n.*, *a.* مُجنَّد (إجباري)

conscrip'tion, *n.* تجنيد (إجباري)

con'sẽcrāte, *v.* قدَّس . سَبَّلَ . كرَّس . خصَّص

consẽcrā'tion, *n.* تسبيل . تكريس . تخصيص

consẽc'ūtive, *a.* مُتَوالٍ . سَرْدٌ . مُتَسلسِل

consen'sus [-sẹs], *n.* إجماع (الآراء) . موافقة إجماعية (أو) عمومية

consent', *n.* قَبُول . رِضا . موافقة

consent', *v.* قَبِل . رَضِي . وافق

con'sẽquence [-sikwẹns], *n.* تَبِعَة . عاقبة = دَرَك . نتيجة . غِبّ . شأن = أهمية

evil —, وَبال

con'sẽquent [-sikwẹnt], *a.*, *n.* تَبِعَة . تالٍ . لازم . ناشئ (أو) ناتج (عن)

consẽquen'tial [-sikwenshẹl], *a.* عُجْبي = خُيَلائي . تالٍ . تَبَعِي . ذو شأن

con'sẽquently, *ad.* إذاً . لذلك . بالتالي . بالنتيجة

conservā'tion, *n.* استبقاء . إدِّخار . احتفاظ . حِفظ . عَدَم التفريط

conserv'atiṡm, *n.* مذهب المحافظة (على القديم)

conserv'ative, *a.*, *n.* مُحافِظ . متحفِّظ . حافِظ

Conservative Party, حزب المحافظين (في بريطانيا)

conserv'atory, *n.* مَحْضَرَة . مَرْباةٌ (للنباتات) . مدرسة موسيقية (أو) فنية

conserve', *v.* حَفِظ . احتفظ . رَبَّى (الفواكه بالسكر) . استبقى . ادَّخَر

conserveṡ' [-vz], *n. pl.* مُرَبَّيات

consid'ẹr, *v.* نَظَر = فَكَّر (مَليًّا) . تفكَّر . اعتبر . رأى . راعَى . اعتقد . أخذ بعين الاعتبار

consid'ẹrable, *a.* مُهِمّ . ذو بال (أو) شأن . كبير = غامِرٌ . كثير

consid'ẹrably, *ad.* بكثيرٍ . كثيراً

consid'ẹrate [-rit], *a.* مراعٍ لشعورِ الغير . مُهتَمّ بالغير

considẹrā'tion, *n.* نَظَرٌ = تأمُّل . حَيثِيّة . اعتبار . مراعاة الشعور . رِعاية . دُفعة مالية مُقابِلة . تعويض

under —, قيد النظر (أو) البحث

to take into —, أخذ بعين الاعتبار

in — of, في مقابل . من أجل . لِقاء

consid'ẹred [-rd], *a.* مُحكَم . مُتَدبَّر . بعد رَوِيّة . مُخصَّص

consid'ẹring, *prp.* إذا اعتبرنا . . مع اعتبار

consign' [-sīn], *v.* استحفظ . سَلَّم . أودع . استرعى . أرسل . خَصَّص

consign'ment [-sīn-], *n.* تسليم . إيداع . شحنة (= إرسالية) من البضاعة

consist', *v.* تكوَّن . تألَّف (أو) تركَّب (من) . وافق . واءم

to — in, تكوَّن (أو) تألَّف (من) . قام (على) = كان قِوامُه . . .

consis'tency, *n.* قِوام . توافُق . اتِّساق . إطراد . استمرار على طريقة واحدة

consis'tent, *a.* مُتوافِق . مُتَّسق . مُطَّرِد (على طريقة واحدة) . باقٍ على حالةٍ واحدة

consis'tently, *ad.* بتوافق . باتساق . باطِّراد . باستمرارٍ (واحدٍ)

con'sistory, *n.* أعلى مجلس في الكنيسة الكاثوليكية . محكمة كهنوتية . مجلس كهنوتي . مجلس

consolā'tion, *n.* تأسِيَة = تعزِية . جبر الخاطر

consōle', *v.* أسَّى = عزَّى . جبَرَ الخاطر

consol'idāte, *v.* كرَّس = دمَج . وحَّد . رسَّخ . وطَّد . جمَّع . مكَّن . متَّن . تكارس = تراكم وتلازب واشتدّ

consolidā'tion, *n.* إدماج . توحيد . ترسيخ . توطيد . تمتين

consom'mé [-mā], *n.* مَرَقة مُروَّقة

con'sonant, *n.* حرف ساكنٌ (من حروف الهجاء)

con'sonant, *a.* مُنسَجِمٌ (الصوت) . مُؤتلِف . مُلتئِم

con'sôrt, *n.* زوْجٌ = أحد الزوْجين . قَرين (أو) قَرينة . إلف . جَنيب . سفينة جَنيبة

consôrt', *v.* عاشَر = خالَط = قارَن = لابَس . إئتلف (مع)

conspic'ūous, *a.* نابهٌ . بارز . مشهور المنظر . واضِحٌ (أو) ظاهِرٌ للعيان . لافت للانتباه

conspic'ūously, *ad.* بظهورٍ شديدٍ . بصورةٍ بيِّنة

conspi'racy, *n.* مُؤامرة . ممالأة . مَكيدة

conspi'rator, *n.* متآمر . مُتمالِئ . مُمالئٌ

conspīre', *v.* تآمر . دبَّر مكيدةً . تألَّب (على)

con'stable [kun-], *n.* شُرْطيٌّ = ضابِطيٌّ . [نفر بوليس]

con'stancy, *n.* دَوام (أو محافَظة) على العهد = حِفاظ . وَفاء . ثبَات . استمرار . دوام

con'stant, *a.* دائمٌ (أو مُحافِظٌ) على العهد . مستمرّ . ثابِتٌ . دائم . مواظِب . مُتتابِع

con'stant, *n.* (كميّة) ثابتة . (مِقدار) ثابت

Constantinō'ple, *n.* استنبول . القسطنطينية

con'stantly, *ad.* على الدّوام . باستمرار . بمواظبة . مرارًا وتكرارًا

constellā'tion, *n.* صُورَةٌ (أو) كَوْكبة = مجموعة نَجميَّة . مَنْزِلة الكوكبة (في السماء) . حَفلٌ من نجوم القوم

consternā'tion, *n.* هَلع . فَرَقٌ . رَوْعٌ . فَزَع

constipā'tion, *n.* قَبضٌ = إمساك (أو) انعقال البطن

constit'ūency, *n.* دائرة انتخابية . جَماعة الناخبين في هذه الدائرة

constit'ūent, *a., n.* تأسيسيٌّ . جزءٌ مُكوِّن (أو) مركِّبٌ . جزء مؤلِّف . ناخب

— assembly, جمعية تأسيسية

con'stitūte, *v.* كوَّن . أسَّس . ألَّف . أقام

constitū'tion, *n.* تأليف . تركيب . كِيان . بِنيَة . تقويم

constitū'tion, *n.* قانون أساسي . دُستور
constitū'tional [**-shẹn-**], *a.* = جِبِلّي متعلق بتركيب الجسم . دُستوري
constitū'tionality [**-shẹn-**], *n.* دُستورية
constrain', *v.* أَجبَر . اضْطَر . حَصَر . حجز .
constraint', *n.* قَسْرٌ . إحراج . حَصْرٌ . كَبتٌ . اضطرار . مَجبُورية . تكلّفٌ . تَلَجئة
constrict', *v.* حَزَق . قلّص . خَصَّر . صرَّ
constric'tion, *n.* تَحَزُّق . تحزيق . تخصير . إصطرار
constric'tive, *a.* تَحزيقي . تقليصي
construct', *v.* رَكَّب . بَنَى . أنشأ . شَيَّد
construc'tion, *n.* تركيب . إنشآء . تأويل
construc'tive, *a.* بنـائي . إنشائي . مُساعِفٌ . بنّاء
con'strũe [*or* **konstrũ'**], *v.* (-ued, -uing) أَوَّل . فَسَّر . أعرَب . تَمَعْنَى = خَرَّج له مَعنًى
con'sul, *n.* قُنْصُل
con'sūlar, *a.* قُنْصُلي
con'sūlate [**-lit**], *n.* قُنْصُلِيَة
con'sulship, *n.* مسئولية القنصل . مدة ولاية القنصل
consult', *v.* استشار . تشاوَر . استفتى . [رَاجع]
consultā'tion, *n.* استشارة . مشاورة . استفتاء
consul'tative, *a.* شُورِي . استشاري
consūme', *v.* أتى (عليه) . أتلف . نهكته (الحمّى) . استهلك . بدّد . أضاع . أنفق . استنفد . تلهّب (أو) تحرّق (جوعاً أو . . .)

consūm'ẹr, *n., a.* مُستَهلِك . مُتلِف (للمال) . مُبَدِّد . استهلاكي
— goods, بضائع استهلاكية
con'summāte *v.* أنجز . كَمَّل . وَفَّى . أَتَمَّ
consumm'ate [**-it**], *a.* مُستَوْفًى . مُطلَق . بالغٌ حدَّ الكمال . مُكَمَّل . مُتقَن . مُحكَم
consummā'tion, *n.* تكميل . إتمام . إتقان . استيفاء
consump'tion, *n.* استنفاد . استهلاك . هُلَاس (أو) سُلَال = مرض السل
consump'tive, *a., n.* مهلوس = مَسلُول . سُلّيٌّ
con'tact, *n.* مُباشَرَة = تَماسٌ . اتّصالٌ . الرائش = السفير (أو) الواسطة بين الراشي والمرتَشي
con'tact, *v.* باشَر = ماسَّ . اتصل (ب)
contā'gion [**-jẹn**], *n.* إقراف = عَدْوَى . سِرَايَة (المرض)
contā'gious [**-jẹs**], *a.* مُقرِف = مُعدٍ . سارٍ
contain', *v.* حَوَى . وَسِع . تَمَالَك . حَصَر
contain'ẹr, *n.* وعاء
contam'ināte, *v.* نَجَّس . لَوَّث = أقرَف
contaminā'tion, *n.* تنجيس . تلويث . إقْرَاف
contemn' [**-tem**], *v.* استخفَّ (ب) . ازدرى = امتهن
con'templāte, *v.* نظر مَلِيًّا . رَوَّى . فكَّر (في) . أمعن الفكر = تَأَمَّل . نَوَى . تَحرَّى . في فِكره (أن)
contemplā'tion, *n.* إمعانُ الفكر . تَأَملٌ . نِيَّة . تَحرٍ
con'templative, *a.* تَأَمُّلي . نَظَرِيٌّ

contemporān´ēous, *a.* قَرِين في الزَّمَن . مُزامِنٌ . مُعاصِر

contem´porary, *n., a.* مُزامِن. مُعاصِرٌ

contempt´, *n.* احتقار . ازدراء . امتهان . استرذال

— of court, احتقار المحكمة

contemp´tible, *a.* حَقير . مُحتَقَر . مَهين . فَسلٌ . حَيقَرٌ . زَرِيٌّ

contemp´tūous, *a.* مُحتقِرٌ . مُزدَرٍ . مُستحقِر

contend´, *v.* قاتل جاهد . عافَس = عالج وصارع . بارى . عارض . قاوم . نازع . زاحَم . داعَى . جادل . أكَّد القولَ

content´, *a.* مُكتَفٍ . مُرتضٍ . راضٍ . قانع

con´tent, *n.* مُحتوَى . مَضمُون . سَعَة . حَجم

content´, *v.* كَفَى . أرضَى . أقنَع . اجتزأ

content´, *n.* اكتفاء . ارتضاء . اجتزاء . قُنوع

content´ēd, *a.* راضٍ . مُكتَفٍ . قانِع . مُستَريح البال

conten´tion, *n.* جدال . خِصام . حُجَّة . مُجاهَدَة . مُنازَعَة . مُداعاة . مُباهَتة

conten´tious, *a.* شديد الخِصام . لَجوج . مُكابِر . مُباهِت

content´mẹnt, *n.* اكتفاء . ارتضاء . قَناعة . راحة البال . دَعَة

con´tents, *n. pl.* مُحتَوَيات . مَضامِين

con´test, *n.* مُنازَعة . مُنافسة . مُباراة = مُساجَلة . مثاقفة (في المهارة)

contest´, *v.* نازَع . غالَب . قاوم . قاتل . جادل (أو) عارَض (في صحة) . ساجَل . بارى

contes´tant, *n.* مقاوِم . منازِع . مُعارِضٌ . مُنافِس . مُبارٍ

con´text, *n.* قَرِينة (أو) سِياق (الكلام) . مَقام

contigū´ity, *n.* قُرب . مُصاقبة = مُلاصَقة . مُطاوَرة

contig´ūous, *a.* مُصاقِب = مُلاصِقٌ = مُطاوِرٌ

con´tinẹnce, *n.* ضبط النفس . تعفُّف . اعتدال . عَفاف

con´tinẹnt, *n.* قارَّة . بَرٌّ أكبر

The Continent, القارة الأوروبية (أو) البَرُّ الأوروبي (باصطلاح بريطانيا)

con´tinẹnt, *a.* ضابط لنفسه . مُتعَفِّف . مُتَمنِّع

continẹn´tal, *a.* قارِيٌّ

— shelf, جناح البر . طَفطاف البر

Continẹn´tal, *a.* متعلّق بالبر الأوروبي

contin´gẹncy, *n.* احتمالٌ . طارئ . حادثٌ عَرَضي . عَرَضيّة

contin´gẹnt, *a.* مُحتَمَل الوقوع. تَصادُفي . حادث. طارئ. مُعلَّق (أو) موقوفٌ (على)

contin´gẹnt, *n.* رِفدَة = جَماعةٌ مِن جماعةٍ كُبرى . رِفدَة (أو) [فَزعَة] (من الجنود أو العُمَّال) . مُساندة

contin´ūal, *a.* مُتَواصِل . مستديم . مُتَواتِر

contin´ūally, *ad.* على الدوام . على التوالي . بصورةٍ متواترة

contin´ūance, *n.* تواصُل . دَوام . استمرار . بقاء . تمادٍ . إدمان

continūā´tion, *n.* مُواصَلة. إدمان. تَتِمَّة

contin´ūe, *v.* استدام . داوم . واصَل . ظَلَّ . ما زال

continū´ity, *n.* استدامة . استمرار . دوام . مواصلة . دَيمومة

contin'ūous, *a.* مستديم . متواصِل . دِراك = متلاحِق

contin'ūously, *ad.* بلا انقطاع . على التوالي . باتصال

contôrt', *v.* زوّى . لوّى . عوّج . شمّز

contôr'tion, *n.* تَزوية . تعويج . تَلوِيَة . تَشميز = تزوية (الوجه)

con'tour [-tōōr], *n.* خَطّ المحيط (أو) الخِتار . الخط الخِتارِيّ . خط الارتفاعات (عن سطح البحر)

con'traband, *n., a.* محظورٌ = ممنوعٌ قانونًا . بضائع محظورَة (أو) مُهرَّبة . تهريب (البضائع)

con'tract, *n.* عَقدٌ . [مُقاوَلة]

contract', *v.* عَقَدَ (عَقدًا) . تَعاقَد

contract', *v.* تَقَلَّص . تَكَمَّش . تقفّع . اختصر

contrac'tile [*or* -til], *a.* قابل للتقلّص

contrac'tion, *n.* تَقَلُّص . تكمّش . ضُمور . اختصار

contrac'tor, *n.* مُتَعَهِّد . [مُقاوِل]

contradict', *v.* أنكر . عارض . كَذَّب . ناقَض . خالَف . نافَى

contradic'tion, *n.* مُعارَضة . تكذيب . مناقضة . مخالفة . منافاة

contradic'tory, *a.* مُتَعارِض (أو) متناقِض (مع) . متنافٍ (مع)

contradistinc'tion, *n.* تمييز . خِلاف . عَكس . تمايز

contral'tō, *n.; pl.* -tos قطعةٌ تُغَنَّى بأخفضِ صوتٍ نسائي . أخفض صوت نسائي

con'trariwīse, *ad.* بعكس ذلك

con'trary, *a., n.* مُعاكِسٌ . مُضادّ . فيه عُرضِيَّة . عَكس . ضد

on the —, على العكس (أو) على الضِدّ (من)

contrār'y, *a.* مُخالِف . مُشاكِس . مُعانِد . فيه عُرضِيَّة

con'trâst, *n.* تَبايُن (كبير) . مُغايَرة . مُغايِرٌ . مُعارِض

contrâst', *v.* عارض (أو) قابَل (لإظهارِ الفروق) . تَبايَن . تَغايَر . تعارَض

contrib'ūte, *v.* إشترك (أو) أسهَم (في تقديم . . .) . رافَد (أو) عاون (في التبرع)

to — to, أسعف (على) . عَمِلَ (على) . عاون (على)

contribū'tion, *n.* مُشارَكة (في العَوْن أو التبرع) . مُرافَدَة (أو) معاونة . كتابة (في مجلة أو جريدة)

contrib'ūtor, *n.* مُرافِد . مُشتَرِك (أو) معاون (في) . مُكاتِب . كاتب (مقالات . . .)

contrib'ūtory, *a.* مُسهِم . مُساعِد . مُعاوِن

con'trīte, *a.* مُنسحِق القلب = مُنكَسِر القلب نَدَمًا . نادِمٌ

contri'tion, *n.* انكسار القلب نَدَمًا . نَدَمٌ . أسَفٌ شديد

contrīv'ance, *n.* اختراع . تَدْبير . جِهازٌ آلي

contrīve', *v.* اخترع . دَبَّر . نَجَح (في)

controōl', *v.* (-lled, -lling) تحكّم (في) . تمالَكَ . سَيطَر . ضَبَط . تسلَّط . راقَب . وَجَّه . زَجَر . كَظَم . كَبَح

contrōl', *n.* سيطرة . تمالُك . ضَبط . سُلطة . رَقابة . قَيد . ضابِطة

out of —, [فالِت] . جامح . خارج عن اليد

contrōll'er, *n.* مُراقِبُ (الدخل والخرج) . مُراقب . ضابط

control stick, ذِراع حركة الطائرة . دَفّة الطائرة

controver'sial [-shẹl], *a.* خِلافي . جَدَلي . تختلف حوله الآراء . لَجوج . مُجادِل

con'troversy, *n.* خصومة . جَدَل . مُناظَرة . لَجاجة . لِجاج . مُماراةٌ

contūmā'cious [-shẹs], *a.* مُعانِد . عانِد . متمنّعٌ عِنادًا . مُتَعَتٍ = عاصٍ عِنادًا . ناشِز

con'tūmacy, *n.* نُشُوز . التَّعَتّي = العِصيان (أو) الامتناع العِنادي

con'tūmẽly, *n.* تحقير . ازدراء . امتهان . [جدلة] . ذَمّ . مَذمّة

conun'drum, *n.* أُحجيّة

convalesce', *v.* نقه (المريض)

convales'cẹnce, *n.* نَقَاهَة . تَماثُلٌ للشّفاء

convales'cẹnt, *a., n.* ناقِهٌ . مُتَماثِلٌ للشفاء

convēne', *v.* اجتمع = التأم . جَمَع . دعا إلى اجتماع

convēn'iẹnce, *n.* مُلاءمة . موافقة . ما يُلائم . راحة . سُهولة . موافقة الغرض . رَفَاهَة

at your —, كما يُلائِمُك (أو) يوافِقك

convēn'iẹnt, *a.* مُلائم . مُريحٌ . قريبُ التناوُل . مُؤاتٍ . سَهل . موافق للغرض

convēn'iẹntly, *ad.* على وجهٍ مُلائمٍ (أو) مُريح . بدون تَعَبٍ . بما يُلائم الغرض

con'vent, *n.* دَير (للراهبات) . راهبات الدير

conven'ticle, *n.* اجتماع ديني (سِرّي) (للمنشقين)

conven'tion, *n.* اجتماع . مؤتمر . مُتَعارَفٌ . وَفد . إجماع . عُرف

conven'tional [-shẹn-], *a.* مُتَعارَف = عُرْفي . اصطلاحي . مُعتاد

— weapons, الأسلحة العادية (أو) المَعهودة

conventional'ity [-shen], *n.* متعارَفة . عُرْفِيّة . إصطلاحية . مراعاة العُرف والعادة

converge', *v.* تخازَم = تناحَى = تقارب (نحو نقطة واحدة) . تَلاقى

conver'gẹnce, *n.* مناحاة = تناحٍ . التوارد (نحو نقطة واحدة) . تقارُب

con'versant, *a.* عاهِدٌ = دارِبٌ = مُطَّلِعٌ (أو) واقِف (أو) مُتعوِّد (على)

convẹrsā'tion, *n.* مُكالَمة . مُحادَثة . حَديثٌ

conversā'tional [-shẹn-], *a.* مُتعلِّق بالمكالمة (أو) المحادثة

converse', *v.* كالَم . تكلّم (مع) . حادَث

con'verse, *n.* مكالمة . مُحادَثة . معاشَرة

con'verse, *n.* عَكسٌ . ضِدّ . مَقلوب

con'verse, *a.* مَعكوس . عَكسي . مقلوب

conver'sely [-sl-], *ad.* بالعكس . عكسُ ذلك

conver'sion [-shẹn], *n.* تحويلٌ . قَلب . تبديلٌ . هِداية (أو) اهتداء (إلى الإيمان) . صُبُوء . تَدْيين

convert', *v.* حوّل . قَلَب . بدّل . دَيّن = استصبأ = حَوّل (من دين إلى دين) . هدى (إلى الإيمان)

con'vert, *n.* مُدَيَّن . حائل (عن دينه) . مُهتَدٍ (الى الإيمان) . صابئٌ . مُتَملِّل . مُملَّل

convert'ible, *a.* قابل للتحويل (أو) القَلْب . قابلٌ للتبديل (أو) الصَّرف

con'vex, *a.* مُحدَّب . مُقبَّب . مُسنَّم

convey' [-vā], *v.* وَصَّل . نَقَل (وأوصَل) . بَلَّغ . أدّى

convey'ance [-vā-], *n.* نَوْصيل . نَقل (وإيصال) . تَبليغ . تأدية

convey'ance, *n.* نَقلُ المُلكيّة . ناقِلة = مَركَبة . حَمولة . نَقولة

convey'ẹr [-vay-], *n.* مُوَصِّل . أداة توصيل = مِيصال . ناقل . مِنقلة

convey'or, *n.* = conveyer

convict', *v.* استذنب . حَكَم (عَليه) (بِثُبوت الجُرم) . حُكِمَ (عليه)

con'vict, *n.* مَحكومٌ (عليه بالسّجن أو بثبوتِ الجُرم) . سَجين

convic'tion, *n.* الحُكمُ (أو) المحكوميّة (بثبوتِ الجرم) . إقناع . اعتقاد راسخ

convince', *v.* جَعَل يَعتقِد . أقنَع (بالحُجّة والبرهان)

convinc'ing, *a.* مُقنِعٌ . قَويُّ الحُجّة

conviv'ial, *a.* نديم . نَدْمٌ . مُحِبٌّ لِلّهو والشرب مع النُّدْمان . حَسَن المَعْشَر . حُلو المعاشرة

convōcā'tion, *n.* اجتماع . دعوة إلى اجتماع

convōke', *v.* دعا إلى اجتِماعٍ (يُعقَد)

convolū'tion, *n.* تَلفيفة . تحوٍ . تَلَوٍ . مَطْوى

convoy', *v.* خَفَر = بَذرق = بَذْرَق

con'voy, *n.* بَذرَقةٌ = خفرٌ . قافِلَة مَخفورَة

convulse', *v.* إنتفض . اختَبَط . تَشَنَّج . رَعَص . زَعزَع

convul'sion [-shẹn], *n.* انتفاض = ارتعاص . ارتجاف . تَشَنّج . زَعزعة . نَوْبة من الضحك

convul'sive, *a.* ارتعاصي . تَشَنُّجِي . اختلاجي

cōn'y, *n.* عَناق الأرض . وَبْرٌ . أرْنَبٌ . فَرْوة الأرنب

coo, *v.* (cooed, cooing) هَدَر (أو) هَدَل (الحمام) = قَرقَر (أو) سَجَع . باغَم (تحبّبًا)

cook, *n.* طَبّاخ . طاهٍ

cook, *v.* طَبَخ . طَها . لَفَّق

to — up, طَبَخ = لفّق

cook'ẹr, *n.* جِهاز طَبخ = [طَبّاخة] . مِطباخ

cook'ẹry, *n.* طِباخة . طَبْخ

cook'ie, cook'y, *n.* قُرْصة (أو) كعكة صغيرة رقيقة مسطحة (مُحلّاة)

cōōl, *a.* باردٌ لَطيفٌ . بارد (أو) هادئ (الطبع) . فاتِر . هادئ (اللّون) . فاتر (الهِمّة) . عديم الاحتشام . مُتطاوِل

cōōl, *v.* لَطَّف حرارتَه . بَرَد قليلًا = باخَ . فَتَر . تَبَرَّد . استبرد

cōōl, *n.* [بَراد] = شيءٌ باردٌ لطيف

cōōl'ẹr, *n.* بَرّاد . بَرّادة = خَشْرَجٌ

cōōl'ie, cōōl'y, *n.* حَمّال (أو) فاعِل (صيني أو هندي)

cōōl'ly, *ad.* بهدوء (أو برودة) طبع . بفتور . بِرَزانة . بتمالك النفس

cōōl'nĕss, *n.* بُرودَة (لطيفة)

cōōn, *n.* = raccoon

cō-op', *n.* = co-operative

cōōp, *n.* خُمٌّ = بَيت (أو قفص) الدّجاج . سِجن

cōōp, *v.* خَمّ = حَبَس في الخُم . حَبَس وحَصَر . سَجن

cōōp'ẹr, *n.* صانِع (أو مُصلِح) البراميل

cō-op'ẹrāte, *v.* تعاون (مع) = عَمِل (مع)

cō-opẹrā'tion, *n.* تَعاوُن = العمَل معًا

cō-op'ẹrative, *n.* تَعاوُنيّة = مُنظَّمة (أو جمعية أو شركة) تعاونية

cō-op'ẹrative, *a.* تَعَاوُني . مُريدٌ للتعاون . راغِب في التعاون

cō-ôrd'ināte, *v.* نَسَّق . تناسق . انتسق . وَضَع في نسقٍ واحد (أو) رتبة واحدة

cō-ôrd'inate [-nit], *n., a.* عَدِيل = نَدِيد = نَظِيرٌ . نَسِيق = مُناسِق

cō-ôrdinā'tion, *n.* تنسيق . تناسق . انتساق

cōōt, *n.* دَجاجة الماء = زُقَّة = طائر مائيٌّ كالبَطة

cop, *n.* شُرْطي

cōpe, *v.* استطاعَ . أطاق = قَدِر (أو) قَوِي (على) = اضطلع (ب)

cōpe, *n.* قُبَّة . ظُلَّة . غَفَّارة = رداءٌ يلبسه رجال الدين

cop'ied [-id], *a.* مَنقُولٌ (أو) مَنسوخٌ (عن)

cō'pīlot, *n.* مُرابن (الطائرة) = مقارِن رُبّان (الطائرة) . رَصِيف الرُّبّان

cōp'ing, *n.* مِدْماكُ الفلق (في أعلى الجدار) ويكون مائلًا

cōp'ious, *a.* غَزيرٌ . وَفِير . وابِل . مِدْرارٌ

copp'ẹr, *n.* نُحاسٌ (أحمر) = قُبْرُسٌ . شُرْطي

copp'ẹr, *a.* نُحَاسِيٌّ (أحمر) . من نحاسٍ (أحمر)

copp'ẹr, *v.* غَشَّى بالنحاس (الأحمر)

cọp̀'ẹras, *n.* كبريتات (أو) كبريتية الحديد (خضراء اللون) = زاجٌ أخضر

copp'ẹrhead [-hed], *n.* حَيَّة سامَّة أمريكية

copp'ẹry, *a.* نُحاسي (أحمر)

copp'ice, *n.* غِيل . أيكة . أجمة . غريفة = شجر كثيف ملتفّ = حائش

cop'ra, *n.* لُبّ جوز الهند المُجَفَّف

copse, *n.* أَجمة . لِفٌّ = غَرِيفَةٌ = أَيْكَة = مجمع شجر (أو) شُجَيْرات

cop'y, *n.* نُسخَة . صُورة . مِثَالٌ يُحتَذَى

cop'y, *v.* (-pied, -pying) نَقَل . نَسَخ . حاكى . [قَلَّد] . احتذى = تَمَثَّل (بِ) . تأسَّى (ب)

cop'yright [-rīt], *n.* حقُّ الطبع والبيع . حقُّ النقل والنشر . حق الاستنساخ

cō'quētry [-kit-], *n.* تَغَنُّج . دَلال . تدلّل

coquette' [-ket], *n.* لَعُوب . غَنُوجة

coquett'ish [-ket-], *a.* تَغَنُّجِي . تَدَلُّلي . مُتَغَنِّج

co'racle, *n.* قاربٌ صغير من قصب (أو) خشب غُشِّيَ بما يمنع نفوذ الماء

cô'ral, *n., a.* مَرْجانٌ . مَرْجاني

côrd, *n.* كَوْمَة من الحطب . قِيطَانٌ . خيط غليظ . مَرَس

côrd'age [-ij], *n.* حِبال (أو) أمراس (السفينة)

côrd'ial, *a.* مُخلِص . قَلبي . من (صميم) القلب . مُنعِش

côrd'ial, *n.* (دواء) مُنعِش (أو) مُنَبِّه (للقلب)

côrdial'ity, *n.* إخلاصٌ . حُسن وِداد . مُصافاة

côrdiller'a [-dilyā-], *n.* سلسلة (طويلة) من الجبال

côrd'on, *n.* طَوق (أو) حُوَاطَة (أو) نِطاقٌ (من الجنود أو السفن للحراسة)

côrd'ovan, *n., a.* جلدٌ فاخر لَيِّن . قُرْطُبي . من قُرْطُبة

côrd′uroy [**-dẹroi**], *n.* قُمَاشٌ قُطني مخملي ثخين مُضَلَّع

côrd′uroyṡ, *n. pl.* بنطلون من قماش قطني مخملي ثخين

côrd′wood, *n.* حَطَب يُباع بالكَومة

côre, *n.* صَميم . قلب . لُبّ

côre, *v.* استخرج القلبَ (أو) اللُّبَّ = قَوَّب . قوَّر

côrian′dẹr, *n.* نُقْدَة = كُزْبَرَة

côrk, *n.* فَلِّين . فَلِّينة

côrk, *v.* سَدَّ (أو صَمَّ) بِفَلِّينة . حَصَر

côrk′screw [**-skrōō**], *n.*, *a.* [بَرِّيمة] . لَوْلَب فَلِّينة

côrm′orant, *n.* (طائر) الغاق = قاق الماء

côrn, *n.* حَبٌّ . بِزْر . قمح (أو) شعير (أو) ذُرَة (أو) هُرطُمان

Indian —, الذُّرَةُ الصفراء

côrn, *n.* دِمَانٌ = كَنَبٌ = [مسمار لحم]

côrn′-cob, *n.* مُطر (أو سُنبُول) الذرة = عِرنَاس

côrn′ēa, *n.* قَرنية العَين

côrned [**-nd**], *a.* مُمَلَّح = مَحفُوظٌ بالملح (أو) بماء الملح

corned beef, لحم بقر مَحفُوظٌ بالملح

côrnēl′ian, *n.* عَقيق أحمر = يَنَع

côrn′ẹr, *n.* [رُكن] . زاوية . قُرْنَة . مأق (العين) . طرف . ناحية

to turn the —, اجتاز الخَطَر . جاوَز البُحرانَ المَرضي . تخطّى العَقَبة

côrn′ẹr, *v.* دَفَع إلى زاويةٍ (أو) مضيق . أحرجَ . تَوَهَّق (في الكلام) . حَكَر = احتكر (لرفع السعر)

côrn′ẹr, *a.* في (أو) على (أو) عند الزاوية (أو) القُرنة

côrn′ẹr-stōne, *n.* رُكْنٌ . حَجر الزاوية

côrn′ĕt, *n.* [قُرنيطة] = بُوقٌ . قِمعة وَرَق = [قرطاس]

côrn′flour [**-flouẹr**], *n.* دقيق الذرة الصفراء

côrn′flowẹr, *n.* (نبات) [تُرُنشان] = تُرُنجان . تُرُنشاه

côrn′ice, *n.* زَيْف = تأزيرٌ على الجدار قرب السَّقف . إفريز = طَفْطَاف . جامور

Côrn′ish, *a.*, *n.* خاصٌ بمقاطعة كورنول في بريطانيا

côrn′stârch, *n.* دقيقٌ نَشَويٌّ من الذرة الصفراء

coroll′a, *n.* تُوَيج (الزهرة)

coroll′ary, *n.* نتيجة (طبيعية) . نتيجة مستفادَة (أو) فَرعية . مُستَنتَج

corōn′a, *n.* إكليل . طُفَاوَة (أو) دَارَةٌ (أو) هالة من النور حول الشمس (أو) القمر

co′ronal, *n.*, *a.* إكليلي . طُفَاوِي . تاج . تُوَيج . إكليل . رُعْلة

coronā′tion, *n.* تتويج . احتفالات التتويج

co′ronẹr, *n.* قاضي (تحقيق) الوَفَيات

co′ronĕt, *n.* تاجَةٌ = تُوَيجٌ = تاجٌ صغير

côrp′oral, *a.* جَسَدي . بدني . جِسماني

— punishment, عقوبة بدنية (أو) جَسدِية

côrp′oral, *n.* وكيل عَريف . جندي أول . أُونباشي

côrp′orate [**-rit**], *a.* مُندَمِج (أو) مُتَّحِد (في هيئة أو شركة)

côrporā′tion, *n.* شَرِكَةٌ مؤتلفة . جمعيةٌ نِقابِيَّة . جمعية (أو) شركة (ذات شخصية قانونية)

corpôr´ēal, *a.* جِسماني . للجسم . مادّي

corps [kôr], *n.; pl.* **corps [kôrz]** فَيلَق . [عُرضي] . قِسم (أو) سِلاح . هَيئةٌ (مُنظَّمة مخصوصة)

côrpse, *n.* ميتةٌ . جُثَّة

côrp´ūlẹnce, *n.* بَدَانة = سِمَن

côrp´ūlẹnt, *a.* بَدِينٌ . سَمِينٌ . بادِنٌ

côrp´us, *n.; pl.* -pora مَيتة . جُثة . مجموعة

côrp´uscle [-pusl], *n.* جُزَيئةٌ . جُسَيمة . كُرَيَّة

corral´, *n.* حَظِيرة . صِيرة (للبقر) . حريسة (للغنم)

correct´, *a.* صَوابٌ . سالم (من الخطأ) . صحيح . صادِقٌ . مُصيبٌ . قَويمٌ . لائق . بحسب الأُصول

correct´, *v.* صَحَّح . قوَّم . ضَبَّط

correct´, *v.* نَوَّب. أدَّب = عاقب (للإصلاح)

correc´tion, *n.* تصحيح . تأديب . تتويب

correc´tive, *a.* تصحيحي . تأديبي . إصلاحي

correct´ly, *ad.* على الوجه الصحيح . بالضبط

correct´nẹss, *n.* صِحَّة . سَدَاد . ضَبط

co´rrēlāte, *v.* جَمع (بين) . ناسَب. تَنَاسَب. تلاءَم . لازم (بين) . لاءَم (بين)

corrēlā´tion, *n.* نسبة . تناسب . عَلَاقَة تناسب . تَلَازُم

correl´ative, *n., a.* مُتَلازِم . أحد المتلازمين

corrēspond´, *v.* طابَقَ . قابل. ناظر. رَاسَل

corrēspon´dẹnce, *n.* مُطابقة . تَقَابلٌ . مراسَلة

corrēspon´dẹnt, *n.* مُكاتِب . مُراسِل . مُعامِل

corrēspon´ding, *a.* مُطابِق . مُقَابِل . مُناظِرٌ

co´rridor, *n.* دِهليز . مَمَرّ . مَعبَر

corrob´orāte, *v.* أيَّد . ثَبَّت = رَصَّن . صَدَّق

corroborā´tion, *n.* تأييد . تثبيت . تصديق

corrōde´, *v.* جعلَه يَتأكَّل . تَأكَّل . حَتّ . أتلف . أفسد

corrō´sion [-zhẹn], *n.* تَأكُّل . إئتِكال . انحتات

corrōs´ive, *n., a.* مُسَبِّب للائتكال . آكِلٌ . قادِحٌ . كاوٍ

co´rrụgāte, *v.* عوَّج . طوى . جَعَّد . ثَنَّى . عقَّف . عقرب

co´rrụgātẹd, *a.* مُطَوًّى . مُمَوَّج . مُعقَّف . مُعكَّف . مُعَقرَب

corrupt´, *a.* فاسِدٌ . خَمِج = [مُخمَّج] . خَبيث . فاسِق . مُصحَّف . مُستَجرَح . مُحرَّف

corrupt´, *v.* أفسَد = أخبث. رَشَى = برطل . استَجرح (الكتابة) . صَحَّف . حرَّف

corrup´tible, *a.* يمكن إفساده (أو) رَشْوُه

corrup´tion, *n.* فَساد . خَمَج الأخلاق . فِسق . رَشْوَة . تصحيف . تحريف

côrs´age [-âzh or -ij], *n.* باقة من زَهر تُوضَع على الخصر (أو) على الكتف . صُدرة ثوب المرأة = الجزء المغطي للصدر . خَصر ثوب المرأة . مُخَشَّر

côrs´air, *n.* لص البحر = قُرْصان. سفينة قرصنة

côrse, *n.* جَسد الميت . جُثة . مَيتَة

côrs´(e)lēt [-sl-], *n.* دِرْعٌ (للبَدَن) . جَوشَن (الصدر) . مِضَبٌّ (للمرأة تحت الثياب)

côrs´ēt, *n.* مِشَدٌّ (أو) مِضَبٌّ (للمرأة)

cortège′, cortege′ [-tāzh], *n.* مَوْكِبٌ . حاشية (للحشم والأتباع)
côrt′ex, *n.* لِحَاء (الشجر) . لحاء (أو) قِشرة (الدماغ)
côrt′ical, *a.* لِحائي
cō′sīne, *n.* تمام الجَيب (في حساب المثلثات)
cōs′ily, *ad.* براحةٍ . باكتنان . باستكنانٍ
cosmet′ic, *n.* شِياف = مادة للتجميل والتطرية
cos′mic, *a.* كَوْنِي . مُتَرَامي الأطراف . مُتَّسِق
— ray, شُعاع كَوني
cosmog′ony, *n.* خَلق الكَون . نظرية نشوء الكون وتكوينه
cosmopol′itan, *a., n.* مختص بجميع العالم . فيه من جميع أنواع البشر . أَلّاف = يألف كل وَطَن = عَوالِمي
cos′mos, *n.* المنظومة الكَوْنية . مَنظومة
cost, *n.* ثَمَن . [كُلفَة] . نَفقة . خسارة
— of living, (مُعدَّل) غلاء المعيشة
cost, *v.* سَوِيَ = ثَمَنُه كذا . كَلَّف
cos′tẹrmonġẹr, *n.* بائع فاكهة وخُضَر (في الشارع)
cos′tive, *a.* مصاب بالقَبض (أو) اعتقال البطن . قابض
cost′linēss, *n.* ثَمَنٌ كبير . كلفة كبيرة . ثَمانَة . إثمان
cost′ly, *a.* (-lier, -liest) ذو ثَمَنٍ كبير . مُكَلِّف . غالٍ . مُثمِن
cost′ūme, *n.* حُلَّة = [طَقم] مَلبُوس . مَلبُوس . زِي
cost′ūme, *v.* أَلبَس (حُلَّةً أو طَقماً) . زَيَّا
cōs′y, *a.* (-sier, -iest) كَنِينٌ = مُريحٌ ودَفِيءٌ
cōs′y, *n.* غَفّارة (أو) كُمَّة (ابريق الشاي) من قُماشٍ

cot, *n.* سرير (أو تخت) نوم خفيف
cot, *n.* كِنٌّ . بيتٌ (أو كوخٌ) صغير
cōt′ẹrie, *n.* زُمرة (أصحاب أو معارف)
cott′age [-ij], *n.* كُوخٌ . بيت صغير (ريفي)
cott′agẹr [-ij-], *n.* كَوَّاخ = ساكن الكوخ
cott′ar, *n.* = cott′er
cott′ẹr, *n.* مُزارِع . مساعد حَراث . قَطروز = على القِسم (يستأجر الأرض من غيره)
cott′on, *n.* قُطن . ليف القطن . خيط (أو) قماش (قطن) . سِلكة قطن
cott′on, *a.* قُطني . من قطن
cott′onseed, *n.* بزر القطن
cott′on-tail, *n.* أرنب أمريكي
cotton wool, سَبيخ القطن . قطن خام
cotylēd′on, *n.* شَطء = فِلقَة = ورقة الفلقَة = نَتوٌ
couch, *n.* أَرِيكَة . مَضجَع . مَرْبِض
couch, *v.* بَرَك . ناخ . أضطجع . أَضجَع . أَربَض . قَزَّ (للوثوب) . أشرع (الرُمحَ)
couch, *v.* لَطَى (للوثوب) . وَضَع (أو) أَفرَغ (في عبارة)
couch′ant, *a.* رابضٌ (على رجليه ورأسه مرفوع)
coug′ar [kōō-], *n.* أَسَد الجبل = فهد (أو سِنور) بري أمريكي . أسد أمريكا
cough [kof], *n.* سُعال . سَعلَة . أُحاح
cough, *v.* سَعَل . أَحَّ . قَحَب
could [kụd], *v.* ; *p. of* can
couldn′t [kụdnt] = could not
couldst [kụdst] = (Thou) could
coun′cil, *n.* مَجلِس . مجلس (تشريعي أو شوري أو بلدي)
coun′cilor, *n.* = councillor

Costume

nglish Costumes rough the Ages

الازياء الانكليزية في العهود المختلفة

Saxon period العهد السكسوني | Norman period العهد النورماني | Early Gothic الغوطي المتقدّم | Late Gothic الغوطي المتأخر | Renaissance عهد النهضة

Elizabethan عهد الملكة اليزابث | Charles I عهد الملك شارل الأول | Restoration عهد عودة الملكية | Queen Anne عهد الملكة آن | Early Georgian العهد الجورجي المتقدم

Late Georgian العهد الجورجي المتأخر | Empire عهد الأمبراطورية | Early Victorian العهد الفكتوري المتقدم | Mid-Victorian العهد الفكتوري المتوسط | Bustle (1870-1890) عُظّامة (١٨٧٠ – ١٨٩٠)

Fin de Siecle (1890-1900) عهد ختام القرن التاسع عشر | Edwardian (1900-1910) عهد الملك أدوارد | 1927 ١٩٢٧ | 1948 ١٩٤٨ | 1968 ١٩٦٨

coun'cillor, *n.* عُضو مجلس

coun'sel, *n.* نَصيحة . مَشُورَة . محامٍ (أو) جماعة محامين

to take —, تَشاوَر . تَناصَح . تداول (الآراء)

coun'sel, *v.* (-elled, -elling) نَصَح . أشار (على) . أوصى (ب)

coun'selor, *n.* = coun'sellor

coun'sellor, *n.* ناصِحٌ . مُشِيرٌ . مُستَشار . محامٍ

count, *v.* عَدَّ . حَسَب . اعتدَّ (ب)

count, *n.* عِدَّة . مجموع . حِساب

count, *n.* كُنْتُ = شريف = قُمَّس

count'ĕnance, *n.* وَجه . هيئة الوجه . طَلعة . سيماء الوجه

to give —, شجَّع (أو) وافق (على) . رَضِي (ب) . استحسن

to keep his —, بَقِيَ على هُدوئِه وَتَمالُكِه

out of —, كاسف الوجه . مُحرَج . خَجلان

count'ĕnance, *v.* شَجَّع (أو) وافق (على) . استحسن

coun'tẹr, *n.* [فِيشَةٌ] . مَعَدٌّ = دَفَّة تُعَد عليها النقود = سَاجَة . عدَّادة

coun'tẹr, *v.* رَدَّ (على) . ضادَّ . قاوم . قابَل

coun'tẹr, *a.* ضِدّ . [مُعاكِس] . مُضادّ . مُقابِل . مُخالِف

countẹract', *v.* قاوَم . [عاكَس] . أَبطَل (الأثر) . عارض . أعاق

coun'tẹr-attack, *n.*, *v.* عَكرة = كَرَّة مُعاكِسة . هُجومٌ مقابل (أو) مُعاكِس . عَكَر

countẹrbal'ance, *v.* وازَن . عادَل . راجح . عاوض

countẹrbal'ance, *n.* وِزانٌ = وَزنٌ مُقابِلٌ = مُعادَلة . مُراجَحَة . نفوذ معادِل (أو) مقابِل

coun'tẹrcheck, *n.* عائق . مانِع . تدقيقٌ على تدقيق . تدقيق مضاعف . ضابط الضابط

coun'tẹr-claim, *n.*, *v.* مطالَبةٌ مُقابِلَة . طالَب في المُقابل

coun'tẹrfeit [-fit], *a.* مُزَوَّر . مُزَيَّف . زائف . مُدَلَّس

coun'tẹrfeit, *n.* (شيء) زَيفٌ = زائِفٌ = بَهرَجٌ

coun'tẹrfeit, *v.* زوَّر . زَيَّف . دَلَّس

countẹrmând', *v.* نَسَخ = ألغى (أو) أبطل بأمرٍ جديد

coun'tẹrpāne, *n.* شَرْشَفٌ (أو) غِشاء يُبسَط فوق الفراش

coun'tẹrpârt, *n.* قَطيع = شَريج = شِرْع = لِفق = نظير . أخو (الشيء)

coun'tẹrpoint, *n.* تلحينة مضافة لمصاحبة تلحينة أخرى

coun'tẹrpoiṡe, *n.*, *v.* زِنة = عَديل . رِجازة . عادل (في الوزن) . وازن

coun'tẹr-revolū'tion, *n.* انقلاب معاكس

coun'tẹrsīgn [-sīn], *n.*, *v.* كلمة السر . توقيع تصديقي . ثنَّى على التوقيع . توقيع مُثنّى

countẹrsink', *v.* (-sunk, -sinking) فَقَر رأس الثقب لإدخال المسمار اللولبي

coun'tĕss, *n.* كُنْتَةٌ = زوجة (أو) أرملة الكُنْت

coun'ting-house, *n.* مكتب حسابات

count'lĕss, *a.* لا عَدَّ له . لا يُحصى . لا يَحصُره العَدّ

coun'try [kunt-], *n.* بَرٌّ . أَرضٌ . بَلَدٌ . رِيفٌ . أمة . وطن

coun'tryman [**kunt-**], *n.*; *pl.* -men ابن بَلَدٍ . مُواطِنٌ . ريفي
coun'tryside [**kunt-**], *n.* ناحية الريف . ريف . أهل الريف
coun'trywoman [**kun-wum-**], *n.*; *pl.* -men امرأة ريفية . فلّاحة
coun'ty, *n.* مقاطعة . [مُديرية] . كُورَة
coup [**koo**], *n.* حَركة مباغِتة . حَرَكَةٌ حاذقةٌ مُفاجِئةٌ . [ضَرْبٌ] = صَفقَة (أو تدبيرة) ماهرة
coup d'état' [**koo dātâ**], *n.* (حَرَكَة) انقلاب في الحكومة
coup'é [**koopā**], *n.* سَيّارة (أو عَرَبَةٌ) مُطبَقَة
cou'ple [**kupl**], *n.* زَوّةٌ (في الميكانيكا) . زَوْج . قَرينان . قَرَن . مُزدَوِجة
cou'ple, *v.* أزوَج . شَفَع . قَرَن
coup'lĕt [**kup-**], *n.* بَيتٌ من الشعر بمصراعين لها قافية واحدة . دُوبيت
coup'ling [**kup-**], *n.* قِرَان . إقرَان . إشفَاع . مِقرَن = رابطة
coup'on [**koo-**], *n.* قَسيمَة
cou'rage [**kurij**, *the* **u** *as in* **but**] شَجَاعَة
courāgeous [**korājęs**], *a.* شُجاع . أشجَع . شَجيع
cou'rięr [**koor-**], *n.* قَانِبٌ = ساعٍ . مُستَعجَلٌ . جَريٌ . رِكابي = رَسِيل
course [**kôrs**], *n.* سَيْر . اتّجاه . خِطّة . مَجرَى . نَسَق = سِماطٌ . مِضمارٌ = مَيدان . لونٌ (من الطعام) . زُنّار = ساف = مِدْماكٌ = عَرَقٌ . شَوطٌ . مَساق
of —, بالطبع . لا جَرَم
in the — of, في بحر . في أثناء
in due —, في الوقت المناسب
a matter of —, أمرٌ مَقطوعٌ فيه (لا شكّ فيه)
course, *v.* طارد . استنّ . جَرَى مسرعًا . تَصَيَّد (باستعمال كلاب الصيد)
cours'ęr [**kôr-**], *n.* جَوادٌ = فَرَسٌ سَبّاق
court [**kôrt**], *n.* رَحبة . صحن (الدار) . ساحة . بلاط . قَصر . ديوان ملكي . محكمة . هيئة المحكمة
court, *v.* طارح الحُبّ . تودّد (أو تحبّب إلى) . راود (على الزواج) . تعرّس (لها) = تألّف . لاحف (الخطرَ) = استغراه
court'ēous [**ker-**] *a.* أدِيبٌ . مُلاطِف
courtēsan', *n.* = courtezan
courtēzan' [**kôr-**], *n.* بَغِيَّة . مُومِس . جارية
court'ēsy [**ker'tisi**], *n.* لُطفٌ . إلطاف . مُجامَلة . تكرُّم
court'house [**kôrt-**], *n.* = دار المحاكم بناء تُعقَد فيه المحاكم . دار الحكومة (أو الولاية)
court'ięr [**kôrt-**], *n.* من خواصّ (أو خاصّة الملك (أو أحد رجال (أو حاشية) البلاط الملكي . مُتَزَلِّف
court'linĕss [**kôr-**], *n.* أدب . لُطف . دَماثة
court'ly [**kô-**], *a.* (-lier, -liest) أديب . رفيع الأدب . لطيف . مُداهِنٌ
court'-mârtial [**-shęl**], *n.* مَحكَمَة عسكرية
court'-martial, *v.* (-l(l)ed, -l(l)ing) حاكَم في محكمة عسكرية
court'ship, *n.* تَعرُّس . مطارحة غرامية . تَعَشُّق . مدة المراودة (على الزواج)

court'yârd, *n.* ساحة (أو) فِناء (أو) صحن (الدار) . رَحْبة

cous'in [kuzẹn], *n.* ابن (أو) ابنة عم (أو) خال • ابن (أو ابنة) عمّة (أو) خالة

cōve, *n.* غُبٌّ = خليج صغير . مَلطى

co'vĕnant [kuv-], *n.* عَهْدٌ . عَقد . ذِمّة

Cov'entrȳ [kuv-], *n.* مدينة في انكلترا

to send to —, نابذ . قاطع

co'vẹr [kuv-], *n.* غِطآء . خِفآء . سِتارٌ . مَكبَّة

co'vẹr, *v.* غطّى . سَتَر . أخفى . كمكم . وارى . أكَبَّ . جَلَّل . كسا . وقى . صان . سَنَد (بالذهب) . قطع = جاب . شَمَل . سيطر (على) . اندرج (تحت) . ترا (على) = سَفَد

co'vẹring [kuv-], *n.* غِطآء . أغطية . شَمْلة

co'vẹrlĕt [kuv-], *n.* غِشآء (أو) غطآء (أو) شَرْشَف (للفراش)

co'vẹrt [kuv-], *n.* مَستَر = غَيابة . دَغْلة . مَخفَى . مأوى . عَرين

co'vẽrt [kuv-], *a.* سِرّي . مَكتُومٌ . مستُورٌ

co'vẹrtly [kuv-], *ad.* خِفيَةً . بالدَّسّ

co'vĕt [kuv-], *v.* = هَلَّك (إليه أو عليه) نفس (الشيء) = طَمع في نَيْله من الآخرين . تَطمَّع . حَرِص (على) . تَهالك (إليه أو عليه)

co'vĕtous [kuv-], *a.* يشتهي ما لدى الغير = رَغيب العين . مُهلِكٌ . مُتطمِّع . مُتَشَهٍّ . لأحوسٌ

co'vĕtousnĕss, *n.* رَغابة العين

co'vey [kuvi], *n.* رَفٌّ . سِربٌ . زُمرة . لُمّة

cow, *n.* بَقَرة . أُنثى الفيل (أو) الحوت . . .

cow, *v.* نَهَّب = خوَّف . جَبَّن . تَخافَت

cow'ard, *n.* خَوّاف . جَبانٌ . هَيُوبٌ . خَوِيفٌ

cow'ardice, *n.* جُبْنٌ . جَبانة . فَسالة

cow'ardly, *a.* جَبان . عن جُبنٍ . فَسِيلٌ

cow'-boy, *n.* فارِسُ البقر = (يراعي البقر من على ظهر فرسه)

cow'ẹr, *v.* أنقمع = تَهافت = سكَن وخضع . دَرْبَحَ = تَضآءل (خوفًا أو خجلًا) . أسبَط (خوفًا)

cow'herd, *n.* باقوري = راعي بقر = بَقّار

cow'hīde, *n.* سَوْط أصبحي (مجدول) . إهابٌ (أو جِلدٌ) بَقَريٌّ

cowl, *n.* كُمّة . [يابُنْجَة] = بُرْنُس (أو) قَلَنسُوَة الراهب . طَرْبُوش (أو) فَيْشَلَة المدخنة = [طَنبُوشة]

cowr'ie, *n.* وَدَعٌ = يَخمُورٌ

cow'slip, *n.* أُقحُوان أصفر = نبات بَرّي بزهرٍ أصفر

cox'cōmb [-m], *n.* مُتصلِّف . مُتَباهٍ . بلتَمانِيّ = مُتَكَيِّسٌ . مُتظَرِّف . [غندور]

cox'swain [*or* **koksẹn**], *n.* مُسيِّر (القارب أو المركب)

coy, *a.* خَجِلٌ . مُستحٍ . مُتحشِّم . مُتصحِّب

coyōt'ē [*or* **kīyōt** *or* **kīot**], *n.* ذئب أمريكي = الذئب العوّاء = وَعوَع

co'zẹn [kuz-], *v.* غَبَن . خدَع . غشّ

co'zẹnage [kuzẹnij], *n.* غُبن . اختداع . غِش

cōz'y, *n.* كُمّة (أو) غَفّارة (ابريق الشاي)

cōz'y, *a.* = cosy

crab, *n.* = crab-apple

crab, *n.* سَرَطان . بُرج السرطان

crab'-apple, *n.* تُفّاحٌ بَرّيٌّ حامِضٌ

crabb'ĕd, crabb'y, *a.* مُشَبَّج = صَعْبَةٌ قراءته . سَيِّىءُ الخُلق . شَرِسُ الطبع . مُعَمًّى

crack, *n.* وَصْمٌ = صَدْعٌ . شَقٌّ . فرقعة . صَرْقَعَة

crack, *v.* تَصيح البيض = تكسَّر وتَشَقَّق . صَدَع . تَصَدَّع . تَفَلَّح . فَرْقَع . صَرْقَع . رَضَخ

to — a joke, نَكَّت

crack'ẹr, *n.* مِفضَخة . فِرْقاعَة = صِرْقاعَة . زَشْرَشٌ = نوعٌ من الخبز اليابس الهش

crac'kle, *v.* مَعْمَع = فَرْقَع . تَنَقَّض (كالملح في النار) . قضقض

crac'kle, *n.* مَعْمَعَةٌ = فَرْقَعَةٌ . قَضْقَضَة

crā'dle, *n.* مَهْدٌ (هزّاز) . مَهْدٌ . مَرْبًى = مَنْشأ . إسقالة (البنائين) . مُقَفَّص

crā'dle, *v.* هَدْهَد (أو) هَزْهَز (في المهد) . وَضَع (في المهد)

crâft, *n.* دَهاء . مَكْرٌ . خُبثٌ . إرْبَة = خِبّ

crạft, *n.* مهارة فَنّيّة . حِرفَة . صَنْعَة . أفراد (أو) أعضاء الحرفة الواحدة

crâft, *n.; pl.* craft قارب . مَركب . سفينة . مُستعام

crâf'tinĕss, *n.* إرب = مَكرٌ . خُبث

crâfts'man, *n.; pl.* -men فَنّان . صانع فَنّي . صاحب حِرفة . عامِلٌ ماهر

crâf'ty, *a.* (-tier, -tiest) مَكّار . خَبيثٌ . خَدّاع . مَحّال

crag, *n.* صَخْرَة ناتئة مُسَنَّنة على سطح الجبل = طِربال (أو) شُمروخ (من الصخر أو الجبل)

cragġ'y, *a.* (-gier, -giest) كثير الشماريخ (أو) الصخورِ . وَعِر

cram, *v.* (-mmed, -mming) حشا . حَشَك = طَبَز = مَلأً شديداً

cram, *n.* حَشْكَة = جُمهور . دَرسٌ (و) حِفظٌ (لامتحانٍ ما)

cramp, *n.* قِماطٌ = ضِمام = قضيب معقوف الطرفين لِضَمّ شيئين

cramp, *n.* مَعَصٌ = تشنج . اعتقال العضل = لَفَفٌ

cramp, *v.* انعقل (العضلُ) . [زَنَق = زَرَك] = زَحَم وضايق وضَغَط = كَزَّ . قَمَط = قَمْطَر

cramped [-pt], *a.* مَكزوزٌ . مَقموط . مَحصور . [مزروك] = مُضايِق . (خطٌّ) مُشَبَّج

cran'bẹrry, *n.* آس بَرّي = نوعٌ من ثَمَر الكَبّاث الأحمر الحامض

crāne, *n.* رَفّاعَة = مِرفَعَة

crāne, *n.* (طائر) الكُركي

crāne, *v.* إشرَأَبَّ = تطاول بعنقه ليرى = تَشَوَّف = أتلع

crān'ial, *a.* جُمجُمِي

crān'ium, *n.* جُمجُمة

crank, *n.* دَسْتيج = مِلوَى (أو) زِنْدَ (أو) ذراع التدوير (في الآلة)

crank, *v.* أعمَل (الآلة) بالملوى (أو) الزّند

crann'y, *n.* شَقٌّ = خَصاصَةٌ . نُخروب = خَرْق

crāpe, *n.* (قماش) بُرُنجُك (أسود) = كُرَيْشَة

crash, *n.* حَطْمَة = صوت التحطيم . صَعْقَة . هَدَّة = صوتُ انهداد (أو) انهيار . رَدْسَة = صَدْمَة شديدة

crash, *n.* تَحَطُّم . تَهَوُّر . انهواء . هُوِيّ

crash, *v.* سقط وتَحَطَّم . تَهَوَّر . انهدَّ . انهوى . هَوَى

crass, *a.* غليظ (الفهم) . مُستَطلِج . مُستحكم

crāte, *n.* قَرطَل . قَفَص (أو مُشَبَّكٌ) خَشَبيٌّ

crāte, *v.* وَضَع في القَفَص (أو) القَرْطَل

crāt'ẹr, *n.* فُوَّهَة البركان . غَورَة = وَهْدَة . جَوبة . جَفرة . قَمرَة

cravat', *n.* رَبطَة رَقَبَة . لِفَاعُ رقبة

crāve, *v.* اشتاق (أو) تاق (إلى) . تَشَهَّى . اشتَدَّت شهوتُه = قَرِمَ

crāv'ẹn, *a., n.* هَبيت (أو مَهبوت) القلب . جَبَانٌ = منخوب الفؤاد = وَهْواهٌ . مَنجُوفٌ . نذلٌ

to cry —, سَلَّم . استأسر = استسلم

crāv'ing, *n.* اشتهاء . تَوَقٌ . قَرَمٌ . وَحَم

craw, *n.* حوصلة الطائر . كَرِش الحيوان

craw'fish, *n.* = crayfish

crawl, *v.* زَحَف . حَبَا . دَبّ

crawl, *n.* زَحفٌ . حَبْوٌ . دَبيب

cray'fish, *n.*; *pl.* -fish *or* -fishes كَرْكَند = سَرَطَانٌ صغير (نهري) . عَقرب الماء

cray'on, *n.* أصبع (أو) قلم من الطباشير (أو) الفحم . صورة (أو) رسمة بهذا القلم

cray'on, *v.* رَسَم بقلم الطباشير (أو) الفحم

crāze, *n.* استهتار = عُتْهٌ (أو) عَتَاهَة = وَلَع (أو) تولُّع (قصير الأمد) . [هَوَس] = هَتْرَة

crāze, *v.* هَوَّس (أو) عَتَّه = جَنَّن (جنونًا خفيفًا) . وَلَّه

crāz'ily, *ad.* بِهَوَس . بعَتَه . بِوَلَه

crāz'y, *a.* (-zier, -ziest) = مَسلُوسٌ مدخولٌ (في عقله) . مُهَوَّس . مُتَدَلِّهٌ . مُوَلَّه = مُستَهتَر (بِ)

creak, *v.* صَرَّ . صَرَف . أَطَّ

creak, *n.* صَرير . صَريف . أَطِيط

cream, *n.* قِشدَة (قِشطَة) . زُبدة . خِيار

cream, *n.* طلاء . دَهونٌ = [كريم]

cream, *v.* نَزَع (أو أخذ) القِشدَة . زَبَّد

cream, *a.* ذو لونٍ أبيضَ إلى اصفرار

cream'ẹry, *n.* مَزبَدَة = محل صنع الجبن والزُبدة

cream'y, *a.* (-mier, -miest) شبيه القشدة . كالقِشدَة . كثير القِشدة

crease, *n.* غَرٌّ = مَكسِرٌ = غَضنٌ . مَثنَى

crease, *v.* غَضَّن . جَعَّد . تَكَرَّش

crēāte', *v.* أنشأ . خَلَق . كَوَّن (من العدم) . أوجد . أَحدَث . صَنَع

crēā'tion, *n.* إنشاء . خَلْق . بَرِيَّة . مخلوقات . إنتاج . إبداع

crēāt'ive, *a.* خَلقي . قادِرٌ على الإيجاد (أو) الإنتاج . إبداعي

crēāt'or, *n.* خالق . مُوجِد . مُبدِع . مُنشِئ

The Creator, الخالق . الله

crea'ture [-chẹr], *n.* مَخلوقٌ . كائِن (أو) مَخلوقٌ (حيٌّ) . صَنيعة

crēd'ẹnce, *n.* إيقانٌ = تصديق . إيمان . اعتماد

creden'tials [-shẹlz], *n. pl.* أوراق الاعتماد

credibil'ity, *n.* صِدق . مُصَدِّقيَّة . كونه قابلَ التصديق (أو) الوثوق (به)

cred'ible, *a.* صادِق . مُصَدَّق . يُصَدَّق . قابل التصديق

cred'it, *n.* شهادة . تَصديق . ثِقَة . ثَناء . حسن سُمعَة (أو) صِيت

to give — to, صَدَّق . آمن (بِ) . شَهِد له (بِ) . أقرَّ بالفضل

cred'it, *n.* صدق المعاملة (المالية) . مَفخَرَة . فَضلٌ . ثِقَةٌ مالية . اعتبارٌ مالي

on —, بالكالىء = بالدَّين (المؤخَّر) = على الحساب = بالنَّسيئة

— and debit, تسليمات ومطلوبات . أصول وخُصوم

cred'it, *v.* صَدَّق . آمن (بـ) . قَيَّد (الحساب) . أجرى اليه الحساب = قيَّده له

I — him with ability, أشهد (أو) أُقِرُّ له بالمَقدرة

cred'itable, *a.* مُشَرِّف . مَفخَرة . مَحمَدة

cred'itor, *n.* دائن . صاحب الدين . مُرهِق

credūl'ity, *n.* سُرعة التصديق والإيقان

cred'ūlous, *a.* مِيقان = لا يسمع شيئًا إلَّا أيقن به

creed, *n.* شَهادة الإيمان . مُعتقَدات . مَذهب

creek, *n.* فَلْجٌ = جدول (أو) نُهَير . خَوْر = خليج صغير = غُبّ

creel, *n.* جُعبة . سَبَت . سَلَّة مُطبَقة

creep, *v.* (crept, -ping) دَبَّ = زَحف مُنسَلًّا . سَرَى . افترش (أو) اعترش (النبات) . إقشعرَّ

creep'er, *n.* دَبيبةٌ = زاحفة . فَريشٌ = ما انبسط على وجه الأرض. عَصَبة = نباتٌ مُعتَرِش . سُطَّاح = نباتٌ مُفتَرِش

creep'y, *a.* (-pier, -piest) مُقشَعِرٌّ . يَقشَعِرُّ منه الجلد

crēmāte', *v.* حَرَق الجُثَّة (حتى تصير رماداً)

crēmā'tion, *n.* حَرق الجثة

crē'osōte, *n.* روح القطران (من الخشب)

crepe, crêpe [krāp], *n.* بُرُنجُك = قماش رقيق متموج [أو مُكرمش] = كُرَيشة

crept, *v.; p., pp. of* creep

crēscen'dō [krish-], *n.* تصاعد تدريجي في الصوت

cres'cent, *n. a.* هِلالٌ . هِلالِيٌّ . متزايد

cress, *n.* ثُفاء = حُرف = جَرجير الماء = رَشاد

cress'ĕt, *n.* حُقَّة الزيت المشتعل فوق عمود للإنارة

crest, *n.* عُرف (الفرس أو الديك) . قُنزُعة = ذُؤابة . قُنبُرة (الخُوذة) . غارب (الموجة أو الجبل) = ذِروة

crest'ĕd, *a.* قُنبُرانِيٌّ = مُقَنبَرٌ

crest'fallen [-fôl-], *a.* خَبيثُ (أو مُنكسِر) النفس. خاشِعٌ. مُدَنفِس. ناكِسٌ

Crēte, *n.* جزيرة كريت (في البحر المتوسط)

cret'onne, *n.* قُماش الكريتون

crĕvasse', *n.* سَلْع . عَقٌّ = شَقٌّ عميق = فَلْق في كتلة جليدية

crev'ice, *n.* فَلْق (أو) شَقٌّ (ضيق) = فَرْزَةٌ

crew [kr͞oo], *n.* طائفة المَلَّاحين (أو النُّوتيَّة) . سُربة . مَلَّاحة

crew, *v.,* crowed; *pt. of* crow

crib, *n.* سرير للطفل (بجوانب عالية) . مِذوَدٌ (ذو قضبان)

crib, *v.* (-bbed, -bbing) = نَصالَت = انتحل كلامَ الغير (أو) آراءهم بدون إقرار. نَقَل (في الامتحان) . استلّ . سَرَق

crick'et [-it], *n.* لعبة الكِركِت

crick'ĕt [-it], *n.* صَرصَر = صَرَّار الليل = جُدجُد

cried [krīd], *v.; p., pp. of* cry

crī'er, *n.* مُنادٍ . دَلَّال

cries, *n. pl. of* cry

crīme, *n.* جَريمة . جِناية . إثمٌ

crim'inal, *a., n.* إجرامي . جَزائي . مُجرِمٌ . جانٍ

crimp, *v.* جَعَّد . غَضَّن . عَكَّف . عَرْقَب . [كَرْمَش]
crim'son, *a.*, *n.* قِرمزي . قِرمز
crim'son, *v.* تَضَرَّج = احمرَّ
cringe, *v.* تذلّل وتصاغر . تخشّع . تَسَكْسَك = تَضَرَّع وتَذَلّل = تضعضع . تَزَوّى
crin'kle, *n.* تجعيدة = تَعَكْرُشَة . خَفْخَفَة
crin'kle, *v.* تَعَقْرَب . تكرّش = تَعَكْرَش . خَفْخَف (كصوت الورق) . كشكش
crin'oline [*or* **-lēn**], *n.* قَفْقافٌ = قُمَاشٌ مُقَوّى يَتَقَفْقَف عند اللبس
crip'ple, *n.* كَسيحٌ . عاجز (أو) مُقعَدٌ . [مُعطَّل]
crip'ple, *v.* صَيَّر كَسيحاً = أكْسَح . [عَطَّل]
crīs'is, *n.*; *pl.* crises بُحران (المرض) . حَرَج . أزمة . غَمْرَة
crisp, *a.* رَشْرَشٌ = هَشٌّ = [مُقَرْقَشٌ] = سريع الكسر (أو) الانقصاف . محدَّد واضح . مُنمش . (شَعر) قَطِط
crisp, *v.* جَعَّد . عَقَص . قَرقش . كَرَّش . عكرش
crisp, *n.* قُصمَة = [قُرقوشة] = قطعة رقيقة هَشّة
critēr'ion, *n.*; *pl.* -ria *or* -rions مِقياس . مِعيار . عِبرَة . دَليل
crit'ic, *n.* ناقِد . نَقّادٌ . عَيّابٌ = نَقّار . سِفسارٌ
crit'ical, *a.* مُخطِر . حَرِجٌ . بُحراني . أزمِيّ . انتقادي . نَقّادٌ . حاسِمٌ . فاصِلٌ
crit'ically, *ad.* بِحَراجةٍ . بانتقادٍ وتدقيق
crit'icīse, *v.* = criticize
crit'icism, *n.* نَقدٌ (أدبي أو فَنّي) . تَنقيد . تَنقير = تَعييب

crit'icīze, *v.* انتقد . نَقَّر (على) = طَعَن (أو) خطَّأ (أو) عَيَّب
critique' [**-tēk**], *n.* مَقالة نَقدِية . فن النقد . مراجعة نقدية . بحث نقدي
croak [**krōk**], *v.* شَحَجَ (أو) نَعَق (الغراب) . نَقَّ (الضفدع)
croak, *n.* شحيج . نَقيق . صَحَل
crō'chet [**-shi**], *n.* عَقيفة (أو) صِنّارة عقفاء في طرفها تستعمل وحدها في التقطيب (أو شغل الإبرة) . شغل الإبرة بهذه الطريقة
crō'chet, *v.*, (-cheted [-shid], -cheting [-shi'ing] قَطَّب خيطان الصوف بهذه العقيفة (أو) الصِنارة
crock, *n.* إناءٌ خَزَفي
crock'ẹry, *n.* خَزَف . خَزَفِيّات
croc'odīle, *n.* تِمساحٌ
— **tears**, دموع التماسيح (الكاذبة)

crōc'us, *n.* (نبات) الكُركُم (أو) الزَّعفران . زهر الكُركُم = شُحَيّم = خلاح
Croes'us [**krē-**], *n.* قارون
croft, *n.* حَقلَة . مَزرَعَة صغيرة (مُسَيَّجة)
crōne, *n.* هَرِمَة = عجوزٌ (مُتَهدِّمة)
crōn'y, *n.* خَليل . صَديق مُختص . خَليص
crook, *n.* عَقفَة . حَنيَة . عَوجة . مُنعطَف . عُرقوب
crook, *v.* عطف . عَقَف . حجَن . تَحَجَّن
crook, *n.* مِحجَنة . مِحجَن (الراعي) = باكور(ة) . عُقّافة
crook, *n.* شخصٌ [نَصّاب] يعيش بالاحتيال والإجرام
crook'ēd, *a.* أعوج . أعقف . أحجن . معقوف . ألفَت . مُلتوٍ (في سلوكه)

croōn, *v.* رَخَّم = هَوَّد . دَنْدَن

croōn, *n.* ترخيم . تهويد . دندنة

crop, *n.* مَزروع = زَريعَة . غَلَّة = محصول . جُمَّة (الشعر)

crop, *n.* حَوْصَلة (الطائر) . عَصاً قصيرة في رأسها جلدة على طاقين

crop, *v.* (-pped, -pping) قَرَم . قَرْطَم . جَزَّ . صَلَم . قَصَّ وأنعم القَصَّ: حَلَت . قطش

to — out, ظهر . طَلَع . نَبَق

to — up, نَبأَ = دَرَأَ = طَلَع (فجأةً على غير انتظار)

cropp'ẹr, *n.* طارق . طارىء . هَدَّة

to come a —, انكبَّ على رأسِه = انتكت . تَعِس . أخفق . نُكب

crō'quet [-kā, *or* -ki], *n.* لُعبة خارجية تُضرَب الكرة فيها بمطرقة صغيرة داخل أقواس منصوبة

crō'ṡier [-zhyẹr], *n.* = crozier

cross, *n.* صَليب . مُصلَّب . تَضريب (النسل)

cross, *v.* صَلَّب = رَسم صليباً . شَطَب . قَطع . عَبَر . جاب . أعاق . اعترض (السبيل) . ضَرَّب (نسلًا بنسل)

to — out, شَطَب (للإبطال) = رمَّج

cross, *a.* مُكَدَّر . واجِدٌ . حَردان . حانِقٌ (على) . متكدِّر (النفس) . مُعترِض

cross'bār, *n.* قَضيبٌ مُعترِض (أو) مُعَرَّض . عارِضة

cross'-beam, *n.* جائِز . عارِضة (السقف) . جازع . جازِعة

cross'bōnes [-nz], *n. pl.* عَظمتان مُتَعارِضتان

cross'bow[-bō], *n.* بِرْقيل = قَوسُ البُندُق . جُلَاهِق

cross'cut, *n.* مَقطع عَرضاني . مَقْطَع = طريقٌ قاطِعة . طريق مُقاطِعة (أو) مَقرَبة (بين طريقين متوازيين)

cross-exam'ine, *v.* ناقشَ (الشاهد في المحكمة) . استنطق . استجوب . حقق (مع)

cross'-eyed [-īd], *a.* أَقبَل = أحوَل العينين (نحو الأنف)

cross'ing, *n.* مَقطع (طُرُقٍ) . مَقْطَع = مَعبَرَة

cross'-piece, *n.* (قِطعَة) عارِضَة (أو) مُعترِضة

cross purpose [-pẹs], غَرض (أو) قَصدٌ معارِض

to be at —s, سوءُ تَفَهُّم الواحد لقصد الآخر

cross-ques'tion [-kweschẹn], *v.* استقصى في السؤال . استحفى في السؤال . استنطق

cross reference, إشارة مُقابلة . مَرجع مُناظِر

cross'-road [-rōd], *n.* طريقٌ قاطِعٌ (طريقًا آخر)

cross'-roaḋs, *n. pl.* تقاطع (أو) مُفتَرَق (أو) مَفرَق (طُرُق) . مَشْعَب . نقطة تحول في حياة الشخص وغيره

cross'-section, مَقطع عَرضي (أو) عَرضاني

cross'way, *n.* = crossroad

cross'waẏs, *ad.* = crosswise

cross'wīṡe, *ad.* [مُقاطَعَةً] . بالتعارِض . بالتقاطع

cross'word [-werd], *n.* لعبة الكلمات المتقاطعة

crotch, *n.* مَفْرَق . مَشْعَب . شَعَب = بُعد ما بين الشعبتين

crotch'ĕt [-it], *n.* عُقْفَة . عُقْرُبَة = حديدة كالكُلّاب . بَدْوَة كَيْفِيَّة = رأيٌ قصيرُ المدة لا يلبث أن يزول

crouch, *v.* أَسبَط = تَطأطأ = دَبَّح . جَثَم . رَبَض . إخرنبق = قَزَّ = انقبض للوثوب . تصاغر . تَخَضَّع . قَرْدَح (تذللًا)

crouch, *n.* إسْباط . تطأطؤ . تَخَضُّع

croup [kro͞op], *n.* ذُباح = التهاب في الحنجرة مع سُعال وضيق تنفس = ذِبحة

croup(e), *n.* عَجُز (الدَّابَّة) = قَطَاة = قَطَن

crow [krō], *n.* قاقٌ = غاقٌ . زَاغٌ . غُراب

crow [-ō], *n.* صِياح (الديك) . بُغام (الطفل)

crow, *v.* (-wed *or* crew, -wed, -wing) قَاقَى . قَوْقَأ . صَدَح = صَاحَ (كالديك) . عَقعق (كالقاق) . تفاخر . فَرِح

crow'-bâr [-ō-], *n.* عَتَلَة . يَبْرَم (النجار)

crowd, *n.* حَفلٌ . جُمهور . زَحْمَة = دَحسَة [دحشة]

crowd, *v.* تجمهر . تَدَاحَس = تزاحم . غَصَّ

crowd'ĕd, *a.* حافِلٌ . مُزدَحِم . مَدْحُوسٌ

crown, *n.* تاجٌ . إكليل (للرأس) . السلطة العليا (في المملكة)

crown, *n.* قُمَّة . هامَة . ذُروة . قَوْنَس (الخوذة) . أعلى (أو) شَمْفَة (الرأس) . يأفوخ

The Crown, التاج (أو) صاحب التاج (في بريطانيا)

crown, *n.* قطعة نقد = خمس شلنات

crown, *v.* تَوَّج . كَلَّل . علا (على الرأس)

Crown Prince, وليّ العَهد

crow's-nest [krōz-], *n.* مَرْقَب = فَتْزَر = مَرْبأة

crō'zier [-zhẹr], *n.* عُكّاز المطران

crū'cial [-shẹl], *a.* حاسِمٌ . فاصِلٌ . عليه المُعوَّل = عُمْدة

crū'cible, *n.* بَوْتَقة . [بُوطَة]

crū'cifix, *n.* صَليبٌ (عليه صورة الصَّلب)

crūcifi'xion [-fikshẹn], *n.* تَصليب = صَلْب = القتل صَلبًا

The Crucifixion, صَلب (أو تَصليب) المسيح

crŭ'cify, *v.* (-fied, -fying) صَلَب . صَلَّب . عَذَّب . قَهَر (النفس أو الشهوات) = أمات

crūde, *a.* خامٌ = غَشيم = على حالته الطبيعية . خَشِنٌ . فَظٌّ = قاسِحٌ

crū'ẹl, *a.* قَسِيٌّ = قاسي (أو) غليظ (القلب) . يُقاسِي الإنسانُ منه . شديد الإيذاء

crū'ẹlly, *ad.* بقَسوَة . بغِلظة . بإيذاء شديد

crū'ẹlty, *n.* عَمَل قسوةٍ (أو) وَحشية . قَساوَة (أو) غلاظة (القلب)

crū'ĕt [-it], *n.* قَدَرة = قارورة للخل (أو) للزيت (على المائدة) = مِقزَحة

cruiṡe [kro͞oz], *v.* ساح (أو) جال (في البحر) = تنزه (أو) طاف (في البحر) . سار (كالسيارة) بسرعة معتادة . طار (بالسرعة المناسبة)

cruiṡe, *n.* سِياحة (أو) نُزهة (أو) جَوْلة (بحرية)

cruiṡ'ẹr [kro͞oz-], *n.* طَرَّاد . طَرّادة

crumb [-m], *n.* فُتَاتة . نُتفة . لُبّ (الخبز) . حُتامة (أو) حُسافة (المائدة)

crumb, *v.* فتّت . ثرّد . هشم . غطى بفتات الخبز

crum'ble, *v.* = تفتّت . تقطّع . تهافت = تساقط وبلي . تهادم . تداعى . تدهدم = تثلّل

crum'ple, *v.* كعبش = جعّد . تكعبش

crunch, *v.* جرش . [قرش] . خضم . خشف . قرضب . مشغ (القثاء)

crunch, *n.* جرش . [قرش] . خشف

crupp'ẹr, *n.* . ردف (أو) كفل (الدابة) . ثفر = سير تحت ذنب الدابة (أو) على مؤخرها = قسقون

crūsāde', *n.* . حملة (أو حرب) صليبية . جهاد . حملة (ضد المنكر)

The Crusades, الحروب (أو الحملات) الصليبية (في التاريخ)

crūsāde', *v.* جاهد . أسهم في حملة صادقة (ضد المساوئ الاجتماعية أو . . .)

crūsād'ẹr, *n.* جندي (أو محارب) صليبي

crūse, *n.* قارورة . مشربة . كرّاز

crush, *v.* . رضخ . سحق . هرس . رصع . شدخ . معس . دهك . هشم . دقّ . رضّ . جرش . دوّخ . جشّ

crush, *n.* كظيظ . دربكة = [حشرة] وزحام

crushed [-shd], *a.* مخبت . خاشع . متصاغر . منكسر . منسحق القلب

crust, *n.* قشرة . قشر . قشرة (الخبز)

crust, *v.* كسا (أو) غشّى (أو) اكتسى بالقشر

crustā'cean [-shẹn], *n.*, *a.* . ذو قشر . قشري . مدرّع

crus'ty, *a.* (-tier, -tiest) . عليه قشرة . ذو قشر . ضيّق الخلق وترق . خشن . جاف

crutch, *n.* . عكّاز (الأعرج) . تعكيزة . تسنيدة . دعمة

crux, *n.* . جوهر . صميم . قوام . معضلة . عوص . عويصة

crȳ; *v.* (cried, crying) . صاح . ضجّ . صوّت . عيّط . بكى . نبح . أعول . صرخ

to — down, استهان (ب) . بخس (ب)

to — up, مدح . رفع من شأنه

crȳ, *n.* صيحة . صرخة . (صوت) استغاثة

crypt, *n.* ديماس = غرفة (أو) سرداب (أو) قبو (تحت كنيسة)

cryp'tic, *a.* . خفي . سرّي . غامض . مستتر . ديماسي . ملغوز

crys'tal, *n.*, *a.* بلّور . بلّوري

crys'tallīne, *a.* من بلّور . في صفاء البلّور

crys'tallīze, *v.* تبلور . انعقد (على هيئة ما)

cub, *n.* جرو = ولد السباع . شبل

cūbe, *n.*, *a.* . (شكل) مكعّب . تكعيبي . مكعّب (العدد) . كعب (ككعاب النرد)

cūbe, *v.* كعّب

cūb'ic(al), *a.* مكعّب . تكعيبي

cūb'it, *n.* ذراع = مقياس للطول

cuck'old, *n.* قرطبان = قرنان = ديّوث

cu'ckōō, *n.* قيقب = وقوق = حمام قوّال

cūc'umbẹr, *n.* بنقوس = خيار (أو) فقوس = قثاء . قشعر

cud, *n.* جرّة = طعام يجتره الحيوان

cud'dle, *v.* . ضمّ = حضن . عانق . تحاضن . كنكن . تكبكب . تلفّف . إحقوقف . قصّع (في الحضن)

cud'dle, *n.* حضنة . معانقة . ضمّة

cud'gel, *n.* بيزارة = هراوة

cud'gel, *v.* هرى = بزر = ضرب بالبيزارة (أو) الهراوة

to — his brains, قلَّب أوجه الرأي . كَدَّ الفكر . أعمل الذهن

cūe, *n.* نَوْطِيشة = إشارةٌ تنبيهية = تَفطِنة . تَنْبيهة للممثل (أو) المغني حتى يدخل (أو) يبدأ

cūe, *n.* عصا (البلياردو)

cūe, *n.* ذَنَبة . تَذنيبة . ضَفِيرَة (مُتَدَلِّية على الظهر) . عَذَبَة

cuff, *n.* كُفَّة (الكُمِّ أو رجل البنطلون) . صَفعة . لَطْمَة . كَبْل

cuff, *v.* صتَّ . لطَس = لَطَم = ضَرَب بالكف مفتوحة (أو) بباطنها . صَفع

cuirass' [kwiras], *n.* لَأْمَة = دِرْع الصدر والظهر معاً . جَوْشَن

cuirassier' [kwirasēr], *n.* فارس (أو) خيّال عليه جَوْشَن (أو) لأْمَة

cuisine' [kwizēn], *n.* طِبَاخَة . فنّ الطبخ (أو) أصوله . مَطْبَخ

cul'-de-sac, *n.*; *pl.* **cul-de-sacs,** زُقَاق غيرنا فذ = مُصتَّم . أنبوبٌ أعور (مفتوح من طرف واحد فقط)

cūl'inary, *a.* متعلق بالطبخ . مستعمَل في الطبخ . للطبخ

cull, *v.* قَطَف = جَنَى . انتخب . تَنَقَّى

cull, *n.* نَقاةُ الشيء = نَقايَتُه التي تُلقى لرداءتها

cul'mināte, *v.* بلغ (أو وصل) المُنتَهى (أو) الذروة . تناهى . بلغ الغاية (أو) الدرجة العليا = أغيا

culminā'tion, *n.* التناهي . الدرجة القصوى أو العليا . بلوغ الذروة (أو) الغاية (أو) المنتهى = إغياء

cul'pable, *a.* مُليم . مَلوم . مُذنِبٌ . أَثِيمٌ

cul'prit, *n.* مُليم . مُذنِب . مُجرِمٌ . مُتهم

cult, *n.* مَراسم (أو طُقوس) عِبادِيَّة . عبادة . تَشَيُّع . تَوَثُّن = اتخاذ الشخص (أو) الشيء وَثنًا (أو) كالوَثَن

cul'tivāte, *v.* كَرَب (الأرض للزراعة) . فَلَح . زَرَع . تَعهَّد (أو) نَبَّت (النبات) . حَرِص (على) . رَبَّب = رَبَّى . نشَّأ وحسَّن وهذَّب

cul'tivātĕd, *a.* مُثقَّف . مُهذَّب . مَزروع . بستاني . مُفتَلَح = مَكروب

cultivā'tion, *n.* فِلاحة . زَرْع . تَرْبِية

cul'tivātor, *n.* زَرَّاع . مِسلفَة = مِشْقَنٌ (لتحليل الأرض وإزالة الأعشاب)

cul'tural [-chẹr-], *a.* ثَقافي . تَثقيفي . تَهذيبي

cul'ture [-chẹr], *n.* زِراعة . تنبيت (الأرض والنبات) . تَرْبِية . تثقيف . تهذيب . ترويض (جسمي أو عقلي)

cul'tured [-chẹrd], *a.* مُثَقَّف. مُتَنَوِّر. مُهَذَّب

cul'vẹrt, *n.* كَرْبَةٌ = مَسِيلَةٌ (مُقبَّبة) (تحت طريق)

cum'bẹr *v.* أثقل (أو) ثَقَّل (على) . أعاق سهولةَ الحركة . [لَبَّك]

cum'bẹrsome [-sẹm], *a.* جَسِيم . مُثقِل . ضَخْمٌ (أو ثقيل) يصعب تناولُه . يعيق سهولة الحركة = [مُلَبِّكٌ]

cum'brous, *a.* مُتكائد . مُثقِل . [مُلَبِّك] . مُجشِّم

cum(m)'in, *n.* كَمُّون = سَنُّوت

cūm'ūlative, *a.* تزايدي . تراكمي . تَجَمُّعي

cūm'ūlus, *n.* رُكام = سحاب مَركوم

cūnē'ifôrm, *n.*, *a.* مِسماري . حرف مِسماري

cunn'ing, *n.* خُبث . مَكر = إرْبَة . حِذقٌ

cunn'ing, *a.* خبيث . ماكرٌ = حاذق . مُحتَال
cunn'ingly, *ad.* بمكرٍ . باحتيالٍ . بخُبث
cup, *v.* (-pped, -pping) قَعَّب = صَيَّر على شكل القعب (أو) القدح = كَنَف
cup, *n.* قَدَح . كأس . فنجان . كأس (الزهرة) . سَوْءَلَة = فنجان صغير
in his —s, سكران (بعضَ السكر أو كله)
cup, *v.* (-pped, -pping) = حَجَم أخرج الدم بكاس الحجامة
cup'-bearer [-bār-], *n.* ساق . مُناوِل كؤوس الشراب
cup'board [kubẹrd], *n.* خِزَانَة . [دولاب] . خُرِسْتانة
Cūp'id, *n.* إله الحب عند الرومان القدماء
cūpid'ity, *n.* حِرْص . جَشَع . طَمَع
cūp'ola, *n.* جُنبُذة . قُبَيبةٌ . سَطحٌ مُقبَّب . قُبَّة
cupp'ẹr, *n.* حَجَّام
cupp'ing, *n.* حِجامَة
cupp'ing-glâss, *n.* مِحجَم . كأس الحجامة
cur, *n.* كلبٌ خسيس (أو) نغلٌ . كلب شرس . فَسلٌ . وِبْش . خَسِيل
cūr'ate [-it], *n.* خُوري . قِسيس
cūrāt'or, *n.* حارسٌ . وكيل . قَيِّمٌ . سادِنٌ
curb, *v.* حَجَم = كَبَح . قَدَع . زَجر . وقَم
curb, *n.* وِقام = عِنَان (الفرس أو الدابَّة)
curb, *n.* زِيف (أو) طِوار (أو) حِتَار (رصيف الشارع)
curd, *or* **curds** *(pl.)*, *n.* لبن رائبٌ (أو) خاثر
cur'dle, *v.* تَخَثَّر . خَثَّر . جَمَس
to — the blood, رَوَّع . نَشَّف الدم (من الهلع أو الاستفظاع)
cūre, *v.* شَفَى
cūre, *n.* شِفاء . علاجٌ حاسم . مَحسَمَة
cūré', [-rā], *n.* خوري الأبرشية
curf'ew, *n.* منع التجول (ليلًا) . كَمّ النار (في القرون الوسطى)
cūr'iō, *n.; pl.* -ios طَريفة . تُحفة . طُرْفَة
cūrios'ity, *n.* حُبُّ الإطلاع = بَشَالَةٌ = حِرصٌ على المعرفة . طَرِيفة = شيء غريب نادر . تُحفة . طُرْفة
cūr'ious, *a.* عَجيبٌ . حَرِيصٌ على المعرفة = بَشَّالٌ . مُفَاحِص . فَحَّاص . مُحِبٌّ للاطلاع . غريب ونادر . شاذّ
curl, *n.* زِرْفِين = جَعْدة = خصلة ملتوية من الشعر = قُصَّابَة = قصيبة . تجعيدة = عَكفة
curl, *v.* قَصَّب (الشعرَ) = لوَّاه وجَعَّده . عَكَّف = زَرْفَن . تَلَوَّى . التوى
to — up, تجمَّع وتدوَّر = تكوَّر . احقوقف . اقرنفط . تَجَرْمَز
curl'ew, *n.* (طائر) الكَرَوان (أو) الفِرِلّى
curl'y, *a.* (-ier, -iest) مُجَعَّد . جَعد . مُعكَّف
cu'rrant [u *as in* **but],** *n.* عنب الثعلب = رِيبَاس . زبيب كِشمِش (بدون عَجم) . زبيب رومي (أو نباتي)
cu'rrẹncy, *n.* نَقدٌ (دارج) . تَدَاول . دَوَران . رَوَاج
cu'rrẹnt, *a.* مُتَداوَل . دائر (أو) سائر (بين الناس) . جارٍ . سائل
cu'rrẹnt, *n.* جَرَيان . تَيَّار . مَجرَى
cu'rrẹntly, *ad.* في الزمن الحاضر . على جري العادة
curric'ūlum [u *as in* **but],** *n.; pl.* curricu-lums, -la مَنهجٌ (أو سِياق) الدراسة . مواد الدراسة

cu'rry, *v.* (-rried, -rrying) فَرْجَن (أو) حسّ (الفرس) . مَعَس (أو) مَحس (الجلد) = دَلَكه وبشَره ونقعه للاستعمال

to — favour, سعى لنيل الحُظْوة بالمداهنة والتملق = ذَمْلَق = [تزلَّف]

cu'rry, *n.* ; *pl.* -rries تَابِلٌ (هندي) يُطيَّب به الطعام

cu'rrȳ-cōmb [-m], *n.* فِرْجَون = مِحَسَّة

curse, *v.* (-sed *or* curst) دعا (على) . لَعَن . بَلَا (أو) ابتلى (ب)

curse, *n.* دعوةٌ (على) . لَعْنَة . بَلْوَى

curs'ed [-st *or* -sid], *a.* لَعِينٌ . ملعون . مَدْحور

curs'ory, *a.* مُستعجَل . سَطحِي . بدون تدقيق (أو) امعان

curt, *a.* مُقتضب . مُقتصَرٌ وجاف

curtail', *v.* نَقَص . قَلَّل . قَصَّر . جَدَّف = قَصَّر (وضَيَّق) . نَقَص

curtail'mẹnt, *n.* تقصير . تقليل . تنقيص = تجديف

curt'ain [-tẹn], *n.* سِتار(ة) . سِجاف (أو) سَجف

to draw the —, جَرَّ (أو) أنزل (أو أسدل) الستار

curt'ain, *v.* سَتَر . جعل عليه ستارًا (أو) سجافًا . سَجَف

curt'sey [-si], *n.* سلامٌ بطأطأة الرأس والتطامن = تكفيرٌ

curt'sey, *v.* (-seyed, -sied, -seying *or* -sying) سَلَّم (بطأطأة الرأس والتطامن) = كَفَّر (له)

curt'sy, *n.* = curtsey

curv'ature [-chẹr], *n.* انحناء . تقويس . عَوَج . حَنَب (أو) عَصَل (في العمود الفقري)

curve, *v.* انحنى . إعوجَّ . أَطَّر . تحدَّب . تأطَّر

curve, *n.* مُنحنٍ . حَنِيَّة . قَوْس . أُطْر = مُنحنى القوس

curvet', *n.* قَمْص . نَقَمُّص . تَقَمُّز

curvet', *v.* (-tted, -tting) تَقَمَّص . تَقَمَّز . قَمَص (الفرس) = رفع يديه معًا وطرحها معًا وعجن برجليه

cụ'shion [-shẹn], *n.* مِيثَرة = وِسَادة . مِسنَد . زِرْبِيٌّ

cusp, *n.* شَرْخ = نُتوء = رأسٌ

cus'pidor, *n.* مَتفلَة . مَبصقة

cus'tard, *n.* مهلبية . كَسْتَرْد = نوعٌ من المهلَّبية الرخفة تعتمل من البيض والحليب والسكر

custōd'ian, *n.* حارِسٌ . حافِظٌ . قَيِّم

cus'tody, *n.* حِراسة . حِفظ . سَجن

in —, مَسجُون . محبوس

to take into —, سَجَن . قَبَض (على)

cus'tom, *n.* عادة (عامة) . عُرْف . مُزَابَنَة

cus'tomary, *a.* مُعتَاد . مألوف . مَعهُود

cus'tomẹr, *n.* زَبُون . زَبون = شَخص

cus'tom-house, *n.* جُمرُك

cus'toms, *n. pl.* رسوم جمركية

cut, *v.* (cut, cutting) قَطَّ . قَطَع . قَصَّ . جَرَح

cut, *v.* قَصَّر . خَفَّض . جاب = قَطَع . فَصَّل . اقتضب

to — teeth, أَسَنَّ = [سَنَّن]

to — down, اختصر . نَزَّل . قَطَع . خَفَّض . جَنْدَل

to — off, بَتَر . قَطَع . حَذَف . أَندر . حَجَب

cut, *n.* جَرْح . فِلْذة = قِطعَة . تفصيل (الثوب)

cut, *n.* اقتطاع . تخفيض . اختصار . قَصٌّ . تقصير

a short —, مَقرب = مَخصَرة = مَقرَبة = طريق مختصرة

cut, *a.* مَقطوع . مُخفَّض . مقصوص . مختصر

cūte, *a.* حادّ الذهن . داهٍ . فارهٌ = حاذِقٌ فَطِينٌ . مليح ظريف

cūt'icle, *n.* بَشَرةٌ . ظاهر الجلد . إكليل = ما حول الظفر من اللحم

cut'lass, *n.* سيف قَصِيرٌ مُنحَنٍ ذو حدّ واحد (يستعمله البَحَّارة)

cut'ler, *n.* سَكَّان = سَكاكِيني = بَيَّاع (أو صانع) أدوات القطع

cut'lery, *n.* أدوات القطع . أدوات تناول الطعام

cut'lĕt, *n.* ضِلعة = [كستليته]

cut'-throat [-thrōt], *n., a.* فَتَّاك . فاتك . تناحُري

cutt'er, *n.* قَطَّاعة . مُفَصِّل . قاطِرَة = سفينة صغيرة

cutt'ing, *n., a.* مَقطع . جُذاذة . قُطاعة . قُصاصة . نغريزة . قَطَّاع . جَارِح

cut'tle-fish [-lf-], *n.; pl.* -fish(es) لسان البحر . سَبيد . حَبَّار . خَذَّاق

cut'worm [-werm], *n.* دودة قَرَّاضة (للنبات)

cwt. =hundredweight=112 pounds (weight) in Britain

cwt. =hundredweight=100 pounds (weight) in U.S.A.

cyc'lamen, *n.* خبز المشايخ . قَرنِ الغزال . بَخُور مَريم . صابونة الراعي

cȳ'cle, *v.* رَكِبَ دَرَّاجة

cȳ'cle, *n.* تواتر دَوْري . دَوْر . سِلسلة (دورية) . حَصر . دَرَّاجة

cȳc'lic, *a.* متواتر دَوْرِي . دَوْري

cȳc'list, *n.* راكب دَرَّاجة

cȳc'lōne, *n.* إعصار = زَوْبعة دَوَّارة

cȳclon'ic, *a.* كالإعصار . إعصاري

cȳclop(a)ēd'ia [-pēd-], *n.* موسوعة عِلمية

Cȳc'lopēs, *n. pl. of* Cyclops

Cȳc'lops, *n.* جَبَّار بعين واحدة

cyġ'nĕt, *n.* فرخ الوز العراقي

cyl'inder, *n.* أُسطوانة

cylin'drical, *a.* أُسطواني

cym'bal, *n.* صَنج . صَنجة . صَفَّاقة

cyn'ic, *n., a.* لا يؤمن بصلاح الإنسان . مُستهكِمٌ . مُستريب

cyn'ical, *a.* يُظهر استرابةً في صلاح البَشَر . استهكامي

cyn'icism, *n.* عدم الإيمان بالخَيْر (في الناس) . استهكام

cȳp'rĕss, *n.* سَروَةٌ . شجرة سَروٍ

Cȳ'prus, *n.* (جزيرة) قُبرُص

cyst, *n.* حُوَيصِلة . كُيَيس

czâr [zâr], *n.* (*also* tsar, tzar) قَيصر

czârī'na [zâ-], *n.* زوجة القيصر . قَيصَرة . امبراطورة روسيا

Czech [chek], *n., a.* تشيكي (من تشيكوسلوفاكيا)

Czechoslō'vak [chek-], *n., a.* تشيكوسلوفاكي

Czechoslovâ'kia, *n.* تشيكوسلوفاكيا (من بلاد شرق أوروبا)

D

D, d [**dē**], *n.*; *pl.* **D's, d's** الحرف الرابع في الأبجدية الانكليزية

D, *n.* رَمزٌ عددي روماني = ٥٠٠

'd = had, would. **I'd** = I had, I would

dab, *v.* (-bbed, -bbing) مَلَث = ضرَب (أو) لَطَم خفيفاً . دَهَن (أو) لطخ . رَبت . نقر

dab, *n.* مَلث . مَلثة . لَطخة . كُمزَة رِخوة نَدِيَة . شيء قليل (من)

dab'ble, *v.* خَوَّض (أو) تَلعَّب (بالماء) . [لَغوص]

to — at (in), أَوْخف = [لَطَّش] = خاض (أو) خَوَّض في موضوعٍ عن غير خِبرة . تعابث

dāce, *n.*; *pl.* -ce(s) سمك صغير يعيش في الماء العذب

dachs'hund [**-ks-**], *n.* نوعٌ من الكلاب قصير القوائم مديد الجسم

dad, *n.* أبٌ

dadd'y, *n.*; *pl.* -ies أبٌ

dadd'y-long'legs, *n. pl. and sing.* نوعٌ من العناكب صغير مُدوَّر الجسم له جراميز رقيقة طويلة = شَبث

daff'odil, *n.* عَبهر . بَهار . نَرجِس أصفر

dâft, *a.* أحمَق . مُغفَّل . خالِع (العقل)

dagg'er, *n.* خنجر

dāhl'ia [**dāl-**], *n.* زَهر الكوكب = أضالِيا = نباتٌ زهري

dail'y, *a., n.* يومي . جريدة يومية

dail'y, *ad.* يوميًا . مياومةً . يومًا فيومًا

dain'tiness, *n.* لطافة . نَفاسَة . أَناقة . طَيابَة . تأنق . لذاذة . رَشاقة

dain'ty, *a.* (-tier, -tiest) لطيف . طَيِّب . أَنيقٌ . متأَنِّق . لذيذ . رشيق

dain'ty, *n.*; *pl.* -ties مَطيَب = مَطيَبة = أَطيَب

dair'y, *n.*; *pl.* -ries مَلبَنَة . لِبانَة

dair'ymaid, *n.* عاملة مَلبَنَة . لَبَّانَة

dair'yman, *n.*; *pl.* -men لَبَّان

dais, *n.*; *pl.* -sēs مِصطبة . دَكَّة

dais'y, *n.* أُقحُوان . [زهر اللولو]

dāle, *n.* وادٍ . خَلَّة

dall'iance, *n.* تشاغُل . تَعابُث . مُداعَبة . تَلَوُّم = تمكث وإبطاء

dall'y, *v.* (-llied, -llying) لاعَب . داعَب . تَعابث . تَلكَّأ . توانَى

dam, *v.* (-mmed, -mming) سَدَّ . بنى سَدًّا . حَبَس . كَظَم

dam, *n.* سَدٌّ = عَرِمة

dam, *n.* الأم (بين ذوات الأربع)

dam'age [**-ij**], *v.* أوقع به ضَرراً (أو) خَسارة . ضَرَّر . عَوَّر

dam'age, *n.* ضَرَر . خسارة . عَوارٌ

dam'ages [**-ijiz**], *n. pl.* (تعويض) عُطل وضرر

Damas'cus, *n.* دِمَشق = عاصمة سوريا

dam'ask, *n., a.* كَمخَا = نسيج حريري مُرسَّم (أو) مُشجَّر . دِمَقس

dāme, *n.* مَربِيَّة . سيدة شريفة . امرأة كبيرة في السن

damn [-m], *v.* خلّد في العقاب . حكم (على) = دانَ . استقبح . إستسقط . قبّح . لعن . بوّر . أحبط . أخزى
damn !, *excl.* لحاه الله! تبًّا له! أولى له!
dam'nable, *a.* قبيح . منفورٌ . مستنكرٌ . مستسقط
damnā'tion, *n.* دينونة . لعنةٌ . تبابٌ . عذابٌ (أو عقاب) أبدي
damned [-md], *a.* مقبوحٌ . ملعون . متبوبٌ
damp, *a.* مُندًى . مترطّب = لثِقٌ
damp, *n.* ترطيب . رُطوبة . حائل . برودة . غاز يتجمع في المناجم = أسَنٌ
damp, *v.* رطّب . فتّر . منع . غمّ
damp'en, *v.* رطّب . فتّر (الهمّة) . كدّر
dam'per, *n.* مُفتّر . مُبوّخ . غتميٌّ = شخصٌ مبرّدٌ ثقيل الروح كثيفٌ = كانونٌ
dam'sel, *n.* صبيّة . عذراء
dam'son, *n.* سُوَيدٌ (من الفواكه)
dânce, *v.* رقص . ترقّص . رقّص
to — attendance on, جلوز = حفد = خدم واعتنى
dânce, *n.* رقصٌ . رقصة
dân'cer, *n.* راقص . رقّاصٌ
dan'delīon, *n.* (نبات) هندبا بريّة . رِجل الغُراب . أسنان السبع . سن الأسد
dan'dle, *v.* نقّز = زنزن = رقّص (على الركبتين أو الحضن)
dan'druff, *n.* حزاز = هِبريَة = قشرة الرأس
dan'dy, *n.* شخصٌ متطرّز = أنيق الملبس والمظهر
dan'dy, *a.* (-ier, -iest) فائقٌ . فاخر . ممتازٌ .

Dāne, *n.* دانيماركي
a Great —, كلبٌ كبيرٌ قوي ذو شعر قصير
dān'ger, *n.* خطر . مخطرة . محذور
dān'gerous, *a.* خطِرٌ . مُخطرٌ . ذو تهلكة
dang'le, *v.* تنوّح = تحرّك وهو متدلٍّ = تدلدل . لوّح . ترلّف
Dān'ish, *a.* دانيمركي
dank, *a.* رطبٌ باردٌ = غمِقٌ
dapp'er, *a.* حسن الهندام . صغير نشيط
dap'ple, *v.* ولّع = بقّع . رقّط . برقش
dap'ple, *a.* أبلق . مُولّع = مُلمّع . مُبقّع . مُسنّح . مُبرقش . أبرش
dāre, *v.* (dared *or* durst, dared, daring) استجرأ . جسر (أو تجاسر (على) . تحدّى
I — say, أحسب (أنّ) . ربّما
dār'ing, *n.*, *a.* جسارة . جسور
dârk, *a.* مُظلمٌ . أسود . أسمر . قاتم . عميقٌ . مُعمًّى . غامضٌ . سِرّي . مُبهم . خبيث . كالح
dârk, *n.* ليل . ظلام . عشيّة . ظُلمة . عتمة . إبهام . غموض
dârk'en, *v.* أظلم . إربدّ . إكفهرّ . قتم (اللون أو الوجهُ) . انكسف (الوجه) . إنكفأ (اللون)
dârk'ling, *a(d)*. في الظلام . ظلامي . مُظلم
dârk'ly, *ad.* بصورة مظلمة . بإبهام . شزرًا = ظلامًا
dârk'ness, *n.* ظلام . ظُلمة . دُجى
dârk'some [-sem], *a.* مُظلِم . مغموم
dârk'(e)y [-ki], *n.* أسود . زنجي
dârl'ing, *n.*, *a.* حبيبٌ (أو عزيزٌ
dârn, *v.*, *n.* رفأ = [رتى] . رفءٌ

dârn'el, *n.* شوكم . زوان . عُفآء . دَنّق
dârt, *v.* رَشَق . زَرَق . انطلق مندفعًا = إنصلَت . أرشق (النظر) . إرتشق . انقذف . ارتجم
dârt, *n.* دَشْقٌ . مِزْراقٌ
dârt, *n.* جُماح = سهمٌ صغير يُلعب به
dârts, *n. pl.* لعبة الجماميح
dash, *v.* هَجَل = رَمى (بِ) . رَدَّى . طرح . رَشّش = نضح = كَلَت
dash, *v.* قحم . كرَّ . دغش . انكدر = إنكفت يعدو . هجم . حطّم
  to — into, نَتَرَّع = انخرط (في الأمر) = ركب رأسه
  to — off, مَعمع العَمَل = عَجَّل فيه ولهوَجه
  to — out, انخرط (من المكان)
dash, *n.* اقتحام . كرَّة . نَشاطٌ . هِمَّة . فاصلة خطية قصيرة (-)
dash, *n.* لَطْخة . طلَق (أو) شوط قصير = كَرْة . قليلٌ (من) = ذَرْحَة
dash'ing, *a.* مُقتَحم . مُتَسَرِّع . قَحّام . أحوَزِي = ماضٍ خَفيفٌ نشيطٌ . مَرِحٌ
das'tard, *n., a.* جَبان . نَذْلٌ
das'tardly, *a.* بِجُبن وبنذالة
dāt'a, *n., pl. of* da'tum معلومات تفسيرية (أو) تحقيقية . معلومات استدلالية
dāte, *v.* أرّخ . رَجَع تأريخه (إلى)
dāte, *n.* تأريخ . مدة . زمان
  out of —, مُتَقادِم . فات أوانه . انقضى عَهدُه
  up-to- —, مُجارٍ للعصر الحاضر . مُجدَّد
dāte, *n.* رُطَبٌ . تمرٌ . نَخْلَة
dāte'lĕss [-tl-], *a.* غير مؤرَّخ . بدون تاريخ . أزلي . سحيق العهد
dāte'-palm [-pâm], *n.* شجرة النخيل . نخلة
dāt'ive, *n., a.* الموضع الإعرابي للمفعول الغير الصريح . صيغة الجَرّ
dāt'um, *n.; pl.* data إحدى المعلومات التحقيقية (أو) التفسيرية (أو) الاستدلالية
daub, *v.* مَلْمَط . لَطّ . لَيَّط . لَطَّخ . [لَغمط] . سَيَّع
daub, *n.* لِياط . لَطُوخٌ . (صورة) مُلَمْطَة
daught'ęr [dôt-], *n.* ابنة . بنت
daught'ęr-in-law, *n.; pl.* daughters-in-law كَنَّة
daught'ęrly, *a.* يليق بالبنت . بِنتي
daunt, *v.* نَكّص . أنكل . جَبَّن . خذّل . خوّف . ثنى العزم
daunt'lĕss, *a.* لا يَنكل . شُجاعٌ . زَميع = لا يَنثني عن عَزمه . ثَبْت الجَنان
dauph'in, *n.* لقب الابن البكر لملك فرنسا سابقًا
dav'ęnpôrt, *n.* أريكة ذات متكأين
Dāv'id, *n.* داوود
Davy Jones, رُوح البحر . شَيطانُ البحر (أو) البحّارين
  to go to —'s locker, غاله البحر . هَلَك في البحر
daw, *n.* (طائر) الزّاغ
daw'dle, *v.* تَراخى . تمكّث = تَباطأ . وَضيّع الوقت = تَلَدّن
dawn, *n.* فجر . مَطلع . مُستَهَلٌ
dawn, *v.* طَلَع (الفجرُ) . اتَّضح . استبان
day, *n.* يوم . نهار . زمانٌ
  to win the —, تَظَفَّر . رَبح . فاز
day'break [-brāk], *n.* فَجر . طُلوع النهار . صُبح

day'-dream, *n.* تَعَلُّل بالأماني = حُلم اليَقَظة = هَلَجٌ . تَسَوُّف = اقتيات بالسَّوْف
day'-dream, *v.* عَلَّل نفسه بالأماني = هَلَجَ
day'light [-lit], *n.* ضوء النهار . فجر . فَلَق الصبح
— -saving time, اكتساب وقت النهار حينما تقدَّم الساعات ساعة واحدة أو أكثر
day'-spring, *n.* فَجر . تباشير الصباح
day'-time, *n.* نهار . بياض اليوم
dāze, *v.* أَدْهَش . شَدَه = أذهَل . سَدِرَ . ناف (البَصَرُ) . غَيَّب عن الرُشد
dāze, *n.* شَدَهٌ = دَهَش = حَيرَة . سَدَرٌ . نَوْفُ (البصر)
daz'zle, *v.* بَهر (أو) حَيَّر (أو) لَمَس (البصرَ أو العقل)
daz'zle, *v.* إسْمَدَرَّ (أو) سَدِر (أو) عَشِيَ (البصرُ)
daz'zle, *n.* بَهر (أو) سُدور (البصر) . نورٌ باهرٌ
de -, *pref.* أداةٌ أوليّة تضاف إلى الكلمة بمعنى فَكٍّ (أو) نَقض (للنفي)
deac'on, *n.* شَمَّاس (انجيلي) . شِدْياق
dead [ded], *a.* مَيِّتٌ . عديم الحياة (أو) النشاط = مَوْتان . خامد
dead, *a.* دارس . مُمَاتٌ
the —, الأموات . المَوْتى
dead [ded], *n.* جَوف . صَميم
dead [ded], *ad.* تماماً . بالكلية
dead'en [ded-], *v.* خَفَّف . خَمَّد . غَتَّ
dead'lock [ded-], *n.* استحكام الخلاف . احتباس. توقف (تام) . خِلَاف مُستَحكَمٌ
dead'ly [ded-], *a(d).* مُميت . قَتَّال . بهيئة الموت
deaf [def], *a.* أَطْرَش . أَصَمّ
deaf'en [def-], *v.* أَصَمَّ = أَسَكَّ . أَطرَش . أَخرَس
deaf'-mūte [def-], *n.* أطرش وأخرس
deaf'nĕss [def-], *n.* طُرشَة = طَرَش . صَمَم
deal, *v.* (dealt (delt), dealing) تَعَلَّق (بِ) . تعامل . تعاطى . باع واشترى . تناول . وزّع . عاشر . عامل . عالج
deal, *n.* صفقة . ترتيب . قِسم . مِقدار
deal, *n.* خَشَبُ صَنَوْبر
deal'er, *n.* تاجر (أو) متعاطي التجارة . مُوَزِّع ورق اللعب
deal'ing, *n.* معامَلة . تعاطي التجارة . مُعَامَلة (الناس) . تَصَرُّف . مُخالَطة
deal'ings, *n. pl.* علاقات تجارية . علاقات (صداقة) . مُخالَطة
dealt [delt], *v.; p., pp. of* deal
dean, *n.* عَميد (كلية أو جامعة) . رئيس كاتدرائية
dear, *a(d).* عزيزٌ . غالٍ . غالياً
dear'ly, *ad.* بغلاء . بثمنٍ غالٍ . كثيراً جداً
dear'nĕss, *n.* عَزازة . غلاء
dearth [derth], *n.* نَدْرة . قِلّة . مَحلٌ . قَحط
death [deth], *n.* مَوتٌ . وفاة . حَتْف . فناء . مَوَاتٌ
death'-bed [deth-], *n.* فِراش الموت . مُحتضَر . أثناء الاحتضار
death'lĕss [deth-], *a.* لا يَموت . لا يَبيد . خالِدٌ
death'līke [deth-], *a.* شبيهٌ بالموت (أو) سكونه
death'ly [deth-], *a(d).* شبيه بالموت . مَوْتِي . مُميت

death´-rāte [deth-], *n.* نسبة الوَفيات

death's´-head [deths-hed], *n.* جُمجُمَة الإنسان

dēbâr´, *v.* (-barred, -barring) حَظَرَ . مَنَع . حَجَبَ . حَجَزَ . حَجَر

dēbāse´, *v.* أَحطَّ . خسَّس . نزَّل . غَشَّ = [زَغَل] . رَذَّل

dēbāse´mẹnt [-sm-], *n.* تخسيس (القيمة) . زَغْل المسكوكات . ترذيل

dēbāt´able, *a.* قابلٌ للنِقاش فيه . فيه نظرٌ (أو) خِلَاف

dēbāte´, *n.* مناقشة . محاورة . مُنَاظَرة

dēbāte´, *v.* ناقش . باحث . ناظر

dēbāt´ẹr, *n.* مناقش . مُجادِل . مناظر

dēbauch´, *v.* أغوى . دَسَّى = أَفسَد وأَغوى = غَوَّى

dēbauch´ẹry, *n.* فِسق . فُجُور . تَهَتُّك (في المَلَذَّات) . غَوَايَة

dēbil´itāte, *v.* أوهن . أضعف . أوْنى

dēbil´ity, *n.* ضُعف . وَهن

deb´it, *n.* قَيدٌ في حساب الدين (أو) المطلوب

deb´it, *v.* أجرى عليه الحساب = قَيَّده عليه (دَيْنًا)

debonair(e)´, *a.* لَطيف . حلو الشمائل . مُنشَرِح . بَشُوش . مُستَبْشِر

deb´ris, déb´ris [dābrē], *n.* أنقاض . هَدَم . رَدْم

debt [det], *n.* دَيْنٌ

in —, مَديُون . مَدِين . عليه دَين

debt´or [det-], *n.* مَديون . غَرِيم . غارِم

debut´, début´ [dābōō], *n.* (أول) طَلعَة (أو) بَرْزة (في المجتمع أو على المسرح)

de´būtante, dé´būtante, *n.* (فتاة أو امرأةٌ) في أول بَرْزة لها (أو في أول طلعتها)

dec´āde, *n.* عَقد = عشر سنوات

dec´adẹnce, *n.* إنحطاط . فَسَاد

dec´adẹnt, *n.*, *a.* آخذ بالانحطاط . يزداد سوءاً . آيل إلى الفساد . شخص فاسد

dec´aloġue [-loġ], *n.* الوصايا العشر

dēcamp´, *v.* مَصَع = انطلق مُسرعًا (أو) بدون ترسُّم . نَسل

dēcant´, *v.* صَبَّ (الشرابَ) بهدوء = زَلَّ . صَفَّق (الشراب) = حوَّله من إناء إلى إناء

dēcan´tẹr, *n.* راووق . صُراحِيَّة . دَسْتَجَة

dēcap´itāte, *v.* قطع الرأس

dēcay´, *v.* تداثر . انحطّ . فَسد . سوَّس . تَفَسَّخ

dēcay´, *n.* انحطاط . تَدَعُّصٌ = فسادٌ واهتراء . تأكُّل (الأسنان) . تَدَاثُر

dēcease´, *v.* مات . تُوُفِّيَ

dēcease´, *n.* وَفَاة . موت

dēceased´ [-sd], *n.*, *a.* مُتَوَفَّى . مَرحوم

dēceit´, *n.* خِدَاع . تدليس . مُخاتَلَة . غِش

dēceit´fụl, *a.* مُخَادِع = مُوَالِسٌ = خَدَّاع . مُخاتِل . خادع . غَرَّار

dēceive´, *v.* (-ved, -ving) خَدَع . غَشَّ . غَرَّ . أَغَرَّ

dēceiv´ẹr, *n.* خَدَّاع . غَشَّاش . غَرَّار

Dēcem´bẹr, *n.* شهر كانون الأول (أو) ديسمبر

dē´cẹncy, *n.* لِيَاقة . حُسن الأدب . احتشام

dē´cẹnt, *a.* لائق . مناسب . مُحتَشِمٌ . مُحتَرَم

dēcep'tion, *n.* خِدَاع . انخداع . خِدْعة . غِشّ

dēcep'tive, *a.* غَرَّار . خِدَاعِي . مُخَادِع . غَشَّاش

dēcīde', *v.* فَصَل = بَتَّ = حكم (أو) حَتَم . جَزَم

dēcīde', *v.* قَرَّر . صَمَّم . عَزَم

dēcīd'ĕd, *a.* باتٌّ . مُقَرَّر . جازم . عازِم

dēcīd'ĕdly, *ad.* حتماً . بَتَاتاً . قطعاً . جزماً

dēcid'ūous, *a.* (شَجَر) سالِخٌ = يُسقِط أوراقَه كلَ سنة

de'cimal, *n., a.* عُشْرِي . كسر (أو) رقم عشري

de'cimāte, *v.* إصطَلَم . إصطَلَمَهم = أفنى مُعظَمهم . فَتَكَ بأ كثرهم

dēcīph'ẹr, *v.* فَكَّ (أو فَسَّر) الرموز الكتابية (أو) السرية

dēci'sion [zhẹn], *n.* قَرارٌ . حُكْمٌ . تصميم . جَزْم . إزْماع . فَصل

to come to (arrive at) a —, وَصَل إلى قرارٍ . قَرَّ الرأي

with —, بإزْماعٍ . بتصميم

dēcīs'ive, *a.* جازم . فاصل . حاسِم . قَطعي . باتٌّ

deck, *n.* طَبَق (أو) جِلَال (السفينة) = ظَهرُها (أو) طبقةٌ منها = بَطَّارِيَّة

deck, *v.* زَيَّن وبَهَّجَ . تَزَيَّن = تَحَبَّر . حَلَّى . تَبَهْرَج

dēclaim', *v.* تكلَّم كأنه يَخْطُب . أَلْقَى (خطبة تحمسية) . أنشد (شعراً) . نَدَّد

declamā'tion, *n.* كلامٌ خطابيّ . خطبة (تحمسية) . إنشاد (شعر) . تَنديد

dēclarā'tion, *n.* قول جِدّي . إعلانٌ . تصريح . إقرارٌ . إشهار . مجاهَرة

to make a—, أعلن . صَرَّح . جاهر

The Declaration of Independence, إعلان الاستقلال للمستعمرات الأمريكية من الحكم البريطاني في يوليو (تموز) ١٧٧٦

dēcla'rative, *a.* تصريحي . خَبَري . إخباري

dēclāre', *v.* أعلن . صرَّح . جاهر

dēclen'sion [-shẹn], *n.* انحطاط . إعراب (في النحو)

declinā'tion, *n.* اعتذار عن القبول . انحطاط . رَفضٌ . إنحراف

dēclīne', *v.* اعتذر عن القبول . أَبَى . انحطّ . انحدر . زال (نحو الغروب) . صَرَّف (مع علامات الإعراب)

dēclīne', *n.* هُبوط . تَزَاوُح . زَوال (الشمس) . تَدَنّي (الأحوال)

dēcliv'ity, *n.* هَبُوط = حَدُورٌ = مُنحَدَر

décoll'eté [dākoltā], *a.* يُعرّي أعلى الظهر وأعلى الصدر . واسِعُ الطَّوْق

dēcompōse', *v.* تحلَّل . تفَسَّخ . حَلَّل . تَدَعَّص . تَمَلَّخ

dēcompoṡi'tion [-zishẹn], *n.* تَحَلُّل . تَفَسُّخ = تَدَعُّصٌ . تَمَلُّخ

dec'orāte, *v.* زَيَّن . شَوَّفا . زَوَّق . منح وِساماً

decorā'tion, *n.* تزيين . تشويف . تَزْويق . وسام . نِيشان

dec'orative, *a.* تزييني . تزويقي . زُخرفي

dec'orātor, *n.* مُزَخرِف . شَوّاف . نَقَّاش . دَهَّان . مُزَوِّق

dec'orous *or* **decôr'ous [-rẹs],** *a.* لائِقٌ . بحسب آداب اللياقة . أديب

dēcôr'um, *n.* لِياقة . آداب اللياقة . حِشْمَة . أدَب

dẽcoy', v. استدرج (ليوقع في خطر أو شرك)

dẽcoy', n. إغواء . رَامِجٌ = مِلْوَاحٌ = طائر (أو) حيوان (حقيقي أو مصنوع) لإغراء الطير (أو) الوحش وصيده . مَغواة . شَرَك

dẽcrease', v. نَقَص . تناقص . نَقَّص . قَلَّ

dẽc'rease, n. تَنْقيص . تناقص . نُقصان

on the —, مُتناقص . آخذ بالتناقص

dẽcree', n. أمرٌ سامٍ (أو) قضائي . مرسومٌ . حُكم . تقليد ملكي

dẽcree', v. (-reed, -reeing) أمر . رَسَم . حكم

dẽcrep'it, a. حَطِمٌ = متهدِّم الجسم (لكبر السن) . مُعجَزٌ . عاجز . قَحلٌ . بالٍ

dẽcrep'itūde, n. حَطَم = تعجيز = الوَهْن (أو) تهدم الجسم بسبب طول العمر (أو) القدم

dẽcrȳ', v. (-ried, -rying) حَطَّ (من) . وَكَس . تَنَقَّص . استَخَسَّ . بَخَس

ded'icāte, v. أَرْصَد . كرَّس . سَبَّل = وَقَف . أهدى (كتاباً)

dedicā'tion, n. إرصاد . تكريس . تسبيل . إهداء (كتاب)

dẽdūce', v. استدلّ . استنتج . استقرى

dẽduct', v. طَرَح . نَقَّص . [خصَم] . اقتطع

dẽduc'tion, n. استنتاج . تنزيل . تنقيص . [خصمٌ]

dẽduc'tive, a. استنتاجي

deed, n. عمل . فِعل . صَنيع . فَعلَة

deed, n. حُجَّة (أو) سَنَد (تمليك) . صَكٌّ = وِصْرٌ

deem, v. حَسِب . رأى . اعتبر . اعتقد

deep, a. قَعِير = غَوِيط = عَمِيقٌ . غائرٌ . عَوِيصٌ . واغِلٌ

deep, a(d). مُشبَع اللون = عَميق . بعيد الغور . مُعَمَّق

to go — into, = عمَّق النظر . أَوْغَل = تَوَغَّل

deep, n. لُجَّة . جَوف . غَوْر . صَميم

deep'ẹn, v. عَمُق . عَمَّق . غَوَّط . استحكم . تَشَبَّع

deep'ly, ad. غائصٌ . بِغَوصٍ . بِتَعَمُّقٍ . بإيغال . من أعماق القلب

deep'nẽss, n. عَماقة

deep'-rōōtẽd, a. مُتأصل . مُستَحكِمٌ

deep'-seated, a. مُتغَلغِل . مُستَحكِم

deer, n.; pl. deer غَزال . ظَبيٌ . وَعل

deer'skin, n. جلد الظبي

dẽfāce', v. خَرْبَش . كَدَّح = خَدَّش . شَوَّه . طَمس

dẽfalcā'tion, n. غُلول = إغلال = اختزال (أو) خيانة في المال المودَع

dẽfamā'tion, n. تجريح الصيت . افتراء . ثَلب . هَتكُ السمعة

dẽfāme', v. هتك العِرض . هَتَك السُّمعة . تقوَّل (على) . شَنَّر (أو) شَنَّع (على)

dẽfault', n. عدم وجود . تقصير في الأداء (أو) في الواجب . تخلُّف (عن الحضور)

dẽfault', v. قَصَّر (في قضاء الدين أو الواجب) . تَخَلَّف

dẽfeat', v. هَزَم . غَلَب . أَحبَط

dẽfeat', n. هَزِيمة . كَسْرَة . إحباط

dẽfect' [or dē'-], n. عَيب . نَقصٌ . نَقِيصَة . خَلَل

dẽfect', v. نَكَث (أو) نقض الولاء (لحزب أو دعوة) . انتقض . انقلب (على) . تحوّل (عن)

dẽfec'tion, n. إخلال بالواجب . تَحَوُّل . نَكث . انتقاض الولاء (لحزبٍ أو . . .)

DECORATION: ISLAMIC ORNAMENT

التزويق

الزخرفة الإسلامية

DAMASCENED VASE
ظرف من صنع دمشق

VEGETATIVE ORNAMENT
زخرفة نباتية

LAMP
قنديل

PERSIAN FAIENCE PLATES
صحاف فارسية من القيشاني

ENAMELLED GLASS BOTTLE
قنينة زجاجية مغشاة بالميناء

GEOMETRIC ORNAMENT
زخرفة على أشكال هندسية

COPPER FLAGON
قعب من النحاس الأحمر

dēfec'tive, *a.* قاصرٌ . ناقِصٌ . فيه عَيبٌ (أو) خَلَل . مَعيُوب . عَوَارِي

dēfence', *n.* دِفَاعٌ . وِقَاءٌ . وسيلةُ دِفاع

dēfence'lẽss [-sl-], *a.* قاصرٌ عن حماية نفسه . ليس له ما يَدْفَعُ به عن نفسه . ليس له ما يُدافِع به . مُجَرَّد من وسائل الدفاع . أعزل

dēfend', *v.* دافَع (أو) ذاد (عن) . حامَى = ذَبَّ (عن) . ناضل (عن)

dēfen'dant, *n.* مَظنُون = مُدَّعى عليه

dēfen'dẹr, *n.* مُدَافِعٌ . مُحَامٍ . حامٍ

dēfense', *n.* = defence

dēfense'less, *a.* = defenceless

dēfen'sible, *a.* سَهلُ الدِّفاعِ عنه . يمكن إحقاقُه وتبريره

dēfen'sive, *a.* دِفاعِيّ

dēfen'sive, *n.* وسيلة دِفاعِيَّة . موقفٌ دِفاعي

on the —, في موقفٍ دِفاعِيّ

dēfer', *v.* (-ferred, -ferring) حَفَل به = راعاه ووقَّره

to — to, راعَى . أَذْعَن (لِ) = امتثل . طَاوَع . أناب (إلى)

dēfer', *v.* (-ferred, -ferring) أَرْجأ = أَخَّر . أَجَّل

def'ẹrẹnce, *n.* رِعَاية . مُراعاة . امتثال . تَوقير

in — to, مُراعاةً (أو) إكراماً (ل)

defẹren'tial [-shẹl], *a.* احترامي . تبجيلي . توقيري

dēfī'ance, *n.* مُعاصَاةٌ = مُراغمة . مُنابَذة = تَحَدٍّ . تدَكُّل (على السلطان)

dēfī'ant, *a.* مُعاصٍ = مُراغِمٌ . مُنابِذٌ . مُتَعَتٍّ . مارِد

dēfī'antly, *ad.* بمعاصاة . بِتَدَكُّلٍ = بِعُتُوّ . بتَعَتٍّ

defi'ciency [-shẹnsi], *n.* نَقص . قِلَّة . قُصُور

defi'cient [-shẹnt], *a.* ناقِصٌ . قاصِرٌ . غيرُ كافٍ

def'icit, *n.* نُقصان . عَجزٌ (مالي)

dēfīle', *v.* نَجَّس . دَنَّس

dēf'īle, *n.* شِعبٌ = مَمَرٌّ في مَضيِق

dēfīle', *v.* تَساتَل (أو) تَقاطر = مَشى مُتَتَابِعاً في صفٍ واحد = سَرَّب

dēfīle'mẹnt [-lm-], *n.* نَجَاسة . تنجيس

dēfīne', *v.* حَدَّ = عَرَّف . حَدَّد

def'inite, *a.* مجزومٌ (فيه) = قَطعِي . غير مُبهَم = باتٌّ . مُحَدَّد

def'initely [-nitl-], *ad.* قطعاً . جَزْماً

defini'tion, *n.* تعريف . تحديد

defin'itive, *a.* قاطِعٌ . قطعِي . نهائي . حاسِمٌ . مُكَمَّل

dēflāte', *v.* فَشَّ = ضد انتفخ . انخمص (الورمُ) = انفشّ

dēflā'tion, *n.* فَشٌّ = إنفشاش . ضُمور (أو) تضمير (مالي)

dēflect', *v.* حَرَف . انحرف . صَدّ . ثَنَى . عَرَّج . لَفت . أَزاغ . عَطَف

dēflec'tion, *n.* انحراف . انعراج . لَفت

dēfô'rest, *v.* جرَّد من الشجر . أزال الأشجارَ (أو) الأحراش من مكانٍ ما

dēfôrm', *v.* شَيَّأ = شَوَّه . عَوَّج (أو) شَنَّع (أو) بَشَّع (الشَّكل)

dēfôrmā'tion, *n.* تعويج (في الشكل أو الخَلق) = تشويه = تشيء

dēfôrmed' [-md], *a.* مُشَيَّأ = مختلف الخَلق . مُعوَّج الشكل (أو) الخلق . مُشوَّه

dēfôrm'ity, *n.* تشويه . شَوَهٌ . شُوهَة . ثَدَن
dēfraud', *v.* غَبَن = احتال وسَلَب
dēfray', *v.* [صَرَف (على)] . دَفَع (أو) سَدَّد (النفقات . . .)
deft, *a.* نَقِن . لَبِقٌ = حاذِقٌ رَفِيقٌ بما يَعمَلهُ
deft'ly, *ad.* بتَقانة . بلَباقةٍ . بمهارةٍ وأناقة
deft'nēss, *n.* لَباقة . خِفَّة (أو) رَشاقة (في العمل)
dēfunct', *a.* مَيت . بائد . مُنقرِض
dēfȳ', *v.* (-fied, -fying) عاصَى . راغم = تَعنَّى . تَحَدَّى . استعصى . تَدَكَّل (على) . مَرَد
dēgen'ęracy, *n.* تدني الحال . فساد (أو) انحطاط (النوع)
dēgen'ęrāte, *v.* فَسَد (أو) انحطّ (الجنسُ أو الطبيعة) . انفسد
dēgen'ęrate [-it], *n.*, *a.* فاسد (أو) منحطّ (الجنس أو الطبيعة أو النوع)
dēgenęrā'tion, *n.* فساد (أو) انحطاط (النوع)
dēġradā'tion, *n.* تنزيل (رتبة) . حطّة . سُقُوط . غضاضة . سَقاطة . مَسقطة
dēġrāde', *v.* حطّ = نزّل . جرّد (من الرتبة) . دنّأ . طأطأ (من)
dēġree', *n.* دَرَجة . مَرتَبة . رُتبة علمية . مِقدار
dēificā'tion, *n.* تأليه
dē'ifȳ, *v.* (-fied, -fying) ألّه . اتخذ إلهاً
deign [dān], *v.* تنازَل . تواضع . تَلطَّف
dē'ist, *n.* مؤمن بالله (بدون كتابٍ مُنزَل)
dē'ity, *n.* إلهُ . إلهة
dēject'ēd, *a.* مُغتَمٌّ . حَزين . منكسر النفس . مُبلِسٌ

dējec'tion, *n.* اغتمام . انكسار النفس . إبلاس
dēlay', *v.* أخّر . أجّل . عوّق . تعوّق
dēlay', *n.* تأخير . [عاقَة] . إبطاء . مُهلة . تَلوُّم . مُباطأة
dēlec'table, *a.* مُستَطابٌ . لَذيذ . مُمتِع
dēlectā'tion, *n.* تلذّذ . استلذاذ . مَسرّة . إبهاج . بَهجَة . تمتّع
del'ēgāte, *v.* أوفَد (أو) انتدب . وَكَّل . أحال
del'ēgate [-ġit], *n.* مُوفَدٌ . مندوب . وكيل
delēgā'tion, *n.* نَدب . وَفدٌ . إيفاد . مُفوَّضيَّة
dēlēte', *v.* حَذَف . شَطَب
delēt'ērious, *a.* ضارٌّ . مُؤذٍ
dēlib'ęrāte, *v.* تأمَّل . تفكّر . تروَّى . باحَث . تدبَّر
dēlib'ęrate [-rit], *a.* مَقصود . عن تَقصُّدٍ . مُتروٍّ . مُتأنٍّ . مُتَرَزِّن
dēlib'ęrately [-itl-], *ad.* عن تَقصُّدٍ . بتأنٍّ . بتأمُّلٍ . بِتَرَزُّن
dēlibęrā'tion, *n.* تفكُّر . تَمعُّن . مباحثة . مُذاكرة . تروٍّ
del'icacy, *n.* رِقَّة . لَطافة . دِقَّة . لَطيفة
del'icate [-kit], *a.* لَطيفٌ . دَقيق . نَحيفٌ . رَقيق
deli'cious [-shęs], *a.* لَذيذٌ . طيب (الطعم والرائحة)
dēlīght' [-īt], *n.* لَذَّةٌ عظيمة . تَلذُّذٌ . سرورٌ عظيم . بَهجة . مُتعة
dēlīght', *v.* لذَّ . لَذَّذ . تَلذَّذ . استلذَّ (كثيراً)
dēlīght'ēd [-līt-], *a.* شديدُ السُرور . مُبتَهِجٌ

dēlight'fụl [-līt-], *a.* لذيذ . بهيجٌ . ممتعٌ . مؤنِق

dēlin'ēāte, *v.* رسم . وصف

dēlinēā'tion, *n.* رَسْمة . صورة . رَسم . وَصف

dēlin'quẹncy [-kwẹnsi], *n.* تقصير . إهمال . ذَنبٌ . عمل سوء

dēlin'quẹnt [-kwẹnt], *a.*, *n.* مُقصِّرٌ . مُهمِلٌ . مُذنِبٌ

dēliques'cẹnt [-kwes-], *a.* مُتميِّع (أو) مُستميع (بتشرب الرطوبة)

dēli'rious, *a.* هائمُ العقل . هاذٍ

dēli'rium [-yẹm], *n.*; *pl.* -riums, -ria هَيمان العقل . هَذَيان

dēliv'ẹr, *v.* أدّى = أوصلَ . سلَّم . خَلَّص . ألقَى . سدَّد

dēliv'ẹrance, *n.* خَلاص . نجاة . فَكاكٌ . بيانٌ

dēliv'ẹrẹr, *n.* مُخلِّص . مُنقذ . مُوزِّع

dēliv'ẹry, *n.* إيصال . تسليم . إلقاء . وِلادة

dell, *n.* بطنٌ (أو) وادٍ صغيرٌ شَجيرٌ = خَلَّة

Del'phic, *a.* متعلقٌ بعرّاف أبولو في دلفي . غامض . مُبهم . فيه التباس

del'ta, *n.* دالِيَّة = دلتا

dēlūde' [*or* -ōōd], *v.* أوهَم . أضلَّ . خادَع . سَوَّل . أغوَى . اغترَّ

del'ūge, *n.* طُوفانٌ . مَطرٌ طُوفانٌ

The Delūge, *n.* طُوفان نوح

del'ūge, *v.* طوَّف . غمر . أغرق

dēlū'sion [-zhẹn], *n.* وهمٌ (أو اعتقاد) باطلٌ . إيهام . اغترار . غُرور . أُضلولة

dēlūs'ive, *a.* مُضِلٌّ . خيالي . مُوهِمٌ . خدّاعٌ . غرّار

de lụxe, *a(d).* فاخِر . نفيس . [عال العال]

delve, *v.* حفر . بحث (أو) فحص (عن) . نقّب . غوَّر

dēmaġ'nētize, *v.* نزع المغناطيسية

dēm'agoġue [-ġog], *n.* مُهوِّش . خطيب العوام (أو) الجماهير (يستهويهم لغرضه)

dēmând', *v.* طالَب . طَلَب (بأمرٍ) . اقتضى . كلَّف

dēmând', *n.* مطالبَة . طلبٌ (بأمرٍ) . مَطلوب . تكليف

in —, مطلوب = مَشفوه

dē'mârcāte, *v.* أرَّف الحدودَ = ميَّزها وعيَّنها

dēmârcā'tion, *n.* تأريف الحدود . فصل . تمييز

dēmean', *v.* حطَّ (من مقامه) . ندَنَّأ

dēmean', *v.* سلك . تصرَّف

dēmean'or, *n.* = demean'our

dēmean'our [-ẹr], *n.* مَسلك . سلوك . تصرُّف . مَسرَى

dēmen'tēd, *a.* مريض العقل . مجنون . معتوهٌ . مُولَّه

dēmẹ'rit, *n.* نقيصة . مَعابة

dēmesne' [-mān *or* -mēn], *n.* [عِزبة أو] ضَيعة السيد الإقطاعي وقصرُه

dem'iġod, *n.* إله . شبه الإله

dem'ijohn [-jon], *n.* [دَمَنجانة]

dēmīse', *n.* موت . وفاة

dēmōb'ilīze, *v.* سرَّح من الجيش (أو) الجندية

dēmoc'racy, *n.* دِمُقراطِيَّة . دولة دمقراطية

dem'ocrat, *n.* دِمُقراطِيٌّ . عضوٌ في حزب دمقراطي

Dem'ocrat, *n.* عضو في الحزب الدمقراطي الأمريكي

democrat'ic, *a.* دِمُقراطي . دِمُقراطي النَّزْعة

Democratic Party, الحزب الدمقراطي (في الولايات المتحدة)

dẽmol'ish, *v.* هَدَّ . هَدَم . نَقَض . خَرَّب

dẽmoli'tion, *n.* هَدٌّ . هَدْمٌ . نَقض (البناء)

dēm'on, *n.* عِفريت (أو) شَيطانٌ . خَبيثٌ غَشُومٌ

dẽmōn'iac, *n., a.* شيطاني . عفريتي . شخصٌ تملكه عفريت . مجنون

dēmonī'acal, *a.* شَيْطاني . مُنكَرٌ فظيعٌ . عَنيف . جنوني

dẽmon'strable, *a.* يمكن التدليل عليه (أو) برهنته

dem'onstrāte, *v.* أَوضح (أو) بَيَّن (عمليًا) . أَقام الدليل (أو) الشاهد (على) . أَظهر . بَرْهَن . تظاهر

demonstrā'tion, *n.* إيضاح (أو) شَرحٌ (أو) إثباتٌ (عملي) . تَظاهُر . [مُظاهَرة]

dẽmon'strative, *a.* مُجاهِر (بعواطفه) . مُظهِرٌ (للشعور) . إشاري . دالّ

dẽmo'ralīze, *v.* أَفسَد الأخلاقَ (أو) النفس . كسر (أو حطّ) المَعنَويّات . أَفسد النظام . خَذّل النفس . إستفسد

dẽmur', *v.* (-urred, -urring) اعترض . تردّد . خَالَف

dẽmur', *n.* اعتراض = احتجاج . نَكير . تحرّج

dẽmūre', *a.* (-rer, -rest) وَقُور . مُتَوقِّرٌ . مُتَزَمِّت . مُحتَشِم

den, *n.* وِجار . جُحْر . كِنٌّ = حُجرَة

dẽnā'ture [-chẹr], *v.* نَزَع عنه خواصّه الطبيعية . جعله غير صالح (للشرب أو . . .) . حَوَّل طبيعته = أيَّض

dẽnī'al, *n.* نَفي . إِنكارٌ . تكذيب . تَنَصُّل

dẽn'izẹn, *n.* سَاكِنٌ . مُستَوْطِن . دَخِيلٌ

dẽnom'ināte, *v.* سَمَّى . دعا . وَصَف

dẽnominā'tion, *n.* تسمية تصنيفية . مِلَّة . طائفة دينية . صِنفٌ . زُمرة

dẽnominā'tional [-shẹn-], *a.* مِلّي . طائفي

dẽnom'inātor, *n.* مَقام (أو) مَخْرَج (الكسر العادي)

dẽnōte', *v.* دَلّ (على) . أَشار (إلى) . أَشعَر . عَنَى

dẽnounce', *v.* شَهَّر (ب) . نَدَّد (ب) . استنكر (علنًا) . وَشَى (ب) . نَبَذ (المعاهدة) . تنصَّل

dense, *a.* كَثيفٌ . مُكتَنِز . كثيف الذهن . كَزٌّ . مُدْمَج

den'sity, *n.* إلتفاف . كثافة . أَثاثَة . غَزارة . غَباوَة

dent, *n.* وَقْرة = هَزْمَة = نُقْرَة صَغيرة

dent, *v.* وَقَر = هَزَم = أَحدث نُقرة (أو) حفرة صغيرة . كَدَم . نَكَأ (في)

den'tal, *a.* سِنّي . أَسْنانيٌّ

den'tifrice, *n.* سَنُون = معجون (أو) ذَرور لتنظيف الأسنان

den'tist, *n.* طبيب أَسنان

den'tistry, *n.* طب الأسنان

dẽnūde', *v.* عَرَّى . جَرَّد . شَلَّح

dẽnunciā'tion, *n.* تشهير . تنديد . وِشاية . نَبْذُ (المعاهدة)

dẽnȳ', *v.* (-ied, -ying) جَحَد = أنكر . نَفَى . رَدَّ . أَبى (على)

dẽpârt', *v.* ذَهَب . بارَح . فارق (الحياة) . تحوّل (عن)

dẽpârt'mẹnt, *n.* قِسمٌ . دائرة . إدارة = [مَصلحة]

department store, مَخزن جامع . مخزن مُجمَّع

dẽpâr'ture [-chẹr], *n.* مغادرة . ذَهاب . مُبارَحة . تحوُّل . مُزايلة

dẽpend', *v.* اعتمد = أرْكَن . توقَّف (على)

to — on, وَقَف (أو) تَوقَّف (على) . رَجَع (إلى) . اعْتَمد (على)

dẽpen'dable, *a.* يُعوَّل (عليه) . يُرْكَن (إليه) . موثوقٌ به

dẽpen'dant, *n.* مَنُوطٌ (بِ) . مُعتَمِدٌ (على) . مَكفولٌ . مُعَالٌ . خادِمٌ

dẽpen'dẹnce, *n.* تعويل . اعتماد . عِيالَة = كون الشخص مُعالًا من شخص آخر

dẽpen'dẹncy, *n.* (بَلَدٌ) مكفولٌ (أو) مُلحَقٌ (أو) تابِعٌ

dẽpen'dẹnt, *n.* = dependant

dẽpen'dẹnt, *a.* مُعتَمِدٌ (على) . مُعوِّل . متوقِّف (على)

dẽpict', *v.* مثَّل بالتصوير (أو) الوصف . صَوَّر . وَصَف

dẽplēte', *v.* أفرَغ . استنفد . اسْتَنْزَف . نَهَك

dẽplē'tion, *n.* إفراغ . استنزاف

dẽplôr'able, *a.* مُحسِّر . يُؤسَف له (أسَفٌ شديد)

dẽplôre', *v.* تَحسَّر . أسِف . تأسَّف . تأسّى (على) . استنكر

dẽpop'ūlāte, *v.* جَرَّد من السكان . خَفَّف السكان . تحرَّم (السكان) = تنقصهم وقللهم

dẽpôrt', *v.* نفى . أبعَد . أطرد . غرَّب . سَلَك

dẽpôrtā'tion, *n.* إبعاد . تغريب = إطرادٌ = ترحيل

dẽpôrt'mẹnt, *n.* سلوك . قَوَام = هَيئَة الجسم وقَامَتُه

dẽpōṡe', *v.* عَزَل . خَلَع . أدَّى الشهادة (أو) البيّنة (بعد القسم)

dẽpoṡ'it, *v.* رَسَّب . حطَّ . وَضَع . وَدَع . عَرْبَن

dẽpoṡ'it, *n.* رَكِيزَة (من المعدن) = سَيبَة = راسِبٌ (معدني) . (طبقة) رسوبيّة . عُربون . تأمين . وَدِيعة . وَضيعة

dẽpoṡi'tion, *n.* عَزْل . ترسُّب . شهادة (أو) بيّنة (بعد القسم) . شهادة

dẽpoṡ'itor, *n.* مُودِعٌ . مُستَوْدِعٌ

dẽpoṡ'itory, *n.* مُستودَع

dep'ōt [-pō], *n.* أنبارٌ (أو) مَخزَنٌ (للبضائع) . مُستَوْدَع

dẽprāve', *v.* أفسد (الأخلاق) . أسْقط

dẽprāved' [-vd], *a.* مُستَوْلِغ = ساقط (أو فاسد) الأخلاق

dẽprav'ity, *n.* تَسفُّل الأخلاق . سُقُوط (أو فَساد) الأخلاق

dep'rẽcāte, *v.* تمنَّى لو أن الشيء لم يَحدُث (أو) لم يَكُن . استنكر . استهجن . استخطأ

deprẽcā'tion, *n.* نَقْمَة . أسَفٌ . استهجان . استنكار . استخطاء

dẽprē'ciāte [-shi-], *v.* نَقَص . قلَّ . نَزَّل (أو) نقَّص (القيمة) . وَكَّس . استهان (ب) . استخسَّ . غَمَط . بَخَّس . خَسَّ

dẽprēciā'tion, *n.* هُبوط (أو) قِلَّة (القيمة) . سُقوط (أو) نُقصان (القيمة) . توكيس . استصغار . خُسُوسَة

deprẽdā'tion, *n.* نَهبٌ . عَيثٌ . إفسَاد . غائلة

dēpress′, *v.* دَكّ = حَطّ . كَبَس (إلى تحت) = خَفَض . هَبَّط . كَرَب . غَمّ . أضعف . خَذَّل

dēpressed′ [-st], . مَحطُوط = مُنخَفِض . هابِطٌ . مُنقَبِضُ النفس . مغموم . مُنخَذِل

— area, منطقة بائسة

dēpre′ssion, *n*. . هُبُوط . انخفاض . انحطاط . جَوْبَة = حُفرة . هَفتٌ = وَهْدَة = غَوْط = هَبطة

dēpre′ssion, *n*. . كآبة . كَمَدٌ . كَدَر . إياسٌ . فُتُورٌ وتَراخٍ . إنحطاط . إنخذال

dēpre′ssion, *n*. إنحطاط (تجاري) . هُبُوط (أو) كَسادٌ (تجاري) . فَترة (تجارية)

deprivā′tion, *n*. . مَنع . حِرمان . انتزاع . تجريد

dēprīve′, *v*. مَنع . حَرَم . أفقَد . جَرَّد

dept. = department

depth. *n*. . عُمق . غَوْر . دَرَك . قاع . صَميم (في صميم الشتاء مثلًا)

deputā′tion, *n*. إنابة . استنابة . مُوفَد (أو) وَفْدٌ نِيابِيٌّ

dēpūte′, *v*. استناب . نابَ (عن)

dep′ūtīze, *v*. ناب (عن) . استناب(عن) . أوفد

dep′ūty, *n*. نائِبٌ

dērail′, *v*. أخرج عن الخط الحديدي

dērānge′, *v*. أفسد (الترتيب) . شَوَّش . خَلَّط . اختلط عَقلُه . أزاغ (العقل)

dērānge′mẹnt [-jm-], . إفساد (الترتيب) . تشويش . اختلاط (أو) اختلال (عقلي) . زَيغ عقلي

der′by [dâr-], *n*. قُبَّعة سوداء مُقَبَّبة ذات حِتار ضيق

de′rēlict, *a*. . مُهمَل . مهجورٌ . مُعطّل . مَتروكٌ . (أرضٌ) بائرة

derēlic′tion, *n*. إهمال (أو) تقصير في الواجب

dērīde′, *v*. سَخِر . ضَحِكَ (من) . هَزِئَ (بِ)

dēri′sion [-zhẹn], *n*. استهزاءٌ . سُخرِيَة . زَرايَة

dērīs′ive, *a*. سُخري . هُزؤي

derivā′tion, *n*. . استمداد . اشتقاق . أصل . مَصدر . مَنشأ

deriv′ative, *n*., *a*. . (كلمة) مُشتَقَّة . مُشتَقٌّ . اشتقاقي . فَرعي

dērīve′, *v*. . استمدّ . استقى . استحصل . استفاد . صَدَر (أو) نَشَأ (عن)

derm = derma = dermis

der′mis, *n*. أدَمة = غشاء الجسم تحت البشرة

de′rogāte, *v*. غَضّ (من) = وَضَع من قَدْره

derogā′tion, *n*. غَضاضة . غَضٌّ

derog′atory, *a*. = غاضٌّ (من) فيه حِطَّة (أو) انتقاص (من)

de′rrick, *n*. مُزَرْنقة = مَنارة رَفع (أو) حفر . مِرفَعَة

derv′ish, *n*. درويش . أحد أفراد طريقة دينية

dēs′cant, *v*. أسهب في الكلام (مدحًا)

dēscend′, *v*. هَبط . نَزَل . انحدر . إنحطّ . تَحدَّر

dēscen′dant, *n*. سَليل . نَسل . ذُرِّيَّة

dēscent′, *n*. هُبوط . نُزول . مُنحَدَر . مَنسَلٌ

dēscrībe′, *v*. وَصَف . رَسَم

dēscrip′tion, *n*. وَصْف . صِفَة . توصيف

dēscrip′tive, *a*. وَصفِي

dēscrȳ′, *v*. (-rieḍ, -rying) = لاحَ آنَس = أبصَر (من بعيد)

des′ēcrāte, *v*. انتهك الحُرمة

desēcrā′tion, *v*. انتهاك للحُرمة = حَرامٌ

des′ẹrt, *n*., *a*. صحراءٌ . قَفرٌ . صَحراوي . مُقفِر

dēṡert′, *v.* خذل . خلّى (أو) تخلّى (عن) . جمحت (المرأة) . بلط من الجندية = فرّ

dēṡert′, *n.* استحقاق . جدارة . عقابٌ . مكافأة . منقبة

dēṡert′ẹr, *n.* خاذلٌ . (جندي) فارٌ (من العمل العسكري) = بالطٌ = فراري

dēṡer′tion, *n.* إخلال (بالواجب) . خذلان . مخذولية . فرار . بلطٌ = فرار من الحرب

dēṡer′tion, *n.* نشوز (المرأة على زوجها (أو) جموحها

dēṡerve′, *v.* استحقّ . استأهل

dēṡerv′ēdly, *ad.* بحقّ . بما يستحق

dēṡerv′ing, *a.* مستحقٌ . مستأهلٌ . حقيقٌ (ب)

des′iccāte, *v.* يبس . جفّ . جفف . تحشف

dēsiderāt′um, *n.* ; *pl.* -ta بغية . رغيبة = شيء مرغوبٌ فيه . مرغبة

dēṡīgn′ [-zīn], *v.* رسم . رسم تخطيطاً (أو) خطة . قصد

dēṡīgn′, *n.* ترسيمة . تخطيطة (هندسية) = تصميم . قصدٌ مدبّر . تدبير

des′īgnāte, *v.* أعلم (أو علّم) بعلامة مميزة . سمّى . عيّن = رسم . انتدب

desīgnā′tion, *n.* إشارة . إعلام . تعيين = رسمٌ . إطلاق (إسم)

dēṡīgn′ēdly [-zīned-], *ad.* عن قصد . عن نية

dēṡīgn′ẹr [-zīn-], *n.* رسّام (هندسي) = مصمم . طرّاز

dēṡīgn′ing [-zīn-], *n.*, *a.* مكّارٌ (أو) كيّادٌ . طرازة . رسم (أو) تخطيط (هندسي)

dēṡīrabil′ity, *n.* استحباب . مرغوبية

dēṡīr′able, *a.* مستحبٌ . مرغوبٌ فيه . مشتهى

dēṡīre′, *v.* رغب (في) . اشتهى . رام

dēṡīre′, *n.* رغبة . مرغبة . مشتهى . مرام

dēṡīr′ous, *a.* راغبٌ . مشتهٍ . متمنٍ

dēsist′ [*or* **-zi-**], *v.* [بطّل] = كفّ (أو) انكفّ (أو) انقطع (عن) = توقّف . انزجر . نكل . أقلع

desk, *n.* طاولة كتابة . بشتختة

des′olāte, *v.* أخرب . جعله يباباً . أوحش

des′olate [-lit], *a.* مقفرٌ . يبابٌ . موحشٌ

desolā′tion, *n.* بلقعٌ . خرابٌ . كآبة . استيحاش

dēspair′, *n.* انقطاع الرجاء . إياس . ميأسةٌ

dēspair′, *v.* انقطع الأملُ . يئس . أيأس

dēspair′ing, *a.* يدلُّ على الإياس . يائس

dēspatch′, *v.* = dispatch

dēspatch′, *n.* = dispatch

desperâd′ō, *n.* ; *pl.* -does, -dos عيّارٌ = شخصٌ مستهترٌ بالإجرام مارن عليه

des′pẹrate [-rit], *a.* مستيئسٌ . مستقتِلٌ = مستميتٌ

des′pẹrately [-tli], *ad.* باستيئاس . باستماتة . بتهالك

despẹrā′tion, *n.* استيئاس . استماتة

des′picable, *a.* دنيءٌ . حقيرٌ . مخسولٌ

dēspīṡe′, *v.* احتقر . ازدرى . خسل

dēspīte′, *prp.*, *n.* بالرُّغم (من) (أو) (عن) . ازدراء . ضغينة

dēspoil′, *v.* سلب . شلّح

dēspond′, *v.* قنط . أبلس

dēspond′ẹnce, *n.* قنوط

dẽspond'ęncy, *n.* قُنُوط = إبلاس

dẽspond'ęnt, *a.* مُبلِسٌ = قانط . قَنُوط

des'pot, *n.* حاكمٌ بأمره . طاغِيَة . مُستبدٌّ

despot'ic, *a.* تحكُّمي . استبدادي

des'potiṡm, *n.* حُكم الطَّاغية . استبداد

dẽṡṡert', *n.* حَلواء (أو) فاكهة (بعد الطعام)

destinā'tion, *n.* رُحلَة = نَوَى = وِجْهَة السفر . جهة مقصودة

des'tine, *v.* أَراد (أو) قدَّر (له) . قَيَّض (له) . حَتَم

des'tined [-nd], *a.* مُقدَّر (أو) قُدِّر (له) . أُريد (به) . محتوم (عليه)

des'tiny, *n.* مُقدَّر . مَصير . قِسْمَة

des'titūte, *a.* مُحوِجٌ . مُعدِمٌ . بائسٌ

— of, مُجرَّد (من) . عَدِيم

destitū'tion, *n.* عُدْم . فاقة . إِدْقاع . عَوَز

dẽstroy', *v.* خَرَّب . هَدَّم . حطّم . دمّر . أتلف . أَهلك . قضى (على)

dẽstroy'ęr, *n.* مُتلِفٌ . مُبيدٌ . مُدَمِّرة

dẽstruc'tion, *n.* تهديم . خَراب . دَمارٌ . إتلاف

dẽstruc'tive, *a.* مُخرِّب . هَدَّام . مُبيد . وَبيل

deṡ'ultory, *a.* على غير تعيين (أو) نظام . استطرادي . مُتَنَقِّل . مُتقَطِّع

dẽtach', *v.* فَكَّ . حَلَّ . فَصَل . فرز . جَرَّد (لواجب حربي)

dẽtach'able, *a.* قابل للفصل

dẽtached' [-chd], *a.* فاردٌ . مُنفصِلٌ . مُنعزِلٌ . مُستقِلٌّ . متجرِّد

dẽtach'mẹnt, *n.* انفصال . تَباعُد . تجرُّد (أو) تنزُّه (عن الهوى) . مُفرَزَة (أو) جَريدة (من الجند أو السفن)

dẽtail', *v.* فَصَّل . ذَكَر بالتفصيل . أَفْرَز (أو) جَرَّدَ . نَدَب (الى الحرب)

dẽt'ail, *n.* تفصيل = جزءٌ تفصيلي . مُفرَزَةٌ (أو) طائفة (من الجند)

dẽtain', *v.* أَعاق . احتبس . اعتقل . اعتَقَب

dẽtect', *v.* استكشف . قَفَر . اكتشف . شَعَر (ب) . تَخَبَّر . استشفَّ . تَبيَّن

dẽtec'tion, *n.* استكشاف . قَفْر . اكتشاف . تَخَبُّرٌ . إستشفاف

dẽtec'tive, *n.* شُرْطي (أو) بوليس سِرّي . مُستَخبِرٌ

dẽtec'tor, *n.* كَشَّافٌ (في جهاز الراديو) = مُشعِرٌ

dẽten'tion, *n.* احتباس . توقيف . اعتقال

a house of —, مُعتَقَل . مَحجر

dẽter', *v.* (-rred, -rring) = أنكَل صَدَّ ومَنَع . رَدَع . وَزَع . أَكَعَ

dẽtēr'iorāte, *v.* = سَوَّأ . ازداد سُوءاً . اسْتَرْدَأَ . فَسَد . تَسوَّأ (الحالُ) . أَردأ (الشيءَ)

dẽtēriorā'tion, *n.* تَسويءٌ . استرداء . فَساد . إِرْداء

dẽterm'inate [-nit], *a.* مُحدَّد . مُقرَّر . مَفرُوزٌ . مَبتُوت

dẽterminā'tion, *n.* تحديد . فَصلٌ = بَتٌّ . تَقرير . تصميم

dẽterm'ine, *v.* صَمَّم . بَتَّ . قَرَّر . حَدَّد . عَيَّن . أنهى

dẽterm'ined [-nd], *a.* مُصَمِّم . مُزمِعٌ . عازِمٌ

dẽte'rręnt, *n., a.* رَادِع = مِنكَلٌ . مُنْكِلٌ

dẽtest', *v.* أَبغض . مَقَت

dẽtest'able, *a.* مَنفورٌ . بَغيضٌ . مَمقوتٌ

detestā'tion, *n.* بُغض . مَقتٌ

dēthrōne′, *v.* خلَع (أو) أسقط (عن العرش)
dēthrōne′mẹnt [-nm-], *n.* خَلع (عن العرش)
det′ōnāte, *v.* فَجَّر . فقَّع
detonā′tion, *n.* انفقاع . انفجار . تفقيع
detour′ [-o͞or], *n.* طريق مُنعرِجة . حَوْدة . عَوْجة = حُوَيجاء
detour′, *v.* حَوَّج = سار دائراً مُعَوِّجاً
dētract′, *v.* غَمَط . حطَّ (من القَدْر أو الفضل) . بَخَس (ب)
dētrac′tion, *n.* تبخيس . قَدْحٌ . غَمْط
dētrac′tor, *n.* بخَّاس . قَدَّاح
det′rimẹnt, *n.* مَضَرَّة . ضَرَر . إجحاف
detrimẹn′tal, *a.* مُضِرٌّ . مُخِلٌّ . مُجحِفٌ
detrīt′us, *n.* نُبقِيَة = الرمل (أو) الحصباء الحاصل من تحاتّ الصخور . حُتَانَة الصخور
deuce [dūs], *n.* ورقة الزَّوْج (في لعبة الورق) . [الدو] في لعبة النرد . الشيطان . عَيث
Deutẹron′omy [dū-], *n.* سفر التثنية وهو السفر الخامس في العهد القديم
dev′astāte, *v.* أخرب = خَرَّب . جَوَّح = جعَل يَباباً
devastā′tion, *n.* تخريب . إجتياح . تدمير
dēvel′op, *v.* (-ped, -ping) نما . نَشأَ . نَمَّى . نَشَّأَ . نَتَج . تكامل . تَرَقَّى . استنشأ . تطوَّر . كَشَّف (الصورةَ)
dēvel′opmẹnt, *n.* تنتيج . تنمية . تطور . تكوين . عمران . تكامل . تكشيف (الصورة) (أو) استبرازها (أو) استنشاؤها
dēv′iāte, *v.* انحرف . حادَ . زاغ . تحرَّف
dēviā′tion, *n.* تَحرُّف . انحراف . حَيَدان . زَيْغ . ضَلال . تلويح

dēvīce′, *n.* اختراع . أداة آليَّة . تَدْبيرَة . مَحمُولَة = حيلة . رَنْكٌ
to leave to his own —s, استبهله = ألقى حبلَه على غاربه = سَيَّبه = قلّده حَبلَه . تَرَكه وشأنه
dev′il, *n.* إبليس . شيطان . خبيث
The Devil, إبليس
dev′il, *v.* (-lled, -lling) شوَى مع التوابل الحارّة . غَايَظ . عَذَّب . أزعج
dev′ilish, *a.* شيطاني . خَبيث
dev′ilmẹnt, *n.* عمل شَيطاني
dev′ilry, *n.* عمل شِرير خبيث . عمل مُنكَر
dev′iltry, *n.* = devilry
dēv′ious, *a.* منعَرِج . حائد . مَوْزوبٌ . مُلتوٍ . أعْوَج . زائغ
dēvīse′, *v.* اخترع . استنبط . دَبَّر . وَرَّث
dēvoid′, *a.* بلقَعٌ (من) = خالٍ . مُجرَّد (من) . عارٍ (عن)
— of, بلا . بدون . خالٍ (من)
dev′oir [-wâr], *n.* واجب الاحترام (أو) اللياقة . وظيفة
dēvolve′, *v.* انتقل . آل (أو) أفضى (إلى) . أحال
dēvōte′, *v.* تفرَّغ . تجرَّد . انقطع (إلى) . خصَّص . أرْصد
dēvōt′ēd, *a.* (مُحِبٌّ) مُخلِصٌ (أو) مختصّ . وفيٌّ (صادِقٌ) . لِزاز = لَزيز . عاكِفٌ
devotee′, *n.* شَخصٌ مُنقطِعٌ (إلى . . .) . قَانِتٌ . عابد
dēvō′tion, *n.* شدة المحبة . وفاءٌ وإخلاص . تفَانٍ . حَدَب . قُنوت . صَلاة
dēvō′tion, *n.* بَذْل الذات . تَوَفُّر (على) = انقطاعٌ (إلى . .) . عُكوفٌ

dēvō′tional [-shẹn-], *a.* صَلَوِي . عِبادي . قُنوتي

dēvō′tions, *n. pl.* صَلَوات . عبادات

dēvour′, *v.* التهم . تَلَغَّفَ . استوعب بِنَهَمٍ . نهب (الطريقَ مثلًا)

dēvout′, *a.* قانِت . تَقِيٌّ . مُخلِصٌ

dēvout′ly, *ad.* بتقوى . بتعبّد

dew, *n.* نَدَى

dew′bẹrry, *n.* نوعٌ من التوت = فِرْصاد

dew′-drop, *n.* قطرة ندى

dew′lap, *n.* زيادة جِلدِية متدلية من العُنُق عند الحيوانات = غَبَب = زَنَمة

dew′y, *a.* (-wier, -wiest) نَدٍ . نَدِيٌّ . مُتَنَدّ

dextẹ′rity, *n.* لَباقَة وخِفَّة . مَهارَة (يدوية) = يَدَاية . صَنَاعَة

dex′tẹrous, *a.* لَبِقٌ رَشِيق . صَنَاعُ أو صَنيع (اليَدين) . [شاطِر] . يَدِيّ (وهي يَدِيَّة)

dex′trous, *a.* = dexterous

dīabēt′ēṡ, *n.* مَرَض البول السكري

dīabol′ic(al), *a.* شيطاني . خبيث . قاس . شَرِس . جهنمي

dīacrit′ic, *a., n.* إعجامي . علامة إعجام (أو) شَكل

dīacrit′ical, *a.* إعجامي . ترقيني

— marks, علامات الإعجام (أو) الترقين

dī′adem, *n.* تاج . إكليل . عِصابة مُجَوْهَرة

dīaġnōse′, *v.* شَخَّص (المرض) . تَفَحَّص وتَعرَّف

dīaġnōs′is, *n.; pl.* -ses تشخيص (المرض) . التَفَحُّص والتَعَرُّف

dīaġ′onal, *n., a.* خطٌّ قُطْرَاني . قُطر مائل (أو) منحرف . مووروب . مُنحَرِف

dīaġ′onally, *ad.* بالوَرْب . بالمَيل

dī′aġram, *n.* رسم (توضيحي أو تفسيري)

dī′al, *n.* دَوَّالة (أو) دائلة = وَجه العدَّادِ (أو) الساعَة (أو) قُرْص التلفون . مِزْوَلة = ساعة شمسية

dī′al, *v.* (-lled, -lling) دَوَّم (أو) دَوَّل = أدَار (أو) حرَّك القرص (برقم التلفون المطلوب)

dī′alect, *n.* لُغَيَّة . لَهجَة . لَغوَة = لغة محلية

dīalec′tal, *a.* خاصٌّ بلهجةٍ ما . لَهَجي

dī′aloġue, dī′aloġ [-loġ], *n.* مكالَمة . مُخاطَبة . حِوَار . محاورة

dīam′etẹr, *n.* قُطر (الدائرة) . خطٌّ مُعتَرِض على وَسَط شيء مستدير

dīamet′rical, *a.* قُطْري . على امتداد القُطْر . مُضَادٌّ رأسًا

dīamet′rically, *ad.* قُطريًا

— opposed, نقيض تام . مضادّ رأسًا

dī′amond, *n.* سامور = ألماس . الديناري في لعبة الورق

Dīan′a, *n.* امرأة فارسة (أو) صيّادة . إلاهة الصيد والقمر وحامية النساء (عند الرومان)

dīapāṡ′on, *n.* سلسلة مقامات الصوت في آلة (أو) صوت . توافق الأجزاء والأنغام . مقياس ارتفاع الصوت

dī′apẹr, *n., v.* قُماش مُرقَّم . قماش قطني (أو) كتاني بأشكال هندسية

dī′aphragm [-ram], *n.* الحِجاب الحاجز (بين البطن والصدر)

dīarrhoē′a [-rēa], *n.* إسهال . استطلاق البطن . زَلَق البطن . هُرَار

dī′ary, *n.* مُفكِّرة يُومِية . كتاب (أو دفتر) خَوَاطر

dī'atrībe, *n.* خطاب (أو) كلام تنديدي شديد
dibb'ẹr, *n.* أداة صغيرة محددة الرأس تستعمل باليد لفتح ثقوب في التربة . مِغرز
dib'ble, *n.* = dibber
dīce, *n. pl.; sing.* die كِعَاب = زَهْر (في لعبة النَّرْد) . أحجار النرد
dīce, *v.* قَرَّط (أو) قَطَع على شكل كِعَاب
dick'ẹr, *n.* صَعفَقة = مساومة بَخسَة (أو) صغيرة
dick'ẹr, *v.* صَعفَق = ماكس (أو) ساوم (أو) تاجر بمقادير صغيرة
dictāte', *v.* أَملَى . لَقَّن . حَتَّم
dic'tāte, *n.* أَمرٌ . إيعاز . إيزَاعٌ
dictā'tion, *n.* إملاء . تَأَمُّر . تحتيم . إيعاز
dictāt'or, *n.* دكتاتور . حاكم مُطلَق (أو) مُسلَّط
dictatôr'ial, *a.* دكتاتوري . تَحَكُّمي
dictāt'orship, *n.* دكتاتورية
dic'tion, *n.* أُسلوب الكلام . تَخَيُّر الألفاظ واستعمالها
dic'tionary [-shẹn-], *n.* قاموس. مُعجَم
dic'tum, *n.; pl.* -tums *or* -ta بَيَان . قَولٌ . حُكم . قَرار . قَول سائر . رأي القاضي بدون حُكم
did, *v., p. of* do
dīdac'tic, *a.* حِكَمي . تَعليمي . كالمُعَلِّم
didn't = did not
didst = (thou) did
dīe, *n.; pl.* dice كَعبَة من كِعَاب الزَّهر في لعبة النرد
  The — is cast, نَفَذ السهم . سَبَق السيف العَذَل . حُمَّ القضاء
dīe, *n.; pl.* dies طابَع . راسوم

dīe, *v.* (died, dying) مات . تُوُفِّي . هَمَد . خفت . استمات . تمالك
dī'et, *n.* الغِذاء العُرفي . نظام غذآئي . أَكل . غذآء . طَعام الحمية . طعام موصوف
dī'et, *v.* (-ted, -ting) تَحَمَّى (في الطعام)
dī'et, *n.* اجتماع رسمي للمباحثة
dī'etary, *a.* متعلق بالحِمية (أو) بطعامها (أو) بالغذاء
dīetet'ic, *a.* متعلق بالغِذاء . غِذائي
dīetet'ics, *n.* علم الأغذية
diff'ẹr, *v.* خالف . اختلف . باين . تفاوت . فارق
diff'ẹrẹnce, *n.* خِلاف . اختلاف . اختصام . فَرق . تَفاوُت
  to make a —, فَرَّق (في المعاملة) . أحدث تغييراً (أو) فرقاً . أَخلف = أَفرَق
diff'ẹrẹnt, *a.* مختلف . مُغَاير . خِلاف . غير
diffẹren'tial [-shẹl], *a.* تفاضلي . تفاوتي . متفاضل
diffẹren'tiāte [-shiāt], *v.* مَيَّز . فاضَل . اختلف . فَرَّق
diffẹrentiā'tion, *n.* تمييز . مفاوتة . مُفاضَلة . تفريق
diff'ẹrẹntly, *ad.* بصورة مختلفة . خِلافاً (ل)
diff'icult, *a.* صَعبٌ . عَسِيرٌ . شَكِسٌ . مُتعَسِّر . صعب الخُلق
diff'iculty, *n.* صُعُوبة . عُسرة . مَشَقَّة . عَقَبَة . مَصعَبَة
diff'idẹnce, *n.* استحياء . اشفاق . تَهَيُّب = تَحَيُّشٌ
diff'idẹnt, *a.* حَيِيٌّ . مُستحيٍ . مُتَحَشِّم . مُنقَبِضٌ (أو) مُجتَنِبٌ (حَيآءً وعدمَ ثقةٍ بالنفس) = مُتَحَيِّشٌ

diffūse′, *v.* بَثَّ . نَشَر . شَعَّ . أفشى . سَطَع . نضوع . شاع . استفاض

diffūse′, *a.* مُشعشِع . مُسهِب (أو) مُطوَّل . مستفيض

diffū′sion [-zhẹn], *n.* انتشار . فُشُوّ . استطارة . سُطوع . إنشاع . انبثاث

dig, *v.* (dug, digging) حفر . نكش . انتبش . أنشب . نخس

to — out, انتكش . انتبش . نثل . جوَّف

dig, *n.* غمزة . نكزة . نخسة = دفعة باليد (أو) بطرف المرفق

digest′, *v.* هضم . اخضم . درس وتفهّم . تفكّر (في) . بوّب . ألمّ (ب) . تلقّن . وعى . نسّق

dī′gest, *n.* مجموعة (تنسيقية) . مُجمَل . مُصنَّف . مُلخَّص

digest′ible, *a.* سهل الهضم . قابل للهضم

diges′tion, *n.* هضم . درس وتفهم . استيماء . تلقّن

diges′tive, *n.*, *a.* هضمي . هضوم . هاضوم

digġ′ẹr, *n.* نبّاش . نقّاب . حفّار . محفرة

dīght [dīt], *a.* مُلبَّس . مُزيَّن . مجهّز

di′git, *n.* اصبع (اليد أو القدم) . رقم (من ١ الى ٩)

diġ′nified [-fīd], *a.* وقور . جليل . مُبجَّل

diġ′nifȳ, *v.* (-fied, -fying) وقّر . بجّل . شرّف

diġ′nitary, *n.* عظيم . كبير . مُقدَّم . وجيه . سريّ

diġ′nity, *n.* وقار . جلال . شرف . مركز رفيع . سمت . رُتبة (رفيعة)

dīgress′ [or diġ-], *v.* = استطرد في الكلام انحرف عن الموضوع الأصلي . حاد

dīgre′ssion [or diġ-], *n.* استطراد (في الكلام) = انتقال عَرَضي

dīke, *n.* مَساق للماء . خندق (أو قناة) للماء . سَدّاد = عَرِمَة (أو) ضَفيرة = جِدار (أو) شِبهه لحبس الماء . جدار وطيء . رُصافة . حاجز . رُكمة . حاجز

dilap′idāte, *v.* استرمّ . أرثّ . تداعى . بَلي

dilap′idātẹ̄d, *a.* مُرِثّ = مُتردِّم . بالٍ . مُتداعٍ

dilapidā′tion, *n.* إرثاث . تردُّم . تداعٍ . بِلى

dīlāte′, *v.* توسّع . اتسع . انبسط . استرسل (في الكلام) . إنداح . أفاض = سَبّح . إنساح

dīlā′tion, *n.* تمدد . انبساط . توسع . إنداياح . إنسياح

dil′atory, *a.* مُتلكّئ . متمكّث . لثلاث . متثبط

dilemm′a [or dī-], *n.* حَيرة . غُمّة . بُهمة . خِيارٌ مُشكِلٌ (أو) مُحيِّر . مَذْبِيبَة . ذاتُ الرَّوْقَيْن = مؤامرة نفسين . حيرة بين شرّين

dilettan′te [or -tē] *n.*; *pl.* -tes *or* -ti = صعفوق أدب (أو) فنّ = مَنْ يتلهّى بالفنون والآداب والعلوم

dil′igẹnce, *n.* اجتهاد . دُؤُوب . انكباب

dil′igẹnt, *a.* مُجِدّ . دَؤُوب

dil′igẹntly, *ad.* بجِدٍ واجتهادٍ . بدأب

dill, *n.* بِزْرٌ (= نبات له) بِزْرٌ يستعمل تابلًا في المُخلَّلات = شِبِتٌّ = رُزّ الدّجاج

dilūte′ [or dilūte], *v.* = رَقّق = رَخّ = خفّف (المحلول) . رخّف . أماه

dil′ūte, *a.* مُرقَّق . مُخفَّف . مُرخَّف

dilū'tion [*or* **dīlū-**], *n.* ترخيخ = ترقيق . إماهة = ترخيف .

dim, *a.* (-mmer, -mmest) قاتمٌ . أكدر . كامد اللون . أغطش . غامضٌ . مُبهمٌ . خابٍ . أغبش . خافت . مطموسٌ

dim, *v.* (dimmed, -mming) غَبِش . إكدرَّ . غمَّ . أغبش . أغطش . غطرش

dīme, *n.* مسكوكة أمريكية تساوي (١٠) سنتات

dimen'sion [**-shẹn**], *n.* بُعدٌ = مقدار الطول (أو) العرض (أو) العمق

dimen'sions, *n. pl.* حجم . مِقدار

dimin'ish, *v.* تضاءل . تناقص . قلّل . قلَّ . صغَّر . خفّض

dim'-sīghtĕd [**-sīt-**], *a.* أغطش . مُطغمِش . أمتش

diminū'tion, *n.* تقليل . تناقُص . تصغير . تضاؤل

dimin'ūtive, *a.* صَغير . مُصغَّر . تَصغيري

dimin'ūtive, *n.* شَخصٌ قميءٌ = قُليّلٌ = صَغيرٌ قصيرٌ = حَطيط = قُوش

dim'ity, *n.* نسيجٌ قُطنيٌ مُفوَّف (أو) مُقلَّم . بفتة هندي

dim'ly, *ad.* بخفوت . بغموضٍ . بِغُمّة . بأجام

dim'nĕss, *n.* كُمودٌ . غُبشة . كُمنة = غطَش = شبه العَمَش . غطرشة . خُفوت

dim'ple, *n.* فَينة (في الخدّ) . فحصة (أو) نونة (في الذقن) . نُقرة

dim'ple, *v.* ظهر فيه فَينة (أو) نُونة (أو) نُقرة

din, *v.* (-nned, -nning) صوّت . جَلَّب = ضَجَّ . لجَّ (عليه) = ألحَّ و كرَّر . كرَّر (بإلحاح وضجيج)

din, *n.* تصويت . جَلجلة . صَتيت . لَجَّة . ضَجيج . صَخب . [دوشه] . رَطيط

dīne, *v.* تغدَّى . غدَى . تعشَّى

dīn'ẹr, *n.* مُتغدٍ . عربة طعام

din'ġey [**-ġi**], *n.* = dinghy

din'ġhy [**-ġi**], *n.* شَخطورة = شَختورة = قارب صغير بشراع واحد للمسابقة = بلم

din'ginĕss, *n.* كَتَن . كُمدة اللون . وَساخة المنظر . كَلَع . قهل الحال = قلة النظافة والنضارة

din'ġle, *n.* بطنٌ ظليلٌ من الأرض

din'gy, *a.* (-gier, -giest) = مُتدعِّر = كامد (أو) وسِخ اللون . أدكن . مُتقهِّل = وسِخ المنظر

dinn'ẹr, *n.* وقعة الطعام الكبرى في النهار . دَعوة

dīn'osaur, *n.* حيوانٌ زاحِف مُنقرِض هائل الحجم

dint, *n.* شِدّة . قوة . هَزْمة = نُقرة

by — of, بقوة . بفضل (أو) بواسطة

dīo'cēsan, *n., a.* أسقف منطقة كنيسة أسقفية . خاص بالمنطقة الأسقفية

dī'ocēse, *n.* منطقة كنيسة تحت ولاية الأسقف

dīox'īde, *n.* ثاني الأكسيد وهو مُركّب كيماوي = ذرتان من الأوكسيجين مع ذرة من معدن (أو) عنصر آخر

dip, *v.* (dipped, dipping) غطَّ (وأخرج بسرعة) = مَقَس . غَمس

dip, *n.* غطّة . مَقسة . غَرفة . غَوطة . هَبطة = هُوتة = غَيابة (من الأرض)

diphthēr'ia, *n.* داء الخُناق (أو) الخُنَاق = [خانوق]

diph'thong, *n.* اجتماع حركتين (أو) حرفي علة في مقطعٍ لفظي واحد

diplōm'a, *n.* شهادة دراسية . [دبلوما]

diplōm′acy, *n.* دبلوماسية . تَلَطُّف وكياسة (في معاملة الناس) . حُسن التأتّي

dip′lomat, *n.* شخصٌ (أو) مُمثّل دبلوماسي

diplomat′ic, *a.* دبلوماسي . لَبِقٌ . كَيِّس . حَسن المداراة . حَسَن التأتي

diplomat′ics, *n. pl.* دبلوماسية . علم حل (أو تأويل) الوثائق القديمة وإثبات صحتها

diplōm′atist, *n.* دبلوماسي

dipp′ẹr, *n.* غاطِس . مِغرَفة . طائر غطّاس

The Big Dipper, الدب الأكبر

The Little Dipper, الدب الأصغر

dīre, *a.* (direr, direst) رَهيبٌ . مُريع . فاجع . في غايةٍ (من) . مَهُول

dīrect′ [*or* **dir-**], *v.* أدار . أشرف (على) . أمَر . أوعز (إلى) . هَدَى . دَلَّ . أرشد . وجّه . عَنْوَن . صَوَّب . سَيَّر

direct′, *a(d).* مستقيم . قَوَامٌ . عامد . قاصد . سامت . صريح . مباشر . جاف (في الكلام) . رأساً = قَوَاماً . سامِتاً . حالاً

direct current, تيار كهربائي في اتجاه واحد . تيار مستمر

direc′tion, *n.* إدارة . إشراف . إيعاز . إرشاد . جِهَة . ناحية . إتجاه . صَوْب . سَمْت . أَوب

sense of —, هِداية . التَّهَدّي

direct′ly, *ad.* صَوْباً = سَمْتاً = بخط مستقيم . تَوّاً . تماماً . فَوراً . قَوَاماً

direct′nĕss, *n.* استقامة . مسارعة (أو) مبادرة . صَراحة . عَرامة = صراحة مؤذية = جفاء في الكلام

direc′tor, *n.* مدير

direc′tory, *n.* دَليل (بعناوين للتلفون أو غيره)

dīre′fụl [**-rf-**], *a.* رَهيب . مُخيف . مُريع . فاجع

dirge, *n.* مَنْدَبَة . مَرْثِيَة . أغْنِيَة (أو) نَغمة حَزينة (أو) مَنَاحِيَة

di′rigible, *n., a.* (مُنطادٌ) مُسيَّر (أو) آلِي

dirk, *n.* خِنجر قصير

dirt, *n.* وَسَخٌ = لَوْثٌ . تُرابٌ . قاذورة . وَحَل . بَذاءة

dirt′inĕss, *n.* وَسَاخة . قَذَارَة

dirt′y, *a.* (-tier, -tiest) وَسِخ . قَذِرٌ . دَعِرٌ . كامِد . دنيءٌ . عاصِفٌ

dirt′y, *v.* (-tied, -tying) وَسَّخ . لَوَّث . وَضَّر

dis-, *pref.* أداة داخلة على أول الكلمة بمعنى (عَدَم)

disabil′ity, *n.* ضَعفٌ . عَجز . عاهَة . كَسحٌ . عدم التزكية قانوناً . عدم أهلية . تعطيل الأهلية . مَعطَلَة

disā′ble, *v.* أعجز . عَجَّز . عَوَّه . أكسح . حَرَم الأهليَّة (أو) نَزَعَها (أو) عطَّلها

disā′bled [**-ld**], *a.* غير مُزَكّى (قانوناً) . عاجِز . [مُعطَّل] . مُعَوَّه . كَسيح . مضرور

disabūṡe′, *v.* أزال . صَحَّح الرأي . خَلَّص ما عَلِق في الذهن من سوء فهم (أو) تفكير خاطيء

disadvân′tage [**-ij**], *n.* خَسارة . مَخسَر . ضَرَر . مَضَرّة . ظرف غير مُؤاتٍ . إجحاف

to be at a —, في ظَرفٍ سيّيءٍ (أو) غير مُؤاتٍ

disadvantā′geous [**-jẹs**], *a.* غير مُؤاتٍ . ضِد المصلحة

disaffec′tĕd, *a.* ساخِط . نافِرٌ . ناقِمٌ . مُنتَقِضٌ . خالِع الولاء . مُجافٍ

disaffec′tion, *n.* سُخط . نفرة . نقمة . انتقاض (الولاء) . خلع الولاء . مجافاة

disaġree′, *v.* (-reed, -reeing) اختلف . خالف . تخالف . جادل . تشاجر . نافى . ما وافق . لم يوآت

disaġree′able, *a.* كريهٌ . سَمْجٌ . سمج (أو) سيئ الخُلُق . مُشاجِرٌ

disaġree′mẹnt, *n.* اختلاف . شِجار . تنافر . نِزاعٌ

disallow′, *v.* حظر . منع . رفض إقراره (أو) السماح به

disappear′, *v.* غاب . اختفى . توارى . زال

disappear′ance, *n.* غياب . اختفاء . زَوال

disappoint′, *v.* كذّب (أو) خيّب (الأمل) . أخلف (الظن أو الوعد) = حبّض = أخلف الرجاء

disappoint′mẹnt, *n.* حُبُوضٌ = خَيبَة (أو) إخلاف (الأمل أو الظن) . خَيَّابٌ

disapprobā′tion, *n.* عدم استحسان = إنكار

disapprõv′al, *n.* استنكار . عدم تصويب (أو) استحسان

disapprõve′, *v.* استنكر . ردّ . لم يستصوب (أو) يستحسن . استخطأ

disârm′, *v.* جرّد (أو) نزع السلاح . حدّد (أو) خفّض التسلّح . ألقى السلاح . أنّس . استأنس

disârm′amẹnt, *n.* تجريد (أو) نزع السلاح . تحديد (أو) تخفيض التسلّح

disarrānge′, *v.* شوّش الترتيب . [لخبط]

disarray′, *n.* تشويش . تشعّث . تفرّق . اختلاط

disarray′, *v.* شوّش . شعّث . فرّق

disâs′tẹr, *n.* مُصيبة . نازلة . فادِحة

disâs′trous, *a.* جالِب للمصائب (أو) للوَيل . فادِح . فاجع

disavow′, *v.* أنكر . تبرّأ (من) . تنصّل (من)

disband′, *v.* فرّق . سرّح . فضّ . حلّ

disbelief′, *n.* شُبهة . عدم إيمان . تشكّك . عدم تصديق

disbelieve′, *v.* كفر (ب) . ما آمن . ما صدّق

disburd′ẹn, *v.* أزاح الحِمل . أراح من الحِمل . أنزل الحمل . روّح

disburse′, *v.* دفع . أنفق = [صرف] . أخرج من الصُندوق العام

disburse′mẹnt [-sm-], *n.* إنفاق . صرف

disc, *n.* = disk, طبق (بين فقارين) . قُرصٌ . اسطوانة (غناء أو موسيقى)

discârd′, *v.* إطّرح . نبذ . أسقط

discârd′, *n.* إطّراح . نبذٌ . نُباذة . حُثالة

discern′, *v.* تبيّن . استبصر . ميّز . استوضح

discern′ible, *a.* يمكن تبيّنُه (أو) إدراكُه

discern′ing, *a.* بَصيرٌ . ذو فِراسة (أو) تمييز . فطِن . مُستبصِرٌ

discern′mẹnt, *n.* فِراسة . قوة تمييز . فطنة . استبصار

dischârge′, *v.* فسخ (أو) أنزل (الحمل) . أفرغ . خلّى . أطلق . سرّح . نجّ (الجرح) . أفرز . أدّى (أو) وفّى . قضى . طرد

dischârge′, *n.* إنزال . تفريغ . إطلاق . طلقة . تسريح . نجيج (الجرح) . إفراز . تأدية . إيفاء . قضاء . طرد

discī′ple, *n.* مُريد . تابع . حَوارِيٌّ

dis′cipline, *n.* (نِظامٌ) تدريب (أو) ترويض (العقل أو الخُلُق) . تأديب . انتظام

dis'cipline, *v.* دَرَّب (أو) رَوَّض (على النظام والطاعة) . أَدَّب

disclaim', *v.* جَحَد . تَنَصَّل . تَبَرَّأ . تَخَلَّى (عن المطالبة)

disclōṡe', *v.* أظهر . كَشَف (عن) . باح (ب)

disclō'sure [-zhẹr], *n.* إظهار . انكشاف . إفشاء

discol'or, *v.* = discol'our

discolorā'tion [-kul-], *n.* تحوُّل اللون . حُؤُول اللون = تغيُّره واسوداده = كَتَن

discol'our [-kulẹr], *v.* حَوَّل اللونَ . حالَ (اللونُ) = تغيَّر واسودَّ . نَفَض = ذهب بعض اللون . كَتِن

discoloura'tion, *n.* = discoloration

discom'fit [-kum-], *v.* هَزَم . أَحبط . أَرْبَك . إنخذَل = انكسرت هِمَّته

discom'fiture [-kum-], *n.* هَزيمة . حبوط . ارتباك . إنخذال . خَيبة

discom'fort [-kum-], *n.* تَنغيص . انزعاج . تَعَب . وَصَب

discompōṡe', *v.* أخرجه عن تمالُك نفسه . شَوَّش . رَبَك . نَغَّص (أو) أفسد هدوءَ البال

disconcert', *v.* أزعج (أو) كَدَّر (الخاطر) . أحرَج . بَلبَل (أو) شَوَّش . نَغَّص تمالُكَ النفس . اضطرَب

disconnect', *v.* فَكَّ . قَطَع الاتصال . فَصَم

discon'solate [-lit], *a.* مهموم . بائِس . كَئيبٌ . كاسِف البال . غامّ

discon'solately, *ad.* بحُزنٍ . بكآبة . باكتراب . بِغَمّ

discontent', *n.* عدم رضا . سُخط . استياء

discontent', *v.* ما أَرْضَى . أَسْخَط . استاء

discontent'ẹd, *a.* غير راضٍ . ساخِط . مستاء

discontin'ūe, *v.* (-nued, -nuing) تَوَقَّف . قطَع . انقطع

discontin'ūous, *a.* غير متواصل . مُتَقَطِّع

dis'côrd, *n.* تَنافُر . اصطخاب (أصوات) . تَفاسُد . تناكُر

discôrd'ant, *a.* متنافر . مُتَخالِف . مُصطَخِب . ناشِزٌ

dis'count, *n.* حَطيطة = تخفيض = حَسم . تضعيف

discount', *v.* حطّ (من الثمن) = حَسَم = [خَصَم] . ضَعَّف . صرَف النظر (عن)

discount'ẹnance, *v.* لم يستحسن = أنكَر . لم يُشَجِّع (على) . نَفَّر (من) . جَبَّن . أخجل

discou'rage [-kurij, *the* **u** *as in* **but],** *v.* خَشَّى . خذَّل . نكَّص . زَهَّد (بِ) . أنكل

discou'ragemẹnt [-jm-], *n.* تخشية . تخذيل . تزهيد = إنكال

dis'course [-kôrs], *n.* بحث مستفيض . حديث . مكالمة

discourse', *v.* بَحَث واستفاض . تَحَدَّث

discourt'ēous [-ker-], *a.* من سوء الأدب . قليل الأدب . فَظٌّ

discourt'esy [-ker-], *n.* قلة أدب . فَظاظة

disco'vẹr [-kuv-], *v.* كشف . اكتشف . وَجَد

disco'vẹrẹr, *n.* مُكتشِف

disco'vẹry, *n.* اكتشاف . إيجاد

discred'it, *n.* تكذيب . عدم تصديق . سُقوط (السمعة) . عدم ثِقة . إزراء

discred'it, *v.* كَذَّب . ارتاب (في صحته) . أَسْقط (السمعة) . أَزْرَى

discred′itable, *a.* يُسقط الصيت . مُزْرٍ . مُشين . مُخلٌّ بالشرف (أو) بحسن السمعة

discreet′, *a.* مُتحرِّس . كَتُوم . قليل الغفلة في كلامه . مُحتاطٌ ومُتحفِّظ (في القول والعمل)

discreet′ly, *ad.* بتحرُّس (أو) تحفُّظ

discrẹp′ancy, *n.* تفاوت . اختلاف . تناقض

discrẹ′tion, *n.* اختيار . اجتهاد (في الرأي) . تحرُّس

discrẹ′tionary [-shẹn-] *a.* اجتهادي (في الرأي)

discrim′ināte, *v.* فرَّق . ميَّز . حابى . تحامل

discriminā′tion, *n.* تمييز . تفريق = محاباة (أو) تحامل

discurs′ive, *a.* كثير الاستطراد أو الانتقال (من موضوع إلى آخر)

dis′cus, *n.* [دَوْش] = قُرْصٌ (من الحجر أو المعدن) يُرمى به

discuss′, *v.* بحث . تباحث . تذاكر . ناقش

discu′ssion, *n.* مُباحثة . مُذاكَرة . مُحاضَرة . مناقَشة

disdain′, *n.* استنكاف . ازدراء . استكبار . أنفة

disdain′, *v.* استنكف . استحقر . ترفَّع . أنِف (من)

disdain′fụl, *a.* مستنكِف . مستكبر . مُترَفِّع = آنِفٌ (من)

diṡeaṡe′, *n.* مَرَضٌ . داء . عِلَّة

diṡeaṡed′ [-zd], *a.* مَمرُوضٌ . مَعلُولٌ

disẽmbârk′, *v.* نزَل (إلى البر) . حوَّل (عن السفينة)

disẽmbod′y, *v.* (-died, -dying) انفصلت (الروح) عن الجسد . سرّح . خلّص من الجسد

disẽnchânt′, *v.* أذهب السحرَ (أو) الوهمَ الباطل

disẽncum′bẹr, *v.* أراح مِن العِبء (أو) الجَشَم (أو) العُقلة

disẽnġāge′, *v.* خلَّص (بينها) . إنسلخ (عن) . فكَّ . خلّى . خالى

disẽnġāge′mẹnt [-jm-], *n.* تخليص . إنسلاخ . مُخالاة . تحاجُزٌ . مُحاجَزة

disẽntanġ′le, *v.* حلَّلَ . حلَّ . فكَّ (من ارتباكٍ أو تعقيد)

disesteem′, *n.* احتقار . كُرْه

disfāv′or = disfav′our

disfāv′our [-āvẹr], *n.* نُفُور . عدم استحسان . استنكار . نقمة

disfāv′our, *v.* نفر (من) . كَرِه . نقِم (على) = استنكر

disfiġ′ure [-fiġẹr], *v.* أفسد المنظر (أو) الهيئة . قبَّح . شوّه (الخَلق)

disfran′chīṡe, *v.* حَرَم حقًّا خاصًّا . حَرَم الحقوقَ المدنية (في الانتخاب مثلًا)

disġôrge′, *v.* لفظ . قذَف (من الحلق) . أفرغ . استفرغ . تخلّى عن الشيء كرهًا . قيأ . بزّز . اندفق

disġrāce′, *v.* شان . أخزى . صار منقومًا عليه

disġrāce′, *n.* مَشانة . خِزْيٌ . (حلول النقمة (على) . مَخزاة

disġrāce′fụl [-sf-], *a.* شائن . مُخزٍ . مَخزاةٌ

disġrun′tled [-ld], *a.* ساخط . مُستاء . مُتبَرِّم . مُتسمِّت

disġuīṡe′ [-ġīz], *v.* نكَّر . تخفّى . عمّى . ورّى . ستر . أخفى . لبَّس

disġuīṡe′, *n.* وسيلة (أو لباس) التنكُّر . تورية = خِدْعة . سِتر . خِفاء . تلبيس

disgust′, *n.* استقذار . تقزُّز
disgust′, *v.* تقزَّز منه = عافه ونفَر منه
dish, *n.* صَحنٌ . لونٌ من الطعام
dish, *v.* قدَّم (الطعامَ) في صحن
disheart′en [-hârt-], *v.* قنَّط . خذَّل . ثبَّط . فتَّ في ساعده
dishev′elled, dishev′eled [-ld], *a.* أشعث . مُنفَّش
dishon′ĕst [dison-], *a.* غير أمين . غير صادق المعاملة . غشَّاش . خائن
dishon′ĕsty, *n.* قلة أمانة . غِشٌّ . خِيانة
dishon′or = dishon′our
dishon′orable = dishon′ourable
dishon′our [dison′ẹr], *n.* خِزيٌ . عارٌ = شَنَارٌ . لُؤم . إهانة
dishon′our, *v.* جلب العار = عَرَّ . رَفَضَ صَرفَ (حوالة مالية) . أهان
dishon′ourable [disonẹr-], *a.* عديم الشَّرَف . مُشِينٌ . مُخزٍ . مُهِين
disillū′sion [-zhẹn], *v.* استرشد = زال اغترارُه (أو) توهمه . خيَّب الفأل
disillū′sion, *n.* إزالة (أو زوال) الاغترار . رَفع التوهم . تكشف الحقيقة . خيبة الفأل
disinclinā′tion, *n.* عدم ميل . صدود . إعراض
disinfect′, *v.* عقَّم . طهَّر من جراثيم المرض
disinfec′tant, *n.* طَهور . مُطهِّر . مضادٌّ للتعفُّن
disinhe′rit, *v.* حرَم (من الميراث) . حجَب (عن الميراث)
disin′tĕgrāte, *v.* تجزَّأ . تقطَّع . تفتَّت . إنحلَّ
disintĕgrā′tion, *n.* تصدُّع . تبضُّع . تفتُّت . تفرُّق الجَمْع . إنحلال
disinter′, *v.* (-terred, -terring) نَبَش (من القبر) . كشف
disin′terĕstĕd, *a.* ليس له فيه أَرَبَ . ليس له (أو فيه) غَرَضٌ خاصٌّ . زاهد
disin′terĕstĕdnĕss, *n.* خُلُوٌّ مِن أَرَبٍ أناني . زَهادة
disjoin′, *v.* فَصل . فكَّ . منع من الوَصل . حلَّ الاتصال
disjoint′, *v.* فكَّ = فصَّل . خلَّع . قطَّع . تبضَّع . إنفكَّ . شوَّش
disjoint′ĕd, *a.* مُفصَّل = مُخلَّع = مُفكَّك . مُقطَّع (الأوصال) . مُقطَّع
disk, *n.* (*also* disc) = قُرصٌ . طَبَق . عظمٌ رقيق بين فَقَارين . اسطوانة (غناء أو موسيقى)
dislīke′, *v.* نفَر (من) . كَرِه . عاف
dislīke′, *n.* نُفُور . كَرَاهَة
dis′lōcāte, *v.* خلَع . تخلَّع . إنفسَخ . فكَّك
dislōcā′tion, *n.* تخلُّع . انخلاعٌ . اختلال . تفكُّك
dislodge′, *v.* زَحزَح . حلحَل . أزاح
disloy′al, *a.* غير مُخلص . عديم الذِمَام
disloy′alty, *n.* عَدَم الإخلاص . عَدَم الولاء . عدم الذِمام
dis′mal, *a.* كئيب . مُوحِش . مُغِمّ . رَهيب
disman′tle, *v.* (-led, -ling) = نقَض فكَّك . جرَّد
dismay′, *n.* ارتياع . تهيُّب . جَزَعٌ = تخوُّف = إشفاقٌ . فزَع
dismay′, *v.* ارتاع . جزِعَ . هلِع . أجزَع
dismem′bẹr, *v.* جزَّأ . أرَّب = قطَّع (إرْبًا إرْبًا) . عضَّى . بعَّض

dismiss′, *v.* صَرَف (من المكان) . عَزَل . صَرَف (من الذهن) . فَضّ . سَرَّح . رَدّ . فرّغ (مِن الشيء بسرعة) . رَفَض

dismiss′al, *n.* صَرْفٌ . عَزْلٌ . أمرٌ بالعَزْل

dismi′ssion, *n.* = dismissal

dismount′, *v.* تَرَجَّل (أو) حوَّل (عن فَرَسٍ) . أنزل (أو) أزال عن الحاملة . قلَب (أو) انقلب (عن الفرس . . .)

disobēd′ience, *n.* عِصيَان . عدم الطاعة

disobēd′ient, *a.* عاصٍ . غير مُطيع

disobey′ [-bā], *v.* عَصَى . ما أَطاع

disôrd′er, *n.* فساد (أو) اختلال النظام (أو المِزَاج) . اضطراب

disôrd′er, *v.* أَخَلّ (أو) أَفسد النظام . وَعَكَ = أمرض

disôrd′erly, *a.* مُشَوَّش . مُخِلٌّ بالنظام

disôrganizā′tion, *n.* تشويش . اختلال النظام . التباك

disôrg′anīze, *v.* شَوَّش . أفسد (أو خَلَّط) النظام

disōwn′ [-ōn], *v.* إنتفل (من) = أَنكر . تَبَرَّأ . خَلَع

dispa′rage [-rij], *v.* انتقص . غَضّ (من) . قدَح (في)

dispa′ragement [-jm-], *n.* انتقاص (من) . غَضاضة . قَدْح

dispa′rity, *n.* بُونٌ . عدم مساواة . تفاوت . فَرْق

dispârt′, *v.* فَصَل . افترق . فَرّق . وزّع

dispa′ssionate [-pashenit], *a.* مُجَرَّد (من الانفعال أو من المحاباة) . نَزِيه . خالٍ من الهَوَى

dispatch′, *v.* أَرْسَل . أَنفذ . قتل . أَجهز (على)

dispatch′, *n.* نَفِيذَة . رسالة (مُستَعجَلة) . تَعجيلٌ (في إنجاز شيء) = نَجَاز

dispel′, *v.* (-lled, -lling) بَدَّد . قَشَع . جَلَّى

dispen′sary, *n.* صَيدَلِيَّة (عامَّة)

dispensā′tion, *n.* تَوْزيع . تَصريف . تَرخيص (في الدين) . تقدير إلهي . فَتْوَى

dispense′, *v.* وَزَّع . صَرَف . صَرَّف = أَجرَى وطَبَّق . أفتى

to — with, استغنى (عن) . صَرَّف = أزال

dispen′ser, *n.* مُوَزِّع . صارِف

dispers′al, *n.* تَفَرُّق . تشتُّت

disperse′, *v.* فَرَّق . تفرّق . تَشَتَّت . تشذَّر . نَشَر . قَشَع . بَدَّد

disper′sion [-shen], *n.* تَشَتُّت . شَتَات . تَشَرُّد

dispi′rited, *a.* قانِطٌ . مكتئب . مُبتَئِس . خاثر النفس

displāce′, *v.* حَلّ (مَحَلّ) . استبدل . نَحَّى . أَجلى

Displaced Persons, = المُشَرَّدون = الجُلَاة = المَجالي

displāce′ment [-sm-], *n.* حُلولٌ (محلّ) . إحلال . فُرَاغة = وَزْن حجم المائع المُتَرَاح . تنحية

display′, *v.* أَجهَر . أَظهر (للعيان) . عَرَض . (ونَشَر) . أَبدَى . بَرَّز

display′, *n.* تجاهُرٌ . عَرْض . تَجَهْوُرٌ = تَظاهُرٌ ونَبَاه = تَعالُن . تبريز

dīsplease′, *v.* ساءَ . أمعض . كَدَّر

displea′sure [-plezher], *n.* سُوء . استياء . امتعاض

dispôrt′, *v.* لَعِب . لَهَا . تَسلَّى

dispōs′al, *n.* ترتيب . تصريف (بضائع)

at your —, تحت تَصَرُّفك (أو) أمرك

dispōṡe′, *v.* رَتَّب . صَرَّف . استمال
to — of, تَخَلَّص (من) . صَرَّف
dispōṡed′ [-zd], *a.* مَيَّال . مُستَعِدٌّ . مُقبِلٌ
dispoṡi′tion, *n.* طَبع . مَيلٌ . ترتيب . تسوية . تصريف . استعداد طبيعي
dispoṡṡess′, *v.* أخرج من المال (أو) المُلك . رَفَع (أو نَزَع) التملك . جَرَّد (من) . أخرَج
dispraiṡe′, *v.* لام . ذَمَّ . غَضَّ (من) = طَعن
disproof′, *n.* نَقض . دَحض . تفنيد
disproportion, *n.* عدم تناسب . تفاوت (في النِسَب)
dispropor′tionate [-shẹnit], *a.* غير متناسِب . أكثرُ نِسبيًّا
disprōve′, *v.* دَحض = أبطَل . فَنَّد
dis′pūtable, *a.* مُنازَعٌ (فيه) . مشكوكٌ (فيه)
dis′pūtant, *n.* مُجادِلٌ . مُنازِع
dispūtā′tion, *n.* مجادلة = مُماحَلة . مناقشة
dispūte′, *v.* جادَل . قارَعَ (الحجة) . تَعالَج . نازع . ناقش . نافَس
dispūte′, *n.* مجادلة . خُصُومة . مُنازَعة . نِقاش
disqual′ifȳ [-kwol-], *v.* (-fied, -fying) جعله غير أهلٍ (أو) صالح . أسقَط . حَكَم بعدم أحقيّته (أو) أهليته
disquī′ẹt [-kwī-], *v.* أقلَق (أو) أزعج (الخاطر) . أهَمَّ
disquī′ẹt, *n.* اضطراب (أو) قلق (الخاطر) . هَمٌّ . اضطراب . تَعَب البال
disquī′ẹtūde [-kwī-], *n.* بَلبَلة الخاطر . قَلَق . هَمّ . اضطراب
disquiṡi′tion [-kwi-], *n.* خِطابٌ طويل (أو) رسالة مسهبة (في موضوعٍ ما)

disrēgârd′, *v.* صَرَف النظر (عن) ما التَفَتَ (إلى) . ما أَبَه (أو) بالى (ب)
disrēgârd′, *n.* صَرف النظر . إغفال . إهمال . استهانة
disrel′ish, *n.* عَيف . تَكرُّه . نفور . عدم استمراء
disrel′ish, *v.* عاف . تكرَّه . صدَّ (عن) . اجتوى
disrep′ūtable, *a.* له سُمعة سَيِّئة . ذَمِيم (السمعة) . رَذِيل . زَرِيٌّ
disrēpūte′, *n.* سوء سُمعة
to be in —, ساءت سمعته . له سُمعة سَيِّئة
disrēspect′, *n.* عدم احترام (أو) توقير . سَفَاهَة
disrēspect′fụl, *a.* جاهل = سَفِيهٌ . قليل الأدب
disrōbe′, *v.* [شَلَح] . خلَع (الثوبَ)
disrupt′, *v.* شَوَّش . فَسَخ . فَتَّق . خَلَّع . قَطَّع
disrup′tion, *n.* تشويش . اختلال . تَمَزُّق . تَفَصُّم . تفتُّق
dissatisfac′tion, *n.* سُخط = عدم رضا . استياء
dissat′isfied [-fīd], *a.* ساخط . مستاءٌ . غير راضٍ
dissat′isfȳ, *v.* (-fied, -fying) أسخَط . ساءَ
dissect′, *v.* بَضَّع . شَرَّح . حَلَّل
dissec′tion, *n.* تبضيع . تشريح . تحليل
dissem′ble, *v.* داجَى . ساتر . وَرَّى (عن) . تَصَنَّع . تظاهر (ب) . تعامى (عن) . راأى
dissem′blẹr, *n.* مُداجٍ . مُساتِر . مُراء
dissem′ināte, *v.* بَذَر . بَثّ . نَشَر
disseminā′tion, *n.* بثّ . نَشر . إشاعة

dissen′sion [-shẹn], *n.* مُنابَذَة = شِقاق . تَفاسُد . تَفاتن

dissent′, *v.* انشقّ (عن) . جانَف = خالف (في الرأي) . عانَد

dissent′, *n.* إنشقاق . مُخالفة (أو) خِلاف (في الرأي) . مُجانَفة

dissen′tẹr, *n.* مُجانِف . مُخالِف (للجماعة) . مُنْشَقّ

dissẹrtā′tion, *n.* دِراسة (أو) مُباحَثة (جِدّية) في موضوعٍ ما

dissev′ẹr, *v.* قسّم . بَضّع . جَزّأ . فَصّم . فَصّل

dissim′ilar, *a.* غَير . مُختلِف (عن) . مُغايِر

dissimila′rity, *n.* تَغايُر . تَبايُن . عدم تشابه

dissim′ūlāte, *v.* تَستّر بمظهرٍ باطل . داجى . ورّى (عن الشيء) . سَتر الحقيقة . تصنّع

dissimūlā′tion, *n.* مراءاة . خِداع . مداجاة . مساترة

diss′ipāte, *v.* بَدّد . بَذّر . بَعزَق . ودّر

diss′ipātĕd, *a.* مُتهتّك (في المعاصي والملذات)

dissipā′tion, *n.* تبديد . بَعزقة . تَهتّك (في المعاصي) . غواية

dissō′ciāte, *v.* فَصَل . انفكّ (عن) . انفصل . إنعزل (عن) . تفاصل

diss′olūte, *a.* خَليع . فاسِق

dissolū′tion, *n.* فَسخ . مفاسخة . حَلّ . انحلال . تَفَسُّخ . موت

dissolve′, *v.* انماث (الملح في الماء) . ذاب . ذَوّب . حَلّ . فَسَخ

diss′onance, *n.* تنافر (في الأصوات)

diss′onant, *a.* متنافِر . متعارِض . متخالف

dissuade′ [diswād], *v.* استنزع (عن) = نَصَحَ (أو) أقنع بالعدول (عن) . صَرَف (عن) . ثبّط

dis′tâff, *n.* عصا الغَزْل = عِرْناس = قُرْناس . مَرأة . نِساء

dis′tance, *n.* بُعد . مَسافة . بَوْن . فاصِل . تَجافٍ

dis′tance, *v.* فات = سَبَق

dis′tant, *a.* بعيد . ناءٍ . متجافٍ . شاطّ

distāste′, *n.* عَيْف . تَكرُّه . اجتواء

distāste′fụl [-tf-], *a.* كَريه (الطعم أو الرائحة) . مَنفور (منه) . مَمْجوج

distem′pẹr, *n.* فساد المزاج . انحراف (أو) اختلال (جسمي أو عقلي)

distem′pẹr, *v.* أفسد المزاج . حَرَف (أو أعلّ) الجسم (أو) العقل

distem′pẹr, *n.* (مرض) خُناق الخيل . مَرَض معدٍ وخصوصاً في الكلاب . اضطراب (أو اختلال) سياسي

distem′pẹr, *n.* دِمَام = طِلاء ملوّن للجدران (أو) داخل البيوت

distend′, *v.* إنداح . انتشر . تمدّد . تَمَلّأ . انتفخ

distil′, *v.* (-tilled, -tilling) قطَر . قَطّر . استقطر . تَنَقّط (الخبر) = اسْتَوكَفه . اسْتَنَضّ (الشيء) أخذه قليلًا قليلًا

distillā′tion, *n.* تقطير . استقطار

distilled′ [-ld], *a.* مُقَطَّر

distill′ẹry, *n.*; *pl.* -ries مكان (أو جِهاز) استقطار

distinct′, *a.* فارِز = بَيّن واضِح فاصِل . مُتَميِّز . متبيّن

distinc′tion, *n.* مُميِّزة . فَرْق . امتياز

distinc′tive, *a.* مُميِّز . مُتَميِّز . مُستَقِلّ

distinct′nĕss, *n.* تَمَيُّز . وُضُوح

distingʹuish [-wish], *v.* فرَّق . ميَّز . أشهَر

distingʹuishable [-wish-], *a.* يمكن تمييزه (أو) تَبيينُه

distingʹuished [-wisht], *a.* مُتميِّز (أو) مُتبيِّن (بين الناس) . مشهور . رفيع المقام

distôrtʹ, *v.* عوَّج . عفَت (الكلامَ) = حرَّف = لفَّت . مسَخ

distôrʹtion, *n.* تعويج . التواء . تلفيت . تحريف

distractʹ, *v.* صرَف (أو) ألهى الذهنَ = فرّق الخاطر . شوَّش (الذهن)

distractʹēd, *a.* ذاهل . مُفرَّق (أو) مُتفرِّق الخاطر . مُولَّه . مُتولِّه . ولْهان

distracʹtion, *n.* ذهول . تفريق الخاطر . إلهاء . مُلهِية . ولَه . مَشغَلة

distrainʹ, *v.* حجز (المالَ) لِسداد دَيْنٍ

distraughtʹ [-trôt], *a.* مُنذَهِل . مُتدلِّه . مكروب

distressʹ, *n.* بلاء . شدَّة . ترَح . كُربة = كَبَد . كَريهة . فَقر . مِحنة . حَجز (على الأموال)

distressʹ, *v.* أترَح = أحزَن . أكمد . غمَّ . أجهد . أكرث

distressedʹ[-st], *a.* مكروب = كريب . مُكمَد . بائس

— area, منطقة بائسة

distressʹful, *a.* مُؤلِم للنفس . تارِحٌ . شديد الكرْب . كارب

distribʹūte, *v.* قسَّم . وزَّع . فرَّق

distribūʹtion, *n.* تقسيم . توزيع . توزيعة

distribʹūtive, *a.* توزيعي . إفرادي

distribʹūtor, *n.* مُوزِّع

disʹtrict, *n.* مقاطعة . [مركز]

distrustʹ, *v.* أساء الظن (ب) . اتَّهمه (في أمانته) . خوَّن . استغشَّ

distrustʹ, *n.* عدم الائتمان . ريبة . تخوين

distrustʹful, *a.* سيىء الظن . ظنَّان . مُستغِشٌّ

disturbʹ, *v.* وهَّل = أفزَّ . أزعج . أقلق . فجأ . أحدث إخلالًا (أو) اختلالًا (في)

disturbʹance, *n.* وسوسة . إقلاق . إختلال . اضطراب . قلقلة

disūnʹion, *n.* تشتيت الشمل . تفرق . إنقسام . خُلْف . تنابُذ

disūnīteʹ, *v.* شتَّت الشمل . فرَّق . قسَّم . افترق . تخالف . تنابذ

disūśeʹ, *v.* أبطَل (أو) ترك العمَلَ به (أو) استعماله = عطَّل

disūseʹ, *n.* عدم الاستعمال . ترْكُ (أو) إهمال (العمل به) = تعطيل

ditch, *n.* خُدَّة = أُخدود . خندَق

dittʹō, *n., ad.; pl.* -ttos كذَلك . شَرْعُه . علامة (〃) بمعنى كذلك

dittʹy, *n.* أُغنية (أو) قصيدة قصيرة

dīurʹnal, *a.* يَوْمي . في النهار . نهاري . نشيط في النهار

divanʹ [*or* dī-], *n.* دَوْشَكٌ . صُفَّة . [ديوان]

dīve, *v.* غاص . إنقَضَّ . إنغلَّ . إنغسَّ . إنخَشَّ

dīve, *v.* انخرط (أو) تَتيَّع في الأمر = تهافت وأسرع فيه بدون رويّة

dīve, *n.* غَطسٌ . غوْص . انقضاض

dīvʹẹr, *n.* غطّاس . غوّاص . غمّاس . (طائر) الغطّاس

dīvergeʹ [*or* di-], *v.* افترق . تباين . إنفرق . إنشعب . إنحرف

diver'gence [*or* **dī-**], *n.* إنشعاب . إنفراق . إفتراق . تباين . إنحراف
diver'gent [*or* **dī-**], *a.* مُفارِقٌ . مُنْشَعِبٌ . مُفترقٌ
dīv'ers, *a.* شتّى . مُتَنَوِّع . مُتَعَدِّد
dīverse' [*or* **div-**], *a.* مختلف . مُباين . مُتَنَابِ . مُتغاير
dīvers'ifȳ [*or* **div-**], *v.* (-fied, -fying) نوّع . تغَايَر . غايَر = خالَف
dīver'sion [**-shen**], *n.* تعريج (الطريق) . تحويل . لهو . تسلية . تلهية
dīvers'ity [*or* **div-**], *n.* تنوع . تغاير . اختلاف
dīvert' [*or* **div-**], *v.* عرّج (الطريقَ) . حوّل . تلهّى . سلّى . شاغل
dīvest' [*or* **div-**], *v.* جرّد . تجرّد . تخلّص . حرم . نزع الملكية
divīde', *v.* فرّق . قسم . انقسم . قسّم
div'idend, *n.* المقسوم . قِسم (أو) حِصة الأرباح
divīd'er, *n.* العدد القاسم . فرجار القياس
divinā'tion, *n.* عِيافة = تكهُّن = تحزٍّ . حدسٌ صائب . علم الجفر
divīne', *v.* تكهّن = تحزّى (عن المستقبل)
divīne', *a.* قُدسي . إلهي . فائق . رائع
divīn'er, *n.* حازٍ = مُتكهّن . عائف
divin'ity, *n.* إلهٌ . ألوهية . لاهوت
Divin'ity, *n.* الأله . الله
diviś'ible, *a.* قابل للانقسام (أو) للقسمة
divi'sion [**-zhen**], *n.* انقسام . قسمة . تقسيم . مقسَم = حدٌّ . فُرقة
divīs'or, *n.* قِسمٌ . العدد المقسوم (عليه)
divôrce', *n.* طلاق . انفصال
divôrce', *v.* طلّق . انفصل . فاصَل . فصَل

divulge', *v.* أفضى بالسر = أفشاه = باح به
dizz'inĕss, *n.* مَيدان = هُدام = دُوَار
dizz'y, *a.* (-zier, -ziest) مُصابٌ بالدُّوار . مُترجرج . شاهق (يسبب الدوار)
dizz'y, *v.* (-zzied, -zzying) = أماد = أصاب بالدوار
dō, *v.* (did, done, doing) فعل . عمل . سلك . أجزى = سدّ الحاجة = أجزأ
doat [**-ō-**], *v.* = dote
dobb'in, *n.* فرس وئيد (للجرّ أو للزراعة)
dō'cile, *a.* ليّن (العريكة) . سَلِس القِياد . ذَلُول = سهل التعليم والتدريب
dōcil'ity [*or* **do-**], *n.* سهولة الانقياد . لِين العريكة . سهولة التعليم والتدريب
dock, *n.* رَصيف الميناء . حَوْض . موقف المتهم (في المحكمة)
dock, *v.* قرّب من الرصيف (أو) الإسكلة . أدخل في الحوْض
dock, *n.* عُشبة العِرق المُسهِل
dock, *n.* عَسيب (الذنب) . عُراب (الذنب) = ما ارتفع من أصله
dock, *v.* جذَم . بَتَر أو قطع (منه) = اختزع . قطش
dock'ĕt, *n.* جدول بأحكام المحكمة . بطاقة بمحتويات صُرّة (أو) علبة
dock'yârd, *n.* حوض بناء وإصلاح السفن
doc'tor, *n.* طبيب . مُداوٍ . دكتور
doc'tor, *v.* طبّب . داوَى . عالج
doc'trinal, *a.* عَقيدي . عَقائِدي . دُستوري
doc'trine, *n.* دُسْتُور . عقيدة
doc'ūment, *n.* وَثيقة . مُستَنَد . صَك
docūmen'tary, *a.* وَثيقي . ثُبوتي . وقائعي
dodd'er, *v.* ارتعش (كِبراً) . زَكزَك (الشيخ في مشيته) = مَشَى يقارب خطاه ضعفاً

dodd′ẹr, *n.* (نبات) شعر العجائز . حامول . (نبات) حُمّاض الأرنب . كُشُوث

dodge, *v.* لاوذ . حايص = تَفَيَّد . زايغ

dodge, *n.* لَوَذان . رَوَاغ . رَوْغة . حَيصة

dōd′ō, *n.; pl.* -do(e)s طائر مُنقرِض له رجلان قصيرتان وجناحان صغيران

dōe [dō], *n.* أُنثى (الظباء أو الأرانب) . ظَبية

dō′ẹr, *n.* فاعل . عامِل . فَعّال

does [duz], *v.* يَفعَل (للمضارع المفرد الغائب)

doesn′t [duznt], *v.* = does not

doff, *v.* خلَع = نضا = سَرَى = ضَرَح

dog, *n.* كَلبٌ . كُلّاب . شَخص مَخسُول

Dog, *n.* كوكبة الكلب الأكبر (أو) الكلب الأصغر (وبينهما المجرّة) . نجم الشِعرَى

dog, *v.* (dogged, dogging) طارد . تَعَقَّب . تَقَفّى . تتبع

dog days, أيام القَيظ (عند طلوع نجم الشِعرَى)

dōge, *n.* حاكم جمهورية البندقية (أو) جنوا في الماضي

doġ′-ear, *n.* زاويةٌ مَثنيَّةٌ في صفحةٍ من كتاب

doġ′-ear, *v.* ثَنَى زاوية صفحةٍ من كتاب

doġ′fish, *n.; pl.* -fishes, *or* -fish كَلب = كلب البحر

doġġ′ĕd, *a.* لا ينفك . مُصِرٌّ . عَنيد . مُلِبٌّ . مُلِحٌّ

doġġ′ĕdly, *ad.* بِملازَمة . بإصرارٍ = بإلباب . بإلحاح

doġġ′ẹrẹl, *n.* شِعر نافه مختل الوزن . قُرزُومَة = قَصيدة من رديء الشعر

doġġ′ẹrẹl, *a.* قُرزومي = من رديء الشعر

doġ′ma, *n.* عَقيدة (رَسميَّة) . دستور الإيمان

doġmat′ic, *a.* جَزّام (في الرأي) . إيقاني . [اعتباطي] . مُصِرّ (على الرأي)

doġ′matism, *n.* تشدُّد في العقيدة (أو) الإيقان . [اعتباطيَّة] . إصرار . تعصب (أو) تصلب (في الرأي)

doġ′trot, *n.* خَبَب وئيد . رَهْوَنة وئيدة

dōh, *n.* أول الأصوات الموسيقية وآخِرُها

doil′y, *n.* بَشكيرة . قطعة من الكتان (أو) الورق توضع تحت الصحن على المائدة

dō′inġṡ, *n. pl.* أفعال . حركات . تَصَرُّفات

doit, *n.* مسكوكة هولندية قديمة . شيء نافه (أو) صغير

dol′drumṡ, *n. pl.* مكان (أو حالة) الركود وعدم هبوب الريح في البحر . مَرْكَد (أو رُكود) الرياح في البحر . خُثور النفس

dōle, *v.* وَزَّع (الصَّدَقة) . أَعطى بالتنقيط (قليلًا قليلًا)

dōle, *n.* إعانة . صَدَقة . حِصَّة يسيرة = تنقيطة

dōle′fụl [-lf-], *a.* مُفجِعٌ . حَزين . كئيب

doll, *n.* دَاحَةٌ (للأطفال) = لُعبَة = دُمَّة

doll′ar [-ẹr], *n.* رِيالٌ = وَحدَة نَقدِيَّة

doll′y, *n.* لُعبة (في لغة الأولاد)

dol′orous, *a.* حَزين . مُفجِع . مُحزِن . مُوجِعٌ

dol′our [-ẹr], *n.* حُزن . مَضَض

dol′phin, *n.* قَيطَس = دُلفِين = دُخَس = خِنزير البحر

dōlt, *n.* مَأفون = قَدْمٌ = بليد الذهن

domain′, *n.* عَقار أَرضي . حَوز . مَجال

dōme, *n.* قبّة . شيءٌ مُقبّى (أو) مُقَبَّب
domes′tic, *a.* أهلي . داخِليّ . داجِنٌ
domes′tic, *n.* خادم (في البيت)
domes′ticāte, *v.* دَجَّن (الحيوان أو النباتَ) . تَدَجَّن = دَجَن . حَضَّر
domesticā′tion, *n.* تَدجين . تَدَجُّن
domēsti′city, *n.* عيشة بيتية . محبة المعيشة العائلية (أو) البيتية
dom′icīle [*or* **-cil**], *n.* مكان الإقامة (أو) التوطن (الدائم)
dom′inance, *n.* سيطرة . تَسلّط . تغلُّب
dom′inant, *a.* حاكم . مُتَسلّط . غالب . مُشرِف
dom′ināte, *v.* حَكَم . تَسلَّط . غَلَب (على) . أشرف (على)
dominā′tion, *n.* حُكم . سَيطرة . غَلَبة . إشراف
domineer′, *v.* تَغَشْمر = تَحَكَّم (بِ) . تَسيطَر . تفرعن
Domin′ican, *n., a.* دُومِنيكي . راهب من رهبان الدومنيك
dom′inie, *n.* خُوري . مُعلِّم (مدرسة)
domin′ion, *n.* حُكم . سَيطرة . مُستَملَكة مُستَقِلّة
dom′inō, *n.*; *pl.* -oes عباءة لها نصف قناع للوجه تُلبَس للتستر
dom′inōes [**-nōz**], *n.* لعبة الدُّومنو . قطعة من قطع الدومنو
don, *n.* لَقَب في إسبانيا بمعنى (سَيِّد) يوضَع قبل الاسم
don, *n.* رئيس (أو) عمدة في كلية (أو) المراقب العلمي للطُلّاب فيها (في انكلترا)
don, *v.* (-nned, -nning) لَبِس
donāte′, *v.* تَبَرَّع . وَهَب
donā′tion, *n.* عَطِيَّة . تَبَرُّع . هِبَة خَيرِيَّة
done [**dun**], *v., pp. of* do
don′jon [**-jẹn,** *or* **dun-**], *n.* بُرج (أو حصن) داخلي . بُرجٌ كبير شديد التحصين في قلعة
donk′ey [**-ki**], *n.* أَتان . حِمارٌ . عَيرٌ
dōn′or, *n.* مُتَبَرِّع . واهِب
dōn't = do not
dōōm, *n.* قَضاء (أو) قَدَر (محتوم) . حَتف . حُكم
dōōm, *v.* حَكَم . قَضَى (على) . حَتَم
dōōms′day, *n.* يوم الحِساب (يومَ القيامة)
door [**dôr**], *n.* باب . مَدْخَل
door′-keepẹr [**dôr-**], *n.* بَوّاب = دَرْبان
door′sill [**dôr-**], *n.* أُسكُفَّة الباب
door′step [**dôr-**], *n.* عَتَبَة الباب = مَسامَة
door′way [**dôr-**], *n.* مَدْخَل . مَخرج . باب . وَصِيد
door′yârd [**dôr-**], *n.* فِناء (البيت) . رَحبَة
dōpe, *n.* مادة لَزِجة . سائلٌ خاثر . مادة مَصّاصة . مادة مُخَدِّرة (للخيل والكلاب في السباق للسرعة) . (شخصٌ) فَدْم
dōpe, *v.* خَدَّر (الخيل أو الكلاب لزيادة السرعة في السباق) . غَشَّ (مادةً بمادة أخرى)
Do′ric, *a.* خاصٌّ بالطِراز الدُوري في البناء
dôrm′ant, *a.* راقد . قابع . مُستكِنٌّ
dôrm′ẹr, *n.* شُبّاكٌ عمودي ناتىء من جانب سَطح البيت المائل
dôrm′itory, *n.* مَنامَة
dôrm′ouse, *n.* زُغبة = حيوان كالفار . يَربوع
dôrs′al, *a.* ظَهري . مَتني (أو ظهري) الشكل
dôr′y, *n.* قارب ضيّقٌ مستوي القعر بجوانب مُفلطحة للصيد

dōse, *v.* وَجَر = أَوجر (الدواء) = أعطاه

dose, *n.* تعيينة الدواء = وَجْرَة (دواء) = جُرْعة

dost [dust] = Thou dost = you do

dot, *v.* (-tted, -tting) نَقَط . نقَّط . تَنَقَّط

dot, *n.* نُقطة

dōt'age [-ij], *n.* خَرَف = سُبَاه = سَبَهٌ

dōt'ard, *n.* خَرِف = [خَرفان] = سَبَاهِي

dōte, *v.* خَرِف = سَبِه = أُهْتِر

to — on, upon, اسْتُهْتِر به = تَوَلَّع وتَدَلَّه

doth [duth], = does

dou'ble [dubl], *a.* ضِعْف . مُضَاعَف . مُوَجَّه . مُزْوِج

dou'ble, *n.* أَخ . لِئمٌ . فَرْدة . مُزَاوِج

dou'ble, *v.* أضعف . ضاعف . ثَنَى . جعله فَوْدَيْن . انثنى (أو) انكفأ راجعاً

doub'le-dealing [dubld-], *n.*. مُخادعة . إظهارُ النية في شيء وعمل شيء آخر . خِيانة . غِشّ

doub'le-joint'ĕd [dublj-], *a.* له مفاصل تساعد على الحركة في اتجاهات غير معهودة

doub'le-quick [dublkwik], *a(d).* بإرقال = بأسرَع مِشيَة . سريع جداً . بتخويد

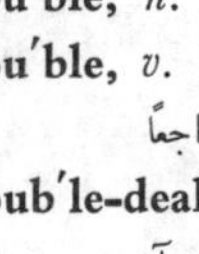

doub'lĕt [dub-], *n.* دَامِرٌ = ثوبٌ يلبس إلى الكشح فوق الثياب

doublōōn' [dub-], *n.* مسكوكة ذهبية اسبانية قديمة

doub'ly [dub-], *ad.* مرَّتين . مُضاعَفاً

doubt [dout], *n.* شَك . شُبهة . إشكال

in —, مشكوكٌ فيه . مُتَشكِّك . في شبهة (أو) إشكال

no —, لا جَرَم . لا شَكَّ

doubt, *v.* شَكَّ . اشتبه . ارتاب

doubt'ful [dout-], *a.* في شَكٍّ . مشكوكٌ أو مشتبه (فيه) . غير مأمون

doubt'lĕss [dout-], *ad.* لا شكَّ . رُبَّما . بلا شُبهة . لا جَرَم . لا بُدَّ

dough [dō], *n.* عَجِين

dough'boy [dō-], *n.* قُرصة مُرَوَّاة بالمرَق ومُبخَّرة (أو) مَسلوقة . جندي في المشاة في الولايات المتحدة

dough'nut [dō-], *n.* قُرْصة (أو) قطعةُ زَلابية

dought'y [dou-], *a.* (-tier, -tiest) باسل . صِنديدي = شجاع ذو بأس وشدة

dour [dōōr], *a.* جَهْمٌ . شديد . قاسٍ . عنيد

douse, *v.* غَمَس (في الماء) . نَضَح (بالماء) . سحسح (عليه الماء) . أطفأ

dove [duv], *n.* حَمامة . يَمامَة = حمامة بَرِّيَّة . تَرْغَلَة

dove'cot [duv-], *n.* = dovecote

dove'cōte [duv-], *n.* قَفَص الحَمام . بُرْج الحَمام = رِيعٌ

dove'tail [duv-], *n.* لسان (أو) فُرْضة على شكل ذنب الحمامة

dove'tail [duv-], *v.* تَلاحَكَ = تلاحم بتداخل اللسان والفرضة وتماسكها = [تعشَّق] . [عَشَق]

dow'agẹr, *n.* أيِّمة (أحد الأشراف)

dowd'y, *a.* مُقَنفِش (في اللباس) = باذّ اللباس (أو) الهيئة . رث الهيئة

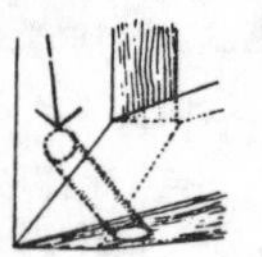

dowd'y, *n.* (امرأة) مُقَنفِشة (في اللباس) = [حَرفوشة]

dow'ęl, *n.* = عُصفورة
مسمار التمشيق = خابور

dow'ęl, *v.* (-elled, -elling) عَشَّق العُصفورة (في النجارة)

dow'ęr, *n.* مِيراث الزوجة الأرملة . مَوْهبة طبيعية

down, *v.* حَطَّ . طَرَح . صَرَع . جَرَع

down, *n.* زَغَبٌ . زِغْبِرٌ = غَفَر

down, *n.* أرض خضراء ذات تِلَاعٍ . تَلْعَة = ما علا (أو) ما سفل من الأرض

down, *prp.*, *a(d).* دون . تحت . أسفل . إلى تحت . ساقِط . مَصروع . بارِك

to let —, أرخى . أسدل . أدلى

to put —, أخْمَد . أبطل . أزال

— with ! لِيَسقط !

down, *a.* مُثْقَل . مغموم . منكسر القلب

down'câst, *a.* مُنَكَّس . كاسف البال . مَغموم

down'fall [-fôl], *n.* سقوط . انهدام . خَراب . وابلٌ

down'heartĕd [-hârt-], *a.* قانط . مُنْكَسِر النفس . حاطّ النفس

down'hill, *a(d).* مُنْحَدِر . بانحدارٍ . بانحطاط

down'pour [-pôr], *n.* (مَطَر) سَكبٌ . (مطرٌ) سَحٌّ . وَابلٌ (من المطر)

down'rīght [-rīt], *a(d).* = كُلٌّ . مُكَمَّل . بَحتٌ . صريح . مستقيم . تمامًا . مُصمَت

downstairs', *ad.* إلى أَسفَل الدرج . على الطابق السُّفلي

down'stairṡ, *n.*, *a.* الطابق السُّفلي . على الطابق السُّفلي

down'stream, *a(d).* باتجاه السيل = مُنحدِرًا

down'town, *a(d).* في (أو) إلى سافلةِ المدينة . إلى قسم المدينة (التجاري) . في المدينة

down'troddęn, *a.* مَظلوم . مَهضومُ الحق . مَدْعُوس

down'ward(ṡ), *a(d).* إلى أسفل . بانحدار . بانحطاط

down'y, *a.* (-nier, -niest) ذو زَغَبٍ . مُزَغَّب . وَثِير

dowr'y, *n.* مَهرٌ = صَدَاقٌ . مَوْهبة طبيعية

doxol'ogy, *n.* تسبيحة

dōze, *n.* إغفاءة = تهويمة = نومة خفيفة

dōze, *v.* أغفى = هَوَّم = غَفَّق

do'zęn [duz-], *n.*; *pl.* -ens *or* -en [دَسْتَة] . [دَزِينَة]

Dr. = Doctor, *e.g.*, Dr. A. W. Smith

drab, *a.* (-bber, -bbest) أغبَر . أكدر . مُزَهِّد . كامِدٌ . غَثّ

drachm [dram], *n.* = **dram**

drâft, *n.* مَجرًى (أو) مسحب هواء

drâft, *n.* رَسْمَة (أو) تخطيطة (إجمالية) . مُسَوَّدة

drâft, *n.* جَرٌّ . حوالة سحب مالية

drâft, *v.* رَسَم (أو) خَطَّط . سَوَّد = صاغ

drâft, *n.* فصيلة (أو) مُفرَزَة عسكرية (مُختارة)

drâft, *a.* إعدادي . أوَّلي . للجرّ

drâft, *v.* اختار (أو) نَدَب (لواجب معيَّن)

drâfts'man, *n.*; *pl.* -men رَسّام (أو) مُخطِّط

drag, *v.* (-gged, -gging) = إنجذب طال (أو) انقضى بمدة طويلة . سار ببطء وتثاقل . جَرَّ . سَحَب

drag, *n.* = خَبالٌ = كَلٌّ . عائِقٌ . حَمِيلة عِبء . مِجَرّ (أو) مِسلَفة (كبيرة) لتمهيد الأرض . عَرَبة زَلّاجة . تخَلُّف

drag´gle, *v.* وَسَّخ = مَرْطَل . تخلّف وتأخَّر (أو) بَلَّل بِجَرّه في الوحل . حاس (الثوب)

drag´-net, *n.* شَبكة جَرّافة

drag´on, *n.* تِنّين (أو) ثُعْبانٌ مُجَنَّح

drag´on-flȳ, *n.*; *pl.* -flies ذُبابَة فارِسِيَّة . [أبو مِغزَل] . فرفور الماء . فراشة ذبابة

dragōōn´, *n.* خَيّال . جندي من خَيّالة الدراغون

dragōōn´, *v.* قَهَر . غَصَب . ذَلَّل

drain, *v.* = إشتَفَّ = قَمَف . استنضب الماءَ أساله وأذهبه . جَفّف بتصريف الماء

drain, *v.* استنضب . استنزف

drain, *n.* = مَثْعَب = بَرْبَخ = إزدَبَّة مَصرَف . مَتْرَفة . استنزاف

drain´age [-ij], *n.* استنضاب (أو) تجفيف (المستنقعات) . مَسايل (أو) مصارف (أو) مجاري المياه = مَثاعب

drāke, *n.* ذَكَر البط

dram, *n.* دِرْهَم . نُغْبَة (أو حَسوة من مشروب مسكر . قُطرة

drâ´ma, *n.* تمثيلية . فن كتابة التمثيليات وإخراجها

dramat´ic, *a.* (روائي) تَمثيلي . مُثير . مُهِمّ

dramat´ically, *ad.* بصورة مثيرة للنفس (أو) مُهِمَّة (أو) رائعة

dramat´ics, *n. pl.* فن التمثيل . فن الاخراج التمثيلي

dram´atist, *n.* كاتب (روائي) تمثيلي

dram´atīze, *v.* وَضَع في قالبٍ (روائي) تمثيلي

drank, *v.*; *p. of* drink

drāpe, *n.* سَجْف . جُوخ (أو) قُماش جوخي (مُثَنًّى)

drāpe, *v.* أسجَف (وثَنَّى) (للزينة) . سَجَّف (المكانَ) . جلَّل وأسدل متهدلًا

drāp´ẹr, *n.* بائع أقمشة . جَوّاخ = بائع أجواخ

drāp´ẹry, *n.* أقمِشة . أجواخ . أقمشة للأسجاف

dras´tic, *a.* شديد (أو) بالغ الأثر . عَنيف . فَعّال . مُتَبالغ

draught [drâft], *n.* مجرى هواء . جَرّ (الأثقال) . جَرّ (الشبكة) . استنزاف . نُزْفَة . إستنزال

draught [drâft], *n.* العمق الواجب لعوم السفينة . صَيدة سمك

draught [drâft], *a.* لجرّ (الأثقال)

draught [drâft], *n.* جُرعَة = نَفَس

draughts [drâfts], *n. pl.* لعبة الدّامة

draughts´man [drâf-], *n.*; *pl.* -men رسّام . مُخطِّط . لاعب في لعبة الدامة

drāve, *v.* = drove

draw, *v.* (drew, drawn, drawing) جَذَب . جَرّ . سَحَب . جَلَب . نَشَل (من البئر) = مَتَح . أخرج . استخرج . استنتج . رَسَم

to — near, اقترب . دنا . أزِف . تآزف

to — out, مَطَلَ . مَطَّ

to — up, وَضَع . نَظَّم . وقف

draw, *n.* مُباراة (أو) لُعبة يخرج منها الطرفان متعادلين (لا غالب ولا مغلوب)

draw´back, *n.* عائق . ظرفٌ غير مُؤاتٍ . مَنغَصَة . عِلّة

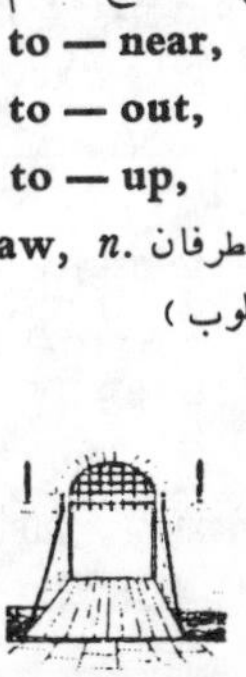

draw´bridge, *n.* جِسرٌ جَرّارٌ (أو) متحرّك

draw′ẹr, *n.* جَرَّار . دِرْجٌ = جارور

draw′ẹrṡ, *n. pl.* سَراوِيل

draw′ing, *n.* رَسْم . رَسْمَة

draw′inġ-rōōm, *n.* [دِيوان] = غُرفة (أو صالون) الاستقبال

drawl, *v.* مَطَّ (أو) مطمط (في الكلام) . مَطَّط

drawl, *n.* مَطْمَطة (أو) تمطيط (في الكلام)

drawn, *v.; pp. of* draw

dray, *n.* [كارَّة] = عربة وطيئة قوية لحمل الأثقال

dray′man, *n.; pl.* -men سائق العربة (المذكورة أعلاه)

dread [dred], *n.* خَشْيَة . هَوْل . رَهْبَة

dread, *v.* خَشِيَ . هالَ . رَهِب

dread, *a.* رهيب . مَهُول

dread′fụl [dred-], *a.* مُرِيعٌ . مُخيف . فَظِيع

dread′fụlly [dred-], *ad.* بصورة مُرِيعة (أو) مُفْظِعة

dread′nought [drednôt], *n.* مُدَرَّعة (بحرية)

dream, *n.* حُلْم . منام . رؤيا . خَيال

dream, *v.* (-med, dreamt **[dremt]**, dreaming) حَلَم . تَوَهَّم . تَخَيَّل

dream′ẹr, *n.* حَلَّام . وَهَّام = يعيش في الأحلام

dream′land, *n.* أرض الأحلام (أو) الأوهام

dreamt [dremt], *v.; p., pp. of* dream

dream′y, *a.* (-mier, -miest) مليء بالأحلام . حَلَّام . تَوَهُّمِي . غامض . كما في المنام

drear, *a.* = dreary

drear′y, *a.* (-rier, -riest) غامٌّ للبال . قابض للصدر . مُوحِش

dredge, *v.* ذَرَّ . كَرَى = نَقَّى وحَفَر = نَشَل . عَمَّق . غَوَّط

dredge, *n.* كَرَّاءة = [كَرَّاكة] = نَشَّالة . غَوَّاطة

dreġṡ, *n. pl.* حُثْفُل . حُثَالة = رُذَالَة . ثُمْلَة

drench, *v.* بَلَّل = خَضَّل . بَلَّ (أو) ابتلَّ شديدًا

drench, *n.* اخضلال . بَلَلٌ شديد . بَلَّة شديدة

dress, *v.* (dressed, *or* drest, dressing) لبس . ألبس . كسا . زَيَّن . سَوَّى . ضَمَّد (الجرح) . عَدَّل . قَوَّم

to — up, تزيَّن (أو) تطرَّز باللباس = تقمَّش

dress, *n.* كِساء . [فُسْتان] . ثَوْب (للنساء والبنات والأطفال)

dress′ẹr, *n.* مِسوَاةٌ = آلة (أو) أداة لتسوية الأشياء . مُساعد الجرَّاح

dress′ẹr, *n.* مِنَصَّة (أو) خزانة الصحون (في المطبخ) . خِزانة اللبس

dress′ing, *n.* ضِمَادة . تضميد . تتبيلة

dress′inġ-ġown, *n.* مِفْضَل = مِفْضَلَة = مَشْلَح = ثوبٌ كالجُبَّة يلبس في البيت عند الراحة

dress′mākẹr, *n.* خَيَّاطة

dress′māking, *n.* خِيَاطة (فساتين أو ثياب . . .)

dress′y, *a.* (-ssier, -ssiest) = لَبِيس يحب اللباس والتزين به . أنيق اللباس

drest, *v.; p., pp. of* dress

drew [drōō], *v.; p. of* draw

drib′ble, *v.* شَرَّ . سال قَطرةً قَطرة . رَشَح . [رَيَّل] = رَوَّل

drib′ble, *n.* شَرْشَرة . قَطَران . رُوَال = [رِيَالة]

drib(b)′lĕt, *n.* وَشَلٌ = نضٌّ = شيء يَسير . قُطَيْرَة

by (in) —s, = بالتَّنْضِيض = بالتنقط = قليلًا قليلًا

dried [**drīd**], *v.; p., pp. of* dry

drī′ẹr, *n.* مُجَفِّف . آلة تجفيف (أو) تنشيف

drift, *n.* إنجراف (أو) انسياق (مع التيار أو السيل) . تَضَلُّل = ضَلْضَلَه . اتجاه . منحى (أو) مقصد الكلام . مَنْسَف (ثلج أو رمل) . حَميل (سيل أو ريح) . رُكام (ثلج أو رمل) = سفيً

drift, *v.* انجرف (أو) انساق (مع التيار) . تَضَلَّل (في سيره) = ضَلْضل = خَبَط (على غير هُدىً) = تَطَوَّح . تراكم . أسفَى

drift′-wood, *n.* طِمٌّ (أو) حَمِيل (من الحَطَب) = ما يسوقه (أو) يقذفه السيل من الحطب = أَتاء

drill, *n.* [مِقْدَح] . مِثْقَب

drill, *v.* ثقب . [قَدَح] . مَرَّن . تَمَرَّن

drill, *n.* جُرَّة = بَذَّارة = آلة للبذار تضع البذر في صُفُوف بعد شق الأرض

drill, *n.* تمرين . تدريب

drill, *v.* مَرَّن . دَرَّب

drīl′y, *ad.* = dryly

drink, *v.* (drank, drunk, drinking) شَرِب . تَشَرَّب . استوعى

drink, *n.* شراب . مشروب . شُرْبة . شَرْبة

drink′ẹr, *n.* شارب . شارب الخمر

drip, *n.* قَطر . نَطفة . وَكْفة . شَرّة

drip, *v.* (-pped, -pping) = قَطَر نطَف . وَكَف . شَلْشَل . شَرَّ

drīve, *v.* (drove, driven, driving) طَرَد . طَرَّ . ساق . سَيَّر . حَفَز . اندفع (في السير) . اقتَتَّ (اللاعبُ الكرة)

drīve, *n.* سِيَاقة . سوق . سَيِّق = شيءٌ مَسوق

drīve, *n.* نُزْهَة (في سيارة) . سَوْقة

driv′ẹl, *v.* (-lled, -lling) سال لُعابُه . سال أنفُه . هَرَج في كلامه . [رَيَّل]

driv′ẹl, *n.* سَيَلان اللُّعاب . سَيَلان الأنف

driv′ẹllẹr, *n.* مِرْوَال . هَرَّاج = فَقْفاق

driv′ẹn, *a.; v., pp. of* drive مَسُوقٌ . مُضْطَرٌّ

drīv′ẹr, *n.* سَوَّاق . مُعَنِّت (في العمل)

drīve′way [**-vw-**], *n.* مَسَاقٌ . طُرْقَة (السوْق) . طريق خاصة

driz′zle, *v.* رَذَّ . طَلَّ = [بَخبخ] . دَثَّ

driz′zle, *n.* رَذَاذٌ . طَلٌّ . هَميمة = بَغْشَة

drōll, *a.* مُسْتَطرَفٌ وَمُسَلٍّ = [مُسْخِن] . رَاوَنْدِيّ

drōll′ẹry, *n.; pl.* -ries عَمَلٌ (أو) شيء مُضْحِك = إسْخَانة = خُزَعْبَلة . راوندية . مُجون

drom′ẽdary [*or* **drum-**], *n.; pl.* -ries جَمَلٌ (هَجينٌ) بسنام واحد

drōne, *v.* زَطَّ = دَنْدَن . دَوَّى . غَنَّ

drōne, *n.* دَنْدَنة . غُنَان . ذكر النحل . مِكْسَالٌ . بَطَّال . وَاكِلٌ = يعيش على تعب غيره

drōne, *v.* تكاسَل . تَبطَّل

drōōp, *v.* ذَوَى . ذبل . تَهَدَّل . اسْتَرخى

drōōp, *n.* ذُبُول . خُثور النفس = فتور واسترخاء

drop, *v.* (-pped, -pping) = قَطَر [نقط] . نَطَف . سَقَط = إنحَطَّ . أَسقط . حَطّ

drop, *n.* = قَطرة = [نقطة] . نُطفة . سَقطَة = هَبطة = حَطَّة
drop'lĕt, *n.* قُطَيْرَة
drop'sical, *a.* استسقائي . خاص بمرض الاستسقاء
drop'sy, *n.* مرض الاستسقاء
dross, *n.* خَبث المَعْدَن . نُفَاية
drought [**drout**], *n.* جَدْبٌ . جفاف . احتباس المطر
drouth, *n.* = drought
drōve, *v.*; *p. of* drive
drōve, *n.* قطيع . سِرب . صِرمَة . وَسِيقَة
drōv'ẹr, *n.* جَلَّاب = تاجر بقر (أو) أغنام
drown, *v.* غَرِق . غَرَّق . أَغْرَق . كَمَّ (الصوت) = غَتَّ
drowse, *v.* نَعَس . تَنَاعَس . تَفَتَّر
drow'sinĕss, *n.* نُعَاس . كَرَى . وَسَن
drow'sy, *a.* (-sier, -siest) نَعسَان . وَسْنان . مُنعِس
drub, *v.* (-bbed, -bbing) ضَرَب (أو) لَبَج بالعصا . غلب . خبط (قدمه بالأرض)
drudge, *v.* نَصِب وشَقِيَ في العمل (أو الخدمة (بدون رَغبة) . خَدَم وشَقِي مُكرَهًا
drudge, *n.* عامِلٌ (أو) خادِمٌ ناصِبٌ شَقِيٌّ
drudg'ẹry, *n.* نصَبٌ وشقاء (في العمل) . خِدمة الشقاء والإكراه . عَنَت
drug, *n.* عقَّار = دواء . مُخَدِّرٌ
a — on the market, سِلعة كاسِدة (أو) مُكْسِدَة
drug, *v.* (-gged, -gging) خَدَّر = أَسْكَر
drugg'ist, *n.* بائع العقاقير . عَطَّار . صَيدَلاني . عَقَاقِيري

drum, *v.* (-mmed, -mming) طَبَّل . نَقَّر . لَجَّ (على) . دَقْدَق . طَنَّ
to — out of, طرد . أخرج
to — up, استدعى واستجمع
drum, *n.* طَبل . اسطوانة جوفاء . برميل صغير
drumm'ẹr, *n.* طَبَّال
drumm'ing, *n.* الدَّرْبَلَة = ضَرْبُ الطبَل
drum'stick, *n.* عَصًا يُضرَب بها الطَّبل
drunk, *a.* سَكران . نَشوان . طَرِبٌ
drunk, *v.*; *pp. of* drink
drunk'ard, *n.* خِمِّير = سِكِّير
drunk'ẹn, *a.* سَكْرَان . سُكْرِي
drunk'ẹnnĕss, *n.* سُكْر . إدمان تعاطي المُسكِر
drȳ, *a.* (drier, driest) = يابس . جاف [ناشف] . عَطْشان . ناضب . مُجدِب . مُشَوِّل . منشوف الريق (أو) يابسه (من العطش)
drȳ, *v.* (dried, drying) يَبَّس . جَفَّف . نَشَّف . نَضَب . شَوَّل . قَدَّد
drȳ'ad, Drȳ'ad, *n.* جنية تسكن الشجر (أو) الأحراج
dry dock, حوض جاف
drȳ'ẹr, *n.* = drier
dry goods, مَنسُوجات . أَقْمِشَة
drȳ'ly, *ad.* بِيُبُوسة . بجفاء
drȳ'nĕss, *n.* يبوسة . جَفَاف
drȳ'-shod, *a(d).* بدون أن يبتل الحِذاء . جافُّ الحذاء (أو) القدمين
dū'al, *a.* مُثَنًّى . ثُنَائي . مَثْنَوِي
dub, *v.* (-bbed, -bbing) لَقَّب . سَمَّى . ملَّس . دَهَّن . دَلَّص
dūb'ious, *a.* فيه شَكٌّ . مشكوكٌ فيه . مُريب . مجهول النتيجة . مُتَرَيِّب

dūc'al, *a.* مختصٌ بدُوقٍ (أو) بدوقةٍ

duc'at, *n.* إحدى المسكوكات الذهبية التي كانت في اوروبا = مَجَر

duch'ĕss, *n.* دوقة = زوجة (أو) أرملة الدوق

duch'y, *n.* دوقية = ولاية الدوق

duck, *n.* بَط . بَطَّة

duck, *v.* نكَّس . قَبَع (أو) ألبَد (الرأسَ) (بسرعةٍ) = طأطأه ونكَّسه . غَطَس (أو) غطَّس (بسرعة) . قَطَف (الرأسَ)

duck, *n.* غَطْسة (سريعة) . خَفضة (أو) حَنية سريعة (للجسم أو للرأس)

duck, *n.* نوع من القماش القطني (أو) الكتاني . خيش ناعم

duck'bill, *n.* خُلد الماء = حيوانٌ يَبيض ويُرضِع

duck'ling, *n.* بُطيطة . فرخُ بط

duct, *n.* مَسيلة . أنبوب . مَجرًى . قناة

duc'tīle, *a.* قابل التَّطرُّق (أو) المَطْل

duct'lĕss, *a.* بدون قناة (أو) مَسيلة

a — gland, غدة صمَّاء

dudg'eon [-jẹn], *n.* استياء . زخَّة غضب . سَورة غَضَب (أو) استياء

dūe, *a., n.* حقٌّ . قِسط . كما يجب . مُستَحِقٌّ . واجب . موعد (الوصول أو التسليم . .)

in — course, في الوقت المناسب

— to, ناجمٌ (أو) ناشئٌ (عن) . بسبب

dūe, *ad.* رأسًا . عامِدًا . تمامًا

dū'ẹl, *n.* مبارزة . بِراز . مباراةٌ

dū'ẹl, *v.* (-elled, -elling) بارز . بارى

dū'ẹllist, *n.* مُبارز

dūenn'a, *n.* قَهرَمانة . مُربِّية . امرأة متقدمة في السن تراعي وتحمي شابَّة (أو) صَبِية

dūes [dūz], *n. pl.* عوائد (أو) رسوم (أو) ضرائب

dūet', *n.* قطعة موسيقية ثنائية . ثنآئي

dug, *v.; p., pp. of* dig

duġ'-out, *n.* نَقيرة = قارب يُنقَر من جذع شجرة

duġ'-out, *n.* حَفَر = دَحْلٌ = حَفيرٌ بمقام الملجأ (أو) الخندق

dūke, *n.* دُوق = أحد الأشراف

dūke'dom [-kd-], *n.* دُوقية

dul'cēt, *a.* حُلوٌ . رخيم

dul'cimẹr, *n.* سِنطِير . سَنطُور = آلة وترية كالقانون

dull, *a.* كليلٌ = غير حاد . كَمِدٌ . كدِر . بليد . فاتر (أو) كاسد . مُمِل . غَثٌّ . عديم البهجة (أو) الطلاوة . [مُغَمغِم] = (طَقس مَغموم)

dull, *v.* أكَلَّ = كسر حدَّه . أكمَد . تبلَّد . فتَر

dull'ard, *n.* فَدْم . شخصٌ بليد (أو) مُغفَّل

dull'nĕss, dul'nĕss, *n.* كَلالَة . بَلادة . كُدورة

dul'ly, *ad.* بكلالة . ببلادة

dūl'y, *ad.* على الوجه الصحيح . كما يجب (أو) ينبغي . كما يستوجب الأمر . في الوقت المستحقّ

dumb [-m], *a.* أعجَم (كالحيوان) . أبكم . أخرَس

dumb'-bell [-mb-], *n.* قضيب قصير وله طرفان مدوَّران كبيران (أو) كُرَتان يستعمل للرياضة البدنية

dumbfound' [-mf-], dumfound', *v.* نبكَّم . أُرْتِجَ عليه . بَجَم . أبجم . بُهِت = أُدهِش وحُيِّر . أفحَم

dumb′-waiter [-mw-], *n.* مَنصَب متحرك توضع عليه صحون الطعام بالقرب من مائدة الطعام

dumm′y, *n., a.* تِمثال لِعَرْض الألبسة عليه . مُزَيَّف . لَغْوٌ

dumm′y, *n.* سُكْتَة = شيء يمصه الطفل ويُلهى به = سَخاب

dump, *v.* أفرَغ . كَوَّم . كَبَّ

dump, *n.* دِمْنَة = مَزْبَلَة . كوم [زبالة] . مَطمُورة

dump′ling, *n.* قطعة عجين (أو فَرَزْدقة) مسلوقة (أو) مُبَخَّرة مع المرق . فَرَزْدَقَة فيها فاكهة

dumps, *n. pl.* غَمٌّ . حالة سَوْداوية (للنفس)

dum′py, *a.* (-ier, -iest) حَرْدان . مَغموم . مُكَتَّل = قصير سمين . قصير مُجتَمِع

dun, *v.* (-nned, -nning) ألحَف في طلب الدَّيْن = مَكَّكَ

dun, *n.* مُحَصِّل ديون . دائن مُلْحِفٌ في الطَّلَب

dun, *a., n.* أحوَى = أحمر بُنِّي (أو) بني أغبر . فرسٌ أحوَى

dunce, *n.* بليد الذِّهن . بطيء التعلم . فَدْم

dūne, *n.* كَثيبٌ (من الرَّمل)

dung, *n.* رَوْث . بَعر . زِبل

dun′geon [-jẹn], *n.* مُطبِقٌ = سجن تحت الأرض = [زِنْدانَة]

dung′hill, *n.* دِمْنة . مَزْبَلَة

dūpe, *v.* غَشَّ . احتال (على) . غَرَّ

dūpe, *n.* مُغَفَّل . غَرير . مَغبون العقل

dūp′lex, *a.* مُضاعَف . مُثَنًّى

dūp′licāte, *v.* ضاعَف . عمل نسخة ثانية مطابِقة . كرَّر ثانيةً . عَمِل نُسَخًا (من)

dūp′licate [-kit], *n., a.* نُسخَةٌ ثانية مطابقة (عن) . صِنْوٌ = طَبيقٌ ومَثيل . ضِعف . مُرادِف

dūplicā′tion, *n.* تَضاعُف . تَكرار . تداخُل (في العمل) . تَضعيفة

dūpli′city, *n.* مُخادَعة . مُوالَسة . مُدالَسة . رِياء . مُراآة

dūrabil′ity, *n.* دَوام . مَتانَة . طول البقاء

dūr′able, *a.* يدوم طويلًا . مَتين

dūr′ance, *n.* سَجن (إجباري)

dūrā′tion, *n.* مُدَّة . دَوام

dūr′ess [or dūress′], *n.* إكراه . سَجن تَعَسُّفي

under —, إقتساراً . إكراهاً

dūr′ing, *prp.* في أثناء . في مدة . خلال

durst [dirst], *v.; p. of* dare

dusk, *n.* غَسق . عَتَمة . غُبسَة

dusk′y, *a.* أغبَس . أغبش

dust, *v.* غَبَّر . عَفَّر . نَفَض (أو مسح) الغبار . رشَّ . ذَرَّ

dust, *n.* غَبَرَة . تُراب . رُفات

to bite the —, سقط ميتًا (أو) جريحًا

to lick the —, سقط ميتًا (أو) جريحًا . تَذَلَّل

to shake the — off his feet, ذَهَب مُغضَبًا (أو) آنِفًا

to throw — in his eyes, ذرَّ الرماد في العينين (خداعًا)

dust′ẹr, *n.* مِمسَحَة (أو) مِنفَضة (الغَبَرَة)

dust′y, *a.* (-tier, -tiest) أعفَر . أغبر . مُغبَّر . مُتَتَرِّب

Dutch, *n., a.* هولندي

Dutch′man, *n.; pl.* -men (رجل) هولندي

dūt'ēous, *a.* مُطيع . قائم بالواجب
dūt'ieṡ [-tiz], *n., pl.* رسوم . مكوس
dūt'iful, *a.* مُطيع . قائم بالواجب . بارٌّ
dūt'y, *n.* واجب . فَرْض . رَسم . مَكْس . وظيفة معينة . واجب الاحترام . احترام . توقير
dwarf [dwôrf], *n.* قَزَم . مُقرَنْقَم . قَمِيءٌ
dwarf, *v.* قَرْقَم . قصع = منع من الشبوب . أظهره بمظهر الصغير الحقير بالنسبة إلى غيره
dwarf'ish [dwôr-], *a.* قَزَمِيّ . كالقَزَم
dwell, *v.* (dwelled *or* dwelt, dwelling) أقام . سَكَن . استفاض (في)
to — on, أَطْنَب . أطال (الكلامَ) . واظب (أو) عَكَف (على)
dwell'ẹr, *n.* مُقيم . ساكن . قاطِن
dwell'ing, *n.* سَكَن . سُكْنى . مَسْكَن
dwell'inġ-plāce, *n.* مَسْكَن . محل الإقامة . مُقام
dwelt, *v.; p., pp. of* dwell
dwin'dle, *v.* صَغُر . تضاءل . تَضَعْضَع . تناقص . تَقلَّص . قلّل (من) . ضاءل . قلَّص . انحطَّ . هَزِل . تقاصر
dȳe, *v.* (dyed, dyeing) صَبَغ . خَضَب
dȳe, *n.* صِبغة . صِبَاغ . خِضاب
dȳe'ing [dȳing], *n.* صَبغ (الأقمشة)
dȳ'ẹr, *n.* صَبَّاغ
dȳe'-stuff [dȳst-], *n.* مادة صابِغة
dȳ'ing, *a.* حائنٌ = مائت . مُحتَضَر . مُنسَلِخ . عند الاحتضار
dȳke, *n.* = dike خَندَق . قَناة . رُصافة . حاجُور(ة) لمنع اندفاق الماء . سدّ . جِدارة . حائط
dȳnam'ic, *a.* مختص بحركات الأجسام . شديد النَّشاط . أَحْوَذِيٌّ = سريع قويٌّ على الأمور = مُتَفَزِّز
dȳn'amīte, *n.* ديناميت = مادة شديدة الانفجار
dȳn'amīte, *v.* نَسَف (بالديناميت)
dȳn'amō, *n.; pl.* -mos مولِّد كهربائي
dynas'tic [*or* dȳ-], *a.* خاص بأسرة (أو) سلالة حاكمة
dyn'asty [*or* dȳ-], *n.* أُسرة (أو سُلالة) حاكمة . دَوْلَة
dys'ẹntẹry, *n.* زُحار . [إسهال الدم] . دُوسِنطاريا
dyspep'sia, *n.* فساد (أو سوء) هَضم
dyspep'tic, *n., a.* خاصٌّ بسوء الهضم . يشكو سوء الهضم . سَوْداوي

E

E, e [ē], *n.; pl.* **E's, e's** الحرف الخامس في الأبجدية الإنكليزية
each, *a.* كُلُّ . كُلُّ واحدٍ . كُلٌّ (مَن)
each, *prn.* كُلٌّ . الواحدُ (منها الآخَر)
eaġ'ẹr, *a.* مُتَشَوِّق . شديد الرَّغْبة . رَغيبٌ . حَريص . مُتَحَرِّص
eaġ'ẹrly, *ad.* برغبةٍ شديدة . بتشوقٍ . بحرصٍ
eaġ'ẹrnẽss, *n.* شدة الرغبة . رَغَابة . حِرْصٌ شديد . تَهالك . تَوْق . تَحَرُّص
ea'ġle, *n., a.* عُقاب . عُقابي
eaġ'lẽt, *n.* هَيثَم = فرخ العُقاب
ear, *n.* أُذُن . عُروة (الأناء) . أذن سَمَّاعة . إصغاء . أُذن واعية
give — to, أَصغَى (لِ)

ear, *n.* سُنبُلة = سَبلَه . عِرْنَاس
ear'-āche [-āk], *n.* وجع أُذن
ear'drum, *n.* طَبلة الأُذن
earl [erl], *n.* شريف انكليزي = ايرل
earl'dom [erl-], *n.* الإِرْلِيَّة
earl'y [er-], *a.* (-lier, -liest) باكِرٌ . مُبَكِّر . بَكِير . أول . أوائل . مُتَقَدِّم
earl'y, *ad.* باكراً . مُبَكِّراً . في الصباح الباكر . غُدوةً . مُباكِراً
ear'mârk, *v.*, *n.* خَصَّص = أفرز . عَلَامة فارقة على أُذن رأس الغنم . علامة مميزة = شِيَة . علَّم بعلامة فارقة
earn [ern], *v.* حَصَّل . كَسَب . اكتسب . استحقَّ
earn'ẽst [er-], *a.* جِدِّي . جادٌّ . مُجتَهِد . مُتَحمِّس . غيور . جادٌّ . مُهتَمٌّ . صادِقٌ
in —, بِجِدٍّ (وعَزْم) . بِجِدٍّ (واهتمام)
earn'ẽst [er-], *n.* نِيَّة صادقة . عُرْبون = مُسكان
earn'ẽstly [er-], *ad.* جادًّا . بجِدٍّ واهتمام . بِهِمَّة
earn'ẽstnẽss [er-], *n.* جِدٌّ واهتمام . جِدِّيَّة
earn'ingṡ [er-], *n. pl.* مَكَاسِب . أموالٌ داخِلة . أموال مكسوبة (أو) مستفادَة
ear'-phōne, *n.* مِسْمَع . مِسمَعَة
ear'ring, *n.* حَجَنة . قُرْطٌ . شَنْفٌ . [حَلَق]
ear'shot, *n.* مَسمَع . مدى السمع
earth [erth], *n.* تُرْبة . ثرى . تُراب . أَرض . دُنيا . أهل الأرض . سطح الأرض
earth'ẹn [er-], *a.* تُرابي . صَلصَالي . فَخَّاري
earth'ẹnwāre [er-], *n.* أَوانٍ فَخَّارية (أو) خَزَفِية
earth'ly [er-], *a.* أرضي . دُنيَوي . مُمكِن
no — use, لا يمكن أن ينفع في شيء في الدنيا . لا يمكن أن يُفيد في شيء
earth'quāke [erthkwāk], *n.* زَلزَلة (أرضية)
earth'work [erthwerk], *n.* رُكام من التراب . مِترَاسٌ (من التراب أو التحصين)
earth'-worm [erthwerm], *n.* خِرطِين (أو) خَرطُون . أبو مُغَيط
ear'thy [er-], *a.* ترابي . كالتربة . دُنيَوي
ear'wig, *n.* حَرِيش = دَخَّال الأُذن = أبو مِقَص
eaṡe, *n.* راحة . رفاه . بُحبُوحَة . دَعَة . رَغَد . خَفض العيش . هَناء . يُسر
with —, بسهولة . من غير عناء
eaṡe, *v.* خَفَّف . فَرَّج . رَاخَى . أرخى . استرخى . أَرَاح . سَهَّل . حَلحَل . فَرسَخ . انفرج
eaṡ'ẹl, *n.* مِنصَب = [سَهبَة]
eaṡ'iẹr, *a.* أسهل . أهون . أيسر . [أَرْيَح]
eaṡ'ily, *ad.* بسهولة . على هِينَةٍ . بهناء . بِهَونة . بلا عناء (أو) صعوبة . بلا نِزاع
east, *n.*, *a(d).* شرق . مَشرِق . شرقي
— of, شَرقِي أو إلى الشَّرق (من)
The East, الشَّرق . شرق الولايات المتحدة
Eas'tẹr, *n.* عيد الفصح (أو) العيد الكبير (عند النصارى = عيد القِيامة
eas'tẹrly, *a(d).* شرقًا . إلى (نحو أو من) الشرق
eas'tẹrn, *a.* شرقي . من الشرق . نحو الشرق
Eas'tẹrn, *a.* شَرْقِي . شرقي (من بلاد آسيا)
Eastern Hemisphere, نصف الكرة الشرقي
eas'tẹrnmōst, *a.* أبعد ما يكون شرقًا

east'ward(s), *a(d).* نحو الشرق . شرقاً . شرقي

eas'y, *a.* (-sier, -siest) سَهل . هَيِّن . خفيف . مُريح . مُنبَسِط . مُستريح . خفيف المؤونة . مُرتاحٌ . مُفرَّج . متيسِّر . فضفاض . رَوِيد . هَنِيء . سَلِس . لَيِّن (أو) سهل الخلق . فيه تبسّط

take it —, هَوِّن عليك . تَمَهَّل . تروَّد . خَفِّض عليك ! على هينتك . خذها بالراحة

eas'y-gōing, *a.* يأخذ الأمور بالسهولة والراحة . لا يَحمِل هَمّاً . مُتهاوِن . خالي الذرع . رَخِيّ البال . يسير الهُوَيناء

eat, *v.* (ate, eat'en, eat'ing) أَكَل . طَعِم . تناول الطعام

eat'able, *a.* مأكولٌ . قابل للأَكل . يؤكَل

eat'ables [-blz], *n. pl.* أغذية . مأكولات . أطعمة

eat'en, *v.; pp. of* eat مأكولٌ

eat'er, *n.* آكِلٌ . أكُولٌ

eaves [ēvz], *n. pl.* زِفر = طَفطاف السطح . طُنُف = زَيف = بِرزين

eaves'drop [ēvz-], *v.* (-pped, -pping) اختتل = تَسَمَّع لِسِرِّ القوم . استرق السمع

eaves'dropper, *n.* مُتنصِّت . مُتسمِّع . مُستَرِق السمع . قَتّات = مُختَتِل

ebb, *n.* جَزرٌ = نضوب وانحسار المياه عن الشط

ebb, *v.* (-bbed, -bbing) جَزَر . إنفاضَ = غاضَ = انحطّ وتناقص . نضَب . في جَزر = تَضَحضَح

ebb'-tīde, *n.* جَزر

eb'on, *a.* حالِك . أسوَد . مصنوع من خشب الآبنوس

eb'ony, *n.* خَشَب الآبَنوس (أو) الآبَنُس

ebulli'tion, *n.* جَيشان . فَوَران . غَلَيان . تَفَوُّر . فورة . سيل دافِق —

eccen'tric [eks-], *a., n.* (شخص) غريب الطبع (أو) الأطوار . شاذٌّ . متخالِف المركز . غير دائري . منحرف عن الدائري . خارج عن المركز

eccentri'city, *n.* غرابة الأطوار (أو) التصرفات . تخالف المركز

ēcclēsias'tic, *n., a.* قِسّيسٌ . كَنَسِي . إكليروسي . كَهَنوتي

ēcclēsias'tical, *a.* إكليروسي . كَهَنُوتي

ech'ō [-k-], *n.; pl.* echoes صَدًى . رَجع الصَّدَى

ech'ō, *v.* (-oed, -oing) أصدَى = ردَّ الصوتَ . ردَّد . قَلَّد = حاكى

éc'lair [āk-], *n.* كعكة كالأصبع فيها قِشدة وحولها ناطِفٌ

éclât' [āklâ], *n.* نجاحٌ باهِر . طَنين (السمعة) . مَجد . سُؤدُد

ēclipse', *n.* كسوف (الشمس) . خسوف (القمر)

ēclipse', *v.* كسف . خَسَف . بَهَر = فاق وفَضَل . انكسف . انخسف . غَطَّى (على)

ēclip'tic, *n.* دائرة الكسوف والخسوف في الفضاء

econom'ic, *a.* اقتصادي

econom'ical, *a.* مُقتصِد . ذو فائدة اقتصادية .

econom'ics, *n. pl.* علم الاقتصاد . اقتصاديات

ēcon′omist, *n.* عالم بالاقتصاد . عالم اقتصادي
ēcon′omīze, *v.* اقتصد
ēcon′omy, *n.* اقتصاد . عدم تبذير . توفير
ecrū′, *n., a.* (لون) بني خفيف
(بلون الكتان الخام)
ec′stasy, *n.* استطارة من الفرح . نَشوَة
رُوحِيَّة = وَجد . وَلَهٌ من السرور .
تواجُد
ecstat′ic, *a.* مُتَواجِدٌ = في ذُهولٍ (أو) ولهٍ
لفرط السرور
ecstat′ically, *ad.* في شِدَّةٍ من الوَجد .
في وَلَهٍ لفرط السرور
ec′zema, *n.* نَملة = مرض جلدي تلازمه حكة
edd′y, *n.* دَوَّامة (أو) حَوَّامة (في الماء أو
الهواء)
edd′y, *v.* (eddied, eddying) دَوَّم
Ed′en [ē-], *n.* جنَّاتُ عَدْنٍ . جَنَّة
edge, *v.* تَدَرَّج . تَخَشَّش = تَخَلَّل .
تَزَحلف . جعل حاشية (أو) تطريفة .
سار مُجانَبة
edge, *v.* شحذ . أحدَّ = ذَرَّب
edge, *n.* ذُباب (السيف) . طُرَّة . طَرَف .
حَرْف . حفَّة . حَدٌّ . طَفٌّ . شفير
edge′ways [ejw-], *ad.* مجانبةً . باتجاه
الحرف . والحرفُ إلى الأمام
edge′wise, *ad.* = edgeways
edg′ing, *n.* كُفَّة . تطريفة . حاشِيَة =
[كنار] . [زركشة]
ed′ible, *n., a.* يؤكَل (بلا ضَرَر) . صالح
للأكل . مأكولٌ
ēd′ict, *n.* مرسوم (عام) . إرادة سنية =
[فرمان]
edificā′tion, *n.* فائدة أخلاقية . تهذيب
نفساني

ed′ifice, *n.* بناء فخمٌ . صَرحٌ . عِمارَة
ed′ify, *v.* (-fied, -fying) أصلح
أخلاقيًا . أدّب رُوحيًا . رَبَّى . أفاد
(علميًا وأدبيًا ونفسانيًا)
ed′it, *v.* حَرَّر . نقّح . صَنَّف
ēdi′tion, *n.* طَبعة . تصنيف
ed′itor, *n.* مُحَرِّر . مُنَقِّح . مُصَنِّف
editôr′ial, *n.* مقالة تحريرية (أو) افتتاحية
editôr′ial, *a.* تحريري
ed′itorship, *n.* وظيفة (أو سلطة) المحرر
(أو) المصنِّف
ed′ūcāte, *v.* عَلَّم . رَبَّى . أدَّب
edūcā′tion, *n.* تربية . تعليم وتربية . مَعارِف
edūcā′tional, *a.* (تعليمي) تَربَوِيٌّ
ed′ūcātor, *n.* مُرَبٍّ . عالِمٌ بأصول التربية
والتعليم
ēdūce′, *v.* ولَّد . استدرَّ . استخرج . استنبط
eel, *n.* إنكليس = حَنكِليس . ثُعبان سمكي
e′en [ēn], *ad.* = even
e′er [ār], *ad.* = ever
eer′ie, eer′y, *a.* (-rier, -riest) رَهِيب .
رَهبان . غامِضٌ مُرعِبٌ . مُوحِش .
له هيلة في النفس
ēffāce′, *v.* طمس . مَحا . مَحَق . أزَال .
تَزَايل = احتشم = تنحّى واعتزل ولم يتجاهر
ēffāce′ment [-sm-], *n.* تزايل = احتشام
ēffect′, *v.* أحدث . سَبَّب . كَمَّل . أنتج
ēffect′, *n.* نتيجة . تأثير . مَفعُولٌ .
مَحصولٌ . فاعلية . مَعلُول
to the —, بمعنى (أو) بقصد
for —, لإحداث وقع في النفس . تباهيًا
in —, بالفعل . في محصول (أو) حاصل
to give — to, نَفَّذ = أجرى
of no —, من غير نتيجة . بلا جَدوى

to take —, اشتغل (الدواء) = ظهر مفعولُه

ẽffec'tive, *a.* ناجعٌ . نافِذ . يأتي بالنتيجة المطلوبة . مُجدٍ . مُؤثِّر = له وَقعٌ . له محصول

the — ruler, الحاكم صاحب الشأن . الحاكم صاحب الشوكة

ẽffec'tively [-vl-], *ad.* بصورة مُجدِية (تُوصِل إلى نتيجة)

ẽffects', *n. pl.* مَملوكاتٌ (أو) أمتعة . أملاك مَنقولة

ẽffec'tūal, *a.* ناجع . حاسِم . مؤدٍّ إلى النتيجة

ẽffec'tūally, *ad.* بصورة حاسِمة (أو) مُنجزَة . تمامًا

ẽffem'inacy, *n.* تَخَنُّث . تأنُّث

ẽffem'inate [-nit], *a.* مُتأنِّث . مُتخَنِّث = كُرَّجي

eff'ẹrẹnt, *a.* خارِج (أو) صادر (عن مركز)

effẹrvesce', *v.* فَشفَشَ = أخرج الفقاقيع (أو) الحَبَب . [فَرفش]

effẹrves'cẹnce, *n.* مَرَح . فَشفَشَة . [فَرفشَة]

effẹrves'cẹnt, *a.* مُفَشفِش . [مفرفش]

effēte', *a.* عَقيم . مَنهوك

efficā'cious [-shẹs], *a.* ناجِعٌ . ذو خاصِيَّة . له مفعول

eff'icacy, *n.* خاصِيَّة . فاعِليَّة . نُجوع . مَفعُولية . قوة تأثير

ẽffi'ciency [-shẹnsi], *n.* مَضاءٌ (في العمل) . فَعّالِيَّة . كِفاية . اقتدار

ẽffi'cient [-shẹnt], *a.* مُقتَدِر . سريع الإنجاز (في العمل) . مُحكَمٌ . كَفِيٌّ . ذو فاعِلِيَّة

ẽffi'ciently, *ad.* باقتدارٍ . بإحكامٍ . بفعالية

eff'igy, *n.* صورة منحوتة (على نصب تاريخي) . صورة تمثالية . مُثلَة (لشخصٍ بغيض)

to burn (hang) in —, حَرَق (أو) شَنَق صورة تمثالية لشخصٍ ما إعرابًا عن حنق الشعب

eff'ort, *n.* جُهد . مجهود . مَسعى . هِمَّة

effron'tẹry [-run-], *n.* جُرأة وَقِحة . قِحة . وَقاحة . صلابة الجبين

efful'gẹnce, *n., a.* تلألؤ . تَوَقُّد . توهج

effū'sion [-zhẹn], *n.* انصباب . ذَرْف . إنسكاب . استفاضة . تَبَعُّق (في الكلام) . انثيال = تَبَعثُ . اندفاع في إظهار المشاعر

effūs'ive, *a.* صَببي . إنسكابي . تبعُّقي . اندفاعي في إظهار المشاعر

eft, *n.* عَظايَة صغيرة نصف مائية (في الطور البرّي)

eftsoon(s)', *ad.* بعد ذلك في الحال = بعد قليل (من الوقت)

e. g. = مثالُ ذلك . مثلًا

eġġ, *n.* بَيضة . بَيض . مَكْن (الجراد)

eġġ, *v.* حَثَّ . حَرَّش . أغرى = أزَّ = أطَرَ

eġġ'-nog, *n.* مشروبٌ يُعمَل من البيض المخفوق بالحليب والويسكي (أو) الكونياك مع السكر

eġġ'-plânt, *n.* حَيصَل = أنَبٌ = باذِنجان

eġġ'-shell, *n.* قَيض البيضة = قشرتها الخارجية

eġ'lantīne, *n.* وردٌ بَري = نِسرين . جُلنَسرين . زهر النَسرين

eġ'ōism, *n.* الحرص على المنفعة الذاتية = أنانيَة

eġ'otism, *n.* أنانة = التمدُّح (أو الإعجاب) بالنفس

eġ'otist, *n.* أناني . مُتَمَدِّح (أو) مُعجَب بنفسه

egotis'tic, *a.* أناني . خُيلاَئي

ēgrē'gious [-jẹs], *a.* بارز . فوق العادة . جَسيم . مُفظِع

ēg'ress, *n.* خروج . مَخرَج . مَنفَذ

ēg'rēt, *n.* أبو قِردان . [أبو شُوشة] . (طائر) ابن الماء = بَلَشون أبيض . ريشة من هذا الطائر

E'gypt [ējipt], *n.* مصر . الجُمهورية المصرية

Egyp'tian [ij-shẹn], *n.*, *a.* مِصرِيّ

eh [ā], *int.* هُتاف استغرابي شَكّي . أليس كذلك ? ها !

eid'ẹr [īd-], *n.* بَطّ الريش . بَطّ الزِف = بَطّ بحري ريش صدره ناعم

eid'ẹr-down, *n.* ريش بط الزف (الناعم) مُحشى . زِف

eight [āt], *n.*, *a.* ثمانٍ . ثماني . ثمانية

eighteen' [ā-], *n.*, *a.* ثمانية عشر . ثماني عشرة

eighteen'th [ā-], *n.*, *a.* ثامن عشر . ثامنة عشرة

eighth [ātth], *n.*, *a.* ثامن . ثامِنة

eight'ieth [ā-], *n.*, *a.* الثمانون . جزء من ثمانين

eight'y [āti], *n.*, *a.* ثمانون

ei'thẹr [*or* ī-], *a.* أحدُهما . أيّ (واحدٍ). كلا . كلتا

ei'thẹr, *ad.*, *con.* إمّا . . . (وإمّا)

ei'thẹr, *prn.* أحدٌ (أو) أيٌّ (منهما) . كلا . كلتا

ējac'ūlāte, *v.* نطَق (أو) صاح فَجأةً = نَحَم . هَتف . قَذَف = زَجَل

ējaculā'tion, *n.* نَهْمة . هَتْفة . زَجل

ēject', *v.* قَذَف . ألقَى به . جَفأ . زَغَل . أجفَى = أندَرَ . أخرَج (طَرْداً) = خَرج

ējec'tion, *n.* قذف . زَجل = زَغل . جفأ . جُفاء . إخراج . طَرْد

ēke (out), *v.* كمَّل . زاد . أضاف (إلى)

ēlab'orāte, *v.* استكمل (أو أحكَم) التفاصيل . أعدّ بالتفصيل . استوفى التفاصيل

ēlab'orate [-rit], *a.* مُستكمَل (أو مُحكَم) التفاصيل . مُعقَّد . مُتكلَّف . [مَتعوبٌ عليه]

ēlab'orately [-tl-], *ad.* بتفصيل مُستكمَلٍ (أو) مُحكَم . بِتكلُّف

ēlaborā'tion, *n.* استكمال (أو) إحكام التفصيل

ēlapse', *v.* مضى . انقضى . تَصرَّم

ēlas'tic, *a.* مَطّاط . [لستيكي] . مَرِن

ēlasti'city, *n.* تَمَغُّط . مُرونة . [لستيكية]

ēlāte', *v.* رَفَع من المعنويات . زَها . ازدهى . أجذل

ēlā'tion, *n.* زَهْو . ارتفاع المعنويات . إزدهاء . جَذَل

el'bōw [-bō], *n.* مِرفَق . عَطفة = [كُوعٌ]

el'bōw, *v.* دفَع (بالمرفق) . زَحَم

el'dẹr, *a.* أكبر (في السن) . أسَنّ . أقدَم

el'dẹr, *n.* (نبات) بَلَسان . بيلَسان . خَمان

el'dẹr, *n.* شيخٌ . كبيرٌ . [اختيار] . مُقدَّم

el'dẹrbẹrry, *n.* (حَبّ) البَلَسان

el'dẹrly, *a.* كَهْلٌ . مُتوجِّه (في العمر)

el'dest, *a.* الأكبر (سِنّاً) = البِكْر = الكِبْرة

El Dorâ'dō, مدينة الذهَب التي كان يبحث عنها المكتشفون في جنوب أمريكا

ēlect', *v.* اختار . انتخب . آثر . توخَّى

ēlect', *a.* مُختار . مُصطفى . صَفوة

ēlec'tion, *n.* اختيار . انتخاب

ēlectioneer′ [-shẹn-], *v.* اشتغل في الأعمال الانتخابية من أجل مرشَّح

ēlec′tive, *a.* بالانتخاب . انتخابي . اختياري

ēlec′tor, *n.* ناخب . مُنتخِب

ēlec′toral, *a.* انتخابي . ناخِبي

ēlec′torate [-rit], *n.* نَخَبَة = جَماعَةُ الناخبين

ēlec′tric(al), *a.* كهربائي = يهزّ المشاعر

ēlec′trically, *ad.* بواسطة الكهرباء . كهربائياً

ēlectri′cian [-rishẹn], *n.* صانع كهربائي . مُسوِّ كهربائي

ēlectri′city, *n.* كهرباء . كهربائية

ēlectrificā′tion, *n.* كهربة . إفزاز

ēlec′trifȳ, *v.* (-fied, -fying) كَهرَب . أفزَّ = أهاج . هَزَّ . أثار . أَهَبَ

ēlec′trocūte, *v.* أعدم بالكهرباء

ēlec′trōde, *n.* قُطب (أو) طَرَف (في مصدر كهربائي)

ēlectrol′ysis, *n.* التحليل الكيماوي بالكهرباء

ēlec′trolȳte, *n.* محلول كيماوي ناقل للكهرباء . مُركَّب كيماوي تحلَّل بإمرار الكهرباء فيه

ēlec′trō-maġ′nēt, *n.* قضيب حديدي يصير مغناطيساً بمرور الكهرباء حوله = مِغناطيس كهربائي

ēlec′tromōt′īve, *a.* مُنتجٌ لجرَيان كهربائي

ēlec′tron, *n.* كَهرَبٌ = وَحدَة كهربائيةٌ سالبة من مُقوِّمات الذرة . الكترون

ēlec′troplāte, *v.* طَلى (أو) غَشَّى بطبقة معدنية بواسطة التحليل بالكهرباء

ēlec′troscōpe, *n.* كشّاف كهربائي

ēlec′trotȳpe, *n.* نُسخَة معدنية تؤخَذ بالتحليل الكيماوي الكهربائي

el′ēgance, *n.* رَشاقة . ظرافة . لطافة

el′ēgant, *a.* رَشيقٌ . ظَريف . أَنيق

el′ēgantly, *ad.* بأناقة . بحسن هِندام

el′ēgy, *n.; pl.* -gies **[-giz]** قصيدة حُزنيَّة . مَرثِيَة . نُدْبَة

el′ēment, *n.* عُنْصر = مادة بسيطة . رُكنٌ (أساسي) . أصل . أساس . مبدأ

to be in his —, أنْ يكونَ في مجَاله (أو) مَيدانه الذي يبرّز فيه

elēmen′tal, *a.* عُنصُري . جَوِيّ . أَساسي . طبيعي . خاص بالقوى (أو) الظواهر الطبيعية . بسيط . غير مركّب

elēmen′tary, *a.* ابتدائي . وَحيد العنصر

el′ēments, *n. pl.* مبادىء . تَقَلُّبات الجو . عواصف . عوارض جويّة

el′ēphant, *n.* فِيل

elēphan′tīne, *a.* فيلي . كالفيل . عَظيم الجسم ثقيل الحركة

el′ēvāte, *v.* (-vated, -vating) رَفع . رَقَّى . رَفعَ المعنويات

elēvā′tion, *n.* ارتِفاع . رِفعة . مُرتَفع

el′ēvātor, *n.* مِصعد

ēlev′ẹn, *a.* أَحدَ عَشر . احدى عشرة

ēlev′ẹnth, *a.* حادي عشر . حادية عشرة

— hour, ساعة الحَرَاج . ساعة الحَرَج

elf, *n.; pl.* elvẹs **[-vz]** قَلَط = قُطرُب = عِفريت

el′fin, *a.* جِنّيّ . عِفريتي

el′fish, *a.* شيطاني . عِفريتي . قُطربي

ēli′cit, *v.* استخرج = استخلص = استنجف

eligibil′ity, *n.* جَدارَة . صَلاحِيَة . لِياقة

el'igible, *a.* جديرٌ بالاختيار . جَدِيرٌ . حَقِيقٌ . لائق . صالح

ēlim'ināte, *v.* حَذَفَ . فَصَلَ . اختزل . أَذْهَبَ . أسقط = خَصَلَ

ēliminā'tion, *n.* حَذْف . فَصْلٌ . إزالة . نَزْعٌ . إسقاط = خَصْل . اختزال

élite' [ālēt], *n.* صَفْوة . عِلْيَة . خِيار

ēlix'ir [ēliksẹr], *n.* الإكسير . رُوح (الشيء) . مستحضر طبي كحولي محلّى

elk, *n.; pl.* elk(s) تَيْتَل = الأَيِّل الأقرن

ell, *n.* ذِرَاعٌ = هِندازة

ēllipse', *n.* قطع ناقص = شكل إهليلجي

ēllip'tic(al), *a.* إهليلجي

elm, *n.* غَرْغاج = (شجر) الدردار . (شجرة) البقّ . بوقيصا

elocū'tion, *n.* فن النُطق . (فن) فَصاحة اللهجة

elocū'tionist [-shẹn-], *n.* مِنطيق . ماهر في فن النطق

ēl'ongāte, *v.* استطال . طَوَّل . تمطّطَ . مَطَّ

ēl'ongāte, *a.* مَخْرُوط = طويلٌ رقيق . مُسَرْبَطٌ . [مُطاوَل] . ممطوط . مُطَوَّل

ēlongā'tion, *n.* استطالة . تمديد

ēlōpe', *v.* فرَّ مع عشيقة (أو) فرّت مع عشيق . استخفى

ēlōpe'mẹnt [-pm-], *n.* فِرار (مع عشيقة أو عشيق) . استخفاء

el'oquẹnce [-kwẹns], *n.* بلاغة . عارِضة = بيانٌ ولَسَنٌ

el'oquẹnt [-kwẹnt], *a.* بليغ . ذو عارِضة

else, *ad.* خلاف (أو) غير ذلكَ . وإلا . . .

else, *a.* آخر . غير . عدا ذلك

else'where [-ls-hwār], *ad.* في مكانٍ آخر . إلى (أو) في غير هذا (أو) ذاك المكان

ēlū'cidāte [*or* -ōō-], *v.* وَضَّح . أوضح . شَرَح . بَيَّن

ēlūde' [*or* -ōōd], *v.* راغ . لاص (عن) . لاوذ . تملّص (أو) تهرّب (من) . تَفلّت . صَعُب إدراكُه بالفكر

ēlūs'ive [*or* -ōō-], *a.* رَوَّاغٌ . لوّاص . مُلاوِذٌ . فرّار . مُعجِزٌ . مُحيّر للفكر

elves [-vz], *n., pl. of* elf

Elyś'ian [*or* -lizhẹn], *a.* متعلق بجنة النعيم (عند اليونان القدماء) . رَغيد = ناعِمٌ

Elyś'ium [*or* -lizhiẹm], *n.* جنة النعيم . فِرْدَوس . حالةُ نعيم

'em, *prn.* = them

ēmā'ciate [-shiāt], *v.* أنحل . نَحُل = إنتهش . حَمُش

ēmā'ciātẹd [-sh-], *a.* نحيل . هزيل . مَنهوشٌ

em'anāte, *v.* (-nated, -nating) صدَر . انبثق . إنبعث (عن)

emanā'tion, *n.* صدور . انبثاق

ēman'cipāte, *v.* أعتق . حَرَّر

ēmancipā'tion, *n.* إعتاق . تحرير . إطلاق . رَفع الحَجر

ēman'cipātor, *n.* مُحَرِّر . مُعتِق

ēmaș'cūlāte, *v.* خصى . خَنَّث . أوهن . أفقد الجَزالَةَ (أو) الشِدّة . هَلهَل

ēmas'cūlate [-it], *a.* مَخصِيٌّ . مُخَنَّث . مُهَلهَل

ēmbalm' [-bâm], *v.* حَنَّط . صَبَّر

ēmbank'mẹnt, *n.* دَكّة تُقام من التراب والحجارة لمرور طريق (أو) لحجر الماء ومنعه . حاجِر = مَرْكَم = رُصافة

ẽmbârġ'ō, *n.*; *pl.* -goes حَظْر (أو) حَجْر (تجاري)

ẽmbârk', *v.* رَكِبَ (أو) أَركب السفينة

to — on, باشر . شَرَعَ (أو) تولّج (في عمل)

ẽmbarkā'tion, *n.* ركوب السفينة . إركاب

ẽmba'rrass, *v.* أَحرج . أَخجَل . أَربك . عَرقل

ẽmba'rrassmẹnt, *n.* إحراج . تخجيل . ارتباك

em'bassy, *n.* سفارة

ẽmbat'tled [-ld], *a.* مُعبّأ (أو مُتهيِّئ) للحرب . مُصطفّ للقتال . مُحصَّن

ẽmbed', *v.* (-bedded, -bedding) رَزَّ = ثَزَّل (في) . أَكنَّ (في) . استكنَّ

ẽmbell'ish, *v.* زَيَّن . زَخرف . نَمَّق . حَبَّر

ẽmbell'ishmẹnt, *n.* تزيين . زَخرفة . ترويق

em'bẹr, *n.* مُهلَة = بقية جمرٍ في الرَّماد . بَصوة = جَذوة من النار

em'bẹrṡ, *n. pl.* رماد وفيه بعض النار = مَلَّة

ẽmbez'zle, *v.* اختزل (الوديعةَ) = احتجنها = أَغلَّ = اختان

ẽmbez'zlemẹnt [-lm-], *n.* اختزال الوديعة . احتجان . إغلال . اختيان

ẽmbitt'ẹr, *v.* مرَّر . أَمضَّ . أَحقد = أَوغم = أَوغر

ẽmblāz'on, *v.* نَقَش . زَخرف . زَيَّن . مَدَح كثيراً = أَشاد بالذكر

em'blẽm, *n.* شِعَار . رَمز . أَمارة (أو) إشارة (على) . كناية . مِثال

emblẽmat'ic, *a.* شِعَاري . رَمزي . كنائي . مِثالي

ẽmbod'imẹnt, *n.* تجسيد . تمثيل (أو) تصوير (فعلي) . مِثال مُجسَّم (أو) مُجسَّد

ẽmbod'y, *v.* (-died, -dying) مَثَّل حِسِّيًّا . جَسَّد . جَسَّم . أَدرَج . أَجمل

ẽmbōl'dẹn, *v.* جَسَّر . جَرَّأ . شَجَّع

ẽmbos'om [-bụz-], *v.* اكتنف . احتضن . أطاف (بِ) . عانق

ẽmboss', *v.* نَقَش نقشًا بارزاً (أو) ناتئاً

ẽmbow'ẹr, *v.* أَحاط بمُستَذرىً من الأغصان المورِّقة . أَدخل في عريش (أو) خِدْر

ẽmbrāce', *v.* = ضَمَّ (بين الذراعين) . شَمَل . استغرق

ẽmbrāce', *n.* ضَمَّة . حَضْنَة . عِناق

ẽmbrā'sure [-zhẹr], *n.* = بَنجرَة = [طَلَّاقة] = فُتْحة في السور للمدفع

ẽmbroid'ẹr, *v.* = طَرَّز . زركشَ (الكلام) = دَبَّج . بالغ

ẽmbroid'ẹry, *n.* تطريز . زركشة . تدبيج . تحبير

ẽmbroil', *v.* رَبَك . عَربَس = أوقع في ارتباك وعَرقلة فانتشب

em'bryō, *n.*; *pl.* -bryos بَدِيّ = نَشِيّ (أو) بَدِيء . مُخلَّقة . رُشَيم (في النبات)

embryon'ic, *a.* نَشيِّي . بَدِيِّي

ẽmend', *v.* نَقَّح . أَزال الأخطاء . صَحَّح

ēmendā'tion, *n.* تنقيح . تصحيح . تعديل

em'ẹrald, *n.*, *a.* زُمُرُّد . زُمُرُّدي

ẽmerge', *v.* ظَهَر . طَلَع . بَرَز . بَزَغ . خَلَص

ẽmer'gẹnce, *n.* ظهور . طلوع . بزوغ . خلوص

ẽmer'gẹncy, *n.* ضرورة (عاجلة) . طارئة

em'ẹry, *n.* (حَجَر) السُّنباذَج = شَمُور

ẽmet'ic, *n.*, *a.* قَيُوء . مُهوِّع . (دواء) مُقَيِّئ

em'iġrant, *n.* نازحٌ = جالٍ = مهاجرٌ (من بلده)

em'igrāte, *v.* نَزَح . جلا . هاجر

emigrā'tion, *n.* نزوح . جلاء . هِجرة

em'inençe, *n.* رِفعة . علو الشأن . شَرَفٌ (من الأرض) = نَباوَة

Em'inençe, *n.* نيافة . سَماحة

em'inent, *a.* رفيع المقام . عالي الشان . بارز . مُتَفوِّق . مُنِيف

em'inently, *ad.* بصورةٍ بارزة . خصوصاً . للغاية

emīr', *n.* أمير

em'issary, *n.* رَسِيل . بَعِيث . دَسِيس

ēmi'ssion, *n.* إخراج . نَفث . بَثٌّ . إصدار

ēmit', *v.* (-tted, -tting) أخرج. نَفَث . بَثَّ . أَصْدَرَ

ēmol'ūment, *n.* عَوائد (مالية) . أجر . مُرَتَّب

ēmō'tion, *n.* إحساس (أو شعورٌ) شديد . تَهَيُّجٌ (أو) تَأَثُّرٌ (أو) تَحَرُّك (في الإحساس أو العاطفة) . حركة نفسانية . إنفعال

ēmō'tional [-shen-], *a.* مُثير (أو مُحَرِّك) للمشاعر . مُحَرِّك للنفس . سريع الانفعال

em'peror, *n.* امبراطور . [أَنبَرور]

em'phasis, *n.*; *pl.* -ses توكيد . نَبْرَة . اهتمام (أو) عناية . تشديد

em'phasīze, *v.* وَكَّد = شَدَّد . نَوَّه . أولى اهتماماً . راعى بصورة خصوصية

ēmphat'ic, *a.* توكيدي . تنويهي . مُصِرٌّ . تشديدي

ēmphat'ically, *ad.* توكيداً . تنصيصاً . إصراراً

em'pīre, *n.* امبراطورية . سُلطان واسعٌ

empi'ric, *n., a.* تجريبي. شَخصٌ (كالطبيب) عمادُه التجربة فقط دون التدريب النظامي

empi'rical, *a.* تجريبي . قائم على التجربة

ēmploy', *v.* استخدم . وَظَّف . شَغَل

ēmploy', *n.* استخدام

employee', *n.* مُستَخدَم . مُوَظَّف

ēmploy'er, *n.* مُستَخدِم . صاحب العَمَل

ēmploy'ment, *n.* استخدام . عمل . شُغل

empôr'ium, *n.*; *pl.* -riums *or* -ria سوق (أو مركز) تجاري . مَخزن تجاري . مَتجر

ēmpow'er, *v.* أولى (أو خَوَّل) سُلطةً . فَوَّض

ēm'prĕss, *n.* امبراطورة . خاتُون

emp'tinĕss, *n.* فَراغ . صُفُور = خُلُوّ

emp'ty, *a.* (-tier, -tiest) خالٍ . فارغ . (كلام) أجوف (أو) فارغ

emp'ty, *v.* (-tied, -tying) أفرَغ . صَبَّ . أخلى . فَرَّغ

ēmpur'pled [-ld], *a.* أرجواني . مُلوَّن بلون أُرجواني

empy'rēal, *a.* سَماوي . عُلوي . فائق . خاصّ بالسماء العليا

empyrē'an, *n.* السماء العليا = أعلى عِلِّيِّين . الرقيع الأعلى . السماء

ēm'ū, *n.* (حيوان) إيمو = كازوار ذو الجيب

em'ūlāte, *v.* ضاهى . واءَم . نافس . بارى

emūlā'tion, *n.* مُضاهاة . مواءَمة . مباراة (أو) مباراة للتشبيه (أو) للتفوق . مُنافَسة

em'ūlous, *a.* منافِسٌ للتفوق (أو) للمعارضة

ēmul'sion [-shen], *n.* مُستَحلَب

ēnā'ble, *v.* مَكَّن . أَقدَر (أو) قَدَّر (على)

ēnact', *v.* سَنَّ (قانوناً) . مَثَّل (في رواية)

ēnact'ment, *n.* سَنٌّ . قانون . تمثيل (رواية)

ēnam'el, *n.* مينا . ميناء

ēnam'el, *v.* (-elled, -elling) طَلَى بالمينا

ẽnam'or, *v.* = enam'our

ẽnam'our [**-mẹr**], *v.* شَغَف . عَشِق . فَتَن

enamoured of, مُغرَم (أو) صَبٌّ (أو) مَشغوف (ب) . مُستهام

ẽncamp' *v.* عَسكَر . خَيَّم

ẽncamp'mẹnt, *n.* مُعسكَر . مُخَيَّم . عَسكَرة

ẽncāse', *v.* غَلَّف = أَظرَف

ẽnchain', *v.* أَسَر . استحوذ (على) . قَيَّد بالسلاسل

ẽnchânt', *v.* سَحر . فَتَن . آنَق

ẽnchânt'ẹr, *n.* سَحّار . فَتّان

ẽnchânt'ing, *a.* فاتن . رائع . مونِق

ẽnchânt'mẹnt, *n.* سحر . افتتان . توليه

ẽnchânt'rẽss, *n.* ساحِرة . (امرأة) فتّانة

ẽncir'cle, *v.* أَحدَق (أو) أحاط (أو) استدار (ب) . استكفَّ (حولَ) . دار (حول)

ẽnclōṣe', *v.* أحاط . حَوَّط . ضَمَّن . أَوعَى . اكتنف

ẽnclō'sure [**-zhẹr**], *n.* = تحويط . مُحَوَّط . ساحة مُحَوَّطة. حَريسة = جَدِير . حَظيرة . مَظرُوف . أرض محظورة . حِمى

ẽncōm'ium, *n.* مَديحٌ . ثناء عاطر . إطراء .

ẽncom'pass [**-cum-**], *v.* أَحدق (أو) أحاط (ب) . استكفَّ . استدار (حول) . اكتنف

encore' [**ongkôr**], *ad.* مرةً أخرى . يُعادُ

encore', *n.* إعادة . استعادة

ẽncoun'tẹr, *v.* لَقِي (أو) لاقى على غير قصدٍ (أو) ميعاد = صادف

ẽncoun'tẹr, *v.* ناصب . صادم . كافح

ẽncoun'tẹr, *n.* مُلاقاة . مُصادَفة . مصادَمة . مكافحة

ẽncou'rage [**-kurij**, *the* **u** *as in* **but**], *v.* شَجَّع . شَوَّق . جَسَّر

ẽncou'ragemẹnt [**-jm-**], *n.* تشجيع . تشويق . مساعدة

ẽncroach' [**-rōch**], *v.* افتات = تَعَدَّى الحدودَ بما لا ينبغي له . عدا (على) . تجاوز

ẽncroach'mẹnt [**-ō-**], *n.* افتئاتٌ . تجاوزٌ . عُدوان

ẽncrust', *v.* أَلبَس (أو) غَشَّى (بقشرة)

ẽncum'bẹr, *v.* أثقَل وأعاق = [لَبَّكَ] حريةَ الحركة . مَلأَ حتى سَدَّ (أو) كَظَم . عَوَّق . أثقل

ẽncum'brance, *n.* ثُقلَة . شيء مُثقِل ومُعيق للحركة . عُرقُولة

ẽncyc'lical, *n.* منشور بابوي . رسالة دورية من البابا إلى رجال الدين عن حالة الكنيسة

ẽncyc'lical, *a.* تعميمي

encȳclop(a)ēd'ia [**-pēdia**], *n.* مَوسوعة . دائرة (أو) محيط معارف

encȳclop(a)ēd'ic [**-pē-**], *a.* واسع الإحاطة . موسوعي = مُحِيطي

ẽncyst', *v.* التف في كيسة . غَلَّف (أو أحاط) بكيسة

end, *n.* آخِر(ة) . طَرَف . نهاية . خاتمة

end, *n.* نتيجة . غاية . قصد

end, *v.* أنهى . خَتَم . أَتَمَّ . حَسَم

ẽndān'gẹr, *v.* سَبَّب خطرًا ! أوقع في خطر . خاطر (بِ) . غَرَّر

ẽndear', *v.* حَبَّب . عَزَّز . أَعَزَّ

ẽndear'mẹnt, *n.* تَحَبُّب . تحبيب . إعزاز

ẽndeav'or, *v.* = endeavour

ẽndeav'our [**-devẹr**], *v.* سَعَى (جادًّا) . جَهَد . حاوَل

ĕndeav'our [-devẹr], *n.* مجهود . مسعى جِدّي . محاولة
end'ing, *n.* نهاية . خاتمة . آخِر(ة)
end'ive, *n.* البقلة المباركة = الهِندباء = الرجلة
end'lĕss, *a.* لا نهاية له . دائم . مُفرَغٌ (كالحلقة)
end'lĕssly, *ad.* بلا انقطاع . بلا نهاية
ĕndôrse', *v.* ظَهَّر . وافق (أو) صادق (على) . أيّد . أقرّ (بالدفع)
ĕndôrse'mẹnt [-sm-], *n.* تظهير . مُصادَقة . تأييد . إقرار (بالدفع)
en'dosperm, *n.* سُوَيداء = غِذاء النشيء النباتي في داخل الحبة
ĕndow', *v.* وَقَف (مالًا أو عقارًا) . حَبَا = آتى = مَنَح
ĕndow'mẹnt, *n.* وَقْفٌ . مِنحة (أو) موهِبة طبيعية
ĕndūe', *v.* (-dued, -duing) أَلبَس . أَوْلَى = وَهَب
ĕndūr'able, *a.* يُطاق . يُحتَمَل . طويلُ التحمل
ĕndūr'ance, *n.* قوة التحمل . مَتانة . ثَبَات . شدة الحُجزة . مَشقة
ĕndūre', *v.* دام . ثبت . عانَى . أطاق . صَبَر (على المشقة أو الجَهد)
ĕndūr'ing, *a.* دائمٌ . خالِدٌ . طويلُ الصبر (على المشقة أو الجهد)
end'waẏs, *ad.* قائم . مُنتصِب . طَرَفًا إلى طَرَف . بالطول . مع النهاية إلى الأمام
en'ĕmy, *n.* عَدُوّ . ضِدّ . عادِية
enẹrget'ic, *a.* همّام = نَهّاضٌ = ذو قوة وطاقة . نَشِيط
enẹrget'ically, *ad.* بنَهضَة = بشدةٍ ونشاط
en'ẹrgīze, *v.* قوّى . بعث الهِمّة . نشَّط
en'ẹrgy, *n.* نَهضَة = قوة وطاقة . طاقة
en'ẹrvāte, *v.* أرخى القوة . أوهَنَ = خَرَّع . أضعف . أوهى
ĕnfee'ble, *v.* أضعف . أوْنَى . خَوَّر
ĕnfōld', *v.* لَفَّ . تَلَفَّف . ضَمَّ . زَمَّل . انطوى (على)
ĕnfôrce', *v.* نَفَّذ . أرغم . شدَّد . أيّد (بالقوة) . قَسَر (على الدفع) . حتم (أو) جَزَم (على) = أوجب
ĕnfôrce'able [-sabl], *a.* يمكن تنفيذه
ĕnfôrce'mẹnt [-sm-], *n.* تنفيذ . إرغام . تشديد . تأييد (بالقوة)
ĕnfran'chīṡe, *v.* حَرَّر . مَنَح حقوقَ المواطن . منح حق التصويت . أعتق
ĕnfran'chiṡemẹnt [-zm-], *n.* تحرير . إعطاء حقّ الانتخاب (للنساء)
ĕngāge', *v.* وَعَد . التزم . أملَكَ (أو) خطب (للزواج) . حَجَز . انشغل . استأجر . أشغل . جَذَب . التحم . ناوش . ناجز
ĕngāged' [-jd], *a.* مَشغول . مَخطوبَة . مُملَكٌ
ĕngāge'mẹnt [-jm-], *n.* وَعد . التزام . انشغال . إملاك (أو) خِطبة . مواعدة . اشتباك
ĕngāg'ing, *a.* شاغِل للذهن . جَذّاب . مُونِقٌ . لَطِيفٌ
ĕngen'dẹr, *v.* وَلَّد . أَوْجَد = أوْرَث
en'gine, *n.* آلة . آلة القطار (أو) الطائرة
engineer', *n.* مُهَندِس
engineer', *v.* هَندَس . أدار ونَظَّم . دَبَّر
engineer'ing, *n.* هَندَسة (انشائية)
Eng'land [ing-], *n.* انكلترا
Eng'lish [ing-], *a., n.* انكليزي . اللغة الإنكليزية

ENGLISH FURNITURE

الاثاث الانكليزى

Bedstead of carved oak, Tudor period

سرير من خشب البلوط المحفور ، من العهد التيودوري

Armchair of carved walnut, Stuart period

كرسي راحة من خشب الجوز المحفور ، من العهد الستيوارتي

Table of carved mahagony with
Scagliola Top, Queen Anne period

طاولة من خشب الكابلي الحقيقي (المغني) المحفور وأعلاها قطعة
على هيئة المرمر أو الحجر الأعبل ، من عهد الملكة آن

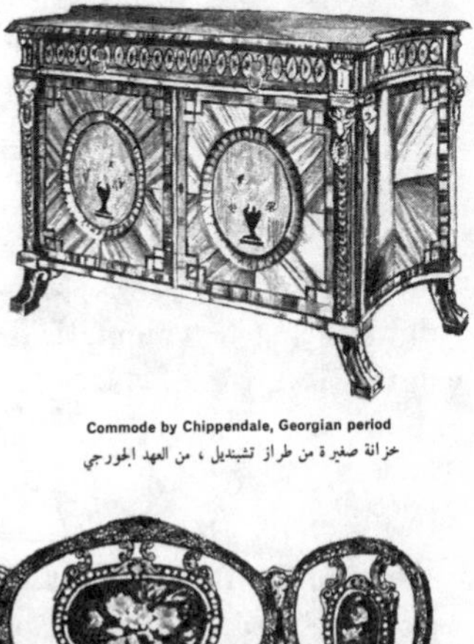

Commode by Chippendale, Georgian period

خزانة صغيرة من طراز تشبنديل ، من العهد الجورجي

Armchair, Regency period

كرسي راحة ، من عهد الوصاية

Sofa, Victorian period

أريكة (صفة) من عهد فكتوريا

Enġ′lishman [**inġ-**], *n.*; *pl.* -men رجل انكليزي

Enġ′lishwoman [**-wụm-**], *n.*; *pl.* -men سيدة (أو) امرأة انكليزية

ẽnġrâft′, *v.* طعَّم (كالشجر) . غَرَس . رَكَز . أَدْمج . أضاف

ẽnġrāve′, *v.* نقر . نقش . حفر . حكَّ

ẽnġrāv′ẹr, *n.* نقّاش . حفّار

ẽnġrāv′ing, *n.* نقش . حفر . صورة بالحفر

ẽnġrōss′, *v.* غبَن (أو) خبَن = احتكر . اغترق (الذهن) = شغَل واستحوذ . نسخ (أو) كتب بالخط الثلث (أو) الكبير . استبدّ (بالشيء)

ẽnġulf′, *v.* أقلد (البحرُ عليهم) = غمر وأطبق (على) = أغمض (على) . ابتلع

ẽnhânce′, *v.* رفَع (أو) زاد (من) . شدَّد . حسَّن . عظَّم

ẽnhânce′mẹnt [**-sm-**], *n.* زيادة . تشديد . تعظيم

ẽnig′ma, *n.* لُغزٌ . مُعمًى . أُحجيَّة

eniġmat′ic, *a.* = enigmatical

eniġmat′ical, *a.* مُلغَزٌ . مُعمًى . مُحجٌ . مُبهَم

ẽnjoin′, *v.* أوجب = حتّم . منَع . أمر . نهى . وصّى . أوعز

ẽnjoy′, *v.* تمتّع . وجد مُتعة . استلذّ

to — himself, تمتع . إنبسط . متّع نفسه

ẽnjoy′able, *a.* مُمتع . مُلِذّ

ẽnjoy′mẹnt, *n.* مُتعة . تمتع . تلذُّذ

ẽnkin′dle, *v.* أشعل . ألهب . أثار . أهبَّ

ẽnlârge′, *v.* وسّع . توسّع . كبّر . زاد

to — upon (a subject), توسّع في الكلام = تبسّط واسترسل

ẽnlârge′mẹnt [**-jm-**], *n.* توسعة . تكبير . توسيع . توسُّع

ẽnlīght′ẹn [**-līt-**], *v.* أنار . نوّر (الفكر) . فقّه . حرّر الفكرَ

ẽnlīght′ẹnmẹnt [**-līt-**], *n.* تبصير . تنوير . معلومات (تنويرية)

ẽnlist′, *v.* انخرط . اكتتب (في الجيش أو . . .) . انضمّ . استعان (ب) . حصَل (على)

ẽnlist′mẹnt, *n.* انخراط (في الجيش أو . . .) . اكتتاب . استعانة (ب)

ẽnlīv′ẹn, *v.* أنعش . أبهج = روّح

ẽnmesh′, *v.* عنكش (أو) تعنكش (كما في شَرَكٍ أو شبكة)

en′mity, *n.* عداوة . بغضاء

ẽnnō′ble, *v.* شرّف . علّى . جعل من الأشراف . جوّه

en′nui [**ânwē**], *n.* سأم . ضجر

ẽnôrm′ity, *n.* جسامة . فحاشة . فاحشة = آبدة

ẽnôrm′ous, *a.* جسيم . هائل (أو) فاحش (في العِظَم)

ẽnôrm′ously, *ad.* بصورة ذريعة (أو) فاحشة . للغاية

ẽnough′ [**inuf**], *a.* كاف . حسْبُ . كفى . وفى

ẽnough′, *ad.* بما يكفي . بقدرٍ كافٍ

ẽnough′, *n.* كفاية . كَفاف

ẽnough′!, *int.* مَهْ ! كفى ! حسبُك !

ẽnquire′ [**-kwīr**], *v.* (-quired, -quiring) سأل . استفهم . تفحّص (عن)

ẽnquir′y [**-kwī-**], *n.* سؤال . استخبار . تحقيق

ẽnrāge′, *v.* حدَم = أشاط (غضبًا) . استشاط غضبًا = تنفّر . احتدم (غضبًا)

ẽnrap′ture [**-chẹr**], *v.* استخفّه (أو استطاره) الطرَبُ (أو) السرور

ẽnrich′, *v.* غزَّر . أغنى . أخصب . لقّح (الذهن) . دسَّم

ẽnrich′mẹnt, *n.* إغناء . تدسيم (الطعام) . إخصاب

ẽnrōl(l)′, *v.* (-lled, -lling) أدرج . سجَّل . أدخل (عضوًا)

ẽnrōl(l)′mẹnt, *n.* إدراج (أو) إدخال (في . . .)

en route [on ro͞ot], *a.* في الطريق

ẽnsanġ′uine [-ġwin], *v.* ضرَّج (أو) لطّخ بالدم

ẽnsconce′, *v.* كنكن . تكنكن . استكنّ

ensemble′ [ânsâmbl], *n.* مجموعة . جملة . [طقم] . تأثير إجمالي

ẽnshrīne′, *v.* استودع (أو) أودع (في مكان مقدس) . أكنّ

ẽnshroud′, *v.* غطّى . اشتمل (على) . لفَّع . لفّ . أخفى

en′sign [-sin *or* -sīn], *n.* راية . علم . شعار

en′sign [-sin *or* -sīn], *n.* حامل العلم

ẽnslāve′, *v.* استعبد . تيَّم

ẽnsnāre′, *v.* احتبل = ربق = أوقع في شرك (أو) حبالة . شبك

ẽnsūe′, *v.* (-ued, -uing) تلا . عقب . تولّد . نتج . نجم

ẽnsure′ [-sho͞or], *v.* ضمن . أمّن

ẽntail′, *v.* ولّج (عقارًا) = أوصى به لشخص قبل وفاته . أوجب . جرّ . اقتضى

ẽntanġ′le, *v.* علق . تشبّص = تداخل وتشابك = تعربس . تورّط . أوهق . عربس

ẽntanġ′lemẹnt [-lm-], *n.* اعتلاق . إنشباك . ارتباك . عربسة . وهرة = ورطة . إعاق

entente′ [ântânt], *n.* تفاهم . المتفاهمون

en′tẹr, *v.* دخل . ولج . أدخل

en′tẹr, *v.* شرع (في) . قيَّد . أدرج

en′tẹrprīse, *n.* مشروع (مهم) . مسعى . همّة . إقدام

en′tẹrprīsing, *a.* مقدم . همام . متشبّث . بعيد الهمة

entẹrtain′, *v.* سلّى = آنس . أضاف . فكّر (في) . أدخل (في الفكر)

entẹrtain′ẹr, *n.* مضيف . مؤآنس

entẹrtain′ing, *a.* مفكّه . مسلّ

entẹrtain′mẹnt, *n.* تسلية . مؤآنسة . إضافة = تضييف

ẽnthral(l)′ [-thrôl], *v.* (-thralled, -thralling) عبّد . تيّم . سبى . فتن

ẽnthrōne′, *v.* أجلس على العرش . بوّأ العرش

ẽnthūṡe′, *v.* حمّس . تحمّس

ẽnthū′ṡiaṡm, *n.* حماسة . تهالك . نخوة

ẽnthūṡ′iast, *n.* متحمّس . متهالك . متعصّب (ديني)

ẽnthūṡia′stic, *a.* حماسي . غيور

ẽnthūṡias′tic(ally), *ad.* بغيرة . بتهالك

ẽntīce′, *v.* استدرج . استهوى . استغوى . تخدّع . استجلب . أغرى . أرغب

ẽntīce′mẹnt [-sm-], *n.* تخدُّع . استدراج . استهواء . مستهو

ẽntīre′, *a.* تام . صحيح . سويّ

ẽntīre′ly [-rl-], *ad.* بالكلّية . بكامله . بأمره . تمامًا

ẽntīre′ty [-rt-], *n.* كامل . جملة . تمام

ẽntī′tle, *v.* أكسب حقّ المطالبة . خوّل الحقّ . سمّى

en′tity, *n.* عين = كائن . ذاتية . موجودية . كينونة . ذات . حيثيّة

ĕntomb′ [-tōōm], *v.* لَحَد . قَبَر . دَفَن
entomolo′gical, *a.* خاصّ بعلم الحشرات
entomol′ogist, *n.* عالم بالحشرات
entomol′ogy, *n.* علم الحشرات
en′trails, *n. pl.* أحشاء . مصارين
ĕntrain′, *v.* رَكِب القطار . وضع في القطار
en′trance, *n.* دُخول . مَدْخَل . حق (أو حرية) الدخول
ĕntrânce′, *v.* أذهَل بَهْجَةً (أو) إعجاباً . أَدْهش من فرط السرور
en′trant, *n.* داخِل . عُضوٌ جديد . مُشترِك في مباراةٍ
ĕntrap′, *v.* (-pped, -pping) احتبل = أوقع في شَرَكٍ (أو) حِبالة . خَدَع . وَرَّط . استغوى
ĕntreat′, *v.* سأل (أو طَلَب) متوسِّلاً . تَوسَّل (إليه) = استماح = [ترجَّى]
ĕntreat′y, *n.* تَوسُّلٌ = استماحة = [تَرَجٍّ]
ĕntrench′, *v.* حصَّن بالخنادق . خَنْدق (حول) . تحَصَّن . تَرَسَّخ . تَعدَّى . استحكم = تمكَّن
ĕntrench′mẹnt, *n.* استحكام . تحصين بالخنادق . ترسّخ . تعدٍّ
ĕntrust′, *v.* استأمن . استودع . عَهِد (إلى) . وَكَل
en′try, *n.* دُخول . مَدْخَل . قَيْد (كتابي)
ĕntwīne′, *v.* التفَّ (أو) تَلَوَّى (حول) . تَعَنْقَش . تشابك . عانق
ĕnūm′ẹrāte, *v.* عدّ . عَدَّد . سَرَد
ĕnūmẹrā′tion, *n.* إحصاء . تعديد . جَدْول
ĕnun′ciāte, *v.* نَطَق (بِ) . صَرَّح . أعلن . تَلفَّظ
ĕnunciā′tion, *n.* تصريح = إيراد . نُطْقٌ
ĕnvel′op, *v.* شَمَل . غَلَّف . أحاط (بِ) . جَلَّل . كَلَّل . لفَّع
en′velōpe, *n.* ظَرْف = غِلَافٌ . لِفَافَة . شَمْلة . لِفاع
ĕnvel′opmẹnt, *n.* تغليف . اشتمال . لِفاع . تكليل
ĕnven′om, *v.* سَمَّم . أَوْغر . أحقد
en′viable, *a.* محسود . مَنفوسٌ
en′vied [-vid], *a.* مَحْسُود . مَغْبُوط
en′vious, *a.* حسود . حسَّاد
en′viously, *ad.* بِحَسَدٍ . عن حَسَدٍ
ĕnvīr′on, *v.* التفّ (حول) . أحاط (بِ) . اكتنف . استدار (حول)
ĕnvīr′onmẹnt, *n.* مُحيط . بيئة
ĕnvīr′ons, *n. pl.* ظواهر = ضَوَاحِي = نواحِي (البلدة)
ĕnvis′age [-ij], *v.* نظر إلى الوجه. واجه . ترسّم . تنظّر
en′voy, *n.* رَسُولٌ = جَرِيّ . مَبعُوث . مندوب
en′vy, *n.* حَسَد . مَحْسَدة . غِبْطة
en′vy, *v.* (-vied, -vying) حَسَد . غَبط
ĕnwrap′ [enrap], *v.* (-pped, -pping) لَفَّ . إنغمس . استغرق
en′zȳme, *n.* خَمِيرة عُضوية
ē′on, *n.* أَبَد . دَهْر . آلاف السنين
ep′aulet(te) [epolet], *n.* كَتِفِيَّة = زينة تلبس على الكتفين
ĕphem′ẹral, *a.* يدوم يوماً (أو) بضعة أيام . زائل . لا دوامَ له . سريع الزوال
eph′od, *n.* أَفُود = كِسْوة لرئيس كهنة اليهود
ep′ic, *n.* مَلحَمة = قصيدة حَماسية بطولية
— **poetry,** شعر الملاحم (أو) الحماسة

ep'icūre, *n.* شخصٌ منهوم باللذائذ = بَيطَراني

epicūrē'an, *a.* أبيكوري . فيها أطايب الطعام . مَنهُومٌ باللذائذ = بَيطَراني

epidem'ic, *n.*, *a.* وَبَاءٌ . وبائي . وبآني

epiderm'is, *n.* البَشَرة

epiġlott'is, *n.* فَلكة = لسان المِزمار (في الحلق)

ep'iġram, *n.* أبيات قليلة من الشعر تنتهي بِمُلحَة ساخرة . عبارة قادحة (أو) بارعة

epiġrammat'ic, *a.* موجَزٌ جَزل المعنى . مُوجَز ذو نكتة

ep'ilepsy, *n.* داء الصَّرْع = [النقطة]

epilep'tic, *a.*, *n.* خاصٌّ بداء الصَّرْع . شَخصٌ مصاب بالصَّرْع

ep'ilōgue [-lōg], *n.* خاتمة . فَصل (أو خطاب) الختام = إزار

Epiph'any, *n.* عيد الغطاس . عيد الظهور

Epis'copal, *a.* خاص بالكنيسة الأسقفية

epis'copal, *a.* أسقفي

episcopāl'ian, *a.*, *n.* أحد رعية الكنيسة الأسقفية . خاص بالكنيسة الأسقفية

ep'isōde, *n.* فَصل (أو) حادثة (من الحياة أو في قصة) . فَصل (من مجموع)

ēpis'tle [-sl], *n.* رِسالة . كتاب = مَكتوب

Epis'tle, *n.* رسالة (في العهد الجديد)

ēpis'tolary, *a.* رِسالي . كِتابي

ep'itaph, *n.* قِطعة تأبينية . كتابة (تأبينية) مكتوبة على القبر

ep'ithet, *n.* نَعت . صفة

epit'omē, *n.* مُلخَّص . خُلاصة . مِثال (مُصغَّر) = جِمَاع

ēp'och [-k], *n.* عهدٌ (مُشتَهِرٌ أو مُتَميِّز) . دَورٌ تاريخي . فاتحة عهد جديد

ēp'och-māk'ing, *a.* يكوِن مبدأ عهدٍ جديد . يُحدِث تغييرات مهمة . يفتتح عهدا جديدًا

Epsom salts, ملح إنكليزي (للإسهال)

e'quable [ekwabl], *a.* سجيح . ساجِحٌ = هادئ مع عدم تغير شديد (كالخُلق والطقس) = حاتن . على سويةٍ واحدة . رَتيب . ممهَّد

ē'qual [-kwal], *a.* مساوٍ . معادلٌ . مُكافِئ

— to, أهلٌ (أو) كُفءٌ (لِ) . له طاقةٌ (بِ)

ē'qual, *n.* مثيل . نظير . عَدِيل . نِد . ضَهيّ

ē'qual, *v.* (-lled, -lling) ساوَى . عادَلَ . كافأ . ضاهَى

ē'qualīse, *v.* = equalize

ēqual'ity [ekwol-], *n.* مساواة . كفاءة . تساوٍ

ēqualīzā'tion [-kwal-], *n.* تسوية . مساواة

ē'qualīze [-kw-], *v.* سوَّى . ساوى . عادل . تعادل . تساوى

ē'qually [-kw-], *ad.* على السَّواء . سِيَّان . على حدٍّ سِوىً

ēquanim'ity [-kw-], *n.* سَجاحة الخُلُق . هدوء طبع . سَكينة . رَكانة

ēquate' [ikwāt], *v.* ساوَى . عادَل

ēquā'tion [-kw-], *n.* معادَلة (حسابية أو جبرية) . تعادُل

ēquāt'or [-kw-], *n.* خط الاستواء (أو) الاعتدال

ēquatôr'ial [-kw-], *a.* استوائي

e'querry [ekwęri], *n.* رئيس الآخور الأميري (أو) الشريفي . مُرافِق (مَلَكي)

ēques'trian [ikwes-], *n.*, *a.* متعلق بركوب الخيل . على ظهر الفرس . خيّال

ēquidis'tant [-kwi-], *a.* متساوي البعد

ēquilat'ẹral [-kw-], *a.* متساوي الأضلاع

ēquilib'rium [-kw-], *n.* توازن. استواء.

ē'quine [-kwīn], *a.*, *n.* مُتعلّق بالخيل. كالفرس . فَرَس

ēquinoc'tial [-kwi-shal], *a.* متعلق بالاعتدال (أو الاستواء) الربيعي (أو) الخريفي

ē'quinox [-kw-], *n.* الاعتدال (أو الاستواء) الربيعي (أو) الخريفي

ēquip' [ikwip], *v.* (-pped, -pping) جهّز . [أهّب]

e'quipage [ekwipij], *n.* عُدّة . جهاز . عَرَبة (بخيولها وسائقها و . . .)

ēquip'mẹnt [-kwi-], *n.* جهاز . تجهيز . عَتاد

ē'quipoise [-kwi-], *n.* اتّزان. توازن. تعادل في الوزن . مُوازِن

e'quitable [-kwi-], *a.* عادِل . مُنصِف

e'quity [-kw-], *n.* عَدالة . إنصاف . حقّ . مبادئ الحق (بخلاف مبادئ القانون)

ēquiv'alẹnt [ekwiv-], *a.* مساوٍ . معادِل . نظير

ēquiv'ocal [ekwiv-], *a.* مُبهَم . فيه إبهام . مُزَغزَغ . مُلتَبِس . فيه مُوارَبة . مُشتَبه . مُدَخمَس . مُريب

ēquiv'ocāte [ikw-], *v.* لبّس (أو أبهم) في كلامه = استعمل كلاماً ذا معنيين = وارب = زغزغ = دخمس . مَغلط

ēquivocā'tion [-kwi-], *n.* إبهام . زَغزَغة . مُوارَبة . دخمسة . مَغلطة

ēr'a, *n.* عصر تاريخي . حِقبة . تأريخ

ērad'icāte, *v.* اقتلع (من جذوره) . استأصل . أزَال (أو) محا (من الوجود)

ēradicā'tion, *n.* اقتلاع . استئصال . إزالة (أو) محو

ērāse', *v.* محا . حكّ . حتّ

ērās'ẹr, *n.* مِمحاة = [محّاية]

ere [ār], *prp.*, *con.* قبل . قبل (أن)

E'rēbus, *n.* مكان (أو ممرّ) الظُلمات (إلى جهنم) في الأساطير الأغريقية

ērect', *a.* عَمُودي . مُنتصِب . قائم

ērect', *v.* نَصَب . أقام . شيّد . أسّس . أدمج

ērec'tion, *n.* انتصاب . رَفْع . بِناء . إنعاظ

e'remīte, *n.* = hermit

erewhīle' [ārwīl], *ad.* قبل قليل . قبل وقت قصير . سابقاً

erg'ō, *ad.*, *con.* إذاً . لذلك

E'rin, *n.* ايرلنده

erm'ine, *n.*; *pl.* -mines, *or* -mine القاقُم = القاقوم

ērōde', *v.* أكل . تأكّل . جرَد . برَى . تحيّف . سحت

ērō'sion [-zhẹn], *n.* انتحات . انسحال . انجراف . انسحات

err [er], *v.* غَلِط . أخطأ . ضلّ

e'rrand, *n.* رحلة قصيرة لقضاء حاجة . [مَأمُورِيّة] . [مِشوار] = مِرسَالِيّة = مُعاطاة

e'rrant, *a.* تائه . سيّار . جوّال . غالِط

errat'ic, *a.* لا يوقف له على حال . لا يستقيم (أو) يَستقِرّ على حالٍ (أو) طَوْر . غير منتظم

errat'ically, *ad.* بعدم انضباط (أو) استقرارٍ على حالٍ (أو طَوْر

errōn´ēous, *a.* مَغلوطٌ فيه . خطأٌ

e´rror, *n.* غلط . خطأ . ضَلال

erst, *ad.* من قبل . قبل الآن . سابقاً

erst´whīle [-hwīl], *a(d).* سابقاً . سابق

e´rudīte, *a.* مُتَبَحِّر (في العلم) . واسع الاطلاع

erudi´tion, *n.* تَبَحُّر (في العلم) . سَعة الاطلاع

ẽrupt´, *v.* انفجر . ثار . بَزَل = طَلَع = فَطَر . شَرَخ (الناب)

ẽrup´tion, *n.* انفجار . ثَوَران . شَرَى = تَنَفُّط جلدي

ẽrup´tive, *a.* إنفجاري . تنفطي . طَفْحي . ثَوَراني

erysip´ẽlas, *n.* (مرض) الحُمْرة

es´calāte, *v.* شدَّد . صعَّد . زَيَّد . أشغر (الحربَ) = أشراها

es´calātor, *n.* مَرْقىً . دَرَج نَقّال (أو) متحرك

escapāde´, *n.* ضِلَّة . غَيَّة . جَهلَة . [فلتة]

ẽscāpe´, *v.* أفلت . فَرَّ . نجا . تَسَرَّب . غاب (عن الذهن) . فات

ẽscāpe´, *n.* فَلَت = مَفَرٌّ . نَجاةٌ . مَساغٌ

ẽscāpe´mẹnt [-pm-], *n.* مَخْلَص . مَفْلَت . فَوْت = إفلاتة . مقدار الأفلات . دُوزان الساعة = أداة ميكانيكية في داخل الساعة لتنظيم حركتها

ẽscârp´mẹnt, *n.* صَبَب (أو) حَدَرٌ تَحصيني . مُنْحَدَرٌ مائل (حول قلعة)

ẽschew´ [-choo], *v.* جانَب . تجنَّب . تحاشى . تَنَزَّه (عن)

es´côrt, *n.* مُبَذْرِق = خَفير . خُفراء . مُشَيِّعون . بَذْرَقة = بَذْرَقة = خِفارة

ẽscôrt´, *v.* بَذْرَق = خَفَر . شَيَّع

es´cūlẹnt, *a.* صالح للأكل

ẽscutch´eon [-chẹn], *n.* تُرْسٌ عليه رَنْكٌ (أي شعار الشرف)

a blot on the —, لطخة عار . مَشانة

Es´kimō, *n.; pl.* -mo(es) = Esquimau

ẽsoph´agus, *n.* = oesophagus مَرِيْء

esotẹ´ric, *a.* لا يَفهمه إلَّا الخاصّة (أو) الراسخون في العلم . سِرّي

ẽspe´cial [-shal], *a.* خُصوصي . مُمَيَّز . أَهَمّ . مُختَص

ẽspe´cially [-shal-], *ad.* على الخصوص . خصوصاً . لاسيما

es´pionâge [-âzh *or* -nij], *n.* تَجَسُّس . استخدام الجواسيس

ẽspous´al, *n.* حَفلَة الخِطبة (أو) الزِّفاف . اعتناق (فكرة أو قضية)

ẽspouse´, *v.* (-sed, -sing) تَزَوَّج . اتَّخذ . زَوَّج . اعتنق

esprit´ [-rī], *n.* روح . خِفَّة الرُّوح . ظَرافة

— de corps [-kôr], تَكانُف . تَشاعُر . روح جَماعِيّة

ẽspy´, *v.* (-pied, -pying) أبصر (أو) تَبَيَّن (شيئاً بعيداً أو دقيقاً)

Esq., = Esquire لَقَب تَجمُّلي يذكر بعد الاسم الكامل بدلاً من لقب *Mr.* قبل الاسم

Es´quimau [-kimō], *n.; pl.* -maux [-mōz] أحد سكان سواحل المنطقة المتجمدة الشمالية من أمريكا الشمالية

ẽsquire´ [-kwīr], *n.* وجيه البلدة (أو) القرية . رِدْف الفارس (أو) تابعه

ess´ay, *n.* محاولة . مَقالَة أدبية (أو) علمية عن موضوعٍ ما

essay´, *v.* حاول . سَعى . جَرَّب

ess'ayist, *n.* كاتب مقالات (أدبية أو علميّة)
ess'ence, *n.* جَوْهَرٌ . ماهية . كُنه . رُوح . عِطرٌ
essen'tial [-shal], *a.* جَوْهري . مهمٌّ جداً . ضَروري . حيَوي . كُلّي
essen'tial [-shal], *n.* عنصر جوهري (أو) أَساسي . صِفَةٌ جوهرية (أو) أصلية . صَميمي
essen'tially, *ad.* جوهريًّا . ضَرورِيًّا . من حيث الجوهر
ẽstab'lish, *v.* أَسَّس . استقرَّ . تمكَّن . أَثبت . وَطَّد . رَسَّخ . ركَّز . رَكَّن
ẽstab'lished [-shd], *a.* متمكِّن . مُستَحكِم . مَرعِيٌّ . مُعتَرَفٌ به من الحكومة (أو) الدولة
ẽstab'lishment, *n.* ترسيخ . توطيد . تأسيس . مؤسَّسة
ẽstāte', *n.* مُلك . عَقار . ضَيعة . طَوْر . مَقَام . حقّ المُلك (أو) التصرف
ẽsteem', *v.* احترم . أَجَلَّ . اعتبر
ẽsteem', *n.* إِجلَال . مكانة . قَدْر
es'timable, *a.* نَفيس . جَدير بالإجلال (أو) الإعزاز
es'timāte, *v.* خَمَّن = عَيَّن المقدار (أو) القيمة بحسب الظن
es'timate [-mit], *n.* تخمين . تقويم . تسعيرة . تقدير
estimā'tion, *n.* تَخمين . احترام . اعتبار
ẽstrānge', *v.* جافى . جانَف . أَحدث وَحشةً (بين . . .) . اعتزل . انتبذ
ẽstrānge'ment [-jm-], *n.* مجافاة . وَحشة . نَبوة
es'tūary, *n.* فُرْضَة . فُجرة (أو) مَصَبّ النهر = مَشْرَعَته . خَور

etc. = et cetera إلى آخره . وهلمَّ جرًّا
et cet'era, وما أشبه ذلك . وهلمَّ جرّا . إلى آخره . والباقي
etch, *v.* حَكَّ = نَقَش (أو) حَفَر (باستعمال الحوامض)
etch'ing, *n.* نَقْشٌ (أو) حَفْرٌ (على المعادن باستعمال الحوامض)
ẽtern'al, *a.* أَبَدِيٌّ . سَرْمَدِيّ
ẽtern'ally, *ad.* أبداً . دوماً . إلى الأبد
ẽtern'ity, *n.* أَبَدِيّة . دَيْمُومَة . أَزَلِية
ēth'er, *n.* أَثِيرٌ = سائلٌ يستعمل في التخدير (أو) التبنيج . مادة الأثير التي يُقال إنها تملأ الفضاء . عَنان السماء
ēthēr'ēal, *a.* أثيري . في غاية الرقة . سَماوي
eth'ical, *a.* أَخلاقي . من حُسن الخُلق
eth'ics, *n.* مبادئ (أو) علم الأخلاق (الفاضلة)
Ethiō'pia [ē-], *n.* اثيوبيا = الحبشة
ethnol'ogy, *n.* علم أطوار الإنسان . علم طَبقات الأمم . علم أجناس البشر
etiquette' [-ket], *n.* آداب (أو) قَواعد (أو) مُتَعارفات حسن المعاشرة (أو) السلوك
etymol'ogy, *n.* علم الاشتقاق (في اللغة)
eucalyp'tus [ū-], *n.* شجر الأوكالبتوس (أو) الكينا
Eu'charist [ūk-], *n.* سر القربان المُقدَّس
Eu'clid [ūk-], *n.* أُقْلِيدِس
eugen'ics [ū-], *n.* علم تحسين النسل
eul'ogīse [ū-], *v.* = eulogize
eul'ogīze [ū-], *v.* أطرى = مَدَح وأَطنَب . قرَّظ
eul'ogy [ū-], *n.* أُمدوحة = كتابة (أو) خُطبة مَدْحِية . تقريظ
eun'uch [ū-k], *n.* خَصِيٌّ = طَواشِيٌّ

euph'ēmism [ū-], *n.* . تلطيف الكلام
استعمال التعريض اللطيف في الكلام .
استبدال كلمة (أو) عبارة قاسية بغيرها
تكون خفيفة

euphēmis'tic [ū'-], *a.* . تلطيفي في الكلام.
مُعرِّض (بلطفٍ)

euph'ony [ū-], *n.* عذوبة الصوت (أو)
رَخامته . سلامة اللفظ

eurēk'a [ū-], *int.* وَجَدْتُها !

Euphrā'tēs [ūf-], *n.* نهر الفُرات

Eu'rope [ū-], *n.* (قارة) أوروبا

Europē'an [ū-], *n., a.* أوروبي. في أوروبا

ēvac'ūāte, *v.* أخلى . فرَّغ . نقَل (السكانَ
إلى مكانٍ أمين) . أجلى (السكان)

ēvacūā'tion, *n.* إخلاء . إجلاء . نقل
(السكان من مكانٍ خطر) . إظعان

ēvacūee', *n.* مُجلًى . ظَعين . جالٍ (أو)
منقول (إلى مكانٍ أمين)

ēvāde', *v.* احتال في التملّص (من) . راغ
(من) . فرَّ . ناص

ēval'ūāte, *v.* قوَّم = ثمَّن . خمَّن القيمة

ēvalūā'tion, *n.* تقويم . تثمين . تخمين
القيمة

evanes'cent, *a.* . زائل . صائر إلى العدم
سريع التلاشي (أو) الاندثار . مُتلاشٍ

ēvangel'ic(al), *a.* إنجيلي . بروتستانتي

ēvan'gelism, *n.* تبشير بالانجيل

ēvan'gelist, *n.* أحد مؤلفي (أو) كاتبي
الأناجيل الأربعة

Evan'gelist, *n.* مُبشِّر بالأنجيل . مُبشِّر

ēvap'orāte, *v.* بَخَّر . تبخَّر . اضمحلّ

ēvaporā'tion, *n.* تبخير. تبخُّر. اضمحلال

ēvap'orātor, *n.* . جهاز تجفيف (أو) تبخير
مُبخِّر

ēvā'sion [-zhẹn], *n.* مُراوَغة . التفلُّت
(أو) التملص (باحتيال) . رَوَغان

ēvās'ive, *a.* رَوَغانِي . من قبيل المُراوَغة

ēve, *n.* البارِحة = الليلة السابقة للنهار المقصود
(أو) المساء السابق له . مساء

on the — of, عند طَفَاف = قُبَيل

Christmas E—, المساء (أو) اليوم
السابق لعيد الميلاد = قُرب عيد الميلاد .
وَقفة عيد الميلاد

Eve [ēv], *n.* حَوّاء = أم البشر

a daughter of —, ابنة حواء . امرأة

ē'vẹn, *a.* مُستَوٍ . على سويةٍ واحدة . سَهلُ
(الخُلق) . مستقيم السطح . مُمهَّد .
مُتساوٍ . زوج (أو) شَفع . حاتِن =
على سويةٍ واحدة (كالطقس مثلًا)

ē'vẹn, *v.* سوَّى . مهَّد . ساوى . حتَّن

ē'vẹn, *ad.* حتى . بل (و) . ولَوْ . لا بَلْ . بَعْدُ

ē'vẹn, *n.* مساء . عَشيَّة

ēve'ning [-vn-], *n.* مساء . عِشاء . أُمسِيَّة

— star, نجمة الزُهَرة

ēvent', *n.* أمرٌ (أو) حادث عظيم = حَدَثٌ =
وَقْعة . مَآل

in the — of, فيما إذا . إذا . في
حالةِ . . .

in any —, على أي حالٍ

ēvent'fụl, *a.* حافِلٌ بالأحداث (أو)
الحوادث . له نتائجُ مهمة . له عواقب
خطيرة

ē'ventīde, *n.* مساء . عَشِيّة

ēven'tūal, *a.* مآلي . نهائي . احتمالي

ēven'tūally, *ad.* في آخِر (أو) نهاية الأمر.
مصيرُ ذلك (أو) عاقبته (أو) مآله . . .

ev'ẹr, *ad.* . في أي (أو كل) وقت . لا يزال
طُرًّا

— so, جدًّا
ev'ẹrġlāde, n. مُستنقع واسع . سَبْخة
ev'ẹrġreen, a., n. دائم الخضرة . لا يَزال مُورِقًا . نبات مورِق طول السنة
ev'ẹrġreens, n., pl. أغصان (أو) أفنان من الشجر للزينة
evẹrlâs'ting, a. أبديٌّ . لا ينقطع . دائمٌ أبداً
evẹrlâs'ting, n. أبدية . بقاء . شيء شديد البقاء
evẹrmôre', ad. دوْمًا وأَبَدًا . أبديـًّا
ev'ery [-vr-], a. كُلّ
— now and then, من آنٍ إلى آخر . أحيانًا
— other day, كُلَّ يومين . كلَّ يوم بعد يوم
ev'erybody [-vr-], prn. كلُّ أحَد
not — can, ما كُلّ أحدٍ يستطيع
ev'eryday [-vr-], a. كُلّ يومٍ . يومي . عادي
ev'eryone, [-wun], prn. كُلُّ واحدٍ . كُل أحدٍ
ev'erything, prn. كل شيء
ev'erywhere [-hwār], ad. في كل مكان . أينما كان
ẽvict', v. أخرج المستأجر (قانونًا) . طَرَد (المستأجر) . [طلَّع] . خرَّج
ev'idẹnce, n. شاهدٌ . حُجَّة . بَيِّنة . دَليل
ev'idẹnce, v. شَهِد . بَيَّن . أعطى بَيِّنة . أبان
in —, بائن . مُتبيِّن . ظاهرٌ للعيان
ev'idẹnt, a. بَيِّن . صريح . واضِحٌ
It is — that, من البيِّن . من الجَلِيّ
ev'idẹntly, ad. في واضح الحال . من الجلي الواضح (أو) البديهي . بالطبع
ēv'il, a. شرِّير . خبيث . مُنكَرٌ
ēv'il, n. بائقة = شَرٌّ . سَيِّئة . عِلَّة . مَضَرَّة
ēv'il-dōẹr, n. بَوَّاق = شِرِّير . مُضِرٌّ
ēv'il-mīndẽd, a. خبيث الطوية (أو) السريرة
ẽvince', v. أَبان . أَبدَى
ẽvōke', v. استحضر . بَعَث = أهاج . استبعث . أَحضَر (الأرواح) . استخلص
evolū'tion [or ē-], n. تَطوُّر . تَنَشُّر . نُشوء وارتقاء = تَكامل . اختراج
evolū'tionary [or ē-], a. تَنَشُّري . تَكاملي . اختراجي = تَنَشُّوئي
ẽvolve', v. تَنَشَّأ = تَطوَّر = تَنَشَّر . اختَرج = نَشَأَ وتَنَشَّأ
ewe [ū], n. نَعْجة = انثى الضأن = طُوبالَة
ew'ẹr [ū-], n. إبريق
ẽxact' [iġzakt], a. صَحيح . تامٌّ . مضبوط
ẽxact', v. تقاضى = اقتضى = طَلَبه وأَخَذَه . ابتزَّ . أصرَّ (على) . انتزع
ẽxact'ing, a. كثير التقاضي = مُدَنِّقٌ . مُشتَطّ في الطلب . مُتشرِّط . مُجهِد . استبزازي
ẽxac'tion, n. اقتضاء . شَطَط في الطلب . تَشرُّط . انتزاع
ẽxac'titūde, n. ضَبْط . دِقّة
ẽxact'ly, ad. بالضبط . تمامًا . سواءً
ẽxact'nẽss, n. ضَباطة . دِقّة . انضباط
ẽxa'ggerāte [iġzaj-], v. بالغ . غالَى . أَغرَب
ẽxaggerā'tion, n. مبالغة . غُلوّ . إغراب
ẽxalt' [iġzôlt], v. رقَّى . رَفَع (أو) أعلى (المقام) . مَجَّد . بَجَّل = جَوَّه . شدّد
ẽxaltā'tion [eġzôl-], n. رفع . إعلاء . تَجويه . انتشاء (أو) تَسامٍ روحي
ẽxalt'ẽd [iġzôl-], a. سامٍ . رفيع المقام

ĕxam′ [iġzam], *n.* = examination

ĕxaminā′tion [iġzam-], *n.* فَحصٌ . امتحان . استجواب

ĕxam′ine [iġz-], *v.* فَحَص . دَقَّق النظر . فَتَّش . استجوب

ĕxam′inẹr, *n.* فاحص . مُمْتَحِن . مُستَنطِق

ĕxâm′ple [iġz-], *n.* أُسوة . قُدْوة . مِثال . مُثْلَة . مَوْعِظة . نكال = عِبْرة

to make an — of, جعله عِبْرَةً

to set an —, ضرب مِثالًا (يُقتَدى به)

for —, مثال ذلك . مثلًا

ĕxas′pẹrate [iġz-], *v.* (-ted, -ting) أَغضَب (أو) أَغاظ شديداً . أَحنَق = زَمَّك . جعله يتفاقم

ĕxaspẹrā′tion [iġz-], *n.* استشاطة غضب . إغاظة . حَنَق . إحناق . تفاقم

ex′cavāte, *v.* حَفَر . احتفر = اجتاب = قَوَّب

excavā′tion, *n.* احتفار = اجتياب . جَوْبة . تقويب

ex′cavātor, *n.* حفّار = جَوّاب . (آلة) جَوّابة (أو) قوّابة

ĕxceed′, *v.* أناف . جاوز . أَربى (أو) زاد (على) . فاق

ĕxceed′ing, *a.* مُفْرِط . فاحِشٌ . متجاوز

ĕxceed′ingly, *ad.* للغاية . بإفراطٍ . بِشَطَط

ĕxcel′, *v.* (-lled, -lling) فَضَل = فاق . تَمَيَّز (على)

ex′cellẹnce, *n.* بَرَاعَة . امتيازٌ = فَخَارة

ex′cellẹncy, *n.* سَعادة = لقب تبجيل

ex′cellẹnt, *a.* بارع . مُمتاز . فاخر

excel′sior, *n.*, *int.* بُشارة خشب رقيقة للحشو . إلى العُلا

ĕxcept′, *con.*, *prp.* ما عدا . سوى . إلَّا . غير . ما لمْ

— for, إلَّا (ما كان) مِنْ . . .

— that, لولا أَنَّ . إلَّا أنَّ

ĕxcept′, *v.* استثنى . حاشى

ĕxcep′ting, *prp.* باستثناء . دون . حاشا

ĕxcep′tion, *n.* استثناء . مُستثنىً . شاذ

without —, بدون استثناء . قاطِبةً

to take — to, أنكر = اعترض (على) . استاء (من)

ĕxcep′tional, *a.* استثنائي . غير مُعْتاد = فاذّ

ĕxcep′tionally, *ad.* استثناءً . بصورة غير مَعهودة

ex′cerpt, *n.* مُقتَطَف . نُبذة . مُقتَبَس

ĕxcerpt′, *v.* اقتطف . اقتبس

ĕxcess′, *a.* زائد . فاضِل

ĕxcess′, *n.* زيادة = فَضْلَة . نَوْف . فَرْط . شَطَط . إفراط في الطعام والشراب . تجاوز

to —, إلى حد الافراط (أو) السَّرَف (أو) الشَّطَط

in — of, زيادةً (على)

ĕxcess′ĕṡ, *n.*, *pl.* أعمال الشَّطَط (أو) الطُّغيان

ĕxcess′ive, *a.* مُفرِط . فاحِش . مُتَجاوِز . مُتَبالِغ

ĕxcess′ively [-vl-], *ad.* فوق الحد . للغاية . بإفراطٍ

ĕxchānge′, *v.* بادل . عاوَض . صارَف . تبادل . استعاض . قايَض

ĕxchānge′, *n.* تبادل . بَدَل . عِوض . مُحاوَلة (في الكلام) . مُجاوَبة . بَنْدَر (التجّار) . بَدَّالة (التلفون)

bill of —, [كُمْبِيالَة] = سُفْتَجَة

ĕxche′quer [-chekẹr], *n.* خَزْنَة = خزينَة = بيت المال (للدولة) . أموال

Exche′quer [-chekẹr], *n.* أمانة المال (أو) وزارة المالية في بريطانيا

ẽxcīṡe′ [ek-], *n.* مَكس . ضريبة
ẽxcīṡe′, *v.* صَلَم . اقتطع . مَحا . طَلَس
ẽxcīt′able, *a.* سهل (أو) قابل الاهتياج (أو) الإثارة
ẽxcīte′, *v.* أهاج . أثار . حَرَّك . حَمَّس
ẽxcīt′ẽd, *a.* مُهتاج . مُتَهيِّج . مُتَحَمِّس
ẽxcīte′mẹnt [-tm-], *n.* تَحَمُّس . اهتياج . هَمْشَة = حركةٌ اهتمام
ẽxcīt′ing, *a.* مُحَمِّس . مُحَرِّك (أو) مُثيرٌ (للاهتمام)
ẽxclaim′, *v.* صاح . هَتَف
exclamā′tion, *n.* هُتافٌ . كلمة (أو عبارة) تَعَجُّبِيَّة
ẽxclam′atory, *a.* هُتافي . تَعَجُّبي
ẽxclūde′, *v.* مَنَع (من الدخول) . حَجَب . أخرج (أو) استثنى (من الجملة) = وَحَد . طَرَد
ẽxclū′sion [-zhẹn], *n.* حَجبٌ . مَنْعٌ . إخراج (من الجملة) . طَرْد
to the — of, باستثناء . بالتجاوز (عن)
ẽxclūs′ive, *a.* مُخَصَّص = وَحْدي = خالِصٌ = مَقصُورٌ (عليه دون غيره) . قَصري = مُنحَصِرٌ . تَحَيُّزي
— of, دونَ
ẽxclūs′ively [-vl-], *ad.* خالِصاً . بالحَصر . وَحْداً . فَقَط . دون الغير . خاصَّةً
excommūn′icāte, *v.* حَرَم (من شركة المؤمنين أو من الكنيسة)
excommūnicā′tion, *n.* حِرْمان (من الكنيسة) = تَلْعين
ex′crēment, *n.* فَضَلات الجسم . غائط
ẽxcres′cẹnce, *n.* نائفة (أو) زائدة لحمية (غير طبيعية)
excrēte′, *v.* أخرج . أفرز . تَغَوَّط
excrē′tion, *n.* إفراز
excrēt′ory, *a.* إفرازيّ
ẽxcrū′ciāte [-shiā-], *v.* عَذَّب (شديدَ العذاب) . بَرَّح (بِ) . أَمَضَّ
ẽxcrū′ciating [-shiā-], *a.* مُبَرِّح . مُمِض
ẽxcur′sion [-shẹn], *n.* تَنَزُّه . سفرة تَنَزُّهية (أو) نُزهة . انحراف
ẽxcurs′ive, *a.* تنزهي . تجولي . استطرادي
ẽxcūṡ′able, *a.* يُغتَفَر . مَعذورٌ . مَسموحٌ عنه . يُبرَّر
ẽxcūṡe′, *v.* عَذَر . اعتذر . تَعَذَّر . سامح . أَعفَى . استغنى (عن) . بَرَّر
to — himself, استسمح
— me ! اسمح لي ! عَفوَك
ẽxcūse′, *n.* عُذر . تَعَذُّر = عِلَّة . تبرير
ex′ẽcrable, *a.* شَنيع . مَقيت . لَعين
ex′ẽcrāte, *v.* مَقت . لَعن
exẽcrā′tion, *n.* مَقت . لَعن . لَعْنَة
ex′ẽcūte, *v.* أجرى . أَنجز . أَدَّى . نَفَّذ . أَعدَم
exẽcū′tion, *n.* تنفيذ . إعدام . إنجاز
exẽcū′tionẹr [-shẹn-], *n.* جَلَّاد . مُنَفِّذ حكم الإعدام
ẽxec′ūtive [iġz-], *a.* تنفيذي . إجرائي . إداري
ẽxec′ūtive, *n.* مدير تنفيذ . مُوَظَّف تنفيذي . السلطة التنفيذية
ex′ecūtor [iġz-], *n.* مُنَفِّذ . مُنَفِّذ الوَصِية . وَصِيٌّ (مُتَصَرِّف)
ẽxem′plary [iġz-], *a.* قُدوة (أو) مِثالٌ (أو) عِبرَةٌ (للغير) . نَموذَجي . يُقتَدَى به
ẽxemplificā′tion [iġz-], *n.* مِثال . تمثيل = استشهاد بمثال

ẽxem'plifȳ [iġz-], *v.* (-fied, -fying) مَثَّل . تَمَثَّل

ẽxempt', [iġz-], *v.* أعفى . استثنى

ẽxempt' [iġz-], *a.* مُعفىً . مُستثنىً

ẽxemp'tion [iġz-], *n.* إعفاء . استثناء

ex'ercīṡe, *v.* أعمَل . استعمل . مارس . رَوَّض . تمرَّن (على)

ex'ercīṡe, *n.* ممارسة . تَرْويض . تمرين . تأدِيَة

ẽxert' [iġz-], *v.* أعمَل . بَذَل . صَرَف . تَعمَّل . أجهد . تعنّى

to — himself, كَدَّ (أو أَجهد) نفسَه . بَذَل الجُهد

ẽxer'tion [iġz-], *n.* كَدٌّ . إجهاد . بَذل الهمة

exhalā'tion [eksal-], *n.* إخراج النفَس . فَيحٌ . نَفحان . تَبَخُّر

ẽxhāle' [eksāl], *v.* إنبعث منه . فاح . تَبَخَّر . نفح = أَخرَج (كالنَّفَس)

ẽxhaust' [iġzô-], *v.* استفرغ . استنزف . أنهك . استنفد . استقصى (البحثَ)

to — a subject, استقصى الموضوعَ = قتَله بحثاً ودرساً

ẽxhaust' [iġzô-], *n.* غاز مستهلَك خارج . فَرْغ = محل خُروج الغاز المُستَهلَك

ẽxhaust'ẽd [iġz-], *a.* مُستَهلَك . خائر (أو) مُنقَطع (القوى) . لاغِبٌ . [مَنزوح]

ẽxhaus'tion [iġz-], *n.* استنزاف . استقصاء (البحث) . إعياءٌ شديد = لُغوب

ẽxhaus'tive [iġz-], *a.* استقصائي . مُستَوفىً . مُحكَم . شامل . مُستَنزِف

ẽxhib'it [iġz-], *v.* أظهر . عَرَض (للعموم) . أَبْدَى

ẽxhib'it, *n.* مَعروضة (أو) مَعرُوضٌ (للعموم) . مَعروضة تثبيتية (في المحكمة)

exhibi'tion [eksib-], *n.* مَعرِضٌ (عمومي) . مَعروضة (للعموم)

ẽxhib'itor [iġz-], *n.* عارِض

ẽxhil'arāte [iġz-], *v.* (-ted, -ting) فَرَّح . شَرَح الصدر . أبهج . أنعش

ẽxhilarā'tion [iġz-], *n.* نَشوَة فَرح . انشراح . حُبُور

ẽxhôrt' [iġzô-], *v.* حَضَّض . وَصَّى . حَرَّض . وَعَظ

ẽxhortā'tion [iġz-], *n.* تحضيض . وَعْظ . تحريض = ذَمْر

exhūme', *v.* نَبَش . انتبش . أخرج من القبر

ex'igẹncy, *n.* ضَرُورة . حاجة مُلِحّة . طارئة

ex'igẹnt, *a.* عاجل . مُلِحّ . مُطلِب = مُرْهِق

ex'īle [eks- *or* eġz-], *v.* غَرَّب . نفى . أبعد

ex'īle, *n.* مُغرَّب . مَنْفيّ . مَنفى

ẽxist' [iġz-], *v.* كان (موجوداً) . وُجِد . عاش . تَعَيَّش

ẽxis'tẹnce [iġz-], *n.* وجود . مَوْجوديَّة . مَعيشة

ẽxis'tẹnt, *a.* موجود . جارٍ

ex'it [*or* eġzit], *n.* مَخرَج . خُروج . خُروج من الدنيا

ex'odus, *n.* خروج . نُزوح . جَلاء

Ex'odus, *n.* خروج اليهود من مصر بقيادة موسى . سفر الخروج (في التوراة)

ex officio [-fishiō], *a(d).* بحكم الوظيفة

ẽxon'ẹrāte [iġz-], *v.* رَفع التُهمة . بَرّأ . أعفى

ẽxôrb'itant [iġz-], *a.* باهِظ . فاحِش

ẽxôrb'itantly [iġz-], *ad.* فوقَ الحد المعقول

ex'orcīse, *v.* = exorcize
ex'orcīze, *v.* طرد الروح الشريرة بالرُّقَى والصلوات . طهّر من الأرواح الخبيثة
ẽxot'ic [iġz-], *a.* غريب . أجنبي . خارجي . مُغرِب
ẽxpand', *v.* انبسط . توسّع . كبّر . تمدّد . تَفَسَّح
ẽxpanse', *n.* نُدْح = مُنفَسَحٌ = بَسِيط = بِسَاط . سطحٌ واسع مديد . رَحِيبَة
ẽxpan'sion [-shẹn], *n.* انبساط . توسّع . اتساع . تمدّد
ẽxpan'sive, *a.* واسع . فَسِيح . مَديد . عريض . شامل . مُتَبَسِّط = تارك الاحتشام
ẽxpā'tiāte [-shi-], *v.* أسهب (أو) أطنب في القول (أو) الكتابة
ẽxpat'riāte, *v.* غَرَّب . تغرّب . نَزَح
ẽxpat'riate [-rẽit], *n.* مُتَغَرِّب . مُغترِب . نازح
ẽxpatriā'tion, *n.* تغرّب . اغتراب . غُربة . نُزوح
ẽxpect', *v.* تَوَقَّع . أَمَّل . انتظر
ẽxpec'tancy, *n.* تَوَقُّع . انتظار . مُنْتَظَر
ẽxpec'tant, *n., a.* مُتَوَقِّع . مُنتَظِرٌ . مُؤَمِّل
— mother, حامِلٌ (في انتظار الولادة)
expectā'tion, *n.* توقُّع . تأميل . احتمالٌ قويٌّ . مَأْمُول
— of life, مدة العمر (المحتملة)
ẽxpec'torāte, *v.* نَفَث (من الصدر) . بَصَق . نَخَع
ẽxpēd'iẹnce, *n.* = expediency
ẽxpēd'iẹncy, *n.* مُوافَقَة الغرض . مَصلَحة خاصّة
ẽxpēd'iẹnt, *a., n.* مناسب للظروف . مُنَاسِبٌ (أو) خادِمٌ لِلغَرَض . ذَرِيعَةٌ . وسيلة نافعة

ex'pēdīte, *v.* سَهَّل . عَجَّل . رَوَّج . سارع . وَحَّى = عجّل
expēdi'tion, *n.* رِحلَة . بَعْثٌ = تجريدة (أو) حَملَة . عَجلة . ترويج
expēdi'tionary [-shẹn-], *a.* خاص بالتجريدة العسكرية
The American — Force, جيش الحملة الأمريكية في الحرب العالمية الأولى
expēdi'tious, *a.* سَريعٌ . مُرَوِّج . سريعُ الإنجاز (للعمل) . نَجّاز
ẽxpel', *v.* (-lled, -lling) قَذَف . دَفَع (أو أخرج) بشدة . طَرَد
ẽxpend', *v.* أنفق . استهلك . أنفد . صَرَف
ẽxpen'diture, *n.* إنفاق . إنفاد . نَفَقَة . خَرْج
ẽxpense', *n.* نفقة = [كُلْفَة] = [مصروف] . بابٌ للإنفاق
at the — of, على حساب . . . في مقابل خسارة . . .
ẽxpen'sive, *a.* غالي الثمن = [مُكَلِّف]
ẽxpēr'iẹnce, *v.* خَبَر . جَرَّب . عالج
ẽxpēr'iẹnce, *n.* خِبرَة . مُعاناة . دُرْبَة . حُنكَة
ẽxpēr'iẹnced [-st], *a.* مُجرِّب . مُحنَّك . مُدَرَّب
ẽxpe'rimẹnt, *v.* اختبر . جَرَّب
ẽxpe'rimẹnt, *n.* اختبار . تجربة
ẽxperimen'tal, *a.* اختباري . بالخبرة . تجريبي
ẽxperimentā'tion, *n.* تَخَبُّر . تجريب . اختبار
ex'pert, *n.* خَبيرٌ . مُتَخَصِّص . مُتَمَهِّر
ẽxpert', *a.* ذو خبرة (أو) تَمَهُّر . اختصاصي . ماهِرٌ
ex'piāte, *v.* كَفَّر (عن)

expirā'tion, *n.* انقضاء . انصرام . إخراج النَّفَس

ẽxpīre', *v.* قَضَى . انقضى . انتهى الأجَل . زَهقَتْ الروحِ . أخرج النفَس . طَفِئَ . إنطفأَ

ẽxpīr'y, *n.* انقضاء . إنصرام

ẽxplain', *v.* فَسَّر . عَلَّل . وَضَّح

explanā'tion, *n.* تفسير . توضيح

ẽxplan'atory, *a.* تفسيري . إيضاحي

ex'plẽtive [*or* **ikspl̄e-**], *n., a.* تَكمِلَة كلامية = فَضْلَة (في الكلام) . كلمة تَعَجُّبية (أو) لَعَنِيّة

ex'plicable, *a.* يمكن تفسيره

ẽxpli'cit, *a.* على بَيِّنَة . مُفَسَّر . واضِح . صريح . قاطِع

ẽxplōde', *v.* تَفَقَّع . فَجَّر . نَقَض . فَيَّل (الرأيَ) . فَنَّد

ex'ploit, *n.* عَمَلٌ بُطُولِيٌّ . عَمَلٌ مَجيد

ẽxploit', *v.* اِسْتَغَلَّ . استغل للمنفعة الخاصة

exploitā'tion, *n.* استغلال . استغلال للمنفعة الخاصة

explôrā'tion, *n.* استكشاف = ارتياد . تدقيق

ẽxplôre', *v.* ارتاد . فَتَّش . دَقَّق . استقرى = استبرأ . سَبَر . فَحَص

ẽxplôr'ẹr, *n.* مستكشِف = مُرتاد

ẽxplō'sion [**-zhẹn**], *n.* تَفَقُّع . انفجار . تَفَجُّر

ẽxplōs'ive, *a.* ثَوَراني . تَفَجّرى . قابل للانفجار (أو) سريعُه

ẽxplōs'ive, *n.* مادة مُتَفَجِّرة

ẽxpōn'ẹnt, *n.* شارِحٌ . رَمزٌ . أُسٌّ

ẽxpôrt', *v.* [صَدَّر] البضائع إلى الخارج للبيع

ex'pôrt, *n.* تصدير . صادِرٌ

expôrtā'tion, *n.* تَصدِير

ẽxpôrt'ẹr, *n.* مُصَدِّر

ẽxpōṡe', *v.* أَبَان . كَشَف . عَرَّض . تَعَرَّض . فَضَح . نبذ في العَرَاء

expoṡi'tion, *n.* مَعرِضٌ عام . شَرْح . إبانة

ẽxpoṡ'itor, *n.* شارح . مُفَسِّر

ẽxpoṡ'itory, *a.* شَرْحي . تَفسيري . مُفَسِّر

ẽxpos'tūlāte, *v.* ناقش مُحتَجًّا . ناقش وَحَضَّض . ناقش ووعظ . عاتب

ẽxpostūlā'tion, *n.* مناقشة وتحضيض . مناقشة ووعظ . مُعاتَبة

ẽxpō'sure [**-zhẹr**], *n.* كشف . تكشيف . تَعريضٌ . افتضاح . ترك . نَبْذٌ (في العَراء)

ẽxpound', *v.* بَسَط . فَسَّر . شَرَح . فَصَّل . أَوَّل

ex-preṡ'idẹnt, *n.* رئيس سابق

ẽxpress', *v.* أعرب (أو) أفصح (عن) . عَبَّر . عَصَر

to — himself, أَعرب (أو) أبان (أو) أَبْدَى (ما في نفسه)

ẽxpress', *a.* بالنَصّ . صريح . سَريع . خصوصي

ẽxpress', *n.* مِرسَالٌ سريع . قطار سريع

ẽxpress', *ad.* بمرسالٍ سريع . بصورة خصوصية . لغرض خصوصي

ẽxpre'ssion, *n.* إعرابٌ . تعبير . عِبارة . إفصاح (أو) إبانة (عن النفس) . سيماء

beyond —, بما لا تَفِي به عبارة

ẽxpress'ive, *a.* مُعَبِّر . مُعرِب (عن المشاعر) . بليغ العبارة

ẽxpress'ly, *ad.* على الخصوص . تنصيصاً . عَمداً . بصريح العبارة

ẽxpul'sion, *n.* دَفعٌ (أو) إخراج بشدة . طَرْد

ẽxpunge′, *v.* حَذَف . طَلَّس . طَمَس . محا
ex′purġāte [-pẹr-], *v.* نقّح من كلام الفجور
ex′quiṡite [-kwi-], *a.* جميلٌ مُعجِبٌ . أنيقُ (الصُّنع) . رقيقٌ لطيف . نفيس . حادٌّ
ex′tant [*or* ixtant], *a.* موجود . باقٍ . جارٍ
ẽxtemporān′ēous, *a.* إرتجالي . على الفور (أو) البديهة .
ẽxtem′porẽ, *ad.* إرتجالًا . على البديهة . بدون استعداد
ẽxtend′, *v.* مَدَّ . بَسَط . أطَال . امتدَّ . أعطى. مَنَح. رَدَّح (البيت) = زاد فيه ووسَّعه
ẽxten′sion [-shẹn], *n.* مَدّ . تمديد . زيادة
ẽxten′sive, *a.* بعيد المدى . واسع . استبحاريّ
ẽxten′sively [-vl-], *ad.* إلى مدىً بعيد . باستبحار
ẽxtent′, *n.* امتداد . مَدَى . سَعَة . مقدار . مُدَّة . فُسحَة . حيِّز
ẽxten′ūāte, *v.* هَوَّن . خَفَّف . لَطَّف . شَفَع (لِ) . تَعذَّر (لِ)
ẽxtenūā′tion, *n.* تخفيف . تلطيف . تكفير . شَفاعة
ẽxtēr′ior, *n.*, *a.* خارج = ظاهر . خارجي
ẽxterm′ināte, *v.* استأصل . أباد . أفنى
ẽxterminā′tion, *n.* اسْتئصال = اصطلام = إبادة
ẽxtern′al, *a.*, *n.* خارجي . ظاهرةٌ . ظاهري . سَطحي
ẽxtern′ally, *ad.* خارجًا . في (أو من) الخارج
ẽxtinct′, *a.* مُنقرِض . بائِد . مُنطفِئ
ẽxtinc′tion, *n.* إطفاء . انقراض . بُيود . إبادة . هُمود

ẽxtinġ′uish [-wish], *v.* أطفأ . أخمد . أباد . مَحَق . كَسَف . أفحم
ẽxtinġ′uishẹr [-wish-], *n.* مُطفِئ . [طَفَّايَة]
ex′tirpāte, *v.* استأصل . اجتثّ
extirpā′tion, *n.* استئصال . اجتثاث
ẽxtōl(l)′, *v.* (-lled, -lling) عظَّم الذِكر = مَزَّى = مَدَّح = أكثر الثناء والمدح
ẽxtôrt′, *v.* ابتزَّ = بَلَص . استخلص
ẽxtôr′tion, *n.* ابتزاز = بَلص . تبليص
ẽxtôr′tionate [-shẹnit], *a.* ابتزازي . فاحِش . بَلصي
ex′tra, *a.*, *n.* زائد . عِلاوة . إضافي
ẽxtract′, *v.* استخرج . استخلص . انتزع . قَلَع = نتخ (الضرسَ مثلًا)
ex′tract, *n.* خُلاصَة
ẽxtrac′tion, *n.* استخلاص، . انتزاع . خَلع . أَصل
ẽxtrac′tor, *n.* مِنتاخ = آلة النتخ (أو) القَلع
ex′tradīte, *v.* سَلَّم الفارَّ (أو) السجين لدولة أخرى
extradi′tion, *n.* تسليم الفار (أو) السجين
ẽxtrān′ēous, *a.* أجنبي . خارجي . غريب
ẽxtraôrd′inarily [-rôr-], *ad.* فوق العادة . إلى حدِّ التعجيب
ẽxtraôrd′inary [-rôr-], *a.* فوق العادة . مُعجِب . مُبرِحٌ = مُدهِش مُعجِب . عُجاب . في غاية الغَرَابة
ẽxtrav′aġance, *n.* إسرافٌ . مجاوزة الحد . مُغالاة
ẽxtrav′aġant, *a.* مُسرِفٌ . مُغالٍ . مُفرِط
ẽxtrēme′, *a.* مُتبالِغ . متناهٍ (في العظم أو الشدة) . في غايةٍ (أو) نهاية (من) . مُتطرِّف . غائي . مُفرِط . متجاوزٌ الحد

ēxtrēme′, *n.* طَرَف . غاية . نهاية . أقصى . درجة نهائية

in the —, للغاية . إلى آخر الحدود . إلى أقصى الدرجات

to go to —s, تناهى = تَطرَّف . غالَى . بالَغ

ēxtrēme′ly [-ml-], *ad.* للغاية . في غاية (من) . غايةَ . . .

ēxtrēm′ist, *n.* مُتطرِّف = غالٍ . مُغالٍ

ēxtrem′ities [-tiz], *n. pl.* أطراف الجسم = اليدان والرجلان = الشَّوَى

ēxtrem′ity, *n.* غاية. طَرَف. نهاية. غُلُوٌّ. إجراءٌ متناهٍ (في الشدة) . غَمرة . ضِيق . شدة . بُرَحاء = غاية من سوء الحال

in —, في غَمرة . في شدةِ الضيق . في مِحنةٍ (أو) لأوآء . في جَهد (البلاء) . في حَراجة

ex′tricāte, *v.* خلَّص وأطلق = فكَّ . أفلَتَ

extrin′sic, *a.* غير جوهري . عَرَضي . خارجي

ēxūb′ẹrance [iġz-], *n.* تجثُّل (النبات) = تجمُّم . تكاثُر . فَيض . انتعاش

ēxūb′ẹrant [iġz-], *a.* كثير مُلتَفّ = جَثيل = جَميم = فيَّاض . عميم . غزير . مُنتعِش

ēxūde′ [iġz-, iks-], *v.* بضَّ = ترشَّح . تفصَّد = تعبَّط . تَبزَّل . تحلَّب

ēxult′ [iġz-], *v.* تهلَّل فرحاً . ابتهج أشدَّ الابتهاج

ēxul′tant [iġz-], *a.* مُبتهِجٌ . مُعتزٌّ . مَزهُوّ

ēxultā′tion [iġz-], *n.* حُبور . ازدهاءٌ (بالنصر)

eye [ī], *n.* عين . ناظر(ة) . باصرة . نظرٌ . إبصار . نظرة . خَرْت (أو) ثَقب (الأبرة)

an — for an —, قِصاص . العينُ بالعين . انتقام

to catch his —, جلَب انتباهه

to have an — to, تلمَّس . ترقَّب . تشوَّف . تطلَّع

in the public —, مرموقٌ من الناس

to set —s on, أبصر . لحَظ

to keep an — on, راعى . راقب . رَقَب

to make —s at, رَنا (إلى) . تصبَّى (على) = [تصبَّب] . نظر بعين [الصَّبابة]

to see — to —, اتفق (في الرأي)

eye, *v.* (eyed, eying *or* eyeing) رامَق = راقب (أو) ترصَّد (بدقة أو بريبة) = شَفَن

eye′ball [ībôl], *n.* حبَّة العين . مُقلة العين

eye′brow [ī-], *n.* حاجب (العين) . حَجاج العين

eye′-ġlâss [ī-], *n.* مِنظَرة . نظَّارة مُفردَة

eye′-ġlâssẹs [ī-], *n. pl.* نظَّارات . [عُوَينات]

eye′lash [ī-], *n.* هُدْب (العين)

eye′lēss [ī-], *a.* أعمى . كفيف (النظر)

eye′let [ī-], *n.* ثُقبة . ثُقيب . وَصوَص . عُيَينة

eye′lid [ī-], *n.* جفن العين (أو) غِمدها

eye′piece [ī-], *n.* عَدَسة الميكروسكوب القُربَى (من الناظر)

eye′sīght [īsīt], *n.* إبصار . بَصر . نظر . مدى البصر

eye′sôre [ī-], *n.* حَذرة = قَرحة في باطن الجفن . شيءٌ نابٍ (أو) يُكرَه النظرُ إليه . شيء قبيح المنظر تتأذى به العين

eye′strain [ī-], *n.* إجهاد العين . تعَب العين

eye′witnēss [ī-], *n.* شاهد عِيان

eyrie, *n.* = eyry

eyr′y [īri], *n.* وُكن = وَكْر العُقاب . عَلياء

F

F, f [**ef**], *n.*; *pl.* F's, f's الحرف السادس من أحرف الهجاء

Fāb'ian, *a.* يستعمل طريقة المطاولة والأنهاك. مُتحذِّر

fā'ble, *n.* حِكاية (خرافية). أُكذُوبة. زَعْمة

fab'ric, *n.* نسيج. نسج. تركيب

fab'ricāte, *v.* صَنَع. اختلق. إئتفك. افترى. تخرَّق

fabricā'tion, *n.* اختلاق. فِرْية. أُمْرُوجة = حَديثٌ مُسرَّج (أو) مُختَلَق

fab'ūlous, *a.* خُرافي. مُخيَّل

facâde' [**fasâd**], *n.* مَقبل = عارِضة (أو) [واجِهة] البناء. تَوْجيهة

fāce, *n.* وَجْه. مظهر. مَسحة. مُقدَّم. سَطْح. ظاهر

in the — of it, أمامَ. رغمَ

on the — of it, بحسب الظاهر. بحسب ما هو في الظاهر

fāce, *v.* واجه. قابل. تَصدَّى (لِ)

fa'cĕt, *n.* صُفَيحة = جُنَيبة = أحد الجوانب الصغيرة من قطعة ألماس

facē'tious, *a.* هَزَّال = مُسخِن. هَزلي (في غير أوان)

fā'cial [**-shal**], *a.* وَجهي

fa'cile [*or* **-cīl**], *a.* هَيِّن. يسير. لَيِّن. عَفوِي (بلا تعب)

facil'itāte, *v.* هَوَّن. يَسَّر. سَهَّل

facil'ity, *n.* سُهولة. استسهال. صَناعة (أو) مَهارة. تسهيل. مَرفِق. لُيونة

fā'cing, *a.* تِلقاء. تُجاه. إزاء

facsim'ilē, *n.* نسخة (أو) صورة طبق الأصل

fact, *n.* أمرٌ واقعي. حَقيقة. واقع

the — that, إنَّ ...

in —, في الحقيقة. في الواقع

fac'tion, *n.* فِئة شِقاقية. فِرْقة (عَصَبيَّة أو مُعانِدة). شِقاق

fac'tious, *a.* مُحِبّ للشِقاق. مُشاقّ

facti'tious, *a.* مُكرَه. غير طبيعي. اصطناعي. مُتكلَّف

fac'tor, *n.* مُعامِل. عامِل. عُنصُر. مَضروب. وَكيل

fac'tory, *n.* مَعمَل. مَصنَع

factōt'um, *n.* مستَخدَم لجميع أعمال الخِدْمة

fac'tūal, *a.* واقِعي

fac'ulty, *n.* مَقدِرة (أو) مَلَكة (عَقلية). هيئة (أو جماعة) الأساتذة

fad, *n.* [هَوَس] = أُلهُوجة = وُلعة

fāde, *v.* باخ. ذَوَى. نفض (اللونُ). خَمَد. هَمَد. وَلَّى. ارتثّ = ضَعُف. تولَّى. مَصَح (أو) نصل (اللون). أضمحل

fa'erie, *n.*, *a*, = fa'ery

fa'ery [**fāri**], *n.*, *a.* جِنية. أرض (أو) بلاد الجن. خاصّ بالجن (أو) بأرضهم

fag, *v.* (-gged, -gging) = أجهد (نفسه) تلغَّب = فخّ. أنهك (القوة)

fag, *n.* عَمَلٌ جهيد = مَلغَبة

fag, *n.* طالب يخدم طالبًا أكبر منه

fag'-end, *n.* طرف الحبل المتنسِّل. فَضْلة. رُمَّة. قِطعة القماش المتنسِّلة

fagg'ot, *n.* مُحزَمة (أو) إبَّالة (من العيدان) = طِن

Fahr'ẹnheit [-hīt], *n.* مِيزان حرارة درجة التجمد فيه (٣٢) ودرجة الغليان (٢١٢)

fail, *v.* أخفق . قصَّر . لَمْ (أو) ما . أخذ يضمحل . تناقص . انقطع . خَذَل = ما أسعف . خفت . خمد . أخلف . أفلس (أو) عَجَز عن الوفاء . سقط (في الامتحان)

fail, *n.* إخلاف

without —, من غير إخلاف . [من كل بُدٍّ]

fail'ing, *n.* قُصُور . نَقِيصة = هَنَة . مَوطِن ضعف

fail'ing, *prp.* في حالة عَدَم وجود . . . إذا لم يكن

fail'ure [-yẹr], *n.* إخفاق . قصور . إمحال . اضمحلال . تناقص . انقطاع . العجز عن الوفاء . خائب . سقوط (في الامتحان)

fain, *a(d).* بسرورٍ . عن رغبةٍ وإقبال

faint, *v.* أُغمِيَ (أو) غُشِيَ (عليه)

faint, *a.* خافت . خائر . بائخ . وانٍ . غامِض . خابت . طامِس

faint, *n.* إغماء . غَشَيان . غَشْيَة

faint-heart'ẽd [-hâr-], *a.* هَيِّت = مَهبوت = وَهْواه = واهن (أو) خائر القلب

faint'ly, *ad.* بِوَهْن . بخفوت . بِضَعْف

fair, *a.* مُنصِف . أمين . وَسَط . أبيض . صَحْوٌ = صاحٍ . ظريف . جميل . لطيف . نظيف . واضح . أشقر

by — means *or* foul, بإكرام (أو) إجرام . بحقٍّ (أو) بباطل

to bid —, يُستبشَر (به) . يُرجى (منه) . يُحتمل (له)

— game, صَيدٌ حَلالٌ

fair, *n.* مَوْسِم . سوق . سوق موسمية

fair'-haired [-rd], *a.* أشقر الشَّعر

fair'ly, *ad.* إلى حدٍّ ما . حقًّا . تمامًا

fair'nẽss, *n.* إنصاف . أمانة . جَمال

fair'y, *n.* جِنِّيَة . جِنّيّ

fair'y, *a.* بديع الحسن . لطيف

fair'yland, *n.* أرض (أو مَوطِن) الجن . مَكانٌ نَزِهٌ أنيق

fair'y-tāle, *n.* قِصّة عن الجن . أُكذُوبة . قِصّة (أو) قول مِن نَسج الخيال

faith, *n.* ثِقَة (عمياء) . إيمان . دِين . ذِمَام = حُرْمَة

to keep —, رعى (أو) راعى الذِّمام (أو) العهد

in bad —, عن سوء نية . عن دَغَل نِيّة

in good —, بأمانة . عن خلوص نِيّة . بقلب سليم

faith'fụl, *a.* مُخلِص . مُؤتَمَن . ناصح . صادق . ذو رِعَاية (أو) ذِمام

the faithful, *n. pl.* المؤمنون . المخلصون

faith'fụlly, *ad.* بإخلاصٍ . بأمانة (وصدقٍ)

faith'fụlnẽss, *n.* إخلاص . حفظ (أو) رِعاية (الذِّمامِ)

faith'lẽss, *a.* لا عَهدَ (أو) ذِمَّة (أو) وفاء له = خَيذَع

fāke, *a., n.* مُزَوَّر . مُصطنَع . حيلة (مُصطنَعة) . مَنحول . مَصنوع

fāke, *v.* زوَّر . مَوَّه . صَنَّع . دَلَّس

fakīr', *n.* فقير = شحّاذ = متسوِّل

fal'chion [fôlchon], *n.* سيف عريض مُنحنٍ له طرف حادّ

falc'on [fôkn *or* fôlkn], *n.* صَقر . صَقر (وهو الاسم العام) . باز = سَوذَنيق

falc'onẹr [**fôkn-** *or* **fôlkn-**], *n.* بازِيار . بَيْزار . بازدار

falc'onry [**fôkn-** *or* **fôlkn-**], *n.* الصيد بالبازي = بَزْدَرة

fall [**fôl**], *v.* (fell, -llen, -lling) سَقَط . وَقَع . هَبَط . انحطّ . انحدر . انهدّ . تَقَوَّض . نزل . انقرض

to — back, تراجع . ارتدّ . تقهقر

to — back on, التجأ (إلى) = فَزِع (إلى)

to — behind, تخلَّف

to — in, اصطف . انسجم . لَقِي . وافق

to — off, خَسّ . سَقَط . تناقص . تحتحت (الورق)

to — on, upon, هاجم . صال . غشي . انقضّ (على)

to — out, خرج (أو) انفتل من الصف . تخاصَم . تنافر . ناكر . نجم

to — through, حَبط . أخفق

to — to, إنهال . طَفِق = شَرَع

fall [**fôl**], *n.* سُقوط . سَقطَة . هُبوط . انحدار . تَنَزُّل . انحطاط . انقراض . خريف . شَلَّال

fallā'cious [**-shẹs**], *a.* خادِع . مُضَلِّل . خاطِئ (عقليًّا) . باطِل (مَنطقيًّا)

fall'acy, *n.* قِياس باطِل . سَفسَطة . تُرَّهة . فكرة خاطئة (أو) مُضلِّلة

fall'ẹn [**fôl-**], *a.* ساقِط . صَريع (مُلقىً على وجهه)

the —, الصَّرعى (أو) القَتلى (من الجنود)

fall'ible, *a.* غير معصوم من الخطأ (أو) الزلل

fall'-out [**fôl**], *n.* سُقاط ذَرّي . غُبار ذَرِّي

fall'ōw [**-ō**], *a.* (أرض) مَكروبة ومتروكة . مَوات . غير مُفتلَح

fall'ōw [**-ō**], *n.* أرض مُستَريحة (أو) مُبوَّرة

fallōw deer, أيّل آدم

fallṡ [**fôlz**], *n. pl.* شَلَّال . شَلَّالات

false [**fôlṡ**], *a.* (-ser, -sest) كاذب . مُزوَّر . زُور . زائف = مُدَلَّس = مَصنُوع . غير صحيح . باطِل . خائن . خدَّاع

— colours, عَلَمٌ مُنتحَل . تدليس . إدعاء كاذب

a — bottom, قعر كاذِب (أو) كَذَّاب (أو) مُستَعار

false, *ad.* بِخِداع . بِغِشّ . بزُورٍ

to play —, دَاجَل = وَالَس = خادع وخان

false'hood [**fôls-h-**], *n.* كَذِب . زُور . افتراء

false'nĕss [**fôlsn-**], *n.* كَذِب . زَيْف . زُور

falsificā'tion, [**fôl-**], *n.* تَزوير . تحريف . تزييف

fal'sifȳ [**fôl-**], *v.* (-fied, -fying) أَكْذَب = اثبت البطلان . حرَّف . زوَّر . زغل . زيَّف

fal'sity [**fôl-**], *n.* كَذِب . زَيْف . بُطلان

fal'tẹr [**fôl-**], *v.* تكأكأ . تَلعثَم . تخاذل . لجلج . تَجَمجم . تَعثَّر (في كلامه)

fāme, *n.* حُسن صيت (أو) سُمعة . اشتهار

fāmed [**-md**], *a.* مُشتَهِر . نابه الذكر . شهير

famil'iar, *n.* رَئِيّ (أو) رئيَّة = تابع (أو) تابعة = أنيس (أو) أنيسة (من الجنّ) . إلف (أو) قَرين

famil'iar, *a.* مَأنوس (في الاستعمال) . مألوف . عارِف (أو) مُطَّلِع . شديد المعرفة (أو) الأُلفة (ب) . مُدِلّ . خالٍ من الاحتشام

familia′rity, *n.* أُنْسَة = أُلْفة . نَكلُّف . الأُلفة = إدلال . [خُصُوصيّة] = دالّة . إطّلاع . دُرْبَة . رَفع الكُلْفة

famil′iarize, *v.* ألِف . نَعوَّد وتَعَرَّف . جيّداً . جعله مألوفاً (أو) مأنوساً . تدرّب (على)

fam′ily, *n.* أُسرة . عائلة . أولاد . أهل . أقارب . فَصيلة . جِنس . قبيلة

fam′ine, *n.* مَجَاعَة . مَحْل . جوع شديد

fam′ish, *v.* جَوّع (أو) جاع حتى مات . سَغِب = اشتد به الجوع (أو) تَضَوَّر منه

fām′ous, *a.* شهير . ذائع الصيت . حَسَن الذكر

fan, *n.* مِرْوَحة . شيء مُنفَرِش (أو مُنْتَشِر) كالمِرْوَحة

fan, *v.* (-nned, -nning) روَّح . هوَّى . أهاج

fan, *n.* شخصٌ مُتعلّق (أو) مُتولِّع بشيء . شخص مُعجَب بشخص آخر

fanat′ic, *a., n.* مُتعصِّب . مُتَرَقِّض . أُحمَس

fanat′ical, *a.* تَعصُّبِي . تَرَقُّضِي . حَمَسِي

fanat′icišm, *n.* تَعصُّب . تَرَقُّض . حَمَس (ديني)

fan′cier, *n.* شخصٌ مُولَع (أو) شديد التعلّق (ب)

fan′ciful, *a.* خَيالي . وَهْمي . غريب الهيئة (أو) الشكل . كثير الوَهْميّات = وَهّام

fan′cy, *n.* خَيَال . تَخَيُّل . رَغبَة . وَهْمِيّة . فكرة عارضة . مَيل عارض

fan′cy, *a.* (-cier, -ciest) مُزَخرَف = مُنمَّق = مونَّق . مُبَهرَج

fan′cy, *v.* (-cied, -cying) تَخَيَّل . تَصَوَّر . أَحَبَّ . تَوَلَّع (ب) . ظَنَّ . تَوَهَّم

fāne, *n.* مَعبَد . كنيسة

fan′fāre, *n.* نَوبَة نَبويق . عَرْض نباه

fang, *n.* نَاب

fan′-tail, *n.* حَمام له ذنبٌ كالمِرْوَحة . ذَيل (أو) طرف الذنب ينتشر كالمِرْوَحة

fantas′tic(al), *a.* مِثل الكَذِب . من صُنع الخَيَال . لا يكاد يُصدَّق (أو) يُتَصَوَّر

fan′tasy, *n.* خيال جامح . وَهم . تَخَيُّل . خَيَال مُغرب . وهمٌ بالغ . إبداع خيالي

fâr, *a.* (farther, farthest) بعيد . ناءٍ . أَبعَد

fâr, *ad.* بعيداً . بكثير . كثيراً
by —, بكثير . كثيراً جداً
— and away, طُرّا . بكثير . كثيراً جداً
— and near, في كل مكان(قريب أو بعيد)
— and wide, في كل مكان
— cry, بُعْد كبير . بون شاسع
how — ? إلى أَيّ حدّ ؟ كم البُعْد (أو) المسافة ؟
in so — as, بِقَدْر ما . . . . من قِبَل أَنَّ
so —, حتى ذلك الوقت . إلى هذا الحد . حتى الآن

fâr′-away, *a.* سحيق = ناءٍ . بعيد . سارح الذهن . ذاهلٌ

fârce, *n.* تَمثيلة مُضحكة . مَهزَلَة

fâr′cical, *a.* مَهزَلي . مُوجِب للسُّخريَة . سَخيف

fāre, *v.* جَرى به الحالُ = كانت الأمور معه . حَدَث . أَسفَر (الأمرُ)
to — well or ill, أَفلَح (أو) خاب

fāre, *n.* نَوْل = أُجرة السفر . حُمْل السَّفينة . طعام . زادٌ

fārewell′ [-rw-], *int.* مع السَّلامة !

fārewell′, *n.*, *a.* وَدَاع . توديع . وَدَاعِي

fâr′-fetched′ [-fecht], *a.* بعيد المأخذ . متكلَّف . فيه إبعاد في التخريج

fâr-flung′, *a.* بعيد المدى . مَبذور (أو) مُنْتشِر انتشاراً واسعاً بَعيداً

fârm, *n.* مَزْرَعة . مَرْبى (للحيوانات)

fârm, *v.* زَرَع . فلَح . رَبَّى

fârm′ẹr, *n.* مزارع . زَرَّاع . فلَّاح

fârm′-house, *n.* بيت المَزْرَعة

fârm′ing, *n.* زِرَاعة . تربية (الحيوانات)

fârm′stead [-sted], *n.* مَجْشَرة = مَدْشَرة = مزرعة مع بيوتها

fârm′yârd, *n.* حَوْش المزرعة

fâr′-off, *a.* بَعيدٌ . قَصِيٌّ . ناءٍ

fâr-reach′ing, *a.* بالغ (أو بعيد) الأثر

fa′rriẹr, *n.* بَيطار . حَذَّاء الخيل

fa′rrōw [-ō], *n.*, *v.* أولاد (أو خنانيص) الخنزير . وَلَدت الخِنزيرة

fâr-see′ing, *a.* بعيد النظر . متبصّر

fâr-sīght′ẽd [-sīt-], *a.* بعيد النظر . بعيد الرؤية = شَوّاف . بصير (بعواقب الأمور)

fârsīght′ẽdnẽss [-sīt-], *n.* بُعد نظر . بُعد رؤية . بَصيرة

fârth′ẹr, *a(d)*. أبْعد . إلى أبعدَ (مِنْ) . آخر

fârth′ẹrmōst, *a.* أبعد ما يكون

fârth′est, *a(d)*. الأبعد . الأقصى . الأطول

fârth′ing, *n.* فَلْس (أو) رُبع البني (في النقد الانكليزي)

fàs′cināte, *v.* فَتَن . سَحَر . أسَر (اللُّب) . جَمَّد (عن الحركة)

fascinā′tion, *n.* فِتْنَة . رَوْعة . سِحر

fa′shion [-shẹn], *n.* طريقة . كَيفِيَّة . طَرْز . نَمط . زِي . عُرْف . عِليَة (القوم) = الخاصّة

to set the —, صَنَع (على هيئةٍ ما) . إبتدع الكيفية (أو) الأسلوب . رَسَم

fa′shion, *v.* كَيَّف . سَوَّى . عَمِل (على كَيفيةٍ ما)

fa′shionable [-shẹn-], *a.* بحسب الزِي (أو الموضة) . من الخاصّة

fa′shionably, *ad.* بحسب الزِي (أو الموضة)

fâst, *a.* سَريع . مُقدِّم (كالساعة) . راسخ . ثابت . لا يتقلقل . مَنيع (ضِدّ . . .)

fâst, *ad.* بسرعة . بإحكام . مُسْتَغرِق . مُسْتَحكِم

fâst, *v.*, *n.* صام . صِيام . يوم الصَوْم

fâ′sten [-sẹn], *v.* أرْتَج (الباب) . رَبَط . شَدَّ . وَكَّد . أحكم (إغلاقه) . ثَبَّت . لزَّ

fâ′stenẹr [-sẹn-], *n.* رِباط . شِداد

fâ′stening [-sẹn-], *n.* وِثاق . رِتاج . وِكادٌ = تَمتين . ثِبات

fastid′ious, *a.* يَصعب إرضاؤه . عَيُوف . مُتَجَوِّد . مُتَشَرِّط . مُتَنَطِّس

fâst′nẽss, *n.* مَعقِل . رُسوخ . سُرعة

fat, *a.* (-tter, -ttest) شَحيم = سَمِين . لَحيم . بَدين . دَسِم . خِصب

fat, *v.* (-tted, -tting) سَمَّن . سَمِن . أشْحَم

fat, *n.* شَحم . دِهن . دَسَم

the — of the land, أفضَلُ (ما في . . .) . نِعَم (أو) خَيرات (شيءٍ ما)

fāt′al, *a.* قاتِل . مُميت . مَحتوم . قاضٍ = مُهلِكٌ . وَبيلٌ . كارِثٌ . حاسِم

fāt′alism, *n.* الاعتقاد بالقضاء والقدر = جَبْرِيَة

fatal'ity, *n.* [تَلَفيَّة] . هُلْك . حادثة قاضِية (أو) مميتة . إماتة . قضاء (وقَدَر)
fāt'ally, *ad.* بصورة قاضِيَة (أو) مُميتَة (أو) مُقدَّرة
fāte, *n.* قضاء وقَدَر . مُقدَّر . مَنيَّة = حَمَّة . مَصير مَحتوم . مآل
fāte, *v.* قُيِّض (أو تَقدَّر) له = تَهيَّأ
fāt'ēd, *a.* مُقدَّر . مَحتوم . موعود . مَحتومٌ عليه بالدَّمار (أو) الهلاك
fāte'fụl [-tf-], *a.* مُنبِئٌ عن الغيب . بقضاءٍ وقَدَر . بالغ الأهمية . قاضٍ . جالبٌ للموت (أو) الدَّمار
fātes [fāts] *n. pl.* إلاهات ثلاث (إغريقية) تُقدِّر حياة الإنسان
fâ'ṭhẹr, *n.* أَبٌ . والد . كاهِن (أو) قسيس = أب
The Father, الآب من الأقانيم الثلاثة
fâ'ṭhẹrhood, *n.* أُبُوَّة
fâ'ṭhẹr-in-law, *n.*; *pl.* fathers-in-law, الحَمْوُ = أبو الزوج (أو) الزوجة
fâ'ṭhẹrland, *n.* الوَطَن (الأصلي) . مَسقَط الرأس
fâ'ṭhẹrlēss, *a.* لَطِيم = يتيم الأب . لا يُعرَف له أب
fâ'ṭhẹrly, *a.* أَبَوِيّ
faṭh'om, *n.* قامة = ٦ أقدام (لقياس العُمق)
faṭh'om, *v.* قاس العمق . سَبَر الغَوْر . استقصى . تفهَّم
faṭh'omlēss, *a.* لا قرارَ له . لا يُسبَر غَوْرُه
fatĭgue' [-ēg], *n.* تَعَب . إعياء . كَلال
fatĭgue', *v.* (-gued, -guing) أَتعب . أعيا . أَكَلّ
fat'nēss, *n.* سِمَن . رَبالَة . بَدانة
fatt'ẹn, *v.* سَمَّن . سَمِن . خَصَّب (الأرض)
fatt'y, *a.* (-tier, -tiest) مُشْحِم . سَمِين . [مُدْهِن]
fat'ūous, *a.* أحمق (مع غُرور) . رَقِيع . مَغبون العقل . مأفون
fau'cēt, *n.* حنفيّة . صُنْبُور
fault, *n.* ذَنب . عَيب . نقص . غلطة . خطأ . صَدع . شَقّ
to find —, غَلَّط . تَشكَّى
to find — with, تَعَيَّب (الشيء) . عارض (في) . انتقد . استعاب
fault'fīndẹr, *n.* عَيَّاب . يَتسقَّط الأغلاط . نَقَّار
fault'lēss, *a.* مُكمَّل = لا عيبَ فيه
fault'y, *a.* (-tier, -tiest) مُستَجرِح = مَعِيب . مَعيُوب . فيه عِلَّة
faun, *n.* إله روماني يعطف على الفلاحين والرُّعاة (على شكل الماعِز)
faun'a, *n. pl.* حيوانات البلد (أو) المنطقة (أو) في زمنٍ معين
fāv'or, *n.* = favour
fāv'our [-vẹr], *n.* مَعروف = جميل . فَضل . حِظْوَة . مَحبَّة . الطاف . مساعدة . تفضّل . حَبوة . إتحاف . استحسان
in —, مُستَحسَن . مرغوب (فيه)
in — of, لِأَمر . لِاسم . لمصلحة . مُؤْثِر (لِ) . إيثاراً (لِ)
in his —, في مصلحةِ (أو) لمصلحةِ . . .
fāv'our [-vẹr], *v.* مَنَّ . أكرم = تَفضَّل (على) . حابَى . فَضَّل . آثر . استحبّ . حَبَا . أَحظى . أَتحف . ألطف . استحسن
fāv'ourable [-vẹr-], *a.* موافِق . مُؤاتٍ . طَيِّب . مُساعِف
fāv'ourably, *ad.* بموافقة . برضاً واستحسان . بإكرام

fāv'oured [-vẹrd], *a.* مُفضَّل = أثير . مَحْظِيٌّ . مُقرَّب . مُستَحبّ

fāv'ourite [-vẹrit], *n.*, *a.* مُعزَّز . حِبّاً = مَحْظِي . أثير

fāv'ouritism [-vẹr-], *n.* محاباة . إحظاء . تحظية

fawn, *n.* شادِن = صَغير الظباء = رَشَأ = طَلَى = غَفر . أعفر

fawn, *a.* أعفر = أسمر إلى الصفرة قليلًا

fawn, *v.* تَمَلَّق . داهن . تَخَضَّع

fay, *n.* جِنِّيَّة

F B I = Federal Bureau of Investigation

fē'alty, *n.* واجب الولاء . وَلاء . طاعة . إخلاص

fear, *n.* خوف . خَشْية . وَجَل

fear, *v.* خاف . أشفق . حاذر

fear'fụl, *a.* مُخيف . مُريع . خائِف . هَيَّاب . متوجِّس خِيفة . هائب

fear'fụlly, *ad.* بخوفٍ . جِدًّا

fear'lĕss, *a.* لا يَخاف . جسور

feaṡibil'ity, *n.* إمكان العمل (أو) التنفيذ . مُستَطاعية

feaṡ'ible, *a.* مُحتَمَل . مُمكِن (عَمَلُه أو تنفيذه) . مُستَطاع . صالح

feast, *n.* وليمة . عيد . احتفال

feast, *v.* أوْلَم . مَتَّع . تَمَتَّع

feat, *n.* عمل مُبْرِح . عَمَل بارِع . عَمَل مُبهِر (أو) عظيم

feaṭh'ẹr [feṭh-], *n.* رِيش . رِيشة . رِياش = لِباس . هُلْبة (شعر)

a — in his cap, = مَدْعَاة إلى الفخر . مَفخَرة . مَكرُمة

feaṭh'ẹr, *v.* راش . رَيَّش . تَرَيَّش

feaṭh'ẹry [feṭh-], *a.* ريشي . ذو ريش . هِف

fea'ture [fēchẹr], *n.* لائحة . ناحِية . تقطيعة (الوجه) = مَعرَف . مُمَيِّزة خاصّة = مَعلَم . طَلْعة الوجه . ناحية بارزة

Feb'rūary, *n.* شهر شُباط = فبراير

fēc'und, *a.* خَصيب . مُخصِب . وَلود

fēcun'dity, *n.* خِصب . إخصاب . وَلودِيّة

fed, *v.*; *p.*, *pp.* *of* feed

fed'ẹral, *a.* اتحادي ائتلافي . فدرالي

fed'ẹralist, *n.* نصير (أو داعية) للنظام الاتحادي الائتلافي (الفدرالي)

fed'ẹrāte, *v.* تألّف في شكلٍ اتحادي (أو) فدرالي

fedẹrā'tion, *n.* اتحاد ائتلافي . دولة ائتلافية

fee, *n.* جُعْل . أجرة . رَسْم

— simple, مِلْكية حُرّة مع حَقّ البيع للغير

fee, *v.* (feed, feeing) دَفَع (أو) أعطى أُجرة

fee'ble, *a.* (-bler, -blest) وانٍ . واهن . ضعيف جداً . واهٍ

fee'ble-mīn'dĕd [-lm-], *a.* سَخيف (أو) ركيك العقل = مَضعُوف = أفِين

fee'blenĕss [-bln-], *n.* عَجز . وَنًى . وَهن

fee'bly, *ad.* بضُعْف . بوَهْن

feed, *n.* أكل . طعام . غِذاء . عَلَف

feed, *v.* (fed, feeding) أطعم . رَعى . اقتات

feed'ẹr, *n.* مُطعِم . آكل . رافِد . (حيوان) يسمَّن للذّبح

feed'ẹr, *n.* تَلْبيبة (للوَلَدِ) . قارورة لإطعام الولد

feel, *v.* (felt, feeling) لَمَس . جَسَّ . (أ)حَسَّ . شَعَر . تحسَّس . أَحَسَّ (في نفسه) = دار (في خلده) . حَسَّ (له) = رَقَّ

feel, *n.* حِس . تحسُّس . مَلْمَس . مَجَسَّة

feel'er, *n.* لامِسَة . وَسيلة للتحسس

feel'ing, *n.* حِسّ . تَحَسُّس . إحساس . رِقَّة . حِسيَّة . شُعور . تهيج . فكرة عامة . رأي عام

feel'ing, *a.* حَسَّاس . رَقيق

feel'ingly, *ad.* بعاطفة . بِشَفقة . بتعطّف

feet, *n.; pl. of* foot أقدام . قوائم

feign [fān], *v.* تظاهر . ادَّعى . تَصَنَّع . اختلق . زَوَّر = [قلّد]

feint [fānt], *n.* استطراد حربي . تظاهرٌ كاذِبٌ = تَوْرية . مُخاتَلَة . حيلة

feint, *v.* تَظَاهر . خَتَل . خاتل . خادع

fel(d)'spâr, *n.* حجر معدني متبلور = صُفَاحة . صُفّاح الحقول

fēli'citāte, *v.* غَبط . هَنَّأ . [بارَكَ]

fēli'citous, *a.* مناسِب للمقام . مُوَفَّق

fēli'city, *n.* نعيم . سعادة . هناء . توفيقة . مَسعَدة

fēl'īne, *a., n.* من الفصيلة السِّنَّورية . كالقِطّ . سَلَّال

fell, *v.; p. of* fall

fell, *v.* أخرَّ = أسقط . قطع . صَرَع . أطاح (بِ)

fell, *n.* الخشب المقطوع في موسم واحد . جلد الإنسان . إهاب (أو) جلد الحيوان وعليه صوفه (أو) شعره

fell, *a.* قاسٍ . ذَريع . رَهيب . مُريع . شَرِس

fell, *n.* بُورَةٌ . تلّ أجرد . حُزْنَة = غِلَظ في الأرض

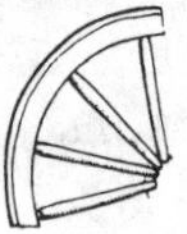

fell'oe [-ō], *n.* طَوْق الدولاب الذي تَعلَق فيه نهايات العوارض = حَوْق

fell'ow [-ō], *n.* صاحب . رَفيق . مثيل . قَرين . رَصيف . طالب بمنحة دراسية جامعية . عُضو (في جمعية علمية) . فَرْد(ة) . نَديد . أحد أمناء (جامعة أو كلية)

fell'ow [-ō], *a.* مُشارِك . مُقارِن . قَرين

fell'owship [-ōsh-] رَفاقة . صَداقة . رَصافة . زُمْلَة . منحة مالية للدراسة الجامعية

fell'ow-trav'eller, *n.* مُشايع (غير عامل) للحزب الشيوعي = مُجَنِّح = مُواكِب

fell'y, *n.* = felloe

fel'on, *n., a.* مُجرِم . جانٍ . فاجر . قاسٍ . داحِس = داحوس

fĕlōn'ious, *a.* إجرامي . فُجوري . قاسٍ

fel'ony, *n.* جِناية . جُرم (شنيع أو فاحش)

felt, *v. p. and pp. of* feel

felt, *n.* لِبْد . لِبْدَة . [لَبّاد]

felt, *a.* لِبدي . من اللبد

fēm'āle, *n.* امرأة . بِنت . أُنثى (الحيوان)

fēm'āle, *a.* أُنثوِيّ . إناثي

fem'inine, *a.* إناثي = نِسائي (أو) بَناتي . أَنيث . مُؤَنَّث

fēm'ur [-ėr], *n.* عَظْم الفخذ

fen, *n.* مَرْزَغَة . مُستَنقَع . هَوْر

fence, *n.* سِياج . مَهارة باستعمال السيف . بَراعة في مناقفة الكلام

on the —, لا مع هؤلاء ولا مع هؤلاء . على حَرْف

fence, *v.* سَيَّج . ثاقَفَ بالسيوف = لاعب بالسيف بمحاولةِ إصابة الغِرَّة من القِرْن

fen′cẹr, *n.* مثاقِف . مُسَايف

fen′cing, *n.* مُثَاقَفة . مُسَايَفَة . بَرَاعة في مناقفة الكلام

fend, *v.* حاص (عن) . ذادَ . ذَبَّ . استدفع

to — for himself, قام بشأن نفسه (وحدَه)

fen′dẹr, *n.* كانِفة = حاجز . وِقاء

fenn′ẹl, *n.* شَمر = رازيانج = (نبات) الشَّمر (أو) الشُّمرة (أو) الشَّمار . بَسبَاسَة

ferm′ent, *n.* إختمار . خَميرة . جَيَشانٌ . تَمَخُّض . هَيجَة

ferment′, *v.* اختمر . تَخمَّر . أهَاج وأثار

fermẹntā′tion, *n.* تَخَمُّر . جَيَشان

fern, *n.* خِنشار . سَرخَس . رَقماء . شُرْد

fẽrō′cious [-shẹs], *a.* شَرِسُ (الأكل) . وَحشِيّ . ضارٍ . مُفترِس

fẽro′city, *n.* عُرام = شَرَاسَة . عمل وَحشي

fẹ′rrẽt, *n.* (حيوان) ابن مِقرَض . قَرقَدون

fẹ′rrẽt, *v.* نَحَش = نَبَش واستثار . اصطاد بابن مِقرَض . انتبش . استنفج

fẹ′rrule [-rẹl *or* -rōōl], *n.* قَبِيعة مَعدنية = زُجّ (أو) طَوق معدني في نهاية العصا لحفظها من التشقق

fẹ′rry, *n.* عَبَّارَة . [مُعدِيَة] . مِعبَرَة

fẹ′rry, *v.* (-rried, -rrying) عَبَّر . [عدَّى]

fẹ′rry-bōat [-bōt], *n.* سفينة عَبَّارة

fert′īle, *a.* خَصِيب . مُغِلّ . مُثمِر . مُنبِت . كثير النسل . مُلقِح

fertil′ity, *n.* خِصْب . إغلال . قوة إنبانية . قوة إنتاجية

fertilīzā′tion, *n.* إخصاب . تلقيح . تسميد

fert′ilīze, *v.* أخصب . لقَّح . سَمَّد

fert′ilīzẹr, *n.* مُخصِب . لاقح . سَماد

fẹ′rula [-ōō-], *n.* (نبات) سكبينج = كف العروس

fẹ′rūle, *n.* مِقفَعة = قَضيب (أو) مِسطَرَة لِضرب أولاد المدرسة على أيديهم عقاباً لهم

fẹ′rūle, *v.* ضرب بالمقفعة . عاقب بهذا القضيب (أو) المِسطَرة

ferv′ẹnt, *a.* حارّ . شديد الحرارة . مُتحمّس شديد . ذو إيمان (أو) إخلاص شديد . حَميم

ferv′ẹntly, *ad.* بأيمانٍ شديد . بحماسة وشوقٍ . باحترار

ferv′id, *a.* شديد . حارّ . مُحتَرّ . حَميم

ferv′or, *n.* = fervour

ferv′our [-vẹr], *n.* نخوة . احتمام . اجتهاد وحَماسَة = احترار . حرارة شديدة

fes′tal, *a.* عِيدي . مرِح . لِلفَرَح

fes′tẹr, *v.* التذع (الجرح) = تَقَيَّح . قَرَّح . نَغِل = ضَغِن . أنغل

fes′tẹr, *n.* قَرحَة . بَثرَة . دُمَّل

fes′tival, *n.* عِيدٌ . احتفال . مِهرَجان

fes′tive, *a.* تعييدي . بَهيجٌ . [مِهرَجاني] . فَرَحِيّ

festiv′ity, *n.* فَرَح . مَهرَجَة = تَعييد

festōōn′, *n.* [فَستُون] = إكليل بشكل قِلَادة من أزهار وأوراق خضراء = سَمط مُهدَّل

festōōn′, *v.* زَيَّن بقلائد (أو قلادة) الزهر والأوراق

fetch, *v.* آتى = ذَهَب وأتى به . جَلَب . تنهَّد . تأوّه

fetch′ing, *a.* أخَّاذ = جَذَّاب . فتّان

fête, fete [fāt], *v.* أقام حَفلَة . أوْلَم

fête, *n.* حَفلَة . وليمة . مَأدُبة . عيد

fet'id [*or* **fē-**], *a.* أبخر . جائِف . آسِن . مُنتِن . ذو رائحة كريهة

fet'ish [*or* **fē-**], *n.* طاغوت . جِبْت . [فَتِيش] . زُون . حجر (أو) شجرة (أو) غيرهما يعتقد أن فيه قوة سحرية أو روحية تؤثر في حياة الناس

fet'lock, *n.* زَمَعة . ثُنَّة (فوق حافر الفرس)

fett'ęr, *n.* قَيد . شِكَال . كَبل

fett'ęr, *v.* قَيَّد . كَبَّل

fett'ęrs, *n. pl.* قُيود . أصفاد . أكبال

fēt'us, *n.* = foet'us

feud [**fūd**], *n.* تِرَة = ثأر . ذَحل = شَحناء

feud'al [**fū-**], *a.* إقطاعي

feud'alism [**fū-**], *n.* حُكم (أو نظام) الإقطاع

feudal system, نظام الإقطاع

feud'atory, *n.*, *a.* إقطاعي . تابع إقطاعي

fēv'ęr, *n.* سُخُونة = حُمّى . فورة . اهتياج عصبي شديد

fēv'ęred [**-rd**], *a.* محموم . مُهتاج . مُضطَرِب . قَلِق

fēv'ęrish, *a.* محموم . مُنهَمِك مُستَعجِل

fēv'ęrishly, *ad.* بِسُرْعَةٍ وانهماك واضطراب

few, *a.*, *n.* قليل . قِلّة . بِضع . بِضعة

few'nēss, *n.* قِلّة

fez, *n.*; *pl.* fezzes طَربوش

fian'cé [**fiânsā**], *n.* خَطيب . خاطِب

fian'cée [**fiânsā**], *n.* خطيبة . مَخطوبة

fias'cō, *n.*; *pl.* -co(e)s خَيبة (مُخزِية) . إخفاق . إكداء

fī'at, *n.* أمرٌ سامٍ . أمر . مرسوم . حَتم

fib, *n.* كَذْبة خفيفة . تلفيقة

fib, *v.* (fibbed, fibbing) كَذَب كَذْبةً خفيفة

fī'bęr, *n.* = fibre

fī'bre [**-bęr**], *n.* سِلك . لِيف . عَرِيكة

fīb'rin, *n.* مادة بيضاء جاسية توجد في الدم المتجلّط (أو) بعض النباتات = لِيفين

fīb'rous, *a.* ليفي . ذو ألياف

fic'kle, *a.* مُتَحَوِّل . مُتلَوِّن = خَيتَعور . لا يدوم على عهد . قُلَّب = ذو مَلَّة

fic'tion, *n.* أدب القَصَص الخيالي . قِصة خَيالِيّة . خَيال

ficti'tious, *a.* خَيالي . مُخَيَّل . تَخَرُّصي

fid'dle, *v.* عَزَف على الكمنجة

fid'dle, *n.* كَمَنجة

fidd'lęr, *n.* عازف الكمنجة

fid'dlestick, *n.* قوسُ الكمنجة يُعزَف به

fiddlestick(s), *int.* كلام فارغ

fidel'ity, *n.* وَفاء . إخلاص . أمانة زوجيّة . ضَبط . دِقّة

fidg'ēt, *v.* تَمَلمَل . مَلمَلَ . تَقَلَّق . تَنَمَّل . ترحَّل

fidg'ēt, *n.* مَلمَلة . تَمَلمُل . تَنَمُّل

fidg'ēty, *a.* كثير التململ (أو) التَنَمُّل . مُتَقَلِّق

fīe, *int.* عَيبٌ ! عَيبٌ عليكَ ! أُفٍّ !

fief, *n.* أرضٌ مُقطَعة . إقطاعِيّة

field, *n.* حَقل . ساحة بَراز . مِضمار . مَيدان . رَحبة

to take the —, ناجَزَ . نَزَل إلى المَعركة

field'-day, *n.* يوم الألعاب الرياضية . يوم التدريب العسكري . مناسبة عظيمة . يوم موسمي

field'ęr, *n.* لاعب الكريكت الذي يُوقِف الكرة ويرميها إلى داخل الملعب

field'-ġlâss, *n.* مِنظار مسافة

field'-ġun, *n.* مِدفع مَيدان

field'-mârshal, *n.* مُشِير (أو) فريق (في الجيش)

field'-mouse, *n.* فار الحقل

field'-piece, *n.* = field-gun

fielḋs'man, *n.* = fielder

fiend, *n.* روح شيطانية . شَيطان . خبيث . قاسٍ . شخص وَلوع (بالألعاب . . .)

fiend'ish, *a.* شَيطاني خبيث . وَحشي . ظالِم

fierce, *a.* (-cer, -cest) متوحّش . شَرِس . غَضُوب . عَنيف . حادّ . شديد . كاسِر . أهوج

fierce'nĕss [-sn-], *n.* توحُّش . شَرَاسَة . قَساوة

fīęr'y [*or* **fīri**], *a.* (-rier -riest) نارِيّ . مُلتهِب . شديد الحرارة (أو) الحاسة . حادّ الطبع

 **fīfe**, *n.* صِرنَاية = مِزمَار

fīfe, *v.* عَزَف على الصِرنَاية (أو) المِزمار

fifteen', *a.* خمسة عشر . خمس عشرة

fifteen'th, *a.*, *n.* خامسَ عشر . خامسة عشرة . جزء من خمسة عشر جزءًا متساوية

fifth, *a.*, *n.* خامس . خامسة

fif'tięth, *a.*, *n.* الخمسون . جزء من خمسين

fif'ty, *n.*, *a.* خمسون

fif'ty-fif'ty, *ad.* سواءٌ بسواء . مُشاطَرةً . مُناصَفةً

fig, *n.* تين . تينة . شجرة تين . شيء تافِه

fīght [**fīt**], *v.* (fought, fighting) قاتَل . حارب

to — shy of, تحشّم (من) . تَحَشَّى (من)

fīght [**fīt**], *n.* قِتال . حَرب

fīght'ęr [**fīt-**], *n.* مُقاتِل . محارب

fiġ'mẹnt, *n.* وَهْمِيَّة . شيء موهوم . (حكاية) مُلفَّقَة . اختلاق

fiġ'ūrative, *a.* كِنَائي . مَجازِي

fiġ'ure [**-ęr**], *n.* رَقْم . عَدَد . ثَمَن . شَكل . رَسْم . قامة . شَخصٌ عَلَم

fiġ'ure, *v.* حسب . مَثَّل (أو) تَرَسَّم (في الذهن) . بَرَز . عَبَّر (مجازًا) . مَثَّل (بالكلام أو العمل) . صوَّر

fiġ'ured [**fiġęrd**], *a.* مُزَيَّن بالتصاوير (أو) مُطرَّز . له شَكل مُصَوَّر

fiġ'ure-head [**fiġęrhed**], *n.* صورة شخص مجسَّمة يزيَّن بها مقدَّم السفينة . رئيس شَكلي (أو) صُوري . رئيس إسمي

figure of speech, مَجاز

fil'amẹnt, *n.* خَيط (أو حامل) المئبر (في النبات) . هُدَيْب . خَيط (أو) سِلك

fil'bẹrt, *n.* بُندُق

filch, *v.* سَلّ = تَسرَّق = سرق شيئًا فشيئًا

fīle, *n.* إضبارة . مِلَفّ . مِضبَرَة

fīle, *n.* سُوهَان = مِبْرَد . مِسحَل

fīle, *n.* صَفّ = سِرْب = سَتَل

fīle, *v.* ضَبَر . ضَمّ في إضبارة

fīle, *v.* بَرَد . سَحَل

fīle, *v.* سَرَّب = تسانَل = تطارَق

fil'ial, *a.* بَنَوِيّ . واجِبٌ على الأبن (أو) البنت

fil'ibustęr, *n.* قُرْصان . مُغامِر حربي (ضد دولة أجنبية). حاشِر = عضو برلمان يمنع إجازة القوانين بطول خطبه (أو) بأساليب تعويقية

fil'igree, *n.* زينة من خيوط من فضة (أو) ذهب دقيقة بأشكال فنية = وَشيٌ = [كَسر جِفت] = مليلة

fīl'ingṡ, *n. pl.* بُرادة . سُحالَة

fill, *v.* مَلَأ . مَلأ . امتلأ . حَشا

to — out, مَلأ . كَمَّل . عَلّا . زوَّد

fill, *n.* مِلْء . امتلاء . حَشْو
fill'ẹr, *n.* مالئ . مَلْئَة . حَشْوة
fill'ĕt, *v.* عَصَب (الشَّعر) . شَرَّح = خَبَّب . خَصَّل
fill'ĕt, *n.* شريط (أو) بَنْد (لربط الشعر) . قِدَّة (خشب أو معدن)
fill'et [*or* filā], *n.* خَصِيلة (أو) سَليلة (أو) خَبيبة (لحم) . سَلِيقة (أو) شريحة (من الهَبْر)
fill'ing, *n.* حَشْوَة . حَشْو
fill'ip, *n.* نقفة . حَفزة . وَفزة . نَطبة
fill'y, *n.* مُهرة . فِلْوة
film, *n.* جِلدة رقيقة . غِشْوَة رقيقة = دُوَايَة . [فِلم]
film, *v.* غَشَّى . طَلَى . أخذ (أو) صوَّر فِلْماً
fil'my, *a.* (-mier, -miest) عليه غِشْوة . مُغَشَّى
fil'tẹr, *n.* مِرْشَحة . رَشَّاحة . مِصفَاة . راووق (من الفخَّار)
fil'tẹr, *v.* رَشَّح . صَفَّى . تَرَشَّح (داخِلَ . . .) = تَغَلْغَل
filth, *n.* قَذَر . قَذارة . خَبَث . كلام الفُحش (أو) الخَنا
fil'thinĕss, *n.* قَذارة . فُحش
fil'thy, *a.* (-thier, -thiest) قَذِرٌ . فُحشي
filtrā'tion, *n.* تصفية . ترويق
fin, *n.* زِعْنِفَة = مِسبَح السمك
fīn'al, *a.* آخِر . نهائي . باتٌّ
finâ'lĕ [-li], *n.* خاتمة . نهاية
fīnal'ity, *n.* بَتَانِيَّة = صورة (أو) دَرَجة قطعيَّة (أو) نهائية
fīn'alīze, *v.* نَهَّى = جعل نهائياً . أتمَّ
fīn'ally, *ad.* آخِراً . نهائياً . بَتَاتاً
fīn'alṡ, *n. pl.* امتحان نهائي (عند التخرج)
finance' [*or* fī-], *n.* ماليَّة . شئون مالية
finance', *v.* مَوَّل . أمدَّ بالمال . أجرى عمليات مالية . دَبَّر الأمور المالية
finan'ceṡ, *n. pl.* مال . دَخل . [ماليَّة] . أموال
finan'cial [-shal, *or* fī-], *a.* مالي . متعلق بالشئون المالية
finan'cially [-shal-], *ad.* ماليًّا . من حيث المال (أو) الشئون المالية
finan'cier [-siẹr, *or* fī-], *n.* خبير (أو إخصائي) مالي
finch, *n.* (طائر) البِرْقِش (أو) الشُرْشُور = زَقَاقِيَّة = بَرْقَش
fīnd, *n.* لَقِيَّة = شيء (مُهمّ) يُعثَر عليه . كَشْف = وَجْد
fīnd, *v.* (found, -ing) وَجَد . أصاب . صادف . لَقِي . صار (إلى) . حَكَم (بأنَّ)
to — oneself, عَرَف نفسه ومَقدِرتَه . عَرَف قَدْره . عرف مقامه
to — out, كَشَف . تَعرَّف . تَخبَّر . تَبيَّن
fīn'dẹr, *n.* واجد . عَدَسة كشَّافة
fīnd'ing, *n.* اكتشاف . شيءٌ وُجِدَ . قَرار . حُكْم
fīne, *a.* (-ner, -nest) دقيق . ناعِم . نفيس . فائق . بارع . ماتع . صافٍ . صاحٍ . حادّ . حاذِق . بديع . رقيق . لطيف . مُهَذَّب . مليح
fīne, *n.* غَرَامَة . جزاءٌ نقدي
fīne, *v.* حَكَم بغرامة
fine arts, الفنون الجميلة
fīne'nĕss [-nn-], *n.* دِقَّة . حِدَّة . صَفاء . مَتاعَة . بَرَاعَة

fīn'ẹry, *n.* تَبَرُّج . زِينَة (أو) لباس تَبَرُّجي
finesse', *n.* لَباقَة . تَمَحُّلٌ لطيفٌ . حِذْق
في التأتي (للأمور) . دِقَّة
fing'ẹr, *n.* إِصبع . عرض إِصبعٍ
fing'ẹr, *v.* تَناول (أو تحسس) بالأصابع
fing'ẹr-print, *n.* [بَصْمَة] (أو طبعة)
الأصبع
fin'ical, *a.* مُتَفَنِّق = لا يُعجبه شيء . سَفاسِفي
fin'icky, *a.* = finical
fīn'is, *n.* خِتام . نهاية
fin'ish, *v.* أَنهى . أَتَمَّ . أَنجز . فَرَغ . انقضى .
تَمَّم . رَوْدَك = دَمْلج = صَقَل وحَسَّن .
رَونق . شَبْشَب الشيء = تَمَّمه
fin'ish, *n.* نِهاية . تتميم . دَمْلَجَة . أَناقة
الصَّنعة . رَوْنَقَة . تكميلة
fin'ished [-sht], *a.* مُتقَن بِدِقَّة . مُنْتَهٍ .
مُتَمَّم . مُشَبْشَب . أنيق الصَّنعة .
مُحكَم السَّبك (أو) الصَّوْغ . مُكَمَّل
(من جميع الصفات)
fīn'īte, *a.* محدود . محصور . مُتَصَرِّف (كالفعل)
Finn, *n.* فنلاندي
finnan haddock, سمك القُدَيْد المُدَخَّن
Finn'ish, *a.* فنلندي . اللغة الفنلندية
finn'y, *a.* مُسْمِكَة = كثير السَّمك . ذو
زعانِف . كالزعنفة

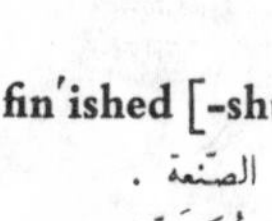

fiōrd [fyôrd], *n.* مَخْرَق
(أو مَخْرَم) بحري (تكتنفه
صخور عالية)
fir [fer], *n.* الشُّوح (أو)
التَّنُّوب كالسرو (أو) الصَّنَوبر
fīre, *n.* نار . حَريق . إطلاق النار . حماسة
= احترار
between two —s, بين نارين
on —, يحترق . يَتَحَرَّق (حماسةً . . .)
to catch —, سَرَت فيه النار . عَلِقت
به النار . اشتعل
under —, مُهاجَم (بالانتقاد) . عُرضة
(أو) مُستهدَف لنيران (أو مدافع) العدو
to set — to, أَشعل (أو) أَضرمَ النار (في)
fīre, *v.* أَشعَل . أطلق . أثار . حَمَّس . أَلْهَب
fīre'-ârm [-rârm], *n.* سِلَاح ناري
fīre'-brand [-rb-], *n.* ضَرَمَة . جُذْوة .
مُفسِد = مُرْهِج = وَرَّاش = مُهَيِّج
fīre'crackẹr [-rk-], *n.* فُرقوعة نارية
fīre'-damp [-rd-], *n.* غاز المناجم (القابل
للانفجار)
fīre'engine [-ren-], *n.* آلة إطفاء الحريق
fīre'-escāpe, *n.* درج (أو) سُلَّم يستعمل عند
الحريق = مَهرَب حريق
fīre'flȳ [-rf-], *n.; pl.* -flies حُباحِب
= أُمّ حُباحِب = يَرَاعة
fīre'lĕss [-rl-], *a.* لا نارَ فيه . بدون
نار . خامد النشاط (أو) الحياة
fīre'līght [-rlīt], *n.* ضُوء النار
fīre'man [-rm-], *n.; pl.* -men
إطفائيّ . وَقَّاد
fīre'plāce [-rp-], *n.* وُجاق = مَوْضِع
النار . مَوْقِد
fīre'proōf [-rp-], *n.* مانِع (أو مُقاوِم)
للنار (لا تُؤَثِّر فيه)
fīre'proōf, *v.* مَنَّع (الشيءَ) ضد النار (أو)
الحريق
fīre'sīde [-rs-], *n.* جَانِب (أو بجانب)
الوُجاق . كِسْر البيت
fīre'watẹr [-rwô-], *n.* مشروب مُسكِر
قوي
fīre'wood [-rw-], *n.* محروقات . حَطَبٌ
للنار . وَقُود

fire'works [-rwer-], *n. pl.* ألعاب نارية . [فتّاشات]
firm, *a.* صُلب . متين . ماكن . ثبيت . ثابت . متمكّن . أكيد
firm, *n.* شركة تجارية
firm'ament, *n.* الجَلَد . (قُبّة) السماء
firm'an, *n.* مرسوم ملكي . فَرمان . إرادة سَنِيّة
firm'ness, *n.* مَتانة . ثَباتة . رُسُوخ
first, *a(d).*, *n.* أوّل . أوّلًا . مُقدَّم . بادئ الأمر . قَبلَ ذلك
first aid, إسعاف أولي
first'-aid, *a.* خاص بالإسعاف الأولي
first'-bôrn, *a.*, *n.* بِكر . الوَلَد البِكر
first'-clâss, *a(d).* من أجود صِنف . من الصنف (أو) الطّراز الأول
first'-fruits [-froots], *n. pl.* أول ثِمار الشيء . بواكير الثمر
first'-hand, *a(d).* من مَصدَرِه الأصلي = من مَفصِلِه
first'-rāte, *a.* من الدرجة الأولى . فاخِر . مُمتاز
firth, *n.* رِجل من البحر داخلة في البر
fis'cal, *a.* مالي . متعلّق بمالية الدولة
fish, *n.*; *pl.* fish *or* fishes سَمَكة . سمك . لحم السمك
fish, *v.* اصطاد (السمكَ) . تَصَيَّد . انتشل
fish'er, *n.* صائد سَمَك
fish'erman, *n.*; *pl.* -men صَيّاد (سمك) . سفينة صيد سمك
fish'ery, *n.* صِيادة (السمك) . مَصاد (السمك)
fish'-hawk, *n.* صَقر السَّمَك = عُقاب نُشارِيّة
fish'-hook, *n.* صِنّارة = شِص = حديدة عَقفاء لصيد السمك
fish'ing, *n.* صَيد (أو) صِيادة (السمك)
fish'monger [-mun-], *n.* تاجر (أو) بائع سمك . سَمّاك
fish'wīfe, *n.* بَيّاعة سمك
fish'y, *a.* سَمَكي الشَّكل . كثير السمك . فيه شك (أو) رِيبة . مُرِيب
fi'ssion, *n.* فَلق . انفلاق . انفطار
fi'ssure [-sher], *n.* فَلق . فَلع . صَدع
fist, *n.* قبضة (اليد) . جُمع الكفّ
fis'ticuffs, *n. pl.* مُلاكَزَة = مُلاكَمة = مُلاطمة (بجمع الكف)
fis'tūla, *n.*; *pl.* -las,lae [-li] ناسور
fit, *a.* (fitter, fittest) صالح . ملائم . لائق . مناسب . في صحة وعافية
  to see —, استنسب
fit, *v.* (-tted, -tting) صَلُح . لاقَ . لاءَم . رَكَّب . كان على قَدِّ الشيء . أهَّل
  to — out, جَهَّز . أهَّب
fit, *n.* نَوْبة . بُحران . فَوْرة
  by —s and starts, على فَتَرات . على نَوْبات
fit'ful, *a.* مُتَقطّع . على دَفعات (أو) نَوْبات
fit'ly, *ad.* على وجهٍ مناسب . في وقت مناسب
fit'ness, *n.* أهليّة . صَلاحِيَة . لِياقَة . ملاءمة
fitt'er, *n.* مُلبِّق (الألبسة عند التفصيل) . مُرَكِّب (الأدوات البيتية)
fitt'ing, *a.* لائق . مناسب . لابِقٌ
fitt'ings, *n. pl.* تجهيزات (أو) تركيبات (منزلية)
fīve, *n.*, *a.* خمس . خَمسَة
fīve'fōld [-vf-], *a(d).* مُخَمَّس . خمسة أضعاف

fix, *v.* ثَبَّت . ركَّز . شَدَّ . رَسَّخ . عَيَّن . وَجَّه . سوَّى . أعَدَّ

fix, *n.* وَرْطة

fixā'tion, *n.* تركيز . تثبيت . ترسيخ . توقُّف في النشوء

fixed [fikst], *a.* مَرْكوز . ثابتٌ = راتب مُعَيَّن . مقطوع . مُقرَّر . شاخِصٌ (البصر)

a — idea, فِكرة مُستَحوِذة . هَوَس

fix'ĕdly, *ad.* بتثبيت . على وجهٍ ثابت

fixed star, نجم ثابت (في موضعه)

fix'ture [-chẹr], *n.* ثابتة من ثوابت المكان . راكِزَة (من رواكِز تركيبات البيت أو غيره)

fizz, *v.* (-zzed, -zzing) = [فَشفَش] أزَّ . نَشنَش (أو) نافط (كالقِدْر)

fiz'zle, *v.* [فزفز] ثم خَمَد . أزَّ (ثم سَكَت) . أكدى = أخفق = حَبِط

fjôrd [fyôrd], *n.* = fiord

flabb'inĕss, *n.* هَرَط = تَرَهُّل . فَيشوشة = رخاوة وضعف

flabb'y, *a.* (-bier, -biest) = هَرِط مُتَرَهِّل . فَيشوش . وَخْواخ . رخو

flac'cid [-ks-], *a.* رِخو . مُتَرَخرِخ . خائر . مُتَرهِّل . وَخْواخ

flag, *n.* عَلَم . بَلاطَة

flag, *v.* (-gged, -gging) ذَوَى . باخ نَشاطُه . بَلَّط . بَلَّد . كَلَّ . بَلدَح . بَطَّط

flag, *v.* لوَّح بالعَلَم

flag, *n.* (نبات) السَوْسَن . رَفيف

flagellā'tion, *n.* الضرب بالسَّوْط

flagi'tious, *a.* فاجِر . فاحِش . فظيع . مرتكب أفحش الجرائم

flaġ'on, *n.* إبريق . قارورة . دَوْرَق

flaġ'pōle, *n.* سارية العلم

flāġ'rant, *a.* فَظيع . شَنيع . قَبيح (الشهرة) . فاحِش

flaġ'ship, *n.* سفينة القيادة

flaġ'stâff, *n.* سارية العلم

flaġ'stōne, *n.* بَلاطَة

flail, *n.* مِخْباط (أو) مِخبَط (دَرّاس الحبوب)

flair, *n.* حَذاقة . قَريحة . فِراسة . وَلَعٌ

flāke, *v.* تَحَسَّف = تَقَشَّر = تَقَلفَع = تَقَلَّف . تَفَلَّس (السمك)

flāke, *n.* جالِة (أو) نُدْفة (الثلج) . قُشَيْرة . فَلس (السمك) . قِلفة . قِلفَعة

flāk'y, *a.* (-kier, -kiest) مُتَقَشِّر . مُتَقَلفِع . ذو نُدَف

flamboy'ant, *a.* فيه تعريجات (أو) تمويجات بشكل اللَّهَب . ذو ألوان زاهية = مُزدَهِر . مُزَخرَف . مُتَمَوِّر بالألوان

flāme, *n.* شُعْلَة . لَهَب . لَظىً

flāme, *v.* اشتعل . تَلَهَّب . تَلَظَّى

flām'ing, *a.* مُشتَعِل . مُلتَهِب

flamiṅġ'ō, *n.*; *pl.* -gos *or* -goes نُحام = بَشَروش = زَهو الماء

flamm'able, *a.* قابل للاشتعال

flange, *n.* [شَفَة] = حِتار (أو) كِفاف ناتئ

flank, *n.* شاكِلَة = خاصِرَة . جَناح . صَفح

flank, *v.* اكتنف . كانف . هاجم جناحَ الجيش

flann'ẹl, *n.* [فانِلَّة] = قُماش صوفي

flannelette', *n.* قُماش صوفي كالفانِلَّة

flann'ẹls, *n. pl.* ألبسة مصنوعة من الفانلّة

flap, *n.* خَفقَة = لَطسَة . رَفرَفَة . رَفرَفٌ (للجيب)

flap, *v.* (-pped, -pping) خَفَق . رَفرَف . صَفَح = ضَرَب بشيء عريض

flap'jack, *n.* قُرصة مَقلوّة . قُرصة زَلابية

flapp'ẹr, *n.* مِخفَقة = خِفقة = شيء مُصفَح (يُضرَب به) . رَفرف . طائر صَغير أول طيرانه = ناهِض . فتاة جالِمة (غير مُحتشِمة)

flāre, *n.* شُعلُول . شِهابٌ . لَهبَة . ومضة . انفراشٌ باستدارة . فَوْرة

flāre, *v.* تَلَهَّب . شَبَّ . أجَّ . احتدم = اضطرم . انفرش

to — up, out, شَبَّ . استشرى . احتدم . استشاط (أو) اشتعل (غضبًا)

flash, *n.* لَمْحَة = لَمعَة . بَرْقة . سَطعة (نور)

flash, *v.* لَمع . بَرَق = لَعلَع . سَطع

flash'ing, *n.* لَمعان . بَرِيق . لَعْلَعة

flash'-līght [-līt], *n.* نوّارَة

flash'y, *a.* (-shier, -shiest) لَمُوع . زاهٍ . مُبَرَّج . بَرّاق . مُزَهّى

flâsk, *n.* [بَطحة] = دَبَّة = بَطَّة . صُفنة . حَوجَلة = قارورة

flat, *a.* (-tter, -ttest) مُسطَّح . مُستَوٍ . مُنبسِط . أُفقي . مُنبَطِح . مُنسَطِح . ضَحل = رَحرَاح . تافِه . غَضيض (الصوت) . قطعي . مُتساوٍ

flat, *n.* صَفحة . فَطحة . بَسيط = قاع (من الأرض) . بَطيحَة . مُستوى

flat, *n.* شقة سَكَن

flat, *v.* (-tted, -tting) فَلطَح . سَطَّح . بَسط . تَسطَّح . مَهّد

flat, *ad.* مُستَوِيًا . مُنسَطِحًا . بصوتٍ غَضيض

to fall —, قُوبل بفتور (وبعدم تصفيق)

flat'-bōat [-bōt], *n.* قارب كبير مُسطَّح الأسفل للنقل في الأنهار

flat'-bottomed [-md], *a.* مُسطَّح القعر (أو) الأسفل

flat'-fish, *n.*; *pl.* -fish(es) سَمك مُسطَّح الجسم . سَمك فَطيح

flat'-foot, *n.* (مرض) تسطُّح القَدَم

flat'-īron [-īẹrn], *n.* مِكواة = أَداة لتمليس القماش = مِملَسة

flatt'ẹn, *v.* سَطَّح . تَسطَّح . فَلطح . رَدَّح = بَسط وسَوّى . صَلطح

flatt'ẹr, *v.* أطرأ . داهَن . ازدهى . أظهر بأحسنَ (أو) بأجملَ مما هو

to — himself, خادَع نفسه . غَبَط نفسه

flatt'ẹry, *n.* إطراء . مُداهَنة . مبالغة في المدح

flaunt, *v.* تَحالَى . تَعالَن . تَمَيَّسَ وتَخطَّر . تَجَهْوَر = تباهى وتظاهر

flāv'or = flavour

flāv'our [-vẹr], *n.* طَعمة . رائحة = نَشوة = بَنّة = إشمامة

flāv'our, *v.* تَبَّل . طَيّب = جعل له نَشوة . أشَمّ

flāv'ouring, *n.* [تَطعيمة] . أفاوِيه . تَتبيلة

flaw, *n.* صَدْع . خَلَل . عَيب

flaw, *v.* أخلّ (ب) . أدْخَل عليه عَيبًا

flaw'lĕss, *a.* لا عيبَ فيه . مُكمَّل

flax, *n.* كَتّان

flax'ẹn, *a.* كَتّاني . أصفَر خَفيف

flax'-seed, *n.* بزر الكَتّان

flay, *v.* سَلَخ (الجلد) . عَنَّف

flea, *n.* بُرغوث

fleck, *n.* رُقطَة = نُمرة = نُكتَة . رُبشة . نَمشَة . ذَرَّة

fleck, *v.* رَقَّط = نَمَّر = نَكَّت . نَمَّش

fled, *v.*; *p.*, *pp. of* flee

fledge [**flej**], *v.* كسا (أو اكتسى) ريشاً (أو) شَكِيراً

fledg(e)'ling, *n.* ناهِض = فَرْخ (حديث القدرة على الطيران) . غَرِير = غُمْر = غير مُجَرِّب

flee, *v.* (fled, flee'ing). فَرَّ . هَرَب . مَلَخ . مرّ سريعاً . نجا

fleece, *n.* صُوف الشاة . جِزَّة الصوف

fleece, *v.* جَزّ (الصوفَ) . تَبَلَّص = احتال وسَرَق

flee'cy, *a.* (-cier, -ciest) صُوفي . ناعمٌ كالصوف

fleet, *a.* سَريع = زَفُوف = جَوَاد

fleet, *n.* أُسْطول

fleet'ing, *a.* يَنقضي وَشيكاً . مارّ بسرعة . سريع (أو وَشِيك) الزَوال

fleet'nĕss, *n.* خَطَفان = سُرْعَة (خاطفة)

Flem'ing, *n.* أحد سكان مقاطعة فلاندرز في البلجيك = فَلَمَنْكي

Flem'ish, *a.* فَلَمَنْكي

flesh, *n.* لحم . البَشَر . جِسم . النفس الأَمَّارة

  in the —, بِطَرْفِه = حَيّاً . شَخْصياً . حاضراً

flesh'ly, *a.* (-ier, -iest) جَسَدِي . خاصّ بالجَسَد (أو) شَهَواته

flesh'y, *a.* (-shier, -shiest) لَحِيم . بدين . سَمِين

fleur-de-lis' [**flerdẹlē**], *n.* زهرة (أو) نبات السَوْسَن . رَنْكٌ لملوك فرنسا على شكل هذه الزهرة

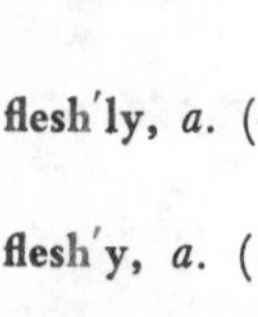

flew [**floo**], *v.*; *p.* *of* fly

flex, *v.* شَدّ . ثَنَى . عَطَف

flex, *n.* سِلك مَرِن معزول يستعمل في الانارة الكهربائية

flexibil'ity, *n.* قابلية التَثَنّي . مُرُونة . لُدُونة

flex'ible, *a.* سَهلُ التثني . مَرِن

flick, *v.* نَفَض . نقَف . مَصَع (أو) لَسَب بالسوط (أو) نحوه

flick, *n.* نَقْفَة . مَصْعة (أو) لَسْبَة (بالسَّوْط)

flick'ẹr, *v.* اختلج (أو) رَفّ (النورُ) . تَهَزْهَز . تَخَلَّج

flick'ẹr, *n.* (نور) رفّاف (أو) مُختَلِج . تَخَلُّج . نَضْنَضَة . (طائر) القرّاع

flī'ẹr, *n.* فارّ . طائر . طيّار

flīeṡ [**flīz**], *n. pl.* ذُباب . ذِبّان

flīght [**flīt**], *n.* دَرَج . هَزِيمة . فِرار

flīght, *n.* طَيْرة . طَيَران . مسافة الطيران . سَفْرة طيرانية . رفٌّ (أو) سِرْبٌ

flīght'y [**-īt-**], *a.* (-tier, -tiest) خفيف العقل = أطْوَش . هَجهاج . أرعن

flim'ṡy, *a.* (-sier, -siest) = رقيق خفيف هِفّ . رَكيك . هَشّ . واهٍ

flinch, *v.* = جَبُن (عن) . خَنَس (عن) = خام = أَحجَم (خوفاً) = جَرْمَز . إنحاش

flinch, *n.* إحجام . خُنُوس . تقاعُس . نُكُول . تَقَعْوُس

fling, *v.* (flung, flinging) رَمَى (بِ) = حَذَف . ضَرَح = طَرَح . قَذَف . إنْتَتَر . طَوَّح

fling, *n.* رَمْيَة . حَذْفَة . رَمحَة (أو) ضَرْحَة (برجل الفرس)

flint, *n.* وَثيمة = خَلَنْبُوس = حجر القَدّاح . صَوّان . صَوّانة . مِظَرّة = قَدّاحَة

flint'-lock, *n.* مَقْدَح (البندقية) = مكان الزِناد فيها . بندقية الزِناد

flin'ty, *a.* (-ier, -iest) صَوّاني. كالصَّوّان
flip, *v.* (-pped, -pping) نَقَر . نَقَف = نطب . تَخَلَّج . انتتر
flip, *n.* نَقرة . نَقفة = نطبة . نَتْرة
flipp'ant, *a.* مُتَظَرِّف غير مُحْتَشِم = بَزِيع . فَلِتُ اللسان
flipp'er, *n.* (شِبه) جَناح (عند بعض الحيوانات البحرية) = خَفّاقة
flirt, *v.* خاضَع = ناغَى = غازل بالمحادثة والملاطفة . انتتر
flirt, *n.* لاعَة = مُناغٍ = مُغازِل . غَزِل
flirtā'tion, *n.* مُناغاة . مُغازَلة . مُخاضَعة
flirtā'tious, *a.* بالمناغاة (أو) المغازلة
flit, *v.* (-tted, -tting) زَرَق . انزرق . هَفَّ = خَطَف = مرّ سريعاً = مَصَع
flit, *n.* زَرْقة . خَطفة . هَفّة . مَصعة
flitch, *n.* لحم جَنْب الخنزير يُمَلَّح ويُقَدَّد
float [flōt], *v.* سَبَح (أو) عام (على الماء) . سَبَح (أو) هَفا (في الهواء) . سَبَّح . شيَّع (أو) أشاع
float [-ōt], *v.* عرض أسهماً للبيع . استقرض . استدعى (قرضاً) . روّج (شركةً)
float [-ō-], *n.* عامَة = عَوّامة . طَوْف . كَلَك
float [-ō-], *n.* مَسْطَحة . عَرَبة منخفضة لنقل البضائع
flock, *n.* رَفّ . سِرب . قطيع . حَشد
flock, *n.* رَعِيَّة (الكنيسة) . سُرْبَة (أو) جماعة (من الناس)
flock, *v.* تَجَمَّع . تقاطَر (إلى) . تَلَملَم . تَحَشَّد
floe [flō], *n.* طَوْف جليدي (في البحر)
flog, *v.* (-gged, -gging) جَلَد (أو) ضَرَب (شديداً)

flood [flud], *n.* طُوفان . فَيض . فَيَضان . سَيْل . غَمر . مَدّ
The Flood, الطُوفان = طُوفان نوح
flood [flud], *v.* طَوَّف . سَيَّل . غَمَر . طَمَّ . طَما
flood'-ġāte [flud-], *n.* مَفجَرة الماء . كُوّة الماء (أو) النهر
flood'-līght [-līt], *n.* ضوء شعّاع . فانوس شعّاع
flood'-līght, *v.* سَطَّع بالأنوار . شَعْشَع
floor [-ô-], *n.* أَرض (الغرفة) . قَعر . طَبَقة (من البناء) = [طابق أو دَوْر]
floor [-ô-], *v.* عَمِل (أو صَنَع) أرضاً (للغرفة) . سَدَح . جَدَّل = لَبَط به الأرضَ = صَرَع
floor'ing [-ô-], *n.* أرض (الغرفة) . مَوادّ لعمل أرض (الغرفة)
floor'-walkẹr [flôrwô-], *n.* دَليل سَيّار (في مَخزن) . مُطَوِّف
flop, *v.* (-pped, -pping) تَخَفَّق . ارتَهز . إنخبط = تَلَبَّط = تبرعص = تَمَرَّغ واضطرَب . رَزَح = سَقَط (بثقلٍ وعدم إتزان) . أخفق
flop, *n.* هَبْطة . لَبْطة = إنخباط . رزحة . اضطراب واسترخاء = تَرَعُّس . إكداء
flôr'a, *n.* نباتات (منطقة أو عصرٍ)
flôr'al, *a.* زَهري . متعلق بالأزهار
Flo'rentīne, *n.*, *a.* فْلُورَنسي
flo'rid, *a.* وَرْدي . زاهِر . ناضِر . مُزَوَّق = [مُزَوْزَق] . مُبَهرَج
flo'rin, *n.* قطعة نقدية انكليزية بقيمة شلنين
flor'ist, *n.* زَهّار = بائع (أو مُرَبّي) زُهُور

floss, *n.* خيط لمّاع غير مبروم من القزّ للتطريز . مُشاقة الحرير . فَلِيلة (كخيوط عصيفة الذرة الصفراء)

flotill'a, *n.* عِمارة (أو) أُسطول صغير = دُونَما

flot'sam, *n.* طَوافي الحُطام . طافيات حُطام وبضائع السفينة المكسورة

flounce, *v.* (-ced, -cing) انتتر (أنفةً واستكباراً) . تبرعص . تَلَبَّط . تمرّغ

flounce, *n.* انتتارة . . . حاشية مُغَضَّنة تُضاف إلى الثوب = [كشكش]

floun'dẹr, *v.* تَخَبَّط . تَعَثَّر . جَاهَد (وتَخَبَّط)

floun'dẹr, *v.* عَلْطَس = تَعَلْطَس = تَعَسَّف

floun'dẹr, *n.* سَمَك موسى

flour, *n.* طَحين . دَقيق

flour, *v.* ذَرَّ الطحين (أو) فَرَشه (على)

flou'rish [flur-, *The* u *as in* but], *v.* نَما . زَكَا = تَرَعْرَع . إزْدَهَر . أَشْرع . لوّح . زَوّق (الكلام أو الكتابة)

flou'rish [flur-], *n.* إقْبَال . عرض مُباهاة . حُسنُ حالٍ . إختيال

flou'rish, *n.* تلويح . تنميقة (أو) تَزْوِيقة خطّية

flour'y, *a.* أبيض بما عليه من الدقيق . كالدقيق

flout, *v.* هزِئَ واستهان (بِ) . إزْدَرَى

flout, *n.* سُخرِية . استهانة . إزدراء

flōw [flō], *v.* جَرَى . سال . فَاضَ . سَبْسَب . استرسل . أَنَى

flōw, *n.* جَرَيان . مَجْرَى . وُرود . فَيض . إنسجام . مَدّ

flow'ẹr, *n.* زَهْرَة . صَفْوَة . رَيْعان

flow'ẹr, *v.* أَزْهر = نوَّر . رَعْرَع

flow'ẹrēt, *n.* زُهَيْرَة . وُرَيدَة

flow'ẹring, *a.*, *n.* مُنوِّر . إزْهار . مُزْهِر

flow'ẹrpot, *n.* وِعاء تُزرَع فيه الرياحين = أَصيص

flow'ẹry, *a.* مُزْهِر . زَهْري . مُزَخْرَف

flōw'ing, *a.* مُتَسَلْسِل . سَلِس . مُنْسَجِم . مُسْتَرْسِل . مُسَبْسَب

flown [-ōn], *v.*; *pp. of* fly

fluc'tūāte, *v.* تَقَلَّب . تَغَايَر . اختلف (بين صعود وهبوط) . تموَّج

fluctūā'tion, *n.* تَقَلُّب . تَغَايُر . تَرَيُّع = توقُّف وتردُّد

flūe, *n.* مَصْرِف (أو) كُوَّة (أو) مَسْرَبَة (أو) مَجرًى (دخان أو حَرارة)

flū'ẹncy, *n.* سَلاسة . فَصاحة . طَلاقة لسان . لَسَن

flū'ẹnt, *a.* سَلِسٌ . فَصِيح . طَلق . مُفَوَّه . نَطوق . مُنْسَاب . جارٍ

flū'ẹntly, *ad.* بسلاسةٍ . بِنَطاقة . بانسياب

fluff, *n.* زغبر . زَغَب . خَمَل

fluff, *v.* زَغْبَر . زَغَّب

fluff'y, *a.* (-ier, -iest) ناعم كالزغبر . مُزَغَّب

flū'id, *n.*, *a.* سائل . سَيَّال . مائع

flūke, *n.* فَرَاشة المرساة . رأسٌ مَشْعَب (أو أحد مَشْعَبَي) المرساة . شوكة بِطرَد صيد السمك

flūke, *n.* رمية صائبة (قضاءً وقَدَراً) . رمية من غير رامٍ

flūme, *n.* سِيب = مجرى ماء في وادٍ ضيق . مَكْفِت للنقل يكون من الماء المنصب

flung, *v.*; *p.*, *pp. of* fling

flunk'(e)y [-ki], *n.* تابع مُتَطَفِّل . جِلواز = خادم بلباسٍ خاص

flu'rry [**u** *as in* **but**], *v.* (-rried, -rring) [النهج] = استعجل واضطرب . أربك وأعجل

flu'rry, *n.* هَبَّة (أو) عَصفة . هَيجَة . هَفتٌ (من الثلج أو المطر) . هَرج . استعجال واضطراب

flush, *v.* احمرَّ = نورَّد . دَفَق . هَجَم . شَنَّ . نَضَّح . سَحسَح . أثار (الصيد) = أنفج

flush, *n.* حُمرَة (الشَّفق أو . . .) . دَفقَة . هجمَة . زَهوَة . فَورَة

flush, *n.* كَلَّاتة (أو) شَنَّانة (الماء في بيت الراحة) . دَلقة (من الماء) . عَبَب = ماء متدفق

flush, *a(d).* على سَوِيَةٍ (أو) مُسامَتَةٍ واحدة . مُفعَم . مُوسِر

flus'tẹr, *v.* تَحرَّك واضطرب . اهتاج [والتبك] . سَطِل (بالمشروب)

flus'tẹr, *n.* تَحرُّك واضطرابٌ . اهتياج ولبكة

flūte, *n.* ناي . مِزمار . تَخدِيدَة

flūt'ed [**-tid**], *a.* مُحزَّز . ذو تَخادِيد

flutt'ẹr, *v.* خَفَق . اختفق . رَفرف . ارتَز . تحرَّك مُضطرِبًا

flutt'ẹr, *n.* اختفاق = ارتزاز . رَفرَفَة . اهتياج و كَثرة حَرَكة

flux, *n.* جَرَيان . سَيلان . مَدٌّ (التيار) . تَيَّار . حالة مد وجَزر = تغيّر دائم . فَيض (أو) نَضح دَموي . مادة تساعد على انصهار المعدن

flȳ, *n.* ذُبابَة . صِنَّارة مُذَيَّلَة . رَفرَف الخيمة بمقام الباب . شِقَّة على طرف الثوب لستر الأزرار

flȳ, *v.* (flew, flown) طار . تطاير . رَفرَف . زَفزَف . فَرَّ . هَرَب

flȳ'-catchẹr, *n.* (طائر) نقّار الذُباب

flȳ'ẹr, *n.* طائر . طَيَّار

flȳ'ing, *n.*, *a.* طَيَران . سَرِيعٌ . مُستَعجَل

flying boat, قارب طَيَّار (أو) طائر

flying fish, *n.* سمكة طَيَّارة

flying machine, طائرة . مركب طائر

flȳ'-leaf, *n.* ورقة بيضاء في أول الكتاب وآخره مما يلي الجلد

flȳ'-wheel [**-hwēl**], *n.* دولاب تعديل السرعة في آلةٍ ما

flȳ'-whisk [**-hwisk**], *n.* مِذَبَّة . مِنَشَّة

foal [**fōl**], *n.* فِلو = مُهر (أو) عَفو (= ابن الحمار) . تبيع (البقرة) . تَولَب . فِلوة . مُهرَة

foal [**-ō-**], *v.* وَلَدت (مُهراً أو عَفواً) . وَلَدت مُهرة

foam [**-ō-**], *n.* زَبَد . رَغوة

foam, *v.* أَزبَد . أرغى

foam'y [**-ō-**], *a.* مُزبِد . هِفٌّ = خفيف ليس فيه شيء

fob, *n.* جَيبَة صغيرة في مُقدَّم البنطلون . [كَستَك] ساعة . مُدَلَّاة للزينة

fob, *v.* دَلَّس (السلعةَ على . . .) . ماطل

fōc'al, *a.* بُؤرِي

fōc'us, *n.*; *pl.* -cuses, -ci [**-sī**] بُؤرة = مِحرَاق . بُعد البؤرة

fōc'us, *v.* (-sed, -sing) ضَبَّط البؤرةَ . صَوَّب = مَركَز

fodd'ẹr, *n.* عَلَف (حشيش) . عَليق

foe [**fō**], *n.* عَدُوّ . ضِدّ . مُناوِئ

foe'man [**fō-**], *n.*; *pl.* -men عَدُوّ

foet'us [**fē-**], *n.* جَنين

fog, *n.* ضَباب . غُمَّة . إِبهام

fog, *v.* أَضَبَّ . أَبهم . أَغبَش

foğġ'y, *a.* (-ier, -iest) ذو ضَباب . مُضبّ . مُبهم

foġ'-hôrn, *n.* شَبُّور (أو) بوقُ (الإنذار بالضباب) في البحر

fōġ'ey, *n.* = fogy

fōġ'y, *n.* شخصٌ من عهدٍ عادٍ في آرائه وأطواره

foi'ble, *n.* غَميزة = وَهْيَة (في الخُلق) = مَوطِن ضَعف . خَصلَة ضعف (في الخُلُق)

foil, *n.* وَرَقٌ مَعدَنِيّ رقيق جداً = بِطَانة [فَوْيَة] . ضِدّ (أو نقيض) مُميِّز

foil, *v.* غَلَب (في المكر والحيلة) . أَحبَط = بوَّر . خَيَّب

foil, *n.* سَيف طويل ضَيّق في رأسه هَنَة مُدوَّرة

foist, *v.* دَلَّس السِّلعَةَ على البائع = دَلَّس = فَرَض بالحيلة . دَسّ

fōld, *n.* ثِني . طِيَّة . طاق . تضعيفة

fōld, *v.* طوَى . ثَنَى . ضَمّ . لَفّ

fōld, *n.* زَرِيبَة (للغنم) . حَظيرة

fōl'dẹr, *n.* مِلَفّ . مِطوَى

fōl'iage [-yij], *n.* أَوْراق الشجرة

fōl'iō, *n.*; *pl.* -lios طَبَق من الورق (على طاقَتين بأربع صفحات)

fōlk [fōk], *n.*; *pl.* folk(s) ناس . قوم . شَعب

fōlk, *a.* شَعبيّ . عَنعَنيّ . آبديّ

folk dance, رقص بلدي . رقص شعبي

fōlk'lôre [fōk-], *n.* [الفوكلور] = علم الأَوَابدُ . أَوَابد . عَنعنَاتٌ

fōlks [fōks] *n. pl.* ناس . أهل . أقارب

fōlk'-song [fōk-], *n.* غناء بلدي (أو) شعبي

foll'icle, *n.* حُوَيصِلة . نافِجة . حَوْصلة . جِراب . كيسة

foll'ow [-ō], *v.* تَبِع . إِتَّبَع . أَعقَب . نتج . أَتبع (النظر)

to — up, تَتَبَّع = تَتَلَّى . تَعَقَّب . أَردف

foll'ōwẹr, *n.* تَابِع . تَبَع

foll'ōwing, *n., a.* أَتباع . تالٍ . تابِع

foll'y, *n.* حَماقة . جَهالَة . خُرْق

fōment', *v.* نَمَّى . أغرى وشجّع (على) . شَوَّق . هَيَّج وحَرَّض (على) . كَمَّد (العضو للمعالجة) . حَرَّش

fond, *a.* كَلِف (بِ) . مُستهتَر (بِ) = مُولَع (بِ) . مُغرَم

fon'dle, *v.* لَمَّس (ولاعَب) تَحَبُّباً . أَعرب عن وَلَعه

fond'nĕss, *n.* استهتار (بِ) = تَوَلُّع . مَحبَّة . غرام

font, *n.* جُرن المعمودية

fōōd, *n.* غِذاء . طعام

fōōd'-stuff, *n.* مادة غذائية . مأكول

fōōl, *n.* مُغفَّل . أحمق . بُهلُول = [مُهَرِّج]

fōōl, *v.* [هَرَّج] = [تبهلَل] . استَحمق . خدَع

fōōl'ẹry, *n.* جَهالة . خُرْق . حَماقَة

fōōl'hârdinĕss, *n.* تَجَلُّح = تَهوُّر . اهتجاج = مُخاطَرة إلى حد الجنون

fōōl'hârdy, *a.* (-dier, -diest) تَهوُّري . مُتَهَوِّر . مُتَهوِّك . مُجلَّح

fōōl'ish, *a.* أَبلَه . أَخرَق . أَحمق

fōōl'ishly, *ad.* ببلاهة . عن حماقة . ضِلَّةً

fōōl'ishnĕss, *n.* بَلاهَة . بَلَه . خُرْق

fōōl'prōōf, *a.* لا خَطَر ولا محذور منه = مأمون . يُوثَق به

fōōls'cap, *n.* طَلحِيَة (ورق)

foot, *n.*; *pl.* feet قَدَم . رِجل = قائمة . جنودُ مشاة (أو) بيَّادة . قاعدة . حَضيض . ١٢ إنشًا
foot'ball [**-bôl**], *n.* كُرَة القَدَم
foot'board, *n.* مَدْعَس = خَشَبة للنزول والصعود
foot'fall [**-fôl**], *n.* دَعْسَة . صوتُ وَطْأ (أو) وَقْع القدم . خَطوة
foot'-hill, *n.* تَلَّة (عند أسفل الجبل)
foot'hōld, *n.* مَمسَك قَدَم . مَوطِئ قدم
foot'ing, *n.* مَمسَك (أو مُعتَمَد) قدمٍ . تَمكُّن . مَوْضِع وثيق . مَقَام . مَكانة
foot'līght [**-līt**], *n.* نُور أَمامِيّ في مُقدَّم المسرح
foot'man, *n.*, *pl.* -men حافِد = خادم له بِزَّة خصوصية
foot'-nōte, *n.* تذييل (أو) تذنيب في أسفل الصفحة
foot'pad, *n.* مُتلصِّص = قاطِع طريق
foot'-pâth, *n.* مَمشاة . مَمشًى . رَصِيف . مَمَرّ . مَطرَبَة
foot'print, *n.* أثر (أو) علامة قَدَم = دَعْس
foot'rest, *n.* مَسنَد الرجل (أو) القدم
foot'-rūle, *n.* مِسطَرة (بطول قدم)
foot soldier, بَيَّادي = جندي من المشاة
foot'sôre, *a.* وَجٍ = عنده دبرة (أو) قرْح في القدم
foot'step, *n.* خَطوة . خُطوَة . وَقع قَدَمٍ (أو) أثره
   to follow in his —s, سار بِسيرتِه . اقتفى أَثَره . تأسَّى به
foot'stōōl, *n.* [إِسكَملة] (أو) كرسي للقدمين . مَرفَعة للقدمين

fop, *n.* رجل يتأنق في الملبس وفي السلوك . رجل أنيق المظهر . [غَندور]
fopp'ẹry, *n.* التأنق في السلوك . التَّطَرُّز (أو) التبرُّج في الملبس
fopp'ish, *a.* متأنق في السلوك . مُتطرِّز (أو متبرِّج) في الملبس
fôr, *prp.* من أجل . لأجل . بدلًا (من) . إلى . لِ . مع . عن (أو) بالنيابة . بِ . تكريمًا (لِ) . مدةَ (أو) مسافةَ . . . أنّ
fôr, *con.* لِأنَّ . من أجل (أو) لأجل (أنَّ)
   O ! for, ليتَ ! ليتَ لي !
fo'rage [**-ij**], *n.* عَلَف . كَلَأ . انتجاع . غارة
fo'rage, *v.* إنتجَع = تَعلَّف . فَتَّش . بَحث . نَهَب
fo'ragẹr [**-ij-**], *n.* مُتنَجِّع (للطعام) = يتطلبه ويسعى إليه
fo'ray, *n.* غارة (للنهب)
fo'ray, *v.* نَهَب . أَخرب . عاث
forbad'(e), *v.*; *p. of* forbid
fôr'bear [**-bār**], *n.* جدّ . سَلَف
fôrbear', *v.* (-bore, -borne, -bearing) امتنع . مَنَع نفسه . أَمسَك (عن) . تَصبَّر . تَحلَّم
fôrbear'ance [**-ār-**], *n.* حِلم . تَصبُّر . تَحمُّل
forbid', *v.* (-bad(e), -bidden, -bidding) مَنَع . نَهى . حَرَّم
   God —! معاذَ الله . لا سمح الله !
forbidd'ẹn, *v.*; *pp. of* forbid
forbidd'ing, *a.* تَستوحش منه النفس = مَنفُور . مُتجَهِّم . مُجزِع . مُخيف
forbôre', *v.*; *p. of* forbear

fôrbôrne′, *v.; pp. of* forbear

fôrce, *n.* قُوَّة . غَصْب . عَنْوَة . إكراه . شِدَّة . زَخْم

  by —, عَنْوَةً . قهراً . جَبْراً

  in —, مَعمول به . مَرْعِيّ

fôrce, *v.* غَصَبَ . أكره = أجبر . بَسَر (أو) ابتسر (قبل الأوان) . اغتصب (الكلام)

fôrced [**-st**], *a.* جَبْرِيّ . مُجهد . مُتَكَلَّف . اضطراري

fôrce′fụl [**-sf-**], *a.* شديدة القوة . فَعَّال . قوي الحُجَّة

fôr′ceps, *n. pl.; pl.* -ceps مِلقط الجَرَّاح . [كَلبتان]

fôr′ceṡ, *n. pl.* : قوات الجيش والبحرية والطيران

fôr′cible, *a.* إجباري . بقوة . مُؤَثِّر . مُقنِع

fôr′cibly, *ad.* عَنْوَةً . بالإكراه . قَهراً

fôrd, *n.* مَقطَع (أو) مَخاضة (في نهرٍ أو . . .)

fôrd, *v.* عَبَر (أو قَطَع) خَوضاً

fôre, *a(d).*, *n.* مُقَدَّم . أمامي . قُدَّام

fôre′-and-âft′ [**-anâft**], *a.* = بالطُول من مُقَدَّم السفينة إلى مُؤَخَّرها

fôre′ârm [**fôrârm**], *n.* ساعِد = ما بين المرفق والرسغ من الذراع . ذراع الدابة

fôrearm′, *v.* أعَدَّ (للأمر) عُدَّته . سلَّح (أو) تَسلَّح مُقدَّماً

fôre′bear [**-rbār**], *n.* جَد . سَلَف

fôrebōde′ [**-rb-**], *v.* تكهَّن . آذَنَ (بـ) . أنذَرَ (بـ) . أحسَّ بقُربِ وُقوع (شرّ) . تَطَيَّر . توجَّس

fôrebōd′ing, *n.* تكهُّن . تَطَيُّر . إحساس بوقوع (شرّ) في المستقبل . توجُّس

fôrecâst′ [**-rk-**], *v.* (-cast *or* -casted, -casting) تَكَهَّنَ . قال بالغيب . بَصَّر . تَنَبَّأَ

fôre′câst, *n.* تَكَهُّن . حَدْس (عن الغيب) . تَنَبُّؤ

fore′câstle [**fōksl** *or* **fôrkâsl**], *n.* صَدْر المَركب (أو) السفينة الأعلى

fôreclōṡe′ [**-rk-**], *v.* (-closed, -closing) حَجَبَ . مَنَع . حَرَم الراهن من الحق في فك الرهن فَغَلِقَ الرَّهن

fôreclōs′ure [**-rklōzhẹr**], *n.* غَلَق الرَّهن

fôredōōm′ [**-rd-**], *v.* حَتَم (أو) قَدَّر (عليه) مُقَدَّماً (أو) سَلَفاً

fôre′fâthẹr [**-rf-**], *n.* جَد . سَلَف

fôre′fingẹr [**-rf-**], *n.* الاصبع السَّبَّابَة

fôre′foot [**-rf-**], *n.; pl.* -feet قادِمة . احدى القادمتين (من قوائم الحيوان)

fôre′front [**-rfrunt**], *n.* قادِمة . مُقَدِّمة = مَرعان . أوّل المُقَدِّمة (أو) الطَّليعة

fôreġath′ẹr [**-rġ-**], *v.* تجمَّع . تلاقى . تآلف . لَقي اتفاقاً ومصادفة

fôreġō′ [**-rġ-**], *v.* (-went, -gone, -going) سَبَق . تَقَدَّم . تَرَك

fôreġō′, *v.* فَوَّت . أضرَب (أو) تَخَلَّى (عن) . تَنَزَّل (عن حقٍّ) . نبذ

fôreġō′ing, *a.* سابِق . مُتَقَدِّم

fôre′ġone [**-ġawn**], *a.* سابق . مُتَقَدِّم

  — conclusion, نتيجة محتومة

fôre′ġround [**-rġ-**], *n.* قادِمَة (الصورة أو المنظر)

fôre′hand [**-rh-**], *a.* براحةِ اليد متجهةً إلى القُدّام . إلى الجانب الأيمن من الجسم . متقدِم

fôre'handed [**-id**], *a*. يحتاط للمستقبل . مَيسور الحال

fore'head [**fored**], *n*. جَبهَة . جبين

fo'reign [**forin**], *a*. أجنبي . خارجي

fo'reigner [**-in-**], *n*. (شخص) أجنبي

fôreknōw' [**-rnō**], *v*. (-knew, -known, -knowing) عَلِم (أو عَرَف) من قبل . سَبَق إليه علمُه

fôreknowl'edge [**fôrnolij**], *n*. سابِقُ عِلم

fôre'land [**-rl-**], *n*. رأس البر

fôre'leg [**-rl-**], *n*. رِجل (الحيوان) القادِمة = قادِمة الحيوان

fôre'lock [**-rl-**], *n*. نُصَّة . ناصِيَة . طُرَّة . كُشَّة . سَبيب = شعر ناصية الفرس

to take by the —, استعدّ مُقدَّمًا . أعَدّ للأمر عُدّته قبل الفوَات

fôre'man [**-rm-**], *n*.; *pl*. -men وَهين = عَريف (أو) مُناظِر (العُمَّال)

fôre'mâst [**-rm-**], *n*. السارِية القادِمة . السارِية القريبة من مُقدَّم السفينة

fôre'mōst [**-rm-**], *a(d)*. أوّل . أوّلًا . قبل كُل شيء

fôre'nōōn [**-rn-**], *n*. ضَحوة . ضُحى . قبل الظهر

foren'sic, *a*. جَدَلي . حِجاجيّ . خِطابي . شرعي . قضائي

fôreôrdain' [**-rôr-**], *v*. قَدَّر (أو) قَرَّر (أو) عَيَّن مُقدَّمًا

fôre'pârt [**-rp-**], *n*. الجزء المُقدَّم . الجزء السابق

fôre'paw [**-rp-**], *n*. كَفُّ (الحيوان) الأمامي (أو) قَدَمه (وفيه المخالب والبراثن)

fôre-runn'er [**fôr-runer**], *n*. رائد = بَشير (أو) نذير . فارِط = سابق = وافِد . سَلَف

fôre'sail [**-rs-**], *n*. الشِراع الأكبر على السارية الأمامية

fôresaw' [**-rs-**], *v*.; *p*. *of* foresee

fôresee' [**-rs-**], *v*. (-saw, -seen, -seeing) اختَسَب = رأى (أو) عَلِمَ (أمرًا) قبل وُقُوعه . سَبَق إليه الفكر . قَدَّر

fôreseen', *v*.; *pp*. *of* foresee

fôreshad'ōw [**-rshadō**], *v*. أشعَر (أو) ألمَع (إلى) . قَدَّم ايذانًا (بِ) = أوشَم = أرهص

fôreshôrt'en [**-rsh-**], *v*. رَسَم بحيث يُرَى بعضُ المرسوم أبعد من بعض

fôre'sīght [**-rsīt**], *n*. سَبقُ نَظر . تَبَصُّر (في المستقبل) . حَزم

fôre'skin [**-rs-**], *n*. قُلفة = جلدة رأس الذكر

fo'rĕst, *n*. غابَة . [حُرش] . حَرَج

fo'rĕst, *a*. حُرشي . غابيّ

fo'rĕst, *v*. [حَرَّش] . شَجَّر

fôrestall' [**-rstôl**], *v*. عاجل = بَدَر = بادر = فات وسَبَق (إلى)

fo'rester, *n*. مأمور صيانة الأحراش (أو) الغابات

forest preserve, غابة محظورة

fo'restry, *n*. علم صِيانة الأحراش

fôre'tāste [**-rt-**], *n*. مَسٌّ . بادِرةُ طَعمٍ . استطعام . خِبرة أوّلية . بادِرَة . استبدار

fôretāste', *v*. (-tasted, -tasting) استَطعَم . استَشعَر مُقدَّمًا . خَبَر مُقدَّمًا

fôretell' [**-rt-**], *v*. (-told, -telling) أخبَر به مُقدَّمًا (أو) قبل حدوثه (في المستقبل)

fôre′thought [-rthôt], *n.* سابق تفكير . تَدَبُّر . تَبَصُّر . استبدار
fôretōld′ [-rt-], *v.; p., pp. of* foretell
fôre′top, [-rt-], *n.* سُطَيحة على رأس السارية القادمة
forev′ẹr, *ad.* أبداً . دَوْماً . إلى الأَبَد
forev′ẹrmôre, *ad.* أبداً وأبداً . إلى الأبد . دوماً
fôrewarn′ [-rwôrn], *v.* حَذَّرَ (أو) أَنْذَرَ مُقَدَّماً . سَلَّفَ وأنذر
fôre′word [-rwerd], *n.* مُقَدِّمَة . دِيباجة
fôr′feit [-rfit], *v.* خَسِرَ = أَضَاعَ (عقاباً أو جزاءً) = غُرِمَ
fôr′feit, *n., a.* هَدَر . إهدار (أو) إسقاط حقٍ . خَسارة (أو) ضَياع (عقاباً أو جزاءً)
fôr′feiture [-rfichẹr], *n.* خُسْران (أو) إضاعة (عقوبةً أو جَزآءً)
fôrġaṭh′ẹr, *v.* = foregather
fôrġāve′, *v.; p. of* forgive
fôrge, *v.* أَحمى المعدن ودَقَّه (على السندان) . زَوَّر
fôrge, *n.* كِير (أو) كُور (الحدَّاد) . مَحْدَدَة
fôrge, *v.* قَيَّنَ = صَنَعَ وسوَّى . زَوَّر
fôrge, *v.* تقدّم ببُطء ومثابرة . سار بمشقّة = سار مُتَوعّثاً
fôr′gẹr, *n.* قَيَّان = قَين . مُزَوِّر
fôr′gẹry, *n.; pl.* -rise تزوير(ة) . مُزَوَّر
fôrġet′, *v.* (-got, -gotten *or* -got, -getting) نَسِيَ . سَها (أو) غَفَل (عن)
fôrġet′fụl, *a.* نَسَّاء . مُهمِل . كثير الغَفْلَة
fôrġet′fụlnẽss, *n.* نِسيان . كثرة النسيان . سَهو
fôrġet′-me-not, *n.* زهرة أُذُن الفار = زهرة صغيرة زرقاء . نبات هذه الزهرة . حشيشة الحب
fôrġiv′able, *a.* يُصفَح عنه . يُسامَح . يُغتَفر
fôrġive′, *v.* (-gave, -given, -giving) صَفَحَ . سامَحَ . غَفَر
fôrġiv′ẹn, *a.* مَصفوحٌ (عنه) . مُسامَح
fôrġive′nẽss [-vn-], *n.* صَفح . مُسامحة . رَأفة . سَماح
fôrġiv′ing, *a.* صَفُوح . لا يؤاخِذ على الذنب
fôrġō′, *v.* (-went, -gone, -going) فَوَّت . نَزَل (عن) (أو) تَخَلَّى (عن) . نَبَذ
fôrġot, *v.; p. of* forget
fôrġott′ẹn, *v.; pp. of* forget

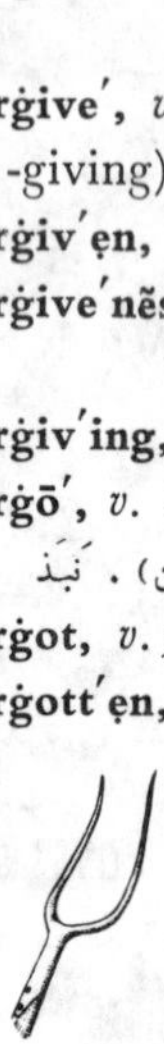

fôrk, *n.* شَوْكَة (للأكل) . شُعبة . مَشْعُوب (للزراعة)
fôrk, *v.* انفرق (أو) انشعب . رَفَع بالمَشْعُوب
fôrked [-kd], *a.* مَشْعُوب . مَفروقٌ . مُتَشَعِّب . مُتعَرِّج
fôrlôrn′, *a.* مَتروكٌ سُدى . بائِس مُهمَل . مُنخَذِل . يائس . خائب . مُوحِش
fôrm, *n.* مِثال . شَكل . كيفية . صورة . هَيئة . نوع . أسلوب . صِيغة . قالَب . صف (أو فصل) في مدرسة . مقعد طويل . نَموذَج (أو) استمارة
fôrm, *v.* شَكَّل . تَشكَّل . صار . صَيَّر . هَيَّأ . نَشَّأ
fôrm′al, *a.* تَرَسُّمي . مُتَكلَّف . بحسب الأصول . رَسْمي . شَكلي . قطعي . احتفالي
fôrmal′dehȳde, *n.* غاز للتعقيم وللحفظ
fôrm′alism, *n.* شدة الترسّم . تَرَسُّمية . شدة التمسك بالشكليات

fôrmal'ity, *n.* تَرَسُّم . شَكْلِيَّة . عَادَةٌ رسمية . شدة تَرَسُّم . حَفَاوة (رسمية)

fôrm'ally, *ad.* تَرَسُّمًا . شكليًا . [أُصولًا] . قطعًا

fôrmā'tion, *n.* تَشَكُّل . تشكيل . تأليف

fôrm'ative, *a.* تَشَكُّلي . تكوُّني . تكويني

fôrm'ẹr, *a.* سابق . الأول (منهما) . سالف

fôrm'ẹrly, *ad.* سابقًا . فيما مَضَى

fôrm'idable, *a.* مَهُول . هائل . جَسيم الصُّعوبة = باهظ . مُرْهِب

fôrm'lĕss, *a.* ليس له شَكْل (يُعْرَف) . عديم الشكل

fôrm'ūla, *n.; pl.* -las, -lae [lē] عبارة نَصِّيَّة (أو) عُرْفِيَّة (أو) اصطلاحية . نَصّ عقيدة دينية . دُستور . قاعدة . وَصْفَة (طِبِّيَّة ..) . معادَلة (كيماوية)

fôrm'ūlary, *n.* مجموعة دساتير (أو وَصفات) طبية . عبارات عُرفية

fôrm'ūlāte, *v.* وَضَع في نَصّ مُعَيَّن (أو) صيغة معيَّنة

fôrmūlā'tion, *n.* تعبير نَصّي . صَوْغ

fôrn'icāte, *v.* زَنا . سافح . فَجر

fôrnicā'tion, *n.* زِنى . سِفاح . فُجور

forsāke', *v.* (-sook, -saken, -saking) هَجَر . تَرَك . تَخَلّى (عن)

forsā'kẹn, *a.* مهجور . مَخْذُول . متروكٌ (سُدًى)

forsook', *v.; p. of* forsake

forsōōth', *ad.* في الحقيقة . فِعلًا

fôrswear' [**-swār**], *v.* حَلَفَ (أَنْ لا ..) . جَحَدَ (مُقسِمًا على ذلك) . حَرَّم على نفسه . حَنَث بيمينه

fôrswôrn', *v.; pp. of* forswear

fôrsȳth'ia, *n.* فُرْسِيتية = نبات مُزهِر من الفصيلة الزيتونية

fôrt, *n.* حِصن . [طابية] . إِياد . لَجَأ

fôrte, *n.* نِقْنَة = أَحسَنُ شيء يُتقنه المرء

fôrt'ē, *a(d).* عالٍ (أو) مرتفع (الصوت) . عالِيًا

fôrth, *ad.* أمامًا . خارجًا . فصاعداً . هَلُمَّ جرًّا

fôrthcom'ing, *a.* وَشيك . آتٍ . مُقبِل . قريب الظهور (أو) الحصول (أو) المَنال . مُعَدّ

fôrthrīght' [**-rīt**], *a(d).* عامداً إلى الأمام . مستقيم . صريح . مجاهِر (برأيه) . صراحةً

fôrthwiṭh', *ad.* في الحال . فوراً

fôrt'iẹth, *n., a.* الأربعون . جُزءٌ من أربعين جزءاً

fôrtificā'tion, *n.* تَحصين . حِصن . مَحْصَن

fôrt'ifȳ, *v.* (-fied, -fying) قوَّى . حَصَّن . مَنَّع

fôrtiss'imō, *a(d).* (في الموسيقى) عالٍ جداً

fôrt'itūde, *n.* جَلَد . صَبْرٌ (على الشدائد) . شِدة الحُجزة

fôrt'nīght [**-nīt**], *n.* اسبوعان

fôrt'nīghtly, *a(d).* كلَّ اسبوعين

fôrt'rĕss, *n.* حِصن . بلدة مُحَصَّنة

fôrtū'itous, *a.* عَرَضي . اتفاقي = على غير قصد . عَفوي

fôrt'ūnate [**-nit**], *a.* سعيد (أو) حَسَن الحظ . مَسعُود . بَخيت

fôrt'ūnately, *ad.* لِحُسْن (أو من حُسن) الحظ

fôrt'ūne, *n.* ثَرْوَة (طائلة) . بَخت . طالِع

to tell his —, أَبصر (أو) بَصَّر [أو طالَع] البخت

fôrt'ūne-tellẹr, *n.* بَصَّار (البخت) . بَصَّارة

fôrt'y, *n., a.* أربعون

fôr'um, *n.* نَدْوَة عامّة . نَدْوَة . مَحْكَمة

fôr'ward, *a.* جالِع = قليل حياء . أمامِيّ . مُتَقَدِّم . مُبادِر

fôr'ward, *ad.* قُدُمًا . إلى الأمام

to bring —, أَدْلى (بِ) . أبدى . قَدَّم

fôr'ward, *v.* ساعد على التقدم . روّج . وَرَّد . أَدَّى . بَعَث (إلى عنوان آخر)

fôr'wardnẽss, *n.* حِرْص . استعداد . جَلَاعَة = جراءة مع قلة حياء

fôr'wards, *ad.* إلى الأَمام . أمامًا . قُدُمًا

foss'il, *n.* مُسْتَحاثَة = أَثَر قديم حيواني (أو) نباتي مُتَحَجِّر

foss'il, *n.* شَخص كالمُسْتَحاثَة = مُتَحَجِّر (الطِّبَاع أو الآراء)

fos'tẹr, *v.* غذا . رَبَّى . نَمَّى . رَوَّج . تَعلَّق (بِ)

fos'tẹr, *a.* رَبيب . ربيبة . مَرْبُوب

fos'tẹr-brọthẹr, *n.* أَخٌ ربيب (أو) بالرَّضاع

fos'tẹr-chīld, *n.* ولدٌ رَبيب

fos'tẹr-fâṭhẹr, *n.* أَبٌ رَبوب

fos'tẹr-mọthẹr, *n.* أمٌّ رَبُوب أو [رَبُوبَة]

fos'tẹr-pārẹnt, *n.* والدةٌ رَبُوب . والدٌ رَبُوب

fos'tẹr-sistẹr, *n.* أُختٌ رَبيبة

fought [fôt], *v.; p., pp. of* fight

foul, *a.* قَذِر . وَسِخ . خبيث (أو) كريه (الرائحة أو الطعم) . لَعِين . بذيء . غادِر . شنيع . مُنْكَر . غير مشروع . مُعَكَّر (كالطَّقس)

foul, *v.* اصطدم . تَشَبَّك . اشْتَبَك . وَسَّخ . قَذَّر . سَدّ . تعربس = تعكَّش

foul, *a.* مَسْدُود . مَشْبُوك . مُعَقَّد = مُعَكَّش

foul, *n.* نابِيَة = شيء نابٍ عن القاعدة في اللعب

foul'ârd [fōōl-], *n.* نسيج ناعم رقيق من حرير فيه تطاريز

found, *v.; p., pp. of* find

found, *v.* أَسَّس . أنشأ . أقام

foundā'tion, *n.* أساس . قاعدة . مُؤَسَّسة . بانية . وَقْف

foun'dẹr, *n.* مُؤَسِّس . سَبَّاك

foun'dẹr, *v.* تَعِس . عَثَر وسقط . عَطِب . غَرِق (بالامتلاء بالماء)

found'ling, *n.* لَقيط = وَلَدٌ مَنبوذ

foun'dry, *n.* مَسبَك . مَسبَكة . سَبْك

fount, *n.* فَوّارة . يَنبُوعٌ . مَنبَع

foun'tain [-tin], *n.* فَوّارة = [نافورة] . مَنبَع

foun'tain-head [-hed], *n.* أصل (أو) رأس النبع . مَنبع أصلي

foun'tain-pen, *n.* قَلَمٌ نَبّاع (أو) مَدّاد . قلم حِبْر

four [fôr], *n., a.* أربع . أربعة

on all —s, على يديه ورُكبتيه

four'fōld [fôr-], *a(d).* مُرَبَّع الأضعاف . مُرَبَّع الأطراف (أو) الأركان . مضاعَف أربع مَرّات

four'-footẽd [fôr-], *a.* ذو أربع أرجل (أو) قوائم

four'scôre [fôr-], *a., n.* أربعة عشرينات = ثمانون

four'some [fôr'sẹm], *n.* لُعْبة رُباعِية

four'-square [fôrskwār], *a(d).* مُرَبَّع . مُرَبَّع متساوي الأضلاع والزوايا . صريح . لا يُدالِس . صَعب المِراس

fourteen′ [**fôr-**], *n.*, *a.* . أربعة عشر . أربع عشرة

fourteenth′ [**fôr-**], *n.*, *a.* . الرابع عشر . الرابعة عشرة

fourth [**fôrth**], *n.*, *a.* الرابع . الرابعة

four′-wheeled [**fôrhwēld**], *a.* بأربعة دواليب (أو) عجلات

fowl, *n.*; *pl.* fowl(s) . فَرْخة . داجنة . طائر . دَجاجة

fowl′ẹr, *n.* صَيّاد طيور بَرِّية

fowl′inġ-piece, *n.* بارودة (لصيد الطيور البرية)

fox, *n.* ثعلَب = أبو الحُصين . سَمْلَع = خِبّ

fox′ġlove [**-ġluv**], *n.* . كَفّ الثَّعلَب . [زهر الكشاتبين]

fox′hōle, *n.* حُفرة يتترّس فيها الجندي (أو) الجنديان

fox′hound, *n.* سَلوقيّ الثعالب = كَلْب يُقتَنَى لصيد الثعالب

fox-tẹr′riẹr, *n.* كلب صغير نشيط يُقْتَنَى في البيوت

fox′trot, *n.* رَقْصة من شخصين تُعرف بهذا الاسم

fox′y, *a.* (-xier, -xiest) = خُلبوب مَكّار . رَوّاغ = خِبّ

foy′er [**foyā**], *n.* بَهو . دِهليز

frac′âs [**-kâ**], *n.* صَخَب . مُصاخبة . هَوْشة

frac′tion, *n.* كَسر . جزء طفيف . كِسرة

frac′tional, *a.* كَسْرِي . طفيف

frac′tious, *a.* مُعانِد . شَكِس . مُتَبَرِّم

frac′ture [**-chẹr**], *v.* . كَسَر (العظم) . انكسر

frac′ture, *n.* كَسر (أو) انكسار (العظم)

fra′gīle, *a.* . قَصِيم = هَشّ (المَكسِر) . سريع الانكسار (أو) العطب . رَقيق (القوام)

fraġ′mẹnt, *n.* . قِصْمَة = كِسْرَة . قِطعة . نُتْفَة . كِسْفة . بَعْضَة

fraġ′mentary, *a.* . مُشَذَّر = مُقَطَّع . مُتَقَطِّع . ناقِص . متبعّض

frāġ′rance, *n.* فَوح . فَغْوة = عَبَقة . عَبير = أَرِيج = رائحة طيّبة

frāġ′rant, *a.* فَوّاح = طيِّب (أو زكي) الرائحة = أرِج

frail, *a.* . سهل العَطَب . واهٍ . واهِنٌ . سَقيم . ناحِل . نَحيف . هَشيم

frail′ty, *n.* وَهْيٌ . خَوَر . ضَعف المَناعة الخُلقية

frāme, *n.* نَصْبَة (أو) هَيكل (أو) بَوانِي البناء . (هَيكَل) الجسم = بِنْيَة . تركيب . حِتار = كِفاف . إطار . قالَب

— **of mind**, . إتجاه (أو) حالة نفسانية . حالة فكرية (أو) تفكيرية

frāme, *v.* (-med, -ming) . وَضَع . صاغَ . أَلَّف . رَكَّب (الجسمَ أو البناء) . جَعل له إطاراً

frāme′-up, *n.* نَوْرِيطة = تدبيرة لأيقاع شخص بجرم

frāme′work [**-wẹrk**], *n.* هَيكَل (أو) نَصبة (البناء) . مِلاك . ضِمام

franc, *n.* فرنك = وحدة النقد الفرنسي

fran′chīse, *n.* رُخصة . تَخويل . حَقّ التصويت

Francis′can, *n.*, *a.* . راهب فرنسيسكاني . فرنسيسكاني

franc'ōlin, *n.* دُرّاج . تَدْرُج . [أبو ضَبّة]
frank, *a.* مُصارِح (أو) مجاهر بما يَعتقد (أو) يَشعُر بصِدق . حرُّ الضمير
frank, *n.*, *v.* مَكتوب (أو) طَرْد مُرسَل من غير رسم بريدي . أعفى من رسم البريد
frank'incense, *n.* حَصى البان . لُبان . كُندُر . بَخور . لُبان ذَكَر
frank'ly, *ad.* بِصَراحة صادِقة
frank'nĕss, *n.* صَراحة صادِقة
fran'tic, *a.* مُهتاج . مُهتاج مُتَسرِّع . كالمَسعور
fran'tically, *ad.* باهتياج شديد . باهتياج وتَسرُّع . كأنَّ به سُعر
fratern'al, *a.* أخَوِيّ
fratern'ity, *n.* أخَويَّة . أُخُوَّة
frat'ẹrnīze, *v.* آخى . تآخى . تصادق
fraud, *n.* غِش (واحتيال) . [نَصّاب] . مُزَيِّف
fraud'ūlẹnt, *a.* غِشّي واحتيالي . خِداعِي . سُحت
fraught [frôt], *a.* مَشحُون = مَملوء . مَحفُوف
fray, *n.* مُصاخَبة . شِجارٌ . هِراش . دَغوَشة . قِتال
fray, *v.* تَنَسَّر (النسج) . شَعَّث ونَفَّش . نَسَل (أو) تَنَسَّل (الخيوط) . انجرد (أو) انحتَّ (طرف الثوب) . بَرَى (الأعصاب)
fraz'zle, *v.*, *n.* تَنَسَّل . تَشعَّث . تَنَسَّر . نُسْرَة
freak, *n.* عجيبة (خَلقية) . فَلتَةٌ (من الطبيعة) = زَوْلة . رأي وَسواسي طارئ . مَسلَك (أو) عَمَلٌ طارئ لا ينطبق على معقول
freak'ish, *a.* من أعجب العجائب . كثيرُ التقلُّبات في الرأي والمسلك . شاذّ
frec'kle, *n.* نَمَشة . نَمَش
frec'kle, *v.* نَمَّش (وهو أَنمش)
free, *a.* خالٍ (أو) خالص (من) . مُطلَق . حُرٌّ . خالٍ (من) . مُعفَى (من) . مَجّانِي . سَرِيح = غير مُقيد . مُباح
— from, بدون . خالٍ (أو) خِلو (من)
— of, خالِصٌ (من) . فاصِلٌ (عن)
free, *v.* (freed, freeing) أطلق . أرخى . أرسل . سرَّح . أفلت . خلَّى . حَرَّر . برَّأ . خلَّص
free'bōōtẹr, *n.* لِصّ . قُرصان = لِصّ بحر
freed'man, *n.*; *pl.* -men = عَتيق مُعتَق من العبودية = لاقِطٌ
free'dom, *n.* حرية . اختيار . حرية التصرف (ب) . خُلُوص . خُلُو . براءة . خلاص . تمادٍ . انسراح . إعفاء
free'hand, *a.* معمول باليد بدون آلة
free'handĕd, *a.* طَلقُ اليدَين . بَسيط اليدين = سَخِيّ
free'ly, *ad.* بحرية . بسخاء . باسترسال . من غير حَرَج
free'man, *n.*; *pl.* -men شخص حُرّ
Free'māson, *n.* فرمَسوني
free'stōne, *n.*, *a.* حَجرٌ فَلَت . فيه عَجَمة مَلِصة . حَجَر رملي (أو) كِلسي
free'-thinkẹr, *n.* مُعتَزِلي . حر التفكير
free will, اختيار . إرادة حُرّة
free'-will, *a.* إختياري
freeze, *v.* (froze, frozen, freezing) جَمد . جلد . تَجَمَّد = تَقرَّس . قَرِس = اشتد بَردُه . قَرَّس = جعله بارداً جداً . قَرَس (البردُ النباتَ) = أحرقه وأضرَّ به
freeze, *n.* تَجَمُّد . قَرْس . قارِس
freez'ing-point, *n.* درجة الانجماد

freight [**frāt**], *n.* وَسق (أو) وَسقه (في السفينة). أجرة الوَسق

— train, قطار شحن

freight, *v.* شَحَن . حَمَّل . وَسَق

freight'ẹr, *n.* سَفينة واسِقة = آمِدَة

French, *a., n.* فرنسي . فرنسيون . اللغة الفرنسية

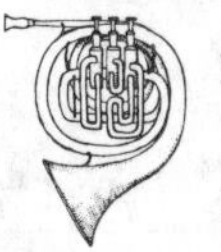

French horn, آلة موسيقية نُحاسية لها صوت ناعم

French'man, *n.; pl.* -men (رجل) فرنسي

fren'zied [**-zid**], *a.* هائج كالمسعور . في سُعرة هياج

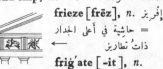

fren'zy, *n.* هِياجٌ جُنُوني . سُعرة (أو) سَوْرَة . هَوجة

frē'quẹncy [**-kwẹn-**], *n.* تَكرار . تواتر . تردد . ذَبذَبة

frē'quẹnt [**-kwẹnt**], *a.* متكرِّر . متواتر . متردِّد . مُتَوالٍ

frēquent', *v.* حجّ = تَردَّد (إلى المكان) = انتاب

frē'quẹntly, *ad.* مراراً . تَكراراً . كثيراً ما

fres'cō, *n.; pl.* -co(es) فن التصوير بالألوان المائية على الجص

fresh, *a.* طَريء = غَضّ = غير بائتٍ (أو) غابّ . طازَج . جديد . عَذب . نشيط = غير مكدود . ناضِر . طَلق . (ريح) زافّة

fresh'ẹn, *v.* صار (أو جَعله) طَرِيًّا (أو) غَضًّا

fresh'ĕt, *n.* حامولة = سَيلٌ دافق = جُحاف

fresh'ly, *ad.* بطراءة . من جديد

fresh'man, *n.; pl.* -men طالب في السنة الأولى الجامعية

fresh'nĕss, *n.* طَلاوة . طَراءة . غُضوضَة . جِدَّة . نَضرة

fresh'watẹr [**-wô-**], *a.* الماء الحُلو (أو) العَذب

fret, *v.* (-tted, -tting) تَبَرَّم . تَضجَّر . جاظَ . تكرَّب = [تَمقَّت]

fret, *n.* جُواظ = تَضَجُّر . [تنكُّد] وتكرُّب

fret'fụl, *a.* مُتكرِّب . ضَجور . مُتَبَرِّم = جَوّاظ

fret'fụlly, *ad.* [بتنكُّد] = بِتَجوُّظ = بِتَلعلُع

fret'work [**-wẹrk**], *n.* تَخريم (أو) حفر مُفرَّغ

frī'able, *a.* سهل (أو سريع) التفتُّت

frī'ar, *n.* راهِب (كاثوليكي)

fricassee', *n.* لحم يَخني = لحم مُهرَّم مطبوخ وعليه مَرقته

fric'tion, *n.* دَلك . احتكاك . مُناقَرة

Frīd'ay [**-di**], *n.* يوم الجمعة

frīed [**frīd**], *v.; p., pp. of* fry

friend [**frend**], *n.* صَدِيق . نصير . مُحازِب

Friend [**frend**], *n.* أحد أفراد فرقة الفرندز الدينية

friend'lĕss, *a.* ليس له صديق

friend'linĕss, *n.* صَداقَة . مَودَّة . مُصادَقة

friend'ly, *a(d).* مُؤالِف . وُدِّي . مُصادِق . مُتصادِق . بصداقة

friend'ship, *n.* صَداقَة . مَودَّة . مُخادَنة

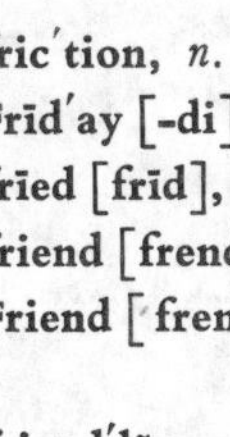

frieze [**frēz**], *n.* إفريز = حاشِية في أعلى الجدار ذات نَطاريز ←

frig'ate [**-it**], *n.* [فِرقاطة] = سفينة حربية سريعة

frīght [frīt], *n.* فَرَق . ذُعر . رُعب . هَلَع

frīght'ẹn [frīt-], *v.* خوَّف . أذعَر . أرعَب . روَّع . هَوَّل

frīght'fụl [frīt-], *a.* مُرعِب . فَظيع . هائِل . شَنيع

fri'gid, *a.* باردٌ جداً . جامِد . قارِس . جافٍ . بارد الطبيعة . مُكمِد . جامد الطبع

frill, *n.* [كَشكَش] . زَخرَفة (باطِلَة) . حَشو مُنَمَّق (في الكلام) . زَوزَقة

fringe, *n.* ذَباذِب = شَرارِيب = طُرَّة = هُدَّاب . شَرَبش

fringe, *v.* حَوَّف (المكان) = حَفَّ به واستدار

fripp'ẹry, *n.; pl.* -ries بَهرَجات . بهارج . تَبَرُّج خسيس

frisk, *v.* تَقفَّز (أو) تَطفَّر نَشاطًا وَمَرَحًا . [تَنَطَّط]

fris'ky, *a.* (-kier, -kiest) لَعُوب . مَرِح = أرِن

frith, *n.* رجلٌ من البحر في البر

fritt'ẹr, *v.* بَعزَق . بَدَّد . أسرف . بَذَّر

frivol'ity, *n.* خِفَّة . عدم الرَّصانة (أو) التصوُّن . تُرَّهة . تَبَذُّل

friv'olous, *a.* مُتَبَذِّل . كثيرُ العَبَث . مُحِبٌّ للهَزَل . تارك للاحتشام

friz'zle, *v.* نَشَّ وَتَنَفَّط (عند القَلْي) . نافط

friz'zle, *v.* تَقرَّد = تَفلفَل (الشَّعرُ) = تَنَطَّط = قَطَّ . قطَّط

frō, *ad.*

  to and —, مُقبِلًا مُدبِراً . ذَهَاباً وإياباً

frock, *n.* جِلباب . [فستان] . قَفطان (للرهبان والقساوسة)

frog, *n.* ضِفدِعة

frog, *n.* زِرٌّ مُستَور له رِبَاط بِعُروَة

frol'ic, *n.* مَرَح = لُعب ونَشاط وفَرَح

frol'ic, *v.* (-licked, -licking) مَرِحَ

frol'icsome [-sẹm], *a.* لَعوب . مَرِح

from, *prp.* مِن . عَن . مُنذ . مِن لَدُن

  to tell apples — oranges, مَيَّز التفاح عن البرتقال . فَرَّق

frond, *n.* وَرَقة خُنشار . ورقة (أو) سَعفة نخل

front [frunt], *n.* مُقدَّم . صَدر . جَبهة . قِبلَة

front, *a.* في المُقدَّمة . أمامَ

front, *v.* تَقدَّم . قابَل . واجه

fron'tage [-untij], *n.* قِبلَة (البناء أو النهر أو الشارع)

fron'tal [frun-], *a.* وِجاهي . جِباهِي

fron'tiẹr [frun-], *n.* تُخم = حَدّ

fron'tispiece [frun-], *n.* صورة على الصفحة المقابلة لصفحة عنوان الكتاب

fron'tiẹrṡman, *n.; pl.* -men شخص يعيش على الحدود . شخص يعيش على حدود العُمران (أو) فيما وراء ذلك

front'lēt [frun-], *n.* عَصبَة الجَبين (للزينة)

frost, *n.* جَليد . صَقعة . صَقيع . قَريس

frost, *v.* شَفشَف = قَرَس . أصقَع = أصابه الصقيع . أحرقه الصقيع . جَلَّل بالناطف

frost'-bīte, *n.* قَرْس = خَصَر . ضَرَر جِسماني من أثر الصقيع

fros'tēd, *a.* مُتَقرِّس . مُجلَّل بالناطف . ذو سطح مكرَّش (أو) مُحبَّب

frost'ing, *n.* ناطِف (أو) تجليلة من سُكَّر وغيره لسطح الكعك

fros'ty, *a.* قارِس . صَقيعي . جافّ

froth, *n.* زَبَد . رَغوة . تفقيع كلام

froth, *v.* أَزْبد . رغا . فَقَّع (في الكلام)
froth'y, *a.* (-thier, -thiest) . مُزبِد . فَشْفَاش = هِفّ
frō'ward, *a.* عَنيد . حَرُون . شَكِس
frown, *v.* عَبس . قَطَّب (وَجْهه) . تَجَهَّم . كَلَّح
frown, *n.* عُبوس . تقطيب (الوجه) . تَجَهُّم . تكليح
frowz'y, *a.* (-zier, -ziest) . [مُحَرْفَش] نَفِثٌ = وَسِخ . نَتِن
frōze, *v.; p. of* freeze
frō'zẹn, *a. and pp. of* freeze
frūġ'al, *a.* مُقتَصِد (في النفقة) . حَسَن التدبير في المعيشة
frūġal'ity, *n.* اقتصاد (في النفقة) وحسن تدبير
fruit [froo̅t], *n.* ثَمَر . فاكهة . أُكُل
fruit'age [-o͞otij], *n.* إثمار . أُكُل . نِتاج (أو) حِمْل الثمر . ثَمَرة
fruit'ẹrẹr [-o͞ot-], *n.* فاكِهاني
fruit'fụl [-o͞ot-], *a.* مُثمِر . كثير الثمرات (أو) المحصول . مُفيد
fruit'fụlnĕss, *n.* إثمار . وَفرة الإثمار (أو) الإنتاج
frūi'tion, *n.* ثَمَرة . إثمار . نتيجة . تَمَام . مُتعة
fruit'lĕss [-o͞ot-], *a.* ليس له ثَمَرة (أو) نتيجة (أو) فائدة
fruit'y [-o͞ot-], *a.* (-tier, -tiest) بطعم (أو) برائحة الفاكهة
frustrāte', *v.* نَغَّص . خَيَّب . أحبط . أفسد . كَبَت . انكبت
frustrā'tion, *n.* تَنغِيص = شُعور بالخَيْبة (لعدم إرضاء الرغائب) . خَيبة . حُبوط . انكبات . مَكبوتِيَّة

frȳ, *v.* (fried, frying) قلا . قَلَى . طَجن
frȳ, *n. pl.* بَزْر = ولد (أو) أولاد . أولاد السمك (أو) الضفادع . سمك صغير . سُمَيكات
frȳ, *n.* شيءٌ مَقليٌّ (أو) مَقلُوّ
ft. = foot, feet
fūch'sia [-sha], *n.* فُوشِيَة = نبات له أزهار مُتَهَدِّلة
fud'dle, *v.* شَوَّش (العقل) . [سَطَل] بالشراب . هَرَّجه الشرابُ
fudge, *n.* حلواء منفوشة (أو) لَبِّينة . هُراء
Fuehr'er [fū-], *n.* = Führer
fū'ẹl, *n.* وَقُود . مَحرُوقات
fū'gitive, *a., n.* فارّ . هارِب . طَرِيد . شريد . سريع الزَّوَال . عابِر
fūġue [fūġ], *n.* تأليفة موسيقية متنوعة تتكرر أجزاؤها مع التغيير
Führ'ẹr [fū-], *n.* زَعِيم . لَقَب هتلر في ألمانيا النازية
ful'crum, *n.; pl.* -rums, -ra نُقطة = نقطة الاستناد (في المُخل) = دارِك
fụlfil(l)', *v.* (-filled, -filling) . أَوفَى . أنجز . قضى
fụlfil'mẹnt, *n.* إيفاء . قضاء . أداء
fụll, *a.* ملآن . تام . وافٍ
— **of,** مُمتلىء (بِ)
fụll, *ad.* تمامًا . كاملًا
fụll, *n.* تَمَام . أبعد حَدّ . آخِر
fụll'ẹr, *n.* قَصَّار . قَصَّار (قُماش)
fụll'-fledged' [-jd], *a.* تام التدريب = مُخَرَّج . تام النشأة . مُكَمَّل . تام الرِّيش
fụll'-ġrōwn [-rōn], *a.* مُستَوفي (أو تام) النموّ . وافِر

fu̧l(l)'nĕss, *n.* امتلاء . كَمَال . مَقْدُور . وَفَاء . وُفُور
fu̧ll'y, *ad.* باستيفاء . إلى تَمامِه . بوفرة
ful'minăte, *v.* دَمْدم . نَدَّد . شَدَّد النكير . تفجَّر . لَمَع
fu̧l'some [-sẹm], *a.* تَتَعَيَّف منه النفسُ وتَتَقزَّز (للإطراء الزائد مثلًا)
fum'ble, *v.* عَيَّث = تَلَمَّس (كأنه يَطلُب شيئًا لا يراه) = عَدَّق
fum'ble, *n.* تَعييث . تَعدِيق . الرَّفْل (في اليدين عند المَسْك)
fūme, *n.* بُخار . دُخَان . قُتَار
fūme, *v.* دَخَن . قَتَّر . تَنَغَّر (غضبًا) . تأفّف . نفث . زَنْخَر . تنفّط
fūm'igāte, *v.* بَخَّر (للتعقيم) = عَثَّن
fūmigā'tion, *n.* تبخير (للتعقيم) = تعثين
fun, *n.* بَسط . مَزْح ولُعب
  in —, على سبيل الضحك (أو) المزاح
  to make — of, عَبِث به = سَخِرَ منه = قلَّس (على)
  to poke — at, عَبِث به . أغرى الغير ليعبَثوا به
func'tion, *n.* عَمَل اختصاصي . وظيفة . منفعة . غَرَض خصوصي . احتفال
func'tion, *v.* عَمِل . قام بالعمل . أدّى الوظيفة
func'tional, *a.* وَظيفي
func'tionary, *n.* مُوَظَّف . مأمور
fund, *n.* ذَخيرة . مَعين . مال (مُخَصَّص)
fundamen'tal, *a.* أساسي . أصلي . جوهري
fundṡ, *n. pl.* أموال (لغرض معين) . رأس مال
fūn'ẹral, *n., a.* جنازة . جَنازي
fūnēr'ēal, *a.* جنائزي . كَئيب . مُكتئِب . حزين
fun'gī [-jī], *n. pl. of* fungus
funġ'ous, *a.* فُطرِي . اسفنجي . سريع النشوء . سريع الزوال
funġ'us, *n.; pl.* -gi, *or* -guses **[-ġusiz],** فُطر . فَقْع
funk, *n.* فَزَع . جَزَع . وَهَل = خوف
funk, *v.* جَزِع . تَوَهَّل = فَزِع . جفل
funn'ẹl, *n.* قِمع . داخنة (السفينة)
funn'y, *a.* (-nnier, -nniest) مُضحِك . مُستَغرَب
fur, *n.* فَرو(ة) . طَلًى (أو) قَلَح (على اللسان)
fur, *v.* (furred, -rring) فَرّى . تَقَلَّح (اللسان) = علاه الطَّلَى
furb'ēlow [-lō], *n.* = [كشكش] تطريفة للزينة كثيرة التصنيع
furb'ish, *v.* صقل . جَدَّد
fūr'ious, *a.* عَنيف . مُستَشيطٌ (أو) مُضطَرِمٌ (غضبًا)
fūr'iously, *ad.* بعُنف . باحتدام (أو) اضطرام (غضب)
furl, *v.* طوى . لَفّ . ضَمّ (وجمع)
furl'ong, *n.* مَسافة = $\frac{1}{8}$ ميل
furl'ough [-lō], *n., v.* إذن غِياب . [إجازة] . أعطى إذنًا بالغياب
furn'ace [-nis], *n.* مَجحَم . مَصهر . قَمين . وَطيس . أتّون
furn'ish, *v.* أَمَدّ . جَهَّز . أثَّث
furn'ishinġṡ, *n. pl.* تجهيزات . رِياش . أثاث . لوازِم
furn'iture, *n.* أثاث . أمتعة . رِياش
fūrôr'(ē), *n.* فَوْرة . حماسة بالغة . هِياج شديد . إحتدام . نفر . هائجة
furred [ferd], *a.* مُفَرّى = عليه فَرو
fu'rriẹr [u *as in* but], *n.* فَرّاء

FRUITS and THEIR FLOWERS الأثمار وأزهارها

fu'rrōw [**u** *as in* **but**], *n.* خدّ = مَشَق (أو) فَلح = تَلَم

fu'rrōw [**-ō**], *v.* تَلَّم (الأرض) = شقّها وفلحها

furr'y, *a.* (-rrier, -rriest) ذو (ذات) فرو . ناعم الملمس . يعلوه طَلى (أو) قَلَح (كاللسان)

furth'er, *a(d).* أبعد . زيادة (عن) . آخَر . فوق ذلك . ثُمّ . وعدا ذلك بعد ذلك

furth'er, *v.* روّج . ساعَدَ على إنجاح

furth'erance, *n.* تَرقية . العَمَل على نجاح (أو) تَقَدُّم

furth'ermôre, *ad.* وَبَعْدُ . زيادةً على ذلك . ثُمّ (إنّ . . .)

furth'ermōst, *a.* أبعدُ ما يكون . أكثر ما يكون

furth'est, *a.* الأبعد . الأقصى

furt'ive, *a.* بالمُسارَقَة . اختلاسي . بالخفية

furt'ively [**-vl-**], *ad.* مسارقةً . مُلاوَصةً . تخطُّفًا . مُخاوَنة

fūr'y, *n.* حِدّة . عُنف شديد . احتدام (أو اضطرام) الغضب = تَنَفُّر . وَحَر

furze, *n.* جَولَق = نباتٌ شائك في الأراضي البور

fūse, *v.* صَهَر . أذاب (وألحم) . اتّحَد . اندغم

fūse, *n.* شِمال = فَتيل (أو) أنبوب للإشعال . فَصّال (الدورة الكهربائية)

fūs'ēlâge [*or* **-lij**], *n.* بَدَن (أو) هيكل الطائرة

fūs'ible, *a.* قابلٌ للذَوَبان (أو) للانصهار

fūsilīer', *n.* جندي ببندقية خفيفة

fūsillāde', *n., v.* رَشَقٌ من البنادق (أو) الأسلحة النارية . أطلق رَشقًا . رَشَقٌ (من الأسئلة مثلًا)

fū'sion [**-zhen**], *n.* انصهار . ذَوَبان (والتحام) . اتحاد . اندغام

fuss, *n.* هَمَكة (أو) [عَجقة] بدون داعٍ . ضَجّة . هَيْزَعة

fuss'y, *a.* (-ssier, -ssiest) = مَهموك [مَعجُوق] . متأنِّف = مُتَنَفِّر . [مُعجَّق] . مُتَنَطِّس . مُدَنِّق = كثير الحصحصة

fus'tian, *n.* قماش قطني صفيق قوي له خَمَل . تَفاصُح (في الكلام) = شَقشَقة = فُسطاطِي

fus'ty, *a.* (-tier, -tiest) خامٌّ = فيه زُهومة (أو) رائحة مُنتِنة

fūt'īle, *a.* عَبَث . عديم الجدوى (أو) النفع

fūtil'ity, *n.* عَدَم الجَدوى (أو) النَّفع (أو) الغَناء

fū'ture [**-cher**], *n., a.* مُستَقبل . آتٍ . صيغة الاستقبال

fūtūr'ity, *n.* مستقبل . حادث مُستَقبل . الحياة الأُخرى

fuzz, *n.* دَبَب = زَغَب دقيق (كالذي على الدود مثلًا)

fuzz'y, *a.* (-zzier, -zziest) ذو زَغَب (أو) دَبَب

G

G, g [**jē**], *pl.* G's, g's الكاف المعقودة = الحرف السابع في الأبجدية الإنكليزية

ġab, *v.* (-bbed, -bbing) هَذَر . ثرثر

ġab, *n.* هَذَر . ثرثرة

ġab'ardīne, *n.* = gaberdine

ġab'ble, *v.* (-led, -ling) = هَذرَم أَسْرَع في كلامه = وَزْوَز

ġab'ble, *n.* هَذْرَبَة . هَذْرَمَة . وَزْوَزة

ġab'ẹrdīne, *n.* قفطان . فَرَجِيَّة

ġā'ble, *n.* الجزء المثلث الشكل من جدار البناء بين جانبي الجملون . حائط الجملون

ġā'bled [**-ld**], *a.* مُحَرَّد (أو) مُسَنَّم . له حائط جَملوني

Gā'briẹl, *n.* جبرائيل . جبريل

ġad, *v.* (-dded, -dding) = تَميَّر [تَمَشكَح] . تسَنْدَر = طَوَّف وضَيَّع الوقتَ (طَلَباً لِلَّهو وأماكنه) = تَرَوَّد (أماكن اللهو)

ġad'about, *n.* سَنْدَرِيٌّ = مُتَبَطِّل وصاحب لهوٍ

ġad'-flȳ, *n.* = زارَّة . ذبابة زرقاء = عَنْتَر نُعَرَة = ذبابة الخيل (أو) الماشية

ġadg'ĕt, *n.* أُوَيلَة . أُدَيَّة . آلة بَديعة الصنع

Gael [**ġāl**], *n.* كَلْتِي (من ايرلنده) . نَجْدِي اسكتلندي

Gael'ic [**ġāl-**], *a.* كَلْتِي . خاص باللغة الكَلْتِية

ġaff, *n.* خُطَّاف (أو) خاطوف يُمْسَك به السمك

ġaff, *v.* أمسك السمك بالخُطَّاف (أو) الخاطوف

ġag, *n.* كِمامَة (أو) سِدَاد (أو) سِطَام للفم (لمنع الكلام) . وسيلة لمنع حرية الكلام (كالرقابة)

ġag, *v.* (-gged, -gging) غَلَّ = سَدَّ (أو) سَطَم الفمَ (بشيء لمنع الكلام) . كَمَّ

ġāge, *n.* رَهن = تأمين . عَلامة للإيذان بطلب المبارزة

ġāge, *v.* أعطى رَهْناً (أو) تأميناً

ġāge, *n.* = gauge

ġai'ĕty [**-iti**], *n.* فَرَح . بَهجَة = زَهْوَة . مَرَح

ġail'y, *ad.* بسرورٍ . بِفَرَح . بِزُهاء

ġain, *v.* حَصَل . نال . كَسَب . استفاد . غَنِم . ربح . بَلَغ . وَصَل . تَقَدَّم

to — on, تَقَدَّم (على) . تَقَرَّب منه (وهو يَتبَعُه)

ġain, *n.* مَكْسَب . مربح . فائدة . تَرَبُّحٌ . مَغْنَم

ġain'fụl, *a.* مُكْسِب . مُرْبِح . مُفيد

ġainṡ, *n. pl.* مَكاسِب

ġainsay', *v.* (-said, *or* -sayed', -saying) أنكر . ناقض . خالَف

ġainst, 'ġainst = against

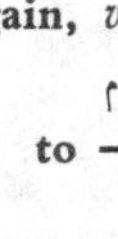

ġait, *n.* مِشْيَة . كيفية السير (أو) الجري

ġait'ẹr, *n.* مِسْماة = [طِماقَة]

ġal. = gallon *or* gallons

ġāl'a [*or* **ġâla**], *n.*, *a.* عِيد . احتفال (أو فرح) عامّ . احتفالي

ġal'axy, *n.* مَجَرَّة (في السماء) . كَوْكَبَة . لُمَّة باهِرة = كوكبة

Gal′axy, *n.* المجرَّة

ġāle, *n.* عاصفة (تكون عادة في البحر) = قَاصِفَة . زَوْبَعة

ġalēn′a, *n.* فِلِزّ رَصاصي ثَمِين

Gal′ilee, *n.* الجليل = القسم الشمالي من فلسطين

Sea of —, بحر الجليل . بحيرة طبريّة

ġall [ġôl], *n.* (المِرَّة) الصفراء . عَلْقَم . غِلّ

ġall [-ô-], *v.* دَبَر (أو) عَقَر . أَمَضَّ . أغاظ

ġall [-ô-], *n.* دَبَرَة . نَبْرَة (أو) عُجْرَة (في النبات) . عَفْصَة

ġall′ant, *n.* رَجُلٌ كثير المُلَاطَفَةِ والاحترام للنساء . زِيرُ نِساء

ġall′ant, *a.* باسِل . هُمَام . بَهِيج . جَليل . أنيق . فَخم

ġall′ant, *n.* رَجُلٌ كثير التجديد والتأنق في ملبسه

ġall′antry, *n.* بَسالَة . ملاطفة واحتفاء (بالنساء) . نَخْوة

ġall′-bladdẹr [ġôl-], *n.* كيس المَرارة

ġall′ēon [-iẹn], *n.* غَلْيُون = سَفِينة كبيرة شِرَاعِيَّة

ġall′ẹry, *n.* دِهْلِيز . شُرْفَة دَاخِلية . أعلى شرفة داخلية (في مسرح) . النَظَّارة في الشرفات الداخلية . معرض صوَر وتماثيل

ġall′ey [-i], *n.* قُرْقُور = سفينة طويلة = مِرزاب . صفيحة مَعْدِنية تُصَفُّ عليها الحروف = بِكْباكَة

ġall′ey [-i], *n.* مَطبخ السفينة

ġall′flȳ [ġôl-], *n.; pl.* -flies عَفصِيَّة = آبِرَة = قِنفِشة = حَشَرَة تسبب تدرنات عفصية في النبات

Gall′ic, *a.* غَالي = فرنسي (قديم)

ġall′ing [ġôl-], *a.* مُحْنِق = مُغِيظ جداً . جارح للنفس

ġall′on, *n.* غالون (أو) جالون = نحو ٤ ½ لترة

ġall′op, *n.* حُضْر (أو) إحضار = شدة عَدْو (الفرس)

ġall′op, *v.* أحضَر (الفرسُ) . اسْتَحضر (الفرسَ) . عَجَّل

ġall′ōwṡ [-ōz], *n.; pl.* -lows مِشْنَقَة . شَنَق

ġalôre′, *ad.* بوَفْرة . طَيْس = وافِر . دَثْر

ġalosh′, *n.* [كالوش] = جُرْمُوق = مُوق = مُوقان

ġalvan′ic, *a.* كَلْفَني . إختِلاجي . مُكَهْرِب

ġal′vaniṡm, *n.* استحضار الكهرباء بعملية كيماوية . علم هذا الاستحضار

ġal′vanīze, *v.* كَهْرَب . أَشَبَّ = أثار فَجأةً وبشدة . أَهَبَّ . نَبَّه وحَفَز على العمل

ġal′vanīze, *v.* كَلفَن = موَّه بالتوتيا المدنية

ġam′ble, *n.* قِمَار . مُخاطرة . مُقامَرة

ġam′ble, *v.* قامَر . خاطَر (في التجارة)

to — away, أضاع بالقمار

ġam′blẹr, *n.* مُقامِر . مُخاطِر

ġam′bol, *n.* نَقَلُّز = نَقَفُّز (أو) نطفُّر (نَشاطًا ومَرحًا)

ġam′bol, *v.* (-bolled, -bolling) نَطفَّر . أَرِنَ . مَرِح . [نَنَطَّط]

ġam′brel roof, سطح له مُنحَدَرَان ، أحدُهما أشد انحداراً

ġāme, *n.* لَهو . لَعِب . لُعْبَة . مَلعُوبة = حيلة . صَيْد . حيوانات الصيد . لحم الصَّيْد

to make — of, عَبِث به = سَخِر منه . ضَحِك منه . قَلَّس عليه = [تَمَسْخَر]

to play the —, راعى الأُصول . استقام في سلوكه

ġāme, *a.* (-mer, -mest) = جريءٌ مِقدام . مَخْبول = كسيح . أعرج

ġāme, *v.* لَعِبَ . قامَرَ

ġāme'-cock [-mk-], *n.* ديكُ المهارَشة . ديكٌ يُرَبَّى للمهارَشة

ġāme'keepẹr [-mk-], *n.* حارس حيوانات الصيد والطيور

ġāme'some [-sẹm], *a.* لَعُوب

ġāme'stẹr [-ms-], *n.* مُقامِرٌ . لَعَّاب قِمار

ġam'in, *n.* ولد زُقاقي . ولد أزِقَّة

ġām'ing, *n.* لُعب القِمار . مُقامَرة

ġamm'on, *n.* كلامٌ فارغ . خِداع . غِشٌّ

ġam'ut, *n.* سِلسِلة

ġām'y, *a.* (-mier, -miest) جَرِيءٌ . له طعم كطعم لحم الصيد

ġan'dẹr, *n.* ذكر الوَزّ (أو الإوز)

ġang, *n.* فِئَة . زُمرة . عُصبة . سُرْبَة

Gan'gēs [ġanjēz], *n.* نهر الكنج (في الهند)

ġanġ'lion, *a.* عُقدة أعصاب . سَلْعَة = تدرّن . مركز قوة (أو) نشاط

ġanġ'-plank, *n.* جِسر متحرك لركوب السفينة (أو) الخروج منها

ġanġ'rēne, *n., v.* مَوات = [غرغرينا] . أُصيب بالموات

ġanġ'stẹr, *n.* أحد أفراد عِصابة (اجرامية)

ġanġ'way, *n.* مَمَرّ . دَرَج السفينة

ġann'ēt, *n.* أطَيش = طائر من طير الماء

ġant'lēt, *n.* = gaunt'let

gāol [jail], *n.* سِجن . حَبس . سَجن

gāol'ẹr [jail-], *n.* سَجّان

ġap, *n.* فَرز . فَتق . ثُغرة . فُتحة . فُرجة . فَجوة . فَضاء . فراغ . جَوبَة (أو) مضيق (بين الجبال)

ġāpe, *v.* فَتح الفمَ واسعًا = فَغر = شَحا . تثاءب . حَملَق وفتح فمه تعجبًا . انفغر

ġāpe, *n.* فغر (أو) شَحْو (الفم) . تثاؤب

ga'râge, *n.* مِرأب = كَراج

ġârb, *n.* لِبسَة . لِباس

ġârb, *v.* لَبِس . ألبَس

ġârb'age [-bij], *n.* فُضالة (الطعام) . رُذالة

ġâr'ble, *v.* مَسَخ . حَرَّف . خلَّط . لَبَّس . رَقَّع ووَصَّل (الأخبار) = أورد بعضها وحَذف الآخر للتمويه

ġârd'ẹn, *n.* بُستان . جُنَينة

ġârd'ẹn, *v.* تَعهَّد البستانَ . بَستَن

ġârd'ẹnẹr, *n.* جَنّان . بُستاني

ġardēn'ia, *n.* (نبات) كَردينية

ġâr'ġle, *v., n.* غَرغر . مَضمض . غَرغَرة = غَرور

ġârġ'oyle, *n.* مِيزاب له نهاية على شكل رأس عجيب = غار الغول

ġār'ish, *a.* وَهّاج . زاهٍ جداً . مُزَخرَف . مُبهرَج

ġârl'and, *n.* إكليل (أو) طوقٌ (من الزَّهر وأوراق الشجر) = رُعْلَة

ġârl'and, *v.* زَيَّن بطوق (أو) أطواق (من الزهر . . .)

ġârl'ic, *n.* ثُوم = فُوم

ġârm'ẹnt, *n.* ثَوب . لِباس

ġârn'ẹr, *v.* خزَن . ادَّخر . وَضَع في نبر (أو) أنبار

ġârn'ẹr, *n.* مَخزَن . مَخزَن حُبوب = هُري

ġârn'ĕt, *n.* = بَنَفْش = بِجَادِيّ = بِيجَاذ = بِيجَاذَق (وهو حجر نفيس)
ġârn'ĕt, *a.* بيجاذي اللون = أحمر مُشْبَع
ġârn'ish, *v.* زَيَّن . زَخْرَف . زَوَّق
ġârn'ish, *n.* زَخْرَفة (للطعام) . تزويقة
ġârn'iture, *n.* تَزويق . تنميق . زَخْرَفَة
ġa'rrĕt, *n.* عِلِّيَّة . غُرْفَة (أو) غرف في أعلى البناء (تحت السطح المائل)
ġa'rrison, *n.* حَامِيَة = رِبَاط = عساكر مُرابطة (أو) مُحافِظة
ġa'rrison, *v.* رَابَط . اتخذ رِباطًا . وضع حامِيَةً
ġa'rrūlous [or -ųlęs], *a.* مِهْذَار . بَرْبَار . وَقْواق . كثير الكلام
ġârt'ęr, *n.* رِباطة الساق . حَمِيلَة (أو) حِمَالة الجَوْرَب
ġârt'ęr, *v.* شَدَّ بِرِبَاطةٍ (أو) حَمِيلَة
garter snake, حَيَّة غير سامة بُنِّيَة اللون (أو) خضراء مُخَطَّطة
ġas, *n.; pl.* gases غاز . غاز الاستصباح . غاز خانق
ġas, *v.* (-ssed, -ssing) خَنَق (أو) سَمَّم بالغاز
ġas'ĕous [or ġās-], *a.* غازِيّ . هِفّ = خفيف قليل المادة
ġash, *n.* بَقْر . بَعْج . جُرْح بَليغ مستطيل
ġash, *v.* بَقَر . بَعَج . جَرَح جُرْحًا بليغًا مستطيلًا
ġas'-mâsk, *n.* قِناع واقٍ (من الغاز السام)
ġas'olīne, ġas'olēne, *n.* غازولين (يستعمل وَقُوداً للسيَّارات أو مُحَلِّلا)
ġâsp, *n.* نَشْغَة . شَهْقَة (مع فتح الفم)
ġâsp, *v.* نَشَغ . شَهَق (مع فتح الفم)
ġas'tric, *a.* مَعِدِيّ
gastric juice, عُصارة المعدة
ġat, *v.* = got
ġāte, *n.* باب (يؤدي إلى ساحة) . [بَوَّابة] . مَدْخَل . رِتَاجة . غَلَق = باب عظيم
ġāte'way [-tw-], *n.* باب . مَدْخَل (أو) مَخرج
ġaṭh'ęr, *v.* زَمَّ . جَمَع . تجمَّع . لَمَّ . قَطَف . ثَنَى . قَيَّح
ġaṭh'ęring, *n.* تجمُّع . لَمَّة . وَرَمٌ مُستقرِن
ġaud, *n.* زينة مُبَهْرَجة . بَهْرَجِيَّة
ġaud'y, *a.* (-dier, -diest) زاهي الألوان . مُزَخْرَف (أو) مُبَهْرَج (رخيص)
ġāuge [ġāj], *n.* مِقْيَاس . مِعيار . قِيَاس
ġāuge, *v.* قاسَ (بدقة) . خَمَّن
Gaul, *n.* اسم فرنسا قديمًا
ġaunt, *a.* شَخْت = عَجِيف . ضاوٍ . كَئِيبُ (المنظر) . مُوحِش . قَفْر
ġaunt'lĕt, *n.* قُفَّاز (من حديد) كان يلبسه الفرسان
to throw down the —, = استنهد = طلب للمناهدة (أو) المقاتلة
to run the —, مَرَّ بين سِماطين (أو) صَفَّين من الرجال وكلٌّ يضربه
ġauze, *n.* شَفّ = نسيج رقيق مُشِف
ġauz'y, *a.* (-zier, -ziest) = كالشَف = رقيق مُشِف
ġāve, *v.; p. of* give
ġav'ęl, *n.* مِطْرَقة صغيرة يستعملها الرئيس (أو) الدلّال
ġawk, *n., v.* شخصٌ مُغفَّل ثقيل الحركة غَليظ . نظر نظرة المُغفَّل (أو) السَّمج
ġawk'y, *a.* (-kier, -kiest) ثقيل الحركة = سَمِج (أو) أخرق

ġay, *a.* (-yer, -yest) مُبتَهِج . فَرِح . بهيج (أو) زاهي (اللون)
ġay'ēty, *n.* = gaiety
ġāze, *n.* نظرةٌ تأملية . تَرْنيق (النظر) = إدامته مع فتح العين . تَفَرُّس
ġāze, *v.* حَدَّق (أو) نظر متأمِّلًا . رَنَّق (النظر) . تَنَظَّر
ġazelle', *n.* غَزَال . غَزالة . ظَبْيةٌ . خَوْلَة
ġāz'ẹr, *n.* ناظِرٌ . متأمِّل
ġazette', *n.* جريدة . جريدة رسمية
ġazetteer', *n.* تقويم جِغْرافي . قاموس الكلمات الجغرافية . صَحَفي
ġear, *n.* عُدَّة . جِهاز . تناسق آليّ للحركة . تسنين للحركة . دِماج دولابي (أو) حركي
  in —, مُتَّصل (أو موصول) بالمحرِّك . عامِلٌ . حسن الحال
  out of —, غير موصول بالمحرِّك . متوقف عن العمل . سيىء الحال
ġear'ing, *n.* مُوَصِّلات (أو) مُحَوِّلات القوة (أو) الحركة . مُؤَدِّيات الحركة (أو) القوة
ġeck'ō, *n.*; *pl.* -os, -oes أبو بُرَيص = سامٌّ أبرص = وَزَغَة
gee, *int.* هُو ! دِي ! (كلمة يُساق بها الفرس (أو) الثور)
ġeese, *n. pl. of* goose
ġei'sha [ġā-], *n.* قَينة (أو) مُغَنِّية يابانية . آرتيست يابانية
gel'atin(e) [*or* -tīn], *n.* هُلام . دُهْن الأكارع (أو) العظام = صَلَب
gelat'inous, *a.* هُلامي
gem, *n.* جَوْهرة (مصقولة). حَجرٌ كريم . دُرَّة
gem, *v.* (gemmed, gemming) رَصَّع (أو) زَيَّن بالجواهر

gen'darme [zhândârm], *n.* دَرَكِيّ
gen'dẹr, *n.* جِنس (صيغة) المذكر والمؤنث
genēalo'gical, *a.* نَسَبِي
genēal'ogy, *n.* نَسَب . سلسلة النسب
gen'ẹra, *n.*; *pl. of* genus
gen'ẹral, *a.* عمومي . شامل = عامّ
gen'ẹral, *n.* جنرال . قائد . فَرِيق
  in —, عمومًا . على العموم (أو) الشائع
genẹral'ity, *n.* قَول تعميمي (أو) إجمالي . عُمومِيّة . أكثرية . شُمولية
genẹralīzā'tion, *n.* تعميم . تشميل . استنتاج تعميمي
gen'ẹralīze, *v.* عَمَّم . جَمَل . استنتج على وجه التعميم
gen'ẹrally, *ad.* عُمومًا . عادةً . غالبًا . على العموم
gen'ẹralship, *n.* جنرالية . حُسن القِيادة
gen'ẹrāte, *v.* وَلَّد . انتج . أَحدَث
genẹrā'tion, *n.* جيل . ثلاثون سنة . توليد
gen'ẹrative, *a.* توليدي . نَسْلِي
gen'ẹrātor, *n.* مُوَلِّد . مُوَلِّد (كهربائي أو . . .)
gēne'ric, *a.* جِنْسي = نَوْعي
generos'ity, *n.* كَرَم . كَرَم الأخلاق . سَماحة
gen'ẹrous, *a.* كريم . سَخيّ . كريم الأخلاق (أو) النفس
gen'ẹrously, *ad.* بكرمٍ . بسخاء . بسَماحة
Gen'ēsis, *n.* سِفر التكوين (في العهد القديم)
gen'ēsis, *n.*; *pl.* -ses خِلقة . تكوين . منشأ
gen'ēt, *n.* (حيوان) رَبَاحٌ = زُرَيقاء = زِرْوادة

gēnet′ic, *a.* إنساني . خِلقي . تكويني . مَولدي

gēn′ial, *a.* بَشوش . مَرِيءٌ (كالطقس) . أنيس . لَطيف

gēnial′ity, *n.* بَشاشة . أُنس . لَطافة

gēn′ie [-ni], *n.* جِنّي

gēn′iī, *n. pl.* مَلائكة حافِظة . ملائكة مرشدة . جِنّ . ملائكة (أو) شياطين من الجنّ

gen′itive, *n.* صيغة الإضافة (أو) التملك (أو) النِسبة

gēn′ius, *n.; pl.* -iuses عَبقَرية . نُبوغ . عَبقري . عِفريت . جني

Genōēse′ [-ōēz], *a., n.; pl.* -oese من مدينة جَنوة . جنوي . جنويون

genteel′, *a.* من الخاصَّة . مُهذَّب . مُتظرِّف . مُتَموِّل

gen′tian, *n.* كَفّ الذئب = (نبات) بَشلَشكَة = جَنطِيانة = مُرَّة

Gen′tīle, *n., a.* غَير يهودي

gentil′ity, *n.* لُطف . رِقَّة . اعتدال

gen′tle, *a.* (-tler, -tlest) رَقيق . لَطيف . رَفيق . لَيِّن . مُلاين . ملاطِف . سامي الأخلاق . حَسيبٌ . نَسيب

gen′tlefolk [-tlfōk], *n. pl.* أهل الحَسَب والنسب = الخاصَّة

gen′tleman [-lm-], *n.; pl.* -men ماجد . رجلٌ مُعتَبَر (أو) فاضِل . سَيِّد

gen′tlemanly, *a.* مُهذَّب . كريم (أو سامي) الأخلاق . ظَريف مَهيب

gen′tlenēss [-ln-], *n.* لَطافة . رِفق = سَجاحة . ليونة

gen′tlewoman [-lwụm-], *n.; pl.* -women [-wimin] امرأة فاضلة (أو) ماجِدَة . سَيِّدة

gen′tly, *ad.* برِفقٍ . رُوَيداً . وَئِيداً

gen′try, *n.* عِلْيَة القوم . الخاصَّة . أواسط الناس

gen′ūine, *a.* حُرّ . حَقيقي . صادق . خالص . ناصح

gēn′us, *n.; pl.* genera *or* genuses جنس . نوع . صِنف

gēog′raphẹr, *n.* (عالِم) جِغرافي

gēograph′ic(al), *a.* جِغرافي

gēograph′ically, *ad.* بالنظر إلى الجِغرافية . جِغرافياً . من حيث الجِغرافية

gēog′raphy, *n.* علم الجِغرافية . جِغرافِيَّة

gēolo′gical, *a.* جِيولوجي . مختص بعلم طبقات الأرض

gēol′ogist, *n.* عالِمٌ جيولوجي

gēol′ogy, *n.* جيولوجيا = علم طبقات الأرض

gēomet′ric(al), *a.* هَندَسي . بأشكالٍ هندسية

gēom′etry, *n.* (علم) الهندسة (الشَكلية)

georgette′ [jôr-], *n.* جُرجيت = قُماش حريري رقيق جداً

gerān′ium, *n.* عِتْر = مِسك الغرب = إبرة الراعي = [خُبَّيزَة افرنجية]

germ, *n.* جُرثومة . مَنشأ . أَساس (أو) أوَّل (النشأة)

Germ′an, *n., a.* ألماني

Germ′any, *n.* ألمانيا

germ′icīde, *n.* مُهلك (أو مُبيد) الجراثيم

germ′ināte, *v.* أَنتَش (أو) نبت (النباتُ) . جعله يُنتِش (أو) ينبت = أنبت

germinā′tion, *n.* إنتاش . نَتْش

gẹ′rund, *n.* صيغة المصدر واسم المَصدَر

gestic′ūlāte, *v.* شَبَّر = حَرَّك أعضاءه وأشار بها لإفهام مقصوده = تلقَّح

gesticūlā'tion, *n.* تشبير . تأشير

ges'ture, *n.* تشبير . تَومئة . عَمَل (أو) حركة مُفصِحة عن النية (أو) للتأثير = رَمزة

ges'ture, *v.* شَبَّر . أومأ . رَمَز

ġet, *v.* (got, got, getting) حَصَّل . استحصل صار . أقنع . جَعَل . نال

— away, ذَهَب . انصرف . فَرّ . أفلت

— in, دَخَل . أدخل . وَصَل

— off, تَرَك . غادر . نجا

— out, خَرَج . أخرج . إنصرف

— over, تَغلَّب (على) . تعافى (من)

— together, تَجَمَّع . اتفق

— up, نَهَض . قام

ġet-up', *n.* = هِندام . تركيب . جُسمُور قِوام الجسم وهيئته . أسلوب

ġew'ġaw, *n., a.* دَاحَة = شيء مُبهرَج خسيس . خَسيس مُبهرَج

ġēy'sẹr [ġēz-], *n.* حَمّة = نَبعٌ فَوَّار من الماء الساخن

ġēy'sẹr [ġēz-], *n.* مِحَمّ = جِهَاز لتسخين الماء

ġhâst'ly [ġâ-], *a(d).* (-lier, -liest) مُفظِع . مُريع . شاحِب اللون (كالأموات) . شَنيع

ġherk'in [ġer-], *n.* خِيار . خِيارة

ġhett'ō [ġe-], *n.; pl.* -ttos حي اليهود في مدينة ما = [المَلّاح]

ġhōst [ġō-], *n.* روح (الميت) . شَبَح . خيال

ġhōst'ly, *a.* (-lier, -liest) رُوحِيّ . كالشَّبَح

ġhoul [ġōōl], *n.* روح شريرة تسرق القبور وتعيش على الأموات . غولٌ

gī'ant, *n., a.* = مُهَيكَل . مارِد . جَبّاز جسيم

gī'antĕss, *n.* جَبّارة

gibb'ẹr [*or* ġ-], *v.* بَربَر . شَقشَق (كالقرود) . هَذَر . هَذرَم

gibb'ẹrish [*or* ġ-], *n.* كلام سريع فيه تخليط = هَذرَمة . طُمطُمانية

gibb'ĕt, *n.* مِشنَقة . تَشهير

gibb'ĕt, *v.* شَنَق . جَرَّس = شَهَّر (بِ)

ġibb'on, *n.* قِرد آدَمي . قِرد طَويل اليدين يعيش على الشجر

ġibb'ous, *a.* مُحقَوقِف . مُحدَّب . له قسم منير أكبر من نصف دائرة (كالقمر)

gībe, *v.* سَخِر (من) . هَزِئ (بِ) . تهكّم

gībe, *n.* تَهَكُّم . سُخرِية . تعيير

gib'lĕt, *n.* أحد الأعضاء الداخلية للطائر كالقلب أو الكبد . الخ . . .

Gibral'tar [jibrôltẹr], *n.* جَبَل طارق

ġidd'inĕss, *n.* مَيدان . دُوار . [دوخة]

ġidd'y, *a.* (-dier, -diest) مائد = به دُوَار . [دائخ] . طائش

ġift, *n.* عَطِيّة . هِبَة . مَوهِبة . هَدِيّة

ġif'tĕd, *a.* [مَوهُوب] = ذو قَرِيحة (أو) مَقدِرَة عَقلية عظيمة

ġig, *n.* عَرَبة (أو) مركبة خفيفة بعجلتين وحصان واحد

ġig, *n.* مجموعة مِن أربع صَنانير ملتصقة لصيد السمك

gīgan'tic, *a.* جسيم . ضَخمٌ . هائل الحجم

ġig'ġle, *v., n.* قَرقَر . تَقَرقَر = ضَحك (عن سَفَه) . قَرقَرة . تَقَرقُر

ġild, *v.* (gilded *or* gilt) = دَخدَر ذَهَّب = مَوَّه (أو) طلى بالذهب = دَجَّل

ġild, *n.* = guild
gill, *n.* مِكيال للسوائل = ¼ باينت
ġill, *n.* غَلصمة التنفس لدى الأسماك
ġilt, *v.; p., pp. of* gild
ġilt, *a., n.* مُذَهَّب . تذهيب
gim'crack, *n., a.* بَهْرُوجة . داحة . شيء مُبَهْرَج عديم النفع
ġim'lĕt, *n.* بَرِيمة = مِثقب (النجّار)
ġimm'ick, *n.* دَغِيلة . خُزعبلة = فكرة (أو) حيلة ماهرة . شَعوَذة
gin, *n.* جِن = مشروب كحولي . فَخّ = طِبقة
gin, *v.* (-nned, -nning) حَلَج (القطن)
gin, *n.* آلة حالِجة = مِحلَج
gin'gęr, *n.* زَنجبيل . مَرَح . تَزَق . نشاط
gin'gęr, *a.* أحمر بُنّي . بلون الرَّمل . أصهب (أو) أصحر (اللون)
gin'gęrbread [-bred], *n.* كعك بالزَّنجبيل
gin'gęrly, *ad.* بِتَوَقٍّ . باحتراسٍ وعناية . بحذرٍ شديد
gin'gęrsnap, *n.* كعكة هَشَّة مُتبَّلة بالزنجبيل
ġingh'am, *n.* بَزّ = قماش قطني من خيوط مُلَوَّنة
gip'sy, *n.* نَوَرِيّ . غَجَري
girâffe', *n.* زَرافة
ġird, *v.* (-ded *or* girt, -ding) . زَنَّر . تَزَنَّر = تَنطَّق . أحدق (بِ) . تَحَزَّم (للأمر)
ġird'ęr, *n.* كَندَجة = جائز = جِسر (أو) عارضة كبرى
ġir'dle, *v.* زَنَّر = نطّق . أحدق (بِ)
ġir'dle, *n.* زُنَّار . نِطاق . حِقاب
ġirl, *n.* بِنت . صَبيّة . جارية
girl friend, وَدِيدة . خَدِينة

Girl Guide, بِنت كشّافة (في مقابل Boy Scout)
ġirl'hood, *n.* [بُنونة] . بَنات . فَتَيات
ġirl'ish, *a.* بِنتي . [بناتي] . كالبنت
ġirt, *v.; p., pp. of* gird
ġirt, *n., v.* استدارة . قاس الاستدارة
ġirth, *n.* استدارة = طول المحيط . حِزام
ġirth, *v.* قاس الاستدارة . حَزَم
gist, *n.* مُحَصَّل . زُبْدَة . خُلاصة
ġive, *v.* (gave, given, giving) أعطى . أهدى . وَهَب . أدّى . عَرَض . قَدَّم . سَبَّب . استلان = أسمح
to — away, أهدى . أفشى . فَرَّق (ماله) = وَزَّعه (على الناس)
to — in, إنقاد . أذعن . سَلَّم = أعطى بيده
to — out, نَفِد . وَزَّع . أذاع
to — up, تَرَك . تَخَلّى (أو) أقلع (عن)
ġive'-and-tāke', *n.* مُسافَطة = مُخالاة = أَخذٌ وترك = مُتاركة
ġiv'ęn, *a.* معطى . معلومٌ . مَذكور . ضارٍ (بِ)
ġiv'ęn, *v., pp. of* give
given name, اسم الشخص عند الولادة . اسم الشخص نفسه (دون اسم الأسرة)
ġiv'ęr, *n.* مُعطٍ . واهِبٌ
ġizz'ard, *n.* قانِصة الطائر = المعدة الثانية له
ġlā'cial [-shial, -shal *or* -sial], *a.* جَليدي . جَمَدي
ġla'cier [-las'ięr *or* -lā'shęr], *n.* جُمودِيَّة
ġlad, *a.* (-dder, -ddest) . مَبسوط . مَسرور . سارّ . مَبهوج
ġladd'ęn, *v.* أبهج . سَرّ . سُرّ
ġlāde, *n.* فُرجة (أو) رَحبة بين الأشجار

ġlad'iātor, *n.* مُبَالِط = مُقاتِل بالسيف في المشاهد العامة

ġladiōl'us, *n.; pl.* -li *or* -lusės خَيرة = ضرب من السوسن . دَلَبوث . سَيف الغراب

ġlad'ly, *ad.* بسرور . عن طيب نفس

ġlad'nēss, *n.* سرور . ابتهاج . حُبور

ġlad'some [-sęm], *a.* مسرور . مبتهج . محبور

ġlam'orous, *a.* فاتن . رائع . ذو رَوْنق

ġlam'or, *n.* = glamour

ġlam'our [-ęr], *n.* رَوْعَة خلّابة . فِتنة . رَوْعَة . رَوْنَق . زَهْوة

ġlânce, *n.* لاحة . لَمْحَة . لَمْعَة = بَصَّة

ġlânce, *v.* لاحَ . لَمَح . لَمَع = بَصّ . زَلَج (أو) تزَلَّج (السهم) = سَفَن

ġland, *n.* غُدَّة . لوزَة

ġlan'dūlar, *a.* غُدّي . ذو غُدَد

ġlāre, *n.* وَهَج . وَهْر = نورٌ خاطفٌ للنظر . نظرة حادّة (بعداوة)

ġlāre, *v.* تَوَهَّج . تَوَهَّر . نَظَر بغضب = جَحَم = حَدَج

ġlār'ing, *a.* ساطِع . خاطِف للبصر . جاهِر . فاحِش

ġlâss, *n.* زُجاج . كأس . مِرآة

ġlâss, *a.* زجاجي . من زجاج

ġlâss, *v.* زَجَّج = ركَّب (أو وضع) الزجاج

ġlâss'ės, *n. pl.* نظّارات = [عُوَيْنات]

ġlâss'fųl, *n.; pl.* -fuls ملء كأسٍ . كأس

ġlâss'wāre, *n.* أدوات (أو أوانٍ) زُجاجية . زُجاجيّات

ġlâss'y, *a.* (-ssier, -ssiest) زُجاجي . مثل الزجاج . جامِد

ġlāze, *v.* زَجَّج . طَلَى بطبقة مَلساء لَمّاعة . جَنَّصت (العين) = كانت (العين) مفتوحةً جامدة

ġlāze, *n.* طِلاء (أو) طبقة مَلساء لَمّاعة . ناطِف

ġlā'zięr [*or* -zhęr], *n.* زَجّاج . زَجّاجي

ġleam, *n.* بَصيص . بريق . بارقة

ġleam, *v.* بَصّ . بَرَق . لَمَع

ġlean, *v.* لَقط (السنابلَ . .) . تَلَقَّط

ġlee, *n.* فَرَح . جَذَل . حُبور

ġlee'fųl, *a.* مَحبور . فَرْحان . جَذْلان

ġlen, *n.* وادٍ (أو) بطنٌ من الأرض صَغير ضَيِّق مُنعزِل = خُوَيّ

ġlib, *a.* (glibber, glibbest) طَلق (أو) ذَلِق اللسان . مَلسون . مِذْرار

ġlīde, *v.* إنساب . سَبْسَب . إنسَرح . إنسَلّ . إنحدر مائلًا (في الهواء بطائرة شراعية)

ġlīde, *n.* سَبْسَبة . انسياب . حركة انسيابية . صوت وصل (في الكلام)

ġlīd'ęr, *n.* طائرة شِراعية

ġlimm'ęr, *n.* وَبيص = بريقٌ ضعيف متقطع

ġlimm'ęr, *v.* وَبَص . أوْبص . لألأ

ġlimpse, *n.* لَوْحَة = نظرة قصيرة

ġlimpse, *v.* لاحَ = أبصر مدة قصيرة . لمح

ġlint, *n.* بَرْقَة . بريق . بَصِيص . لَمعان

ġlint, *v.* بَرَق . بَصّ . لَمَع

ġlis'tęn [-sęn], *v.* رَفّ = التمع . تَرَقْرَق

ġlitt'ęr, *v.* لَمَع . تألَّق . تلألأ = تَوَقَّد . كَوْكَب

ġlitt'ęr, *n.* لَمعان . تألُّق . زَهْرَهَة . رَوْنق

ġlōam'ing [ġlō-], *n.* غَسق . عَتَمَة (المساء) . غَلَس . سُدْفة

ġlōat [-ōt], *v.* تأمَّل (مُتلذِّذاً أو مُتشفِّياً)

ġlōbe, *n.* كُرَة . الكُرة الأرضية . خريطة كروية للأرض

ġlob'ūlar, *a.* كُرَوِيّ الشكل . مؤلف من كُرَيّات

ġlob'ūle, *n.* كُرَيّة . قطرة

ġlōōm, *n.* ظَلام . غُبْشة . غمّ . غُمّة

ġlōōm, *v.* أظلم . اغتمّ . تكدّر

ġlōōm'y, *a.* (-mier, -miest) مُعتِم . مَغموم . مُكتئِب . مُغِم

ġlôr'ia, Glôr'ia, *n.* تَسبيحة . أُغنية بتمجيد الله

ġlôrificā'tion, *n.* تمجيد . تسبيح . إجلال

ġlôr'ifȳ, *v.* (-fied, -fying) مَجَّد . نَضَّره وجعل له رَوْنقاً

ġlôr'ious, *a.* مَجيد . بَهِيّ . فاخِر

ġlôr'y, *n.* تمجيد . شَرَفٌ . مَجد . فَخرٌ . مَفخرة . بهاء . عِزّ

ġlôr'y, *v.* (-ried, -rying) ازدهى . تَفاخر . تَباهى

ġloss, *n.* دَلاصة = مَلاسة ولين وبريق . تلبيس

ġloss, *v.* زَهلَق = دَلَّص = مَلَّس ولَيَّن وصَقَل . شَوَّف . لبّس

ġloss, *n.* تَشويف = رَونقٌ ظاهري . تمويه . تفسير

ġloss, *v.* دَلَّس وبَرْقَش = غَشَّ = مَوَّه وسَتَر = شَوَّف

ġloss'ary, *n.* جدول بالكلمات الصعبة مع تفسيرها

ġloss'y, *a.* دَلّاص = مَلِسٌ لَيِّن بَرّاق

ġlove [ġluv], *n.* قُفّاز

ġlove, *v.* تَقَفَّز . قَفَّز

ġlo'vẹr [ġluv-], *n.* قُفّازي = صانع (أو) بائع القفافيز

ġlōw [-lō], *n.* وَهَج . تَوَهُّج . زَهْوَة . شَعَّة

ġlōw, *v.* تَوَهَّج . تَوَقَّد . تشمشع . شَعّ

ġlower [-owr], *v.* تَجَهَّم . شَزَر = نَظَر شَزْراً . نظر مُتَجَهِّماً = تشاوس = جَمَّح . كَلَح

ġlōw'-worm [ġlōwerm], *n.* ذُبابة النار . يَراعة . حُباحِبة

ġlōze, *v.* دَلَّص = مَلَّس . دَلَّس = مَوَّه وسَتر

ġlū'cōse, *n.* نوع من السكر يوجد في الفواكه

ġlūe, *n.* غِراء . لِصاق . لِزاق

ġlūe, *v.* (-ued, -uing) غَرّى . أَدْبَق . ألصق

ġlum, *a.* (glummer, -est) مُتَغَضِّب ومُتَعَبِّس . مُبلِس = حَرْدان . كاظِمٌ . واجِم

ġlut, *v.* (-tted, -tting) أَكَلَ حتى اكتظَّ (أو) تَمَلَّأ

ġlut, *n.* شِبَع مُفرِط . تَمَلُّؤ (أو) كِظَّة (من الطعام)

ġlū'tẹn, *n.* غَرَوِيّة الدقيق = المادة اللَّزِجة بعد إخراج النشا

ġlū'tinous, *a.* لَزِب = لَزِج = لَكِد

ġlutt'on, *n.* أَكُولٌ . شَرِهٌ . نَهِمٌ

ġlutt'onous, *a.* أكول = هَبَلَّع . شَرِه

ġlutt'ony, *n.* شَرَه . نَهَم . بِطنَة

ġly'cerin(e) [*or* -rīn], *n.* كليسرين

gnârl [nârl], *n.* عُجرة . أُبنة (في الخشب)

gnârled [nârld], *a.* ذو عُجَر (أو) عُقَد . أعقد

gnash [nash], *v.* صَكّ . صَرّ (أو) صَرَف (الأسنان) . حَرَّق الأسنان

gnat [nat], *n.* هَمَجة = بَعوضة = بَرْغَشة

gnaw [nô], *v.* قَضَم . قَرَض . نَخَر . تَعَرَّق (أو) تَنَهَّس (اللحمَ عن العظم)

gnōm'e [nōm], *n.* قُطْرُب = عِفريت صغير تحت الأرض = رَصَد

gnu [nū], *n.* النُو = ظبي افريقي كبير له رأس كرأس الثور وذيل طويل

ġō, *v.* (went, gone, going) ذَهَب . سار . جرى . مَشَى . مَضَى . دَرَج . أودى

to — away, انصرف

to — by, عُرِف (باسمٍ ما) . استرشد . مرَّ (أو) اجتاز (بِ)

to — off, انصرف . انطلق

to — on, مَضَى الى الأمام . تَقَدَّم . داوَم

to — over, أعاد (على)

to — up, صَعِد . ارتفع . زاد

let —, أطلق . أفلت . أرخى

ġōad [-ōd], *n.* بِهمزة . مِنخاس . مِنجَدَة = عصا خفيفة تحث بها الدابة على السير

ġōad, *v.* نَخَس . حَثّ . حفَز

ġōal [-ōl], *n.* هَدَف . غَرَض . مَرمى

ġōat [-ōt], *n.* ماعِز(ة) . عَنْز(ة)

ġōatee′ [ġōt-], *n.* لِحية مُعتَّرة (أو) مخروطة

ġōat′herd [ġōt-], *n.* راعي المعز (أو) العنز = مَعَّاز

ġōat′skin [-ō-], *n.* جلد المَعز = ماعز

ġob′ble, *v.* قَفَش = تَلَقَّم . أَكَل بسرعة وَنَهَم . هَلقَم . غَرْغر (الديك الرومي) = صَوَّت

ġob′ble, *n.* غَرْغَرة الديك الرومي

ġobb′lẹr, *n.* ذَكَر الديك الرومي

ġō′-between, *n.* نَوْر = رسول بين العاشقين . رَسُول . وَسيط . سِمسار . مُبَرطِش

ġob′lēt, *n.* قَدَح

ġob′lin, *n.* طُفمُوس = عِفرِيت . مارِد (قبيح الصورة) . عفريت (أو) مارد

ġō′-cârt, *n.* عربة صغيرة للولد يركبها (أو) يجرّها . عربة خفيفة للولد يتعلم المشي بها

God, *n.* الله . الرَّب

ġod, *n.* إله . رَبّ

ġod′chīld, *n.*; *pl.* -children وَلَدٌ يَكفله العرَّاب عند العُماد = [فَلْيون]

ġodd′ēss, *n.* إلاهة

ġod′fâthẹr, *n.* عَرَّاب = كفيل الولد المُتَعَمِّد

ġod′head [-hed], *n.* أُلوهية

ġod′lēss, *a.* مُلحِد . إلحادي . فاسِق

ġod′līke, *a.* إلاهي . رَبّاني

ġod′linēss, *n.* تألُّه = تقوى . صَلاح

ġod′ly, *a.* (-lier, -liest) = مُتأَلِّه تَقِيّ . رَبّاني

ġod′mothẹr [-muṭh-], *n.* عَرَّابة

ġod′pārẹnt, *n.* عَرَّاب (أو) عَرَّابة

ġod′send, *n.* نِعمة (أو) رِزْقة (أو) هِبة (على غير انتظار)

ġodspeed′, *n.* دَعوة بالسلامة (أو) بالتوفيق . سَلامة (أو) مُوَفَّقِيَّة (في السَّفَر)

ġoeṡ [-ōz], *v.* يَذهب . تذهب

ġoġ′gle, *v.* حَدْلَق = حَدَّق = جَحَّظ عينيه ونظر

ġoġ′gle, *a.* جاحِظ . فيه جحوظ

ġoġ′gleṡ [-lz], *n.* *pl.* نظّارات كبيرة للوقاية من النور (أو) الغبار (أو . . .)

gō′ing, *n.* ذَهاب . سَيْر . مَسير

gō′ing, *a.* ناجِح . مُتَحَرِّك . [شَغَّال]

ġoi′tre [-tẹr], *n.* مَرَضٌ وَرَمي في الغُدة الدَّرَقية . وَرَمُ (الغُدة هذه)

ġōld, *n.* ذَهَب . نقود ذهبية

ġōld, *a.* ذَهَبِيّ . من ذهب . بلون الذهب

ġōl'dẹn, *a.* ذَهَبِيّ . ذهبي اللون

golden rule, القاعدة الذهبية وهي : عامل الناس بما تحب أن يعاملوكَ به

ġōld'finch, *n.* (طائر) الحَسُّون = دُنُّورة

ġōld'fish, *n.; pl.* -fishes *or* -fish سَمَكُ المَرْجان (أو) السمك الذهبي

ġōld -leaf, *n.* رُقاقة ذهب = فُوَيَة ذهب

ġōld'smith, *n.* صائغ ذهب . ذَهَبِي

ġolf, *n.* لعبة الكُولف . لعبة الجَحف

Gol'ġotha, *n.* مكان صلب السيد المسيح = جُلْجُثَة

Golī'ath, *n.* جَالُوت

ġon'dola, *n.* = كُنْدول قارب (أو زَوْرَق) ضَيِّق = زُرْزُور = قَنجة = قَنْجِيَة

ġondolier', *n.* سائق الزُرْزُور (أو) الكُنْدول

ġone [gon, gôn], *v.; pp. of* go ذاهِب . مُنْقَضٍ . نافِذ . فاسِدٌ

ġong, *n.* = قُرْص معدني طَنَّان عند قَرْعه طَسّ . دَنقرة

ġood, *n.* خَيْر . مصلحة . فائدة

ġood, *a.* (better, best) حَسَن . جَيِّد . صالح . طَيِّب . مُسْتَحْسَن . لطيف . مُشْبِع . صحيح . حقيقي

as — as, كأنَّ . تقريباً . كاد

make —, أنجز . أبرّ . تدارك

for —, إلى الأبد . دوماً . نهائياً

ġood-bȳe', *int.* استودعك الله ! في أمان الله !

good day, نهارك سَعيد !

Good Friday, الجُمُعة الحَزِينَة (أو) العظيمة = يوم الجمعة قبل عيد الفصح

ġood-hūm'oured [-mẹrd], *a.* طَيِّب النفس . مُنْشَرِح

ġood'linĕss, *n.* طِيبة . وَسَامة

ġood'-looking, *a.* = جميل المرأى . وَسِيم مَليح

ġood'ly, *a.* (-lier, -liest) طَيِّب . لا بأسَ به .. وَسِيم

ġood'man, *n.; pl.* -men = سيد البيت ربّ البيت

good morning, تحية الصباح . صباح الخير

ġood-nā'tured [-chẹrd], *a.* طيب النفس . كريم (أو طَيِّب) الخُلق . حَلِيم . لَيِّن الجانب

ġood'nĕss, *n.* طِيب . جُودة . كرم النفس . خَيْرِيَة

good night, ليلة سعيدة . تصبحون على خير

ġoods, *n. pl.* سِلَع . بضائع . أمتعة

ġood'-sīzed [-zd], *a.* كَبير . بحجمٍ غير صغير . واسِع

ġood-tem'pẹred [-rd], *a.* سَمح (أو حَسَن) الطَّبْع . واسع الصدر . حَليم

ġood'wīfe, *n.* [مُعَزِّبة] . زَوْجة . سيدة (أو) ربة البيت

ġoodwill', *n.* مَوَدَّة . حسن نِيَّة . حب الخير

ġoodwill', *n.* اعتبار تجاري

ġood'y, *n.* مُطيبة من الطعام . قِطعة كعك . فالُوذة

ġoose, *n.; pl.* geese وَزَّة = إوَزَّة

ġoose'bẹrry [-zb-], *n.* عِنَب الثعلب = فَنا

ġoose'-flesh, *n.* قُشَعْرِيرة

ġoose'-step, *n.* مِشْيَة تُرْفَع فيها الرجلُ عالياً

ġōph'ẹr, *n.* حيوان جُرَذي في شمال أمريكا

Gordian Knot, عُقدة العُقَد . عقدة مُسْتَعْصِية . مُعْضِلة العُقَد

to cut the —, حَلّ العقدة (بأسرع طريقة وأمضاها) . حلّ المشكلة حلًّا حاسماً

ġôre, *n.* نَجِيع = دم مسفوك

ġôre, *v.* بعج (بِقرنٍ أو بنابٍ)

ġôrge, *n.* مُخنَنق . إفجيج = وادٍ ضيق عميق = فَأْوٌ

ġôrge, *v.* لَغلَف = احتشى بالطعام . التهم . اكتظ . كَظّ

ġôr′geous [-jęs], *a.* بَجِيج (أو) زاهي الألوان . باهٍ . بَدِيع . رائع

Gorġ′on, *n.* واحدة من الأخوات الثلاث لها حَيَّاتٌ مكان الشَّعَر

ġorill′a, *n.* الغُرِلّا . الغُول

ġôrse, *n.* (نبات) القُنْدُول=جَولَق

ġôr′y, *a.* (-rier, -riest) دامٍ . مُضَرَّج بالدم

ġos′hawk, *n.* زُمَّج = شاه باز . باشق=زُرَّق

ġoś′ling, *n.* فَرْخ الوَز

ġos′pel, *n.* دُستور (في الحياة) . إنجيل . حقيقة قاطعة

Gos′pel, *n.* أحد الأناجيل الأربعة : مَتَّى ، مُرقُس ، لوقا ، يوحنا

ġoss′amęr, *n.* خَيط من غَزل عين الشمس . نَسْج (أو) خَيط العنكبوت . قماش رقيق النَّسج = قُماش سُمَيهي . شيء كغزل العنكبوت في الرقة

ġoss′ip, *n.* قِيل وقَال . مُناقلَة الأقاويل

ġoss′ip, *n.* صاحب قيل وقال . نَقَّال أقاوِيل

ġoss′ip, *v.* (-ssiped, -ssiping) نَماطَى القيل والقال

ġot, *v., pt., pp. of* get

Goth, *n.* غُوطي

Goth′ic, *a., n.* غُوطِي . طِراز بنائي غُوطي

ġott′ęn, *v., pp. of* get

ġouge [or -ōōj], *v.* نَقَر (أو) حَفَر بمنحات (أو مِنقَر) مُقعَّر . جَوَّب

ġouge, *v.* بَلَص . عَرْعَر (العين) = بَخَص (أو) بَخَس (العين) = اقتلعها

ġouge, *n.* مِبْخَص . مِنحَاتٌ مُقعَّر . [مِقْوَرَة]

ġou′lash [-ōō-], *n.* أكلة الكُولاش باللحم والخضر والتابل

ġourd [-ōōrd or -ôrd], *n.* قَرْعَة . يَقطِينة . دُبَّاءة

ġour′mand [-ōō-], *n.* شَرِهٌ . عَبْد البطن = بَطْناني

ġourm′et [-ōōrmā], *n.* مُتَنَطِّس (أو) متونّق في الطعام = ناقِدٌ له خبير

ġout, *n.* (داء) النِقرِس

ġouty, *a.* مُنَقرَس

ġo′vęrn [ġuv-], *v.* حَكَم . ضَبَط . ساسَ

ġo′vęrnable, *a.* يَسهل (أو) يمكن حُكْمُه

ġo′vęrnance, *n.* حُكم . سلطة . سَيطرة

ġo′vęrnēss, *n.* مُعلِّمة خصوصية . مُرَبِّيَة

ġo′vęrnmęnt, *n.* حكومة . حُكم . ضَبط

ġovęrnmen′tal, *a.* حُكومي . إداري

ġo′vęrnor, *n.* حاكم . مُتصرِّف . ناظِر . ناظِم

ġo′vęrnor-gen′ęral, *n.* حاكم عام . حاكم عُمومي . والٍ

ġo′vęrnorship, *n.* حَاكِمِيَّة . مدة (أو ولايةُ) الحاكم

ġown, *n.* [فُستان] . جِلبَاب . عَبَاءة

ġrab, *v.* (-bbed, -bbing) = اختطف نَدَل . اغتصب (أو بطرق غير صحيحة) . ازدقف . زقف

ġrab, *n.* اختطاف = نَدْل . اغتصاب . زَقْف

ġrāce, *v.* لَطَّف . زَيَّن . شَرَّف

ġrāce, *n.* لطافة . [ظَرافة] . رَشاقة . نِعمَة . فَضْل . حُظوة . مُهْلة . دعاء (أو) صَلاة شكر . لُطْف

ġrāce, *n.* لَقَب نيافة (أو) فضيلة (أو) سعادة

ġrāce'fụl [-sf-], *a.* [ظريف] . رشيق . لطيف

ġrāce'lēss [-sl-], *a.* لا يراعي حُرمة . خالٍ من الظَّرْف (أو) الرَّشَاقة (أو) اللَّطافة

Grā'cēṡ, *n. pl.* أخوات ثلاث يَهَبْنَ الجمالَ والسِّحر

ġrā'cious [-shẹs], *a.* لَطِيف . كريم النَّفْس . مِفضَال . هَنِيء

ġrā'ciousnēss, *n.* لُطْف . حُسن التفات

ġrac'kle, *n.* سَوادِيّة = ضَرْبٌ من الزُّرْزور

ġradā'tion, *n.* تَغَيُّر (أو) تَحَوُّل تدريجي . تَدَرُّج

ġrāde, *n.* مَرْتَبَة . دَرَجَة . فِئَة . طَبقَة

ġrāde, *v.* صَنَّف . رَتَّب في درجات (أو) طبقات . دَرَّج

ġrādeṡ [-dz], *n. pl.* مدرسة ابتدائية . مدرسة ثانوية

grade crossing, مَزْلَقَان = نقطة تقاطع خط حديدي مع شارع (أو) خط حديدي آخر

ġrad'ūal, *a.* تدريجي . بالتدريج . وَئِيد

ġrad'ūally, *ad.* تدريجًا . شيئًا فشيئًا

ġrad'ūāte, *v.* تَخَرَّج (من كلية أو جامعة) . دَرَّج

ġrad'ūate [-ūit], *n.* خِرِّيج (كلية أو جامعة)

ġradūā'tion, *n.* تَخَرُّج . تمرينات مُدَرَّجة . تدريج

ġrâft, *n.* تطعيم (أو) تركيب (الشجر) . غُصن التطعيم

ġrâft, *n.* استخدام الوظيفة (أو) النفوذ للحصول على منافع بطرق غير مشروعة

ġrâft, *v.* طَعَّم (الشجرة) . استخدم الوظيفة لمنافع غير مشروعة

Grail, *n.* الكأس (أو الصَّحفة) التي استعملها المسيح عند العشاء الرَّبّاني

ġrain, *n.* بِزْرة . حَبَّة . قمحة . حِبَاك = أُسروع = طُرْقَة = عِرْق (أو) خيط (في الخشب . . .)

ġram, *n.* = gramme

ġramm'ar, *n.* قواعد اللغة . صَرْف ونحو

ġrammār'ian, *n.* نَحْوِيّ

ġramm'ar-school [-sk-], *n.* مدرسة ثانوية علمية (في بريطانيا)

ġrammat'ical, *a.* صَرْفي . نَحْوي

ġramme, *n.* (وَزْن) غرام (أو) كْرام

ġram'ophōne, *n.* الحاكي = كراموفون = فونوكْراف

ġram'pus, *n.* دُخَس (أو) دُلفين كبير شرِس . ضربٌ من الحوت

Grana'da, *n.* غَرْناطة (مدينة) (في الأندلس)

ġran'ary, *n.* هُرْيٌ = مخزن حبوب . أَنْبار

ġrand, *a.* فَخم . رائعٌ . جليل . الأعظم

ġran'dam(e), *n.* جَدَّة

ġrand'chīld, *n.; pl.* -children سِبط = ولد البنت . حَفِيد = ولد الابن

ġrand'daughtẹr [-dô-], *n.* حَفِيدَة

ġrandee', *n.* أَحد الأعيان (أو) الكُبَراء

ġran'deur [-dūr, -jẹr], *n.* عَظَمَة . جَلَال . رَوْعَة . بَهاء . عُظم

ġrand'fâṭhẹr, *n.* جدّ
ġrandil'oquẹnt [-kwẹnt], *a.* مُتفيهق (أو) مُتَشَدِّق في الكلام
ġran'diōse, *a.* رائع . فَخم . مُتَفَخِّم . يوحي بالعَظَمة
grand jury, مُحلَّفون (١٢ إلى ٢٤) يُقررون إذا كانت البينات تبرر محاكمة أمام المحلَّفين العاديين
ġrand'ly, *ad.* بأُبَّهة . بعظمة
ġrand'mâ, *n.* جَدَّة
ġrand'moṭhẹr [-muṭh-], *a.* جَدَّة
ġrand'-nephew [-nevū], *n.* ابن إبن الأخ (أو) إبن ابن الأُخت
ġrand'-niece, *n.* بنت بنت الأخ (أو) بنت بنت الأُخت
ġrand'pâ, *n.* جَدّ
ġrand'pārẹnt, *n.* جَدّ . جَدَّة . أحد الجَدَّين
ġrand'sīre, *n.* جَدّ . جَدّ أول . شيخ
ġrand'son [-sun], *n.* حَفيد . سِبط
ġrand'-stand, *n.* محل المقاعد (الرئيسي) في ملعب للنظّارة
ġrānge, *n.* مَجْشَرة = مزرعة مع بناياتها . جمعية مزارعين
ġran'ite, *n.* الحجر الأعبَل (أو) المُحبَّب = كَرانيت
ġrann'y, *n.; pl.* -nies جَدَّة . عَجُوز
ġrânt, *n.* عَطيَّة . مِنحة . هِبة . مِنّة
ġrânt, *v.* مَنّ . أنعَم (على) . أعطى . مَنَح . سَلَّم (بصحته) . أقرّ
  to take for granted, اعتبره قضية مُسلَّمة (أو) أمراً ثابتاً . لم يأخذ بعين الاعتبار . استهان
ġran'ūlar, *a.* مُتحبِّب . حُبيبي
ġran'ūlāte, *v.* حَبَّب . تَحَبَّب . جَرَش . أَحرَش
ġran'ūlātẹd, *a.* جَريش . ناعِم . مُحبحَب = حاثِر
ġranūlā'tion, *n.* تَحَبُّب = تَحَشُّر . حَشَر
ġran'ūle, *n.* حُبَيبة . حَشَرة
ġrāpe, *n.* عِنب . عِنَبة . حَبَّة عِنب
ġrāpe'-fruit [-frōōt], *n.* كريب فروت (من الأثمار الحمضية كالبرتقال)
ġrāpe'-shot, *n.* كُرات حديدية منضمة في قذيفة واحدة للمدفع
ġrāpe'-vīne, *n.* كَرْمَة . إشاعة (كاذبة)
ġrâph, *n.* خط بياني . رسم بياني
ġraph'ic, *a.* ترسيمي = رَسْمي . تصويري (ناطِق)
ġraph'ically, *ad.* بالرَّسْم . بتصويرٍ (ناطقٍ)
ġraph'īte [*or* -fit], *n.* أُسرُبّ = كرافِيت = مادة رَصاصية
ġrap'nel, *n.* مِرساة صغيرة بثلاث شعب (أو) أكثر . خاطوف . كُلَّاب
ġrap'ple, *v.* كَبَّش = [كَلَّب بِه] = تَمَسَّك وتَعَلَّق = [تَرَنَّح] . تماسك وتعافَس
ġrap'ple, *n.* مُكالَبة . تماسُك وتعافُس . [تَكليب] . تَعالُج . تصارُع
ġrap'pling-īron [-īẹrn], *n.* عَوْدَقة = حديدة بثلاث شعب معقوفة . كُلَّاب
ġrâsp, *v.* أَمسَك . قَبَض شَدِيداً = ضَبَّ . شَدَّ القبضَ عليه . تمكَّن منه فهماً
  to — at, حاول القبضَ عليه (أو) إمساكه
ġrâsp, *n.* مَسكة . ضَبَّة . فَهم
ġrâsp'ing, *a.* طَمّاع . حَريص
ġrâss, *n.* عُشب . أرض مُعْشِبة . مَرْعى
ġrâss'hoppẹr, *n.* جُنْدُب
ġrâss'-land, *n.* مَرعى . أرض مرعى
ġrâss'y, *a.* مُعشِب . عُشبي

ġrāte, *n.* مُشَبَّك (أو) مُقَفَّص النار = مِفْأد

ġrāte, *v.* صَرْصَر = أحدث صوت احتكاك مزعج . خَرَّش = آذى . حَرَش = حَكَّ بصوت . بَرَى = بَشَر

ġrāte'fụl [-tf-], *a.* شاكِرٌ . مُقَدِّر . [مُمتَنٌّ] . معترف بالجميل . لَذِيذ

ġrāte'fụlly, *ad.* بتشكُّر . [بامتنان] . باعتراف بالجميل

ġrāt'ẹr, *n.* مِبْشَرة . [مِبْرَشة]

ġratificā'tion, *n.* إرضاء . مَرْضاة . ارتياح

ġrat'ifȳ, *v.* (-fied, -fying) = أرضَى . أعطى ما يُرْضي . سَرَّ . ارتاح

ġrāt'ing, *n.* مُشَبَّك . مُقَضَّب . مِفْأد

ġrāt'ing, *a.* مُصَرْصِر . ذو صوتٍ مُحَشْرِج . مُخَرِّش = مُزْعِج

ġrāt'is, *a(d).* مَجّانًا . بلا مُقابِل . حِسبةً

ġrat'itūde, *n.* [امتنان] . عِرفان (أو) شُكران الجميل

ġratū'itous, *a.* مَجَّاني . تَبَرُّعي . لا داعِيَ (أو) مُوجِبَ له . عَفوي

ġratū'ity, *n.* مكافأة . إكرامية . مِنْحَة

ġrāve, *n.* لَحد . قَبْر . مَمات

ġrāve, *a.* مُهتَمّ . خَطير . وَقُورٌ . مُهِمّ . رَزين

ġrāve, *v.* (-ved *or* -ven, -ving) نَقَش . حَفَر

ġrav'ẹl, *n.* حَصْباء . حَصَب . حَصَى

ġrav'ẹl, *v.* (-l(l)ed, -l(l)ing) فَرَش (عليه) بالحصباء

ġrāve'ly [-vl-], *ad.* بخُطورة . بوَقار

ġrāvẹn, *a., pp. of* grave

ġrāve'nēss [-vn-], *n.* خَطَر = أهمية . شأن . وَقار . رَزَانة

ġrāve'stōne [-vs-], *n.* قَبْرِيّة = حجر القبر (أو) شاهدة القبر

ġrāve'yârd [-vy-], *n.* مَقبَرة . جَبّانة . تُرْبة

ġrav'itāte, *v.* نوارَد . انجذب (إلى) . استقرّ . رَسَب

ġravitā'tion, *n.* جاذبية . انجذاب . جُنُوح . توارد

ġrav'ity, *n.* جَاذِبية . ثِقَل . خُطُورة

ġrāv'y, *n.* مَرَق اللحم . مَرَق

ġray, *a.* = grey

ġray, *v.* (-ayed, -aying) = grey

ġray'beard, *n.* = greybeard

ġray'-headed, *a.* = grey-headed

ġray'ling, *n.* سَمَك نهري مثل السلمون المرقط

ġrāze, *v.* رَعَى . رَعَّى

ġrāze, *v.* مَشَح = مَسَّ مَسًّا خفيفًا . سَحَج = سَفَن

ġrāze, *n.* شَحْطَة = سَحج = قَشْر

ġrease, *n.* شَحم . دُهن . وَضَر

ġrease [*or* -ēz], *v.* شَحَّم . وَضَّر

ġreaṡ'y, *a.* (-sier, -siest) شَحْمِيّ . وَضِر . زَلِق

ġreat [ġrāt], *a.* كبير . عظيم . واسع . كثير . مُبهِر . فاضل

ġreat'-aunt [-ânt], *n.* عمة (أو) خالة الأب (أو) الأم

Great Bear, كوكبة الدب الأكبر في السماء

Great Britain, بريطانيا العظمى

ġreat'coat [-kōt], *n.* مِعطف ثقيل

Great Dane, ضرب من الكلاب الكبيرة القوية

ġreat'-ġrand'chīld [ġrāt-], *n.* وَلد الحفيد (أو) السِّبط

ġreat′-ġrand′fâthẹr, *n.* أبو الجَدّ (أو) الجَدَّة . الجد الأعلى

ġreat′-ġrand′moṭhẹr [-muṭh-], *n.* أم الجَدّ (أو) الجَدة

ġreat′heartĕd [-hârt-], *a.* قوي . باسِل . القلب . كبير القلب . واسع الصدر . كريم النفس

ġreat′ly, *ad.* بعَظَمة . بكثرة . كثيراً

ġreat′nĕss, *n.* عَظَمَة . عِظَم . سُؤْدُد . عِظَم (أو) كبر النفس

ġreave, *n.* دِرعٌ للساقين تحت الرُكبة

ġrēbe, *n.* (طائر) غطّاس = غوّاص

Grē′cian [-shẹn], *a.* إغريقي . يوناني

Greece, *n.* بلاد اليونان (أو) الإغريق

ġreed, *n.* الحِرْص (على المال) . جَشَع . كَلَب . شَرَه

ġreed′ily, *ad.* بحرصٍ شديد . بكَلَب . بِشَرَه

ġreed′inĕss, *n.* حِرْص . شَرَاهَة

ġreed′y, *a.* (-dier, -diest) حَريص . جَشِع . شَرِه

Greek, *n., a.* يوناني . إغريقي

ġreen, *n., a.* أخضَر . فِجّ . رَطْب . غَضّ . غشيم = قليل الخبرة . مَرْج = مَخضَرة

ġreen′back, *n.* ورقة نقدية في الولايات المتحدة لون ظهرها أخضر

ġreen′hôrn, *n.* خُدْعة = سهلُ الانخداع . غُمْر = شَخص عديم الخبرة = غِرّ

ġreen′house, *n.* مُستَخضَر

ġreen′ish, *a.* ضارب إلى الخُضرَة

ġreen′nĕss, *n.* اخضرار . خُضرَة . غَرارَة = غَمارة

ġreenṡ, *n. pl.* خُضرَة (للزينة أو للأكل)

ġreen′sward [-swôrd], *n.* أرض سَهلَة مُغطّاة بالعُشْب الأخضر = [عُشْبِيَّة] . مَعْشَبَة

Green′wich [ġrinij], *n.* مكان في لندن ، ويُحسَب الطول منه على الكرة الأرضية

ġreen′wood, *n.* غابة خضراء . غَابَة مُخضَرَّة

ġreet, *v.* حَيّا . رَحّب . قابل

ġreet′ing, *n.* تَحِيَّة = تسليم . ترحيب

ġreġār′ious, *a.* مُتَآلِف = يَعيش في جماعات (أو) أسراب . اجتماعي

Greġôr′ian, *a.* غريغوري (كالتقويم الغريغوري)

ġrēnāde′, *n.* قُنْبُلَة يدوية = رُمّانِيَّة . رُمّانة

ġrenadier′ [-dēr], *n.* رامي (أو) حامل الرُّمّانة . جندي في أحد ألوية الجيش البريطاني

ġrew [-ōō], *v., p. of* grow

ġrey [ġrā] = gray, *a.* أغبش . أشمط . أشهب

ġrey, *v.* غَبِش . شَمِط . شابَ

ġrey′beard [-rā-], *n.* (شخص) شائب = شيخ . شخص مُحنّك

ġrey′-headĕd [-rāhed-], *a.* أشيَب الرأس

ġrey′hound [-rā-], *n.* كلب صيد . كَلْب سَلُوقيّ = هِجْرَع . ضِرْوٌ

ġrid, *n.* مُشَبَّك . مُصَبّع . مُقَضّب . شَبَكة

ġrid′dle, *n.* صينية يُشوى (أو) يُخبَز عليها

ġrid′dlecāke [-lk-], *n.* فَطيرة

ġrid′īron [-īẹrn], *n.* مِفْأد = مُصَبّع = مِشْواة مُصبَّعة

ġrief, *n.* جَزَع = حُزْن (أو) غمّ شديد . كَمَد . شَجىً . أسىً

to come to —, أَخفَق . حَبِط = بارَ . حَلّ به الخَرَاب (أو) الخُسران

ġriev′ance, *n.* ظُلامَة . ضيم . مَظلِمَة

ġrieve, *v.* حَزِن حُزنًا شديداً = جزِع

ġriev′ous, *a.* مُفجِع . فاحش . مُبَرِّح

ġriff′in, ġriff′on, ġryph′on, *n.* حيوان موهوم نصفه الأمامي كالعُقاب ونصفه الخلفي كالأسد

ġriff′on, *n.* بِجمة . رُخ

ġrill, *n.* مِفأد = مِشواة (مُصبَّعة) . مُصبَّع

ġrill, *v.* شوى . انشوى (من الحرارة) . صَخَد = أصاب وأحرق بالحَرّ

ġrille, *n.* مُشبَّك = شَعرِية = سِتار للشُبّاك بقضبان مشبكة

ġrim, *a.* (-mmer, -mmest) عَبُوس . كالح . مُصمِّم . مُتجهِّم . قاسٍ . مُريع

ġrimāce′, *v.* شَمَّز (الوجه) = لوّاه وقبّضه = بَسَّل = كَرَّه وَجهه = بَلسَم

ġrimāce′, *n.* تكريه (الوجه) = تبسيل = تَشميز = بَلسَمة

ġrīme, *n.* كَلَع = وَسَخ متراكم مُتلبِّد . قَهَل

ġrīme, *v.* كَلِعَ . أكلَعَ . تقهَّل = لم يتعهّد جسمه بالماء ولم يُنظِّفه

ġrīm′y, *a.* (-mier, -miest) كَلِعَ . مُكلَع . مُتقهِّل

ġrin, *v.* (-nned, -nning) = كاشَرَ ابتسم مُتَشَدِّقًا (أو) بفتح الفم واسعًا . كَشَر (عن أسنانه) . جَلَق الفم

ġrin, *n.* مكاشَرة . ابتسامة بتشديق . تَكشيرة

ġrīnd, *v.* (ground, -nding) . طَحَن سام الخَسف . جَلَّخ . صَرَف (الأسنان)

ġrīnd, *v.* كَدحٌ طويلٌ . عَمَل شاقٌ طويل

ġrīn′dęr, *n.* مُجلِّخ . صَرُوف = يَحُك أسنانه فَيُسمَع لها صَرِيف (أو) صوت . طاحِنة . طاحُونة

ġrīnd′stōne, *n.* جلخ = مِشحَذ (أو) مِسَنّ (دَوّار)

ġrip, *v.* (-pped, -pping) (أو) مَسَك قَبَض بشدّة = ضَبَث . قَبَّض

ġrip, *n.* ضَبثة = قَبضَة شديدة . سَيطرة . تقبيض

ġrīpe, *v.* قَبَض . قَرَص . مَغَص . أغاظ . أمعَض . امتعض

ġrīpe, *n.* قَبضَة . مَغصٌ . كَرْب

ġrippe [*or* -ī-], *n.* (مَرَض) الأنفلونزا

ġris′ly, *a.* (-lier, -liest) مُريع . فظيع . مُنفِّر . جَهم

ġrist, *n.* لُهوَة = حَبّ للطحن . طِحن . طَحين

ġri′stle [-sl], *n.* مُشاش العظم . غُضروف

ġri′stly [-sl-], *a.* غُضروفي

ġrit, *n.* إقدام . رباطة جَأش . رَمل (ناعم) . حَجَر رملي خَشِن . جُراشة

ġrit, *v.* (-tted, -tting) جَرَش . أحدث صوتاً كصوت الجرش . حَرَّق أسنانه = صرفها

ġrits, *n. pl.* قمح وشوفان مقشور ومجروش . جَريش

ġritt′y, *a.* (-ttier, -ttiest) رملي . فيه رَمل . حَجِرٌ . جَسور

ġriz′zled [-ld], *a.* أبرش . أشمَط . أغبر . أشهب . أخصَف

ġrizz′ly, *a.* (-lier; -liest) أشهب . أطلس . أغبر

ġrizz′ly (bear) [-bār], *n.* دُبّ أمريكي في جبال رُكي

ġrōan [-ōn], *n.* آهة . تأوُّه . زَفرة

ġrōan, *v.* تأوَّه . زَفَر . تَوَجَّع . صَرَف (كالباب عند الفتح) = أطّ

ġrōat [-ōt], *n.* مسكوكة انكليزية قديمة بقيمة أربعة بَنيات

ġrō'cẹr, *n.* بَدَّال = [بَقَّال] أو [سَمَّان]

ġrō'cẹry, *n.* بِدَالَة = [بِقالة] أو [سِمانة]

ġrō'cẹrieṡ, *n. pl.* مواد غذائية يبيعها البَدَّال

ġrog, *n.* مشروب مُسكِر شديد . وسكي مع ماء . مشروب الرّوم مع ماء

ġroġġy, *a.* مُتَرَنِّح . متقلقل . سكران . في رأسه دُوَار

ġroin, *n.* مَغْبِن الفخذ = مَرْفَغ . كُمَر = عَقْدٌ مُصالَب = عَقد

ġrōōm, *n.* خادم . سائس الخيل . عَريس

ġrōōm, *v.* ساس (الخيلَ) . فَرجَن (الدابّة) . هَنْدَم

ġrōōve, *n.* نُقرَة مستطيلة . أُخْدُودة . حَزّ

ġrōōve, *v.* حَزَّ . خَدَّ . خَدَّد

ġrōpe, *v.* عَدَّق = تَحَسَّس (أو) تَلَمَّس (كما في الظلام) = عَيَّث

ġrōs'beak, *n.* طائر بمنقار ضخم . أبو منقار

ġrōss, *a.* قائم = كُلّي . جافٍ . فظّ . سَمج . غَليظ . فاحش . مُستَعلِج الخَلْق

ġrōss, *n.; pl.* grosses مجموع كُلّي

ġrōss, *n.; pl.* gross ١٤٤ = اثنتا عشرة دَزّينة

ġrōss'ly, *ad.* بغلاظة وجفاء . بِغِلْظة

ġrōss'nĕss, *n.* غِلظة . غَلاظة . جَسامة

ġrot, *n.* كَهف . غارٌ . مُعتَكَف مصنوع كالغار

ġrotesque' [-tesk], *a.* عجيب (أو) غريب الشَّكل . تَعجيبيّ . مُضحِك

ġrotesque', *n.* تَعجيبية . رسمٌ (أو) شكل تعجيبي

ġrott'ō, *n.; pl.* -o(e)s غارٌ = وَجْة . مُعتَكَف مصنوع كالغار

ġrouch, *n.* شخص مُتَبَرِّم (أو) كثير التأفُّف

ġrouch, *v.* تَبَرَّم . تأَفَّف . تشكَّى

ġrouch'y, *a.* (-chier, -chiest) مُتَبَرِّم . كثير التأفُّف والتشكّي

ġround, *n.* وَطآءٌ = أرض . تُرْبَة . بُقعَة . أساس

on the — of, بناءً (على)

to break —, شَقّ (الأرض) . فَلَح . شرَع = بَدَأ . فتح الباب (في أي مشروع)

to gain —, تقدَّم . انتشر . توسَّع

to give —, تأخَّر . استلان . تقهقر . تخلّى (عن)

to lose —, تقهقر . قل انتشاره . تقلَّص

ġround, *v.* حطَّ (أو) وَضَع على الأرض . لَزِم (أو) أَلْزَم الأرضَ . أَرزم

ġround, *a.* أَرضي

ġround, *v.; p., pp. of* grind

ġround'ĕd, *a.* مُرتَطِم (بالأرض) . لازمٌ (الأرضَ) = جَاثِم . رازم

ground floor [-flôr], [الطابق] أو [الدَّور] الأرضي

ġround'lĕss, *a.* بلا سَبب . لا أساسَ له . باطلٌ

ġround'ling, *n.* شخصٌ مُنحطّ الذوق الأدبي . نبات مُسلَنطِح (أو) لابِدٌ في الأرض . سمكة لابدة في قعر البحر

ġround'-nut, *n.* فول سوداني . فُستُق الأرض

ġround'-plan, *n.* مُخطَّط قاعدة البناء . خُطّة أساسية

ground swell, أَتِيُّ البحر = موج مرتفع يأتي من بعيد

ġround'work [-werk], *n.* أساس . قاعدة

ġrounds, *n. pl.* . ساحة (أرضية) . ثُفل . أسباب

ġroup [ġrōōp], *n.* . زُمرة = جُمعة . جَوقة . فِئة

ġroup, *v.* تَجوَّق . تجمَّع . نظَّم في مجموعاتٍ (أو) فِئاتٍ

ġrouse, *n.*; *pl.* grouse طَيهُوج . قطا

ġrouse, *v.* = دَنْدَن . تشكَّى . تظلَّم

ġrōve, *n.* خَميلة . مَشجَرة = بُستان شَجَر

ġrov'ẹl, *v.* (-elled, -elling) استأخذ = انبطح (أو) انطرح على وجهه (وتذلَّل) = تَضعضع

ġrōw [-ō], *v.* (grew, grown [ġrōn], growing) كَبِر . زاد . صار . رَبَّى . نما . زَرَع . نبت

ġrōw'ẹr [-ō-], *n.* مُزارِع . نامٍ . مُرَبٍّ

ġrowl, *v.* هَرَّ = دَمدم بغضب . هَرَّ (الكلبُ) . هَدَر (الرعد) . هَمهَم

ġrowl, *n.* تَزَغُّم . هَرير . هَدير = زَمزَمة = هَمهَمة

ġrōwn [-ōn], *a. and pp. of* grow

ġrōwn'-up, *n.*, *a.* بالِغ

ġrōwth [-ōth], *n.* نُمو . نُشوء . نَبتٌ . زيادة . تَرَقٍّ

ġrub, *v.* (-bbed, -bbing) حَفَر . نَبَش . اقتلع

ġrub, *n.* نَغَفة = دودة صغيرة ملساء

ġrudge, *n.* حِقد . ضَغينة . حَسَد

ġrudge, *v.* حَسَد . ضَنَّ (بِ) = شَحَّ (بِ)

ġrudg'ingly, *ad.* على غير رَغبةٍ . بِضِنَّة = على ضِغْنٍ

ġrū'ẹl, *n.* سَخينة = طعام كالحساء من الدقيق والماء (أو) اللبن

ġrū'ẹlling, *a.* شاق . مُجهِد . مُنهِك . قاسٍ . جهيد

ġrūe'some [-rōōsẹm], *a.* فَظيع . يَقشعرُّ منه البدن . تشمئز منه النفس

ġruff, *a.* فَظٌّ . خَشِن . غَليظ . ذو عُنجُهيّة

ġrum'ble, *v.* تظلَّم . تَبَرَّم . هَمهَم . تشكَّى بمرارة

ġrum'ble, *n.* تَظلُّم . تَبَرُّم . هَمهَمة

ġrum'py, *a.* (-pier, -piest) سيّئ الخُلق . ضَيِّق الخلق = ضَرِسٌ

ġrunt, *n.* نَعرة . نأمة . زَحرة . نَخطة

ġrunt, *v.* نَعَر . نَخَط . نأم . قَبَع (الخنزير) = نَخَرَ . أطَّ = أنَّ تعبًا . نَحَت

ġua'nō [ġwâ-], *n.* ذَرْق الطيور البحرية

ġuarantee' [ġar-], *n.* تأمين . كَفالة . كفيل . بُرهان

ġuarantee', *v.* (-teed, -teeing) كَفَل . تعهَّد . راهَن

ġua'rantor [ġar-], *n.* كَفيل . كافِل . ضامن

ġua'ranty [ġar-], *n.* كَفالة . ضَمانة . تأمين

ġuârd [ġârd], *n.* حارِس . حَرَس . احتراس . كانفة = حاجز

on one's —, مُتَيَقِّظ . على حَذَر . مُتَحَرِّس

ġuârd, *v.* حَرَس . حَمى . خَفَر . وَقى

to — against, from, تحذَّر (أو) تحرَّس (أو) توقَّى (من)

ġuârd'ēd [ġâr-], *a.* مَحروس . مُحترِس . مُتحذِّر . مُتحفِّظ

ġuârd'house [ġârd-], *n.* مَخفَر . سِجن

ġuârd´ian [ġârd-], *n.* . حامٍ . وَصِيّ . وليّ الأمر

ġuârd´ianship, *n.* حِمايَة . وِصايَة . ولاية الأمر

ġuârd´room [ġârd-], *n.* غرفة الحُرّاس . غرفة الحراسة . غرفة سجن

ġuârds´man [ġârd-], *n.; pl.* -men حارس . حَرَسِيّ

ġūbernatôr´ial, *a.* حاكِمِي . خاصّ بالحاكم

ġudg´eon [ġujon], *n.* قابودي = قُوبِيون نهري = سمك نهري صغير . خُدْعَة . شخصٌ مِيقان (يصدّق كل شيء)

ġuerd´on [ġer-], *n.* تُحفَة = جائزة

ġuer(r)ill´a [ġẹrilla], *a., n.* مُحارِب عِصابي . مُحارِب عِصابات (أو) ثَوْرَة

ġuess [ġes], *n.* تَزْكين = حَزْر . حَدْس

ġuess, *v.* زَكَن . أزْكَنَ . تحدَّس . حَزَر

ġuess´-work [ġeswerk], *n.* . تحديس . تَحَزُّر . تَرْجيم

guest [ġest], *n.* زائِر . ضَيْف

guest´-house, *n.* مَضافَة . فُرْدُوس = ثَوِيّ = نُزل

ġuffaw´, *n.* قَهْقَهَة . زَهْزَقَة

ġuffaw´, *v.* قَهْقَهَ . زَهْزَق

ġuīd´ance [ġīd-], *n.* . هِدايَة . إرشاد . قِيادة

ġuīde [ġīd], *n.* . هادٍ . دَلِيل . مُرْشِد . قُدْوة

ġuīde, *v.* هَدَى . أرشد . قادَ . سَيَّر

ġuīde´-book [ġīd-], *n.* دليل المسافر (أو) السائح

ġuīde´-pōst [ġīd-], *n.* دَلالة = شيء منصوبٌ عند مفترق الطرق يُشير إلى الاتجاهات

ġuīd´ĕd [ġīd-], *a.* مُسَيَّر . مُصوَّب . مُوَجَّه

ġuild [ġild], *n.* جَمْعِيَّة = [رابطة] . نِقابة

ġuil´dẹr [ġil-], *n.* مَسكوكة فضية هولندية تساوي شلنين إنكليزيين

ġuild´hall [ġildhôl], *n.* . دار النقابات . دار البلدية

ġuīle [ġīl], *n.* . غَدْر . مَكر . دَخَنٌ . حِيلَة . كَيْد . غِلّ

ġuīle´fụl, [ġīlf-], *a.* . مَكّار . غَدّار . خَبِيث . كَيّاد . خَبّاب

ġuīle´lĕss [ġīl-l-], *a.* . بَرِيءٌ . سليم النية . صَرِيح . مُستَقِيم

ġuill´otine [ġilotēn], *n.* مِقْصَلَة

ġuill´otine, *v.* قَصَل = أعدم بالمِقْصَلَة

ġuilt [ġilt], *n.* ذَنْب . جُرْم . خطيئة

ġuil´tinĕss [ġil-], *n.* . ذنب . إذناب . إجرام

ġuilt´lĕss [ġilt-], *a.* لا ذَنبَ له . بريء

ġuil´ty [ġilt-], *a.* (-tier, -tiest) مُذْنِب . شاعِرٌ بذنبه (فهو مُنكَسِرٌ)

ġuin´ea [ġịni], *n.* جنيه انكليزي = ٢١ شلنًا

ġuin´ea-fowl, *n.* = guinea-hen

ġuin´ea-hen [ġini-], *n.* دَجاجة فِرعون . حُبَيْشَة = غِرْغِرة . دَجاجة بَرِّيَة (أو) هِندية

ġuin´ea-pig [ġini-], *n.* خِنزير الهند

ġuīse [ġīz], *n.* زِيّ . سِبر . سِتار ظاهري . مَظهر كاذب

ġuitar´ [ġitâr], *n.* آلة موسيقية بستة أَوتار . قِيثار

ġulch, *n.* غَرٌّ = حفرة عميقة طويلة في الأرض حفرها السيل . مَسِيل . عَقٌّ = وادٍ عميق ضيّق

ġul'den, *n.* = guilder

ġūleṡ [ġūlz], *n., a.* أحمر . جِرْيال

ġulf, *n.* شَرم = خليج . هُوَّة . فُرْقَة واسعة

Gulf Stream, تيَّار الخليج الحار (من خليج المكسيك)

ġull, *n.* زُمَّج الماء . دُجّ = نَوْرَس

ġull, *v.* خَتَل . خَدَع . غَشّ . غَبَن . غَرّ

ġull, *n.* غَرير . رجل غِرّ . خُدْعَة = سهل (أو) سريع الانخداع

ġull'ĕt, *n.* مَبلَع . حَلق . حُلقوم . مَرِيء

ġull'ible, *a.* خُدَعة = سهل الانخداع

ġull'y, *n.* غَبيب = خُفوق = ذِنابٌ = مَسِيلٌ احتفره الماء . خَندَق . وادٍ صغير

ġulp, *v.* غَمَج = غَمَط = ابتلع (بسرعةٍ وشَرَهٍ) = التهم . كَظَم

ġulp, *n.* غَمجة . غَمْطة . عَبَّة = جُرْعَة (كبيرة) . التهام

ġum, *n.* صَمغ . عِلكٌ . شجرة صَمغ

ġum, *v.* (-mmed, mming) صَمَّغ . تَلزَّج

ġum (or ġumṡ), *n.* لِثَة (الأسنان) = لحمة الأسنان

ġumm'y, *a.* (-mier, -miest) عَلِك . لَزِج . صَمغي

ġum'-tree, *n.* شجرة صَمغ

ġun, *n.* بندقية . مِدْفَع . مُسَدَّس

ġun, *v.* (-unned, -nning) أطلق (البندقية أو المدفع)

ġun'bōat [-bōt], *n.* شَوْنة = مركب حربي صغير

ġun'-cotton, *n.* قطن البارود . نوع من المتفجرات يُصنَع من القطن مع حامض الكبريت وحامض الآزوت

ġun'-lock, *n.* جزء فيه المِطْرَق والزِناد = غَلَق البندقية (أو) البارودة

ġun'man, *n.; pl.* -men مِدْفَعي . حامل مسدّس . مُجرِم مُسلَّح

ġun'-metal, *n.* خليط معدني من النحاس والقصدير والتوتيا = معدن المدافع

ġunn'el, *n.* = gunwale

ġunn'er, *n.* مِدْفَعِي

ġunn'ery, *n.* عِلم المدفعية . مِدْفَعية . صُنع المدافع وإدارتها

ġunn'y, *n.* خَيش = قماش صفيق للأكياس

ġun'powder, *n.* البارود . بارود

ġun'shot, *n.* عيار ناري من مُسدّس . طَلقة مِدفع . مَرمى المِدفع (أو) البندقية

ġun'-stock, *n.* خَشَبة البندقية التي فيها الأنبوبة

ġun'wale [ġunel], *n.* الحَرْف الأعلى من جانب المركب = مِيحاف

ġur'ġle, *v.* كَرْكَر (أو) هَرْهَر (الماء) . غَرْغَر

ġur'ġle, *n.* كَرْكَرة . غَرُور = دواء للغرغرة

ġush, *v.* تَدَفَّق = تَبَجَّس = اندفق . تَبَعَّق (في الكلام) . تدفق بعبارات عاطفية (أو) حماسية

ġush, *n.* تَبَجُّس . تَبَعُّق = تَفَيْهُق . دَفْقه

ġush'er, *n.* فوّارة . بَجّاس = دَفّاق = مِفهاقٌ . فَهّاق

ġuss'ĕt, *n.* دِخريصة = بَنيقة = لِبنة = قطعة تزاد في الثوب توسعه

ġust, *n.* نافِجة = عَصفَة (أو) نُخرة (من الريح) . فَوْرة . فَجرة عاطفية . دَفْقة

ġus'tō, *n.; pl.* -tos التذاذ عظيم . تَشَغُّف . تَلَذُّذ . تَشَرُّه

ġus′ty, *a.* عاصِف . قاصِف

ġut, *n.* مَعي = مَصير . قِتب . وَتَر

ġut, *v.* (-tted, -tting) دَمَّر (أو) أَخْرَب (من الداخل) . نَقَّى من الأَعْفاج والأحشاء

ġuts, *n. pl.* شجاعة . قوة قلب

ġutta-perch′a, *n.* مادة مَطَّاطِية من بعض الأشجار الاستوائية

ġutt′ẹr, *n.* مِيزاب . مَثْعَب (السَّطح) . قَنَاة

ġutt′ural [-ẹr-], *a.* حَلقي

ġuȳ [ġī], *n.* ثَبات = رِبَاط تمكين = صِقَاع = وِكاد = آصِرة

ġuȳ, *v.* (-yed, -ying) أَوكد . مَكَّن بِصِقاعٍ (أو) رِباطٍ

ġuȳ, *n.* شَخص عجيبُ الهيئة والزي . تمثال بهيئةٍ مُضحِكَةٍ يُحرَق في ٥ تشرين الثاني (نوفمبر) في انكلترة . شخص

ġuz′zle, *v.* غامَط = تَجَرَّع بشرهٍ = تعبَّب . تلهَّم

gymnā′ṡium, *n.; pl.* -siums, -sia جِمْنَاز = قاعة الألعاب الرياضية

gym′nast, *n.* رجل جِمنَازي . بَهلَوان

gymnas′tic, *a.* مُتعلق بالجمناز (أو) بالألعاب الرياضية

gymnas′tics, *n.* تربية بدنية . أَلعاب (أو) تمرينات رياضية

gyp, *n.* خادم في كلية في كمبردج (أو) دَرَم

gyp′sum, *n.* جِبس . جِصّ

gyp′sy, *n.* نَوَرِيّ . غَجَري . جَنكَلي

gȳr′āte, *v.* دار . دَوَّم . دار لولبيًا

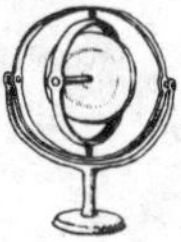

gȳrā′tion, *n.* دَوَران . تدويم

gȳr′oscōpe, *n.* جِيروسكوب = جهاز لحفظ الاتجاه والتوازن

gȳve, *n.* بِجْمَعة = كَبْل = قَيد (للقدمين)

gȳve, *v.* كَبَّل . قَيَّد

H

H, h [āch], *n.; pl.* H's, h's الحرف الثامن من حروف الهجاء في الإنكليزية

hâ ! *int.* هُتَاف تعجب (أو) انتصار

hab′ẹrdashẹr, *n.* عَقَّاد = تاجر نَثريات . تاجر نَثريات الألبسة (كالقمصان والقفافيز . . .)

hab′ẹrgeon [-jẹn], *n.* دِرْع قصير من الزَّرَد بلا كُمَّين

habil′imẹnt, *n.* جهاز . لِباس . قِطعة من الألبسة

habil′imẹnts, *n. pl.* كِسوة (خاصة) . ثِياب . أَلبسة

hab′it, *n.* عادة . دأب . لِباس (خاصّ)

hab′itable, *a.* قابل (أو) صالح للسُكنى

hab′itat, *n.* مَوطِن (أو) مَربَى (أو مَنبِت) طبيعي

habitā′tion, *n.* مَأوى . سَكَن . إسكان . مَسكَن

habit′ūal, *a.* عاديّ . مُعتَاد . ضَارٍ (على)

habit′ūally, *ad.* عادةً . باعتِيَادٍ . بانتظام .

habit′ūāte, *v.* ضَرَّى = عَوَّد . طَبَّع

hacien′dâ [as-], *n.* عَقَار . أَرضٌ عَقَارية . [عِزبة] . مَصنع

hack, *v.* حزّ . احتزّ . شَقّ . قَطَّع بخشونةٍ وعدم انتظام = ثَرَّد

hack, *n.* حزّ . احتزاز . شَقّ . سَعلَة جافَّة متكررة

hack, *n.* حِصان للكِراء . بِرْذَون

hack, *a.* بالكِراء . بالأجرة

hac'kle, *n., v.* صِيصِيَة الحائك = مِسرَحة = مِمشَقة . سرّح . مَشَق

hac'kle, *n.* ريش العُنق = عِفرِية الديك = بَرائل = عُفرَة

hack'ney [-ni], *n.; pl.* -neys حِصان للجرّ (أو) للركوب . عَرَبة أُجرة

hack'ney, *a.* لِلكِراء . مُستَكرَى . مُستأجَر

hack'ney, *v.* (-neyed, -neying) إكترى . إبتَذَل . إمتهن

hack'neyed [-nid], *a.* مُبتَذَل . مَطروق كثيراً (في الاستعمال)

had, *v.; p., pp. of* have

hadd'ock, *n.; pl.* -dock *or* -docks سَمَكٌ شبيه بالبَقَلَة ولكنه أصغرُ منه = قُدَيد

Hād'ēs, *n.* بلُوطو . هادِيس أخو زيوس . العالم السُفلي . جَهنَّم . دار الحياة الأُخرى

hadn't = had not

hadst, *v.* = *Second person singular of* had

haemoglōb'in [hē-], *n.* = الهيموغلوبين المادة الحمراء في الدم = يَحمُور

haem'orrhage [hemorij], *n.* نزيف دموي

hâft, *n.* نِصاب . مَقبَض السكين (أو) السيف = جُزأة

hag, *n.* = ساحِرة . عجوز خبيثة . هِرشَفَّة = عَجوزٌ بالية (أو) قَحمَة

hagg'ard, *a.* ناحِل . مَهموم = ضامر . هَزيل (من التعب أو الهم . . .)

hag'gle, *v.* = شاحّ (أو) ماكَس (في السعر) = مانَك

Hāgue [hāg], *n.* مدينة لاهاي (في هولندا)

hail, *n.* تَحيَّة . تأهيل . نَدهَة = إهلال

hail !, *int.* أهلًا ! مَرحبًا !

hail, *v.* حَيّا . أهَّل (بِ) . نَدَه = أهَل . أيَّه = نادى = أهلَم

hail, *n.* بَرَد = حبّ المُزن (أو) الغَمام . هَيلان . هَيل

hail, *v.* أَمطر بَرَداً . نَزَل كالبَرَد . إنهال . هال

hail'stōne, *n.* بَرَدَة = حَبَّة بَرَد

hair, *n.* شَعر . وَبَر . زَغَب

hair'breadth [-bred-], *a., n.* قَيد شَعرة . بِشِق النَّفس

hair'cloth, *n.* مِسح = قُماش من شعر = بلاس

hair'dresser, *n.* مُزَيِّن . حَلَّاق . ماشِطة

hair'iness, *n.* كثرة الشعر . [مَشعَرانية] . شَعرانية

hair'lĕss, *a.* أمرد . أمرَط . أملَط

hair's-breadth = hairsbreadth

hairs'breadth [-bred-], *n., a.* قَيد شعرة . (نجاة) بِشِق النَّفس

hair'-splitting, *n., a.* أسَفّ = تَتَبُّع مَداقّ الأمور . تَمَحُّك . تَحذُّق . إسفاف

hair'spring, *n.* زُنبلك شَعري في الساعة لضبط الحركة

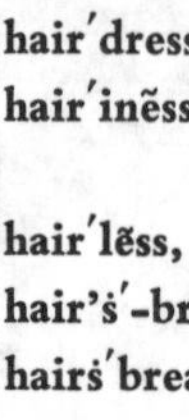

hair'y, *a.* (-rier, -riest) شَعري . أشعَر = شَعراني

hal'berd, *n.* طَبَر = سلاح يكون حَربةً وفأس حرب معًا

hal'bert, *n.* = halberd

hal'cyon, *n.* طائر خرافي عند القدماء يبيض في عش عائم على الماء ويسحر الريح والماء حتى يسكنا

hal'cyon, *a.* هَنِيءٌ . هادئ . رائق . صاف

hāle, *a.* صحيح الجسم . متين البنية . مُخلِد = صحيح الجسم قويّه (على كبر سنه)

hāle, *v.* عَتَل = جَذَب (أو) جَرَّ بشدة

hâlf [hâf], *n.; pl.* halves نِصف. شطر

hâlf, *ad.* بَيْن . بَيْنَ بَيْنَ . نِصْفَ . . .

not — bad, جَيِّد (أو حَسَن) جِداً

— aloud, (رَفَع صوته) نِصفَ رَفْعٍ

half'back [hâf-], *n.* الظهير المُرادِف (في كرة القدم)

hâlf'-bāked [hâf-bākd], *a.* (عمل) مُلهوَق . فَطِير . فَطير العقل = قاصر العقل . مُرتَجَل

hâlf'-breed [hâf-], *n.* هَجين . مُهَجَّن النسب . نَغْل

hâlf'-brother [hâf-], *n.* أَخُوه لأُمّه (أو) لأبيه

hâlf'-câste [hâf-], *n.* . مُولَّد . مُخضْرَم . ولدٌ هَجِين (أو) مُقرِف = ولد من والدين أحدهما أوروبي والآخر آسيوي

hâlf-heart'ĕd [hâf-hârt-], *a.* فاتر (الهمة أو الحَماسة أو الشجاعة)

hâlf'-hour [hâf-our], *n., a.* (مدة) نصف ساعة . مُنتَصَف الساعة . كل نصف ساعة

hâlf'-mâst [hâf-], *n.* وَضْع العَلَم عند نصف (أو) منتصف السارية

hâlf'-nōte [hâf-], *n.* نِصف نَغْمة . نغمة نِصفية لها نصف مدة النغمة الوافية

hā'lfpenny [hāpeni], *n.; pl.* -pence, -pennies نصف بَني (في النقد الإنكليزي)

hâlf'-sister [hâf-], *n.* الأخت للأب (أو) للأم

hâlf'-truth [hâf-], *n.* نصف حقيقة . حَقِيقة مَغموزة . قولٌ فيه بعضٌ من الحقيقة

hâlf'way [hâf-], *ad.* إلى نِصف المسافة . إلى نصف الطريق . إلى النصف . بَعضًا

go or meet —, تَسمَّح . هاوَد . مَايَل

hâlf'way, *a.* بين الطرَفين . في منتصف المسافة . في الوَسَط (أو) المُنتَصَف . متوسّط . بَعضي . قاصِر

hâlf'-wittĕd [hâf-], *a.* أبله = مَهلُوس العقل . سَخيف . ناقص العقل

hal'ibut, *n.* سَمَك بحري كبير مُفلَطَح الجسم يؤكَل

hall [hôl], *n.* دِهليز . رُواق . بَهو = قاعة . رَدْهَة

hallĕlū'jah, hallĕlū'iah [-ya], *n., int.* سُبحانَ الله ! تَسبيحة . تهليلة

hall'iard, *n.* = halyard

hall'mârk [hôl-], *n.* خاتم تصديق . علامة الأصالة . سِماء . مُمَيِّزة

hallō(a)' [-ō], *int.* مرحبًا ! أهلًا !

hallō(a)', *v.* (o(a)ed, o(a)ing) رَحَّب . أهَّل . نَدَه

hallō(a)', *n.* نَدْهة . صَيْحة (لجلب الانتباه أو للترحيب)

halloo', *int., n.; pl.* -loos . نَدْهة . تأهِيلة . تَرحِيبة . هَلا ! حيَّ هَلا !

halloo', *v.* (-looed, -looing) . نَدَه . نادى . أهَّل . حَيهَلَ . صاحَ (بِ)

hall'ōw [halō], *v.* قَدَّس . تَقدَّس . أَجَلَّ

hall'ōwed [halōd], *a.* مُقدَّس

Hall'ōwe'en, Hall'ōween [halōēn], *n.* ليلة عيد جميع القديسين (في ٣١ تشرين الأول (أكتوبر)

hallūcinā'tion, *n.* [هَلوَسة] . تخيّل (أو) توهّم وَسواسي . هَلسٌ . تهلّس

hāl'ō, *n.; pl.* -los, -loes . هالَة . طُفاوة . دارَة (من النور)

halt [hôlt], *v.* وَقَف . أوقف . توقّف

halt, *n.* وَقفة . وُقوف . توقّف

halt [hôlt], *v.* = إختلّ . تعثّر . تريّع = تردّد . عَرَج . ظلع

halt [-ô-], *a.* أعرَج = أظلع . كسيح

hal'tẹr [hôl-], *n.* جَرير = مِقوَد (أو) مِربَط . حَبل المِشنقة

hâlve[hâv], *v.* قَسَم نصفين (أو) أنصافًا . شاطر . قاسم بالتساوي . ناصف . وَسّط . نقص إلى النِصف

hâlveṡ [hâvz], *n.; pl. of* half أنصاف

to go —, شاطر . قاسم بالتساوي . ناصف

hal'yard, *n.* حَبل لرفع الشراع (أو) العَلَم (أو) لإنزاله

ham, *n.* وَرك (أو أعلى) فخذ الخنزير (مُملّحًا ومُدخّنًا) . فخذ الحيوان . عُرقوب (الدابة)

ham'lĕt, *n.* دَسْكَرة . قُرَيّة = كَفر

hamm'ẹr, *v.* طَرَق . طرّق . دقّ . سَبَك (فكرةً)

hamm'ẹr, *n.* = مِطرَق . مِطرَقة . مِدقّة . ميقعة (الحداد)

hamm'ẹr-head [-hed], *n.* أبو مِطرَقة = نوع من كلاب البحر

hamm'ẹrlĕss, *a.* بدون مِطرَق (أو) زِناد

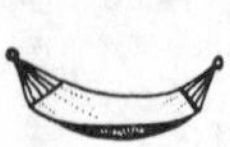

hamm'ock, *n.* مَرن = مَضجعة مُعلّقة

ham'pẹr, *v.* ثبّط . عوّق . وَعّث

ham'pẹr, *n.* حائل . عائق . مَثبطة

ham'pẹr, *n.* = سَلّة كبيرة (بغطاء) . سَلّة [سَبَت]

ham'stẹr, *n.* (حيوان) مَرنَب

hand, *n.* يد . كفّ . عَقرب (الساعة) . فاعِل (يعمل بيديه) . مِلك . حِيازة . جانب . جهة . مَصدَر . خطّ (الكتابة) . قَبضة = عَرض الكف = ٤ بوصات . اقتدار

at —, مَيسور . قريب (التناول) . [تحت اليد]

in —, باليد . تحت السيطرة (أو) التصرف

he has no — in the matter, ليس له يَدٌ (أو صُنع) في الأمر

to get the story at first —, من مصدرها الأول (أو) مَفصِلِها

— to — fighting, مُجاحَفة في القتال . قتال التشابر (أو) التناشب (أو) التلاحم

to lay —s on, مسّ بضرر . وَضع يده عليه . ألقى القبض عليه . اعتنف

on —, في اليد . مَيسور

from — to mouth, من يوم إلى يوم . لليوم دون الغد . (أطعمني اليوم وجوّعني غداً)

to change —s, تعاورته (أو) تداولته الأيدي

to be — in glove, على وئام وثيق = مُتخاصرين . كزَندَين في وعاء = لِفقان

— in —, يداً بيد . متضافرين . مُتخاصرين

hand, *v.* ناوَل . سَلّم . أخذ بيدِه (إلى) أمرٍ

to — down, نَقل

to — over, سَلّم

hand'bag, *n.* [شَنتة يد] = مَثبَنة (أو) عَتيدة (للمرأة)

hand'ball [-bôl], *n.* كُرَة اليد = لُعبة بكرةٍ تُدْفَع باليد إلى الحائط

hand'book, *n.* كتاب الدليل

hand'cuff, *n.* قَيد (لليدين) . غُلّ . صَفَد

hand'cuff, *v.* قَيَّد . غلَّل . صَفَّد

hand'ful, *n.* قُبضَة . حفنة . كَفّ . نفر

han'dicap, *n.* سباق المكافأة . سِباق المُعادَلة (أو التَّعضيل . تَعضيل = تعويق . مَتعَسة

han'dicap, *v.* (-capped, -capping) عضَل (أو) عَضَّل = عَوَّق وأخَّر

han'dicrâft, *n.* يَدَاية = صَنَاعَة = حِذْقٌ يَدَوِي . صَنْعَة يدوية

han'dily, *ad.* بِصَنَاعَة . بِيَدَاية

han'dinĕss, *n.* يَدَاية = صَنَاعَة . حِذْق يدوي (في العمل)

han'diwork [-werk], *n.* صِنْعَة . صُنع يَدَوي . [مَصنَعيّة]

hand'kerchief [hangk-chif], *n.* مِنْديل

han'dle, *n.* خُرصُة (الباب) . يَد . مِقبَض . نِصاب . عُروَة

han'dle, *v.* مَسّ . جَسّ . تناول (أو) أمسك . زَاول . تعاطى (باليد) . ساس . عالج . تعامل (أو) تاجر (بِ) . عامل

hand'māde, *a.* من صُنع اليد

hand'maid, hand'maiden, *n.* خادمة . جارية

hand'-ôrgan, *n.* أُرْغن يدوي (يُدار باليد)

hand'shāke, *n.* مُصافقة (باليد) . مُصافَحة (باليد)

hand'some [-sẹm], *a.* وَسِيم = حُلو = مليح (الهيئة أو الجسم) . سَخِيٌّ

hand'spīke, *n.* قَضِيب (من خشب) بمثابة المُخل (أو) العَتَلَة

hand'spring, *n.* وَثْبَة ترتفع الرجلان فيها فوق الرأس ويكون الارتكاز على يد واحدة (أو) اليدين

hand'-to-hand', *a.* مُتَعاكِر . مُشْتَبِك . مُنتَشِب . مُتَشابر (في القتال) . مُتلاحِم

hand'-to-mouth', *a.* من يومٍ إلى يوم . بدون احتياطٍ للغد

hand'work [-werk], *n.* عَمَل يدوي

hand'wrīting [-drī-], *n.* خَطٌّ (أو) كتابة (اليد) = كِتْبَة

han'dy, *a.* (-dier, -diest) قريب التناول . مَيسور . مُسْعِف . صَناع = ماهر = يَدِيّ . نافِع

hang, *v.* (hung, hanging) علَّق . تعلَّق . تَدَلَّى . تهدَّل . زَيَّن (بالتَّعاليق) . توقَّف (على) . تمسَّك (بِ)

to — around, تَلَكّأ . تلبث . تمكّث

to — back, أحجم . كَعّ . تحبّس

to — in the balance, مجهول المصير . في يد القدر

to — on, تمسّك . تشبّث . ثابر . تَمَهَّل

to — out, تدلَّى . نَتأ . برز . أبرز

to — together, تجامع . تضامّ . تماسك . تألَّب . تَرَاصّ

hang, *v.* (hanged, hanging) شَنَق = أعدم شَنْقاً

hang, *n.* إنسِدال . سَبْلَة . مَعنى . كُنْه

to get the — of, استوثق (من) . تمكّن من فهمه . أدرك الكُنْه

hang'ar, *n.* حَظِيرة (الطائرات أو المناطيد)

hang'dog, *a., n.* مُدَنقِس . خاسِئ . خَزيان . رَذْل . ذَليل . مَخسول

hang'ẹr, *n.* عِلاقَة . مِعلَق . مَعلَق

hanġ'ẹr-on, *n.*; *pl.* hangers-on نابع طُفَيلي (أو) مُتطفِّل . مُعافِر
hanġ'ing, *n.* شَنق = الأعدام شنقاً
hanġ'ing, *n.* تَعليقة . مُعلَّقة . سَدِيلة (على الجدار)
hanġ'inġṡ, *n. pl.* تعاليق = سَدائل = ستائر
hanġ'man, *n.*; *pl.* -men شَنَّاق
hanġ'nail, *n.* تَنفة = سَأفة = مِزقة (أو) شقة متدلية من الجلد حول الظفر
hank, *n.* كُبَّة (أو) سَلِيلة (أو) لِفافة (خيطان)
hank'ẹr, *n.* تَشَهَّى . تشَوَّق . تحرَّق (على)
han'som, *n.* عَرَبة مُغطاة بدولابين وحصان واحد وسائق في الخلف .
hap, *v.* (-pped, -pping) حدث اتفاقاً . صادف
hap, *n.* حادث عَرَضي . صِدفة . حظ . نصيب
haphaz'ard[hapīh-], *n.* مُصادَفة . عَرَضيَّة
haphaz'ard, *a(d).* مصادفةً . عَرَضاً . كيف انفق . اعتسافاً
hap'lẽss, *a.* نَحسُ (أو) منكود الحظ . سيء البخت . مَنحوس
hap'ly, *ad.* رُبَّما . عسَى . لَعَلَّ
happ'ẹn, *v.* وَقَع . حَدَث . اتَّفق (عَرَضاً) . جَرى
  to — on, عَثَر (على) . لَقِيَ . وَجَد . صادَف
happ'ening, *n.* حادِث . واقِعة = كائِنة
happ'ily, *ad.* بسعادة . لحسن الحظ . من حسن التوفيق
happ'inẽss, *n.* سَعادة . سُعُودَة . توفيق
happ'y, *a.* (-pier, -piest) سَعِيد . مَسْعُود . مُوفَّق . مبسوط
happ'y-ġō-luck'y, *a(d).* متوكِّل . قانِع = يَرْضَى بما قُسِم له . عَرَضاً . على غير تعيين
haranġue' [-ranġ], *n.* خُطبة لَقلَقيَّة
haranġue', *v.* (-gued, -guing) خَطَب ولَقلَق (وجَعجَع)
ha'rass, *v.* حارش . تحَرَّش (بِ) . ألحَّ عليه وأزعجه (بهجاتٍ متكررة) . أقلق . ساوَر (بالهموم أو المتاعب)
hârb'ingẹr, *n.* بَشِير (أو) نُذِير . رائد . مُؤذِن . وافِد
hârb'or, *n.* = harbour
hârb'our [-bẹr], *n.* مَرفأ . مُكَلَّأ (للسفن)
hârb'our, *v.* أرْفأ (السفينةَ) . آوى . أضمَر . كَلَّأ
hârb'ourage [-bẹrij], *n.* مأوى . إيواء . مُكَلَّأ
hârd, *a.* عَرْد = صُلب . قاس . صَعْبٌ . شاقّ . جَهِيدٌ . مُتَجَهِّم
  — of hearing, أطرش . فيه طَرَش . ثقيل السمع . خَفِيف السمع
  — water, ماء عَسِر
hârd, *ad.* بِشدة . بتكلُّف . بِعُسْر
hârd'ẹn, *v.* قَسا . تَصلَّب . مَرَن
hârd'-head'ẽd [-hedid], *a.* فَطِن . نَبِيه . لا يُخدَع (أو) يُغش . يابس الرأس = عَنيد
hârd'-heart'ẽd [-hârtẽd], *a.* عديم الرحمة . قاسي (أو) نازِرُ القلب
hârd'ihood, *n.* بَسالة . جُرأة . إقدام . اجتراء . وَقاحة
hârd'ily, *ad.* بجُرأة . باجتراء (ووقاحة)
hârd'inẽss, *n.* قُوَّة . مَتانة . مُنَّة . جَراءة

hârd'ly, *ad.* قلّما . نادراً . لا يَكاد . لا يُحتمل (أنْ)

hârd'ly, *ad.* بقسوَة . بِشدة . بِشَراسَة

hârd'nĕss, *n.* قَساوة . عُرود = صَلابَة . عُسر . جَلادة

hârd'ship, *n.* مَشَقَّة . شِدَّة . عُسْرَة.

hard tack, [قُزْماط] = بسكوت قاسٍ يأكله الجنود والبحارة

hârd'wāre, *n.* [خُرْداوات] = بضائع (أو) مصنوعات معدنية

hârd'wood, *n.* خَشَب صُلب (ثقيل)

hârd'y, *a.* (-dier, -diest) = جَلد شديد التحمل . جَرِيْ . شديد المُنّة

hāre, *n.* أرْنَب (بَرِّي) . خُزَز (بَرِّي)

hāre'bell [-rb-], *n.* (نبات) المُكَحَّلة (أو) الياقوتيّة

hāre'-brained [-rb-nd], *a.* له عقل العصافير . طائش . متهوِّر . أرعن

hāre'lip [-rl-], *n.* أعلَم الشَّفَة = مَشقوقُ الشفةِ العليا = أشرَم الشفة العليا .

hār'em, *n.* حَرَم = منزل النساء . حَريم

hârk, *v.* استمع . أصغى . أنصت

hâr'kẹn, *v.* استمِع . أَنصت

hârl'ēquin [-lekwin], *n., a.* مُتَعدِّد (أو مُنوَّع) الألوان . [مُهرِّج] . هزّال = جَحيَة

hârl'ot, *n.* مُومِس . قَحبَة

hârm, *n.* ضَرَر . ضَير . بأس

hârm, *v.* أضرَّ . أساءَ (إلى) . آذى

hârm'fụl, *a.* مُضِرّ . مُسيء (إلى)

hârm'lĕss, *a.* غير مُضِرّ . مأمون الجانب

hârmon'ic, *a.* إيقاعي . متعلّق بتوافق (أو) ائتلاف الأنغام الموسيقية

hârmon'ica, *n.* أُرْغُن فَمَوِي (يُعزَف بالفم)

hârmon'icon, *n.* = harmonica

hârmōn'ious, *a.* مُتلائم . مُؤتَلِف . مُنسجم . رَخِيم

hârm'onīze, *v.* ائتلف . تآلَف . وَفَّق . توافق

hârm'ony, *n.* إئتلاف . وِفاق . وِئام . لُحُون متوافقة . إيقاع

hârn'ĕss, *n.* عُدَّة الفَرَس

in —, في العَمَلِ المُعتاد

hârn'ĕss, *v.* [عَدَّد] = ألبس الفَرَسَ العُدَّة . سَخَّر

hârp, *n.* مِعزَف (كبيرٌ)

hârp, *v.* عَزَف على المعزَف

to — on, لَهِج بذكر الشيء حتى الإملال . طَنطَن بالشيء = أكثر مِنْ ذِكره في كلامه (أو) كتابته

hârp'ẹr, *n.* عازِفٌ على المِعزَف

hâr'pies, *n. pl.* خطاطيف

hârp'ist, *n.* = harper

hârpōōn', *n.* مِزْجال = مِطْرَد = رُمح قصير مربوط به حَبل لصيد الحيتان وغيرها من حيوانات البحر

hârpōōn', *v.* طعن (أو) اصطاد بالمِطرَد

hârp'sichôrd [-k-], *n.* آلة موسيقية قديمة كالبيانو بأوتار تُجذَب جَذباً

hârp'y, *n.* شَخص طَمّاع خَطّاف (وخصوصاً امرأة) . العُقاب الخَطّاف (في أمريكا)

hâr'quebus [-kwi-], *n.* بندقية من الطراز القديم

ha'rridan, *n.* عَجوز عَجفاء . عجوز شَرِسة . امرأة شرسة

ha'rriẹr, *n.* كلب لصيد الأرانب البرية=زَغاري

ha'rrōw [-ō], *n.* مِشْقَن = شَوف = مِسلَفَة = مِملَقة (لتمهيد الأرض المحروثة)

ha'rrōw, *v.* سَلَف (الأرضَ) . آذَى . كَدَّر . أَكأَب

ha'rry, *v.* (-rried, -rrying) غزا وَنَهَب . أَخرب . عاث . أَغَاظ (أو) أَقلق . عَذَّب . أَزعج

hârsh, *a.* أَجَشّ . خَشِن = جَشِرٌ . نابٍ . قاسٍ . فادِح

hârsh'nĕss, *n.* خُشُونة = جُشُورَة . قساوة

hârt, *n.* أَيَّل = أُيَّلٌ = وَعْلٌ = ظَبيٌ بعد الخامسة من العمر

hârts'hôrn, *n.* رَوْق (أو) قرن الوعل . نَشُوق النَّوْشادر . كربونات الأمونيوم

hār'um-scār'um, *a., n.* مائِر = خفيف العقل . خفيفٌ طيَّاش = فَراش . مُتهوِّر

hârv'ĕst, *n.* حَصاد . موسم الحَصد . جمع المَحصُول . قِطَاف . غَلَّة . نتيجة = حَصِيدة

hârv'ĕst, *v.* حَصَد . جمع المحصول (أو) الغَلَّة . جَنَى . رَجَد

hârv'ĕstẹr, *n.* حَصَّاد . مِحصَدَة

has, *v., 3rd person sing. of* have

hash, *n.* مُفرَّكة = مُبعثَرة = لحم مُهرَّم مع خَضرَاوات . [خَبْطَة] . مَخلوطة

hash, *v.* هَرَّم (اللحمَ) = [فرَّم] . خَربَش (أو) خرفش (العمل) . بَحث ودقَّق

hash'ĭsh, hash'eesh, *n.* مادة مُخدِّرة = حَشِيش = قِنَّب هندي

haṡn't = has not

hâsp, *n.* دَلَّاية = شيء يُطبَق على الرَّزَّة لإغلاق الباب (أو) الشباك

hass'ock, *n.* مَسنَد للركبتين يُركَع عليه . كرسي صغير مُنجَّد للركوع (أو) للقدمين

hast, *v., 2nd person sing. pres. of* have

hāste, *n.* عَجلَة . استعجال

to make —, اِستَعجَل . عَجَّل . تَعَجَّل

hāste, *v.* استعجل . عَجَّل . بادَر

hā'sten [-sẹn], *v.* = عَجَّل = أَرقَل = وَحَّى . تَعَجَّل . بادر

hās'tily, *ad.* بِعَجلة . بتعجيل = بِخَطْرَفَة

hās'tinĕss, *n.* عَجله . استعجال

hās'ty, *a.* (-tier, -tiest) عاجِل . عَجُول . عَجلَان

— pudding, لَهِيدة = نوع من العصيدة من الدقيق والحليب (أو) الماء

hat, *n.* قُبَّعة

to pass round the —, لَمَّ (أو) طَلَب التبرعات (في اجتماع)

hat, *v.* (-tted, -tting) زَوَّد بِقُبَّعة . لبس القُبَّعة

hatch, *n.* [تفقيس] = تفريخ . تفريخة . نَقف (الفرخ من البيضة) . ترخيم الدجاجة (على البيض) . فراخ = [فقس]

hatch, *v.* [فَقَّس] = فَرَّخ . نَقف (الفرخُ من البيضة) . رَخَّم = أَكْرَك . كَرَّك

hatch, *v.* وضع الخطة . دَبَّر (خطة أو مكيدة)

hatch, *n.* جِليٌ = كُوَّة من السطح . رَوْزَنة . كُوَّة في أرض المكان تؤدي إلى الأسفل

hatch'ẹry, *n.* مَفقَس البيض

hatch'ĕt, *n.* بُرْت = [بلطة] . فأسٌ . كَرْزِين

bury the —, تَصالَح = تدامل القومُ

dig up the —, تحارَب . تناكر . تفاسد

hatch'way, *n.* رَوْزَنة = فُتحة في سطحٍ من سطوح السفينة تؤدي إلى الأسفل

hāte, *n.* نُفُور . كُرْه شديد . بُغض

hāte, *v.* كَرِه كُرهًا شديداً . أَبغض

hāte'fụl [-tf-], *a.* مَنفور . بَغِيض . مُبغَض

hath = has, *third person singular of* have

hāt'rĕd, *n.* بُغض . بَغضاء

hatt'ẹr, *n.* صانع (أو بيّاع) القُبّعات

haub'erk, *n.* درعٌ طويل (أو) كاسٍ من الزَّرَد

haught'ily [hôt-], *ad.* بتكبُّر . بعجرفة . بِشمخرة

haught'inĕss [hôt-], *n.* تشامُخ . عَجرَفة . طَرْمَحانِيّة

haught'y [hôt-], *a.* (-tier, -tiest) مُتكبِّر . مُتعجرِف . طَرْمَحاني

haul, *v.* جَرَّر = جَذَب (أو) جرَّ (بجهدٍ أو عُنف) . مَتَح . عَتَل . حَرَف مجرى السفينة

haul, *n.* تَجْرير . مَتْح (من البئر) . عَتْلٌ . مسافة (أو) مدة التجرير . صَيدَة (سمك)

haunch, *n.* عَجِيزة . عَجُز . وَرِك . أَلْيَة . الفَخذ مع الوَرِك

haunt, *n.* مَألَف = مكان مَعهود = مُنتَابٌ . مَثابَة

haunt, *v.* عاوَد . تَرَدَّد (إلى المكان) . لازَم . داوَم

haunt'ĕd, *a.* (دارٌ) مَعمُورة (أو) مَحضُورة (بالجنّ)

haut'boy [hōb-], *n.* شَبّابة = مِزمار

hauteur' [ōter], *n.* استكبار . عُنجُهِيّة . كبرياء

have, *v.* (had, having) عنده . معه . لديه . له . مَلَك . فَهِم . لا بُدَّ له (من) . أباح . إنبَغى . وَجَب

hāv'ẹn, *n.* مُكَلّأ . مَرسًى . مَلاذ

havẹn't = have not

hav'ẹrsack, *n.* وَفْضة = مَزادة

hav'oc, *n.* مذبَحة عامة . تخريبات . دمار شديد . أضرار فادحة

haw, *n.* حب الزَعرور الأحمر

haw, *n.*, *v.* أَحَ . أَحَةٌ . تَنَحنَح

hawk, *n.* صَقرٌ . تَنَخُّع . نُخاعة

hawk, *v.* بَزْدَر = صاد بالبازي . تَصقَّر = صاد بالصَّقر . تَنَخَّم = تَنَخَّع

hawk, *v.* باع متجولًا (في الشوارع) يُنادي

hawk'ẹr, *n.* صَقّار . بائع مُتَجَوِّل = قُبَيْسِي

hawś'ẹr, *n.* كَرّ = حَبل غَليظ (أو) دقيق من الفولاذ غالبًا يستعمل لربط السفن

haw'thôrn, *n.* (شجرة) الزَّعرور البَرّي

hay, *n.* صَائِرَة = حَشيش = كَلَأٌ يابس = لَيَف = كلأ العَلَف

hay, *v.* حَشّ الكَلَأَ (ويبَّسه) . زَوَّد بالحشيش

hay'cock, *n.* عُرْمَة (أو) كَوْمَة حَشِيش

hay fever, رَبو (أو حُمَّى) الحشيش

hay'field, *n.* مَزرعة كلأ (أو) حشيش

hay'loft, *n.* مَرفَع (أو) مَخزَن حشيش (في اسطبل)

hay'mow, *n.* عرمة حشيش . حَشِيش مخزون

hay'rick, *n.* عُرمة حشيش

hay'stack, *n.* = hayrick

haz'ard, *n.* خطَر . غرَر . مُخاطَرة

haz'ard, *v.* خاطَر . غرَّر . اجتَرأ (فقال . . .)

haz'ardous, *a.* مُخطِر . خَطِر . ذو تَهلُكَة

hāze, *n.* غَباء = غبيَة = سحاب رقيق = هَزم . [شابورة] = كَدَرَة . إبهام

hāz'ẹl, *n.* (شجر) بُندُق . بُندُق = جِلَّوز

hāz'ẹl, *a.* أَشهَل . شَهلاء

hāz'y, *a.* (-zier, -ziest) كَدِر . أَغطَش . أَغبَش . مُلتَبِس . مُبهَم

hē, *prn.*; *pl.* they هو

head, [**hed**], *n.* رأس . هامَة . مُقدَّم . رئيس . رأس (غنم أو . . .) . فَهم
  to keep his —, تمالك نفسه . احتفظ بالهدوء (أو) رباطة الجأش
  over his —, افتئاتاً عليه . فوق ما يستطيع فهمه
  to lay —s together, تآمروا معاً
  out of his —, خالِعُ العَقل
head, *v.* تَقدَّم . أمَّ . قَصَد . تَيَمَّم . سَمَت . تَوجَّه . ترأس . رأس . قـاد
  to — off, صَدَّ . زَوَى
head, *a.* أمامي . رئيسي . وِجاهِي
head'āche [**hedāk**], *n.* وَجعُ رأسٍ . صُدَاع
head'-dress [**hed-**], *n.* عُمْرَة = لباس الرأس
head'first [**hed-**], *a(d).* الرأس أوّلاً . بِتَسَرُّع . بِتَتَيُّع (وهو أن يَرمي بنفسه بدون فكر)
headfôre'mōst [**hedfôrm-**], *ad.* بر كوب رأس = بانخراط = بتسرّع
head'ġear [**hed-**], *n.* عَمارة = لباس الرأس = عُمرة
head'ing [**hed-**], *n.* ترئيسة = [ترويسة] . عُنوان
head'land [**hed-**], *n.* رأسٌ (من البَرّ ـداخِلٌ في البحر) . رأس البر
head'lĕss, *a.* أقطع الرأس . بدون رأس . بدون رئيس (أو) قائد = مُبَهَّل
head'līght [**hedlīt**], *n.* نور (أو) مِصبَاح أمَامي
head'līne [**hed-**], *n.* عُنوَان رئيسي = رَأسِيَّة
head'long [**hed-**], *a(d).* جامح . مُنكَبّ . مُتهوِّر = مُتَتَيِّع = مُنخرِط
head'man [**hed-**], *n.; pl.* -men شَيخ (أو) مُختار (القرية) . زعيم
head'mâstẹr [**hed-**], *n.* رئيس المدرسة (أو) مديرها
head'-on [**hed-**], *a(d).* مُتَصَادِين . مُتقابلين . مُناطحَةً . مُصادَمَةً
head'piece [**hed-**], *a.* مِغفَر الرأس. رأس
head'quarteṙs [**hedkwôr-**], *n.; pl. or sing.* مَقرّ القيادة العمومية . مَقَرّ الرئاسة (أو) الإدارة العمومية
head'ship [**hed-**], *n.* رئاسة
heaḋs'man [**hedz-**], *n.; pl.* -men سَيَّاف . قطّاع الرؤوس
head'stōne [**hed-**], *n.* حجر رئيسي في الأساس . رأسية القبر = حجر يوضع فوق الرأس للقبر . حَجَر العقد
head'strong [**hed-**], *a.* جَمُوح. عَنيد . شديد الشكيمة
head'waṭeṙs [**hedwô-**], *n. pl.* روافد النهر الأصلية . أعالي النهر . أصل النهر
head'way [**hed-**], *n.* تَقدُّم . مسافةٌ إلى الأمام . ارتفاع فَرَاغِي = سَمْكٌ
head'y [**hed-**], *a.* (-dier, -diest) مُتَهَوِّر . يركب رأسه . مُسكِر
heal, *v.* أبرأَ . شُفي . تَعافَى
health [**helth**], *n.* صِحَّة . سلامة من المرض . عافية
  to drink his —, شَرِب نَخب . . .
health'fụl [**hel-**], *a.* صِحّي . نافِعٌ للصحة
health'inĕss [**hel-**], *n.* صحة . عافية
health'y [**hel-**], *a.* (-thier, -thiest) صحيح الجسم . صحّي

heap, *n.* كُومَة . صُبْرَة = صُوبة
heap, *v.* جَنبذ = أوصل إلى مُنتهى أصباره = جَمَّم . كَوَّم . صَبَّر = مَلأَ وسَنَّم . عَرَّم
hear, *v.* (heard, -ring) سَمِع . استمع
heard [herd], *v.*; *p.*, *pp.* *of* hear
hear'ẹr, *n.* سامِع . مُستَمِع . مُصغٍ
hear'ing, *n.* سَمع . استماع . مَسمَع . سَماع
heark'ẹn [hâr-], *v.* استمع . أنصت = أصاخ
hear'say, *n.* مَسمُوعات . سَماع . أقوال الناس
hearse [hers], *n.* عَرَبة (أو مَحمِل) الجَنازَة
heart [hârt], *n.* قَلب . فُؤاد . جَوف . وَسَط . صَمِيم . لُبّ
  to learn by —, استظهر = حَفِظ غيباً (أو) عن ظهر قلب
  to have the matter at —, في أعزّ مكانٍ من قلبه . في محل الرِّعاية
  to lose —, فَشِل = فَتَر وجَبُن
  to take a thing to —, اهتم به . اكترث
  to take —, انتعشت نفسُه . تَشَجَّع . تنشَّط
  with all my —, بكل قلبي . بإخلاصٍ تام . من كلّ قلبي
  after his —, كما يَشتهي (أو) يَرغب
heart'āche [hârtāk], *n.* وَجَع القَلب = حَزَّة . كَمَد
heart'-brōkẹn [hârt-], *a.* مُنكسِر الخاطر . مُنسَحِق القلب
heart'burn [hârt-], *n.* وَغر . حُرقة في المعدة . حَسد
heart'ẹn [hârt-] *v.* شَرَح الصَّدر . شَجَّع . قَوَّى النفس
heart failure, وُقوف القلب . غَشيٌ مُمِيت . خُبوض القلب
heart'felt [hâr-], *a.* من القلب . قلبي . صَمِيمي
hearth [hârth], *n.* أرض المَوقِد . بَيت . حِمًى
hearth'stōne [hâr-], *n.* حَجر (أو بَلاط) المَوقِد . حَجَرُ تبييض
heart'ily [hârt-], *ad.* عن إخلاصٍ . من قَلب مُخلِص . برغبة واشتياق . باشتهاء
heart'inẽss [hârt-], *n.* إخلاص . صِدقُ النفس
heart'lẽss [hârt-], *a.* عديم الشفقة (أو) الرأفة . خائر (أو ميت) القلب
heart'sick [hârt-], *a.* مُتكدِّر . مُكتئِب . مَقبُوض الصدر . قانِط
heart'-rending [hârt-], *a.* يُفتِّت الكبد . يُقطِّع القلب
heart'-strings [hârt-], *n. pl.* شِغاف (أو نِياط) القلب . المشاعر الصميمة . فؤاد
heart'y [hâr-], *a.* (-tier, -tiest) مُخلِص . قَلبيّ . شَدِيد = قَوِيّ . مُشبِع
heat, *n.* حَرارة . حَمو . سُخونة . حَرّ . قَيظ . سَورة . حِدَّة . مُسابقة عَدوٍ
  in the — of the battle, في مُستَحَرّ (أو) حَمِ . . .
heat, *v.* أحمى . سَخَّن
heat'ẹr, *n.* حَرّارة = مِشعاع (أو) مُدفِئة (أو) أتّون
heath, *n.* نبات الخَلَنج . بَرّة = أرض واسعة متروكة (وفيها شُجَيرات) = بَقيع
heaṭh'ẹn, *n.*, *a.* وَثني . جاهِلي . جِبتيّ
heaṭh'ẹnish, *a.* وَثني . بَربَري . جاهلي

hea′ṭhẹr [heṭh-], *n.* خَلَنج = نبات من فصيلة الأريقا

heave, *v.* (-ved *or* hove, heaving) رَفَع (بجهدٍ) . شالَ . زَفَر (الحِمْلَ) . صَعَّد (نَفَسَه) . لَهَث . رَفَع وألقى . جَرَّ . ارتفع وانخفض . زَخَر (الموجُ) . طَلَع وبان . زَهَا = رَفَع

— ho ! هيليصة! نداء للبحارة وهم يَشُدّون

to — in (into) sight, لاح . أطَلَّ . عَنّ

to — to, أوقف سير السفينة بتوجيهها ضد الريح

heave, *n.* شَوْلَة . زَفْرَة . زَخْرَة . زَهْوَة

hea′vẹn [hev-], *n.* سماء . جَنَّة . نَعيم

Hea′vẹn [hev-], *n.* ربّ السموات . الله

for —'s sake, أتوسل إليك! بالله عليك! نَشَدْتُك الله!

hea′vẹnly [hev-], *a(d).* قُدْسِي . سماوي . في السماء . فِرْدَوْسي . نَعيمي

hea′vẹns [hev-], *n. pl.* عَنان السماء . جَوّ . الأفلاك

hea′vẹnward [hev-], *a(d).* إلى السماء . نحو السماء

hea′vily [hev-], *ad.* بِثِقَل . بتثاقُل . بشدّة . بفداحة

hea′vinẽss [hev-], *n.* ثَقالَة . وَزانة . فَداحة . كَدَر

hea′vy [hevi], *a.* (-vier, -viest) ثَقيل . وَزين . شديد . باهظ . غَزير . مُثْقَل . شاق . عَسِر . مُكفَهِرّ

hea′vy-weight [hevi-wait], *n.* شخصٌ من الوزن الثقيل . ملاكم (أو) مصارع من الوزن الثقيل

Hēb′rew [-broo], *n., a.* عِبْراني . عِبْري . اللغة العبرية

Hēb′ron, *n.* (بلدة) الخليل (في فلسطين)

hec′atomb [-tom *or* -tōōm], *n.* تقديم قرابين عديدة . تَضحية مئة ثور . مَجزَرة

hec′kle, *v.* مَشَق (أو) سرَّح الكتّان . ناحَض = ضايقه في السؤال وماحكه ولاجه

hec′klẹr, *n.* حاشر = مُناحِض

hec′tic, *a.* محموم . مَسلُول . مُنهَمِك . مُستَعجِل . مهموكٌ (في) . خاصّ بحمى الهُلاس

hec′tor, *v.* غايظ . تعنتر . تغشمر . تَرَأبل

hec′tor, *n.* (شخصٌ) فَجفاج . مُتَزَخْور = [مُتَبَهْوِر] . مُتعَنْتِر

he'd [hēd] = he had; he would

hedge [hej], *n.* وَشِيع = سِيَاجٌ (من النبات) . حاجِز

hedge, *v.* وَشَّع . سَيَّج . حَصَر . راوغ . تدلّس . لاوذ . تلوّص

to — in, حَفَّ (بِ) . حَصَر . اكتنف

hedge′hog [-jh-] *n.* دُلْدُل = قُنفُذ

hedge′rōw [-jrō], *n.* صَفّ السِياج (أو) الوشيع

hēd′onism, *n.* الرأي بأنّ اللذة هي الغاية الصحيحة . العكوف على المَلَذات

heed, *n.* مُبالاة . التفات . اهتمام

heed, *v.* بالى (أو) عَبِيَ (به) . أَبِهَ (له) . التفت

heed′fụl, *a.* مُتَفَطِّن . مُتَحَرِّس . مُتيقظ . مُبالٍ . مُلتَفِت

heed′lẽss, *a.* لا يَرْعَوِي . لا يُبالي . طائش

heed′lẽssnẽss, *n.* غَفلة . عدم احتراس . طَيش

heel, *n.* عَقِب = [كَعب] . مَيَل (جانبي)

heel, *v.* وَضَع عَقِباً (لِ) . مَالَ (جانباً) . أَمَال (على الجنب)

heel'tap, *n.* سُؤْر = ثُمالة = بقية الشراب في الكأس

he'gira *or* **he'jira,** *n.* الهِجرَة النَّبَوِيَّة . تاريخ هِجري

hei'fer [hef-], *n.* عِجلَة . بَقَرَةٌ لم تَحمِل بَعدُ

height [hīt], *n.* طُول القامة . عُلُو . مُرتَفَع . ارتفاع . سَمْك . غاية . أَشَدّ

height'en [hī-], *v.* عَلَّى . شَدَّد . زَيَّد

hei'nous [hā-], *a.* فاحِش . شنيع . مُنكَر (جداً)

heir [ār], *n.* وريث . وارث

heir apparent, وارث حَقيقي . ولي العهد

heir'ess [ār-], *n.* وَريثة . وارثة

heir'loom [ār-], *n.* وُرْثَة . مِيراثٌ . مالٌ موروث

heir presumptive, وارث ظاهري . ولي عهد ظاهري . ولي عهد الرُّقبى

held, *v.; p., pp. of* hold

hel'icopter, *n.* هَلِيكُبتَر = طائرة عَمُودِيَّة = مُنصَاعٌ

hēl'iogrâph, *n.* هِليو كْراف = آلة المراسلة بإشارات من شعاع الشمس

hēl'iotrōpe, *n.* حشيشة العقرب . (نبات) دَوَّار الشمس = رَقيب الشمس . غُبَيْرة = إكرار

hēl'ium, *n.* غاز الهيليوم

hel'ix, *n.; pl.* **icēs,** قُوف (أو) حِتار (أو) كِفاف الأذن . لَوْلَب . لِفافة

hell, *n.* جَهنَّم . جَحيم

he'll [hēl] = he will; he shall

hell'ēbôre, *n.* بَقلَة الرُّماة = خَربق = كُندُس

Hellēn'ic, *a.* هِلِيني = إغريقي = يوناني

hell'ish, *a.* جَهَنَّمي . شَيطاني

hellō', *int.* هَيا ! يا هِيآء ! مَرْحَباً ! أَهلًا ! يا هِياه !

hellō', *v.* (-lloed, -lloing) رحَّب . أَهَّل . حَيَّى . أَيَّهَ . نادَى

helm, *n.* قِيَاد (المركبِ أو السفينة) . زِمام الأمر (أو) السلطة

helm, *n.* = helmet

hel'mēt, *n.* خُوذَة = بَيضة الحديد = مِغفَر

helms'man, *n.; pl.* -men مُدير قِيَاد (المركب أو السفينة)

hel'ot, *n.* عَبْد . عَبد أرض

help, *v.* أعان . ساعد . أَسعَف . تَدارَك . حَسَّن (الحالةَ) . قَدَّم (أو) ناول (الطعام) . لا يَسعُه (إلّا أن)

It cannot be —ed, لا يمكن تلافيه (أو) تداركه . ليس في الأمر حِيلَة

more than you can —, أكثرَ مما يَنبَغي (لك)

help, *n.* مُساعَدَة . مُساعَفة . مُساعِفٌ . مُلافاة . تدارك

The dying man was beyond —, هو فَوْتَ الإسعاف . لا تَنفَع معه الإغاثة

help'er, *n.* مُعاوِن . مُساعِد . مُساعِف

help'ful, *a.* نافع . مُسعِف . مُعِينٌ (على قضاء الحاجة)

hel'ping, *n.* نُكبَة = تقدمة (أو) سَكْبَة من الطعام

help'lēss, *a.* ليس له حول . قاصرُ اليد . عاجزٌ . مَغلوبٌ على أمره

help'lēssnēss, *n.* عدم الحوَل . قُصُور اليد . العجز عن نُصرَة النفس

help'māte, *n.* مُساعِد = سَعِيف . زوج (أو) زوجة

hel'tẹr-skel'tẹr, *a(d).* = [بِشَوْشَرَة] بعجلةٍ وارتباك واضطراب . خِلطًا مِلطًا . مُنهمِك
helve, *n.* يد (أو) عَصا الفأس (أو) المطرقة
hem, *n.* كُفَّة (الثوب) . غَبْنَة
hem, *v.* (-mmed, -mming) كفَّ . غَبَن
to — in, around *or* **about** أطبق (على) وحَصر = احتول . تحاوش
hem, *int.*, *n.* إحم ! نحنحة
hem, *v.* (-mmed, -mming) تنحنح . نحنح
hem'isphēre, *n.* نِصفُ كُرَة . نصف سطح الأرض
hem'istich [**-stik**], *n.* مِصْراع (أو) شَطْرَة (بيت شِعر)
hem'lock, *n.* شَوْكَران = نبات سامّ يشبه البقدونس = قُونيون
hēmoglō'bin, *n.* = haemoglobin
hem'orrhage [**-rij**], *n.* = haemorrhage
hemp, *n.* قِنَّب = أبَق
Indian —, القِنَّب الهندي = الحشيش
hem'pẹn, *a.* قِنَّبي . كالقِنَّب
hen, *n.* دَجاجة . أُنثى الطائر
hen'bāne, *n.* بَنج . سَيكران = ضرب من البنج
hence, *ad.* لذلك . مِن ثَمَّ . من أجلِ ذلك . من هنا . من الآن . من هناك
Hence !, *int.* إنصرِف ! إذهب
hencefôrth' [**-sf-**], *ad.* من الآن فصاعِداً
hencefôr'ward [**-sf-**], *ad.* من الآن فصاعِداً
hench'man, *n.*; *pl.* -men = زِبنِيَة أحد الزَّبانِيَة (أو) الأتباع الأطياع . تابِع = آمِل . نَصير = زَافِر
hen'-coop, *n.* خُمّ الدجاج
henn'a, *n.* حِنَّاء . يَرَنَّأ . فاغِية
hen'peck, *v.* تَحكَّم (بِ) . تَسيطر (كالمرأة على الرجل)
hen'pecked [**-kt**], *a.* محكومٌ من زوجته
her, *prn.*, *a.* ها = ضميرُ الغائبة المُتَّصِل –
he'rald, *n.* وافِد = مُؤذِن = مُنادٍ . حَسيبي = حافظ الأنساب . أذين = مؤذِن . رَسيل
he'rald, *v.* آذَن بالشيء = أعلمه وأعلنه وأخبر به = أذَن = آذن
heral'dic, *a.* خاصٌّ بعلم الرُّنوك . خاص بالرُّنوك
he'raldry, *n.* (عِلم) الرُّنُوك (أو) شِعار الأنساب . رُنُوك
herb, *n.* [حَشيشة] = عُشبَة (يُتداوَى بها)
herb'age [**-ij**], *n.* عُشبَة . أعشاب . عُشب
hercūl'ēan, Hercūl'ēan, *a.* شاقٌّ . عسير . جَبَروتي
Herc'ūlēs, *n.* بطل يوناني خرافي اشتهر بقوة جسمه وجبروته
herd, *n.* قَطيع . سِربٌ . راعٍ . رَعِيَّة
herd, *v.* حاش . جَمَع . تجمع . تَلَمَّمَ . رَعى . حَشَر
herd'ẹr, *n.* راعٍ
herds'man, *n.*; *pl.* -men راعٍ . عَجَّال
hēre [**hēr**], *n.*, *ad.* هنا . إلى هنا . هاهنا
Hēre ! *int.* حاضر ! دُونَكَ ! إليَّ !
Here's to you ! دُونَكه !. إليكه ! صِحَّتك ! سَعداً لك !
hēre'about(s) [**hēra-**], *ad.* في هذه الجهات (أو) النواحي
hēreaf'tẹr [**hērâ-**], *ad.* بعد الآنَ . بعدَ ذلك . فيما بعد

the —, (الدنيا) الآخِرَة
hēreby̆′ [hērbī], *ad.* بهذا . بهذه الوسيلة (أو) السبب
hẹred′itary, *a.* وِرَاثي . إرْثي . مَوْروث
hẹred′ity, *n.* وراثة طبيعية . الصفات الطبيعية الموروثة
hērein′ [hērin], *ad.* في هذا
hēreof′ [hērov], *ad.* عن هذا
hēreon [hēron], *ad.* على هذا
hēre's [hērz], = here is
hẹ′rēsy, *n.* هَرْطَقَة = بِدْعَة دِينية (أو) مَذهبيه
hẹ′rētic, *n.* هَرْطُوقِيّ . هَرْطَقِيّ . مُبْتَدِع
hēret′ical, *a.* هَرْطَقي . بِدْعِيّ
hēre-to-fôre′ [hērtoo-], *ad.* حتى (أو إلى) الآن . فيما قَبْلُ
hēreunto′ [hērun-], *ad.* إلى هذا . لهذا
hēreupon′ [hērup-], *ad.* عندئذٍ . حينئذٍ . بعد ذلك فوراً
hērewiṭh′ [hērw-], *ad.* مع هذا
hẹ′ritable, *a.* يُورَث . يَرِث
hẹ′ritage [-ij], *n.* تُرَاثٌ . ميراث
hermet′ic(al), *a.* مُحكَم السَّدّ
herm′it, *n.* حَبيس = مُتَوَحِّد = زاهِد
herm′itage [-ij], *n.* بَيت الزاهد . صَومَعَة . نامور
hēr′ō, *n.; pl.* -roes بَطَل . بَطَل (الرواية أو القصة)
hērō′ic, *a.* بَطَليّ . بُطوليٌّ . جَرِيءٌ
hērō′ics, *n.* تَصقُّع في الكلام = رفع الصوت مع التَّفصُّح . أسلوب فخم في الكلام
he′rōine, *n.* بَطَلَة . بَطَلَة (الرواية أو القصة)
he′rōism, *n.* بُطُولَة . شجاعة . بَسالَة

he′ron, *n.* (طائر) مالكُ الحَزين = بَلَشُون = دَنكَلَة
her′pēs, *n.* (مرض) القُوباء
Herr [hār], *n.; pl.* Herren سيِّد (بالألمانية)
he′rring, *n.; pl.* -ing *or* -ings طِرِّيخ = سَمَك الفسيخ . رِنكَة
hers, *prn.* لَها
herself′, *prn.* نفسها . ذاتها . عينها
hē's [hēz] = he is; he has
hes′itancy, *n.* تَرَدُّد . تَوَقُّف = تَحَاجُم
hes′itant, *a.* مُتَثَبِّط . مُتَرَدِّد . مُتوقِّف . مُحجِم
hes′itāte, *v.* تَحاجَم = تَوَقَّف . تَرَدَّد
hes′itātingly, *ad.* بِتَلَكُّؤ . بتأَبٍّ . بِتَحاجُم
hesitā′tion, *n.* تَرَدُّد . جَمْجَمَة . تَجَمْجُم
het′erodox, *a.* بِدْعِيّ = شيءٌ مخالف للدين القويم . زِنْدَقِي
het′erodoxy, *n.* زَنْدَقَة . البِدْعية = مخالفة الدين القويم
hew, *v.* (-wed, -wed *or* -wn, -wing) قَطَع . شَلَخ . نَحَت
hew′ẹr, *n.* قَطّاع . [قطّاعة] . نَحّات
hewn, *v.; pp. of* hew
hex′agon, *n.* مُسَدَّس = شكل هندسي مُسَدَّس الأضلاع
hexag′onal, *a.* سُداسي الشكل
hexam′etẹr, *n.* بيت من الشعر له ست تقطيعات في وَزْنه
hey [hā], *int.* هِيه ! يا !
hey′day, *n.* عُنفُوان . ذِرْوة
hīāt′us, *n.; pl.* -tuses انقطاع . فَراغ . بَياض

hīb'ęrnāte, *v.* استكنّ . نامَ مدة الشتاء كالحيوانات الشَّمسيّة

hībęrnā'tion, *n.* النَّوم مدة الشتاء . استكنان (في الشتاء)

hicc'ough [**hik'up**] = hiccup

hicc'up, *n.* فُوَاق = إمساك النفس اضطراراً مع التشهق

hicc'up, *v.* فاق = أصيب بالفواق

hick'ory, *n.* شجرة أمريكية لها جَوز يؤكل . جوز أبيض

hid, *v., p. and pp. of* hide

hidal'gō, *n.; pl.* -gos نبيل إسباني من الدرجة الثانية

hidd'ęn, *a.* مَخفِيّ . مَستُور . مُخبَأ

hidd'ęn, *v., pp. of* hide

hīde, *v.* (hid, hidden *or* hid, hiding) أخفى . خبَّأ . وارى . حَجَبَ . استخفى . إندمس

hīde, *n.* إهَاب = جِلد (دُبِغ أو لم يُدبَغ) . مِسلاخ

hīde, *v.* (hided, hiding) سَلَق (بالسوط أو باللسان) . جَلَد . ضَرَب

hīde'bound [**-db-**], *a.* مُتشنج الجلد . عَنيدٌ مُترمِت . ضيّق العقل . متعصب في رأيه

hid'ēous, *a.* بَشِعٌ . شَنيع . فظيع

hid'ēousnēss, *n.* بَشاعة . شَناعة . قَباحة

hīde'-out [**hīd-**], *n.* مَخفى . مَخبأ . دِيَاس

hīe [**hī**], *int.* هيًا ! هَيتَ هَيت !

hīe, *v.* (hied, hieing *or* hying) عجَّل = أسرَع = هَيًا . هَيَّت (به)

hī'ęrarchy [**-k-**], *n.; pl.* -chies حكومة رجال الدين بالمراتب المختلفة . جماعة موظفي الكنيسة بالمراتب المختلفة . مَرتَبِيَّة . مراتب الملائكة . الملائكة

hīęroglyph'ic, *a., n.* خط هِيرُوغلِيفي . هيروغليفي . خلابيسي (أو) قَلفطيري (الكتابة السحرية)

hiġ'ġledy-piġ'ġledy [**hiġldipiġldi**], *a(d).* خِلط مِلط . حَوثَ بَوثَ = مختلطٌ حَابِلُه بنابله . خِلطاً مِلطاً

hīgh [**hī**], *a.* عالٍ . مُرتفِع . مُنيف . سامٍ . شديد . كبير

— and dry, بدون عَون . مَخذول . مُنقَطَع به . مُنقطِع عن سير الحوادث

— life, عيشة البَذخ

— seas, جِرداب البحر . غَمر البحر . عُرض البحر (أو) البحار

— spirits, إنشِراح . ابتهاج . نَشاط

— tide, مَدّ (البحر)

— time, أوانٌ ضروري . تمام الأوان . الوقت الراهِق

— treason, خيانة عظمى

— words, مُشارَسة في الكلام

hīgh, *ad.* عالياً . بكميةٍ كبيرة (أو) بمقدارٍ كبير

hīgh'-bôrn [**hī-**], *a.* شريف النسب

hīgh'brow [**hī-**], *n., a.* (شخص) مُتنطّع في العِلم والثقافة

hīgh'flōwn [**hīflōn**], *a.* طمّاح . مُغالٍ . مُتأنّق

hīgh'-ġrāde [**hī-**], *a.* فائق . من درجة عالية

hīgh'-handēd [**hī-**], *a.* تحكُّمي . مُتغشمِر . مُفتئت

hīgh'land [**hī-**], *n.* نَجد = ما أشرف وارتفع من الأرض

Hīgh'lander [**hī-**], *n.* ساكن نجود اسكتلندة

hīgh'ly [**hī-**], *ad.* كثيراً (جداً) . للغاية . من أصلٍ رفيع

hīgh-mīnd'ĕd [hī-], *a.* عالي الجناب . سامي الأخلاق . أَبِيّ

hīgh'nĕss [hī-], *n.* رفعة . ارتفاع

Hīgh'nĕss, *n.* سُمُوّ = لقب أمير (أو) أميرة

hīgh'road [hīrōd], *n.* طريق سُلطاني . جَادَّة عامَّة

hīgh'schōōl [hīsk-], *n.* مدرسة عالية

hīgh'-spiritĕd [hī-], *a.* نشيط (أو) عالي النفس . جَرِيْ . حُرّ النفس . شَهْمٌ . مُتعظم

hīgh'-strung [hī-], *a.* شديد الإحساس . متوتر الأعصاب

hīght [hīt], *a.* مَدْعوٌّ . مُسَمَّى

hīgh'way [hī-], *n.* دَرْب (أو) طريق عام . جادَّة . سكَّة عامة . طريق سُلطاني

hīgh'wayman, *n.*; *pl.* -men قاطع طريق . رَصَدِيّ = لِصّ قاطع

hīke *n.* السير للتنزهِ مَشْياً لمسافاتٍ طويلة في الريف (أو) البَرّ

hīke, *v.* سار متنزهاً على الأقدام مسافاتٍ طويلة

hilār'ious, *a.* مَرِح . مَرِح صَخَّاب

hila'rity, *n.* مَرَح . مَرَح وصَخَب

hill, *n.* جُبَيل . رَابِيَة . تَلّ

hill'ock, *n.* نَبْكَة = رابية صغيرة . ظَهْرة = أكمة . قَوْعَلَة

hill'sīde, *n.* صَفْحَة (أو) سفح التل (أو) الجُبَيل

hill'top, *n.* أعلى (أو) ظَهْر (أو) رأس التَل

hill'y, *a.* جَبَلِي . كثير التلال . شديد الانحدار

hilt, *n.* مِقبض (السيف أو الخنجر) . نِصاب

him, *prn.* ضمير المذكر الغائب المُتَّصل (المنصوب أو المجرور)

himself', *prn.* نفسه . عينه . ذاته

hīnd, *a.* خَلفِي

hīnd, *n.*; *pl.* hind *or* hinds أُرْوِيَة = أُنثى الوَعْل (أو) الأَيِّل . أَيِّلَة

hīnd'ẹr, *a.* خَلفِي

hin'dẹr, *v.* رَبَّث = أعاق . أَخَّر

hīn'dẹrmōst, *a.* = hindmost

hīnd'mōst, *a.* آخِر . الأكثر تأخراً

Hindōō', *n.* هِندي . هِندوسي . هِندوكي

hin'drance, *n.* إعاقة . عائق = رَبِيثَة

Hindū', *n.* هندوكي . هندوسي

hinge [-nj], *n.* مُفَصَّلَة . مَناطُ الأمر

hinge, *v.* رَكَّب مُفَصَّلَة . اعتمد (أو) تَوَقَّف (على) . كان منوطاً (بِ)

hinn'y, *n.* نَغل (من الأتان والحصان)

hint, *n.* إشارة خفيفة = تسنيح = تلويحة . نَمَّة

hint, *v.* عرَّض ولم يُصرِّح . أَوْمَض . أشار (من طرفٍ خَفِيّ) = سَنَّح = لَوَّح

hin'tẹrland, *n.* بِرغيل = بَرَاغِيل = الأراضي (أو) الأرض المرادِفة للساحل في الداخل

hip, *n.* كَفَل . وَرِك . رِدف . عَجِيزَة . مَأكَمَة

hipp'odrōme, *n.* ملعب حَيَوانات . مَلعَبٌ للخيل . مَيْدان (أو) مِضمار سباق الخيل

hippopot'amus, *n.*; *pl.* -muses *or* -mī فَرَس (أو جاموسة) النهر

hīre, *n.* أُجرة . كِرْوَة = شاكِرِيَّة

hīre, *v.* استأجر . اكترى

hīre'ling [-rl-], *n.* مُستأجَر . مَأجُور = شاكِري

his, *prn.*, *a.* ضمير المذكر الغائب (في حالة الإضافة)

hiss, *v.* هَسْهَس . كَشّ . فَحّ

hiss, *n.* هَسْهَسَةٌ . كَشِيش . فحيح

hist, *int.* اسمع ! مَهْ ! صَه ! أُسكُت !

histôr′ian, *n.* مُؤَرِّخ
histo′ric, *a.* مَشهورٌ في التاريخ . تاريخي
histo′rical, *a.* تاريخي . ثابتٌ تاريخياً
histo′rically, *ad.* تاريخياً . من ناحية تاريخية
his′tory, *n.* تاريخ . باضٍ معروف
hit, *n.* ضَرْبة . صَكَّة = لَخمة . تَنقيرة . نقرة . سَنْحة = مُوَفَّقيَّة . خصلة = إصابة الهدَف
hit, *v.* (hit, hitting) عَثَر (على) . صَكَّ . ضرَب = لَخَم . صَتَّ . نَقَر = أصاب = أخصل
to — off, حاكى (أو) مَثَّل (بمهارة)
to — it off, وافق . توافق . تلاءم
hitch, *n.* تَتْقة = جَذْبة عنيفة . نَتْرَة . رَبطة (عاجلة) . عائق . عارض . وقفة
hitch, *v.* تتَق = جذَب بعُنف . نَتَر . رَبَط = عَلَّق . تقلَّع (في مشيته)
hiṭh′ẹr, *ad.* هنا . إلى هنا
hiṭh′ẹr and ṭhiṭh′ẹr, هنا وهناك
hiṭh′ẹrtō′, *ad.* إلى الآن . إلى ما قَبْلُ
hiṭh′ẹrward, *ad.* نحوَ هذا المكان . إلى هنا
hīve, *n.* خَليَّة النحل = كُوَّارة = كُوَارة . جماعة النحل في الخَلية = خَشْرَم
hīve, *v.* جَعل النحلَ في الخلية . دَخَل الخليةَ (أو) أوى إليها
hīveṡ [hīvz], *n.* ضرب من المرض الجلدي تكون معه حكة وتنفط مثل جدري الماء = حُماق
hôar [hôr], *a.*, *n.* أبيض . أشهب . أشيب . صقيع أبيض
hôard [hôrd], *v.* جَمَع . ادَّخر . اختزن . كَنَز . مَكَّر = احتكر (الحبوب) في البيت
hôard, *n.* مُدَّخَر . مُختزَن . مَكنوز .
hôar′-frost, *n.* سَقيط = صَقيعٌ (أبيض) . ضَريب
hôar′hound, *n.* = horehound
hôarse [hôrs], *a.* أصحل = أجَشّ (الصوت) = أبَحّ
hôar′y [hôr-], *a.* (-rier, -riest) أبيض . أشهب . أشيب . متقادم العهد
hōax [hōks], *n.* لُعبة خداعية مَزْحيَّة . حِيلة (خِداعية) = دَسْت . مَنصُوبة
hob′ble, *v.* ظَلَع = عَرَج (أو) تَقلَّع في مِشيته
hob′ble, *v.* شكَّل (الدابة) = عَقَلها
hob′ble, *n.* مِشية بظَلَع . شِكال = عِقال
hobb′y, *n.* هِواية = وُلعة . لَهوة
hobb′y-hôrse, *n.* كُرَّج = عصا لها رأس حصان يركبها الأولاد في اللعب
hob′goblin, *n.* عِفريت . جني
hob′nail, *n.* مِسمار قَمعي (له رأسٌ ويُدَق في أسفل الحذاء)
hōb′ō, *n.*; *pl.* -bo(e)s صُعلوك . عاملٌ مُتسكِّع
hock, *n.* عُرقُوب (الدابة)
hock, *v.* عَرقَب = قطع العُرقوب
hock′ey [-i], *n.* لُعبة الهُكي = لعبة المحاجن
hōc′us-pōc′us, *n.* عبارات شَعوَذية . شَعوذة . احتيال
hod, *n.* نَقير = حوض بشكل (٧) لنقل الطين . سطل الفحم
hodge′-podge, *n.* خلطٌ مِلطٌ . حَوثٌ بَوثٌ
hōe, *n.* مِنكاش = مِعزَقَة = [طُورِيّة]
hōe, *v.* (hoed, hoeing) نَكَش (الأرض) = عَزَق
hog, *n.* خنزير . شخص شَرِه قَذِر
hoġġ′ish, *a.* كالخنزير . شَرِه . قَذِر . طمَّاع

hogṡ'head [-hed], *n.* بَتِّيَّة = برميل عظيم
hoist, *v.* رَفَع . نشَل . شَالَ
hoist, *n.* رَفْعٌ . مِرفَع . مِصعَد
hōld, *n.* حَوصَل السفينة = مَقَرّها (أو) مُستَودَعها
hōld, *n.* مَسْكَة . قَبْضة . مِسَاك . تَمسَك . تَحَكُّم . مَلَكَة (على)
to lay (catch) — of, حَكم . تَمَالَك . أَمسك . قبض (على)
hōld, *v.* (held, holding) أَمسَك . مَسَّكَ . حَفِظ (أو) حافظ (على) . احتفظ . حَرَز . ضبط . وَسِع . استوعب . عَقَد . أجرى
to — back, مَنَع . زَوَى = كَتم . زَجَر . حَجَز . أَحجم . تأَخَّر
to — forth, أبان . أَدلَى . تكلم خاطباً . تَكَلَّم (أو) خَطَب مُسْهِباً . كَرَز
to — in, اعتقب . احتبس . حَجَم نفسه (عن)
to — off, تباعد . انحاش
to — on, تَمَسَّك . ظَلّ . استمر
to — out, دَامَ . ظلّ يقاوم . اعتصم . قَدَّم
to — over, أَجَل (أو) أَخَّر (لمناسبة أخرى) . احتفظ به (إلى ما بعد انقضاء المدة)
to — up, أقام . دَعَم . سَنَد . عَرَّض (للأنظار) . أَوْقَف (وسَلَب) . أعاق
to — with, إنحاز (إلى) . اتفق (مع) . وافق (على)
hōld'-back, *n.* مُثَبِّط . مُعيق . عائق
hōld'ẹr, *n.* صاحب = مالك (أو) مالكُ التصرف . مِسَاك = حَامِلَة
hōld'ing, *n.* أرض . قطعة أَرْض . مُلْك
hōld'ingṡ, *n. pl.* سَنَدات (أو) أَسْهمٌ (مالية)
hōld'-up, *n.* حَصرة . توقيفة . تعويقة . حادثة سَلب

hōle, *n.* ثَقب . خَرق . نُقرَة . جُحر . وَكْر
hōle, *v.* ثَقَب . نَقَب . انجحر = انقبع
hol'iday, *n.* (يوم) عُطلَة . عُطلة عيد
hōl'iness, *n.* قَدَاسة . قُدْسِيَّة
His Holinẽss, قداسة (البابا)
Holl'and, *n.* (بلاد) هولندة
holl'ō(a) [hol'ō], *int.* = hallo
holl'ōw [-ō], *a.* أجوَف . فارغ . مُجوَّر . مُجَوَّف . غائر . مُقَعَّب . باطل . كاذبٌ = مُمالِذ . خاوٍ (من الجوع)
holl'ōw [-ō], *n.* غَوْرَة . حُفرَة . جَوبَة . تَجْويف . جَوف . مَفغَرة . وَهْدٌ = مُطمئنّ من الأرض = فَيج = بَطن = غَيَابة
holl'ōw [-ō], *v.* حَفَر . جَوَّف . حفر وجَوَّف
holl'ōwnẽss, *n.* جَوَف . تَجَوُّف . تفاهة العقل

holl'y, *n.* شَرَّابة الراعي . الآس البَرّي
holl'yhock, *n.* خَطْمي = نبات من فصيلة الخُبَّازيّات
hōlm'-ōak [hōmōk], *n.* بلُّوط أخضر . سِنْدِيان
hol'ocaust, *n.* دَمَار عَظيم . تَلَف ذريع للنفوس (أو) الحيوانات (بالنار) . مُحرَقة = قُربان يُحرَق على سبيل العبادة
hōl'stẹr, *n.* بيت (أو) قِراب المُسدَّس (يعلّق بالحزام أو بالسرج)
hōl'y, *a.* (-lier, -liest) مُقَدَّس . قُدسي . مُعظَّم
The — of holies, قُدْس الأقداس

Holy Communion, العشاء الرباني . السر المُقدّس

holy day, عيد ديني (أو) مُقدّس

Holy Ghost, الروح القُدُس

Holy Grail, الكأس (أو) الصحن الذي استعمله السيد المسيح في العشاء الرباني

Holy Land, الأرض المُقدَّسة

Holy See, المقام البابوي . الولاية البابوية . مقر البابا

hōl'ystōne, *n.* حجر الخُفّان

Holy Week, الأسبوع قبل عيد الفصح

Holy Writ, الكتاب المقدس

hom'age [-ij], *n.* تعظيم . احترام . بَيعَة (الولاء والطاعة)

hōme, *n.* بَيت . دار . وَطَن . مأوى

hōme, *a.* عن الوطن . بَلَدي . أهلي

hōme'land [-ml-], *n.* أرض الوطن . وَطَن

hōme'lĕss [-ml-], *a.* بلا مأوى . بلا وَطَن

hōme'līke [-ml-], *a.* أَنِيس . مُرِيح . بَيتي

hōme'ly [-ml-], *a.* (-lier, -liest) بَيتي . بَلَدِي = بَسِيط . سَمِج . مُبتَذَل . خالٍ من المحاسن

hōme'-māde, *a.* مِن صُنع البَيت

Home'ric, *a.* متعلق بهوميروس الشاعر الإغريقي . هوميري

hōme'sick [-ms-], *a.* مُشتَاق (أو) حانّ إلى الوطن

hōme'sicknĕss [-ms-], *n.* الاشتياق (أو) الحنين إلى الوطن = أَبابَة

hōme'spun [-ms-], *a., n.* من غزل البيت (أو) الوطن . نسيج بلدي . خَشِن = غير دَمِث

hōme'stead [-msted], *n.* = [دَوَّار] دارَة = بناء وساحة أرضية . [عِزْبَة] . محلّة . عَقوة

hōme'ward(s) [-mw-], *a(d).* نحوَ (أو) صوبَ (أو) شَطرَ الوطن

hōme'work [-mwerk], *n.* وظيفة مَدْرَسِيَّة بَيتِيَة

hom'icīde, *n.* قَتل النفس . قتل

hom'ily, *n.; pl.* -lies = خُطبة وَعظية كَرْزَة . وَعظة

homing pigeon, الحمام الزاجِل . حمام الهدي

hom'iny, *n.* حَبّ الذرة المقشور المجروش المغلي

homogēn'ēous, *a.* متجانس . متماثل

hom'onym, *n.* لفظة (أو) كلمة مشترَكة . لفظ مُتَّفِق (بالصوت مختلف بالمعنى)

Hon. = Honourable

hon'ĕst [on-], *a.* أمين . صادق . مستقيم . نزيه

hon'ĕsty [on-], *n.* إخلاص . أمانة . حُرِّية الضمير (أو) الأخلاق . نَزاهة

ho'ney [huni], *n.* عَسَل (النحل)

ho'ney-bee [huni-], *n.* عَسَّالة = نحلة العَسَل

ho'neycōmb [hunicōm], *n., a.* قُرص العسل = شَهد . مُنخَرَب

ho'neycōmb, *v.* نَخرَب (أو) نقَب (مثل قُرص العسل)

ho'neydew, *n.* مِغثَر (أو) مُغثور = إفرازٌ نباتي كالعسل

ho'neyed [hunid], *a.* = حُلو (الحديث) مَغثور (الكلام) . مُعَسَّل . مَعسول . حلوٌ كالعسل

ho'neymōōn [huni-], *n.* = شهر العسل
عُطلة (أو) نزهة بمناسبة الزواج
ho'neymōōn, *v.* قضى شهر العسل
ho'neysuckle [huni-], *n.* (نبات) زهر العسل
honk, *n.* قعقعة (أو) نُعاق الوز البري . نعقة البوق
hon'or, *n.*, *v.* = honour
hon'orable, *a.* = honourable
hon'orably, *ad.* = honourably
hon'orary [on-], *a.* شرفي . فخري . إكرامي
hon'our [onẹr], *n.* شرف . كرامة . مجد . فخر . مفخرة . حسن سمعة . صيت حسن . إكرام . إجلال . شرف النفس . إعظام
hon'our, *v.* شرّف . كرّم . أجلّ . صرف (شكاً)
hon'o(u)rṡ [-ẹrz], *n. pl.* درجة شرف علمية
The — of war, تكريمات الحرب للعدو . مجاملات للعدو في الحرب
hon'ourable [onẹr-], *a.* شريف النفس . صاحب شرف . معتبر . مشرّف . نبيل . من الأشراف
Hon'ourable [onẹr-], *a.* (السيد) المحترم . (السيد) الكريم .(لقب تكريمي)
hon'ourably [onẹr-], *ad.* بشرف . بكرامة
hood, *n.* كُمّة . بُرنُس (للرأس) . طبق (أو) غطوة (السيارة)
hood, *v.* برنس = غطّى ببرنس . أطبق الطبق . كمكم
hood'ĕd, *a.* مُبرنس . مصومع
hood'wink, *v.* غطّى على عينيه . ستر (أو) أخفى خديعةً = دخمس = خدع . ضلّل . غرّ . شبّه (على)
hōōf, *n.*; *pl.* hoofs *or* hooves
ظِلف (البقر) . حافر (الفرس) . خُف (أو) منسِم (الجمل)
hōōfed [-fd], *a.* له ظِلف (أو) حافر (أو) خُف
hook, *n.* صِنّارة . خاطوف (الحصّاد) . عُقّافة . مِعلاق . كُلّابة . شِصّ
on his own —, مُعتمِداً على نفسه . مستقلًا بنفسه
by — or by crook, جاء به من عَسّه وبَسّه . من حيثُ أيسَ وليسَ = بأية وسيلةٍ كانت
hook, *v.* شبك (أو) أمسك (أو) صاد بالصنارة . حجن
hooked [-kd], *a.* أعقف . أحجن
hook'-worm [-werm], *n.* دودة الملقوّة العقفية (الأنكلوستوما) . مرض الملقوّات
hōōl'igan, *n.* أحد الغوغاء . غوغائي . وبش
hōōp, *n.* طارة . طوق . حُوق . طائق
hōōp, *v.* أحاط (أو) شدّ بالأطواق (أو) الأخراص
hōōt, *n.* نعيب (أو) نعيق (البوم أو الغراب)
hōōt, *v.* نعب . نعق . وعوع استهزاءً (أو) استنكاراً
hop, *v.* (-opped, -pping) = حجل
عتب . ردى = رفع رجلًا ومشى على أخرى يلعب . نقز (كالعصفور) . [نطنط]
hop, *n.* عتبة = نقزة
hop, *n.* حشيشة الدينار
hōpe, *n.* أمل . رجاء . مأمل . مُرتجى
hōpe, *v.* أمّل . رجا . عسى

hōpe'fụl [-pf-], *a.* مُؤَمِّل . مُطمِعٌ . مَرْجُوٌّ نجاحه . مَيمون

hōpe'fụl [-pf-], *n.* فتاة (أو) فتىً عليه مخايل النجاح

hōpe'lĕss [-pl-], *a.* مقطوع منه الرجاء . قاطعٌ الرجاء . مأيوسٌ منه . ليس فيه رَجيَّة

hopp'ẹr, *n.* حَشَرة نطّاطة . جراد نَقّاز (أو) زَحّاف

hopp'ẹr, *n.* نَقير (أو) حوض أو [قادوس] المطحنة . وِعاء بشكل القِمع يفرّغ من قَعره

hop'scotch, *n.* لُعبة الرَّدَيان وهي أن يحجل الولد على رجل واحدة (ويوضع بقدمه حجراً أو قرصاً) على الأرض داخل مربعات (أو) فوق خطوط مرسومة على الأرض

hôrde, *n.* جَمْع (أو) حَفل (غفير) . قَبيلة رَحّالَة . جَحفَل

hôre'hound [-rh-], *n.* سنديان الأرض = بلّوطي . فَرَاسيُون = نبات يُفيد في صنع أقراص للسعال

horī'zon, *n.* أُفُق . مدى . غاية

horizon'tal, *a.* أُفقي . مُستَوٍ . على موازاة الأفق

horizon'tal, *n.* خط (أو) مُستَوىً (أو) وضع أُفقي

horizon'tally, *ad.* أُفقيّاً

hôrn, *n.* قَرْن . رَوْق (ظبي) . صُور . بُوق

a — of plenty, قَرْن البَرَكة (فيه فواكه وخضر وأزهار)

hôrned [-nd], *a.* أَقْرَن . قَرْناء

hôrn'ĕt, *n.* زُنْبُور = دَبُّور . شَفُور

hôrn'lĕss, *n.* بدون قرون = أجلح = جلحاء

hôrn'y, *a.* (-nier, -niest) قَرْنِيّ . جاسٍ (أو) جاسىء (كالقرن)

ho'roscōpe, *n.* طَالِع = خريطة البروج السماوية ومواقع النجوم (عند ميلاد شخص) الدالّة على البخت والمستقبل

ho'rrible, *a.* مُخيف . فظيع . شَنيع

ho'rrid, *a.* مُريع . مُخيف . فَظيع

ho'rrifȳ, *v.* (-fied, -fying) أَفظع . رَوَّع

ho'rror, *n.* ارتياع . استفظاع . مُرَوِّع

hors-d'oeuvre' [ôrdōvr], *n.* فاشفارة = فيشفارة = فيشفارج = سُلفة من الطعام لفتح القابلية

hôrse, *n.* فَرَسٌ . حِصان . خَيّالة

hôrse, *n.* حمار (أو) دُقران (أو) جَحشٌ (للدعم والإسناد)

hôrse, *v.* رَكب (الحصان) . أركبه (الحصان)

hôrse'back [-sb-], *n.*, *ad.* ظَهر (أو) صَهوة (الحصان) . على ظهر الحصان

hôrse'-chestnut [-sch-], *n.* شاهَبلُّوط بَرّي .. كَستَنة بَرّيّة . قسطل هندي

hôrse'-flȳ [-sf-], *n.*; *pl.* -flies شَعراء = ذُبَابة الخيل (أو) الفرَس

hôrse'hair [-s-h-], *n.* شَعر الخيل (من العُرف أو من الذنب)

hôrse'man [-sm-], *n.*; *pl.* -men خَيّال . فارس . حاذِقٌ بسياسة الخيل

hôrse'manship, *n.* خِيالَة = مَهارَة (أو) حَذاقة في ركوب الخيل = فَنجَرَة

hôrse'play [-sp-], *n.* مُجاحَشة = مُلاعَبَة فيها خشونة وصياح

hôrse'powẹr [-sp-], *n.* قوة حصان = وحدة لقياس القوة الآليّة

hôrse'-radish [-sr-], *n.* فُجل الخَيل . خَردل الألمان . فُجَيلة بَرّيّة

hôrse'shoe [-s-shōō], *n.* نَعل فرس = [حَذوة]

hôrse'shōęr [-shōō-], *n.* بِيطار . حَذّاء الخيل

hôrse'whip [-s-hw-], *n.*, *v.* كُرْباج . كَرْبَج

hôrse'woman [-swụm-], *n.* راكبة خيل . فارسة

hôrs'y, *a.* كالخيل . مُحِب للخيل (أو) لسباق الخيل

hôrticul'tural [-chęr-], *a.* بُستاني . بَستَنيّ

hộrt'iculture, *n.* بَستنة = فِلاحة البساتين

hōṡann'a, *int.*, *n.* تَسبيحة . سبحان الله ! (بصوتٍ مرتفع)

hōṡe, *n.*; *pl.* hose جَورب طويل . أنبوب (من المطّاط أو القماش) = [خُرطوم]

hō'ṡiery [*or* -zhęri], *n.* جوارب طويلة

hos'pice, *n.* رِباط = تَكيّة (أو) زاوية (للمسافرين)

hos'pitable, *a.* مِضياف . مُكرِم للضيف . كريم . مُرَحِّب . مُتقَبِّل

hos'pitably, *ad.* بإكرامٍ (للضيف) . بترحيب

hos'pital, *n.* مُستَشفى

hospital'ity, *n.* (كَرَم أو حُسن) الضيافة . إكرام الضيف

Hōst, *n.* بُرشان (أو) خُبز القُربان المقدّس

hōst, *n.* جَحفَل . جُمهور . كَثرة

hōst, *n.* مُضيف = أبو المَثوى . صاحب فندق

reckon without his —, لم يَحسب حسابَ الطوارئ (أو) الصعوبة

hos'tage [-ij], *n.* (شَخصٌ) رَهينة

hos'tęl, *n.* نُزُل = نُزول = قِنَاق . مَثوى

hos'tęlry, *n.* نُزُل . خان . فُندق

hōs'tĕss, *n.* مُضيفة = أم المَثوى . صاحبة فندق

hos'tīle, *a.* مُعادٍ . عِدائيّ . مُناصِب

hostil'itieṡ, *n. pl.* حَرب . قِتال . أعمال الحرب

hostil'ity, *n.* مُعاداة = مُناكَرة . مُخاصَمة

host'lęr [oslęr, hoslęr], *n.* سائس الخيل

hot, *a.* (-tter, -ttest) حامٍ . سُخن . حارّ . حِرّيف . مَحرُور . مُحتَرّ = شديد الرغبة (أو) الحماسة . جديد

hot'bĕd, *n.* مَربى . مَنمى . مَنبِت . مُستَنبَت . قطعة أرض مُخصِبة لإنتاج النباتات مبكراً

hotel' [*or* hō-], *n.* فُندُق

hot'-headĕd, *a.* حاد الطبع . سريع الغضب . مُتسرِّع

hot'house, *n.* مُستَدفأ استنباتي

Hott'entot, *n.* هُوتَنتُوتي = أحدُ أفراد جنس من السكان في جنوب أفريقيا

hound, *n.* كَلب . كَلبُ صَيد = زُغر . سَلوقي = ثُمثُم . شخص مَخسول

hound, *v.* صاد (بالكلب) . طارد . ألَحّ (على)

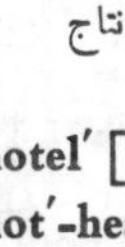

hour [our], *n.* ساعة = ٦٠ دقيقة . وَقت . ساعة

hour'-glâss [our-], *n.* بَنكام = ساعة رملية

hour'i [hōō-], *n.* حُورِيّة (الجِنان)

hour'ly [our-], *ad.* كُلَّ ساعة . مساوعةً

hour'ly, *a.* ساعِي مُتكرِّر . من ساعة إلى ساعة = سَوعي . مُتكرِّر

house, *n.* = دار . بيت . بيت شَرَف . بَيت عِيال . آل البيت . محل تجاري . مجلس

House of Commons, مجلس العموم
House of Lords, مجلس اللوردات
houṡe, *v.* أَسْكَنَ . آوى
houṡe'bōat [-sbōt], *n.* . [ذَهَبِيَّة] . قارِبُ سَكَن
houṡe'breaking [-sbrāk-], *n.* السطو على البيوت نهاراً . دُخول بيت الآخرين نهاراً بقصد السرقة
houṡe'flȳ [-sf-], *n.*; *pl.* -flies ذُبابة بيتية . ذُبابة
houṡe'hōld [-s-h-], *n.* أهل البيت (أو) الدار . أَهْل . أُسْرَة . عِيال
houṡe'hōld, *a.* بَيتي . أَهْلي
houṡe'hōldẹr, *n.* ساكن (أو) صاحب البيت . رئيس الأسرة
houṡe'keepẹr [-sk-], *n.* مُديرة (أو) مُدَبِّرة البيت = قَهْرَمانة
houṡe'keeping, *n.* إدارة (أو) تدبير البيت = قَهْرَمَة
houṡe'maid [-sm-], *n.* خادمة (أو) [صانِعة] (في البيت)
houṡe'-top [-st-], *n.* . سَطْحُ البيت . أعلى البيت
houṡe'-warming [-swôr-], *n.* حفلة تدشين البيت
houṡe'wīfe [-sw-], *n.*; *pl.* -wives امرأة قائمة بشأن البيت . قَهْرَمانة . صاحبة البيت . زوجة (صاحب البيت)
houṡe'wifẹry [-swifry, huzifri], *n.* قَهْرَمَة = عمل قهرمانة البيت
houṡe'work [-swerk], *n.* أعمال بيتية . [شُغل] البيت
houṡ'ing, *n.* إسكان . إيواء . مَساكن
hōve, *v.*; *p.*, *pp.* *of* heave

hov'ẹl [*or* **huv-**], *n.* هِمِل = حِفش = بَيت حقير . حَظيرة
hov'ẹr [*or* **huv-**], *v.* دَفْدَفَ . سَفَّ . رَنَّقَ = رَفرَفَ في مكانه . دَوَّم . تَرَدَّدَ (بين . . .) . عَوَّفَ (الطائر)
hov'ẹrcrâft, *n.* السفّافة = الدَّفّافة = الدَّفْدافة = مَركب يطير على ارتفاع يسير من الأرض (أو) الماء = عَوّافة
how, *ad.* كَيفَ . كم . لماذا
howbē'it, *ad.*, *con.* . ولو أنَّ . بَيْدَ أنَّ مع ذلك

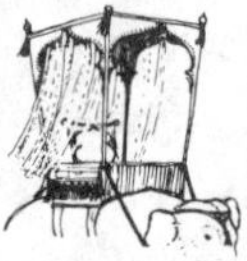

howd'âh, *n.* هَوْدَج
howe'er' [hou ār], *ad.*, *con.* = however
howev'ẹr, *ad.*, *con.* مع ذلك . كيفما . مهما . كيف
how'itzẹr, *n.* مِدفَع قَوْس = مِدْفَع قصير لقذف القنابل بخط منحنٍ عالٍ
howl, *v.* عَوَى . أعوَلَ . وَعْوَعَ
howl, *n.* عُواء . وَلْوَلة . عَوِيل
how'sōev'ẹr, *ad.* على أي حالٍ كان
hoyd'ẹn, *n.* بنت صَخّابة (أو) غير مُحتشِمة . فتاة (أو) بنت [مُصَبْيِنَة] = بنت ذَكَرة
H. R. H. = His (Her) Royal Highness صاحب (أو) صاحبة السمو الملكي
hrs. = hours
hub, *n.* قَبّ (الدولاب) . قَبّ = قُطب . جُزء (الدولاب)
hubb'ub, *n.* لَغَط . بَربرة . جَلَبة . عَطعطة
huc'klebẹrry [-lb-], *n.* (نبات) العِنَبِيَّة
huck'stẹr, *n.* بائع متجوِّل . شخص مُرتزِق (أو) مستأجر

hud'dle, *v.* تَجَمَّع وازْدَحَم . تَكبكَب . تَجَمَّع (بعضٌ إلى بعض) = تَكَردَس . تَقَفقَف . عمل الشيء بسرعة وعدم مبالاة

hud'dle, *n.* كُبْكُوبَة = جمع مُزْدَحِم (أو) مُتَراكِم . كُوْمَة مُتَكَرْدِسَة

hūe, *n.* لون . لون خفيف

— and cry, صَريخ

huff, *n.* سَوْرَة (أو) فَوْرَة غَضَب واستياء . زَخَّة غَيظ . نَزْقَة

huff'y, *a.* (-ier, -iest) مُستاء . سريع الاستياء . سريع الحَرَد . سيئ الخُلُق

hug, *v.* (-gged, -gging) حَضَن . ضَمّ (إلى الصدر) . تولَّع وتَعَلَّق (ب)

hug, *n.* حَضْنَة . ضَمَّة . مُعانَقة

hūge, *a.* ضخم . هائل (الحجم) . جسيم . عَرَمْرَم

hulk, *n.* جِرْم السفينة القديمة . سفينة قديمة تُتَّخَذ سِجنًا

hul'king, *a.* ثَقيل الحركة . غَليظ الجِرْم

hull, *n.* هيكل (سفينة أو طائرة)

hull, *v.* أزال الفُنْبُع (من الزهرة أو الثمرة) . قَشَّر

hull, *n.* فُنْبُعَة (الزهرة أو الثمرة) . قِمَع (الثمرة) . غِلَاف . قِشْرة

hullabaloo', *n.* جَلَبَة . هَيْرَعة . زِباط . لَطِيط

hullō', *int.* = hallo

hum, *v.* (-mmed, -mming) دَنْدَن . طَنَّ . دَوَى . غَنَّ . تَرَنَّم

hum, *n.* دُوِيّ (أو) طَنين (النحل) . زَمْزَمَة . دَنْدَنَة . غُنان

hūm'an, *a., n.* بَشَر . بشري . إنسان

hūmāne', *a.* إنساني . مُشْفِق . مُتَحَنِّن . رَفيق

hūm'anist, *n.* مهتم بالإنسان كإنسان . عالم بالطبيعة البشرية وشئون الإنسان وحاجاته (دون الدين)

hūmanitār'ian, *n., a.* بارّ بالإنسان . مُتَحَنِّن (على البشر) . مُحِبّ لخير البشر

hūman'ity, *n.* الناس . البَشَر . إنسانية

The Human'ities, علوم (أو) دراسات الفكر والآداب والفنون (دون العلوم النظامية)

hūm'anīze, *v.* مَدَّن . هَذَّب . كَيَّفه لِيَلائم مع الطبيعة (أو) الحاجات البشرية

hūm'ankind, *n.* البشر . الجنس البشري

hūm'anly, *ad.* في مقدور بَشَر . بحسب طبيعة الإنسان

hum'ble, *a.* (-bler, -blest) متواضع . وضيع . ضارع

hum'ble, *v.* حَطّ (أو) وَضَع (من القَدْر) . أذَلَّ . أَضرع

hum'bleness [-ln-], *n.* وَضَاعة . تواضُع . تَخَشُّع . ضَراعة

hum'bly, *ad.* بتواضع . بخشوع ـ بتذلل

hum'bug, *n.* دَجَل . تدليس . خادَعة . (شخص) مُوَارٍ = [نَصَّاب]

hum'bug, *v.* (-bugged, -bugging) دَجَّل . دَلَّس . خادَع . ضَلَّل

hum'drum, *a.* مُمِلّ . مُسْئِم (لأنه على وتيرة واحدة)

hūm'id, *a.* رَطب . نَدِيّ

hūmid'ity, *n.* نَدَاوة . رُطوبة

hūmil'iāte, *v.* أذَلَّ . صَغَّر (من القَدْر) . كَسَر النَفْس

hūmiliā'tion, *n.* إذلال . تحقير . هَوَان

hūmil'ity, *n.* وطاءة . تواضع . وَدَاعَة

humm'ing-bird, *n.* العُصفور الطَّنَّان (أو) [الزَّنَّان] (أو) السَّاجع = زُخرُف

humm'ock, *n.* نابىء . حَدَب = جُنبُذ . شيء من الأرض مرتفع ومستدير

hūm'or, *n.*, *v.* = humour

hūm'orist, *n.* مَزَّاح . نكَّات . كاتب فكاهي

hūm'orous, *a.* فُكاهي . نُكتي . فَكِهٌ

hūm'orously, *ad.* بهزلٍ . بمزح . تنكيتًا

hūm'our [-mẹr], *n.* فَكاهة . حالة نفسية . خُلُق . رُطُوبة . هوى النفس . مِزاج

to be out of —, مُتكدِّر النفس

sense of —, قريحة (أو) طَبع النكتة

hūm'our [-ẹr], *v.* جارَى . مايَل (إلى) . دارَى . صانع = هافى

hump, *n.* حَدَب (من الأرض) . حَدَبة . سَنام

hump, *v.* حَدَّب . سَنَّم

hump'back, *n.* أحدب

hump'backed [-kd], *a.* أحدب

humph, *int.* صوتٌ يُعبَّر به عن الشك (أو) السخط

hūm'us, *n.* دُبَال = تراب من أوراق النبات والخضراوات الميتة = غميل

Hun, *n.* من قبائل الهُون

hunch, *n.* حَدَبَة . سانِحَة = فِكرة ليست على أساسٍ منطقي = زَكْنة

hunch, *v.* انتبر (أو) تَقلَّع (في حركته) . حَدَّب . جَنبَذ . احقوقف . تقنفش

hunch'back, *n.* أحدَب

hunch'backed [-kd], *a.* أحدب

hun'dred, *n.*, *a.* مئة

hun'dredfōld, *a(d).*, *n.* مئة ضعف (أو) مرة

hun'dredth, *a.*, *n.* جزء من مئة جزء . المئة

hun'dredweight [-wāt], *n.* = قِنطار ١١٢ رطلًا انكليزيًا في بريطانيا و ١٠٠ رطل (في الولايات المتحدة)

hung, *v.*; *p.*, *pp.* of hang

Hunġār'ian, *n.*, *a.* مَجَري

Hunġ'ary, *n.* (بلاد) المَجَر

hunġ'ẹr, *n.* جُوع . استجاعة . جَوْعة

hunġ'ẹr, *v.* جاع . استجاع = تَعطَّش (إلى)

hun'ġrily, *ad.* بجوعٍ . باستجاعة . [بفَراغةِ عَيْن]

hun'ġry, *a.* (-rier, -riest) جائع . جَوْعَان . مُستجيع

hunk, *n.* قطعة ضخمة = جِزْلة = فِدْرة . كتلة

hunt, *n.* صَيد . تَعقُّب . تفتيش

hunt, *v.* تَصَيَّدَ . تَعقَّب . تَطلَّبَ . فَتَّش . طارد

hun'tẹr, *n.* صَيَّاد . قَنَّاص

hun'ting, *n.* صَيد . قَنص . تَصَيّد

hun'tress, *n.* صَيَّادة

hunts'man, *n.*; *pl.* -men صَيَّاد . مدير الصَّيد

hur'dle, *n.* حاجِز (تقفز فوقه الخيل أو المتسابقين) . سياج من العيدان . عَقَبة

hur'dle, *v.* طَفَر (من فوق الحاجز) . سَيَّج بسياج من العيدان

hur'dleṡ, *n. pl.* سباق الحواجز

hurd'y-ġurdy, *n.*; *pl.* -gurdies آلة موسيقية يُعزَف عليها بتحريك ذراع التدوير

hurl, *v.* طَوَّح (بِ) . طَخَّ = رمى رَمْيًا عنيفًا . قَذَف (أو) رمى (بشدة) = ضَرَح . وَهَص . رَدَّى

HUMAN ANATOMY

MAN

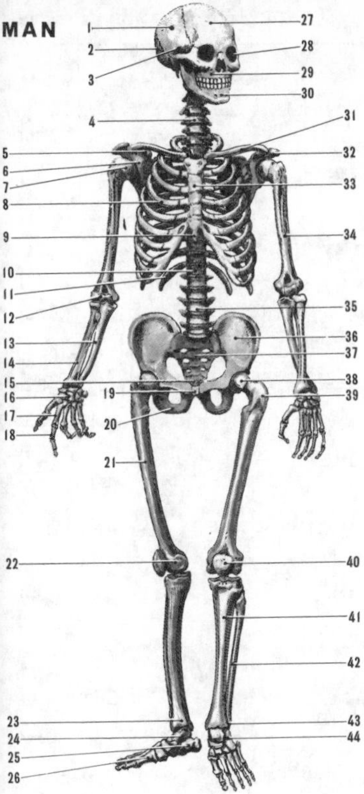

MUSCULATURE

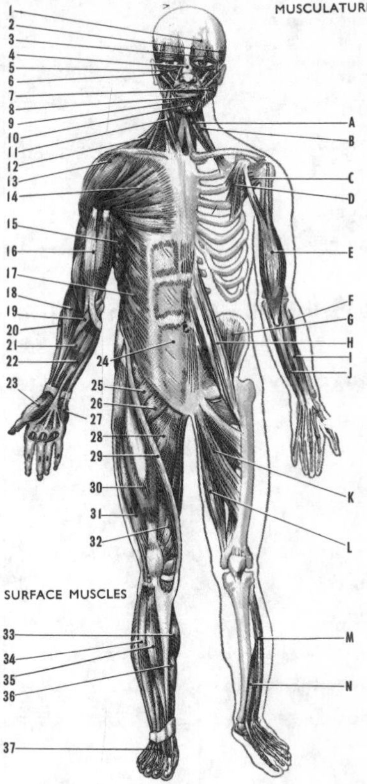

SKELETON

1. parietal
2. occipital
3. temporal
4. cervical vertebrae
5. coracoid process
6. scapula
7. head of the humerus
8. ribs
9. xiphoid process
10. 12th thoracic vertebra
11. 12th (floating) rib
12. trochlea
13. ulna
14. radius
15. coccyx
16. carpus
17. metacarpus
18. phalanges of thumb and fingers
19. symphysis pubis
20. ischium
21. femur
22. femoral condyle
23. internal malleolus
24. talus
25. calcaneus
26. metatarsus
27. frontal
28. orbital fossa
29. maxilla
30. mandible
31. clavicle
32. acromion process of scapula
33. sternum
34. humerus
35. 3rd lumbar vertebra
36. ilium
37. sacrum
38. head of femur
39. greater trochanter of femur
40. patella
41. tibia
42. fibula
43. external malleolus
44. cuboid

SURFACE MUSCLES

1. frontalis
2. temporalis
3. orbicularis of the eye
4. nasalis
5. smaller zygomaticus
6. greater zygomaticus
7. masseter
8. orbicularis of the mouth
9. triangularis
10. mentalis
11. sternocleidomastoid
12. trapezius
13. deltoid
14. greater pectoralis
15. anterior serratus
16. biceps of the arm
17. external oblique
18. brachioradialis
19. radial flexor of the wrist
20. long radial extensor of the wrist
21. long palmaris
22. short palmaris
23. muscle of the thenar eminence
24. rectus abdominis
25. psoas
26. pectineus
27. muscles of the hypothenar eminence
28. long adductor of the thigh
29. sartorius
30. rectus femoris
31. vastus lateralis
32. vastus medialis
33. gastrocnemius
34. peronaeus longus
35. tibialis anterior
36. soleus
37. short extensor of the digits

MUSCLES OF THE DEEPER LAYERS

A. omohyoid
B. scalenus muscles
C. subscapularis
D. lesser pectoralis
E. biceps of the arm
F. short radial extensor of the wrist
G. iliacus
H. psoas
I. long flexor of thumb
J. flexor digitorum
K. long adductor of thigh
L. great adductor of thigh
M. long extensor of digits
N. long extensor of hallux

hurl′y-burl′y, *n.* جَلَبة . لَجّة . عَكَرة . دَرْبَكة

hụrrâh′, *int.*, *n.* كلمة استحسان (أو) فَرَح . مَرحى ! هَلَا ! واها !

hụrray′, *int.* = hurrah

hu′rricāne [u *as in* **but],** *n.* زَوْبعة . إعصار . هَيجة

hu′rried [hu′rid, u *as in* **but],** *a.* مُستَعجَل . مُعجَّل . مُتَسرِّع

hu′rriedly [-rid-], *ad.* باستعجال . بعجلة . بتسرُّع

hu′rry [u *as in* **but],** *n.* عَجَلة . استعجال . تَسرُّع . تَعويد

hu′rry, *v.* (-rried, -rrying) أسرع . عَجَّل . استعجل . أهرَع . خفَّ . أعجَل

hurt, *n.* ضَرَر . أذىً . جُرح . ضَير

hurt, *v.* (hurt, -ting) أضَرّ (بِ) . آذى . ضارّ . أوجع . تضرّر . آلم

hurt′fụl, *a.* مُضِرّ . مُؤذٍ . ضائر . مُوجِع

hur′tle, *v.* إنْزَخَمَ = انقذف . تَطَوَّح . تَهاوى . ضَرَح . تقمقع في تطوحه . تصادم . طوَّح

hur′tle, *n.* انقذاف . تطوُّح . صِدام

hus̀′band, *n.* زَوْج

hus̀′band, *v.* اقتصد (في الإنفاق أو الاستعمال أو البذل)

hus̀′bandman, *n.*; *pl.* -men زَرّاع . مُزارِع

hus̀′bandry, *n.* زِراعة . حُسن تدبير . اقتصاد

hush, *n.* سُكوت . خُفوت . رُكود

hush, *v.* = خَفَت . خَفَض . سَكَّن . خَشَع . سَكَن . ضَمَز = [ضَبَس] . خافَت . دمَّس (الخبر)

husk, *n.* صَفَن (السُنْبلة) . عَصيفة (السنبلة أو الحبة) = قُنّابة . قصرة . قُلافة

husk, *v.* قَشَر = جَفَل = قَلَّف

hus′kinĕss, *n.* صَحَل = بَحَح = بُحّة = خُشونة وغِلَظ في الصوت

hus′ky, *n.* كلب الأسكيمو

hus′ky, *a.* (-kier, -kiest) أبَحّ = خَشِن الصوت غليظه = أصحَل . كثير العَصيفة (أو) العُصافة

hụs̀s̀âr′, *n.* خَيّال له لباسٌ زاهٍ

huss′y, *n.*; *pl.* -ssies بنت قليلة الحياء = بَزيعة . امرأة (أو بنت) جالِعة = قليلة الحياء تتكلم بالفُحش

hu′stle [husl], *v.* عَجَّل . دَفَع . زَحَم . زَبَن

hu′stle, *n.* تعجيل . تدفيع . انهماكٌ وعَجَلة

hut, *n.* كُوخ

hutch, *n.* قَفَص (أو) صُندوقة (للأرانب)

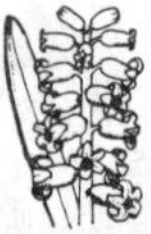

hȳ′acinth, *n.* سُنْبل = نَرْدِين . بَنَفش (حجر كريم)

hȳaen′a, *n.* = hyena

hȳb′rid, *n.* حيوان (أو) نبات مُرَكَّب (أو) مُولَّد . هَجين

hȳb′rid, *a.* مُرَكَّب . مُولَّد = مُبَغَّل

hȳbridīzā′tion, *n.* تهجين . إنغال . تبغيل . التوليد المركَّب . التضريب

hȳb′ridīze, *v.* ضَرَّب نسلًا بنسل . هَجَّن . بَغَّل

hȳd′ra, *n.* حَيّة خرافية لها تسعة رؤوس إذا قطع واحد نبت اثنان . عُدار = نوعٌ من الحيوانات المائية

hȳdrān′gea [-ja], *n.* (شُجيرة) أُرْطنسية = أُرْطنجة

hȳd'rant, *n.* أنبوب قائم كبير تتفرع منه المياه . مَعِين = مأخذ (أو) مَشْرَعة ماء = فَقيرة

hȳdraul'ic, *a.* مائي . متعلق بالماء (في حالة الحركة) . يُدار بالماء

hȳdrocârb'on, *n.* مركب كيماوي من الكربون والهيدروجين كالبنزين

hydrochlôr'ic [-kl-], *a.* كلوري مائي

— acid, حامض الكلور المائي

hȳdrōēlec'tric, *a.* مُوَلِّد للقوة الكهربائية بقوة الماء

hȳd'rogēn, *n.* هِدْرُوجِين = مُوَلِّد الماء

hȳdrom'etẹr, *n.* مِقياس الوزن النوعي للسوائل

hȳdrophōb'ia, *n.* كَلَب (الإنسان) . سُعْر (أو) جُنون الكلاب

hȳd'roplāne, *n.* مركب آلي سريع يرتفع جِرمُه عن الماء وهو مُسرِع . طائرة بحرية

hȳēn'a, *n.* ضِبعان . ضِبعانة . ضَبع . جَعار

hȳ'giene, *n.* (علم) حِفظ الصحة

hȳgien'ic, *a.* صِحّي . متعلق بحفظ الصحة

hȳ'men, *n.* غِشاء البَكارة

Hȳm'ẹn, *n.* إلاهة الزواج عند الإغريق

hȳmēnē'al, *a.* زواجي . متعلّق بالزواج

hymn [-m], *n.* تَرْتيلة . مَديحٌ ديني

hym'nal, *a.* تَرْتيلي . خاص بالمدائح الدينية

hȳperb'ola, *n.* قَطع زائد = شَكل هُذْلُولي

hȳperb'olē, *n.* إيغال . إطناب . مغالاة

hȳpẹrcrit'ical, *a.* مُسرِف في الانتقاد . مُتَجنٍّ في الانتقاد . انتقادي أكثر مما ينبغي

hȳph'ẹn, *n.* خط (أو عَلامة) وَصل

hȳph'ẹnāte, *v.* وَضَع علامة الوصل

hypnot'ic, *n.*, *a.* مُنَوِّم = مُرقِد . متعلق بالتنويم المغناطيسي

hypnot'ic, *a.* رَقُود = قابل للتنويم . مُنَوَّم (تنويمًا مغناطيسيًا)

hyp'notism, *n.* نَوْم (أو تَنْويم) مغناطيسي

hyp'notīze, *v.* نَوَّم (تنويمًا مغناطيسيًا)

hȳpochon'driac [-k-], *n.* شخص (أو) رَجُل بائِس بدون سبب . شخصٌ يتوهم أنه مريض وهو صحيح

hypoc'risy, *n.* نِفاق . رِياء

hyp'ocrite, *n.* منافِق (في الدين) . مُرآءٍ

hypocrit'ical, *a.* نِفاقي . رِيائي . مُمالِئ

hȳpot'ēnūse, *n.* وَتَر الزاوية القائمة . الضلع المقابل للزاوية القائمة في مثلث

hȳpoth'ēsis, *n.*; *pl.* -ses . فَرَضِيّة . فَرْض وَهْمِيّ

hȳpothet'ic(al), *a.* فَرَضِي . مُفتَرَض (على سبيل الوَهْم أو الجَدَل)

hȳ'rax, *n.*; *pl.* -raxes, -racēs (حيوان) الوَبْر

hyss'op, *n.* (نبات) الزُّوفا . الزُّوفى = صَعتَر

hystēr'ia, *n.* هَسْتَرَة = هِستيرِيَّة = خُباط

hyste'rical, *a.* هَستَري . هِستيري . [مُهستِر]

hyste'rics, *n.* نَوبَةٌ هِستيرِيَّة

I

I, i [ī], *n. pl.* I's, i's الحرف التاسع في أحرف الهجاء

I [ī], *prn.; pl.* we أنا = ضمير المتكلم المفرد

ī'bex, *n.; pl.* -bexes, -beces تَيس بَرّي (أو) جبلي = أرْوَى

īb'is, *n.; pl.* -bis *or* -bises (طائر) أبو مِنجَل . أبو قِردان

-ible, *suff.* آخرة حرفية بمعنى قابل (لِ)

-ic, *suff.* آخرة حرفية بمعنى ياء النسبة (أو) بمعنى شبيه (بِ)

īce, *n.* جَليد . جَمَد . ناطِف

to break the —, فتح الباب (مجازاً) . أذهب الاحتشام وأدخل التبسّط

to cut no —, لا أهمية له . لا تأثير له

īce, *a.* جَليدي . جَمَدي . من جليد

īce, *v.* جلَّد . غطّى (أو) بَرَّد بالجليد . لبَّس بالناطِف

īce'berg [-sb-], *n.* صَبرَة . جبل جليدي . طافية جليدية

īce'-bōat [-sbōt], *n.* قازب جليد . كسّارة جليد

īce'box [-sb-], *n.* صندوق ثلج . بَرّاد . صُندوق تبريد

īce'-cream [-sk-], *n.* جَليدَة = حَلواء مُجمَّدة

īced [īsd], *a.* مُثلَّج . مُبَرَّد (أو) مُقرَّس بالثلج

ichneum'on [-k-], *n.* نِمس . فار فرعون

ī'cicle, *n.* جَمدة . صُوآبَةُ جَليد = هُدّابَة جَليد

ī'cily, *ad.* ببرودةٍ شديدة . ببرودةٍ . بجفاء . بنفور

ī'cing, *n.* تجلّد (على سطح الطائرة) . ناطِف = مزيج حلو أبيض لتغشية الكعك

īc'on, *n.* أيقونة = صورة مقدسة للمسيح (أو) لقديس . رَمز

īcon'oclast, *n.* معارض لوضع الصور والأيقونات في الكنائس . كاسر الأيقونات . شخصٌ يُسخِّف المعتقدات والعُرفيات العامة

ī'cy, *a.* (-cier, -ciest) صَبارِي = قارِس . كالجليد (برداً) . زَمهريري . بارد جاف . جافٍ

I'd = I would, I should

īdē'a, *n.* صورة ذِهنية . فِكرَة . رأي . نِيّة . قَصد . هاجِس

īdē'al, *a.* مِثالِيّ . أمثَل . مُثلَى . وَهمي

īdē'al, *n.* الغَرَض (أو) المُبتَغَى الأكمل . مَثَل أعلى . مِثالُ الكمال . أُسوَةٌ مُثلَى

īdē'alism, *n.* فكرة فلسفية بعدم وجود الأشياء إلّا في الذهن . مِثالِيَّة . الأمثلية . كمالية

īdē'alist, *n.* كَمالِيّ . متمسك بالمُثُل العليا . شخص غيرُ عملي متمسك بالأوهام

īdēalis'tic, *a.* كَماليٌّ . مَثَلي . أمثلي

īdē'alīze, *v.* نَسَب إليه الكمال . مجّد

īdē'ally, *ad.* من حيث الكمال (أو) الأمثل

īden'tical, *a.* عَين . عَينيّ = مُماثِلٌ تام المماثلة = طِبق . مُطابِق تماماً

īdentificā'tion, *n.* تَشخيص = تَثبيت المعرفة = استعراف . تعيين (أو) تحقيق الشخصية (أو) الهُوِيّة

īden'tifȳ, *v.* (-fied, -fying) شَخَّصَ . ثَبَّتَ المعرفة = استعرف . عَيَّنَ (أو) حَقَّقَ الهُوِيَّة (أو) الشخصية . طابَقَ (أو) وَحَّدَ (بين . . .)

īden'tity, *n.* ذَاتِيَّة . هُوِيَّة . تَشَخُّص . تَطابُق = عَيْنِيَّة

īdeṡ [**īdz**], *n. pl.* (في التقويم الروماني القديم) اليوم الخامس عشر من بعض الأشهر والثالث عشر من البعض الآخر

id'iocy, *n.* بَلَاهَة . حَمَاقة

id'iom, *n.* عبارة اصطلاحية . [لَغْوَة] . لَهْجَة

idiomat'ic, *a.* اصطلاحي

idiosync'rasy, *n.*; *pl.* -sies شُذُوذِيَّة = عادة (أو) طبيعة خاصَّة شاذَّة

id'iot, *n.* مَعْتُوه . أبله . غَبِيّ

idiot'ic, *a.* من العَتَه (أو) البلاهة

idiot'ically, *ad.* عن عَتَهٍ . عن بلاهة

ī'dle, *a.* (-ler, -lest) مُتَعَطِّل . بَطَّال . كَسُولٌ . عَبَثِيّ = لَغْو

ī'dle, *v.* تكاسل . تَبَطَّلَ . أضاع الوقت هَدَراً (أو) عَبَثاً

ī'dleness [**-dl-**], *n.* تَبَطُّل . تَكاسُل . عَبَث

īd'lẹr, *n.* دِثَارِيّ = مِكْسَال . عَطَّالٌ . بَطَّال . سَبَهْلَلِيّ

īd'ly, *ad.* بتكاسُلٍ . عَبَثاً

īd'ol, *n.* صَنَمٌ = بُدّ . مَعْبُود . وَثَن

īdol'atẹr, *n.* عابد أصنام

īdol'atrẽss, *n.* عابدة أصنام

īdol'atrous, *a.* متعلق بعبادة الأصنام

īdol'atry, *n.* عبادة الأصنام . المحبة إلى درجة العبادة

īd'olīze, *v.* عَبَدَ الأصنام . أَحَبَّ إلى درجة العبادة . اتخذ صنماً

īd'yll [*or* **id'il**], *n.* قصيدة وَصْفِيَّة ريفية . مَشْهد ريفي شعري

īdyll'ic, *a.* مناسب لمشهد ريفي شعري . بسيطٌ ساحرٌ

i. e. = that is أي = بمعنى

if, *con.* إذا . إنْ . لَوْ

as —, كأنَّ

ig'lo͞o, *n.* كوخ مُقَبَّب للأسكيمو يُبنَى من قِطَع الجليد

ig'nēous, *a.* حُمَمِيّ = حاصل بفعل النار كالحُمَم البركانية

ignīte', *v.* أشعل . أضرم . اشتعل

igni'tion, *n.* إشعال . مَضْرَمَة

ignō'ble, *a.* خسيسٌ لئيم = وضيع النَّسَب . دُون

ignō'bly, *ad.* بلؤم . بخِسَّة . بنذالة

ignomin'ious, *a.* مُخْزٍ . مُذِلّ

ignomin'iously, *ad.* بصورة مُخْزِية (أو) مُذِلَّة

ig'nominy, *n.*; *pl.* -nies خِزْي . عار . شائنة

ignorām'us, *n.* جَهُول

ig'norance, *n.* جَهْل . عدمُ دِرَايَة . جَهَالَة

ig'norant, *a.* جاهل . جَهُول . عديم الدراية

ignôre', *v.* تَجَاهَلَ . أنكر . أعرض (عن)

igua'na [**-wâ-**], *n.* عَظَاءة أمريكية طويلة

ilk, *n.* جنس = ضَرْب

ill, *a.* (worse, worst) رَدِيء . سيِّئ . مريض . عليل

ill, *n.* مَرَض . عِلَّة . شَرّ . سُوء

ill, *ad.* بِرَدَاءة

I'll = I will; I shall

ill'-bred, *a.* غير مُهَذَّب . سيّئ الأدب . فَظّ

illē'ġal, *a.* ضد القانون . غير قانوني . غير شَرْعي

ille'gible, *a.* غير مقروء . لا يُقرَأ = مُغلَق

illegit'imate [-it], *n.* (وَلَدٌ) غير شرعي = نغل

illegit'imate [-it], *a.* غير شرعي . غير قانوني

ill'-fāt'ēd, *a.* سيئ الطالع . منحوس

ill'-fāv'oured [-vẹrd], *a.* موذٍ للنظر . بَشِع . كريه

ill feeling, تضاغن . نغل

illib'ẹral, *a.* ضَيِّق التفكير = متعصب . بخيل

illi'cit, *a.* مُحَرَّم . حَرَامٌ . مُنافٍ للأخلاق

illim'itable, *a.* لا يُحَدّ . لا يُقَاس . لا حدّ له

illit'ẹracy, *n.* الأُمِّيَّة = جهل القراءة والكتابة

illit'ẹrate [-it], *n., a.* أُمّيّ = لا يَعرِف القراءة ولا الكتابة

ill'-mann'ẹred [-rd], *a.* سيئ الأدب . فَظّ

ill'-nā'tured [-chẹrd], *a.* سيئ الطبع

ill'nĕss, *n.* مرض . اعتلال الصحة

illo'gical, *a.* غير مَنطقي . غير معقول

ill'-tem'pẹred [-rd], *a.* سيئ الخُلُق

ill-treat', *v.* أساء المعاملة . خاشَن

ill-treat'mẹnt, *n.* سوء معاملة . مُخاشَنة

illūm'ināte [*or* -ōō-], *v.* أضاءَ . نوَّر . وَضَّح

illūminā'tion, *n.* تنوير . تَضوِئة . توضيح

illūm'ine [*or* -ōō-], *v.* أنار . نوَّر . أزهى . تَنَوَّر

ill-ūse', *v.* أساء المعاملة . خاشن . سافَه

ill-ūse', *n.* إساءة المعاملة . مُخاشَنة . مُسافَهة

illū'sion [-zhẹn], *n.* غلط الحِس . موهومة . إيهامٌ . تَخَيُّل . اغترار

illū'sion, *v.* أَوْهَم . اسْتَغفَرَ . أَغَرّ

illū'sive, *a.* غَرور . إيهامي . غَرّار . اغتراري

illū'sory, *a.* يوهم بالباطل . غَرّار

ill'ustrāte, *v.* وَضَّح (أو) شَرَح بالشواهد (أو) الأمثلة . زَوَّد بالتصاوير (أو) الرسوم

illustrā'tion, *n.* شاهِد (أو) مِثال تصويري (أو) ترسيمي (أو) توضيحي . توضيح (بالتصاوير والشواهد والأمثلة) . تمثيل (توضيحي)

illus'trative, *a.* استشهادي = تصويري (توضيحي) . توضيحي

ill'ustrātor, *n.* مصوِّر (أو) رسّام (للكتب) . شارِح

illus'trious, *a.* فائق (أو) بعيد الصيت (أو) الشهرة

ill'will', ill'-will', ill will, *n.* كُرْه . دَغَل = سوء نِيَّة = ضَغينة . سواد القلب = غِشّ . تنكُّر

I'm = I am

im'age [-ij], *n.* شَبَه . صورة . صورة خيالِيَّة . تِمْثَال

im'age, *v.* تَصوَّر . صَوَّر . تَخَيَّل

im'agẹry [-ij-], *n.; pl.* -ries صُوَر (خيالية) . تماثيل . خَيَال . تشبيه (أو) وصف مجازي (شعري)

ima'ginable, *a.* مُمكِنٌ (أو) قابلٌ للتصور . يمكن تَصوُّره

ima'ginary, *a.* موهوم . مُخَيَّل . خَيَالي

imaginā'tion, *n.* مُخَيِّلة . القوة الواهمة . تَخَيُّل

imag'inative, *a.* واسع الخيال . تَصوُّري . خَيَالي . خيالي مُبدِع

ima'gine, *v.* تَخيَّل . تصوَّر . ظَنَّ

imbal'ance, *n.* فِقدان التوازن (أو) التناسق

im'bēcīle [*or* -sil], *n.* مَغبُون = ضَعيفُ العقل . أَبله

imbēcil'ity, *n.* بَلَاهة . غَبَانَة . غَبَاوَة

imbed', *v.* (-bedded, -bedding) وَضَع . دَفن . أَكَنَّ

imbībe', *v.* ترشَّف . تَشَرَّب . وَعَى (أو) أوعب (في الذهن)

imbrō'gliō [-brōl-], *n.; pl.* -ios رَبيكة = عَويصة = مَعُوصَة . التباس

imbūe', *v.* مَلَأَ . أَشْرَب

im'itāte, *v.* ماثل . حَاكَى . تَشَبَّه . [قَلَّد] = مايَر

imitā'tion, *n.* مماثلة . محاكاة . [تقليد]

imitā'tion, *a.* زائفٌ = غير مَحضٍ . مُدَلَّس

im'itative, *a.* مَبْني (أو) قائم على المحاكاة . على سبيل المحاكاة . [تقليدي]

im'itātor, *n.* مُحاكٍ . ناقِلٌ (عن الغير) . [مُقَلِّد]

immac'ūlate [-it], *a.* نَقيّ . ناصِع . بلا دَنَسٍ

imm'anent, *a.* مُستَكِن (في الداخل) . في كل الوجود

immatēr'ial, *a.* غير مادّي . قليل (أو) عديم الأهمية (أو) الشأن

immatūre', *a.* فَطير . فِجّ . غير ناضج (أو) مُستَحكِم النموّ

immea'surable [-mezher-], *a.* لا يُقَاس . لا يُقَدَّر

immea'surably, *ad.* بما لا يُقَاس . بما لا يُقَدَّر

immēd'iate [-it], *a.* فوري . عاجل . مُباشِر . ماسّ

immēd'iately, *ad.* فَوْراً . مُبَاشَرةً = بدون حائل

immemôr'ial, *a.* عادِيّ = من أَقْدَم الأزمان . أَزَليْ . عَهيد . من عهدٍ قديم

immense', *a.* بالغ العِظَم . جَسيمٌ جداً . فَسيح جداً

immens'ely [-sl-], *ad.* بِقَدْرٍ عظيمٍ جدًّا . كثيراً جدًّا

immens'ity, *n.* شِدَّة العظامة (أو) الجَسَامة (أو) الفَسَاحة

immerse', *v.* غَطَّ . غَمَس . غَطَّس

immer'sion [-shen], *n.* تَغْطيس . انغماس

imm'igrant, *n.* طارِئ = مهاجِر (يَدْخُل البلاد)

imm'igrāte, *v.* هاجَرَ . طَرَأَ = وَفَد (أو وَرَد) مُهاجِراً

immigrā'tion, *n.* الهِجْرَة (أو) المُهَاجرة (إلى . . .)

imm'inence, *n.* وَشْك . إِشْراف . وَشاكة

imm'inent, *a.* مُطِفّ . مُشِفّ . دانٍ . مُحتَمَلُ الوُقوع وَشِيكًا . مُشرِف

immō'bile, *a.* لا يمكن تحريكُه . عديم الحركة . غير متحرك

immod'erate [-it], *a.* مُفرِط . مجاوز حدّ الاعتدال

immod'ēst, *a.* وَقِح = جالع . جالعة . غير مُحتَشِم

immod'ēsty, *n.* وقاحة . جَلَاعة . عدم احتشام

immōlā'tion, *n.* قُربان . تقديم الضحية

immo'ral, *a.* مُغاير للأخلاق . مُنكَر . فاجِرٌ

immoral'ity, *n.* رذيلة . فُجور . مَفسقة

immôrt'al, *a.* لا يموت . باقٍ إلى الأبد . أَبَدِي . مُخَلَّد الذكر . خالد

immôrt'al, *n.* شَخصٌ خالدٌ (أو مُخَلَّد) الذِكر

immôrtal'ity, *n.* أَبَدِية . حياة أَبَدِية . خلود الذِكر . خُلود

immôrt'alīze, *v.* أبقى (دَوْمًا) . أَبَّد (أو) خَلَّدَ الذكر

immō'vable, *a.* لا يتحرك . ثابِت . لا يستلين . راسٍ

immūne', *a.* مُعفًى . مَصُونٌ . مُحَصَّن . لديه مَنَاعَة (ضِدَّ . . .)

immūn'ity, *n.* مَناعة . إعفاء . حَصَانة

imm'ūnīze, *v.* أعطى المَنَاعَةَ (ضد المرض) . صَيَّر مَنيعًا (ضد المرض)

immūre', *v.* حَصَر (بين الجدران) = حَزْرَق . حَبَس . حَجَر

immūt'able, *a.* لا يتغير . لا يتبدل . لا يتحول

imp, *n.* عِفريت . وَلَدٌ جِنِّيّ . وَلَد خَبيث (عِفريت)

im'pact, *n.* صِدَام . صَكَّة . وَقْع . قَرْع

impair', *v.* أساء = أفسد . أَعَلَّ . أَخَلَّ (بِ) . أضرَّ (بِ) . أَوْهَن

impāle', *v.* خَوْزَق = أعدَم على الخازوق

impal'pable, *a.* غير ملموس . لا يُدرِكُه (أو يحيط به) الذهن

impan'el, *v.* (-lled, -lling) وضع على قائمةٍ من أجل العمل مع المحلَّفين . انتخب أحد المحلفين من هذه القائمة

impârt', *v.* أكسَبَ . أشرَك (في) . أفضى (بسرٍّ أو خبرٍ) . بلّغ

impâr'tial, *a.* مُنْصِف . غير مُحَاوِزٍ (أو) مُحَابٍ

impârtial'ity [-shial-], *n.* إنصاف . عدم المُحَاوَزَة (أو) المُحَابَاة

impâss'able, *a.* لا يُسلَك . لا يمكن اجتيازه (أو) عُبورُه

impasse', *n.* مُوَرِّب = موقِفٌ صَعبُ الحل . خِلاف مُستَحكِم . مُوَرِّط

impass'ible, *a.* لا يتألم . لا يُصاب بضرر . جامد الإحساس

impa'ssioned [-shẹnd], *a.* مُتَهَيِّج . مُتحَمِّس . حَمَاسِيّ

impass'ive, *a.* عديم الانفعال . ساكنُ الجوارح . جامدُ الإحساس . هادئ

impā'tience [-shẹns], *n.* فُروغ (أو) نفاد صَبرٍ . جَزَع = قِلَّة (أو عدم) تصبُّر . ضِيقُ صَدر . جوَاظ = مَلَل من الانتظار

impā'tient [-shẹnt], *a.* قليل (أو عديم) التصبُّر . جائِظ = مالٌّ من الانتظار . عَجُولٌ مُتَشَوِّق . متأزِّق الصدر

impā'tiently, *ad.* بتشوقٍ وتَعَجُّل . بعدم تَصبُّر . بجُوَاظ

impeach', *v.* شكَّ (في) . اتَّهم . اتَّهم موظفًا بسوء التصرف (أو) الخيانة

impeach'mẹnt, *n.* إتهام بسوء التصرف (أو) الخِيانة (في المال) . استدعاء للمحاكمة بهذه التهمة

impecc'able, *a.* لا غبارَ عليه . لا عيبَ فيه . كامل . مَعصُوم . رَشِيد

impēcūn'ious, *a.* مُنفَض من المال . مُعدِم

impēde', *v.* عَوَّث . عاق . أعاق . ثَبَّط

imped'imẹnt, *n.* عائق . مانع . عُقلَة (أو حُبسَة) في اللسان

impel', *v.* (-pelled, -pelling) دَفَع . ساق . حَمَل . حَفَز . لزَّ . زجّ

impend′, *v.* أشفى = كان على وَشْك الحُدوث . أشْرَف = أطَفَّ = طَفَّ

impend′ing, *a.* مُطِفّ = وَشِيك الحدوث . مُشارِف . مُشْفٍ

impen′ĕtrable, *a.* مَنيع . لا يُختَرَق (أو) لا يُنفذ منه (أو فيه) . لا يُكتَنَه . كثيف . لا يُدرَك كُنْهُه

impen′itent, *a.* غير نادم . غير تائب . مُصِرّ على الذنب

impe′rative, *a.* إيجابي . حَتمي . ضروري . لا بُدَّ منه . إلزامي . أَمري

impe′rative, *n.* وَصِيَّة = أمر . صِيغة الأمر

imperceptible, *a.* دَقيق . لا يُدْرَك . غير محسوس . جزئي . زَهيد جداً

imperf′ect, *a.* ناقِص . مَعيُوب . قاصِر (عن الكمال)

imperfec′tion, *n.* نَقص . عَيب . قُصُور (عن الكمال)

impēr′ial, *a.* امبراطوري . هُمايُوني . جليل

impēr′ialism, *n.* سياسة الاستفتاح (أو) الاستيلاء (بالفتوحات أو الاستعمار) . امبريالية

impēr′ialist, *n.* داعية (أو نصير) سياسة الاستيلاء . استعماري . استفتاحي . تبلُّدي . امبريالي

impērialis′tic, *a.* قائم على سياسة الاستفتاح (أو) الاستيلاء

impe′ril, *v.* (-il(l)ed, -il(l)ing) أوقع في تَهلُكة (أو) خطر

impēr′ious, *a.* مُتأمِّر . مُتغطرِس . ضَرْبَةُ لازِبٍ . لا مَحيصَ عنه . ضروري عاجِل

impe′rishable, *a.* لا يَتلَف . لا يَفنى . لا يبيد . أبَدي

impers′onal, *a.* غيرُ شَخصي . غير مُخصَّص (بشخصٍ مُعيَّن) . لا يشير إلى شخصٍ مُعيَّن

impers′onally, *ad.* مُجرَّد عن الاعتبار الشخصي . بدون صلةٍ بشخصٍ (أو) بأشخاص

impers′onāte, *v.* مَثَّل كأنه شَخص . مَثَّل دور شخصٍ (في تمثيلية) . مَثَّل = شَخَّص . تَشَخَّص

impersonā′tion, *n.* تَمثيل . تشخيص

impert′inence, *n.* قلة أدب . قلةُ حياء . تطاول . وَقاحة . سَفاهة

impert′inent, *a.* وَقِح . سَفيه . مُتطاوِل . غير مناسب للمقام

imperturb′able, *a.* هادئ الطبع . رَكين . لا يُستثار . ثابت الجَنان

imperv′ious, *a.* لا يَتخَلَّلُه = مانِعٌ (نَفاذَ أو دُخولَ) . لا يتأثّر (بِ) . مُمتَنِع (عن)

impetūos′ity, *n.* تَخرُّط = تسرُّع وتَهوُّر . نَترُّع . هَوَج

impet′ūous, *a.* مُتخرِّط = مُتسرِّع مُتهوِّر . أَهوَج . مُتَترِّع

impet′ūously, *ad.* بِتَسرُّع . بتهوُّر . بِهوَج

im′pētus, *n.* طَحم = زَخم = قوة الدَّفع (أو) الاندفاع . حَفزَة . إيفاز

impī′ĕty, *n.*; *pl.* -ties فِسق . طَلاح . مَعصِيَة . عُقوق . عَمَل مُنكَر

impinge′, *v.* طَرَق . وَقَع . تجاوز (أو) تعدّى (على)

im′pious, *a.* فيه مَعصِيَة . طالِح . فاسِق . مُنكَر . كُفري . فيه إثم

im′pish, *a.* عِفريتي . كالعِفريت . مُؤذٍ

implac′able, *a.* قاسح القلب . لا يُستَسمَح . لَدودٌ . لا يَستلين . لا يَنحلّ

implânt′, *v.* غَرَس . رَسَّخ . انغرس . رَكَز

im′plĕment, *n.* أَداةٌ . عُدَّة . واسطة

im′plĕment, *v.* زَوَّد (بالأدوات) . أَهَّب . نفَّذ

im′plicāte, *v.* عَرْبَس = [شَرْبَك] . أَدْخَل (أو) أَشْرَك (في) . [بَلَش] . رَبَك . عَنَى ضِمناً

implicā′tion, *n.* عَرْبَسَة . إدخال (أو) إشراك . مَدْخَل (أو) عَلاقَة (في جُرمٍ أو . . .) . مَفهومٌ ضِمنيٌّ . مُستَلزَم . مُلابَسة

impli′cit, *a.* مُضْمَر . ضِمنيٌّ . مُقدَّر . مُطْلَقٌ

impli′citly, *ad.* إضماراً . تَضميناً . ضِمناً . من غير اعتراض . بلسان الحال . بالكناية (عن)

impli′ed [-plīd], *a.* ضِمنيّ . مَفهوم ضِمناً . مفهوم من معاريض الكلام

implôre′, *v.* تَضَرَّع (أو) ابتهل (إلى)

implȳ′, *v.* (-lied, -lying) دَلَّ (أو) عَنَى ضِمناً . عَرَّض . استلزم

impolīte′, *a.* سيئ الأدب . غير مؤدّب . فظّ

impol′itic, *a.* عديم الكياسة . غير حكيم . ليس فيه حسنُ تَلَطُّف

im′pôrt, *n.* مُستَوْرَد . فَحوَى . أَهَمّيَة

impôrt′, *v.* استورد = استجلب . فَحَا = عَنَى . أَوْحَى

impôrt′ance, *n.* أَهَمّيَّة . قِيمة . عِظَم شأنٍ

impôrt′ant, *a.* مُهِمّ = خَطِير . مُدَّعي الأَهَمّية

impôrtā′tion, *n.* استيراد . مُسْتَوْرَد

impôrt′ẹr, *n.* مُسْتَوْرِد (للبضائع من الخارج)

impôrt′ūnate [-it], *a.* مِلْحاح . مُلحِف (في الطلب)

impôrtūne′ [*or* **impôr′-**], *v.* أَلَحَّ (أو) أَلْحف (في الطلب) . أكثر من الطلب والسؤال

impôrtūn′ity, *n.* كَدُّ الطلب . إلحاف (أو) لَجَاجَة (في السؤال)

impōse′, *v.* سَلَّط . وَضَع . فَرَض . كَلَّف . تَطفَّل . دَلَّس

to — on, upon, دَلَّس . لَبَّس . احتال (على) (أو) دَالَس . [نَصَب]

impō′ṡing, *a.* فَخم . جليل (أو) مَهيب (المنظر أو الهيئة)

impoṡi′tion, *n.* حَتم . تسليط . فَرْض . تَكليف (باهِظ) . مُدالَسَة . تدليس

impossibil′ity, *n.* تَعَذُّر . استحالة . عدم إمكان

imposs′ible, *a.* مُتعذِّر . مستحيل . غير مُمكِن . لا يُحتَمَل

im′pōst, *n.* ضَريبة (جُمركية)

impos′tẹr, impos′tor, *n.* دَجَّال = المُدَّعي باطِلًا = مُبْطِل . [نَصَّاب] . مُدَلِّس . مُنْتَحِل

impos′ture, *n.* تدجيل . ادعاء بالباطل . [نَصْب]

im′potẹnce, *n.* عدم القدرة . عَجز . عدم الاستطاعة . عُنّة

im′potẹnt, *a.* عديم القدرة = عاجز . لا يستطيع شيئاً . عِنّين

impound′, *v.* زَرَب = حَجَر في زريبة (أو) حظيرة . صادَر . حجز

impov′ẹrish, *v.* أَفقَر (إفقاراً شديداً) . أَنهَك (الأرض أو التربة)

imprac′ticable, *a.* مُتعَذِّر . لا يمكن عَمَلُه (أو) تنفيذه . عَسِر . لا يخدم الغرض المقصود

imprac'tical, *a.* غير عملي . لا يهتم بما هو نافع (أو) مُفيد . غير نافع
im'prēcāte, *v.* لَعَن . دَعا (عليه بالشر)
imprēcā'tion, *n.* لَعنة . دَعوة (على)
impreġ'nable, *a.* مَنيع . حَريز . لا يُرَام
impreġ'nāte, *v.* عَبَّق . لَقَّح . حَبَّل . أشبع . شَرَّب
impreġnā'tion, *n.* تعبيق . تلقيح . إشباع . تشريب
imprēsâr'iō, *n.; pl.* -rios مدير إدارة شركة أوبرا (أو) شركة موسيقية
impress', *v.* أَثَّر (في) . طبَع . ختم . أحدث وقعاً (في النفس) . قَرَّر في الذهن
im'press, *n.* طَبعة . سِماء . انطباع . خَتْم
impress', *v.* وَقَع في النفس مَوقِعاً . أحدث وَقْعاً . أعجب = راع . رَسَّخ (في الذهن)
impre'ssion, *n.* أَثر . وَقع . تأثير . انطباع ذهني . طَبعة
impre'ssionable [-reshẹn-], *a.* قابل للتطبُّع . قابل للانطباع . قابل للتأثر (بالمحيط)
impress'ive, *a.* مُؤَثِّر (أو) له وَقع (في النفس) . رائِع
imprint', *v.* طَبَع . خَتَم . نَقش . غَرَس في الذهن (أو) القلب
im'print, *n.* انطباع . أَثر . طابع . ختم = تَمْغَة
impriṡ'on, *v.* سَجَن . حبس
impriṡ'onmẹnt, *n.* سَجن . حَبس . مَسجُونيَّة
improbabil'ity, *n.* أمرٌ مُستبعَد . بُعْد الاحتمال . استبعاد (الحدوث أو الصحة)
improb'able, *a.* غير محتمل (الوقوع) . مُستبعَد
impromp'tū, *a(d).* ارتجالي . ارتجالاً = على البديهة . عَفْواً
impromp'tū, *n.* شيءٌ مُرتَجَلٌ
improp'ẹr, *a.* ناب . غير ملائم . غير صحيح . غير لائق . ليس فيه احتشام
— fraction, كسر غير حقيقي = مُرَكَّب
improp'ẹrly, *ad.* بصورة غير ملائمة (أو) صحيحة (أو) لائقة . بدون احتشام
impropri'ěty, *n.* عدم لياقة . عدم حِشمة . عمل مُستهجَن . حَضرَمة = مُخالَفة للاستعمال الصحيح في اللغة
imprōve', *v.* حسَّن . تَحسَّن . أَصلَح
imprōve'ment [-vm-], *n.* تحسين . تَحَسُّن . إصلاح
improv'idẹnce, *n.* تَفريط . تَبذير . قلة الاحتياط (للمستقبل)
improv'idẹnt, *a.* مُفَرِّط . غير مُحتاط (للمستقبل)
improvīsā'tion, *n.* ارتجال . إفتلات = فِعلُ الشيء على غير تريث وتلبُّث
improviṡe' [*or* im'-], *v.* ارتجل = ابتده . إفتلَت = هَيَّأ على وجه السرعة
imprūd'ẹnce, *n.* تَهَوُّر . عدم التبصر . عدم التحرّس (أو) الحَزْم . اعتساف
imprūd'ẹnt, *a.* أروش . مُتَهَوِّر . عديم التبصر . غير حازم . مُعتَسِف
im'pūdẹnce, *n.* قلة حياء (أو احتشام) . وَقاحة . سَفَه . تطاول
im'pūdẹnt, *a.* قليل الحياء . متواقِح . مُستَخِفّ . سفيه . متطاول
impūgn' [-pūn], *v.* ضَعَّف = جَرَّح = هاجم بالحجة للإبطال . شَكَّ (في) . اتَّهم . عارض
im'pulse, *n.* حافز (أو) دافِع شديد . مُحرِّك . نَزْوة . دَحْمة

impul'sion [-shẹn], *n.* دَفْع . دافِع . باعِث . حَفز . دَحم
impul'sive, *a.* دافِع . مُندَفِع . مُندَفِع مُتَسَرِّع
impul'sively [-vl-], *ad.* باندفاعٍ وتسرُّع = بِتَخَرُّط
impūn'ity, *n.* عَدَمُ لُحوق (شرّ أو . . .) . أمانٌ (من العِقاب أو . . .) . أمن (سُوء) العاقبة
impūre', *a.* غير نَقي (أو) طاهِر . وَسِخ . مَشوب
impūr'ity, *n.* عدم النَّقاء (أو) الطهارة . شائبة = غَلَث
impūtā'tion, *n.* إسناد . تُهمة = إقراف
impūte', *v.* عزا = أسند . أَقْرَف = بهت = زَنَّ = إتَّهم (بِ)
in, *prp.* في . بِ . في أثناء . بينما
in, *ad.* في الداخل . هنا . موجود
Come — ! أُدْخُل !
The —s, الذين بيدهم مقاليدُ الأمور
—s and outs, مداخل ومخارج . بواطن وظواهر
to be — with, مُباطِنٌ (له) . مُداخِل . مُشارِك
in. = inch *or* inches
inabil'ity, *n.* عدم استطاعة (أو) اقتدار . عَجز
inaccess'ible [-ks-], *a.* مَحجوب . لا سبيلَ إليه . يَتَعذَّر الوصولُ إليه
inacc'ūracy, *n.* عدم صحة . غَلَط
inacc'ūrate [-it], *a.* غير صحيح (أو) مضبوط . مَغلوطٌ (فيه)
inac'tion, *n.* عَطالَة . قُعود الهِمَّة . عَطالَةُ (أو قَطاعَةُ) النشاطِ . عَدَمُ الفاعلية (أو) النشاط
inac'tive, *a.* بَليد الحركة . عاطِلُ (أو قَطيعُ) النَّشاطِ . ساقط الهِمَّة . كَسُول
inactiv'ity, *n.* عَدَم (أو قَطاعَة) النشاط . سُقوط (أو فُتور) الهمة
inad'ēquacy [-ikwasi], *n.* عَدَمُ الكِفاية . قُصُور (عن المطلوب)
inad'ēquate [-ikwit], *a.* غير كافٍ (أو وافٍ) . لا يَفي بالغَرَض
inadmiss'ible, *a.* غير مقبول = مَرْدُود
inadvert'ẹnce, *n.* سَهوٌ . عدم قصد . إهمال
inadver'tẹnt, *a.* مُهمِل . ناتج عن سهو . غير مقصود
inadvert'ẹntly, *ad.* عن غير قصدٍ . سَهواً . عَرَضًا
inadvīs'able, *a.* ليس من الحكمة . غير مُستصوَب
ināl'iẹnable, *a.* لا يُنْزَع . لا يَسقُط . لا تَزول (أو لا تَنتقل) ملكيته . مؤبَّد . لا يُباع . لا يَتحوَّل
ināne', *a.* (-ner, -nest) رَكيك = سَخيف . مأفون . فارِغ
inan'imate [-it], *a.* مَوات . جامِد . بَليد
inani'tion, *n.* رَكاكَة = سُخف . خُفات = خُفاع = ضعف من الجوع
inan'ity, *n.* سَخافة = رَكاكة . أفَن . فَنَد . فَراغ
inapp'licable, *n.* لا يَنطبق (على) . لا يلتئم (مع)
inapprē'ciable [-shi-], *a.* طَفيف . قليلٌ بحيث لا يُدرَك
inapprōp'riate [-it], *a.* غير لائق . غير مناسب . في غير موضعه
inapt', *a.* نابٍ . غير مناسب . غير ماهر = أخرق

inap'titūde, *n.* عدم استعداد (أو) مهارة
inartic'ūlate [-it], *a.* عدم المَفَاصل (أو) المقاطع . غير مُفْصِح . أعجم
inartis'tic, *a.* منافٍ للفن (أو) لقواعده . غير فني
inaśmuch', *ad.* لِأَنَّ . نَظراً (إلى) . مِثْلَما . (من) حَيثُ (أَنَّ) . كما (أَنَّ)
inatten'tion, *n.* عدم التفات . غَفْلَة . عدم مُرَاعاة
inatten'tive, *a.* غافِل . مُهمل . ساهٍ
inaud'ible, *a.* غير مَسْمُوع . لا يُسمَع
inauġ'ūral, *a.* تنصيبي . افتتاحي . تدشيني
inauġ'ūral, *n.* خِطاب تَوَلِّي (الرئاسة) . خطبة تنصيبية (أو) افتتاحية
inauġ'ūrāte, *v.* جَلَّس = نَصَّب . احتفل بتنصيب . افتتح
inauġūrā'tion, *n.* تَوَلٍّ . تجليس = تنصيب . افتتاح . تَدْشين
inauspi'cious [-shẹs], *a.* غير مَيمون = نَحْسٌ . غير مُوَاتٍ
in'bôrn, *a.* فِطري . جِبِلِّي . مَفطُور
in'bred, *a.* فِطري . جِبِلّي . طبيعي . مُتوالِد بعضه من بعض
in'breed, *v.* وَلَّد (بعضه من بعض)
inc. = incorporated
Inc'a, *n.* شَعب كان يسكن بلاد البيرو قبل الفتح الاسباني . لقب الحاكم الأكبر في البيرو قبل الفتح الأسباني
incal'cūlable, *a.* أعظَمُ مِن أن يُحسَب (أو) يُحصى . لا يمكن احتسابه (مُقدمًا) . لا يُوقَف له على حال . لا يُركَن إليه
incandes'cẹnce, *n.* توهُّج . تَشَهُّب
incandes'cẹnt, *a.* مُتوَهِّج . مُتَشَهِّب
incantā'tion, *n.* تَعزِيم = رَقْيٌ . رُقْيَة = عَزِيمَة
incăp'able, *a.* عاجزٌ . غيرُ قادر (أو) مقتدر) . غير كَفِيّ
incapa'citāte, *v.* عَجَّز . عَطَّل . أَزْمَن = عَطَّل القوة . نَزَع الصَّلاحِيَة (أو) الأهلية القانونية
incapa'city, *n.; pl.* -ties عُطل . زَمانة = عُطل القوة . عدم كِفاية . ظَرْف من شأنه نزع الصلاحية القانونية
incâr'çẹrāte, *v.* حَبَس . سَجَن . حَصَر
incârçẹrā'tion, *n.* سَجن . حَبس
in'cârnāte, *v.* جَسَّم . تجسَّم . تجسَّد
incârn'ate [-it], *a* مُجسَّم . مُتَقَمِّص . مُتَجَسِّد . بلونٍ جُوري . مُتَمَثِّل
incârnā'tion, *n.* تَجَسُّم . تَجَسُّد . مثال مُجسَّم . حُلُول
incāse', *v.* غَلَّف
incau'tious, *a.* طائش . مُتَهَوِّر . أَرْعَن . غير مُتَوَقٍّ (أو) متحذِر
incen'diary, *a., n.* نَفَّاط = مُحرِق (إجرامي) . مُهَيِّج للفتنة (أو) مُشعِلها = مُؤَرِّث . مُفسِد . مُلهِب
in'cense, *n.* بَخُور = [بَخُور] = لُبان = كُنْدُر
incense', *v.* زَمَّك = أغضب (غضبًا شديدًا) . أَشاط (غضبًا) . استشاط (غضبًا)
incen'tive, *n.* مُشَوِّق . مُحرِّك . حافِزٌ . باعِث . مُحرِّض
incep'tion, *n.* بداية . ابتداء . أَوَّل
incess'ant, *a.* لا يَنقطِع . مُستَديم . مُتَمَادٍ
incess'antly, *ad.* بلا انقطاع
in'cest, *n.* رَهَق = الزنى بين الأقارب الأدنين . الزواج بين الأقارب المُحرَّمين

inch, *n.* قيراط = بوصة = انش = ٢,٥٤ سنتمتراً
by —es, شيئاً فشيئاً . تدريجاً
He is every — a king, ملكٌ كُلُّ الملك . من كلّ الوجوه
within an — of, على شَفَا
inch, *v.* تَدَرَّج . تَزَحَّف = تحرك قليلًا قليلًا
in'cidence, *n.* تَفَشِّي . سُقوط . وُقوع . حُدوث . مَجال الحدوث (أو) الوقوع
in'cident, *n.* حادث . عارِض . كائنة = حادثة عَرَضية
in'cident, *a.* من المُستَلزَمات المحتمِلة . من العرَضيّات
inciden'tal, *a.* ملازم (ل) . مُتأتٍّ (من) . مُترَتّب (على) . عَرَضِيّ
inciden'tal, *n.* (حاجة) طارئة (أو) عارِضة . أمرٌ طارئٌ . نفقة ثانوية
inciden'tally, *ad.* في مَعرِض (الكلام) . بالمناسبة . عَرَضاً . من ذكر الشيء بالشيء
incin'erāte, *v.* حَرّق . أَرْمَد = أحرق بالنار حتى صار رماداً . أحرق
incinerā'tion, *n.* إرماد . تحريق
incin'erātor, *n.* أَتّون . مِحرقة
incip'ient, *a.* في أول نشأته . في أول أمره . في مَبدئه . ناشئ
incīse', *v.* حزّ . شَرَط . بَضَع . بَزَل . بَزَغ . نَقَش
inci'sion [-zhẹn], *n.* حزّ . شَرْط . بَضع . فَصد . بَزْغ . نَقش
incīs'ive, *a.* جارِح . حادّ . قارِص . لاذِع . ثاقِب
incīs'or, *n.* ثَنِيّة = قاطِعة = احدى ثماني أسنان في مُقدَّم الفم
incīte', *v.* حَرَّض . أثار . شَوَّق . هَيَّج . حَرَّش . ثَوَّر
incīte'mẹnt [-tm-], *n.* تحريض . تشويق . تهييج . تحريش
incivil'ity, *n.* فَظَاظة . قلة أَدب . إساءة . سَفَاهة
inclem'ẹncy, *n.* قَسوة . عدم الرأفة
inclem'ẹnt, *a.* قاسٍ . عاصِف . شديد . عاتٍ
inclinā'tion, *n.* مَيْل . إتجاه . انحناء . انحدار . إمالة . سطح مائل
in'clīne, *n.* مُنْحَدَرٌ . سطحٌ مائل
inclīne', *v.* مال (إلى) . أمال (أو) مَيَّل . انحنى . انحدر . حَنَى
inclīned' [-nd], *a.* مَيّال . مائل . مُنحَدِر
inclōse', *v.* = enclose
inclō'sure [-zhẹr], *n.* = enclosure
inclūde', *v.* تَضَمَّن . اشتَمل . أَدْخَل . احتوى . أدرج . جَمَل
inclū'sion [-zhẹn], *n.* شَمل . شُمول . إدخال
inclū'sive, *a.* شامِل . مع شُمول الطرفين
incog'nitō, *a(d).* مُتَخَفٍّ . مُتنَكِّر (تحت اسم مستعار)
incōhēr'ẹnce, *n.* عدم تماسك . تفكُّك . عدم تناسق
incōhēr'ẹnt, *a.* (كلام) مُعسلَط = غير متماسك (أو) متناسق . مُفكَّك . مُشَوَّش
incombus'tible, *a.* فيه مناعة ضد النار . لا يحترق . غير قابل للاحتراق
in'come [-kum], *n.* دَخل . إيراد . رَيع
in'come-tax, *n.* ضريبة الدَّخل (أو التَّمتُّع)
in'coming [-kum-], *a.* قادِم . داخِل . طارئ . وارد
in'coming, *n.* قُدوم . دُخول . طُروء

incommēn'sūrable [*or* **-shẹr-**], *a.* ليس له قاسم (أو مقياس) مشترك . لا يتناسب (مع)

incommen'sūrate [**-it,** *or* **-shẹrit**], *a.* لا يتناسب (مع) . لا يُقاسُ (بِ) . غير كُفءٍ (لِ) . لا يَفي (بِ) . لا يتكافأ (مع) . لا يتناسب

incommōde', *v.* أزعج . [ضايق] . أقلق الراحة . أعاق . حَجز

incommūn'icable, *a.* لا يمكن ابلاغه (أو) الأخبار عنه . لا يمكن نقله (أو) إيصاله (أو) المشاركة (فيه)

incommūnicâ'dō, *a(d).* مُنقطِع عن الاتصال بغيره

incom'parable, *a.* ليس له مثيل (أو نَظير . لا يُقَاس به أَحَدٌ . عديم النظير

incompat'ible, *a.* مُتَنَافٍ (مع) . لا يَأْتَلِف (أو) لا يَتَواءَم (مع) . مُتَخالِف . مُتَنافِر

incom'pētẹnce, *n.* عدم كفاية . عدم أَهلِيَّة (أو) صلاحِية

incom'pētẹnt, *a.* غير أَهلٍ . غيرُ كَفِيٍّ (أو) كُفْء . عديم الأهلية

incom'pētẹnt, *n.* (شخصٌ) عديم الأهلية

incomplēte', *a.* غير مُكَمَّل . ناقص . غير مُتَمَّم . غير تامّ

incomprēhen'sible, *a.* غير مَفهومٍ . لا يُفهَم . غامِض

incompress'ible, *a.* لا يَلتَبِد . لا ينضغط . لا ينكبس

inconceiv'able, *a.* لا يَتَصوّره العقل . لا يَخطُر ببالٍ . رائع

inconclū'sive, *a.* غير باتٍّ . غير قاطِع . غير حاسِم . غير مُنجز

incongrū'ity, *n.* عدم تطابق . مُبَايَنة . نُبوّ . عدم مُلاءَمة

incong'rūous, *a.* غير مُتَطابق . غير مُتَلائم . نابٍ

incon'sēquẹnt [**-sikw-**], *a.* غير منطقي . لا علاقة له بالموضوع . خارج عن الصَّدَد

inconsēquẹn'tial [**-sikw-shẹl**], *a.* لا علاقة له بالموضوع . غير مهم . طفيف . عديم الشأن

inconsid'ẹrable, *a.* لا يُعتَدّ به . زَهيد . طفيف

inconsid'ẹrate [**-it**], *a.* عديم المُراعاة (لِشُعور الغير) . طائش . غير مُمَحِّص

inconsis'tẹncy, *n.* تقلُّب . عدم التساوق . تناقُض . مُفَارَقة . تباين

inconsis'tẹnt, *a.* مُتَقَلِّب . غير مُتَساوِق . غير ثابت . مُتَنَاقِض . متباين

inconsōl'able, *a.* لا يَتعزّى . حزين = جازِعٌ . مَكروب . مُنكسِر النفس

inconspic'ūous, *a.* لا يَجلُب النَّظَر . غير مُبيَّنٍ (أو) بارز = غامض الحضرة

incon'stancy, *n.* عدم الثبات (على العهد) . عدم الذِمام . قُلَّبيّة . حُوَّليّة . تَغَيُّر

incon'stant, *a., n.* غير ثابت . حُوّل . مُتَقَلِّب . خيذَع . هَلَّع

incontes'table, *a.* لا نِزاعَ (فيه) . لا مِرْيَة (فيه) . لا يُنكَر . قاطِع

incon'tinẹnce, *n.* إنهماك (في الملذات) . عدم التعفف

incon'tinẹnt, *a.* منهمك في الملذات . غير متعفف . جامِح . لا يَحبِس (لِسانَه أو سِرَّه أو . . .)

incontrovert'ible, *a.* لا نِزاعَ فيه . لا يُنكَر . لا يُناقَض . صَحيح

inconvēn′ience, *n.* تَعَب . عَنَآء . كُلفة . ثُقْلة . مَشَقَّة . مُضايقة

inconvēn′ience, *v.* أَتعب . ثَقَّل (على) . ضايق

inconvēn′ient, *a.* غير مُوافِق . مُتعِب . فيه مَشَقَّة

incôrp′orāte, *v.* أدخل . وَحَّد . أَدْمج . أَدْرَج . أَلَّف شركة (ذات شخصية قانونية) . اشتمل (على)

incôrp′orate [-it], *a.* مُتَّحِد . مُتَأَلِّف . مُنْدَمج

incôrporā′tion, *n.* توحيد . إدراج . تشكيل (أو) تأليف (شركة)

incôrpôr′ēal, *a.* غير مادي . روحي . موجود بالاعتبار القانوني فقط

incorrect′, *a.* غير صحيح . غَلَطٌ . غير لائق

inco′rrigible, *a.* غير قابل للإصلاح . فاسدٌ لا يُرْجى صَلاحُه . راسِخ

inco′rrigible, *n.* (شخصٌ) فاسدٌ لا يُرْجى صَلاحُه

incorrup′tible, *a.* لا يُستَفْسَد . عَفيفُ النفس . لا يَرْتَشي . مُخلِص في عمله

increase′, *v.* زاد . زَيَّد . تكاثر . كَثَّر

in′crease, *n.* زِيادة . نَمَآء . تَزايُد

on the —, بازدياد . مُتَزايد

increas′ingly, *ad.* بازدياد . بتزايد

incred′ible, *a.* لا يُصَدَّق . رائع

incred′ibly, *ad.* بما لا يُصدَّق . بما لا يقبله العقل

incredūl′ity, *n.* شَكٌّ . عَدَم تصديق . شُبهَة . تشكك

incred′ūlous, *a.* شَكَّاك . غير مُصدِّق . مُنْكِر . مُتشكك

in′crēment, *n.* إزدياد . زيادة . عِلاوة . مقدار التغيّر

incrim′ināte, *v.* أوقع في تُهْمَةٍ (أو) جُرم . إتّهم

incrust′, *v.* غَشّى . غَشّى بقشرة . رَصَّع

in′cūbāte, *v.* رَخَمت (الدجاجةُ) على البيض = رَقَدَت. [فَقَّس] البيض صناعياً . استنمى

incūbā′tion, *n.* تفقيس البيض صناعياً . تَرْقِيد

in′cūbātor, *n.* مُفَرِّخَة = آلة التفريخ = مِفرَخة . مِحضَنة

in′cūbus, *n.* مُثَبِّط . كابُوس = جاثُوم = ضاغُوط

in′culcāte, *v.* حَفَّظ . لَقَّن . قَرَّر (أو) رَسَّخ في النفس (بالتكرار والوعظ)

incum′bent, *a.* مُتَّكِئٌ (أو) مُستَنِد (أو) مُستَلْقٍ . مَحتوم . من الواجب المُلقى عليه

incum′bent, *n.* مُتقلِّدُ مَنصِب (ديني أو مدني)

incum′ber, *v.* = encumber

incum′brance, *n.* حِمل . ثِقلٌ . إزعاج . مُضايقة

incur′, *v.* (-rred, -rring) أوقَع (نفسه) . وَقَع (في) . جَلَب (أو) جَرَّ (على نفسه) . سَبَّب . كَبَّد

incūr′able, *a.* لا يُرجى شِفاؤُه . لا شِفآءَ له

incūr′able, *n.* شخصٌ مُصابٌ بمرضٍ عُقام (أو) ناجِس (أو) عُضال

incur′sion, *n.* عَدْوَة . غارة . غَزْوة . مَذْرَبة

indebt′ēd [-det-], *a.* مَدْيُون . مَدِين بالفَضْل = مَمْنُون

indebt′ēdnēss, *n.* مَدْيُونية . مَمْنُونِيّة . مقدار الدَّين

indē′cency, *n.* عدم اللّياقة . عدم الحشمة . عَمَلٌ مَنافٍ للياقة . مُجون

indē′cent, *a.* مُنافٍ لِلّياقة (أو) لِلحِشْمَة . مُجُوني

indēci′sion [-zhẹn], *n.* تَنَجْنُج = تَرَيُّع = تَرَدُّد وتَلَكُّوٌ (في اتخاذ قرارٍ أو العزم على شيء) . عدم العَزم (أو) الجزم
indēcīs′ive, *a.* غير قاطع (أو) حاسِم . مُتَرَدِّد . مُتَنَجنِج
indēclīn′able, *a.* ممنوعٌ من الصرف = جامد
indēcôr′ous [*or* indec′orous], *a.* غير لائق . منافٍ للأدب (أو) اللياقة
indeed′, *ad., int.* بالفِعل . فِعلًا . حقيقةً . صحيح !
indēfat′igable, *a.* كَدُود . دائب = لا يَكلّ (ولا يَملّ) . لا يَتعب . لا ينِي
indēfeas′ible, *a.* لا يمكن إبطالُه . لا يُنقَض . لا يمكن إسقاطُه
indēfen′sible, *a.* لا يمكن الدفاع عنه (أو) تبريره
indēfīn′able, *a.* لا يمكن تحديده (أو) تعريفه
indef′inite, *a.* مُبهَم . غير قاطع . غير مُحَدَّد
the — article, أداة التنكير
indef′initely [-tl-], *ad.* من غير تحديدٍ . إلى أجلٍ غير مُحَدَّد . إلى النهاية
indel′ible, *a.* دائم . لا يُمحى . لا يَزُول . ثابت
indel′icacy, *n.* خُشونة . سَماجَة . جَلافة . فَظاظة
indel′icate [-kit], *a.* خَشِن . سَمِج . فيه جَلافَة . غير كَيِّس
indemnificā′tion, *n.* تعويض (عن ضرر) = أرش . تأمين
indem′nifȳ, *v.* (-fied, -fying) عَوَّض (في مقابل عُطل أو ضرر أو خسارة) . أمَّن
indem′nity, *n.* تَعويض . تأمين (أو) ضَمانٌ
indent′, *v.* فَرَّض (في الحافَة) . [شَرَّم] . تَرَك مَسافةً (في أول السطر)
indent′, *v.* عَلَّم بفُرْضَة (أو) شَرْم = سَنَّن (في الطرف)
indentā′tion, *n.* فُرْضَة . تَشرِيم . تَسْنِين = تَضَرُّس
inden′ture [-chẹr], *n.* نُقرة = هَزمَة . اتفاق خَطي (لتلمذة الصنعة) . عَقد خِدْمة
inden′ture, *v.* عَلَّم بنُقْرة (أو) هَزْمَة . عقد اتفاقًا خَطيًا (لتلمذة الصنعة أو الخدمة)
indēpen′dẹnce, *n.* استقلال . القيامُ بالنفسِ (أو) بالذات
indēpen′dẹnt, *a.* مُستَقِلٌ . قائمٌ بنفسه . حُرٌ
indēpen′dẹntly, *ad.* مُستَقِلًا . من غير حاجةٍ إلى الغير
indēscrīb′able, *a.* لا يُوصَف . فوقَ الوصف
indēstruc′tible, *a.* لا يَفنَى . لا يَتلَف . لا يَبيد . شديد البقاء
indēterm′inate [-nit], *a.* غير مُقرَّر . غير محدود . مُبهَم . غير مُعيَّن
in′dex, *n.; pl.* -dexes *or* -dices [-ēs] فِهرِس . فِهرِست . أُسّ . دَليلٌ . عُنوان . (الأصبع) السبَّابة . مُشعِرٌ . عَلامَة . نِسبة
in′dex, *v.* فَهرَس = عَمِل فَهرِسًا . دَلّ . أشار
In′dia, *n.* الهند . هندستان
In′dian, *n., a.* هندي . هندستاني . هندي أمريكي
Indian corn, الذُّرة الصفراء
Indian ink, حبر صيني أسود
in′dia-rubbẹr, *n.* مِمحاةٌ (من المطّاط)

in'dicāte, *v.* أرَى . دَلَّ (على) . كان دلالةً (أو) عَلَامَةً (على) . أَشْعَرَ . أشار . أَبان . أعرب

indicā'tion, *n.* دَلَالة . إِشعارٌ . إشارة . إيماء . عَلَامة

indic'ative, *a.* دالّ (على) . مُشْعِر (بِ) . الصيغة الإشارية (في الماضي والمضارع)

in'dicātor, *n.* مُؤَشِّر . مُشْعِر . دَلِيل . عَدَّاد

in'dicēs, *n.; pl. of* index = إِسَاسٌ (هذا الجمع يُستعمل في العلوم)

indīct' [indīt], *v.* أحال للمحاكمة . وَجَّه (إليه) اتهامًا . إتّهم . إدَّعى (على)

indīct'mẹnt [-dit-], *n.* بيان إتّهامي . إتّهام . إحالة للمحاكمة بتهمة

In'dieṡ [-diz], *n. pl.* جزائر الهند (الغربية أو الشرقية)

indiff'ẹrence, *n.* عدم الاكتراث . عَدَم المبالاة . عدم الاهتمام (أو) الأهمية

indiff'ẹrent, *a.* غير مُبالٍ (أو) مهتمّ (أو) مُكترث . مُقارِب = بَيْنَ بَيْنَ = وَسَط (بين الجيّد والردي) = نَيِّط . غير مُنحاز

indiff'ẹrently, *ad.* بلا مُبالاةٍ . بغير اهتمام . بلا تفريق

in'digẹnce, *n.* إحواج = فَقْر . فاقة

indi'gẹnous, *a.* أهلي = وَطَني = بَلَدِي . فِطري

in'digẹnt, *a.* مُحوِج . فقير . مُتْرِب

indiges'tible, *a.* عَسِرُ الهضم . لا يُهْضَم

indiges'tion, *n.* عُسْر (أو سوء) هَضمٍ . عدم هَضم . بَشَم

indiġ'nant, *a.* مُغضَب أَنَفَةً . مُغضَب لأمرٍ ذميم . مُحفَظ

indiġ'nantly, *ad.* بغضبٍ وأَنَفَة . بغضب واستنكار

indiġnā'tion, *n.* حِفْظَة = غَضَبٌ وأَنَفَة . مَوْجِدَة

indiġ'nity, *n.* إهانة . تحقير . مَسٌّ بالكرامة

in'digō, *n., a.; pl.* -gos *or* -goes نِيلي . أزرق شديد الزُّرْقَة . نِيلَة = كَتَم . نبات النيل = العِظْلِم

indirect', *a.* غير مستقيم . مُنْعَرِجٌ . فَرْعي . أعوج . رائغٌ . غير صريح . تلويحي . غير مُباشِر . مُلتَوٍ

— object, المفعول الغير الصريح

— taxes, الضرائب الغير المباشرة

indirec'tion, *n.* مُلاوَصة . طريق (أو) مَسْلَك مُلتَوٍ . مُخادَعة

indirect'ly, *ad.* تلويحًا . بالتَّوْرِيب = تَعْرِيضًا . بالواسطة

indiscreet', *a.* غير مُتحفِّظ (أو) مُتصَوِّن (في كلامه أو سلوكه)

indiscre'tion, *n.* عَدَم تَحَفُّظ (أو) تَصَوُّن (في الكلام أو السلوك) . فَرْطَةٌ

indiscrim'inate [-it], *a.* بلا تَخَيُّر (أو) تمييز . مُلْتَبِكٌ . مُشَوَّش . عديم التمييز . لا يُفرِّق . فيه تخليط

indiscrim'inately [-tl-], *ad.* بلا تمييز . بلا تفريق . بالتباك . بتخليط

indispen'sable, *a.* لازِمٌ . لا غِنى عنه . لا يُستغنى عنه . لا مَحِيص عنه

indispōṡe', *v.* نَفَّر . أَمَال (أو) صَرَف (عن) . حَرَف صِحّتَه = وَصَّم

indispōṡed' [-zd], *a.* مُتَوَصِّم = مُنحرِف الصِّحَّة . غير مُبَالٍ . مُعرِض . مُتجافٍ . خاثر النفس

indisposi'tion, *n.* انحراف صِحّي . عدم رَغْبة . نُفُور . نُفُور النفس

indis'pūtable, *a.* لا نِزاع (أو) مِرية (فيه) . لا يُنكَر . ميقون = مُسلَّم به

indiss'olūble [*or* **indissol'ūble**], *a.* لا ينحل . لا يَنفَصِم . لا يَنفَسِخ . وَثيق . ثابت . راسخ

indistinct', *a.* غير مُتَبيِّن . غير مُتَميِّز . مُلتَبِس . غامِض

indisting'uishable [-ġwish-], *a.* لا يمكن تمييزه (أو) تَبَيُّنه . مُلتَبِس . مُشتَبِه

indīte', *v.* كَتَب . حَرَّر

individ'ūal, *n.* شَخصٌ . فَرد

individ'ūal, *a.* فَرْدي . مُنفَرِد . خُصوصي . مُتَفرِّد . مُتَميِّز

individ'ūalism, *n.* النظرية بأن الفرد أهم من الجماعة . إنفرادية . فَرْدانِيَّة . النُّعَرة الفَرْدِيَّة . استئثارية

individ'ūalist, *n.* فُرْدَة = يَنفرد عن الناس . فَرْداني . شخص مُستقلّ بنفسه

individūal'ity, *n.* تَفَرُّد . مُمَيِّزة شَخصِيَّة . كينونة مُتفرِّدة (أو) فَرْدية . خُصُوصِيَّة

individ'ūalīze, *v.* فَرَّد = مَيَّز . خَصَّص

individ'ūally, *ad.* فَرْدِيًّا . كُلٌّ (أو كُلًّا) بمفرده . إفرادياً . فرداً فرداً . الواحد منهم عن الآخر

indivisibil'ity, *n.* عدم قابلية الانقسام

indivis'ible, *a.* لا يَنقَسِم . لا يَتجزأ

indoc'trināte, *v.* مَذهَب . لَقَّن = نَشَّغ = عَلَّم (مذهباً أو عقيدة)

in'dolence, *n.* كسل وبَلادَة . تكاسل . [تَنَبلَة]

in'dolent, *a.* كسولٌ بالطبع . [تَنبَل] = [خامِل] . بَليد . خامِد

indom'itable, *n.* لا يُقهَر . مُستَعصٍ = لا يَنقاد . مُصَمِّم

in'door [-dôr], *a.* في داخل (البيت أو البناية) . جَوّاني

indoors' [-dôrz], *ad.* في جوّ (أو) في داخل (أو) إلى داخل (البيت أو البناية)

indôrse', *v.* = endorse

indôrse'ment, *n.* = endorsement

indūb'itable, *a.* لا يتطرق إليه الشك . مُحَقَّق . لا شكَّ فيه

indūce', *v.* استمال . أقنَع . شَوَّق . استَدرَج . أرْغَب . سَبَّب . جَلَب . اجتلب

indūce'ment [-sm-], *n.* مُرَغِّب . مُشَوِّق . مَجْلَبة . جارَّة = داعية

induct', *v.* نَصَّب . أدخل . أسلك

induc'tion, *n.* تنصيب . استقراء = استنتاج . استشهاد إثباتي . مُسارَقة . حلول اقتباسي (كهربائي)

induc'tive, *a.* استقرائي = استنتاجي

indūe', *v.* لَبِس . ألبس . قَلَّد . حَلَّى (بِ)

indulge', *v.* ساير (أو) جارى (على الهوى أو الرغبة) . انقاد (أو) استرسل (في اللذة أو الرغبة) . أعطاه ما يشتهي . تهنأ (أو) تلذذ (بِ) . قضى شهوته (من . . .) . تَمَتَّع

indul'gence, *n.* إطلاق العِنان . مجاراة (على الشهوة) . استرسال (في اللذة) . مُسامَحة . تَمَتُّع . إغضاء . مُعافاة

indul'gent, *a.* مُسايِرٌ . مُسامِح . مُتسامِح . مُتساهِل . مُلايِن

indus'trial, *a.* صِناعي . متعلق بالعُمَّال الصناعيين

indus'trialist, *n.* صاحب صِناعة . مدير إدارة صناعة

indus′trialīze, *v.* صَنَّع . أنشأ الصناعات

indus′trious, *a.* دَؤوب على العمل . مُجتَهِد . كَدُود

in′dustry, *n.* صِناعة . اجتهاد . كَدّ

inēb′riāte, *n.* أسكر . أخمر . خَمَّر . أحج

inēb′riate [-it], *n., a.* سكران . مَخمور . سِكِّير

ined′ible, *a.* لا يصلح للأكل

ineff′able, *a.* أقدس (أو) أعظم من أن يوصَف . لا يُحيط به وَصف . فوق الوصف . لا يُنطق به لحرمته (أو) قداسته . لا يُحكى

inĕffec′tive, *a.* لا يؤدي إلى النتيجة المطلوبة . عديم التأثير (أو النفع) . غير مُجدٍ . عديم الكفاية

inĕffec′tūal, *a.* عَبَث . عديم الجدوى (أو) المفعول . عديم التأثير . لا يضرّ ولا ينفع

inefficā′cious [-shẹs], *a.* عديم المفعول (كالدواء)

ineff′icacy, *n.* عَدَم المفعول

inĕffi′ciency [-shẹn-], *n.* عدم الكفاية . عَدَم (أو قِلة) الفاعلية (أو الفعّالية) . قُصور

inĕffi′cient [-shẹnt], *a.* عديم (أو) قليل الفاعِليّة (أو الفعّالية) . قاصِرٌ . بَطيءُ الإنجاز

inel′ĕgant, *a.* سَمجٌ . عديم الطَّلاوة . فيه قلة ذوق . غير رَشيق . خَشِن

inel′igible, *a.* ليس له صَلاحِيَة (أو) استحقاق . غير أهل (لِ)

inept′, *a.* غير لائق . في غير موضعه . سَخيف . أخرق

inēqual′ity [-kwol-], *n.* تفاوت . عدم مساواة . فَرقٌ

ine′quitable [-kwit-], *a.* غير عادل . غير منصف

inert′, *a.* هامِدٌ . عاطِل عن الحركة . بَطِيءٌ . فاتِر . غير فاعِل

iner′tia [-sha], *n.* عَطالَة . الاستمرار (على الحالة الراهنة) . قوة الاستمرار . تَخاذُل . تَبَلُّد

inēscāp′able, *a.* لا مَفرّ منه . لا مندوحة عنه

ines′timable, *a.* لا يُقَدَّر (بثمنٍ)

inev′itable, *a.* لا بُدَّ منه . حَتم . مَحتوم . مُحقَّق

inēxact′ [-ġz-], *a.* غير دَقيق . غير مَضبوط . غير صحيح

inēxcūs′able, *a.* لا يُغتَفر . لا عُذرَ له (فيه) . لا مُبَرِّر له

inēxhaus′tible [-iġzôs-], *a.* لا يَنفَد . لا يَفرَغ . لا يَكِلُّ

inex′orable, *a.* مُتَمادٍ . لا يَستَلين . لا يَنثَني عن مُرادِه . لا يَتَبدَّل

inexpēd′iẹnt, *a.* غير حَصيف . ليس من الحكمة في شيء . لا يخدم الغرض . غير مُستَصوَب

inexpen′sive, *a.* زَهيد الثمن . رَخيص

inexpēr′iẹnce, *n.* عدم خِبرَة . غَمارة . جَهالة

inexpēr′iẹnced [-sd], *a.* غِرّ = عديم الخِبرَة (أو) التجربة = غُمر

inexpert′, *a.* غير حاذِق . غير خبير . غير ماهِر

inex′piable, *a.* لا يُكفَّر عنه . لا يُتَلافى

inex′plicable, *a.* لا تَفسيرَ له . مُغيِّب . مَجهول . مُستَغلِق

inexpress′ible, *a.* لا يُعبَّر عنه . لا يُوصَف

inexting'uishable [-gwish-], *a.* لا يُطفَأُ . لا يُطمَس

inex'tricable, *a.* لا يمكن التخلُّص منه . مُرتَبِك . لا تمكن النجاة منه . لا يمكن أن يُخلَّص . لا يُحلّ

infallibil'ity, *n.* العِصمة من الخطأ

infall'ible, *a.* لا يُخطِئ . مُنزَّه (أو معصوم) عن الخطأ . صادِق

in'famous, *a.* قَبيح السمعة (أو) الشهرة . رَذِيل . مُخزٍ . شَنيع

in'famy, *n.* قُبح السمعة = جُرسة . رَذالَة . مَخزاة . فظيعة . خِزي

in'fancy, *n.* طُفولة . طُفولية . حَداثة = بَداهة . قُصُور = الحَداثة قبل بلوغ السن القانونية

in'fant, *n.* طِفلٌ . وَليدٌ . رَضيع

in'fantīle, *a.* طِفلي . طُفُولي . وُلودي . صِبياني . في مبدأ نشأته

infantile paralysis, (مرض) شلل الأطفال (أو) البوليو

in'fantīne, *a.* طِفلي . طُفولي . صِبياني

in'fantry, *n.* مُشاة (الجيش) = بَيَّادَة

in'fantryman, *n.*; *pl.* -men بَيَّادي . أحد أفراد المشاة

infat'ūāte, *v.* فَتَن . شَغَف . تَيَّم (غرامًا)

infat'ūātĕd, *a.* مُتَيَّم . مَفتُون . مَشغُوفٌ (أو) هائم (بالحب) . مُدَلَّه

infatūā'tion, *n.* افتتان . هِيام . شُغُوف . تَدَلُّه

infect', *v.* أعدَى (بالمرض) . لَوَّث . أعدَى (بفكرة أو رأي) . سرَى (أو) تفشَّى (في النفس)

infec'tion, *n.* إعداء . عَدْوَى . مَرَض مُعدٍ (أو) سارٍ

infec'tious, *a.* مُعدٍ . سارٍ

infer', *v.* (-rred, -rring) استدل . استنتج . أشعَر (بِ)

in'fęręnce, *n.* استدلال . استنتاج . نتيجة . استشعار

infēr'ior, *a.*, *n.* دُونَ . سُفليّ . دُون . أسفَل . متوسّط . دون الوَسَط . أقل مرتبةً . مُنحَطّ

infērio'rity, *n.* دُون . دُونِيَّة . سُفُول . انحطاط

infern'al, *a.* جَهَنَّمي . شَيطاني

— machine, آلة دَمارِية (أو) مُدمِّرة = جهاز يحدث انفجاراً لتدمير الأملاك (أو) للقتل

infern'ō, *n.*; *pl.* -nos جَحيم . جَهَنَّم . مكان جَهَنَّمي

infest', *v.* جاس = دار (في المكان) بالعَيث والفَساد . تَفَشَّى وعاث

in'fidel, *n.* كافِر . غير مؤمن . جاحِدٌ

infidel'ity, *n.* كُفر . جُحود . خيانة (زوجية) . عدم الإخلاص . خِيانة . غَدْر

infil'trāte, *v.* تسلل . اجتاس . اخترق . تَغَلغَل . تخشخش . اندسّ

infiltrā'tion, *n.* تسلّل . اجتياس . تَغَلغُل . إندساس . اختراق

in'finite, *a.* غير محدود . غير مُنتَهٍ . لا مُنتَهَى له . لا حَدَّ له . بالغٌ حدَّ الكمال

The Infinite, السَّرمَدِيُّ . الله

in'finitely [-tl-], *ad.* بما لا حدَّ (أو غايةَ) له . للغاية

infinites'imal, *a.* مُتَناهٍ في الصِغَر = دِقِّيّ . يتعلق بكمية رياضية تتلاشى تدريجاً

— Calculus, حساب التفاضل والتكامل

infin'itive, *n.* صيغة المصدر . اسم المصدر

infin′itūde, *n.* كمية غير محدودة . كَمِّيَّة لا تتناهى . عدم التناهي . عدم المحدودية

infin′ity, *n.* أَبَد . اللَّانِهاية . عَدَمُ الانتهاء . كميةٌ غيرُ منتهية (أو) محدودة

infirm′, *a.* واهِن . خائر العزم . مُتقلقِل

infirm′ary, *n.* مَسقَم . دارُ عَجزَة . مُستَشفى (في مدرسة أو معهد)

infirm′ity, *n.* ضُعف = خَوَر . عاهةٌ . مَرَض . سُقم

infix′, *v.* رَزَّ (في) . ركَز (في)

inflāme′, *v.* اشعل . هَيَّج . ثوَّر . أَحمى . أَلهَب . التهب . أَوْغر . اشتعل

inflamm′able, *a.* قابل (أو سريع) الالتهاب . سريع التهيُّج (أو) الاحتداد

inflammā′tion, *n.* التهاب . إلهاب . تَهيُّج

inflamm′atory, *a.* مُهيِّج (أو) مُلهِب للإحساس (أو) للنفوس . إيغاريّ

inflāte′, *v.* نَفَخ . انتفخ . تَنَفَّخ كِبْرًا . تَضَخَّم (النقدُ أو السعر)

inflā′tion, *n.* نَفْخٌ . انتفاخ . تضخم نقدي (أو في الأسعار) . انتفاخ = كِبْر وتَعَظُّم

inflect′, *v.* عَطَف . حَوَّر الصوتَ . أعرب الكلمة بإظهار علامة الإعراب

inflec′tion, *n.* علامة (أو زائدة) إعرابية (في آخر الكلمة) . حركة الصوت بحسب المعنى = لَحْن الكلام

inflex′ible, *a.* لا ينثني . صُلب . مُتصَلِّب . جامد . لا يَستلين . عَنيد . لا يتبدَّل

inflict′, *v.* سامَ . أَوْقَع (على) . ابتلى . فَرَض

inflic′tion, *n.* ايقاع (على) . عِقاب . ابتلاء

in′flōw [-flō], *n.* توارد . تَدفق . تسايل

in′fluence, *n.* سُلطة . نُفوذ . شخص (أو) شيء ذو تأثير (أو) نفوذ

in′fluence, *v.* أَثَّر (في) . له تأثير (في) (أو) سُلطة (على)

influen′tial [-shel], *a.* صاحب نفوذ (أو) تأثير (أو) سُلطة

influen′za, *n.* نَزْلة وافدة = انفلونزا

in′flux, *n.* سَيل . انصباب . تَدَفُّق

infōld′, *v.* لَفَّ . لَفَّف . لَفَّع . ضَمَّ (بين ذراعيه)

infôrm′, *v.* أَخْبَر . أَعْلَم . عَرَّف . وَشَى (بِ) = بَلَّغ (عن) = نَمَّ (على)

infôrm′al, *a.* غير رَسمي . مُتَبَسِّط . غير تَرَسُّمِي . بدون تَكَلُّفٍ . عامّي (في اللغة)

infôrmal′ity, *n.* تَبَسُّط . عدم التكلف . عملٌ غير ترسمي

infôrm′ally, *ad.* بِتَبَسُّط . بِطَرحِ التَّرَسُّمات

infôrm′ant, *n.* مُخبِر . ناقِلُ خَبَرٍ . مُبَلِّغ

informā′tion, *n.* أَخبار . معلومات . إعلام . إخبار . تعريف . وشاية . تبليغ

infôrm′er, *n.* مُخبِرٌ سِرِّي . واشٍ = نَسَّاسٌ . نَمَّام

infrac′tion, *n.* كَسْر (أو) نَقض (قانون أو التزام)

infrē′quent [-kwent], *a.* نادِر . قليل الحدوث . غير مُتكرِّر

infringe′, *v.* خَرَق = نَقَض . تجاوز (أو) تَعَدَّى (على) = تَجَرْهَم (على القانون)

infringe′ment [-jm-], *n.* نَقض . تَعَدٍّ . افتئات . تَجَرْهُم

infūr′iāte, *v.* نَغَّر = أَلهَب غضبًا . تَنَغَّر = استشاط غضبًا . أَحنَق

infūse′, *v.* صَبَّ . بَثَّ . أَشْرَب . لَقَّن . نقع

infū′sion [-zhen], *n.* بَثٌّ . إشرابٌ . نُقاعَة

ingēn′ious, *a.* ماهِر . عَبقرِيّ . مُبْدِع

ingẽnū′ity, *n.* مَهارة . عَبقرِية . إبداع . ابتكار . أَلمعِيّة

ingen′ūous, *a.* ساذَج . على السَّجِيَّة . صافي النية . سليم الصدر

ing′le-nook [-ln-], *n.* كِسر (البيت) = زاوية بجانب النار

inglôr′ious, *a.* مُشين . مُخزٍ . خامِل الذكر

ing′ot, *n.* سَبيكة [من ذهب أو فضة أو . . .]

ingrâft′, *v.* طَعَّم (الشجر) . رَكَز (أو) غَرَس

ingrain′, *v.* رَسَخ . رَسَّخ . صَبَغ الغزل (قبل النسج)

in′grain, *a.* مَصبُوغ قبل النسج

in′grain′, *n.* غَزْل مصبوغ قبل النسج

ingrained′ [-nd], *a.* راسِخ . مُتأصِّل

ingrāte′, *n.* (شخص) ناكرٌ للجميل

ingrā′tiāte [-sh-], *v.* حَبَّب . أحظَى

ingrat′itūde, *n.* جُحُود (أو) كُفران النعمة = نُكران الجميل (أو) المعروف = كُنود

ingrēd′ient, *n.* جزء مُرَكِّب = مِزْج . مادة مُؤَلِّفة

in′grẽss, *n.* دخول . مَدْخَل . حَقّ الدخول

inhab′it, *v.* سَكَن . استوطن

inhab′itable, *a.* قابل (أو) صالِح للسُكْنى

inhab′itant, *n.* ساكن . مُستَوطِن . مُقيم

inhab′itẽd, *a.* مَسكون . مَأهول

inhalā′tion, *n.* إدخال النَّفَس . دواء يُستنشَق

inhāle′, *v.* أدخل النَّفَس . أدخل إلى الرئتين . استنشق

inhârmōn′ious, *a.* مُتنافِر . غير مُتآلِف (أو) متلائم

inhēr′ẹnt, *a.* ذاتي . متأصِّل . خِلقِي . طَبيعي . مُلازِمٌ

inhēr′ẹntly, *ad.* خِلقيًّا . بالطبيعة

inhẹ′rit, *v.* وَرِث . توارث

inhẹ′ritance, *n.* وِراثة . إرثٌ . ميراث

inhẹ′ritor, *n.* وارث . وَرِيثٌ

inhib′it, *v.* رَدّ . قَدَع . كَبَح . زَجَر . وزَع . مَنَع

inhibi′tion, *n.* زَجر . وازِع . إنكبات . تَحَشُّم . قامِعة . إنقاع

inhos′pitable, *a.* لا يُكرِم الضَّيف . لا يُطمأَنّ (فيه) . مُوحِش . وَخيم . نابٍ

inhūm′an, *a.* مُجرَّد من الصفات الإنسانية (أو الشفقة) . قاسٍ . وحشي . بربري

inhūman′ity, *n.* تَجرُّد من الصفات الإنسانية (أو الشفقة) . عَمَل وحشي (أو) بربري

inim′ical, *a.* مُناوِئ . مُعادٍ . مُضِرٌّ (بِ) . مُنافٍ

inim′itable, *a.* نَسيجُ وَحْدِه . لا يُماثَل . لا يُضاهى . فَريد

iniq′uitous [-kwit-], *a.* باغٍ . جائِر . حائِف . ظالم . ضائم

iniq′uity [-kwiti], *n.* بَغي . ظُلْم شديد . مُنكَرٌ . حَيف . ضَيم

ini′tial [-shal], *n.* الحرفُ الأول (في الكلمة أو الإسم)

ini′tial, *a.* أول . أوّلي . ابتدائي

ini′tial [-shal], *v.* (-l(l)ed, -l(l)ing) وَقَّع (بالأحرف الأولى)

ini′tially, *ad.* في الأول . مبدئيًا . أصْلًا

ini′tiāte [-shiāt], *v.* بدأ . ابتدأ . ابتكر . أحدث . أنشأ (أولَ مرة) . أدْخل (في جمعية مع الترسات المعتادة) . فَقَّه (في موضوعٍ جديد) = بَدَّأ

ini'tiate [-shi-it], *n.* شَخصٌ داخِلٌ في جمعيةٍ (أو) مبتدئ

initiā'tion [-nish-], *n.* ابتداء . إحداث . إدخال (في جمعية) . تفقيه (في موضوعٍ جديد)

ini'tiative [-shiat-], *n.* نَجدة . مُبادَرة . مبادأة . مبادَرة

inject', *n.* نَفَث . حَقَن . زَجَّ . أقحَم . زَجَل

injec'tion, *n.* حَقن . حُقنَة

injūdi'cious [-shẹs], *a.* ليس فيه كِياسة = غير حكيم . غير مُوَفَّق

injunc'tion, *n.* أمرٌ . أمرٌ تكليفي . تحتيم . نَهيٌ

in'jure [-jẹr], *v.* أساء (إلى) . أضرَّ (بِ) . آذى

injūr'ious, *a.* مُسيء . مؤذٍ . ضارّ

in'jury [-jẹri], *n.* سُوء . ضَرَر . خَسارة . أذىً . ضيم

injus'tice, *n.* ظُلم . حَيف . مَظلِمَة . هَضم حق

ink, *n.* حِبر = نِقس = مِدَاد

ink, *v.* حَبَّر . لَوَّث (أو) لطَّخ بالحبر

ink'-hôrn, *n.* دَوَاةٌ

ink'ling, *n.* ذَرْوٌ = رائحة (أو طَرَف) خبر . تلويحة = رَسْوَة . رَسّ

ink'stand, *n.* دَوَاة . مَحبَرَة

ink'-well, *n.* مَحبَرَة . دَوَاةٌ

ink'y, *a.* (-kier, -kiest) حِبري . نِقسِي . أسود كالحبر

in'laid [*or* inlād'], *a.* مُطَعَّم = مُرَصَّع = مُكَفَّت

in'laid, *v.; p., pp. of* inlay

in'land, *n.* داخلُ البلاد . القسم الداخلي (من البلاد)

in'land, *ad.* في (أو إلى) داخل البلاد

in'land, *a.* داخلي = بعيدٌ عن البحر (أو) الحدود . أهلي

inlay', *v.* (-laid, -laying) طَعَّم (بالجواهر أو مواد الزينة) = رَصَّع = كَفَّت . تَرَّل

in'lĕt, *n.* غُبّ = لسانُ ماء = خَوْرٌ = رَجيل . مَدخَلٌ . مَفتَح

in'māte, *n.* ساكِن . نازِل . نَزيل (في سجن أو مستشفى)

in'mōst, *a.* الأبعَدُ في الداخِلِ (أو) الباطن . أعمَق

inn, *n.* خان المسافرين . فُندُق

innāte', *a.* فِطري . طَبعي . مَطبُوع

inn'ẹr, *a.* جَوَّاني . باطني . خَلَدي

inn'ẹrmōst, *a.* أبعَد ما يكون في الداخل (أو) في الباطن

inn'ings, *n. sin. and pl.* تَوبَة أحد الفريقين (في اللعب) . فُرصَة . دَوْرٌ

inn'keepẹr, *n.* صاحبُ الخان . صاحب الفُندق

inn'ocẹnce, *n.* بَراءة . طَهارة النفس . سَذاجة

inn'ocẹnt, *a., n.* بَريء . طاهِر النفس . ساذَج

innoc'ūous, *a.* غير مُضرّ (أو) مؤذٍ

inn'ōvāte, *v.* ابتدع = أتى بِبِدعة . استَحدث = غيَّر وجَدَّد

innōvā'tion, *n.* تجديد . استحداث . بِدعَة

inn'ōvātor, *n.* مُجَدِّد . مُستَحدِث

innūen'dō, *n.; pl.* -does إشارة تَعريضيّة . تَعريض . تلميح (فيه طَعن)

innūm'ẹrable, *a.* لا يُعَدّ . لا يُحصَى

inoc'ūlāte, *v.* طَعَّم (بالجراثيم للمناعة)

inocūlā'tion, *n.* تطعيم (بالجراثيم لإكساب المناعة)

inoffen'sive, *a.* لا يُسيء . لا يؤذي النَّفْس . لا يُنفِّر . غير ضار . غير عُدواني

inop'ẹrative, *a.* غير عامل . غير نافذ . متروك العمل به . غير جارٍ . عديم المفعول

inopp'ortūne, *a.* في غير كُنْهه . في غير الوقت المناسب . غير مناسب

inôrd'inate [-it], *a.* مُشْتَطّ . مُسْرِف . مُفرِط . جامح

inord'inately, *ad.* باشتطاط . بِسَرَف . بإفراط

inorgan'ic, *a.* غير عُضوي . غير حَيَواني

in'quest [-kwest], *n.* تحقيق قَضائي (وخصوصًا في وفاةٍ)

inquīre' [-kwīr], *v.* سأل . استعلم . تَفَحَّص (عن)

inquīr'ẹr [-kwīr-], *n.* سائل . مُستعلِم . مُتفحِّص

inquīr'y [-kwī-], *n.* استعلام . استقصاء . تحقيق

inquisi'tion [-kwiz-], *n.* بحث . استقصاء . تحقيق . تفتيش

The Inquisition, محكمة التفتيش الدينية (في أُوروبا)

inquis'itive [-kwi-], *a.* كثير = سَأّل السؤآل . نَقّاف = كثير الفحص عن شئون الغير

inquis'itor, [-kwi-], *n.* مُحقِّق . مُفتِّش في محاكم التفتيش

in'rōad [-rōd], *n.* عَدْوَة . غارة . إغارة

in'rush, *n.* تَدَفُّق . تسيُّل . دَغْر . دفقة

insāne', *a.* مجنون = مُختَلّ العقل . للمجانين

insan'ity, *n.* اختلال (أو زَوال) العقل . جُنون

insā'tiable [-shabl], *a.* لا يَقنَع (أو) لا يَكتفي (من شيء) . نَهِمٌ . لا يَشبع = مَسحوت

insā'tiate [-shi-it], *a.* دائمًا في نَهَم . لا يَشبع . جامِحٌ (في الرَّغبة)

inscrībe', *v.* كَتَب . نَقَش . أضاف . أدرج

inscrip'tion, *n.* كِتابة . نَقْش . نَقْر

inscrūt'able, *a.* لا يُفهَم (سِرُّه) . خَفيّ . غامِض . لا يُدْرَك كُنْهُه

in'sect, *n.* حَشَرَة . خِشَاشة

insec'ticīde, *n.* عَقّار مُبيد للحشرات

insēcūre', *a.* غير مطمئن . غير واثق . غير مأمونٍ . غير وَثيق . قَلِق

insen'sate [-it], *a.* عديم الحِسّ للغير . جُنوني . فاقِد العقل . عديم الإحساس . (أو) الحياة . مُغفَّل

insensibil'ity, *n.; pl.* -ties غيبوبة حِسّيّة . عدم الإحساس . عدم المبالاة

insen'sible, *a.* عديم الإحساس . عديم الحِس . غير محسوس . فاقِد الشعور

insen'sitive, *a.* لا يتأثر (بِ) . غير حَسّاس . عديم الإحساس

insep'arable, *a.* لا يفترق . لا يَنفَصِل . لا ينفك . مُلازِم

insert', *v.* خَشَّش . أدْخَل . أدرج = نَزَّل . أَسْلَك

in'sert, *n.* تَدْخيلَة (أو) تَنْزِيلَة (في جريدة أو مَجلّة)

inser'tion, *n.* إدخال . إسْلاك . إدراج . تَنْزِيلَة

in'set, *n.* تَدْخِيلَة . تنزيلة

inset′, *v.* (-set, -setting) أَدْخَلَ . تَزَّلَ . دَخَّلَ

in′shôre, *a(d).* نحوَ الشاطئ . قرب الشاطئ

in′sīde′, *n., a.* جَوْف . داخل . باطن . داخليٌّ . مَكْنون

insīde′, *ad., prp.* في داخل البيت . في (أو إلى) داخل . داخلًا

insid′ẹr, *n.* عُضْو (في نادٍ أو جماعة) . مُطَّلِع على دخائل الأمور . مُدَاخِلٌ . مُباطِن

in′sīdes′ [-dz], *n. pl.* أحشاء . أعضاء داخلية

insid′ious, *a.* (مَرَض) دَفِين . دَغِلٌ . دَغَّال . مَكَّار . دَسَّاس

in′sight [-sīt], *n.* إكْتِناه . فهم ثاقب . فِرَاسَة . استبصار . بصيرة . عُمق نظر

insiġ′nia, *n. pl.* شِعَارات المُلْك (أو . .) . شارات الشرف (أو) المَنْصِب . أمارات

insiġnif′icance, *n.* زَهَادة = تَفَاهة . عدم أهمية

insiġnif′icant, *a.* لا مَعنى له . غير طائل = زَهِيدٌ . تافِهٌ . لا يُؤْبَه له . لا بال به . طفيف

insincēre′, *a.* كاذب . لا يُؤْمَن له . غير مُخْلِص . مَلَّاذ . مُراء

insince′rity, *n.* عدم إخلاص = مُمالَذة . رياء

insin′ūāte, *v.* خَشَّشَ . تَدَسَّسَ = تَخَشْخَشَ . أوْمأ . عَرَّضَ (في الكلام) = سَجَّحَ . لَمَّحَ . دسَّ

insinūā′tion, *n.* تَدَسُّس . لَمْزٌ . تَعريض . تسجيح = تعريض في الكلام . دَسّ

insip′id, *a.* مَسيخٌ = لا طَعْمَ له . تافِهٌ . غَثٌّ

insist′, *v.* أَصَرَّ . أَلَحَّ

insist′ẹnce, *n.* إصرارٌ . إلْحَاحٌ

insist′ẹnt, *a.* مُصِرٌّ . مُلِحّ . مُلْحِف

insnāre′, *v.* أوقعه في الحِبالة (أو) الشَرك

in′sōle, *n.* نعلٌ داخلي

in′solẹnce, *n.* عَرَامة = اجتراء ووَقَاحَة . سَفَاهَة

in′solẹnt, *a.* عارِم = مُجْتَرِئٌ وَقِحٌ . سَفِيه

insol′ūble, *a.* لا يَنحلّ . لا يَذُوب . لا يُحَلّ

insol′vẹncy, *n.* إفلاس . إعسار . عدم المقدرة على الوفاء

insol′vẹnt, *a.* مُعْسِر . مُفْلِس

insom′nia, *n.* أَرَقٌ . سُهْدٌ

insōmuch′, *ad.* حتى (إنّ) . بحيث . . . بِقَدْر (ما . . .)

inspect′, *v.* عايَن . فَتَّشَ . تَصَفَّحَ . تَفَقَّدَ . استعرض

inspec′tion, *n.* مُعايَنة . تفتيش . تَصَفُّح . تَفَحُّص

inspec′tor, *n.* مُفَتِّش . ناظر . مُتَفَقِّد

inspirā′tion, *n.* إيزاع = إيحاء . إلهام . إدخال النَّفَس

inspirā′tional [-shẹn-], *n.* إيحائي . إلهامي

inspīre′, *v.* أوحى . أَلْهَم = أَوْزَع . شَوَّق . أَلقى (في النَّفَس أو الروح) = نَفَث = أشرب . حَرَّك . أدخل النَّفَس

inspi′rit, *v.* شَجَّع . أَنْعَش . أَبْهج . قَوّى القلب (أو) النَّفْس

inst. = instant الجاري . الحالي

instabil′ity, *n.* تَقَلْقُل . عدم الاستقرار (أو) الثبات . تَقَلُّب

install′ [-stôl], *v.* نَصَّب (باحتفال) . إرتكز . رَكَّب (آلةً أو . . .) . تركَّز . نَصَب

installā′tion, *n.* (حَفلَة) تنصيب . ارتكاز (في مكان) . مُنشأة

instal′mẹnt [-stôl-], *n.* دُفعة . قِسط . فصل

in′stance, *n.* مِثال . حالَة . طَلَب . شاهِدٌ . خطوة

at the — of, بناءً على طَلَب (أو إلحاح . . .)

for —, مثلًا . مثال ذلك

in′stance, *v.* مَثَّل = استشهد

in′stant, *n.* لَحظَة . هُنيهة

in′stant, *a.* فَوري . عاجِلٌ . مُلِحٌّ . جارٍ

instantān′ẽous, *a.* آنيّ . في لَحظَة . وَحِيٌّ . عاجِل

instantān′ẽously, *ad.* فَوراً . في الحال . لِحِينه

in′stantly, *ad.* حالًا . على الفَور

instead′ [-sted], *ad.* بدلًا (من) . عِوَضًا (عن) . خِلاف

in′step, *n.* عَير (أو) حِمارة (أو) ظَهر القَدَم

in′stigāte, *v.* أزَّ = [وَزَّ] = حَرَّض = أغرى = شَوَّق (على الشر) = حَرَّش

instigā′tion, *n.* تَحريض . تهييج . إغراء (على الشر)

in′stigātor, *n.* مُحَرِّض . مُهَيِّج . مُحَرِّش

instil(l)′, *v.* (-lled, -lling) نَفَث . أشرَب = شَرَّب . ألقى (أو) دَخَّل (في الذهن) . شَلشَل = قَطَّر

in′stinct, *n.* غَريزة . سَليقة . قَريحَة

instinct′, *a.* مَملوءٌ . مَشحُون . طافِحٌ (بِ) . مُشَرَّب . مجبولٌ (أو) مفطورٌ (على)

instinc′tive, *a.* غريزي . سَليقي . طَبعي

in′stitūte, *v.* أحدث . أنشأ . شَرَع . أَسَّس . سَنَّ

in′stitūte, *n.* مُؤسَّسَة . مَعهَدٌ علمي

institū′tion, *n.* نِظَام = شَريعة . مُؤسَّسة . سُنَّة = عَادَة مُتَّبَعة . شُروع

institū′tional [-shẹn-], *a.* تأسيسي . نِظامي . مُختص . سُنِّي

instruct′, *v.* عَلَّم . أعلَم . أوصى . أوعز (إلى) . فَقَّه

instruc′tion, *n.* دَرسٌ . تعليم . إعلام . إيعاز . تفقيه

instruc′tions, *n. pl.* تعليمات . إيعازات . تفقيهات

instruc′tive, *a.* يُستَقى منه مَعلُومات (جديدة) . مُفيد عِلمياً . تَعليمي . مُفقِه

instruc′tor, *n.* مُعلِّم . مُدَرِّس

in′strụmẹnt, *n.* أداة . آلة . واسِطَة . صَكّ . وثيقة

instrụmen′tal, *a.* أدَوي . آلِيّ . واسِطَة . له اليد (في) . مُساعِف

instrụmẹntal′ity, *n.* واسِطيَّة

insubôrd′inate [-it-], *a.* منابِذ . مُعاصٍ . خالع الطاعة

insubôrdinā′tion, *n.* منابَذة . خلع الطاعة . معاصاة

insubstan′tial, *a.* واهٍ . مثل خيط العنكبوت . لا يكاد يكون له جِرم . مَوهوم

insuff′ẹrable, *a.* لا يُطاق . لا يُحتَمل

insuffi′ciency [-shẹn-], *n.* قِلَّة . عدم كفاية . قُصور (عن الحاجة)

insuffi′cient [shẹnt], *a.* قليلٌ . غيرُ كافٍ . قاصر (عن الحاجة) . غيرُ وافٍ

in'sūlar, *a.* متعلّق بجزيرة (أو) سُكّانها . مُنْعَزل . مُنْفَصِل . [جَزيري] . ضَنِيك العقل = ضيق العقل

in'sūlāte, *v.* عَزَل . فَصَل

insūlā'tion, *n.* عَزْلٌ . فَصل

in'sūlātor, *n.* عازِل = مانِع لانتقال الحرارة أو الكهرباء

in'sūlin, *n.* عَقَّار الأنسولين ضد السُكَّري

in'sult, *n.* تحقير . إهانة

insult', *v.* حَقَّر . أَهَان

insūp'ęrable, *a.* كَؤُود . لا يمكن التغلُّب عليه (أو) قَهرُه

insuppôrt'able, *a.* لا يُحْمَل . لا يُحتَمل . لا يُطاق

insûr'ance, *n.* تأمين . ضمان . تَضْمين . مبلغ (أو قِسط) التأمين

insûre', *v.* اسْتَوْثق . ضَمِن . أَمَّن . حَرَّز

insur'gęnt, *a., n.* ثائِرٌ . عاصٍ . مُنْتَقِض

insurmoun'table [-sęr], *a.* لا يمكن قَهرُه (أو) التغلُّب عليه

insurrec'tion [u *as in* but], *n.* عِصْيَان (مُنظَّم) . ثَوْرَة . فِتْنَة

intact', *a.* مَوْفُور = غير مَنقُوص = سَلِيم = صحيح = على صِحَّته

in'tāke, *n.* أَخذَة . مكان الإدخال = مَدْخَل . مأخَذ . عدد (أو) كمية مُدْخَلَة . أُنبوب . حَزْقَة

intan'gible, *n.* لا يُدْرَك باللَّمس . غير مَلموس . صعب الإدراك . غَامِض . عديم الجِرْم

in'tēgęr, *n.* عَدَد تامّ (أو) صحيح

in'tēgral, *a.* جَوهَري . مُتَمِّم . قِوامِيّ . تامٌّ

— calculus, حساب التكامل

in'tēgrāte, *v.* دَمَج . لأَم . لأم . وحَّد . ضَمَّم . أعطى المجموع

intēgrā'tion, *n.* التئام . تَضْميم . تتميم . توحيد . تكامل . دَمْج

integ'rity, *n.* استقامة . كَمال الأخلاق . اكتمال . وُفُور . سَلامة الخُلُق

integ'ūmęnt, *n.* قِشرة . حَشَرة = قِشرة تلي الحَبَّة . سَلخ = جِلد (أو) قِشر

in'tēllect, *n.* فِكر . تفكير . ذِهن . ذَهَانة . شَخص ذِهن (أو) فَهيم

intēllec'tūal, *a.* فِكري . ذِهني

intēllec'tūal, *n.* مُفَكِّر . فَهَّامة . فَهيم

intēllec'tūally, *ad.* فِكريًا . ذِهنيًا . تفكيريًا

intell'igęnce, *n.* فِطنة = ذكاء . معلومات . أخبار . استخبارات

— departmęnt, دائرة الاستخبارات السرية

intell'igęnt, *a.* لَبيب . فَطِين . ذَكِيٌّ

intell'igęntly, *ad.* بِفَهامَة . بذكاء

intelligent'sia, *n.* طبقة الفُهَماء (أو المثقفين (الثَّوريين) . طبقة المتعلمين

intell'igible, *a.* واضِحٌ . يُفهَم . يمكن فَهْمُه . يمكن إدراكُه فِكريًا

intell'igibly, *ad.* بحيث يُقرأ (أو) يُفهَم

intem'pęrance, *n.* إطلاق العِنان للنَّفس . عدم الاعتدال . إفراط (في الشرب)

intem'pęrate [-it], *a.* غير عفيف النفس . قاس . غير مُعتَدِل . مُنهمِك (في الشرب) . شَرِس

intend', *v.* نَوَى . قَصَد . تَعَمَّد . أعَدَّ

inten'dēd, *a.* مَقصُود . مُعَدّ . مَنويّ

intense', *a.* غايَةٌ في الشِدَّة (أو) العِظَم . شديد . حَمِيم

intense'ly [-sl-], *ad.* بكثرةٍ (أو) بشدةٍ مُتناهِيَة . للغاية

intensificā'tion, *n.* تشديد . تبريح . تفاقم

inten'sifȳ, *v.* (-fied, -fying) شَدَّد . زاد شِدَّة (أو) حِدَّة

inten'sity, *n.* شِدَّة . حِدَّة . سَوْرة

inten'sive, *a.* مُحكَم . شَدِيد . تَدْقيقي . تَشْدِيدي . توكيدي . كثيف . إمعاني

inten'sively [-vl-], *ad.* بتدقيقٍ وتَعَمُّق . باستقصاء

intent', *n.* قَصد . نِيَّة . عَمْد . وُكد

to all —s and purposes, بالفعل . حقيقة . تقريباً . من جميع الوجوه

intent', *a.* مُنصَرِف الذهن (أو) الوُكد (أو) الهَمّ . مُكِبٌّ = عاكِفٌ . مُثَبَّت . مُرَكَّز . عاقِدٌ النية (أو) العزم . مُنصَبٌّ

inten'tion, *n.* مَقصد . مَرام . نِيَّة . قَصْد

inten'tional[-shẹn], *a.* مَقصُود . عَمْدِي

inten'tionally [-shẹn-], *ad.* عن قَصدٍ . قَصداً . عَمْداً

inter', *v.* (-rred, -rring) قَبَر = دَفَن (الميت)

intẹract', *v.* تَفَاعَل

intẹrac'tion, *n.* تفاعُل

intẹrbreed', *v.* وَلَّد (بتضريب الحيوان أو النبات بعضه ببعض)

intẹrcēde', *v.* توسَّط . تَشَفَّع

intẹrcept', *v.* قَطَع عليه الطريق . اعترض سَبيلَه (وأَوْقَفَه أو احتجزه أو استولى عليه)

intẹrce'ssion, *n.* توسُّط . شَفاعة . استشفاع

intẹrcess'or, *n.* شَفِيع . وَسِيط

in'tẹrchānge, *n.* تعاوُر . تَبَادُل . مُعاوَضة . مُنَاوَبة

intẹrchānge', *v.* تبادَل . تَعاوَر . تَداول

intẹrchānge'able [-jab-], *a.* يمكن استبداله (أو) الإستعاضة عنه

intẹrcollē'giate [-jiit], *a.* بين الكُلِّيّات

intẹrcolōn'ial, *a.* بين المستعمرات

intẹrcommūn'icāte, *v.* تراسَل . تواصل

intẹrcommunicā'tion, *n.* تراسُل . تواصُل

in'tẹrcourse [-kôrs], *n.* مُخالَطة . تَوَاصُل . تبادل . مُعامَلة . مُطارَحة . وِصال

intẹrdēpen'dẹnce, *n.* التساند . التكافُل . الاعتماد المتبادَل

in'tẹrdict, *n.* مَنع . حَظر . حِرمان (من الاشتراك في الصلوات)

intẹrdict', *v.* حَرَم . حَظَر . حَرَّم . مَنَع

intẹrdic'tion, *n.* تحريم . مَنع . حِرمان

in'tẹrest, *n.* اهتمام . حِرص . فِكْر = رَغبة = عَنايَة . مَثارٌ للاهتمام . مَطمَع

in'tẹrest, *n.* مَنفَعَة . فائِدةٌ . مَصلَحَة . مَهَمَّة . مأرَب . حِصَّة = شِرْكٌ . رِبح = رِبا = فائض

in'tẹrest, *v.* استرعى (أو) أثار الاهتمام . شَوَّق . رَغَّب

in'tẹrestēd, *a.* مُهتَم . ذو مَصلَحَة (أو) غَرَضٍ (أو) مَأرَب . له مَهَمَّة . [مُتغَرِّض]

in'tẹresting, *a.* باعِثٌ على الاهتمام . مُمتِع . مُلِذٌّ . مَهَمَّةٌ (على) . طَريف

intẹrfēre', *v.* عرقَل . دَاخَل . تداخل . عارَض . حَجَز (بين) . تَطَفَّل

to — with, تعارَض (مع) . أعاق . اعترض (سبيلَ . . .)

intẹrfēr'ẹnce, *n.* عَرقلة . مُداخلة . مُعارَضة . تكاسُر

intẹrfūse', *v.* مزج . تمازج

in'terim, *n.* فترة . أثناء . رَيْث = رُبصة

in'terim, *a.* مُوَقَّت = رَيْثي

an — report, تقرير مُوَقَّت (أو رَيْثي)

intēr'ior, *n.* داخل . باطن . منطقة جَوّانية (أو داخلية . شأنٌ داخلي

intēr'ior, *a.* داخِلي . باطني . جَوّاني . أهلي . إلى الداخل

intẹrject', *v.* أقحَم = أدْخل (بين) . اعترض

intẹrjec'tion, *n.* إقحام . هُتاف (للتعجب أو للفرح . . .)

intẹrlāce', *v.* ضَفر . إنضفر . حبَك . تداخل . تشابك . تحابك

intẹrlârd', *v.* شَذَّر (الكلامَ بالشعر مثلًا) = جزَّع . خَلَط . نوَّع

intẹrlīne', *v.* بطَّن ببطانة داخلية

intẹrlīne', *v.* حَشَى بأسطر بين السطور

intẹrlock', *v.* اعتلق . تعالق . تنشّب . تلاَحَك . تلاحم = تلاَحَز

intẹrlōpe', *v.* تدخّل فيما لا يعنيه . تعرّض لما لا يعنيه

in'tẹrlōpẹr, *n.* دَخّال = عِرّيض . دَخيل . دَسيس . دامِق . مُتطَفل = واغِل

in'tẹrlūde, *n.* فاصلة . فَتْرة . فاصلة موسيقية

intẹrma'rriage [-rij], *n.* التغريب في الزواج . تزاوُج

intẹrma'rry, *v.* (-rried, -rrying) غَرَّب في الزواج . تزاوَجَ

intẹrmed'dle, *v.* تدخّل . تداخَل . تكلّف الدخولَ (في)

intẹrmēd'iary, *n., a.* وَسيط . رسول . وَسَطي . متوسط

intẹrmēd'iate [i-it], *n., a.* وَسَطِيّ . مُتوَسِّط . وَسَط

interm'ẹnt, *n.* دَفْن . إلحاد = قَبْر

interm'inable, *a.* لا حَدَّ له . لا يَنتهي . طَويل . مُمِلّ

interm'inably, *ad.* بحيث لا ينتهي . بصورة مملة

intẹrmin'gle, *v.* اختلط . خَلَّط

intẹrmi'ssion, *n.* انقطاع . فَتْرة . وَقْفة

intẹrmit', *v.* انقطع (اتصالُه) . توَقَّف . تَبتَّر

intẹrmitt'ẹnt, *a.* مُتقطِّع . مُتصَرِّم . مُتبَتِّر . مُتكرِّر . راجِع

intẹrmix', *v.* تمازَج . مزج

intẹrmix'ture, *n.* خَليط . مَزيج

intern', *v.* اعتقل . احتجز . حَجَر

in'tern, *n.* طبيب مُرشَّح (يُتِمّ تدريبه في مستشفى)

intern'al, *a.* داخلي . باطني . أهلي

intern'ally, *ad.* داخِلياً . في (أو إلى) داخل الجسم

intẹrna'tional [-shẹn-], *a.* بين الدول (أو الأمم . دَوْلي

intẹrna'tionalize [-shẹn-], *v.* دَوَّل . جعله دَوْلياً

in'terne, *n.* = intern

intẹrnē'cīne, *a.* مُهلِك (أو) مُدمِّر (للجانبين) . وَبيلٌ على الطرفين . دامٍ

in'tẹrplay, *n.* تلاعُب . تفاعُل

interp'olāte, *v.* دَسّ (عبارة أو كلمةً بالغش)

interpolā'tion, *n.* عبارة (أو) كلمة مَدسوسة (أو) مُقحَمة = تزْيِيف

intẹrpōse', *v.* أقحَم (بَيْن) . حالَ (بين) . حجز . اعترض (أو) قاطع (بِ)

interposi'tion, *n.* إقحام . حَيلُولة . مُداخَلة . مُحاجَزة

interp'rĕt, *v.* أوّل . فَسَّر . تَرْجم

interprĕtā'tion, *n.* تأويل . تَفسير . تَرْجمة

interp'rĕtātive, *a.* تأويلي . تفسيري

interp'rĕtẹr, *n.* مُتَرْجِم . تَرْجُمان

intẹrreġ'num, *n.*, *pl.* -na, -nums فترة بين مَلِك وآخر . فَتْرَة (في الحُكم)

intẹrrĕlā'tĕd, *a.* مُتلائم . مُتَرابط

intẹ'rroġāte, *v.* سأل . استنطق . استفهم

interroġā'tion, *n.* استفهام . استنطاق

— mark, point, علامة الاستفهام (?)

interroġ'ative, *a.* استفهامي . طلَبي

interrupt', *v.* صَرَم (كلامَه) . قَطَع . [قاطع] . تَوَقَّف . حَجَب . حالَ . عَوَّق

interrup'tion, *n.* قَطْع . انقطاع . تَوَقُّف . حَجب . اعتراض (الكلام)

intersect', *v.* قاطَع . تَقاطَع . اخترق

intersec'tion, *n.* تقاطُع . مكان التقاطع (أو) التلاقي

intersperse', *v.* بَثّ . نَشَر . فَرَّق . تَغَاير . خَلَط . نَوَّع

in'tẹrstāte, *a.* بين الدول

inters'tice, *n.* مُنفَرَج = خَصَاصة = فَجْوة = تَفرجة

intertwīne', *v.* تَلافّ . تَلاوَى = التف (أو) التوى بعضُه على بعض . تعكّش

in'tẹrval, *n.* خَلوة . فُسحة . مدة (أو مسافة) فاصلة . تَفاوت

at —s, هنا وهناك . على فَتَرات

intervēne', *v.* دَاخَل . حَجَز . حالَ . فَصَل (بين) . دَخَل (بين)

interven'tion, *n.* مُدَاخَلة . حَيلُولَة . حِجَازَة

in'tẹrview [-vū], *n.* مقابلة . مُواجَهة

in'tẹrview, *v.* أجرى مُقَابَلة (أو) محادثة (صحفية) (مع)

interweave', *v.* (-wove *or* -weaved, -woven *or* -wove *or* -weaved, -weaving) وَشَّج = أَلَّف . تداخل . اختلط . جَدَل . حَبَك

interwō'vẹn, *a.* مُتَنَاسِج . متضافر . مُتَلاوٍ . مُتَشَابِك

intes'tāte [*or* -it], *a.*, *n.* شخص لم يترك وصيّة . بدون أن يترك وصيّة . بدون أن يوصي بوصيّة

intes'tinal, *a.* مِعَوِيّ

intes'tine, *n.* مَصِير = مَعي = مِعًى = عَفَج

intes'tineṡ, *n. pl.* مَصارين = أَمعاء = أَعفاج

inthrall' [-ôl], *v.* = enthrall

in'timacy, *n.* مَعرِفة (أو) صَداقة وثيقة (أو) ماسّة . أُلفَة (شديدة)

in'timate [-it], *a.* باطني . سِرّي . شديد الأُلفة . حَميم . وَثيق . أَليف

in'timate [-it], *n.* صَديقٌ (أو) مَعرَف حَميم (أو) أَليف = خَليل

in'timāte, *v.* أشعَر . لَمَّح . أَخبَر . أعلن

intimā'tion, *n.* إِشعَار . إيماء . إِخبار

intim'idāte, *v.* أرغم بالتخويف . خَوَّف . أَرهب . هَيَّب

intimidā'tion, *n.* تخويف . إرهاب . تَوَعُّد . تهييب

in'tō, *prp.* إلى (في) داخل . . . إلى . . .

intol'ẹrable, *a.* لا يُطَاق . لا يُحتَمَل . لا يُصبَر عليه . فَظيع

intol'ẹrance, *n.* عدم التسامح . تَعَصُّب . تَرَفُّض

intol'ẹrant, *a.* عدم التَحَمُّل (أو) التسامح . مُتَعَصِّب

— of, لا يُطيق . لا يَتَسامَح

intonā'tion, *n.* تَنغيم . تَرْتيل . ترنيم

intōne', *v.* نَغَّم . رَتَّم

intox'icant, *n.* خَمْرَة . مشروب مُسْكِر

intox'icāte, *v.* أَسكَرَ . أطَاش العقل

intox'icātẹd, *a.* سكران . مخمور

intox'icāting, *a.* مُسكِر . مُطيش للعقل = مُستَخِف

intoxicā'tion, *n.* سُكْرٌ . استخفاف . ازدهاء . تَسَمُّم

intrac'table, *a.* لا يَنقَاد . شَمُوس (كالحصان) . صعب المِراس

intramūr'al, *a.* داخلي . بين الجدران

intrân'sitive, *a.* لازم = لا يأخذ مفعولًا

intreat', *v.* = entreat

intrench', *v.* = entrench

intrench'mẹnt, *n.* = entrenchment

intrep'id, *a.* مِقدامٌ . جَرِيءٌ

intrepid'ity, *n.* جَسارة . بَسالة . إقدام

in'tricacy, *n.* تَعَقُّد . تشابك . تداخُل

in'tricate [-kit], *a.* مُتعقِّد . مُشْتَبِك . مُتَعَكِّش

intrigue' [-rēg], *n.* مَكيدة . دَسيسة . تَدبيرة غَدر

intrigue', *v.* دَبَّر (أو) بَيَّت مَكيدَة (أو) غَدرَة

intrin'sic, *a.* كُنهي . حقيقي . ذاتيّ . جَوهَري

introdūce', *v.* أدخَل . دَخَّل . أدرج . قَدَّم . أَحدَث . عَرَّف . أَجرى (قانونًا)

introduc'tion, *n.* إدخال . تقديم . مُقَدِّمَة . تعريف . إحداث

introduc'tory, *n.* افتتاحي . تمهيدي . تَقديمي

introspec'tion, *n.* تَفتيش النفس

in'trovert, *n.* شخص مُنطوٍ على نفسه

intrūde', *v.* دَمَق = زَجَّ (نفسَه) . إندمق = وَغَل = دَخَل من غير أن يُدعَى . دَخل من غير أن يُؤذن له = دَمَر . أَقحَم . تَبيَّح

intrūd'ẹr, *n.* دامِق . واغل . دَخيل . نَيَّاح = يتكلف الدخول في الأمور

intrū'sion [-zhẹn], *n.* دُموق . وُغُول . دُمُور . إقحام

intrūs'ive, *a.* مُقتَحِم . وُغولي . تطفلي

intrust', *v.* = entrust

intūi'tion, *n.* فِراسَة . صِدقُ الحَدْس . زَكَانة . تحديث النفس

intū'itive, *a.* فِراسي . زَكَني . حَدسِي

in'undāte, *v.* فاضَ (على) . غَمَر . غَرَّق

inundā'tion, *n.* فَيض . غَمرٌ . فَيَضان

inūre', *v.* عَوَّد . مَرَّن . طَبَّع

invāde', *v.* غزا . أَغار (على)

invād'ẹr, *n.* غازٍ . مُغير . عادٍ

in'valid, *n.* عَليلٌ . مَعلول . مُعَوَّه

in'valid, *v.* أَعَلَّ . أَضنى . عَوَّه

in'valid, *v.* (*also* invalid') أَسقط من جملةِ القادرين على العمل

in'valid, *a.* للمعلولين . للمعلول

inval'id, *a.* باطِلٌ . فاسدٌ . لا حُكمَ له

inval'idāte, *v.* أبطل . بَطَّل (حُكمَه)

inval'ūable, *a.* لا يُقَدَّر بِثَمَن . لا يُثَمَّن

invār'iable, *a.* لا يَتبدل . لا يَختلِف . على حالةٍ واحدة . ثابت

invār'iably, *ad.* بلا إخلاف . بلا اختلاف . بلا استثناء

invā'sion [-zhẹn], *n.* غَزْو . غارة

invec'tive, *n.* تنديد . تشنيع . تشنير . تجريس . قَذْع

inveigh' [-vā], *v.* شَدَّد النكير (على) . نَدَّد (بِ)

invei'gle [-vē-, -vā-], *v.* أَوْهط = وَدَّر = أوقع في مكروه = غَرَّر (بِ) . استغوى (حتى . . .) . استغوى

invent', *v.* اخترع . اختلق . افترى

inven'tion, *n.* اختراع . اختلاق . فِريَة

inven'tive, *a.* اختراعي . ذو قَرِيحَة مُبْدِعَة . مُستنبِط

inven'tor, *n.* مُختَرِع . مُوجِد

in'ventory, *n.* ثَبْتٌ (أو) قائمة (أشياء) . بيان تخزين البضاعة

in'ventory, *v.* (-ried, -rying) أَعدَّ (أو) نظَّم ثَبْتًا (أو) قائمة (بأشياء) . أدرج في هذه القائمة

inverse', *a.* معكوس . عَكْسي . منكوس

inver'sion [-shẹn], *n.* تنكيس . قَلْب . عَكْس

invert', *v.* عَكَس . قَلَب . نَكَس

in'vert, *n.* قوسٌ منكوس . مَأبون

invert'ēbrāte [*or* -it], *n.*, *a.* (حيوان) لا فِقَاري (أو) عديم الفِقار

invest', *v.* لَبَّس . قلَّد . خوَّل . حَاصَر

invest', *v.* أنفق واستثمر . فَيَّد (المالَ) = وَظَّفه = ثَمَّره

inves'tigāte, *v.* إستبحث . تَفحَّص . تَقَصَّى . نقَّب . استقرى

investigā'tion, *n.* استبحاث . تَقَصٍّ . تَفَحُّص . تحقيق . استقراء

inves'tigātor, *n.* مُستَفحِصٌ . مُحقِّق

inves'titure, *n.* تقليد السلطة (أو) الوظيفة (أو) الرتبة رسميًا . تَوْلِيَة

invest'mẹnt, *n.* استثمار (أو) تفييد (المال) . مالٌ مُستَثْمَر

inves'tor, *n.* صاحبُ مالٍ مُستَثْمَرٍ (أو) مُفَيَّد . مُفيِّد

invet'erate [-it], *a.* مارِنٌ = مُعتادٌ . قديم العهد . مُتأَصِّل . مُتعوِّد عادةً راسخة . مُدْمِنٌ

invid'ious, *a.* مُوغِر للصدر . مَحسَدَة . يَدعو إلى الاستياء والمَوْجدة . مُجحِفٌ

invig'orāte, *v.* قَوَّى . نَشَّط . شَدَّد من قوته

invin'cible, *a.* لا يُقهَر . لا يُغلَب . قاهِرٌ

invī'olable, *a.* مُقدَّس . لا تُنتَهَكُ حُرْمَتُه . حَرَم = لا يُطار

invī'olāte [*or* -it], *a.* مَوْفور . غير مُنتَهَك الحُرْمة . مَبْرور = مُبَرٌّ

invis'ible, *a.* لا يُرَى . غيرُ مَرْئيّ . مُستَتِر . مَخفِي

invis'ibly, *ad.* بحيث لا يُرَى . بصورة مُستَتِرَة

invitā'tion, *n.* دَعْوَة . استدعاء . مَدْعاةٌ

invīte', *v.* دعا . استدعى . التمس (منه) . استجلب

invīt'ing, *a.* جاذب . مُستَهوٍ . مُشَوِّق

invōcā'tion, *n.* دعوة إلى الله . ابتهال (إلى الله) . تَوَسُّل . رُقْيَة

in'voice, *n.* [فاتورة] . كَشْف بِضَاعة

in'voice, *v.* أَعدَّ فاتورة . أدرج في الفاتورة

invōke', *v.* دَعَا (أو) ابتهل (إلى الله) . استغاث . استصرخ . استشهد (ب) . استحضر (الروح) . استدعى بالرُّقَى

invol′untarily, *ad.* عن غير اختيار . اضطراراً

invol′untary, *a.* غير اختياري. اضطراري. غير إرادي

involve′, *v.* اشتمل . انطوى (على) . عَرْبَس = أوقَع في ارتباك وعَرْقَلة . [بلّش] . انغمس . تَلَبَّس . تعَرْبَس . أوقع (أو) أعلق (في شرٍّ) . عَرْقَل . استلزم

involved′ [-vd], *a.* مُلتَبِسٌ . مُعرَقَل . مَشمول . مُعقَّد . مُعرَبَس . مُنخرِط . داخلٌ

invul′nẹrable, *a.* لا يَصِل إليه ضَرَرٌ . في مَنَعة من كل ضرر (أو) أذى (أو) هجوم . منيع . حصين

in′ward, *a.* داخلي . باطِني . جَوفي . نَفساني

in′ward, *ad.* نَحو (أو إلى) الداخل . في الباطن (أو) النفس

in′wardly, *ad.* باطناً . في النفس (أو) الضمير

in′wardṡ, *ad.*, *n. pl.* إلى الداخل . الأحشاء

inwrought′ [inrôt], *a.* مُرَصَّع

ī′odīne [*or* -dīn], *n.* مادة اليود

Ion′ic [ī-], *a.* خاصٌّ بالطِراز الأيوني في البناء

īōt′a, *n.* قطمير . ذَرَّة

I. O. U., i o u [ī-ō-ū], *n.* سَنَدٌ بِدَين

I. Q. = intelligence quotient, دَليل الذكاء

Irâq′, *n.* العراق

iras′cible, *a.* غَضُوب . فَيُور = سريع الغضب

īrāte′, *a.* مُغضَب . مُستَشيطٌ غَضباً = مُتوَغِر

īre, *n.* زَمَكٌ = تَوَغُّرٌ = غَضَبٌ شديد

irides′cẹnt, *a.* مُزَوَّق الألوان = قَلَمُوني (أو) قُزَحِيّ الألوان

īr′is, *n.* سوسن اسمنجوني . سَوسَن . قُزَحِيَّة (العين) . قَوسُ قُزَح

Ir′ish [ī-], *a.*, *n.* إرلندي

irk, *v.* أتعب . أضجر . شقَّ على النفس . أبرم

irk′some [-sẹm], *a.* شاقٌّ على النَّفس . مُبْرِم . غائِظ

ī′ron [īẹrn], *n.* حديد . حديدة

ī′ron, *a.* من حديد . حديدي . كالحديد . صُلب . قاسٍ . مَتين

ī′ron, *n.* مِكوَاة (لتمليس الألبسة)

ī′ron, *v.* مَلَّس (أو) كَوَى (بالمِكواة)

ī′ronclad [īẹrn-], *a.*, *n.* ملبَّس بالحديد . مُدَرَّع . مُدَرَّعَة . مُبْرَمٌ . مُصمت

iron curtain, ستارٌ حديدي

īron′ic(al), *a.* فيه تورية (تهكُّمية) . من التقادير العجيبة (أو) العكسية . عكس المنتَظَر . من عجيب التقادير

ī′ronṡ [īẹrnz], *n. pl.* قُيُود . أصفاد

ī′ronsīdes [īẹrnsīdz], *n.* صِنديد

ī′ronwork [īẹrnwerk], *n.* شيء مصنوع من حديد

ī′ronworks [īẹrn-], *n. pl.* مَعمل حديد

īr′ony, *n.* تَورِية . تورية تَهكُّمِية . غَريبة من غرائب التقادير . شيء عكس المنتظر

irrād′iāte, *v.* (-ted, -ting) أشرَق (على) . شَعشَع . نوَّر

irra′tional [-shẹn-], *a.* غير مَعقول . لا يقبله العقل

irrēclaim′able, *a.* لا يمكن إصلاحه للانتفاع به . لا يمكن استصلاحه (أو) إصلاحه

irrec'oncīlable, *a.* لا يمكن التوفيقُ (بينه وبين . . .) . لَدودٌ (في خصامه أو عداوته) . غير متآلف . شموسٌ (في عداوته)

irrēco'vẹrable [**-cuv-**], *a.* لا يمكن إصلاحه . لا يمكن استرجاعه

irrēdeem'able, *a.* لا يعوَّض . لا يُرَدّ . لا يمكن إصلاحه . لا يحوَّل إلى نقد . لا يُرجى صلاحه

irrēdū'cible, *a.* لا يمكن تخفيضه (أو) تقليله

irref'ūtable [*or* **irrefū'-**], *a.* لا يُنْقَض . لا يُنكَر . لا يُدحَض

irreg'ūlar, *a.* مُخالِف للنظام (أو) القاعدة . شاذ . غير مستوٍ . غير نظامي . غير مُتَساوِق

irregūla'rity, *n.* مُخالفة للنظام . شذوذ

irrel'ēvant, *a.* خارج عن الصدد . غير مُنطَبِق (على)

irrēli'gious [**-jẹs**], *a.* غير متديّن . غير ديّن

irrēmēd'iable, *a.* لا يمكن تلافيه (أو) تصحيحه . لا يَشفَى

irrep'arable, *a.* لا يمكن إصلاحُه (أو) تعويضه

irrēplāce'able [**-sab-**], *a.* ليس له خَلَف . لا يُعوَّض

irrēpress'ible, *a.* لا يمكن كَبْتُه (أو) ضَبطُه (أو) كَفُّه

irrēprōach'able [**-prōch-**], *a.* لا عيب فيه . لا عَيبَ عليه . خالٍ من الذم

irrēsis'tible, *a.* لا يُقاوَم . لا يُدْفَع . لا يُقوَى على دَفْعه (أو) رَدّه

irres'olūte, *a.* مُتَرَدِّد . ضَعضاع . مُتَزَلزل الإرادة = خائر العزم (أو) العزيمة (أو) الرأي

irresolū'tion, *n.* ضعف العزم (أو) الرأي . خَوَر العزيمة . تَرَيُّع = تردُّد

irrēspec'tive, *a.* مفصولٌ (عن) . منقطع (عن)

— of, بصرف النظر (عن)

irrēspon'sible, *a.* غير مَسئول . غير مُؤاخَذ . لا يُركَن (إليه) . [مُستَهتِرٌ] . لا يحسب لعواقب عمله حساباً

irrētriev'able, *a.* لا يمكنُ استرجاعهُ

irrev'ẹrẹnce, *n.* عدم احترام . عدم إجلال . سَفَه . قِلة الاحترام . بَزاعة . فُجور

irrev'ẹrẹnt, *a.* سفيه . قليل الاحترام . فاجر

irrēvers'ible, *a.* لا يمكن عَكْسُه . لا يُنْقَض . لا يُبْطَل

irrev'ocable, *a.* لا رجعةَ فيه . مُبْرَم = لا يُنقَض = مُصمَت

i'rrigāte, *v.* أَسقَى (الأرض) . رَوَّى . شَطَف

irrigā'tion, *n.* سَقْيُ (الأرض) . رَيّ

irritabil'ity, *n.* ضِيق الصَّدْر (أو) الخُلُق = نَأَقةٌ . فَرطُ الإحساس (أو) التأثر

i'rritable, *a.* ضيِّق الصدر (أو) الخُلُق . سريع الغضب . نَشِقٌ . فَيُور

i'rritant, *a.*, *n.* يُضَيِّق الصَّدْر (أو) الخُلُق . يُثير الغَيْظ (أو) النفس . (شيء) مُخَرِّش

i'rritāte, *v.* أغاظ . ضَيَّق الخُلُق . أَبْرَم . خَرَّش

irritā'tion, *n.* اغتياظ . تَخريش

irrup'tion, *n.* اندفاق . هجوم . هجوم مُفاجِئ . إندراء

iṡ, *v.*, *third person sing. indic. of* to be

I'ṡaac [**īzak**], *n.* اسحاق

Ish'māēl, *n.* اسماعيل

Is'lam, *n.* الإسلام . العالم الإسلامي
Islam'ic, *a.* إسلامي
īsl'and [īland], *n.* جزيرة
isl'andẹr [īl-], *n.* ساكن جزيرة
īsle [īl], *n.* جَزيرة . جَزيرة صغيرة
isl'ĕt [īl-], *n.* دَبْرٌ = حَشَفَة = قطعة صغيرة من البر كالجزيرة الصغيرة
iṡn't = is not
īs'olāte, *v.* عَزَل . نَحَّى . فَرَز . أَفْرَد
īsolā'tion, *n.* عُزْلة . تَفَرُّد . إنعِزال
īsos'celēṡ, *a.* متساوي الساقين (للمثلّث)
īs'ōtherm, *n.* خط تساوي الحرارة
īs'ōtōpe, *n.* نَظِيرٌ مُشِعٌ (بالإشعاع الذري)
Iṡ'raẹl, *n.* اسرائيل
Iṡ'raẹlīte, *n.* اسرائيلي . مُوسَوِي
iss'ūe [*or* ishōō], *n.* إصدارية . نَشْرَة . إصدار . صُدور . سَيَلان . مَخرج . مَنفَذ . نتيجة . قضية خِلافية . ذُرِّيَّة
  to take —, خالَف
  the point at —, النقطة التي هي موضع الخلاف
  without —, بلا خَلَف (أو) وَلَد
iss'ūe [*or* ishōō], *v.* صَدَر . أَصْدَر . بَرَز . خَرَج . نَجَم = تأدَّى (من)
isth'mus [ismẹs], *n.; pl.* -muses, -mi بَرْزَخ
it, *prn.; pl.* they هو (أو) هي (لما لا يعقل)
Ital'ian, *n., a.* إيطالي
ital'ic, *a.* خاص بالأحرف المائلة إلى اليمين
ital'icīze, *v.* طَبَع بأحرف مائلة إلى اليمين
ital'ics, *n. pl.* أحرف مائلة إلى اليمين
It'aly, *n.* إيطاليا
itch, *n.* حُكاك . جَرَب . أُكال . رَغْبَة مُلِحّة
itch, *v.* حَكَّ . أَحَكَّ = أَكَل . أَخَذَتْه رغبة مُلِحّة
īt'em, *n.* مُفرَدَة . نُبْذَة (إخبارية)
it'erāte, *v.* كَرَّر . أعاد . ردَّد
iterā'tion, *n.* تكرير . ترديد
it'erative, *a.* تكراري . فيه تكرير كثير
itin'erant, *a., n.* جَوّال . طوّاف
itin'erary [*or* ītin-], *n.; pl.* -ries جَوْلَة . سَفْرة . خِطة السفر . دليل سفر
its, *a.* له (أو) تَبَعُه (لما لا يعقل)
it's = it is
itself', *prn.* عَيْنُه . نفسُه . ذاته
I've [īv] = I have
īv'ory, *n.* عاج . مادة عاجِيَّة
īv'ory, *a.* عاجيّ . من العاج . بلون العاج
īv'y, *n.* (نبات) اللَّبلاب = حَبل المساكين

J

J, j [jā], *n.; pl.* J's, j's الحرف العاشر
jab, *v.* (-bbed, -bbing) نَخَس . نكز . نَكَت . وكَز
jabb'ẹr, *v.* وَزوَر = تَمتَم . هَذرم (أو) هَتْرَم (أو) فَطفَط (في الكلام)
jabb'ẹr, *n.* هَتْرَمَة = هَذرمة = سرعة في الكلام مع تخليط
jack, *n.* مِرْفَعَة = مِشوال = آلة للشَّوْل (أو) الرفع
  — (up), *v.* شال (أو) رَفع بالمشوال

ISLAMIC ARCHITECTURE

الفن المعمارى الاسلامى

Dome at Khoja Ahmad Yassavi, Turkestan
قبة في خوجة أحمد ياسوي في تركستان

The Dome of Algay al-Yusufi, Cairo
قبة اليوسفي في القاهرة

The Dome of Mahmud al-Kurdi, Cairo
قبة محمود الكردي في القاهرة

Minaret of the Madrasa
es-Sultan Salih Ayyub, Cairo
مئذنة مدرسة السلطان صالح أيوب في القاهرة

Minaret in Meshhed, Iran
مئذنة في مشهد في إيران

The Qutb Minaret, Delhi
مئذنة القطب في دلهي

Gateway of Gunbadh-i-Alviyan, Iran
باب قنباذ ألويان في إيران

Archway in Tercan, Turkey
قنطرة في تركان في تركيا

Niche in Dunaysir, Turkey
دونيسير في تركيا

jack, *n.* شخص . إنسان . بَحَّار . آلة لتدوير سَفّود اللحم . عَلَم بحري

— of all trades, بَلْتَعاني = عارف بكل باب (أو) عمل = زَبِيز

every man —, كلّ واحد (أو) كُل أحد (بلا استثناء)

jack'al [-ôl], *n.* ابن آوَى = [واوي]

jack'anāpes [-ps], *n.* شخص عارِم = شخص مُتجَرّئ وَقِح . ولد جالِع قليل حياء

jack'ass, *n.* حِمار . شخص مُغَفَّل

jack'bōōt, *n.* حِذاء طويل يصل إلى ما فوق الركبة

jack'daw, *n.* قاق أوروبي = زُمَّت

jack'ĕt, *n.* [سُترة] = [جاكِت] . غِلاف

jack'-knife [-nīf], *n.*; *pl.* -knives موسى جَيْب كبيرة . مُدية جَيب كبيرة

jack'-o'-lan'tern, *n.* قَرعة تُفرَّغ وتُجمل على شكل الوجه وتستعمل فانوساً في ليلة عيد جميع القديسين . سِراج الليل . مَغرَّة

Jāc'ob, *n.* يَعقوب

jāde, *n.* امرأة (ساقطة الأخلاق) . حجر اليَشْم (من الأحجار النفيسة)

jāde, *n.* فرس هَجِين . فَرَسٌ مكدود . كَوْدَن = [كديش] . بِرْذَوْن

jāde, *v.* جَهَد = كَدّ = أعيا

jād'ēd [-id], *a.* لاغِب = مُلغَب = مَنهوك

Jaff'a, *n.* مدينة يافا

jag, *n.* نُتوء مُذَبَّب = شُنخوبة = شُمروخ . شَث

jagg'ēd [-id], *a.* = مُشرَّخ = مُشَنخَب = مُسَنَّن . مُثلَّم = مُتقصِّم . ذو نواشِز (أو) شماريخ

jag'uar [-war *or* -ūęr], *n.* نَمِر أمريكي = [يَغور]

jail, *v.* حَبس

jail, *n.* حبس (رهن المحاكمة) . حَبس (لأصحاب الإجرام الخفيفة) .

jail'ęr, *n.* حَبَّاس = سَجَّان

jail'or, *n.* = jail'er

jam, *n.* حَصرة . انحصارٌ وانضغاط = التصاب = ارتهاص

jam, *v.* (-mmed, -mming) رَهَص = عصر وضغط . رَصَع = هَرَس . ازدحم وسدّ . لَصِب . شَوَّش (على الإذاعة) . التصب . حشا . لَزّ

jam, *n.* عَويصة = حالة صَعبة = لَزْبَة . تَشويش (على الإذاعة) . مُرَبّى الفواكه

jamb [-m], *n.* قائمة يتكون منها جانب الباب (أو) الشباك = عِضادة (الباب أو الشبّاك)

Jan. = January

jang'le, *n.* اصطخاب (الأصوات) . عَطعطة . جَلجَلة . جَكجَكة (الحديد بالحديد)

jang'le, *v.* اصطخب . جَلجَل . تصاخب = تجادل وتصايح

jan'itor, *n.* ناطور (أو) حارس عِمارة . بَوّاب

Jan'ūary, *n.* شهر كانون الثاني = يناير

Japan', *n.* بلاد اليابان

Japanēse', *n.*, *a.* ياباني

jâr, *n.* حُقّ . جَرّة . قُلّة . [مَرطَبان]

jâr, *v.* (-rred, -rring) هَزهز . هَزّ وقَعقع . خَشخَش وصَرصَر (بما يؤذي الأذن) . تَهزهز . تنافر . نفر

jâr, *n.* هَزهزة . هزهزة وقعقعة . خَشخَشة وصَرصَرة (تؤذي السامع) . صِدام . تنافر . تنفير

jârdinière′ [-nyār], *n.* مِنْصَب مُزَيَّن للنبات والزهور (في البيت) . أَصِيص مُزَوَّق للزهور

jârġ′on, *n.* رَطَانة . طُمطُمانية . هَذَر . لخلخة كلام

jârġ′on, *v.* تعاجم . رَطَن . طَمطم (في كلامه) . هَذَر . لخلخ (في كلامه)

jaṡ′min(e) [*or* **jas-**], *n.* ياسَمِين

jas′pẹr, *n.* حَجَر اليَشْب (أو) اليَصْب

jaun′dice [*or* **jân-**], *n.* يَرَقان = صَفَر . جَنَف . غِلّ (حقدًا وحسدًا)

jaun′dice, *v.* أَصاب باليَرَقان . جَنَف . تجانف . أجنف . غَلّ الرأيُ = حاد عن الصواب وزاغ بسبب الغِل (أو) الحسد . غَلَّل = أزاغ عن الصواب بسبب الغِل

jaunt, *n.* نُزْهَة . شَطحَة

jaun′tily, *ad.* بأناقة . بِرَشاقة . بخفة وانتعاش . بأَشَرٍ = بِمَرَحٍ وبطرٍ

jaun′ty, *a.* (-tier, -tiest) أنيق . رَشيق . أَشِر = مَرِح بطِر

Jâ′va, *n.* (جزيرة) جاوة

jav′ẹlin, *n.* نَدْب = مِزْرَاق = رُمْح قَصِير يُرْمَى باليد

jaw, *n.* فَكّ . فُقْم . عظم الحَنَك

jaw′-bōne, *n.* عظم الفك (أو) الحَنَك

jawṡ, *n. pl.* مَأْزِم (أو مُختَنَق) الوادي . [كَمَاشتان] . اللَحيان = لحيٌ أعلى ولحي أسفل

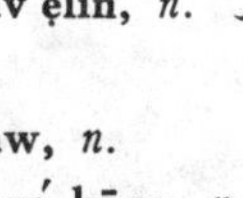

jay, *n.* قِيق = زِرْياب = أبو زُرَيق = غُراب المَزارِع = الزّاغ

jay′walk [-wôk], *v.* قَطَع الشارع (أو) مَشى فيه بدون مراعاة لنظام السير

jazz, *n.* موسيقى الجاز = موسيقى راقِصة صاخِبة

jea′lous [jẹl-], *a.* غَيْرانُ (وهي غَيْرَى) . حَسُود . ذو حِفاظ . ضَنِين (بِ) . شديد الغَيرة

jea′lousy [jẹl-], *n.* غَيْرة . حَسَد . حِفاظ . حَفيظة . ضِنَّة

jean [*or* jān], *n.* نوع من القُماش القطني الأزرق يعمل منه [المرايل] (أو) البنطلون

jeer, *v.* تكلم (أو) صاح مُستهزِئًا . استهزأ (بِ) . سَخِر (من)

jeer, *n.* استهزاء . تَهَكُّم . مَهزَأة

Jēhōv′ah, *n.* يَهْوَه = إسم الله بالعبرانية

Jē′hū, *n.* أحد الأنبياء في التوراة = ياهُو

jē′hū, *n.* سائق عنيف = حُوذي . سائق عَرَبة

jējūne′, *n.* تافِهٌ . فارغٌ (من المتعة أو الطَّرافة)

jell′y, *n.* رَجْراج . هُلام . مادة هُلامية . صَلَب (العظام)

jell′y, *v.* (-llied, -llying) تَهَلَّم = صار هُلامًا . هَلَّم

jell′y-fish, *n.*; *pl.* -fishes *or* -fish قنديل (أو هُلام) البحر = سمكٌ بدون عظام مُفَلطح الشكل هُلامي له لوامس طويلة ويشبه المظَلّة = رِيَّة البحر

jenn′ĕt, *n.* حِصان (أو) فَرَس اسباني صغير الجسم . أَتان . خيّال

jenn′y, *n.* آلة غَزْل (تغزل عددًا من الخيوط في وقت واحد) . أنثى بعض الحيوانات

jeo′pardīze [jẹp-], *v.* أوقع في الخَطَر . عَرَّض للتَّهْلُكَة . غَرَّر (بِ)

jeo′pardy [jẹp-], *n.* خطر . تَهْلُكَة

jerbō′a, *n.* (حيوان) اليَرْبُوع

Jẹ′richō [-k-], *n.* (بلدة) أريحا

jerk, *n.* نَتْرَة . نَتْقَة . حركة تشنجية . خلجة . هَزة

jerk, *v.* نَتَر. هَز=نَزَع بسرعة=خَلَج. تَخَلَّج. قَدَّ=شَرَّق (اللحم) . نَدَس

jerk'in, *n.* = [مِلْتِيان] دُرَّاعة قصيرة

jerk'y, *a.* على نَتَرات . مُنتَتِر. مُتَنَقِّز. مُتَخَلِّج

jers'ey [**-zi**], *n.* [جِرْزَايَة] . قُماش جرزي (صوفي)

Jerūs'alem, *n.* (مدينة) القُدس = أورشليم

jess'amine, *n.* = jasmine

jest, *n.* نُكتة . مَزح . مُزَاح . هَزْل . مَزْحة . ضُحكة

spoken in —, مَزْحًا . هَزْلًا

jest, *v.* مَزَح . هَزَل . نَكَّت

jes'tẹr, *n.* هَزَّال . [مُهَرِّج]

Jes'uit [**-wit**], *n.* يَسوعِي

Jē'sus, *n.* يَسوع المسيح . عيسى المسيح

jet, *n.* شُخبة . نفثة . فَوَّارة . نَفَّاثة=سِمَامَة

jet, *v.* (-tted, -tting) انتفث . فَوَّر . نَفَث . بَجَس . تَشَخَّب

jet, *n.* = جاج = سَبَجٌ = حجر مُوسى = كهرمان أسود

jet, *a.* من الكَهرمان الأسود . فاحِم . أسود حالِك

jet plane, طائرة نَفَّاثة

jet'sam, *n.* بضائع يُلقَى بها من السفينة تخفيفًا حتى لا تَغرق

jett'y, *n.* رَصِيف الميناء . نَجفَة (الميناء) . إسكَلة

Jew [**jōō**], *n.* يهودي . عِبراني

jew'ẽl [**jōō-**], *n.* جَوهَرة . مُجوهَرة . دُخر نفيس

jew'ẽl, *v.* (-l(l)ed, -l(l)ing) جَوهَر = زَيَّن (أو) رَصَّع بالجوهر

jew'ẽl(l)ẹr [**jōō'-**], *n.* جَوهَري . جَواهِري

jew'ẽl(l)ẹry, *n.* [صِيغَة] . جَواهر . مُجَوهَرات

Jew'ẽss [**jōō-**], *n.* يَهودِيَّة . عِبرانية

Jew'ish [**jōō-**], *a.* يهودي . عِبراني

Jew'ry [**jōōri**], *n.* مقاطعة يسكنها اليهود . اليهود . العالم اليهودي

Jew's-harp, jews-harp [**jōōz-**], *n.* آلة موسيقية بَسيطة توضع بين الأسنان ثم يُضرَب طرفُها الفالِت فتُحدث صوتًا

jib, *n.* شراع مثلث الشكل أمام السارية الأمامية . ذِراع المِرفاع

jib, *v.* (jibbed, jibbing) حَرَن . تحارن . تكأكأ . تَجمجم (عن)

jib, *v.* حَوَّل (من جانب إلى آخر) . حَوَّل الاتجاه

jībe, *v.* سَخِر . تهكَّم

jībe, *v.* فَتَل (أو) حَوَّل (الشراع) . انفتل (الشراعُ فجأةً) . حَرَف

jiff'(y), *n.*; *pl.* -ffies هُنَيهة . لحظة . ثانية

jig, *n.* زَفْن . رَقْصَة سريعة الحركات . موسيقى راقصة سريعة

jig, *v.* (jigged, jigging) رَقَص (سريعًا) . تَرَقَّص . تنطنط . زَفَن

jig'gle, *v.* تَنَقَّز (أو) تَنطنَط

jilt, *n.* فارِك = مُفارِكَة = امرأةٌ (أو) بنت تنقلب على عاشِقها

jilt, *v.* فَرَكَت المرأة زوجَها (أو) عَشيقَها . فارَكَ

jimm'y, *n.* عَتَلَة قَصيرة = مُخل

jinġ´le, *v.* صَلصَل . خَشخَش . طَنطَن . سَجَّع

jinġ´le, *n.* صَلصَلة . خَشخشة . جَلجَلَة

jinġ´ō, *n.; pl.* -goes وطني بَجّاح . قائل بسياسةِ الحرب . مُفاخِر بالقوة الحربية

jinn, *n.* جِنّ

jinnee´, *n.* = jinni

jinni´, *n.* جِنّيّ

jinrick´sha, *n.* = jinrikisha

jinrik´isha, *n.* عربة خفيفة بدولابين تجر باليدين

Jōb, *n.* أَيُّوب

job, *n.* عَمَل . [شُغل] . [شَغلة] . وظيفة

job, *v.* (-bbed, -bbing) بَرْطَس = اكترى خيلًا (أو) عربة . بَرْطَش

jobb´ẹr, *n.* تاجر مُبَرْطِش = يشتري بالجملة ويبيع لتجار المُفرَّق . عامل بالمُفرَّق . تاجر بالأسهم والسندات

jock´ey [-ki], *n.* خَيَّال مُحتَرِف في السِّباق = فِنجَري

jock´ey, *v.* (-eyed, -eying) أَرَاغ (على أمرٍ) = احتال عليه وأقنعه وأخذه منه = تَطَهمَل (عليه) . حاول وداوَر وخَدَع

jocōse´, *a.* هَزْلي . عن مزح

joc´ūlar, *a.* مُضحِك . هَزْلي

jocūla´rity, *n.* مَزحَة . هزل

jōc´und [*or* jok-], *a.* مُنشرِح . فرحان . مَرِح

jog, *n.* نَخسة . هَزَّة . لَكزَة . تحريكة (للذاكرة) . تَكَفُّؤ (أو) تقلُّع (في السير) . تخزُّل . هبع

jog, *v.* (-gged, -gging) لَكَز . حَرَّك (الذاكرة) . نتق (أو) تقلَّع (في مشيته) . تخزَّل = تثاقل في مشيته . مَضى مُستمِرًا

jog´ġle, *v.* قَلقَل . هَزَّ . ارتَعَش . تَهَزهَز . تخلَّج

jog´ġle, *n.* ارتعاش . تقلقُل . تهزهز . تخلج

John [jon], *n.* يُوحَنَّا . حَنَّا

John Bull, (شخص) انكليزي صحيح . الأمة الإنكليزية

join, *v.* عَقَد . وَصل . ضَمَّ . انضم . اشترك . التحق (بِ) . اتصل (بِ) . ارتبط . وافى . التقى (بِ) . قَرَن (بالزواج) . اتحد

join´ẹr, *n.* نَجَّار (الأبواب والشبابيك)

join´ẹry, *n.* نِجارة (الأبواب والشبابيك)

joint, *n.* مَفصِل . مَوصِل . وُصلَة . بِضعة (أو) فِلذة (لحم)

out of —, مُنفَكّ . مُتَفَكِّك . مُتخلِّع . مُختَلّ

joint, *a.* بالاشتراك . مُشتَرَك . مُشاع

joint, *v.* جمع بمفصِل (أو) وُصلة . وَصَّل . بَضَّع . فَصَّل

joint´ēd, *a.* ذو مَفاصِل . على شكل عُقَد

joint´ly, *ad.* بالاشتراك . معًا

joist, *n.* عارِضة (أو) رافِدة (في السقف)

jōke, *n.* نُكتَة . مَزحَة . هَزلة . تنادُر . هزل

It is no —, لا يُستهان به . خطير

jōke, *v.* نَكَّت . مَزَح . فَاكَه . نادر

jōk´ẹr, *n.* نَكَّات . مَزَّاح . مُطايِب . هَزَّال

jōk´ẹr, *n.* وَرَقة إضافية من أوراق اللَّعب (تنوب منابَ غيرها)

joll´ity, *n.* فَرَح . انبساط . ضَحِك وانبساط . ابتهاج

joll´y, *a.* (-llier, -lliest) فَرحان . مُنبَسِط (ضاحك) . لَذِيذ . بَديع

Jolly Roger, عَلَم القَراصِنة (وعليه صورة جمجمة وعظمتان متعارضتان)

jōlt, *v.* هَزَّ بِزَعْجة . زَعْزِع . نَتَق . تَعْتَع (أو) قَلْقَل بِعُنف

jōlt, *n.* هَزّة مُزْعِجة . نَتْقة . زَعْزَعة

Jōn'ah, *n.* يونان . يونس

jon'quil [-kwil], *n.* قطمربوليا = نوع من النرجس = نَرجِس أَسَلي

Jôr'dan, *n.* المملكة الأردنية الهاشمية . الأردن

Jōs'ẽph, *n.* يوسُف

jo'stle [josl], *n.* مزاحمة . تَدافُع (أو) مُدافعة بالمِرفق (أو) المنكِب . دَكْمة

jo'stle, *v.* زَبَن = دَفَع وزَاحَم . دافع (بالمرفق أو المنكب) = دَكَم . داحَم

jot, *n.* ذَرّة . نُتفة = شيء زهيد . قِطمير

jot, *v.* (-tted, -tting) دوّن (أو) كتب بسرعة وإيجاز

jounce, *v.* نَنقَز . نَتَرّى . نَتَق = دفَع إلى الأعلى بزعجة

journ'al [jer-], *n.* سِجِلّ يومي . مذكرة يومية . جريدة (أو) مجلة . دفتر اليوميّة (في الحسابات)

journ'alism [jer-], *n.* صِحافة = كتابة الجرائد

journ'alist [jer-], *n.* صُحُفي . صَحَفِي . كاتب جريدة

journalis'tic [jer-], *a.* صِحافي . صَحَفِيّ

journ'ey [jerni], *n.* سَفرة . رِحْلة . مَسيرة

journ'ey, *v.* (-neyed, -neying) سافر . رَحَل

journ'eyman [jer-], *n.*; *pl.* -men عامل أتمّ تدريبه ويعمل لشخص آخر . أجير

joust [or jōōst], *n.* مُجاوَلة . مُطاعَنة (بالرِّماح) على ظهر الخيل

joust, *v.* جاوَل . طاعَن (بالرِّماح) على ظهر الخيل

Jōve, *n.* المشتري = جوبتر = إله الرومان

jōv'ial, *a.* طَيِّب النفس . مُحِبّ للانشراح والانبساط

jōvial'ity, *n.* انبساط . ضحك وانبساط

jowl [or jōl], *n.* الفَكّ (الأسفل) . فَكّ . خَدّ

jowl, *n.* غَبغَب (أو) غَباغِب = اللحم المتدلي تحت الفكّ في الغنم (أو) الدّجاج . حَوْصَلة

joy, *n.* فَرَح . سُرور . مَسَرّة

joy'ful, *a.* فرِح . مسرور . سارّ

joy'lẽss, *a.* مُتَكَدِّر النفس . مُغتَمّ . مُكتَئِب . مُكَدَّر

joy'ous, *a.* فَرْحان . مُبتَهِج . جَذْلان

Jr. = Junior

jūb'ilant, *a.* مُستَطار من الفرَح . فَرْحان . مُهتاج (أو) مَزهُوّ (يهتف ويصيح)

jūbilā'tion, *n.* فَرَح حماسي . استطارة من الفرح . فَرَح وصياح وهياج

jūb'ilee, *n.* فَرَح عام . عِيد (يحتفل به بعد ٢٥ أو ٥٠ أو ٦٠ سنة) . عيد خمسيني

Jūd'aism [-da-ism], *n.* اليهودية . الدين اليهودي

Jūd'as, *n.* يهوذا الأسخريوطي

Jūdē'a, *n.* اليهودية = القسم الجنوبي من فلسطين قديماً

judge [juj], *n.* قاضٍ . حَكَم . حاكِم

judge, *v.* قَضَى . حَكَم . حاكَم . ارتأى

judg(e)'ment [-jm-], *n.* قَضاء . حكم . مُحاكَمة . جزاء . رأي . حَصافة

to pass — on, قَضَى (أو) حَكَم (على)

jūdic'ial [-shal], *a.* قضائي . مَحكَمِيّ . يَحكُم بالعدل (أو) بالحق

jūdic'iary [-shari], *n.* . جماعة القُضاة . العَدْلية . القضاء

jūdic'iary, *a.* قضائي . مُتَعلِّق بالمحاكم

jūdic'ious [-dish-], *a.* حَكيم . سديد الرأي . حَصيف

jug, *n.* كوز . إبريق . بَستوقة

juġ'ġle, *n.* مَخرقة . شعوذة . دَخْمَسة

juġ'ġle, *v.* . لعب ألعاب خِفّة اليد . شَعوَذ . تلاعَب (احتيالاً وغشّاً)

juġġ'lęr, *n.* . مُمَخرِق . مُشَعوِذ . مُدَلِّس . حاوٍ

juġ'ūlar [*or* joo-], *a.* وداجيّ

jugular vein, وَدَج = عِرق دَمَوي في العُنُق

juice [joos], *n.* عُصارة . عَصير

jui'cinēss [joo-], *n.* كثرة العُصارة

jui'cy [joosi], *a.* (-cier, -ciest) كثير العُصارة . رَيّانُ

jū'jūbe, *n.* عُنّاب = [زِفيزف]

jūl'ēp, *n.* جُلاب . مشروب حلو طبيّ

Jūlȳ', *n.* شهر تموز = يوليو

jum'ble, *n.* . تخليطة . تخليط . اختلاط . تشويش . لَخبطة

jum'ble, *v.* جمع وخَلَّط . خَلَط الحابل بالنابل . لَخبط . خَلَّط . ضَغَث . خَرْفَش

jump, *n.* وَثْبة . قَفْزَة . نَقْزَة

jump, *v.* وَثَب . نَقَز . قَفَز

to — at, أسرع إليه . بادر إلى أخذه

to — the track, خَرَج عن الطريق فجأة

jum'pęr, *n.* جَوب . دِرْع . إتب

jum'pęr, *n.* وَثّاب . نطّاط . قَفّاز

jum'py, *a.* (-pier, -piest) . نَقّاز . هَلُوع . مُتَنَقِّز = قَمُوص

junc'tion, *n.* . مَقرَن . مُلتَقى . مَوْصِل . التصاق

junc'ture, *n.* مَوْصِل . انصال . آوِنة . أزْمَة

at this —, والأمور في هذه الحالة (الحرجة) . في هذه الآونة (الحَرِجة)

Jūne, *n.* شهر حَزيران = يونيو

junġ'le, *n.* دَغْلَة . غابَة . أشَب . عِيص

jūn'ior, *n.* (شَخص) أصغر مَرْتَبةً . شخص أصغر . طالب مُقبِل

jūn'ior, *a.* أصغر (من) . أصغر (أو) أقلّ (مرتبةً)

jūn'ipęr, *n.* نبات العرعَر = السَّرو الجبلي

junk, *n.* سَفينة شراعية صِينية

junk, *n.* رُذالات . سَقَط = خَرَش . أخفاش

junk'ēt, *n.* لَبَن خاثِر مُحلّى

junk'man, *n.*; *pl.* -men = سَقَطيّ . تاجر السَّقَط

Jū'pitęr, *n.* (كوكب) المشتري . كبير آلهة الرومان القدماء

jūrisdic'tion, *n.* حق إقامة القانون والعدل . حق التصرف الشرعي (أو) القضائي . حق التصرف (أو) الوِلاية . وِلاية . سلطة . منطقة الولاية

jūrisprū'dęnce, *n.* فِقه . عِلم (أو) فلسفة التشريع

jūr'ist, *n.* فَقيه (في القانون أو الشَّرْع)

jūr'or, *n.* مُحلَّف (من جماعة المُحلَّفين)

jūr'y, *n.* جماعة المُعدِّلين (أو) المُحلَّفين (في محكمة)

jūr'yman, *n.*; *pl.* -men مُعدِّل . مُحلَّف

just, *a.* عادل . مُنصِف . حَقّ . رشيد . فاضل . صائب . صَواب . صَحيح . مضبوط . مُحكَم . على التمام

just, *ad.* تماماً . بعينه . قريباً . آنفاً

He has — come, قدجاء(قبل قليل) . الآنَ حدَ ّ مجيئه . الآنَ جاء . قدجاء هذا الآن

It — missed his head, أخطأنه وكادت تُصيبه

I am — an ordinary man, إنما أنا رجل عادي

just, *n.*, *v.* = joust

jus'tice, *n.* حَقيَّة . عَدْل . حسن السيرة . المعاملة بالعَدْل (أو) الإنصاف

to bring to —, ألقى القبض وقدَّم للمحاكمة

to do — to, أنصف . أوفاه حَقَّه

to do myself —, لم أفِ نفسي حَقَّها

jus'tifīable, *a.* يمكن تَبْرِيرُه (أو) تزكيتُه . سائغ

justificā'tion, *n.* تبرير . مُبَرِّر . مُسَوِّغ

jus'tifȳ, *v.* (-fied, -fying) بَرَّر . زَكَّى . بَرَّأ

ju'stle, *v.* = jostle

jut, *n.* أنفٌ من الجبل = طائق . نُتُوء . خُرْجَة نائئة . ناشِزَة

jut, *v.* (-tted, -tting) نتأ . خرج ناتئًا . نَشَز . نَدَر

jūte, *n.* (نبات) الجُوتة (وهو كالقِنَّب)

jūv'ēnīle [*or* **-nil**], *a.* حَدِيث السن . للأحداث

jūv'ēnīle, *n.* حدَث . صغير

juxtaposi'tion, *n.* تَصاقُب . تَرْصيف . تراصُف

K

K, k [**kā**], *n.*; *pl.* K's, k's الحرف الحادي عشر

Kaf(f)'ir [**-ęr**], *n.* أحد أفراد البانتو وهو جنس من السودان في جنوب إفريقيا

kail, *n.* = kale

kai'şęr [**kī-**], *n.* قيصر . امبراطور

kāle, *n.* نوعٌ من الملفوف متجعد الأوراق بدون رأس

kaleid'oscōpe [**kalī-**], *n.* مِنظار التشاكيل اللونية

kaleidoscop'ic(al) [**kalī-**], *a.* سريع التغير مع التعقد . متعلق بمنظار التراويق (أو) التشاكيل اللونية

kangaroo', *n.*; *pl.* -roos *or* -roo الكَنْغَر (أو) القَنْقَر

kāt'ydid, *n.* صَرَّار الشجر . جُندب الشجر

kaȳ'ak [**kī-**], *n.* قايِق = سُنبوق (أو) زورق صغير يصنعه الأسكيمو من الجلود والخشب

keel, *n.* قَصٌّ (أو جُؤجُؤ) السفينة = مَتْن السفينة وهو الجسر الممتد على طول قعر السفينة وهي تستند عليه

keel, *v.* قَلَب (السفينة) . انقلب (رأسًا على عقب)

to — over, قَلَب . انقلب

keel'son, *n.* رافِدَة جُؤجُؤ السَّفينة

keen, *a.* حادٌّ . قارس . قاطِع . شديد . ثاقب . حَريص . مُتهالِك

He is — on, شديد الرَّغبة (في) . مُولَع

keen'nēss, *n.* حدة . مَضاء . ثَقابة . حِرص . تهالك

keep, *n.* إعالة . مَعيشة . مَعقِل

keep, *v.* (kept, keeping) حَفِظ . احتفظ (بِ) . حافظ (على) . لَزِم . مَنَع . اعتقل . اقتنى . راعى . دَأَب . ظلّ . أبقى . بقي على حاله . داوم

to — away from, انحاش (عن) . تجنَّب . إنحاز (عن)

to — in with, حافظ (أو) دام على صُحبته

to — on, واصل . داوم

to — silence, التزم الصمت

to — time, ضَبَط الوقت . علَّم الوقتَ

to — up, حافظ (على) . أدامَ . واصَلَ

to — up with, ماشَى . جارى . بارَى

keep'ẹr, *n.* رَقيب . حافِظ . قيِّم

keep'ing, *n.* حِفظ . رِعاية . مراعاة . محافَظة

in — with, مُنسجِم . متلائم . متماشٍ (مع) . مُؤتَلِف (مع)

keep'sāke, *n.* شيءٌ مَذخور حِفظاً للذِكرَى . هدية تَذكارية . تَذكار مَوَدَّة

keg, *n.* بَرْميلة = برميل صغير

kelp, *n.* حَمُول البحر . فَوْقَس (من النبات ويحتوي على مادة اليود)

ken, *n.* مَرأى . مَدُّ البصر . مُتناوَل العلم . فَهْم

ken, *v.* (-nned *or* kent, -nning) عَرَف

kenn'ẹl, *n.* بَيت الكلب (أو) الكلاب . مَربَى الكلاب

kenn'ẹl, *v.* (-lled, -lling) وَضَع (أو) آوى في بيت الكلب

kept, *v.*; *p.*, *pp.* *of* keep

kerch'ief [-chif], *n.* بُخْنُق = مِنديل للرأس (والعنق) .. مِنديل

kern'ẹl, *n.* لُبّ . لُبَّة . حَبَّة . صَميم

kẹ'rosēne, *n.* كروسين = زيت الكاز

ke'rosīne, *n.* = kerosene

ketch, *n.* سفينة صغيرة قوية بساريتين

ketch'up, *n.* [صَالِصة] مصنوعة من الطاطم (البندورة) والفُطر وأشياء أُخرى

ket'tle, *n.* مِحَمّ = قُمقُم = [غَلّايَة] . إبريق . قِدْر

ket'tledrum [-ld], *n.* نَقّارة = طَبلٌ على شكل قِدْر وله جلدٌ يُنقَر عليه

kēy [kē], *n.* مِفتاح . مِلَاك . حَلٌّ . كتاب الحَلّ . أُسلوب . نَغمة الصوت . رُكنٌ . عُمْدة

kēy, *v.* (-eyed, -eying) عَدَّل (أو) ضَبَّط

to — up, قوّى . شدَّد . تجلَّد

kēy, *a.* أَساسي . المُعتَمَدُ (أو) المُعَوَّل (عليه) = رُكن = عُمْدَة

kēy'board [kēbôrd], *n.* مَصَفٌّ (أو) مَصفَّة المفاتيح

kēy'hōle [kē-], *n.* قُتْرةُ الباب . ثقب الغَلَق . ثُقب المِفتاح (في القُفل)

kēy'nōte [kē-], *n.* النغمة الأَساسِيَّة . الفِكرة الغالبة . ضابِط . خطّ السير (في سياسةٍ ما)

kēy'stōne [kē-], *n.* حَجَر العَقد . حَجَر الغَلَق . واسطة العَقد

khâ'ki [kâ-], *n.*; *pl.* -kis قُماش الكاكي (أو الخاكي) . لون الغُبْرَة

khâ'ki, *a.* بلون الكاكي . أَصحَم . أَغبَر . أَسمَر مُصفَرّ

khân [kân], *n.* خان = لقب ملك التتر

khân, *n.* خان = فُندق

Khēdīve', *n.* خديوي

kībe, *n.* تَقشيبة (أو) تثليجة على شكل قَرْح (أو) دَبْرة على عقب القدم

kick, *v.* زَبَن . كَسَع = رَفَس . رَكَل = نَفَح . لَبَط = رَمَح . أثار

kick, *n.* زَبْنَة . رَفْسَة . رَدْعَة (إلى الوراء)

kid, *n.* جَدْيٌ . عَنَاق . جِلْد الجدي

kid, *v.* (-dded, -dding) مازَح . تَخَدَّع (على سبيل المزاح) . استحمق . استغفل

kid'nap, *v.* (-pped, -pping) اختطف (أو) خَطَف (شخصاً بالقوة أو بالحيلة)

kid'ney [-ni], *n.* كُلْيَة (والجمع كُلًى)

kid'ney-bean, *n.* فاصوليا

kill, *v.* قَتَل . ذَبَح . أعدَم

kill, *n.* قَتْل . ذَبْح . ذَبِيحَة

kill'ẹr, *n.* قاتِل . قَتَّال . فَتَّاك

kiln, *n.* فُرْن للحرق (أو) الخبز (أو) التجفيف (للجير أو الآجُر) = أَتُّون

kil'ō, *n.; pl.* -los مختصر كيلوغرام (أو) كيلومتر

kil'ocȳcle, *n.* ألف سايكل . كيلو سايكل

kil'oġram(me), *n.* كيلوغرام = ألف غرام

kil'omētẹr, *n.* = kilometre

kil'omētre [-tẹr], *n.* كيلومتر = ألف متر

kil'owatt [-wot], *n.* كِيلُو وَطْ = ألف وَط

kilt, *n.* مُدارَة = أُزْرَة (أو) نُقْبَة مُطوّاة يلبسها الاسكتلنديون . تَنّورة اسكتلندية

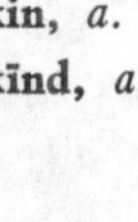

kimōn'ō, *n.; pl.* -nos مِفضَل (أو) مِجْوَل (من لباس اليابانيين)

kin, *n.* أُسْرة . أقَارب . قَرَابة . عِتْرَة

near of —, قريبٌ داني القَرَابة

kin, *a.* قَريبُ النَّسَب . من الأقارب

kīnd, *a.* كريم (الأخلاق) . كريم (النفس) . شَفُوق . رقيق . لطيف

kīnd, *n.* نوعٌ . جِنس

to pay in —, عَيناً (لا نقداً) . كَايَل . عَيناً بِعَيْن . بالمِثْل

of a —, من نوعٍ ما (بمعنى الاحتقار)

kin'derġârtēn, *a.* (مدرسة) بستان الأطفال

kīnd'-heartēd [-hâr-], *a.* مُحِبّ للخير . مُؤْسٍ . كريم النفس . رَقِيق القلب . ذو مُروءة

kin'dle, *v.* أَشْعَل . أَضرم . أَوْقد . سَعَّر . أَلْهب . نَوّر

kīnd'linēss, *n.* لُطْف . رِقّة . إِحسان

kind'ling, *n.* إراث = أُرْثَة = وَقْش = شَيُوع = دِقاق الحَطَب تُشْعَل بها النار

kīnd'ly, *a.* (-lier, -liest) لطيف . رقيقٌ . كريم

kīnd'ly, *ad.* بإحسانٍ . بجميل . بتكرم

kīnd'nēss, *n.* لُطْف . جميل . مَعروف . إلطاف

kin'dred, *n.* أقارب . قَرَابة . صِلَة نَسب . مُشابهة . مُناسَبة

kin'drēd, *a.* مُتَّصِل النَّسَب . متصل . متشابه . مُتَنَاسِب

kīne, *n.; pl. of* cow

kīnet'ic, *a.* حَرَكيّ . بسبب الحركة . حادث بالحركة

king, *n.* مَلِكٌ . شاه (في الشطرنج)

kinġ'dom, *n.* مَملكة

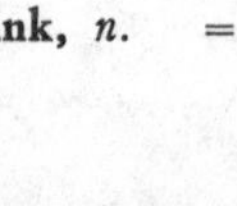

kinġ'fishẹr, *n.* (طائر) صَيَّاد السَّمَك

kinġ'ly, *a.* (-lier, -liest) مَلَكِي . مُلُوكِي

kinġ'ship, *n.* مَلَكية . مَنصِب الملك

kink, *n.* عُقْصَة = إلتواء = شَزْرَة = تَعقيدة

kink, *v.* التوى . تَشَزَّر . انعقد . تَعَقَّص
kinṡ'folk [-fōk], *n. pl.* أفراد الأُسرة (أو) الأقارب
kin'ship, *n.* قَرابة . نَسَب . تَشابُه
kinṡ'man, *n.; pl.* -men قريب . أحد الأقارب
kinṡ'woman [-wụm-], *n.; pl.* -men *pl.* [**-wimin**], قريبة من الأقارب
ki'osk, *n.* كُشْك
kipp'ẹr, *n.* سَمَك مُمَلَّح ومُجَفَّف (أو) مُدَخَّن
kipp'ẹr, *v.* مَلَّح السمك وجَفَّفه (أو) دَخَّنه
kirk, *n.* كنيسة (بلغة اسكتلنده)
kiss, *v.* باسَ . قَبَّل . مَسَّ مَسًّا خفيفًا
kiss, *n.* بَوْسَة . قُبْلَة . مَسَّة خفيفة
kit, *n.* جِهاز الجندي (أو) المسافر . عُدة الصانع (أو) أداته . كِنف = وعاء الأدوات
kitch'ẽn, *n.* مَطبَخ . مَطهى
kitchẽnette', *n.* مَطبَخة = مَطبَخ صغير
kitch'ẽnwāre, *n.* مَواعِين (أو أدوات) المطبخ
kīte, *n.* رَخَمَة = (طائر) الحِدَأة = شُوحَة
kīte, *n.* طائرةُ وَرَق (أو) قَاش (يُلعَب بها)
kith, *n.* أصدقاء . مَعارِف
kith and kin, أصدقاء وأقرباء
kitt'ẹn, *n.* قُطَيطَة = هُرَيرَة = قِطّة صغيرة
kitt'y, *n.* قَطقُوطة = اسم تَحبِبي للقطة الصغيرة
knack [nak], *n.* حَذاقَة (أو) مَهارة خاصّة . دُرْبَة . فِراسة . مَلَكَة
knap'sack [nap-], *n.* كُرْز = مِقنَب الصَّياد . [جَرَبَنْدِيَّة] الجندي (أو) [طُرْبَته]

knāve [n-], *n.* شخصٌ عديم المبدأ (أو) خَبيث . وَغْد . رَذْلٌ . خَدّاعٌ غَدّار . الشّاب (في ورق اللعب)
knāv'ẹry [n-], *n.; pl.* -ries مُوالَسة = خِبّ = خَتْر . وَغادة . خُبث وغش
knāv'ish [n-], *a.* مُوالِس . وَغدِي . خِبِّي . خِداعِي
knead [n-], *v.* عَجَن . لَتَّ . جَبَل . عَرَك
knee [n-], *n.* رُكبة
knee'-cap [n-], *n.* رَضْفَة = [صابونة الرُّكبة] = ضاغِصة
knee'-deep, *a.* إلى الرُّكبة
kneel [n-], *v.* (-led *or* knelt, kneeling) رَكع . جَثا . بَرَك . ناخ . أناخ = أجثى
knell [n-], *n.* رَنّة الحُزن (أو) النَّعي . مَنعاةٌ . دَقّة النَّعي
knell, *v.* دَقّ (أو) رَنّ بالنَّعي
knelt [n-], *v.; p., pp. of* kneel
knew [n-], *v.; p. of* know .
knick'ẹrbockẹrṡ [n-], *n. pl.* أَنْدَرْوَرْد = سراويل (بنطلون) قصيرة مجموعة عند الركبة
knick'ẹrṡ, *n. pl.* أَنْدَرْوَرْد . سِروال تحتاني للنساء
knick'-knack [n-n-], *n.* تُحفة (فَنِيّة) رَخيصة . بُهْرُوجة = شيء صغير كالحِلْيَة رخيص
knīfe [n-], *n.; pl.* -ives سِكّين . مُدْيَة . مُوسى
knīfe, *v.* جَرَح بالسكين . وَجَأ (أو) طعن (بالسكين)
knīght [nīt], *n.* فارسٌ . سَرِيٌّ (برتبة Sir) . الفرس (في الشطرنج)

knight, *v.* مَرَّى = نَصَّب برتبة Sir
knight'-err'ant [n-], *n.* = فارس رَوَّاد (يدور في البلاد طلباً لمغامرات الفروسية)
knights'-err'ant, *n. pl.* فُرسانٌ رُوَّاد
knight'-err'antry, *n.; pl.* -ries فُروسِية الرِيادَة (أو) الترويد
knight'hood [n-], *n.* . مَراوَة . مُرُوءَة . فُرْسان . فُروسِية
knight'ly, *a(d).* فُروسي . شُجاع . بمروءةٍ
knit [n-], *v.* (-tted, -tting) . حَبَك . جَدَل . قَطَّب = زَوَّى (أو) صَرَّ (بين عينيه)
knitt'ing [n-], *n.* . حَبْك . حِباكَة [شُغل الصِنَّارة]
knives [nīvz], *n. pl. of* knife سَكاكين . مُدى
knob [n-], *n.* . فَلكَة . دَرَمَة . جُمْعَرة . عُقْدَة . كُعْبُورَة . مِقبض (أو) يد الباب . أكمة صغيرة . قَوْعَلة = جُبيل صغير (مُنفرِد)
knock [n-], *n.* . دَقَّة . طَرقَة . قَرْعَة . صَدْمة
knock, *v.* دَقَّ . طَرَق . صَكَّ . قَرَع . صَدَم
to — about, around, نَطوَّح
to — down, صدم فأوقع . طَرَق فأوقَع = جَحفَل . صَرَع . فكَّك
to — off, تخلَّص (من) . توقف (عن العمل) . اقتطع . قَطع
to — out, جَنْدَل . صَرَع . جَحفَل
to — together, ارتجل = صنع (أو) بَنَى على عَجَل . لَملَم بسرعة
knock'er [n-], *n.* دَقَّاقة (أو حَلقة) الباب
knock'-kneed [n-n-], *a.* = أَصدَف أَصَكّ (الركبتين)
knock'out [n-], *n.* ضَرْبة صارِعَة
knōll [n-], *n.* . تَلٌّ صغير = هُذْلُولٌ . فَلكَة = أكَمة مُدَوَّرة
knot [n-], *n.* . رَبطَة . عُقْدَة . عُجرة . زِينَة . مِيل بحريٌ . حالة مُعَقَّدة = مُؤَرَّب
knot, *v.* (-tted, -tting) . عَقَد . عَقَّد . أرَّب
knot'-hōle, *n.* ثُقْب (أو خُرْبَة) العُقْدَة
knott'ĕd [n-], *a.* . مُعَقَّد . ذو عُقد . ذو عُجَر (أو) أُبَن
knott'y [n-], *a.* (-ttier, -ttiest) مُعَقَّد . مُعَمَّى . مُسْتَغلِقٌ . مُعضل
knōw [nō], *v.* (knew, known, knowing) عَرَف . دَرَى . مَيَّز
know'-how [nō-], *n.* . مهارة تَقنِيَّة . دُرْبَة . حِذْق . إستِبطان . بَجْدَة
knōw'ing, *a.* عارِف . مُطَّلِع . عالِم
knōw'ingly, *ad.* . عن مَعْرِفَةٍ (أو) عِلمٍ . عَمدًا . عن بَيِّنَة
knowl'edge [nolij], *n.* مَعرفة . عِلم
to my —, على ما أعلم
knowl'edgeable [nolijabl], *a.* . عارِف . ذو دِراية (ب) . بَصير . واسع العِلم
knōwn [nōn], *a.* معلوم . معروف
knuc'kle [n-], *n.* بُرْجُمَة = مفصل (أو) عُقدة الأصابع . رُجْبَة . راجِبة
knuc'kle, *v.* وَضَع البُرْجُمَة على الأرض (عند اللَّعب)
to — down, عَكَف (أو) أَكَبَّ على العمل مجتهدًا فيه . خضع . استخذى
to — under, . خَنَع = كَبَع . إستَسلم . استكان . تضعضع
kōd'ak, *n.* آلة تصوير كوداك
kōhlrâ'bi, *n.; pl.* -bies كُرُنْب ساقِيّ

kopec(k), *n.* = kopek

kō'pek, *n.* قبق = مسكوكة نحاسية روسية قديمة

Kor'ân, *n.* القرآن

kōsh'ęr, *a.* حَلَالٌ (للأكل)

kow'tow', *v.* تَذَلَّل . رَكَع (أو) سَجَد له تعظيماً

L

L, l [el], *n.*; *pl.* L's, l's الحرف الثاني عشر من الأبجدية الإنكليزية

lāb'ẽl, *n.* بِطَاقَة = عُلَّامَة = رقعة وَرَق مكتوبٌ عليها للدلالة على . . .

lāb'ẽl, *v.* (-lled, -lling) كَتَب (أو) ألصق بِطَاقة . مَيَّز (أو) عَلَّم ببطاقة . صَنَّف . سمَّى

lāb'ial, *a.* شَفَهِي . شَفَوي

lāb'or, *n.* = labour

lab'oratory [*or* **labor'-**], *n.* مُختَبَر (أو) مَعمَل (عِلمي)

lāb'ored, *a.* = laboured

lāb'orẹr, *n.* = labourer

labôr'ious, *a.* مُجْهِد . مُنْصِب . شاقٌّ . كَدود

labor union = labour union

lāb'our [-bẹr], *n.* عَنَاء . عَمَلٌ . كَدٌّ . عُمَّال . طَلْق . مَخَاض . ولادة

in —, في الطَّلْق . في المخاض . في الولادة

lāb'our, *v.* كَدَّ . كَدَح . سار ببطء وجُهدٍ . تَعَنَّت (أو) تَعَنَّى (في العمل) . عانَى . تَعِب (في)

lāb'oured [-bẹrd], *a.* عُمِل بعد عَناء . مُعَنًّى . مُتَكَلَّف . مُتَعَنًّى به

lāb'ourẹr [-bẹr-], *n.* عامل . فاعل (غير ماهر)

labour union, نقابة عمال

lab'yrinth, *n.* مَمَرَّات (أو) مداخل متشابكة مُضِلَّة . مَشْبَكة . مَضَلَّة . عاقول . حالة مُشتبكة

labyrin'thīne, *a.* فيه مَمَرَّاتٌ متشابكة مُضِلَّة . ذو عواقيل . مُعقَّد . مُشْتَبِك

lāce, *n.* نَسِيج مُشَبَّك (أو) مُخَرَّم = [دُنْتِلَة] . شِبَاك . رِباط (أو) شِراك (الحذاء) . قِيطان

lāce, *v.* زَيَّن بالنسيج المُخَرَّم . شَبَك . رَبَط . عَقَد = حَزَق = كَرَب = شد الرِّباط . شَبَك . زَرْكَش

la'cẹrāte, *v.* خَدَّش . جَرَّح . شَرَّط . مَزَّع . فَرَّى . آذَى

lacẹrā'tion, *n.* تجريح . جَرْح بتمزيق . تَشريط . تمزيق . تفرية

lach'rymal [-k-], *n.* دَمعِي . بُكائي

lack, *n.* فِقدان . عَدَم . قِلَّة . عدم وجود . افتقار . نَقص . شيءٌ يُفتَقَر إليه . عَوَز

lack, *v.* عَدِم . احتاج (أو) افتقر (إلى) . نَقَص . قَلَّ . فَقَد

lackadais'ical, *a.* فاتِر الهِمَّة . مُتَراخٍ . مُتَذَبِّل . يَتَصَنَّع الرِّقة . مشغول البال (عن تصنع)

lack'ey [-i], *n.*; *pl.* -eys خَوَلِيٌّ . خادِم (بِبِزَّة خاصة) . تابع خَدوم (أو) خَدِيم (أو) ذَلِيل

lack'ing, *a.* غير موجود . ناقِص . مُفتَقِرٌ (إلى) . عائزٌ

lack'lustẹr, *a.*, *n.* = lacklustre

lack'lustre [-tẹr], *a.*, *n.* ذَهَب بَريقه . غير لامع (أو) مُشْرِق . أغْبش . كَمِد اللون . كُمْدَة . شيء كَمِد اللون

lacon'ic, *a.* وَجيز . مُوجَز (مع الجزَالة)

lac'quer [lakẹr], *n.* طلاء اللَّك

lac'quer, *v.* لَكَّ = طَلى باللَّك

lacrosse', *n.* لُعبة بين فريقين من عَشرة لاعبين لكل فريق والقصد إدخال الكرة في الهَدف بواسطة مِضْراب

lac'tēal, *a.* لَبَني . حَليبي . يحمل الكَيلُوس

lac'tic, *a.* لَبَني

— **acid**, حامض اللَّبَن

lā'cy, *a.* (-cier, -ciest) كالنسيج المُشَبَّك (أو) المُخَرَّم (أو) منه

lad, *n.* فَتىً . غُلام . صَبِيّ . جَذَع

lâd'anum [-nẹm], *n.* بُسْتُج = لاذَن

ladd'ẹr, *n.* سُلَّم . مِرْقَاة . مِعْراج

lāde, *v.* (-ded, -den *or* -ded, -ding) حَمَّل (على السفينة)

lād'ẹn, *a.* مُحَمَّل . مُثْقَل

lād'ies [-diz], *n. pl.* سَيِّدات

lād'ing, *n.* تحميل . حِمل . وَسْق . حُمولة

bill of —, بُوليسة الشحن

lā'dle, *n.* مِغرَفَة . قَفْشِيل

lā'dle, *v.* غَرَف (بالمِغرَفَة)

lād'y, *n.* سيدة . سيدة شريفة (أو) محترمة . [خانون]

a — in waiting, وصيفة الملكة (أو) الأميرة

Lād'y, *a.* لقب شرف للسيدات الشريفات

Our —, سيدتنا مريم

lād'ybird, *n.* دُرْنُوحَة = دويبّة حمراء مُنَقَّطة بسوادٍ = دُعْسُوقة

lād'ylīke, *a.* كالسيدة . يَليق بالسيدة

lād'yship, *n.* سيادة (أو) شَرافَة (لقب يذكر أمام اسم السيدة الشريفة)

lady's slipper, *n.* زَهرة (من السَّحلبيات) تُشبه البابوج = بابوج السيدة (السِّتّ)

lag, *v.* (-gged, -gging) تَخَلَّف . تَباطَأ . قَصَّر . تَأخَّر . تَلَكَّأ . زَمَّل

lag, *n.* تأخّر . تَفَاوت . تَخَلُّف . تَعَوُّق . مقدار التأخر

lagg'ard, *n.* مُتَخاذِل . مُتَقَاعِس . مُتَخَلِّف

lagōōn', *n.* غَدِير = أَضَاة

laid, *v.*; *p.*, *pp. of* lay

lain, *v.*; *pp. of* lie

lair, *n.* وِجار (الوحش)

laird, *n.* مَلَّاك أرض (بلغة اسكتلنده)

laissez faire' [lesāfār], *n.* المبدأ الاقتصادي القائل بعدم تدخل الدولة في الشئون الاقتصادية = الاستبهال الاقتصادي

lā'ity, *n.* الناسُ جميعاً . الناسُ العَلمانيون غير الأكليروس . غيرُ الإخصائيين

lāke, *n.* بُحيرة

lâ'ma, *n.* راهِب (أو) قِسّيس بوذي لامي

lamb [-m], *n.* حَمَل . خروف . لحم خروف . جلد خروف . شخص وديع (أو) بريء . شخص مُستغفَل

lamb, *v.* وَلَدت حَمَلًا (أو) خروفًا

lam'bẹnt, *a.* يَترَقَّص (الضوء) . يَرِفّ . رَفَّاف . أَلْمعي

lamb'kin [-mk-], *n.* حُمَيل . حَمَل صغير . [قَرْقُور]

lamb'skin [lams-], *n.* جلد خروف (عليه صوفه)

lāme, *a.* (-mer, -mest) كَسيح . أعرَج . واهٍ

lāme, *v.* أعرَجَ . كَسَّح

lāme'nĕss [-mn-], *n.* عَرَج

lament', *v.* ناح (أو) تَفجَّع (على) . نَدَب . أعوَل . تحسَّر . نَعى

lament', *n.* تَفَجُّع . نَدْب . نِياحة . عَوِيل

lam'ĕntable, *a.* مفجِع . يُرثى (أو) يؤسَف (له) . مُحزِن

lamĕntā'tion, *n.* تَفَجُّع . نَدْب . نُوَاح

lam'ina, *n.* رُقْروقة = شِحفة = صفيحة رقيقة . طبقة رقيقة

lam'ināte, *v.* غشّى بطبقةٍ (أو) صفيحة رقيقة . طبَّق = جمع طبقات . شحّف . تشحف

lamp, *n.* مِصباح . سِراج . قِنديل

lamp'black, *n.* سِناج (السّراج) . مادة مُلوِّنة شديدةُ السواد تُعمَل من دخان الزيت (أو) الغاز المشتعل مع أشياء أُخرى

lamp'līght [-līt], *n.* ضوء السراج (أو) الفانوس (أو) القِنديل

lampōōn', *n.* تجريس (أو) تشنيع (كتابي) . هِجاء

lampōōn', *v.* جرَّس (أو) شنَّع (كتابًا) . هَجا

lam'prey [-ri], *n.* جُلَكي = سَمَك يُشبه الأنكليس . انكليس البحر

lânce, *n.* رُمح . حَرْبة

lânce, *v.* طعن بالرُّمح . بطّ = بَضع

lâ'ncer, *n.* رمّاح

lâ'ncĕt, *n.* مِبطّة . مبضع . مِشرط . مِبزَغ

land, *n.* أرض . برّ . بَلَد . بلاد . رِيف

land, *v.* وقَف (على البر) . نَزَل (أو) أنزل (إلى البر أو على الأرض) . أهبط . هبط . أوقع (في) . انتهى به الأمر

land'ĕd, *a.* صاحب أرض . أرضي . عَقاري

land'-hōldẹr, *n.* شاغل أرض . مالك أرض

lan'ding, *n.* نزول (إلى البر) . مكان النزول (إلى البر) . هُبُوط . قُرْص (أو) تُرْس (أو) بَسطة الدَّرَج

land'lādy, *n.* صاحبة مُلك . مَلّاكة . صاحبة المنزل . صاحبة (أو مديرة) المَنزول

land'-locked [-kt] *a.* محصورٌ بالبرّ . يَعيش في ماء منقطع عن البحر . يكتنفه البر من جميع الجهات (تقريبًا)

land'lôrd, *n.* صاحب أرض . مَلّاك . صاحب (أو مدير) المَنزول . صاحب المنزل . سيد إقطاعي

land'lubbẹr, *n.* مُهفَّك البرّ = شخصٌ يعيش على البر فإذا ركب السفينة كان ثقيل الحركة . أخرق

land'mârk, *n.* مَعلَم = طِرْبال . أَمَرة = مَنار = شيء علامة للحدود (أو) دليل للمسافر . حادثة (أو حقيقة) شهيرة

land'ōwnẹr [-ōn-], *n.* صاحب (أو مَلّاك) أراضٍ

land'scāpe, *n.* منظر طبيعي بَرّي . صورة لمنظر طبيعي بَرّي (أو) ريفي

land'scāpe, *v.* حسَّن (أو) حوّر المظهر الطبيعي لِجُنَينةٍ (أو) حديقة أشجار

land'slīde, *n.* انزحال (أو) انهيال أرضي . نجاح جارف في الانتخاب (بأكثرية عظيمة)

lands'man, *n.*; *pl.* -men رَجل يعيش (أو) يعمل في أرضٍ (أو) على الأرض . شخص بَرّي

land'ward(s) [-wẹrd-], *a(d).* نحو الشاطئ . نحو البر

lāne, *n.* زُقاق . زَقيلة = سكة ضَيِّقة . مَسْرَبة . زَقَب

lang'uage [-wij], *n.* لُغَة . لَهجة . عبارة

lang'uid [-wid], *a.* مُتَرَخرِخ = فاتر القوة (أو) النفس . مُتفتِّر . مُتذَبِّل . راثب النفس . فاتِر . وانٍ

lang'uish [-wish], *v.* وَني . وَهَن . تَرَخرخ = تَفتَّر . فتر . ذَوَى . ضَوِي . شَقي . أَسقمه (أو) أضناه (الشوقُ) . صابَر

lang'uishing, *a.* وانٍ . ذابل . ذاوٍ . براه (أو) أنحله (الشوق) . مَشغول البال (عن تصنع) . مُدنَف . مُضنى

lang'uor [-ngẹr], *n.* تَوْصيم = فُتور . ذُوِيّ . وَهن . سُكون

lang'uorous [-ngẹr-], *a.* مُتَرَخرِخ . مُتفتِّر . فاتر الهمة . وانٍ

lank, *a.* مُتَسَلْسِل = مَمشُوق = طويل دقيق . نحيف . ضامر . سَبط مُسترسِل

lank'y, *a.* (-kier, -kiest) = شِرْواط = مَمشُوط = ناغط = طويلٌ ودقيق . مَمغوط = سَبط (كالشعر)

lan'tẹrn, *n.* فانوس . فَنار . مِصباح

lan'yard, *n.* طُنُب = حبل (أو) مَرَس (في السفينة)

lap, *n.* حِجْر = حِضن الإنسان . حُجْر (الثوب)

lap, *v.* (-pped, -pping) لَفَّ . لفَّع . التفَّ . تراكب . ارتصف . أطفَّ = نتأ (أو) برز (عن)

lap, *n.* طِفطفة = قطعة مُتراكبة ناتئة . مقدار الإطفاف . مِصقلة (أو) مِجلاة (للجواهر) . راكبة (من رواكب الشحن)

lap, *v.* لَعَق . وَلَغ . طَبطَبَ (الماء) . تراكب طرفُه . صَقَل (أو) جَلَى (الجواهر) . احتضن وحَدِب (على)

to — up, تولَّغ . تلقَّم . تلقَّف . تعبَّب

lap, *n.* وَلغة . طَبْطَبَة . شَوْطٌ . دورة سِباق

lapel', *n.* طيَّة صَدْر السترة = تَلبيب

lap'idary, *n.* خرّاط وصَقّال ونَقّاش (الأحجار الكريمة) = حَكّاك

lap'idāte, *v.* رَجَم . رَجم حتى الموت

lap'is laz'ūlī [*or* **lāpis**], *n.* حجر كريم = لازَوَرْد = عَوْهَق

lapp'ĕt, *n.* زَلَمة = زائدة لحمية متدلية من عنق الماعز (أو) الديك . طِفطِفة . زَنَمة

lapse, *n.* غَفلة . سَهوة . هَفوة . زَلّة (أو) سقطة أخلاقية . فترة . وَنية

lapse, *v.* ارتكس = انتكس . زلَّ . تَقَضَّى . انصرم . سَقَط (الحقّ بمرور الزمان)

lap'wing, *n.* بِيبِط . بِيبط = نَوْرَم = [طيبَت] = [زقزاق شامي]

lârb'oard [-ô-], *n.* الجانب الأيسر من السفينة بالنسبة إلى الناظر إلى مُقدَّم السفينة

lâr'cĕny, *n.* سَرِقة

lârch, *n.* (شجر) الشَّرْبين = لارِكس

lârd, *n.* شَحم الخنزير المَسلُوء المُصفَّى = إهالة (الخنزير)

lârd, *v.* طَمَّم (بالشحم) . حَشَا (بلحم الخنزير) . نَمَّق (الكلام)

lârd'ẹr, *n.* بيت المُؤْنة . مُؤْنة

lârge, *a(d)*. (-ger, -gest). كبير (الجسم) . واسع . عظيم

at —, طليق . عُموماً . عُمومي . بتوسّع

lârge-hear'tĕd [-hâr-], *a.* كريم النفس . كريم . سَمح . كبير القلب

lârge'ly [-jl-], *ad.* بكثرة . على الأكثر . إلى قَدْرٍ كبير . على العموم . في الغالب

lârge-mīn'dĕd, *a.* سَمح . حليم . واسع الصدر . كبير النفس

lârge´nĕss [-jn-], *n.* كِبَر . عِظَم . وَسَاعة

lâr´gess(e), *n.* عَطِيَّة جَزِيلة . هِبَة . إنعامة . مِنَّة

la´riat, *n.* حَبل . وَهَق = نِصاحة . طِوَل = رِباط الدابة في المرعى

lârk, *n.* (طائر) الدالوع = بَرْهَدَنة = مُكَّاء . دُعابة = مَزحة عملية

lârk´spur [-pẹr], *n.* دَلفِنيُون = [عائق] = (نبات) رِجل القُنْبُرة

lârv´a, *n.*; *pl.* -vae [-vē], حَشَرة في الطور الدودي = يَرَقَة . سِروَة (الجرادة) . دُعموص (البعوض) . قَمَصَة

lârv´al, *a.* يَرَقي . دُعموصي . قَمَصي

laryngīt´is, *n.* التهاب الحَنجَرة

la´rynx, *n.*; *pl.* -nxes *or* -nges [-ngēṡ] حَنجَرة

lasciv´ious, *a.* مُغتَلِم . مُثير للغُلمة (أو) للشهوة الجنسية . (امرأة) مِخناث . فُجوري

lash, *v.* خَبَط . ساط = ضَرَب بالسَّوط . قَرَّع (أو) لَذَع (بالكلام) . نَدَّد

lash, *n.* مِقرَعة (في طرف السوط) = سَير (السوط) . لَسبَة = جَلدَة (أو) قَرعة (أو) ضَربة بالسوط . هُدب (العين) . لَذعة . تلويحة . خَبط

lash, *v.* عَكَم = حَزَم = عَصَب . شَدّ = ربط

lash, *v.* حَرَّك وذَبذَب

lass, *n.* شابّة . فتاة . غُلامة = وَصيفة . مَحبُوبة

lass´ie, *n.* فتاة صغيرة . صَبيّة . بنت

lass´itūde, *n.* كَلال . تَوصيم = ارتخاء ونفتُّر وكَسَل = تفتخ . مَلال (في النفس)

lass´ō [*or* -ōō], *n.*; *pl.* -sso(e)s وَهَق . نِصاحة . رِباق = رِبق

lass´ō [*or* -ōō], *v.* (-ssoed, -ssoing) وَهَق . أوهَق . رَبَق

lâst, *a(d).* خلفاني . آخِر .. آخِرًا . آخِر العهد به . أخير . ماضٍ

  at —, آخِرًا . أخيرًا . في النهاية

lâst, *n.* نهاية . آخِرة . تَلِيَّة

  to the —, إلى النهاية . إلى الآخِر

lâst, *v.* بَقي . دام . استمر

lâst, *n.* قالب للأحذية

lâst´ing, *a.* باقٍ . دائم

lâst´ly, *ad.* آخِرًا . أخيرًا . في الآخر . في الختام

latch, *n.* سَقّاطة الباب = قُنّاحة = طَرّادة

latch, *v.* أغلق البابَ بالسَّقّاطة (أو) القُنّاحة

latch´ĕt, *n.* رِباط (أو) شِراك (أو) شِسع النعل

latch´key [-ki], *n.* مِفتاح السَّقّاطة = قَلّاب = قَلّابة

latch´string, *n.* حَبل السَّقّاطة

lāte, *a.* (-ter *or* -tter, -test *or* last) مُتَأخِّر . بعد الفَوات (أو) فوات الوقت . لَقيس . أخير . حديث العهد . المرحوم . السابق

  of —, منذ عهد قريب . حديثًا . أخيرًا

lāte, *ad.* (-ter, -test *or* last) مُتَأخِّرًا . في (أو إلى) ساعة متأخرة

lateen sail, شِراع مثلث الشكل مربوط بعمودٍ مائل على السارية

lāte´ly [-tl-], *ad.* في المدة الأخيرة . أخيرًا . منذ وقت (أو عهد) قريب . حديثًا

lāt´ẹnt, *a.* مُستَتِر . كامِن . مُستَسِرّ . قابِع

later on, فيما بعد

lat´ẹral, *a.* جانبي . من (أو إلى) الجانب . بجانبًا . من طرف اللسان . خاص بنسب (أو قرابة) العرض

lat´ẹral, *n.* فَرع . جانب . شُعبة

lat'ẹrally, *ad.* جانبًا . جانبيًا

lā'test, *a.* آخر . الأكثر تأخُّرًا

at thẹ —, على أبعدِ أمدٍ

lâth, *n.; pl.* **-ths** *or* **-ṭhṡ [-thz]** قِدَّة ضَيِّقة (أو) رقيقة من الخشب

lâth, *v.* غطّى (أو) صَفَّف بقِدَد من الخشب

lāṭhe, *n.* بُلط = مِخْرَطَة . آلة الخِراطة . مِخْرَط

lâṭh'ẹr, *n.* رَغْوَة . زَبَد

lâṭh'ẹr, *v.* أرْغى . أزْبد

Lat'in, *n., a.* اللغة اللاتينية . لاتيني

lat'itūde, *n.* مسافة عَرْضِيَّة . زاوية (أو خطّ) العرض على سطح الأرض جَنوب (أو) شمال خط الاستواء . حرية تصرف . وُسعة = نُدْحَة . حُرِّيَّة

latt'ẹr, *a.* الثاني (في الذِّكر) . المذكور ثانيًا . أخير

latt'ẹrly, *ad.* في آخِر مرة . أخيرًا . في المدة الأخيرة . في زمن متأخِّر . فيما بعد

latt'ice, *n.* شَعْرِيَّة = مُشَبَّك مُنتظِم من الأخشاب (أو) الحدائد الدقيقة

latt'ice, *v.* صَيَّر على هيئة الشَّعْرِيَّة . ركَّب فيه شَعرِيَّة

latt'ice-work [-wẹrk], *n.* شَعْرِيَّة . مُشَبَّك كالشَّعرية

laud, *v.* مَدَح . أشاد بذكره . مَجَّد . سَبَّح

laud'able, *a.* محمود . حَمِيد . مَجيد . مُستَحسَن

laud'anum [lodn-], *n.* صِبغة الأفيون . لاذَنَة

laudā'tion, *n.* مَدْح . تمجيد

laud'atory, *a.* مَدحي . تمجيدي

laugh [lâf], *n.* ضَحِكٌ . ضَحْكَة . ضِحْكٌ

laugh, *v.* ضَحِكَ

to — at, زَرَى (بِ) = ضَحِكَ (من) سَخِر . استهان

laugh'able [lâf-], *a.* مُضحِك . هُزأة

laugh'ingly [lâf-], *ad.* باستضحاك . بتهانف . مَزْحًا

laugh'ing-stock [lâf-], *n.* ضُحْكَة . مَضحَكة . أُضحوكة

laugh'tẹr [lâf-], *n.* ضَحِك . قَهقَهة

launch [*or* lânch], *n.* أكبر قارب تحمله السفينة الحربية . زَوْرق (أو) قارب آلي للنزهة

launch, *v.* أنزَل (إلى الماء) = أحدر (أو) حَدَر . شَرَع . أشرع = أدخل . قذف . أطلق

laun'dẹr [*or* lân-], *v.* غَسَل الملابس . غَسَل الملابس وكواها . انغسل

laun'drĕss [*or* lân-], *n.* غَسّالة = امرأة تغسِل وتكوي الثياب

laun'dry, *n.* مَغسَل . مكان الغَسل والكَيّ (للملابس) . غَسِيل

laun'dryman, *n.; pl.* **-men** رجل عامل في مكانٍ للغسل والكي . غسّالي

laur'ēate [-i-it], *n., a.* شاعر البِلاط الملكي . مُزَيَّن (أو) مُكلَّل بالغار تكريمًا . جدير بالتكريم . شخص مُكرَّم

lau'rẹl [*or* lor-], *n.* (نبات) الغار . رَنْد . غُوَيْر

lau'rẹlṡ, *n. pl.* نصر . شَرَف (عظيم) . مَجد . مَفخرة

lâ'va, *n.* ذَوْب بُرْكاني . حُمَمَة . شُشْمَة

lav'atory, *n.* مِرحاض . مَطهرة . مَغسَلة . غُسل اليدين

lāve, *v.* اغتسل . غَسَل . رَحَض . نضح . استنضح

lav'ēndẹr, *n.* [لاوَندة]= سُنبُل رومي = ناردين

lav'ēndẹr, *a.* أُرجواني خفيف = لَاوَنْدِي اللَّوْن

lav'ish, *a.* سَخِيّ . مُسْرِف . تَبذيري . فَيَّاض

lav'ish, *v.* بَذَل بسخاء . أَغْدَق . أَسْرَف في السخاء

lav'ishly, *ad.* بإجزال . بإفراطٍ في السخاء . بإغداق

law, *n.* شَرْع . قانون . دراسة القوانين (أو) الحقوق

to go to —, أقام دَعْوى . اشتكى إلى المحكمة . قاضَى . تقاضى

to take the — into his hands, تحكَّم بالقانون . انتصر لنفسه . أخذ حقه بالقوة. عاقب افتئاتًا على القانون

law'-abīding, *a.* . مُطيع للقانون (أو) محافِظ عليه

law'-breakẹr [-brāk-], *n.* كاسِر القانون (أو) مخالفُه

law'fụl, *a.* حَلَال . جائز . قانوني . سائغ قانونًا . شرعي

law'fụlly, *ad.* بحسب القانون . حَلالًا

law'ġivẹr, *n.* واضِع (أو) صاحب شَريعة (أو) قانون . مُشْتَرِع =[مُشَرِّع] . شارِع

law'lēss, *a.* حَرام . مُحَرَّم . خارج على القانون . مُخالِف للقانون . مُنابِذ (أو) معاصٍ للقانون. لا يَخضع لقانون

law'lēssnēss, *n.* معاصاة القانون (أو) الخروج عليه

law'māker, *n.* واضع قانون . عضو في برلمان (أو) مجلس نيابي

lawn, *n.* مَهْدَة عُشب = قطعة من الأرض المُعَشَوْشِبَة المُمَهَّدَة

lawn, *n.* [بانيستَه] = قُماش كتاني رقيق ناعم

law'sūit [-sūt], *n.* . دَعْوَى (قضائية) طلب محاكمة . مُحاكَمة

law'yẹr, *n.* مُحامٍ

lax, *a.* رخو . مُتحلِّل . مُتفكِّك . غامض

lax'ative, *n., a.* (دواء) مُليِّن للأمعاء (أو) مُرخٍ

lax'ity, *n.* رَخاوة . تحلُّل (أو) إنحلال (في السلوك)

lay, *a.* . عَلماني = غير اكليركي (أو) كهنوتي . غير اختصاصي

lay, *n.* قصيدة غنائية

lay, *v.; p. of* lie

lay, *v.* (laid, laying) حطَّ . وضَع . سطَح = صَرَع . رَكَّد . لَبَّد . أَعدَّ . أورد . فَرَض . راهَن . سكَّن . أضجع . صَفّ . جعل . صَيَّر . باض

to — about, قاتل شديدًا . ضَرَب (أو) خَبَط حوله (في كل جهة) . تعمَّل

to — aside, . ادخر . خصَّص . ترَك طرح . إطَّرح

to — away, ادَّخر . دَفَن . طَمَر

to — by, ادَّخر . وَفَّر . وَضَع (أو) طَرَح جانبًا

to — off, نَحَّى (أو) وَضَع جانبًا . نَحَّى عن العمل = أخرج من العمل (موقتًا) . فَرَز . خطَّط

to — out, بَسَط . نَشَر . أخرج . وَضَع = رتَّب بحسب خطة (أو) خريطة . خصَّص (أو) أنفق مالًا . صَرَع

to — himself out, تَمَنَّى. تَكَلَّف. استعدّ

to — to (at) his door, لامه (أو) آخَذَه

to — up, خَزَن . ادَّخر . أُلزِم (أو). لَزِم الفراش لمرض . عطّل

lay, *n.* [وَضعِية] . وِضعَة . كِينَة

the — of (the land), هَيئَة تَكوِينية . حالة الأمور . أوضاع

lay'ẹr, *n.* طَبَقَة . صَفَاف . رَصَّاف . بَيَّاض

layette', *n.* جِهاز لمولودٍ جديد

lay'man, *n.; pl.* -men عَلْمَاني . غير إخصائي

lay'out, *n.; pl.* -outs تَخطِيطة . تَفصِيلَة . عَرض . تَوضيعة

lay'ōvẹr, *n.* وَقْفة (أو) توقف في السفرة

lāze, *v.* تعطّل . تبطّل . تكاسل . ضيّع الوقت بالكَسَل

lāz'ily, *ad.* بتكاسل . بتوانٍ

lāz'inēss, *n.* كَسَل . توانٍ . تباطُو . تَضَجُّع

lāz'y, *a.* (-ier, -iest) كَسلان . كَسُول . بَطِيء . مُتَضَجِّع

lb. = pound (of weight) رطل انكليزي

lea, *n.* مَرج . مَعشَبَة

leach, *v.* صَوَّل = شَنَّ (أو) نَضح الماء (أو) السائل (على) = شَطَف (من أجل فرز بعض المواد عن بعض) . جعل (السائل أو الماء) يتغلغل (في مادة)

lead, *v.* (led, leading) هَدَى . قاد . أَمَّ . تَقدَّم . أدّى (إلى) . أَمضى = قَضَى . ابتدأ (في الأول) . أمال

lead, *n.* أَوَّلِيَّة . تقدُّم . مِقدار (أو) مسافة التقدم (أو) الفوت . مِقوَد . قُدْوَة

lead [led], *n., a.* رَصَاص = آنُك . رَصَاصي

lea'dẹn [led-], *a.* رَصَاصِيّ . ثقيل كالرَّصاص (فلا يمكن تحريكه) . كامِدٌ . مَكمودٌ

lead'ẹr, *n.* قَدَّام . قائِد . مُرشِد . إمام . مُقدَّم . رئيس . زعيم . قَدَمَة الغنم . مقالة تحريرية (أو افتتاحيَّة)

lead'ẹrship, *n.* قِيادة . حسن القيادة (أو) الزعامة

lead'ing, *a.* في المُقَدِّمة . إمامٌ . رئيسي

— article, مقالة تحريرية (أو افتتاحية)

— question, سؤال تَوطِيئي (فيه إشارة لإعطاء الجواب) = مِرشاد = سؤال يُستَرشَد به

leaf, *n.; pl.* leaves وَرَقَة (في النبات) . رُقَاقَة مَعدنية = [فَوِيَة] . صِفق (أو) دَفَّة (أو) مِصراع (الباب)

leaf, *v.* أَورَق (الشجر) = وَرَّق = أنقد = مَشَّر

leaf'lēss, *a.* أَجرَد . عارٍ (أو) مُجَرَّد (من الأوراق) = مَرداء (كالشجرة)

leaf'lēt, *n.* وُرَيقَة . نَشرَة

leaf'y, *a.* (-fier, -fiest) مُورِق . وارِق

leaġue [lēġ], *n.* حِلف . عُصبة . أُلبَة . مُعاقَدة

— of Nations, عُصبة الأمم

leaġue, *v.* اعتصب . تألَّب . تآلف . تواثق

leaġue, *n.* فَرسَخ = ثلاثة أميالٍ تقريباً

leak, *v.* زَرِب . دَلَف = وَكَف . تَسرَّب

leak, *n.* خَرق . مَزرَب . مَدلِف . فَخت

leak'age [-ij], *n.* زَرَب. تَسرُّب. بَوحَة. إفشاء . دَلِف. نثٌ (أو) نَثِيثَة (أخبار)

leak'y, *a.* (-kier, -kiest) زارِب . دالِف . مَخرُوق

lean, *a.*, *n.* هزيل . عجيف . هَبْر
lean, *v.* (leaned *or* leant, leaning) انحنى . مالَ . أمال . ارتكى . أسند . استند . اعتمد . إتّكأ
lean'ing, *n.*; *a.* إتّكاء . جُنوح . إجناح . مَيل = صَغو = لِفت . زَوَر . أزْوَر . زوراء (كمنارة بيزا)
lean'nĕss, *n.* عَجَف . هُزال . نَحافة
leant [lent], *v.*; *p.*, *pp.* *of* lean
lean'-tō, *n.*; *pl.* -tos بِناء (أو بَنِيَّة) مُتَّصل بآخر ومُسنَد على الجدار الملاصق له = طِئر . رُجْبة . وَلَجة = كَهْف يُستَذرى به
leap, *n.* طَمرة = قَفزَة . طفرة . وَثبة
leap, *v.* (-ped *or* leapt, -ping) طفر = وَثب بارتفاع من فوق الحاجز . طمر
leap'-frog, *n.* لُعبة النطّة=لعبة حِمار الحائط
leapt [lept], *v.*; *p.*, *pp.* *of* leap
leap'-year, *n.* السنة الكبيسة = ٣٦٦ يوماً
learn [lern], *v.* (-ned *or* learnt, -learning) تَعلَّم . عَلِم
learn'ĕd [ler-], *a.* عالِم . عَلّامة . عَلّام . مُتَبحِّر . تَبحُّري
learn'ẹr [ler-], *n.* رَيِّض = تلميذ . مُبتَدئ
learn'ing [ler-], *n.* تعلُّم . عِلم . معرفة . تَبحُّر
learnt [lernt], *v.*; *p.*, *pp.* *of* learn
lease, *n.* إيجار . استئجار . عقد إيجار (أو استئجار) . مُلكٌ بالإيجار
lease, *v.* آجر = [أجَّر] . تملّك بالإيجار
lease'hōld [lēs-h-], *n.*, *a.* بالإيجار . أرض (أو) مُلك بالإيجار . إجارة
leash, *n.* رَسَن . زِمام . زاجِر
to hold in —, ضَبط . أمسك بزمامه = عَنَّن
leash, *v.* رَسَن = جعل الرسَن في العنق
least, *a.* الأقلّ . الأصغر . الأدنى
least, *n.* الشيء الأقَلّ (أو) الأصغر (أو) الأدنى
lea'ṭhẹr [leṭh-], *n.*, *a.* جِلد مَدبوغ = أدِيم = سِبت
lea'ṭhẹr, *v.* غَشّى (أو) جَهّز بالجلد . جَلَد
lea'ṭhẹr, *a.* من الجلد (المدبوغ)
lea'ṭhẹrette [leṭh-], *n.* جِلدٌ مُدلَّس (أو) تقليدي
lea'ṭhẹrn [leṭh-], *a.* جِلدِي . من الجلد
lea'ṭhẹry [leṭh-], *a.* كالجِلد . مُجلَّد = جاسِئ
leave, *n.* إذن . إجازة = مَأذونِية . استئذان
to take — of, وَدَّع
a — of absence, إذن غيابي (أو إبعادي)
leave, *v.* (left, leaving) ترك . بارح . غادر . خلّى . خلّف . ترك (في الوصيّة) . عَهِد (إلى) . أودَع . أفضَل . دشّر . جاوز
to — off, وَقَف . انكفّ . كَفّ (أو) أقصر (عن) . أقلع (عن) . خَلع
to — out, حَذَف . ترَك . خرَم . أخرم . صَرَف النظر (عن) . أهمل . أغفل
leave, *v.* أورق الشجرُ = وَرَّق
lea'vẹn [lev-], *n.* رُوبة = خَميرة . خَمر = تأثير نفساني مُغيِّر . مُحرِّك نفساني
lea'vẹn, *v.* خَمَّر . اختمر . خامر وحوَّل
leaves [-vz], *n.* *pl.* *of* leaf
leave'-tāking [-vt-], *n.* وَداع . تَوديع . قول : استودعكم الله
leav'ingṡ, *n.* *pl.* خُشارة (المائدة) . فُضالات . غُدارات . عُقب
Leb'anon, *n.* لُبنان

lec´ture, *n.* مُحاضَرة . تَعزير = تَعنيف

lec´ture, *v.* حاضر . عَزَّر . وَعَظ

lec´turer [-chẹr-], *n.* مُحاضِر . مُعيد (في جامعة)

led, *v.; p., pp. of* lead

ledge, *n.* طَفطاف = شبه رَفّ ضَيِّق ناتىء . حَيد (أو) رَيد (الجَبَل) (أو) جَناحٌ (أو) رفّ منه = طاق

ledg´ẹr, *n.* دفتر الأستاذ (في ضبط الحسابات)

lee, *n., a.* جانب السفينة البعيد عن مهب الريح . ذَرَى . مُستَذرَى . مُتَذَرٍ

a — shore, ساحِل تَهُبّ الريح إليه

leech, *n.* عَلَقَة . شَخص كالعَلَقة في التكالب . بلّاص

leek, *n.* (نبات) الكُرّاث . كُرّاثة . رَكل = كُرّاث

leer, *n.* نظرةٌ جانبية فيها تَصَبٍ . نظرة خازِرة (أو) شازِرة . نظرة بلهاء

leer, *v.* نَظَر بمُؤخر العين مع التصبي . خَزَر (أو) شَزَر = نظر بمُؤخر العين خِلسةً (أو) تخابثاً (أو) كُرهاً = شَفَن

lees, *n. pl.* كُدارَة . دُرْدِيّ = عَكَر . حُثفُل . ثُمالة

lee´ward [*or* lū´ward], *a(d).* نَحوَ سُفالة الريح = إلى الناحية التي يهب إليها الريح (أو) المستذراة من الريح

lee´ward, *n.* ناحية سُفالة الريح

lee´way, *n.* جُنوح جانبي بسبب الريح . فَضلة (في الوقت أو المسافة) . تأخير (أو) خسارة . فُسحَة

left, *a., n.* يَسار . شِمال . يَساري

left, *ad.* يَسرَةً = إلى اليَسار . شِمالاً

left, *v.; p., pp. of* leave

left´-hand, *a.* على اليَسار . إلى اليَسار

left´-hand´ẽd, *a.* أعسر = ألفت = [شِمالي] . تهجيني (في الزواج)

— compliment, مَدحة غير مقصودة . ذَمّ في مَعرِض المدح

left´ist, *n., a.* يَساري (أو) راديكالي (في السياسة)

left´ōvẹr, *n.* فُضالة . رُذالة . غُبَر . عُقبة . عُقبولة

leg, *n.* حامِلة . قائمة (الحيوان أو الطاولة) . رِجل . ساق . تبرير (أو) عُذر

on his last —s, في آخر مُسكة . في آخر رَمَق من حياته

leġ´acy, *n.* إرث بوصِيّة . تَرِكة . ميراث . تُراث

lēġ´al, *a.* قانوني . بحسب القانون

lēġal´ity, *n.* قانونية . مَشروعية

lēġ´alīze, *v.* سوّغ قانونًا . حَلَّل (أو) أجاز الشيءَ قانونًا . [قَوْنَن]

lēġ´ally, *ad.* قانونًا . شرعًا

leġ´ate [-it], *n.* مَندوب . سفير . مُوفَد . مُمثِّل البابا

leġatee´, *n.* وَريث (أو) مُوَرَّث (بوصِيّة)

lēġā´tion, *n.* مُفوَّضِيّة (للتمثيل السياسي)

le´ġẹnd, *n.* حِكاية . أُسطورة . مَزعومة . أساطير . نَقش (الدرهم أو الوِسام)

le´ġẹndary, *a.* أسطوري . غير تاريخي . غير مُحقَّق . خُرافي

le´ġẹrdẽmain´, *n.* خِفّة اليد (في الشعوذة) . شعوذة في الجَدَل

leġġ´inġs, *n. pl.* [طِماقات] = مِسمَيات طويلة

lēghôrn´, *n.* نوعٌ صغير من الدجاج . قُبّعة مصنوعة من القش الناعم المضفور

legibil'ity, *n.* وُضُوح الخط (أو) الطبع . مَقْرُوئية . سُهولة القراءة

le'gible, *a.* مَقرُوء . يُقرَأ . واضِح

leg'ibly, *ad.* بوضوح وسهولة في القراءة . بوضوح

lē'gion [-jẹn], *n.* فِرقة (من الجيش الروماني القديم) . جَيش . جَوقة . (عدَد) جَم (أو) غفير = جحفل

lē'gionary [-jẹn-], *n.; pl.* -ries فرد من أفراد الجيش (أو) الجَوقة

le'gislāte, *v.* سَنّ . شَرَع . اشترع

legislā'tion, *n.* تشريع . اشتراع . سَنّ

le'gislative [*or* -lātiv], *a.* تشريعي . اشتراعي

le'gislātor, *n.* شارِع . مُشَرِّع . عضو جمعية تشريعية

le'gislature [*or* -lāchẹr], *n.* سلطة (أو) هيئة (أو) جمعية تشريعية

lēgit'imacy, *n.* مَشروعية . قانونية . كون الشيء مشروعاً . شرعية الولد (من زواج صحيح)

lēgit'imate [-it], *a.* مَشروع . مُسوَّغ . شَرْعي . شَرْعي الميلاد (من زواج شرعي)

lēgit'imāte, *v.* أقرَّ شَرعيًا . اعترف بشرعيته (من زواج شرعي)

leġ'ūme, *n.* بَقلة (أو) خُضرة (أو) خَضراء قَرْنية (كالفول والبسلة) . سِنف = قَرْن (النبات)

lēġūm'inous, *a.* بَقلي (أو) خُضري قَرْني

leis'ure [lezhẹr], *n.* تفرُّغ . فَراغ . وقت الفراغ . مَهل

lei'surely [-rl-], *a(d).* على مَهلٍ . مُتمهِّل = أَرْوَد . رُوَيدًا . بالهُوَينى . باتِّئاد . بتأنٍ . بتمكُّث . مَكيث . بترسُّل

lem'on, *n.* لَيمون . لَيمونة

lemonāde', *n.* شراب الليمون = لِمُونادة

lēm'ur [-ẹr], *n.* هَبّار = هَوبر = حيوان كالقرد وله وجه كوجه الثعلب وذَنَب طويل .

lend, *v.* (lent, lending) أعار . أقرَض . أَوْلى . داين . أمدّ . أضفى

len'der, *n.* مُعير . مُقرِض . مُداين

lenġth, *n.* طُول

at —, بتطويل . بإسهاب . بعد طول المدة . آخِرًا

to go to any —, عَمِل كُلّ ما يُعمَل (أو) ما يجب . لم يألُ جهدًا

at full —, مُنسدِح (أو) مُستلقٍ بكامل طوله

to keep him at arm's —, تجافى عنه

lenġ'thẹn, *v.* طال . أطال . طوّل . استطال . امتدّ

lenġth'ways, *a(d).* بالطول . طُولًا . طولانيا

lenġth'wīse, *a(d).* بالطول . طولًا . طولانيًا

lenġ'thy, *a.* (-thier, -thiest) طويل . مُسهَب

lēn'iẹnce, *n.* رِفق . لِين . سَجاحة

lēn'iẹncy, *n.* = len'ience هَوادة

lēn'iẹnt, *a.* رَفيق . رَحيم . مُسجِح

len'ity, *n.* = lenience

lenṡ, *n.; pl.* -ses عَدَسة زُجاجِيّة . عَدَسة

lent, *v.; p., pp. of* lend

Lent, *n.* الصوم الكبير قبل عيد الفصح

Len'tẹn, len'tẹn, *a.* خاصّ بالصوم الكبير

len'til, *n.* عَدَس . عَدَسة . بَلَسن

lē'onīne, *a.* . أَسَدِي . شبيه بالأسد . كالأسد . لَبِئِي

leo'pard [lep-], *n.* السَّبَنْدَى = النَّمِر = الأَبْرَد = الأرقط

lep'ẹr, *n.* مَجْذُوم = مُبْتَلَى بالجُذَام

lep'rosy, *n.* (داء) الجُذام = داء الأسد

lep'rous, *a.* مَجْذُوم . مُبْتَلَى بداء الجُذام

lēse-maj'ĕsty [lēzm-], *n.* خيانة عظمى . جُرم ضد الحضرة الملكية (أو) الحاكم الأكبر (أو) سيادة الدولة

less, *a., n.* . أَقَلّ . دون . أدنى . إِلَّا . بدون . كمية أَقَلّ (من ذلك)

less, *ad., prp.* أَقَلّ (أو) أصغر (أو) أدنى (من ذلك) . دُون . إِلَّا

lessee', *n.* مُستأجِر

less'ẹn, *v.* . قَلّ . قَلَّل . نَقَص . هَوَّن . استهان (ب)

less'ẹr, *a.* أَقَل . أَصغر (شأنًا) . أَهْوَن

less'on, *n.* دَرْس . مَوْعِظة . عِبْرَة

less'or, *n.* مؤْجِر

lest, *con.* لِئَلَّا . كَيْلا . حَتَّى لا . خَشْيَةَ . حِرْصًا

let, *v.* (let, letting) . سَمَح . خَلَّى . (وَدَع) . فَصَد . تَرَك . آجر . أكرى . اكترى . استكرى

— alone, فضلًا (عن)

to — alone, تركه وشأنه

to — be, تركه وشأنه . خَلَّى عنه

to — down, . خَذَل . أَرْخَى . أسدل . أَنْزَل . خَلَّى . أرسل

to — go, أفلت . نَطْلَق

to — in, أدخل . أَدَّى . خَدَع . وَرَّط

to — know, أعلم . أخبر

to — off, . أفلت . خَلَّى سبيله . فَلَّت . أطلق

to — out, . صَرَف . أَخرَج . أطلق . وَسَّع . آجَر . أَفْشَى

— the two triangles be equal, لِنفرض أنّ . . . لِيَكُن أنّ . . .

— me go ! خَلِّ عني . دَعْني أذهب !

— us go and see, . . . لِنَذْهب و

let, *n.* مَنع . عائِق

without — or hindrance, بدون مَنع (أو) إعاقة

let, *v.* (-tted *or* let, -tting) . مَنَع . أعاق

lēth'al, *a.* قاتل . مُمِيت

lethâr'gic, *a.* سَبْخي = سُبَاتي . مُتَسَبِّخ = فاتِر الهمة

leth'argy, *n.* . سَبْخ = سُبات . فُتور الهمة . تبلد العقل . جمود نفس . إستنامة

let's = let us

lett'ẹr, *n.* = حَرْف (كتابي) . مكتوب = رسالة مكتوبة

to the —, . على التمام . حَرفًا بحرف . نَصًّا

lett'ẹr, *v.* كتب (عليه) (أو) عَلَّم بالأحرف

lett'ẹred [-rd], *a.* مكتوب (أو) مرقوم عليه بالحروف . عالِمٌ . أديب . مُتعلِّم

lett'ẹr-head [-hed], *n.* رَأْسِيَّة . كتابة رأسية . عُنوان رأسي . [ترويسة]

lett'ẹring, *n.* حَرْفِيَّة = أحرف مكتوبة (أو) مرقومة

lett'ẹr-perf'ĕct, *a(d).* مُتقَن (أو) على أَتَمّ وجه (من حيث استظهار خُطبة أو دور في رواية . . .)

lett'uce [letis], *n.* خَس

leuc'ocȳte, *n.* . كُرية بيضاء في الدم [كُرَيْضَة]

Lĕvant′, *n.* المَشرِق = البلاد شرقيّ البحر الأبيض المتوسط
lev′ee, *n.* سَدّاد = حاجر (أو) حاجور لمنع فيضان النهر على الضفتين . رصيف النزول في الميناء
lev′ẹl, *n.* سَوِيَّة . مُستَوىً . مِقياس (أو) ميزان الاستواء = فادِنٌ . مسامتة . استواء . بسيطٌ من الأرض = سَبْسَب
lev′ẹl, *a.* مُستَوٍ . مُتَمَهِّد . على سَوِيَّة . على مسامتة
lev′ẹl, *v.* (-lled, -lling) سَوَّى = مَهَّد . دَكّ . سَدَّد = بَوَّأ الرمحَ (نحوه)
lev′ẹl-head′ĕd [-hed-], *a.* مُحَنَّك
lev′ellẹr, *n.* مُسَوٍّ . مُمَهِّد . من أهل التسوية
lēv′ẹr, *n.* مُخل . عَتَلَة . واسِطة (للتأثير)
lēv′ẹrage [-ij], *n.* عَمَل المُخل . فائدة تأتي من استعمال المخل . زيادة في القوة . واسطة (للتأثير) = مَقْوَاةٌ
lĕvī′athan, *n.* لُوِياثان = حيوان مائي كالتمساح . وَحْش بحري جبّار . جَبّار
lev′ity, *n.* طَوْش = رُعونة . خِفَّة . رَوَش . قلة احتشام
lev′y, *n.* جِبَايَة = تَحصِيل . تَجميع . تجنيد . مقدار الجباية . تقييد الأسماء للخدمة العسكرية
lev′y, *v.* (-vied, -vying) جَبَى = حَصَّل (أو) لَمَّ (فَرضًا (أو) جبرًا) . ضَرَب (أو) فَرَض . قيد الأسماء للخدمة العسكرية
lewd, *a.* مُجوني . شَهواني . داعِرٌ . رَفَثِي
lewd′nĕss, *n.* مُجون . دَعَارة . شهوانية . رَفَث
lexicoġ′raphẹr, *n.* مُصَنِّف مُعجَم . مُصَنِّف قاموس
lex′icon, *n.* مُعجَم . قاموس

līabil′ity, *n.* دَيْن . مَسئُولِيَّة . إلزَام . مُطالَبة . ملزومية
lī′able, *a.* مُعرَّض (أو) قابل (لِ) . مطالب (أو) مُلزَم (قانونًا) . مَلزوم
liais′on, *n.* اتصال . ارتباط . وَصل
lī′ar, *n.* كذّاب = خَرّاط
lībā′tion, *n.* صَبّ (أو) سَفْك الخمر (أو) الزيت على سبيل القُرْبان . الخمر المسفوك . مَشروب
līb′ẹl, *n.* تشنيع (أو) هَجو (كتابي) . هَتْك السُمعة
līb′ẹl, *v.* (-lled, -lling) هجا (كتابةً) = قَشَب . هَتَك السُمعة
līb′ẹllous, *a.* هَجْوي كتابي
lib′ẹral, *a.* كريم . خَبير . وَفير . متحرر (التفكير) . فيه تجوُّز (أو) تسامُح . متسامح = واسع الصدر . حُرّ
lib′ẹral, *n.* شَخص تَقدُّميّ (أو) مُتحرِّر الفكر (أو) من حزب الأحرار
Lib′ẹralism, *n.* المَذهَب التحرري (في الدين والسياسة)
libẹral′ity, *n.* كَرَم . جُود . نِعمَة . تَسامُح . إنعامٌ . مِنحَة . تَنَوُّر عقلي . التحررية الفكرية . سَمَاحَة
lib′ẹrāte, *v.* حَرَّر . أعتق . أعفى . أطلق
libẹrā′tion, *n.* تحرير . إعتاق . تَحَرُّر . إعفاء . إطلاق
lib′ẹrātor, *n.* مُحَرِّر (البلاد)
lib′ẹrtine [*or* -īn], *n.* فاسِقٌ . فاجر . مُتهَتِّك
lib′ẹrty, *n.* حُرِّيَّة . تَحرُّر . تجاسُر . استجراء . سَمَاح . حَقّ امتيازي
  at —, حُرّ . له الحرية . مسموح له
lībrār′ian, *n.* قَيِّم (أو) حافظ المكتبة

lībʹrary, *n.* مَكْتَبَة

librettʹō, *n.; pl.* -tos كلات الأوبرا (أو) قطعة موسيقية . كتاب هذه الكلات

Libʹya, *n.* الجُمهوريّة الليبية

līce, *n., pl. of* louse قَمْل

līʹcẹnce, *n.* جَواز = إجازة . ترخيص . رُخصة . تهتُّك في الحرية = إباحيّة . ضلال الحرية

poetic —, جوازات شعرية . جواز شعري

līʹcẹnse, *v.* أعطى رُخصة . رَخَّص . أجاز

līcenʹtious, *a.* إباحيّ السلوك . فاسِق . خليع . داشِر

līʹchẹn [līkẹn], *n.* (نبات) بهق الحجر = حَزاز (الصخور) . داء الشَّيْب = حَزاز

lick, *n.* لَحْسَة . لَعْقَة . لَطْعَة . خَبْطة

lick, *v.* لَحَس . مَشَق بالسوط . أوسع جَلْدًا . لَسَب = لَعَق (أو) قَرَص بالكلام

licʹorice, *n.* = liquorice

licʹtor, *n.* جَلَّاد (عند الرومان)

lid, *n.* طَبَق = مَكَبَّة . جَفْن . غِطاء

līe, *v.* (lied, lying) كَذَب

līe, *n.* كِذْبة . [خَرْطَة]

līe, *v.* (lay, lain, lying) اضطجع . استلقى . بَقي . كان واقعًا (أو) موضوعًا (أو) موجوداً

to — back, استلقى على ظهره . اضطجع

to — down, اضطجع . استكان

to — in, كانت في فِراش الولادة . كانت في الوضع

to — low, ضَمَز = [ضَبَس] . انتظر غِرّة . تلطّى (للعدو) = تَرَبَّص = [لَبَد]

to — off, رسا على بعدٍ من الشاطئ

to — over, أرْكى = أخَّر . انتظر

to take it lying down, استلان . استكان . لم يَثُر لكرامته المجروحة

to — up, لَزِم الفراش مرضًا . لَزِم الغرفة

līe, *n.* ضَجعة . صورة (أو) هيئة تكوينيّة . اتجاه . كيفية الأحوال (أو) الأوضاع

The — of the land, هَيْئة تكوين الأرض . حالة الأمور . أوْضاع

līed [līd], *v.; p. of* lie

liege [lēj], *a.* وَلِيّ . مَوْلًى . صاحب الولاية (عليه)

liege [lēj], *n.* وَلِي = مَوْلًى = سَيِّد

liegeʹman [lējm-], *n.; pl.* -men خَوَلِي = تابع = مَوْلًى

liʹen [lēn; lēʹẹn], *n.* حَقّ الحجز على ملك المديون

lieu [lo͞o; lū], *n.* مَكَان . مَوْضِع

in — of, مَكَانَ؛ عِوَضًا (عن) . بَدلًا (من)

lieutenʹancy [left-; lo͞ot-], *n.* رُتبة الملازم (في الجيش)

lieutenʹant [left-; lo͞ot-], *n.* مُلازِم (في العسكرية) . عاقِب = قائم مَقام السيد (أو) نائبه

lieutenʹant-genʹẹral, *n.* ضابط فوق الزعيم برتبتين . فريق (في الجيش) . أمير لواء

līfe, *n.; pl.* lives حياةٌ . نَفسٌ . أحياء . عُمر . عِيشَة . سيرة . هِمّة . نشاط . رُوح

līfeʹbelt [-fb-], *n.* نِطاق (أو) حِزام النجاة

līfeʹ-blood [-fblud], *n.* مُهجة = دم الحياة . قِوام

līfe'bōat [-fbōt], *n.* قارب الإسعاف (أو) النجاة

līfe'buoy [-fboy], *n.* = life'belt

līfe'-guârd [-gârd], *n.* جندار = جرس خاصّ . حَرَس الإسعاف (أو) النجاة (أو) الإنقاذ

life insurance, تأمين على الحياة

līfe'lĕss [-fl-], *a.* غير حيّ . مَيّت . بلا روح . فاتر

līfe'līke [-fl-], *a.* طِبْقي = تامّ الشَّبَه (بمخلوق حيّ) = ناطِق

līfe'long [-fl-], *a.* طُولَ العُمر . العُمر

līfe'-preser'vẹr, *n.* [دَبَسة] = عصا قصيرة برأسٍ ثقيل . نِطاقُ النجاة (يُبقي الإنسان طافيًا) = مِعوام النجاة

līfe'-sāving, *a.*, *n.* يحفظ النفس . يُنجي (من الغرق أو الموت) . حافِظ (أو) واقٍ للحياة

līfe'-sīze(d) [-zd], *a.* بحجم الإنسان (أو) الحيوان

līfe'tīme [-ft-], *n.* مُدَّة العمر

līfe'-work [-werk], *n.* عَمَل طولَ العمر . عَمَل العُمر

lift, *v.* رَفَع . شال . أصعَد . ارتفع . رَقّى

lift, *n.* رَفْع . شَوَلان . رَفْعَة . رُكْبَة . ارتفاع . تَرْقِيَة

lift, *n.* مِصعَد

lift'ẹr, *n.* رافِع . مِرفَع . سَلّال (من الدكاكين)

lig'ament, *n.* رباط (بين العظام أو أجزاء الجسم) . رَبط . رِباط

līght [līt], *n.* نُور . ضِياء . سراج . مِصباح . إشراق = وَضح

in the — of, على ضوء . على نُورٍ . على هَدْي . استنارةً (بِ)

līght, *a.* شاحِب . خفيف اللون . مُنير . مُشْرِق . ضاحٍ

līght [līt], *v.* (-ted *or* lit, lighting) أنار . نوّر . أضاء . أشعل . أوقد . اشتعل . أجج . أشرق

līght, *a.* خفيف . هيّن . رَشيق

to make — of, تهاون . استهان (أو) استخفّ (بِ)

— in the head, أرْعن . خَفيف

līght [līt], *v.* (-ted *or* lit, lighting) حطّ = وقَع (الطائر) . نَزَل . تَرَجَّل = حوَّل . عَثَر (على) . سقط (أو) وقع فجأةً

līght'ẹn [līt-], *v.* نوَّر . تَنَوَّر . أشرَق . بَرَق . لَمَع

līght'ẹn, *v.* خفّ . خفّف . تخفّف . بَسط

līght'ẹr [līt-], *n.* مِشْعَلَة . قدَّاحة = [ولّاعة]

līght'ẹr [līt-], *n.* جَرْم = قارب شَحن = [ماعون]

līght'-foot'ēd [līt-], *a.* رشيق الخطو . خفيف الرِجل

līght'-head'ēd [līt-hed-], *n.* = فَرَاش طَيّاش = هَجهاج . خفيف العقل . أرْعن

līght'-heart'ēd [līt-hârt-], *a.* خالي البال . منشرح الصدر . بَشوش

līght'house [līt-], *n.* مَنَار (أو) فَنار (السفن)

līght'ly [līt-], *ad.* خَفيفًا . بتخفيف . بخفّة . باستخفاف

līght'-mīnd'ēd [līt-], *a.* طائش . أرْعَن

līght'nĕss [līt-], *n.* خِفّة . انشراح . رُعونة . عدم احتشام

līght'nĕss, *n.* وُضُوح . صَفاء . نُور

līght'ning [līt-], *n.* بَرْق

līght'ning-rod' [līt-], *n.* قضيب الصاعقة = الشَّارِي = واقية الصواعق

līghts [līts], *n. pl.* سَحر (الضأن والمعز) . معاليق (الحيوان)

līght'ship [līt-], *n.* سفينة فَنارية

līght'some [līt'sẹm], *a.* مُشرِق . مُتَهَلِّل . خفيف الحركة . مَبهُوج

lig'nīte, *n.* نوعٌ من الفحم الحجري بُنّي كامد

līk'able, *a.* جَذّاب . لطيف . مُحبَّب

līke, *v.* أراد . أَحَبَّ . وَدَّ . استطاب . طاب . اشتهى . فَضَّل . استحلى . أعجب . شاء

as you — it, كما تشاء . كما تُريد . كما يحلو لك

līke, *n.* مِنْوال = شَكْل . مَثِيل . شيء مُحَبَّب

and the —, وهلمّ جَرًّا . وما أشبه ذلك

līke, *a.* مِثل . شِبه . نظير

līke, *prp.* مِثل . شبيه . على شاكلة . كما . كأنّ . مِن شَكله . مُحتَمَل

līke, *ad., con.* كما . مِثل . كَ . كأنّ

nothing — as good, لا يقاربه في جودته

I feel — eating, لي (نفسٌ) للأكل . أشعُر [بِنفسٍ] للأكل

something — £100, نَحو

līke'lihood [-kl-], *n.* مَظِنّة . احتمال . [مَرجُوحِيّة]

līke'ly [-kl-], *a(d).* مُحتَمَل . على الراجح . من المنتظر . مناسِب . أشبه (أن يكون) . مَظِنّة

līk'ẹn, *v.* شَبَّه . مَثَّل . قايس

līke'nĕss [-kn-], *n.* شَبَه . مُشابهة . هَيئة . صورة

līke'wīse [-kw-], *ad.* كذلك . (وكذلك) أيضًا

līk'ing, *n.* حُسن تَوَجُّه = مَحَبّة . إيثار . مَيل . وَلَع

lil'ac, *n., a.* لَيْلَك . لَيْلَكِي

lilt, *n.* تطريب (بمقاربة النغم) . تَهزِيج . هَزَج

lilt, *v.* طَرِّب (بمقاربة النغم) = هَزَّج

lil'y, *n.* زَنبق . زَنبقة . سَوسَن

lil'y, *a.* كالزنبق بياضًا . صافٍ أَنِيق

lily of the valley, زَهرة الوادي = كُشتُبان = زنبق الوادي = مُضْعَف

limb [-m], *n.* طَرَف (من أطراف الجسم) . جَناح . فَرْع (شجرة)

lim'bẹr, *a.* لَدْن . لَيِّن . أَملَد

lim'bō, *n.* الأعراف . البَرْزَخ . مَنسَى = الموضع الذي تُترَك فيه الأشياء القديمة وتُنسَى . مَنسِيّة

līme, *n.* جِير = كِلس . [نُوره] . دِبق (لإمساك الطيور)

līme, *v.* جَيَّر = كَلَّس . لَيَّط بالدِّبق

līme, *n.* لِيم = ليمون حامض صغير . [لُومِي]

līme, *n.* (شجرة) الزَّيزَفون

līme'līght [-mlīt], *n.* نُور ساطِع (يُوجَّه إلى المسرح) . مَحَطّ الأنظار . شُهرة

lim'ẹrick, *n.* قَصيدة هَزْلية (أو) [قَرّادِيّة] من خمسة أبيات

līme'stōne [-ms-], *n.* حجر الجير = حجر الكلس = خَشرَم

līme'watẹr [-mwô-], *n.* ماء الكِلس

lim'it, *n.* حَدّ . نهاية . أقصى . غاية . طَرَف . أَمَد

lim'it, *v.* حَدَّد . قَصَر . اقتصر (على)

limitā'tion, *n.* تحديد . مَحْدُودِيَّة . تقييد . تحصير . قَصر

lim'itēd, *a.* مَحدود . مَحصور . مُقَيَّد

lim'itlēss, *a.* غير محصورٍ (أو) محدود . لا حدَّ له

lim'ousīne [limuzēn], *n.* سيارة مُطبَقة لها سائقٌ في الخارج

limp, *v.* خَمَع = عَرِجَ . خَزعَل

limp, *n.* عَرَجٌ . خَمع . خَزعلة

limp, *a.* لَيِّن . رِخو . مُستَرخٍ . مُتهدِّل . مُطفَطِف .

lim'pēt, *n.* لُزَّيق = بَطلينوس = حَلَزون بحري

lim'pid, *a.* رائق . صافٍ

linch'pin, *n.* وَتَد الجَلَز = وتد يوضع في محور الدولاب لضبطه في مكانه = عِصام = قِطريب

lin'dẹn, *n.* شجرة الزيزفون

līne, *n.* حَبل . حَبلة . خَيط . مَرسة . سِلك . سَطر . خط . صَف = سِماط . اختصاص . خِطّة . تخطيط . سُلالة . طريقة . مَنحى . سَمت . شُغل . علاقة . خط سفر بحري (أو) بري (أو) جوي

all along the —, على طول الخط . في كل نقطة . من كل الوجوه

to bring into —, أراغه إلى الطريقة . أجاءه (أو) جاء به إلى الطريقة . أسلك . سَلَّك . أنسق

to draw the —, مَيَّز . وضع حدًّا

in — with, في نَسَقٍ . مُنسلِك . على مِدادٍ واحد

to read between the —s, اِستَشَفَّ . قرأ في ثنايا السطور

to toe the —, خَضَع . انقاد . تابَع . انساق . استجر

actor's —s, الكلمات التي يقولها الممثل

the —s, خطوط الدفاع

—s, نصيب . مَصير . مُقَدَّر

līne, *v.* خَطَّ . خَدَّد . صَفَّ

to — up, إِصطفَّ . تصافَّ

līne, *v.* بطَّن

to — his purse or pocket, جَمع (أو) كَسَب المال . مَلأ

lin'ēage [-ij], *n.* سِلسلة النَّسب . نَسَب . سُلالة

lin'ēal, *a.* مُسَلسَل . سَليل . من عمود النسب (أو) أصل النسب

lin'ēamẹnt, *n.* مَلمَح (أو) تقطيع الوجه . صفة مُمَيِّزة خاصة

lin'ēar, *a.* خطّي . طُولي . طُولاني . مُنسبِت = طويل دقيق = مُنخَرِط

līne'man [-nm-], *n.*; *pl.* -men مُصلِح خُطوط التلفون (أو) التلغراف (أو) الكهرباء . مفتش خط السكة الحديدية

lin'en, *n.*, *a.* كَتّان . كَتّاني

līn'ẹr, *n.* ماخِرة (بحرية أو جوية لسفر الركاب)

līneṡ'man [līnz-], *n.* مراقِب حدود الملعب . مُساعِد الحكَم (في خروج الكرة عن الحدود أو عدمه)

līne'-up, *n.* صَف . اصطفاف . عُصبة . مُنظَّمة

linġ'ẹr, *v.* تَثَبَّط = تلكأ . تَلَبَّث = تَمَكَّث = تَلَثلَث

lin'gerie [lanzhẹrē], *n.* ألبسة المرأة التحتانية

linġ'ō, *n.*; *pl.* -goes لُغَيَّة = لغة خاصة . رَطانة = زَغزغية

linġ'uist [-wist], *n.* لُغَوي . عالم بلغاتٍ عديدة . عالم بعلم اللغات

lin'imẹnt, *n.* مَروخ . دَلُوك

līn'ing, *n.* بِطانة (الثوب)

link, *n.* حَلقَة (أو) عُروة (في سلسلة) . حَلقة وَصل . صِلة . رابطة

link, *v.* وَصَّل . اتّصل . رَبَط . عَقد

links, *n. pl.* مَلعَب الكُولف

linn'ĕt, *n.* (طائر) التُّفّاحِيّ = زَقاقِيَّة

linōl'ēum, *n.* مُشمَّع أَرضِيَّة = شيء كالبساط معمول من الجِنفَيص المُشمَّع

līn'o, *n.* = linoleum

lin'seed, *n.* بزر الكتان

— oil, سَليط (أو) زيت (أو) دهن بزر الكتان

lin'ṣey [-zi], *n.* = linsey-woolsey

lin'ṣey-wool'ṣey [-zi], *n.* قماش صوفي قُطني خَشِن

lint, *n.* مُشاقة (أو) نُسالة الكتان (تستعمل في التضميد)

lin'tẹl, *n.* سَاكِف (الباب) = الأُسكُفّة (أو) العَتَبة العليا

lī'on, *n.* أَسد . بُرج الأسد

lī'onĕss, *n.* أَسدَة = لَبُوَة = أنثى الأسد

lip, *n.* شَفة . جَحفلة (الفرس) . مِشفَر (البعير) . شَفة (الاناء) = حَرف

lip'-service, *n.* بَرْقَلة = كلام لا يَتبعه فِعل . مُماذَقة كلام

lip'stick, *n.* دِهان الشفاه

liquĕfac'tion [likwi-], *n.* تميع . تذويب . تَذوُّب . ذَوَبان . تَميُّع

li'quĕfȳ [likwi-], *v.* (-fied, -fying) ميَّع . ذوَّب . ذاب

liqūeur' [likūr], *n.* مشروب الليكير . شراب مُنعِش

li'quid [likwid], *n., a.* مائع . ذائب . سائِل . سَلِس . قابل للتحويل نقداً في الحال

li'quidāte [likwi-], *v.* صَفّى (الديون) . صَفّى (حسابات شركة) . قَتل . نَكب = استصفى (أو) قَضى (على)

liquidā'tion, *n.* وفاء (الدين) . تصفية . قَتل . نَكبة . تحويل السَّندات (أو) الموجودات إلى نقد

li'quor [likẹr], *n.* مُسكِر . خَمر . مَرَق . عَصير . محلول

li'quorice [likẹris], *n.* عِرق السُّوس . رُبّ السوس

līr'a, *n.; pl.* -ras *or* -re وَحدة النقد (في إيطاليا)

līsle [līl], *n., a.* خيط (أو) غَزل دقيق شديد البَرْم من قطنٍ (أو) كَتان . مَصنوع من هذا الغزل

lisp, *n.* لَثغَة = قَرْطة (في اللفظ)

lisp, *v.* لَثَغ = قَرَط (في اللفظ)

liss'om(e) [-sẹm], *a.* رَشيق . أَملد = سهل التثني . أُملودٌ

list, *n.* طُرَّة (أو) حاشية (القماش) . حَومة . مَحوَّطة = حَظيرة

list, *n.* قائمة . جَدول

list, *v.* جَدوَل = أَدرج في جَدول . كتب في القائمة

list, *v.* مالت (أو) انكفأت (أو) تَكفَّأت السفينة (جانباً)

list, *n.* انكفاء = تَكفُّؤ (السفينة)

list, *v.* = listen

li'stẹn [lisẹn], *v.* أَصغى . أَنصت . استمع . انتبه

to — in, تَسمَّع . تَنَصَّت . اِسْتَرَق السمع . استمع للإذاعة

li'stener [lisen-], *n.* سامع . مُستَمِع

list'lēss, *a.* خاثر البَدَن . ليس له (نفس) في شيء . خاثِر (أو) مَوْنانُ النَّفس. مُتخَتِّر . غيرُ مُبالٍ . لا هِمَّة له في شيء

list'lēssnēss, *n.* خُثورة البَدَن . مَوَتان النَّفس . وَنآء الهمة . عدم مُبالاة

lists, *n. pl.* حَومَة . مَيدان مُغالبة الفرسان (أو) المبارزة

lit, *v.; p., pp. of* light

lit'any, *n.; pl.* -nies ذِكْر = صلاة (أو) دعاء يَشترك فيه المُصلّون

līt'er, *n.* = litre

lit'eracy, *n.* مَعرِفة القراءة والكتابة

lit'eral, *a.* بالحرف . حَرْفي . نَصّي . طِبقي . مُتسمِّت . صَحيح . على وجهه . حقيقي

lit'erally, *ad.* حَرفيًّا . بالحرف . بتحنُّف . بلا مُغالاة . بالضبط

lit'erary, *a.* أَدَبي . أدِيب . فَصِيح (أو) فصيحة

lit'erate [-it], *n., a.* (شخص) يعرف القراءة والكتابة . له معرفة (أو) معاناة بالأدب

lit'erature, *n.* آثار (أو) كتابات أدَبية . أدَب . مُؤلَّفات . حِرفة الأدب . علم (أو) دراسة الأدب

līthe, *a.* سهل التثني . لَدْن = أَملَد = أغدَن

lith'ogrâph, *n.* صورة حَجرية (أو) معدنية (أو) مطبوعة على حَجَر ومنقولة عنه

lit'igant, *n.* مُداعٍ . مشارع

litigā'tion, *n.* مشارَعة . مداعاة . مقاضاة . مرافعة

lit'mus, *n.* مادة تلوينية زرقاء تصبح حمراء عند تفاعلها مع الحامض

līt're [-ter], *n.* لِيترة = حجم كيلوغرام من الماء بدرجة (٤) مئوية

litt'er, *n.* مِحَفَّة . تَخت رَوان . هَودَج = حِدْج

litt'er, *v.* شَوَّه منظر المكان وترتيبه بالنُبَاذات . المُبعثرة = [قمقم]

litt'er, *n.* قُماشة = نُباذات = سَقَط الأشياء تُبعثَر

litt'er, *v.* أَجرى = وَلَدَت جَروًا (أو) جِراء

litt'er, *n.* وَلْدَةُ جِراء . جِراء

lit'tle, *a.* (less *or* lesser, least; littler, littlest) صغير . ضئيل . قليل . قصير . زهيد . يسير . حقير . لا يُذكَر . نَزْر . خسيس . تافِه

lit'tle, *ad.* (less, least) قليلًا . بعضَ الشيء . قَلَّما

— did I think, قليلًا ما أُفكّر (أو) فكّرتُ . قلّ (أنْ) . . .

lit'tle, *n.* (شيء) قليل

to make — of, استخفّ . استهان (بِ)

for a —, قليلًا . مدة (أو) مسافة قليلة (أو) قصيرة

— by —, قليلًا قليلًا . شيئًا فشيئًا

not a — of, ليس بقليل . كثيرًا

lit'tlenēss [-tln-], *n.* صِغَر . قِلّة . تَفاهة . خساسة

litt'oral, *n., a.* سِيف البحر . سِيفي = على امتداد الساحل = بَرّ العَدْوَة

lit'urgy [-ter-], *n.* شكل (أو) ترتيب الطقس الديني . طَقس ديني

liv'able, *a.* صالح للسكنى . يُعاش . يُحتَمل . يُعاشَر

live, *v.* حَيِيَ = عاش . بقي (سالمًا) . سكن . دام . تمتع بالعيش

līve, *a.* حَيّ . مُتَقِد . مَحشُوّ . مُكهرَب . عامِر (للطلق الناري)

līve'lihood [-vl-], *n.* مَعَاش

līve'linĕss [-vl-], *n.* نَشَاط . مَرَح . انشراح

līve'long [-vl-], *a.* طولَ . . . = بكامله

līve'ly [-vl-], *a.* (-lier, -liest) نَشيط . مُحرِّك (أو) مُبهِج للنَّفس . مُنتَعِش . شديد . مُشرِق

līve'ly, *ad.* (-lier, -liest) بنشاطٍ . بقوة . بمَرَح

līv'ẹn, *v.* أحيا . أنعش . أبهج . نشّط . طابت نفسه

liv'ẹr, *n.* كبد

liv'ẹr, *n.* ساكنَ . عائش

liv'ẹried [-rid], *a.* المُتَزَيِّي = الذي له زيّ خاص

liv'ẹrwort [-wẹrt], *n.* حشيشة الكَبِد . نوع من الطحالب . (نبات) شُقَّار كَبِدي

liv'ẹry, *n.* بِزّة (أو) لِبسة خاصة . سياسة الخيل بالأُجرة . إكراء الخيل والعربات . اصطبل خيل الأُجرة

līvẹs [-vz], *n. pl. of* life

līve'stock [-vs-], *n.* أنعام . المواشي والحيوانات المَقْنِيَّة (في مَزرعة)

liv'id, *a.* كامِد . قارِت = مُزرَق ومُسوَدّ (بالرَّضّ)

liv'ing, *n.* حياة . مَعَاش . عِيشَة

liv'ing, *a.* حَيّ . عائش

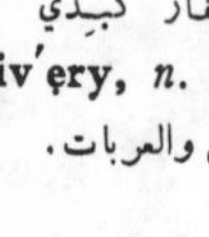

liz'ard, *n.* عِظَايَة . عِظَاءَة . ضَبّ

llâ'ma, *n.*; *pl.* -mas *or* -ma (حيوان) التَّلِي . تَلِي

lō, *int.* وإذا بِهِ . . .

lōad [lōd], *n.* حِمل . وَسق . حَمْلَة . تحميلة (أو) حَشوة (بندقية)

lōad, *v.* حَمَّل . وَسَق = شَحَن . حَشَا (البندقية)

lōad'ṣtar, *n.* = lodestar

lōad'stōnẹ [lōd-], *n.* حجر المغناطيس

lōaf [lōf], *n.*; *pl.* loaves رَغيف . طُلْمَة . راس (سكّر) = أبلوج

lōaf [lōf], *v.* تَبطَّل . تكاسَل . ضَيَّع الوقت بالكَسَل

lōaf'ẹr, *n.* سَنْدَرِي = بطّال . مُتَسكِّع . صُعلوك . حذاء خفيف = قَفش

lōam [lōm], *n.* تُراب مُخصِب (من الصلصال والرمل ومواد عضوية) = إبليز

lōan [lōn], *n.* قَرض . إعارة . [قُرضَة]

lōan, *v.* أقرض . استقرض . أعار

lōath [lōth], *a.* مُشمئز . مُتنفِّر . مُتَكرِّه . مُتأبٍّ . مُحجم

lōaṭhe [lōṭh], *v.* مَقَت . بَذَأ = اشمأزّ (من) . تَكرَّه . اجتوى

lōaṭh'ing [lōṭh-], *n.* اشمئزاز . تَقَزُّز . نَفرة

lōaṭh'some [lōṭhsẹm], *a.* مَبذُوء . مُنفِّر للنفس . مُستَقذَر

lōavẹs [lōvz], *n. pl. of* loaf

lobb'y, *n.* دِهليز . رَدهة . مُراوِض برلماني (يداور أعضاء مجلس تشريعي ليستميلهم إلى اتجاه معيَّن)

lobb'y, *v.* (-bbied, -bbying) رَاوَض (أعضاء البرلمان على رأي معيّن) = داوَرهم عليه

lobb'ying, *n.* مُراوَضة برلمانية

lōbe, *n.* شَحمة الأذن . فَص (في التشريح)

lōbēl'ia, *n.* (نبات) لوبيلية . لوبيلياء

lob'stẹr, *n.* جَراد البحر . كَرْكَند . سَرطان بحري

lōc'al, *n.* قِطار (أو) سيارة كبيرة للركاب نقف على كل محطة . قِطار وقّاف . فَرْع

lōc'al, *a.* مَحَلِّي . مَوضعي . وقّاف (كالقِطار)

lōc'alism, *n.* عبارة (أو) كلمة (أو) لَهجة محلية

lōcal'ity, *n.* مَكان . ناحية . جِوار

lōc'alīze, *v.* تَحَيَّز . حَيَّز (أو) خَصَّ بمكانٍ مُعيَّن . حَصَر (أو) انحصر في مكان مُعيَّن . جعل الشيء مَحلّيًا

lōc'ally, *ad.* في مكانٍ مُعيَّن . مَحلّيًا . في أماكن محدودة

lōcāte', *v.* عَثَر (على) . اكتشف (أو) عَيَّن (المكانَ أو المَحل) . وَضَع (أو) أقام (في مكان معين) . أَيَّن = عَيَّن اين هو

to be —d, وَاقِع (أو) مَوْقِعُه (في . . .)

lōcā'tion, *n.* مَوضِع . مَوْقِع . تعيين المَوْقِع . مُقام

loch [lokh], *n.* بُحَيْرَة . رِجْلٌ من البحر . خليج

lock, *n.* مِغْلاق . غَلَق . قُفْل

lock, *n.* حِبسٌ = مَحبس (أو) [هَويس] في نهر (أو) قناة = صَنّاعة

lock, *v.* حَبَس . شَدَّ وألصق وثَبَّت = ألحج . أَغْلَق . التحم وتَلاحَك . أطبق

lock, *n.* ذُؤابة (أو) خُصلة (شعر) . [ديك] (أو) زِناد (البندقية)

lock'ęr, *n.* مَفتَح = مِقلاد = خزانة (أو) صُندوق

lock'ĕt, *n.* مِنْجَد = حَلْي على شكل سَفَطٍ صغير (أو) حُقّ مُدَلّى من العنق

lock'-jaw, *n.* (مَرَض) الكُزاز (أو) اللَّقوة

lock'-out, *n.* إرتاج = إغلاق الأبواب في وجه العُمّال

lock'smith, *n.* قَفّال = أَقفالي = صانع (أو) مُصلح الأقفال وما إلى ذلك

lock'-up, *n.* سِجن . مَحبِس . حُجرة في سجن . موعد الإقفال (بانتهاء العمل اليومي)

lōcomō'tion, *n.* تَحرُّك . تَنقُّل . انتقال . تَسَيُّر

lōc'omōtive, *n.* قاطِرَة (للسكة الحديدية)

lōc'omōtive, *a.* مُتنَقِّل . مُتحرِّك . مُتسيِّر

lōc'ust, *n.* جَراد . جَرادة . شجرة الخَرُّوب

lōde, *n.* سامَة = عِرْق من فِلزّ المعدن في الأرض = عِرْق

lōde'stâr [-ds-], *n.* نجم القُطب . نَجمٌ يُهتَدَى به = الجَدْي

lōde'stōne [-ds-], *n.* = loadstone

lodge, *n.* مَسْكَن . كُوخ (أو) غرفة (للبَوّاب) . مَحفِل (لإجتماع جمعية) . فرع (الجمعية)

lodge, *v.* سَكَن (موقتًا) . أسكن . رَسا . دَخل واستقرّ . أنزل . أودع . قَدّم

lodg'ęr, *n.* ساكِن . نَزيل

lodg'ing, *n.* مَسكَن (أو) مَنزِل (مُوقَّت)

lodg'ings, *n. pl.* غرفة (أو) غُرَف مُستأجرة

lodge'mẹnt, *n.* = lodgment

lodg'mẹnt [loj-], *n.* سَكَن . إيداع (مال) . تقديم . رُسُوّ . استقرار . مَثبَت (أو موطئ) قَدَم . تَرَسُّب

loft, *n.* [سقفية] = مشربة = غرفة عليا (أو) تحت السقف . سُدَّة (أو) شرفة داخلية . غرفة تحت سقف [الباثكة]

lof'tinẽss, *n.* عُلُو . ترفُّع . تَبَذُّخ . رِفعة . شُموخ . كِبرياء

lof′ty, *a.* (-tier, -tiest) عالٍ . رفيع . سامٍ . شاهِق . نَبيل . مُتَشامِخ

log, *n.* كَفْر = حطبة (أو) خَشَبة ضَخمة . كُنَّاشة لضبط الوقائع اليومية في سفرة بحرية . عامة لقياس سرعة السفينة

log, *a.* حَطبي . خَشَبي . من خَشَب الشجر

log, *v.* (-gged, -gging) احتطب . قَطَع الشَّجَر (حَطَباً)

lōg′anberry, *n.* تُوت مُتولِّد من التوت وتُوت العُلَّيق

loġ′arithm, *n.* اللوغارِتم (في الحساب)

loġ′-book, *n.* كتاب اليومية (في سفينة أو طائرة)

loġġ′erhead [-hed], *n.* (شخص) غليظ الفهم = فَدْمٌ . سلحفاة بحرية ضخمة

at —s, في خلافٍ (أو) خِصام شديد . في تنابُذ

loġġ′ing, *n.* احتطاب . [تحطيب]

lo′gic, *n.* (علم) المَنطِق . محاكَمة عقلية

lo′gical, *a.* مَنطقي . سَديد . معقول

lo′gically, *ad.* منطقياً . بحسب المنطق . بحسب المعقول

logi′cian [-shẹn], *n.* مَنطِقي = عالم بالمَنطق

loġ′wood, *n.* بَقَّم . عَندَم . خشب البَقَّم

loin, *n.* صُلب = ما بين الأضلاع وأسفل الظهر وفوق الوَرِكين

loit′ẹr, *v.* تَلَبَّث . تَبَطَّأ = تَلَثْلَث = تَلَدَّن

loit′ẹrẹr, *n.* مَكَّاث . لَثْلاث

loll, *v.* تَضَجَّع (أو) تَهَدَّل (في جلسته أو وقفته) = تَوَدَّل . اندلع . تَهَدَّل . دَلَع

loll′ipop, *n.* قِطعة من الحَلْواء المسكَّرة على طرف عودٍ صغير

lōne, *a.* وحيد . مُنفرِد . مُوحِش (من الناس) . مُستوحِش

lōne′linẽss [-nl-], *n.* وَحدة . انفراد . وَحشة

lōne′ly [-nl-], *a.* (-lier, -liest) وَحيد . وَحشان . مُستوحِش . مُنفرِد . مُوحِش (من الناس)

lōne′some [-nsẹm], *a.* (-mer, -mest) مُستوحِش . مُوحِش

long, *a.* (-er, -est) طَويل . مُستَطيل . ممدود . مَديد . بَعيد

in the — run, مع تراخي الزمان . في المآل

all day —, طُولَ اليوم (أو) النهار

long, *n.* وقت طويل . مدة طويلة

long, *ad.* طويلًا . مدة طويلة . بمدة طويلة

as — as, طالما . ما دام

long, *v.* اشتهى . اشتاق . حَنَّ . تَطَنَّفَت (أو) تاقت نفسُه

longev′ity [-j-], *n.* طول العُمر . امتداد العمر . تَعمير

loṅg′hand, *n.* كتابة عادية (بدون اختزال)

loṅg′ing, *n.* رَغبة شديدة . اشتياق . حَنين . تَوق . طُموح

loṅg′ing, *a.* مُشتاق . تائِق

lon′gitūde [-j-], *n.* المسافة بالدرجات من خط زوال معين (في الجغرافية) . خط الطول

longitūd′inal, *a.* طُولاني . بالطول . متعلق بخطوط الطول

loṅg′-lived [-vd], *a.* مُعَمَّر = عاش طويلًا . دام مدة طويلة . مَديد العمر

loṅg′-shôreman [-rm-], *n.*; *pl.* -men رَجُل عَمَلُه تفريغ وتحميل السفن

loṅg′-sīght′ẽd [-sīt-], *a.* طويل البصر . بعيد النظر . حكيم

long-stand'ing, *a.* مُؤَثَّل . قديم = طويل العهد

long'-suff'ering, *a., n.* حَمُول للنائبات (أو) الإهانات (أو) الأذى . طال عناؤه . طالت مكابدته . صَبُور (على الشقاء والمكاره) . احتمال العناء والأذى طويلًا

long'-wind'ĕd, *a.* طَوِيل النَّفَس . مُسهِب . مُمِلّ (لطوله)

look, *v.* نَظَر . تَنَظَّر . حَدَّد النظر . تَفَحَّص . فَتَّش . ناظر = قابل . عليه سيماء (أو) هيئة

to — about, ظهر . لاح . تَلَدَّد (يمينًا وشمالًا) . تفحّص ما حوله . تلفّت حوله

to — after, لاحظ . اعتنى (بِ) . تعهَّد . حافظ (على) . توصّى (بِ)

to — alive, استعجل . أسرع . خَفَّ

to — black, غَضِب

to — down on, ازدَرَى = اقتحمته العين . نظر باحتقار

to — for, نَشَد . توقَّع . بحث (عن) . انتظر . توقع

to — forward to, . . . تَطَلَّع (إلى) (بشوقٍ)

to — in, زار

to — into, تَفَحَّص = دَقَّق النظر (في) . ارتأى

to — on, نظر (كالمُتَفَرِّج) . اعتبر . نظر إليه (بأنه . . .)

to — over, تَفَحَّص . ألقى نظرةً فاحصة

to — to, فَطِن (أو) انتبه . إلتفت (إلى) . لاذ إليه (أو) فَزِع إليه (للإغاثة)

to — up, تَفَقَّد . بَحَث (عن) . نظر . أطلع . طَمَح . زار . صَعَّد النظر

to — up to, احترم . بَجَّل . أُعجب (بِ)

look, *n.* نَظرة . مَنظَر . مَظهر . سَمت . هيئة

lookẹr-on', *n.* ناظِر . مشاهِد [مُتَفَرِّج]

look'ing-glâss, *n.* مِرآة

lookout', *n.* ربيئة = دَيدَبان . تَيَقُّظ وحَذَر

lookout', *n.* مُستَشرَف . مَربَأة = مَرقَبة . مُطَّلَع . أمر يهتم به المرء خاصة . مَنظر

looks, *n. pl.* هيئة . سَمت . مَظهر عام

good —s, جَمال . حُسن . مَلاحة

lo͞om, *n.* نَول = مِنسَج = مِنسَاج

lo͞om, *v.* لاحَ . عَنَّ . ترآءى . أشرف وتَهَوَّل

lo͞on, *n.* غاق . غاقَة = غَوَّاص

lo͞on, *n.* شخص مُغَفَّل . شَخص جافٍ بليد = بِلدام

lo͞op, *n.* لَيَّة . مَلوَى . عُروة . حَلقة

lo͞op, *v.* لَوَى . لَوَّى . عَرَّى

lo͞op'-hōle, *n.* [طَلَّاقة] = فُتحة صغيرة في سور للترصُّد (أو) للرماية . مَخرَم = مَخلَص

lo͞ose, *a.* مَحلول . مَفكوك . مُفَرَّج = مُرَخرَح = واسِع . مَنثول . سائب . مُحَلحَل

lo͞ose, *v.* حَلَّ . أطلق . سَيَّب

lo͞os'ẹn, *v.* حَلَّ . فَكَّ . حَلحَل . فَضفَض = ثَلثَل

lo͞ot, *v.* سَلَب . نَهَب

lo͞ot, *n.* سَلَب = ما يُسلَب . غَنيمة

lop, *v.* (-pped, -pping) قَصَل = قَطَل = قَطَع . شَذَّب . قَضَّب . كَرْنَف . نَقَلَّع في مشيته

lop, *v.* (-pped, -pping) استرخى . تَدَلَّى . تَهَدَّل

lōpe, *v.* هَمْلَج (الحصان) = رَهْوَن

lop-sīd′ēd, *a.* مُرَهَّباً = فيه جانب أثقل من الجانب الآخر . [مَشْقول] = أحد الجانبين منخفض والآخر مرتفع = أَحْدَل

loquā′cious [**lokwāshẹs**], *a.* ثَرْثار . مُكْثِر (من الكلام) . كَلْماني

lôrd, *n.* سَيِّد . مالك . صاحب

Lôrd, *n.* الرَّبّ . لَقَب شرف [لورد]

— Chancellor, وزير العدلية (في بريطانيا)

— Chief Justice, قاضي القضاة

— Mayor, رئيس بلدية (في لندن وليفربول و . . .)

lôrd, *v.* تَرَفَّل = تَسَوَّد . تَمَوْلَى . تَجَبَّر . تَسَيْطَر

lôrd′ly, *a(d).* خَليق باللُّورد . فاخِر . فَخْم . مُتَرَفِّع . مُتَعَجْرِف

lôrd′ship, *n.* لُورديَّة . ولاية

Lôrd′ship, *n.* (لَقَب) فخامة (أو) رِفْعة (عند الخِطاب)

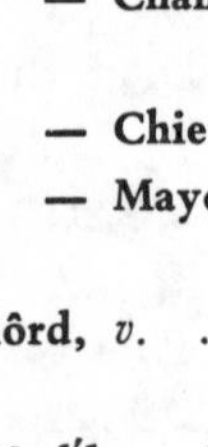

lôre, *n.* أخبار (أو) معلومات مأثورة . معرفة

lorgnette′ [**lôrnyet**], *n.* عُوَيْنات لها مِقْبَض طويل

lôrn, *a.* مَخْذول . مُسْتَوْحِش . مُنْخَذِل

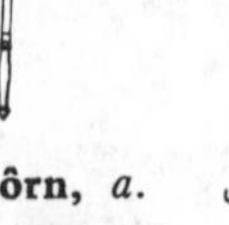

lo′rry, *n.* سيارة شَحن . (سَيَّارة) شاحِنة = [لوري]

lōṡe, *v.* فَقَد . خَسِر . أضاع . خَسَّر . ضاعَ

to — the way, ضَلَّ الطريق

lōṡ′ẹr, *n.* خاسِر . خَسران . مَغلُوب

lō′ṡing, *a., n.* خاسِر . خَسارة

loss, *n.* خُسران . خَسارة . فَقْد . ضَياع . مَخْسَر . ضَيْعة = رَزِيَّة

at a—, في حَيْرَة (أو) ارتباك . غير مُهتدٍ (إلى)

lost, *v.; p., pp. of* lose

lost, *a.* خاسِر . هالِك . مفقود . ضائع . مَخسور

to be — in, مُنْشَغِل الذهن . مُسْتَغْرِق الذهن . غارق (في)

a — cause, قَضِيَّة خاسِرة

lot, *n.* قُرْعَة . نصيب = قِسْم . قِسْمَة = مُقَدَّر . حِصَّة . جُمْلَة . قِطعة أرض

a — of, كثير (من)

Lot, *n.* (النبي) لُوط

lōte, *n.* (نبات) السِدْر

lōth, *a.* مُتَكَرِّه . غير مَيَّال . مُحجِم

lō′tion, *n.* مَحْلُول (أو) غَسُول طِبِّي = نَضُوح = نَطُول

lott′ẹry, *n.* قُرْعَة . مَيْسِر . يانَصيب . نَصيب (غير مضمون)

lōt′us, *n.* نَيْلُوفَر . بَشْنِين . نبات السَّعادة

loud, *a(d).* بِجَهْر . زاهٍ مُزَخْرَف = جائر اللون . جَهِير = عالٍ = جَهْوَرِي . صَيَّاح = فَدَّاد . بصوت عالٍ

loud′ly, *ad.* بصوت مرتفع . بِجَهْر . بِصُراخ

loud′nẽss, *n.* ارتفاع (أو) جَهارة الصوت

loud′-spea′kẹr, *n.* مِصْوات . مُكَبِّرة (أو) مُجَهِّرة الصوت

lounge, *n.* قاعة (أو) غرفة استراحة . أريكة

lounge, *v.* تَخطَّل = تَرَهْوَك (أو) استرخى (في المشي) . استرخى . [إنجعص] . تضجّع (أو) تهدّل (في الجلوس أو الوقوف)

lour, *v.* تَجَهَّم = نظر عابساً مُتَهَدِّدًا

louse, *n.; pl.* lice قَمْلَة

lous'y, *a.* (-sier, -siest) مُقَمِّل . قَمِل

lout, *n.* جِبس = طَنبَل . فَدْم = شَخْصٌ جاف ثقيل أحمق = عَبام

lo'vable [luv-], *a.* يُحَبّ . مُحَبَّب . مُحَبِّب

love [luv], *v.* أَحبّ . عَشِق

love, *n.* حُبّ . مَحبوب . غرام . مَحبَّة . تحيات الحب

for the — of, حُبًّا (بِ) . مِن أجل

fall in — with, أَحبّ . وَقَع في حب . عَشِق

make — to, طارح الغرام (أو) الحب . ضَمّ وعانق وقبّل . تَعَشَّق . غازل . تَصبّى

love'-affair, *n.* وِصال (بين عاشقين) . وِصال جنسي

love'-knot [luvnot], *n.* عُقدة من الشريط عُربونًا على الحُب

love'lĕss [luv-], *a.* بدون حب . على غير حُب . غير عاشِق . غير معشوق (أو) محبوب

love'linĕss [luv-], *n.* جَمال . لَطافة . فِتنة . رَوْعة

love'lôrn [luv-], *a.* صَبّ . هَيْمان . مهجور من حبيبه

love'ly [luv-], *a.* (-lier, -liest) جَميل . مُؤنِق . ظَريف . لذيذ . مُمتع

lo'vẹr [luv-], *n.* هاوٍ . مُحِب . عاشِق . زَبُون

lo'ving [luv-], *a.* وَدُود . مُخلِص . مُحِب

lo'vingly, *ad.* عن وُدّ (أو) مَحبَّة

lōw [lō], *a.* مُنخفِض . وَطِئ = مُتَطامِن . وَضِيع . مُنحطّ . ضيّق الجبين . ضَحل . سافِل . رَذْل . رَخِيص . قريب النفاد . خافت . وانٍ

— spirits, كآبة . تكدر البال . هبوط النفس

— tide, جَزْر

lōw [lō], *ad.* على ارتفاع مُنخفِض . بتطامُنٍ (شديد) . إلى درجة منخفضة . بصوتٍ منخفض

lōw [lō], *v., n.* خار (الثورُ) . خُوار

lōw'-bôrn [lō-], *a.* وَضيع النَّسَب

lōw'-bred [lō-], *a.* سيئ التربية . عديم الآداب

lōw'ẹr [lō-], *v.* أَنزَل . خَفَّضَ . هَبَط

lōw'ẹr [lō-], *a.* أَقَلّ . أحطّ . أكثر انخفاضًا . أدْنى

low'ẹr [lo-], *v.* كَلَّح = تَجَهَّم = بَسَر = نظر عابسًا متهددًا

low'ẹr, *n.* جَهامة . تَرَبُّد . نظرة مُتجهِّمة

lōw'ẹrmōst [lō-], *a.* الأخفض . أسفل ما يكون . الأحَطّ

lower world, جَهَنَّم . الحياة الأُخرى . دار الأموات

lōw'land [lō-], *n.* بَطحاء . وَطاءة = مُطمَئن من الأرض = غَوْط

lōw'linĕss [lō'-], *n.* تواضع . سَفالة . وَضاعة . حِطّة

lōw'ly [-ō-], *a.* (-lier, -liest) حَطِيط . وَضِيع . مُتَواضِع . حَطيّ = رُذَال

lōw'-spir'itĕd [lō-], *a.* هابط النفس . مَهْمُوم . حزين . كَئيب . مُغتَم

loy'al, *a.* مُخلِص. ذو ذِمَام (أو) حِفاظ. مُوَالٍ
loy'alist, *n.* مُوالٍ (للسلطان (أو) للحكومة)
loy'alty, *n.* إخلاص . ولاء . وفاء

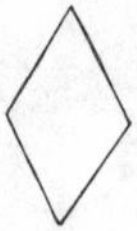

loz'enge, *n.* (شَكل) مُعَيَّن . تلويزة = قُرص
lubb'ęr, *n.* رَدَاح = [لَبخَة] = جَشَّامة = عَبَام = ثقيل الحركة غليظُ الذهن
lūb'ricant [*or* **lōō-**], *n.* زَيْت (أو) دُهن تزليق (للآلات)
lūb'ricāte [*or* **lōō-**], *v.* زَيَّت = [شَحَّم] . زَلَّق (بالدُهن أو بالزيت) . سَلَّس . بَرطَل
lūbricā'tion, *n.* تَزييت = [تشحيم] . تزليق
lūb'ricātor, *n.* مُزَيِّت . مِزيَتَة . مُزَلِّق . مُسهِّل ومُلَيِّن الأشياء
lū'cęnt [*or* **lōō-**], *a.* لامِع . بَرَّاق . مُشرِق . شَفَّاف
lū'cid [*or* **lōō-**], *a.* واضِح . رائِق . جَلِيّ . نيِّر
lūcid'ity, *n.* صَفاء . وُضوح . فَصاحة
luck, *n.* بَخت = حَظ . سَعد . موفقية
good —, سُعُودَة = حسن بخت
bad —, نحوسة = سوء بخت
luck'ily, *ad.* لحسن الحظ (أو) البخت
luck'lēss, *a.* مَشئُوم . منحوس . مَتعُوس . شَقِيّ
luck'y, *a.* (-kier, -kiest) مَبخوت . مَسعود . مَيمُون (النقيبة)
lūc'rative [*or* **lōō-**], *a.* مُربِح . فيه مَكسَب
lūcre [**-kęr,** *or* **lōō-**], *n.* ثروة . حُطام الدنيا . مال . كَسب . مال مُستَكسَب . سُحت

lūcūbrā'tion [*or* **lōō-**], *n.* مجهودٌ أدبي شاقّ . تَعَنٍ في الدراسة . تأليف (أو) مَقالة مدروسة حقّ الدراسة
lūd'icrous, *a.* مُضحِك . مُضحِك سخيف
lug, *v.* (-gged, -gging) عَتَل = جَرّ (أو حَمَل) بجُهد . أقحم
lug, *n.* نُتوء كالأذن . أُذُن . عُروة
luġġ'age [**-ij**], *n.* مَتَاع (أو) [عَفش] المسافر = ثَقَل = لَطَاة
luġġ'ęr, *n.* قارب له شراع بأربع زوايا
luġ'sail, *n.* شراع له أربع زوايا
lūgūb'rious, *a.* حَزين . حَزَني . مُحزِن (على صورة مُضحكة)
Lūke, *n.* لوقا
lūke'warm [**-kwôrm**], *a.* فاتِر . مُمَهَّد (للماء)
lull, *n.* هجعة . هَدأة . رَكدَة . فَترة
lull, *v.* هَمهم (أو) هَمَّم (للولد لينام) . هَدَّأ . هَدأ . هَجَع
lull'abȳ, *n.* تَهميمة (أو) تَهليلة (للولد في المهد)
lumbāġ'ō, *n.* وجع في أسفل الظهر = عِنَاج = خَزرة
lum'bar, *a.* قَطَنِي
lum'bęr, *n.* [كَراكيب] = دَبَش = سَقَط متاع البيت
lum'bęr, *v.* [كَركب] المكانَ = ملأه (أو) ضَيَّقه بالكراكيب = [دَردَك]
lum'bęr, *n.* خَشَب (أو) حطب مَنشور
lum'bęr, *v.* تَرَدَّح = تَثاقل ودَبدَب وتَدَحرج في مِشيَته . دَجّ
lum'bęrjack, *n.* حَطّاب
lum'bęrman, *n.*; *pl.* -men خَشّاب . حَطّاب

lūm'inary [*or* **lōō-**], *n.* دُرِّي = نَيِّر (كالشمس أو القمر) . مَنَار (للعِلم)

lūm'inous [*or* **lōō-**], *a.* مُنِير . نَيِّر . واضِح

lump, *n.* جُمْلَة = جُمْوُرَة = كُمْزَة . صَغِيرة . كُتْلة . كَعْرَة = سلعة . عُجْرَة = قُمْعُولة . غُصَّة . صُبْرَة

lump, *v.*. كَتَّل . جَمَع جملةً واحدة = جَمْعَل . كَمَز

lump, *v.* توجَّر (الشيءَ) = جَمَط

lump'ish, *a.* مُجَمْعَل = فيه كُتَل وعُقد (أو) جَمَاعيل . مُكَتَّل . غليظ الذهن . ثقيل الحركة . سَمِجٌ . مُكَعْبَر

lŭn'acy [*or* **lū-**], *n.* جُنُون . مُنْتَهى الحماقة (أو) الخُرق

lŭn'ar [*or* **lū-**], *a.* قَمَري

a — month, شهر قَمَري

lŭn'atic[*or* **lū-**], *n., a.* مَجْنُون . في غاية الخُرق (أو) الحماقة

— asylum, مارستان . مستشفى المجانين

lunch, *n.* غَداء . أَكْلَة الظهر

lunch, *v.* تَغَدَّى

lun'cheon [**-chẹn**], *n.* غَداء (رَسْمي) . غداء خفيف

lung, *n.* رِئَة = سَحر . بَرَاح

lunge, *n.* لَهْزَة . طعنة . نَتْرَة (إلى الأمام)

lunge, *v.* لَهَزَ . طعَن . إنتتر (أو) انكبَّ (إلى الأمام)

lūp'in, *n.* تُرْمُس

lurch, *n.* جَيْضَة (أو) مَيْلَة (أو) زَوْغَة شديدة (إلى الجانب)

lurch, *v.* جاض (أو) جَيَّض = مال وحاد وانحرف حَذَرًا

lurch, *n.* تَكَبَّى = تَقَلَّع (أو) تخلَّع في مِشيته . تَرَهْيأ = تَكَفَّأ = تَرَنَّح

to leave in the —, خَذَلَه في وَقت المِحنة

lūre, *n.* إغواء . مُغْوِيَة . مَدْهاة . استغراء

lūre, *n.* مَصلاة = شيء يُستَدرَج (أو) يُستَغْوَى به = مَغْواة

lūre, *v.* استغوى . استدرج . استجرَّ . غَرَّر . استغرى

lūre, *v.* تَلَطَّى (أو) تختَّل (له) . تكمَّن . اغتَرَّ . صَلَى = خاتل (أو) خَدَع ليوقع في الشرك

lūr'id[*or* **lōōr-**], *a.* أحمر مُتَشَهِّب . مُريع

lurk, *v.* تكمَّن = كَمَن = استَسَرَّ . قَبَع . تَلَطَّى (أو) تَخَتَّل (له)

lu'scious [**-shẹs**], *a.* لَدْنة (أو) رَطْبَة (البنت أو المرأة) . لذيذ . حُلو رَيَّان . لذيذ شَهِي

lush, *a.* مُمْرِع = أَخضَر ناضِر أثيث = مُغْدَوْدِن

lust, *n.* شدة الشهوة . شَبَق . غُلْمة

lust, *v.* اشتدت شهوته (إلى) . اغتلم = استنخب

lus'tẹr, *n.* = lustre

lust'fụl, *a.* شَبِق . مُتَلَعِّج ومُغتَلِم

lus'tily, *ad.* بشدةٍ وقوة

lus'tre [**-tẹr**], *n.* تَلأْلُؤ . بَريق . لَمَعان . بَهاء . شُهرة . لَمْعة . مادة تلميع . مَجد . فَخار . قُماش له لَمْعَة

lus'trous, *a.* بَرّاق . لَمَّاع . بَرّاق خَلَّاب

lus'ty, *a.* (**-tier,** **-tiest**) شديد القوة . قوي البنية

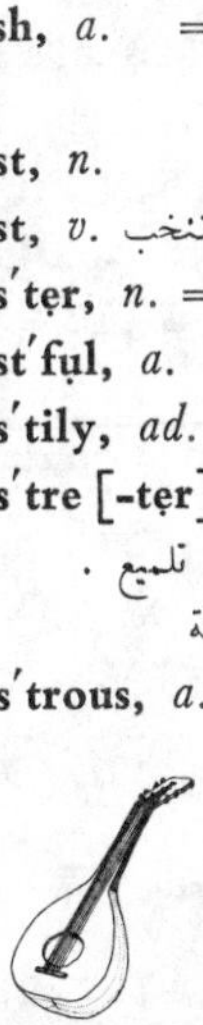

lūte [*or* **lūt**], *n.* عُود . مِزْهَر

luxur'iance [luġzhōōr-], *n.* = جَزالة
زُخور (النبات) = جَثالة = استرواض .
تَجَمُّم

luxur'iant [luġzhōōr-], *a.* (نبات)
مانع (أو) زاخِر = غزير نامٍ كثيف =
جَثيل = مُمرِع . غزير الإنتاج = جَميم

luxur'iāte [luġzhōōr-], *v.* زَخَر
(النبات) . تنعَّم . ترفَّهَ

luxur'ious [luġzhōōr-], *a.* رَفِيه .
مُحِبٌّ للتنعم والترفُّه . رَغِدٌ . تَرِف

luxur'iously, *ad.* بترف . بِتَنَعُّم . بِرَغَد

lux'ury [lukshẹri], *n.; pl.* -ries
رَفاهَة . رَغَد . شيء كَمالي

lȳcē'um, *n.* جمعية تعليمية أدبية عن طريق
المناقشات والمحاضرات والحَفَلات .
بناء هذه الجمعية . مدرسة ثانوية

lȳe, *n.* غاسول = محلول قلوي شديد = غَسُول

lȳ'ing, *ppr. of* lie

lȳ'ing, *n., a.* كاذِب . كَذِب

lymph, *n.* مَصْل لِمفاوي

lymphat'ic, *a.* لَنْفاوي . لِمفاوي

lynch, *v.* = قَتَل بوقًا
قَتَل تحكُّمًا وبدون
محاكمة

lynx, *n.; pl.* -xes
or lynx وَشَق

lynx'-eyed [-īd], *a.* حاد البَصَر = شَوَّاف

lȳre, *n.* آلة موسيقية وترية كالقيثارة

ly'ric, *n.* قصيدة عاطفية (أو) غنائية

ly'ric, *a.* خاصٌّ بالشعر العاطفي (أو) الغنائي

ly'rical, *a.* خاص بالشعر العاطفي . متأثر
(أو) مُؤَثِّر عاطفيًا

M

M, m, [em], *n.; pl.* M's m's
الحرف الثالث عشر من حروف الهجاء
الإنكليزية

M.A. = Master of Arts رُتبة علمية
= مُعلِّم علوم

mâ, *n.* = mamma

Ma'am [mâm, mam], *n.* = madam

macâ'bre [-br], *a.* مُريع . يَقشعرّ البدنُ
منه خوفًا

macad'am, *n.* حَصباء (أو) حصىً صغار
مع لِياط تُفرش بها الطريق لتعبيدها

macad'amize, *v.* حَصَّبَ الطريق = عبّدها
بالحصباء

macarōn'i, *n.; pl.* -nis *or* -nies
[مَعكرونة] = [مَكَرُونة] = لَطيطة

macarōōn', *n.* كعكة صغيرة مسطحة معمولة
من دقيق اللوز وبياض البيض والسكر

macaw', *n.* ببغاء أمريكي . ببغاء كبير الجسم
طويل الذيل بريش زاهٍ وصوت أجش

māce, *n.* دَبّوس (الحرب) . صَوْلجان (أو)
عصا السلطة . [بَسبَاسة] . مِخْصَرة . جَمَق

māce, *n.* بَسباسة = جارَكُون = تابل يعمل
من قشر جوز الطيب المجفف الخارجي

machinā'tion [-k-], *n.* تدبير خفي .
تدبير (مَكيدي) . مَكيدة . دَسيسة .
مُؤَارَبة

machīne' [-sh-], *n.* آلة = [ماكِينة] .
أداة آلية . سيارة . طائرة . شخص
كالآلة . جهاز (الحكومة) . هيئة (أو)
فئة تنظيمية

machīne´-ġun [-sh-], *n.* مِدفع رَشَّاش

machī´nęry [-sh-], *n.; pl.* -ries آلات . أجزاء الآلة . جِهاز إداري . نِظام إجرائي

machī´nist [-sh-], *n.* شخص ماهر بالأدوات الآلية . آلاتي . صانع (أو) مصلح آلات

mack´ęręl, *n.; pl.* -els *or* mackerel (سمك) إِسْقُمري

mack´inaw, *n.* [حِرام] (أو) لِحاف سميك (في أمريكا) . بَتّ = مِعطف قصير غليظ مُخطّط

mack´intosh, *n.* مِمْطَر(ة) = دِثار للوقاية من المطر

mac´rocoṡm, *n.* العالَم الأكبر = الدنيا = الكَوْن

mac´ron, *n.* خَطّ قصير (–) يوضع فوق حرف العلة لتبيان اللفظ ، مثل **fāte**

mad, *a.* (-dder, -ddes-) مَجْنُون . جُنُوني . أهوج . أحمق . هائج غضباً . هائج . مَفتون . مَسعُور

He is — to try to swim the Channel, يكون مجنوناً لو أنه . . .

to be — about, on, مَعتوه به = مُولَع به إلى حدّ الجنون

like —, بأقصى الشدة . بشدة = كالمجنون . كالمجانين

mad´am, *n.; pl.* -ms *or* mesdames **[mādâm]** سيدة . سيدتي

madâme´, *n.; pl.* mesdames **[mādâm]** سيدة = لقب لسيدة متزوجة (أو) كبيرة في السن

mad´cap, *n., a.* نَبّاع = يَتَخَرَّط ويقتحم في الأمور بتهوُّر = خَرُوط . نَهوَري . أهوج . طبّاش

madd´ęn, *v.* جَنَّن = صَيَّر مجنوناً . تَجَنَّن = جُنّ . أشاط غضباً . أحنَق . استشاط غضباً

madd´ęr, *a.* أجنّ = أشدّ جنوناً

madd´ęr, *n.* (نبات) الفاوي = فُوَّة = رُنَّاس

māde, *a.* مَصنوع . مَعمُول . مَيمون الأمر = يَنجح فيما يحاول . مُؤلَّف

māde, *v.; p., pp. of* make

mademoiselle´ [-dęmęzel], *n.; pl.* -lles آنِسة . آنِستي

mad´ly, *ad.* بِجُنُون . عن جُنون . بِحَنَق . بحماقة . بهوَج

mad´man, *n.; pl.* -men مَجنُون . معتوه

mad´nēss, *n.* جُنون . مُنتَهى الحماقة . حَنَق . هَوَج . سُعر

Madonn´a, *n.* السيدة مريم (والدة المسيح) . تمثال السيدة . صورة السيدة

madrâs´, *n.* قُماش قُطني بتخطيطات (أو) بتربيعات

mad´riġal, *n.* قصيدة غرامية قصيرة تُلحَّن وتُغَنَّى . أغنية . نَشيد

mael´strom [māl-], *n.* دُردور (عَنيف) . مَرَج = اختلاط واضطراب عظيم . دُوّامة البحر

maġazīne´, *n.* مَجلّة . مَخزن العَتاد الحربي . مَخزن البندقية

maġ´dalen, *n.* = mag´dalene

maġ´dalēne, *n.* مُومِس تائبة

magen´ta, *n., a.* صبغ (أو) لون يصنع من قار الفحم . أحمر أرجواني . صبغ أنيليني قرمزي زاهٍ

maġġ´ot, *n.* دودة توجد في اللحم (أو) في غذاء فاسد (من دود الذُباب) . دُودَة . أُسروعة . نَغَفَة . [هَوسة]

maġġ´oty, *a.* فيه دود . مُدَوِّد . ذو هَوسات

ma′gic, *n.* سِحْر . سِيمياء . شَعْوَذة
ma′gical, *a.* سِحري . كالسحر
ma′gically, *ad.* سِحرًا . سِحرِيًّا
magi′cian [-shẹn], *n.* ساحِر . سَحَّار . مُشَعْوِذ
magic lantern, فانوس سِحري
magistēr′ial, *a.* خاصّ (أو) لائق بحاكم الصلح . تأَمُّرِيّ . تسيطري . [سُلطوي]
ma′gistracy, *n.* مَنْصِب حاكم الصلح (أو) وظيفته . جماعة حكام الصلح . مقاطعة تحت ولاية حاكم صلح
ma′gistrāte, *n.* حاكم صلح = قاضٍ مدني
Maġ′na C(h)ârt′a, البراءة العظمى بالحريات الشخصية والسياسية للشعب الإنكليزي في سنة ١٢١٥ م
maġnanim′ity, *n.* كِبَر النفس . شهامة . شرف النفس . رفعة النفس . عزة النفس
maġnan′imous, *a.* كبير النفس . شريف (أو) رفيع النفس (يترفع عن الدنايا والخِسّة)
maġnan′imously, *ad.* برفعة نفس . بشهامة . بنفس كبيرة . بعزّة نفس
maġ′nāte, *n.* وَجه = كبير = أحَد الكبراء (أو) العظماء . قُطْب . عَظيم
steel —s, أرباب صناعة الفولاذ (أو الصلب)
maġnē′sia [-sha], *n.* أُكسيد المكنيزيُم = مَانِيزة
maġnēs′ium, *n.* (مَعدن) المَغْنيزيُم (أو) المكنيزيُم
maġ′nēt, *n.* (حَجَر) مَغْنَطِيس (أو) مَغناطيس . شيء (أو) شخص جذاب (له مغناطيسية)
maġnet′ic, *a.* مَغناطِيسي

maġ′nētism, *n.* المَغنَاطِيسيّة . جاذِبيّة . سِحر . حسن اجتذاب القلوب
maġ′nētīze, *v.* مَغْنَطَ . مَغطَسَ . سَحَر . فَتَن
maġnēt′ō, *n.; pl.* -tos مُوَلِّد كهربائي صغير . مُوراة (لإحداث شرارة الإيقاد)
maġnif′icẹnce, *n.* بَهاء . أُبَّهة . بَدَاعة . رَوْعة (الجمال) . جَلال
maġnif′icẹnt, *a.* رائع . بَهِيّ . نَضِير . فَخم . فاخِر . رَفيع . جليل
maġ′nifīẹr, *n.* مُكَبِّر . عدسة مُكَبِّرة
maġ′nifȳ, *v.* (-fied, -fying) كَبَّر . عَظَّم . جَهَّر . غالى . هَوَّل
maġnil′oquẹnt [-lokwẹnt], *a.* مُتَمَطِّق . مُتَشَدِّق . مُتَقَعِّر
maġ′nitūde, *n.* حَجم . قَدْر . جسامة . عِظَم الشأن = أهمية . كِبَر . عِظَم . كِبَر النفس
maġnōl′ia, *n.* (شجرة) المَنُولية (أو) المكنولية

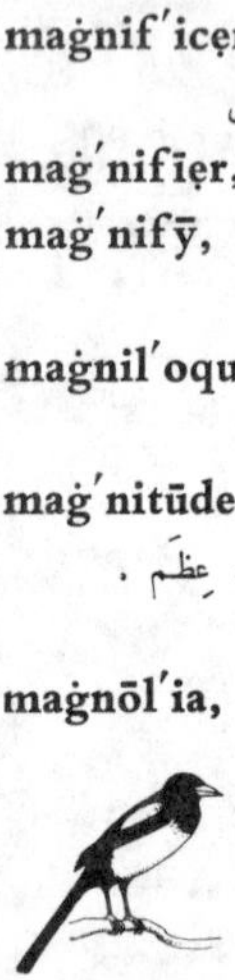

maġ′pīe, *n.* = صُرَد = عقعق = [قَمَق] = قُمقُع = كُنْدُش
Maġ′yâr, *n., a.* اللغة المجريّة . مَجَري
mâharâj′a(h), *n.* المَهراجا = لقب أمير من أمراء الهند
mahoġ′any, *n.; pl.* -nies (شَجَر أو خشب) الكابِلي
maid, *n.* بِنت . صَبيّة . غُلامة . جارية . خادِمة
— of honour, وَصيفة
maid′ẹn, *n., a.* فَتاة . بِنت . صَبيّة . عَذراء . بِكر . باكورة . باكوريّ
a ship's — voyage, السفرة الأولى (أو) البِكر = السفرة الباكورية

— name, اسم عائلة المرأة قبل الزواج
maid'ẹnhair, *n.* كُزْبَرَة البئر . شعر الغول . شعر الجن . بِرْشاوْشان
maid'ẹnhood, *n.* حالة (أو) زمن العزوبة للمرأة . بَكارة
maid'ẹnly, *a.* خاصّ بزمن الصِّبا . كالصَّبيّة . كالعذراء . محتشِمة
maid'servant, *n.* خادمة = عَسيفة
mail, *n.* دِرْع . (دِرْع) الزَّرَد (أو) الحَلَق = حَبيكة
mail, *v.* دَرَّع . تَدَرَّع . ألبس الزَّرد
mail, *n.* بريد . نظام البريد . ناقلة البريد
the —ed [-ld] fist, القُوة المسلَّحة
mail, *v.* أرسل بالبريد . وضع في صندوق البريد
mail'box, *n.* صندوق البريد
maim, *v.* عَطَب . [عَطَّل] . عَوَّه
main, *a.* الأهم . الأكبر . رئيسي
by — strength, بأشَدّ القوة . بكامل القوة . بقوة شديدة
main, *n.* مَعين . قناة كُبْرَى . أنبوب أكبر (أو) رئيسي . عُرْض البحر
in the —, على الأغلب (أو) الأكثر
with might and —, بكل ما لديه من القوة
main'land, *n.* البر الأعظم . البر الأصلي
main'ly, *ad.* غالبًا . في (أو على) الأكثر
main'mâst [*or* -mẹst], *n.* الصاري الأكبر . السارية الكبرى
main'sail [*or* -sẹl], *n.* القِلْع (أو) الشراع الأكبر
main'sheet, *n.* حَبْل الشراع الأكبر
main'spring, *n.* الباعث الأكبر . [الزُنبلك] (أو) اللولب الأكبر . القوة الرئيسية . القوة الدافعة (أو) الباعثة

main'stay, *n.* حبل الصاري الأكبر . العُمْدَة الكُبْرى . مِلَاك
maintain', *v.* صان = تَعَهَّد . حَفِظ . حافَظ (أو) داوم (على) . واصل . أعَال . دَعَم . أيَّد . قال جازمًا . أكَّد
main'tẹnance, *n.* محافَظة . تَعَهُّد = رعاية . صِيانة . إعاشة . إبقاء

maize, *n.* الذُّرَة الصفراء
majes'tic(al), *a.* جَليل . مَهيب . فَخْم . رائع
majes'tically, *ad.* بجلال . بمَهابة . بوقار
maj'esty, *n.; pl.* -ties جَلَال . جَلَالَة . مهابة الطَّلْعة . رَوْعَة . عَظَمة . فَخامة . سِيادة
Maj'esty, *n.* جَلَالَة = لقبٌ للملك (أو) الملكة
Her — The Queen, جلالة الملكة
Your —, جلالتكم !
majol'ica, *n.* نوع من الفَخَّار الإيطالي المطلي والملون بألوان تزيينية
māj'or, *n.* رائد = (رتبة) صاغ (في العسكرية) . مُقدَّم
māj'or, *a.* أكبر . الأكبر . بالغٌ (أو) راشد = غير قاصر
māj'or-dōm'ō, *n.; pl.* -mos استاذ الدار . قَيِّم المَنْزِل . قَهْرَمان المَنْزِل
māj'or-gen'eral, *n.* أمير لواء . ميرآلاي
majo'rity, *n.; pl.* -ties أكثرية . كَثْرَة . جُمهور . بلوغ (السن القانونية)
māke, *v.* (made, making) عَمِل . جَعَل . صنع . صَيَّر . خلق . أوجد . هَيَّأ . أعدَّ . صار . كسب . حسب . تكوَّن (منه) . كوَّن . بلغ . وصل (إلى) = أدرك

to — away with, أزَال . تخلّص (من) . قتل . اختلس . سَرَق

to — believe, ادَّعى . تظاهر . أوْهَم نفسه

to — for, عَمِل (على) . عَمَد . سَمت (نحو) . قصد . يَمَّم

to — out, أبْصَر . فهِم . أبْدَى . نسخ = نقل . أثبت بالبرهان . تبيَّن . حرَّر

to — over, جدَّد . غيَّر . حوَّل . نقل (ملكاً إلى . . .)

to — sure, [تأكّد] . تثبَّت . جزَم . تحقق (من)

to — up, تخرّق = اختلق . لفّق . شوَّف = زوّق الوجه . سوَّى (الخِلاف) . عوّض . عزَم . صمَّم . قرّر

māke, *n.* صِنْعة . صُنْع . نوْع . طَبع . خُلق

māke´-believe´, *n.*, *a.* إيهام نفسي . مخادَعة النفس . توَهُّم . إدعاء . إدعائي . زائف . مُدَّعى . مُدَّعٍ

māk´ẹr, *n.* صانِع = قَيْن . خالِق

māke´shift [**-ksh-**], *n.* شيء (أو) واسِطة تَسُد الحاجة موقتاً . عِوَض مُوَقَّت . شيء يقوم في المقام إلى حين

māke´shift, *a.* للضرورة . مُوَقَّت . لحاجةٍ موقتة . مُعَجَّل

māke´-up, *n.* جِبلّة . تركيب . تكوين . تصنيع الهيئة = تشويف = زَوَاق . حِضَار = خَلوقٌ للتدهين والتطرية

maladjust´mẹnt, *n.* سوء انضباط . إنحراف . سوء إنسِلاك . سوء توافق

mal´ady, *n.; pl.* -dies عِلّة متأصِّلة . مَرَض . داء . سَقَم

mal´apert, *a.*, *n.* وَقِح . جريْ . بَزيع

malār´ia, *n.* الحُمّى المَرْزَغية (أو) البَرْغَشِية = ملاريا . مرض الوَبالة . وَبالة

malār´ial, *a.* مَرْزَغي = مَلاري . وَبالي

mal´content, *n.*, *a.* غير راض . ساخط . ناقِمٌ . مُنابِذ . مُعاصٍ

māle, *n.*, *a.* ذَكَر . مُذَكَّر . فَحْل . من الذُكور

malĕdic´tion, *n.* لَعنة . لَعن . دَعْوَة بالشر . طَعن . قَدْح . مقالة سوء

mal´ĕfactor, *n.* خبيث الأعمال = داعِر . شِرير . مُجْرِم = حَرامي

malev´olẹnce, *n.* ضَغينة . نية سوء . حِقد

malev´olẹnt, *a.* خبيث النية . ضاغِن . كَيَّاد . يتمنى الشرّ لغيره

malfeas´ance, *n.* سوء السيرة (في الوظيفة) . إخلال بحرمة الواجب

malformā´tion, *n.* عَيب خَلقي . عَوَج . تَعَوُّج . عَيب

mal´ice, *n.* حِقد . كَيد . غِلّ . خُبث (ومَكر) . حُب الإضرار . نكاية . شماتة

mali´cious [**-shẹs**], *a.* حِقدِي . كَيدِي . عن خُبثٍ (ومكر) . مُغِلّ . يُضْمِر سوءَ النية . شامِت

mali´ciously, *ad.* بِحقد . بكيد . بخبثٍ ومَكر . بنكاية

malīgn´ [**malīn**], *v.* شَنَّع (أو) تَقَوَّل (على) . شَنَّر (على) . طَعَن (ب)

malīgn´ [**-līn**], *a.* كَيَّاد . خَبيث . أذِي . ضارّ جدًّا

maliġ´nant, *a.* شديد الكيد . خبيث . شِرير (أو) مؤذٍ (أو) ضارّ جدًّا

maliġ´nity, *n.* شدة الخَباثة والكيد . شدة الضرر . دَغَل . سوء النية

malinġ'ẹr, *v.* تمارض وتقاعد عن الواجب
mall [*or* **môl**], *n.* مُتَمَشًّى عام . مَمْشًى مُظَلَّل . مُتَنَزَه عام
mall [*or* **môl**], *n.* مِطْرَقة (في لعبة البال مال)

mall'ard, *n.; pl.* -ds *or* mallard بَطَّة برية = بُرْكَة
mall'ēable, *a.* قابل التطرق . سهلُ الانقياد . قابل التكييف
mall'ĕt, *n.* مِطْرَقة خشبية = مِرْصافة = مِلْكَد
mall'ōw [-ō], *n.* (نبات) المُجير . خُبَّيْز . خُبَّازي
malnūtri'tion, *n.* سوء تغذية . نقص في التغذية
malprac'tice, *n.* إساءة الممارسة . إساءة سلوك . سوء استعمال المهنة . إخلال بواجب المهنة (أو) بحرمة المركز
malt [**môlt**], *n.* حُبوب تُنْقَع حتى تُنْتِش ثم تُجَفَّف لتستعمل في صنع البيرة = شَعِير الجِعة . جِعة
maltreat', *v.* آذى . أساء المعاملة . عامل بالقسوة (أو) بالعنف = عَتْرَس . تَعَسَّف
maltreat'mẹnt, *n.* عَتْرَسَة . إيذاء . معاملة بالقسوة
mam(m)â', *n.* أم
mamm'al, *n.* حَيَوان لَبُون
mammāl'ian, *a.* حيواني لَبُوني

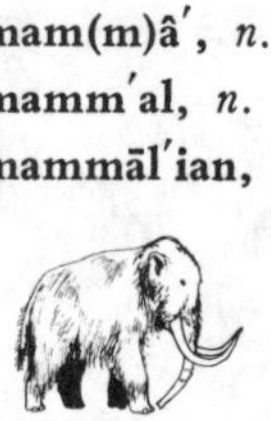

mamm'oth, *n., a.* صَنَّاجَة = حَيَوان ضخم مُنقَرِض كالفيل . جسيم . جَبَّار
man, *n.; pl.* men رَجُل . بَشَر . إنسان . شخص . تابِع . خادم . زَوْج . أحد
to a —, على بَكرة أبيهم . طُرًّا . كُلًّا منهم . جَرْدًا
man, *v.* (-nned, -nning) أَمَدَّ بالرِّجال . أَعَدَّ الرجال (للخدمة أو للدفاع)
man'acle, *n.* صَفَد = غُلّ = قَيْد . زَاجِر
man'acle, *v.* صَفَّد . غَلَّ . زَجَر
man'age [-ij], *v.* ساسَ . صَرَّف . دَبَّر . أدار . تمكَّن . تولى (شُئونَ) . تحكَّم (بِ) . اضطلع (بِ) . ضَبَط
man'ageable [-ija-], *a.* سهل التصرف به . سهل الضبط (أو) القياد (أو) الإدارة
man'agemẹnt [-ijm-], *n.* سياسة . تدبير . إدارة . جماعة مديري إدارة
man'agẹr [-ij-], *n.* متصرِّف . مدير إدارة . ضابط العمل
managēr'ial [-ij-], *a.* إداري . مختص بإدارة العمل
man-at-ârmṡ, *n.; pl.* men-at-arms جندي . جندي خيال (في القرون الوسطى)
manatee', *n.* بقرة البحر . خروف البحر . ثور البحر
man'darin, *n.* اللغة الصينية (الشمالية) . موظف صيني كبير . فاكهة حمضية من نوع البرتقال
man'date [-it], *n.* أمر (رسمي) . عَهْد . تفويض . انتداب . بَيْعة
man'dāte, *v.* عَهِد إليه = فوَّضه . وَضع تحت الانتداب
man'datory, *a.* إجباري . حَتْمِي . إنتدابي . مُنتدَب
man'dible, *n.* فك . الفكّ الأسفل . لَحْيٌ = حَنَك . أحد شِقي مِنسر الطائر . مِشفر (أو) خَطْم (الجرادة أو الحشرة) = تأشيرة
man'dolin, *n.* مَنْدُلين = آلة موسيقية وترية

man'drāke, *n.* تُفَّاح الجِنّ . يَبْرُوح = لُفَّاح

man'drill, *n.* مَيمون = نوع من القرود

māne, *n.* مَعْرَفة (أو) عُرْف (الفرس) . عُفرة الأسد . سَبيبة

maneū'ver = manoeuvre

man'ful, *a.* رَجيل = شُجاع = ذو رُجُولة . جَريء . عزوم

manġ'anēṡe, *n.* معدن المنكنيز

mānge, *n.* جَرَب الحيوانات

mān'gẹr, *n.* مِذْوَد = مَعلَف

manġle, *v.* رَضَّض . دَهَّك . هَرَّد . مَزَّق . خَرْبَق . خَرْبَش . أفسد

manġle, *n.* عَصَّارة = آلة لها اسطوانتان (أو) أكثر لعصر الألبسة (أو) تمليسها

manġ'ō, *n.*; *pl.* -gos *or* -goes (شجرة) العَنْبَة (أو) المانكو

manġ'rōve, *n.* تين هندي . شجر يُعَرِّش وفُروعه تصير جذورًا متى وصلت الأرض

mān'gy, *a.* (-gier, -giest) أجرب . مُذْقِع . زَرِيّ . بذّ الهيئة

man'handle, *v.* شارَس = عامل معاملة غليظة . اعتنف

man'hōle, *n.* كُوَّة البَلُّوعة (أو) الأنبوب (أو) الإردَبّة

man'hood, *n.* رُجُولة . رُجولية . سن الرجولة . رِجال

mān'ia, *n.* اختلال عقلي هَيَجاني . هَوَس . وَلَع جنوني

mān'iac, *n.*, *a.* مَجنُون . مجنون هَذّاء . هَذَياني . جُنوني

manī'acal, *a.* هوسي . جنوني . هذياني

man'icūre, *n.* تدريم الأظفار . تطرية اليدين

man'icūre, *v.* دَرَّم الأظافر . طرَّى اليدين

man'icūrist, *n.* دَرَّام

man'ifest, *a.* ظاهِر . جَلِيّ . بائن . واضِح

man'ifest, *v.* بَيَّن . أبدى . أظهر

man'ifest, *n.* بيان مفصّل بحمولة السفينة

man'ifestā'tion, *n.* إبانة . استبانة . تبيين . ظاهِرَةٌ (دالَّة أو مُثبتة)

man'ifestly, *ad.* في بداهة العقول . بَداهةً

manifes'tō, *n.*; *pl.* -toes بيان عام

man'ifōld, *a.* مُتَعَدِّد . مُتَنَوِّع . مُختَلِف الأشكال (أو) الأعمال (أو) الأقسام . مُتَباين

man'ikin, *n.* حُطَيئة = شخص قميء = قَزَم = قُنْزَعة . مَثَالة = شيء يُصنع على هيئة الشخص = بوّة

manill'a, *n.* نوعٌ من الألياف (القنبية) لصنع الحبال (أو) القاش

manip'ūlāte, *v.* حرّك (أو) [شغّل] بمهارة (باليد) . داوَر . دَوْلَب . زَوَّر . تصرّف (أو) ساس بمهارة . تلاعب (ب)

manipūlā'tion, *n.* تحريك (أو) معالجة بمهارة . مُداورة . دَوْلَبة . تزييف

mankīnd', *n.* البشر . الجنس البشري . (جنس) الرجال

man'līke, *a.* رُجُولي . كالرجل . يليق بالرجل

man'liness, *n.* رُجُولِيَّة . كمال الرجولة = مُرُوَّة . فُتُوَّة . علوّ الهمة

man'ly, *a.* (-lier, -liest) خليق بالرجال . فَحل . رُجُولي . مُرُوّي . ذو نخوة (أو) مُروءة = رَجيل . مُتَرَجِّلة (للمرأة)

mann'a, *n.* مَنّ . قَنْبيل

mann'ēquin [**manikin**], *n.* مِعرَض (أو) مِعْراض (أو) مِعرَضة وهو (أو هي) الشخص الذي تُعرَض عليه الألبسة للبيع ويكون عادة امرأة

mann'ẹr, *n.* طَرِيقة . أُسلوب . نَمَط . نوع . مَسلك . كيفيّة

mann'ẹrism, *n.* عادة شخصيّة مستحكمة . خَصلَة (أو) حركة خُصوصِيَّة . كيفية سُلُوكِية (خاصة) (غريبة)

mann'ẹrs, *n. pl.* خِصال . آداب . أخلاق . حسن أخلاق (أو) آداب

bad —, سوء آداب . سوء أخلاق

good —, حسن آداب . حسن أخلاق

mann'ẹrly, *a.* حَسَن الآداب

mann'ikin, *n.* = manikin

mann'ish, *a.* رُجولي . مترجِّلة . متفحّلة

manoeū'vre [**manūvẹr**], *v.* ناوَر . داوَر . داحَل . أراغ . آرَب

manoeū'vre, *n.* مناورة . مداورة . مداحلة

man'-of-war [**-ov-wôr**], *n.; pl.* men- سفينة حربية = شَونة

man'or [**-ẹr**], *n.* ضَيعة (أو) أرض عقاريّة (إقطاعيّة)

man'or-house, *n.* مِجدَل = حِير = قصر إقطاعي . جَوسَق

manôr'ial, *a.* خاص بضيعة إقطاعيّة

man'sârd, *n.* سَطح للبيت له مُنحدَرات في كل جانب من جوانبه الأربعة

manse, *n.* بيت القسيس . بيت الخوري

man'servant, *n.; pl.* menservants عَسِيف = خادم

man'sion [**-shẹn**], *n.* مَنزِل . مِجدَل = قَصر (أو) دارٌ كبيرة

man'slaughtẹr [**-slôt-**], *n.* القتل الغير العمد . القتل الخطأ

man'tẹl, *n.* رَفُّ الموقِد . حِتار المَوْقِد = ما استدار به من بناء (أو) شبه ذلك

man'tẹlpiece, *n.* حِتار المَوْقِد . رف (أو) رَفْرف المَوْقِد . نِجاف الموقد

man'tis, *n.* سُرعوفة = [فرس النبيّ]

man'tle, *n.* رِداء واسع (أو) عباءة واسعة بدون كُمَّين . غِشاء . مِلْحَفة . غِلاف

man'tle, *v.* تَرَدَّى برداء (واسع بدون كمين) . غَشَّى . تَغَلَّف . إنبسط

man'ūal, *n.* كتاب إرشادي (أو) تعليمي

man'ūal, *a.* يَدَوِي

manūfac'tory, *n.* مَصنَع

manūfac'ture, *n.* صُنع . صِناعة (آلِية)

manūfac'ture, *v.* صَنع (بكميات كبيرة) . اختلق . لَفَق

manūfac'turẹr [**-chẹr-**], *n.* صانع . صَنّاع . صاحب مصنع (أو) صِناعة

manūmi'ssion [**-mishẹn**], *n.* إعتاق (العبد)

manūre', *n.* سَماد . سِرقين = زِبل

manūre', *v.* سَمَّد . سَرقَن = زَبَّل

man'ūscript, *n.* مَخطُوطَة = كتاب (أو) صحيفة بخط اليد (أو) على الآلة الكاتبة

ma'ny [**meni**], *a., n.* (more, most) كثير . عديد . عدد كبير

a good —, عددٌ كبير نوعًا ما

a great —, عدد كبير جدًا

map, *n.* خريطة = مُرتَسَم جغرافي . مُخَطَّط

map, *v.* (-pped, -pping) رَسَم خَريطة . رَسَم خِطَّة . رَتَّب . خطَّط

mā'ple, *n.* (شجر) أو (خشب) الإسفِنْدان . جَرمَشَق = القيقب = العرب

mâr, *v.* (-rred -rring) شوَّه . أفسد = خَرْبش . نَكَّد . خَرَّب . كَدَّح

mar'abou [-bōō], *n.* = (طائر) أبو سُعْن = لَقلَق = أبو خَرِيطة

ma'rathon, *n.* سِباق طوله ٢٦ ميلًا و ٣٨٥ قدمًا . سباق طويل . مباراة طويلة

maraud'ẹr, *n.* لِصّ يطوف في طلب النهب = مُتَلَصِّص

maraud'ing, *n.* الطواف في طلب النهب. تلصُّص

mâr'ble, *n., a.* مَرْمَر . مَرْمَري . قاسٍ . كُرَة صغيرة يُلعَب بها . صَلد

mâr'ble, *v.* لوَّن بلون المرمر

mâr'bleṡ [-blz], *n. pl.* لُعبة بكراتٍ صغيرة

mârcel', *n.* تَقصيبة (أو) تجعيدة في الشعر

mârcel', *v.* (-celled, -celling) قَصَّب (أو) جَعَّد الشعر (حتى يكون بتمويجات منتظمة)

mârch, *n.* مَجْنَب . طَفّ = تخم = أرض محاذية للتخوم

Mârch, *n.* شهر آذار = مارِس

mârch, *n.* مَشْي . مِشْية (عسكرية) . سَيْر . تقدم . زَحف . قطعة موسيقية للمشية العسكرية . مسافة المشية

to steal a —, بادر إلى عمل شيء سرًّا كان في نية غيره أن يعمله فتفوق بذلك

mârch, *v.* مَشَى . مَشَى (بوقار) . مَشَى مِشْية (عسكرية) . زحف . مَشَّى

mâr'chioness [-shẹnes], *n.* مركيزة

māre, *n.* فَرَس = حِجْر = أنثى الحِصان . أتان = أنثى الحمار

mârġ'arine [*or* -jẹrīn], *n.* المرجرين

mârge, *n.* = margin

mâr'gin, *n.* حافَة . حاشِية . هامِش . فَضلة . فُسحة . حَدّ

mâr'ginal, *a.* هامِشي . على الحاشية (أو) الحافَة . محدود

mârġ'rāve, *n.* لقب أمير من أمراء ألمانيا

mârġ'uerīte [-ġẹrēt], *n.* زهر اللؤلؤ . لؤلؤية

ma'riġōld, *n.* قوقحان . أقحوان أصفر. آذَرْيون

mar'ināte, *v.* مَقَر (السمكَ أو اللحم في خلّ أو ملح . . .) قبل الطبخ

marīne', *n.* سُفُن . أسطول . جُندي بحري

marīne', *a.* مِلاحي . بَحري . متعلق بالسفن

ma'rinẹr, *n.* بَحّار = مَلّاح

marionette', *n.* قره كُوز = لُعبَة (على شكل إنسان) تُحرَّك بالخيوط للتلهية

ma'rish, *n.* = marsh

ma'rital, *a.* زَوَاجي . زَوْجي

ma'ritīme, *a.* على البحر. مجاور للبحر. بحري

mârj'oram, *n.* (نبات) المَرْزَنْجُوش = مَرْدَقوش = حَبَق الفيل = عُنقُر

mârk, *n.* هَدَف . عَلامة . شارة . سِمَة . سِيما . علامة خاصة . مَرْمَى . لَطخة . دلالة . أثر . نباهة الذكر = اشتهار . امتياز

This is beside the —, أخطأ الهدف. هذا خارج عن الصدد

to miss the —, أخطأ المرمى . أخفق

to make his —, أشهر نفسه . جعل نفسه يَشتَهر . فاز . أعلم نفسه

to hit the —, أصاب المَحزّ . فاز (أو) نجح في مرماه (أو) مسعاه

mârk, *v.* قدّر (أوراق الفحص) . عَلَّم = وضع علامة . وَسَم . تَفطَّن (لِ) . عَيَّن . مَيَّز . سَجَّل

MARINE TRAVEL: A SHIP

السفر البحرى

سفينة

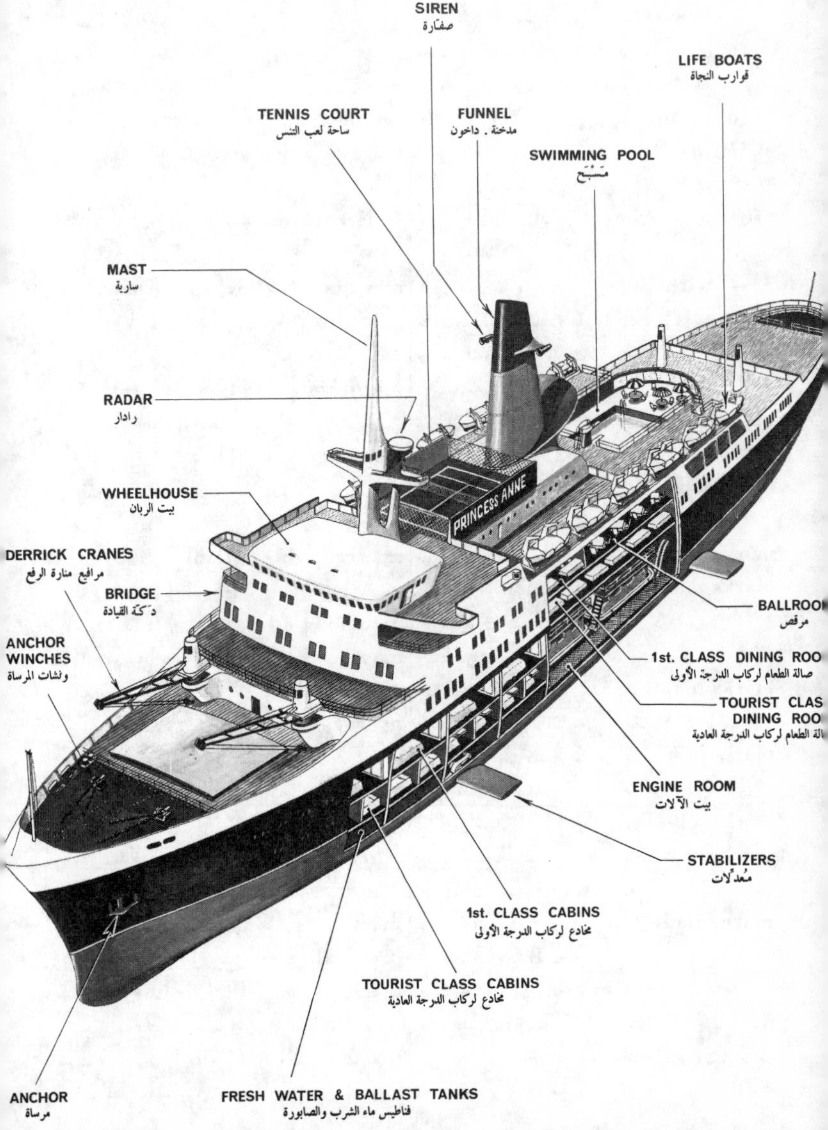

SIREN
صفّارة
LIFE BOATS
قوارب النجاة
TENNIS COURT
ساحة لعب التنس
FUNNEL
مدخنة . داخون
SWIMMING POOL
مَسْبَح
MAST
سارية
RADAR
رادار
WHEELHOUSE
بيت الربان
PRINCESS ANNE
DERRICK CRANES
مرافيع منارة الرفع
BRIDGE
دَكّة القيادة
ANCHOR WINCHES
ونشات المرساة
BALLROO
مرقص
1st. CLASS DINING ROO
صالة الطعام لركاب الدرجة الأولى
TOURIST CLAS DINING ROO
الة الطعام لركاب الدرجة العادية
ENGINE ROOM
بيت الآلات
STABILIZERS
مُعدِّلات
1st. CLASS CABINS
مخادع لركاب الدرجة الأولى
TOURIST CLASS CABINS
مخادع لركاب الدرجة العادية
ANCHOR
مرساة
FRESH WATER & BALLAST TANKS
فناطيس ماء الشرب والصابورة

to — time, حَرّك القدمين ولكن بدون مَشْي . رَبَّص . تَرَبَّص

to — off, out, حَدَّد . بَيَّن (أو) عَلَّم بخطوط (أو) علامات للفصل (أو) للتمييز

to — out for, عَيَّن (أو) أفرز . انتخب

mârk, *n.* مَرْك = وحدة النقد الألماني

Mârk, *n.* مُرْقُص (أو) مُرْقُس . إنجيل مُرْقُس

mârked [mârkt], *a.* مُتَبَيِّن . مُعلَم = عليه علامة = مُعَلَّم . شديد الظهور . بائن

— with lines, مُبَيَّن بخطوط

mârk'edly, *ad.* بصورة بائنة . بصورة بارزة

mârk'ẹr, *n.* حافِظ التعداد (في اللعب) . عَلامة (توضع في الكتاب)

mârk'ẽt, *n.* سوق . أهل السوق

mârk'ẽt, *v.* تسوَّق . باع واشترى . باع

mârk'ẽtable, *a.* سُوقي . يمكن بيعه . نافِق = يُقبِل الناس على شرائه

mârk'ẽt-plāce, *n.* سُوق . مكان السوق

mârks'man, *n.*; *pl.* -men رامٍ . صَبُوب . صَيَّاب . رامٍ حاذق = ثِقف . ثُعَلي

mârks'manship, *n.* ثَقَافة الرمي = المهارة (أو) الحِذق في الرمي = ثُعَلِيَّة

mârl, *n.* تربة صَلصالية كلسية تستعمل سمادًا ولصنع الأسمنت

mârl'ine, *n.* قطعة من بَريمٍ لربط حبلين

mârl'in(e)spīke, *n.* مِسمار يُستعمل لفصل قوات الحبل (أو) طاقاته عند الجدل

mârm'alāde, *n.* مُرَبَّى البُرتُقال (أو الفواكه = أَنبِجة

mârm'oṡet, *n.* نِسناس أمريكي = قِشَّة . قرد مُخطَّط

mârm'ot, *n.* جُرَذ جبلي (أو) بَرّيّ = مَرموط

maro͞on', *v.* أنزل شخصًا على جزيرة مُوحِشة قفراء . قَطع وعَزَل (كأنه في جزيرة منقطعة)

maro͞on', *a.* أدبس اللون

maro͞on, *n.* فُرقُوعة . دُبسة اللون . عبد آبِق

mârque [-rk], *n.* إذن بالاستيلاء على سفن العدو

lett'ers of —, إذن كتابي للأفراد يُفوّضهم بسلب سفن العدو

mâr'quess [-kwis], *n.* = marquis

mâr'quis [-kwis], *n.* مركيز = أحد النبلاء

mârquiṡe' [-kēz], *n.* مَرْكِيزة = زوجة المركيز (أو) أرملته

ma'rriage [marij], *n.* تزوُّج . زواج . اقتران . عُرس . عيشة زوجية . تآلف . تدامُج

ma'rriageable [-ijabl], *a.* صالح للزواج . قابل للزواج . في سِن الزواج

ma'rried [-id], *a.* زَواجي . مُتَزَوِّج

ma'rrōw [-rō], *n.* نِقي العظام = مُخّ العظام . كُوسا . لُبّ . حَيَويّة . صَميم

ma'rry, *v.* (-rried, -rrying) زَوَّج . تزوّج . قَرَن . أَلَّف . تمازج

Mârṡ, *n.* إله الحرب عند الرومان . المِرّيخ = بهرام

Marseillaiṡe' [-selāz], *n.* نشيد المرسيلييز وهو نشيد وطني فرنسي

mârsh, *n.* سَبخة . بَقعة . مُستنقع . نَجل

mârsh'al, *n.* فَريق (أو) مُشير (في الجيش)

mârsh'al, *v.* (-lled, -lling) وَضَع . نسَّق . نَظَّم . ضَبَط في نظام حسن . شَيَّع

mârsh'-mall'ōw [-lō], *n.* (نبات) الخِطمي . غاسول . عِضرِس

mârsh'-mall'ōw [-lō], *n.* نوع من الحلويات الهشة المرشوشة بالسكر
mârsh'y, *a.* سَبِخٌ . مُستَنقَعِيّ
mârt, *n.* سوق . مركز تِجاري
mârt'ẹn, *n.; pl.* -ten *or* -tens خَزَ = دَلَق = صَنصَار (من الحيوانات اللَّبونة اللاحمة) . فَنَك
mâr'tial [-shẹl], *a.* حَربِي . عُرفِي . أَخُو حَرب . مُتَحَرِّب
— law, قانون عُرفِي . أحكام عرفية
Mâr'tian [-shẹn], *n., a.* متعلِّق بالمريخ . أَحد سكان المريخ
mârt'in, *n.* خُطَّاف = طائر من نوع السنونو
mârtinet', *n.* متنطّع في حفظ النظام . رِئّيس
mâr'tyr [-tẹr], *n.* شهيد . مُعَذَّب
mâr'tyr [-tẹr], *v.* قُتِل (أو) استشهد في سبيل الله (أو الوطن)
mâr'tyrdom [-tẹrdẹm], *n.* استشهاد . شَهادة = القتل (أو) العذاب في سبيل الدين (أو الوطن)
mârv'ẹl, *n.* رائعة . عَجيبة . أُعجوبة . نادرة
mârv'ẹl, *v.* (-l(l)ed, -l(l)ing) تَعَجَّب
mar'velous, *a.* = marvellous
mârv'ẹllous [-vẹlẹs], *a.* عَجيب . رائِع . لا يُصَدَّق
mârv'ẹllously, *ad.* بِرَوعة
Mā'ry, *n.* السيدة مريم العَذراء أُم المسيح
mas'cot, *n.* عُوذَة للبَرَكة (أو) حسن الحظ = مَيمَنَة
ma'scūline, *a.* مُذَكَّر . رُجولي . فحولي . مُتَفَحِّلة (يُقال للمرأة)
mash, *n.* هَريس = لَجين . جَديحة = عَليقٌ مخلوط من الحبوب والنخالة والماء الساخن . خَبيصة

mash, *v.* لَجَن . هَرَس . لَتَّ . جَدَح
mâsk, *n.* قِناع . بُرقُع . وَجه مُستَعار . تَعمية . سِتار
gas —, قِناع للوقاء من الغاز السام
mâsk, *v.* قَنَّع . بَرقَع . أَخفى . نَكَّر
mâsked'-ball [-skd-bôl], *n.* حفلة رقص مُقَنَّعة
mâ'skẹr, *n.* مُتَبَرقِع . مُتَنَكِّر
mās'on, *n.* بَنّاء . ماسوني
Mās'on, *n.* ماسوني
Mason'ic, *a.* ماسوني
mās'onry, *n.; pl.* -ries . بِناء حَجَرِي . حِرفة البِنَاء . أحجار (أو) آجر البِناء
mâsque [mâsk], *n.* تمثيلية بملابس ومناظر فاخرة مع الموسيقى
mâsquẹrāde' [-kẹr-], *n.* حفلة (راقصة) مُتَنَكِّرة . تَخفِية . تظاهر (أو) مظهر كاذب
mâsquẹrāde', *v.* اشترك في حفلة (راقصة) مُتَنَكِّرة . تخفّى . تنكّر (بمظهر . . .) . تظاهر (بأنه . . .) = تَنَمَّس
Mass, mass [*or* mâs], *n.* صلاة القُدّاس (عند اللاتين)
mass, *n.* كُمزَة . كُتلة . كمية كبيرة . جِرم . مُعظَم
mass, *v.* كَتَّل . جَمَّع . تجمهر . حَشَّد
the —es, طبقات العامة . عامة الشعب
mass, *a.* بكميات كبيرة . بأعداد كبيرة . شَعبي
mass'acre [-kẹr], *n.* مَذبَحة (أو) مَقتلة عظيمة
mass'acre, *v.* قَتَّل (أو) ذَبَّح (بأعدادٍ كبيرة) . أَثخن فيهم (قتلا)

massâge' [-âzh], *n.* تكبيس . تدليك (الجسم) . تفريك وتدعيك

massâge', *v.* كبّس . دلّك . فرّك ودعّك

masseur' [-ser], *n.*. مُدلِّك . مُكبِّس . دلّاكة

masseuse' [-serz], *n.* مِدلكة . مِكبسة . دلّاكة

mass'ive, *a.* ضَخْم وثقيل جدًا . جَسيم . كبير مُصمت . على نطاق واسع

mass meeting, اجتماع حاشد

mass'y, *a.* (-ssier, -ssiest) جَسيم ثَقيل . كبير الجسم والوزن .

mâst, *n.* دَقَل = صاري (السفينة) . سَارِيَة

before the —, كالبحري (أو) النوتي العادي

mâ'stẹr, *n.* سَيِّد . رئيس . مُعلِّم . (عالم) خَبير = مُتمهِّر . مالك . متمكِّن . متغلِّب (على)

mâ'stẹr, *v.* ترأس . ضَبط . سَيطر . أتقن . تمكّن (من) . تغلّب (على)

mâ'stẹr, *a.* رئيسي . بارع

Master of Arts, شهادة أستاذ آداب

mâ'stẹrful, *a.* تَسيطُري . مُتَسيطر . مُحِبّ للتسوّد (أو) الترؤس . مُتمهِّر . بارع

mâ'stẹrly, *a(d).* مُتَمهِّر . حاذِق . بإحكام . بتمكّن

mâ'stẹr-mīnd, *n.* عقل مُسيطِر . عَقل مُدبِّر . عقل العقول . عقل فائق

mâ'stẹrpiece, *n.* رائعة (فنية أو أدبية) . قطعة فنية (أو أدبية) فائقة (أو) بارعة

mâ'stẹry, *n.; pl.* -ries تحكم . سيطرة . غَلبة . إحكام = أحوَذِيَّة . استمكان . تمكُّن

mas'tic, *n.* = عِلك الروم مُصطكَى . راتينج يسيل من الضرو

mas'ticāte, *v.* لاك . مَضغ . عَلك

mas'ticā'tion, *n.* لَوك . مَضغ

ma'stiff, *n.* دِرْواس . عربج . فُرني

mas'todon, *n.* نوع من الحيوانات الفيلية الضخمة المنقرضة

mas'toid, *n.* عظم الخُشَّاء الناتئ خلف الأذن = الذِّفرى

mat, *n.* بارِيَّة = حَصيرة = بُرشة . مِلطَمة (تحت الصحن على المائدة) . حَصير = قطعة متلبدة (أو) ملتفة من النبات

mat, *v.* (-tted, -tting) تمكّش = التوى وتلبّد . جدّل . ضَفر

mat'adôr, *n.* قاتل الثور في مصارعة الثيران

match, *n.* عود ثِقاب = نَبخة = وَقيدة . فَتيل الإشعال

match, *n.* مُباراة . زَواج . قَرَن

match, *n.* كُفء = قِرْن . طَبيق = نَظير : نَديد . قِرْنان . وَفيق . مَثيل . قَرين

to be a — for, أن يكون كُفوًا (لِ)

match, *v.* تناسب (أو) تطابق (أو) تلاءم (مع) . ضارع . ضاهى . كان كُفوًا . لاءم . وَجد (أو) أنتج ما يماثِله . زوّج . عارض

match'less, *a.* فَريد = فاذّ = عديم النظير

match'lock, *n.* مِدفع قديم يُطلَق بالفتيل

māte, *n.* إلف . رفيق . وَليف . فَرْدَة (من زوج أشياء) . أخ (فرد من زوج) . زَوْجة . زوج . قَرين . عَشير(ة) . فادِن رُبّان السفينة . مُعاوِن

māte, *v.* قَرن . آلف . زاوج . تزاوج . تزوّج

matēr'ial, *n.* مادّة . قُماش . مادة أولية

matēr'ial, *a.* جَوهَري . مادّي . هَيُولي . مُهِمّ = ذو شأن دُنيوي

matēr'ialism, *n.* الهَيُولِيّة = المذهب المادي . المادِيّة . الدُّهرية

matēr'ialist, *n.* مادي . مؤمن بالمذهب المادي

matēr'ialis'tic, *a.* متعلق بالمادّيين . مادّي

matēr'ialīze, *v.* تحقّق = ظهر إلى الوجود فعلًا . وَضَع في شكل مادي . ظهر (أو) أظهر عمليًا . تَجَسَّد . جَسَّدَ

matēr'ially, *ad.* جِسمانيًا . مادّيًّا . جَوهَريًّا . بقَدْر كبير

matern'al, *a.* أُمّيّ . من ناحية الأُم = خَتَنيّ

matern'ity, *n., a.* أُمّيّة = أُمومَة . للمرأة الحُبلَى . للمرأة في الوضع (أو) في النفاس

mathēmat'ical, *a.* رِياضِيّ = خاص بالرياضِيّات . مَضبوط = دِقّي

mathēmati'cian [-tishẹn], *n.* عالم رِيَاضِي

mathēmat'ics, *n.* علم الرياضِيّات

mat'inée [-nā], *n.* حفلة (تمثيلية (أو) غنائية) بعد الظهر

mat'ins, *n. pl.* صلاة السَّحَر (أو) الفَجر (أو) الصبح . ساعة النهار الأولى

māt'riârch [-k], *n.* امرأة مُتَشَيِّخة . خاتُون

māt'ricēs, *n., pl. of* matrix

māt'ricīde, *n.* قتل الأم

matric'ūlāte, *v.* أدْخل في كلية (أو) جامعة . تسجل في كلية (أو) جامعة

matrīcūlā'tion, *n.* شهادة (أو) امتحان الاجتياز إلى التعليم العالي . الدخول (أو) التسجيل كطالب في كلية (أو) جامعة

matrimōn'ial, *a.* زَوَاجِي

mat'rimony, *n.; pl.* **-nies** زَوَاج . عِيشة زوجية . مراسم الزواج

māt'rix, *n.; pl.* **-ces, -rixes** أم (في الطباعة) . قالب مَعدِن

māt'ron, *n.* امرأة (متزوجة) (أو) أرملة . قَيِّمة (في مدرسة (أو) مستشفى)

māt'ronly, *a.* كالمرأة المتزوجة (أو) الأرملة . وَقُورة

matt'ēd, *a.* مُتَلَبِّد . متشابك بصورة خَشِنة . متعكّش

matt'ẹr, *n.* مادة . أمر . أهمية . شأن . موضوع . داعٍ

as a — of fact, في الحقيقة . في الواقع

This is a — of course, أمر مُتوَقَّع بحكم الطبيعة

What is the — ? ما الأمر ؟ هل من بأس ؟

for that —, بل (من هذه الجهة) . بل حتى . . .

matt'ẹr-of-fact', *a.* واقعي = يهتم بالأمور على حقيقتها . عَديم الخيال

matt'ẹr, *n.* مِدّة = قيح = غَثيثة

matt'ẹr, *v.* أهمّ . كان ذا أهمية . أمَدّ = قَيَّح

Ma'tthew [mathū], *n.* مَتّى = أحد الحواريين الإثني عشر

matt'ing, *n.* حَصِير

matt'ock, *n.* مِحفار . مِعوَل = سِنَّة = [بَشاطِر] . كرزين

matt'ress, *n.* [فَرْشَة] = مَطرَحة = مِفرَش

matūre', *a.* ناضِج = مُدرِك . نَضيج . تامّ النمو . مُكتَمِل . مُنَضَّج . مُحكَم . مستحق الوفاء

matūre', *v.* نَضَج = أَدرَك . أَحكَم . استحقّ (الدفع) . أنضج

matūr'ity, *n.* نُضْج . كمال النمو . اكتمال

maud'lin, *a.* مَئِق = سريعُ البكاء لأقل تأثر (أو) شفقة

maul, *n.* مِطرَقة عظيمة . مِيتَدَة

maul, *v.* أثخن عَرْكًا (أو) ضَربًا . عَفَص = تناول بِعُنفٍ وشراسة . هَرَّد . رَضَّ

maun'dẹr, *v.* هَرَج (أو) رَهْبَل (في الكلام) = فَقَّع = عَسلَط . هام (أو) تحرك (أو) سار متسكعا مُتَحيّرا (أو) على غير هدى = تطوّح

mausolē'um, *n.* ضَريح (مُشَيَّد)

mauve [mōv], *n., a.* (لون) أُرجُواني (أو بَرْفيري) لطيف

mav'ẹrick, *n.* عِجل (أو) حَيوان لاشية (علامة فارقة) فيه

māv'is, *n.* (طائر) السُمْنة (أو) الدُّجَّة . سُمْنَة = دُجَة . سودانية = شحرور العنب

maw, *n.* بالُوعة . مَعدة . كرِش . حَوصَلة الطائر = جِرِّيَّة

mawk'ish, *a.* مَئِق . تتقزز منه النفس . عاطفي سَخيف . تافه

max'im, *n.* مَوعِظة . حِكمة . مَثَل

max'imum, *n.; pl.* -mums *or* -ma أكبر . كُبْرَى . غاية عُظمَى . حدّ أقصى

May, *n.* شهر أيَّار (مايو)

may, *v.; p.* might جاز . أَمكن . قَدْ . رُبَّما

may'bē, *ad.* رُبَّما . لعَلَّ . ممكنٌ (أن . . .)

May Day, عيد أَول مايو (أَيَّار) للاحتفال بتتويج ملكة أَيَّار (أو) بعيد العُمّال

May'flow'ẹr, *n.* نبات يُزهِر في شهر أَيَّار (مايو) كالزعرور

mayonnaiṡe', *n.* مايُونيز = طَرطُور من زيت الزيتون والخل ومُح البيض لتشهية الطعام

mayor [mār], *n.* رئيس بلدية . عُمْدة

may'oralty [*or* māral-], *n.* مَنصِب رئيس البلدية . رئاسة البلدية

may'pōle, *n.* دُوّار = عمود مُزَيَّن يَرقص حوله المعيِّدون في عيد أوّل أيَّار (مايو) . (شخص) طويل نحيف = ناغِط

mayst = thou mayst = you may

māze, *n.* تِيه . مَضِلَّة . عاقُول = شبكة من الطرق الملتوية . تعقيد . تشابك . ضَلضَلَة فكرية . حَيْرة

M.D. طبيب

mē, *prn.* ضمير المتكلم المفرد في حالة النصب (أو) الجر

mē, *n.* الصوت الثالث في السلم الموسيقي

mead, *n.* مشروب مسكر من العسل والماء

mead, *n.* = meadow

meadōw [medō], *n.* أَرض مُعشِبة . مَرج . رَوضَة

mea'ġẹr, mea'ġre [-ġẹr], *a.* ضئيل . نَزْر . عَجيف . غَثيث = نَحيف = هَزيل . ناحِل

meal, *n.* أَكلَة = وَجبة (طعام)

meal, *n.* طحين . دَقيق . جَريش

meal'tīme, *n.* موعد الأكل . مَوعِد وجبة الطعام

meal′y, *a.* (-lier, -liest) مُغَشّى بالدقيق . مطحون . أَنْمَش . أصفر . هَشّ

mean, *v.* (meant [**ment**]) دَلَّ . عَنَى . نَوَى . قَصَد . قَدَّر

to — well by, يَعطِف على

mean, *a.* حَقِير . وَضِيع . خَسِيس . لئيم . شَحيح . أناني . يُستَهان بِهِ

mean, *a., n.* وَسَط . متوسِّط . مُعَدَّل

mēan′dẹr, *v.* تلوّى (في سيره) . تَمَعَّج = تعوّج وتعرّج وتلوّى . تتوّه (في سيره) . هام . تسكّع . تطوّح = تجول على غير هدى (أو) من غير هدفٍ معيّن

mēan′dẹr, *n.* طريق مُتَلَوٍّ . تَمَعُّج . تَطوُّح . تَتَوُّه

mean′ing, *n.* معنى . قَصد . نِية

mean′ingless, *a.* لا معنى له . لَغْو . سَقَط

mean′ly, *ad.* بدناءة . بخساسة . بشُحّ

mean′ness, *n.* دَنِيئة . وَضاعة . خِسّة . دناءة (النفس)

meanṡ, *n. pl.* غِنَى . يُسر . واسطة . ذَرِيعة

by all —, حتماً . لا بُد . بأي ثمن . بكل وسيلة ممكنة

by — of, بواسطة . باستعمال

by no —, على الإطلاق . ولا بوجه من الوجوه

meant [**ment**], *v.; p., pp. of* mean

mean′tīme, *n., ad.* أثناء الوقت = فَترة . في أثناء (أو فيما بين) ذلك . في الوقت نفسه

mean′whīle [**-hw-**], *n., ad.* فيما بين ذلك . في غضون ذلك . في هذه الأثناء

mea′ṡleṡ [**-zlz**], *n.* حَصبَة . حُمَيرَة

the German —, الحصبة الألمانية

meas′urable [**mezhẹr-**], *a.* بقَدر مَحسوس . يُقاس . يُقدَّر . يُكال . يُلمَس . إلى حدٍ

meas′urably, *ad.* ملموس . إلى قدرٍ محسوس

meas′ure [**mezhẹr**], *n.* مِقياس . مِكيال . مِقدار . قِياس . وَحدة قياسية . مِعيار . قِسط . مِيزان (الشعر) . إجراء . لائحة قانونية

short —, قِياس أقَل مما يجب . وَزن مُطفَّف

full —, قِياس وافٍ . وزن وافٍ

meas′ure, *v.* وَزَن . قاس . كال . قايس . عَاير . قادر . عدَّل

meas·ured [**mezhẹrd**], *a.* مُقَدَّر . مُنتظم . مَوزون (كالشِعر) . بتَرَوٍّ . باتّئاد

meas′ureless [**mezhẹrl-**], *a.* أكبر من أن يُقاس . لاحدّ له . مترامي (أو) شاسع الأطراف

meas′uremẹnt [**mezhẹrm-**], *n.* قِياس . كَيل . عِيار . مِقدار

meat, *n.* لَحم . طعام . لُبّ (يؤكل) . مادة فِكرية

meat′y, *a.* (-tier, -tiest) لَحِيم . كاللَّحم . لَحمي . جَزل . فيه مادة فكرية

Mecc′a, *n.* مكّة المكرّمة . كَعبَة . مَحجّ . هَدَف . . .

mechan′ic [**-k-**], *n.* صانع آلي . آلاتي . ميكانيكي . مُصلِح آلاتي

mechan′ical, *a.* خاصّ بالآلات . كالآلة . (من) صُنع آلي . ميكانيكي

mechan′ically, *ad.* ميكانيكياً . آلياً

mechan′ics, *n.* الميكانيكا = علم الحَرَكات والقوى الآلِيّة . آلِيّات

mech'anism, *n.* آلِيَّة . آلة . مَنظُومة . آلِيَّة . كيفية آلية (أو) إجرائيَّة . النظرية بأن نظام الكون ميكانيكي

mech'anīze, *v.* استعمل الآلةَ في عمله . أيَّل = جعله آليًّا . استآل = عمل بالآلة . جهز الجيش بوحدات آلية

med'al, *n.* مَدَالِيَة = نِيشان

medall'ion, *n.* مَدَالِيَة كبيرة . رَسمة دائرِيّة (على شكل المدالية)

med'dle, *v.* [لَعِب] . عَبث . تَدَخَّل . تَدَحَّس (أو) تَدَخَّل (في ما لا يعنيه)

med'dler, *n.* دَخَّال (في شئون غيره) . فُضولي = أُثقوب . خَشَّاش

med'dlesome [-lsẹm], *a.* مُتَدَخِّل . دَخَّال (في ما لا يعنيه) . فُضولي . خَشَّاش

mēd'ia, *n.; pl. of* medium

mediaev'al [-iēval], *a.* خاصّ بالقرون الوسطى

mēd'ial, *a.* في الوَسَط . متوسِّط . عادي

mēd'ian, *n., a.* وَسطي . واسِطةُ سلسلة من الأعداد = العدد المتوسط فيها

mēd'iāte, *v.* تَوَسَّط = سعى للإصلاح (أو) التوفيق (بين . . .) . كان في الوَسَط . كان واسطة

mēd'iā'tion, *n.* تَوَسُّط . سعي للتوفيق (أو) لإصلاح ذات البين

mēd'iātor, *n.* وَسِيط

med'ical, *a.* طِبّي . صِحّي

med'ically, *ad.* من وِجهة طِبيَّة . لأغراض طبية

med'icāte, *v.* عامَل (أو) عالَج بمادة طبية . جعل فيه (أو) عليه دواء

mẹdi'cinal, *a.* علاجي . له خاصِّية طِبيّة . مُسعِف

med'icine [*or* **medsn**], *n.* دواء . عِلاج . طِبّ

med'icine-man, *n.* (طبيب) عَرَّاف

mediēv'al, *a.* خاصّ بالقرون الوسطى

mēd'iōcre [-kẹr], *a.* متوسّط . مُقارِب = بين الجيد والرديء . وَسَط = نِصف . دون الوَسَط . مُبتَذَل . عادي . من الدرجة الثانية

mēdioc'rity, *n.* الوُسُوط (بين الجيد والرديء) . أوسَطِيّة . شخص وَسَط (أو) من الأوساط

med'itāte, *v.* تفكَّر . فكَّر بتأمُّل . تأمّل . دَبّر

meditā'tion, *n.* تفكُّر . تفكير بتأمُّل . تدبير

med'itative, *a.* تفكُّري . فِكّير

Mediterrān'ēan, *n., a.* البحر الأبيض المتوسط

mēd'ium, *n.; pl.* -diums *or* -dia حالة وَسَط . واسِطة . بيئة (أو) وَسَط . وسيط روحاني . وَساطة

mēd'ium, *a.* متوسِّط . وَسَط . مُعتَدِل

mēd'ium, *n.* مادة وَسِيطيّة

mēd'ium-sīzed [-zd], *a.* متوسط الحجم (أو) المقدار . وَسَط . لا كبير ولا صغير

med'lar, *n.* (نبات) المُشمَلا . نَفَل

med'ley [-li], *n.; pl.* -leys = غاغة . أوشاب = أخلاطِ . خَليط . حُبَاشة . خَبِيصة . لفيفة موسيقية

Medūs'a, *n.* إحدى شقيقاتٍ ثلاث من الغيلان لها شعر من الحيات ورؤيتها تحول الناظر إلى حجر

meed, *n.* جائزة . إنعام

meek, *a.* وَدِيع . حَلِيم . سَجِيح (أو رَضيّ) الخُلق . خيت النفس

meek'ly, *ad.* بوداعة . بحلم . بسجاحة . بإخبات

meek'ness, *n.* حِلم . أناة . سَجاحة الخُلق

meer'schaum [-shẹm], *n.* طين رَغوة البحر

meet, *v.* (met, meeting) لَقي . لاقى . قابل . استقبل . اجتمع . تلاقى . وَفَى (بِ)

to — his demands, wishes, needs, كفى . أرضَى . وَفَى (بِ) . قَضَى

to — a misfortune with courage, قابل (أو) تلقى المصيبة

to — with bad weather, لاقى . لَقي . صادف

to — in battle, التقى . تقابل . تلاقى

to — the eye, the ear, وَقَع على العين (أو) السمع . سُمِع . رُؤِيَ

meet, *a.* لائق . مناسب

meet'ing, *n.* التقاء . مُلتقَى . اجتماع . مَجمَع (للصلاة)

meet'ing-house, *n.* مَجمَع للصلاة . مُصلًّى

meg'aphōne, *n.* بوق مكبِّر للصوت . مِصْوَاتٌ = مُكبِّر صوتي . مُجهر صوتي

mel'ancholy [-k-], *n.* سَوْداء . كآبة . كَدَر

mel'ancholy, *a.* سَوْداوي . كئيب . مُغتمّ . مُتكدِّر

mêlée [melā], *n.* مَعمعة . مُعترَك . مُعتلَج . مُعافسة

mellif'lūous, *a.* رَخيم . سَلِس . مُعسَّل

mell'ōw [-ō], *a.* يانِع = ناضِجٌ طَرِيّ (أو) رَيّان . مُعتّق طيِّب . ناعِم . لطيف . رَخِي . طَرِب

mell'ōw, *v.* لان وَنَعُم . أينَع . أنضج . دَمَّث (مع طول العمر) . سَلَّس . طرَّب

melōd'ious, *a.* مُوسِيقي = رَخيم . شَجِيّ = زَجِل = مُطرِب

melodrâ'ma, *n.* رواية تمثيلية مثيرة وعاطفية وتنتهي نهاية مُسِرّة

melodramat'ic, *a.* تهويلي . شبيه بالتمثيلية المثيرة

mel'ody, *n.*; *pl.* -dies زَجَل = رَخامة موسيقية . صوت عَذب . تلحين . نَغمة (أو) أُغنية . قصيدة غنائية

mel'on, *n.* بِطّيخ (أخضر أو أصفر) = جَبس . شَمّام . قاوون

melt, *v.* ذَابَ . ماعَ . انحلَّ . سَلا

mem'bẹr, *n.* عُضو . طرَف (من الجسم) = إرب . طرَف

mem'bẹrship, *n.* عُضوِيّة . أعضاء

mem'brāne, *n.* غِشاء (عضوي) . جُلَيدة . قِشرة رقيقة . غِرقِئ البيضة

mēmen'tō, *n.*; *pl.* -tos *or* -toes مُذكِّرة . تَذكِرة = ما يُستَذكَر به الشيء . مُذكِّر (بالماضي) . مَذكَرة

mem'oir [-wâr], *n.* ذِكرى . ذَكيرة = ما يُسجّله المرء من وقائع يتذكرها . سيرة (أو) ترجمة الحياة الخاصة

mem'oirs, *n. pl.* ذِكريات . [مُذكَّرات] . ذكائر . سيرة (أو) ترجمة الحياة الخاصة

mem'orable, *a.* جدير (أو حَرِيّ) بالتذكر . لا يُنسَى . نابِه الذكر

memoran'da, *n.*; *pl. of* memorandum

memoran'dum, *n.*; *pl.* -dums *or* -da مُذكِّرة . مُفكِّرة . فَذلكة . مذكّرة (دبلوماسية)

memôr'ial, *n.* نُصب (أو أثر) تَذكاري . مُذَكِّرة
memôr'ial, *a.* تَذكاري
Memorial Day, عِيد (أو يوم) الذِكرى . ذِكرى ٣٠ أيَّار (مايو) في معظم الولايات المتحدة
memorīzā'tion, *n.* استذكار = حِفظ عن ظهر قلب (أو) غَيبًا
mem'orīze, *v.* استذكَر = حَفِظ عن ظهر قلبٍ
mem'ory, *n.* ذاكرة = حافظة . ذِكرى . تَذَكُّر . مدة التذكُّر
in — of, تذكِرةً (بِ) . تَذكارًا (لِ)
men, *n.; pl. of* man
men'ace [-is], *n.* تَهديد
men'ace, *v.* هَدَّد
mena'gerie, *n.* جنينة (أو) حديقة حيوانات
mend, *v.* رَمَّم = أصلح . استصلح . استعاد الصحة . صَلُح الحال
mendā'cious [-shẹs], *a.* كَذوب . كاذِب
men'dicant, *n., a.* مُتَسَوِّل . شَحَّاذ . مُستعطٍ
men'folk [-fōk], *n. pl.* رِجال
mēn'ial, *a.* خادِميّ . امتهاني . وَضيع . خَسيس
mēn'ial, *n.* ماهِن = خادِم (لِأخَس الأعمال) . خَدَّام . وَغد
meningīt'is, *n.* مَرَض التهاب السَّحايا
men'strūāte, *v.* حاضت المرأة (أو) البنت
menstrūā'tion, *n.* حَيض
mensūrā'tion, *n.* قِياس . عملية القياس . حِساب القِياس . علم المساحة
men'tal, *a.* عَقلي . ذِهني . ذَقَني
mental'ity, *n.* عَقل . عَقلية . ذِهنية . قوة عقلية
men'tally, *ad.* عَقليًا . في الذهن
men'thol, *n.* مادة بلورية بيضاء كحولية من زيت النَّعناع = منثول
men'tion, *n.* ذِكر
to make — of, ذَكَر
men'tion, *v.* ذَكَر
men'tor, *n.* ناصِح أمين
men'ū, *n.* (قائمة) الأطعمة (في مطعم) . طَعام
mēow', *n., v.* [مَوَّى] = ماءَ = أموأ . مُواء القط (أو) الهِرَّة
merc'antīle, *a.* تِجاري
mer'cenary, *n.* يَسَرِيّ = جندي شاكِري = جندي مأجور
mer'cenary, *a.* حَريص على كسب المال . طَمَّاع
mer'cẹr, *n.* بَزَّاز . تاجر قُماش حَريري . تاجر حرائر
mer'cẹrīze, *v.* عالج القُطن (أو) القماش معالجةً خاصة ليشتدَّ ويكونَ له لمعة حريرية
merch'andīse, *n.* بضائع . بِضاعة . بِياعات
merch'ant, *n., a.* تاجر (كبير (أو) بالجملة) . تِجاري
merch'antman, *n.; pl.* -men سفينة تجارية
merchant marīne, سفن تجارية
mer'ciful, *a.* رَحيم . شَفُوق
mer'cifully, *ad.* برحمة . بشفقة . لحسن الحظ
mer'ciless, *a.* عديم الرَّحمة . قاسٍ
mer'cilessly, *ad.* بلا رحمة . بلا شفقة
mercūr'ial, *a.* خفيف الحركة = حَرِك . نشيط . مُتقَلِّب . زِئبقي

Merc′ūry, *n.* (نَجْم) عُطارِد

merc′ūry, *n.* زئبق

mer′cy, *n.* رَحْمة . مَرْحَمَة . شفقة . نِعْمَة

to be at the — of, أن يكونَ تحت سلطته . أن يكون رهينَ رحمته

mēre, *a.* مَحْض . ليس إلّا . مُجَرَّد . إنما هو

mēre, *n.* بُحَيرة . بِركة

mērely [-rl-], *ad.* فقط . لا غير . ليس إلّا

merētri′cious [-rishęs], *a.* بَهْرَج . مُبَهْرَج . جميل المنظر . زائف

merge, *v.* أدغم . إندغم = إنشام . دَمَج . أدمج . اندمج

mer′gęr, *n.* دَمْج . إدغام . إندماج . إدماج

merid′ian, *n.* خط (أو دائرة) الزَّوال . أَوْج . ذُرْوة

merid′ian, *a.* ظُهْري . أَوْجي . أعظم .. في سَمْت الرأس

meringue′ [-rang], *n.* مَزيج من بياض البيض والسكر تُقَشَّى به المُعَجَّنات = ناطِف . كعكة الناطف

merī′nō, *n.; pl.* -nos نوع من الضأن له صوف ناعم جَيِّد . غزل يعمل من هذا الصوف

me′rit, *n.* جَوْدة . استئهال = استحقاق . فَضْل . مَزِيَّة . حَيْثِيَة . فضيلة

me′rit, *v.* استأهل . استوجب . استحق

meritôr′ious, *a.* له مَزِيَّة . يستحق التقدير (أو الثناء) . فاضِل

merle, *n.* شَحْرور

mer′lin, *n.* جَلَم . يُؤيُؤ . صقر الصخور = زُمَّج . باشق

merl′on, *n.* شُرْفة = قطعة من البناء بين فُتحات جدار سطح القلعة

merm′aid, *n.* خَبْلانة = بنت (أو) جِنيّة البحر = بنت (أو امرأة) نصفها الأسفل على هيئة سمكة

merm′an, *n.; pl.* -men خَبْلان = جِنّي البحر نصفه الأسفل سمكة

me′rrily, *ad.* بانشراحٍ . بِبَهجة . بِفَرَحٍ . بِمَرَحٍ

me′rriment, *n.* فَرَح (شديد) = مَرَح

me′rry, *a.* (-ier, -iest) فَرْحان . فَرِح . مَرِح

me′rry-gō-round′, *n.* دُوّارة (من حيوانات خشبية يركب عليها الأولاد وتدور بهم)

me′rry-māk′ęr, *n.* مِفْراح . فَرّاح . مُنْهَمِك في السرور والانبساط والمَرَح . مَرّاح

me′rry-māk′ing, *n.* مَرَح . سرور وانبساط . فرج

me′sâ [mā′sâ], *n.* ضَمْز = هضبة صغيرة ذات سفوح شديدة الانحدار = خُشْعَة

mesdames′ [mādâm], *n.; pl. of* madam

mēseems′, *v.* = it seems to me

mesh, *n.* عَيْن (الشبكة) . خَصاصَتُها . خَرْق (أو) خَرْم

in —, مُتناشِب (أو) مُنْتَشِب بعضُه في بعض = [مُعَشَّق]

mesh, *v.* انتشب (أو) أنشب = اعتلق (أو) أعلق

mesh′ēs, *n. pl.* تشابيك . عُيون (الشبكة) . خصاصات

meś'męriśm, *n.* تنويم مغناطيسي
meś'męrīze, *v.* نوَّم تنويماً مغناطيسياً
Mes'opotā'mia, *n.* . ما بين النهرين . العِرَاق
mes'quīt(e) [-kēt], *n.* شجرة شائكة لها قرون سكرية تُطعَمها الماشية والأبقار . سَلَمة (أو) سَمُرة
mess, *n.* . خَبيص . وَسَخ = [قَرَف] خَرْفَشة = اختلاط وارتباك = مَسْمَسة = رَبِكة = لَبْكة
mess, *v.* = خَرْفَش . وَسَّخ . [أقرف] مَسْمَس . لَبَّك . خَبَّص
to — about, around, إنهمك وخَشَق بدون طائل (فهو مَشْغُول وغير مشغول). عَبِث (بِ)
to — up, . وَسَّخ . شَرَّب = خَلَّط وأفسد خَرْفَش = مَسْمَس
mess, *n.* . طَعام (أو مطعم) الجنود (أو) الضباط . جماعة الموآكلين
mess, *v.* آكَل . تناول الطعام (مع)
mess'age [-ij], *n.* . خِطاب (رسمي) . رِسالَة . ألوكة . مَوعِظة . وَحْي
mess'ęngęr, *n.* . رَسُول . مُؤْذِن = رائد . ساعٍ . حامل الرسالة (أو) الرسائل
Messī'ah, *n.* المَسيح . مُخَلِّص
messieurs' [męsyer], *n.; pl. of* monsieur
mess'māte, *n.* أكيل . مؤآكل
Mess'rs [meserz], *n., abbr. of* messieurs; *pl. of* Mr.
mess'y, *a.* (-ier, -iest) . وَسِخ . مُخَرْفَش . مُشَوَّش . مُلَخبَط
met, *v.; p., pp. of* meet
metab'oliśm, *n.* عملية التمثيل العُضْوي

met'al, *n., a.* . كُسارة . مَعْدِن . مَعْدِني حَجَرية (للطرق) . قِوام
metall'ic, *a.* . مَعْدِني . كالمعدن . من المعدن . صَخَّاخ = كصوت ضرب المعدن بالمعدن
metallur'gical, *a.* متعلق بعلم العَمَل بالمعادن
metall'urgy, *n.* فن (أو) علم العَمَل بالمعادن
metamôrph'ōśe, *v.* حَوَّل . قلَب (أو) حَوَّر الشكل . مَسَخ . تحوَّل
metamôrph'osis, *n.; pl.* -ses تَحَوُّل (أو) استحالة (الهيئة أو الحالة) . انسلاخ . تساخ . الصورة (أو) الهيئة المستحالة . مَسْخ
met'aphor, *n.* استعارة . مجاز
metapho'rical, *a.* مَجازي
metaphyś'ical, *a.* متعلق بعلم ما وراء الطبيعة
metaphyś'ics, *n.* . علم ما وراء الطبيعة . علم معرفة حقائق الأشياء
mēte, *v.* قسَّط = أعطى النصيبَ الحقّ . أَحصَ . قسَّم (بالحق) . وَزَّع
mēt'ēor, *n.* شِهاب . نَيْزَك . رَجْم
mētēo'ric, *a.* نَيْزَكي . لامع (أو) ساطع كالشهاب . سريع خاطف . باهِر وسريع الزوال . جَوّي
mēt'ēorīte, *n.* نَيْزَك . رَجْم
mētēorolo'gical, *a.* خاصّ بالأحوال الجوية (أو) بالطقس
mētēorol'ogy, *n.* علم الأحوال الجوية والطقس
mēt'ęr, *n.* = metre
mēthinks' = It seems to me; I think على ما أظُن . يُخَيَّل إليّ

meth'od, *n.* طريقة . أُسلوب . مِنهَاج . نِظام

method'ical, *a.* بنظام . مُنَظَّم . مُنْتَظِم . نِظامي

Meth'odism, *n.* عَقيدة احدى الفرق الدينية في الكنيسة

Meth'odist, *n.* تابع لفرقة الميثوديست الكنسية

mẽthought' [-thôt] = It seemed to me; I thought

metic'ūlous, *a.* مُفْرِط في اهتمامه بدقائق الأمور = مُدَنِّق = مُدَنقِر . مُتَنَطِّس . مُسِفّ

mē'tre [-tẹr], *n.* مِتْر . عَدَّاد . ميزان الشِعر

met'ric, *a.* مِتْري

— system, النظام العُشْري (في المقاييس و . . .)

met'rical, *a.* مِتْري . شِعري . شِعرًا

met'ronōme, *n.* ضَبَّاط = آلة كالساعة تطقطق بانتظام لضبط الزمن . ضَبَّاط الأيقاع

metrop'olis, *n.* عاصمة (أو) قاعدة (البلاد) . مركز مهم

metropol'itan, *a., n.* عاصِمِيّ . أحد سكان العاصمة . مَطْران

met'tle, *n.* مِرّة . مِراس . شِيمة . نَخوة . شَهامة . شجاعة

to be on his —, على استعداد لبذل أقصى الجهد = في رِئاس عمله

met'tlesome [-lsẹm], *a.* شَدِيد . شَهم . أروع . ذو مِراس . ذو مِرّة . ذو بأس

mew, *n.* = (طائر) الزُمَّج = زُمَّج الماء . نَوْرَس

mew, *n., v.* مآء (السِنَّوْر) . مُوآء = ضُغاء

mew, *n., v.* قَفَصٌ . حَبس . حَجب . حَصر

mewl [mūl], *v.* ضَغا (كالقط) . تَضاغى . هَرْنَف في بكائه (كالطفل) . بَكى كالطفل

Mex'ican, *n., a.* مكسيكي

Mex'ico, *n.* المكسيك

me'zzanine [*or* -ēn], *n.* طابِق (أو) طاق منخفض في عمارة بين طاقين آخرين

mi. = mile

mīc'a, *n.* حَجَر البَلَق = رِيق . طَلْق أبيض

mīce, *n.; pl. of* mouse

Mich'aelmas [mikẹl-], *n.* عيد رئيس الملائكة القديس ميخائيل (أو) ميكائيل (٢٩ أيلول (أو) سبتمبر)

mic'kle, *a(d).* كثير . كثيرًا

mīc'rōbe, *n.* مِكروب = جُرثومة

mīcrom'ẽtẹr, *n.* قَيَّاس دَقيق = أداة (أو) آلة لقياس الأبعاد الدقيقة

mīc'rō-ôrganism, *n.* جُرثومة دِقيَّة . عُضوية دِقيَّة . نبات (أو) حيوان دقيق جدًا فلا يُرَى إلّا بالمجهر

mīc'rophōne, *n.* = مِصْوات . مِكروفون = مُجْهِر صَوتي . مِذْياع

mīc'roscōpe, *n.* مُجهر . ميكروسكوب

microscop'ic, *a.* دَقيق (لا يُرَى إلا بالمجهر) . مِجْهَري . دِقِّي

mid, *a.* وَسْط . وَسَط . مُنْتَصَف

mid, *a(d).* في المنتصف (أو) الوَسَط . متوسِّطٌ (بين)

mid'day, *n., a.* ظُهر . ظَهيرة . ظُهري

mid'dle, *n., a.* وَسَط . مُنْتَصَف . متوسِط

— āge, سن الكُهولة (بين ٤٠ و ٦٠)

— -āged [-ājd], (امرأةٌ أو رجل) نَصَف . كَهْل

Middle Ageṡ, القرون الوسطى

middle clâss, الطبقة المتوسطة (بين الناس)

mid'dleman [-lm-], *n.; pl.* -men ناجِر وَسِيط (بين المنتج وناجر المفرّق أو المستهلك)

midd'ling, *a.* مُتوسّط . بين بَيْن . مُقارِب

midd'linġs, *n. pl.* مُنْتَجات مُتوسِّطة (أو) وسيطة (في النوعية أو السعر أو . . .)

midd'y, *n.* = midshipman

midge, *n.* بَرْغَشَة = هَمَجَة

midg'ĕt, *n., a.* قُنْزُع (أو) قُنْزُعَة = حَبْتَر(ة) = شَخْص صَغير قصير = قَزَم = قُزْمُلَة

mid'land, *n., a.* وَسَط البلاد . داخل البلاد . أَواسط البلاد

mid'mōst, *a.* في مُنْتَصَف (أو) وَسَط الشيء تمامًا . في عَين الوَسَط . أوسط

mid'nīght [-nīt], *n., a.* نِصف (أو) منتصف الليل . أثناء (أو) عند منتصف الليل

mid'rib, *n.* ضِلَع الورقة الأوسط . عِرْق الورقة الأوسط (في النبات)

mid'riff, *n.* الحجاب الحاجز في الجسم

mid'shipman, *n.; pl.* -men مُرَشَّح أول بحري = ضابط بحري (بين مُرَشَّح ضابط وملازم ثانٍ)

midst, *n.* وَسْط . بُهْرَة . غُمْرَة

in the — of, بَيْن . في وَسْط

in our —, بين أظهرنا . بين ظهرانَيْنا

midst, 'midst, *prp.* = amidst = amid

mid'stream', *n.* وَسَط (أو عُرْض) السَّيل (أو) النهر

mid'summer, *n., a.* حول ٢١ يونيو (حزيران) . (في) أواسط (أو) منتصف الصيف

mid'wīfe, *n.; pl.* **-wīveṡ [-vz]** قابلة = داية

mid'winter, *n.* حول ٢٢ ديسمبر (كانون الأول) . (في) منتصف (أو) أواسط الشتاء

mien [mēn], *n.* طَلعة . هيئة . مَنْظر . شارة . جُهرة

mīght [mīt], *v., p. of* may لعلَّ . قد . ممكن (أنْ)

mīght [mīt], *n.* شِدّة . قوة (شديدة) . بأس . جَبَروت

mīght'ily [mīt-], *ad.* بقوةٍ شديدةٍ . بشدةٍ . كثيرًا جدًا

mīght'y [mīt-], *a.* (-tier, -tiest) قويّ شديد . شديد (البأس) . كثير (أو كبير) جدًّا

mignonette' [minyonet], *n.* (نبات) بُلَيحاء غِطْرِية

mīġraine', *n.* (وجع) الشَّقيقة

mīġ'rant, *n.* نازح . مهاجر

mīġrāte', *v.* انتزح . هاجر . قطع (الطائر)

mīġrā'tion, *n.* نُزوح . مهاجَرة . قُطُوع

mīġ'ratory, *a.* مُتَنَقِّل . راحِل . مهاجر . قاطِع (كالطير وغيره)

mikâ'dō, *n.* لقب امبراطور اليابان = الميكادو

milch, *a.* لِلحليب . حَلُوب = نُدُر الحليب

mīld, *a.* دَمِث . لَطيف . مُعتَدِل . خَفيف . سَجْسَج

mil'dew, *n.* [مَن] = يَرَقان الزرع . عَفَن

mil'dew, *v.* مَنَّن (الزرعُ) . عَفِن

mīld'ly, *ad.* بدماثة . بلُطفٍ . بلينٍ . باعتدال

mīld'ness, *n.* لُطف . اعتدال

mīle, *n.* ميل = ٥٢٨٠ قدمًا = ١٧٦٠ ياردًا

mīle'age [-lij], *n.* مسافة (مقطوعة) بالأميال

mīle'stōne [-ls-], *n.* صُوَّة = حجر المَسَافة (على الطريق)

mil'itant, *n.*, *a.* مُحارِب . مُجَاهِد . مُحِبّ للحرب . مُنَاجِز

mil'itarism, *n.* سياسة القوة العسكرية . السياسة العسكرية

mil'itarist, *n.* نَصير السياسة العسكرية (أو) الحربية

mil'itary, *n.*, *a.* عسكري . حربي . خليق بالجُندية (أو) الحرب . عسكر . جنود . محبّ للحرب

mil'itāte, *v.* فَعَل فِعلَه . أَثَّر . عَمِل . قاوم

mili'tia [-sha], *n.* حَرَس أهليّ = رَديف

milk, *n.* لَبَن = حَليب . لَبَنَ (النبات)

milk, *v.* حَلَب . درّ الحليبَ . استحلب

milk'maid, *n.* امرأة تحلب البقر = حَلّابة

milk'man, *n.*; *pl.* -men = [حلّاب] بَيّاع الحليب

milk'sop, *n.* مُخَنَّث . شَخص خَريع = رِخو ضعيف الرأي والجسم . جَبان

milk'weed, *n.* نِفَاف = بقلة يهودية . حِلباب = حُلبوب

milk'-white' [-hwīt], *a.* أبيض بياض اللبن (أو) الحليب

mil'ky, *a.* (-ier, -iest) حَليبي . كالحليب . من الحليب . فيه حليب . خَريع

Milky Way, المَجَرَّة = شَرَج السماء

mill, *n.* مِطحنة . طاحُونة . مَصنَع . مَطحَنة

mill, *v.* طَحَن . لوّب = دار (أو) تحرّك بحركة رحوية . اهتمش = تحرك بعضه في بعض . أَشَّر = حَزَّز (كطرف قطعة النقد أو الطابع البريدي) . نَمَّل

millenn'ial, *a.* أَلفِيّ . يُنتَظَر عند حلول مُلك المسيح على الأرض

millenn'ium, *n.*; *pl.* -iums, -nnia مدة ألف سنة . مدة ألف سنة يملك فيها المسيح على الأرض . عهد الصلاح والغبطة

mill'ẹr, *n.* طَحّان . الفراشة الطحّانة . صاحب مطحنة

mill'ĕt, *n.* دُخن = جاوَرْس = بنج السودان

mill'igramme, *n.* مليكْرام = جزء من ألف من الكرام

mill'imētẹr, -mētre [-mētẹr], *n.* مليمتر = جزء من ألف من المتر

mill'inẹr, *n.* بَيّاع (أو صانع) قُبّعات النساء وتوابعها

mill'inẹry, *n.* قُبّعات النساء . بيع (أو) صنع قبعات النساء

mill'ion, *n.* ألف ألف = مِليون = رَبْوَة = عَشر كَرّات

millionaire', *n.* مليونير . شخصٌ غنيّ جدًّا

mill'ionth, *n.*, *a.* الآخِر من مليون (شخص أو شيء) . جزء من مليون

mill'-rāce, *n.* تيّار الماء الدافع والمحرّك لدولاب المطحنة = دُفّاع . مَجرّ الدُّفّاع

mill'stōne, *n.* حَجَر الرّحا . طَبَق الرّحا . عِبء باهظ

mill'-wheel, *n.* دولاب القوة المحركة لطاحونة مائية

mīme, *n.* مُهرّج . تَهريجة . مُمثّل

mim'ĕogrâph, *n.* آلة ناسِخة

mim'ic, *n.* [مُقَلِّد] . حاذِق بالتقليد (أو المحاكاة)

mim'ic, *a.* [تقليدي] . صُوريّ . إستشباهي

mim'ic, *v.* (-icked, -icking) [قَلَّد] (استهزاء أو للضحك) . [قلَّد] = حاكى = تَشَبَّه

mim'icry, *n.; pl.* -ries [تقليد] = محاكاة . تَشَبُّه

protective —, التشبه الوقائي

mimōs'a, *n.* سَلَم (ومنه شجرة المستحية) . سُمَر (في اليمن)

min. = minute

min'aret, *n.* مِئذنة

mince, *v.* هَرَّم = [فَرَّم] . نَمْنَم الخطو (أو) الكلام . تَجَمَّل وتَلَطَّف (في الكلام) . تَرَقَّق . قارب الخطى = قَصمل . لطَّف

to — matters, دَغْمَس (أو) دَخْمَس = لم يُصَرِّح ولم يجاهر

mince, *n.* لحم مُهَرَّم (= مَفروم أو مفرَّم)

mince'meat [-sm-], *n.* مُدَقَّقة = لحم مهرَّم مع توابل

min'cing, *a.* مُرَقَّق . مُتكَلِّف (في رِقته) . برشاقة مُتَصَنِّعة . بمشية مُنَمْنِمة

mīnd, *n.* عَقل . نَفس . ذِهن . بال . خاطر . خَلَد

to put him in —, ذَكَّر . نبَّه

to my —, من (أو في) رأيي (أن . . .)

I have a — to, في نفسي (أن) . لي رَغْبة (أو) نِيَّة . تُحَدِّثني نفسي

to make up his —, عَقَد النية . قرَّر . صَمَّم

to be of one —, من رأي واحد

to set his — on, عَقَد قلبه (على)

in his —'s eye, في خَلَده . في خياله

mīnd, *v.* راعى . لاحظ . راقَب . التفت . ألقى (أو أعطى) البالَ . ذَهِن (إلى) . بالى (بِ) . تذكر . احترس . كره . استنكر

Never —! لا بأس !

mīnd'ed, *a.* مَيَّال (إلى) . في نفسه (أن)

mīnd'fụl, *a.* حافِظ . مُتَفَطِّن (إلى) . مُنْتَبِه . مُكتَرِث . مُحتَرِس

mīnd'less, *a.* مُغَفَّل . عديم الاهتمام . عديم الفطنة . أحمق . غافِل

mīne, *prn.* لي . خاصتي

This book is —, هذا الكتاب كتابي (أو لي)

mīne, *v.* احتفر مَنجما . نَقَب عن المعادن . عَدَّن = استخرج من المَنجم . لغَم . حفَر . نسَف

mīne, *n.* مَعدِن . مَنجَم . مَصدَر غزير . لَغم

mīn'ẹr, *n.* عامِل في مَنجَم . مُعَدِّن

min'ẹral, *n., a.* مادة مَنجَمِيّة . مَعدَن . مَعدَني

minẹral'ogy, *n.* علم المعادن

mingḷe, *v.* خَلَط . اختلط . مَزَج . امتزج

min'iature, *n., a.* (مِثال أو) صورة مُصَغَّرة = تَصغِيرة = مُنَمْنَمة . مُصَغَّر

in —, باختصار . على نطاقٍ مُصَغَّر

min'imīze, *v.* (-zed, -zing) قَلَّل (أو) صَغَّر . بالغ في التقليل . استهان . استصغر

min'imum, *n.; pl.* -mums, -ma الحد الأصغر (أو) الأدنى . النهاية الصُغرى

min'imum, *a.* الأصغري . أدنى

mīn'ing, *n.* تعدين . لغم

min'ion, *n.* صَنيعة . خادم (أو) تابع مُستَعِدّ لعمل كل شيء في خدمةِ سيّده . حَظيّ
min'istẹr, *n.* خوري . قسيس . وزير (مُفوّض) . وَزير
min'istẹr, *v.* قام بعمل القسيس . خَدَم . أسعف . أسعفه بحاجته = قضاها . أمَّن الراحة
ministēr'ial, *a.* قِسّيسي . وَزاري . وَزيري
min'istrant, *n., a.* خادِم . مُسْعِف . حافِد
ministrā'tion, *n.* عَمَل الخوري (أو) القسيس . خدمة . إسعاف
min'istry, *n.; pl.* -ries وزارة . جماعة القسيسين . وزراء . خِدمة
mink, *n.* ثَعلب الماء . فروة ثعلب الماء
minn'ōw [-ō], *n.* بَلَمة = سمكة صَغيرة
mīn'or, *a.* أقلّ . أصغر . أدنى
mīn'or, *n.* قاصر (شرعًا) = مَوْلي
mīno'rity, *n.; pl.* -ties أقَلّيّة . سِن القُصور الشّرعي
mīno'rity, *a.* من الأقلية . أقلّي
min'stẹr, *n.* كنيسة دير . كنيسة كبيرة . كاندرائية
min'strẹl, *n.* قوّال = مُغَنٍّ (أو) موسيقي (في العصور الوسطى) . ممثل (أو) مُغَنٍّ يحاكي الزنوج (بتسويد الوجه واليدين)
min'strelsy, *n.* جماعة الممثلين (أو) المُغَنّين المحاكين للزنوج . صَنعة (أو) فن القوّالين . جَوقة القوّالين
mint, *n.* نَعنَاع = بَقل طيّب الرائحة للطعام
mint, *n.* دار السِّكّة = دار ضرب النقود
mint, *v.* سَكّ (أو) ضَرَب النقود
min'ūend, *n.* المطروح منه
minūet', *n.* رَقْصة بطيئة بوقار . موسيقى لهذه الرقصة
mīn'us, *prp., a.* ناقِص . إلّا . من جهة الناقص
mīn'us, *n.* علامة الطرح : (—)
min'ute [minit], *n.* دقيقة (من الساعة (أو) من الدرجة) . هُنَيهة . لَحظة
mīnūte', *a.* صغير جدًا . دَقِيق . مُدَقِّق . مُدَقَّق . ضَئيل . سَفساف
mīnūte'ly [-tl-], *ad.* بِدِقة . بتدقيق . بتفصيل دقيق
mīnūte'ness [-tn-], *n.* دِقّة . صِغَر متناهٍ
min'utes [-its], *n. pl.* مَحضر . سجل الوقائع . وقائع
minū'tia [-shia], *n.; pl.* -tiae [-shiē] شيء دقيق . سَفساف . تافِهة
minx, *n.* بنت جالِعة = غير محتشِمة . بنت بزيعة
mi'racle, *n.* مُعجِزة = كَرامة . أعجوبة . خارِقة
mirac'ūlous, *a.* من المُعجِزات . عُجاب . من خوارق الطبيعة
mirac'ūlously, *ad.* بِمُعجِزة . بأعجوبة
mirâge' [-zh], *n.* سَراب . آل
mīre, *n.* وَحَل
mīre, *v.* تَوَحَّل = ارتطم في الوحل . أوحل
mi'rror, *n.* مِرآة . وَذِيلة = سطح صقيل عاكس
mi'rror, *v.* عَكَس الصورة (كالمرآة)
mirth, *n.* حُبور . انشراح . ضحك وسرور
mirth'fụl, *a.* محبور . مُنشَرِح . ضاحِك مسرور
mīr'y, *a.* مُوحِل = رَدِغ
misadven'ture, *n.* تَعْسة . عارضُ سوء . قضاء وقدر

mis´anthrōpe, *n.* حُوشِي = شخص يتجنّب الناس لأنه يكرههم ويستريب بهم

misapplied´ [**-līd**], *a.* أُسيء تطبيقُه (أو) استعماله . استُعمِل في غير حقِّه

misapplȳ´, *v.* (-lied, -lying) استعمل (أو) طبَّق في غير ما يجب . أساء الاستعمال (أو) التطبيق

misapprēhend´, *v.* أَخطأ (أو) أساء الفهم

misapprēhen´sion [**-shẹn**], *n.* فكرة خاطئة . سوء (أو خطأ) فهم . إخطاء الفهم

misapprōp´riāte, *v.* اختان (المالَ) = أخذه لنفسه بدون حق = احتجن

misapprōp´riā´tion, *n.* إختيان (المال) . احتجان

misbēhāve´, *v.* أساء السلوك

misbēhāv´iour [**-vyẹr**], *n.* سوء (أو إساءة) السلوك

miscal´cūlāte, *v.* أخطأ الحساب

miscal´cūlā´tion, *n.* إخطاء الحساب . خطأ حساب

miscall´ [**-kôl**], *v.* أخطأ (أو) أساء في التسمية . سمَّى خطأً . لَقّب بلقب سيء = نبَز

misca´rriage [**-rij**], *n.* حبوط . إسقاط الجنين = طرْح

misca´rry, *v.* (-rried, -rrying) حَبِط . ضاع . ضلّ طريقه . اسقطت الجنين = طرَحت

miscellān´ēous, *a.* مُتنوِّع . شتّى . متفرقات

mis´cellany [*or* **miscell´any**], *n.* مجموعة مُختلِطة = كَشكُول

mischânce´, *n.* تَعسة . نَحسة . عارض سوء

mis´chief [**-chif**], *n.* ضَرَر . أذِيَّة . شرّ . تَخابُث . بائِقة

mis´chievous [**-chivẹs**], *a.* مُؤذٍ . مُحِبّ للشر . مُتخابث . مُغايِظ . نَغّال

misconceive´, *v.* أخطأ في التصوّر . أساء الفهم . أساءَ الحكمَ عليه . وَهِم

misconcep´tion, *n.* خطأ (أو سُوء) تَصوُّر . فِكرة مَغلوط فيها . وَهْم

miscon´duct, *n.* سوء سلوك

misconstruc´tion, *n.* حَمل على غير محمله . سوء فهم . إساءة التأويل . وَهم

miscon´strūe, *v.* حملَه على غير محمله . أخطأ (أو أساء) التأويل

miscount´, *v.* أخطأ في العدّ

miscount´, *n.* خطأ في العدّ

mis´crēant, *n.*, *a.* رَذل . وَبْش . حَطِيٌّ . خاسِرٌ . ساقط الأخلاق

misdeal´, *n.* خطأ في توزيع ورق اللعب

misdeed´, *n.* سَيّئة . فَعلة سوء . سَوْأَة . صنع قبيح

misdemean´or, *n.* = misdemeanour

misdemean´our [**-ẹr**], *n.* مخالفة للقانون = جُنحة . سَيِّئة . سوء سلوك

misdirect´, *v.* وجَّه خطأً . أَضلّ . ضَلّل . أساء التوجيه

misdō´ing, *n.* فَعلَة سوء . عمل سيئ

mīs´ẹr, *n.* شَحِيح = بَخيل حَريص على المال

mis´ẹrable, *a.* بائِس . مِسكين . حَقير . يُرثَى له . وَصِب

mis´ẹrably, *ad.* ببؤسٍ . جِدًّا

mīs´ẹrly, *a.* بخيل . شحيح . بُخلي

mis´ẹry, *n.*; *pl.* -ries شَقاء . بُؤس . عَذاب . حالة البؤس . وَصَب

mis´fīre, *v.* صَلَد = لم يُورِ (أو) يقدح نارًا = أَكبى . أكدى . خاب . أخفق

misfit′, *n.*, *a.* (شيء) ليس على القياس . (شخص) غير سالك . مُنْحَرِف

misfit′, *v.* (-tted, -tting) جَعَل (أو) صار (الشيء) على غير القياس (أو) غير سالك . جعل (أو) صار غير أهل (أو) صالح

misfort′ūne, *n.* سُوء حَظّ = تَعْسَة . بَلِيَّة . نَكْبَة

misġāve′, *v.*; *p. of* misgive

misġive′, *v.* (-gave, -giving) توجّس . إغتش . تريب

misġiv′ing, *n.* تَوَجُّس . إيجاس . رِيبة . تَخَوُّف . إغتشاش

misġo′vẹrn [-ġuv-], *v.* أَساء الحكم

misġo′vẹrnmẹnt [-ġuv-], *n.* سوء حكم

misġuīde′ [-ġīd], *v.* أَضَلّ . أَغْوى

misġuīd′ed, *a.* غير مُوفَّق . مُضَلّل . ضالّ عن سبيل الصواب . مُغرَّر . مغشوش

mishap′ [-s-h-], *n.* حادث مُكدِّر . عارض سُوء . مكروه . نائبة

misinfôrm′, *v.* ضَلّل (بأن أعطى معلوماتٍ خاطئة (أو) مُضَلّلة)

misinterp′rĕt, *v.* أَخطأ التأويل . أَساء الفهم

misjudge′ [-juj], *v.* أَساء الحكم (أو) التقدير . جار في الحكم . حاد عن الصواب في الحكم

mislay′, *v.* (-laid, -laying) وَضَعه في غير موضعه . وَضَعهُ وناه (أو) ضَلّ عنه = ضَلّ (الشيءَ)

mislead′, *v.* (-led, -leading) أَضَلّ . نَوَّه . أَغوى . خَدَع

mislead′ing, *a.* مُضَلّل . مُغْوٍ . مُوهِم

misled′, *v.*; *p.*, *pp. of* mislead

mislīke′, *v.* كره . نفر (من)

misman′age [-ij], *v.* أَساء الإدارة . أَساء التدبير . أَساء التصرف (بِ)

misman′agemẹnt [-ijm-], *n.* سوء تدبير . سوء تصرف (أو) تَدَبُّر . سوء إدارة

misnāme′, *v.* أَساء التسمية . سمّى بعكس ما يجب . سمّى إسماً لغير مُسمّى

misnōm′ẹr, *n.* اسم لغير مُسمّى . تَسمِيَة خاطئة (بعكس ما يجب)

misplāce′, *v.* أَساء الوَضْع = أَزْغَلَ = وضعه في غير موضعه (الحقّ)

misplāced′ [-sd], *a.* موضوع في غير موضعه الحق . في غير موضعه

misplay′, *v.*, *n.* أَساء اللعب . سوء لعب . خطأ في اللعب

misprint′, *n.* خطأ مطبعي

mispronounce′, *v.* أَساء اللفظ . لَفَظ خَطأً

mispronunciā′tion, *n.* خطأ لفظي

misquōte′ [-kwōt], *v.* استشهد بقوله وغلط . نقل عنه وغلِط في النقل

misread′, *v.* أَخطأ في القراءة . قرأ خطأً . فهم خَطأً . أَساء التأويل

misreprĕsent′, *v.* مَثَّل خلافًا للحقيقة = لَبَّس = مَوَّه . عَمَّس

misreprĕsentā′tion, *n.* تلبيس = تعميس = مَخْرَقة . تدجيل . دَغْمَرة

misrūle′, *v.*, *n.* أَساء الحكم . سوء حُكم . سوء حكومة

miss, *v.* أَخطأ (المرمى) . فات . نبا (عن) . أَخلى (الشاعِرُ المعنى) = لم يُصِبه . أَشوى (السهم) . ضَلّ (عن) . لم يُصادِف . خَرَم . افتقد . استوحش لفقدِه

miss, *n.* (رَمية) خاطئة . نَبْوَة

a — is as good as a mile, إذا أخطأ الرامي فلا عِبْرَةَ بالبُعد (عن المرمى) (أو) بالفَوت

miss, *n.* بنت . فتاة

Miss, *n. pl.* The Misses Smith *or* The Miss Smiths (لقب) آنسة (قبل الإسم)

miss'al, *n.* كتاب الفروض . كتاب صلوات القُدّاس

mis-shāp'ẹn, *a.* مُعوَّج الشكل . مُشَوَّه . سيّئ الشكل

miss'īle, *n.* رَجْمة . رَجْمٌ صاروخي . مَرمِيّ . مَقذُوف . مَرجُوم . صاروخ

miss'ing, *a.* ناقص . مفقود . غائب . ضائع

mi'ssion, *n.* بَعثَة . دَعوة . [مأموريّة] . مُهِمة خصوصية . إرساليَّة . جِرَاية . رِسالة . مقر الإرسالية

mi'ssionary [-shẹn-], *n.*; *pl.* -ries مُرسَل (أو) مُبَشِّر (ديني)

mi'ssionary, *a.* إرسالي = تبشيري

miss'ive, *n.* رِسالة (رسمية) . مَكتوب (رسمي) . كِتاب

mis-spell', *v.* (-spelled *or* -spelt, -spelling) أخطأ في التهجئة

mis-spell'ing, *n.* خطأ في التهجئة

mis-spend', *v.* (-spent, -spending) ضَيَّع . أنفقه في غير سبيله

mis-stāte', *v.* أخطأ في قوله = مَوَّه

mis-step', *n.* زَلَّة . غلطة . خطوة زلل

mist, *n.* رِهْل = سَحاب رقيق يُشبه الندى . ضباب خفيف . غبآء = سَحابة رقيقة كالغبرة = كُدَاريّ

mist, *v.* نزل كالرِّهل . طَلَّ . أغبش

mistāke', *n.* غَلطة . غلط . خطأ . رَيب

by —, بالغلط . خطأً

mistāke', *v.* (-took, -taken, -taking) غَلِط . التبس الشيء بشيء آخر

mistāk'ẹn, *a.* غالِط = [غَلطان] . على خطأ . في غير محلّه (أو) كنهه

mistāk'ẹnly, *ad.* غلطًا . خطأً = ضِلَّةً

Mis'tẹr, *n.* لقب (مِستر) قبل الإسم المُذَكَّر للشخص

mis'tily, *ad.* على هيئة فيها غَبَش (أو) غَبآء (أو) ضباب خفيف

mis'tiness, *n.* غَبَش . غَبآء

mis'tletōe [misltō], *n.* (نبات) الدِّبق = هَدَال . عَنَم = بنتومة = الدبق الأوروبي

mistook', *v.*; *p. of* mistake

mistreat', *v.* أساء معاملة . آذى في المعاملة

mis'tress, *n.* رَبَّة البيت . سَيِّدة . مُعلِّمة . عَشيقة = قَعيدة

Mis'tress, *n.* = Mrs. [**mis'iz**] (لقب) سَيِّدة

mistrī'al, *n.* محاكمة باطلة قانونًا . بُطلان المحاكَمة . محاكمة لم يصل فيها المحكَّمون إلى قرار

mistrust', *n.* ارتياب . عدم ثقة . إساءة ظنّ . شكّ

mistrust', *v.* إرتاب (في) . لم يَطمئِنَّ (إليه) . استراب . شَكّ . خوّن . استغش

mistrust'fụl, *a.* مُرتاب . سيّئ الظن . غير واثق

mis'ty, *a.* (-tier, -tiest) ذو سحابٍ (أو) ضباب رقيقٍ = كالرِّهل = كسحاب الندَى . غبائي . مُغبِش . مُبهَم

misundẹrstand', *v.* (-stood, -standing) أساء الفهم . حَمَل على غير مَحمل

misunderstand'ing, *n.* سوء فهم . سوء تفاهم . خِلاف

misunderstood', *a.* = *p., pp. of* misunderstand

misūse', *n.* إساءة الاستخدام (أو) الاستعمال (أو) المعاملة

misūse', *v.* أساءَ الاستخدام (أو) الاستعمال (أو) المعاملة

mīte, *n.* دودة الجُبن . قُذَعملة = فَتَّة = شيء صغير (أو) قليل = [فَتفُوت] = الصغير من ولد الحيوان (أو) الإنسان = تُرْنُوك

mīte, *n.* قُمَّلَة . سوسة . دانَق (أو) فَلس

mī'tẹr, *n.* = mitre

mit'igāte, *v.* لطَّف . خفَّف (الشدّة) . لَيَّن

mī'tre [-tẹr], *n.* تاج الأسقف (أو) المَطران = بَيْرُون . مَفصِل مائل (كالمفصل في إطار الصورة عند الزوايا)

mī'tre, *v.* ألبس تاج الأسقف (أو) المطران

mitt, *n.* = mitten

mitt'ẹn, *n.* خِتَاع = قُفَّاز له إبهام ولكن بدون أصابع

mix, *v.* (-xed, -xing) خَلَط . خلَّط = حرَّك وخَلَط . اختلط . خالط

to — up, اختُلط (عليه) . شَوَّش الذهن . خلَّط . شوَّش . ربَّك

mixed [mixt], *a.* مخلوط . مُختلط . مُخَلَّط . مُتباين . أخلاطٌ (من)

mix'ẹr, *n.* مُخالِط . مُعاشِر . مِخوَض = مِجدَح . [خلَّاطة]

mix'ture, *n.* خَلط . مَخلوط . خليط . خِلط

miz(z)'ẹn, *n.* شِراع (أو) سارية الميزان (في سفينة ذات قلوع ثلاثة)

mizz'ẹn-mâst, *n.* سارية الميزان

Mlle. = Mademoiselle; *pl.* Mlles.

Mme. = Madame; *pl.* Mmes.

mōan [mōn], *v.* أنَّ . نأم . تحزَّن

mōan [mōn], *n.* أنِين . أنَّة . نئيم (الريح) . شكوى . هَدِيل (الحمام)

mōat [mōt], *n.* حَفِير . خَندَق (تحصين) (حول قلعة أو بلدة)

mob, *n.* رَعاع . غاغة . غوغاء . بَوْغاء = طاشة الناس وحَمقاهم

mob, *v.* (-bbed, -bbing) تجمهر (أو) تجمَّع (حول) . تهوَّش عليه = هَجَم وأحدَق به . إنهال (على) . إنثال (على)

mōb'īle, *a.* سَهل (أو سريع) الحركة . نقَّال . مُتنقِل . مُتحرِّك

mōbil'ity, *n.* سهولة (أو سرعة) الحركة (أو) التنقل . تنقُّليَّة

mōb'ilīše, *v.* = mobilize

mōb'ilīzā'tion, *n.* تعبئة (حربية) . تحشيد

mōb'ilīze, *v.* عَبَّأ (للحرب) . تَعَبَّأ . ألَّب

mocc'asin, *n.* خُفٌّ ليِّن (أو ناسومة) من جلد الغزال (أو) غيره من الجلود . حيّة أمريكية

mō'cha [-k-], *n.* نوع من البُن الفاخر . بُن عَدَني (أو) يمني (على اسم ميناء مُخا في اليمن)

mock, *v.* تهزَّأ (بِ) = ضَحِك (من) . عَبِث (أو) هَزِئ (بِ) = لَمَص . حاكى (استهزاء)

mock, *n.* عَبث . هُزء . سُخرية . هُزأة . لَمص

mock, *a.* كاذِب . زُوري . صوري . إيهامي

a — trial, محاكمة صورية

mock'ẹr, *n.* عَبّاث . هُزَأة = هزّاء . لَمَّاص . [مُقلِّد] مستهزئ

mock'ẹry, *n.*; *pl.* -ries . مَسخَرة . عَبث واستهزاء . مَهزَأة . زِرَاية . أُضحوكة . لَمص . صُورة قاصِرة

mock'inġ-bird', *n.* طائر مُغرِّد يحاكي أصواتَ غيره من الطير

mock'inġly, *ad.* باستهزاء . بازدراء

mōde, *n.* طريقة . كيفية . زِي . صِيغة . حالة

mod'ẹl, *v.* (-lled, -lling) . سَوَّى . صَنَع . شكَّل . صاغ . اقتدى (بِ)

mod'ẹl, *n.* = نموذج (أو) مِثال مُصغَّر = مُثَيلَة . نُموذج = راموز . أسلوب . أُسوة . قُدوة (صالحة) . موديل = تفصيلة . ماثِلة = بنت (أو) شخص يتخذ تمثالًا لعرض الملابس أو . . .

mod'ẹl, *a.* . مِثال (أو) نموذَج (في الأخلاق) . نَموذجي

mod'ẹrate [-it], *a.* مُعتَدِل . غير مُتطرِّف = مُقارِب . متوسِّط . مُجمِل

mod'ẹrate [-it], *n.* معتدِل (أو) غير متطرف (في السياسة)

mod'ẹrāte, *v.* . لطّف . خَفَّف = عَدَّل . أجمل (في الطلب . . .) . إتّأد ولم يُفرِط . ترأس

mod'ẹrately, *ad.* . باعتدال . بإقصار . بإسماح . بإجمال

modẹrā'tion, *n.* . اعتدال . إسماح . تعفُّف . اتئاد . إسجاح . قصد

mod'ẹrātor, *n.* وَسِيط . رئيس جلسة (أو) اجتماع . مُحكَّم

mod'ẹrn, *a.*, *n.* . حَديث . مُستَجِدّ . عَصري

mod'ẹrnist, *n.* داعِية إلى التوفيق بين الدين والعلم الحديث . مُتمسِّك بالأشياء العصرية الحديثة . مُقبِل على المدنية الحديثة

mod'ẹrnīze, *v.*, حَدَّث = جعله حَديثًا (أو) عَصريًا . صار حديثًا عَصريًا

mod'est, *a.* . مُتَواضِع . حَيِي . مُحتَشِم . مُتجمِّل . معتدِل

mod'estly, *ad.* بتواضع . باعتدال

mod'esty, *n.*; *pl.* -ties . تواضُع . حَياء . حِشمة . إتِّضاع

mod'ificā'tion, *n.* بعضُ التغيير (أو) التحوير . تعديل . تلطيف . تحوير

mod'ifȳ, *v.* (-fied, -fying) . حوَّر . غيَّر بعضَ التغيير . قَيَّد (في الصرف والنحو) . خفَّف . [لايَم]

mōd'ish, *a.* [على الموضه] . بحسب الزي الدارج

mod'ūlāte, *v.* حَوَّر (الصوت) . هَوَّد (الصوت) = خَفَّف

mod'ūlā'tion, *n.* . تحوير الصوت . تهويد . تليين

Mōġul', *n.*, *a.* مُغولي

mōġul', *n.* رَبّ = سيد عظيم

mō'hair, *n.* قماش حريري ناعم من صوف معز أنقرة = مُحيَّر = كَرْمَسُوت

Mohamm'ed, *n.* محمَّد . النبي مُحمَّد

Mohamm'edan, *a.*, *n.* مُسلِم . إسلامي

moi'ẹty, *n.* . شَطر . نصيب . قِسمة . حِصة . شِقَّة . جُزء . نِسبة

moil, *v.* شَقِي في العمل . كَدَح . لَطَخ . بَلّ

moil, *n.* . شَقاء (في العمل) . كَدْح . هَرج . تدنيس

moist, *a.* . رَطب = نَديان = لَثِق . مبلول قليلًا

moi'sten [-sẹn], *v.* رَطَّب = نَدَّى . تَرطَّب

mois'ture, *n.* رُطوبة . نَداوة . بَلَل

mōl'ar, *n.* طاحِنة = ضِرس (طاحن)

mōl'ar, *a.* صالح (أو يستعمل) للطَّحن

molass'eṡ, *n.* دِبس . عَسَل أسود . قَطر (السكَّر)

mōld, *n.* = mould

mōld, *v.* = mould

mōl'dẹr, *n.* = moulder

mōl'ding, *n.* = moulding

mōl'dy, *a.* = mouldy

mōle, *n.* = رصيف حجريّ داخل في البحر نَجَفة الميناء . قاطِع الماء

mōle, *n.* خال = شامة

mōle, *n.* خُلد أوروبي . فارة عمياء

mol'ecūle, *n.* جُزَيئَة = أصغر جزء في المادة يوجد بدون تغيير كيماوي . ذَرّة

mōle'hill [**-lh-**], *n.* = جُرثوم الخُلد كُومة من تراب يجمعها الخُلد من داخل الأرض . شيء تافِه

molest', *v.* تَحَرَّش (بِ) . تَعَرَّض بسوء (لِ) . أزعَجَ

mōlestā'tion, *n.* تَحَرُّش . تَعَرُّض بسوء . إضجار

moll'ifȳ, *v.* (-fied, -fying) سكَّن وأمَّن . هَدَّأ = هَدَّن . لَطَّف . لَيَّن

moll'usc, moll'usk, *n.* رِخويّ = حيوان حَلَزوني . رِخويات

moll'y-codd'le, *v.*, *n.* [دَلَّع] . مُدَلَّع . مُدَلَّل . مخنَّث . دلَّع . دلَّل

Mōl'och [**-k**], *n.* مُولوك = إله ساميّ كانت تقدم إليه القرابين البشرية . شيء يستلزم ضحايا عظيمة

mōlt, *v.* = moult

mōl'tẹn, *a.* مُذاب . مَصهور . مَسبُوك

mōl'tẹn, *v.*; *pp.* *of* melt

mōm'ẹnt, *n.* لَحظة . أُوَينَة . مدة جُزئيَّة . فَينَة

mōm'ẹntarily, *ad.* لمدة لحظةٍ واحدة . في كل لَحظةٍ . من لحظةٍ إلى أُخرى

mōm'ẹntary, *a.* لمدة لحظةٍ فقط . آنيّ

mōmen'tous, *a.* ذو شأن عظيم . مهمّ جدًّا

mōmen'tum, *n.*; *pl.* -tums *or* -ta الزَخم = القوة الحَرَكِيّة . قوة الدفع (أو) الاندفاع . دَرْء

mon'arch [**-k**], *n.* مَلك . امبراطور . سُلطان

mon'archist [**-k-**], *n.* مَلَكي . نصير الملكية (أو) الامبراطورية

mon'archy [**-k-**], *n.*; *pl.* -chies مَلَكِيَّة . مملكة

mon'astẹry, *n.*; *pl.* -ries = رُكح مُنستِير = دَير للرهبان (أو) الراهبات

monas'tic, *a.*, *n.* رَهباني . راهب

Mon'day [**mundi**], *n.* يوم الاثنين

mo'netary [*or* **mun-**], *a.* نقدِي . مالي

mo'ney [**muni**], *n.*; *pl.* -eys نَقد . مال . ثَروة

moneyed [**munid**], *a.* غني . مُدَرهِم . كثير المال = مُتَبَندِر

money order, سُفتَجة بريدية

mo'ngẹr [**mun-**], *n.* بيّاع . تاجر

Monġ'ol, *n.* مغولي

Monġōl'ian, *n.* مُغولي . أبله مُغولي

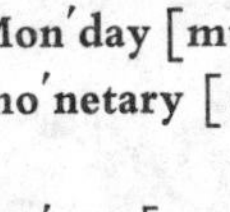

monġ'oose, *n.* نِمس

mo'ngrẹl [**mun-**], *n.* نَغلٌ . حيوان (أو) نبات مولَّد . هَجين = مُعَلهَج . مُدَرَّع (كالبغل)

mo'ngrẹl [**mun-**], *a.* مُوَلَّد . مُخلَّط (أو) مُؤتَشِب النَّسَب

mon'itor, *n.* عَريف (في المدرسة) . [مُشارِف] . واعِظ . وازع . سفينة مُدَرَّعة منخفضة . وَرَلٌ (من الزواحف) . مُراصِد (للإذاعة)

mon'itor, *v.* رَصَد (الإذاعة (أو) التلفون) . اختبر شدة الإشعاع الذري

mon'itory, *a.* وَعظي . تذكيري . إنذاري . تحذيري . نُصحي

mon'itory, *n.* مُذَكِّرة . تَذكِرة . إنذار . نصيحة . كتاب (أو) رسالة وعظ

monk [munk], *n.* راهب = دَيّار = مُتوَحِّد

mo'nkey [munki], *n.; pl.* -eys قِرد صغير بذنب طويل = [سَعْدان] = حَوْدل

mo'nkey, *v.* (-eyed, -eying) تَعابث (بِ) . تَلَعَّب

mo'nkey-wrench [-ren-], *n.* مِفَكٌّ للبراغي (أو) الأنابيب يتعدَّل بحسب ما يجب

monk'ish [munk-], *a.* رَهْباني . تَرَهُّبي

monk's-hood, *n.* (نبات) البيش

mon'ocle, *n.* مِنظَرة (أو) [عُوَينَة] لعين واحدة

mon'oġram, *n.* الأحرف المتشابكة من اسم الشخص على شكل طُغراء = طُرَّة

mon'olith, *n.* رَضْحَة = صخرة (أو) حجر قطعة واحدة . عمودٌ (أو) تمثال قطعة واحدة

mon'olog, *n.* = monologue

mon'oloġue [-log], *n.* مونولوك = خِطاب (أو دور في رواية) يقوله شخص بمفرده

monoġ'amy, *n.* الزواج بزوجةٍ واحدة في الوقت الواحد

mon'omān'ia, *n.* هَوَس بشيء واحد . مَهووس بشيء مُعيَّن

mon'oplāne, *n.* طائرة بفرد جناح . طائرة وحيدة الجناح

monop'olist, *n.* مُحتكِر . شخص يفضل الاحتكار

monop'olīze, *v.* احتكر . استأثر (بِ) . استبدّ (بِ) . استحصر

monop'oly, *n.; pl.* -lies احتكار . استئثار . استقلال . استحصار

monosyllab'ic, *a.* وحيد المَقطع . كلمة (أو) كلمات من مقطع واحد

monosyll'able, *n.* كلمة ذات مقطع واحد

mon'othēism, *n.* الوحدانية . الإيمان بوحدانية الله . التوحيد

mon'otōne, *n.* صوت (أو) أسلوب على وتيرة واحدة

monot'onous, *a.* على نَغمةٍ (أو) وتيرة واحدة . مُسئِم لكونه على وتيرة واحدة

monot'ony, *n.* استمرار على نغمة (أو) وتيرة واحدة . إسئام

monox'īde, *n.* أكسيد فيه ذرة من الأكسيجين . أكسيد أحادي

Monrōe' Doc'trine, نظرية مونرو في احتكار أمريكا للأمريكيين

monsieur' [mesyō], *n.; pl.* messieurs **[mesyẹr]** (لقب) سَيِّد (بالفرنسية)

monsōōn', *n.* ريح موسمية مع أمطارٍ غزيرة = بِسارَة

mon'stẹr, *n.* حيوان (أو) وحش مُختلط الخَلق . حيوان (أو) نبات عجيب الخِلقة = [عُجبَة] . حيوان (أو) وحش هائل الحجم مُنقرِض . مِسخ . مِثال فاحِش

mon'stęr, *a.* فاحش (أو) هائل الحجم

monstros'ity, *n.* فَحَاشة العظم . [عُجبة] . أمر فاحش فظيع . هُولة

mon'strous, *a.* هائل الحجم . عَجيب الخلقة . فَظيع . مُريع

month [mun-], *n.* شَهر

mo'nthly [mun-], *a(d).* شهري . شهريًّا . مُشَاهَرة

mo'nthly [mun-], *n.*; *pl.* -lies مجلة شهرية

mon'ūmęnt, *n.* أثر (أو) نُصب تَذكاري . أثر خالِد (أو فخم) . مِثال باهِر . مَأثُرة . مَخلَدة

monūmen'tal, *a.* خاصّ بنصب تذكاري . فاحش العِظَم . تَذكاري . عظيم الشأن . خالد . مُهِمّ . بارز

mōō, *n.*; *pl.* -oos جُؤار . خُوار

mōō, *v.* (-ooed, -ooing) خار الثور . جأر

mōōd, *n.* حالة نفسانية . مَيل نَفساني = نَفس (إلى)

mōōd, *n.* صيغة الفعل

mōōd'y, *a.* (-dier, -diest) ذو حالات نفسانية مُتقلِّبة . كاسِف البال . مَغموم . حَردان . سيئ الخُلق

mōōn, *n.* قمر . شهر قَمَري . ضوء القمر

mōōn, *v.* تَسكَّع مُتهدِّلًا . نظر مُتفتِرًا . تَسكَّع عَبثًا . تَنظَّر (أو) تَطلَّع وهو ذاهِل

mōōn'beam, *n.* شُعاع القمر

mōōn'light [-līt], *n.*, *a.* نور القمر = قَمراء . مُقمِر

mōōn'lit, *a.* مُقمِر

mōōn'shīne, *n.* نُور القمر . قُمراء = تفقيع كلام = فَنَد

mōōn'stōne, *n.* حجر القَمَر = بُصاق القمر = مَهْوٌ . مَهْوَة

mōōn'struck, *a.* مَمْسُوس = به مَسّ

mōōr, *n.* بَرَّة = بُورَة (وفيها أكاتٌ وشجيرات برية كالخلنج) . بَقيع

mōōr, *v.* أوكد = وَكَّد (أو) ثَبَّت المركَب (أو) السفينة في المَرسى

Mōōr, *n.* مَغرِبي (أو) عربي (من شمال أفريقيا)

mōōr'ing, *n.* تَربيض = توثيق (أو) وِكاد المركب (أو) السفينة في المرسى

mōōr'ings, *n. pl.* وسائط التربيض = تَوَاثيق (أو) تواكيد المركب (أو) السفينة

Mōōr'ish, *a.* عربي (أفريقي) . مَغربي

mōōr'land, *n.* بُورَة (غير مزروعة) ذات آكام وشجيرات بريـة = خَرق = دَست . بَقيع

mōōse, *n.*; *pl.* moose أيّل (أمريكي)

mōōt, *a.* فيه نَظَر = عُرضة للجدال (أو) للنزاع . مَشكوك فيه

mōōt, *v.* جادل . عَرَض (أو) طَرَح للمناقشة (أو) للمباحثة

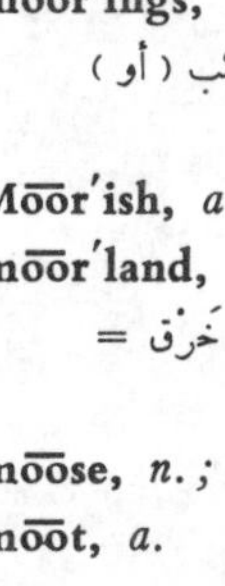

mop, *n.* قطعة من قماش للتنشيف = قَطيلة . مِكنَسة مَسح (من خِرَق وخيوط على رأس عصا)

mop, *v.* (-pped, -pping) نَظَّف بمكنسة المَسح . مَسَح . نَشَّف . استنظف

mōpe, *v.* تَكدَّر خاطِره (أو) بالُه . حَرِد . [بَوَّز] = طَلسَم = أبلس = سكت غمًّا

moraine', *n.* قُفّ = أحجار تجرفها وتخليها الجموديات

mo'ral, *a.* خُلُقي . أخلاقي . مَعنوي . أدبي

— certainty, احتمال في حكم اليقين

— victory, نَصْر مَعْنَوي = هَزيمة يُشْعَر بها كأنها نصر بسبب الغِبطة الروحية

mo'ral, *n.* خُلق . مَغزى . حِكْمة . عِبْرَة . مِثال (مُجَسَّم) . صورة طِبْق الأصل

morâle', *n.* روح معنوية . أخلاق

mo'ralist, *n.* كاتب (أو) مُتَكلِّم في الأخلاقيات . أخلاقي

moral'ity, *n.; pl.* -ties أخلاقِيَّة . أخلاق . حُسْن السيرة (أو) الأخلاق . فضيلة . قواعد أخلاقية

mo'ralīze, *v.* بَحَث (في) أو تكلَّم (عن) الأخلاقِيات . حسَّن أخلاقياً . استخلص عِظة (أو) مَغزى

mo'rally, *ad.* أدبياً . أخلاقياً . من وجهة أخلاقية . في حكم اليقين . تقريباً

mo'ralṡ, *n. pl.* مبادئ أخلاقية . أخلاق . خِلال

morass', *n.* مَرزَغة = مُستَنقَع . سَبخة . رَدْغة . رقَّة

moratôr'ium, *n.* استكلاء = استنساء . (الدين) = استئجال

môrb'id, *a.* سَقيم . مَرَضيّ . مَمْرُوض . مُريع

môrd'ant, *a.* قارِص . لاذِع . قاطع . مُقذِع . حادّ

môrd'ant, *n.* مادة لتثبيت اللون . حامِض أكّال يُستَعمَل في نقش المعادن

môre, *a.* أكثر . أزيد . مَزِيد . زيادة (على)

môre, *prn.* أكثر (من) . زيادة (على)

môre, *ad.* أكثرَ (من) . زيادةً (على)

— or less, إلى حدٍّ ما . تقريباً . نحو . بزيادة (أو) نقص

môreōv'ẹr [môrōv-], *ad.* فضلًا (عن) . ثُمَّ (إنّ) . وأكثر من ذلك . وبعدُ

môrġanat'ic, *a.* خاصّ بزواج التهجين الحَجْبي (لا ترِثُ الزوجةُ ولا أولادها) . تَهجيني (كأن يكون الزوج شريفاً والأم عامية)

môrġue [môrġ], *n.* مَحفَظ الموتى المجهولين

Môrm'on, *n.* طائفة المورمون في أمريكا

môrn, *n.* صَبَاح . صُبح . غَداة

môrn'inġ, *n.* صَبَاح . صُبح . غَداة . مَطلع . مبدأ . فجر

môrn'inġ-ġlôry, *n.; pl.* **-ġlôrieṡ** (نبات) اللَّبلاب

môrn'inġ star, نجمة الصبح . الزُهَرة

morocc'ō, *n.* جلد فاخر من إهاب المعز لتجليد الكتب

Morocc'ō, *n.* المَغرِب (الأقصى)

môr'on, *n.* مأفون = الشخص الذي ذكاؤه وهو كبير كذكاء الولد من الثامنة إلى الثانية عشرة

morōse', *a.* مُغتَمّ . مُتحرِّد = ساكِت غضبان . مُبلِس

Môrph'eus [-fūs], *n.* إله الأحلام . إله النوم

môrph'īne, *n.* مادة أفيونية مُخدِّرة = مورفين

mo'rris dânce, رَقص بلديّ بألبسة خاصة غريبة

mo'rrōw [morō], *n.* غَدَاة . غُدوة . صباح

môrs'ẹl, *n.* لُقمة . قُطيمة . كِسرَة . أُكلة . مُتعة

môrt'al, *a.* فانٍ = محتوم عليه الموت . بَشَري . قاتل . مُميت . فاحِش . مُبيق

môrt'al, *n.* مخلوق مصيره الموت . إنسان

môrtal'ity, *n.* فَنَاء . وَفَيَات . (كثرة) حوادث الموت . كون (الإنسان) صائراً إلى الموت

môrt´ally, *ad.* مُميتًا . بالغًا . شديدًا

môrt´ar, *n.* مِلَاط = طِين البِنَاء = سِياع

môrt´ar, *n.* مِدْفَع هاون . هاون = مِهراس

môrtġ´age [môrġij], *n.* رَهْن (العقار أو الملك) . رَهْنِيَّة

môrtġ´age, *v.* رَهَن . ارتهن بوعد . عاهد

mortġagee´ [môrġijē], *n.* مرتهن = الذي يرهن العقار (أو) الملك

mort´ġager´, mortġagor´ [mor-ġigẹr, morġijôr], *n.* راهِن

môrt´ificā´tion, *n.* انكسار النفس خجلًا = خَجالَة . إنخزاء . إماتة النفس . خَبَل (أو فساد) أحد الأعضاء . مَوَات = [غرغرينة]

môrt´ice, *n.* = mort´ise

môrt´ifȳ, *v.* (-fied, -fying) كَسَر النفسَ خجلًا . خَزِي . أمات (أو) قَمَع (أو) قَهر النفس . خَبَّل (أو أفسد) أحد الأعضاء

môrt´ise, *n.* نُقْرة (أو) نُقْبة التمشيق يدخل فيها اللسان من خشبة أُخرى

môrt´ise, *v.* [عَشَّق] بإدخال اللسان في النقرة

môrt´ūary, *n.* مَحفَظ الموتى

môrt´ūary, *a.* متعلق بالموت (أو) بدفن الموتى

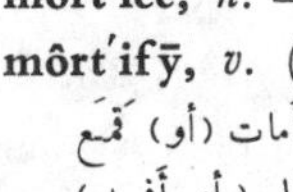

mosā´ic, *n.*, *a.* فُسَيْفِساء . فسيفسائي

Mosā´ic, *a.* مُوسَوي

Mō´ses [-ziz], *n.* (النبي) موسى

Mos´lem, *n.*, *a.* إسلامي . مسلم

mosque [mosk], *n.* مَسجد

mosquī´tō [-kētō], *n.*; *pl.* -toes *or* -tos بَعُوضَة = [ناموسة] . شَرَّانة

moss, *n.* شَيْبة العجوز = أُشْنة . بَهَق الحَجَر (وهو شبيه بالطُحْلُب)

moss´y, *a.* مُغَشًّى ببهق الحجر . مثل بهق الحجر

mōst, *a.* أكبر . أكثر . أغلب . مُعظم

for the — part, على الأغلب . عادةً

mōst, *n.* أعظم (أو) أكثر ما . . . غاية ما . . .

at (the) —, على أبعد تقدير

mōst, *ad.* أكثر ما يكون . بأكثر ما يمكن (أو يكون)

This pleases me —, هذا يَسُرّني أكبر السرور

mōst´ly, *ad.* على الأغلب . غالبًا . عادةً

mōte, *n.* هَبَاءة . قَذَاة . هَيُولَة

moth, *n.*; *pl.* moths عُثَّة = مَثَاة . فَراشة العُثّ . فَراشة (الليل) . بَشَّارة . حَلَمة . سُمَيْكاء

moth-ball [-bôl], *n.* كُرة من بعض المواد المضادة للعث

moth´-eatẹn, *a.* أكلته العثة . نخرته العُثة . بالٍ

mo´thẹr [mu-], *n.* أمّ . والدة . أصل . رئيسة مؤسسة دينية للنساء . مَبعث . عاطفة الأم

mo´thẹr, *a.* أمومي . أصلي . وطني

mo´thẹr, *v.* قامت على تربيةِ ولدها . تَعَهّد بالرعاية . . . رَعَى . وَلّد

mo´thẹrhood [mu-], *n.* أمومة . أُمَّهات

mo´thẹr-in-law, *n.*; *pl.* mothers-in-law حَماة

mo´thẹrland [mu-], *n.* أرض الوطن . وَطَن

mo'ṭhẹrless [mu-], *a.* فاقد الأم . يَتيم الأم = عَجيّ

mo'ṭhẹrly [mu-], *a.* أُمومي . حَنُون = رَؤوم

mo'ṭhẹr-of-pearl [-ovperl], *n.* صَدَف

mōtĭf', *n.* قِوام (أو) أساس تأليفٍ أدبي (أو) موسيقي (أو) في مدار البحث (أو) الموضوع . عُنصر أساسي . فكرة بارزة . أساس

mō'tion, *n.* باعِث . حركة . تحرُّك . انتقال . استدعاء (في مجلس) للتصويت . اقتراح

mō'tion, *v.* حَرَّك . أومأ . شَوَّر . بَعَث (على)

mō'tionless, *a.* ساكن . راكد . غير متحرك . عديم الحركة

motion picture, صورة مُتَحَرِّكة = فِلم سِنَمائي

mot'ivāte, *v.* كان الباعث (على) . بَعَث (على) . حَمَل (على)

mōt'ive, *n.* باعث (أو) دافع (غَرَضي) . حامِل (أو) مُحَرِّك

mōt'ive, *a.* باعِثي . تحريكي . مُحَرِّك

mot'ley [-li], *a.* أخلاط . ذو ألوان (أو) أنواع شَتَّى . مُؤتَشِب = مُختَلِط = جُمَّاع . لَفيف = أشابة

mot'ley, *n.* مُرَقَّعية المُهَرِّج

mōt'or, *n.* آلة مُحَرِّكة . مُحَرِّك

mōt'or, *v.* سافَر بسيَّارة

mōt'or, *a.* بالسيَّارة . حَرَكيّ . حَرَكِيَّة . مُحَرِّك

mōt'or-bōat [-bōt], *n.* قارب آلي

mōt'or-câr, *n.* عَرَبة آلِيَّة . سَيَّارة = أوتوموبيل

mōt'or-cȳcle, *n.* درَّاجة نارِيَّة (أو آلِيَّة)

mōt'orist, *n.* رَكَّاب سيَّارة . مسافِر بالسيَّارة . سائق السيارة . سَيَّار

mōt'orman, *n.; pl.* -men سائق قطار كهربائي (أو) حافلة كهربائية

mot'tle, *v.* بَقَّع = طَبَّع . رَقَّط

mot'tled [-ld], *a.* مُنكَّت . مُبقَّع . مُرَقَّط . مُقَلَّح

mott'ō, *n.; pl.* -toes, -tos شِعار (أو) مبدأ (أخلاقي) . نَقش (الخاتم أو المسكوكة)

mould [mōld], *n.* قالَب . مَسبَك . شَكْل . جِبلَّة . نَموذَج . خُلق

mould, *v.* [قَولَب] = شَكَّل . صاغ . سَبَك . أفرغ في قالب

mould, *n.* كَرَج = خُضرة عَفِنَة . عَفَن

mould, *v.* كَرِج = تكرَّج = إخضَرَّ بالعَفَن

mould, *n.* تُراب ناعِم (أو) [حَلَل]

moul'dẹr [-ō-], *v.* تَرَفَّت . إرْفَتَّ . رَمَّ . بلِيَ وتَفَتَّت = تَهافت

moul'ding [-ō-], *n.* سَبْك . [قَولَبة] . تشكيل . تزيينة . قِدة من الخشب في أعلى جدار الغرفة تعلّق عليها الصور

moul'dy [-ō-], *a.* (-dier, -diest) مُتَكَرِّج . مُعَفِّن . غابّ = بائت

moult [mōlt], *v.* نَسَل الشعر (أو) الصوف (أو) الجلد = سَقَط = تَحَسَّر = توسَّف . تَمَرَّط

moult, *n.* نُسول . تَحَسُّر الشعر (أو) الريش

mound, *n.* حَزوَرة = رابية صغيرة . صُبرَة = كومة (أو) رُكمة (من التراب (أو) الحجارة) . أكمة

mount, *n.* جَبَل . أكمة . جُبَيلَة

mount, *v.* رَكِب . صَعِد . علا . طلَع . امتطى . تصاعد . تَعاظم . تعالى . ركّب . ثبّت

mount, *n.* حِصان (أو) فرس للركوب = رَكوبة . ثِبات (أو) حاملة (الصورة . . .)

moun'tain [-tin], *n., a.* جَبَل . جبلي .

mountaineer' [-tin-], *n.* (شخص) جَبَليّ (يسكن الجبال) . شخص متمهر في تسلّق الجبال

mountain goat, وعل = تيس الجبل

mountain lion, قِط بري أمريكي . نمر أمريكي

moun'tainous [-tin-], *a.* جَبليّ . كالجبل . فاحِش (في العِظَم) . شامخ كبير

mountain range, سلسلة جبال

moun'tēbank, *n.* دجّال (أو) غشّاش . مَن يبيع الأدوية المُدجَّلة بالشعوذة

mount'ing, *n.* نصاعُد . صُعود . ركوب . ثِبات الشيء = ما يُثبَّت ذلك الشيء فيه

mourn [-ôr-], *v.* حَزِن (على فَقدِ . .) . حدّ (على) . تفجّع

mourn'ẹr [-ôr-], *n.* حادّ . نادِب . فاقِد

mourn'fụl [-ôr-], *a.* حَزين . مُحزِن . مَهول

mourn'fully, *ad.* بحزنٍ . بتفَجُّع

mourn'ing [-ôr-], *n.* حِداد . لِباس الحِداد (أو) السَّواد = سِلاب

mourn'ing, *a.* حِدادِي

— dove, حمامة نوّاحة (في أمريكا)

mouse, *n.; pl.* mice فأر . فارة . شخص فَزِع هيّاب (كالفأر) . عُقدة مانعة من الانفلاص

mouse, *v.* صاد (أو) تصيَّد الفأر . اجتاس بتصيّد

mouse'trap [-st-], *n.* مِصيَدة الفِيران

mous'y, *a.* (-sier, -siest) مثل الفأر . هائِب . وَجِل . فَزِع

moustâche' [mẹstâsh], *n.* شارِب . شارِبان . شوارب

mouth, *n.; pl.* **mouthṡ** فَم . ثغر . مَفتح . مَفجَر . مَصبّ . فُوهة . مَنهر . لِسان

mouṭh, *v.* شَفشَق = تَشدّق . شمّز (أو) كلّح (الوجه)

mouth'fụl, *n.; pl.* -fuls لُقمة . شيء قليل

mouth'piece, *n.* ناطق (بلسان . . .) . لِسان الحال (أو) متكلِّم (عن) . مَخنَة = طرَفُ المِزمار الذي يُوضع في الفم . مِمَصّ . بَزبازة

mõ'vable, *a.* مُتحرِّك . مُتحوِّل . مُتنقِّل . مُتغيِّر

mõ'vable, *n.* مَتاع . (مِلك) مَنقول . قطعة أثاث (منقولة)

mõ'vableṡ [-lz], *n. pl.* أملاك منقولة . أثاث

mõve, *v.* قام بعملٍ (أو) بإجراء . اقترح . استدعى

mõve, *v.* نقَل . حرّك . انتقل . تحرّك . بعَث . حرّك القلبَ (أو) النفس

to — heaven and earth, لم يترك واسطة إلا استعملها . حاول المستحيلَ

to — in, انتقل (إلى مسكن جديد)

mõve, *n.* حركة . عملٌ (أو) إجراء . خطوة . نُقلة

on the —, مِسفَر . مُسافِر . يجول ويتحرّك . لا يَقِرّ له قَرار

mõve'able [-vab-], *a.* = movable

mōve'mẹnt [-vm-], *n.* تَحَرُّك . حركة . تَنَقُّل . قِطَع التحريك (في ساعة مثلًا) . انتقال . حِزب = دَعوة = حَركة

mō'vẹr, *n.* مُحَرِّك . ناقِل . باعث

mō'vie, *n.* سِنما = صور متحركة

mō'ving, *a.* مُتَحَرِّك . مُتَنَقِّل . مُحَرِّك للقلب (أو) النفس

moving picture, فلم سِنمائي . صورة متحركة . صورة سنمائية

mōw [mō], *n.* مَكدَس الحشيش (أو) الأغمار في المَتْبَنَة . كُدْسَة حشيش . عُرمَة (أو) كَومة حبوب

mōw, *v.* (-ed, -ed *or* mown, -ing) حَشَّ . جَزَّ . حَصَد . كَلَح (أو) شَمَّز الوجه

mōw'ẹr [mō-], *n.* مِحَشَّة . مِحصَدة . حَصَّاد

mōw'ing [mō-], *n.*, *a.* حَشّ . حاشّ

mōwn [mōn], *v.*; *pp. of* mow

M.P.; MP., (مختصر) عُضو برلمان

Mr. [mis'tẹr], مِستَر = لقب تكريم قبل اسم الرجل

Mrs. [mis'iz], مِسِز = لقب تكريم قبل اسم المرأة المتزوجة

much, *a.* (more, most) كثير

This is too —, هذا أكثر مما يجب . هذا فيه إغراق (أو) شَطَط . مجاوزٌ للحد المعقول

He is too — for me, لا طاقة لي به . هو أكفأُ مني (بكثير) . هو فوق طوقي (بكثير)

much, *ad.* (more, most) كثيرًا . بكثير

to make — of, تحفَّى به . بالغ في الحفاوة به . احتفى (أو) تَحَفَّل به . غالى بأهميته

much, *n.* كمية كبيرة . كثير (من)

He is not — of a teacher, معلم ولا كالمعلمين

mū'cilage [-ij], *n.* دِباق . صَمغ . لِزاق

muck, *n.* زِبل رَطب . قَذَر

muck, *v.* توسخ . تلوث . خَرفش (العمل) = خَربق = سَوَّط

muck-rāke, *n.* مِجرَف قَذَر (أو) زِبل

muck-rāke, *v.* نَبش المَفاضِح (كالرَّشوة) . فَتَّش عن الفساد والمعائب ليفضحها

mūc'ous, *a.* مُخاطي

mūc'us, *n.* مُخاط

mud, *n.* طين . وَحَل . رَنْقَة (في أسفل الحوض)

mud'dle, *v.* خَنبَص = [خَبَص] . خَلَّط . تَخَبَّطَ . شَوَّش . تَعَمَّه (في الأمر) . بلبل . تبلبل . لَخبط

to — through, تَصَلصَل . غَشَم . تَخَوَّض و تَخَبَّط في الأمر . تَعَمَّه . خَبَط خَبطَ عشواء

mud'dle, *n.* تبلبل . خنبصة . تَخَبُّط = عَكرة . حالة مُشَوَّشة = حَيسَة . عَشواء . رَبيكة . غُمرة

mudd'y, *a.* (-ddier, -ddiest) مُتَوَحِّل . كَدِر . مُشَوَّش

mudd'y, *v.* (-ddied, -ddying) وَحَّل . تَوَحَّل . أَوحَل . استوحل

mud'gûard [-gârd], *n.* كانِفة الوَحل

muff, *n.* كِنان (أو) كِمَّة (غالبًا من الفراء) لتدفئة اليدين

muff, *v.* رَفل = أخطأ تَلَقُّفَ الكرة (أو) الإصابة. رَفَّل (في العمل) = لم يُحكِمه = مَغمَغ = هَربج

muff, *n.* رَفْلة = تَرفيلة = إخطاء الإصابة (أو) في تلقف الكرة

muff'in, *n.* كعكة مُدوَّرة تؤكل مع الزُبد وتكون سُخنة (في القالب)

muf'fle, *v.* لَفَّ. لَفلَف. كَمكَم. تكمكم. غمّ (أو) كَتَم (الصوتَ). خافت (الكلامَ)

muf'fle, *n.* صوت مَغموم (أو) مَفتوت

muff'lẹr, *n.* لِفاع (أو) مِلفَعة = [تلفيعة] (للرَّقبة). غَمّامة (أو) كَتّامة (الصوت)

muf'ti, *n.* لباس عادي

muġ, *n.* قَعب = نَوْز. رجل مُستَحبِل = أبله فاقد العقل

muġġ'y, *a.* (-ier, -iest) لَثِق = ساكن الريح مع الحرارة والرطوبة. غَمِق

mūlatt'ō, *n.*, *pl.* -ttoes = مِلاطي خِلامي = من والدٍ أبيض وآخر أسود

mul'bẹrry, *n.*; *pl.* -berries نوتٌ (أبيض) = فِرصاد

mulch, *n.* جُرثومة = قَشّ وتُراب يُجمَع حول قاعدة الشجرة لوقايتها من البرد

mulct, *v.*, *n.* غَرَّم. غرامة. أخذ بالحيلة

mūle, *n.* بَغلٌ. بَغلَة. آلة غزل = مِغزَل

mūlēteer', *n.* بَغّال = سائق البغل

mūl'ish, *a.* مُبَغَّل = عنيد = مُستَبغِل

mull, *v.* سخَّن المشروبَ وأضاف السكّر والتابل. رَوَّى = فكَّر وتأمَّل. دَرَس

mull'ein [-in], *n.* (نبات) البُوصير = آذان الدب

mull'ẹn, *n.* = mullein

mull'ẹt, *n.* جَرَن = طُوبار = سمك البُوري

multifār'ious, *a.* متعدد الصور (أو) الأشكال (أو) الأنواع (أو) الأجزاء. متعدد الضُروب. شديد التنوّع

mul'tifôrm, *a.* متعدد الأشكال (أو) الأنواع

mul'tilat'ẹral, *a.* متعدد الجوانب (أو) الأطراف

mul'timillionaire', *n.* صاحب مليونين (أو) ملايين

mul'tiple, *a.*, *n.* مُتَضاعِف (الأجزاء). مُضاعَف. حاصل الضرب. مُتَعَدِّد

the least common —, المضاعف المشترك البسيط (أو) الأصغر

multiplicand', *n.* المضروب (في الحساب)

multiplicā'tion, *n.* تَضاعُف. تكاثر. ضَرْب = تضعيف

multipli'city, *n.*; *pl.* -ties كَثرَة. تعدُّد. تنوّع

mul'tiplīẹr, *n.* المضروب به (في الحساب)

mul'tiplȳ, *v.* (-lied, -lying) ضاعف. ضَعَّف = ضَرَب (عددًا بآخر). ترايد. تكوثر. تكاثر (في العدد). تناسل. كَثَّر

mul'titūde, *n.* كَثرة. عددٌ غفير. جُمهورٌ = كَوثَر. طَيس. دَهْماء

mul'titūd'inous, *a.* غفيرٌ. كثير. عَديدٌ. كَوثَري. خِضَمّ. مُكتَظّ

mum, *n.* أُقحوان

mum, *a.* صامِت. كامٌ. كاتِم. واجِم. [ضابِس]

mum'ble, *v.* غمغم (أو) جَمجَم (أو) مَغمَغ (في الكلام أو المضغ). لم يُبيِّن (الكلام). زَمزَم. هَتمل. هَمهم

mum'ble, *n.* جَمجمة = مَغمَغة. زَمزمة. هَتملة

mumm'ẹr, *n.* شخص مُتَنَكِّر . مُمَثِّل (متنكّر)

mumm'ẹry, *n.* تمثيل الأشخاص المتنكرين . تمثيل متنكِّر

mumm'ifȳ, *v.* (-fied, -fying) حَنَّط (الجثة)

mumm'y, *n.; pl.* -mies مُومِياء . كلمة يقولها الطفل بمعنى أمّ

mumps, *n. pl.* النُّكَاف = التهاب الغُدَّة النكفية = [أبو دُغَيم]

munch, *v.* خضَم . قَضَم . مَضَغ بصوتٍ مسموع = حَرَت

mun'dāne, *a.* دُنْيَوِي . عالَمي

mūni'cipal, *a.* بَلَدِيّ . أهلي

mūnicipal'ity, *n.; pl.* -ties بَلَدِيَّة . بَلدة (أو) مدينة بمجلس بلدي

mūnif'icẹnce, *n.* جُود بالغ . سَخاء عظيم . كرم فائق . وَفرة

munif'icẹnt, *a.* سَخِي . جَواد . جَوَّاد = مُتَخَرِّق في الجود . وفير

mūni'tion, *n., a.* ذَخيرة حربية . عَتاد حربي . عَتادِي

mūni'tion, *v.* أَمَدَّ بالعَتاد (أو) التجهيزات الحربية

mūni'tions, *n. pl.* أعتِدة حَربية

mūr'al, *a.* حائطي . جِداري

mūr'al, *n.* صورة حائطية

murd'ẹr, *n.* قَتل عَمدِي . قتلُ فَتكٍ . فَتك

murd'ẹr, *v.* قتل عَمدًا . فَتَكَ (بِ) . أفسد

murd'ẹrẹr, *n.* قاتل العَمد . فاتِك

murd'ẹress, *n.* قاتلة العَمد . فاتِكة

murd'ẹrous, *a.* قاتل . مُميت . فَتَّاك

murk, *n.* ظَلام . قَتام . اعتكار . سُدفة

murk'y, *a.* (-kier, -kiest) مُظلِم . قاتِم . مُعتكِر . دامِس

murm'ur [-mẹr], *v.* هَينَم . دَندَن . هَمهَم . كَركَر (الماء) = قَفقَق .. غَمغَم . تأفف = دَمدَم = هَمَر

murm'ur, *n.* هَينَمة . هَمهمة . كركرة (أو) جَرجَرة (الماء) . غَمغَمة (في القلب)

mu'rrain [-in], *n.* وَباء الحيوان = مَوَتان = طاعون البقر . طاعون

mu'scle [musl], *n.* عَضَل . عَضَلة

mus'cūlar, *n.* عَضَلي . عَضِل = شديد العَضَل

mūṡe, *v.* (-sed, -sing) تَفَكَّر (ذاهلًا) . سَرَح في الفكر . تأمَّل . نظر مُفكِّرًا

mūṡe, *n.* شيطان الشاعر يستمد منه الإلهام

Mūṡe, *n.* إلاهة من الإلاهات التسع المشرفات على الآداب والعلوم والفنون

mūṡē'um, *n.* مَتحَف . دار آثار

mush, *n.* سَخينة (أو) لَهيدَة (أو) حَريقة = دَقيق مَغليّ في الماء يُتَّخذ طعامًا

mush'rōōm, *n.* فَقع . فُطر . عَيش الغراب = شَحم الأرض

mush'rōōm, *a.* فُطرِي . على شكل الفقعة . سريع النمو

mush'rōōm, *v.* نَما بسرعة . تفلطح . نَما (أو ارتفع) وانفرش كالفُطر

mūṡ'ic, *n.* مُوسيقى . ألحان . فن الألحان . طَرَب . غِناء

to set to —, لَحَّن

mūṡ'ical, *a.* مُوسيقي . مُطرِب . مُلَحَّن . جميل الصوت (أو) النغم . حاذق في الموسيقى

— **comedy,** تمثيلية هزلية تتخللها الموسيقى والغناء

— **instrument,** آلة موسيقية

mūṡ'ically, *ad.* على صورة موسيقية . في الموسيقى . من ناحية موسيقية

mūṡi'cian [-zishẹn], *n.* موسيقي . عَزاف . فنَّان موسيقي

mūṡ'ing, *a.* ذاهِل الفكر . غارق في تأملاته . مُستَغرَق الذهن . سادِر في حلمه

musk, *n.* مِسْك . رائحة المِسك = شَذْو

musk'-deer, *n.* غزال المسك . حيوان المسك . وَعْل (أو) أيل المِسك

mus'kĕt, *n.* بندقية (من طراز قديم) =[بارودة]

muskĕteer', *n.* جندي مُسلَّح بالبندقية (المذكورة آنفًا) = بوارِدي

mus'kĕtry, *n.* جنود مسلحون بالبنادق . بُندُقيات . نِيران البنادق

musk'-melon, *n.* بِطيخ أصفر =[شَمَّام] = دُودِم

musk'-ox, *n.* ثَوْر المسك

musk'-rat, *n.; pl.* -rats *or* -rat فار المِسْك

mus'ky, *a.* مِسكي . كالمِسك

Muṡlim, *n., a.* = Moslem

muṡ'lin, *n., a.* شاش . مُسلِين = نسيج قطني شفَّاف

muss, *v., n.* لَخبَطة = تَشويش . شَوَّشَ . مَسمَس . خَلَّط . [خَربَط] . نَفَّش وشَوَّش (الشَعر)

muss'el, *a.* = سَمَكة صدفية ذات مصراعين [ام الحلول] = بَلَح البحر

Muss'ulman, *n.; pl.* -mans مُسلِم

must, *v.* ليس (له) بُدّ (من) . لا بُدّ (أنْ) . وَجب

must, *n.* حَتم . بُدّ = (شيء ليس منه بُدّ

mustâche' [-tâsh], *n.* شارب . شاربان . شوارب

mus'tang, *n.* فرس صغير الجسم بَري (أو) شبه بَري في أمريكا

mus'tard, *n.* خَردَل

mus'tẹr, *n.* جَمع . تَجَمُّع (أو) استجماع (عسكري) . جُمَّاع . جدول (أو) قائمة أسماء الجنود

to pass —, حاز القبول بعد الفحص . اجتاز الفحص

mus'tẹr, *v.* جَمَّع . استجمع . استحضر

mustn't = must not

mus'ty, *a.* عَفِن . مُعفَّن . خامّ . عَمِق (الريحة) . طال عليه الأمَد . فيه خَمَّة

mūtabil'ity, *n.* قابلية التحول (أو) التبدل . تَقَلُّب . عدم ثبات على العهد

mūt'able, *a.* قابل للتغيّر . (شخصٌ) مُتَقَلِّب . لا يثبت على حال

mūtā'tion, *n.* تَغيّر . تَحَوُّل . تَبَدُّل . انتقال (في الموسيقى) . تبدل خَلقي مفاجئ وينتقل بالوراثة

mūte, *a., n.* صامِت . أخرس . أبكم . حرف صامت

mūte, *n.* غَضَّاضة = صَمَّانة = شيء يوضع لتخفيض صوت الآلة الموسيقية . كتَّامة

mūte, *v.* صَمَّت = أخفت (أو) غَضَّ الصوتَ = خافِت . كَتَم . كَظَم

mūt'ilāte, *v.* جَدَع . جَدَّع . خَضَد . تخضَّد . مَسَخ

mūt'ilā'tion, *n.* تجديع . تخضيد . تخضُّد . مَسخ (أو) حَذف جزء مُهِم

mūtineer', *n.* عاصٍ . خالع الطاعة . مُتَمَرِّد

mūt'inous, *a.* عِصْياني . تَمَرُّدي . مُعاصٍ

mūt′iny, *n.*, *pl.* -nies عِصيان . خَلع الطاعة . تَمرُّد (بين البحارة (أو) الجنود)
mūt′iny, *v.* (-nied, -nying) عَصَى . تَمرَّد (الجندي أو البحار)
mutt′er, *v.* هَمهَم . زَمزَم . هَتمَل . زَجَم . غَذمَر
mutt′er, *n.* هَمهمة . زَمزَمة . هَتملة . دَمْدَمة . هَرمزة
mutt′on, *n.* لحم الضأن
mutt′on chop′, قِطعة لحم خروف من الصدر (أو) من المَتْن
mūt′ūal, *a.* مُتبادَل . مُشتَرَك
mūt′ūally, *ad.* بالتبادل . بالاشتراك
muz′zle, *v.* كَمَم = كَمّ . خطَم = أَسكَتَ قَهرًا
muz′zle, *n.* زُلقوم = خطم (الحيوان) . كِمامَة . حِجام . خِطام . مُقدَّم المسدَّس (أو) المدفع = نُخرة
mȳ, *a.* [نَبَعي] = ياء الإضافة
— book, كتابي
mȳōp′ia, *n.* قِصَر البَصَر
my′riad, *n.* جمّ غفير . آلاف مؤلَّفة . كَرّات
myrm′idon [mer-], *n.* تابع مطيع . تابع مَهين . زِبنية . [مرمطون]
Myrm′idons, *n. pl.* محاربون أشداء رافقوا البطلَ آخيل إلى حرب تروادة
myrrh [mer], *n.* (نبات) المُرّ = مُرّ مكّة . كُندُر
myr′tle [mer-], *n.* (نبات) الآس = [رَيحان] = مَرسين
mȳself′, *prn.*, *pl.* ourselves نَفسي
mystēr′ious, *a.* مُغيَّب . سِرّي (غامض) . خَفيّ . مُبهَم . غامض السِّرّ . متكتَّم
mys′tery, *n.*, *pl.* -ries غامضة . سِرّ غامض . خُفية . سِرّ مُغيَّب . مُغمِضة . لغز مُحيِّر . غُموض . خَفاء
mys′tic, *a.*, *n.* باطني . صُوفي . سِرّي غامض . من أهل الكُمُون
mys′tical, *a.* سِرّي . غامِض خَفِي . صوفي
mys′ticism, *n.* (مذهب) الصُوفيّة
mys′tificā′tion, *n.* تحيير (الفكر) . تلبيس . حِيرة فكرية . [لخمة] . تعمية
mys′tifȳ, *v.* (-fied, -fying) حَيَّر الفكر (عَمْدًا) . لبَّس . دَخمَس . عمَّى . غَمَّض (الأمرَ)
myth, *n.* أسطورة . خرافة دينية قديمة . شخص (أو) شيء خرافي . تُرَّهة . تلفيقة . خُزَعبلة
myth′ical, *a.* أسطوري . خُرافي . تُرَّهي . مُختَرَص . لا وجود له في الحَقيقة
mytholo′gical, *a.* خاص بعلم الأساطير (أو الخرافات) القديمة
mythol′ogy, *n.* علم الأساطير . ميثولوجيا = علم الخرافات الدينية القديمة

N

N, n [en], *n.*; *pl.* N's, n's *or* Ns, ns الحرف الرابع عشر في الأبجدية الإنكليزية

N. = North; northern

nād'ir [-dẹr], *n.* حضيض = نظير السَّمْت = النقطة المقابلة لِسَمْت الرأس. دَرَك أسفل

nag, *n.* فرس صغير للركوب . حِصان . برذون . فرس (مُسِنّ)

nag, *v.* (-gged, -gging) [نقّ] . أضجر بكثرةِ التأنيب (أو) التعييب . أزعج بكثرةِ التشكي (أو) التطلّب (أو) الانتقاد . ألحّ وأضجر

naī'ad [nīad], *n.*; *pl.* -ads *or* -adēs عروس الماء . عروس النهر (أو) البحيرة (أو) الينبوع (عند الإغريق والرومان) . بنت سبّاحة

nail, *n.* مِسمار . ظُفر . مِخلَب

to pay on the —, النقد عند الحافر = ناجزًا = في الحال . عند الطلب

to hit the — on the head, أصاب شاكِلَة الصواب . طبَّق المَفصِل . أصاب المَحزّ

nail, *v.* سَمَّر = ثَبَّت بمسمار (أو) مسامير . تَسَمَّر (في مكانه ولم يتحرك)

nain'sook, *n.* قماش قطني في غاية النعومة والجودة

naïve' [nâēv], **naive'** [nāv], *a.* تَنطلي عليه الحِيلة . على السجية البسيطة . على الطبيعة (أو) الفِطرة . ساذَج (كالطفل)

naïv'eté [nâēvtā], *n.* سلامة النية . سَجيّة البساطة . سذاجة (الطفل) . فِطرية

nāk'ed [-kid], *a.* عارٍ . مُجرَّد . مُتَجرِّد . حافٍ . مَكشوف

with the — eye, بالعين المجرَّدة

the — truth, الحقيقة الناصِعة (أو) الصريحة

nāk'ĕdness, *n.* عُرْيٌ . تعرٍّ . تَجَرُّد

nāme, *n.* إسم . صِيت . سُمعة . تسمية . لَقَب . اسم لغير مُسمّى

to call by —, نادى (أو) سمّى باسمه

in — only, بالإسم فقط

to call him —s, لاقَس = لَقَس = نَبَّر = لقَّب بلقبٍ قبيح = لاقَب

(I speak) in the — of, باسم (أو) بالوكالة (عن)

to know only by —, بالسَّماع

nāme, *v.* سَمّى . ذَكَر بالإسم . دَعا بالإسم . ذَكَر . رَشَّح . عَيَّن

nāme'less [-ml-], *a.* ليس له اسم . بدون إسم = غُفْلٌ . غير مُسمّى . لا يوصَف . مجهول الهويّة . لا يليق أن يُذكر . خامِل الذكر

nāme'ly, *ad.* أيْ . يعني . أعني

nāme'sāke [-ms-], *n.* سَمِيّ = شَخصٌ اسمُهُ كاسم آخَر

nankeen', *n.* قُماش قُطني أصفر بُنّي (كان يأتي من الصين)

nankīn', *n.* = nankeen

nap, *n.* نَوْمة قصيرة = غَفوة = خَفقة . إغفاءة

nap, *v.* (-pped, -pping) غَفا = نام غِرارًا (أو) نَوْمة قصيرة

nap, *n.* خَمل . زِغْبِر . زَغَب

nāpe, *n.* قَفا (الرقبة) . مؤخَّر العُنُق . قَذَال

naph'tha, *n.* نِفط . مادة سائلة تُستخرج من البترول (أو) قَطران الفحم تُتخذ للوقود (أو) لإزالة الطَّبع عن الثياب

nap'kin, *n.* [بَشْكير] (أو) فُوطة مائدة

Napōlēon'ic, *a.* نابُليوني

nârciss'us, *n.; pl.* **-cissuseṡ** *or* **-cissī** نَرْجِس . عَبْهر . بَهار

nârcot'ic, *n.* عَقَّار مُنَوِّم (أو) مُخَدِّر . مُخَدِّر

nârcot'ic, *a.* مُنَوِّم . مُخَدِّر

nârd, *n.* (نبات) السُّنْبُل . (نبات) النَّاردين . مرهم النَّاردين (أو) السُّنْبُل

narrāte', *v.* رَوَى . قَصَّ . حَكى

narrā'tion, *n.* رواية . قِصة . قَصَص

na'rrative, *n., a.* قِصَّة . قَصَص . قَصَصي

narrāt'or, *n.* راوية . راوٍ . قَصّاص

na'rrōw [-ō], *a.* ضَيِّق . قليل العَرْض . محصور . حَرِج . ضَنْك . قصير المدى . ضيق الفكر . غير متسامح

in — circumstances, في ضِيقة . في ضَنكة . في [زَنْقة]

a — escape, نَجاة بشق النَّفس (أو) بالكَدّ . (نجا زيدٌ ولم يَكَد)

na'rrōw [-ō], *v.* ضاق . ضَيَّق . زَنَّد = قَلَّل العرض . حَصر

na'rrōwly [-ō-], *ad.* بشق النفس . لم يَكَد . بالكَدّ

na'rrōw-mīnd'ēd [-ō-], *a.* مُتَعَصِّب . غير مُتَسامِح . ضَيِّق الفكر . ضَيِّق العقل (أو) الرأي

na'rrōwness [-ō-], *n.* ضِيق . حَرَج . ضَناكة

na'rrōwṡ [-ōz], *n. pl.* مَضيق . مُخْتَنَق (الوادي) = مَلحج = خانِق . مَأزِم

nâr'whal [-wẹl], *n.* حَرِيش (أو) كَرْكَدَّن البحر = ضرب من الحيتان الصغيرة . وحيد قرن البحار

nāṡ'al, *a.* أنفي . من الأنف . أخنّ . أخنب . مُخنخِن

nastur'tium [-shẹm], *n.* (نبات) الجُرَيجير

nâs'ty, *a.* (-tier, -tiest) قبيح . قَذِر . كَرِيه . لَعين . سَيِّئ . لئيم . رَذِيل . مُجوني . دَنِيّ . شَنيع . خَبيث

nāt'al, *a.* مَولِدي . مِيلادي . مِيلاد

nā'tion, *n.* أُمَّة . شَعب . قَوْم . بَلَد . دَوْلة

na'tional [nashẹnal], *a.* وَطَني . قَوْمي . عامّ . عُمومي

na'tional, *n.* مُواطِن . أحد الرعايا = رَعِيَّة

na'tionaliṡm [-shẹn-], *n.* وَطَنِيَّة = (العصبيّة) (أو النُّعَرَة) القومية . العَصَبيَّة الاستقلالية . التأميم

na'tionalist [-shẹn-], *n.* (داعية) قوميّ . وطني . قومي

na'tionalis'tic [-shẹn-], *a.* خاصٌّ بالدعاة القوميين (أو) بالدعوة الاستقلالية

national'ity [-shẹn-], *n.; pl.* -ties أُمَّة . جِنسيَّة = رَعَوِيَّة = تابِعيَّة . كِيان أُمّي

na'tionalīzā'tion [-shẹn-], *n.* تأميم

na'tionalīze [-shẹn-], *v.* أمَّم = جَعَله مِلكًا للدولة (أو) للأمة جميعًا

na'tionally [-shẹn-], *ad.* من حيث الأمة . في جميع الأمة (أو) البلاد . عامّةً

nā'tion-wīde', *a.* عامّ . عمومي . في جميع الأمة . في جميع (أنحاء) البلاد

nāt′ive, *a.* أَصلي . وَطني . فِطري . من مواليد . مَوْلِدي . بحسب المولِد

nāt′ive, *n.* (شخص) من أهل البلاد = إبن البلد . بَلَدي

nā′tive-bôrn [-vb-], *a.* بلدي المولد . مولود في بلد (أو) وطن مُعيَّن

nativ′ity, *n.; pl.* -ties مِوْلِد . مِيلاد

Nativ′ity, *n.* ميلاد المسيح . عيد الميلاد

NATO [nā′tō], *n.* = North Atlantic Treaty Organisation منظمة معاهدة شمال الأطلنطي

natt′y, *a.* (-ttier, -ttiest) أنيق اللباس. أنيق

na′tural [-chẹr-], *a.* طبيعي . فِطري . مَطبوع . على السَّجِيَّة . غير شَرْعي

— **resources,** مواد طبيعية . موارد الثروة الطبيعية

na′turalist [-chẹr-], *n.* عالِم بالمخلوقات الطبيعية . إخصائي بدراسة الحيوانات والنباتات في موطنها الأصلي

na′turalīzā′tion [-chẹr-], *n.* تَجْنيس . تَجَنُّس

na′turalīze [-chẹr-], *v.* جَنَّس . تَجَنَّس . أَدْخل كلمةً أجنبية في اللغة . وَطَّن . بَلَّد . أقلم . تأقلم

na′turally [-chẹr-], *ad.* طبيعياً . بالطبع . بالفطرة

nā′ture [-chẹr], *n.* مَوجودات طبيعية . العالم الطبيعي . طَبْع . الحياة (أو) المعيشة الطبيعية . طبيعة . طبيعة الجسم . ماهيَّة . جِنس

naught [nôt], *n.* صِفر . لا شيء . (٠)

naught′iness [nôt-], *n.* رَذَالة . خَباثة . [شَيْطنة] . شَرَارة

naught′y [nôt-], *a.* (-tier, -tiest) رَذِيل . بَذيء . خَبيث . مُعانِد . شِرِّير

nauś′ēa, *n.* غَثَيان النفس = لَقَس . تَقَزُّز . تَمَذُّر النفس

nauś′ēāte, *v.* أَغْثَى (أو) أَلْقَس (النفس) . قَزَّز . تَمَذَّرت النفس

nauś′ēous, *a.* مُقَزِّز . يسبِّب غَثَيان النفس . مُلقِس . تَتَقَزَّز منه النفس

naut′ical, *a.* مِلاحِي . نُوتي

naut′ical mile, = ميل جغرافي = ميل بحري ٦٠٨٠ قدماً

naut′ilus, *n.; pl.* -luses, -li حيوان بحري صَدَفي = صَدَف النوتي . بَحَّار

nāv′al, *a.* أسطولي . خاصٌّ بالسفن الحربية (أو) وزارة البحرية . بحري

nāve, *n.* وَسَط (أو) بُهْرَة الكنيسة . سَرَارَة الكنيسة . جُزْع (الدولاب) الذي فيه المحور

nāv′ẹl, *n.* سُرَّة . بُجرة . وَسَط . مركز

navel orange, (برتقال) أبو سُرَّة

nav′iġable, *a.* قابل (أو) صالح للملاحة . تجري فيه السفن . يمكن تربينُه أي إجراؤه بحرًا (أو) جوًّا

nav′iġāte, *v.* (-ted, -ting) أبحر . سافر على الماء . رَبَّن = قاد (أو) أجرى السفينة (أو) الطائرة . أدار الدَّفَّة . سَيَّر

naviġā′tion, *n.* إبحار . علم المِلاحة . تَرْبين (السفينة (أو) الطائرة)

nav′iġātor, *n.* مَلَّاح . مَلَّاح حاذق = بارِع . مُكْتَشِف بحري

nāv'y, *n.; pl.* **-vies** (أفراد) القوة البحرية . (جماعة) السفن الحربية . أُسطول . ديوان (أو) وزارة الحربية

navy blue, أزرق غَميق (أو) (غامِق) جدًّا

nay, *n., ad.* لا . كلَّا . (لا) بَل . لَيْس . صَوت (أو) مُصوِّت لَيْسِيّ

Nazarēne', *n.* [ناصِراوي] . ناصِري . شخص من أهل الناصرة . نَصراني

Naz'areth, *n.* بلدة الناصرة

neap, *a., n.* جَزْر . جزري

neap'-tīde' = neap

near, *a(d)., prp.* قريب . غير بعيد . حَميم . قريبًا (من) . باقتصاد . قصير . ماسّ . تقريبًا . بخيل

— at hand, على حَبل الذِراع = في متناوَل اليد . قريب (في المستقبل)

to come — doing it, أوشك (أو) كاد (أو) قارب أن يَفعله

a — escape, نجاة بشِق النفس

— his heart, عزيزٌ على قلبه ؛ قريبٌ إلى قلبه . مُحبَّب

near, *v.* قَرُب . اقترب . دنا . أزِف

near'bȳ, *a(d).* قريب . بالقرب (من) . بجوارِ

Near East, الشرق الأدنى

near'ly, *ad.* قريبًا (من) . تقريبًا . كاد (أو) أوشك

near'ness, *n.* قُرب . دُنُوّ . دَناوة

near'sīght'ēd [-sīt-], *a.* قَصير البَصَر = لا يَرَى عن بُعدٍ

neat, *a.* نظيفٌ مُرتَّب . . . ذو نَقَانة . مُهندَم . مُتقِن . مُتقَن . صِرف (غير ممزوج بشيء)

neat'ly, *ad.* بنظافة وترتيب . بهندمة . بأحكام (أو) إتقان . بِرَصافة في العمل

neat'ness, *n.* نظافة وترتيب . نَقَانة . تَهَنْدُم . صَرَافة = صَرَادة

neb'ūla, *n.; pl.* **-lae [-ē]** *or* **-las** سَديمِيَّة . سَدِيم . غَبَش القرنية (في العين) = دَوَش

neb'ūlar, *a.* سَديميّ

neb'ūlous, *a.* غامِض . مُلتَبِس . مُغمغَم . مُبهَم

ne'cēssarily, *ad.* بالضرورة . بحكم الضرورة . حَتمًا

ne'cēssary, *a.* ضَروري . حَتمِي . لا مَناصَ منه . اضطراريّ

ne'cēssary, *n.* ضَرورة . مُقتَضَى . مُستَلزَم . اضطرار . مال

nēcess'itāte, *v.* اقتضى . استلزم . أوجب . أضَرَّ (على) . أحوج . ألزم . إضطُر (إلى)

nēcess'ity, *n.; pl.* **-ties** حاجة . ضَرورة . مُستَلزَم . عَوَز = فَقر = ضُرّ . مُوجِب . اقتضاء . إلحاح . حَتم

neck, *n.* رَقَبة . عُنُق . طَوق (الثوب) . عُنق = بَرْزَخ (أو) شُقة من الأرض

— and —, صَدرًا لصدر . صُدغًا لِصُدغ . متباريين

to risk his —, غرَّر (أو) خاطر بنفسه . عرَّض نفسه للتهلكة

neck'erchief [-chif], *n.* مِنديل رَقَبة

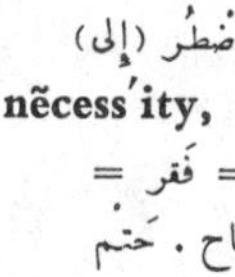

neck'lace [-lis], *n.* عِقد . قِلادة . طَوق

neck'tīe, *n.* رَبطة رَقَبة

neck'wear [-wār], *n.* لباس الرقبة

nec'romancer, *n.* مُستَحضِر الأرواح (لمعرفة المستقبل) . سِحر . شخص يتكهن عن المستقبل عن طريق الأرواح

nec'romancy, *n.* استحضار الأرواح . سِحر . التكهن عن المستقبل عن طريق الأرواح

nec'tar, *a.* . رَحيق . كَوْثَر . أَرْي (الزهر) . شراب لذيذ . تَسنيم=شراب الآلهة

nec'tarīne, *n.* زُلَّيق = ضرب من الدُرّاق ليس له زغب

née, nee [nā], *a.* كلمة توضع بعد اسم المرأة المتزوجة ليأتي بعدها اسم أسرة المرأة قبل الزواج . مثال :

Mrs. Allen, née Smith.

need, *n.* ضرورة . حاجة . لزوم . ضِيق . عَوَز . فَقر . افتقار

if — be, إذا أحوج (أو) اقتضى الأمرُ

There is no — for it, لا حاجةَ (أو) ضرورةَ إلى ذلك

to have — to, وَجَب . أَوْجَب . أَلزم . اقتضى

need, *v.* احتاج . أحوج . اقتضى . استوجب . أَوْجب . عَوِز . أَعْوَز . اضطُر (إلى)

Why — you go today ? هل من ضَرورة (أو) مُوجِب . . .

Do not stay longer than you —, لا تمكثْ أطوَل مما يجب (أو) ينبغي (أو) تدعو إليه الضرورة

need'ful, *a.* يُحتاج إليه . ضروري . مُعوِز

nee'dle, *n.* إبرة = خِياط . عَقرب . مِسلّة . إبرة (حقن)

nee'dle, *v.* نَخَس . غايظ . ناكف . غرز بالإبرة . خاط

need'lęss, *a.* لا حاجةَ (أو) ضرورةَ (إليه) . غير ضروري

need'lęssly, *ad.* بلا مُوجب . بلا داعٍ . سُدىً

need'lewom'an [-lwụm-], *n.* ماهرة باستعمال الإبرة . خَيَّاطة = نَصَّاحة

nee'dlework' [-lwęrk], *n.* عَمل (أو) [شُغل] الإبرة . خِياطة . تطريز

ne'edn't = need not

neeḋs, *ad.* اضطرارًا . بحكم الضرورة

need'y, *a.* (-dier, -diest) = مُحوِج . مُحتاج . مُعوِز . فَقير . مُعدِم

ne'er [nār], *ad.* = never

ne'er'-dō-well [nār-], *n.* لا يُرجى صلاحُه (أو) خَيرُه . فَسلٌ

nēfār'ious, *a.* مُنكَر . شديد الخُبث (أو) الفِسق

nēgāte', *v.* نَفَى . أنكر . أبطل . جَحَد

nēgā'tion, *n.* نَفي . سَلب . نَقيض . إنكار . كُفر

neġ'ative, *a.* مَنفِي . سَلبي . سالِب

neġ'ative, *n.* سالِبة . نَقيضة . نقيض

in the —, بالسَّلب . بالنفي . بالرفض

neġ'ative, *v.* أنكر . نفَى . ناقض . نَقَض . رَفَض . أبطل

nēġlect', *v.* ترَك العناية . فرَّط (في العناية أو الرِّعاية) . تَوانَى . [تهامَل] . قصَّر . غَفَل (عن)

nēġlect', *n.* تفريط . عدم عناية (أو) رعاية . تقصير . إهمال . إغفال

né'ġligé [nāglizhā], *n.* مِفضَل . مِفضَلَة = ثَوب تلبسه المرأةُ في بيتها عند الاستراحة (أو) عند التَّعرّي = مِبذَل

neġ'ligęnce, *n.* تَفريط . إهمال . توانٍ . تهاوُن . عدم الصِّيانة

neġ'ligęnt, *a.* مُفرِّط . مُقصِّر (في العناية أو الرعاية)

neġ'ligęntly, *ad.* بتفريط . [بتهامل] . بتقصير

neg'ligible, *a.* زَهيد . تافِه . لا يُؤْبَهُ له
nēgō'tiate [-shiāt], *v.* فاوَضَ . توصّل بالتفاوض (إلى) . صَرَفَ (أو) باع (أو) حَوَّل . جاز (أو) تغلّب (على)
nēgō'tiā'tion [-sh-], *n.* مُفاوَضة . تفاوض . صَرْف (أو) بَيْع (أو) تحويل (مالي)
nēgō'tiātor [-sh-], *n.* مُفاوِض
Nēg'rō, nēg'rō, *n., a.; pl.* -roes أسود . زَنجي
nēg'us, *n.* مشروب من النبيذ والسكر والليمون وجوز الطيب مع الماء الساخن
neigh [nā], *v.* صَهَلَ (الفَرَسُ) . حَمحَم
neigh [nā], *n.* صُهال . صَهيل
neigh'bor, neigh'bour [nābẹr], *n.* جار . مُجاوِر . أخو الإنسان
neigh'borhood, neigh'bourhood [nābẹr-], *n.* جِوار . مَحَلّة . جيران . مِنطقة
  in the — of, في جِوار . في حدود
neigh'boring, neigh'bouring [nābẹr-], *a.* مجاوِر(ة) . مُلاصِق . قَريب
neigh'borly, neigh'bourly [nābẹr-], *a.* حَسَن الجوار . مُحاسِن . كريم الخُلق
neīṭh'ẹr [nī-], *a.*
  — statement is true, ليس هذا ولا ذاك بصحيح . ليس قول (من القولين) بصحيح
  — this nor that, لا هذا ولا ذاك
neīṭh'ẹr [nī-], *ad.*
  He — knows nor tries to know, لا هو يَعرف ولا يحاول أن يعرف
  If you do not pay, — shall I, إذا أنت لم تدفع ، فما أنا بدافع
neīṭh'ẹr [nī-], *con.* لا . . . (ولا . . .)
neīṭh'ẹr [nī-], *prn.*
  — of the three is good, ولا واحدٌ (أو) ما واحِدٌ من الثلاثة صالحٌ
  — of you knows, ما منكما أحدٌ. . . لا أحدَ منكما . . .
Nem'ēsis, *n.* إلاهة الانتقام (أو) الأخذ بالثأر
nem'ēsis, *n.; pl.* -ses مناوئ لَدُود . مُعاقِب . الجَزاء الوِفاق (على عمل مُنكَر)
nē'on, *n.* غاز النِيُون ، وهو غازٌ نادرُ الوجود في الجو
nē'ophȳte, *n.* مُبتَدِئ . مُهتَدٍ . شخص دَخَل في دين جديد حديثاً . عضو جديد في هيئة دينية
ne'phew [nevū], *n.* ابن الأخ (أو) الأُخت . ابن أخي (أو أُخت) الزوجة
nep'otism, *n.* محاباة الأقارب (بإعطاء المناصب الحكومية لهم)
Nep'tūne [*or* -tūn], *n.* إله البحر عند الرومان . كوكب سيّار لا يُرى بالعين المجردة
Nēr'ēid, *n.* = nereid
nēr'ēid, *n.* بنتُ البحر . عروس البحر
nerve, *n.* عَصَبُ حِسٍ . قوة (أعصاب) . عِرْق . رباطة جأش . وقاحة
  to get on his —s, أغاظ . أثار أعصابَه . أزعج
  to strain every —, بذل كل جهد . بَذَلَ أقصى ما يستطيع
nerve, *v.* (-ved, -ving) شَدَّدَ من العزم . تجلّد . تَشَجَّعَ . قوّى . شَجَّع . جَسَّر

nerve'lẹss [-vl-], *a.* عديم الأعصاب . واهِن . واهٍ . خائر . فَزِع

nerveṡ [-vz], *n. pl.* اضطراب عصبي . نوبة عَصبية

nerv'ous, *a.* عَصَبي . مُتَفزِّع . ضعيف (أو) مضطرب الأعصاب . قَلِق . فَزِع = حَيشان . هَلُوع . مَتِين

— breakdown, إنهيار عصبي

nerv'ously [-ẹs-], *ad.* باضطراب أعصاب . بِوَهَل . بتفزُّع

nerv'ousness [-ẹs-], *n.* عَصبيّة . سُرعة التكدُّر . سرعة الارتياع . وَهَلٌ

nest, *n.* وَكْر (أو) عُش (في الشجر) . كُن (في الجبل) . كُورُ (الزنابير) . مَفحَص . كِنّ . ما في العُش (من بيض وأفراخ)

nest, *n.* لِفَاقة = عدد من الأشياء المتداخل بعضها ببعض

nest, *v.* عَشَّش . اعتشّ . استكنَ

nest'-egg, *n.* بيضة حقيقية (أو) مصنوعة تُترَك في العُش ليبيض فيه طائر . مال مُقتَصَد . مال مَشروعيّ

ne'stle [-sl], *v.* نكنكن (أو) كَنكَن = لَطَأ واستقرّ ولَبَد . لطأ . لَبَد . قصَّع (في الحضن)

ne'stling [-sl-], *n.* فرخ الطائر في العش . وُلَيد

Nes'tor, *n.* أكبر الإغريق سِنًّا وأحكمهم في حرب تروادة . شيخ حكيم

net, *n.* شَبكة . قُماش مُشبَّك . شَرَك

net, *v.* (netted, netting) صاد بشبكة . غَطّى (أو وَقَى) بشبكة . عَنكَش . تعنكش

net, *a.* خالِص . صافٍ . حاصِل

net, *v.* (-tted, -tting) أتى بربحٍ (صافٍ) . رَبِح (أو) أَرْبَح (ربحًا صافيًا)

neṭh'ẹr, *a.* أَسفل . تحتاني . سُفلي

Neṭh'ẹrlandṡ, *n.* البلاد (أو) الأراضي المنخفضة = هولنده

neṭh'ẹrmōst, *a.* أَسفل ما يكون . أَسْفل

nett'ing, *n.* شبكة . [شَعْرِيَّة] . مُشبَّك

net'tle, *n.* أنجرة = قُرَّاص = قُرَيص = [قُرَّيص]

net'tle, *v.* قَرَص . أَمَضّ . أَمعَض . أغاظ . لَذَّع

net'work [-wẹrk], *n.* قُماش (أو) نسيج شَبَكي (أو) مُشبَّك . شبكة . تَشبيكة

neural'gia [-ja], *n.* عُصَاب = وَجَع عَصَبي

neurīt'is, *n.* التهاب العصب (أو) الأعصاب

neurot'ic, *a., n.* فيه مَسّ عَصَبي . مُوَسْوَس (عَصَبيّ) . وَسْوامِي (عَصَبي)

neut'ẹr, *a.* عديم أعضاء التناسل . لا مُذَكَّر ولا مؤنَّث . عديم التذكير (أو) التأنيث

neut'ral, *a., n.* لا من (مع) هذا ولا من (مع) هذا = مُحايد . ليس له لون يُعرَف . ذو لون مُخلِف . مُحيَّر اللون . أَغبَس . مَحض (اللون)

neutral'ity, *n.* مُحايَدة . حِياد . حِيادَة

neut'ralīze, *v.* حَيَّد = جعل على الحياد . عَطَّل (أو) أبطل الأثر (أو) المفعول . عَدَّل

neutral vowel, a حرفُ علةٍ مُختَلَس (مثل about في) . حرف علّة غير مشدَّد

nev'ẹr, *ad.* أَلبتَّة . قَطُّ . أبدًا . مُطلَقًا . أصلًا . ولا في أي زمن (أو) وقت

nev'ẹrmôre', *ad.* قَطّ (أو) أبدًا مرة ثانية . ولا مرة بَعد الآن

nev'ẹrṭhẹless', *ad.* ومع ذلك . على الرغم من (أو) عن . . .

new, *a.* حديث . جَديد . مُستَحدَث . مُجَدَّد . أخير . مُختَلِف . طَري . غريب . غير معهود . حديث . إضافي

new, *ad.* من جديد . مرة ثانية (أو) أخرى

new-bôrn, *a.* مَنفوس = حديث المولد . مولودٌ حديثًا . مُجدَّد

new'comer, *n.* طارئ (أو) قادم جديد . مهاجر جديد . حديث العهد

new'el, *n.* عمودُ الدَّرابزين الأكبر الأعلى (أو) الأسفل

newfang'led [-ld], *a.* مُستَحدَث . مُحدَث . حديث العهد (غير معهود) . مُولعٌ بالأشياء المستحدَثة (لأنها مستحدثة فقط)

Newfound'land, *n.* جزيرة نيوفندلند في شرق كندا

Newfound'land, *n.* كلبٌ كبيرٌ له شعرٌ كثيف

newl'y, *ad.* أخيرًا . حديثًا . مُجدَدًا . من جديد . قبل قليل

news, *n.* خَبَرٌ . حَدَث

news'-boy, *n.* غلام يبيع الجرائد (أو) يوزِّعها

news'pāper, *n.* جَريدة = صَحيفة

news'-reel, *n.* فِلمِ أخبار

newt, *n.* سَمَندَل الماء

New' Test'ament, العهد الجديد = الإنجيل المقدَّس

New' World', العالم الجديد = أمريكا الجنوبية وأمريكا الشمالية وجزائر الهند الغربية

New' Year's Day', رأس السنة الجديدة

next, *a.* تِلوُ . بِلِزق . . . الذي يلي . مِمَّا يلي . التالي . وَلْي . عَقِب

— to none, أحد الأحدِين . أوحد زمانه (أو) وقته

next, *ad.* في المرة التالية . بعد ذلك . في المرتبة التالية . عَقِب

next, *prp.* تِلوَ . مما يلي . بِصَقَب . قُربَ . بجانب . وَلْي

next door [-dôr], في البيت المجاور . شبيهٌ (بِ)

next'-door, *a.* في البيت المجاور . عَقيب . مُصاقِب . مُتالٍ . مُطاوِر . وَلْي

nib, *n.* سِن (القَلَم) . [ريشة القلم] . مِنقار الطائر . رأس مُدَبَّب

nib'ble, *v.* قضَم . قَرَم . قَرْطَم . [نَقْوَر] . نَهَس

nib'ble, *n.* قَضْمة . قَرْمة

nīce, *a.* مُلِذّ . لطيف . مُونِق . متأنِّق . دَقيق . مُرْهَف . دِقِّي . مُلاطِف . ظريف

nīce'ly [-sl-], *ad.* بلطفٍ . بدقةٍ . تمامًا

nī'cēty, *n.; pl.* -ties دِقة . إحكام . دَقيقة . لَطيفة . تَنَوُّق . شيء تأنُّقي

I measured it to a —, قِستها بِنيقة = قِستُها أدقَّ القياس . قِستُها وأنعمتُ القياس

niche, *n.* كُوَّة غير نافِذة = مِشْكاة . مِحراب . مَجال مناسب

nick, *n.* فُرْض . حَزّ . ثُلْمَة . فَلّ . فَلَل

He came in the (very) — of time, جاء في وَزْم الوقت . جاء في عَيْن الوقت الضروري

nick, *v.* فَرَض = حَزَّ . ثَلَم . فَلّ

nick'el, *n.* معدن النِّكل . قطعة نقود نكلية = [نِكلَة]

nick'ẹl, *v.* (-lled, -lling) طَلَى (أو) مَوَّه بالنِّكِل

nick'nāme, *n.* لَقَب . نَبَز = لقب للاحتقار

nick'nāme, *v.* (-med, -ming) لَقَّب . نَبَز

nic'otīne, *n.* مادة النيكوتين الموجودة في التَّبغ

niece, *n.* بنت الأخ (أو) الأُخت . بنت أُخت (أو) أخي الزوجة . بنت غير شرعية لأحد رجال الدين

nigġ'ârd, *a., n.* بخيل . خسيس . شحيح . ضَنِين = مُحتِر

nigġ'ârdliness, *n.* شُحّ . بخل . خِسّة

nigġ'ârdly, *a(d).* بخيل . شحيح . بِشُحّ . مُحتِر = مُوَتِّح

nīgh [nī], *a(d)., prp.* قريب . قريباً . يكاد . . . تقريباً

nīght [nīt], *n.* لَيل . لَيلَة . عَشِيَّة . ظلام (الليل) . لَيل (الشَّعر)

nīght'-blīnd [nīt-], *a.* أَعشَى = مُصاب بالعَشا (أو) الشَّبْكرة

nīght'cap [nīt-], *n.* كُمَّة النوم . لاطِئة (أو) [طاقِيّة] النوم . مشروبٌ يُشرب قبل النوم

nīght'fall [nītfôl], *n.* حُلول (أو) قدوم الليل . مساء . عَشِيّة

nīght'ġown [nīt-], *n.* ثَوب النوم . قميص النوم

nīght'-hawk [nīt-], *n.* باشِق الليل . (شخص) سهّار الليل

nīght'ingāle [nīt-], *n.* بُلبُل = عَندَليب . هَزار

nīght'ly [nīt-], *a(d).* في الليل . ليلًا . كُلّ ليلة . ليلي . لَيلِيّاً . مُلايَلَة

nīght'māre [nīt-], *n.* جاثوم = كابوس = حُلم مُرعِب . كَرْب . بُرَحاء = بَلبالٌ . شيء مُريع . مَرْهَبة . هُولة

nīght'shāde [nīt-], *n.* عنب الذئب . ثُلُثان . نبات من الفصيلة الباذنجانية

nīght'-shirt [nīt-], *n.* قميص النوم

nī'hilism, *n.* العَدَمِيّة = مَذهبُ القضاء على جميع النظم قبل إيجاد نظم أُخرى مكانها أفضل منها

nil, *n.* لا شيء . صِفرٌ

Nīle, *n.* نهر النيل

nim'ble, *a.* (-ler, -lest) رَشِيق (أو) خفيفُ الحركة = لَذْلاذ . فَطِن . دَمْشَقُ (اليدين) . حَرِك

nim'bly, *ad.* بسرعةٍ وخِفّة . بفَطانة . بمهارة

Nim'rod, *n.* صَيّاد . نمرود . جبّار صيد

ninc'ompōōp, *n.* فَدْم . مُغفَّل

nīne, *n., a.* تسعة . تِسع

nīne'fōld [-nf-], *ad.* تسعَ مرات . تسعة أضعاف

nīne'pinṡ [-np-], *n. pl. used as sing.* لُعْبة الخشبات التسع . لعبة الجَمْع

nīne'teen' [-nt-], *n., a.* تسعةَ عَشَر . تِسعَ عَشْرَةَ

nīne'teenth' [-nt-], *a., n.* التاسعَ عَشَر . التاسعةَ عَشْرَة

nīne'tiẹth [-nt-], *a., n.* التسعون

nīne'ty [-nt-], *a., n.* تسعون

ninn'y, *n.* أحمق متناهٍ = فَسفَاسٌ . أبله . مُغفَّل

ninth, *a., n.* التاسع . التاسِعة

nip, *v.* (-pped, -pping) قَرَص . نَتَش . لَدَغ . لَسّ = نَتَف بمقدّم الفم كالغنم . هَذّ = قطع بسرعة . نَدَل

to — in the bud, قَضَى على الشيء (أو) أوقفه في أوله

nip, *n.* قَرْصَة . قَرْصة (أو) لَذْعة بَرْدٍ . نُغبة = رَشْفَة . مَزَّة . شَفيف (البَرْد) = شفشفة

nip, *v.* شَوَّط البردُ النباتَ = شَفْشَفَه = شَفَّه = قَرَسَه . نَغَب

nipp'ẹr, *n.* قَرَّاص . هَذَّاذ . كُلَّابة (السرطان)

nipp'ẹrṡ, *n. pl.* مِقْضَمة . كَلْبَتان . [كَمَّاشة] . مِنْتاش

nip'ple, *n.* حَلَمة الثدي . حَلَمة

nirvâ'na, *n.* = Nirvana

Nirvâ'na, *n.* الجنة (أو) السعادة الكاملة (عند البوذيين)

nit, *n.* صُؤابة (والجمع صِئبان)

nīt'rāte, *n.* نِترات . آزوتيَّة . آزوتات

nī'tre [-tẹr], *n.* نِترات البوتاسيوم . ملح البارود . نطرون

nīt'ric, *a.* نيتروجيني . آزوتي

— acid, حامض النتروجين

nīt'rogẹn, *n.* نِتروجين . آزوت

nītro'gēnous, *a.* نِتروجيني . يحتوي على النتروجين

nīt'rōgly'cẹrīn(e), *n.* مادة زيتية متفجرة من الكليسرين وحامض النتروجين وحامض الكبريت ، ويصنع منها الديناميت

nīt'rous, *a.* نتروجيني

— oxide, أوكسيد النتروجين (للتخدير)

nix'ie, *n.* جِنّيّة الماء

nō, *n.; pl.* **nōeṡ [nōz],** لا . لاء . صوت مخالِف . ليس

nō, *a.* لا . ولا . ليس (بِ) . كَلَّا . ما مِن . . .

nō, *ad.* لَيْسَ . لا

no. = number

Nō'ah, *n.* نُوح

nob, *n.* رأس . شَخْصيَّة . وَجيه

Nōbel Prīze, جائزة نوبل

nōbil'ity, *n.; pl.* -ties الأشراف . النبلاء . شَرافة . نَسَب شريف . شَرَف الخُلق

nō'ble, *a.* (-ler, -lest) شريف . كريم (الأصل أو النفْس) . فَخم . ماتِع . شريف الخُلق

nō'ble, *n.* شريف . نبيل . ماجِد . فاخِر . بَجيّ . نَسيب

nō'bleman [-lm-], *n.; pl.* -men شريف (من الشرفاء) . نبيل . حَسيب

nō'bleness [-ln-], *n.* شَرَف (أو) كَرَم النفس . شَرَافة . نَبَالة . سموّ النفس

nōb'ly, *ad.* بشرفٍ . بكرمِ نفسٍ

nō'body, *n.; pl.* -dies زِعْنِفة = غَفَل = شَخص هو لا شيءَ (أو) ليس بأحد

nō'body, *prn.* لا أحَد

nocturn'al, *a.* ليلي . في الليل . رامِس = عَسَّاس = يعمل في الليل

nod, *n.* نَغْضَة = رَثْعَة . تَهْوِيمة = خَفْقَة = نَوْدة . هَزّة

nod, *v.* (nodded, nodding) = نَغَضَ = رَمَع = ربا (برأسه) = طأطأه ورفعه بسرعة (كأنه يقول نعم) . هَزّ . هوَّم = خَفَق . تنوّد

nōde, *n.* عُقدة . عُجْرة . زَمَعة . أُبْنة

nod'ūle, *n.* عُجَيْرَة . زُمَيْعة

Nōel', *n.* عيد الميلاد

nōel', *n.* أُغنية لعيد الميلاد

noġġ'in, *n.* سَوْمَلة = فنجان صغير . قدح (أو) كأس صغير . نُطلة = مقدار صغير من المشروب . رأس

noiṡe, *n.* ضَجّة . صَوت . ضوضاء . دَوِيّ . أصوات

noiṡe, *v.* أشاع . أذاع

noiṡe'less, [-zl-], *a.* كَتِيم = عديم الصوت . ساكت . كاتِم . خفيف الصوت

noiṡe'lessly, *ad.* بدون ضَجّة (أو) صوت . بسكوت . بسكون

noiṡ'ily, *ad.* بتصويت . بضجيج . بِعِياط (أو) بِزِياط

noiṡ'iness, *n.* صَخَب . كثرة الضجيج . كثرة الضوضاء

noiṡ'ome [-sẹm], *a.* مُؤذٍ . مُضِرّ . مُقَزِّز للنفس . مُنْتِن . كريه الرائحة

noiṡ'y, *a.* (-sier, -siest) كثير الضَّجيج . مُضَوْضِ . صاخِب

nōm'ad, *n.*, *a.* بَدَوِيّ . مُنْتَجِع . رَحّال

nōmad'ic, *a.* مُتَبَدٍّ . رَحّال . بَدَوِيّ

nōm'enclāture [-chẹr], *n.* (مجموعة) أسماء اصطلاحيــة . أسلوب التسمية الاصطلاحية

nom'inal, *a.* اعتباري = موجودٌ إسماً فقط . إسمي . زَهِيد (لا يُذْكَر) . بالإسم

nom'inally, *ad.* اعتباريًا . إسميًا . إسماً . بالإسم . شَكْلياً

nom'ināte, *v.* رَشَّح . سمّى . عَيَّن . نَدَب

nominā'tion, *n.* تَرْشيح (للانتخاب مثلًا) . تَعيين . نَدْب

nom'inative, *n.*, *a.* في حالة الرفع . المرفوع (في النحو)

nominee', *n.* مُرَشَّح (للانتخاب أو للتعيين)

non-, *pref.* غير . عَدَم . لا

non'-aġġress'ion, *n.* عدم اعتداء

non-align'mẹnt [-līn-], *n.* عدم الانحياز

nonce, *n.*

for the —, في الوقت الحاضر . في هذه المناسبة . في مناسبة خصوصية

non'chalance [-shalâns], *n.* عدم اكتراث . تهاون . عدم مبالاة . زَهادة . بُرود

non'chalantly [-shal-], *ad.* عدم الاكتراث (أو) المبالاة . مُتهاوِن . زاهِد . فاتر الاهتمام

non'-com'batant, *n.*, *a.* غير محارِب (في القوات الحربية) . مَدَني

non'-commi'ssioned [-shẹnd], *a.* بدون إجازة . (ضابط) مُرَشَّح (أو) ضابط صَفّ

non'-committ'al, *a.* غير التزامي . غير مقيِّد . غير جازم . غير مُلزِم

non'-conduc'tor, *n.* مادة غير موصِلة للحرارة (أو) الكهرباء . عازل

non'-confôrm'ist, *n.* عانِد = مُخالِف للجماعة (في أمور دينية) . مُفارِق

non'dēscript, *a.* ليس له صِفَة مُعيَّنة . لا يُعرَف له حال (أو) نوع (أو) شكل

none [nun], *ad.* ولا بشيء . أَلبَتَّة

none [nun], *prn.* لا شيء . لا أحد . ليس أحد

nonen'tity, *n.*; *pl.* -ties نَكِرة . غُفَل = عَدَم = شَخص (أو شيء) عديم (أو قليل) الشأن . لا شيء . زُعْنِفة

non-essen'tial, *a.*, *n.* غير ضروري . غير جَوهري . شخص (أو) شيء لا ضرورة له

non-exis'tẹnt, *a.* غير موجود . عديم الوجود . مَعدوم

nonpareil' [-rel], *a.* فريد . مُنقطِع النظير . لا مثيلَ له . أحد الأَحدِين

nonplus', *v.* (-ssed, -ssing) حار رُشْدُه . حَيَّر . تحيَّر (ولم يدر ما يقول) . [التخم] = التاث . بُهِت (ولم يدر مايقول أو يفعل)

nonplussed′ [-plust], *a.* مُتَحَيِّر . مَبهوت . لا يدري ما يقول (أو) يفعل من الحيرة

non′-reś′idęnt, *a., n.* غير مقيم (أو) غير نازل (في المكان) . طارئ

non′sęnse, *int.* نِبِسي . [كلام فارغ !]

non′sęnse, *n.* تُرَّهة . سُخف . هُراء . عَبَث . فَنَد . لَغْوَى . سَقَط

nonsen′sical, *a.* تُرَّهي . سَخيف . لَغوِيّ

non′stop, *a(d).* بدون توقف

non′-ūn′ion, *a.* غير نِقابي . غير تابع لنقابة

noo′dle, *n.* لَطيطة = لاخِشَة = حَبل من العجين مُرَقَّق يتخذ طعاماً (كالمكرونة)

nook, *n.* ناحية مُنْزَوِية هادئة . زاوية مُنعَزِلة . مكان مُنعَزِل كَنين . زابوقة . زاوية

nōōn, *n., a.* ظُهر . ظَهيرَة = قائلة . منتصف النهار

nōōn′day, *n., a.* ظُهر . ظَهيرة . منتصف النهار

nōōn′tīde, *n.* = noon

nōōse, *n.* أُنشُوطَة = عُروَة تَنعَقِد إذا شُدَّ أَحدُ طرفيها . شَرَك . رِبقَة

nōōse, *v.* أخذ (أو) احتبل بأنشوطة = رَبَق

nôr, *con.* (لا هذا) ولا (هذا)

Nôrd′ic, *n., a.* نُوردي = خاص بسكان شمال أوروبا الغربي

— no′se, أنف . أذلف

nôrm, *n.* ناظوم = أنظومة . نِصاب . حدّ طبيعي . سوية قياسية . سوية طبيعية . نَموذَج . مِعيار

nôrm′al, *a.* نَموذَجي . عادي . قياسي . سَوِيّ . طبيعي . عَمُودي

nôrm′al, *n.* سَوِيَّة عادية (أو) مُعتادة . قِياس (أو) حدّ طبيعي . عَمُود

nôrm′ally, *ad.* عادةً . بانتظام . باطِّرَادٍ . على جري العادة

nôrm′al school, دار معلمين

Nôrse, *n., a.* اسكانديناڤي قديم . لغة اسكانديناڤيا القديمة

Nôrse man [-sm-], *n.; pl.* -men اسكانديناڤي قديم

nôrth, *n.* شَمال = جِهَة الشَّمال

nôrth, *a.* إلى الشمال (من) . من الشَّمال . في الشَّمال

It is — of, إلى الشمال من . . .

nôrth, *ad.* شمالاً . إلى (أو) في الشَّمال

North America, أمريكا الشمالية

nôrth-east′, *ad.* شَمال شرق . مِن (أو) إلى الشَّمال الشرقي

nôrth-east′, *n.* شمال شَرقيّ

nôrth-east′ęr, *n.* ريح شمالية شرقية

nôrth-east′ęrly, *a(d).* إلى (أو) باتجاه الشمال الشرقي . من الشمال الشرقي

nôrth-east′ęrn, *a.* إلى (أو) نحوَ الشمال الشرقي . من الشمال الشرقي . شماليّ شرقي

nôrth′ęrly, *a(d).* (تجاهَ ، باتجاه ، من ، إلى ، نحوَ) الشَّمال . شماليّ

nôrth′ęrn, *a.* (نحوَ ، من) الشَّمال . شماليّ

nôrth′ęrnęr, *n.* شخص شَمالي (الموطن)

northern lights, النور (أو) الشَّفَق الشمالي

nôrth′ęrnmōst, *a.* أبعد ما يكون إلى الشمال . الأقصى شَمالاً

Nôrth′man, *n.* شماليٌّ من سكان شمال أوروبا الغربي قديماً

North Pole, القطب الشمالي

North Star, نجمة الشمال فوق القطب الشمالي

nôrth´ward, *a(d).* شمالًا . إلى الشمال . نحو الشمال . شماليّ

nôrth´ward(ṡ), *a(d).* شمالًا . نحوَ الشمال . إلى الشّمالِ (من)

nôrth-west´, *a(d).* . . . شَمَالَ غَرْبٍ . شماليّ غربيّ . (إلى ، من ، في) الشمال الغربي

nôrth´-west, *n.* . . . شَمَال غرب . شمال غربيّ

nôrth-west´ẹr, *n.* ريح (عاصفة) شمالية غربية

nôrth-west´ẹrly, *a(d).* نحوَ الشمال الغربي . منَ الشمال الغربي

nôrth-west´ẹrn, *a.* (مِن ، إلى ، نحوَ) الشمال الغربي . شماليّ غربيّ

Nôr´way, *n.* نُرْوِج = بَلد جبليّ في أقاصي شمال أوروبا

Nôrwē´gian [-jan], *n., a.* نُرْوِيجي

nōṡe, *n.* أنف . حاسّة الشم . خَيْشوم (السفينة) . خَطم . بُلْبُلة . استرواح

to lead by the —, تحكّم . سَيطر . تولّى (على)

to pay through the —, دَفَعَ (أو) جعله يدفع ثمنًا باهظًا

to poke his — into, تَحَشّش (أو) تدحّس في أمور الغير . دسّ أنفه

under his —, أمام عينيه . على مرأى (من)

nōṡe, *v.* شمّ . تشمّم . تَلَمّس (باحتراس) . سَلَكَ طريقه بدفع الأنف . سَلَكَ طريقه ومُقَدّمُه أمامه . اكتشف بالشم . تحشش (أو) تدخّل في شئون الغير

nōṡe´-bleed´ing, *n.* رُعَاف (مِن الأنف)

nōṡe´-dīve, *n.* إنقضاض

nōṡe´-dīve, *v.* إنقَضّ (كالطائرة كأنها تغوص من مقدّمها)

nōṡe´ġay [-zġ-], *n.* طاقة (أو) باقة من الأزهار

nos´tril, *n.* فَتحة الأنف = خِنّابة = مَنْخِر

nos´trum, *n.* دواء مُدَجّل . دواء احتكاري . علاج شافٍ . خطة علاجيّة

nōṡ´y, *a.* (-sier, -siest) فَحِيص . مُفاحِص . قَسقَاس = كثير السوآل عن أمور الناس = بَصّاص

not, *ad.* ليس . ما . لم . لن . لا . غير

nōt´able, *n.* وَجِيه . أحد الأعيان . عظيم . خَطِير

nōt´able, *a.* نابِه . شَهِير . مُعتَبَر . مذكور . مُشار إليه . مَحسوس

nōt´ably, *ad.* بصورةٍ نابهة . على الخُصوص . بوضوح

nōt´ary, *n.* كاتب العدل

nōt´ary pub´lic = notary

nōtā´tion, *n.* رَقْم . رمز اصطلاحي . رموز اصطلاحية

notch, *n.* فُرْضَة (على شكل ٧) . حَزّ . شِعب ضَيّق = لِصب = صُنيّ

notch, *v.* فَرَض = حَزّ = ثَلَم (على شكل ٧)

nōte, *n.* مُذَكّرة (رسميّة) . تَذكِرَة . تقييد(ة) . ملاحظة . حاشية . [ملحوظة] . مُفكّرة . تعليقة . شَرح . نَميقة . شُهرة = نَباهة

to take —s of a lecture, دَوّن المذكّرات (أو) المفكّرات (عن)

to take — of, أخذ علمًا (ب) . راعى . التفت (أو) انتبه (إلى) . وَعى

to compare —s, تطارح الآراء

nōte, *n.* علامة موسيقية . رَنمة = صوت موسيقي مُفرَد

nōte, *v.* لاحظ . تَنَبّه (إلى) . راقب . راعى . حرّر

nōte´-book, *n.* دفتر مُفكِّرات . مُفكِّرة

nōt´ed, *a.* مشهور = نابه (الذكر) = شهير . مُشارٌ إليه

nōte´worthy [-twẹr-], *a.* جَدِير بالالتفاتِ (إليه) (أو) بالتعظيم . جليل . نابه

no´thing [nuth-], *n., prn.* لا شيء . عَدَم . صِفر . لا شيء = فَلس . ليس شيء

no´thing, *ad.* (و)لا شيء . أصلاً . بتاتاً

no´thingness [nuth-], *n.* صُفُور . خَواء . عَدَم . عَدَم القيمة (أو) الأهمية . عَدَمِيّة . غُشي . مَوت

nōt´ice, *n.* التفات . مبالاة . انتباه . بال . إنذار . إيذان . إعلان . إصغاء

nōt´ice, *v.* لاحَظَ . أبصر . فَطِن (بِ) = شَعَر . اهتمّ (بِ) . التفت (إلى) . ذكَر . أشار (إلى) . أنذر . آذن

nōt´iceable [-sab-], *a.* ظاهِر . مُبيَّن . [مَلحوظ] . بادٍ للعيان . نابه . جَلِيل . أهل للإلتفات

nōt´iceably, *ad.* بصورةٍ بائنةٍ (أو) ظاهرة (أو) [ملحوظة]

nōtificā´tion, *n.* إعلام . إيذان . إشعار . إخبار

nōt´ifȳ, *v.* (-fied, -fying) أَعلَم . أخبر . آذَن

nō´tion, *n.* مَفهوم . فِكرة . فكرة طارئة . رأي . نَظَرِية . اعتقاد . نِيّة . فكرة سَخيفة . [هَوْسة]

nō´tions, *n. pl.* نَثْرِيّات = أشياء صغيرة نافعة (كالدبابيس والخيوط . . .)

nōtorī´ẹty, *n.; pl.* -ties شُهرَة (أو) سُمعة (بالقبيح) . شُنُوع الشُهرة . شُهرة . اشتهار . شخص مشهور (أو) شهير

notôr´ious, *a.* مَشْنُوع = مشهور بالقبيح . ذو شُهرة (أو) سُمعة (بالقبيح) . مُشتَهِر

notwiṭhstand´ing, *ad., con., prp.* رَغْم ذلك . رغمًا (عن) . مع (أنّ) . بَعْدُ . لا يزال . لا عِبرةَ (بِ)

nôught [nôt], *n.* لا شيء . صِفر . شخصٌ عَدَم (أو) كلا شيء

to come to —, حَبِط . صار إلى الفَلَس . أكْدَى

noun, *n.* إسم (في الصرف والنحو)

nou´rish [nur-], *v.* أطعم . غَذَى . نَمّى . رَبّى . أمَدَّ . رَفَد . خَصَّب . أكَنّ

nou´rishmẹnt [nur-], *n.* طَعام . غِذاء . نَجِيع

nov´ẹl, *a.* جَدِيد . مُحدَث . مُستَحدَث . طُرْفي . مُستَطرَف . طريف = غريب نادر

nov´ẹl, *n.* قِصَّة روائية . قصة طويلة

nov´ẹlist, *n.* كاتب قِصص روائيّة . كاتب روائي

nov´ẹlties [-tiz], *n. pl.* بضائع نَثرية . مَبيعات نثرية

nov´ẹlty, *n.; pl* -ties جِدَّة . أمر مُحدَث (أو) مُستَحدَث . بِدعة = حَدَث

Nōvem´bẹr, *n.* شهر نوفمبر = تشرين الثاني

nov´ice, *n.* قارئ = أصغر درجات الرهبان . مُبتَدِئ = جَذَع = رَيِّض

now, *ad.* الآن . في الوقت (أو الزمان) الحاضر . في هذا الوقت . هذه المرّة (أو) الخَطرة

— and again, أحيانًا . مرةً من المرات . من وقت إلى آخر

— and then, من حينٍ إلى آخر . مرةً من المرات

just —, قبل لَحظة . الآنَ تمامًا . الآن

now, *n.* الآن

now, *con.* (و)الآنَ (إذ . . .) . ثُمّ

now'adays, *ad., n.* في هذه الأيام . في الزمان الحاضر . هذه الأيام . اليوم الحاضر . الزمان (أو) الوقت الحاضر

nō'way(s), *ad.* البتّة . أصلًا . ولا بوجه من الوجوه

nō'where [-hwār], *ad.* ولا في (أي) مكانٍ . لا . . . . في أي مكان

nō'where, *n.* مكان لا وجودَ له

nō'wīse, *ad.* ولا في (أية) صورةٍ من الصور . البتّة . بتاتاً

no'xious [nokshẹs], *a.* مُضِرّ . سامّ . قاتِل . مُهلِك . مُفسِد للأخلاق

noz'zle, *n.* بَزْباز = بُلْبُل = بُلبُلَة . خَطم . خُرطوم . مِثْعَب . مَسكَبة

nūb'ile, *a.* (بنت) عاتِق = في سن الزواج

nūc'lẽar, *a.* نَوَوِي

nūc'lẽus, *n.; pl.* **-ẽuses** *or* **-ẽī** نَواة . صَميم . أصل . مَبدأ

nūde, *a., n.* عُريان . عُريانة . مُعرًّى . مُجرَّد . تمثال (أو) صورة لشخصٍ متجرِّد . مُتَجرِّدة

nudge, *v.* نَخَس (أو) دَفَع بلطفٍ بالمرفق للتنبيه = هَمَز . لَكَز . حرَّك

nudge, *n.* نَخسة (أو) دَفْعة بالمِرفق = هَمْزة . لَكزة

nuġġ'ẽt, *n.* كُتلة . كُتْلَة من الذهب الطبيعي = نِبْرَة . نَدْرَة = قِطعة من الذهب (أو) الفضة توجد في المعدن = رِكاز

nuis'ance [nūs-], *n.* مصدر إزعاج . إزْعاج . إقلاق للراحة . (شخص أو شيء) مُزعِج

null, *a.* لا حُكمَ له = باطِل . لا شيء . لَغو . غير طائل

— and void, باطِلٌ . لا حكم له . لا قيمةَ له

null'ificā'tion, *n.* إبطال . اسقاط الحُكم

null'ifȳ, *v.* (-fied, -fying) أبطَل . ألغى . نَسَخ . محا . فَسَخ

null'ity, *n.* سُقوط الحُكم . بُطلان . لَغوٌ . لَغوِية . لا شيء . شيء مَنسوخ

numb [-m], *a.* نَمِل = خَدِر = مَذِل . مُتَخَتِّر

numb, *v.* خَدِرَ . أخدَر . خَتَّر . أمذل . نَمَّل

num'bẹr, *n.* عدد . عِدّة . طائفة . رَقْم . كثرة العدد . عدد (من مجلة أو جريدة)

without —, لا عِدادَ له . لا يُعَدّ . لا يُحصى

num'bẹr, *v.* عَدَّ . بَلَغ عَدَدُه . رَقَم بِعَدَدٍ . عَمَّر

num'bẹrless, *a.* لا عِدادَ له . لا يُعَدّ . عَديد . جَمّ

numb'ness [-mn-], *n.* خَدَر . مَذَل . خَتَر . نَمَل . إمْذِلال

nūm'ẹral, *n.* رَقْم (عَدَدِيّ) . عَدَد

nūm'ẹral, *a.* عَدَدِيّ

nūm'ẹrātor, *n.* الصورة (أو) البَسط (في الكسر العادي)

nūme'rical, *a.* عَدَدِيّ . تَعدادي

nūme'rically, *ad.* تَعداديًّا . من حيث العدد . عَدَدِيًّا

nūm'ẹrous, *a.* كَثير . عَديد . كُثُر

nūmiśmat'ics, *n. pl.* علم النقود والأوسمة والمسكوكات

num'skull, *n.* شخصٌ غليظ الذهن = فَدْم . غَبِيّ

nun, *n.* راهِبَة

nun'ciō [-shiō], *n.*; *pl.* -cios وكيل (أو) نائب (أو) سفير البابا (في عاصمة (أو) بلاط)

nunn'ęry, *n.*; *pl.* -ries . دير راهبات . دير

nup'tial, *a.* زَواجي . زِفَافِي . عُرْسِي

nup'tials, *n.* زِفاف . عُرْس

nurse, *n.* مُمَرِّضة . مُمَرِّض . مُرَبِّيَة . مُرْضِعَة . حاضِنة

nurse, *v.* مَرَّض . رَبَّى . أَرْضَع . حَضَن . عالج . تَعَهَّد . احتضن

nurse'ling [-sl-], *n.* = nursling

nurse'maid [-sm-], *n.* مُرَبِّيَة . مُراعِيَة أولاد . حاضِنة

nurs'ęry, *n.* حُجرَة (أو) غُرفة للأولاد . مُسْتَنْبَت . مَشْتَل

day —, مكان يُحفَظ فيه الأطفال والأولاد الصغار أثناء النهار . مكان حِضانة

nurs'ęryman, *n.*; *pl.* -men . مُستَنْبِت . شَتَّال . صاحب مُستَنْبَت

nurs'ling [-sl-], *n.* رَضِيع . حَضِين . شَتْلَة

nur'ture, *n.* تَرْبِية . تَغْذِية . تهذيب . غِذاء

nur'ture, *v.* رَبَّى . غَذَّى . أَدَّب . طبَع

nut, *n.* جَوز(ة) . لَوز(ة) . بُنْدُق(ة) . لُبُّ الجَوزة (أو) ...

nut, *n.* [صَمُولَة] = جَوزة البُرْغي = حازِقة = [حَزَقة]

hard — to crack, مشكلة عَسِيرة . مشكلة مُسْتَعصية

nut'crackęr, *n.* فَضّاخة = مِكسَرة

nut'meg, *n.* جَوزَة الطيب . شجرة جوزة الطيب

nū'trięnt, *a., n.* مُغَذٍّ . ناجِع . غِذاء . مادة مُغَذِّية

nū'trimęnt, *n.* تَغْذِية . غِذاء . طعام

nūtri'tion, *n.* غذاء . تغذية . نُجوع . تَغَذٍّ

nūtri'tious, *a.* مُغَذٍّ . ناجِع

nū'tritive, *a.* مُغَذٍّ . ناجِع

nut'shell, *n.* قشرة جَوزة (أو) لوزة (أو) بُنْدُقة

in a —, بإيجاز . بكلماتٍ قليلة دالَّة

nutt'ing, *n.* جَمع الجوز . تلقيط الجَوْز (أو) اللوز

nutt'y, *a.* فيه جوز (أو) لوز . جَوزي . كالجَوْز

nuz'zle, *v.* لَهَز (أو) دَفَع بالأنف . ضَغَط الأنف (على) . دسَّ الأنف (أو) الخَطم . حَفَر بالأنف . كَنْكَن = استكنَّ = داعب بالأنف

nȳl'on, *n., a.* نايلُن . من النَّايلُن

NW, N.W. = North West

nymph, *n.* عَروس الطبيعة . حُورِيَّة . يُسْرُوع

O

O, o [ō], *n.*; *pl.* O's, o's الحرف الخامس عشر

o' = of: nine o'clock

O [ō], *int.* حَرف للنداء وللتعجب وللتمني

ōaf [ōf], *n.*; *pl.* **oafs, oaves** [-vz] ولد أشوه . أَبلَه = بَلدَم . بليد . أخرق

ōak [ōk], *n.*, *a.* بَلُّوط = سِنْدِيان . من البلوط

ōak'ẹn [ō-], *a.* بَلّوطي . من السَّنْدِيان

ōak'um [ō-], *n.* خيوط محلولة من حبال قديمة = نَكيث (أو) نُكاثة (الأحبال البالية) لِسدّ الخروق والشقوق في السفن

oar, *n.* غادُوف = مِجداف . مِجْذاف . مُجذِّف . مِردَى

oar, *v.* جَذَف . جذَّف . غدَف

oar'lock, *n.* نُقْرة (أو) حُقّ المِجْداف = نُقرة يكون فيها المجداف عند التجديف = حِبس المِجداف

oarṡ'man, *n.*; *pl.* -men جَذّاف . جذّاف ماهر

ōā'sis, *n.*; *pl.* **-sēṡ** وَاحة . شيء لذيذ كالروضة في صحراء (بالنسبة إلى المحيط)

ōat [ōt], *n.* شُوفَان = خِرطال . [زُمَّير]

to sow his wild —s, تَمَتَّه = خَلَع العذار (أو) تَهتّك في صِباه

ōat'ẹn [ō-], *a.* من الشُوفان . شُوفاني

ōath [ōth], *n.*; *pl.* **ōaṭhṡ** يَمِين (أو) قَسَم (بالله) . عَهْد . أَلِيّة

ōath [ōth], *n.* لَعْنَة . دَعْوَة (على) . تَجدِيفة (بحق الله)

to take —, حَلَف . آلى . قطع عهدًا (وثيقًا)

ōat'meal [ōt-], *n.* دَقِيق (أو) جَرِيش حَبّ الشُوفان . عَصِيدة من جريش الشوفان

ob'dūracy, *n.* عدم الاستلانة عند الاسترحام = جُمود القلب . غِلَظ الكَبِد . عناد . إصرار

ob'dūrate [-it], *a.* لا يستلين عند الاسترحام . جامد القلب . غليظ الكَبِد . عَنيد . مُصِرٌّ

obēd'iẹnce, *n.* طاعَة . خُضُوع . انقياد . وِلاية (أو) سُلطة . رَعِيّة الكنيسة يطيعونها = مِطْواعة

obēd'iẹnt, *a.* مُطِيع . مُمتَثِل . مِطْواع

obēd'iẹntly, *ad.* بإطاعة . بخُضوع . بانقياد

obeis'ance [obā-], *n.* طأطأةُ الرأس (أو) انحناء الجسم احترامًا (أو) خُضوعًا = تكفير(ة)

ob'ĕlisk, *n.* مِسَلَّة (حَجرية)

obēse', *a.* سمين = مُنفضِج (مُفرِط) . شَحِيم . بَدِين

obēs'ity, *n.* إنفضاج . سِمَن (مُفرِط) . بَدانة

obey' [obā], *v.* أَطاع . امتثل . انقاد . إنطاع

obit'ūary, *n.* خبر الوفاة مع تعريف قصير . نَعي = مَنعاة

ob'ject, *n.* شيء . غَرَض . قَصْد . مَثار . مَوْضِع . مَفعول (في الصرف والنحو) . عُرَّة . مُنكَر

object′, *v.* استنكر . خالف (أو) عارض (في) . اعترض (على)

objec′tion, *n.* استنكار . اعتراض . وجه اعتراض . مَانِع

objec′tionable, *a.* عرضة (أو) مَوْضِع للاعتراض . غير مُسْتَحسَن . مُسْتَنكر . مَكروه . جُناح

objec′tive, *n.* هَدَف . مَرَام . بُغية . المفعولية (في اللغة)

objec′tive, *a.* مُستَقِلّ الوجود . حِسِّي = شَيْئِي . مَوْضُوعِي . مَشهود . حقيقي . واقعي . نَزِيه . هَدَفِي

oblā′tion, *n.* نُسُك = قُربان . تقديم القربان . صَدَقة

ob′ligāte, *v.* أَلْزم (قانونًا (أو) أدبًا) . جَبَر . دان له (بفضل أو معروف)=امتَنّ

obligā′tion, *n.* واجب (قانوني) . إلزام . فَرْض . التزام . إلزامِيَّة . مَعروف . مِنَّة . واجب اضطراري . مَجبورية . ذِمّة . تَعَهُّد

oblig′atory, *a.* وُجُوبي . إلزامي . ضَرْبَة لازِب . حَتمي

oblīge′, *v.* أَوْجب = فَرَض . أَلْزَم . أَجبَر . امْتَنّ (على) . تَكَرَّم (أو) تَفَضَّل (على)

oblī′ging, *a.* صاحِب مَعروف . مُكرِم . سَهل المعروف . إلزامي

oblīque′ [-ēk], *a.* مائل . أعوج . أزور . مَحرُوف . مَوْرُوب . مَحْكِيّ . تَعريضي . تَلميحي

obli′quity [-kwiti], *n.* مَيل . ازورار . عِوَج (في السلوك) . تحريف . انحراف . زَيغ

oblit′erāte, *v.* مَحا . طَمَس . مَحَق . طَلَس . أزال

obliv′ion, *n.* نِسيان . ذُهُول . سُلُوّ . تَناس . سَهو . حِلم

obliv′ious, *a.* ناسٍ . ذاهِل . مُنْسٍ

ob′long, *a.*, *n.* مُستَطِيل . مُمتَدّ بالطول [مُطاوَل]

ob′loquy [-lękwi], *n.* نَقمة . استنكار عامّ عَلَني . مَذَمَّة . عار . سُبَّة . مَعَرَّة . طَعن

obno′xious [-nokshęs], *a.* كَرِيه . مُستَقبَح . مُؤذٍ للنفس . مُستقذَر

ōb′ōe, *n.* شَبَّابة

obscēne′, *a.* مُجُوني . رَفَثي . فُحشي . تَعَهُّري . بَذِيّ

obscēn′ity, *n.* مُجون . فُحش (في الكلام) . تَعَهُّر (في الكلام) . كلام الخنا . رَفَث . بَذاءة

obscūre′, *a.* مَغمُوم . غامِض . مُلتَبِس . مَغمور = خامِل الذِكر . مَطموس . طامِس . مُبهَم . وَضِيع . خَفِيّ . مُظلِم . مُعتِم

obscūre′, *v.* غَمّ . أبهم . أغمض (أو) غَمَّض (المعنى (أو) الكلام) . لَبَّس وعَمَّى = عَسعَس . أعتَم . غَبَّش . سَتَر = أخفى

obscūr′ity, *n.* عَتَمَة . خفاء . غُموض . استبهام . خُمول ذِكر

ob′sēquieṡ [-sikwiz], *n. pl.* فُروض (أو) مراسِم الجنازة . جنازة

obsē′quious [-kwięs], *a.* مُتَخَضِّع . مُتَذَلِّل . مُتَضَرِّع . مُتَمَلِّق (لحاجة في نفسه) . [مُتلحِّس] . مُستَخذٍ

obṡerv′able, *a.* مُمكن رؤيته . مَنظور . مُشاهَد

obṡerv′ance, *n.* رِعاية . مُحافَظة (على) . مُراعاة . ممارسة . مَنسَك = شِعارة دينيّة . شيء مَرعِيّ = مَرعِيَّة

obśerv'ant, *a.* شديد الملاحظة (أو) سريعها . يقظ . مُترَصِّد . حريص على المراعاة (أو) المحافظة (على)

obśervā'tion, *n.* مُلاحظة . مُراقبة . أنْ يُرَى (أو) يُلاحَظ . رَصد . تعليق (أو) مُلاحظة

obśerv'atory, *n.* مَرصَد فلكي . مَرْقَب

obśerve', *v.* شاهَدَ . رَصد . راقب . لاحظ . رَاعَى . تَبَصَّر = تأمَّل . أبدى (ملاحظة) . مارس . راعَى . رَعَى (حُرْمَة . . .) . احتفل (ب)

obśerv'ẹr, *n.* مُلاحِظ . مُراقِب . مُشاهِد

obśerv'ing, *a.* سَريع المُلاحَظة . نَبِيه

obsess', *v.* استحوذ (على العقل) . أشْغَل البالَ . تملَّكَ (الوَسْوَاسُ) . اقتعده (الشيطان)

obse'ssion, *n.* فكرة مُتَسلِّطة . وَسْوَاس مُلازِم . تَسلُّط وَسْواسِيّ . أُلْهُوجة . أُهجُورة . اقتعاد (الشيطان)

obsid'ian, *n.* سَبَجٌ = حجر بركاني زجاجي أسود صَلد

obsoles'cẹnt, *a.* مُتقادِم العَهْد . غير معهود الاستعمال . معطّل . صائر إلى الإهمال

ob'solēte, *a.* مَهجُور (أو) متروك الاستعمال . مهمَل . فائت الأوان . مُتقادِم العهد . دارِس . حُوشِي

ob'stacle, *n.* عائق . عارِض . حائل . حاجِز

ob'stinacy, *n.* عِناد . استعصاء . مكابَرة . تصلّب في الرأي

ob'stinate [-it], *a.* عَنيد . مُكابِر . مُتصلِّب في الرأي . مُصِر

ob'stinately, *ad.* بعناد . بصَلابة نفس . بتَصلُّب

obstrep'ẹrous, *a.* شَكِس . (فرس) شَمُوص . صَخّاب = جَلّاب . شَوّاش

obstruct', *v.* سَدَّ . اعترض (سبيلَ . . .) . حال . أعاق . حَجَب

obstruc'tion, *n.* مَسَدّ . سُدَّة . عارض . عُرضة . حائل . تثبيط . إعاقة . عُرْقُولَة

obstruc'tive, *a.* مُعَرْقِل . عُرْضَة . مُعوِّق . مُثبِّط . يضع الحوائل في الطريق

obtain', *v.* حَصَّل . حَصل . نالَ . جَرَى (القانونُ أو العادة) . يُمارَس

obtain'able, *a.* يمكن الحصولُ عليه (أو) نيلُه

obtrūde', *v.* زَجَّ بالشيء تَطَفُّلًا . أقحم . عَرَض تَطفُّلًا . تكلَّف الدخول = تَدخَّل . فَرَض نفسَه (على غيره) . تَطفَّل . [تحَشَّر] . أخرج . مَدّ

obtrūs'ive, *a.* تَدَخُّلي . تَطفُّلي . [تَحَشُّري]

obtrū'sion [-zhẹn], *n.* إقحام . انقحام . تَقَحُّم . تطفُّل

obtūse', *a.* مُنفَرِج (كالزاوية المُنفَرِجة) . مُفرطَح . كَليل الحدّ . مُدوَّر . كَهَام (أو) بليد الذهن . قليل الإحساس . خافت

ob'verse, *n.* وَجه قطعة النقد . وجه الوسام . مُقابِل

ob'viāte, *v.* صَرَف . أزَال . أراح (من) . حال (دون)

ob'vious, *a.* بيّن . واضح . مَفهوم (بالبديهة) . لا يَخفى على أحد . مَكشوف . صَريح

ob'viously, *ad.* بوضوح . بجلاء . بداهةً

occā'sion [-zhẹn], *n.* مَرّة . مُناسَبة (مهمة) . فُرصة . حَظّ . سبب . مُوجِب . داعٍ . مَجْلَبة

on —, أحيانًا . خطرات

occā'sion [-zhẹn], *v.* سَبَّب . أوجب . أحدَث

occā'sional, *a.* من حين إلى آخر . تَصادُفي . عند الحاجة . لمناسبةٍ خاصّة . عَرَضيّ

occā'sionally, *ad.* أحياناً . تَصادُفاً . في الفَلَتات . لِماماً

Oc'cidẹnt, oc'cidẹnt, *n.* أوروبا وأمريكا . غَرْب . الغرب

Occiden'tal, occiden'tal, *a., n.* غَرْبي

occult', *a.* باطِني . سِرّي . غَيبيّ . سِحرِي . مَحجُوب

occ'ūpancy, *n.* إشغال . وضع اليد (على المُلك) . مِلكية . تَصَرُّف

occ'ūpant, *n.* شاغِل . ساكِن . مالِكٌ

occūpā'tion, *n.* شُغْل . عَمَل . تَمَلُّك . احتلال . إشغال . سَكَن

occ'ūpȳ, *v.* (-pied, -pying) شَغَل . أشغل . شَغَّل . تَمَلَّك . احتلّ . سَكَن

occur', *v.* (-rred, -rring) حَدَث . وَقَع . حصل . عَرَض . وُجِد . سَنَح = خطر (بالبال)

occu'rrẹnce [u *as in* **but],** *n.* حُدوث . حادِث . واقِعة . وجود

o'cean [ōshẹn], *n.* بحر محيط . أقيانوس . بَحر . خِضَمّ

ōcēan'ic [-shian-], *a.* أُقيانوسي

ō'celot, *n.* سِنَّور بري أرقط كالنمر يوجد في أمريكا

ōch'ẹr, *n.* = ochre

ōch're [-kẹr], *n.* مَغْرَة = طين أحمر = مَشق = أزَنكان

o'clock,

It is two —, السَّاعةُ اثنتان

oc'taġon, *n.* (شكل) مُثَمَّن

octaġ'onal, *a.* ثُمَاني (أو) مُثَمَّن الشَّكل . مُثَمَّن

oc'tave [-iv], *n.* فاصِلة بين نَغمةٍ وأخرى . ثُمانِيّة . النغمة الثامنة فوق (أو) تحت نغمة مُعَينة . الكُلّ (في الموسيقى) = ثمانية أصوات مُتَدرجة متوالية

octāv'ō, *n.; pl.* -vos ثُمْنِيَّة = مقياس من الورق يكون ثُمن الطلحية الكبيرة . كتاب صحائفه (أو) أوراقه ثُمْنِيّة

Octōb'ẹr, *n.* شهر أكتوبر = تشرين الأول

oc'topus, *n.; pl.* **-seṡ, -pī** أخطَبُوط = دَوْل . مُنَظَّمة (أو) شيء كالأخطبوط منتشر الفروع (أو) واسع النفوذ

oc'ūlar, *a.* عَيني . بالنظر . عِياني . شهودي . كالعين

oc'ūlist, *n.* كحَّال = طبيب عيون

odd, *a.* فاضِل = زائد . مُفرَد . فَرْد . بِضْع . نيِّف . فَرْدِي = وِتري . عَرَضِي . نابٍ . مُستَغرَب

odd'ity, *n.; pl.* -ties شيء مُستَغرَب . غَرابَة . شُذُوذ . شخص غريب الأطوار

odd'ly, *ad.* بِغَرابة . باستغراب

odd'mẹnts, *n. pl.* زوائد . فضَلات . فُضَالات . إضافيّات (الكتاب) كالعنوان والفهرس و . . .

oddṡ, *n. pl.* احتمال (النجاح والخُسران) . تَفاوُت . مِيزَة . أرجحيّة . تَمتِين = تسبيقة تُعطَى للَّاعب الأضعف

The — are, أكثر الاحتمال (أو) الاحتمالات (أنّ) . المُرجَّح (أنّ)

at — with, في شِجارٍ (أو) خِلاف (أو) مُنابذة

— and ends, نَوالٍ . فُضَالات . نَنَانيش . بَواقٍ . لُمَامات

It makes no —, [هذا لا يَعمل فرقاً] . هذا لا يؤثّر . لا يُحدِث فرقاً . الأمرُ سِيّان

ōde, *n.* قصيدة

ōd'ious, *a.* كَريه . بَغيض . مَمْقوت . شَنيع

ōd'ium, *n.* نَقمة . كُرْه . لَوْم . مَعَرَّة . شَحناء

ōd'or, *n.* = odour

ōdorif'ẹrous [-rẹs], *a.* يُعطي رائحة . له رائحة . عَبِق . ذو رائحة عَطِرة . فَوّاح

ōd'orous, *a.* ذو رائحة . طيّب الرائحة . عَبِق . فوّاح

ōd'our [ōdẹr], *n.* فَوْح . رائحة = رِيحة . عَبير . عِطر . شَذًا . سُمعة

to be in bad —, له سمعة سيئة . سَقَط اعتبارُه

Od'yssey [-si], *n.* ملحمة شعرية منسوبة إلى هوميروس عن البطل أوديسيوس وتطوّحه في البلاد . سلسلة من المخاطرات والأسفار والمطاوح

o'er [ôr] = over

oesoph'agus [ēsof-], *n.* مَريء

of [ov], *prp.* تَبَع (للإضافة) . عَن . مِن . ذو . ذات . بِ . قَبل

off, *prp.* عَن . مِن . خارج (عن) . حِيال . بإزاء . على بُعدِ (من) . أيمن . مقطوع . خالِص (من) . مَطروح (من) . متفرِّع (من)

off, *a.* مُتوَقِّف = واقِف . مَقطوع . غير موجود (هنا أو هناك) . مُحتَمَل . سَيِّئ . أبعد

off, *ad.* على بُعد . بعيد . مِن هنا . مِن هناك

He is well —, حَسَن الحال = مُوسِر . مُدَرْهِم

He is badly —, سيِّئ الحال = مُعْسِر

— and on, أحياناً . من وقتٍ إلى آخر . مُتَقَطِّع

off'al, *n.* رُذالات . أسقاط . فُضَالات . سَلَبُ الذبيحة = أسقاطُها (كالكَرِش والمصارين وغير ذلك) . جيفة

offence', *n.* ذَنْب . جُرم . إخطاء . استياء . إساءة . إيذاء (الشعور) . سَيِّئة . هُجُوم . مَساءة

to give — to, ساءَ . أساء (إلى) . آذى الشعور . آذَى

to take —, استاء . امتعض . اغتاظ . تكدّر . أخذ على خاطره

offend', *v.* ساء . أساء (إلى) . استاء (من) . أخطأ . أذنَب . كدّر . أحفظ . آذَى . أحرد . أغضب . [أزعل]

offend'ẹr, *n.* مُسيء . مُذنِب . خاطِئ . مُخالِف (للقانون . . .) . مُتعدٍّ

offense', *n.* = offence

offen'sive, *a.* كَريه . مُسيء . مُمعِض . مُؤذٍ للنفس (أو) للإحساس . تشمئز منه النفس . هُجومي . نابٍ . مُكدِّر

offen'sive, *n.* هُجُوم

off'ẹr, *n.* عَرض . تَقدِمة . هِمّة

off'ẹr, *v.* أبدى استعدادَه (لِ) . بَذَل . عَرَض . قدّم . همَّ . حاول . طرَح . أبدَى . قرّب (القُربان) . سَنَح = عَرَض . عَرَض الزواجَ (على)

off'ẹring, *n.* نُسْكٌ = قُرْبان = هَدْي . تَقدِمة . تَبَرُّع

off'ẹrtory, *n.* لَمّة (أو) تجميعة دراهم الصدقة في الكنيسة . أُنشودة (أو) موسيقى عند ذلك

offhand′, *a(d)*. ارتجالًا . على البديهة . على الفور . مُرتَجَل . فَظّ . مُتهاوِن . بتهاوُن . من غير اعتناء . بلا احتفاء . بدون توقير

off′ice, *n*. وَظيفة . مَنصِب . مُهِمَّة . مَكتَب = دِيوان . مُوَظَّفون . صَلَاة . عَمَل خيري . فَعلَة . صَنيع

off′icer, *n*. ضابط . مُوَظَّف . مأمور

off′icer, *v*. أمَدَّ بالضُبّاط . أدار . ضَبَط

off′ices, *n. pl*. خَدَمات . مَساعٍ . جُهود . صَنيع

good —, حسن المسعى (أو) الصنيع = رافِقة

offi′cial [-shal], *a*. رَسمي . لائق بالمقام الرسمي

offi′cial, *n*. موظَّف . مأمور

offi′cially, *ad*. رَسميًا . بحكم الوظيفة . كموظَّف رسمي

offi′ciāte [-shiāt], *v*. قام بالوظيفة . أدى واجبات الوظيفة . قام بواجب ديني . أدَّى الشعائر الدينية

offi′cious [ofishęs], *a*. نَبّاح = دَخّال = فُضولي = يَدخُل في ما لا يعنيه . مُتَكَلِّف = عِرّيض

off′ing, *n*. مَدّ (أو مَرمَى) النظر (في البحر من الشاطئ) . مَدَى البحر

in the —, على مرأى من الشاطئ . ليس ببعيد . مُوشِك : قريب

off′ish, *a*. مُتَباعِد . مُتَحاشٍ . مُنحاش (عن الناس) . مُنتَبِذ

off′scourings, *n. pl*. حُتات . نُفاية . رُذالة . سَقَط . حُثالَة . كُناسة . خُشارة (الناس)

offset′, *v*. (-set, -setting) = وازن . قابَل . عادَل . عَوَّض (عن) . رَجَّح (بِ)

off′set, *n*. وِزان (لِ) . تَعويض (عن) . مُعادِل . عِدلٌ . مُعَدِّل . ترجيح

off′shoot, *n*. شُعبة . والبة = فَرخُ الزَّرعة

off′shôre, *a(d)*. على بعدٍ من الساحل . بعيدًا عن الساحل . عن الساحل

off′spring, *n*. وَلَد . نَسل . ذُرِّيَّة . نِتاج . نتيجة

oft, *ad*. = often

o′ften [ofen], *ad*. مِرارًا . طالَما . كثيرًا ما . رُبَّ

o′ftentīmes [ofen-mz] = often

o′fttīmes [-mz], *ad*. = often

ō′gle, *v*. غاضَن المرأةَ = نظر إليها متشهيًا (أو) مغازلًا = تَرَنَّى . تَنَظَّر . رَمَّق (أو) رَنَق النظر تشهيًا

ō′gle, *n*. نظرة مُغاضَنة . مغاضَنة . تَرَنٍّ . ترميقة (أو) ترنيقة النظر تشهيًا

ō′gre [-gęr], *n*. خَيعَل = غُول (يفترس الناس) . شخصٌ كالغُول

ōh, Oh [ō], *int*. يا (للنداء) . ليتَ . حَبَّذا (لو) . آهِ

ōhm [ōm], *n*. أوم = وَحدة قياس المقاومة الكهربائية

oil, *n*. زَيت . دُهن . دِهان

to pour — on troubled waters, خَمَّد (أو) سَكَّن (الفتنة) . هَدَّأ الأمور (أو) مَهَّدها . فَثَّ (الحارَّ بالبارد) كَسَره وسكَّنه

oil, *v*. صار كالزيت (أو) الدُهن . زَيَّت . زَلَّق . شَحَّم . دَهَن . بَرطَل

oil′cāke, *n*. كُسبَة = كتلة مهروسة من البزور الدهنية كالسمسم

oil′cloth, *n*. (قُماش) مُشَمَّع

oil′skin, *n*. مُشَمَّع

OIL: DRILLING and REFINING

زيت

حفر وتصفية

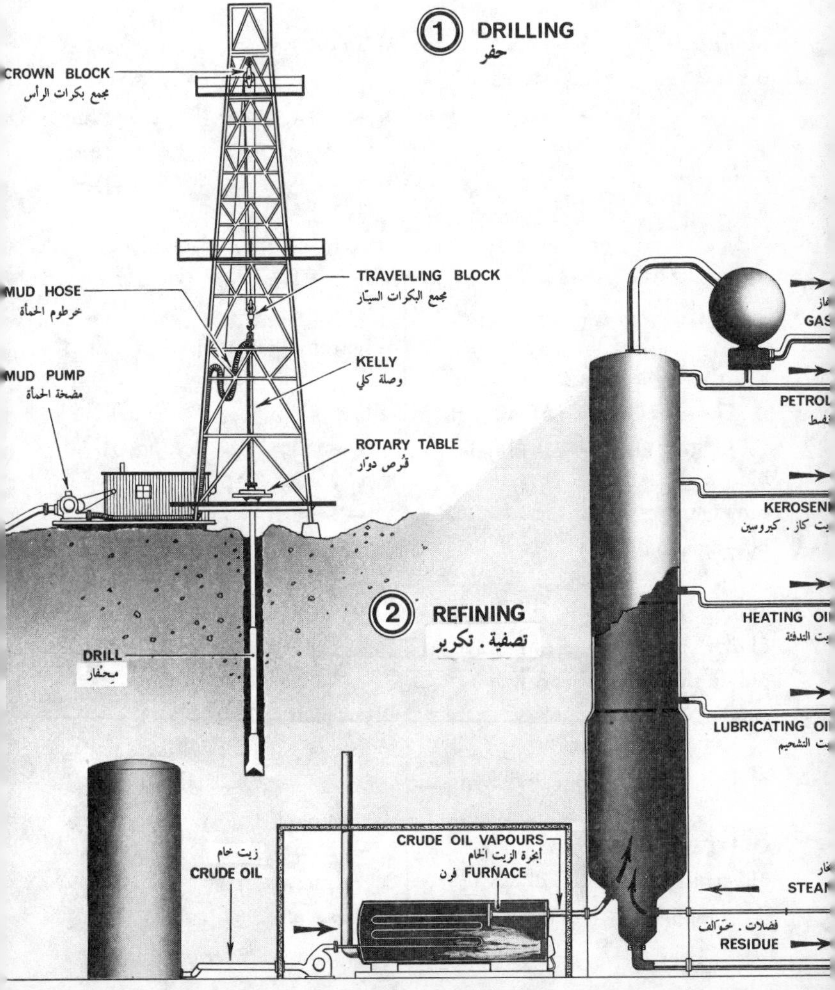

oil'skins, *n. pl.* سُترة وبنطلون (أو حُلّة) من قماش مُشَمَّع . ثياب مُشَمَّعَة

oil'y, *a.* (-lier, -liest) زيتي . من الزيت (أو) الدُهن . مَزْيُوت . مَدْهون بالزيت . دُهْني . زَلِق . مَلَّاص . مُدَاهِن

oint'mẹnt, *n.* دَهُون . مَرْهَم . نِثاث

o.k.; O.K.; O.Kay, *v., a(d).* صحيح . موافِق . أَنْعَم = قال نعم . وافق (على)

ōkay', *int.* طَيِّب !

ō'kra, *n.* بامِية

ōld, *a.* (-er, -est; elder, eldest) كبير (السِن) . قديم . عتيق . شائخ . بالٍ . لـه من العُمر . سابِق . مُتقادِم

in — age, في الكِبَر . في سن الشيخوخة

The — country (of an emigrant), بلدُ الأصل . الموطن الأصلي

ōld, *n.* قِدَم . زمن قَدِيم . زمان غابر

old age, سن الشيخوخة . شَيْخوخة

ōld'-āge, *a.* خاصٌ بالشيخوخة . عند الشيخوخة . شيخوخي

ōl'dẹn, *a.* قَدِيم . عتيق . غابر

ōl'dẹn, *v.* كَبِر في العمر (أو) السِن

ōld-fa'shioned [-shẹnd], *a.* قديم العَهْد . على الطَّرْز القديم . متأخِر (أو) عَتيق (في آرائه وأحواله)

ōl'dish, *a.* متقدِم في السن قليلًا . قَدِيم (أو) كبيرُ السن نوعًا ما

Old Testament, كتاب العهد القديم

ōld'-tīme, *a.* من الأزمان السالفة . متعلق بالقديم (أو) الزمان الغابر . قديم . من الزمان القديم

ōld-tīm'ẹr, *n.* شخص قَدِيم . شخص من العَهْد القَدِيم . [عُتقي] . شخص من القديم (أو) الزمان القديم . شخص عَتِيق في آرائه وأحواله

ōld'-world [-wẹr-], *a.* خاصّ بالعالم القديم . قديم . من زمن قديم

ōlēan'dẹr, *n.* (نبات) الدِفْلَى . وَردية . غار وَرْدي

ōl'ēōmârġ'arīne, *n.* مَرْجَرين = دُهْن يستعاض به عن الزُبدة ومصنوعٌ من دهن الحيوان وزيوت النبات (أو) الزيوت النباتية وحدَها

olfac'tory, *a., n.* شَمّي . عضو الشَّم . لِلشَمّ

ol'iġarch [-k], *n.* مَلَإِيّ = شخص من المَلَأ (أو) القِلة الشريفة الحاكمة

ol'iġarchy [-ki], *n.* حُكم المَلَأ . المَلَإِيّة . أوليكاركية

ol'ive, *n., a.* زيتون . زَيْتونة . إكليل من أوراق الزيتون . غُصن زيتون . شجرة زيتون . خشب زيتون . زيتوني (اللون)

— branch, غُصن الزيتون (رمزًا للسلام) . وَلَد

— oil, زيت الزيتون

Olym'piad, olym'piad, *n.* = أولمباد مدة ٤ سنوات بين احتفالين بالألعاب الأولمبية . احتفال بالألعاب الأولمبية

Olym'pian, *n., a.* خاص بأولمبيا (أو) بجبل أولمبس في اليونان . إلهي . كالإله . سَماوي . أحد آلهة اليونان

Olym'pic, *a.* أولمبي

— games, الألعاب الأولمبية

Olym'pics, *n. pl.* الألعاب الأولمبية

ōm'ēga, *n.* آخِر . نهاية . آخِرة . آخر حرف في الأبجدية اليونانية

om'elet(te) [**-ml-**], *n.* عُجَّة (بالبيض)

ōm'en, *n.* طالِع = فَأل (للنحس أو للسعد). طائر. نذير (أو) بَشير

om'inous, *a.* مَشْئُوم. نَذِير سُوء (أو) شَرّ. نذير بالنحس. مُتَجَهِّم. مُنْذِر

omi'ssion, *n.* إغفالٌ. تفريط. إهمال. تَرْك. حَذْف. خَرْم. سَهو

omit', *v.* (**-tted, -tting**) أغفل. حَذَف. قَصَّر (عن أدآئه). غَفَل (عن). سَهَا

om'nibus, *n.*; *pl.* -buses سَيَّارة ركاب كبيرة = أومنيبوس. مجموعة = [كشكول]

omnip'otęnce, *n.* قُدرة كُلّيَة. القدرة على كل شيء. قُدْرة مُطلقَة غير محدودة

omnip'otęnt, *a.* كُلّي القدرة. قادر على كل شيء. قادر كلّ القدرة

omnipres'ęnce, *n.* وجود كُلّي. الوجود في كل الوجود (أو) في كل وقت

omnipres'ęnt, *a.* موجود في كل الوجود. كُلّي الوجود

omni'scięnce [**-shi-**], *n.* العلم بكل شيء. العلم الكُلّي

omni'scięnt [**-shi-**], *a.* عالم بكل شيء. كُلّيّ العلم

omniv'orous, *a.* يأكل كلّ شيء. لَهومٌ. يأكل اللحوم والخضراوات

on, *prp.* على. بِ. في. عند. لِ. فوق. نحوَ. عَن

I am — the Council, أنا من جملة المجلس (أو) من أعضائه. أنا من المجلس

on, *ad.*

from now —, من الآنَ فصاعدًا

— and —, باتصال. دون انقطاع. دون توقف

and so —, وهلُمَّ جرًا

on, *a.* علي. مُستمِرّ. جارٍ. قريب

on'agęr, *n.*; *pl.* **-s, -ġrī** مَنجنيق. أخدر. أَخدَري. حمار وَحشي = يَحمُور = فَرًا

once [**wuns**], *ad.* مَرّةً. في وقت من الأوقات. ذات مرةٍ. فيما مضى... سابقًا. ولو مرة واحدة. إذا ما...

at —, على الفور. فَوْرًا. في الحال. في وقتٍ واحد

— and again, مرةً بعد مرة. مِرارًا. تَكرارًا

— in a while, أحيانًا. بين الفينة والفينة

— (and) for all, لآخِر مرة. نهائيًا

once [**wuns**], *n.* مَرَّة. نَوْبَة. خَطرة

for —, لمرة واحدة (على الأقل)

once [**wuns**], *con.* مَتَى. حينما. حالما

on'coming [**-kum-**], *a., n.* مُقبِل. إقبال. حُلُول. مجيء

one [**wun**], *a.* فَرْد. واحد. أَحَد. وَحِيد. بمفرده. بعض

He will come — day, يومًا ما. ذاتَ يوم...

one [**wun**], *prn.* واحد. أحد. المرء. فَرْد

It is all —, لا فَرْقَ. واحِد

to be at — with, على اتفاقٍ. على وِفاق

— and all, طُرًّا. كافّة. قاطبةً

to make —, وَحَّد. جَمَع

— or two, بِضع. بِضعة

— too many, أكثر مما يجب بواحد. أكثر مما يجب

— **must work hard to gain money,** المرء (أو) الإنسان (أو) [الواحِد] يجب . . .

one [wun], *n.* واحد . وحيد . أحد . فَرْد

They came — by —, . . . فُرَادى . أُحَادَ . واحدًا واحدًا . الواحد بعد الآخر

one'ness [wunnis], *n.* فَرْدِية . وَحْدانية . وَحَادة . تَوَاؤم . تَوَاحُد . توافق

on'ẹrous, *a.* مُثقِل . باهِظ . مُتعِب . مُلزِم

oneself', one's self [wun-], *prn.* نَفسُه

to be —, متمالكٌ نفسه . كان (أو) سَلَك على سَجِيَّته (أو) طبيعته . كان كما هو

one-sīd'ed [wun-], *a.* مُتَحَيِّز = مُحابٍ = مُتَجانِف = مَيلُه مع جانبٍ دون آخر . غير متعادل . ذو جانب واحد . على جانب واحد . بجانب (أو) طرفٍ واحد . جانب أعظمُ من جانب

one'-way [wun-], *a.* في اتجاهٍ واحد . على وجهٍ واحد

on'ion [unyon], *n.* بَصَل . بَصَلة . نبات بَصَلي

on'lookẹr, *n.* مُشاهِد . نَظَّار . مُتَفَرِّج

ōn'ly, *a.* وَحيد . أوحد . فَرِيد . أحسن

ōn'ly, *ad.* إنَّما (هو . .) . ليس . . . إلَّا . ليس غير . ما هو إلَّا . . . . حتى . فقط . ما . . . . إلَّا

if — you would..., لو أنك . . . لَيتَكَ . . . لو أنك إنَّما . .

It is — the cat, إنما هي الهِرَّة

I am — too glad, . . . ما يَسُرُّني إلَّا لا شيءَ يَسُرُّني أكثرَ (مِن . . .) . يَسُرُّني جدًّا

ōn'ly, *con.* غير (أنَّ . . .) . إلَّا (أنَّ . . .) . لولا (أنَّ . . .)

on'rush, *n.* اندفاعة عنيفة = طَحمة . دُفْقَة (أو دَرْأة) شديدة . حَملة . كَرَّة

on'set, *n.* هَجمة . حَملة = كَرَّة . بِدَايَة = حُلُول

on'slaught [-slôt], *n.* كَبَّة . سَطوة . هَجمَة عَنيفة . صَولَة . عادِيَة . غائلة

on'tō, *prp.* على . فوق

ō'nus, *n.* عِبْء . مَسئُولية . مَؤُونة = كُلفة

on'ward [-wẹrd], *a(d).* أَمَامِي . إلى الأمام . قُدَّامي

on'wardṡ [-wẹrdz], *ad.* إلى الأمام . قُدُمًا . إلى قُدَّام . فصاعدًا

on'yx, *n.* جِزْع = حجر شبيه بالأحجار النفيسة . خَرَز يَماني . جَزع حبشي

ōōze, *n.* مَطيطَة . غَدَر . حَمْأة = طينٌ رقيق (على قعر البحر أو النهر) . رَدْغة . نَزّ . وَشَل

ōōze, *v.* نتَع = نَزَّ . بَضَّ . تَحلَّب . رَشَح . وَشَل . نَضّ

ōōz'y, *a.* نَزّاز . ذو حَمْأة . ذو مَطيطة . رَدْغي

opa'city, *n.* كثافة . كُدورَة . عدم شَفَّافية . كُمودة . سَبَل (في العين) وهو شبه غشاوة تعرض في العين كنسج العنكبوت (أو) شبه الدخان

ōp'al, *n.* عَقيقٌ أزرق = عَينُ الشمس = (حجر كريم)

ōpales'cẹnt, *a.* له ترقرق (أو) تلعُّب في الألوان كما في العقيق الأزرق

opaque′ [opāk], *a.* كثيف = غيرُ شفّاف . أكْمد = غيرُ لمّاع . [مُعتِمٌ] . كَدِر . عَويص . مُبهم

ōpe, *a.* مَفتوح

ōpe, *v.* فتح

ōp′ẹn, *a.* مَفتوح . مكشوف . غير محظور . سالك = مُسلَّك . عَلني . مُباح = مُسبَّل . بَراح (أو) عَرآء = غير مَحوَّط . مُعلَّق . عُرْضة . متفتِّح . مبسوط . صريح . مُجاهِر . مُستعلِن . غير جامِد . حُرّ . فارغ

to keep an — house, له بيت مفتوح للضيوف . فتح بيته للضيوف

to have an — mind, غير مُتعصِّب . ذِهن خالٍ (من سابقِ هوًى) . مُتفتِّح الذِّهن

an — hand, مبسوطة . سَخيَّة . سَمْحة

to be — to, يتقبَّل . مستعد للتقبل

in the — air, خارج البيت . في الخلاء . في العرآء . في الفضاء . في البَراز

to give with an — hand, بسَخاء

ōp′ẹn, *n.* بَراحٌ . خلآء . عَرآء . بَراز

to come out into the —, جاهَر . صرَّح بما لديه . برَز . ظهر إلى العيان . أفصح عمّا في نفسِه (أو) نِيّاته

the —, العَرَاء

ōp′ẹn, *v.* فَتَح . افتتح . انفتح . بَسَط . إنفرج . انفرق . شَقّ . تَفتَّح

to — his eyes, بَصَّر (بالحقيقة)

to — fire, طَفِق (أو) بدأ يُطلق النار

to — the door to... فَتح البابَ أمامَ . . .

This door —s into, فَتَح (أو) انفتح (إلى . . .)

The window —s to the north, فَتَح (إلى)

to — up, فتح (أو) شَقّ طريقًا (إلى) . كشف (عن) . تفَتَّح

to — ranks, فرّج . فسّح . تفاسحت الصفوف . انفرَج

ōp′ẹn-air, *a.* خلآئي . في الخارج . في العرآء

ōp′ẹnẹr, *n.* فاتح . مُفتتِح . [فتّاحة] = مِفتَح

ōp′ẹn-hand′ẽd, *a.* سَخِي = كريم = بسيط اليدين

ōp′ẹn-heart′ẽd [-hârt-], *a.* نَقِي القلب . ناصِحٌ . سليم النية . خالص النية . صَريح . كريم

ōp′ẹning, *n.* مَفتَح . فُتحة . فُرجة . رَحبة . بَرَاحٌ . فاتحة . فُرصَة . وظيفة خالية . مَقطع طريق . (حفلة) افتتاح

ōp′ẹning, *a.* افتتاحي

ōp′ẹnly, *ad.* عَلانيةً . عَلنًا . جِهارًا . مُعاينةً . بوَاحًا . صَراحةً . عامةً

ōp′ẹn-mīnd′ẽd, *a.* متفتِّح الذهن . له ذهن مُتقبِّل . سَمْح . غير مُتعصِّب . خالي الذهن من هوى (أو) تحيّز

ōp′ẹnness, *n.* انفتاح . تفتح . صَراحة . عَلانية

open question, غير مَبتوت . مُعلَّق . فيه نظر

open secret, سِرّ غير خافٍ . سِرّ معلوم . سِرّ مفضوح

open shop, مَعمل يَستخدم العمال من أية نقابة كانوا بلا تحيز

op′ẹra, *n.* أوبرا = رواية تمثيلية غنائية

opera glass(es), مِنظار أوبرا
op′ẹrāte, *v.* (-ted, -ting) . عَمِلَ . أَجْرَى . أَعمل . [شَغَّل] . أدار . أحدث (مفعولًا) . فَعَلَ فِعلَه . أجرى عملية جراحِيَّة . قام بأعمال حربية
opẹrat′ic, *a.* أُوبراتي = خاص بالأُوبرا
opẹrā′tion, *n.* عَمَل . طريقة العمل . عملية . عملية جراحية . عمليات (أو) أعمال حربية
the laws in —, القوانين الجارِيَة (أو) المعمول بها
op′ẹrative, *n., a.* عَمِيل سِرّي . عامِل . مَعمولٌ به . ذو مَفعُول . عملي . إنتاجي . جِراحي
op′ẹrātor, *n.* [شَغَّال] . عامِل . جَرَّاح . مدير معمل (أو) مَنجم
opẹrett′a, *n.* أُوبرا قصيرة مُسَلِّيَة
ophthal′mia, *n.* التهاب العين . رَمَد
ōp′iate [-iit], *n., a.* مشروب أفيوني . مُخَدِّر . فيه أفيون . مُخَدِّر
opīne′, *v.* ظَنَّ . رَأَى . اعتبر
opin′ion [-yẹn], *n.* ظَنٌّ . رأي . تقدير . اعتبار . قَرَار . تعليل
in my —, عِنْدي . في رأيي . في اعتباري
opin′ionāted, *a.* معاند (أو) مُصِرّ . شديدُ التمسك برأيه = فُوَيت . مكابر في الرأي
ōp′ium, *n.* أفيون
oposs′um, *n.* حيوان أمريكي صغير يسكن على الشجر
oppōn′ẹnt, *n., a.* مُناوِئ . مُضَادّ = ضِدّ = قِرْنٌ . إزاء . خَصْم . مُقاوِم . مُعارِض . مُقابل
opp′ortūne, *a.* في الحين (أو) الوقت الموافِق (أو) المُلائم . مُنَاسِب . طِبق المَرام
opportūn′ist, *n.* افتراصي . انتهازي (يفترص الفرص لمآربه ولو على غير حق)
opportūn′ity, *n.* فُرْصَة (مُناسِبة) . وقت موافِق
oppōṡe′, *v.* ضادَّ = ضادَى . [عاكس] . عارَض . قابل . اعترض . قاوَمَ . خالف
opp′oṡite, *a.* مُقَابِل . عَكس . ضِدّ . نقيض . خِلاف . تِلقاء . إزاء . معاكِس
opp′oṡite, *n.* عَكس . ضِدّ . نقيض
opp′oṡite, *ad., prep.* قُبَالَة . إزآء . في الجانب (أو) الطرف الآخر . صَدَد
oppoṡi′tion, *n.* [مُعاكَسة] . مُقَاوَمة . معارَضة . مقابلة . مخالفة . مضادّة
Oppoṡi′tion, *n.* المعارضة البرلمانية (في بريطانيا)
oppress′, *v.* غَشَم = حَكَم وظَلَم = ضام (أو) استضام . قَهَر . أرهق . أثقل (على) . فَدَح . بهظ
oppre′ssion, *n.* خسف = ضَيم . إرهاق
oppress′ive, *a.* ظالِم . ضائم . مُرهِق للنفس . شديد الوطأة . فادِح
oppress′or, *n.* غاشم . ضَيَّام . مُرهِق
opprōb′rious, *a.* ذَمّي . شائن . ذَمِيم . معيب . مستهجن
opprōb′rium, *n.* شَين . سُبَّة . مَعَرَّة . ذم . مَذَمَّة . جُرسة . استهجان
opt, *v.* اختار
op′tic, *a.* عَينيّ . بَصَرِي
op′tical, *a.* عَينِيّ . بَصَرِيّ . متعلق بالبَصَر (أو) الإبصار . إبصاري
opti′cian [-shẹn], *n.* نَظَّاراتي
op′tics, *n. pl.* علم المَناظر . علم البصريات
op′timiṡm, *n.* تفاؤل . تَفَوُّل . استبشار
op′timist, *n.* مُتَفَائِل

optimis'tic, *a.* تفاؤلي . متفائل

op'tion, *n.* اختيار . حَقّ (أو) حُرِّيّة الاختيار . خِيار . تخيير . حَقّ الخِيار . خِيَرَة

op'tional [-shẹn-], *a.* اختياري . إرادي

op'ūlẹnce, *n.* ثَرآء المال . ثَرآء . ثَرْوة عظيمة . وَفْرَة

op'ūlẹnt, *a.* غَنِيّ . ثَرِيّ . مُوسِر . وافِر . مُنْعَم

ōp'us, *n.*; *pl.* opera عَمَل . مُؤَلَّف . تأليفة (موسيقية) . عَمَل العُمْر

ôr, *con.* أَو . أَمْ . وإلّا . وإمّا

o'racle, *n.* مكاشَفَة غَيْبيّة = إيزاع إلهي (أو) مُقَدَّس . جواب استِخاري . ناصِحٌ حكيم . كاهِن (أو) كاهنة المكاشفة الغيبية . مَكان صدور الجواب الاستخاري . جواب حكيم

orac'ūlar, *a.* متعلق بالمكاشفة الغيبية . مُبهم (أو) خَفِي الدَّلالة . بالغ الحكمة

ôr'al, *a.* شَفَهي . شَفَوِي . لَفظي . فَمَوي

ôr'ally, *ad.* شفهيًّا . لفظيًّا . عن طريق الفم

Oran, *n.* (مدينة) وَهران (في الجزائر)

o'range [orinj], *n.*, *a.* بُرْتُقان (أو) برتقال . برتقالة . بُرْتُقاني . (لون) بُرتقالي

orangeade' [-injād], *n.* شراب البرتقال

orang'-outang' [-oot-], *n.* إنسان الغاب . سِعلاةٌ . قِرد كبير

orang'-ūt'an, *n.* = orang-outang

orā'tion, *n.* خُطبة (عامّة في مناسبة خصوصية)

o'rator, *n.* خَطيب . خَطيب (عامّ) . خطيب مُفَوَّه (أو) قويّ العارضة

orato'rical, *a.* خِطابي . متعلق ببلاغة الخطابة

orator'iō, *n.*; *pl.* -ios تأليفة موسيقية غنائية ذات موضوع ديني (طابعها تمثيلي ولكن بدون تمثيل)

o'ratory, *n.* خَطابة . مُفَوَّهيّة . خِطابة . بلاغة الخطابة . فن الخَطابة

ôrb, *n.* كُرَة . كَوْكَب . (مُقْلَة) العين

ôrb'it, *n.* مدار (النجوم) = فَلَك . قَلْت العَيْن = نُقْرَتها (أو) وَقْبُها . مَجال . مَجْرى . سِيرة

ôrch'ard, *n.* [حاكُورة] = حديقة (أشجار فواكه) . أشجار فواكه

ôr'chēstra [-k-], *n.* جَوْقَة (أو نَوْبة) موسيقية = أُوركسترة

ôrches'tral, *a.* أوركستري . لجوقة (أو بجوقة) موسيقية

ôrchēstrā'tion, *n.* التوزيع الموسيقي للأُوركسترا

ôr'chīd [-k-], *n.* خُصَى الثعلب = نبات من السَّحْلَبِيّات

ôrdain', *v.* أَمَر . قَضَى (بِ) . قَيَّض . رَسَم . تَيَّح = قدَّر . فَوَّض

ôrdeal', *n.* امتحان شديد . عَذاب . تَجربة قاسية . مِحْنَة . تَهْوِيل

ôrd'ẹr, *n.* ترتيب . تسلسُل . تَنظيم . حالة . نظام . نظام (الاجتماع) . أمر . وَصِيّة . سُفْتَجة = حوالة مالية . وُجاق = نَسَق (أو) طريقة (كطريقة الصوفية) . طلبية (تجارية) . طِراز = نمط = نَسَق . صنف . درجة . طبقة . طُغْمة . طريقة دينية . وِسام

on the — of, على نَسَق . على غِرار

to call a member to —, استرعاه النظام . دعاه إلى حفظ النظام

by —, بأمرٍ رسمي

in — that, / **in — to,** لِكَي . حتى

of the first —, من الطِراز الأول

to take —s, دَخَل الكَهَنوت

in —, مُنظَّم . مُرَتَّب . صالح . [شَغّال]

out of —, مُختَل . [مُعَطَّل] . مُخِل بالنظام

made to —, معمول بحسب الطلب . عُمِل بحيث يلائم الشخص (أو) المكان

ôrd'ẹr, *v.* رَتَّب . نظَّم . أَمر . طَلَب (طلبية تجارية) . حكَم = قَضَى . شاءَ

to — a dinner in a restaurant, وَصَّى (على . .) . طَلَب

to — about, around, تأمَّر (على . .)

ôrd'ẹrliness, *n.* تَنَظُّم . انتظام . تَرَتُّب . اتِّساق

ôrd'ẹrly, *a.* مُنَظَّم . مُرَتَّب . مُنَسَّق . بأسلوب . محافِظ على النظام . بترتيب

ôrd'ẹrly, *n.* خادِم في مستشفى (أو) جندي خادم (أو) مراسِل = ناصِف

ôrd'inal, *a., n.* ترتيبي . عدد ترتيبي

— number, عدد ترتيبي (مثل : الأول ، الثاني ، الرابع . . .)

ôrd'inance, *n.* نِظام (أو) قانون (مَحلي) . قضاء (أو) قدَر (من الله) . مَرسوم

ôrd'inarily, *ad.* عادةً . بانتظام

ôrd'inary, *a.* عادي . شائع . وَسَط . دون الوسط

ôrd'inary, *n.* سَويَّة عادِيَّة

ôrdinā'tion, *n.* تَكهين = إعطاء رتبة كهنوتية . رَسم = إدخال إلى الكهنوت

ôrd'nance, *n.* مِدفَعيَّة . أسلحة (حربية)

ôrd'ūre, *n.* عَذِرة = غائط . قَذَر . لغة (أو) كلام الفُحش

ôre, *n.* تِبرٌ . فِلزٌ = تراب (أو) صخر معدني

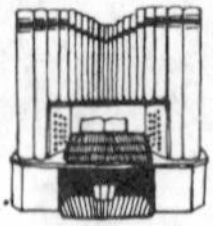

ôrġ'an, *n.* = أُرْغُن آلة موسيقية

ôrġ'an, *n.* عُضْو (في الجسم) = جارحة . أداة . لسان حال . ساعِد

ôrġ'andie, ôrġ'andy, *n.* = أُرْكَندِي نسيج رقيق متماسك . شاش خفيف

ôrġan'ic, *a.* عُضْوِي . له أعضاء . متناسِق . قِوَامي . مُتَناظِم . أَصلي . أَساسي . حَيَواني

ôrġ'anism, *n.* كائنٌ حَيّ (أو) عُضْوِي . كُوَيْئِن حَيّ . مَنظُومَة = مَنسُوقة

ôrġ'anist, *n.* عازِف على الأُرغن = رَغّان

ôrġanizā'tion, *n.* تَنظِيم . مُنظَّمَة . إتِّساق . تَناظُم . أُلْفة

ôrġ'anīze, *v.* دَبَّر . نَظَّم . نسق . ركَّب (أو) أَلَّف من أجزاء (أو) أعضاء متناسقة

ôr'gy, *n.* مَهرَجُ سُكْرٍ . حَفلة قَصف واهماك في الشرب . خَلاعة . تَهَتُّك . مُفاتَكة = مُواقَعة بشدة

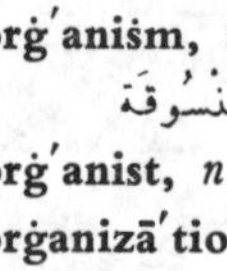

ôr'iẹl, *n.* شُبّاك خارجٌ عن سوية الجدار الخارجي

ôrient', *v.* وَجَّه (أو) توجَّه قِبَل المشرق . وَضع وَضعَةً صحيحة . وَجَّه . وَضَّع . عَدَّل

to — himself, إنسلك . لاءَم (أو) وَضَع نفسه (بحسب الظروف) . كيَّف

Or'ient, *n.* الشرق . المَشرِق . بلاد الشرق

or'ient, *a.* شَرْقي

ôrien'tal, *a.* شَرْقي

Orien'tal, *n.* شَرْقي . مَشرِقي

ô'rientāte, *v.* نوجَّه (أو) وجَّه (شَطر المشرِق) . وَجَّه (إلى الشرق) . وضع وِضعة صحيحة . إنسلك . واءَم (أو لاءَم نفسه (مع) . تكيَّف

o'rifice, *n.* فُوهَة . ثُقبَة . مَخرَق . مَفتح

o'rigin, *n.* منشأ . مَبدأ . أَصل . مَولِد . مَصدر

ori'ginal, *a.* أوَّلي . أوَّل . أصلي . مُبتكر . فذّ . مُؤَصَّل . مُبتَدِع . إبداعي

ori'ginal, *n.* أصل . نسخة أصلية = أمّ

original'ity, *n.* أَصالة . مَقدِرة ابتداعية . جِدَّة . طَرَاءة . فَذاذة

ori'ginally, *ad.* أصلًا . في مبدأ الأمر . أوَّلًا

ori'ginate, *v.* أحدَث . ابتدع . نشأ (أو) أنشأ (أول مرة) . اخترع . بدَأ . نَجَم

ori'ginātor, *n.* بادئ . مُحدِث . مُنشِئ (أول مرة) . مُبتدِع . مُختَرِع

or'iōle, *n.* طائر الصُفارِيَّة (أو) الصافِر = نُبشُرة = نَنوط

Orī'on, *n.* كوكبة الجبَّار (في السماء) . الجوزاء

o'rison, *n.* صلاة

ôrn'ament, *n.* زِينَة . حِليَة . زَين . تزيين . زَخرفة

ôrnament', *v.* زيَّن . حلَّى . زان . زَخرَف

ôrnament'al, *a.* زيني . زُخرُفي . تزويقي

ôrnāte', *a.* مُزدان . مُزيَّن . مُبهرَج . مُنمَّق = مُحبَّر . [مُعجَّق]

ornithol'ogist, *n.* عالِم بعلم الطيور . طُيُوريّ

ornithol'ogy, *n.* علم الطيور . كتاب عن علم الطيور

or'otund, *a.* جَهوَري . نَفَيهقي . جَهير . أُبهِي . تَفَخمي . تَشدقي . فُخَمي = نَبذَخي

ôrph'an, *n., a.* يتيم (الأب) . عَجِيّ = يَتيم الأم . لطِيم = يتيم الأبوين . للأيتام

ôrph'an, *v.* يَتَّم . أَيتَم

ôrph'anage [-ij], *n.* يُتم = يتم . مَيتَم

ôrth'odox, *a.* مُجمَع عليه = صَحِيح = أرثوذكسي = مستقيم الرأي . رَشيد . قَويم . حَنيف . راشد . مُعتاد

Orthodox Church, الكنيسة الأرثوذكسية الشرقية

ôrth'odoxy, *n.* دين القَيِّمة = حَنيفية = استقامة الرأي (في الدين) . رَشاد . رُشد . أرثوذكسية

ôrthog'raphy, *n.* التهجئة الصحيحة . علم الهجاء (الصحيح) . علم ضبط الهجاء . نظام التهجئة

o'ryx, *n.* أرخ = مَهاة . [وضيحي] . ظبي (أو) غزال بقرون طويلة مستقيمة

os'cillāte, *v.* ترجَّح . تذبذب . تدلدل . خطَر . تنوَّس . تطوَّح . تراوح

oscillā'tion, *n.* تنوُّح . تدَلدُل . تنوُّس . تراوح . تذبذب . نَوَسان . خَطَران

os'cūlāte, *v.* قَبَّل . [باس]

ō'sier [or -zhẹr, -zhyẹr], *n.* صَفصاف (عريض الورق) = خِلاف

osmōs'is [or oz-], *n.* حُلُول = تَحالّ = تواصل سائلين وامتزاجها بالنفوذ من فاصل بينهما

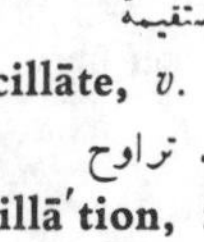

os'prey [-pri], *n.* عُقاب البحر . نَسر البحر . أنوق . صَقر السمك

ossificā'tion, *n.* تَعظم = الصيرورة عَظمًا . جزء مُتَعظِّم

oss'ifȳ, *v.* (-fied, -fying) = عَظَّم
صَيَّره عَظْماً . تعظم = صار عظماً .
تَصلَّب كالعظم . تَجَمَّد (على قديمه) .
كان جامد القلب

osten'sible, *a.* تَظاهُرِيّ . مُدَّعى .
مَزعوم . ظاهِري

osten'sibly, *ad.* بالظَّاهِر فقط . كما هو
بالظاهر

ostentā'tion, *n.* تَجَهْوُر = تباهٍ . تراهٍ

ostentā'tious, *a.* = تَجَهْوُرِيّ . استجهاري
بمباهاةٍ وحُبٍّ للظهور = بتَراهٍ . مُتباهٍ .
مُتظاهِر

os'tēopath, *n.* مُداوي الأمراض بمعالجة
العظام والعضلات

ostēop'athy, *n.* مداواة الأمراض بمعالجة
العظام والعضلات

os'tler [osl-], *n.* سائس (الخيل) = سايس

os'tracīse, *v.* دَحَر . غرَّب . نفَى . نَبَذ .
قاطَع . حَرَم . خَسل

os'tracism, *n.* دَحْر . تَغْرِيب = النفي من
الوطن . نبذٌ . مُقاطعة . خَسل

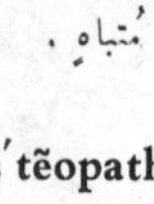

os'trich, *n.* نَعامَة . (ذكر
النعام = ظَلِيم . فرخ النعامة
= رَأْل والأنثى رَألة)

o'ther [uth-], *a(d).* غير .
آخر . ثانٍ . خِلاف . سِوى

o'ther [uth-], *prn.* آخر
every — day, كلَّ يومٍ بعد يوم
the — day, مُؤَخَّرًا . من مُدَّة (قريبة)
the — world, العالم الآخر . الدنيا
الأُخرى

o'therwīse [uth-], *a(d).*, *con.* لولا
ذلك . على غير (أو) فيما عدا ذلك .
غير (أو) خِلاف ذلك . وإلّا

ott'er, *n.* ثَعلب الماء .
كلبُ الماء

ott'oman, *n.*; *pl.* **-mans** = دَوْشَكَة
مَقعَد وَطِيءٌ مَحْشُوٌّ بدون
ظهر (أو) مُتَّكأ

Ott'oman, *n.*, *a.* عُثماني

ouch, *int.* آخ = هُتاف للإعراب عن الوجع
المفاجئ

ôught [ôt], *v.* وَجَب . اقتضى . حَقّ
(عليه) . انبغى . لَزِم . حُقّ (له)

ounce, *n.* أُوقِيَّة انكليزية = ١/١٦ من الرطل
الانكليزي (أو) ١/١٢ = ٢٨,٣٥ كراماً
(أو) ٣١,١ كراماً

our, *a.* – نا (الإضافية)
— book, كِتابُنا

ours, *prn.*
This house is —, هذا البيتُ بيتُنا
This house of — is..., بيتُنا
هذا . . .

ourself', *prn.* نفسُنا (أو) نَحنُ .
(يستعملها المتكلم تعظيماً لنفسه)

ourselves' [-vz], *prn. pl.* أنفُسنا . نحن
We help —, يُعين بعضُنا بعضاً . نُعين أنفسنا

oust, *v.* أخرَج . عَزَل . طرَد (عَنوةً) .
أجلَى . نَزَع الملكية . [قلَع] . أزاح

out, *ad.* بَرًّا = خارجاً . في (أو) إلى الخارج .
إلى النهاية . جِهارًا . تماماً
— and away, إلى حدٍّ بعيد
— with him! أخرِجه ! لِيَخرُج
to speak — his mind, جاهر (أو)
صَرَّح بما في نفسه
— and —, تماماً . (مثلاً : هو كاذبٌ
كُلُّ الكاذب)

— of, مِن . خارجَ . بعيدٌ (عن) . فارغ (أو) عاطِل . من أجل

to do it — of kindness, عَمِل ذلك لُطفًا منه (أو) عن لُطفٍ (أو) من أجل . . .

to go — of the house, خَرَج من البيت

It is — of the way, خارج (أو) حائدٌ (أو) مُتَنَحٍّ عن الطريق (أو) الصَّدد

He is — of breath, مَبْهُور = مُنقطِع النفَس

made — of, مصنوعٌ (من . . .)

— of sight, مُتَوارٍ . غائب عن العين (أو) النظر

— of work, عاطلٌ عن العمل . بدون عمل

out, *v.* ظَهَر . طَلَع . صَرَع

out, *a.* خارِج . غير موجود (هنا) . خارج البيت . شائع . مُنتهٍ . مُنْطفِئٌ . غالِط . مَتْروك . بعيد

out′-and-out′, *a.* . . . باتٌّ . تامّ . كُلّ مُطْلَق . مُحكَم

outbid′, *v.* (-bid, -bid *or* -bidden, -bidding) زايده فزاده في السَّوْم = زاد عليه في السوم

out′bound, *a.* مُتَوجِّه (في السفر) إلى الخارج

outbrāve′, *v.* تَصدَّى له ببسالة . فاق غيره شجاعة = شَجَعه

out′break [-brāk], *n.* شُبوب . هَيْجَة . ثائرة . اندلاع . شَغب . اضطراب . فَوْرة . فَوْعة (المرض) . انتشار

out′building [-bil-], *n.* سَقيفة . حَظيرة . [خَشّابية] . مَبنًى خارجي

out′burst, *n.* تَفجُّر . انبعاث . دُفْعة . هائجة . دُفْقة . فَوْرة

out′câst, *n., a.* مَطْرود = مَنْبُوذ . بلا مأوى . نُفَاية . رُذَالة

out′come [-kum], *n.* نتيجة . حاصِل . عاقِبَة . إناء

out′crop, *n.* تَفطُّر الأرضِ بطبقةٍ (أو) عرقٍ من المعدن (أو) الصخر . نَبغَة (من داخل الأرض إلى السطح) . نَبْرة أرضية (تخرج إلى السطح)

out′crȳ, *n.; pl.* -ries صَرخَة . ضَجَّة . لَجَّة . صَيْحَة . نَكير

outdid′, *v., p. of* outdo بذَّ . بَرَع . فاق

out-dis′tance, *v.* خَلَّف = تقدَّم (على) . فات . فَرَّط القومَ (أو) تَفرَّطهم = سَبقهم

outdō′, *v.* (-did, -done, -doing) بَذَّ . فاق . بَرَّز . ماز

outdone′ [-dun], *pp. of* outdo

out′door [-dôr], *a.* في خارج البيت . في الخَلاء . بَرّاني

outdoorṡ′ [-dôrz], *ad.* في خارج البيت . في الخلاء . بَرًّا

outdoorṡ′ [-dôrz], *n.* خارج البيت . الخلاء

out′ẹr, *a.* خارِجي . بَرّاني

out′ẹrmōst, *a(d).* الأبعد (إلى الخارج أو عن المركز) . في أبعد موضع

out′fit, *n.* جِهاز . أُهبة . (نفقة) التأهُّب . كِسْوَة

outfit′, *v.* (-fitted, -fitting) جَهَّز . أَهَّب . فاق . سَبَق

outflank′, *v.* التفَّ حول (جناح الجيش أو الأُسطول) . أحاط (بِ) . قَوِي (على) . غلب . أحبط

outgen′ẹral, *v.* (-lled, -lling) كان أحسن منه قيادةً . فاقه (أو) تفوق عليه في فن الحرب

out'ġō, *n.; pl.* **-goes [-ġōz]** مَدفوع . نفقة = خَرج = مصروف

out'ġōing, *a.* خارِج . مُبارِح . خارِج (من الحكم) . صادِر . مُعتَزِل . مُعاشِر

out'ġōing, *n.; pl.* -ings خُروج . مُبارَحة . نَفَقة . صُدُور

outġrew' [-ġrōō], *v., p. of* outgrow

outġrōw' [-ġrō], *v.* (-grew, -grown, -growing) كَبِر (عن) . غَنِي (على) . شَبَّ (عن) . فاق (في) . طلع . خَلص (من)

outġrōwn' [-ġrōn], *pp. of* outgrow

out'ġrōwth [-ġrōth], *n.* ناشِئة . نامِية . نُمُوّ . تَشعُّب . تفريع . فَرع . طُلُوع

out'house, *n.* كَنيف (خارجي) . جَنْز = بيتٌ مُلحَق ببناء (مِثلُ الإسطبل والمتبنة الخ . . .) ومنفصل عنه

out'ing, *n.* نُزهَة . [شَطحة] . [فُسحة]

outland'ish, *a.* غَريب = طُرآني . مستغرَب . حُوشيّ . بعيد عن الحضارة . هَمَجي

outlâst', *v.* دام (أو) بَقِي أطولَ (من) . بَقِي (بعد)

out'law, *n.* عاقّ الدولة . عاقُّ القانون . خارجٌ على القانون . حَرَاميّ . خارجٌ من حُرمة القانون . خارجي . نافِر . مُجرِم . مَنبُوذ . مُهدَر (أو) مُسقَط الحقوق = مَطلول

out'law, *v.* أهدَر الحقوقَ = أطَلَّ . أخرَج من حُرمة القانون . حَرَّم . أسقط

out'lawry, *n.* تَحريم . عُقوق القانون . عُقوق الدولة . إخراج من حرمة القانون . هَدْر الحقوق . إهدار

out'lay, *n.* نَفَقة . كُلفة . مَصرُوف

out'let, *n.* مَنفَذ . مَخرَج = مَصرَف . مَخلَص

out'līne, *n.* خطٌّ يُحيط = طلل (أو) حِتار بالشَّكل من خارج ويُعطي صورة مجملة عنه . الخطّ (أو) الرسم الحِتاري = ترميق . (وصف) موجز . مُجمل

outlīne', *v.* رَسَم خطًّا = طَلَّل = رَمَّق الطَّلَل (أو) الخط الحتاري . أوجَز . أجمَل

outlive', *v.* عاش (أو) بَقِي حياً (بعدَ) . . . غَبَر . بَقِيَ (بعد أنْ زال . . .)

out'look, *n.* مَنظَر (يُرى مِن مُطَّلَع) . مُرتَقَب . احتمال . طالِع . مُطَّلَع . مُطَلّ وِجهة الرأي (أو) النظر = نِظرَة . مَرقَب = مَربَأ

out'lȳing, *n.* خارجَ الحدّ . ناءٍ . قاصٍ

outnum'bẹr, *v.* كَثَر = أربَى عليه عَدَدًا . كان أكثرَ عددًا

out'-of-dāte' [-ov-], *a.* مُتقادِمُ العهد . فات أوانُه . قَدِيم . مضى عليه الزمان

out'-of-door(ṡ)' [-ovdôrz], *a(d).* خارجَ (البيت أو المحل) . في الخارج . في العَرآء

out'-of-the-way' [-ov-], *a.* مُنعَزِل . مُتنَحٍّ = مُنحاش . غير مَعهود . غير مَطروق

out'pātient [-shẹnt], *n.* مَريض خارجي (لا يسكن المستشفى)

out'pōst, *n.* حَرَس (أو) خَفَر أمامي = طَليعة . مَخفَر أمامي = مَسلَحة . قادِمة = شيء متقدِّم

outpour' [-pôr], *v., n.* صَبّ = دَفَق . اندفق . دَفْقٌ

out'pouring [-pôr-], *n.* تَدَفُّق . تَفَوُّر . جَيَشان . تصبُّب

out'put, *n.* إنتاج . محصول . شدّة = سَوْرَة

out'rāge, *v.* (-ged, -ging) أساء إساءةً فاحِشَةً . أهان . إنتهك جهارًا . استهان (بِ) . أفظع = كان وقعه فظيعًا

out'rāge, *n.* انتهاكُ حُرمةٍ (أو) حقٍ بالبغي . فظيعة . فاحِشَة = عمل فاحِشٌ = آبد(ةٌ) . إهانة بالغة . عمل مُخز

outrā'geous [-jęs], *a.* مُفظِع = مُريع . دالعٌ . فاحِش . شديد الإهانة (أو) الإساءة . شَنيع

outran', *v., p. of* outrun

outrank', *v.* فاقه (أو) علاه رتبةً . كان فوقه رتبةً

out'rigger, *n.* عِدْل المركب = طوفٌ (أو) قاربٌ متصل بالمركب (أو) القارب الأصلي ليمنعه من الانقلاب

outrīght' [-rīt], *ad.* فوزًا . دُفعةً واحدة . بكامله . جُملةً . جهرةً

out'rīght, *a.* مُكمَّل . صُراحٌ . مُستقيم باتٌ . مُطبِق

outrun', *v.* (-ran, -run, -running) سَبِق . فات . تفرَّط . جاوز

outsell', *v.* (-sold, -selling) فاق رَواجًا . فاق بيعًا

out'set, *n.* خُروج . بِداية . أول (الأمر)

outshīne', *v.* (-shone, -shining) بهر = فاق عليه بنوره (أو) ضيائه . امتاز . برَع . فاق . أشرق

outsīde', *n.* خارِج . سطح (أو) جانب خارجي . ظاهرٌ

outsīde', *a.* خارِجيّ . إلى الجانب . جانبي

outsīde', *ad.* خارج (البيت) . في الخارج

outsīde', *prp.* خارجٌ (عن) . في خارج . في مَعدًى (عن) . إلى خارج . أقصى

outsīd'ęr, *n.* مُنتَبِذ . خارِجيّ . أجنبي . [برّاني] . جُنُب

out'skirts, *n. pl.* أطراف (أو) ظواهر (البلدة) = ضواحيها = سَوادُها = طفَ

out'spōkęn, *a.* مُصَرِّح . صَريح . مُجاهِر (صَراحةً) . جاهِر

out'spread [-spred], *a., v.* (-read, -reading) مُنتشِر . مُنبَسِط . مَفرُوش . نَشر . بَسَط . مَدَّ

out'standing [*or* outstand'-], *a.* نابه = مشهور . مُهِمّ . بارز = شاخِص . غير مدفوع = كالئٌ . مُعلَّق . بارع

out'stretched [-stretcht], *a.* مَمْدُود . مُمَدَّد . مُمطَّط

outstrip', *v.* (-ripped, -ripping) سَبَق . فات . فاق . بَرَع

out'ward [-węrd], *a(d).* نحو (أو) إلى الخارج . خارجي . في الخارج . ظاهر . بائن . ظاهِري . مَظهري

out'wardly, *ad.* في الظاهر . ظاهرًا . مَظهرًا

out'wardṡ, *ad.* = outward

outwear' [-wār], *v.* (-wore, -worn, -wearing) دام أطولَ (من . . .) . استنفد . أبلَى

outweigh' [-wā], *v.* رَجَح . فاق (في القيمة أو الأهمية)

outwit', *v.* (-witted, -witting) كان أدهى (أو) أمكر (أو) أحيَل (من)

outwork' [-werk], *v.* عَمِل أكثر (أو) أسرع (من)

out'work [-werk], *n.* حِصن أمامي (أو) خارجي (ربما اتصل بالحِصن الأساسي بنفق)

out'wôrn', *a.* بالٍ . خَلق . رَثّ . مَهجُور . مضى عليه الزمان . دَرَس

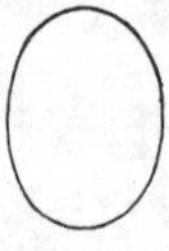

ōv'al, *a., n.* بَيضيّ (الشكل) . إِهْليلجي (الشكل) . شيء بيضي الشكل . مُلوَّز الوجه

ōv'ary, *n.; pl.* -ries مَبيض

ōvā'tion, *n.* تَهليل = استقبال ترحيبي عَظيم . تَصفيق وهتاف شديدان . احتفاء

o'vẹn [uv-], *n.* فُرْن . تَنُّور

ōv'ẹr, *prp.* فوق . من فوق . حول . على . عَبر

ōv'ẹr, *a.* مُنتَهٍ . في ما وراء . إلى ما وراء

ōv'ẹr, *ad.* من فوق إلى تحت . تكرارًا . أَكثرَ (من) . بإفراطٍ (أو) بإسراف

to do it — again, عودًا على بدء . مرةً أُخرى من جديد

— and above, زيادةً (على) . بالإضافة (إلى)

— and —, مِرارًا . تكرارًا . تَتْرَى

ōv'ẹrall [-ôl], *a(d).* بكامِلِه . كُلّي . إجمالي . في كل مكان (أو) ناحية . شامِل

ōv'ẹrall [-ôl], *n.* مِعوَزَة = مِيدَعَة = وِثْر = ثَوبٌ يُلْبَس فوق الثياب الأُخرى لصيانتها وقت العمل

ōv'ẹralls [-ôlz], *n. pl.* لباس كالبنطلون ومعه صدرية لصيانة الثياب = مِعوَز

ōvẹrârch', *v.* علا كالقَنطرة . تَقَنطر . كان فوقَه كالقَنطرة . انحنى كالقوس (فوق)

ōvẹrawe', *v.* (-awed, -awing) هَيَّب . تَهيَّب . أدخل الخشيةَ (أو) الهيبة في نفسه (فَردَعه) . راع

ōvẹrbal'ance, *v., n.* رَجَح (على) . زاد (على) . أَخلَّ بالتوازن . زيادة . رُجوح

ōvẹrbear' [-bār], *v.* (-bore, -borne, -bearing) أَرْغَم . تغلّب (على) . غَلَب . قَسَر . قَهَر . قَلَب . رَجَح

ōvẹrbear'ing [-bār-], *a.* مُتَغَشمِر . مُتعنفص . مُتأَمِّر . مُتجبِّر . مُتعجرِف

ōvẹrbid', *v.* (-bid, -bid *or* -bidden, -bidding) زاد عليه في السوم . جاوز الحدّ في السوم

ōvẹrbôard' [-ôrd], *ad.* مِنْ (على ظهر) السفينة (إلى الماء)

to throw —, أسقط . طرَح . أهمل . ترَك

ōvẹrbōld', *a.* متجاوز (أو) مُغالٍ في الجراءة . وَقِح

ōvẹrbôre', *v., p. of* overbear

ōvẹrbôrne', *v., pp. of* overbear

ōvẹrburd'ẹn, *v.* أثقل . أفرط (أو) ثَقَّل (على) . بهَظ = أَرهَق = حمَّلَه ما لا يُطيق . عَنَّت . فَدَح

ōvẹrcāme', *v., p. of* overcome

ōvẹrcap'italīze, *v.* أَكثرَ من رأس المال

ōvẹrcâst', *a.* مُغَيَّم . مُكفهِرّ . مُربَدّ

ōvẹrcâst', *v.* (-cast, -casting) غَيَّم . تَغيَّم . شَلَّ = خاط خِياطةً غير مُحكَمة فوق دروز الثوب منعًا للتنسُّل

ōvẹrchârge', *v.* (-ged, -ging) اشتط (أو) جار في السعر = أغلى = مَكَس . شَحَن (أو) حَشا (أكثر مما يجب)

ōv'ẹrchârge, *n.* إغلاء = اشتطاط (في السعر) = غَلَانِيَة . حَشوة (أو) شَحنة مُفرِطة

ōvẹrcloud', *v.* غَيَّم . اكفهرّ . غَمّ . غَمَّم . غطّى بالظلام

ōv'ẹrcōat [-kōt], *n.* مِعطف

ōvẹrcome′ [-kum], *v.* (-came, -come, -coming) . تَغَلَّبَ (على) . قَهر . غَلَب . بهر . بهظ . انتصر (على) . استغلب (أو) تولّى (على) . جَهِد . انبهر = انبهظ

ōvẹrcrowd′, *v.* اكتظّ . حَشَكَ = مَلَأ إلى حدِّ المُضايقة . احْتَشَكَ . ملأ فوق الحدّ

ōvẹrdid′, *v.*, *p. of* overdo

ōvẹrdō′, *v.* (-did, -done, -doing) زادَ (في) . أفرَط (في) . أبرح . تهَكَ في الإنضاج . تزيَّد . أرهق (أو) أعنت نفسه (في العمل) . بالغ

ōvẹrdone′ [-dun], *a.*, *v.*, *pp. of* overdo مُبْرِح . مُفرِط . مُبالَغ (فيه) . مَنهوك في الإنضاج

ōv′ẹrdōse, *n.* جُرْعةٌ زائدة (عن الحد)

ōvẹrdōse′, *v.* أعطاه جُرْعَةً زائدة (عن الحد)

ōv′ẹrdrâft, *n.* سَحبة (من البنك) زائدة عن موجود الحساب

ōvẹrdraw′, *v.* سَحَبَ أكثر مما له (في البنك مثلًا) . بالغ

ōvẹrdress′, *v.* تحفَّل باللباس = تزيَّن به وأفرط

ōvẹrdūe′, *a.* فائت الموعد = فات مَوعدُه ولم يصل (أو) لم يُسدَّد . متأخِّر عن موعده . مُستحِق الأداء منذ مدة = ممطول

ōvẹreat′, *v.* (-ate, -eaten, -eating) أفرط في الأكل

ōvẹr-es′timate [-it], *n.* تقديرٌ مبالَغٌ فيه

ōvẹr-es′timāte, *v.* غالى (أو) بالغ في تقدير (الشيء)

ōvẹrfeed′, *v.* (-fed, -feeding) زاد في إطعامه . كظّ بالطعام

ōv′ẹrflōw [-flō], *n.* فَيْضٌ . فَيَضان . زَخْرَةٌ . زِيادة . طُفاحة . مَطفح . إفاضة

ōvẹrflōw′ [-flō], *v.* (-flowed, -flown, -flowing) دَسَق = فاض = طَفَح . زَخَر . كَظّ . اكتظ . أفاض

ōvẹrġrew′ [-ġroo], *v.*, *p. of* overgrow

ōvẹrġrōw′ [-ġrō], *v.* (-grew, -grown, -growing) . غلا فوقه وغطّاه . عَجَّل في النموّ . غلا (على) . غلا فوق الحد الواجب . أفرط في النمو . فاق في النمو

ōvẹrġrōwn′ [-ġrōn], *v.*, *a.*, *pp. of* overgrow مفرط في النمو

ōv′ẹrhand, *a(d)*. . واليدُ فوق الكتف وظاهرُ اليد من فوق

ōvẹrhang′, *v.* (-hung, -hanging) تَطنَّف = نتأ (أو) أشرف (على) . أطلّ (أو) أقبل . أشرف وهَدَّد . زَيَّن (أو) جلّل بالستائر

ōv′ẹrhang, *n.* = شيء ناتئ (أو) مُطِلّ طَنَف . مقدار النتوء

ōv′ẹrhaul′, *v.* تَفقَّد . فَحَصه (فحصًا دَقِيقًا) ليُصلح شأنه . أدرَك . لَحِق . نقَّح

ōv′ẹrhaul, *n.* تَفقُّد . فَحص (دقيق) وإصلاح . تسوية . تنقيح

ōv′ẹrhead [-hed], *n.* . نفقات عمومية . نفقات نَثرية

ōv′ẹrhead [-hed], *a.* . فوق . من فوق . في الطابق الفوْقاني . عمومي

ōv′ẹrhead [-hed], *ad.* . فوق . من فوق في السماء (أو) الجو

overhead expenses, نفقات (أو) مصروفات عمومية (أو) نَثْرية

ōvẹrhear′, *v.* (-heard, -hearing) سَمِع عَرَضًا . استمع

ōvẹrheat′, *v.* سَخَّن (أو) حَمِيَ فوق الحد . زاد في التسخين (أو) الإحماء

ōvẹrhung′, *v., p. and pp. of* overhang

ōvẹrjoy′, *v.* فَرِح فرحًا شديدًا . فَرَّح . سَرَّ سرورًا شديدًا

ōvẹrjoyed′ [-oyd], *a.* مَبْهُوج . فَرْحان . جَذلان . في سرور شديد

ōvẹrlaid′, *a.* مُغَشَّى . مَطْلِيّ . مُغَطَّى . مُرَصَّع

ōvẹrlaid′, *v., p. of* overlay

ov′ẹrland, *a(d).* بَرًّا . على البرّ . بالبَرّ

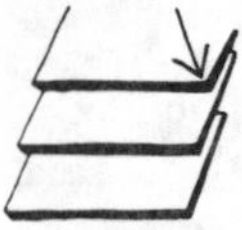

ōvẹrlap′, *v.* (-lapped, -lapping) = تَعاظَل . رَكِب على قسمٍ منه وتنآ عن قسم آخر . تَراكب وأَطَفَّ (على) . أَدَفّ . تَدافّ

ōvẹrlapp′ing, *n.* تداخل . تَعَاظُل . تَرَاكُب (إطْفافي) . إدْفاف (كالآجر المتراكب على السطح)

ōvẹrlay′, *v.* (-laid, -lain) غَشَّى . غَطَّى . غَفَّر . طَلَى . موَّه . أَثقل

ōv′ẹrlay, *n.* غِشاية . غِفارة . غاطِية . نَفشية (للزينة)

ōvẹrleap′, *v.* تجاوز . طَمَّ (على) . أغفل

ōvẹrlīe′, *v.* (-lay, -lain, -lying) استلقى (أو) اضطجع (على) . اضطجع عليه وغَمَّه (أو) خنقه . غطَّى

ōvẹrlōad′ [-lōd], *v.* بَهَظ = أثقَل حِملَه . حَمَّله ثقيلًا . شَحن وأفرط

ōv′ẹrlōad, *n.* وِقْر = حِمل ثقيل (مُرهِق)

ōvẹrlook′, *v.* أَطَلَّ (أو) أشرف (على) . غَفَل . سها (أو) لها (عن) . أغفل . أغضى (أو) صَفَح (عن)

ōv′ẹrlôrd, *n.* غِطريف . سيد أعلى . سيد أكبر

ōvẹrmâs′tẹr, *v.* قَهَر . تحكَّم (بِ) . تغلَّب (على) . تمكَّن (من)

ōv′ẹrmuch, *n., a(d).* زيادة (مُفرطة) . إفراط . مُفرِط . فوق الحدّ

ōv′ẹrnīght [-nīt], *a(d).* في الليل . بين عشية وضحاها . في ليلة

ōv′ẹrpâss, *n.* مَطَفّ = طريق معلَّق

ōvẹrpâss′, *v.* (-passed *or* -past; -passing) اجتاز . جاوز . جاز . قَطَع . فاق . أغفل

ōvẹrpay, *v.* (-paid, -paying) دفع أكثر مما يجب . كافأ فوق الحد

ōv′ẹrplus, *n.* فائضٌ . عَفْوٌ . زيادة . مبلغ زائد

ōvẹrpow′ẹr, *v.* تَغلَّب (أو) قوِي (على) . استقدر (على) . قهر . بَهَظ . استغلب (على) . غطّى (على) . زاد من قوةٍ . . .

ōvẹr-produc′tion, *n.* زيادة في الإنتاج (فوق الحاجة أو أكثر من حاجة السوق)

ōvẹrran′, *v., p. of* overrun

ōvẹrrāte′, *v.* غالى (أو) بالغ في التثمين (أو) تقدير القيمة . استعظم

ōvẹrreach′, *v.* تجاوز المَدَى . أبعد المرمى . تعدّى الطورَ . غَلَب بالحيلة

to — himself, عدا طورَه . أبعد المرمى فأخفق . بالغ في الطموح (أو) المحاولة فلم يُفلح

ōvẹrrīde′, *v.* (-rode, -ridden, -riding) مَرَّ (وهو راكبٌ) فوقَ . داس . عتا (عن) = ضرب به عُرْضَ الحائط . أجهد في الركوب . أبطل . فاق

ōvẹrrūle′, *v.* افتات . فَسَخ (الحُكْمَ) . حَكَم (ضِدَّ . . .) . نَقَض . غَلَب . تَغَلَّب

ōvẹrrun′, *v.* (-ran, -run, -running) انتشر وطَمَّ (على) . طَغا وامتد . انتشر . غَشِيَ . تجاوز . استحوذ

ōvẹrseas′, *a(d).* عَبْرَ البحر . (في) ما وراءَ البحار . في الخارج . أجنبي

ōvẹrsee′, *v.* (-saw, -seen, -seeing) ناظَر (أو) راقَب (العمَّال أو العَمَل) . أشْرَف

ōv′ẹrseer, *n.* مُناظِر (أو) مراقِب (العُمَّال) . مُشْرِف = مُبصِر

ōvẹrset′, *v.* (-set, -setting) إنقلب . قَلَب . كَفَأ . أخَلَّ به (جسمياً أو عقلياً)

ōv′ẹrset, *n.* انقلاب . انكفاء

ōvẹrshad′ōw [-dō], *v.* كَسَف = بَهَر = غَطَّى (على) = أخْمَل . أظَلَّ = ألقى عليه ظِلَّه . غَمَّ . فاق (على)

ōv′ẹrshoe [-shōō], *n.* جُرْموق = حِذاء فَوقاني (لوقاية الحذاء الأصلي من البلل)

ōvẹrshōōt′, *v.* (-shot, -shooting) أشوى = أخطأ الهدف . جاوز (في المرمى)

ōvẹrshot′, *a., p. and pp. of* overshoot) أذْوط = حنكه الأعلى أطول من الأسفل . أفْقم . مَعْنُوف = يُدار بقوة الماء الساقط (كدولاب الطاحون)

ōv′ẹrsīght [-sīt], *n.* سَهْوٌ . غَفْلة . إشراف . مُناظَرة . رِعاية

ōvẹrsleep′, *v.* (-slept, -sleeping) زاد في النوم . نام حتى بعد الموعد . طوّل في النوم

ōvẹrspread′ [-spred], *v.* غَطَّى = غفَّر . عَمَّ . علا وغطَّى . جَلَّل . انبسط (أو) انتشر (فوق)

ōvẹrstāte′, *v.* أوْغل (أو) غالى في القول

ōvẹrstāte′mẹnt [-tm-], *n.* مغالاة (أو) إيغال (في القول)

ōvẹrstep′, *v.* (-stepped, -stepping) جاوز الحدّ

ōvẹrstock′, *v.* خزَّن أكثر من الحاجة . زاد في التخزين

ōv′ẹrstock, *n.* زيادة في التخزين

ōv′ẹrstrain, *n.* إجهاد زائد

ōvẹrstrain′, *v.* أجْهَد فوق الحَد

ōv′ert, *a.* ظاهِر . عَلَني . صَريح . بدون مواراة

ōvẹrtāke′, *v.* (-took, -taken, -taking) لحق . أدْرك . غَشِيَ . دارك . لاحق . وافى . فَجأ

ōvẹrtāk′ẹn, *v., pp. of* overtake

ōvẹrtax′, *v.* أثقله (أو) اشتط عليه في الضرائب . أبْهظ = ثَقَّل (على) . أعنت = أرهق . عَنَّى . أدأب . فَدَح

ōvẹrthrew′ [-rōō], *v., p. of* overthrow

ōvẹrthrōw′ [-rō], *v.* (-threw, -thrown, -throwing) قَلَب = كَفَأ . صَرَع . أسقط . هَدَّ . أطاح . نكب . دَهْوَر . هَزَم . قضى (على) . رمى وأبعد

ōv′ẹrthrōw, *n.* قَلْب . هَزيمة . إخفاق

ōvẹrthrōwn′ [-ōn], *v., a., pp. of* overthrow

ōv'ẹrtīme, *n., a(d).* عَمَل (أو) وَقت إضافيّ (بعد ساعات العمل المعروفة) . (فيما) بعدَ ساعات العمل . أجرة الوقت الإضافي

ōv'ẹrtōne, *n.* نَغْمَة إشمامِيَّة = نكون أعلى وأخفض من النغمة الأساسية . إشمامة = تلويحة . مَسحة

ōvẹrtook', *v., p. of* overtake

ōvẹrtop', *v.* (-topped, -topping) فَرَع = ناف (على) = طال وارتفع وأشرف (على) . نزا (على) . فاق = عَلَا . جاوز

ōv'ẹrtūre, *n.* مُفاتَحة = عَرض (أو) اقتراح (أوّلي) . قطعة موسيقية افتتاحِيَّة

ōvẹrturn', *v.* قَلَب = كَفَأ . نكَّس . أسْقَط . نكَب . أطَاح . هزَم . قضَى (على) . أزال . انقلب

ōv'ẹrturn, *n.* قَلْب . إسقاط . هَزيمة . دَمار

ōvẹrwatch' **[-woch],** *v.* رَقَب . راقب . [ناظَر] . أتْعب بالمراقبة

ōvẹrween'ing, *a.* مُعْجَب بنفسِه . مُتَمَنفِص = مُتَعَجْرِف = متخايل (بنفسِه) . مُغالٍ . فيه غُلُوّ

ōvẹrweigh' **[-way],** *v.* رَجَح (على) . زاد في الوزن (أو) الأهمية (على) . فَدَح

ōv'ẹrweight **[-wāt],** *n.* وَزْنٌ زائد . زيادة وَزنٍ

ōv'ẹrweight, *a.* زائد في الوزن (عن الحد أو الاستحقاق)

ōvẹrweight', *v.* بَهَّظ . حَمَّل فوق الطاقة . ثَقَّل عليه (بالحِمل) = أبعط

ōvẹrwhelm' **[-hwelm],** *v.* طَمَّ . غَمَر . فَدَح . بهَظ . طغا . هَدَّ (النَّفسَ) = ضَعضَع . استحوذ (على) . استغلب (على) . قَهَر = دوَّخ . تَمَلَّك

ōvẹrwhel'ming, *a.* طامّ . طاغٍ . غالِب = لا يُدْفَع . باهِظ . قاهِر . دامِغ

ōvẹrwhel'mingly, *ad.* بصورة غالبة (أو) طاغِيَة . بما يَغمُر الفِكر . بما يُغَطّي على القلب

ōv'ẹrwork **[-werk],** *n.* استكداد . إرهاق (أو) إجهاد (في العمل) . إدْآب . زيادة في العمل

ōvẹrwork' **[-werk],** *v.* أَجهَد (أو) أَعنَت (في العمل) = أرْهَق . عَنَّت . أدأَب

ōvẹrwrôught' **[-rôt],** *a.* مَجهود . مُجهَد . مَنهوك . مَكدود . مُزَوْزَق . مُبَهرَج . مُزَخرَف . متوتر الأعصاب

ōv'ūle, *n.* بُذَيرة . بُيَيْضَة . مَبيضة (في النبات) . جُرثومة البِزرة

ōv'um, *n.; pl.* ova بَيْضَة الإلقاح عند الأنثى . بيضة جُرثومية

ōwe **[ō],** *v.* (owed, owing) كان مَدينًا . عليه دَيْن . أضْمر

ōw'ing **[ō-],** *a.* مَديون . مَدِين . عليه دَيْن . مُستحق (الوَفاء)

— to, بِسبَبِ . . . نظرًا إلى . . .

owl, *n.* بوم . بُومَة

owl'ĕt, *n.* فَرخ البومة . بُوَيْمَة . بُوَيْم

ōwn **[ōn],** *n.* له . لَدَيهِ . مَلَك . اعْتَرَف (بِ)

to — up, أقَرّ . اعترف

to — to, أقر . اعترف

ōwn **[ōn],** *a.* خاصّ . خاصَّة

a book of my —, كتاب لي خاصةً

my — brother, أخي الشَّقيق (خاصةً)

ōwn **[ōn],** *n.* خاصّة

to come into his —, نال حَقَّه (أو) ما يستحقُّه

to hold his —, تَمَسَّكَ . احتفظ بوقفه . ثَبَتَ . صابر

of his —, له خاصةً

to do it on his —, وحـدَه . مُسْتَقِلًا . بدون إرشاد (أو) أمرٍ . على حيالِه = على حِدَته

ow'nẹr [ō-], *n.* مالك . صاحب

ow'nẹrship [ō-], *n.* مُلْكِيَّة . تَمَلُّك . حق التَّمَلُّك

ox, *n.; pl.* oxen ثَوْرٌ (أهلي)

ox'ẹn, *n. pl. of* ox ثِيران

ox-eye' [-ī], *n.* عَرَار . بَهار . أُقحوان

Ox'ford, *n.* قَفشٌ = حِذاء وَطِيْ يُرْبَط فوق مُشْط القدم

Oxford blue, أزرق غميق

Oxford grey, رمادي أدكن غميق

oxidā'tion, *n.* تحميض . تَحَمض . أكْسَدَة . تَأَكْسُد

ox'īde, *n.* أُكسيد = حُمْض

ox'idīze, *v.* (-zed, -zing) = أَكْسَدَ حَمَّضَ

Ox'us, *n.* نهر جَيْحُون

ox'ygẹn, *n.* أُكسجين = مُوَلِّد الحُمُوضة

oys'tẹr, *n.* استريديا = مَحار = حَيَوان الصَّدَف = تَرَاق

oz. = ounce (مختصر) أُوقِية انكليزية

ōz'ōne, *n.* (غاز) الأُوزون

P

P, p [pē], *n.; pl.* P's, p's الحرف السادس عشر من أحرف الهجاء

pâ, *n.* = papa أَبٌ (في كلام التبسط)

pāce, *v.* خطا (خطوًا موزونًا) . قاس بالخُطوَة . مَشَى . خَبَّ (أو) اختبَّ (الفرس) . مَشَى ذهابًا وإيابًا

pāce, *n.* ½ ٢ قدم = خُطْوَة . عيار السير (أو) السرعة . خِطوة = مِشْيَة . سُرْعَة . سَيْر . خَبَب

to put him through his —s, جَرَّبَ . اختبر . شار (أو) شَوَّر (الفرسَ) = ركبه لِيَخْتَبِرَه . امتحن

to keep — with, بارى . جارَى . ماشَى

to set the —, عَيَّنَ السرعةَ الواجبَ السيرُ عليها . جعل نفسه أُسوةً (أو) قُدوة

pāce'mākẹr [pāsm-], *n.* ضابط السرعة . قُدْوة . مِثال . مُقَرِّر السرعة

pacif'ic, *a.* مُحِبٌّ للسَّلام . مُوادِعٌ . مُسَالِم . سِلْمي . هادئ . ساكن

Pacif'ic, *n.* البحر المحيط الهادي (أو) الساجي

pacificā'tion, *n.* تهدئة . تطويع . تهدين = إحلال السلام

pa'cifism, *n.* مذهب الحَلِّ السلمي . مَذْهَب (أو) سياسة المُسالمة (أو) التَّسالُم (بين الدول)

pa'cifist, *n.* أَحد اتباع مذهب (أو) سياسة المسالمة (أو) التسالم = مُتَسَالِم

pa'cifȳ, *v.* (-fied, -fying) = هَدَّنَ هَدَّأَ (أو) أَحلَّ السلامَ (في . . .) . طَوَّع . طَيَّبَ الخاطر . هَدَّأَ

pack, *n.* كارَة . رِزْمة . حُزْمَة . صُرَّة . قَطيع (من الذئاب) . لَفَّة (أو) جُمْعَة (من اللصوص) . سُرْبَة = سِرْبٌ (من الكلاب) . مجموعة (أوراق لعب) = [شَدَّة] . حَزْم = تعبئة

pack, *v.* رَزَم . عكَم . حَزَم . كَمهل = حَزَم الأمتعة للسفر . [عَبَّأ] . لَبَّد . حَشَك = حَشا مُكتنزًا = طَبَز = حَشا . دَحَس . لزَّ . تلزَّز . شَحَن . اكتنز . إكتَظ . كَبَس . وَضَع السبيخة (من القطن) على الجرح

to — off, صَرَف . بَعَث . ذهب على عجل

to send a person —ing, صَرَف بسرعة = [صرَّف]

pack, *v.* طعَّم (أو) شَحَن جمعيةً (أو) مجلسًا بأشخاص لهم غرض خاص

pack'age [-ij], *n.* كارة . حُزمة . رِزمة . صُرَّة . طَرْد . وِعاء . عُلبة . لَمَّة

— deal, صَفقة مُجْمَلَة

pack animal, حَمُولَة = دابة الحَمْل = زامِلة . بِرْذَوْن

pack'ẹr, *n.* رزّام . حَزّام . [مُعَبِّئ] . عامل التعبئة

pack'ẽt, *n.* صُرّة . طَرْد . رِزمة . سَفَط . عُلبة

pack'ẽt, *n.* سَفينة (أو مَرْكَب) بريد . سفينة روّادة (تتردد في نهر أو قرب الساحل)

pack'ẽt-bōat' [-bōt], *n.* سفينة (أو مَرْكَب) بريد . مركب رَوّاد

pack'-hôrse, *n.* حَمُولة . زامِلة . بِرْذَوْن = فَرَس الحَمْل

pack'ing, *n.* أداة لَفّ . لِفافَة . ما يُلَفُّ به . تَعبئة . رَزْم . سَبيخة

pack'-saddle, *n.* بَرْذَعَة . إكاف

pact, *n.* اتفاق . مِيثاق

pad, *n.* حَشوَة . حَشِيَّة = مِبْثَرَة = شيء كالمِخَدّة للتليين . إضمامة (أو) كُنّاشة ورق . وِسادة . كُرْسُفَة . نَخصة (أو) نُخَيْصَة = وِثْرَة (من اللحم في باطن أقدام الكلاب . . .) . قَدَم (الكلب أو . . .) . لِيفة (الأختام)

pad, *v.* (-dded, -dding) حَشا . استعمل الحَشْوَ في الكلام . حَشا (بشيء لين أو وثير) . سارَ . طَرَّق (الطريق) . سافر مشيًا على الأقدام

padd'ing, *n.* حَشْوَة = مادة للحشو . حَشْو (الكلام)

pad'dle, *n.* مِدْرَأ = مِجْذاف قصير مُفلطَح الطرف . مِقفَمه = خشبة عريضة يُضرَب بها . مِطَثَّة = خشبة عريضة مستديرة يُلعَب بها . مِحراك . مِجدَف (الطائر المائي أو الحيوان البحري)

pad'dle, *v.* دَرَأ . جَدَف . دَفَع بالمِدْرَأ . خَوَّض في الماء بيديه (أو) برجليه . جَدَّف

padd'ock, *n.* عَطَن = حظيرة للخيول بجوار الاسطبل . حَظيرة (أو) عُنَّة . مَراد = مكان تذهب الخيل فيه وتجيء

pad'lock, *n.*, *v.* قُفْل . أقفَل

pâdrẽ, *n.* أب = لقب القِسيس (أو) الخوري (في اللغات الاسبانية والايطالية والبرتغالية) . قِسيس (في الجيش أو البحرية)

pae'an [pē-], *n.* نشيدُ النَّصر . أُغنية حماسِيَّة . أغنية تَمجيدِيَّة (أو) تَفاخُرِيَّة . أُغنية فرح (أو) مَرَح

pāg'an, *n.*, *a.* جاهِلي = وَثَني . كافر

pāg'anism, *n.* جاهِلِيَّة = وَثَنِيَّة . عبادة الأوثان . كُفْر

pāge, *n.* صَفحة . فَصل

pāge, *v.* رَقَّم صفحات (الكتاب أو . . .)

pāge, *n.* فَيج = قانِب = غلام خادِم (أو) مُعاطٍ . مُرافِق . مُرَشَّح فارس

pāge, *v.* بَحث عن نزيلٍ في فندق بإرسال فَيج يسأل عنه (أو) بمناداة اسمه

pa′geant [-jęnt], *n.* أُبَّهة . عَرْض فَخم . مَوْكِب (أو) مَشْهد احتفالي . احتفال شعبي تاريخي . عرض تمثيلي . عرض زائف . منظرٍ (أو) مشهد تاريخي

pa′geantry [-jęnt-], *n.* أُبَّهة . عَرْضٌ فَخم . عَرْض . تَجاهُر فارغ . عرض زائف

pagōd′a, *n.* مَعبَد بُرْجي (في اليابان والهند والصين)

paid, *v., p. of* pay

pail, *n.* سَطْل . عُلْبة . مِلء سَطل . مِحْلَب = مِكْرَص

pail′fu̧l, *n.; pl.* -fuls مِلءُ علبة (أو) سَطل . سَطل

pain, *n.* وَجَع . أَلَم . مَضَض . عَناء . عِقاب . وجع القلب . كَدَر

for his —s, عِقاباً له . جَزاءً له

on — of death, وإلّا كان جزاؤه الموت . وإلّا فإن الموتَ جزاؤه

to take —s, تَكَلَّف . تَجَشَّم . تَعَنَّى . كلَّف نفسه . اعتنى

pain, *v.* أَوْجَع . آلَم . أَمَضّ . تأَلَّم . شَقّ (على) . أَغاظ

pain′fu̧l, *a.* مُؤلِم . مُوجِع (للقلب) . مُمِضّ . كارب . شاقّ . كَرِيه

pain′fu̧lly, *ad.* بإيلام . بِجِدٍّ وجُهْد . بمشقة . بعناء

pain′less, *a.* لا يُؤلِم . غير مؤلم . غير مُوجع

pains′tāking, *a.* شديد العناية . مُعتَنٍ . مُتعَنٍّ . يَبذِل الوُكد . مُتجَشِّم . يُكلِّف نفسه

pains′tāking, *n.* شدة العناية . تَعَنٍّ . بذل الوُكد . عناء . تدقيق

pains′tākingly, *ad.* بِشدةِ اعتناء . بِتَعَنٍّ

paint, *n.* دِهان . طَلْيَة دِهان . طِلاء (مثل أحمر الشفاه) . صِباغ

paint, *v.* دَهَن . صَوَّر (بالألوان) . صَوَّر (بالكلام) . طَلَى . زَوَّق (البيت) . رسم بالدِّهان . طَلَى (الوجهَ)

paint′ęr, *n.* سَبُع الجبل . أَسد الجبل

paint′ęr, *n.* دَهّان . مُصوِّر زَيتي . مُزَوِّق (البيوت)

paint′ęr, *n.* رِباط القارب . زِمام القارب = وِكاد

paint′ing, *n.* صُورة لَوْنِيّة . تصوير زَيْتي . فن التصوير بالألوان

pair, *n.* زَوْج . زَوْجان (الزوج والزوجة) . مُزاوِجان

pair, *v.* جَعَل أَزْواجاً . زاوَج . أَزوَج . قَرَن . أَلَّف أزواجاً

pajâ′maṡ, *n. pl.* بَجامَه = لباس النوم . فِضال . سِرْوال (في إيران وبعض أجزاء باكستان)

pal, *n.* صَدِيق . حَميم . خَدِين . رَفِيق

pal′ace [-lis], *n.* سَرايَة . قصر الملك = بِلاط الملك . قاعة كبيرة . قَلّاية (الأسقف)

palankeen′, *n.* = palanquin

palanquīn′ [-keen], *n.* بُوجَة = مِحَفّة (أو) هودج مُغَطّى يُحمَل على الأكتاف

pal′atable [-itabl], *a.* لذيذ (الطَّعم) . مُستَطاب . مُستساغ . شَهِيّ

pal′ate [-it], *n.* حَنَك = [سَقف (أو غار) الفم الأعلى . نِطع . ذَوْق . حس الذَّوق

palā'tial [-shẹl], *a.* كالقصر . كبير . فخم . فَخم . بَهي . رَحيب

pal'atine, *a.* حَنَكي . نِطعي . غاري . خاص بسقف الحلق

pal'atīne, *a., n.* له حقوقٌ خاصة كحقوق الملك ما دام في أرضه . أميرٌ (أو) نبيل له هذه الحقوق

palâ'vẹr, *n.* تَرَاطُن (كالأفريقيين إذا تكلموا معًا) . بَرْبَرة . مكالمة . مفاوضة . مذاكرة

palâ'vẹr, *v.* تَرَاطَن . ثَرْثر . بَرْبَر . خَلْبَس (في الكلام) = داهن وترقّق

pāle, *n.* خازوق . حَدّ . حَظيرة

pāle, *v.* أحاط (أو) سَيَّج بخوازيق

pāle, *a.* مُصْفَرّ قليلًا . مُمْتَقِع (أو) كابي اللون . شاحِب . (لون) خفيف جدًا . [باهِت] . وانٍ . واهِن

pāle'-fāce, *n.* أصفر = أبيض = أحدُ السكان البيض

pāle'ness [-ln-], *n.* اصفرار خفيف . امتقاع (أو) شُحوب اللون

Pal'estīne, *n.* فِلَسْطين . فَلَسطين

pal'ẽtte [-lit], *n.* مَاجَةُ (أو) مَلْوَنة (المُصوِّر)

pa'lfrey [pôlfri], *n.* فَرَس (أو) حِصان للركوب (خصوصًا للسيدات)

pal'impsest, *n.* طِرْس = رَقّ (أو) صحيفة تُمحى ويُكْتَب عليها

pāl'ing, *n.* سِياج من خوازيق . خازوق

palisāde', *n., v.* خازوق طويل محدّد الرأس . سِياج متلازّ من الخوازيق الطِّوال = جَنْوِيَّة . حَصّن (أو) سَيَّج بالجَنْوِيَّة . جِدار صَخري

pall [pôl], *n.* غُفْرَة (النعش أو القبر) من مُخْمَل صَفيق . غِطاء الكأس (في الكنيسة) . سِتار قاتم (اللون) . سُدُل

pall [pôl], *v.* أصبح مُملًّا مَمْجُوجًا . عافته النفسُ لكثرته . أصبح غَثًّا

pallād'ium, *n.* حِرز (واقٍ) . وِقاء (عظيمٌ) . حِماء . عنصر معدني بلاتيني

pall'bearẹr [pôlbār-], *n.* حامِل النعش . مُرافِق النعش

pall'ẹt, *n.* مِفْرَش (أو) [فَرْشَة] مِنْ [قَشّ] . مِفرَش حَقير

pall'ẹt, *n.* = palette

pall'iāte, *v.* لَطَّف . خَفَّف (بدون شِفاء) . استَعذَر (للذنب) تخفيفًا له . خفّف (الذنب) . تمحّل العُذْرَ (تخفيفًا)

pall'iative, *a., n.* (دواء) مُلَطِّف . مُخَفِّف . مُعْذِر = للإعذار . استِعذاري

pall'id, *a.* مُصفَرّ (لونه) . شاحِب . مُمتَقِع اللون

pall'or, *n.* اصفرار (اللون) . امتقاع اللون

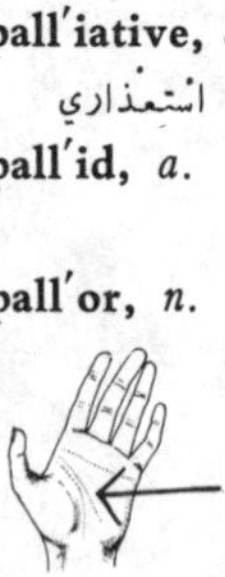

pâlm [pâm], *n.* راحة اليد . باطن الكف . كَفّ . شيء كالكف

pâlm [pâm], *v.* مَسّ (أو) لَمَس بالكفّ . أخفى في اليد (أو) باطن الكف

to — off, دَلّس . طَلَا الحيلةَ (على) . غشّ

pâlm [pâm], *n.* نَخْلَة . خُوصة = ورقة النخل . سَعَفَة (النَّخْل) علامةً للفوز = قَصَب السَّبْق . ظَفَر . فَوْز

to carry off the —, فاز (بقصب السَّبْق)

pâ'lmẹr [pâm-], *n.* مُقَدِّس = حاجّ (يحمل من الأراضي المُقَدَّسة سَعَفَةً أمارة على حَجّه)

palmett'ō, *n., pl.* -to(e)s نوعٌ من النخيل في جنوب الولايات المتحدة وفي جزائر الهند الغربية

Palm Sunday, أَحَدُ (أو عيد) الشَّعانين (أو) السَّعانين

pâ'lmy [pâm-], *a.* (-mier, -miest) كثير النَّخل . مُظَلَّل بالنَّخل . مُتَرَعْرِع . مُزْدَهِر . مُوسِر . رَغيد

pal'pable, *a.* محسوس . ملموس . بَديهي . بيِّن

pal'pably, *ad.* بالحِسّ (أو) باللمس . بداهةً

pal'pitāte, *v.* خَفَق (القلب) . وَجَب = (رَجَف و) خَفَق . تَرَجَّف . ارتعش

palpitā'tion, *n.* خَفَقان . وَجيب . ارتعاش . ترجرج

pal'ṡied [pôlzid], *a.* مَشْلُول . مَفْلوج . أخبل . مُرتعِش (مَرَضًا) . رَنّاك

pal'ṡy [pôl-], *n.* شَلَل . فالج . خَبَل . داء الرَّجفة (أو) الرَّنَكان

pal'ṡy, *v.* (-sied, -sying) شَلّ . أَشَلّ . فَلج . أفلج . شَنَّج . ارتجف . رَنَك

pa'ltẹr [pôl-], *v.* دَلَّس (الحقيقة) . دالَس = خادع . تعابث . والَس . ماكس . وارب . راوغ . تَقَلَّب . ماحك

pa'ltriness [pôl-], *n.* نفاهة . خساسة

pa'ltry [pôl-], *a.* (-trier, -triest) تافه . خسيس . حَقير

pam'pa(s), *n.* سَهب . سَبسب . مَرج

pam'pẹr, *v.* دَلَّل . [دَلَّع] = استَرخى معه وأعطاه ما يَشتهي . مَرهَد = نَعَّم وغَذّى . نعَّم

pamph'lĕt, *n.* كُرّاس . كُرّاسة . مقالة (في موضوع جسّاس) . كُتَيِّب

pan, *n.* طاجِن = طابَق = وِعاء أَرْوَحُ مكشوف . مِقلاة . قُعرة (أو) وَهْدة في الأرض = بقعة . مِصوَل (لاستخراج الذهب) . كِفّة الميزان

pan, *v.* طجَّن . قلا . صوَّل (للتنقية) . نقَّب (عن الذهب) بالتصويل . جار في النقد . حصَّل المعدن من ترابه

to — out, كانت نتيجته . . . أسفر (عن) . نجح .

panacē'a, *n.* دواء الأدواء . علاج شافٍ (من كل داء) . علاج حاسِم

panamâ', *n.* قُبَّعة تُضفَر من خوص (= ورق) النخل الناعم

pan'cāke, *n.* زَلابية = فَطيرة مَقلُوّة

panc'rēas, *n.* مُعَثْكِلة = بَنكرياس = غُدّة بقرب المعدة تساعد على الهضم

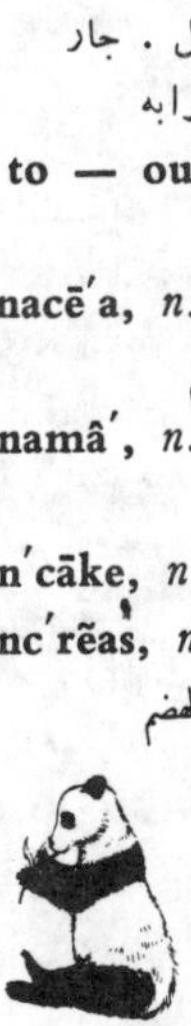

pancrēat'ic, *a.* بنكرياسي . من البنكرياس

pan'da, *n.* حيوان لبون كالدُّب أبيض الجسم أسود القوائم

pandēmōn'ium, *n.* مَسكَن العفاريت . جهنم . مكانُ الفوضى والاضطراب . صَخَب واختلاط . غَيطلة . اصطخاب . شَغَب صاخِب

pan'dẹr, *v., n.* قَوّاد = دَيُّوث . قَوَّد (للزنا) . عَمِل على إرضاء . . .

pāne, *n.* قِطعة (من باب أو شباك) فيها لوح زجاج . لَوح زُجاج (في شباكٍ أو باب) . صَفحة . جانب

panēgy'ric, *n.* تَقريظ = مَدْح = أُمدوحة . إطراء . ثناء . تمجيد . مَديح

pan′ẹl, *n.* رَكِيبة = قِطعَةٌ في باب (أو) جدار تكون مرتفعة (أو) منخفضة عن السطح المحيط (أو) تكون من مادة أخرى . لوح زجاج . قطعة في شباك فيها لوح زجاج . تأزير . قِطعة إطاريّة

pan′ẹl, *v.* (-elled, -elling) زَيَّن (أو) جَهَّز بالرَّكائب (أو) التآزير (أو) القِطع الإطارية

pan′ẹl, *n.* صورة (أو) رسمة طويلة كثيرًا بالنسبة إلى العرض . فَريق (أو) فِئة . (قائمة بأسماء) أعضاء جماعة المُحلَّفين . قائمة أسماء . مِوزَكَة = حَشِيّة توضع فوق السرج

pang, *n.* مَضّة . أَلَم حادّ . وَجعة حادّة . ضَرْبة وَجع . لَوْعة . ضَوْزَة . حَرْوة . عَصرة . حَزازة (في القلب) = حازّة . غمرة (الموت)

pan′ic, *n.* ذُعر (عمومي) . رَوْعٌ . جَفلَة (ذُعر) . جَفلة (مالية) . هَلَع

pan′ic, *a.* ذُعرِي . ناشيء عن الذُّعر (أو) الرَّوع

pan′ic, *v.* (-cked, -cking) انذعر . ذُعر . ارتاع

pan′icky, *a.* مَذعور . مُرتاع . هَلُوع . جَفُول . مُنذَعِر

pan′ic-strick′ẹn, *a.* مُوَهَّل . مُذهَل من الذُّعر . مُستَطار من الفزَع . مُنهَلِع القلب . مُرَوَّع

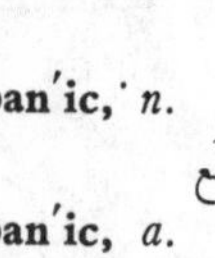

pann′iẹr, *n.* مِكتَلة . قِرطالة . مِكتل

pan′oplied [-lid], *a.* شاكي السِّلاح . مُدَجَّج .

pan′oply, *n.* شِكَّة السِّلاح = سَنَوَّر = عُدَّة السلاح الكاملة . شَمْلة . لِفاع

panorâ′ma, *n.* منظر (طبيعي) فسيح . مَنظَر عُمومي . مَنظر دائري . نَظرة شاملة (لموضوع أو حادثة) . مناظر متتابعة . سلسلة مشاهد متوالية

pan′ṡy, *n.* بَنَفسَج الثالوث = نوعٌ من البنفسج ، ولكن أكبرُ زَهرًا وبألوان مختلفة . مُخَنَّث . مأبون

pant, *v.* لَهَث = نهج . تكلم وهو يَلهَث . تَشَوَّق . نفط . ضَرَب (القلب)

pant, *n.* لَهثة = نهجة . ضربة (قلب) . نفطة (دخان)

pantalet(te)s′, *n. pl.* سراويل تَصِل إلى أسفل الرجل كانت تلبسها النساء

pantalōōn′, *n.* رجلٌ مُسِن يكون مَهزأةً في التمثيليات الصامتة

pantalōōnṡ′, *n. pl.* بَنطلون

pan′thēiṡm, *n.* عَقيدة الشِرك . مذهب الحُلول (أو) الانتشار (أو) وَحدة الوجود

pan′thēon, *n.* جميع الآلهة . زُون = مَعبَد لجميع الآلهة . مَضرَح عظماء الأمة

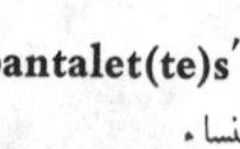

pan′thẹr, *n.*; *pl.* -thers, *or* -ther نَمِر أسود . نَمِر . سَبَنتَى . النمر الجريّ . جَعوَر . أسد الجبل

pan′tomīme, *n.* تمثيلية صامتة (بالإشارات فقط) . تَشبير = إيماء

pan′try, *n.*; *pl.* -ries بيت (أو) خِزانة المُونة (أو) الطعام . بيت أدوات السُفرة

pants, *n. pl.* سِروال (أو) سراويل تحتانية طويلة ضيّقة . بنطلون

pap, *n.* [لَبَّة] = طعام رِخْف (أو) رِخو للأطفال والمرضى . مادة تافهة

papâ', *n.* أب . بابا

pāp'acy, *n.* البابوية . مدة حكم البابا

pāp'al, *a.* بابَوِيّ

papaw', *n.* بَابَاز = شَجَرة استوائية في أمريكا لها ثَمَر مُستَطِيل . ثمرة هذه الشجرة

pāp'ẹr, *n.* ورق . ورقة . وَثيقة . بَحث . لفّة . جريدة . صحيفة

on —, مكتوب (أو) مطبوع . بحسب ما هو مَكتوب . نظَرياً

pāp'ẹr, *a.* من ورق . وَرَقِيّ . على الوَرَق . إسمي

— money, ورق نقدي

pāp'ẹr, *v.* وَرَّق = غَطَّى بالورق . لفّ بالورق

pāp'ẹrback, *n., a.* كِتاب مُغلّف بورق (لا بِجِلد) . مُغلّف بورق

pāp'ẹrs, *n. pl.* أوراق رسمية = وثائق . أوراق الهُوِيّة . كتابات

papill'a, *n.; pl.* **-pillae** [-ē] حُلَيمة = نتوء صغير كالحلمات الصغيرة . حَلَمة

pāp'ist, *n.* كاثوليكي . موالٍ للبابوية

papōōse', *n.* ولد (أو) طفل هندي أمريكي شمالي = بابوس

pap'rika [*or* **paprī'ka**], *n.* فُلفُل أحمر أقلّ حراوةً من غيره

papȳr'us, *n.; pl.* **-rī** (نبات) البَرْدي = كُولان . ورق البَرْدي . فافِير

pâr, *n.* سَوِيّة . مُساواة . سَوِيّة (عاديّة) . حالة (أو) درجة طبيعية (أو) متوسطة . قِيمة اعتبارية

pâr, *a.* متوسّط . عادِي . مُعادِل . مساوٍ للقيمة الاعتبارية

pa'rable, *n.* حِكَاية قصيرة تَمْثِيل . مَثَل . ذات مَغزىً (من الطبيعة أو الحياة العادية)

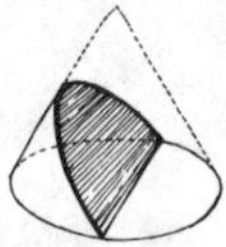

parab'ola, *n.; pl.* **-las** قَطع مُكافِئ (في الهندسة) . قطع شَلجَمي

pa'rachute [**-shōōt**], *n.* بَرَاشوت = مِهبَطة

parāde', *n.* موكب احتفالي . موكب (فخْم) . عَرْض (عسكري) . تَجَمْهُر = تظاهر وتَفاخُم . مُعالَنة (بالشيء) = إظهار ونباهٍ . مَمشى النُزْهة . مَيدان العَرْض . عَرْض

parāde', *v.* سرح (أو) مَشَى (في) . سار في موكب (أو) عَرْض . سار كأنه في عَرْض . عالَن (بالشيء) = أظهر على سبيل التباهي . تَجَمْهَر . اجتمع (أو) اصطف للعرض . مَشَى يتنزه

par'adigm [**-dim**], *n.* مثال (يُحتَذَى) . جدول تصاريف

pa'radīse, *n.* فِردَوس . جَنَّة . نَعيم . حَظيرة القُدْس . غِبطَة

pa'radox, *n.* قولٌ باطل في الظاهر صحيح في الحقيقة . تَخييل . إيهام . تَنَاقُض . تناقضٌ ظاهري (مِثل : رُبَّ سريعٍ بطيءٌ) . (شخص أو شيء) جامع للمتناقضات

paradox'ical, *a.* تَنَاقُضِيّ ظاهِري . مُوهِم بالتناقض . إيهامي . تخييلي

pa'raffin, *n.* زيت البارافين = زيت نفطي للاستصباح والتدفئة وغير ذلك

pa'ragon, *n.* نَمُوذَج (أو) مِثالُ الكَمال (أو) الإتقان . دُرّة يتيمة

pa'ragrâph, *n.* بَنْد . فَقْرَة . نُبْذَة (في جريدة)

pa'ragrâph, *v.* قَسَّم فَقَرات (أو) بنودًا

pa'rakeet, *n.* دُرَّة = ببغاء صغيرة بذنب طويل

pa'rallax, *n.* اختلاف موقع الجرم السماوي (أو) شيء ما عند النظر إليه من مكانين مختلفين = اختلاف اللَّوْص

pa'rallel, *n., a.* مُوازٍ . مُتوازٍ . مُناظِر . مُحاذٍ . مُضاهٍ . مُماثِل

— cases, قضايا (أو) حالات مماثلة (أو) مناظرة

pa'rallel, *n.* مُقايَسة (لإظهار الشَّبَه) . مَثيل . نَظير . خطّ العَرْض (على سطح الأرض) . تَشابُه

pa'rallel, *v.* (-llelled, -llelling) وازى . ناظَر . شبَّه . ماثَل . وَجَد مَثيلًا . حاذَى . شابه

pa'rallelism, *n.* الحَمْل على النظير . إِتْباع . تَوازٍ . تناظر . توافُق . مُحاذاة . تماثل . مُقايَسة

parallel'ogram, *n.* شكل متوازي الأضلاع

pa'ralyse, *v.* (-sed, -sing) = شَلَّ . فَلَج . أَكْسَح = صَيَّر كسيحًا . عَطَّل . عَقَر . شَلّ الحركة

paral'ysis, *n.; pl.* **-sēs** فالِج . شَلَلٌ . خَبَلٌ = تَعَطُّل (أو) فسادٌ في الأعضاء . كَسَح . عَقْر . شَلّ الحركة

paralyt'ic, *a.* شَلَلي . فالجي

pa'ralyze, *v.* = paralyse

pa'ramount, *a.* فائِق . أسمى . فائق الأهميّة . سامٍ . الأسمى (في السلطة أو المقام)

pa'ramour [-moor], *n.* [زَبُون] . [زَبُونة] . عَشيق . عَشيقة . ضَيْزَن = شريك الزوج في زوجته

pa'rapet, *n.* سُتْرَة = جِدار غير مرتفع يَقي من السقوط (عن جسر (أو) سطح . . .)

paraphernal'ia, *n. pl.* أَمْتِعَة خاصة . جهاز . أَجْهِزة . مُعَدّات

pa'raphrase, *v., n.* حَلُّ الكلام المُغلَق بكلام مُبَسَّط . أعرب بعبارة أخرى . صَاغ بكلمات أخرى

pa'rasite, *n.* (نبات أو حيوان) طُفَيْلي . (شَخص) طُفَيْلي = أَوْشَن

parasit'ic, *a.* طُفَيْلي

parasol', *n.* مِظَلَّة . بُرْطُلَّة = مِظَلة خفيفة صَيْفِيَّة = جِتْر

pa'ratrooper, *n.* (جُندي) مِظَلّيّ

pârb'oil, *v.* سَلَق (أو) أَغْلَى دون النضج . صَخَد = أحرق (أو) أحمى (كالشمس)

pâr'cel, *n.* طَرْد = رِزْمَة . فِرز (من الأرض) . لِفّ . جزء مؤلِّف (أو) مُكمِّل

pâr'cel, *v.* (-celled, -celling) لَفّ (أو) رَزَم (في طَرْد) . أفرز (الأرضَ)

to — out, أفرز (الأرضَ) قَسَّمها أَفرازًا (أو) حِصصًا . قَسَّم . تَوَزَّع

parcel post, بريد الطرود

pârch, *v.* شَوَى . لوَّح (بالنار) . يَبَّس = جَفَّف . لَفَح . صَوَّح . قَحَل = يَبِس . عَطَّش . حَمَّص . شَوَّط (بالبرد) . لوَّح

pârch'ment, *n.* رَقّ = جِلد رقيق مصقول للكتابة

pârd, *n.* = leopard

pârd'on, *n.* عَفْو . مُسامَحة . صَفْح

I beg your —, استميحُ عَفْوَك ! عَفْوَك ! عَفْوًا !

pârd'on, *v.* عفا . سامح . صَفَح (عن)

pârd'onable, *a.* يُغْفَر . يُصْفَح عنه (أو) يُسَامَح به

pârd'onẹr, *n.* غافِر . صافِح . غَفَّار

pāre, *v.* نَحَت : بَرَى . جَلَف . قَلَّم . قَشَر . شَحَف . حَفَّف . نقَّص قَصْقَص

pār'ẹnt, *n.* أَحَدُ الوالدين (أو) الأبوين . سَلَف . جَدّ . أب وَليّ . أم وَلِيَّة . أَصل = أُسّ . مَنْشأ . مَصْدر . مُسَبِّب

pār'ẹntage [-ij], *n.* مَوْلِد . مَنْسَل . نَسَب

parẹn'tal, *a.* وَالِدِيّ

parẹn'thẹsis, *n.*; *pl.* -ses كلمة (أو) عبارة مُعْتَرِضة في سياق جملة تامة . احدى علامتي الحصر هاتين : ( ) = ساعدة . فاصِلة

parẹnthet'ical, *a.* تفسيري . تقييدي . ضِمن علامتي الحصر (للكلمات أو العبارات المعترضة) . مُعْتَرِض

pār'iah [*or* paria], *n.* مَنْبوذ = أحد طبقة المنبوذين في الهند

pār'ing, *n.* بُرَايَة = حُفَافَة . قُلَامة . قِشْرَة . قُشَارة . قُلَافة . شُحَافة

pa'rish, *n.* أَبْرَشِيَّة . أهلُ الأَبْرَشِيَّة

parish'ionẹr [-shẹn-], *n.* أَبْرَشِيّ = أحد سكان الأَبْرَشِيَّة

Pari'ṡian, *a., n.* باريسي . من أهل باريس

pa'rity, *n.* مُعادَلة . تكافؤ . مساواة . تشابه شديد . لَقَح = قدرة على الحَمْل

pârk, *n.* حديقة عامَّة . مُتَنَزَّه عامّ . عَقْوَة = ساحة . مَبْرَك (للسيَّارات . . .) . حديقة المَرَاد (للحيوانات)

pârk, *v.* بَرَّك (السيَّارة في المَبْرَك)

pârl'ance, *n.* كلام . لُغَة . اصطلاح لُغَوي

pârl'ey [-li], *n.* مُذَاكَرة (أو) مُدَاوَلة (بين خصمين) . مذاكرة شروط (مع العدو)

pârl'ey, *v.* (-leyed, -leying) تَذَاكَر (أو) تَدَاوَل (مع العدو)

pârl'iamẹnt [-lẹm-], *n.* برلمان . مجلس الأمة

pârliamen'tary, *a.* برلماني

pârl'or, *n.* = parl'our

pârl'our [-lẹr], *n.* غرفة استقبال . غرفة قعود . قاعة . مَضَافة . [صالون]

pârl'ous [-lẹs], *a(d).* حاذِقٌ مَكَّار . داهٍ . مُخْطِر . لِلغاية . عَسِر المعاملة

parōch'ial [-k-], *a.* أَبْرَشِي . ضيِّق (أو) محدود (النظرة إلى الأمور)

pa'rody, *n.* محاكاة (أو) مُعارَضة (تهكُّمية أو هَزْلِيَّة) . مُضاهاة هَزْلية . صورة مَمْسُوخة

pa'rody, *v.* (-died, -dying) حاكى (أو) عارَض (هَزْلًا) . ضاهى هزلًا

parōle', *n.* إطلاق السَّراح بشروط . مدة الإطلاق . كلمة شرف = عهد (أو) وَعْد (بعدم الفِرار أو . . .) . كلمة السِّرّ

parōle', *v.* أَطلق السَّرَاحَ (تحت شروطٍ مُعَيَّنة)

pa'roxyṡm, *n.* نَوْبة . دَوْر . فَيْضَة . فَوْرة . سَوْرة . هَيْجَة . بُرَحاء

pâr'quet [-kā], *n.* تبليط بالخشب الفاخر على أَشكال هندسية مرصَّعة

pa'rrakeet, *n.* = parakeet

pa'rricīde, *n.* قتل أحد الوالدين

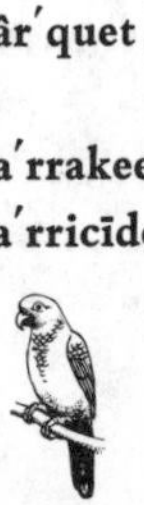

pa'rrot, *n.* بَبغاء = دُرَّة . شَخْصٌ كالبَبْغاء يُعيد بدون فهم

pa'rrot, *v.* أعاد كالبَبْغاء (بدون فهم) (عن ظهر قلب)

pa'rry, *v.* (-rried, -rrying) اتّقى = ذادَ . صَدَّ . زاغ = لاوَذ (عن) = لاص . حاص . حاد

pa'rry, *n.* دَحرَة . ذَوْدة . لَوْصة . حَيصة . رَوْغة . زَوْغة

pârse, *v.* بَيّن أقسام الكلمات (في الجملة) . أعرب (الكلمات في الجملة) . حَلَّل (الجملة)

Pârsee', *n.* = Parsi

Pârsi', *n.* عابدُ نار . زِنديق . زُرادَشْتي

pârsimōn'ious, *a.* شَحيح . مقتِر

pârs'imony, *n.* شُحّ . تقتير . شدة اقتصاد في النفقة . بُخل

pârs'ley [-li], *n.* بَقدونس

pârs'nip, *n.* جَزَر أبيض = مَشا = إسطفَلِين = دُلْدُغ

pârs'on, *n.* خوري (الأبرشيّة) . قِسّيس

pârs'onage [-ij], *n.* دار خُوري الأبرشيَة

pârt, *n.* قِسم . قِطعة . جُزء . بَعض . حِصَّة . نَصيب . بِضعة (أو) بِضع (من) . جانب (في خصومة) . عُضو . طَرَف . صِفه . مَفرَق (أو) فَرق (الشَّعر) . ناحية . دَوْر (في تمثيلية)

— **of speech**, قِسْم الكلمة (من حيث انها اسم أو نعت أو . . .)

for the most —, على الأكثر . على الأغلب . عُموماً

to take my words in good —, يحملها على مَحمَل حَسَن (أو) بنفس طيبة

I, for my —, أنا ، من جهتي (أو) فيما يَعنيني (أو) يتعلق (بي)

in —, بَعْضاً . في بعضِه

It is unwise on George's —, ليس من الحكمة من جورج أن . . . عِند . بَيْن

to take —, اشترك (في)

— **and parcel**, جزء أصيل . جزء لا ينفصل

to take his —, [أخذ جانبه] . انحاز (إلى) . تحزّب

pârt, *v.* قَسَّم . انقسم . فارق . تفارق . افترق . فَرَق (الشَّعر) . فَرَّج

to — from, فارق . انفرق (عن) . فَصَل (أو) انفصل (عن)

to — with, خَرَج (عن) . زايَل . فارَق . تخلّى (عن)

pârt, *ad.* في البعضِ منه . في بَعضِه . بَعْضُه

pârtāke', *v.* (-took, -taken, -taking) شارك . اشترك . قاسم . شارك (في الأكل) = آكَل

to — of, اشترك معه (في) . فيه شيء (أو) شِرك (من) . شابه

pârtāk'ẹn, *a.*, *v. pp. of* partake

pârtāk'ẹr, *n.* مُشارِك . مُقاسِم . مُناصِب

pâr'tial [-shẹl], *a.* جُزئي . مُحابٍ = ضالع . مَيّال (إلى) = مُحاوِز = مُتحاوِز . مُنحاز . مُتحيّز

pârtial'ity [-shia-], *n.* جُزئيّة . محاباة = مُرافأة . جَنَف . وَلَعٌ (بِ) . تَحيُّز . انحياز

pâr'tially [-shẹl-], *ad.* جُزئيًّا . إلى حدٍّ ما . من بعض الوجوه . في بعضه

pârti'cipant, *n.* مُشارِك . مُشتَرِك . مُقاسِم

pârti'cipāte, *v.* شارك . اشترك

pârticipā'tion, *n.* مشاركة . اشتراك

pârticip'ial, *a.* متعلق بصيغة الفاعل (أو) صيغة المفعول

pârt'iciple, *n.* نَعت فِعلي . صيغة الفاعل (أو) صيغة المفعول

present —, اسم الفاعل
past —, اسم المفعول
pâr'ticle, *n.* جُزَيْء . جُزَيْئَة . أقَلُّ شيء . رَذَاذة . ذَرَّة
pâr'ticle, *n.* أداةٌ (حَرفية) تُزاد على الكلمات
pâr'ticoloured [-kulẹrd], *a.* مُتَخَيِّف الألوان = مُتَنَوِّع (أو) مختلف الألوان . ذو ألوانٍ شَتَّى = مُلَمَّع
partic'ūlar, *a.* مخصوص . بعينه . خاص . خصوصي . مُنفَرِد . مُعَيَّن . مُفصَّل . فَرِيد . مُتَنَوِّق = مُتَجَوِّد = مُتأنِّق
in —, على التخصيص . خصوصاً . لاسيّما . على التعيين
partic'ūlar, *n.* [خُصوص] = أحد التفاصيل (أو) المُفردات . خُصوصِيَّة
particūla'rity, *n.* خاصِّيَّة . خَصِيصَة . خُصُوصِيَّة . تنوُّق . دِقّة
partic'ūlarīze, *v.* خَصَّ بالذكر . خَصَّص . عَيَّن . فصَّل
partic'ūlarly, *ad.* على الخصوص (أو) التخصيص . خاصةً . بالتفصيل . بالتدقيق . على وجهٍ مخصوص
pârt'ing, *n.* مُغادَرة . مُفارَقة = إفتِراق . مُفتَرَق . مَفرِق . وَداع
pârt'ing, *a.* فِرَاقي . وَدَاعي . تَشْيِيعي
pârtiṡan', *n.*, *a.* مُشَايِع . مُحازِب . نصير . مُحارِب في حرب العِصابات
pârtiṡan'ship, *n.* مُشَايَعة . تَحَازُب . تَحزُّب
pârti'tion, *n.* تقسيم . تَجزِئة . قاطِع = جِدار فاصِل . قِسم . بِضع
pârti'tion, *v.* قَسَّم . قَطَّع . تقاسم . فَصَل
pârtizan', *a.*, *n.* = partisan
pârtizan'ship, *n.* = partisanship

pârt'ly, *ad.* في بعضه . بَعضاً (منه) . إلى حدٍّ ما . جُزئيّاً
pârt'nẹr, *n.* رَفِيق . شَرِيك . قَرِين . زَمِيل (أو) رَصِيف (في العمل)
pârt'nẹrship, *n.* شَرِكة = مُشارَكة . شَرِكة تجارية . شُرَكاء . عقد تأسيس الشركة . اشتراك
pârtook', *v.*, *p. of* partake
pârt'ridge, *n.*; *pl.* -ridges *or* -ridge حَجلَة . حَجَل . قَبَجَة . يعقوب = ذكر الحَجَل
pârt'-tīme', *a(d).* في بَعضِ الوقت . لبعض الوقت
pârt'y, *n.* جُمعَة . جَماعَة . فِئة . فَرِيق . فَوج . فَصِيلة = جَرِيدة . سُربَة . لُمَّة . حِزب . شَرِيك . مُمالِئ . حَفلة . دَعوة
pârt'y, *a.* حِزبي . مُشايِع
pârv'enū [*or* -ū], *n.* مُحدَث (أو) حديث النعمة
pâ'sha, *n.* (لقب) باشا
pâss, *v.* (-ssed, -ssed, past, -ssing) مرَّ . جاز . اجتاز . تجاوز . عَدّى (عن) . جاوز . فات . قَضَى = مات . جَرَى . حدث . عَبَر . انتقل . تبادل . ناول . تحوَّل . حَكَم . نَطَق بالحُكم . عَدَّى (عن) . حَسَب = ظَن . أمضى = قَضَى . انقضى . جاوز (حدَّ . . .) . أمرَّ . مرَّر . أسلك . أفرغ (البول . . .) . تخلل . زال
to — away, قضى = مات . انقضى . أودى . مَضَى (الوقت)
to — by, جاز . جاز (بِ) . اجتاز (بِ)
to — for, حُسِب (أو) ظُنَّ (خطأً)

to — off, ذهب . انقضى . انصرم . زال . دَلَّس

to — out, دوّر . وزّع . تخرّج . أُغمي عليه

to — over, سها (عن) . تجاوز (عن) . أغفل . صفح (عن) . سَرَى

to bring to —, أنجز . أوقع . أحدث

to come to —, حدث

pâss, *n.* جواز . ممرّ . إذن = جواز . طعنة . مجاز . مضيق = خانق . مأزق . حالة . تحريك (أو) حركة يدوية . اجتياز (امتحان)

pâ'ssable, *a.* يمكن المرور (منه) (أو) اجتيازه . متوسط الجودة . لا بأس به . مُحتمَل . صالح للتداول

pass'age [-ij], *n.* ممرّ . دِهليز . مُرور . مَرّ . نُبذة . سَفرة . إجازة (قانونٍ) . حقّ المرور . انتقال . تذكرة سفر

birds of —, الطيور القواطع

pass'age-way, *n.* ممرّ . طريق مرور . مَسلَك

pass'é [-sā], *a.* (امرأة) ولّى جمالُها (أو) شبابُها . حائل اللون (أو) الجمال . متقادِم . غابر . انقضى عهدُه . مضى زمانُه

pass'ẽngẹr, *n.* راكب . مُسافِر

pâ'ssẹr, *n.* مارّ . سابل

pâ'ssẹr-bȳ', *n.*, *pl.* **pâssẹrs-bȳ** مارّ . عابر (سبيل) . مارّ عَرَضًا

pâ'ssing, *n.* مُرور . عُبور . اجتياز . انقضاء . إجازة (قانون)

in —, في دَرْج (الكلام) . عَرَضًا

pâ'ssing, *a.* اجتيازي . على عَجَل . مارّ . جائز = عابر . زائل = مُنقَضٍ . عَرَضي . حادث . جارٍ . وافٍ

pa'ssion, *n.* انفعال نفساني شديد = حِدّة . هوىً . كَلَف = وَلَع . ألْهُوجة . شَوْق . شَبَق . فَوْرة غضب . سَوْرة

The Passion, آلام السيد المسيح (على الصليب)

pa'ssionate [-shẹnit], *a.* شديد الانفعال . غَضُوب . فَيُّور = سَريع الانفعال والغضب . مُتحمِّس شديد . مَشغوف . شديد . عنيف

pass'ive, *a.* استكاني . بدون مقاومة . لا يُحرِّك ساكنًا . سَلْبي . مُستكين . في صيغة المجهول . قاصر (عن العمل)

pâss'key [-kē], *n.* مفتاح الدخول . مفتاح خاص . مِفتاح المفاتيح

Pâ'ssōvẹr, *n.* عيد الفِصْح (عند اليهود)

pâ'sspôrt, *n.* جَوازُ سَفر . مِيصال = سَبَب للوصول (إلى) . وَسيلة

pâss'word [-werd], *n.* شِعار الدَّرْب (أو) المرور . كلمة السِّر (للمرور)

pâst, *n.* الماضي . الزّمان الخالي . صيغة الماضي . سِيرة ماضية مجهولة . ماضٍ سِرّي

pâst, *a.* مُنتهٍ . خالٍ = ماضٍ . فائت . مُنقضٍ . مُنصرِم . سابق . سالِف

pâst, *prp.* بعدَ . أكثر (من) . عَنْ (= للمجاوزة) . مُجاوِزٌ

He is — hope, لا يُرجى

He is — ninety, عمره تسعون ونيِّف . جاوز التسعين

pâst, *ad.* عن

He went —, مرّ (أو) جاز (أو) عدّى (من هنا)

pâst, *v., pp. of* pass

pāste, *v.* أَدْبَق = ألصق . لَزَّق (بِلِزاقٍ من العجين)

pāste, *n.* شِراس = دِباق الأساكفة . عَجِينة تَلْزيق = لِزَاق من العجين . مَعْجُون

pāste, *a.* [اصطناعي] = مُدَلَّس = مُخَشْلَب . مَعجون . مَصنوع

pāste′board [-tb-], *n.* = [كَرْتُون] ورق مُقَوّى (بالتلزيق أو بالكبس) . مَرَقّ العجين

pas′tel, *n.* قلم رَسمٍ (من نوعٍ خاص) . (نبات) الوَسمة . (نبات) العِظلِم . نوُّور

pas′tern, *n.* أشعَر الدابّة . رُسغ الدابة

pas′teurīze [-tẹr-], *v.* عَقَّم (بطريقة باستور)

pâ′stīme, *n.* لُعبَة . تَلْهِية . تَقضِية الوقت (باللَّهو) . تَسلية

pâ′stor, *n.* قِسِّيس . خوري (أو) راعي الكنيسة . (طائر) الراعي

pâ′storal, *a.* رِعائي . رِيفي

pâ′storal, *n.* قَصيدة (أو) تمثيلية (أو) . . . رِعائية

past participle, صيغة المفعول

pās′try, *n.; pl.* -ries فَطائر . مُعَجَّنات . مَرقُوقات

past tense, صيغة الزمان الماضي (في الصرف)

pâ′sturage [-chẹrij], *n.* كَلَأ . عُشْب . مَرعًى

pâ′sture, *n.* مَرعًى = مَسرَح . عُشب . مَرج

pâ′sture, *v.* رَعَى = سرَّح الدَّواب في المَرعى

pās′ty, *a.* (-tier, -tiest) عَجِيني . مُصفَرّ (قليلًا) . شاحِب (أو) ساهِم (اللون)

pā′sty [*or* pas-], *n.* فَطِيرة مَحشُوَّة (بلحم) = سَنْبُوسَكَة

pat, *n.* تَرْبيتة = ضَربة خفيفة بشيء مُسَطَّح (كاليد) . جُمعُلَة (من الزُبد) = كُتَيلة

pat, *a.* في مَحلِّه . طِبق المرام . سَدِيد

pat, *ad.* بما يوافق المَقام . طِبق المقام (أو) الغرض . على الوجه الكامل . تمامًا

to stand —, ثَبَت على ما هو عليه

pat, *v.* (patted, patting) = رَبَّت = ضَرَب خفيفًا بشيء مُسطَّح . [طَبطَب]

to — him on the back, مَجَّد . مَدَح . أثنى (على)

patch, *n.* رُقعَة . لَصُوق (أو) رِفادة = خِرْقة توضع على الجُرح . رُقعة (من الأرض) . رِفادة (توضع على العين) . حَقلة . خال (طبيعي أو صِناعي) . بُقعة = لُمعَة

patch, *v.* رأب . رَقَع . أَصلَح . سَوَّى . لزَّق الشيء = عمله من غير إحكام = لَهوَق = لَهوَج

to — up their quarrel, تتاركوا العداوة . أصلحوا ذاتَ بينهم . سَوَّى

patch′-work [-werk], *n., a.* مُرقَّعِيَّة = قِطَع من قُماش بألوان وأشكال مختلفة مَخيطة معًا . قماش مُرقَّع . عمل (أو) شيء مُرقَّع (بأشياء مختلفة) . عمل مُلَهْوَج مُرقَّع . مُلفَّق . مُلزَّق

patch′y, *a.* مُرقَّع . مُلفَّق . مُلزَّق

pāte, *n.* رأس . أعلى الرأس = صَوقَعة . عَقل . دِماغ

patell′a, *n.; pl.* -llae[-ē] رَضفة (الرُّكبة) = داغِصة

pāt′ẹnt, *a.* بائن . واضِح . ظاهر (للعِيان) . مُتنَشِر . مَفتوح . سالِك . صَريح

pāt′ẹnt, *n.* براءة الاختراع . اختراع محفوظ الحقوق . امتياز (من الحكومة)

pāt'ent, *v.* استخصل على براءة اختراع

pātentee', *n.* صاحب براءة الاختراع

patent leather, جِلد لمّاع (أسود) . جلدٌ (أسود) صقيل وناعم جدًا

patent medicine, دواء محتكَر (ببراءةٍ) يباع بدون وصفة طبية من الطبيب

patern'al, *a.* أبوي . مِن طَرَف الأب

patern'alism, *n.* إدارة (أو) حكم البلاد كحكم الأبِ لأفراد أسرته وعنايته بهم

patern'ity, *n.* أُبُوّة . أبَوِيّة

pat'ernos'ter, *n.* الصلاة الرَّبّانية (في اللاتينية)

pâth, *n.; pl.* **pâths** طُرْقة = طريق ضَيِّقة خَطَّتها أرجلُ الناس (أو) الحيوانات . سِيرة . مَجْرى . مَدْرَج . مَسْلَك . سَبيل

pathet'ic, *a.* مُحزِن . مُشْجٍ . يستدعي الشَّفَقة . يُرْثَى له

pathet'ically, *ad.* بصورة مُحزِنة (أو) تبعثُ على الشفقة

pâth'less, *a.* ليس فيه طريق = غير مُطرَّق

patholo'gical, *a.* مَرَضِيّ . متعلق (أو) خاص بعلم الأمراض

pathol'ogy, *n.* علم الأمراض . حالة (أو) ظروف سَقِيمة . عَوارِض (المرض)

pāth'os, *n.* أُسلوب في القول (أو) صِفَة (أو) حالة تَبعَث على الشفقة (أو) الحزن . إشجاء . جَوىً . قولٌ مُشْجٍ

pâth'way, *n.* سَبيل . طُرْقَة . طريق . مَدرَج

pā'tience [-shens], *n.* صَبْر . تَصَبُّر . تَجَلُّد . احتمال . طاقة على الاحتمال . أناة . تُؤَدة

pā'tient [-shent], *a.* مُحتَمِل . صَبُور . جَلِيد . مُتَّئِد . حَليم

pā'tient [-shent], *n.* مَريضٌ (تحت العِلاج)

pā'tiently, *ad.* بصبرٍ . باحتمالٍ . بجَلد . بحِلم

pâ'tiō, *n.* صَحن (الدار)

pat'ois [-wâ], *n.* لَهْجة (عامّيّة)

pāt'riarch [-k], *n.* شيخ الأسرة (أو) العشيرة . شريف . شيخ جليل . أحد آباء البَشَر . بَطرَك . بطريرك . شيخ طريقة دينية

pātriarch'al [-k-], *a.* مَشْيَخِيّ . بطرِيَرِكي . بطرَكي . جَليل . مُوَقَّر

patri'cian [-shen], *n., a.* أحد أشراف روما القدماء . شَريف . أرستقراطي = زرْزار . من عِلْيَة القوم = عِلّي

patrimōn'ial, *a.* خاصٌّ (أو) متعلق بميراثٍ من الأب (أو) الأسلاف

pat'rimony, *n.; pl.* -nies ميراث . إرث . تَرِكة . حُبْس (أو) وقف كنسي

pat'riot [*or* pāt-], *n.* وَطَنِي غَيُور (أو) مُحِبّ للوطن . وَطني

patriot'ic [*or* pāt-], *a.* غَيُور على الوطن . مُحِبٌّ (ومُخلِص) للوطن

pat'riotism [*or* pāt-], *n.* إعزاز (أو) مَعزّة الوطن . غِيْرة وطنية . حبُّ الوطن . نُعرة وطنية

patrōl', *n.* دَوْرِيّة كَشّافة . خَفير (أو) حَرَس العَسَس . عَسَس . دَوْرِيّة (عَسَس) . طَوْف (والجمع طَوْفِيّة) . رَهطٌ (من الكشّافة)

patrōl', *v.* (-rolled, -rolling) طاف يحرُس = عَسَّ

patrōl'man, *n.; pl.* -men عَسّاس . شرطي طوّاف

pāt'ron, *n.* وَلِيّ . وَلِيّ (النِّعمة) . زَبُون مُلازِم . قِدِّيس (أو وَلِيّ) حامٍ

pāt'ronage [-ij], [*or* **pat'-**], *n.* رِعاية . وِلاية (النعمة) . مُزابَنة . إفضال . تَعطُّف

pāt'roness [*or* **pat'-**], *n.* وَلِيَّة . وَلِيَّة (النعمة) . مُتَفَضِّلة

pat'ronīze, *v.* راعَى = شَمَل برعايته وفضله . تَعطَّف (على) . والَى . زابَن . تَعَجرَف (على)

patt'ẹr, *v.* دَقْدَق . طَقطَق . نَقَر . نَقَّر . أَكدَفَت (الدابَّة) . شَقشَق (الطائر)

patt'ẹr, *n.* كَدَف = وَقع الحوافر (أو) الأقدام . دَقْدَقة . تنقير

patt'ẹr, *n.* هَذْرَمة = سُرعة وتخليط في الكلام

patt'ẹr, *v.* هَذرَم = أسرع وخَلَّط في الكلام

patt'ẹrn, *n.* طِراز . نَمُوذَج = مِثالٌ (يُحتَذَى) . غِرار . رَسْمة . تراصف الألوان (أو) الأشكال . تخطيط . أُسلوب . مِنْوال . مِقطَع = مِثال يُقطَع عليه الثوب (أو) غيره . نَمَط . قُدوة

patt'ẹrn, *a.* مِثالي . نَموذَجي

patt'ẹrn, *v.* سارَ (أو جَعَل) على مِنوالٍ . تَمَثَّل بمثال . نَمَّط

patt'y, *n.* سَنْبُوسَكة صغيرة

pau'city, *n.* عَزازة . قِلّة . نَدرة . نَزارة

Paul, *n.* بُولُس . بُولُص

paunch, *n.* بطن (ناتئ) . كَرِش

paup'ẹr, *n.* مُتَسَوِّل . فقير مُعدِم (أو) مُحوِج . شَخص (يعيش على الصَّدَقة)

paup'ẹrism, *n.* عيشة التكدي (أو) التسول . المعيشة على الصدقة (أو) الإحسان

paup'ẹrīze, *v.* جَعَله يعيش على الصَّدَقة

pauṡe, *n.* وَقْفة = لُبثة . مُهلة . مُكثة . فَترة . سَكْنة

pauṡe, *v.* توقَّف . تَلَبَّث . تَمَكَّث . تلكَّأ . تثَبَّط

pāve, *v.* رَصَف . بَلَّط = فَرَش بالبلاط . مَهَّد . عَبَّد

pāve'mẹnt [-vm-], *n.* رَصيف (الشارع) . رُصافة . رَصَف

pavil'ion, *n.* فُسطاط = سُرادِق . مِضْرَب = خيمة عظيمة . رِواق . الأُذن الخارجية

pāv'ing, *n.* رَصيف . بَلاطة = مواد التبليط

paw, *n.* كَفُّ الحيوان (أو) قَدَمُه مع البراثن . كف (الإنسان)

paw, *v.* ضَرَب (بالكف أو القدم) . دَحَص = مَحَص = فَحَص (= بَحَث) بالكف (أو) بالقدم . داعَب بغِلظة . كَدَّش = جَرَح وهرَد

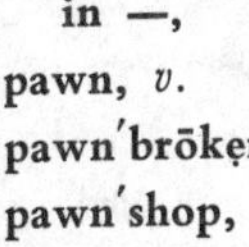

pawl, *n.* سُقّاطة الدولاب المُسَنَّن (تحبسه عن الدوران)

pawn, *n.* رَهينة . رَهن . بيدَق (في الشطرنج)

in —, مَرهُون

pawn, *v.* رَهَن . راهَن = خاطَر

pawn'brōkẹr, *n.* سِمسار رَهْنيات

pawn'shop, *n.* دكان رَهْنيّات

pawpaw', *n.* = papaw

pay, *v.* (paid, paying) دَفَع (نُقودًا) . سَدَّد (دينًا) . وَفَى . أدَّى . عاد بالنفع . أفاد . استفاد (من) . استوفى . جازَى . تكلَّف

to — back, سَدَّد (الدين) . جازَى (بالمثل)

to — off, سَدَّد (أو) وَفَى . جازى (بالمثل)

pay, *n.* مُرتَّب = جامِكيَّة . أُجرة . جَزاء

in the — of, مُستأجَر (من)

pay'able, *a.* قابل للدَّفع . مُستَحِقّ الدفع (أو) الوفاء . واجب الأداء . يَجزي = يعُود بالنفع

pay'mâster, *n.* أمين الدَّفع . متولي الدفع

pay'mẹnt, *n.* دَفع . تسديد . مَدفُوع . دُفْعة (مالية) . إيفاء . عَطاء نقدِي (أو) مالي

pay'rōll, *n.* كَشف المُرَتَّبات . جَدول (أو) قائمة المُرَتَّبات (أو) الشهريّات . مجموع المرتَّبات

pea, *n.; pl.* **peaṡ** *or* **peaṡe** بَسِلَّة = بَزِلْياء = بِسِلَّى

sweet —s, بِسِلّى عَطِرة . بِسِلّة عَطِرة . جُلبان عَطِر

as like as two —s, (هما) شَقّ الأبلمة . فَرخان في نِقاب . شبيهان شبهَ التمرة بالتمرة .

peace, *n.* سلام . صُلح . هُدوء . خلوّ البال = قَرار

to hold his —, أخرد = لزم الصمت . سَكَت . ظلّ ساكتاً

peace'able [-sab-], *a.* مُسالِم . مُحِبّ للسلام . مُوادِع . وادع . هادئ

peace'ably, *ad.* صُلحاً . بمسالمة . بموادَعة . بسلام

peace'fụl [-sf-], *a.* هادئ . مُسالِم . سِلمي . قَرير البال

peace'fụlly, *ad.* بهدوء . سِلمياً . سِلماً

peace'mākẹr [-sm-], *n.* مُصلِح (بين الناس) = مِفرَع

peach, *n.* [خَوخ] . دُرّاق . دُرَاقِن

peach, *a.* زهري أصفر خفيف

pea'cock, *n.; pl.* **-cocks** *or* **-cock** طاوُوس

pea'cock, *v.* تبختر . اختال . زاف = زاك تطوّس

peack, *n.* قُنَّة (أو) صَومَعة (الجَبَل) . (رَأسُ) القِمَّة = شُنخُوبَة . قِمة (عالية) . رأس (أو) طَرَف مُحَدَّد = صُعنُوبَة . ذُرْوة . نقطة (أو) نهاية عُليا . رَفْرَف أمامي (أو) مُطيف . مِنقار الحذاء = فُرطوم

peaked [-kd], *a.* مَنقُوف = هَزِيل = ناحِل . مُصعنب = مُحَدَّد الرأس . مُخَرْطَم

peal, *n.* هَدِير . قَصفُ (الرَّعد) . جَلجَلة . صُداح

peal, *v.* هَدَّر . قَصف . جَلجَل . لَعلَع . قَرَع . رَجّ

pea'nut, *n.* فُول سوداني . [فُستق عبيد]

pear [pār], *n.* كُمَّثرَى . [إنجاص]

pearl [perl], *n.* لؤلؤ(ة) . دُرَّة . دُرَّة يتيمة . صَدَفة . لون اللؤلؤ

pearl, *a.* أشهب أزرق خفيف . من اللؤلؤ . صَدَفي

pearl'y, *a.* لؤلؤيّ . كاللؤلؤ . كالفضة . مُزيّن باللؤلؤ

pea'ṡant [pez-], *n.* أكّار = فَلّاح (أو) حَرّاث . جِلف

pea'ṡantry [pez-], *n.* جماعة الأكّارين . فَلّاحون

peaṡe, *n.* = peas

peat, *n.* دَرِين = مواد نباتية مُتفَحِّمة (للوَقود) = دِندِن

peb'ble, *n.* قَضّة = حَصبَة . رَضراضة = حَرْشَفة = حَصاة (مُدَملَكة ملساء) . جِلد له سَطح مُحَرشَف . حَرشَفة

pebb′ly, *a.* (-lier, -liest) مُحصَّب . مُغطًّى بالرَّضْراض . كثيرُ الحَرْشَف . مُحَرْشَف = خَشن كالجلد المُحَرْشَف

pecan′, *n.* جَوْزة زيتونيَّةُ الشكل ملساء القشرة . شجرة الجوز من هذا النوع (في أمريكا)

peccadill′ō, *n.; pl.* **-ōs** زَلَّة . هَفوة = هَنَة

pecc′ant, *a.* مُذْنِب . آثِم . جالب للمرَض

pecc′ary, *n.* رَتٌّ (أو) خنزير بري أمريكي

peck, *n.* نَقْرَة . نَقْدَة (بالمِنقار)

peck, *v.* نقَر . نقَد (كالطائر) . لقَط . [نقَوَد]

to — at, [نقَوَد] = نقَّر (في الأكل) . نقَّر عليه = عابه

peck, *n.* غالونان إثنان = مِكْيال للحجم = ¼ بُشْل . كَيْلَة (أو) سَلَّة بهذا الحجم . ٨٫٨ من اللترات

pec′toral, *a., n.* صَدْري . حِلية تعلّق على الصدر . دواء للصدر

pecūlā′tion, *n.* إغلال = إختيان (في المال أو الوديعة) . إختلاس

pēcūl′iar, *a.* غريب . مُستغرَب . خاصٌّ (به وَحدَه) . مُختَص . خصوصي

pēcūlia′rity, *n.* غَرابة . مُستَغرَبيَّة . خاصيَّة . خَصيصَة

pēcūn′iary, *a.* نَقْدي . مالي

ped′aġog, *n.* = ped′agogue

ped′aġoġue [-ġoġ], *n.* مُرَبٍّ . مُعلِّم (أولاد) . مُعلِّم ضيق الفكر مُتنطِّع

ped′aġogy [*or* -ġoji], *n.* تعليم . علم التعليم

ped′al, *n.* مِدْوَس . مِدْوَاس . دَوَّاسة

ped′al, *v.* (-lled, -lling) حرَّك بالمِدْوَس = مَدْوَس

ped′al, *a.* قَدَمي . متعلق بالقدم (أو) الأقدام

ped′ant, *n.* مُتحذِّق (أو) مُتحذلق (بما لديه من المعرفة) = مُتنطِّع . مُتجهوِر بالمعرفة . متقعِّر

pẹdan′tic, *a.* تنطعي

ped′antry, *n.* تَحذُّق . تَجهْوُر بالمعرفة (من بطون الكتب) . تَنطُّع . تفاصُح

ped′dle, *v.* عَنقَش = تجوّل يبيع الأشياء

pedd′lẹr, *n.* عِنقَاش = بائع مُتجوِّل = فِيلَجِيّ

ped′ẽstal, *n.* مَنصب (تمثال) . مَرفَع . مَرفَعة . قاعدة (العمود) . عِماد

to put (set) on a —, رَفَع على الرأس (أو) رَفَع على الرؤوس . عظَّم (إلى درجة العبادة)

pēdes′trian, *n.* واطِئ = سابل = مارٌّ

ped′igree, *n.* شَجرة النسب . نَسَب . سُلالة

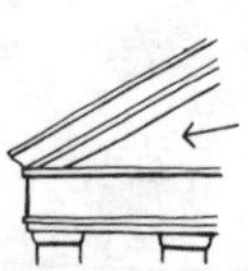

ped′imẹnt, *n.* قطعة مُثلَّثة من بناء إغريقي في أعلى [واجهة] البناء

ped′lar, *n.* = peddler

ped′lẹr, *n.* = peddler

peek, *v.* اختلس (أو) سارَق النظر . وَصْوَص

peek, *n.* نظرَة مُختَلسة . مُسارَقة نظر . وَصْوَصة

peel, *n.* قِشرَة (الثمرة أو الخُضرة) . قُلافَة . لِحاء . راحة الخَبَّاز

peel, *v.* تمشّق = تقشّر وتحسّر . قشّر . تقشّر . تقلّف . جلف = قلف . لحا

peep, *v.* لاوص (بنظره) . وصوص . خالس (أو) سارق النظر . نبق . بزغ

peep, *n.* لوصة . ملاوصة . وصوصة . لمحة . لاحة . وصواص = ثقب تنظر منه العين . بزوغ . طلوع

peep, *v.* زقا . زقزق . صأى

peep, *n.* زقوة . صئي

peer, *n.* كفء . نظير . مثيل . ند . قرين . سِيّ

peer, *v.* أسفّ النظر . صفّر عينيه ليستثبت النظر . طنفش = دقّق (أو) حدّق (أو) حقّق النظر . تفرّس . توسّم . نبق = ظهر وخرج . بزغ . [تطلّع]

peer, *n.* شريف . نبيل . نسيب

peer'age [-ij], *n.* شرافة = نبالة . جماعة الشرفاء

peer'ess, *n.* شريفة . نبيلة . نسيبة

peer'lẽss, *a.* منقطع النظير . أوحد . فريد . غاية = لا نظير له

peev'ish, *a.* نتق = سريع الغضب لأهون الأسباب . ممرور = سريع الغضب . ضيّق الخلق . [نكد] . كثير الشكوى

peev'ishness, *n.* ضيق الخلق . تأقة . تأق = سرعة الغضب لأدنى سبب

pee'wit, *n.* = pewit

peg, *v.* (pegged, pegging) ثبّت (أو) شدّ بوتد (أو) بمسمار . وتّد

peg, *n.* وتد . عصفورة = مسمار خشبي (أو) معدني = سكّ . منزلة . درجة . عذر

to take him down a —, حطّ من مقامه

Peg'asus, *n.* الفرس المجنّح (عند قدماء اليونان) . الفرس الأعظم (في الفلك)

Pēkin(ġ)ēse', *n.* كلب قلطي (أو) صيني = كلب صغير طويل الشعر له أنف أفطس أكزم

pek'ōe, *n.* نوع من الشاي الأسود الممتاز (في الهند وسيلان وجاوه)

pelf, *n.* سحت = مال حرام . مال مسلوب . مال . ثروة

pel'ican, *n.* قوق = قيق = بجع = سقّاء = حوصل = جمل الماء

pẽlĭsse', *n.* بنش = معطف مطرّف بالفرو

pell'ẽt, *n.* جلّوزة = دحروجة = صعرورة . بندقة . [رشّة]

pell'-mell', *a(d).* بتقادع (أو) بتتايع (أو) بتتيع . دربكة = بسرعة وتهافت . بتشويش واختلاط . بالتباك . مختلط ومشوّش

pellū'cid [or -ōō-], *a.* رائق . زلال . سائغ . سلس . واضح . صافٍ

pelt, *v.* لقع . نقف . حصب . راشق . رجم . رشق . سحّ (المطر أو البرد) . رشق (بالكلام)

pelt, *n.* حصبة . رجمة . قذفة . سرعة . جلد حيوان عليه فروة . إهاب = جلد غير مدبوغ

pel'vic, *a.* خاصٌّ بالحوض (في الجسم)

pel'vis, *n.* حوض (في جسم الإنسان)

pemm'ican, *n.* لحم يقدّد ثم يدقّ ويعجن على شكل كعكات (عند الهنود الحمر)

pen, *n.* يراع . قلم (حبر) . [ريشة] . مرقم . خطّ . كتبة . كتابة

pen, *v.* (penned, penning) كَتَب . (أو) رَقَم بِالقَلَم

pen, *n.* مِرْبَد = حَظِيرة . زَرِيبَة (الغنم) . صِيرة (البقر)

pen, *v.* (penned *or* pent, penning) حَظَر (في الحظيرة) . زَرَب

pē'nal, *a.* عِقابي . عُقُوبي . جَزآئي . يستحق العقاب

pē'nalīze [*or* **pen-**], *v.* عاقَب . قاصَّ

pen'alty, *n.* عِقاب . قِصاص . عُقُوبة . غَرامة . جَزآء . عاقبة . آفة

  under — of, تحت طائلة العقوبة

pen'ance, *n.* كَفَّارة . عُقُوبة تَكفيرِيَّة . نَدَم . عُقوبة دينية . اعتكاف

pence, *n. pl. of* penny بَنيات (أو) بَنسات

pen'chant [**pânshân**], *n.* نَزْعة شديدة . وَلَع (وتَذَوُّق) . مَيل (شديد)

pen'cil, *n.* قَلَم رَصاص . مِرْسَم . قَلَم (التزيين) = مِزجَّة (الحواجب)

pen'cil, *v.* (-cilled, -cilled) خَطَّ (أو) كَتَب (أو) رسم بقلم رَصاص . زَجَج

pen'dant, *n.* ذَبْذَبة . مُدَلَّاة (أو) مُرْسَلَة = قِلَادة لها حِلية مُتدَلِّية . نظير . فَرْدة (زوج) . عِلَاقة

pen'dant, *a.* مُتدَلٍّ . مُتهدِّل

pen'dent, *a.* مُعلَّق . مُتدَلٍّ . مُتَهدِّب . مُتهدِّل

pend'ing, *a.* مُعلَّق = غير مَبتوت = في انتظار قرار . مُوشِك

pend'ing, *prp.* رَيْث . رَيْثما . في أثناء . إلى أنْ . في انتظار

pen'dūlous, *a.* مُتَرجِّح . مُتدَلٍّ (يتذبذب) = مُتهدِّل (يتراوح) = مُتَنوِّح . نَنوَّس

pen'dūlum, *n.* رَقَّاص = بَنْضُول = بَنْدُول . خطَّار (الساعة) . نوَّاس

pen'ētrable, *a.* يمكن خَرْقه (أو) النفوذ منه

pen'ētrāte, *v.* ثَقَب . خَرَق . اخترق . نَفَذ . تَغَلغل . نَخَط (السهمُ) = مَرَق من الرَّمِية . تَفَشَّى . تخلَّل . توغَّل . إكتنه = فهم حقيقة الشيء = استبطن . أَشْجَى

pen'ētrāting, *a.* نفَّاذ . ثاقِب = نافذ . بَصير بالأمور . (ذهن) ثاقب

pen'ētrā'tion, *n.* ثَقَابة . اختراق . نفوذ . تَوَغُّل . فهمٌ ثاقب . تَغَلْغُل . فِراسة

pen'ētrative, *a.* نفَّاذ . خارق . ثاقِب . حاد

pengʻuin [**-win**], *n.* (طائر) البطريق = الأكتع

pẹnin'sūla, *n.* شبه جزيرة

pẹnin'sūlar, *a.* مُتعَلِّق (أو) خاصٌّ بشبه جزيرة

pen'itẹnce, *n.* ندامة . تَوْبَة . تَنَدُّم

pen'itẹnt, *a., n.* نادم . تائب . مُتحسِّر

peniten'tial, *a.* متعلق بالندامة (أو) التوبة (أو) العقوبة الدينية

peniten'tiary [**-shẹri**], *n.* حَبْس التأديب (أو) التتويب (للمجرمين) . إصلاحيَّة . وظيفة العقوبات الدينية (في روما)

pen'knīfe [**-nīf**], *n.*; *pl.* -knives مُوسى صَغيرة للجيب = عُوَيْسِيَّة = مِجزَأة

pen'man, *n.*; *pl.* -men كاتب . خَطَّاط

pen'manship, *n.* كتابة . حسن الخط . خط اليد . فن الخطّ

pen´-nāme, *n.* اسم مستعار (ينتحله المؤلف أو الكاتب)

penn´ant, *n.* مِطْرَدَة = عَلَم (أو) لواء صغير مُنْخَرِط الشكل . لِواء

penn´iless, *a.* مُنْفِض = لا يملك فَلساً

penn´on, *n.* عَلَمة = لواء مُثَلَّث الشكل. عَلَم

pen´n'orth, *n.* = pennyworth

penn´y, *n.; pl.* pennies *or* pence
بَني (أو) بنِس = $\frac{1}{12}$ من الشِلِن

It will cost you a pretty —, سَتُكَلِّفُك مبلغاً كبيرًا

penn´y-weight´ [-wāt], *n.* وحدة وزنية تساوي $\frac{1}{20}$ من الأوقية الإنكليزية في معايير الصاغة والجوهريين = ٢٤ حبة = ١,٥٦ من الغرام

penny-wīse, *a.* مُحَصْحِصٌ (أو) حريص على الدَّوانِق (يقتصد فيها). شحيح. مُدَنِّق

— and pound foolish, حريصٌ على القليل مبذر في الكثير (أو) زاهد في الكثير

penn´yworth [-werth], *n.* ما يَسوَى بنياً واحدًا . شَرْوَى بنيّ واحد . مبلغ زهيد

pen´sion [-shen], *n.* راتب تقاعد(ي) . تقاعد (عن العمل)

pen´sion, *v.* مَنَح (أو) دَفَع راتب تقاعد . أحال على التقاعد

pen´sioner [-shen-], *n.* [مُحالٌ على المعاش] = مُتَقاعِد . متقاضي راتب تقاعد . مُحال على التقاعد

pen´sive, *a.* مُفكّر (بشيء محزنٍ أو جدّي). مَشغُول البال . [مَفكُور] . سَوْداوِيّ . كئيب

pent, *a.* مَزْرُوب . مَحْصُور = مَحقُون

pent, *v. p. and pp. of* pen

pen´tagon, *n.* شَكْل (هندسي) خُماسِي . مُخَمَّس

Pen´tateuch [-tūk], *n.* أسفار موسى الخمسة . الأسفار الخمسة الأولى من العهد القديم

Pen´tēcost, *n.* عِيد العَنْصَرَة . عيد الخمسين . عيد الحَصاد عند اليهود

pent´house, *n.* بيت (أو) حُجرة على سطح البناء . عُلِّيّة السطح . سقيفة مائلة السطح بلصق بناء . سطح مائل خارجٌ عن البناء . صُفّة (أو) ظُلّة (فوق الباب)

penūr´ious, *a.* شحيح = مُدَنِّق (في النفقة) . فقير مُدْقِع

pen´ūry, *n.* فَقر مُدْقِع = فَنَس . فاقة

pē´ony, *n.* (نبات) فاوانيا = عُودُ الصليب = كهينا

pēople [pēpl], *n.; pl.* -le *or* -les
ناسٌ . أشخاص . خَلق . شَعب . أهالي . قَوم . رَهط . رَعيّة . عَوامّ . أهل

pēople, *v.* أَهَلَ (بالسكان) . عَمَر = سَكَن

pepp´er, *n.* فُلفُل . نَبات الفُلفُل . فُلَيفِلة (خضراء)

pepp´er, *v.* تَوبَل بالفُلفُل . فلفَل . رَشَّ . نَقَط . رَشَق . رَشَّش . [بَهَّر] (الكلامَ)

pepp´ercôrn, *n.* حَبّة فُلفُل . شيء زهيد (أو) تافِه

pepp´ermint, *n.* نَعْنَاع . دُهن (أو) رُوح النَّعنَاع

pepp´ery, *a.* فُلفُلي . كالفلفل . حارٌّ (على اللسان) = حِرّيف . حاد الطبع . مُفلفَل (كالكلام)

pep´sin, *n.* هَضمِين = مادة هاضمة في عصارة المعدة

per, *prp.* لِكُلِّ (مِن) . بواسطة . بِ

peradven'ture, *ad., n.* لعلَّ . رُبَّما . عَسَى . شكٌّ

pęram'būlāte, *v.* جال . طوَّف . جوَّل . دار يتأمَّل (أو) يتفقد . تمشّى

pęram'būlātor, *n.* عَرَبَة أطفال (يُطاف بها) . مِطوفة . كرسي بعجلات للتدحرج

per ann'um, في السنة . سنويًا

pęrcāle', *n.* قماش قطني صفيق

per cap'ita, للرأس الواحد . لكل شخص

pęrceive', *v.* أَحسَّ (بِ) . أدرَك (بالحِسِّ) . شَعَر . أدرَك . فهم . تبيّن

per cent (%), في المئة = ٪

pęrcen'tage [-ij], *n.* نِسبة مِئَوية . نِسبَة

pęrcep'tible, *a.* يُمكِن الإحساس به (أو) إدراكه . مُشاهَد . مُدْرَك

pęrcep'tibly, *ad.* بصورة محسوسة (أو) مُشاهَدة . على قدرٍ محسوس

pęrcep'tion, *n.* إدراك (المَحسوس) . مُشاهَدة . تبيُّن . إدراك . فِراسة . بَصيرة

perch, *n.* مجثَم (أو) مبِقَمة (الطائر) = قضيب (أو) غُصن يقَع عليه . عَلايَة = مكان (أو) مَقعَد مرتفع = مِنَصَّة

perch, *v.* جَثَم = حطَّ (أو) وقع (الطائر) . تَعَلَّى وارتفع في مَقعَدِه = تَنَصَّب . عَلَى

perch, *n.* مِقياسٌ للطول بقدر ½ ٥ من الياردات = قَصَبة

perch, *n.* فَرخ (وهو نوع من السمك)

pęrchânce', *ad.* لعلَّ . رُبَّما . عَسَى . عَرَضًا

perc'olāte, *v.* رَشَح . ترشَّح . تخلَّل . ساحَ . تَغلغَل

perc'olātor, *n.* إبريق للقهوة يُغلى فيه الماء ويتسرب الماء من داخل البُنِّ المطحون

pęrcu'ssion, *n.* اصطكاك . صَكٌّ . صَفق . دَقّ . إلتطام . اصطدام

pęrdi'tion, *n.* بَوار (أو) خُسران (بالمعنى الديني) . خَسار . دار البَوار = جَهنم . تَباب

pe'rēgrinā'tion, *n.* سَفر . تَنقُّل (في السفر) . تَرَجُّل

per'ēgrīne, *n., a.* طارئ . غَريب . شاهين

pe'rępmtory [or peremp'-], *a.* باتٌّ . حاسِمٌ . قاطِع = لا يقبل الأخذ والردّ . تأَمُّري . جازِمٌ . مُتأَمِّر . مُتَسيطِر

pęrenn'ial, *a.* يدوم (أو) دائم طولَ السنة (أو) زمنًا طويلًا . يعيش أكثرَ من سنتين = عُمْرِيّ . دائمي . أَزَلِيّ العُمر

pęrenn'ial, *n.* نبات يعيش أكثرَ من سنتين

perf'ect, *a.* تامٌّ . مُكمَّل . سالم من كل عيب . مُتقَن . مُحكَم . مُطلَق

perf'ect, *n.* زمانُ فِعل يَدُل على الحَدَث التام زمن التكلم

pęrfect', *v.* استكمل . أتقن . أحكَم . أتمّ . كَمَّل

pęrfec'tible, *a.* يمكن إحكامه (أو) إتقانه

pęrfec'tion, *n.* إحكام . كَمال . عَيْن الكمال . إتقان . تَمام

perf'ectly, *ad.* تَمامًا . بإحكام . بِكامِلِه

perf'ectness, *n.* سلامة من العَيب . تَمام . كَمال . إحكام . استكمال

pęrfid'ious, *a.* عديم الذِمام . خَوّان . ختّار . غَدّار = مَمَلَّع

perf'idy, *n.; pl.* -dies غَدْر . خيانة

perf'orāte, *v.* نَقَب . ثَقَب . خَرَم . [خَزَق] . خَرَق . ثَقَب . بَزَل . بَقَر . انثقب

perf'orā'tion, *n.* ثَقب . خَرق . إنخراق . تخريم . بَزْل . انثقاب

pęrfôrce', *ad.* بحكم الضرورة . بالرَّغم

pęrfôrm', *v.* عَمِل . أَنجز . أدَّى . قام (بِ) . أَتمَّ . وَفى (بِ) . قضى

pęrfôrm'ance, *n.* عَمَل . قضاء . إتمام . أداء (تمثيلي أو غنائي) . إيفاء . تأدية

pęrfôrm'ęr, *n.* مُؤَدٍّ = مُمَثِّل (أو) عازِف

perf'ūme, *n.* عِطر . طِيب . أَريج . عَبير

pęrfūme', *v.* عَطَّر . طَيَّب

pęrfūm'ęry, *n.* عِطر . عُطُور . عِطارَة . مَعطَرة

pęrfunc'torily, *ad.* قضاءً للواجب فقط (بدون نَفَس) . بحكم العادة . بصورة ميكانيكية . لَهوَجةً

pęrfunc'tory, *a.* يَعمل الشيء من قبيلِ قضاء الواجبِ فقط (بدون نَفَس) . يُعمَل بحكم العادة . مُلَهوَج . غير مُهتَمّ . غير مكترث . ميكانيكي

pęrhaps', *ad.* رُبَّما . لَعَلَّ . عَسَى . مُمكِنٌ

pe'ril, *n.* تَعرُّض للخطر (أو) للتلف = مَخطَرَة . مَتلَفَة . خطر . غَرَر . مَهلَكَة . مَعطَبة

pe'ril, *v.* (-illed, -illing) أَغرَّ = غَرَّر (بِ) = عَرَّض للخَطَر (أو) للتَّهلُكة

pe'rilous, *a.* مُخطِر . خطِر . فيه غَرَر

pęrim'ēter, *n.* (الخَطّ) المُحيط . طول المحيط = استدارة

pēr'iod, *n.* حِصَّة من الوقت . مُدَّة . عَهد = زمان . حِقبَة . نُقطَة . مَرحَلة (من الزمن) . سَبَّة = زُمَين . طَور جيولوجي . مُدة الدوران (في الفلك)

pēriod'ic, *a.* مُتعاقِب . دَوْرِيّ . على فَترات (مُنتظِمة) . دَوَراني

pēriod'ical, *a.* يُطبَع (أو) يُنشَر دَوْرِياً

pēriod'ical, *n.* مَجَلَّة دَوْرية

pēriod'ically, *ad.* بالدَّوْر . على فترات مُنتَظِمة

peripatet'ic, *a.* مُتجوِّل . مَشّاء

pęriph'ęry, *n.* مُحيط . أطراف مُحيطة . سطح محيط . مِنطقة محيطة

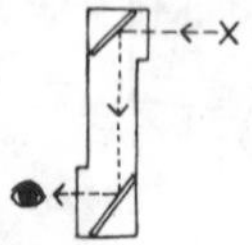

pe'riscōpe, *n.* [بريسكوب] = منظار يكشف الأشياء المحجوبة فوق مستوى النظر

pe'rish, *v.* رَدِي . أودى . مات . هَلَك . تَلِف

pe'rishable, *a.* قابِل (أو) سريع التَّلَف (أو) العطب

pe'riwig, *n.* شعر مُستَعار

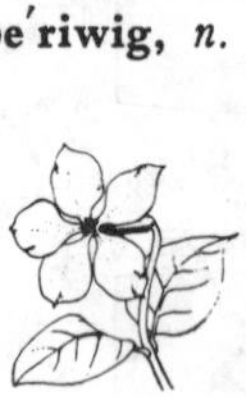

pe'riwinkle, *n.* حلزون بحري صغير يُؤكَل = لُزَّيق = دُلَّاع

pe'riwinkle, *n.* عِناقِيَّة = نبات دائم الخضرة متسلق بزهور زرقاء = قُضّاب مصري

perj'ure [-jęr], *v.* حَلَف كاذِباً (أو) زُورًا . حَنَث بيمينه . خاس بالعهد

to — himself, حلف زورًا

perj'ury [-jęri], *n.; pl.* -ries حِنثٌ = الحَلفُ زُورًا . يَمينٌ كاذِبَة (أو) زُورٌ . الإخلاف (أو) الخَيس بالوَعد (أو) العَهد

perk, *v.* انتعش . رَفَع بسرعة = زَمَّ . أَشِر = عَرِم = تَعرَّم . مَشى (أو) رَفع رأسه ببطر

to — up, تَنَشَّط . مَرِحَ . إِنْشَرح . انتعش . تَهنْدَم . تطرّز بألبسة فاخرة

perk'y, a. (-ier, -iest) أشِر = مَرِح = عارِم

perm'anence, n. دوام . بقاء . ثُبُوت . دَيْمومة

perm'anency, n. دوام . بقاء . شيء (أو) موظف (أو) منصب دائم

perm'anent, a. دائم . ثابت . لا يُعْدَم . باقٍ على حاله . طويل البقاء . ثابت . مُستقرّ

perm'anently, ad. على الدَّوَام . أبدًا

permang'anate [-it], n. ملح متبلور أرجواني اللون يُستعمل مُعقِّماً

perm'ēable, a. يمكن تخلُّلُه

perm'ēāte, v. تفشّى . تخلّل . سَرَى . تَسَفْسَغ . تَغَلْغَل

permiss'ible, a. مأذون (أو) مسموح به . مُبَاح . سائغ

permi'ssion, n. إذن . إجازة . تَسويغ . سَمَاح

permiss'ive, a. مُسَمِّح . مُسْمِح . سَماحي . تسويغي . مسموح به . مُسَوَّغ . مُتساهِل

perm'it, n. إذن (رسميّ) . رُخْصَة . ترخيص

permit', v. (-mitted, -mitting) أَذِن (أو) سَمَح . رَخَّص . أباح

perni'cious [-shẹs], a. مُضِرّ . مُتلِف . خَبيث . مُشِيف . مُفسِد

pe'rorā'tion, n. خاتِمة (أو فَذْلَكة الخطاب . فذلكة المجادلة (أو) الحجة

perox'īde, n. فوق الأكسيد

perpẹndic'ūlar, a., n. عَمُود . عَمُودي . قائم . شاقول

perp'ĕtrāte, v. اقترف . اجترم . ارتكب . جنى

perp'ĕtrātor, n. فاعِل . مُقترِف الجُرْم . مُجرِم . جانٍ

pẹrpet'ūal, a. خالِد . أبدي . دائِم . لا ينقطع . مُزْهِر طولَ السنة (أو) في مُعظمها

pẹrpet'ūally, ad. إلى الأبد . أبدًا . على الدوام

pẹrpet'ūāte, v. خلّد . أبّد . أدام (إلى الأبد) . استدام

pẹrpet'ūā'tion, n. تخليد . تأبيد . إدامة (إلى الأبد)

perpĕtū'ity, n. خلود . أبدية . دوام . دَيْمومَة

in —, إلى الأبد . دوماً

pẹrplex', v. لَبَّك . شَكّك . احتار . حَيَّر

pẹrplex'ity, n.; pl. -ties التباس . حيرة . إشكال . [لَخْبَطة] . تشكيك . تشويش

per'quisite [-kwizit], n. نَفْحة = هبة إضافية = نافلة

pers'ĕcūte, v. اضطهد . سام الأَذَى (أو) الظُّلْم . اضطهد (بسبب الدين أو السياسة) . تعسّف . آذَى . جار

persĕcū'tion, n. إضطهاد . سَوْم الأذَى (أو) الظلم . تَعسُّف . جَوْر . إيذاء

pers'ĕcūtor, n. مُضطهِد . عَسَّاف

persĕvēr'ance, n. مُواظَبة . مُثابَرة . مُداوَمة (على) . دُؤوب . إدمان (العمل)

persĕvēre', v. واظب . ثابَر . لازم . دأب . أدمن (العمل أو الجهد)

Per'sia [-sha], n. بلاد العجم = فارس = إيران

Per'sian [-shẹn], n., a. عَجَمي . فارسي . إيراني

pers´iflâge, *n.* مُطايَبَة = مجارَزة = مُمازَحة

pęrsimm´on, *n.* شجرة في شمال أمريكا لها ثمرة تشبه البرقوق

persist´, *v.* تمادَى = أصرَّ . لَجَّ . أدْمَن . تَهَمَّك . واظب . أمعن . ألحف

persist´ęnce, *n.* استمرار . لَجاجة . إدمان . تمادٍ . مواظبة . مُلازمة . إلحاف

persist´ęncy, *n.* = persistence

persist´ęnt, *a.* مُستمر . لَجُوج . مُلازِم . مُلحف

persist´ęntly, *ad.* بتمادٍ . بإدمان . باسترسال . بمثابَرة

pers´on, *n.* فَرْد . إنسان . شخص . ضمير (في الصرف والنحو) . جِسم (الإنسان)

He came in —, جاء بنفسه (أو) بشخصه (أو) بظُفره (أو) بزِرِّه

pers´onable, *a.* هَيِّئ = حَسَن السَّمت (أو) الهيئة = وَسيم

pers´onage [-ij], *n.* ذات = شَخصيَّة = شَخص كبير (أو) وجيه . شخص (في رواية)

pers´onal, *a.* خاصّ . ذاتِي . شَخصي

— property, أملاك منقولة

personal´ity, *n.*; *pl.* -ties شَخصيَّة . ذاتِيَّة . شخص (كبير)

pers´onally, *ad.* شَخصياً . من حيث شَخصُه . بنفسه . بذاته

pers´onāte, *v.* شَخَّص = مَثَّل في تمثيلية . استشخص = تلبس شَخصيَّة (أو) شَخص فلان ما

person´ificā´tion, *n.* مُشَخَّص . تَشَخُّص . مثالٌ مشخَّص . تمثيل بالشخص . مجاز . تجريد . استعارة مجرَّدة

person´ifȳ, *v.* (-fied, -fying) تَجَسَّم . تشخَّص . مَثَّل بشخص . استحضر

personnel´, *n.* زُصفة = (جماعة) الموظَّفين (أو) المستخدَمين

pęrspec´tive, *n.*, *a.* الرَّسم (أو) التصوير المَنظُوري (بحسب المسافات) . مَنظَر بعيد . مُطَّلَع = مُتَشَوَّف . مرسوم رسماً مَنظورِياً . تقدير الأشياء بالنسبة إلى أهميتها

in —, بحسب قيمة الشيء (أو) أهميته بالنسبة

perspicā´cious [-shęs], *a.* حاد الذهن . فطين . فَهِم . لقِن . صافي الذهن . مُميِّز

perspica´city, *n.* حدة الذهن (أو) الفهم . سرعة الفطنة . صفاء الذهن . تمييز . فهامة

perspicū´ity, *n.* جَلاء (أو) وضوح العبارة . سهولة الفهم

pęrspic´ūous, *a.* جَلِيّ . واضح العبارة . سهل الفهم

perspirā´tion, *n.* عَرَق = نَتْح = إنفضاج . جهد جَهيد

perspīre´, *v.* عرِق . أفرز . نَتَح . رَشَح . انفضج

persuāde´ [-wād], *v.* استمال (إلى رأيٍ أو فكرة) . قَبَّله = جعله يَقبل . أقنع . رَغَّب (في)

pęrsuā´sion [-wāzhęn], *n.* استمالة . تَقبيل = إقناع . ترغيب . فرقة (أو) طائفة دينية . عَقيدة

pęrsuās´ive [-wā-], *a.* مُستَميل . مُقنِع . إقناعي

pęrsuās´ively [-wā-], *a.* باستمالة . بإقناع

pert, *a.* جَلِعٌ = جالِع = وَقِح . طويل اللسان . مُتطاوِل . عارِم

pẹrtain′, *v.* نَبِع . خَصَّ . اختص . تَعَلَّق (بِ) . ناسَب . إنتَمَى

pertinā′cious [-shẹs], *a.* مُزَمِّع . زَمِيع . شديد التمسك (بِ) . مُلِحّ جدًّا . لَجُوج = يلازم الأمر ولا ينصرف عنه . مُلحِف . مُلازِم

pertina′city, *n.* زَمَاع . ترميع . إلحاح . إزماع . شدة التمسك . لَجَاجَة . إصرار . عِناد . إلحاف

pert′inẹnce, *n.* موافقة للمقام . كونه في الصدد

pert′inẹnt, *a.* في مَحَلّه . في الصَّدَدِ . له مَتَاتٌ (إلى) (أو) تعلّق (بِ) . مُناسِب (للمقَام)

pẹrturb′, *v.* اضطرَب (البالُ) . شوَّش (البالَ) . أَقلَق (شديدًا) . أَجزَع . أشغل البال . أزعج

perturbā′tion, *n.* إنشغال (أو) اضطراب البال . بَلبَال . جَزَع . انزعاج . تكدُّر الخاطر

pẹrūke′, *n.* شعر مُستَعار

pẹrū′sal, *n.* مُطالَعَة . تَصَفُّح = قراءة بتمعُّن . تَفَرُّس . تمعن

pẹrūse′, *v.* طالَع . تَصَفَّح . قرأ بتمعّن . تفرَّس . أمعن النظر

Peruvian bark, لحاء شجرةٍ يؤخذ منه الكينا

pervāde′, *v.* تَفَشَّى . إنبَثَّ . سَرَى . تَخَلَّل . شاعَ . عَبَق . شَعَّ . إنشَع . خامر

pẹrvās′ive, *a.* يتفشى . قادر على الإنتشار (أو) السريان

pẹrverse′, *a.* مُشاكِس . شَكِس = أَلْوَد . مُناكِد . سادِر (أو) مُتَمادٍ في الخطأ عِنادًا . مُكابر . فاسِق . فاسِد . باطِل

pẹrverse′ness [-sn-], *n.* شَكَاسَة = لَوَد . مُرَاغَمة = مخالفة ومعاندة

pẹrver′sion [-shẹn], *n.* فَساد . استفساد . إخباث = التحويل إلى غرض (أو) استعمال فاسد غير صحيح

pẹrvers′ity, *n.* شَكَاسَة . تمادٍ في الخطأ عِنادًا . مُكابَرَة . لَوَد

pẹrvert′, *v.* أَخبَث = استَفسَد . أفسَد . استعمله في غير حقه . أساء استعمال . حَرَّف المعنى . أساء التفسير (أو) الفهم

perv′ẹrt, *n.* مُستَفسَد . فاسِد . مُخبَث . خابِث . شاذّ (جنسيًا)

per′vious, *a.* يمكن النفوذ منه . يمكن تخلُّله . له قابلية الاقتناع (أو) التأثر

pess′imism, *n.* تَشَاؤم . تَطَيُّر

pess′imist, *n.* مُتَشَائم

pessimis′tic, *a.* تشاؤمي

pest, *n.* مُنَغِّص . شخص (أو) شيء مُزعج جدًّا . آفَة . وباء . طاعون . عاهة (في الثمر) . إزعاج . تكدير

pes′tẹr, *v.* نَغَّص . أَضجَر = أَبرَم . أزعَج (أو) أَلَحَّ عليه (بالطَّلَب)

pest′-house, *n.* مستشفى الأمراض الشديدة العدوى

pestif′ẹrous, *a.* جالب للعدوى (أو) المرض . وَخِيم . مُؤيف . وَبِيء . مُزعج . مُعدٍ بفساد الخلق . مُفسِد للأخلاق

pes′tilẹnce, *n.* مَرَضٌ سارٍ (أو) جارف . وباء . طاعون

pes′tilẹnt, *a.* سامٌّ . مُميت . مُفسِد للأخلاق . مُضِرٌّ بالصحة . مصدر شرٍ (أو) رذيلة . خبيث

pestilen′tial, *a.* وبأي . خاصٌّ بالمرض الساري . مُعدٍ

pe´stle [pesl], *n.* مِدَقَّة = يَد الهاون = مِدْوَك . مَدَاك

pe´stle [pesl], *v.* داكَ = دَقَّ . سَحَق . طحن . سَحَن

pet, *n.* حَيوان أهلي مُدَلَّل . مُدَلَّل . مَحْبُوب . مُفَضَّل . حَظِي

pet, *v.* (-tted, -tting) دَلَّل . خَصَّ بالرعاية . لَمَّس تَحَبُّبًا . احتضن . قَبَّل . [دَلَّع]

pet, *n.* ضِيقة خُلق . زَمْكَة = سَوْرَة غَضَب . فَوْرَة زَعَل . حَرَد

pet´al, *n.* فَلِيجَة = وَرَقَة نُوَيْجِيَّة (للزَّهرة) = نُوَيْرة

pētârd´, *n.* أداة مُتَفَجِّرة لفتح ثغرة في جدار (أو) باب

hoist with his own —, الجادع مارنَ أنفه بكفّه . الباحث عن حتفه بظِلفه . مَن حفر مهواةً وقع فيها

Pēt´ẹr, *n.* بُطْرُس

pē´tẹr, *v.* تناقص حتى تلاشى (مع out)

pet´iōle, *n.* عِلاقة ورقة النبات = فُسَيطة

pẹtīte´, *a.* صَغير . صغير لطيف (القَوام)

pēti´tion, *n.* إلتماس . مَعروض = عَرْض حال = رَفِيعَة = عَرِيضَة . دُعاء

pēti´tion, *v.* التمس . قَدَّم (أو) رفع عَرِيضة

pēti´tioner, *n.* مُلتمِس . مُقَدِّم (أو) رافع عَرِيضة

Pe´tra, *n.* الحِجر = دِيار ثمود . سَلع

pet´rel, *n.* مازُور = بَطّ النوء = خَطّاف البحر

pet´rifȳ, *v.* (-fied, -fying) تَحَجَّر . تَصَنَّم = جَمَد (أو) جَمُد في مكانه ذُعرًا (أو . . .) . صَلَّب = قَسَّى . أَذْهَش

pet´rol, *n.* نَفط مُصَفًّى . زيت الوَقود

pētrōl´ēum, *n.* بترول = نِفط

pett´icoat [-kōt], *n.* نُقْبَة (أو) [تَنُّورَة] تَحتانية = [شَلحة]

pett´ifoggẹr, *n.* مُحامٍ صُعلوك = يدخل في الدعاوي الخسيسة ويستعمل الخديعة . مُماحِك (في السَّفاسِف)

pett´iness, *n.* صِغَر . حقارة . صغار . دناءة . خَساسة

pett´ish, *a.* ضَيِّق الخلق

pett´y, *a.* (-ttier, -ttiest) صَغير . طَفِيف . حَقِير . صَغِير النفس . سَفساف

petty officer, نائب عريف (أو) عَرِيف [= شاويش] بحري

pet´ūlance, *n.* تَزَبُّع = ضيق خلق وعَرْبَدة . ضِيق الخلق . سُوء الخلق . الغضب من أدنى الأسباب = سرعة الغضب = نَزَق

pet´ūlant, *a.* مُتَبَرِّم ضَيِّق الخلق . مُتَزَبِّع = مُتَعَنْشِط . مُتَحَنِّق . مُتَغَيِّظ (من أهون الأسباب)

pẹtūn´ia, *n.* نبات من الفصيلة التبغية

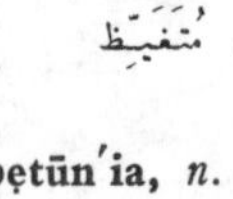

pew, *n.* مَقعد (له ظهر) في الكنيسة

pē´wit [*or* pūit], *n.* (طائر) البيبط . الزَّقزاق الشامي

pewt´ẹr, *n., a.* مَزِيج معدني من القصدير (أو من النحاس) والرَّصاص . المواعين المصنوعة منه . مصنوع منه

phā´eton [*or* fātn], *n.* [حَنتُور] = مركبة خفيفة بأربعة دواليب مكشوفة

phal'anx [*or* **fāl-**], *n.; pl.* **-nxes** *or* **-ngēs** جماعة متحاشِدة مُتَّحدة لغرض واحـد = جَمْرَة = كُتْلَة متراصَّة من المحاربين المشاة بدروعهم وتروسهم وسلاحهم (عند الإغريق) = كُرْدُوسَة

phan'tasm, *n.* تَخَيُّل . تَوَهُّم . إيهام . طيف . خيال

phan'tasy, *n.* خيال . وَهْم . خيالٌ جامح . خيال باطل . [هَلوسة] . إبداع خيالي

phan'tom, *n., a.* طَيف . شَبَح . خَيالي

Phār'aōh [**-rō**], *n.* فِرعَون

Pha'risee, *n.* فريسي = أحد فرقة الفريسيين اليهود في زمن المسيح = منافِق (في الدين)

phârm'acist, *n.* أجزائي . صيدلاني . صَيدلي

phârm'acy, *n.* صَيدَلِيَّة = أجزائيَّة . صَيدَلة

pha'rynx, *n.; pl.* **-nxēs** *or* **-ngēs** بُلعُم . بُلعوم

phāse, *n.* مَرحلة . حالَة . طَوْر . وَجه (أو) ناحية (موضوع) . وَجه (القمر)

phea'sant [**fez-**], *n.; pl.* -ts *or* -t . تَدْرُجٌ . تَدْرُجَة . ديك بري

phēn'ix, *n.* = phoenix

phēnom'ēna, *n.; pl.* *of* phenomenon

phēnom'ēnal, *a.* متعلق بالظواهر الطبيعية . أعجوبِيّ . مُبرِح = مُعجِب مُدهِش . يُدرَك بالحِسّ . خارِق العادة . خارِق

phēnom'ēnon, *n.; pl.* -nons *or* -na حادثة (أو) ظاهرة طبيعية . حَدَث حادِث (أو) أعجوبي . صورة حِسِّيَّة . أعجوبَة = بَرَح = طِمّ

phī'al, *n.* قِنّينة صغيرة = حُنجُور . قارُورة

philanthrop'ic, *a.* بِرِّي . خَيرِي . إحساني

philan'thropist, *n.* مُحِبّ لعمل الخير . مُحِبّ للخير

philan'thropy, *n.* حُبّ الخير . خَيرِية . البِرّ بالناس

philat'ēly, *n.* جمع وتنظيم طوابع البريد والظروف البريدية ودراستها . جمع الطوابع

Phil'istīne, *n., a.* فلسطيني قديم (من أيام التوراة) . شَخص مُقبِل على الدنيا مُعرِض عن الثقافة والأدب . شخصٌ ضَنيك (ضيّق) الفِكر . عَجرَفي

philol'ogy, *n.* الفيلولوجيا = علم اللغة . دراسة اللغة (من حيث منشئها وتطوُّرها) . دراسة الآثار الأدبية

philos'opher, *n.* فَيلسوف . حَكيم . شخص حَليم . حَصيف

philosoph'ic, *a.* فَلسَفِيّ . حَسَنُ المُخالَقة . حَصيف

philosoph'ical, *a.* فلسفي . فَيلَسُوفي

philosoph'ically, *ad.* فلسفياً . بحِكمة وتَجوُّز (في أمور الناس) . بالمصانعة . بالمساهاة = بحسن المخالقة والسهو عن الزلّات

philos'ophīze, *v.* تَفَلسَف . بحث في حقائق الكون والأشياء

philos'ophy, *n.* فَلسَفَة . مُساهَاة = حِكمَةُ السلوك . حِكمة عملية . جَلَد

phil'ter, *n.* = philtre

phil'tre [**-ter**], *n.* دواءٌ (أو) مَشروب يَبعث الغرام (أو) الشهوة

phlegm [**flem**], *n.* نُخاعة . بَلغَم . نُخام (أو) مُخاط . هدوء الطبع . جمود النفس . مِزاج بلغمي . عدَم مُبالاة

phleġmat′ic, *a.* بارد الطبع (أو) المزاج = مَثلوج الفؤاد . مَكيث . لا يُبالي . بلغمي . جامد النفس . عديم المبالاة

Phoenī′cia [fenīshia], *a.* فِينيقِيَّة . فينيقيا

phoen′ix [fē-], *n.* فَقَنَّس = عَنقاء مُغرِب = طائر خرافي يحرق نفسه ثم يُبعث من جديد من الرماد

phōne, *v.* تَلفَن

phōne, *n.* تَلفُون . رسالة تلفونية

phonet′ic, *a.* صَوتي . تجويدي . لفظي

phonet′ics, *n. pl.* علم التجويد . علم ضبط اللفظ

phon′ics [*or* phōn-], *n.* علم الأصوات . قواعد اللفظ

phōn′oġrâph, *n.* الفُونوغراف = الحاكي

phos′phāte, *n.* فُسفات = مِلحيّة حامض الفُسفُور

phosphoresce′, *v.* أضاء فُسفوريًّا = [تَفَسفَر]

phosphores′cęnce, *n.* إضاءة فُسفُورِيَّة = [تَفَسفُر]

phosphores′cęnt, *a.* مُضيء فُسفورِيًّا = [مُتَفَسفِر] . بصَّاص

phospho′ric, *a.* فُسفُوري

phos′phorous, *a.* فُسفُوري

phos′phorus, *n.; pl.* -ri فُسفُور

phōt′ō, *n.; pl.* **-tōṡ** صورة شَمْسِيَّة (أو) فُطُغرافِيَّة

phōt′oġrâph, *n., v.* صورة شَمسِيَّة . أخذ صورة شمسية

photoġ′raphęr, *n.* مُصوِّر شَمسي (أو) فُطُغرافي

phōtoġraph′ic, *a.* تصويري شَمسي = فُطُغرافي

photoġ′raphy, *n.* تصوير شَمسِي (أو) فُطُغرافي

phōt′oplay, *n.* رواية بالصور المتحركة . رواية سينمائية

phrāṡe, *v.* عَبَّر (أو) أعرب (عن) . صاغ (بعبارة)

phrāṡe, *n.* عبارة . شبه جملة . عبارة فاشية في الاستعمال بين الناس = قالَة

phrāṡēol′ogy, *n.* صيغة الكلام . أُسلوب العبارة (أو) التعبير . مجموعة عبارات

phyṡ′ic, *n.* دواء (مُلَيِّن) . مُسهِل . عِلاج . طِبّ . دواء

phyṡ′ic, *v.* (-icked, -icking) داوَى (بِمُسهِل) . طَبَّب . شَفَى

phyṡ′ical, *a.* بَدَني . جِسماني . جَسَدي . مادِّي . طَبيعي

— geography, الجغرافية الطبيعية

phyṡ′ically, *ad.* جِسميًّا . مادِّيًّا . طَبيعيًّا . بحكم الطبيعة

phyṡi′cian [-zishęn], *n.* حَكيم = طبيب . مُداوٍ . طبيب (غير جرّاح)

phyṡ′icist, *n.* عالِمٌ فيزيائي . عالمٌ بعلم الطبيعة

phyṡ′ics, *n.* فِيزياء = علم الطبيعة

phyṡiogn′omy [-yon-], *n.* التَّحَزّي . قيافة . علم الفِراسة . سِيماء الوجه . هَيئة (ظاهرية) . وَجه . مَظهر عام

phyṡiolo′gical, *a.* متعلق بعلم وظائف الأعضاء = فِسيُولوجي

phyṡiol′ogist, *n.* عالِم فِسيولوجي

phyṡiol′ogy, *n.* علم وظائف الأعضاء = فِسيولوجيا

phyṡīque′ [-zēk], *n.* جسم . بِنية الجسم = قِشم . خَلق

pī, *n.* نسبة المحيط في الدائرة إلى نصف قطرها
= ٣ ١/٧

pianiss'imō, *a(d).* بتهويد = بصوت
ضعيف ليّن . ليّن ضعيف = هَويد

pi'anist, *n.* عازف بيانو

pian'ō, *n.; pl.* **-nōs** بيانو

pian'ōfôrt'ē, *n.* بيانو

pias'tẹr, *n.* قِرش (في نظام النقد)

pias'tre [-tẹr], *n.* = piaster

piazz'a [*or* **-tza**], *n.* رِواق حول البيت .
[بَرَنده] . رَحَبة . مَيدان

pib'roch [-kh], *n.* قطعة موسيقية على مزامير
القُرَب (حَرْبيّة (أو) حزينة)

picc'aninny, *n.* بابوس زنجي . ولد زنجي

picc'olō, *n., pl.* **-los** صِرنَاية صَغيرة
(أو) مِزمار صغير بصوتٍ رفيع

pick, *n.* مِعوَل . فأس برأسين . مِحفار .
مِنقَر

pick, *n.* نُقَايَة = نُخبَة . قِطف

pick, *v.* انتقى . إختار . قَطَف . لَقَط .
التقط . صَقَر = كسر بآلة حادة .
نَتَف . خَلّل (الأسنان) . عَرَق
(العظم) . نَتَش . امتلخ . نقر

to — a chicken, نَتَف (الريش)

to — a lock, فَشّ القُفْلَ = فتحه
بغير المِفتاح

to — a pocket, نَشَل

to — a quarrel, تَعمّد خلقَ شِجارٍ
(مع . . .)

to — flaws, تسقط المعائب (أو) الغلطات

to — off, نَقَر بالرّصاص واحدًا واحدًا

to — out, انتقى . اختار = انتقر

to — up, التقط . تَلقّط . انتشط .
رفع (أو) ارتفع (في سيره)

pick'aninny, *n.* بابوس زنجي = وَلَد زنجي

pick'ax(e), *n.* = مِعوَل
فأس برأسٍ مُحَدَّد وآخر
مُفَلطَح = [قَزْمَة] =
مِحفار= كَرْزين

pick'ẹr, *n.* لَقّاط = لَمّام

pick'ẹrẹl, *n.; pl.* **-els** *or* **-el** ضرب
من السمك الصغير النهري . ضرب من
صغير سمك الكَراكي

pick'ẽt, *n.* خازوقٌ (أو) وَتَد مَرزوزٌ
في الأرض

pick'ẽt, *n.* رَبيئة = رَصّاد (أو) رَصّادة
(للإنذار بقدوم العدو) . شخص (أو)
حامية (من العمّال لمنع الغير من العمل
وقت الإضراب) . شِرذِمة حَرَس

pick'ẽt, *v.* حوّط (أو) سوّر (بالأوتاد أو
الخوازيق) . رَبَط (الفرسَ) بالوتد .
أرصد . رَصَد المَصنَع بحاميةٍ من العُمّال

pick'ingṡ, *n. pl.* لُقاطات . قِطاف

pic'kle, *n.* نَقيع التخليل . مُخلّل = [طُرشي] =
[كَبيس]

pic'kle, *v.* خلّل = نقع في نقيع التخليل

pick'pockẽt, *n.* [نَشّال] = [سَلّال الجيوب] =
طَرّار

pic'nic, *n.* [سَيَران] = خَرجَة للتنزه مع
أكلٍ وشُرب = [نَنهَة]

pic'nic, *v.* (-nicked, -nicking)
[تسَيَرَن] = خرج في [سَيَران]

pic'nickẹr, *n.* [مُتسَيرِن]

picot' [pēkō], *n.* حَلقة (أو) حَلَقات
للزينة تكون على طرف الكشكش
(أو) الشريط

Pict, *n.* جنس من الناس كان يسكن سكتلندة
الشمالية

pictôr′ial, *a.* بالصُّوَر . تصويري . مُصوِّر . توضيحي

pic′ture, *n.* صُورة . رَسمة . تصويرة . فِلم (سينمائي) . وَصف تصويري . مَجرى الأحوال (أو) الأمور

pic′ture, *v.* صوَّر . تصوَّر . وَصف

picturesque′ [-resk], *a.* جميل جمالًا طبيعيًّا . رائعٌ (أو) بهيجُ الصورة (أو) المظهر (بصورة غير معهودة) . صالحٌ للتصوير لروعته (أو) بهجته . واضِح وضوحَ الصورة . ناطِق

picturesque′ness [-kn-], *n.* بهاجة (أو) جمال المنظر المُعجِب (أو) الغير المعهود

pīe, *n.* (طائر) العَقعَق = قُعقُع = كُندُش

pīe, *n.* فَطيرة (مَحشوَّة) باللحم أو ببعض الفاكهة) = سَنبُوسَكة

pīe′bald [pībôld], *a.*, *n.* أبلق . أبقع = مولَّع

piece, *n.* شَقفة . كِسفة . قِطعة . كِسرَة . شيءٌ (أو) قليلٌ (من) = شُوَيَّة . قِطعة نقود = مَسكوكة

to give a person a — of one's mind, عزَّر = عَنَّف = وَبَّخ

piece, *v.* لَفَق . لأم . دَخرَص (الثوبَ) = زاد فيه قطعة

piece′meal [-sm-], *a(d).* بالتفاريق . قِطعَةً قِطعَةً . شَلتَحة = قليلًا بعد قليل

piece′-work [-swerk], *n.* عَمَل [مُقاطَعة] . عَمَل بالتقطيع (أو) بالتفريق (تدفع الأجرةُ عنه وحدَه)

pīed [pīd], *a.* متنوع الألوان . مُبَقَّع . أبلق . مولَّع . أرقط

pier [pēr], *n.* رَصيف ميناء . وَطيدَة (للجسر أو القنطرة) = دِعامة = رَسَّة

pierce, *v.* خَرَق . اخترق . شَكَّ (بالرُّمح مثلًا) . شَقَّ . خَزَق . طعَن . أثَّر (في) . وَخز . ثَقب . نَفَذ (من) . لذَع

pier′cing, *a.* خارق . حادّ . قارِس . ثاقِب

pī′ety, *n.* تَمسُّك بالدين . تَقوى . صَلاح . وَرَع . احترام الوالدين . البِر بالوالدين

pig, *n.* خِنزير = تَمُّودة . لحم الخنزير . معدن مَسكوب (كالحديد والرصاص)

pig, *n.* هِلَّوف = ثقيل نهم جافٍ بليد

pi′geon [pijẹn], *n.* عِكرِمة = أنثى الحمام . شخص مُغفَّل = خُدعة . حَمامة

pi′geon-hōle, *n.* طاقة = غِمراد = برج صغير للحمام . عُشُّ الحَمام . طاقة توضع فيها الوثائق (أو) الأوراق لتفريقها

pi′geon-tōed [-tōd], *a.* أفحَج = أصابع القدم مُنقلبة إلى الداخل

pigġ′ish, *a.* خِنزيري . كالخنزير . هِلَّوفي . قَذِر . شَرِه

pigġ′y, *a.* (-ggier, -ggiest) = خِنَّوص خنزير صغير . نَهِم (كالخنزير)

pig′headēd [-hed-], *a.* فيه نَيسِيَّة . مُبغَّل . عَنيد عن [نَباسة]

pig iron, حديد مَمحوصٌ = حديدٌ خام خَرَج من المصهر ويكون عادة في كتلٍ مستطيلة . حديد مسكوب (أو) سَكب

pig′mẹnt, *n.* صَبغ . مادة صِبغية (أو) مُلوِّنة (جافَّة) . دِهان . صَبغة

pigmy, *n.*; *pl.* -mies قَزَم = حُطَيئة = قِزمَل = شَخصٌ قصيرٌ جدًّا = أُجَير

pigmy, *a.* ضَئيل . قَمِيّ . قصير دميم . قَلطِيّ

pig'skin, *n.* بَدَن الخِنزير = جِلدُه المدبوغ

pig'stȳ, *n.* زَريبة الخنازير

pig'tail, *a.* ذُؤابة = ضَفيرة (شعر) مُسترسِلة على الظَّهر

pīke, *n.* حَربة (طويلة) . شَوكة . رأس مُحدَّد

pīke, *n.* ضرب من السَّمك النَّهري = سمك الكراكي

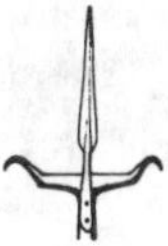

pīke, *n.* طريقُ الماصِر = طريق عليها ماصر (= حاجز) يُدفَع عنده جُعل

pīke'stâff [-ks-], *n.*; *pl.* -staves [-vz] عامِل الحَربة = عصا الحربة . عصا محدّدة الرأس للمسافر

pilas'tẹr, *n.* عمود مربّع (في البناء أو بارز منه)

pīle, *n.* كَوم . رُكمة . كُدس . كَدسة

pīle, *v.* كَوَّم . كَدَّس . تراكم . سَنَّم . [عرَّم]

pīle, *n.* راسِية . رَكيزة = آسِيَة (أو) عَمُود لِدَعم جِسر (أو) غيره = رَسَّة

pīle, *n.* خَمل . زَغب . شَعر . صُوف . وَبَر

pīle'-drīvẹr, *n.* [رَسَّاية] = آلة لإرساء (أو) ركز الرواسي (أو) الأعمدة = مِيطدة

pil'fẹr, *v.* تَخلَّس (أو) تَسرَّق = سَرَق بكميات قليلة

pil'ġrim, *n.* حاجّ = مُقدِّس

pil'ġrimage [-ij], *n.* حَجّ = تَقديس . سَفرة طَروح (أو) مَتَاحة (= طويلة)

pill, *n.* حَبَّة دواء

pill'age [-ij], *v.* نَهَب (أو) سَلَب (بالعُنف)

pill'age, *n.* نَهب . سَلبٌ

pill'ar, *n.* وَطيدة . عَمُود = سارِيَة . رُكن = زافِرَة . أُسطُوانة

pill'ared [-rd], *a.* ذات (أو) ذو عِماد = مُسطَّن

pill'ion, *n.* وَثيرة = رِداف = مَقعد محشو في مؤخر السرج يركب عليه الرديف

pill'ory, *n.*; *pl.* -ries لَوحٌ مُركَّب على سارية لعقاب المجرم وتجريسه (أو) التشهير به = سِيراق

pill'ory, *v.* (-ried, -rying) وَضع المجرمَ في هذا المَوضِع . جَرَّس = سمَّع به . شَهَّر (بِ)

pill'ōw [-ō], *n.* مِصدَغة . مِخَدَّة . وِسادة

pill'ōw, *v.* وَضع على المِخَدَّة . تَوسَّد

pill'ōw-cāse [-ōk-], *n.* غِشوَة (أو) غِشاء المِخَدَّة . صِوان المخدة

pīl'ot, *n.* سائس السفينة (أو) الطائرة = رُبَّان = سائق (السفينة أو الطائرة) . مُرشِد (السفينة) . دليل = دَيدَبان

pīl'ot, *v.* رَبَّن (السفينة أو الطائرة) . أرشد . قاد . ساس

pimen'tō, *n.*; *pl.* -tōs فُلَيفِلَة . فُلفُل أخضر حُلو . بِهار . فلفل أحمر

pim'pẹrnel, *n.* قُنبُس = (نبات) كُزبَرة الثعلب = مُسكِيَّة . (نبات) الرَّتَم = أناغاليس

pim'ple, *n.* بَثرة = دُمَّل صغير

pim'pled [-ld], *a.* بَثِير = فيه بُثور

pin, *n.* دَبُّوس = دَبُّوس زينة . عُصفورة (أو) مِسمار (من خشب أو معدن) . مِشبَك . خِلال . مِروَد

pin, *v.* (pinned, pinning) شَبَكَ بدبّوسٍ = دَبَّس . شَكَّ (بدبّوس) . أَلزَم . رزَّه (أو) رَصْرَصَه = ثبَّتَه (في المكان) وشدَّه

pin'afôre, *n.* مِبْذَلَة = ثوْب (للأطفال والأولاد) يقي الثيابَ من الابتذال = وِثْر

pin'cers, *n. pl.* [كمّاشه] . كَلاليب . مَخالب . عملية الكماشة في الحرب

pinch, *n.* قَرْصَة . قَبْصَة . حَزْقة . حَزْبة . زَنْقة

pinch, *v.* قَرَص = مَرَز . قَبَص . سَهُم = هَزِل وتغيّر لونُه . ضَمر . زَنَّق (في النفقة) . سَهَّم = صَيَّر هزيلًا ضامِرًا . حَزَق . لَزَب . قَرَس (البردُ)

pinched' [-chd], *a.* سَاهِم = ضامر وناحِل = مَنْقُوف . مُحوِج . في حاجةٍ شديدة . [مَزنُوق]

pin'cushion [-en], *n.* مَدْبَسَة

pīne, *n.* شَجَر(ة) (أو) خشب الصَّنَوْبَر . [حبّ قريش]

pīne, *v.* صَبا = حَنَّ . ضَني = دَنِف

pīne'apple [-na-], *n.* أَنَانَاس

pin'-feath'er [-feth-], *n.* زَغَبَة الريشة (قبل أن تصبح ريشة كاملة)

pin'-hōle, *n.* خَرْق الدَّبُوس . ثُقب (أو) خَرْق لإدخال دبوس (أو) وَتِد

pin'ion, *n.* (عِظام طَرَف) الجناح . (إحدى قوادم الجناح . جناح (الطائر) . ريشة

pin'ion, *v.* أَوْثق . كَتَف . رَبَط (أو) كَتَف (الجناحين) . اعتقل (يدَيه) . شَكَل

pink, *a., n.* لون قَرَنفُلي . زَهري (أو) أحمر خفيف . قَرَنفُل بستاني = مُخمَلية

pink, *n.* أسمى (أو) أكمل (أو) أتمّ حالة . مَثَل أعلى

pink, *v.* غرز . شكّ . خَرَم . خرّم . زَيَّن بالتخريم

pink'ish, *a.* قريب من الزَّهري (أو) الأحمر الخفيف

pin'-money [-muni], *n.* خَرجيَّة = مَصروف يُخَصَّص للزوجة لحاجاتها الخاصة (أو) للبنت

pinn'ace [-is], *n.* مَرْكَب = صَنْدَل . قارب السفينة

pinn'acle, *n.* شِمْراخ = أعلى ذِروة في صخرة . أعلى ذروة . صَهْوَة . قُنَّة . ذُرْوة . صومعة (أو) بُرَيجَة دقيقة طويلة = صَهْوة

pinn'āte, *a.* كالريشة . مركّب على الجانبين كالريشة

pinon [pin'yen], *n.* نوع من الصَّنَوْبَر الأمريكي

pīnt, *n.* مِكيال = $\frac{1}{8}$ من الغالون = ٠,٤٧ من اللتر

pīoneer', *n.* مُعتان = رائد . فارط = مُتقَدِّم لِيُمَهِّدَ لغيره = فَرَط . هادٍ . مُرشِد

pīoneer', *v.* فَرَط . اعتان . هَدَى . مَهَّد

pīoneer', *a.* فارِطي (أو) فَرَطِيّ = سَبقِيّ تمهيدي . إرشادي

pī'ous, *a.* تَقيّ . صالِح . وَرِع

pī'ously, *ad.* بتُقًى . بتقوى مُتصنَّعة

pip, *n.* نُقْطة (في قطع الألعاب) . عَجمَة (أو) بَزْرة التفاحة (أو) البطيخة (أو . . .)

pip, *v.* زَقزَق . صَأَى . نَقَف (الفرخ البيضة)

pipe, *n.* أُنبوب . قَصَبة = يَراعة . مِزمار . غَلْيُون

pīpe, *v.* أَمَدَّ بالأنابيب . نَقل (أو) أَجرَى في الأنابيب . زَمَّر

pīp'ẹr, *n.* زَمَّار = مَن يَزمر بالقَصَبة = قَصَّاب

pīp'ing, *n.* صَرصَرة . عزف على المزمار . زَعِيق . أنابيب . تزمير . زُقَاء

pīp'ing, *a.* زاق = زاقِع = زاعِق

— hot, حارٌّ جدًّا . حامٍ . مُحرِق

pipp'in, *n.* نوعٌ من أنواع التفاح . تفاحة

pīqu'ancy [pēkan-], *n.* حَرَافة . حِدَّة في الطعم (لذيذة) . صِفة تبعث على الاستطراف

pīqu'ant [pēkant], *a.* حِرّيف . حاد الطعمِ (لذيذ) . طَرِيف . مُشَهٍّ . يُستَطرَف

pīque [pēk], *n.* استياء . غَضَب (أو) تَكَدُّر لجرح الكرامة . الكرامة (أو) عِزّة النفس المجروحة . اغتياظ = احتفاظ

pīque [pēk], *v.* أساءَ (لِ) . أَغَاظ . جَرَح الكَرَامَة . أَهَاج . أثار . اعتز (بِ) (أو) ازدَهَى . أَحفَظ

pīr'acy, *n.* قَرْصَنة = لُصوصية البحر . مُصَالَتة = نشر (أو) استعمال أثر أدبي (أو) استعمال اختراع بدون إذن

pīr'ate [-it], *n.* لِص بحر = قُرصان . مُصالِت

pīr'ate, *v.* تَقرصَن . سَلَب . صالَت

pīrat'ical, *a.* قُرصاني . قَرْصَني

pirouette' [pirūet], *n., v.* الدَّوَران (أو) الفَتْلُ بسرعةٍ على أصابع القدمين في الرقص . دار (أو) فتل على هذه الصورة

pistâ'chio [-shiō], *n.; pl.* -ios الفُستق

pis'til, *n.* مِدَقّة (أو) عُضو التأنيث (في الزهرة)

pis'tillāte, *a.* فيه (أو) له مِدَقّة وهي عضو التأنيث في الزهرة

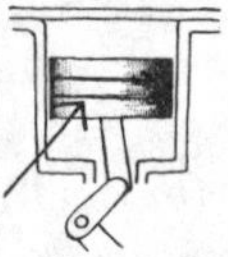

pis'tol, *n.* طَبَنجة = [فَرْد] = مُسَدَّس

pīs'ton, *n.* مِكبَس (أو) مِكْبَاس (الآلة)

pit, *n.* جُورَة . خَرق في الأرض . حُفرة عَميقة = هُوَّة = جُبّ . مَهواة = مَغواة . هَاوِية . بُؤرة (المعدة مثلًا) . هَوْزة . كَرْب شديد . نُقرة . وَهْدَة . نُقبة (الجدري)

pit, *v.* (pitted, pitting) نقَب (من الجَرَب مثلًا) = نَنقَّر = تَقوَّب . تَحفَّر . طَمَر

to — one against another, أَرَّش (أو) حَرَّش بينهم = أغرى بعضهم ببعض فأَفسَد بينهم

pit, *n.* نَواة الثمرة (كالكرز أو الخوخ أو التمر)

pitch, *v.* طرَح . قَذَف . طَوَّح (بِ) . رَدَّى . نصب (خيمةً) . أَقام . تَكفَّأ (أو) تَقذَّف (في مشيه) . انكبَّ (على وجهه) . انحدر . تكفأت (السفينة) . خَيَّم

to — in, جَدَّ ونشط (أو) كَدَّ في العمل . تَقذَّف في العمل .. تعاون (في العمل)

to — into, هاجم = دَغَر (على) . انقذف (في)

pitch, *n.* قَذفَة = نَتقَة . مقدار الانحدار . نقطة عُليا . نقطة سُفلى . مُنحَدَر . مَقام (أو) طبقة الصوت

pitch, *n.* قار . زفت . كُحَيل

pitch, *v.* قَيَّر . زَفَّت

pitch'blende, *n.* مُرَكَّب أسود (أو) أَكْلف يشبه القار ومنه يستخرج الراديوم والأورانيوم

pitched battle, معركة مُزاحَفة

pitch'ẹr, *n.* إبريق (فَخار) . كُوز . كُرّاز . مِلء إبريق

pitch'ẹr, *n.* (baseball) قاذف الكرة في لعبة أل baseball

pitch'fôrk, *n.* عَوْكَشَة = مَشْعُوب = [دِقْران] = أداةٌ للحَرّاثين بيدٍ طويلة لرفع الحشيش وطرحه (وهي غير المِذراة)

pit'ēous, *a.* يَبْعَث على الشَّفَقة . يستحق الشفقة . يُرْثَى له

pit'fall [-fôl], *n.* عاثور = وَجْرة = حُفْرة مستورة لصيد الوحوش . مَغْباة = مَغْواة = حَفيرة = حُفرة مُغطّاة (للغَدْر) مَنصوبة = فخ

pith, *n.* قَلْب (الشجرة) = لُبّ . لُباب . جُمّار

pith'ily, *ad.* بصورة جَزْلَة (في الكلام والمعنى)

pith'y, *a.* (-thier, -thiest) جَزْلُ (المعاني أو العبارة) . كثير اللُّب

pit'iable, *a.* يُشْفَق عليه . يُرْثَى له . زَرِيٌّ

pit'iful, *a.* بائس . يُشْفَق عليه . يُحْزِن . شَفُوق . مُزْدَرًى . مُحتَقَر

pit'ifully, *ad.* بحالةٍ تستدعي الشَّفَقة . بصورةٍ زَرِيَّة

pit'ilẹss, *a.* عديم الشفقة (أو) الرَّحمة . لا يَرْحَم

pitt'ance, *n.* أجر (أو) مَعاش زهيد . بُلْغَة من العَيْش . قَدْر زهيد . شيء زَهيد

pitt'ēd, *a.* أنقر (الوجه) لوجود نُقَب من أَلجُدَري مثلًا

pitū'itary, *a.* مُخاطي

pituitary gland, الغدة النُخامِيّة

pit'y, *n.* شَفَقة . تَرَحُّم . تَحَنُّن . مَرْحَمة

the — of it, الأنكى (أو) المُؤسِف في الأمر

to have (take) — on, أخذته الشفقة (على) . شَفِق (أو) تَحَنَّن (على)

Have — on yourself, إرْحَم (أو) إرْفق بنفسك

pit'y, *v.* (pitied, pitying) تَعَطَّف . شَفِق . تَرَحَّم . رَثَى (له) . شَفْشَفَ (عليه)

pit'yingly, *ad.* بتعطف . بشَفَقة . بِرَحْمة

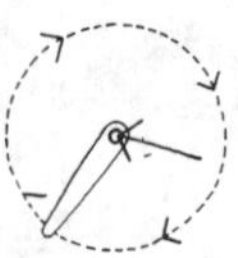

piv'ot, *n.* قُطْب . مَدار . قُطْب = مِلاك (أو) قِوام

piv'ot, *v.* دار حَول القُطب . دار . إنفتَل

pix'ie, *n.* = pix'y

pix'y, *n.*; *pl.* -xies جِنّيّة . جِنّي

pl. = plural

plac'ârd, *n.* إعلان (أو) إعلام (في مكانٍ عام)

plac'ârd, *v.* علّق (أو) ألصق إعلانًا (في مكانٍ عام) . أعلَم (أو) أعلن (بهذه الطريقة)

placāte', *v.* أذهب (أو) سَكَّن غَضَبه = طَيَّب خاطِرَه . رَضَّى . هَدَّن . تألَّف . اسْتَعتَب

plāce, *n.* مكان . مَحَلّ . حَيِّز . مسكن . مَقَرّ . بُقْعة . نَهج = شارع واسع . موضِع . مَوقِع . مَنْزِلة . مركز . مَنصِب = وظيفة . مكانة . شأن = واجب

in —, مُناسِب . لائق . في مكانه (المخصَّص أو اللائق) . في محلّه الصحيح . في كُنْهِه

in — of, في مَحلّ . . . بدَلًا (من)

out of —, غير لائق . ناب . في غير مَوْضِعه (أو) كُنهه

to give — to, أفسح . طاوَع = أسمح = استلان

to take —, جرَى . حَدَث

plāce, *v.* وَضَع . صَفَّ (أو) نقَّد . تَذَكَّر (مَنْ هو (أو) ما هو) . رَبَط بينه وبين الملابسات . عَيَّن موقعه في التاريخ . وَصَّى . وَجَد منصباً (أو) وظيفة

plā'cẹr, *n.* مَتبَرة = رواسب من الرمل والحصا فيها قطع من الذهب (أو) الفضة يمكن فرزها بالتصويل . مَصوَل = مكان تمحيص (أو) تصويل الذهب من الرَّمل (أو) الحصا

pla'cid, *a.* ساجٍ = هادئ . هادئُ الطبع . وَديع . ساكِن

placid'ity, *n.* سُجُوّ . هدوء . وَداعة . حِلم . سَكينة . هدوء طبع

pla'cidly, *ad.* بهدوء . بِوَداعة . بسكينة

plack'ĕt, *n.* جَوبة (أو) فُتحة (أو) شق في أعلى النُّقبة (أو) [التَّنُّورة] فيسهل لُبسها

plā'giarism [-jẹr-], *n.* سرقة (أو) انتحال الآراء (أو) الكتابات (بكاملها) . انتحال = مُصالَتة

plā'giarīze [-jẹr-], *v.* إنتحل = صَلَت

plāġue [plāg], *n.* وَباء . طاعون . بَليَّة . كَرْب . شِدَّة

plāġue, *v.* (-gued, -guing) ابتلى . أزعج . عَذَّب

plaice, *n.* (سمك) المُسَطَّح

plaid [plad], *n., a.* قُماش صوفيّ مستطيل مُوشَّع (= مُخطَّط ومُرسَّم) يُستعمل في اسكتلندة = مُوشَّع

plain, *a.* بَيِّن . واضح . سَهْلُ (الفهم) . هَيِّن . مُمَهَّد . بَسيط . ساذَج . عادي . بَلَدِي . غير جميل . وَضيع . عاطِل عن الزينة . غير دَسِم . صريح . مُستَوٍ = سهل . منبسط

plain, *n.* سَهل = أرضٌ منبسطة مستوية

plain'ly, *ad.* بوضوح . بسذاجة . بعبارةٍ صريحة

plain'ness, *n.* وُضوح . صَراحة . سُهولة

plains'man, *n.; pl.* -men رَجُل يسكن السُّهول = سُهلي

plain'-spōk'ẹn, *a.* صَريح . يقول ما في نفسه بإخلاص

plaint, *n.* شَكوى

plain'tiff, *n.* مُشتَكٍ . مُدَّعٍ . رافع الدَّعوى

plain'tive, *a.* شَكَوِي . حَزِنيّ . تَفَجُّعِي . تَحَزُّني

plain'tively [-vl-], *ad.* بتَشَكٍّ . بِتَفَجُّع . بِتَوَجُّع

plait [plat], *n.* ضَفيرة . غَبنَة = طيَّة

plait [plat], *v.* جَدَّل = ضَفَر . ثَنَى . غَبَن

plan, *n.* تَدبير . خُطَّة مرسومة . خُطَّة . مُخَطَّط = تخطيطة . مَشروع . مِنهاج العمل

plan, *v.* (planned, planning) دَبَّر . وضع (أو) رَسَم خُطَّة . خَطَّط . نَوَى . تَرَسَّم . وضع مِنهاجاً . اختطَّ

plāne, *n.* مِسحَاج = [فارة النجار] = مِسفَن . مَلَّاسَة

plāne, *n.* سَطح . مُستَوَى . طَبَقة

plāne, *a.* مُسطَّح . مُستَوٍ . مُنبَسِط

plāne, *v.* سَحَج (الخَشَب) بالمِسحاج . مَلَّس

plāne, *n.* (شجرة) الدُّلْب = صِنَار = صِنَّار

plāne, *n.* طاق (أو) رَفّ (أو) سطح (طائرة). طائرة

— geometry, هَندسة مُسطَّحة

plan'ĕt, *n.* كوكب سَيَّار (يدور حول الشمس)

plan'ĕtary, *a.* مُتعلِّق بالكواكب السيَّارة. أَرضي. دُنيَوي. كثير التنقل (أو) التقلُّب

plāne tree, شجر الصِّنار (أو) الصِنَّار (أو) الدُّلْب

plank, *n.* لاطَة = لوح (خشبٍ) غليظ طويل = أُمْسُوحٌ = [دَفّ]. دَفّان = خشبة السفينة. أحد الأسس (أو) المبادئ في دعوة حزبٍ سياسي

to walk the —, مَشى على لوحٍ ناتئ من حرف السفينة فوق البحر وهو مغمض العينين (فيسقط في الماء)

plank, *v.* غطّى بالأماسيح (أو) بالألواح = دَفَّف

to — down, دَفَع (على الفور)

plânt, *n.* نبات. غَرْسة. غَريسة = نَغريزة. فَسيلة

plânt, *v.* غَرَس. زَرَع. غَرَز. أثبت. وَضَع. نَصَب. أَسَّس. حطّ

plânt, *n.* مَحل آلي (أو) صِناعي. الآلاتُ والأدواتُ والبناء . . . لصناعةٍ ما. مُعدّات صناعية

plan'tain [-tin], *n.* آذان الجَدي = (نبات) لسان الحَمَل. [ذوينات الجدي]

plan'tain [-tin], *n.* طَلْح = شجرة تشبه شجرة الموز

plantā'tion, *n.* مَزرعة. غَرْس = مَشْجَرة. مَعمَر. مَنبتة. مُستَعمَرة. حِلّة

plâ'ntẹr, *n.* غَرَّاس. صاحب مَزرعة. صاحب غَرْس. آلة زَرَّاعة

plâque [plâk], *n.* صَحْنٌ يُعلَّق للزينة. صفيحة معدنية (أو) من الصيني للزينة. قُرْص صغير (أو) دبّوس يُتَّخذ علامة على العُضوية

plash, *n.*, *v.* = splash

plash'y, *a.* شديد البلَل. مُستَنقَعي

plas'ma, *n.* هَيُولَى = مادة الدم = بلازما

plâ'stẹr, *n.* طِين. لِياط = جِصّ = خليط من الجير والرمل والماء = [قِصارة]. جِبسين. شِيد

plâ'stẹr, *n.* لَصُوق = [لَزْقَة]

plâ'stẹr, *v.* جَصَّص = طَيَّن. لَبَّط. صَرَّج = صَهرَج. جَبسَن. جَفصَن. أَلصق

plâ'stẹring, *n.* تجصيص. تلبيط = قَرْمَدَة. جَبسنة

plas'tic, *n.* لَدِينة = مادة سَهلَة التَّشكُّل. [بلاستيك]

plas'tic, *a.* لَدْن. لُدُوني. قابل التطبع (أو) التأثر (أو) التشكل. تَرْقيعي

plāte, *n.* صَحن (أو) صُحَيفة (مُدَوَّرة ومُنبَسِطة). صَحنُ طعام. مِلء صحن. مَطلية = صَفيحة معدنية. صحون (أو) صِحاف مطلية بفضة (أو) ذهب. طِراق = صَفيحة. لوحة معدنية (أو) زجاجية

plāte, *v.* طَلَى (أو) موَّه بأحد المعادن كالذهب. صَفَّح

plateau' [-tō], *n.*; *pl.* **-eaus [-ōz]** *or* **-eaux [-ō]** هَضْبة. سَهل على الجبال (أو) فوق مستوى سطح البحر. إستواء

plāte glâss, زجاج ثخين (للمرايا). زجاج صَفيح (أو) صُفَاحي

plat'fôrm, *n.* مَسطَبة = دَكّة. رَصيف

PARTS OF THE PLANT أجزاء النبات

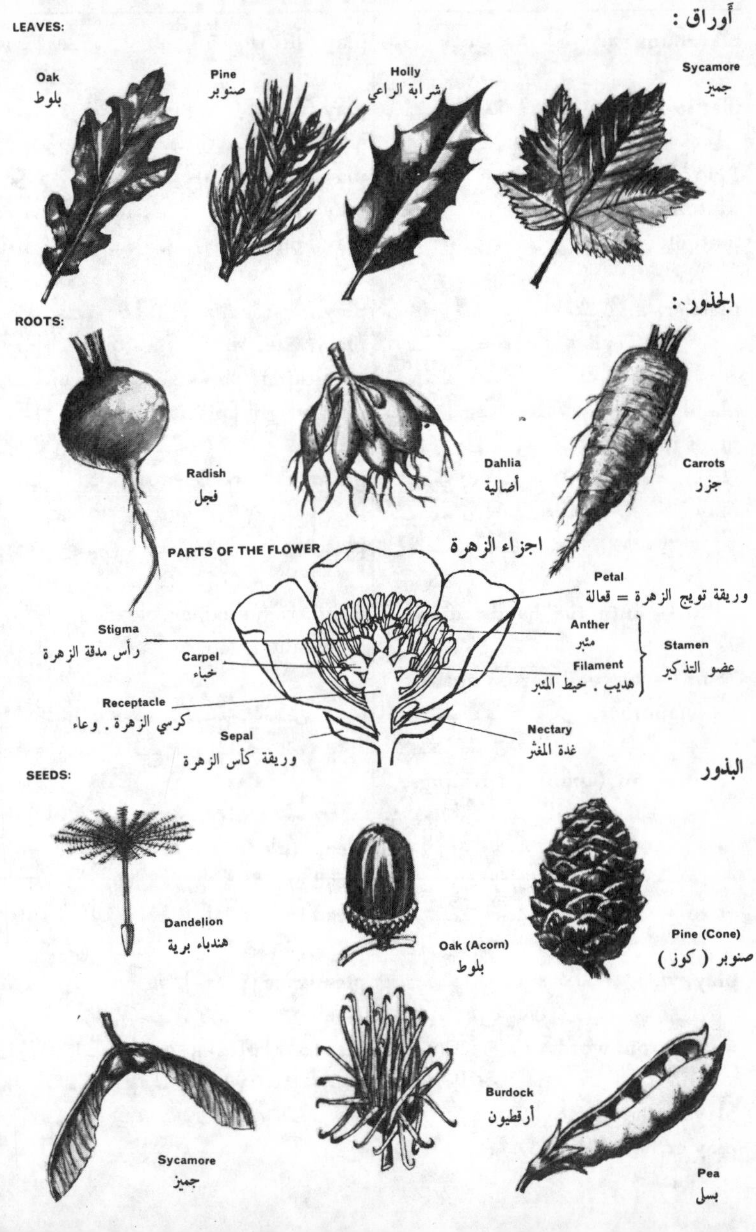
LEAVES:
أوراق :
Oak
بلوط
Pine
صنوبر
Holly
شرابة الراعي
Sycamore
جميز
ROOTS:
الجذور :
Radish
فجل
Dahlia
أضالية
Carrots
جزر
PARTS OF THE FLOWER
اجزاء الزهرة
Petal
وريقة تويج الزهرة = قعالة
Anther
مئبر
Filament
هديب . خيط المئبر
Stamen
عضو التذكير
Stigma
رأس مدقة الزهرة
Carpel
خباء
Receptacle
كرسي الزهرة . وعاء
Sepal
وريقة كأس الزهرة
Nectary
غدة المغثر
SEEDS:
البذور
Dandelion
هندباء برية
Oak (Acorn)
بلوط
Pine (Cone)
صنوبر (كوز)
Sycamore
جميز
Burdock
أرقطيون
Pea
بسل

plat'inum, *n.* (معدن) البلاتين = الذَّهب الأبيض

plat'itūde, *n.* بَدِيهيّة . تُرَّهَة = كلمة (أو) عبارة بديهية تُقال كأنها مُهمة

Plā'tō, *n.* أفلاطون

Platon'ic, *a.* أفلاطوني

platōōn', *n.* سَرِيّة . فَصِيل = زُمرَة . فَرِيق

platt'ẹr, *n.* صَحفَة = قصعَة كبيرة (خشبية) مُنبَسِطة = غضَارة . طَبَق مستطيل مُنبسط لِلّحم (أو) السمك على المائدة

plaud'it, *n.* تصفيق . استحسان . ثَنَاء

plauṡ'ible, *a.* غَرَّار . خَلَّاب . يُوهِم أنَّه معقول (أو) صحيح (أو) صادق . مُخيِل

play, *v.* لَعِب . هَزَل . عَبِث . تلاعب . داعب . تَلَعَّب . مَثَّل (في روايةٍ) . عَزَف

to — into the hands of, مَكَّن نفسه (من . . .)

to — off one person against another, أغرى شخصاً بآخر = حَرَّش بينهما . هَوَّش

to — on (upon) his feelings, استخدم (أو) استغنم (أو) انتهز المشاعر (لأغراضٍ خاصة)

to — out, أنهى . أَتَمَّ . فَرَغ . أَرْخَى

to — up to, تَمَلَّق . تَزَلَّف = بَصبَص . داهن

play, *n.* لَعِب . هَزَل . لَهْوٌ . مداعبة . لُعبَة . نَوبة اللعب . تمثيلية

a — on words, تَورِية . تَلَعُّب (أو) إيهام بالكلام

played out, مُجهَد . مَنهوك . مُعيىً . مُنتهٍ

play'ẹr, *n.* لاعب . مُمَثِّل . عازف

play'fellōw [-ō], *n.* رفيق اللَّعِب . مُلَاعِب

play'fụl, *a.* لَعُوب . دُعَّاب . هَزَّال . مَرِح = كثير اللَّعِب والتقفُّز

play'fụlly, *ad.* عن هَزلٍ . بمداعبةٍ . عن مَزح

play'ġround, *n.* مَلعَب . ساحة اللَّعِب

play'house, *n.* دار تمثيل . بيت اللعب (للأولاد)

play'inġ-cârd, *n.* وَرَقة لَعِب . ورقة [شَدَّة]

play'māte, *n.* رفيق اللعِب . مُلَاعِب

play'thing, *n.* لُعبَة . مِلهاة . أُلعوبة . داحة

play'wrīght [plārīt], *n.* مؤلِّف روائي تمثيلي . مؤلِّف مسرحي

plâ'za, *n.* رَحبة (أو) ساحة عامة (في مدينة) . مَيدان عام

plea, *n.* التماس . تحضيض . تَعَذُّر . حُجَّة دفاعِيَّة . تَعَلُّل . حَضِيضة

plead, *v.* (pled *or* pleaded, pleaded, -ing) احتَجَّ = أبدى الحُجَّة (أو) الحُجَج . تَعَذَّر = تَحَجَّج . التمس = تَوَسَّل . تَشَفَّع . حَضَض (على) . دافع (في المحكمة) = حامى . تَعَلَّل

to — guilty, أقَرَّ بأنه مُذنِب

plead (pled), *v.*, *p. of* plead

plead'ẹr, *n.* مُدافِع . مُحامٍ . مُحَضِّض

plead'ing, *n.* محاماة . مُدافَعَة = [مُداعاة] . تحضيض . تَشَفُّع . تعلّل . تحجج . تعذّر

plea'ṡance [plez-], *n.* سرور . لذة . مكان مُونِق مُعجِب . رَوضة

plea'ṡant [plez-], *a.* لَذِيذ . طَيِّب . مُمتِع . رائق . سارّ . حَسَنُ المُعاشرة . مَسرور . مبتهج . ألوف . مُستَلطَف . بهيج . أنيق . مُونِق

plea'śantness [plez-], *n.* مَسَرَّة . لَذَّة . إمتاع

plea'śantry [plez-], *n.* مَزْحَة . فكاهة . طُرْفة . لَطيفة . نادِرة

pleaśe, *v.* سرَّ . لَذَّ . راق . أعجب . شاء . أراد . أبهج . ارتاح (إلى) . طابَ (له) . أَرْضى

I shall be —d to, يَسُرّني (أو) يطيب لي (أنْ . . .)

— yourself, إعْمَل ما طاب لك ! أنت وشأنك (وما تريد) . كما تشاء . إذا رأيت . كما تَرَى

— God, بمشيئة الله ؛ إنشاء الله !

pleaś'ing, *a.* سارّ . لَذيذ . مُعْجِب = مُؤْنِق . طَيِّب

plea'surable [plezhėr-], *a.* لَذيذ . مُمْتِع . نَزِه . مُرضٍ

plea'sure [plezhėr], *n.* سرور . بهجة . مَلَذَّة . انشراح . مَسَرَّة . ارتياح . مُتْعة . تَسلية . اختيار . مشيئة . لَعِب

pleat, *n.* ثَنْيَة = ثِنْيٌ (الثوب) . تضعيفة مَكْوِيَّة (في الثوب) . غَبْنَة . طَيَّة . غَضْنَة

pleat, *v.* ثَنَّى . غَضَّن

plebēi'an, *n., a.* عامّي . سُوقي . زُقاقِيّ

pleb'iscīte, *n.* احتكام . استفتاء شَعْبِي (أو) عامّ

pled, *v., p. of* plead

pledge, *n.* وَعْد . عَهْد . ضَمان . رَهْن . رَهينة . شُرب النخب . لطف

pledge, *v.* وَعَد . عاهد . رَهَن . وَضَع ضماناً . شَرِب النَخْبَ . أخذ عَهْدًا

plei'adēś [plē- *or* plī-], *n. pl.* (نجم) الثُرَيّا

plēn'ary, *a.* كُلِّي . مُكَمَّل . مُستَوفىً . بكامل العَدَد . مُطلَق

plen'ipoten'tiary [-shẹri], *n., a.* (مُفَوَّض) مُطلَق التَصَرُّف = إلْجِي . مَبعوث (أو) مندوب مُطلَق

plen'itūde, *n.* مَلاء(ة) . وَفاء . تمام . وَفْرة . وُفور

plen'tēous, *a.* كثير . وافِر . سابِغ . غَزير . مُدِرّ

plen'tiful, *a.* مَبْذُول = كثير (الوجود) . وَفير . جَمٌّ . وافٍ . ضافٍ

plen'tifully, *ad.* بكثرة . بوفرة . بغزارة

plen'ty, *n., a.* كثرة . وَفْرة . كَوْثر . جِدَة = سَعة . جَمٌّ . كِفاية . كافٍ . وافٍ . ضافٍ

pleur'isy [ploor-], *n.* (مرض) ذات الجنب = بِرْسام

plex'us, *n., pl.* plexuses *or* plexus شَبَكَة (أو) ضفيرة (أعصاب أو عروق)

solar —, مجمع أعصاب خلف المعدة

plī'able, *a.* لَدْن = سهلُ الالتواء (أو) الانعطاف (أو) التثني . لَيِّن . سَلِس (القياد) . سهل الاقناع

plī'ant, *a.* لَدْن . مُؤاتٍ . لَيّن (المعطِف) . سهل التطبيع . سهل الانقياد

plī'ėrś, *n. pl.* زَرَدِيَّة

plīght [plīt], *n.* خطب . حالة (منكرة) . وَيل . سوء حال . مُشْكِلة

plīght [plīt], *v.* وَعَد (وَعدًا أكيدًا) . أعطى عهدًا (وثيقًا)

to — his word (or troth), قطع (أو) أعطى وَعْدًا (أو) عَهْدًا (وخصوصًا بالزواج)

plinth, *n.* رِهص (أو) رُكح العمود = الحجر الذي يكون في أسفله . رِهص الجدار = طبقة في أسفله

plod, *v.* (plodded, plodding) أوْعَث في سيره = سار بِجُهدٍ وتَعَب . تَعتَع في سيره (أو) في عمله . سار (أو) عمل بجهد وتثاقل . تَحَزَّل = مَشَى بتثاقل كأنه يتراجع

plodd'ẹr, *n.* شخص كدودٌ بطيءٌ . مُتَعتِع

plot, *n.* بُقعة (أو) قُطعة أرض . حَقلة = مَشارَة = دَبْرة . جُلّ

plot, *v.* (-tted, -tting) قسّم الأرضَ إلى قُطَع

plot, *n.* مَكيدة . مَكرَة . مؤامرة . حَبكَة (القصة)

plot, *v.* (plotted, plotting) = كاد دَبَّر مكيدة . تآمر = كايد

plot, *v.* خطَّط . رسم خريطة

plot, *n.* مُخَطَّط . خريطة . مُرتَسَم . طِراز

plough [plow], *n.* مِحرَاث

plough [plow], *v.* عَزَق = حَرَث = فَلَح . مَخَر . تقدَّم بعُسر وجُهد . شَقّ . غاص

plough'man [plow-], *n.*; *pl.* -men حَرَّاث = أَكَّار

plough'shāre [plow-], *n.* سِكَّة المِحراث = مِيكَمة

plo'ver [pluvẹr], *n.* (طائر) الزُّقزاق (أو) القُرْقُر (أو) القَطقاط = مُرعة

plòw, *n.* = plough

plow'man, *n.* = ploughman

plow'shāre, *n.* = ploughshare

pluck, *v.* قَطَف . نتف . قَلَع . نَتَش . بتَك (الشعرَ أو . . .) . جَذَب (الوتر مثلًا) برأس الإصبع

to — up, اقتلع . تَشَجَّع . تَجَسَّر

pluck, *n.* رَباطة جأش = بأس . شَجاعة . جَسارة . إقدام . مِعلاق الذبيحة = الكبد والرئتان والقلب

pluck'y, *a.* (-ckier, -ckiest) رابط الجأش . جَسُور . شديد الجُرأة . مُصَمِّم جَسُور

plug, *n.* دِمام = سِدادة . دَسَّامة (كهرباء) = ياصُولة . إسكابة (أو) أُسكوبة (البرميل أو الزق)

plug, *v.* دَمّ = سدّ . انهمك (أو) تهمَّك (في العمل)

plum, *n.* [خوخ] . بَرقُوق . عين البقرة . قَراصيا . إجّاص

plū'mage [-ij], *n.* رِيش (الطائر)

plumb [-m], *n.* مِرجَاس = بَلْدَة (أو) شيء ثقيل يُعَلَّق بطرف حَبل ويُدَلَّى لمعرفة عُمق الماء . فادِن = خيط للبنائين يُدَلَّى لمعرفة عُمُودِيَّة البناء = شاقول

off (out of) —, مائلٌ = غير عمودي

plumb [-m], *v.* سَبَر . رجس (الماء بالمِرجاس) . فَدَن . شَقل . قاس عمودية الشيء بشاقول . قَوَّم . نَصَب

plumb [-m], *a(d).* شاقولي = عمودِيّ . عَموديًا

plumb'er [-mẹr], *n.* ناصِب (أو) مُصلح (أو) مُسوِّي الأنابيب (أو) [المواسير] في البناء

plumb'ing [-ming], *n.* حِرفَة مُسوِّي الأنابيب . تَسوِيَةُ الأنابيب . تركيب (أو) نصب الأنابيب

plumb-līne [-ml-], *n.* مِطْمار = زِيق البناء = شاقول (لمعرفة عمودية البناء) . مِرْجاس (لقياس عمق المياه)

plūme, *n.* ريشة (طويلة وكبيرة) . ذُؤابة من الريش . رِيش

plūme, *v.* زَيَّن بالريش . مَلَّس الريشَ وسَلَّكه . تَباهَى . اغتبط . غَبَط نفسه (على)

to — himself on, اعتزَّ . تَخالَى . تباهى . تفاخر

plumm'ĕt, *n.* مِرْجاس = بَلْدَة = ثَقَّالَة تُعَلَّق بطرف الفادِن (أو) الشاقول

plump, *a.* سَمِين مُدَمْلَج (أو) مُلَمْلَم . عَبْهَرَة = ممتلئة الجسم جميلة = دَرْماء = وَعْثَة = مُرَبْرَبَة

plump, *n.* هَدَّة = سَقْطة ثقيلة . لَدْمَة . رَدْسة

plump, *ad.* هَدَّة واحدة . دفعة واحدة

plump, *v.* دَرِمَ = سَمِنَ وتَدَمْلَج . عَبْهَر . تَعَبْهر . سَقَط دَفعة واحدة . دَغَر (إلى البيت) = دخله فَجأةً . نَفَر (من البيت) = خرج منه فجأة

plum-pụdding, *n.* حَلواء تُعمَل من الدقيق والزبيب وغيرهما

plū'mūle, *n.* رِيشة صغيرة ناعمة = زِفَّة . زَغبة . شَكِيرة

plun'dẹr, *v.* سَلَب . سَرَق (بالعُنف) . نَهَب

plun'dẹr, *n.* سَلْب . سَلَب . نَهب

plunge, *v.* غَطَس . غَطَّس . غَمَس (السِنانَ . . .) . إنغَسَّ . ألقى بنفسه . إنكدر . تَرَدَّى . غاص . إندَغَر . تَقَذَّفَت (السفينة) . تقحَّم = تَهَوَّر = اهتجَّ . طأطأ الفرسُ رأسَه واعتمد على يديه وضرب برجليه الهواء .

plunge, *n.* غَطْسة . غَوْصة . قَحْمة = دَغْرَة . مُغامَسة

plun'gẹr, *n.* غَطَّاس . غَمَّاس . مِقحام = داغر . (فرسٌ) ساطٍ . دَحَّاس = مِكْبَس الآلة وما أشبهه

plū'perf'ĕct, *n., a.* صيغة الماضي التام (الذي يدل على حَدَثٍ ماضٍ قبل حدث ماضٍ آخر)

plūr'al, *n.* جَمع . صِيغةُ الجمع

plūr'al, *a.* مُتعَدِّد . مُتنَوِّع

plūral'ity, *n.* حالة الجمع . عددٌ غَفير . كَثْرة . أكثرية . فَضْلُ (عددٍ أكبر على ما يليه)

plus, *prp.* وَ . مع زيادة

plus, *a.* مَزيد (أو) مجموع (إلى) . مُوجَب . زائد . وزيادة

plus, *n.* علامة الجمع = +

plush, *n.* قَطيفة = قُماش مُخملي ولكنه أنعم وأثخن وأطول خملًا

plȳ, *v.* (plied, plying) مارس . زاول . عَمِلَ (ب) . استعمل . ألَحَّ (على) . كَرَّر . تَرَدَّد (كالسفينة في سفرها بين نقطتين)

plȳ, *n.; pl.* plies طَبَقَة . طاقَة (من الغزل أو الحبل) . نِير (في الثوب) . طِيَّة . طاق (من القماش)

P.M., p.m., بَعد الظهر (أو) بَعد الزوال (في الساعة) .

pneumat'ic [nū-], *a.* مَملُوء بالهواء . فيه هواء . يعمَل بالهواء (المضغوط) . هوائي (أو) غازي . رُوحي . روحاني

pneumōn'ia [nū-], *n.* التهاب الرئة . ذات الرئة

P.O. = post office; postal order

pōach [pōch], *v.* تجاوز على أرض الغير (وخصوصاً للصيد) . صاد بغير إذن . توحّلت (الأرض) . ساخ (في الوحل) . جبل (في الماء كالصلصال)

pōach [pōch], *v.* فقص (البيضة) وسلقها (بدون القشرة)

pōach'ẹr [pōch-], *n.* الذي يصيد في أرض غيره بدون حقٍّ (أو) إذن

pock, *n.* نقرة (أو) نقبة (من مرض الجدري مثلاً)

pock'ẽt, *n.* جيب . جوبة . فجوة هوائيّة . مال . مصالح مالية . فجوة فيها ذهب (أو) فلزّ . خابية

out of —, خاسرٌ . منفِض من المال

pock'ẽt, *v.* لفع . غلّف . وضع في الجيب . ذوّل عليه (أو) أخذه خلسةً = إختان . كظم . أغضى (على الإهانة)

pock'ẽt, *a.* للجيب . مصغّر (حتى يدخل في الجيب)

pock'ẽt-book, *n.* دفتر جيب . جزدان . محفظة (جيب)

pock'ẽt-knife [-nīf], *n.* مِجزأة = مومَى للجيب

pock'ẽt-mo'ney [-muni], *n.* خرجيّة = مال للنفقات النثرية الصغيرة (للأولاد)

pod, *n.* سِنف = قرن (بعض النباتات) . جوزة (القطن) . وعاب = ظرف لاستيعاب شيء (في الطائرة)

pō'ẽm, *n.* قصيدة . شعر

pō'ẽṡy, *n.* شعر . فنّ الشعر . نظم

pō'ẽt, *n.* شاعر . ناظم (شعر)

pō'ẽtess, *n.* شاعرة

pōet'ic(ál), *a.* شعري . شاعري

pō'ẽtry, *n.* شعر . قريض . أشعار

poign'ancy [poyn-], *n.* حِدّة . رَمَض . تبريح . لذعٌ

poign'ant [poyn-], *a.* حادّ . مُمِضّ . جارح . محرّك للنفس . لاذع . مُبرِّح . قارص

point, *n.* رأس (محدد أو مدبّب) . ذُباب (السيف) . نقطة . فكرة . خصلة (أو) صفة مميّزة . معنى . لسان = رأس (من البر داخل في البحر) . موقع . جهة . اتجاه . عِبرة . شاهد . محطّ الشاهد

on the — of, على شفا . على وَشك

off the —, خارج عن صدد (البحث)

to the —, سديد = في صدد (البحث)

to make a — of, أصرّ (على) . تحرّى . توخّى . اهتمّ (ب) . اعتبره مهمّاً

at the — of departure, على وشك (أو) على همّة المغادرة

in —, في الصدد

in — of fact, في الحقيقة . في الواقع . في واقع الأمر

the — of the story, وجهُ (أو) نكتة القصة

This is a case in —, في صدد الموضوع

the — of view, وجهة النظر

point, *v.* دلّ (على) . أشار (إلى) . وجّه . صوّب . نقط (أو) أعجم (الكتابة) . وضع الشكل (على الحروف)

to — out, دلّ (على) . بيّن

point'-blank', *a(d)*. قطساً = مُقاطسةً = كِفاحاً = مُواجهةً . بصراحة ومفاجأة . وِجاهاً . مُصوّب . صريح . مُبادهةً

point´ẽd, *a.* مُرَوَّس = مُحَدَّد (الرأس) . حادّ . واخِز . مُصَوَّب . مُصَعْنَب (الرأس) . جارِح . ناقِد . مُؤكَّد = مُشَدَّد . مُتَعَمَّد . عامِد . واضِح

to show his — attention, أظهر انتباهه الشديد (أو) المشدَّد

point´ẽdly, *ad.* بصورة حادَّة (أو) مُتَعَمَّدة . صَراحةً

point´ẹr, *n.* مُؤَشِّر . كَلْبُ صَيْدٍ (يَدُلّ على الصيد بوقفته) : تَلْمِيحة

point´lẹss, *a.* ليس له رأسٌ حادّ . لا معنى (أو) مَغزَى له . عَبَث . لَغو

poiṡe, *v.* وازَن . توازن . استوفز . استفزّ . راز . روَّز (في الفكر) . اشرأب

poiṡe, *n.* توازُن . إتزان . رَزَانة . تمالك النفس . وَقار

poiṡ´on, *n.* سُمّ . مصدر إفساد (أو) أذى

poiṡ´on, *v.* سَمَّ . سَمَّم . أَوْغَر . أفسد

poiṡon ivy, (نبات) كاللَّبلاب (من نوع السُّمَّاق) يوجد في شمال أمريكا يؤذِي من يلمسه

poiṡ´onous, *a.* سامّ . مُسَمَّم . شديد الضرر

pōke, *v.* نَكَز . نَخَس = نَخَش . لَهَز . دَفَع . حَرَّك . مَدَّ . دَخَّل . تَخَشَّش . تَدَحَّس . أَطلع (الرأسَ مثلًا) . دَسَّ . حَضَب (النارَ) . دَفَع وفتح ثقبًا

to — about, around, فاحَصَ (عن شؤون غيره) . بَصَّص

to — his nose into, تَدَخَّل (في) . دَسَّ أنفه (في . . .)

to — fun at, عَبِث (ب)

pōke, *n.* نَخْسَة . نَخْشَة . دَفعة

pōk´ẹr, *n.* مِحراك النار = إسطام = مِحضَب . مُفاحِص (عن شؤون غيره)

pōk´ẹr, *n.* لُعبَة البوكر

pōl´ar, *a.* قُطبِيّ . مَركَزِي . في الوَسَط

pōlar bear, الدُّب القطبي

pōle, *n.* مُرْدِيّ = حديدة (أو) خَشَبة طويلة مُدوَّرة . سارِيَة . عَمُود . قَصَبة (بطول ١٦ ½ من الأقدام)

pōle, *v.* دَفَع (القاربَ) بالمُرْدِي = مَرَد

pōle, *n.* قُطب (في الأرض أو في بطَّارِيَة كهربائية)

pōle´ax(e) [pōlaks], *n.* طَبَرْزِين = فأس حرب مع شوكة وعصا طويلة

pōle´cat [-lc-], *n.* ابن عِرس المُنْتِن = القَرْقَدون القَذِر = ظَرِبان

polem´ic, *n.* خُصومة = جَدَل = نِزَاع (جَدَلي) . مماراة

polem´ic(al), *a.* خُصُومي . جَدَلِيّ . نِزاعي . مِرائي

pōle´-stâr [-ls-], *n.* مِسمار القطب = نَجمة القُطب = الجُدَيّ = جُدَيّ الفرقد

polīce´, *n.* شُرْطة = شِحنَة = [بوليس]

polīce´, *v.* حَفِظ (أو) ضَبَط (النظام)

polīce´, *a.* خاصّ بالشرطة

polīce´man [-sm-], *n.; pl.* -men شُرْطي = [بوليس] = ضابِطِيّ

polīce state, دولة بوليسية (يكون الحكم فيها بيد البوليس (السرّي)

pol´icy, *n.; pl.* -cies خُطة . حُسن تدبير . سياسة . حسن سياسة

pol´icy, *n.* وَصِيرة تأمين = صَك تأمين = [بوليصة]

Pō´lish, *a., n.* بولندي

pol´ish, *v.* لَمَّع . صَقَل . دَلَّص . [بَرْدَخ] . دَمَّث . جَلَا . سَفَن . هَذَّب

pol'ish, *n.* صَقل . صَقلَة . طَلَاوة . دُمُوثة . دَمَاثة . رِقَّة . تَهذيب . صَقُول = صاقولٌ = مادة يُصقَل بها . لَمَّاع = جِلاء

polīte', *a.* أديبٌ . مُهَذَّب . دَمِث . ذو أدب (أو) أخلاق رفيعة

polīte'ly [-tl-], *ad.* بأدب . بِخُلُقٍ حَسَن . بدماثة

polīte'ness [-tn-], *n.* أدَب . حُسنُ الأخلاق (أو) الأدَب

pol'itic, *a.* حَصيف . أريب . مُتبَصِّر . ماكِر . داهٍ

polit'ical, *a.* سياسيٌّ . خاصٌّ بالرَّعِيَّة (أو) بالحكومة

polit'ically, *ad.* سياسيًّا . رَعَويًّا

political science, علم السِّيَاسَة . علم سياسة الحُكم

politi'cian [-shẹn], *n.* سِيَاسِيٌّ

pol'itics, *n.* سياسَة . سِيَاسة الدولة (أو) الحُكم . سياسة مدنية . شئون سياسية . مبادئ سياسية

pol'ity, *n.* شَكل (أو) طريقة الحُكم . حُكُومَة . أُلفة رَعوِيَّة . دولة . أُمَّة . مُجتَمَع مُنظَّم . رَعِيَّة مُنظَّمة

pol'ka, *n.* رَقصٌ نشيط . الموسيقى لهذا الرقص

pōll, *n.* تصويت (في الانتخابات) . عدد الأصوات (في الانتخابات) . استطلاع للرأي العام . مكان التصويت . قائمة النّاخبين . الرأس (في الجسم) . فَرد (في جماعة) . قائمة أشخاص

pōll, *v.* صَوَّت = أعطى صوتاً (في الانتخابات) . قَطَّ = أجَمَّ = جَزَّ . نال أصواتاً (في الانتخاب)

poll'ẹn, *n.* غُبَار الطَّلع (في النبات) = نُباغَة

poll'ināte, *v.* أبَّر = ألقح (بنقل غبار الطلع من عضو التذكير إلى عضو التأنيث)

poll'inā'tion, *n.* تأبير = إلقاح (النبات)

poll'iwog, *n.* = pollywog

poll'ywog, *n.* شِرْغ = ضفدع صغير . دُعموص الضفدع

pōlls, *n. pl.* مكان طرح الأصوات (في الانتخاب)

poll tax, جِزْيَة = خَراج الرأس

pollūte', *v.* وَسَّخ . نَجَّس . لوَّث

pollū'tion, *n.* توسيخ . نَجاسة . تلويث

pōl'ō, *n.* لُعبة الكرة والصَّوْلَجان

poltrōōn', *n.* يَرَاعٌ = جبان ضَعيف = وَكْواك = جبانٌ نَذلٌ

polyġ'amous, *a.* مِزْواج = له أكثر من زوجة واحدة في الوقت الواحد . خاص بتعدد الزوجات

polyġ'amy, *n.* الجمع بين عدد من الزوجات . تَعَدُّد الزَّوجَات (في وقت واحد)

pol'yġlot, *n., a.* مكتوب بعدة لغات . عالِمٌ بعدة لغات

pol'yġon, *n.* مُضَلَّع = شكلٌ مُسَطَّح له أكثر من أربع زوايا وأربعة أضلاع

pol'yp(e), *n.* حُلَيمَة = حيوان بحري بسيط أُنبوبي الجسم وفي نهايته لوامِس يلتصق بنهايته الأخرى

polysyll'able, *n.* كلمة متعددة المقاطع

polytech'nic [-k-], *n., a.* مُتعدد الفنون . مدرسة (أو) كلية تعلم فنوناً صناعية

pol'ythēism, *n.* شرك . الإيمان بتعدد الآلهة

pomāde' [or -mâd], *n.* رَطولٌ للشعر = دُهُون مُعطَّر

pome'ġranate [pomġranit], *n.* رُمَّان . رُمَّانة . شَجَرة رُمَّان

pomm'ęl, *n.* قَرَبُوس (السَّرج) . ثُومة (أو) قَبيعة (السيف) = كُمْبُرة = كُعْبورة

pomm'ęl, *v.* (-melled, -melling) دَقَّ (أو) ضَرَب بِجُمْع الكف (أو) بكعبورة السيف = لَدَم . أوسع ضَربًا

pomp, *n.* جاه . أُبَّهَة . تَجَهْوُر . عَظَمة . ازدهاء . تباهٍ . مَوْكب فخم

Pom'padour [-dōōr], *n.* تَنْصِيَةُ الشَّعر = ترجيله وتجميعه عند الناصية (للمرأة)

pom'pon, *n.* طُرَّة (أو) عُثكُولة من الشعر (أو) الريش توضع على القُبَّعة (أو) الحذاء

pom'pous, *a.* ذو أُبَّهَة (أو) عظمة . مُختالٌ مُتَباهٍ مُتَجهوِرٌ . مُتَأَبِّه

pon'chō, *n.*, *pl.* **-chōs** قِبَاع = قطعة كبيرة من قماش تستعمل كالعباءة (في جنوب أمريكا) وفيها فتحة للرأس في وسطها

pond, *n.* بُحَيرة . غدير ماء = أَضاة . بِركة

pon'dęr, *v.* رَوَّى = فَكَّر مَليًا . تَمَعَّن . تَرَوَّى = تأمَّل . قَدَّر . روَّز . تفكَّر . مَخَض الرأي

pon'dęrous, *a.* وَزِين . باهظ الثِقَل . ثقيل الجسم والحركة . ثقيل . مُملّ = غَبامٌ . جَسيم

pongee' [pun-], *n.* نوع من الحرير الناعم في لونه الطبيعي (من الصين)

pon'iard, *n.* خِنجر

pon'tiff, *n.* أُسقف . حِبْر . حِبْر أعظم . البابا

pontif'ical, *a.* أُسقُفي . حِبْري . بابوي

pontif'icate [-kit], *n.* وظيفة (أو) مَنصِب الأُسقف (أو) الحَبر (أو) البابا

pontif'icāte, *v.* قال متحكمًا (كأنَّ بيده الحكم)

pontōōn', *n.* قارب مُسطَّح القعر . قارب من هذا النوع (أو) ما يشابهه يعتمد عليه جسر على نهر

— **bridge,** جسر عائم

pōn'y, *n.*; *pl.* -nies بِيسي = قَلهَزَم = فَرَس (أو) بِرْذَون صَغير الجسم . [سَامِيٌّ]

pōō'dle, *n.* كلب العُمْيان . قَلَطِيّ = نوع من الكلاب الصغيرة النبيهة (تُرَبَّى في البيوت)

pōōh [pōō], *int.* نَبًّا ! أُفٍّ ! نِفّ !

pōōh-pōōh' [pōōpōō], *v.* استهان (بِ) . استحقر . ازدرى

pōōl, *n.* بِركة (ماء) = مَسَاكة

pōōl, *n.* جُمْلَة = جُمالَة = مَجْمُوعة (من مال أو ثروات لفائدة الجميع) . جملة المال المطروح للقمار . مُراهنة على ألعاب كرة القدم . جُملة (شركات)

pōōl, *v.* جَمَل = أَجمَل = جمع في جُملَةٍ واحدة . ترافد

pōōp, *n.* طَبَقة عليا في مؤخَّر السفينة . مُؤخَّر (أو كَوْثَل) السفينة

pōōr, *a.* فقير . مِسكين . ناقِص = مُفتقِر . ضَعيف . سَقيم . رَديٌ . غَثيث . مُنحطّ . نَزْر . قليل . مُجدِب . خفيف . نحيف . هَزِيل . خسيس . بائس

The —, الفقراء . المَحاويج

pōōr'-house', *n.* تَكيَّة الفُقَراء

pōōr'ly, *a(d).* قليلًا . بإزدراء (أو) عدم إجادة . مُعتَل (الصِحة) . سَقيم . بانتقاص

pop, *n.* طَقَّة . فقعة . نبقة . ندصة

pop, *v.* (popped, popping) ندَصت العَيْن = جحظت وكادت تخرج من مكانها . طقّ . تفقّع . زرَق = دَخل (أو) خرج (أو) تحرك دفعة واحدة . نبَق . طلع فجأةً . دفع فجأةً . أطلق (سلاحًا ناريًا)

pop, *ad.* بغتةً . فجأةً

pop'côrn, *n.* بُوشار = ذُرَة صفراء تتفجَّر حبَّاتُها في النار وتتفلطح

Pōpe, *n.* البابا (في الفاتيكان)

pop'ġun, *n.* بندقية يلعب بها الأولاد وتُحدِثُ طقَّة عند إطلاقها

pop'injay, *n.* فَجفاج = متكبر كثير الكلام . مُتخايل = متكبّر متبختر . مُبهلِق = مُدَّعٍ صَلِف لا غناءَ عنده

pōp'ish, *a.* بابوي

pop'lar, *n.* (شجر) الحَوَر (أو) الحَوْر . خشب الحور

pop'lin, *n.* = [بوبلين] قماش مُضلَّع يصنع في أكثر الأحيان من الحرير والصوف

popp'y, *n.*; *pl.* -pies (نبات) خَشخاش (ومنه خشخاش الأفيون والخشخاش الشرقي)

pop'ūlace [-lis], *n.* عامَّة (الناس) . الجماهير

pop'ūlar, *a.* مَحبُوب . شعبي . له حظوة شعبيّة . عليه إقبال شَعبي . مُتداوَل (أو) عامّ بين الناس . شائع (بين الناس) . عامي . غيرُ غالٍ . رائج . كثير الأصدقاء والمعارف . مُقرَّب إلى أذهان الشعب

popūla'rity, *n.* [مَحبوبية] . شَعبيَّة . حَظوة شعبيَّة (أو) عند الناس . إقبال شعبي . رَوَاج . كثرة الأصدقاء والمعارف . مكانة شعبية . حُظْوة عند الناس

pop'ūlarīze, *v.* وَفَّقه لِرَغَبات الناس . جَعله مقبولًا عند الشعب (أو) منتشرًا بين الناس . روَّج . شَيَّع

pop'ūlarly, *ad.* بصورةٍ يُقبِل عليها الشعب (أو) تُوافِقه

pop'ūlāte, *v.* سَكَن . عَمَّر = جَعل آهِلًا (بالسكان) . استعمر

popūlā'tion, *n.* سُكَّان . أهالي = أهلُون

pop'ūlous, *a.* كثيف (أو) كثيرُ السكان (بالنسبة إلى المِساحة)

pôrce'lain [-slin], *n.* خَزَف صِيني

pôrch, *n.* = رُوَاق . سُدَّة ظُلَّة (أو) جناح فوق باب الدار = سَقيفة . كُنَّة

pôrc'ūpīne, *n.* (حيوان) دُلْدُل = نَيص = شَيهم

pôre, *v.* تأمَّل = حقق النظرَ (في) . عكف (أو) أكَبَّ (عليه) يُطالِعُه ويَتمعَّن فيه = تَصفَّح . طالع . أعمل الرَوِيَّة . روَّى

pôre, *n.* مَسَمّ (في الجسم) = مَنتَح . نُخروب

pôrk, *n.* لحم الخنزير

pôrk'ẹr, *n.* خِنزير مُسمَّن للذَّبح

pornoġ'raphy, *n.* أدَب (أو فن) الفُجور

pôr'ous, *a.* مُثقَّب = ذو مَسَام . مُتخَلخِل . مُنخرِب . هَشّ

pôrph'yry, *n.* = بِرفير = حجر بِرفيري حجر (أو) رُخام سُمَّاقي . مرمر سُمَّاقي

pôr′poise [-pẹs], *n.*; *pl.* -poises *or* -poise خِنْزِير البحر (يشبه الدُلفين)

po′rridge, *n.* رَهِيَّة = خَطِيفة = حُبوب تُطبَخ في الماء (أو) في الحليب

po′rringẹr, *n.* صَحفة . صُحَيفة . قَصعة . صَحن تؤكل منه الخطيفة (أو) ما شابه ذلك

pôrt, *n.* ثغر = ميناء = مُكَلَّأ

pôrt, *n.* كُوَّة (في جانب السفينة) . طَلَّاقة (أو) كُوَّة لإطلاق المدافع

pôrt, *n.*, *a.* الجانب الأيسر (من السفينة) بالنسبة إلى الناظر نحو المُقَدَّم . على الجانب الأيسر منها

pôrt, *v.* أدار (أو) حوَّل إلى اليَسار

pôrt, *n.* نَبِيذ أحمرُ حلو (شديد التأثير)

pôrt′able, *a.* يُمكِن حَملُه (أو) نقلُه . مُمكِنُ الحَمل . حَمِيل

pôrt′age [-ij], *n.* حُملان = كُلفة الحَمل (أو) النقل . نقل بَرّي (من نهر أو بحيرة إلى غيرها) . مكان يُنقل عَبرَه

pôrt′al, *n.* رَنَج = رِتاج = باب كبير . باب

pôrtcull′is, *n.* بابُ قلعة على شكل مُشَبَّك من الحديد يترلج سُفلًا وصُعُدًا

pôrtend′, *v.* أنبأ (أو) آذَن (بِ) . خايَل = أظهر الدلائلَ (على) . أوعَد (أو) أنذر (بِ) . دَلَّ (على)

pôrt′ent, *n.* إنباء . إيذان . مُخايلة . مَخيلة = دَلالة . نِذارة

pôrten′tous, *a.* مُوعِد (أو) مُنذِر (بِشرٍ أو سوء) . عجيب . مُعجِب . مُريع . هائل

pôrt′ẹr, *n.* عَتّال . حَمّال . [شَيّال] . نوع من الجِعة البُنِّيَّة اللون

pôrt′ẹrhouse, *n.* قِطعة من اللحم من أسفل الظهر (أو) المَتن

pôrtfōl′iō, *n.*; *pl.* **-liōs** صِوان (أو مِحفظة) أوراق . مَنصب وزاري

pôrt′hōle [-t-h-], *n.* طَلّاقة = فتحة لإطلاق النار منها . كُوَّة في جانب السفينة للنور والهواء

pôrt′icō, *n.*; *pl.* **-cōs** *or* **-cōes** [-kōz] سَقِيفة (أو) صُفَّة أمام البيت . رِواق (له أعمدة)

portière′ [-tyār], *a.* سُدفة = سِتار للباب

pôr′tion, *n.* نصيب . حِصَّة . قِسم . قِطعة . فِتر = كُلتة = نصيب من الطعام

pôr′tion, *v.* قَسَّم (حِصَصًا) . أعطى حِصَّة (أو) نصيبًا . تحاصَّ

pôrt′ly, *a.* (-lier, -liest) بَدِين . جَرِيم = ضَخمُ الجُثَّة . فَخمُ الهيئة (أو) المنظر

pôrtman′teau [-tō], *n.*; *pl.* **-teaux, -teaus** [-tōz] حَقِيبة (سَفَر صُلبة الجوانب مُستطيلة) = عَيبة . [شنتة] سفر

pôrt′rait, *n.* صورة شَخصٍ (وَجهية) . شَبَه . صورة . وصف ناطق (لشخصٍ ما)

pôrt′raiture [-trichẹr], *n.* فن التصوير . صُورة

pôrtray′, *v.* صَوَّر (أو) رَسَم (صورةً) . وَصَف (بالكلام) . مَثَّل (على المسرح)

pôrtray′al, *n.* صُورة . تصوير . وَصف

pōse, *n.* تظاهُر . إدِّعاء . تَصَنُّع . وَضعِيَّة الجسم . وَضعِيَّة تَصَنُّعِيَّة (بقصد التظاهر)

pōse, *v.* أخذ وَضعًا (أو) وَضعِيَّة . وَضَع في وَضع (أو) وَضعِيَّة . عَنَّت في السؤال . تظاهر . طرمذ = تظاهر بما ليس عنده . عَرَض (سؤالًا)

posi'tion, *n.* مَوضِع . مكان . مَوقِع . وَضع . وَضعيَّة . مَنصب . وظيفة . مركز . مكانة . مَرتَبة . رُتبة . مقام (رفيع) = مَوضَعة

pos'itive, *v.* مُحقَّق . قاطِع . مُتيقِّن . مُؤَكَّد . شديد (أو) مُفرِط في التيقن . إيجابي . مُوجَب . جَزمي . أصلي . صريح . حَتمي

pos'itively, *ad.* يقيناً . حقيقةً . قطعاً . جَزماً

poss'ē, *n.* قُوَّة مسلَّحة . [فَزعَة] = جماعة يُدعون للمساعدة في حفظ القانون

possess', *v.* مَلَك . حاز . كان لديه . تَمالَك = ضَبَط . استولى . احتوى (على) . احتَلَّ . أحرز . تَملَّك . استحوذ (على) . ملَّك . تَمكَّن (من)

posse'ssion, *n.* مُلك . حِيازة . تَملُّك . إحراز . حَوزة . مُمتَلَك . تَمالُك (النفس) . مالِكِيَّة . صاحبيَّة

possess'ive, *a.* مُلكي . تَملُّكي . إضافي

possess'or, *n.* صاحب = مالِك . مُتصرِّف بالملك

possibil'ity, *n.* إمكان . إحتمال . (أمر) مُمكِن

poss'ible, *a.* مُمكِن . مُحتَمَل . جائز . مُستَطاع

poss'ibly, *ad.* مُمكِن (أن . . .) . من المُمكِن . لَعَلَّ

poss'um, *n.* = opossum

to play —, تَماوت = أظهر على نفسه الموت . تَمارض . استتر

pōst, *n.* خازُوق . سارِية = قائمة من خشب (أو) حديد منصوبة لِدَعم شيء فوقها . عِضادة (الباب) = قائمة . عمود خشبي . مبدأ (أو) منتهى مضمار السِباق

pōst, *v.* وَضَع (أو) عَلَّق (إعلاناً) على سارِيةٍ (أو) جدار (أو) لوح . أعلن

pōst, *n.* مركز الوظيفة (للجندي أو للشرطي) . مَركَز (عسكري) . حِصن . دعوة النفير (أو) البُوق . نقطة عسكرية . محطة تجارية (في بلدٍ متأخِّر) . وظيفة

pōst, *v.* عَيَّن . وَضَع (في مركز أو نقطة) . نَصَب . أقام

pōst, *n.* بَريد . [بوسطة]

pōst, *v.* أَبرَد = أرسَل بالبريد . وَضَع في صندوق البريد . سافر مُسرِعاً . أسرَع

pōs'tage [-ij], *n.* أُجرة البريد

— stamp, طابع بريد

pōs'tal, *a.* بَريدي

postal card, بطاقة بريدية

pōst'-câte, pōst'câte, *n.* بطاقة بريد

pōst-chaise [-sh-], *n.* زَلَّافَة = عَرَبة كانت تُستأجَر للسفر قبل السكة الحديدية : (تغير خيولها على مراحل)

pōs'tęr, *n.* إعلان كبير (يعلَّق في الأماكن العامَّة)

postēr'ior, *a.* خَلفِي . مُؤخَّر . متأخِّر . لاحِق . عاقِب

postēr'ior, *n.* إست . مَقعَدة . عَجيزة . عَجز . دُبُر

poste'rity, *n.* خَلَف . عَقِب . ذُرِّيَّة = أعقاب . أجيال قادمة

pos'tęrn, *n.*, *a.* باب (أو) بُوَيب خلفي . خَلفي

pōst-ġrad'ūate [-it], *n.* طالبٌ خِرِّيج

pōst-hāste', *ad.* بِسُرعة . بالسرعة التامَّة . بأقصى السرعة

post'hūmous [-tūm-], *a.* مولود عَقِب وفاة والده . منشور بعد وفاة مؤلِّفه . دَبُوري = عَقِبي . بعد الوفاة

postil(l)′ion, *n.* راكِبٌ على أحد الخيول المشدودة إلى العربة

pōst′man, *n.; pl.* **-men** ساعي (أو) مُوَزِّع البريد

pōst′mârk, *n.* خَتْم البريد

pōst′mâstẹr, *n.* مأمور (أو مدير) بريد

pōst′mistress, *n.* مأمورة (أو مديرة) بريد

pōst-môrt′ẹm, *n., a.* فحص بعد الوفاة . فحص طبي على الجُثَّة

pōst′-office, *n.* مكتب بريد

Post Office, دائرة البريد . مصلحة البريد

pōstpōne′, *v.* أخَّر . أجَّل . أرجأ

pōstpōne′mẹnt [-nm-], *n.* تأخير . تأجيل . إرجاء

pōst′script, *n.* تعليقة مُلحقَة = لَحَق = عِبارة تُلحَق بعد اختتام الرسالة . إلحاقة

pos′tūlāte, *v.* ادَّعى (أو) طالب (ب) . فرَض (جدلًا) . قَدَّر مُقدَّما . اشترط

pos′tūlate [-it], *n.* مطالبة . افتراض . فَرَضيَّة . مقدمة افتراضية . اشتراط

pos′ture, *n.* وَضْع (أو) وَضْعية الجسم . هيئة (أو وَضْعَة) الجسم . جِلسَة . موقف ذهني (أو) فِكري . تَوضيع

pos′ture, *v.* اتخذ وَضعًا (أو) وَضعِيَّة جسمية . وَضع وِضعَةً ما . وَضَّع

pōst′-war′ [-wôr], *n.* غِبَّ (أو بعدَ) الحرب

pōṡ′y, *n.* زَهْرَة . طاقَة = باقة (زهور) . نقش الخاتم

pot, *n.* غضارة . بَرْنِيَّة . إبريق . قِدْر . أَصِيصٌ (من فَخَّار) . ما في الإبريق (أو) القِدْر = مِلْؤُه . عُسّ = قدح كبير . مبلغ كبير من المال

pot, *v.* (potted, potting) = قَدَّر = وَضع (أو) طَبَخ في قِدْر (أو) إبريق . أطلق النارَ (على حيوان أو طائر) ورَماه

pot′ash, *n.* بُوتاس = من مركبات البوتاسيوم ويستخرج من رماد بعض الأخشاب

potass′ium, *n.* بوتاسيوم

pōtā′tion, *n.* شُرْب . مشروب (كُحولي)

potāt′ō, *n.; pl.* **-toeṡ [-tōz]** بطاطا . بَطَاطاة . بطاطس

pōt′ẹncy, *n.* قُوَّة . سُلْطة . قُدْرَة . فاعِليَّة . شَوْكة = نُفُوذ . قوة تأثير = مَفعول

pōt′ẹnt, *a.* قَوِيٌّ . شديد (أو) قَوِيّ المفعول . ذو شَوْكة (أو) تأثير . قادِر (على الجماع)

pōt′ẹntate [-it], *n.* حاكم مُتَسَلِّط = عاهِل . سُلطان

poten′tial, *a.* مُمْكِن = كامِن ولكنْ غيرُ ظاهر = في القُوَّة . مُحتَمَل

poten′tial, *n.* جُهْد (أو) طاقة كهربائيَّة

poten′tial′ity [-shi-], *n.* إمكانِيَّة = ثروة (أو) قُوَّة إمكانِية . إمكان . احتمال . إمكان ذاتي

poten′tially, *ad.* في الإمكان = في القُوَّة . إمكانِيًّا

poth′ẹr, *n., v.* هَمْكَة = حَرَكة وجلبة واختلاط . تَهمُك . هَيْزَعة

pot′-herb, *n.* بَقْلَة . عُشْبَة (يُطَيَّب بها الطعام)

pot′-hook, *n.* كُلَّاب يُعلَّق به القِدْر

pō′tion, *n.* شَراب (عِلاجي أو سُمّي) . جُرعَة كبيرة = عَبَّة

pot-luch, *n.* ما قُسِم (أو) ما تاح (أو) كان حاضرًا من الطعام

pot-pourri′ [pōpoori], *n.* خليطة من أوراق الورود والبهارات . لَبيكة . سليقة . لَبكة

pot′sherd, *n.* كسرة من الخزف = شَقفة

pot′-shot, *n.* طَلقة نارية بقصد قتل الصيد للطعام لا لرياضة الصيد

pott′age [-ij], *n.* يَخْنَة = سَلِيقة (من اللحم والخُضَر) . حِساء غَليظ

pott′ẹr, *n.* قَوارِيري . خَزّاف . فَخّاري

pott′ẹr, *v.* تحوّس = تَشاغل (في ما ليس فيه طائل) . تَعابث (في العمل) = أعفق = استحوس

pott′ẹrẹr, *n.* حَوّاس . عَفّاق

pott′ẹry, *n.* فَخّار . مَصنَع فَخّار . [فاخورة]

pouch, *n.* كِيس . جِراب . صَفْنَة (أو) صُفن = خَريطة (الراعي) . مِقنَب (أو) مِقناب (الصيّاد) . ضَبّة (التبغ) . حَوْصلة . جَيْب . زُوَارة (الطائر) . نكَيْس جِلدي = انتفاخ كيسي تحت العين = بَخَص = لَخَص

pouch, *v.* حَمَل (أو) وَضَع في كيس (أو) جراب . . .

poul′tice [pōl-], *n.* كِمادة = [لَبخَة]

poul′tice, *v.* كَمَّد = وَضَع كِمادة (أو) [لَبْخَة]

poul′try [pōl-], *n.* طيور دواجن . دَجاج

pounce, *n.* خَوتَة = إنقضاضة وأخذة . وَثبة . مِضبث (الطائر) = مِخلب

pounce, *v.* خات = انقض وأخذ (كالسبع على الفريسة) . غاص (على) . دَغَر . هَجَم (أو) جاء فجأة

pound, *n.*; *pl.* pound *or* pounds رِطل انكليزي = ٤٥٣,٦ غراماً . دينار انكليزي = ٢٠ شلناً

pound, *n.* حُجرة (أو) حَظِيرة (أو) زَرِيبة (للحيوانات الضالّة)

pound, *v.* هَرَس . دَقّ . سَحق . خَبَط . دَبَل (بالعصا) . رَدَى . رَدَس

pound, *n.* رَدْسَة = خَبْطَة = ضَربَة شَدِيدة (أو) صَوتُها

pour [pôr], *v.* صَبّ . تَدَفّق . هَطَل . دفق . بَقّ . دَلَق . إنهَلّ

pour [pôr], *n.* صَبّ . مَطَر مُنهَمِر (أو) صَبّ (أو) دافِق

pout, *v.* [بوّز] = بَرطَم = دَلَع شفتيه وأدلاهُما (حَردًا) = أدلَم . دَلَع . اندلع

pout, *n.* بَرطَمة = [تَبويز]

pov′ẹrty, *n.* فَقر . عَوَز . قِلّة

pov′ẹrty-strick′ẹn, *n.* مُعدِم . مُدقِع . في فقر شديد

powd′ẹr, *n.* ذَرور = مَسحوق . ملح بارود . سَفُوف

powd′ẹr, *v.* سَحَق . ذَرّ . ذَرذَر . رَشّ

powd′ẹr-flâsk, *n.* عُلبَة (أو) قارورة البارود

powd′ẹr-hôrn, *n.* قَرن أجوف كان يُتّخذ لوضع البارود فيه

powd′ẹry, *a.* ذَروري . كالذَّرور . مَرشوش بالذَّرور . مُغبَّر

pow′ẹr, *n.* قُوّة . قوة محركة . قُدرة . مُكنة . سَيطرة . نُفوذ . دَوْلة . سُلطة . مَلَكة (عقلية) . أُسّ (في الرياضيات)

in —, بيده السلطة (أو) السيطرة

pow′ẹrfụl, *a.* قَوِيّ . فَعّال . شديد . مُقنِع

pow′ẹrfụlly, *ad.* بقوة . بتأثير شديد

pow'ẹrhouse, *n.* مَحَطّة الكهرباء . بَيْت القوة = مكان آلات توليد القوة المحركة الكهربائية

pow'ẹrless, *a.* قَطِيع القوة . لا حولَ له . عاجز . مغلوب (أو) مقهور على أمره . قاصر اليد

pow'wow, *n.* كاهن . عَرّاف . مُذاكرة . مؤتمر

pox, *n.* نَفْط = مَرَض يتنفط منه الجلد كالجُدَري

pp. = pages; past participle

ppr. = present participle

prac'ticable, *a.* مُمكن عملياً . قابل للاستمال (أو) للتنفيذ

prac'tical, *a.* عَمَليّ . مناسب . نافع . مُجرَّب . هو بِحُكْم . . . = بمثابة

a — joke, [مَلعُوب] = مَزحة عَمَلية من أجل الضحك (أو) السخرية

prac'tically, *ad.* فعلًا . تقريباً . عملياً . بِحُكم (أو) بمثابة

prac'tice, *n.* مُمارَسة . تمرين . دُرْبة . عُرف . دأب . سُنَّة . مُمارَسة (الطب أو المحاماة)

prac'tise, practice, *v.* تمرَّن (على) . تدرَّب . زاول . دأب (على) . مارَس (مهنةً) . تعاطى . راوَدَ (للخديعة أو للإقناع)

prac'tised, prac'ticed [-sd], *a.* مُتدَرِّب . ماهِر . خبير

practi'tionẹr [-shẹn-], *n.* صاحب (أو) متعاطي مِهنة

praet'or [prē-], *n.* قاضٍ في روما القديمة

praetôr'ian [prē-], *n., a.* خاصٌّ بالقاضي في روما القديمة . خاص بالحرس الأميري (أو) الأمبراطوري . حرسي

praġmat'ic(al), *a.* عَمَلي . تجريبي . بحسب دروس التاريخ

prair'ie, *n.* مَرج . سَهب مُعشب

— chicken, طيهوج بري (أو) دجاجة برية في أمريكا الشمالية

— dog, حيوان صغير نبّاح

praiṡe, *v.* (-sed, -sing) حَمِد . مَدَح . أثنى (على) . مَجَّد

praiṡe, *n.* ثناء . تسبيح . حَمْد

praiṡe'worṭhy [-zwer-], *a.* أهل للحَمد (أو) لِلثناء . مَمدُوح . حَميد

prânce, *n.* تَبَهْنُس . قَمْص = رَفْعُ اليدين والمشي على الرجلين (كالفرس) . شُبُوب (الفرس) . تَوَقُّص (الفرس)

prânce, *v.* قَمَص . تَبَهنَس . شَبّ . تَوقَّص

prank, *n.* [مَلعوب] . لُعبَة . مَزحة (عَمَلية) = جَهالة

prank, *v.* لَعِب [مَلعوباً] (أو) لُعبة (عملية)

prāte, *n.* دَشّ الكلام . هَذَر = كلام كثير مع قلة عَقل

prāte, *v.* دَشّ . عَطْعَطَ = هَذَر = هَفَت

prat'tle, *n.* كلام ككلام الصِغار = فَقْفَقة . كلام هَفت

prat'tle, *v.* تكلَّم كالصِغار . تكلّم بالتوافه . هَفَت

prawn, *n.* أُرْبيان = قُرَيدِس . أَربيان كبير = صُرصور البحر

pray, *v.* دَعَا . صَلَّى . ابتهل (إلى)

pray'ẹr, *n.* دُعاء . صَلاة . التماس

prayẹr-book, *n.* كتاب الصلوات والأدعية

prayẹr'fuḷ, *a.* تقيّ . وَرِع . دَيِّن . صَلَوِي

prē-, *pref.* زائدة حرفية توضع في أول الكلمة وتعني : قَبْل ؛ مِن قَبْل

preach, *v.* وَعَظ = كَرَز . وَصَّى . حَضَّ (على)

preach'ẹr, *n.* واعظ . مُبَشِّر (بالدين) = داعِيَة

preach'ing, *n.* وَعْظ . وَعظَة . تبشير

preach'mẹnt, *n.* وَعْظٌ (مُمِلّ) . وَعْظَة (مُمِلَّة)

prēam'ble, *n.* دِيباجة . مُقَدِّمة . توطئة . فاتحة . تمهيد

prēcār'ious, *a.* غير مَضْمونٍ . مَرهون بالظروف . مُتَزَعْزِع . غير مَأمون . مُعَرَّض للخطر

prēcau'tion, *n.* حَوْطة . احتياط . تَحَرُّس . مُحاذَرة . سَبْق احتراس

prēcau'tionary [-shẹn-], *a.* وِقائي . احتياطي . تَحَفُّظي

prēcēde', *v.* مَشَى (أمامَ) . سَبَق . تَقَدَّم . تَقَدَّم (في الرُّتْبة) . فاق (في الأهمية)

pre'cēdẹnce [*or* pre'sēdẹns], *n.* سَبْق . تَقَدُّم . أَوَّلِيَّة

pre'cēdẹncy, *n.* = precedence

pre'cēdẹnt, *n.* سَابِقة . قُدوة (سابقة)

prēcēd'ẹnt, *a.* سابق . مُتَقَدِّم . فارِط

prēcēd'ing, *a.* سابق . مُتَقَدِّم . فائت

prē'cept, *n.* قاعِدَة . وَصِيَّة (أخلاقية) . حِكْمَة

prēcep'tor, *n.* نَاصِح . مُعَلِّم . مؤدِّب . مُرشِد . رئيس المدرسة

prē'cinct, *n.* مَحَلَّة . ناحية . حَوْز . حَدّ . فِناء = عَقْوَة . مقاطعة انتخابية

prē'cincts, *n. pl.* ساحَة . باحة . فِناء . جِوار . مُحاط = ساحة حولها حائط

pre'cious [-shẹs], *a.* ثَمِين . نَفيس . عَزيز

pre'cipice, *n.* = صَبَب [شِير] = نَفْنَاف = نفنف = مكان شديد الانحدار . هاوٍ . جُرْف . تَيْهُور

prēcip'itant, *a.*, *n.* مُنْدَفِع بتهور . مُتَهوِّر . عاجل وفجائي . مادة مُرَسِّبة

prēcip'itāte, *v.* دَهْوَر = رَدَّى . هَوَّر . تَهوَّر . تَتَيَّع . عَجَّل (بِ) . تَكَثَّف (كالبخار)

prēcip'itate [-itit], *a.*, *n.* مُنْدَفِع بشدة . مُتعجِّل . مُتَهوِّر . مُتَتَرِّع

prēcip'itate [-itit], *n.* راسِب . رواسب

prēcip'itately [-ititle], *ad.* بتعجّل . بتسرع . بتهور . فَلْتَةً = من غير تدبر

prēcipitā'tion, *n.* تعجيل . تَسَرُّع . تَهَوُّر = تَتَرُّع

prēcip'itous, *a.* صَبَبِيّ = شديدُ الانحدار . كالنَّفْنَاف . عَجُول

préc'is [prāsi], *n.* تلخيص . خُلاصة

prēcīse', *a.* مَضبوط . صَحِيح . دَقِيق = شديد الضَّبط . مُحَدَّد . مُتقَن (أو) مُحْكَم

prēcīse'ly [-sl-], *ad.* بالضبط . طِبقًا . بالدِّقَّة . تمامًا

prēci'sion [-zhẹn], *n.* ضَبْط . دِقَّة . تَنَوُّق . إحكام

prēclūde', *v.* حال (دون) . مَنَع . حَجَب . جعله متعذِّرًا

prēcō'cious [-shẹs], *a.* مُبَكِّر (أو) مُعَجَّل الإدراكِ (أو) النمو (أو) النُّضج . مُزْهِر (أو) مُثْمِر قبل الإيراق . باكُور = ناضِج (أو) نامٍ قبل الأوانِ . عَقلُه (أو) إدراكُه أكبرُ من سِنِّه = مُعَجَّل العقل

prēco'city, *n.* إدراك (أو) نُضج عقلي مُبكِر . بُكُور عقلي . تبكير . إعجال عقلي

prēconceive′, *v.* سَبَق وتصوّر . سَبَق في تصوره . تَصوَّر مِن قبل

prēconcep′tion, *n.* فكرة سابقة . تصوُّر سابق . سابقُ تصورٍ

prēconcert′, *v.* سبق ودبّر . دَبَّر من قبل

prēcondi′tion [-shẹ], *n.* شرطٌ سابق . شرط أساسي

prēcurs′or, *n.* قادِم = الذي يتقدم غيرَه = مُتقدِّم = رائد . نذير (أو) بَشير

pred′atory, *a.* للنَّهب . للسلب . نهّاب . مُفترِس . ضارٍ . يعيش على النَّهب

prēd′ēcessor, *n.*, *a.* سَلَف . جدّ . سالف

prēdes′tināte, *v.* حَتَم (أو) قَدَّر مِن قَبل . سَبَق وقَدَّر (بقضاء وقدر)

prēdestinā′tion, *n.* قضاء وقَدَر . مَصير (محتوم) . قَدَرٌ محتوم

prēdes′tine, *v.* قَدَّر . قرَّر من قبل . سَبَق وقدّر

prēdēterm′ine, *v.* حدَّد (أو) قرَّر (أو) عيَّن من قبل

prēdic′amẹnt, *n.* وَضع . حالة . مَشقّة . عَوَص = عَويصة = مَوْقِف مُحرِج (أو) مُحيِّر . ارتباك . [حَوْسة]

pred′icate [-kit], *n.* خَبَر = مُسنَد (في اللغة) . محمُول (في المنطق) . خبري . إسنادي

pred′icāte, *v.* استند (فيه) (على) . أكّد . أعلن . صرّح

prēdict′, *v.* أخبر عن المستقبل . تنبّأ . تكهّن = تحزّى

prēdic′tion, *n.* تَنَبُّؤ . نُبُوءة . تكهُّن

prēdilec′tion, *n.* مَيل . تفضيل . مُجانفة . استحباب . محاباة

prēdispoṡe′, *v.* خلق مَيلًا (أو) استعدادًا . هيّأ

prēdispoṡi′tion, *n.* مَيلٌ . استعداد (فِطري) . نُزوع . تَهَيُّؤ

prēdom′inance, *n.* سِيادَة = غَلَبَة . استعلاء . سَيطرة

prēdom′inant, *a.* سائد . غالب . مُستَحوِذ . مُستعلٍ . مُسيطر

prēdom′ināte, *v.* ساد . غَلَب . استعلى . تَغَلَّب . سَيطر . استولى

prē-em′inence, *n.* تَفوُّق = تَقدُّمِيَّة . تَبَريز . استعلاء

prē-em′inẹnt, *a.* فائق . مُبَرِّز . بارِع . بارِز

prē-empt′, *v.* بادر واستحوذ (على) . بادر وتَمَلَّك . بادر واشترى . بدَر. استولى سلفًا . سَبَق وأخذ (بحق الشُفعة)

prē-emp′tion, *n.* (قاعدة) الشُفعة (وهي الأوّلية أو حق الأولية في الشراء)

prē-emp′tive, *a.* بِداريّ (كالحرب البِدارِيَّة) . بحكم حق الشُفعة

preen, *v.* سوّى (أو) هَندَم الريشَ (كما يَفعل الطائر) . نَفلَّى . تَهَندَم (أو) تأنَّق في اللباس . غَبَط (نفسه)

prē-ēxist′, *v.* سَبَق في الوجود . كان موجودًا قبلًا (أو) قبله

prē-ēxis′tẹnce, *n.* سَبْق الوجود . أزَل

prē-ēxis′tẹnt, *a.* سابقٌ في الوجود . سابق الوجود . أزلي

prēfab′ricāte, *v.* صَنَع الأجزاء على مقادير مُعيَّنة قبل تجميعها في وحدة واحدة (مثل البيوت التي تُجمع على هذا الشكل)

pref′ace [-fis], *n.* تصدير . مُقدِّمة = ديباجة (الكتاب)

pref′ace [-fis], *v.* صَدَّر بمقدِمة (أو) ديباجة

pref'atory, *a.* مُقَدِّمي . استهلالي . افتتاحي . ابتدائي

prēf'ect, *n.* مُدير . عامِل = حاكم وِلاية . والٍ . عَريف (مدرسة) . رئيس الشرطة (في باريس)

prēf'ecture, *n.* عامِليَّة . عِمالة . منصب (أو) منطقة (أو) مَنْزِل العامل . إيالة

prēfer', *v.* (-ferred, -ferring) فَضَّل . آثر . بدَّأ = قدَّم وفضَّل . استَحبَّ . رَفَع (أو) قدَّم (لمرجعٍ أعلى) . رَقَّى . اختار . اختص

pref'ẹrable, *a.* أفضَل . مُستَحَب . خير (من) . أَوْلَى . مُرَجَّح = مُبدَّأ . له الأَوْلَوِية (أو) الأفضلية

pref'ẹrably, *ad.* من الأفضل (أو) الأَوْلى (أو) الأَحسن

pref'ẹrẹnce, *n.* تَفضيل . إيثار . مُفضَّل = خِيَرَة . تَمْييز = محاباة . أرجحية . ترجيح . أولوية . تبدئة = تقديم وتفضيل

prefẹren'tial, *a.* تَفضيلي . تَخْييري . تمييزي

prēfer'mẹnt, *n.* ترفيع . تَقَدّم . ترْقية

prēfig'ure [-figẹr], *v.* تَخَيَّل مقدَّمًا . تَخَيَّل سلفًا . أَوْشَم = خَيَّل (إلى) = مَثَّل الشيء (أو) رمز إليه قبل حدوثه (أو) مُسبَّقًا . سَبَق ومَثَّل

prēf'ix, *n.* داخِلَة = مَقطَع (أو) كلمة تضاف في أول الكلمة

prēfix', *v.* وَضَع (أمام . . .) = صَدَّر (بِ)

preg'nancy, *n.* حَبَل = حَمل . خِصب . جَزالة . غَزارة

preg'nant, *a.* حامِلة = حَبلانة = حُبلَى . حافِل . جَزل . مُهِمّ . خَصيب . مُخصِب

prēhen'sīle, *a.* قَبَّاض . قابض مُلتَف (كَذَنَب بعض القرود)

prēhisto'ric, *a.* قَبلَ (بَدْءِ) التاريخ المكتوب

prējudge', *v.* استعجل في الحُكم . حَكَمَ سَلَفًا (دون معرفة الوقائع بكاملها)

prej'ūdice, *n.* حُكم اعتباطي (أو) سَبْقي . سَبْقُ هوىً . فكرة تَعَصُّبيّة . هوىً (أو رأي) إعتباطي (ضدَّ . . . .) . تعصُّب . جَنَف (على) . كُرْه اعتباطيّ . إجحاف = ضرر

prej'ūdice, *v.* أَجنَف (على) . أَضْلَع (مع ، على) . جعله يتعصب (مع ، على) . أَجحف (بِ) = أَضَرّ

prej'ūdiced [-sd], *a.* مُتَعَصِّب (مع ، على) . جانِف . صاحب هوىً (اعتباطي)

prejūdi'cial [-shal], *a.* مُجْحِف = مُضِرّ

prel'acy, *n.* حُكم الأحبار . حِبْرِية . مُقَدَّمية (في الكنيسة)

prel'ate [-lit], *n.* حِبْر . مُقدَّم (في الكنيسة)

prēlim'inary, *a., n.* ابتدائي . تمهيدي . أَوَّلِيَّة . مُقَدِّمَة . شي أَوَّلي . تمهيد

prel'ūde, *n.* قطعة موسيقية أَوَّلِيَّة . مُقَدِّمة . فاتحة . تَوْطِئة . استدراج

prel'ūde, *v.* وَطَّأ (أو) قَدَّم (لِ) = استفتح

prēm'ature or **premature',** *a.* سابِقٌ لأوانه . من سَبْق الأوان . مُعجَّل . مُبْتَسر . دون الأوان . بَدْرِيّ . اخترامي . مُسبَّق . مُعجَّل الإدراك (للثمر) = مُهَرَّف

prēmed'itāte, *v.* فَكَّر (أو) دَبَّر مِن قبل . أَرْصَد

prēmed'itā'tion, *n.* تفكير (أو) تدبير سابق . إرصاد

prem'iẹr [*or* **prē-**], *n.* مُقَدَّم . وزير أول . رئيس الوزراء

prēm'iẹr [*or* **prem'yẹr**], *a.* الأول (في الأهميّة أو المرتبة) . الأسبق

prem'ise, *n.* مُقَدّمة (في المنطِق) = فَرَضية

prēmīṡe', *v.* ذَكَر مُقَدّمات (أو) فَرَضيات

prem'iseṡ, *n. pl.* مُقَدّمات . مَفروضات . مَحَلّ = مَبنَى (أو) دار (مع الساحة)

pre'miss, *n.* = premise

prēm'ium, *n.* مِنْحة . هَدِيّة . جائزة . عِلاوَة . زيادة في القيمة . قِسط التأمين . مُغالاة (أو) إغلاء

at a —, أغلى مما يَجِب . عَزِيز . ثَمِين لصعوبة الحصول عليه . فوق القيمة الأصلية

to put a — on, رَفَع (من قيمة) . شَجَّع . زاد في القيمة (بلا استحقاق). روَّج . غالى (أو) أغلى

prēmoni'tion, *n.* سابق عِلم . سابق إنذار (أو) تحذير . تشاؤم (أو) تفاؤل . تحديث النفس = هاجِس

prēoccūpā'tion, *n.* إشغال (أو) إشتغال الفكر (أو) البال . استغراق الذهن (أو) ذهابه . سَبق إشغال (أو) حِيازة

prēocc'ūpied [**-īd**], *a.* مُنشَغِل (أو) مُشتَغِل البال . مُستَغرَق الذهن . مَشغول (أو) مَحُوز مُسبَقًا

prēocc'ūpȳ, *v.* (-pied, -pying) أشغَل البالَ . استَغرَق الذِهنَ . استحوذ على الفكر . سَبَق وأشغل (أو) حاز

prē'ôrdain, *v.* قَدَّر (مِن قَبل) . عَيَّن (أو) حَدَّد سابقًا

prēpaid', *v. p. and pp. of* prepay مَدفوع سلفًا (أو) مُقَدّمًا

preparā'tion, *n.* إعداد . استعداد . تمهيد . تَهيئة . أُهبة . عُدَّة . مُستَحضَر . احتياط . [تحضير]

prēpa'ratory, *a.* إعدادي . استعدادي . [تحضيري]

prēpāre', *v.* أعَدّ = أعَدَّ = [حَضَّر] . استعد . تأهَّب . هَيَّأَ

prēpār'edness, *n.* استعداد = عُدَّة . كمال العُدّة = تَهَيُّؤ

prēpon'dẹrance, *n.* أغلبية . رُجحان . غَلَبة . أَرْجَحيّة . زيادة

prēpon'dẹrant, *a.* غالِب . راجِح . زائد

prēpon'dẹrāte, *v.* غَلَب (على) . رَجَح . زاد (على)

preposi'tion, *n.* حرف جَرّ (في اللغة)

prēpoṡṡess', *v.* استحوذ على الذهن واستأثر به . استهوى (أو) أمال إلى محاباة شخص (أو) شيء (أو) التحامل ضِدّه = أَضْلع (مع أو على)

prēpoṡṡess'ing, *a.* يحمل على المحاباة . مُستهوٍ . مُستميل . جَذّاب . مُعجِب

prēpoṡṡe'ssion, *n.* محاباة . تحامل . سابق ميل . سابق هوىً . ضَلْع (مع أو على)

prēpos'tẹrous, *a.* لا يُعقَل . مُناقِض للعقل . سَخِيف (جدًّا)

prēre'quiṡite [**-rekwizit**], *n.*, *a.* مُقتَضى أوّل . شيء مطلوب سَلَفًا . مطلوب مُقَدَّمًا . مُستَلزَم أوّلي

prērog'ative, *n.* حقّ خاصّ . حقّ مَقصور (أو) مختص = اختصاص . إمتياز . مُخَصَّص . مِيزة خاصّة

pres'age [-ij], *n.* تَنَبُّـؤ = عَلامة (أو) أمارة مُنذِرة (أو) مُبَشِّرة = بِشارة (أو) نِذارة . طالِع . فأل (خير أو شرّ) . هاجِس . استشعار . تحديث النفس

prēsāge', *v.* نبّأ (ب) . أنذر (أو) بَشّر (ب) . هَجَس (في نفسه) . تَنَبّأ . حَدّثته (نفسه)

pres'byter, *n.* أحد شيوخ الكنيسة القديمة . قِسيس

Presbytēr'ian, *n.* أحد أعضاء الكنيسة المَشْيَخِيّة

presbytēr'ian, *a.* خاصّ (أو) متعلق بالكنيسة المَشْيَخِيّة

pres'bytery, *n.* اجتماع (أو) محكمة من قساوسة وشيوخ الكنيسة

prē'science [-shiens], *n.* العِلم بالشيء قبل حدوثه . عِلمُ الغَيب . سَبْقُ عِلم . بصيرة

prē'scient [-shient], *a.* عالِمٌ مِن قبل . له سابقُ عِلمٍ . عالِم بالغَيب . بعيد النظر . بصير

prēscrībe', *v.* أمَر . حَتّم . أوْعز . أفتى . أوْجَب . فَرَض = رَسم . وَصف (دواء)

prēscrip'tion, *n.* حَتْمٌ . اقتضاء . إيعاز . إيجاب . وَصفه (طبية) . حَقّ التملك بوضع اليد (أو) التصرف (أو) مرور الزمان

prēscrip'tive, *a.* حَتمي . إقتضائي . عُرْفي . إيجابي . بفضل طول التصرف (أو) مرور الزمان

pres'ence, *n.* حُضور . وُجود . حَضْرة . طَلْعة

in the — of, بِمَحضر (أو) بِمَشْهد . في حُضور

— of mind, حُضور الذهن = بديهة . سرعة الخاطر

pres'ent, *n.* الآن . الوقت (أو) الزمان الحاضر . زمان الحال (في النحو والصرف)

at —, في الوقت الحاضر . الآن

pres'ent, *a.* حاضر : موجود . حاليّ . جارٍ

pres'ent, *n.* عَطيّة . هَدِيّة . تَقدمة

prēsent', *v.* أعطى . أهدى . قَدّم . عَرّف (شخصاً بآخر) . عَرَض . أورد . قدّم (أو) أورد (تُهْمة) . بَرَز = بدا . سَنَح . سَدّد (سلاحاً) . بدَه (بشيء) = استقبل وفاجأ

to — with, أهدَى . قَدّم (هَدِيّةً إلى . . .)

prēsen'table, *a.* هَيّئ = حَسَن الهيئة (أو) المَظهر . مَسْبُور = ذو سِبْرٍ حَسَنٍ . ذو مظهرٍ لائق = جَهِير المنظر . صالح للإهداء (أو) التقديم

presentā'tion, *n.* تقديم . تعريف . عَرْض . إهداء . هَدِيّة . حُضور في الذهن . مُثول

pres'ent-day', *a.* في هذه الأيام . في الوقت الحاضر . في الزمن الحاضر

prēsen'timent, *n.* إحساس بقرب حدوث (شرّ أو مُصيبة) = تَوَجُّس (أو) إيجاس (بحدوث شرّ) . هاجِس . استشعار . تَطَيُّر . تحديث النفس

pres'ently, *ad.* عن قريب . قَريباً . وشيكاً . الآن . في الوقت الحاضر

prēsent'ment, *n.* تقديم . إهداء . عَرْض

present participle, صيغة اسم الفاعل

present perfect, (زمان) المضارع التام . (زمان) الحال التام

preservā'tion, *n.* حِفظ . صِيانة . عِصمة . إبقاء

prēserv'ative, *a., n.* مادة حافِظة (أو) واقِية . صائن . وِقاء

prēṡerve′, *v.* حَفِظ . حافَظ . صان . وَقَى . عَصَم . حَفِظ (أو) رَبَّى (الفاكهة أو . . .) . حَجَر (الأرضَ) = حَوَّط عليها ومنعها . أبقى . احتفظ

prēṡerve′, *n.* = حَوزة . حِمىً . مُرَبَّى . مَحفُوظ . حَفيظة = شيء مَحفوظ لا شركة فيه = حَوزة . مَحفظ (للحيوانات أو الأسماك) . مِنطقة محظورة (لحاية الحيوانات أو الأشجار)

prēṡerv′ẹr, *n.* واقٍ . حافظ . عاصم

prēsīde′, *v.* تَرَأس (على) . تَولّى (أمرَ . . .) . أشرف

preṡ′idẹncy, *n.* رئاسة . مدة الرئاسة

preṡ′idẹnt, *n.* رئيس . رئيس جُمهورية

preṡiden′tial, *a.* رِئاسيّ . للرئاسة

press, *n.* ازدحام . زَحْمة . مِكبَس . مِعصَرة . مَطبَعة . طباعة (الجرائد والمجلات) . صِحافة . مطبوعات . عَجلة . إلحاح . ثِقاف . ثَني (أو) غَرّ (في الثوب)

to go to (the) —, بُدِئ بطبعه . ذَهَب للطبع

press agent, وكيل صحفي

press conference, مؤتمر صحفي

press release, إخبارية صحفية

press, *v.* عَصر . كَبَس . ضغط . زَحَم . لَزَّ = ضَمّ وألصق . ضَمّ . ألحّ (على) = عَصَّص . ألحّ في الإصرار (على) . زَجّ (في الخدمة العسكرية) . زاحم . رَصّ . إعتصر . ضَيَّق (على) . حَرَّج (على) . حَثّ . مضى قُدُمًا . اشتد (أو) احتثّ (في السير) = أَغذّ (السيرَ) = كَبَس . كَوَى (الألبسة) . شَدَّد عليه لِيُكرِهه (على)

press′ing, *a.* مُلِحّ = مُلْحِف . لَجُوج . يستوجب عناية عاجلة . مُستَعجَل

press′man, *n.; pl.* -men مدير مطبعة . طَبَّاع . صَحفِي . صِحافي

pre′ssure [-shẹr], *n.* كبس . ضَغط . ضُغطة = شِدَّة ومَشَقَّة . زَحمة . حَراجة . تضييق للإضطرار (أو) للإكراه . إلحاح

pressure cooker, قِدْر سريعة الإنضاج بضغط البخار = مِطْباخة

prestīge′ [-zh], *n.* حسب . جاه . مَقام . شَرَف المَنزِلة

prestig′ious [-jẹs], *a.* حَسِيب . ذو جاهٍ . شَهير

pres′tō, *a(d).*, *n.* بسرعةٍ . سريع . في الحال

prēṡūm′able, *a.* مَفروض . مَظنون . مُرَجَّح . مُحتَمل . يمكن أن يُسلَّم به . مَعقول

prēṡūm′ably, *ad.* على ما يُظَن (أو) يُرجَّح . في غالب (الظنّ)

prēṡūme′, *v.* ظَنّ . زَعم . رَجَّح . حكم (أو) قال بالظنّ . تَحجَّى = ظَنّ (أو) أدَّعى ظنًّا بدون استيقان . استغلّ . اجترأ (على) = أدلّ (على) = تسحَّب . تجاسر

prēṡūm′ing, *a.* مُجترِئ = مُدِلّ . من التَجاسُر (أو) الاجتراء . فيه افتئات . مُتسحِّب

prēṡump′tion, *n.* لَوث = غَلَبة (أو غالبُ) الظَّن . مَظنون . ترجيح . دليل ظَنّي . قرينة . جُرأة زائدة . إدلال . غُرور . عُرام . سَفاهة

prēṡump′tive, *a.* ظَنّي . ترجيحي

prēsump'tūous, *a.* مُتَعَجْرِف . مُدَّعٍ . مُتَجاسِر . مُجْتَرِئ . مُفرِط في الإدلال . مَغرُور (بنفسه)

prēsuppōse', *v.* فَرَض مُقدَّما . سَلَّم به سَلَفًا . زَعَم من قبل . دَلّ (على) . استلزم

prēsupposi'tion, *n.* سابِقُ فرضٍ . سبقُ زَعمٍ . ظن سابق . استلزام

prētence', *n.* تظاهُر . تَصَنُّع . إدعاء (كاذب) . مَظهر كاذب . زَعْم باطل . إدِّعاء . التظاهر زورًا . مُراءاة . ابتهار = التظاهر عُجبًا

prētend', *v.* تظاهر (بِ) . تَصَنَّع . ادَّعى . زَعَم (باطلًا) . لَهْوَق = تلهوق = راآى = تظاهر (زورًا) . دَجَّل . وَرَّى . طالب . ادَّعى (باطلًا) = تفيَّش = ابتهر

prētend'ed, *a.* مُدَّعًى (أو) مزعوم (زُورًا) . مُتصنَّع . مُتوهَّم

prēten'dẹr, *n.* مُدَّعي (العرش أو المُلك) (باطلًا)

prētense', *n.* = pretence

prēten'sion [-shẹn], *n.* إدِّعاء . مُطالَبة . حقّ مُدَّعًى . مُفايَشة = تَفَيُّش . ابتهار . انتحال . مُباهَرة . غُرور . فَشْفَشة . فخفخة . قَصد

prēten'tious, *a.* مُدَّعٍ . فَشفاش . مُتَفَيِّش = مُدَّعي الأهمية والفضل (على غيره) . مُلَهْوِق . تَجَهْوُرِي . مُتَجَهْوِر = فَيّاش . مُبَهْلِق

pret'ẹrit(e) [-it], *n., a.* ماضَوِيّ . صيغة الماضي (للفعل) . الزمان الماضي للفعل

prētẹrna'tural [-chẹral], *a.* غير عادي . شاذّ . خارق للعادة . فوق الطبيعة

prēt'ext, *a.* عُذر مُنتَحَل . تَعَلُّل . تَعِلَّة . مَعْذُرة

Prēt'or, *n.* = praetor

prē'ttily, *ad.* بظَرافة . بِمَلاحَة . بلطافة

prē'ttiness, *n.* ظَرافة . مَلاحة . لطافة

prē'tty, *a(d).* (-ttier, -ttiest) ظَرِيف . مَلِيح . لَطيف . نوعًا ما . إلى حدّ ما . مُتظرِّف

prēvail', *v.* غَلَب . ساد . عَمَّ . تَغلَّب . استحوذ (على) . أَجدَى

to — on (upon), استمال . أقنع = شَيَّأ

prēvail'ing, *a.* سائد . فاشٍ . شائع . مُجدٍ . ناجِع . مُغلِّب

prev'alẹnce, *n.* غَلَبة . فُشُوّ . شُيُوع

prev'alẹnt, *a.* مُتفَشٍّ . مُستَحوِذ . سارٍ . جرَت به العادة .

prēva'ricāte, *v.* وارَب . راوغ . داوَر . كَذَب . دخمس . مَغلط . لاوذ (أو) خاتَل (في الكلام)

prēva'ricā'tion, *n.* مُوارَبة . مراوغة . مداورة . مَغلطة . دَخمسة . مخاتلة (في الكلام)

prēva'ricātor, *n.* موارب . مُراوِغ . مُداوِر . مُلاوِذ (أو) مُخاتِل (في الكلام) . مَغلطة

prēvent', *v.* مَنَع . صَدّ . حال (دونَ . .) . نَفَى . عاق . أعاق

prēvent'able, *a.* يمكن مَنعُه (أو) مَنع حُدوثه

prēvent'ible, *a.* = preventable

prēven'tion, *n.* مَنع (حدوث) . حَيلُولة (دونَ) . عائق . مانع

prēven'tive, *a.* مَنعي . وِقائي . حِمائي

— medicine, طب وقائي

— war, حرب وِقائية . حرب نافِية (أو) مانِعة

prēven'tive, *n.* مانِع . حائل . نافِ

prēv'ious, *a.* سابق . فائت . مُتقدِّم . مُسبَق

previous to, قَبلَ . . .

prēv'iously, *ad.* سابقًا . مِن قَبل . قَبلًا

prē-war' [-wôr], *a.* قبل الحرب . سابق للحرب

prey [prā], *n.* فَريسة . غنيمه . ضَحيّة

beasts, birds of —, سِباع (الوحش أو الطير)

prey [prā], *v.* افترس . سَطا (على) . عَنّى

prīce, *n.* سِعر . ثمن . قيمة (عالية) . رَشْوَة . جائزة (لمن يقبض على شخص حيًّا أو ميتًا)

at any —, مهما يكن الثمن . وليكن الثمن ما يكون . بأي ثمن

beyond —, }
without —, } أغلى من أن يُثمَّن

prīce, *v.* سَعَّر . ثمَّن

prīce'less [-sl-], *a.* لا يُثمَّن . أغلى من كل ثمن

prick, *n.* غَرزة . وَخزَة . وَخز . مِنخَاس . وَخز الضمير = ندَم

prick, *v.* وَخز . غرَز . نكَز . فقأ . نخَس . خَزّ

to — up his ears, صَرّ (أو) نَصَّب أذنيه (للسمع) . أصغى بإمعان

prick'er, *n.* مِنخاس . مِنخس . مِيخاز = آلة وخز

pric'kle, *n.* شُوَيكَة . شَوكة . إقشعرار (أو) تَشَوُّك

pric'kle, *v.* إقشعر = تَشَوَّك

prick'ly, *a.* مُشوِك = مُشَوِّك = أشوَك

prickly heat, حَصَف = شَرَى (= شرية) مع حِكّة وتَشَوُّك

prickly pear [-pār], صُبَّير = زِبين شوكي = صَبر

prīde, *n.* اعتزاز . كبرياء . تَكبُّر . مَفخَرَة . زَهو . تِيه . عَجرَفَة . عُنفُوان

to take a — in, اعتزّ (بِ)

prīde, *v.* اعتز . افتخر . تَباهى . تبجَّح

to — himself on, تكبَّر (بِ) . تَباهَى (بِ) = تاهَ . تَفاخر

prīde'ful [-df-], *a* مُتخايِل . مُتكَبِّر . مُعتَزّ

priest, *n.* سادِن . كاهِن . قِسيس

priest'ess, *n.* سادِنة . كاهِنة

priest'hood, *n.* سِدانة. كَهَنُوت. قُسُوسَة

priest'ly, *a.* سِداني . كَهَنُوتي . قُسُوسي

prig, *n.* شخص مُتنَطّع مُتكَبِّر . شَخصٌ مُتعَنفِص (أو) مُتحَذلِق

prigg'ish, *a.* مُتحَذلِق. مُتعَنفِص. مُتحذّق

prim, *a.* (-mmer, -mmest) مُتَزَمِّت = كثير التظرف والتكيس والتنطّس = نَيِّق

prīm'acy, *n.* أَوَّلِيّة . تقدُّم . درجة (أو) رتبة . رئاسة أساقفة . مَطرانية . رئيس أساقفة = حُبُورة

prī'ma donn'a, *n.*; *pl.* -nnas أُولى (أو) كُبرى المُغَنّيات في الأوبرا

primaev'al, *a.* = primeval

prī'ma fā'cie [-shē], لأول وَهلة . بحسب الظاهر

prīm'al, *a.* أصلي . أساسي . أوّل . أوّلي . في أول الزمان . أهمّ

prīm'arily, *ad.* أوّلًا . في البَدْءِ . قَبْلَ كل شيء . أصلًا . أساسًا . على الأخَصّ

prīm'ary, *a.* أصلي . أولي . ابتدائي . أساسي . رئيسي . مُتعلّق بالقوادم من ريش الجناح

prīm'ary, *n.* أمر أساسي (أو) أصلي . إحدى قوادم ريش الجناح

prīm'ate [-it], *n.* جاثُليق = كبير المطارنة (أو) الأساقفة . مُقَدَّم المطارنة

prīmāt'ēs, *n. pl.* حيوانات الطبقة الأولى كالقرد والإنسان

prīme, *v.* أعَدَّ . هَيَّأَ . وَضع الذخيرَ في البندقية إعدادًا لإطلاقها . طلى الطلية الأولى . فَقّه (أو) فطّن (بإعطاء المعلومات وغيرها)

prīme, *n.* شَرْخ . عُنفوان . رَيْعان . مَيْعَة

prīme, *a.* أكبر . أوَّل . في المرتبة الأولى . مُمتاز . أصلي . من الطراز الأول . (عدد) أولي (أو) مُبايِن = لا ينقسم تمامًا ولا ينقسم إلّا على نفسِه

— minister, رئيس الوزراء

prīm'ẹr, *n.* كتاب أوّلي (أو) ابتدائي (للقراءة) . ذَخِير = البارود (أو) الفتيل إذا اشتعل انطلقت البندقية (أو) انفجر اللغم وما شابه ذلك

prīmēv'al, *a.* بِدائي = في الطبيعة الأولى . على حال البَدِيئة . في أول الزمان . قِدَمي . في العصور الأولى

prim'itive, *a.* أوّلي . فِطري . في الخلقة الأولى . ساذَج . بَسيط . مُتَقادِم

prīmōgen'iture, *n.* كَوْن الولدِ بِكرَ والديه . حَقُّ البكورية . بِكرية . بُكُورِيَّة . كُبْر . حَقُّ الكُبْر

prīmôrd'ial, *a.* فِطحلي = في أوّل الخليقة . فِطري . أصلي

prim'rōse, *n.* آذان الدّب . زَهر(ة) الربيع . زَهرة صفراء من زهرات الربيع

prince, *n.* أمير . سَيِّد

Prince Consort, زوج الملكة في بريطانيا

Prince of Darkness, الشيطان = ملك الظلام

Prince of Peace, ملك السلام = المسيح

Prince of Wales, أمير ويلز = ولي العهد في بريطانيا

prince'dom [-sd-], *n.* إمارة

prince'ly [-sl-], *a.* (-lier, -liest) يَليق بأميرٍ (أو) بالأُمَرَاء . نَبيل . سَخِي . كريم

prin'cess, *n.* أميرة

prin'cipal, *n.* مُقدَّم . رئيس . مُوَكِّل . رأس المال . أصل . المسئول المباشِر عن الجرم

prin'cipal, *a.* رَئيسي . أكبر . أمُّ . الأهَمّ

principal'ity, *n.* مَشيخة . إمارة . إيالة . سلطة عليا

prin'cipally, *ad.* غالبًا . على الأخَصّ . أوّلًا . على الأكثر

prin'ciple, *n.* مَبْدَأ . قاعدة (أو) عقيدة (أساسية) . أساس . أصل . جَوْهر . استقامة . رُكن (في مركب كيماوي) . شَرَف

in —, من حيث المبدأ

print, *n.* طَبْعَة . طَبْع . قماش مُطبَّع (أو) مُختَّم . حُروف . مَطبوع (أو) مطبوعة (كالجريدة)

in —, مَطبوع . يُباع مَطبوعًا

out of —, نفِدت طبعتُه

print, *v.* طبَع . طبَع ونشَر . ختَم . نشَر . كتب بأحرف طِباعية

prin'tẹr, *n.* طابِع . طبّاع

prin'ting, *n.* طِباعة . تختيم (القُماش) . مَطبوع (أو) مَطبوعة . عدد النسخ المطبوعة

printing press, مِطبَعَة

prī'or, *a.* سابق . قبل . مُقدَّم

— to, قبل

prī'or, *n.* مُقدَّم الدير (أو) المُنسَيْرِيَة (وهو دون الرئيس أو صاحب الدير)

prī'oress, *n.* مُقدَّمة الدير (وهي دون رئيسة الدير أو صاحبته)

prīo'rity, *n.* سَبق . أسبقيَّة . أوَّليَّة . قَبْليَّة . يَقدُميَّة . مُقدَّميَّة . قِدَم

prī'ory, *n.* دَيْر (رهبان أو راهبات)

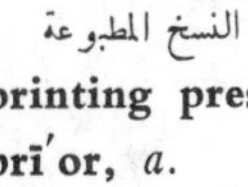

priś'm, *n.* مَوْشور . مَنشُور

priśmat'ic, *a.* مَنشوري . طَيفي . كألوان قوس قُزح

prismatic colours, ألوان الطيف (حينما يتحلل نور الشمس إلى ألوان)

priś'on, *n.* حَبس . سِجن . سَجن

priś'onẹr, *n.* مَحبُوس . سَجين . أسير . مَحصُور

pris'tīne, *a.* أصلي . قديم . في طبيعته الأولى . فِطري . على ما كان عليه في أول وُجودِه . طاهِر

prịth'ee = I pray thee (you) نَشَدْتُكَ ! نَشَدْتُكَ الله !

prī'vacy [*or* priv-], *n.* أمر خاصّ . خُصُوصِيّة . خَلوَة . سِرّية . إنزواء . اختلاء

prī'vate [-it], *a.* سِرّي . خاصّ = غير عامّ . شَخصي . مَستُور . وَحدي = غير مُشتَرَك . على انفراد . سِرًّا . مُتَرَوٍ . وَحدَه

in —, على حِدَة . سِرًّا

a — person (citizen), من عُرْض الناس . من عامة الناس

private enterprise, المسعى الحُر . المسعى الخاص

prī'vate [-it], *n.* جُندي (عادي) . عَسكَري

prīvateer', *n.* سَفينة جَوَّاسة (وهي سفينة خاصة في البحر وتهاجم سفن العدو بأمر من الحكومة)

prī'vately [-itli], *ad.* على خَلوةٍ (أو) انفراد . سِرًّا

prīvā'tion, *n.* حِرمان = نكَد العَيش = فاقة = قِلّة (أو) عدَم وسائل العيش وضروراته

priv'ative, *a.* حِرماني . سَلبي

priv'ĕt, *n.* (نبات) الفاغِية . تَمر حِنّا . حِنّاء وَرْدِيّة

priv'ilege [-lij], *n.* مِنحَة خاصّة . تفضيل خاصّ . امتياز . حق خاصّ . خُصوصَة . مراعاة خُصُوصِيّة . حَصانة

priv'ilege, *v.* خَصّ بامتياز (أو) خُصوصَةٍ (أو) بمراعاة خصوصية

priv'ileged [-lijd], *a.* له امتيازات (أو) خُصوصات . مَجدُود . محظوظ . له حَصانة

priv'ily, *ad.* سِرًّا . على خَلوَةٍ

priv'y, *n.* كَنيف . مِرحاض

priv'y, *a.* خاصّ . سِرّي

He is — to the plan, له عِلمٌ (أو) له اطّلاع على سِر (أو) أسرار . . .

Privy Council, مجلس الملك (أو الملكة) الخاص

prize, *n.* جائزة . غنيمة . سَلَب . رَغيبة = شيء نفيس يُتَنافَس عليه

prīze, *a.* كجائزة . مُتَفَوِّق . يستحق الجائزة
prīze, *v.* أعزَّ . غالَى (بقيمته) . تَغالى (فيه)
prīze, *n.* غنيمة الحرب (في البحر) . أخيذ = أسير
prīze, *v.* فَشَّ (القُفْلَ) = فتحه بغير مفتاحه حيلةً ومكرًا = زَمَق
prize court, محكمة غنائم الحرب
prize fight, ملاكمة إجازيّة (تعطى فيها جائزة للظافر)
prize money, مال الغنيمة (يوزع بين البحارة)
prō, *ad., n.* مَعْ = مُمايِل (ل) . حُجَّة مُؤَيِّدَة
pros and cons, الحجج المُؤَيِّدَة والمُناقِضَة
probabil'ity, *n.* أرْجحيَّة . احتمال = مَعْساة . مَخيلَة . (أمر) مُحتَمل حساب الاحتمالات (في الرياضيات)
prob'able, *a.* مُحتَمل (الوقوع أو الصحَّة) . قريب إلى المعقول (أو) الصحيح . مُرَجَّح . غالب على الظن
probable cause, سبب مُرَجِّح (بأن التهمة تقوم عليها بيِّنَة) . ظن ترجيحي
prob'ably, *ad.* رُبَّما . على الغالب . في غالب الظنّ
prōb'āte, *v.* حَقَّق صحة الوصية . استحصل على إثبات صحة الوصية
prōb'ate [-it], *n.* إثبات قانوني للوصية . تحقيق الوصية . الوصية المحقَّقة
prōbā'tion, *n.* مدة الاختبار . مدة التَّجربة . تجربة . اختبار . مراقبة السلوك
prōbā'tioner [-shẹn-], *n.* شخصٌ تحت التجربة (أو) تحت مراقبة السلوك
prōbe, *n.* مِدَسّ (أو) مِيل (أو) مِسبَر (الجُرح) = قاثاطير = مِحراف . مِخبار . مِجَسَّة
prōbe, *v.* سَبَر . سَمّ (الأمرَ) = سَبَره ونظر غَوْرَه . عَرَف غَوْر (المسألة) . تَدَسَّس = استقصى . تحسَّس
prōbe, *v.* سَبَر بالمِسبار . إكتنه (الشيءَ) = تَطَلَّبه واستقصاه . سَبَر (الأمر) = تَفَحَّصه وتقصاه
prōb'ity, *n.* استقامة . أمانة . سموُّ المبادئ . سلامة الأخلاق
prob'lĕm, *n.* مسألة (عَوِيصة) . مُشْكِلَة . مُعضِلَة . عَوِيصة . صُعوبة
problĕmat'ic(al), *a.* مُشكِل . مَشكُوك (فيه) . مُشتَبِه . مُبهَم = مجهول الحقيقة . مُغَيَّب . فيه خلاف (أو) نظر
probos'cis, *n.; pl.* **-boscēs** *or* **-boscidēs** خَطم . خُرطوم . مَتك (الذُباب) . مِمَصّ (بعض الديدان) . فِطِّيسة (الخنزير)
procēd'ūre [*or* **-jẹr],** *n.* سَنَن = مِنهاج . أُسلوب (العمل) . طريقة . سِياق (إجرائي) . إجراء . أُسلوب الإجراء
proceed', *v.* شَرَع = طفِق . استأنف السيرَ . مَضَى . أخذ (في) . واصل . تَطَرَّق (إلى) . انبعث . تأدَّى (من) = نَجَم . صَدَر
  to — against, أقام دعوى (على)
proceed'ing, *n.* عَمَل . مجرى العمل . إجراء . مَسلَك . مِنهاج . سِياق
proceed'ings, *n. pl.* إجراءات قضائيَّة . مُقاضيات . مَحضَر جلسة (أو) وقائع جلسة
  to take (start) — against, رَفَع دَعْوَى ضدّ . . .
prō'ceeds, *n. pl.* رَيع . حاصِل . غَلَّة (مالية)

prō´cess [*or* **proses**], *n.* عَمَلية . مُضِيّ . تَقَدُّم . سَيْر . مَجرى

in — of, . . . في دَوْر (أو) سِيَاق

prō´cess, *n.* سِياق (أو) أُسلوب صِناعي (أو) عَمَلي . عَمَلِيّة تطويرية . أَمرُ جَلْبٍ (أو بالحضور) إلى المحكمة

prō´cess, *v.* صَنَّع = صَيَّر . قاضَى

proce´ssion, *n.* مُضِيّ . سَيْر . مَوْكِب

proce´ssional [**-shẹn-**], *a.*, *n.* مَوْكِبي . كتاب ترانيم للمواكب الكنسية

proclaim´, *v.* . أَعلن (بصوتٍ عالٍ) . نادَى . أَذَّن . صَرَّح

proclamā´tion, *n.* منشور (أو) إعْلان (عامٌّ رَسْمي) . مُناداة . إشهار

prōcon´sul, *n.* حاكم (أو) والٍ روماني قديم لاحدى المقاطعات (دون القنصل)

procras´tināte, *v.* أَجَّل . غَبَّب = سَوَّف . ماطَلَ

procrastinā´tion, *n.* تأجيل . تَغْبيب . مماطلة . تَسويف

prōc´rēāte, *v.* وَلَد . نَسَل . وَلَّد . أَحدث . أَنتج

prōcrēā´tion, *n.* وِلادة . توليد . نَسْل

procūr´able, *a.* يمكن تحصيله (أو) الحصول عليه

proc´ūrātor, *n.* وَكيل = جَرِيٌّ

procūre´, *v.* حَصَّل = سَعَى حتى حَصَل (عليه) . سَبَّب . أَمَّن . قاد = سعى بين الرجل والمرأة للفجور

prod, *n.* . نَخْسة . مِنْخَس . مِهْمَزة . حَفْزة

prod, *v.* (-dded, -dding) . نَخَس . نَكَز . نَخَشَ = استحثَّ واستَنْهض . نَدَغ = نَخَس بالإصبع . هَمَز . حَفَز

prod´igal, *a.* . مُبَذِّر . مِضْياع . مِتْلاف . تَبْذِيري . فائض . مُتَفَيِّض (أو) مُتَخَرِّق في الكَرَم . غزير . وَفير

the — son, الإبن الضال (أو) الشاطر = الخَبيث السَّفيه

prod´igal, *n.* . سَفيه = مُبَذِّر . مُسرف . فَيَّاض . مِتْلاف . مُتَخَرِّق في الكرم (أو) السخاء

prodigal´ity, *n.* . تبذير . إسراف . فَيْض . تَفَيُّض . غَزارة . تخرُّق في الكَرَم (أو) السَّخاء

prod´igally, *ad.* بتبذير . بإسراف . بإغداقٍ

prodi´gious [**-dijẹs**], *a.* . فاحِشُ العِظَم . هائل . عَجيب . مُفْلِق . مُعجِب

prod´igy, *n.* . أعجوبة (في المَقدِرة) . أُعجوبة . هُولَة . مَهُول . مارِد . أُبروحة = مُبْرِحة . فَلْتَة . خارِقة . عَجيبة (خِلْقيّة)

prodūce´, *v.* . صَنَع . أَبرَز . قَدَّم . أَخرج . أَنْمى (ب) . أَنتج . وَلَّد . أَوْرَث = سَبَّب . أَطلع (من) . مَدَّ . أَلَّف (كتابًا . . .)

prod´ūce, *n.* مَحصول . مُنْتَج . غَلَّة = حاصِل (زراعي) . نِتاج . إنتاج

prodū´cẹr, *n.* مُنتِج . مُخرِج (تمثيلية)

prod´uct, *n.* . نَتيجة . محصول . نِتاج . حاصل الضرب = جَزاء

produc´tion, *n.* إِنتاج . صُنْع . مُنْتَج

produc´tive, *a.* . مُخصِب . خَصيب . مُنتِج . مُثْمِر . إنتاجي . وَفير الإنتاج . مُسبِّب . يُنتِج

productiv´ity, *n.* شدة الإنتاج . خِصب (الإنتاج) . وَفارة الإنتاج . طاقة إنتاجيّة . نسبة الإنتاج

prō'ēm, *n.* مُقَدِّمة . فاتحة . دباجة

Prof. = Professor

profanā'tion, *n.* ابتذال (أو) امتهان المُقَدَّسات . انتهاك حُرمة (المُقدَّسات)

profāne', *a.* غير مُقَدَّس . دُنيَوِيّ . مُمتَهِن القَداسَة (أو) الحُرْمَة (الإلهيّة) . تجديفي . سُوقِيّ . مُبتَذَل

profāne', *v.* إنتهك (أو) إمتَهَن (القَداسَة أو الحُرْمَة) . دَنَّس . ابتذل

profāne'ness [-nn-], *n.* ابتذال (أو) انتهاك الحُرْمَة . عَدَم القُدْسِيَّة . مَنْهَكَة . تجديفية

profan'ity, *n.* تَجْدِيف = كَلَامُ الكُفْر . إنتهاك (الحُرْمَة)

profess', *v.* أعلن . جاهر . إدَّعى . تجاهَر = تَظَاهَر . أشهر (أو) أعلن إيمانَه (بِ) . زَعَم

profess', *v.* تَعاطى مِهْنَةً (المحاماة مثلًا) . قَبِل (أو) أُدْخِل في طريقة دينية

professed' [-st], *a.* مُجاهَر (أو) مَجْهُور (به) . بحسب ما هو مُعْلَن . مُدَّعى . مَزْعُوم . مُعْتَرَف به . مَعروف

profe'ssion, *n.* مِهْنَة (كالمحاماة) . جماعة المهنة الواحدة

profe'ssion, *n.* مُجاهَرة . إدِّعاء . إعلان . إنتحال . إعلان الإيمان (بدين)

profe'ssional [-shẹn-], *n., a.* صاحب مِهْنَة . مِهَنِيّ . مُحْتَرِف

profe'ssionally, *ad.* من حيث المِهْنَة . باعتبار المِهْنَة

profess'or, *n.* أُستاذ (في كُلِّيَة أو جامعة

professôr'ial, *a.* خاص بالأَسْتَذَة . أُستاذِيّ = خاصّ بأُستاذ (أو) بأُستاذية

profess'orship, *n.* أُستاذِيَّة . مَنصِب (أو) رتبة الأُستاذ

proff'ẹr, *n., v.* عَرْضٌ . عَرَضَ . قَدَّم

profi'ciẹncy [-fish-], *n.* مَهارة . دُرْبة . تَضَلُّع . خِبْرة . مَلَكَة . إتقان

profi'ciẹnt [-fish-], *a., n.* ماهِر . دارِب . خبير . مُتَضَلِّع . ضَليع

prōf'īle [*or* -fīl], *n.* جانِبيّة = مَنْظَر جانِبيّ (للرأس والوجه) . رسمة جانبيّة . مُوجَز . رسم مقطعي . نُبذة تحليلية عن سيرة شخص ونفسيته

prof'it, *n.* مَنفَعة . فائدة . رِبح . مَكْسَب . عائِد . جَدْوَى

gross —, الربح المُجمَل (أو) الإجمالي

net —, الربح الصافي

prof'it, *v.* نفع . أفاد . رَبِح . أَجدَى (نفعًا) = رَدّ

prof'itable, *a.* مُفيد . مُجْدٍ . رابح . مُكسِب

prof'itably, *ad.* بما يُفيد (أو) يَنفَع (أو) يُجدِي

profiteer', *n.* مُسْحِت = مُتَرَبِّح = طَمّاع في الأرباح (عند الأزمات)

profiteer', *v.* أسحت = تَربَّح = تَطَمَّع في الأرباح (عند الأزمات)

prof'itless, *a.* خاسِر . لا يُفيد . لا طائلَ تحته . لا يُجدِي

prof'ligacy, *n.* فِسق . تَهَتُّك (في المحرَّمات) . خَلاعة . تخرّق في التبذير . إسراف

prof'ligate [-it], *a.* فاسِق . فاجِر . مُتَهَتِّك (في المُحرَّمات) . خَليع . مُتَخَرِّق في التبذير . مُسْرِف

profound′, *a.* عَميق (جدًّا) . بالِغ . بعيد الغور . عَويص . قَعير . عميق العلم (أو) الفهم . عُمقِيّ . مُتعمِّق . وَطِيٌّ جدًّا

profound′ly, *ad.* بِعُمقٍ . بِبُعدِ غورٍ . بعماقة

profun′dity, *n.* عَماقة . عُمق . بُعد غَوْر . هاوية

profūse′, *a.* وَفير . فَيَّاض . مُغْدِق . مُسْرِف . مُفْرِط . مُسهِب

profūse′ly [-sl-], *ad.* بِوَفْرة . بإسرافٍ . بإستفاضة . بإسهاب

profū′sion [-zhẹn], *n.* إسراف . إغداق . فَيْض . غَدَق . طَيس . دَغْرَقة . هَيل . إسهاب

progen′itor, *n.* جَـدّ . أب أول . سَلَف

pro′geny, *n.* نَسل . وَلَد . خَلَف . ذُرِّيَّة . سُلالة

proġnōs′is, *n.*; *pl.* **-nosēs** التَّحزِّي المَرَضي = التكهن عن حالة المريض المستقبلة واحتمال الشفاء . احتمال التعافي من المرض . تكهّن

proġnos′tic, *n.*, *a.* تَكَهُّني . يُنْبِئُ عن المستقبل . فَأل . فَأْلي

proġnos′ticāte, *v.* تكهّن . تنبأ (عن المستقبل) . تَحَزَّى

proġnosticā′tion, *n.* تكهن . تَنَبُّؤ . تَحزية

prōġ′ramme, prōġ′ram, *n.* بَرنامج . مِنهاج . لُهْمَة (أو) إيزاع (يُعطى للحاصِبة الالكترونية لإعطاء الجواب)

prōġ′ram(me), *v.* (-m(m)ed, -m(m)ing) وضع برنامجًا = بَرْمَج

prōġ′ress, *n.* تَقَدُّم . تَرَقّي (الحال) . تَوالٍ . تَدَرُّج . التَّنَمّي . إزدياد . التنشُّؤ . تَحسُّن . تَطوُّر . سَيْر . جَوْلة (أو) سَفرة رسمية

in —, مُتَوالٍ . جارٍ . في توالٍ

proġress′, *v.* تَقدَّم . سار (إلى الأمام) . تَنَمّى . تحسَّن . ترقّى

proġre′ssion, *n.* تَوالٍ . تَقَدُّم = سَيْر (إلى الأمام) . إطِّراد

arithmetical —, مُطَّرِدةٍ (أو) مُتَوالية (أو) سلسلة حسابية

geometrical —, متوالية (أو) سلسلة هندسية

proġress′ive, *a.* مُتَوالٍ . تَقَدُّمي . تَزايُدي . تصاعدي . مُطَّرِد

proġress′ive, *n.* شَخص تَقَدُّمي (من أنصار التحسين والإصلاح)

proġress′ively [-vl-], *ad.* تدريجًا . تَقَدُّميًّا . باطِّراد . بتزايد

prohib′it, *v.* حَرَّم . نهى (عن) . مَنَع . حَظَر . حال (دون) . صَدَّ (عن)

prōhibi′tion [-ōib-], *n.* نَهي . مَنْع . حَظر . تَحريم

prōhibi′tionist [-ōib-], *n.* مُناصِر تحريم صنع الخمور وبيعها

prohib′itive, *a.* مانِع . مَنعي . نهيِي . فاحِش = باهِظ . صادّ

prohib′itory, *a.* = prohibitive

proj′ect, *n.* مُتَرسَّم = خُطَّة . مَشْرُوع . وَظيفة مدرسية

project′, *v.* اختط (أو) رَسَم خُطَّة . ألقى . قَذَف . طَرَح (الصورةَ على الشاشة) . مَثَّل في الذهن . تَرَسَّم . صَوَّر . رَسَم . خَرَج عن السَّوِيَّة = نتأ . بَرَز . انبرى . تَصبَّر (شخصًا آخر) . عَرَض

projec'tīle [*or* **-til**], *n.* مَقذوف . قَذيفة . قَذّاف . رَجم . صاروخ

projec'tion, *n.* بُروز . نُتوء . ناشِز (من الجبل مثلًا) . شاخِص . قَذف . تَصَوُّر . طَرح الصورة على الشاشة

projec'tor, *n.* مِطْراح = جِهاز يَطرح الصورةَ بالنور على الستار . مِسطاع

prōlētār'ian, *a., n.* خاصٌّ بطبقة العُمَّال . أحد أفراد طبقة العُمَّال . عامل

prōlētār'iat, *n.* عامَّة (الناس) . طبقة العُمَّال (الصناعيين)

prōlif'ęrāte, *v.* تكاثَر . تزايَد . توالَد

prolif'ic, *a.* كثير الثَّمَر . خَصيب = كثير الإنتاج (أو) المَحصول . كثير الوَلَد = وَلود = ناتِق . نَسول . كثير الإنتاج (الأدبي)

prōl'ix, *a.* مُسهِب . مُطوِّل . مُمِلّ (بكثرة الكلام)

prolix'ity, *n.* إسهاب . إكثار في الكلام . تطويل مُمِلّ . إطالة

prōl'ogue, prōl'og [**-log**], *n.* قصيدة (أو) خطبة افتتاحية (لرواية تمثيلية) . كلمة افتتاحية . فاتحة . تسبيقة

prolong', *v.* طوَّل . مَدَّد . امتدَّ . مَدَّ . مطَّط

prolongā'tion, *n.* تطويل . تمديد . تمادٍ . تمطيط

prolong'ed [**-gd**], *a.* طويل . مَديد . مُطوَّل . مُتطاوِل . متمادٍ

promenâde', *n.* مَمشى للنُّزهة (على شط البحر) . تَمَشٍّ (للنزهة أو للترييض)

promenâde', *v.* مَشى يتنزَّه . تمشَّى يتنزَّه

prom'inęnce, *n.* إشراف . بُروز . نأكمة . نَشَز . إنافة . نائِئة . شُخوص . شُهرة

prom'inęnt, *a.* عالٍ . شامِخ . مَشهور . مُهِمّ . مُنيف . ناتئ . بارِز . نابِه الذكر . شاخِص

prom'inęntly, *ad.* بصورة بارزة

promis'cūous, *a.* مُختلِط مُشوَّش . غير مُتخيَّر . بدون تمييز . مُختلِط . مُخلَّط . مُخلِّط (في العلاقات الجنسية)

prom'ise, *n.* وَعد . مَخيلة = بِشارة (بالنَّجاح) = مَرجاة . مَطمَع

prom'ise, *v.* وَعد . بَشَّر (بِ) . رَجَّى . طَمأن

Promised Land, عِيشة السعادة المنتظرة . الجنة . أرض كنعان . أرض الميعاد

prom'ising, *a.* واعِد . له مستقبل طيِّب . يُرجى منه (الخيرُ أو ...) . مُرجٍ . مُطمِع . يُخيِّل بخير

prom'issory, *a.* تعهّدي . وَعدي . فيه عَهدٌ (أو) وَعد

— note, سَنَد دَين

prom'ontory, *n.; pl.* **-ries** رَأسُ البَرّ . قَرن البَرّ = [خَشم] . عَجَر (أو) نتوء في الجسم

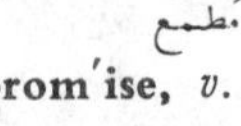

promōte', *v.* رَقَّى . عَمِل على تنمية (أو) إنجاح . رَوَّج . رَفَع . زَكَّى . شَيَّع = قوَّى وساعد

promōt'ęr, *n.* عامل على التنمية (أو) النجاح . مُروِّج . مُشوِّق . مُشيِّع

promō'tion, *n.* تَرقية . العمل على تنمية (أو) إنجاح . تزكية . ترويج . تشييع

prompt, *a.* حَثوث = سَريع = وَحِي . مُبادِر (قبل الفوات) . لا يتوانى . فَوري . حاضر = ناجز

prompt, *v.* استفزّ . حرّض . حثّ (أو) وحّى . حدا . فطّن . لقّن . ذكّر . أخطر (على البال) . أغرى (بِ) = أوزع

prompt'ẹr, *n.* مروّج . مُشيّع . مُلقّن (الممثلين على المسرح)

prompt'itūde, *n.* مُبادرة . حَثاثة = سُرعة واستعداد للعمل

prompt'ly, *ad.* عاجلًا . بمبادرة . قبل الفوات . بحثاثة

prom'ulgāte, *v.* نشر (أو) أعلن (رسميًا) . نشر . أشاع . أجرى القانون (بإعلان عام)

promulgā'tion, *n.* نشر (أو) إعلان (رسميًا) . نشر . إجراء القانون

prōne, *a.* مائل . مُنكفئ . مُنحدِر = مُصوّب . عُرضة . مُتهيّئ . ميّال (إلى) . فيه استعداد (لِ) . من عادته . مُنبطِح (على وجهه) . ساجد

prong, *n.* رأس مُحدّد . شُعبة . سِنّ (شوكة الأكل) . مَشعوبُ (البستان) = أداة تشبه شوكة الأكل

prong, *v.* خزق (أو) نخس (أو) غرز (بشعبةٍ مُروّسة أو مُدبّبة)

pronom'inal, *a.* ضميري (في الصرف والنحو)

prōn'oun, *n.* ضمير (في الصرف والنحو)

pronounce', *v.* لفظ . نطق . تلفّظ . حكم . أعطى رأيًا . نطق بالحكم . أعلن رسميًا

pronounced' [-sd], *a.* شديد الظهور (أو) البُروز . مُتبيّن . مُقرّر

pronounce'mẹnt [-sm-], *n.* حُكم . إبداء رأي (أو) حُكم . بيان . فتوى . إعلان (أو) تصريح رسمي

pronunciā'tion, *n.* لفظ . تلفّظ . نُطق

prōōf, *n.* إثبات . بُرهان . دليل . حُجّة . بيّنة . امتحان . تجربة . اختبار . خُبر

prōōf, *a.* منيع . واقٍ (أو) مانع (من) . لديه مَناعة (ضدّ . . .)

prōōf, *n.* تجربة = مُسوّدة الطّبع

prōōf-read, *v.* (-read [red], -reading) قرأ تجارِب الطّبع

prop, *n.* مِسماك = مِشحط = دِعامة = زافِرة = سَنَد . رِفادة

prop, *v.* (-pped, -pping) سمك . دعم . زفر . سنّد . رفد

propaġan'da, *n.* دِعاية = حملة لنشر الآراء الخاصة . دِعاية تدليسية . تدليس

propaġan'dist, *n.* دعّاء . داعية . مُدلّس

prop'aġāte, *v.* تناسل . توالد . تكاثر . كثّر . بثّ . نشر . انتشر . تفشّى . أشاع

propaġā'tion, *n.* تناسُل . تكثير (أو) تنتيج . انبثاث . تفشية . إشاعة

propel', *v.* (-pelled, -pelling) ساق (أو) دفع (إلى الأمام) = كسع . ساق . زجّى

propell'ẹr, *n.* جدّافة . دفّاعة = كاسِعة . شخص حثّاث دفّاع . رفّاس (السفينة) = [دفّاش] . مِروحة (الطائرة)

propen'sity, *n.* ميل طبيعي . نُزوع (إلى) . نزعة . هوى

prop'ẹr, *a.* صحيح . حق . خاصّ . صالح . لائق . حقّاني . مُحتشِم . مِن حيثُ هُوَ هُوَ (أو) هِيَ هِيَ

proper fraction, كسر صحيح (في الحساب)

prop'ẹrly, *ad.* على الوجه الصحيح . كما ينبغي . بحقّ . بالضبط

proper noun, اسم عَلَم

prop′ẹrty, *n.* مُلك . مَتاع . عَقار . مِلْكيّة . قطعة أَرض

prop′ẹrty, *n.* خاصّة = فاعِليّة . خاصِيّة . صِفة خاصّة

proph′ēcy, *n.* تَنَبُّوء . نُبُوَّة . وَحية . كتاب نُبوآت

proph′ēsȳ, *v.* (-sied, -sying) تَنَبَّأ . نَطَق بالوَحي (أو) برسالةٍ دينية . تَكَهَّن . آذن (بِ) مُقدَّماً

proph′ēt, *n.* نَبيّ = رَسول

proph′ētess, *n.* نبيّة . مُتَنَبِّيَة

prophet′ic(al), *a.* نبَويّ . تَنَبُّوِيّ . مُنذِر (أو) مُبَشِّر = مُنْبِئ

prophylac′tic, *a.*, *n.* وِقائي . وِقاء (من المرض)

propin′quity [-kwiti], *n.* قُرب . دُنُو . قَرابة . سَقَب . مُصاقَبة

propi′tiate [-pishiāt], *v.* تَرَضَّى . استعطف . استمال خاطره . صالَح . تألَّف

propitiā′tion [-pishi-], *n.* تَرَضٍّ . تألُّف . استعطاف . توفيق = تأليف

propi′tious, *a.* طيِّب . مَيمُون . مُلائم . مُوآتٍ . مُساعِف . عَطُوف . لَطِيف

propôr′tion, *n.* تناسُب . نِسبة . تلاؤم . تواؤم

in — to, بحسب . بالنسبة (إلى . . .)

out of — to, مُفرِط . جاوز الحدّ (أو) المِقدار بالقِياس (إلى)

propôr′tion, *n.* جزء . قِسم . مِقدار

propôr′tion, *v.* وَفَّق (بين . . .) . قَدَّر بحسب . . . ناسَب . جعل مناسباً (أو) بحسب . . .

propôr′tional [-shẹn-], *a.* مُتَناسِب . تناسُبي . بالنسبة (إلى)

propôr′tionally, *ad.* نِسبيًّا . بالتناسب

propôr′tionate [-it], *a.* في النسبة الصحيحة . بنسبة . مُتناسِب (مع)

propôr′tionately, *ad.* بالنسبة . بالمقادَرة (مع) (أو) بالقياس (إلى)

propôr′tioned [-shẹnd], *a.* متناسب . مُعتَدِل (الشَّكل أو الجِسم)

propôr′tions, *n. pl.* مِساحة . حَجم . مِقدار . أبعاد . مَسافة

propōs′al, *n.* خِطّة (مَعروضة) . رأيٌ (أو) اقتراح (مَعروض) = مُرتَأى . عَرض زَواج (أو) خِطبة . اقتراح

propōse′, *v.* عَرَضَ رَأيًا = ارتأى . رَشَّح . نوَى . عَرَض (الزواج)

proposi′tion, *n.* رَأي مَعروض = مُرْتَأى . قَضيّة (مَنطِقيّة) . نَصّ القَضية

propound′, *v.* طَرَح . أَلقى . عَرَض . ارتأى . عَرَض للمناقشة (أو) البحث

proprī′ētary, *a.*, *n.* من الأملاك الخاصّة . مِلْك . تَمَلُّك . صاحب (أو) أَصحاب مِلْك . دواء (أو) عِلاج احتكاري (أو) انحصاري . وَحدي = مَقصُور

proprī′ētor, *n.* مالِك . صاحب (مِلْك)

proprī′ētorship, *n.* مالِكيّة . صاحبية . تَمَلُّك

proprī′ētress, *n.* مالكة . صاحبة

proprī′ēty, *n.* صَلاح . لِياقة . سُلُوك صحيح . صِحّة . أدَب (سلوك)

propul′sion, *n.* دَفْع (إلى الأمام) = كَسع . قوة كاسِعة . [دَفْش]

prō rāta, بحسب (أو) على أَساس النسبة . بالتناسب

prōrōgue′ [-ġ], *v.* عَطَّل جلسةَ البرلمان إلى أَجل غير مُسمّى = فَضّ

prōsā'ic, *a.* نثري = مَنثور . مُبتَذَل . غير مُشوِّق . غير طريف . تافِه . غَثّ = لا يثير الاهتمام (أو) مُمِل

proscrībe', *v.* أهدر دمه (أو) ماله . طرَّد (من البلد) . نفى . حرَّم . نهى (عن)

proscrip'tion, *n.* إهدار . تطريد . نفي . تحريم . حِرمان من حماية القانون . نهي (عن)

prōse, *n., a.* نثر . نثري = منثور

pros'ēcūte, *v.* قاضى = حاكم = قدَّم إلى المحاكمة . واصل (أو) تابع (إلى النهاية) . أجرى مُقاضاة (لِ)

prosēcū'tion, *n.* محاكمة = مقاضاة . مواصلة . مُلاحقة

pros'ēcūtor, *n.* مُقاضٍ = رافع الدعوى . مُدَّعي (أو) وكيل النيابة (أو) الحكومة

Public P—, المدَّعي العام

pros'ēlȳte, *n.* مُهتدٍ . صابئ = شخص خرج عن دينه إلى دين آخر . مُنتقِض . مُديَّن . مُستألَف (من حزب إلى حزب)

pros'ēlȳte, *v.* استتبع = سعى لاستمالة الناس ليكونوا اتباعاً . استصبأ = حوّل من دين إلى آخر . ديَّن . استألَف

pros'ody, *n.* علم أوزان الشعر . علم العروض

pros'pect, *n.* مَنظر . انتظار . تطلُّع (إلى) . إمكانية في المستقبل . قِبلة = مُتجه . مُستقبَل = مُطَّلَع . طالِع . مُتوقَّع . مُحتمل . مُستنظَر . مَأمَل . احتمال . زَبون مُنتظَر . مَظنَّة (الركاز المعدني) = علامة على وجوده (أو) مكان وجوده . معساة

in —, أمام . في المستقبل . للأمام . مُنتظَر . مُتطلَّع (إليه) . للمستقبل

prospect', *v.* فتَّش (أو) نقَّب (أو) بحث (عن الذهب أو . . .) = إنتجع = استحاث

prospec'tive, *a.* مُحتمَل . مُنتظَر . في المستقبل

prospec'tively [-vl-], *ad.* احتمالاً . في المستقبل . للمستقبل

prospec'tor, *n.* مُنقِّب (أو) مُفتِّش (عن الذهب أو . . .) . مُنتجِع . مُستحِيث

pros'pects, *n. pl.* مَعاسي = مَأمولات . مُحتملات (أو) حظوظ (النجاح أو الظفر بشيء)

prospec'tus, *n.* كرَّاسة (عن جامعة أو مدرسة) . بيان (عن مشروع أدبي أو تجاري) . مُوجَز . مُلخَّص

pros'pẹr, *v.* عَمَر = زاد وغَا . أفلح = أقبلت الدنيا عليه . أيسر = تريَّش

prospe'rity, *n.* فلح = فلاح . عَمارة . رَخاء . ازدهار . سَعد . توفيق

pros'pẹrous, *a.* عامِر . مُفلِح . مُوسِر . مُريِّش . مُساعِف . مُزدهِر . مُوفَّق

pros'titūte, *n.* مُومِس = بغيّ . عاهِرة

pros'titūte, *v.* أومست = تعاطت البغاء . عهَّر = استعمل في سبيل سافل (أو) خسيس . امتهن

prostitū'tion, *n.* بِغاء . تعهُّر . تعهير . عَهارة

pros'trāte, *a.* مُنبطِح . مُنطرِح . مُنسدِح . ساجِد . طَليح . دازِح . مُترَبِّض . خائر (القوة) . مُنهَك

pros'trāte, *v.* طرَح . أسجد . سدَح . بطَح . سطَح . ربَّض = دزَح . أنهَك . أطلح

prostrā'tion, *n.* سجود . انطراح . دُزوح = إعياء . خوَر . إنهاك . ترَبُّض

prōtaġ'onist, *n.* شخص عُمْدَة (في رواية) . عَمِيد

protect', *v.* وَقَى . حَمَى . أجَارَ . دَفَعَ (أو) دافع (عن)

protec'tion, *n.* وِقَاية . وِقاء . حِمَاية . دِفاع . رِدْء

protec'tive, *a.* وِقائي . حِمَائي . صِيَاني

protec'tor, *a.* حامٍ . مُجِير . وَصِي (على المُلْك)

protec'torate [-it], *n.* مَحْمِيَّة . حِمَايَة

prō'tégé [-tāzhā], *n.* شَخص يَرْعاه (أو) يُرَبِّبُه شخص آخر (أكبر سناً وأقدر) = حَمِيّ . صَنِيعة . مَلْزُوم . مَرْعِيّ

prōt'ēin, *n.* مادة البروتين = مادة زُلالِيَّة

prōt'est, *n.* قَوْل (أو) بيَان بالمخالَفة . اعتراض . احتجاج . تَشَكٍّ . [بروتستو]

under —, مع الاعتراض (أو) الاحتجاج . على غيرِ رِضىً . مع المانعة

protest', *v.* وكَّد في القول . قَالَ (أو) صَرَّح مُوكِّدًا . اعترض . عارَض (في) . مانع . أصرَّ . جاهر

prot'ēstant, *n., a.* بروتستنتي

Prot'ēstantism, *n.* (الديانة) البروتستنتية (أو) الإنجيلية

protēstā'tion, *n.* اعتراض . استنكار . احتجاج . تصريح (أو قول) توكيدي . إصرار . مُجاهَرة . إدّعاء

prōt'ocol, *n.* صِيغة أوَّلِيـة (لوثيقة أو معاهدة) . بروتوكول = قواعد السلوك الدبلوماسي . الأصول (أو) الأساليب الدبلوماسية

prōt'on, *n.* جُزَيْء البروتون الحامل للكهربائية الموجبة في نواة الذرة

prōt'oplaṡm, *n.* قِوَام الخَلِيَّة الحَيَوِيَّة = برُوتُبْلَزْمة

prōt'otȳpe, *n.* كائن حيّ أصلي . المِثال الأوَّل . الأُنْمُوذَج الأصْلي . طِرَاز . عِيـار

protract', *v.* مَدَّد (أو) طوَّل . امتدّ . خطّط

protrac'tion, *n.* تَطوِيل . امتداد . استطالة . تمديد

protrac'tor, *n.* مِنقَلَة (لقياس الزوايا) . عَضَلة مادَّة (أو) باسطة

protrūde', *v.* أخرَج ومَدَّ = دَلَع . نَتَأ . شَخَص . اندلق . برز . طَلَع

protrū'sion [-zhẹn], *n.* شُخوص . اندلاع . نُتوء . بروز . شاخصة

protūb'ẹrance, *n.* كَعْرَة = نابِئة = نَبْأة = بُجرة . نتوء . انتفاخ . احديداب

protū'bẹrant, *a.* أبجر = فيه بَجر (أو) نُتوء . نابئ (كالبطن (أو) الكيس إذا امتلأ كثيرًا) = باجِر

proud, *a.* مُتَكَبِّر . مُعجَب (بنفسه) . باعث على الاعتزاز . فَخم

I am — of you, أنا فخور (أو) مُعتَزّ بك

proud'ly, *ad.* بكبرياء . بتعاظم . بافتخار

prōve, *v.* (-ved, -ved *or* -ven, -ving) حَقَّق = أثبَت (صِحَّة . . .) . بَرْهَن . تبيَّن (أنَّ) . جرَّب . خَبَر = مَحَص

prōv'ẹn, *a.* = proved . مُمَحَّص . مَخبُور . مُنجَّذ

prov'endẹr, *n.* طَعَام . عَلَف . عَلِيق

prov'ẹrb, *n.* مَثَل . قول مُعمَّى . مَضرِب المَثَل

proverb'ial, *a.* مَثَلي . يُضرَب به المَثَل . مَضرِب المثل . مَشهور

proverb'ially, *ad.* . تَشيد بذكره الأمثال . يتمثَّل به . يُضرَب به المثل

provīde', *v.* احتاط . حسب حساب المستقبل . أعدَّ (للمستقبل) . قَيَّض . أعدَّ . قدَّم . أتاح . مَوَّن . زوَّد . أمدَّ . استعهد . سَنَّى . يسَّر

provīde', *v.* نصَّ (على) . اشترط

provīd'ēd, *con.* على شرطِ . بشرط

prov'idęnce, *n.* حِيطة . حساب المستقبل . إعداد (أو) احتياط للمستقبل . تَبَصُّر في العواقب . بُعد نظر . اقتصاد . تدبير

Prov'idęnce, *n.* العناية الإلهية . الله . قَدَر . تدارُك رَبَّاني

prov'idęnt, *a.* مُحتاط . يَحسِب حساب المستقبل . يُعِدُّ (أو) يحتاط للمستقبل = كَيِّس . بعيد النظر . بَصير . مُقتَصِد . مُدَبِّر

providen'tial, *a.* بعناية رَبَّانية . من حسن التقادير . بتوفيقٍ (أو) بتيسير من الله

prov'ince, *n.* عِمالة = ولاية = إقليم . [مُديريّة] . إيالة . صُقع . مَجال

prov'ince, *n.* دائرة اختصاص (أو) سُلطة

provin'cial [-shęl], *a.* إقليمي . رِيفي . ضَيِّق التفكير (أو) النظرة . بَلَدِي . جافٍ . جِلف

provin'cial [-shęl], *n.* شخص رِيفي (فيه عدم دَماثة في خُلُقه)

provin'cialism, *n.* اصطلاح لُغَوي ريفي . رِيفية (في الأفكار أو السجايا) . ضيق التفكير (أو) العقلية . جفوة في الأخلاق

provi'sion [-zhęn], *n.* تزويد . مُؤْنة . إعداد (للمستقبل) . احتياط . إعداد العُدَّة . عدّة للمستقبل

provi sion, *v.* زَوَّد . مَوَّن . جَهَّز

provi sion, *n.* شرط . نَصّ . مُقَرَّرة الميزَانية . تخصيصات (في الميزانية)

to make — for, أعدَّ . احتاط . دَبَّر

provi sional, *a.* للحاجة الموقتة . مُوَقَّت . إلى حين . اعتياضي

provi sionally, *ad.* مُوقتاً . بشرط

provi sions, *n. pl.* أغذية . مُؤَن

provīs o, *n.; pl.* -sos *or* -soes شَرط . جملة (أو) فقرة شرطية

provocā tion, *n.* إثارة . استثارة . إحفاظ = إغضاب (شديد) . تَحريب . تَحميش . تحريض . تهييج . تحريش

provoc'ative, *a.* مُستَثير . مُثير . مُحفِظ . غائظ . تحميشي . تحريضي . تهييجي . تحريشي

provōke', *v.* أثار . استثار . أحمش . أحفَظ = حَرَّب . حَرَّض . حَرَّش . أهاج . حَفَز

prov'ost [-ęst], *n.* رئيس . مُناظر . ناظر . كبير حكام الصلح في بلدة اسكتلندية . عميد الكهَنة (في كتدرائية)

prow, *n.* مَرنَحة = صَدْرُ (أو) مُقدَّم السفينة = جُؤجُؤ = حَيْزُوم

prow'ess, *n.* بَسالة . بلاء = (شِدة) البأس = شجاعة فائقة = شَوكة . مهارة (أو) مقدرة نادرة (أو) عظيمة

prowl, *v.* جاسَ . تَجوَّل خِلسَةً = عَسعَس = تَعَوَّف . هام

prowl'ęr, *n.* جَوّاس = (حيوان) عَسّاس . عَوّاس . عَسعَاس (في طَلَب الفَريسة)

proxim'ity, *n.* قُرب . دُنُو . جِوار . دَناوة . كَثَب

prox'imō, *ad.* من (أو في) الشهر القادم

prox'y, *n.* وَكيل . نائب . قائم مقام . تَفويض بالنيابة . استنابة . وَكالة

prūde, *n.* مترمّت = شديد التوقر والتحشم

prū'dęnce, *n.* حِكْمَة . عَقل . تَقديم الحَذَر . تَدبُّر (الأمور) حَذَرًا واحتياطًا . حَزم وتحفظ . تَبَصُّر . حَصافة

prū'dęnt, *a.* مُحتاط . حَذِر . حكيم . كَيّس . صاحب تَدَبُّر . مُقتصد . حازِم . مُتَدَبِّر . مُتَحفِّظ . مُتَبَصِّر

prūden'tial, *a.* تَحَفُّظي . تَدَبُّري . حَزْمي

prūd'ęry, *n.* تَزَمُّت = تَصَنُّع الوقار والاحتشام

prūd'ish, *a.* زَميت = مُتَوقر مُتَحشِّم

prūne, *v.* شَذَّب . قَنَّب . نَقَّح . قَلَّم = فَنَّد = قَضَّب

prūne, *n.* إجّاص (أو) برقوق (مُجَفَّف) . قَراصيا (مُجَفَّفة) . سُوَيْد . خوخ حلو مُجَفَّف

prussic acid, سُمٌّ زُعاف له رائحة كرائحة اللوز = حامض الهدروسيانيك

prȳ, *v.* (pried, prying) دَقَّق النظرَ . نَظَر مُستَكشِفًا . تَعَرَّض لمعرفة ما لا يَعنيه (من أخبار الناس وأحوالهم) = فاحَص . قَلَع (من المكان)

prȳ, *v.* (pried, prying) رفع (أو) حَرَّك بواسطة عَتَلَة (أو) مُخل . افتلس = أخذ بعد جهد . فَشَّ (أو) زَمَق القفل

prȳ, *n.* عَتَلَة = مُخل

P.S.; p.s. = postscript إلحاق = لَحَق

psâlm [sâm], *n.* مَزمور (من مزامير داود)

psâlm'ist, Psâlm'ist [sâmist], *n.* مؤلِّف (أو) ناظم المزمور . داود (النبي)

Psal'tęr [sôl-], *n.* كتاب (أو) سِفر المزامير (كما في كتاب الصلوات)

psal'tęry [sôl-], *n.* سَنطُور . سَنطير = آلة وترية قديمة يُعزَف عليها إذا جُذب الوتر بالإصبع

pseud'ō [sū-], *a.* كاذب . زُور . مُدَّعًى . مُنتَحَل . مُستَعار

pseud'onym [sū-], *n.* اسم مُنتَحل (أو) مُستَعار

pshaw [shô], *n., int.* أُفًّا . تُفًّا . صَوت يُعرَبُ به عن الاستهانة وضيق الصدر

Psȳch'ē [sīki], *n.* الروح (أو) النفس لدى الإغريق والرومان ممثّلةً على شكل فتاةٍ جميلة لها أجنحة الفراشة

psȳch'ē, *n.* النفس . الروح . العقل

psȳchī'atrist [sīkī-], *n.* طبيب أمراض عقلية

psychī'atry [sīkī-], *n.* طِب نفساني

psȳch'ic [sīk-], *a.* نَفساني . رُوحاني

psychic force, قوة باطنية لها علاقة بتوارد الأفكار وغيره = قوة رُوحانية

psȳch'ical [sīk-], *a.* نفساني . روحاني

psȳchōanal'ysis [sīkō-], *n.* طب التحليل (أو الكشف) النفساني

psȳcholo'gical [sīk-], *a.* نَفساني . متعلق بعلم النفس

— moment, اللحظة (أو) الآونة الحاسمة (أو) الحَرِجة التي يُستَفاد منها أعظم استفادة للتأثير في النفس

psȳcholo'gically, *ad.* نفسانيًا . عن طريق النفس

psȳchol'ogist, *n.* عالم بعلم النفس . عالم نَفساني

psȳchol'ogy, *n.* عِلم النفس

ptârm´igan [t-], *n.* طائر دَجاجي من نوع الطيهوج (أو) القطا في البلاد الباردة

ptōm´aine [t-], *n.* جيفين = مادة سامة تتكون في المواد العضوية الجائفة

pub, *n.* حانة . خمّارة

pūb´erty, *n.* بُلُوغ . سن البُلوغ . سن الاحتلام

pū´bis, *n., pl.* **-bēs** عظم العانة

pub´lic, *a., n.* شَعبي . عام . معروف لدى العموم . شائع . عَلَني . مَفضوح . جماعة . حُضور . جماعة المُعجَبين

in —, عَلَنًا . جِهارًا

pub´lic, *n.* النّاس . عُموم (أو) جُمهور (الشعب)

pub´lican, *n.* جابي ضرائب (في روما القديمة) . صاحب حانة . حانيّ

publicā´tion, *n.* مَنشُور . مَنشُورة . نَشرَة . (طبع و) نَشر . إشهار . نَشر . نَميمة . إشاعة . تذييع

public house, حانة . خَمّارة . خان . فُندُق

pub´licist, *n.* كاتب سياسي (أو) قانوني (أو) اجتماعي . وكيل صحافي

publi´city, *n.* اشتهار . شُهرةٌ (عامة) . ذُيوع (أو) إشهار السمعة . حملة دعاية

pub´licīze, *v.* أشهر . طنطن (بِ) . نوّه بذكره . أعلن . ذيّع . قام بدعايةٍ (لِ)

pub´licly, *ad.* عَلَانِيَةً . عَلنًا . جِهارًا

public opinion, الرأي العام

public school, مدرسة خُصُوصِيّة (في بريطانيا)

public spirit, نَخوة (أو) غِيرة على المصلحة العامة

pub´lic-spir´ited, *a.* غَيُور على المصلحة العامة . ذو نَخوَة

public works, أشغال عمومية

pub´lish, *v.* (طَبَع و) نَشَر . أعلن . أذاع . أشهر . شيّع . نَمّ . بَثّ . أفشى

pub´lisher, *n.* ناشر (كتب أو مطبوعات) . طابِع ناشِر

pūce, *n.* لونٌ بنيّ قاتم (أو) أرجواني

puck, *n.* روح خَبيثة . عِفريت

puck´er, *v.* قَبَّض . غضّن . شنّج . زَمّ

puck´er, *n.* كَسرَة = تجعيدة . غَضن = تجعيدات

pud´ding, *n.* مُهلّبيّة . بَكيلَة = حَلوَى مَطبوخة

pud´dle, *n.* هَوقَة = حُفرَة يجتمع فيها ماءٌ كَدِر = نُقعَة (أو) نُقرة (ماء كَدِر) . طِين . بُرَيكَة . مَجبولة طين

pud´dle, *v.* طَيّن = سَدّ بالطين . حرّك الحديد الذائب ليمترج بغيره . جَبَل (بالماء) . كَدّر

pudg´y, *a.* (-gier, -giest) قصير سَمين . مُتنَفِّش من السِمَن

pū´erīle, *a.* صِبياني (لا يليق بكبير السن أن يقوله (أو) يفعله) . أزعن . وُلودي

puff, *n.* هَفّة . نَفخَة . نَسفَة (ريح)

puff, *v.* هَفّ . نَفَخ . نَهج = لَهث . انتفخ = تَعظّم وتكبّر = تنفّج . نَخَى = بالَغ في المدح . نفخ

puff, *n.* كعكة نفّاشة . نُفشة (أو) جُثلة (شَعر) . تنفيخ . انتفاج . تَنَخية = مُغالاة في المدح

puff, *n.* قَعيدة = مِنبَذة = وِسادة (منفوخة) يُجلَس عليها

puff'in, *n.* طائر بحري في الأطلنطي الشمالي له رقبة قصيرة ومنقار كبير مَنفوخ

puff'iness, *n.* تَنَفُّخ . تعاظم . انتفاج

puff'y, *a.* (-ffier, -ffiest) مُنتَفِخ . مُنتَفِش . مَبهور = قصير النفس . مُتفايِش . مُتَنَفِّخ

pug, *n.* ضرب من الكلاب الصغار الجسم له ذنب أعكف وشعر قصير وأنف أخنس

pū'gilist, *n.* مُلاكِم (مُتكَسِّب)

puġnā'cious [-shẹs], *a.* مُشارِس . مُهاوِش . مُسارِع إلى القتال

puġna'city, *n.* حب المشارسة (أو) المهاوشة (أو) القتال

puġ'-nōse, *n.* أنف أخنس . أنف أكزم

pū'issance, *n.* قوة . قدرة . سلطان شديد . سَطوة . جبروت

pū'issant, *a.* قوي . قدير . متين . ذو سطوة (أو) جبروت

pūle, *v.* هرنف في البكاء كالطفل . نأم

pụll, *n.* جَذبة = نَدلَة . جُهدٌ = شِدَّة

pụll, *n.* مِقبض يُجذَب به . تأثير = نفوذ

pụll, *v.* شَدَّ = جَذَب . نَتَش . نَزَع . نَدَل (الدَّلوَ) . عَتَل . قَلَع . خَلَع . انتشل . امتلخ

to — down, هَدَم . قوَّض . هوَّر . أضعف (الصحة)

to — out, قَلَع . خَلَع . انقلع . انسحب

to — through, نجا (أو) خَلَص (من) . اجتاز (و) نجا . صَحَّ = تعافى

to — himself together, تمالك نفسه

pụ'llẹr, *n.* جَرّار(ة) . سَحّابة

pụ'llĕt, *n.* [فَرخَة] . فَرُّوجَة = دَجاجة صَغيرة . شامِرك

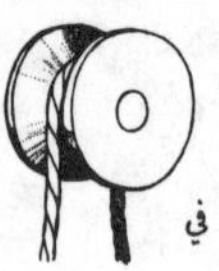

pụ'lley [-i], *n.* بَكَرَة

Pụ'llman, *n.* حافلة في القِطار فيها مقاعد فردية . عربة نوم في السكة الحديدية

pul'monary, *a.* رِئوي

pulp, *n.* شَحمة (الفاكهة) . شَحم (أو) لُبّ (الشجر) = جُمَّار . مُخّ (السِّن) . عَجينة = لَجين

pulp, *v.* جَعَل كالعجينة = لَجَّن

pụ'lpit, *n.* مِنبَر

pulp'y *a.* لَجيني . مُتَلَجِّن . كالعجينة . كالخَبيص

pulsāte', *v.* دقّ . نبض = ضَرَب . تَرَجرَج

pulsā'tion, *n.* نَبَذان العرق = ضَرَبانه

pulse, *n.* نبض . نَبضَة = دَقَّة

pulse, *v.* نَبَض (القلبُ) = ضَرَب = دَقّ

pulse, *n.* القَطاني (كالفاصولياء والعَدَس و . . .)

pul'vẹrīze, *v.* سَحَق = أنعم دَقَّه . سَحَن . دكّ . أباد

pūm'a, *n.* سِنَّور بَرّي أمريكي كبير

pum'ice, *n.* نَسفة = نَشفة = حجر ذو نخاريب يُنَقَّى به الوسخ عن الجسم = [حجر خَفَّاف] = حجر رِكابي

pumm'ẹl, *v.* (-elled, -elling) = pommel لَدَم

pump, *n.* مِضَخَّة . مِنزَحة . زَرَّافة

pump, *v.* نَزَف . نَزَح . ضَخّ . استنجف = استفرغ ما لديه من أسرار = تنسَّس منه الأخبار

pump, *n.* حذاء خفيف بدون أربطة

pump′kin, *n.* قرع استانبولي . قَرْعَةٌ = دُبَّاءة

pun, *n.* كلام ذو معنيين . تَوْرِيَة (أو) تلعُّب في الكلام (للتلبيس)

pun, *v.* (punned, punning) وَرَّى (أو) تلعَّب في الكلام

punch, *v.* دَقَن = لَهَزَ = لَكَّ = لَكَزَ = ضَرَب بالكف مضمومة

punch, *v.* ثَقَب . سَرَد . خَرَز

punch, *n.* لَهْزَة . لَكْزَة . لَكْمَة . لَكَّة . زَخْم (في المعنى)

punch, *n.* مِثْقَب = مِسْرَد . مِخْرَز

punch, *n.* مَشْروب خَليط (مع الماء الساخن أو الحليب)

Punch, *n.* [قَره كوز]

pun′cheon [-chẹn], *n.* = بَتِّيَة كبيرة بَرْميل (كبير) للمشروبات (من ٧٢ إلى ١٢٠ كالونًا)

punctil′iō, *n.*; *pl.* **-iōs** دَقِيق (أو) دَقِيقَة = شيء دقيق في السلوك (أو) الملبس . مُنتهى العناية في مراعاة دقائق السلوك = تنطس

punctil′ious, *a.* شديد الاعتناء بدقائق الأشياء . مُدِقّ . مُدَقِّق = مُتَنَطِّس . مُدَنْقِر . مُسِفّ . شديد العِناية

punc′tūal [*or* -chooẹl], *a.* مُبادِر . في المَوْعِد . دَقِيق في مراعاةِ المَوْعِد

punctūal′ity, *n.* المُحافظة على المواعيد

punc′tūāte, *v.* رَقَّن = استعمل علامات التنقيط (أو) الفصل في الكتابة = أعجَم . خَلَّل = جعل في خلاله . تخلَّل

punctūā′tion, *n.* تَرْقين . إعجام

— mark, تَرْقِينة = علامة تنقيط (أو) فصل (أو) إعجام

punc′tūre, *n.* ثَقْب . ثُقْبَة . خَرْق . [تنفيس]

punc′tūre, *v.* ثَقَب . نَقَب . انخرق . [نفَّس]

pun′dit, *n.* نِحْرير = عالم واسع العلم

pun′gẹncy, *n.* شدة رائحة (أو) طعم (كالنوشادر (أو) كالفلفل) . لَذْعَة . حَرَاوَة . حَرَافَة

pun′gẹnt, *a.* زَهِم . لاذِع . حِرِّيف . حادٌّ (في الأنف أو على اللسان) = ذو حَراوة

pun′ish, *v.* عاقَب . عاقب (على)

pun′ishable, *a.* قابل العِقاب . مُستَحِق العِقاب

pun′ishmẹnt, *n.* عِقَاب . عُقوبة

pū′nitive, *a.* تأديبي . عقابي

punk, *n.* خَشَب منخور بالٍ (بفعل الفُطْر) يستعمل صوفانًا . مادة للإحراق تُتَّخذ من هذا الخشب . صُوفان

punt, *n.* رَكْوَة = قارب قليل العمق مُسَطح القعر له غايتان مستقيمتان

punt, *v.* دَفَع السفينة بالمُرْدِي وهي خشبة الملّاح

pū′ny, *a.* (-nier, -niest) = وانٍ ضَعِيف . ضَئِيل . ضَاوِيّ . طَفِيف . هزيل . ضَرَع

pup, *n.* صغير عجل البحر (أو) كلب البحر . جَرْوٌ (كلب أو أحد الوحوش)

pūp′a, *n.*; *pl.* **-pas** *or* **pae** [-pē] زِيزُ الشَّرْنَقَة = سَالِئة = الحَشَرة وهي بَعْدُ في غلافها

pūp′il, *n.* ذُبَاب العَيْن = إنسان (أو) بؤبؤ العَيْن

pūp′il, *n.* تِلْميذ . قاصِر (تحت رعاية وَصِيّ أو وليّ)

pupp'ĕt, *n.* لُعبَة (على شكل الإنسان تُحرَّك بالخيوط) . أداةٌ طَيِّعة . إمَّرَ(ة) = مُنقاد لأمر غيره

— king, ملك حاكم بأمرِ غيره . مَلِك مَحكوم . مَلِك مُصطَنَع

pupp'y, *n.* جَرْو (كَلب) = قُرقوص . كُلَيب . شخص مغرور بنفسه

purb'lĭnd, *a.* أَكْمَس (أو) أَكمش البصر = لا يكاد يبصر . أخفش . مَطموس البصيرة . مُظلِم العقل

purch'asable [-is-], *a.* يُمكن شِراؤُه . قابل للرشوة (أو) البرطيل . يرتشي

purch'ase [-is], *n.* اشتراء . شِراء . مُشتَرَى . مَوْطِد = مَمسَك ثابت يمنع من الانزلاق . عامل تأثيري

purch'ase [-is], *v.* شَرَى . اشترى . ابتاع

purch'asẹr, *n.* شارٍ . مُشتَرٍ

pūre, *a.* خالِص . مَحض . مُجرَّد . نَقِي . صافٍ . طاهِر . بَحت = حُرّ = صِرف . وَحدَه = لا غير . عَفيف

pūrée' [-rā], *n.* لَهِيدَة = حساء غليظ . عَصِيدة (من الخُضَر) . حَيس . خَبيص

pūre'ly [-rl-], *ad.* بِخُلوص . بنقاء . لِمجرَّد . بطهارة . ببراءة . مَحضاً . لا غير . فقط . تماماً . إنَّما

pūre'ness [-rn-], *n.* صفاء . نقاء

purġ'ative, *a., n.* سَهُول = دواء مُسهِل (مثل زيت الخروع) . مُطهِّر . غاسِل

purġ'atory, *n.* مَطهر = مكانٌ يوم القيامة تطهَّر فيه الأرواح من الآثام . الأعراف

purge, *n.* تطهير . (دواء) مُسهِل = سَهُول

purge, *v.* طَهَّر . أسهل (البطن) . استنظف

pūrificā'tion, *n.* تَطهير . تَصفِية . تَنقِية

pūr'ifȳ, *v.* (-fied, -fying) طَهَّر . نقَّى = مَحَّص . نقِي . صَفَّى

pūr'ist, *n.* متنطِّس (أو) مَحَّاص (في اللغة) لا يُريدها إلا أن تكون صافية

pūr'itan, *a.* صَفاوِي . صَفَوِي = مُتَشَدِّد (أو) مُتَذَمِّم (في الدين والسلوك)

pūritan'ical, *a.* صَفَوِي . شديد التذمُّم (في الدين . . .)

pūr'ity, *n.* طَهارة . صفاء . برآءة . نَقاء

purl, *v., n.* جَرجَر الماء في جريه = خَرخَر . جرجرة (أو) خَرخرة . دُوَّامة

purl, *v.* قَطَّب (أو) خاط بِخُرُزات مَقلُوبة

purl'ieu [-ū], *n.* رَبَض . حَوز (حول) . ظاهِر (المدينة مثلاً) حُرش)

purloin', *v.* اختلس . سَرَق

pur'ple, *n.* أُرجوان = بِرفير

born to the —, وُلِد في عِزّ المُلك (أو) في حضن الرفعة (أو) في مَهد الشَّرف

raised to the —, نُصِّب كاردينالاً

pur'ple, *a.* أُرجُواني = فَرفيري = بِرفيري

purp'lish, *a.* أُرجواني خفيف

purp'ôrt, *n.* فَحوَى = وَجه الكلام = مُفاده (أو) مُقتضاه . خُلاصة (الكلام) . زُبدة

purpôrt', *v.* خَيَّل (أو) أوهم (أنّ) . فحا = أفاد (أو) فُهِم من معناه . إدَّعَى (أو) زَعم (باطِلاً) . ظَهَر

purp'ose, *n̥.* قَصد . غَرَض . مَرام . مُراد . مَقصود

of set —, بعزمٍ ثابت . بتصميم

on —, قَصداً . عَمداً

to the —, طِبق المُراد . في الصَّدَد

to good —, بما يؤدي إلى نتائج حسنة . بنتائج حَسنة

to little or no —, بلا فائدة . من غير طائل . عَبثاً

purp'ose, *v.* قَصَد . نوى

purp'oseful [-sf-], *a.* قَصدِيّ . ذو مَقصِد

purp'osely [-sl-], *ad.* قَصدًا . عن قَصد

purr [per], *v.*, *n.* خَرخَر (السِنَّور) . خَرخَرة

purse [pers], *n.* جِزدان (للنقود) . صُرَّة (أو) كِيس نُقود . بَدرَة = مبلغ من النقود يُعطى جائزة . مال . خزانة مال

purse, *v.* غَضَّن . صَرَّ = زَمَّ = ضَمَّ وقَبَّض . شَنَّج

purs'er, *n.* مُحاسِب السَّفينة

purs'lāne, *n.* بَقلة الزَّهراء (أو) الحَمقاء = رِجْلة = [فَرفَحين]

pursū'ance, *n.* مطارَدة . تَعَقُّب . تتبع . متابعة . اتباع . اقتفاء . متالاة . ملاحقة . تنفيذ

in — of, اتّباعاً (أو) متابعةً (لِ)

pursū'ant, *a(d).* متابِع . ملاحِق . منفِذ

— to, طِبقاً (لِ) . بحسب . اتّباعاً (لِ)

pursūe', *v.* طارد . لاحق . تَتَبَّع . تعقَّب . تَطَلَّب . جَدَّ في الطلب . سَعى (وراء) . أَلَحَّ (على) . تابع . اجتهد في التحصيل . تَتَلَّى . واصل

pursū'er, *n.* مُطارِد . مُلاحِق . مُتَتَبِّع . مُتَعَقِّب . متابِع

pursuit' [persūt *or* -sūt], *n.* تَعَقُّب . مُطارَدة . تَطَلُّب . عَمَل (يتعاطاه الإنسان) . شُغل . طلب

purs'uivant [-swiv-], *n.* مُعقِب (أو) مُتالٍ (للمنادي الحافظ للأنساب) تَبيع . تابع = حافد = خادم

purvey' [-vā], *v.* زوَّد . قَدَّم (المُؤَن) . مَوَّن . [ورَّد]

purvey'ance [-vā-], *n.* حقُّ المَلِك في نيل الرِفادة (أو) التموينات والمَعُونة . تقديم المُؤَن . تموينات . أزواد . حق الرِفادة

purvey'or [-vā-], *n.* مَوَّان . مُزَوِّد (المَلِك)

purv'iew [-vū], *n.* مَدُّ (البصر) . مَدَى . مَجال (العمل) . فُسحَة

pus, *n.* مِدَّة = قَيح = غَثِيث

push, *v.* دَفَع . دَفَّع . اندفع . دَخَل . مَشَى . ضَغَط . أَلَحَّ . أَجْهَد

to — off, أَبعَد . انصرف

to — on, ثابر على التقدم . تابَع

to — out, أبعد

push, *n.* دَفعة . [زَقّة] . ضِيقة

at a —, عند الحَزْبَة . عند التدافع . عند الضيق (أو) الشِدَّة

to get the —, عُزِل

pūsillanim'ity, *n.* جُبْن . وَجَل . نَذالة . خِسَّة النفس . فَسالة

pūsillan'imous, *a.* جَبان . نَذل . فَسل

puss, *n.* هِرّ . قِطّ = بِسّ . بِسَّة = قِطَّة . أرنب بري

pu'ssy, *n.* قِطَّة . هِرَّة . خُصلة (أو) قُنْزُعة من أَزهار صغيرة على الشجرة

pu'ssy, *a.* مُقَيِّح . فيه مِدة (أو) قَيح

pussy willow, نوعٌ من الصَّفصاف القصير يحمل في الربيع براعيم ناعمة كالحرير

put, *v.* (put, putting) وَضَع . جَعَل . عَبَّر (عن) . عَرَض . طرح

The ship —s about, تَحَوَّلت . حَوَّلت (أو) غَيَّرت اتجاهها

to — across, بلَّغ (المقصود)

to — by, إدَّخر . وفَّر

to — down, أخمد . قيَّد = كتَب . حطّ . وضع . أسكت . خفَّض . عدَّ . عزا

to — forth, أطلع = أخرج . نبَت . نبَق . بعث . بذَل

A ship —s in (to port), دخلت المرفأ . أرفأت = تكلَّأت

to — off, خلَع . سوَّف . مهَّل . أرجأ . خرَج . مطَل . دافع . دلَّس (نقدًا زائفًا) . نفَّر

to — on, لبِس . تعهَّد . ادَّعى . تصنَّع . زاد . ازداد . عرَض (مسرحيًا)

to — out, أخرج = أطلع . أطفأ . قضى (على) . سمَل (العينَ) = فقأ . أغضب . أساء (إلى) . استاءَ (من) . أربك . أحرج

to — through, نفَّذ (بنجاح) . أنجز . أوصَل (في التلفون)

to — up, أقام = بنى . نصَب . أنزَل (المسافرَ) . عرَض (للبيع) . خلَّل (أو) حفِظ (كالمُربَّى) . وضع جانبًا . رفَع . اقترح . عرَض . رشَّح

to — up at a hotel, نزَل (أو) أنزل (في فندق)

to — up with, وطَّن النفسَ (على) = تحمَّل

pūt′ative, *a.* محسُوب . مفروض . مزعوم

pūtrēfac′tion, *n.* تعفُّن . تجيُّف . تدعُّص = اهتراء وفساد

pūt′rēfȳ, *v.* (-fied, -fying) تعفَّن . تجيَّف . تدعَّص = صَلَّ

pūt′rid, *a.* معفِن . مُنتِن . جائف . مُخمِّج

putt, *n.* دَحية . دَحوَة

putt, *v.* دَحا . دَحى

putt′ee, *n.* لِفافة للساق يضعها اللاعب (أو) الجندي

pu′ttẹr, *n.* داحٍ = ضارب كرة الكولف

putt′y, *n.* لِيقة . [لَيقونة] . [لاقونة]

putt′y, *v.* (-ttied, -ttying) سدَّ (أو) غطّى (أو) ملَّط بالليقة

puz′zle, *n.* لُغز . مُشكِل . أمر مُخيل . لُعبة ملغُوزة . أُلغُوزة . مُعمّى . حَيرة

puz′zle, *v.* أخالَ (الشيءُ) = أشكل واشتَبَه . حيَّر . تحيَّر . أتعب الفكرَ . استغلق = التبس

pyġ′my, *n., a.* قزم . صَغير جدًا = أجيَر = قَزمَل

pyjâ′maṡ, *n. pl.* بذلة النوم = بيجامة

pȳl′on, *n.* بُرج يهتدي به الطيَّارون . نصيبة من الفولاذ لحمل أسلاك الكهرباء . باب معبد (مصري)

pȳorrhē′a, *n.* التهاب اللِثة . تقيح اللثة . تجيج اللِّثة

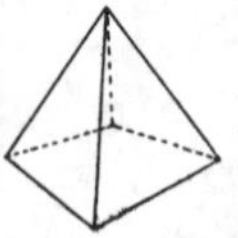

py′ramid, *n.* هَرَم

pyram′idal, *a.* هَرَمي

pȳre, *n.* كومة من الحطب لإحراق الميت

pȳrīt′ēṡ, *n.* معدن أصفر اللون برَّاق كالذهب = حجر النار = البوريطس

pȳrotech′nic [-k-], *a.* خاصٌّ بالألعاب النارية (أو) بصناعتها

pȳrotech′nics, *n.* فن (أو) صناعة الألعاب النارية . عَرض ألعاب نارية

Py´rrhic [pirik], *a., n.* نسبةً إلى بطل من أبطال تروادة . رَقْص حربي . خاصّ بالرقص الحربي

a — victory, نصرٌ باهظ الثمن

Py´rrhus [pirẹs], *n.* اسم بطل من أبطال تروادة

Pȳthaġ´oras, *n.* فيثاغورس : فيلسوف وعالم رياضي يوناني قديم

pȳth´on, *n.* أَصَلَة = أفعى ضَخمة تفترس بالشدخ والدَّهك . حُفاث . ثعبان الصخور

Q

Q, q [kū], *n.; pl.* Q's, q's الحرف السابع عشر من حروف الهجاء الانكليزية

quack [kwak], *n.* بَطْبَطة (البطّ) = زَبيط

quack, *v.* زَبَط (البطُّ) = بَطْبَط = صات

quack, *n.* مُتَطَبِّبٌ = (طبيبٌ) دَجَّال . [نَصَّاب] . جاهلٌ مُدَّعٍ

quack, *a.* مُدَجَّل : (دواءٌ) مُدَجَّل

quack´ẹry [kwak-], *n.* دَجَل = [نَصْب]

quad´ranġle [kwod-], *n.* تَربيعة = ساحة (أو) باحة مُرَبَّعة محاطة بالأبنِيَة = رَحْبة . شكل رباعي . شكل تربيعي . الأبنية المحيطة بالرَّحْبة

qua´drant [kwod-], *n.* ربع محيط دائرة . رُبع دائرة . آلة لقياس الارتفاع (على هيئة ربع دائرة) . رُبع

quad´rate [kwodrit], *n., a.* مُرَبَّع . رُباعي . ذو أربع زوايا قائمة

quadrāte´ [kwod-], *v.* طابق . وافق . لاءَم . رَبَّع

quadrat´ic [kwod-], *a.* تربيعي . مربَّع . من الدرجة الثانية

quadrenn´ial [kwod-], *a.* يعيش أربع سنوات . كل أربع سنوات

quadrilat´ẹral [kwod-], *a., n.* شَكْل رُبَاعِي . رُبَاعِي الشكل . شكل ذو أربعة أضلاع . فُسحة تحيط بها أربعة حصون

quadrille´ [kwâdril], *n.* رَقص رُباعي . رَقْص مربَّع لأربعة أزواج . موسيقى لهذا الرقص

qua´drụpēd [kwod-], *n., a.* (حيوان) ذو أربع قوائم (أو) أرجل

qua´drụple [kwod-], *a(d)., n., v.* مَرْبُوع . أكبر بأربعة أضعاف . ذو أربعة أقسام (أو) أضعاف (أو) أطراف . أربع مرات . رَبَع . ضَعَّف أربع مرات

qua´drụplet [kwod-], *n.* مجموعة من أربعة أشياء . رُباعي . (أحد) أربعة أولاد في بطن واحد

quaff [kwâf], *v.* تَعَبَّب (أو) عَبَّ = جَرَع (شديدًا)

quaff, *n.* غُمجة = جُرعَة (شديدة) = عَبَّة

quag [kwag], *n.* سَبخة = مُستَنقَع . رَدَغة

quaġ´mīre [kwaġ-], *n.* وَرْطَة . رَتَخَة = مَوضِع مُوحِل تسوخ فيه الأقدام . سَبخة . رَدَغة

quail [kwail], *n.; pl.* quail *or* quails [فِرَّة] = سَلْوَاة = طائر قاطِع = سُمَانَى

quail, *v.* فَشِل = إنخرع = تراخى وجَبُن = تخاذَل . وَهنت شجاعته . خارَ

quaint [kwānt], *a.* غَرِيب مُستَملَح . قَدِيم طَرِيف . غريب . مُستغرَب

quāke [kwāk], *v.* ارتعش . ارتعد . ارتجف . اهتزّ . مال . تَميَّد . ارتج

quāke, *n.* ارتعاش . رَجفة . زَلزَلة . هَزّة . مَيدان . ارتجاج . رَجّة

Quāk'ẹr [kwā-], *n.* أحد أفراد طائفة الفرندز

qualificā'tion [kwol-], *n.* تأهيل . مُؤهِّلة . تقييد = تحديد وتعيين . تعديل

qua'lifīed [kwolifīd], *a.* مُؤَهَّل = ذو أهلية . مُقيَّد (غير مُطلَق) . محدُود

qua'lifȳ [kwol-], *v.* (-fied, -fying) أهَّل . قيَّد = حدَّد وعيَّن ولم يُطلِق . عدَّل . لطَّف . أكسب أهلية (أو) صلاحية . وَصف . رَخَّص

qua'litative [kwol-], *a.* كَيفي . وَصفي

qua'lity [kwo-], *n.*; *pl.* -ties كَيفيّة . صِفة . خاصّة . خاصِّيّة . طبيعة . نَوعيّة (أو) قيمة النوع . خُلُق . طبع . وَصف . جَودة . حسَب . مَنصِب . جَودة النوع . نفاسة . بَراعة . مَنقَبة = صِفة كمالية

quâlm [kwâm], *n.* نَوجَس . تريُّب . دُوار (أو) غَثيان موقت (أو) بوادر منه . تأثُّم . تَحرُّج = تباعد وتخوُّف . قَلَق الضمير . تخوُّف

quandar'y [kwon-], *n.* حَيرَة = إشكال = مَرجُوسَة . رُطمَة

qua'ntitative [kwon-], *a.* كمّي = خاص بالمقدار (أو) بالكمّية

— analysis, التحليل الكمي

qua'ntity [kwon-], *n.* مِقدار . قَدْر . مَبلَغ (كبير) . كميّة (كبيرة)

qua'ntum [kwon-], *n.*; *pl.* -ta قَدْر . قَدْرة = أصغر كمية من الطاقة تستطيع البقاء مستقلة

qua'rantīne [kwor-], *n.* كرنتينة = حَجر صِحي . [كَرنَتة]

qua'rantīne, *v.* [كَرنَن] = حَجَر حجرًا صِحيًا . وَضع في الكرنتينة . حَجَر عليه حجرًا سياسيًا (أو) تجاريًا

qua'rrẹl [kwor-], *n.* مُعالجة (في الكلام) . شِجار (في الكلام) . مُداوكة = شرّ وخُصومة . مُنابَذة . مُعاداة . خُصومة = سبب النزاع . مجافاة = مُصارَمة

qua'rrẹl, *v.* (-elled, -elling) تعالج (أو) تجاول (في الكلام) . تَشاجَر . تَداوك . جافى . خاصم . نابذ . عابَ

qua'rrẹlsome [-sẹm], *a.* مُشاجِر . مُسارِع إلى الشرّ والخُصومة . مُنابِذ . [مُشارِر] . مُكالِب = مُشارِس

qua'rry [kwori], *n.* مَقلَع أحجار . مَحجَر

qua'rry, *v.* (-rried, -rrying) قطع (من المحجر)

qua'rry, *n.* طَريدَة = دَرِيكة . فَريسة . طَليب (أو) طَليبة = شيء مطلوب منشود = مَنشُود

quart [kwôrt], *n.* مِكيال يساوي ¼ كالون للسوائل (١,١٣٦ من اللِتر) (أو) ¼ بُشل . وِعاء يسع هذه الكمية

quar'tan [kwôr-], *n.* حُمّى الرِبع

quar'tẹr [kwôr-], *n.* رُبع . وَزنة تساوي ٢٨ رِطلًا انكليزيًا . رُبع دولار . ربع ساعة . رُبع سنة

quar'ter [kwôr-], *n.* جِهَة = صَوْب . ناحِيَة . حَيّ . فجّ . مَصْدَر . رُبع الذَّبيحة

quar'tẹr, *n.* رَحْمَة (أو) مَرْحَمَة (للعدو) = هَوَادة

to cry —, استرحم . طلب الرحمة

at close —s, مُكْثَب = قريب . مُتَلاصِق . مُتَقارِب . عن كَثَب . بلَصق

quar'tẹr, *v.* قَطَّع (أو) قَسَّم أرباعًا . أَسْكَن = أَحَلَّ . عَيَّن مَسْكَنًا . فَرَض (جنودًا) لإسكانهم وإطعامهم . سَكَن

quar'tẹr-deck [kwôr-], *n.* السطح الأعلى من السفينة بين السارية الكبرى والمؤخَّرة

quar'tẹrly [kwôr-], *a(d).* أرباعًا . رُبْعِيّ = مَرَّة كل ثلاثة أشهر (أو) رُبع سنة

quar'tẹrly, *n.* مَجَلَّة رُبْعِيَّة = تصدر مرة كل ثلاثة أشهر

quar'tẹrmâstẹr [kwôr-], *n.* ضابط العُهْدَة = أَمِين (أو) قَيِّم [لوازم] الجيش . مدير حركة السفينة

quar'tẹrṡ [kwôr-], *n. pl.* مَسْكَن . مَحَل سَكَن (للجنود) . مأوى . مَنزِل

quarter section, قطعة أرض مربعة بمساحة ١٦٠ فدانًا

quar'tẹrstâff' [kwôr-], *n.; pl.* -staves نَبُّوت = عصا غليظة برأسها حديدة

quartet(te)' [kwôrtet], *n.* رُباعِي = جَوْقة موسيقية رُبَاعِيَّة . قطعة موسيقية رباعية

quar'tō [kwôr-], *n.; a., pl.* -tos صَفْحَة رُبْعِيَّة . كتاب رُبعي . رُبع طلحية ورق . له أربعة أوراق من كل طلحية

quartz [kwôrts], *n.* (حَجَر) البلور = حَجَر مُتَبَلوِر صَلْد

quash [kwosh], *v.* أَخمد . قَمَع . أبطل = أزهق . أوقف

quās'ī [kwāsī], *a(d)., pref.* شِبْه . شَبِيه . نِصف . كما لو أنَّه . كأنَّه . ظاهِرًا

quat'rain [kwotrin], *n.* رُباعِيَّة (كرباعيات عمر الخيام)

quāv'ẹr [kwā-], *v.* نَهْدَج (الصوتَ) = ارتعش . تَرَجْرج . رجّع الصوتَ (في الكلام أو الغناء)

quāv'ẹr, *n.* نَهْدُج . ارتعاش . ترجرج . تَرجيع الصوت

quay [kē], *n.* رَصِيف الميناء = إِسْكِلَة

queaṡ'y [kwē-], *a.* (-sier, -siest) لَقِس النَّفس = سَرِيع غَثَيَان النَّفس . مُغْثٍ للنَّفس . متأثِّم (أو) مُتَحَرِّج (من عمل السوء مثلًا) . مُتَأَنِّف

queen [kwēn], *n.* زَوْجة الملك . مَلِكَة (حاكمة) . البنت (في ورق اللعب) . سَيِّدة

queen, *n.* فِرزان = مَلِكة (في لعبة الشطرنج)

queen consort, زوجة (أو) قرينة الملك

queen dowager, أرملة ملك

queen'ly [kw-], *a.* كملكة . كما يَليق بملكة . حَقِيق بالملكة

queen mother, أرملة الملك وأم الملك (أو) الملكة . الملكة الأم

queen regent, ملكة وَصِيَّة

queer [kwēr], *a.* خارج عن المألوف . غَرِيب . في عقله لُوثة . شاذّ . مثير للرِّيبة . خاثر النفس (أو) البَدن . شاعر بِدُوَار

queer, *v.* عَكَّس . أَفْسَد . أَوْقَع في حَرَج . أَزْك .

quell [kwel], *v.* نَخْمَد . حَسَم . قَمَع . نَغَلَّب (على) . هَدَّأ . مَحَّد .

quench [kwench], *v.* أَطْفَأ . سَكَّن . حَسَم . كَبَت . كَسَر .

quench'less [kwen-], *a.* لا يُطْفَأ . لا يَرْتَوي

quern [kwern], *n.* رَحَى (يدوية) . طاحون

que'rulous [kw-], *a.* سريع الغضب . مُتَضَجِّر . كَثير التشكّي . مُتَأَفِّف . ضَجُوج . مُتَشَكِّب . أَوَّاه . عَيَّاب .

quēr'y [kwēr-], *n.* سُؤَال . استفهام . علامة استفهام = (؟) . شَك

quēr'y, *v.* (-ried, -rying) سأل . تَسَاءَل = تَشَكَّك (في) . ارتاب (في) . شَك . استوضح

quest [kwest], *n.* نِشْدَان . طَلَب . تَفْتِيش . سُؤْل . بُغْية . استفحاص

quest, *v.* بَحَث وسَعى (للحصول) . تَطَلَّب . نَشَد . تَنَشَّد . لاَحَق . تَتَبَّع

ques'tion [kweschen], *n.* سُؤَال . مَسْألة . قَضِيَّة . أَمر . مَوضوع . مَبْحَث . موضوع خِلافي . استفهام . مُباحَثة

beyond —, لا شَكّ فيه . لا خِلافَ (أو) نِزاع فيه . لا يتطرق إليه شك

in —, تحت البَحْث . قِيد النظر . مُتَنازَع فيه

out of the —, خارج عن الصَّدد . مُمْتَنِع حُدوثُه (أو) حُصولُه . مُستحيل . لا يُنظَر (أو) يُبْحَث فيه . مُحَال .

without —, بلا شَكّ . ولا شَك . لا خِلافَ فيه . حَقًّا

This is beside the —, خارج عن الصَّدد (أو) الموضوع

to call in —, اعترض على صحته . شَكَّ في صحته . قارى (أو) امترى (في) . خالف . وضع موضع الشَّك

ques'tion [kw-], *v.* سأل . استفهم . استجوب . استعلم . أَبْدَى تشكُّكًا (في) = امترى = نازع (في) . شَك

ques'tionable [kw-], *a.* مَشْكُوك (فيه) . مُريب . فيه نَظَر . فيه شَكّ

question mark, علامة استفهام

questionnaire' [kweschenār], *n.* تَسَآل = لائحةُ أَسئلة تُرْسَل لأشخاص عديدين للإجابة عنها = مُسَآءلة

queue [kū], *n.* صَفّ (من الناس أو غيرهم) . رَنْل . ضَفيرة من الشعر مُدَلّاة على الظهر = ذُؤَابَة

queue, *v.* (-ued, -uing) صَفَّ . اصطفَّ

quib'ble [kw-], *n.* مُوارَبة (أو) مخاتلة (في الكلام) . حَذْلَقة . تَمَحُّك . مغالطة . مَغْلَطة

quib'ble, *v.* راوغ (أو) وارب (أو) خاتل (في الكلام) . تَمَحَّك . غالَط . مَغْلَط

quick [kwik], *a.* سريع . خفيفُ الحركة . مُتَسَرِّع . عَجُول

quick, *a.* لَقِن = سريع الفهم . سريع (الغضب) . نَشيط . حاد . مُبادِر . مُسارِع . هَبّاب . حَيّ

quick, *n.* اللحمُ الحَيّ . الجزء الحَيّ من الظُّفُر . الأحياء

quick, *ad.* بسرعة

quick'ẹn [kw-], *v.* أَسْرَع . أَحيا . حَرَّك . نَشِط . أَزْهَف . أنعش . انتعش . تنعّش (الجنين في بطن أمه)

quick'līme [kwik-], *n.* جير (أو) كِلس (غير مُطفأ) . كِلس حَي

quick'ly [kw-], *ad.* بسرعة . حالًا . فَوْرًا

quick'ness [kw-], *n.* سُرعة . فِطنة . سُرعة الفهم = لَقَانة

quick'sand [kw-], *n.* رَمْلَة سَوّاخة (لَيِّنة تغوص فيها الأرجل) = رملة خَوّارة (أو) غَوّارة

quick'silvẹr [kw-], *n.* زِئبق = فَرّار

quick'-witt'ĕd [kw-], *a.* لَقِن . سريع الخاطر . سريع البديهة . حَدِيد الفؤاد . حاد الذهن . فَطِن

quid [kwid], *n.* مُضغة . مُضغة تَبغ

quid, *n.* دينار (أو) جنيه انكليزي يُرْمَز إليه ب (£)

quidd'ity [kw-], *n.* ماهِيَّة . جَوْهر . حَذْلقة (في المجادلة)

quid pro quo, الكِفّة بالكِفّة . باءت عَرارِ بِكَحَلِ . مِثْلٌ بِمثل

quīes'cẹnce [kwīes-], *n.* سُكون . خُمود . هدوء . ركود

quīes'cẹnt [kwīes-], *a.* ساكن . هادئ . راكد . خامِد . مُستَسْلم

quī'ẹt [kwīẹt], *a.* صامت . ساكت . هادئ . راكد . ساكن . مُطمئن (أو) هادئ البال . وَادِع . مُريح . مُتَمَهِّل . خاشِع

quī'ẹt, *a.* وَدِيع . هادئ الطبع . غير بَرّاق (أو) زاهٍ

quī'ẹt, *v.* هَدَّأ . رَكَّد . سَكَّن . أسكت

quī'ẹt, *n.* سُكُون . رُكُود . طُمأنينة . وَدَاعة . استراحة . هُدوء

quī'ẹtly [kw-], *ad.* بهدوء . رُوَيْدًا . باطمئنان

quī'ẹtness [kw-], *n.* هدوء . سُكون . راحة

quī'ẹtūde [kw-], *n.* هُدوء . سُكُون

quīēt'us [kw-], *n.* ضربة قاضِيَة . نهاية قاضية (أو) حاسمة . إراحَة (من الحياة أو من العمل) . حَسْم . إجْهاز

quill [kw-], *n.* رِيشَة (للكتابة) . رِيشة (من كبار الريش) . صَنَمة = قصبة الريشة . شوكة طويلة (كشوك القنفذ أو النيص)

quilt [kw-], *n.* لِحَاف (للفراش) . غِطاء (للفراش) مُضَرَّب

quilt, *v.* طَرَّق (أو) ضَرَّب = خاط على طاقَين بِحَشْوَة في الداخل

quilt'ing [kw-], *n.* مَخيطٌ مُضَرَّب = مُضَرَّبة . مواد لصنع اللِحاف

quince [kw-], *n.* سَفَرْجَل

quinīne' [kw-], *n.* كِينا = دواءٌ مُرّ

quin'ṡy [kw-], *n.* خُناق = التهاب اللوزتين الصديدي

quint [kw-], *n.* = quintuplet

quintess'ẹnce [kw-], *n.* خلاصة الجوهر . عُنصُر أصلي . رُوح . مُهجة (الشيء) . مثال أكمل . عنصُر خامس (غير العناصر الأربعة وهي الماء والهواء والتراب والنار)

quintet(te)' [kw-], *n.* خمس مغنين (أو) عازفين = خُماسي . جَمع من خمسة أشخاص (أو) أشياء

quin'tụplĕt [kw-], *n.* (أَحد) أولاد خمسة في بطن واحد . خُماسي . جمع من خمسة

quip [kw-], *n.* . نُكتَة . نُكتَة جارِحة . مَغلَطة (في الكلام)

quīre [kwīr], *n.* رِزمة من ٢٤ طلحية ورق

quirk [kwerk], *n.* مغالطة (أو) مُراوغة (في الكلام) . خُصوصِيّة = خَصلة خاصة غريبة . نُكتة بارعة . عَطفة (في الطريق) . مَشقة (في الكتابة)

quit [kwit], *v.* (quitted, quitting) توقف (عن) . أقلع . ترك . بارح . أضرب (عن) . فارق . سَدَّد (أو) وَفى (الدَّين)

quit, *a.* . مُتَخلّص (أو) خالص (من) . مُتخَلِّ (من)

quīte [kwīt], *ad.* تماماً . فِعلًا . جِدًّا

quits [kw-], *a.* . مُتخالِصٌ . مُتكافِئٌ . متعادل . مُنتَصِف . كَفاف = لا عليَّ ولا لي

quitt′ance [kw-], *n.* . تخَلُّص . تخالُص . إبراء . مكافأة . إقرار بوفاء الدين

quitt′ẹr [kw-], *n.* حَيَّاص = سريع التملُّص (أو) الترك = نكّاص

quiv′ẹr [kw-], *v.* . ارتعش . تَذَبذب . اهتز . تَرَجرَج = تَرَأَّد = تَمَرمَر = تَجمجم . تَمَوَّر

quiv′ẹr, *n.* = رَعشة . ذبذبة . كِنانة جَفِير = جَعبة (للسهام) = [تَركاش]

quiz [kw-], *n.*; *pl.* -zzes . فَحص . امتحان . مذاكرة . استجواب . دَست = مَزحة عَمَلية

quiz, *v.* (quizzed, quizzing) . فَحَص . امتحن . سأل . ذاكَر . عَبث (بِ) . مازَح

quizz′ical [kw-], *a.* . غَريب . مُضحِك . فيه استهزاء (أو) تساؤل (ب) . مُغايِظ

quoin [koin], *n.* قُرنة البناء . سَفين

quoit [koit, kwoit], *n.* حَلقة معدنية (أو) من الخيطان مُسطَّحة يُرمَى بها حتى تقع على وتد (أو) مِسمار يدخل فيها

quoits [koits], *n.* (*sing. in use*) لُعبة تُلعَب بالحلقات المذكورة آنفاً

quon′dam [kwon-], *a.* . السابق (الذي كان) فيما مضى . السالف

quôr′um [kwô-], *n.* نِصاب = عدد الأعضاء الذي يجب أن يكون حاضرًا حتى يصح عقد الإجتماع (أو) المحكمة

quōt′a [kwō-], *n.* . حِصَّة . نصيب . قِسط . ما حصَّه (من) . عدد المهاجرين من كل بلد إلى الولايات المتحدة

quōt′able [kwō-], *a.* يمكن اقتباسه (أو) الاستشهاد به

quōtā′tion [kwō-], *n.* . اقتباس . استشهاد . تسعير . أُمثولة

quotation mark, علامة اقتباس

quōte [kwōt], *v.* . اقتبس . تمثّل (ب) . نقَل (عن) . ذَكَر (أو) عَيّن سعرًا

quōte, *n.* . اقتباس . نقل (عن) . تعيين سِعر

quōth [kwōth], *v.* قال

quotid′ian [kwo-], *a.*, *n.* . يومي . كلّ يوم . حُمّى نائبة = تأتي كلّ يوم

quō′tient [kwōshẹnt], *n.* خارج (أو) حاصِل القِسمة

R

R, r [âr], *n.; pl.* R's, r's الحرف الثامِنُ عشر

The three Rs *or* **R's,** القراءة والكتابة والحساب

rabb'ī, *n.; pl.* **-bbīs** *or* **-bbīes** [-īz] حاخام = رُبِّيّ (عند اليهود)

rabb'it, *n.* أرنب

rab'ble, *n.* عَجاج = رَعاع . غوغاء . هَمَج . طغام . مِفأد = مِحراك الأتُّون

rab'ble, *v.* تهوَّش (على) = اجتمع كالغوغاء .

rab'id, *a.* هائج . كَلِب . مَسعُور . هائجُ الغضب . شديد التعصب . شديد الحماسة . مُتَرَفِّض

rāb'ies, *n.* داء الكَلَب (في الكلاب)

raccōon', *n.* فأر غسّال = حيوان صغير لبون من اللواحم يعيش في أمريكا الشمالية وله ذنب مخطط غزير الشعر

rāce, *n.* سِباق . مُباراة . مُسابقة . مُنازعة . دُفّاع = سيل شديد الجريان . مَجرى (الحياة) . حادور (أو) صَبَب مائي . مَجرَى الصَّبَب المائي

rāce, *n.* عُنصُر (أو) جِنس (بشري) = عِرق . طائفة . نَسب شريف . سُلالة شريفة

rāce, *v.* سابَق . اشتغل في سباق الخيل . رَكَض . عَدا . ركب رأسه في الجري = انجرد فيه = انسلب . عَجَّل . رَكَّض . سابق . استنَّ

rāce'course [-skôrs], *n.* مِضمار (أو) مَيدان السباق = مَجراة . حادورة (المطحنة)

racēme', *n.* عِثكال من الزهر (تصطف عليه الأزهار متساوية البعد) . عُنقود . عِذق

rā'cęr, *n.* مُسابِق . سَبُوق . زَفُوف

rāce'-track, *n.* مِضمار . مَجرى السباق

rā'cial [-shal], *a.* عُنصُري . عِرقِيّ . سُلالي

rā'ciness, *n.* حِدَّة . قوة . نشاط . حماسة

rack, *n.* مَرثَد (أو) مَرفَع (أو) مَعلَق . مِشجَب . مَعلاة . رَفّ

rack, *n.* آلةٌ كانت تستعمل للتعذيب بشَدّ الجسم والأطراف

on the —, في ألمٍ مُبَرِّح (أو) كرب شديد

rack, *v.* عَذَّب . أمَضَّ . بَرَّح

rack, *v.* فكَّر شديدًا . جَهَدَ يُفكِّر . كَدَّ الفِكر . أجهد وأفرط . أرهَقَ

rack, *n.* جَفلٌ = سحابٌ خفيف مارّ . قضيب مُسَنَّن يمرّ عليه دولاب مُسَنَّن فيتشابكان

rack, *n.* هَلاك . تَلَف . خَراب

rack, *n., v.* خَبَب (الفرس) . خَبَّ الفرس

rack'ĕt, *n.* مِضرَب = طَبطابة = مِطخَة = مِلَق

rack'ĕt, *n.* ضجَّة . ضَجيج . ضَوضاء . جَلَبة

rack'ĕt, *n.* احتفال اجتماعي صاخب . حَفلة قَصف (أو) مَرَح . تَهَتُّك

rack'ĕt, *n.* حيلة (أو) تدبيرة [نَصبة] لابتزاز المال = مُساحَتة

rack'ĕteer, *n.* شخصٌ يحتال (أو) يهدِّد لابتزاز المال = مُساحِت

racōon', *n.* = raccoon

rac'quet [raket], *n.* مِضرب = مِطَخَّة = طَبْطَابة

rā'cy [-si], *a.* (-cier, -ciest) ذو طعم شهي (أو) رائحة شَذِيّة . طَرِيٌّ . جَزْل (العبارة أو الأسلوب) . مُنسلِب (في الكلام) . مُجُوني . فيه حَرَافَة . سريع المرور . نشيط

rād'ial, *a.* مُنشَعٌ . شُعَاعِيّ . كأنصاف الأقطار . متشعّب كأنصاف الأقطار

rād'ian, *n.* زاوية مركزية في الدائرة القوس المقابل لها بطول نصف القطر

rād'iance, *n.* نُور ساطِع . إشْرَاق . تلألؤ . سَنآء

rād'iancy, *n.* = radiance

rād'iant, *a.* مُبَهّج . ساطِعٌ . مُشْرِق . مُتهلّل . نضِير . إشعاعي

rād'iantly, *ad.* بإشراق . بنضارة . بتهلّل

rād'iāte, *v.* أشعّ . شَعْشَع . تَضَوّع . بثّ

rādiātion, *n.* إشْعاعُ (الضوءِ أو الحرارةِ) . شَعْشَعَة . شُعاع

rād'iātor, *n.* مُشِعّ . مُشِعَّة . مِشْعَاع = أنابيب (أو) لفائف من الأنابيب للتدفئة

rad'ical, *a.* جَذري . أَصلي . أَساسي

rad'ical, *n.* ذَرَّة (أو) وحدة ذرية قائمة بذاتها = جَذر كيماوي . جَذر (في الرياضيات) . علامة الجذر

rad'ical, *n.* يساري مُتطرّف . رادِيكالي = مُصلِح مُتَطَرِّف

rad'icalism, *n.* (مذهب) الراديكالية = التطرف في التغيير (أو) الإصلاح

rad'ically, *ad.* من الأصل . أصلًا . أساسًا

rād'iī, *n. pl. of* radius

rād'iō, *n.; pl.* -ios لاسلكي . إذاعة . جهاز لاسلكي = راديو

rād'iō, *v.* (-dioed, -dioing) [خابَرَ (أو) أرسَل باللاسلكي]

rād'iō, *a.* لاسلكي . إذاعِيّ

rād'iō-ac'tive, *a.* ذو إشعاعٍ ذَرّي . إشعاعِيّ ذَرّي

rad'ish, *n.* فُجل . [فِجل]

rād'ium, *n.* راديوم = مادة معدنية ذات إشعاع ذَرّي

rād'ius, *n.; pl.* **-diī** *or* **-diuses** نِصْف قُطر . دائرة نصف قطرها (كذا) . عَظم الكُعْبُرة

raff'ia, *n.* ليف من خوص نوعٍ من النخل لعمل السلال (أو) الحصير

raf'fle, *n.* بَيْع اليانصيب

raf'fle, *v.* باع شيئًا باليانصيب (يَدفع كُلّ مشترك سهمًا على أمل الفوز بالشيء)

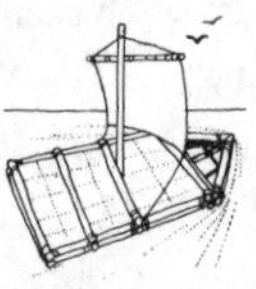

râft, *n.* رَمَث = عامَة

râ'fter, *n.* رافِدَة = خَشَبَة يُسقَف بها (تكون مائلةً على سطح مائل) = نَقْضَة = قِبْسِيّة

rag, *n.* خِرقَة . مِزقَة = هِبَّة (من الثوب) . خَلَق

rag, *a.* من خِرَقٍ (أو) أَخلَاق

rag'amuffin, *n.* [شَرنُوح] = (شَخصٌ) باذٌّ = رثّ الثياب سيّئ الحال . بِطمار = مَن يلبس الأطمار (أو) الثياب الرثّة (أو) المُمزّقة

rāge, *n.* هائج = ثائر = هِياج (أو) ثَوْرة الغضب = احتدام . حَنَق

rāge, *v.* تغضّب . تَوَغَّر = تسعّر غيظًا . استعر . هاج هائجه = احتدم (غضبًا) . فَرْتَن = تَزَغَّم = تكلم مُتغضّبًا

RADIO COMMUNICATIONS

لاتصالات بالراديو

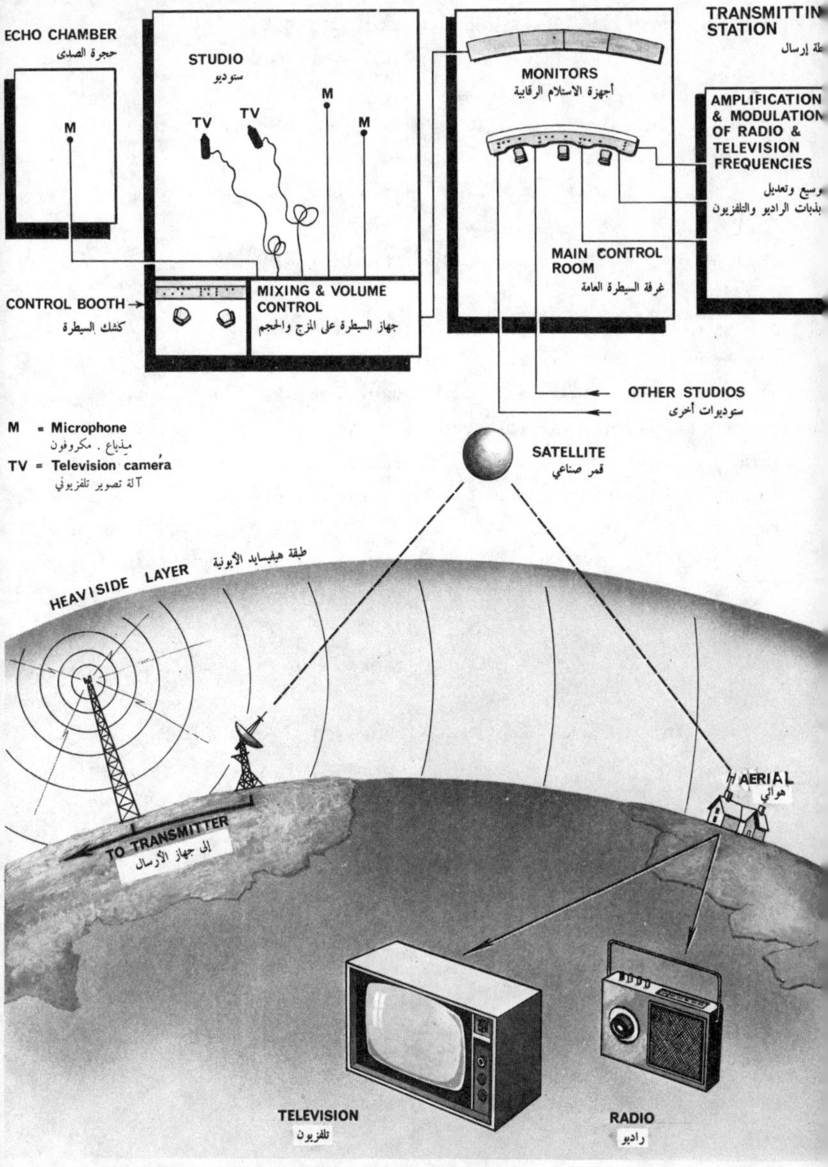

ECHO CHAMBER
حجرة الصدى
STUDIO
ستوديو
M
TV
TV
M
M
TRANSMITTIN
STATION
طة إرسال
MONITORS
أجهزة الاستلام الرقابية
AMPLIFICATION & MODULATION OF RADIO & TELEVISION FREQUENCIES
وسيع وتعديل
بذبات الراديو والتلفزيون
MAIN CONTROL ROOM
غرفة السيطرة العامة
CONTROL BOOTH
كشك السيطرة
MIXING & VOLUME CONTROL
جهاز السيطرة على المزج والحجم
OTHER STUDIOS
ستوديوات أخرى
M = Microphone
مِذياع . مكروفون
TV = Television camera
آلة تصوير تلفزيوني
SATELLITE
قمر صناعي
HEAVISIDE LAYER
طبقة هيفيسايد الأيونية
TO TRANSMITTER
إلى جهاز الأرسال
AERIAL
هوائي
TELEVISION
تلفزيون
RADIO
راديو

ragġ'ĕd, *a.* مُقدَّد (أو) مُتخرِّق . رَثّ الثياب . بذّ الهيئة . مُشرشَر . مُشعَّث . له تضاريس . مُسنَّن . مُهمَل . مُخشوب = غير مُتقَن الصنع

raġout [raġōō], *n.* طبيخة = [طاجن] من لحم وخضر مع توابل كثيرة = [مُطبَّقة]

raġs, *n. pl.* أهباب . أطمار . أسمال

raġ'tīme, *n.* موسيقى مُرجَّمة = تكون فيها شدَّة النغمة قبل إيقاع الآلة المُصاحِبة

raġ'weed, *n.* (نبات) اليعقوبيَّة (وغبار الطلع منه يسبب حمى الحشائش)

raġ'wort [-wert], *n.* = ragweed

raid, *n.* غارة . هجمة مُفاجئة = كبسة

raid, *v.* أغار (على) . كبس . غزا

raid'ẹr, *n.* مُغير . طائرة مُغيرة . غازٍ

rail, *n.* قضيب مُعترِض (أو) حاجز (من حديد أو خشب) . خطّ حديدي . سياج . سكة حديدية

rail, *v.* زوَّد (أو) سوَّر (أو) حوَّط بقضبان مُعترضة

to — in, حوَّط (أو) سيَّج بقضبان (أو) حواجز

to — off, فصل (أو) حظر (أو) حجب بقضبان

rail, *v.* عزَّر . تذمَّر = تشكَّى وتغضَّب . نقِم . ندَّد (بِ) . تسخَّط

rail, *n.* (طائر) التِفلِق . دجاجة الماء

rail'ẹr, *n.* مُعنِّف (في الكلام) . مُتشكٍّ متغضِّب . ناقم . مُندِّد . متسخط

rail'ing, *n.* سياج من قضبان حديد (أو) خشب أفقية

rail'ing, *n.* تعنيف . شكوى عنيفة (أو) تلويم . تهكُّم

raill'ẹry, *n.* مطايبة = مُهازلة = مُلاغاة

rail'rōad [-rōd], *n.* سكة حديدية . خط حديدي

rail'way, *n.* = railroad

raim'ẹnt, *n.* ملابس . ثياب . كِساء

rain, *n.* مطر . وابلٌ (من) = هيل . سحّ

rain, *v.* مطر . أمطر . إنهال

rain'bōw [-bō], *n.* قوسُ قُزَح . قوس السماء (أو) السَّحاب

rain'bōw [-bō], *a.* مُتنوِّع الألوان كقوس قُزَح

rain'cōat [-kōt], *n.* مِمطر = رداء يقي من المطر

rain'drop, *n.* قطرة مطر

rain'fall [-fôl], *n.* هَلَّة مطر . مَطرَة . سُقوط المطر . مِقدار سقوط المطر (في مدة مُعيَّنة)

rain gauge [ġāj], مِقياس سقوط المطر . مِقياس المطر

rain'stôrm, *n.* عاصفة مطر . عاصفة مطيرة = بُعاق . بعقة

rain'y, *a.* (-nier, -niest) ماطِر . مُمطِر . مَطير

rainy day, يوم الحاجة . اليوم الأسود

raiṡe, *v.* رفع . علَّى . أقام . بنى . نصب . أثار . زرع . ربَّى . نمَّى . سبَّب . زاد . رقَّى

raiṡe, *v.* أنبخ (الخُبز) . بعث (أو) نشر (من الموت)

to — the dead, أحيا (أو) بعث الأموات

raiṡe, *v.* حصَّل (أو) جمع

raiṡe, *v.* بعث . هيَّج . حرَّك . أهاج . شدد . أنعش

raise, *n.* زيادة
raiś'er, *n.* مُرَبّي حيوانات
raiś'in, *n.* زَبيب . أُرجواني غَميق ضارب إلى الزُرْقة
râ'jâ(h), *n.* راجا = أمير (أو) رئيس (أو) حاكم هندي

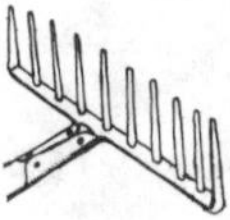

rāke, *n.* مُشط البُستاني . مِدَمَّة . مِقحَفة
rāke, *v.* جَرَف (أو) لَمَّ بمشط البستاني . حَوَّش = لَمْلَم . قَحَف . نَقَّى . دَمَّم = مَهَّد وسوَّى . أثار من جديد . إستَنبَث = استخرج . نَبَّش . فَتَّش = مَلَش . حَرَّك . وَرَّث (النار)
rāke, *v.* رَمَى بنيران المدافع على طول الهَدَف
rāke, *n.* فاسِق . خَليع . فاجور . مُتَهَتِّك
rāke, *n.* مَيل سارية السفينة (أو) صومعة المدخنة
rāke, *v.* مال . أمال
rāk'ish, *a.* فُجوري . تَهَتُّكي . مُتَظَرِّف مُتَهَنْدِم = مُتَطَوِّس
rall'y, *n.* لَمَّة . التئام . حَشْد . شَمْل . تَجَمُّع . التَّام . انتظام الشمل واجتماعه
rall'y, *v.* (-llied, -llying) عاد واحتشد . لَمَّ = جَمَع الشَّتات (أو) الشَّعث . لَمْلَم . احتشد . استحشد = استدعى لأمر جَماعي . التأم . استجمع (قواه) . أنجد . أفاق (أو) انتعش (من المرض) بعضَ الشيء . انتعش
rall'y, *v.* عَبِث (ب) . طايَب = هازل وداعب
ram, *n.* كَبْش . كَبْش الحِصار . مِرْداس . مِدْكاك . مِكْبَس . مِدْسَر = مِدَق . ناطِح (في مُقَدَّم السفينة)

ram, *v.* (rammed, ramming) نطح . صَدَم . رَدَس . أدخل بقُوَّة = دَحَس = دَسَر . حَشا . دَحَم = دفع بشدة . رَصَّ
ram'ble, *v.* تجوَّل . مَشَى يتنزَّه (أو) يتروَّض . أكثر الاستطراد في كلامه . تَمَعَّج = تلوّى (كالسيل) . فرَّش (أو) انتشر في كل جهة (على غير نظام) . تسلَّق (أو) تعرَّش (كالنبات) . هَذَى . ذَهَل (عن) . هامَ
ram'ble, *n.* جَوْلة . مَشْيَة للتنزه . تَفَسُّح . تَنَزُّه
ram'bler, *n.* مُتجوِّل . مُتَسَلِّق (كالنبات)
ram'bling, *n., a.* تَجَوُّل . كثير الاستطراد (أو) التنقل (في الكلام) . على غير نظام
ramificā'tion, *n.* تَشَعُّب . شُعْبة . مُشَجَّر فُروع
ram'ifȳ, *v.* (-fied, -fying) تَشَعَّب . تَفَرَّع
ramp, *n.* مَحْدَل (أو) حَدَل = طريق (أو) سطح مائل (بين مستويين) . مَمْشَى (أو) مَمَرّ مُنحَدِر = حَدَر
ramp, *v.* فَرْتَن = غَضِب وهاج . أَشَبَّ (على رجليه) . قَمَص = وَثَب ونفر = عار
rampāge', *n.* فَوْرة غَضَب وهياج . هِياج وإطلاق العِنان . قَمَص . عَيْرة
rampāge', *v.* هاجَ وانفلت وثارت ثائرتُه . قَمَص . هاج وأطلق لنفسه العِنان وأفلت . عار
ramp'ant, *a.* عَنيف . جامح . عارِم = كثير شديد . مُفرِط . مُتَماد = مُستَرسِل . مُشِبّ . مُمعِن . مُتَوَكِّز

ramp'ârt, *n.* تراب وأحجار على شكل رُكمة فوقها سور للتحصين . مِتْرَاس . وِقاء = مَنْعَة . حِماء . رَدْمٌ

ram'rod, *n.* قَضيبٌ تُحشَى به البندقية من فوهتها = [مِدكاك] البندقية = مِدَكّ

ram'shackle, *a.* مُفَكَّكَك . مُهَلْهَل البناء . متداعٍ = مُتَهَدِّم . مُتَخَلِّع . مُتَقَلقِل . مُتَضَعضِع

ran, *v.*, *p. of* run ركض . عدا

ranch [*or* **râ-**], *n.* مَزْرَعَة كبيرة (لتربية المواشي والأغنام) . مَزْرَعَة كَبيرة

ranch, *v.* عَمِل في مَزْرَعَة كبيرة (أو) أَشرف عليها

ran'chẹr, *n.* صاحب مزرعة كبيرة لتربية المواشي والأغنام (أو) عامل فيها

ranch'man, *n.*; *pl.* -men = rancher

ran'cid, *a.* زَنِخ . قَنِم . زَهِم (مثل طعم الزبد إذا فسد)

ran'cidity, *n.* زَنَخ . سَنْخَة . قَنَمَة . سُهوكة

ranc'or, *n.* = rancour

ranc'orous, *a.* ذو ضِغْن . مُكاشِح = يُضمِر العداوة وحب الأذى

ranc'our [-kẹr], *n.* حِقْدٌ دفين . وَغْر = ضغينة . سَخيمة

ran'dom, *a.*, *n.* على غير تعيينٍ (أو) قصدٍ . على غير هُدىً (أو) نظام

at —, كيف اتفق . على غير تعيين

rang, *v.*, *p. of* ring رَنّ . طَنّ

rānge, *n.* سِلسلة . سَطر . مَجال . صَفٌّ . مَجْمُوعَة . مَدَى . مَمَدّ . مَرْمَى . . . مَيدان (التدريب على) الرَّمي . مِقدار الاختلاف . سلسلة جبال

rānge, *n.* مَرْعَى فَسيح . مَسْرَح (للحيوانات) . مَوْطِن (أو) مَنبِت . مِطْبَخ (كبير) . مَوْقِد (في المطبخ)

rānge, *v.* صَفّ . رَتَّب . جَوَّل . طَوَّف . سَرَّح . صَنَّف . جاز (أو) اجتاز . تَرَدَّد (على المكان) . مَدّ . اختلف (بين . . . و . . .) . امتدّ . اصطفّ . دار (على)

rān'gẹr, *n.* ناطور (أو) حارسُ غابةٍ جَوَّال . جَوَّال . جَوَّالة (في منطقة)

rank, *n.* طَبَقة . صَفّ . رَزْدَق (من الجنود) . رُتْبَة . مَنصِب = مقام ورِفْعة . صِنْف . مَقام . مَنْزِلة . تَصْفيف

— and file, أطراف الجيش . أطراف (أو) عامّة (الناس)

rank, *v.* قَدَّر (أو) جعل له رُتْبَة . صَفّ . نَضَّد . وَضَع مُتَرَاصِفًا . كان له رُتْبَة . صَنَّف

rank, *a.* جَثِيلٌ (أو) جَثْل = كثيف غزير = مُغْيِل . زَهِم = حادّ الرائحة خبيثها . مُفْرِط . فاحِش . مُكَمَّل

rank'le, *v.* اعتلج (أو) حَزّ (في النفس أو في القلب) = أَوْجَع = قَرَّح . ما زال يَحِزُّ (في النفس أو القلب)

ranks, *n. pl.* أفراد الجنود . جنود (عاديّون) . أطراف الجيش

to rise from the —, تَرَقَّى من جندي إلى رتبة ضابط

ran'sack, *v.* مَلَش = فَتَّش بيده كأنه يطلب شيئًا . نَبَش = فَتَّش . نَهَب . فَتَّش للنَّهب

ran'som, *n.* فِداء . فِدْيَة

ran'som, *v.* فَدَى (بمالٍ) . افتدى

rant, *v.* شَقشَق (أو) فَقَّع (في الكلام) . جَعجَع (في الكلام) . تَشَدَّق (في الكلام)

rant, *n.* شقشقة . كلامٌ (أو) خطاب فيه تفقيع (أو) جَعجَعة

rap, *n.* قَفعَة . قَرْعَة . طَرْقة . نَقْرَة . أقلّ شيء = نقرَة

rap, *v.* (rapped, rapping) قَفَع . قَرَع . نَقَر . بَقّ (الكلام) . طَرَق (البابَ) .

rapā´cious [-shẹs], *a.* نهّاب . سَلّاب . جَشِع . طَمّاع . مُفتَرِس . بَلّاص

rapa´city, *n.* حب النهب والسلب . جَشَع . طَماعة . بَلَص

rāpe, *n.* اغتصاب . اختطاف . اغتصاب (المرأة) = ارتكاب الفجور معها غَصبًا . نَهْب

rāpe, *v.* اغتصب . اختطف (عَنوة) . فاجَر (المرأةَ) = ارتكب الفجورَ معها غصبًا . نَهَب

rāpe, *n.* (نَبات) اللِّفت = سَلْجَم = شَلجَم

rāpe, *n.* حُثالة العنب = ما يبقى بعد عصره

rap´id, *a.* كَفيت = حَثِيث = وشيك . سَريعٌ (جدًّا) . خاطِفٌ

rap´id, *n.* مَكفَت (أو) مُنكَدَر (النهر) = مكانٌ سريعُ الجري

rapid´ity, *n.* إسْراع . سُرْعة . حَثاث

rap´idly, *ad.* وشيكًا . بِسَراعَة . بسرعةٍ بحَثاثٍ

rap´idṡ, *n. pl.* مُنكَدَرات (أو) مَكافِت النهر . شَلّال

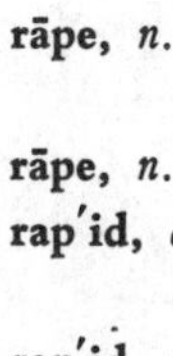

rāp´iẹr, *n.* [شِيش] = نَشيل = سيف خفيف ذو نصلٍ دقيقٍ طويل وله حَدّان

rap´ine [-pin *or* -pīn], *n.* سَلْب . نَهْب = تخريب

rapproch´ement [raprōshmân], *n.* عودة العلاقات (الودية) . تواصُل (بعد التقاطع)

rapscall´ion, *n.* سافل خبيث . وَغْد . رَذْل

rapt, *a.* مُستَغرَق الذهن (سرورًا أو التذاذًا) . ذاهِل . استخفّه (أو) استطاره (الفرح) = مَسحُور

rap´ture, *n.* نَشْوَةُ فَرَح (أو) طَرَب = أرْيَحيةُ فَرَح

rap´turous [-chẹr-], *a.* نَشْوان فَرَحًا . استطاره الفَرَح (أو) الطَّرَب . مُذهِل من شدة الطَّرَب

rāre, *a.* (-rer, -rest) نادِرُ (الوجود) . عزيز (الوجود) . غير معهود . مُتَباعِد . خفيف مُتفرِّق = [دَلِيل] . فائق . فَذٌّ = فاذّ . مُتخلخِل = غير كثيف . رقيق

rāre´bit [-rb- *or* rabit], *n.* جُبنَة مَشوية تُفرش على خبزة مُحمَّصة

rār´ẽfy, *v.* (-fied, -fying) = خلخَل خَفَّف من كثافته . كان خفيف الكثافة = تخلخل . لطَّف . صَفّى = كرَّر

rāre´ly [-rl-], *ad.* في النادر . قلّما . نَدرةً . بصورة فَذّة (أو) فائقة

rār´ity, *n.* نُدُور . نَدْرة = قِلّة الوجود . شيءٌ نادِرٌ (أو) فاذٌّ . تُحفة . طُرفة . تخلخُل = عدَم كثافة = رَقاقة

râ´scal, *n.* سافل خَبيث . رَذْل . داعِر . شَخص سُوقي . رَعاعي

rascal´ity, *n.* سَفالة وخَباثة . سُوقِيّة

râ´scally, *ad.* بسفالة وخبث . بوَغادة . بِرَذالة . بنذالة

rash, *a.* مُتَتَيِّع = مُتَسَرِّع . أرْوش . أهوَج . مُجازِف . مُتهوِّر

rash, *n.* طَفح جلدي = شَرًى = [شَرِيَة]

rash'ẹr, *n.* صَلِيقة (أو) شَرِيحة رقيقـة (من لحم الخنزير)

rash'ly, *ad.* بِتَتيُّع . بتسرع . بِتَقحُّم . بـدون تَبَصُّر (أو) تَرَوٍّ

rash'ness, *n.* تَتَيُّع = تَهَوُّر . هَوَج . عدم تَبَصُّر (أو) تَرَوٍّ

râsp, *n.* مِبْرَد (خَشِن) . مِبْشَرة . صَوت أَحرَش (أو) أَجَشّ . حَرَش في الصوت

râsp, *v.* حَكَّ مع صوتٍ أَحرش . حَرَشَ = حَكَّ وقَشَر . بَشَر (بآلة خشنة) . سحت . سَحَج . تكلم بصوتٍ أَحرش

râ'spberry [râzb-], *n.; pl.* -rries التوتُ الشَّوْكي . تُوت العُلَّيق

rat, *n.* جُرَذ = [جَرْذون] . فأر المزارع

ratan', *n.* = rattan

ratch'ĕt, *n.* سُقَّاطة (مثبتة من طرفهـا الواحد ويَسقط طرفهـا الآخر في فرضات الدولاب فيمنعه عن الدوران) = دُقْرة

rāte, *n.* نِسْبَة . مُعَدَّل (نِسْبي) . سِعر . رَسْم = ضريبة

rāte, *n.* (مُعدَّل) سُرْعَة . تَقْدير . ضريبة بلدية (أو) محلية

rāte, *n.* رَسْم . دَرَجة . صِنف

at any —, على أي حال

at this —, على هذا المُعدَّل . في هذه الحالة . إذا صَحَّ ما تقول . . .

rāte, *v.* ثَمَّن (للضريبة) . قَدَّر . سَعَّر . عَيَّن (أو) فَرَض ضَريبةً . عَدَّ

rāte, *v.* اعتبر = وَضَع في دَرَجةٍ (أو) رُتْبَة

rāte, *v.* عَنَّف = لام بشدة . [عَزَّر]

rātes, *n. pl.* ضرائب بلديّة (أو) مَحلِّيَّة

râ'thẹr, *ad.* بَلْ . أَحرَى . بالأَصَحّ . أَقْرَب أَن يكونَ . . . خَيْرٌ (مِن) . بعضَ الشيء . نوعًا ما . حتى لا . لا (أَنْ) . لا بَلْ

I had — do it, خَيْرٌ لي (أَن) . أَفْضَلُ (أو) أَحرَى بي (أَن) . أَوْلَى

râ'thẹr! *int.* لَعزَّ ما . شَدَّ ما . لَشَدَّ ما

ratificā'tion, *n.* إبرام . تَصْديق . تَثْبيت

rat'ifȳ, *v.* (-fied, -fying) أَبْرَم (معاهدة) . صَدَّق . صادق . أَقَرّ

rāt'ing, *n.* دَرَجة . رُتْبة . مُعَدَّل . تصنيف . تعيين الدرجة (أو) الصِّنف . تعيين حِصص الضريبة

rā'tio [-shiā], *n.; pl.* -tios نِسْبَة . خارج (أو) حاصل القِسمة . قيمة نسبية . مُعدَّل

ra'tion, *n.* جَرايَة = راتِب (غِذآئي) = [تعيين] . حِصة مَقطوعة (أو) جارية . عُلُوفة (الجندي) = رِزْقُه

ra'tion, *v.* وَزَّع (أو) حَـدَّد بالحصص المُعَيَّنة . أَعطى الجَرَاية

ra'tional [-shẹn-], *a.* عَقلي . مَعقُول . رَاشِد . سَدِيد . عاقِل . مالك لقواه العقلية . (عدد) مَفتوح

rationālĕ' [rashẹn-], *n.* حُجّة منطقية (لِ) . سَنَد عقلي . تعليل (منطقي)

rational'ity, *n.* تعقّل . عَقل . تفكير بعقل

ra'tionally, *ad.* عَقلًا . من حيث المعقول

rat'lin(e), *n.* حبل قصير معترض بين حبال السفينة يؤلف درجةً من درجات سُلم على هذا الشكل

ratōōn', *n.* فَرْخ (أو) وَالِيَة النبات يخرج من الجذر (كما في قصب السكر)

rats'bāne, *n.* هَالُوك = سُم الفار . شَكّ

rattan′, *n.* = نخل متسلق له سوق كالقصب أَسَل الهند

rat′tle, *n.* خَضْخَضَة . طَقْطَقَة . [طرطقة] . قَعقَعة = [قَرْقَعة] . حَشْرَجة (أو) غَرْغَرة (الموت) . خَرْخَرة . رَزِيز . قَبقَبة (الرعد أو الكلام)

rat′tle, *n.* [قُرْقُوعة] = آلة لإحداث قَرْقَعة = لَقلاقة . [خُشخاشة]

rat′tle, *v.* طَقطَق . [طَرْطَق] . خَضْخَض . قَعقَع = [قَرقَع] . حَشرَج . قَبقَب (الرعد) . قَعقع . رَزَّ

rat′tle-brain, *n.* (شخص) تافِه العقل . بَعباع . هَجهاجَة

ratt′lẹr, *n.* = rattlesnake

rat′tlesnāke [-ls-], *n.* ذاتُ الأجراس (أو) الصَّلاصل = حَيَّة يُسمَع لِذَنبها صوت

rattōōn′, *n.* = ratoon

rauc′ous, *a.* = فيه شحيج أَجَش = أَجْشر . خَشِن

rav′āge [-ij], *v.* أفسد . خرَّب . يَدَّب . عاث (في) . جَوَّح . اجتاح

rav′āge, *n.* إفساد . عَيث . تخريب . جائحة . عادِية

rāve, *v.* عَصَف . هَجهَج (الريح) . هَجر = هَذَى = تكلَّم بغير معقولٍ . هَرَف . هَجهَج (بالكلام) . فَجفَج . غَذْمر . هَجهج (الريح)

to — about, هَرَف = تكلَّم بمباهاةٍ (أو) تَولُّع مُفرِط

rav′ẹl, *v.* (-velled, -velling) حَلَّ وفَرَّق الخيوط = نَسَّر = نكَّث = شعَّث . نسَّل . انتكث . تنسَّر . تشعَّث . عَقَّد . خلَّط (على) . تعربس = تعقد . أربك . حيَّر . شوَّش . وضَّح

rav′ẹlling, *n.* = خيط منسول . تنسير . نَسِيل . نُسالة

rāv′ẹn, *n.* غُداف = غُراب (كبير)

rav′ẹn, *v.* رَهَط = تَلَغَّف = التهم بشرهٍ وبشدة

rāv′ẹn, *a.* أَسحَم . غُدافي . أسود لامع أَملس . مثل حلك الغراب

rav′ẹning, *n.* نَهِم . شَرِه . جُرَاف . ضارٍ . كاسر . مُفتَرِس . نهّاب

rav′ẹnous, *a.* جائع هافٍ . أَكُول = لَهُوم = بِرْوَاط . شَرِه . مُفتَرِس

rav′in, *n.* = rapine

ravīne′, *n.* إفجيج = وادٍ عميق ضيّق طويل (يشُقه النهر) . شِعب

rav′ish, *v.* سَبَى . خَلَب . افتتن (بِ) . فَتَن . اختطف . غَصَب (المرأةَ) = فَجَر بها (عَنوة) . افتضّ

rav′ishing, *a.* فاتن . رائع . يَسبي العقلَ (أو) القلب

raw, *a.* نِيّ . خام . غَشِيم = غير مُدرَّب (أو) مُهذَّب . رطب بارد . مَدبُور . جالِح

raw′-bōned′ [-nd], *a.* هَزِيل = مَعرُوق العظام = لاصب الجِلد = مَعجُوف = أَعجف

raw′hīde, *n.* جِلد غير مدبوغ = إهاب . مِجلَد

raw material, مادة خام . خامة . مادة غَشيمة

ray, *n.* شُعاع . بَصيص . فَرَاشة السمكة

ray, *v.* أَشعَّ . شَعشَع

ray, *n.* شِفنين بحري = سَمك عريض مُسطَّح = لَمَّا = وَرْنك

ray′on, *n.* [رايون] . (غزل) حرير صِناعي . نسيج من هذا الغزل

rāze, *v.* هَدَّم (إلى الأساس) = دَكَّ . دَثَر . سَفَر (الشَّعرَ بالموسى)

rāz'or, *n.* موسى [= موس] حِلاقة = مِحلَق . شَفرة حِلاقة

reach, *v.* وَصَل . امتد . ناول . تناول . أوصَل . توصَّل (إلى) . واصل . تواصل . وصَّل . بلغ . طالت (يدُه إلى . . .) . أهوى (بيده إلى . . .) = بهش . مَدّ (يدَه لتناول . . .)

reach, *n.* مَدُّ (اليد) . تناول . إدراك . إهوآءةٌ (باليد) . مَدّة . بَسطة . امتداد . مدى . ذَرْع . مُتناوَل

within —, في متناول اليد = كاثِب = على حبل الذراع

out of —, فوتَ متناول اليد

the upper —es of the river, أعالي (أو) روائس النهر

rēact', *v.* رَدَّ . انفعل . ارتد (على) = رَجَع أثرُه (على) . تفاعل . قاوم . أبدى تأثرًا (بِ) . استجاب (لِ) = تأثر (بِ) . تبادل التأثير

to — against, عاكس . اتخذ موقفًا مناوئًا (أو) مقاومًا (ضدّ)

rēac'tion, *n.* (حركة) رَجْعيّة . فِعل (أو) أثر رَجْعي . تأثر . رَدُّ الأثر (أو) الفعل . انفعال . مُقاومة . معاكسة

rēac'tionary [-shẹn-], *a., n.* رَجْعيّ . مُقاوم للتجديد (أو) الإصلاح . عَكسِي

rēac'tor, *n.* مُفاعِل (أو) مُولِّد ذَرّي

read, *v.* (read [red], reading) قرأ . دَرَس . طالع . عَلَّم (على) = أشار (إلى) . جَهر (بِ) . قرأ وفَهِم . دَرَس (النجومَ أو السماء) . كَشَف الغيبَ = بَصَر . نَصَّ . أعطى درسًا = وَعَظَ

to — between the lines, استَشَفَّ (من)

read [red], *a.* مَقرُوء . مَقرِيّ . مُطَّلِع

read [red], *v., p. of* read [rēd]

read'able, *a.* سَهلُ القراءة = مَقرُوء . مُمتِع

read'ẹr, *n.* قارئ . كتاب قراءة مُقرَّر . مُعيد (في جامعة)

rea'dily [red-], *ad.* في الحال . بِسُرعة . برغبةٍ وإقبال . بمبادَرة

rea'dinẹss [red-], *n.* استعداد . سُرعة . رَغبة وإقبال = نَدابة . استعداد ومبادرة = توفُّز

read'ing, *n.* قراءة . دِراسة . مُطالَعة . عَلامَة . نَصّ . تأويل

rēadjust', *v.* أعاد التعديل (أو) التسوية . . . عَدَّل

rēadjust'mẹnt, *n.* إعادة تعديل (أو) تسوية . تَعديل

rea'dy [redi], *a.* (-dier, -diest) [مُتحضِّر] . حاضِر . مُتهَيِّئ . مُتوفِّز . عَتيد . مُهيَّأ . مُعَدّ = مُتَسَنٍّ . ناجِز . مَيّال . عُرضَة . فَوْري . سريع . على وَشْك . على استعداد . مُبادِر = مُسارِع . [على حَضَر] . سهل المنال . حاضر البديهة

ready'-māde', *a.* [جاهِز] . مَصنوعٌ ومُعَدٌّ (للاستعمال) = عَتيد . مُبتَذَل

rēā'gẹnt, *n.* مادة كيماوية تكشف عن وجود مواد أخرى لأنها تنفعل كيماويًا

rē'al, *a.* شَيئِي . موجود فِعلًا . مُحقَّق . حَقيقي = عَيني . واقعي . صَحيح . موجود لذاته

— estate, أملاك غير منقولة . عَقار

rē'alise, *v.* = realize

rē'alism, *n.* المَذهب الشَّيئي . رؤيةُ الأشياء (أو) تَصويرُها على حقيقتها . المَذهب الحِسّي (أو) الحقيقي . الحَقيقيّة

rē'alist, *n.* واقِعي = يأخذ بحقائق الأمور دون الخَيال والنظريات (أي بالمذهب الشيئي)

rēalis'tic, *a.* وَاقِعي . مطابق (أو) مُراعٍ لحقائق الأشياء (أو) للحِسّ . كما هو في الوجود حقيقةً

rēal'ity, *n.* وجود حقيقي (حِسّي) . حقيقة . ماهيّة

in —, في الحقيقة . في الواقع

rēalīzā'tion, *n.* تحقيق . إدراك . تحصيل . تحقق

rē'alīze, *v.* حَقّق . أدرك . حَصّل . تحقّق . أحسّ (بِ) . حوّل إلى نقد

rē'ally, *ad.* فِعلًا . في الحقيقة . على الصحيح

realm [relm], *n.* مَمْلكة . حَوزة = مَجال . نِطاق

rē'alty, *n.* عَقار . أملاك غير منقولة

ream, *n.* [ماعون] من الورق = ٥٠٠ طلحية (أو) ٤٨٠

ream, *v.* وَسّع الثّقب وسوّاه وأصلحه = فَغَر

ream'ẹr, *n.* أداة لتوسيع الثقب وتسويته وإصلاحه = مِفغرة

rēan'imāte, *v.* أحيا . أنعش . أعاد إليه رُوحه

reap, *v.* حَصَد . جَنَى . قَطَف

reap'ẹr, *n.* حَصّاد . [حَصّادة] = آلة حِصاد

rēappear', *v.* عاد إلى الظهور . عاد فظهر

rear, *n.*, *a.* خَلف . خَلفي . مُؤَخّر . ساقَة (الجيش)

in the —, في الخَلف . في المُؤَخّرة

rear, *v.* رَبّى . نَشّأ . شادَ = أقام . رَفع . قَمَح = نفر وأعرض . شبا (الفرس) = أشَبّ = وَقَف على رجليه ورفع يَدَيه = طَمَح (أو) طَمّح . إشرأبّ (الفسادُ) . أناف (على)

rear admiral, عميد بحري

rear'guârd [-gârd], *n.* حامِيَة الجيش . مُؤَخّرة الجيش (الحامِية)

rēarrānge', *v.* أعاد الترتيب . جَدّد الترتيب . رتّب من جديد

rēarrānge'mẹnt [-jm-], *n.* ترتيب جديد . تنضيد جديد

rear'ward, *a(d).* إلى الخَلف . نحو الخلف (أو) المُؤَخّرة

rēascend', *v.* صَعد من جديد

reaṡ'on, *n.* عِلّة . سَبَب . حُجّة . مُوجِب . دَليل

by — of, بِسبب . . . بِعِلّة

with —, على حقٍ (أو) صواب

to be in —, بما لا يخرج عن المعقول . في حدود المعقول . على حقّ

reaṡ'on, *n.* رُشد . عَقل . فَهم وتَدَبُّر . صَوَاب . حِجا

to bring to —, رَدّ إلى الصَّوَاب

it stands to —, مِن المعقول

reaṡ'on, *v.* عَقل . فَكّر . حَكّم العقل . تأمّل

to — with, تجادل (أو) تحاجّ (للإقناع)

reaṡ'onable, *a.* مَعقول . صَوَاب . مَنطِقي . راشِد . مُعتَدِل . لا يعدو حدّ الصواب . عاقِل

rēaṡ'onably, *ad.* بوجهٍ معقول . بصورة معقولة . إلى حدٍّ معقول . باعتدال

reas̀oning, *n.* تفكير منطقي . تحكيم العقل . استدلال . دَليل

reas̀oning, *a.* عاقِل . مُفكِّر

rēassem'ble, *v.* عاد إلى الاجتماع . التأم الجمع مرة ثانية . جَمَع من جديد . جمع الشَّمل

rēassert', *v.* أعاد التأكيد . أعاد التمسّك (بِ) . جدّد الجزم (بِ)

rēaŝŝūr'ance, *n.* طُمَأنِينة . إطمئنان . طمأنة . تأمين

rēaŝŝūre', *v.* طَمأَن = أمَّن . سَكَّن (أو) أفرخ رَوْعه . عاد وأكَّد . أعاد التأمين

rēawā'kẹn, *v.* أيقظ (أو) نبَّه من جديد

rēb'āte, *n.* تَرْجيعة = جزء من المال المدفوع يعاد إلى الدافع . حَطيطة = [خَصم]

rēbāte', *v.* حطَّ (من الثمن) = نقَص . [خَصَم]

reb'ẹl, *n.* عاصٍ . خارج عن طاعة (أو على) الحكومة . ثائر . مُعاصٍ

reb'ẹl, *a.* مُتعلِّق بالعُصاة (أو) الثُّوّار

rēbel', *v.* (-lled, -lling) عَصَى . ثار . نفَر

rēbell'ion, *n.* عصيان . ثورة . تمرُّد

rēbell'ious, *a.* مُعاصٍ . مُتمرِّد . مُعانِد . مُستعصٍ

rēbīnd', *v.* أعاد التجليد . جَلَّد من جديد

rēbirth', *n.* مَولِد جديد . بعث جديد . بعث . انبعاث . رَجعة

rēbôrn', *a.* مولود من جديد

rēbound', *v.* وَثَب (أو) نَزا مُرتَدًّا . إرتَدَّ . إنكبح . رَدَّ

rēbound', *n.* رَدَّة (أو) عَكسة النَّزوة . ارتداد . نبوَة

rēbound', *a.; p., pp. of* rebind

rēbuff', *v.* زَجَر . إنتهر ورَدَّ خائبًا = كَبَت = [فَشَل] . خسأ . عَكَص . جَبَه = رَدّ وخَيَّب

rēbuff', *n.* زَجرة = نهرة . كَبْتة = تَشْميتة . خسأة . عَكْصة . جَبهة

rēbuild' [-bild], *v.* (-built, -building) جَدَّد البناء (أو) أعاده

rēbuilt' [-bilt], *a.* مُجدَّد (أو) مُعاد بناؤه

rēbūke', *v.* أنَّب . بكَّت . وَبَّخ . إنتهر

rēbūke', *n.* تأنيب . تَوبيخ . تبكيت . تَعزير

rēb'us, *n.* صورة تَرمز إلى مَقطعٍ في كلمة مثال ذلك : صورة قطَّة (cat) ترمز إلى مقطع -cat في كلمة catalogue

rēbut', *v.* (-butted, -tting) دَحض . فَنَّد . نقض . دَفع الحجة (أو) البرهان

rēcal'citrance, *n.* تمنّع . استعناد . شِماس . معاصاة

rēcal'citrant, *a.* متمنِّع . مُستعنِد . مشامِس . مُعاصٍ

rēcal'citrāte, *v.* عاند . عاصى . نافَر . ناوأ

rēcall' [-kôl], *v.* تَذَكَّر = استعاد إلى الذاكرة . أشخص = استقدم = استحضر . استردّ

It may be —ed that, قد يتذكّر المرء . قد نتذكَّر . مِمَّا يُذكَر

rēcall', *n.* استرداد . استدعاء = استقدام = طَلَبُ العَودةِ (أوِ) الرُّجوع

rēcant', *v.* نَكَل = إرتَدّ (أو) رَجع (عن) = تاب (عن) . تنصَّل (مِن) . جَحد

rēcantā'tion, *n.* ارتدادٌ . تَنَصُّل . نُكول . جَحد

rēcapit'ūlāte, *v.* فذلك = أعاد ذِكر النقط المهمة بإيجاز . كرَّر بإيجاز وإجمال . أجمَل

rēcapitūlā'tion, *n.* تكرير بإيجاز وإجمال . إجمال

rēcap'ture, *v.* أعاد القبضَ عليه . التقط (أو) أسَرَ من جديد . استعاد إلى الذاكرة

rēcap'ture, *n.* إعادة القبض (أو) الأسر . استعادة

rēcâst', *v.* ركّب من جديد . سَبَك من جديد

rēcēde', *v.* تراجع = إنحسر . أبعَد . خنَس = تأخّر . انسحب . رجع (عن) . تجافى . استأخر . مال إلى الخلف = خَنِس . أرْجَع (إلى المالك الأصلي)

rēceipt' [-sēt], *n.* إيصالٌ = [وَصْل] . تَسلُّم = قَبضٌ . مَقبوض

rēceipt' [-sēt], *v.* وقّع (على وَرَقة) إقرارًا بالتَّسلّم . أعطى إيصالًا

rēceipts', *n. pl.* مَقبوضات . حَصِيلة . غَلّة

rēceiv'able, *a.* صالح للقبض (أو) للقبول (كالنقد الذهبي) . لِلقَبض (وليس للدفع) = وارد

rēceive', *v.* تَسلّم . تَلقّى . لقيَ . لاقى . استَقبل . أضاف (في البيت) . أدخل

rēceive', *v.* استوعب . وَعى . احتمل . قَبل . استوعى . تَقبّل

rēceiv'ẹr, *n.* مُتسلِّم . مُتقبّل . مُتسلِّم (أو) مُتولّي (أملاك أو . . .) . وِعاء . سَمّاعة (التلفون) . جهاز تَسلُّم (أو) التقاط

rēceiv'ẹrship, *n.* وظيفة المُتسلِّم (أو) المتولّي

rē'cẹnt, *a.* منذ زمنٍ (أو) عهدٍ قريب . حديث (العهد) . جَدِيد . مُستَحدَث

rē'cẹntly, *ad.* منذ عهد قريب . من مدةٍ قريبة . أخيرًا . حديثًا

rēcep'tacle, *n.* وِعاء . إناء . ظَرْف . قَرارَة

rēcep'tion, *n.* تَلقِّي . استقبال . تَسلُّم . حَفلة (استقبال) . لِقاء . مُقابلة

rēcep'tive, *a.* قابل . تَقبُّلي . استيعائي . مُستوعِب . تَحسُّسي

rēcess', *n.* عُطلة = فَترة (أو) تَرويحة (أو) استراحة (من العمل) . مَغمَض . مُنعَرَج . رُكنة . زابوقة = فُرْغة (في الجدار) كالمحراب . مَخدَع . طاق

rēcess', *v.* استراح . أخذ استراحة

rēce'ssion, *n.* تَراجُع . تَراكُد (أو) تَراجع اقتصادي . إدبار . فُرغة (في الجدار) . إرجاع (إلى المالك الأصلي)

rēcess'ive, *a.* خانِس . غامِض . قابِع . مُنقَمِع . راجع

— and dominant, المتخلّف والمتغلّب (أو) القابع والقامِع (في علم الأحياء)

re'cipē, *n.* وَصفة طبيخ (أو) طعام . وَصفة (طبية) . علاج شافٍ . وَسيلة . هَديَة

rēcip'iẹnt, *n., a.* مُتسلِّم . مُتقبِّل . مُتلَقٍ

rēcip'rocal, *a.* مُتبادَل . مُقابِل . في المُقابِل . مُشارِك

rēcip'rocal, *n.* نظير . مَقلُوب العدد . كسر (أو عدد) مَقلوب . ضمير المشارَكة

rēcip'rocally, *ad.* بالتقابل . بالتبادُل

rēcip'rocāte, *v.* قابَل بالمِثْل = بادَل . تَبادَل . غايَر . تَغاير . قابَل . كافأ . تَردّد ذهابًا وإيابًا

recipro'city, *n.* تبادل (المنافع بالتساوي) . مبادَلة . المقابلة بالمثل . مُشارَكة . تعاون

rēcīt'al, *n.* تِلاوة . إنشاد . رِواية . قِصَّة . معزوفة موسيقية (فردية)

recitā'tion, *n.* إلقاء . إنشاد . تِلاوة (غيبًا) . [تَسميع] . محفوظة

recitatīve', *n.* تجويد = قراءة ترنيمية = أسلوب في الموسيقى بين الكلام والغناء . إنشادي

rēcīte', *v.* رتَّل . أنشد . تلا (غيبًا) = [سَمَّع] . روى . سرد . أعاد (غيبًا) . أورد

reck, *n., v.* مبالاة . بالَى . هل من بأس (إذا . . .) . هل مُهِمٌّ (أن . . .)

reck'less, *a.* لا يُبالي بالخَطَر (أو) بالعواقب . مُتهوِّر . بلا حساب

reck'lessly, *ad.* بغير مبالاة . بدون حسابٍ . بدون تَبَصُّر

reck'lessness, *n.* تَهوُّر = عدم مبالاة بالخَطَر (أو) بالعواقب . عدم تَبَصُّر

reck'on, *v.* احتسب . قدَّر . حَسَب . حَسِب = ظنَّ . خمَّن . عوَّل (على) . اعتبر . اعتدَّ (بِ)

reck'oning, *n.* تخمين . حُسبان . تصفية حساب . حِساب . مُحاسَبة . بيان (أو) قائمة الحِساب . تعيين (أو حساب) موقع السفينة

rēclaim', *v.* إستصلح . استَخرج = استصلح للزراعة . استتاب . طلب إرجاع . . . طالب (بِ)

reclamā'tion, *n.* استصلاح . إستِخراج . مُطالَبة

rēclīne', *v.* إتّكأ . إضطجع . جلس (وأسند ظهره)

rēclūse', *n.* مُتوحِّد (أو) مُتفرِّد (عن الناس) = حبيس . مُنقطِع (عن)

recoġni'tion, *n.* عِرفان = اعتراف . إقرار . تَقدير = احترام . مَعرِفة . إدراك . تسليم (على)

beyond —, بحيث لا يُعرَف

rec'oġnīzable, *a.* يُمكن عِرفانه (أو) تعرُّفه . تُمكِن مَعرِفته

rēcoġ'nizance, *n.* كفالة شخصية . عُهدة

rec'oġnīze, *v.* عَرَف (من جديد) . عرَف . اعترَف (بِ) . أقرَّ . تَعرَّف . أدرك . اعتبر . سلَّم (على) . قدَّر

rēcoil', *v.* إنحاش . نكَص هَيبةً . جبَّ = ارتد إلى الوراء (بسرعة) . إرتدَّ (عن) . تجافى . نفَر . إشمأزَّ . ارتدع . تخامص = انكمش . أحجم

rēcoil', *n.* إنحياش . إرتِداد (إلى الوراء) = نكصة . نفرة . خَمْصَة . ارتداع

recollect', *v.* تذَكَّر . استحضر (في الذهن)

rē-collect', *v.* عاد وجمع . جمع من جديد . استجمع . تمالك (نفسه) . عاد وتمالك (نفسه) . استعاد تمالك النفس

recollec'tion, *n.* تذكُّر . ذاكِرَة . استذكار

rēcombīne', *v.* ألَّب (أو) جمَّع من جديد . عاد وتألَّب

rēcommence', *v.* شرَع (أو) بدَأ من جديد . استأنف

recommend', *v.* أوصَى (بِ) = زكَّى . نصح . حبَّب (إلى) . وكَل = سلَّم

recommendā'tion, *n.* توصِيَة = تزكية . نصيحة

rēcommit′, *v.* (-tted, -tting) أحال إلى اللجنة من جديد . اقترف من جديد . أودع من جديد

rec′ompense, *n.* مُكافأة . تعويض . مَثوبة

rec′ompense, *v.* كافأ . عوَّض . أثاب

rec′oncīle, *v.* ردَّ (أو) أعاد الأُلفة (أو) الصداقة . تألَّف . رَضَى . تصالح . وفَّق (بين . . .) . وطّن النفس

rec′oncīlemẹnt [-lm-], *n.* ردُّ الأُلفة . إصلاح ذات البين . تسوية . توفيق (بين شيئين)

reconciliā′tion, *n.* رَدُّ الأُلفة . توفيق . مُصالحة . تسوية . تألُّف

rec′ondīte [*or* **rēcon′dīte**], *a.* شديد الغموض . غامض . صعبٌ فهمُه على العقل العادي . عَويص . مُغلَق . مُعمّى . مُخفِي

rēconn′aissance [-konisẹns], *n.* تَشَوُّف (لغرض عسكري) = إستطلاع . معاينة أولية . معاينة استكشافية

reconnoi′tre, -ter [-tẹr], *v.* تَشَوَّف = استطلع (لغرض حربي) . عاين معاينة أولية (أو) استكشافية

rēcon′quer [-kẹr], *v.* أعاد افتتاحه . افتتح من جديد . تغلَّب (على) من جديد

rēconsid′ẹr, *v.* أعاد النظر (في) . راجع عقلَه (أو) رأيه

rēcon′stitūte, *v.* ألَّف من جديد . أعاد تأليف (أو) إنشاء

rēconstruct′, *v.* جدَّد (أو) أعاد إنشاءَ (أو) بِناءَ . نظَّم من جديد

rēconstruc′tion, *n.* تجديد الإنشاء (أو) التكوين . تشكيل (أو) تنظيم جديد

rēcôrd′, *v.* سَجَّل = دوَّن = قيَّد

rec′ôrd, *n.* ديوان = سِجِل . قيود . سجل الأعمال (أو) السيرة . سِيرَة

rec′ôrd, *n.* تسجيل (إذاعي) . أسطوانة حاكية . رَقْم قياسي

to break a —, ضَرَب رَقْماً قياسياً

rēcôrd′ẹr, *n.* مُسَجِّل . آلة (أو) جهاز تسجيل

rēcount′, *v.* قصَّ . رَوَى . حَكَى . سَرَد

rē-count′, rēcount′, *v.* عدَّ (أو) أحصى من جديد

rē-count′, rēcount′, *n.* عدٌّ (أو) إحصاء من جديد . إعادة العَدّ

rēcoup′ [-ko͞op], *v.* عوَّض (عن) . استدرك (الخسارةَ مثلاً) . رَدَّ = سَدَّد . تلافى

rēcourse′ [-kôrs], *n.* مَلْجأ (عند الحاجة) = مَفَاث = مَفزَع . مَلاذ

to have — to, فَزِع (إلى) = لجأ (إلى) . توَسَّل . لاذ

rēco′vẹr [-kuv-], *v.* استردَّ . تلافى . استدرك . انتشل

rēco′vẹr, *v.* تَعافى . صَحَّ . شَفِي . أبلَّ = استصحَّ . ثاب . استعاد . انتعش . أفاق

to — himself, عاد وتمالَكَ نفسه

rē-cov′ẹr [-kuv-], *v.* وضع غِلافاً (أو) غطاء جديداً

rēco′vẹry [-kuv-], *n.* استرداد . التَّعافي = رجوع الصحة . انتعاش . بُرْء . ثَوَبان

rec′rēant, *n.*, *a.* مَنخُوب الفؤاد = جَبان . عديم الذِمام . خائن . خَيَّاس

rec′rēāte, *v.* تفكَّه وتسلَّى للانتعاش . أنعش . استجمَّ . أجمَّ

rē-crēāte′, *v.* خَلَق من جديد

recrēā′tion, *n.* تَلْهِيَة . استجمام . تَنْزِيه (أو) ترويح النفس

rēcriminā′tion, *n.* مُعايبة . مُفاضحة = مُهاترة = مُلاحاة = [مُتاهمة]

rēcruit′ [-rōōt′], *n.* مُجَنَّد جديد (أو) غرير . مُوَظَّف (أو) عُضو جديد

rēcruit′, *v.* جَنَّد . أَخَذَ مُوَظَّفًا . اسْتوظف

rec′tangle, *n.* شكل (هندسي) مُسْتَطِيل . مُسْتَطيل

rectang′ūlar, *a.* مُسْتطيلي . على شكل (أو) هيئة المستطيل

rec′tifȳ, *v.* (-fied, -fying) قَوَّم . صَحَّح . صَفَّى . عَدَّل

rec′titūde, *n.* سَداد . صِحّة . إستقامة . صَواب . سلامة الأخلاق

rec′tor, *n.* خُوري الأبرَشِيَّة . رئيس مدرسة (أو) كلية . شيخ (الجامع الأزهر)

rec′tory, *n.* بيت خوري الأبرشية . وظيفة خوري الأبرشية

rec′tum, *n.* خَوْران . (المعى) المستقيم

rēcum′bent, *a.* مُضْطَجِع . مُتَّكئ . مُستلق (على البطن) = مُنْبَطِح . مُتَضَجِّع = كَسُول

rēcūp′erāte, *v.* استردَّ الصحة (أو) النشاط . تعافى . إِسْتَصَحَّ . انتعش . استجمَّ . أنعش

rēcūperā′tion, *n.* استرداد الصحة (أو) النشاط . تعافٍ . انتعاش . استجمام

rēcur′, *v.* (-curred, -curring) عاد . عاوَدَ . تكرَّر (حُدوثُه) . تواتر . رَجَع (إلى)

rēcu′rrence [u *as in* **but**], *n.* معاوَدة . عَودة . تَكرُّر

rēcu′rrent, *a.* مُعادٌ . مُتكرِّر . مُتَواتِر . مُعاوِد

rec′ūsant, *n.*, *a.* مُعانِد . مُشاكِس . مُنْشَقّ . مُراغِم . رافِض

red, *n.* حُمْرة . حُمرة الدم . صبغة حمراء

in the —, مُفْلِس . مَدْيون . [خُسران]

red, *a.* أَحْمَر (اللون) . روسي . شُيوعي . يانع (أو) قاني (اللون) . أحمر = اشتراكي مُتطرِّف

to see —, احمرَّت حَدَقتُه = استشاط غَضَبًا

The Reds, الشيوعيون . الروس

red′breast [-brest], *n.* (طائر) أبو الحِنَّاء .

red′cōat [-kōt], *n.* جندي بريطاني

Red Crescent, (جمعية) الهلال الأحمر

Red Cross, (جمعية) الصليب الأحمر

red deer, أيِّل أحمر

redd′en, *v.* حَمَّر . احمرَّ . احمرَّ خجلًا

redd′ish, *a.* [أُحَيْمِراني] = ضاربٌ إلى الحُمرة

rēdeem′, *v.* ارتجع (أو) اسْتَرَدَّ (بالشراء) . سَدَّد . فَكَّ (الرَّهن) . تَدارَك . استنقذ . خَلَّص . كَفَّر (عن) . شَفَع (ل) . فَدَى . وَفَى

rēdeem′er, *n.* مُكَفِّر . فادٍ . مُنقِذ . مُخَلِّص

The Redeemer, الفادي = الشفيع = السيد المسيح

rēdemp′tion, *n.* استرداد (بالشراء) . فَكّ الرهن . فداء . خَلاص

red flag, العلم الأحمر = علم الثورة . نذير (الخطر)

red′-hand′ĕd, *a.* يَدُه مُلطَّخة بالدم . مُتلبِّس بالجريمة

red′-hot, *a.* أحمر من الحرارة . مُتجحِّم = مُتَوقِّدٌ حرارةً . شديد الحَماسة . عنيف

rēdisco′vẹr [**-kuv-**], *v.* اكتشف مرةً ثانية (أو) من جديد

red′-lett′ẹr, *a.* مُعَلَّم بأحرفٍ حمراء (كأيام الأعياد الدينية في الروزنامة). معروف. ميمون. سعيد. أَغَرّ

red′ness, *n.* احمرار. حُمرة

red′olẹnt, *a.* عَبِق. ذكي الرائحة. طيب الرائحة. يفوح برائحة .... موحٍ (إلى الذهن). يُذَكِّر (بِ) = مُنَبِّهَة (على) = يُشْعِر (بِ)

rẽdou′ble [**-dubl**], *v.* ضَعَّف = ضاعف. تضاعف. كَثَّر. شَدَّد. زيَّد. رَدَّد. كَرَّر

rẽdoubt′ [**-dowt**], *n.* حِصن صغير منفرد (يحيطه سور) = [طابية] = [طبَّانة]

rẽdoubt′able [**-dowt-**], *a.* مَخُوف. مَرهوب. هائل. مَهيب

rẽdound′, *v.* عادَ (عليه). آل (إليه). زاد (في). عاد بالزيادة (على). أَفاد. أَفضَل (على). ارتدّ (عليه بخير أو سوء)

red pepper = Cayenne pepper

rẽdress′, *v.* أَصلَح. عَدَّل. أَنصَف. رَفَع (أو) أزال (الحَيْفَ). عَوَّض. تلافى

rẽdress′, *n.* إصلاح. تَقويم. إنصاف. تَعويض. تلافٍ. رفع الحَيْف. إرجاع الحق

Red Sea, البحر الأحمر

red′skin, *n.* هندي من شَمال أمريكا

red′stârt, *n.* (طائر) الحُميراء

red tape, شريط أحمر (لتسجيل الوثائق الرسمية). شدة الإهتمام بالشكليات والرَّتيبيّات الإدارية

rẽdūce′, *v.* قَلَّل. نَقَص. خَفَّض. حَوَّل = صَيَّر. خَسَّس

rẽdūce′, *v.* خَضَّع = دَوَّخ. إنحطَّ به الحال (حتى ...). حَوَّل. حَطَّ (العدد أو الكَسر)

rẽdū′cible, *a.* يمكن تخفيضه (أو) تحويله (أو) حطّه

rẽduc′tion, *n.* تَخفيض. تحويل. تخضيع. حَطّ (الكَسر)

rẽdun′dance, *n.* = redundancy

rẽdun′dancy, *n.* زيادة (أو) فُضول عن الحاجة. فُضولُ (كلام)

rẽdun′dant, *a.* زائد (أو) فاضِل (عن الحاجة). فيه فُضُول (كلام). فيه تطويل

rẽdūp′licāte, *v.* ضاعف = أضعف. أعاد. كَرَّر. تضاعف

rẽdūplicā′tion, *n.* مضاعفة. تكرير. شيء مُعادٌ. نسخة ثانية

red′wing, *n.* طائر كالسُمْنة ولكن باطن جناحيه أحمر = أُم رَباح

red′wood, *n.* شجرة دائمة الخضرة تنمو في كاليفورنيا. خَشَبٌ بني أحمر من هذه الشجرة

rē-ech′ō [**-k-**], *v.* (-choed, -choing) رَدَّد (أو) رَجَّع (الصَّدَى). تَرَدَّد (كالصوت)

rē-ech′ō, *n.*; *pl.* **-chōes** صدىً. رَجْع الصَّدَى

reed, *n.* قَصَبة (فارسيّة) = يَرَاعَة. زَمَّارة = قَصَّابة. غاب. بُوص

reed organ, أُرغُن بقصبات معدنية

reed′y, *a.* (-dier, -diest) كثير القَصَب = مُقْصِب. له صَوت كصوت القَصَّابة

reef, *n.* رَفّ = حَشَر = سلسلة مُتَحَجِّرة من رمال البحر وغيره قربَ سطح الماء. حاجِز مَرْجاني

reef, *n.* ضمّ (أو) زَمّ الشراع (من أطرافه)

reef, *v.* قَلَّص (أو) لفّ (أو) زَمَّ الشراع (من أحد طرفيه)

reef′ẹr, *n.* زمّام الشراع . دُرّاعة قصيرة (أو) سِترة يلبسها البحارة (أو) صيادو السمك

reek, *v.* قَتَّر . فاحت منه رائحة (كريهة) = عجَّ برائحةٍ (كريهة)

reek, *n.* قُتَار . نَتْن . رائحة كريهة . ذَفَر . بَخَرة

reel, *n.* مِلَفّ = مِكَبّ (غزل) . بَكَرة = [كُرَّارِيَة] = عِلْمَادَة . لُفَّة (أو) كُبَّة (غزل) = لَفِيفة

reel, *v.* لفّ = كَبَّب (الغَزْلَ)

reel, *v.* تمايل . تَرَنَّح . تواقع (في مشيته) . ماد . ماس . تمايح . كان به دُوَار = [داخ] . تَضَعْضَع

to — off, هَتْهَتَ (في الكلام) . دَهْوَرَ الكلامَ = قَحَّم بعضَه في إثر بعض . هَذّ = سَرَد بدون توقف . حَلّ

reel, *n.* رَقْصَة (سريعةُ الحركة) . موسيقى لهذه الرَّقْصة

rē-ēlect′, *v.* أعاد انتخابه (أو) اختيارَه . انتُخب ثانيةً

rē-ēlec′tion, *n.* إعادة انتخاب. انتخاب ثانٍ

rē-ēmbârk′, *v.* عاد وركِب السفينة (أو) غيرَها

rē-ēnfôrce′, *v.* = reinforce

rē-ēnfôrce′mẹnt, *n.* = reinforcement

rē-en′tẹr, *v.* دَخَل مرَّة أخرى (أو) ثانية . عاد ودخل

rē-en′try, *n.* الدخول مرة ثانية . الدخول من جديد . إعادة الدخول

rē-estab′lish, *v.* أعاد تأسيسه . أرْجَع

rē-estab′lishmẹnt, *n.* إعادة تأسيس . إرجاع

rẽfec′tion, *n.* تَرْوِيحة (من الطعام أو الشراب) . تعليلة (من الطعام أو الشراب) = وَجبة خفيفة

rẽfec′tory, *n.* غرفة طعام (في دير أو مدرسة)

rẽfer′, *v.* (-ferred, -ferring) أحال . تحوَّل (أو) رَجَع (إلى) . استشار . أومأ (إلى) . أشار

to — to, لَمَّح (أو) أشار (إلى) = ذَكر . أرْجع . أسْند

referee′, *n.* حَكَم (في الألعاب) . مُحَكَّم

referee′, *v.* (-reed, -reeing) كان حَكَماً (أو) مُحَكَّماً

ref′ẹrẹnce, *n.* إحالة . إشارة . مَرْجِع . سَنَد . مُعَرِّف . عَلاقة

with — to, بالإشارة (إلى) = عَطفاً (على)

refẹren′dum, *n.; pl.* -dums *or* -da استفتاء عام . احتكام

rēfill′, *v.* مَلأ ثانيةً

rēf′ill, *n.* مَلْئَة (الجمع مَلَاءٍ) = [مِلَايَة]

rẽfīne′, *v.* صَفَّى . نَصفَّى . كَرَّر . هَذَّب . رَقَّق

rẽfīned′ [-nd], *a.* مُصَفًّى . مُكَرَّر . مُهَذَّب . مُرَقَّق . دَقيق . رَقيق

rẽfīne′mẹnt [-nm-], *n.* تَصفِية . دَماثة . سَلاسَة الأخلاق . رِقَّة الحواشي . رِقَّة

rẽfīn′ẹry, *n.* مِصْفَاة = معمل تكرير

rēfit′, *v.* (-fitted, -fitting) أخذ الأُهبةَ من جديد . تأهَّب من جديد . أعاد التأهيب (أو) الإعداد . رَمَّم . أصلح وأعدّ (من جديد)

rẽflect′, *v.* عَكَس . انعكس . كان (أو) أعطى صورةً (عن) . فكَّر . عاد (على) . عكس (صورةً) . عاد بالشك (أو) باللائمةِ (على) . أورث

rẽflec′tion, *n.* إنعكاس . صورة . تفكير . فكرة . مَلامَة (أو) شكّ . غضاضة . تَعريض . انتقاد

rẽflec′tive, *a.* عاكِس . تفكيري . تأمُّلي

rẽflec′tor, *n.* عاكِسة [تعكِس الضوء أو الحرارة]

rēf′lex, *n.* عَمَل مُنعَكِس (أو) مُنفَعِل . صورة مُنعَكِسة

rēf′lex, *a.* اضطراري = إنفِعالي . إنعكاسي . رَدِّي

rẽflex′ive, *a.* عائد إلى الفاعل (أو) المتكلم (في الصرف والنحو) . ضمير (أو) فعل عائد إلى الفاعل (أو) المتكلم

rē′flux, *n.* إنحسار . انجزار . جَزْر

rẽfôrm′, *n., a.* إصلاح . إصلاحي

rẽform′, *v.* صَلَحَ = [تَصَلَّح] . أصلح . تحسَّنَ = [اصطلح] . قوَّم الأخلاق . إرعَوَى

rē-fôrm′, *v.* وَضع في شكل جديد . أخذ شكلًا جديدًا

reformā′tion, *n.* إصلاح (ديني) . تَحسُّن (أو) تحسين الأخلاق . [اصطلاح] = إرعِواء . صُلوح

Reformā′tion, *n.* حركة الإصلاح الديني (التي بدأت بالمصلح لوثر) في أوروبا

rẽfôrm′atory, *a.* إصلاحي

rẽfôrm′atory, *n.* إصلاحِيَّة = مدرسة (أو) مؤسَّسة إصلاحيَّة

rẽfôrm′ẹr, *n.* مُصلِح (اجتماعي أو ديني) . مُجَدِّد

rẽfract′, *v.* انكسر (أو) انحرف (الضوء) . ثَنَى (أو) عَطف عن الاستقامة (كالضوء في الماء)

rẽfrac′tion, *n.* انكسار (أو) انحراف (الضوء في الماء مثلًا)

rẽfrac′tory, *a.* شَكِس . مُستَعْصٍ . مُعتاص . عَنيد . مُتَعَصٍّ . مُمتَنِع . مُتَمنِّع

rẽfrain′, *v.* أقصر (أو) أمسك (عن) . امتنع (عن) . أحجم (عن)

rẽfrain′, *n.* لازمة (أو) ترديدة موسيقية (أو) كلامية = قَرار . [نَقَرات]

rẽfresh′, *v.* أنعَش . جدَّد النشاط = روَّح . نَشَّط

rẽfresh′ing, *a.* مُنعِش . مُجَدِّد للنشاط . مُرَوِّح

rẽfresh′mẹnt, *n.* إنعاش . ترويح . شيء مُنعِش (أو) مُرَطِّب

rẽfri′gẹrāte, *v.* بَرَّد . جَمَّد (المواد الغذائية لحفظها) . ثَلَّج

rẽfrigẹrā′tion, *n.* تبريد . تثليج

rẽfri′gẹrātor, *n.* بَرَّادة . ثَلَّاجة

ref′ūge, *n.* مَلجأ . مَوئِل . مَلاذ . مَأوى

to take —, لَجأ . أوَى . اعتصم . لاذ . استجار

refūgee′, *n.* لاجئ . مُلتَجِئ . لائذ

rẽful′gẹnt, *a.* مُتلألِئ . مُتألِّق . زاهٍ = مُشرِق . وهَّاج

rẽfund′, *v.* رَدَّ (دُفعةً من المال)

rē′fund, *n.* دُفعة (مالية) مَردودة . ردُّ (دفعة مالية)

rẽfūs′al, *n.* عدم قَبول . رَفْض . امتناع . خِيار . عُهدة

rĕfūse′, *v.* لم يقبَل . رَفَض . أبَى . مَنَع . امتنع . أحجم (الحصان . . .)

ref′ūse, *n.* قَصَل (أو) سَعابر (القمح) . حُصالة (كالزوان وغيره) . [زُبالة] = كُناسة . رُفاضة . رُذالة . نُفاية

refūtā′tion, *n.* دَحض = رَدّ الادّعاء (أو) الحجة . تخطئة

rĕfūte′, *v.* دَحَض = أثبت البُطلانَ . خطّأ

rĕgain′, *v.* استعاد . استردَّ ثانيةً = حَصَل عليه ثانيةً . عاد ورَجِع (إلى) = ثاب = آب . عاد (و) وَصل (إلى)

rēg′al, *a.* مَلَكيّ . فاخِر . [مُلوكي]

rĕgāle′, *v.* فَكَّهَ . عَلَّل . أطرف وأتحف . متَّع . رَتّع . أرْتع

rĕgāl′ia, *n. pl.* شِعار (جمع شِعارة) : (شِعار المُلك) . امتيازات ملكية

rĕgârd′, *n.* نَظرَة (بتوسُّم) . اعتبار = رأي . مُراعاة = اهتمام . احترام . إعجاب . تحيّة

with — to, بشأن . عَن . حَول . فيما يتعلق

in — to, من جهةِ . من حيثُ . بالإشارة (إلى) . فيما يتعلّق (ب)

rĕgârd′, *v.* نَظَر (إلى) . نظَر (بتوَسُّم) = تَطلّع = رَمَق . اعتبر . راعى . احترَم . تعلّق (ب) = عَنَى

rĕgârd′ful, *a.* فَطِن . مُكتَرِث . مُتَنَبِّه (لِ) . مُبالٍ . مراعٍ . مُحتَرِم

rĕgârd′ing, *prp.* بشأن . حَول . مِن جهةِ (هذا الأمرِ) . بخُصوص

rĕgârd′less, *a(d).* غير مُبالٍ . بصَرف النظر (عن) . بدون مراعاةٍ (لِ) . لا عِبرَةَ

rĕgârds′, *n. pl.* احترامات . تحيّات

rĕgatt′a, *n.* سِباق القوارب (أو) الزوارق

rē′gency, *n.* الوصاية على العرش . مجلس الوصاية على العرش

rĕgen′erate [-it], *a.* مُجدَّد في نفسياته (أو) معنوياته (أو) أخلاقه (بإصلاح)

rĕgen′erāte, *v.* جَدَّد وأصلح الأخلاق (أو) النَّفس . أطلَع (أو) وَلَّد (من جديد) . خَلَق خلقًا جديدًا صالحًا . جَدَّد الحياة (أو) المعنويات (وأصلحها)

rĕgenerā′tion, *n.* حياة روحية جديدة (صالحة) . تجديد وإصلاح النفس . بعث أخلاقي (أو) روحي (صالح) . تجدُّد . عَودَة النمو . توليد = إطلاع

rĕgen′erative, *a.* تَجديدي . تَجَدُّدي . توليدي

rē′gent, *n.* وَصِيّ على العَرش . عضو في مجلس إدارة جامعة

re′gicīde, *n.* قاتِل الملك . قتل المَلِك

regīme′, régīme′ [rāzhīm], *n.* نِظام الحُكم . رَسِيم = نظام للأكل (أو) للمعيشة عمومًا . نظام الحِميَة . تعجيف = أكل دون الشبع

re′gimen, *n.* رَسِيم = نِظام للأكل والمعيشةِ عمومًا ، ومنه الرسيم الغذائي

re′giment, *n.* [أَلاي] = وَحدة عسكرية . جمهرة

re′giment, *v.* ضَمَّ في [أَلاي] . كَتَّب . نَظّم في جماعات تحت إدارة شديدة

regimen′tal, *a.* خاصّ بالكتيبة . خاصّ بألاي

regimen′tals, *n. pl.* لِبسة (أو) بِزّة عسكرية (خاصة بألاي)

rē′gion [-jen], *n.* قُطر . رَجًا = ناحية = صُقع . مِنطقة

rē'gional [-jẹn-], *a.* صُقعي . إقليمي . مَحَلّي
re'gistẹr, *n.* سِجِل (أو) قائمة (أسماء) . دَفْتَر القَيْد . سِجِلّ
re'gistẹr, *v.* أدرج في سِجِلّ . تَسَجَّل . دَوَّن . سَجَّل (في البريد) . عَلَّم (بإشارة . . .) . أثَّر (أو) حاك في النفس
re'gistrâr, *n.* مُسَجِّل . مُدَوِّن
registrā'tion, *n.* تسجيل . تقييد . تَسَجُّل
re'gistry, *n.* تسجيل . سِجِلّ . مكتب السِجِلّات . تَسَجُّل
rēġress', *v.* انتكس . رجع . تقهقر . ارتد . تراجع
rēġ'ress, *n.* تراجُع . تقهقُر . تَأخُّر
rēġress'ion [-shẹn], *n.* تقهقُر . تراجُع . تأخر . ارتكاس = عودة إلى حالة أولية . انتكاص
rēġret', *n.* أسَف . تَحَسُّر . نَدَم . أسىً (على) . تلهُّف
rēġret', *v.* (-retted, -retting) تَأسَّف . تَلَهَّف = تَحَسَّر . أسِيَ (على)
rēġret'fụl, *a.* متأسِّف . مُتَحَسِّر . نادِم . آسٍ
rēġret'fụlly, *ad.* بأَسَفٍ . بتأسُّفٍ . بِنَدَمٍ
rēġrets, *n. pl.* اعتذار (عن عدم تلبية الدعوة مثلًا)
rēġrett'able, *a.* مُؤسِف . مُوجِب للأسف . حَقِيق بالأسف
reġ'ūlar, *n.* جُنْدي (أو) عُضو (أو) مُوَظَّف نِظامي
reġ'ūlar, *a.* مُعتاد . مُنتَظِم . راتِب = مُستَمِرّ . نَظِم = مَنظوم . مُطَّرِد . قِياسيّ . مُتواتِر . مُتَناظِر . متناسِق . مُتَّسِق . رَسْمي . نِظامي . مُنَظَّم . مَنسوق (داخل في نَسَق أو هيئة . . .)
reġūla'rity, *n.* رَتابة = انتظام = إطّراد . تَواتر
reġ'ūlarly, *ad.* بانتظام . عادةً . على نظامٍ (أو) نَسَقٍ واحد . بتواتر . باطّراد . بأوقات (أو) مواعيد مُنتظمة
reġ'ūlāte, *v.* رَتَّب . نَظَّم . نَسَّق . ضَبَّط . كيَّف . عَدَّل
reġūlā'tion, *n., a.* نِظام . تنظيم . تَضبيط . نِظامي . عادِيّ
reġ'ūlātor, *n.* ضابِط = ناظِم . مِيزان . مُعَدِّل
rēhabil'itāte, *v.* استجبر = جَبَر الحالَ . أهَّله لكسب العَيش . أقام حالَه . رَدّ (أو) استردّ المكانة (أو) الاعتبار
rēhabilitā'tion, *n.* استجبار = جَبْرُ الحال . إرجاع الحال (أو) الاعتبار . إقامة الحال . التأهيل لكسب العيش
rēhash', *n., v.* عالج (مرة ثانية) . وَضع في قالب (أو) شكل جديد
rēhears'al [-hers-], *n.* تجربة الأداء . تَجربة (أو) تَمرين (قبل الأداء)
rēhearse' [-hers], *v.* جَرَّب الأداء . تَمَرَّن (على رواية أو غناء . . .) . كَرَّر
Reīch [rīkh], *n.* ألمانيا . الدولة الألمانية
reign [rān], *v.* مَلَك . ساد
reign, *n.* مُلك . عَهد
rēimburse', *v.* دَفَع (مالًا) . دفَع (عن دَيْنٍ سابق) . رَدّ مالًا (وَفاءً بدَين) . عَوَّض . كافأ
rein [rān], *n.* عِنان . زِمام . رَسَن . مِقوَد
to give — to, أطلق العِنان . أجرَّه رَسَنَه . أرخى العنان
rein, *v.* تَمَلَّك الزِمام = حَكَم . ضَبَط . كَبَح . رَسَن . أرْسَن = انقاد وخضع

rein′deer [rān], *n.; pl.* -deer أيّل أهلِي . أيِّل لابلندي = رِنَّة

rēinfôrce′, *v.* قوّى . أزّر = عزّز . أيّد . رَفَد . دَعَم . شدّد . أمدّ

rēinfôrce′mẹnt [-sm-], *n.* تمتين . إمداد . تعزيز . تأييد . دعم . تشديد

rēinfôrce′mẹnts, *n. pl.* تأييدات . إمدادات (أو) تعزيزات . نَجْدَة

rēinstāte′, *v.* أعاد إلى مَنصِب (أو) حالةٍ سابقة . أرجع

rēit′ẹrāte, *v.* كرّر = ردّد . أثار = أعاده تارةً بعد أُخرى

rēitẹrā′tion, *n.* ترديد . تكرير . إثارة = إعادة مرة بعد أُخرى

rẽject′, *v.* رَفَض = رَدَّ = أبى (أنْ يأخُذَ) . نبَذ = طرَح . قذَف

rēj′ect, *n.* رَفيض = مَتروك . مَردُود = رَديد

rẽjec′tion, *n.* رَفض . نبْذ . رَديد = شيءٌ مردود (أو) مَرفوض

rẽjoice′, *v.* فرِح . فرّح . أقام فَرَحًا

rẽjoi′cing, *n.* فَرَح . ابتهاج . مَسَرّة

rẽjoin′, *v.* أجاب = رَدَّ . عاد والتحق (بِ)

rē-join′, *v.* عاد والتحق (بِ) . انضمَّ (إلى) من جديد

rẽjoin′dẹr, *n.* جواب = رَدّ

rẽjū̃v′enāte, *v.* جدّد القوة (أو) النشاط . أرجَع (أو) أعاد (أو) جدَّد الشَّباب (أو) الحداثة

rēkin′dle, *v.* أوقد (أو) أشعل (أو) سَعّر من جديد

rẽlapse′, *n.* عَوْدة (إلى) . عَكْسَة (أو) نكسة = انتكاس (مرضي) = رُدَاع = معاودة المرض . ارتكاس

rẽlapse′, *v.* عاد (إلى) . إنعكس (أو) انتكس (المريض) = عاوده المرض . ارتكس (خُلُقًا أو دينًا)

rẽlāte′, *v.* له عَلاقة (أو) صِلَة (بِ) = تعلّق (بِ) . له صلة قرابةٍ (أو) نسب . أشار (إلى) . انصل (بِ) . ناسب

to — to, له عَلاقة (أو) صِلة (بِ)

rẽlāte′, *v.* رَوَى . حَكَى . حدَّث . قَصّ

rẽlāt′ẽd, *a.* له صِلَة = مُتعلّق (بِ) . قريب (أو) قريبة . مُنتَسِب

rẽlā′tion, *n.* رابطة . عَلاقة . قَرابة . نِسبة . قريب (أو) قريبة . حكاية . رواية . اعتبار

in — to, بالإشارة (أو) بالنسبة (إلى) . فيما يتعلّق (بِ)

rẽlā′tionship, *n.* صِلة قَرابة . رابطة

rel′ative, *a.* نِسبيّ . إضافي . مَوصُولي

— to, متناسِب (مع) . مُرتَبِط (بِ) . بشأن . عن . بالنسبة (إلى)

rel′ative, *n.* قَريبٌ (أو) قَريبة (بالنَّسَب) . إسم موصول

rel′atively [-vl-], *ad.* نِسبيًا . بالنسبة (أو) بالقياس (إلى غيره)

relativ′ity, *n.* نِسبية . النظرية النِسبيّة

rẽlax′, *v.* رَاخَى = أرْخى . سَمَّح = تساهل . رَخّص (في النظام) = أفسح . اِسْتَرْخى . تَراخى . وَنَى = فتر (أو) ضَعُف . وَنَّى . أراح = نفّس (عن)

relaxā′tion, *n.* إرخاء . تخفيف . استرخاء . تسميح . تونية . استجمام . ترويح (عن النَّفس مثلًا) . استراحة

rēlay′, *n.* بَدَلَة (أو) عُقْبَة (أو) تَبْدِيلَة (من الرجال أو الخيل لأخذ العمل عن الغير)

— race, سباق المُراوَحة (أو) المواصلة (أو) البريد = سباق المُواتَرَة

rēlay′, *v.* نَقَل (و)أذاع . غَلغَل = نقل (من مكان إلى آخر بالمواصلة)

rēlease′, *v.* أطلق . أفرَج (أو) خَلَّى (عن) . أفلَت . أطلَق (سَرَاحَ) . فَرَّج . أحَلَّ . رَخَّص (بالنشر) . أعتق . أرسَل . سَمَح (ب) . تَخَلَّى (عن) . نَشَر خبرًا (أو) شريطًا سينمائيًا (أو) سلعة

rēlease′, *n.* إطلاق . إفراج . فَكَاك . إراحة . تسريح . تَرْخيص (بالنشر) . إبراء . مِفلَت . تَفريج . خَبَر للنشر

rel′ēgāte, *v.* إستنزل (إلى) . أنزل (أو) نَزَّل (مِن المقام أو القيمة) . حَوَّل = أحَال . نَفَى . عَيَّن (في صنف أو نوع)

rēlent′, *v.* لان . استلان . أسمَح . رَقَّ

rēlent′less, *a.* قاسٍ . لا يلين . لَدُود . صَلْد . بلا هَوَادَة . مُتَمادٍ . مُصِرّ . لا يَني . لا يفتُر

rel′ēvance, *n.* = rel′evancy

rel′ēvancy, *n.* تَعَلُّق (بالموضوع أو بالبحث) = مَتَات = كونه في صدد الموضوع . مُنَاسَبة . مطابقة لمقتضى الحال

rel′ēvant, *a.* له مَتَات . موافِق للمقام . في صدد الموضوع (أو) البحث . مُناسِب

rēliabil′ity, *n.* كَوْنُه مِمَّا (أو مِمَّن) يُعتَمَد (عليه) (أو) يوثَق (به) . مَوْثوقية

rēlī′able, *a.* يُرْكَن (إليه) . مَوثوقٌ (به) . عُمْدَة . يُعَوَّل (عليه) . يُتَّكَل (عليه)

rēlī′ance, *n.* إرْكان . اتكال . اعتماد

rēlī′ant, *a.* مُرْكِن . مُتَّكِل . مُتوكِّل . واثق (من نفسه) . وُكَلَة

rel′ic, *n.* غَابِرة = مُخَلَّفة (أثَرِية) . ذَخِيرة (قِدِّيسِيَّة)

rēlīed [relīd], *v.*; *p.*, *pp.* *of* rely

rēlief′, *n.* فَرْجَة = تَفْرِيج . سَلْوَة . تنفيس = رَوْح . غَوْث . إمْدَاد

on —, يَتَلَقَّى إعانة مَعاشِيَّة

rēlief′, *n.* تصوير (أو) نَقش نافِر (أو) ناتئ (أو) بارز

rēlief′, *n.* بَدِيل (أو) مُبَادِل النَّوْبة = مُرَاوِح . مُبَادَلَة النَّوْبة

rēlieve′, *v.* خَفَّف . فَرَّج . سَرَّى . أعفى . أرَاح . ارتاح = وَجَد رَوْحًا . بادَل النَّوْبة = راوح . أغاث . فَرْسَخ = خَفَّف من الحدة (أو) من كونه على حالةٍ واحدة . نَفَّس (عن)

rēli′gion [-jẹn], *n.* دِين . دِيانة . مِلَّة . مَذهب

rēli′gious [-jẹs], *a.* دِيني . دَيِّن . وَرِع . تَقِيّ . صادِق (في العمل مثلًا)

rēli′giously, *ad.* بأمانةٍ . بِتَحَنُّف = بدقة واعتناء . بِصِدْقٍ

rēlin′quish [-lingkwish], *v.* تَنَزَّل (أو) تَخَلَّى (عن) = إستعفى (من) . دَشَّر . أرْخَى . كَفَّ (عن)

rel′ish, *v.* استطاب . اسْتَطيَب . استمرأ . استمتع (ب) . طَيَّب . طاب

rel′ish, *n.* استطابه . تَلَذُّذ . مُقَبِّل = مُطَيِّب (أو) مُشَهٍّ (للطعام) . طعم لَذِيذ . اشتهاء (للطعام) . استطعام . طَعم . قَدَاة = طِيب الرائحة

rēlōad′ [-lōd], *v.* أعاد تحميله . حشا (البندقية) ثانيةً

rẽluc′tance, *n.* . تَرَدُّد . إحجام . تَأَبٍّ . تَكَرُّه . تَرَحُّن = احتباس وعدم رَغبة . لَأْيٌ

rẽluc′tant, *a.* . مُتَرَدِّد . مُتَكارِه . مُحجِم . مُتَأَبٍّ . [متعزِّز] . مُتَحَشِّم . مُشْفِق

rẽluc′tantly, *ad.* . بِتَرَدُّد . عن تَمَنُّع . كارِهًا . عن عدم رَغبةٍ

rẽlȳ′, *v.* (-lied, -lying) . أَركن (إلى) . إتَّكَل (أو) عَوَّل (على) . وَثِق (بِ)

rẽmain′, *v.* . مَكَث . بقِي . ظَلَّ . تَبَقَّى . لا يزال . فَضَل .

rẽmain′dẹr, *n.* . باقي (الحساب) . فَضْلَة . بَقِية . فاضِل

rẽmainṡ, *n. pl.* بقَايا . رُفَات = رِمَّة

rẽmāke′, *v.* (-made, -making) أعاد صُنعَه . أعاد الشيء مُعَدَّلًا

rẽmând′, *v.* أعاد (إلى السِّجن) انتظارًا للمحاكمة (أو) بينة أخرى. أعاد الدعوى

rẽmând′, *n.* إعادة (إلى السجن) . إعادة الدعوى

on —, مسجون انتظارًا للمحاكمة

rẽmârk′, *v.* [لَحَظَ] = أَبدَى فكرةً (أو) رأيًا . لاحَظَ

rẽmârk′, *n.* [تَلْحيظة] . مُلاحَظة

rẽmârk′able, *a.* يَلفِت الانتباه (أو) النظر . جَهير = بارِع = نابه . رائع . عَجيب (أو) غَريب في بابه = نادِر

rẽmârk′ably, *ad.* بصورة فائقة (أو) نادِرة

rẽma′rriage [-rij], *n.* . زَواجٌ من جديد . زَواج ثانٍ (أو) آخر

rẽma′rry, *v.* (-rried, -rrying) تزوَّج مرة أخرى

remēd′ial, *a.* . شافٍ . عِلاجي . مُفرِّج . إصلاحي

rem′ẽdy, *n.* . عِلاج . دَواء . إِصلاح . حُمْلان (في ضرب المسكوكات)

rem′ẽdy, *v.* (-died, -dying) . داوَى . شفَى . رَمَّم . أَصْلَح . حَسَم

rẽmem′bẹr, *v.* تَذَكَّر . بلَّغ (أو) أهدى (السَّلامَ) . حفظ (أو) وَعَى (في الذاكرة) . استذكر

rẽmem′brance, *n.* . ذِكْرَى . تَذْكِرَة . استذكار

rẽmīnd′, *v.* ذَكَّر = أَذْكَر = أَخطَر بالبال

rẽmīn′dẹr, *n.* . مَذْكَرة . مُذَكِّر . تَذْكِرة = استذكار

reminis′cẹnce, *n.* . ذِكْرَى . تَذَكُّر . مُذَكِّرة

reminis′cẹnt, *a.* مُذَكِّر . باعِث على التَّذَكُّر . يُهيج الذِّكْرَيات

rẽmiss′, *a.* . فاتِر الهمة . متهاون . متوانٍ . [مُتهامِل] . متراخٍ (في العمل) = مُتَضَجِّع

rẽmi′ssion, *n.* . غُفران . مُسامحة . إِسقاط . صَفح . فَتْرَة

rẽmiss′ness, *n.* [تهامُل] . توانٍ . تَضَجُّع (في العمل) . تَضْجيع

rẽmit′, *v.* (-tted, -tting) = تَراخَى وَنَى . فَتَر

rẽmit′, *v.* (-tted, -tting) غَفر . أَعفى . خَفَّف . أَسقط . هَوَّن . خَفَّ

rẽmit′, *v.* (-tted, -tting) حَوَّل (مالًا)

rẽmitt′ance, *n.* . تحويل مالي . حَوالة مالية . تخفيف

rẽmitt′ẹnt, *a.* مُتقطِّع (كالحُمَّى المُتَقَطِّعة)

rem′nant, *n.* . فَضْلَة . فُضالة . باقِية . أَشْلاء . أَثَر . بَقِيَّة

rēmod'ẹl, *v.* (-del(l)ed, -del(l)ing) أعاد (أو) غيّر هيئته (أو) تفصيله (كالثوب) = [دَيّر] . حَوّر . شكّل (من جديد) . أَعاد بناءه . عَدّل (في قالب جديد)

rēmon'strance, *n.* إستحجاج = اعتراض (للوعظ والإصلاح) . احتجاج . مُحاجّة . اعتراض . عَذْلٌ

rēmon'strāte [*or* rem'-], *v.* إِستحجّ = جادل واعترض للوعظِ والإِصلاح . احتج . اعترض . عَزّر

rēmôrse', *n.* سَدَم = شِدة النَّدَم (مع الهَمّ) . عَذابُ الضمير

rēmôrse'fụl [-sf-], *a.* سَدْمان . مُعَذَّب الضمير . نَدْمان

rēmôrse'less [-sl-], *a.* جاحِدُ القلب . قاسٍ . عديم الرَّحمة . لا يلين

rēmōte', *a.* بعيد . ناءٍ . مُنعَزِل . غريب . مستَبعَد . ضَعيف . بعدي . طَفيف . قليـل

rēmōte'ly [-tl-], *ad.* من بعيدٍ . عن بُعدٍ . قليلًا

rēmō̃'val, *n.* أخذ (وإبعاد) . إزالة . خَلع . نقل . تَنْحية = عَزل

rēmō̃ve', *v.* أَخذ (وأَبعد) . أزال . عزّل . قلع . أزاح = أماط . نقل . تنقّل . انتقل (وذهب) . نَزَع . نَحّى

rēmō̃ve', *n.* انتقال . ابتعاد . مَنقَلة . بُعد قليل . مَقرَبة . مَرْحلَة (أو) وَجه (في درجات القرابة) . خُطوة (أو) دَرَجة

rēmō̃ved' [-vd], *a.* بَعيدٌ . نازِحٌ . ناءٍ . مُنقطِع . مُنعَزِل

rēmō̃'vẹr, *n.* مُزيل . نقّال . [عزّال]

rēmūn'ẹrāte, *v.* كافأ . آجَرَ . عاد بالنفع (أو) المكسَب

rẽmūnẹrā'tion, *n.* مُكافأة . أُجرة . عائِدة

rẽmūn'ẹrative, *a.* مُكسِب . فيه مَكسَب (أو) فائدة

rẽnaiss'ance, *n.* نشأة جديدة . بَعْث . نَهضة

Rẽnaiss'ance, *n.* انتعاش (أو انبعاث) العلم والفن في أوروبا = النهضة

rēnāme', *v.* سَمّى باسم جديد . أعاد تسميته . جدّد الإسم

rẽnas'cẹnce, *n.* انتعاش . ميلاد جديد . تجديد . بعث . انبعاث

rencoun'tẹr, *n.* مُقابلة عِدائية . نِزاع . منافسة . صِدام . مقابلة عَرضيّة . مُصادَفة . إشتباك

rend, *v.* (rent, rending) قدّ . مَزّق . تمزّق . خرّق . تفرّى . تَشقّق . فرى (القلبَ) . مَزّع . قدّد

ren'dẹr, *v.* صَيّر . جعل . أدّى . سلّم . قدّم . رَدّ . قابل . تَرْجَم . قـدّم للدفع . أبرَم . سَلأ (الدهن أو السمن)

ren'dezvous [rondēvōō], *n.*; *pl.* -vous مُواعَدة . مَوعِد . مُلتَقى

rendi'tion, *n.* أداء . ترجمة . رِواية . تأويل

ren'ēġāde, *n.* مارِق . مُرتَدّ . خائن . مُنتَقِض . ناكِث . خاذِل

rẽnew', *v.* جَدّد . عاود . استأنف . انتعش . استعاد (القوة أو الشباب) . أحيا

rẽnew'al, *n.* تجديد . استئناف . استجامُ (البئر)

renn'ĕt, *n.* إنفحة = [مَساة] = ضَوْن

rẽnounce', *v.* أقلَع (أو) تخلّى (عن) . نبذ . تبرّأ (أو) انتفى (من) . تجرّد (من الدنيا مثلًا)

ren'ovāte, *v.* = (أصلح و) صَيَّر جديدًا
استجدَّ . رمَّمَ . جَدَّد . أنعش . أحيا

renovā'tion, *n.* استجداد . ترميم . تجديد

rēnown', *n.* . صِيت ذائع . صِيت . شُهرة . فَخر

rēnowned' [-nd], *a.* ذائع الصيت . نابهُ الذكر . شَهير

rent, *n.* كِرآء = إيجار = إجارة

rent, *v.* = أجَّر = أكْرَى . استكرى . استأجر

rent, *n.* . قَدّ = مَزْق . فَسْخ . شَقّ . مَزْع . خَرْق . فَتْق

rent, *v., p. and pp. of* rend

ren'tal, *n.* كِرآء = إيجار = [أُجرة]

ren'tẹr, *n.* مُكْرٍ . مُؤَجِّر . مُستأجِر

rēnunciā'tion, *n.* النُزول (أو) لإقلاع (أو) التخلّي (عن) . نَبْذ . انتِفاء

rēōp'ẹn, *v.* . أعاد فَتْحه . فُتِح من جديد . استأنف . عاود

rēôrganizā'tion, *n.* تَنظيم (أو) تشكيل جديد . تَنظُّم جديد

rēôrg'anīze, *v.* نظَّم (أو) رَتَّب من جديد . أعاد التنظيم

rēpaid, *v., p. and pp. of* repay

rēpair', *v.* . أصلَح . رمَّم . تَدارَك . تلافى . استدرك

rēpair', *n.* إصلاح . ترميم . حالة (من الصَّلاح أو عَدَمه)

in bad —, مُستَرِمّ = في حاجة إلى إصلاح

in good —, في حالةٍ صالحة

rēpair', *v.* ذَهَب . تَوجَّه (أو) شَخَص (إلى مكانٍ) = يَمَّم . عَمَد

rēpair'able, *a.* يمكن إصلاحه (أو) ترميمه (أو) تداركه

rēpair'ẹr, *n.* [مُصلِح] . مُسَوٍّ . مُصلِح

rep'arable, *a.* = repairable

reparā'tion, *n.* إصلاح . تَعويض . أَرْش = تعويض عن ضَرَر . إصلاحات

repârtee', *n.* جواب سريع مناسب . جواب نُكتي . نُكتة حاضِرة . جواب رشيق . نُكتة ومهارة في الجواب

rēpâss', *v.* عاد ومرَّ . مرَّ ثانيةً

rēpâst', *n.* وَقعة (أو) وَجبة (طعام) . أُكْلَة

rēpay', *v.* (-paid, -paying) . دَفَع . رَدّ (المال) . سَدَّد (الدَّيْن) . وَفَى . كافأ . رَدّ (الزيارة)

rēpay'mẹnt, *n.* دَفْع . رَدّ . تسديد (أو) أدآء (الدين) . مكافأة

rēpeal', *v.* إسْتَرَدّ . أبطل . فسخ . نقض

rēpeal', *n.* . استرداد . إبطال . فَسْخ . نَسْخ

rēpeat', *v.* أعاد . كَرَّر . أعاد غَيبًا . رَدَّد

rēpeat', *n.* إعادة . شيء مُعاد . تَرْديد

rēpeat'ēd, *a.* مُعاد . مُتكرِّر

rēpeat'ēdly, *ad.* مِرارًا . تَكرارًا

rēpel', *v.* (-pelled, -pelling) دَرَأ = دفَع . صدّ . رَدّ . كَبَح . دَحَر . نَفَّر = جعله يَشْمَئِزّ . جَحَد . نَفَى . رفَض . جَبَه = رَدّ وخَيَّب

rēpell'ẹnt, *a.* . ناب = فيه رَدَّة (أو) قُبح . مُنفِّر . مُستكرَه . يَشْمئِز منه الإنسان . مُقزِّز للنفس

rēpent', *v.* تابَ . نَدِم

rēpen'tance, *n.* تَوبة . نَدَم

rēpen'tant, *a.* تائب . نادم

rēpẹrcu'ssion, *n.* عاقِبة (أو) نتيجة (غير مباشرة) . ارتداد . رَجْع . رَاجِعة . صَدىً . ذَيْل

rep'ẹrtoire [-twâr], *n.* جَدول التمثيليات (أو) التمثيليات الغنائية (أو) الأدوار لشركة تمثيل (أو) مُمَثّل يُراد تأديتها

rep'ẹrtory, *n.* جدول تمثيليات (أو) أغنيات . قائمة أشياء . جملة أشياء للاستعمال . مَخزن . خزين

repēti'tion, *n.* إعادة . تكرار . شيء مُعاد . نُسخة

repēti'tious, *a.* مَليء بالإعادات . مُمِلّ لكثرة التكرار

rēpīne', *v.* تَبَرَّم . تَضَجَّر = تَمَرْمَر . تكرَّب

rēplāce', *v.* حَلَّ مَحلَّه . خلَفَ . أعاد (إلى مكانه) . أبدل . استبدل . رَدَّ (أو) سَدَّد (مبلغًا من المال)

rēplāce'mẹnt [-sm-], *n.* إعطاء خَلَفٍ (أو) عِوَض . استخلاف . خَلَف . بدَل . إبدال

rēplânt', *v.* زَرَع (أو) غَرَس من جديد

rēplen'ish, *v.* مَلَأ ثانيةً . مَلَأ (لِسَدّ النقص) = وَفَّى . أمَدَّ

rēplen'ishmẹnt, *n.* تجديد المَلْء . تَوْفِية = تَمْلِئة (لسد النقص)

rēplēte', *a.* مُمتَلِئ . زاخِر . حافِل . مُحتَشِد (ب) . مُتَمَلِّئ . مُكتَظّ

rēplē'tion, *n.* امتلاء . تَمَلُّؤ . كِظَّة (الطعام)

rep'lica, *n.* طَبيقَة = نُسخَة طِبقَ الأصل (أو) طِبقِيّة

rēplȳ', *v.* (-lied, -lying) رَدَّ = أجاب

rēplȳ', *n.* رَدّ . جَواب . مُجاوَبة

rēpôrt', *v.* ذَكَر (أو) قال (في تقرير) . قَدَّم تقريرًا . أخبَر . مَثَل = حَضَر بنفسه . حَكَى (أو) قال (أو) تكلَّم (عن) . بلَّغ (عن) . نَمَّ (على)

rēpôrt', *n.* خَبَر . تقرير . فَقعة = صوت انفجار . نميمة . إشاعة . سُمعة . صِيت

rēpôrt'ẹr, *n.* مُقَرِّر . مُخبِر صَحفي . مُبلِّغ

rēpōṡe', *v.* استراح . رَقَد . هَكَع = سَكَن واطمأنَّ . أوْدَع . استند (على) . اعتمد

rēpōṡe', *n.* راحة . رَقْدَة . استراحة . دَعَة . سَكينة . طُمأنينة . رَكانة

rēpoṡ'itory, *n.* مَودِع . عَيبة . كَنينَة (الأسرار مثلًا) . جُهَينَة الأخبار . مَخزن . مُستَودَع . مُؤتَمَن

rēpoṡṡess', *v.* امتلك (أو) تَملَّك مُجدَّدًا . حاز من جديد (أو) ثانية

reprēhend', *v.* لام . عاب . وَبَّخ . استنكر . استهجن

reprēhen'sible, *a.* مَلُوم . مَعِيب . يستحق التقريع (أو) التوبيخ . ذَميم . مُستَهجَن

reprēṡent', *v.* مَثَّل = ناب (عن) . كان صورةً (أو) كنايةً (عن) . كان بمقام (أو بمثابة . . .) . رَمَز (إلى) . بَيَّن . عَرَض . أبدى . أحضر (أو) استحضر في الذهن = مَثَّل . تَمَثَّل . صَوَّر

reprēṡenta'tion, *n.* تمثيل . نِيابة . حِكاية . شكوى . بيان اعتراضي . مِثال . كناية . احتجاج . رَمز

reprēṡen'tative, *a.* تَمثيلي . نِيابي . تصويري

reprēṡen'tative, *n.* مُمَثِّل . نائب . مِثال

House of R—s, مجلس النُّوَّاب

rēpress', *v.* كَظَم . كَبَت . قَمَع . أخمد . زَجَر . خَضَّع . قَهَر

rēpre'ssion, *n.* كَظم . كَبت . قَمع . تَخضيع . قهر

rēpress'ive, *a.* زَجري . كَبتي . قَمعي . تَخضيعي

rẽprieve′, *n.* تأجيل الإعدام (أو) العِقاب . نُفسة = مُهلة (راحةٍ) = ترْويحة

rẽprieve′, *v.* أجّل الإعدام (أو) العقاب . نفّس (أو) روّح (عن) . أمهل

rep′rimând, *v.* بكّت (من مصدر رسمي) . وبّخ . عنّف . قرّع

rep′rimând, *n.* تبكيت . توبيخ . تقريع

rẽprint′, *v.* أعاد الطبع

rēp′rint, *n.* طبعة مُعادة (أو) جديدة

rẽprīs′al, *n.* مُجازاة . انتقام = قَوَد = قِصاص = المقابلةُ بالمِثل (بين دولتين) = اقتياد . اقتصاص . مُعاقبة

rẽprōach′ [-rōch], *v.* عزّر = لام . أنّب

rẽprōach′, *n.* مَلامة . تأنيب . مَذمّة . عار . مَعرّة . مَعتبة

rẽprōach′ful [-ō-], *a.* تأنيبي . مَعِيب . ذَمِيم . عيّاب

rẽprōach′fully, *ad.* بتعييب . بتأنيب . بلوم

rep′robāte, *v.* استنكر . استهجن . استرذل . طرد من رحمة الله

rep′robāte, *n.*, *a.* فاسدُ الأخلاق . رَذِيل . فاسِق . مطرود من رحمة الله = مغضوب عليه

reprobā′tion, *n.* استهجان . استقباح . استرذال . طرد من رحمة الله

rẽprodūce′, *v.* أعاد (إخراجَ . . .) = [طلّع] . توالد . أنتج . تكاثر = تناسل . تناتج . أنشأ من جديد . أخرَج نسخة (أو) صورةً (عن) . استرجع إلى الذهن . صوّر . مثّل

rẽproduc′tion, *n.* إعادة إخراج . نُسخة . تناسُل

rẽproduc′tive, *a.* تناسلي . توالدي

rẽprōōf′, *n.* تعزير . تأنيب . تقبيح . عَذل

rẽprōv′al, *n.* تعزير . تأنيب . مَلامة . عَذل

rẽprōve′, *v.* عزّر . قرّع . أنّب . عذَل

rep′tīle, *n.* زَاحِفة = دبيبة . حَنَش . (شخص) ساقِط دَنِيء

rẽpub′lic, *n.* جُمهُورِية = دولة لها رئيس مُنتخب

rẽpub′lican, *a.* جُمهُوري

rẽpub′lican, *n.* أحد دُعاة الجُمهورية . أحد أعضاء الحزب الجمهوري

Republican Party, الحزب الجُمهوري (في الولايات المتحدة)

rẽpūd′iāte, *v.* رَفَض (الدّفع) . جَحَد (أو) أنكَر (بأنفة) . نبَذ . تنكّر (لِ) . ردّ . طلّق . خلَع = تبرّأ (من)

rẽpūdiā′tion, *n.* رَفْض . جَحْد . إنكار . نَبذ . تَطليق . تنصُّل . تبرُّؤ

rẽpug′nance, *n.* اشمئزاز . نفرة . مُنافاة . مَشنَأة . بَذء

rẽpug′nant, *a.* يُشمأزّ (منه) . مُستكرَه . ناب . مُتناف (مع) . مَبذُوء

rẽpulse′, *n.* صَدّة . رَدّة . إندحار . رَفض

rẽpulse′, *v.* صَدّ . رَدّ (إلى الوراء) = دحَر . رَفض . كبَح . نفّر

rẽpul′sion [-shẹn], *n.* استكراه . اشمئزاز . نفور شديد . مَشنَأة = صُدود

rẽpul′sive, *a.* يَشمئز الإنسان منه (أو) يَنفر . مَجفُوّ . مُنفّر . رَدِي = دَفعي

rep′ūtable, *a.* حسَن السمعة (أو) الصيت . مُعتَبر . مُحترَم

repūtā′tion, *n.* سُمعة = صِيت = ذِكر حسَن . اعتبار

rẽpūte′, *n.* سُمعة = إسم . ذِكر حسن

rēpūte′, *v.* سُمِعَ (أو) اشتهر (عنه) . حَسِبَ . اعتبر

rēpūt′ĕd, *a.* مَعروف (أو) مَسموع (عنه أنّه ...) . مَحسُوب (أو) مَعدود . مُعتَبَر

rēquest′ [-kwest], *n.* طَلَب = التماس . استماحة . سُؤْل . مُلتَمَس

rēquest′, *v.* طَلَب = التمس . سأل

Re′quiem, re′quiem [rekwiem], *n.* جُنّاز = صلاة (أو) قُدّاس (عن أرواح الأموات . موسيقى الجُنّاز

rēquīre′ [-kwīr], *v.* احتاج (إلى) . اقتضى . كَلَّف . استوجب . استلزم . رَغِب

rēquīre′ment [-kwīrm-], *n.* احتياج . مُستَلزَم . لازمة . مُتَطلَّب . مُقتَضَى . تكليف

re′quisite [rekwizit], *n., a.* لازِم . مَطلوب . مُستَلزَم . ضَروري . مُستَوجَب

requisi′tion [-kwiz-], *n.* اقتضاء . تكليف . طَلَب (أو) استدعاء رَسمِيّ (أو) شَرعِي . إهتشال = [تسخير]

requisi′tion, *v.* طَلَب (أو) استولى (على) بسلطةٍ رسمية = إهتشل

rēquīt′al [-kwīt-], *n.* مجازاة = مقابلة . مكافأة . مَثُوبة

rēquīte′ [-kwīt], *v.* جازَى . كافأ . قابَل . أثاب

rēscind′, *v.* نَسَخ = أبطل = ألغى

rēs′cript, *n.* جواب امبراطوري (أو) بابوي . مرسوم = ظَهير

res′cūe, *v.* أنقذ . نَجّى . تَدارك . أنجد . انتشل

res′cūe, *n.* إنقاذ . تخليص . إغاثة . انتشال

res′cūer, *n.* مُنقِذ . مُنجٍ . مُغيث

rēsearch′ [-serch], *n.* تنقيب . إستقصاء . تَبَحُّث . تحقيق علمي . تَنقير . تَفتيش

rēsem′blance, *n.* شَبَه . تَشابُه . مُشابَهة . مَشبَه = لَمحَة

rēsem′ble, *v.* أشبه . شابه . ماثَل

rēsent′, *v.* استآء (من) . امتَعض . أنِف (من) . احتفظ (من) . نقِم (على)

rēsent′ful, *a.* مُستآء . مُتغضِّب . آنِف . ناقِم . حاقِد . واجِد

rēsent′ment, *n.* استياء = مَوجِدَة = حِفظَة . نَقمة . تَغضُّب

reservā′tion, *n.* إعتقاب . احتفاظ . تَحفُّظ . تقييد . حَجز . أرض محفوظة

rēserve′, *v.* إعتقب . احتفظ . تحفّظ . ادّخر . حَجَز . خَصَّص . أفرد

rēserve′, *n.* مَحفُوظ . احتياطي . احتياطي الجيش = رَديف = مُستحفَظ . تباعُد وتَحفُّظ . تَصوُّن . احتشام . انحياش

rēserved′ [-vd], *a.* مُخَصَّص . مُحتَفَظ . مُدَّخَر . محجوز . مُنحاش = مُتكتِّم ومُتَباعِد = حُوشيّ . مُحتَشِم . مُتَصوِّن

res′ervoir [-wâr], *n.* جابية . حَوض . خَزّان . صِهريج (أو) مَصنَعة (لحفظ الماء) = مَسَاكة . حاصل الماء . مُستَوعَب . حَوصَلة . مَذخَر . عِدّ

rēset′, *v.* (-set, -setting) أنزل من جديد = رَصَّع من جديد (كالجوهرة) . جَبَّر مرة ثانية

rēsīde′, *v.* سَكَن (لمدة طويلة) . قَطَن . أقام . استقرّ . وَدَع

res′idence, *n.* مَسكَن . إقامة . مُستَقَر . مَودِع

reṡ'idẹnt, *a., n.* . ساكِن . قاطِن . مُقيم . مُستَقِر . مُودَع

reṡiden'tial, *a.* سَكَني . للسَّكَن . إقامي

rēṡid'ūal, *a., n.* . ثُمالي = فُضالي . مُتَبَقٍ . باقٍ (أو) حاصل الطرح . ثُفلي

reṡ'idūe, *n.* . بَقيّة . فُضالة . فَضْلَة . ثُمَالَة . ثُفلة . عُقبولة

rēṡid'ūum, *n.; pl.* -dua . بَقية . فَضلة . ثُفل (بعد التبخر أو الاحتراق أو التقطير) . خُشارة (الناس)

rēṡign' [-zīn], *v.* استعفى . استقال . استسلم = استأخَذَ = وَطَّن (النفسَ على . . .) = استكان . أخلد (إلى) . أذعن

reṡignā'tion, *a.* استقالة . كتاب الاستقالة . استكانة . إخلاد

rēṡil'iẹnce, *n.* ارتداد (إلى وضع سابق أو حالة سابقة) . مُرونَة . مَطَّاطِيَّة . لاستيكية . جَمامة . ثَوَبان

rēṡil'iẹnt, *a.* يرتد إلى ما كان عليه = ثَوّاب . مَطَّاط . نشيط النفس . مُنشَرِح . مُستَبشِر . جَمُوم = يعود إلى نشاطه بسرعة = سريع الانتعاش

reṡ'in, *n.* . راتِنج = مادة صَمغِية شَجَرِيَّة . قَلفونة . لَثّ = عَرَق الشجر

reṡ'inous, *a.* راتنجي . صَمغي

rēṡist', *v., n.* . قاوَم . مانَع . ضادَى . امتنع . مانِع (أو) مادة مانِعة . عاصَى

rēṡis'tance, *n.* مُقاوَمة . مُمانَعة . استعمال القوة (ضِدَّ . . .)

rēṡist'ant, *a.* مُقاوِم . مُمانِع . مُعاصٍ

rēṡist'less, *a.* لا يقاوَم . لا يُمانَع . عديم المقاوَمة . خَوّار

reṡ'olūte, *a.* . عَزُوم = ثابت العزم . ثَبِيت

reṡ'olūtely [-tl-], *ad.* . بثباتِ (عَزمٍ) . بِعَزِيمة

reṡolū'tion, *n.* . عَزم . عَزِيمة . اعتزام . صَرِيمة . زَماع

reṡolū'tion, *n.* حَلّ . قَرار . مَشرُوع قرار

rēṡolve', *v.* . صَمَّم . أجمع (أو) عَزَم (على) . أزمَع . صَحَّت عزيمتُه . عَقَد النية

rēṡolve', *v.* . قَرَّر (أو) تَقرَّر (بالتصويت) . حَلّ . حَلَّل . فَكّ

rēṡolve', *n.* تَصميم . إزماع . تَعوِيل

rēṡolved' [-vd], *a.* . مُصَمِّم . مُزمِع . عاقِدُ العزمَ

reṡ'onance, *n.* طَنين . رَنين = هَزِيم (القوس) . رَزِيز

reṡ'onant, *a.* . مُطِنّ . مُرِنّ . طَنّان . مُتواصِل الطَّنين . يتجاوب بالصَّدَى . مُصَلصِل . رَجّاج

rēṡôrt', *v.* تَرَدَّد (على مكانٍ ما) . عَمَد (إلى) . تَذَرَّع (بِ) . التجأ . وَأَل (أو) فَزِع (إلى) . لَجأ . عاذ

to — to, . . فَزِع (إلى) . تَذَرَّع (بِ) . لَجأ (إلى)

rēṡôrt', *n.* مَعان = مَبآءة = مَكان يَتَرَدَّد الزائر عليه ، وخصوصاً في الصيف (أو) في الشتاء . ملجأ . موئِل . مَفزَع . مَعاذ

rēṡound', *v.* . تَرَدَّد صوتُه (أو) صداه . جَلجَل . دَوَّى . رَجّ . طَنّ

rēsource' [-sôrs], *n.* . ذَرِيعة . مَوئِل . مُستَمَدّ (الثروة) . ثَروة . مَسلاة . حِيلة . حِوَل = القدرة على حسن التصرف عند الضيق . سَبَب (كالمال والملك و . . .)

a man of —, حاضِر الحيلة . واسع التدبير . يعرف من أين تؤكل الكتف

rĕsource'ful [-ôrsf-], *a.* واسع الحيلة (أو التدبير = حُوَلِيّ

rĕsourc'es [-sôr-], *n. pl.* أسباب = موارد (ماليّة) . ثروة

at the end of his —, تقطعت به الأسباب . سُدّت في وجهه السُّبُل . تعيّت عليه المذاهب

rĕspect', *n.* احترام . اعتبار . حُرْمَة = رِعاية . وجه (من الوجوه) . خُصوص

in — to (of), من حيث . . . فيما يتعلق (بِ)

to pay his —s, سَلَّم (على) . قَدَّم التحيّات (أو) الاحترامات

with — to, مع مراعاة . باعتبار . من جهةِ . بخصوص . حَوْلَ

rĕspect', *v.* احترم . وقَّر . رَعى . راعى

rĕspectabil'ity, *n.* [مُحْتَرَمِيّة] . وَجاهة . قَدْر . لِياقة . أهل الاحترام = المُحتَرَمون

rĕspec'table, *a.* مُحتَرَم . وَجيه . وَقور . لائق . لا بأسَ به . عظيم

rĕspect'fụl, *a.* مُحتَشِم . مُراعٍ لواجبات الاحترام . أديب . خاشِع

rĕspect'fụlly, *ad.* باحترام . باحتشام . بتوقير

rĕspec'ting, *prp.* بشأن . من حيث . حَوْلَ

rĕspec'tive, *a.* مُخصَّص (أو) خاصّ (بِكُلٍّ . . .) . كُلّ . خاصّ

rĕspec'tively [-vl-], *ad.* على الترتيب . على التوالي . بالنسبة إلى كلٍّ (أو) كُلّ واحد (على حِدَة)

rĕspects', *n. pl.* واجبات الاحترام . احترامات . عبارات الاحترام

respirā'tion, *n.* تَنَفُّس . نَفَس

res'pirātor, *n.* كِمامة التنفس

res'pirātory *or* **respīr'atory,** *a.* تَنَفُّسي . نَفَسِي

rĕspīre', *v.* تَنَفَّس . أخذ النفَس وأخرجه

res'pite [*or* respīt], *n.* مُهلة . فَرْجَة . راحة . نُفْسَة . هَدأة . ترويحة . فَتْرَة . استراحة

res'pite, *n.* إنساء (أو) تأجيل (أو) تأخير تنفيذ الحكم (بالاعدام)

res'pite, *v.* فَرَّج (أو) نَفَّس (عن) . أمهل . أجَّل

rĕsplen'dẹnt, *a.* وَضّاء . مُتألِّق . باهٍ . زاهر

rĕspond', *v.* أجاب . استجاب = لَبَّى . اندعى = إنفعل

rĕspon'dẹnt, *n.* مُدَّعَى عليه (في قضايا الاستئناف أو الطلاق)

rĕsponse', *n.* رَدّ . جواب . رَدَّة . إجابة . تلبية . إندعاء . رَجْع . انفعال

rĕsponsibil'ity, *n.* مسئولية . مُطالَبة . ذِمَّة = عَهد

rĕspon'sible, *a.* أهل للقيام بالمسئولية (أو) لتقديرها . مسئول . راجع (إليه) . موثوق (به) . مُكلَّف . مُؤآخَذ

rĕspon'sive, *a.* استجابي . إندعائي . سريع الاندعاء . سريع (أو) شديد الاستجابة (أو) التأثر . مُستَجيب

rest, *n.* نَوْم . هُجوع . راحة . استراحة . راحة البال . هُدوء . طُمأنينة . سكون . ركود . وَقفة . سَكْنَة . مُراح . مَأوَى

at —, ساكن . هامِد . خامد . راكد

to lay to —, قَبَر . دَفَن = أودع القبر

rest, *n.* فَضْلة . بقية = سائر . مُعتَمَد = مُرتَكى . مُستَنَد

rest, *v.* استراح . سَكَن . رَقَد . رَكَد . هَجَع . قَرَّ . استقرَّ . هدأ . وَقَف . روَّح = أَراح . كان مَقرَّة . بقي . ظَلَّ

He will not — until... لن يَقِرَّ له قَرار (أو) لن يَهْدَأَ (حتى . . .)

rest, *v.* أَرْكَى . اعتمد = ارتكى . استند (على) . أسند . اعتمد (أو) توقف (على) . وُكِل (إِتمامُ الشيء) إليه . وَقَع (على)

res'taurant [-torânt], *n.* مَطعم

rest'ful, *a.* مُريح . هادئ . ساكِن . مريح (أو) مُهدِّئ للأعصاب

restitū'tion, *n.* تعويض (عن أَضرار أو خسارة) . إِخلاف = إعادة ما فُقِد (أو) أُخِذ (أو) تَلِف . جَبْر الحال . رَجْعة (أو) إرجاع الحالة الأصلية

res'tive, *a.* مُتَمَلْمِل . قَلِق . شَمُوس . حَرُون . قَمُوص . مُتَنَمِّل

rest'less, *a.* قَلِق . لا يهدأ . لا يَقِرّ . مُضطرب . حَرِك . مُتزَعِج . مُتَرَعِّل . مُتقَلِّق . مُتبَرِّم . مُتعِب

rest'lessly, *ad.* بتَقَلُّق . باضطراب . بتَنَمُّل . بِتَبَرُّم

rest'lessness, *n.* نَمَل = عدم الاستقرار والسكون . تَقَلُّق . زَعَج . اضطراب

restorā'tion, *n.* إعادة (أو) ردُّ (الشيء) إلى مكانه (أو) إلى ما كان عليه . إعادة . إرجاع . ترميم وإصلاح . رِكْس = بناء مرمَّم بعد الانهدام

rēstô'rative, *a., n.* مُعيد (للصحة أو للقوة)

rēstôre', *v.* أعاد الشيء إلى مكانه (أو) إلى ما كان عليه . رَكَسَ = رَمَّم وأَصلح حتى عاد إلى سابق عهده . أرجع

rēstôr'ẹr, *n.* مُعيد . مُرجِع . مُجدِّد

rēstrain', *v.* حَجَر . مَنَع . ضَبَط . زَجَر . قَدَع . قَصَر = وَزَع . عَكَف . كَفَّ . إنعكف

rēstraint', *n.* مَنع (أو) قَصْرُ النفس . إنكِفاف . إقْصار . زَاجِرٌ . اتِّزاع . وازِعٌ = عاكِف

rēstrict', *v.* حَصَر . حَدَّد . قَيَّد . حَرَّج

rēstric'ted, *a.* مُنحصِر . محدود . مَقصور . مُقيَّد . مُحرَّج عليه

rēstric'tion, *n.* حَصر . تَضييق . تقييد . تَحصير . إنحصار . تحريج

rēstric'tive, *a.* مُقَيِّد . حَصْري . قَصْري

rēsult', *n.* نتيجة . عاقبة . مَغَبّة . حاصِل . خاتمة

rēsult', *v.* نَتَج (أو) تسبَّب (عن) . انتهى (أو) أَدَّى (إلى)

to — in, أَفضى (أو) آل (إلى)

rēsul'tant, *a.* ناتج . حاصِل . مُتسبِّب . عاقِبة

rēsūme', *v.* عاود . استأنف . رَجَع (أو) فآء (إلى) . استعاد

rés'ụmé [rāzụmā], *n.* تلخيص . مُجمَل

rēsump'tion, *n.* معاودة = استئناف (بعد التوقف) . مواصَلة . استعادة . استرداد

rēsurge', *v.* انبعث . انتعش . استيقظ من جديد . إنتهض

rēsur'gẹnce, *n.* انبعاث . بعث جديد . انتهاض جديد

reṡurrect' [rezẹr-], *v.* بَعَث (أو) نَشَر (من القبور) = أقام وأحيا . أحيا

reṡurrec'tion, *n.* بَعْث . نُشور . إفاءة . إنبعاث

Reṡurrec'tion, *n.* يومُ البعث (أو) القيامة (أو) الحَشْر . قيام المسيح من الأموات

rēsus′citāte, *v.* أَنْشَر = بعَثَ إلى الوجود . أنعَشَ . أحيا . أصحى . أعاد إلى الصحو (أو) الحياة

rēt′ail [*or* **rētail′**], *n.*, *a(d).* بَيْعٌ بالمُفرَّق (أو بالقَطّاعي) . بالمُفرَّق . [القطّاعي] = المفرَّق

rētail′, *v.* باع بالمُفرَّق . قصَّ (أو) رَوَى (بالتفصيل) . بِيع بالمُفرَّق

rē′tailęr [*or* **rētail′ęr**], *n.* تاجر (أو بائع) المُفرَّق

rētain′, *v.* إستبقى . أبقى . احتَفَظ . حَفِظ . وَعى (في الذاكرة) . حافظ (على) . تذكَّر . ارتبط (أو) تعاقد مع محامٍ يكون وكيلًا

rētain′ęr, *n.* حَشَم = تابِع (لأحد الأسياد) = خَوَلِيٌّ . أُجرة (محاماة) (أو) وكالة ضِمنية (تُدفَع سلفًا)

rētāke′, *v.* (-took, -taken, -taking) عاد فأخذ . أخذ ثانيةً . استرجع . استردَّ . أخذ الصورة من جديد

rēt′āke, *n.* تصوير آخَر (أو) من جديد (لمنظرٍ أو حادثة)

rētal′iāte, *v.* انتقم . اقتص (من) = جازاه = فَعَل به مثلَ ما فَعَل = قارَضَ = رَدَّ عليه بالمثل . عاقَب

rētaliā′tion, *n.* انتقام . اقتصاص . مجازاة . مقابلة المثل بالمثل

rētârd′, *v.* أعاق . أخَّر . بطَّأ . ثبَّط

rētârdā′tion, *n.* تأخُّر . إبطاء . تعوُّق . عَوق . تعويق

rētch, *v.* تَهَوَّع = هَمَّ بالتَّقيُّؤ

rētell′, *v.* (-told, -telling) أخبر (أو) قال (أو) حكى ثانيةً

rēten′tion, *n.* احتفاظ . إمساك . تمسُّك . حِفظ (في الذاكرة) . قوة ذاكرة . احتقان

rēten′tive, *a.* حافِظ . واعٍ (كالذاكرة) . جَيِّد الذاكرة

ret′icęnce, *n.* صيانة (أو) حِفظ اللسان . قِلَّة الكلام

ret′icęnt, *a.* قليل الكلام = صَمُوتٌ . كَتُوم

ret′icūle, *n.* قَشوة = كيس صغير تحمله المرأة بيدها . كوكبة الشبكة

ret′ina, *n.*; *pl.* -nas (طبقة) الشَّبَكِيَّة (في العين)

ret′inūe, *n.* حاشِيَة . حَشَم . أَتباع

rētīre′, *v.* ارتدَّ . تراجع . إنسحب . إنزَوَى = قَبَع . اعتَزَل . [تقاعد] عن العمل . أَوَى (إلى الفراش) . سَحب . [قاعَد]

rētīred′ [-rd], *a.* [مُتقاعِد] . مُعتَزِل (الناس) . مُنسَحِب . مُنزَوٍ . مُنعزِل

rētīre′mçnt [-rm-], *n.* ارتداد . [تقاعد] . اعتزال . عُزلة وانفراد . انسحاب . مُعتزَل . تَراجُع . انعزال . انزواء

rētīr′ing, *a.* مُحِبٌّ للعُزلة . مُتجنِّب . مُحتَشِم . خَجُول

rētōld′, *a.* مَحكِيّ بتعديل (أو) بأسلوب جديد . مَحكِيّ ثانيةً (أو) من جديد

rētôrt′, *n.* رَدّ حادّ (أو) راشِق . جَواب حاضر جافٍ (أو) في مَحلِّه . رَدّ مُناقِض

rētôrt′, *v.* ناكَف = أجاب (أو) رَدَّ بسرعة (أو) بحدّة بالمثل . رَشَق بجواب حادّ (أو) فَكِه

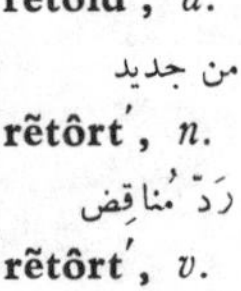

rētôrt′, *n.* القَرعَة (في علم الكيمياء)

rētouch′ [-tuch], *v.* رَوْدَك الشيء = أعاد عليه وسوّاه وحَسَّنه

rētouch′, *n.* رَوْدَكة = إعادة وتسوية وتحسين

rē-trāce′, *v.* أعاد بالقلم (أو) بما يُشْبِهه (على . . .) . رَسَم من جديد

rētrāce′, *v.* عاد على الأثر . عاد أدراجه . رجع أدراجه

rētract′, *v.* قَبَع = أَقْنَب = خَنَس = قَبَض (أو) رَدَّ (إلى الداخل) . انقبض . ارتد (أو) رَجَع (عن قولٍ أو . . .) . نَكَص . سحب . استرد . نقض

rētrac′tion, *n.* ارتداد . إقناب . خُنوس . ارتداد (أو) رجوع (عن . . .) . نُكُوص . انقباع . انقباض

rētreat′, *v.* تراجع . ارتد . تقهقر . اعتكف . اختلى . تخلّى (عن)

rētreat′, *n.* تراجع . انسحاب . اعتكاف . انعزال . إشارة التراجع . مُعْتَزَل . خَلوَة . عُزْلة

rētrench′, *v.* قَلَّل (أو) خَفَّض (من النفقة) = اقتصد = حَتَّر

rētrench′mẹnt, *n.* ترنيق = تحتير = تخفيض في النفقات . اقتطاع

rētrī′al, *n.* إعادة محاكَمة . محاكمة ثانية . محاكمة جديدة

retribū′tion, *n.* عقاب (أو) جزاءٌ عَدْلٌ (أو) وِفَاق

rētrib′ūtive, *a.* عقابي . جَزائي

rētrieve′, *v.* استعاد . استردّ (بعد الفِقْدان) . أعاد (أو) أرجع (إلى ما كان عليه) . استصلح . تَدارَك . أصلح . وَجَد (الشيء) وأتى به . تلافى

rētriev′ẹr, *n.* (كلبٌ) دَرَّاك = نوع من الكلاب يجلب الصيد ويأتي به إلى صاحبه

retrōac′tive, *a.* (قانون) ينطبق على ما قبله = رَجْعي المَفعول (أو) الحُكم

ret′roġrāde, *a.* خَلفي . متراجِع . متأخِّر . مُدبِر . آخِذ بالانحطاط . مُتقهقِر . مُدبِر الحال . مَنكوس . عكسي

ret′roġrāde, *v.* ساء (أو) تراجَع حالُه . أخَذ بالانحطاط . تقهقر . استأخر . تخلَّف . انتكس . انعكس

rētroġre′ssion, *n.* تراكد = تراجع . تقهقر . تدايُل الحال . إدبار = استئخار

ret′rospect, *n.* استعراض الماضي (وحوادثه) . إعادة النظر إلى الماضي . الرجوع إلى السوابق

in —, بالنظر إلى الماضي . عند استعراض الماضي

retrospec′tion, *n.* النظر إلى الماضي . استعراض الماضي . استعادة الماضي في الذهن

retrospec′tive, *a.* ناظِرٌ إلى الماضي . ينطبق على الماضي . رَجْعي المفعول

rētrȳ′, *v.* (-ried, -rying) أعاد المحاكمة . حوكم من جديد

rēturn′, *v.* أَرْجَع . أعاد . رَدَّ . قابل . رَجَع = آب . ارتد . عاد . ثاب

rēturn′, *v.* أجاب = رَدَّ . أَغَلَّ = أعطى رَيْعًا . قَدَّم بيانًا (بِ)

rēturn′, *n.* عَوْدَة . رَجْعة . رجوع . إعادة . بَيان = كَشْف

rēturn′, *n.* إرجاع . رَدّ . مُقابَلة . جَزاء . عائدة = فائدة = مَرَدَّة = مَرْجوع . نتيجة

in — for, في . . . . مكانَ . لِقاءَ . مقابل . عِوَضًا (عن)

rēturn′, *a.* إيابي . للعودة . عِوَض . مُقابل

a — ticket, تذكرة ذهاب وإياب

rēūn'ion, *n.* عودة التئام . عَوْدة اجتماع . إلتئام . لَمّة شَمْل . جَمْعة شَمْل . تلاقٍ

rēūnīte', *v.* جَمَع الشَّمْلَ . التأم الشملُ . عاد واجتمع . تألَّف . تلاقى

Rev. = Reverend

rēveal', *v.* أبدَى . أظهر . أبَان . أسْفر . كَشَف . عَرَض . استبرز . أصْرَح (الشيءَ) . أفْشَى . نَمّ . أوْحى = نزّل (الكلامَ الرَّبّاني)

rēvei'llē [riveli], *n.* نَبْويقة (أو دَقّة) الاستيقاظ (عند الصباح في الجيش)

rev'ẹl, *v.* (-velled, -velling) تلذَّذ وتَمتَّع . رَتَع . مَرِح . قَصَف . تَهزَّج . تَهتّك (أو) أهمَلَ نفسَه (في)

rev'ẹl, *n.* تَلذُّذ وتَمتُّع . مَرَح . قَصْفٌ . هَزَج

revēlā'tion, *n.* تَكَشُّف . إفشاء . إنكشاف . كَشْفة غَيْبٍ . وَحْي = تنزيل . كَشْف جديد (أو) مفاجئ

Revēlā'tion, *n.* آخر أسفار العهد الجديد = سِفر الرؤيا

rev'ẹllẹr, *n.* مَرّاح . قَصّاف (شَرِب وأكَل ومَرِح)

rev'ẹlry, *v.* مَرَح . قَصْف . إنهاك في اللّهو والتلذُّذ

rēvenge', *v.* أخذ بثأره = ثأَر . انتقم . اقتصَّ . انتصر (أو) انتصف (مِن)

to — himself on (upon), ثأر لنفسِه (من) . استقاد (من) . انتصر (أو) انتصف لنفسه

to be —d, أدرك ثأرَه = أخَذ بثأره (من) . انتقم

rēvenge', *n.* (حُبّ) الثأر (أو) الانتقام

rēvenge'ful [-jf-], *a.* مُنتقِم . مُحِبّ لِأخذِ الثأر (أو) الانتقام . حقود

rev'ēnūe, *n.* دَخْل . إيراد . دائرة (أو مصلحة) الدَّخل (أو) الإيراد (في الدولة)

rev'ēnūe, *a.* دَخْلي . إيرادي

rēverb'erāte, *v.* هَدْهد . رَدَّد = رَجَّع . تردَّد (أو) ترجَّع (الصوت أو الصدى) . عكس . صَلْصل . رَجّ . جَلْجَل

rēverberā'tion, *n.* تَرَدُّد (أو) تهدهُد (الصوت أو الصدى) . صَلْصَلة . ترجيع (الصوت) . جَلجلة

rēvēre', *v.* أكْبَر (وأحَبّ) . أجَلّ . هابَ . وَقّر . بَجّل

rev'ẹrẹnce, *n.* إجلال . مَهابة . توقير . ترجيب . تبجيل

rev'ẹrẹnce, *v.* أجَلّ . وَقّر (مع الحُبّ) . بَجّل

rev'ẹrẹnd, *a.* مُعظَّم = مُبجَّل . مُرَجَّب . جَليل . مُحْتَرَم .

Rev'ẹrẹnd, *a.* حَضْرة (لتلقيب رجال الدين)

rev'ẹrẹnd, *n.* قِسّيس

rev'ẹrẹnt, *a.* إجلالي . توقيري . بإخباتٍ . مُخْبِت

revẹren'tial, *a.* إجلالي . توقيري

rev'ẹrẹntly, *ad.* بإجلال . بِخُشوع = بإخبات

rev'ẹrie, rev'ẹry, *n.* هَلَج = تَفَكُّرات (أو) تَمَنّيات حُلوة خَيالية

rēvers'al, *n.* قَلْب . عَكْس . فَسْخ . نقض

rēverse', *v.* نَكَس . قَلَب . عَكَس . نقَض = فَسَخ . تراجع (الحال) . انتكس . ارتدّ . تبادل

rēverse', *n.* نَكْسة . عَكْس . رَدّة . ظَهر . دَبْرة = هزيمة في القتال . انتكاس

in —, مُتَراجِع . مُنقلِب

rēverse′, *a.* عَكس . ضِدّ . مناقض . مَنكوس . خَلفي . مقلوب

rēvers′ible, *a.* يمكن عَكسُه (أو) قَلبُه . قابل النَّقض . باطنه وظاهره سواءٌ (كبعض الألبسة) = وَجيهٌ = مُوَجَّه

rēver′sion [-shẹn], *n.* أوْلٌ = ارتكاس = عَوْدة (أو) ارتداد (إلى حالةٍ سابقة) . قَلب . نَكس

rēver′sion [-shẹn], *n.* = أيلولة المُلْك عَودته إلى الواهب (أو) الورثة

rēvert′, *v.* أرْكَس = أعاد إلى حالةٍ سابقة . عاد . رَجِع . آل . ارتكس = عاد (أو) رَجع إلى أصله (أو) إلى حالةٍ سابقة . فآء . ثاب . ارتدّ

rev′ẹry, *n.* = reverie

rēview′ [-vū], *v.* [راجع] = أعاد النظر (في) . استعرض . تصفّح . تفحّص . قرّظ (أو) انتقد (كتاباً ...) . نقّح . استعرض (الماضي)

rēview′, *n.* [مُراجعة] = إعادة النظر . استعراض . تنقيح . إعادة . مجلّة . تكرير . تدقيق (محكمي)

rēview′ẹr [-ū-], *n.* مُراجِع (أو) مُقرِّظ كتبٍ في مجلة (أو ...)

rēvīle′, *v.* شَتَم . سَبّ . لَقَس . فَحَش عليه في الكلام = أخنى

rēvīse′, *v.* حَرَّر = دَقّق النظر فيه وصحّحه . نقّح . عدّل . حوّر . راجَع (كتاباً ...)

rēvi′sion [-zhẹn], *n.* تحرير . تنقيح . تعديل . تحوير . مُراجَعة (كتاب ...)

rēvis′it, *v.* زار من جديد . عاد (إلى)

rēvīv′al, *n.* إحياء . إنعاش . إنبعاث . استفاقة . إحياء ديني

rēvīve′, *v.* أحيا (أو) بعث (من جديد) . انتعش . أفاق . استجدّ

rev′ocable, *a.* يمكن إلغاؤه (أو) الرجوع عنه (أو) فسخُه

revocā′tion, *n.* الرجوع (عن) . إضراب (عن) . إبطال . فَسخ

rēvōke′, *v.* ألغى . فَسَخ . رَجِع (أو) أضرب (عن) . نكل . نقَض

rēvōlt′, *v.* ثارَ . انتقض (على) = عَصى = خَلَع الطاعة . نَفَر (من) . نفّر

rēvōlt′, *n.* ثورة . انتقاض . عِصيان . قَوْمة . نفور . اشمئزاز

rēvōlt′, *v.* تَقزَّز (أو) اشمأزّ (مِن) = قَزَّت نفسُه (عن)

rēvōlt′ing, *a.* ثائر . تَتقزّز النفسُ (منه) . ينبو الطبعُ (عنه) . مُنفّر للطبع

revolū′tion, *n.* انقلاب (في الحكم) . قَلب (الحكومة) . انتقاض . ثَوْرة . دَوْرة . دَوَران . تدويمة

revolū′tionary [-shẹn-], *n., a.* انقلابي . ثَوْري . داعية انقلاب (أو) ثورة . مُحرِّض على الثورة

revolū′tionist [-shẹn], *n.* داعية انقلاب (أو) ثورة . [ثَوْرَوي] . ثَوْريّ

revolū′tionīze [-shẹn-], *v.* قَلَب . أحدث انقلاباً (تامّاً) (في) . بدّل (أو) حوّل (بصورة كبيرة) . غيّر تغييراً تامّاً

rēvolve′, *v.* دار . دوّم . توالى . تواتر . انفتل . دوّر = أدار . قلّب (في الفكر) . روّى (في الأمر) . أجال في الذهن

rēvol′vẹr, *n.* مُسدَّس . [غدّارة]

rẽvūe′, *n.* عرض مسرحي هَزْلي (أو) تهكمي

rẽvul′sion [-shẹn], *n.* جَفوة (أو) نفرة
(شديدة مُفاجِئة) . إعراض شديد .
انتكاث . انتقاض . انقلاب مفاجئ
في العواطف

rẽward′ [-wôrd], *n.* أجر . جَزاء .
جائزة . مكافأة . حِباء

rẽward′, *v.* أَجاز . آجر . كافأ . حَبا

rēword′ [-werd], *v.* وضع في عبارةٍ
جديدة . صاغ صوغًا جديدًا . قال
مرة ثانية

Rey′nârd [ren-, rā-], *n.* أبو الحُصَيْن
= اسمٌ للثعلب يُطلَق عليه في الحكايات
= ثُعالَة

rhap′sody [rap-], *n.* مُلحَمة شعرية .
أنشُودة (حماسيّة) . تَشدُّق . كلامٌ
على غير نظام . كتابة حماسية مفرطة .
موسيقى مُرتَجلة على غير نظام

Rhen′ish [ren-], *a.*, *n.* نبيذ الراين .
رَايني (نسبة إلى نهر الراين)

rhet′oric [ret-], *n.* (عِلم) بلاغة (أو)
بيان . تَفاصُح . كلام مُنمَّق

rhẽto′rical, *a.* بَليغ . مُتعلّق بالبلاغة
(أو) بالبَيان . مُنمَّق . فيه تفصُّح .
فيه تَفَيهُق

— question, سؤال تقريري . سُؤال
بَديعيّ (للتأثير في السامِع)

rhetori′cian [-shẹn], *n.* عالم بأصول
علم البلاغة . بَياني . بلاغي

rheum [rōōm], *n.* رُعام . مُخاط . زُكام

rheumat′ic [rōōm-], *a.* مُتعلّق بداء
المفاصل (أو) الروماتيزم (أو) الرَّثْية

rheumat′ic, *n.* شَخصٌ مصاب بالروماتيزم
(أو) بالرَّثْية

rheu′matism [rōō-], *n.* داء (أو)
التهاب المفاصل . وَجع المفاصل = رَثْيَة

rhīne′stōne [rīns-], *n.* جوهرة مَخشلَب .
أَلماس مَشخَلَب = أَلماس مُدلَّس
(من زجاج)

rhī′nō [rī-], *n.* = rhinoceros

rhīno′cẹros [rīn-], *n.*
كَرْكَدَّن = وَحيد القرن =
مِرْمِيس = سِناد = خَرنيت

rhōdoden′dron [rōd-], *n.*
(شجرة) الدِفْلَى

rhũ′bârb [rũb-], *n.* (نبات) الرَّاوَنْد
(والرِّيبَاس من أنواعه)

rhȳme [rȳm], *v.* كان على قافية واحدة
(أو) رَوِيّ واحد . توافق في القافية
(أو) السَّجعة . سَجَع . قفّى

rhȳme, *n.* قافية . رَوِيّ . سَجعة . تقفية
أرجوزة

rhy′ṭhm [riṭhm], *n.* وَزن الحركة (أو)
الشِعر . إيقاع . نَظْمة . مواتَرة .
وَتيرة

rhyṭh′mic(al), *a.* مَوزُون (الحركة) .
إيقاعي . نظْمي

rib, *n.* ضِلع (في الصدر أو في ورقة الشجرة)

rib, *v.* (-bbed, -bbing) وَضع ضُلوعًا .
ضَلَّع

rib′ald, *a.* مُجُوني = فُحشي . بذيء .
إحماضي . رَفثي

rib′aldry, *n.* تَعهّر في الكلام . مفاحَشة .
مُماجَنة . كلام الخَنا . مُمالَغة . إحماض

rib′and, *n.* = ribband

ribb′and, *n.* = ribbon

ribbed [-bd], *a.* مُضلَّع . ذو حُيُود

ribb′on, *n.* شريط . [شَبَرَة] . سَريحة . بِند

rīce, *n.* رُز . أَرُز

rich, *a.* غنيّ . خصيب . وافِر . سَمين . غَزير . حافِل . ثمين . فاخِر . أَنيق . دَسِم . مُشْبَع . شَبيع (الصوت) . فيه ثَروة (من) . مُكَلِّف = غالي الثمن

the rich, *n. pl.* الأغنياء . أصحاب الثروة (أو) المال

rich'ēs, *n. pl.* غِنىً . ثَرْوة . ثَرآء . مال

rich'ly, *ad.* بِغنىً . بصورةٍ فاخِرة . بِوَفْرة . بغزَارة

rich'ness, *n.* غِنى . خِصب . غَزَارة . دَسَامة . إشباع

rick, *n.* كُدَّاس (القش أو الحشيش أو الحصيد) = عُرْمَة

rick'ēts, *n.* داء الرِّيكِتْسيّة . (داء) الكُسَاح (أو) الكُسَاحة (عند الأطفال) وهو رِخاوة العِظام

rick'ēty, *a.* مُصاب بالكُسَاح . مُتَخَلْخِل . مُتَرَجْرِج . مُتَقَلْقِل . مُتَخَلِّع . خائر . رِخو المفاصل . واهِن

rick'sha, *n.* = rickshaw

rick'shaw, *n.* عربة صغيرة بدولابين ولها غطاء يجرها شخص (أو) شخصان

ric'ochet [-shet *or* -shā], *v.* زَلَج وتقافز على سطحٍ مستوٍ (كالحجر إذا قُذِف على الأرض (أو) سطح الماء باستواء)

rid, *v.* (rid, ridded *or* ridden, ridding) خَلَّص . أَرَاح (من)

to get — of, تَخَلَّص (أو) تَخَلَّى (من)

ridd'ance, *n.* تَخَلُّص . إزالة

good —, إلى حيث أَلقت . نِعْمَ الخلاص ! الحمد لله على الخلاص (من)

ridd'ẹn, *v., pp. of* rid

rid'dle, *n.* مُعَمَّاة . أُحجِيّة = حُكَيْكَة = لُغز . مُعاياة . سِرٌّ غامض . (شخص) مُعَمَّى

rid'dle, *v.* حاجَى . تَحَاجَى . عايَى . أَلْغَز . حَلَّ اللُّغز

rid'dle, *v.* ثَقَّب . تَخَرَّب . كَرْبَل . غَرْبَل . هَلْهَل (السمعة) . خَلَّل . تَخَلَّل

rid'dle, *n.* مُنخُوب . غِربال . كِرْبال

rīde, *v.* (rode, ridden, riding) رَكِب . امتطى . عامَ = سَبَح . سار . رسا . نَتَأ (عن) . تَحَكَّم . أَرْكَب

rīde, *n.* رُكْبَة . رُكُوب . طريق للركوب

rīd'ẹr, *n.* راكب . إلحاق . مُلحَق . تَذْييل . تعديل

ridge, *n.* مَتْن . سَنَمة = عَيْر = شَرْخ . سِنْسِن (الظَّهر) . قِرْدِيدَة (الجبَل) . قَرْدَد . غارِب (الموجة) . سِلسِلة . عُرف (الجبَل) . عِرق (من الرمل) . حَزيز

ridge, *v.* سَنَّم . جعل له حرفًا ناتئًا (أو) عَيْرًا في وسطه

ridge'-pōle, *n.* عمود أفقي (من الخشب أو غيره) ممتد في أعلى جملون البناء (أو) الصوان

rid'icūle, *n.* سُخْرِيَة . ضَحِك . هُزو . استهزاء

rid'icūle, *v.* هَزِئ . سَخِر (أو) ضحك (من) . . تَهَكَّم (بِ) . سَفَّه . سَخَّف . جَهَّل

ridic'ūlous, *a.* مُضْحِك . مَهزَأة . من السَّفَه . سَخِيف

ridic'ūlously, *ad.* بما يُوجِب (أو بصورةٍ تُوجِب) السُّخْرِيَة

rīd'ing, *n., a.* راكب . ركوب الخيل . لركوب الخيل

rīfe, *a.* حافِل (بِ) . مَبْذُول = كثير الوجود . غفير . وافِر . فاشٍ . جارٍ

riff'-raff, *a.* حِشْوة (الناس) . زَعانف . طَغام . سِفْلة (أو) عُفاشة (أو) خُشارة (الناس) . أوباش . دَغامر

rī'fle, *n.* بندقية (ذات سَبَطانة مُلَوْلَبة من الداخل)

rī'fle, *v.* [شَشْخَن] = حَلزَن = لَوْلَب = حَزَّز حزوزًا لولبيّة

rī'fle, *v.* إجتحف = استلب . نَهَب . فَتَّش (وسَرَق) . نَبَّش (واختلس)

rī'fleman [-lm-], *n.*; *pl.* -men (جندي) حامل بندقية . شخصٌ يُتقِن استعمال البندقية

rift, *n.* فلق . فُرْجة . شَقّ . صَدْع . فَتق . شُقّة . فُرْقة

to heal the —, رَتَق الفتق . جَبَر (أو) رَأَب الصَّدْع

rift, *v.* فَلَق . شَقّ . صَدَع . فَجر

rig, *v.* (rigged, rigging) جَهَّز . أعَدّ . جَهَّز السفينة بجهازها (أو) عُدَّتها (من سَوارٍ وقُلوع الخ) . تَزَيَّى

rig, *v.* دَغْمَر (السوقَ أو الانتخابات) = دَبَّرها بالغُشّ

rig, *n.* كيفية تركيب جهاز السفينة . زِيّ . لِباس

rigg'ing, *n.* عَرَبة بخيلها . جهاز (أو) عُدَّة السفينة (من حبالٍ و . . .)

rīght [rīt], *a.* عَدْل . حَقّ . صَحيح . صواب . يَمين . يُمنى . مُحِقّ . مُصيب . لائق . مُناسِب . مُستقيم . في حالة جيدة . صحيح الجسم . قائم

rīght [rīt], *ad.* على الوجه الصحيح . بما هو صحيح . بعدْل . على حقّ (أو) صواب . مُصَحَّح . سواء . عامِدًا (أو) باستقامة . يَمينًا . تمامًا . فَوْرًا . بتصويب . جِدًّا

rīght [rīt], *n.* عَدْل . حق . صَحيح . يَمين . حزب اليمين

by — or —s of, بالحقِّ . على الوجه الصحيح . كما يجب (حقًّا)

the — of way, حقّ المرور . حَقّ السبيل

rīght [rīt], *v.* عَدَّل . صَحَّح . سَدَّد . قَوَّم . سوّى . أقام . إنعدل

right angle, زاوية قائمة

rīght'-anġled [-ld], *a.* قائم الزاوية

rīght'eous [rīchẹs], *a.* صالِح . مُقسِط . نَقيّ . عادِل . بارّ . حَقّ . زَكِيّ . على حَقّ . يُزَكّى . فاضِل

rīght'eousness [rīchẹs-], *n.* استقامة . صَلاح . فضيلة . بِرّ

rīght'fụl [rīt-], *a.* حَقّاني . حَقّ (وعَدْل) . صَحيح . صاحب الحَقّ . مُحِق

rīght'fụlly, *ad.* حَقًّا . بحسب العدل (أو) القانون . بِحَقّ

rīght'-hand, *a.* على اليمين . أيمن . يُمنَى . لليمين . خير عماد

rīght'-hand'ẽd, *a.* أيسَر = يعمل بيده اليمنى . يَتِّي = من الشمال إلى اليمين (كسير عقارب الساعة)

rīght'ly, *ad.* بِحَقٍّ . بِعدْلٍ . بإصابة . على صواب . على الوجه الصحيح

ri'gid [-j-], *a.* جامِد . صُلْب . قاسٍ . قَسْب كَزّ . ثابت . مُتَشَدِّد . شديد

rigid'ity, *n.* جُمود . صَلابة . كَزازة . قُسُوبة . قَساوة . تَيَبُّس

rig'marōle, *n.* خَطلبة (أو) تَفقيع (كلامٍ) . خَلابيس (من الكلام) = هَمْرَجة (في الكلام) = عطعطة . رَهْبَلة = هُرآء . خَرفَشة

rig'or, *n.* = rigour

rig′orous, *a.* شديد القَسْوة . قاسٍ جدًّا . خَشِن . مُتَشَدِّد . بالغ الدِّقَّة

rig′orously, *ad.* بقسوةٍ شديدة . بِشِدَّة . بقسوة . بدقةٍ بالغة

rig′our, rig′or [riger], *n.* خُشُونة . شِدَّة . قَسْوَة . تَشَدُّد . تَيَبُّس . غُمرة . قسوة شديدة . مَشَقَّة . قَساوة . بَرْدِيَّة

rīle, *v.* أزعج . كَدَّر . أغاظ . عَكَّر

rill, *n.* زُرنوقة . جَدْول . ساقية

rim, *n.* حَرْف = حِتار = كِفاف . حافة . حُوق

rim, *v.* (rimmed, rimming) حَتَّر = أحاط به كالحِتار . استكَفَّ

rīme, *n.* = rhyme

rīme, *n.* حَليت = صقيع أبيض = [حَوزَوَر]

rīnd, *n.* قِشْر = لِحاء = قُرافة . جِلد (الحيوان) = إِهاب

ring, *n.* حَلْقة . خاتَم . طَوْق . دائرة

ring, *v.* (ringed, -nging) حَلَّق . أحدَق (ب) . حَوَّط . طوَّق . جَلْجل . حَلَّق (كالطائر في الهواء) . خَزَم . خَتَّم (بخاتم)

ring, *n.* رَنين . طَنين . رَنَّة . طَنَّة . جَلْجَلة . ترجيع (الصَّدى) . جَرْس (الصوت) . رَزِيز

ring, *v.* (rang, rung, ringing) رَنَّ . دَقَّ . طَنَّ . جَلْجَل . رَجَّع . اتَّسَم = عليه طابَع

— up, تَلْفَن = خابر بالتلفون

ring, *n.* حُوطة (أو) حُواطَة (للألعاب والمسابقات) . عُصْبَة . زُمرة

ringed [-gd], *a.* مُخَتَّم . مُحلَّق . حَلَقِي . مُحوَّط

ring′er, *n.* رَنَّان . دَقَّاق . مُحَوِّط

ring′leader, *n.* رئيس العُصبة . عَقيد (أو) رئيس الفِتنة

ring′lĕt, *n.* خُوَيتِم . حُلَيقة . تَقصيبة = خُصلة ملتوية من الشعر = زُرْفِينة

ring′worm [-werm], *n.* (مَرض) السَّعفة (يُحدث في الجلد بُقعاً حَلقيَّة)

rink, *n.* مَدَّة من الجليد للتزحلق . أرض ملساء مُمهَّدة للتدحرج

rinse, *v.* شَطَف . ماصَ . مَضمَض

rinse, *n.* شَطْف . مَوْصة . مَضْمضة

rī′ot, *n.* هَوْشة . شَغَب . اضطراب . هَوجَة . ثَوْرة . تَهَتُّك . تَهَمُّك في القصف والمرح . زَخْرَة

to run —, جَمَح وذهب كلَّ مذهب . طاش وتَهَوَّج . هاجَ في النمو = تَزَخَّر

rī′ot, *v.* شَغَب . هاش . تَهَوَّش . قَصَف ومَرِح . تَهَتَّك . رَكِب هواه . تَغَوَّى

rī′oter, *n.* شَغَّاب . هَوَّاش

rī′otous, *a.* شَغَّاب . شَغَبي . صَخَّاب . مُحَرِّض على الشغب . مُنْهمِك في القصف والمرح . راكِبٌ هواه

rip, *v.* (ripped, ripping) شَقَّ . بَعَج . بطَّ . مَزَّع . شَرَط . فَتَق . إِمتَلَخ . قَدَّ . إِنشق . مَلَخ = أَسْرَع

rip, *n.* مَزْع . شَرْط . فَتْق . قَدّ

rip, *n.* ماء رَقْراق (يترقرق فوق سطح خشن) . خُضارِب = ما يضطرب بعضُه ببعض بسبب إلتقاء موجتين (أو) تَيَّارَين = تَمَرُّج

rip, *n.* خَلِيع . ساقِط . خَسِيس

rīpe, *a.* مُستوٍ = ناضِج = مُدْرِك . تام النمو . يانِع . مُستَحصِد . مُنَضَّج . متقدِّم (في العمر) . مُكتَمِل

rīp'ẹn, *v.* إستوى = نَضَج . أَنضج . أَينَع . أَدرَك . اكتمل

rīpe'ness [-pn-], *n.* نُضْج . اكتمال (النمو) . إيناع . إدراك

rip'ple, *n.*, *v.* مِمْشَقة (كتّان) . مَشَق

rip'ple, *n.* تَجعيدة . تَمْويجة . رَقرَقة . نَمنَمة . هَدهَدة . زَغرَعة . حَبيكة الماء (أو) الرمل

rip'ple, *v.* تَرَقرَق = تَجَعَّد = تَمَوَّج . تَرَعْرَع . جَعَّد = عكَّف . زَغرع = اضطرب على الأرض . تَمَرْمَر = اهتز وارتجّ = تَعَسَّل

rip'-saw, *n.* مِنشار لقطع الخشب بمحاذاة الأساريع (أو) الطرائق

rīṡe, *n.* رَباوة . ارتفاع . صُعود . نَشْز = مُرتَفَع . منشأ = مَبدأ . زيادة

rīṡe, *v.* **(rōṡe, riṡ'ẹn, rīṡ'ing)** نَهَض . ارتفع . هاج = هَبَّ . انتعش . طَلَع = شَرَق . كان كُفُواً (لِ) . تَرَفَّع . تصاعد = تعالى . نبع . ثار . نجم . نشأ . انبعث (من الموت) . عَكّى (الدخان) تصاعد . نبج (العجين) . شخص (الجُرحُ)

riṡ'ẹn, *v.*, *pp. of* rise

risibil'ities, *n. pl.* قُوّة ضاحِكة . ضَحِك . استضحاك . مَلَكة الضحك

risibil'ity, *n.* ضَحِك . قابلية الضحك

rīṡ'ing, *n.* نهوض . ارتفاع . طلوع . شُروق . صعود . قَومة = ثَورة

rīṡ'ing, *a.*, *n.* ناشِيء . نامٍ . ناهض . قيام من النوم . في إقبال وتقدم

risk, *n.* تعرض للخطر (أو) الضرر . خَطَر مُحتَمَل . غَرَر . مَظِنَّة خطر . مَحذور . إخطارة

risk, *v.* عَرَّض للخطر (أو) الضرر (أو) الخسارة . خاطر . جازف . تَقَحَّم . أَخطر . غَرَّر (بِ) . أَندَب (نفسه) = أَخطَرها

ris'ky, *a.* **(-kier, -kiest)** مُخطِرَة . مُخطِر . غَرَر = فيه خَطَر . مَظِنَّة خَطَرٍ . فيه احتمال خطر

ris'qué [-kā], *n.* مُجُوني . فيه إحماض (أو) شيء من المُجُون

rīte, *n.* مَنسَك = طقس (ديني) = شَعِيرة

rit'ūal, *n.* كتاب الطُقُوس . شعائر . طُقُوس

rīv'al, *n.*, *a.* مُبارٍ . مُنافِس . مُنازِع . نِدٌّ . مُعارِض . مُناهِض

rīv'al, *v.* **(-valled, -valling)** بارَى . نافس . زاحم . ناهضَ . عارَض . ناوَأَ

rīv'alry, *n.* مُباراة . مُنافسة . مُزاحمة . مُسابقة . مُناهضة

rīve, *v.* **(rīved, rivẹn, rīving)** فَسَخ . فَلَق . فَلَع . شَقَّ

riv'ẹn, *v.*, *pp. of* rive

riv'ẹr, *n.* نَهر

riv'ẹr-bank, *n.* ضَفّة (أو) عِبْر (النهر)

riv'ẹrsīde, *n.* جانِب (أو) سِيف (أو) جال (أو) طفّ النهر . ضفة النهر

riv'ĕt, *n.* دِسار = مِسمار بَرشَمة . [برشام]

riv'ĕt, *v.* دَسَر = [بَرشَم] = [بَشَّم] = [بَجَّن] . ثَبَّت = سَمَّر . استحوذ (على)

riv'ūlĕt, *n.* نُهَير = جَدوَل = فَلَج

rōach [rōch], *n.* بِنْت وَردان = خُنفُساء بيتية

rōach, *n.* بَجَن = سَمَك فِضي اللون يوجد في المياه العَذْبة

rōad [rōd], *n.* طَرِيق . دَرْب . مَرسَى . سَبِيل . جادّة

rōadṡ [rōdz], *n. pl.* مُكَلَّأ . مَرسَى

rōad'sīde [rōd-], *n., a.* جانب (أو) حاشية (أو) جال الطريق

rōad'stead [rōdsted], *n.* مَرسًى . مُكَلَّأ . مَرفأ

rōad'stęr [rōd-], *n.* سيارة مفتوحة لراكبين . فرس للرُكوب (أو) للجرّ . مَركَبة (أو) رَكوبة سَفَرٍ (على الطريق)

rōad'way [rōd-], *n.* طريق . طريق العربات (أو) السيّارات

rōam [rōm], *v.* تَنَوَّه = جال (أو) تجوّل بدون هدف . تَسَكَّع . سَرَح

rōan [rōn], *a.* أشقر (أو أدهم) أبرش . كُمَيت . أغبَر . أمغر

rōan, *n.* فرس كُمَيت . فرس أشقر (أو أدهم) أبرش = أمغر

rôar [rôr], *v.* جأر . زأر . جَأر = [جعَّر] . هَدَر . زَمجر . قَهقَه . شخَر . نخَر

rôar, *n.* جُؤار . زئير . هدير . زَمجرة . زَهزَقة (ضحك) . نخير

rōaṣt [rōst], *v.* شَوَى . [حَمَّص] = ! حَمّس وقلا . حَمَّر . حَمّى . تحمّص (أمام النار)

rōast, *n.* قطعة لحم مَشوية . قطعة لحم مُحمَّرة . قطعة لحم للتحمير

rōast, *a.* مَشوي . حَميص = مُحَمَّص . مُحمَّر

rōast'ęr [rōst-], *n.* شَوّاء . مَشوَى . تَنُّور يُشوَى فيه . صالح للشيّ . مِحمصة

rob, *v.* (robbed, robbing) سَلَب . قَشَّط . سَرَق . حرَم . اغتصب

robb'ęr, *n.* سَلّاب . سَرّاق . [حرامي] . غاصب

robb'ęry, *n.* سَلب . تَقشيط . سَرِقة . اغتصاب

rōbe, *n.* جُبّة . طَيلَسان . خِلعة . عباءة . رِداء . حُلّة (أو كِسوة) رسمية . ثَوب

rōbe, *v.* تَردّى بالجُبّة . تطيلَس . لَبِس . خَلَع (عليه)

rōbeṡ [rōbz], *n. pl.* لِباس . كِسوة . كِساء

rob'in, *n.* (طائر) أبو الحِنّاء . [أبو الحِنّ]

rōb'ot, *n.* إنسان آلي . شخص مسلوب الإرادة يَعمل كالآلة

robust', *a.* ضَليع . عُضلِيّ = مَتين . قَويٌّ صحيحُ الجسم . قَويُّ البِنية . جَزلٌ . صَتمٌ . شديد . جَزل

roc, *n.* (طائر) الرُخّ (في ألف ليلة وليلة)

rock, *n.* صَخر(ة) . راسية . دِعامة . جُلمود . جَندَل

on the —s, مُتحطّم (كالسفينة) . مَعطوب . في ضائقة مالية . مُعدِم . مُفلِس

rock, *a.* صَخريّ . ثابتٌ كالصَّخر

rock, *v.* هَزّ . تَهزهَز . ماد وتَمايل = ناد . تَكفّأ . دَأدأ . هَدهَد . رَجّ . ارتجّ . اهتزّ . تَدَأدأ

rock, *n.* تَهزهُز . نَودان . هَزهزة . هَدهَدة . رَجّة

rock bottom, أقصى القَعر . الدَّرك الأسفل

rock'ęr, *n.* حَنيّة الكرسي الهزّاز . خَشبة (أو) قطعة مَحنية يعتمد عليها الكرسي الهزّاز . كرسي هَزّاز

rock'ĕt, *n.* سهمٌ ناريّ . صاروخ . (نبات) الجِرجير

rock'ĕt, *v.* ارتفع عالياً سريعاً . ارتفع (أو) انطلق كالصاروخ . ارتفع صاروخياً

rock'ing-chair, *n.* كرسي هزّاز

rock'-salt [-sôlt], *n.* مِلحٌ أندراني (أو من منجمه) = مِلح صَخري

rock'y, *a.* (-ier, -iest) كثير الصخور . صَخري . أصخر . كالصخرة رُسُوًّا (أو) قسوة

rock'y, *a.* مُترجرِج . مُتهزهز . مُتقلقل . مُتَرَكرك

rocōc'ō, *n.*, *a.* طراز من البناء والترويق فيه تزيينات مبالَغٌ فيها تتضمّن أشكال أوراق وأصداف ودروج وغيرها

rod, *n.* عُود . قضيب . قصبة (صياد السمك) . قَصبة (يُقاس بها) . عصا (أو) حزمة عساليج يُضرَب بها . صَولجان . مِخصرة . مقياس طولي = ٥ ½ ياردة = ١٦ ½ قدماً

rōde, *v.*, *p. of* ride

rōd'ęnt, *n.*, *a.* (حيوان) قارض (أو) قاضِم . أكّال

rōde'ō [-dāō *or* -diō], *n.*; *pl.* -eos مباراة (أو) عَرض في المهارة في إلقاء الحبل في رقبة البقر (أو) في ركوب الخيل . سُوق الماشية مجتمعة = حَوش البقر

rōe [rō], *n.*; *pl.* roes *or* roe ظَبيَة صغيرة . ماعزة جبلية = يَحمورة

rōe [rō], *n.* سَرء = صُعقُر = مَكن السمك . [بطارِخ]

rōe'buck [rō-], *n.* ظبي صغير = يَحمور . تَيس جبلي

rōgue [rōġ], *n.* سافِل خبيث . داعِر . مُحتال . ختّال . [ابن حرام] . [نصّاب] . خبيث . لئيم . [ملعون] = كلمة تقال تحبباً

rogues' gallery, مجموعة صُوَر المجرمين المعروفين (عند الشرطة)

rōġ'uery [-ġęry], *n.* سَفالة وخُبث . [ملعنة]

rōġ'uish [-ġish], *a.* مَكري . غِشّي . خُبثي

rois'tęr, *v.* نبختر = تفيّد . تبجّح = ترَخّر . قصف = شرب ومرح

rois'tęręr, *n.* زخّار = فيّاد . قصّاف

rōle, *n.* دَور تمثيلي . دَور . مُهمة . وظيفة

rōll, *n.* تدَحرُج . لفّ . نَودان . هَدهدة (الرعد) . هَدير . طُومار = دَرج . لُفة (أو) لُفافة . مِكبّ . كُبّة . سجل (أو) دَرج أسماء . مَلّاسة

rōll, *v.* دَحمل . تدَحرَج = ترَضرض . تمادل = ارتفع تارة وانخفض أخرى . لفّ . كبكب . تكوّر . تطوّى . دَرَج . كرّ . سطّح = دكّ . رقّ (العجين) بسطه . نادت السفينة (تنود) = تمايدت . قلّب (عينيه) . هَدهد . تكوّم . تمرّغ

roll call, مناداة الأسماء

rōll'ęr, *n.* [مِدحلة] = مِحدلة . مَلّاسة . مِسلفة . مِلَف . مِكبّ . بَكرة . اسطوانة . مِرقاق (العجين) . مِسلفة = حجر يُدَحرج لتسوية الأرض . دُحروجة . موجة طويلة زاخرة . مِدلك اسطواني . (طائر) الشِقِرّاق (أو) الأخيل

roller pigeon, حمام قلّاب

rōll'ęr-skāte, *n.* دُحروجة . دُحمُولة . [جرّاية]

rōll'ęr-skāte, *v.* تدَحرج . دَرَج على الدحاريج = تدَحمل

roll'ick, *v.* مَرِح . اشتد فرَحُه ونشاطُه وانطلاقه . [برطع]

roll'icking, *a.* مُفرِح جدًا . مَرِح . فَرِح صَخّاب

rōll'ing, *a.* مُتَدَحرِج . مُتَموِّج . مُتَحادِل = مرتفع ومُنخفض . مُتَهَزهِز . هَدّار

rōll'iṅg-mill, *n.* مَصنَع = مَطلة = مَطل يُرَقّ فيه المعدن على شكل صفائح (أو) قُضبان

rōll'iṅg-pin, *n.* = مِطلَمة = شَوْبَك = مِرقاق = مِحلاج = صَوْبَج (العجين). مِطَلَة . مِحوَر

rōll'iṅg-stock, *n.* قُطُر وعَرَبات السكة الحديدية

rōl'y-pōl'y, *n.*, *a.*; *pl.* -polies قَصير سمين . سَمين مُدَمْلَج . دَحداح = مُلَملَم . بُحتُر

Rōm'an, *n.* شخص من روما

Rōm'an, *a.* روماني = من روما

Roman Catholic, كاثوليكي تابع للبابا . كاثوليكي روماني

Roman nose, الأنف الأقنى

romance', *v.* [خَرَّف] = أخبر أخبارًا لا يُوقَن بها . [تَخايل] = تَخَرَّص . اختلق وتَخَيَّل = تَرَطَّز

Romance', *n.*, *a.* رومانسي (كاللغة الفرنسية والإيطالية والإسبانية والبرتغالية)

romance, *n.* قصة (أو) قصيدة بطولة (أو) مغامرة . سيرة . قصة غرامية . غرام . تَخَرُّص . [تخريف] . حكاية مختلقة مُلَفَّقة . عشق وغرام . ولع بالمغامرة . تعشق النساء

roman'cer, *n.* [مُخَرِّف] . مؤلف قصص (أو) سير غرامية (أو) بطولية

Rōmanesque' [-nesk], *n.*, *a.* طراز من البناء الأوروبي قبل القوطي

Roman numerals, الأرقام الرومانية مثل: V = ٥ ، X = ١٠ ، L = ٥٠ ، M = ١٠٠٠

Rōmanṡ, *n.* سفر من أسفار العهد الجديد البولُصِية

roman'tic, *a.* متعلق بقصص (أو) ملاحم البطولة (أو) المخاطرة . يستهوي (أو) يُثير الخَيال . تَخَرُّصي . تَوَهُّمي . تَخَيُّلي . غرامي . كأنه في دنيا الخيال . مولع بالمغامرات الخيالية . [تخريفي]

roman'ticiṡm, *n.* الرومانتيكية (في الأدب)

romp, *v.* نَوارَش = لَعِب بخشونة وضجة = اعترص . مَرِح

romp, *n.* اعتراص . نَوارُش . وَرَش . بِنتٌ وَرِشَة . مَرَح

rōōd, *n.* صَليب . الصليب الذي صُلِب عليه السيد المسيح . مِساحة تعادل ¼ فَدّان

rōōf, *n.* سَطح (البيت) . سَقف = عَمًا . أعلى الشيء

rōōf, *v.* آوى (تحت السقف) . سَقَف . سَقَّف . عَرَّش = صنع سَقفا

rōōf'ing, *n.* أدوات (أو) جهاز التسقيف = سُقافة . تسقيف . سَقف

rōōf'less, *a.* لا يُظِلُّه سَقف = لا مأوى له . ليس عليه سَطح = أجهى = لا سَقفَ عليه

rōōf'-tree, *n.* جائز أفقي في أعلى السقف . عمود أفقي (من خشب أو غيره) يعتمد عليه السقف . سقف . مأوى

rook, *n.* غُراب أوروبي . زاغ . غُراب القيظ . الرُّخ (في الشطرنج) . غَشّاش (في لعب الورق أو النرد)

rook, *v.* غَشَّ . أخذ بالغش (أو) الحيلة

rook'ery, *n.* = مَوْكَرة (أو) مَجحَرة = مَجمَع من الجُحور (أو) المساكن الحقيرة . مَرْبى طيور (أو) حيوانات . مَرْبى غِربان القيظ . جماعة من غربان القيظ تعيش معاً

rōōm, *n.* . غُرْفَة . فُسحة . فَرَاغٌ . مَجال . مَكان . فضاء . مَحَلّ

rōōm, *v.* سَكَن (أو) أسكن في غرفة (أو) غُرف

rōōm'ful, *n.*; *pl.* -fuls . مِلْءُ غُرفة . ما في الغرفة من أشخاص (أو) أشياء

rōōm'iness, *n.* . فَسَاحة . وُسْعَة . اتساع . رَحَابة

rōōm-māte', *n.* مشارِك (أو) مُقاسِم في الغرفة . رفيق في الغرفة

rōōm'y, *a.* (-ier, -iest) واسع . فَسيح . رحيب . وَسيع . مُفضٍ

rōōst, *n.* . مَبيت (أو) مَجثَم (الطائر) . وَكْر . مَبيت . مَبَانة . مَأوى

rōōst, *v.* جَثَم (الطائرُ) (للمبيت) . أَبَات = آوى . بات

rōōs'tẹr, *n.* ديك الدَّجاج

rōōt, *n.* . أُرُومَة = جَذر (النبات) . جُرْثومة . عِرق . أُسّ . أصل . جذم . سِنخ

to take —, تأصّل . تمكّن . ترسَّخ

rōōt, *n.* الجَذر (في الرياضيات) ومنه الجذر التربيعي مثلًا

rōōt, *v.* . مَدّ (أو) أرسل الجذور . تأصَّل . تَسمَّر وثَبَت في مكانه فلم يَبْرَح . ترسَّخ

to — out, up, جَذَّر = اقتلع (من الجذر) . إجتثّ . استأصل

rōōt, *a.* جَذري . أَصلي

rōōt, *v.* . نَبَش واستخرج (بالخُرطوم مثلًا) . إنتبش

rōōt'ĕd, *a.* مُتأصِّل . مُتَسَمِّر (أو) ثابت في مكانه لا يَبْرَح

rōōt'lĕt, *n.* جُذَيْر = أنبوش . عُنقُوشة = شيء كالجذير يتعلق به النبات بالصخور وغيرها

rōpe, *n.* . حَبل . مَرَس . سِمْط . رَسَن . سُعبوب . وَهَق

to give him —, مَدَّه = أمهله وطَوَّل له = أرخى له الحَبْلَ = أَمْلى له

to know the —s, يَعْرِف دِخْلَةَ الأمر

rōpe, *v.* أَمسكَ بالوَهَق (كالأُنشوطة) في العُنُق = إحتَبَل = أَوْهق . حَبل = رَبَط بالحبل . تَسعَّب = تمطَّط وصار خُيوطاً كما يصير العَسَل

rōp'y, *a.* = كالحَبْل . لَزِج مُتَلَعْلِع = مُتَمطِّط . مُتَسعِّب . على شكل خيوط

rōs'ary, *n.* [مِسْبَحَة] = سُبحَة

rōṡe, *n.* جُلّ = وَرد(ة) . بُلبُل (أو) بَزْباز الأبريق . بُلبُل مُثقَّب في نهاية أنبوب الماء

a bed of —s, . مَلذَّة متواصلة . مُتعة . نعمة . مَرْفَهة

under the —, خِفيَةً . سِرًّا

rōṡe, *a.* وَرْدي . مُوَرَّد . على شكل وَرْدة

rōṡe, *v.*, *p. of* rise

rōs'ēāte [*or* **-it**], *a.* . بلون الورد . وَرْدي . باسم . مُتفائل

rōṡe'bud [**-zb-**], *n.* . بُرعوم الورد [زر الورد] . بنت زَهراء جميلة كالوَردة

rōṡe'-bụsh, *n.* جَنْبَة (أو) شُجيرة ورد

rōṡe'-coloured [**kulẹrd**], *a.* بلون الورد

rōṡe'-leaf, *n.* الفَلِيجة (أو) الورقة التويجية للوردة

rose mallow, (نبات) الخِطمِي . ورد مرتعش

rōṡe′mary [-zm-], *n.* عَبيثَران = إكليل الجبل = حَصا البان

rose of Jericho, (نبات) كفّ مريم

rōṡette′, *n.* نِقرِس = حِلْيَة بشكل وَرْدَة من شريط

rōṡe′-wateṛ [-wô-], *n.* ماء الورد

rōṡe′wood, *n.* خَشَب الورد . بَقَّم قُبْرُصي . خَشَب جميل أحمر يأتي من المناطق الاستوائية

rōṡ′ily, *ad.* بلون وردي . مُوَرَّد

roṡ′in, *n.* راتينَج . راتينج صَنَوْبري . قَلفونة

rōṡ′iness, *n.* تَوَرُّد . لون وَرْدي

rōs′teṛ, *n.* قائمة (أو) جدول (بالأسماء أو الوقائع) . جدول النَّوْبة . سِجِل

ros′trum, *n.* مِنقار (الطائر) . قَيدوم السفينة . مِنَصّة (أو) دَكّة الخطابة

rōṡ′y, *a.* (-sier, -siest) وَرْدِي (الشكل أو اللون) . مُوَرَّد . مُستَبْشِر . زاهِر . مُشرِق . من الوَرْد . بهيج

rot, *v.* (-tted, -tting) عَفِن . مَذِر . خَمِج = [خَمَّج] . رمّ (العظم) . سوَّس . تَفَسَّخَ . حَرِضَ . ضَنِيَ . فَسَد (أخلاقياً) . تدعّص (كالجيفة) . هَرَأَ . تَهرّأ

rot, *n.* تَعَفُّن . مَذَر . خَمَج . تسويس . رَميم . حَرَض . مَرَض في بعض الحيوانات كالضأن = زَلَع . خَمَج الخشب = دَمْن . غَرْقَلة (البطيخ) فسادُه من الداخل . كلام فارغ

rōt′a, *n.* جَدول النَوْبَة (أو) العُقْبة . محكمة كنسية

rōt′ary, *a.* دَوَّار . دَوَراني . ذو أجزاء دَوّارة

rōtāte′, *v.* دَوَّر (أو) دار (حول مركز أو مِحوَر) . أدار . دَوَّر . عاقب = ناوب (بالدَوْر) . تناوب . تراوح

rōtā′tion, *n.* دَوَران . تعاقب (دَوْري) . تراوُح . تناوُب

the — of crops, زُرُوع الخِلفَة . تحاويل = تعاقُب (دوري) للزُروع

in —, بالتعاقب (الدَّوْري) . بالدَّوْر

rōt′atory, *a.* مُدَوِّر . دَوّار . دَوَراني

rōte, *n.* [رُوتين] . شيء رَتيبي . تواتُر . وَتيرة

by —, عن ظهر قَلْبٍ . غَيْبًا

rott′eṇ, *a.* عَفِن . مَذِر . مُسَوَّس . مُنتِن . فاسِد . خاثِر . دُون . حَقير . خاثِر (البدن أو النفس) . دَهِس (كالأرض اللينة)

rott′eṇness, *n.* عَفَن . فَساد . خَمَج (الأخلاق) . رَشوة

rotund′, *a.* دِرْدِح = طوله وعرضه سواء = دَحداح = مُلَمْلَم . مُدَحْرَج . مُكَلْثَم (الوجه) . فَعِم = وَثير (اللحم) . جَهير (الصوت) . فَعِم الصوت

rotun′da, *n.* دُورَة = بناء مستدير (أو) غرفة مستديرة (وفوقها قُبّة)

rotun′dity, *n.* تَدَوُّر . تَلَمْلُم . مُدَوَّر . فَعامة (أو) جهارة الصوت

rou′ble [ṛōō-], *n.* رُوبل = مَسكوكة روسية . قطعة نقد روسية

rouge [rōōzh], *n.* حُمرة الوجه (للتزيّن) = دِمام = كَلْكُون

rouge, *v.* حَمَّر الوجهَ = دَمَّمَ = كَلْكَن

rough [**ruf**], *a.* خَشِنٌ = خَشِبٌ = مَخشُوب . أَحرَش . مُتَعادٍ = فيه نتوء وهُبوط . وَعِر . عاصِف هائج . جائش . فَظّ = شَرِس . شَظِف = خَشِن . (أرض) شَظِفة . غَشِيم = غير مصقول . تقريبي . تسويدي

rough [**ruf**], *ad.* بخشونة . بجفاء . بشراسة

rough, *n.* شَخص خَشِن = شَخص شَرِس فَظّ (مُتَوَعِّر الأخلاق) (أو) خَشِن الجانب = فَدّاد

in the —, في حالته الغشيمة . خامٌ

rough, *v.* تَخشَّن . خَشَّن . اخْتَشَب العَمَل = صنعه بدون تهذيب . خاشن

to — it, اخشَوشَب (أو) اخشوشن (في العيش)

roughage [**rufij**], *n.* خُشَانة = طعام خَشِن يؤكل لمساعدة الهضم

rough'câst [**ruf-**], *v.* (-cast, -casting) جَصَّص تجصيصاً خَشِناً

rough'câst, *a.* تجصيصة خَشِنة

rough'ẹn [**ruf-**], *v.* خَشَّن . تَخشَّن

rough'-hew' [**ruf-**], *v.* خَشَّب = اختَشَب = صَنَع (أو) قَطَع بدون تنقيح (أو) إتقان

rough'ly [**ruf-**], *ad.* بخشونة . تقريباً . تخميناً

rough'ness [**ruf-**], *n.* خُشُونة . خَرشَفة (أو) حَزنَة (من الأرض) . حُرشة

rough'shod [**ruf-**], *a.* مَخشوبُ النَّعل . مَنعُولٌ (كالفرس) وفي النعل نتوءات لمنع الزَّلَق

to ride — over, أخذ بالعَترَسة . أخذ بالعَسف

roulette' [**rōōlet**], *n.* لُعبة الروليت (من لُعَب القمار)

round, *a.* مُدَوَّر . مُستَدِير . مُدَحرَج . مُدَملَج . كامل . صَرِيح . مَفتول . مُلَملَمٌ . دائري

round, *n.* شيء مُدوَّر (أو) كُرَوِي . درجةُ السُّلَّم . طَوفة = دَورة . طَوَفان . لحمة ربلة الفخذ . رقصة دائرية . سِلسلة . جَولة . امتداد . دُفعة . أغنية دَورية . طَلَق (أو) عيار ناري . رِشق من الطلقات = أَنوة

round, *ad.* (مِن) حَول . دائرةً . على مَدار . على الاستدارة

round, *prp.* حَول . من جميع الجهات . مُطِيف (بِ) . مُستدير (بِ) . على مدار

round, *v.* طافَ . دَوَّر . استدار . دارَ (حولَ . . .) . تَدَوَّر . استكمل

to — up, كَبكَب = حاوش . حاش . احتوش . طَوَّق . طَرَّ

round'about, *a.* مُلتَوٍ . مُحيط (أو) مُطيف (بِ) . مُنعَرِج . رَوَغانيّ (في الكلام)

round'about, *n.* مَلوًى (في الطريق) أُرجوحة دَوّارة . مُنعَرَج . طريق دائريّة . دَوّار

roun'dẹlay, *n.* أُغنية فيها لازمة تكرَّر مرةً بعد أُخرى

round'-house, *n.* غُرفة على سطح سفينة . حُوطَة (أو) حُواطة = حظيرة مستديرة لخزن وإصلاح القطارات

round'ish, *a.* قريب (أو) مائل إلى الاستدارة

round'ly, *ad.* باستدارة . بصراحةٍ (قاسية) . بقَسوة

round number, عدد جُرْجور (أو) مَعقود . عَدَدٌ عَشْرِي (أو) ينتهي بصفر

round robin, عريضة (أو) احتجاج تكون التواقيع عليها مصفوفة على هيئة دائرة

round'-shoul'dered [shōldẹrd], *a.* مُقَتَّب الظهر = مُجَنَّح الكتفين = أقْتَب = أَدْفأُ = كاهِلُه مُقبِلٌ على صدره

round trip, رِحلة (أو) سَفرة دائرية . طَوْفة

round'-up, *n.* احتواش . تطويق . مَلَمَّة

rouse, *v.* صَحَّى . أيقظ . أَهَبَّ . أثار . هاج . استنهض . استفزَّ . أنبه . أحفظ . أنفج (الطائر أو الحيوان) أثاره من مكانه

rous'ing, *a.* ناشِط . مُثير . مُهِبّ . مُستَفِز

rout, *v.* فَلَّ = كَسَر وهَزَم . هَزَم (وشَتَّت)

rout, *n.* غاغة = غَوْغاء . هَزِيمة (مُنكَرة) . إنفلال (الجيش) . رَعاع . فَلّ = عسكر منهزم = دَهْب

rout, *v.* استحاث = نَبَش . انتبش = قلع . نَبَش (أو) اقتلع بالخطم (أو) مُقدَّم الفم . طرَد بالقوة

route [rōōt], *n.* طريق

route, *v.* عَيَّن الطريق . بَعَث (أو) أرسل (بطريق . . .) . أسلَك (أو) سَلَك (طريقًا)

routine' [rōōt-], *n.* تَعاوُد . [رُوتِين] = عَمَل (أو) أسلوب رَتِيب

routine', *a.* تَعاوُدِي = [روتيني] = اعتيادي

rōve, *v.* هامَ . جَوَّل . تَسَكَّع = عارَ

rōv'ẹr, *n.* جَوَّال . عَيَّار . قُرصان . سفينة قُرصانيّة

rōw [rō], *n.* صَفّ . سَطر = رَزْدَق . سِماط . سُرْبة (من الطير)

rōw [rō], *v.* جَذَّف بالمِجذاف

rōw, *n.* مِجذاف . تَجذِيفة . نُزهة تَجذيف

row, *n.* مُهاوَشة . دَغوَشة = لَجَّة = [غوشة] = شِجار = [طَوْشة] = [دَوْشة]

row, *v.* عَنَّف

row'an [or rō-], *n.* (شجرة) الدَّرْدار الجبلي

rōw'-bōat [rōbōt], *n.* قارب جَذّاف . قارِب يُساق بالمِجذاف = جَذِيفة

rowd'y, *a.* (-dier, -diest) هَوّاش . [غَوّاش] . مُهاوِش . مُعَرْبِد . صَخّاب مُشاجِر

rowd'yism, *n.* عَرْبَدة . مهاوَشة وصَخَب . مُداغَشة = دَغْوَشة

row'ẹl, *n.* مِنْخَس المِهماز = دولاب صغير بأسنان حادة (في نهاية المهماز)

rōwẹr [rōẹr], *n.* جَذّاف . جَذّاف . نوتي

row'lock [rul-], *n.* مَحبِس المجذاف . نُقرة يستقر فيها المجذاف (بين وتدين من الخشب)

roy'al, *a.* مَلَكي . مالِك (أو) مالكة . مَمْلَكي . مُلوكي . فاخِر . بديع . بارع

roy'alist, *n.* مَلَكيّ = نصير الملكية . من دعاة الملكية

roy'ally, *ad.* مَلَكيًّا . بما يليق بالملوك . بفخامة

roy'alty, *n.* شخصٌ من الأُسرة المالكة . مُلْك . مَلَكِيَّة . [ملوكيّة] . عَظَمة (أو) جَلال المُلك . حِصَّة (أو) خَراج المقاسمة = رسم الامتياز

R. S. V. P. = تَكَرَّمْ بالجواب

rub, *v.* (-bbed, -bbing) فرَك . مَحا . حَكَّ . حتّ . دَلَك . مَعَك . مَسَح . دَهَن . طَلَى

rub, *n.* فَرْك . دَعْكة (بالكلام) = كلمة مُوجِعة = قارِصة . عَقَبة . صُعوبة

rubb'ẹr, *n.* مِمْحاة . مَطَّاط . قطعة مَطَّاط . مُدَلِّك . مِبْرَد (خَشِن)

rubb'ẹr, *a.* من المَطَّاط

rubber stamp, رَوْسَم (أو) خَتْم (من المطاط) . (شخص) إمَّعة . شخص مِطْواع

rubb'ẹr-stamp, *v.* خَتَم (بختم من المطاط) . طاوَع . إنطاع . وافق على العمياء

rubb'ish, *n.* كُناسَة . زُبالة . قُمامَة . عُفاشَة . سَقَط . كلامٌ سَقَط = هَذَر . سُخْف . هُرآء

rub'ble, *n.* دَبْش = قِطَع الحجر (أو) الآجر الغير المُسوَّاة . بناء بهذه القطع

rub'-down, *n.* تَدْليك

Rū'bicon, *n.* نهر صغير على الحد الشمالي من إيطاليا القديمة

to cross the —, أنفذ السَّهم . نفذ السَّهم . أزمع

rū'bicund, *a.* مُحْمَرّ = مُتضَرِّج . مُتورِّد

rū'bric, *n.* عُنْوان (أو) [تَرْويسة] فصلٍ في كتاب (أو) قانونٍ (بلون أحمر أو بارز) . إرشادات لتسيير الصلاة (أو) الخدمة الدينية

rū'by, *n.* ياقوت أحمر . ياقوتة

rū'by, *a.* ياقوتي . أحمرُ عَميق (أو) ناضِر . رُمَّاني

ru'cksack, *n.* [جِرِبَنْدِيَّة] (أو) جُعبة تحمل على الكتف

rudd'ẹr, *n.* دَفّة (أو) سُكّان (أو) مِنْجاف السفينة

rudd'iness, *n.* حُمْرة ناضِرَة (تدل على الصحة)

rudd'y, *a.* (-ddier, -ddiest) أحْمَر مُورَّد (أو) ناضِر

rūde, *a.* سيئ الأدب . فَظّ . جِلْف . خَشِن . جافٍ . خَشِب = غير مُهَنْدَم (أو) مصقول = غَشيم

rūde'ly [-dl-], *ad.* بفَظاظة . بخشونة . بِغِلظة

rūde'ness [-dn-], *n.* فظاظة . جَلافَة . عَتْرَسة . سوء أدب

rū'dimẹnt, *n.* بَسيطة (من البسائط) . أَوَّلِيَّة = مَبْدأ . شيء أَوَّلي . عضو مَشْدون أي ناقص الخلق

rūdimen'tary, *a.* أَوَّلي . ابتدائي . في أوّل نشأته . في أوَّليّته . مَشْدون = غير تام النموّ

rūe [rōō], *n.* (نبات) السَّذاب (أو) الحِيل (أو) الفَيجَن (أو) الحَرْمَل (أو) الخُفت

rūe, *v.* (rued, ruing) نَدِم . أَسِيَ = حَزِن = أَسِف . تحسَّر

rūe'ful [rōōf-], *a.* يُرْثَى له . مُحسِّر . نَدْمان . آسٍ . مُتكدِّر . مُتَحسِّر . مُؤَسٍّ

rūe'fully, *ad.* بِنَدَم . بتكدُّر . بِتَحَسُّر

ruff, *n.* جَفجَف = طَوْقٌ من القماش المُتَنَفِّش كان يُلْبَس قديمًا . بَرائِل الطائر = ما حول عُنُقه من الريش

ruff'ian, *n.* عِتْرِيس = شخص شَرِس شِرّير = عِتْرِيف = عَيَّار

ruf'fle, *n.* جَفجَف . [كَشْكَش] . تَشْويش . إزعاج

ruf'fle, *v.* [كَشْكَش] . جَعَّد . كَرَّش . غَضَّن = ثَنَّى . نَفَّش . شَوَّش . غَنَّم (وجهَ الماء) . أزعج . أغاظ . تجفَّل (الديكُ مثلًا) = تَبَرْأَل

ruf´fle, *n.* دَرْدَبة (الطَبْل) = هَدْهَدة

rug, *n.* سَجَّادة . زُرْبِيَّة . طِنفِسة

Ruġ´by, *n.* مدرسة مشهورة في بريطانيا . نوعٌ من لعبة كرة القدم

ruġġ´ēd, *a.* وَعِر . مُتَوَعِّر (أو) مُستَعلِج الخُلُق . صَخْري شديد الانحدار . مُخَدَّد . وَعِر الهيئة . جِلف . جافٍ . عِلج . قاسٍ . شديد

rū´in, *n.* خَرَابة . خَرَاب . تَلَف . دَمَار . عَطَب . تَبَاب . نَكبة . حالة خراب = استرمام . مَدعاة للخراب (أو) السقوط

rū´in, *v.* أخرب . خَرَّب . نَكَب . تَرَدَّم . تَبَّب

rūinā´tion, *n.* سُقوط . دَمَار . عَطَب . نَكبة . [انتكاب] . خراب

rū´inous, *a.* في حالة خَرَاب = آيِل إلى الخراب = مُتَرَدِّم . مَجلَبة للخراب . مُوبِق = مُرْدٍ = يورد الرَّدَى = مُتَبِّب

rū´inṡ, *n. pl.* خرائب . أطلال . أنقاض . آثار

rūle, *n.* قاعدة . ضابطة . نِظام . حُكم . حالة (أو) عادة مُطَّرِدة . أمرٌ غالب

as a —, عادةً . في الغالب

rūle, *n.* = ruler مِسطَرَة = مِخْطاط

rūle, *v.* قَرَّر . حَكَم . أفتى

to — out, استثنى . أسقط . استبعد . حَاشَى

rūle, *v.* سَطَّر

rū´lẹr, *n.* حاكم . مِسطَرَة = مِخْطاط = قِدَّة

rū´ling, *n., a.* قرار = حُكم . سائد . مُسيطِر . تسطير

rum, *n.* عَرَق السُّكَّر = مَشروب كحولي

rum, *a.* غَريب . مُستَغرَب . غريب الأطوار

rum´ble, *n.* آخِرة السيارة (أو) العَرَبة . هَدهَدة . هَـدِير . دُوِيّ . رَجَفان (الرعدُ مثلًا) . رَزِين = صوت يُسمَع من بعيد = زَمزَمة = هَمْهَمة . قرقرة . إرتجاس

rum´ble, *v.* هَدَر . هَدهَد . زَمزَم = دَوَّى = هَزِم = رَزَّ . دَمدَم . قرقر . إرتجس (الرعد)

rū´minant, *n., a.* (حيوان) مُجتَرّ . من الحيوانات المجترة . فِكِّير . كثير التأمل

rū´mināte, *v.* إجتَرَّ . قَلَّب أوجهَ الفكر . رَوَّى . تأمَّل

rūminā´tion, *n.* اجترار . تَروِية . تأمُّل . تَفَكُّر

rumm´age [-ĭj], *v.* قَلَّب وفتَّش . استحاث = فَتَّش واستخرج . مَلَش = نَبَّش وفَتَّش . [فَنكَش] . بَحْثَر

rumm´age, *n.* استحاثة . مَلْشٌ = تنبيش ونَفتيش . بَحْثَرة

— sale, بيع اللُّمَامَات (أو) النُفايات (أو) الدَّبَش (لأعمال الإحسان)

rumm´y, *n.* نوع من لُعَب الورق

rūm´or, *n., v.* = rumour

rūm´our [-mẹr], *n.* إشاعة . شائعة . أُرجوفة

rūm´our, *v.* أشاع . أرجف

rump, *n.* الكُسْيُ = مُؤَخَّر العَجز . عَجز = كَفَل = ردف

rum´ple, *n.* تَجعيدة . كَمبَشَة . كُمبُوشة

rum´ple, *v.* جَعَّد . كَمبَش = [جَعلَك] . شَعَّث

rum´pus, *n.* لَجَّة . هَيشَة . [هَوشَة] . اضطراب . ضَجَّة

run, *v.* (ran, run, running) عدا . جَرَى . سال . نَجَّ (الجُرْح) . رَكَض . سَرَى . امتد . زَحَف . فَرَّ . هَرَب . فشا . صار . فاض . استمر . تواصل . عَجَّل . انحلَّ . ترشح . نافس (على) . أمرَّ . سكب . أدار . غرز = شكّ

to — down, وَقَف . طارد حتى أمسك (أو) قتل . تقوَّل (على) . أنهك

to — into, اصطدم (بِ) . التقى . صادف (عَرَضًا)

to — out, نَفِد . فني . فَرَغ . استُنْفِد

to — out of, نَفِد (ما لديه) . استنفد

to — through, مَرَق . خزق . سَرَد . أنفق (أو) بذَّر بسرعة . طعَن

run, *n.* عَدْوٌ . جَرْيٌ . سَفْرة . سَيَلان . مَجْرى . مُدَّة . شَوْط . سِلْسِلة (من . . .) . نَوْع . حظيرة

in the long —, مع تراخي الزَّمان . إجمالًا . في المآل = في آخر الأمر

on the —, مُستَتِر (من السلطة) . هارب . مُتَهَمِّك

run'about, *n., a.* عربة (أو) سيارة خفيفة مكشوفة . قارب آلي خفيف . كثير التنقل والحركة من مكان إلى آخر

run'agāte, *n.* شَرِيد . فارّ . آبِق . صُعلوك . أفّاق

run'away, *n.* فارّ . هارب . شارد

run'away, *a.* شارِد . هارب . مُفلِت . نادّ . جامِح . سَهلُ الفوزِ به

run'-down, *a.* مُتعَب . خائر النفس . منهَكُ القوّة . مُتهَدِم . مُتعطِّل عن العمل

rūne, *n.* حرف من حروف أبجدية توتونية قديمة . علامة طلسمية (أو) قلفطيرية

rung, *v., p. of* ring

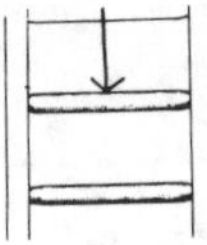

rung, *n.* قَصْمَة = مِرْقاة = دَرَجة . عارضة بين كل قائمتين من قوائم الكرسي (أو) ظهرها

run'lĕt, *n.* ساقِية = زُرْنوق . جَدْول

runn'ẹl, *n.* ساقية . زرنوق

runn'ẹr, *n.* رَكَّاض . عَدَّاء . رَجَلي = مِحضير = مِحضار . مِرسال . جَرِيّ . السَّحَّاجة التي تنزلق عليها الزَّلَّاجة . ساعية = ساقٌ (أو) فرع على الأرض يرسل جذورًا جديدة

runn'ẹr-up, *n.* التالي (أو) المُصلِّي = المُدارِك = المُراهِق (في سباق الخيل) = كَفِيت

runn'ing, *n.* رَكْض . عَدْو . جَرَيان . تسيير

to be out of the —, لا أملَ له في الفوز

to be in the —, له أمل في الفوز

runn'ing, *a.* جارٍ . سائل . متواصل . [شغّال]

runn'ing-bôard [-bôrd], *n.* طَوَار = طُنْف السيارة من الجانب

runn'ing-gear, *n.* جَرَّايات = الدواليب والمحاور التي تساعد على جري السيارة (أو) القطار

runn'ing-knot [-not], *n.* عُقدَة مَنشوطة (أو) جَرَّارة (يمر منها الحبل)

running noose, أُنشوطة جَرَّارة (انشوطة بعُقدة جرارة)

runt, *n.* شخص (أو) نبات قَصِيع = كادي النموّ . قُوش . نَقَدِي . حَونَكِي . جُعشُوس

run'way, *n.* مَدْرَج (الطائرات) . مَسْرَب (الحيوانات) . مَعَار (محظور) للحيوانات
rūpee', *n.* رُبِّيَّة
rup'ture, *v.* تَشَقَّق . تَقَطَّع . تَفَتَّق . تصرَّم . انفجر
rup'ture, *n.* تَصارُم . مُصارَمة = قَطيعة . فَتْق (في الطب) = أُدْرة
rūr'al, *a.* قَرَوِي . رِيفِي . زِراعي
rūse, *n.* حِيلة . خِدْعة . مَكْرة . تَدبيرة
rush, *v.* غاص (على) = هَجَم . طَحَم . دَغَر . انكدر . قَحَم
rush, *n.* طَحْمة . هَجْمة . زَحْمة = كَبَّة . تسابق وتزاحم . تهافت
rush, *a.* مُستعجَل . مُعَجَّل
rush, *n.* خُولان . صَوْمَر . بَرْدِي . أَسَل [سَمار]
rush'y, *a.* كثير الأَسَل (أو) البَرْدي . مصنوع من الأَسَل
rusk, *n.* خُبزة مُحمَّصة . رَشْرَش = بسكوت هشّ حلو
russ'ēt, *a.* بُنّي أَصفر . بني خفيف . أحمر أَكْدَر . أصدأ اللون
russ'ēt, *n.* نَوْع من القُماش الخَشِن . نوع من التُّفَّاح الشتوي بجلدة خشنة ولون بني خفيف
ru'ssia [rusha], *n.* جلد رُوسي
Ru'ssia [rusha], *n.* روسيا
Russia leather, جلد روسي ناعم فاخر ذو لون أحمر أكدر
Ru'ssian [rushan], *a., n.* روسي
rust, *v.* صَدِئَ . صَدُؤَ
rust, *n.* صَدَأ . (مَرَض) الشِّقْران (في النبات)
rus'tic, *a.* مُتفلِّح . رِيفي . فلّاحي . جِلف
rus'tic, *n.* (شخص) رِيفي . فَلّاح [صَعِيدي]
rus'ticāte, *v.* تَفلَّح . فلَّح . تَرَيَّف . تبدَّى
rusti'city, *n.* تَفَلُّح . تَرَيُّف
rus'tiness, *n.* صَداءة
ru'stle [rusl], *v.* سَرَق البَقَر (أو) الخيل . حَفَّ . خَفْخَف . كَشْكَش . شَنْشَن (القرطاس أو القماش الجديد)
ru'stle, *n.* حَفِيف . خَفْخَفة . كَشِيش . شَنْشَنة
ru'stler [rusl-], *n.* نَشيط . نَهَّاض . سَرَّاق أبقار (أو) خيل
rus'ty, *a.* (-ier, -iest) صَدِئٌ . ذو صَدًا . مصاب بالشِّقران (كالزَّرْع) . جارِد (كالثوب) . مُتَرَخْرِخ . مُتَرَهِّل . [مُصدِّئ] من قلة الاستعمال والتمرين
rut, *n.* ثَلْم (في الأرض) . خَدّ = حُفرة مستطيلة . عادة مُستحكِمة . أُسلوب راسخ . اشتهاء الضِّراب
to be in a —, استمرّ على وتيرة واحدة مُمِلّة (في عمله أو معيشته)
to be in —, اشتهى الضراب (الوعل أو الفحل من الحيوان)
rut, *v.* (rutted, rutting) خَدَّ = حَفَر حفرةً مُستطيلة
rūth'lēss, *a.* قاسي القلب . عديم الشفقة
rȳe, *n.* جاوْدار . (نبات) السُّلْت . شَيلم [شُوْدار]

S

S, s [es], *n.; pl.* S's, s's الحرف التاسع عشر من الأبجدية الانكليزية

Sabb'ath, *n.* يوم السبت . يوم الأحد . يوم الراحة

sabbat'ical, *a.* خاص (أو) متعلق بيوم السبت (أو) يوم الراحة

— year, السنة السابعة (أو) نحو ذلك تمنح للدراسة (أو) للسياحة لأستاذ في جامعة

sā'bęr, *n.* = sabre

sā'ble, *n.* سَمُّور = حيوان من اللواحم يُتَّخذ جلده للفراء . فَرْو السَّمُّور

sā'ble, *a.* من (فراء) السَّمُّور . أَدْلَم = شديد السواد . أسود

sā'bleṡ [-lz], *n. pl.* السِّلاب = ثياب الحداد السود

sab'ōt [-ō], *n.* حذاء خَشَبي يلبسه الفلّاحون

sab'otâge [-tâzh], *n.* التخريب (أو) التعطيل العَمْد

sab'otâge, *v.* خَرَّب (أو) عَطَّل عَمْدًا (ضِدّ العَدُو أو ضد صاحب العمل)

sab'oteur [-ter], *n.* مُخَرِّب (أو) مُعطِّل

sā'bre [-bęr], *n.* سَيْفٌ ثقيل مُنحنٍ (للفُرسان) ذو حَدٍّ واحد

sac, *n.* كِيس . حُوَيْصِلة

sacch'arin [sakęrin], *n.* (مادة) السكرين = مركب كيماوي شديد الحلاوة

sacc'harīne [sak-], *a., n.* سُكَّري . حُلْوٌ حَمْتٌ = شديد الحلاوة . حُلْوٌ . سكرين

sacęrdōt'al, *a.* كَهَنوتي

sāch'em, *n.* شيخ قبيلة هندية أمريكية

sa'chet [-shā], *n.* جَراوة = ظرف كالحَشِيَّة فيه ذَرور مُعطَّر . كيس صغير للعطر (أو) للذَّريرة (بودره) = بَالَة ذَرِيرَة (مُعطَّرة)

sack, *n.* عِدْل . كيس (كبير) . جُوالَق = غِرارة . نوع من المشروب

sack, *n.* مَلْء كيس . [ساكو] = سترة واسعة (للنساء أو الأولاد)

sack, *v.* عَزَل (من العمل) . وَضَع في كيس (أو) عِدْل (أو) غِرارة

sack, *v., n.* استباح (مدينة) . أعمَل يدَ النهبِ والسلب . إِسْتِباحَة

sack'cloth, *n.* قُماش الأكياس . خَيْش . مِسح (من شَعَر) = بَلَاس

sack'fuļ, *n.* كِيس = مَلْء كيس

sack'ing, *n.* خَيْش = قُماش غليظ لعمل العُدول

sacque [sak], *n.* [ساكو] = سِترة واسعة (للنساء أو الأولاد)

sac'ramęnt, *n.* سِرّ مُقَدَّس = مَنْسَك مُقَدَّس . سر القربان المقدس

sacramen'tal, *n.* نُسُكِي . متعلّق بالسرّ المقدّس . مُقَدَّس . قُدْسِي

sāc'rēd, *a.* مُقَدَّس . ديني . حَرام . مُسَبَّل (في سبيل الله) . مُكَرَّس

sac'rifīce, *n.* تَضحية . (تقريب) القُربان . ضَحِيَّة . نَسِيكة . قُرْبان . ذَبِيحة

sac'rifīce, *v.* ضَحَّى . قَرَّب القُربان . فادَى

sacrifi′cial [-fishal], *a.* قُرباني

sac′rilēge, *n.* انتهاك حرمة دينية . سَرِقة شيء مكرَّس في سبيل الله

sacrilē′gious [-jẹs], *a.* مُنتَهِك لحرمة دينية

sac′risty, *n.* مكان تُحفَظ فيه الأواني المقدَّسة وثياب الكهنة

sac′rosanct, *a.* عَظيم القداسة . لا يَحِلّ انتهاك حُرمته (بوجهٍ من الوجوه) . مُسَبَّل (لغرضٍ ديني)

sad, *a.* (-dder, -ddest) مَحزون . مُكتَئِب . حَزين . مُحزِن . مُكتَئِب اللون = قاتم = كَدِر . مُتَكَدِّر

sadd′ẹn, *v.* أحزَنَ . أكأب . أغَمَّ . أشجَى . كَدَّر

sad′dle, *n.* سَرج (أو) [عُدّة] (الفرس) . كُور (أو) رَحل (للجمل) . إكاف (للحمار) . مَتنا الظهر (من الذبيحة)

in the —, مُشرِف . مُسيطِر . بيده زِمام الأمر

sad′dle, *v.* أسرَجَ . حَمَّل (وألزَم بِ) . كَلَّف

sad′dle-bag, *n.* خُرج

sad′dle-bōw [-bō], *n.* حِنو السَّرج . قَرَبُوس السرج (الأمامي)

sad′dle-cloth, *n.* مِرشَحة . بَرذَعة . بَرذعة . حِلس

sadd′lẹr, *n.* سَرّاج . سُرُوجي

sad′dle-tree, *n.* قِوام السرج الذي يصنع عليه = قَتَد (السرج) = حِمار

sad′ly, *ad.* بكآبة . بِحُزنٍ . بكَدَرٍ

sad′ness, *n.* كآبة . حُزن . كَدَر

sāfe, *a.* سالم . سَليم . أمِين = في أمان (من) . مأمون . مُؤتَمَن . حَذِر . فيه السَّلامة = ليس فيه محذور . مأمون الجانب . أسلم عاقبةً . مؤتمَن (أو) مأمون

sāfe, *n.* [قاصة] = خِزانة حديدية . مَصانة . مَحفظ . مَحرَز

sāfe′-con′duct, *n.* إيلاف = حق المرور بأمان . عَهد الأمان . أمان الطريق

sāfe′ġuârd [-fġârd], *n.* حِماية . صِيانة . وِقاية . احتراز . حِرز . وقاء . إذن أمان المرور . تحويط . تحوُّط . احتراز وقائي . خَفَر . مَوقاة

sāfe′ġuârd, *v.* صان . وَقى . حَرَّز . احترز . خَفَر

sāfe′keep′ing [-fk-], *n.* صَون . حِماية . رِعاية . صِيانة . حِفظ . حِرز

sāfe′ly [-fl-], *ad.* سالمًا . في أمانٍ (من) . بنجوةٍ (من) . مع أَمنٍ (الخطأ) . لا حَرَج . باطمئنان

sāfe′ty [-ft-], *n., a.* سَلامة . أمان . وِقاء . واقٍ . مِحبَس الأمان (في بندقية) . دار الأمان

sāfe′ty-valve, *n.* صِمام الأمان . مُتَنفَّس

saf′flowẹr [-lowr], *n.* عُصفُر . بهرمان . قُرطُم . زَمرام

saff′ron, *n.* رَعِيل = زَعفران . عُصفُر . كُركُم . جادِيّ . وَرْس

saff′ron, *a.* زَعفراني (أو) عُصفُري اللون . أحمر رَادِنِيّ

sag, *v.* (-gged, -gging) استرخى (أو) إنبهقت (مِن وَسطه) . إنخفض . إندال . تَهَدَّل . فَتَر . انفسخ . استناخ . هَبَط . دَرْبَح . رَخّ

sag, *n.* انهفات . انخفاض . خَسفَة (أو) هَفتَة (من الوَسَط) . تَهَدُّل . إندِيال . تَفَتُّر

sâ'ġa, *n.* قصة بطولية اسكندنافية (من القرون الوسطى)

saġā'cious [-shẹs], *a.* ذو بَصيرة . حَكيم (جدًا) . حَصِيف . أرِيب . مُحَنَّك

saġa'city, *n.* بَصِيرة . حَصافة . دِرَاية . وفِطْنة . أرابة . حُنكة . فهم

saġ'amôre, *n.* شيخ قبيلة عند بعض الهنود الحمر

sāge, *a.* (-er, -est) راجح العقل . حَكيم . عاقِل . رَصِين . حازم = بَصِير

sāge, *n.* حَكيم . شخص عاقِل حكيم مُدَبِّر

sāge, *n.* جَعدة = ناعِمَة = مَريَمِيَّة = عُشبَة القَوصَعِين = [قصمين]

sāge-brush, *n.* شُجَيرَة قصيرة في سهول الولايات المتحدة الغربية

sāg'ō, *n.; pl.* -gos نخيل الهند . دَقِيق جُمّار النَّخل وما أشبهه = ساغُو = مادة نَشَوِية من لُب النخل

Sahâr'a, *n.* الصحراء الكبرى في افريقية

sâh'ib, *n.* صاحِب = كلمة كان يستعملها سكان الهند تعظيماً للأُوروبي (أو) لنبيل (أو) شريف هندي

said [sed], *v., p. and pp. of* say

said, *a.* مَقُول . مَذكور . مَذكور آنِفًا

sail, *n.* شِرَاع . قِلع . سَفِينة (شراعية) . سُفُن . نُزهَة بقارب شراعي . فَرَاشَة (في مروحة طاحونة الهواء)

to make (or) set —, نَشَر القلوع واستعد للإقلاع . أقلَع . أبحَر

under —, والقلوع مبسوطة منشورة = مُبحِر

sail, *v.* مَخَر . سَخَرت (السفينة) . أقلَع . أبحَر . سَبَح (في الجو) . سَيَّر السفينة . سار وَئِيدًا

sail'bōat [-bōt], *n.* قارب (أو مركب) شراعي

sail'or, *n.* بَحّار . صَرارِيّ = مَلّاح = نُوتِيّ

a good —, لا يُصاب بدُوار البحر

sail'or, *a.* كالمَلّاح . مُتَعَلِّق بالمَلّاحين

saint, *n.* قِدِّيس . وَلِيّ . صالِح

Saint Bernard [sẹnt-], *n.* كلب كبير أبقع برأس كبير يُستعمل لاستنقاذ الناس

saint'ĕd, *a.* أُدخل في عِداد القديسين . اعترف به قديساً

saint'hood, *n.* قِدِّيسيَّة . كونه قديساً

saint'liness, *n.* قَداسة . وَرَع . تُقًى = تَأَلُّه

saint'ly, *a.* (-lier, -liest) قِدِّيسِيّ . وَلَوِيّ . تَقَوِيّ . نَقِيّ جدًا . مُتَأَلِّه . وَرِع

Saint Valentine's Day, اليوم الرابع عشر من فبراير (شباط)

Saint Vitus's dance, داء الرَّقص . داء الرَّنكان

saith [seth], *v.* = says

sāke, *n.* قَصد . سَبَب . جَرّاء . [خاطِر] . سبيل

for the — of, مِن أجلِ . حِرصًا (على) . حُبًّا (بِ) . في سبيل

for your own —, لِمَصلَحَتِك . مِن أجلك . كُرمَى لَكَ

salaam' [-lâm], *n.* سلام . إشارة السلام (برفع اليدين إلى الجبهة)

salââm′, *v.* سَلَّم

sāl′able, *a.* تاجِر = نافِق . رائج = بائع . صالح للبيع

salā′cious [**-shẹs**], *a.* فيه دَعارة . شَهواني . مُجوني . فيه تَعَهُّر . شَبِق . فُجوري

sal′ad, *n.* سَلَطَة = [شَلاطَة] . حُرّ البقل

salâm, *n.* = salaam

sal′amandẹr, *n.* سَمَنْدَل = سَمَنْدَر = سُرْفُوت = شحمة الأرض

sal′aried [**-rid**], *a.* صاحب مُرَتَّب

sal′ary, *n.* مُرَتَّب . [شَهْرِيَّة] . جَامِكِيَّة

sāle, *n.* بيع . مَبيع . سوق للبيع = رَوَاج

for —, لِلبيع

on —, بِرَسْم البَيْع . مَعروض للبيع

sāle, *n.* بيع عمومي . بيع تَنْزيل . بيع بالمُزَايدة

sāleable [**sālabl**], *a.* = salable

sāleś′man [**-lz-**], *n.; pl.* -men بائع . بَيَّاع

sāleś′manship, *n.* حِرفة البيع

sāleś′woman [**-lzwụm-**], *n.; pl.* -men بائعة . بَيَّاعة

sāl′ient, *n.* نُتُوء . بُرُوز . حِصن بارز (أو) ناتئ . ناتئة . نُتُوء (في خطوط العدو)

sāl′ient, *a.* ناتئ . بارز . لافِت للانتباه . ظاهر للعِيان . طالِع

sāl′īne, *a.* مِلْحِيّ . مالِح . كالمِلح . فيه مِلح (أو) أملاح

sāl′īne, *n.* نَبع (أو) مستنقع مِلح . مَلَّاحة . مادة فيها مِلح . مِلح مُسهِل

salīv′a, *n.* رِيق . لُعاب . رِيال . رُوَال

sal′ivary, *a.* رِيقي . لُعَابي . خاصّ بالغدد اللُّعابية

sall′ōw [**-ō**], *a.* شاحِب . ساهِم . مُصفَرّ

sall′y, *v.* (-llied, -llying) هَجَم (أو) خَرَج مُداهِمًا (أو) مُفاجِئًا . دَرَه = طلع وهجم (من حصن) . إنطلق . طلع

sall′y, *n.* طَلْعة . دَرْهة . خَرْجة . هَجمة (أو) خَرجة مُداهِمة (من حِصن) = دَغشة . نُكتة . سَوْرة . فَوْرة

salm′on [**sam-**], *n.; pl.* -mon(s) سمك سُلَيمان . سَلْمُون

sal′on, *n.* إيوان . رَدْهة (أو) قاعَة (استقبال) = بَهو . مَعرِض قطع فَنية . مَجمع قادة الفن (أو) الأدب . . .

salo͞on′, *n.* إيوان . رَدْهة . قاعة شَراب . [صالة] . قاعة عمومية

sal′sify, *n.* قُعْبُل = (نبات) لِحية التيس (يؤكل جَذره)

salt [**sôlt**], *n.* مِلح . مَلَّاح خَبير

the — of the earth, خيرُ الناس . صَميم العالمين = أفضل العالمين . خَيرُ العالمين

to take it with a grain of —, شَكَّ قليلًا في صِحّته . تَرَدَّد في تصديقه . تحذر في تصديقه . أخذه على علاته

salt [**sôlt**], *a.* مِلح = مالِح

salt [**sôlt**], *v.* أَملح = مَلَّح . مَقَر في المِلح . حَفِظ في الملح . دَلَّس . خَزَن (أو) ادّخر

salt′-cellar [**sôlt-**], *n.* مَمْلَحَة

salt′-lick [**-ô-**], *n.* مُتَمَلَّح = مكان يوجد فيه الملح الطبيعي مكشوفًا وتأتي إليه الحيوانات تتملّح به

saltpēt′re, saltpēt′ẹr [**sôltpētẹr**], *n.* مِلح البارود = نترات البوطاس = نطرون

salts [**-ô-**], *n. pl.* مِلح انكليزي = مُسهِل

salt'-wat'ẹr [**sôltwô-**], *a.* فيه ماء مالِحٌ . يعيش في البحر (أو) في ما يشبه ماء البحر

salt'y [**-ô-**], *a.* (-tier, -tiest) . مالح . فيه مُلوحة (أو) مِلح

salū'brious, *a.* مَجْلَبَة للصحة . نافع للصحة = مَصَحَّة = نَزِه = مَرِيّ

sal'ūtary, *a.* نافِع (أو) مَجْلَبَة للصحة . نافِع . ناجِع . مُساعِف . مُعِين على قضاء الغرض

salūtā'tion, *n.* سَلام = تَحِيَّة . تحية بإشارة (أو) حركة . فاتحة الرِّسالة

salūte' [*or* **-ōōt**], *n.* سلام = تسليم . تحية . سلام عسكري

salūte', *v.* سَلَّم = حَيَّا (بإشارة أو حركة)

sal'vage [**-ij**], *n.* استنقاذ (سفينة أو حمولتها) . استنقاذ . نَقِيذة = ما يُستَنْقَذ . تعويض استنقاذ . رَيْع البضائع المستَنْقَذة

sal'vage, *v.* استنقذ (سفينةً أو حمولتها) . استنقذ = خَلَّص ونَجَّى (من نارٍ أو غَرَق) . نَجَّى

salvā'tion, *n.* إنقاذ . خَلاص . نَجاة . مَنْقَذَة . تخليص . مَنْجاة

Salvation Army, جيش الخَلاص = حركة دينية لنشر الدين وإسعاف الفقير

salve [*or* **sâv**], *v.* مَرْهَم = نَثَّ . دَهَن . سَكَّن . طَيَّب . نَجَّى . بَلْسَم . شَفى

salve, *n.* مَرْهَم = نِثاث . دُهُون . بَلْسَم . مَطْيَبَة

sal'vẹr, *n.* صينية = طَبَق

sal'vō, *n.*; *pl.* -vo(e)s دَوْرة من طلقات المدافع = إطلاق عدة مدافع دُفعة واحدة (للتحية) . دُفعة من الهُتافات . زَخْرة من الهُتاف

Sama'ritan, *n.* سامِرِيّ . مُعِين على الخَير . بارّ بالناس

The Good —, السامِري الصالح

sāme, *a.*, *prn.* نفس . ذات . عَيْن . على السواء . سواء . الشيء نفسُه . هو نفسُه . واحد(ة) . المُشار إليه آنفًا . شيء واحد . على ما كان (أو هو) عليه . بدون تغيير

all the —, لا أهمية له . مع ذلك . رغم ذلك . لا فرقَ . شيء واحد . على حدٍّ سُوىً

just the —, رغم ذلك . سَواء . بمثل ذلك

sāme, *ad.* كما . بنفس الطريقة

sāme'ness [**-mn-**], *n.* تَواحُد . تماثل . تشابه . وَحدة الحال . كون الشيء على نمط واحد (أو) وتيرة واحدة

sam'īte, *n.* قماش حريري صفيق مُوشًى بالذهب = صَمادي

samovâr', *n.* سَماوَر = ابريق يغلى فيه الماء لصنع الشاي

samp, *n.* حُبوب من الذرة الصفراء مجروشة . عَصِيدة من هذه الحبوب

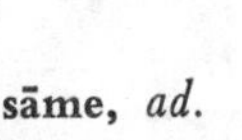

sam'pan, *n.* سُنْبُوك = قارب يُستعمل في مياه الصين واليابان

sâ'mple, *n.* راموز = عَيْنِيَّة = [عَيِّنَة = مَسْطَرَة] . نموذَج . شِشْنَة = عَيْنِيَّة

sâ'mple, *v.* أخذ عَيْنِيَّة (أو) راموزًا (أو) شِشْنَة

sâ'mplẹr, *n.* شخص يَختبر البضائع بفحص العينيّات . نموذج تطريز لإظهار المهارة

Sam'son, *n.* شَمْشُون (الجَبّار)

Sam'ūẹl, *n.* سَمَوْأَل . صَمُوئيل

sanatôr′ium, *n.*; *pl.* -oria *or* -iums مَصَحَّة

sanctificā′tion, *n.* تقديس . تسبيل . تطهير من الذنب

sanc′tifȳ, *v.* (-fied, -fying) قَدَّس . بارك . طَهَّر (من الذنب) . بَرَّر . سَبَّل . كَرَّس

sanctimōn′ious, *a.* متصنع القِديسيّة (أو) التقوى

sanc′tion, *n.* عُقُوبَة إجْبائيّة . قانون (أو) مرسوم كهنوتي

sanc′tion, *v.* أَذِن (بِ) . أَجاز . سَوَّغ . جَوَّز . أَقَرّ

sanc′tion, *n.* تجويز . تسويغ . إذن (رسمي) . اعتماد . تصديق . عقوبة . جزاء . مكافأة

sanc′tity, *n.* قَداسة . حُرْمة . تَقْوى . صَلاح . تَنَسُّك . مُقَدّس . قُدْس

sanc′tūary, *n.* مكان مُقَدَّس = حَرَم . قُدْس . مَلاذ = حَرَم (للخائف) . ذِمار . مَحْرَم . حُرْمَة . احتماء

sanc′tum, *n.* ذِمار = حَرَم . قُدس . مُعتَكَف = مَخْلَى

sand, *n.*, *a.* رَمْل . رَمْلي

sand, *v.* رَمَّل . فَرَك بالرَّمْل . ذَرّ (أو) رَشّ بالرَّمْل . مَلأ بالرَّمل (كالمينا.)

san′dal, *n.* [صَنْدَل] = خُفّ = سَنْدَل . خشب الصَّندل

san′dalled [-ld], *a.* مُسَنْدَل . لابِسٌ سَنادِلَه . [مُصَنْدَل]

san′dalwood, *n.* خشب الصَّنْدَل

sand′bag, *n.* كيس رمل . كيس رمل صغير يستعمل كالهِراوة يُضْرَب به

sand′bank, *n.* رُكام (أو) رُكْمَة (أو) مأكمة رمل (على قعر النهر أو البحر) . مَضْحَل

sand′-ġlâss, *n.* ساعة رَمْلية = بَنْكام رملي

sand grouse, قطاة . قَطَا

sand′-hill, *n.* كَثِيب رمل

sand′man, *n.* أبو النَّوم = شخصية يُقال للأطفال إنها تجلب لهم النوم برش الرمل في أعينهم

sand′pāpẹr, *n.* ورقُ سَفْن = وَرَقُ زُجاج (أو) [سَنْفَرَة] . ورقٌ مُرَمَّل

sand′pāpẹr, *v.* سَفَن = دَلَك (أو) فَرَك بالورق المرمّل = [سَنْفَر]

sand′pīpẹr, *n.* (طائر) الطِيطَوَى

sand′stōne, *n.* حَجَرٌ رَمْلي = [حُقّان]

sand′-stôrm, *n.* زوبعة رمل . عَجاجة رمل

sand′wich, *n.* سَنْدوِتْش = أُدِيمَة = مَشْطُورة

sand′wich, *v.* دَسّ . حَشَا . خَلَّل = أَدْخَل (بين . . .) . حَصَر (أو) عَصَر (بين . . .)

sand′y, *a.* (-dier, -diest) رَمْلي . مُرْمِل . رَمْلي (اللون) = أَصْحَر . مُنْهال (كالرمل)

sāne, *a.* عاقِل . سليم (أو صحيح) العقل . رَشِيد . حَكِيم . مُدْرِك

sang, *v.*, *p.* *of* sing

saṅg′uinary [-win-], *a.* دامٍ . دَمَوِيّ . سَفَّاك . جَبَّار . بَطّاش

saṅg′uine [-win], *n.* مُتَحَمِّس . مستبشر . مُتفائل . مُطمَئن . واثِق (مِن) . مُتَوَرِّد . دَمَوي . أحمر (قانٍ)

sanitār′ium, *n.*; *pl.* -iums *or* -ia مَصَحّة . مَنْقَهَة . مَثابة صحية

san'itary, *a., n.* متعلق بالمرافق الصحية . صِحِّي . حافِظ للصحة . خالٍ من الوسخ (أو) القَذَر . مِرْحاض . مَبالَة

sanitā'tion, *n.* حفظ الصحة (العامَّة) . تدابير حفظ الصحة (العامة)

san'ity, *n.* صحة (أو سلامة) العقل . أصالة الرأي . رُشد . رَجاحة العقل . صِحّة الحُكم (على الأمور)

sank, *v., p. of* sink

sanṡ, *prp.* بِدون

San'ta, *n.* = Santa Claus

Santa Claus, القديس نِقولا (يأتي بالهدايا في عيد الميلاد)

sap, *n.* مَنْقَب = خندق ضيّق يؤدي إلى مكان مُحاصَر (أو) موقع للعدو

sap, *n.* نُسغ (الشجرة) = مائية (أو) ماوِيَّة (الشجرة)

sap, *v.* (-pped, -pping) هَدّ (خِفيةً من الداخِل) . أوْهى (من الأساس) . ضَعْضَع . أوْهَن . قوَّض . حَفَر مَنْقَبًا

sāp'ience, *n.* حكمة . تَعَقّل . تمييز . تظاهر بالحكمة

sāp'ient, *a.* عاقِل . حكيم . مُتَعقِّل . متظاهر بالحكمة

sap'ling, *n.* غَريزة . غَريسَة = شَتْلَة . فَسِيلة

sapph'īre [saf'īr], *n., a.* سَفِير = ياقوت أزرق . سَفيري (اللون)

sapp'y, *a.* مَليء بالنسغ . ذو مائية . شديد القوة . سخيف (العقل)

Sa'racen, *n.* عَرَبِيّ . مُسلِم (في أيام الحروب الصليبية)

sârc'asm, *n.* استهزاء . مَهزَأة . أُطنُوزَة . تهكّم لاذع (أو) قارص . أهكومة . قارِصة

sârcas'tic, *a.* استهزائي . تَهَكُّمي . سَاخِر

sârcas'tically, *ad.* باستهزاء . بِسُخرِيَة . بتَهَكُّم

sârcoph'agus, *n.* تابوت حجري . ناووس

sârdīne', *n.* سَرْدِين = سمكٌ صغير محفوظ في الزيت

sârdon'ic, *a.* تَهَكُّمي . استهزائي . ازدرائي . [صَفراوي]

sârdon'ically, *ad.* بتهكّم وازدراء

sârsaparill'a, *n.* (نبات) الفُشَاغ (أو) الصَّبْرين (أو) العُشبة = فُشاغ

sârtôr'ial, *a.* خاصٌّ بالخياطة (أو) بالخيّاطين

sash, *n.* دَرّابة الشُّبّاك (أو) الباب = مِصراع منه يتزلق إلى الأعلى وإلى الأسفل

sash, *n.* نِطاق . حِزام . وِشاح

sass'afras, *n.* شجرة أمريكية نحيفة لها نَوْر أصفر وثمر أزرق أسود (من الفصيلة الغاريّة)

sat, *v., p. of* sit

Sāt'an, *n.* الشَّيطان . إبليس

satan'ic, Satan'ic, *a.* شَيطاني . مُنْكَر شديد . خَبيث جدًا

satch'el, *n.* [شَنطة] = قِمَطر = كُتُب مدرسية = صُوان الكتب المدرسية (يُحمَل على الكتف بحمالته)

sāte, *v.* أروى . أشبع . كَظَّ . تَمَلَّأ شِبَعًا . أوسَع

sateen', *n.* نسيج قطني (أو) صوفي صقيل لمّاع مثل الأطلس

sat'ellīte, *n.* مُلازِم . تَبيع . تابع . تابع (أو) تابعة فلكيّة . قَمر صِناعي . بلد تابع (تحت نفوذ غيره) . ذَنَب

sā'tiāte [-shi-], *v.* أشبع . كظّ . اكتظ = تملّأ شِبَعًا (أو) ارتوى . بَشِم

to be —d, أكثر منه حتى بَشِم . تملّأ منه إلى حد الكِظَّة (أو) البَشَم

satī'ẽty, *n.* كِظَّة . اكتظاظ . مُلاء . تَمَلُّؤ . بَشَم

sat'in, *n.*, *a.* أَطْلَس = [ساتان] = نسيج من الحرير له وجه صقيل لَمَّاع ناعِم صقيل . من الأطلس

sat'in-wood, *n.* خشب بني أصفر جميل من شجرة هندية شرقية

sat'iny, *a.* ناعم أملس صقيل كالأطلس

sat'īre, *n.* هِجاء . قصيدة هِجائية . كتابة هجائية

sati'rical, *a.* هِجائي . هَجْوي

sat'irist, *n.* هَجّاء . [جَشّاع]

sat'irīze, *v.* هجا . [جَشَّع] . استعمل التهكم اللاذع والتعريض للسخرية (أو) للطعن

satisfac'tion, *n.* اكتفاء . ارتضاء . إرضاء . اغتباط . اقتناع . شِفاء (الجوع أو العطش) . قضاء . وفاء . ارتياح . إنصاف . اشتفاء . انتصاف . احتساب

satisfac'torily, *ad.* على صورة مُرضِية (أو) مُحسِبة (أو) مُقنِعة

satisfac'tory, *a.* مُرضٍ = مُحسِب . مُقنِع . شافٍ . مَقنَع

sat'isfȳ, *v.* أحسب = أعطى حتى كَفَى . أَرضَى . قَضَى . وَفَى . شَفَى (الجوع أو العَطَش) . قَنِع . ارتَضَى . اكتفى . وَفَى بالحاجة . استوفى

sat'rap, *n.* حاكم إقليم في امبراطورية فارس القديمة = مَرْزُبان

sat'ūrāte, *v.* أشبع . نقَع . شَحَن . سَغسَغ . شَبَّع (بالماء) . شَرَّب . رَوَّى

satūrā'tion, *n.* سَغسغة . إشباع . تَشَرُّب . ارتواء

Sat'urday [-ẹr-], *n.* يوم السَّبْت . شِيَار (عند عرب الجاهلية)

Sat'urn [-ẹrn], *n.* (كَوكب) زُحَل (أو) كَيْوان . إله الزرع عند الرومان

saturnā'lia [-ẹr-], *n.* مُدة من التهتُّك في المَرَح والقصف

Saturnā'lia [-ẹr-], *n.* عيد زحل عند الرومان القدماء للقصف والمرح

sat'urnīne [-ẹr-], *a.* كئيب . مَغموم . عابِس . مُتَكَدِّر . كامِد . مصاب بالتسمم من الرصاص

sat'yr [-ẹr], *n.* إلاه صَغير نِصفُه إنسان ونصفُه ماعِزة . ماعِز الوَحْش . شخص شَبِق (أو) شديد الشهوة الجنسية

sauce, *n.* صِبْغ = كامِخ = [صَلْصَة] = إدام سائل لتطييب المأكول

sauce, *v.* طيَّب بالصِبْغ (أو) [الصَلْصَة] . تَوَاقَح . تطاول

sauce'pan [-sp-], *n.* طِنجير له مِقبض . قِدر مَعدنيّة لها يد

sau'cẹr, *n.* صُحَيْن . سُكُرُّجة = فَيْخَة . صُحَيفَة . صَحفَة الفنجان

sau'cily, *ad.* بوَقاحة بتطاول

sau'ciness, *n.* وَقاحة . تطاوُل . تسافُه . تَعَرُّم . جَلَع = ترك الحياء والتكلم بالقبيح

sau'cy, *a.* (-cier, -ciest) متسافِه . وَقِح . مُتطاوِل . عارِم . جالِعة (للمرأة)

sau'ẹrkraut [sowẹrkrowt], *n.* مُخلَّل = [طُرشي] الملفوف المُهرَّم

saun'tẹr, *v.* رَوَّد = تَمَشَّى على مَهَل يتنزّه . تَرَوَّد . تهادى

saun'tẹr, *n.* تَرْوِيد . تَرَوُّد = تَمَشٍّ على مَهَلٍ للتنزه . تَهادٍ

sau'sage [sosij], *n.* سُجُق . [نقانق] = مِرْكاس

saut'é [sōtā], *a., n.* مطبوخ ومُحَمَّر قليلًا بالقَلْي . مُلَوَّح بالقَلي . مُلَهوج بالطبخ

saut'é, *v.* (-téed, -téing) قَلَا (أو) طَبَخ بشيء قليل من السمن . لَوَّح بالقلي . لَهوَج بالطبخ

sav'age [-ij], *n.* هَمَجِيّ . وَحْشي . شَخص مُتَوَحِّش (أو) شَرِس

sav'age [-ij], *a.* جافٍ . وَعِر (على طبيعته الأولى) . بَرِّي . وَحْشِي . هَمَجِي . ضارٍ . شَرِس . قاسٍ

sav'agely [-ijl-], *ad.* بِوَحْشِيَّة . بِهَمَجِيَّة . بِقَسوة . بشراسة

sav'ageness [-ijn-], *n.* هَمَجِيَّة . وَحْشِيَّة . قَسوة وَحْشِيَّة

sav'agẹry [-ij-], *n.* هَمَجِيَّة . وَحْشِيَّة . توحُّش . قسوة وَحْشِية

savann'a(h), *n.* سُهْب = سَهل مُنْبَسِط من الأعشاب (لا شجرَ فيه) . سَهل

sav'ânt [-ân], *n.* عالِمٌ

sāve, *v.* أَنقَذ . نَجَّى . خَلَّص . صان . حَفظ . إدَّخر . استبقى . أبقى (على) . [وَفَّر] = اقتصد . مَنَع . جَنَّب = كَفَى مؤونةَ . أراح (من) . تَلافَى

sāve, *prn., con.* عدا . ما عدا . إلَّا . حاشا . سِوَى

sāv'ẹr, *n.* مُوَفِّر . مُستَبْقٍ

sāv'ing, *n.* توفير . إدِّخار . إنقاذ . تخليص . استثناء . تَحَفُّظ

sāv'ing, *prp., con.* باستثناء . حاشا . سِوَى

— your presence, حاشاك !

sāv'ing, *a.* مُقتصد . تَحَفُّظي . استدراكي . شافِع

sāv'ings, *n. pl.* توفيرات . مُدَّخَرات

sāv'ior, *n.* = saviour

sāv'iour [-yẹr], *n.* مُنقِذ . مُخَلِّص

The Saviour, = الشَّفيع . المُخَلِّص . السيد المسيح

savoir faire [-wârfair], دِرَايَة . حُنْكَة . كِياسة . حسن تصرف

savoir vivre [-wârvēvr], لَبَاقة . ظَرْف . أَدب العِشْرة . خَلَاق

sā'vor, *n.* = savour

sāv'our [-vẹr], *n.* طَعْمة . طَعْم . رائحة = نَفْحَة = نَشْوَة . [نَكْهَة] = قَدًا = بَنَّة . نَمَّة

sāv'our, *v.* تَطعَّم . تَذَوَّق . تَشَمَّم (بتلذذ) . يُستَنْشَمُ (أو) يُستَشَفُّ منه

sāv'ory, *n.* نَدْغ = صَعْتَر البرّ

sāv'ory, *a.* = savoury

sāv'oury [-vẹr-], *a.* طَعُوم = شَهِيٌّ (أو لذيذ) الرائحة (أو) الطعم

saw, *v., p. of* see

saw, *n.* مِنْشَار

saw, *v.* (sawed, -ed *or* sawn, -ing) نَشَر = قَطَع بالمِنْشَار

saw, *n.* مَثَل . حِكْمَة . قولٌ مأثور

saw'dust, *n.* نُشَارَة (الخشب)

saw'fish, *n.* (سمك) المنشار . كَوْسَج

saw'ing-hôrse, *n.* حِمار النَّشَّار = خَشَبات مُرَكَّبَة يَعتَمِد عليها النشار عند نشر الخشب

saw'mill, *n.* مِنْشَرة = مَعْمَل نِشارة

sawn, *v., pp. of* saw

saw'yẹr, *n.* نَشّار (حطب أو خشب)

sax'ifrage [-ij], *n.* (نبات) كاسِر الحجر

Sax'on, *n.* سكسوني

sax'ophōne, *n.* زَمْجَر = صَافُور = آلة موسيقية نحاسية يُنْفَخ فيها ولها مفاتيح للصوت

say, *v.* (said, saying) نَطَق . تكلّم . قال . تَلَفَّظ . تَفَوَّه . سَرَد . فرض . زَعَم . أعرب

say, *n.* قَوْل . مَقَال . قَوْلة . حقّ القول . القول الفَصْل

say'est = Thou sayest أنتَ تقول (أو) تقولين

say'ing, *n.* قَوْل . قولٌ مأثور . مَثَل

say'-sō, *n.* زَعْم . أمر (أو) قرار اعتباطي

sayst = sayest

scab, *n.* جَرَب الغَنَم (أو) النبات . جُلْبَة (أو) قِرْفَة الجُرح = قِشْرَة تعلو الجرح وقت البُرْء

scab, *v.* (-bbed, -bbing) تَجَلَّبَ (أو) تَقَرَّفَ (الجُرْح أو . . .)

scabb'ard, *n.* غِمْد . قِرَاب . قِمجار

scaff'old, *n.* كُنْدُجَة = صِقَالَة = سِقَالة . تَعْرِيشة (أو) سقيفة من خشب وغيره يقف عليها البناؤون (أو) الدهّانون . دَكّة الإعدام . مِنَصّة . دَكّة

scaff'olding, *n.* كُنْدُجَة = صِقالة . مواد الصِقالة

scald [skôld], *v.* سَمَط . سَلَق . رَضَف = سَخَّن (دُوَين الغلي) . لَذَع . لَوَّح

scald [-ô-], *n.* سَمط . سَلقة . رَضف . لَذع . تلويح

scāle, *n.* مُدَرَّج . سُلَّم (موسيقي) . درجات . مِيزان . مِقياس (نسبي) . مِقدار

scāle, *v.* تَسَلَّق . تَسَوَّر . جَعَل على مقياس مُعَيَّن (أو) نسبة مُعَيَّنة

scāle, *n.* فَلسة = قِشرة السمك = حَرشَفة = سَفَطة . شِحفة = صَفيحة رقيقة

scāle, *v.* سَفَط (السَمَكة) = قَشَر . تَقَشَّر = تَقَلفَع = تَحَسَّف . وَزَن

scāle, *n.* كِفّة (الميزان) . مِيزان

to turn the —, كان العامِلَ المُرَجِّح . بتّ الأمرَ . قرّر

scalēne', *a.* المحور فيه مائل على القاعدة . مختلف الأضلاع

scāleṡ [-lz], *n. pl.* بُرج الميزان . مِيزان . قَبّان

scall'ion, *n.* ثُومٌ قَصَبي . كُرّاث أندلسي = بَشكَلَون . بَصَل (أو) كُرّاث أخضر . بَصَل افرنسي

scall'op, *n.* نوع من الأسماك الصَدَفية محارته على شكل مِروَحة يدوية مُضَلَّعة

scalp, *n.* شَوَاة = جِلدَة الرأس (بشعرها) = فَرْوَة الرأس

scalp, *v.* سَلَخ (أو) كَشَط فَرْوَة الرأس . رَضَخ

scal'pel, *n.* مِشْرَط = مِبضَع = مِبزَغ الجرّاح = مُدْية صغيرة مستقيمة حادة للجراحة . مِكشَط

scāl'y, *a.* (-lier, -liest) ذو فُلوس (أو) حَراشيف . حَرشَفي . مُتَحَسِّف . يَتَشَحَّف

scamp, *n.* خالف (أو) خالفة = زُحْلُوط = شَخْص بُور = لا خَيْرَ فيه . وَغْل . عَيَّار = نَشِيط في الشَّرّ . رَذْل

scamp, *v.* لزَّق (العَمَلَ) = عمله بسرعةٍ وبدون إتقان = لَهْوَج

scam'pẹr, *v.* عَرَّد . جَمَزَ = مَحَصَ = رَكَض (أو) أسرع في العدو . نَقْلَزَ = عَدَا (و وثب) . مَصَع

scam'pẹr, *n.* رَكْض . تَعريد . جَمْز . عَرْعَرة . مَصْع . فَدفدة

scan, *v.* (-nned, -nning) تَمَعَّن . تَفَحَّصَ (بالنظر) . تَصَفَّح (بصورة سطحية) . تَبَصَّر . قَطَّع (بيتًا من الشعر) . دَقَّق النظر

scan'dal, *n.* عار . بُهْتان . هَتيكة = فَضيحة = أمر مُخْزٍ (أو) مُفظِع = شَنار . رِيبة . جُرْسة . مَخْزاة . تَشْنِيع . عَضيهة

scan'dalīze, *v.* آذَى الشعورَ (بعمل مُخْزٍ) . ساءَ . هــال . بهت = قال عنه ما يفضحه = شَنَّر . أَفْظَع (بعمل مُخْزٍ)

scan'dalmongẹr [-mung̊-], *n.* مُتَقَوِّل . صاحب فضائح وتقولات . وَقَّاع (في أعراض الناس) = هَتَّاك

scan'dalous, *a.* مُشين . مُخْزٍ . مُفظِع . فضاح . فيه قدح وطعن . عاضِه

scant, *a.* شَحِيح . مُشَحْشَح . قاصر عن الكفاية . محدود . تَزْر . مُشْفَق = لا يكاد يكفي . خَفِيف . ثَطّ (اللّحية) . لا يبلغ أن يكون . . .

He was — of breath, كان بـه قِصَر نفس

scant, *v.* شَحْشَح = شَفَّق . تَزَّر . قَلَّل

scan'tily, *ad.* بتَزَارة . بتتزير . بشحشحة . بتقليل

scan'tiness, *n.* تَزَارة . تُزْرَة . قِلّة

scant'ling, *n.* خَشَبة ضيقة (تستعمل قائمة في البناء)

scan'ty, *a.* (-tier, -tiest) مُشَخْشَح . مَنْزُور . خَفِيف . ثَطّ (اللحية)

'scape, scape = escape

scāpe'ġōat [-pġōt], *n.* كَبْشُ الكَفَّارة (أو) الفِدى . شخص يُحَمَّل اللومَ عن غيره = حُمُولة الذنب = ذئب يوسف = سَبَّابة المتندم

scāpe'grāce [-pġ-], *n.* (وَلَد) غَضِيب = يقع دائمًا في الشرّ

scâr, *n.* حَبَرٌ (الجُرْح) . نَدْبة = أَثَر (الجرح) = أُثْر . شَجَّة . قُلاعَة = صَخرة عارية منفردة . جُرْف

scâr, *v.* (-rred, -rring) حَبِر (أو) نَدِب (الجُرْحُ) = بَرُؤَ وكان له أَثَر . حَبَّر = أندب

sca'rab, *n.* أبو جِعران . جُعَل (والجمع جِعلان)

scārce, *a(d).* قليل (أو) عَزِيزُ الوجود = نادِر . قَلَّما . لا يكاد

to make him self —, ذَهَب . إنزوى . تَغَيَّب . تباعد

scārce'ly [-sl-], *ad.* قليلًا ما . لم يَكَدْ . لا يَكاد

scār'city, *n.* عَزازة . نَدْرَة . نَقْص . قِلّة = ضَفَف . مَحْل

scāre, *v.* أفزع . فَزَّع . نَفَّر فَزَعًا

scāre, *n.* فَزَع . تفزيع . فَزْعَة . وَهَل

scāre'crōw [-rkrō], *n.* مِجدار = فَزّاعة = خَيالة تُنْصَب لتفزيع الطير (أو) الوَحْش = نُطَّار

scârf, *n.*; *pl.*, -fs *or* -ves = مُخَنَّق مِنْديل يُلَفُّ به العُنُق (والرَّأس) . عِطَاف

scârl'et, *a.* أحمر زاه مائل إلى البرتقالي . أحمرُ زاهٍ . قِرمِزي خفيف . عاهِر

scârl'et, *n.* قُماش ذو لون قِرمِزي خفيف = سِقِلّاط

scarlet fever, الحُمّى القِرمِزيّة

scârp, *n.* صَبَب = مكان شديد الانحدار = حَدُور

scā'ry, *a.* (-rier, -riest) مُفزِع . ذاعِر . مُفزَّع = شديد الفزَع سريعُه . فَزِع

scāṭhe, *v.* آذى . مسّ بأذى . آذى بالانتقاد . أمضّ بالكلام = قذع . سَلَق بالكلام

scāṭhe, *n.* ضرر (بليغ) . أذى . خسارة

scāṭh'ing, *a.* مُمِضّ . شديد جدًا . مُقذِع

scatt'ẹr, *v.* رمى . نثر . بذّر . بعثر . بدّد . شتّت . تشتّت = تبعزق . تفضفض . فرّق = شلّ

scatt'ẹr, *n.* انتشار . انتثار . تناثُر . تفرُّق . تشذُّر . تبعزُق . تبدُّد . بعثرة . تشتّت

scatt'ẹr-brain, *n.* شخص أطوش (أو) هجهاج (أو) كثير الذهول

scatt'ẹr-brained [-nd], *a.* مُشتّت الذهن . هَجهاج . مُنذهِل . طائش . مُوزّع القلب . أطوش

scatt'ẹring, *a.* مُتبذِّر . مُنبذِر . متفرق . بتباعد . مُنتشِر (هنا وهنا) = مُتبدِّد . مُبعزَق

scatt'ẹring, *n.* عدد قليل متفرّق . شَتات . نفاريق . تشتّت

scav'ẹnge, *v.* كنَّس . قمّ . عمل كنّاسًا (أو) قمّاما . قمقم

scav'engẹr, *n.* (حيوان) قمّام (أو) جلّال . كنّاس . جلّال (أو) قشّاش (= يأكل الأسقاط أو الجِيَف) = مُقمقِم

scenâr'iō, *n.; pl.* -ios مُجمَل الحوادث (أو) المناظر في رواية تمثيلية (أو) فِلم سينمائي (مع إرشادات للتمثيل) = [سِناريو] = مَنظَرِيّة

scēne, *n.* مَشهد . مَوقِع . مَنظر تمثيلي (على مَسرح) . مَنظر . مَنظر طبيعي . مَشهد واقعي (أو) روائي (أو) تصويري . مَشهد غضبيّ (أو) هِياجي = نَزقة

scēn'ẹry, *n.* مَنظَر عموميّ . منظر طبيعي (أو) ريفي . مَنظَريّات مسرحية

scēn'ic, *a.* خاصّ (أو) مُتعلِّق بالمناظر الطبيعية . مَنظَري . ذو مناظر (طبيعية) جميلة . خاصّ بِمَنظَريات مسرحية

scent, *n.* رائحة طيّبة . رائحة = بنّة . حاسة الشم . عِطر . رِيحة (يُقتفى بها الأثر) . أثر (أو) دلالة لِقصّ الأثر

scent, *v.* استروح = شمّ الرائحة . عطّر . أوجس = استشعر (بِ) . صاد بحاسة الشمّ

scent'less, *a.* لا رائحة له . عديم الرائحة

scep'tẹr, *n.* = sceptre

scep'tic [skep-], *n.* شكّاك . مُتشكِّك (في حقائق الأشياء) . مُتشكِّك (في الدين) . جاحِد

scep'tical [skep-], *a.* يُشكِّك . يتشكَّك . تشكُّكي . مِرائي . جَحدي

scep'ticism [skep-], *n.* مذهب التشكُّك (في الدين وغيره) . مذهب المُماراة

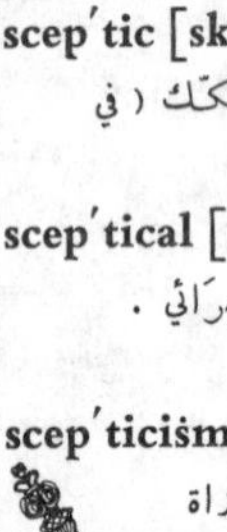

scep'tre [-tẹr], *n.* صَوْلَجان (أو) مِخصَرة (أو) قَضيبُ المُلك . سُلطة مَلَكيّة

sched'ūle [shed- *or* sked-], *v.* عمِل جدولًا . جَدوَل . أدرج في جَدول

sched'ūle [sk- or sh-], n. جَدْوَل . قائمة . جَدْوَل مَوَاقِيت (أو) مواعيد

schēme [sk-], n. خُطَّة . بَرْنامج (أو مَنهج (عملي) . تدبير . مَكِيدة . مُخَطَّط . مُنْتَظَم (فَقار الظهر)

schēme, v. خطّط . وَضَع خُطَّة (أو) منهجاً . دَبَّر (مَكِيدَةً) . مَكَر

schēm'ẹr, n. مُدَبِّر = مُدَبِّر مَكائد . دَسَّاس . مُماكِر

schēm'ing, a. مُكايِد . كَيَّاد . مُماكِر

schiṣm [sizm], n. شِقاق . إنشقاق (ديني) . فِرقَة مُنْشَقَّة . جُرم (أو) ذَنب إحداث الانشقاق (أو) السعي له

schiṣmat'ic [sizm-], a. شِقاقي . مُحدِث للانشقاق . عامل على الانشقاق . مُنْشَق

schist [shist], n. الحجر المُشَقَّق

schol'ar [sk-], n. باحث مُختَص . دَرَّاسة = عالِم . عَلَّامة . تلميذ (مدرسة) . طالِب بمنحة مالية

schol'arly, a(d). دَرّاس . عَلَّامي . خَليق بالعالِم . مُتَبَحِّر في العِلم . بتدقيق علمي

schol'arship, n. بحث علمي . تدقيق علمي . عالِميّة . منحة مالية دراسية

scholas'tic, a. مَدْرَسي . تَعليمي . كَلَامي = عِلمي . دَقِيق . مُتَنَطِّع

scholas'ticiṣm [sk-], n. فلسفة علماء الدين في القرون الوُسطى . علم الكلام

schōōl [sk-], v. عَلَّم . دَرَّس . دَرَّب . راض = وَطَّن

schōōl, n. مَدْرَسَة . مَدْرَسَة فكرية . مَذْهَب . دِراسة . جماعة الطُلَّاب (أو) التلاميذ

schōōl, n. جماعة (السمك أو الحيتان)

school board, مجلس إدارة مَدارس . مجلس إداري للمدارس

schōōl'-book, n. كتاب مدرسي

schōōl'boy, n. إبن (أو) غُلام مدرسة . [ولد مدرسة] . تِلْميذ

schōōl'fellow [-felō], n. رفيق مَدْرَسة . زميل مدرسة

schōōl'ġirl, n. بنت مدرسة . تِلْميذة

schōōl'house, n. دار مدرسة . مَبنَى مَدْرَسة . بيت مدرسة

schōōl'ing, n. تَلْمذة مَدْرَسِية . تَعَلُّم . دِرَاسة . تعليم

schōōl'man, n.; pl. -men عالِم ديني (أو) أستاذ (لاهوت) في جامعة في القرون الوسطى . عالِم في علم الكلام

schōōl'mâstẹr, n. مُدَرِّس . مُعَلِّم . رئيس مدرسة . مدير مدرسة

schōōl'māte, n. رَفيق مَدْرَسة

schōōl'mistress, n. مُدَرِّسة . مُعَلِّمة . رئيسة مدرسة . مديرة مدرسة

schōōl'room, n. غرفة تعليم . حُجرة (أو) غرفة تدريس . غرفة مدرسة

schōōl'-teach'ẹr, n. معلم مدرسة

schōōl'yârd, n. ساحة الألعاب (في مدرسة) . باحة المدرسة

schōōn'ẹr, n. دُونِيج = سفينة بِدَقَلَيْن (أو) أكثر . [إسكونَة]

scī'ẹnce, n. علم نظامي . عِلم . دُرْبة

sciẹntif'ic, a. عِلْمي نِظامي . عِلمي

sciẹntif'ically, a. بأُصولٍ (أو) بطريقةٍ علمية (نِظامية)

scī'ẹntist, n. عالِم نِظامي . عالِم

scill'a, *n.* عُنْصُل = بصل الفار = بصل الخِنزير

scim'itar, scim'itẹr, *n.* يَطَقان = سيف قصير مُقَوَّس

scintill'a, *n.* = شَرَارة . لُمعَة . أَثَر . ذَرَّة

scin'tillāte, *v.* تألَّق . تلألأ . تَوَقَّد . بَصَّ . كوكب = بَرَق . تَوَهَّج

scintillā'tion, *n.* تألُّق . تَلألُؤ . تَوَقُّد . التماع . شَرْرَة

sci'on, *n.* مَطعوم = غُصنة (أو) بُرعوم للتطعيم . مَزْلُوم = غُصن قُطِع من شجرة لِيُغْرَس . سَليل (أسرة)

sciss'ors, *n. pl. or sing.* مِقَصّ . مِقراض

sclerotic coat, صُلبَة = غِشاء أبيض صُلب على العين

scoff, *v.* سَخِر (من) . ضَحِك (من) = استهزأ (بِ) . احتقر

scoff, *n.* سُخرِيَة . استهزاء . هُزْء . هُزأَة = مَن (أو) ما يُهزأ به . سُخرِية

scoff'ẹr, *n.* ساخِر = هُزَأَة . مُزدرٍ . مُستَهزئ

scōld, *v.* عَزَّر = لام وعَنَّف

scōld, *n.* عزَّار . (امرأة) صَخَّابة ، عَزّارة ، سَليطة = فَحلة

scollop, *n.* = scallop

sconce, *n.* ساعِدة (أو) حاملة نائتة عن الجدار لوضع شَمعة (أو) ضوء . مِتراس . مَحْمَى . رأس (أو) يافوخ . غرامة خفيفة

scōne, *n.* قُرْصة = كعكة مُدَوَّرة مبسوطة تُخبَز على مُشبَك وتؤكل مع الزبدة

scōōp, *n.* مِحفَنة . مِقحَفة . مِحثاة . مِغرَفة (كبيرة) . مِلْوَق (الصيدلاني)

scōōp, *v.* حَفَن . قَحَف . غَرَف . كَحَث . جَوَّب . جَوَّف

scōōp, *n.* حَفْن . قَحْف . قُحفَة . حُفْنَة . تَجويفة

scōōt, *v.* انزرق = مرَّ مُسرِعًا = مَزَع . أَسرَع = إنسلب

scōpe, *n.* مَيْدان . مَجال . مَدًى . فُرْصة . سَعَة الفهم . طاقة عقلية

scôrch, *v.* ضَبَح = شَيَّط [= شَعَط] . صَلَى . لَوَّح . لَفَح . أذبل . جَفَّف = مَحَش

scôrch, *n.* شَيطَة . صَلْي . مَحْش . تلويح

scorched earth policy, سياسة الإتلاف . سياسة البَلْقَعة

scôre, *n.* تَعْداد (الفوز أو الخسارة في اللعب) = رِشق . دَيْن . حِساب . إحنة . دَرَجة

to know the —, عَرَف الوضعَ على حقيقته

to settle a —, صَفَّى حسابًا . انتصف منه . استوفى دينًا . تخالص

scôre, *n.* سَبَب . عِلَّة . قطعة موسيقية مُدَوَّنة

on the —, بسبب . بعلّة

scôre, *n.* نَشّ = عِشرون . خَدْش . حَزّ . علامة . شُطبة . خُماشة

scôre, *v.* دَوَّن (أو) أحصَى (الفوز أو الخسارة في اللعب) . رَبِح . نالَ . أحرز . رَقَم . قَيَّد . عَلَّم . أخصَل = أصاب الهدف . عَيَّن الدرجة

scôr'ia, *n., pl.* **-riae [ri-ē],** ثُوبال (أو) ثُفل (المعدن بعد صهره) . حُمَمة (البركان)

scôrn, *n.* إزدراء . أنفة . استنكاف

scôrn, *v.* إزدَرَى . أنف (من) . غَمَط = احتقر وازدرى . استهان (بِ) . استنكف . نَبَذ بازدراء

scôrn'fụl, *a.* زارٍ . مُزدَرٍ . مُستَنكِف

scôrn′fully, *ad.* بِزِرايَة . بازدراء . بامتهان

scôrp′ion, *n.* عَقرَب . شَوْلة . عُقرُبان (ذكر العقرب)

Scot, *n.*, *a.* اسكتلندي

scotch, *v.* جَرَحه حتى ارتَثّ . جَرَحه وأثخنه . أخمَد . حزّ . خدَش . سَنَد لمنع الانحدار (أو) التدحرج بسفين (أو) إسفين

scotch, *n.* خَمْش . خَدْش . حزّ . إسفين لمنع الانحدار (أو) التدحرج

Scotch, *a.*, *n.* مولود (أو) مَصنُوع في اسكتلندة . اسكتلندي . شعب اسكتلندا . لغة اسكتلندا

Scotch′man, *n.*; *pl.* -men رجل اسكتلندي

scot′-free, *a.* مُعفىً من الضريبة . بدون خسارة . لم يُصَب بأذىً . سالمًا . مُعافىً

Scot′land, *n.* اسكتلنده

Scots, *n. pl.*, *a.* اسكتلندي . اسكتلنديون

Scots′man, *n.*; *pl.* -men رجل اسكتلندي

Scott′ish, *a.*, *n.* لهجة انكليزية اسكتلندية . اسكتلندي

scoun′drẹl, *n.* رَذل . شَخص لَئيم ساقِطُ الأخلاق عديمُ الذِمام . لُكَع . لُكَعة . خِنسِر

scour, *v.* جَلَا = نظَّف وصقَل بالفرك . فرَك . نَظَّف . غَسَل . شَطَف . نقى

scour, *n.* جَلو . جَلي . تَنظيف . فَركَة . شَطف . تَنقِية

scour, *v.* جاس . إجتاس . استقرى (المكان) . جَوَّل (أو) طوَّف بسرعة . نفض = طوَّف باحِثًا (أو) مُفتِشًا = رَوَد

scourge [skerj], *n.* سَوط . مِقرَعة . عَذاب . بَلوَى = قارِعة . سَوط عقاب . عِقاب شديد

scourge, *v.* ساط . جَلَد . ابتلى . عاقب شديد العقاب

scour′ings, *n. pl.* رُذالة = خُشارة = نُفَايه = حسافَة

scout, *n.* رَبيئة = نَظُورة = طَليعَة (يكتشف أمرَ العدو) . كَشّاف

scout, *v.* استطلع . تَشوَّف . ارتاد = دار يطلُب شيئًا

to — around, round, جاس . دار يبحث

scout, *v.* سَخَّف . رَفَض بازدراء . سَخِر (من)

Scout, *n.* كَشّاف (تابع لحركة الكَشّافة)

scout′mâstẹr, *n.* معلم كَشّافة . رئيس كشافة

scow, *n.* صَندل = [ماعون] = قارب كبير مسطَّح القعر لنقل الأثقال

scowl, *v.* بَسَر = عَبَس = تَجهَّم . بَسَل . تَرَبَّد . طَلمَس . تَجهَّمه = عَبَس في وجهه مُهدِدًا

scowl, *n.* بَسْر = عُبوس . كُلوحٌ . تقطيب الوجه . اكفهرار . جُهومة . عَبْسَة

scrab′ble, *v.*, *n.* خربشة . خَربَش (في الكتابة) . خَمَش . خدَّش (بالأيدي أو بالمخالب)

scrag, *n.* عُجرُوف = شخص (أو) حيوان أعجف (أو) خشيبي (بادي العظام هَزيل) . قطعة غثّة (مهزولة) من اللحم . عُنق الإنسان

scrag, *v.* (-gged, -gging) أخـذ بخناقه . زَرْدَم = خنَق (أو) عَصر الحلق = زَرَد

scraġġ'y, *a.* (-ggier, -ggiest) أعجف . عَجيف . جِذبار = ضامر . هزيل . شاخص العظام

scram'ble, *v.* تَسلّق على يديه ورجليه . عافس = عالج وصارع . تزاحم (على الشيء) . تكالَب . تهالك . خفق (البيضَ)

scram'ble, *n.* تسلّق زحفًا (أو) حبوًا . مُعافسة . تكالُب . وَعْث = صُعود (أو) مسير شاق عَسير

scrap, *n.* فِتّة = حُثْرَة . كِسفَة = نُتْفَة . جُذاذة . قُصاصَة . نُدْفَة . نُبذَة . فُتَاتة . بَتكة = فَشْفَة . مشاجرة . مُهاوشة

scrap, *v.* (-pped, -pping) بتَك . فتّ . نتّف . جذّ . قطّع . قصّص . طرَح ونبَذ . تَشاجر . تهاوش

scrap, *a.* مُنتّف . على شكل قصاصات . منبوذ (بعد الاستعمال)

scrap'-book, *n.* دفتر قُصاصات (أو) جُذاذات

scrāpe, *v.* [زَحط] = جرّ بصوتٍ مُزعِج . جرّ إلى الخلف . سَلت . جَلط . بَشَر . حتّ . جرَد . حرَش = حكّ وقشر = سَحَف . سَحت = قَشر قليلًا قليلًا . كَشَط . زَنَق (في الأنفاق) . حَرَش = هَلت = قشر الجلد حتى يظهر الدم . حَبَش = هَبَش = جمّع من هنا وهنا

to — through, خلَص منه زَحفًا (أو بمشقّة) . نجا بشق النفس . نجح بجهد ومَشقّة . نجا ولم يكد

to — acquaintance (with), ندسّس حتى تعرّف (بِ) . سَعى وتعنّى للتعرّف (بِ)

scrāpe, *n.* حتّ . جَرد . كَشْط . جَرْش . صوتُ الجَرْش . وَرْطة = وَهْرة

scrāp'ẹr, *n.* مِكْشاط . مِجرَد . مِسحَت

scrāp'ing, *n.* حُكاكة . حُتانة . سُحانة

scratch, *n.* خَدْش . مَرْش . حَكّ . خَمْش . خَرْش . صوت مُخَرّش . خُربُوشة

from —, مِن لا شيء

scratch, *v.* خدَش . خَمَش . خَرَش = [هَرَش] . نَبَش (بالظفر أو بالمِخلب) . حَكّ . شَطَب = رَمّج . حَبّش (من هنا وهناك)

scrawl, *v.* مَجمَج (أو) ثبّج (الخطّ) = عمّاه . [خرْتَش] = عَلْسط (أو) عَلْطس (في الخط أو الرسم) = خَرْبَش . خَرْفَش

scrawl, *n.* مَجْمَجة = تثبيج . [خَرْتَشة] . عَلْسطة (أو) عَلْطسة (في الخط أو الرسم) . خَرْبَشة

scream, *n.* صَرْصَرة . صُراخ . صَرخة = هَيعة . زَعْقة

scream, *v.* زَعَق . صَرْصَر . صَيّح . صَرَخ . زَهْزَق = ضحِك شديدًا . [زَعبَر] (في الكلام)

screech, *n.* زَعيق . صَرْصَرة . زَقْح (القرد)

screech, *v.* زَعَق . صَرْصَر . زَقزَق

screech'-owl, *n.* أم قُوَيق = بوم شَحْشاح (أو) صَرصار (لا ينعب)

screed, *n.* مَكتوب مُطوَّل . فقرة طويلة من كتاب

screen, *n.* سِتار . حِجاب . حِظار . حاجِز . حائل

screen, *n.* غِربال . كِرْبال . سِتار (أو) رِدء عسكري . سِتارة العَرض السينمائي

screen, *v.* سَتَر . حَجَب . وَقَى . أَخفى . غربل (أو) كَرْبل . نَخَل . عَرَض (في السنما)

screen, *v.* تَفَحَّص (الأسرى أو المجرمين) . مَحَّص . مَيَّز . نقّى

screen'ings, *n. pl.* نُخَالة . صُوالة . حُصَالة . نُفَاية

screw [-ōō], *v.* فَتَل . بَرَم . شَدَّ (بالوالب) . لَوَى (وَجْهه أو . .) = زَمَّ . زَرَّ (عينه) = خازر . إعتسر = أخذ قسرًا = انتزع . شَدّ . لوّى . عوّج . شَمَز (وجهه) . بلّص . تلولب

screw [-ōō], *n.* مِسْمَارٌ مُحَوًّى = بُرْغي = لولب . رَفّاس السفينة . ضغط

to have a — loose, فيه فكّة أي حُمْق وقلة عقل . فيه هَبْتَة

to put the —s on (to), عَصَّص = لزّ وضيّق (على) . ضغط

screw'driver, *n.* مِفَكّ البُرْغي . مِدْسَر اللَّوْلَب . مِفَلّ البُرغي

scrib'ble, *v.* خَرْفش (الكتابة أو الرسم) . [خَرْتَش] . نَشَّر = خَرْبش كالأولاد الصغار

scrib'ble, *n.* خَرْفَشَة . [خَرْتَشة] . خَرْبَشَة . تَنْشيرة (الأولاد الصغار في المدرسة)

scribb'ler, *n.* مُخَرْفِش . مُخَرْبِش . خُربُوش = كاتبٌ لا يُعتدّ به

scrībe, *n.* كاتِب . ناسِخ . ناقِل

scrim, *n.* نَسيج قطني (أو) كتاني غير مُحْكَم النسج يُستَعمَل للبطائن

scrimm'age [-ij], *v.* جَاحَش . تعاكر . تمارس . تعالج وتمارك

scrimm'age, *n.* مجاحَشة . مُعاكَرة = تشابك وتصارع = تمارُس

scrimp, *v.* قَتَّر . شَحْشَح = ضَيَّق . قلَّل . كان شَحيحًا

scrim'py, *a.* (-pier, -piest) مُشَحْشَح . فيه تقتير . شَحيح

scrip, *n.* قُصاصة عليها كتابة . كتابة . شيء مخطوط . عَهْد . شهادَة تملك . وَفْضَة = كيس صغير (أو) جعبة

script, *n.* خطّ = كِتْبَة . خطٌّ طِباعي . طِبَاعة خطّيّة . مَخطوطة (رواية أو دَوْر)

scrip'tural [-cher-], *a.* متعلق بكتاب مُقَدَّس . كِتابي

scrip'ture, *n.* كتابٌ مُقدَّس . الكتاب المُقَدَّس

Scripture, The Scriptures, The Holy Scripture, الكتاب المُقَدَّس . فَصْل (أو) نَصّ من الكتاب المُقَدَّس

scriv'ener, *n.* كاتب عُقود (أو) صُكوك . كاتب عُمومي . كاتب عدل . كاتب

scrof'ūla, *n.* غُدَب = داء الملوك = داء الخنازير

scrōll, *n.* دِرْج = مَلفوفة من الورق (أو) الرّق = طُومار

scrō'tum, *n., pl.* -tums, -ta صِفَن = وعاء الخُصيَتَين = خِصيان

scrub, *v.* (-bbed, -bbing) دَعَك (أو) فَرك شديدًا (بفرشاة وماء وصابون)

scrub, *n.* تنظيف بالفَرْك الشديد

scrub, *n.* عَشَّة = [هَيْشَة] . عَشّ = [هِيش] = شجيرات مجتمعة كادية النمو . شيء ضَئيل (أو) عَشّ . قَصيع

scrub, *a.* عَشّ = قَمِيء = ضَئيل

scrubb'y, *a.* (-bbier, -bbiest) لاطئ بالأرض . كادي النمو . دُون . باذّ الهيئة . مُغطًى بالعشَّات (من النباتات)

scruff, *n.* قَذال . جلدة قفا الرقبة . قفا

scrumm'age [-ij], *n.* = scrimmage

scrū'ple, *n.* تَرَيُّب . تَحَرُّج . تَوَرُّع . تَذَمُّم . مِرْيَة

scrū'ple, *v.* تَرَيَّب . تَحَرَّج = تَرَدَّد (أو) تَمَنَّع (تَوَرُّعًا) . تَذَمَّم

scrū'ple, *n.* وزن (٢٠) قَمحة (أو) ثلث درهم . شيء طفيف = حَبَّة

scrū'pūlous, *a.* مُتَرَيِّب . كثير التأثُّم . مُتَوَرِّع . شديد التدقيق . مُتَنَوِّق . [مُتَحنِّف]

scrū'pūlously, *ad.* بِتَحَرُّج = بتأثُّم . بِتَوَرُّع . [بِتَحَنُّف]

scrū'tinīze, *v.* تَمَعَّن . تَفَحَّص . أنعم (أو) دَقَّق النظر . تَصَفَّح . عايَنَ

scrū'tiny, *n.* تَمَعُّن . تَفَحُّص . تدقيق النظر . تَصَفُّح . مُعاينة

scud, *n.* جُفْلَةُ (سحابٍ) = سحابة (أو) قَزَعَةُ سحابٍ تسوقها الريح بسرعةٍ

scud, *v.* انجفل السحاب . هَفَّ = أسرع في سيره . ساق = هَفَا = جَفَل . دَفْدَف = أَسرَع

scuff, *v.* مَشَى يَجُر قَدَمَيْه = قَبْعَل = [شَحْوَط]

scuf'fle, *v.* تعالج = تعافس . تهاوش . قَبْعَل = مَشَى يجر قدميه

scuf'fle, *n.* تعالُج . مُصارَعَة ومُنازَعَة . مُعافَسة . مُهاوَشة . قَبعَلَة = مِشْيَة بجر القدمين

scull, *n.* مِجْذاف صغير = مُرْدِي . تجذيف . رَكْوَة = زورق صغير

scull, *v.* جَذَف (المركبَ) (أو) دَفَعه (بالمُرْدِي)

scull'ery, *n.* سَهْوَة المَطبخ = حيث تُغْسَلُ الآنِيَة وأوعية الطبخ وتحفظ

scull'ion, *n.* خادمة (أو) خادم لأعمال غسل الآنية في المطبخ = [مَرمطون] = يَمَاق = [يَمَق] . شخصٌ دُون

sculp'tor, *n.* مَثَّال . نَحَّات

sculp'tūre, *n.* فن التَّمْثِلَة (أو) النِحَانة . تَمْثِلَة . قِطعة منحوتة . تِمثال

sculp'tūre, *v.* مَثَّلَ = سَوَّى تِمثالًا . نَحَت

sculp'tured [-cherd], *a.* مُتَمَثِّل = منحوت على شَكل تِمثال

scum, *n.* طُفاحَة = زَبَدُ السائل عند الغَلْي = غُثَاء . جُفالة . غُثْراء = خُشارة . نُور الماء = طُحلُب = أَغْثَر . ثُفْل (المعدن) = خَبَث

the — of the earth, خُشارة الناس (أو) العالم = غَثَرة = طَغَام

scum, *v.* (-mmed, -mming) أخذ الطُفاحة . [قَشَّ] الغُثاء = إطَّفح

scupp'er, *n.* سَيَّالة المركب = ثُقب (أو) أنبوب في صَفح المركب لتصريف المياه عن السطح

scurf, *n.* هِبْرِيَة = قِشرة الرأس . حَسَف

scu'rrilous [u as in but], *a.* بَذيّ . مُجوني . هُجْرِي . مُفْحِش

scu'rry [u as in but], *v.* (-rried, -rrying) عَرَّد = هَرَب (وفَرَّ) = فَدْفَد . دَعْرَم = قَصَّر خطاه وأسرَع . مَصَع

scu'rry, *n.* دَعْرَمة . تعريد . فَدفَدَة . مَصع . تراكض

scurv'ily, *ad.* بصورة تستحق الاحتقار . بدناءة

scurv'y, *a.* (-ier, -iest) دنيء . دون . حَقِير
scurv'y, *n.* (مرض) الإسقربوط
scutch'eon [skuchẹn], *n.* تُرس عليه رَنْك (أو) إشارات الشرف
scut'tle, *n.* فُتحة (أو) رَوْزَنَة (لها طَبَق) على ظهر المركب (أو) في جانبه . طَبَق هذه الفُتحة
scut'tle, *n.* طَبَق = غطاء . سَطْل (لِلفَحم) . صُنْدُوقة (للفحم) . سَلّة = قَرْطَل
scut'tle, *v.*, *n.* خَرَق (السفينةَ) لِيُغرِقها . هَرَب (خوفًا) . أجفل . انهزم = مَلَخ . فِرار . هَرَب
Scyll'a, *n.* مخلوقة عجيبة وحشية (أو) صخرة تُقابل الدُرْدُور واسمُه Charybdis
between — and Charybdis, بين خطرين لا بُدَّ من أحدِهما . بين نارَيْن

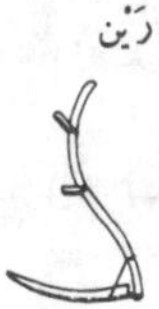

scȳthe, *n.* مِحْصَد . مِحَشّة
scȳthe, *v.* قَضَب (أو) جَزَّ الزرعَ (أو) الكلأ . حَصَد (بمنجل طويل اليد)
sea, *n.* خِضْرِم . بَحر . يَمّ . غَمْر البحر
at —, في البحر . في حَيْرَة
on the —, على البحر . على شاطئ البحر
to go to —, أصبح بَحّارًا . أبحر
to put to —, أبحر
to follow the —, صار (أو) كان بَحّارًا . عَمِل عَمَل البحّار

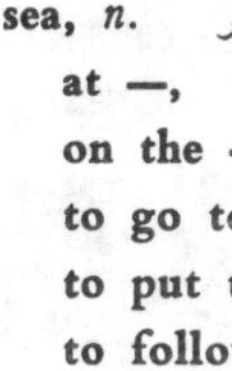

sea anemone, (نبات) شُقّار البحر
sea'board [-bôrd], *n.* رِيف (أو) سِيف البحر = ساحل البحر . صَفحة البحر = جُدّة
sea'-cōast [-kōst], *n.* ساحل البحر . سِيف البحر . رِيف البحر
sea'-cow, *n.* بقرة البحر . فَظّ
sea'-dog, *n.* كلب البحر . بَحّار ماهر
sea'fārẹr, *n.* بَحّار . مُسافِر بالبحر
seafār'ing, *n.*, *a.* مُلازَمَة البحر = بِحارَة = السَّفَر والعيشُ في البحر . بَحّارِي
sea front, جَبهة البحر . جال البحر
sea'-ġirt, *a.* مُحاط بالبحر . مُنَطَّق (أو) مُطَوَّق بالبحر . يُحدِق به البحر = يُطيف به
sea'ġōing, *a.* ذاهب بالبحر . مسافر بالبحر . صالح للسفر بالبحر
sea'-ġreen, *a.* أخضر أزرق خفيف (بلون ماء البحر)
sea'-ġull, *n.* زُمَّج الماء = نَوْرس . عَنْزُ الماء

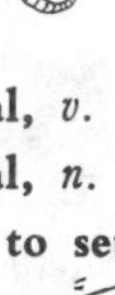

sea'-hôrse, *n.* فرس البحر . حِصان البحر
seal, *n.* عِجلُ البحر = فُقْمة . جِلْدُ العجل (أو) فَرْوَته
seal, *v.* اصطاد الفُقْمة (أو) عجل البحر
seal, *n.* خَتْم . طابَع . راسوم . شمع الختم
to set the — on, صادق (أو) وافق (على) . أبرَم . ضَمِن . وَثّق . وَكّد
seal, *v.* خَتَم . أحكم السَّدّ (أو الطَّوْق) = خَتَم . سَكَّر
to — off, قَطَع . فَصَل فصلًا تامًّا = خَتَم . سَكَّر
sea level, سَطح البحر . مُستوى البحر
seal'inġ-wax, *n.* شمع الخَتْم

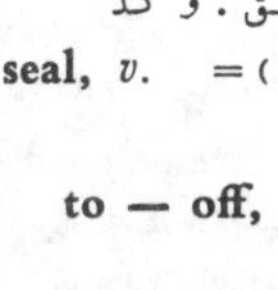

sea'līon, *n.* أسد البحر
seal'skin, *n.* جلد عِجل البحر (الذي له فَروة)
Sea Lord, أحد مُقدَّم البحر . أعضاء مجلس إدارة البحرية

seam, *n.* دَرْز = الخطّ الذي يحصل في الثوب عند اجتماع طرفيه بالخياطة . وَعْم = خط يخالف لونُه بقية اللون . شَطب . فَلْع . سَلْع

seam, *v.* دَرَز . جَعل له دَرْزًا . جَزَّع . تَشطَّب . تَسلَّع

seam, *n.* سام = عِرق من المعدن في الصخر . أَثَر . تجزيعة . نَدَبة (الجرح) . غَضْنَة (أو) تَخدِيدة

sea'man, *n.*; *pl.* -men بَحْرِيّ . بَحَّار . جُندي بَحَّار

sea'manship, *n.* بِحارَة . مَهارة في إجراء السفينة . حُسن البِحارة

sea'men, *n.*; *pl. of* seaman

sea'-mew, *n.* (طائر) زُمَّج الماء . نَوْرَس

seam'stress [sems-], *n.* (امرأة) خياطة

seam'y, *a.* (-mier, -miest) فيه دُروز

the — side, أردأ (أو) أسوأ ناحية

se'ânce [sā-], *n.* جَلسة . جلسة لمناجاة الأرواح

sea'plāne, *n.* طائرة بحرية

sea'pôrt, *n.* مَرفأ . بَنْدَر = ميناء (بَحْرِي)

sear, *v.* لَفَح . شَوَّط . شَفْشَف = جَفَّفَ وأحرق . أذبل . أذوى . صَوَّح . لَذَع . كَوَى . جَسَّأ

sear, *a.* ذاوٍ . جافّ . ذابل . ملفوح

search [sẹrch], *v.* فَتَّش . بَحَث . نَقَّب . تَفَحَّص . استقصى

search, *n.* تفتيش . تبحيث . استقصاء

in — of, يفتش (أو) يبحث عن

search'ing, *a.* مُتَفَحِّص . فاحِص . مُدقِّق . ثاقِب

search'līght [-līt], *n.* نُور كَشَّاف

search-warrant, *n.* إذْن بالتفتيش

sea'-rōvẹr, *n.* لِصّ بحر . قُرْصان

sea'-shell, *n.* صَدَفَة . قَوْقَعة

sea'shôre', *n.* = شَطّ البحر . ضَفَّة البحر . ضَفير البحر . شاطئ البحر

sea'sick, *a.* به دُوَارُ البحر (أو) المَيدان (أو) الهُدَام

sea'sickness, *n.* مَيدان . هُدام

sea'sīde', *n.*, *a.* = طَفّ البحر (أو) جال البحر . ساحِل (أو) جانب البحر (للنزهة) . شط البحر

seas'on, *n.* فَصلٌ (من فصول السنة) . مَوْسِم . إبَّان . إِنَى . أوان

to talk in —, تكلم في الوقت الصحيح . تَكَلَّم في كُنهِ الكلام (أو) في المقام المناسب

Figs are in —, في موسمها (أو) إبّانها

in —, في أوانه . في موسمِه . في موسم الصيد

seas'on, *v.* تَوبَل = تَبَّل . أَدَّم (بالإدام) . مَلَّح . مَتَّن (الطعامَ)

seas'on, *v.* ضَرَّى . نَجَّذ = دَرَّب = حَنَّك (الكلبَ . . .) . أَدَّمَ (الخشبَ) حتى صار صالحًا قويًا

seas'onable, *a.* في مَوْسِمه (أو) أوانه (أو) كُنْهِهِ

seas'onal, *a.* فَصلي . مَوْسِمي . على فَتَرات مُنتَظِمة

sea'soned [-nd], *a.* مُدَرَّب . مُمَرَّن . مُنجَّذ

seas'oning, *n.* تطييب الطَّعم . تَتبيل . تَتْبِيلة . تأديم

seat, *n.* مَقعَد . مَقعَدَة . قاعِدة . مَنْزِل . مَقَرّ

seat, *v.* أَقْعَدَ . اتَّسع لإقعاد . وَضع مَقعَدَة

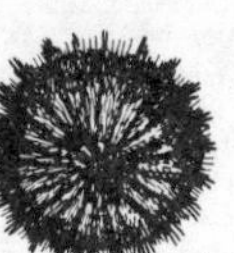

sea'-urchin, *n.* قُنفُذ البحر = توتيا . قُنفُذ بحري

sea'ward(s), *n., a(d).* جِهة (أو) صَوب البحر . نحو البحر . إلى جهة البحر

sea'weed, *n.* حامول البحر = ألج = حَمُول البحر = نبات ينبت في البحر

sea'worthy [-wer-], *a.* صالح للسفر البحري

sēbā'ceous [-shęs], *a.* دُهني . شَحمي

sē'cant, *n., a.* قاطِع . خط قاطِع

sēcēde', *v.* إنشق (أو) انفصل (عن حزب . . .) . اعتزل . انسلخ . انخزل

sēce'ssion, *n.* إنشقاق . انسلاخ . انفصال . إنخزاع

sēclūde', *v.* إنزوى . إنعزل . عزَل . احتجب . انتبذ . خدَّر

sēclūd'ēd, *a.* مَفصول . مُنفَصِل . ألوَى = مُنعزِلٌ . مُتنحٍ = مَقصُورٌ = مُخدَّر

sēclū'sion [-zhęn], *n.* إنزواء . عُزلة . انتباذ . حَجب

sec'ond, *a.* ثانٍ (في المرتبة) . تِلو . آخَر

sec'ond, *n.* ثانٍ . تِلو = ثُنيان . ظَهير . ثانية (أو) لحظة (من الوقت)

sec'ond, *v.* كانَف = أعان وعاضد . ظاهَر

sec'ond, *v.* أعار (أو) استعار (لوظيفة ما) . ثنَّى (على اقتراح أو . . .)

sec'ondary, *a.* ناجم (أو) مُشتَق . جُزئي . ثانوي . في المرتبة الثانية (من الأهمية) . من الريش الخوافي

secondary accent, شَدَّة (في اللفظ) ثانوية تكون أخف من الشدة الأساسية

sec'ond-clâss, *a.* درجة ثانية . من (أو) في الدرجة الثانية

sec'ond-hand, *a.* غير أصلي . مَنقول (من السَّماع) . مُعنعَن . مُستَعمَل

sec'ondly, *ad.* ثانيًا . من جهة ثانية

second nature, مَلَكة

sec'ond-rāte, *a.* من الصنف الثاني . من المرتبة الثانية . دُون = أدنى

sēc'rēcy, *n.* تَكتُّم . كِتمانُ السِّرّ . سِرِّيّة . كِتمانيّة . إكناء . خَلوة . احتجاب

sēc'rēt, *n.* سِرّ . عِلّة خَفيّة . خافية . سَريرة . دَخيلة

in —, في خَلوة . سِرًّا . خِفيَةً

sēc'rēt, *a.* مَحجوب . مَكتوم . مُستَتِر . مَخفِيّ . سِرّي . غامِض . مُنعزِل . كَتوم . باطِن . خَفِيّ

secrētār'iat, *n.* منصب أمين السر . أمانة السر

sec'rētary, *n.* كاتب دولة . أمين (أو) كاتم السر . كاتبُ سِرّ . وزير . سكرتير

sec'rētary-bird, (طائر) أبو حبيب (في السودان) = القعقب = (طائر) الكاتب (أو) [النصيب] (يأكل الحيّات) = نَسّاف

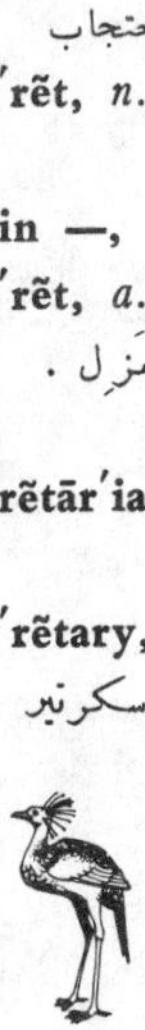

sēcrēte', *v.* أخفى . كَمَى = كتم . دسّ . تخفّى . أفرز = رَشَح

sēcrē'tion, *n.* إفراز (كالبُصاق مثلًا) . إفراز = رَشح

sēc'rētive [*or* sēkrē'-], *a.* مُبالِغ في الكتمان = مُستَسِرّ . كتّام = كَتُوم للسرّ . مُتكتِّم . مُدِرّ للإفراز

sēc'rētly, *ad.* سِرًّا . بتكتّم . خِفيَةً . باطِنًا

secret police, الشُّرطة الخَفِيّة (لكشف الأعمال المناوئة للدولة وإخمادها)

Secret Service, دائرة الاستخبارات السرية

sect, *n.* حِزب . شِيعة . نِحْلة . فِرْقة (دينية) . طائفة

sectār'ian, *n.*, *a.* طائفي . مِلّي . مُتعصِّب لطائفته (أو) مِلّته . مُتشيِّع . مُتحزِّب

sec'tion, *n.* قِسْم . قِطعة . جُزْء . حُزّة . فِقْرة

sec'tion, *n.* قَطْع . مَقْطَع . رسم مَقْطَعي . قِطَاع

sec'tional, *a.* مُفَصَّل (أو) مُقَسَّم . مَحلّي . إقليمي . مُقسِّم (يَخلُق الفُرْقة بين . . .)

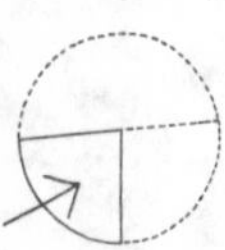

sec'tionalism, *n.* تَعصُّب إقليمي (أو) مَحلّي

sec'tor, *n.* قِطَاع دائرة . قِطَاع

sec'ūlar, *a.* دُنيَوي . عَلْماني = غير ديني (أو) إكليركي . مَدَني . خارج عن سلطة الدين . غير رَهْباني

sec'ūlarism, *n.* العَلْمانية في الأخلاق (بدون سلطة الدين) . عَلْمانية التعليم (أو) الحياة المدنية

sēcūre', *a.* آمِن = أمين . مُستوثِق (منه) . في أمان . وَثيق . مُوثَّق . موثوق (به ، منه) . راسِخ . مُتمكِّن . ماكِن . وَطيد

sēcūre', *v.* أَمِن (من) . وَثَّق . أَوْثَق . أمَّن . أحرز . حَصَل (على) . مَكَّن . وَطَّد

sēcūre'ly [-rli], *ad.* بتمكين . بتوثيق . بإيثاق . بتوطيد

sēcūr'ity, *n.* أَمْن . أَمَان . تأمين . ضَمان . مَأْمَن

sēcūr'ity, *n.* سَنَد مالي . سند دين . ضَمانة

Security Council, مجلس الأمن

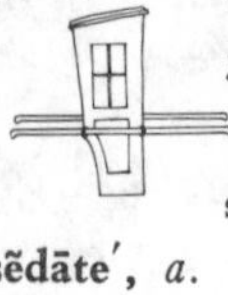

sēdan', *n.* كرسي حَمّال . تَختروان . سيارة مُطبقة لها بابان (أو) أربعة وذات أربعة (أو) ستة مقاعد

sedan chair, تَختروان

sēdāte', *a.* هادئ . رَزين . وَقُور . رَكين . رَصين

sēdāte'ly [-tl-], *ad.* برزانة . بأناة . بسكينة . برَكانة . برَصانة

sed'ative, *a.* مُسبِّخ = (دواء) مُسكِّن (أو) مُهدِّئ للأعصاب

sed'entary, *ad.*, *n.* قُعَدة . قُعْدي . قُعُودي . قَراري . آبِد (للطير) . مَكيث . مُستقِرّ . ناتج عن كثرة القُعود

sedge, *n.* رِمْث = (نبات) السُّعادَى = [السُّعَيْدة]

sed'iment, *n.* رَاسِب = دُرْدِيّ = ثُفْل . كَدَر . عَكَر

sedimen'tary, *a.* رُسُوبي . تَرَسُّبي

sēdi'tion, *n.* تَهريش = تحريكُ الفتنة . تحريض على الفتنة . فِتْنة . إحداث = اغتشاش . تَحريش

sēdi'tious, *a.* مشترك في الفتنة . مُحرِّض على الفتنة (أو) العصيان . له علاقة بالفتنة . مُحرِّش

sēdūce', *v.* استغوى . أغوى . أغوى (على الفُجور) . فَتَن (المرأةَ) = راودها (عن نفسها)

sēduc'tion, *n.* استغواء . إغواء . إغواء على الفجور . فُجُورٌ بالإغواء

sēduc'tive, *a.* مُغوٍ . مُستهوٍ . مُريغٌ

sed'ūlous, *a.* دائِب . جَدود . مُتمعِن . كَدودٌ

see, *n.* مقام (أو مَنصِب) البابا . سلطة أُسقُفية (أو) بابوية . مَقامِيَّة (أو) مَقرّ (أو) أَبرَشِية المَطران (أو) الأُسقُف

see, *v.* (saw, seen, seeing) رأى . أبصر . نظر . أدرك . فَهِم . عاين . زار . تحرَّس (من) . تحرَّى . استقبل . شَيَّع . استوثق (من)

— off, شَيَّع

seed, *n.; pl.* seed *or* seeds بِزْر . بَذْر . بَزْر = وَلَد = ذُرِّية . عَجَم (الفاكهة)

to go (or run) to —, أعصف (النباتُ) . عسا (الشيخ أو النبات) عُسُوًّا . تَحَشَّف = صار باذّ الهيئة

seed, *v.* بَذَر . أخرج العَجَم (أو) البِزْر (من الفاكهة) . بَزَّر (النباتُ) = صار له بِزْر

seed'bed, *n.* أرض مُصلَحة للبذر . بيئة صالحة

seed'-côrn, *n.* حبوب البذار

seed'ẹr, *n.* بَذَّار . آلة بذّارة . آلة لإخراج البزر (أو) العجم

seed'iness, *n.* تَحَشُّف (في اللباس) = بَذاذة الهيئة . رثاثة

seed'less, *a.* بدون بِزْر (أو) عَجَم = إِمْليس

seed'ling, *n.* نبتة (من بِزرة) . شَتْلة . نَتْشَة . شُجَيرة

seeds'man, *n.; pl.* -men بُزُوري . بذّار

seed'y, *a.* (-dier, -diest) مُتَحَشِّف (في اللباس) . كثير البزر (أو) العجم . رَثّ الثياب

see'ing, *con.* نظرًا إلى أنَّ . حيث إنَّ

see'ing, *n.* نظر . رُؤْيَة

seek, *v.* (sought, seeking) بَحَث (عن) . طَلَب . سَعى للحصول (على) . التمس . نَشَد . تَوَخَّى . قَصَد . انتجع . جَدّ في الطلب . حاول . رام . تَهمَّم (الشيء) طلبه وتحسَّسه

seek'ẹr, *n.* طَلَّاب . ناشِد . طالب . باحِث (عن)

seem, *v.* ظَهَر . لاح . خُيِّل (إلى) . ترآى . بدا

seem'ing, *a.* ظاهِرٌ . ظاهري . مَظْهَري . في الظاهر . بادٍ

seem'ingly, *ad.* ظاهِرًا . في الظاهر . كما يَلُوح

seem'liness, *n.* لِياقة . احتشام

seem'ly, *a.* (-lier, -liest) لائق . أَدِيب . مُناسِب

seen, *v., pp. of* see

seep, *v., n.* تَرَشَّح = نَزّ = نَضّ . تَغَلْغَل [تسرَّب] . وَشَلٌ = نَزّ

seep'age [-ij], *n.* غَلَل . نَضِيض . نَزِيز . زَرَب . وَشَلان

seer, *n.* عَرَّاف . كاهِنٌ . مُتَنَبِّئٌ

seer'suckẹr, *n.* قاش هندي مُخطط بالأزرق والأبيض له سطح مُكَرَّش

see'saw, *n.* زُحلُوقة = لوحٌ مستند من وسطه إذا ارتفع أحد طرفيه انخفض الآخر

see'saw, *v.* عَلَا وهَبط . تَرَجَّح (على الزُّحلوقة) . تَرَجَّح . تَذَبْذَب . تَكَفَّأ . تَقَلَّب

see'saw, *a.* تَرَدُّدي . تَذَبْذُبي . تَقَلُّبي

seeṭhe, *v.* فار . غلى . جاش . هاج (وماجَ) . اضطرب . احتدم . تَرَخَّر

seg'mẹnt, *n.* فَصلَة . حُزَّة . قِطعَة (مُرَكَّبة) . قِطع (دائرة) . شُدْفة . بِضعة . وِصْل = العضو بين مفصلين

seg'rēgāte, *v.* فَرَز . عَزَل . فَصَل . حَرَّد (الناسَ بعضها عن بعض)

segrēgā'tion, *n.* فَرز . عَزل . إنفصال . تحريد

seigneur' [sānyer], *n.* نبيل (أو) سيد (أو) شريف إقطاعي

seine [sān], *n.* شبكة عمودية . شبكة لصيد السمك عمودية

seis'mogrâph [sīz-], *n.* آلة لتسجيل اتجاه الزلزلة وشدتها ومدتها

seize, *v.* أَخَذَ (أو) قَبَض (عليه) بسرعة . استحوذ . قبض . تفهّم . استولى . تولّى . غصَب . انتهز . أَسَر . تملَّك . أخذ

sei'zure [-zhẹr], *n.* أَخذٌ بِسُرعة . اغتصاب . نَوْبَة (أو) سَوْرة (مَرَضية) . عارض مرضي

sel'dom, *ad.* نادرًا . قلَّما

sēlect', *v.* انتقى . اختار . تخيَّر . انتخب

sēlect', *a.* مُختار . مُنتَخَب . صَفوَة . مُتخَيَّر . قُصرِي = خاصٌّ . نُخبة

sēlec'tion, *n.* نُخبَة . إختيار . تَخيُّر . مُختارات

sēlec'tive, *a.* انتخابي = تخيُّري

sēlect'man, *n.*; *pl.* -men مُختار البَلدة = أحد أعضاء البلدية في بلدة أمريكية يُنتخب كل سنة للقيام ببعض الشئون العامة

self, *n.*, *prn.*, *pl.* selves نَفس . ذات . بنفسِه . لِذاته

self-abūse', *n.* إساءة إستعمال الجسم (أو) العقل . استمناء

self-addressed' [-sd], *a.* مُعنوَن (أو) مُوَجَّه إلى الشخص نفسه

self-asser'tion, *n.* إثبات الموجودية . تطاول

self-asser'tive, *a.* مُتطاوِل . مُثبِت لموجوديته

self-cen'tred [-tẹrd], *a.* لا هَمَّ له إلَّا نفسُه . أناني

self-commând', *n.* ضبط النفس . تمالك النفس . تمالك

self-complā'cẹnt, *a.* مغتبِط بنفسه

self-conceit', *n.* غُرور . عُجب . خُيلاء . زَهو

self-conceit'ēd, *a.* مُتحالٍ بنفسه . مغرور بنفسِه . مُعجَب بنفسه

self-con'fidẹnce, *n.* ثِقة بالنفس . إطمئنان (بالنفس)

self-con'fidẹnt, *a.* واثقٌ بنفسِه . مطمئنٌ من نفسه

self-con'scious [-shẹs], *a.* مُستشعِرٌ نفسَه . خَجول

self-con'sciousness, *n.* استشعار النَّفس (أو) الذات . خَجَل

self-contained' [-nd], *a.* مستقل بنفسه . برأسه . قائمٌ بذاته . مُستَقِل . مُتكفكف

self-contrōl', *n.* ضَبْط النَّفس . حُكم النفس

self-dēfeat'ing, *a.* يُفسِد المقصود . يُفسِد الأمر . يأتي بعكس المراد

self-dēfence', -dēfense', *n.* الدّفاع عن النفس

self-dēnī'al, *n.* إنكار الذات . تَعَفُّف . تَوَرُّع . كفّ النفس

self-dēnȳ'ing, *a.* يؤثِر على نفسِه . مُؤثِر . غير أناني

self-dēterminā'tion, *n.* تقرير المصير . قَدَرِيّة

self-dēvō'tion, *n.* تضحية النفس . تكريس النفس . بذل النفس

self-esteem', *n.* الاعتزاز (أو) الاعتداد بالنفس . عِزّة النفس . غُرور

self-ev'idẹnt, *a.* بيّن لذاته . بيّن بنفسِه . بيّن من نفسِه

self-ẽxpress'ion, *n.* إعراب عن النفس

self-ġo'vẹrning [-guv-], *a.* ذو حكمٍ ذاتي . يحكم نفسه بنفسِه

self-ġo'vẹrnmẹnt [-guv-], *n.* حُكم ذاتِيّ

self-impôrt'ant, *a.* مُعتَدّ بنفسه . مُعجَب بنفسه . مَغرور بنفسه

self-impōṡed' [-zd], *a.* مفروض على نفسِه بنفسه

self-in'tẹrest, *n.* إيثار النفس . مأرب ذاتي . مصلحة ذاتية . مأرُبة

sel'fish, *a.* أناني . يؤثر نفسه (على غيره)

sel'fishness, *n.* أنانيّة . إيثار النَّفس = أثَرة

self-love' [-luv], *n.* حب الذات . مَحبة النَّفس . عُجب . أنانية

self'-māde, *a.* عِصامي = نال مقاماً وحسباً بالاعتماد على نفسه

self-poṡṡessed' [-sd], *a.* متمالكٌ نفسَه . مُطمئن . ساكن الجوارح

self-poṡṡe'ṡsion, *n.* التمكن من النفس . تمالك النَّفس . اطمئنان النفس . سَكينة

self-preṡẹrvā'tion, *n.* حماية النفس . حفظ النَّفس (أو) الذات . المحافظة على النفس

self-rēlī'ance, *n.* الاتكال على النَّفس

self-rēlī'ant, *a.* يتكل على نفسِه . عِصاميّ

self-rēprōach' [-rōch], *n.* عَذل (أو معاذلة) النفس . تَلَوُّم

self-rēspect', *n.* احترام النَّفس . كَرامة

self-rēspect'ing, *a.* يحترم نفسه . يعتَزّ بنفسه

self-rēstraint', *n.* مَسك النَّفس . إنكِفاف . ضَبط النفس . ارتداع . رَدْع . إزدجار . إنحجام

self-rīght'eous [-rīchẹs], *a.* يزكّي نفسه

self-sac'rifīce, *n.* تضحية المصلحة الذاتية . المُفاداة بالنفس . تضحية النفس

self'sāme, *a.* نَفس . عَين . بعينه

self-satisfac'tion, *n.* ارتضاء بالنفس . اغتباط بالنفس . عُجب

self-sat'isfīed [fīd], *a.* مرتضٍ بنفسه . مُغتبِط بنفسه

self-seek'ẹr, *n.* أشعبي = يهتمّ ويُفرط في السعي وراءَ مآربه

self-seek'ing, *n., a.* أشعبي = أناني = يهتم بنفسه وبمآربه . السعي وراء المآرب

self-stȳled' [-ld], *a.* سمّى (أو) دعا نفسَه بنفسه

self-suffi'ciency [-shẹn-], *n.* الاستغناء (أو) الاقتصار (أو) الاكتفاء الذاتي

self-suffi'cient [-shẹnt], *a.* مستغنٍ (أو) مكتفٍ بنفسه (أو) بذاته

self-suppôrt'ing, *a.* يَكفِي نفسَه بنفسِه . قائمٌ بشأن نفسه بنفسه

self-willed′ [-ld], *a.* أمرُه بيده . حُرُّ الإرادة . جَموح . شديد الشكيمة . عَنيد

sell, *v.* (sold, selling) باع . نفق . نفَّق

sell′ẹr, *n.* بائع . بيَّاع . نافِق

sel′vage [-ij], *n.* = selvedge

sel′vedge [-ij], *n.* طُرَّة . كُفَّة (أو) زيقُ القُماش = حاشية مُحكَمة النسج لمنع التَّنَسُّل = صِنفَة

selvės [-vz], *n. pl. of* self

sem′blance, *n.* = شُكلَة = شَبَه ظاهري ظِلٌّ (من) . شَبَه . سِيماء . هَيئَة . مَظهَر

sẽmes′tẹr, *n.* نصف سنة مدرسية (في جامعة)

sem′i-, دَاخِلة (أو) بادئة حرفية بمعنى: نِصف (أو) شِبه (أو) بعض

semi-ann′ūal, *a.* نِصف سنوي . يقع مرتين في السنة

sem′icircle, *n.* نِصف دائرة

semicirc′ūlar, *a.* شِبهُ نِصفِ دائرة . نِصفُ دائري

semicōl′on, *n.* علامة تنقيط (= ؛) تدل على وقفٍ أقصر من الوقف التام

sem′inary, *n.* مدرسة داخلية للشابات . مدرسة دينية . مدرسة . كُلّية

sem′iprecious [-preshẹs], *a.* شِبه نَفيس (أو) شبه كريم (لبعض الأحجار الثمينة)

Sēm′īte, *n.* سامِيٌّ . من الجنس الساميِّ (كالعرب)

Sẽmit′ic, *a.* ساميٌّ . خاصٌّ باللغات السامِيَّة

sen′ate [-it], *n.* مجلس إدارة جامعة . مجلس استشاري (لكلية أو مدرسة) . مجلس الشيوخ (أو) الأعيان = [سِناتو]

sen′ator, *n.* عُضو مجلس الشيوخ

senatôr′ial, *a.* حقيق (أو) جدير (أو) لائق بعضو مجلس الشيوخ . مؤلَّف من الشيوخ

send, *v.* (sent, sending) أرسَل . بعَث . سَيَّر . جعَل . وَجَّه . أَورَد

to — for, بعث خلفه . بعث يستدعي . استدعى

send′ẹr, *n.* مُرسِل = باعِث

sen′ẽschal [-shal], *n.* قَهرَمان لأميرٍ (أو) نبيلٍ في القرون الوسطى . قَيِّم (على أراضي الأمير)

sēn′īle, *a.* مُهتَّر = مَسبوه = فاسِد العقل من الهرم . هَرِم . شَيخُوخي

sẽnil′ity, *n.* هُتر = سَبَه = ذهاب العقل من الهرم . شيخوخة . هَرَم

sēn′ior, *a.* أكبر (أو) الأكبر (في السِّنّ) . أقدَم (أو) أعلى (في المركز) . مُتقدِّم . كبير

sēn′ior, *n.* طالب في صفِّ التخرُّج (في كلية أو جامعة)

sēniô′rity, *n.* قُدمَة . تقدُّم (في السِّن أو المركز) . أقدَميَّة

senn′a, *n.* سَنامَكَّة . سَنا

señôr′ [senyôr], *n.* سَيِّد (في الاسبانية)

señô′ra [senyôra], *n.* سيدة (في الاسبانية)

señôrī′ta [senyôrēta], *n.* آنسة (في الاسبانية)

sensā′tion, *n.* حِسٌّ . إحساس . شُعور

sensā′tion, *n.* اهتياج . ضَجَّة . إثارة النفس . إثارة الاهتمام . هَيجَة . يُحدِث هَيجَة . تَوغيل

sensā′tional, *a.* حِسّي . تهييجي . مُثير . مُثار للنفس . مُثار للاهتمام والحديث . تَوغيلي

sense, *v.* آنَس = أَحَسَّ . استشعر . أَوْجَس

sense, *n.* حاسّة . إحساس . حِسّ . إدراك . (صِحة) عَقل . مَعنى . تَحَسُّس . حَصافة . رأي . مَعقول . حَدْس . زَكَن . استشعار . إيجاس

It does not make —, ليس له مَعنًى . يُفهَم

in a —, من وجهٍ ما . إلى حدٍّ ما

sense′less [-sl-], *a.* فاقِد الشُّعور (أو) الصَّحو . عادم الحسّ (أو) العقل . لا مَعنى لـه . أخرَق . جُنوني . غير معقول

sense′-ôrġan [-sô-], *n.* جارحة = عُضو حِس

sens′ēs, *n. pl.* رُشد . عَقل . صَواب

sensibil′ity, *n.* إحساس . إدراك . رَهافة الإحساس . حَصافة . سرعة التأثر (أو) الاستياء . مَشعَر

sen′sible, *a.* حكيم . حَصيف . شاعِرٌ . مَحسوس

sen′sibly, *ad.* بحكمةٍ . بتعقُّل . بقدرٍ مَحسوسٍ

sen′sitive, *a.* شديد الإحساس . حسَّاس . سريع التأثر (أو) الاستياء

sen′sitiveness, *n.* حسَّاسِيَّة . رَهافة الإحساس (أو) الشُّعور

sen′sory, *a.* حِسّي

sen′sūal, *a.* حِسّي . جَسَدي . شَهْواني . مُنهمِك في الملذات الجنسية

sensūal′ity, *n.* شَهْوانية . إنهاك في إرضاء الشهوات

sen′sūous, *a.* مُونِق . مُمتِع . مُعجِب لجاله . حِسّي . مُمتِع للشهوات الحِسية (أو) للحواس

sent, *v., p. and pp. of* send

sen′tence, *n.* جُملة (تامّة) . قرار . حُكم (محكمة)

sen′tence, *n.* = عِقاب . مدةُ الحُكم [مَحكُوميّة]

sen′tence, *v.* حَكَم = قضَى (على) = عاقَب

senten′tious, *a.* جَزل . مُوجَز . مُشبَع بالحِكَم (أو) الأمثال . حِكمي

sen′tiẹnt [-shiẹnt], *a.* حَسَّاس . حاسٌّ . مُحِس

sen′timẹnt, *n.* تَعطُّف . عاطفة حاسّيَّة . مَيل عاطفي . فكرة عاطفيّة . شعور عاطفي . رأيٌ شخصي . مَيل (أو) اتجاه فِكري . رِقة (أو) رهافة الإحساس

sentimen′tal, *a.* مُتعطِّف . رَقيق الشعور . عاطِفي (غير مَنطقي) . فيه رِقّةٌ مُتكلَّفة (أو) مُفرِطة

sentimen′talist, *n.* مَن يتأثر بالعاطفة (دون العقل) . يتكلَّف رِقَّةَ القلب . مُتعطِّف

sentimental′ity, *n.* تَعطُّفية . عاطِفيّة . تكلُّف الرِقّة العاطفية . إفراط في رقة العاطفة

sen′tinẹl, *n.* خَفَر . حارس . دَيْدَبان . رَقيب . رَصَد

sen′try, *n.* خَفَر . جندي خَفير (أو) حارس . دَيْدَبان

sep′al, *n.* كأسِيَّة = [سَبَلة] = قُعالة = ورقة قُعال الزهرة (أو) كأسِها

sep′arable, *a.* يمكن فَصلُه . قابل للانفصال

sep′arate [-it], *a.* مَفصول . مُنفَصِل . مُفترِق . مُنفرِق . مُنعزِل . مُفرَد . على حِدَة . مُتميِّز

sep′arāte, *v.* مَيَّز . فَصَل . انفصل . فرَّق . حَجَز (بين) . فرَز . فَصَّل = فَرَّق

sep'arately [-itl-], *ad.* على حِدَة . على انفراد (أو) انفصال . على حِيَالِه

separā'tion, *n.* انفصال . افتراق . بَيْنُونة . فِراق . مُفارقة

sep'aratist, *n.* شخصٌ (أو) عُضوٌ في جماعة يدعو إلى الانفصال . إنفصالي

sep'arātor, *n.* فَصَّال . فَرَّاز . آلة فَرَّازة (تفرز الزبد عن اللبن مثلًا)

sēp'ia, *n., a.* سائل حِبْري بني اللون يُفرزه نوع من الأسماك الحَبَّارة

sēp'oy, *n.* جندي هندي في الجيش البريطاني

Septem'bẹr, *n.* (شهر) أيلول = سبتمبر

sep'tic, *a.* مُتَسَمِّم . مُتعَفِّن . مُعْدٍ

Sep'tūagint, *n.* الترجمة السبعينية اليونانية للعهد القديم (التوراة)

sep'ulchẹr [-k-], *n.* = sepulchre

sēpul'chral [-k-], *a.* قَبْري . مَقْبَرِيّ . مَهُول . كَئيب . مُريع . غَوير (للصوت)

sep'ulchre [-kẹr], *n.* قَبْر . ضَريح (من حَجَر أو من صخر) . مَقْبَر . مَذْخَر (لآثار القديسين وأمثالها)

sep'ulture, *n.* دَفْن . قَبْر . لَحْد

sē'quẹl [-kwẹl], *n.* عَقِيبة = عاقِبة = جَريرة . مَغَبَّة . تَتِمَّة . لَحَق

sē'quẹnce [-kwẹns], *n.* تَتَالٍ . تَتَابُع . إتْبَاع . تَسَلْسُل . تَعَاقُب . عاقِبة . سلسلة . نَسَق . إطِّراد

sē'quẹnt [-kwẹnt], *a.* تالٍ . مُتالٍ . مُتَتَالٍ . عَقِيب . ناتج (من) . لاحِق . عاقِبة

sēques'tẹr [sikwes-], *v.* انعزل . عَزَل = نَحَّى وأفرز . اعتزل . حَجَز . صادر (بالشفعة) . خَدَّر (في الخِدْر) . وضع تحت الحراسة

sēques'tẹred [-rd], *a.* مُنعزِل . مُعتَزِل . مُخَدَّر

sēques'trāte [-kwes-], *v.* سَخَّر . صادر . حَجَز . عَزَل . خَدَّر (في الخِدْر)

sēquestrā'tion [-kwes-], *n.* = عَزْل تنحية . حجز . مصادرة

sē'quin [-kwin], *n.* تَبْرِيقَة = قِطعة معدنية صغيرة لمّاعة يُزَيَّن بها . قطعة نقود ذهبية إيطالية قديمة = شَرِيفي

sēquoi'a [sikwoi-], *n.* شجرة جَبّارة تنبت في كاليفورنيا

serâ'gliō [serâlyō], *n.*; *pl.* -ios دار الحريم (في قصر أو سراية)

se'raph, *n.*; *pl.* -phs *or* -phim ملاكٌ مُقرَّب = أَحَدُ الساروفيم (وله ثلاثة أزواج من الأجنحة) = ساروف

seraph'ic, *a.* خاص بالملاك المقرَّب . مَلائكي . طاهِر

ser'aphim, *n. pl.* = الملائكة المقربون الساروفيم

sēre, *a., v.* ذابِل . يابِس . مُصوَّح

serēnāde', *n.* عَزيفة (أو) أُغنيَّة غَرَامِيَّة في الليل تحت نافذة (أو) شُرفة العَشيقة

serēnāde', *v.* عَزَف هذه العَزيفة (أو) غَنَّى هذه الأُغنية

serēne', *a.* وادِع . ساجٍ = صافٍ (هادِئ) . رائق . مُصْحٍ . صاحٍ . رَفِيع

serēne'ly [-nl-], *ad.* بسكونٍ . بِوَدَاعة . بِسُجُوّ . باطمئنان

seren'ity, *n.* هُدوء . صَفْوٌ . سُجُوّ . صَحْوٌ . سَكينة

serf, *n.* عامِل (أو) فَلّاح مَملوك . عَبْد أرض . عَبْد . مَملوك

serf´dom, *n.* عُبُودية الأرض . عُبُودِيَّة

serge, *n.* قماش صُوفي مَتين . شَال

ser´geant, ser´jeant [sârjẹnt], *n.* عَريف (أو) نائب (في الجيش) = [شاويش]

sergeant-at-ârms´, *n.*; *pl.* sergeants-at-arms ضابط النظام في محكمة (أو) برلمان

sēr´ial, *a.*, *n.* مُتَوالٍ . مَصفوف . مُتَسَلْسِل . (قِصَّة) متسلسِلة . نشرة مُتَواتِرَة . سَرْد

sēr´ies [-riz], *n.*; *pl.* -ries سلسلة . مُتَوالِية . نَسَق

sēr´ious [-yẹs], *a.* رَزِين . جادٌّ . جِدّي . خطير . مُخطِر . يُؤْبَه (له) . يستدعي الاهتمام (والعناية) . ذو شأن (أو) خطَر . فادِح

sēr´iously, *ad.* برزانة . عن جِدّ . مُخْطِرًا . بجِدة واهتمام

sēr´iousness, *n.* رَزَانة . جِدّ(يّة) . خُطُورة . فَدَاحَة

serjeant, *n.* = sergeant

serm´on, *n.* خُطبة دينية . وَعْظَة (أو) كَرْزة دِينية . عِظَة . خطاب تحضيضي

serp´ẹnt, *n.* ثُعبان . أُفعوان . حَيَّة (كبيرة) . أفعى . خَبيث غدّار . دسَّاس

serp´ẹntīne, *a.*, *n.* أُفعُواني . مُلاوِذ . مُتلَوِّ . مُتَفَعِّ = مَكّار . غدّار . دسَّاس . حَجر الحيَّة

se´rrāte, *a.* مُؤَشَّر (أو) مُسَنَّن (أو) مُفرَّض (كورق الشجر) (أو) كالمنشار

sẹ´rried [-id], *a.* مُلْتَزّ . مُتَراصّ . مُرتَصّ . مُكتَظّ . مَضمُوم متلاصِق

sēr´um, *n.*; *pl.* -rums *or* -ra مَصْل الدم . مَصل واقٍ

serv´ant, *n.* خادِم . مُستَخدَم = وَلِيّ . عَبد (أو) عَبدة . مُوَظَّف

serve, *v.* (-ved, -ving) مَهَن = خَدَم . عَمِل (في الجيش أو الحكومة) . نَفَع . وَفَى (بالغرض) . صَلُح (لِ) . واتى . عاطى (أو) قدَّم (الطعام) . كفى . بلَّغ . عامَل . جَلَب = أورد . قضَى . شَيَّع (الكرة في اللعب)

serv´ẹr, *n.* خادِم . مُعاطٍ . مُبلِّغ

serv´ice, *n.* مَعروف . مُساعَدة . مَنفَعة . خِدمة . مَصلَحة . مَرفِق . سَفرِيَّة . عِبادة = خدمة دينية . مراسيم دينية . تبليغ أوراق رسمية . استخدام . تَوَظُّف . نِدَالة = خِدمة مَطعَمية . خِدمة عسكرية . خِدمة مَدَنِية . طعام . [طَقم] مائدة (أو) [سُفرة] . تشييع (الكرة في اللعب)

of —, نافع . ذو فائدة

the three —s, القوات المسلَّحة الثلاث

Civil —, الإدارة المدنية

serv´ice, *v.* تَعَهَّد = تَفَقَّد وأصلح . سَوَّى

serv´iceable [-sabl], *a.* نافِع . صالح للاستعمال (أو) للعمل . يدوم طويلًا (على الاستعمال)

serv´īle, *a.* عَبْدِيّ . مُتَذَلِّل . خانِع . ضارِع . خاضِع . خاص بالخدمة (أو) بالاستعباد

servil´ity, *n.* عَبْدِيَّة . صَغار . تَذَلُّل . خُنوع

serv´itor, *n.* خادِم . خِدمة

serv´itūde, *n.* استعباد . عُبودِيَّة . رِقّ . أشغال عُقوبِيَّة

ses´amẽ, *n.* سِمسِم = جُلجُلان . كلمة سحرية تستفتح بها المُغلَقات

se'ssion, *n.* جَلسَة . دورة (اجتماعات) . مُدَّة الدَّوْرة . دورة دروس

in —, مُجتَمِعٌ . مَعقود

set, *n.* رَكْزة = وَضْع ثابت . اتجاه

set, *n.* وِضْعة . هَيْئة . [طَقم] . فِئة . عدة . طُغْمة . صَفّة = عدد من أشياء متسلسلة (أو) متجانسة . غُروب . أُفول . جِهاز (راديو) . غَريسة . مناظر ظرفية (لرواية تمثيلية)

set, *a.* موضوعٌ (أو) مركوزٌ (في مكان) . مُرَصَّع . ثابتٌ (أو) مُنعَقِد (على هيئةٍ ما) . مُقرَّر . جامد (لا يتغير) . ثابت الهيئة = راتب . على وتيرة واحدة

set, *v.* (set, setting) وَضَع . رَكَز . رَصَّ . جمل . ضَبَط . أعدَّ . رَتَّب . نَصَب . جَبَّر . لَبَّق = لاءَم (بين) . عَيَّن . أجلس . أقام . وَجَّه . صَفَّ (الحروف) . تَصَلَّب . توجَّه = نحا . غاب (الشمس) . أفل . رَصَّع . رَخَّم (الدجاجة على البيض) . أغرى = حَرَّش . وَصَّد = أوسد (الكَلْبَ بالصيد) = حَرَّشه . زَرَع . نَزَّل = رَتَّب . شحذ

to — about, طَفِق . شَرَع

to — back, أعاق . أوقف . أخَّر . صَدَّ

to — forth, أبدى . أعلن . بَيَّن (أو) شَرَح . أخذ (في السير)

to — in, حَلَّ . هَبَّ (أو) جرى نحو الساحل . دَبَّ (في)

to — in motion, حَرَّك

to — off, فَقَّع = فَجَّر . خَرَج مسافرًا . غادر . شَبَّ = أظهر وأبرز . شَدَّد (من)

to — up, أقام . أنشأ . أَسَّس . نَصَب . جَمَّع

set'-back, *n.* رِدّة . استئخار . دَبْرَة . غَمْضة (في البناء) . نكصة . تأخيرة . دَحْرة . نكسة . نيار عَكسي . عَكْسة

set'-square [-skwār], *n.* آلة ذات مثلث قائم الزاوية للرسم الميكانيكي = كُوس

settee', *n.* أرِيكة (لها مَسنَد للظهر ولليدين) = [كنبة]

sett'ẹr, *n.* مُجَبِّر (عِظام) . صَفَّاف

sett'ẹr, *n.* صَفَّاف . رَصَّاع . كلب صيد (يقف ساكنًا وأنفه متجه نحو الصيد)

sett'ing, *n.* ظَرْف (مُلابِس) . مُحِيط . تَرْصيع . تَرْكيبة . مناظر ظرفية (في تمثيلية) . حَضْنة . بيض للتفريخ . ظَرْف (القصة أو الرواية) . موسيقى تلحينية . تَحَجُّر . تَصَلُّب (أو) اشتداد . غُروب الشمس

set'tle, *v.* قَرَّر = بَتَّ = سَوَّى . رَتَّب . سَدَّد (الدَّين) . رَوَّق . نَزَل = استوطن . رَسَب . سكن . جَثَم (الطائر) . اطمأنَّ (به الجلوس) . استعمر . استقرَّ . استحكم = تمكَّن . رَكَد = قرَّ . رَكَّد = هَدَّأ . تَرَكَّد . تطامن = اتضع . رَسَخ . هَفَت . أنحل = وَلَّج (مالًا لولده أو . . . في حياته)

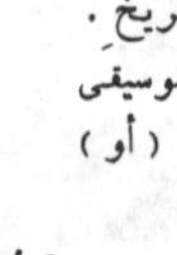

set'tle, *n.* مَقعَد طويل (بظهرٍ عالٍ)

set'tlemẹnt [-lm-], *n.* تنظيم . تسوية = مُهايأة . تسديد (دَين) . استيطان . استعمار . اتضاع (البناء)

set'tlemẹnt, *n.* نُحل = توليج (المال في الحياة) . حِلّة . مَعْمَر . مُستوطَن . مَهجَر . [نَزلة] . مُستَعْمَرة

sett'lẹr, *n.* مُستَوْطِن = طارئ (في بلدٍ غير بلده) = مُتَبَلِّد . نازح . مُستَعمِر

sett'lings, *n. pl.* رُسُوبات = دُرْدِيّ

set'-up, *n.* تكوين . تنظيم . بِنْية . حالة . ظَرف

sev'ẹn, *n.*, *a.* سبع . سَبْعَة

sevẹnteen', *a.*, *n.* سَبعَ عَشْرة . سبعةَ عَشَر

sevẹnteenth', *a.*, *n.* سابع عشر . سابعة عشر . جزء من سبعة عشر جزءًا متساوية

sev'ẹnth, *a.*, *n.* سابع . سابعة

sev'ẹnthly, *ad.* سابعًا

sev'ẹntieth [-ti-eth], *a.*, *n.* السبعون . واحد من سبعين جزءًا

sev'ẹnty, *a.*, *n.* سبعون

sev'ẹr, *v.* فَصَل . بَتَر . أطَنَّ = قطَع = صرَم . فصَل = أندَرَ . فصم . تَفَصَّل . انفصل

sev'ẹral, *prn.* بِضع . عِدّة . شتّى . جُملة . مُنفصِل . مختلف

sev'ẹral, *a.* مُنفَصِل . مُفتَرِق . مُختَلِف . مُنفرِد

sev'ẹrally, *ad.* كُلٌّ على حِدَة . وُحدانًا . فُرادَى . تِباعًا . إفرادًا

sev'ẹrance, *n.* قَطع . مُقاطَعة = مُصارَمة . فصم . انفصال

sēvēre', *a.* (-verer, -verest) شديد . قاسٍ . مُبَرِّح . عَنيف . شَزْر . مُجرَّد (عن الزينة والتجميل) : كالح . مُتشدِّد . مُعنِّت . دَقِيق . حادّ . بارِح . شاقّ = عَسِير . لاذِع = قارِس

sēvēre'ly [-rl-], *ad.* بقسوة . بجفاء . بعنف

sēvẹ'rity, *n.* قَسوة . خُلُوّ من مظاهر الزينة (أو) التجميل . تبريح . كُلُوح (الوجه)

sew [sō], *v.* (sewed, sewed *or* sewn, sewing) خاط . خَيَّط

sew'age [sūij], *n.* خَبَث = أقذار (أو) قاذورات البلاليع

sew'ẹr [sūẹr], *n.* بَلّاعة = بالوعة = مَجْرَى القاذورات (أو) الخَبَث

sew'ẹrage [sūẹrij], *n.* (تصريف) القاذورات في البلاليع . نظام البلاليع

sew'ing [sō-], *n.* خِياطة . تخييط

sewn [sōn], *a.*, *v.*, *pp. of* sew

sex, *n.* جِنس (المذكّر أو المؤنّث) . علاقات جنسية . الذكور (أو) الإناث . عمل جِنسي

sex'tant, *n.* سُدس . سدس الدائرة . سُدْسِيَّة = آلة لمعرفة خطوط الطول والعرض وبعد الكواكب

sextet(te)', *n.* قطعة موسيقية سُداسية . جماعة من ستة أشخاص = سُداس

sex'ton, *n.* قَندَلَفْت = سادِن الكنيسة (أو) خادمها

sex'ūal, *a.* جِنسي . خاصّ بالعلاقات الجِنسية

shabb'y, *a.* (-ier, -iest) رَثّ = باذّ = مُتَحَشِّف = مُقَنفَش . من الخَساسة (أو) اللؤم (أو) الدَّناءة . دنيء . خسيس . زَرِيّ المنظر (أو) الهيئة

shack, *n.* كُجيرة = كُوخٌ خَشِنُ البناء = [خشّابية]

shac'kle, *n.* شِكال . قَيد . صِفاد . عُقلة . وُصلة = شِباك

shac'kle, *v.* شَكَّل = كَبَّل . قَيَّد . عقَّل = عوَّق وحبس

shad, *n.* سَمَكٌ يؤكَل يعيش في الأطلنطي الشمالي قُربَ ساحل أمريكا = صابُوغة

shāde, *n.* ظِلّ . فَيْء . سِتارة = ظُلَّة (من الشمس) . مَظَلَّة . كِنّ . خُمول الذِكر . ظَلام . عُمة . خِفّة اللون (أو) شِدّته . درجة إشباع (اللون) . فرق طفيف . شيء قليل . طَيف . غُفْرة = غُطوة

shāde, *v.* حَجَب . ظَلّل . عَتّم . سَوّد قليلًا . تَغيّر تدريجًا (واندغم) . عليه ظِلٌّ (من)

shād'iness, *n.* كونه ظليلًا . ظَلالة . إظلال . ريبة . تُهْمَة . إرابة

shād'ing, *n.* تظليل . فرق (أو) اختلاف طفيف

shad'ōw [-ō], *n.* ظِلّ . خَيال . خَيالة = شَبَح . ظَلالة . عَتَمة = ظُلْمَة . كَنَف = ظِلّ . أثَر (أو فرق) طفيف . أثَر . ظِلّ (من الحقيقة مثلًا) . لَزيم = = مُلازِم (كالظل)

shad'ōw, *v.* ظَلّل . سَوّد . لازَم (ملازمة الظل) . تَتَبّع مُتجسِّسًا

shad'ōwy, *a.* (-ier, -iest) ظَليل . مُعتِم . كالخَيال . مُبهَم . مطموس

shād'y, *a.* (-ier, -iest) مُظَلَّل . ظَليل . فيه ريبة (أو) تُهمة (أو) مَغمَز = مَغمُوز . مشكوكٌ في أمانته (أو) خُلُقه . مُريب

shâft, *n.* قناة (الرُمح) . قِدْح (السهم) . قَناة = رُمح . سَهم . نبلة . جِذع العَمود . شِهاب (من نور) . جِراب (البئر) . نَفَق (أو) سَرَب عَمُودي . بئر (المنجم)

shâft, *n.* [عَريش] (أو) سَهم العَرَبة . جِذع (أو) ساق الشجرة . مَهوَى المِصعَد . مِحوَر (التدوير) . عصا (أو) هِراوة الفأس = نِصاب

shag, *n.* كُثّة (من الشعر أو الصوف أو . . .) . هُلفُوفة (الشعر) . خَمَل (أو) زِغْبِر طويل . أشَب (من النبات أو الأعشاب) = جُثْلة

shaġġ'y, *a.* (-ier, -iest) أشعَر . (أشعث) . كثُّ الشعر طويلُه = هُلفوف . أَثيث (الشعر) = جَثْل

Shâh, *n.* الشّاه = لقب ملكِ العَجَم (أو) امبراطور إيران

shāke, *v.* (shook, shaken, shaking) هَزّ . خَضّ . ارتعش . خَضخَض . قَلقَل . رَنّح . نَفَض . رَجَف . تَهزهز . زَعزع . حَشحَش . انتفض . ضَعضَع

shāke, *n.* اهتزاز . ارتجاج . هَزّة = نَفضة . رَجرَجة . خَضّة . زَعزَعة . ضَعضَعة

shāk'ẹn, *a.* مَهزوز . مَخضُوض . مُقلقَل

shāk'ẹr, *n.* هَزّاز . آلة نفّاضة . مِنفَض

Shāk'ẹr, *n.* هَزّاز = أحد أفراد الهزّازين وهم فرقة دينية أمريكية يهتزون في عبادتهم

shāke'-up, *n.* رَجّة . خَضّة . تعديل (واسع في الموظفين

shāk'y, *a.* (-ier, -iest) مُتهزهِز . مُتزلزِل = مُتقلقِل = مُتزعزِع . خائر . لا يُعتَمد عليه = مُقلقَل . مُرَكرَك . مُتَرَكرِك

shāle, *n.* سِجّيل = ضَرب من الصخر يتشقق صفائحَ رقيقة

shall, *v.* س . سَوف . هَلْ (أو) أ (مع المضارع) . لام الأمر . هَلّا . ينبغي = (عليكَ أن تذهب !)

shall'op, *n.* شَقلاوة = سفينة صغيرة . رَكْوة = زورق صغير . صَنْدَل

shall'ōw [-ō], *n.* ضَحْضاح . مَضْحَل . رَقْرَق

shall'ōw [-ō], *a.* (-er, -est) قليل الغَوْر = ضَحْل . أَزْوَح . سَطحي (في تفكيره)

shalt : Thou shalt = You shall

sham, *n.* زُور = غِشّ . إفتعال . تظاهُر (باطل) . خِدْعة . مَظهَر كاذب . تمويه . تدليس

sham, *a.* صوري . مُفتَعَل . بَهْرَج = زائف . مُزَوَّر . مُدَلَّس . مُمَوَّه . [تقليد]

sham, *v.* (-mmed, -mming) إفتَعَل . تَصنَّع . تَزَيَّف = تظاهر باطلًا . دَلَّس . [قَلَّد]

sham'ble, *v.* هَوْجَل = تَرَهْوَك (في مشيته) = مَشَى باسترخاء كأنه يَجُرُّ قدَمَيه

sham'ble, *n.* هَوْجَلَة . رَهْوَكَة (أو) تَرَهْوُك (في المشي)

sham'bleṡ [-lz], *n. pl. or sing.* مَذْبَح الحيوانات = مَسْلَخ . مَذْبَحة

shāme, *n.* احتشام = خَجَل . خِزْي . خَزْيَة = ذُلٌّ يُستَحيا منه . عار . مَعَرَّة . مُخزِية . حَياء . شَيْن . سُبَّة

to put to —, أَخزَى . أَخجَل . بَذَّ = فاق = أَزْرَى (على) . أَزْرَى (بِ)

shāme, *v.* إستَحَى . أَخزَى . أَزرى (بِ) . جَلَب العار . أَحْشَم

shāme'fāced [-mfāsd], *a.* حَشِيم . خَجُول . مُرتَبِك خَجَلًا

shāme'fụl [-mf-], *a.* مُخجِل . مُخزٍ . مُشِين . فاضِح

shāme'fụlly, *ad.* بصورة شائنة (أو) جالبة للعار

shāme'less [-ml-], *a.* خالع العِذَار . خالِع (أو) حارِم الحياء (أو) الاحتشام . وَقِح . مُستَهتِك . مُجَلِّح

shame'lessly, *ad.* بوقاحة . بِقلّة حياء

shampōō', *n.* غِسْل = غِسْلَة = شيء يُغسَل به الرأس . تغسيل وتفريك (الرأس والشَّعر) بنوع من الغَسُول

shampōō', *v.* (-pooed, -pooing) غَسَّل وفَرَّك (الشَّعر)

sham'rock, *n.* نَفَلَة = نبات من نوع البِرسِيم مثلث الورقة

shank, *n.* قَصَبة الساق = ظُنْبُوب . ساق (الرِّجل) . ذِراع (أو) ساق (الدابة) . رِجل . يد (أو) نِصاب (أو) مِقبَض . أَخْمَص (الحذاء)

shân't = shall not

shan'ty, *n.* غَرْد = خُصّ = [خَشَابِيَّة] . سَقِيفَة . صُفَّة

shāpe, *n.* هيئة . شَكْل . كيفية . صورة . شَبَح . حالة . نِظام . قالَب . صِيغة

to take —, تَشكَّل . تَكَوَّن على هيئة ما . تَطوَّر . أخذ قالبًا (أو) شكلًا مُحَدَّدًا

shāpe, *v.* شَكَّل . تَشكَّل . هَيَّأ . صاغ . صَيَّر . خَرَط = سَوَّى . عَدَّل . طَوَّر

shāpe'less [-pl-], *a.* ليس له شكلٌ يُعرَف . سَمِج الشكل (أو) الهيئة

shāpe'ly [-pl-], *a.* (-ier, -iest) هَيِّئ = صَيِّر = حَسَن (أو) سَوِيّ الشكل (أو) الهيئة . مُهَنْدَم . حَسَن القَوَام

shârd, *n.* شَقفَة = كِسرة من الخَزَف

shāre, *n.* نصيب . قِسْم . حِصّة . سَهْم . نائب

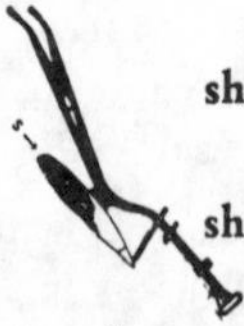

shāre, *n.* سِكّة المحراث . حَديدة الحَرْث

shāre, *v.* قاسَم . شارك . ناصَب

shāre'hōlder [-rh-], *n.* مُساهِم . حامل (أو) صاحب سَهْم (أو) أَسهُم

shârk, *n.* كَلْب البحر = كَوْسَج = قِرْش = لُخْم = خِمْل

shârp, *a.* مُحَدَّد (الرأس) = مُذَبَّب . حادّ . ماضٍ = صارم . شديد . ذَرِب (اللسان) = ذَلِق . قارس . قارص (الكلام) . لاذع . حاذٍ (كالخلّ) . مُتَمَيِّز = فارز . سَريع = حَثيث . ذَرِب . عنيف . ثاقب (الذهن أو النظر) = حديد . مُرْهَف . ذكِيّ (الرائحة) . فَطِين . حاذِق

shârp, *ad.* على الحَدّ . بالضبط . فوق مقام (الصوت) . بِتَزَق . بغتة

shârp'en, *v.* حَدَّد = شَحَذ = سَنَّ = ذَلَّق . بَرَى . احتدّ . اشتدّ = تَشَحَّذ

shârp'ener, *n.* مِبْراة

shârp'ly, *ad.* بحدّة . بشدةٍ . بِتَزَق

shârp'ness, *n.* حِدّة . شِدّة . ثَقابة (الذهن أو النظر) . حَرْنَة (الخردل) في الأنف

shârp'-shōōter, *n.* رَمّاء . صَيُوب = صَيّاب = قَرْطَسِيّ

shârp'-sīghtĕd [sīt-], *a.* حادّ (أو حَدِيد) النظر . ثاقب البصر

shatt'er, *v.* كَسَّر . حَطَّم . قَضَى (على) . هَدّ . تَكَسَّر . ضَعضَع . خَرَّب

shāve, *v.* (shaved, shaved *or* shaven, -ing) وَسَى = حَلَق (بالموسى) . حَفَّ (بالموسى) . سَحَف = بَشَر . بَرَى . سَحَت = مَسَح [بالفارة] . شَحَف (رقيقًا) . مَسّ مسًّا خفيفًا = مَشَح = سَفَن

shāve, *n.* حَفّة . وَسْي . حُفافة . بُشارة . مَشْحَة . خَلاص (أو) إدراك في آخر لحظة = رَهقة

shāv'en, *v.*, *a.*, *pp. of* shave

shāv'ing, *n.* سَحفة . شِحفة (رقيقة) = سَحيفة . حِلاقة (بالموسى) . حُفافة . بُشارة

shāv'ings, *n. pl.* شُحافة (رقيقة) . سَحائف . سُحانة . بُشارة

shawl, *n.* شال . شالة = مِعجَر . [طَرْحة]

shay, *n.* عربة خفيفة بدولابين ومَقعد واحد (ولها غطاء ينطوي)

shē, *prn.* هي (للمؤنث العاقلة أو الشبيهة بالعاقلة)

shē, *n.* أُنثَى . امرأة (أو) أُنثَى أخرى

sheaf, *n.*; *pl.* shèaves غُمْر (من القمح المحصود أو العيدان) = غِبْط . حُزْمة = جُرْزة . إضبارة (أو) إضمامة (من الورق) = ضُبارة

shear, *v.* (-red, -red *or* shorn, -ring) جَزّ = جَلَم . حَلَت . جَذّ . قَصّ . جَرَّد . جَذَم . اجتزّ

shear'er, *n.* جَزّاز

shears, *n. pl.* مِجَزّ . جَلَم . مِقلام . مِقراض

sheath, *n.*; *pl.* -ths غِمْد = قِراب . جَفن . قِمَجار . قُنْب . جِراب

sheathe, *v.* أَغْمَد . غَلَّف . غَشَّى . قَبَع = أدخَل في الغِمْد (أو) المِخلَب

sheath'ing, *n.* غِمْد . غِلاف . غَشْوة
sheave, *v.* غَمَّر = جمع في غِمْر (أو) أغمار
sheaves [-vz], *n. pl. of* sheaf
shed, *n.* كُوخٌ . سَقيفة . صُفَّة . حَظيرة . مَخزَن
shed, *v.* (shed, -dding) أراق . سَفَح . سَفَك . سَحَّ . ذَرَف . شَعَّ (النورُ) . أسقط (الريش أو الوَرَق) . نَصَل . سَلَخ . نَسَل . انحصَّ (الشعرُ) . إنبثق . نَفَح (الزهرُ) . نَثَر (أو) نَشَر
to — blood, قَتَل
shē'd = she had; she would
sheen, *n.* بَريق . لَمَعان . رَفيف . لَمعَة
sheep, *n.; pl.* sheep ضائنة . ضَأن . خَروف . كَبْش . نَعجة . ثاغِيَة
sheep'-cōte, *n.* حُواطة للغنم (أو) للضأن . زَريبة
sheep'-fōld, *n.* زَريبة للغنم
sheep'ish, *a.* أخرق . رَبِكٌ . مُرتَبِك خَجِلًا . هَيُوب (كالغنم)
sheep'skin, *n.* إهاب الضَّأن . أديم (أو) جِلد الخروف = [جاعِد] . رِقّ . وثيقة مكتوبة على رِقّ
sheer, *a.* مُجرَّد . صِرف . مَحْض . مُطلَق . مُنحَدِر شديدًا . مُنهَوٍ . عَمُودِي . نَقي . رائق
sheer, *ad.* مَحضًا . تَمامًا . عَموديًّا . إنهواءً
sheer, *a.* سَخيف (أو) مُهلهَل (النسج) . شَفَّاف
sheer, *v.* جاضَ = [حاصَ] = حاد وانحرف . عَصَّل = مال والتوى (في سيره) . لاص . إنفتل . زاغ . هَرَب . لاوَذ
sheer, *n.* جَيضَة = [حَيصة] . لَوْصة . زَوْغة . إنفتالة

sheet, *n.* شَرشَف . مِلحَفة . مُلاءة . صَفيحة . طَلحيَّة (أو) طَبَق (ورق) . وَرَقة = لائحة
sheet, *n.* شِراع . قِلع . زِمام الشِّراع (في المَركَب) . صَفحة . بِساط (من) = بسيطة
sheet anchor, إحدى مِرساتين تُستَعمل عند الطوارئ . عُمدة (في الشِدّة)
sheet'ing, *n.* شَرشَفيّات . قُماش شَراشِف
sheet'-iron [-īẹrn], *n.* صاج = حديد يكون في ألواح (أو) صفائح
shē'-fox, *n.* ثعلبة = تُرمُلَة
sheik(h) [*or* shāk], *n.* شَيخ = رئيس قبيلة
shek'ẹl, *n.* شاقِل = نقد فضي عبراني قديم
shel'drāke, *n.* شَهرَمان = بطّة من النوع الكبير . بطّة بريّة
shelf, *n.; pl.* -ves رَفّ . رَفَّة . دَبْر (في البحر) . رَفّ (أو) طاق الجبل
Continental —, طفطاف البر . رَفّ البر
shell, *n.* قِشرة (صُلبة) . قَيض (البيضة) . صَدَفة = مَحارة . مَقبَع . قُنبُعة = غِطاء القمح . قُلافة = سِنفَه = قِشرة . خَشلة = شيء مجوَّف كالبيضة بعد إخراج ما فيه . قَوقَعة
shell, *v.* قَشَّر . أخرَج من القِشرَة = فَصَّص . قَلَف
shell, *n.* شَبَه خارجي . شَكل أجوف . طَلَل = رَسم . هَيكل خارجي (للبناء) . قُنبُلة (مِدفَع) . [خَرطُوشة]
shell, *v.* ضَرَب (أو) قَصَف بالقنابل = [قَنبَل] . انسلخ . سَقَط
she'll = she shall; she will

shellac′, *n.* لَكّ . طِلآء (لَمّاع) من صمغ اللُّك (المُصَفّى)

shellac′, *v.* (-acked, -acking) طَلَى بطلاء اللُّكّ

shell′fish, *n.*; *pl.* -fish *or* -fishes قَوْقَع . صَدَف . حيوان الصَّدَف

shell′-shock, *n.* مَرَض عَصَبي من توتر الأعصاب في الحرب = خُلَاع الحَرْب

shell′y, *a.* كثير الأصداف . كثير القِشر

shel′tẹr, *n.* مَلطى . مُسْتَذْرَى . كِنّ . ملجأ . مَلاذ . مَكْلَأ . مُسْتَتَر

shel′tẹr, *v.* لطا . لاذَ . استظلّ (من الحرّ) . استذرى (من البَرْد) . تَذَرَّى (من الريح) . استكنّ (من المطر) . لجأ . التجأ . وَقى . أَوَى . كَلَأ

shelve, *v.* وَضَع على الرَّف . وَضَع ناحية = أَرْكَى . أخّر إلى أجل غير مُسَمّى

shelve, *v.* رَفَّف = جَهَّز بالرُفوف . تَحَدَّر (أو) ارتفع تدريجًا (كالأرض)

shelveṡ [-vz], *n. pl. of* shelf

shep′hẹrd [-pẹrd], *n.* راعٍ = غَنَّام . راعٍ . مُرْشِد

The Good S —, = الراعي الصالح السيد المسيح

shep′hẹrd, *v.* رَعَى . هَدَى . تَوَلّى رِعايتَه وهِدايتَه . رَاعَى

shep′hẹrdess, *n.* راعية = غَنّامة

sherb′et, *n.* شَراب (من عَصير الفواكه والسكّر)

shẹ′riff, *n.* والي العَدْل (في ولايـة أو مقاطعة)

shẹ′rry, *n.* مشروب مُسكِر (من جنوب اسبانيا) = شَريشي

she's = she is; she has

shew [shō], *v.* = show

shibb′oleth, *n.* شِعَار . لَحْن (الكلام) = لفظُه بطريقة خاصة . لهجة

shied [shīd], *v.*, *p. and pp. of* shy

shield, *n.* سَتْر = تِرْس . مِجَنّ . وِقَاء

shield, *v.* سَتَر . وَقَى . تَوَقَّى = تَتَرَّس . حامى (عن) . حَمَى

shift, *v.* حَوَّل . تَحَوَّل = تَنَقَّل . بَدَّل . بادل . تحلحل . تلوَّص = تلوّى وتقلّب = تَزَيَّغ . تَزَحْوَل . راوغ . لاوذ (من مكانه) = زال عنـه . زَحْوَل (الشيءَ) . داور (في أموره) . تزحزح . تَزَحَّل . تململ . [تحايل] = تَمَحَّل

to — for himself, = احتال لنفسه دَبّر أمرَ نفسِه بنفسه

shift, *n.* مِجْوَل = ثوب تلبسه المرأة

shift, *n.* نَوْبة = عُقْبة . مدة النَّوْبة . بَدَل . تبديلة . غِيار (أو) تبديلة (ثياب) . تغيير . حيلة . مداوَرَة . تدبير . مُزَايغة . زُمرة (عُمّال) . محارفـة (أو) تمحّل في تدبير أمرٍ

shift′less, *a.* كَسُول . قليل (أو) عديم الهمة = قاصر . عديم (أو) قطيع الحيلة . رَبِكٌ . لا مُتَصَرَّف له = ضَبِيس . قليل الفِطْنَة لا يهتدي لحيلة = ضَبِيسٌ

shift′y, *a.* (-tier, -tiest) لا يثبت في مكان . روّاغ . مُلاوِص . حُوَّل . حُوَّلي . مخاتِل . مَحّال . واسع الحيلة . ذو دَهاء (أو) مقدرة

shill′ing, *n.* شِلن = مَسكوكة في بريطانيا تعادل ١٢ بنيًا (أو) $\frac{١}{٢٠}$ من الدينار الاسترليني

shill'y-shally, *v.* (-shallied', -shallying) . تَذَبْذَب . تزيَّغ وتقلَّب . تَرَدَّد . تجنج (أو) تنجنج . تلتلث

shimm'ęr, *n.* . بَصِيص النور المُتَرَقْرِق . تَرَأْرُؤ = رَفِيف = ارتفاف . نَضْحَضْح . تَرَهْرُه

shimm'ęr, *v.* رَفَّ (اللونُ أو النور) = تلألأ = تَبَرَّق = تَرَقْرَق . تَرَهْره

shimm'ęry, *a.* ذو بَصِيص. رَفّاف. مُتَبَرِّق

shin, *n.* قَصَبة الساق (من الأمام) = ظُنْبُوب = شَظِيَّة . كُرَاع . وَظِيف

shin, *v.* (-nned, -nning) تَسَلَّق (عمودًا أو نَخْلَةً بالاستعانة بالساقين مرةً وباليدين مرة أُخرى) . كَرَع = ضَرَب (أو) رَكَل على الكُراع

shīne, *v.* (shone, shined, shining) أزهر = أشرَق . أضاء . تألَّق . لَمَع نجمُه (في) = تَفَوَّق . بهر . جَلا . لَمَّع . تَهَلَّل (أو) أشرق وجهُه (فرحًا)

shīne, *n.* . إشراق . صَحو . رَوْنق . لمعان . تلميع

shinġle, *n.* سَقِيفة = صَفِيحة (أو) لوح (رقيق) من الخشب (أو) غيره يُغَطَّى به سَطحُ البيت . لَوْحة صغيرة عليها اسم طبيب (أو) محامٍ

shinġ'le, *n.* حَصباء = حَصَب = حَصىً (كالذي على شَطِّ البحر) . قَصَّة = رَضْراضة . رَضْراض . قَصَّة قصيرة للشَّعر

shinġ'le, *v.* سَقَّف = غَطَّى سطح البيت بصفائح (أو) ألواح (رقيقة) من الخشب (أو) غيره . قَصَّ الشعر وقَصَّره

shinġ'leṡ [-lz], *n. pl.* مرض جلدي مؤلم = قوباء مِنطَقِيَّة

shinġ'ly, *a.* . مَفروش (أو) مُغطى بالحصباء . حَصبائي . حَصِب . مُحَصَّبة

shīn'ing, *a.* . مُشْرِق . ساطِعٌ . مُتَفَوِّق . مُتَأَلِّق . باهِر

shīn'y, *a.* (-ier, -iest) . مُشْرِق . لَمّاع . بَرّاق . أَلَّاق . مَصقُول

ship, *n.* سَفينة

ship, *v.* (-pped, -pping) رَكِب (السفينة) . سافر (أو) أبحر (في السفينة)

ship, *v.* (-pped, -pping) . نَقَل . شَحَن . وَسَق = أوسق (في السفينة أو القطار . . .) . عَمِل (في عَمَلٍ على السفينة

ship'bôard [-bôrd], *n.* ظَهر (أو) جانب السفينة . سَفينة

on —, على (ظهر) السفينة

ship'building [-bild-], *n.* = سِفانة بناء السفن

ship'lōad [-lōd], *n.* حِمل (أو) وَسق السفينة

ship'mâstęr, *n.* رئيس السفينة . رُبّان السفينة

ship'māte, *n.* رَصِيف البَحّار = زميل البَحّار . رئيس الركام = إشْتيام

ship'męnt, *n.* . وَسْق . وَسْقة = شِحْنة . شَحْن (بالسفن)

ship'ōwnęr [-ōn-], *n.* = ناخُذاةٌ صاحب سَفينة (أو) سفن

shipp'ęr, *n.* وَسّاق . شاحِن . واسق

shipp'ing, *n.* وَسْق (أو) شحن (البضائع بالسفينة أو القطار) . سُفُن . مجموع حُمولة السفن بالأطنان (أو) مجموع سَعة الحمل

ship'shāpe, *a(d).* . مُهَندَم . مُرَتَّب . بشكل مُرَتَّب نظيف . بِتقانة

ship´-worm [-werm], *n.* قدّاح السفُن = سَمَكٌ دودي يخترق أخشاب السفينة

ship´wreck [-prek], *n.* انحطام (أو) انكسار (أو) غَرَق السفينة . حُطام (السفينة) . عَطَب

ship´wreck, *v.* انحطم (أو) انكسر . عَطِبَ . أعطب

ship´wrīght [-prīt], *n.* سَفّان = صانع سفن

ship´yârd, *n.* مَسْفَن = محل (أو) حَوض بناء السفن (أو) إصلاحها

shīre, *n.* مقاطعة من المقاطعات في بريطانيا

shirk, *v.* تجنّب . تهرّب (أو) تملّص (من) أداء واجب (أو) عمل . حَيَّد (عن)

shir(r), *v., n.* تغضين الثوب (أو) القماش بواسطة ثنيات متوازية

shirt, *n.* قميص (فَوْقاني)

shirt´ing, *n.* قُماش للقُمصان

shirt´-sleeve, *n.* كُم القميص

shirt´waist, *n.* تَخصيرة = [أبلوزة] فضفاضة تلبسها المرأة مع النُقْبَة كالقميص

shiv´ẹr, *n.* رِعْدة (من الحُمّى) = قِفَّة . ارتعاش . رَجْفة

shiv´ẹr, *v.* ارتعد (خوفًا) . قَرْقَف (أو) قَفْقَف (من البرد) . ارتجف . خَفَق

shiv´ẹr, *n.* كِسْرَة . قِصْمة . قِصْدَة . شَظيَّة

shiv´ẹr, *v.* كَسَّر . تَقَصَّف = تَقَصَّد . قَصَّم . تَشَظَّى

shiv´ẹry, *a.* بارد (مُرعِد) . مُرتَعِد خوفًا (أو) بردًا . مُقَفْقِف (بَرْدًا) . قَصِم

shōal [shōl], *n., a.* ضَحضاح = مَضْحَل . ضَحل

shōal [-ōl], *n.* ضَحضاح = عدد كبير . ضاحِل (من الرّمل) = مُرتَفَع يجعل الماء ضَحلًا فوقه . جماعة السمك

shōal [-ōl], *v.* تَكَوثَر = تجمَّع في أسراب (أو) جماعات كبيرة

shock, *n.* هَزَّة عَنيفة . رَجَّة . صَدْمة . هَوْلة . نَفْرة شديدة . جَزَع . ذَهْلة (أو) وَقْذة (أو) صَرعة مَرَضيَّة

shock, *v.* صَدَم . أَفظع . هال . نَفَّر شديدًا . أذهل . أَجْزَع

shock, *n.* كُدْس (الحَصيد) = حُزَم الحَصيد تُوضَع بعضها إلى بعض قائمةً (لتَجِفّ)

shock, *v.* جَمَّع حِزَم الحصيد على شكل كُدْس

shock, *n.* كُثّة = شَعفة (أو) جَثْلة (أو) كُثّة (شَعر أو ما شابهه) . قُنْزُعة (من الشعر) = شُوشة

shock´ing, *a.* مُفظِع . مُريع . شَنيع . مُجزِع

shock troops, جنود الصِدام (أو) الغارة . الجنود المَصادِم (والمفرد مِصدَم)

shod, *v., p. and pp. of* shoe

shodd´y, *n.* قُماش مُخرَّج (من نُفايات وغيرها) . صوف (أو) غَزْل (أو) قماش من نُفايات الصوف (أو) خِرَق الثياب . بضاعة مُزْجاة . نُفاية

shodd´y, *a.* زائف . مُزجىً . سَقَط . لَئيم . دَنِيء . مُدَلَّس

shoe [shōō], *n.* حِذاء . نَعل

shoe, *v.* (shod, shoeing) حذا . أحذى . أنعل . نعَّل

shoe´black [shōō-], *n.* مَسّاح أحذية

shoe´-lāce, *n.* شِراك النعل = رباط الحذاء

shoe´mākẹr [shōō-], *n.* حَذّاء . نَعّال . صانع أحذية

shoe'string [shōō-], *n.* = شِراك النعل رباط الحذاء

shōg'ŭn [-ōōn], *n.* قائد قُوّاد الجيش الياباني (بالوراثة)

shone, *v., p. and pp. of* shine

shōō, *int.* [كِش !] . [هِش !] . إنصرِف ! فِرّ !

shōō, *v.* أطار (أو) نفّر (أو) شرّد (باستعمال كلمة كِشْ !)

shook, *v., p. of* shake

shōōn, *n. pl.* = shoes

shōōt, *n.* خُرعُوب = خُوط = عُسلوج = فَرْخ (النبات) = شُغنُوب = وَالِبة

shōōt, *v.* (shot, -ooting) أطلق (النارَ أو الرّصاص) . رَمَى (بسهمٍ) . رَشَق . زَرَق . شَبَّ (النبات) . مَرَق سريعاً (من) . أَطلق . صَوَّر (للسنما) . شكّل بألوان مختلفة . مَصَع = مَرَّ سريعاً . نتأ . دَفَع . اندفع . وَغَل . اندرع في السير = انقذف = انصلت . انطلق كالسهم = انتشب

shōōt, *v.* بلبَر = أخرج براعيمه (أو) عَساليجه = فَرَّخ . نَجَم (النباتُ) . أنتش

shooting star, نَيزَك . شهابُ (القَذْف) . نَجمة خَرّارة . نَجمة مُنقَضّة

shop, *n.* دُكّان . حانوت . مَتجَر . مَحل عَمل

to set up —, بَدَأ عَملًا تجارياً . فتح دكاناً (أو) مَحلًا للعمل

to talk —, تَحدّث عن عمله (أو) تجارته

shop, *v.* (shopped, -pping) تَسوّق . تَشرّى . تَبضّع . تَحوّج في السوق

shop'keepęr, *n.* دُكّاني . صاحب دكان (أو) حانوت

shop'liftęr, *n.* خلّاس = يسرق البضاعة بحجة أنه يريد الشراء

shop'lifting, *n.* خَلْس = سَرِقة الأشياء من الدكاكين

shop'man, *n.; pl.* -men دُكّاني . بيّاع في دكان

shopp'ęr, *n.* مُتبضّع . مُتَسوّق (يزور الدكاكين للشراء (أو) لتقليب الأشياء)

shopp'ing, *n.* تَسوّق . تَشَرٍّ . تَحوّج (في السوق)

shop'-wôrn, *a.* مَعروك (أو) مُلَثْلَث (من اللَّمْس أو الوضع هنا وهنا في الدُّكّان) . ذاهِب الجِدّة . مُبتَذَل

shôre, *n.* شاطئ . شَطّ . بَرّ

in —, بالقرب (أو نحو) الشاطئ

off —, إزاء (أو حِيال) الشاطئ . في البحر (أو) في الماء قُربَ الشاطئ

shôre, *v.* دَعَم (من تحت) بدِعامةٍ (مائلة) . دَعِم . سَنَد

shôre, *n.* سِنادة . دِعامة

shôre'less [-rl-], *a.* لا شاطئ له . لا يُحَدّ . غير محدود

shôre'-līne, [-rl-], *n.* خط التقاء الماء بالشاطئ

shôre'ward [-rw-], *a(d).* نحوَ الشاطئ

shôrn, *v., pp. of* shear

shôrt, *a.* قَصير . قصير القامة . قاصِر (أو) مُقصِّر (عن) = ناقِص . قاصِر عن الكفاية . ضَيّق . موجَز . مختصر . مُقتَصَر . جافٍ . هَشّ . (ذاكرة) غير حافظة (أو) قصيرة المدى

shôrt, *ad.* فَجأةً (أو) بغتةً (قبل المُنتَظَر) . باختصار . بجفاء

to fall — of, قَصَّر (عن) . كان دون الكِفاية

to cut it —, أنهى فجأةً = قَضَب . قَطَع . اقتضب

to run — of money, قَصَّر به المال . أعوَزه المال

shôrt, *n.* نُقصان . تقصير . قَصِيرة = تَقصِيرة = شيء قَصِير

for —, اختصارًا . للإيجاز

in —, ومُقتَصَر الكلام . بالاختصار . والحاصل

shôrt'age [-ij], *n.* قُصُور . نَقص . قِلَّة . نُقصان . قُصْرَة = تَقصِير . عَجز

shôrt'cāke, *n.* مُرَنَّنَة = كعكة هَشَّة تُعمَل من العجين والدُهن والسكر . بَسيسَة

short circuit, دورة كهربائية عارضة . دورة عارضة

shôrt-cir'cuit [-serkit], *v.* أحدث دورة كهربائية عارضة

short cut, مَقصَرة . مَخصَرة . مَقرَبَة

shôrt'-coming [-kum-], *n.* نَقِيصَة . عَيب

shôrt'ẹn, *v.* قَصَّر . ضَيَّق . قَصُر . نَقَص . قَلَّل . لَتّ الدُهنَ بالعجين = خَلَطه به

shôrt'ening, *n.* دُهن لعمل المُعَجَّنات والكَعك الهَشَّة يُخلط بالعجين . اختصار

shôrt'hand, *n., a.* إختزال . كتابة مُختَزَلة . مكتوب بالاختزال

shôrt-hand'ēd, *a.* لديه نقص في العُمال (أو) المساعدين

shôrt'hôrn, *n.* بَقَرٌ ضخم الجسم بقرون قصيرة = قصير القَرن

shôrt'-lived [-vd], *a.* قَصِير العمر (أو) الأَجَل . قليل البقاء

shôrt'ly, *ad.* قريبًا . بعد قليلٍ . عن قريبٍ = عمَّا قليل . بالاختصار . بسرعة . بجفوة

shôrt'ness, *n.* قِصَر . وَجَازة . اقتضاب

shôrts, *n. pl.* تَقصِيرَة بنطلون . خليط من الدقيق والنُخالة

shôrt-sīght'ēd [-sītid], *a.* قَصِير البَصَر (أو) النظر . قليل التبصر في العواقب . قليل الحِيطة

short wave, موجة قصيرة (في اللاسلكي)

shôrt-wind'ēd, *a.* ضَيِّق (أو) قَصِير النَفَس . مَبهور

shot, *n.; pl.* shot *or* shots إطلاق (النار) . طَلقَة (نارية) . خُردُقَة . رَصَاصَة . قُنبُلَة . شُكلَة (من الدم) . رَمية حَدس (أو) حَزر . رَمِيَّة . مَرمى . رَمَّاء = صَيُوب

to put the —, طَخَّ الكرة = رماها وأبعد بقدر المستطاع

shot, *v., p. of* shoot

shot, *a.* مُتَخَيِّف (أو) مُخَيَّف (النَّسج) ويكون من غزول مختلفة الألوان حتى يكون للونه رفيف . مُخَلَّل (أو) مُداخَل = مُوَخَّط = مُفَوَّف

shot'-ġun, *n.* بُندقية رَشّ (أو) صَيد . بارودة (خُردُق)

should [shụd], *v., p. of* shall إنبغى . كان ينبغي . حقُّه (أنْ) . كان حقُّه (أن) . حُكمُه (أن) . وَجَب

shōul'dẹr [shōl-], *n.* كَتِف . مَنكِب . عاتِق . كَتِف الجبل = طاق (أو طائق) الجَبَل . كَتِف الطريق

to put his — to the wheel, جَهَد . تجاهد . هَمَّ هَمَّة قوية . عكف على العمل بجد

— to —, جَنباً إلى جنب . متكاتفين

straight from the —, صَراحة . رأساً

to give (turn) the cold —, تنكَّب = نأى بجانبه (عنه) . طوى عنه كَشْحه = أعرض عنه وقاطعه

shōul'dẹr [-ō-], *v.* تَنكَّب = حمل على المنكِب (أو) الكتِف . دَفَع (أو) دافع بالمنكب

shōul'dẹr-blāde [shōl-], *n.* لَوح الكتف . نُغض الكتف

shōul'dẹrṡ [shōl-], *n. pl.* الكاهِل (مع الكتفين)

shoul'dẹr-strap [shōl-], *a.* = شِطبة = قطعة مستطيلة على كتف الضابط العسكري رمزاً لرتبته . نِجاد (أو) حِمالة (على الكتف للثوب)

shouldn't [shụd'nt] = should not

shouldst [shụdst] = Thou shouldst = You should

shout, *v.* صَوَّت . صاح . صَيَّح . زَعَق . فدَّ

shout, *n.* صَيحة . تصويت . صِياح . فَديد

shove [shuv], *v.* زَحَّل . دَفَع . دَحَم . دَعَّ . زَجَى . لَهَز . زَحْلَف . نَدَس

shove [shuv], *n.* دَفعة . دَحمة . دَسرة . لَهزة

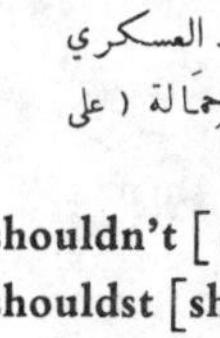

sho'vẹl [shuv-], *n.* مِجرَفة . مِرفَشة = رَفش

sho'vẹl, *v.* (-elled, -elling) = جَرَف (بالرَّفش) = رَفَش . اجترف (الطعام) . اجتحف . لَفلَف (الطعام)

shōw [shō], *v.* (-ed, shown *or* -ed, -ing) أرَى . أرَّى . بان . ظهر . لاح . بَيَّن . عَرَّف . وَضَّح . تبيَّن . وَضَح . أبرز . أسفر . صَرَّح . أظهر . أبدى . دَلّ . برهن . أولى = أنعم . أمَّ = سار في الأمام دليلاً

to — off, تحالى . تراهى . تباهى . تجمَّل . تجَهْوَر

to — up, حضر . اشتهر . فضح . شَهَّر (بِ)

shōw [-ō], *n.* هَيئة . إظهار . مَظهر . إشارة . مَعرِض . تظاهُر . [فُرجة] . تَصَنُّع

for —, للتباهي . للتجهوُر . للتباهُر . للتحالي

shōw'-cāse [shō-], *n.* خِزانة زجاجية للعرض . صندوق زجاجي (للعرض)

shōw'down [shō-], *n.* مُجاهَرة . مُجالاة . مكاشفة . مُجالحة . إنصاع = مُكاشَفة

show'ẹr [shou-], *n.* = وَبلة = [زَخة] = هَمرة = مَطرة = هَلّة . رَشاش . فَيض . سَحَّة (مطر)

show'ẹr, *n.* سَحساح = حَمّام يكون بسحسحة الماء من فوق = شَرَّار

show'ẹr, *v.* أمطر (بِ) . رَشَّ . رَشَق . أغدق (أو) أفاض . هَمَل . سَحَّ . هَلَّ . انهمر

show'ẹry, *a.* ذو مَطرات (مُتقطعة) . ماطِر على دُفعات . على رَشّات من المطر

shōw'ily [shō-], *ad.* بتجهوُر = بصورة تجلب الأنظار = بتمالن وتراهٍ

shōw'iness [shō-], *n.* تجهوُر = تظاهُر وتمالُن للمباهاة . تراهٍ

shōw′man [shō-], *n.*; *pl.* -men عَرَّاض = مدير إدارة عَرْض (أو) مَعرض

shōw′manship, *n.* عِرَاضة = (حُسن) إدارة المعرض (أو) العرض . فن العرض

shōwn [shōn], *v.*, *pp. of* show

shōw′y [shōi], *a.* (-ier, iest) جَهِير المنظر . زاهٍ . مُتَراهٍ . مُبَهْرَج . مُونِق

shrank, *v.*, *p. of* shrink

shrap′nel, *a.* قُنْبُلة نَثّارة . [شْرَابنل] . قُنبلة [شَرَاب النار]

shred, *n.* خِبَّة = مِزْقة (من ثوب أو سحاب) = قِشْعة . شِرْشِرة . قِدّة . نُتْفة = ذَرْوٌ . فِتَّة . كِسْفة (أو) قَزَعة (سحاب)

shred, *v.* (-dded, -dding) مَزَّق . قَدَّد . شَرْشَر . خَبَّب . [نَتَّف]

shrew [shrōō], *n.* امرأة نَعّارة . امرأة سليطة (أو) صَخَّابة (أو) سِلقة

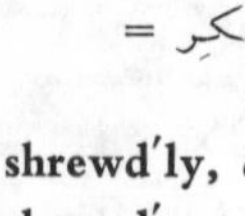

shrew, *n.* زَبَابة (أو) زَباب = حيوان كالجُرَذ يعيش على الديدان والهوام

shrewd [shrōōd], *a.* يعرف مِن أين تُؤكل الكتف . داهٍ = نَكِر = أَرِيب = حاذق . حَصِيف

shrewd′ly, *ad.* بدهاء . بِنُكْر . بِمَكْر

shrewd′ness, *n.* دهاء . أرابة . حَذاقة

shrew′ish [-ōō-], *a.* سَلِيط . سليطة . سيئ الخُلُق

shriek, *n.* صَرخة . زَعْقة . صَرّة = صيحة شديدة

shriek, *v.* صَرَخ . زَعَق . صَرَّ

shrift *n.* اعتراف (للخوري) (أو) إحلال من الذنب . اعتراف أمام الخوري ثم الكفّارة والغفران

short —, عدم إمهال . مُهلة قصيرة (بين فرض العقوبة وإيقاعها)

shrīke, *n.* دُقْنُوش = دُقْنَيش = (طائر) الصُرَد = دَغْناش

shrill, *a.* صارّ = حادّ (للصوت)

shrill, *v.* صَرَّ = صات بصوتٍ حادٍّ . زَقَب . عَيَّط

shril′ly, *a.* بصوتٍ حادٍّ . بِصَرْصَرة . بترقيب

shrimp, *n.* بُرغوث البحر . إِزْبِيان . [قُرَيْدِيس] . [قُوقَب] . صرصور البحار . رُوبيان

shrimp, *n.* ضُورَة = حقير ذليل . صغير الشأن . (شَخص) زَعْنِفة = قُطقُوط = حُطَيْئة = نِبْرٌ = حُتروش

shrīne, *n.* مَزار (أو) مَقام (قِدّيس أو وليّ) . مِحراب . مَذْبح . مُصَلَّى . مَنارٌ مُقَدَّس

shrink, *v.* (shrank *or* shrunk, shrunk *or* shrunken, shrinking) قَلَص . تَقَلَّص . انزوى . انكمش . شَمَّر . انقبض . تخامص = تجافى . تقبَّض . تَحَيَّش . انقمع . هَلَّل (عن) . نَكَل . نَكَص . تجمجم . جَبَّب

shrink′age [-ij], *n.* تَقَلُّص . انكماش . [شُمور]

shrīve, *v.* (shrove *or* shrived; shriven *or* shrived, -ving) تلقى الاعتراف (بالذنب) ومنح التبرئة . بَرَّأ نفسه بالاعتراف (بالذنب) . اعترف (بالذنب) . سمع الاعتراف

to — himself, اعترف للخوري (بالذنب) وكَفَّر

shriv'ęl, *v.* (-el(l)ed, -el(l)ed, -el(l)ing) قَفْقَف = ذَوَى وتَقبَّض ويَبس . ذَوَى وتَشنَّج . قَرْفَط = تَكَمَّش = تَكَرْبَش = [نكرنش]. تَغَضَّن . تَكَرَّش (الجلدُ) = انزوى وتقبَّض . تقفع (الأصابع أو الأذن)

shroud, *n.* كَفَن . غِطاء . غِشاء . لِفاع . سُدْل . سِتْر

shroud, *v.* أدرج في الكَفَن . كَفَّن . لَفَع . لَفَّف . غَشَّى . جَلَّل . كَمَّى = حَجَب

shroud, *n.* طُنُب (أو) وِكاد (سارية السفينة)

shrōve, *v.*, *p. of* shrive

Shrōve'tīde [-vt-], *n.* الأيام الثلاثة قبل أربعاء الرماد مباشرة

Shrove Tuesday, يوم الثلاثاء قبل أربعاء الرماد مباشرة

shrub, *n.* بَجلة = شُجَيرة = جَنْبة . جُنَيْبة

shrubb'ęry, *n.* مَبْجَلة = مَنْبِت بَجلات (أو) شُجَيْرات

shrubb'y, *a.* كثير الشجيرات (أو) البَجَلات . كالبجلات

shrug, *v.* (-gged, -gging) صَرَّ (الكتفين) (استكراهًا أو تشككًا أو عدم اكتراث) = جَمَعها ورفعها = خَلج

shrug, *n.* صَرَّة (الكتفين)

shrunk, *v.*, *p. and pp. of* shrink

shrunk'ęn, *v.*, *pp. of* shrink مُتقَلِّص = شامِرٌ . مُتَشنِّج . ضامِر

shuck, *n.* وِعاء (أو) غِلاف سُنبول الذُرَة . سِنفة . غِلافُ الحَبّ . قِشرة . صَدَفة

shuck, *v.* أزال الغلاف (أو) القشرة . قَشَّر

shudd'ęr, *v.* ارتعد (شديدًا) (من خوفٍ أو بردٍ . . .)

shudd'ęr, *n.* رِعدة (شديدة) . نُفضة

shuf'fle, *v.* فَنجل = قَنْدَل (أو سَنْدَل) في المشي = هَبْرَج = مَشَى (أو رقص) يسحب قَدَميه . ضَرَّب (الشيءَ بالشيء) = خَلَّط . جَمَّع بصورة مشوشة . لَخبط (ورقَ اللعب مثلًا) . جَلْجَل = حَرَّك وأجال . أعاد تأليفَ (الوزارة مثلًا)

shuf'fle, *v.* تَلَوَّص . لاوَذ = راوغ . احتال (أو) غَشَّ (للتخلُّص) . خاتَل . عَمِل من غير إتقان (أو) نظام = لَهْوَج

shuf'fle, *n.* قَنْدَلة . فَنجلة . هَبْرَجة . تضريب (أو) تخليط . لَخبطة . إعادة تأليف (الوزارة مثلًا)

shuf'fle, *n.* مُخاتلة . تَلَوُّص . مُلاوَذة . رَوْغة . رُوَيغة

shun, *v.* (-nned, -nning) تَجنَّب . تحاشى (عن) . تجافى . تفادى . امتنع (عن) . انحاز (عن)

shunt, *v.* حَوَّل (جانبًا) (أو) إلى طريق آخر . نَحَّى . صَرَف (عن) . إنصرف (عن) . إنحرف . حَرَف . حَوَّل (أو) أحال (على) . راغ (من) . تَحَوَّل

shunt, *n.* تحويل . مداورة . رَوْغة . وُصْلة تحويل . تَحْويلة (في السكة الحديدية)

shut, *v.* (shut, -tting) أطبَق . سَدَّ = سَكَّر . إنغلق . وارى . حَجَب . زَوَى . مَنَع . حَجَر . حَبَس . حَفَّ (بِ) = اكتنف

to — his eyes to, تجاهل . تعامى (عن) . تغطرش (عن)

shutt'ęr, *n.* مِصراع (أو) صِفق (أو) دَرْفة (الشباك أو الباب) . سَديلةُ (آلة التصوير): تُفتح وتُغلق بسرعة

shutt'ẹr, *v.* أصفق (أو) سَدَّ بدَرَفات الشباك (أو) الباب

shut'tle, *n.* شيء يذهب ويجيء . مَكُّوك (الحِياكة) = وَشيعة

shut'tle, *v.* [تَمَكوَك] = تحرَّك (بسرعة) ذهابًا وإيابًا (كالمكوك) = نَوْزَج

shut'tlecock [-lk-], *n.* طُثَّة = فَلينة مشكوك في طرفها ريش وتُضرَب بالمِضرَب ذهابًا وإيابًا بين اللاعبين

shȳ, *a.* (-er, -est *or* -ier, -iest) خَجُول . جَفُول . نَفُور . مُحترِس . حَذِر . روّاغ

shȳ, *v.* (shied, shying) جَفَل . شَمَس = شَمَص . حاص = نَفَر . نَقَز . تَحَيَّى (من) . تَحَيَّش (من)

shȳ, *v.* (shied, shying) = ضَرَح = حَذَف = رَمَى (بعيدًا) (الحَجَر مثلًا) = عَرَد

Shȳl'ock, *n.* اسم شخصية مُرابية في احدى روايات شكسبير . مُرابٍ جَشِع = حَلتَب

shȳ'ly, *ad.* عن خَجَل . بِنِفار . بِخَفَر

shȳ'ness, *n.* احتشام . خَجَل . نِفار . خَفَر

sib'yl, *n.* عَرّافة . كاهِنَة = امرأة تكشف عن غيب المستقبل = كَهّانة . [بَرّاجة]

Sicil'ian, *n., a.* صِقِلّي

sick, *a.* كامِد (أو) كَميد (القلب) . عَليل . سَقيم . مريض . غاثي (أو) مُتمذِّر النفس

I am — of, مُتَبَرِّم . سأمان (أو) سائم . اعتلّت نفسي من . . .

sick'ẹn, *v.* اعتلَّ . مَرِض . مَذِر (النَّفس) = جَعلها تَغثى

sick'ẹning, *a.* مُمرِض . مُمذِّر (أو) مُقزِّز (للنَّفس) . يُعِلّ النفس

sick'ish, *a.* مُعتَلٌّ بعضَ الشيء . مُغثٍ للنفس بعضَ الشيء

sic'kle, *n.* مِنجَل . مِحصد

sick'ly, *a.* (-ier, -iest) مِسقَام = عَليل . وَخيم = وَبيل . مُقزِّز للنفس . مُمذِّر للنفس . مَرَضي . مُسقِم . شاحِب (أو) مريض (اللون) . ضاوٍ

sick'ness, *n.* مَرَض . سَقام . غَثَيان النَّفس . اعتلال

sīde, *n.* جَنب . جانب . صَفح (أو) صَفحة (البيت مثلًا) . جهة . وَجه . سَفح (أو) عُرض (الجبل) . ضِلع (في شكل هندسي) . جانب = فِئة (أو) فريق . ناحية . طرف

— by —, جنبًا إلى جنب

to take —s, انحاز . تحيَّز

sīde, *a.* جانبي . ثانوي (الأهمية) . فَرعي . عَرَضي

sīde, *v.* تحيَّز (أو) انحاز (إلى) . كانَف . انضوى (إلى) . انحاش (إلى)

sīde'-bôard *or* **sīde'bôard [-dbôrd],** *n.* خِزانة لحفظ أدوات المائدة في غرفة الطعام = تَختُ خِوان . لوحة جانبية

sīde'-burnṡ [-db-], *n. pl.* (شعر) العِذار . شعر العارِض

sīde'long [-dl-], *a(d).* جانبي . إلى جَنبٍ . بجانب (العين) . شَزْرًا . مُحاوصَة

sīdēr'ēal, *a.* نَجمي

sīde'-step, *n.* لَوصة . [لَوذة] . جَيضة = مَيلة يمينًا (أو) يسارًا . حَيدة . [زَوغة]

sīde'-step [-ds-], *v.* (-stepped, -stepping) أجنب . حاد (عن) . تحرّف (عن) . تحاشى . انحاص . لاص . لاوذ (عن)

sīde'-track [-dt-], *n.* جَنّابيّة = خط (حديدي) جانبي = تجنيبة (تحوّل إليها العربات من الخط الرئيسي)

sīde'-track, *v.* = جنّب (القطارَ أو . . .) حوّله إلى التجنيبة . صرَف . ثنى . حوّل . صرف (الذهنَ عن . . .) . ضلّل . حرف

side'walk [-dwôk], *n.* رَصيف الشارع

sīde'ways [-dw-], *a(d).* جانبي . جانبيًا . مُجانبةً . بالوَرْب = عَنَدًا . عن عُرْض

sīde'wīse [-dw-], *ad.* = sideways

sīd'ing, *n.* تجنيبة = جَنّابيّة = طريق فرعية تحوّل إليها عَرَبات السكة الحديدية من الطريق الأصلية

sī'dle, *v.* مشى (أو) تحرّك مُجانَبةً . تزلّف بجانبه (إلى) . تحلّس

siege, *n.* حِصار . مُحاوَطة . إراغة

to lay — to, = حاصَرَ . حاوَطَ = داوره في أمرٍ يريده منه وهو يأباه = راوَض = حاوَت = أراغ

sie'rra [si-er-], *n.* سلسلة جبالٍ (ذات رؤوس كأسنان المِنشار)

sies'ta [si-es-], *n.* قَيلُولة . مَقيل . قائلة

sieve [siv], *n.* . مُنخُل . مِنسَف . غِربال . غِربال = نَمّام

sift, *v.* نخّل . غربَل . محّص . دقّق النظر (للتمييز) . ذرّ

sīgh [sī], *n.* . نَهْدة . [نَهيدة] . زَفرة . زفزفة الريح

sīgh [sī], *v.* تنهّد . زفَر . تشوّق (أو) حنّ (إلى) . زَفْزف (الريح)

sīght [sīt], *n.* بصر . رُؤية . نظر . مرأى . منظر . فُرجة . شيء حري بالنظر . نظرة . شُنعة = مُثلة . مُسدّدة النظر (في البندقية) = قمحة البندقية

at (on) —, حالَ (أو) لدى الرؤية (أو) الاطلاع . عند النظر (أو) الرؤية

to know by —, عرَفه بمرآه (أو) من هيئته

sīght [sīt], *v.* رأى . أبصَر = آنس . صوّب (أو) سدّد = [نَيْشَن]

sīght'less, *a.* كفيف (أو طميس) البصر . مَخفيّ . غير منظور

sīght'ly, *a.* مُونِق . بديع (أو) جميل المنظر . يُعجِب مَنظرُهُ

sīght'seeing, *n.* تجوال (لرؤية المناظر والأماكن) . تفرّج (على المناظر أو الأماكن المُهمّة)

sīgn [sīn], *n.* علامة = أمارة . إشارة . دَلالة . دليل . أثَر . لوحة إشارة

sīgn [sīn], *v.* وقّع = أمضى . أومأ . أشار . لوّح . علّم

to — off, أعطى إشارة بانتهاء الأذاعة

to — on, تقبّل = وقّع بقبول العمل (أو) الاستخدام

to — up, اكتتب في الجيش . وقّع إيذانًا بالانضمام (إلى) . وقّع عقدًا (أو) اتفاقًا

sig'nal, *n.* إشارة . رسالة (إشاريّة) . إيذان . تلويح . حافِز = باعِث للإشارة

sig'nal, *a.* إشاري . رائع . فائق . جهير . مُتميّز

sig'nal, *v.* (-al(l)ed, -al(l)ing) ألمع = شوّر = أومأ . آذَن (بِ) . خابر (أو) راسل بالإشارات

sig̊ʹnalīze, *v.* أعلَم = أشهر . مَيَّز . أبرز . أشاد (بِ)

sig̊ʹnally, *ad.* بصورة باهرة (أو) رائعة . بصورة بارزة (أو) جاهِرة

sig̊ʹnature, *n.* توقيع = إمْضاء

sīgnʹboard [sīnbôrd], *n.* لَوْحة إشارة . لوحة إعلان

sig̊ʹnĕt, *n.* خاتَم = [خَتْم] . خاتَم المَلِك = حِلق = هِجار

sig̊nifʹicance, *n.* مَعنى (حقيقي أو مقصود) . دَلالة (حقيقية أو بالغة) . مَغزى . أهمية . اعتبار . شَأن

sig̊nifʹicant, *a.* له مَعنى . ذو دلالةٍ (أو) مَعنى (بالغ) . ذو بال . مُهِمّ . مُعتَبَر . خطير . ذو شأن

sig̊nifʹicantly, *ad.* بصورةٍ لها دَلالتُها (البالغة)

sig̊nificāʹtion, *n.* مَدلول . معنى . مَفهوم . إيذان . فَحوَى

sig̊ʹnifȳ, *v.* (-fied, -fying) عَنَى . دَلّ (على) . لَوَّح . أفصَح (أو) أعرب (عن) . صَرَّح = أبدى . كان ذا بالٍ (أو) أهمية . فَحا

sīgnʹiôr [sēnyôr], *n.* = signor

sīgnʹôr [sēnyôr], *n.*; *pl.* -ri لقب سيد (بالإيطالية)

sīgnʹôra [sēnyôra], *n.*; *pl.* -re(-ra) لقب سيدة (بالإيطالية)

sīgnʹorīna [sēnyorēna], *n.*; *pl.* -ne(-na) لقب آنسة (بالإيطالية)

sīgnʹpōst [sīn-], *n.* عُلَّامة = لَوْحة (أو) عمود عليه لوحة للإرشاد (أو) للإعلان = مَعلَمَة . دَليل = إشارة دالّة

sīlʹage [-ij], *n.* عَلَف مَطمُور . قَصيل = وهو ما يُجَز وهو أخضر ويُحفَظ عَلَفاً للدواب

sīlʹẹnce, *n.* سكوت . صَمْت . سُكون . إغضاء . إغفال . تكتم

in —, بصمت (أو) سكوت . بسكوت = بإغضاء

sīlʹẹncẹ, *v.* أسكَت . هدّأ . أخْمَد

sīlʹẹncẹr, *n.* مُسكِّتة = كَتّامة = آلة (أو) أداة آليّة لكَمّ الصوت

sīlʹẹnt, *a.* ساكِت . ساكن . غير مَلفُوظ . سَكوت . صامِت . كَتُوم . سِكّيت . هادئ

sīlʹẹntly, *ad.* بسكوت . بصمت . بسكون

Sīlēnʹus, *n.* إلهٌ من آلهة الإغريق يسكن المشاجر

sīʹlex, *n.* خَلَنبوس = نوع من حجر الصَّوّان

silhouetteʹ [silōōet], *n.* سَمامة = ظَلالة = طَلالة = صورة ظِلّية حِتارِيّة . سَوادة = خَيالة

in —, على شكل سَوادة (أو) ظلالة

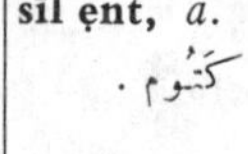

silhouetteʹ, *v.* (-etted, -etting) صَوَّر (أو) أظهر الظَّلالة . ظهرت الظَّلالة (أو) السَّمامة

silʹica, *n.* ثاني أوكسيد السليكون . فِلِزّ الصَّوّان . الصَّوّان (ومنه الرمل والمرو)

silʹicate [-kit], *n.* مِلح طبيعي مركب من الأوكسيجين والسليكون

silʹicon, *n.* [سليكون] = جوهر (أو) عُنصر الصَّوّان

silk, *n.* حَرير . قَزّ . إبْريسَم . حَريرة . قُماش حَريري

silk, *a.* حريري . كالحرير . من حرير

silʹkẹn, *a.* حريري . كالحرير . ناعم صقيل أملس . رافِه . تَرِف

silʹkiness, *n.* نُعُومة . مَلاسة . حَريرية

silk'worm [-werm], *n.* دودة القزّ . دودة الحرير

sil'ky, *a.* (-ier, -iest) كالحرير . ناعم صَقيل أملس . مُداهِن . مُماسِح

sill, *n.* نَجْران = أُسْكُفَّة = [بُرطاش] الباب (أو) الشُبّاك = عَتَبة

sill'iness, *n.* رَقاعة . حَماقة . سَخافة عقل

sill'y, *a.* (-ier, -iest) نافه العقل . سَخيف (العقل) . رَقيع . مأفون . مُفنِد (كالشيخ إذا أفند)

sīl'ō, *n.; pl.* -los مَطمورة . صَومَعة الغلّة = شَونة

silt, *n.* سِهلة = غِرْيَن = طِرْيَن = رِتقن = تُرْنوق = رُسابة طينية . طين الإبليز (في النيل خاصّة)

silt, *v.* سَدّ (أو) مَلأ بالغِرْيَن . اكتظ بالغِرْيَن . إنكظم . إنسدّ

sil'van, *a.* = sylvan

sil'vẹr, *n.* فِضّة . نَقْد فِضّي . فِضّيات = آنِية (أو) أدوات فِضّيّة

sil'vẹr, *a.* فِضّي . كالفضّة . لُجَيني (اللّون) . رَنّان رنين الفضة

sil'vẹr, *v.* فَضّض = مَوّه (أو) غَشّى (أو) طَلَى بالفضة (أو) بلون فِضّي . تَفَضّض = صار بلون الفضّة

sil'vẹrsmith, *n.* صائغ فِضّة = فَضّاض = صانع الفضيّات

sil'vẹrwāre, *n.* أوانٍ (أو) أدوات فِضيّة

sil'vẹry, *a.* فِضّي . كالفضّة . صافي الصوت (أو) الرّنين

sim'ian, *a., n.* قِرْدٌ . كالقِرْد . قِرْدي

sim'ilar, *a.* مُشابِه . مُتَشابِه . شِبه . مِثْل

simila'rity, *n.* شَبَه . مُشابَهة . تَشابُه

sim'ilarly, *ad.* شَبيه بذلك . مِثْلُ ذلك (أنّ . . .) . كذلك

sim'ilē [-li], *n.* تَشْبيه (في عِلم البلاغة)

simil'itūde, *n.* شَبَه . شَبيه . مُشابَهة

simm'ẹr, *v.* أزّ (أو) نَشْنَش (القِدْر) قُرْبَ الغَلَيان (الوئيد) . غَلَى خَفيفًا (على هدوء النار) . سَخَن بهدوء دون الغلي . يكاد يَتَفجّر (غضبًا أو غيظًا) = تَحَدّم

simm'ẹr, *n.* أزيز (أو) نَشْنَشة (القِدر)

simōōm', *n.* رِيح السَّموم = هَيْف

sim'pẹr, *v.* تَبسّم بِرَقاعة . تبسّم بتكلُّف

sim'pẹr, *n.* ابتسامة رَقاعة . ابتسامة مُتَكلَّفة

sim'ple, *a.* سَهل . بَسيط . غير مُرَكّب . مَحض = صُراح . غير مُزيّن (أو) مُنَمّق . على حالته الطبيعية . عاديّ . غير مُتَكلَّف . بسيط (العقل) = ساذَج . مُجرَّد

sim'ple-heart'ēd [-hârt-], *a.* بسيط القلب . خالص النية

sim'pleton [-lt-], *n.* غُمْرٌ = جاهِل أبله . مُغفَّل . [غَشيمٌ] . وَطْوَط

simpli'city, *n.* سُهولة . بَساطة . سَذاجة . عدم تَزْيين (أو) تنميق . خُلوص الضمير . بساطة القلب . غَمارة

simplificā'tion, *n.* تبسيط . تسهيل

sim'plifȳ, *v.* (-fied, -fying) بَسّط . سَهّل . حطّ (الكسرَ في الحساب)

sim'ply, *ad.* ببساطة . بسَذاجة . بدون تأنُّق . بوضوح . فَقَط . إنّما . فَحَسْب . عن تَغَفُّل . جِدًّا

sim'ūlāte, *v.* تَظاهَر (بِ) . تَصَنّع . أظهَر على نفسه . قلّد . تَشَبّه (الشيء أو به) . افتعل . تلبّس (شبه شيء)

simūlā'tion, *n.* تَصَنُّع . تَظاهُرٌ . مُراآة

simultān'ēous, *a.* في وقتٍ واحدٍ . مُتَواقِتٌ

simultān'ēously, *ad.* (مَعًا) في وقتٍ (أو) آنٍ واحد . بِتَواقُتٍ

sin, *n.* إثم . خَطيئة . مَعْصية

sin, *v.* (sinned, sinning) أَثِمَ . اقترف إثمًا (أو) مَعصيةً . خَطِئَ

Sī'nai [**Sīnī** *or* **Sīnāī**], *n.* سِيناء . جبل سِينا . طور سينا

since, *prp.* مُنْذُ . مُذْ

since, *con.* منذ (أنْ) . إذْ . لَمَّا . حيث (إنَّ) . بما أنَّ . أمَّا (إذ)

since, *ad.* منذ ذلك الحين . بعد ذلك . من بعدُ

sincēre', *a.* (-rer, -rest) صادق . صَريح . أَمِين . مُخْلِص . ناصِح . يعني ما يقول . خالص النية

sincēre'ly [**-rl-**], *ad.* عن صِدْقٍ (أو) إخلاص (أو) نَصاحَة

yours —, المُخْلِص (تُكتَب عند ختام المكتوب)

sincẹ'rity, *n.* صِدْق . إخلاص . نُصْح . خُلوص النيّة = نصيحة

sīne, *n.* الجَيْب (في حساب المثلثات)

sin'ēcūre [*or* **sī-**], *n.* مَنصِب إسمي . وظيفة (أو) مَنْصِب بمرتَّب ولكن بدون عمل

sin'ew [**-nū**], *n.* عَصَبة (أو) طُنُب (أو) وَتَرة (في الجسم) . مَتْن = قُوَّة . مَقْواة = مصدر قوة = آزِرَة

sin'ewy [**-nūi**], *a.* مَعصوب (الخَلْق) . ضَليع . كثير العَصَب قويّ . شديدُ العَضَل (أو) الأَسْر . عَضِل . مُحْكَم

sin'fụl, *a.* أَثيم . خاطِئ . حَرام . فاسِق

sing, *v.* (sang *or* sung, sung, singing) غَنَّى . تَغَنَّى . شدا . أَنْشَد (شعرًا) . أَشاد (بذكر . . .) . غَرَّد . أَزَّ . حَنَّ . طَرَّب . رَنَّم . نغَّم . عَزَف . طَنَّت (الأُذُن) = اهتفت

singe, *v.* شَوَّط = حَرَق حَرْقًا خَفيفًا = شَيَّط = ضَبَح . لَوَّح . [شَلوط]

singe, *n.* تشييط . تلويح

sing'ẹr, *n.* مُغَنٍّ . مُغَنِّية . مُغَرِّد . رانِمٌ

sing'ing, *n.* غِناء . طَنين الأُذُن . شَدْوٌ . ترنيل

sing'le, *n., a.* واحد . فَرْد . مُفْرَد . عَزَب . عَزَبة . فَرْدِيّ . إفرادي . بسيط . عُزوبيّ . لسَفرةٍ واحدة . [مُفْرِد] . مِجْسَد = ثوب بلا كُمين

sing'le, *v.* أفرد = خَصَّ = استفرد = إختاره (أو) عَيَّن عليه (من بين الجميع) . انتخب

single file, سَبَل واحد = صفٌّ من الأشخاص الواحد وراء الآخر

sing'le-hand'ẽd [**-lh-**], *a.* بنفسِه وحدَه . بدون معونةِ أحد

sing'le-heart'ẽd [**lhârt-**], *a.* صادق . مُخلِص . صَريح . سليم النية . وحيد القصد . مُستقيم

sing'le-mīnd'ẽd [**-lm-**], *a.* مُستَقِل الرأي . وَحيد القصد . مستقيم . مُخلِص

sing'leness [**-ln-**], *n.* عُزوبَة . أَحدِيَة . وَحدِيَة . فَرْدانية

sing'lẽt, *n.* خَيلَع = قميص تحتاني

sing'ly, *ad.* واحِدًا واحِدًا . بِمُفرَدِه . فُرادَى = فَرْدًا فَرْدًا . وَحْدَه

sing'song, *a., n.* على وتيرةٍ واحدة . صوتٌ (أو) لهجة على وتيرة واحدة

sing'ūlar, *a., n.* فَريد (في نوعه) = فاذٌّ . مُفرَد . غَريبٌ (في بابه) . مُستغرَب . وَحيد . مخصَّص

singūla'rity, *n.* تفرُّد . فَذاذة . [فَرادة] . غَرابة [في بابه] . خصوصيّة = ميزة خاصة

sing'ūlarly, *ad.* بتفرُّد . بصورةٍ شاذّة (أو) غريبة

sin'ister, *a.* خَبيث . مُنطوٍ على الشرّ . مُنذِر بشرّ . نَحس . مَشئوم . بارِح (في زجر الطير) . شِمالي

sink, *v.* (sank *or* sunk, sunk, sinking) غَرَب . غار . غَرِق . رَسَب . غَطَس . إنغمس . غاض . استناخ = بَرَك . خَرَّ . خَفَض . انخفض . خار . هَمَد . انحطّ . غاص . ساخ . انغرس . حفَر (بئرًا) . أخفَت . وَقَر . إنخفت

sink, *n.* مَغسَلة المطبخ . قَرارَة (للشيء القذر (أو) الخبيث) . مَغيض . آغِيّ = مَقَرَّة

sink'er, *n.* غَطَّاس . غارق . ثقّالة الغطس = وَزنٌ تُثقَّل به شبكة الصيد مثلًا حتى تَغطس

sin'lēss, *a.* غير آثِم . لا ذنب له . بَريء

sinn'er, *n.* آثِم . خاطئ

sinūos'ity, *n.* مُنحنى . مُنعرَج . تمعُّج . تَلوٍّ . تعرُّج . تعكُّس

sin'ūous, *a.* مُتلوٍّ . مُتمعِّج . مُتحوٍّ . مُتعرِّج

sīn'us, *n.* مُنحنى . مُنعطَف . جَيبٌ = تجويف مُتعوِّج . خُراج ضيق طويل له فتحة صغيرة

sip, *n.* رَشفة . مَصّة . نُغبة . حَسوة . مَزّة

sip, *v.* (sipped, sipping) تَرَمَّق = تَرَشَّف . تمصَّص . تمزَّز . احتسى

sīph'on, *n.* سَكّابة . مِمَصٌّ . سيفون

sīph'on, *n.* سَحَب (أو) امتصَّ بالسكّابة . [سَيفَن]

sir [ser], *n.* لقب شَرَف يُذكَر أمام اسم الشخص

sīre, *n.* أب . والِد . ذَكَر . فَحل . أب أوّل . لقب شرف بمعنى مولاي

sīre, *v.* (-red, -ring) أولَد . أبّا = صار (أو) كان أبًا

sīr'ēn, *n.* هَنّادة = عَروسة الماء التي كانت بغنائها تغوي الملّاحين وتوردهم الهلاك بسفنهم . امرأة هَنّادة = مُغوية فتّانة . صَفّارة كبيرة = زَعّاقة

sīr'ēn, *a.* هَنّادِيّ . مُغوٍ . فتّان

Si'rius, *n.* (نجم) الشِّعرَى

sirl'oin, *v.* قِطعة من لحم صُلب الذبيحة (أو) الحقو الأعلى = سَليلة

siroc'cō, *n.*; *pl.* -cos ريحٌ حارّة جافة تحمل الغُبار (أو) الرمل وتهب من شمال أفريقيا على جنوب أوروبا . ريح سَموم = [هَبوب]

si'rrâh, *n.* كلمة بمعنى هذا ! كأن تقول : اسمع يا هذا !

si'rup, *n.* = syrup

sīs'al [*or* **sis'-**], *n.* (نبات) السيسال يُستعمل ليفه لعمل الحبال . ليف السيسال

siss'y, *n., a.* غلامٌ رَطبٌ = مُخنَّث (أو) مُتأنِّث (أو) خَنِث . (شخص) هَبيت القلب = خَرِع

sis'ter, *n.* أُخت . شَقيقة . خَلصة = صديقة حميمة . مُمرِّضة . راهبة

sis'terhood, *n.* تآلف الأخوات . شعور الألفة بين الأخوات . أُختِية . جمعية أخوات

sis´tẹr-in-law, *n.*; *pl.* sisters-in-law زوجة الأخ . بنت الأحماء = أُخت الزوج (أو) الزوجة

sis´tẹrly, *a.* جدير بالأُخت . كالأُخت . لطيف

sit, *v.* (sat, sitting) قَعَد (على) . أقعد . جَلَس . أَجْلس . استقر . جلس (للتصوير) . جَثَم (وأثقل) = بَرَك . جَثَم (الطائر) = حطّ . حَضَنت (الدجاجة البيضَ) = أرخمت (أو) وَكَنَت

sīte, *n.* مَكان . مَوقِع . مَوْضِع . خِطَّة = عَرْصَة (للبناء)

sīte, *v.* عَيّن الموقِع . وَضَع في موقع مُعَيَّن

sīt´ed, *a.* واقِع (في)

sitt´inġ, *n.* قُعود . قَعْدة . جَلْسة . مَقْعَد . مدة الجَلْسَة . عدد البيض المحضون للتفريخ . مدة حَضن البيض

sitt´inġ-rōōm, *n.* غُرفة قُعود (أو) جُلُوس

sit´ūāte, *v.* عَيّن مَوْقِعًا (له) . وَضَع

sit´ūate [-it], *a.* وَاقِع (في) . مَوْضِعُه (أو) موقعه (في . . .)

sit´ūātēd, *a.* وَاقِع (في مَحلٍّ . . .) . قائِم . مَوضوع

situā´tion, *n.* وَضع . حالَة . مَوْقِع . عَمَل = [شُغل] . وَظيفة

six, *n.*, *a.* سِتَّة . سِتّ

at —es and sevens, في اختلاط . في بَلْبَلَة . في تشويش

six´fōld, *a(d).* ستة أضعاف . ستّ مرات

six´pẹnce, *n.* سِتّ بَنيات (انكليزية) . مسكوكة (فِضية) تساوي نصف شِلِن

sixteen´, *n.*, *a.* سِتَّةَ عَشَر . ست عَشْرَة

sixteenth´, *n.*, *a.* سادسَ عَشَر . سادسةَ عَشْرَة

sixth, *n.*, *a.* سادس . سادسة

six´tieth, *a.* جزءٌ واحد من ستين جزءًا . السِّتُّون

six´ty, *n.*, *a.* سِتُّون

sīz´able, *a.* كَبير . كَبير المِقدار (أو) الحَجْم (نسبيًا أو بعضَ الشيء)

sīze´able [-zab-], *a.* = sizable

sīze, *n.* كِبْر . حَجْم . جِرْم . مِقدار . قَدّ = قَدْر . مِقياس

sīze, *v.* قَدَّر . صَنَّف (أو) رتَّب بحسب الحجم (أو) المِقدار

to — up, خَبَر وقَدَّر . تَعرَّف وأبدى رأيًا (في) = راز

siz´zle, *v.* نَشّ (اللحمُ) المَقْليّ = نصّ . قَشْقَش . إنْشَوى . حَمِي

siz´zle, *n.* نَشيش . نَسيس . قَشقَشة . طَشيش

skāte, *n.* دُحْرُوجة (أو) زُحلوقة (للتَزَحْلُق على الجليد) تُركَّب على الحذاء . [سَحّاجة]

skāte, *v.* تَدَحرج (أو) تَزَحْلق . [تَسَحَّج] (على الجليد)

skāte, *n.* نوعٌ من السمك العريض المُفلطح الشُعاعي = سمكة الترْس

skāt´ẹr, *n.* مُتَدحرج (أو) مُتَزَحْلِق (على الجليد)

skein [skān], *n.* خُصلَة (أو) [شِلّة] (من الغَزل أو الخيطان)

skel´ẽtal, *a.* هَيكلي . خاص بالهيكل العظمي (أو) بقفص البناء

skel´ẽton, *n.* هَيْكل عَظمي . هَيكل (أو) نصبَة (أو) قَفَص (البناء) . قَفَصِيّة البناء . رسمة تخطيطية . مُجمَل . شخص كالخِلال نحافةً . مُجزَأة = عددٌ مختصر يكفي عن الجميع

— **in the cupboard,** فضيحة مكتومة . سِرّ مَطمور

skeleton key, مِفتاح المفاتيح

skep´tic, *a.* = sceptic

skep´tical, *a.* = sceptical

skep´ticism, *n.* = scepticism

sketch, *n.* رَسْمٌ تخطيطي = [كروكي] . وَصف إجمالي . مُجمَل . تمثيلية قصيرة

sketch, *v.* رَسَمَ بالتخطيط . أَجمَل

sketch´y, *a.* (-chier, -chiest) إجمالي . مُقتَضَب . ناقِص . مُرَمَّق

skew, *n.* مَيل . زَوَر . قَعَم . سَدَل

skew, *a.* مائل . أَزوَر . أقعم . أسدل

skew, *v.* أمال . حَرَف . جعله أَزوَر

skew´er, *n.* سَفُّود = [سِيخٌ] (يُشْوَى به اللحم)

skī [*or* **shē**], *n.*; *pl.* skis *or* ski زَلّاجة (أو) [سَحّاجة] (للانزلاق على الثلج)

skī, *v.* (skied, skiing) تَزَلَّج (أو) [تَسَحَّج] (على الثلج)

skid, *v.* (-dded, -dding) زَلَج . تزَلَّج . زَلَق . سَحَط

skid, *n.* زَلْجة . زَلْقة . حَبّاسة (لمنع الدولاب من الدوران) . زُحلوقة . زَلّاقة

skīes [**skīz**], *n.*; *pl. of* sky

skiff, *n.* رَكْوَة = قارب (أو) زورق صغير . سُنبُوك

skil´ful, *a.* ماهِر . أَحْوَذي . يَدُل على مَهارة . دارِب . صَناع

skil´fully, *ad.* بمهارة . بِحِذْق . عن تَمَهُّر . بدُرْبة

skill, *n.* مهارة . دُرْبة . حَذاقة . صِناعة

skilled [**-ld**], *a.* حاذِق = تَقِنٌ . ماهِر . دارِبٌ . يحتاج إلى مَهارة

skill´ĕt, *n.* وِعاءٌ طويل اليد . مِقلاةٌ قريبة القَعر (رَحراحة) . قِدر طويلة المقبض

skill´ful *a.* = skilful

skill´fully *a.* = skilfully

skim, *v.* (-mmed, -mming) [قَشّ] = أخذ (مِن على السطح أو الوجه) = كَشَط . إطَّفَح (الرَّغوة أو . . .) = جَفَأ . مَرَّ يسحج (كالحجر على وجه الماء) . استدفَّ (أو) سَفَّ (الطائر) (أو) أسَفَّ (في مروره قريباً من السطح) . مَرَّ مَرًّا خفيفاً . إنساب (بسرعة) . سَخَر (كالسفينة) . قَرأ قراءة سَطحيّة

skimm´er, *n.* مِطفَحة = مِغرَفة مسطّحة لكشط الرغوة (أو) ما شابه = مِرغاة

skim milk, لَبَنٌ أُخذت منه زُبدَتُه (أو) قِشدَتُه = لَبَنٌ مَخيض

skimp, *v.* قَتَّر (أو) شَحشَح (في الشيء) . زَنَّق . تَزَّر . شَفَّق

skimp, *v.* لَهوَج = رَمَّق (العَمَلَ) = لم يُحسِنْهُ

skimp´y, *a.* (-pier, -piest) = مُشَفَّق شَحيح . مُشَحشَح . مُزَنَّق . نَحيف

skin, *n.* جِلد . إهاب . قِشرة . زِقٌّ . قِربة . سِقاء . وَطْب

to escape by the — of his teeth, نجا (أو) أفلت بِجُرَيعة الذقن . أفلت بقُوف نفسه . نجا ولم يَكَدْ

skin, *v.* (-nned, -nning) سَلَخ الجِلدَ = كَشَط . إنقشط (الجلدُ)

skin´flint, *n.* مُماسِر في المَاكَسة . لا تندى صَفاتُه . شخص شَحيح (دَنيء) . لا تَرشَح حَصاتُه

skinn´y, *a.* (-ier, -iest) نَحيف . أعجَف . مَعروقُ العظام . غَثّ

skip, *v.* (-pped, -pping) . [قَمَزَ] . قَفَزَ (بخفة) . [نَطَّ] . نَطَّ = فَرَّ . تجاوز = فَوَّتَ = تَخَطَّى . تنقّل بسرعة

skip, *n.* [قَمْزة] . قَفْزَة . [نَطَّة]

skipp'ẹr, *n.* رَئِيس السفينة . [نطّاط]

skirm'ish, *n.* مُنَاوَشَة . مُجَاوَلَة . مُحَارَشَة

skirm'ish, *v.* ناوَشَ . حارَشَ . جاول

skirt [**skert**], *n.* نُقْبَة = [تَنّورة] = [جونِلّة] . طِفطِفَة (أو) طَفْطَاف (الثوب) . حافَة = طَرَف . زِيق = حاشية = تطريفة . ظاهِر (المدينة) . الحجاب الحاجز في الذبيحة

skirt, *v.* سار (أو) دار (حولَ . . .) . سار على الأطراف (أو) الحدود . اكتنف . حَفّ . أطاف (بِ) . تطرّف

skit, *n.* نُبذة تهكمية (أو) هجائيَّة

skitt'ish, *a.* نَفور . حَيُوص . جَفول . قُلَّب . لَعُوب

skit'tles [**-lz**], *n. pl.* لُعبَة الكُرَة والوتد = يحاول اللاعبون فيها قَلْبَ تسعة أوتاد بواسطة كرات

skulk, *v.* إخرَنبَق = لَطَأ = [لَبَد] = كَمَنَ (أو) توارى (خوفًا) . استخفى = استتر (أو) اسْتَسَرَّ . تَهَرَّب (أو) تَمَلَّص (من أداء الواجب) . إنسل . استخفى مُتَرَبِّصًا = تَلَطَّى . سار (أو) تحرك باستخفاء وتسلُّل

skull, *n.* جُمْجُمَة . عَظْمُ الرأس

skull'-cap, *n.* قلنسوة = لاطِئة . [طاقِيَة] صغيرة تلصق بالرأس = عِراقِيَّة

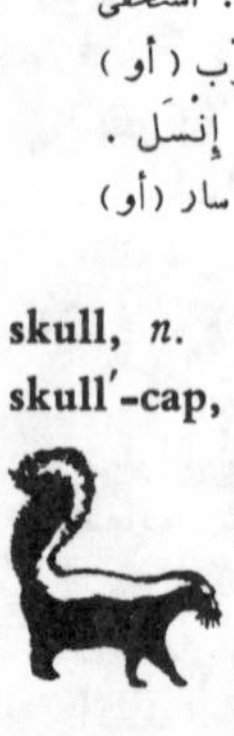

skunk, *n.* ظَرِبان أمريكي . شخص مَقيت (أو) مُزدَرَى

skȳ, *n.*; *pl.* skies جَوّ . سماء . رَقيع . عَنان السماء

sky blue, أزرق سماوي = سَمَنْجُوني

skȳ'ey [**skīi**], *a.* سماوي . في عَنان السماء . أزرق سماوي = سَمَنجوني

skȳ'lârk, *n.* طائر الدالوع (أو) المُكّاء

skȳ'lârk, *v.* عابث . تعابث . لَعِب ومرح

skȳ'līght [**-līt**], *n.* مَضْوَى (أو) مَنْوَر (في السقف)

skȳ'līne, *n.* الأُفُق . خطّ الأفق . خط السماء (حيث تلتقي الجبال والأشجار بالسماء بحسب النظر)

skȳ'-rockĕt, *n.* صارُوخ سماوي . شِهابٌ . سهم ناري . سَهْمٌ صاروخي (يرتفع في السماء وينفجر على شكل نجوم)

skȳ'-rockĕt, *v.* [صَوْرَخ] = ارتفع سريعًا وسطع ثم لم يلبث أن خبا وانحطّ . يعلو كالشهاب (ثم يخبو ويسقط بعد سطوعه)

skȳ'scrāpẹr, *n.* ناطِحة السحاب = طِرْبَال = بناءٌ شامِخ . مُناغية السماء

sky'ward(s), *a(d).* نحو أعالي الجو . نحوَ السماء

slab, *n.* صَفيحة . بَلاطة . صُفّاحة = حَجَر عريض = صَلْدَح . لَوْحٌ (من شكولاتة مثلًا) . شَرِيحة

slack, *a.* مُتَخَرْخِر . مُرتَخٍ . مُخَرْفَج = واسِعٌ . مُتَراخٍ . مُتَوانٍ . فارِغ . مُتَهَدِّل . فاتِر . كَسُول . رَاكِد (كالماء)

slack, *ad.* بتراخٍ . بفتور . بتوانٍ

slack, *v.* تكاسل . تباطأ . أطفأ الجير . أرخى . تراخى . فتر

slack, *n.* رُكود . فُتور . هَدَال = ما تَدَلّى وارتخى من الشيء = هَيْدَب

slack'ẹn, *v.* أرخى . ارتخى . تراخى = وَنَى (في العمل أو السير) = تلكأ = تناعس . تضجّع . تباطأ . تكاسل . [تهامل]

slack'ẹr, *n.* [متهامل] في أداء الواجب . متهرّب من الواجب . مِكسال

slack'ness, *n.* توانٍ = اهمال وتقصير . تلدّن . تَوصيم (في الدين)

slacks, *n. pl.* بنطلون مُفضفض (أو) واسع طويل للابتذال

slack water, مُدّة الركود (أو) الفترة بين المد والجزر

slag, *n.* خَبَث المعدن (بعد استخلاص الجوهر من الفلز) = تُوبال . حُمَمَة البركان

slain, *v., pp. of* slay

slāke, *v.* أروى . أشفى (الغليلَ من الغضب أو حبّ الانتقام) . أطفأ . أشبع . أخمد . أنعش . أرخى

slam, *v.* (-mmed, -mming) = صَفَق سَفَق = أطبق بإزعاج وصوت . خبط . لبط (به الأرضَ أو . . .) . ندّد (بِ)

slam, *n.* سَفقة . خبطة

slâ'ndẹr, *v.* قَشَب = شنّع (أو) تقوّل (على) . تلسّن . افترى . بهت . نمّ

slâ'ndẹr, *n.* قشب . تشنيع . تقوّل . افتراء . تجريس . ثلب . قذف

slâ'ndẹrẹr, *n.* ثلّاب . متقوّل . مُفترٍ . بهّات . قذّاف

slâ'ndẹrous, *a.* تشنيعي . تسميعي . افترائي . مُشوّه للسُمعة

slang, *n.* لُغة عُرفية خاصّة . لُغة شعبيّة . رَطانة

slanġ'y, *a.* محشوّ باللغة الشعبية . فيه لغة شعبيّة

slânt, *n.* إنحدار . مَيل . مَيلان . مُمايلة . تحريف . تحرُّف

slânt, *a.* مُنحدِر . مائل . مُنحرِف . مَزْوَرّ

slânt, *v.* مالَ . ميّل . حرّف . انحرف . وَرّب (الأخبارَ مثلًا) ميّلها إلى حِزب (أو) فكرة مُعيّنة . تحرّف

slânt'ing, *a.* مائل . مُنحرِف . مَزْوَرّ

slânt'wīse, *a(d).* بميل . بانحراف . مائل

slap, *v.* (-pped, -pping) = حطأ لطَم = صَفَع . صَفَح = ضرب بشيء عريض . لَقّ . لطثَ = [لطش] (بشيء عريض) . حطّ بعنف . خبط

slap, *n.* صَفعة . لطمة . لقّة

slash, *v.* شرَط . شرّط . شلَخ (بالسيف مثلًا) . سَطَر . لفَح (أو) مَشَق (بالسيف أو السَوط) . لاخم . جلَف . سلَق بالانتقاد . خفّض تخفيضًا شديدًا

slash, *n.* شَرط . شقّ (أو) قدّ (بالطول) . مَشقة (أو) سَطرة . بعج . نِفرِجة (في الثوب)

slat, *n.* شَطيبة (أو) قديدة (من معدن أو خشب) = قِطعة مستطيلة رقيقة

slāte, *v.* صفّح (أو) بلّط بالأردواز (أو) لوح الحجر

slāte, *n.* أردُواز . لوح أردوازي . لوحُ حجر . لوح الصُفّاح

a clean —, صفيحة بيضاء = سيرة نقية

slāte, *a.* أدكن بزُرقة خفيفة

slatt'ẹrn, *n.* امرأة فَخّة = بذّة الهيئة والملبس مُشوّشة

slatt'ẹrnly, *a.* ببذاذة وتشويش

slāt'y, *a.* أردوازي . أدكن بزرقة خفيفة

slaught'ẹr [slôt-], *n.* ذَبح . قَتل . مَذبحة . مَقتلة . القتل تعسّفًا

slaught'ẹr, *v.* ذبَح . جزر (أو) لحّم (الحيوان) . أثخن (في العدو) تقتيلًا

slaught'ẹr-house, *n.* مَذْبَح . مَسْلَخ
slaught'ẹrous, *a.* قَتَّال . سَفَّاك . ذَبَّاح
Slâv, *n., a.* صَقلَبي . من بلاد الصقالبة
(في شرق أوروبا)
slāve, *n.* عَبْدٌ . رقيق . مملوك . مُستَعْبَد .
شَخص يَشقى في العمل (كالعَبْد)
slāve, *v.* شَقِيَ في العمل (كما يَشقى العَبْد)
slāve, *a.* عَبْدِي . عُبُودي . تَعبيدي
slāve'-drīv'ẹr [-vd-], *n.* مناظِر (أو)
مُشارِف (للعبيد وهم في العمل) . مُعَنِّت
= حَزازِي = كَدّاد
slāve'-hōldẹr [-vh-], *n.* مالِك العبيد
slāv'ẹr, *n.* سفينة جَلب العبيد . جَلَّاب
العبيد . نَخَّاس
slāv'ẹr, *v.* رَيَّل . سال الرِيال . سال
اللُّعاب . بَلَّ بالرِيالة
slāv'ẹry, *n.* عَبْدِيَّة . عُبُودِيَّة . استعباد .
رِقّ . استرقاق . تجارة الرقيق . نِخاسة .
الشَّقاء في العمل
slave trade, جِلابة (أو) تجارة العبيد . نِخاسة
slāv'ish, *a.* استخذائي . عُبُودِي . خُنُوعِي .
استذلالي . نَذْل
slaw, *n.* كُرُنْب بُقَطَّع (أو) مُشَرَّح يُقَدَّم
طعاماً بعد التتبيل
slay, *v.* (slew, slain, slaying) قَتَل
(أو) ذَبَح (بطشاً) . فَتَك (بِ)
slay'ẹr, *n.* قاتِل . فاتِك
sleaz'y, *a.* (قُماش) مُهَلْهَل النسج
sled, *n.* زَلُوجَة = شيءٌ كالعَرَبة بدون
عَجَلات يَزْحف على الثلج (أو) الجليد
sled, *v.* (-dded, -dding) رَكِب
(أو نَقَل على) الزَلُّوجة

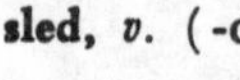

sledge, *n.* = sled زَلُوجة
sledge, *v.* = sled
sledge, *n.* فِطِّيسَة = فِطِّيس = مِطرَقَة
الحداد الكبيرة . مِرْزَبَّة
sledge'-hammẹr, *n.* = sledge
sleek, *a.* أملَس . (صَقيل) ناعِم . خَلَّاب =
مُمالِس = [مَلِس = ناعِم] . مُداهِن .
مُماسِح . مُنسَرِب . مُنسَلِب
sleek, *v.* مَلَّس . نعَّم . صَقَل . دَلَّص . لطَّف
sleep, *n.* نَوْم . إغفاء . سُبَات
the last —, النومة الآخِرَة . الموت
sleep, *v.* (slept, -ping) نام . رَقَد .
سَبَت
to — away his time, قطَّع (أو)
أنفق (أو) أمضى وقتَه في النوم
to — off, تناسى (أو) تخلَّص (منه)
بالنوم
to — on (it), بَيَّت (الرأي) = فكَّر
فيه وخمَّره . استبات (الرأي)
sleep'ẹr, *n.* نائم . نَؤُوم . عَرَبة نَوْم .
عارِضَة (لقُضبان سكة الحديد) =
[فَلَنكَة] = لاطة
sleep'ẹr, *n.* حيوان ينام (أو) يَسبُت في
الشتاء
sleep'ily, *ad.* بِتَناوُم . بتناعُس = بكسل
وفتور = بخُثُور البدن
sleep'iness, *n.* نُعاس . كسل وفُتور =
خُثور البدن
sleep'ing-câr, *n.* عربة النوم (في القطار)
sleeping sickness, عِلَّة النوم . نُوَام =
مرض النوم
sleep'lẽss, *a.* لا ينام . ساهِرٌ . أرِقٌ . قَلِقٌ
(مُتَرَقِّب)
sleep'-walkẹr [-wôk-], *n.* شَخصٌ
يمشي في نومه
sleep'-walking [-wôk-], *n.* مَشي النوم

sleep'y, *a.* (-ier, -iest) ناعِس . نعسان . مُتفَتِّر . خاثر البدن

sleet, *n.* شَفْشَاف = مَطَر مع ثلج (أو) بَرَد . حَلِيت = طبقة رقيقة من الجليد على الأرض

sleet, *v.* أَمطَر الشَّفْشَاف

sleet'y, *a.* (-tier, -tiest) شَفْشَافي . كثير الشَّفشاف . كالشفشاف

sleeve, *n.* رُدْن . كُمّ (الثوب) . كُمّ (أو) جُبَّة (أو) مِقْنَب (الأنبوب)

up his —, مُضْمَر . مَرصود لوقت الحاجة . في متناول اليد

to laugh up his —, ضَحِك في سِرّه . ضَحِك في عُبّه

sleeve'less [-vl-], *a.* بدون كُمَّين . بلا كُمَّين

sleigh [slay], *n.* = sled

sleigh, *v.* = sled

sleigh'ing [slā-], *n.* رُكُوب الزَّلُوجَة

sleight [slīt], *n.* مهارة . حَذَاقة . تَنْويرة = حيلة ماهرة تخدَع الناظر

sleight of hand, تَنوير . شَعبذة . خِفة يد

slen'dẹr, *a.* نَحِيف . مَمشُوق . طويل . دَقِيق . مَمسُود . أَهيَف . رَقيق . طَفِيف . رقيق البدَن . خَوَّار . هَشيم . ضَعيف . ضَئيل

slept, *v., p. and pp. of* sleep

sleuth [slo͞oth], *n.* فُرْني = كلب كبير مُرهَف حس الشم يتبع الفارين وغيرهم . بوليس سري

slew [slo͞o], *v., p. of* slay

slīce, *n.* شُطْبة . شَرْحة . شَرِيحة . شَحفة = صَلِيقة . حُزَّة = صَفِيفة . قِطعة

slīce, *v.* (-ced, -cing) = شَحَف . شَرَح . صَلَق . فَلَذ . حَزّ . جَلف (بالسيف) . شَقّ . [خَرَّط] = صَفَّف

slick, *a.* أَملس صَقيل . صَقِيل . أَملَس . سَبِط (للشَّعر) . مالِق . ناعِم . زَلِق . داهٍ مُخاتِل . خَلَّاب . مُمالِس . مُمتَلِئ البدَن

slick, *v.* مَلَّس . سَبَّط (الشعر) . نَعَّم . دَلَّص . صَقَل

slick, *ad.* بمالَسة . بحِذقٍ . تماماً . مُحكَماً

slick'ẹr, *n.* مِمطَر واسِع طويل

slid, *v., p. of* slide

slīde, *v.* (slid, slid *or* slidden, -ding) انساب . زَلَج . انزلج . تزَحلف . تَسَرَّب . تزَحَّف . تزَحلق . زَلِق . إنسلك . مَلِص . إمّلص . زَلّ . زَحلق . إنسرب

slīde, *n.* انهيال . إنزلاج . مَزلَج = زُحلول = زُحلُوفة . زَلَجة . زَحلة رَقِيقة (أو قَضفة) زُجاجيـة (للفحص المكروسكوبي أو للعرض)

slīde'-rūle, *n.* هِندازة (أو مِسطرة) حاسِبة

slīght [slīt], *a.* طَفِيف . خَفيف . نحيف = قَضِيف = [قُليـل] . رَكيك . واهِن (العقل أو الخلق)

slīght [slīt], *v.* استخفّ (أو) استهان (ب) . استحقر = غَمَص . أَهان . تهاون

slīght, *n.* استخفاف . استهانة . امتهان . إهانة . تهاون

slīght'ly [slīt-], *ad.* إلى حدّ ما . قليلًا . ضئيلًا . بنحافة . بتهاون

slī'ly, *ad.* = slyly

slim, *a.* نحيف . ممشوق القوام . مهفهف . أهيف . قليل . خفيف . مركوك . ركيك . خائر . ضئيل

slim, *v.* (slimmed, -mming) عجّف = نحّف . مشّق . تنحّف

slime, *n.* [لاصة] = حمأة . حمأ لازب . وحل (لزج رخو) = لثق . مطيطة . إفراز لعابي (لزج) . إفراز لزج . لثق (النبات أو الأسماك مثلًا)

slim′y, *a.* (-ier, -iest) حمأي . لثق . وحلي . لزج دبيق . ملّاص . قذر

sling, *n.* مقلاع . معلاق = علاقة (يعلّق بها الشيء)

sling, *n.* حمالة (يحمل بها الشيء كاليد المكسورة)

sling, *v.* (slung, slinging) رمى بالمقلاع . رمى . طرح . قذف = حذف = طخّ . وضع (أو) علّق (متدليًا) . رفع

sling′shot, *n.* حذّافة = شعبة على هيئة Y ترمى بها الحجارة وغيرها

slink, *v.* (slunk, slinking) نسل = تسلّل (أو) إنسلّ في استخفاء (أو) خلسةً = تذعلب . إنسلت = أنسلّ (من غير أن يعلم به أحد) = كشحب . أسقطت (المرأة) = طرحت . أخدجت (البقرة)

slink, *n.* (عجل) خديج

slip, *n.* مزلوم = تغريزة = فسيل (للغرس) = غريسة . قضيب الغرس . شطب فتىً ضامر الجسم حسنه

slip, *v.* (-pped, -pping) قطع فسيلةً (من)

slip, *n.* شقّة (أو) قدّة ضيّقة . خبيبة (من قماش) . رقعة (ورق) . بدنة = ثوب للأولاد . حدر = رصيف ميناني منحدر . درع = ثوب تحتاني للمرأة = إتب

slip, *n.* فرطة . زلقة . زلّة . هفوة . غشاية (أو) ظهارة (للمخدّة) . ملصة

slip, *v.* (-pped, -pping) زلج . تزلّج . إنساب . إنملص . ملص . تملّص . زلق = زلّ . زحل . إنسحط . نسل . إنسلّ . إنسلت (خفيةً) . إنزرق . أفلت . دسّ . فوّت . درع (الثوب) . زلّ (في القول) . أسلك

to let the opportunity —, جعل الفرصة تفلت

to — on (a garment), درع (الثوب)

to — off (a garment), خلع (الثوب) . شلح . ملص

slip knot, أنشوطة . عقدة بنشطة

slipped disc, التواء = حدبة = انزلاق غضروفي

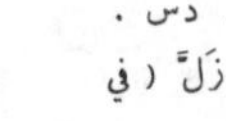

slipp′ẹr, *n.* تاسومة = سرموجة = بابوج . قفش . [شحاطة]

slipp′ẹred [-rd], *a.* مسرمج

slipp′ẹry, *a.* (-ier, -iest) زلق = دحض . ملّاص = ديّاص = خيدع

slip′shod, *a.* (عمل) ملهوج غير متقن . متبذّل (أو) مهمل (في لباسه) = باذ . مهمل (في العمل) . غير معتن . ملهوج (في عمله)

slit, *n.* شقّ = مشقّ = شرط . شرم . بزغ

slit, *v.* (slit, slitting) شَقَّ . شَرَط . بَزَغ . شَرَم . زَعْبَل

sliṭh'ẹr, *v.* زَلَق . تزحلق . إنملخ . إمَّلس

sliv'ẹr [*or* **slī-**], *n.* شَظِيَّة . شَحْفَة = فَلْقَة رقيقة من خشب (أو) غيره . شِرْطَة

slobb'ẹr, *v.* رَيَّل . سال (أو) سَيَّل لعابه (أو) رياله

slobb'ẹr, *n.* رِيالَة . لُعاب . بُصاق

slōe, *n.* بُرقوق السِّيَاج

slōg'an, *n.* نَعيرَة = شِعار (أو) عِبارَةٌ يُنَادَى بها . صَرْخَة الحرب

slo͞op, *n.* شَخْتور(ة) = سفينة صغيرة بساريةٍ واحدة = قُرْقُور

slop, *n.* سُفَاحَة = ماء (أو) سائل مَسْفُوح (أو) مَدْلُوق . غُسالة (المطبخ) = مُواصَة . مُصالة (الأكل أو الطعام) . عَصيدة رِخوة . وَخيفة = ماء فيه وَحْل

slop, *v.* (-pped, -pping) سَفَح (أو) دَلَق (بدون اعتناء) . صَبْصَب = [دَلْدَق] . [كبكب] . فاض وطفح . كَبَّ . لطَّخ . رَشرش

slōpe, *n.* مُنْحَدَر . حُدُور (أو) صُعُود . إنحدار . سَفْح . حَدَر

slōpe, *v.* إنحدر . مال (بِصُعود أو حُدور)

slopp'iness, *n.* [شَرْشَرة] في العمل = عدم عناية وترتيب

slopp'y, *a.* (-ppier, -iest) مُشَرْمِط = مُبَلَّل ومُوحِل = [مُجَقْجِق] . مُغرَّق (أو) مُبَلَّل . مُمَرْطَل (بالماء أو الوحل) . [مُشَرشِر] = عَديم العنايةِ والترتيب (في العمل أو . . .) = مُلهوِج

slot, *n.* حَزّ . شَرْم . شَقّ . فتحة ضَيِّقة

slot, *v.* (-tted, -tting) فَتَح شَرْمًا (أو) شَقًّا . حَزَّ حَزًّا

slōth, *n.* تكاسُل . تَبَاطُؤ . بَلادة . تَرَاخٍ

slōth, *n.* الدُّبُّ الكَسْلان (من حيوانات أمريكا الوسطى والجنوبية)

slōth'fụl, *a.* كَسْلان . مُتكاسِل . مُتَلَدِّن = بطيء . مُتَلَكِّئ

slouch, *n.* شَخص قليلُ العناية بنفسه مُشَوَّش . سَنطَلَة = تَهَدُّل (في القيام أو المشي . . .) . هَدَل = هَنَع = انحناء في القامة . قُبَّعة هَدْلاء (حافتها مائلة إلى الأسفل)

slouch, *v.* تَطَأطأ . مَشَى (أو) وقف (أو) قعد متهدِّلًا . تَهَدَّل (في مشيته أو قعوده) = سَنطَل . هَدَل = أَسْدَل

slouch'y, *a.* (-chier, -chiest) مُتَهَدِّل (في قيامه أو مشيته) . قليل العناية مشوَّش

slough [**slow**], *n.* سُوَاخِيَة = مكان فيه طين كثير . رَدْغة . مَوْحل . وَحْلة . وَهْدَة

slough [**sluf**], *n.* سَلْخُ الحية = جِلدُها = شَرَانِق . نُبَاذَة = شيءٌ يُطرَح ويُنبَذ . سِلْخ = ما يسقط من الحيوان على فترات مُنتَظِمة

slough [**sluf**], *v.* سَلَخت الحيةُ جلدَها . إنسلخ (عن) . سَلَخ

Slōv'ak, *n.* سلوفاكي . اللغة السلوفاكية

slo'vẹn [**sluv-**], *n.* شخص قليل العناية بنفسه مُشَوَّش . شخص بَاذُّ الهيئة مُهمِل . مُقَنفَش

slo'vẹnliness, *n.* قلة العناية مع التشويش . بَذَاذة مع الإهمال

slo'vẹnly, *a(d).* (-ier, -iest) مُهمِل . قليل العناية (بعمله أو ملبسه) . باذّ الهيئة . وَسِخٌ . بقلة عناية وتشويش

slōw [slō], *a.* بطيءٌ . مُتأخِر . بليد . مُقصِر . مُتوانٍ . بليد (أو) مُرَيِّث (الذهن) . مُتخلِّف الذهن . غير مُبهج . ثقيل على النفس . مُتَرَيِّث . مُتَرَوِّد . مُتثاقِل

slōw, *ad.* (-er, -est) بِبُطْء . بتمهُّل . بتَرَيُّث

slōw, *v.* بطّأ . مهّل . تمكّث

slōw'ly [-ō-], *ad.* ببُطء . على مَهَل . باتِّئاد . على الرِّسْل

slōw'-match [slō-], *n.* فَتيل بطيءُ الاحتراق (يُستعمل للتفجير)

slōw'ness [-ō-], *n.* بُطْء = تَرَسُّل . تراخٍ . تَرَوُّد

sludge, *n.* = رِقْن . [لَبَص] [خَبَص] غَدَرٌ = وَحَلٌ راسب . ثُرْمُط = رَخراخ = طين رقيق . وَحَل . خَشَف = الجليد المكسَّر (أو) الثلج الخَشِن

slūe, *v.* (slued, sluing) لَفت . دار . فَتَل . بَرَم . التوى (حول) . تأرجح . تَرَجْلف

slug, *n.* دودة سَلَّالة . بَزَّاقة عُرْيانة . شَخصٌ (أو) شيءٌ بليد الحركة

slug, *n.* جُمْلَة (أو) كُتْلَة صغيرة (من المعدن) . جُلاهِقَة = بُنْدُقَة (للرَّمي)

slug, *v.* (-gged, -gging) لَكَم . صَكّ (بالكفّ مجموعة) . لَكَز . وَكَز . دَأَب (على العمل)

slug, *n.* لَكْمة . وَكْزة . لَكْزة

slugġ'ard, *n.* (شخصٌ) مُتَراخٍ (أو) مُتقاعِسٌ (أو) بطيءُ الهمة (أو) لَثْلاث . دَثُور

slugġ'ish, *a.* بطيءٌ . ثقيل الهمة . مَكّاث . مُتلَدِّن . لَثلاث . [لَدِن]

slugġ'ishness, *n.* [لَدانة] = بلادة الحركة . ثِقَل الهِمّة . تمكُّث

slūice [sloōs], *n.* مَسَدّ (الماء) . مَنهر (خزّان الماء) = كُوَّة = خوخة = [عين قنطرة] = دَرَقة . مَصْوَل (الذَّهَب)

slūice, *v.* فجّر (أو) أفاض (أو) دَفَق الماءَ (على) . نَضَح بالماء . بَلَّل . صَوَّل = نقَّى الذَّهب بدَفق الماء عليه من مَدْفَق (أو) مَنهر

slum, *n.* مَحفَش = بيوت قَذِرة مُكتَظّة (من بلدة أو مدينة) في شارع (أو) حارة

slum, *v.* (-mmed, -mming) دَخَل (أو) زار المَحفَش (لإعطاء الصدقات أو الإعانات الخيرية)

slum'bẹr, *v.* رَقَد . نام . هَجَع . خَمَد (كالبُركان)

slum'bẹr, *n.* نَعسة . تَهويمة . نَومَة خفيفة . نوم . رَقْدة . هُجُوع . ضَجعة

slum'bẹrous, *a.* نَعسان . مُنعِس . مُنَوِّم

slum'brous, *a.* = slumberous

slump, *n.* سَقطَة (أو) هَبطَة ثَقيلة = رَزحَة . هُبُوط (شديدٌ في السوق أو . . .) = رَزحة

slump, *v.* نَكَوَّر = سَقَط مُتكوِّماً . إنخسف . ساخ . سَقَط (أو) هَبَط (فجأةً) = رَزَح . إنهار . تَهَدَّل في مِشيته (أو) وقفته

slung, *v., p. and pp. of* sling

slunk, *v., p. and pp. of* slunk

slur [sler], *n.* المُرور عنه مَرًّا خَفيفًا . المُرور فيه بسرعة . اختلاسُ (الحركة أو الحرف في اللفظ) . لطخة عار = وَصْمة . إهانة

slur, *v.* (-rred, -rring) وَصَم . شان (السُّمْعَة) . أهان . اختلس (الحركةَ أو الحرف) . أدغم (الحرفَ أو الصوت بغيره)

slush, *n.* خَشَف (أو) خَشيف = الثلج في مبدأ ذوبانه . رَخْرَاخ = طين رقيق . [لَبَص]

slush'y, *a.* (-shier, -shiest) خَشَفي . كثير الخَشَف (أو) الخَشِيف . كالخَشَف

slut, *n.* جُبَّاع = امرأة قليلة العناية بنفسها وَسِخَة

slȳ, *a.* (-yer, -yest *or* -iest, -iest) خَتّال . مُحتال . دَغّال = مَكّار . [خَنّاس] . [تحتاني] . يعمل في الخفاء . خبيث . بارع . لَعُوب . فيه دهاء (أو) مَكر

on the —, بالسرّ . مُخاتَلةً . خِفيَةً

slȳ'ly, *ad.* بإدغال = بمكرٍ وتكتّم . بالسرّ . مُخاتلةً

smack, *n.* شَذًا = طَرَف رائحةٍ (أو) طعم = مُلْحَة (من) . نَمَّة

smack, *v.* كان فيه شذا (أو) مُلحَة (أو) أثرٌ (من . . .) . نَمَّ (عن)

smack, *n.* مَطقَة (بالشفتين) . لَقّة = رَقْعَة . قرعَة (السوط) . طقّة . صَفعة . [مَجْقَة]

smack, *v.* تمطّق . تلمّظ . رَقَع = صَكّ . لَقّ . [مَجَق]

smack, *n.* سُنْبُوكٌ = قارِب = شِقْلاوَة

smack'ing, *a.* فيه مَطقَة (شديدة) . قارِع (كالضربة) . زَفزاف (كالنسمة)

small [smôl], *n.* صَغير . قليل . زَهيد . حَقير . خسيس . تافِه . ضيّق . دَنِيء . نَحيف

— hours, الساعات الأولى (بعد منتصف الليل)

— letters, الأحرف الصغيرة

— of the back, مُستَدَق (أو) مُخَصَّر الظهر

— talk, حديث في أمورٍ طفيفة = [دَرْدَشَة]

small, *ad.* إلى قطع صغيرة . بصوتٍ خافت (أو) واهِن

to feel (look) —, ذَليل . منكسر النفس . أَحَسَّ بالخجل (أو) المهانة

small'-mīnd'ēd, *a.* وَضيع . دَنِيء . صغير العقل . لئيم

small'ness [-ô-], *n.* صِغَر . قِلّة . حَقارة . صَغار

small'pox [-mô-], *n.* (مرض) الجُدَرِي

smârt, *a.* حادّ . شَديد . نَشيط . حاذِق . حثيث . بلَتْعِيّ . فَطِن . نبيه . زَوْل = ظريف فَطِن . لَوْذَعِيّ . مُهندَم . على أحسن طِراز . من الخاصّة . أَنيق . قَشيب

smârt, *v.* مَضَّ = أَمَضَّ = أحرق (بالألم أو بالوجع) . التعج = ارتمض = تَلَذَّع = تحرَّق . لوَّع . قاسى . تَلَذَّع نَشاطاً وخِفّةً . أَحذى . أحرق = لذَع

smârt, *ad.* بِمَضَضٍ . بنشاطٍ وخِفّة . بفطانة ونباهة . بِهَنْدَمة

smârt, *n.* إلتياع = مَضَض = وجع (أو) أَلَم مُحرِق = لاعِجة . لَذْعة

smârt′ẹn, *v.* = تخفَّل . أنَق . ترشق
تأنَّق (في لباسه أو مظهره)

smârt′ly, *ad.* . بنشاطٍ وخِفَّة . بحسن هندام
بِمَضض

smârt′ness, *n.* فَطانة وَنباهة . حُسْن
الهِندام . التطرُّز (في اللباس) . رَشاقة

smash, *v.* . كَسَر . كَسَّر (بصوتٍ مسموع)
حَطَّم . تَحطَّم . دَهَم (بشدة) . خَرَّب .
قَصَم . هَزَم . ضَرَب (رقمًا قياسيًا)

smash, *n.* تَكَسُّر . تَحطُّم . صوتُ
التحطُّم . إصطدام . إفلاس . خَراب .
طَرْقة عنيفة

smash′-up, *n.* . تحطّم . اصطدام حاطم
دَمار . تَلَف

smatt′ẹring, *n.* . شَدَا (مِن مَعرفة أو عِلم)
إلمامة = مَعرفة قليلة = ذَرْوٌ

smear, *v.* . وَضَر = لَوَّث (بالزيت أو الدَّسَم)
مَلَث = لَطَّخ = مَرَغ . سَيَّع = لَيَّط
= طَلَى . أَطمَل . شَنَّع (على) . شَهَّر
(بـ) . طَمَس . مَلَّط

smear, *n.* . مَلثَة = لَطخَة = مَرغة
بُقعَة . مَلطَة . طَملَة . وَضَر

smell, *n.* . شمٌّ . حاسَّة الشَّم . شَمَّة = رِيحة
رائحة . نَشقة

smell, *v.* (-elled *or* smelt, -ing)
شَمَّ = استروح . استَنشَق . أَرْوَح (الشيء) .
نَشَق (رائحةَ . . .) . شَمشَم . تَنَسَّس
(الأخبارَ) . له حاسة الشم . فيه (أو)
له رائحة . أَرْوَح

smell′ing-salts [-sôlts], *n. pl.* نوعٌ
من النوشادر لتفريج الدُّوار (أو)
وجع الرأس

smell′y, *a.* (-llier, -lliest) . مُرْوِح
مُنتِن . نَسِم . شديد الرائحة

smelt, *v.* ذَوَّب (الفِلِزَّ لتمحيص المعدن منه)
= صَهر . خَلَّص المعدنَ بالصَّهْر

smelt, *n.* نوعٌ من السمك يؤكل له فلوس
بيضاء ولونه فضّي رَمادي

smelt, *v.*, *p. and pp. of* smell

smelt′ẹr, *n.* صَهَّار (المعدن) . مَصهر

smīle, *n.* بَسمة . ابتسامة . افترارة

smīle, *v.* بَسَم . تَبَسَّم . ابتسم (ازدراء)
= تهانف

to — on, استحسن

smīl′ingly, *ad.* بابتسام . بِتَهانُفٍ

smirch, *n.* = لَطخة . بُقعة . عَرَّة
لطخة عار

smirch, *v.* . نطف = لَطَّخ . سَخَّم . مَرَغ
لَوَّث . عَرَّ

smirk, *v.* تَبَسَّم مُعجَبًا بنفسه . تَبَسَّم
مُتكلِّفًا مُغتبِطًا بنفسِه

smirk, *n.* . ابتسامة فيها إعجاب بالنفس
ابتسامة مُتكلَّفة فيها اغتباط بالنفس

smīte, *v.* (smote, smitten, *or* smit)
ضَرَب بِشدَّة . خَبَط . بَطَش . صَكَّ .
نَكَب . طرَق . اعترى . لَطَم . اصطك

smith, *n.* . قَين = مُعالِج المعادن في الصنعة
حَدَّاد . صانع

smiṭhereens′, *n. pl.* شَعاع . شَظايا
(أو) قِصَد (صغيرة)

smi′ṭhy, *n.* = [مَحدَدة] . مَقينَة = مَعمَل
الحَدَّاد

smitt′ẹn, *a.* . مَضروب . مُصاب . مُبتَلَى
مَنكُوب

smitt′ẹn, *v.*, *pp. of* smite

smock, *n.* = [دِلقٌ] = دَلَقٌ = قِرام
كِساءٌ يُلبَس فوق الثياب لوقايتها .
دِرعٌ . مِبذَلة

smōke, *n.* دُخَان (أو شِبهُه) . قُتَار . بُخار . تدخين

smōke, *v.* دَخَّن . قَتَّر . تَبَخَّر . بَخَّر . أَبرَز إلى الناس . طرَد بالدُخَان

smōke'less [-kl-], *a.* خالٍ من الدُخَان . لا دُخَانَ له

smōk'ęr, *n.* مُدَخِّن . عربة تدخين (في قِطارٍ مثلًا)

smōke'-screen, *n.* سِتارة دُخَان . تَعْمِيَة

smoke'-stack , *n.* دَاخُون . مَدْخَنة السفينة . مَدخَنَة (طويلة) . طِرْبال المَدْخَنة

smōk'y, *a.* (-ier, -iest) كَثير الدُّخَان = [مُدَخِّن] . مُتَعَجِّج بالدُخان . مُكَدَّر بالدُخان . أَدْخَنُ (اللون)

smōl'dęr, *n., v.* = smoul'der

smōōṭh, *a.* أَملَس . سَبط . ناعِم . مُنسَرِح . سَهل . سَلِس . ساكِن . مُمَهَّد . سَرِيح . (بَحر) ساجٍ . لَيِّن . مُنسجم . رَخِيم . مَلِق = مُمَالِس

smōōṭh, *v.* مَلَّس . نعَّم . بسَّط . مَهَّد . ذَلَّل . لَيَّن . سجا (البحرُ) . دَلَّص

to — down, = ذَلَّل . دَلَّص

مَلَّس . سَفَن الشيء = قَشَره حتى يكون أملس . سَكَن

smōōṭh'-bôre, *a., n.* مَلساء القَصَبة (أو) الاسطوانة . (بندقية) ليس في قَصَبتها حُزوز

smōōṭh'-fāced [-fāsd], *a.* مُدَلَّص الوجه = ناعِم = أَملس = أَمرَد . مَحلوق . دَمِث . مُداهِن

smōōṭh'ly, *ad.* بنعومة . بدماثة . بسلاسة . بسهولة . بانسراح

smōōṭh'ness, *n.* مَلاسَة . نُعومة . سَلاسَة . إنسجام . انسراح . دَلَاصة

smōte, *v., p. of* smite

smo'ṭhęr [smu-], *n.* خَنق = غَمّ . إختنق . طَمّ (أو) طَبَن (النارَ) غطّاها لئلا تطفأ . كَمّ = خَمَّر = غَطَّى . غَمَر . غَشَى . كَبَت . كظم . طَمّ

smo'ṭhęr, *v.* غَمامة . عَجَاجة . عُثَان

smōul'dęr [-mōl-], *v.* تَنَغَّر = اتقد في الداخل . تَسَعَّر (في الداخل) . احترق ببُطْءٍ (أو) دَخَّن بلا لَهَبٍ = عَثَّن . إستَكَنّ (كالحقد الكامن) . كَمَن

smōul'dęr, *n.* احتراق (أو) تدخين بلا لهب = تَعثين . تَحَرُّق

smudge, *n.* [لَغمطَة] = لَطخَة = طُبعَة . سُنجَة = رُقطة . لُوثة

smudge, *v.* [لَغمط] = طَبَّع = لَطَّخ . سَنَّج = لطخه بلون غير لونه

smudge, *n.* تَدْخِينَة = نارٌ لها دخانٌ لِطَردِ الذُّباب والبعوض وغيره

smug, *a.* (-gger, -ggest) = مُتَزَمِّت . مُتَوَقِّر . مُعجَبٌ (أو) مُغتَبِط بنفسه . [شايف نفسه] . مُدِلٌّ بنفسه . راضٍ عن نفسه

smuġ'ġle, *v.* أخرج (أو) أدخل خِلسةً . هَرَّب الأشياء (مِن البلد وإليه) سِرًّا وضِدّ القانون . نَقَل (أو) حَمَل خِلسة

smuġ'ġlęr, *n.* مُهَرِّب (أو) مُسَلِّل . سفينة تهريب

smut, *n.* [شُحَارَة] = سُخَامَة = كَتَن . وَسخَة . سُنجة . كلام الفُجور (أو) الخَنا . سُوَاد السنابل

smut, *v.* (-tted, -tting) = [شَحَّر] سَخَّم = دَغَّم . سَنَّج . كَتَّن

smutt'y, *n.* [مُشَحَّر] = مُسَخَّم . مُدَغَّم . مُجوني . داعِر

snack, *n.* وَجبة طعام خفيفة = لُمجة

snaf'fle, *v.* شَكَم . حكَم . لَجم . اختلس

snaf'fle, *n.* شَكيمة = حديدة اللجام المعترضة في الفم . لِجام

snag, *n.* جِذمار = كِرْناف = جِذمة غُصنٍ على شجرة . جِذلُ شجرةٍ (أو) غُصنٌ مُنتَصِبٌ في قعر نهر (أو) بحيرة . شيء ناتئ مُحدَّد = نهبَر . عائق (أو) عقبة (غير مُنتَظَرة) = كَمين (أو) خَبيّ

snail, *n.* بَزّاقة . حَلَزونة . شخص بطيء الحركة

snāke, *n.* حَيَّة . أَفعى . شَخص كالحَيَّة (خُبثًا وغدرًا)

snāke, *v.* تَلَوَّى (أو) تَمَعَّج كالحيَّة . تحَوَّى

snāk'y, *a.* (-kier, -kiest) كالحيَّة . أفعُواني . مُتلوٍّ (أو) مُتَمَعِّج (كالحيَّة) . مَفعاة . غَدّار . خبيث . دسَّاس

snap, *v.* (-pped, -pping) نهَش . زَقَف . إلتقف . التقم . نتش . خَطف . صَكّ . اغتفّ . [طَقّ] . فَرقَع . إنبَتّ . قَطَم . إنقصف . قصف . تَكلَّم نبرًا = نَبَر . هَمّ بنهش شيء . نهَم = صات وتَوعَّد وزَجَر = [نفَر] . إنبَتَر

snap, *n.* نَهشَة . خطفة . غُفَّة . [طَقَّة] نَبرة . نَترَة . تَقَصُّف . مِشبَك كَبّاس . نَبر = شِدة ورُوح . صورة خاطِفة . قُطمَة

not a —, بَتاتًا

snap, *a.* نَبري (كالطَّعن السريع بالرمح) . خاطِفٌ

snap'dragon, *n.* (نبات) أَنف العِجل

snapp'ish, *a.* نَفّار = حادّ الكلام = نَبّار . مُغضَب . سريع الغضَب . ضَيِّق الخلق

snapp'y, *a.* (-ier, -iest) سريع الغضب . نَفّار

snap'shot, *n.* صورة (أو) تَصويرة خاطِفة . طَلقة نارِيَّة خاطِفة (بدون تسديد)

snāre, *n.* طَرَقة = حِبالة = شَرَك . فَخٌّ = مِصلاة . أُحبولة . مَغواة

snāre, *v.* صاد بالشَّرك . أَوقع في الفخّ . أغوى

snare drum, طبل صغير بخيوط مشدودة على قعره لإحداث دُوِيٍ مُشدَّد

snârl, *v.* هَرّ (كالكلب) وكَشَّر عن أنيابه = [هَمَّر] . دَمْدَم . ناخر . تَزَغَّم

snârl, *n.* هيئةُ الوجه عند الهرير والنخير . هَرير . [تَهمير] . مُناخرة . نَخرة . دَمْدَمة

snârl, *n.* تَشويش واختلاط = التخاخ . عُرقُولة = عُقدَة = عَنكَشة . تَشابُك . تَعَكُّش

snârl, *v.* تعكش = تَعَنكَش . تعقَّد . تعرقل = تَعَرْبَس

snatch, *v.* خَطف . ندَل = اختطف . إختَلَس . نَتَش . هَمّ باختطاف (أو) بأخذ

snatch, *n.* خَطفة . نَتشَة . نُتشَة (من شيء . . .) . نُتفَة . خَطفَة (نوم أو . . .) . لَمحة (موسيقية)

sneak, *v.* خالس (أو) خاتل (في حركاته . . .) . إنسل (أو) تَسَلَّل باستخفاء . = كَشحَب = دَغَل . تَذَعلَب = تَرَلَّحب (باستخفاء) . نَمّ . تداغل . نَغَل (بين الناس) = أنغل

sneak, *n.* (شَخصٌ) نَسَّاسٌ دَسَّاس (أو) مُداهِن خَتَّال = خبيث مُفسِد = داغِر = [غِسٌّ] = هَمَلَع . غَمَّام . بسَّاس . سَلَّال

sneak′ing, *a.* سَلَّال جَبَانٌ . نذل مُخالِس . مِن طَرَفٍ خَفِيٍّ . هَمَلَعِي . مُستَتِر . دَغَّال . بالخفية

sneak′y, *a.* (-kier, -kiest) دَغَّال . مُخالِس . مُخاتِل

sneer, *v.* استخف . ازدرى (أو) استهزأ (بالكلام أو بعبارات الوجه) . تهانَفَ = ضَحِكَ كالمستهزئ = هانف

sneer, *n.* استخفاف . نظرة (أو) ابتسامة (أو) عبارةُ استهزاء . تَهانُفَة . مُهانَفة

sneeze, *v.* عَفَطَ = نَثَرَ (للحيوان) = عَطَس . استهان (بِ)

sneeze, *n.* عَفطة . عَطسَة . عُطَاس

snick′ẹr, *v.*, *n.* = snigger

sniff, *v.* [شَنَفَ] . نَشَقَ . تَشَمَّمَ . استنشق . تَنَسَّمَ . شَمْشَمَ . استهان (بِ)

sniff, *n.* نَشقَة . شَمْشَمَة

sniġġ′er, *v.* طَحطَحَ = زَقزَقَ (أو) هَرنَفَ = ضَحِكَ بإخفات الصوت مع الاستنكار

sniġġ′ẹr, *n.* ضحك بإخفات الصوت . هَرنفة

snip, *v.* (-pped, -pping) خَذَمَ . أَطَنَّ . [قَصقَصَ] . قَطَّ . قَصَّ (طرف الشيء بحركة سريعة) . هَذَّ . قَطَش

snip, *n.* قَطَّة . [قُصقُوصَة] = خُذَامَة = قِطعَة صغيرة مَقصُوصَة . هَذَّة = قصة سريعة

snipe, *n.*; *pl.* -pe(s) دُجاجة البُرَك . (طائر) الشُنقُب = [جُهلول] = [شُكُب] = [بَكاسين] . حِمار الحَجَل

snīpe, *v.* اصطاد (أو) تَصَيد الشُنقُب

snīpe, *v.* اقتنص جنودَ العدو بإطلاق النار من كَمِينٍ (بعيد)

snipp′ĕt, *n.* قُصاصة . جُذاذة . نُتفة . نُبذة

sniv′ẹl, *v.* (-lled, -lling) ذَنَّ = سال المُخاط . نَشَق المُخاط . تَباكى = تَهَمَّعَ . تهنَّف في البكاء . تَكَرَّبَ . تَضاغى . تحازَن . أجهش = [تشنف] = مَنِق

sniv′ẹl, *n.* سَيَلان المَخاط . تَباكٍ . تحازُن . مَأقة

snob, *n.* مُتَشَبِّه بالأكابر . مُتَصَلِّف . متعاظِم (يهتمُّ بمن هم أعلى منه ويحتقر من هم دونه) = زَوَنزَك = مُتَأَبِّه

snobb′ẹry, *n.* تَشَبُّه بالأكابر . تَصَلُّف . تعاظُم . زَوَنكية = زَوَنزَكِيَّة

snobb′ish, *a.* تَصَلُّفي . كالمُتَصَلِّف . كالمتعاظم

snobb′ishness, *n.* تَشَبُّه بالأكابر . تصلُّف . تعاظُم

snōōd, *n.* شَبكة (أو) شَرِيط كانت الفتاة تَشُدُّ به شعرها (في سكتلنده) = بِخمَرة

snōōd, *v.* شَدَّ الشعر بشبكة (أو) شريط

snōōp, *v.* جال يتعسعس (أو) يتحسَّس . فاحَصَ (عن أخبار الغير) . تحشَّش (فيما لا يعنيه)

snōōze, *v.* أغفى . نام (نومة قصيرة) = قال

snōōze, *n.* إغفاءة . تهويمة

snôre, *v.* خرخر = غَطَّ = غطمط (النائم) = شَخَر

snôre, *n.* غَطيط = غَطمَطة = جَخيف = خَرخَرة

snôrt, *v.* نَعَرَ . نَخَرَ . زَنخَرَ

snôrt, *n.* نَخير . نَخيف . زَنْخرة . نعير . نُخرة (من الريح) = عاصِفة

snout, *n.* نُخرة (أو) قِبِّيعة الخنزير . خَطم (الحيوان) . فِنطيسة (أو) فِرْطيسة (الخنزير) . بُلْبُلة (الابريق)

snōw [snō], *n.* ثَلج . ثُلجة . إثلاج

snōw, *v.* أثلج . سَقَط الثَّلجُ . نَدَف بالثلج

snōw'ball [snōbôl], *n.* كُرَة (أو) كُتْلة مُدوَّرة من الثلج . شيء يتزايد مع الوقت

snōw'-bird, *n.* عُصفور أمريكي رماديّ أزرقُ مع البياض . عُصفور يكون في الأرجاء الباردة

snōw'-blīnd, *a.* مُعشًى بالثلج (بسبب وَهَر الشمس على الثلج)

snōw'-bound, *a.* محصور بالثلج (لا يستطيع السَّفَر أو الخروج)

snōw'-capped [-pd], *a.* مُعمَّم بالثلج . مُكَلَّل بالثلج

snōw'-drift, *n.* مَسفَى ثَلج = كَومة ثَلج = كُداس ثَلج . رُكام ثَلج

snōw'drop, *n.* زهرة اللَّبَن = ثاقِب الثلج

snōw'-fall [-fôl], *n.* سُقوط الثلج

snōw'-flāke, *n.* نُدفة ثلج . فُتَاتة (أو) رُضابة ثلج

snōw'-plough [-plou], *n.* كاسِحة الثلج . جارفة الثلج

snōw'-shoe [-shōō], *n.* خُفُّ الثلج (لمنع الغوص في الثلج)

snōw'-stôrm, *n.* عاصِفة ثَلجية . نَوْء ثَلجِيّ . ثلج غزير مع الريح

snōw'-whīte [-wīt], *a.* كالثلج بياضًا . ثُلاجي = أبيض ساطع (أو) ناصِع

snōw'y [snō-], *a.* (-ier, -iest) ثَلجي . أبيض كالثلج . مُثلِج . مُغطًى بالثلج

snub, *n.* انتهارة . كَبحة . كَبْتة = معاملة احتقار واستهانة . زَجرة . خَسأة = جَبهة

snub, *v.* (-bbed, -bbing) انتهر . كَبَت = عامل باحتقار واستهانة . زَجَر . كَبَحَ . خسأ . زَجَر (الحبلَ) = أوقفه فجأةً . جَبَه = رَدَّ (أو) لَقِيَ بجفاء (أو) فُتور

snub, *a.* أخْنَس = قَصيرٌ ومُرتفِع الطَّرَف (كالأنف)

snub'-nōsed [-zd], *a.* أخنَس (أو) أقعى الأنف

snuff, *v.* نَشق . تَنَشَّق . تَشَمَّم . إنسعط . تَرَعَّط

snuff, *n.* زَعُوط = عاطوس = نَشُوق = سَعُوط . طرَف الفتيلة المحروق = قِرَاط

snuff, *v.* قَرَّط (فتيلةَ الشمعة من طرفها المحروق)

to — out, أخمد . أطفأ . حسَم . قضَى عليه حالًا وتمامًا

snuff'-box, *n.* مُسعُط . مَنْشَقة . عُلبة نَشوق . سَفَطة نَشوق

snuff'le, *v., n.* خَنخَن (من الأنف) . تكلَّم بخنخنة . خنخنة

snug, *a.* (-gger, -ggest) كَنين = مُتَزَوٍ ودَفِيٌ ومُريح . [مُكَنْكَن] = مُرتَّب ونظيف ومريح . مُستكِن = لابِد

snug, *ad.* بِكَنكَنة . بصورةٍ مُكنكنة . براحة وتكنكُن

snug'gle, *v.* قَصَّع = [كَنكَنَ] = ألبَد (أو) لَصِق بشخصٍ ما (أو) بشيء ما للاحتماء (أو) للاستدفاء . احتضن

snuġ'ly, *ad.* = snug

sō, *ad.*, *con.*, *prn.* هكذا . كذلك . كهذا . جدًّا . كثيرًا . لهذا . لذلك

Robert is here, and — is John, . . . كذلك جون

So ! You were late ! إذن ! وهكذا . ولهذا

and so, ولذلك . . . وعلى هذا

so as to, لِكَيْ . حَتَّى . بحيث

a day or so, يومٌ (أو) شِبهُ يوم . يوم (أو) نحوُ ذلك

and so on, وهَلُمَّ جرًّا

so that, لِكَيْ . حَتَّى

sōak [sōk], *v.* نقَع . سَغْسَغ = رَوَّى (أو) شرَّب . تبَلَّل . تشرَّب . نَفَشَّى . تَغَلغل . تخلَّل . إنتقع . انغمس (في)

sōak, *n.* نقع . سَغْسَغَة . ابتلال شديد

sō'-and-sō, *prn.* فُلان (من الناس)

sōap [sōp], *n.* صَابُون . غَسُول

sōap, *v.* [صَوْبَن] = دَلَك (أو) مَسَح بالصابون . غَسَل بالصابون

sōap'-stōne, *n.* حجر صابوني

sōap'-suds, *n. pl.* ماء الصابون ورَغوتُه معًا . رغوة الصابون

sōap'y [sō-], *a.* (-pier, -piest) مُغَطًّى بالصابون (أو) برغوته . فيه صابون . كالصابون . ناعِم

soar, *v.* تَعَلَّى . ذَهَب صاعدًا . ارتفع (الطائر) وتَعلَّى في الجو = عَقَّى . حَلَّق . سَما . شَحط (السعر) = ارتفع ارتفاعًا شاهِقًا . تسامى . صفَّ (الطائر) = بسط جناحيه في الهواء وثَبَت = دوَّم

sob, *v.* (-bbed, -bbing) انتحب . شَهَق في البكاء . نَشَج . تَنَهَّد بنفسٍ مُتَقَطِّع

sob, *n.* انتحابة . شَهْقَة بُكاء . نَشْجَة

sōb'ẹr, *a.* صاحٍ = غير سَكْران . مُتَعَفِّف . رَصِين . رَكِين . هادِئ (غير زاهر من الألوان) . مُحَقَّق

sōb'ẹr, *v.* رَكَّن . تَرَكَّن . سَكَّن طَيْشَه = رَزَّن . هَدَأ . عَقَل . رَشَد

sōb'ẹrly, *ad.* بركانة . برزانة . برجاحة عَقْل

sobrī'ẽty, *n.* صَحو = عدم السكر . تعَفُّف (عن المسكرات) . اعتدال . رَكانة . رَجاحة العقل . حِلم

sōb'riquet [-kā], *n.* لَقَب . كُنْيَة . اسم مُنْتَحَل . نَبَز

sō'-called [-kôld], *a.* مَدْعُوٌّ = مُسَمًّى

socc'ẹr [-k-], *n.* لُعْبة كرة القدم (لا تستعمل فيها الأيدي والأذرع)

sōciabil'ity [-shab-], *n.* حُسن المخالطة (أو) المُعاشَرة = [مَعْشَرانِيَّة]

sō'ciable [-shabl], *a.* مُؤَآلِف . حَسَنُ المُعاشَرَة . أنيس . [مَعْشَرانِي] . أليف

sō'cial [-shal] *a.* اجتماعي . خاصٌّ بالمُجتمع . مُحِبّ للعِشرة والأُلفة . خاصٌّ بالطبقة العالية من المجتمع

sō'cial [-shal], *n.* حَفلة اجتماعية . حَفْلة أُنس

sō'cialism [-shal-], *n.* (مذهب) الاشتراكيَّة

sō'cialist [-shal-], *n.* (شخصٌ) إشتراكي يدين بمذهب الاشتراكية

sōcialis'tic, *a.* اشتراكي

sō'cialīze [-shalīz], *v.* جَعلَه اجتماعيًا أنيسًا . جَعَل بحسب النظام الاشتراكي . جعله مُشتَرَكًا

sō'cially [-shal-], *ad.* اجتماعياً . من ناحيةٍ اجتماعيّة

social security, التأمين (أو) الضمان الاجتماعي (عند الكبَر)

socī'ĕty, *n.* صُحبة . رُفقة . عِشرة . جمعيّة . مُجتمع (بشري) . أُلفة اجتماعية . نُظُم المجتمع . مُجتمع راقٍ . مُجتمع الخواص (أو) معيشتهم

sōciolo'gical [-siol-], *a.* خاصٌ بالنظام الاجتماعي (أو) بعلم الاجتماع

sōciol'ogist, *n.* عالمٌ بعلم الاجتماع . عالم اجتماعي

sōciol'ogy [-siol-], *n.* عِلم الاجتماع

sock, *n.* جَورب قصير (للرّجال)

sock'ẹr, *n.* = soccer

sock'ĕt, *n.* قَلْت = غار = وَقْب = نقر (العين أو الكتف) = تجويفة . حُقٌ (أو) حُقّة = نُقرة في الجسم (أو) في تركيبات خطوط الكهرباء = ممَدّ

Soc'ratēs, *n.* (الفيلسوف الإغريقي) سُقراط (٤٦٩ ؟ - ٣٩٩ ق.م.)

sod, *n.* قِطعة مُعشِبة من الأرض = نَعشيبة . مَدَرة مُعشِبة

sod, *v.* (-dded, -dding) غطّى بالعُشب (أو) بالمَدَر المُعشِب

sōd'a, *n.* الصُّودا

sōd'a-watẹr [-wô-], *n.* ماء الصودا

sodd'ẹn, *a.* غَدِق = مُسفسَغ بالبَلَل . منقوع . مُروّى (أو) مُشرَّب (بالبلل) . رَطب مُلبَّد (كالخبز) = مُعجّن . عليه سيماء بلادة الذهن . غَبيّ . مَسطول (من المُسكِر) = مُرنَّخ

sōd'ium, *n.* (مادة) الصوديوم

sōf'a, *n.* صُفّة . أريكة . سَرير

soft, *a.* ناعِم . أملس . ليِّن . لطيف . خفيف . هيِّن . وَثير . هَشّ . رَقيق . رَفيق . رِخو . مُتفتّخ . رَخص . قابل للتطرق (كالمعدن اللين) . رَخيم = هَويد = ليِّن ضَعيف (كالصوت) . برِشت (كالبيض المسلوق قليلاً) . مُترَهِّل . مُعتدِل

soft, *ad.* بِرِفقٍ . بتُؤدة . رُوَيدًا

soft coal, فحمٌ قاري . فحم حُمَري

soft drink, شراب غير كُحولي . شَراب (غير مُسكِر) . مَشروب مُرطِّب

softẹn [sofẹn], *v.* نعّم . ليّن . تليّن . دَمّث . تَمَيّث = ذَلّ . خفّف . لطّف . خضّض (شوكته) . دَعّك = ذلّل وليّن

soft iron, حديد أنيث . حديد رِخو

soft'ly, *ad.* رُوَيدًا . بِرِفق . بتهويدٍ = بصوت ليّن خفيف

soft'ness, *n.* نُعومة . غَيد . مَلاسة . لُيونة . طَفالة = نعومة . رَخاوة . وَثارة . تفتّخ (من عدم الاخشيشان)

soft'-spōkẹn, *a.* ناعمُ الكلام . مُنعَّم الكلام

soft water, ماءٌ يسيرٌ (أو) خفيف = قليل الأملاح ويُرغى الصابون فيه بسهولة ويُسر

soft'wood, *n.* خشبٌ لَيّن

sogg'y, *a.* (-ggier, -ggiest) كثير النّداوة = غَمِق . مُخضَلّ = مُبتَلّ . مُتعجّن (كالخبز الرَّطب العَويص)

soil, *n.* أرض . تُربة . وَسَخ . وطَن

soil, *v.* وَسّخ . تَوسّخ . لَوّث . لطّخ . دنّس

soil, *n.* لَوثة . وَسَخة . وَضَرة . لطخة

soj'ourn [sōjern *or* soj- *or* suj-], *n.* إحيانٌ = إقامة قصيرة . مُكوثٌ مُوقّت = تعريجة . لُبثة

soj′ourn, *v.* عرَّج = أحيَن = أقام إقامةً قصيرة

soj′ourner, *n.* مُحيِن. مُعرِّج. مُقيم مُوقَّتًا

sol′ace [-is], *n.* عزاء. سَلوَى. تطييب الخاطر

sol′ace [-is], *v.* عزَّى. سَلَّى. طيَّب الخاطر

sōl′ar, *a.* شمسي

solar plexus, ضفيرة شمسيَّة = مُجمَّع أعصاب خلف المعدة

solar system, المنظومة الشمسية

sōld, *v., p. and pp. of* sell

sol′dẹr [*or* **sod′ẹr],** *v.* لَحَم (بمعدن اللحام). لأم باللِّحام

sol′dẹr, *n.* معدن اللِّحام

sōl′dier [-jẹr], *n.* جُندِي. عَسكَري

sōl′dier, *v.* عمل جُندِيًّا

sōl′dierly [-jẹr-], *a.* كالجندي. جُندي

sōl′diery [-jẹr-], *n.* جُنود. عَسكر. جُندِيَّة. قِطعة من الجنود

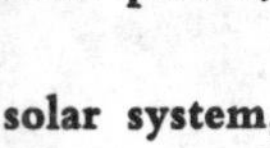

sōle, *n.; pl.* sole(s) سمكُ موسى = نوعٌ من السمك المُفَلطَح

sōle, *n.* باطِنُ القدم. نَعل الحِذاء = طِرَاق. أرض النعل

sōle, *v.* نعَّل الحِذاءَ = وضع له طِرَاقًا

sōle, *a.* وَحيد = فَرْد. أوحَد. وَحدِي = غير مُشترَك = مَقصور

sol′ēcism, *n.* خُروج عن اللِّياقة. خطَل. هُجنة. خطأ (أو) غلَط (لُغَوي) = لَحْنٌ = سَقَط = حَضرَمة

sōle′ly [sol-li], *ad.* فقط. إنَّما. وَحدَه. ليس إلَّا...

sol′emn [-m], *a.* خاشِع. جِدِّي. مُهتَمّ. خطير. مَهيب. ذو جَلال (أو) رَوْعة. مُعظَّم. وَقُور

solẹm′nity, *n.* جِدِّيَة. اهتمام. جَلال. رَوْعة. مَهابة. احتفال مُقدَّس (أو) معظَّم. وَقار

sol′emnīze, *v.* عَظَّم (العيدَ مثلًا). احتَفل به = أُقِيمَ احتفالٌ به. جعله جِدِّيًّا (أو) وَقورًا. أقام الشعائر (أو) المراسيم (كالزواج)

sol′emnly [-ml-], *ad.* باهتمام وتعظيم. مُتحرِّجًا (في يمينه). بمهابة

soli′cit, *v.* إجتدى. التمس. توسَّل. ناشَدَ. استماحَ. راود (كالمرأة تتحكك بالرجل للفحش)

solicitā′tion, *n.* إجتِداء. إلتماس. استِبغاء. استماحة. مُراوَدة = مُباغاة

soli′citor, *n.* مُجتَدٍ. مُتوسِّل. مُحامٍ = وكيل دَعاوي

Soli′citor-Gen′ẹral, *n.* المُدَّعي العام (في انكلترا وهو دون النائب العام)

soli′citous, *a.* مُهتَمّ = عَنٍ. حَريص (على). مُشفِق (على). حَدِب

soli′citously, *ad.* بِعِناية. باهتمام. باكتراث. بِرَغبة شديدة. بحرص

soli′citūde, *n.* عَناية. اهتمام. إكتراث. إشفاق. حِرص. حَدَب

sol′id, *n.* جَماد. مُجسَّم. جسم جامِد

sol′id, *a.* جامِد. مُصمَت = غير أجوف (حائطٌ أو صوت) مُصمَت. (ذَهَب) كَنْز (أو) سَكْب. راسِخ. مُتلَزِّز. نارز = مُشتَدّ صُلب. صُلب. مُجسَّم. وَطيد = شديد ثابت. أصَمّ = صُلبٌ مُصمَت. بهيم = من لون واحد. جامِد = صعب ثقيل. ماكِن = ثابت يُعتَمد عليه. مَتين. مُندَمِج. إجماعي

solida'rity, *n.* تجامُع . تكاتُف . تدامج . تآزُر (أو) تآصُر = [تَضامن] . وَحدَة الكلمة . وَحدَة

solid'ifȳ, *v.* (-fied, -fying) جَمَّد . تَجمَّد . تَصلَّب . تجلَّب (الدمُ)

solid'ity, *n.* جَمادِيَّة . جُمود . صَلابة . كَزازَة . وَطادة

sol'idly, *ad.* بتآزُرٍ . بثَباتٍ وصَلابة . كالطَّوْد

solil'oquīze [-kwīz], *v.* حَدَّث نفسه

solil'oquy [-kwi], *n.* خِطابٌ يخاطب المُمثِّل به نفسَه . تحديث النفس . مناجاة النفس

solitaire', *n.* (حِلية فيها) جوهرة مُفرَدة . لُعبَة فَرْدية (يلعبها الشخص وَحدَه)

sol'itary, *a.* وَحيد . مُنفرِد . انفرادي . تَوَحُّدي . فارِدٌ

sol'itūde, *n.* إنعزال . وَحدة . وَحادة . انفراد . توحُّد . وَحشَة . مكان مُنعزِل مُوحِش

sōl'ō, *n.*, *pl.* -os (قطعة موسيقية) أحادِيَّة (أي) بآلة واحدة (أو) أُغنية يغنيها شخصٌ وَحدَه . عَمَل إفرادي

sōl'ōist, *n.* فَرْداني = موسيقي (أو) مُغنٍّ يؤدي الموسيقى (أو) الغناء وَحدَه

Sol'omon, *n.* سليمان . النبي سليمان

sol'stice, *n.* الانقلاب الشمسي (الصيفي أو الشتوي) في ٢١ حزيران (يونيو) و ٢٢ كانون الأول (ديسمبر) حينما تكون الشمس على أبعد مسافة من خط الاستواء الفلكي

solūbil'ity, *n.* قابلية الانحلال (أو) الذوبان . قابلية الحل (للمسائل الرياضية)

sol'ūble, *a.* قابل للانحلال (أو) الذَّوَبان . قابلُ الحلِّ . يَنحَلّ . يمكن تفسيره

solū'tion [*or* solōō'-], *n.* حَلّ = فَكّ . تفسير . تحليل . تذويب . تمييع . إنحلال . صَرف . تسديد . علاج

solū'tion, *n.* مَحلول

solve, *v.* حَلَّ . فَكَّ . فَسَّر . حَلَّل . استخرج الجوابَ (لِ)

sol'vency, *n.* إيسار . قدرة على الوفاء

sol'vent, *a.* مَيسور = قادرٌ على الوفاء . حَلّال . مُحلِّل . حَلُول

sol'vent, *n.* حَلُول = مادة تَنحَلُّ فيها مادة أُخرى

som'bẹr, *a.* = sombre

som'bre [-bẹr], *a.* أدْكَن . قاتِم . كامِدٌ . كالِحٌ . كئيب . مُغتمّ . مُتجهِّم . مُغتَمّ . أسود

som'brely [-bẹrl-], *ad.* باكفهرار . باكتئاب . بغَمٍّ

sombrer'ō [-brār-], *n.*; *pl.* -ros قُبَّعة عَريضة الحافَّة (في أمريكا الجنوبية)

some [sum], *a.* بعضُ . بِضع . شيء (من ...) . أيّ . نحو . ما (في قولنا مثلا: رَجُلٌ ما ... أو: ناهيكَ من رجل)

some [sum], *prn.* بعضٌ (أو) شيءٌ (من ...) .

some'body [sum-'], *prn.*; *pl.* -bodies أحدٌ ما . شخصٌ ما . بعضُهم . أحد (من الناس)

some'body, *n.* شَخص مُهمّ (أو) وَجيه له شأنُه . شيء مُهِمّ

some'day, *ad.* مُستَقبَلًا . يوماً من الأيام (في المستقبل)

some'how [sum-], *ad.* على وجهٍ ما . بطريقةٍ ما . كيف اتّفق . لِسببٍ ما

some'one [sumwun], *prn.* واحدٌ ما . أحدٌ ما . أحد (من الناس)

so'mersault [sum-], *n.* = [شُقلوبة] حَركة يَثِبُ فيها اللاعب (أو) يتدحرج فينقلب عَقباً على رأس

so'mersault, *v.* [تَشقلب] = [شَقلَب]

some'thing [sum-], *n.* شيءٌ ما . بعضُ الشيء . شيءٌ (من) = شُوايَةٌ (من) . هَنَةٌ = شيء . شيءٌ من ذلك . نحوُ ذلك . إلى حدٍّ ما . نوعاً ما . شيئاً ما . شيء من الصحة (أو) الحقيقة . شيء مُهِم . شخص مُهِم

some'time [sum-], *a(d).* في وقتٍ ما (في المستقبل) . في وقتٍ ما . في ما مضى . مَرّةً . سابقاً . سابق

some'times [sumtimz], *ad.* تارةً . أحياناً . من آنٍ إلى آخر . مَرّاتٍ . رُبّما

some'what [sumwot], *n., ad.* نوعاً ما . إلى حدٍّ ما . قليلاً . شيءٌ (أو) بعضٌ (من) . بعضَ الشيء . على شيءٍ (من)

some'where [sumwār], *ad.* في مكانٍ ما . تقريباً

some'while [sum-], *ad.* أحياناً . سابقاً . فيما مَضى

somnam'bulist, *n.* شخصٌ يمشي في نومه . الماشي في النوم = سَرّاح النوم

som'nolent, *a.* مُنعِس . ناعِس . مُستَرقِد . نعسان . فاتِر . نَعُوس

son [sun], *n.* إبن . سَليل

The Son, المسيح = الإبن (الإلهي)

sonâ'ta, *n.* تأليفة موسيقية بثلاثة (أو) أربعة أجزاء (للبيانو أو البيانو والكمنجة)

song, *n.* أُغنيَة . شَدْو . غِناء . تغريد . نَشيد شِعري . شعر

to sell it for a —, باعه بِرُخص التراب . باعه بيع السَّماح . باعه بأرخص الأثمان (أو) بثمن بَخس

song'-bird, *n.* (طائر) مُغرِّد (أو) صادح

song'ster, *n.* مُغنٍّ . مُطرِب . شادٍ . ناظِم شِعر (أو) أغانٍ . (طائر) مُغرِّد . شاعِر

song'stress, *n.* مُغرِّدة . قَينَة = كَرينة . مُغنِّيَة = عالِمة . شاعِرَة

son'-in-law [sun-], *n.* صِهر = زوج البنت = خَتَن

sonn'et, *n.* قصيدة ذات أربعة عشر مِصراعاً . نَشيدة

so'nny [suni], *n.* تصغير إبن = بُنَيّ

sonôr'ous [*or* son'ores], *a.* جَهوَري . (صوت) عَميق عالٍ . له رَزِيز . طَنّان . صَدّاح . زَجِل . هَتّاف . فَخم . جَزل

sōōn, *ad.* عن وَشْك = عن قريب . عن (أو بعد) قليل . وشيكاً . عاجِلاً . لا يَلبَث (أنْ)

as — as, حالما . أوّلَ ما . مُبكِّراً

sōōn'er, *ad.* ما هو إلّا أن عملها حتى . . . .

He had no — done it than he... ما كاد يعملها حتى . . . . ما عَمِلها حتى . . . . ما لبث أن عملها حتى . . .

The — the better, كُلّما كان أعجل (أو) أبكر كان أحسن

— or later, عاجلاً (أو) آجلاً

I would — die than do it, الموت أحبُّ إليّ من . . . . أفضلُ إليّ الموت من . . .

soot, *n.* سُخام . سِناج = كَتَن (السِراج)

soot, *v.* دَهَم . سَخَم . سَنَّج . كَتَّن

sōōth, *n.* صِدْق . حقيقة

in —, في الحقيقة

sōōṭhe, *v.* هَدَّأ البال . هَدَّن = سَكَّن (جأشه) . أفرخ رَوْعَه . طَيَّب خاطِرَه . لَطَّف = سَكَّن . هَدَّأ . لاطف . تَرَضَّى

sōōṭh'ingly, *ad.* بتهدئة . بتسكين . بتطييب الخاطر . بملاطفة

sōōth'sayer, *n.* مُبَصِّر = بصَّار = مُنَجِّم . كاهِن . عَرَّاف

soot'y, *a.* سُخَامي . مُسَنَّج . أسخم

sop, *n.* خُبْزَة مغموسة في الحليب (أو المَرَق . . . سُكْتَة = شيء يُعطى للتسكيت والتهدئة كالرَشْوة

sop, *v.* (sopped, -pping) غَمَس . غَطّ . نَقَع . [رَنَخ] . نَشَّف = أخذ بخرقة (أو) نَشَّافة . تشرَّب . بَلَّل . إخضَلّ

soph'ist, *n.* سَفْسَطي . سُفسطائي . مُغالِط

sophis'ticātēd, *a.* مُنَوِّق . مُتحنِّك . مُتَنَطِّس . مُتَنَطِّع . مُتحذلِق . [مُدَرْدَح] = خرج عن سَذَاجته . مُتَفاصِح . مُتطوِّر . مُعقَّد

sophis'ticā'tion, *n.* تَنَوُّق . تَحَنُّك . تَنَطُّس . تنطُّع . [الدَّرْدَحة] = الخروج عن السَّذاجة والطبيعة . التَّحذلُق (في أمور الدنيا) . تَفَاصُح . تطوُّر

soph'istry, *n.* سَفْسَطة . مُغالطة . استدلالٌ عَقلي فيه مُغالطة

soph'omōre, *n.* طالب في السنة الثانية من جامعة أمريكية = مُحَوِّل

sopp'y, *a.* (-ppier, -ppiest) = رَخراخ أرض سُوَاخ = مُوحِلة لينة من المطر (تسوخ فيها الأقدام) . لَيِّن من كثرة المطر (أو البَلَل . [مُرَنَّخ] . مَنقوع . مُخضَلّ . مُسَفْسَغ بالبَلَل . رَقيع

soprā'nō, *n., a.; pl.* -nos = النَّدِي صوت غنائي من الطبقة العليا (بين النساء والأولاد) . مُغَنٍّ بهذا الصوت . قِطعة تُغَنَّى بهذا الصوت . خاصٌّ بهذا الصوت

sôr'cerer, *n.* ساحِرٌ . سَحَّار . مُشَعْوِذ . راقٍ

sôr'ceress, *n.* ساحِرَة . مُشَعْوِذة . راقية

sôr'cery, *n.* سِحر . سِحارة . شَعْوَذة

sôr'did, *a.* قَذِر . دَنِيء . خَسِيس . بَخيل خَسيس = لَحُوس . مُدْقِع

sôre, *n.* عَقْرَة = قَرْح = دَبْرَة . شيء مُمِض (أو) مُوجِع للقلب . مَسَاءة (للشعور) . كَرْب . مَوْجِدة

sôre, *a.* مُتألِّم . مُوجِع . مُؤلِم . مُحزِن . مُرْمِض . مُلتاع . مَمضوض . مَكروب . مَحزون . شديد . واجدٌ = مُغتاظ = مُستاء . يَبعث الشجا في النفس . حَسَّاس مُوجِع . مُلتهب

sôre, *ad* بشدةٍ . بإيلام (للنفس)

sôr'ghum [-gem], *n.* [فتاريتة] = حِنطة السودان . [ذُرة عويجة] = دُخن هندي = (نبات) السُّرْغُم

so'rrel, *a., n.* أمغر . فرس أشقر . فَرَس وَرْد

so'rrel, *n.* (نبات) الحُمَّاض . حَبَق خُراساني

so'rrōw [-ō], *n.* حُزن . كَدَر . حَسْرَة . أسىً

so'rrōw, *v.* حَزِن . أسِف . أشجى . تَكَدَّر . أترح . تَلَهَّف

so'rrōwful [-ōf-], *a.* حَزين . آسِف . مُتَكَدِّر . شَجِيّ

so'rrōwfully, *ad.* بحزنٍ . بتحسُّرٍ . بأسفٍ

so'rry, *a.* (-ier, -iest) آسٍ . آسِف . حَزين . مَكروب . مُتلهِّف . نادم . مُحزِن . يُرثى له . مُكدِّر . واهٍ . فَسْل . سَقَط . مُزْرٍ

sôrt, *n.* نوع . صِنف . قَبيل . ضَرب . شِبْه

of —s, دون الاستحقاق . ولا كـ . . . (مثل: عالِمٌ ولا كالعُلماء) . ليس كما يجب

out of —s, خاثِر النفس . مُنحَرِف الصحة . مُتكدِّر الخاطر . واجد = مُستاء

sôrt, *v.* صَنَّف . فَرَز . أفرز . وافَق

sôrt'ie [-ti], *n.* دَرْأَةٌ (أو) خَرجَةٌ مفاجئة (للجنود من قلعة محاصرة) على العدوّ . صَولة (الطائرة)

S. O. S. [es'ō es'], *n.* فَزعة = استغاثة = إشارة الاستغاثة من الخطر

sō'-sō', *a(d).* بَيْنَ بَيْنَ . لا هو بالجيّد ولا بالرديء

sot, *n.* سِكّير . سِكّير مُلتَخ . مُلتَخ العقل (بسبب السكر)

sott'ish, *a.* مَخمور . سَكران . مُلتخ العقل . مُخبَّل . [مَسطول]

sou [sōō], *n.* مَسكوكة نحاسية فرنسية = فَلس = [نُحاسة] . [سَحتوت]

soub'riquet [sōō-kā], *n.* = sobriquet

sough [suf, sou], *v., n.* زَفزَفَ (أو) حَفحَفَ (كالريح في الشجر) . زَفزَفة

sought [sôt], *v.; p., pp. of* seek

sōul [sōl], *n.* نَفس . ضَمير . شُعور . قِوامُ . عَقل . أحد = نَفس . رُوح . إنسان . إنسانية

sōul'ful [sōl-], *a.* مَليءٌ بالمشاعر والعواطف . مُعَبِّر عن أعماق النفس . يصل إلى أعماق النفس

sōul'less, *a.* ليس فيه روح . ليس فيه نُبل . خالٍ من المعنى (أو) الروح . عديم الانسانية

sound, *n.* ضجة . صوتٌ = حِسٌّ = جَرس . لائحة = مَسحة . مَضمون . مَدلُول . هَيئة

within — of, على مَسمعٍ من . . .

sound, *v.* أحدث صوتًا = صات = صَوَّت . دَقَّ . نَفَخ . طَنَّ . أعلن . لاحَ . أَوحى . أعطى إشارةً (أو) أمرًا (بِ) . نطق . لفظ . طنطن به = أشاد به

sound, *v.* رَجَس = سَبَر (أو) قاس العمق (أو) الغَور . تَسبَّر . أخذ سُبْرَة (أو) سَبيرةً (منه) . غاص . انغتَّ (في الماء) . استسبر (الرأيَ) = تحسَّسه = تفحَّص عنه

sound, *a.* سليم . صحيح . مُعافىً . سالم . مَتين . حَصيف . مُستَحكِم (العقل) . مُشبَع . مُستغرِق . سَديد . أَصيل (أو) مُحكَم (الرأي) . شديد . شَبيع = عميق (كالنوم) . مَأمُون

sound, *n.* زُقاق بَحري = مَجاز = مَضيق . خليج . بُوغاز . مِسبار (للفجوات في الجسم)

sound'er, *n.* مِرجاس

sound'ing, *n.* رَجس = سَبر غَور (الماء) . غَور الماء (المرجوس) . سَبيرَة

sound'ings, *n. pl.* ماء غَورُه لا يَزيد على (٦٠٠) قدم . مكان يمكن سبرُه (في المياه)

sound'less, *a.* كَتيمٌ = لا صوتَ له

sound'ly, *ad.* بصورة سليمة (أو) صحيحة . باستغراق (في النوم) . عن حَصافة . عن أصالةٍ (أو) جَودة في الرأي . بشدة

sound'ness, *n.* صِحّة . سَلامة . عافية . أَصالة الرأي

soup [sōōp], *n.* حِساء = [شُوَرْبة] = [شُرْبة]

in the —, في شِدّة . في عَناء . في حَيْصَ بَيْصَ . في وَرْطة

sour, *a.* قارص (كاللَّبَن) . حامِض (كالخَلّ) . مُخلّل . مُحَمِّض . (لَبَن) حازِر (أو) حامِزٌ . حامِض (أو) مُرُّ النفس = مَمرور = سريعُ الغضب . نَزِق . سيءُ الخلق (أو) ضَيِّقُه . حازر الوجه = عابس = باسر = حامض الوجه

sour, *v.* قَرَص = حَزَر (اللَّبَنُ) . حَمِضَ = مَضِر . حَمَّض النفس

sôurce [sôrs], *n.* يَنْبُوع . مَنْبَع . مَنْشأ . مَصدَر . مَبْعَث . أَصل . مَرجِع

souse, *v.* نَقَع (أو) مَقَر . غَمَس (أو) غَطَّ (في الماء) . نَضَح (بالماء) . نقع (في الماء) . [رَنَّخ]

souse, *n.* نَقيع = شيء مَمقور (في الخلّ مثلًا) . نَقُوع (أو) مَقُور = السائل الذي يُمقَر فيه

south, *n.* جَنُوب

— of, جَنوبًا (من) . إلى الجنوب (من)

south, *a(d)*. جَنُوبِيّ . جنوبًا . (إلى أو من أو في)الجنوب . جَنوبًا (من) . جَنُوبِيّ . . .

south'-east, *n., a(d)*. جَنُوب شرقيّ . جَنُوب شرقٍ . . . جنوبيّ شرقيّ . (إلى أو نحو أو من) الجنوب الشرقي

southeas'tẹr, *n.* ريح جنوبية شرقية

south-east'ẹrly, *a(d)*. نحوَ الجنوب الشرقي . من الجنوب الشرقي

south-east'ẹrn, *a.* جنوبيٌّ شرقي . (نحو ، من) الجنوب الشرقي

sou'ṭhẹrly [suṭh-], *a(d)*. جَنوبي . (نحو أو من أو تِلقاء) الجنوب

sou'ṭhẹrn [suṭh-], *a.* جَنوبي . (نحوَ أو من) الجنوب . مواجه الجنوب

Southern Hemisphere, نصف الكرة الجنوبي

sou'ṭhẹrnẹr [suṭh-], *n.* جَنُوبي = شخص من سكان الجنوب

sou'ṭhẹrnmōst [suṭh-], *a.* أقصى ما يكون جنوبًا

South Pole, القطب الجنوبي

south'-ward, *a(d)., n.* جَنُوب . (نحو أو إلى أو في اتجاه) الجنوب . جَنُوبي

to the —, مواجهٌ للجنوب . جنوبًا . إلى الجنوب

south'wardṡ, *ad.* جَنوبًا . (نحو أو إلى أو في اتجاه) الجنوب

south-west', *n.* جَنوب غربيّ . جَنوب غربٍ . . .

south-west', *a(d)*. جنوبيّ غربي . (إلى أو نحو أو من) الجنوب الغربي

southwes'tẹr, *n.* ريح جنوبية غربية

southwes'tẹrly, *a(d)*. إلى الجنوب الغربي . من الجنوب الغربي

southwes'tẹrn, *a.* جَنوبيٌّ غربي . (إلى ، نحو ، من ، في اتجاه) الجنوب الغربي

sou'wes'tẹr, *n.* = southwester

sou'venir [sōō-], *n.* تَذْكار . ذِكْرَى . تَذْكِرَة

sov'ereign [sovrin], *n.* دائل = سُلطان . صاحب السُلْطان (أو) السيادة في الحكم . مَلِك . رئيسُ الدولة . دينار ذهب انكليزي

sov'ereign, *a.* فائق . أعلى . ناجع (مُجرَّب) . ذو (أو) ذات سِيادة (في الحكم) . مُستقل

sov'ereignty [sovrinti], *n.* = دِنالة سِيادَة الحُكم . رئاسة الدولة . سيادة

sov'iet [*or* sōv-], *n.* مجلس (أو) جمعية (باللغة الروسية)

sov'iet, *a.* مُتعلّق بمجلس (أو) جمعية العمال (في روسيا بعد ثورة ١٩١٧) . شيوعي . اشتراكي

Sov'iet, *n.*, *a.* سُوفيتي . شيوعي

Soviet Union, الاتحاد السوفيتي

sov'ran, *n.* = sovereign

sōw [sō], *v.* (-ed, sown *or* sowed, -ing) بذَر . زرَع . بثّ

sow, *n.* خِنْزيرَة = [عُمْودة]

sōwn [sōn], *a.*, *v.*, *pp. of* sow

soy, *n.* كامِخ (= صَلْصَة) في الصين واليابان يُعمَل من حب الصويا

soy'a, *n.* = soy-bean

soy'a-bean, *n.* = soy-bean

soy'-bean, *n.* حَبّ الصويا . نبات الصويا

spâ, *n.* يَنبوع معدني = حَمّة

spāce, *n.* فضاء . فَراغ . حَيِّز . فَجوة . وُسْعة . مُتَّسَع = مَداح = رَحْبة . جَوْبة . فُسْحة . خَلاء . ساحة . مسافة = قَيْد . مُدَّة . الفراغ (بين النجوم)

in the — of, في خِلال (أو) مدة (أو) مَسافة

spāce, *v.* عَيَّن (أو) حَدَّد المسافة (أو) الفُسْحة . باعَد (بَيْن . . .) بفسحات = فَسَّح (ما بَيْن . . .)

spāce'crâft *n.* مَرْكَبة جَوِيّة (أو) فضائية

spā'cious [-shẹs], *a.* فَسيح . رَحِيب . وَسِيع . (دار) قَوْرَاء . وَساع

spāde, *n.* غارِزَة (المِدفع) تكون في المؤخرة لمنع الارتداد . مِسْحاة = [كُرَيك]

to call a — a —, سَمّى الشيء باسمه الحقيقي . قال الحقّ (بدون موارَبة أو مواراة)

spāde, *v.* سَحا (بالمسحاة)

spāde, *n.* البَسْتُوني (في ورق اللعب)

spaġhett'i [-ġeti] *n.* نوع من [المَكَرُونة] الدَّقيقة = لاخِشة

Spain, *n.* اسبانيا

spāke, *v.* = An old form of **spōke**

span, *n.* شِبْر . طولُ ٩ بوصات . مُدّة (قصيرة) . شِبْر = عُمر . فُسحة . امتداد = طُول = مَمَدّ . شَبْحة = شَبْرَة = مسافة بين طرفي الجسر (أو) غايتي جناحي الطائرة = بَسْطة = مَدّة

span, *v.* (-nned, -nning) شَبَر = قاس بالشِبْر

span, *n.* فَدّان (بقر)

span, *v.* شَبَر = امتدّ (فوق) (كالجسر) . جازَ (فوق)

spanġ'le, *n.* تَبْريقة = قَطْعة معدنية بَرّاقة للزينة = يَرْمَعة

spanġ'le, *v.* بَرَّق = زَيَّن بالتباريق . بَرْقَش . رَصَّع . تَبَرَّق

Span'iard, *n.* اسباني

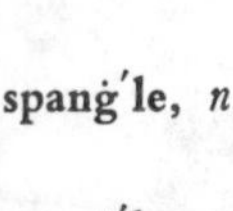

span'iel [-yẹl], *n.* كلب اسبانيولي (له أُذنان خَطلاوان وشعر طويل ناعِم الملمس)

Span'ish, *a.* إسباني . خاصّ باسبانيا (أو) باللغة الإسبانية

Spanish Main, الساحل الشمالي لأمريكا الجنوبية

spank, *n.* لَخّة = صَفعة . لَقّة = لَطسة (بالكف مفتوحة أو بشيء عريض كالخُف)

spank, *v.* لَخّ = صَفَع . لَقّ (براحة اليد) = [لطش] = لَطَس (بشيء عريض) (وخصوصًا على مؤخرة الجسم) . هَبّ = نَشِط وأسرع

spank′ing, *a.* هَفّاف (كالنسمة تهب سريعة) . زَفْزاف (كالجواد الخفيف النشيط) = مُنسرِح . هَبّاب

spann′ẹr, *n.* مِحزَق (أو) مِفَكّ (للبراغي)

spâr, *n.* سَهم الشراع = دُقَيل = عَمُودٌ مُعترِض تُربَط به القُلُوع (في المركب)

spâr, *v.* (-rred, -rring) جَهّز (السفينةَ) بالأدقال (أو) الأعمدة المُعترِضة

spâr, *v.* (-rred, -rring) جاحَش = قام بحركاتٍ كأنه يدافع ويُهاجم . لاكَم . تَقاوَل = تعالج (في الكلام)

spâr, *n.* مُجاحَشة . ملاكَمة . مُقاوَلة

spâr, *n.* حجر مَعْدِني لمّاع يتفلّق بسهولة = صُفاح = مَرْقَشيطا

spāre, *v.* اقتصد (في) . وفّر . وقّر = صان ولم يتعرض له . استغنى (عن) . جَنّب = كَفى . أَراحَ . أبقى (على) . حَقَن (دَمه) . حَنّ (أو) أشفق (على) . وَسِع أن يستغني (عن) . فاض . رَحِم . أعفى . عفّ (عن) . ادّخر . قَلّل (من استعمال . .) . امتنع (عن . . .) . ألا . بَقّي (على قيد الحياة)

to — no pains (effort, expense...) لم يألُ جُهدًا (مالًا ، نفقة . . .) . لم يدّخر وُسعًا . لم يَضِن

spāre, *a., n.* فَضلة . فائض = فاضِل . مايزيد عن الحاجة . مُدّخَر . قَضيف = نَحيفٌ = شَخت

— parts, قِطع غِيار

spāre, *a.* قليل . مُقلَّل = نَزْرٌ . مُتزَّر = مُرمَّق

spāre′rib [-r-rib], *n.* خاصِرة الخنزير . ضِلع الخاصِرة = ضِلع الخنزير وتكون قليلة اللحم بالنسبة إلى الضِلع القريبة من الصُلب

spār′ing, *a.* مُجتزِئ . مُقِلّ . مُتقلِّل = مُقتصِد . اقتصادي . نَحيف . عافّ . حليم

spār′ingly, *ad.* بتنزُّر = بتقلُّل = باقتصادٍ . هَوْنًا (ما) . بتقتير

spârk, *n.* شَرَرة = شِرارة . بَرْقة . لَمعة . بارِقة = بصيص . وَبصة = [بصّة] . أثَر

spârk, *v.* رَمى بالشَّرَر . أحدث شَرَرة (أو) شَررًا = أوْرى . بعث = أهاج

spârk, *n.* شَهْمٌ . (شابٌّ) ظَريف . [غندور] . عِشّيق

sparking plug, مُورِيَة = أداة تُسلَك في أسطوانة البترول في الآلة للإحراق بإحداث شرارة

spâr′kle, *n.* شُرَيرة = شِرارة صغيرة . تلألُؤ . توقّد . بصيص = كَوكبة

spâr′kle, *v.* أوْرى = أخرج شَررًا . فوّر بالفقاقيع . [زَهزَه] = نَكّت ومَزَح . تَوهّج = توقّد (كالنجم أو اللؤلؤ) . تلألأ . كَوكَب . التمع . بَرَق

spa′rrōw [-ō], *n.* عُصفُورٌ (دُوري)

spa′rrōw-hawk, *n.* (طائر) الباشِق

spârse, *a.* (-ser, -sest) خَفيف مُنتشِر (أو) مُتفرِّق . قليل ومُنتشِر . [مُفرفَد] . مُبعزَق . مُتبدِّد . مُفرفَج . مُفضفَض . غير كثيف = مُتخلخِل . أزعر (الشعر) = خفيف غير غزير

SPACE TRAVEL

سفر الفضاء

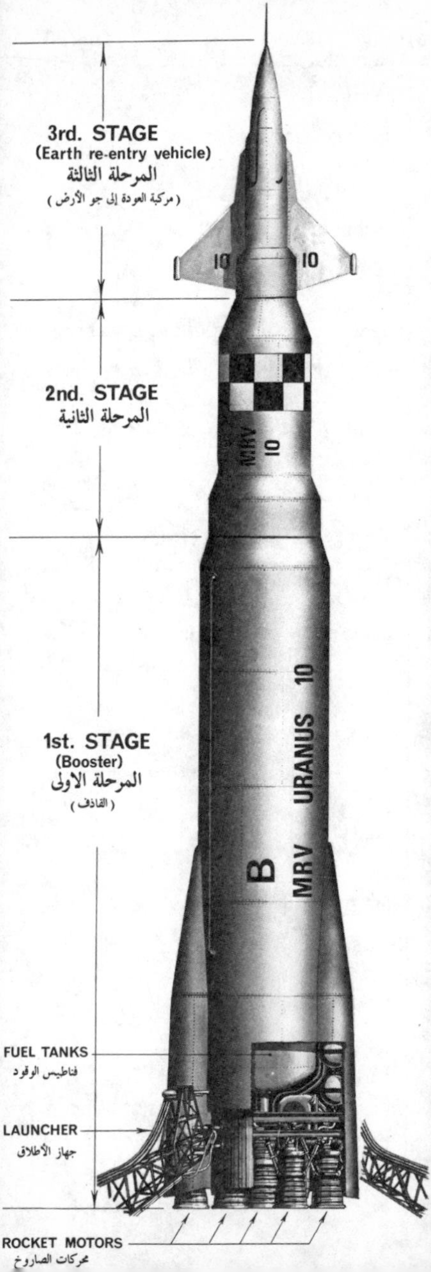

LAUNCH
عملية الأطلاق

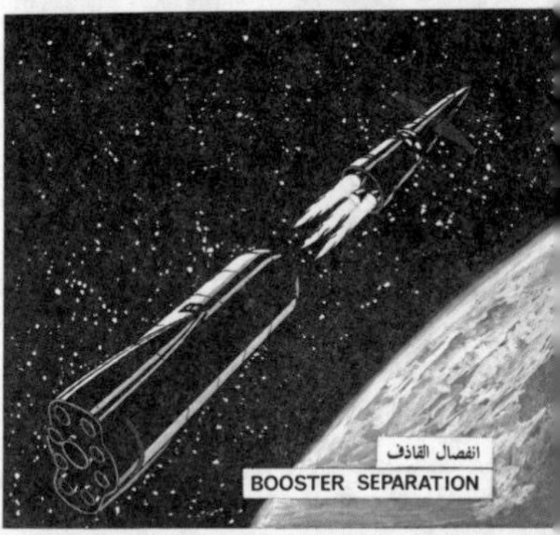

انفصال القاذف
BOOSTER SEPARATION

MOON ORBIT مدار القمر

Spârt'an, *n., a.* اسبارطي

spa'śm, *n.* انقباض (عضلي) اضطراري . تَشَنُّج . خَلجة = اختلاج . فَوْرة (أو) نَزْوة نَشاط . سَوْرة (من السُعال أو الهياج) . نَوْبة

spaśmod'ic, *a.* تَشَنُّجي . اختلاجي . نَزَوِيّ = نشيط (أو) حاد قصير المدة . على نَزَوات (أو) دفعات متقطعة

spaśmod'ically, *ad.* بتشنج . على فَترات ونَزَوات

spas'tic, *a., n.* اختلاجي . تَشَنُّجي . شخص مصاب بالفالج الدِّماغي (وفِقدان التَناسق في الحركات بين الدماغ والأطراف)

spat, *v., p., pp. of* spit

spat, *n.* طِماق قصير من قماش يُغطّي الكعبين في القدم وأعلى القَدَم

spat, *n.* بِزرة المَحار (أو) السمكة . بيض المَحار

spat, *v.* (-tted, -tting) سَرَأت المحارةُ (أو) السمكة = باضت

spāte, *n.* ماء دافِق . فَيض . زَخرة . دُفقة

spā'tial [-shẹl], *a.* فَراغي . كائن في الفَراغ

spatt'ẹr, *v.* رَشَّش . [طَرطش] . [طرَّش] = [رَشَّق] . تَرَشَّش . لَطَّخ تساقط . وَصم

spatt'ẹr, *n.* رَشّة . رَشاش . رَشقة . لَطخة . [طُرطُوشة]

spat'ūla, *n.* مِلْوَق = أداة بنصل عَريض لَدْن لِلخَلط والطلي = مِلوَط = مِلتٌ = مِخبَصة

spav'in, *n.* مرض في الخيل = جَرَذ داخلي (يصيب عُرقوب الفرس فيتصلّب)

spawn, *n.* صُعفُر = سِرء = سِرو = بَيْض السمك (أو) ما يُشبه السمك . عاقِبة . نتيجة . بَزْر = ذُرِّيَّة (كثيرة مثل سِرء السمك) . قَفس الحيوان = صِغارُه

spawn, *v.* سَرأَ = أسرأ = باض (كالسمك) . سَرَأت (المرأةُ) وَلَدت ذرية كثيرة = بَزَرت

speak, *v.* (spoke, spoken, speaking) تَكَلَّم . نَطَق . كَلَّم . قال . خاطب . خَطب . تحادث . نَبَح

so to —, إذا جاز (أو) صَحَّ أن يُقال . . .

to — for, أفصح . تَكَلَّم (عن) . ناب عنه في الكلام . مَثَّل رسمياً

to — out, up, جَهَر بالقول . رفع صوته بالكلام

speak'ẹr, *n.* مُتَكَلِّم . رئيس (أو) مترئس جَلسات (جمعية أو برلمان) . خَطيب . مُجهِر الصوت

speak'ing, *n., a.* تَكَلُّم . ناطِق . مُفصِح . تَكالُمي

spear, *n.* حَرْبة . مِزْراق . رُمْح

spear, *v.* طَعَن (أو) شَكَّ بالحَرْبة (أو) الرُمح

spear'head [-hed], *n.* سِنان . رَعن (الجيش) = قَيدوم (الجيش) = قادِمة = مِنسَر

spear'head [-hed], *v.* تَقَدَّم = كان في المُقدِّمة

spear'man, *n.*; *pl.* -men = حَرَّاب حامل الحربة والمُسَلَّح بها . رَمَّاح

spear'mint, *n.* نَمّام = نبات كالنَعناع

spe'cial [-shẹl], *a.* خُصوصي . مُخَصَّص . مَخصوص . خاص

spe′cialist [-shẹl-], *n.* . إخصآئي . اختصاصي . مُتَخَصِّص . نِطامي

special′ity [-shial-′], *n.* . اختصاص . تخصُّص . خاصَّة مميِّزة

specialīsā′tion, *n.* = specialization

specialīzā′tion [speshal-], *n.* اختصاص . تخصيص . تخصص

spe′cialīse, *v.* = specialize

spe′cialīze, *v.*, أخصى = اختصّ . خَصّص

spe′cially [-shal-], *a.* قاصِداً . خُصوصاً . خُصوصياً . على الخُصوص . خاصَّةً

spe′cialty [-shẹl-], *n.* = speciality

spē′cie [-shē], *n.* . عَيْن = نقد عَيني . نَقْد مَعْدَني = نقد صامتٌ

spē′cieṡ [-shiz], *n.*; *pl.* -cies . نوع . جنس . ضَرب . صِنف

spĕcif′ic, *n.* دواء (أو) علاج (مخصُوص)

spĕcif′ic, *a.* . مَنصُوص . مُخصَّص . مُعيَّن . نَوعي . مُحَدَّد . له مفعول شِفائي خُصوصي (لمرض مُعيّن)

— **gravity**, الكثافة النوعية . الثِقَل النوعي

spĕcif′ically, *ad.* بصورة خاصَّة . على التعيين . بالتنصيص . على الخصوص . على التخصيص

specificā′tion, *n.* . تعيين . تَنصيص . مَنصُوص . مُواصَفة

spe′cifȳ, *v.* (-fied, -fying) . عَيَّن . نصَّ (على) . خصَّ (أو عَيَّن) بالذكر . ذكر نصاً . نصَّ صراحةً

spe′cimẹn, *n.* . شِنْشِنَة = عَيِّنَة = نَموذج . مِثال

spē′cious [-shẹs], *a.* مُقنِع (أو) مُعجِب في ظاهِره . غَرَّار (أو) مُرْضٍ في ظاهره . مُمَوَّه . بهرَج . خادِع

speck, *n.* = نُكتة = بُقعة صغيرة = رُقطة . رُبشة . نَمشة . وَكتة = نُقطة . هباءة = ذَرَّة (من الغبار مثلًا) . قَذاة

speck, *v.* . بَقَّع ببُقَع صغيرة = رَقَّط . وَكَّت . نَمَّر

spec′kle, *n.* . نُكتة = رُقشة . بُرشة . نُمرة . رُقطة

spec′kle, *v.* . نَكَّت . رَقَّش . نَمَّش . نَمَّر . رَقَّط

speck′led [-ld], *a.* أبرَش . أنمر

spec′tacle, *n.* مَوكب احتفالي . مَنظر (أو) مَشهَد (رائع) . عَرض عامّ = [فُرجة] . عُرضة الأنظار

spec′tacle, *n.*, *a.* عَرض (أو) مَشهَد (أو) مَوكب فَخم . رَوعة . منظر أروع . منظر مضحك (أو) مُزرٍ

spec′tacles [-lz], *n. pl.* . مِنظَرة . مِنظَرات . نَظَّارات

spectac′ūlar, *a.* . مَنظَري . مَعرَضي . جَهيرُ المَنظر . رائع المنظر . مُجهور . ذو منظر رائع . على نِطاق واسع

spectac′ūlar, *n.* عرض رائع . عرض تلفزيوني (أو) تمثيلي جَزل

spectāt′or, *n.* . نظّار = [مُتَفَرِّج] . مُشاهِد

spec′tẹr, *n.* = spectre

spec′tral, *a.* طَيفي . شَبَحي

spec′tre [-tẹr], *n.* طَيف = ظِلّ (من الجنّ) . شَبَح . هِيلة . خَيال . هَول . وَجس = خوف من شَرٍّ قد يقع في المستقبل

spec′troscōpe, *n.* . كشّاف الطيف الشمسي [مِطياف]

spec´trum, *n.*, *pl.* -ra *or* -rums الطَّيف الشمسي (عند تحلُّل النور إلى ألوانه الأصلية). سِلسِلة. امتداد. صورة مُتخلِّفة (بعد زوال الشيء المنظور). رَجع الصورة

spec´ūlāte, *v.* تأمَّل. تفكَّر. حدَّس. تخرَّص. تظنَّى. تأوَّل. تحسَّب. رَجم (بالظن). ضارَب (في الأسواق المالية)

specūlā´tion, *n.* تحديس. تخرُّص. تظنّ. ترجيم (الظنون). تأوُّل

specūlā´tion, *n.* مضاربة (في الأسواق المالية وغيرها)

spec´ūlative, *a.* تأمُّلي. تفكيري. فِكري. نظري = وِجداني. ترجيمي (بالغيب). فيه مُغامرة

spec´ūlātor, *n.* مُضارِب (في الأسواق المالية وغيرها)

sped, *v.*, *p.*, *pp.* *of* speed

speech, *n.* كلام. نُطق. قدرة على الكلام. لهجة الكلام. خُطبة. حديث. قَول. لَهجة. لُغة المخاطبة

speech´less, *a.* لا يتكلَّم. أعجم. أبكم. مُتبكِّم (من الغضب). واجم. مُخرِس. حَصِر. عيّ

speed, *n.* سُرعة. تسريع. مُسارَعة. مُعدَّل (أو) نسبة السرعة

speed, *v.* (sped *or* speeded, -ing) أسرَع. سارع. مَرَّع. مرَّع = جعَله يُسرِع. نهَّج. سار مُسرِعًا. إنطلق. وَفَّق

speed´ẹr, *n.* مُسرِع. مُسَرِّع = شخص يسوق سيارة بسرعةٍ مُفرطة. مُسرِع (في سياقة سيَّارة)

speed´ily, *ad.* بسرعة. بِعَجَلة. بمبادَرَة

speedom´ētẹr, *n.* عَدَّاد (أو) مِقياس السُّرعة = مِسراع

speed´way, *n.* مَسْرَع = طَريق للسِّياقة السريعة

speed´well, *n.* (نبات) زَهرة الحواشي

speed´y, *a.* (-ier, -iest) سَريع. عاجِل. بادِر

spell, *v.* (spelt, spelling) هَجَّى (أو) تهجَّى (الكلمة) = نطق بهجاء الكلمة. حَلّ الرموز (الكتابية). كان تهجئةَ كلمةٍ ما. ركَّب (الكلمة من الحروف)

spell, *v.* أعقب = أورث. سَبَّب. تأدَّى (من). عَنَى. آل (إلى). كتب (أو) قرأ بعناء

spell, *n.* عَزيمة = رُقية = نُشرة = عِبارة سِحرية. سِحر. سَحرَة

spell, *n.* مُراوَحة (أو) نَوْبة (العمل) = دَوْر = عُقبة. مُدَّة قصيرة = سَبَّة. ترويحة. استراحة

spell, *v.* (spelt, -ing) عَمِل مكانَ غيرِه مدةً من الوقت = راوَحَ (في العمل). استراح

spell´bīnd, *v.* فَتَن. سَحر. سَحَر اللُّبّ (أو) العقل

spell´bound, *a.* مَفتون. مَسحور. مَسحُور (افتتانًا أو إعجابًا)

spell´ẹr, *n.* كتاب لتعليم الهجاء

spell´ing, *n.* هِجاء. تهجئة

spell´ing-bee, *n.* مُساجلة (أو) مباراة في التهجئة

spelt, *v.*; *p.*, *pp.* *of* spell

spelt, *n.* عَلَس = خَندَروس = نوع من القمح

spend, *v.* (spent; -ing) صَرَف. أنفق. أنفَذ. استنفذ. استفرغ. أمضى = قضى. بذَل. أنهك

spend′thrift, *n., a.* . مِضياع = مُسرِف
مِنفاق . مِتلاف . إسرافي

spent, *v.; p., pp. of* spend

spent, *a.* مَنهوك (أو) نافِدُ القوة . لاَغِب
= مُعيىً إعياءً شديدًا . مُستَنفَد

sperm, *n.* . مَنيّ = ماء الذَّكر للإلقاح
حَيِيّ مَنَوِي . حُجَيرة مَنوِيّة

sperm′-whāle, *n.* = بال
حوتٌ كبير يستفاد من دُهنِه
= عَنبر . أُوَال

spew, *v., n.* جفأت القدرُ الزبدَ . قَلَس
= قَذَف . تقايأ . مَجّ . قَيْء . قَلْس

sphēre, *n.* . كُرَة . نِطاق . مَجال . حَيِّز
جِرم سماوي . قُبّة الفلك

sphe′rical, *a.* كُرِيّ . كُرَوِيّ

sphēr′oid, *n.* جسم شبيه بالكُروي (أو)
قريب من الكرة

sphinx, *n.; pl.* **-nxes** *or* **-ngēs**
شخص بعيد الغور غامض السرّ . وَحْش ببدنِ
أسدٍ ورأسِ إنسانٍ (أو) كَبْشٍ (أو)
صَقرٍ . وحش بجناحين ورأس امرأة
وجسم أسد

Sphinx, *n.* (أبو الهَول (في مِصر

spīce, *n.* . بَزْر = تابَل . [بِهار] . فُوَّة
فُوه . طَرافة . طَلاوة . رائحة طيبة . رائحة

spīce, *v.* (-ced, -cing) بَزَّر = تَبَّل
(أو) تَوْبَل الطعامَ . تَبَّل (أو) [بَهَّر]
(أو) فَلفَل الكلامَ = زاد فيه لتحسينه
وتنميقه = رَقَّش = زَخرف

spī′ciness, *n.* . كونه مُتَوبَلًا (أو) مُفلفَلًا
حَرافة

spick and span, . جديد خَلَنج = جَديدٌ
كلّ الجِدّة . على أتمّ ما يكون من
الأناقة (أو) الهندمة (أو) الترتيب

spī′cy, *a.* (-ier, -iest) مُبَزَّر = مُتَوبَل
(أو) مُتَبَّل = [مُبَهَّر] . مُفلفَل .
لاذع . حِرِّيف

spīd′ęr, *n.* . كَهُول = عَنكَبوت . عَنكَب
شَبَث

spīd′ęr, *n.* . (مِقلَى (بيدٍ طويلة وأرجل
أداة في الفلاحة لتفتيت التربة = مِفَضّة

spied [**spīd**], *v.; p., pp. of* spy

spig′ot, *n.* سِدادة مَبزَل البَرْميل = إسكابة
= أُسكوبة

spīke, *n.* . مِسمار محدّد الرأس = حِرباء . مِسمار
كبير = سَكّ . ناتئة مُحدَّدة الرأس .
شوكة معدنية

spīke, *v.* جَهَّز (أو) سَمَّر (أو) شَدَّ بمسامير
كبيرة = سَكَّك . خَزَّ = طعن (أو)
شَكّ . أفسد . أحبط . لَقَم

spīke, *n.* سُنبُلة . سُنبُلة زَهر . سُنبُلة شعير

spīke′nârd [**-kn-**], *n.* . سُنبل العَنبر
(نبات) النَّردين . سُنبُل هندي =
ناردين الهند

spīk′y, *a.* ذو شَوك . شائك . حادٌّ مُدَبَّب
الرأس . كالشوكة . شَكِس

spill, *n.* . (كَبّة (أو) دَلقَة (ماء مثلًا
نَتفة (من على ظهر الفرس مثلًا)

spill, *n.* وَقَص = شِياع = وَقْش = إراث
= دِقاق الحطب (أو شيء من الورق)
نوقد به النار

spill, *v.* (-lled *or* -spilt, -lling)
كَبّ . كَبّ (الماءَ من الإناء) . إنكبّ .
نَكَب (الإناءَ) = أراق ما فيه =
كَبًّا = كَلَّت . طَرَح . سَفَك .
سَفَح . نَتَق . انتتق

to — over, . فاض . طَفَح وَسال
انكبّ

spill'way, *n.* مَشْبَرة = مَفاض (أو) مَفاضة = مَجرًى للماء الفائض من نهر (أو) سدّ

spilt, *v., p., pp. of* spill

to cry over — milk, أَسِيَ (أو) أَسِيَ على ما فات

spin, *n.* غَزْل . بَرْمة = فَتْلة = دَوْرة . بَرْمة الطائرة وهي نازلة

spin, *v.* (-nned, -nning) غَزَل . رَدَن (بالمِغزَل) . بَرَم = فَتَل . دَوَّر . دَوَّم . نَسَج . مَطْمَط . دارَ (كأنَّ فيه دُوارًا) . مَرَّج (أو) غَزَل (أُكذوبةً أو قِصّة) = حاك

spin'ach [spin'ij], *n.* إسفاناخ = إسبانخ = [سَبانِخ] = رَحى

spīn'al, *a.* شَوْكِي . مُتعلِّق بالعمود الفقرِي (أو) بسلسلة الظَّهر

spinal column [-ūm], العمود الفقرِي

spinal cord, النخاع الشوكي

spin'dle, *n.* مِغْزَل = مِبْرَم (الغَزْل) = مِرْدَن = دَرّارة . مِرْوَد = مَسَدّ = مِحوَر (من حديد)

spin'dle, *v.* حَمِش = نَحِف ودَقّ = تَسَرْحَب = طال ودَقّ = تَشَرْعَب

spin'dle-leġġed [-leġd], *a.* أَحْمَش السّاقَين = له أرجل كالمغازل (أي طويلة نحيفة)

spin'dle-shanks, *n.* مَن له أرجل كالمغازل (أو) العيدان . شخص له هذه الأرجل

spin'dling, *a., n.* طويل جدًا ونحيف . مُفرِط الطول دقيق . مُمَغَّط . شِرْواط . مُتَسَرحِب . مُتشرعِب . أَحمَش الجسم . شخص مُمغَّط الجسم . خُوط (من الشجر)

spin'drift, *n.* رَشاش (أو) رَذاذ الموج

spīne, *n.* عمودٌ فِقْري = صالب . شَوْكة . سِيساء

spīne'lĕss [-nlĕs], *a.* ليس له عمود فقري . خوّار . جَبان . خَرِع . ساقِط الهِمّة

spin'el(le), *n.* لَعْل (أو) بَلَخْش (من الأحجار الكريمة)

spinn'akẹr, *n.* شِراع كبير مثلّث الشكل يكون في الزوارق في الجانب المقابل للشراع الأكبر

spinn'ẹr, *n.* غَزّال

spinn'ẹret, *n.* عُضوُ الغَزْل (في العنكبوت أو دودة القز)

spinn'ing, *n., a.* غَزْل . غَزْلي

spinn'inġ-jenn'y, *n.* آلة غزل قديمة لغزل خيوط عديدة في وقت واحد

spinn'inġ-wheel, *n.* دولاب الغزل

spin'stẹr, *n.* عانس = بنت طال مُكثها بدون زواج . أَيِّم

spīn'y, *a.* ذو شَوْك . مُشوِك . شائك . عَسِير . مُحيِّر . أَلْوَى

spīr'acle, *n.* مَنْفَس = مُتَنَفَّس . فُتحة للتنفُّس (أو) للماء.

spīr'al, *a.* خطٌّ (أو) شيءٌ مُحوًّى (أو) حَلَزوني

spīr'al, *a.* لَوْلَبي . مُتحوٍّ . [مُلَوْلَب] = مُلَوَّب

spīr'al, *v.* (-lled, -lling) تَلوّى . [تَلَوْلَب] (صاعدًا أو نازلًا) . فَرَّخ (النبات)

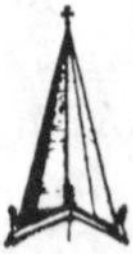

spīre, *n.* طِرْبال (أو) صُنبُوعة (صومعة الكنيسة أو المئذنة) . صَوْمَعة . شُنْخوب (الجبل)

spīre, *n.* سُوَيقة (أو) ورقة عُشب دقيقة . طُرْطُور . بَرْمة . لَيّة . لَفّة

spi'rit, *n.* رُوح . نفْس . بال . جِنّيّ . نفْسِيَّة = حالة نفسانية . شَهامة . شِدّة . نَجادة = سرعة ونشاط وقوة = نَدابة (للإنسان والفرس مثلًا) . بأس . لُبّ . رُوح الكلام = فحواه . مُسْكِر . رُوح = خلاصة محلولة في الكحول . شخص (مُهِمّ) . مُشَوِّق

out of —s, كاسِف = مُكتئِب = مُنْقَبِض الصدر

spi'rit, *v.* اختطف . نشّط

spi'ritĕd, *a.* مَرِح . نَشيط . نَجيد = ذو نَجادة . شَهْم . رابط الجأش

spi'ritlĕss, *a.* خَسيس الهمة . خائر النفس . جامد النفس . قَطِيع الهِمَّة (أو الشجاعة . مُستكين . مَغْمُوم . منكسر

spi'rits, *n. pl.* مُسْكِرات . حالة النفس . نَفْسِيَّة

spi'ritūal, *a.* رُوحي . رُوحاني . ديني . قُدْسِي

spi'ritūal, *n.* تَرْنيلة (أو) ترنيمة دينية (للزنوج أصلًا)

spi'ritūalism, *n.* المذهب الرُوحي (أو) الرُوحاني . الاعتقاد بمناجاة (أو) بمخاطبة الأرواح . الاعتقاد بوجود الجِنّ (أو) الأرواح

spiritūal'ity, *n.* رُوحانية . رُوحية . العكوف على الأشياء الروحانية

spi'ritūalīze, *v.* جعل روحيا (أو) روحانيًا . خَلَّص من الكثافة (أو) المادة

spi'ritūous, *a.* كحولي . مُستَقطَر (كالمشروبات) . مُسْكِر

spirt, *v.*, *n.* = spurt

spit, *n.* سَفُّود . لِسانٌ (أو) رِجل من الأرض داخلة في الماء

spit, *v.* (-tted, -tting) خزَق . شكّ بالسَفُّود . طَعن

spit, *n.* بُصاق . بُزاق . تُفال . رَذاذ (أو) رَشاش (من المطر أو الثلج) . لُعاب (بعض الحشرات)

spit, *v.* (spat, spit, -tting) نفَث . بصق . لفَظ . قذَف . نتَر (الكلام) . نافَط (أو) تنافَط . هَرّ (كالقط أو الكلب) . رَذّ (المطر أو الثلج)

spīte, *n.* سُوء نِيّة . غِلّ . حِقد . حُبّ الأذى . غَيْظ

in — of, بالرُّغم (من، عن) . على كُرْه (من) . على ما كان (من)

out of —, نِكايةً

spīte, *v.* آذى . غايَظ . تَشفَّى (من) . قاهر . كايَد

spīte'ful [-tf-], *a.* صاحب غِلّ . خبيثُ الطَوِيّة . حَقُود . مُكايد

spit'fīre, *n.* شَخْص حادُّ الطبع سريع الغضب = فَيُور

spit'tle, *n.* رِيق . بُصاق . تُفال . نُفاثة

spittōōn', *n.* مَبصقة . مَتْفَلة

spitz, *n.* كلب صغير بشعر طويل وأنف مُستَدِق

splash, *n.* رَشاش (أو) رَشّ = نَضَح . صوت انتضاح الماء . نَضْحة = لَطْخة . بُقْعة

splash, *v.* نَضَح = رَشّ . انتضح = تَرَشَّش . خَبَط (أو) ضَرَب الماء فَتَنَضَّح . لَطَّخ = [طَرّش] . تخبَّط (في الماء)

splatt'ẹr, *v.* رَشَّش . لَطَّخ . [طَرّش]

splay, *n.* مُفَلطَح . عريض مُنبسط . مَفطوح . أَلْوَى

splay'-foot, *n.* قدم مَحْطُوءة . قدم مُفَرْشَحة . قدم لَيْنَاء = مَفْطوحة

splay′-footĕd, *a.* أَلْوى القدمين . مفطوح القدمين . أرحَ

splay mouth, فَم مَجْلوق

spleen, *n.* طِحال . سَوْداء . سوء خُلُق . غَيْظ . كَيْد

splen′did, *a.* بَهِيّ . بَديع . فاخِر . فَخم . رائع

splendor, *n.* = splendour

splen′dour [-dẹr], *n.* بهاء . رَوع . رَوْنَق . بَداعَة . رَوْعَة . بَرِيق

splĕnet′ic, *a.* طِحالي . مَطْحول . سيئ الخلق . ضَيّق الخُلق . سَوْداوي

splīce, *n.* توصيل (أو) وُصْلَة بواسطة جَدْل طرفي الحبلين (مثلًا) معًا (أو) بواسطة تراكب طرف الخشبة على طرف خشبة أُخرى

splīce, *v.* لَفَق (أو) وَصَل معًا بالجَدْل . وَصَل (أو) لأم (خشبتين) بتركيب طرف الواحدة على طرف الأخرى . عاظل

splint, *n.* قِدّة رقيقة من الخشب = جَبيرة . شَظِيّة . شِقّة

splint, *v.* جَبَّر . شَدّ (أو) أَوْثَق بالجبائر (أو) بجَبيرة

splin′tẹr, *n.* شَظِيّة = كِسْرَة رقيقة (محدَّدة الطرف) . شَطيبة

splinter group, فِئة مُنشقّة . فِرْقة مُنشَقّة = قِدّة

splin′tẹr, *v.* تَشظّى . تَفلّق . تَقصّف . تَشعّث . إنشق

splin′tẹry, *a.* قابلٌ للتشظي (أو) للتفلّق . مليءٌ بالشظايا . خَشِنٌ مُتضرّس

split, *n.* صَدْع (أو) شَقّ (طويل) . انشقاق . انقسام

split, *n.* تفريق = تقسيم . فَزْر . فَتق . فَلْق . شَقّ

split, *v.* (split, -tting) إنشق . فَلَق . شَقّ . قَسّم . انفزر . تفلّق . فَكّ . فَسَخ . مَزّق . فَتَق . صَدَع . فَرَق . انقسم . تقاسم . تناصف

to — hairs, دَنّق في البحث . أسَفّ

split personality, شخصيّة مُنفَصِمَة (أو) مضاعفة

splitt′ing, *a.* فالِق . صادِع . شديد (الألم) . يكاد يتصدع من الألم (أو) الوجع . صُداعي

splotch, *n.* بُقْعة = طُبْعَة = لَطْخة

splotch, *v.* بقّع . تَبَقّع . تَلطّخ

splutt′ẹr, *n.* فطفطة (أو) هَذرمة (في الكلام) . تنافُت . [نفتفة] (في الكلام) . تَنَفُّط (أو) تنافط (القِدر عند الغليان الشديد)

splutt′ẹr, *v.* تنافت = نَفّط (أو) فَطفَط (أو) [تَفَنْتَف] (في الكلام) . تَنَفّط = تَفَقّع . هَذرَم . بَرْقَط (في الكلام) = بَرْبَر

spoil, *n.* سَلَب . غَنيمة . مَنهوبات . نُثالة (أو) نَثيلة = تُراب يُخرَج من البئر (أو) شِبْهه

spoil, *v.* (-led *or* spoilt, -ling) خَرْبَق = أفسد = شَوّه . أتلف . أبطل . فَسَد . دَلّع . سلب . نَهَب = [قَشّط] . نَغّص . كَدّر . خَمّ (اللحم) . مَذِر (البيض)

spoil′ẹr, *n.* سَلّاب = [قشّاط]

spoils, *n. pl.* مناصب ومراكز يملأها الحزب الفائز في الانتخاب

spoilt, *v.*; *p.*, *pp. of* spoil

spōke, *v.*, *p. of* speak

spōke, *n.* شُعاع الدولاب = بَرْمَق = عارِضَة الدولاب (أو) العَجَل (من المركز إلى الكفاف) . مِرقاة (أو) دَرَجة (في السُّلّم)

to put a — in his wheel, ثبّط . أفسد عليه تدبيره . عرقل

spōk'ẹn, *a.* منطوق . مقول . متكلَّم (به)

spōke'shāve [-ksh-], *n.* مخرطة = آداة للنجار ذات مقبضين يُبشر بها الخشب لتسويته ونحته

spōkes'man [-ks-], *n.; pl.* -men لسانُ الحال . مِدْرَه . متكلِّم . متكلِّم (عن) (أو) بالنيابة (عن)

spoliā'tion, *a.* سَلْب . نهب . [تقشيط]

sponge [spunj], *n.* غمام البحر = إسفنج . إسفنجة . شيءٌ كالإسفنج . طلّاسة = منجلة = ممحاة

sponge, *n.* كعكة (أو) قُرْصة (أو) حلوى هفّة (كالإسفنج) . عجين خمير (أو) يختمر

to throw up (in) the —, استكان . أذعن . استسلم . كفّ عن الجهاد

sponge [spunj], *v.* مسح (أو) محا (بالإسفنجة) . نشّف (أو) نظّف (بالإسفنجة) . طلس . تشرّب

sponge [spunj], *v.* عاش طفيليًّا (على) (أو) على (ظهر يدِ) غيره . [تسلبط]

spo'ngy [spun-], *a.* (-gier, -giest) إسفنجي = فشفاش = متنفّخ . كالإسفنج = هِفٌّ = رِخوٌ متخلخل . منخرب (كبعض الأحجار) = نخِر . هشٌّ . (خبزٌ) أنبخاني = رَشراشٌ . نشّاف

spon'sor, *n.* كفيل . متكفّل . قائم بالشأن (أو) بالأمر . ملتزِم . قيّم

spon'sor, *n.* عرّاب (أو) عرّابة (في التعميد) . [فلّيون]

spon'sor, *v.* تكلّف . تكفّل . قام (بشأنِ . . .) . ناصر . شهد . تعهّد

spontanē'ity, *n.* لدُنّيّة = انفعال (أو) إنبعاث ذاتي . طوعيّة = طِراريّة . عفوية

spontān'ẽous, *a.* من تلقاء الذات (أو) النفس . لدُنّي = منبعث من الذات = طِراري . طوعي

spontān'ẽously, *ad.* بانفعال (أو) بانبعاث ذاتي . من تلقاء الذات . من طِراره . عفوًا

spo͞of, *n., v.* حيلة . منصوبة . خدعة . خدع

spo͞ok, *n.* شبح . طيف . خيال

spo͞ol, *n.* وشيعة = بكرة لفّ = [كرّارية]

spo͞ol, *v.* لفّ على بكرة (أو) لف [كرّارية]

spo͞on, *n.* مِلعقة

spo͞on, *v.* أخذ (أو) تناول (أو) أكل بالملعقة . لعق بالملعقة

spo͞on'-drift, *n.* = spindrift

spo͞on'ful, *n.* ملء مِلعقة = [مِلعقة]

spo͞or, *n.* طرق = أثر الوحش على الأرض

sporad'ic, *a.* منتثر . متفرّق . أحيانًا . منعزل . عارض

sporad'ically, *ad.* بصورة متفرّقة

spôre, *n.* بوغة = خليّة (أو) جرثومة يتخلّق منها حيوان (أو) نبات جديد = غبيرة

spôre, *v.* تبوّغ = أخرج البوغ

spo'rran, *n.* هميان = كيس يُشدّ على الوسط ويكون في الأمام

spôrt, *n.* لعب (في العراء) . لُعبة . تلهية . مزح . معابثة

to make — of, تداعب (على) = عبث (ب) = ضحك (من) . قلّس (على)

spôrt, *v.* لعب . تلعّب . مزح . عابث . تحالى

spôrt′ing, *a.* مُتعلِّق بالألعاب . مُهتَمٌّ بالألعاب . مُنصِف . كريم . مُخاطِر

a — chance, إمكانُ النجاح مع وجود شيء من إمكان الإخفاق . أَمَل مُحتَمَل

spôrt′ive, *a.* لَعوب . مَرِح . أَشِر

spôrts, *a.* للألعاب . عن الألعاب

spôrts′man, *n.*; *pl.* -men مُلازِم (أو) مُحِبّ للألعاب . شَخص مُنصِف في معاملته . مُسامح

spôrts′manlīke, *a.* شبيه بملازم الألعاب . مُنصِف . مُشَرِّف . كريم

spôrts′manship, *n.* مَهارة (أو) مَقدرة في الألعاب . إنصاف (في المعاملة)

spot, *n.* بُقْعَة . رُقْطَة . نُمْرة . لَطخة . عُرَّة . غَمْشَة . مَوْقِع . مَحْوة (في القمر مثلًا) . نُقْطَة . مَوْطِن

on the —, حاضِرًا . على المكان . في مكانه . لِوقته . لِلوَقت . في الحال

spot, *v.* (-tted, -tting) بَقَّع . تَبَقَّع . رَقَّط . لَطَّخ . عَرَف (من بين الجميع) . عَيَّن

spot, *a.* حاضِر . ناجز (كالدَّفع نَقْدًا على الحافرة)

spot′lẽss, *a.* لا بُقْعَة (أو) لَوْثَة فيه . نَقِيّ . ناصِع . ليس فيه شائبة

spot′līght [-līt], *n.* بُهرة (أو بَقْعة) نور = مَسطَعة = نور ساطِع مُوَجَّه إلى شخصٍ (أو) مكانٍ مُعَيَّن . مَحطّ الالتفات (أو) الأنظار

spott′ẽd, *a.* أَبقع . أَرْقَط . مُلَطَّخ . أَغمَش . أَرْقَش

spott′y, *a.* (-ttier, -ttiest) مُبَقَّع . مُلَطَّخ . ليس على سوية واحدة في نوعيته

spouṡe, *n.* زَوْج (أو) زَوْجَة

spout, *n.* مَسكَبَة = مَثْعَبة = مَخنَّة = بُلبُل (الكوز أو الأبريق) . شُخبة . مِزْراب . دَفْق = بَجس . فَوّارة (من الماء)

spout, *v.* إنشَخَب = إنصَبَّ بقوة = إنثَعَب . إندَفَق . إنبَجَس . تَبَجَّس

sprain, *n.* فَسخ = فَكّ = فَرْك = وَثْء (في مفصل القدم أو اليد)

sprain, *v.* فَكّ = وَثَأ . إنفَكّ . [فَكَش]

sprang, *v.*, *p. of* spring

sprat, *n.* [سُرَيْدَة] = سُمَيكَة بحرية صغيرة من جنس الرَّنكة = [عُيَيْدَة]

sprawl, *n.* تَمَطُّط . انسداح . تَبَطُّح . انفراش . إسلنطاح

sprawl, *v.* تَمَطَّط . انسدح . تَبَطَّح . إنفرش . [تَشَلْقَح] . إسلنطح . تَبَدَّح . تَفَرَّش

spray, *n.* خُصلة (من النبات أو مع زهره) . رُعْلة . طاقة

spray, *n.* نَفَيان = فَضَض = فُضاضَة = فُضاض = رَذاذ . رَشاش . رَذّاذة

spray, *v.* رَذَّ = أَرَذَّ . رَشَّ . تَرَشَّش

spray′ẹr, *n.* مِرَذَّة . مِرَشَّة . رَذّاذة

spread [spred], *n.* بَسطة . امتداد . انفراش . انتشار . غاشِية (للفراش أو . . .) . كامِخ = إدامٌ يُطلَى به . مَدّ

spread [spred], *v.* (spread, -ing) نَشَر . بَسَط . دَحا . مَدّ . امتدّ . فَرَش . انفرش . طَلَى . انتشر . تَنَدَّح . إنساح . ساح . تَمَطَّى . أَسهَب (في الكلام أو الكَرَم) . مائدة عامِرة . فَرَّق . تَفَرَّق . فَسَّح = فَرَّج . انفسح . تَفَشَّى . سَرَى . شاع . شَيَّع

spread'ẹr [spreḍ-], *n.* مُشيِّع (أخبار مثلًا)

spree, *n.* مَرْحة . فَوْزة مَرَح (أو) بَسْط . هَمْكة سُكر

sprig, *n.* غُصْنَة (ليِّنة) = خُرْعوب . خُصلة (من شجرة أو من زهر) (للزينة) = طاقة = رُعْلة . فَرْخ = شابّ (بمعنى الاحتقار)

sprīght'ly [-īt-], *a.* (-lier, -liest) مَرِح . حَرِك . نَشِيط . فَرِح

spring, *n.* وَثْبة . قفزَة . نقزَة . طَمرَة . فَزَّة . مُرونة

spring, *n.* زُنْبُرك . زُنبلك . صَدْع

spring, *n.* (فصل) الربيع . يَنْبوع = عَيْن (ماء)

spring, *a.* رَبيعي

spring, *n.* مَنشأ . مصدر . مَهَبّ . مَنبَع

spring, *v.* (sprang *or* sprung, spring, -ing) وَثَب . قفز . نقز (كالعصفور أو الظبي) . طَمَر . نَزا (كالجراد) . فَزّ . صال (على) = ساوَرَ

spring, *v.* نَشأ . نَبع . نَبَت . انفقس (الفخّ) = [فمط] . نَبق = طَلَع فَجأةً . فَجُر . هَبّ . شَبّ

to — a leak, إنخرَق . إنشق وتَسرّب إلى داخِله الماء

to — a mine, فَجَّر لغمًا

spring'-board [-ô-], *n.* مَغطَس = مَطمَر = مَقفَز = خَشَبة تُستعمل للمساعدة على الإبعاد في القفز (أو) الطمور (أو) الوثوب

spring'bok, *n.* غَزالٌ (أو) ظبي صغير في جنوب أفريقيا

springe, *n.* حِبالة . شَرَك = مِصلاة

spring'tīde, *n.* فَصل (أو) مَوسم الربيع

spring tide, فَيَضان عظيم . طُوفان . المدّ الأعلى (عند منتصف الشهر القمري (أو) في آخره)

spring'tīme, *n.* = springtide

spring'y, *a.* رَشيق نَشيط . مُتقفِّز . نَقّاز . مُتفزِّع . مَرِن . مارِن = صُلب لَيِّن كالزُنْبُرك . كثير الينابيع (أو) العُيون

sprink'le, *n.* رَشّة . فَضَض = رَشاش . فَضّ . رَشٌّ = مَطر خَفيف . فَضٌّ (من الناس) . قليلٌ (من) = ذَرْوٌ

sprink'le, *v.* رَشّ . ذَرّ . ذَرْذَر . فَضّ (الماء) = شَلْشَل . رَذّت (السماء) = رَشّت

sprink'lẹr, *n.* ذَرّار . رَشّاش . مُشَلْشِل

sprink'ling, *n.* شِرذِمة = فَضّ = فَضَض (من الناس مثلًا) . رَشاش . رَذاذ . ذَرْوٌ (مِن كلام)

sprint, *n.* عَدْوَة (أو) عَدْو بأقصى السرعة لمسافة قصيرة = تَعزيق (أو) تعزيقة . سباق التعزيق (أو) الجَمز

sprint, *v.* عدا (شوطًا قصيرًا بأقصى السرعة) = عَزَّق = جَمَز . إندرع يعدو

sprint'ẹr, *n.* جَمّاز = عَزّاق = عَدّاء بأقصى السرعة لمسافة قصيرة

sprit, *n.* عمودٌ صغير (أو) خَشَبة صغيرة مائلة لرفع الشراع ومَدِّه

sprīte, *n.* عِفريت . جِنّي . جِنّيّة . قَلط . قِلّوْط

sprock'ẽt, *n.* سن الدولاب الذي ينشب في سلسلة معدنية

sprout, *n.* نَتَشٌ = أول ما يبدو من النبات (أو) من البُرْعوم . بُرعوم . شَطْءٌ . فَرْخ (من الشجرة) . خُوصة . شَكِير

sprout, *v.* نبت . فرّخ . أنتش (أو) أوشم (النباتُ) . طرّ (الشارب) . طلع = ذرّ . نبّت

sprūce, *n.* (شجرة) التنّوب . خشب التنّوب

sprūce, *a.* (-cer, -cest) أنيق . حسن الهندام . ظريف الهيئة . مُتنطّس = متأنّق لا يُرضيه شيء

sprūce, *v.* تأنّق (أو) تطرّز (في اللباس) . هندم . تهندم

sprung, *v., pp. of* spring

sprȳ, *a.* (-yer, -yest, *or* -ier, -iest) نشيط . خفيف الهمة (أو) الحركة . حرك . نجد = متيقظ لا كسل عنده ولا فتور = ندب = شعل

spud, *n.* منسف = مقلع . معشاب = مسحاة صغيرة لاقتلاع الأعشاب الضارة

spūme, *v.* أرغى . أزبد

spūme, *n.* غثاء . رغوة . زبد

spun, *v., p., pp. of* spin

spun silk, قراضة (أو) خشارة خيوط الحرير تغزل خيوطاً . غزل (أو) نسج من هذه الخيوط

spunk, *n.* شجاعة . قوّة قلب . رباطة جأش . إقدام . نبخة = شعلة (أو) كبريتة . عطبة = حُراق = [صوفان]

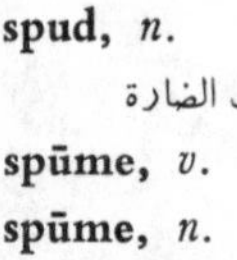

spunk'y, *a.* (-kier, -kiest) مقدام . باسل . جريء . حاد الطبع

spur, *n.* مهماز . حافز = مشوق . تحريض

on the — of the moment, افتلاتاً . على البدار . على البديهة . على عجل

spur, *n.* عتبة (أو) لاهزة (الجبل) . حيد (أو) رعن (الجبل) . صيصية (الديك) . ركبة (أو) جناح (الجبل)

spur, *v.* (-rred, -rring) نخز . نخس بالمهماز = همز . حفز . استحثّ . بعج بالصيصية

spūr'ious [-iẹs], *a.* غير صحيح . مصنوع . مزوّر . زيف . مفتعل . زنيم (كالولد) . منتحل

spurn, *v.* نجل = ضرب بمقدّم القدم . ركل . استنكف (من) = أبى (أو) رفض بازدراء (أو) ترفّع . استكبر (عن) . أنف (من)

spurred [sperd], *a.* عليه مهماز (أو) مهامز

spurt, *n.* دُفعة (أو) دُفقة (من الماء مثلاً) = زُغلة . بجسة . نشطة = سورة (أو) فورة من النشاط . سورة (غضب مثلاً) = شدّة = نزقة = هبّة

spurt, *v.* تبجّس . زغل . اشتدّ (في نشاطه أو . . .) دفعة واحدة . بقّ (الماءَ)

spụt'nik, *n.* قمر صناعي (سوفييتي)

sputt'ẹr, *n.* تنفّط . فطفطة (في الكلام) . تمتمة

sputt'ẹr, *v.* تنفّط . نافط (كالقدر عند شدة الغليان) . [تفتّف] . فرفر (في الكلام) = فطفط

spūt'um, *n.* نُفاثة . نخامة . بُصاق . تُفال . نخاعة

spȳ, *n.* جاسوس . رقيب . رصد . دسيس

spȳ, *v.* (-ied, -ying) تجسّس . ترصّد . آنس = بصر (ب) . لمح . لاح = أبصر . استطلع . تدسّس . اكتشف . تفحّص

spȳ'ġlâss, *n.* تلسكوب صغير . مرقب صغير

sq. = square

squab [skwob], *n.* فَرْخ صَغير . فُرَيخ الحَمام = جَوْزَل . شخص قصير مُجتمع الخَلْق = زُغكوك . دِثْر(ة)

squa'bble [skwobl], *n.* مُصاخَبة = مُخاصَمة (بِصياح) = مُزايطة . مُشاجَرة . مُصايحة . مُناكَفة

squa'bble, *v.* صاخَب = خاصَم (بصياح) = زايط . صايح . ناكَف

squad [skwod], *n.* شِرْذِمَة . رَهْط . فَصيلة . فَريق . زُمرة

squa'dron [skwod-], *n.* عِمارة بحرية . مِقنَب (أو) سَرِيّة (فُرسان) . سِرب (طائرات)

squa'lid [skwol-], *a.* قَذِر . في حالةِ فَقرٍ مُدْقِع . بائس . مُنحَطّ

squall [skwôl], *n.* صَعقة = صَوت (أو) صَيحَة عَنيفة . نُخرة (أو) عَصفة (من الريح) (مع مطر أو ثلج أو . . .) . هَبّة هواء = نافِجة

squall, *v.* زَقَى (الوَلَدُ) = صَرَخ . بعَق = صَيَّح . صَعق

squall'y [skwôl-], *a.* عاصِفٌ . فيه عَصَفات شديدة مفاجئة

squa'lor [skwol-], *n.* قَذارة . قَذارَة وفقر مُدقِع . بُؤْس

squa'nder [skwon-], *v.* ضَيّع . بذَّر = بَعزَق . نَبْذَر (أو) وَدَّر (المالَ) = بَذَره في غير حَقّه . أهدر . أسرف . تَهتَّك

squāre [skwār], *n.* مُرَبَّع = شكل مُرَبَّع . جُداء = مُربَّع العَدَد

squāre, *v.* رَبَّع . ضَرَب عددًا بنفسه . قَسَّم مُربَّعات

squāre, *n.* مَيدان = رَحبة . زاوية (أو) كُوس (النجار أو المعاري)

squāre [skwār], *a.* (-er, -est) أَمِين . مُستقيم . مُستَوٍ . عادل . مُنصِف . مُشبِع . ذو زاوية قائمة . مُرَبَّع . تربيعي . متعادل . مُتساوٍ . مُطلَق . مُحكَم

— **peg in a round hole,** نابٍ . غير متلائم . متنافٍ (مع) . غير مستقيم (مع)

squāre, *v.* لاءَم . تطابق . توافق . تلاءم . استقام (مع) . ساوق (بين . . . وبين . . .) . سَوَّى . انتصف (من) . رَشا

squāre'ly [skwārl-], *ad.* بإنصافٍ . بحقّ

square'-rigged [-gd], *a.* فيه (أو) فيها قُلوعٌ مربعة الشكل مشدودة بصورة أفقية

squash [skwosh], *n.* هَريسة . رَصيعة . فَضيخ . رَضيض . [خَبيص]

squash, *v.* كَبَس = عَصَر = رَصّ = [زَرَك] . رَضَخ . هَرَس . دَهَك . قَصَع (القملةَ مثلًا) . مَعَس . فَضَخ . أخمد = أرْضَخ . أسكت

squash [skwosh], *n.* فَضيخٌ = شَراب من عَصير الفواكه المهروسة (أو) المفضوخة . زَخمة = كَظيظ . فَضخة

squash [skwosh], *n.* قرع خَرشوفي . قَرْع . دَبّاء

squash'y [skwoshi], *a.* سهلُ (أو) سَريع الانفضاخ . لَيِّن . سهل التعجّن (أو) التَلَبُّد

squat [skwot], *a.* قصير عَريض . قصير مُربَّع . بَدين . قاعِد القُرفُصاء . مُتَرَبِّع

squat [skwot], *v.* (-tted, -tting) بَرَك . [قَرفَص] . تَرَبَّع . قَعَد القُرفُصاء . أقعَى (الكلبُ) . استحوذ = استوطن أرضًا إغتصابًا . استحلّ

squa'tter, *n.* = مُستَحوِذ = مُستَحِلّ = الذي يستوطن أرضاً بالاغتصاب = مُتوَثِّب

squatt'y [skwoti], *a.* (-ttier, -ttiest) قصيرٌ مُكتَنِل . قصيرٌ غليظ . مُكَرْدَس

squaw [skwô], *n.* زَوجة (أو) امرأة هندية أمريكية

squawk [skwôk], *n.* نَعيق . قَعْقٌ . قَوقأة . زُقاء

squawk, *v.* نَعَق . قَعَق . قاقى . زَقا . صَقَع

squeak [skwēk], *n.* صَوْصأة . زَرْزَرة . زَقزقة . كعيص (الفار) . أطيط = صرير = صَريف

squeak, *v.* صَوصأ . زَقزَق . صَرَّ . صَرصَر . صَرَف . نَمَّ

squeak'y, *a.* ذو أطيط = ذو صَرير

squeal [skwēl], *n.* نَئيم . صُئِيّ (كصوت الفيل أو الخنزير) . صَئيل

squeal, *v.* نَأم . صَأى = صاحَ كالخنزير (أو) الهُرْيَوَة . صَأَل

squeam'ish [skwēm-], *a.* = مُتقذِّر عَيُوف = مُتأنِّف . لِقاني (أو) مُتمذِّر النفس (قليلاً) = شَنُوءة . كثير التأثم (أو) التحرج

squeeze [skw-], *n.* زَحْمة . تضايُق . لَزَّة . عَصْرة = [حَشْرة] . حَزْقة . حَضْنة . ضَغطة . نجاة بشق النفس

squeeze, *v.* عَصَر . ضَغَط . هَرَس . دَحَس = [دَحَش] . خَشَّ . خَشْخَش . لَزَّ . حزق . ابتزّ = اعتصر = بَلَص . رَصَّ . شَدَّ عليه (في الحضن) . تخشّش = تَدَحَّس (في الزحام) . إنعصر . تَعَصَّر . زَغَد

squeez'er, *n.* مِعصرة . [عصّارة]

squelch [skwelch], *v.* رَضَخَ . أخمد . مَعَس . وَهَز = قَصَع . أفحم = أبجم . خَشَف = أحدث صوتاً كصوت القَدَم حينما تُرفع من الوحل (أو) تغوص فيه

squib, *n.* صُرْقوعة = فُرْقوعة = [فَتّاشة]

squid, *n.* حيوان بحري شبيهٌ بالحَبّار (أو) السَّبيد (أو) الأخطبوط

squill, *n.* بصل العُنْصُل = عُنْصُل = بصل الفار = أشقيل = بصل الخنزير

squint, *n.* شَوْسة = شَزْرة = لحظة . لمحة = نظرة سريعة

squint, *v.* حَوِل = كان أحول . شَزَر = نظر بمؤخر العين . خازَر (عينيه) = ضَيَّقها ونظر = شاس

squint'-eyed [-īd], *n.* أحوَل . فيه حَوَل (أو) قَبَل . أخزر العينين . أشزَر = يَنظر جانباً = أزوَر . أحول الرأي

squīre [skwīr], *n.* كبيرُ المُلّاكين في الناحية = دِهقان . قاضٍ (في محكمة محلية) . مَلّاك . مُرَشَّح فارسٍ (في نظام الفروسية) . خَفَر (لسيدة أو امرأة)

squīre, *v.* خَفَر (سيدةً أو امرأة)

squirm [skwerm], *v.* تلوّى . تبرْعَص . تلوّى وتَقَلَّب . تَبَعصَص (كالحية) . تَرَمَّض (من الألم أو الحزن) . تَضَوَّر . تَمَرَّغ

squirm, *n.* تَلَوٍّ . تَبَرْعُص . بَرْعَصة

squi'rrel, *n.* سِنجاب . فِراء السنجاب

squirt [skwert], *n.* شُخْبة = زُجلة (أو) زُغلة (من الدم أو البَول) . شَخّابة = مِزغلة . مِحقن

squirt, *v.* شَخَّب (أو) انشخب (الدمُ مثلًا) . إنزَغل. تبجّس = تَبَزَّل. بَق. [نَشَّب]

squirting cucumber, قِثّاء الحمار

Sr. = Senior

S. S. = steamship

St. = saint, street

stab, *n.* طَعْنة . جَرْح . شَكّة . خَزّة . وَخزة

stab, *v.* (-bbed, -bbing) طَعَن (بِخنجر أو رمح) = شَكَّ = خَزَّ . وَخَز

to — in the back, استغاب . طَعَن فيه في غيبته . طَعَن من الخلف (غَدْرًا)

stabil′ity, *n.* ثَبات . رُسوخ . استقرار . مَتانة . استتباب . تَوَطُّد

stābilīzā′tion, *n.* تَثْبيت . ترسيخ . تمكين . استتباب . تَوْطيد

stāb′ilīze, *v.* قَرَّر = ثَبَّت . رَسَّخ . مَكَّن . رَكَّن . وَطَّد

stāb′ilīzẹr, *n.* مُرَكِّن . [رَكّانة] = شيء (كالآلة) يجعل السفينة (أو) الطائرة مُستَقِرة

stā′ble, *a.* ثابت . مُستَقِرّ . مُستَتِب . رَكين . راكِدٌ . وَطيد . راتِب . مُتَمَكِّن

stā′ble, *n.* إسطَبْل = آخور = خيل رَبيطة (في اسطبل) . خيل السِّباق

stā′ble, *v.* آوَى (أو) رَبَط في إسطَبْل (أو) آخور

staccâ′tō, *a(d).* مُتَقَطِّع . على نَبَرات . خَبَبِيّ (كالصوت)

stack, *n.* كُدْس . عُرْمة . كَوْمة . (طِرْبالة) المَدْخَنة

stack, *n.* بنادق مجموعة على هيئة مخروط . دُوّار بنادق . كومة من الوقود بحجم ٤ ياردات مكعبة . مَرْفَع (للكُتُب)

stack, *v.* كَدَّس . كَوَّم = رَثَد (المتاع) = زَهَل = نَضَد . [سَتَّف]

stād′ium, *n.; pl.* -iums *or* -ia (إ)سْتاد = مَرادٌ (الألعاب) = ساحة مُحَوَّطة فيها مقاعد وتجري فيها ألعاب

stâff, *n.* جماعة الموظفين . جماعة أركان الحرب . المُدَرَّج الموسيقي

stâff, *n.; pl.* staves [**-āvz**] *or* staffs [**-âfs**] = عَصا . هِراوة . قِوام . مِلاك . عُكّاز (الأسقف) . عُدّة . عِماد

stâff, *v.* أَمَدَّ بالموظفين (أو) المستخدَمين

stag, *n.* ذَكَرُ الظِّباء = أَيِّلٌ = وَعِلٌ

stag′-pârty, *n.* حَفلة رِجالِيَّة . حفلة للرجال فقط

stāge, *n.* دَكّة . مَسرَح . طَور . دَرَجة . مِهنة التمثيل (أو) المسرح . تمهيد . خُطّة تمهيدية . تمثيل . دار تمثيل . تمثيلية

by easy —s, على فَتَرات . شيئًا فشيئًا . على مراحِل هَيِّنة . بِبُطء

stāge, *n.* مَنقَلة = مَرْحَلة = مَزْلَفة . مَنْزِلة . مَحَطّ

stāge, *v.* نَظَّم . أعَدَّ . دَبَّر . عَرَض (على المسرح) . قام (بِ)

stāge′-cōach [**-ōch**], *n.* زَلّافة = عَرَبة لنقل المسافرين (على مراحل)

stagġ′ẹr, *n.* تَرَنُّح . تَعَثُّر . تَواقُع . تَدَهْدُه . تَكَفُّؤ

stagġ′ẹr, *v.* تَدَهْدَه = تَرَنَّح = تَواقَع . تَكَفَّأَ . تمايَد . رَنَح . تَزَلْزَل (العزمُ) . تمايَل . ناءَ (بالحمل) . هالَ . تَرَدَّد . نظم بصورة متعكِّسة (أو) متخالِفة . نَدَّح = فَضْفَض = باعَدَ (بين . . .)

stag'nant, *a.* (ماء) سَدَم = متغيّر من المُكث = بَطيحي . راكد . آسِن = آجِن . مُبلّد . كاسِد . فاتِر

stag'nāte, *v.* أَسِن . أَجِن . طَهل . استنقع . تبلّد

stagnā'tion, *n.* رُكود . طَهَلُ الماء = أَسَن . تَبليد . تبلُّد

stā'gy, *a.* (-gier, -giest) مَسْرَحي . فيه مظاهر مَسْرَحية . مُتكلّف . مُتَصنّع . فيه مباهاة وتَعظُّم = فيه أُبَهَة (أو) تأبُّه

staid = stayed, *v. pp. of* stay

staid, *a.* وَقور . رَزين . رصين . رَكين . مَكيث . [راكِز] . ثابت

stain, *n.* بُقعة = طُبْعة . لطخة . صُبغة . لَون . طَمَل . مَحْوَة = عارٌ . وَصمة

stain, *v.* بقّع = طَبّع . لطّخ . صَبغ . خضب . لوّن . [دَبغ]

stain'less, *a.* نقيّ . نقيّ من الطَّبَع (أو) الطُّبَع . لا يَصدأ . ليس فيه شائنة

stair, *n.* مِرقاة = دَرَجة . دَرَج

stair'cāse, *n.* دَرَج (مع الدَّرابزين)

stairs, *n. pl.* دَرَج . دَرَجات

stair'way, *n.* دَرَج (مع الدرابزين)

stāke, *n.* رَكيزة = [خازوق] = عمود (أو) وَتد مُحدَّد الرأس يُغرَز (أو) يُدَقّ في الأرض . مِسماك (لرفع الأغصان عن الأرض) . القتل حَرقاً (على الخازوق)

to have a — in, أنْ يكون له مَهمّة (أو) مَصلحة (أو) سهم

at —, مَرهون بالتقادير . مُخطَر . مُخاطَرٌ به . في خَطَر

stāke, *v.* خَوزَق . شَدّ إلى خازوق . حَوّط (أو) عَلّم (أو) حَدّد بخوازيق

stāke, *n.* خَطَر = رِهان = سَبَق . جائزة السّباق

stāke, *v.* أَرْهَن = راهَن = أَخطر . خاطَرَ (بِ)

stākes [-ks], *n. pl.* رِهان = جائزة السَّبَق في سِباق (أو) مباراة

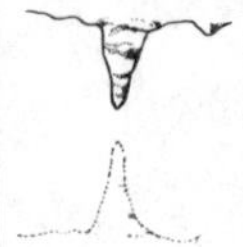

stal'actīte, *n.* راشِحة = مُقطّرة فَوقانيّة = تكوينة كلسية بشكل ذَبذبة متدلية من سقف الكهف

stal'agmīte, *n.* مُترَشِّحة = مُقطّرة تحتانية = تكوينة كلسية نائتة من أرض الكهف

stāle, *a.* غابّ = بائت = بَيُوت . كَسْر = خبز يابس . مُتفتّخ = مُتفتّر = كليل الهمة (أو) النشاط . مُبتَذَل . مُعاد . [بائخ]

stāle, *v.* فقد جِدّته (أو) طلاوته = [باخ] . بال (الفرسُ)

stāle'māte [-lm-], *n.* اعتقار (في الشطرنج) = توقف تام عن الحركة . عَطالة = توقُّف . تَرابُط . تَربُّط

stāle'māte, *v.* اعتقر = مَنع عن الحركة . شلّ الحركة . عطّل عن العمل . تربّط . جعله يتربّط . ترابط

stalk [-ôk], *n.* قَصَلة = سُويقة (النبات) = خامة . عِلاقة الثمرة (أو) الورقة

stalk [-ôk], *v.* أَراغ (الصيدَ) = خَتَل = دَرَى = تَقتّر (له) . حاش . تَفشّى = تخلّل . إنبثّ = سَرى

stalk [-ôk], *v.* مَشى مِشيةَ المتكبر = تَبختر

stalk, *n.* تَبختُر (في المشي)

stalk'ing-hôrse [stôk-], *n.* دَريئة = فَرَسٌ (أو) شيء كالفرس يستتر به الصائد لختل الصيد . ذَريعة . تَعمية

stall [-ôl], *n.* مَقعد (في صدر الكنيسة أو في مُقدَّم دار التمثيل) . مِنطقة مَحظورة

stall [-ôl], *n.* آرِيّ = مَرْبط (أو) مَعلِف الدابة (في اسطبل) . [فَرْش] (أو) [بَسطة] البيّاع . دُكّانة صغيرة

stall [-ôl], *n.* كُشك . مَقعد محظور . خِطار

stall [-ôl], *v.* أرّى = آوى في الآريّ . ارتَطم (أو) تربَّخ (في الوحل) . (ربط) وعلَّف (الدابّة)

stall [-ôl], *v.* بلّط = بطّط = وَقف وعَجز . تدقّر = تلكّأ . حَبِط = توقّف (عن العمل) . تكأكأ = تثاقل . تلثلث

stall'ion, *n.* فَحل = حِصان للسِفاد = هَدود

sta'lwart [stôl-], *n.* قويّ شديد = ضَليعٌ . ثَبيت = شجاع ثابت العزم . شديد البأس . ثابت على الولاء . شديد التحزُّب

stām'en, *n.* عُضو التذكير (في الزهرة) = سَداة

stam'ina, *n.* متانة الخُلُق . مَتانة (الجسم) . قوة احتمال . جَلادة . مُنّة . قِوام

stamm'ẹr, *n.* تَعتعة . لجلجة . لعثمة

stamm'ẹr, *v.* تعتع (في الكلام) = تختخ . لجلج . تهتّه

stamp, *n.* طابع (بريد) . خَتم . (آلة) هَرّاسة . مِهراس = مِدْواك . مِرْضاض . إنطباع . لائحة = طابع = سِيماء . خُلُق . وَسم . طَبيعة = ضَريبة . نوع

stamp, *v.* وَضع (أو) ألصق طابع البريد . ختم . وَسَم بطابع (أو) ختم . طَبَع . داك = هَرَس (أو) طحن . أعلم = وسم

stamp, *n.* لَبطة (أو) خَبطة (القدم على الأرض) . خَبطة = وَطأة شديدة = وَهزة . دَوسة . رَوْسَمٌ = طابع يُطبع به (الدنانير مثلًا)

stamp, *v.* لَبط . خَبط = وَطِئ شديدًا = وَهَس . داس . مشى (أو) سار يخبط

stampēde', *n.* عِيار = عارة . جفلة . تَهارُب . إنجفال

stampēde', *v.* عار . أجفل . أعار . تهافت . جَفل وهَرَب

stance [*or* **stânce**], *n.* وقفة (أو) وَضعية لاعب الكولف عند الضرب

stânch, *v.* رَقأ (أو) أرقأ (الدَّم) = أوقف نزيفه (أو) سَيلانه

stânch, *a.* مَاكِن = وَثيق . صَدُوق = وَثيق الذِمّة (كالصديق) . مانع لنفوذ الماء . صُلب شديد

stâ'nchion [-shẹn], *n.* = دِعمة . حامِلة . قائمة (أو) عَمُود قائم (في شباك مثلًا)

stand, *n.* وُقوف (عن الحركة) . مقام . وَقفة . وَقفة (المُدافِع) . مَوقِف . مَنصَب . مِنصَب

stand, *n.* مَوضع . مَحلّ . قاعِدة . مَرفع = مكانٌ تُوضع الأشياء عليه . دَكة = مَسطَبة . كشك (أو) ساجة (البائع)

stand, *v.* (stood, -ing) قام (على قدميه) . أقام . وَضع قائمًا . قامَ = كان قائمًا . كان موضعه . وَقَف (أو) أقعد = وضع قائمًا . ظلّ قائمًا . احتمل . بقي . وقف (عن الحركة) . انتصب . قَفّ (الشعرُ) . تَصدّى

to — by, أعدّ (للاستعمال) . كان بالقرب (من) . وقف بجانبه . ناصَر . حافظ (على)

to — for, أخذ جانِبه . كان بمثابة . مَثّل . ناصر

to — off, اعتزل . تنحّى . انتبذ . تجافى

to — out برزَ . نتأ . نَتَل (أو) استنتل (من بين الصفوف) . شَخَص

to — over, تأخَّر . تأجَّل

to — up, انتصب . ثَبِت . قام

to — up for, انتدب للدفاع عنه . ناصر . تحزَّب له . دافع (عن)

to — with, وَقَف (مع) = كان (مع)

It —s to reason, من المعقول . من البديهي

to — his ground, ثبت في مكانه . ثبت على رأيه

stan′dard, *n.* مُستَوىً . قِياس . عِيار . مِثال . سَوِيّة

stan′dard, *a.* قياسي . نظامي . مِثالي . إمام (بين الكُتَّاب) . من أُمَّهات (الكتب) . بحسب القِياس المُوَحَّد . مُوَحَّد . مُعتاد . مُعتَرَف (به) = عُرفي

stan′dard, *n.* رَمز . عَلَم . لِواء . ماثِلة = حامِلة مُنتصبة

stan′dard-bearer [-bār-], *n.* بَيرَقدار . حامل اللواء . صاحب اللواء

standardīzā′tion, *n.* توحيد القياس (أو) العيار . مُعايَرَة

stan′dardīze, *v.* جعل على قياسٍ (أو) عِيار واحد . وَحَّد القياس . عايَر

standard time, التوقيت النِظامي . التوقيت الموحَّد

stand′-bȳ, *n.*, *pl.* -bys مُنجِد (عند الحاجة) . عُمدَة (في الشدائد) . سَنَد (عند الحاجة) . شخص (أو) شيء مَرصود (أو) موقوف لحين الطلب

stand′-in, *n.*, *pl.* -ins مَسَدّ = شخص يسدّ مسدّ آخر موقتاً

stan′ding, *n.* مَقام . مَوضِع . مَنصِب . مكانة . صِيت . مُدَّة . عَهد

of long —, عريق . عَهيد . ذو عهد طويل

stan′ding, *a.* مُقيم . قائم . مُنتَصِب . راكِد = ساكِن . دائم . ثابت

stand-off′ish, *a.* مُعتَزِل . مُنزوٍ . مُنحاش . مُحتَشِم . حُوشي

stand′pīpe, *n.* أنبوب قائم . أنبوب عمودي قائم الماء

stand′point, *n.* وِجهة نظر . رأيٌ . مَوقِف . اتجاه فِكريّ

stand′still, *n.* سُكُون . وُقُوف . فَترة = رَكدَة . رُكُود . انقطاع . توقُّف

to come to a —, سَكن . رَكَد = ترابط . تَراكَد

stank, *v.*, *p. of* stink

stan′za, *n.* قِطعة (أو) مَقطَع شِعري . دَوْر من الشِعر

stā′ple, *a.*, *n.* بِضاعة رئيسية . مَحصُولٌ (أو) مُنتَجٌ رئيسي . أَهمّ . رئيسي . قِوامي

stā′ple, *n.* قِوام . مادة رئيسية (أو) أَوَّلِيَّة . ليف (من القطن أو الصوف) = [فَتلَة]

stā′ple, *n.* رُزَّة = ضَبرَة (للدفاتر والورق)

stā′ple, *v.* رَزَّز = ضَبَر = شَدّ بالرُزَّة (أو) الضَبرَة

stāp′ler, *n.* آلة (أو) أداة لربط الورق بشريط معدني = رَزَّازة = ضَبَّارة

stâr, *n.* نَجم . نَجمة . كوكب (ثابت) . نجم = شخصٌ مُبَرِّز في تمثيل (أو) غناء . علامة نجمية . شكل نجمي

stâr, *v.* (-rred, -rring) عَلَّم بنجمةٍ (أو) بنجوم . قام بدورٍ رئيسي . زَيَّن (أو) نقش بنجوم . نقَّش . رَصَّع

stârb'oard, *n.* الجانب الأيمن من السفينة باتجاه السير (أو) باتجاه مقدّم السفينة

stârb'oard, *a.* في الجانب الأيمن من السفينة

stârb'oard, *v.* أدار الدَّفة إلى اليمين (أو) الجانب الأيمن

stârch, *n.* نشا . نشا الثياب . تَرَمُّت = تزمُّت (في السلوك)

stârch, *a.* مُتَزَمِّت (في السلوك)

stârch, *v.* نَشَّى . عالج بالنشا

stârch'y, *a.* نَشَوي . مُقَفْقِفٌ من النشاء . مُتَزَمِّت = مُتمسِّك بالتَرَسُّمات = [ناشِف]

stâre, *n.* تَشَهُّق (بادامة النظر) . تَنَظُّر . شُخُوص . تنظير . تحديج . نظرة شاخِصة

stâre, *v.* تَشَهَّق (على) . شَخَص . نظَّر . حَدَّج . رَمَق . رَنَّق (أو) رَمَّق (النظر إليه) = سَها (إلى) = بَرْشَم . بَهَر

stâr'fish, *n.; pl.* -fish(es) نجم (أو) نجمة البحر

stâr'gāze, *v.* نَجَّم . رَصَد (أو) راعى النجوم . هَلَج = أكثر من أحلام اليقظة

stârk, *a.* نارِز = مُتَخَشِّب = مُتَيَبِّس . مُطبِق = مُطلَق = خالِص . بَحت

stârk, *ad.* كُلِّيًّا . تمامًا . مَحضًا

stark naked, عُرْيان خالص . عُرْيان تمامًا

stâr'līght [-līt], *n., a.* نُور النجوم . مُنَوَّر بالنجوم

stâr'līke, *a.* مُكَوْكِب = مُنير كالنجم . نَجمي الشَّكل . مُنَوِّر كالنجم

stârl'ing, *n.* (طائر) الزُّرْزُور

stâr'lit, *a.* مُنَوَّر بالنجوم

stârr'y, *a.* (-ier, -iest) مُنجِم = أنجَم . مُرَصَّع بالنجوم . كَثيرُ النجوم . بَرَّاق = مُكَوْكِب . نَجميّ الشكل . نَجميّ

Stars and Stripes, علم الولايات المتحدة

stâr'-spangled [-ld], *a.* مُرَصَّع بالنجوم

stârt, *n.* بَدْأَة = شَرْعَة . بَدَآءَة = حق الابتداء في الأول = [أَوَّلِيَّة] . شُروع . تمتين = فُوتَة يتقدم بها سابق عن آخر في الأول

stârt, *v.* بَدَأَ (يَتَحَرَّك) = أخذ (في الحركة) . بَدَأَ = شَرَع = طَفِق . غادر . سافر . هَبَّ . بَدَّأ = أشرع . أجفل = نقز . طَفَر (الدمع) . فَزَّ . أنفج = جَفَل . نَدَص (العين) = نَفَر

stârt, *n.* جَفلة = نقزة . فَزَّة = وَثْبة بانزعاج . طَفرة . نَفرة . فَلع

stârt, *v.* أَرْخى = حَلْحَل . فَكفَك . رَخْرَخ . خَلَّع . تَخَلَّع . تَفَلَّع

stârt'ẹr, *n.* جافل . ناقِز . بادِئ . مُشيِّع = مُبَدِّئ = قَيَّاس (للخيل) يُعطي إشارة البدء

stârt'ing-point, *n.* مِيطان = أوَّل الغاية (في السِّباق) . نقطة التَّحَرُّك . مَبدأ

stâr'tle, *v.* بَهَّت . أَدْهَش . نَقَّز = أَفَزَّ . جَفَّل . هَبَّ . أفزَع . نفر . فَزَّ . فَزِع

stârt'ling, *a.* مُبَهِّت . مُجفِّل . رائع . مُدْهِش

stârvā'tion, *n.* التمويت (أو) الموت جوعًا (أو) تجويعًا . ضَوْز = شدة الجوع . مَجاعة . سَغَب . مَحْل = جوع شديد . تهفية = تمويت بالتجويع

stârve, *v.* جاع . جاع حتى مات . مات من الجوع . جَوَّع . مَوَّت بالتجويع = هَفَّى . تَضَوَّر من الجوع

stârve'ling [-vl-], *n., a.* ضائر (من الجوع) . مُتَضَوِّر من الجوع . جائع . ساغِب . هافٍ (من الجوع) . خائر (من الجوع) . ناحِل (من الجوع)

stâr'ving, *a.* (جَوْعان) حَفْتان . هافٍ من الجوع . سَغْبان

stāte, *n.* أُمَّة . دَوْلة . دُوَيلة = ولاية . حكومة مدنية

stāte, *n.* ظَرْف = حالة = كِينة . مَوْضِع = مَنْزِلة . مقام . أُبهة = عَظَمة . جاه = سُؤْدُد . فَخامة

stāte, *a.* عامّ . خاصّ بالدَّولة . رَسْمي . مَلَكي

stāte, *v.* قالَ . صَرَّح . نصَّ . ذَكَر . أفاد . عَيَّن . أعلن

stāt'ĕd, *a.* مُعلَن . مُعَيَّن . مَنْصُوص . مَذكور . مُقرَّر . ثابت = راتِب

stāte'liness [-tl-], *n.* أُبهَة . فَخامة . جَلال

stāte'ly [-tl-], *a.* فَخم . عظيم . له أُبَّهة (أو) جَلال

stāte'mẹnt [-tm-], *n.* قَوْل . تصريح . بَيان . إفادة . عِبارة . جُملة خَبَرية

stāte'rōōm [-tr-], *n.* غرفة خاصة (في سفينة) = مَخْدَع السفينة . [صالة الحفلات الرسمية

stātes'man [-ts-], *n.; pl.* -men سياسيّ دَوْلةٍ . سياسيّ حكومة . سياسي

stātes'manlīke, *a.* فيه صفات السياسيّ الحكيم الحسن التأتي للأمور (في الدولة)

stātes'manship, *n.* حُسْنُ التأتي في السياسة . حُسْن سِياسة (شُؤُون) الدولة (أو) الحكومة

stat'ic, *n.* صوت مُزْعِج في جهاز الراديو بسبب الاضطرابات الكهربائية في الجو = صَلْصَلة

stat'ic, *a.* ساكن . راكد . مُستَقِرّ . مُتعادِل

stat'ics, *n. pl.* [*used as sing.*] علم الرواكد . علم تعادل القوى

stā'tion, *n.* مَوْقِف . مَوْقِع . مَحَطّة . مَخفَر (شُرْطة) . مَرْكَز . مَنْزِلة . مَقام . مكانة . مَوْضِع . قاعدة

stā'tion, *v.* أَخذ مَوْقِعًا (أو) مكانًا . أقام . وَضَع . رَابَط . أَحَلَّ . حطّ = وَضع . أقَرّ

stā'tionary [-shẹn-], *a.* واقِف . ساكِن . راكِد . مُستَقِرّ (في مَحلّه) = راتِب . قَرارِي . مُقيم (أو) ثابت (على حاله)

stā'tionẹr [-shẹn-], *n.* وَرّاق = بَيّاع قِرْطاسِيّة

sta'tionẹry, *n.* وِرَاقة . بيع قِرْطاسِيّة . قِرْطاسِيّة

statis'tical, *a.* إحصائي . مُتَعلِّق بالإحصائيّات

statisti'cian [-shẹn], *n.* إحصآئي . عالِم (أو) خَبير بالإحصائيات

statis'tics, *n. pl.* [*used as sing.*] علم الإحصاء (أو) الإحصائيات . إحصاءات

stat'ūary, *n.* تَماثيل . فن النحت . نَحّات = مَثّال

stat'ūe, *n.* صَنَم . تِمْثال = صورة مَنحوتة (في الصخر أو في الخشب)

statūesque' [-esk], *a.* مِثل التمثال (أو) الصورة في الجمال (أو) اللطافة

statūette', *n.* تِمثال صغير

stat'ūre, *n.* قامة = طُول الجسم = قَوْمَة . ارتفاع . باع = مَقْدرة . نُمُوّ

stāt'us, *n.* مَرْتَبة . مَكانة . وَضع (مُستَقَرّ) . [بايَة] = صِفة (أو) مَنْزِلة اعتبارِيَّة (أو) اجتماعِيَّة . مَركز اعتباري . حَيثِيَّة . جاه . وَضع

stātus quō [-kwō], = كما كان الحال الكماكانيَّة . الحالةُ الراهِنة (أو) الحاضرة . الحال كما كان

stat'ūte, *n.* قانونٌ وَضعي (أو) مَسنُون . تَشريع

stat'ūtory, *a.* قانوني . تَشريعي

staunch, *v.* = stanch

stāve, *n.* دَفَّة (أو) ضِلعة (في برميل) . عَصا . هِراوة . مَقطع من قصيدة (أو) أغنية . مُدَرَّج موسيقي

stāve, *v.* (-ved *or* stove, -ving) خَرَق . فَزَر . بَعَج . فَخَت . إنفخت . دَرَأ (عن) = صَرَف (عن) . نَجَّى (أو) أنقذ (من)

stāve's [-vz], *n. pl. of* staff *or* stave

stay, *n.* مُكث = مُكثة = لُبثة = مدة المُكُوث . إقامة مُوَقَّتة . بَقاء = ظُلُول . تأجيل . إيقاف . وَقفة

stay, *v.* (-yed, -ing) مَكَث . أقام . ظَلَّ . سَكَن (مُوَقَّتا) = نَزَل . بَقي . انتظر . داوَم

has come to —, استقرَّ . أرزم . أرْصَى . رَدَح = ثبت وتمكَّن = رَتَب . رَسا

stay, *v.* أوْقَف . سَكَّن . رَكَّد . عَلَّق = أجَّل . احتمل = أطاق . أزكى = أمْهَل . أخَّر . صَدَّ . أبْقَى . أعاق . كَفَّ

stay, *n.* ثِمال = مُعيل . تَوْكيد = وِكاد = حَبْل (أو) سلسلة للشد والتوثيق . دِعامة . مِشَدّ . رُجبة (للشجرة الضعيفة)

stay, *v.* ثَمَل = أغاث وأعال . وَكَّد . ثَبَّت . دَعَم

stay'-at-hôme, *n.* شخص لَزَجَة (أو) لِزجة (أو) لَزِجة = شخص دِثاري (لا يبرح البيتَ) = لَبِد = لُبَد

stay'sail, *n.* شِراع مشدودٌ إلى حَبْلٍ (أو) وِكاد في السفينة

stead [sted], *n.* مَكان . بَدَل . فائدة

to stand him in good —, أغْنَى = نَفَع (نَفعاً حَسناً) . أفاد

stead'fâst [sted-], *a.* مُثبَّت . راسِخ = ثابت في مكانه = راسٍ . ثابت . ثابت (على الوفاء أو الصداقة) . مُواظِب . مُثابِر . وَطِيد

stead'fâstly, *ad.* برسوخٍ . بِثَبات . بمثابرة

stea'dily [sted-], *ad.* برَكانة . بمَكينة . باطِّراد

stea'diness, *n.* رَكانة . مَكينة . استمرار . وَطادة

stea'dy [sted-], *a.* (-ier, -iest) راسٍ . ماكِن . راسِخ . وَطيد . مُطَّرِد . راتِب . ثابت . مُرَكَّن . رَكين . مُستَقِرّ . مُطمَئِنّ . [راكِز] . عازم

stea'dy, *v.* (-ied, -ying) مَكَّن . رَكَّن . ثَبَّت . تَرَكَّن . رَكَّد . رَكَّز . تَركَّد

steak [stāk], *n.* صَفيفة = شَريحة من اللحم (البقري) (أو) السمك للشيّ (أو) للقلي = صَليقة

steal, *v.* (stole, stolen, stealing) سَرَق . سَلَّ . اختلس . تَسلَّل . إنسَلّ

stealth [stelth], *n.* سَلَّة = سَرِقة . اختلاس = استلال . مُسارَقة

by —, خِلسةً . استراقاً . اختلاساً . سِرًّا

stealth'ily [stel-], *ad.* بالسرقة . خِلسةً . إنسلالاً . مسارَقةً . تَسَلُّلاً

stealth'y [**stel-**], *a.* (-ier, -iest) استراقِيّ . اختلاسي . باختتال . خِفيةً

steam, *n.* بُخار . [هُبَّال]

steam, *a.* بُخاري . بالبُخار

steam, *v.* تَبَخَّرَ . أَخرج بُخارًا = [هَبَّل] . سار (أو) تحرَّك بالبُخار = أبخر . طبخ (أو) لَيَّن بالبخار

steam'bōat [**-bōt**], *n.* مَرْكَب بُخاري . قارب بخاري

steam'-engine, *n.* آلة بخارية . قاطرة بخارية

steam'ẹr, *n.* باخِرَة . مركب (أو) قارب بخاري . سفينة بخارية . آلة (أو) عَرَبة بخارية

steam'-rōllẹr, *n.* مِحْدَلة (أو مِهَادَّة) بُخارِيَّة . [دُحْدال] تسوَّى به الطرق ويسير بالبخار . مِسلفة بُخارِيَّة . قوة قاهِرة

steam'ship, *n.* سفينة (بآلةٍ) بخارية . باخِرة

steam shovel, قَحَّافة (أو) غَرّافة بخارية (لجرف التراب)

steam'y, *a.* بُخاري . مُتَبَخِّر . كثير البخار

steed, *n.* جَوَاد . فَرَسُ حرب . فَرَسٌ كريم (أو) عتيق

steel, *n.* الحديد الذَّكير . فُولاذ . [صُلب = بولاد] . فُولاذة

steel, *a.* فُولاذي . من الفولاذ . كالفولاذ

steel, *v.* قَسَّى . صَلَّب . جَلَّد

steel'-works [**-werks**], *n.* مَصنَع فولاذ

steel'y, *a.* (-ier, -iest) فُولاذي . كالفُولاذ . قاسٍ

steel yârd, *n.* قَبَّان

steep, *a.* شديد الانحدار (أو) المَيلان . شديد الصُّعود . مُفرِط . مُبالَغ فيه

steep, *n.* مُنحَدَر = صَبَب . جُرف

steep, *v.* نَقَعَ = مَقَل . غَمَس . انغمس . [خَلَّل] . إستَغرَق . تغلغل

stee'ple, *n.* صومعة (أو منارة) الكنيسة (وعليها برج الكنيسة وفوقه الصُّنبوعة)

stee'plechāse [**-lch-**], *n.* سباق الحوائل (أو) سباق العوائق = نوع من سباق الخيل

stee'plejack [**-lj-**], *n.* عامِل يَصعد الأبراج (أو) المنارات وما شابهها للإصلاح (أو) للتفتيش

steer, *v.* سَيَّر . وَجَّه . تَوَجَّه . سار

to — clear of, تفادى . تجنَّب . حاد (عن)

steer, *n.* شُبُوب (خَصيّ) = عِجل (مَخصِيّ) من سنتين إلى أربع

steer'āge [**-ij**], *n.* مكان في سفينة للركاب يَشغَله مسافرون بأجرة رخيصة

steer'inġ-wheel, *n.* دولاب التسيير (لضبط دفة السفينة)

steers'man, *n.*; *pl.* -men سُكَّاني = المُجري (أو) المُسَيِّر (الذي يُسَيِّر السفينة مثلًا)

stein [**stīn**], *n.* عُسّ (أو) قَدَح كبير لِشُرب البيرة (من الفَخّار)

stell'ar, *n.* نَجمي . نُجومي . كالنَّجم

stem, *n.* أَصل . قَصَبة . ساق (أو) جِذع (النبات) . سُوَيقة . عِلاقة (الثمرة أو الورقة) . عُنق . نَسَب . عمود النَّسَب

stem, *v.* (-mmed, -mming) أزال (أو) نَزَع العلاقة . كَفَّ . صَدَّ . أوقف

stem, *v.* قاوَم . مَخَر . شَقَّ . تقدَّم واخترق.. انحدر (أو) إشتُقَّ (من نَسل معيّن) . تفرَّع

stench, *n.* نَتْن = خَمَّة = رائحة خبيثة

sten′cil, *n.* صحيفة وَرَقٍ (أو) مَعْدِنٍ يُكْتَب (أو) يُطْبَع عليها فتصير مُنَخْرَبَة (أو) مُثَقَّبة

sten′cil, *v.* (-lled, -lling) كَتَب (أو) طَبَع على صحيفةٍ من النوع المذكور

stenog′rapher, *n.* (كاتب) مُختزِل . كاتب اختزال

stenograph′ic, *a.* خاصّ بالكتابة الاختزالية

stenog′raphy, *n.* كتابة اختزالية

stentôr′ian, *a.* جَهْوَري (الصوت) . صالِق . صاقِع . صاقِر

step, *n.* خِطوة = هيئة الخطو = مِشْيَة . دَرَجة . خُطْوَة . دَرَك . دَرَج . شَوْط . تَرْقية

in —, متوافِق في الخَطو (أو) السير . مُتماشٍ . على وِفاق

out of —, غيرُ متماشٍ (مع) . غير متوافق في الخطو (أو) السير

to keep — with, ناسَق (أو) ماثل في الخطو (أو) السير . واءَم (في الخطو) = خاطَى

to take —s, اتخذ الخطوات = عمل ما يلزم

— by —, بتُؤَدة . تدريجًا . خطوة فخطوة

step, *n.* دَعْسة . صَوت (أو) أثر الدَّعْسة . إجراء

step, *v.* (-pped, -pping) خَطا . قاس بالخُطى . دَعَس . داس . عَبَر . تخطّى . تقدّم

step′brother [-bruth-], *n.* الأخ من الأم (أو) من الأب

step′child, *n.* هَرَل = ولد المرأة من زوجها الأول . ولد الزوج من امرأته الأولى . رَبيب

step′daughter [-dô-], *n.* رَبيبة = بنت الزوجة الأولى (أو) بنت الزوج الأول

step′fâther, *n.* رابّ = زوج الأم (بعد وفاة الأب)

step′-ladder, *n.* سُلَّم رِجْل . مِرْقى (يُطوى ويُنقَل من مكان إلى آخر)

step′mother [-muth-], *n.* امرأة الأب . رابَّة = زوجة الأب (بعد وفاة الأم)

step′pārent, *n.* رابّ . رابّة

steppe, *n.* سَهب . فَيْفٌ . تَنُوفة

stepp′ing-stōne, *n.* رُقْية (أو) مِرْقاة (أو) مَدْرَجة (إلى)

step′sister, *n.* الأخت من الأم (أو)من الأب

step′son [-sun], *n.* رَبيب = ابن المرأة الأولى (أو) الزوج الأول

stē′rēoscōpe, *n.* آلة مِنظارِيَّة تُرَى فيه الصورتان لشيء واحد صورةً واحدة مُجَسَّمة

stē′rēotȳpe, *v., n.* صفيحة معدنية يُطبَع بها . طَبَع بمثل هذه الصفيحة . عبارة (أو) عادة رتيبة (أو) مُبتَذَلة

stē′rēotȳped [-pd], *a.* مَطبوعٌ بصفيحة معدنية . رَتيب = ثابتٌ على صورة واحدة . مُبتَذَل . مُعاد

ste′rīle [*or* -il], *a.* عَقيم . لا يُنبِت . جَديب . لا يُثمِر . عاقِرٌ . ماحِل . مُعقَّم . غير مُجد . مُحبِل

steril′ity, *n.* جَدْب . عُقم . مَحْل . عقر . تَعقُّم

sterilīzā′tion, *n.* تعقيم

ste′rilīze, *v.* عَقَّم

sterl′ing, *a.* حُرّ = صَريح = خالٍ من الغِش . رُوباصِيّ (للفضة بمعيار ٩٢,٥٪) . صَحيح . من العِيار الأصلي . فاخِر . أَصيل

sterl'ing, *n.*, *a.* (نَقد) استرليني . استرليني . بالاسترليني

sterling silver, فِضة روباصِيَّة (بمعدل ٩٢,٥ ٪)

stern, *n.* مُؤَخَّر (أو) كَوْثَل السفينة

stern, *a.* شديدٌ . قاسٍ . جاهِم = كالِح . خَشِن . صُلب . عَبُوس . عَصِيب . مُعنَت . عَسَّاف

stern'ly, *ad.* بشِدَّةٍ . بعُنْف . بِقَسوة (أو) جفاء . بخشونة . بعسف

stern'ness, *n.* شدة . كُلُوح . صَلَابة . جفاء . عَنت . عَسف

stern'um, *n.* عَظمُ القَص . عمود القص

stēv'ẽdôre, *n.* عاملُ شَحنٍ وتَفريغ للسُّفُن = واسِقٌ . وسَّاق

stew [*or* stoo͞], *n.* = [يَخنَة أو يَخني] طعامٌ مطبوخٌ في مَرَق (أو) ماء (على نارٍ هادئة) = مَكمور

stew, *v.* [يَخَّن] = طبخ في المرق (أو) الماء (على نارٍ هادئة)

let him — in his own juice, دَعه يصطلي بنار نفسه. دَعه يترمع في طُمته

stew'ard [-ū-], *n.* قيِّم (على الأملاك) = وكيل (أو) ناظِر . وكيل الخَرج . قَهرَمان . وكيل المُونة

stew'ardess, *n.* قيِّمة . وكيلة الخرج . قهرَمانة . وكيلة المونة

stew'ardship, *n.* قَيِّميَّة . وكالة الخرج . قهرَمة . وكالة المونة

stick, *n.* عود . عَصا . قضيب . إصبع

stick, *v.* (stuck, sticking) = شَكَّ . نخز = وَخز . غرز = رَزَّ . إرتز . رَكَز . بَرَز . نتأ . تَرَدَّد . تحيَّر . توقف . وَقَف

stick, *v.* تَدَبَّق . لَصِق . دَبِق (ب) . أَلصق . وَحَّل = إرتطم . غَرَّز . ثَبَّت . لَصِب . نَشِب . لَزِم . تَمسَّك (ب) . لازَم = عَكف (على) = واظب . احتمل . أطاق

stick, *v.* أخرج . صَبَر . أشخص

to — out, دَلَع . أبرز

to — up, بَرَز . نتأ . شَخَص

to — up for, انتدب للدفاع (عن) . انتصر (لِ) . دافع (عن)

stick'iness, *n.* دُبوقة . لُزوجة . تلزج

stick'le, *v.* ماحَكَ = لَجَّ = عارض ونازع في توافه الأمور . شَدَّد العِناد . شاكس . دَنَّق . أَسَفَّ

stick'lẹr, *n.* مُماحِك . مُدَنِّق . لجوج في التوافه . شديد الالتزام = مُتلزِّم

stick'y, *a.* (-ier, -iest) دَبِق . لَزِج . مُتَلَزِّج . لازِق . مُتَلَجِّن . متلكِّد . مُوحِل . لَثِق (كالجو) . عَسِر

stiff, *a.* قاسٍ . قاسِح = يابسٌ صُلب . نارز . مُخشَّب . مُتَيَبِّس = جاسِئ . جامِس . صُلب . جافّ . قَسط . شديد . مُشتَدّ . ثابت . مُتكلِّف . عَسِر . عَسِير . جامِد . مرتفع جدًا (كالسعر)

stiff'ẹn, *v.* قَسَّى . جَسَّأ . قَسَّح = يَبَّس . وَصَلَّب . تَصلَّب . تَيَبَّس . جَمس . قَسط

stiff'ẹning, *a.*, *n.* تَقسية . تَقسيح . قاسِحة . شيء مُقسِّح (أو) مُقَسِّ . تَيبيس

stiff'ly, *ad.* بجفاف . بِقساحة . بتكلُّف [بنشوفة]

stiff'-neck, *n.* قَسَط = قَصَر = يُبس العُنق . جَسْء العُنق

stiff′-necked [**-kd** *or* **-nekt**], *a.* غليظ الرقبة . عَنيد . أَلْوَد . أقسط العنق

stiff′ness, *n.* قُسوحة . يُبوسة . قَسْط . لَوَد . جُسُوء . قُسوبة

stī′fle, *v.* ضَيَّق النفَس . خَنَق . أَخْمَد . كَمَّ . كَظَم . أخفت

stī′fle, *n.* حَجَبة = موصِل بين عظم رجل الدابة الأكبر والأصغر (بمقام الركبة للانسان) وهو رأس الورك مما يلي البطن

stig′ma, *n.*; *pl.* **-mas** وَصمة . عُرَّة = قِرفة . لَطخة . سِمَة = مِيسم . فَتحة . رأس مِدقة الزَّهرة (في النبات) = استمات

stig′ma, *n.*; *pl.* **-mata** أثَرُ جُرح (السيد المسيح) يستَدْمي (أو) يحمَرّ

stig′matīze, *v.* عَرَّ = وَصَم (بوصمة عار أو عيب) .

stīle, *n.* مَطلَع (أو) مَطلَعة = دَرَجة (أو) دَرَجات على جانبي سياج (أو) حائط للصعود فوقه (ومنع الحيوانات) . عضادة الباب

stillett′ō, *n.*; *pl.* **-ttos** خِنجر دقيق الشفرة رقيقها . أداة (أو) مِثقَب لفتح ثُقوب في نسيج (أو) نطريز

still, *n.* سُكون عميق . سُكون . مُقطِرة = جهاز تقطير

still, *a.* راكِد . ساكن . ساكت . هامِد . هادئ . غير فوّار

still, *v.* رَكَّد . هَدَّأَ . هَمَّد

still, *con.* ولكنْ . ومع ذلك . مع هذا . ولو

still, *ad.* ما زال . بعدُ . إلى الآن . ظلَّ . مع ذلك . فوق ذلك (= هذا أحسن وأحسن)

still′-bôrn, *a.* سِقْط = مَليص = ميت عند الولادة

still′ness, *n.* سُكُوت . سُكون . هُدوء . سُجُوّ

still′y, *a.* بسكون . بهدوء . ساكن . هادئ

stilt, *n.* مِسبواق (أو) مِطوال = خَشَبة (أو) عُكَّازة قائمة يرتفع عليها الماشي . مِسْماك (أو) عِماد يرتفع عليه البيت فوق الماء (أو) الأرض

stilt, *v.* رَفَع على مِطوال). تَمطوَل (على مِطوال)

stil′tẽd, *a.* كثير التَّرسُّم. مُتكلِّف. مُتصنِّع . فيه تَقعُّر (أو) تشدُّق (أو) تَعمُّل

stim′ūlant, *n.*, *a.* مُثير . مُحرِّك . باعث . مُشوِّق . مُنشِّط . حافِز . مُنعِش

stim′ūlāte, *v.* أَهَبَ . أثار . هَيَّج . نَبَّه . نَشَّط . حَفَز . أنهض . شَوَّق . شَدَّد

stimūlā′tion, *n.* إثارة . تحريك . تشويق . تَنشيط . إنهاض . حَفز . إنعاش

stim′ūlus, *n.*; *pl.* **-lī,** باعِثٌ . حافز . مُؤَثِّر . داعٍ . مُحرِّك . مُنبِّه . تنشيط . تَشويق

sting, *n.* لَسبة = لَسعة . قَرصة . حُرقة . لَذعة . وَخزة . كلمة (مُوجِعة) = قارصة . حُمَة (البَرْد) . حُمَة (أو) زُباني (العقرب أو النحلة)

sting, *v.* (stung, stinging) = لَسَبَ لَسَع . قَرَص . قَزَع (أو) نَزَغ (بكلمة موجعة) . كَوى = لَذَع . لَذَع (بالبَرْد مثلًا) . قَرَّس (البردُ) . أَمَضّ (أو) أوجَع بالكلام . حَفَز . أَهَبَّ . نَخَس . بلَص . إلتذع

sting′ẹr, *n.* نَزيغة = (كلمةٌ) قارِصة (أو) لاذِعة . حُمَة (أو) زُباني

stin′gily, *ad.* ببُخل . بشُحّ

stin′giness, *n.* بُخل . شُحّ

stin′gy, *a.* (-ier, -iest) = نَحّال بَخيل . شَحيح . خَسيس . ضَنين . نَزْر

stink, *n.* نَتْن . زُهومة . خَمَّة . سُهوكة (السَّمَك)

stink, *v.* (stank *or* stunk, stinking) أَنتَن . زَهِم . خَمَّ . سَهِك

stint, *n.* تَباخُل . تقتير . تَتْرير . شَحْشَحة . تَنْكيد (في العطاء) . تحديد . طَوْر = حَدّ . فَرْض = وظيفة

without —, بدون حَدّ . بدون ضَنانة (أو) تقتير

stint, *v.* حَدَّد . شَفَق (أو) نكَّد = قَلَّل (أو) تَرَّر . قَتَّر . زَنَّق

stint'ēd, *a.* مَحْدُود . مَنكود = مُتَرَّر = مُوَنَّح

stīp'end, *n.* عَطاء (الكاهِن) . عُلُوفة (الجندي) . مُرَتَّب = جامِكية . [مَعاش]

stīpen'diary, *a.* صاحب مُرَتَّب . ذو مرتب . له مرتب

stip'ūlāte, *v.* شارَط . اشترط . نَصَّ (في اتفاق أو عقد) . عَيَّن

stipūlā'tion, *n.* مشارَطة . اشتراط . تَنْصِيص . تعيين

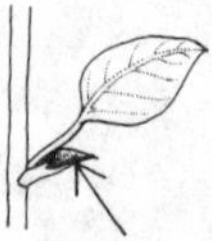

stip'ūle, *n.* احدى ورقتين صغيرتين في أسفل عِلاقة الورقة = زَنَمَة = أُذَنَة . علاقة

stir [ster], *n.* حَرَكة . تَحْريكة . رَجَّة . [طَنَّة ورَنَّة] . جَلَبة . جَلْجَلة . هَمْشَة . هَمْكة . خَضْخَضة . هَزْمَرة

stir, *v.* (-rred, -rring) حاسَ . حَرَّك . تَحَرَّك . تلجلج . تململ . تَزَحْزَح . ارتجَّ . أهاج . هَوَّش . أنهض . أثار . هَزَّ . أَفَزَّ . تمخَّض . انهمك . تَهَمَّك

to — a finger, حَرَّك ساكنًا . بذَل أيَّ مجهود . هَمَّ بشيء

stir'ring, *a.* مُثير (أو) مُحَرِّك (للنفس) . مثيرٌ لكوامن النفس . نشيط

sti'rrup, *n.* رِكاب = غَرْز

stitch, *n.* خُرزة . غُرْزَة . قُطبة . نَخْسة (ألم أو وجع) . جُذَّة (من الثياب) . نقرة = شيء قليل يسير

stitch, *v.* غَرَز . خرز . خاط

stīv'ẹr, *n.* فَلس هولندي . شيء نَجْس

stōat [stōt], *n.* قاقُم = قاقُوم . ابن عِرْس

stock, *n.* [قُنْداق] البندقية = خَشَبَتها في المؤخَّرة = حاضِن . مِقبض . نِصاب

stock, *n.* مَوْرِد . خَزين . موجود (أو) مخزون (من البضاعة) = تَبضيعة . أنعام = الحيوانات (أو) المواشي (في مزرعة) . سُلالة (من الحيوانات أو النباتات) . نَسْل . عِرق . مَرَق (أو) مرق رقيق

to take —, ضَبط موجودات البضاعة

to take — of, استعرض . نظر يُقدِّر (إمكاناته أو . . .)

on the —s, في طور الإعداد (أو) الصُنع

stock, *n.* حِصَّة (أو) سهم (تجاري) = سَنَد . أصل . [قُرْمِيَّة] . جِذْع . جِذْل . مادة أولية (للصناعة)

stock, *v.* خَزَّن . تَبَضَّع . ذَخَّر . جَهَّز . تاجَر

stock, *a.* تِجاري . مألوف = [دارِج] . مَطروق . مُبتَذَل

stockāde', *n.* حِظار = سياج (أو) حُواطة (من أوتاد تغرز في الأرض) . حَظيرة = حَريزة

stockāde', *v.* حَرَّز = اتخذ حَريزة . حَظَّر = اتخذ حظيرةً

stock'brōkẹr, *n.* سِمْسار أسهم وسَنَدات

stock′dove [-duv], *n.* فاخِتة (من نوع الحمام)

Stock Exchange, بُورصة = سوق الأوراق المالية

stock′hōldẹr, *n.* صاحب أسهم (أو) سَندات

stock′ing, *n.* جَورب طويل . [كَلْسَة]

stock′-in-trāde, *n.* عُدّة . بِضاعة . مُقوِّمات . رأس مال

stock-market, *n.* سوق الأسهم (أو) السندات المالية . بورصة

stock′-pīling, *n.* إدِّخار = تخزين المواد الصناعية (أو) المواد الخام (أو) البضائع عموماً

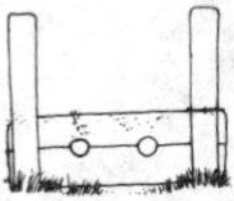

stocks, *n. pl.* دَهق = مِقطَرة = فَلَق

stock′-still, *ad.* ساكِنٌ مُتخشِّب . جامد الحركة . ساكن تماماً

stock′tāking, *n.* جَرد الموجودات (من البضاعة) . استعراض وتقدير

stock′y, *a.* (-ier, -iest) عَبل . قصير وغليظُ الجسم . قَشمَر = مُكتَنِل . كَمكام = قصير مُلزَّز . ضخم شديد (كجذع الشجرة)

stock′yârd, *n.* حَظيرة حيوانات (كالبقر والخنازير . . .) . زَريبة مُوقّتة

stodg′y, *a.* (-gier, -giest) ثقيل. مُتلَبِّد = مُتلَكِّد . جافّ . مُسئِم (لكثرة التفاصيل) . مُعَبَّل . عَويص . ثقيل على النفس

stoep [stōōp], *n.* رِواق (أو) دَكّة أمام مدخل بيت في جنوب افريقيا . صُفّة

stō′ic, *n.* شخصٌ صبورٌ كاظِم لأحساسه ولا يبالي باللذة (أو) بالألم . مُتجمِّل

stō′ical, *a.* مُتجمِّل . كاظِمٌ . ضابطٌ لنفسه . لا يبالي باللذة (أو) بالألم . جَليد

stō′icism, *n.* التَّجمُّل . الصَّبرُ والكُظُوم . عدم المبالاة (أو) الاكتراث باللذة (أو) بالألم . تجلُّد . جَلادة . مذهب الفلاسفة الرِواقيين

stōke, *v.* حَضَب (النارَ) = ألقَى عليها ما يَزيد فيها . حَضأَ (النار) = حَرَّكها حتى تلتهب . وَقَد . أذكى (النارَ)

stōke′hōld [-k-h-], *n.* مُستَوقَد السفينة = المكان الذي فيه الأتون والمرجل

stōke′hōle [-k-h-], *n.* باب الأتون . فسحةٌ أمام الأتون حيث يُقحَف الفحمُ والرَّماد (أو) حيث يَقِف الوقّاد

stōk′ẹr, *n.* حَضّاب . وقّاد . مِحضاب

stōle, *v., p. of* steal

stōle, *n.* بَطرَشيل (أو) بطرَشين (= من لباس رجال الدين) . فَرو الرَّقبة . سَبلة الرقبة (من حرير أو غيره)

stōl′ẹn, *v., pp. of* steal

stol′id, *a.* بَليد النفس (أو) الرُّوح . بطيءُ الحِس (أو) التأثُّر . جامد (أو) ثقيل الروح

stol′idly, *ad.* بِجُمودِ روحٍ . ببرود نفس . ببلادةِ حسٍّ

sto′mach [stumak], *n.* مَعِدَة . كَرِش . اشتهاء (للطعام)

sto′mach, *v.* استمرأ . أطاق . احتمل . تجرَّع . صَبَر (على)

sto′mach-āche [-āk], *n.* وَجَع البطن (وخصوصاً الأمعاء)

sto′machẹr [stumak-], *n.* صَدرِية تلبسها المرأة . مُحشَّر = شيءٌ كالصِدار تلبسه النساء

stōne, *n.* حَجَر . نواةٌ = عَجَمة . حصاة . صخر . صَخرة . حجر كريم

a —'s throw, مَرْمى (أو) رَمْيَة حَجَر = مسافة قصيرة

to leave no — unturned, لم يترك وسيلةً إلّا . . .

stōne, *n.* وَزن = ١٤ رطلًا انكليزيًا

stōne, *a.* حَجَري . صَخري . بالحَجَر . من الحجر . قاس

stōne, *v.* صَفَّ (أو) رَصَفَ (أو) فَرَش بالأحجار . رَجَم = حَصَب . قتل رمياً بالأحجار = رَجَم . نَوَّى = أخرج النواة

Stone Age, العصر الحجري (في ما قبل التاريخ) . الطور الظِرّي (أو) الظِرّاني

stōne'-cutter [-nc-], *n.* حَجّار

stōne'-deaf [-ndef], *a.* أصلخ = أصم جدًّا

stōne'wāre [-nw-], *n.* خزفيات خَشِنة صُلبة مَصقولة (مصنوعة من الفخّار والصوّان)

stōne'work [-nwerk], *n.* بناء (أو) قسمٌ من البناء مبنيّ بالحجر

stōn'y, *a.* (-ier, -iest) حَجَرِيّ . كثير الحِجارة . مُتَحجِّر . صَلْد . جامِد . قاسٍ كالحَجَر . مفروش بالحِجارة

stood, *v.; p., pp. of* stand

stōōge, *n.* (شخص) ذَنَبٌ لغيره . شخص يكون مَضحكةً للهزّال (على المسرح) . مُخبِر سِرّي = دَسِيس

stōōl, *n.* كُرسيّ (بلا ظهر ولا ذراعين)

stool pigeon, مُستَدرِجة . مُستَدرِج . رامِق = حَمامةٌ للإيقاع بحمامات أخرى في الفخ . شخصٌ تستعمله الشرطة للإيقاع بالمجرم = مُغرِر

stōōp, *n.* قَتَبة . هَنَعٌ = إكبابٌ في الرأس والعُنق وحَدَبٌ في الكتفين = هَدأٌ

stōōp, *v.* حنا (الرقبة أو الظهر) . طَأطأ = دَبَّح . دَلَبح . هَنَع . تطامن . تَدَنّأ . تسفّل (أو) انحطّ (إلى) . انقضّ (الطائر)

stōōp, *n.* رِواق أمام البيت (في شمال أمريكا)

stop, *n.* وَقْفة . مَوْقِف . تَوَقُّف . حدٌّ

stop, *n.* سَدٌّ . تسكير . سِداد . علامة وقفٍ (تامّ)

stop, *v.* (-pped, -pping) أوقف . كفّ = انتهى (أو) تناهى (أو) أقصر (عن) . سَدَّ = رَدَم . سدّ = سَكَّر . كظم . مَنَع . صَدّ . قَطَع . حَشا . توقّف . وقَف . مَكَث . عَرَّج . تورَّع (عن)

stop'cock, *n.* صُنبور = حَنَفيّة

stop'gap, *n.* سِدادة عَوَز . مَسَدّ حاجة (أو) ثُغرة . سَدّة فراغ = شخص (أو) شيء يُستعان به موقتًا بدلًا من غيره

stopp'āge [-ij], *n.* توقّف . إيقاف . توقيف . إنقطاع . سِداد . عائق . حاجز

stopp'ẹr, *n.* صِمام = سِداد = صِماد = دِسام . كِظام . مِكبَس (أو) مِدَكّ

stopp'ẹr, *v.* كَظَم . سدّ = سَطَم = صَبَر

stop'-press, *n.* آخِر الأخبار (تدرَج في الجريدة وهي في الطبع)

stop'-watch [-woch], *n.* ساعة توقيتية

stôr'age [-ij], *n.* خَزْن . مَخزَن . خُزانة = أُجرة (أو) جُعل الخَزن

storage battery, بطارية تخزين كهرباء . بطارية خزّانة

stôr'ax, *n.* إصطرَك = مَيعة يابِسة (من نوع البَلسَم)

stôre, *n.* حاصِل = مَخزن (بضائع) . مَتجَر . دُكّان . خَزين
in — مُعَدّ لوقت الحاجة . مَذخور . مُدّخَر . مَقدُور (في المستقبل) . مُؤَخَّر . مَحفوظ . مُرصَد
to set (much) — by, غالَى بقيمته
stôre, *v.* حَصَل = خَزَن . ادَّخر . خَبأ . كَنَز . جَهَّز . رَصَد
stôre'house [-rh-], *n.* حاصِل . مَخزن . مُستَوْدَع . أنبار . مَذخَر . مَعين . ذَخيرة
stôre'keepęr [-rk-], *n.* خَزّان = صاحب (أو) مأمور المخزن = قَيِّم (أو) أمين المخزن
stôre'room [-rr-], *n.* غرفة (أو) بيت الخزين (أو) المُؤْنة
stôreṡ [-rz], *n. pl.* ذَخائر (أو) لَوازم . مُعَدّات . تموينات
stôr'ey [-ri], *n.* طبقةُ (بناء) . [دَوْر] (بناء)
stôr'eyed [-rid], *a.* ذو طَبقات كالبناء
stôr'ied [-rid], *a.* له ذِكْر في التاريخ . مشهورٌ في القصص (أو) التواريخ

stôrk, *n.* لَقلَق . لقلاق . [أبو سَعد] . أبو حُدَيج
stôrm, *n.* عاصِفة . زَوبعة . خَبٌّ (في البحر) = [نَوْء] = فُرْتُنة . هائجة . عَجاجة . وابِل . سَورة . هِياج
to take by —, أخذه عَنوة
stôrm, *v.* عَصَف (الريح ، المطر ، الثلج) . هاج . زَمجَر . هَجَم بِعُنفٍ . غَذمر . فَرتَن = غضِب وهاج
stôrm'y, *a.* (-ier, -iest) عاصِفٌ . هائج . عَجّاج
stôr'y, *n.* قِصّة . حِكاية . خُرافة . سِيرة . سالِفة
stôr'y, *n.* = storey
stôr'y-tellęr, *n.* قَصّاص . [حَكَواتي] . خَرّاص = [خَرّاط]
stoup [stōōp], *n.* مِشْرَبة = إناء يُشرَب منه
stout, *a.* جُسْماني = ضَخم الجُثّة . مُكتَنِل . رَبيلٌ . صُلبٌ شديد = عُتُل . عَتِيّ . ضَليع . ضَخم . مَتينٌ . قَوِيٌّ ثابتٌ . قوي القلب
stout, *a.* بيرة سَوداء قوِيّة
stout-heart'ẽd [-hâr-], *a.* باسِل . ثَبيت القلب
stout'ly, *ad.* بمتانةٍ . بعزمٍ ثابتٍ . بشدةٍ وصَلابةٍ
stout'ness, *n.* بسالة . ثَبانة . بَدانة . صَلابة ومتانة . ضخامة
stōve, *n.* فُرْن . مِطبَخة . [مِدفأة] = [صُوبة] . مَوقِد التدفئة
stōve, *v.; p., pp. of* stave
stōw [stō], *v.* عَبّأ (بتنظيم بحيث يسهل فَرْزُ البعضِ عن البعض الآخر) = [سَفَط] . دَكَن = رَضَّ (المتاعَ) وَضَعه في مكانه منضودًا وشَحَنه = رَصَّ = رَثَد . وَسَع
to — away, سافر بالتهريب
stōw'āge [-ij], *n.* تعبئة . تَرضيم . ترثيد . تنضيد . فُسحة (أو) مكان التعبئة (أو) جُعلُها
stōw'away [stō-], *n.* مُسافِرٌ تهريبٍ . مسافرٌ بالتهريب
strad'dle, *v.* فَرْشَح = تَفَحّج = فرّج بين رجليه . تَفحّج (على الفرَس) . فَحّج
strad'dle, *n.* فَرْشَحة . تَفحيج . تَفَحُّج
strāfe, *v.* رشّق بالمدافع الرشاشة من الطائرة (أو) الطائرات

strag´gle, *v.* نَدَّ . شَتَّ . تَنَدَّد = تَفَرَّق وهامَ . تَصَوَّع . تَطَوَّح في سَيْرِه . تَسَكَّع وتخلَّف وراءَ الآخرين . تَشَتَّت . تَفَرَّق

strag´gler, *n.* نادٌّ . خاذِلٌ = مُتَصَوِّع = مُتَنَدِّد = نَشَرِيّ . ساكِعٌ . مُتَخَلِّف . فارد

strag´gling, *a.* مُنْتَشِر . مُتَشَتِّت . مُتَفَرِّق . [مُفَرْفَد]

straight [strāt], *a.* مُستقيم . قَوِيمٌ . صَريحٌ . مُسَدَّد . مُرَتَّب . مُنْتَصِب . قَوِيمُ الأخلاق . صَحيح . صِرف = مَحض . سَبِط (الشعر)

straight, *ad.* على [رأساً] = عامِدًا . على الفَوْر . مُنْتَصِبًا . مُيَمِّما . لِوَجْهِه

straight, *n.* استقامة . مسافة مستقيمة في آخر مضمار السباق

straight away, حالًا . فورًا . [رأسًا] . لِلْوَقت

straight´en [strāt-], *v.* قَوَّم . سَدَّد . عَدَّل . سَوَّى . صَحَّح . استقام . اعتدل

straightfor´ward[strāt-werd],*a(d)*. سَديد . مستقيمٌ . حُرُّ الضمير . صَريح . عامِدٌ = قاصِد = [رأسي] . [رأسًا] . قاصِدٌ = سهلٌ لا صعوبة فيه . (طريق) مُنقاد

straight off, = straight away

straight´way [strāt-], *ad.* في الحال . على الفور . على الأثر . فَوْرًا

strain, *n.* جُهد . مَجهود . إجهاد . فَكٌّ (المفصل مثلًا) = هَتْكُ (العضَل) = فَسخٌ . إرهاق . شَدّ . إنهاك . مَشَقَّة . أَوْد = الشدّ (أو الثقل على حبل مثلًا)

strain, *n.* نَغمة . أُغنية . أُسلوب . لهجة

strain, *n.* نَسَب . نَسلٌ . سُلالة . عِرقٌ . طُرْقَة = أُسروع . سَجِيَّة (أو خَصلة موروثة) = عِرق

strain, *v.* شَدَّ . كَدَّ . أَجْهَد = أَنْهَك = تَأَوَّد . اشتطّ . تَعَنَّى . أَرْهَق . فَسَخ (أو) مَدَخ (العضل مثلًا) . أفرغ جَهْدَه . استفرغ الوُسْع . تكلَّف . تجاهد . انهتك = انفكَّ (من كثرة الشدّ) . حَضَن . عَصَر . ضَمَّ . صَفَّى = نطَب . أخرج الكلامَ عن معناه

to — his ears, أَرْهَف السمع . أرهف أُذُنيه

strained [-nd], *a.* مَجهود . مُتَكَلَّف . مَكْدودٌ . غير طبيعي . مُتَوَتِّر

strain´er, *n.* مِنطَبة = مِصفاة

strait, *a.* مُحَرَّج = مُضَيَّق . ضَيِّقٌ = حَرِجٌ

strait, *n.* مَضيق . مَجازٌ = بوغازٌ . ضِيقَة (أو) خَصاصة (مالية) . عُسْرَة . لَزْبَة

strait´en, *v.* عَسَّر . ضَيَّق

in —ed circumstances, في عُسْرة (أو) ضِيقَة (مالية)

strait jacket, كَتيف = ثوبٌ مَتين ضَيِّق (كالسترة) يُمسك الذراعين ويلزُّها إلى الجانبين ويُستعمل للمجرمين والمجانين

strait´-lāced [-sd], *a.* مُتَشَدِّد في أمور السلوك والأخلاق = مُحَرِّج . [مُتَزَمِّت] . مُتَحَرِّج (في أمور الدين)

strait´ness, *n.* ضِيق . حَراجة . تَشَدُّد

straits, *n. pl.* ضائقة = ضِيقَةٌ = عُسْرة = ضَنْكَة . لَزْبة

strand, *n.* شَطّ = شِحر(ة) = سِيف = طَفّ . طُرَّة (الوادي)

strand, *v.* أصابت السفينة الأرضَ وتوقّفت = تَوَهّنَت . جَنَح (أو) أجْنَح إلى الشّطّ . وقَع (أو) أوقع في مُنقطع (أو) في مَعوصة . إنقطع بـه (أو) قُطِع به = عَجز (أو) تأخر عن السفر

strand, *n.* قَلد = قُوّة (الحبل أو . . .) = طاقة = أَسِينة = صِرع . خَيط . سِلك . سَحِيل . ليفة . جديلة (شعر)

strand, *v.* قَلَد = ضَفَر = سَفّ . جَدَل

strand'ĕd, *a.* مُنقَطَع به . [مُنقطِع] . [مَقطُوع]

strānge, *a.* غير مُنتظَر . غير خابِر (ل) . غريب . غير مأنوس (أو) مألوف . مُستغرَب . مُستوحِش . عجيب

It is — that... والعَجَبُ منه أنّه . . . والغريب أنّ . . .

strange'ness [-jn-], *n.* غَرابة . غُربة

strān'gẹr, *n.* غَريب . أَجْنبي . لم يألَف

strang'le, *v.* خنق = زَرَدَ . كَظَم . كَبَت . اختنق

strang'lehōld [-lh-], *n.* خِناق . أَخذة خانِقة . عُقلة . قَبضة خانقة . مُخنَق

strang'les [-lz], *n.* خُناق (الخيل)

strang'ulāte, *v.* زَرَد . ضَيّق . حَزَق . خَنَق

strap, *n.* سَيْرٌ = قِدّة (ضَيّقة) من الأدِيم (أو) غيره . شِسعٌ . [قِشاط] . عِصابة . طَسمة = قِدّة من الجلد يُستَحَدّ عليها السكين

strap, *v.* (-pped, -pping) شَدّ (أو) حَزَم بِسَيْرٍ . عَصَب . جَلد

strapp'ing, *a.* طويل فارِه . طويل قويّ الجسم صَحيحه = فارِع

strāt'a, *n., pl. of* stratum طَبَقات . نَضائد

strat'agẹm, *n.* دَوْلَج = دَسِيسة . حِيلة . خِدْعة (حرب) . مَكِيدة . مَكرة = تدبيرة

stratē'gical, *a.* ضروري (أو) نافِع (أو) مُهِمّ في التدبير الحربي . استراتيجي . ذو قيمة (أو) أهمية استراتيجية (أو) حربية . حربي وقائي

stratē'gically, *ad.* من ناحية التدبير الحربي . استراتيجياً

strat'ĕgist, *n.* خَبير في التدبير الحربي . خبير استراتيجي

strat'ĕgy, *n.* فَنّ (أو) علم التدبير الحربي . إدارة العمليات (أو) التدابير الحربية . حسن الحيلة . حُسن التدبير والتصرف . حُسن التأتي للأمور = حِوَل

stratificā'tion, *n.* التنضيد (أو) التنضدد (أو) التكوّن على شكل طبقات

strat'ifȳ, *v.* (-fied, -fying) نضد (أو) تكوّن طبقة فوق طبقة

strat'osphēre, *n.* سُكاك = سُكاكة = طبقة الجو التي على ارتفاع سبعة أميال (أو) أكثر فوق الأرض

strāt'um, *n.; pl.* -ta, -tums طَبقة . نَضِيدة . نَضَد

straw, *n.* قَصَر = [قَش] . تِبن (خَشِن) = مَوص . رُفّة = تِبنة = حَشاة . قَصَبة قَشّ = مَصّاصة . قَصَل

to catch at —s, تعلّق بأحبال الهواء

a — in the wind, لائحة . بارِقة . تَلويحة . دَلالة . بِشارة . نِذارة

not to care a —, أن لا يهتمّ مُطلقاً

man of —, رجل مَصنوع (أو) صُنعة (موهومٌ يُختلَق ولا قيمةَ له)

straw, *a.* مِن قَشّ . من خُوصٍ . من مَوصٍ

straw'bẹrry, *n.* توت الأرض . توت أرضي (أو) إفرنجي . شُلَيْك

straw'-board, *n.* [كرتون] (أو) ورق مُقَوّى يُعمل من القَشّ لصنع العُلَب

stray, *n.* ضالَّة = (حيوان) ضال (أو) شارد ، مُتَضَلِّل (أو) ضائع ، مُتَشَرِّد ، سائِم ، عائر

stray, *a.* شارد . ضالّ = تائه . ضائع . مُتَفَرِّق . عائر = عَرَضي . يُرى (أو) يحدث أحيانًا . طائِش (كالسهم عن الهدف) = عائر = عَرَض

stray, *v.* شَرَد . ضَلّ . تاه . عار . تطوَّح . جالَ . سَكَع

streak, *n.* جُدَّة = خطٌّ (بلون مختلف) . تجزيعة . عِرْقٌ = حِباك = شُطبة . عِرق = خُطَّة = طَبيعةٌ . طَبَقة = طريقة (من الشحم مثلًا) . عقيقة (برق) . لَمْحة . أثَر . لَمْعة

streak, *v.* حَبَّك = خطَّط . عَلَّم بخُطوط (أو) شُطَب . إنعقَّ البرقُ (في السحاب) = تسرَّب = تَسَلْسل . مَلَخ (أو) مَزَع = سار سريعًا

streaked [-kd], *a.* مُحَبَّك = مُخطَّط . مُجزَّع . مُسَيَّح

streak'y, *a.* (-kier, -kiest) ذو حُبُك . مُسَيَّح (كالجراد) . مُعرَّق . مُشَطَّب . [مُشَحَّط] . مُسَلْسَل

stream, *n.* سَيْلة . سَيل . مَجرى (ماء) . جدول . تيّار . مَسيل . سِرْب

down —, مُنحَدِرًا (مع التيار)

up —, مُتصاعِدًا (ضد التيار)

to go with the —, تابَع . جارَى . ساير . سار مع السائرين . ساير الأحوال

stream, *v.* جَرَى . سال . إنساب . تَسايَل . سَبْسَب . تَسَبْسَب . انهلّ (المطر أو العين) . تدفق . استرسل . تَسَرَّب . تقاطر . تصبَّب . كَلَّت (الماء على المعدن)

stream'ẹr, *n.* سَبيبة (من أي شيء) مُسترسِلة (في الطول) . راية دقيقة مستطيلة = سَبيبة

stream'lĕt, *n.* جَدْوَل (ماء) . ساقِيَة

stream'-līne, *v.* سَلْسَل . مَشَّق . سَلَّك . مَسَّد . سَبْسب

stream'-lined [-nd], *a.* مُسَلَّك (بحيث يجري بدون مقاومة له) . مُسلَّس (بحيث يكون سَلِسًا سهل التنفيذ) . مُمَسَّد

street, *n.* شارع . طريق . نهج

the man in the —, مواطِن عادِي . فرد (أو شخص) من عامّة الناس

street'câr, *n.* حافِلة التَّرام

street lamp, مصباح الشارع

street'walkẹr [-wôk-], *n.* امرأة مُتَبغِّية . بَغِيّة . مُومِس

strength, *n.* حَيل = قُوَّة . شِدَّة . ضَلاعة . مَتانة . مُنَّة . اكتمال العدد والعُدَّة . كامل العدد (والعُدَّة)

on the — of, بناء (أو) اعتمادًا (على)

trial of —, مُماتَنة . مُماحَلة . مقاواة

streng'thẹn, *v.* تقوَّى . قَوَّى . شَدَّد . مَتَّن . عَزَّز . أيَّد . تضلَّع

stren'ūous, *a.* مُتَجاهِد = باذلٌ المَجهود . عَنيف . مُجْهِد . جَهيد

stren'ūously, *ad.* بِتَجاهُد . بنشاط . عَنِيف . بجهد

stress, *n.* شِدَّة . شَدَّة . شَديدة . مَشَقَّة . ضَغط . إحراج . إجهاد . ضَغْطة . حَزْبة = حازبة . غَمرة . مَجبُوريَّة . جَهد . تأكيد . أهمِّية . اهتمام . تَشْديد

to lay — on, أكدّ . شدّد (على) . نوّه (بِ) . أصرّ (على)
stress, *v.* شدّد (على) . نوّه (بِ) . أصرّ (على)
stretch, *n.* شدّة . جذبة . مَطّة . بَسطة . مُدّة . مساحة . مدى
at a —, على التّوالي . مدّةً واحدة
stretch, *v.* شدّ . مدّ . امتد . بسط . مطّ . مدّد . تمدّد . تمطّى = تجذّب . تمطّط . تجوّز . جندل . أطاق
to — a point, تجوّز (في الأمر)
stretch'ẹr, *n.* مدّاد . مطّاط . حمّالة (أو) نقّالة (مرضى أو جرحى)
strew [**strōō**], *v.* (-ed, -ed *or* -ewn, -ewing) نثر . بذر . بدّد . رشّ . بعثر
strewn [**strōōn**], *a., v., pp. of* strew
strick'ẹn, *a., v., pp. of* strike
مُصابٌ . مُستحوَذٌ (عليه) . مُطفّف (كالمكيال)
— in years, طاعنٌ في السّن
strict, *a.* مُلزِمٌ إلزامًا شديدًا . مُعنّت . شديد . متشدِّد . مُشدِّد . مُدقِّق . قاسٍ . دقيق . صارمٌ . قطعي . مُطلق . تام
strict'ly, *ad.* بتشديد . بالدقة . بالحصر . بالضبط . بالتنصيص
strict'ness, *n.* شدة . تشديد . دقة . صرامة . ضبط (شديد) . عنت
stric'ture, *n.* تنديد . تقريع . إنخزاق
stridd'ẹn, *v., pp. of* stride
strīde, *n.* شَحوة = فَحجة = خُطوة واسعة (أو) فسيحة . مسافة الفحج
to take it in his —, أخذه في طريقه (قضاه بدون زيادة جهد)

strīde, *v.* (strode, stridden, striding) تخطّى = فحج (عن) . شحا = فسّح الخطوة = مطّ (أو) نبوع في مشيته . أذرع في المشي = إندرع = [فحج]
strīd'ẹnt, *a.* أصحل = حادّ (خشن) . فدّاد . زعّاق . صرّار
strid'ūlāte, *v.* صرّ (صريرًا كالجندب)
strīfe, *n.* صِدام . صِراع . تشاحن . مجاهدة . تناكُر . تغالُب
strīke, *n.* ضَرب . إضرابٌ (عن العمل) . نبط (من الماء أو النفط) . إصابة (كنز أو نفط مثلًا) . توفيقة
strīke, *v.* (struck, struck *or* stricken, -king) ضَرب . أشعل . ضرب (أو) سكّ (أو) طبع (النقود) . طرق . دقّ . اعتدى . أصاب . خطر (بالبال) . ترآءى (لِ) . ترك أثرًا (أو) وقعًا (في النفس) . أنزل . قوّض . مضى . اندفع في السير = اندرع . ألقى . أوقع . ضرب (جذرًا) . أضرب عن العمل . دهم . صدم . بطش . عثر (على) . أصاب (كنزًا مثلًا) . رمى (بالعمى مثلًا)
to — off, ضرب (أو) قصل (العنق) . قطع . طبع . رمّج = حذف . شطب . أبان . أندر . انحرف في السير = انصرف عن الاتجاه إلى اتجاه آخر
to — out, سدّد (ضربة) . ضرب . اندفع . استنبط . اندرع
to — up, أحدث . بدأ
to — camp, قوّض المُخيّم (للرحيل)
to — flag, نكّس العلم استسلامًا
strīk'ẹr, *n.* ضارب . مُضرِب (عن العمل)

strīk'ing, *a.* رائع . يستوقف الانتباه (أو) النظر . مُعجِب . مُضرِب

— force, قوة ضاربة . قوة حَضِيرة . قوة النجدة

strīk'ingly, *ad.* بِرَوْعةٍ . بصورة رائعة تستدعي الانتباه

string, *n.* خَيط . خَيط مِصّيص . [دوبارة] . سِمط = سِلك . وَتَر = شِرْعة . [مِشْكاك] . صَفّ = شِكاك . رِباط . عِرق (أو) خيط (في النبات) . سِرب . مجموعة

without —s, بدون إلزام . غير مشروط

string, *v.* (strung, -nging) نظَم (الخرز أو اللؤلؤ) . وَتَر . ربط (أو) شَنَق . شَدّ الأوتار

stringėd [-ġd], *a.* مُوَتَّر = ذو أوتار . وَتَري

strin'gėncy, *n.* شِدّة . قَساوة . عُسْرة . ضِيق . ضَنْك

strin'gėnt, *a.* عَسِر . شَدِيد = قاس = مُحَرِّج . ماسٌّ . مُحكَم

stringṡ, *n. pl.* آلات موسيقية وترية

string'y, *a.* كثير العروق . يتمطط كالخيوط . ممطوط . مجدول

strip, *n.* طِبَّة = طريدة = شُقَّة مستطيلة قليلةُ العرض . شُقَّة . سَرِيحَة = [شَرِيطة] . مِزقَة = زُعْبُولة

strip, *v.* (-pped, -pping) جَرَّد . تَجَرَّد . عَرَّى . سَلَخ = قَشَط . نَزَع (عن) . شَلَّح = سَلَب = قَشَّط . قَلَف = قَشَر . عزَّل . فَكَّك

strīpe, *n.* جُدَّة = خطٌّ . تخطيطة . وَشِيعة = طريقة (أو) [قَلَم] . [تقليمة] . شَرِيطة . جَلدَة . حَدَر = أثر الضرب في الجسم

strīpe, *v.* جَلَد (بالسوط) . عَلَّم بخطوط (أو) تقاليم . خطَّط . وَشَّع . [قَلَّم]

strīped [-pd], *a.* مُشَطَّب . [مُقَلَّم] . مُخَطَّط . مُسَيَّح . مُطَبَّب . مُسَهَّم

strip'ling, *n.* يافع . شارخ . فتًى

strip'teaṡe, *n.* [تَزْليط] = خلع المرأة ثيابها بالتدريج على مرأى من الحضور

strīve, *v.* (strove, striven, -ving) حاول (أو) سَعَى جاهِدًا = تَعَمَّل . جاهَد . تَعَنَّى (واجتهد) . غالَب . نازَع . تَكَلَّف . قارَع

striv'ẹn, *v., pp. of* strive

strōde, *v., p. of* stride

strōke, *v.* (-ked, -king) مَلَّس . مَسَح (باليد على . . .) . مَسَّد . مَرَى (ضَرعَ البقرة)

strōke, *n.* تمليسة . مَسحَة (باليد) . ضَرْبة . نَبضة . خَبطَة . دَقَّة . جَرَّة . مَشقَة (قلم أو مجذاف أو حركة السابح) . دَحمَة (أو) دَسرَة (مِكبس الآلة) . إصابة بنزيف في الرأس = سَكتة . هَمَّة = بَذْلة من المجهود

a — of (good) luck, نفحة من (حسن) الحظ

a — of work, حَرَكة (أو شيء) من العمل

strōll, *n.* مَشية (أو) جَولة قصيرة للنزهة

strōll, *v.* تنقَّل (من مكان إلى آخر) . تَمَشَّى . مَشَى (أو) تَجَوَّل للنزهة . مَشَى مُتَمَهِّلًا

strōll'ẹr, *n.* مُتنقِّل . مُتجَوِّل (أو) مُتَمَشٍّ للنزهة

strong, *a.* قَوِيّ . شَدِيد . مَتين . مَنيع . حَصين . ثَقِيل . ضَليع . عَنيف (الكلام) . راسِخ

strongˈhōld, *n.* مَعقِل . لَجَأ . حِصن
strongˈly, *ad.* بقوة . بِشِدّة . بصورة مُؤَثِّرة
strongˈ-mīndˈĕd, *a.* ثابت الرأي . مُصِرّ على رأيه
strop, *n.* طَسمَة = قِدَّة من الجلد تُستَحَدّ عليها المُوسى
strop, *v.* (-pped, -pping) إستَحَدّ الموسى على الطَّسمَة = [طَسَّم]
strōphˈē, *n.* مَقطع شِعري (من قصيدة إنشادية)
strōve, *v.*, *p. of* strive
struck, *v.; p., pp. of* strike
strucˈtural [-chẹr-], *a.* تَركيبي . تكويني . بِنائي . إنشائي
strucˈturally, *ad.* من حيث البناء
strucˈture, *n.* تكوين . كِيان . بِنية . تركيب . بِناء . عِمارة . إنشاء
struġˈġle, *n.* جُهد . جِهاد . مُجاهَدة . عِراك . اختباط . معالجة . مُعافَسة . مصارعة . تغالُب . مُغالَبة
struġˈġle, *v.* جاهَد . غالَب . تعالج . عافَص . اختبط . قارَعَ . صارع
strum, *v.* (-mmed, -mming) خَبَّط (في العزف على البيانو (أو) الكمنجة مثلًا) . تعابث (في العزف)
strumˈpĕt, *n.* عاهرة . قَحبة . مُومِس
strung, *v.; p., pp. of* string
strung, *a.* مَنظُوم (في سِلك أو خيط)
strut, *n.* هَركَلة = مِشية ببُطء واختيال . اختيال (في المشي) . تَبَختُر . زَيَفان . تَبَهنُس
strut, *v.* (-tted, -tting) هَركَل . اختال . تبختر . تَبَهنَس . زاف (كالديك (أو) الحمام)

strut, *n.* رِفادَة . عامِدَة (في بناء السقف مثلًا)
strychˈnīne [-k-], *n.* إستركنين = مادة كيماوية سُمّيّة
stub, *n.* جِذل (الشجرة) . جِذمة . عَقِب . قِرمِيّة
stub, *v.* (-bbed, -bbing) قَلَع (الجذور) . طَرَق (أو) دَقَم (مُقدَّم القَدَم بشيء) . نقّى (من الجذور والجذوع) . دَعَك وأطفأ
stubˈble, *n.* جُذامة (الحصيد) = حَشفَة = أصول الزرع تَبقى بعد الحصاد = جِلّ . جُرامة = سَفِير . هُلْب = شعر غليظ جاف كالقَشّ
stubbˈorn, *a.* عَنيد . مُتصلِّب في الرأي . مُكابِر . شَكِس . صَعب . مُستَعصٍ . عَسِر
stubbˈornly, *ad.* بِعِنادٍ . بِمُكابرة . بإصرار
stubbˈornness, *n.* عِناد . صَلابة الرأي . شَكاسة . استعصاء
stubbˈy, *a.* (-ier, -iest) قَصير مُجتَمِع . مُجَذَّر = قَصير غليظ . مُقرطَم (كالأصابع)
stuccˈō, *n.; pl.* -co(e)s جِصّ (ناعم)
stuccˈō, *v.* (-coed, -coing) جَصَّص
stuck, *v.; p., pp. of* stick
stuckˈ-up, *a.* مُتعجرِف . مُتكبّر . مُشمَخِرّ . مُشنَخِر . مُتغطرِس
stud, *n.* مِسمار مُفلَّك الرأس . رَصِيعة . فُلطُوحة المِسمار . زِر بِفلْتكين (في قميص أو كُمّ) . جِذمة الشجرة . خِلال
stud, *v.* (-dded, -dding) رَصَّع . نقَّط . إنبذَر . بذَر . رَقَّم

stud, *n.* خَيل السِّفَاد . آخور . خيل السِّبَاق . فَحل

stūd′ẹnt, *n.* تلميذ . طالِب (في جامعة أو كلية) . دارِس

stud′ied [-id], *a.* مَدْرُوسٌ . مُدَبَّر . مُتَعَمَّد . عن إصرار . فيه تَعَمُّل

stūd′iō [*or* **stōō-**], *n.*; *pl.* -dios إستُوديو = حُجرة فَنِّيَّة . حُجرة إذاعِيَّة

stūd′ious, *a.* عاكِف على الدراسة . دَرَّاس = مُولَعٌ (بالدراسة أو بالمطالعة) . مُجتَهِد = حَرِيص . مُتَحَرِّس . مُتَعَنٍّ . مُتَعَمِّد . مُتَكَلِّف

stūd′iously, *ad.* باجتهاد . بحرص . بِتَعَنٍّ . بِتَعَمُّد

stud′y, *n.* دِرَاسَة . موضوع دِرَاسِيّ . غُرفة دراسة (أو) مطالعة . جُهد . اجتهاد . رسم (أو) تصوير أَوَّلي . تَعَلُّم . مَوْضِع دراسة

stud′y, *v.* (-died, -dying) دَرَس . طالَع . تأمَّل (أو) تَمَعَّن (في) . اجتهد . تَفَحَّص . حَفِظ (أو) تعلَّم (غيباً) . تَعَلَّم . تَحَفَّظ

stuff, *n.* شيء . مادَّة . عُنصُر . سَقَط (الأشياء) . قُمَاش . جَوْهَر (الشيء) = ماهِيَّة = مادَّة

stuff, *v.* حَشَا . غَصَّ . كَظَم = سَدَّ . تَحَشَّى (بالطعام) . [صَبَّر] = حَنَّط . دَحس = دَسّ . دَعَكَه (الجِلدَ لِيَلين)

stuff′ing, *n.* حَشْوَة . حَشْو

stuff′y, *a.* (-ier -iest) فاسدُ الهواء (مع سُخونة) . خالٍ من الطَّرافة (أو) اللَّذَّة . مَكظُوم = مَسدُود . مَزْكوم

stul′tifȳ, *v.* (-fied, -fying) أَبطَل (نفعه أو تأثيره) . سَفَّه . حَمَّق . سَخَّف . تَسَخَّف . أَفسد . حكم بقصوره العقلي

stum′ble, *n.* عَثرَة . زَلَّة . كَبْوَة . تَعَثُّر

stum′ble, *v.* عَثَر . تَعَثَّر (في سيره أو كلامه . . .) . أخطأ . عَثَر (عليه) عَرَضًا . تَلَعْثَم

stum′bling-block, *n.* حَجَرُ عَثْرَةٍ . مَعثَرَة . عائق

stump, *n.* جِذْلٌ (في لعبة الكريكت) = عودٌ من ثلاثة أعواد تنصب في الأرض

stump, *n.* جِذْل (الشجرة) . جُذمور = بقية كُلِّ شيء مقطوع = جِذمَة . كِرْنافة . [قِرْمِيَّة] . عَقِب (قلم أو سيكارة) . رِجل مُستَعارَة . لَبطة (في المشي)

stump, *v.* جَذَم = قَطَع الفَرْعَ وترك الأصل . نَهوَس (أو) لَبَط (في مشيته) . مَشَى متنصبًا متثاقلًا

stump, *v.* تَعَسَّر عليه الجواب . أَجبَل = أَبلَس = لم يجد ما يقوله . نوهَر = نوهَق = جعله مُتحيرًا لا يعرف الجواب

stump′y, *a.* مُجذَّر = قصير غليظُ الجسم . مُكَرنِف

stun, *v.* (-nned, -nning) أَصعَق (بضربةٍ على الرأس) . أَذهَش . صَعِق . أَذهَل . بهت . أَشدَه . إنشَدَه

stung, *v.*; *p.*, *pp.* *of* sting

stunk, *v.*; *p.*, *pp.* *of* stink

stunn′ing, *a.* مُصعِق . صاعِقٌ . [سَاطِل] . مُبهِت . شادِه . مُذهِش . مُعجِب إلى حد الدَّهشة

stunt, *n.* خُزَعْبِلَة . حركة بهلوانيَّة . بابِيَّة = أُعجوبة

stunt, *v.* قَصَع = قَدَع = كَدَّى = جعله قصيرًا قليلَ النموّ = دَسَّى

stunt'ēd, *a.* مَقصوع = قَصيع = مَقدوع = كادي النموّ . داس . نَقَد = لا يكاد يَشِبّ = مُقَرْقَم . حُونْكِي . مَوْدُون

stūpēfac'tion, *n.* إنسِطال . ذُهُول . شَدَه . بُهت . دَهَش . تخبيل . إنذهال

stūp'ēfȳ, *v.* (-fied, -fying) أبطل الحسّ . خَبَّل . بَلَّه . أذهَل . أشدَه . بَهَت . أدهَش

stūpen'dous, *a.* مُعجِب . هائل . مُذهِل

stūp'id, *a.* مَخبول . مُغفَّل . غَبِيّ . بَليد

stūpid'ity, *n.* عدمُ فِطنة = غَفلة = خَبال . غَباوة . تَغَفُّل

stūp'idness, *n.* غَفلة . غَباوة . تَغفُّل

stūp'or [-ẹr], *n.* ذُهُول . خَبال الحِسّ . دَهَش . شَدَه . سُبات

sturd'ily, *ad.* بقوةٍ وصَلابة

sturd'iness, *n.* عَبالة . قوة وصلابة = عَصلَبِيَّة . مَتانة . ضَلاعة . قوة ورسوخ

sturd'y, *a.* (-ier, -iest) عَبلُ (الخِلقة) . قويُّ البِنيَة . ضَخم الجِسم . عُتُلٌّ . متينٌ (ثابت) . صُلبٌ (لا يَلين) . ضَلِيع . قويّ راسِخ . عاتٍ

stur'geon [-jẹn], *n.* (سمك) الحِفش . خِباري . سمك مُبطرخ

stutt'ẹr, *n.* تَعتَعة (في الكلام) = رُتَّة

stutt'ẹr, *v.* تَعتَع (في الكلام) = تَرَدَّد من حَصَرٍ (أو) عِيٍّ = تَهتَه

St. Vitus's dance, داء (أو) مَرَض الرَّقص

stȳ, *n.* زَريبة للخنازير . مَقذَرَة

stȳ(e), *n.* ظَبظاب = [جُلجُل] (العَين) = [شَحّاذ]

Sty'gian, *a.* جَهنَّمي . دامس . دَيماني . رَهيب . متعلق بنهر الغيّ (Styx) في العالم السُّفلي

stȳle, *n.* طَريقة . طِراز = نَمَط . أُسلوب (الكتابة) . طَرْز = [موضة] . نَفَس (الكاتب أو الشاعر) . مَشْرَب . لَقَب كامل

stȳle, *n.* عِلاقة (أو) سُوَيقة المِدَقَّة (وهي عضو التأنيث في الزهرة)

stȳle, *n.* اسم . لقب . قَلَم للنقش

stȳle, *v.* سمَّى . لقَّب . دَعا . كَيَّف بحسب الطَّرْز المتَّبَع

stȳl'ēt, *n.* مِيل (أو مِسبَر) الجرّاح

stȳl'ish, *a.* [على الموضة] . على آخِرِ طَرْزٍ (أو) طِراز . أنيق

stȳl'us, *n.* مُلمُول = مِرقَم (للكتابة على الشمع)

styp'tic, *a.*, *n.* رَقُوء = شيء مُوقِف للنزيف . راقئ . مُرْقِئ

stȳr'ax, *n.* نبات العَبهر . (شجرة) اللُّبنَى

Styx, *n.* نهر الغيّ في العالم السفلي عند الإغريق

suā'sion [swāzhẹn], *n.* إقناع . تحضيض

suāve [swāv], *a.* لطيفٌ دَمِث . خَلُوقٌ . مُمالِس

suav'ity [swav-], *n.* لطافة ودماثة . مُخالَقة . سهولة الخُلق . مُمالَسة . مُمالَذة

sub-, داخلة بمعنى: تحت ، شبيه ، قريب ، دون

sub'altẹrn, *a.*, *n.* مَرؤوس . من درجةٍ أدنَى . ضابطُ عَونٍ (في الجيش دون الرئيس)

subcon'scious [-shẹs], *n.* العَقل الباطن (أو) الخافي . خافية الشعور

subcon'scious, *a.* في العقل الباطن . في خافية الشُّعور

subdivīde', *v.* قَسَّم (ثانيةً) . قَسَّم أَقساماً صُغرى . فَرَّز (الأرض أفرازًا)

subdivis'ion [-vizhen], *n.* قُسَيم . تقسيم (ثانٍ) . تقسيمة . شُعبة . قِسمُ القِسم

subdūe', *v.* قهر . غلب . قمع . أخضع . خفَّض = خفَّت . طوَّع . خفَّف . خشَّع

subdūed' [-ūd], *a.* مُستكين . متخشّع . مُنقمِع . مُخبِت . خاشِع . خافِت

subhū'man, *a.* دون مُستوى البشر . لا يليق بالإنسان

sub'ject, *n.* = المبتدأ (في الصرف والنحو) المُسنَد إليه . الموضوع (في المنطق)

sub'ject, *n.* مَوضوع (البحث) . عُرضة (أو) مَحطّ (التجربة أو . . .) . ذِهن (وهو ضد الأشياء الخارجة عن الذهن)

sub'ject, *n.* فَرْد من الرَّعِيَّة . تابِع . مُوالٍ . مُصاب (بِ)

sub'ject, *a(d).* مُعرَّض . خاضِع . تَبَع . محكومٌ . قابل

This is — to your approval, هذا مَوقوف (على) . . .

— to, تحت حُكم . . . . مشروطٌ فيه . . . . مع مراعاة . . . . على شرط . . .

subject', *v.* أخضع . عرَّض . جعل عُرضة

to — to, أرهق = كلَّف . سامَ . عرَّض

subjec'tion, *n.* استذلال . إخضاع . خُضوع . ذِلّة . إنقماع

subjec'tive, *a.* عِندِي . وِجداني . اعتباري

subject matter, مادة البحث . موضوع البحث . مَوضوع الخِلاف

sub'jugāte, *v.* قهر . ذلَّل . دوَّخ . أعنى . تولّى (على)

subjugā'tion, *n.* إخضاع . غَلب . إذلال . تطويع . إعناء . ذُل . مَغلُوبيّة

subjunc'tive, *n.* الصيغة الشرطيَّة (أو) صِيغة التمني (أو) الترجي (أو) الافتراض (في اللغة)

sub'lease, *n.* إجارة من مستأجِر . إجارة فرعية

sublease', *v.* أعطى (أو) استأجر إجارةً فرعية

sublet', *v.* (-let, -letting) آجَر المأجُور . أعطى قسماً من التَّعَهُّد (أو) العقد

sub'limāte, *v.* نقّى . صفّى . طهَّر . وجَّه الدوافع النفسانية وجهة صالحة . صَعَّد

sub'limāte [or -mit], *n.* بلورات (أو) رسوبات التصعيد

corrosive —, سُليماني = مُركب زئبقي سامٌ مُعقم

sublīme', *a.* سامٍ = رفيع . سَنِيٌّ . فاخِر . فخمٌ . شامخ . باذِخ

sublīme', *n.* رائع . سَنِيّ . فائق . جَليل . مُفرِط . رَفيع

from the — to the ridiculous, من الطَّريف إلى السخيف (في الكلام)

sublīme', *v.* صَفّى = كرَّر . صَعَّد (في الكيمياء)

sublim'ity, *n.* رِفعة . سَناء . سُمُوّ . صِفة السمو

sub'marīne, *n.* غوّاصة

sub'marīne, *a.* (عائشٌ) تحت (سطح) البحر (أو) تحت الماء

submerge′, *v.* غَطَس . غَطَّسَ . غَمَر (بالماء) . إنغمر . طَمَّ

submer′gẹnce, *n.* غَطس . انغمار . انغماس

submi′ssion, *n.* استسلام . إذعان . خُضُوع . انقياد . استكانة . عُنُوٌّ . إحالة (للتحكيم)

submiss′ive, *a.* طَيِّع . خَضُوع . مُستَكين . رَؤُوم (للضيم مثلًا)

submit′, *v.* (-tted, -tting) استسلم . خَضَع . أَذْعَن . دان . أسلم نفسه . ضَرَع . أخبَت . عَنَا . رَفَع (عريضةً مثلًا) = أحال . عَرَض . رَأَى (رأيًا)

subnôrm′al, *a.*, *n.* دون العادي (أو) الطبيعي . شخصٌ دون السَّوِيَّة العادية في الذكاء

subôrd′inate [-it], *n.* مُلحَق . مَرؤُوس . عَاقِب = ثِنًى

subôrd′inate [-it], *a.*, *n.* أَقَلّ (رُتبةً أو . . .) . مُلْحَق . تابِع . تَبَعِيّ . ثانوِي . مَرؤُوس

subordinate clause, جملة تابعة (غير أصلية)

subôrd′ināte, *v.* تَبَّع . جَعَل تابعًا . أَلحَق . أَتبَع . جَعله تَبَعًا (أو) خادِمًا . جَعَل في المرتبة الثانية (بعد)

subôrdinā′tion, *n.* مَرؤُوسِيَّة . تَبَعِيَّة . خُضُوع . طاعَة . إتباع

subôrn′, *v.* أغوى على فعل الحَرَام (أو) قَول الزور . حَصَل عليه بالرشوة (أو) بوسائط مُحَرَّمة

subpoen′a [-pē-], *v.* (-naed, -naing) استدعى إلى المحكمة (بأمر استحضار)

subpoen′a, *n.* أمرُ استحضارٍ إلى المحكمة

subscrībe′, *v.* ذَيَّل . وَقَّع = أَمضى . تابَع = وافق (على) = طاوع . تَبَرَّع (أو) وَعَد بالعطاء . اشترك (في جريدة أو . . .)

subscrīb′ẹr, *n.* مُشتَرِك (في جريدة أو . . .)

subscrip′tion, *n.* تَبَرُّع . اشتراكٌ (أو) قيمة الاشتراك (في جريدة أو . . .)

sub′sẽquẹnt [-kwent], *a.* تالٍ . عاقِب . لَاحِق . غِبّ

— to, بعدَ . من بعدِ . عَقِبَ

— upon, على أَثَر . . . . من نتيجةِ

sub′sẽquẹntly [-kw-], *ad.* فيما بعد . عَقِبَ (أو) بعد ذلك . ثُمَّ (من بعدِ ذلك) . من نتيجة (ذلك)

subserve′, *v.* أعانَ (على) . خَدَم . ساعَدَ . أَسعَف

subserv′iẹnce, *n.* تَخَضُّع . خُنُوع . استكانة . هَوان . تَذَلُّل . إمتهان

subserv′iẹnt, *a.* مُتَخَضِّع . مُستَخذٍ . خانِع . خادِم للغَرَض = مُسعِف . مُمتَهن

subsīde′, *v.* إنحط . إنخفض . خَفَّ . هَبَط . انهفت . رَسَب . خَفَت . خَمَد . ساخ = إنخسف . هَدَأ

sub′sidẹnce, *n.* تَطامُنٌ . انخفاض = انتِضاع . خُمود

subsid′iary, *n.* مُساعِد . مُعاوِن . مُرافِد . تَبَعِيّ

subsid′iary, *a.* تابع . مُلحَق . إضافي . فَرعي (كالشركة الفرعية) . رافِد(ة)

sub′sidīze, *v.* منح . ساعَدَ (بالمال) . أعطى إعانة مالية . رَفَد

sub′sidy, *n.* مِنحة . مساعدة (أو) إعانة مالية . رِفد (أو) إسعاف مالي

subsist′, *v.* عاش . تَقَوَّت . اقتات . بقي (على قيد الحياة)

subsis′tęnce, *n.* وُجود . عَيش . مَعاش . عِيشة . قُوت . ضرورات العيش . حقيقة الوجود

in —, من حيث الجَوهر

sub′soil, *n.* تُربة تحتانية (أو) باطنية (أو) جَوفية

sub′stance, *n.* مادّة = هَيُولى . زُبْدة = جَوهر . كُنه . ماهِيَّة = عَين = ذات . حقيقة (ثابتة) . قِوام . ثروة . مال . خُلاصة . مَتانة

substan′dard, *a.* دون السَّوِية المُعتَبَرة

substan′tial, *a.* حَقيقي (الوجود) . مادّي . جُسماني . ماكِن . على أساس ثابت . مَتين . جَزل . وافِر . مُوسِر . مُشبع . ذو قَدْر كبير . مُهِمّ . في الأغلب . من حيث الجوهر

substan′tially, *ad.* جَوهَريًا = من حيث الجوهر . على الأغلب . إلى حد كبير . حقيقةً . فعلًا . بمتانة

substan′tiāte [-shi-], *v.* أثبت . حَقّق . بَرهَن (على صِحّة الشيء) . أقام الحُجّة (أو) البيّنة (على) .

sub′stantive, *n.* إسم . ضمير . إسمُ ذاتٍ

sub′stantive, *a.* قائم بذاته . مُستقِلّ . حَقيقي . إسمي (أو) بمقام الاسم . كَوْني = يدُل على الكَون (أو) الوجود مثل فعل to be . مُستَقِر . مُقرَّر

sub′stitūte, *n.* بَدَل . عِوَض . نائب . بَدِيل . مُستَبْدَل . صِناعِي

sub′stitūte, *v.* اِستَبْدَل . وَضَع بدلًا (من) . استعاض . قامَ مقامَ . نابَ

substitū′tion, *n.* استبدال . استعاضة . استنابة

substrāt′um, *n.*; *pl.* -tums *or* -ta أساس . طَبَقة تحتانية (أو) تَحتيَّة

subsūme′, *v.* أدْرَج (تحت) . اندرج (تحت)

subtend′, *v.* قابَل . أطاف (ب) . امتدّ (تحت)

sub′tęrfūge, *n.* عُذر مُنتَحَل . عُذرٌ تَمَلُّصي . حِيلةٌ التجائية . مَفلَص . رَوْغة

subtęrrān′ēan, *a.* تحت (سطح) الأرض . دِيماسيّ = مُستَتِرّ . في الخَفاء

subtīt′le, *n.* عُنوان ثانوي (لكتابٍ مثلًا) . عبارة تفسيرية (في السنما)

subt′le [sutl], *a.* رَقيق . دَقِيق (على الفهم) . خَفيّ (أو) غامِض (الدَّلالة) . لَطيف = غامِضُ المَعنى خَفِيُّه = عُمقي . مُدَقِّق . دَقيقُ الفهم . ثاقِب (أو) حَديد الذِهن . داهٍ = أريب . مَكّار . روّاغ . حاذِق . خبير

subt′lety [sutlt-], *n.* رِقّة . دِقّة . لَطافة . غموضٌ وخَفاء . لطيفة = نكتة . دقيقة . حِذق . دَهاء

subt′ly [sut-], *ad.* بدِقة . بلطافة . بحذق . بدهاء

subtract′, *v.* طَرَح = أسقط . قَلَّل (من) . نَقَص

subtrac′tion, *n.* طَرْحٌ (في الحساب)

sub′trahend, *n.* المطروح (في الحساب)

subtrop′ical, *a.* خاصٌ بالمناطق المجاورة للمناطق الاستوائية . شبيه بالاستوائي

sub′urb [-ęrb], *n.* ضاحِيَة (من ضواحي مدينةٍ) = رَبَض

suburb′an, *a.* للضواحي . رَبَضي . من الضواحي . في سَواد المدينة

sūbven′tion, *n.* هِبة مالية . إسعاف مالي

subver'sion [-shẹn], *n.* قَلْب . قلب الأوضاع (أو) الحكومة . إفساد (الأوضاع) . إفساد (الشخص) . تحريف (الشخص)

subvers'ive, *a.* إفسادي (أو) قلبيّ للأوضاع (أو) للحكومة . هدّام

subvert', *v.* كوَّس = قلبه وجعل رأسه أسفله . قَلَب . أطاح (بِ) . هَدَم . أفسد (النفسَ) . فسَّد

sub'way, *n.* مَرَبٌ = ممرّ (أو) طريق تحت الأرض

succeed' [-ks-], *v.* نَجَح . أفلَح . تَلا . خَلَف . وَلِيَ . تابع . عَقِب

success' [-sk-], *n.* نجاح . فَلَاح . حُسْنُ حظ . مُوَفَّق . ظَفَر . تَوفيق

success'fụl, *a.* ناجحٌ . مُوَفَّق . حسن الحظ

success'fully, *ad.* بنجاحٍ . بتوفيق

succe'ssion, *n.* تتابع . تتالٍ . سِلسلة = مُتوالية . خِلَافَة . وِلَاية . مُوالاة . تواتر . تَلَاحُق = تَوالٍ . تعاقب

in —, بالتتابع . بالتعاقب . على وِلاءٍ . بالموالاة

success'ive, *a.* متوالٍ . مُتَتالٍ . مُتعاقِب

success'ively [-vl-], *ad.* على التوالي . وِلاءً . تِباعًا . سَرْدًا

success'or, *n.* خالِف . خَلَف . عاقِب . خَليفة . عَقيب . تالٍ

succinct' [-ks-], *a.* مُوجَز . قليل دالّ (في الكلام) . مُوجَز مُفيد

succinct'ly, *ad.* بإيجاز

succ'or, *n.*, *v.* = succour

succ'our [sukẹr], *n.*, *v.* أغاث . ساعف . أنجَد . أمدَّ . فرَّج (عن) . غَوث . تفريج . نَجْدة . تدارك

succ'ūlẹnce, *n.* كثرة العُصارة . التَّرَوِّي بالعُصارة = رِيٌّ . خَضَل

succ'ūlẹnt, *a.* كثير العُصارة . رَيَّان . خَضِل

succumb' [-m], *v.* رَضَخ = أذعَن . استسلم . خَضَع . استكان . مات

such, *a.* مِثل . كَ . كهذا . فُلَاني

such, *prn.* ما . هذا . كذلك . مثل هذا

such-and-such, *a.*, *prn.* فلان . فلانة . الشيء الفُلَاني . بَعْضُ

such'līke, *a.* نحو (ذلك) . شِبه (ذلك) . مِثل (ذلك)

suck, *n.* مَصٌّ . مَصّة . رَشْفَة

suck, *v.* مَصَّ . تَرَشَّف . تَشَرَّب . رَضَع . تنشق الهواء (إلى الرئة) . بَرَى . سَحَل . [شَرَق] . سَفَط

to — in (down), سَفَط . ابتلع . غَشّ . [نَصَب] . احتال (على)

suck'ẹr, *n.* راضع . رَضيع . مَصَّاص . مِمَصّ . والبة = شُكيرة . عِرقٌ (أو) راضِعة (من النبات) من جِذعٍ (أو) جذر تحت الأرض . سَمَكُ المِحجم (وهو سَمَكٌ يعيش في الماء العذب)

suc'kle, *v.* أرْضَع . رَضَع

suck'ling, *n.*, *a.* مُرضَع . رَضيعٌ . صغير السن جدًا

suc'tion, *n.* مَصّ . امتصاص . [شَفْط] = سَفْط

— pump, مِضَخّة ماصّة

sudd'ẹn, *a.*, *n.* غير مُتَوَقَّع . مُفاجِئ . على عَجَل . سريعٌ (جدًا) . مُباغِت

all of a —, فَجأةً (على غير انتظار)

sudd'ẹnly, *ad.* فَجْأةً . مُفَاجَأةً . [على غَفلة] . بَغْتَة

sudd'ẹnness, *n.* فُجاَئِيَة
suds, *n. pl.* رَغْوة الصابون (على الماء) . غُسالة الصابون . ماء الصابون
sūe, *v.* (sued, suing) التمس . رافع (إلى القضاء) . قاضى . أقام دعوى (على)
suède [swād], *n.* جِلدٌ لَيِّن ناعم مُزَغَّب . قماشٌ شبيهٌ بهذا الجلد
sū'ĕt, *n.* شَحم = مُرْعَة
Suez Canal, قناة السويس
suff'ẹr, *v.* كابد . تأذّى . قاسى . أُصيبَ . أصاب . انتاب . خسر . مُني (أو) ابتُلي (بِ) . تضرّر . نُكِب = رُزِئَ . سمح . احتمل . أطاق . ذاق (مرارةَ . . .)
suff'ẹrance, *n.* تسامح . احتمال . تكرّم جَوْدَةً .
on —, تكرماً . عن تكارم
suff'ẹrẹr, *n.* مصاب . مُتضرّر . مستور . = مُتَجَمِّل
suff'ẹring, *a., n.* عَناء . وَيل . مُعاناة . ألم . مُتألِّم . مُصاب . كَبَد . وَصَب . شِدة يُصْبَر عليها . كَرْب . بليَّة
suffice', *v.* أجزأ (أو) أغنى (عن) = كَفَى . وَفى بالحاجة
suffi'cịency [-fishẹnsi], *n.* كِفاية . وَفْرَة . حَسْب . قَدْر كافٍ . كُفْيَة
suffi'cịẹnt [-fish-], *a.* كافٍ . وافٍ بالحاجة
suffi'ciently, *ad.* بكفاية . بما يفي بالحاجة
suff'ix, *n.* كاسِعَة = لاحِقة حرفية (في آخر الكلمة) . مَقطَع مُلحق
suffix', *v.* ألحَق (في الآخر) . أتبع . أضاف (في الآخر)
suff'ocāte, *v.* اختنق . خَنَق . غَصَّ بالنَّفَس . سَكَر النَّفَس . غَمَّ . ضاق النَّفَس
suffocā'tion, *n.* اختناق . خنق . غَصَصٌ بالنَّفَس . غَمَّة النَّفَس
suff'raġan, *a., n.* مساعد . أسقف مُساعِد
suff'rāge [-ij], *n.* صوتٌ (الناخِب) . حقُّ التصويت (أو) الانتخاب
suff'ragette, *n.* امرأة (مُشاغِبة) تطالب بحق النساء في التصويت
suffūse', *v.* غَشّى . غَشِي . جَلَّل . طفح . تَخَضَّب (وجهُه باحمرار) . فَشَا (عليه)
suffū'sion [-zhẹn], *n.* تغشية . تجليل . طَفَح . تَخَضُّب
sū'fī, *n., a.* صُوفي
sụ'ġar, *n.* سُكَّر . قطعة سُكر . ملعقة سكر . مُحالاة = مُداهَنة
sụ'ġar, *v.* حَلّى بالسكر . لَبَّس بالسكر . رَشّ بالسكر . تَسَكَّر
sụ'ġar-beet, *n.* بَنجَر (أو) شَوَندَر كبير له جذر أبيض يؤخذ منه السكّر
sụ'ġar-cāne, *n.* قَصَب السكر (أو) المَصّ = مُصّان
sụġar-loaf [-lōf], *n.* رأس سكر (على شكل مخروط) = أبلُوج
sụġar-māple, *n.* قَيقَب السكر = شَجَرٌ تخرج منه مائية سكرية
sụ'ġarplum, *n.* الحبّة الحُلوة = كُراتٌ صغيرة مُحلّاة (أو) ملبّسة بالسكر
sụ'ġary, *a.* سُكَّري . كالسكر . حُلو
suggest' [sujest], *v.* عَرَّض (للبحث) . اقترح . أخطَر بالبال . أومأ (أو) ألمع (إلى) . أوحى . سَنَّح = لَوَّح . أشعر . سَجَّح = عَرَّض (ولم يُصَرِّح) . نَمَّ (عن) . أوعز (إلى)
sugges'tion [sujes-] *n.* اقتراح . إخطارٌ بالبال . إيماز . تسنيحة . تلويح

sugges'tive, *a.* مُخطر بالبال . تَلويحي . يُستَشَمُّ منه . فيه لَمْح (من) . يُستَشعر (منه) . إيعازي

sūicīd'al, *a.* انتحاري . مُتلِف . فيه دمارُه (أو) هَلاكُه

sū'icīde, *n.* انتحار = قَتلُ النفس . مُنتَحِر

to commit —, انتحر = قتل نفسه

sūit [sūt], *n.* لَأمَةُ الحرب . حُلَّة (من السلاح أو الثياب) . [بدلة] . [طقم] . دعوى (قضائية) . لون من ألوان ورق اللعب الأربعة . طَلِبة . خِطبة (للزواج)

sūit [sūt], *v.* لاءم . لَبِق (أو) لاق (بِ) . وافق

sūitabil'ity [sūt-], *n.* مُلاءَمة . صَلاح

sūit'able [sūt-], *a.* ملائم . مناسب . لائق . صالِح

sūit'ably, *ad.* بِملاءَمة . بلياقة

sūit'cāse [sūt-], *n.* عَيبة = [شَنْطَة] . حَقيبة

suite [swēt], *n.* حَشَم = مَعيَّة = حاشِية . جَناح (في فندق) . [طقم] من الأثاث

sūit'or [sū-], *n.* خاطِب (للزواج) . رافعُ الدَّعوَى = المُدَّعي (أو) المشتكي . مُداعٍ . مُقاض

sul'fur, *n.* = sul'phur

sulk, *n.* حَرَد . حُرود . حَرْدة

sulk, *v.* حَرِد = [بوّز] . بَرْطَم

sul'kily, *ad.* بِحَرَدٍ

sul'kiness, *n.* حَرَد . حُرود . بَرْطَمة

sul'ky, *a.* (-ier, -iest) حَرِد . حَرْدان

sull'ẹn, *a.* مُمتعض . حامِضُ النَّفس . مَغموم . غاضِب . مُكفهِرٌ . مُتجهِّم . مُتبَرْطِم

sull'ẹnly, *ad.* بتجهُّمٍ . بامتعاضٍ . بغضبٍ ومرارةٍ في النفس . بِبَرْطَمة

sull'y, *v.* (-ied, -ying) لطَّخ . وَسَّخ . طَبَّع . وَضَّر

sul'phāte, *n.* [سُلفات] = كبريتيَّة = كبريتات

sul'phīde, *n.* [سُلفيد] = كبريتور

sul'phur [-fẹr], *n.* كِبْريت

sulphūr'ēous, *a.* كبريتي . فيه كبريت . كالكبريت

sulphūr'ic, *a.* كبريتي . زاجي

sulphuric acid, حامض الكبريت (أو) الكبريتيك . زيت الزاج

sul'phurous [-fẹr-], *a.* كبريتي . كالكبريت . كنارِ جَهنَّم

sul'tan, *n.* سُلطان

sultâ'na, *n.* سُلطانة . أُم السلطان (أو) أُخته (أو) بنته . خاتُون

sul'tanāte [-it], *n.* سَلطنة

sul'triness, *n.* عُكَّة = حرارة ورطوبة مع سكون الريح = وَمَد (في الليل) . غَتَم

sul'try, *a.* (-ier, -iest) وَمِد = عَكِيك = حار رَطب مع سكون الريح . قائِظ . حامي الشهوة

sum, *n.* جُملَة . مَجمُوع . جَميع . مبلغ . حاصِل . مسألة حسابية

sum, *v.* (-mmed, -mming) جَمَع . أجمَل . فَذْلَك

to — up, . . . أَجمَل . وحاصِلُ الأمر . وبالجملة . ومُجمَل القول

sūm'ac(h) [-k], *n.* سُمَّاق

summ'arily, *ad.* بإيجاز . على عَجَل = افتلاتاً = فَلْتَةً . إجمالاً

summ'arīze, *v.* اختصر . لَخَّص . أَوجَز

summ'ary, *n.* تلخيص . مُلَخَّص

summ'ary, *a.* بإجمال . تلخيصي . مُوجَز . عاجِل . باختصار . إجمالي

— punishment, عِقاب اعتباطي (أو) ارتجالي

summā'tion, *n.* جَمْع . جُملة . تجمّع . تجميع . مجموع

summ'ẹr, *n., a.* صَيْف . صَيفي . رَبيع (بمعنى سنة)

summ'ẹr, *v.* صاف . صَيَّف . إصطاف

summ'ẹr-house, *n.* = طَرَز = كاشان = بيْتٌ صَيفي (في بستانٍ مثلًا)

summ'ẹrtīme, *n.* الصَيف . الوقتُ (أو) التوقيت الصيفي (ويكون أسبق بساعةٍ واحدة)

summ'it, *n.* قُنَّة (أو) قِمَّة (الجبل) . ذُرْوَة . سَراةُ . أعلى . مُنْتَهَى

— conference, مؤتمر أعلى . مؤتمر قِمّة

summ'on, *v.* استدعى . دعا . بعث في طَلَبِ . . . = أشْخَص . استقدم . استجمع . استحضر

summ'onṡ, *n.; pl.* **-monsēṡ** أمرٌ (بالحُضور) . ورقة إحضارية . استدعاء . طَلَب . مُذَكِّرة استحضارِيَّة . مذكرة جَلْب (إلى المحكمة) . أمر . أمر بالحضور أمام القاضي (أو) في المحكمة

sump'tẹr, *n.* حَمُولَة = فرس (أو) بغل لحمل الأثقال

sump'tūary, *a.* خاصٌ بإنفاق المال (أو) بتدبير الإنفاق . مُنَظِّم للإنفاق (إذا كان فيه إسراف)

sump'tūous, *a.* فيه تَرَف . فاخِرٌ . فيه [بَذخ] . كثيرُ النَّفَقة (عليه) . مُثمِن . [جَخ]

sun, *n.* شَمْس . ضوء الشمس . حرارة الشمس

sun, *v.* (sunned, sunning) . شَمَّس . تَشَمَّس

sun'bāked [-kd], *a.* مَرموض . رَمَضَتْه الشمس

sun'beam, *n.* شُعاع الشَّمس = شِعْرارة . شخصٌ مِفْراح (وخصوصًا الوَلَد)

sun'blīnd, *n.* تَنْدَة = سِتارة تَقِي من الشمس

sun'-bonnēt, *n.* قُنْبُعَة شمس = مِشْمَسَة = غِطاءٌ ضافٍ للرأس يقي الوجه والرقبة من الشمس

sun'burn, *n.* لَفح (أو) لَفحة الشمس . صَخْد الشمس . لَذْعة الشمس

sun'burn, *v.* (-burnt *or* -burned, -burning) لَفَح (الشمسُ) . لَوَّح (بحرارة الشمس) . أحرقته الشمس . لَوَّعته الشمس (أو) صَلَقَته (أو) لَذَعته

sun'burnt, *a.* مَلْفُوح بالشّمس . مُلَوَّح . محروق (من حرارة الشمس) . مُلَوَّع . مَصلوق . مَلذوع (من الشمس)

sun'dae [-dā], *n.* حِصّة من الحليب المُجمَّد [بُوظة] عليها فواكه (أو) مُكَسَّرات

Sun'day [-di], *n.* يوم الأحد

sun'dẹr, *v.* افترق . فَرَّق . فَصَل . فَسَخ . صَدَع . شَقّ . قَطَع . فَصَم . بَتَر

in —, شِقَّين . شَطْرَين . فَسخًا

sun'dew, *n.* حشيشة النَّدَى = نَدِيَّة = نبات يُفْرِز عصارةً لَزِجَة فيقتنص بها الحشرات ويمتصها (ويكون في المستنقعات)

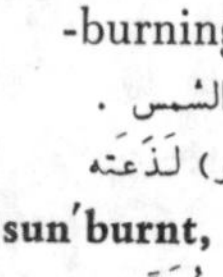

sun'dīal, *n.* ساعة شمسية . مِزْوَلَة = دائرة هِنْدِية

sun'down, *n.* مَغيب الشَّمْس

sun´dries [-driz], *n. pl.* أشتات . نَثْرِيات . مُتَفَرِّقات

sun´dry, *a.* مُختَلِف . عِدَّة . شَتَى

all and —, كُلٌ أَحَد . الكلّ جَمًا وإفرادًا

sun´fish, *n.* سمكة بحرية كبيرة جسمها مستدير تقريبًا = قَيْصانة

sun´flower, *n.* طُرْنُشُول = زهرة رَقِيب (أو) عَبّادِ الشمس = دَوَّار الشمس

sung, *v.; p., pp. of* sing

sun´-god, *n.* إلٰه الشمس (عند الوثنيين)

sunk, *v.; p., pp. of* sink

sunk´en, *n.* غارِقٌ . مَغمور . غائر . مُنخَسِف . مُجَوَّر . مُنخَفِض . هافِت = غامِض . مُنهَفِت

sun´less, *a.* غير مُشْمِس . ليس فيه شمس . مُظلِم . لا تُشرِق فيه الشمس

sun´light [-līt], *n.* ضوء (أو) نور الشمس . وَضَح الشَّمس

sun´lit, *a.* مُضِيء (أو) مُنوَّر بالشمس

sunn´y, *a.* [-nnier, -nniest] . مُشْمِس . شامِس . ضاحٍ (للشمس) . مُشرِق . مُتَهَلِّل . بَشُوش . مُنشَرِح

sun´rise, *n.* شُروق (أو) طُلوع الشمس . شُروق

sun´set, *n.* غُروب (أو) غياب الشمس . غُروب . مَغرِب

sun´shāde, *n.* ظُلَّة = سِتارة تَقي من الشمس

sun´shine, *n.* ضوء الشمس . إشراق (الشمس) . تَهَلُّل . إنشراح

sun´shīny, *a.* شديدُ الإشراق . مُتَهَلِّل . مُنشَرِح

sun´spot, *n.* مَحْوَة = بُقعة شَمسِيَّة (على وجهِ الشمس)

sun´strōke, *n.* رَعْنة (أو) سَفْرة الشمس = ضَربة الشمس

sup, *v.* (supped, supping) . تَعَشَّى . تناول العَشاء

sup, *v.* (-pped, -pping) احتسى . تَرَشَّف . تَمَصَّص . نَهَل . تَمَزَّز

sup, *n.* لُقمة . مَصَّة . (مِلء) مِلعقة . رَشْفة . مَزَّة

sūp´ẹr, *n., a.* إضافي . فائق . رائع . مفتش شرطة

sūpẹrabūn´dance, *n.* ضَفْوَة . وَفْرة كبيرة . زَخْرَة . فَيْض . فَرط . غَمر

sūpẹrabun´dant, *a.* ضافٍ . غامِر . زاخِر . مُتَزَخِّر . عَميم . وفير

sūpẹradd´, *v.* أضاف . زاد (على) . كان عِلاوةً (على)

sūperann´ūāte, *v.* قاعَد (أو) أحال على المَعاش . تقاعد (عن العمل لِكِبَر السّن)

sūperb´ [*or* sū-], *a.* فائقٌ . رائعٌ . فاخِر . لا يَعلُو عليه عالٍ . فَخم

sūp´ercārgō, *n.; pl.* -goes وَكيل حُمولَة السفينة التجارية . وكيل الوَسْق (أو) ناظِره

sūp´erchārge, *v.* زَغَد (= كَبَس) الهواء (أو) الوقود إلى داخل آلة الاحتراق الداخلي

sūpercil´ious, *a.* مُتَعَجرِف . مُتَكَبِّر . مُتَرَفِّع . مُتَغَطرِس

sūperērog´atory, *a.* نَفل = شيء يُعمَلُ زيادةً على الواجب = نافِلي

sūperfi´cial [-fishal], *a.* ظاهِري . سَطحِيّ . ضَحل . قريبُ الغَور (في تفكيره)

sūp´erfīne, *a.* فاخِر . بديع . لَطيف جدًا . دَقيق جدًا . فيه تَنطّس

sūperflū'ity, *n.* فُضُول . فَضْل . زيادة عن الحاجة . شيء زائد عن الحاجة . فَيْض . إسراف . سَرَف

sūperflū'ous, *a.* زائد (أو) فاضِل عن الحاجة . أكثر مما يجب . إسرافيّ . فُضُولي

sūperhūm'an, *a.* فوق الإنسان (أو) البشر . فوق طاقة (أو) قوة البشر . فوق الطبيعة

sūperimpōse', *v.* زادَ (أو) وَضَع (على) . عَلَا . رَكِب . ركَّب

sūperintend', *v.* شارَف . راقَب . أدار

sūperinten'dęnce, *n.* إشراف . مُشارَفة . إدارة

sūperinten'dęncy, *n.* [مُشارِفيَّة] . وظيفة (أو) مَنصِب المشارِف

sūperinten'dęnt, *n.* مُشرِف . مُشارِف . مُراقِب

sūpēr'ior, *n.* (شخص) أكبرُ درجة (أو . . .) . من هو فوق (أو) أعلا (مِنْ . . .) . مُقدَّم (على) . رئيس (أو) رئيسة دير . رائس . عالٍ

sūpēr'ior, *a.* عالٍ . أعلى . مُتفوِّق . أفضل . أحسن . أفْوَق . أكبر . فوق (في الدَّرجة . . .) . أعلى (درجةً) . مُتَشامِخ = مُتعالٍ = مُتكبِّر . مُستنكِفٌ (من) . ترفُّعي

— to, فَضَل (أو) كان أحسن (من) . أعلى (من) . أرفع (من أنْ . . .) = يترفَّع (أو) يستنكف (عن)

sūpērio'rity, *n.* تفوُّق . فَضْل . أفضليَّة . أفوقيَّة . مَزيَّة

sūper'lative, *n.* إسم (أو) أفعل التفضيل (المُعرَّف) . ذُرْوة . مُغالاة

to speak in —s, غالى في الكلام (برأيه أو بعواطفه) = أبْعَط

sūper'lative, *a.* الأفْضَل . الأفْوَق . الأعلى . بارِع . فائق . من الطِراز الأول

sūper'latively [-vl-], *ad.* بما يفُوق الجميع . إلى أعلى الدرجات . بأعلى ما يكون . بمغالاة

sūp'erman, *n.; pl.* -men إنسان أفْضَل

sūpern'al [*or* sū-], *a.* سماوي . عُلْوي . رفيع = سامٍ

sūperna'tural [-nachęr-], *a.* فَوقَ الطبيعة . خارِق للطبيعة . رُوحاني

sūpernūm'erary, *a.* إضافي . عِلاوي . زِيادِي . زائد عن العدد

sūperpōse', *v.* وَضَع (فوقَ أو على) . أطبق . طبَّق

sūperscrip'tion, *n.* عُنوان . كتابة (أو) نقش على (أو) فوق شيء

sūpersēde', *v.* حلَّ محلَّ . خلَف . نسخ . عَزَل

sūperson'ic, *a.* ذو ذَبْذَبة (كالصوت) تفوق الذَبذبة التي يسمعها الإنسان . فوق سرعة الصوت

sūpersti'tion [*or* sū-], *n.* تَطيُّر . تَشاؤم . طِيَرَة . اعتقاد خرافي

sūpersti'tious, *a.* مُتطيِّر . مُؤمن بالطِّيَرَة

sūp'erstructure [*or* sū-], *n.* بناء فوقاني (أو) عُلْوي . بناء فوقَ بناء (أو) شيء . بناء فوق الأساس

sūp'ertax, *n.* ضَميمة = ضريبة عِلاويَّة (أو) إضافية

sūpervēne', *v.* طرأ . تلا . عَقب . أعقب . نَجم

sūpęrvīse', [*or* sū-] *v.* شارَف . راقَب . أشرَف

sũpervi'sion [-zhẹn], *n.* مشارفة . إشراف . مُراقبة

sũp'ervīšor, *n.* مُشْرِف . مُراقِب

sũpervīš'ory, *a.* إشرافي . رَقابي

sūp'īne, *a.* مستلقٍ (أو) مُنسَدِحٌ (على ظهره) . ساقِطُ الهمة . فاتِر . خاثِر النفس . كَسُول . بَليد

supp'ẹr, *n.* عَشاء . وَجبة (طعامٍ) لَيلية

supplânt', *v.* حَلَّ مَحلَّه . أَزاحه وحلَّ مَحلَّه . قَلَعه واحتلَّ مَحلَّه (بالمكر)

sup'ple, *a.* (-ler, -lest) لَدْن = سهل الانعطاف والتثني = أَمْلَد . مَرِن . لَيِّن . رَشيق . سهل الانقياد . فَطِن

sup'plẽment, *n.* تَكمِلَة . تَتِمَّة . تَوْفِية . مُلحَق . لَحَق

supplẽmẹnt', *v.* كَمَّل . وَفَى . شَفَع (أو) أردف (بِ) . رَفَد

supplẽmẹn'tal, *a.* تكميلي . إضافي . مُكَمِّل

supplẽmẹn'tary, *a.* مُكَمِّل . مُوَفٍ . إضافي . تكميلي

supp'līant, *a., n.* مُتَضَرِّع . مُتَوَسِّل . تَضَرُّعي . مُبتَهِل

supp'licant, *a., n.* = suppliant

supp'licāte, *v.* طَلَب بخُضوعٍ واجتهاد . تَضَرَّع . ابتَهل

supplicā'tion, *n.* ضَراعة . تَضَرُّع . ابتهال

suppliės' [-līz], *n. pl.* تَزويدات . مُؤَن (أو) مُعدَّات (الجيش) = [لوازم] = زَخيرة

suppliės' [-līz], *n. pl.* تخصيصات مالية (للحكومة من البرلمان)

supplȳ', *v.* (-lied, -lying) أَمَدَّ . قَدَّم . زَوَّد . سَدَّ النَقص . تدارك

supplȳ', *n.* مَدَد . إمداد . تَزويد . مَخزُون . عَرْض (في التجارة)

suppôrt', *n.* عِماد . دِعامة . سِناد . مُعاضَدة . إعالة . إعانة . نَجدَة . رِفْد . عِوَل = الذي يُعَوَّل عليه . رَديف . مَدَد . مُناصرة . مَعاش

suppôrt', *v.* حَمَل . عَمَد . دَعَم . سَنَد . أعال . عاضد . ظاهر . أَيَّد . احتمل . رَفَد . آزر . أمَدَّ . ناصر . شَفَع . مانَ . قام بشأنه

suppôrt'ẹr, *n.* مُعاضِد . نَصير . مُناصِر . مادة مُؤازرة . قِوام (أو) قِيام أهلِه

suppōše', *v.* فَرَض . ظَنَّ = قَدَّر = حسب . عَدَّ . إفتَرَض . استلزم . تَظَنَّى

suppōšed' [-zd], *a.* مَظنون . مَفروض = مُقَدَّر . مُنتَظَرٌ منه . مَسموح

suppōš'ẽdly, *ad.* افتراضًا . ظَنًّا = تقديرًا . تَظَنِّيًا

suppōš'ing, *con.* على فَرضِ . افتراضًا . لَو . إذا

supposi'tion, *n.* افتراض . ظَنٌّ . تَوَهُّم . حَدْس . تَخمين

suppoš'itory, *n.* فُرْزُجَة = حَمُول = [تحميلة] = دواء يحمل في مَخرَج البدن

suppress', *v.* قَمَع . أَخْمَد . كَمَّ . أخفت . كَظَم . طَمَس . مَنع نَشر (الحقائق) = أَكمَى = كَمَّى

suppre'šsion, *n.* قَمْع . إخماد . طَمْس . تكمية . إخفات . إبطال

supp'ūrāte, *v.* أَمَدَّ (الجرحُ) = تَقَيَّح . تَقَرَّح . أصدَّ (الجرح) = قَيَّح

sũprem'acy, *n.* سُلطة عُليا . تَفَوُّق . استعلاء

sũprēme', *a.* عُليا . أَعلَى . أسمَى . أَعظَم (أو) أقصى ما يكون . أسنَى قَدرًا

Supreme Being, العليّ الأعلى = الله
Supreme Court, المحكمة العُليا
supreme sacrifice, الجُود بالنفس = تضحية النفس
surcease′ [sẹr-], *v., n.* انقطع . انتهى . وَقَف (نهائيًا) . انقطاع
sur′chârge, *n.* رَسْم (أو) ثَمَن إضافي (أو) عِلاوي . حِمْل إضافي (أو) باهظ
surchârge′ [sẹr-], *v.* أثقل . زاد الرسم (أو) الحِمْل . فَدَح
sur′cingle, *n.* بِطان (السرج)
surc′oat [-kōt], *n.* دِثار يلبس فوق الثياب (أو) شِكّة السلاح
surd, *a., n.* أَصَم . عدد أصمّ . صامِت
sûre [shōōr], *a.* مُتَحقّق = مُتَيقّن . أمِينٌ . واثِقٌ . موثوقٌ (به) . مؤتَمَن . مضمون . ثابت . وَطيد . متمكّن
  to be —, باعتراف الجميع . كما هو مُسلَّم به . صَحِيح (أنّ) . لا غَرْوَ
  to make —, تَيقّن . أكّد . استثبت . تَوَثّق . جزم
  I am —, أنا على يقين ، جازم ، واثِقٌ
sûre′-foot′ĕd, *a.* مأمون العِثار . ثابِت القدم . لاتَزِلّ قَدَمُه
sûre′ly [shōōr-], *ad.* لا جَرَم = على وجه التحقيق . حَتْماً . بثَبَاتةٍ . بتمكّن
sûre′ty [shōōrti], *n.* تأمين = ضَمانة . ضامِن = كفيل
surf, *n.* زَبَدُ موجِ البحر (على الشَّطّ) . موجُ البحر الناضِحُ (على الشط) = أذِيّ = تَيّار
surf′ace [-is], *n.* سطح . وجه . ظاهِر . مظهر خارجي . جانِب . سَطح الماء . خارج
surf′ace [-is], *a.* سَطحي . ظاهِري . خارِجي
surf′ace [-is], *v.* طَفَا (على السطح) . جعله يطفُو = أطفَى . خَرَج إلى السطح . فَرَش (على السطح) . سَطّح
sur′face-mail [-fism-], *n.* بريد أرضي . بريد عادي
surf′eit [-fit], *n.* كِظّة . إفراط . إكثار . تُخمة . طَسأة . فَرْط
surf′eit, *v.* كَظّ (أو) اكتَظّ (بالطعام) . أفْرَط . أكثر . تَخِم . أتخَم . طَسِئ
surge, *v.* هاج كالموج . اندفع كالموج . ماجَ . تَمَوّر . عَبّ . طَمَا . تدفّع . لَجّج
surge, *n.* مَوجة . زَخرة . لُجّة . عُبابة . تَيهور . دُفّاع . جَمْحة . نَزْوة
sur′geon [-jẹn], *n.* (طبيب) جَرّاح
sur′gẹry, *n.* (فن أو علم) الجراحة . عملية جراحية = جَراحة . (مكان) عِيادة الطبيب (أو) الجرّاح
sur′gical, *a.* جِراحي
surl′y, *a.* (-lier, -liest) فَظّ . شَرِسٌ . مُرُّ الطَّبع . جافٍ
surmīse′ [sẹr-], *v.* حَزَر . خَمّن . رَجّم (بالظّن) . حَدَس
surmīse′, *n.* حَزر . تخمين . تَرْجيم . حَدْس
surmount′ [sẹr-], *v.* عَلَا . ذَلّل = تغلّب (على) . رَكِب
surmount′able, *a.* يمكن التغلب عليه (أو) تذليلُه
surn′āme, *n.* إسمُ الأُسرة (يأتي بعد إسم الشَّخص) . لَقَب
surn′āme, *v.* أعطاه (أو) أطلق عليه إسماً إضافيًا (أو) لقبا
surpâss′ [sẹr-], *v.* بَرَع . فَضَل = فاق . بَرَّز . بَذّ . زاد (أو) أربى (على) . جاوز

surpâss'ing [ṣer-], *a.* عبقري=فائق . بارع . ليس له نظير

surp'lice, *n.* رداء واسع أبيض (كالجبّة) يلبسه الكاهن = [كتّونة] . نُونيّة

surp'lus, *n.* فاضل (أو) فائض (عن الحاجة) . كميّة فائضة . زيادة . فائض . فَضلة

surp'lus, *a.* فاضل (عن الحاجة) . زائد

surprīse' [ṣer-], *n.* بغتة . مُباغتة . مُفاجأة . دَهشة . استغراب (شديد)

to take by —, أتى بغتةً . باغت . ابغت . هاجمه على غِرّة وتولى عليه (كالحصن مثلًا) = غافصه = أخذه مُغافصةً

surprīse', *v.* باغت . فاجأ . عجّب . أدهش . بهّت . استغرب . داهم

surprīse', *a.* مُفاجئ . على حين غِرّة . على غير انتظار

surprīs'ing, *a.* باغتٌ . مُغرب . مُعجب . مُبهت

surprīs'ingly, *ad.* يدعو إلى الدّهشة (أو) التعجّب

surren'dẹr [ṣer-], *n.* استسلام . تسليم . استئسار

surren'dẹr, *v.* استسلم . سلّم . أسلم = تخلّى (عن) . نزل (عن) . اعتزل

surrẹpti'tious, *a.* خِلسةً . اختلاسي . من طرف خفي

surrepti'tiously, *ad.* مُسارقةً . مُخالسةً . من طَرَفٍ خفيّ

su'rrōgāte, *n.* وكيل (أو) نائب (اسقف) . قاضٍ يتولى تصديق الوصايا

surround' [u *as in* **but**], *v.* أحدق (أو) أحاط (بِ) . اكتنف . أطاف (بِ) . حفّ

surroun'dings, *n. pl.* مُحيط . ظروف . بيئة . جوار

surt'ax, *n.* زيادة ضريبة . ضريبة إضافية (أو) عِلاويّة = ضميمة

surveill'ance [ṣervāl-], *n.* مُراقبة . ترصُّد . مُراصدة

surv'ey [-vā], *n.* إمرار نظر . تصفّح . مُشارفة . مُطالعة . استطلاع . مُعاينة . استعراض (كشفي) . مَسح = مِساحة . خريطة مِساحة . تقرير كشفي . دراسة استطلاعية . تفرُّس

survey' [ṣervā], *v.* أمرّ النظر . تصفّح . شارف . طالع . تطلّع (على) . عاين . استعرض بصورة عامة . درس (أو) استعرض كشفيًا . مسح . استكشف

survey'ing [-vā-], *n.* تخطيط (أو) مِساحة (الأرض)

survey'or, *n.* مسّاح = ذرّاع . مُفتّش . مأمور الحِسبة . فاحص (بيوت أو بنايات)

survīv'al [ṣer-], *n.* غابرة . غُبور . استئخار . تبقٍّ . بقاء (على قيد الحياة)

survīve' [ṣer-], *v.* بقي على قيد الحياة . غبر . تبقّى . عاش (أو) بقي (بعدَ) . تخلّف حيًا = فضل

survīv'or, *n.* غابر . مُتبقٍّ (أو) باقٍ (على قيد الحياة) . مُتخلّف حيًا . فاضل

susceptibil'itieṡ, *n. pl.* مشاعر . إحساسات

susceptibil'ity, *n.* قابليّة (أو) استعداد (تأثري) . إحساس

suscep'tible, *a.* سريع (أو) سهل التأثر . قابل للتأثر . حسّاس . عاطفي . رقيق (القلب) . يُستهوى (أو) يقع في الحب بسهولة . قليل المناعة (ضد) . قابل . عُرضة

to be — of, قابلٌ (لِ) . فيه استعدادٌ (لِقبول)

to be — to, يُستَهوَى (بِ) . مريعُ التأثر (أو) الإحساس (بِ) . عُرضة (لِ)

sus'pect, *n.* مَظنون فيه = ظَنين = مُتَّهم [مَشبوه]

sus'pect, *a.* مُريب . رَيَّاب . مَشكوك فيه . مُستَراب

suspect', *v.* ظَنَّ . تَوَهَّم . اتَّهم . ارتاب . اغتَشَّ . زَنَّ . [تَحَسَّب] . شَكَّ (في) . حَسِب . استشعر . تَوَجَّس

suspend', *v.* تَعلَّق . عَلَّق . دَلَّى . أَوقف . عَطَّل . كَفَّ (عن العَمَل) . عَلَّق = أَرْجأ (بدون قرار) . توقَّف (عن)

suspen'ders, *n. pl.* حِمالة (أو) حمائل (البنطلون أو . . .)

suspense', *n.* انتظار مُعلَّق . تَرَقُّب وقَلَق . تَرَبُّص . بَلْبال . تَهَجُّس

suspen'sion, *n.* تعليق . تعطيل . إيقاف . كَفّ (عن العمل)

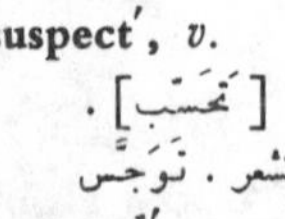

suspension bridge, جِسر مُعلَّق (بالسلاسل أو حبال الحديد)

suspi'cion [-shen], *n.* ظَن . ارتياب . ظِنَّة . سُوء ظَن . تُهْمة . هاجِس . اغتشاش . أَثَر (مِن) . استرابة . شُعور

suspi'cious [-shes], *a.* ظَنُون = ظَنَّان . مُريب . شَكَّاك . سيِّئ الظَّن

suspi'ciously, *ad.* بارتياب . بسوء ظَنّ

sustain', *v.* حَمَل . تَحَمَّل . أقام . أَسنَد . دَعَم . ثَبَت (أو) داوم (أو) ثابر (على) . ثَبَّت . قَوَّى . أَيَّد . أَمسَكَ . استمرّ . احتمل . أُصيب (بِ) . قات . تكَبَّد . قام (ب)

sus'tenance, *n.* قُوت = قِوام . دَعْم . تدعيم . غِذاء

sū'ture, *n.* خِياطة جراحيّة = لَفق جراحي . دَرْز عظام الجمجمة . خَيط اللَّفق الجراحي

sūz'erain, *n.* والٍ إقطاعي . سَيِّد إقطاعي . حكومة (أو) دولة والية (أو) مُسَيطِرة . دولة حاكمة (للبلدِ آخر)

sūz'erainty, *n.* سيادة (أو) ولاية إقطاعية . وِلاية . سيطرة . حُكم دولةٍ (لبلد آخر)

swab [swob], *n.* مِمسحة . مِنشَّة . (لِلجُرح) . مِنظَفة . نَشَّة = عَيِّنة (نموذج) تؤخذ من الحلق (أو) غيره على مِنشَّة للفحص الطبي

swab, *v.* (-bbed, -bbing) مَسَح ونَشَّف . نظَّف . نَشَّ (الجرحَ) = نَظَّفه (أو) دَهَنه

swa'ddle [swodl], *v.* لَفَّع . قَمَّط

swa'ddling-clōthes [-thz], *n. pl.* لِفاع (أو) قِماط الطفل

swag, *n.* سَلَب = شيء مسلوب (أو) مَنهوب . نهب . مال حرام

swagg'er, *n.* تَزَيُّف . تَبَخْتُر . تَبَهْنُس . اختيال . تَبَجُّح . تفايُش

swagg'er, *v.* تزيَّف . تَبَختَر . ماسَ (كِبْرًا) . تَمَيَّد = تَهطرس . إختال . تَفايَش . تَبَذَّخ . تَبَجَّح . تخايل

swain, *n.* شاب ريفي (أو) قَرَوي . عاشِق

swa'llōw [swolō], *n.* (طائر) السُّنونو . سُنونُوَة

swa'llōw [swolō], *n.* بَلْع . ابتلاع . بُلعة = جُرْعة

swa'llōw, *v.* بلع . ابتلع . جَرَع . التهم . أَيقَن (أو) صَدَّق بالشيء بدون تَثَبُّت . أغضى (على) = تجرَّع (الإهانة مثلًا) . كَظَم (الغيظ) . رَجع (عن) . . .

swam, *v., p. of* swim

swamp [-wo-], *n.* مَرزَغ . مُستَنقَع . بقعة

swamp [-o-], *v.* غاص (أو) ساخ (في مستنقعٍ أو ماء) . [تَغرَّق] . غَمَر (وأغرق) . طغى (أو) فاض (على) . امتلأ (بالماء) وغرق . غَمَر

swamp'y [-o-], *a.* مَرزَغي . مُستَنقَعي

swan [swon], *n.* (أ)وَزّ عِراقي = تَمّ . بَجَع . [أردف]

swank, *n.*, *v.* تَجهوُر . تَباهٍ . تَحالَى . تَبَاهَى

swan's'-down [swonz-], *n.* الريش الناعم من الوز العراقي = زِفّ الوز العراقي

swan song, أُغنية يقال إن الوزّة العراقية تغنيها قبل موتها . آخر عَمَلٍ يؤديه الإنسان (في حياته)

swap [swop], *v.* (-pped, -pping) = swop

sward [swôrd], *n.* بَسْطة (أو) مَدّة عُشب . مَرْجَة

swāre, *v.* = swore, *p. of* swear

swarm [swô-], *n.* دَبْر (أو) خَشرَم (أو) ثَوْل (من النحل) . جماعة النحل في الخَليَّة . رِجل (من الجراد) . جمع (كبير) . حَشْد . ثُلَّة = ثُوَيلة

swarm, *v.* تَجَمَّع . تَثوَّل (النحلُ) . تنقَّل جماعاتٍ . تكاثر . ازدحم . عَجّ . غَصّ . سار (أو) تحرّك كالجَراد

swart [swôrt], *a.* أسمر . أدغم . أدهم . آدم

swar'thy [swôr-], *a.* (-ier, -iest) أسمر . أدغم . أدْهم . آدَم

swash [swosh], *v.* نَضَح (الماءَ) . تَنضَّح (الماء)

swash, *n.* نَضح . تَنَضُّح = حركة الماء عند التطامه وانفراشه

swash'buckler [swosh-], *n.* شخصٌ فَيّاش مُتَعَنتِر

swas'tika [swos-], *n.* صليب معقوف

swat [swot], *v.* (-tted, -tting) سَطّ (أو) لَقّ = خَبَط كما يُخبط الذباب = لَقَع = رَقَع

swath [swoth], *n.* فُرْغة (أو) فُسحة يتركها المِنجَل (أو) المِحصَد إذا حصد . حَصدة . جِزّة حَصيد

swāthe, *n.* مِلْحَفة = شَملَة . ضِمادة . لِفافة . عِصابة

swāthe, *v.* التحف . لَفَّف . لَفَّع . زَمَّل . ضَمَّد . قَمَط . عَصَب

sway, *n.* ارتجاح . تَأَرْجُح . تَدَلْدُل . تَطَوُّح

sway, *v.* تَأرجح . تَدَلْدَل . ناد . تَنَوَّح . تمايد . تَنَوَّس . تَهزْهز . هَزّ

sway, *n.* حُكْم . سَيطَرَة . نُفوذ

sway, *v.* ثَنَى (أو) أمالَ (عن) . سَيطَر (على) . تَحَكَّم (بِ) . كان له نُفوذ (أو) تأثير

sway'-backed [-kd], *a.* مَحطوط الظهر . رازح الظهر

swear [swār], *v.* (swore, sworn, swearing) حَلَف . أَقسم . آلى (أو) (نَذَر على نفسه) . حَلَّف . استحلف . لَعَن . جَدَّف (في كلامه) . أفحش (أو) تفحَّش (في كلامه) . آمن (أو) اعتقد (بِ) . أَشْهد

to — off, أقسم (على نبذ . . .) . حَرَّم (على نفسه)

sweat [swet], *n.* عَرَق = رَشْح الجسد . رَشْح . عَرْقَة . عمل شاقّ

all of a —, مُبلَّل بالعَرَق . مُتَوَهِّل = خائف قَلِق

sweat [**swet**], *v.* (sweat, -ted, -ting) عَرِقَ = رَشَح جَسَدُه . عَرَّق . تكدَّد (في العمل) = كَدَّد . أرهق

sweated labour, عَمَل الرِماق = عمل مُرهِق بأجرة قليلة . عمل إرهاق

swea'tẹr [**swet-**], *n.* [جِرزَة] (أو) [جِرزاية] صُوفيَّة صَفيقة = مِرشِح

sweat'y [**swet-**], *a.* [-tier, -tiest] مَبلول (أو) مُتَنَدِّ بالعَرَق = عَرِقان . مُعرِق . مُعرِق

Swē'de, *n.* نبات مثل الشَّلجم (أو) اللِّفت . سويدي . شخص سويدي (أو) إسوجي

Swē'dẹn, *n.* بلاد السويد = إسوج

Swēd'ish, *n.*, *a.* سويدي . إسوجي

sweep, *n.* كَنس . كَنسة . مَسحَة . هَفَّة . مَدًى . إنفساح . بَساط . مُنحنًى . انبساط . إنسياح (الماء مثلًا)

sweep, *v.* (swept, sweeping) كَنَس . قَشَّ . مَسَح . قَشَع . اكتسح . جَرَد . نَقَّى . جَرَف . اجتال . اجتحف . اجتاح . زَفَّ (في سيره) . أغار (أو) انقض (على) . امتد طويلًا (أو) بانحناء . مَرَّ (على) . تهادى (أو) زافَ (في مشيته)

sweep, *n.* سَحبَة . امتداد . هبوب . اندفاع . جَرَّة . مُنظِّف المداخن . [شادوف] . مجذاف طويل . جَرْدة

to make a clean — of, إستنظف = أزَال كاملًا

sweep, *v.* مَرَّ . أمَرَّ . سَحَب . جال . امتد (طويلًا أو بانحناء) . أغار (أو) انقضَّ (على) . استرَفَّ (الشيءَ): أخذه وذهب بِه = عَصَف (بِ) . زَفَّ (في سيره) . زَفَّت (الريح) = مَرَّت مُسرِعةً (على) . مَرَّ (أو) مشى يَزُوف

to — him off his feet, استطارته (عواطِفُه) = استخفَّته

sweep'ẹr, *n.* كَنَّاس . مِكنَسة . [كنَّاسة]

sweep'ing, *a.* مُنفَسِح . مُجازِف . شامِل . تعميمي . مُجازَفٌ فيه . جُزَاف . كاسِح . بالغ . مُطلَق

sweep'ingṡ, *n. pl.* قُمامة . كُناسَة . خُشارة . أسقاط

sweep'stāke, *n.* مُراهَنة (أو) مُقامرة على سباق الخيل . رِبح المراهنة (أو) المقامرة على السباق

sweet, *a.* حُلو . عَذب . طَرِيّ = غير بائث . غير مُملَّح . ظَرِيف . طَيِّب . طَيِّب الرائحة . لَطِيف . رائق

sweet, *ad.* بحلاوة . بعُذوبة . بظَرافة

sweet, *n.* حَلوآء . حَلوى . حَلَاوة . زَهوة

sweet alyssum, نبات بستاني قصير بزهور بيضاء = حَشِيشة السُلَحفاة

sweet'bread [**-bred**], *n.* غُدَّة (أو) لَوزَة العِجل (السَّعتَرية) = غُدَّة لحمية في العِجل تؤكل . مُعثكِلة = بَنكرياس . الغُدَّة السَّعتَرية = حُلَيوات = [حَلَوانة]

sweet'brīar, *n.* جُلنِسرين = نِسرِين = ورد بَرِّي

sweet'brīẹr, *n.* = sweetbriar

sweet corn, نوعٌ من الذرة الصفراء يُؤكل وهو لَيِّن أخضر = ذرة صفراء حُلوة

sweet'ẹn, *v.* حَلَّى . إحلولى = صار حُلوًا

sweet'ẹning, *n.* مُحَلٍّ . مادة مُحَلِّية (كالسكر) = حِلاَء

sweet'heart [**-hârt**], *n.* حَبيب . عاشِق . مَعشوق

sweet'ish, *a.* حُلوٌ بعضَ الحَلاوة

sweet'ly, *ad.* بحَلَاوَة . بظَرافة

sweet'meats, *n. pl.* مُحَلَّيات . مُسَكَّرات . مُلَبَّس . مُرَبّى . حَلْواء

sweet'ness, *n.* حَلَاوة . عُذوبة . ظَرافة

sweet pea, بِسلَّى [بازيليا] عَطرة

sweet potato, بطاطة حُلوة . قُلقاس هندي

sweets, *n. pl.* حُلْوِيَّات . حَلَاوات . حَلْوَى

sweet william, قَرَنفُل مُلتَحٍ (يحمل عناقيد من الزهر)

swell, *n.* ارتفاع وازدياد . انتفاخ . قُفٌّ = نَشَز (من الأرض) = حَدَب . أَكَمةٌ مدوَّرة . حَدَب (أو) زَخْرَة البحر = مَوْجَة مستمرة . رَفعة صوت . (شخص) بارع (أو) مُهندَم . وَرَم (أو) نَبْرَة (على الجسم) . زيادة

swell, *v.* (-elled, -elled *or* swollen, -elling) طَمَا = ارتفع وزاد . زَخَر . تَمَلَّأ . انتفخ . وَرِم . انتبر . نَهَد . [نفَش] . تَفَعَّم . فاض (ب) . زَيَّد = كَبَّر . تحدَّب . تَضَخَّم . نَشَز = ارتفع . ارتفع (الصوت) . عَلَّى (الصوت) . تدرج في الارتفاع

swell, *a.* فَخم . على آخِر طِراز

swell'ing, *n.* تَضَخُّم . ارتفاع . وَرَم . انتفاخ . تَحَدُّب . انتشار

swel'ter, *n.* صَخَدان الحرّ = اشتداده . الحَنْذُ = العرَق من اشتداد الحر . عَرَق

swel'ter, *v.* صَخَده الحر = اشتد عليه . حَنَذَه = جعله يعرق في الشمس . عرِق

swept, *v.; p., pp. of* sweep

swerve, *v.* لاص (أو) لَوَّص = حاد (أو) حَيَّد = لَوَّج = لَوَّذ . فَيَّد = عَدَل جانبًا . إنحرف . زاغ

swerve, *n.* لَوْصة . حَيْدَة . فَيْدَة . عَطفة

swift, *a.* سَمام = سَرِيع = خفيف الحركة . وَحِيّ = حَثيث . عاجِل

swift, *ad.* بسرعة

swift, *n.* (طائر) السَّمامَة = خُطَّاف = زَوَّار الهند

swift'ness, *n.* سُرْعة . خِفَّة

swig, *n.* عُبَّة = غُمْجَة (من الشراب أو الماء) = جُرْعَة كبيرة

swig, *v.* (-gged, -gging) تَعَبَّب (الماء أو الشراب) = تجرعه كثيرًا . غَمَج

swill, *v.* (-lled, -lling) تَعَبَّب . شَرِب بشَرَه . شَطَف

swill, *n.* خُشارَةُ المطبَخ . فُضالات الطعام

swim, *n.* سِباحة . سَبحة . تَيَّار (أو) مجرى الأمور والأحوال (في المجتمع)

swim, *v.* (swam, swum, swimming) سَبح . عام . أَسبح . إنساب . إغرورَق . قطع سَبْحًا . عام . دارَ (رأسه من الدُوار) = [داخ]

to — with the tide (the stream), تابع الأكثرية . اقتدى بغيره . جَرَى على مَجرى الغير

swimm'er, *n.* سابح . سَبَّاح . عَوَّام

swimm'ingly, *ad.* بسهولة . بسلاسة . بدون عائق

swin'dle, *n.* غُبْن = غِشّ (في البيع) . [نَصبَة] = سَرِقة الغشّ (أو الاحتيال . شيء مَغشوش = فيه غَبينة

swin'dle, *v.* غَبَن . [نَصَب] = أَخذ غِشًّا (أو) احتيالًا

swin'dler, *n.* [نصَّاب] = مُختَلِس غِشًّا (أو) احتيالًا

swīne, *n.; pl.* swine خِنْزِير . هِلَّوْف = شخص غليظ جاف . خنازير

swīne'herd [-nh-], *n.* راعي خنازير

swing, *n.* تَرَجُّح . تَأَرْجُح . دَوْدَاةٌ = أرجوحة = [مَرْجوحة] = رُجَّاحَة . إِهْوَآءة . تَخَطُّر . نغمة إيقاعية . حركة . نشاط . دَوْرَة . انفتال

swing'-door [-dôr], *n.* باب دَوَّار

swing, *v.* (swung, swinging) تَرَجَّح = ارتجح = تَهَزْهَز = تَذَبْذَب . خطر (بيديه) . لَوَّح . فَتَل = دَوَّر . انفتل . دار . جنح . خَطَر = تَخَطَّر (في المشي) . ترقّص

swinge'ing [-njing], *a.* جَسِيم . هائل . عظيم

swingle tree, قَضِيب العربة في المقدّمة الذي تشدّ فيه السيور الجانبية = [إِسْتَنْدَة]

swīn'ish, *a.* خِنْزِيري . هِلَّوْفي . جُرَاف . أَكُولٌ قَذِر . شَرِه

swīpe, *n.* خَبْطَة (بعصا غليظة)

swīpe, *v.* خَبَط (بعصا غليظة) = لبخ

swirl, *n.* مَوْر . مَوَرَان . تَمَوُّر . تَدْوِيم

swirl, *v.* تَمَوَّر = دار وجال (كالماء المحصور) . دَوَّم

swish, *n.* حَفْحَفَة = حَفِيف . خُوات (العصا في الهواء عند الضرب) . زَفْزَفَة . وَسْوَسَةُ (الموج على الشطّ) . هَسْهَسَة

swish, *v.* حَفْحَف = حَفَّ (كصوتِ الجناح أو الشجرِ في الريح) . خَاتَ (جناحُ العقاب) . وَسْوَس (الحلي أو الأساور)

Swiss, *n., a.* سويسري

switch, *v.* جَلَد (بالمطرَق) . خَطَر (بذَنَبه مثلًا) = حَرَّكه يمينًا وشمالًا . حَوَّل (بالمحوِّل) . تَحَوَّل . تقلّب

switch, *n.* مِطْرَق = قَضِيب . جَلْدَة (أو) قَرْعة . خَطْرَة . مُحَوِّل . وُصْلَة شَعْر

switch'board [-bôrd], *n.* مَصَف التوصيل (في التلفون) . مَصَفّ المفاتيح (الكهربائية)

switch'-man, *n.; pl.* -men موظَّف (أو) عامِل مَسْئُولٌ عن مُحَوِّلات السكة الحديدية (أو) الكهرباء

Swit'zerland, *n.* سويسرا . سويسره

swiv'el, *n.* مَفْصِل (أو) مَوْصِل فَتَّال (أو) دَوَّار

swiv'el, *v.* (-elled, -elling) فَتَل . دار . بَرَم . انفتل

swob, *n.* = swab

swōll'en, *a.* مُتَوَرِّم . زاخِر . مُزْدَخِر . حافِل . طامٍ . مُفْعَم . مُنْتَفِخ (ومنه منتفخ الرأس للمتكبّر) . مُنْتَشِر

swoll'en, *v., pp. of* swell

swōln, *v.* = swollen

swōōn, *n.* إغماء . غَشْيَة . غَشْيٌ

swōōn, *v.* أُغْمِيَ (أو) غُشِيَ (عليه)

swōōp, *n.* انقضاض . إنخوات (العُقاب على فريسته مثلًا) . دَهْم . دَغْر

at one (fell) —, هَوْيَة واحدة . قَضَّة واحدة . أَخذة واحدة

swōōp, *v.* انقضَّ . إنخات = إنكدر . دَهَم = غاص . اجتحف . خَطَف

swop, *v.* (swopped, -pping) قايض . بادَل . تاجر

swôrd [sôrd], *n.* سَيْف

to put to the —, عَرَض على السيف = قَتَل بالسيف

swôrd'-fish [sôrd-], *n.* قُرْقي = أبو سَيْف = سَيَّاف البحر = سَيْف = سمك بحري كهيئة السيف

swôrdṡ'man [sôrdz-], *n.*; *pl.* -men
سَيَّاف . ماهر بالسيف
swôre, *v.*, *p. of* swear
swôrn, *a.* حالِف . مُحلَّف . مشفوع باليمين (أو) القسَم . لدود (كالعدو) . حَميم (كالصديق)
swot, *v.* (-tted, -tting) درس درسًا شديدًا (لامتحانٍ مثلًا) = [بصَم]
swum, *v.*, *pp. of* swim
swunġ, *v.*, *p. and pp. of* swing
syb'arīte, *n.*, *a.* مُترَف . ناعم العيش . مُنَعَّم (وفيه تخنُّث)
syc'amôre, *n.* (شجرة) الجُمَّيز = سَقَمُور
syc'ophant, *n.* مُداهِن . مَلَّاق . مُتَزَلِّف . مُتطفِّل
syllab'icāte, *v.* قَسَّم مَقطعًا مقطعًا (في التهجئة)
syllabicā'tion, *n.* تقسيم إلى مَقاطع هجائية
syllabificā'tion, *n.* تقسيم إلى مَقاطع هجائية
syllab'ifȳ, *v.* (-fied, -fying) قَسَّم مَقطعًا مقطعًا . قَسَّم إلى مقاطع هجائية
syll'able, *n.* مَقطَع هجائي (في كلمة مثلًا)
syll'abus, *n.*; *pl.* -buses *or* -bi (-ī) مَنهَج دِراسي . مُجمَل (بالنقط الأساسية في خطاب أو كتاب)
syll'ogiṡm, *n.* قِياس منطقي . قضية منطقية
sylph, *n.* هَيفاء . جِنّي . جِنّيّة
syl'van, *a.* خَميلي = خاصٌّ بالخَميلة (أو) الغابة
sym'bol, *n.* رَمزٌ . كِناية . عَلامة . عُنوان
symbol'ic, *a.* رَمزي . كِنائي . يَرمُز (إلى)
symbol'ical, *n.* = symbolic
sym'boliṡm, *n.* الرَّمزيّة . الكِناية عن الأفكار بالرموز
sym'bolīze, *v.* رَمَز (إلى) . مَثَّل . هو بمثابة
symmet'rical, *a.* مُتناظِر . تَناظُري . متناسب الأجزاء
symm'ĕtry, *n.* تَناظُر . تناسب . تَناظُم
sympathet'ic, *a.* عاطِف (على) . تَعَطُّفي . تَعاطُفي . مُواسٍ . مُمايِل . مُطابِق = موافِق
sym'pathīze, *v.* آسى . عَطَف (على) . عاطَف . وافَقَ (أو) مايَلَ (في رأيٍ) . واسى (في شعوره) . شَعَر (مع) . حسّ (له)
sym'pathīzer, *n.* مُعاطِف . مُمايِل . مُشايِع . ضالِعٌ
sym'pathy, *n.* وَحدة الشعور . تَعاطُف . مواساة . ممايلة . حُسنُ تَوجُّه . تَجاذُب . مُشاعَرة
  to be in — with, مَيّال . مُمايِل . موافِق . مُطابِق
sym'phony, *n.* سِمفُونيّة = تأليفة موسيقية . تآلف الألوان (أو) الأصوات
sympōs'ium, *n.*; *pl.* -ums, -sia اجتماع تَدارُسي (للمباحثة في موضوع ما) . ضِمام (أو مجموعة) آراء في موضوع مُعيَّن
symp'tom, *n.* عَلامة . دَليل . عَرَض مَرَضي
symptomat'ic, *a.* يُستَدَلُّ به (على . .) . علامة (أو) دَليل (على)
syn'aġogue [-ġoġ], *n.* كَنيس (أو) مَعبَد (لليهود)
synch'ronīze [-k-], *v.* تَواقَت . واقَت . وقَع (أو) حَدَث مَعًا في وقتٍ واحد . ناسَق . وافَق . أَوفَق . جعل على وَفقٍ واحدٍ . وَقَّت على وقتٍ واحد

synch′ronous [-k-], *a.* مُتَواقِت = في وقتٍ واحد . متوافِق . متطابق . متلائم . متناسِق

syn′copāte, *v.* رَخّم (الكلمة) = حَذَف آخرها . خَزَل = حَذَف من وسط الكلمة

syncopā′tion, *n.* تَرْخِيم . خَزْل = حَذْف من وسط الكلمة

syn′copē, *n.* إغماء (بسبب انخفاض ضغط الدم أو نقص الدم في الدماغ)

syn′dicate [-it], *n.* جَمِيعَة (أو) نِقابة (أشخاص أو شركات) = [صِنْدِيقَة]

syn′dicāte, *v.* تألَّف (أو) تجمَّع على هيئة [صِنْديقة] = تَصَنْدَق . صَنْدَق = أدار (أو) نَشَر بواسطة صِنديقة

syn′od, *n.* سِنُودُس = مَجْمَع كَنَسِيّ . مَجْلِس كَنَسِيّ . اجتماع . مَجلِس

syn′onym, *n.* مُرادِف . مُتَرادِف . كلمة بمثل معنى كلمة أُخرى

synon′ymous, *a.* مُرادِف (في المعنى أو الفكرة)

synop′sis, *n.*; *pl.* **-sēs** مُلَخَّص . خُلاصَة . مُجْمَل

synop′tic, *a.* إجمالي . مُتَطابِق (كأناجيل متى ومرقس ولوقا)

syn′tax, *n.* تركيب الجملة . إعراب (الجملة) . قواعد اللغة

syn′thēsis, *n. pl.* **-esēs** تركيب (وهو عكسُ التحليل) . تركيب مَزْجي

synthet′ic, *a.* تَرْكِيبي . مُرَكَّب صِناعِيًّا (أو) كيماوِيًّا . مَصْنُوع . صِناعي

syph′ilis, *n.* الداء الإفْرَنجي . مَرَض السِّفِلِس

sȳph′on, *n.* = siphon

Sy′ria, *n.* سوريا

Syr′ian, *n.*, *a.* سوري

syrin′ga, *n.* فِيلادَلْفُس = جَنْبَة بِزَهْر عِطري أبيض يتفتح في أول الصيف = لَيْلَك

sy′ringe, *n.* مِحْقَنَة = [شِرِنْكة] = زَرَّاقة

sy′ringe, *v.* زَرَق (أو) حَقَن بالزَّرَّاقة

sy′rup, *n.* رُبّ . شَراب . ربُّ السُّكَّر

sys′tēm, *n.* مَجْمُوعَة . مَنظومة . مَنسوقة . نِظام . أُسلوب . نَظِيمة

sys′tēm, *n.* الجسم . المنظومة الجسمية

systēmat′ic, *a.* نِظامي . أُسلوبي . مُنَظَّم

systēmat′ically, *ad.* بصورةٍ مُنَظَّمة (أو) مُنْتَظِمة

sys′tēmatīze, *v.* نَظَّم . نَسَّق في مَنظومةٍ (أو) نَظِيمة . نسّق على نظامٍ مُعيَّن

T

T, t [**tē**], *n.*; *pl.* T's, t's الحرف العشرون من الأبجدية الإنكليزية

tab, *n.* عَذَبة = قطعة صغيرة نائئة من طرف قطعةٍ كبيرة أُخرى ويُمسَك بها . رَفرَف صغير . قِطعة صغيرة مُلسَّنة . لِسان (الحذاء مثلًا)

tab'ard, *n.* دُرّاعة . بُرْدة يلبسها الفارس فوق دروعه

tabb'y, *n.* عَجُوزٌ (أو) امرأة تحب القيل والقال . عانِس . قِطٌّ رَمادِي (أو) بُنّي اللون بخطوطٍ متموجة (سوداء) . هِرّة

tabb'y, *a.* مُتَموِّج . عليه خطوط (أو) علامات مُتَموِّجة . مِن حرير العَتّابي

tab'ernacle, *n.* خَيمة . سَقيفة . عَريش . مَظَلّة . مَعبَد . جسم الإنسان مقرّ الروح الموقّت . مَقدَس = وِعاء (أو) مكان لحفظ شيء مُقدّس

Tab'ernacle, *n.* قُبّة الشهادة (أو) العهد (عند اليهود)

tā'ble, *n.* طاوِلة . مائدةٌ (للطعام) . طَعامُ المائدة . الجالسون على المائدة . قائمة . جدول . لوح . لوحة

to turn the —s on, قَلب الأمرَ . قَلَب الحال (فصار له لا عليه)

tā'ble, *v.* وَضَع على المائدة (أو) الطاولة . جَدْوَلَ = نظّم في جَدْوَل

tab'leau [**-lō**], *n.*; *pl.* -leaus *or* -leaux [**-lōz**], صورة . مَنظرٌ باهرٌ . تشخيصةٌ = مَنظَر لحادثة (أو) مشهد تاريخي يمثله أشخاصٌ ساكنوا الحركة . [لَوحة]

tā'ble-cloth, *n.* غِطاء (أو) مِفرَش الطاولة (أو) المائدة . ظِهارة المائدة

table d'hôte [**-dôt**], *pl.* **tables d'hôte,** وجبة طعام بأنواعٍ معينة وثمن معيّن = وجبة الضيف

tā'bleland [**-ll-**], *n.* هَضبة . سَهلٌ مُرتَفِع . نَجدٌ

tā'ble-spōōn, *n.* مِلعَقة طعام كبيرة

tā'ble-spōōnful, *n.* (مِلء) مِلعقة كبيرة . لُعقة

tab'lĕt, *n.* لوحٌ مكتوب = رَقيمٌ . لَوحٌ (للكتابة أو الرسم) . لَوح (صابون مثلًا) . إضمامة ورق . كُنّاشة . إضبارة ورق . قُرص (دواء أو حلوى)

table tennis, لُعبة تَنِس الطاولة

tab'loid, *n.*, *a.* جريدة يومية صغيرة الحجم (للأخبار المثيرة) . اسم تجاري لقرص صغير مُدوَّر يحتوي عَقارًا (أو) دواء

taboo', *n.*, *a.* بَسْل = مُحَرَّم . رِجسٌ . نظام المُحرَّمات . تحريم . حَجر : هذا حَجرٌ عليك . حِرم

tābōō', *v.* (-ooed, -ooing) = حَرَّم . أَبسَلَ . حَجَر . حَظَر . نَهى (عن)

tāb'or, *n.* دُفّ . طَبلٌ صغير = طَبلة (ذات دَفّتين)

tabū', *n.*, *a.* = taboo

tab'ūlar, *a.* على شكل جدولٍ . جَدولي . مُجَدوَلٌ

tab'ūlāte, *v.* جَدوَل . نَظّم في جدولٍ (أو) قائمة

tab'ūlate [**-it**], *a.* مُسطّح . مُرقّق

tabūlā'tion, *n.* جَدْوَلة = تنظيم (أو) إدراج في جدول

ta'cit, *a.* سُكوتي . ساكِت . صامِت . ضِمني . إضماري . مُضمر

ta'citurn, *a.* قليل الكلام . سَكُوت . صَمُوت = بِلّيت = سِكّيت

tacitur'nity, *n.* صَمانة = كثرة الصمت (أو) السكوت

tack, *n.* دَبُّوس (أو) مِسمارٌ مُفلطح الطرف . مَجرى . مَسلَك

tack, *n.* خياطة متباعدة مُوقتة = تَقْشيط = تشريج = شَلّ . تبويج (المركب) . بَوْج = المجرى المتعكّس ضد الريح

tack, *v.* شَدّ بمسمارٍ (أو) دبوس مفلطح الطرف . ألحق (أو) ألصق (بِ) . أضاف . نعكّس المركبُ في سيره ضد الريح = بَوّج

tack, *v.* قَشّط = خاط خياطة متباعدة موقتة = شَلّ = بَشَك = شَرّج

tac'kle, *n.* جِهاز . أدوات . عُدّة . بكرات وحبال رفع الأثقال

fishing —, أدوات صيد السمك

tac'kle, *v.* تَفرّغ (لعملٍ ما) . تَعرّض (لمعالجةِ الأمر) . تَصدّى . حارَش = ناوَصَ . عارَكَ . ساور . ناجز . مارَس

tack'y, *a.* [-ier, -iest] عاقِد . لَزِج . غِرائي . بَذّ الهيئة (أو) اللباس

tact, *n.* التَلطّف (أو) حُسنُ التأتي (للأمور) . لَباقة . حُسن مباشرة . حسن تَصرّف . كِياسة . تمييز

tact'fụl, *a.* مُتلطّف . حَسَن التأتي (أو) التّصرّف . لَبِق . كَيّس . مُميّز

tact'fully, *ad.* بحسن تأتٍ (أو) مباشرة . بلباقة . بِكياسة

tac'tic(al), *a.* خاصّ بالتعبئة العسكرية . تكتيكي

tacti'cian [-shẹn], *n.* خبيرٌ بالتعبئة العسكرية . خبير تكتيكي

tac'tics, *n. pl.* تَعبئة الجيوش (أو) القوى العسكرية = تَكتيك = حركات (أو) عمليات عسكريـة . أساليب (التأتي للأشياء) . تكتيكيات . علم التخنيل الحربي

tact'less, *a.* أخرَق . عديم اللّباقة (أو) الكياسة . خالٍ من الكِياسة (أو) الذوق

tad'pōle, *n.* شِرْغ = دُعموص الضفدع . فَرْخ (أو) فُرَيخ الضفدع = شَفْدَع

taff'ēta, *n.* (قُماش) التّفْتَة (أو) التّفتا = حَبَر

taff'rail, *n.* حاجِزٌ حَولَ موْخّر السفينة . حائل عند موْخّر السفينة . القسم الأعلى من موْخر السفينة

taff'y, *n.* = toffee

tag, *n.* بِطاقة . هُدّابة = ذُلْذُلة . ذُبْذُوبة . عِلاقة . تَطريفة مَعدَنية . تطريفة . خاتمة . كلمة (أو) عبارة مُردَفة . عَذَبة ذَنب (الثعلب) . خُصلة متلبّدة من صوف الخروف . خُصلة شعر

tag, *v.* (-gged, -gging) جَعل له (أو) عليه بِطاقة (أو) تطريفة . أردف بكلمة (أو) عبارة

tag, *n.* لُعبَة للأولاد يُطارد فيها أحدُهم الباقين إلى أن يمس واحدًا منهم فالممسوس يقوم بالمطاردة

tag, *v.* (-gged, -gging) لعب هذه اللُعبة

tag end, عَقب (الشيء) = آخِره

Tā'gus, *n.* نهر التاجه (في اسبانيا)

tail, *n.* ذَنَبة . ذَنَب . ذَيل . مُؤخّر(ة) . عَقب . خُصلة متدلية من الشعر = نَوسة . مَذنَبة . ألية

to turn —, ولّى الأدبار
with the — between the legs, وذنبه بين رجليه = استثفر بذنبه

tail, *v.* تَبِـعَ (على الأثر) . جاء في أثره . ذَنَّبَ (أو) ذَيَّل

tail, *a.* ذَنَبي . من المؤخَّرة (أو) من الخلف . خَلفي . مُستَدْبِر

tail'ings, *n. pl.* التَّوالي (أو) البقايا بعد العملية = مَذانِب

tail'less, *a.* مَجبوب الذنب . عديم الذنب

tail'or, *n.* دَرزيٌّ = خَيَّاطٌ = ناصِحيٌّ

tail'or, *v.* خيَّط (الثيابَ . . .) . واءَم = جعله موائماً = كَيَّف . لَبَّق

tail'oring, *n.* خِياطَة

tail'piece, *n.* تذنيب . تذييل . ذَيْل (في كتاب أو صحيفة)

tail spin, فَتْلَة الذَّيْل = حَركَةَ دَوَرانِيَّة للطائرة تَنْزِل فيها ويدور ذيلُها بدائرةٍ أوسع من دائرةِ مُقدَّمها

taint, *n.* خَمج . شائبة . لَوْثة . لَطخة . عُرَّة . فَساد = دَخَلٌ = دَغَل . عَدْوَى

taint, *v.* خَمِـج . تَخَمَّج . فَسَد . أنتن . شاب . إنفسد . تَعفَّن . نَغِـل . أَدْغَل (الشيءَ) = أدخل فيه ما يُفسده . أفسد (أخلاقياً)

tāke, *n.* أُخذة = كمية مأخوذة

tāke, *v.* (took, taken, taking) أَخَذ . عَلِق . قَبِـل . تَلَقَّى . نال . احتاج = استلزم . أَوْعَب . تناول . شرب (أو) أَكَل . استأجر . فَهِم . استغرق . أبعد . طَرَح . أخذ مفعوله = أَثَّر . اشتغل (الدواء) . حَسِب . تَحَمَّل . اجتذب . استمال . أظهر . انتحل

to — aback, دَهِش . باغت . بغَت . انبغت

to — after, أشبه . شابه

to — away, أزال . أَذهب . أبعد . أخذ (من هنا) وذهب (به)

to — back, استرجع . استردّ

to — care, اعتنى . احترس . انتبه

to — down, حطّ . أنزل . دَوَّن = قَيَّد . غضّ من الكبرياء . فكّك

to — for granted, احتسب (أو) افترض الأمرَ مفروغاً منه (أو) مُسلَّماً به

to — from, قلّل . نقّص . خَسَّس . صدَّق

to — ill, مَرِض . استاء (من)

to — in, أَخَذ وأَدْخَل = أَوْعَب . صَغَّر . فَهِم = وَعَى . خَـدَع . غَش . إنخدع

to — the law into his hands, انتصر لنفسه . أباح القانون لنفسه

to — into his head, بدا له . عَنّ له . وَقَع في نفسه

to — leave, استأذن . أخذ إِذناً . تَرَك

to — off, نَهَض (أو) استقلَّ (عن الأرض أو الماء) = شال . خَلَع = شَلَح . حاكى بصورة مُضحِكة . ذَهَب . انصرف . غادر

to — on, استأجر . اسْتَخدم . أَخَذ (للعَمَل) . حاوَلَ . تَلَبَّس . قَبِل . ابتأس . تَحَمَّل

to — out, أخرج . نثل . نكش

to — pains, تعَنَّى . تكلَّف . بذل المجهود . أَتْعَب نفسه

to — his part, تحزّب له . حامى (عنه)

to — part, شارك . اشترك

to — ship, أبحر . سافر بالسفينة

to — sides, تحزّب

to — to, نَزَع (إلى) = مال (أو) أحبَّ . أمَّ = تَوَجَّه (إلى) . جَنَح . فَزِع (إلى) = لجأ . لاذ . تعوَّد (على) . عكَف

to — to heart, أحبَّ . اهتمَّ (بِ) . اقتنع (بِ) . تأثَّر (بِ) كثيرًا

to — to task, عنَّف . قرَّع

to — up, امتصَّ . صَغَّر (أو) قَصَّر = شَدَّ . باشر . رَفَع . أشغل . احترف = امتهن . صاحب . قَبَض (على)

to — upon, التزم . تعهَّد

to — veil, ترهَّب

to — at his word, صَدَّقه

tāke′down [-kd-], *n.*, *a.* مصنوع بحيث يسهل تفكيكه . تفكيك . سلاح يسهل تفكيكه وتركيبه .

tāke′-in, *n.* خِدْعة

tāk′ẹn, *a.*, *v.*, *pp. of* take

tāke′-off, *n.* نُهوض (أو) استقلال الطائرة (عن الأرض) = شَوَلان . فَزَّة . شَوْلة

tāke′-ōvẹr, *n.* استيلاء . تَمَلُّك . تولي الإدارة (أو) السلطة (أو) الحُكم

tāk′ẹst, *v.* = take. Thou takest

tak′ēth, *v.* = takes

tāk′ing, *n.* أخذٌ. مَأخوذ. غَلّة = مدخول نقدي

tāk′ing, *a.* أخّاذٌ = جذّابٌ . مُعجِب

tāk′ings, *n. pl.* رَيع . دَخلٌ . مَقبوض . وارِدٌ

talc, *n.* طَلْق = حَجَر الطَّلْق = كوكب الأرض

tal′cụm, *n.* = talc

— powder, ذَرور (أو) مسحوق مَعمولٌ من حجر الطَّلْق

tāle, *n.* قِصّة . حِكاية . أُكذوبة . نُزهة . تَقَوُّل . غِيبَة . إشاعة . تشنيعة

to tell —s, قَتَّ = سَعى (بِ) = وَشَى . نَمَّ . اغتاب . تقوَّل (على)

tāle′bearẹr [-lbār-], *n.* [نقّال كلام] . نَمّام = واشٍ = قَتّات = نَيْرَب

tāle′bearing [-lbār-], *n.* نَيْرَبة = نَيْرَجَة = نَميمة

tal′ẹnt, *n.* قَريحة = ملكة (أو) موهبة طبيعية خصوصية . مَقدرة طَبْعية . أصحاب القرائح . وَزْنة (أو) وحدة نقد قديمة

tal′ẹntēd, *a.* ذُو قَريحة . موهوب

tāle′-tellẹr [-lt-], *n.* = talebearer

tal′isman, *n.*; *pl.* -mans حِرْز . تَميمة . عُوذَة . صورة (أو) كتابة منقوشة على شيء يُحمَل لِردِّ العَين (أو) للوقاية من الأذى = طِلَّسم

talk [tôk], *v.* تكلّم . حدَّث . حَكى . تحادث . تذاكر . تحدَّث . شَوَّر

to — big, تفاخر . تفايش . تبجح . تَفَيَّش

to — down, أسكت برفع الصوت (أو) بكثرة الكلام

talk [tôk], *n.* كلامٌ . حديث . محادثة . قيل وقال . أُحدوثة . شائعة

ta′lkative [tôk-], *a.* كثير الكلام = مِكثار = مِهذارٌ = لَقلاق

talk′ẹr [tôk-], *n.* مُتكلِّم . مُحدِّث . كثير الكلام

talk′ie [tôki], *n.* = talking picture

talking picture, فِلْمٌ ناطِقٌ

tall [tôl], *a.* طويل القامة . طويل . شامِخٌ : باسِق . مُبالغ فيه (لا يكاد يُصدق)

tall'ōw [-ō], *n.* شَحمٌ . سِلاء

tall'y, *n.* عُودٌ يُفرَّض (أو) يُحزَّز للتَّعداد = عُود الحِساب . فُرْضَة للحساب (أو) للإحصاء . حِساب . قائمة الحساب . سِجلّ

tall'y, *v.* (-ied, -ying) عَلَّم على عود الحساب . عَدَّ . حَسَب . طابَق . عَلَّم ببطاقة . تطابق

tall'y-hō', *int.* ثُعلَب هُو ! هُتاف الصياد عند رؤية الثعلب

Tal'mud, *n.* التَّلْمود

tal'on, *n.* مِخْلَب . بُرْثُن: كُلَّابة الطائر وغيره

tāl'us, *n.* أُحدُور (أو) مُنحَدَر جِداري

tāl'us, *n.*; *pl.* -uses, -lī عظم رسغ القدم . عظم الكعب

tām'able, *a.* = tameable

tam'arack, *n.* شجرة أمريكية شَرْبينية . شجرة صَنَوبرية أمريكية (أو) خشبها

tam'arind, *n.* [عَرْديب] . حُمَر = التمر الهندي = صُبار

tam'arisk, *n.* (نبات) الأَثْل (أو) الطَرْفاء

tam'bour [-bęr], *n.* طبلة = نَقَّارة . مِنسَج (أو) طارة . تطريز على المنسج

tambourīne' [-borēn], *n.* دُفّ . [طار] . [رِقّ]

tāme, *a.* أَلُوف . إنسِيّ . مُدجَّن . أَلِيف . مُؤَلَّف . وَديع . سَلِس القِياد . طَيِّع . مُستأنِس . مُطبَّع . [بائخ] = مُمِلٌّ ليس فيه ما يُحرِّك النفس

tāme, *v.* أنَّس . أَلَّف . ذَلَّل . رَوَّض = طَبَّع . قَمَع . طوَّع

tāme'able [-mabl], *a.* قابل للتأنيس . قابل للتدجين . مُستألِف . ذَلُول . سهل القِياد . رَيِّض

tam-o'-shan'tęr, *n.* طاقية اسكتلندية (تُلبَس على الرأس وتكون واسعة في أعلاها) ولها [كُنفوشة] فوقها

tamp, *v.* طَمَّ . دَكَّ . كَبَس . حَشا (الثقبَ الحاوي على المتفجرات) بالتراب وقِطَع الأحجار . . .

tam'pęr, *v.* تعابث (ب) . [قارَش] = لَعِب (به) بلا مُوجِب . عالَج . مَسَخ = حَرَّف (أو) صَحَّف . لَعِب وأَفسد . حاول إعطاء الرشوة (أو) حاول الإرهاب . استفسد

tam'pion, *n.* سِدادة فم المدفع

tam'pon, *n.* دُسْمَة (أو) سِدادة فتحة في الجسم (أو) فم الجرح من القطن (أو) مثله

tan, *n.* دَبْغة . اندباغ . تلويحة (من الشمس والجو) . دِباغ . سُفعة (في لون الجلد من الشمس أو الريح)

tan, *n.* قِشر البلُّوط أو غيره يُدْبَغ به . القَرَظ . دَبُوغ

tan, *a.* (tanner, tannest) بُنيٌّ أصفر = [أَدْبَغ] . أَكلف . أسفع . مُلوَّح

tan, *v.* (-nned, -nning) دَبَغ (الجلد) . اندبغ . تلوَّح (من الشمس . . .) . سَفَع . تَسفَّع . أشبع ضَرْبًا = دَبَل

tan, *n.* = tangent

tan'agęr, *n.* طائر أمريكي صغير والذكر منه مُزَوَّق من الزَّقَاقِيات

tan'bârk, *n.* قِشْرٌ شَجَرِيٌّ مجروش من السنديان (أو) غيره للدباغة

tan'dęm, *a(d).* مُقاطَرةً . قِطارَة . في قِطارَة واحدة = واحدًا خلف الآخر

tan'dẹm, *n.* حصانان (أو) فَرَسان في قِطارَةٍ واحدة . عَرَبة قِطارَةٍ (أو) قِطارِيَّة . عربة رِدافِيَّة . دَرّاجة بمقعدين مترادفين

tang, *n.* رائحة . بُنَّة = رائحة قوية . طَعْمٌ قوي . سِنْخٌ = طَرَفُ المِبْرَد (أو) السكين الداخل في النصاب = سِيلان

tang, *n.* طَنَّة . صَخَّة

tan'gẹncy, *n.* ملامسة . مُماسَّة

tan'gẹnt, *n.*, *a.* ماسٌّ . متماسٌّ . مُماسّ (في الهندسة)

to fly (go) off at a —, انفتل (أو) انصرف فجأة (عن) . حاد (عن الموضوع) فجأة = استطرد

tangen'tial [-shal], *a.* مُماسِّي . له صلة عَرَضِيّة . استطرادي

tangerīne', *n.* نوعٌ من البرتقال الصغير له قشرة ضعيفة الالتصاق

tangibil'ity, *n.* مَلْموسِيّة . مادّيّة

tan'gible, *a.* مَلْمُوس . مَحْسُوس . حَقيقي . مادي . مُحَدَّد

Tangier', *n.* (بلدة) طنجة

tanġ'le, *n.* تشابك . تعقد . شَبَص . تَعَكيشة = تداخل واشتباك . رَبيكة . مَنشَب . [شَرْبَكة] = عَرْبَسيسة . تَعقيد

tanġ'le, *v.* عَكَش = تعكّش (الشعر) = التوى وتلبّد والتف . عَرْبَس . تعرّبس . عَكَّش . تَشَبَّص = تداخل وتشابك وتعقّد . [شَرْبَك] . [تخربص] . تَفَسّر (الغزلُ) = التوى واختلط وتشابك

tanġ'ly, *a.* (-lier, -liest) مُتَعَكِّش

tank, *n.* دبّابة (حربية)

tank, *n.* حَوضٌ . فِنطاسٌ . فُنطازٌ . جابية

tank'age [-ij], *n.* سَعة الصهريج (أو) الفِنطاس

tank'ard, *n.* بُوقال = مِشْرَبة كبيرة بغطاء . عُسّ

tank'ẹr, *n.* ناقِلة نفط (أو) ماء . سفينة صِهريجية (أو) فِنطاسِيّة = سَفينة ذات صهريج (أو) فِنطاس لنقل السوائل . طائرة صِهريجية

tann'age [-ij], *n.* دِباغة . مَدْبوغات

tann'ẹr, *n.*, *a.* اسم التفضيل من tan . دَبّاغ (الجلود)

tann'ẹry, *n.* مَدْبَغة . [دَبّاغة]

tann'ic, *a.* عَفْصي

tannic acid, حامض العفص

tann'in, *n.* عَفْصين = حامض قوي للدِباغ

tann'ing, *n.* دَبغ . دِباغة . إندباغ البَشَرة (أو) الوجه (بالشمس أو بالريح)

tan'sy, *n.* حشيشة الدُود (أو) الديدان

tan'talīṡe, *v.* = tantalize

tan'talīze, *v.* ناكَد = أطمع (عن بُعد) . أشْلَى = أطمع وشَهّى ولكن عن بُعْدٍ (على سبيل المُضاجَرة) . أطمع ثم أخلف

tan'talus, *n.* أبو مِنجَل = أبو قِرْدان الحبشة (من الطيور نصف المائية)

tan'tamount, *a.* له حُكم . مُعادِل (أو) مساوٍ (في الأهمية أو التأثير) . عِدْل . بمثابة . سَواء

tan'trum, *n.* فَرْتَنة (غضب) . نوبة من حِدّة الخُلق . نَوْبة حَنَق (أو) غضب . فَوْرة غضب . نَزْقة

tap, *n.* دَقْدَقة . قَرْعَة . نَقْرة . دَقَّة خَفِيفة . ضَرْبة خفيفة = رَبْتَة . رَفْدة من الجلد لتقوية النعل (أو) العقب . مَيّالة للنعل

tap, *v.* (-pped, -pping) قَرَع . نقر .
دَقْدَق = دَقَّ (خفيفاً) . رَبَت .
استمدَّ (من)

tap, *n.* حَنَفِية = صُنبور . سِطام . مَبْزَل
(البرميل) = زِرْبين . أُسكوبة =
خَشَبة يُسَدّ بها البرميل (أو) شِبهه

tap, *v.* (-pped, -pping) بَزَل (البرميل) .
إستبزل = شَقّ (أو) ثَقَب لاستخراج
سائل = فَصَد (الشجرة) . إختتل
(التلفون) = تَسَمَّع له استراقاً

tap dance, رَقص التنقير (أو) رقص الدقدقة
(بالأقدام)

tāpe, *n.* شَريط = بِنْدَة . سَبِيبة (أو)
خبيبة (من القماش)

tāpe, *v.* رَبَط (أو) شَدَّ بشريط

tāp'ẹr, *n.* أَسَلة . استدقاق . شمعة دَقيقة .
إنخراط

tāp'ẹr, *a.* مُستدِق النهاية (أو) الطَرَف .
مُنخرِط . مُخرْطَم

tāp'ẹr, *v.* خَرْطَم = أسَّل . تأسَّل .
استدقَّ . انخرط . قَلَّ شيئاً فشيئاً

tap'ēstry, *n.* نسيج صَفيق مُوَشّى ومُرَسَّم .
نُجودٌ = سُتورٌ تُعلَّق على الجدران من
الداخل للزينة . وَشي للتعليق

tāpe'worm [-pwerm], *n.* الدودة
الوحيدة . دودة شريطية

tapiōc'a, *n.* دَقيق المَانيوق = دقيق نبات
التَّبْيوكة (يستعمل في عمل المُهَلّبيّات)

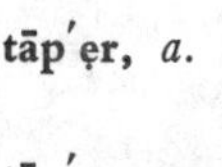

tāp'ir [-ẹr], *n.* حلّوف
البرازيل الوحشي . (حيوان)
التابير . [أبو زَلّومة]

tap'is [*or* tapi], *n.* سَجّادة . بِساط .
وَشي . زُرْبِيّة

on the —, تحت البحث . على بساط البحث

tap'rōōm, *n.* غرفة في حانة (لشرب الجِعَة)

tap'-rōōt, *n.* جِنثٌ = الجذر الأصلي
المستقيم الداخل في الأرض وتخرج منه
جُذَيرات مُتفرِّعة كالجزر (أو الفُجل)

tap'stẹr, *n.* بَزّال = الذي يأخذ المشروب
من البرميل . الساقي في حانة

târ, *n.* زِفت . قَطران = قار = قير
= هِناء

târ, *n.* بَحّار . نُوتِي

târ, *v.* (-rred, -rring) زَفَّت . قَطرَن .
قَيَّر . هَنَأ . لَطَخ بالقار

to — and feather, صَبَّ القار (أو)
قَيَّر ثم غَطّى بالريش عِقاباً

taran'tūla, *n.* = [أبو شَبَث]
رُتَيلاء = هامّةٌ كالعنكبوت
الكبير السامّ = شَبَث =
عقرب الحيّات

tarax'acum, *n.* (نبات) أسنان السبع =
اكليل الراهب

târd'ily, *ad.* بُطء . بتوانٍ . بتلكؤ .
بعد لأيٍ

târd'iness, *n.* تأخُّر . توانٍ . تَلَكُّؤٌ .
تمكّثٌ . لأيٌ

târd'y, *a.* متأخر . بطيء . بعد الفوات .
مُقصِّرٌ . مُلتَبِيء . مُتراخٍ . مُتوانٍ

tāre, *n.* زُوان = شَيْلَم = طِراقِيَة

tāre, *n.* طَرِيحة = ما يُطرَح من الوزن
العمومي (أو) القائم لإيجاد الوزن الصافي

târġ'ēt, *n.* هَدَف = غَرَض = مَرمى .
دَرَقة = تُرس صَغير

târġ'ēt, *n.* قِرطاس = غَرَضٌ يُرمى
(للَّعب أحياناً)

ta'riff, *n.* تَعْرِيفة (جمركية) . جدول
التعريفات (الجمركية) . جدول أسعار

târn, *n.* رَدْهة = خَشْرَج = بِرْكة (أو) بُحَيْرة على جَبَل . بُحَيْرة بين الجِبال = ثَغْب

târn'ish, *n.* كُدْرَة . كُمْدَة . طَبَع

târn'ish, *v.* كَمِد = تكدَّر (لونه) . كَدَّر . أكمد . عَرَّ . لَطَّخ . طَبِع = كَمِد وعلاه الصدأ

târpaul'in [-pô-], *n.* خَيْشٌ (أو) جِنفيص مُشمَّع (أو) مُقَيَّر . غِطاء من هذا النوع . زِفْن = مِظَلَّة

târp'on, *n., pl.* -pon(s) سمكة كبيرة في الأنحاء الدفيئة من الأطلنطي

târ'ry, *a.* قَطراني . مُقطرن . قارِيّ

ta'rry, *v.* (-ied, -ying) تأخَّر . تباطأ . تَلَكَّأ . تَلَبَّث . تَمَكَّث = تَحَوَّس = تحبّس وأبطأ

târs'us, *n.; pl.* **-sī** = عُرقوب الطائر = الساق بين الركبة والمخالب . رُسْغ القَدَم

târt, *n.* كَعْكة (أو) فَطيرة فاكِهة . بقلاوة فاكهة

târt, *n.* امرأة (أو) بنت خليعة . مُومِس

târt, *a.* حامِزٌ = حاذٍ = شديد الحموضة . حامِضٌ . لاذِعٌ . حادٌّ . قارِص

târt'an, *n., a.* بُرْدٌ (صُوفي) = قُماش صُوفي مُرَبَّع التَّوْشيع (أو) مُوَشَّع . مَصنوعٌ من القماش الصوفي المُوَشَّع

târt'ar, *n.* شَخصٌ شَرِسٌ (أو) سيِّئُ الخلق . عِربيد

târt'ar, *n.* قَلَح الأسنان . طِرطير = مادة حامضة تترسب في براميل الخمر = دُرْدِي

Târt'ar, *n.* (شخصٌ) تَتَرِي . من بلاد التَّتار (أو) التَّتَر

târta'ric, *a.* طِرطيري

târt'ly, *ad.* بِحِدَّة . بجفوة . بتهكُّم

tâsk, *n.* وَظيفة . مُهِمَّة . عَمَلٌ . فَرض . وَجيبة

to take to —, قَرَّع . عَنَّف . لام . استخطأ

tâsk, *v.* فَرَض (أو) وَظَّف له عَمَلًا . حَمَّل . بهظ . أرهق . عَنَّت

task force, قُوَّة مُنتدَبة (أو) مَندوبة

tâsk'mâster, *n.* كَدَّاد . ضاغِط = مُرهِق . مُعَنِّت . فَرَّاضٌ = الذي يُعَيِّن الأعمال المفروضة = مُفقِّرٌ . مُكَلِّف

tass'el, *n.* ذَبذَبة = [شَرَّابة] = عُثْكُولة . عَذَبة . ذُؤابة مُتَدَلِّية (كشرابة الطربوش)

tass'el, *v.* (-elled, -elling) جَعَل له شَرَّابة . نَزَع العُثكولة (أو) الشَّرابة . تَعَثْكَل

tāste, *n.* طَعْم . مَذاق . حِسُّ الذَوق . ذَوْقة . إستذواق . تَذَوُّق . مَيل . استحباب

tāste, *n.* رَغْبة . إقبال . ذَوْقٌ سليم . مَشْرَب

tāste, *v.* ذاق . اسْتَطعم = شَعَر بالطعم . أَطْعَم = فيه طَعْم

tāste'ful [-tf-], *a.* طيِّب (أو) لذيذ (الطَّعْم) . شَهِيّ . حَسَن الذَوق . فيه ذوق (سليم)

tāste'less [-tl-], *a.* تَفِه = عديم الطعم = سَليخ . عديم الذوق . مُجَرَّد من حسن الذوق

tās'ty, *a.* (-tier, -tiest) طَعِمٌ . طيِّب الطعم . مُستطاب . لذيذ (الطعم)

tatt'er, *n.* خِرْقة = مِزقة = زُعبولة = هُرمُولة = شُبروقة

tatt'ęr, *v.* رَعْبَل . تَرَعْبل . شَبْرَق = مَزَّق وقطَّع . هَرْمَل . تَشَرْشَر (الثوب) = تَهَبَّب

tatt'ęred [-rd], *a.* مُشَبْرَق (أو) مُمَزَّق (الثياب) . مُرَعْبَل . رَعابيل . مُهَرْمَل . مُهَبَّب (الثياب) = مُخَرَّق

tat'tle, *n.* هَذَر = فقفقة كلام . قيل وقال . نَميمة . وِشاية . غِيبة

tat'tle, *v.* تكلم بكلامٍ فارغ = هَذَر = فَقْفَق . اشتغل بالقيل والقال . نَمَّ . وَشَى . اغتاب

tatt'letāle [-tltāl], *n.* نَمَّام . صاحب قِيل وقال

tattōō', *n.; pl.* -toos دَقَّة التَرْويح (لعودة الجنود إلى ثكنتهم في العَشِيّ) . عَرْضٌ عسكري موسيقي . دَرْدَبات . نَقَرات

tattōō', *v.* (-tooed, -tooing) نَسَغ = وَشَم = غَرَز بالإبرة ثُمَّ وضع التلوين

tattōō', *n.; pl.* -toos وَشْمٌ . نَسْغٌ . نَؤُور

taught [tôt], *v.; p., pp. of* teach

taunt, *n.* تَعْيير(ة) . تَعْييب . تَهَكُّم . تأنيب

taunt, *v.* عَيَّر . عَيَّب . سَخِر (من) . تَهَكَّم حتى أغاظ وأثار . أَنَّب . غاضَب

taunt, *a.* طويل مَشْدود . عالٍ مَشْدود

taut, *a.* مَشْدودٌ . مكروبٌ . مُتَوَتِّر . مُهَنْدَم

tautol'ogy, *n.* تكرير المعنى بكلمات مختلفة . حَشْو (كلام) . فَضْل الكلام

tav'ęrn, *n.* خَمّارة . كُلْبة = حانةٌ . دَسْكَرة . مَقْصَف عمومي . خان المسافرين

tawd'ry, *a.* (-ier, -iest) مُبَهْرَج . مُزَخْرفٌ رَخيص . زاهٍ رخيص

tawn'y, *a.* (-ier, -iest) بُنّي أصفر = أصحَر (كلون الأسد)

tax, *n.* ضَريبةٌ . مكس . باجٌ . إرهاق . تكليف

tax, *v.* فَرَضَ ضَريبةً . بَهَظ . أرهق . كَلَّف وثَقَّل . كَدَّ . عَزَى (إلى) . تَجَنَّى (على) . اتَّهَم

taxā'tion, *n.* وَضْع (أو) فَرْض الضرائب . ضَريبة

tax'free, *a.* خالص من الضريبة . معافى من الضريبة

tax'i, *n.* عَرَبة (أو) سيارة أُجرة . تَكْسي

tax'i, *v.* (-ied, -iing) رَكِب التكسي . دَفْدَف (الطائر أو الطائرة) = مَرَّ على الأرض عند الهبوط (أو) النهوض = دَرَج

tax'i-cab, *n.* سيارة أُجرة . تكسي . عربة تكسي

tax'idermy, *n.* فن تصبير الحيوانات بحشو الجلد حتى ينتصب ويكون على شكل الحيوان الحي

tax'payęr, *n.* دافع الضرائب . مُكَلَّف (بدفع الضرائب)

t. b. = tuberculosis

tea, *n.* شايٌ . ورق الشاي . نَبْتة الشاي . وجبة الشاي (عند العَصْر)

teach, *v.* (taught, teaching) عَلَّم . فَهَّم . دَرَّس . احترف التعليم

teach'able, *a.* يقبل التعليم . يمكن تدريبُه . قابلٌ لأن يتعلَّم . ممكنٌ تعليمُه

teach'ęr, *n.* مُعَلِّم . مُدَرِّس

teach'ing, *n.* تعليم . تدريس

— hospital, مستشفى كبير مُلحقٌ به مدرسة طبية

tea'cup, *n.* فِنجان شاي

teak, *n.* شجرة الهند = شجرة السّاج . خشب الساج

tea'-kettle, *n.* إبريق لغلي الماء . مِغلاةٌ . [غَلّاية]

teal, *n.*; *pl.* teal(s) صِنصِن = شَرشير = حَذَفَة = دُجّ = بطّة صغيرة برّية نهرية (أو) تعيش عند البحيرات

team, *n.* رَبْعٌ = رُصْفَة = جماعةٌ يعملون معًا . فَريق . قِرانٌ (من الدوابّ) . فَدّان . قَطر

team, *v.* تَراصَف = إنضم بعضُه إلى بعض . جَمَع في فريق . ضَمّ في قِرانٍ (أو) قَطر

team'ster, *n.* سائق قِرانٍ (أو) قَطر

team'-work [-werk], *n.* التعاون المُنظَّم . التراصف (أو) التساند في العمل

tea'pot, *n.* إبريق شاي

tear, *n.* دمعةٌ . عَبْرَة

in —s, باكيًا . وعيناه تدمعان

tear [tār], *v.* (tore, torn, tearing) خَرَق = مَزَق . مَزَّع . قَدّ . انتزع = مَتَخ . امتلخ . قَطَّع . وَزّع = قَسَم . عَطّ = شَقّ (أو) قَدّ . هَتَك = عَرْفَص . فَسَخ . شَرَط . انخرق . انقدّ . مَزَع (في سيره) = مَلَخ = أسرع = هَزرف

to — down, هَدّ . هَتَك

to — to pieces, مَزّق . أنهك بالانتقاد

to — up, قَدَّد . مَزّق . خرّق

tear, [tār], *n.* خَرقٌ . شقٌّ . مَزقٌ . مزع

tear'ful, *a.* باكٍ = مُستَعبِر . اغرورقت عيناه والدموع في عينيه . باكيًا . مُستعبرًا

tear'fully, *ad.*

tease, *v.* ألحّ في الطلب . مَشَق (القطن أو الصوف) . سَرّح = مَشَّط

tease, *v.* أغاظ بكثرة التحرُّش (أو) المُعابَة . [زَرَّك] = كايد . ضاجر . غايظ . ناكد . عايب

tease, *n.* [مُكايِد] . مُغايِظ . مُناكِد . مُحارِش . مُعايِب

teas'el, *n.* جُنجُر = مشط الراعي = (نبات) الشوكة الطرابيشية = عَطشان

tea'spoon, *n.* مِلعَقة شاي

tea'spoonful, *n.* (مِلءُ) ملعقة شاي

teat, *n.* حَلَمة (الثدي) . طُبْي = حَلَمة الضَرع أو الخِلف وغيرهما في الحيوانات

teaz'el, *n.* = teasel

teaz'le, *n.* = teasel

tech'nic [-k-], *n.*, *a.* أُسلوب فَنّي . فَنّ . فني . تَقَني

tech'nical [-k-], *a.* فَنّي (صِناعي) . اصطلاحي (فني) . تَكنيّ . تقني . اصطلاحي (في فن من الفنون) . قانوني . ميكانيكي . قَيني

technical'ity, *n.* استعمال اصطلاحي . اعتبارٌ فني . فَنّيّة . تَكنيّة . تَقنيّة . نقطة فَنّيّة (تتعلق بالشكليات أو بأصحاب الخبرة الفنية)

tech'nically, *ad.* بالعُرف (أو) الاعتبار الفني . اصطلاحيًا . قانونيًا

techni'cian [-k-shen], *n.* خبير فني . ماهر فَنّي . دارِب . فَنّان . مُتَمهِّر . تَقين . قَين

technique′ [-k-nēk], *n.* طرزٌ = طريقة (أو) أسلوب (فني) . مهارة فنية . دُرْبة فنية . أسلوب . مهارة . تتقين

technol′ogy [-k-], *n.* علم الفنون الصناعية . علم التكنيات (أو) التقنيات . اصطلاحات فنية

teddy bear, لُعبة على شكل دُبّ

Te Deum, ترنيمة تسبيحية شُكرانية قديمة تُرتَّل في الكنيسة صباحاً

tēd′ious, *a.* مُملٌّ . طويلٌ مُسئم . ثقيلٌ على النفس = مُنوِّط للروح

tēd′ium, *n.* مَلال . سأم . إملال . إسئام

tee, *n.* قُمزة (أو) كُوَيمة توضع عليها الكرة في لعبة الكولف . الغرض (أو) المرمى (في بعض الألعاب) . نقطة (أو) موضع البدء (في لعب الكولف مثلاً)

tee, *v.* (-eed, -eeing) وضع على القُمزة . ضرب كرة الكولف من القُمزة

teem, *v.* امتلأ (أو) حفل (ب) = عجَّ . كثُر (فيه) . زخر . إزدحم

teem, *v.* دفق . نزل المطر وابلاً . صبّ في قالب

teen′-āgęr, *n.* عَشراوي (أو) عَشراني = شخصٌ في العمر من ١٣ إلى ١٩

teens, *n. pl.* سِنِي العَشر (من ١٣ إلى ١٩ من العمر)

tee′pee, *n.* خيمة مخروطية الشكل للهنود الحمر في أمريكا

teet′ęr, *n.* أُرجوحة . زُحلوقة . تمايل . تأرجح . ترجُّح (في المشي) . ترجرج

teet′ęr, *v.* تأرجح . تمايل من جانب إلى آخر . ترجح (في مشيته) . تذبذب . تردَّد

teeth, *n., pl. of* tooth

to escape by the skin of his —, نجا بقُوف نفسه . أفلت (فلانٌ) جُرَيعةَ الذقن (أو) بجريعة الذقن . أفلت ولم يكد

to set his —, صرَّ أسنانه . كزّ على أسنانه

to show his —, كشّر عن أسنانه (أو) أنيابه (تهديداً)

in the — of, مُصاداً . مُعاكِساً . في وجهِ . في مواجهة

armed to the —, مُدجّج بالسلاح

teethe, *v.* سنَّن = نبتت أسنانُه = أسنَّ

teetōt′allęr, *n.* مُحرِم عن المشروبات

teg′ūmęnt, *n.* جِلد (للحيوان) . غلافٌ (للنبات) . غِشاء (للحيوان) . قِشرة . لِحاء . جِلدة

tel′ēcâst, *n.* إذاعة تلفزيونية . برنامج تلفزيوني مُذاع

tel′ēgram, *n.* (رسالةٌ) برقية . تلغراف

tel′ēgrâph, *n.* مِرسالٌ برقي . تلغراف = برقٌ

tel′ēgrâph, *v.* أرسل برقية = أبرق . [نيَّل]

telēgraph′ic, *a.* برقي . تلغرافي

telēol′ogy, *n.* المذهب الغائي

tēlep′athy, *n.* مُواحاةٌ = تواحٍ = تواصل عقلي (أو) ذهني بطريقة خفية غير معهودة وبدون واسطة

tel′ēphōne, *n.* تلفون = هاتف

tel′ēphōne, *v.* تلفن = كلَّم بالهاتف

tel′ēscōpe, *n.* تلسكوب = مرقب

tel′ēscōpe, *v.* كرفس = قوصر = أدخل بعضه في بعض . تقوصر = تجعثم = تقبض ودخل بعضه في بعض

telĕscop'ic, *a.* تِلِسكُوبي . مِرقَبي

tel'ĕvision [-zhẹn], *n.* تِلِفِزْيُون = إذاعة مَرئِيّة

tell, *v.* (told, telling) قال . حَدَّث . أخبر . أعلم . حَكَى . عَرَف . أمر . عَدَّ . أثّر . ثبّت . وَشَى (بِ) . حَكَم = قرّر . مَيّز

to — the time, قال (أو) عَرَف كم الساعة

to — off, فرَز . أفرز . جَرَّد (لعمل خاص)

tell'ẹr, *n.* قَصّاص . مُخبِر . راوٍ . أمين صندوق (في مصرف) . مُحصي أصوات الانتخاب

tell'ing, *n.* مُؤَثِّر . أخّاذ . له وَقع في النفس . مُكَلِّف . مُطلِب

tell'tāle, *n.* مُشعِر . نَمَّام . واشٍ = حَكِيّ = قتّات

tell'tāle, *a.* كاشف . فاضِحٌ

tĕme'rity, *n.* تَجليح = إقدامٌ بتهوُّر . لِبسٌ = إقدامٌ مع عدم مبالاة . تَهوُّر . قُحمة

tem'pẹr, *n.* خُلُق = طَبعٌ . نفس = رَغبة . حِدّة (أو) سوء خُلُقٍ . تَغَضُّبٌ . قِوام . حِدّة طبع . غضب

to fly (get) into a —, انفجر مُغضَباً . استطار غضباً

to keep his —, تمالك نفسه من الغضب

to lose his —, ثار ثائره . [طَلَع خلقه] . تملّكه الغضب

tem'pẹr, *v.* سَوَّى . لطّف . عدَّل . سَقَى (الزجاج أو الفولاذ بالتسخين والتبريد على التوالي) . جَبَل (كالصلصال)

tem'pẹrameṇt, *n.* مِزاج . جِبِلّة . طَبيعة . رَهافة الحِس

tempẹramen'tal, *a.* مِزاجي . حادٌّ الطبع . مُتقلِّب الطبع (أو) الخلق

tem'pẹrance, *n.* اعتدال . تَعَفُّف . تَوَرُّع (أو) امتناع عن المسكرات

tem'pẹrate [-it], *a.* مُعتدِل . مُتعفِّف . مُعتدِل في شرب المسكرات

tem'pẹrature, *n.* درجة الحرارة (أو البرودة) . حرارة الجو . حَرارة

tem'pĕst, *n.* زَوبعة . عاصِفة . فُرتُنة (في البحر) = خِبٌّ = كَوْس = قاصِفة . زَعزَعة . ثائرة (أو) هائجة (غضب أو انفعال)

tempes'tūous, *a.* عاصِفٌ . فُرتُنيٌّ . زَعزاعي . عَجّاج . هائج . شديد الاضطراب

Tem'plar, *n.* أحد الفرسان الهيكليين (في أيام الصليبيين) = داوِيّ

tem'ple, *n.* مَعبَد . هَيكل . صُدغ = فَود

tem'pō, *n.; pl.* -pos الوقتُ الموسيقي = سرعة العزف . سُرعَة

tem'poral, *a.* زَمني . دُنيَوي . عَلماني . مُوقَّت = [وَقتي] . صُدغي

tem'porarily, *ad.* مُوَقّتاً . للوقت الحاضر . وَقتياً . لوقتٍ ما

tem'porary, *a.* مُوَقَّت . إلى حين . وَقتي . لوقتٍ ما

tem'porīze, *v.* تأَوَّن (في الأمر) = تَرَبَّص وانتظر الفُرصَة . تأنّى (لاكتساب الوقت) . تَلَبَّث . تماطل . ماطل . تمهّل

tempt, *v.* رَغَّب . أغرى . طَمَّع . أغوَى = استَجَرَّ . استهوى . سَوَّل . استثار

temptā'tion, *n.* إغراء . تَجرِبة . مُغرِيَة . تَسويل

temp´tẹr, *n.* مُغرٍ . مُسَوِّل . مُغوٍ

Temp´tẹr, *n.* الشيطان (الذي يُسَوِّل للناس)

tempt´ing, *a.* مُغرٍ . مُغوٍ . فاتِن . مُستهوٍ

temp´tress, *n.* (امرأة) مُغرِيَة (أو) مُغوِيَة . سَوَّالة

ten, *n., a.* عَشْرٌ . عَشَرَةٌ

ten´able, *a.* يمكن شَغلُه . يمكن الأخذ به (أو) تصديقُه . يمكن التمسك به (أو) الدفاع عنه

tēnā´cious [-shẹs], *n.* مُتَشَبِّث = مُسَّاك = مُتَمَسِّك = شديد الإمساك (أو) التمسُّك . مثابر . مُصِرٌّ . عَنيد . مُصَمِّم . حافظ (كالذاكرة) . شديد الحِفظ . شديدُ الحِفاظ (على) . متماسك . متلازِب . لازِب

tēna´city, *n.* تَشَبُّث . مثابَرة . شِدة الإمساك (أو) التَمَسُّك . (شدة) تماسك . لُزُوب . تَلَكُّد

ten´ancy, *n.* سَكَنٌ (بالإيجار) . إيجارة . استئجار . ملكٌ مُستأجَر . تصرُّف

ten´ant, *n.* مُستأجِرٌ . مُستَكرٍ . ساكِنٌ (بالإيجار) . مُتَصَرِّف بمُلك

ten´ant, *v.* استأجر . سَكَن (بالإيجار) . تَصَرَّف بمُلك

ten´antless, *a.* غير مُستأجَر . خالٍ (من الإيجار)

ten´antry, *n.* جماعة المستأجِرين (أو) المتصرِّفين بالعقار

Ten Commandments, الوصايا العشر

tend, *v.* أفضى (إلى) . من شأنه (أنْ . . .) . آل (أو) أدَّى (إلى) . مالَ (إلى) . نحا (نحوَ . . .) . توجَّه (إلى) . عاجَ . تحرَّف . جَنح

tend, *v.* رَعى . تَعَهَّد . اعتنى (بِ)

ten´dance, *n.* إلتفات . عِناية . رِعاية

tenden´cious, *a.* = tendentious

ten´dẹncy, *n.* جُنوح . مَيل . نَزْعة . انتحاء . استعداد

tenden´tious [-shẹs], *a.* مُتَحرِّف . يلتزم ناحيةً مُعَيَّنة . جَانِح . فيه جَنَف

ten´dẹr, *n.* شَخص قائم بالرعاية (أو) العناية (بِ) . مَرْكَب مقطور (أو) مُلحَق . عَرَبة تزويد . مركب مواصَلة (بين الشاطئ وسفينة كبرى)

ten´dẹr, *n.* تَعَهُّد . عَطاء (في مناقصة أو مزايدة)

legal —, نَقد قانوني . نَقدٌ مَقبول (في التعامل)

ten´dẹr, *a.* طَريٌّ = لَيِّن غَضّ = غَريض (كاللَّحم) . لَيِّن (عند الأكل مثلًا) . رَخص = ناعِم . رقيقُ القوام (أو) الحاشِية . رقيق القلب . رقيق . لطيف . رفيق . صَغير السن = حَديث . مُوجِع . حَسَّاس . حَنُون

ten´dẹr, *v.* قَدَّم (أو) رَفَع (إلى) . عَرَض . دَخَل في طلب للعطاء (مناقصة أو مزايدة)

ten´dẹrfoot, *n.; pl.* -foots *or* -feet ناعِم العَيش (لم يُجَرِّب خُشونَة العيش) . طارِئ يُجَرِّب أولَ مرة معيشةَ الرُّوَّاد في غرب الولايات المتحدة . طارِئ . الرتبة الأولى في الكشافة

ten´dẹr-heart´ēd [-hârt-], *a.* حَنون . رَقيق القلب . عَطوف

ten´dẹrloin, *n.* قِطعة غَريضة من لحمة المتن (أو) الصُلب في البقر (أو) الخنزير

ten´dẹrly, *ad.* برقة . بحنوّ . بنعومة . بليونة

ten´dẹrness, *n.* طَراوة . غِرَض . غُضوضة . لُيونة . نعومة . رِقة . حُنُو

ten'don, *n.* عَقَب . طُنُب . وَتَرَة العضَلة (أو) عَصَبَتها . عُرقوب

ten'dril, *n.* أُظفور (النبات) = عَنَمة . [عُنقوشة] = خيط من النبات يلتف على ما حوله ويتعلق به كما في الكَرْمة = حالِق

ten'ĕmẹnt, *n.* دار سَكَن . مَسكن . عِمارَة مُقسَّمة عدة مساكن (رخيصة) . عَقار

ten'ĕt [*or* **tē-**], *n.* رأي . اعتقاد . مَبدأ . عقيدة . مَذهب

ten'fōld, *a(d).* عَشَرة أضعاف (الكمية أو العدد)

tenn'is, *n.* لُعْبَة التَّنِس

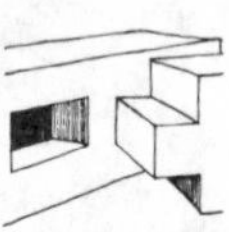

ten'on, *n.* لِسان (أو) ثُعلَب الخشبة الداخل في نُقرة (أو) جُبَّة خشبة أخرى للالتحام

ten'or, *n.* مَنْحاة (أو) مَجرى (الكلام) . سِياق . مَنحى . فَحوى . لحن (الكلام) . مَجرى . قَصد

ten'or, *n.* الصادِح = الصوتُ الأعلى للرَّجل . دَوْرُ الصادِح

ten'pins, *n.* لعبة الأوتاد العَشرة (يسعى اللاعب فيها إلى قلب الأوتاد بدحرجة كرات تصدمها)

tense, *a.* مَشدود = متوتر . متوتر الأعصاب . متشنج . متحرج نفسانياً

tense, *n.* زمان الفعل (في قواعد اللغة)

ten'sīle [*or* **-sil**], *a.* تَوتيري . تَوَتُّري . قابل للتوتر (أو) التوتير (أو) الشَدّ (دون الانبتار)

ten'sion [**-shẹn**], *n.* توتير . تَوَتُّر . إجهاد (ذهني) . تَوَتُّر (أو) تَهييج عَصَبي . جَفاء . شَدّ

ten'sor, *n.* عَضَلة شادّة

tent, *n.* خَيمة . خِباء . فُسطاط . بيت شَعر

tent, *v.* خَيَّم . نَزَل (أو) سكن في خَيمة

ten'tacle, *n.* مِلمس = لامِسة = جاسّة . لاحِقة لامِسة (في الهوام) . شُعَيرة لامِسة (في النبات) . أحد الخطاطيف

ten'tative, *a.* مُوَقَّت . تجريبي . اختباري على سبيل التجربة

ten'tẹr, *n.* مَشبَح (للثياب حتى تحافظ على شكلها عند الجفاف)

ten'tẹrhook, *n.* عُقفة (أو) حُجنة المَشبَح لشبك الثياب

on —s, على الجَمر (انتظاراً وتحسباً) على الرَضف . على فارغ الصَبر

tenth, *a., n.* عاشِر . عاشِرَة . جزء من عَشَرة = ١/١٠ = عُشر

tenū'ity, *n.* رِقّة القوام . دِقّة (في المعنى) . لُطف

ten'ūous, *a.* مُتخلخِل (غير كثيف) . رَقيق القِوام (كخيط العنكبوت) : واهٍ (كالحُجّة) . دَقيق . خفي الدلالة

ten'ūre, *n.* حِيازة (أو) تَوَلّي (أو) إشغال (المُلك أو الوظيفة) . مدة التولي (أو) التصرف (أو) الإشغال . كيفية الإشغال (أو) الحيازة

tēp'ee, *n.* خيمة مخروطية الشكل للهنود الحمر في أمريكا

tep'id, *a.* فاتر

ter'ēbinth, *n.* (شجرة) التربنتينا (أو) البُطم

term, *n.* أَمَد . حَدّ . أَجَل . مُدّة . فَصل (مدرسي أو جامعي) . أَوان . مَدى

term, *n.* حَدّ = أحدُ الحدَّين في قضية منطقية . حَدّ (في معادلة جبرية) . طَرَف . حَدّ

term, *n.* عبارة . تعبير = اصطلاح . كلمة . شَرْط . بَنْد . أَجل .

in —s of, باعتبار . مِن حَيث . . . بعبارات

on —s with, على صِلات (مع)

on good (bad) —, على صلات حسنة (سيئة)

to bring to —, قَبِــل بالشروط (كَرْهًا) . خَضَع

to come to —, تفاهم . اتفق . أَذْعَن

term, *v.* عَبَّر (أو) قال عنه . سَمَّى . دَعَا . وَصَف

terms, *n. pl.* شروط . اشتراطات . بنود . علاقات (أو) صلات شخصية

to negotiate on such —, التفاوض على هذه الشروط

not on speaking — with, مُتصارمين . متقاطِعين

—s of reference, صَلاحِيات (أو) اختصاصات (محكمة أو لجنة)

term'agant, *n.* امرأة سَليطة (أو) جَلّابة = عَنْجَرِد

term'inable, *a.* يمكن إنهاؤُه . يَنْتهي بعد أمدٍ مُعيَّن

term'inal, *n.* مُنْتَهى . آخِر . طرَف .

term'inal, *n.* نهاية . محطَّة طرَف الخط . محطة رأسية . طرَف (أو) نهاية التوصيل (في سلك كهربائي)

term'inal, *a.* نهائي . طرَفي . على الطَّرَف . أجَلِيّ = مُميت

term'ināte, *v.* أَنهى . انتهى . انقضى (ب) . انقضى . حَدَّ . إنصرم = ذَهَب وانقضى . خَتَم

terminā'tion, *n.* إنهاء . حَسم . نهاية = آخِرة . حَدّ . أَجل . إنصرام . إنقضاء

terminol'ogy, *n.* اصطلاحات (أو) تعابير (علمٍ أو فنّ)

term'inus, *n.; pl.* -ni [-nī], -nuses مَحطَّة نهائية = محطة آخِر الخط . حَدّ . نهاية . غاية

term'īte, *n.* النملة البيضاء . أَرَضة . حَلَمة

term'less, *n.* غير محدود . غير مشروط . لا نهاية له . بدون أَجل

tern, *n.* خَرْشَنة = خُطّاف البحر = طائر شبيه بزُمَّج الماء

tern'ary, *a.* ثُلاثي . مَثْلوث . مِن ثلاثة

te'rrace [-is], *n.* سَطحة (أو) سَطيحة (أو) مَسْطَبة أَرضيَّة = رَتَب = دَكْدك = دكَّة . صَفّ من البيوت . شارع قصير على سَفحٍ (أو) على الضَّهْر

te'rrace, *v.* دَكْدَك = سَطَّب (أو) مَسطب . عَمِل سَطائح (أو) سَطَحات

terracott'a, *a., n.* فَخّار = خَزَف (أو) تُراب صَلصالي أحمر بُنّي . أحمر بُنّي . تمثال من هذا الخزَف

terra firma, أرضٌ يابسة (غير الماء) . بَرّ

terrain', *n.* بُقعة . قِطعة من الأرض بصفاتها الطبيعية . أَرْض (الأعمال الحربية)

te'rrapin, *n.* سُلَحفاة تعيش في الماء العذب وتصلح للأكل (في شمال أمريكا)

terres'trial, *a.* أرضي . دُنيوي . بَرّي (غير بحري)

te'rrible, *a.* مُرعِب . مريع . رَهيب . شَنيع . باهِظ . لا يُطاق . مُفرِط

te'rribly, *ad.* بارتياع . بِرَهْبة . بفظاعة

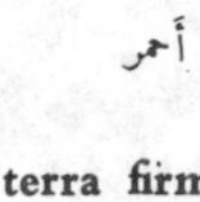

te'rrier, *n.* (كلب) زَغاري

terrif'ic, *a.* مُرعِب . مُريع . هائل . كبير للغاية . فوق العادة . فائق الحدّ

te'rrifȳ, *v.* (-fied, -fying) خوّف . فزّع . أرعب . روّع . رهّب

territôr'ial, *a.* أرضي . إقليمي . صُقعي . حوزي

territôr'ial, *n.* جندي مُرابط

Territorial Army, جيش مُرابط

te'rritory, *n.* أرض . صُقع = إقليم . مُمتلكة . ولاية . حوزة . مجال (البحث أو الدراسة)

te'rror, *n.* رُعب . هَول . ارتياع . وَهَل

te'rrorism, *n.* إرهاب . ترويع . تذليل بالإرهاب . إخضاع بالإرهاب

te'rrorīze, *v.* أرهب . روّع . رعّب . حكم (أو ذلّل) بالإرهاب

terse, *a.* مُوجز (وافٍ بالمرام) . مُوجز (في صُلب الموضوع)

terse'ly [-sl-], *ad.* بإيجاز (يفي بالمرام أو يكون في صدد البحث)

ter'tian [-shẹn], *a., n.* حُمّى الغِبّ = حُمّى تنوب يوماً بعد يوم . يعود يوماً بعد يوم = مُغِبّ

ter'tiary [-shẹri], *a.* من الدهر الثالث . من المرتبة الثالثة . من الدور الثالث

test, *n.* امتحان . إختبار . محكّ . مِعيار

cannot stand the —, لا يثبت على المحكّ

test, *v.* امتحن . اختبر . فحص

tes'ta, *n.* الحَسَرة = القِشرة التي تلي الحبّة

tes'tamẹnt, *n.* عهد . وصيّة

Tes'tamẹnt, *n.* العهد القديم (أو) العهد الجديد

New —, العهد الجديد = الإنجيل

Old —, العهد القديم = التوراة

testamen'tary, *a.* خاصّ بالوصيّة (أو) إدارة التركة . منصوص عليه في وصيّة

testāt'or, *n.* مُوصٍ . تارك وصيّة صحيحة عند موته

tes'tẹr, *n.* خابر . فاحص . مُختبر . مُمتحِن

tes'ticle, *n.* خُصية = بيضة التناسل عند الإنسان

tes'tifȳ, *v.* (-fied, -fying) شهد . أعطى بيّنة (أو) شهادة (بعد القسم) . شهد (على)

testimōn'ial, *n.* شهادة بحسن السيرة . شهادة (تقريظ) . توصية (أو) تقريظ = تمزين = تزكية . تكرمة = منحة تقدير

testimōn'ial, *a.* على سبيل الشهادة (أو) التزكية (أو) التكرمة

tes'timonieṡ, *n., pl. of* testimony شريعة مقدّسة . شريعة (أو) شرائع الله

tes'timony, *n.* شهادة . بيّنة . دليل

test'-tūbe, *n.* أنبوب اختبار

tes'ty, *a.* (-ier, -iest) سريع الغضب = نَزِق = ضيّق الصدر . قليل الصبر . فَيور . نَزِق

tet'anus, *n.* مرض تشنّجي شديد تتصلب منه العضلات = كُزاز

tête'-à-tête' [tātatāt], *n., a(d).*; *pl.* **tête-à-têtes, têtes-à-têtes** في خلوة (أو) على انفراد (بين اثنين) . محادثة خلوية (بين اثنين)

teṭh'ẹr, *n.* رباط = ما تُربط به الدابّة . عِقال

at the end of his —, ضاق ذرعاً . تعيّت عليه المذاهب . امتلأ عنانه . انقطعت به الحيلة . لم يبق في القوس منزع . أنفض . بلغ المكروه منتهاه

teṭh'ẹr, *v.* ربط الدابّة بحبل (أو) شبهه

Teut'on, *n., a.* توتوني . ألماني

Teuton'ic, *a., n.* توتوني . ألماني . لغة توتونية (أو) ألمانية

text, *n.* . نَصّ . أصل (أو) مَتْن (الكتاب) . آية . استشهاد . موضوع

text'book, *n.* كتاب الدَّرْس . كتاب المَتْن

tex'tīle, *n., a.* . نَسج . نَسيج . مَنسُوج . نسجي . صالح للنسج

tex'tūal, *a.* نَصّي (كنصوص القرآن أو الإنجيل) . مَتني . نُصُوصي

tex'ture, *n.* . نِسجة . نَسج . مَنسُوج . حِياكة . تَرْكيب . جَبلَة . تَراصُف . حَبْكَة . أديم (من حيث النعومة والخشونة)

thâ'lẹr [tâ-], *n.* مسكوكة فضية ألمانية قديمة

thall'us, *n.*; *pl.* -lluses, -lli نبات طُحلُبي = نَبات بسيط التركيب ليس له ساق ولا أوراق ولا جَذْر = مَشيجة

ṭhan, *con., prp.* مِنْ = (هو أطولُ مِن . . .) . إلّا . حتى

thāne, *n.* أحد أفراد طبقة اجتماعية بين السيد والنَّبيل (عند الإنكليز والسكسون)

thank, *v.* حَمِد . شَكَر . تَشَكَّر . لام

You have yourself to — if you, لا تَلُم إلّا نَفسَكَ إذا . . .

thank'fụl, *a.* . شاكر . شَكُور . حامِد . مُتَشَكِّر

thank'fụlness, *n.* . شُكران . حَمْد . شُكر = عِرفان الجميل

thank'less, *a.* كَنُودٌ = جاحد المعروف = ناكر الجميل . مُكَفَّر = لا يُحمَد الإنسان عليه . لا يُجدِي . بدون عائد

a — task, واجب مُكَفَّر = مُهِمة لا حمدًا فيها ولا شُكورا

thanks, *n. pl.* شكرًا . شكر . تَشَكُّر

— to, بِفَضل . الفضلُ في ذلك

thanks'giving, *n.* . شُكر . تَشَكُّر . تقديم الشُّكر (لله)

Thanks'ġiving Day, عيد الشكر (في الولايات المتحدة) . يوم الشُّكران

ṭhat, *a., pl.* **those** . ذاك . ذلك . تلك

ṭhat, *prn.* . الذي . التي . ذلك . تلك . الذين . اللواتي

in —, لأنَّ

ṭhat, *ad.* . إلى هذا الحد . بذلك القَدْر . حينما . حتى

ṭhat, *con.* أنَّ . حتى . لِكي . كَيْ . فَ

thatch, *n.* ثُمَام (أو) [قَشّ] (مع قَصَب) للسُقُوف (أو) السُطُوح

thatch, *v.* ثَمَّى (أو) سَقَف بالثُّمَام أو القَش (مع القَصَب)

ṭhat's = that is

thaw, *n.* . ذَوَبان (الجليد أو الثلج) . ذَوْب . أوان الذَّوَبان . انفراج (في العلاقات المتوترة)

thaw, *v.* . إزْمَهَلَّ = ذاب (الجليد أو الثلج) . هَمَّ (الجليدَ أو الثلجَ) = أذابه . انفرَج . انحلَّ . نبسَّط

ṭhe [ṭhi, before a vowel; ṭhẹ, before a consonant], *a.* أل (التعريف)

ṭhe, *ad.* مهما = ما = كُلَّما

thē'atẹr, *n.* = theatre

thē'atre [-tẹr], *n.* دار التمثيل (أو) التشخيص . مَسرَح . سِنا . رَدْهة مَيدان . ساحة . تمثيليات

thēat'rical, *a.* . تمثيلي . مَسرَحي . تَصَنُّعي . إيهامي

thēat′ricals, *n. pl.* عُروض (أو) أدوار تمثيلية يقوم بها الممثلون المُتَمَشْقِون

ṭhee, *prn.* = an old form *of* you

theft, *n.* سَرِقَة

ṭheir [-ā-], *a.* صفة (أو) نَعت تَملك

— books, كُتُبُهم

ṭheirṡ [thairz], *prn.* ضمير تَملّك

These books are —, هذه الكُتُب كُتُبُهم (أو) لهم

thē′iṡm, *n.* الإيمان بالله . الإيمان بالأُلوهية

ṭhem, *prn. pl.* هـ ، ها ، هم ، هُنّ (في حالة النصب أو الجر)

thēme, *n.* مَوْضوع (أو) مَدارُ البحث . مَقالة مدرسيَّة . لحن أساسي

ṭhemselveṡ′ [-vz], *prn. pl.* أنفُسُها . أنفُسهم . هُمَا . هُم . هُنّ

ṭhen, *a.* حينئذ . في ذلك الوقت (أو) الحين

The — king, الملك حينئذٍ (أو) في ذلك الوقت (أو) الزمان

ṭhen, *ad.* ثُمَّ . حينئذٍ . إذَن . بَعْدَه = يليه . بعد قليل . حيناً آخر . مرةً أُخرى . إذًا . فضلًا (عن) = عِلاوة (على) . يومئذٍ . عند ذلك . إذ ذاك . ذاك الوقت

ṭhen, *n.* ذلك الحين . ذاك الزمان

since —, منذ ذلك الوقت (أو) الحين

— and there, there and —, على الفور . في الحال . في تلك اللحظة

now and —, أحيانـاً . من حـين إلى آخر

ṭhence, *ad.* مِن ثَمّ . مِن هناك . لذلك . منذ ذلك الوقت

ṭhencefôrth′ [-sf-], *ad.* منذ ذلك الوقت فصاعدًا . بعد ذلك (فصاعدًا)

ṭhencefôr′ward, *ad.* منذ ذلك الوقت فصاعدًا

thēoc′racy, *n.* حكومة دينية . حُكم الله

thēolō′gian [-jẹn], *n.* عالم ديني . عالم باللاهوت = لاهوتي

thēolo′gical, *a.* لاهوتي . خاصّ بعلم اللاهوت . عالم إلاهي

thēol′ogy, *n.* علم اللاهوت . علم أُصول الدين . العِلم الإلاهي

thē′orẹm, *n.* نَظَرِية (أو) قَضيَّة رياضيَّة (يُطلَبُ إثباتُها) . دعوى نَظَرِية . نَظَرِية

thēoret′ical, *a.* نَظَري . ذِهني . غير عملي

thēoret′ically, *ad.* نَظَرِيًّا . من وجهةٍ نظرية

thē′orist, *n.* واضِع نَظَرِيّات = [نَظَرِيَّاتي]

thē′orīze, *v.* = نَظَّر . إرتأى . تَرَأَى . وَضَع (أو) ابتدع النظريات

thē′ory, *n.* نَظَرِيَّة . تعليل نظري . فِكرة . أُصول . رأي . تعليل

thēos′ophy, *n.* الصّوفية الكشفية

therapeut′ic, *a.* استشفائي . شِفائي . عِلَاجي . تَطبيبي

ther′apy, *n.* عِلاج = مُعالَجة . تطبيب

ṭhere [ṭhār], *ad.* هُنَاكَ . ثَمَّ . ثَمَّة . هنالك . إلى هناك . هذا (أو) ذلك الأمر . عِندئذٍ . ها هو ذا

ṭhere [ṭhār], *int.* إليكَ ! هَا . ألَا ترى ! ها ! ها !

ṭhere [ṭhār], *n.* هنالك . ذلك المكان

— and then, على الفور . في الحال

ṭhereabout(s)′ [thār-], *ad.* نحو . قريبًا (من) . حَوْل (ذلك) . نحو ذلك

ṭhereâf′tẹr [thārâf-], *ad.* بعد ذلك . مِن بعد

ṭhereat′ [ṭhārat], *ad.* عندئذٍ . حينئذٍ . في ذلك المكان . وبسبب ذلك . هناك

ṭherebȳ′ [ṭhār-], *ad.* بذلك . لذلك . على ذلك . بالقرب (من)

ṭherefôr′ [ṭhārf-], *ad.* من أجل ذلك . في سبيل ذلك

ṭhere′fôre [ṭhārf-], *ad.* لذلك . لهذا السبب . إذاً

ṭherefrom′ [ṭhārf-], *ad.* منه . من ذلك

ṭherein′ [ṭhārin], *ad.* فيه . في ذلك

ṭhereof′ [ṭhārov], *ad.* منه . من ذلك

ṭhereon′ [ṭhāron], *ad.* عليه . على ذلك . وعند ذلك . وعلى أثر ذلك

ṭhere′ṡ, = there is

ṭheretō′ [ṭhārtōō], *ad.* إلى ذلك . إليه . أيضاً . زيادة على ذلك

ṭhereun′tō [ṭhārun-], *ad.* إليه . إلى ذلك

ṭhereupon′ [ṭhār-], *ad.* عليه . على أثر ذلك . عند ذلك . لذلك . على ذلك

ṭherewiṭh′ [ṭhār-], *ad.* معه . مع ذلك . ثُمَّ . على أثرِ ذلك . بذلك

ṭhere′wiṭhal′ [ṭhārwiṭhôl], *ad.* مَعَه . مع ذلك . في نفس الوقت . أيضاً . زيادةً على ذلك

therm′al, *a.* حَرَارِي . دَفِيْء . حارّ

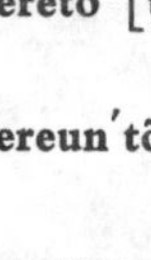

thermom′ēteŗ, *n.* مِيزان (أو) مِقياس الحرارة

therm′os, *n.* حَرَّارة : حارورة . قِنّينة (أو) قارورة حاروريّة

— bottle, قِنّينة حاروريّة

— flask, دَبّة حاروريّة

therm′ostat, *n.* جهاز أوتوماتيكي لتضبيط الحرارة

ṭhēṡe, *a.* = *pl. of* this

thēs′is, *n.; pl.* **-sēṡ** دَعوَى . مُدَّعى . أُطْرُوحَة

Thes′pian, *n., a.* مَسرحي . مُمَثِّل مسرحي

thewṡ, *n. pl.* عَضلات . أَطْنَاب . قوة

ṭhey [ṭhā], *prn.* هم . هُنَّ

ṭhey'd = they would, they had

ṭhey'll = they will; they shall

ṭhey're [ṭhār] = they are

ṭhey've [ṭhāv] = they have

thick, *a.* ثَخِين . غَلِيظ . عريض . سَمِيك . كثيف . جَزْل . غَزير . أثيث . كَثّ . صَفِيق (النسج) . مُكتظ . فاسِد الهواء . غير معقول . عاقِد (كالحِساء الثخين) . مُلتَزّ . مُلْتَفّ . كَدِر . أجشّ (الصوت) . ثَخين العقل (أو) الفهم (أو) غليظه . مُغَمغَم (الكلام)

thick, *n.* غَمْرة = حَومْة = شِدة . مُحْتَفَل . خُضْمَّة

through — and thin, في الشدة والرخاء.. في السَرّاء والضرّاء

thick, *ad.* مُكتظاً . مُتكاثِفاً . تَتْرَى

thick′ẹn, *v.* ثَخُنَ . غَلُظ . عَقَّد . كَثَّف . ثَخَّن . سَمَّك

thick′ēt, *n.* غِيل = شجيرات ملتفة . غَريفة . غَيْضَة . أجَمَة

thick′-head′ēd [-hed-], *a.* ثخين العَقْل . فَدْم . غليظ العَقل

thick′ly, *ad.* باكتظاظ . بكثافة . بغزارة

thick′ness, *n.* ثِخَن . سَماكة . طاق = سُمْكة . سُمْك . التزاز . إكتظاظ

thick'set, *a.* مُلَزَّز الخَلْق = مَضْبُور . مُلْتَزّ (كالنبات بعضه بلزق بعض)

thick-skinned' [-nd], *a.* ثخين الجلد . لا يُبَالي بلوم (أو) انتقاد = [مُستَهتِر] = [مُتَمسِح]

thick-witt'ĕd, *a.* غَبِيّ . غليظ العقل . فَدْم

thief, *n.; pl.* thieves سارق . لِصّ . [حرامي]

thieve, *v.* سَرَق = لَصَّ

thiev'ẹry, *n.* لُصُوصية . سَرِقة

thieveṡ [thēvz], *n., pl. of* thief

thiev'ish, *a.* خَلَّاس . تَلَصُّصي . لَصَّاص . مُتَعَوِّد السرقة . اختلاسي

thīgh [thī], *n.* فَخِذ . فَخْذ

thim'ble, *n.* قِمع الخيَّاط = [كِشْتبان]

thin, *a.* (-nner, -nnest) رَقِيق . دَقِيق . نحيف . خَفيف . قليل مُتَفرِّق . مُرَخْرَخ = رَخْف = رقيق . رِخْو . غير كثيف = رَقيق . ضَعيف . واهٍ . خفيف = غير قَوِي

thin, *v.* (-nned, -nning) رَقَّق . نَحُف . نَحَّف . أنحل . هَزُل . أرْخَف = رَخْرَخ = أرْخى . خَفَّف (من غَزارته) . رَيَّخ (العجين) = أرْخف

thin, *ad.* بصورة رقيقة . رقيقاً

ṭhīne, *prn.*

The book is —, الكتاب لك . الكتاب كتابك

ṭhīne, *a.* (before a vowel *or* silent h)

— eyes, — honour, عيناك . شَرَفُك

thing, *n.* شيء . أمر . إنسان . شخص

thingṡ, *n. pl.* أشياء (أو) أمْتِعة خاصَّة . مَلابِس

to see —, رَأى خَيالات . [هَلوس]

think, *v.* (thought, thinking) فكَّر . افتكر . ظنّ . رأى . حَسِب . نظر . حَسِب (حِساب) . تَذكَّر . اعتقد

to — better of..., غيَّر رأيه . راجع فكره . بدا له

think'ẹr, *n.* مُفكِّر

think'ing, *n.* تفكير . ظن . رأي . حُسبان

thinn'ẹr, *a.* أفعل التفضيل من thin

thin-skinn'ed [-nd], *a.* رَقِيق الجلد . حَسَّاس

third, *a., n.* ثالث . ثالثة . ثُلُث

third'-clâss, *a(d).* من الدرجة الثالثة . مُبتَذَل . دُونِيّ . خَسِيس

third dimension, البعد الثالث (في الأجسام) . القطر الثالث

third estate, العَوَام (دون النبلاء والكهنوت)

third force, قوة ثالثة (بين كتلتين أو دولتين)

third'ly, *ad.* ثالثاً

third'-rāte, *a.* من الصنف الثالث . من الدرجة الثالثة . دُونِي . خَسيس

thirst, *n.* عَطَش . ظَمأ . شوق (شديد) . تَعَطُّش

thirst, *v.* عَطِش . ظَمِئ . اشتاق (أو) تَعَطَّش (إلى) . تَحَرَّق (إلى)

thirs'ty, *a.* (-ier, -iest) عَطْشان . ظَمآن . مُتَعطِّش (إلى) . مَشُوق . مُتَحَرِّق . يابِس . جاف . مُعطِّش

thirteen', *a., n.* ثلاثَةَ عَشَر . ثلاثَ عَشْرَة

thir'teenth, *a., n.* ثالث عشر . ثالثة عَشَرَ . جزء من ثلاثة عشر

thirt'ieth, *a., n.* الثلاثون . جزء من ثلاثين

thirt'y, *a., n.* ثلاثون

ṭhis, *prn., a.; pl.* **ṭhēse** هذا . هذه . هاتِه

— much, هذا القَدْر . بهذا القَدَر

ṭhis, *ad.* بهذا القَدْر . إلى هذا الحد (أو) الدرجة

thi'stle [thisl], *n.* شَوك . شَوْكُ الجِمال . شَوْكَةُ البعير . شَوْكة

thi'stle-down, *n.* وَبَر (أو) زَغَب شَوك الجمال

this'tly [thisli], *a.* (-lier, -liest) ذو شَوْك . شائك . مُشَوَّك

ṭhiṭh'ẹr, *a(d).* إلى هُناك . هُناك . الأبعد

ṭhō', *ad., con.* = though

thōle, *n.* وَتِد في حرف جانب القارب لإمساك المجذاف

thōle'-pin, *n.* = thole

thong, *n.* سَريحة = نِسعة = قِدّة (أو) سَيْر (من الجِلْد) . شِسع (للنعل) . جِلَاز = سيرٌ في طرف السَّوْط

thôra'cic, *a.* صَدْري . زَوْري

thôr'ax, *n.; pl.* **-raxes, -rasēs** صَدْرٌ . زَوْر

thôrn, *n.* شوكة . نبات شَوْكي . شَوْك

a — in his flesh (side), مَصدر إزعاج دائم . شَجًا في الحَلْق . بَلْوَى

thôrn'iness, *n.* تَشْويك . شِيكة . كون الشيء شائكًا

thôrn'y, *a.* (-ier, -iest) مُشْوِك . شائك . عَسِير . وَعْر . محفوف بالمصاعب

tho'rough [thura], *a.* مُكَمَّل . تام . مُحكَم . مُتقَن . مُستَوْفًى . (شخص) ضَبَّاط

tho'roughbred [thura-], *n., a.* أَصِيل (كالجواد العربي) = عَتيق . كريم الأصل . صريح النسب . كامِل (التهذيب) . مُحكَم التدريب (أو) كامل الأخلاق . كحيلان = فرس أصيل

tho'roughfāre [thura-], *n.* مَجاز . طريق (أو) ممرّ نافِذ (أو) سالك . طريق عام . دَرْب

no —, ممرّ (أو) طريق غير نافذ . ممنوع مُرور السابلة

tho'roughġōing, *a.* تام . مُحكَم . مُستَوفًى . مُكَمَّل = من جميع الوجوه

tho'roughly, *ad.* تمامًا . على التمام . بإحكامٍ . باستيفاء

tho'roughness, *n.* إتقان . تَقانة . إحكام . ضبط . دقة . استقصاء

ṭhōse, *a., prn.* = *pl. of* that أولئك . الذين

ṭhou, *prn.* أنتَ . أنتِ

ṭhough [ṭhō], *con.* بيد (أنّ) . ولو أنّ . مع أنّ . على أنّ . غير أنّ . ولكن

ṭhough [ṭhō], *ad.* وإنْ . مع ذلك . رغم ذلك

as —, كما لو أنّ

thought [thôt], *n.* رأي . فِكرة . فِكْر . تفكير . اكتراث . عِناية

on second —s, بدا (له) . عند مراجعة العقل (أو) الفِكر

thought, *v.; p., pp. of* think فكَّر . ظنَّ

thought´ful [thôt-], *a.* مُفكِّر . فِكّير . مُراعٍ . فيه مراعاة للغير . [مَفكُور] . بعد تفكير وإمعان

thought´fully, *ad.* بتفكر . باهتمام . برعاية

thought´fulness, *n.* تفكر . اهتمام . رعاية

thought´less, *a.* عديم العناية . طائش . أرْوَش . عديم الرِّعاية

thought´lessly, *ad.* بلا تفكير . بطيش . برَوَش . بدون مراعاة للغير

thought´-out, *a.* مَدْروس . مُستَنبَط . مُمَحَّص

thous´and, *a., n.* ألف

thous´andth, *a., n.* الألف . جزء من ألف

thra´l(l)dom [thrôl-], *n.* عُبودِيّة . رِقّ . أسْر

thrall [thrôl], *n.* عبد . رقيق . عُبُودِيّة

to hold in —, فَتَن . سَبى . استحوذ على قلبِه

thrash, *v.* دَبَل = ضَرَب ضربًا متتابعًا (بسوط أو عصا) . خَبَط (السُّنبلَ وأخرَج الحبَّ) . دَرَس (الحَصيدَ) . تَخبَّط (أو) تلبَّط . لَفخ = لَخَف = خَبط = ضَرَب (شديدًا) = [جَدَّ]

to — out (over), دَرَس من جميع الوجوه . قَلّب من جميع الوجوه

thrash´er, *n.* مِدْرَس السُّنْبل . خابط (السنبل) . مِخبَط السنبل . كَوْسَج كبير وله ذنب طويل (مِن كلاب البحر)

thread [thred], *n.* سِلْكَة = خَيْط . سِلْك . فِكْرَة جامعة = جِماع . حَرْد (أو) حَرْف (اللولب) . حبل (أو) سلسلة (الأفكار) . تَسَلْسُل

thread [thred], *v.* أسلك (أو) أدْخَل الخيطَ (في الإبرة) = نَظَمه (فيها) . نظَم (الخرزة) = [لَضَم] . [شَكّ] . تَخلَّل = سَلَك فيه ونفذ . تسلَّل (في طريقه) . تعرَّج (في طريقه) . وَخط . ناقَل (في طريقه) = سار بعنايةٍ وتوقٍّ

thread´bāre [thred-], *a.* مُنجرِد = مُنسحِق (إذا بلي وسَقَط زِئبرُه) . باذّ . خَلَق . مُبتَذَل = واهٍ (كالعُذْر مثلًا)

thread´līke [thred-], *a.* كالخيط . طويل ونحيف جدًا = ممشوط = مُمغوط

threat [thret], *n.* تهديد . تَوَعُّد . وَعيد . إنذار

threa´ten [thret-], *v.* هَدَّد . تَوَعَّد . أنذَر

three, *n., a.* ثلاثة . ثلاث

three´fōld, *a(d).* مَثْلُوث . ثلاثَ مرات . ثلاثة أضعاف

three´pence [threpence], *n.* قطعة نقد قيمتها ثلاثة بنيات

three´penny [threpeny], *n., a.* قطعة نقدية قيمتها ثلاث بنيات . بقيمة ثلاث بنيات

three´scōre, *n.* سِتّون = ثلاث عِشرينات

thresh, *v.* دَرَس (الحنطة مثلًا) = أخرج حبَّها على البيدر . خَبط . تَلبَّط (في حركاته)

to — out, قَلَّب من جميع الوجوه وتفهَّم

thresh´er, *n.* دَرّاس . آلة الدِّراس . جَرْجَر = نَوْرَج = ما تُدْرَس به الحنطة مثلًا فوق البيدر

thresher (shark), قِرْش (أو) كَوْسَج (كلب بحر) طويل الذنب كبيره وطوله ٢٠ قدمًا

threshing machine, *n.* آلة دِرَاس

thresh'ōld, *n.* أُسْكُفَّة (أو) عَتَبة (الباب) . مَدْخل . باب . حَدّ . مَحَسّ

threw [**throo**], *v.*, *p. of* throw

thrīce, *ad.* ثلاث مَراتٍ (أو) خَطَرات

thrid, *n.* = thread

thrift, *n.* عَدَم التبذير . الاقتصاد (في الإنفاق) . حُسن تدبير

thrif'tily, *ad.* باقتصاد . بتوفير . بحسن تدبير

thrif'tiness, *n.* اقتصاد . توفير . حسن تدبير

thrift'less, *a.* مِتلاف . مُبذِّر . مِضياع

thrif'ty, *a.* (-tier, -tiest) غير مُبذِّر . مُقتصِد . حَسَن التدبير . [مُدَبِّر]

thrill, *n.* رَعْشَة . هِزَّة = اهتزاز في النفس . طَرَب . أَرْيَحية . سَوْرة إنفعال (أو) تَهَيُّج . هَيجة . خِفَّة

thrill, *v.* اهْتَزَّ (في نفسه) . هَزَّ = أَطْرَب . أَدْخَلَ الارتياحَ والسرور . بعث في النفس سورة انفعال (أو) تهييج . إقشعرّت النفسُ . ارتعش (أو) تهدَّج (الصوت)

thrill'ẹr, *n.* رواية مثيرة للنفس تَقشعِرّ منها

thrīve, *v.* (throve *or* thrived, thrived *or* thriven, thriving) زكا . أفلح . تَرَعْرَع . أقبل (حالُه) . أيسر

thrō' = through

thrōat [**thrōt**], *n.* مُقدَّم العُنُق . حَلق . نَحر . حَنجرة . حَلق الوادي . مُخَنَّق . حُلقوم . بُلعوم

to cut his own —, جَنَى على نفسه

to stick in his —, اعترض في حَلقِه . جَرِض به . غَصّ به

thrōat'y, *a.* (-ier, -iest) حَلقِي . من الحَلق . أَجَشّ

throb, *n.* رَفْزة = نَبْضَة . وَجْبة . ضَرْبة . حَبْضة

throb, *v.* (-bbed, -bbing) نَبَض (القلبُ) = وَجَب (بسرعة وشدة) . حَبَض . رَفَز . تَهَيَّج

thrōe[**-rō**], *n.* خَلْجَة ألم . لَوْعَة . ألم شديد (أو) مُبَرِّح . تَبْريح . غَمْرة . مَضَض . كُرْبة . طَلْق (الولادة) = مَخاض

thrombō'sis, *n.* تَكَتُّع = تَكوُّن خُثْرة (أو) جلطة دموية في الدورة الدموية

thrōne, *n.* عَرْش = سرير (أو) كرسي المُلك . سلطة مَلَكيَّة . مِنَصَّة

throng, *n.* جمع غَفير . غُمار = لُجَّة (من الناس) = زَحم . جَحفل . جُمْهور . كَظيظ . حَشكة (من الناس أو غيرهم)

throng, *v.* تَجَمَّع = احتشك القوم . تَحَشَّك . زَحَم . ازدحم . كَظَّ (المكانَ) . تَجَحفَل (الناسُ)

thro'stle [**throsl**], *n.* (طائر) السُّمْنَة (أو) الدُّج

throt'tle, *n.* حَلق = خِناق . خانِق = صِمام الكَظْم (أو) الزَّنق

throt'tle, *v.* شَدَّ على الحَلق . خَنَق . كَظَم . أَخْمَد . زَنَق . فَرَّج (الضغط) . زَغَد

throttle valve, صِمام الزَّغد (أو) الزَّنق

through [**throo**], *ad.* حتى (أو إلى النهاية . من أوله إلى آخره . بكامله . تمامًا . طول الطريق (أو) المسافة

through, *prp.* في . في داخل . من الأول إلى الآخر . بِ . من . بسبب . بواسطة . مِن بين . طُولَ . بينَ

through, *a.* قاصِد (كالقطار الذي يسير المسافة كلّها بلا تغيير) . مُنتَهٍ . خالِص . نافِذ

through and through, كُلّ (= هو عالِمٌ كُلّ العالِم)

throughout′ [-ōō-ou-], *ad.* في جميع . من الأول إلى الآخِر . (في) عامة

throughout′, *prp.* في كلّ جزء (أو) قسمٍ منه . في جميع

thrōve, *v.*, *p. of* thrive

thrōw [thrō], *n.* رَمْيَة . قَذْفة . حَذْفة . طَرْحة

thrōw [-ō], *v.* (threw, thrown, -ing) رَمَى . رَمَى (بِ) . طَرَح . أَلقى (بِ) . قَذَف . أَذْرَى

to — away, وَدَّر (المال) . بَذَّر . أَهدر . رَمَى به . طَيَّح به = ضَيَّع

to — back, رَدَّ . ارتدّ . أَلقاه على ظهره . ارتدّ إلى أَصله

to — in, أَعطى (أو) وَهَب زيادة عن المطلوب . أقحم

to — off, راغ (مِن) . نَبَذ . طَرَح . ضَلّل . بَثّ

to — over, تَرَك . هَجَر

to — cold water on, فَتَّر الاهتمامَ (بِ) . ثَبَّط . زَهَّد

to — up, قَذَف = قاء . بنى (أو) أقام على عَجَل . تخلّى (عن)

throw′back [thrō-], *n.* رَدَّة إلى الأَصل (في طبيعته)

thrōwn [thrōn], *v.*, *pp. of* throw

thrū, *adv.*, *prp.*, *a.* = through

thrum, *n.* قُرَاضَة خُيوط النَّوْل . خيط سَدَاة الثوب . قراضة خيوط (أو) حبال (أو) أطرافُها . دَبْدَبة . تنقير (الأصابع على الطاولة) . العَزْف بدون نظام (أو) جِدّ = طَنْطَنة

thrum, *v.* (-mmed, -mming) دَبْدَب . نَقَّر . عَزَف بدون نظام (أو) اهتمام = طَنْطن . غَطّى بقراضات الخيوط (أو) الحبال

thrush, *n.* (طائر) الدُّجّ (أو) السُّمْنَة = [تُرْده]

thrush, *n.* (مرض) القُلَاع (عند الأطفال غالبًا) . (مرض) السُّلَاق . (مرض) السَّعفة (في الخيل)

thrust, *n.* دَفْعة شديدة = دَحْمة . زَجَّة . طعنة . زَبْنة . ضَرْحة . إقحام . قوة الدفع (أو) الدَّحم . الرَّفْس (في البناء)

thrust, *v.* (thrust, -ing) دَفَع شديدًا . دَحَم . اندفع . زَجّ (نفسه) . وَجأ (بمُدية) . نطح = بهز = لَهَز . وَخز . زَجَّ = طَعَن . دَسَر . زَبن . ضَرَح . قَحَم . مَدَّ . دَفَع . اندفع . صَتّ

to — himself forward, تَقَحَّم وتطاول . جاهر بنفسه (أو) عالَن بها

thud, *n.* هَدَّة . لَدْمَة = صوت غير شديد من وقوعِ شيء على مكان لَيّن

thug, *n.* عَيَّار = شَخص يُستأجَر للاغتيال (أو) الفتك . فَتَّاك . قاتل

thumb [-m], *n.* إبهام (اليد)

rule of —, طريقة تقريبية . قياس تقريبي

to be under his —, أن يكون تحت يَدِه (تحت تَصَرُّفه وحُكمه)

thumb, *v.* تناول بالإبهام . وَسَّخ (أو) أَبلَى بكثرةِ التناول بالإبهام (أو) بالأباهيم

thumb′screw [-mskrōō], *n.* لولب يدار بالإبهام . قَرَّاصة الإبهام = آلة قديمة للتعذيب يُضغَط بها الإبهام

thump, *n.* ضَرْبة بشيء ثقيل وثخين = لَبْطة . خَبطة . دَقّة . صوتُ اللبطة

thump, *v.* لَبَط (بالكفِّ مجموعةً) . سَقَط وله لبطة . خَبَط (بشيء ثقيل ثخين) . دَقَّ

thun'dẹr, *n.* رَعد . هَزيم . هَدير . هَدْهَدة . قَصْف

to steal his —, أخَذ آراءَ شخص واستفاد منها قبلَه = سَبَقه إليها

thun'dẹr, *v.* رَعَد . أرْعَد . هَدَّر . هَدْهَد . زَمْجر . غَذْمَر (في الكلام)

thun'dẹrbōlt, *n.* بَرْق ورَعْد = صاعقة . شيء مُباغِت وَقْعُه كوقع الصاعقة

thun'dẹrclap, *n.* شيء مُباغِت (أو) مُبهِت . هَدّة الرَّعد . قَصفة الرعد . رَعْدة

thun'dẹrcloud, *n.* مُجَلِّلة = عَرّاصة = غَيْمَةٌ سوداء داجنة تأتي بالرَّعد وبالبرق

thun'dẹrẹr, *n.* رَعّاد . هَدّار . عَجّاج

thun'dẹrouṡ, *a.* راعِد . هَدّار . مُدَوٍّ

thun'dẹr-showẹr, *n.* مَطرة راعِدة . مَطرة رعدٍ وبَرق

thun'dẹrstôrm, *n.* عاصفة راعدة بارقة . عاصفةُ رعدٍ وبرق

thun'derstrickẹn, *a.* = thunder-struck

thun'dẹrstruck, *n.* مَصعُوق . مَبهوت . دَهْشان . مُبلِس = لا يُحير جوابًا من الدهشة

Thurṡ'day [-di], *n.* يوم الخميس

ṭhus, *ad.* بهذه الصورة . (و)هكذا . لذلك . إلى هذا الحد . مثال ذلك

thwack, *n.* ضَرْبة بالعَصا = لَطّة . لَطْسة . وضربة بشيء عريض = صَفْحة

thwack, *v.* لَطَّ . لَطس . لَفخ . صَفح

thwart [-ô-], *v.* عارَض (وأحبط) . خَيَّب . أحبَط . أبطَل . أبطل التدبير (أو) المكر

thwart [-ô-], *n.* مَقعَد الجذّاف (على عَرْض القارب)

thwart [-ô-], *a(d).* على عَرْض . مُعترِضًا . مُعترِض

ṭhȳ, *a.* }
— book, } كتابُكَ

thȳme [tīm], *n.* صَعتَر . سَعتَر . صعتر الحمير = حاشا . خُلدَرة

wild —, نَضف = خَلندره = نَمّام

thȳm'us, *n.* الغدة السَّعترية بقرب قاعدة العُنُق = تُوتَة

thȳr'oid, *n., a.* الغدة الدَّرَقية

ṭhȳself', *prn.* نَفسكَ . أنت نفسك . أنت بنفسك

tiâr'a, *n.* تاج مُثلَّث يلبسه البابا . تُوَيج . إكليل

Tībē'rias, *n.* (بلدة) طَبَرِية (أو) طبريا (في فلسطين)

tib'ia, *n.; pl.* -ias *or* -iae [-iē] عَظم الساق الأكبر في المُقَدِّمة = ظُنبوب الساق = قصبة الساق . العَظم الإنسي من عظمي الساق

tic, *n.* تشنج العَضَل . اختلاج العضل . خَلجة اضطرارية . تشنج عضلات الوجه = شَقيقة الوَجه

tick, *n.* قُرادة = طَلْع

tick, *n.* طَقّة . تَكتكة الساعة أو رقّاصها . رَفْزة (الساعة) . هذه العلامة : (√)

tick, *v.* طَقَّ . رَفَز . تَكَّ (أو) تكتك (كالساعة) . علّم بهذه العلامة (√) = رَقَّن

tick, *n.* قِرام = قَرْمة = بيت [الفرشة] (أو) المخدة . غِشَاوَة (أو) ظِهارة [الفرشة] (أو) المخدَّة

tick'ẹr, *n.* مُتَكتِك . تَكتَاك . مُرقِن . رافِز

tick'ĕt, *n.* بِطاقة . تَذكرة . وَسِيلة . ورقة إعلام بمخالفة نظام السير

tick'ĕt, *v.* وَضَع عليه بِطاقة (أو) عَلَّمه بها = بطَّق

tic'kle, *n.* دَغْدَغَة = [زَغزَغة] . [نغمَشة] . تجميش

tic'kle, *v.* دَغدَغ . [زَغزَغ] . [قَوقَش] . جَمَّش . أعجب = أطرب . أمتع . أبهج = بَسط

to — his vanity, أرضى غُرورَه

tick'lish, *a.* سريع الإحساس بالدَّغدَغة . يحتاج إلى رِفقٍ وحُسنِ تأتٍّ = دَقيق . مُعتاص . مُقلقِل . سريع الاستياء

tīd'al, *a.* تَيَّارِي . مَدِّي . ذو مَدّ

tidal wave, لُجَّة عارِمَة = مَوجَة تيَّارِيَّة عارِمَة (بسبب زلزلةٍ أو ريح عاتية) . موجة انفعالية شاملة بين أفراد الشعب

tid'bit, *n.* طُرْفَة (من طعامٍ أو خبرٍ أو حكاية)

tīde, *n.* مَدٌّ وجَزر . مَدٌّ . تَيَّار . مَوسِم . وَقْت . مَجرى . اتجاه . بُحران (المرض وغيره) . مرحلة الحَرَج

to turn the —, قلب مجرى الأمور (أو) الحوادث

tīde, *v.* حَمَل مع التيَّار (أو) السيل . جرى مع التيار . تراوح مع التيّار

to — over a difficult situation, أسعَف (حتى خَلَص) من حالة عَسيرة

tīde'watẹr [-dwô-], *n.* ماء المد والجزر . ماء المدّ . ساحل البحر

tīd'iness, *n.* [رَسْتَقَة] . ترتيب ونَظافة . رَصافة

tīd'ingṡ, *n. pl.* أخبار . معلومات

tīd'y, *a.* (-ier, -iest) مُهندَم . [مُرَستَق] . مُرَتَّب (ونظيف) . رَصيف (في عمله) . كَبير

tīd'y, *n.* جِلالة (أو) غَشوة على ذراعي (أو) صدر (الكرسي مثلًا . . .) للوقاية من الوسخ

tīd'y, *v.* (-died, -dying) هَندَم . [رَستَق] . رَتَّب ونَظَّم (بترتيبٍ حسن) . صَفَّف . رَصَّف

tīe, *n.* رِباط . رابِطة = عُلقَة . ماسِكة (قَرابة) . صِلَة . عُروَة . تكافؤ (في اللَّعب) . تقييد . عارِضة (أو) قطعة ثقيلة من خشب (أو) حديد = رافِدَة

tīe, *v.* (tied, tying) رَبط . عَقد . ارتبط . ألزَم = قَيَّد . حَجز . شَدّ . غَلّ

to be —d, مُتَحانِين = متشابهين (أو) متساويين (في اللَّعب)

to — down, ألزَم . قَيَّد . رَبط . شَبَك

to — up, ترابط . تلاصق . تضامّ

tiẹr, *n.* صَفّ (فوق صَفّ) = طَبَق = نَضَد (من المقاعد مثلًا)

tīe'-up [tī-], *n.* تَرابُط (وثيق) . احتباس (في حركة السير مثلًا) . انضمام . تضامّ

tiff, *n.* نازِيَة = مناقرة بسيطة . مشاجرة صغيرة . غَضبة خفيفة

tīg'ẹr, *n.* عَسَد = بَبْر = سَبع هندي = فِرناق (وهو غير النمر)

tīg'ẹr-beetle, *n.* خُنفُساء كاسِرَة = خنفساء طيَّارة دُودُها يأكل الحشرات

tiger cat, قِط الجبل

tīg'ẹr-lily, *n.* زَنبق مُخطَّط (أو) مُنقَّط (أو) مُنمَّر

tīght [tīt], *a.* مانع لنفوذ الماء (أو) الهواء . مَشْدود = مَزْنوق = كَزّ . مُوَثَّق . محزوق . ضَيِّق . محبوك . مَرصوص . قليل الوجود . شَديد . مُشَدَّد . مَزموم . حَرِج . سَكران . كَزّ اليدين = بخيل . تساوى فيه الفريقان

tīght, *ad.* بِشدّة . بتحزيق . بتضييق

tīght'ẹn [tīt-], *v.* حَبَك . شَدّ . زَنَق . حزق . كَرَّب . ضَيَّق . زَمّ . صرّ . جَلَز . انحزق . تضايق

tīght'fistēd, *a.* حريص على المال = بخيل = مُقفَل اليدين = كَزّ اليدين

tīght'rōpe, *n.* حَبْل مكروب للألعاب البهلوانية . حبل البَهْلَوان

tīghts [tīts], *n. pl.* ثوب كالسراويل ضَيِّق على أسفل الجسم عند المصارع والراقص والبَهلَوان = مِلتَب . ثوب كاسٍ لجميع الجسم لاصق بالجلد = مِلتَب

tīg'ress, *n.* فَزَارة = أنثى البَبْر . امرأة مُتنَمِّرة

Tī'gris, *n.* نهر الدِّجلة (في العراق)

tīle, *n.* آجُرَّة = قِرْميدة . بَلاطة . بلاطة صينية

tīle, *v.* فَرَش بالقرميد = قَرْمَد . بَلَّط

till, *n.* جَرّار (أو) دِرج للنقود = تِلّيسة . النقود الموجودة في التلّيسة

till, *prp., con.* حتى . إلى (أنْ)

till, *v.* فَلَح . حَرَث . زَرَع

till'age [-ij], *n.* فِلاحَة . حِراثة . زَرْع . أرض فلاحِيَّة (أو) مفتلحة

till'ẹr, *n.* فلّاح . حرّاث . زَرّاع

till'ẹr, *n.* مُحرِّكة الدَّفّة (في المَرْكَب) . فَرْخ نباتي يتفرع من السُّوَيقة في الحشيش (أو) نبات الحبوب . غَريسة

tilt, *v.* أمَال (أو) مَيَّل = جخا (الإناء) . أصغى (الإناءَ) = صَوَّبه (أو) كَبَاه

tilt, *v.* طاعَن (على الخيل بالرِّماح) . تطاعن

tilt, *n.* مَيل . مَيلَة = جَخوة . كرَّة = صَولة . مُطاعَنة . مُصاوَلة (على الخيل) . طَلَل = سُعنة = جِلال تغطى به السفينة (أو) السيارة كالسَّقْف

at full —, بتمام الشدة (أو) القوة . بتمام السرعة

tilth, *n.* فِلاحة . حَرْث . أرض مُفتَلحة

tim'bẹr, *n.* شجر خَشَب . خَشَب . ألواحُ خشب (للبناء والصِّناعة) . خَشَبة كبيرة وجائزة (أو) رافدة (في السقف) . أحراش . مَشاجِر . ضِلع السفينة

tim'bẹr, *v.* جَهَّز (أو) عَمِل بالأخشاب

tim'bẹred [-rd], *a.* مَبنيّ . مبنيٌّ (أو معمول) من خَشَب . مُشَجَّر (بأشجار الخشب)

tim'bre [-bẹr], *n.* خاصِّيَّة الصوت الموسيقي . صفة خاصّة للصوت تُميِّزه = قِسْم

tim'brẹl, *n.* نقّارِيَّة . دُفّ . دُرابُكّة . طَبلة (عليها خشاخيش) . [طار] . [رِق]

tīme, *n.* زمن . زمان . وَقت . وقت (طويل) . أوان . إبّان . حين . مدة . عَهْد . ميعاد . مَوعِد . مَرّة = خَطرة . كَرَّة . أمَد . أجَل . نَوبة . نوبة (الإيقاع) . ظرف (المعيشة) . حال . فرصة

at a —, دفعة واحدة . مرة واحدة

all the —, أبدًا . دَوْمًا

at —s, أحيانًا . مراتٍ

at the same —, في الوقت نفسِه . بيدَ أنّ . مع ذلك . ثمّ إنّ

for the — being, موقتًا . إلى حين . في الوقت الحاضر

from — to —, أحيانًا . من وقتٍ إلى آخر

in —, في الإيقاع الصحيح . آخِرًا . مع الوقت . قبل الفوات

in good —, قبل الوقت بمهلة (أو) بفُسحة

on —, في الوقت المحدّد . في الميعاد . في الميقات . على الوقت

— and again, مِرارًا

— after —, مرّة بعد مرة . مِرارًا (ونكرارًا)

to take his —, تمهَّل

tīme, *n.* الوقت الموسيقي

tīme, *v.* حَسَب (أو) قاس الوقت . وَقَّت . حَيَّن . عَيَّن الوقتَ = أوَّن

tīme, *a.* مُوقَّت . مَوقوت . مُأوَّن

tīme′-hon′ored, *a.* = time-honoured

tīme′-hon′oured [-m-onẹrd], *a.* عَريق . أثيل . مَأثور . مُكرَّم (لِقِدَمِه وأصالته) . أصِيل

tīme′keepẹr [-mk-], *n.* ضابط الوقت . مُوقِّت . وقّات . ساعة

time lag, مدة التخلُّف . فَتْرة

tīme′less [-ml-], *a.* لا يحدّه زمان . أبدي . سرمدي . غير مُقيَّد (أو) مربوط بزمان . ليس له أَمد

tīme′liness [-ml-], *n.* كونه في الوقت المناسب

tīme′-limit [-ml-], *n.* أمَد . أجَل

tīme′ly [-ml-], *a(d)*. (-lier, -liest) في الوقت المناسب (أو) المطلوب . في وقته . في كُنْهه

tīme′piece [-mp-], *n.* ساعة

tīmeṡ [-mz], *n. pl.; prp.* ظُروف العيش . زَمان . مَضروبًا (بِ)

tīme′servẹr [-ms-], *n.* دوّار مع الزَّمان . مُصانِع الزمان . (يجاري وقته ويصانع أرباب السلطة) . بِنت الجبل = شخص يكون مع كُلّ أحد = إمَّعَة

tīme′tāble [-mt-], *n.* جَدول الأوقات (أو) المواعيد . مِيقَاتِيَّة

tīme′wôrn [-mw-], *a.* مُبتَذَل . دارِس . طال عليه الأمد . بالٍ

tim′id, *a.* هَيوب . وَجِل . نَفُور = جَفُول . خَجُول

timid′ity, *n.* تهيُّب . وَجَل . جُفول . خجَل

tim′idly, *ad.* بتهيُّب . بوجل . بخجل

tim′orous, *a.* فزِع . نَفُور . [جَفُول] . هَيَّاب

tim′othy, *n.* نوع من الكَلَأ الخَشِن (يُزْرَع لعلف الدواب) = عشبة ذنب القط

tin, *n.* قَصدير . [صَفيح = تَنَك] . [تَنَكَة]

tin, *v.* (-nned, -nning) طَلَى (أو) بَيَّض بالقَصدير

tin, *a.* من القصدير (أو) التَّنَك (أو) الصَّفِيح

tinc′ture, *n.* مَحلولُ دواء في الكحول . صِبْغَة . أثَر طفيف . مَسْحَة

tinc′ture, *v.* صَبَغ . اصطبغ . فيه أثَر (أو) مَسحة (من)

tin′dẹr, *n.* حُراق = [صُوفان] = حَرُّوق . رِيَّة . غاريقون البلوط

tin′dẹr-box, *n.* عُلبَة القدّاح (أو) الزِناد (وفيها الحُراق والصوّانة والقداحة). بِقدَح

tīne, *n.* سن . شَوكة . شُعبة (كَشُعبة الشوكة التي يؤكل بها)

tin′foil, *n.* ورق رصاص (أو) قصدير (أو) ألومنيوم (يُلَفّ به) . فُويَة

tinġ, *n.*, *v.* دَنّ . [وَنّ] = رَنّ (أو) طَنّ بصوت واضح خفيف . وَنّة . رَنّة . دَنّة

tinge, *n.* لَون خَفيف . مَسحة . أثَر طَفيف . شيء قليل (من)

tinge, *v.* أشرب (أو) صَبغ (بلونٍ خفيف) . عليه مَسحة (أو) صَبغة

tinġle, *v.* أزّ (الجُرحُ مثلًا) = ضَرَب (أو) [نقز] . تنفّش . شَعَر بتقرّص (أو) توخز (في الجلد)

tinġle, *n.* أزيز (الجُرح أو الأُذن في البرد) . تَنَفُّش . شعور بالتقرّص (أو) التوخُّز

tink′ẹr, *n.* شَعّاب = تَنَكاريّ = [سَنكَريّ] . غَجَريّ . مُتَسوّل جَوّاب

tink′ẹr, *v.* تَنكَر . رَمرَم = [سَكّف] = أصلح بغير إتقان . تشاغل وتعابث (بالشيء)

tink′le, *n.* طَنّة (أو) طَنطَنة (في جرس صغير) . دَندنة . طَنين

tink′le, *v.* طَنّ . طَنطَنَ . دَندَنَ

tinn′y, *a.* (-nnier, -nniest) قَصديري . تَنَكي . كالقَصدير

tin′sẹl, *n.* تباريق (مفردها تبريقة) من النحاس (أو) معدن آخر لمّاع تكون صفائح صغيرة رقيقة . زُخرُفيات . بَهرَج . قُماش رقيق مُوَشّى بالتباريق

tin′sẹl, *v.* (-l(l)ed, -l(l)ing) زَيّنَ بالتباريق (أو) الزُخرُفيات . بَهرَجَ

tin′sẹl, *a.* مُزَخرَف . مُبَهرَج (رخيص)

tin′-smith, *n.* تَنّاك = تَنَكاري

tint, *n.* بَهرَمة . لون مُخَفَّف . لَون خفيف (أو) فاتح . لَونة

tint, *v.* بَهرَم (الشَعرَ) . خَفّف اللون . لَوّن تلوينًا خفيفًا . خَضَب

tin′wāre, *n.* تَنَكيّات = أوانٍ (أو) مَواعين بيتية مصنوعة من القصدير (أو) التَنَك

tīn′ȳ, *a.* (-ier, -iest) صَغير جدًّا . قُلَيّل . ضَئيل . دَقيق

tip, *n.* طَرَف . نهاية . رأس . قُبَيعة = قطعة صغيرة توضع في طرف الشيء = كُمّة . أَسَلة = رأس اللسان

tip, *v.* (-pped, -pping) وَضَع (أو) جَعَل له قُبَيعةً (أو) كُمّةً

tip, *n.* كَفأة . كَبّة . نَكتَة . نقرة . مَكَبّ = مكان تُكَبّ (أو) تُفرَّغ فيه الأشياء = [مَكفَت] = مَقلَب

tip, *v.* جَفأ (القدرَ) = أمالها وصَبّ ما فيها . أمال = جخا (الإناءَ) = كَفَأ = قَلَب . كَبّ = نَكَب = [كفت] . رَفع القُبّعة قليلًا (أو) همّ برفعها للتحية

tip, *v.* أَسَرّ . نَمّط = لَمَح (أو) وَطّش له (من طرفٍ خفيّ) = سَنّح . أعطى سَريرةً

tip, *n.* سَريرة = إسرارة = تَنميطة = نَمّة = تلميحة (أو) توطيشة (سِرًّا) . حُلوان = [بخشيش]

tip, *v.* أعطى حُلوانًا = [بَخشَشَ]

tip′cârt, *n.* عَرَبة قَلّابة

tip′-off, *n.* سَريرة = إسرارة = تلميحة من طرف خَفي . توطيشة

tipp'ĕt, *n.* سَبلَة = لِفَاع يغطي الرقبة والصدر وله طرفان مُتَدَلِّيان من الأمام

tip'ple, *v.* نَعَبَّ (الخمرَ) = شربه مرة بعد مرة وبإلحاح . عاقر الخمرَ . تمزّز الخمرَ مُداوِماً .

tip'ple, *n.* خَمْرٌ . مُسْكِر . مَقلَب (أو) مَكَبّ = مكان تُفرّغ فيه محتويات العربات

tip'stẹr, *n.* وَطّاش = شخص يُعطي تلميحات سرية عن سباق الخيل وما أشبهه لقاء أجرة

tip'sy, *a.* (-sier, -siest) يكاد ينقلب . مُتَرَجرِج . مُتَكَفّئ . سَكران . أعوج

tip'tōe, *n.* رؤوس (أو) أطراف أصابع القَدَم

tip'tōe, *v.* (-toed, -toeing) = قار تطاول (ومشى) على أطراف أصابع القدم

tip'tōe, *ad.* على أطراف أصابع القَدَم

on —, على أطرافِ أصابع القدم . بهدوء . باحتراس وحَذَر

tiptop', *a., n.* أحسن ما يكون . أعلى ما يكون . ذِرْوة . من الطراز الأول . [عال العال]

tirāde' [*or* **tīr-**], *n.* خِطاب طويل عَنيف اللَّهجة. خطاب تنديدي (أو) تعنيفي =[تَشقيع]

tīre, *n.* إطار من المطاط حول عجل (أو) دولاب السيارة

tīre, *v.* وضع له إطارًا من المطاط . جَعَل له إطارًا من المطاط

tīre, *v.* أَكَدَّ = أتعب . أنهَك . تَعِب . سَئم . أَسأم . أعيا . عَيّ . لَغَب

to — of, تَعِب (من) . سَئم

to — out, أنهك . ألغب

tīred [**-rd**], *a.* تَعِب . مُنهَكُ (القوة) . مُعيٍ = لاغِب . مُجهَد . سأمان . مُبتَذَل

tīre'less [**-rl-**], *a.* لا يَكِلُّ . لا يعيا . دَؤوب . لا يني

tīre'some [**-rsẹm**], *a.* مُتعِب . مُسئِم = مُبْرِم . مُغيظ

tīre'woman [**-rwụ-**], *n.*; *pl.* -men ماشِطة = بَلّانة

tīr'ō, *n.* = tyro

'tis = it is

tiss'ūe [*or* **-shōō**], *n.* نَسيج . قُماش رقيق شَفّاف . شَبَكة . تَسْرِيجة (أو) نَسِيجة (من الكذب) . ورق رقيق للتغليف (أو) اللّف

tiss'ūe-pā'pẹr, *n.* ورق رقيق للتغليف (أو) لِلَّفّ

tit, *n.* وَصَع = طائر صغير جدًا = قُرْقُف = رَميز = (من المنجل) . قُنْبُرة البحار = أبو المليح . حَلَمَة ثدي المرأة . ثدي المرأة

— for tat, هذا عَرارُ ذاك . مِثْل بمِثل . قَوْضَ بقوض . جَزاء بجزاء . هذا بهذا . باءت عَرارِ بِكَحلِ

Tīt'an, *n.* أحد المَرَدَة (أو) الجَبابرة الإثني عشر عند الإغريق

tīt'an, *n.* شخصٌ جَبّارٌ (في قوته أو حجمه أو سيطرته . . .)

tītan'ic, *a.* جَبّار . هائل . جسيم . مارِد

tit'bit, *n.* طُرْفة . لُقمة لذيذة . نُبذة طيّبة . لَطيفة . نادِرة . مُلحَة

tīṭhe, *n.* عُشْر . ضَريبة العُشْر

tīṭhe, *v.* ضَرَب ضريبة العُشْر . أدّى العُشْر

tit'illāte, *v.* دَغدغ = جَمَّش . . .

tit'ivāte, *v.* هَنْدَم . سَبَّر = حسّن الهيئة والمظهر

tit'lârk, *n.* طائر صغير كالقنبرة = جُشْنة = عُزَيزاء = أبو تمرة = قُنبرة المُرُوج

tī'tle, *n.* عُنوان . لَقَب . بُطولة . حق التملك (أو) الملكية . سند (أو) صك التملك . مُطالَبة . حَق . دَعْوَى . حُجَّة

tī'tled [-ld], *a.* له لقب شرف . بِمُنْوان

title deed, حُجَّة (أو) سند التملك

tit'mouse, *n.* = وَصَع [سِنّ المِنجَل] = طائرٌ صغير جِدًا = قُرْقُب = قُرْقُف = زَمِيْر

titt'ẹr, *n.* قَرْقَرة (في الضحك) . زَقْزَقَة (أو) طَخْطَخة

titt'ẹr, *v.* أَهْلَس (في الضحك) . قَرْقَر (أو) زَقْزَق (أو) طَخْطَخ (في الضحك)

tit'tle, *n.* نقطة (صغيرة) . علامة (صغيرة) فوق حرف الكتابة . ذَرَّة

not one jot or —, ولا شيء مها كان (صغيرًا)

tit'tle-tattle, *n.* قيل وقال . هَذَر . لَقَلَقِيَّات

tit'ūlar, *a., n.* لَقَبي . من حيث اللقب فقط . له لقب . شرفي . (شخص) يحمل اللقب إسمًا فقط

T. N. T., مادةٌ جامِدةٌ عديمةُ اللون تُستعمل في أسلحة المُتفجِّرات

to [tụ], *prp.* إلى . لِ . بالنسبة (إلى) . أَنْ

— and fro, ذهابًا وإيابًا . أمامًا ووراءً

tōad [tōd], *n.* ضِفْدَع السمّ = ضِفْدَع التِين = عُلجوم . شَخص (أو شيء) مَشْنُوء = مَبذوء . مُحتقَر

tōad'stōōl [-ō-], *n.* فُطرٌ سام . فَقع سام

tōad'y [-ō-], *v.* (-died, -dying) تَمَلَّق (الأغنياء وأصحاب السلطة لجرّ منفعة)

tōad'y [-ō-], *n.* مُتملّق (لجرّ منفعة) . مُتَزَلِّف

tōast [tōst], *n.* خُبْزة مُحمَّصة (أو) [مُقَمَّرة]

tōast, *v.* حَمَّص (أو) [قَمَّر] . حَمَّى . تَحمَّص

tōast [tōst], *n.* شَخصٌ (أو) شيءٌ يُشرَب نَخبُه . شُرب النَّخب . نَخب

tōast, *v.* شَرِب نَخبَه (أو) على صحته

tōast'ẹr [tōst-], *n.* حَمَّاص . مِحْمَسَة = مِحمَصة . [مِحماسَة]

tōast'-mâstẹr, *n.* رئيس المأدُبة (الذي يُعلن أسماء الخطباء ويُقدِّمهم ويدعو إلى شرب النخب)

tobacc'ō, *n.* تَبغ . تُمباك . [دخان] . تُتُن

tobacc'onist, *n.* بائع تَبغ . [تُتُنجي] . تَبّاغ

toboġġ'an, *n.* (عربة) زَلّاقة . مِزلَقة . زَلُوقة

toboġġ'an, *v.* تَزَلَّق (أو) تَزَحلَق على الزَّلُوقة

toc'sin, *n.* إنذار (بِدق جرسٍ (أو) ناقوس) . جَرَس (أو) ناقوسُ الإنذار (من شرّ) . إنذار . نَذِير

today', to-day' [tụdā], *n., ad.* اليومَ . (في) هذه الأيام . الزمن الحاضر

tod'dle, *n.* دأدأة = تَمايُح (كمشي البطة أو الولد الصغير)

tod'dle, *v.* دَأدأ = تَمايَح (في مشيه كالبطة)

todd'y, *n.* شرابٌ يُتَّخذ من مائية أشجار النخيل المُخمَّرة . مَشروبٌ مُخلَّط ومُحلًّى مع الماء الساخن

tōe, *n.* إصبع القَدَم . مُقدَّم (أو) أنف الحذاء (أو) الجَورَب . لسان الحذاء . مُقدَّم = زِنباعَة (الحذاء) . بُرثن الطائر

to step on his —s, . داس على طَرَفه
أساء (إلى) . تعدَّى على حَوْزَته . أغضب

tōe [tō], *v.* (toed, toeing) (أ)صاب (أو)
لَمَس بِمُقَدَّم الحذاء (أو) بأصابع القدم

to — the line, = أَصْحَب = ارتسم
تابَع = إنقاد . تَمَشَّى (مع)

tōe, *v.* وَضَع (أو) حَرَّك أصابع القدم على
هيئة مُعَيَّنة

toff, *n.* شخص يتزيَّى بِمَن هم أرفع مقاماً

tōg'a, *n.*; *pl.* -gas *or* -gae [-ġē]
شَمْلة (كان أهل روما القدماء (دون العبيد)
يلبسونها)

toġeth'ẹr [tụ-], *ad.* مع . معاً . جميعاً .
في وقتٍ واحد . بلا انقطاع . على
التوالي . جملةً واحدة

to hang —, مُنْسَجِم. مُتماسك. مُتناسِق

toil, *n.* عَناء . عَمَلٌ شاق (طويل) . نَصَبٌ .
كَدْح . عَنَت . كَدّ

toil, *v.* تَعَنَّى . شَقِي في العمل (مدة طويلة) .
جاهَد . تحرَّك (أو) عمل بعناء وجَهْد .
تجاهَد . تعنَّت

toil, *n.* شَرَك . فَخ . شبكة . تَوْرِيطة
= وِرَاط

toil'ẹr, *n.* كَدّاد . دَؤُوب . جَهّاد .
مُجْهِدٌ نفسه

toil'ĕt, *n.* زَوَاق = تَشَوُّف = تَزَيُّن
وإصلاح الهيئة = تَشَوُّر . شَوَار =
هِنْدام . هَنْدَمة . لِباس . بيت الراحة
= مِرْحاض

toils, *n. pl.* رَبائك (جمع رَبيكة) .
مَوَارِط (جمع مَوْرِط) . شِباك

toil'some [-sẹm], *a.* مُجْهِد . مُنْصِب .
مُتْعِب . شاق

toil'wôrn, *a.* مُنْهَك من العَناء . مُجْهَد

tōk'ẹn, *n., a.* عَلامة . أمارة . رَمْز .
دَلالة . أمارِيَّة = شاهِدُ صداقة .
تَذْكار محبة (أو) صداقة . قرص
معدني له قيمة اعتبارية . قطعة معدنية
مسكوكة بقيمةٍ اسميَّة. نقد اعتباري .
رَمْزي . إسمي

by the same —, على هذا الاعتبار
(أو) الأساس . والدليل على ذلك

in — of, دَلالةً (على) . أمارةً (على)

tōld, *v., p., pp. of* tell

Tolē'dō, *n.* (مدينة) طُلَيْطِلة (في اسبانيا)

tol'erable, *a.* مُحْتَمَل . يُطاق . لا بأسَ
به . على قَدْر الإمكان . كافٍ

tol'erably, *ad.* على قَدر الإمكان .
باعتدال . قَدرَ الطاقة

tol'erance, *n.* سَماحة . تسامُح . سَعَة
صَدر . حِلم . إطاقة . احتمال (المفعول)
= طاقة . قوة احتمال (أو) صَبْر .
تَجَوُّز . هَوادة . فَرْق (أو) غَلَط
مَسْموح

tol'erant, *a.* مُتَسامِح . حَليم . مُطيق .
قوي الاحتمال (أو) الصَّبْر

tol'erāte, *v.* تَحَمَّل . أطاق . تسامح (أو)
سَمَح (بِ) . احتمل (المفعول) .
صَبَر (على)

tolerā'tion, *n.* تسامح . حِلم . احتمال .
إباحة . تجويز

tōll, *n.* مُرورِيَّة = جُعْلُ (مرور) =
مَكْسٌ (أو) رَسْم خاصّ (للمرور عن
جسر أو طريق) . جُعل

tōll, *n.* طَنّات (أو) دَقّات بَطيئة على
فترات مُنْتَظِمة . إثخان = إحداث
قَتل (أو) جَرح (أو) إصابات

tōll, *v.* دَقَّ (بالناقوس) دقاتٍ بطيئة ومُنْتَظِمة

toll bridge, جِسر المُرورِيّة

tōll′-ḡāte, *n.* باب المُرورِيّة (يُدفع عنده مكس المرور)

tôlū′, *n.* بَلسَم طولو = بلسم هندي

tom, *n.* ذَكَر (الحيوانات) كالقِطّ (أو) الهِرّ

tom′ahawk, *n.* فأس (خفيفة يستعملها الهنود الأمركيون في الحرب وأداةً لهم = بَلْطة = [شاقور]

tom′ahawk, *v.* فَأَس = ضرب (أو) قتل بالفأس (المذكورة هنا)

tomâ′tō [*or* **-mā-**], *n; pl.* -toes بَنَدورة = طَماطم . [طُماطِيش] . [قُوطَة] . باذنجان افرنجي . خوخ الدب

tõmb [**tōōm**], *n.* قَبر . رَمس . لَحد . مَوت

tõmb [**tōōm**], *v.* قَبَر . دَفَن . لَحَد

tom′boy, *n.* بنت مُتغلِّمة (أو) مُتصبِّية (تتخلق في سلوكها أو لعبها بالغلام أو الصبي)

tõmb′stōne [**tōōm-**], *n.* = صُوّة القبر شاهِدة القبر = قَبْرِيّة = حجر منصوب على القبر

tom′-cat, tom′cat, *n.* ضَيْوَن = سِنَّوْر (ذَكَر) = هِرٌّ (أو) قِط (ذكر)

tōme, *n.* سِفر = كتاب (كبير) . كتاب ضخم . مجلّد ضخم

tom′fōōl′, *n.* شخص أَحمَقُ باتّ . شخص أَرْعَن (أو) مائق (أو) أخطل (أو) رَقيع

tomfōōl′ẹry, *n.* [وَلْدَنَة] . [تَهريج] . رَعانة = خَطَل . [مَسْخَرة] . رَقاعة

tomm′yrot, *n.* سَخافة تامّة . هُراء صَريح (أو) صَراح

tomo′rrōw / **to-mo′rrōw** [**tụ-rō**], *n.; ad.* غدًا . يومُ الغد . المستقبل القريب . عن قريب (جدًّا)

tom′tom, *n.* عُرْطُبة = طَبْلٌ للأفريقيين (أو) الهنود . دَرَابُكّة . دَرْدَب

ton [**tun**], *n.* طَنّ = وَزن يساوي ٢٢٤٠ رطلًا انكليزيًا في بريطانيا وألفي رطل في أمريكا . عشرون قِنطارًا (والقِنطار ١١٢ رطلًا)

metric —, الطن المتري = ألف كيلوغرام

short —, الطن القاصِر = ٢٠٠٠ رطل انكليزي

long —, الطن الوافِر = ٢٢٤٠ رطلًا انكليزيًا

tōn′al, *a.* صَوْتي

tōne, *n.* صوت . جَرْس الصوت . كيفية صوتية . لَحن الصوت . نَغْمة . طبقة (أو) درجة صوتية . مَقام (في الموسيقى) . لهجة . طابع . عافِية . حالة صحية . قوة (الجسم) . الكيفية اللونية (أو) النُورِيّة . درجة لونية . حالة اجتماعية (أو) أخلاقية

tōne, *v.* توافَق (أو) تواءَم (مع) . واءم

to — down, خَفّف . خَفّض . لَطّف

to — up, شَدّد (من) . بهّج . قَوّى . أعطى العافِية . نَشّط

tone language, لُغَة جَرْسِيّة (تُعرَف معاني الكلمات فيها بجرس الصوت (أو) اللحن

tongṡ, *n. pl.* مِلقَط . مِلقَاط

tonġue [**tunġ**], *n.* لِسان . قدرة على الكلام . لُغة . لَهجَة . لسان الإبزيم . لِسان الجَرَس = لَقلاقة . لِسان (من البر داخل في البحر)

a slip of the —, هَفوة (أو) زلة لسان

to hold his —, لَزِم الصمت = أمسك عن القول (أو) الكلام

on the tip of his —, على رأس لسانه = كاد أن ينطق به

with his — in his cheek, مَزحًا . استهزاءً . مخاتلةً . مما لَذةً

tongue'less [tungֹ-], *a.* عديم اللسان . قَطيع اللسان = لا يقدر على الكلام . قطيع الكلام

tongue'-tīed [-tīd], *a.* مُرتبط اللسان . مُرتَج عليه . مُتبَكِّم . حَصِر = مُرتَتّ = عَيّ في النُطق . معقود اللسان

tongue twister, *n.* كلمة ثقيلة على اللفظ تُعيي اللسان

ton'ic, *n.* (دواءٌ) مُقوٍّ . النغمة الأساسية في مُدَرَّج موسيقي

ton'ic, *a.* نَغَميّ . مُقوٍّ . مُنَشِّط . خاصّ بالتقلص (أو) الانكماش العضلي الطويل

to-nīght' / tonīght' [tụnīt], *n.; ad.* الليلةَ . (في) هذه الليلة . الليلة القادمة

to'nnage [tunij], *n.* طاقة (أو) سَعة الحمل (لمجموعة من السفن) = طَنّيّة . طاقة الحَمل (في السفينة) (بالطَنّات) . وَسْق (أو) حُمولة (السفينة) . رَسم (أو) جُعل على السفينة (بالطن أو بحسب الطاقة)

tonṡ [-u-], *n. pl.* أطنان = أكداس

ton'sil, *n.* [بنت الأذن] = لوزة الحَلق

tonsillīt'is, *n.* التهاب اللوزتين

ton'sure [-shẹr], *n.* حَلق شعر الرأس (أو) قَصُّه عند دخول الكهنوت . الحلق الإطاري . حَلق الحِفاف . أعلى الرأس المحلوق (كالرُهبان) . تحليق الرأس

tōō, *ad.* أيضًا . أكثر مما يجب . فلا . . . جدًّا (للغاية) . إلى حدٍّ يؤسَف له

took, *v., p. of* take

tōōl, *n.* عُدّة . ماعون . أداة . أداة (أو) آلة (في يدِ غيره) . آلة . مِختَم (في التجليد) = رَوْسَم

tōōl, *v.* استعمل أداةً . عَمِل بأداةٍ

tōōt, *n.* [تَطويط] في البوق (أو) في الصَفّارة

tōōt, *v.* [طَوَّط] في البوق (أو) في الصَفّارة

tōōth, *n.; pl.* teeth سِن . سِنّ (المشط مثلًا) . نُتوء صغير كالسِنّ

to fight — and nail, مُستَهلِكًا = بكلّ ما أُوتي من قوة

tōōth, *v.* سَنَّن = جعل له أسنانًا . تلاحَم = تلاحَكَ

tōōth'āche [-k], *n.* وجع السِنّ (أو) الأسنان

tōōth'-brush, *n.* مِسْوَاك (أو) فُرشاة الأسنان

tōōthed [-thd], *a.* مُسنَّن . مُفرَّض . له أسنانٌ (مثل . . .)

tōōth'less, *a.* بلا أسنان . أدرد

tōōth'pāste, *n.* مَعجون أسنان

tōōth'pick, *n.* خِلالَة = نَكّاثة (أو) نكّاشة) أسنان

tooth powder, سَنُون = ذَرُور لتنظيف الأسنان

tōōth'some [-sẹm], *a.* لَذيذ (الطَعم) . مُستَمرَأ

tōōth'wort, *n.* حشيشة الأسنان

top, *n.* أعلى . صَهوة . رأس . قِمّة . سَطح . غِطاء = مَكَبّة . ظَهر (الجبل) . ظاهر . عُلاوة . شَعفة (الجبل) . أعلى مكان . أرفع مكان

TOOLS and MACHINES

أدوات صناعية وآلات

MACHINE TOOL SHOP
مشغل أدوات صناعية آلية

CIRCULAR SAW
مِنشار دائري

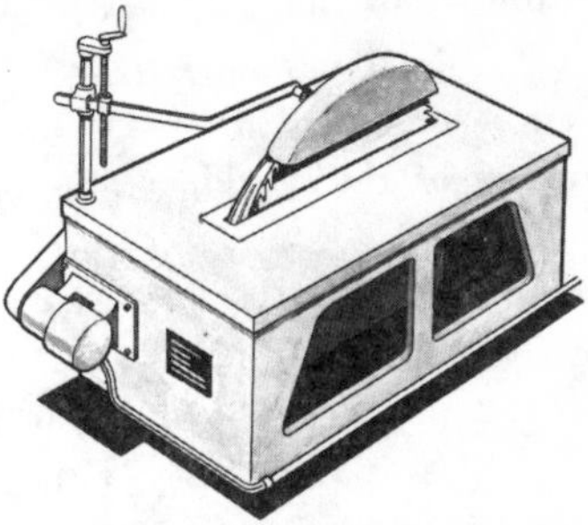

MILLING MACHINE
آلة تفريز أو تفصيل

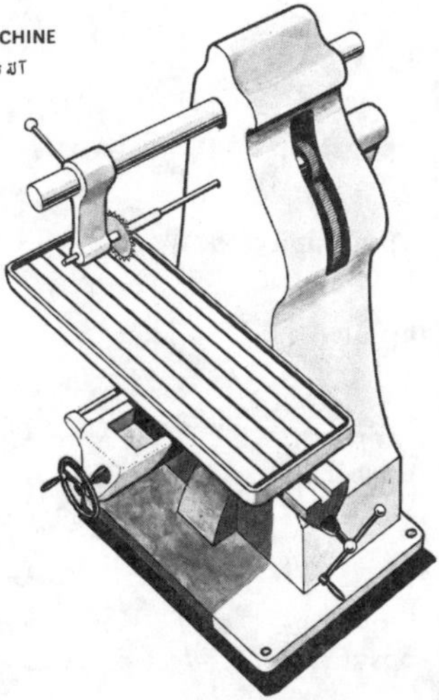

LATHE
مِخرَطة

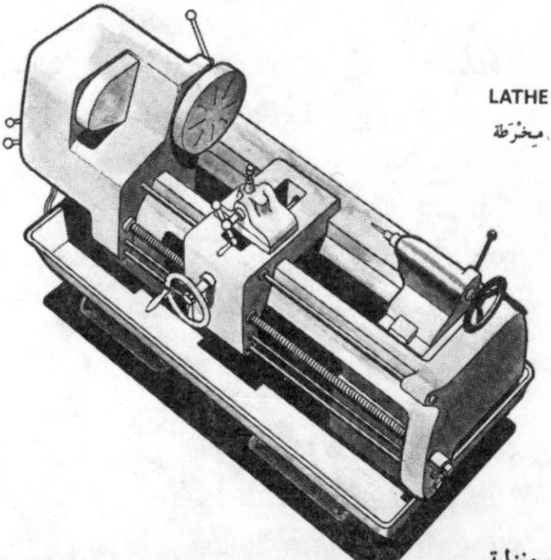

DOMESTIC
أدوات منزلية

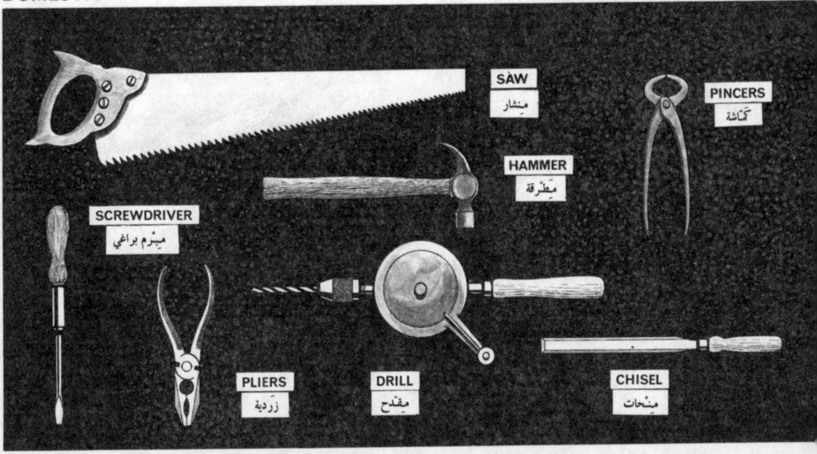

from — to toe, من مفرق رأسه إلى أخمص قدمه . من رأسه إلى قدمه
on — of, زيادةً (أو) عِلاوة (على)
on — of the world, في غاية من الازدهاء
top, *a.* أرفع . أعلى . من الدرجة العُليا . أحسن ما يكون
top, *v.* (-pped, -pping) كان في رأس (أو) أعلى (الشيء) . أشرف (على) . علا . تسنَّم (الجبلَ) = علاه . فاق . ناف (على) = فرَع . أربى . برَع . طفَّف
top, *n.* دُوَّامة = خُذروف = خَرَّارة = يَرمع
to sleep like a —, نام مستغرقاً في النوم
tōp'az, *n.* ياقوت أصفر (وهو حجر كريم)
top'cōat [-kōt], *n.* وَجه طِلاء نهائي . مِعطَف خَفيف = دِثارٌ خفيف يُلبَس فوق الثياب . مِعطف
top dog, شخص (أو جماعة) متغلِّب (أو) غالب
tōpe, *v.* تعبَّب المُسكر = ألحَّ في شربه
tōp'ẹr, *n.* سِكّير = شِرّيب خمر = مُستخمِر
topġall'ant, *n.* الشِراع (أو) جُزء السارية فوق ألـ topmast والـ topsail
top hat, قُبَّعة طويلة سوداء (أو) رمادية من الحرير عادة
top'-hea'vy [-hevi], *a.* عرضة للانقلاب لأن أعلاه أثقل من أسفله
top'ic, *n.* موضوع . مَوضوع آنيّ (أو) جارٍ
top'ical, *a.* مَوضوعي . موضوعيّ جارٍ (أو) حِيني
top'knot [-pnot], *n.* ذُؤابة = قُنْبُرة = شُوشَة = قُنْزُعَة شَعر (أو) ريش (في أعلى الرأس)
top'-lev'ẹl, *a.* أعلى مستوى . من مستوىً أعلى
top'lof'ty, *a.* مُتَرَفِّع . مُتشامِخ . مُتنازِل من عليائه
top'mâst, *n.* الجزء الثاني من السارية فوق السارية السفلى وتحت الـ topgallant فوق سطح السفينة
top'mōst, *a.* أعلى ما يكون . الأعلى
top'-notch, *a.* من الطراز الأول . أبرع ما يكون
topoġraph'ic(al), *a.* طُبُغرافي = خاصٌّ بمعالم سطح الأرض
topoġ'raphy, *n.* طُبُغرافيا = وَصف معالم الأرض (أو) مِنطَقة منها (أو) تخطيطها
top'ple, *v.* انقلب وسَقط . انكفأ . أطاح . قَلَب . دَهور . قلب عن دَست الحكم . تَقلقل
top'sail, *n.* الشراع الثاني على السارية فوق سطح السفينة
top secret, سِرّ محظور (من أسرار الدولة العليا) . سِرٌّ مكنون
topsyturv'y, *a(d).,* *n.* رأساً على عَقِب . مَقلُوب بعضُه على بعض . [فوقاني تحتاني] . (في) تشويش واختلاط
toque [tōk], *n.* قُبَّعة (للسيدات) ليس لها إفريز (أو) لها إفريز ضيق
tôr, *n.* ضَمز = جَبل (أو أكمة) صخري شديد الانحدار
Tôr'ah, *n.* التوراة . أسفار موسى الخمسة
tôrch, *n.* مَشعَل . مَشعَلة
tôrch'bearẹr [-bār-], *n.* حامل المَشعَل . حامل المَنار . إمام
tôrch'līght [-līt], *n., a.* نور المَشعَلة (أو) المشاعل
tôre, *v., p. of* tear
to'rēadôr, *n.* مُصارع ثيران (في اسبانيا)

tôrm′ęnt, *n.* عَذاب . تَعْذِيب . مَضَض (أو) أَلَم مُبَرِّح . تبريح . تأليم

tôrment′, *v.* عَذَّب . بَرَّح (ب) . أزعج كثيرًا . صَدَّع . أَلَّم

tôrmen′tor, *n.* مُعَذِّب. مُبَرِّح. شديد الإيذاء

tôrn, *v., pp. of* tear

tôrnād′ō, *n.; pl.* -does *or* -dos إعصار . ريح زَعْزَع

tôrpēd′ō, *n.; pl.* -does طُرْبيد . مقذوف طُربيدي (أو) نَسَّاف . سمك رَعَّاد (أو) رعّاش

tôrpēd′ō, *v.* (-doed, -doing) طَرْبَد = نَسَف (أو) هاجم بالطربيد . نَسَف

tôrpēd′ō-bōat [-bōt], *n.* قارب طُرْبيد

tôrp′id, *a.* مُسْبِط . في سُبات . رَوْبان = فاتر النشاط (أو) خاثر النفس . مُتَخَتِّر . مُبَلَّد . خادر . جامد النفس . جَثّامة

tôrp′or, *n.* سُبات = هَكر . خُثور النَّفْس . تَخَتُّر . سُبات حيواني (في الشتاء) . جمود النفس

tôr′quāte [-kwait], *a.* مُطوَّق = له طوقٌ من لون مخالف حول الرقبة

tôrque [-rk], *n.* قوة التدوير (أو) الفَتْل . طَوْق . عِقد من معدن مَلفوف

to′rręnt, *n.* دُفّاع = سَيْل دافِق (أو) حامِل = حامولة . سَيْل تَيّار . سيل مُنحَدِر . فَيَضان . هَمْرٌ . فَيْض . وابل

torren′tial, *a.* من أفواه القِرَب = دافق . تَيّار . كالسيل . جَوْد . مُنهَمِر

to′rrid, *a.* قائظ . حارّ . رامِض . حَمْت = شديد الحر

tôr′sion [-shęn], *n.* لَفْت . قوة التدوير . بَرْم . فَتْل . لَيّ

tôrs′ō, *n.; pl.* -sos جِذْع (الجسم أو التمثال)

tôrt, *n.* جُنحة . أذى . ضَرَر (يحاكَم عليه الفاعل)

tôrt′oise [-tęs], *n.; pl.* -oise(s) سُلَحفاة (بَرِّيَّة) . غَيْلَم (بَرّي)

tôrt′oise-shell, *n.* ذَبْل = مَسْك = غِلاف السلحفاة

tôrtūos′ity, *n.* تَلَوٍّ . تَعَوُّج . تَعَطُّف . مُنعطَف . لَيَّة

tôrt′ūous, *a.* مُتَلَوٍّ . مُتَعَوِّج . مُتَعَرِّج . مُتَعَطِّف

tôr′ture, *n.* تَشْرِيز = تعذيب (أو) تأليم شديد . أَلَم مُبَرِّح . تنكيل

tôr′ture, *v.* شَرَّز = عَذَّب (بتأليم شديد) . أَلَّم وبَرَّح به . آذى إيذاء شديدًا

Tôr′y, *n., a.* حزب المحافظين في بريطانيا . محافظ = من حزب المحافظين

The Tory Party, حزب المحافظين (في بريطانيا)

toss, *v.* طَخّ = رَمى (بِ) . زَجَّ (بِ) . قَذَف . نَتَق (الراكِب) = نَفَضه . نَتَق قطعةَ النقد = قَذَفها إلى الأعلى . نَطَح ورَفَع . نَبَذ = نَدَس . نَغَض رأسَه رَفَعه وأنزله = نَزّى . قَمَع رأسَه = زَمَّه (أو) رفعه بنترة إلى الوراء = إخرَنطَم . حاس = قَلَّب . لَبَس بسرعة . غَمَط = جرع بشدة . قَذَف (إلى فوق) . تقاذف

toss, *v.* تَطَوَّح . تَمَلمل . تَرَمَّى . تَطَرَّح . تَقَلَّب . تَلَبَّط . تَقَذَّف . تَنَغَّض = تحرك بارتفاع (أو) انخفاض = تَنَزّى

to — out of, انتتر من المكان = خَرَج بجفلة

toss, *n.* رَمْيَة . قَذْفَة . نتقة . الاحتمالُ بَيْنَ بَيْنَ

toss'-up, *n.* احتمالٌ بَيْنَ بَيْنَ

tot, *n.* زُغْزُغ = وَلَد صغير . وُلَيْد . نُغبة (من مشروب) = نُطلَة

tōt'al, *a., n.* كُلّي . عُمومي . مبلغ (أو) مجموع (كُلّي) . مُطبِق = كُلّي . تام = مُصمت . جامِع

tōt'al, *v.* **(-lled, -lling)** جَمَع . أَوْجد المجموعَ (الكلي) . بلَغ (مجموعُه) . تَبالَغ . تجمَّع . أخذ بالتزايد

tōtalitār'ian, *a.* خاص بالحكم الاستئثاري (أو) الاستبدادي العمومي

tōtalitār'ianism, *n.* الحكم الاستئثاري العُمومي يستأثر فيه بكل شيء حزب (أو) جماعة دون الغير

tōtal'ity, *n.* مَجْمُوعية عُمومِيَّة . كلّية . شُمُولية . عمومية

tōt'ally, *ad.* تمامًا . بالكُلّية . بأجمعه

total war, الحرب العُمومِيّة (أو) الكُلّية . الحرب الشامِلة (أو) الجامعة

tōt'ẹm, *n.* [طُوطم] = مخلوق طبيعي كالحيوان يتخذ رمزًا للقبيلة (أو) العشيرة

tott'ẹr, *n.* هَدَجان (كمشي الشيخ أو الطفل الصغير) . ترنُّح . تواقُع

tott'ẹr, *v.* تواقع (في مِشيته) . زَكْزَك (الشيخ في مِشيته) . هَدَج . تَرَجرج (في مِشيته) . تَهَزهَز . تَكَفَّأ . تَرَنَّح . تَواقَع . كان آيلًا إلى السقوط

toucan [tōōkân' *or* tōō'kn], *n.* تُوقان = لَوّاء = طائر زاهي الألوان ضخم المِنقار (في أمريكا الاستوائية)

touch [tuch], *n.* مَسَّة . لَمْسَة . حاسَّة اللمس . تَماسّ . اتصال . لَطْخ = شيء قليل (من) . جرّة قلم (أو) نحوه . أسلوب . تمهيد . رسيس = مَسّ (من الحمى مثلًا) . مُلامسة . امتحان (الذهب) بالمحك

touch, *v.* جَسّ . مَسّ . لَمَس . حَسّ = مَسّ بأذىً (أو) ضرر قليل . حرّك النفسَ (أو) القلبَ = أشجى . تناول (باليد) . لامَس . ماسَّ . تَعَرَّض . امتحن (الذهب) بالمِحَكّ . مَدّ يده (إلى) . قارب . نالَ (بسوء أو غيره) . أثَّر (في النفس) . أصاب بمَسٍّ من الجنون . له عَلاقة (أو) مَساس . بلَغ مَبلَغه = جارى (أو) دانَى = لَحِق

to — off, أشعل . فَجَّر

to — on that subject, تعلّق (ب) . تَعرَّض (أو) تَناوَل بالكلام (أو) بالبحث باختصار = ألمّ

to — up a picture, رَوْدَك = حسَّن وهذَّب

touch and go, مُرعِبة . أمر (أو حالة) مُغَيِّب . أمر غير مأمون النتيجة

touch'-down, *n.* نزول (أو) هُبوط الطائرة (على الأرض) . وَضع الكرة وراء خط الهدف

tou'ching [tuch-], *a.* مُحَرِّك لِلقَلب = مُشجٍ . لاصِق . مُلامِس . ماسّ

tou'ching, *prp.* عَن . بشأن . مُتعلِّق (ب)

touch'stōne [tuch-], *n.* مَخْبَر . فَتّانة = مِحَكّ (المنتقِد) = حجرٌ كان يمتحن به الذهب (أو) الفضة . مِحَكّ . مِعيار

touch'wood [tuch-], *n.* صُوفان = غاريقون البلّوط

tou'chy [tuchi], *a.* (-ier, -iest) فَيُور = يَغضَب مِن كُلِّ شيء = مِلحُه على رُكبَتِه . يُخشَى منه الإساءة

tough [tuf], *a.* كَزّ . جاسٍ . قاسٍ . جاسِئ . عاسٍ . صُلب . مَتين . ماكِن . مُجَلَّد . تارز . مَرِن = لَيِّن صُلب . قَوِيّ جَلْد . شاقّ . صُلب عَنيد . صَتم . جَلعَد = قوي شديد جَلد . عَسِير . باهِظ . مُمتَنِع . مُتَمَنِّع

to get — with, تعانف (مع) . قسا . أخذ بالشدة . عاسَر

tough [tuf], *n.* مُعاسِر . مُشارِز . شَرِس . مُعافِس . عِتريس . عِتريف . شِرّاز

tough'ęn [tuf-], *v.* جَسأ . أجسأ . صَلَّب وشَدَّد . أكَزّ . تكزّز . جَلَّد . تخشَّن . تشرَّز . تقسّى

tour [to͞or], *n.* طَوفة . جَولة . سِياحة . دَورة

tour [to͞or], *v.* جال . طَوَّف . ساح

tour-de-force [to͞or-], *n.*; *pl.*

tours —, بِدْع = عَمَل يكون فَذًّا

tour'ist [to͞or-], *n.* سائح

tour'nament [toor-], *n.* مباراة دَورِيّة للفُرسان . مباراة دَورية

tour'ney [toorni], *n.* = tournament

tour'ney, *v.* اشترك في المباراة الدورية

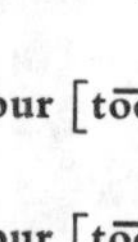

tourn'iquet [toorniket], *n.* مِلوى الشرايين . مِزرَد (أو) ضاغِطة الشرايين (لقطع جريان الدم)

tou'sle [touzl], *v.* شَوَّش ونَفَّش = فَنشَل (الشعر) . شَوَّش الشَّعر = شَعَّن = أثار وشَعَّث وجَفَّل

tout, *v.* تَلَمَّس الزبائن لبضاعته . قَحَّم البضاعةَ على الزبائن . سَنَّح (أو) وَطَّش بتلميحة عن سباق الخيل

tout, *n.* مِلحاح في البيع . وَطّاش

tōw [tō], *v.* جَرّ (أو) قَطَر (بحبل مثلًا)

tōw, *n.* جَرّ (أو) قَطر . انجرار (أو) انقطار

in —, مَقطور . في رعاية (أو) حِفظ

tōw [tō], *n.* سُقاطة (أو) خُشارَةُ الكِتان (أو) القِنَّب . بُقامَة . أُصطُبَّة = مُشاقة

tōw'āge [tōwij], *n.* جَرّ . قَطر . أجرة القَطر (أو) الجرّ

toward [tôrd, tęwôrd], *prp.* مِن أجل . استعدادًا (لِ) . على وَشك

towards' [tôrdz, tęwôrdz], *prp.* نحوَ . شَطرَ . تلقاء . تُجاه . قريب . قُبَيل . مِن أجل . في سبيل

tow'ęl, *n.* مَشُوش . مِنشَفَة . فُوطة . بَشكير

tow'ęl, *v.* (-lled, -lling) مَشّ (أو) نَشَّف بِمِنشَفة (أو) ببشكير

tow'ęr, *n.* صَرح . بُرج . حِصن

T— of Babel, برج بابل

— of strength, شخص عُمدَة في كل شيء . عِوَل = عِصمَة

tow'ęr, *v.* سَما . فاق . فَرَع = كان أطوَلَ (مِن) = أناف (أو) أشرف (على) . بَسَق (على) . حَلَّق . طَفَر (الطائر في الهواء)

tow'ęring, *a.* فارع . مُنيف . شامِخ . شاهِق . فاحِش (في العظم أو العنف) . عارِم

tow'ęry, *a.* مُبَرَّج . ذو أبراج . مُنيف . شاهِق

tōw'līne [tō-], *n.* مِقطَر (أو) مِجَرّ = حَبل يُقطَر (أو) يربط به

town, *n.* بلدة . قَصَبَة . أهل البلدة (أو) القصبة . معيشة البلدة . مركز تجاري (في البلدة)

town council, مجلس بَلَدي (مُنتَخَب)

town hall, دار البلدية

towns'fōlk [-fōk], *n.* بلَدِيون . أهل البَلْدة

town'ship, *n.* مقاطعة (لها بعض السلطات في الحكم المحلّي) = كُورَة

towns'man, *n.*; *pl.* -men ساكن البلدة (أو) المدينة = حاضِر

towns'people [-pēpl], *n.* أهل (أو) سكان البلدة . بلَدِيُّون = أهل الحَضَر = البَلَّادون

tox(a)e'mia [toksē-], *n.* تسمُّم الدم

tox'ic, *a.* سامّ . سُمِّي

tox'icant, *a.* سامّ . مُسِم

tox'in, *n.* ذِيفان = سُمّ نباتي (أو) حيواني = سُمِّين

toy, *n.* داحة = لُعبَة . مَلعبة . أُلعوبة . نَفاهة = شيء خسيس

toy, *v.* تَلاعَب (أو) عَبِث (بِ) . تَلَهَّى . داعَب

toy, *a.* كاللُّعبة . صغير (كاللعبة) . مَلعَبة = يُلعَب به

trāce, *n.* أثر . بقيَّة . رَقحة (من الكلأ) . رَسم . خطّ . أثَر (أو) شَدىً (من) = رُدَاع = عَبقة . قليل (من) = ذَرْو = نبذ

trāce, *v.* قَصّ (أو) اقتص أثره = تأثَّره = تقفّى = اقتفى أثره . تقصّصه . تتبَّع مَسيره (أو) مَجراه (إلى مبدئه) . استقصى . تحسَّس . قَصّ (أو) نصّ (الحديث) = سَلسله . رسم نسخة (عن) = طَرَّس . خطّط

trāce, *n.* سِرع = جَرّ = سَير (أو) حبل (أو) سِلسِلَة من كل جانب تجُرّ الدابةُ العربة به (أو) بها

to kick over the —s, خلَع العِذار . خرج عن الطاعة . جَمَح . طمح

trā'cęry, *n.* زَخرفة توشيبية (تكون بخطوط ورسوم متداخلة (أو) أشكال تزيينية في البناء) . تَطريسات = خطوط (أو) رسوم للزينة

trachē'a [-ki-a], *n.*, *pl.* -eae, -eas الرُّغامَى = قصبة الرئة

trachō'ma [-k-], *n.* مرض التراخوما = الرمد الحُبَيبي . مَرَض الحَثَر

trā'cing, *n.* طَريسة = نُسخة . رَسِيمة

track, *n.* طَريق . مَسار . مَجرى . مِضمار . مَطرَق = خطّ (من القُضبان المعدنية) يسير عليه القطار (أو) السيّارة . أثَر = دَعْس . مَسرَبة (أو) طُرقة = عَرق . مَدَبّ = مِدعاس . زنجير عَريض تسير عليه الجرارة ويكون بمقام العجل

on the — of, مُتتبِّعاً آثاره (حتى لا يفوته)

to follow in his —s, تأسّاه = احتذى حَذوَه . سار على خُطاه

to keep — of events, تتبَّع سَيْرَ الحوادث

track, *v.* تأثَّر = اقتصّ (أو) قصّ الأثَر = اعتسّ = تقفَّر . تتبَّع (سيرَه) . تقفَّى (حتى صاد أو أمسك) . تابع

to — down, تتبع حتى وَجَد = قفر

track'lēss, *a.* لا طريقَ فيه . مَعماة = مَجهَل . ليس فيه (أو) فيها طريقٌ (أو) مَعلَم . غير مَطروق (أو) مُطرَّق

tract, *n.* فَيح = بسيط (أو) فَسيح (من الأرض) . قطعة أرض واسعة . بِساحة (أو) بُقعة (مِن) . مَجرَى (كمجرى الهضم أو التنفس)

tract, *n.* كُرَّاسَة (أو) رسالة (خصوصاً في موضوع ديني أو أخلاقي) . كُتَيِّب

trac'table, *a.* سَهل القياد . لَيِّن العريكة . لَيِّن . سهل المُعالَجة . قابل للاستطراق (كالمعادن)

trac'tion, *n.* جَرّ . شَدّ . توتّر

trac'tor, *n.* جَرَّار = آلة جَرَّارة . مِجرَار

trāde, *n.* بيع وشراء . تجارة . مُشاراة . تَجْرَة = شَرْيَة . مبادَلة = مُقايَضة . حِرْفة . صَنعة . (جماعة) الحُرَفاء . تاجِر

trāde, *v.* باع واشترى . تاجَر . شارى وبايع . استغلّ . بادل = قايض

to — on (upon) his friendship, تاجَر (على) . استغلّ

trade mark, علامة تجارية . علامة مُسجَّلة

trād'ẹr, *n.* تاجر . مُتاجِر . سفينة تجارية

trādeṡ [-dz], *n. pl.* الرياح التجارية

trādeṡ'man [-dz-], *n.; pl.* -men دُكَّانِيّ . بيَّاع . صاحب دُكان . جُندي صَنائعي

trade union, trades union, نِقابة عُمَّال

trade wind, ريح تجارية

tradi'tion, *n.* مَأثور . تَقليد . عَنعَنة . حَديث (نبوي) = أَثَر . عُرف . رِواية . تواتر

tradi'tional [-shẹn-], *a.* مأثور . تَقليدي . مَعهود من القديم . عُرفي . مُتوارَث . نقلي . مَروِيّ

tradi'tionary, *a.* = traditional

tradūce', *v.* شَهَّر . ثَلَب . نَمَّ . شَنَّع (على) . تَقَوَّل (على) . تَلَسَّن . اغتاب

Trafal'ġar, *n.* طرف الغَرب (في اسبانيا)

traff'ic, *n.* حركة المرور (أو) السير . حركة التجارة (بالخط الحديدي أو السفن) . مُتاجَرة . حركة السَفَر = السفريات . سافِرة = عَدَدُ المسافرين . مِقدار الشَّحنِيَّات . مُعامَلة . مُخالَطة . تجارة مريبة (أو) محرَّمة . مُبادَلة

traff'ic, *v.* (-cked, -cking) تاجر (أو) تعاطى البيعَ والشراء (في تجارة مريبة (أو) محرَّمة)

traffic light, مَنار السير . ضوء (أو) نور تنظيم السير

traff'ickẹr, *n.* تاجِر . مُتاجِر

traff'icking, *n.* تجارة . متاجَرة

traġ'acanth, *n.* صمغ الكَثيراء من شجر القَتاد

tragēd'ian, *n.* مُمَثِّل في تمثيلية فاجعة . كاتب تمثيلية فاجعة

tra'ġēdy, *n.* تمثيلية فاجعة = مأساة . فاجِعة . كارِثة . مُصيبة

tra'ġic(al), *a.* مُختَص بالتمثيلية الفاجِعة . فاجِع . مُفجِع . مُريع

tra'ġically, *ad.* بصورة فاجِعة (أو) مُريعة

traġ'opan, *n.* (طائر) تيس الحَجَل = دُرَّاج الهِند

trail, *n.* سُحابة = مَسحَب = أَثَر مُنسَحِب (أو) مُمتَد (في الخَلف) . أثر (مُتَسَرِّب) . رائحة . عَرق = طريق يَطرُقُه الناس حتى يستوضح = مِدعاس . مَزحَف (الحية)

trail, *v.* سَحَبَ (أو) جَرَّ (خَلفَه) . نَما وتَمَدَّد . تتبعه مُقتَفياً أثره . تَصَيَّد (باقتفاء الأثر) . تتبَّع حتى عثر (على) . شَحَط (الكرمةَ) إذا وضع إلى جنبها خشبة ترتفع عليها . تَرَصَّد . راقب . تخلَّف . ترك أثرًا . تَخَطخَط في مشيته (من الكَلال) . اسلنطح (النبات) امتدَّ وتفرَّش

trail'ẹr, *n.* قَصَّاص الأثَر وهو شَخص (أو) حيوان يَقتفي الأثَر . (نَبات) مَدَّاد . جَرِيرة (أو) قَطِيرة = شيء مجرور (أو) مقطور من الخلف (كالعربة)

train, *n.* قَطر = قِطار . رِفْل (الثوب ينسحب على الأرض) . مَعِيَّة (أو) حاشِية (أو) رَكْب (الملكِ مثلًا) . سِلسِلة . [مَكَّارة] = حَمَلة المؤن والأمداد خلف الجيش من مركبات وحيوانات ورجال

to set in —, أجرَى

train, *n.* مَوْكِب . ذَيل سحاب (كذيل الطاووس) . خَيط (أو) حَبل من مواد مشتعلة . تَسَلسُل . ترادف

in the — of, في عَقِب

train, *v.* عَلَّم . دَرَّب . مَرَّن . رَوَّض . سَدَّد . راضَ (نفسَه على . . .) . دَمَّث . تَرَوَّض . عَوَّد . أدَّب

train, *v.* وَضَّع . رَجَّب = سَوَّى وجَعَل في موضعٍ (أو) اتجاه مُعيَّن (كالنبات) = شَحط

trainee', *n.* شخص تحت التدريب (أو للخدمة العسكرية) = متدرِّب

train'ẹr, *n.* مُدَرِّب . مُرَوِّض

train'ing, *n.* تدريب . دُرْبة

in —, تحت التمرين . على حالة حسنة من التدريب . تحت التدريب

out of —, تارك التدريب (أو) التمرين

train'-oil, زيت الحوت . زيت من شَحم الحوت (أو) عُجول البحر . . .

trait [*or* trā], *n.* خَلّة . خَصلة . صِفَة . سَجِيَّة . شِيمة . خَصِيصة نفسانية

trait'or, *n.* خائن . خَيَّاس . غادِر

trait'orous, *a.* خَؤُون . عديم الذِمام . غَدَّار . خِياني

trait'rẽss, *n.* خَوَّانة . خائنة

trajec'tory [*or* troj'-], *n.* مَجرى المَقذوف (في الفضاء)

tram, *n.* مَرْكبة تِرام . عَرَبة (أو) حَمُولة لنقل الفحم في منجم

tram'-câr, *n.* حافلة (أو) مَرْكبة تِرام

tramm'ẹl, *n.* عائق . عِقال . عُقلَة . ثِنايَة = شِكال . شَرَك (أو) شَبَك مَثلُوث . عِلاقة على هيئة S تُعلَّق بها القدور . حِجل = قَيد

tramm'ẹl, *v.* (-lled, -lling) أعاق . ثَبَّط = عَوَّق . قَيَّد . أوقع (أو) صاد في شَبَك . حَجَّل (الفرَس)

tramp, *v.* هاس (في مشيته) = خطا مُعتَمِدًا على الأرض اعتمادًا شديدًا = داس . دَعَس . تَهَوَّس = دَعَس (أو) وَطِئَ ثقيلًا . خَبَط . سار (أو) سافر على قدميه مسافات طويلة

tramp, *n.* هَوسَة = دَعْسة (أو) خَبطة (القدم) الثقيلة . دَعسَة . سير طويل (على الأقدام)

tramp, *n.* ابن الغَبراء . مُتسَوِّل جَوَّال . صُعلُوك . [سَرسَري]

tram'ple, *v.* تَرَهَّص = تَهَوَّس = رَهَس = وَطِئَ (وَطأً ثقيلًا) . داس . عَرَك (بالقدم) = ضَهز . رَهَص = وَطِئ وكَسَر = [هَرَس]

to — on, أطأ بالعَرْك بالقَدَم . داس (على) . احتقر . أذَل

tram'ple, *n.* عَرْكة بالقَدَم . وَطأة . دَعْسة . رَهْسَة

tram'way, *n.* سِكّة تْرَام . خط تْرَام . [تْرَامْواي]

trânce, *n.* غَيْبوبة (وَحيية (أو) حِسّيّة) . ذُهول (حِسّي) . استغراق ذهني . دَهَش . سَرْحَة حِسّيّة (أو) ذِهنيّة

tran'quil [-kwil], *a.* ساكِن الجوارح . مُطْمَئن . هادئ . صافٍ . ساكِن . راكِد

tranquill'ity, *n.* اطمئنان . هدوء . وَدَاعة . سَكينة

tran'quillīze, *v.* طَمأنَ . هدّأ . سَكّن . سَبّخ . خَفّض = سكّن وهدّأ

tran'quillīzęr, *n.* مُسَكّن = عَقّار مُهَدّئ للأعصاب

trans- [*or* -ṡ], داخلة حرفية في أول الكلمة بمعنى: مِن ، عَبْر ، إلى ، نقل

tranṡact', *v.* أدّى . أجرى . قام (بِ) . قام (بأعمالٍ تجاريّة)

tranṡac'tion, *n.* أداء . قضاء . قيام (بأعمالٍ تجارية) . معاملة تجاريّة (أو) مالية . مُجْرَيات جمعية علمية

tranṡatlan'tic, *a.* عابر للبحر الأطلنطي . في عِبْر البحر الأطلنطي . في الطرف الآخر (من أو في عَدْوة) المحيط الأطلنطي

transcend', *v.* فاقَ . عَدَا = جاوز . سَمَا (على) . تَسَامَى . تَنَزّه (عن الظروف الوجودية المادية)

transcen'dęnce, *n.* تَفَوّق . تجاوز . تنزه (أو) تجرد

transcen'dęnt, *a.* رَفيع = فائِق . أسْمَى . فوق العادة . بارع . لا نَظير له . مُتَنَزّه (أو) مُتجرِّد

tranṡcontinęn'tal, *a.* عابر (أو) قاطع للقارة (أو) للقارات . في عَبْر القارة

transcrībe', *v.* نقَل = نسخ . استنسخ

tran'script, *n.* نُسْخَة . نُسخة مكتوبة

transcrip'tion, *n.* نقل = استنساخ . نُسخة . تسجيل منقول

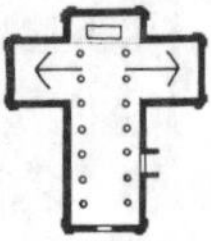

transect', *v.* قطَع . قسَم مُعْتَرِضاً

tran'sept, *n.* جَناح مُعْتَرِض (في الكنيسة)

trans'fęr, *n.* نَقْل = تحويل . انتقال . (شيء) منقول . بطاقة تَحَوُّل (أو) انتقال . حَوَالة . نُقْلة

transfer', *v.* (-ferred, -ferring) نَقَل . انتقل . حَوّل (إلى) . تَحَوّل

trans'fęrable, *a.* قابل للنقل (أو) للتحويل

trans'fęręnce, *n.* نَقْل = تحويل . انتقال

transfigūrā'tion, *n.* تحويل (أو) تَحَوُّل الهَيْئة (أو) الصورة . التَجلّي

Transfigūrā'tion, *n.* عيد تجلّي المسيح

transfig'ure [-figęr], *v.* قَلَب (أو) غَيّر (أو) حَوّل (الهيئة أو الشّكل) . جعله يُشْرِق (أو) يتهلّل . بدّل وحَسّن . بدّله بما هو أحسن منه . جعله يتجلّى . أكسب رَوْعة

transfix', *v.* خرَق (بالرمح) . شكّ (بالحَرْبة مثلًا) = انتظم = طَعَن وأنفذ . جمّد (في مكانه) . تَسَمّر في مكانه . خوزَق

transfôrm', *v.* قَلَب (أو) حوّل (الصورة أو الشكل) . انقلب (أو) تَحَوّل . مَسَخ . صَيّر

transfôrmā'tion, *n.* تحويل (أو) تبديل (الشكل) . مَسخ

transfôrm'ẹr, *n.* مُحوِّل

transfūse', *v.* حَوَّل (أو) نقل (الدمَ) من شخصٍ إلى آخر . صَفَّق = حَوَّل السائل من إناء إلى آخر . بَثَّ . صَبَّ . تَفَشَّى = إنبثَّ

transfū'sion [-zhẹn], *n.* تحويل (أو) نَقل الدم . تصفيق = تحويل السائل من إناء إلى آخر . بثّ . انبثاث

transġress' [*or* -nz-], *v.* تجاوز . تعدّى . خَرَق . أَذْنب . بغى

transġre'ssion, *n.* تجاوُز . تَعَدٍّ . خَرْق . ذَنْب . بَغْي

transġress'or, *n.* مُتجاوِز . مُتَعَدٍّ . مُذْنب . باغٍ

tranship, *v.* = trans-ship, transship

trans'iẹnt, *a.* سريعُ الزَّوال . مُنتَقِل . مُزايِل . زائل . مُوَقَّت . عارِض . وَشيكُ الزوال

trans'iẹnt, *n.* نَزيل عابر . نَزيل (في فندق) لمدة قصيرة . نزيل عارض

transis'tor, *n.* غَلْغَال = ترانزستور . جهاز راديو صغير ترانزستوري

trans'it [*or* -zit], *n.* عُبُور . عابِر . انتقال . مُرور . عُبور نجم فوق قرص نجمٍ آخر

in —, عابِر . في طور الانتقال

transi'tion, *n.* تَحَوُّل . انتقال . مدة التحول (أو) الانتقال . تَطَوُّر

transi'tional [-shẹn-], *a.* انتقالي . تحوُّلي

trans'itive, *a., n.* فِعل مُتعَدٍّ (في اللغة) . مُتعَدٍّ (كالفعل الذي يتعدى إلى مفعول صريح)

trans'itory, *a.* وَجيز البقاء . مُنتَقِل . مُتحوِّل . عابر . سريع الزَّوال

Transjôr'dan, *n.* (بلد) شرقي الأردن

translāte' [*or* -zl-], *v.* تَرْجَم . نَقَل (إلى لغةٍ أو عبارةٍ أُخرى) . انتقل . حَوَّل . صَيَّر . وضَّح (بعبارة أُخرى) . نقل . رَفَع إلى السماء (بدون موت)

translā'tion, *n.* تَرْجَمة . نقل . تصيير . تحويل . انتقال . رَفْع إلى السماء

translā'tor, *n.* مُتَرْجِم

translit'erāte, *v.* كتب كلامَ لغة بأحرف لغة أُخرى

translū'cẹnce, *a.* إسفار = شُفُوف (أو) شُفُوفِية . كثافة الشَّفَّافِيَّة

translū'cẹnt, *a.* مُسفِر = نِصف (أو) شِبه شَفَّاف (يرى الإنسان الأشياءَ من خلفه شبه واضحة) . كثيف الشَّفَّافيَّة

transmīġrāte [*or* trans'mig-], *v.* هاجر (أو) نزح إلى بلدٍ آخر

transmīġrā'tion, *n.* هِجرة (إلى بلاد أُخرى) . نُزُوح . انتقال الروح (أو) تَحوُّلها إلى جسمٍ آخر = تقمُّص (أو) تقميص الأرواح = تناسخ . عَوْدة الروح

transmi'ssion, *n.* نَقل . تأدِية = إرسال . إيصال . إنفاذ

transmit', *v.* (-tted, -tting) نَقَل . أدّى . أَرسَل . أَوْصَل . أَنفذ . نقل (أو) انتقل (بالوَراثة) . أرسل (أو) بَعَث بالراديو

transmitt'ẹr, *n.* ناقِل . مُرسِلة . مُؤَدِّية . جهاز الإرسال

transmūtā'tion, *n.* استحالة . إحالة . تَبدُّل (أو) تَحوُّل (من طبيعةٍ إلى أُخرى)

transmūte′, *v.* بدّل . حوّل . أحال

tran′som, *n.* سَاكِف = عَتَبة (أو) أُسْكُفَة الباب العُليا . قَضِيب مُعْتَرِض (في شِبّاك أو باب) . بَنْدة = شُبّاك فوق بابٍ (أو) شباكٍ آخر

transpār′ency, *n.* شَفَّافِيَّة

transpār′ent, *a.* شَفَّاف . مَفضُوح . صَرِيح

transpirā′tion, *n.* تَبَخُّر . تَرَشُّح . نَثِيث = رَشْح = عَرَق . تَخَلُّل . [تنفيس]

transpīre′, *v.* تَبَخَّر . تَرَشَّح . رَشَح . عَرِق . تفصّد . إنبثّ (الخَبَر) . حَدَث (أو) جرى . تخلّل . [نفّس]

transplânt′, *v.* زَرَع (أو) غَرَس مرةً ثانية في مكانٍ آخر . نقَل إلى مكانٍ آخر . وَطّن (في مكان آخر) . استبدل عُضوًا (أو) نسيجًا في الجسم بغيره

transplântā′tion, *n.* تحويل الزّرع إلى مكانٍ آخر . الزّرعُ (أو) الغرسُ (نقلًا من مكانٍ إلى آخر) . استبدال عضو (أو) نسيج في الجسم بغيره

trans′pôrt, *n.* حَمل من مكانٍ إلى آخر . نَقل . سفينة (أو) طائرة ناقلة . واسطة انتقال (أو) نَقْل . نقليّات

transpôrt′, *v.* حَمَل من مكانٍ إلى آخر . نَقَل . استطار (أو) اسْتَخَفّ (الفَرَحُ . . .) . استفزّ . رَحّل = غَرّب = نفى (المجرمين)

trans′pôrt, *n.* خِفّة (في النفس) = هِزّة . فَزّة اهتياج (أو) سَوْرَة (من العاطفة) .

transpôrtā′tion, *n.* حَمل (أو) نقل إلى مكانٍ آخر . نَقْليّة . تَوْصِيلة . نُقالة = أُجرة النقل . بِطاقة نقل . نفي (أو) تغريب المجرمين

transpōse′, *v.* بَدّل الترتيب . بدّل الموضعَ (بموضعٍ آخر) . غيّر المَوْضِع . أعاد الوضعَ من جديد

transship′, **trans-ship′** [-sh-], *v.* (-pped, -pping) كبّث = حول البضاعة من سفينة إلى أُخرى

transubstantiā′tion [-shiā-], *n.* استحالة (القربان إلى جسد المسيح ودمه حقًّا)

transūde′, *v.* نَزّ = تحلّب . ارتشح . تفصّد

transvers′al, *n.*, *a.* مُعتَرِض . خط قاطِع (أو) مُعتَرِض

trans′verse, *n.* شيء مُعتَرِض . جائز . عارِضة

transverse′, *a.* مُعَرّض . مُعتَرِض . مُستَعْرِض . قاطِع

trap, *n.* عربة (أو) مركبة خفيفة بدولابين (أو) بأربعة

trap, *n.* قانِصَة = أُنبوب مَعقوف يكون تحت المَغسَلة (أو) ما يشابهها ويكون فيه ماء يمنع صعود الرائحة الكريهة من البالوعة

trap, *n.* مِصْيَدَة . فَخ . مَنصُوبة . دَوْلَج = دَسِيسة للإيقاع . رَوْزَنة = باب في سقف البيت (أو) أرضه . عاثُور = شيء يتعثّر فيه الإنسان ويتورط . خَبيئة = حيلة (أو) خدعة مستورة

trap, *v.* (-pped, -pping) وَقَع (أو) أوقع في الفخ . اصطاد في الفخ . عَلِق في مَعلَق (أو) مَعلَقة . نَصَب فَخًّا

trap door, باب رَوْزَنة . رَوْزَنة

trapēze′, *n.* رُجّاحَة . قَضِيبٌ أُفقي مُعلّق بحبلين من طرفيه (للألعاب) = حابِص

trapē′zium, *n.*, *pl.* -ziums, -zia مُنحَرِف = شكل رباعي (فيه ضلعان فقط متوازيان)

trap'ëzoid, *n.* شبه مُنْحَرِف = شكل هندسي رباعي ذو ضلعين متوازيين وضلعين غير متوازيين . شكل رباعي ليس له ضلعان متوازيان . ذو الزَّنقتين

trapp'ẹr, *n.* قَنَّاص (وخصوصاً لحيوانات الفِراء)

trapp'ings, *n. pl.* رَخْت = سَرج مُزَيَّن . زِينة . لِباس مُزَيَّن . بهارج (المنصب أو الوظيفة)

trash, *n.* تُرَّهة . زُبالة . سُقاطة . رُذالات . حُسَارة (الناس) . شخص رَذْل . بِضاعة بَخسة . سَقَط المتاع . نُفايات = حُمَّان . خَرفَشة كلام (بدون طائل) . قُضَابة (أو) شَذَب (الشجر) . فقير مُعدِم

trash'y, *a.* (-shier, -shiest) بَخس . من سَقَط المتاع . فارغ (كالكلام)

trav'ail, *n.* عَناء (النفس) . شَقاء . نصب . طَلْق الولادة . تَبْرِيح . مَضَض

trav'ail, *v.* طُلِقَت (المرأةُ عند الولادة) . تَمَخَّضَت = ضَرَبها الطَّلْق . شَقي (أو) جار على نفسِه في العمل = نَصِب

trav'el, *n.* سَفَر . سِياحة . رِحْلَة . نُقلة = مسافة التحرك

trav'el, *v.* (-elled, -elling) سافر . ساح . رَحَل . تنقل . مَرَى . جَرَى . سار . احتمل السَّفَر

trav'el(l)ed [-ld], *a.* مِسفار . سَفّار . سَفَرِي . مَطروق في السفر

trav'el(l)ẹr, *n.* سَفَّار . مُسافِر . سائح . رَحَّالة . زَلّاقة = آلة تتزلق من مكان إلى مكان

trav'erse, *v.* اجتاز . اخترق . قَطَع . جاب . اعترض . جَحَد . صَوَّب = سَدَّد . عارض . أعاق . تعرّج في سيره

trav'erse, *n.* اجتياز . قَطع . عارِضة . حائل . حاجز . جائز . طريق مُنْعَرِج . مَجرى مُتَعَرِّج . خط منحرف

trav'erse, *a.* مُعتَرِض . مُتعرِض . مَوْروب . مُتعرِّج

trav'ësty, *v.* (-tied, -tying) حاكى استهزاء . هَزَّأ (بِ) . إستسخف

trav'ësty, *n.* إستِسخاف . هُزْأة . صورة مَمْسُوخة (أو) مُضحِكة . مَهزَأة

trawl, *n.* مِجزَفة = شبكة صيد قوية تُجَرُّ على قعر البحرِ من السفينة

trawl, *v.* جَزَّف = صاد السمك بجرِّ هذه الشبكة

trawl'ẹr, *n.* جَزّافة = مركب جَزّاف = مركب (أو) سفينة صيد السمك بجرّ الشبكة

tray, *n.* طَبَق = صِينيّة = شُفارِج

trea'chẹrous [trech-], *a.* خَتّار . خائن . غَدّار . خَدّاع . غير مَأمون

trea'chẹry [trech-], *n.* الخَتْر = أقبح الغدر . خِيانة . غَدْر . خِداع . غِش . تَبييت

trea'cle, *n.* دِبْس (السُّكَّر) = قَطْر . سِيلان (التمر)

tread [tred], *n.* دَعسة . وَطأة . مِشْيَة . مَوْطِئ (الدَّرَج أو السُّلَّم) . مداس (العجَل على الأرض)

tread, *v.* (trod, trodden *or* trod, treading) مَشى . خطا . داس . دَرَس . دَهَس . رَهَسَ = وَطِئ ثقيلًا . دَعَس . دَهَك . طَرَّق (طريقًا) . سَفَد (الطائرُ) . سار بحذر . كَبَس (أو) لَبَّد بالقدَم . عَرَك بالقدم . وَطِئ

to — on his toes (corns), أَمَضَّه (أو) أوجعه بإساءةٍ . أساء إليه بأن تَعَدَّى على حقوقه وغصبها

trea'dle [tred-], *n.*, *v.* مِدْوَس = نُخْل (أو) دولاب يحرَّك بالقدم . حَرَّك المدْوَس

tread'mill [tred-] *n.* دَوَّاسة = تركيبة آلية لإحداث حركةٍ دورية بالدَّوْس على درجات دولاب

treas'on, *n.* مَكيدة ضد السلطان . مؤامرة لقلب الحكم . خِيانة وَطَنية . خيانة . إخلاف الأمانة

high —, خِيانة عُظمى (ضد السلطان مباشرةً)

treas'onable, *a.* خِياني . فيه خيانة (أو) مَكيدة

treas'onous, *a.* = treasonable

trea'sure [trezhęr], *n.* كَنْز . ذُخْر . شيء نفيس يُضَنّ به = مِضَنَّة = عِلق عَزيز = ضَنينة

trea'sure, *v.* كَنَزَ . خزَن . ذَخَر . إدَّخَر . اقتنى . تَغالى فيه . أعَزَّ . صان

trea'surer, *n.* خَزَنْدار (للدولة) . أمين الصندوق . خازِن . أمين المال

trea'sure-trōve, *n.* كَنْز = خَبيئة (من المال أو الجوهر لا يُعْرَف لها مالك)

trea'sury [trezhęry], *n.* خِزانة المال . خَزينة . خَزنة . صُندوق (مال) . مَذْخَر . خَزينة (أو) أمانة المال (للدولة)

— note, ورقة نَقْدِية

treat, *n.* عَزيمة . تُرْفة (أو) طُرْفة (من أيّ شيء) . لذَّة (عظيمة أو فريدة) . لطف

treat, *v.* عَزَم = ضَيَّف = أكرَم (بطعام أو شراب أو غيره) = أطْرَف = أتْرَف . ألطف

treat, *v.* عامَل . اعتبر = عَدّ . عالَج . بَحَث (في) . سام

treat, *v.* فاوض = ذاكر . تداول (مع)

treat'ise, *n.* بُحَيْثة = رسالة بَحْثِيَّة (في موضوع مُعيَّن)

treat'ment, *n.* مُعاملة . مُعالَجة (طبيَّة)

treat'y, *n.* مُعاهَدة

tre'ble, *n.* أعلى صوت في تأليفة موسيقية . آلة موسيقية لها الصوت الأعلى في تأليفة موسيقية . صوت رفيع

tre'ble, *a.* ثلاثة أضعاف (أو) مَرَّات . مَثْلُوث . له صوت عالٍ (أو) رَفيع

tre'ble, *v.* ضاعف ثلاثَ مرات

treb'ly, *ad.* ثلاث مَرّات

tredd'le, *n.* = treadle

tree, *n.* شَجَرة . شِجَار (للحذاء)

top of the —, في أعلى دَرَجة (أو) منصب

The family —, شجرة النَّسَب

tree, *v.* (-eed, -eeing) طارد ولحق على الشجرة . ألجأ إلى الصعود في الشجرة . صَعِد الشجرةَ واعتصم فيها

tree'lěss, *a.* = بَلْقَعٌ . جَلْحاء . (قَرْيَة) أجرَد = لا شَجرَ فيه

tref'oil [*or* trē-], *n.* (نبات) النَّفَل وله ورق ذو ثلاث وريقات (كالبرسيم) . بِرْسيم = رطبة

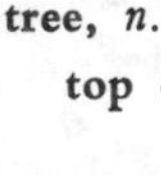

tref'oil, *n.* فُتحة (أو) تزيينة في البناء تكون على شكل ورقة نبات النَّفَل

trek, *n.* نُزْحَة . سَفرة للانتجاع (بعربة تجرها الثيران) = نُجعة . سَفرة (بطيئة مُتعِبة) . مَرْحَلة = مَنقَلة

trek, *v.* (-kked, -kking) سافر بعَرَبة تَجرُّها الثيران . سافَر (سفرًا بطيئًا شاقًا)

trell'is, *n.* شَعْرِيَّة (خَشَب أو مَعدن) . مُقفَّص . تَعريشَة (يرتفع عليها النبات) = دُقْران = زافِرة

trem'ble, *n.* رَعشة . ارتعاش . رِعْدَة

trem'ble, *v.* ارتعش . اهتزّ . تَرَجْرَج . تَذَبْذَب . ارتعد

trēmen'dous, *a.* مَهُول . هائل . رائع . جَسيم . فاحِش (أو) هائل (في العِظَم) . بالغ الأهمية

trem'or, *n.* رَعْشة . هِزّة (نفسانية) . تَهدُّج (في الصوت أو في الأعضاء) = ارتعاش . رِعْدة (من الحُمّى) . رَجرجة . رَجْفة

trem'ūlous, *a.* مُرتَعِش . مُتَهَدِّج (الصوت) . رَعِش = جَبان . مُرتجف

trench, *n.* خَندَق . حَفيرة . أُخدود . استحكام

trench, *v.* حَفر خَندقًا (أو) حَفيرة . خدّ

to — on (upon), تَعدَّى (أو) تجاوز (على) = افتات (على) . قارب . أشرف

trench'ant, *a.* بتّار . صارِم . قاطِع . جارِح . لاذِع . فعّال . جَزل . في الصميم

trench'-coat [-kōt], *n.* مِمْطر ثقيل بحزام وجيوب واسعة من نوع عسكري

trench'ẹr, *n.* قَصعة . لوح مستدير من الخشب يقطع عليه الخبز

trench'ẹrman, *n.*; *pl.* -men آكِل . طاعِم

good —, أكول = مِطعَم = لَهُوم

trend, *n.* اتجاه . مَنحى . وَجه = قَصد . مَيل

trend, *v.* اتّجه . نَحا (نحوَ . . .) . مال

trēpan', *n.* آلة ثقيلة لتقوير الأرض . مِقوَر = مِثقاب منشاري = مِنشار دائري يستعمله الجراح لثقب الجمجمة

trēphīne' [*or* -īn], *n.* = trepan

trepidā'tion, *n.* هَلَع . جَزَع . خَشية . ارتعاد . وَهَل . اضطراب . إرتجاف

tres'pass, *n.* تعدٍّ (على ملكٍ أو حقٍّ للغير) . تَجاوُز (الحدود) . خَطيئة . بغي . استطالة . اجتراء (أو) إدلال

tres'pass, *v.* تَعدَّى . تجاوز . أذنب . بغى (على) . استطال . اجترأ (أو) أدلّ (على)

tres'passẹr, *n.* عادٍ . باغٍ . خاطئ

tress, *n.* جَديلة . خُصلة (أو) ضَفيرة (أو) غديرة من الشعر (للنساء)

tress'ēṡ, *n. pl.* = غدائرها = فَرْع المرأة = شعرها المسترسل

tre'stle [-sl], *n.* جَحش = رِجلان (أو) قائمتان تستند عليها عارضة من الخشب (أو) غيره . حامِلة

trī'ad, *n.* ثلاثة . مجموعة من ثلاثة

trī'al, *n.*, *a.* تَجرِبة . اختبار . مِحنة . بلوى . تجريبي . مصدر تعب وعناء . مَخبَر

— of strength, مُصامَدة . مُساجَلة . مُغالبة . مُماتَنة . مماحَلة

trī'al, *n.* محاكمة

— and error, طريقة التجربة والخطأ

on —, قيد المحاكمة . تحت الاختبار (أو) التجربة

trī'angle, *n.* مُثلَّث = شكل هندسي ذو ثلاث أضلع

trīanġ'ūlar, *a.* ثُلاثي (الشكل) . ذو ثلاث زوايا . مَثلوث . مُثلّث

trīanġ'ūlāte, *v.* قَسَّم إلى مثلثات . جعل مثلثاً
trib'al, *a.* قَبَلي . عشائري
trīb'alism, *n.* نظام قَبَلي (أو) عشائري
trībe, *n.* قَبيلة . عَشيرة . قَوْم . جَماعة . جِنْس . طائفة
trībes'man [-bs-], *n.; pl.* -men أحد رجال القبيلة
tribūlā'tion, *n.* كَرْب . شِدّة . بَلاء . مِحْنة . جَهْدُ البلاء . غَمْرة . ضِيق . خَطْب
trību'nal [*or* tribūn'al], *n.* محكمة (خصوصية) . محكمة تحقيق . مَقعد الحُكم (أو) القاضي . محكمة فَصْل
trib'ūne, *n.* حامي العوام (ضِد الخواص في روما القديمة) . محامٍ (أو) مدافع عن الناس
trib'ūne, *n.* مِصْطَبة . دَكّة . مِنَصّة . مِنْبَر . عرش الأسقف
trib'ūtary, *n.* رافِد (أو) ساعد (للنهر) . دافِعُ جزية . ذِمّي
trib'ūtary, *a.* مُطالَب بدفع الجزية . مُخْتَصّ بالجزية . رافِد (أو) مُساعِد
trib'ūte, *n.* جِزْية . إتاوة . فَريضة = دُفْعة من المال واجبة
to pay —, اعترف بالفضل . قرَّظ = أشاد بالذكر
trib'ūte, *n.* تنويه . عِرْفان (أو) إقرار (بالشكر أو الاحترام) . تقريظ . اعتراف بالفضل
trīce, *n.* هُنَيهة . أُوَيْنة . لحظة
in a —, في طَرفةِ عين . في لَمْحة (أو) لحظة
trīce, *v.* رَفع ورَبَط بحبلٍ (كما يُرْفَع الشِراع ويُرْبَط)

trī'ceps, *n.; pl.* -ceps, -cepses العَضَلة ذات الرؤوس الثلاثة (في مؤخر العضد)
trick, *n.* حِيلة . خُدْعة . مَنْصوبة = سايَة . مَزْحة عملية . مَكْرة . تدبيرة
to do the —, أمَّن النتيجة المطلوبة
trick, *n.* حركة (أو) لُعبة ماهِرة = [مَلعوب]. طريقة مُتقَنة . فَعلَة خَبيثة . عادة (أو) خَصلة خاصة . طريقة غَريبة
the —s of the trade, دَواخِل الصنعة = مَداخلها ومَخارجها
trick, *v.* غَشّ . خَدَع . احتال (على) . تَبَهرَج . تَبَرَّج . تطرَّز بأفخر الثياب
trick'ẹry, *n.* احتيال . خِداع . غِش . مَخاتلة
tric'kle, *n.* شَلْشَل = وَكْف = وَشَل = نَضيض . بَزيل . نَزيز . رَشْح
tric'kle, *v.* تَشَلْشَل (الماء) = وَكَف (الدمع) . وَشَل = سال (أو) قطر قليلاً قليلاً = نَطّف = تَسَحسَح = تَبَزَّل
trick'stẹr, *n.* وَلّاس . مُحّال = مُحتال . خَدّاع . خَبّاب . قَلّاش
trick'y, *a.* خَدّاع . كثيرُ الحيل . غَشّاش . دقيق . صَعب المعالجة خَطِرُها . يَحتاج إلى أناةٍ = فيه غَدَر . لا يُرْكَن إليه
trī'colour, trī'color [-kulẹr], *n., a.* مُثلَّث الألوان . عَلَم مثلث الألوان . العلم الفرنسي
trīcus'pid, *n., a.* ذو ثلاث شُرّافات . ذو ثلاثة رؤوس . ضِرس بثلاثة رؤوس
trī'cycle, *n., a.* دَرّاجة مُثلَّثة العَجَلات (أو) الدواليب
trīd'ent *n., a.* حَرْبة (لصيد السمك) ذات ثلاث شُعَب . ذو ثلاث شُعَب
tried [trīd], *v., a.* مُجرَّب . مُمْتَحَن . مُخْتَبَر . مُحنَّك . مُعتَمَد = رُكْنة

trīenn'ial, *a., n.* حادثة تقع كل ثلاث سنوات . الذكرى السنوية الثالثة . يعيش ثلاث سنوات . يحدث كل ثلاث سنوات

trī'fle, *n.* خَسيسَة . تافِهَة . طَفيفَة . سَفساف = شيء زَهيد . شيء قليل

trī'fle, *n.* نوع من الحَلْوآء تُعمَل من الكعك والمُرَبَّى والقِشْدة وغيرها . مَزيج مَعدني للأواني

trī'fle, *v.* استهان . عَبِثَ = استخفَّ . تعابث . تلاعب . تَلَهَّى . قَضَّى (أو) أنفق عَبَثًا

not to be —d with, لا يُستهان به . يُحسب له حساب

trīf'lẹr, *n.* عابث . عِبِّيث . عَبَّاث

trīf'ling, *a.* طَفيف . زهيد . تافه = لا يُؤْبَه (بِهِ) . استخفافي

trigg'ẹr, *n.* زِناد (أو) رفَّاس (أو) [دفَّاش] (أو) مِطرق البُندقية (أو) المُسدَّس

trigg'ẹr-happy, *a.* سريع المبادرة في إطلاق النار

trigonom'ētry, *n.* (حساب) المُثَلَّثات

trīlat'ẹral, *a., n.* ذو ثلاثة جوانب (أو) أطراف . مُثَلَّث . ثلاثي

trīlin'ēar, *a.* ثلاثي الخطوط . ذو ثلاثة خطوط

trīlit'ẹral, *a.* ذو ثلاثة أحرف . ثُلاثي

trill, *n.* تسجيع = ترجيع (أو) ترديد الصوت (مثل ترديد حرف الراء) . اهتزاز (الصوت) . هَزهزة (أو) هَدجان (أو) رَجْرَجة الصوت . زَغْرَدة . نَغْريد

trill, *v.* سَجَع = رجَّع (أو) ردَّد . هَزهَز (أو) رَجْرَج الصوتَ (في الكلام أو الغناء)

trill'ion, *n.* في بريطانيا وألمانيا=الرقم ١ وأمامه ١٨ صفرًا . في الولايات المتحدة وفرنسا = مليون مليون (أو) الرقم ١ أمامه ١٢ صفرًا

tril'ogy, *n.* رواية تمثيلية ثلاثية . مُؤَلَّف ثُلاثي (من ثلاثة أجزاء متكاملة)

trim, *v.* (-mmed, -mming) هَندم . شَذَّب . حَذَف . سَوَّى . قَذَّذ = حَفَّف (الشعر مثلًا) = طَرَّر . قَنَّب (الكرمَ مثلًا) = قَطَّط = خَصَّل . قَلَّم (الأظفار) . حَذَّف (أو) حَذرَف (الشعر) . زَخرف . زَيَّن . وازن السفينةَ بتنظيم شِحنتها = عادل . ضَبَّط (قلوع السفينة) لتلائم الريح والاتجاه . قَرَّط (الفتيل)

trim, *a.* مُهَنْدَم . مُسوَّى . مُرَتَّب . مُقطَّط . مُحَفَّف . مُعتَنًى به

trim, *n.* قصة خفيفة للشعر = تَطرير الشعر . حالة صالحة . حالة استعداد

trimm'ẹr, *n.* شخص قَلَّاب (أو) قَلُوب (يُغَيِّر ولاءَه عند الحاجة)=مَعمَعِي

trimm'ing, *n.* خَرَج = زيادات في الثوب للزينة . حِلية . زَرْكشة . زَخْرَفة . تَخفيف (الشعر) (أو) تحذيفه . قُراطة . حُفافة

Trinitār'ian, *a., n.* ثالوثي . خاص بالثالوث الأقدس (أو) مؤمن به

trin'ity, *n.* ثلاثي = مجموعة من ثلاثة . إثلاث . ثالوثية . ثالوث

Trin'ity, *n.* الثالوث الأقدس

trink'ēt, *n.* جَاجَة = خَرَزة (أو شَبيهتُها) وَضيعة لا تساوي فَلسًا . بَهْرَجيَّة . شيء مَخسُوس . زينة (أو) حِلية رخيصة

tri'ō, *n.; pl.* -ios قِطعة موسيقية لثلاثة أصوات (أو) آلات . ثُلاثي (موسيقي) . ثَلاثة

trip, *n.* سَفرة قصيرة . سَفرَة . نُزهَة . [حَنجلَة]

trip, *n.* عَثرَة . زَلّة . خطأ . غَلطة فاحشة

trip, *v.* (-pped, -pping) عَثَر . زَلَّ . أَزَلَّ (أو) عَنّت (في السوآل (أو) الكلام) . غَلِط . فَلَّت . مَغلَط = تخطأ . توهَّل = عَرَّض للغلط = توهّق . خطا بخفة . حَنجَلَ

trīpârt′īte, *a.* ذو ثلاثة أجزاء . ثلاثي الأطراف . ثلاثي

trīpe, *n.* شيء خسيس . كلام سخيف . كَرِشُ الحيوان (كالبقرة أو الثور) يستعمل للطعام

tri′ple, *a.* ثُلاثي . ثلاثة أضعاف . مَثلُوث

tri′ple, *v.* أَثلَث . تَثلّث . ثَلّث . صار (أو) صيّر ثلاثة أضعاف

trip′lĕt, *n.* ثلاثة أبيات من الشعر . ثُلثي = أحدُ أولادٍ ثلاثة في بطنٍ واحد

trip′licate [-kit], *n., a.* مَثلُوث . ثالث ثلاثة متشابهين . من ثلاث نُسَخ . احدى هذه النسخ الثلاث

trip′licāte, *v.* أَثلَث = صار ثلاثة (أو) ثلاثة أضعاف . ثلّث = جعل ذا ثلاثة أركان (أو) أضعاف . جعل على ثلاث نُسخ

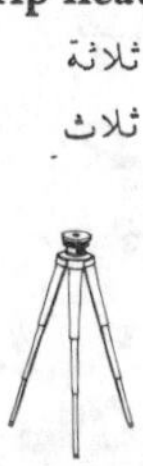

trīp′od, *n.* [سَهبَة] = [سِيبَة] = مِنصب ذو ثلاث قوائم

trip′oli, *n.* حَجَر خُراسان

Trip′oli, *n.* طَرابُلُس (أو) أَطرابُلُس (الشام أو الغرب)

tripp′ing, *a.* خفيف نشيط . رَشيق الحَركة

trīr′ēme, *n.* سفينة قديمة لها ثلاثة صفوف من المجاذيف في كل جانب

trīsect′, *v.* ثلّث = قَسّم ثلاثة أقسام متساوية

trīte, *a.* مُبتَذل (في الاستعمال) . مَطروق (كثيرًا)

Trīt′on, *n.* إله إغريقي قديم له رأس إنسان وبدن إنسان وذنب سمكة . إله البحر

trī′umph, *n.* غَلَبة . نصر (عظيم) . انتصار . بهجة النصر . زَهوة النَّصر . موكب النصر

trī′umph, *v.* انتصر . فاز (على) . ابتهج بالنَّصر وازدهى . تباهى وتفاخر بالنَّصر

trīum′phal, *a.* انتصاري . نَصري . احتفالي (أو) تذكاري بالنَّصر

trīum′phant, *a.* مُنتَصِر . مُزدَهٍ (أو) مُبتَهج بالنَّصر

trīum′vir, *n.* أحد قضاةٍ (أو) موظفين ثلاثة . أحد الحكام الثلاثة الذين حكموا روما قديمًا في وقتٍ واحد

trīum′virate [-it], *n.* جماعة من ثلاثة حكام (أو) موظفين . حكومة الثلاثة . جمعية الثلاثة

triv′ĕt, *n.* مَثفَى = دِقدان = مِنصَبة القدر (بثلاث أرجل)

triv′ia, *n. pl.* تَوافِه . سَفاسِف

triv′ial, *a.* نَزِر . زَهيد . تافِه . طَفيف . مُستَهان . سَفسافي

trivial′ity, *n.* نَزارة . تَفاهة . خَساسة . سَفسافِيّة

trod, *v., p. of* tread

trodd′ẹn, *v., pp. of* tread (طريق) مَدعُوس = مُدَيَّث = مَكدود (أو) مطروق (بالحوافر مثلًا)

trog′lodȳte, *n.* ساكن الكهوف (قبل التاريخ)

Trōj′an, *n., a.* تِرْوادي (نسبة إلى تِروادة)

trōll, *n.* أُغنية الترادُف (أو) التَّناوُب . عِفريت (عند الاسكندنافيين القدماء)

trōll, *v.* لعلَعَ (في الغناء) = رَفَعَ صوتَه وموَّجه . غَنَّى بالتَّرادُف . صاد السمك بجر الخيط وراء القارب

troll'ey [-i], *n.* عَرَبة يدَوِيَّة (أو) مجرُورة (بحمار مثلًا) بعجلتين (أو) أربع . قَضيب في رأسه بكرة تسير على سلكٍ كهربائي . حافِلة كهربائية . بَكرة تسير على خطٍ (أو) طريق مُعلَّق

troll'op, *n.* امرأة بَذّة الهيئة = [شرشيرة] . مُومِس

trom'bōne, *n.* [ترُنْبُون] = آلة موسيقية نحاسية كبيرة بأنبوب مثني مرتين ينتهي ببوق

trōōp, *n.* ثُلَّة = جَماعة . زُمْرة . سُرْبة . فَوج . رَعيل (من الخيَّالة) . فَوْج (من الكشَّافة)

trōōp, *v.* ذَهب أسرابًا . تَكَوَّف = اجتمع واستدار = [تكوّش] . تَسرَّب = ذَهَب وتتابع . سَرَّب

trōōp'er, *n.* جُندي خَيَّال . شرطي خَيَّال

trōōps, *n. pl.* جنود

trōōp'ship, *n.* ناقلة جنود . سفينة للنقل العسكري (أو) لنقل الجنود

trōpe, *n.* مَجاز (في اللغة) . استعمال الكلمة في غير ما وُضِعت له

trōph'y, *n.* سَلَب . غَنيمة . تَذْكار النَّصر . نُصْب تذكاري للنَّصر . عُدّة (السلاح) تؤخذ من العدوّ دليلًا على النصر . كأس النصر (في مباراة) . غنيمة النصر

trop'ic, *n.* مَدار (السَّرطان أو الجَدْي على سطح الأرض)

T— of Cancer, مدار السرطان

T— of Capricorn, مدار الجدي

trop'ical, *a.* مُختصّ بالمنطقة الحارّة

trop'ics, *n. pl.* المِنطَقة الحارة (بين المدارين)

trop'ism, *n.* الالتفات (أو) الانصراف (في النبات مثلًا) نحو مصدر المؤثر (كنور الشمس)

trot, *n.* هِرْدَبَة = امرأة عَجوز . هَرْولة . خَبَب . خيط قوي لصيد السمك فيه شُصوص عديدة على طول الخط

trot, *v.* (-tted, -tting) خَبَّ . رَكِبَ فرسًا يَخُبّ . أخَبَّ الفرسَ . هَرْوَل

trōth, *n.* عَهْد . ذِمام . وَفاء . وَعْد

trott'er, *n.* خَبّاب . مُهَرْوِل . كُراع (الخروف أو غيره)

trou'badour [trōōbadoor], *n.* قصّاد = شاعِر (أو) مُنْشِد كان في جنوب فرنسا وشمال اسبانيا وشمال ايطاليا من القرن الحادي عشر حتى الثالث عشر

trou'ble [trubl], *n.* إقلاق . إزعاج . كَدَر . مَتْعَبة . شَرّ . كُلْفة . عَناء . بلية . مَكروه . هَمّ . اختلال . تَنغيص . بلبال . قَلَق . فِتْنة = رَهَج . اضطراب . شِدّة . خَطْب . مشكلة

to ask for —, تحكّك بالشرّ . استسلف الشر

to take —, تَعَنَّى . كَلَّف نفسه (عناء)

trou'ble [trubl], *v.* أقلق . أزعج . كَدَّر . تكلَّف . تعنَّى . كَلَّف . كلَّف نفسه (أو) خاطره

trou'bled [trubld], *a.* مُضطَرِب . عَكِر . مُعكَّر . كَدِر (كالماء) . مُعكَّر (الخاطر) . في بلبال

trou'ble-mākẹr, *n.* نَزّاغ = نغّال (بين القوم) = مُفسِد نَمّام . مصدر شرّ . شَغّاب

trou'blesome [trublsẹm], *a.* . مُزعِج . مُتعِب . مُكَدِّر . مُقلِق للبال . مُشاغِب

trou'blous [trub-], *a.* . مُضطَرِب . مُزعِج . ذو هَزاهِز

trough [trof *or* **truf],** *n.* . حَوض . جابِية . جُرن . مِذوَد . مَصوَل . مَعجن . مِيزاب = مَثعَب . عَوطَب = قَعرة (بين مُرتفعين أو موجتين) . هَفت

trounce, *v.* هَزَم هَزيمة مُنكرة . ضَرَب (شديدًا) . لَبَج (بالعصا) = دَبَل . عَنَّف . عزَّر

troupe [troo͞p], *n.* جماعة . فَوج . فِرقة (مُغنّين أو ممثلين)

trous'ẹrs, *n. pl.* [بنطلون] = سَراويل

trou'sseau [troo͞sō], *n.; pl.* -seaux [-sōz], -seaus جِهاز العروس = بائنة

trout, *n.; pl.* trout(s) سمك الأَريوان = سمك نَهريّ مُنقَّش . سَلمون مُرقَّط

trow [*or* **trō],** *v.* اعتقد . ظَنّ

trow'ẹl, *n.* لَوزَة = مِلعقة البَنّاء = مِسَجّة = [مالَج] = مِسيَعة = [مَسطرين] = مالَق . مِقحفة البُستاني

trows'ẹrs, *n. pl.* = trousers

troy weight, نظام من الأوزان للذهب والفضة وللجواهر والأحجار النفيسة

trū'ant, *n., a.* مُتهرِّب (من المدرسة أو من العمل) . مُتهامِل (في الواجب) . مُهمِل . كَسول . هائم = عائر = داشر . شارد

to play —, تهرَّب (من الواجب (أو) المدرسة بدون مبرِّر)

trūce, *n.* . مُهادَنة . مُوادَعة . هُدنة (لمدة) . فَرجة . مُهلَة . تَرويحة

trū'cial [-shẹl], *a.* خاصّ بدول الساحل المتصالِح في خليج العرب (أو) بحكّامها

Trucial States, دول الساحل المتصالح (أبو ظبي ، دُبي ، الشارجة ، عَجمان ، أم القَيوَين ، رأس الخيمة ، فجيرة)

truck, *n.* [تْرَك] = سيّارة (أو) عَرَبة نَقل كبيرة . عَرَبة شحن (على الخط الحديدي) = شاحِنة

truck, *n.* معامَلة . مُخالَطة . سَقَط المَتاع

truck, *v.* . نَقَل البضاعة بسيارة النقل [تْرَك] . عَمِل سائقًا لهذه السيارة . قايَض (سلعة بسلعة)

truck, *n.* بِضاعة للبيع = بِياعَة . سِلَع تجارية . بِضاعة للمقايضة

to have no — with, أن لا يكون له خُلطة (مع)

truc'kle, *v.* . قَرْدَح = تذلل وتصاغر . استخذى . استكان . خَنَع . دَزْبَخ

truc'ūlẹnce [*or* **troo͞-],** *n.* . عَرامَة . تَهجُّم . شَراسَة . عَترَسة . فظاظة

truc'ūlẹnt, *a.* . عارِم . مُتهجّم . شَرِس . عِتريس . فَظّ . قاسٍ

trudge, *n.* . مَشي (أو) سَير (مُتعِب شاق) . تَعتَعَة (أو) كَدْكَدة في السير . تَهمُّك في السير

trudge, *v.* تَهمّك في السير . مَشَى (أو) سار بجُهدٍ مُتثاقِلًا . تَعتَع (أو) كَدْكَد في سَيرِه (مع المواظبة) = تَربَّخ

true [troo͞], *a.* (-uer, -uest) . صَحيح . حقيقي . حَتم . صَميم . حُرّ . صادق . مُخلِص . حَقّ . مَضبوط

true, *ad.* صادق . بِصِدقٍ

truf'fle, *n.* كَمْأَة = طَرْطُوفة = شَحْمة = نبات ينبت تحت الأرض ويؤكل

trū'ism, *n.* بديهيَّة . حقيقة معروفة للجميع

trū'ly, *ad.* حقًّا . في الحقيقة . بصدقٍ . صِدْقًا . بحقٍّ . بإخلاص . بالضبط

trump, *n.* وَرَقَة المَرْس = وَرَقة اللَّعب تكون أعلى من غيرها في وقتها . صِنف الوَرَق من هذه الورقة

trump, *v.* لَعِب ورقةَ المَرْس

trump, *v.* إفتَعل = لفَّق = إنتفك (للخِداع) = إختلق

trump'-câ̇rd, *n.* ورقة رابحة . سهم لا يخيب . زِمام الفوز

trump'ẹry, *n., a.* تُرَّهة . شيء تافه . سَقَط . لغو . شيء بهرَج = جميلُ المظهر قليل القيمة . بهرَجيات . كلام فارغ

trump'ĕt, *n.* صُور = بوق . تبويق . شيء كالبوق

to blow his own —, مَدَح نفسه . تمدَّح = تبوَّق . تباهى بنفسه

trump'ĕt, *v.* ضَرَب (أو) نفخ بالبوق = بوَّق . زمَّر به = أذاعه . تبوَّق = تمدَّح

trump'ĕtẹr, *n.* بوّاق = نافخ البُوق

trunc'āte, *v., a.* جَذَم = بتَر = قَطَش = قطع طرفه . أجذم . أقطش . أبتر

trun'cheon [-chẹn], *n.* عصًا . هِراوة . مِخصَرة (السلطة)

trun'cheon, *v.* ضَرَب بالعصا = هَزَر = لَبَج

trun'dle, *n.* دُحْرُوجة = بَكَرة صغيرة يتدحرج عليها الشيء

trun'dle, *v.* دَحْرَج . دَحْدَر . دفَع ودَحْرَج . تدحرج

trunk, *n.* جِذع (الشجرة أو الجسم) . مَلْمَلة = خُرطوم (الفيل) = زُلقوم . خط رئيسي (أو) رُكْني . عابية = صُندوق (كبير) للثياب (في السَّفَر)

trunk, *a.* أكبر . رئيسي

trunk'-call [-kôl], *n.* مخابرة تلفونية بعيدة

trunks, *n. pl.* تُبَّان = سراويل قصيرة (للّاعبين)

truss, *n.* رِفادة = دِعامة (السقف أو الجِسر) . مِرْفَد (للمصاب بالفتق مثلًا) . مُرتكى = رُكْنة

truss, *n.* حُزمة (من القش (أو) الكلأ) . ضِمادة . مِرفَد = حَشْوة للشدّ

truss, *v.* رَبَط . قَمَط . قفَّص (أو) قرفص = جَمع وشدّ بعضه إلى بعض (كما يفعل بالدجاجة المذبوحة) = كَرْدَس = قَوْنص

trust, *n.* شركة احتكار . شركة إئتمان

trust, *n.* إئتمان . ثِقة . إيمان . إتكال . توكُّل . أمانة . وَدِيعة . ذِمة . عُهْدة

trust, *n.* دَين تجاري . مُداينة

to take on —, أيقن بصحة الشيء توكّلًا (بدون دليل)

trust, *v.* وَثِق . إئتمن . توكَّل . أركن . عَهِد به إليه = آمنَه عليه . أمَّن . اعتقد . أيقن بصحته . رَجا (رجاءً أكيدًا) . أمَّن (على ثمن السلعة)

trustee', *n.* أمين . قيِّم . متولٍّ

trustee'ship, *n.* وصاية . رِعاية . ولاية

trust'fụl, *a.* مِركان = كثير الإركان . مِئْمان = كثير الإيمان والثقة

trus'ting, *a.* مؤتمِن . متوكِّل . واثق

trust territory, أَرض (أو) قُطر تحت وصاية (الأمم المتحدة)

trust′worthy [-wer-], *a.* أَهل للثقة . يُركَن إليه . مُؤتَمَن . مَأمون . موثوق (به)

trus′ty, *a.* (-ier, -iest) ثِقة = مَوثوق (به) . مُؤتَمَن . أَمِين

trūth, *n.*, *pl.* **-ths** حَقِيقة . صِدْق . حَقّ . صِحَّة . إخلاص . دِقّة

trūth′ful, *a.* صادِق . صَدُوق . صِدِّيق

trūth′fulnĕss, *n.* صِدْق

trȳ, *v.* (tried, trying) سَعى . حاول . عالج . اختبر . امتحن . جَرَّب . اجتهد . حاول (فتحَ الباب مثلًا) . تكلّف

to — (a garment) on, جَرَّب (أو) قاسَ = لَبِس ليرى إذا كان مناسباً للجسم

trȳ, *v.* (-ied, -ying) أَجهد . أَضجر . عالَ (صَبْرَه) = أبرم . ابتلى

trȳ, *v.* (-ied, -ying) حاكم . قاضى . نظر في القضية (في المحكمة)

trȳ, *n.* مُحاوَلة . جُهد . مَسعى

trȳ′ing, *a.* مُضجر . شاقّ . صَعبُ الاحتمال . مُزعِج . مُجهِد . مُنَوِّط للرُوح . مُغِمّ

trȳst [*or* trist], *n.* مِيعَاد . مُواعَدَة (بين عشيقين للالتقاء) . مَلقى . مُلتَقَى . مُوافاة

tsar, *n.* = czar

tsarĭn′a, *n.* = czarina

tset′sē, *n.* ذُبابة مرض النوم

tsetse fly, *n.* = tsetse

tub, *n.* مِركَن = إجّانة = لَقَن . أَبْزَن (الحمّام) . حَمّام . مِلء لقن

tub, *v.* (-bbed, -bbing) = اغتسل استحمّ (أو) [تحمَّم] في لقن (أو) أَبْزَن

tūb′a, *n.* آلة موسيقية نحاسية كبيرة لها صوت قَراريّ = بوق ضخم

tubb′y, *a.* دَحداح . دَحداحة = القصيرة المستديرة الجسم المُلَملَمة . دَرْدح . دَرْدَحة

tūbe, *n.* أُنبوب . سَرَب . حَفِير

tūbe, *n.* قطار السَّرَب = قِطار يَسير في سَرَب تحت سطح الأرض

tūb′ẹr [*or* tōō-], *n.* ساق دَرَني (في النبات) . عُجُورة = كُتلة مُتَعَجِّرة في ساق النبات تحت الأرض (كالبطاطا مثلًا) . دَرَنة نباتية

tūb′ercle, *n.* = عُسقُول = عُجرة نباتية عَسقَل . أُبنَة . عُجرَة . كُعبُرة . دَرَنة . سِلعَة . نُتُوء

tūberc′ūlar, *a.* تَدَرُّني . فيه دَرَن . خاصّ بمرض السل

tūberculōs′is, *n.* مَرَض التَدَرُّن . مَرَض السل . تَدَرُّن

tūb′ẹrous, *a.* فيه عَجاجير . فيه عساقيل (أو) عُجَر نباتية . أعجر

tūb′ing, *n.* أَنابيب . قطعة أُنبوب

tūb′ūlar, *a.* أُنبوبي الشَّكل . مُدَوَّر أَجوف . أُنبوبي

tūb′ūle, *n.* أُنبوب صغير . أُنَيبيب

tuck, *n.* غَبنة (في الثوب) = كُفّة . ثَنية . زِيق

tuck, *v.* دَحَس = [دَحَش] . دَسّ . ثَنى الطَّرَف ودَسّه (تحت ...) . ثَنَى . طَوَى . كَمكَم . غَبَن . شَمَّر . لَفلَف

to — in, لَفلَف في الأكل بِشَرَه

to — up his sleeve, شَمَّر . طَوَى وشَمَّر

tuck'er, n. زِيق من الكشكش حول عُنق الثوب . آلة (أو) أداة (في آلة خياطة) للغَبْن (أو) الكَفّ

Tues'day [tūz-], n. يوم الثُّلاثاء

tuft, n. [شُوشَة] . قُنْبُرة . ذُؤَابة . قُنْزُعة . كُشَّة (من الكلأ) = هُرْمول . كُشَّة (أو) لفيف (من النبات)

tuft, v. جعل له ذُؤابة . نما على شكل قَنازِع (أو) كُشَش

tug, n. نَتْلة = عَتْلة = جَرَّة (أو) جَذْبة (شديدة) . شَدّة . سِرْع = حَبل (أو) شبهه للجرّ

tug, v. (-gged, -gging) نَتَل = عَتَل = جَذَب (أو) جَرَّ (شديدًا) . نَتَر . قَطَر وراء السفينة القاطرة

tug, n. سفينة قاطرة للجرّ

tug'-of-war [-wôr], n. مباراة شَدّ الحَبْل . صراع . مُزاحَمة

tūi'tion, n. تَعليم . تدريس . أجرة التعليم

tūl'ip, n. = زنبق مأكول [توليب] = نبات (أو) زَهر اللَّعلَع

tum'ble, v. = عَثَر فَسقط نَكوَّر = تَعَس . سَقَط . تَرَدَّى . كَبَّ . انكَبَّ . انقلب . انكَفَت = هَبَّ مُسرِعًا . انتكس (على رأسه) . تَدَهور . تهاوى = نزل بسرعة . تدفَّق . تَفَتّق (من أعلى الجبل أو الدَّرج) = قَلَب . تَلَبَّط (في الفراش) . تَقَفَّز وتَقَلَّب . تقطَّر = رمى بنفسه من عُلوٍ . جَعَّد وشوَّش

tum'ble, n. وَقعة . دَرْبَكَة = اختلاط وازدحام . تشويش واختلاط . كومة مشوَّشة

tumb'ledown [-bld-], a. واهٍ . مُتَرَدِّم . آيل إلى السقوط . مُتداعٍ

tumb'lęr, n. (حَمام) قَلَّاب . بَهلَوان . مِشْرَبة

tum'bręl, n. = tumbril

tum'bril, n. عَرَبة زُبالة . عَرَبة كانت تحمل السجناء للإعدام

tūm'id, a. مُتَوَرِّم . مُتَعَجِّر . مُتَزَخِّر بالكلام . مُفخَّم . فيه فخفخة وتشدُّق . مُنتَفِش

tumm'y, n. بَطن . كرش . مَعِدة

tūm'our, tūm'or [-mẹr], n. وَرَم (خبيث) . دَرَنة . سِلْعة . ضَواة

tūm'ult, n. غَوْشة . ضَوْضاء . عَجّة أصوات . اصطخاب . لَجَّة . هَيج واختلاط . هَيجة . اعتلاج (نفساني)

tūmul'tūous, a. عَنيف . صَخّاب . مُصطَخِب . عَجّاج = مُضطَرِب . هائج

tūm'ūlus, n.; pl. -lī رُجْمة = رُجْم = قبر قديم له حَدَبة = جُثْوة (القبر)

tun, n. برميل كبير للسوائل (وخصوصًا الخمر) . دَنّ كبير = راقود

tūn'a [or tōō-], n.; pl. -na or -nas (سمكة) التُّنَّة (أو) التُونة

tun'dra, a. سَهب = أرض واسعة منبسطة لا شجرَ فيها (في المناطق القطبية الشمالية)

tūne, n. نَغَم . ترنيمة . مقام النغَم . دُوزان . وِئام

to change his —, راجع فِكرَه . جاء بنغمة جديدة

in — with, متوافِق . متلائم . منسجم

tūne, *v.* دَوْزَن = بَظَّ . سوَّى . نَحَط (الأوتارَ لإصلاحها)

to — in, ضَبَّط جهاز الراديو للاستماع

tūne'fụl [-nf-], *a.* رَخِيم . مُوسيقي . عَذب الصوت

tūne'lĕss [-nl-], *a.* بلا دُوْزان . ليس فيه نغم يُعرَف . غير موسيقي

tunġ'stẹn, *n.* (معدن) التنكستن (لصنع الفولاذ وفتيل البلورات الكهربائية)

tūn'ic, *n.* إِنْب = ثوب بلا كُمّين للساق (أو) فوقه. ثوب. كِبْر. جِلباب. فَرَجِيَّة

tūn'ing-fôrk, *n.* الشَّوكة (أو) الشُعبة الرَّنَّانة (بشُعبتين) . شعبة طَنّانة

tunn'age [-ij], *n.* = tonnage

tunn'ẹl, *n.* نَفَق . سَرَب

tunn'ẹl, *v.* (-elled, -elling) نقب (أو) حَفَر (أو) جاب نفقاً

tunn'y, *n.* = tuna

tup, *n.* كَبْش (الغنم) . مِرْداس = مِلطاس المِطرَقة

tupp'ẹnce, *n.* = two pence; two pennies

turb'an, *n.* عِمامة . مِعْجَر . [لَفَّة]

turb'aned [-nd], *a.* مُعَمَّم . لابسٌ عِمامة

turb'id, *a.* عَكِر . مُرَنَّق = مُكَدَّر (كالماء المُوحِل) . سَجيس . مُشَوَّش

turb'īne, *n.* [طُرْبين] = عَنَفة

turb'ot, *n.* سمك بُلطي . سمك مُفلطَح . سمك التُرْس

turb'ūlẹnce, *n.* اصطخاب . هَرَج . هَيَجان واضطراب . هَوْشة

turb'ūlẹnt, *a.* فيه هَرْج . هائش . هائج . كثير الشَّغَب . ذو هَزاهِز

tūreen', *n.* إناء عميق للحساء (له غطاء)

turf, *n.*; *pl.* turfs, turves خَمْلة عُشْبِيَّة = عُشب مع جذوره ومع التراب على بسيطٍ من الأرض . قطعة من التراب مع العُشب = قُلاعَة مُعْشِبة . مِضمار سِباق . دَرِين (وهو ما اسودّ وقُدم من النبات)

turf, *v.* غَطّى بِخَمْلة عُشبية

tur'gid, *a.* مُبَجْبِج . مُهَبَّج . مُنْتَفِج . مُتَوَرِّم . طنّان . فَخِم العِبارة . مُتَقَعِّر (في الكلام) . مُتَأَبِّه

Turk'ey [-ki], *n.* تُرْكِيا

turk'ey [-ki], *n.* دَجاجة هنديةٍ (أو) حَبَشية (أو) رومية . ديك رومي

turkey buzzard, نَسرٌ أمرط الرأس أحمره بريش قاتم اللون

Turk'ish, *a., n.* تركي . اللغة التركية

Turkish delight, راحة = راحة الحلقوم

tur'mẹric, *n.* الكُرْكُم . نبات الكُرْكُم

turm'oil, *n.* جَيَشان . هَرَج . هَمْرَجة . اضطراب . بَلْبَلة . اختباط

turn, *n.* دَوْرَة . تَحَوُّل . طابَع . نَوْبة = عُقْبة . دَوْر . صَنيع . جَوْلة

by —s, بالتعاقُب. بالتتابع. بالتوالي. بالدور

in —, بالترتيب . على الدَّوْر . بالدَّوْر . على العُقبة

to a —, إلى الدرجة المضبوطة

turn, *v.* دار . أدار . دَوَّر . لَفَت . وَجَّه . التفت . التف (حولَ) . صار . حَمَّض . خَثَّر . أفسد . قَلَب = صَيَّر . صَرَف (عن) . صَوَّب . جاوز . انصرف (إلى) . صَرَف (إلى) . حَوَّل . قَلَب . انقلب . انعطف . اتَّجه . فتل = أدار وغيَّر . اعتمد (على) . فَتَل = بَرَم . أغثى (النفسَ) . صار فيه دُوار . خَرِط . اختلّ (العقل)

to — against, انقلب (على)
to — back, رَجَع . قفَل راجعًا
to — loose, سرَّح . سَوَّم . أفلت
to — off, أنجز . أخرج . طَرَد . سَكَّر . انفتل . أطفأ . قَطَع
to — on, فَتَح . ارتدّ (على) = هاجم . قاوم . انثنى (على)
to — out, طَرَد . أخرج . خَرَج . أنتج . نتج . تبيَّن
to — over, قَلَب . تأمَّل (في) . فَكَّر . أعطى . أجال في الذهن . حَوَّل الملكية (إلى) . نقل
turn′cōat [-kōt], *n.* شخص يستبدل قومه (أو) مذهبه بضدّه = مُستبدِل . شخص خرج عن وَلائه (أو) عن مبادئه = خارجي . مُرتَدّ
turn′ẹr, *n.* خرَّاط (في معمل أو مصنع) . مُدَوِّر
turn′ing, *n.* لَوذَة . مُنعطَف
turn′ing-point, *n.* نقطة حاسمة (أو) فاصلة . نقطة الحَرَج
turn′ip, *n.* لِفت . شَلْجَم . شَلغم
turn′key [-kē], *n.* حافظ مفاتيح السجن . سَجَّان
turn′off, *n.* مُنعَطَف . طريق جانبية . بُنَيَّة طريق
turn′-out, *n.* إضراب . اجتماع عامّ . جَمع (من الناس) . جُمهور . جِهاز . حاصِل . ناتج . هيئة . عَرَبَة (أو) عربات مع الخيل والسروج
turn′ōvẹr, *n.* انقلاب . انكفاء . تحوُّل (من عمل إلى آخر) . تدوير (أو) تداول المال . تداول العُمَّال . عملية تجارية (أو) مالية . مجموع الداخل من المال (في التجارة) . نسبة الإنتاج

turn′pīke, *n.* باب مَكس المرور . طريق فيها (أو) كان فيها باب مكس المرور
turn′spit, *n.* مُقلِّبة (أو) مُقلِّب اللحم الذي يُشوَى بالسَّفُّود . غُلام (أو) كلب كان يُستعمل قديمًا لهذا الغرض

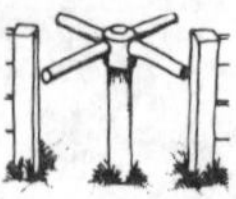

turn′stīle, *n.* ماصِر دَوَّار . حاجز دَوَّار
turn′stōne, *n.* طِيطوَى = طائر لا يفارق الآجام
turn′tāble, *v.* مِسطَبة دَوَّارة لِقَلب اتجاه القطار . قُرص دَوَّار
turp′ẹntine, *n.* زيت التَّربَنتينا = صَمغ البُطم
tur′peth, *n.* تُربُد . شجرة الذَّراريح
turp′itūde, *n.* فُسوق . فُجور . سَفالة (أو) سُقوط الأخلاق . رَذالة . حِطَّة
tur′quoise [-k(w)oiz], *n.* فَيرُوز = حَجَر نفيس
tu′rrĕt, *n.* بُرَيج (على زاوية البناء) . بُرج المدفع (ويكون دَوَّارًا)
tu′rrĕtĕd, *a.* ذو بُرَيجات
tur′tle, *n.* سُلَحفاة بحريّة . تِرسة . سُلَحفاة
to turn —, انقلب بطنًا لِظَهر (أو) ظهرًا لبطن . انقلب
tur′tle-dove [-duv], *n.* ساقُ حُر . قُمريّة = تُرغُلّة = طُرغُلّة
tusk, *n.* ناب (طويل ناتئ كناب الفيل)
tus′sle, *n.* مُشادّة . تعالُج . صِراع . مُعافَسة . مُقارَعة
tus′sle, *v.* صارع . عارك . عافَس
tuss′ock, *n.* كُثّة من العشب النابت الكثيف على شكل حُزمة . جَثلة عُشب
tuss′ōre, *n.* حرير آسيوي خَشِن . دودة القزّ لهذا الحرير

tut, *int.* أفٍ . واسَوْأتاه ! عَيْب ! (تُقال عند إظهار الاستنكار (أو) الاحتقار (أو) التضجّر)

tūt'ẽlage [-ij], *n.* وِصاية . حِماية . تأديب

tūt'ẽlar, *a.* = tutelary

tūt'ẽlary, *a.* وَصوِي . حامٍ . خاص بالوصي

tūt'or, *n.* مُعلِّم خاص . مُؤَدِّب . مُدَرِّس (في كلية أو جامعة)

tūt'or, *v.* أدَّب . دَرَّس

tūtôr'ial, *a.* متعلق بالمؤدّب . باستعمال مؤدّبين

tuxēd'ō, *n.*; *pl.* -dos سِتْرَة رسمية يلبسها الرجل في الحَفَلات

twa'ddle, *n.* هَذَر . تفقيع (كلام) . ثَرثَرة . لَغْو . كلام فارغ

twa'ddle, *v.* هَذَر . فَقَّع . ثَرْثَر . وَطْوَط . خرفش في الكلام

twain, *a., n.* اثنان (في الشعر القديم)

twang, *n.* إرنان . رَنَّة . ارنان . خَنَّة (أو) غُنَّة (شديدة) . إنباضة = حَبضَة . نبيض

twang, *v.* أنبض = حَبَض = جَذَب ليَرِنّ . رَنَّ (أو) ارتنّ (القوسُ) . خن . غَنَّ . نَبَض

'twas [twoz] = it was

tweak, *v., n.* نَتَش . قَبَض وشَدَّ ولَوَى = عَرَك (الأنفَ مثلًا) = فَرَك . فَرْكَة . قَرْصة

tweed, *n.* قُماش التوِيد (من الصوف ناعِم المَلْمس)

tweeds, *n. pl.* ألبسة مصنوعة من قماش التويد

'tween, *a., prp.* = between

tweet, *n., int.* زَقْزَقة . صوت الطائر وهو يُرَدِّد زُقاءَه كأنه يقول . قِيق (أو) زِيق

tweez'ẹrṡ, *n. pl.* مِنقاش = مِلْقط شَعر = مِنتاف

twelfth, *n., a.* ثاني عشر . ثانية عشرة . جزء من اثني عشر

twelve, *n., a.* اثنا عَشَر . اثنتا عَشْرة

Twel'vẹr, *n.* إمامي اثنا عَشَري = شيعي يؤمن بالأئمة الاثني عشر

twelve'month [-vmun-], *n.* اثنا عشر شهرًا . حَوْل . عام

twen'tiẽth, *n., a.* العِشرون . جزء من عِشرين

twen'ty, *n., a.* عِشرون = نَشّ

'twere = it were; it would be

twīce, *ad.* مَرَّتَين . ضِعفين . خطرَتين

twid'dle, *v.* بَرَم . فَتَل . فَتَّل (كتفتيل الأبهام) . تعابث . تلاعب

twig, *n.* غُصنة . غُصين . قضيب . عود . شُعبَة

twil'ight [-līt], *n.* غُبشَة . غباشِير = شَفَق (أو) سَحَر . شَفَق (بعد المغيب) = سُدفة . سُدفَة = سَحَر (في الصباح الباكر) = طُلوة . غَسَق . مرحلةُ الاكتهال (أو) طَوْر الأصِيل (للأمة أو للحزب . . .)

twill, *n.* قُماش له خُطوط نائئة مائلة

'twill = it will

twin, *n.* تَوْأم (وهما تَوْأمان) . شِقَّة تَوأم . صِنو . تِرْب . فَرْدَة

twin, *a.* متطابقان (أو) متماثلان = متناءِمان كالتوأمين

twīne, *n.* بَرِيم = [خيط دوباره] = [قِيطان] . مَرِير = خيط شديد الفتل . لَبِيَّة . بَرْمة . شيء مبروم.

twīne, *v.* فَتَل . بَرَم . لَفَّ . التفَّ . تلوّى . تعنقس به = تلوّى عليه وتشدّد

twinge, *n.* شَوْصَة = خَلْجَة وَجَع (أو) أَلم (شديد) . وَجْعة شديدة . حَزَّة = حَزَازة . قَطْعة (القلب) . نَخْسة . مَضَّة

twinge, *v.* شاصَ = أحسَّ بِشَوْصَة . خَلَجَه وَجَع (أو) أَلم شديد . نَخَس

twink'le, *n.* وَبْصَة = خَفْقة النجم مثلًا . وَمْضة . طَرْفَة عين . تَلَأْلُؤ . بَرْقة

twink'le, *v.* رَفَّ . تَوَمَّض (النجمُ) = تَبَصَّص . وَبَص = التمع . تَبَرَّق . وَبَّص (الجروُ عينيه) . أَوْمَض

twink'ling, *n.* رَفَّة . وَمْضة . وَبْصة . طَرْفَة عين

twirl, *n.* بَرْمَة (أو) فَتْلَة (سريعة)

twirl, *v.* بَرَم = فتل بسرعة (بالأصابع) . تَفَتَّل = دارَ في غير طائل . قَلَّب ودوَّر . تلاعب . بَرَّم (الشاربَ)

twist, *n.* لَيَّة = عَوْجَة = مُلْتَوًى . بَرِيم . لَفَّة . لَوْذ . عُقْصة

twist, *v.* فَتَل = دَوَّر . لَوَى . التوى . التفّ . لوَّى . بَرَم = جَدَل . تلوَّى = تَعَرَّج . عَقَص = لوَى . تَلوَّى . ضَفَر . تَعوَّج . عَوَّج = لفت = حَوَّر . تَلاوذ . حَرَّف . لوَى رُسْغَ اليد (أو) القدَم

twit, *v.* (-tted, -tting) عَيَّر . قَرَّع . أَنَّب

twitch, *n.* نَتْرة = جَذْبة شديدة جافية . خَلْجة (في الجسم)

twitch, *v.* خَلج . تَخَلَّج . نَتَر = جَذَب بقوة وبجفاء . انتتر (في مشيته) . نَشَط (الصقرُ بمخلبه)

twitt'ẹr, *n.* شَقْشَقة (أو) زَقْزَقة (الطائر) . تَغْرِيد . اضطراب (النَّفَس)

twitt'ẹr, *v.* شَقْشَق (أو) زَقزق (الطائر) . غَرَّد . ثَرْثَر . بَرْبَر . إضْطَرَب

'twixt = betwixt = between

two [too̅], *n.*; *pl.* twos . اثنان . اثنتان

to put — and — together, استدلّ بالعقل السليم

two'fōld [too̅], *a(d).* مُشَقّ . ضِعْفَيْن . ذو شِقَّين . مُزْدَوِج . مُضاعَفًا

twop'ẹnce [tupẹns], *n.* بَنْيان = $\frac{٢}{١٢}$ من الشلن

two'p'ẹnny [tupẹni], *a.* بَنِيان . زهيد القيمة . لا قيمةَ له . رَخِيص

'twould = it would

tȳ'co̅on, *n.* قارونُ أعمال . قارون مال

tȳ'ing, *v.*, *ppr. of* tie

tympan'ic, *a.* خاص بطبلة الأُذن (أو) بالأُذن المتوسطة

— membrane, طبلة الأذن . غشاء طبلة الأُذن

tym'panum, *n.* طبلة الأُذن . الأُذن المتوسطة

tupp'ẹnny, *a.* = twopenny

tȳpe, *n.* صِنف . نُموذَج . نَمَط . ضَرب . مِثال = طَبع . طَبقة . حرف مَطبَعي . مَجْمُوع الصفات الدالة على الصنف

tȳpe, *v.* طَبَع (على الآلة الكاتبة)

tȳpe'wrīte [-prīt], *v.* (-wrote, -written, -writing) طَبَع على الآلة الكاتبة

tȳpe'wrītẹr [-prīt-], *n.* آلة طابعة (أو) كاتبة

tȳpe'wrīting, *n.* طِباعة بالآلة الكاتبة

tȳpe'writtẹn, *a.* مطبوع بالآلة الكاتبة

tȳph'oid, *n.* حُمَّى التيفوئيد . مرض التيفوئيد

tȳph'oid, *a.* مُتَعَلِّق بالتفوئيد (أو) بِحُمَّاها

typhoid fever, حُمَّى التيفوئيد

tȳphōōn', *n.* اعصار (وخصوصاً في بحر الصين) . عاصفة عاتِية

tȳph'us, *n.* حُمَّى التَّيفُس

typ'ical, *a.* مِثالٌ (لِ) . نَمَطِي . مِثالي . طِبْقِي . مَعهود . نَموذج كامل (عن) . مخصوص . مختص

typ'ically, *ad.* من نَمَطِهِ (أو) طَبيعته . عادةً

typ'ifȳ, *v.* (-fied, -fying) كان نَموذجاً (لِ) . مَثَّل . رَمَز (إلى)

tȳp'ist, *n.* طابِع على الآلة الكاتبة

tyrann'ic(al), *a.* مُتَجَبِّر . عاتٍ . غَشُوم . استبدادي

ty'rannīze, *v.* حَكَمَ بالظلم . تحكَّم . تَغَشَّم

ty'rannous, *a.* ظالِم . مُتحكِّم . مُتَغَشِّم

ty'ranny, *n.* ظُلم . غَشْم . عَسْف . عُتُوّ . حكم غاشم (أو) مُطلَق

tȳr'ant, *n.* حاكم مُطلَق . حاكم ظالم . طاغِيـة . جَبَّار . صَعب = طائر صغير جريء

Tȳre, *n.* (مدينة) صور (في لبنان)

tȳre, *n.* = tire

tȳr'ō, *n.*; *pl.* -ros مُبتدِئ = رَيِّض

tzâr [zâr], *n.* = czar قيصر (روسيا)

tzârī'na [zârīna], *n.* = czarina قَيصرة (روسيا)

U

U, u [yōō], *n.*; *pl.* U's, u's الحرف الحادي والعشرون

ūbi'quitous [-kwit-], *a.* موجود في كل مكان (في وقت واحد) . عمومي الوجود

ūbiq'uity [-bikw-], *n.* الوجود في كل مكان (في وقت واحد) . عمومية الوجود

U'-bōat [ūbot], *n.* غوّاصة (حربية) ألمانية

udd'ẹr, *n.* ضَرْع (البقرة أو الشاة) = ثَدْي . خِلْف (الناقة) . ضَرّة (لجميع الحيوانات ذوات الدَّرّ)

ugh [uh, ũkh, ụ], *int.* أُفّ ! آه !

uġ'lifȳ, *v.* (-fied, -fying) شَنَّع . قَبَّح . بَشَّع . شَوَّه . سَمَّج

uġ'liness, *n.* بَشاعة . شَناعة . قَباحة (أو) دَمامة الخَلْق . سَماجة . فَعلة سَمِجة

uġ'ly, *a.* (-ier, -iest) بَشِع . شَنيع . قَبيح . ذَميم . دَميم . مُخطِر . فَظّ = قَبيح

ugly duckling, شخص قبيح في أوله يكون حسناً من بعد

ūkāse', *n.* مرسوم . فِرْمان (أو مَرسومٌ) قَيصري (في روسيا)

ūkele'le, *n.* = ukulele

ūkule'lē [-lāli], *n.* قِيثارة بأربعة أوتار

ul'cẹr, *n.* قَرْح . قَرْحَة . مَفسَدة = دَغَل

ul'cẹrāte, *v.* تَقَرَّح

ul'cẹrous, *a.* مُتَقَرِّح . فيه قَرْح . مُفسِد

ū'lẹmâ, *n. pl.* (جماعة) علماء الدين الاسلامي

ul'na, *n.*; *pl.* -nae [-nē], -nas عظم الزَّند في ساعد اليد = أَسَلَة (وهي مما يلي الخِنصر)

ul'stẹr, *n.* مِعطَف واسع طويل ثقيل

ult., = ultimo

ultēr'ior, *a.* خَفِيّ . مُستَتِر . مُضمَر . بَعيد . أَبعد . باطِن . وراءَ الظاهر

ul'timate [-it], *a., n.* أبعدُ ما يكون . أخير . نهائي . مُنتَهى . أُسّي = أساسي . مآلي . آخِر ما يَنتهي إليه الأمر . في آخِر الأمر . حاسم . أعظم ما يكون . مَصير . صَيّور(ة)

ul'timately [-tl-], *ad.* آخِرًا . في النهاية . في آخرِ الأمر . (ومَصير هذا الأمر . . .)

ultimāt'um, *n.; pl.* -tums *or* -ta إنذار (أو) بلاغ نهائي . عَرْض نهائي . إيذان نهائي

ul'timō, *ad.* من (أو في) الشهر الماضي (أو) السابق

ul'tra-, *pref.* داخِلة على الكلمة بمعنى : فوق، وراء، بزيادة، بإغراق، أبعد

ul'tra, *a., n.* مُشتَطّ . مُفرِط . مُتَطَرِّف . متجاوز الحد (إلى درجة التعصّب) . شخص مُغرِق في تَطرُّفه . مُجاوِز

ultramarīne', *a., n.* لازوردي اللون . أزرق مُشبَع . دِهان (أو) صبغ مصنوع من مسحوق اللازورد . وراء البحر

ultramod'ẹrn, *a.* عَصْرِي مُتطرِّف (أو) مُتجاوِز . مُصلِح مُتطرِّف

ultramun'dāne, *a.* وراءَ العالم (أو) الشمس . من الحياة الأُخرى

ultrason'ic, *a.* فوق حدّ السمع (في الذبذبات الصوتية)

ultra-vī'olēt, *a.* وراء البنفسجي . فوق (أو) وراء البنفسجي (في الطيف الشمسي)

ūl'ūlāte, *v.* وَعْوَع . نعَب (البوم) . أعول . وَلْوَل . عَوَى

Umayy'ad [ụ-], *n., a.* أُمَوِيّ

um'bẹl, *n.* [كُنْفُوشَة] = كُنْفُوجَة = مجموعة زهرية مُتلازة على هيئة المظلّة المستوية

um'bẹr, *n., a.* صبغ بُنّي اللون (أو) بني أحمر من نوع من التراب . بني (أو) بني أحمر . بلون الكهرمان . كَهرَباء

umbil'ical [*or* -īk-], *a.* خاص بالسُرَّة .

— cord, سُرّ = حبل السرة

umbilic'us, *n.; pl.* -lici [-sī], سُرَّة . ثُفروق (البزرة) . نقرة = نُكتة في ظهر النَّواة

um'bra, *n.; pl.* -rae (-ri) ظِلّ

um'brage [-ij], *n.* استياء . حِفظة (أو) غضب بسبب إهانة

to take —, تكدَّر . استاء = احتفظ = [زَعِل]

umbrāge'ous [-jẹs], *a.* ظليل . سريع الحفظة (أو) الغضب إذا شعر بشيء من الإهانة (أو) الإساءة . سريع إساءة الظن

umbrell'a, *n.* شَمْسِيَّة . مِظَلَّة . كانِفة جَوِّية (لحماية الجنود على الأرض) = ظِلالة . ظُلَّة . عالَة = مظلة من المطر

um'pīre, *n.* حَكَم (أو) مُحكَّم (في لعبٍ أو خصومة)

um'pīre, *v.* كان حَكَمًا (أو) مُحكَّمًا

un-, *pref.* داخلة على أول الفعل (أو) غيره بمعنى لا (أو) غير – للنفي

unabashed' [-shd], *a.* لا يَخجَل . لا يستحي . لا يَحتشم . مُستهتِر . لا يُبالي . لا يَندَى له جبين

unabāt'ēd, *a.* مُكتمِل . غير مَنقوص . وافِر . تامّ . بكامل الشدة (أو) القوة

unā'ble, *a.* غير قادر . عاجز . غير كُفْء .

unabridged' [-jd], *a.* غير مُختصَر . كامِل . تام . غير مُقتضَب

unaccent'ēd [-ks-], *a.* غير مُشدَّد (أو) مُفخَّم . غير مَنبور

unaccep´table [-ks-], *a.* غير مَقبول . مَردود . مَرفوض . غير مُرضٍ

unaccomm´odāting, *a.* غير مُلاين (أو) مُسامِح (أو) مُهاوِد . مُتَشدِّد في موقفه . مُتَصلِّب

unaccom´panied [-kumpanid], *a.* غير مصحوب . منفرد . وحده . بدون مصاحبة موسيقية

unaccom´plished [-sht], *a.* غير مُنجَز (أو) مُكَمَّل . تنقصه الكمالات

unaccount´able, *a.* لا تعليل (أو) تفسير له . غير مسئول . لا يُعَلَّل

unaccount´ably, *ad.* بما لا تفسيرَ له . بلا داعٍ . يدعو إلى الغَرابة

unaccountēd for, مَجهول المصير . غير مُعلَّل (أو) مُفسَّر . لا يُعرَف عن مَصيرِه شيء (أو) عمّا جرى له

unaccred´itēd, *a.* غير مُصَدَّق . غير مُعتَمَد . غير مأذون (أو) مُخوَّل

unaccus´tomed [-tumd], *a.* غير مُعتَاد . غير مَعهود

unacknowl´edged [-knol-jd], *a.* غير مُعتَرَف به . غير مُعتَرَف بتسلُّمه . مَنكُور

unacquaint´ēd [-kw-], *a.* غير عارف (أو) مُتعَرِّف (بِ) . ليس لديه عِلم (أو) اطلاع (أو) دِراية (بِ)

unadôrned´ [-nd], *a.* عاطِل = غير مُزيَّن . غير مُنَمَّق . بسيط الهيئة

unadulterā´tēd, *a.* خالٍ من الغُش . غير مَغشُوش . خالِص = حُرّ . نقي . صافٍ

unadvīs´able, *a.* لا يُنصَح به . غير مَحمود . أخرق . غير حكيم

unadvīsed´ [-zd], *a.* أخرق . مُتهوِّر . أَرْعَن . بدون تَبَصُّر

unadvīs´ēdly, *ad.* بدون تَعَقُّل . بدون تبصّر (أو) تحفظ . بتهوُّر

unaffec´tēd, *a.* لم تَتحرك نفسُه . على حاله لم يتغير . غير متأثِّر (بِ) . لم يَمسَّ بشيء

unaffec´tēd, *a.* على سَجيتِه . طبيعي . صادِق . بَسيط وطَبيعي . غير مُتَصَنِّع (أو) مُدَّعي . مُخلِص

unaid´ēd, *a.* بدون استعانة (أو) مساعَدة . بدون مُعين . بدون أن يستعين بشيء (أو) يساعده أحد

unalloyed´ [-loyd], *a.* غير مخلوط . غير مَشوب بشائبة

unal´tẹrable [unôl-], *a.* ثابت على حاله = لا يتَبَدَّل . لا يقبل التبديل (أو) التغيير . لا يتحوّل

unal´tẹred [unôltẹrd], *a.* لم يتبدَّل . باقٍ كما هو (بلا تغيير) . غير مُتَبدِّل (أو) مُتغيِّر . لم يتحوّل

unambig´ūous, *a.* غير مُبهَم (أو) مُلتَبِس . صَريح . واضِح . لا لَبس فيه ولا إبهام

un-Amẹr´ican, *a.* غير أمريكي . مُناصِب للولايات المتحدة ومصلحتها (أو) خطَر عليها

ūnanim´ity, *n.* اتفاق (تامّ) . إجماع = إطباق . اتحاد الكلمة (أو) الرأي . وحدة الرأي

ūnan´imous, *a.* مُتَفَق عليه (إجماعياً) . إجماعي . مُجمَع عليه . مُتَّحِد الكلمة (أو) الرأي . ذو كلمة (أو) رأي واحد

ūnan´imously, *ad.* بالإجماع . بدون خِلاف

unan'swerable [-sęr-], *a.* ليس له جَواب . لا يُدْحَض . قاطِع . مُفحِم

unappeased' [-zd], *a.* غير مُهدّأ . غير راضٍ . غير مُكتَفٍ

unapp'etīzing, *a.* لا تشتهيه النفس . تعزف عنه النفس . غير مُرَغِّب

unapprōach'able [-rōch-], *a.* نائي الجانب . مُتباعِد . حُوشي . مُنحاش . بعيد . يتعذَّر (أو) يصعُب الاقتراب منه (أو) الوصول إليه . لا يدانيه شيء . لا نظيرَ له

unârm', *v.* جَرَّد من السلاح . تجَرَّد من السلاح

unârmed' [-md], *a.* غير مُسلَّح = أعزَل . غير مُعَدَّد . مُجَرَّد من وسائط الدفاع (كالنبات بدون شوك مثلًا)

unashāmed' [-md], *a.* لا يخجل . عديم الحياء

unâsked' [-kt], *a.* غير مَدْعُوّ . غير مطلوب إليه . لم يُسأل . مُتطفِّل

unassūm'ing, *a.* مُتَواضِع . غير مُدَّعٍ (أو) مُتَفايش . مُحتَشِم . غير مُتطاول

unattached' [-cht], *a.* غير مَحجوز . غير مُلتَحِق . غير مُنتَمٍ = سَريح . غير مشغول = خالٍ (كالرجل بدون خِطبة أو زواج) . غير مرتَبِط

unattain'able, *a.* مُتَعَذِّر . بعيدُ المنال . لا يُدْرَك . لا يُنَال . لا يُبْلَغ

unattend'ĕd, *a.* ليس معه (في خدمته) أَحَد . وَحْدَه . غيرُ مصحوب (أو) بدون رفيق . متروك بدون رعايةٍ (أو) تعهّد = هَمَل = سُدىً

unattract'ive, *a.* غير مُشَوِّق . غير جَذَّاب . غير رائقٍ للنظر . مُنفِّر

unauth'orīsed [-zd], *a.* غير مُخوَّل . غير مأذونٍ به (أو) له . غيرُ مَسموحٍ به

unavail'able, *a.* ليس في متناوَل اليد . يتعذر الحصول عليه . غير مَيسور . غير موجود . غير حاضِر . مُتَعَذِّر

unavail'ing, *a.* لا يُغني . لا يُجدِي (نَفعًا) . لا يَنفَع . عَبَث . خاسِر

unavenged' [-jd], *a.* لم يُنتَقم له . لم يؤخَذ بثأره . لم يُثأَر به = مَطلول

unavoid'able, *a.* لا مَندوحةَ عنه . لا مَناصَ منه . لا بُدَّ منه . حَتميّ . مَحتوم

unavoid'ably, *ad.* بما لا مناصَ منه . حَتمًا . بما لا بُدَّ منه

unawāre', *a(d).* غافِل . غيرُ دارٍ (بِ) . غارّ . غير فاطِن . ساهٍ . على غِرّة

unawāres' [-rz], *ad.* عن غير علمٍ . على غِرَّة (أو) غَفلة . مُفاجأةً . إختتالًا

unbal'anced [-nst], *a.* غير مُتَّزِن . مُختَلّ . غير متوازن (أو) مُتعادِل

unbâr', *v.* (-rred, -rring) فَتَح . فَتَح الرِّتاج (أو) المِزْلاج . فتَح دِرْباس الباب

unbear'able [-bār-], *a.* لا يُحمَل . لا يُطاق . لا يُحتَمل . باهِظ . لا يُستطاع

unbeat'ęn, *a.* غير مَغلُوب . غير مَطروق . لا يمتاز عليه شيء . لا يَفُوقه أحد

unbēcom'ing [-kum-], *a.* مُخِلّ بحسن الهيئة . لا يَليق . لا يَجمُل . قبيح (بِ) . مُخلّ بالأدب

unbēlief', *n.* عدم الإيمان . كُفر . عدم تصديق . جَحد

unbēliev'able, *a.* لا يكاد يُصدَّق . لا يُصدَّق . غريب جدًا حتى لا يُصدَّق

unbĕliev'ably, *ad.* بما لا يُصدَّق . بما لا يمكن تَصديقه

unbĕliev'ẹr, *n.* غير مؤمن . كافر . شَكّاك

unbĕliev'ing, *a.* ظَنّان . غير مُصدِّق (أو) مُؤمِن . مُتَشكِّك . كافِر . جاحِد

unbend', *v.* (-bent *or* -bended, -bending) تَبَسَّط = ترك الاحتشام . تَطَلَّق . قَوَّم (حتى صار مستقيماً) . أَرخى . حَلَّ . فَرَّج (عن) . تَحَلَّل . استرخى . استأنَس

unbend'ing, *a.*, *n.* جامِد . مُتصلِّب . عَنيد . لا ينثني عن مراده = مُصمِّم . مُسترخٍ . مُتبسِّط

unbent', *a.* غير مَحني . غير مُطأطِئ . مَرخي . غير مُذَلَّل (أو) مُنكَّس الرأس

unbī'as(s)ed [-st], *a.* ليس له هَوىً . لا يُحابي . غير مُتحامِل . مُحايد

unbid'dẹn, *a.* غير مَأمور . غير مَدعُوّ . مُتطفِّل = واغِل . عَفوي

unbīnd', *v.* (-bound, -binding) حَلَّ . سَرَّح . أَطلَق . فَكَّ . أَرخى

unblem'ished [-sht], *a.* لا عَيبَ فيه . خالٍ من الشَّيْن . نقي . طاهر الذيل . نَقي العِرْض

unblessed, *a.* = unblest

unblest', *a.* غير مُبارَك . محروم من البركة . مُنكَر . شقي . مَلعون . غير مُقدَّس

unblush'ing, *a.* قليل (أو) عديم الحياء . وَقاحُ الوجه . لا يَخجل . مَجِعة (للمرأة) . غير مُحتَشِم

unbōlt', *v.* فَتَح . فَتَح مِزْلاج (أو) دُقْرة الباب

unbōlt'ĕd, *a.* مفتوح . غير مُتَرَّس (أو) مُدقَّر . غير مَنخول . خَشِن

unbôrn', *a.* لم يُولَد (أو) يُخلَق (بعدُ) . آتٍ (بعدُ) . مُستَقبَل

unbos'om [-bụz-], *v.* باح بما في نفسِه . كاشَف . باثّ . أَسَرَّ

to — himself, أَسَرَّ (إلى) . باح بما في نفسِه (أو) بمكنونها . فَرَّج عن عن نفسه بالإفضاء بسِرِّه

unbound', *a.* غير مربوط = مَحلول . غير مُجلَّد

unbound', *v.*; *p.*, *pp.* *of* unbind

unbound'ĕd, *a.* لا حدَّ له . شاسع . غير محصور . لا يَنفَد . غير مُقيَّد (أو) محدود (أو) مُتناهٍ

unbowed' [-bowd], *a.* غير مُنكَّس الرأس . غير مَحني (الرأس) . غير مَقهور . مُمتنِع . لا يزال يقاوم

unbrī'dled [-ld], *a.* غير مَضبوط . غير مَلجُوم . غير مَشكوم . جامِح . متهتك

unbrōk'ẹn, *a.* سَليم . غير مكسور . صَحيح . غير منقطع = متواصل . غير مروَّض (أو) مُطبَّع . غير مَفضُوض (أو) مُنتَهَك . غير مُخضَع (أو) مَقهور . غير مَفلول (كالجيش) . غير مُذَلَّل

unbuck'le, *v.* حَلَّ (أو) فَكَّ الإبزيم . فَكَّ

unbuilt' [-bilt], *a.* غير مَبنيّ عليه . غير مَبنيّ (بعد) . (أرض) بَراح

unbur'dẹn, *v.* حَطَّ الحِملَ . أَراح (نفسه) من عِبء . مَذِل بالسرّ فباح به . فَرَّج عن نفسه بالكشف عن سريرته = بَثَّ

unbus'inĕsslīke [-biz-], *a.* غير نشيط (أو) مُبادِر . مُتهاوِن . ليس على الأصول (أو) النظام في المعاملات

unbut'ton, *v.* حلَّ (أو) فَكَّ الزِّر (أو) الأزرار . استرخى . أرخى البدنَ

uncalled´ [-kôld], *a.* غير مُستَدعى . غير مَدعُوّ . غير مُنادَى . غير مَطلوب

— for, لا مُوجِبَ (أو) داعِيَ له . نابٍ . عن تطفُّل (أو) فُضول . فُضُولي

uncann´y, *a.* (-cannier, -canniest) يُدخِل الوحشة في النفس . غريبٌ غامض (أو) مريع . غامِض مُوحِش . عَبقري . غير معهود . فوق مُستَطاع البشر

uncanon´ic(al), *a.* منافٍ للقانون الكنسي . غير معترف به من الكتب المقدّسة . لا يليق بقسيس

uncāred´-fôr [-kārd], *a.* غير مُتَعَهَّد . متروك بدون رِعاية . مُهمَل

unceas´ing, *a.* لا يَنقَطِع . مُتواصِل . دائم

unceas´ingly, *ad.* بلا انقطاع . على الدوام

unceremō´nious, *a.* مُتَبَذِّل . بدون تكلُّف (أو) رَسميّات . بدون لياقة (أو) احتشام . جافٍ

uncer´tain [-tin], *a.* مَجهول . مُحتار . غير مُتَيقِّن . في شَكٍّ . في شبهةٍ (أو) إشكال . غير ثابت . مُقلقِل . لا يوقَف له على حال . مشكوكٌ فيه . مُبهَم . غير مأمون الحدوث . غير مأمون

uncer´tainty [-tin-], *n.* إبهام . عدم تَيقُّن = غُمَّة = حَيرة وشُبهة . إشكال . كونه غير مأمون . أمر مجهول (أو) غير مأمون (حدوثه) . تردُّد

unchain´, *v.* فَكَّ (أو) حَلَّ القَيدَ . فَكَّ . أطلق (سَراحه) . أعتق (العبدَ)

unchāng´eable [-jabl], *a.* لا يتغيّر . لا يقبل التغيير . لا يتحوّل . لا يَتَبدّل

unchān´ged [-jd], *a.* لم يتَغيَّر . على حاله . كما هو . كما كان

unchāng´ing, *a.* لا يَتَغيّر . لا يتَبَدّل . ثابت على حاله

unchar´itable, *a.* جافٍ . قاسٍ (في حكمه) . غير كريم النفس . ظَنّان بالسوء . لا يعامل بالحسنى . لا يُغضي عن هفوات الغير . عَيّاب . جائر

unchâr´tĕd, *a.* أعمه = ليس له خَريطة . لا يُعرَف مكانُه على الخريطة . مَجهَل . مَجهولة . أغطش . غير مُكتشف

unchāste´, *a.* عاهر (أو) عاهِرة . فاسِق . غير عَفيف (أو) عَفيفة . غير مُحصَن (أو) محصَنة

unchecked´ [-kt], *a.* لا يَردَعُه رادع . غير مَزجور . غير محدود . غير مُدقَّق

unchris´tian [-k-chẹn], *a.* غير مسيحي . لا يليق بالمسيحي . منافٍ للمبادئ المسيحية

unchurch´, *v.* أخرج مِن حظيرة الإيمان . حَرَم من شركة المؤمنين

uncir´cumcīṡed [-zd], *a.* أغرل = أقلف = غير مختون . كافر . وَثني

unciv´il, *a.* غير أديب . فَظٌّ . غليظ

unciv´ilīzed [-zd], *a.* غير متمدن . بربري . وحشي

unclaimed´ [-md], *a.* متروك بدون مطالبة . لم يطالِب به أحد

unclâsp´, *v.* فك القبضة . فَكَّ . حَلَّ (أو) فك المِشبَك . إنحل

unclass´ifīed [-fīd], *a.* لا يَدخُل في صنف من الأصناف . غير مُصَنَّف

un´cle, *n.* عمّ . خال . زوج العمّة (أو) الخالة

unclean´, *a.* غير طاهر (دينياً) . مُحرَّم . وَسِخ . دَنس (الأخلاق) = داعِر . عاهِر . فُحشي . أُهِلّ لِغَير الله

unclean′ly, *a.* بدون تنظيف (أو) نَظافة

unclean′ly [-klen-], *a.* وَسِخ . قَذِر . دَنِس

Uncle Sam, العم سام (كناية عن الولايات المتحدة) حكومةً (أو) شعباً

unclōak′ [-ōk], *v.* جَرَّد من العباءة . فَضَح . أزال القِناع (عن)

unclōse′, *v.* فَتَح . كَشَف . انفتح

unclōthe′, *v.* عَرى . جَرَّد من الثياب . كشف الغطاء (عن)

unclōthed′ [-thd], *a.* عارٍ . مُجَرَّد

uncloud′ēd, *a.* صافي الأديم = صَحو . غير مضطرب (أو) معكَّر . مُصحٍ = صاحٍ

uncoil′, *v.* حَلَّ (الشيءَ المَلفوف) . انتشط = انحَلَّ

uncome-at′-able [-kumatabl], *a.* لا تَصل إليه اليد . لا يوصَل إليه . مُتَعَذِّر

uncom′fortable [-kum-], *a.* مُحرِج . غير مُريح . مُتعِب . قَلِق . غير مُستَريح (البال) . مُتَضايِق . مُزعِج . مُرتَبِك (حياءً)

uncommitt′ēd, *a.* غير مَفعول . غير مُقتَرَف (أو) مُرتكَب . غير مُلتَزِم (بوعد أو بعهد) . غير مُلزَم . غير مُحال إلى لجنة

uncomm′on, *a.* عَزيز = نادر . غير مَعهود (أو) شائع . نابِه = فاذّ

uncomm′only, *ad.* نادرًا . على غير المعهود . على الخُصوص . بصورة بارزة (أو) فَذّة

uncommū′nicātive, *a.* مُتَكَتِّم . مُتَحَوِّش = مُعتَزِل لا يكلم الناس

uncomplain′ing, *a.* لا يتشكّى . لا يتضجَّر . صابر

uncom′promīsing, *a.* لا يَتَسَمَّح . لا يُساهل . لا يَستَلين . لا يُهاوِد . مُتَشَدِّد . مُعاسِر . لا هَوادةَ عنده

unconcern′, *n.* عدم اكتراث (أو) اهتمام (أو) مبالاة . بُرود الطبع . خلوّ البال

unconcerned′ [-nd], *a.* غير مكترِث (أو) مُبالٍ (أو) مُهتَمّ . لا يَعنيه الأمر

uncondit′ional [-shẹn-], *a.* بدون شرطٍ (أو) شروط . بلا قَيدٍ . غير مَشروط فيه . مُطلَق

uncondit′ionally, *ad.* بلا شرط . بلا قيد . إطلاقاً

unconfīned′ [-nd], *a.* غير مَحدود . طَليق . غير مَحجوز

unconfirmed′ [-md], *a.* غير مُؤَكَّد . غير مُثبَت

unconnec′tēd, *a.* مُنفَصِل . مُنقَطِع . لا صلةَ له . غير مترابط . غير متماسِك . مُفَكَّك

uncon′quẹrable [-kẹrabl], *a.* لا يمكن التغلُّب عليه (أو) قَهرُه . لا يُفتَح (كالبلاد) . مَنيع . لا يُستَذَلّ

uncon′quẹred [-kẹrd], *a.* غير مَغلوب . غير مفتوح

uncon′scious [-shẹs], *a.* فاقد الحِسّ . غير شاعرٍ (أو) دارٍ . غير مَقصود

uncon′scious, *n.* العَقلُ الباطِن

uncon′sciously, *ad.* عن غير إحساس (أو) دراية . عن غير قصد

uncon′sciousness, *n.* عدم الشعور . ذهاب (أو) فِقدان الحس . غَيبوبة حِسّية . إغماء

unconstitū′tional [-shẹn-], *a.* ضد الدستور . غير دستوري

unconstrained′ [-nd], *a.* طَوْعي . بدون إكراه (أو) قسر . بدون تحرُّج . مُستأنِس

uncontrōll′able, *a.* لا يمكن ضَبطه (أو) السيطرة عليه (أو) التحكم به

uncontrōlled′ [-ld], *a.* غير مُسيطر عليه . غير مُتمالِك (أو) مَضبوط . غير مَزجور . جامح . طَليق

unconven′tional [-shẹn-], *a.* خارج عن العُرف (أو) العادة العامة . مُبتَدَع . مُتحلِّل . نابٍ

uncooked′ [-kd], *a.* غير مَطبوخ

uncō-op′ẹrative [-kō-op-], *a.* غير مُتعاون . لا يريد التعاون . مُعارِض

uncôrk′, *v.* نَزَع الفلّينة (أو) السِداد

uncorrec′tēd, *a.* غير مُصحَّح (أو) مُنقَّح . غير مُؤدَّب (أو) مُطوَّع

uncount′ēd, *a.* غير مَعدود . لم يدخل في التعداد . لا يُعَد . لا يُحصى

uncoup′le [-kup-], *v.* فكَّ . فصل . حلَّ . فرَّق

uncour′tēous [-ker-], *a.* جافٍ . غير أديب . غير لطيف (في المعاملة) . سيئ الأدب

uncouth′ [-kōōth], *a.* جافي الطبع (أو) الأخلاق . فيه جلافة . فَظٌّ . سَمِج . مُستهجَن . أخرَق

uncov′ẹr [-kuv-], *v.* رَفع الغطاء (عن) . كَشَف . أظهر . فَضح . حَسر (عن رأسه) . أشغَر = ترك بدون حماية

uncrēā′tēd, *a.* غير مخلوق . أزَلي . لم يُخلَق بعد

unc′tion, *n.* دَهن (لغرض طبي أو ديني) . مَسحة مُقدَّسة . دُهون . مَروخ . مَرهم . بَلسم . مُلاطفة . مُماسَحة . حماسة . رَغبة وجِدّ (باصطناع) . مُداهَنة

extreme —, المَسح المقدَّس (بالزيت) قُبَيل الموت

unc′tūous, *a.* دُهني . زَيتي . خَلّاب . فيه مُماسَحة . بحماسة (أو) إقبال (باصطناع) . حُلو اللسان مُماسِح . لَيِّن مُمالِس . أملَس الكلام . مُداهِن

uncul′tivātēd, *n.* غير مفلوح (أو) مَزروع . بَرِّي . غير مُنتَج . بائر (أو) مُعطَّل (كالأرض) . غير مُهذَّب . غير مُتمدِّن

uncul′tured [-chẹrd], *a.* غير مُثقَّف . غير مُفتلَح

uncurl′, *v.* بَسط . نَشَر . مَهَّد تجعيده

uncut′, *a.* غير مقطوع ولا مَصقول . غير مقطوع . غير مَقصوص . غير مَنقوص (أو) مُختَصَر

undaunt′ēd, *a.* غير هائب . غير خائف (أو) فَشِل . رابط الجأش . غير متخاذِل . باسِل . لا يَصُدّه شيء

undēceive′, *v.* كشف له الحقيقة . أزال انخداعه . بصَّر

undēcīd′ēd, *a.* غير مُقرَّر (أو) مَبتوت . غير مُقرِّر (الرأي أو العزم) . غير مقطوع (فيه) . غير قاطع (فيه) . متردِّد . في رَيب

undēclāred′ [-rd], *a.* غير مُعلَن . مَكتوم

undēfīled′ [-ld], *a.* طاهر . نقي . غير مُنجَّس . غير مُلوَّث

undēfīned′ [-nd], *a.* غير مُعرَّف . غير مُبيَّن . مُبهم

undēnī´able, *a.* لا خِلاف (أو) لا نِزاعَ (فيه) . لا يُنْكَر . مُسَلَّم به . جَيِّد حقًّا . جَيِّد جِدًّا

undēnī´ably, *ad.* بلا خِلافٍ . لا سبيلَ إلى إنكاره . حقًّا

undēnominā´tional [-shẹn-], *a.* غير طائفي . غير مِلّي

un´dẹr, *prp.* تحت . أسفل . دونَ . أقلّ . قَيْدَ . في جملة . على . تحت (حُكم) . بحسب . في . على يدِ . في عَهد

— age, قاصِر (دون البلوغ)

— cover of ..., تحت سِتار . . .

un´dẹr, *ad.* إلى تحت . سُفلًا . وما دون ذلك

to go —, أخفق . غَرِق . غُلِب (على أمره) . طاح

to keep —, خَضَّع . كَبَت . أخمد . خسَفَ = سام خسفًا

un´dẹr, *a.* أسفل . سُفلى . تحتاني . دُون . أحطّ (أو) أقل (مرتبةً أو درجةً)

un´dẹr —, *pref.* تحت . في أسفل

un´dẹrârm, *a(d).* والذراع تحت مستوى الكتف . تحت الإبط . من الإبط إلى الخَصْر

un´dẹrbelly, *n.* أسفل البطن . أضعف مَوضع . مَقتَل

undẹrbid´, *v.* (-bid, -bidding) سام بسعرٍ أقلّ (من . . .) . ناقَص

un´dẹrbrush, *n.* هَشير = نباتات صغيرة تكون بين الأشجار (أو) تحتها في الغابة

un´dẹrcarriage [-rij], *n.* مَحمَلة الطائرة وهي مجموعة الدواليب التي تدرج عليها الطائرة

un´dẹrchârge, *v., n.* طلب سِعرًا أقلّ . حَشا البندقية بأقل مما يجب

un´dẹrclōṭhėṡ [-ṭhz], *n. pl.* ألبسة تحتانية . ألبسة شِعارِيّة

undẹrcov´ẹr [-kuv-], *a.* بالخفية . مُستَتِر . مُتكَمِّن

un´dẹrcurrẹnt, *n.* تيّار باطني (أو) تحتاني (أو) مُستَتِر . تيّار مَستور مُخالِف لما في الظاهر (في الرأي العام مثلًا)

un´dẹrcut, *v.* (-cut, -cutting) قطع من الأسفل . باع بأسعار أرخص من غيره . عمل بأجر أقلّ . ضارَب (في الأسعار)

un´dẹrdō̃, *v.* (-did, -done, -doing) لم يُنعِم العملَ (أو) الطبخ (أو) الشي = لَهوَج = لم يبالغ فيه = رَمَّذ

un´dẹrdog, *n.* مُستَضعَف

un´dẹrdone [-dun], *a.* لم يُنعم طبخه (أو) شَيُّه . لم يبالَغ في طَبخه (أو) إنضاجه . مُلَهوَج . مُنيًّأ . مُرمَّذ . مُضهَب

undẹrdēvel´oped [-pd], *a.* ناقص العمران . ناقص النمو العقلي (أو) الجسمي

undẹres´timāte, *v.* حطّ (أو) قلّل من قيمته (أو) أهميته (أو) مِقدارِه . استهان . استخسّ

undẹrest´imate [-it], *n.* تَقدير مَخسوس . تقدير أقلّ مما يجب

un´dẹrfed, *a.* ناقِص التغذية . سيّئ التغذية = مُقَرقَم

un´dẹrfeed, *v.* (-fed, -feeding) نقص التغذية . أساء التغذية = قَرقَم

undẹrfoot´, *ad.* تحت القدَم (أو) الأقدام . على الأرض . مَرفوس

un′dẹrġârmẹnt, *n.* ثوب (أو) لباس تحتـاني

undẹrġō′, *v.* (-went, -gone, -going) جَرَى (عليه) . مَرَّ (في) . أُجري (له أو عليه) . اعترى . أُصيب (بِ) . عانى . خَبَر . تحمّل . خضع . تعرَّض (لِ)

undẹrġone′ [-on], *v., pp. of* undergo

undẹrġrad′ūate [-ūit], *n.* مُرَشَّحُ خِرّيج . طالب جامعي (قبل التخرّج)= طالب مُقبل

undẹrġradūette′ [-et], *n.* مُرَشَّحة خِرّيجة . طالبة جامعية (دون التخرج)

un′dẹrġround, *n.* مكان (أو) فضاء تحت سطح الأرض . سَرَب . طريق حديدي تحت سطح الأرض = طريق السَرَب . قطار السَرَب . حركة المقاومة السرية

un′dẹrġround, *a.* تحت سطح الأرض . سِرّي . مُستتِر . مُنقَبِع . مُتكمِّن

— movement, حركة المقاومة السرية

— railway, سَرَب . خط حديدي تحت سطح الأرض

undẹrġround′, *ad.* تحت سطح الأرض . خِفيةً . إستسرارًا

to go —, استسرَّ . انسرب . اكتمن . إندَمَس . انقبع

un′dẹrġrōwn [-rōn], *a.* كادي (أو) ناقص النمو . مجدوع . مُقرقَم

un′dẹrġrōwth [-rōth], *n.* هَشير (أو) هَيْشَر = جَنبات وشُجَيْرات تنمو تحت الأشجار (أو) بينها في الغابة

un′dẹrhand, *a.* ماكِر . خادِع . سِرّي . ختـلي . مكري . [تحتاني .] [من تحت إلى تحت]

undẹrhand′, *ad.* خِداعًا . خِفيةً . مُخاتَلَةً . مُساتَرَة . غشًا

undẹrhan′dẽd, *a.* بِختـل . بمكر . بتنمّس . مُتنمِّس

un′dẹrhung, *a.* أقْعَم = الفك الأسفل بارزٌ (أو) ناتئٌ عن الأعلى

un′dẹrlaid, *v., pp. of* underlay

un′dẹrlain, *v., pp. of* underlie

undẹrlay′, *v.* (-laid, -laying) دَعَم من تحته بشيء . بطّن من تحت

un′dẹrlay, *n.* قماش يوضع تحت البساط (أو) الحصير . بطانة تحتانية

undẹrlay′, *v., p. of* underlie

undẹrlī′e, *v.* (-lay, -lain, -lying) كان تحت (أو) مِن وَرَاء . كان أَصلَ (أو) أساسَ شيء ما . تستر . استتر

undẹrlīne′, *v.* رسم (أو) خطّ خطًا (من تحت للإبراز) . أبرز . أكّد

un′dẹrling, *n.* تَبَع . مَأمور . شخص إمَّرٌ = يُؤمَر فيُطيع لخسّته . دُون (مِن الأدوان) . تحت (من التُحوت)

undẹrlȳ′ing, *n.* واقع (أو) كائن (تحت . . .) . أساسي . أصلي . مِن وراءِ الشيء = أساسُه المستتر (يحتاج إلى إمعان نظر لكشفه)

undẹrmanned′ [-nd], *a.* فيه العُمّال (أو) الموظفون (أو) البحّارة دون الكفاية

undẹrmen′tioned [-shẹnd], *a.* مذكور فيما بعد (أو) فيما يلي

undẹrmīne′, *v.* نقب (أو) حَفَر (من تحته) . نقض (أو) قوّض أصلَ (البناء) . نخر الأساسَ . أرثّ = ضعضع . أوهى (أو) هدّ (أو) خرّب (شيئًا فشيئًا بالسرّ)

un'dẹrmōst, *a.* أسفل ما يكون . الأسفل

undẹrneath', *a(d).* تحت . مِنْ تحت

un'dẹrneath, *n.* السطح الأسفل . قعر . أسفل

undẹrneath', *prp.* تحت . أسفل

undẹrnour'ished [-nẹrishd], *a.* سَيِّئ (أو) ناقص التغذية = مُرَمَّق الغذاء

undẹrpaid', *a.* مُرَتَّبه (أو) أجرته دون الكفاية

un'dẹrpâss, *n.* نَفَق مرور تحت طريق (حديدي)

undẹrpay', *v.* (-paid, -paying) دَفَع مرتبًا (أو) أجرة دون الكفاية

undẹrpin', *v.* (-nned, -nning) ظأر . رَكَح = عَمَد (أو) دَعَم أساس البناء بوضع حجارة (أو) غيرها من تحت . دَعَم

undẹrpriv'ilẽged [-jd], *a.* المُحارَف = المَحْدُود = الذي يعيش دون المستوى الاجتماعي وهو خلاف المجدود

undẹrproduc'tion, *n.* نَقْص في (نسبة) الإنتاج . انخفاض في الإنتاج

undẹrrāte', *v.* قلّل من القيمة (أو) الدَّرَجة . وَكَّس . بَخَس . استقلّ

un'dẹrsaddle, *n.* بَرْذَعة = أكاف = حِلْس

undẹrscôre', *v.* رسم (أو) خَطّ خطًّا (من تحت) للإبراز . أبرز . أكّد (أو) شَدّد (على)

undẹrsec'retary [-reteri], *n.* وكيل وزارة . مساعد وزير

undẹrsell', *v.* (-sold, -selling) باع بسعر (أو) أسعارٍ أقلّ من أسعار الغير . باع بسعر أقلّ من القيمة

un'dẹrshirt, *n.* قميص (تحتاني) = شِعار

un'dẹrshot, *a.* أَقْعَم = الفكّ الأسفل متقدم على الفكّ الأعلى . مدفوعٌ بالماء من تحت

un'dẹrsīde, *n.* الجانب الأسفل . السطح الأسفل (أو) التحتاني

undẹrsīgn' [-sīn], *n.* وقّع (في أسفل الصحيفة (أو) المستند)

undẹrsīgned' [-sīnd], *a., n.* الموقّع أدناه . الموقّعون أدناه

un'dẹrsīze(d) [-zd], *a.* دون (أو) أقلّ من الحجم المُعْتاد . قَمِيْ . دون الحجم المطلوب = قَصِيع = كُوتي

un'dẹrsoil, *n.* تربة جَوْفية . تربة تحتانية (تحت وجه الأرض)

undẹrstand', *v.* (-stood, -standing) فَهِم . تَفَهَّم . عَرَف . عَلِمَ . اعْتَقَد . أضمر . مَهَر (في) . استنتج . أدرك . دَرَى . عَطَف (على) . قدّر . فقِه

undẹrstand'able, *a.* يُعقَل . من المعقول . لا غَرْوَ (أنّ)

undẹrstand'ing, *n.* فَهم . مَعرِفة . فَطانة . تَفَاهُم . مُفاد

undẹrstand'ing, *a.* مُدرِك . فاهِم . فَطِن . نبيه . فَهيم . مُقَدِّر

undẹrstāte', *v.* قَلّل من أهميته . أقصر (في الكلام) . تقلّل في القول (بحيث يكون القول دون الحقيقة)

undẹrstāte'ment [-tm-], *n.* إقصار في القول . تقلُّل في القول

undẹrstood', *a.* مَفهوم . مُضْمَر . مُسلَّم بـه . مُقدَّر . متفق عليه (أو) معروف ضِمنًا

un'dẹrstudy, *n., v.* (-died, -dying) نَبَّع = تعلّم دورًا في رواية ليحل محلّ الممثل الأصلي عند الحاجة . تابِعيّ . مُتَتَبِّع

un'dẹrsurface [-fis], *n.* سَطح تحتاني

undẹrtāke', *v.* (-took, -taken, -taking) أخذ على نفسه (أنْ يقومَ بِ . . .) . التزم = تكفّل . وعد (بالقيام بِ . . .) . تعهّد . باشر . تقبّل (العمَلَ) = التزمه . عاهد (على أنْ . . .) . ألزَم نَفْسَه . حاول . ضَمِن

undẹrtāk'ẹn, *a.*, *v.*, *pp. of* undertake

undẹrtāk'ẹr, *n.* مُلتزِم . مُتعهّد جَنّاز (الموتى) . مُجَنِّز

undẹrtāk'ing, *n.* مُهِمّة . التزام . وَعْد . تعهُّد . تجنيز (الأموات) . قَبالة = التزام

un'dẹrtōne, *n.* وَجْس = صوت خافِت (أو) مُنْخَفِض . هَينَمة . لَحْن = فَحْوَى (الكلام) = معاريضه . لون يُسْتَشَفّ (أو) خافِت

undẹrtook', *v.*, *p. of* undertake

un'dẹrtōw [-tō], *n.* تيّار تحتاني من موج يتكسر على الشاطئ يَجُرّ نحو البحر . تيّار راجع (باطني بعكس اتجاه التيار السطحي من موج البحر على الشاطئ)

undẹrval'ūe, *v.* بَخَس القيمة . أعطى قيمةً أقلّ من الحق

un'dẹrwatẹr [-wô-], *a.* تحت الماء . تحت سوية الماء

un'dẹrwear [-wār], *n.* ألبسة تحتانية

un'dẹrweight [-wāt], *a.* أقلّ في الوزن من العيار . وَزْنُه أقلّ مما يجب

undẹrwent', *v.*, *p. of* undergo

un'dẹrwood, *n.* هَيْشَر (أو) هَشير = نباتات تنمو تحت الأشجار في الغابة

un'dẹrworld [-werld], *n.* العالم السُّفْلي . عالم الأرواح . الآخِرة . جَهنّم . عالَم (أو) طبقة السَّفَلَة والمجرمين . طبقة المُجْرمين

undẹrwrīte' [-rīt] *v.* (-wrote, -written, -writing) أمَّن (على السفينة والحمولة ضد الخسارة أو الفقد) . كَتَبَ تحت كتابة أُخرى . وَقَّع (في أسفل الوثيقة) . تكفّل بشراء بقية الأسهم والسندات غير المُباعة . كفل

undēsīgn'ing [dizīn-], *a.* ليس له (أو) فيه مَأرَب (أو) غاية

undēsīr'able, *a.* غير مَزهود فيه . غير مَرْغوب فيه . مُسْتَنْكَر . مَنفور (منه) . مُنفِّر . مَبْذُوء

undēsīr'able, *n.* شيء (أو) شخص غيرُ مرغوب فيه . شَخْص مُدَفَّع لا يُرْغَب فيه في المجتمع

undēter'mined [-mind], *a.* غير مَبتوت . غير مُقرَّر . غير مُحَدَّد . غير قاطِع . غير عازم . متردِّد

undēvel'oped [-pd], *a.* غير مُعَمَّر . غير تامّ النموّ . غير مُسْتَغَلّ (أو) مُنتَج . غير مُنَشّأ (أو) مُنمّى . غامر

undē'viāting, *a.* غير مُنْحرِف (أو) حائد (أو) زائغ . لا يَنْثني . لا يَشِذّ . مُطَّرِد . لا يتبدّل . لا يَحيد

undid', *v.*, *p. of* undo

un'dieṡ [-diz], *n. pl.* ألبسة تحتانية (للنساء أو الأولاد)

undimin'ished [-sht], *a.* غير منقوص . وافِر . على وجه التمام

undis'ciplined [-nd], *a.* غير مُرَوَّض . غير مُدَرَّب . غير مُنْقاد . غير مُطاوِع . مُعاصٍ

undisclō'ṡed [-zd], *a.* لم يُكشَف عنه الستار . مَكتوم

undisġuīṡed' [-ġīzd], *a.* مَكشوف . صريح . بدون مواراة . غير متنكّر . سافِر

undismāyed' [-mād], *a.* غير خائف . غير جازِع (أو) متهيّب

undispūt'ēd, *a.* لا نِزاعَ (أو) جِدالَ فيه . بدون مُنازِع . لا مِريَةَ فيه

undistinġ'uishable [-wish-], *a.* لا يمكن تَمييزُه (أو) تَبيينُه (عن غيره) . مبهم . مُلتَبِس

undistinġ'uished [-wisht], *a.* غير مَشهور . عادِيّ . ليس له مَزِيّة على غيره . غير نابِه (الذكر) = خامِل

undisturbed' [-bd], *a.* غير مُضطَرِب . مُطمَئِن . بدون إزعاج . ساكن الجوارح

undivīd'ēd, *a.* غير مَقسوم . غير مُشتَرَك فيه . غير مُوزَّع . غير مُفصَّل . مُتكامِل . غير مُقتَسَم

undō', *v.* (-did, -done, -doing) حَلَّ = فَكَّ . نَقَض . أفسد . أبطل . أتلَف . عَكَس . هَدَم (ما أبرم) . أبطل (المفعولَ) . خرَّب . نَكَث (العقدةَ أو الغزل)

undō'ing, *n.* خَراب . نَقض . إبطال . دَمار . مَنكَبة . مَجلَبة للدمار . حلّ . فكّ

undone' [-dun], *a.* غير مَعمُول (أو) مُنجَز . مَحلُول . حالّ به الدَّمار . مَتروك . مُهمَل . مُتلَف . مُنكَر

undoubt'ēd [-dout-], *a.* مُحقَّق . غير مَشكوكٍ فيه . صَحِيح . ثابت . لا يَقبل النزاع فيه

undoubt'ēdly [-dout-], *ad.* لا شَكَّ . لا جَرَم . يَقيناً

undoubt'ing [-dout-], *a.* لا تخامره رِيبة . مُؤمِن . مُطمَئِن . غير متردِّد . جازم

undraw', *v.* (-drew, -drawn, -drawing) كَشَفَ = أماطَ (أو) زاحَ (الستارةَ مثلًا بعد ما كانت مُسبَلة)

undreamed' [-md], *a.* يَعدو حدَّ الخيال . لم يُحلم به

undreamt' [-dremt], *a.* = undreamed

un'dress, *n.* ألبسة غير رسمية . ألبسة عاديَّة

undress', *v.* نَزَع (أو) خَلَع الثيابَ . تَجرَّد من الثياب

undrink'able, *a.* لا يُشرَبَ . غير صالح للشرب

undūb'itable, *a.* لا يقبل الشك . قاطع . لا نِزاع فيه

undūe', *a.* فوق الحدّ . غير مناسِبٍ (أو) لائق . غيرُ حقّ . مُفرِط

— **influence,** تأثير مانع (يمنع الشخصَ من استعمال إرادته الحرة)

un'dūlāte, *v.* تَمَوَّر . ماج . مَوَّج . تَموَّج . ارتعص . تَمعَّج . تلوّى

undūlā'tion, *n.* مَوَران . مَوجان . تَموُّج . تَمعُّج

undū'ly, *ad.* على غير الوجهِ الصحيح . أكثر مما يجب . بإفراط . بدون اعتدال

undū'tiful, *a.* غير مطيع (لوالديه) = عاقّ . مُعاصٍ . مُنافِر

undȳ'ing, *a.* لا يموت . خالِد . لا يفنَى . لا يَبِيد . لا ينقطع

unearned′ [-ernd], *a.* عَفْو (بلا تَعَب) . غير مُكتَسَب (أو) مُحَصَّل . غير مُستَحَق . مُستَفاد من أرباح الأموال المستثمرة

unearth′ [-erth], *v.* نبَش . كشَف (عن) . أظهر . أخرج (حيوانًا) من جُحره = استخرجه

unearth′ly [-er-], *a.* ليس من هذه الدنيا . عُلوِي . رُوحي . فوق الطبيعة . غريب . مُوحِش . مُريع

uneaṡ′ily, *ad.* باضطراب . بقلقٍ . بانزعاج

uneaṡ′iness, *n.* تَعَب (الجسم أو البال) . تَنغُّص (البال) . قَلَق الخاطر . تَوَجُّس . تَشويش البال

uneaṡ′y, *a.* (-ier, -iest) تَعِب (الجسم أو البال) . مُضطَرِبُ الخاطر . قَلِق الحركات ثَقيلُها = أرْفَل . مُتَضايق . قَلِق . مُتوَجِّس

unẽmployed′ [-oyd], *a.* غير مُستَعمَل . عاطِلٌ (أو) مُتعَطِّل (عن العمل)

unẽmployed′, *n.* (شَخص) عاطِل (أو) مُتعطِّل (عن العمل)

unẽmploy′mẹnt, *n.* عدم الاستعمال . بطالة . تَعَطُّل

unend′ing, *a.* لا ينتهي . لا ينقطع . مُستَديم

unẽngāged′ [-jd], *a.* خالٍ = غير مرتبط للزواج . خالٍ من العمل . غير مربوط بعمل

unẽnlīght′ẹned [-nd], *a.* جاهل . غير متنوِّر (أو) متعلِّم . مُغلَق الصدر (أو) الذهن = متعصب (أو) يؤمن بالخرافات

unē′qual [-kwẹl], *a.* مُتَفاوِت . متباين . غير مُساوٍ . غير مُتَكافِئ (أو) مُتَعادِل . غير متساوٍ . مُختَلِف . متعادٍ = غير مُستَوٍ . غير كُفء . مُجحِف . جائر . غير وافٍ (بِ)

unē′qual(l)ed [-kwẹld], *a.* ليس له كَفِيءٌ (أو) مَثيل . لا يُعادِلُه شيءٌ (أو) أحد . لا نظيرَ (له) . لا يُضارعه (أو) لا يُضاهيه أحد

unẽquiv′ocal [-kwiv-], *a.* صَريح . لا لَبْسَ فيه . غير مُبْهَم . لا يحتمل إلّا معنىً واحدًا لا غير . مُبين

unerr′ing, *a.* لا يُخطِئ . مُصيب . صَحيح . دَقيق . مُحقق . مَعصُوم من الضلال (أو) الخطأ . لا ينحرِف

uneth′ical, *a.* منافٍ للأخلاق (أو) مبادئ الخلق الصحيح . مُنكَر

unē′ven, *a.* غير منتظم . غير مُستَوٍ . غير متكافئ . مُتَشاخِس = مُتَضارِس = مُتَعادٍ . غير زَوْجي = وِتري . مُتَقَلِّب

unẽvent′ful, *a.* خالٍ من الوقائع (أو) الحوادث المهمة

unẽxâm′pled [-eġz-pld], *a.* شاذٌّ . لا مثيلَ له . لا نظير له . فاذّ . ليس له مثيل سابق

unẽxcep′tionable [-shẹn-], *a.* فوق كلِّ مَطعَن . كامِل . لا غُبار عليه . مُعجِب . رائع . لا يتطرق إليه عَيب

unẽxpec′tẽd, *a.* غير مُحتَسَب . غير مُتوَقَّع (أو) محسوب . غير مأمول . مُفاجِئ

unẽxpec′tẽdly, *ad.* على غير تَوَقُّع . مُفاجأةً

unĕxplained′ [-nd], *a.* غير مُفسَّر . غير مَشروح

unĕxplôred′ [-rd], *a.* غير مُرتاد . مَجهول = غير مُستكشَف

unex′purgātĕd, *a.* غير مُنقَّح (عند الطبع من المواد المنافية للذوق

unfā′ding, *a.* لا يَتلَف . لا يَزول

unfail′ing, *a.* لا يَنقطع . لا يَنفَد . لا يُخلِف = لا يُخيِّب . يُركَن إليه (عند الحاجة)

unfair′, *a.* فيه غَمْط . غير عادل (أو) مُنصف . جائر (أو) مُتحامِل . فيه غِشّ . ظالم

unfaith′ful, *a.* عديم الذِمام (أو) الوَفاء . لا إيمانَ له . لا يحفظ الذِمام . خائن (عهد الزواج) . غير دقيق

unfal′tering [-fôl-], *a.* غير خائر العزيمة . لا يَتَرَدَّد . غير مُتَزَعزِع العَزم . ثابت . غير متخاذِل

unfamil′iar, *a.* ليس له خِبرة (أو) تعوُّد . غير مأنوس (أو) مألوف . غير معهود = غريب . ليس له عَهد (أو) إلمام (بِ)

unfâs′ten [-fâsen], *v.* حلّ . فكّ . أرخى . فتح

unfâ′thered [-rd], *a.* غير مَنسوب إلى (أبٍ معروف) . ابنُ أبيه مَجهول الأصل . [بندوق] لا يُعزَى إلى مصدر (أو) مؤلّف . غير ثابت الصحّة

unfath′omable, *a.* أعمق من أن يُسبَر غورُه . لا يُعرَف غورُه . غَوير . غامض . لا يُدرَكُ كُنهُه . مترامي النواحي

unfath′omed [-md], *a.* لم يكتشف على التمام . غير مَسبور . غامِض (المعنى) . غير مفهوم . مجهول الغَور

unfā′vorable, *a.* = unfavourable

unfā′vourable [-vẹrabl], *a.* غير موافق (أو) مساعف (أو) مؤاتٍ . ضد المصلحة . ضارّ

unfeel′ing, *a.* عديم الإحساس . قاسي (أو) جامد (القلب) . يابسُ الطبع

unfeigned′ [-fānd], *a.* لا رِياءَ فيه . غيرُ مُتصنَّعٍ فيه . خالص . صادِق . غيرُ مُتكلَّف

unfett′ẹr, *v.* حَلّ (أو) فَكّ القيود . أطلق (من عِقاله) . أفلت

unfett′ẹred [-rd], *a.* غير محجوز الحرية . حُرّ . مُطلَق = غير مُقيَّد . بدون تقييد (أو) زاجِر . مُستقِل

unfin′ished [-shd], *a.* غير مُكمَّل . غير مُنجَز (أو) مُتمَّم . غير مَصقول . غير مُرَوْنَق (الصَنعة) . قاصِر عن التَّمام

unfit′, *a.* غير صالح (أو) أهلٍ (لِ) . غير ملائِم . لا يَصلُح (تمامًا) . مُعتلّ الصحة . لا يَصلُح . لا يَليق

unfit′, *v.* (-tted, -tting) جعله غير صالح (أو) غير ملائم . أفسد . حَكم بعدم صلاحه

unfix′, *v.* فكّ . جعله يَضطرِب . إختلّ . أخَلّ (بِ)

unflin′ching, *a.* لا يَجبُن . لا يهاب . رابط الجأش . ثابت العزم . لا يتجمجم

unfōld′, *v.* بَسَط . نَشَر . تَفتَّح . كَشَف . شَرَح . نَشَّر . تَنَشَّر

unfôrced′ [-sd], *a.* بدون إكراه (أو) إرغام . طَوعي . طبيعي . غير مُتكلَّف . مُسترسِل (كالكلام) . عَفوي

unfôreseen′ [-fôrs-], *a.* لم يَسبِق إليه الفِكر . لم يكن في الحُسبان . غير مظنون (أو) متوقَّع

unforgett′able, *a.* لا يُنْسَى . لا يمكن أن يُنْسَى . خالد الذِكر

unforgiv′able, *a.* لا يُغتَفر

unforgiv′ing, *a.* لا يغفر (زلّة) . حقود . مُنتقِم . غير حليم . جامد القلب

unfôrmed′ [-md], *a.* غير مُتكوّن بعد . لم يتخذ بعد شكلاً معيّنا . غير مكتمل النشأة (أو) النموّ . مُبهم الشكل (أو) الأسلوب (أو) الفكرة

unfôr′tūnate [-it], *a.* مَنحُوس . منكود الحظ . مُكَدَّر (أو) يؤسَف له . غير صالح (أو) ملائم . شَقِي الحظ

unfôr′tūnate, *n.* (شَخص) منحوس (أو) سَيّئ الطالِع . شقي . مَتعُوس

unfound′ēd, *a.* لا أساسَ له . لا أصلَ له . لا يَستَنِد إلى أساس (من الواقع)

unfrē′quent [-kwent], *a.* غير متكرّر (أو) مُتَرَدّد . في الفَرط

unfrēquen′tēd, *a.* قلّما يُزار . قلّما يُستَعمَل . مَهجور . مُوحِش

unfriend′ēd [-fren-], *a.* ليس له صَديق (أو) أصدقاء . بلا صَديق

unfriend′ly, *a.* غير وِدّي (أو) حُبّي . عِدائيّ . مُجافٍ . غير مُوافِق . مُناكِد . غير مُساعِف

unfrụit′fụl [-frōōt-], *a.* غير مُثمر . عَقيم . غير مُنتِج . غير مُربح

unfurl′, *v.* نَشر . مَدّ . بسط

unfur′nished [-shd], *a.* غير مَفروش (أو) مُؤثّث

ungain′ly, *a.* مُضطرِب = غير رشيق = رَبِك (أو) أرْفَل (في مَشيه أو حَركته) = قَلِق ثَقيل (في المشي أو الحركة)

ungâr′bled [-ld], *a.* غير مُحرَّف . غير مُزوَّر . ليس فيه تبديل وتغيير

ungen′ẹrous, *a.* غير كريم . خَسيس . لئيم . جائر

ungen′tle, *a.* غير لطيف . خَشِن (الجانب) . جافٍ

ungift′ēd, *a.* غير مَوهوب (عقلياً)

ungod′ly, *a.* طالِح . مُلحِد = زِنديق . كُفري . فاجِر . فاسِق . غير مُناسِب تمامًا . فاحِش

the —, الأشرار

ungov′ẹrnable [-ġuv-], *a.* مُعاصٍ . يَصعُب (أو لا يمكن) حَكمُه (أو) السيطرةُ عليه . شَمُوس . صَعب المِراس . لا يمكن ضَبطُه

ungrā′cious [-shẹs], *a.* سَمج . جافٍ . فيه غِلظة . مُنفّر . ليس من كَرَم الأخلاق

ungrāte′fụl [-tf-], *a.* كَنُود = جاحِد المعروف . ناكِرُ الجميل . نابٍ = مُنفّر . كريه . لا يُحمَدُ عليه

unground′ēd, *a.* ليس له أساس من الحقيقة . لا أساسَ له . ليس له داعٍ (أو) مُوجِب . لا مُبرّر له

ungrudg′ing, *a.* غير ضَنين . عن طيب نفسٍ . بأَرْيَحية . عن سَخاء

unguârd′ēd [-ġâr-], *a.* بدون احتراس . غير مَحرُوس (أو) محفوظ . في غفلة

in an — moment, في ساعة غفلة . في وَهلة من الغفلة

ung′uẹnt [-wẹnt], *n.* بلسم (للجروح) . مِرهَم . دَهُون = نِشَاث . مَرُوخ

unhall′ōwed [-lōd], *a.* غير مُكرَّس (لِلدّين) . غير مُقدّس . ليس له حُرمَة . ذَميم . رَذيل . حَرامٌ . مُنكَر

unhand′, *v.* تَرَك . دَشَّر = أَفْلَت . خَلَّى . رَفَع الأيدي (عن) . أَرْخَى

unhand′some [-sęm], *a.* غير مَليح = غير جميل

unhand′y, *a.* بعيد عن متناول اليد . ليس في متناول اليد . أخرق = عديم المهارة باليدين

unhapp′ily, *ad.* بشقاء . لسوء الحظ (أو) التوفيق

unhapp′iness, *n.* شقاء . تَرَح . سوء حظ (أو) بَخت

unhapp′y, *a.* (-ppier, -ppiest) شَقيّ . مَغموم . مُتَكَدِّر النفس . سيّئ الحظ . سيّئ التوفيق . غير مناسب . غير مُوَفَّق

unhârmed′ [-md], *a.* لم يُصِبه أذى . لم يُصَب بضرر . سَليم . مَوفور

unhâr′nẽss, *v.* رَفَع جهاز الفَرَس عنه . جَرَّد من عُدَّة الحرب (أو) من الدِّرْع

unhâr′nẽssed [-nist], *a.* غير لابس الدرع (أو) جهاز الفرس . غير مسخَّر لأغراض صناعيّة

unhealth′ful [-helth-], *a.* مُضِرّ بالصحة . وَخيم . وَبيل

unheal′thy [-helth-], *a.* (-thier, -thiest) عَليل . سَقيم . وَخيم . ضارّ بالصحة (أو) بالأخلاق

unheard′ [-herd], *a.* لم يُستَمَع إليه . لم يُسمع (به) . غير مَعروف

unheard′-of, [-ov], *a.* لم يُسمع به (من قَبل) . غير معروف (من قبل)

unheed′ẽd, *a.* لم يُلتَفَت إليه . لم يُبالَ به . لم يُؤبَه له . لم يَلفِت النَّظَر

unheed′ing, *a.* غافِل . لا يُبالي . لا يَتَّعِظ . لا يَرعَوي . لا يَمتَثِل

unhesitāt′ingly, *ad.* بتصميم . بغير تردد . بدون حَيرة

unhinge′, *v.* فَكّ (البابَ مثلًا) من المُفَصَّلات . خَلَع (مَفاصِلَه) . خَلَّع أوصاله . تفكَّك . تَخَلَّع (عَقلُه) = إنمَلَخ . جُنَّ = أزاغ عقله

unhisto′rical, *a.* لا يُقِرّه التاريخ . غير موجود تاريخيًا . خُرافي

unhitch′, *v.* فَصَل . حَلّ . فَكّ . فَسَخ (الارتباط) . حَلّ (الرباط)

unhō′ly, *a.* (-lier, -liest) طالح . كُفري . فُجوري . مُنكَر . فاسِق . فاحِش . خَبيث

unhook′, *v.* فَكّ من الصِنّارة (أو) الكَلّابة (أو) رَفَع عنها . فَكّ (الصِنّارة أو الكَلّابة) . رَفَع عن العِلاقة

unhōped′-fôr [-hōpt-], *a.* غير مُنتَظر . غير مَرجُوّ . غير مأمول

unhôrse′, *v.* أطاح عن ظهر الفرس . رمى (أو) قَلَب (أو) أوقع عن ظهر الفرس . أذرَى

unhurt′, *a.* غير متضرِّر . لم يُصِبه ضَرَر (أو) ضَير . لم يُسأ إليه

ū′ni-, *pref.* واحد . وَحيد . فَرد . مُفرَد

ūnicell′ūlar, *a.* وَحيد الحجيرة (من الحيوان البدائي)

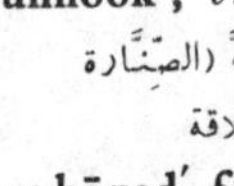

ūn′icôrn, *n.* حيوان خُرافي كالفرس في الجسم والرأس وله رجلان خلفيتان كالوعل بقرنٍ وحيد في جبهته

ūnificā′tion, *n.* توحيد . تَوَحُّد

ūn′ifôrm, *a.* مُتَساوٍ . على وتيرة واحدة (أو) نَسَق واحد (لا يتبدَّل) . سَوائي . مُتَماثِل (غير مُختلِف) . مُطَّرِد . مَنسوق . مُوَحَّد . واحد

— with, مُختتِن . مُتماثل . على نَسَق واحدٍ (مع) . متناسِق (مع)

ūn'ifôrm, *n.* لِباس رسمي . حُلَّة (أو) بِزّة (رسمية) . لِبسة . زِيّ

ūn'ifôrm, *v.* ألبَس الحُلَّة (أو) البِزَّة . ألبس اللباس الرسمي

ūnifôrm'ity, *n.* مُماثلة . تجانس . تماثُل . إطّراد . نَسَق . تناسق . تواحد . وَحْدَة

ūn'ifôrmly, *ad.* على نَسَقٍ واحد . نَسَقًا

ūn'ifȳ, *v.* (-fied, -fying) وَحَّد . جمع في وَحدةٍ

ūnilat'ẹral, *a.* يَخُص جانبًا (أو) طرفًا واحدًا . من جانب (أو) طرفٍ واحد . إلى جانبٍ واحد . على جانب واحدٍ . مِن (أو) في جَنب واحد (كالشلل)

— disarmament, نَزع السلاح انفراديًا (بدون انتظار الطرف الآخر)

ūnilat'ẹralism, *n.* الدعوة إلى نزع السلاح الانفرادي

ūnilat'ẹrally, *ad.* انفراديًا . مِن جانب (أو) طرف واحد

unimag'inable, *a.* لا يتصوّره العقل . لا يمكن تَصوُّره . لا يخطر في البال

unimag'inative, *a.* ينقصه الخيال . عديم التصور . مُظلِم البصيرة

unimpaired' [**-aird**], *a.* غير واهٍ . سَليم . لم يُصَب بضرر (أو) عَطب

unimpass'ioned [**-pashẹnd**], *a.* بدون احتداد . هادئ . مُجرَّد عن الهَوَى الشديد (أو) العاطفة الشديدة

unimpeach'able, *a.* لا لومَ عليه . لا عيب فيه . طاهر الذيل . لا يُتَّهم . لا يُشَك فيه

unimpôr'tant, *a.* غير مُهِم . زَهيد . لَيسَ بذي بالٍ

unimpressed' [**-rest**], *a.* لم يُعجَب (بِ) . لم يقع (في النفس) وقعًا شديدًا

unimpre'ssive, *a.* غير مُعجِب . غير مُقنِع . ليس له وَقع في النفس

unimprōved' [**-vd**], *a.* غير مُحسَّن . غير مُستصلَح . غير مُعمَّر

uninhab'itẽd, *a.* غَير مأهول (بالسُكّان) . غير معمور (أو) مَسكون . مُقفِر

unin'jurẽd [**-jẹrd**], *a.* غير مُصابٍ بضَررٍ (أو) ضَيْر

unintell'igible, *a.* لا يُفهَم . غير مَفهوم . مُستغلِق . مُستعجِم

uninten'tional [**-shẹn-**], *a.* غير مقصود . عَفوي . غير مُتعمَّد

unin'tẹrestẽd, *a.* ليس له رغبة (أو) أَرَب (في) . ليس له هِمّة به . غير مُهتمّ . ليس له مصلحة (مالية)

unin'tẹresting, *a.* لا يبعث على الاهتمام . غير مُستطرَف

unintẹrrupt'ẽd, *a.* غير مقطوع (أو) مُنقطِع . مُتواصِل

uninvīt'ẽd, *a.* غير مَدْعُوّ . بدون دَعْوة . مُتطفِّل . غير مُستدعى

uninvīt'ing, *a.* لا يَستهوي . غير مُرَغِّب . مُنفِّر

ūn'ion, *n.* وحدة . اتحاد . توحيد . التئام . نِقابة عُمّال . ائتلاف

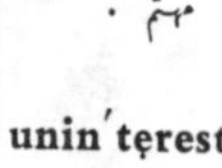

ūn'ionist, *n.* داعية إلى الوحدة . عُضو نِقابة عمال

Union Jack, العلم البريطاني

ūnīque' [**-ēk**], *a.* فريد . وَحيد . لا مثيلَ له . نسيج وَحدِه . بديع . فاذّ . نادِر . أوحد

ūn'ison [*or* **-zon**], *n.* تَسَاجُم = توافُق (أو) ائتلاف (الأصوات من طبقة واحدة) . توافق تام

ūn'it, *n.* وَحدة . عيار (قِياسي) . واحِد

ūnitār'ian, U —, *n.*, *a.* توحيدي . مُوَحِّد = عضو فرقة مسيحية لا تعتقد بأن المسيح إله ولا تؤمن بالثالوث

ū'nitary, *a.* مُوَحِّد . واحِد . وَحدي

ūnīte', *v.* وَحَّد . أَلَّفَ في وحدة . اتَّحد . تأَلَّف

ūnīt'ēd, *a.* مُوَحَّد . مُتَّحِد . مُتَأَلِّب . مُتَضَافِر . يَدٌ واحِدة . مُقتَرِن (بالزواج) . مُنضَم

United Kingdom, المملكة المتحدة = بريطانيا العظمى وإيرلنده الشمالية

United Nations, الأمم المتحدة

United States, الولايات المتحدة (الأمريكية)

ūn'itive, *a.* مُوَحِّد . عامل على الوحدة . توحيدي

ūn'ity, *n.* وَحدة . اتحاد . وَحدانية . وِئام . واحد . اتفاق . توافُق

ūn'ivalve, *a.* وحيد المِصراع (كصدفة الأسماك الرخوة)

ūnivers'al, *a.* في كل مكان . من العُموم . عمومي . جَميعي . كُلِّي . شامل . عالمي . عمومي الاتجاه (في الحركة) . من عموم الناس

— suffrage, تعميم حقّ الانتخاب على عموم الأفراد

Univers'alist, *n.* عُضو فرقة دينية مسيحية تؤمن بخلاص جميع البشر

ūniversal'ity, *n.* عُمُومية . تَعَمُّم . عُمومية الوجود . شُمولية الوجود . الوجود في كل الوجود . شُمولية

ūnivers'ally, *ad.* في كل مكان . عُموماً . كُلِّياً . إطلاقاً . في جميع العالم . مِن كل إنسان . على الدوام

ūn'iverse, *n.* الكَون . العالم . الوُجود . الدُنيا

ūnivers'ity, *n.* (مدرسة) جامعة . أعضاء الجامعة . إدارة الجامعة

unjust', *a.* غير عادل (أو) مُنصِف . جائر . ظالم . ضد العدالة . جانِف . مُجحِف

unkempt', *a.* مُشَعَّث (أو) أشعث (الشعر) = غير مُمَشَّط (أو) مُرَتَّب (الشَّعر) . مُقَنفَش (اللباس) = غير مُهَندَم . تَفِث . باذّ الهيئة

unkīnd', *a.* غير عَطوف . شديد . قاسٍ . لَئيم . لا يُراعي إحساس الغير

unkīnd'ness, *n.* شِدّة . قَساوة . لُؤم . فَعلَة قاسية (أو) لئيمة . عدم مراعاة إحساس الغير .

unknōw'able [**unnō-**], *a.* لا يستطيع العقل معرفته . مُغَيَّب عن العقل

unknōw'ing [**unnō-**], *a.* بدون علمٍ منه . ساهٍ . ذاهِل . غير دارٍ

unknown' [**-nōn**], *a.* مَجهول . غير معروف (أو) معلوم . غير مَعهُود . غَريب

unlace', *v.* حَلَّ (أو) فَكَّ (الرِّباط أو الشِّراك)

unlāde', *v.* (-laded, -laden, *or* -laded) أنزل الحِمل (أو) الوَسق . فرَّغ الحُمولة

unlaw'ful, *a.* ضد القانون . ممنوع شرعاً (أو) قانونياً . مُحرَّم . حَرَام

unlearn' [**-lurn**], *v.* (-ned *or* -rnt) تناسى . نَسِي . أَخلَى ذهنَه (من . . .)

unlearned′ [**-lurnd**], *a.* سليقي = معروف بدون تعلم

unlearn′ĕd [**-lurn-**], *a.* غير متعلم . جاهل

unlearnt′ [**-lur-**], *a.* = unlearned [**-nd**]

unleash, *v.* حلّ من العقال . سرّح . سيّب . أطلق العنان . أفلت . أطلق (حتى يطارد الطريدة) . صبّ (القوى الهدامة على . . .)

unleav′ened [**-levend**], *a.* غير مختمر . بدون خميرة . غير خمير = فطير . ليس فيه تمخض

unless′, *con.* ما لم . إلّا (إذا) . إلّا (أن) . إن لم . إلّا

unlett′ered [**-rd**], *a.* غير متعلم . أمّي . جاهل

unlīke′, *a.* مغاير . مختلف (عن) . مخالف

unlīke′, *prp.* بعكس . خلاف . خلافاً (ل) . ليس من شيمته (أو) شكله

unlīk′elihood [**-līkl-**], *n.* عدم احتمال . بعد الوقوع . شيء مستبعد

unlīk′eliness [**-līkl-**], *n.* عدم احتمال . عدم ترجيح . بعد الوقوع

unlīke′ly [**-kl-**], *a(d).* مستبعد (الحدوث) . غير محتمل . بعيد الوقوع . لا يحتمل نجاحه . يستبعد (أن)

unlīke′ness [**-kn-**], *n.* عدم تشابه . اختلاف . مغايرة . تباين

unlim′itĕd, *a.* لا حدّ له . غير محدود (أو) محصور . مطلق . مترامي الأطراف . شاسع

unlōad′ [**-lōd**], *v.* أنزل (أو) حطّ (الحمل) . فرّغ الشحنة (أو) البضاعة . فرّغ البندقية (من حشوتها)

unlock′, *v.* فتح . فتح الغلق (أو) القفل . كشف . باح . أبان

unlooked′-fôr [**-ktfôr**], *a.* غير متوقع . غير منظور . غير منتظر . غير مأمول

unlōōse′, *v.* حلّ . سيّب . أطلق . أفلت . سرّح . أرخى . حلحل

unlōōs′en, *v.* = unloose

unlov′able [**-luv-**], *a.* لا يحبّ . منفّر . ممجوج . مبذوء

unlove′ly [**-luvly**], *a.* سمج . تنبو عنه العين . غير مونق (أو) معجب . بشع

unluck′ily, *ad.* من سوء الحظ (أو) البخت

unluck′y, *a.* (-ckier, -ckiest) تعس (أو) منكود الحظ . منحوس . مشؤوم (النقيبة) . سيئ المقدور

unmāde′, *a.* غير مجعول (أو) مصنوع . غير مخلوق . لم يعمل بعد

unmai′denly, *a.* جالع = غير محتشمة . لا يليق بالحشمة (أو) بالعفة

unmāke′, *v.* (-made, -making) نكب . أنزل فيه نكبة . عزل . نزّل . نقض . نكث . فضّ . خسف

unman′, *v.* (-manned, -manning) جرّد من صفات الرجولة . خرّع = أضعف وأرخى . جرّد (السفينة) من الرجال

unman′ageable [**-ijabl**], *a.* لا يضبط . صعب التحكم به . صعب القياد (أو) المراس . عسير (التناول) . شكس

unman′ly, *a.* قليل المروءة . عديم الرجولة . خريع = ضعيف جبان . مخنث . متأنث

unmanned′ [-nd], *a.* . شاغِر من الرجال . مجرَّد من الرجال

unmann′ẹrly, *a.* . قليل (أو) عديم الأدب . غير مُرَبَّى . سَفيه . سيّئ الآداب

unmann′ẹrly, *ad.* . بسوء أدبٍ . بسفاهة

unmâr′kẽtable, *a.* لا يُبَاع . ليس له سُوق

unmarr′ied [-rid], *a.* . أعزَب . عَزْباء . غير مُتَزَوِّج (أو) متزوجة

— mother, زوجة مُعارَضة (أو) مُسافِحة

unmâsk′, *v.* كشف عن حقيقته (أو) حقيقة نفسه . كَشَفَ القِناع . خَلَع القناع (أو) لباس التنكر . فضَح . عَرَّض . كَشَفَ . أسْفر

unmatch′able, *a.* ليس له مثيل (أو) كُفء

unmean′ing, *a.* لا معنى له . خالٍ من المعنى

unmeant′ [-ment], *a.* . غير مَقصود . عَفْوي

unmeas′ured [-mezhẹrd], *a.* غير محدود . جُزَاف . لا حَدَّ لِمقداره . مُفرِط . بدون حساب . بلا قِياس

unmeet′, *a.* غير لائق . غير مناسب

unmen′tionable [-shẹn-], *a.* يُستَعاب (أو) يُستفظع ذكره . لا يليق ذِكرُه . يُحتَشَم مِن ذِكرِه . لا يُذكر اسمُه . يؤنف مِن ذِكره . لا يُذْكَر . لا يجوز الكلام عنه

unmer′cifụl, *a.* . عديم الرحمة (أو) الشفقة . قاسِي (أو) غليظ القلب . جَبّار

unmer′itẽd, *a.* . لا يَستَحِق . غير مُستَحَق . بدون استحقاق . بالمُحاباة

unmīnd′fụl, *a.* . لا يكترث . لا يُراعي . غير مُهتم . لا يُبَالي . لا يفطن . ذاهِل (عن) . خالي الذهن (من)

unmistāk′able, *a.* لا لَبْس (أو) إشكالَ فيه . بيِّن . لا يُخطأ فيه . لا يلتَبِس بغَيْره . واضِح

unmit′igātẽd, *a.* ليس فيه شيء يَشفع له . مُكَمَّل . مُطلَق . لم يُلطَّف . خالص . باقٍ على شِدّته (أو) قسوته

unmixed′ [-kst], *a.* . نَقِيّ . مَحض . صَريح . خالِص . غير مَشُوب . غير مخلوط

unmolest′ẽd, *a.* لم يتعدّ عليه أحد . لم يَتَعَرَّض له أحد بسوء . لم يتحرّش به أحد . لم يُزعِجه أحد

unmor′al, *a.* مُنافٍ لحسن الأخلاق . لا عَلَاقةَ له بأمورِ الحقِّ والباطل . لا هو أخلاقي ولا منافٍ للأخلاق

unmõved′ [-vd], *a.* غير مُكترِث (أو) مُبالٍ . ساكِن . لا يتَزَحزَح . ثابت (الجَنان) . لا يُحرِّك نفسه شيء . غير مُضطرِب . غير مُتأثِر . بارد

unnāmed′ [-md], *a.* ليس له اسم . غير مُسَمّى . لم يُذكَر بالإسم . لم يُذكَر مِن قَبل

unnat′ural [-chẹr-], *a.* . مُتكلَّف . غير طبيعي . خِلَاف الطبيعة . خِلاف العادة . نادِر . غير مَعهود . شاذّ . عَجيب الخِلقة . ضد الطبيعة الإنسانية . ذَميم . شَنيع

unnat′urally, *ad.* بصورة غير طبيعية (أو) مخالفة للطبيعة

unnec′ẽssarily, *ad.* بغير داعٍ (أو) ضَرورة . بلا مُوجِب

unnec′ẽssary, *a.* . لا ضَرورةَ إليه . لا مُوجِب له . غير ضروري . لا حاجة إليه

unneigh'bourly [-naibęr-], *a.* مُناف لحُسن الجِوَار . لا يَليق بذِمام الجِوار . مُعاد

unnerve', *v.* خوّر = أَوْهى الجأش . حَلّ (أو) فَلّ العزيمة (أو) الشجاعة (أو) الجأش . خار . وَهَّل = جَعَل مضطرباً لا يضبط نفسه . أَوْهَن

unnō'ticed [-st], *a.* لم يُلاحَظ . لم يُفطَن له (أو) يُلتَفَت إليه . لم يُراعَ

unnum'bęred [-rd], *a.* غير مُرَقَّم . غير معدودٍ (أو) مُحصىً . لا يُعَدّ . عَدِيد

unobṡer'vant, *a.* قَليل (أو) عديم الملاحظة

unobṡerved' [-vd], *a.* غير مُلاحَظ . لم يُلتَفَت إليه . مصروفٌ النظرُ عنه

unobtain'able, *a.* غير مَيسور . مُتعذِّر الحصول عليه . عَزيز . غير موجود

unobtrū'sive, *a.* غير مُتَقحِّم . مُحتشِم = مُتَزايِل . مُتواضِع . لا يَلفِت النظر . [مُنكَمِش] . غير مُتطاول . مُتَباعِد . مُنحاش . مُتباعِد

unocc'ūpīed [-pīd], *a.* خالٍ . غير مَشغُول . بطَّال . عاطل عن العمل . غير مُحتَلّ

unoffend'ing, *a.* ليس فيه ما يُسيء . ليس فيه أذىً . ليس فيه مَساءة . غير مُسيء . بَريء . غير ضارّ

unoffic'ial [-fishal], *a.* من مصدر غير رسمي . غير رسمي . غير ثابت رسمياً

unō'pened [-nd], *a.* غير مفتوح . مُغلَق

unoppōṡed' [-zd], *a.* غير مقاوَم . بدون مُعارِض (أو) مُنافِس . بالتزكية

unôr'ganīzed [-zd], *a.* غير مُنَظَّم . مُشَوَّش . لا ينتمي لنقابة عُمّال . غير عُضوي التركيب

unorig'inal, *a.* مَنقول (عن الغير) . (شخص) غير مُبدِع . غير أَصِيل (أو) أصلي

unôr'thodox, *a.* غير قَيِّم (أو) مُستَقيم (في الدين) . ضِد الدين (القويم) . خارج عن الدين . مارِق . غير متعارَف عليه

unpack', *v.* فَكّ الحَزْم . فتح وأفرغ . أَخرَج (الأشياءَ من الحقيبة أو الصندوق) . أَخرَج (ووضع في المكان المناسب)

unpaid', *v.* غير مُوفىً = غير مَدفوع . بدون مُرتَّب (أو) أجرة

unpar'alleled [-ld], *a.* لا نَظيرَ (أو) مثيلَ له . لم يَسبِق له مَثيل . غايةٌ (في) . فاذّ

unpâr'donable, *a.* لا يُغتَفَر . لا يُسمَح عنه . لا عُذرَ له

unparliamen'tary [-lim-], *a.* لا يليق بالبرلمان . مخالف للأصول البرلمانية . فُحشي . مُجوني

unpēo'ple [-pēp-], *v.* جَرَّد من السكان . أَجلى السكانَ (عن) . أقفر من السكان

unpęrceived' [-vd], *a.* غير مُدرَك

unpin', *v.* (-pinned, -pinning) فَكّ (أو) أفلت (أو) حَلّ (بنَزْع الدبابيس أو الدَّبوس)

unpit'ied [-tid], *a.* غير مَرحوم . لم يَرثِ له أحد . لم يَشفَق (أو) يَحِن عليه أحد . غير مَأسوف له

unplanned' [-nd], *a.* كيف اتفق . بدون تعيين . بدون تدبير (أو) تخطيط . عَرَضي

unpleaṡ'ant [-plez-], *a.* مَمجُوج . سَمِج . كَريه . مُكَدِّر . مُنَفِّر . غير مُعجِب (أو) لذيذ . مُؤذٍ (للإحساس مثلاً)

unpleas'antness, *n.* مَمْجُوجِيَّة . سَماجة . مُجافاة . خِلَاف . كَرَاهة

unplumbed' [**-md**], *a.* لا يُعرَف غَوْرُه . غير مَسبُور . غير مُستَقصى

unpop'ūlar, *a.* غَيرُ راضٍ عنه الناسُ . لا يُقبِل عليه الناس . غَيرُ مَحبُوب (من الناس) . مَكروه . مَنفُور منه

unpopūlar'ity, *n.* عدم رضا الناس عنه . عدم الحُظوة لدى الناس . عدم مَحبَّة (الناس) . عدم إقبال (الناس) عليه . كَونُه ليس له حُظوَة

unprac'ticed [**-sd**], *a.* قليل الدِّراية = غَشيم = غير مُتدَرِّب . غير مُتَمهِّر . غير مُمارَس (أو) مَعمول بـه . غير متعامَل بـه

unprac'tised, *a.* = unpracticed

unprec'ēdentēd, *a.* غير معروف من قبل . لم يَسبِق له مثيل = مُؤْتَنَف . مُحدَث

unprēdic'table, *a.* لا يُوقَف له على حال (أو) وَجه (مُقدَّمًا)

unprej'ūdiced [**-sd**], *a.* مُنصف . نَزِيه من الغَرَض . بدون سابق هَوىً (أو) تَحَزُّب . خالٍ من الجَنَف (أو) المُحاوَزة

unprēmed'itātēd, *a.* عن غير إرصاد . بدون سابقِ تدبير (أو) تصميم . غير مُتَعمَّد . عَرَضي . عن غير نية سابقة . غير مُبيَّت

unprēpāred' [**-rd**], *a.* غير مُعدّ . غير مُستَعِدّ . بدون استعداد (أو) إعداد . على غَفلة . لاهٍ . غارّ

unprē'possess'ing, *a.* لا يَستهوي . لا تُؤخَذ به النفسُ . ليس له رَوعة . غير مُستجلِب للقلب

unprētend'ing, *a.* غير مُدَّعٍ (أو) مُتَباهٍ . متواضِع . غير مُتَأَبِّه . بعيد عن التعظم = قَنيع

unprēten'tious [**-shẹs**], *a.* مُتَوَاضِع . بدون فَخفَخة (أو) تَبَجُّح . ليس عليه مظاهر الأُبَّهة (أو) العظمة . بَسيط المظهر . غير مُتَكلَّف

unprin'cipled [**-ld**], *a.* عديم المبادئ (الأخلاقية) . رَدِيء . لا يَتَحرَّج . مُتَحلِّل من قواعد حسن السلوك

unproduc'tive, *a.* لا يأتي بشيء . غير مُنتِج . ليس له إنآء . عَقيم . مُجدِب

unprofess'ional [**-feshẹn-**], *a.* مُخالِف لآداب المهنة . غير مِهني

unprof'itable, *a.* عديم الفائدة . ليس له نفع (أو) فائدة (أو) مَربَح . غير مُجدٍ . غير مُفيد

unprom'ising, *a.* غير مُطمِع . لا يُرجَى خَيرُه . لا يُبَشِّر بخير (أو) بنجاح . ليس عليه مَخايل النجابة (أو) النجاح

unpronounc'eable [**-sabl**], *a.* لا يَليق التلفظُ به . لا يمكن النُطق (أو) التلفظ به . يعسُر النطق به . يتعذر النطق به

unprotec'tēd, *a.* ليس لَه حامٍ (أو) ولي (أو) كافِل . مَكشُوف . ليس له ما يَقيه (أو) يحميه . مُعرَّض . عُرضة (للخطر)

unprōved' [**-vd**], *a.* غير مُنجَّز . غير مُثبَت بالبرهان . غير مُمحَّص بالاختبار

unprovōked' [**-kd**], *a.* بدون تحريب . بدون استثارة . غير مُستَفزّ . بدون تَحَرُّش

— aggression, عُدوان اعتباطي (أو) تَعَسُّفي

unpun'ished [-shd], *a.* بدون عقاب . لم يُعاقَب . لم ينَل جَزاءَ (سوء عمله)

unqual'ified [-kwolifīd], *a.* غير صالح (أو) أهل . ليس لديه المؤهّلات = غير مُؤهَّل . غير مُقيَّد . مُطلَق . لا حدَّ له . مُتبالِغ . جُزاف

unquen'chable [-kwen-], *a.* لا يَرتَوي . لا يُنقَع (كالعطش) . لا يُطفَأ . لا يَفنَى . مُستَديم . لا يَبيد

unques'tionable [-kweschẹn], *a.* لا يُشَكّ فيه . مُحقَّق . قاطِع . لا مِريَةَ (أو) نِزاعَ فيه . لا خِلاف فيه

unques'tionably [-kwes-chẹn-], *ad.* قطعًا . يقينًا . بلا شَكّ . بلا خِلاف . بلا مِراء

unques'tioned [chẹnd], *a.* غير مَسئول . لا نِزاعَ فيه . لا شَكّ فيه

unques'tioning [-kwes- chẹn-], *a.* غير متردد . غير مُرتاب

unquī'et [-kwīet], *a.* مُتزَعِج الخاطر . قَلق . مُضطرِب . تَعِب (البال)

unrav'ẹl, *v.* (-elled, -elling) حَلّ . حَلَّل . فَكَّكَ . نَشَرَ . حلّ عُقدَةَ (المسألة) . خلّص (من التعقد أو التشابك)

unreach'able, *a.* لا يمكن (أو) يتعذر الوصول إليه . ليس إليه سبيل . بعيد التناول (أو) المَنال

unread' [-red], *a.* لم يُقرَأ . غير متعلم . أُمّي

unread'y [-red-], *a.* غير مبادِر . غير مُعَدّ . غير مُستَعد . مُتَقلقِل العزم

unrē'al, *a.* غير حقيقي . وَهمي . خَيالي

unrea'ṡonable, *a.* غير مَعقول . لا يُحكِّم العقل . مُشتَطّ (في الطَّلَب) . غير حليم . باهِظ . متجاوز الحد المعقول . مُفرِط

unrea'ṡonably, *ad.* بدون تَعَقُّل . بحُمق . بعدم اعتدال . باشتطاط

unrea'ṡoning, *a.* غير عاقِل . لا يُحكِّم العقل . غير مُتَعقِّل

unrēflec'ting, *a.* لا يتفكَّر . لا يتدبَّر (في أموره) . طائش . غير مُتروٍّ

unrēgârd'ēd, *a.* مُهمَل . مُغفَل . غير مَرعِيّ . لم يؤبَه له . غير مُعتَبَر

unrēgen'ẹrate [-it], *a.* غير مُنيب (أو) عائد إلى طاعة الله . مُصِرّ . فاسِق . فاجِر

unrēlen'ting, *a.* قاسي القلب . لا يَلين . لا يَرحَم

unrēlī'able, *a.* لا يُعتَمَد (أو) يُعوَّل عليه . لا يُركَن إليه . لا يوثَق به

unrēlieved' [-vd], *a.* غير مُفرَّج (أو) مُخفَّف . غير مُلطَّف بالتغيير . غير مُنجَد . غير مُسعَف

unrēmitt'ing, *a.* لا ينقطع . مُستَمِرّ . لا يني . دائب . مُواظِب . غير مُتوانٍ

unrēquī'tēd [-kwī'-], *a.* لم يُكافأ . لم يُعوَّض (عليه) . لم يُقابَل بالمثل . لم يُثأر له . لم يُدفَع مُقابِلُه . لم يُبادَل

unrēṡerved' [-vd], *a.* غير محصور . غير مُتحفِّظ . مُجاهِر . صَريح . بدون تحفُّظ (أو) تقييد . وافٍ . وافِر . غير محجوز مُقدَّمًا . مُتبسِّط

unrēṡer'vedly, *ad.* بدون تحديد . بدون تحصير . بتطلُّق = بدون تحفظ (أو) تقيد . بمجاهرة . بصارحة . بتبسط

unrēṡolved' [-vd], *a.* غير محلول (أو) مُتحلِّل . غير مَبتوت . غير محلول

unrest', *n.* قَلقَلة . اضطراب . تَمَلمُل . سُخط عام . مَلمَلة . قَلق . نَصَب

unrest′ing, *a.* لا يستريح . دؤوب . لا يني

unrēstrained′ [-nd], *a.* جامِح = لا يثنيه (أو) يَرُدُّه شيء . غير مَردوع (أو) مَكبوح . غير مَضبُوط . سائب . مُطلَق العِنان . متمادٍ . مُستَرسِل

unrī′ghteous [-rīchęs], *a.* طالِح . أثيم . شِرّير . فاسِق . ظالم . غير مستقيم . غير زكي الأخلاق . غير مُنصِف . لا يُحِب الحقّ

unrī′ghteousness, *n.* طَلاح . أثام . شَرارَة . عدم الإنصاف (أو) الاستقامة

unrīpe′, *a.* غير ناضِج . غير مُدرِك . فِجّ . بَغو

unrī′valed [-ld], *a.* = unrivalled

unrī′valled [-ld], *a.* لا يُضاهِيه أحد . ليس له مُضارِع (أو) مُكافِئ . لا يُشَق له غُبار . ليس له نِدّ

unrōbe′, *v.* خلَع (أو نزع) الثياب . تَجَرَّد (أو) جَرَّد من الثياب

unrōll′, *v.* نَشَر (أو) فَتَح (الشيءَ الملفوف أو المطوي) . بَسَط وعَرَض . تَفَتَّح . تَنَشَّر . تنشأ

unruff′led [-ld], *a.* غير مُتَجَعِّد السطح (كالماء) . ساجٍ = غير مضطرب السطح (أو) الظاهر . ساكِن الجوارح . هادئ . مُتمالِك النَّفس

unrū′ly, *a.* مُستَعصٍ . مُستَعنِد . أفلَت زِمام ضَبطِه . شَمُوس . مُتَمَرِّد . هائج . عاصٍ . مُعاصٍ (للنظام أو القانون)

unsadd′le, *v.* سَرَى (أو) سَرا (أو) كَشَف عنه السَّرج . أذرى (أو) ألقى عن السَّرج (أو) أوقَع عن الفرس

unsāfe′, *a.* غير سليم . غير أمين (أو) مأمون . مَخُوف . مُخطِر . لا يَخلو من خَطَر

unsaid′ [-sed], *a.* لم يُقَل . لم يُنطَق به . غير مَقول

unsāl(e)′able [-lębl], *a.* كاسِد . ليس له سُوق . لا يُباع

unsal′aried [-rid], *a.* لا يُدفَع له مُرتَّب . بدون مقابل . مجاناً

unsan′itary, *a.* غير صِحي . غير موافق للصحة . مُضِر بالصحة

unsatisfac′tory, *a.* غير كافٍ . لا يُكتَفَى به . غير وافٍ بالغَرَض . غير مُحسِب . غير مُرضٍ (أو) مُقنِع

unsat′isfīed [-fīd], *a.* غير مُكتَفٍ . ساخِط . غير راضٍ (أو) قانِع . مُصَرِّد

unsā′voury [-vęri], *a.* = مَسيخ = تَفِه = لا طَعمَ له . كريه الطعم (أو) الرائحة . مُستَقبَح (أخلاقياً) . مُنَفِّر . مَنفُور (منه) . مَمجُوج . تَعافُه النفس

unsay′, *v.* (-said, -saying) نَكَل (عن قولٍ سابق) . رَجَع في قولِه . [سَحَب كلامه]

unscāṭhed′ [-ṭhd], *a.* لم يَمسَّه سوء = مَوفور . لم يَلحَقه أذىً (أو) ضَرَر . سالِم (الجسم أو النفس)

unschōōled′ [-sk-ld], *a.* غير مُتعلِّم . غير مُدَرَّب . عديم الخبرة . طبيعي

unscram′ble, *v.* فَصَّح (الإرسالَ التلفوني أو الرادي)= أزال عنه التخليط والتلبيس حتى صار مُفَسَّرا

unscrew′ [-rōō], *v.* فَكَّ البُرغي (أو) اللَّولَب . حَلحَل . فَكفَك . إنفَكَّ

unscrip′tēd, *a.* غير مكتوب . بدون أصل مكتوب . إرتجالي

unscrŭp'ūlous, *a.* لا يتذمَّم . لا يتورَّع . ليس لديه حُرمة لشيء . عديم المبدأ (أو) الضمير . خوَّان . لا يُؤتمن

unseal', *v.* فضّ الختم . فتح (بعد أن كان مُلصقًا أو مُقفلًا)

unsealed' [-ld], *a.* مفتوح . غير مُقفل (بالصمغ أو شبهه)

unsearch'able [-ser-], *a.* لا يمكن استقصاؤه (أو) تبيُّنه . لا يمكن الوصول إلى كُنهه . مُغلق . مُعمّى . غامض

unsea'ṡonable, *a.* لا يُناسب المَقام . في غير كُنهه . في غير أوانه . في وقت غير مناسب

unseat', *v.* عزل . أخرج من المَقعد (في الانتخاب) . أزاحَ من المكانِ (أو) المَقعد . ألقى (أو) رمَى عن الفرس = أذرَى عن السَّرج

unseem'ly, *a.* خالٍ من الحشمة . غير لائق . مُستقبَح . نابٍ . شائن . لا يليق بالمَقام

unseem'ly, *ad.* بما لا يليق . على وجهٍ غير مُناسِب

unseen', *a.* غير مَرئيّ (أو) منظور . مَخفيّ

unsel'fish, *a.* مُؤثِر على نفسِه . غير أناني . سَمح . كَريم . زاهدٌ في المنفعة الذاتية

unsel'fishness, *n.* الإيثار على النَّفس . عدم الأنانية . كَرَم النَّفس . سَماحة . زُهد في المنفعة الذاتية

unser'viceab'le [-visabl], *a.* عديم الفائدة . لا يُنتفع به . لا يَصلُح . غير نافع (أو) مُساعِف

unsett'le, *v.* أحدث فيه اختلالًا (أو) اضطرابًا . أزعج البال . زَعزع . قلقل . انتقض . ترعزع . شوَّش . أقلق . أزاغ (العقلَ) . كدَّر (الخاطر)

unsett'led [-ld], *a.* مُختَل . مضطرب . مُقلقل . غير مُستقِر . مُتقلِّب . مُترعزع . مُكدَّر . غير مدفوع (أو) مُسدَّد . مُعلَّق = غير مُقرَّر . غير معمور (بالسكان)

unsett'ling, *a.* مُثير الاضطراب في النفس . مُقلق . مُزعج للخاطر . مُبلبِل

unsex', *v.* نزَع عنه صفة التذكير والتأنيث . عَنَّن = جعله عِنّينا . ذكّر (المرأة) جعلها كالذكَر

unshāk'ẹn, *a.* غير مَهزوز . غير مُترعزِع . ثابت . غير مُضعضع

unshāp'ely [-pli], *a.* رديء الهيئة (أو) الشكل . مُضطرِب الشكل

unsheaṭhe', *v.* جرَّد (أو) سلَّ (أو) استل (السيفَ) . أخرج (من الغِمد) . أشهر (مُهدِّدًا)

unship', *v.* (-pped, -pping) أنزل من السفينة . نقل من المكان المخصوص

unshod', *a.* حافٍ . غيرُ مَنعول . بلا حِذاء

unsīght'ly [-sīt-], *a.* قبيح (أو) كريه المنظر . تَنبو عنه العين . دَميم

unskil(l)'ful, *a.* غير خبير . غير ماهر . غير رشيق الحركة . أخرَق . أرفَل

unskilled' [-ld], *a.* لا يحتاج إلى مَهارة . غير ماهِر . غير مُدرَّب (أو) مُمرَّن . غير خبير

unsleep'ing, *a.* غير نائم . ساهِر . يقظان

unsō'ciable [-shabl], *a.* مُتَجافٍ . لا يُعاشَر . لا يألَف الناس = حُوشِيّ . غير أليف . كَدِر المعاشرة

unsō'cial [-shẹl], *a.* خلاف آداب المعاشرة . غير اجتماعي . حُوشي

unsophis'ticātẽd, *a.* بسيط . ساذَج . سَليم (أو) خالص النية . غير مُحنَّك . غير مُتَحَذْلِق . غير مُونَّق (أو) مُعقَّد

unsôught' [-sôt], *a.* غير مَنْشود . غير مطلوب . لا يُسْعَى إليه . غير مُتَطلَّب

unsound', *a.* سَقيم . فاسِد . غير سليم (أو) صحيح . ليس على أساسٍ صحيح . مُعتَلّ . مُختَلّ . مَدْخول . مُتَزَعْزِع . غير عَميق . واهٍ

unspār'ing, *a.* سَخيّ . كريم . لا يبخل بشيء . لا تأخذه رأفة ولا هَوادة

unspeak'able, *a.* لا يمكن وصفُه (أو) الإعرابُ عنه . يَعْجز القولُ عن وصفه . شَنيع إلى ما فوقَ الوصف . نهاية في الشَناعة (أو) السوء

unspeak'ably, *a.* بما يَعجز عنه الوصفُ (أو) القول . للغاية

unspeci'alīzed [-spesh-zd], *a.* غير مُتَخصِّص

unspec'ifīed [-fīd], *a.* غير مُعيَّن (أو) مَنْصُوص (عليه) . غير مذكور نصاً

unspôr'ting, *a.* غير مُنْصِف . بعيد عن سماحة الخلق

unspott'ẽd, *a.* غير مُبقَّع (أو) مُلطَّخ . نَقيّ من كلّ شائنة (أو) عيب . نَقِيّ . طاهِر (الذيل) . نَقِيّ (العِرض)

unstā'ble, *a.* عُرْضَة للتقلُّب . مُتَقَلْقِل . غير مُتَّزِن . مُختَلّ . قَلِق . لا يُركَن إليه . مُتَقَلِّب في نفسيّته

unstained' [-nd], *a.* ليس فيه طَبَع = غير مُطبَّع = ليس فيه لَطخ (أو) عَيب . نَقيّ . ناصِع . نظيف . غير مُضَرَّج

unstead'y [-sted-], *a.* غير رَكِين (أو) ماكِن (أو) مُتَمكِّن من نفسه . قَلِق . مُتَقَلْقِل . مُتَحوِّل . خادِع . مُتَهتِّك . مُتَرَجْرِج

unstin'tẽd, *a.* غير مَنْكُود = سَخِيّ . غير شَحيح (أو) مَضنون (به) . بلا ضِنَّة

unstin'ting, *a.* بسخاء . جُزَاف . بلا قَيد . بدون حساب

unstop', *v.* (-topped, -topping) أزال (أو) نزع السِدادة . أزال العائق (من الطريق)

unstring', *v.* (-rung, -ringing) أرخى (أو) أزال الخيوط (أو) الأوتار . أخرج من السِلْك (أو) الحبل . خارت أعصابُه (أو) انحلّت

unstud'ied [-did], *a.* غير مقصود (أو) مُتكلَّف . طبيعي . عَفوِي

unstrung', *a.* مُنحلُّ الأعصاب . مُتَنَقِّز . هَلُوع . مُنحَلّ الأوتار . خائر . خَرِع

unsubstan'tial, *a.** غير رَكيك . واهٍ . غير حقيقي . وهمي . لا قِوامَ له = هِفٌّ . خفيف

unsuccess'ful, *a.* خائب . غير مُوفَّق (أو) ناجح . مُخفِق

unsūit'able [-sūt-], *a.* غير مناسب (أو) ملائم . غير صالح

unsūit'ẽd [-sūt-], *a.* غير صالِح . غير أهلٍ (لِ) . لا يتلاءم (مع)

unsull'ied [-lid], *a.* غير مُوسَّخ . نَقِيّ . غير مُلطَّخ (أو) مُلوَّث . نَظيف . طاهر

unsung', *a.* لم يُغَنَّ . لم يتغنَّ باسمه أحد (في الشعر أو النشيد)

unsuppôrt'ẽd, *a.* لا يَستَنِد على سَنَد . ليس له ما يَدْعَمُه (أو) يؤيده . ليس له مَن يَعيله . غير مُعزَّز

unsûre', *a.* غير مُتيقِن . غير مُتمكِّن . غير مَأمون . مشكوك فيه . لا يوثق به . غير واثق (أو) جازم

unsurpâssed' [-sd], *a.* لا يُشَقّ غُبارُه . لا يعلو عليه عالٍ . مُتفوِّق . منقطع النظير . لا مَزيد عليه

unsuspec'tẽd, *a.* غير مُتَّهم . غير مَظنون . لم يكن في البال (أو) في الحُسبان . لا يُعتَقَد (أو) لا يُعرَف بوجوده . غير مُشتَبه بوجوده

unsuspec'ting, *a.* لا يُداخِلُه ظنّ (أو) تُهمة . لا يُداخِلُه سوء الظن . غير مُرتاب

unsuspic'ious [-shẹs], *a.* غير ظَنّان . غير مرتاب . لا يداخله سوء الظن

untanġ'le, *v.* خَلَّص (أو) سَلَّك (الخيوطَ) . حلَّ التعقيد (أو) التشابك . شَرَح

untaught' [-tôt], *a.* غير مُعلَّم . غير مُتعلِّم . مَعروفٌ بالسَّليقة . عَفْوِي . من تِلقاء النفس

unten'able, *a.* لا يمكن الدفاعُ عنه . لا يمكن التمسكُ (أو) الاحتفاظ به . لا يصلح للسكنى . لا يُؤخَذ به (كالحُجَّة)

unten'dẽd, *a.* هَمَل . مَتروكٌ سُدىً . مُهمَل

unthank'fu̦l, *a.* كانِد = جاحِد للمعروف . ناكِر للجميل . لا يُشكَر عليه

unthink', *v.* (-thought, -thinking) نَزَع من الفكر . أخلى الفكر (أو) الذهن (من)

unthink'able, *a.* لا يُتصوَّر . لا يَخطُر في البال . لا يُصدَّق . فَظيع فلا يفكر فيه الإنسان . غير مُمكن

unthink'ing, *a.* لا يُفكِّر في العواقب . طائِش . عديم التدبُّر . عديم التفكير

unthôught'-of [-thôt-ov], *a.* لا يُتصوَّر . لم يخطر في البال . لم يدخل في الحُسبان . غير متوقَّع (أو) مُقدَّر

untī'dy, *a.* غير مُرتَّب (أو) نظيف . غير مُهندَم (أو) [مُرَستَق] . قليلُ العناية بثيابه ونظافته . مُشوَّش

untīe', *v.* (-tied, -tying *or* -tieing) حلَّ (أو) فَكَّ (الرِّباط أو العقدة)

until', *prp.*, *con.* إلى . حتى . ما لم . إلى أنْ . إلَّا عند (أو) في

untīme'ly [-ml-], *ad.* في غير الوقت (أو) الأوان (الصحيح) . قبلَ الأوان . في غير الوقت المناسب

untīme'ly, *a.* سابق للأوان . مُبدِر . عاجل

untīr'ing, *a.* لا يعيا . لا يكِلّ . دائب . لا يَفتُر

un'tō, *prp.* إلى . حتى . ل

untōld', *a.* لم يُقَل (أو) يُروَ . لم يُذكَر (أو) يُعلَن عنه . أعظم (أو) أكثر من أن يُحصَى (أو) يُقدَّر . لا يُقدَّر . لا يُحَدّ

untouch'able [-tuch-], *a.* لا يُمَس . لا يجوز أن يُمَس . لا يَصلُح لأن يُمَس

untouch'able, *n.* منبوذ . أحد أفراد طبقة اجتماعية في الهند محرومة من الحقوق المدنية والدينية

untouched' [-tucht], *a.* لم يُمَسّ . لم تَتحرّك مشاعِرُه (أو) قلبُه . غير مَنقوص . على حاله . ليس له نظير . لم يُصَب بأذى (أو) بسوء . بارِع

untôward' [untôrd], *a.* مَنحوس . مُشاكِس . مُعاكِس . ضِد القَصد . عَنيد . نابٍ . مُعاسِرٌ

untrained' [-nd], *a.* غير مُدَرَّب . غير مُمَرَّن

untried' [-trīd], *a.* غير مُجَرَّب (أو) مُختَبَر . غير مُمتَحَن

untrod', *a.* غير مَوطُوء . غير مطروق . لم تَدُسه الأرجل . ناء

untrodd'en, *a.* = untrod

untroub'led [-trubld], *a.* هادئ البال . مُطمَئِن الخاطر . لا يُقلِقه (أو) يُزعِجه شيء

untrue', *a.* كاذِب . غير صادِق (أو) صحيح . غير صادق العهد . غير مُخلِص (أو) وَفِيّ . عديم الذِمام . مُخالِف للقياس

untruth', *n.* عَدَم الصدق . كَذِب . زُور . كِذبة . فِريَة

untruth'ful, *a.* غير صادق . خلاف الحقيقة . كاذب . غير وَفِيّ . كَذّاب

untū'tored [-rd], *a.* غير مُعلَّم . لم يَقُم على تأديبه أحد . لا فضل للتعليم عليه

unūsed' [-zd], *a.* غير مُستَعمَل . مَتروك . غير مُعتاد . ما جرى استعمالُه قبلًا

unū'sual [-zhual], *a.* غير اعتيادي (أو) مألوف . غير مُمارَس . غير شائع (أو) معهود . نادر . فوق المعتاد . فاذّ

unu'sually, *ad.* على غير العادة (أو) المعهود . نادرًا . للغاية

unutt'erable, *a.* يَعجز عنه القَول . لا يُعرِب عنه قَول . لا يُقال . يُحتَشَم مِن قَولِه . تامّ

unutt'erably, *ad.* بصورةٍ يَعجز عنها القول

unvār'ied [-id], *a.* لا يتغير . لا يتبدل . على وتيرة واحدة مُمِلّة

unvâr'nished [-sht], *a.* = بدون تمويه صَريح

unvā'rying, *a.* لا يَتَبدَّل . ثابِت . لا يتغَيَّر (أو) لا يتفاوَت . مُطَّرِد .

unveil' [-vāl], *v.* حَسَر (أو) أماط عنه القِناعَ (أو) السِتار . سَفَر . كَشَف . كَشَف عن نفسِه

unvexed' [-ksd], *a.* غير زَعْلان . غير قَلِق (أو) مُنْزَعِج . غير مُضطَرِب (أو) مُتَضَجِّر

unvoiced' [-sd], *a.* غير صائت . غير منطوق به . أصتَم . مَهموس

unwarr'antable [-wor-], *a.* ليس له ما يُبَرِّرُه (أو) يُوجِبُه . غير مَشروع . لا يمكن تسويغه

unwarr'antēd [-wor-], *a.* لا مُوجِبَ (أو) مُبَرِّرَ له . غير مُسوَّغ . غير مُجوَّز . غير لائق

unwā'ry, *a.* غارّ . غافِل . غير مُتَحَذِّر

unwashed' [-wosht], *a., n.* غير مَغسول (أو) مُطهَّر . سُوقة . عَوامّ . غوغاء

unwā'vering, *a.* مُصَمِّم . ثابت العَزم . ماضٍ على عزيمته . غير مُتَرَدِّد (أو) مُتخاذِل

unwea'ried [-wērid], *a.* غير مُتعَب . لا يَكِلّ . دؤوب . مُثابِر . كَدُود

unwed'(dēd), *a.* غير مُتَزَوِّج

unwel'come [-kem], *a.* مُستَكرَه . غير مَقبول . لا يُرَحَّب به . غير مُحَبَّب . مُكَدِّر . مَنفُور . ثقيل على النفس

unwell', *a.* مَريض . مُتَوَعِّك . يشكو من مَرَض . حائِض (للمرأة)

unwept', *a.* غير مَبكِيّ عليه . غير مَرثِيّ

unwhole'some [-hōlsęm], *a.* غير موافق للصحة = دَوِيّ = مُضِرّ . وَخِيم . وَبيل . مَفسدة للجسم (أو) للعقل (أو) للأخلاق . مَرَضيّ

unwiel'dy, *a.* (-dier, -diest) ثقيل (أو) كبير بحيث يصعب تحريكه (أو) حركته . جَسِيم = ضَخم (أو) ثقيل (أو) غَلِيظ . يَصعُب تناولُه (أو) التمكنُ منه = [دَبْش] = [مُلَبَّك]

unwill'ing, *a.* مُتَمَنِّع . غير قابل (أو) راضٍ . مُتَعَزِّز . كارِه . عن غير رِضًى . مُضطَرّ

unwill'ingly, *ad.* بِتَمَنُّع . عن غير رِضًى . بتكرُّه . بِتَعَزُّز . اضطرارًا

unwill'ingness, *a.* تَمَنُّع . عدم رِضًى . إحجام . تَكَرُّه . اضطرار

unwind', *v.* (-wound, -winding) حَلَّ (الملفوف) . حَلَّ (عن كُبَّة الخيطان) . انحلّ (الملفوف) . استرخى . مَهَّد . سَلَّك

unwīse', *a.* غير حكيم . أَحمق . سيّئ التبصر (أو) التصرُّف . أخرق . أَهْوَج

unwit'nessed [-st], *a.* غير مُشاهَد . غير مَشهود . لم يَشهَد عليه شاهِد . ليس عليه توقيع الشاهد (أو) الشهود

unwitt'ing, *a.* غير مَقصود . غير عالم (أو) شاعرٍ (بِ) . ساهٍ . غافِل

unwitt'ingly, *ad.* بدون علمٍ (أو) شعورٍ . عن غير قصد . سَهوًا . عن غَفلة

unwōn'tēd [*or* unwun-], *a.* نادِر . غير مُعتاد . غير مَعهود

unwork'able [-wer-], *a.* يتعذر (أو لا يمكن) تنفيذُه (أو) [تشغيله]

unworld'ly [-werld-], *a.* زاهِد في الدنيا . لا يُبالي بحُطام الدنيا (كالمال والملذات . . .) . غير دُنيَوِي . غير مادّي . روحاني . من غير هذه الدنيا . غير مُتحذِّق في أُمور الدنيا

unwôrn', *a.* غير مَلبوس . غير رَثّ (أو) بالٍ

unwor'ṭhiness [-wer-], *n.* دَناءة . سَقاطة . خَساسَة . عدم استئهال . عدم جَدارَة (أو) استحقاق

unwor'ṭhy [-wer-], *a.* (-thier, -thiest) لا يَستأهِل . لا يَستَحِق . لا يَحسُن (بِ) . مُشين . مُزرٍ . لا يَليق . حِطَّة

unwound', *v.*, *p.*, *pp.* *of* unwind

unwrap' [unrap], *v.* (-rapped, -rapping) فتح . حَلّ (أو) فَكَّ اللِّفاف (أو) الغِلافَ (عن) . انفتح . نَزَع الغِلاف (أو) اللِّفاف (عن) . كَشَف . انكشف

unwritt'ęn [unrit-], *a.* غير مَكتوب . عُرْفي (بين الناس) . غير مكتوب عليه

the — law, قانون العُرْف . العُرْف . العُرْف بأن القتل انتصارًا للعرض مَغفور

unyield'ing, *a.* لا يَلين . مُتَصَلِّب . مُعتاص . ثابت . مُصَمِّم

unyōke', *v.* أراح من النير . رَفَع (عنه) النِّير . فَصَل . قَطَع . فَكّ

up, *ad.* فوق . قائمًا . إلى فوق . تمامًا . فصاعدًا . ناهضًا من الفراش . قائمًا

He is well — in, مُتَمَهِّر (في)

It is — to us, هذا إلينا . من واجبنا . موكولٌ إلينا

— against, وجهًا لوجه

up, *prp*. فوق . في أعلى . إلى . حتى

up, *a*. طالِع . فوق . مُرتَفِع . قائم . قائم من النوم . مُنتَبِه

What is he — to? ماذا يُدَبِّر (أو) يكيد ? ماذا عِنده ?

up, *n*. صُعود . حركة صاعدة

—s and downs, تَقَلُّبات الحَظّ . غِيَر الحياة = صُروفُها . حالات من حسن الحظ وسوء الحظ

up, *v*. (-pped, -pping) نَهَض . فَزّ . هَبّ . أشهر

upbôrne', *a*. مَرفوع . مَدعوم

upbraid', *v*. عابَ . وَبَّخ . قَرَّع . عَذَل . عَنَّف

up'bringing, *n*. تَرْبِية . تَنْشِئة . رعاية وتدريب (الطفل أو الولد)

up'câst, *a*. مَدفوع (أو) مَقذوف إلى الأعلى . مَرفوع إلى فوق . شاخص (كالعين)

up'-grāde, *n*. صَفح صاعد (من الجبل) = صُعُود

on the —, متصاعد . مُتَقَدِّم

up'-grāde, *v*. رَفَع درجته . رَقّى . رفع مقامه

up'-grāde, *a(d)*. شاقّ صُعودُه = كَؤُود . نحو أعلى الجبل

upheav'al [up-h-], *n*. إنتفار = اندفاع إلى الأعلى . إنتفاضة . زَعزَعَة . انقلاب عنيف . اختباط . فورة اضطراب . زَلزَلَة . جَيَشان

upheave' [up-h-], *v*. انتفر . انتفض . شال = رفع (أو) ارتفع (من تحت) . جاش

upheld' [up-h-], *a.; pp. of* uphold مرفوع . مدعوم . مُؤَيَّد

up'hill [up-h-], *a(d)*. صاعِد . صُعُدًا . على صَعود الجبل (أو) الأكَمة . كَؤُود = شاقّ = عَنُوت = صَعَد . مُجْهِد . نحو أعلى الجبل

uphōld' [up-h-], *v*. (-held, -holding) رَفَع . دَعَم . عَمَد . أيَّد . آزر . ثَبَّت . ناصَرَ . تَمَسَّك (بِ) . أقَرَّ . سانَد . حَبَّذ

uphōld'ẹr, *n*. عِماد . مُؤَيِّد . مُناصِر . محام (عن)

uphōl'stẹr [up-h-], *v*. نَجَّد (الفراش أو الأثاث)

uphōl'stẹrẹr, *n*. مُنَجِّد (الفراش أو الأثاث)

uphōl'stẹry, *n*. نِجادة (الفراش أو الأثاث)

up'keep, *n*. عِيالة = إعاشة . القِيامُ بشأنِ (سَيَّارةٍ مثلًا) = تَعاهُد = صِيانة . كُلفة التعاهد (أو) الصيانة . حالة التعاهُد (أو) الصِّيانة

up'land, *n*. صَعيد = نَجْد = أرض مرتفعة = مَعلاة

up'land, *a*. نَجدِيّ . صَعيدي

up'lift, *n*. رَفْع . تَعلِيَة . تَرقِيَة . تَحَسُّن . سَورة فَرَح (أو) حماسة موقتة . هَزَّة

uplift', *v*. رَفَع . عَلَّى . رَقَّى (الحالَ) . أنعش (النَّفس) . أصلح الحال (خُلقًا ونفسيًا) . حَسَّن

up'mōst, *a*. الأعلى . الأرفَع . فوق الجميع

upon', *prp*. على . عند

upp'ẹr, *a*. أعلا . عُليا . فَوقاني . أرفَع (للصوت) . شمالي . أدنى

upp'ẹr, *n*. ظَهر الحذاء (أو) الجزء العلوي منه = رَخم الحذاء

upper dog, غَالِب

upper hand, اليد العُليا = سَيْطَرة . غَلَبة . تَفَوُّق . مَزِية

Upper House, مجلس اللوردات (أو) الشيوخ

upp′ẹrmōst, *a(d).* أعلى ما يكون . الأعلى . العُليا . الأسمى . في أعلى موضِع

upp′ish, *a.* مُتَكَبِّر . مَغرُور . مُتطاوِل . مُتَصلِّف

upraise′, *v.* رَفَع . شال (فهو شائل)

uprear′, *v.* رَبَّى . نَشَّأ . رَفَع

up′rīght [-rīt], *n.* نُصبة = قائمة . نَصيبة . عَمُود

up′rīght, *a.* قائم . مُنْتَصِب . مُستَقيم (الأخلاق) . أمين . شَرِيف . تَقيّ

up′rīght, *ad.* قائماً . مُنْتَصِباً . في وضعٍ قائم

up′rīghtness [-rīt-], *a.* استقامة . انتصاب . إنتصابيَّة . أمانة . تَقوَى

uprīse′, *v.* (-rose, -risen, -rising) ثار . مال صاعداً . نهض . هَبَّ . تَصاعَد . ارتفع

uprīs′ing, *n.* قَوْمَة . عِصيان . نُهوض . ثَوْرَة . صُعودٌ . صَعُود

up′rôar [-rôr], *n.* ضَجيج . غَوْشة . لَجَّة . صَخَب . ضَوضاء . إلتجاج . عَجيج

uprôar′ious [-rôr-], *a.* مُلتَجّ . مُجَلِّب . مُغَوِّش . فيه صِياح وصَخَب . فيه عَرْبَدة . صاخِب . عَجّاج . فيه قَصف ومَرَح

uproōt′, *v.* قَلَع (أو) اقتلع (من أصله) . استأصل . إجتثّ

uprōse′, *v., p. of* uprise

up′rush, *n.* إندفاع صُعُودي . سَوْرة = طفحة = زَخْرة

upset′, *v.* (-set, -setting) كَفَأ . انكبّ . كَبَّ = قَلَبه على رأسه . قَلَب . شَوَّش = أوقع في كَرْب . [خَربط] . كَدَّر (الخاطر) . أفسد . قَقَعَس = قَلَب رأساً على عقب . أخَلَّ (بِ)

up′set, *n.* انكفاء . تشويش . اضطراب . تَكَدُّر . تَقَقَعُس . كَرْب

upset′, *a.* مُشَوَّش . شديد الاضطراب . مُتَكَدِّر . مُنْفَسِد

upsett′ing, *a.* مُكَدِّر للخاطر . يحدث إخلالاً (أو) تشويشاً

up′shot, *n.* خاتِمة . نتيجة . محصول . حاصِل

up′sīde, *n.* ظاهِر . الجانب الأعلى

up′sīde-down′, *ad.* منكوساً . مَقلُوباً . مقلوب بعضُه على بعض . [فوقاني تحتاني] . في حالة شديدة من التشويش

upstāge′, *v., a.* تَمَجرَف . مُتَعَجرِف

upstairs′, *n., ad.* طابق (أو) [دَوْر] أعلى . طبقة فوقانية في الطابق العلوي (أو) الأعلى . في الطابق العُلوي

up′stair(s), *a.* موجود في الطابق العلوي . خاص بالطابق العلوي

upstan′ding, *a.* قائم . مُنْتَصِب . شَريف . مُستقيم الأخلاق

up′stârt, *n.* حديث عهدٍ بالغنى (أو) الجاه . خارِجيّ = حديث النعمة . شخص مُتعنفِص (أو) يتعدّى طَوْرَه

up-stream′, *ad.* مُصعِداً = ضِدّ المَجرى . نحو أعلى النبع . ضِدّ التيّار

up′-stream, *a.* في أعالي (المَجرَى أو النهر) . ضِدّ التيّار

up'surge, *n.* فَوْرة . هَيجَة . ثَوْرة

up'tāke, *n.* مَسْحَب هواء (أو) غاز . غُنَّة الآلة = مقدار ما تأخذه

slow (quick) on the —, بليد (حاد) الذهن . فَدْم (أو) فَطِن

up'-tō-dāte', *a.* واقِف على آخر التطورات . إلى أحدثِ عهدٍ (أو) تاريخ . محافظ على التجدّد العصري . متجدِّد

up'-town, *a(d).* نحو (أو) في عالية المدينة (أو) البلدة

upturn', *v.* قَلَب . انقلب

up'turn, *n.* تَحَسُّن في الحالة . انتعاش (أو) تَعالٍ (في الأعمال التجارية)

upturn', *v.* انقلب (أو) انعطف إلى الأعلى . قَفَع إلى الأعلى . رَفَع إلى الأعلى

upturned' [-nd], *a.* أشَمّ . أقفع . مَقلوب إلى فوق . [مُنْتَقِع] . شاخِص (كالعَين)

He has an — nose, أقفَع (أو) أشَمُّ الأنف

up'ward [-wẹr-], *a(d).* إلى فوق . صُعُدًا . فصاعدًا . فما فوق . تصاعدي . صاعِد

— of, أكثر من . فوق . أكبر (من)

up'wardṡ, *a.* = upward

ūrae'mia [-rēm-], *n.* تسمُّم الدم البَوْلي

ūrān'ium, *n.* مَعدن الأورانيوم

Ur'anus [*or* ūrā'-], *n.* كوكب أورانوس (من الكواكب السيّارة) . إلـه إغريقي قديم

urb'an, *a.* مَدَني . مُتَمَدِّن . حَضَري . عُمْراني

urbāne', *a.* لطيف . ظريف . دَمِث . سَليس الأخلاق . سهل الأخلاق

urban'ity, *n.* دَماثة . سَلاسَة الأخلاق . سهولة الخُلُق

urb'anīze, *v.* مَصَّر . مَدَّن . حَضَّر . حَوَّل إلى الحَضَر (من حالة الريف)

urch'in, *n.* غلامٌ صغير . غلامٌ كثيرُ الشر . غلام مَجيع = قليل الحياء . ولد فقير رثّ الثياب . قُنْفُذ (البحر) . دُلْدُل

ūr'ēa, *n.* مادة تكون في البَوْل = بَوْليَّة

ūrēth'ra, *n.; pl.* -ras, -rae(-ri) الإحليل . مَجرى البَوْل . مَسلك البَوْل

urge, *n.* داعِية = رَغْبة (شديدة) . نَزْعة (نفسانية) . دافِع . تطَلُّعٌ (إلى)

urge, *v.* دَفَع . وحَّى = عَجَّل . حَضَّ . حَثَّ . ألَحَّ . وَصَّى . شَدَّد (على) . حَرَّج (على) = أصرَّ . لَزَّ

ur'gẹncy, *n.* عَجلة . ضرورة ماسَّة (أو) عاجِلة . مَسيس (أو) إلجاء (الحاجة) . اضطرار . استعجال

ur'gẹnt, *a.* مُلِحّ . مُستَعجَل . حَثيث . في غاية الأهمية . ضَروري عاجِل . مُحرِّج

ur'gẹntly, *ad.* على وَجْه السرعة . مُستَعجَلًا . عاجِلًا . بواحاة

ūr'inal [*or* ūrī'nal], *n.* مِبْوَلة = كوز (أو) وِعاء يُبال فيه . مَبالة = مكان للتبويل

ūr'inary, *n., a.* مَبالة . بَوْلي

ūr'ināte, *v.* بالَ = أخرج البَوْل = شَخَّ

ūr'īne, *n.* بَوْل

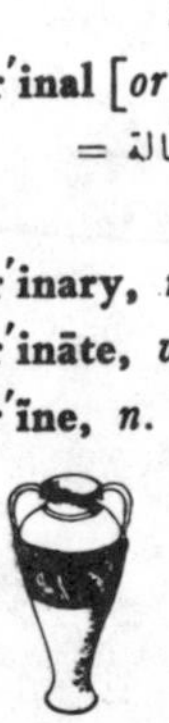

urn, *n.* ظَرف . بَرْنِيَّة . جَرَّة . [غَلّاية] . إبريق (قهوة أو شاي) له بُلْبُلة . قَبْر

us, *prn.* ضمير المتكلم الجمع في حالة الجرّ والنَّصب

U. S. = United States
U. S. A. = U. S. of America
الولايات المتحدة الأمريكية
ūs'able, *a.* يمكن استعماله . صالح للاستعمال
ūs'age [-ij], *n.* استعمال . كيفية الاستعمال . أُسلوب . مُعامَلة . عُرْف . عادة (أو) مُمارَسَة مأثورة (أو) مَعهودة . جَري العادة . استعمال اللغة
ūse, *n.* استعمال . انتفاع . احتياج . مُمارَسة . مَنفَعة . عادة
in —, مُستَعمَل . غير مهجور (أو) متروك
of —, نافِع . مُفيد
of no —, لا يَنفع في شيء
out of —, لم يَعد مُستعمَلًا
ūse, *v.* استعمل . عامل . اعتاد
to — up, استنفد . أنفَد . أفنى . استهلك إلى الآخر
ūsed [-zd], *a.* مُستَعمَل . مُبتَذَل . غير جديد
ūs'eable [-zabl], *a.* = usable
ūsed [-st], *a.* مُعتاد (على) . خبير (بِ) . مُدْمِن (على)
ūse'ful [-sf-], *a.* مُجْدٍ . نافِع . مُفيد . مُساعِف
ūse'fully, *ad.* بصورةٍ نافعة . بما يعود بالنفع
ūse'fulness, *n.* نفع . فائدة . مُساعَفة . انتفاع
ūse'lĕss [-sl-], *a.* عديم الجَدوى . عديم النفع . لا خيرَ فيه . من العبث
ūse'lessly, *ad.* بلا فائدة . ضَياعًا . عَبثًا . هَدَرًا . بُطلًا
ūs'ęr, *n.* مُستَعمِل . مُنتَفِع . مُتصرِّف
ush'ęr, *n.* وَصيل = بوّاب يُرِي الناسَ مَقاعِدَهم . مُحضِر . رائد
ush'ęr, *v.* أَدخل . كان رائدًا (لِ) . آذَن (بِ)
U. S. S. R. اتحاد الجمهوريات السوفيتية الاشتراكية . الاتحاد السوفيتي
ū'sual [-zhụ-], *a.* مُتعامَل به . مُعتاد . عادِي
as —, عادةً . كما هو المُعتاد
u'sually, *ad.* عادةً . غالِبًا . في أغلب الأحيان
ūs'ūfruct, *n.* حق التمتع الموقت بملك الغير بدون إضرار
ū'surer [-zhẹr-], *n.* مُرابٍ = شخص يُداين ويتقاضى ربحًا فاحشًا
ūsūr'ious [-zhōōr-], *a.* رِبَوِي . مُرابٍ . يتعاطى الرِّبا
ūsurp', *v.* اغتصب . استولى عليه عَنوةً (بدون حق)
ūsurpā'tion [-zer-], *n.* اغتصاب . التَّوَلّي (على الشيء) بدون حق
ūsurp'ęr [-zer-], *n.* مُغتَصِب . مُتَوَلٍّ بدون حق
ū'sury [-zhẹri], *n.* رِبا = المداينة بالفائض الفاحِش
ūten'sil, *n.* ماعُون . أداة . وِعاء (من أدوات البيت)
ūt'ęrine, *a.* رَحِمي . من أمٍّ واحدة ولكن من أبوين مختلفين = أخيَف
ūt'ęrus, *n.* رَحِم = مُستودَع الجنين في أحشاء الحُبلى
ūtilitār'ian, *a., n.* نَفعي . إنتفاعي . شَخص يُؤثِر المَنفعة على الجَمال والأسلوب الخ . . . مَنفَعي . للنفع . نصير النظرية النفعية
ūtilitār'ianism, *n.* النظرية النفعية . النظرية الخَيرية

ūtil'ity, *n.* مَنْفَعَة . مَرْفِق = شيء نافع . مَرْفِق عامّ . مَنفع

ūt'ilīzable, *a.* قابل للاستعمال . يمكن الانتفاع به . يمكن استعماله للمنفعة

ūtilīzā'tion, *n.* انتفاع . استمتاع

ūt'ilīze, *v.* انتفع (أو) ارتفق به . استخدم . استعمل للاستفادة

ut'mōst, *n.* أقصى حدّ . أقصى المستطاع (أو) الطاقة . غاية الجهد . قُصارَى . مُنْتَهَى

to do his —, لم يدّخر وُسعًا = استفرغ وُسعه

ut'mōst, *a.* أقصى . أعظم . غاية . في أقصى طرف

ūtōp'ia, Utōp'ia, *n.* أرض (أو) بلد الطُوبَى (حيث الخير والغبطة)

ūtōp'ian, Utop'ian, *a., n.* = طُوبَوِي فيه خير وغبطة وأمان مع حكومة رشيدة

utt'ẹr, *v.* نطق . لفظ . أخرج (من فمه) . أعرب (عن)

utt'ẹr, *a.* تامّ . كُلّي . مُطبِق . مُطلَق = مُصمت . إلى آخر الحدود . أقصى ما يمكن

utt'ẹrance, *n.* لَفظ . نُطق . تلفظ . لَهجة (الكلام) . لَفظة . قَول

utt'ẹrly, *ad.* تمامًا . بالكلية . إطلاقًا . إلى أبعد الحدود . إلى أقصى ما يمكن

utt'ẹrmōst, *a.* أقصى . أعظم . غاية

utt'ẹrmōst, *n.* أقصى حد . أقصى المستطاع . غاية الجهد . قُصارَى

ūv'ūla, *n.; pl.* -las, -lae [-i] طُلاطِلَة = زَنَمة = لحمة متدلية في الحلق = لَهاة

uxôr'ious [-sôr-], *a.* مُدلَّه بحب زوجته شديد التعلق بها

V

V, v [vē], *n. pl.* V's, v's الحرف الثاني والعشرون . رمز للعدد (٥) في الترقيم الروماني . اختزال كلمة versus اللاتينية التي هي بمعنى ضِد = v

vāc'ancy, *n.* خُلُوّ . فَراغ . مركز خالٍ . فضو = مكان (أو) محل خالٍ (للإيجار) . فَجوة . وظيفة خالية . تَفَرُّغ من العمل . تَبطّل . فراغ (أو خواء) العقل

vāc'ant, *a.* فارغ . خالٍ . غير مَشغول . خالٍ (من المعنى أو الفكر) . غير مُستأجر . غير مُستَعمَل . عليه سيماء البلاهة . غير مُفتَلَح

vāc'antly, *ad.* ببلاهة . بفراغِ فكرٍ . بدون تفكير . بدون اهتمام

vacāte', *v.* أخلى . أفضى = [فضّى] . أبطل.

vacā'tion, *n.* إخلاء . عُطلة (من العمل أو المدرسة) . [فُرْصة]

vacā'tion, *v.* أخذ عُطلة . [عطّل]

vac'cināte [-ks-], *v.* لقّح (ضد الجدري مثلًا) . [قرّف]

vac'cinā'tion, *n.* تلقيح . [تقريف]

vac'cīne, *n.* لقاح (ضد الجُدَري)

va'cillāte, *v.* تَذَبذَب = تَرَدَّد . تَرَجَّح . تَرَيَّع = توقّف وتحيّر = تجنّح . تقلّب (من رأي إلى آخر) . يقدّم رجلًا ويؤخر أخرى = تَلَدَّد

va'cillā'tion, *n.* تذبذب . تردُّد . تريُّع . تجنجة . تقلّب (في الرأي أو العزم)

vacū'ity, *n.* خلآء . فَراغ : خَوَاء . خَوآء العقل = غَباوة = أَفَن

vac'ūous, *a.* فارِغ . خالٍ . أَخوَى = باهِت = غَبِيّ . مأفون . نافِه

vac'ūum, *n.; pl.* **-ūums** *or* **-ūa** خَلآء (تام) . خَوآء . فَرَاغ تامّ (خالٍ حتى من الهواء) . فراغ

vacuum cleaner, آلة (كهربائية) لاكتساح الغبار في البيت بطريق التفريغ الهوائي (أو) الامتصاص

vacuum flask, قِنّينة محاطة بفراغ تام . وعاء على هذا الشكل

vacuum pump, مِضَخّة مُفَرِّغة للهواء

vacuum tube, أُنبوب مُفَرَّغ من الهواء (تمامًا)

vaġ'abond, *n.* هائم . صُعلوك . سَكّاع [مرمَري] . وَبْش

vaġ'abond, *a.* رَحّال . تَصعلُكي . تَسَكُّعي . تَشَرُّدي . وَبْشي

vaġ'abond, *v.* هام . تسكّع . تَشَرَّد . تَصَعلَكَ

vaġ'abondage **[-ij],** *n.* هَيْم . تسكُّع . تَصَعلُك

vaġar'y [*or* **vāġ'ẹri**], *n.* شاطِحة (أو) شارِدة (في الخيال أو السلوك . . .) . وَهم عارض . نَزْوة نادرة

vagīn'a, *n.* مَهبِل (بين الرحم والفرج)

vāġ'rancy, *n.* تَشَرُّد . تَسَكُّع . عيشة ابن السبيل

vāġ'rant, *n.* ابن السبيل . هائم . مُتَسَكِّع . صُعلوك . سَبَهْلَل . طافِش . مُتَشَرِّد

vāġ'rant, *a.* هَيَاني . يعيش عيشة الصَعلَكة . شارِد (كالآراء الغريبة) . مُتَنَدِّح (كالنبات المتفرق)

vāġue **[vāg],** *a.* غامِض . مُستَشكِل . مُبهَم . مُشتَبِه . في شُبهَة (أو) غُمّة (من أمره) . خَفيّ

vāġue'ness **[vāġn-],** *n.* غُموض . اشتباه . شُبهة . إبهام . التباس . تحيُّر وعدم تبيُّن = غُمّة . تَرَدُّد وعدم جَزم

vain, *a.* مَزهُوّ . معجب بنفسه . مَغرور . عَبَث . غَثّ . باطِل . عديم الجَدْوَى . فارِغ = فَشُوشي

in —, لا طائل فيه . بلا جَدْوَى . عَبثًا . سُدًى . هَدَرًا

vaiṅglôr'ious, *a.* بَجّاح = كثير التبجح والتفاخُر . مُتَبَذِّخ . مُتَعالِن بالتفاخُر

vaiṅglôr'y, *n.* تبجُّح . تفايُش . زَهْو بالغ . عُنجُهيّة . تعالُن بالتفاخر . فجفجة . تبذُّخ

vain'ly, *ad.* عَبثًا . بزهوٍ . بعُجب

val'ance, *n.* سِجاف = سِتارَة قصيرة للزينة (كالسِتارة فوق الجزء الأعلى من الشباك (أو) حول أسفل السرير)

vāle, *n.* وادٍ صغير (أو) قاع (في لغة الشعر)

valĕdic'tion, *n.* وَدَاع . كلمة (أو) عبارة الوَداع

valĕdic'tory, *a., n.* وَدَاعي. خطاب توديعي (ولا سيا في حفلة التخرج في كلية مثلًا)

vāl'ẹnce, *n.* التكافؤ (في الكيمياء) = قابلية الاتحاد الذَرّي (أو) الأُمّي

Valenciennes' **[-si-en(z)** *or* **-sēnz],** *n.* نسيج مُخَرَّم رقيق أرضُه وطِرازُه من خيوط واحدة

vāl'ency, *n.* = valence

val'ẹntīne, *n.* هدية صغيرة (أو) بطاقة تُرسَل في يوم ١٤ شباط (فبراير) للتفكُّه (أو) للتحية

val'ęntīne, *n.* مَعشوق (أو مَعشوقة) يُختار في ذلك اليوم

valēr'ian, *n.* حشيشة القط . عَقّار مُسَكِّن يستخرج من هذا النبات

val'ĕt, *v.* اعتنى بالثياب وتَعَهَّدها بالتنظيف والإصلاح

val'ĕt [*or* **val'ā**], *n.* مَقتَوِيّ = خادِم خاص = بابِيّ . خادم يعتني بالثياب

valĕtūdinār'ian, *n.* (شخص) عَليل (أو) زَمِين . (شخص) دائم القلق على صحته = مُوَسْوَس على صحته = مِسقام = مِمراض = ضَنِيّ = حَرِيض

Valhall'a, *n.* قاعة (أو) جَنَّة الأبطال الذين يُقتَلون في المعركة (عند الأقوام الشماليين)

val'iant, *a.* صِنْدِيد = أَشْوَس = باسِل . بُطُولي . مِقدام . أَلْيَس

val'iantly, *ad.* بِشَوَسٍ . بِبَسالةٍ . ببطولة . بإقدام

val'id, *a.* صحيح . قانُوني . مَقبول على أساس صحيح . مُعتَبَر . ثابت بالوقائع (أو) الحقائق . مُلزِم (قانونًا) . مُطابِق للحقيقة . طِبْق القانون

val'idāte, *v.* صَدَّق على صِحَّته . جَعله قانونيًا . أَقَرّ (أو) أجاز قانونيته . ثَبَّت

valid'ity, *n.* صِحّة . قانونية . اعتبار قانوني

valīse', *n.* كِنْف = حَقيبة (السفر) = عَيبة . [شنتة] . جَرَبْنَدِية (للجندي)

vall'ey [**-i**], *n.* وادٍ . مَسِيلة . مَسِيلَة = مَجرًى منخفض يكون بين سطحين مائلين مُلتَقِيَين

val'orous, *a.* شُجاع . أَشْوَس . باسِل . بطَل . فيه بَسالة . يحتاج إلى بسالة

val'or, *n.* = valour

val'orize, *v.* حدد = قَوَّم (أو) قَيَّم السلعة = ثمنها . عَيَّن القيمة . حَدَّد السعر

val'our [**-ęr**], *n.* شَوَس . بَسالة . بُطُولة . شجاعة في الحرب

val'ūable, *a.* قَيِّم . ثَمِين . نَفِيس . نافِع جدًّا

val'ūable, *n.* شيء مُثمِن (أو) قَيِّم (أو) نفيس = ثَمِينة (والجمع ثَمائن كالمُجوهَرات)

valūā'tion, *n.* تقويم = تقدير القيمة . القيمة المُقَدَّرة . تَقدير . تَقييم

val'ūātor, *n.* مُثَمِّن . مُقَدِّر . مُخَمِّن

val'ūe, *n.* ثَمَن . قِيمة (حقيقية) . قيمة شِرائية . مَعنى . نَفع . فائدة . أهمية . مِعيار أخلاقي . مَزِيَّة

val'ūe, *v.* قَوَّم = قَدَّر القيمة . ثَمَّن . قَدَّر = عَرَف قيمة الشيء . اعتبر . كَرَّم . أعَزّ

val'ūed [**-ūd**], *a.* مُثَمَّن . ذو قِيمة . مُعتَرَف بقيمته . مُقَدَّر . مُعتَبَر . مُعزَّز . مُتَغالَى به

val'ūeless [**-ūl-**], *a.* عديم القيمة . لا قيمةَ له . لا نَفعَ فيه . لا فائدةَ منه

val'ūęr, *n.* مُثَمِّن خبير . مُخَمِّن

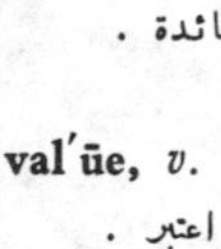

valve, *n.* صِمام . مِصراع = شِقّ (حيوان صَدَفي)

val'vūlar, *a.* مِصراعِي . مؤلف من مِصراعين (أو) أكثر . صِمامي (وخصوصًا في القلب)

vamp, *n.* القِسم من ظاهر الحِذاء الذي يُغطي ظهر القدم = صَدرُ الحِذاء = فَرعة . رُقعة . طِراق النَّعل

vamp, *v.* رَقَع . رَقَّع . رَمَّم وجَدَّد

vamp, *n.* امرأة تستغل جمالها لجذب الرجال واستغلالهم . مُمَثِّلة تقوم بمثل هذا الدور

vam'pīre, *n.* بَلَّاص = شخص يبتز أموالَ الناس ويعيش عليها . عَلوَق = عَوْلَق = وَطْواط يمتص دماء الناس في نومهم . خُفَّاش أمريكا . امرأة بَلَّاصة . مَيِّت يخرج من القبر ويمتص دماء النائمين . شخص يستغل غيرَه

— bat, خُفَّاش أمريكا يمتص دماء الحيوانات

van, *n.* سُلَاف (أو) مُقَدِّمة (الجيش أو الأسطول أو . . .) . طَليعة

van, *n.* عَرَبة (مُغَطَّاة) لنقل الأثاث (أو) البضائع . مِجْرَفة . جناح الطائر

vanād'ium, *n.* مَعْدِن نادر يُستعمَل في صنع أنواعٍ من الفولاذ

Van'dal, *n., a.* فَنْدالي (من الفَنْدال الذين اجتاحوا فرنسا واسبانيا وشمال افريقيا في القرن الخامس للميلاد)

van'dal, *n.* عَيَّاث = كثيرُ الإفساد (للأشياء الجميلة)

van'dalism, *n.* إفساد عَمْدِي (للأشياء الجميلة) = تعبيث . إفسادُ البَطَر . إفساد فاحش (أو) اعتباطي

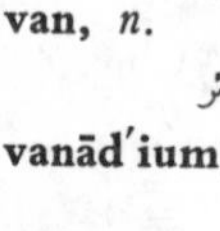

vāne, *n.* دَوَّارة الريح . فَراشة (مطحنة الهواء) . دَفَّاعة السفينة . ريشة على السهم . شَعرة من شعرات الريشة

van'guârd [-gârd], *n.* مُقدِّمة (الجيش) . طليعة . قادَة

vanill'a, *n.* خروب أمريكا = وانيلا = شجرة أمريكية يُستخرج منها عِطر يُطَيَّب به بعض الأطعمة

van'ish, *v.* اختفى (أو) غاب (أو) توارى عن النظر (فجأةً) . تَلَاشَى . باد . زال من الوجود . إضْمَحَلَّ . إنْعَدَم

van'ity, *n.* اغترار بالنفس . عُجْب . تِيه . غُرور . باطِلٌ . تَبَرُّج . بَهْرَجة . عَبَث . شيء بَهْرَج = لا قيمةَ له

— bag (case), قَشْوَة = عَتيدة = وِعاء تضع فيه المرأة طيبها ودهونها و . . .

van'quish [-kwish], *v.* غَلَب . هَزَم . انتصر (على) . تَغَلَّب (على) . قَهَر

vâ'ntage [-ij], *n.* فائدة . مَزِيّة . فَضيلة . تَفَوُّق

— point (ground), نقطة (أو) مَوقع مُشارَفة (أو) إشراف . وَضع مازِيّ يُعطي الشخص مَزِيّة على غيره . مَزِيّة

vap'id, *a.* غَثّ . غير شَيِّق . تَفِه . سَليخ = عديم الطعم . ليس فيه رُوح . مَسيخ . ليس عليه طَلَاوة

vāp'or, *n.* = vapour

vāp'orīse, *v.* حَوَّل إلى بُخار . بَخَّر . تَبَخَّر . صار كالبخار

vāp'orīser, *n.* رَذَّاذة . [بَخاخة] . بَخَّارة

vāp'orous, *a.* بُخارِي . مُشبَع بالبخار . كالبُخار . هوائي . لا طائل فيه . على شكل الضباب . من نسج الخيال

vāp'ory, *a.* مُشبَع بالبخار . كالبخار . بُخارِي

vāp'our [-pẹr], *n.* بُخار . ضَباب . تَخَيُّلات

vāp'ours [-pẹrz], *n. pl.* هِستيريا = هَرَع . انحطاط نفساني

vār'iable, *a.* مُتَبَدِّل . مُتَحَوِّل . متغايِر . قابل للتغيير (أو) للتحويل . مُغايِر (للأصل) . مُتباين

vār'iable, *n.* كمية مُتحوِّلة (أو) مُتغيِّرة (قابلة لقيم مختلفة ضمن حدود معينة)

vār'iance, *n.* اختلاف . تفاوت . تغيُّر . تغايُر . اختلاف شديد (في الرأي) . تبايُن

at —, على خِلاف . في تنافر . في شحناء (أو) مشاحنة . في نِزاع

vār'iant, *n.* مُغاير . شَكْلٌ مُغايِر (أو) مُختَلِف . تهجئة مُغايِرة (لكلمة ما) . بَديل . مُباين

vār'iant, *a.* مُغايِر . آخر . مُبادِل

vāriā'tion, *n.* تحوُّل . تفاوت . اختلاف . تَبدُّل . تغاير . تبايُن . مُغايَرة (للأصل) . مِقدار التفاوت . إنحراف

vār'icolored [-kulẹrd], *a.* = varicoloured

vār'icoloured [-kulẹrd], *a.* مُتغايِر (أو) مُتخيِّف الألوان = فيه ألوان مختلفة . مُتنوِّع . مُتلوِّن

var'icose, *a.* مُتورِّم (أو) مُتوسِّع (لاسيما أوردة الدم)

vār'ied [-id], *a.* مُتنوِّع . في أشكالٍ مختلفة . مُختلِف . مُتغايِر . مختلف الألوان

vār'iegāte, *v.* بَرْقَش . بقَّع (أو) خطَّط بألوان مختلفة . بَرَّش = جعله أبرش

vār'iegāted, *a.* مُتغايِر الهيئة . مُختَلِف الألوان = مُنمَّغ . مُتخيِّف . أرْبَش = أبرَش . مُبَرقَش . مُتنوِّع . مُتلوِّن

varī'ety, *n.* تخالُف = تغايُر . شَتات = أنواع مختلفة (من شيء واحد) . تنويعة . نوع (أو) ضَرْب (من) . متنوعات تمثيلية

vār'ious, *a.* مُتنوِّع . مُختلِف . مُتعدِّد . شَتَّى . مُتغايِر . أشتات . عِدّة

vār'iously, *ad.* باختلاف . بتغاير . بأنواعٍ شَتَّى . على أشكال مختلفة

vârl'ĕt, *n.* جُربُز = وَغْد = خَبيث ساقِط . شخص رَذْل . خادم

vârn'ish, *n.* طِلاء الوَرْنيش . طِلاء . جِلاء . تَمويه . مَظهر مُموَّه . رَوْنَق ظاهِري . دَماثة مُصطنَعة . طَلاوة سَطحيّة

vârn'ish, *v.* طَلَى بالورنيش . طَلَى . مَوَّه (بمظهر كاذب) . [رَوْنَق] . بهَّج . جَلَى

vârs'ity, *n.* جامعة (وتستعمل الكلمة عند الكلام على الألعاب)

vār'y, *v.* (-ried, -rying) غَيَّر . بدَّل . غايَر . اختلف . تفاوت . حوَّل . نوَّع . تنوَّع . تقلَّب . تغيَّر . شَذَّ (عن)

vas'cūlar, *a.* خاصّ بالأوعية الدموية (أو) الأقنية في الجسم . وِعائي . عِرْقي

vâṡe, *n.* قارورة . ظَرْف . [مَزْهرِيّة] . كُوز . قَصرِيّة

vass'al, *n.* مُزارِع إقطاعي = [فِشْتال] = بَريس (الجمع بَريسُون) . تَرَّاري . خادم . مُرابِع

vass'al, *a.* بَريسي = [فِشتالي] = تَرَّاري

vass'alage [-ij], *n.* بَريسيّة . [فِشتالية] . خِدامة . عُبودِيّة

vâst, *a.* وَسيع . مُترامي الأطراف . فَسيح (أو) باسِط جِدًّا . ضَخم (أو) عظيم جِدًّا . هائل . عَرَمْرَم . عَميم . جَسيم

vâst'ly, *ad.* إلى حدٍّ بعيدٍ جدًّا . بقَدرٍ عظيم جدًّا . جِدًّا

vâst'ness, *n.* عِظَم الفَساحة (أو) الحَجْم . ترامي الأطراف . جَسامة

vat, *n.* حَوْض . فِنْطاس . بَتِيّة . دَنّ . راقُود . بَرْميل . خابية (للخمر أو للسائل)

Vat'ican, *n.* الفاتيكان = مَقَرّ (أو) حكومة (أو) سلطة البابا (في روما) . بلاط البابا

Vatican Council, مجمع (أو مؤتمر) الفاتيكان (المسكوني) الأول ١٨٦٩/ ٧٠ والثاني ١٩٦٢/ ٣

vaude'ville [vōdvil], *n.* تمثيلية هَزْلية خَفيفة مصحوبة بالموسيقى . تمثيلية تَرْفِيهِيَّة مُتَنَوِّعة (في قاعة موسيقية) . متنوِّعات تمثيلية

vault, *n.* عَقْد = سَقْفٌ مُقَبَّب (أو) مَقبُوٌّ = كَمَر . قَبْو . قَناطِر . ساباط . قُبَّة . دِيماس . سِرداب . سماء . مَحْرَزَة = غرفة منيعة لحفظ الثمائن

The — of heaven, قُبَّة السماء

vault, *v.* قَبَّب . عَقَد (السقفَ) . قَبَّى . غطَّى بعَقدٍ (أو) بسقفٍ مُقبَّب . قَنطر . جَنبَذ

vault, *n.* طَفْرَة = قَفزَة (من فوق شيء) باستعمال اليدين (أو) عمود القَفز . وَثبة

vault, *v.* طفر (الحائطَ) = طَفّ = قَفز من فوقه . وَثَب . طمح

vaunt, *v.* تفاخر . تَبَجَّح . زَخْوَرَ . تَباهى . تَبَذَّخ . تَمَدَّح

vaunt, *n.* تفاخُر . مُباهاة . مُفايَشة . تَبَجُّح . بَذَخ

V.C. = Victoria Cross; Vice-Consul; Vice-Chairman; Vietcong

V. D. = venereal discases

veal, *n.* لحم العِجْل

vec'tor, *n.* كمية (في الرياضيات) لها اتجاه . حيوان ناقل للطفيليات المرضية

veer, *v.* انحرف (أو) تَحَوَّل (اتجاهُه) . انفتل . دار . مال = عاج . زاغ . مدَّ الحَبْلَ

veer, *n.* انحراف . تَحَوُّل . لَفتَة . عَوْجَة . مَيلة . زَوْغة

Vēġ'a, *n.* (نجم) النَّسر الواقِع . غُوطَة (أو) بطحاء

ve'gētable, *n.* خُضْرة (خُضَر) . خَضراء (خَضراوات) . نبات

ve'gētable, *a.* خَضراوِي . نبَاتي

ve'gētal, *a.* نبَاتي . خَضراوي . نُمُوّي

vegētār'ian, *n.* آكِل النَّبات . آكِل الخُضَر (دون اللحم) . نبَاتي

vegētār'ian, *a.* خاص بأكل النبات (أو) الخُضَر (دون اللحم) . خالٍ من اللحم

ve'gētāte, *v.* نبَت . نَما كالنبات . عاش عيشة التناوم والتكاسل = تَقَمَّع

vegētā'tion, *n.* حياة النبات . نَبْت . نَبات . نبَاتات . خُضرة . نامِيَة خبيثة في الجسم . تقمُّع

ve'gētative, *a.* نابت . نامٍ كالنبات . نباتي . مُتَقَمِّع . مُنْعِش للنمو (في النبات)

ve'hēmẹnce [vē-im-], *n.* احترار . احتداد . حِدّة . حَماسة . اهتياج . عُنف . شِدّة

vē'hēmẹnt [vē-im-], *a.* مُحتَرّ . مُحتَدّ . حادّ . مُتَحمِّس . عَنيف . شديد . متهيِّج . بِحَميَّة

vē'hicle [vē-ikl], *n.* عَرَبة . واسطة نقل = نَقُولة . أداة مُوصِلة = مِيصال . مِنقَلة . مائع (أو) سائل يتعلّق فيه صِبغ (أو) عَقّار = سِواغ

vēhic'ūlar, *a.* خاصّ بالعربة (أو) بواسطة النقل . نَقْلي

VEHICLES: THE MOTOR CAR

المركبات

السيارة

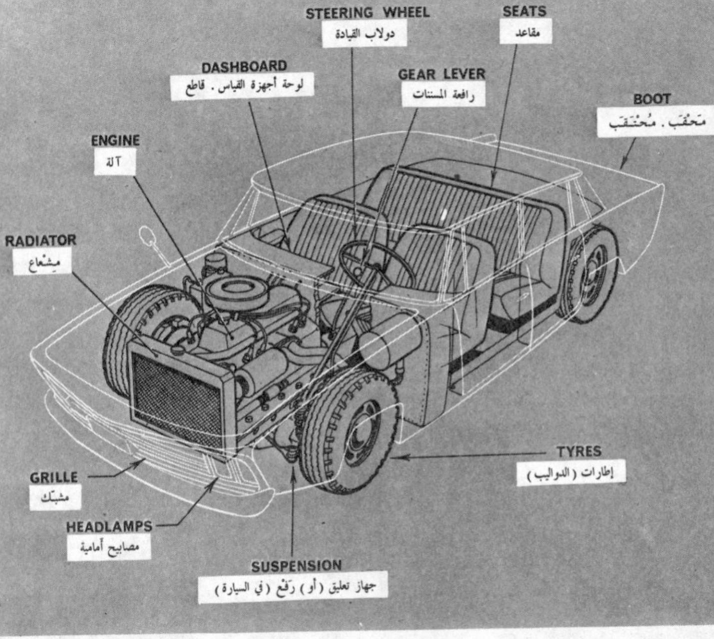

veil [vāl], *n.* حِجَاب . سِتار . قِناع . خِمَار

to take the —, دخلت دَيْر الراهبات . تَرَهَّبَت

veil, *v.* حَجَّبَ . سَتَرَ . قَنَّعَ . أخفى . غَشَّى

veiled [vāld], *a.* مُحَجَّب . مَحْجُوب . مُغَشًّى . مُغَمَّض = مُبْهَم . مَستور

veil'ing [vāl-], *n.* قُمَاش يُصنَع منه الحُجُب والأقنعة ويكون رقيقاً كالشُفوف

vein [vān], *n.* عِرْق (الدم) . وَرِيد . ضِلَع (أو) عِرْق (ورقة النبات) . عِرْق (في الصخر) = سامة . طريقة (في الخشب أو غيره) = حِبَاك . راسب معدني = رَكِيز

vein [vān], *n.* خُطَّة = نَزْعَة . خَصلة . مِزاج = عِرْق . حالة نفسانية . مَيل . أسلوب (الكلام)

vein [vān], *v.* عَلَّم (أو) غَطَّى بالعُروق . جَزَّعَ

veld(t), *n.* مَرْج (في جنوب افريقيا)

vell'um, *n.* رَقّ (للكتابة) . وَرَق (أو) قُماش مَصنوع كالرَّق

vēlo'cipēde, *n.* عَجَّالة = دَرَّاجة للأولاد (بدولاب أمامي كبير ودولابين صغيرين خلفيين) . دراجة قديمة بدولابين (أو) ثلاثة

vēloc'ity, *n.* سُرعة . عَجَلة . مُعَدَّل السُّرعة

vẹlour(s)' [vẹlōōr], *n.* نسيج ثقيلٌ كالمُخمَل . مُخمَل ثقيل . نوع من القطيفة لصنع القبعات

vel'vĕt, *n.* مُخمَل

velvĕteen', *n.* مُخمَل من القطن (أو) من القطن والحرير (مُخمَل قصير)

vel'vĕty, *a.* شبيه بالمُخمَل . ناعِم المَلْمَس كالمُخمَل . مُخمَلي . سائغ (في الفم)

vēn'al, *a.* مُرتَشٍ . يُشتَرَى بالمال . بالبِرْطِيل . يقبل البِرْطيل . مُؤتَجِر . مُستأجَر

vēnal'ity, *a.* قابلية الإرتشاء . تَبَرْطُل . إرْتشاء

vend, *v.* باعِ . تَجَوَّل وباع

vendee', *n.* المَبيع له . الشاري . المشتري . مُبتاع

ven'dẹr, *n.* بائع . بائع مُتَجَوِّل

ven'dor, *n.* = vender

vendett'a, *n.* ثأر

vēneer', *n.* صفيحة خشب رقيقة . غَشْوَة رقيقة من خشب فاخر . [تَلْبيسة] . طِلاء خارجي = تَشويف . مَظهر مُبَهْرَج (أو) مُزَخْرَف

vēneer', *v.* غَشَّى (أو) لَبَّس (بغشوة رقيقة من خشب فاخر أو من شيء ثمين) . [لَبَّس] . شَوَّف = طَلَى سَتْرًا لِعُيوبه ولتحسين المظهر . بَهْرَجَة (أو) زَخْرَفة

ven'ẹrable, *a.* جليل القَدْر (لكِبَر سِنّه) . مُوَقَّر . مُبَجَّل

ven'ẹrāte, *v.* أجَلَّ . وَقَّر . عَظَّم شأنَ . بَجَّل . احترم أعظَمَ احترام . أكْبَرَ

venẹrā'tion, *n.* إجلال . توقير . تعظيم الشأن . احترام عظيم . إكبار

vēnēr'ēal, *a.* زُهَرِي = خاص بالجماع (أو) متسبِّب عنه

Vēnē'tian [-shẹn], *n., a.* بُنْدُقي . خاص بمدينة البُنْدُقية

ven'geance [-jẹns], *n.* ثَأر . انتقام . أخذ بالثأر

with a —, بشدةٍ . بعُنف . لِلغاية . إلى درجة بعيدة . على الوجه الأتَمّ

venge′fụl [-jf-], *a.* حريص على أخذ الثأر . مُنتَقِم . حَقُود

vēn′ial, *n.* من لَمَم الذنوب . يُصفَح عنه . يُغفَر = عَرَضي (أو) غير مُميت . مَعذُور

Ven′ice, *n.* مدينة البندقية

ven′iṡon, *n.* لحم الغزال (للأكل)

ven′om, *n.* سُمّ (الأفاعي) . غِلّ . ضَغينة = داغِلة = حِقد مُكتَتَم

ven′omous, *a.* سامّ . مُسِمّ . ذو غِلّ . ضِغني . سُمّي

vēn′ous, *a.* ذو عُروق . خاصّ بالعروق (أو) الأوردة الدموية . وَريدي

vent, *n.* ثَقب . مَفتَح . مَنفَس . مَمرَق للهواء = مَهوَى . مَنفَذ . مَخرَج (البدَن) . شَرمَة (في الثوب)

to give — to, فَشّ نفسه (أو) نفّس عن نفسه (بالكلام ...) . تفشّش

vent, *v.* أخرج . فَشّ (الغضبَ) . نفّس . تَفَشّش . فرّج (عن) . خرَج من الماء للتنفس

ven′tilāte, *v.* غيّر (أو) جدّد الهواء . هوّى . صفّى . عرّض (للبحث والمناقشة)

ventilā′tion, *n.* تغيير (أو) تجديد الهواء . تهوية . تعريض (للبحث)

ven′tilātor, *n.* مُجدّدة الهواء . مِهواة . مُهوِّية

ven′tral, *a.* بَطني . جَوفي

ven′tricle, *n.* بُطَين (القلب)

ventrilō′quial [-kwial], *a.* قَيمَري

ventril′oquiṡm [-kwizm], *n.* قَيمَرة = التكلم بدون حركات لكلام كأنه من غير مكان التكلم (أو) من شخص آخر

ventril′oquist [-kwist], *n.* قَيمَر = شخص يظهر أنه يتكلم من غير مكان التكلم (أو) من شخص آخر

ven′ture, *n.* مُغامرة . قُحمَة . استجراء . مُخاطرة

at a —, عَرَضًا . لا على التعيين = فَلتةً

ven′ture, *v.* غامر . قَحم . استجرأ . خاطر . غرّر بنفسه

ven′turesome [-chẹrsẹm], *a.* مُغامِر . مُتهوّر . مُتقحّم . مِقحام . مُغرّر . فيه مخاطرة . جَريء

ven′turous [-chẹr-], *a.* مِقحام . مُغامِر . فيه مُخاطرة . مُقذِّف

ven′ūe, *n.* مَشهَد . مَوقِع . مِنطَقة المحاكمة . مَوقِف . مكان الاجتماع المُعيّن

Vēn′us, *n.; pl.* -uses إلاهة الحب والجمال عند الرومان . (كوكب) الزُهرة . حَسناء

verā′cious [-shẹs], *a.* صادِق . مطابق للحقيقة . صحيح

vera′city, *n.* دِقّة . صِحّة . صِدق . حَقيقة

veran′da(h), *n.* [بَرَندة] = شبه رُواق جانبي مَسقوف = خَرجة

verb, *n.* فِعل (في الصرف والنحو)

verb′al, *a.* كلامي . بالكلام (لا بالفعل) . شفهي . لَفظي . نُطقي . حَرفي . مُتعلِّق بالفِعل . من الفِعل

— noun, اسم فِعل

verb′al, *n.* اسم فاعل (أو) مَصدَر . اسم (أو) صفة مشتقة من الفعل

verb′aliṡm, *n.* تنطّع (أو) إسفاف في الكلمات . عبارة كلامية . تشدّق في الكلام . تصفيف الكلام = كلام مركّب غير مُفيد

verb'ally, *ad.* بالكلام . كَلاماً . شَفهياً . كالفِعل

verbāt'im, *a(d).* طِبق الأصل . حَرفاً حرفاً . كلمةً كلمةً . كما هو نَصاً

verbēn'a, *n.* رِعْي الحَمام = نبات بستاني قصير بزهرٍ مختلف الألوان

verb'iage [i-ij], *n.* كثرة الكلام . حَشْوُ . سَرَف في الكلام . تطويل الكلام

verbōse', *a.* فيه إكثار (أو) سَرَف في الكلام . كَلَاني . فيه تطويل

verbos'ity, *n.* إكثار (أو) سَرَف في الكلام . تطويل في الكلام . كَلَانِيّة . إسهاب

verd'ant, *a.* ناضِر الخضرة = مُمرِع . مُخْضَرّ . غَشيم = عديم الخِبْرة = غَرير = [بغو] . أخضر . كثير الخُضرة . مُعشِب

verd'ict, *n.* حُكم (المُحلَّفين) . قَرار . حُكم . رأي (مُمحَّص)

verd'igris [*or* -rīs], *n.* زِنجارة = صَدأ النُحاس

verd'ūre, *n.* إخضرار . خُضرة . نَضْرَة . خُضرة ناضِرة . إعشيشاب

verge, *n.* حافة = حَفّة . حَرف . شَفير = شفا = شَرَف . حاشِيَة (من العشب على جانب الطريق) . عُكّاز (يُحمل أمام صاحب السلطة) . طُنف (أو) إفريز (السَّطح) . حَوْزَة . قائم العمود

on the — of, على شَرَف (من) . أَهدَف (على)

verge, *v.* شَفَّر = كان على الحَفَّة (أو) الشفير = أشفى . أشرف (أو) أهدف (على) = طَنَّف = ناهز . قارب . دنا . مال

verid'ical, *a.* صادق . حقيقي . واقِع . مطابق للواقع

ver'ifīable, *a.* يمكن تحقيقه (أو) إثباته

verificā'tion, *n.* تحقيق . تثبيت . تيقين . ترصين . مِصداق . إقامة الدليل على صحته . رأي (أو) زعم

ve'rifȳ, *v.* (-fied, -fying) = أيقَن = يقَّن = حَقَّق = رَصَّن . ثَبَّت . تحَقَّق (أو) تَيَقَّن (من)

ve'rily, *ad.* حَقاً . أَلَا إنَّ . . . إنَّ

verisimil'itūde, *n.* شَبَه الحقيقة . إيهام بالحقيقة . مخيلة الحقيقة

ve'ritable, *a.* بِحَقٍ . حَقيقي . صَحيح . فِعلي . صادِق . مُحقَق . قُحّ

ve'rity, *n.* حَقيقة . صِحّة . صِدْق . حقيقة واقعة . حقيقة أساسية

ver'juice [-jo͞os], *n.* عصير الفاكهة (كالعنب والتفاح) الحامض . حِصرِم (العنب)

verm'eil [-mil], *n.* لون زِنجَفرِي (أو) أحمر ناضِر . مَعدَن مُزَبْرَج (أو) مطلي بالذهب . تمويه ذهبي للفضة . لون قرمزي خفيف

vermicell'i, *n.* شُعَيرِيّة = خيوط دقيقة من العجين تُستعمل بعد التجفيف لصنع الحساء = إطرِيَة

verm'ifôrm, *a.* دودي الشكل . على هيئة الدودة

— appendix, المِعَى الأعور . الزائدة الدودية

ver'mifūge, *n., a.* (دواء) طارد للديدان (من الجسم)

vermil'ion, *n.* زِنجفر = [سيرقون] = سَيلَقُون . لون زِنجَفري . لون قرمزي

vermil'ion, *a.* زِنجفري . أحمر ناضر

verm'in, *n.* حيوان (أو) طائر عَيّاث . هامّة . هَوَامّ . نَغَفة . نَغَف . حَمَك . حَشَرة

verm'in, *a.* رَذْل . مُسترذَل . أرْذال . أوباش

verm'(o)uth [-ōōth, -ōōt], *n.* نبيذ أبيض مُطعَّم بالأفسنتين

vernac'ūlar, *n.* اللغة البَلَدية . لغة البَلَد . اللغة الدَّارِجة . رَطانة . لَهْجَة

vernac'ūlar, *a.* مُتعلِّق باللغة البلدية (أو) اللغة المحلية

vern'al, *a.* رَبيعي . خاصّ بالربيع . خاصّ بربيع العمر (أو) الشَّباب . (نَسمة) رُخاء . في الشَّباب

veron'ica, *n.* = (نبات) لَبلاب المجوس = شِيح

verrū'ca, *n.; pl.* -cae [-si] . ثُؤلول . نَبْرة (في الجسم أو النبات) . داء الثآليل

vers'atīle [*or* -til], *a.* مُتصرِّف في فنونٍ عِدّة = مُتفنِّن = ماهِر (أو) مُتَمَهِّر في أمورٍ عديدة = مُتعدِّد المَهارة . بِصناع . ذو كِفايات متعدِّدة . قابل للتحوُّل من عملٍ إلى آخر . مُتحوِّل

versatil'ity, *n.* تَفَنُّن . تَعدُّد المهارة . إفتنان = حَوالَة

verse, *n.* مِصراع (أو) شَطر بيتٍ (من الشعر) . بيت شِعر . فَقَرة (من قصيدة أو أُنشودة) . شِعر . آية

versed [-sd], *a.* مُتضَلِّع . حاذِق . دارِب . مُتَمَهِّر . مُتمَكِّن (من علمٍ أو مَهارة)

vers'icle, *n.* آية (أو) عبارة من كتاب مُقدَّس مُقتَصرة تُنْشَد في صلاةِ الذِكر

versificā'tion, *n.* نظم الشِعر . العَرُوض . أوزان الشعر . أُسلوب الشعر . تقصيد القصائد

vers'ifīer, *n.* ناظم شِعر . نظّام . مُقصِّد

vers'ify, *v.* (-fied, -fying) نَظَم الشِعر . قَصَّد . نَظَم النثر شِعرًا . قَصَّ شِعرًا

ver'sion [-shen], *n.* بَيان . تَرْجَمة . رِوايَة . حِكايَة . نصّ (مُتَرْجَم) . طَوْر . تأويل

vers'ō, *n.; pl.* -os الصحيفة اليُسْرَى (من كتاب) . ظهر الورقة . ظهر المسكوكة (خلاف وجهها وهو recto)

verst, *n.* مسافة كيلومتر تقريبًا (في روسيا)

vers'us, *prp.* ضِدّ . إزاء

vert'ēbra, *n.; pl.* -brae [-brē] *or* -bras . فَقْرة (أو) فَقَارة (في الظهر) . خَرَزة الظهر

vert'ēbrae [-brē], *n., pl. of* vertebra خَرَزات الظهر = فَقَار (وهي جمع كلمة فَقَارة) = العمود الفَقَري . سِلسلة الظهر

vert'ēbral, *a.* فَقارِي . فَقْرِي

vert'ēbrāte [*or* -it], *a., n.* حيوان ذو فَقَار . فَقاري . ذو فَقَار . ذو عمود فَقْري . مُفَقَّر

vert'ex, *n.; pl.* -icēs . ذِروة . رأس . قِمّة . زاوية الرأس (في المثلث) . قِمّة الرأس . سَمت الرأس (في الفلك)

vert'ical, *a.* عَمُودي . قائم . شاقولي . في السمت . فوق الرأس عموديًا

vert'ical, *n.* خط (أو) سطح قائم . خطّ عَمُودي (أو) شاقولي . عَمُود

vert´icēṡ, *n.*, *pl. of* vertex

verti´ginous, *a.* دُوَامي (أو) دُوَامي . مُدَوِّم . يدور كالدُوَّامَة . يُدَوِّم الرأسَ (كما يُدَوِّمِ الخمرُ رأسَ السكران)

vert´igō, *n.*; *pl.* -go(e)s = دُوَام دَوَمان = دُوَار (الرأس) = [دوخة]

vertu, *n.* = virtue

verve, *n.* تَحَمُّس . تَوَقُّد القريحة . نشاط . حَيَوِيَّة

ve´ry, *a.* عَيْن (أو) نَفْس (أو) ذات (الشيء) . صحيح . حقيقي . حَقّ . جِدّ . فِعلي . مُجَرَّد . حتى (إن)

ve´ry, *ad.* جِدًّا . تمامًا . جِدّ

ves´icle, *n.* حُوَيْصِلَة . نَفْطَة . مَجْلَة . فُقّاعة . نَبْخَة

Ves´pẹr, *n.* نجمة المساء . نجمة الزُهَرَة

ves´pẹr, *n.*, *a.* مساء . مسائي . صلاة المساء . خاص بصلاة المساء

Ves´pẹrṡ, ves´pẹrṡ, *n. pl.* صَلاة المَساء (أو) المَغرِب

vess´ẹl, *n.* إناء . وِعاء . ظَرْف . سَفينة (أو) مَرْكَب (غير الشراعي أو الذي بالمجاذيف) . وِعاء دَمَوي . أُنبوب

vest, *n.* ثَوْب . قَباء . صَدْرِيَّة . صِدار (للمرأة) . قميص تحتاني = مِجْسَد

vest, *v.* أَلْبَس (ثوبَ الكهنوتية) . أَلْبَس . خَوَّل = قَلَّد . مَلَّك . آتى

ves´ta, *n.* عود ثِقاب قصير. عود ثِقاب شَمعي

Ves´ta, *n.* إلاهة المَوْقِد العـذراء (عند الرومان القدماء)

ves´tal, *a.*, *n.* عَذراء . طاهِرة . عَفيفة . قَيِّمة النار المقدسة . عذراء تكون خادمة (أو) سادنة للنار المقدّسة عند الرومان القدماء . راهِبَة . امرأة عَفيفة

ves´tẽd, *a.* مُرتَدي (ثِياب الكهنوت) . مُخَوَّل . مُمَلَّك

— interests, مصالح مُحرَّرة (أو) مُكتَسَبة

ves´tibūle, *n.* قاعة المَدْخَل . دِهْليز = وَصِيد = بهوة . دِهليز الأُذن

ves´tige, *n.* رَسْم = أَثَر . عَلامَة . أثر باقٍ = عُقْبَة . مَسْحة من أَثَر . عُضو (أو) جُزْء ضامِر (من الجسم) له بقية (كالزائدة الدودية)

vest´igial [-jial], *a.* أَثَري . باقٍ على شكلٍ ضامر

ves´titure, *n.* غِطاء (أو) كِساء طبيعي للحيوانات (كالريش للطير مثلًا)

vest´mẹnt, *n.* ثوب (أو) كِساء (كهنوتي) = إِسْكيم

ves´try, *n.* غُرْفة الأكسية الكهنونية (في الكنيسة) . اجتماع أفراد الأبرشية . غرفة اجتماعات (في الكنيسة) . لجنة إدارة شئون الكنيسة

ves´ture, *n.* ثياب . لباس . كُسْوة

vet, *n.* طبيب (أو) جَرّاح بيطري

vet, *v.* (-tted, -tting) عالج الحيوانَ طِبّيا . فَحَص طِبّيا . فَحَص . تَفَحَّص . دَقَّق

vetch, *n.* جُلُبَّان . كِرِسَنَّة . بِيقَة . بيقيّة

vet´ẹran, *n.* عَهيد (أو) طاعِن (في عَمَلٍ أو حركة) . مَرِس (حرب) . قَرْم (في السياسة)

vet´ẹran, *n.* عَهيد . مُحنَّك . مُتَمَرِّس

vetẹrinār´ian, *n.* طبيب بيطري

vet´ẹrinary, *a.* متعلق بالطب البيطري

vet´ẹrinary (surgeon), *n.* طبيب بيطري

vēt′ō, *n.*; *pl.* -toes *or* -tos حَقّ الحَجْب = حَقُّ المَنْع (أو) الرَّفض (أو) النقض . رَفْض . مَنْع . مَنْع باتّ

vēt′ō, *v.* (-toed, -toing) استعمل حقّ الرفض (أو) الحَجْب . رَفَضَ . مَنَع (منعًا باتًّا) . حَجَب

vex, *v.* صَدَّع . أمعض . أغاظ . كَدَّر الخاطر . أضجر = أبرم = نَكَّد (الخاطر)

vexā′tion, *n.* تصديع . إمتعاض . إغاظة . إضجار . إبرام . مُناكَفة . مُناكَدة

vexā′tious, *a.* مُمعِض . مُغيظ . مُكَدِّر للخاطِر . مُبْرِم

vexed [-kst], *a.* خِلافي . كَثُر الأخذُ والردُّ فيه . فاحِص . مُصَدَّع . مُغتاظ

a — question, مسألة خِلافِيَّة (أو) فاحِصَة . مسألة مُعْضِلَة (كثُر النزاعُ والجَدَل فيها) . مسألة مُصَدِّعَة = مسألة خرقاء

vi′a, *prp.* (مُسافِر) بِطريق . (ذاهب) عن طَريق

vīabil′ity, *n.* قُدْرَة على العيش (أو) البقاء

vī′able, *a.* قابل للعيش (أو) للبقاء . ممكن أن يَبقى حَيًّا (كالوليد) . قادر على العَيش (أو) البقاء

vī′aduct, *n.* جِسر مَجازي = مَعْدًى = جسر طويل مرتفع فوق قناة (أو) وادٍ (أو) طريق . طريق (أو) سكة حديدية على هذا الجسر

vī′al, *n.* قارورة . حُنجور . قنّينة (صغيرة)

vī′and, *n.* مادة غذائية . طَعام . لون من الطعام

vī′ands, *n. pl.* أطايب الطعام . طُرَف الطَّعام . أزواد . طعَام . مواد غذائية

vīb′rant, *a.* يهتز نشاطًا وحيوية . مُهتَزّ . مُتَرَجرِج . طنّان

vībrāte′, *v.* اهتزّ . تَرَجرَج . تَهَزهَز . تَمَرمَر . تهدَّج . تَذَبذَب

vībrā′tion, *n.* اهتزاز . هَزهَزة . ذَبذَبة . ارتعاص . تَهَدُّج

vībrāt′or, *n.* هَزهاز . هَزهازَة

vic′ar, *n.* خوري . قِسيس الأبرشية . قِسّيس يمثل البابا (أو) الأسقف . نائب . وكيل

Vicar of Christ, البابا

vic′arage [-ij], *n.* بيت (أو) منزل الخوري (أو) القسيس . مَنصِب الخوري

vicār′ious [*or* vīc-], *a.* عِوَضي . بالعِوَض . مُنتَقَل (من الغير إلى النفس كالسرور يشعر به الإنسان نقلًا عن غيره) . بالتَّخَيُّل . بالانتقال . بأن يَتَخَيَّل الإنسانُ نفسَه مكانَ غيرِه

vīce, *n.* فِسق . رَذِيلة . خَصلَة ذميمة (أو) مَرْذولة . عَيب . قبيحة . عادة سيئة

vīce, *n.* مِلزَمة . مِنْزَمَة

vīcē, *prp.* نائب . عاقِب . مكانَ . بدلًا (من)

vīce-ad′miral, *n.* لِواء بحري = ضابط بحري دون أمير البحر مباشرةً

vīce-chân′cęllor, *n.* نائب رئيس الجامعة (في بريطانيا) . رئيس إدارة الجامعة (في الولايات المتحدة)

vīce-con′sul [-sęl], *n.* نائب القُنصل

vīce-pres′idęnt, *n.* نائب (أو عاقب) رئيس الجمهورية

vīce′roy [-sr-], *n.* نائب (أو فادِن) الملك

vī′cē vers′a, وبالعكس

vic′inal, *a.* مُجاوِر . مُصاقِب

vicin′ity, *n.* جِوار . قُرْب . تجاور . منطقة مجاورة

in the — of, بالقُرب (من) . بجوار

vi'cious [-shẹs], *a.* فاسِق . فاجِر . قَبيح . ذَميم . رَذِيل . شَرِس (كالحيوان الشَّرِس) . مَدْخول = فاسد = مَعيوب . غير صحيح . باطِل (كالحجة الفاسِدة) . لعين . حَقود . خبيث . مَشُوب . قَذِر

— circle, سلسلة من الصعوبات (أو) المكاره كلٌّ منها تتفاقم بفعل الأخرى . شيئان (أو أشياء) يُفسِد أحدهما الآخر = دَوْر حَيسيّ . دَوْر . استدلال دَوْرِي (وهو استنتاج النتيجة من قضيَّة تحتوي على النتيجة نفسها)

viciss'itūde, *n.* تَقَلُّب = غِيَرَة = تَصَرِيفة = صُرُوف (الزَّمان) . تَنَقَّل الحال

vic'tim, *n.* مَضْرور (بجريرة غيره) . مُصاب . فَريسة . ضَحيَّة . قُرْبان . شَخص مَجْنيّ عليه من أشخاص (أو) قوى فوق طاقته

vic'timīze, *v.* غَبَن . أخذ بالحيلة والغش . تَغَشْمَر = جار وقَسا . ضَحَّى = استفدى . جعله ضحيةً (أو) فدىً (عن) . تَجَنَّى (على) . أخذه بأطير غيره = استأطر = استباء

vic'tor, *n., a.* مُظَفَّر . غالِب . مُنْتَصِر . مَنصور

victôr'ia, *n.* عربة خفيفة وطيئة . نوع كبير جدًا من النيلوفر . نوع من الخوخ (أو) البرقوق الأحمر

Victôr'ian, *a., n.* أديب (أو) مؤلِّف من عهد الملكة فكتوريا . خاص بعهد الملكة فكتوريا

victôr'ious, *a.* غالِب . مُظَفَّر . مُنْتَصِر . انتصاري

vic'tory, *n.* نَصر . غَلَبة . انتصار

Pyrrhic —, نَصر باهظ الثمن

vic'tual [vitẹl], *v.* (-l(l)ed, -l(l)ing) مَوَّن . زَوَّد . أَمَدَّ بالغِذاء (أو) المواد الغِذائية . تَزَوَّد

vict'ual(l)ẹr [vitlẹr], *n.* مَوَّان . زَوَّاد

vic'tuals [vitẹlz], *n. pl.* = أَسْكان = أقوات = أَغْذِية = مواد غذائية = أزْواد = مُؤَن

vicūgna, *n.* = vicuna

vicū'na [-nya *or* vicūna], *n.* حيوان كاللاما يعيش في أمريكا الجنوبية . قماش من صوف من هذا الحيوان

vid'e [veedi, vīdē, vīdee], *v.* فِعل أمر بمعنى أُنْظُر

vīe, *v.* (vied, vying) نافَس . باهَى . نافَس . سامَى = بارى للتفوّق (على) = فاوَز

Vīẹnnēse', *a., n.* من فينا (في النمسا) . أحد سكان فينا

view [vū], *n.* رُؤية . مَرأى . مَنظَر . مَعنىً . مَشْهَد . صورة مَنظَر . رأي . نظرة

to be in full —, أن يكون الشيء مَرئيًا بكامله

to be in —, في مرأى العين . مَنظور . مَرئيّ . بالمَعان . قيد النظر . في النيّة . مأمول = مَنظور

in — of, بالنظر (إلى) . نظرًا (إلى)

on —, مَعروض (للنظر)

with a — to, بنية (أو) بقصد منظورًا فيه (إلى) . مع اعتبار . مع النظر (إلى)

to have in —, أن يكون لديه شيء مأمول (أو) مَنظور (أو) في النَّفس

point of —, وِجهة النظر

view [vū], *v.* رأى . نَظَر (إلى) . اعتبر

view'less [vū-], *a.* غير منظور . لا يُرَى . عديم الرأي . لا رأيَ له . لا يَرَى . مَطموس الرُؤية . أعمى

view'point [vū-], *n.* طِلع . مُطَّلَع . وِجهة النظر . مُطَلّ = مَرْبأ

vi'gil, *n.* سَهر . رِقبة . تَهَجُّد . وَقفة (أو) بَيْرَمون العيد (يُصام فيه)

vi'gilance, *n.* تَيَقُّظ . تَنَبُّه . احتراس

vi'gilant, *a.* مُتيقظ . مُتَحَرِّس . ساهِرٌ

vi'gils, *n. pl.* صلاة الليل . صلاة التهجُّد

vĭgnette' [vĭnyet], *n.* صورة تخف رسومُها تدريجًا حتى تتلاشى في المؤخرة . زَخرفة من أوراق العنب وخيوطه في رأس الصحيفة (أو) آخرها . وصف قصير كتابي (لشخصٍ ما)

viġ'or, *n.* = vigour

viġ'orous, *a.* قويّ الجسم . شَديد القوة = مَرير . شَديد . نَشيط . قَويُّ العَزْم . جَزل . نشيط النمو

viġ'orously, *ad.* بقوةٍ (شديدة) . بمتانةٍ . بِشدّة

viġ'our [-ġẹr], *n.* مَتانة (أو) شِدّة (القوة) = مِرّة . قُوّة . طاقة . [عَزم] . نَشاط

vīk'ing, *n.* أحد القراصنة (أو) لصوص البحر الاسكندنافيين الذين غزوا شواطئ أوروبا في القرون من الثامن حتى العاشر

vīle, *a.* (-ler, -lest) ذَميم . لَعين . شَنيع . قبيح . كريه = خَبيث . قَذِر . رَذِيل . دَنِيء . مُقذِع

vilificā'tion, *n.* إقذاع . طعن . تشنيع . ثلب

vil'ifȳ, *v.* (-fied, -fying) بَذأ (عليه) = أقذَع (له) = فَحَش (عليه) بالكلام = شَنَّر . شَنَّع (عليه)

vill'a, *n.* دارة . دَسْكَرِيَّة . بيت صَيفي . دَوْحة (أو) دَوْح

vill'age [-ij], *n.* [دَشْرة] = قَرْيَة . أهل القَرْيَة . [ضَيعَة]

vill'agẹr [-ij-], *n.* قَرَويّ . ابن القَرْيَة . ابن [الضَيعَة]

vill'ain [-ẹn], *n.* حَراميّ . نَذل . شَخص خبيث سافِل الطبع . وَغْب . خُرْبُز . وَغد

vill'ainous [-ẹn-], *a.* حَراميّ . دنِيء . سافِل رَذِيل . خَبيث (جدًا)

vill'ainy [-ẹni], *n.* قَباحة . خُبث وسَفالة . تَحَرُّمة . نَذالة . عَمَل خبيث سافِل . خُبث (مع حب الإضرار)

vill'ein [-ẹn], *n.* = [مُرابِع] = خَوْلي عَبد إقطاعي (أو) حَرّاث له بعض الحرية

vim, *n.* قُوّة . شِدّة . زَخم . شِرَّة

vin'dicāte, *v.* زَكَّى = بَرَّر . بَرَّأ . أَحَقَّ = أوجب . أثبَت صحته (أو) صلاحه بعد الجحد (أو) الشك

vindicā'tion, *n.* تَبرير . تَزكِيَة . تَبرئة . إحقاق

vindic'tive, *a.* مُحِبّ للانتقام (أو) لأخذ الثأر = مِثْئار . مُنتَقِم . حَقود . تأديبي

vīne, *n.* كَرْمَة = دَالِية = شجرة عِنب = حَبَلة

vīne'-dressẹr [vīnd-], *n.* كَرّام = صاحب الكرم والمعتني به

vin'ēgar, *n.* خَل

vīn'ẹry, *n.* مَكْرَم = مكان محفوظ لتربية الكَرْمَة

vine'yârd [viny-], *n.* كَرْم (عِنَب)

vīn'ous, *a.* خمري . نبيذي . كالخمر . مُدْمِن على الخمر (أو) النبيذ

vin'tage [-ij], *n.* قِطاف وعصر العنب للخمر . محصول عِنَب الخمر (من موسمٍ للعنب). محصول (موسِم) العنب. خمر (أو) نبيذ من محصول سنة معينة . تاريخ يتخذ معيارًا للجودة . قِطاف العنب (وصُنع الخمر منه)

vin'tage [-ij], *a.* مصنوع من عِنَب ذي نوعية جيدة (في سنة معينة) . مُعتَّق (من نوع جيِّد)

vint'nẹr, *n.* نبَّاذ . خمَّار . بائع نبيذ (أو) خَمر (بالجملة)

vī'ol, *n.* آلة ذات خمسة أوتار (أو) أكثر كالكمنجة . ربابة

vīōl'a [*or* **viō-**], *n.* كمنجة كبيرة (ذات أربعة أوتار)

vī'olable, *a.* يمكن انتهاكه . يمكن اغتصابُه

vī'olāte, *v.* عَتْرَس = أخذ بالعُنف والشدة . هَتَك . انتهك (الحرمة). خرَق . نكَث . نقَض. تجاوز (على حرمة . . .). اغتصب. غَصَب (المرأةَ نفسها)

vīolā'tion, *n.* انتهاك . خَرْق . نقض . غَصب (النفْس)

vī'olātor, *n.* مُنتَهِك . مُغتَصِب (أو) غاصِب (المرأة) . ناكِث

vī'olẹnce, *n.* شِدّة . بطش . عُنف . سَورة . حِدَّة . انتهاك . عَتْرَسَة . عَنوة . جور . غَشْمَرَة . مُغافَصة

to do — to, أهان . أساء (إلى) . أفظع . ناقض . أساء تفسيرَه (أو) تأويله = سَوَّأ . حرَّف

vī'olẹnt, *a.* عَنيف . شديد (للغاية) . عُنفي . بطشي . فَتكيّ . حادّ . مُسوِّئ للمعنى (أو) للتأويل

vī'olẹntly, *ad.* بالبَطش . عَتْرَسَةً . مُغافَصةً

vī'olĕt, *n.* بَنَفْسَج . بنفسجة

vī'olĕt, *a.* بنفسجي (أو) سَمَنْجوني (اللون) . ذو عَبيرٍ بنفسجي

vīolin', *n.* كَمَنْجة

vīolin'ist, *n.* عازف على الكَمَنْجة = [كَمَنْجاتي]

vīoloncell'ō [-chelō], *n.; pl.* **-lōṡ** بَرْبَط = كمنجة كبيرة (بأربعة أوتار)

vīp'ẹr, *n.* أفعى سامّة صغيرة (في أوروبا) . صِلّ . أفعى . صِلّ = شخص غدَّار خبيث = حيَّة رَقطاء

vīp'ẹrish, *a.* حَقود . غدَّار . صَلَّال

virāġ'ō, *n.; pl.* **-go(e)ṡ** امرأة مُترَجِّلة . امرأة سَليطة (أو) فَحلة = زَغْردة

vir'ġate [-ġit], *a.* مَمْشُود . مُستقيم . دَقيق . مَمشوق . بَتيل

vir'gin, *n.* عَذراء . حَصان . بِكر . بتول . (رَجُل) مُتبتِّل

vir'gin, *a.* عَذراوي . بَتولي . بِكر . نقيّ . طاهِر

Vir'gin, *n.* = Virgin Mary, السيدة مريم العذراء (أو) البَتول

vir'ginal, *a., n.* بيانو صغير . عَذراوي . يليق بالعَذراء . طاهِر

— generation, الميلاد (أو) التوليد (أو) التوالُد العَذراوي

virgin'ity, *n.* بَتوليَّة . غِشاء البَكارة = عُذرة . بكَارة = كون المرأة بكرًا . طَهارة . عفاف

Vir'gō, *n.* بُرج السُّنبُلة (أو) العَذراء

virid'ity, *n.* اخضرار . خُضرة . نَضارة . غَضارة

vi'rīle, *a.* جَزل (الكلام) . رُجولي . فحل . ذُكوري . فحيل . ضليع

viril'ity, *n.* وَقْع (أو) تأثير في النفس . قوة الرجولة . رُجولة . قوة شديدة . فُحولة . قدرة على الإيلاد

virtū', *n.* حبّ الفنون الجميلة (أو) التُحَف . تُحَف (أو) قِطع فنية قديمة (أو) أثرية

virt'ūal [*or* **-chụ-**], *a.* بالفِعل (دون الإسم) . من حيث الجَوْهَر (أو النتيجة . في حُكم (أو) بِحُكْم . . .

virt'ūally [*or* **-chụ-**], *ad.* في واقع الأمر . فِعلًا . من حيث الجوهر (أو) النتيجة . في حُكم . . .

virt'ūe[*-or* **-chụ**], *n.* صَلَاح . فَضيلة . مَزِيّة . عَفَاف . بَكارة . فاعِليَّة . خاصِيَّة

by (in) — of, بفعل . بفضل . بسبب

to make a — of (necessity), ادَّعَى الفضلَ لنفسه (في) . مُكْرَهٌ أخوكَ لا بَطَل . إدَّعى الفضلَ وهو مُكْرَه

virt'ūous [*or* **-chụ-**], *a.* صالِح = [فَضيل] . ذو فَضيلة = فاضِل . طاهِر الأخلاق . عَفّ

vi'rūlẹnce, *n.* فَوْعة (المرض) . حِدَّة (أو) خُبث (المرض) . شِدّة (أو) شِرَّة السُّم (أو) فَوْعَتُه . سَخِيمة = مُستَكِنَة

vi'rūlẹnt, *a.* حادّ . سامّ شديد . خَبيث (أو) ضارّ جدًا . قَتّال . لَدُود

vīr'us, *n.*, *pl.* **-uses** سُمّ مَرَضي . حُمَة (أو) رَشِيح = جُرثومة لا تُرَى إلا بمجهر دقيق . شيء مُفسِد للأخلاق (أو) للنفس

vīṡ'a, *n.* تأشيرة (أو) فَسح (على جواز السفر)

viṡ'age [**-ij**], *n.* وَجه . مُحَيًّا . طلعة (الوجه) . دِيباجة

vīṡ-à-vis' [**vēzâvē**], *prp.*, *n.*, *ad.* إزآء . وَجهًا لوجه . مُواجَهة . من حيث . بالقياس (أو) بالنسبة (إلى) . في مقابِل . نَظير = إزاء . قِبال . حِيال . تُجاه

vis'cẹra, *n.* أحشاء (البطن) . الحَشَى

vis'cid, *a.* لَزِج . عاقِد (كالعسل أو الغراء) . دَبِق

viscos'ity, *n.* لُزوجة . تلزُّج . تَدبُّق

vīsc'ount [**vīk-**], *n.* فِيكونت = شريف فوق البارون ودون الكونت

vīsc'ountess [**vīk-**], *n.* = فيكونتس زوجة (أو) أرملة الفيكونت

vis'cous, *a.* لَزِج . متلزِّج . عاقِد

vīṡe, *n.* = vice

vīṡ'é [**vēzā**], *n.* = visa

vīṡ'é [**vēzā**], *v.* (-séed, -séeing) وَضَع (على جواز السفر) التأشيرة (أو) الفَسح

viṡibil'ity, *n.* مَرئيّة . بُدُوّ . رُؤية . [شَوف] . تَبيُّن (أو) مدى الرُؤية . كونُ الشيء مَرئيًا

viṡ'ible, *a.* مَرئي . ظاهِر . بادٍ . مَنظور . بيّن . مَفهوم . واضِح

viṡ'ibly, *ad.* بصورة بائنة (أو) ظاهرة . بوضوح

vi'sion [**-zhẹn**], *n.* رُؤية . بَصَر . نَظَر . مَنظَر . بَصارة . سَعة خيال (أو) تصوُّر . رؤيا = مَنام . طَيف . صورة . خيال . كَشف الغيب

vi'sionary [**-zhẹn-**], *a.* خَيَالي . وَهمي . حُلمي . رُؤوِي . بَصَري

vi'sionary [**-zhẹn-**], *n.* وَهّام . صاحب أحلام (أو) خَيالات . حَلّام . مُستَسلِم إلى الوَهْمِيّات (دون العمليات)

viṡ'it, *n.* زيارة . عِيـادة . ضِيافَة . إقامة موقّتة

viṡ'it, *v.* زار . عاد (المريض) . ضاف . نابَ = ابتلى

viṡ'itant, *n., a.* زائر . ضَيْف . عائد (المريض) . طائر قاطِع . طَيْف (يزور في المنام أو في غيره)

viṡitā'tion, *n.* زيارة . مُعاينة . زيارة رسمية تفتيشية . نائبة = طارقة . ضِيافة طويلة ثقيلة

viṡ'itor, *n.* زائر . عائد (المريض) . ضَيْف

vīṡ'or, *n.* رَفّ (أو) طَنَف القبعة (من الأمام) . قِبال الخُوذة = القِسم الأمامي المُتحرك من الخُوذة الذي يستُر الوجه . صُنبوعة القَلَنْسُوة

viṡ'ta, *n.* مَنظَر بعيد (مِن مَخرَق أو مَمَرّ) . مَعنَّة . مَخرَق (أو) سِكة (بين صفين من شجر مثلًا) . مَعنّ (للفكر أو للأمل) . استعراض ذِهني

viṡ'ūal [*or* **-zhū-**], *a.* بصَري . نظَري . مَرْئيّ . مَنظور . يُحدِث صورة ذِهنية

viṡ'ūalīze [*or* **-zhū-**], *v.* تَصوّر . تَخيّل . أحضر الصورة في الذهن . أظهر للنظر . تَوَسّم . تَرَسّم

vīt'al, *a.* جَوهَري . حَيَوي . قِوامي (للحياة) . ضروري (أو) مهم جدًّا . مُردٍ . مُميت . نَشيط . ذو حَيَوِيّة . خاصّ بالمواليد والوَفَيات

vītal'iṡm, *n.* نظرية الفاعلية الحيوية بمعنى أن الحياة مصدرها غير مادي

vītal'ity, *n.* حَيَوِية . نَشاط . قوة . مَتانة . مَرح

vīt'alīze, *v.* أحيا . نَشّط . أشاع فيه الحَيَوِية . بعث فيه النشاط والحيوية . أنعَش ونَشّط

vīt'alṡ, *n. pl.* مُقَوِّمات . الأجزاء (أو) الأعضاء الحيوية . قِوامِيّات . أجزاء جوهرية

vit'amin(e) [*or* **vīt-**], *n.* = الفيتامين مادة ضرورية في الغذاء للحياة

vi'tiāte [**vishiāt**], *v.* سَوّأ . أخَلّ (ب) . أفسد = أَرْدَأ . أبطل . هَجّن = أدْغل . زَيّف . أطْلح = ضد أصلح

vit'rēous, *a.* زُجاجي . من الزجاج

— humour, الرطوبة الزجاجية في العين

vit'rifȳ, *v.* (-fied, -fying) زَجّج = جعله زُجاجًا (أو) كالزُجاج . حَوّل إلى زجاج . تحوّل زُجاجًا = تَزَجّج

vit'riol, *n.* زيت الزاج . زاج = حامض الكبريت . تهكم لاذع

blue —, الزاج الأزرق = كبريتات النحاس

green —, الزاج الأخضر = كبريتات الحديد

white —, الزاج الأبيض = كبريتات الزنك

vitriol'ic, *a.* زاجي . من الزّاج . شديد التهكم والانتقاد . مُمِضّ . لاذع

vitūp'ẹrate, *v.* شَتَم . عَيّب . قَذَع

vitūpẹrā'tion, *n.* شَتم . قَذْع . فُحش

vivā'cious [**-shẹs** *or* **vīv-**], *a.* مَرِح . نَشيط (النفس) . ممتلئ نشاطًا وانشراحًا . محبّ للبسط

viva'city [*or* **vīvas-**], *n.* مَرَح . نَشاط النفس . إنشراح وحَيَوِيّة . حِدّة الذهن (أو) نشاطُه

vī'va vō'cē, *a(d).*, *n.* شَفهيًا . شفهي . امتحان شَفهي

viv'id, *a.* ناضِر . حَيّ . زاهٍ . بلَيغ . شَدِيدُ الوضوح . صافٍ . نَشيط النفس

viv'ifȳ, *v.* (-fied, -fying) أحيا . نَشَّط . أنعش . بعَث فيه الروح

vivisec'tion, *n.* تشريح الحيوان الحيّ . تشريح جَسَد الحيوان الحيّ (للبحث العلمي أو الطبي)

vix'en, *n.* أنثى الثعلب . امرأة سيئة الخلق شَرِسةُ الطبع = سَلِقة

viz., *ad.* أيْ . وَهُو . وهُم . يَعْني

vizi(e)r', *n.* وَزِير

vīz'or, *n.* = visor

vocab'ūlary, *n.* مُفْرَدات (لغوية) . كلمات (بمعانيها)

vōc'al, *a.* صَوْتي . ذو صَوْت . مُفْصِح . ذو ضَجَّة . مُنْطَلِق اللسان . مَنْطُوق . مُصارِح بآرائه (أو) مُجاهِر

vocal cords, الأحبال (أو) الأوتار الصوتية

vōc'alist, *n.* مُغَنٍّ

vōc'alīze, *v.* نطق بصوت . أنشد . غَنّى . شَكَّل بالحركات . تَلَفَّظ

vōc'ally, *ad.* صوتيًا . شَفَهيًا . برفع الصوت

vōcā'tion, *n.* عمل صالح مُقَدَّر للشخص . قابِلِيّة لنوعٍ من العمل . حِرفة . مِهنة . نُدْبة (أو) دَعْوة رَبّانية . استعداد (أو مَيل) طبيعي . واجِب ديني (أو) أخلاقي . تَكَرُّس

vōcā'tional [-shẹn-], *a.* حِرَفي . مِهَني

voc'ative, *n.*, *a.* صيغة النداء . للنِّداء . نِدائي

vōcif'ẹrāte, *v.* ضَجَّ . صاح . رفع صوتَه . صَخِب . جَلَّب

vōcif'ẹrous, *a.* كثير الضجيج . كثير الصياح . صَخّاب . عجّاج . مُجَلِّب . ضَجّاج . شَغّاب

vod'ka, *n.* مشروب مُسكِر روسي

vōġue [vōġ], *n.* عادة جارية . زِي = [مُوضة] . حظوة عند الناس

voice, *n.* صَوت . جرس . إعراب . إفصاح . رأي . اختيار

to give — to, أعرَب (عن) . نطَق

to have a — in, كان له رأي (في)

voice, *n.* صيغة المعلوم والمجهول (في الفِعل)

voice, *v.* صات . نطق (بِ) . أعرب (أو) أفصح (عن) . جاهر

voiced [-sd], *a.* صائت . مَجهور . ذَلَقي . مَهْمُوس

voice'lēss [-sl-], *a.* عديم الصوت . كَتيم الصوت . صامِت . (حرف) أصَمّ = غير مَجهور

void, *a.* فارغ . خالٍ . صِفرٌ (من) . باطل = لا حُكْمَ له . خالٍ (من) = فَلْس

void, *v.* أفرغ . أبطَل . تَبَرَّز (أو) تَغَوَّط . إستَفرَغ

void, *n.* فَراغ . خَلاء . هُوَّة . خَواء

vol'atīle, *a.* سريع التبخّر (أو) التصعُّد . طَيّار = مُتَطيِّر . طَيّاش = طَيُّور . حُوَّل . سريع التقلّب (أو) التغيّر

volcan'ic, *a.* كالبُركان . بُركاني . ثَوّار . هَيّاج . قابل للثَّوَران . شديد الاندفاع

volcān'ō, *n.*; *pl.* -noes بركان = جبل نار

vōle, *n.* جُرَذ الماء = حيوان من فصيلة الجُرَذ كثير الأذى

voli'tion, *n.* إرادة . قوة الإرادة . إرادة الاختيار . إختيار

voll'ey [-i], *n.* أنوَة = رِشق (من حجارة أو سهام أو عيارات نارية أو كلات) . رِشق مِدْفعية

voll'ey [-i], *v.* رَشَق . أطلق رِشقًا (أو) أنوَةً

vōlt, *n.* فولط = وحدة القوة الكهربائية الحركية

vōl'tage [-ij], *n.* عدد الفولطات في تيار كهربائي

voltam'ēter, *n.* عَدّاد الفولطات

volte-face' [-tfâs], *n.* انتكاث . انفتالة إلى الجهة العكسية . إنكفاء (في سياسة أو مبدأ)

volūbil'ity, *n.* لَسَن . طلاقةُ لسان . كثرة كلام . هَذرمة . تفتّح في الكلام

vol'ūble, *a.* نَطُوق . مُلْسِن . كثيرُ الكلام . مِكثار . كَلْماني

vol'ūme, *n.* مُجلَّد . كتاب = جُزْء . حَجْم . فَراغ . كميّة (كبيرة) . كميّة صوتية

volūm'inous, *a.* يقع في مجلدٍ ضخمٍ (أو) مُجلّدات (أو يملأها) . كبير الجرم . ضَخْم . فَسيح . غزير . فضفاض = واسع = مُفرفَج

vol'untarily, *ad.* اختيارًا . طَوْعًا . بلا إكراه . بطيبةٍ

vol'untary, *a.* اختياري . مُختار . طَوْعي . إرادي . بالرِّضا

volunteer', *n.* مُتَطوِّع . مُنتَدِب

volunteer', *a.* تَطوُّعي

volunteer', *v.* تَطوَّع

volup'tūary, *n.* مُرَفِّش = رَفِيه . شخص مُتَهتِّك في الملذات والترفُّه . مُتهتِّك في الشَّهَوات

volup'tūous, *a.* شَهْواني . عاكِف على الترفُّه والملذات . مُحَرِّك للشَّهَوات

volup'tūousness [-tūęs-], *n.* تَنَعّم وترفه . تهتك في الشهوات . شهوات حسّية

vom'it, *n.* قَيْء . استفراغ . قَذْف

vom'it, *v.* قاء . استفرغ . قَذَف

vom'itive, *n.* (دواء) مُقَيِّئ = قَيُوء

vōō'dōō, *n.; pl.* -doos سِحر الزنوج في جزائر الهند الغربية وجنوب الولايات المتحدة . شعائر واعتقادات سِحرية دينية

vorā'cious [-shęs], *a.* أكول . شَرِه . لَهوم = جُراف . رَغيب . مَنْهوم

vora'city, *n.* شَرَه . نهم . لَهَم . نَهْمة . سُعار (الجوع)

vôrt'ex, *n.; pl.* -texes, -tices [-sēz] دُرْدُور = دُوّامة . إعصار . تَيّار جارف (اجتماعي أو غيره)

vōt'arēss, *n.* راهبة . نَذيرة = قَيِّمة للمَعْبَد . قَطِنة (للنار) = سادِنَة

vōt'arist, *n.* = votary

vōt'ary, *n.* نَذيرة = قَيِّم المعبد . قطِن (النار) . حادِب (على العلم مثلًا) = مُنصرِف إليه ملازِمه . مُناصِر = نَذيرة

vōte, *n.* صَوت . تَصْويت . رأي . حق التصويت . اقتراع

vōte, *n.* تخصيص مالي

vōte, *v.* صَوّت (في الانتخاب) = أعطى صوتَه . أعرب رسميًا عن اختياره

vōte, *v.* أقرَّ (أو) مَنَح (بالتصويت) . أقرَّ

to — down, هَزَم (أو) رَدَّ بالتصويت

vōt'ęr, *n.* مُصَوِّت . مُعطِي الصوت (في الانتخاب) . صاحب الصوت . صاحب حق التصويت

vōt′ive, *a.* مَنذُور . نَذْرِي . للوفاء بالنَّذْر

vouch, *v.* كَفَل . شَهِد (بِ) . صَدَّق . ثَبَّت

vouch′ẹr, *n.* ثَبَت = مُستَنَد . تَصدِيق . وَثيقة . بطاقة نَقدِيَّة (عِوَض عن المال أو النقد)

vouchsāfe′, *v.* سَمَح (ب) . تَفَضَّل . تَكَرَّم . تنازل . أنعم (بِ)

vow, *n.* أَلِيَّة = عهد (على النفس) . نَذر

vow, *v.* آلى . عاهَد . نَذَر

vow′ẹl, *n.* حركة (أو) حرف عِلَّة

vow′ẹl, *a.* خاصٌّ بالحركات (الصوتية) (أو) حروف العِلَّة

voy′age [-ij], *n.* سَفرة (أو) رِحلة مائيّة (أو) جَوِّيّة . تقدُّم

voy′age, *v.* سافر ماءً (أو) جَوًّا

voy′agẹr [-ij-], *n.* مسافِر (في الماء أو الجو) . مسافِر

Vul′can, *n.* إله النار وتصنيع (تقيين) المعادن عند الرومان القدماء . قَيْن . حَدَّاد

vul′canīze, *v.* عالج المطَّاط بالكبريت على درجة عاليـة من الحرارة حتى يزداد مَطَاطيةً ومتانة . لَحَم المَطَّاط باستعمال الحرارة والمواد الكيماوية

vul′ġar, *a.* خَشِن . وَغري . عامّي . ناب . دارج . سُوقي . نَبَطي

vul′ġarism, *n.* كلمة (أو) عبارة سُوقِيَّة غير فصيحة (لا يستعملها الخواص) . خَطَل (في الكلام) . حَضْرَمة . نَبَطيَّة

vulġa′rity, *n.* فَظَاظَة . خُشونة الخُلق . جَلَافة . سَماجَة . وَغرِيَّة . رَعَاعِيَّة

vul′ġarīze, *v.* جعله مُبتَذَلًا . إبتذل . جعله سُوقِيًّا . سَمَّج

Vul′ġate [-it], *n.* الترجمة اللاتينية للكتاب المقدس في القرن الرابع الميلادي

vul′nẹrable, *a.* فيه عَوْرة (أو) مَطعن . مُعوِر = عُرْضة (أو) مُستَهدِف للعُدوان (أو) الهجوم . ممكن العطب . غير منيع . سريع الإحساس (أو) التأثر (بِ)

vul′ture, *n.* نَسر . أَنُوق . رَخَمة

vul′va, *n.* مَدْخَل الفَرْج . الفَرْج

vȳ′ing, *a.* = *ppr. of* vie

W

W, w [**dub'ẹlū**], *n.; pl.* W's, w's الحرف الثالث والعشرون

wa'bble [**wobl**], *v.* تَمَرْمَر = تَلَقْلَق = تحرَّك مُضطرِباً (هنا وهنا) . تَهَزْهَز . تَقَلْقَل . تَلَجْلَج . تَرَيَّع = تَلَبَّث وتحيَّر وتَرَدَّد . تَتَلْتَل . تَرَجْرَج . تأرْجَح . تَرَنَّح . تَرَهْيَأ

wad [**wod**], *n.* حَشْوَة . حَشْوَة من مادة وثيرة كالقطن (أو) الصوف . كِظامة = سُطْمة = زُكْمة . حَشْوَة = دَكَّة . لِبْدَة . [صَفْطة] = رِزمة من الأوراق (كالأوراق النقدية)

wad [**wod**], *v.* (-dded, -dding) حَشا (بوثرة أو حشوة) . سَطَم = زَكَم = سَدَّ . دَكَّ . أمسك (أو) لزَّ بحَشْوَة . بطَّن بحَشْوَة (وَثيرة)

wa'ddle [**wodl**], *n.* تمايُح = مِشْيَة كمِشْيَة البطَّة . تَوَكْوُك . تَدَأْدُؤ

wa'ddle, *v.* تمايح . تَوَكْوَك . وَكْوَك . تدأدأ

wāde, *v.* خاض . خَوَّض . قَطَع (أو) عَبَر خَوْضاً . إنْزَجَّ (في الشيء)

to — in (into), غاص (أو) دَغَر (عليه) = هَجَم . قَحَم (أو) تَقَحَّم (في الشيء) . عَكَف (على)

to — through, أوْعَث (في . . .) = سار فيه بمَشقة . قرأ بمَشقة

wading bird, طائر خَوَّاض (يأوي إلى الماء يقتات منه) . طائر شاطئي

wāf'ẹr, *n.* بُرشانة . خِتام = ورق دَبِق (أو) معجون جاف يُستعمل للختم = جِرجِس

wāf'ẹr, *n.* رَشْرَشة = كعكة (أو) بسكوتة حلوة رقيقة سريعة التكسر . قُرْصة رقيقة من الخبز (في سِرّ العشاء الربّاني) . قُرْصة من الورق المُصمَّغ الأحمر . رُقاقة

wāf'ẹr, *v.* خَتَم بالختام (أو) بالجِرجِس

wa'ffle [**wofl**], *n.* كعكة (أو) قُرْصة مَشْوِيّة . فطيرة مَشْوِيّة (تؤكل مع العسل أو الدبس)

wa'ffle [**wofl**], *v.* لَقْلَقة كلام . هُراء . هَفْت

waft [**woft**], *v.* سَفَى . زَهَف . حَمَل = حَمَل وأطار . جَفَل = حَمَل وطَرَح . هَفَا = ذَهَب في الهواء وارتفع (كالصوفة) = حَرَّك وذهب به في الهواء . طَفا

waft, *n.* نَفْحَة . نفحة . هَفّة (أو) هَبَّة (ريح) . جَفْلَة (ريح) . تَلْويحة = إشارة . عَلَم يُستعمل للإشارة . نَشْوة (من رائحة) . خَفَقان جناح الطائر = هَفَوان

wag, *v.* (-gged, -gging) تَمَرْمَر . تَهَزْهَز . تَلَقْلَق . لألأ (بذيله) = بَصْبَص = مَصَع . لَقْلَق (اللسان) . تَلْتَل . رَجْرَج

wag, *n.* هَزْهَزة . بَصْبَصة . نَغْض (الرأس) = تحريكه . تَلْتَلة

wag, *n.* ماجِن . مُسْخِن = راوَنْدِي = مُضْحِك مَزَّاح (في حركاته وكلامه) . نَكَّات

wāge, *n.* أجر . أجرة . جُعْل . كِراء

wāge, *v.* زاوَل . مارَسَ . حارب . قام (بِ) . شَنَّ (حرباً مثلاً)

wāge′-earnẹr [wāj-ern-], *n.* مَأجور = عامل بالأجر . كاسِب . كاسِب (الأُسرة) = مُعيلُها

wā′gẹr, *n.* مُراهَنة . رِهان . مشارطة

wā′gẹr, *v.* راهَن . شارَط

waġġ′ẹṛy, *n.* هَزل . مَزح = إسخان . إسخانيّة

waġġ′ish, *a.* مَيّال إلى المَزح (أو) الإسخان (بالكلام أو بالفعل)

waġ′ġle, *v.* تَمَرمَر = تَرَعرَع = تَحرَّك بسرعةٍ وتردّد (من جانب إلى آخر) . هَزهَز . تَهزهَز . تَرَجرَج . نَضنَض (اللسانَ) . تَرتَر (الرأسَ)

waġ′ġle, *n.* تَمَرمُر . تَرَعرُع . تَهزهُز . رَجرَجة

waġ(ġ)′on, *n.* عربة ثَقيلة للنقل . عَرَبة (قِطار) . سَيّارة نَقل

waġ(ġ)′onẹr, *n.* سائق العَرَبة

waġ(ġ)onette′, *n.* عَرَبة نُزهَة مكشوفة بأربعة دواليب

waġon-lit′ [vaġônlee], *n.* عَرَبة نوم في قِطار

waġ′tail, *n.* (طائر) الذُّعَرة = راعِيَة = أُم عَجلان = أُم سَكَمكَع

waif, *n.* حيوان فالِت . ولد زُقاقي (أو) سائب (أو) هامِل . ولد عاثر . ولد مَنبوذ . مال (أو) متاع سائب (بلا صاحب)

—s and strays, السَّكّاعون = الأشخاص (وخصوصاً الأولاد) الفالتون (أو) السائبون بلا مأوى = الهَمَل

wail, *n.* عَول . عَويل . نُواح . نَدب . نَحيب

wail, *v.* أعوَل = بَكى مع رفع الصوت . ناح . انتحب

wain, *n.* = wagon

wain′scot, *n.* تأزِيرة (أو) تَبطينة من ألواح خشب (على جدران الغرفة من الداخل)

wain′scot, *v.* أزَّر (أو) بطَّن بألواح الخشب

wain′scoting, *n.* = wainscot

waist, *n.* وَسَط الجسم . خَصر . وَسَط . خَصر الثَّوب . مُخصَّر (أو) مُستَدَق جسم الحَشَرة (أو) النحلة مثلًا

waist′-band, *n.* بَندَة الخَصر = خِصار = حُجزَة = نِطاق حول وَسَط الجسم (في إزارٍ أو بنطلون)

waist′cōat [-kōt *or* wes′kot], *n.* صَدرِيَة . صُدرَة . [مِنتِيان]

wait, *v.* انتظر . استأنى . أخَّر . تأخَّر . تَطلَّع (إلى) بشوقٍ . مَكَث . تَصبَّر . تَرَبَّص . تَمَهَّل . تَلَبَّث . تَمَكَّث . قام بالخِدمة . خَدَم

to — on (upon), قام بخدمته . زار (لتقديم واجبات الاحترام (أو) للسَّلام)

wait, *n.* انتظار = رُبصة . مُهلَة . لُبثَة

to lie in — for, أكمَن . تَرَصَّد . تَرَبَّص . تَوَكَّف (لَهُ)

wait′ẹr, *n.* مُنتَظِر . نادِل (الجمع نُدُل) = خادم المائدة . صِينية لحمل الصحون

wait′ing, *n., a.* انتظار . للانتظار . قيام بالخِدمة

in —, قائم بالخدمة = حافِد

wait′inġ-list, *n.* قائمة (أو) جدول الانتظار

wait′inġ-rōōm, *n.* غرفة انتظار

wait′ress, *n.* نادِلَة = خادمة المائدة

waits, *n. pl.* أحد (أو جماعة من) المغنين يطوفون في الشوارع (أو) ينتقلون من باب إلى آخر في عيد الميلاد

waive, *v.* أسقط (حقه أو ...) . تخلّى (عن) . أرجأ . كفّ (عن) . استغنى (عن)

waiv'ẹr, *n.* حُجّة (أو) سَنَد التنازل (عن الحق)

wāke, *n.* جَرّة (أو) مَجَرّة (السفينة) = الأثر الذي تتركه خلفها في الماء

in the — of, في مَجَرّة السفينة . على أثر . عقب . في أدراج . على أعقاب

wāke, *n.* رِقبة = ترقّب . رِقبة للميّت طولَ الليل (قبل الدفن) . عيد أبرشي (للكنيسة)

wāke, *v.* (waked *or* woke, waked, waking) أفاق . أيقظ . استفاق . صحا . تنبّه . نشط = انتعش . رَقِب . رَصَد . سَهِر . أهبّ . أثار . حرّك . أنبه . نبّه . فطّن

wāke'fụl [-kf-], *a.* مُستيقظ . ساهِر . مُترقّب . يقِظ

wāke'fụlness, *n.* استيقاظ = سَهر . يَقَظة . ترقّب . تَيقُّظ . فِطنة

wāk'ẹn, *v.* أفاق . أيقظ . استيقظ . أهبّ

wāle, *n., v.* حَرْد = خط ناتئ . جَدَرة = أثر ناتئ في الجلد من جراحة (أو) ضرب = حَبطة = عَلَب . عَلِبَ (الجلدُ) . جَدَر (الجلدُ) = حَبِط . ضِلَع في القماش . لوح سميك في ظاهر السفينة

wāl'ing, *n.* ألواح أُفقية في حَفير تمنع الجوانب من الانهيار

walk [wôk], *n.* مَشْيَة . مَسيرة

walk, *n.* مِشْية . مَمْشى . مَمْشاة . مَسْلَك (في العيش) = سِيرة

— of life, مكانة اجتماعية . عَمَل . مِهنة

cock of the —, سَيِّد غير مُنازَع . سَيِّد الميدان . سَيِّد الموقف

walk, *v.* مَشى . سار . مَشّى . تَمَشّى

walk'away [wôk-], *n.* مُباراة مُمَهَّدة (يسهل النجاح فيها)

walk'ing-stick [wôk-], *n.* حَشَرة طويلة دقيقة الجسم كالعود . عَصا تُحْمَل باليد (للإتكاء عليها) عند المشي = مِخصرة (أو) عَنَزة (أو) عُكّازة

walk'out [wôk-], *n.* إضراب (عمال الصناعة) . اعتصاب

walk'ōvẹr [wôk-], *n.* نصر (أو) نجاح بدون عَناء (أو) منافسة

wall [wôl], *n.* جِدار . سُور . حائط . سُدّ . سِتار . مِتراس

to drive (push) to the —, أحرَج . ضيّق عليه حتى استيأس . ألجأ إلى الحَرَج

with his back to the —, مُرهَق . في مأزِق . في أشدّ المواقف حَراجةً

to go to the —, استسلم . قُضي أمرُه . أُفلِس

wall, *v.* حَوّط . جدّر . سَوّر

wa'llaby [wol-], *n.* كُنَيْغِر = كَنْغَر (من النوع الصغير الجسم) . أُسترالي

wa'llẽt [wolẽt], *n.* جِزْدان = مِحفظة (أوراق) . وِطاب . مِزوَدة . شلّاق . وَفْضة

wall'-eye [wôlī], *n.* عين في قُزَحيّتها بياض . عين قَبْلاء (أو) حَوْلاء . عين فيها سَبَل (أو) بياض يغشاها . خَيَف = تباين في العينين من جهة اللون

wall'-eyed [wôlīd], *a.* شاخِص العينين . فيه مُقلةُ العين مُغشّاة بالبياض . أحول العينين . أخيَف = مُتباين العينين

wall'flower [wôl-], n. خِيري . مَنْثُور

wa'llop [wol-], v. خَبَط = ضرب شديدًا .
= هَزَر . لبج

wa'llop, n. خَبْطَة = ضَرْبة شديدة . هَزْرة

wall'ōw [wolō], v. تَلَبَّط . تَقَلَّب .
تَمَرَّغ . تَشَحَّط (في الدم مثلًا) . إنهمك
في ملذاته . تَكَفَّأت (السفينة في بحر
هائج) = تَقَيَّأت

wall'ōw, n. تَلَبُّط . تَمَرُّغ . مَراغة = مُتَمَرَّغ

wall'pāper [wôl-], n. وَرَق يُغَشَّى به
سطح الجدار من الداخل

wa'lnut [wôl-], n. جَوْز . جَوْزة .
شجرة الجوز . خَشَب الجوز = الشِّيزَى

wa'lrus [wôl-], n.; pl.
-rus(es) فرس (أو حِمَان)
البحر = فَظٌّ = حيوان بحري
كبير شبيهٌ بالفُقْمة

waltz [wôlts], n. رَقْص الفلس . موسيقى
الفلس

waltz, v. رَقَصَ رقصة الفلس

wa'mpum [wom-], n. خَرَز معمول
من الوَدَع ومنظوم في سِلك كان يستعمله
الهنود الحمر الأمريكيون نقدًا وزِينة

wan [won], a. (-nner, -nnest)
مُصفَّر . شاحِب . (ابتسامة) مريضة .
مُتعَب . وانٍ . خافت (اللون كالنجوم
الضعيفة النور)

wand [wond], n. شَبِيط = قَضيب دقيق
أملس . قضيب (السلطة) = مِخصَرة .
قضيب الساحر . عُود (من معدن أو خشب)

wa'nder [won-], v. هام . تَسَكَّع .
تَطَوَّح . طَوَّف . تاه . ضَلَّ . شَذَّ .
زاغ . شَتَّ (عن موضوع البحث) .
تَلوَّى وتَعَرَّج

wa'nderer [won-], n. هائم . مُتَسَكِّع .
مُتَطَوِّح . جَوَّال . ضالّ . عائر . سائب

wand'ering [won-], n. هَيَمان . تَطَوُّح .
تَشَتَّت الذهن . اضطراب
الفكر (أو) الأسلوب

wan'derlust [won-], n. حُبُّ التَّسيَاح
(أو) التَّسفَار

wāne, v. تناقص (كالقمر) . وَنَى .
نَضَآءَل . تناقص . وَلَّى . وَهَن . نَحِل .
دنا من النهاية . أخذ يضمحلّ

wāne, n. تَنَاقُص = حَوْر . زَوَال . انحطاط

on the —, مُوَلٍّ . يتضاءل . يتناقص .
مُتَنَاقِص . آخِذ في الزوال

wang'le, v. احتال حتى حصل عليه . دَبَّر
عليه = سعى إليه بالحيلة والغِش . زَوَّر

want [wont], n. حاجة . رغبة . طَلَب .
نَقْص . قِلَّة . عدم (وجود) . انعدام .
عَوَز . إِمْلاق

want [wont], v. شاء . أراد . طلب .
وَدَّ . افتقر (إلى) . احتاج . أعوَز
= افتقر

wa'nting, a. ناقص . مَعدوم . مُعوِز .
قاصر . مُفتقِر . قاصر العقل . قاصر
عن الكفاية

wa'nton [won-], a., n. مُسْتَهتِرٌ .
بَطِر . لا مُوجِب له : فاجِر . داعِر .
خَليع . داشِر . أَشِر . لَعَّاب . راكِبٌ
رأسَه . مُسرِف . مُفرِط في السخاء

wa'nton, v. بَطِر . لَعِب (أو) تَلَعَّب
بَطَرًا (أو) تَعَسُّفًا . مَرِح . أَشِر .
إِنْهَمَك . أطلق لنفسه العِنان .
ركب رأسَه في الملاهي

wa'ntonness, n. بَطَر . تَعَسُّف . فُجور .
خَلاعة

wa'piti [wop-], *n.* أيّل أمريكي (من نوع كبير الحجم)

war [wôr], *n.*, *a.* حَرْب . جِهاد . قتـال . حَرْبي . عِداء . محاربة

civil —, حرب أهلية

cold —, حرب باردة

holy —, حربٌ مقدّسة . جِهاد

— to the knife, تناحُر . حرب التناحُر

open —, حرب علنية (أو) صريحة

war [wôr], *v.* (-rred, -rring) حارَب . قاتل . تحارب . عادَى

war'ble [wôr-], *v.* غَرَّد . خَرْخر (أو) كركر (الماء)

war'ble, *n.* تَغريد . تَغريدة . خَرير

war'ble [wôr-], *n.* نَبْرَة = وَرَم على ظهر البقر (أو) الظباء من لَسع ذُبابة (أو) دودِها

war'bler [wôr-], *n.* مُغَرِّد . طائر مُغَرِّد (أو) صادح . (طائر) النُغَرة . دُخَلة . هازِجة . شوّالة

war'-crȳ [wôr-], *n.*; *pl.* -cries شِعار . شِعار الحرب . ذِمار الحرب = شعار يُنادَى به تحريضاً وتشجيعاً

ward [wôrd], *n.* مَوْلِيّ = الصَّبي الذي وُلِي عليه . مَوْلِيَّة . قاصرٌ تحت الوصاية

ward [wôrd], *n.* حَيّ = حارة . رَدْهة (في مستشفى) . دائرة انتخابية . جَناح (في سجن) . باحة داخلية في قلعة

ward [wôrd], *n.* حِراسة . محافظة . رعاية . وِصاية (شرعية)

ward, *v.* رَعى . حَرَس . دَرَأ . ذاد . ذَبّ . دَفَع

to — off danger, دَرَأ . دَفَع . صَرَف . زَوَى (عن) . رَدّ . استدفع . وَقَى . نَحّى

war'-dânce [wôr-], *n.* رَقْصة (أو) حَجلة الحرب (قبل الموقعة)

war'den [wôr-], *n.* حارس . محافِظ (أو) قَيِّم السِّجن = [وِرْديان] . ناظر (كُلِّيَّة) . مُراقِب (حافظ للنظام)

war'der [wôr-], *n.* حارِس . قَيِّم السِّجن . سَجّان . حافظ السجن

ward'rōbe [wôr-], *n.* دُخْدار = خِزانة (أو غُرفة) مَلابس . (تجهيزة) ملابس . محفظ الملابس (في مسرح)

ward'rōōm [wôrd-], *n.* مَسْكن (أو) مَطعم ضباط السفينة . ضباط السفينة

ward'ship [wôrd-], *n.* وِصاية . حماية . رِعايـة

wāre, *a.*, *v.* شاعِر (بِ) . عالم (بِ) . إحذر ! حَذارِ ! بالِ ! تحذّر (من) . احترس

wāre, *n.* مَصنُوعة . سِلعة . بِضاعة . فَخّارة

wāre'house [-rh-], *n.* مَخزَن (أو) مستودَع بضائع . أنبار = [عَنبر]

wāres [-rz], *n. pl.* مَصنوعات . بِياعات (أو) سِلَع . بضائع

war'fāre [wôr-], *n.* حرب . قتال . مُحاربة . صِراع . جِهاد

war'head [wôrhed], *n.* رأسية الذخير = القسم الأمامي المحشو بالمتفجرات في طربيد (أو) صاروخ

wār'ily, *ad.* باحتراس . بمحاذرة . بتَوَقٍّ . بحَذَر

wār'iness, *n.* حَذَر . احتياط . تَقِيّة . تَحذُّر . مُحاذَرة

war′līke [wôr-], *a.* أهل (أو) صالح للحرب . مُحارِب . مِحرَب = شجاع في الحرب . حَرّاب = مُحِبّ للحرب (أو) مجبول على حبّ الحرب . مُهدِّد بالحرب . حَربي

warm [wôrm], *a.* دَفِئ . دَفآن . مُدفئ . سريع التهيُّج (أو) الاحتداد . حارّ . حماسيّ . مُخلِص . صادق الود . حارّ الشعور . مُحتَرّ . مُخطِر . مُجهِد

warm, *v.* دَفِئ . دَفَّأ . تَدَفَّأ . جاد (أو) تَحَمَّس (أو) إحترّ (في . . .) . أنعَش . شرَح (النفسَ)

warm′-blood′ĕd [-ô-blud-], *a.* ذو دمٍ حار

warm′-heart′ĕd [-ô-hârt-], *a.* وَدُود . عَطُوف

warm′ly [-ô-], *ad.* بِدِفء . بإخلاص وحَماسة . بشعورٍ صادقٍ . بعطف

war′monġẹr [wôrmun-], *a.* مُحَرِّض على الحرب . مِسعَر حَرب . مِحراك حَرب

warmth [-ô-], *n.* دِفء . دَفاءة . حَرارة . دِفاء = ما يُستَدفأ به

warn [wôrn], *v.* أنذَر . حذَّر (من شرٍ أو أذىً) . وَعَظ . آذَن

war′ning [-ô-], *a., n.* مُنذِر . نَذير . إنذار . عِظة . تحذير . نِذارة

to take — from, عَلِم بالشيء فَحذِره واستعدّ = نَذِر . إتّعظ . إزعوى

war of nerves, حرب أعصاب (لإنهاك الروح المعنوية للعدو)

warp [-ô-], *n.* سَدَى = سَداة = الخيوط الطُولانية في النسيج ، وتعترضها اللُّحمة . حَبل لتحريك السفينة

warp [-ô-], *n.* عِوَج . دَرْء . عَصَل . أوَد . التواء . إنئطار . عِوَج في السلوك (أو) الخُلق . رسوب طِيني = غِرْيَن = نِقنِقة

warp, *v.* . عَصِل = تَعوَّج = إنأطر التوى . أزاغ . حَرَّف . جرّ السفينة (بحبل مُثبت في مكانٍ ما) . سدَّى . نَقَّن الأرضَ = سقاها بالماء الخاثر لتجود

war′pâth [wôr-], *n.* طريق الحرب (عند الهنود الحمر)

on the —, على نِيَّة الحرب . ناوٍ على الحرب . في حالة حرب

wa′rrant [wor-], *n.* مُبَرِّر . تبرير . إذن . إجازة . تفويض . عَهد = براءة . رُخصة . ضَمانة . مُسوِّغ = مُوجِب . وَثيقة

wa′rrant [wor-], *v.* بَرَّر . سوَّغ . استوجب . ضَمِن . أعطى عَهدًا

warrant officer, ضابط صَف . مساعد أول بحري

wa′rranty [wor-], *n.* تَعَهُّد من البائع بأن المَبيع كالموصوف في صك البيع . ضَمان . عَهد . مبرر

wa′rrĕn [wor-], *n.* خِتل (أو) مَكو (الأرانب) . مَربى أرانب . مَخزَّة = مكان (أو) أرض تكثر فيها الأرانب (أو) تُربّى = مَرنَبة . مَلاوي من الطرق والممرات المتشابكة . ازدحام السكان والمساكن

wa′rrior [wor-], *n.* جُندي . مُحارِب . مِرس (حرب) . صِنديد

war′ship [wôr-], *n.* سَفينة حربية . بارجة . شَوْنة

wart [wôrt], *n.* ثُؤلول . أُبنة (في النبات) كالعُقدة = عُجرة

wart′-hog [wôrt-], *n.* خنزير أبو قرنين (بنابين ونانئتين في وجهه)

war′tīme [wôr-], *n.* مدة الحرب . زمن الحرب . إبّان الحرب

wart′y [wôr-], *a.* (-tier, -tiest) ذو ثآليل (أو) عُجَر . كالثُّؤلول . كالعُجْرة

wār′y, *a.* (-ier, -iest) مُتَحَرِّس . حَذِر . مُحاذِر . حاذِر

— of, مُحتَرِس (أو) مُتَحَذِّر (من)

was [woz], *v., p. of verb* **to be**

wash [wosh], *v.* غسَل . اغتسل . قَبِل (أو) احتمل الغَسْل . جَفَل = رَمى (ب) . نَحَت = بَرَى = سَحَل . بلَّل . مَسح (بلونٍ أو طلاء خفيف) . سَفَح

to — out, نَصَل (اللون) . إنغسل . ذهب بالغسل

to — away, غَسَل . جَرَفه الماء (أو) السَّيل

to — down, رَحَض بالماء . صَبَّ عليه الماء وغسله . غَسَّل

to — his hands of, نفض يده (من) . تنصَّل (من)

to — dirty linen in public, تكاشفوا المعايب في محضرٍ من الناس

to — up, غسل الصحون بعد الأكل

wash, *n.* غَسْل . اغتسال . غَسيل = ثياب مَغسولة . حَميل = ما يحمله (النهرُ) من الطين وغيره ويلقيه . اندفاع الماء وتراجعه = خَضْرَبة (الماء) . غَسول . غُسالة = رُحاضة . مَضحل

wash′able, [-o-], *a.* قابل للغَسْل . يحتمل الغَسْل (بلا ضَرَر)

wash′-bāsin [-o-], *n.* مَغسَل . مَغسَلة

wash′-board [-o-], *n.* خشبة فيها سطح (أو) صفيحة من الزجاج (أو) المعدن المدرَّج = مَفرك غَسيل . لوح غسيل

washed′-out [-osht-], *a.* ناصِل اللون . مُنهَك . مُعيٍ

washed′-up [-osht-], *a.* خائب = مقطوعٌ الأمل من نجاحه . منكوب . انتهى أمرُه

wa′sher [-o-], *n.* غاسل . غَسَّال . مِغسَلة = [غَسَّالة] . حَلقة مُسطَّحة (أو) رُقاقة (من جلدٍ أو معدن للحَجْز بين شيئين أو للتمكين) . مَغسَل

wa′sherwoman [wosh-wụm-], *n.; pl.* -men (امرأة) غَسَّالة

wash′house [wosh-], *n.* بيت الغَسيل

wa′shing [-o-], *n.* غَسْل . اغتسال . غُسالة = رُحاضة . صُوالة . غَسيل

— machine, آلة غسيل

wash′-out, *n.* إنجراف (التراب والأحجار بالمطر الجارف) . مُنجرَف . خَيْبة . شخص (أو) شيء خائب

wash′-stand, *n.* مَغسلة = حَوض لغسل الوجه واليدين

wash′y [-o-], *a.* (-shier, -shiest) رَقيق القَوام = رِخو لوجود الماء فيه . رَكيك (كأسلوب الكلام) . مائِص

wasn't [woznt] = was not

wasp [wosp], *n.* زُنْبُور . سُرمان = [زُلقُطة] . [أبو زَنزن]

wa′spish [wosp-], *a.* كالسُّرمان في شكله . مُخصَّر = دَقيق الخَصر . سريع الغضب = نَزِق . حاد الطبع (أو) الخُلُق . غُضابيّ . مُغِلّ = ذو غِلّ (أو) حِقد . حَقود

wass'ail [**wosẹl**], *n.*, *v.* . حَفلَة مشروب . حفلة قصف . مَشرُوب في حَفلَةٍ ، ويكون عادة من الجعة المُبهّرة . عبارة تستعمل عند شرب النَّخب . شَرب نَخب الصِّحَّة

wass'ailẹr [**wosẹlẹr**], *n.* = قَصَّافٌ الذي يَشرَب ويلهو في حفلةٍ للمشروب

wast [**wost**], *v.*, *an old form of* was *or* were. Thou wast

wāste, *v.* ضيَّع . أسرَف = أتلَف . أذهبَ ضَياعًا (أو) خُسرًا . خرَّب = عاث . فرَّغ . عوَّر = عرَّض للضياع والتلف . أنحَل = نهَك = أهزل = أهلَس

to — away, هَزِل . نَحِل . ضَني . نَهِك . آل إلى النَّفاد

wāste, *n.* . تَضييع . سَرَف . إسراف . تَوْدير . تلافة = نُفاية = خُسارة . فَضلَة . وَسَخ . إتلاف . قَفر = مَفازة = مَهمه . أرضٌ بُور . بَرِّيَّة . خِربة

to go to —, ذَهب ضَياعًا (أو) سَرَفًا . بُذِر . تَلِف = خَسِر

wāste, *a.* مُبذَّر . مُضيَّع . ذاهِب سُدىً . مُودَّر . ذاهب هدَرًا . سَرَف . خَرِب . مُبوَّر . مُقفِر (كالأرض القفر) . (شيء) تالف لم تعد له فائدة . عديم النفع . وَسِخ

to lay —, أفسد . أتلَف . عاث فيه فَسادًا . بلقَع . يبَّبَ = جعل يَبابًا . خرَّب

wāst'ebâskēt [**-stb-**], *n.* = waste-paper basket

wāst'ēd, *a.* هَدَر . ذاهِب سُدىً . سَرَف . ضَياع . ناحِلُ الجسم = مَهلُوس . مَهزُول . هَزِيل

wāste'fụl [**-tf-**], *a.* مِضياع . مِتلاف = تَلَّاف . مُسرِف . مُودِّر . إسرافي

wastepaper basket, سلة المُهمَلات

waste pipe, بالوعة . أُنبوبة المَصرِف . مَصرِف

wāst'rẹr, *n.* سَفيه = شخص تَلَّاف لا وازِعَ له

wasting disease, مرض الهُلَاس (أو) السلّ

wāst'ẹl, *n.* سَفيه = مِتلاف (لا وازع له)

watch [**woch**], *n.* رُقوب . ترَقُّب . تَنَبُّه . تحَرُّس . حارس . ناطور . رَقيب

to keep —, رَقَب ترَقَّب . تيَقَّظ . ترَصَّد

watch [**woch**], *n.* ساعة صغيرة . ساعة يد . مِيقَتة . نَظرة = نَوبة حِراسة . مِرْصاد

on the —, على حَذَر . في المِرْصاد . في ترَقُّب . في تحَرُّز

watch, *n.* رَقْب = جماعة الحراسة في السفينة . حَرَس

watch, *v.* نظر (مُراقِبًا) . رَقَب . ارتقب . ترَقَّب . لاحَظَ . ترَصَّدَ . باصَر . حرَس . راعَى . تفَرَّج

to — for, تطلّع . ترقب

to — over, راعى . حَرَس . رَقَب

watch'dog [**woch-**], *n.* كلب [جِماري] = كلب الحِراسة . رَصَد . كلب النِطارة

watch'ẹr [**woch-**], *n.* راصِد . رقيب . حارِس . ناطور . مُلاحِظ . مُتفرِّج

watch'fụl [**woch-**], *a.* على حَذَر . مُتنَبِّه . حاذِر . مُترَقِّب . مُتيقِّظ . مُترَصِّد . مُحترِس . ناطِر

watch'fụlness [**woch-**], *n.* حَذَر . حِيطة . احتراس . يقَظة

watch'māker [woch-], *n.* ساعاتي

watch'man [woch-], *n.; pl.* -men
خفير . دَيْدَبان = حارس . شابوصي . ناطور (بناية كبيرة في الليل)

watch'-tower, *n.* بُرج الحِرَاسة . مَرقَبة . مَربَأة . مَنطَرة . فَنْزَر

watch'word [wochwerd], *n.* كلمة السر = شِعار . نَدْهَة = شِمَار (أو) عُنوان يُتَّخذ مَبدأً .

wa'tęr [wô-], *n.* ماء . سائل . مائيَّة (الحجر النفيس) . بَوْل . قطعة مائية كبيرة (كالنهر والبحيرة و . . .)

above —, في منجاةٍ (من الصعوبات المالية) . في مَنجاةٍ . نجا من مصاعبه (المالية) بشِقّ النفس

of the first —, من الطراز الأول

in deep —, في شِدّة . في وَرْطة . في حَزْبَة . في حَرَاجة

in hot —, في شِدّة . في شَرّ . في عَناء . في مَعوصَة

in low —, في ضِيقة . مُعسِر . قليل المال

to hold —, كان مانعًا لنفوذ الماء . أقنَع

to make (pass) —, بالَ

to throw (dash, pour) cold — on, فَشَّل . ثَبَّط . فَتَّر

wa'tęr, *v.* رَشَّ (أو) بلَّ بالماء . سَقى . مَوَّه (أو) أمهى = زاد فيه ماء . سال (بالماء أو بالدمع) . تحلَّب (أو) تَلَحَّز (الفم) = سال لُعابُه . استقى (الماء)

to — down, رَقَّق . لَطَّف . خَفَّف من حِدَّته . مَوَّه (بالماء)

to make his mouth —, رَغَّب (أو) شَهَّى (حتى تحلَّب فمُه)

wa'tęr-bird, *n.* طائر الماء . طائر مائي (يسبح أو يخوض في الماء)

wa'tęr-bott'le, *n.* زُقَيق للماء = زُكْرة = سَطيحة = إداوَة = مَزادة . قِرْبة . زِقّ . شَكوة

wa'tęrbuck, *n.* كَتَمبُور = ظبي يكون في افريقيا بقرب المياه

wa'tęr-carr'ięr, *n.* ساقي . سَقّاء

Wa'tęr-Carr'ięr, *n.* برج الدلو = الساقي

wa'tęr-clock, *n.* قَطّارة = ساعة مائيَّة

wa'tęr-closĕt, *n.* مِرحاض = كنيف (فيه ماء للغسل) = بيت الماء

wa'tęr-colour, -color [-kulęr], *n.* دِهان مائي للتصوير . صورة بالدهان المائي

wa'tęrcourse [wô-kôrs], *n.* مَجرى ماء . مَسيل . نَهْر . جَدول . مَسلَك مائي . وادٍ

wa'tęrcress [wô-], *n.* جُرف الماء . جَرجير (أو) قُرَّة (أو) رَشاد (الماء)

wa'tęr-divī'nęr, *n.* رائف الماء . عائف الماء (يتكهن بواسطة قضيب له عن وجود الماء في الأرض)

wa'tęrfall [wô-fôl], *n.* مَسقط مياه . شَلّال

wa'tęrfowl [wô-], *n.; pl.* -fowl(s) طائر مائي = ابن الماء (وخصوصًا السابح)

wa'tęrfront [wô-frunt], *n.* قسم من المدينة (أو) البَرّ يواجه ماء البحر (أو) البحيرة = جال النهر (أو) البحر (من المدينة)

wa'tęr-hen, *n.* دَجاجة الماء . غُرّة

wa'tẹrinġ-plāce [wô-], *n.* جابية . مَوْرِد . مَشْرَعة = مُستَقى ماء . مُرتاد مائي . مكان فيه ماء للاستشفاء (أو) للسباحة

wa'tẹr-lily, *n.* = نَيلُوفَر (أو) زَنبق الماء . بَشْنين

wa'tẹr-līne, *n.* خط ارتفاع الماء (على جانب السفينة) . خط الغَوْص

wa'tẹr-lock, *n.* سِكْر (أو) سِداد (أو) مِحْباس الماء

wa'tẹr-loġġed [-gd], *a.* مُرَوَّى (أو) مُشْبَع بالماء . مُرَوَّى بالماء حتى لا يكاد يعوم . مُرَوَّى مُثْقَل بالماء . مُثْقَل بالماء (أو) ممتلئ به حتى يعسر التصرف به وقِيادته

wa'tẹr-main, *n.* مَعِين الماء = قَناة أصلية تحت الأرض لجرّ المياه

wa'tẹrman [wô-], *n.*; *pl.* -men نُوتيّ . جَدّاف . مَلّاح

wa'tẹr-mârk, *n.* علامة شَفّافة (تكون مندمجة في داخل الورقة النقدية ترى عند الاستشفاف)

wa'tẹr-melon, *n.* بِطّيخ أخضر = جَبَس . خِرْبِز . دُلّاع

wa'tẹr-mill, *n.* مِطحَنة (على الماء) = طاحُونة

wa'tẹr-pīpe, *n.* سَوْهَقة = قَسطَل = أنبوب لجرّ الماء . ماسورة

wa'tẹr-powẹr, *n.* قوة تحريك الماء . قوة مُكتَسَبة من جريان (أو) سقوط الماء

wa'tẹrproo͞f [wô-], *a.* مانِع لنفوذ الماء . واقٍ من الماء

wa'tẹrproo͞f, *n.* شيء مانِعٌ لنفوذ الماء . مِمطَر = مُشَمَّع

wa'tẹrproo͞f, *v.* جعله مانعاً لنفوذ الماء

wa'tẹr-rat, *n.* جُرَذ الماء

wa'tẹrshed [wô-], *n.* (خط) توزيع المياه . (خط) مَسفَح الماء . مَسَحّ (أو) مَقلَب الماء

wa'tẹrsīde [wô-], *n.* رِيف الماء = أرض بجوار ماء (أو) بحذائه . جال البحر (أو) البحيرة (أو) النهر . طَفّ (النهر)

wa'tẹrspout [wô-], *n.* مَثْعَب (ماء) . خُرطوم ماء . عَمُود ماء مرتفع في الجو . إعصار

wa'tẹr-tāble [wô-], *n.* غَوْر الماء = المستوى الذي يوجد تحته الماء في جوف الأرض

wa'tẹrtīght [wô-tīt], *a.* مانع لنفوذ الماء . محكَم السَدّ . محكم . مُنفصل تماماً . لا يتطرق إليه شكّ . سَليم (من كل خلل) . دامِغ (كالحجة)

wa'tẹr-towẹr, *n.* قائم الماء = برج يتوزع منه الماء

wa'tẹrway, wa'tẹr-way [wô-], *n.* طريق مائي . طريق مِلاحيّ . مَجرى ماء

wa'tẹr-wheel [-hweel], *n.* دالِيَة = سانيَة = ناعُورَة = مَنجَنُون = دولاب الماء . ساقِيَة

wa'tẹrworks [wô-werks], *n. pl.* مَحطّة إجراء الماء . أماكن ومُعدّات إجراء الماء وتوزيعه (في المدينة)

wa'tẹry [wô-], *a.* مائيّ . مَبلول . مُمَوَّه = فيه ماء كثير . مُرَقَّق (أو) مُخَفَّف بالماء . مَمْروق . مُرَخْوَخ . كالماء . مُطْمِع (أو) مُخيِّل (أو) مُخيل (بالمطر) . تافِه . مَمْذوق . سَليخ = عديم الطعم . نَزّاز . رَكيك

watt [wot], *n.* وُطّ = وحدة القوة الكهربائية

wa'ttle [-o-], *n.* عُنْقَفَة = لحم (أو) جلد أحمر مُتَدَلٍّ أمام عُنق الديك (أو) الدَّجاج = غَبْغَب = رُعْثة. عُسْلُوج = غصن ليِّن (يسهل ضَفْرُه). ضَفِيرة من الأغصان الليِّنة (أو) العساليج = شَرِيجة. زَمَعة (أو) لامِسة عند فم بعض الأسماك

wa'ttle, *v.* حَوَّط (أو) سَيَّج بسياج من الأغصان (أو) القضبان المضفورة. ضَفَر الأغصان (أو) القضبان = شَرَّج

wāve, *n.* مَوْجَة. مَوْج. خَفْقَة (أو) تلويحة (باليد مثلًا) = تَشْوِيرة = لَمْعَة. تجعيدة (في الشَّعر). تَمَوُّج. فَوْرة (من الانفعال). فَوْعة. دُفْقة. سَيل دافِع (أو) دافِق = دُفَّاع

wāve, *v.* تَمَوَّج. تَجَعَّد. لَوَّح = شَوَّر. خَفَق. جَعَّد. تَأَرْجَح. تَرَدَّد. هَزّ

to — aside, صَرَف النظر عنه. نَبَذ

wāve'-band [-vb-], *n.* سَطرة موجات. فِئة مَوْجات. مَدّة مَوْجات

wāved [-vd], *a.* مُجَعَّد = مُرَجَّل

wāve'-length, *n.* طول الموجة

wāv'ẹr, *n.* تَذَبْذُب. تَرَيُّع = تَرَدُّد = تَلَدُّد. تخاذُل. تَضَعْضُع

wāv'ẹr, *v.* تَحَيَّر. تَرَدَّد. تَذَبْذَب. تَرَيَّع = تَلَدَّد. تَجَمْجَم. تخاذَل. تَكَأْكَأ. تَضَعْضَع. تَرَجْرَج. تَنَوَّس

wāv'y, *a.* (-ier, -iest) جَعْد. مُمَوَّج. مُتَمَوِّج. مُجَعَّد. مُتَأَرْجِح

wax, *n.* شَمْع. أُفّ الأذن

to be — in his hands, كان سهلَ القِياد. كان طَوْعَ بنانِه. كان طَيِّعًا له

wax, *v.* شَمَّع

wax, *v.* كار = نما. زاد. كَبُر. صار

wax'ẹn, *a.* شَمْعي. من الشمع. كالشَّمع. شاحِب

wax'wing, *n.* (طائر) أبو الشَّمع (صغير وله قُنبرة زاهية وعلامات على أطراف الجناحين)

wax'works [-werks], *n.* مَعرِض تماثيل من الشمع

wax'y, *a.* (-xier, -xiest) شَمْعي

way, *n.* طَرِيق. طَرِيقة. نَحْو. وَجْه. سبيل. وَسِيلة. جِهة. اتجاه. صَوْب. مَسِير. مسافة. فُسْحة. فُرجة. عادة. أُسلوب. نَهج. طَوْر. مَشْرَب. مذهب. مُراد. رغبة. حالة. مَسلك

by the —, عَرَضًا. بالمناسَبة. في السِّياق

by — of, على سبيل. على جِهة .... بطريق. بقصد

in the family —, حُبْلَى = حامِل

in the — of, من نَحْوِ. في أثناء (ما). في سِياق

under —, جارٍ. سائر. مستمِرّ

to feel his —, تَحَسَّس طريقه. تَلَمَّسها

to give —, استلان. أذعن. هفت. انهار. استسلم. طاع. أسمح. أفسح. أخلى (الطريق). أفرج

to go his own —, انفرد واستقلّ (بعمله). نحا منحاه الخاص

to go out of his —, تعنّى . تكلّف . صرف (أو) بذل جهدًا

to make his own —, إتّكل على نفسِه ونجح

to pave the —, مهّد الطريق

to stand in the —, اعترض السبيل . وقف في الطريق

right of —, حقّ العُبور (أو) المرور

— of life, مَذهَب الحياة . طريق العيش

the — of all flesh, سبيلُ كلّ حَي

way'-bill, *n.* بيان (أو) كَشف الطريق = قائمة بالبضائع (أو المسافرين) مع بيان وِجهتها و كيفية توصيلها

way'fārer, *n.* عابر (أو سالك) سبيل . مُسافِر . ابن السبيل

way'fāring, *n.* سَفَر (أو) سِياحة (على الأقدام)

waylay', *v.* (-laid, -laying) خَرَج عليه وهو في الطريق . ترَصَّد (له) = كَمَن لِيُوقِعَ فيه . تختَّل (له) . استوقف . اعترض سبيلَه . رَصَد

way'sīde, *n.* جانب (أو طرَف) الطريق

way'sīde, *a.* على جانب الطريق . بقرب جانب الطريق

way'ward, *a.* شَكِس . عانِد = حائد عن الطريق (أو) القصد . جامِح . جَمُوح = يَركب هواه . عِنادِي . شَذُوذ . لَجُوج . سادِر

wē, *prn.* نحن

weak, *a.* ضعيف . عاجز . خائر . واهِن . خفيف . رَكيك . غثّ . هَزيل . ضَعيف المقاومة . رَقيق البدَن (أو) الجسم . خافِت . رِخو . واهٍ

weak'ẹn, *v.* خَفَّف . أَضعف . ضَعُف . أوهى . فتّ في ساعده . تضعضع . وَنَى . أوْنَى عَزمه

weak-kneed' [-nēd], *a.* سريع التخاذل . خائر العزم . متخاذِل . خَرِع . هَيُوب

weak'ling, *n.* ضعيف (شخص أو حيوان) (أو) ضاوٍ . خَرِع . خَوّار . ضَعضاع

weak'ly, *a(d).* ضَعيف . واهِن . سَقيم . بِوَهن

weak'-mīndēd, *a.* ضعيف العقل . فَدْم . ضعيف الرأي

weak'nēss, *n.* ضُعف . خوَر . رَكاكة . وَهن . موطن ضُعف = وَهيَة . ضعف مقاومة . رِخوة . وَنَى

weak-sīght'ēd [-sītid], *a.* ضعيف البصر . أخفش

weak-spir'itēd, *a.* خَرِع = فَشِل = خَوّار . وَكَل = جَبان لا يعتمد على نفسه بل على غيره

weal, *n.* جَدَرَة = أثَر ناتئ على الجلد (من جراحة أو ضَرب) = حَبَط

weal, *n.* صَلاح (الحال) . خَير . رَخاء . سرّاء

in — and woe, في السَّرّاء والضَّرّاء

the public —, الصلاح العام

wealth [welth], *n.* غِنَى . ثَروة . جِدَة . وَفرة

wealth'y [wel-], *a.* (-ier, -iest) غَني . ثَرِيّ . مُثرٍ

wean, *v.* فَلَا = فَطَم . قَطَع (عن) . صَرَف (عن) . عَوَّد على فِقدانِ الشيء (أو) الاستغناء عنه . فَطَم عن العادة . انفطم

wean'ling, *n.* فَطيم . مَفطُوم . فَصيل

wea'pon [wepọn], *n.* سِلَاح . عُدّة (قتال) . عُدَّة

wear [wār], *v.* (wore, worn, wearing) لَبِس . جَعَل (أو) رَبّى لنفسه (لحية مثلًا) . بدَى (عليه) . أبدى . دام . ظهر على وجهه

wear [wār], *v.* (wore, worn, wearing) أخلق = بَلي . أبلى . انبرى . رَثّ . إزْمَقّ . بَرَى حتى خرق . نَحَت . حَفِيَ (النعلُ) . نَصَل (اللونُ . . .) . نقب . أنضَل = أنضى = جَهَد وأتعب وهَزل . نَهَك . أجهد . أنهَك . دام طويلًا (ضد الاحتكاك والاستعمال)

to — away, حَكّ . مَحا . دَرَس . بَرَى . اضمحلّ . إمّحى

to — down, أبلى . أنهَك . دَكْدَك . دَكّ = أضعف

to — off, تناقص . ضَعُف . زال . أبلى وترك لبسه

to — on, استمرّ . تمادى

to — out, أخلق . رَثّ . أنهك . أعيا . استنفد . أجهد

wear [wār], *n.* لِباس . مَلبوس . لُبس . عُمر (في اللبس)

wear, *n.* خُلوقة . رَثاثة . إرثاث . إخلاق

— and tear, بَرْي وفَرْي = قاطعيّة . إنهاك . نَهَك

wear′ẹr [wā-], *n.* لابِس

wear′ily [wē-], *ad.* بِتعب . بإعياء . بسأم

wear′iness [wē-], *n.* أين = إعياء = تَعَب . كَلال . مَلال . سَأم

wear′isome [wē-sẹm], *a.* مُتعِب . مُجهِد . مُسئِم . مُبْرِم . مُضجِر

wear′y [wēri], *a.* (-ier, -iest) تَعِب . مُعْيٍ . عَيّان = سَأمان . مُمِلّ . مُتَبَرِّم . مُنهَك

wear′y, *v.* (-ied, -ying) تَعِب (من) . كَلّ (من) . أتعب . أكَلّ . سَئِم

weas′ẹl [wē-], *n.* رَغوب = دَلَقّ = ابن عِرس = سُرعوب

wea′ṭhẹr [weṭh-], *n.* حالة الجوّ . طَقس

under the —, مُكتئِب . مُتوعِّك الصحة

wea′ṭhẹr [weṭh-], *v.* عَرّض للطّقس . مَرّ (أو) اجتاز بسلام . نَجا (وبقي حيًا) . أبحر نحو سُفالة (أو مَهَبّ) الريح

wea′ṭhẹr-beaṭẹn, *a.* مَشهوب (أو) مُشَهَّب = لَوّحته أحوال الجو . متأثِر (أو) بالٍ من تقلبات الجوّ عليه

wea′ṭhẹrcock [weṭh-], *n.* دَوّارة الريح . شخص يدور مع كلِّ دائر

wea′ṭhẹr-fôrecâst [-fôrk-], *n.* نَشْرة جوية (عن أحوال الطقس المحتملة الحدوث بعد مدة)

wea′ṭhẹr-ġlâss, *n.* مقياس الضغط الجوي . مِيزان الطقس . بارومتر

wea′ṭhẹring [weṭh-], *n.* تأثيرات جَوّية . تعرية جوية . صَفحة منحدرة يتزلق عنها ماء المطر (في البناء)

wea′ṭhẹr-proo͞f, *a.* مُقاوِم لتأثيرات الجوّ . مَنيع ضد تأثيرات الجو

wea′ṭhẹr-vāne, *n.* = weathercock

weave, *n.* حِيكة . نِسْجة

weave, *v.* (wove, woven *or* wove, weaving) حاك . نسج . سفّ (الخوص أو القصب) . حَبَك . حاك = اختلق (حكاية مثلًا) = سَرَج . تعرّج (أو) تلوّى (في طريقه) . راوغ . لاوَص

weav'ẹr, *v.* حائك . حَيَّاك . نَسَّاج . سَرَّاج
weav'ẹr-bird [wēvb-], *n.* (طائر) التَّنَوُّط = [أبو نسّاج]
web, *n.* نسيج (العنكبوت) . نَسيج . نَسج . نَسيجة . غِشاء . نسيج جلدي بين مخالب بعض الطير = وَتَرة . لُحمَة . مِسلاط (المفتاح) = سِنّة = مِيشاق . لُحمة الثوب
— of deceit, مَريجة من الأكاذيب (أو) الخدائع
web, *v.* (-bbed, -bbing) غَشَّى (أو) شَبَّك بشيء كالنسيج (أو) الغشاء . ألحَم = وشَّج . أوقع في الشَّبَكة
webbed [-bd], *a.* مَنسُوج . موصول بنسيج جلدي (كما في مخالب بعض الطير) . مُوَتَّر
web-foot'(ēd), *a.* مُتلاحِم الأصابع . فيه الأصابع (أو) المخالب متصلة بِوَتَرة
wed, *v.* (-dded, -dding) تَزَوَّج = تأهَّل . شَفَع . قَرَن . جَمَع
wē'd = we had, we should, we would
wedd'ēd, *a.* مُتَزَوِّج . مُنقَطِع (إلى) . مُرتَبِط (أو) مُقتَرِن (بِ) = مَشفُوع . مُلزَم (بِ)
wedd'ing, *n.* زِفاف . حفلة الزِفاف . عُرس
wedge, *n.* إسفين . سَفين . شيء كالإسفين شكلاً
the thin end (edge) of the —, فالية الأفاعي . أول الغيث (قَطرٌ) . إحدى حُظَيّات لقان
wedge, *v.* فَلَع (أو) شَقّ (بالإسفين) . خَشّ . تَخَشَّش . عَلِق = نَشِب . رَصّ . إرتَصّ . تَرَصرَص = تَمَكَّن وثَبَت . كَبَس
wed'lock, *n.* زَوجية . زَواج . عِيشة الزَّوَاج

Wednes'day [wenzd-], *n.* (يوم) الأربعاء
wee, *a.* قُلَيّل . صغير (أو) قليل جدًّا . ضَئِيل
weed, *n.* عُشبة ضارّة (في الزَّرع) . شخص طويل نحيل مَمغوط . حَيوان ضعيف لا يصلح للنسل = مَريس
weed, *n.* ثوب
weed, *v.* نقّح . نقّى من الأعشاب الضارّة = [عَشَّب] . خلّص (من)
to — out, حَذَف . أزال . انتزع . نبَذ . أسقط . قلع
weeds, *n. pl.* سِلاب = حِداد (أو) ثِياب الحِداد (أو) الإحداد
weed'y, *a.* (-ier, -iest) كثيرُ الأعشاب المُضرّة . مُتعَلِّق بالعُشب الضار . منحوف طويـل . ضعيف نَحيف . مشطوب . كالخِلالة . منقوفُ الجسم
week, *n.* أسبوع . جُمعه . سبعة أيام قبل (أو) بعد يوم ٍ معيّن
This day —, (بعد) أسبوع من هذا اليوم
week'day, week'-day, *n.* يوم الأسبوع عدا يوم الأحد
week'-end', *n., a.* نهاية (أو) آخِرَةُ الأسبوع = يوما السبت والأحد (أو) من مساء يوم الجمعة إلى صباح الإثنين
week'ly, *a(d).,* *n.* أسبوعي . أسبوعيًّا . بالأسبوع . كل أسبوع . مَنشورة أسبوعية (كالجريدة أو المجلّة)
weep, *v.* (wept, weeping) بكى . ذَرَف الدمع . ناح . انتحب . نَدَب . قَطَر . تَهَدّل (كأغصان الشجر) . تَشَلشَل (الماء)
weep'ing, *n., a.* بُكاء . باكٍ . قَطران . مُتهَدِّل . وَشَل = رَشح = نَضِيض

weep'y, *a.* (-pier, -piest) بكّاء . مُبكٍ . دَميع = سريع البكاء . نَضّاض . واشِل

weev'il, *n.* سُوسَة (في الحبوب أو القطن مثلًا) . سُوس

weft, *n.* نِير = لُحمة القماش (وتكون عَرضًا ومُعتَرِضة للسَّداة)

weigh [wā], *v.* وزَن . راز . رَزَن . كان له وَزْن (أو) شأن . أَوْقر . ناءَ به = أثقله . فَدَح = شَقَّ (على) . روَّز = رَوَّى . شال = رفع . رَطَل . تَبَصَّر

to — down, أَخْنَى (على) . أَنَاخ (على) . فَدَح . شَقَّ (على) . أثقل عليه حتى حناه . كَبَس

to — up, راز . قَدَّر . رَطَل

to — his words, وَزَن كلامه

to — anchor, شال (أو) رفع المرساة

weigh'bridge [wā-], *n.* قَبّان أَرضي (له مَسطبة توزَن عليها السيارات (أو) العربات)

weight [wāt], *n.* وَزْن . وَزْنة . ثِقَل . مِثقال = عِيار = سَنجة . ثقَالة . ثِقْل . وَزْن = قَدْر = أهمية . حُكم . رُجحان . وَطأة

to carry —, له وَزْن (أو) شأن

to throw his — about, تأمَّر . تَسيطر . تغشمر

weight, *v.* ثَقَّل . أثقل . فَدَح . أَوْقر . رَجَّح

weight'y [-ā-], *a.* (-ier, -iest) ثَقيل . فادِح . ذو شأن (أو) وَزْن = خطير . ذو نُفوذ . له اعتبار مَرعي . مُهِمّ (أو) جدير بالاهتمام . وَزِين = وجيه . رَزين . راجِح

weir [wēr], *n.* مُسَنّاة (في نهر) . حِبْس (أو) سِكْر = بَنْد

weird [wērd], *a.* كأنه من عالم الغيب . غريب . له [وَهْرة] . مُستَوْحِش . [وَهِرٌ] . مُستَغرَب

wel'come [-kẹm], *n.* تأهيل . ترحيب . لِقاء (أو) استقبال احتفائي . حُسن قبول (أو) استقبال . قَبول (أو) استقبال

wel'come, *v.* (-med, -ming) أهَّل (أو) رحَّب (بِ) . أحسن لِقاءَه

wel'come, *int.* مرحبًا ! أهلًا وسهلًا !

wel'come, *a.* (-mer, -mest) مُستَحسَن . مُستَحَب . يُرَحَّب به . طَيِّب . يبعث على الاغتباط . يقابل بالترحيب . أهلٌ للإكرام . مَرْحَبًا (بِ) . حَبَّذا . هو نِعمَ الضيف

You are — to this book, هو لك حِلٌّ . هو على حَبل ذِراعك . هذا الكتاب مَبروكٌ عليك

You are — to use my car, طِيبةٌ (أو) حِلٌّ لك أن . . .

weld, *v.* لأَم = لَحَم . أَلْحَم (بين) . التحم = تلاءم . التأم . أَلَّف = لاحَم . رَتَق

weld, *n.* التحام . التئام . لُحمة

wel'fāre, *n.* حُسن الحال . رفاه . صَلاح . خَير . عافِية

— state, دولة الصَّلاح العام

well, *n.* بئر . جُبّ . مَعين . نَبْع

well, *v.* نبَع . فار . بجَس . تَفوَّر . طَفَر (الدمعُ)

well, *a.* في صحة (أو) عافية = صحيح . من الخير . يَجدُر (بِ) . يجوز (أو) يَصلح

He is — off, مُوسِر . حَسَنُ الحال

well, *ad.* (better, best) على (خَير) ما يُرام . خيرًا . بكفاية . بحقٍ . جَيِّدًا . بكثير . بإجادة . بإحكام

— and good, فَبِها ونِعمَتْ

as —, أيضًا . كذلك

as — as, بِمِثْل (ما) . بقَدْرِ (ما) . وأيضًا

well, *int.* طَيِّب !

wē'll [wēl] = we shall, we will

well'-advīsed [-zd], *a.* حَكيم . عاقِل . حَصيف

well'-bal'anced [-st], *a.* متعادل . مُتوازِن . رَزِين . راجح العَقل . مَوْزُون . عاقِل . حَصيف

well'-bēhāved [-vd], *a.* حسن الآداب . حسن السلوك . مُرَوَّض

well'bēing, *n.* حُسْنُ الحال = صَلاح . غِبطة

well'-bôrn, *a.* من أصلٍ شريف . كريم الأصل (أو) المَحتِد

well'-bred, *a.* مؤدَّب . حَسن التربية (أو) النشأة (أو) الأخلاق . نجيب (الأصل) . أصِيل . عَتيق (كالفرس)

well'-defīned [-nd], *a.* واضح المَعالِم (أو) الحُدود

well done, أحسَنت ! واهًا لك !

well'-ġrōōmed [-md], *a.* أنيق المَلْبَس (أو) المظهر

well'-infôrmed' [-md], *a.* واسعُ الإطِّلاع . مُتَبَحِّر . مُطَّلِع

well'-known' [-nōn], *a.* مُتَعالَم = مَشْهور . شَهِير . ذائع الصيت

well'-mean'ing, *a.* سليم القلب . سليم (أو) خالِص النية . حسن النيَّة . بحسن نِيَّة . حَسَن القَصد

well'-nīgh [-nī], *ad.* كاد (يكون) . أوشك (أن . . .) . تقريبًا . ناهَز

well-off, *a.* حسن الحال . مُوسِر

well'-rẹad [-red], *a.* كثير مُطالِع . كثير المطالَعة للكتب . واسع الإطلاع

well'-spō'kẹn, *a.* حُلو الحديث (أو) الكلام . مُهَذَّب في كلامه . راقٍ في حديثه

well'-spring, *n.* رأس النَبع . يَنْبُوع . مَعِين (لا يَنضُب) = عِدّ

well'-tīmed [-md], *a.* في الحين (أو) الأوان المناسب . في حينه

well'-to-dō, *a.* مُوسِر . مُنعَم

well'-trained [-nd], *a.* مُدَرَّب . حسن التدريب

well'-wishẹr, *n.* شخص يُريد (أو) يتمنى الخير لغيره . مُصافٍ . صادق المودة (أو) الإخاء

Welsh, *n.*, *a.* وَلْشي = من سكان مقاطعة ويلس في بريطانيا

Welsh'man, *n.*; *pl.* -men (شخص) وَلْشي

Welsh'rabb'it, welsh'rāre'bit [-rb-], *n.* جُبنة مَشويّة على خبزة مُحَمَّصة

welt, *n.* حَبَط = أثَرٌ مُنتَبِر على الجلد من الضرب = جَدْرٌ . حاشِية = زِيق (في الثوب مثلًا) . شُرحَة من جلدٍ بين أعلى الحذاء والنعل

welt, *v.* ضَرَب ضربًا مُبَرِّحًا . دَبَل . جَلَد

wel'tẹr, *n.* حَمْأة . مَراغة . بَلبَلَة . لَبَطة . إختباط . مُعتَرَك

wel'tẹr, *v.* تَمَرَّغ . تَلَبَّطَ . تَقَلَّب

wen, *n.* جُمعُولة دِهْنية = كيس دهني يكون غالبًا على جلدة الرأس بشكل دائري

wench, *n.* شابّة . صَبيِة . فتـاة . خادمة . مُومِس
wench, *v.* خَلَط في علاقاته الجنسية مع النساء
wend, *v.* سَلَكَ (الطريق) . تَوَجَّه (في طريقه) . يَمَّم
went, *v., p. of* go
wept, *v.; p., pp. of* weep
were [wār], *v.* كانوا . كُنَّ . كان (في الجملة الشرطية)
wē're [wēr] = we are
weren't [wernt] = were not
wer(e)'wolf [wārwụlf *or* **wēr-],** *n.; pl.* -wolves [**wụlvz**] شخص انقلب ذئباً (أو) قادر على أن يقلب نفسه ذئباً
wert = an old form of were: Thou wert
west, *n.* مَغْرِب . غَرْب
West, *n.* الغَرْب . الدول (أو) البلاد الغربيـة
west, *a.* غَرْبي . إلى الغَرب (من) . في الغرب . نحو الغرب . قُبالَة الغرب . من الغرب
— of, إلى الغَرْب (من)
west, *ad.* غَرْباً . نحو (أو) إلى الغَرْب
to go —, غربت شَمْسُه = قضى = مات
wes'tẹr, *v.* = غَرَّبت = دَلَكت (الشمس) مالت إلى الغرب
wes'tẹrly, *a(d)., n.* نحو الغرب . غرباً . من الغرب . غربي . تجاه الغرب . ريح غَربية
wes'tẹrn, *a., n.* نحوَ الغرب . غربي . من الغرب . رواية (أو) فِلم عن حياة رعاة البقر (أو) عن حياة سكان الحدود في غرب الولايات المتحدة
wes'tẹrnẹr, *n.* شخصٌ يعيش في الولايات الغربية من الولايات المتحدة
Western Hemisphere, نصف الكرة الغربي
wes'tẹrnmōst, *a.* أقصى ما يكون إلى الغرب
West Indies, *n. pl.* جزائر الهند الغربية
west'ward, *a(d)., n.* جهة الغرب . مِنطقة إلى الغرب (أو) غربية . نحو الغرب . غرباً . غربي . إلى الغرب (من)
west'wardly, *a(d).* إلى الغرب . نحو الغرب . من الغرب
west'wards, *ad.* نحو الغرب . غرباً
wet, *n.* بلَل . مَطر
wet, *a.* (-tter, -ttest) رَطب = مَبلول . مُبتَلّ . مُمطِر . ماطِر
wet, *v.* (-tted, -tting) بَلَّ . بلَّل . إخضَلَّ
weth'ẹr, *n.* كَرّاز = كَبْش مَخصيّ
wet'ness, *n.* بلَل . تَبلُّل . بُلَّة
wet'-nurse, *n.* ظِئر = مُرضِعة أولاد غير أولادها
wē've [wēv] = we have
whack [hwak], *n.* صَكّة . لقّة . خَبطَة . صَفقَة . خَفقة (بصوت مسموع)
whack, *v.* صَكَّ . لَقَّ . خبط . صَفَق = ضَرَب بصوتٍ مسموع . خَفَق (بالسوط)
whack'ing, *a(d).* عظيم جدًا . للغاية
whāle [hwāl], *n.* حُوت . قَيطَس . هائِشة = حوت بِسنام
whāle, *v.* صاد الحوت (أو) الحيتان
whāle'-bōat [-bōt], *n.* زُرزُور = قارب طويلٌ ضَيقٌ مُستدِقّ الطرفين لصيد الحوت . مَركَب صيد الحيتان

whāle'bōne [hwāl-], *n.* عَظْمة (أو) عُظَيْمَة الحوت (وتكون على شكل صَفيحة عظمية ليِّنة في الفك الأعلى)

whāl'ęr, *n.* صَيّاد الحيتان . مَرْكَب صيد الحيتان

whāl'ing, *n.* صَيد الحيتان . صِيادة الحيتان

wharf [hwôf], *n.; pl.* -rves, -rfs إِسْكَلَة = رَصِيف المَرْسَى (أو) الميناء . [بُنط]

wharf, *v.* رَسَت (أو) وقفت السفينة على رصيف المرسى . أفرغت السفينة حمولتها

wharf'age [wôrfij], *n.* جُعل (أو) رسم الرُّسُوّ على رصيف الميناء

wharvėś [hwôrvz], *n.; pl. of* wharf

what [hwot], *prn.* ما . ماذا

what [hwot], *int.* أَيش !

what [hwot], *a(d).* ما . ما (للتعجب) . أيُّ . ما (للاستفهام)

whate'er' [hwotār] = whatever

whatev'ęr, *a., prn.* أيُّ (ما) . أيُّ (ما) . كُلّ (ما) . مهما . كائناً ما كان . أيّاً كان

what'not [hwot-], *n.* صَيهُور = شِبْهُ مِنبَر وله رُفوف توضع عليه الكتب (أو) أدوات الزينة . خِزانة تُحَف لها رفوف تُعرَض فيها التحف (أو) أدوات الزينة . شيء غير ذلك . شيء آخر

what's = what is

whatsoe'er' [hwotsō-ār], *prn., a.* = whatsoever

whatsōev'ęr, *a.* = whatever

wheat [hwēt], *n.* قَمح . حِنطة

wheat'ęn, *a.* قمحي . من الحِنطة . من القمح

wheat'meal, *n.* دقيق القمح . طَحين الحِنطة

whee'dle [hw-], *v.* دَوْلَب = زَهْلَج = خلَب (أو) تخَلَّب = تخدَّع بلطيف القول . تلطَّف له لِيُقنِعه (أو) يُغويه = سانَى = دالس . أَلاصه على الشيء. أداره عليه وأراده منه = رواضه عليه

wheel [hwēl], *n.* دُولاب . [عَجَل] . بَكَرة . جَرخ

—s within —s, شبكة متداخلة من الدوافع والعوامل الخفية

at the —, عند القِياد . في موضع القِيادة (أو) السيطرة

to put his shoulder to the —, ناصر . آزَر . شَدّ الهِمّة وعزَم (على الأمر)

wheel, *v.* انفتل . دار . أدار . سار على دواليب

wheel'barrōw [-ō], *n.* عَرَبة يد (تسير على بكَرة واحدة (أو) دولاب واحد ولها رجلان من الخلف ومِقبَضان)

wheelś, *n. pl.* أجهزة العمل . آلات

wheel'wright [-rīt], *n.* عَرَباتي = صانع العرَبات (أو) الدواليب (أو) مُصلِحُها

wheeze [hwēz], *n.* صوت التنفس مع خَرخَرة وصعوبة = كَرير (في الصدر) = فَحفَحة . وَحوَحة . خَرخرة

wheeze, *v.* كَرَّ . فَحفَح . وَحوَح . خَرخَر

wheez'y, *a.* في تنفسه (أو) صوته كَرير (أو) فَحفَحة

whelk [hwelk], *n.* حلزون = [بُوق] بحري صدفي يؤكل

whelm [hwelm], *v.* غَمَر . طَمَّ = طغى وغلب . طغى . غلَب

whelp [hwelp], *n.* شِبل (الأسد) . جَرو = ولد الكلب والسباع

whelp, *v.* أَجْرَى=وَلَدَ جَرْوًا . أَشْبَلَتْ (اللَّبْوَة)
when [hwen], *ad.* مَتَى . حِين . حينما . وَقْتَ
when, *con.* مَتَى . حين . حينما . لمَّا . وحينئذٍ . مع (أَنَّ) . في حين (أَنَّ) . في حال
when, *n.* مَتَى . حِين . آن
whence [hwẹns], *ad.* من أين ؟ من حيث . كيف
whence, *prn., con.* من أين . من حيث . أَنَّى . كيف
whene'er' [hwenār] = whenever
whenev'ẹr [hwen-], *ad., con.* مَهْما = في أي وقت . متى (ما) . كُلَّما . إذْ ما
whensōev'ẹr = whenever
where [hwār], *ad.* أين ؟ إلى أين ؟ من أين . ما . من أي مكان
where, *prn., con.* (من) أي مكان . حيثُ . من حيثُ . إلى حيث
where'abouts [hwār-], *ad., con.* في أي مكان . أَيْن
where'abouts [hwār-], *n.* مكان . مَكان وُجُودِه
whereas' [hwāraz], *con.* ولكن . في حين (أَنَّ) . بينما . والحالُ (أَنَّ) . حيث (إنَّ)
whereat' [hwārat], *ad., con.* على أيِّ شيء . على مَ . عندئذٍ . (الذي) عليه
wherebȳ' [hwārbī], *ad., con.* (الذي) به (أو) بواسطته
where'fôre [hwārfôr], *ad., con.* لماذا . لأي سبب . لذلك . لهذا السبب
where'fôre, *n.* سَبَب = داعٍ
wherein' [hwārin], *ad., con.* من أي جِهة . في أي مكان . في أي شيء . (الذي) فيه . حيث . كيف
whereof' [hwārov], *ad., con.* عَمَّ . عَمَّن . (الذي) عنه
whereon' [hwāron], *ad., con.* (حيث) عليه . (الذي) عليه
where's = where is
wheresōev'ẹr, *ad.* = wherever
wheretō' [hwār-], *ad., con.* إلى أين . الذي إليه . حيث . لماذا ؟ لأي شيء ؟
whereun'tō [hwār-], *ad., con.* = whereto
whereupon' [hwārẹpon], *ad., con.* (حيث) عليه . (الذي) عليه . عندئذ . عند ذلك . على أي شيء
wherẹv'ẹr [hwār-], *ad., con.* حيثما . أينما . أَيَّان . إلى أين ؟
wherewịth' [hwār-], *ad., con.* بأي شيء . بماذا . (الذي) بهِ
where'wịthal [hwār-ôl], *n.* ما يَستطيع بـه (أن . . .) . ما يُمَكِّن من . وسائط . بأي شيء
whe'rry [hwẹri], *n.* زَوْرَق . قايِق . قارِب . مركب لصيد السمك
whet [hwet], *v.* (-tted, -tting) شَحَذ = أَحَدَّ = سَنَّ . أَرْهَف . حَرَّك . أثار
whet, *n.* شَحْذ . إرهاف
wheṭh'ẹr [hweṭh-], *con.* سواءٌ . هل . . . . أم . إذا . إن
whet'stōne [hwet-], *n.* صُلَّب = حجر المِسَنّ . جَلْخ = مِسَنّ من حَجَر . مِحَدّ . مِشْحَذ

whew [hwū], *int.* كلمة هُتاف للاستغراب (أو) الجزَع (أو) الاستفظاع

whey [hwā], *n.* مَصل اللَّبن = [رِش] . مُصالة . مُضارة

which [hwich], *prn.* أيّ . مَن . ما

which, *a.* أيّ . مَن . الذي

whichev'ẹr [hwich-], *prn., a.* أيّ (ما)

whichsōev'ẹr, *prn., a.* = whichever

whiff [hwif], *n.* هَبّة . نَفحة . هَفّة . فَوحة . رائحة . نَفَس . نَشقة

whiff, *v.* هَبّ . نَفَح . هَفّ . نَسَّم . ذَرَى = هَفا

Whig [hw-], *n.* أمريكي يدعو قديمًا إلى الثورة ضد انكلترا . عضو في حزب تحرري في بريطانيا يعرف الآن بحزب الأحرار

whīle [hwīl], *n.* مُدّة . وَقت (قصير) . نَوْبة = ساعة من الزمان

the —, طولَ الوقت

It is not worth your —, لا يَسوَى لكَ . لا يُجديك نفعًا . لا يَستحِق

once in a —, في بعض الأحيان

whīle [hwīl], *v.* مَضَى (أو) قَضَى (مُتمتِّعًا) . تَسلَّى (في أثناء . . .)

whīle [hwīl], *con.* لمّا . حينما . بينا . بينما . فيما . في حين (ما) . في أثناء (ما) . ما دام . مع (أن) . فيما (هو) . ولو (أنّ) . حالَ . على حين

whīleṡ [hwīlz], *con.* أحيانًا . في حين (أنّ)

whīlst, *con.* = while

whim [hwim], *n.* وُلعة طارئة مُوقّتة . رَغبة طارئة غَريبة . [هَوسَة] . شادوف دَوّار = جهاز يدور بقوة الفرس (أو) البخار لرفع الماء (أو) الفلز من المنجم

whim'brel, *n.* (طائر) كَرَوان الماء الصغير . كَرَوان غيطي صغير

whim'pẹr [hw-], *v.* بَغَم . بكى بكاءً ضعيفًا = تَهَنّف بالبكاء . وَهْوَه . [تَشَفنَف]

whim'pẹr, *n.* بُغام . تَهَنُّف بالبكاء . إجهاش . وَهْوَهة . مَأقة . [شَفنَفة]

whim'ṡey [hwimzi], *n.* = whimsy

whim'ṡical, *a.* ذو أهواء طارئة . ذو وُلعات طارئة غريبة . ذو بدَوات عابرة . غريب

whim'ṡy [hw-], *n.* هَوًى طارئ . [مَراق] = [نهفة] = فكرة (أو) تصور غريب

whin [hwin], *n.* (نبات) القُندُول [الجَرْبان] = جَولَق

whīne [hw-], *v.* نأم . بكى (أو) صاح متشكّيًا بصوت ضعيف = تَلَعلَع . تَضاغى . [نَوّص أو عَوّص] (الكلب)

whīne, *n.* نَئيم . تَضاغٍ . تَباكٍ . تَأَوُّه . تَلَعلُع . [وَنين]

whinn'y [hwini], *n.* حَمحَمة (الفرس) . هَمهَمة . صَهيل

whinn'y, *v.* (-nnied, -nnying) حَمحَم (الفرسُ) . هَمهَم . صَهَل

whip [hw-], *n.* كُرباج . سَوْط = دِرّة

whip, *n.* نافِش = حَلوَى مُتنَفِّشة

whip, *v.* (-pped, -pping) = لاخَ ساطَ = مَشَق (بالسوط) . شَلّ = خاط خياطة خفيفة = سَرَج . جلَد (بالسوط) . مَلَخ = امترق (أو) مَرَق سريعًا . امتلخ = انتزع بسرعة . نَشِط = خَفّ وأسرع . غَلَب . هَزَم

to — off, امتلخ = انتزع بسرعة . خَطَف . جَرَع دُفعةً واحدة

to — out, اخترط = سَلّ . إنسلّ مُسرِعًا . نبَر

to — up, خَفَق = ساط . هَيَّج . نَدَل = خطف . أعدّ على عَجَل

whip′côrd, *n.* مَرير = حَبل شديد الفتل . قماش مُضلَّع

whip hand, مِقْبَض السَّوط . زِمام = قِياد = سَيطرة . يَدٌ عليا . تفَوُّق

whipp′ĕt, *n.* كلب سَلُوقي صغير (للسباق) . دبابة خفيفة سريعة

whipp′le-tree [hw-], *n.* قَضيب مُعتَرِض أمام العربة تُشَد فيه سُيُور الجَرّ

whir(r) [hwir], *v.* (-rred, -rring) خار (الدولابُ مثلًا وهو يدور بسرعة) . خات (الطائر وهو يَخفِق بجناحيه) . زَفزف (الريح مارًّا بين القصب) = هَرّ . أسرع بصوتٍ كالهزيز (أو) الحرير

whir(r), *n.* هرير . حفيف . خَوَات . زَفزفة

whirl [hwirl], *v.* فَتَل (أو) انفتل بشدة . دار بشدة . دَوَّم . أدَرّ (المِغزَل) . ازدفّ (أو) استزفّ = حمل ومَضى بسرعة . إنخرط = أسرع ولَجّ . تبلبل

whirl [hwirl], *n.* فَتَلان . دُوَّامة . دَوَمان . دُوَّامة = بَلبَلة وحيرة . تَخرُّط

whirl′igig [hwir-], *n.* صُروفُ الدَّهر (أو) تَقَلُّباته . دَوَّارة . خُذرُوف = [فُرَّيرَة] = دُوَّامة (يلعب بها الأولاد) . قَلَّابة

whirl′pōol [hwir-], *n.* دُوَّامة البحر (أو) الماء = دُرْدُور

whirl′wind [hwirl-], *n.* إعصار . ريحٌ دَوَّامة . زَوبَعة

whirr, *n.*, *v.* = whir

whisk [hwisk], *v.* هَفَا = كَسَح (أو) كَنَس بسرعة = سَفَر . زَفَى = استطار . أزفى = حَمَل بسرعة من مكان إلى آخر . مَصَع . اندفع مُسرِعًا . مَصَع بذنبه . نسف . ساط = خَفَق . خَطَف = مشى خطفًا (أو) سريعًا

whisk, *n.* هَفْيَة = كَسْحَة (أو) كنسة سريعة . نَسفة . مِقَشّة . مِنَشَّة . مِسواط . مِخفقة للبيض

whisk broom, مِنَشَّة (أو) مِنفَضة للملابس (يُنفَض بها الغبار)

whis′kẹr, *n.* لِحيَة (جانبية) . عِذار . سَبَلة (الجمع سِبَال) . شارِب . كُلْبة = الشعر النابت على خَطم الكلب (أو) السِنَّور (من الجانبين)

whis′key [hwiski], *n.* whisky

whis′ky [hwis-], *n.* وِسكِي = مشروب مُسكِر يُستَحضَر من الحبوب

whis′pẹr [hwis-], *n.* وَنوَنَة . هَمس . وَشوَشة . هَتمَلة . هَسهَسة . زَفزَفة

whis′pẹr, *v.* هَمَس . وَنْوَن . خافَت = تَكَلَّم هَمسًا . هَسهَس (أو) زَفزَف (الريح) . هامَس . أرجَف = نَشَر الشائعات سِرًّا . أسَرّ = هَتمَل

whist [hwist], *n.* لُعبة بأوراق اللَّعِب (بين زوجين من اللاعبين)

whis′tle [hwisl], *n.* صَفَّارة . صَفرة . صَفير . تَصفير . زَعيق

whistle′, *v.* مَكا = صَفَر . زَمَر . زَعَق

whit [hwit], *n.* ذَرَّة . نُتفة (صغيرة) . قُلامة ظُفر

not a —, ولا قُلامةَ ظُفر . ولا شيء (مِن) . ولا ذَرَّة

white [hwīt], *n.* بَيَاض = اللون الأبيض . (ألبسة) البياض . بَيَاض (أو) غِرْقِد (أو) آحُ (البيض) . بَيَاض العَيْن . شخص أبيض البشرة . بَيَاض = مكان خالٍ من الكتابة (أو) الطباعة

white, *a.* أبيض . شائب . شاحِب = مُصْفَر . فاتح اللون . مُمْتَقِع اللون

to bleed him —, مَصَّ دمه = بَلَصه (أو) ابتزّه مالَه حتى أَصْفَى

white ant, نملة بيضاء

white'cap [hwīt-], *n.* موجة راغِيَة (على رأسها زَبَد)

white elephant, فيل أبيض . شيء يملكه الإنسان ويكون عِبئاً عليه = نفقاته أكثر مِن غَلّته

white feather, (ريشة بيضاء) رَمز للجُبْن

to show the —, جَبُن = فَشِل . وَهِل

white'fish [hwīt-], *n.* بُجن = سمك نهري أبيض (أو) فضي الجانبين

white flag, علم التسليم (أو) طلب المهادنة

White House, *n.* البيت الأبيض = مَقرّ رئيس الولايات المتحدة

white lie, كِذْبة بسيطة غير فاحِشة . كِذْبة عَرَضِيّة (أو) بَريئة

white meat, لحم أبيض كلحم الدجاج والسمك والعجل والخنزير

whīt'ẹn [hwī-], *v.* إبيضّ . شاب . بَيَّض . نَقَّى . أظهر بمظهر البراءة

white'ness [hwītn-], *n.* بَيَاض

white slave, فتاة (أو) امرأة تُحمَل على ممارسة البغاء وتنقل من بلدٍ إلى آخر لهذا الغرض

white'thôrn [hwī-], *n.* (نبات) الزُعْرور = بُوت

white'throat [hwītthrōt], *n.* (طائر) الزُرَيْقة

white'wash [hwītwosh], *n.* طِلاء (أو) دِمَام الكِلس = [طِرَاشة] . طِلاوَة . تَزْوِيق = تستير وتَزْيين . تمويه

white'wash, *v.* طَلَى (أو) بَيَّض بالكلس = [طَرَش] . سَتَّر (على) . زَوَّق . طَلَى . مَوَّه . دَجَّل . بهرج

whith'ẹr [hwi-], *ad., con.* حيث . إلى حيث . (إلى) أين . إلى أي مكان

whīt'ing [hwī-], *n.* (سمك) بُوري

whīt'ish [hwī-], *a.* مائل إلى البياض . فيه بَيَاض خفيف . أبيض بعض البياض . مُبيَض

whit'lōw [-lō], *n.* داحِس = داحوس = ورم مؤلم في طرف الأصبع

Whit'sun [hwit-], *a., n.* الأسبوع الذي يبدأ بأحد العنصرة . آخِرةُ الأسبوع التي فيها أحَد العنصرة . عيد العنصرة . خاص بأحد العنصرة

Whit'sunday [hwit-], *n.* اليوم الخمسون بعد الفِصح = أحَد العنصرة . عيد العَنْصَرة . الأحد السابع بعد أحَد الفصح

Whit'suntīde, *n.* عيد العنصرة . جُمعة العَنصرة . الأسبوع الذى يبدأ بأحد العنصرة ولاسيما الأيام الثلاثة الأولى

whit'tle [hw-], *v.* نَحَت . سوّى (على شكلٍ ما) . بَرَى (بالمُدية) . هَزَل

to — away, حَذَف (منه) . تَنَقَّص

to — down, تَنَقَّص شيئاً فشيئاً

whīt'y, *a.* (-tier, -tiest) = whitish

whiz(z), *n.* أزّة . أزيز . زَفِيف . [وَزْوَزَة]

whiz(z), *v.* (-zzed, -zzing) أَزَّ . [وَزْوَز] . زَفْزَف

whõ [hōō], *prn.* الَّذي . مَنْ . الَّتي . . . الخ . . .

whōa [hwō, wō], *int.* صوتٌ يدعى به الفرس إلى الوقوف . قِفْ !

whõdu'nit [hōō-], *n.* رواية بوليسية

whõev'ẹr [hōō-], *prn.* مَن . أيّ . أيًّا . كُلّ (من)

whōle [hōl], *n.* عدد تام (أو) صحيح . جُملة . جميع . قاطبة . عُموم . مجموع

on the —, من كل وجه . إجمالًا

as a —, على العموم . بالجملة . جُمْلَةً . إجمالًا . عموماً

whōle [hōl], *a.* كَميل . سَوِيّ . كامل = بِصِحّته = بكامله . كُلّه . قاطبةً . سالِم . سَليم

to do it with his — heart, عمله مخلصاً تامًا الإخلاص . عمله من كلّ قلبه

whōle'-heart'ēd [-hârt-], *a.* بكل رغبةٍ وإخلاص . ناصِح = صادق . من الصميم . من كلّ القلب . ذو عَزْمٍ صادق

whōle'meal [hōlm-], *a.* من دقيق القمح الغير المنخول

whōle'ness [hōln-], *n.* كُمُول . تَمام . صِحّة . اكتمال

whole number, عَدَد صَحيح (ليس فيه كَسْر)

whōle'sāle [hōls-], *n.* بيع بالجملة

whōle'sāle, *a(d).* بالجملة . بكميات كبيرة . ذَريع . شامِل . جُزافاً . بلا تمييز . جُملة

a — slaughter, مَذبحة ذَريعة (أو) بالجُملة

whōle'sāle, *v.* باع بالجملةِ

whōle'sālẹr, *n.* تاجر (أو) بائع بالجملة

whōle'some [hōlsẹm], *a.* مُغَذٍّ . صِحّي . مُفيد للصِحّة . مَريء . ناصِح = صادق . ناجِع

whõ'll = who will, who shall

whōl'ly [hōli], *ad.* تمامًا . إطلاقاً . تامًّا . بكامله . بالكُلّية . قاطبةً

whõm [hōōm], *prn.* مَن . الذي . التي . . . . الخ . . .

whõmsōev'ẹr [hōōm-], *prn.* أيًّا . أيّ شخص

whōōp [hōōp], *n.* هَتْفة . صَيْحة . صَلقة . شَهْقة . نأجة (البوم)

whōōp, *v.* هَتَف . شَهَق = صاح . عَجّ . صَلق . نَأَج (البُوم) = نَأَم = صاح

whooping cough, سُعال ديكي . شُهاق . [شَهْقة]

whop [hwop, wop], *v.* (-pped, -pping) غَلَب . هَزَم

whopp'ẹr [hwop-, wop-], *n.* شيء فاحِش العِظم . جَسيم . هائل

whopp'ing [hwop-, wop-], *a.* هائل . فاحِش . فَظيع . جَسيم

whôre [hôr], *n.*, *v.* عاهِرَة . قَحْبة . مُومِس . بَغيَّة . تعاطى البغاء . زَنَى (أو) فَجَر بالمُومِسات . تعاهر . تعاهرت

who're [hōōr] = who are

whorl [hworl *or* hwerl], *n.* إحدى لَفّات الصَدَفة المُحوّاة . لَفّة لَوْلَبية . دُوّارَة ورق (أو) زَهرٍ مستدير كالحلقة حول سُوَيقة النبات وينبت على مستوى واحد . فَلْكة المِغزَل

whor´tleberry [hwertẹl-], *n.* عِنب الغابات . عنب جبلي

whõ's [hōōz] = who is

whõse [hōōz], *prn.*

— book is this ? كتاب مَن هذا ؟

the girl — name is, البنت التي اسمُها

whõ´sō, *prn.* = whoever

whõsōev´ẹr [hōōsō-], *prn.* = whoever

whȳ [hwī], *ad., con.* لماذا ؟ لأي شيء . لماذا . هَلَّا . الذي مِن أجله . ما بالُ . ماذا (لَوْ)

whȳ, *int.* كيف ؟ (لا) لِمَ ؟ ما هذا . هَلَا . لا . لِمَ (كذلك) . طَبْعًا . ولكنْ

whȳ, *n.; pl.* **whȳs** سَبَب . داعٍ

wick, *n.* ذُبالة = فَتيلة . شَعيلة

wick´ẽd, *a.* فاسِق . فاجِر . خبيث . رَذيل . مُنكَر . حَرَام

wick´ẽdness, *n.* فِسق . فُجور . خَباثَة . رَذَالة . نُكْر . جُرأة على فِعل الحرام

wick´ẹr, *n., a.* عُسلُوج = شَريج = قَضيب دقيق لَيِّن . قُضْبان (أو من الخيزران) مَضفورة . مصنوع من هذه القُضْبان . شَريج

wick´ẹr-work [-werk], *n.* أشياء مَصنوعة من ضَفيرِ القُضبان . قُضْبان مَضفُورة . شَريجة = كالسَلّة من القضبان المضفورة

wick´ẽt, *n.* بُوَيب = خَوْخَة . كُوَّة (التذاكر في السنما مثلًا) . إحدى نصائب لعبة الكريكت . خَوْخة (للنهر مثلًا) = باب يُضبط بفتحه وإغلاقه مسيل الماء من سدّ (أو) مثله = كُوّة

wīde, *a.* عريض . واسع . فَسيح = أَقْوَر . واسع (أو) بعيد المدى . واسع الانتشار . واسع (المعرفة) = طويل الباع فيها . متوسِّع (أو) متبحِّر (في) . بعيد (عن) . مَدْلوق (كالباب)

wīde, *ad.* واسعًا . بعيدًا

— of, بعيدًا (عن) . شاطًّا (عن)

to open —, شَرّع (أو) دَلَق (الباب) . جَلَق (الفم)

wīde´awāke, *a.* مستيقظ تمامًا . مُتَيقِّظ . مُفَتَّح العينين . مُتَنَبِّه . حادّ الذهن

wīde´-eyed [-dīd], *a.* مُبَرَّق العينين . مُفَتَّح العينين (شديدًا) . أنجل (العينين)

wīde´ly [-dl-], *ad.* على مساحة واسعة . بانتشار . بصورة واسعة . في مسافات واسعة . بتبحّر (أو) توسُّع

wīd´ẹn, *v.* وَسَّع . عَرَّض . توسَّع . فَسَّح . انفرج

wīde´spread [wīdspred], *a.* واسع الانتشار . مُنبَسِط . مُنتَشِر . مُتَّسِع . مُستَفيض . مُتَفَشّ . ذائع

wi(d)g´eon [wijẹn], *n.* مَصْوَة = بطَّة مائيَّة نهرية = زَوَّة . صَوّاي = زاوٍ = زايَ

wid´ōw [-ō], *n.* أرملة

grass —, امرأة مَهجُورة (غير مُطلَّقة)

wid´ōw, *v.* أيَّم . نأيَّم . رَمَّل = جعلها أرملة . ترَمَّلت . حَرَم من شيء ثمين = حَرَب

wid´ōwẹr [-ōẹr], *n.* أرمَل = رَجُل ماتت زوجته (ولم يتزوَّج بعدها) . أيِّم = مَن لا زوجة له سواءٌ كان تزوج (أو) لم يتزوّج

wid´ōwhood [-ō-], *n.* أيْمة . تَرَمُّل . تَرْميل . [رُمْلة]

width, *n.* عَرْض . اتساع . وُسْعة . سَعَة

wield, *v.* أَعمل . مارس . زاول . استعمل . تصرَّف

wīfe, *n.; pl.* **wives** زَوْجة . امرأة . مَرَة

wīfe'ly [-fl-], *a.* لائق بالزوجة . كالزَّوجة . كما يليق بالزَّوجة

wig, *n.* شَعْر مُستعار (أو) عارِية . لاطئة (أو) عُمرة من الشعر المستعار = جُمَّة

wig'gle, *v.* وَزْوَز = لوَى (أو) تَلوَّى . رَعَّظ = حرَّك هنا وهنا . ترعَّظ . عَظَب (الطائر ذنبه) حرَّكه بسرعة . تَبَرْعص (كالحيَّة) = تَبَعْصص . ترمَّز = تحرَّك واضطرب

wig'gle, *n.* وَزْوَزة . تَلوِية . تَرْعيظ . عَظْب . بَرْعصة . تَرَمُّز

wīght [wīt], *n.* شخص . إنسان . مَخلوق

wig'wag, *n.* التأشير بحركات اليدين (أو) الأعلام (أو) غيرها . النوْزَجة = التحرُّك إقبالًا وإدبارًا . تَطوُّح

wig'wag, *v.* (-gged, -gging) نوزَج . شوَّر (أو) لوَّح باليدين (أو) بإشارات مخصوصة . تطوَّح

wig'wam [-wom], *n.* خُصّ (أو) خَيمة (أو) كُوخ للهنود الأمريكيين (على شكل نصف كرة)

wīld, *n.* بَرِّيَّة . قَفْر . بَيْداء . بادِيَة

wīld, *a.* بَرِّي . وَحْشي . مُقفِر . طُوراني = همجي (أو) وحشي (من الناس أو الطير) . بربري . أهوج . هائج . بَطِر . طائش . مَسعور . لا وازع له . مُتهتِّك . عجّاج . مُمعِن في الخيال (أو) الوَهم . مُضطرِب

to make —, أطغى . أبطر . أطاش

wīld, *ad.* بِهوَج . بدون تَدَبُّر . بطيش . باعتساف

wīld'cat, *n.* سِنَّوْر بَرِّي . سِنَّوْر وَحْشي

wīld'cat, *a.* فيه مُخاطرة (أو) مُغامرة . طائش . مُتهوِّر . غير مأمون (النتيجة)

— strike, إضراب ناشِز (ضد إرادة نقابة العمال)

— well, بئر للنفط يحفر في مكان لا دليلَ فيه على وجود النفط . بئر اعتسافية

wil'derness, *n.* بَرِّيَّة . قَفْر . بلقع . فُسْحة قَفْراء

in the —, هائم . في المنفى . خارج عن الوظيفة السياسية (في الحزب)

wīld'fīre, *n.* نارٌ هَوْجاء . نار الهَشيم (أو) العرفج

to spread like —, انتشر سريعًا (كانتشار النار في الهشيم أو في يبيس العرفج)

wīld'fowl, *n.* طائر بَرِّي يُصطاد (كالحجل والبط البرِّي)

wīld'ness, *n.* طيش . هَوَج . وَحشيَّة . كونُه بَرِّيًا (أو) مُقفِرًا

wīlds, *n. pl.* بَرِّيَّة . براري . قِفار

wīle, *n.* حِيلة . خُدعة . رُوَيْغة . وراط . مُخالبة

wīle, *v.* استغوى . اختدع . خلب . أراغ (إلى) = أمال إلى الشيء واستجلب . أغرى

wil(l)'ful, *a.* لا يَثنيه شيء . جامح . عَنيد . عَمْدِي . مُصِرّ . يابس الرأس . عن إصرار . مارد

wil(l)'fully, *ad.* اختيارًا . عَمْدًا . عن إصرار . عِنادًا

wil′fulness, *n.* إصرار . عِناد

wil′iness, *n.* مَكر . دهاء . غِلّ . احتيال . دَغَل

will, *n.* إرادة . عَزم . مَشيئة . رَغبة . نِيّة . اختيار . قوة الإرادة

will, *v.* (willed, willing) أراد . نَوى . عَزَم . شاء . أشاءه على الشيء = حمله عليه . أوصى له في وصية الميراث . رَسَم

will, *v.; p.* = would سَ (أو) سوف (للاستقبال)

will, *n.* وَصيّة (الميراث)

will′ing, *a.* مَيّال . قابِل . راغِب . مُستَعِدّ . نفسُه طيّبة لذلك . له خاطِرٌ فيه

will′ingly, *ad.* بطيبة = عن رِضىً . بدون إكراه . طوعًا

will′ingness, *n.* قَبول . طِيبة . نَفْس . استعداد . أرْيَحيّة

will′-o′-thẹ-wisp′, *n.* النور الباطِل . نُور مُتَنَقِّل يُرى في الليل فوق المستنقعات . خيال (أو) وهم باطِل . أُخلوبة . أُضْلولة

will′ōw [-ō], *n.* (شَجَر) الصَّفْصاف

will′ōwy [-ōi], *a.* صَفصافي . أغيَد . غيداء

will′-powẹr, *n.* عَزْم . تصميم . قوة الإرادة

will′y-nill′y, *ad.* أراد أم لم يُرِد . لا بُدّ

wilt, *v.* ذَبُل (واسترخى) . أذبل . ذَوَى . وَهَن . طَفْطَف = استرخى (في يد خصمه) . تَمَيَّث . ذَلّ واسترخى

wilt, *v.* = will, *in* thou wilt

wil′y, *a.* (-ier, -iest) مَحّال . مُحتال . مَكّار . مُخَدِّع = داهٍ ماكِر . دَغّال

wim′ple, *n.* خِمار . طَرحة = منديل للرأس والرقبة وجانبي الوجه

win, *n.* ظفر . انتصار . غَلَبة . فوز

win, *v.* (won, winning) أحرز . ظَفِر . حاز . انتصر . كَسَب . حَصّل . فاز . غَلَب . غَنِم . بَلَغ . استمال . اكتسب . استخرج . استخلص

to — over, أقنع . استمال . حاز (إلى)

wince, *v.* انقبض . [انكمش] . تخامص (أو) تجافى (عنه) فجأةً . إنحاش . قَمَص = نَفَر = انقبض = خَنَس . نَقَز = كَفّ وأقلع . جَرمَز = نكص وانقبض

wince, *n.* تَخامُص . نَقزة . قَمْصة . قَمْسة

winch, *n.* [وِنش] = [عَبّار] = خِنْزِيرة . مِلْوَى

wind, *n.* رِيح . استرواح . فُساء . آلة موسيقية بالنفخ . نَفخة . جُفاء = كلامٌ سَقَط = هُراء = فَجفَجة

in the —, في طور الإعداد . في الجوّ . على وشك الحدوث . مُخيل

like the —, كالريح سُرعةً

to get — of, سَمِع تلميحًا (أو) إشاعةً . تَنَسَّم . استروح . استشر . أحسّ

to put the — up him, أرعب . خوّف . وَهّل

to take the — out of his sails, عاجله وأفسد عليه تدبيره (أو) حُجّته

wind, *n.* نَفَس . قوة تنفُّس = رئة (قوية)

second —, العقب = النَّفَس المُستريح يأتي بعد تعب النفس في أول الجري

wind, *v.* عَرَّض للريح . استروح = شَمَّ . تَتَبَّع (أو) تَقَصَّصَ (على الرائحة) . قطع النَّفَس = بَهَر . انبهر . نفخ (بالبوق)

wīnd, *v.* (wound, winding) . تَلَوَّى . لَوَّج (الطريقُ) = تَعَوَّج . تَعَكَّس (في سيره) . كَوَّر = لَفَّ . التفَّ . التوى (على) . أدرج . بَرَم (أو) لوى (بُرْغِي الساعة)

to — up, فَذْلَكَ . أَنهى . اختتم . سَوَّى . حلَّ . حَزَق = شَدَّ = كَرَب . صَفَّى (الشركة)

to — up discipline, شَدَّد النظام . مَكَّن

to — himself up to attack, تَهَمَّم . تَحَفَّز . شَدَّ حيازيمه

wīnd, *n.* كَوْرة = لَفَّة . عَطفة = لَوْجة . مَلْوى (في الطريق) = [لَيَّة] . مُنعَرَج

wind'-break [-brāk], *n.* مِكْسَر هواء . وِقاء (أو) مَستَتَر من الهواء . مَصَدّ هواء

wind'-bag, *n.* شخصٌ فَجفَاج . مِهْذار . فاشُوش = فَشُوش = يُكثِر من الكلام بالباطل . قِربة مملوءة ريحًا (أو) هواء

wind'fall [-fôl], *n.* سقيط (أو) نُفَاضة الثَّمَر = [نفَل] . نافِلَة (أو) رِزْقة غير مُحْتَسبة . رِزْقة من الغيب . مِيراث

wind'-flower, *n.* شقائق النُّعمان

wīnd'ing, *a.* مُتَلَوٍّ . مُتَمعِّج . مُتَعَرِّج

wīnd'ings, *n. pl.* مُنعرَجات (أو) مُنعطَفات (أو) مُنحنَيات

wīnd'ing-sheet, *n.* كَفَن

wind'-instrument, *n.* آلة (موسيقية) مِزمارية

wind'lass, *n.* [وِنش] . خِنْزِيرة = آلة لرفع الأشياء بالدَّوَران . وِنش يَدَوي

wind'mill, *n.* طاحونة (هواء)

to tilt at —s, طاعَن (أو) قاوم عدوًا موهومًا (أو) جاهد ضد ظُلامات موهومة . استنفد جهده في ما لا طائلَ فيه

win'dōw [-dō], *n.* [طاقة] . شُبَّاك . كُوَّة . نافِذة . رَوْشَن . لوح زجاج في نافِذة

win'dōw-dressing [-dō-], *n.* تزيين الحقائق وتَمويهها خِداعًا . الإعلان عن الشيء بعد تَزْيينه . فن عَرض البضاعة بصورة جذابة في شباك الدكان

win'dōw-pāne, *n.* لوح زُجاج في نافذة

win'dōw-seat, *n.* مَقعد في جَوْبة الشباك = رَوْزَنة

win'dōw-sill, *n.* أُسكُفَّة (أو) عَتَبة الشُّبَّاك

wind'pīpe, *n.* الرُّغَامى = قَصبة الرئة . شَرَيان الشَّزَن

wind'-screen, *n.* لوح زجاجي في وجه السيارة يقي السائق من الريح = سِتار الريح . حِجاب الريح

wind'stôrm, *n.* عاصِف . عاصِفة (من الريح والمطر أحيانًا)

wīnd'-up, *n.* خِتام . قِطعة ختاميّة . تسوية نهائية . تصفية نهائية

wind'ward, *n.* سُفَالة الريح = الجهة التي يَهُب منها الريح

wind'ward, *a(d).* مما يلي مهب الريح . إلى جهة الريح . في اتجاه مهب الريح . نحو سُفالة الريح . نحو مَصدَر الريح

wind'y, *a.* (-ier, -iest) مُعرَّض للريح كثيرًا . كثير الريح = رَيِّح . كثير ريح البدن . فارِغ . ثَرْثار . كثير الكلام بلا طائل = فَقفاق

wīne, *n.* خمر . نبيذ . مُدام

wīne, *v.* سَقى الخمرَ (أو) النبيذ . شَرِب الخمرَ

old —, مُعتَّقة = خَندَريس

white —, صَهباء

wīne'bibbęr [-nb-], *n.* شرّاب خمر

wīne'press [-np-], *n.* مِعصَرة عِنَب (أو) طَست كبير يداس فيه العنب ويعصر (للخمر)

wīne'cup [-nk-], *n.* كأس . كوب

wīne'ġlâss [-nġ-], *n.* جام

wīne'skin [-ns-], *n.* زِق خمر

wing, *n.* جناح . طَيَران . ناحية . جانب . مُجنَّبة (الجيش) = جناحه

on the —, (وهو) طائر . في طيرانه

under his —, في كَنَفه . تحت رعايته . تحت (أو في) جَناحه

wing, *v.* طار . طيَّر (أو) جعل له جَناحين . جَرَح (في الجناح) . استُطير . استطار

wing -cāse, *n.* غِمد الجناح (عند الحشرات) . مِقنَب الجناح

winġed [-ġd], *a.* مُجنَّح . سَريع

winġ'less, *a.* بلا جَناحٍ (أو) أجنحة . ليس له جَناحان

winġ'-spread [-red], *n.* بَسطة الجناحين = طول امتداد الجناحين وهما مبسوطان

wink, *n.* طَرفة (عين) . غَمضة (نوم) . غَمزة . ومَضة . لَحظة . غَمضة (عَين)

not to sleep a —, لم ينَمْ ولا غمضةَ عَين

to tip him the —, لَمَح إليه . سَنَّح له بشيء = عَرَّض له وأعطاه طرَفًا من الخبر . أسَرَّ

wink, *v.* طَرَف . أغمض . غَمَز = أومَض

to — at, = أغمض (أو) غَمَّض (عن) تعامش = تَغاطَش . تظاهر بعدم رؤيته (أو) العلم بـه . تعامى (عن) . تغافل (عن)

wink'le, *n.* صَدَفة حَلَزُونية بحرية توجد على الشاطئ (أو) في المياه الضحلة = دَوْلَعة

wink'le, *v.* إنتجف = استخرج بِحِذق . استلَّ . استخرج (من المكمن)

winn'ęr, *n.* ظافِر . رابح . فائز . كاسب . ألمَعي . فوّاز

winn'ing, *a.* ظافِر . فائز . غالب . جَذّاب . يأخذ بالقلب

winn'ing, *n.* مكسَب . مَربَح

winn'ōw [-ō], *v.* ذَرَّى = نقَّى الحنطة من التبن بالريح . مَحَّص = خَلَّص . نقَّى . عَزَل

win'some [-sęm], *a.* جَذّاب . يأخذ بمجامع القلب . مُونِق . مُعجِب . حُلو

win'tęr, *n.* شِتاء

win'tęr, *a.* في الشِّتاء . شَتوي . شَتَويّ

win'tęr, *v.* تَشتَّى . شَتا (أو) شَتَّى = أقام في الشتاء . حَفِظ في الشتاء

win'tęr-ġreen, *n.* حَشيشة البَتُول (وهي نبات دائم الخضرة صغير)

win'try, *a.* (-ier, -iest) شَتوِي . شَتَوِي . شاتٍ . خالٍ من الإخلاص والمودَّة . جافٍ . [ناشِف]

wīpe, *v.* سَلَت = مَسَح = مَشَّ = سَحَت . أماط . طلَس . نظَّف

to — away, مَسَح . أماط

to — off, مَسَح . محا

to — out, طمس = محق . سَحت = استأصل . محا . سَدَّد الدَّين

to — up, نَشَّف . جَفَّف

to — the floor with, مَسح (أو) مَرَت به الأرض = مَرَّغ في الأرض = غَلَب وقهر

wīpe, *n.* مَسْح . مَسْحة . سَحت

wīp'ẹr, *n.* مَشوش = مِمسَحة . طَلَّاسة . مِمْحاة

wīre, *n.*, *a.* سِلكٌ معدني (دقيق) . سِلكي . من سِلك . بَرْقِيَّة

to pull —s, استعمل وسائط سِرِّية (لغرضٍ ما)

wīre, *v.* جَهَّز بأسلاك . شَدَّ (أو) ربط بسلك . أرسل برقيةً

wīre'draw [-rd-], *v.* (-drew, -drawn, -ing) [سَحَب] المعدنَ حتى صار دقيقاً كالسِلك = مَطَله (أو) مدّه حتى صار سِلكاً

wīre'haired [wīrhārd], *a.* له شَعر جَثل (أو) مُجثَئِلّ (أو) مُقلَعِطّ

wīre'less [-rl-], *a.* بدون سلكٍ (أو) أسلاك . لاسلكي

wīre'less, *n.* لاسلكي . راديو

wīre'less, *v.* أرسل باللاسلكي

wīre'pụllẹr [-rp-], *n.* شخص (سياسي أو غيره) يستخدم وسائطه السرية لإنجاح مقاصده = لَعّاب جِلدة

wīr'y, *a.* (-ier, -iest) مصنوع من سلك (أو) أسلاك . كالسِلك . مَجدول الجسم . نَحيفٌ مفتول الجسم . مَسمُور = قليل اللحم شديد أسر العظام والعَصَب = جَعد

wis'dom, *n.* حِكمة . عَقل . رُشْد . صَواب

— after the act, الحكمة التدبرية . الرأي الدَّبري . الحِكمة الدَّبرِيّة

wisdom tooth, سِن العقل . ضِرس العقل = ناجِذ = ضرس الحِلم

wīṡe, *n.* نَحو = طريقة = وَجه

wīṡe, *a.* حكيم . عاقل . حَصيف

to be (get) —, فطِن (أو) تَفَطّن (للشيء) . دَرَى

to put him —, فطّن . أدرَى

The three — men, الحكماء الثلاثة الذين جاءوا لتكريم السيد المسيح وهو طفل

wīṡe'ācre [-zākẹr], *n.* مُتعالِم = مُدَّعي العلم (وهو جاهل) . مُدَّعِي الحِكمة (أو) المعرفة بلا استحقاق

wish, *n.* مَرام . رَغبة . مَشيئة . مُنية . إرادة . طَلَب

wish, *v.* تَمَنَّى . رجا . ابتغى . دعا (عليه أو له) . أراد . طَلَب . فَرَض . شاء

to — him well (ill), تمنى له الخيرَ (الشرّ) . دعا له بالخير (بالشر)

wish'bōne, *n.* الشَّعباء = عُظَيمة ذات شعبتين في صدر الطائر

wish'fụl, *a.* راغِب . مُتَمَنٍّ . مُشتَهٍ

— thinking, تطويع الفكر للأماني = تَسوُّف = التفكير بوحي (من) الأماني

wish'y-wash'y [-woshi], *a.* رَقيق القوام كالمُصالَة (أو) الحساء الرقيق التَّفِل . رَكيك . تافِه . واهٍ

wisp, *n.* قُبضَة = ضِغث = جُرزة = حُزمة صغيرة . شَعوة (من الشعر) = هُلبة = خُصلة = فَليلة . طاقة (من الزهر أو شبهه)

wist, *v., p. and pp. of* wit

wistār′ia, *n.* حُلوَة = نبات مُعتَرِش بعناقيد من الأزهار المرجانية

wistēr′ia, *n.* = wistaria

wist′ful, *a.* راغب في الشيء وهو يعلم أنه بعيد المنال . مُتَتَوِّق = يَتَمَنَّى (أو) يَتَشَهَّى لو ينالُهُ . مُتَشَوِّق (لِنَيلِه) . واجِم . مُفَكِّر . في حالة نفسانية آسِيَةٍ على رغبةٍ لم تُحَقَّق

wit, *n.* ذكاء . فِطنة . فَهم . عَقل . ظَرف = إتقان النُكتة

at his —s end, نقطعت به الحِيَل . لا يدري ماذا يفعل . في يأسٍ من عقله . خانه عقلُه

out of his —s, مُوَلَّه . مضطرب العقل . خالع العقل

ready —, بَدِيهة

wit, *n.* نُكتة . تنكيت . نَكَّات = رَاوَنْدِي

wit, *v.* (wist, wist, wit(t)ing) عَلِم . عَرَف

to —, أَعنِي = أي

witch, *n.* سَحَّارة = نُورَة . ساحِرة . عَرَّافة . عجوز شَوهاء . امرأةٌ (أو) فتاة فتّانة

witch, *v.* سَحَر . فَتَن

witch′crâft, *n.* تَنوير = سِحر . عِرَافة . قُوَّةُ السِحر . كِهَانة

witch doctor, عَرَّاف = طبيب عَرَّاف (عند القدماء)

witch′ẹry, *n.* سِحر . عِرافة

witch hazel, بُرْغُوث الخَضِر = مُشتَرَكة = جَنْبَة يكون لها أزهار صفراء بعد سقوط الأوراق

witch′-hunt, *n.* تتبع الساحرات واكتشافهن لقتلهنّ (أو) تعذيبهن . تتبع أصحاب الأفكار الهدّامة وإخراجهم من المناصب الحسَّاسة . مِحنة . [مُلاحَقة] . تَعَقُّب

witch′ing, *a.* ساحر . فتان

wiṭh, *prp.* مَعَ . بِ . عند . لدى . ضِدّ . مِن

wiṭhal′ [-ôl], *ad., prp.* رغم كل ذلك . . . مع كل ذلك . عدا ذلك . ثُمّ . بِ . أيضاً

wiṭhdraw′ [-rô], *v.* (-drew, -drawn, -drawing) أَرجَع . ارتد . استرد . استرجع . رَجَع (أو) تراجع (عن) . سحب . انسحب . قَبَع . انقبع . اعتزل . تَنَحّى . خَفَس

wiṭhdraw′al [-rô-], *n.* إرجاع . استرجاع . سَحْب . إنقباع . إنسحاب

wiṭhdrawn′, *a.* متزايل (عن) . مُنحَاش . مُعتَزِل . مُنقَبِع

wiṭhdrawn′, *v., pp. of* withdraw

wiṭhdrew′ [-rōō], *v., p. of* withdraw

wīṭhe [*or* wiṭh], *n.* شَطْب = قضيب من الصَفصَاف (أو) الخَيزُران . قضيبٌ مَرِن يُحزَم به الشيء

wiṭh′ẹr, *v.* أَذبل . جفّف . ذَوَى . أذوى . تَقَفَّع = يبس وتقبَّض = وَلَى . تصوح . أذاب (خجلًا أو حَراجةً)

wiṭh′erṣ, *n. pl.* حارِك = غارب = أعلى الكاهل . كاثِبة . كَتِد

wiṭhheld′, *v.; p., pp. of* withhold

wiṭhhōld′, *v.* (-held, -holding) أَبَى أَنْ يُعطِيَ = مَنَع = حَجَز . احتبس . حَظَر . امتنع . صَدّ . زَوَى . أَمسك . احتجز . توقّف (عن)

wiṭhin′, *prp.* في . بما لا يَزيد (عن) . بأقلَّ (من) . في خِلال . في أثناء . في داخِلِ . في مُتناوَل . بالقرب (من) . ضِمن . في مسافة (أو) مدة

wiṭhin′, *ad.* من داخلٍ . من الداخل . في الداخل

wiṭhout′, *prp.* بدون . دونَ . بلا . في ظاهر (أو) خارج . من غير . أن . إلّا . خالٍ (من)

— fail, بدون (أو بلا) إخلاف . حتماً

it goes — saying, غنيّ عن البيان

wiṭhout′, *ad.* بدون . من الخارج . في الخارج

wiṭhstand′, *v.* (-stood, -standing) احتمل . أطاق . صَبَر (على) . ثبَت (ضد) . قاوم

wiṭhstood′, *v.*, *p. and pp. of* withstand

wit′lēss, *a.* بليد الذهن . أفْدَم = عديم الفِطنة = غَبيّ . أحمق

wit′nēss, *n.* شاهد . شهادة . شاهد (على وثيقة . . .)

to bear —, شَهِد . كان شاهدًا (على)

wit′nēss, *v.* شَهِد . شاهَد . شَهِد (على) . أن يكون شاهِدًا (على) . وَقَع شاهدًا (على وثيقة)

wit′ness-box, *n.* مَوْقف الشاهد (في المحكمة)

witt′icism, *n.* نُكتة . طُرْفة كلامية . فُكاهة . مُلحة

witt′ily, *ad.* بظَرافة . بسرعة بديهة (في النكتة) . بسرعة خاطِر

witt′ing, *a.* مقصود . متعمَّد . قاصِد . عن إصرار

witt′ingly, *ad.* عن عِلمٍ . عن قَصدٍ

witt′y, *a.* (-ier, -iest) = فَطِن . ظريف سريع البديهة (في النكتة) . سريع الخاطر

wīveṡ [-vz], *n. pl. of* wife

old — tale, حكاية خُرافية . خُرافة

wiz′ard, *n.* ساحِر . سحّار . مُشَعْوِذ

wiz′ẹned [-nd], *a.* ذابل مُتقبِّض ضامِر . مُتَشَنِّن . كَزّ . ضامِر . مُتَشَنِّج . مُتَقَنْسِر = مَمْصوص (كالشيخ القاحل أو القافل) مُتَخَمِّص (الجسم)

woad [wōd], *n.* نَوُّور = نِيلَج = دخان الشحم للوَشم . (نبات) العِظْلِم يستخرج منه النؤور . وَشم

wob′ble, *v.* تَلَقْلَق (في سيره أو حركته) = تمايل وتَرَجْرَج . تَلَدَّد = تردّد وتحيَّر

wob′ble, *n.* تَلَقْلُق . تَلَدُّد . تَنَفُّض = تحرُّك واضطراب . تَهَزْهُز

wob′bly, *a.* (-lier, -liest) مُلَقْلَق . مُتَنَفِّض . مُتَرَجْرِج

wōe [wō], *n.* التَّهاف = أَسىً (أو) حُزن شديد . كَرْب . بَلِيَّة = ضَرّاء . رُزْء . وَيْل . وَلَه

wōe ! [wō], *int.* يا وَيْلتاه ! يا وَيْلاه ! الوَيْل !

wōe′bēgone [wōbigon], *a.* مَحزون . مَكْمُود . مَكروب . بائس . كَئيب

wōe′fụl, wō′fụl [wō-], *a.* مَحْزُون . أَسْوان . مُفجَع . مُلتَهِف . مُبتَلَى

wōke, *v.; p., pp. of* wake

wōld, *n.* أرض غير مزروعة جَرداء (من الشجر) = فَدْفد

wolf [wụlf], *n.; pl.* wolves ذِئب . سِرْحان . شخصٌ شَرِس لَحوم (أو) شَرِه

a — in sheep's clothing, ذئب في لباس الشاة . عدو في لباس صديق

to cry —, استغاث (أو) استنجد كِذباً

to keep the — from the door, اتقى غائلةَ الجوع (أو) العوَز

wolf [wụlf], *v.* لَغَف . اسْتَرَط . التهم . تَلَغَّف . لَغْلَف

wolf'-hound [-ụ-], *n.* نوع من الكلاب السَّلُوقية الكبيرة (لصيد الذئاب)

wolf'ish [-ụ-], *a.* كالذئب . شَرِس (الأكل) . وَحْشي . لَهوم (للطعام) . جُراف . جارف (كالشَّهيّة تجرف كل طعام)

wolf'līke, *a.* كالذئب . على خُلُق الذئب

wolf'sbāne [-ụ-], *n.* (نبات) البيش = خانق الذئب

wo'lverēne [-ụ-], *n.* شَرِه = حيوان لبون لَحوم مُكتَتَل الجسم في أمريكا الشمالية

wo'lverīne, *n.* = wolverene

wolves [wụlvz], *n. pl. of* wolf

wo'man [wụ-], *n.; pl.* -men مَرأة . امرأة . النساء جُملةً

wo'manhood [wụ-], *n.* كَينونة المرأة . طبيعة (أو) صِفات المرأة . جِنس النساء

wo'manish [wụ-], *a.* مُخَنَّث . رِطْلٌ = لَيِّن كالمرأة . كالمرأة . لائق بالمرأة (أو) بالنساء

wo'mankīnd [wụ-], *n.* النساء . جنس النساء . جماعة النساء

wo'manlīke [wụ-], *a.* كالمرأة . لائق بالمرأة

wo'manliness [wụ-] *n.* خُلُق نِسْوِي . طبيعة نِسوية

wo'manly [wụ-], *a.* (-ier, -iest) كالمرأة . نِسْوِي . خَليقٌ بالمرأة

womb [woom], *n.* رَحِم (المرأة)

wom'bat, *n.* حيوان أُوسترالي كالدُّبّ الصغير له جَيب (كالكنغر) يحمل صِغارَه فيه وله جُحر يأوي إليه

wo'men [wimẹn], *n. pl. of* woman

wo'menfōlk [wi-fōk], *n.* النساء . جماعة (أو) جِنس النساء

won [wun], *v.; p., pp. of* win

wo'ndẹr [wun-], *n.* عَجيبة . عَجَب . تَعَجُّب . استغراب . فَلِيقة = أمر عَجَب

wo'ndẹr, *v.* عَجِب . تَعَجَّب . تَساءل

I —, ليت شِعري

No —, لا غَرْوَ

wo'ndẹrfụl [wun-], *a.* عَجيب . رائعٌ . مُغرِب . مُعجِب

How —! يا لِعَجيبه !

wo'ndẹrland [wun-], *n.* بلد (أو) بلاد العجائب . أرض العجائب . أرض البركات (أو) الخَيْرات . أرض مَسْحورة

wo'ndẹrmẹnt [wun-], *n.* عَجَب . تَعَجُّب . بَهَت = دَهْشَة (أو) شدة استغراب وتَعَجّب . استغراب

wo'ndẹr-struck [wun], *a.* تَمَلَّكه العَجَب . مَدهوش استغراباً (أو) إعجاباً

wo'ndrous [wun-], *a.* عَجيب . مُعجِب . مُغرِب . مُعجِب

wōnt, *n.* دأب = دَيْدَن = عادة . شأن

wōnt, *a.* من دأبه (أو) دَيْدَنه . جَرَت عادتُه . كما اعتاد

wōn't = will not

wōnt'ēd [*or* wun'tid], *a.* مُعتاد . مَعهود

woo, *v*. تألَّف = تحبَّب (أو) تَوَدَّد (إلى) . سَعى لنيله (أو) الحصولِ عليه . تَعَشَّق . تَعَرَّس (إليها قبل الزواج)

wood, *n*. خَشَب . حَطَب . [حُرْش] . غابة . حَرَجة

not to see the — for the trees, أن يَشْغَل بالَه بالتفاصيل فيغيب عنه المقصود (أو) الجوهر

out of the —, نجا من المأزِق (أو) المِحْنَة

wood alcohol, سائل سامّ للوقود ويستعمله المصورون بالدِهان

wood'bīne, *n*. (نبات) زَهْرُ العَسَل = صَرِيمة الجَدْي = سُلْطان الجبل

wood'chuck, *n*. حيوان أمريكي (يشبه الجُرَذ (أو) الأرنب) له شَعْر خَشِن كَثّ

wood'cock, *n*. [حِمار الحَجَل] . دَجاجة الأرض . [أبو مُخَيط] . [أبو مَسَلَّة]

wood'crâft, *n*. عِلم الغابات . مَعرِفة طرق المعيشة في الأحراج . المهارة في الصيد والاهتداء للطرق في الغابات

wood'cut, *n*. نَقيشة خَشَبِيّة = قِطعة خشبية منقوشة للطبع . شيء مطبوع بالنقش على الخشب . مَنْقُورة خَشَبِيّة

wood'cutter, *n*. حَطَّاب

wood'ēd, *a*. حَرِج = كثير الشجر . شَجْراء = غَنَّاء . مُحْرَج . غابِيّ

wood'en, *a*. خَشَبِيّ . مُتَخَشِّب . جِبس = ثقيل الحركة (أو) الفهم . كثيف الحِسّ . مَيِّت العاطفة

wood'land, *a*., *n*. أرض حَرَجِيّة . حَرَجِيّ . أرض شَجْراء . خَميلة

wood'man, *n*.; *pl*. -men قَطّاع شَجَر . حَطّاب . ساكن الغابة (أو) الحَرَجة . ناطور الحَرَجة

wood'pecker, *n*. (طائر) ناقر الشجر = نَقّار = قَرّاع . أُخيل

wood'-pigeon [-pijin], *n*. = يَمامة = حمامة برية . مُطَوَّقة

woodṡ, *n*. *pl*. أحراج . غابة . حَرَجة

wood'shed, *n*. سَقيفة لخزن الخَشَب (أو) الحَطَب

woodṡ'man, *n*.; *pl*. -men حَطّاب . خَشّاب . آلِف الغابة (أو) الأحراج عارف بالمعيشة فيها وبطرقها

wood'-târ, *n*. قَطران نباتي

wood'work [-werk], *n*. مَعمولات خشبية . أشغال خَشَب . مَنْجُور

wood'worm [-werm], *n*. = دُعْرة = دودة تأكل الخشب = قادِح

wood'y, *a*. (-ier, -iest) كثير الأشجار = حَرِج . حَرَجِي . خَشَبي

wōō'er, *n*. صاحِب (أو) مُتَعَشِّق (الفتاة أو المرأة) . مُتَخَطِّب . مُتَعَرِّس

wōōf, *n*. الخُيوط المعترضة = لُحمة النسيج = نِير . نسيج . قُماش

wool, *n*. صوف . وَبَر . شَعْر جَعْد قصير كَثّ . غَزْل (أو) نسيج . ثوب (من صوف)

to pull the — over his eyes, لَبَّس عليه . خادَع . دالَس

wool'-gath'ering, *n*., *a*. ساهٍ . غائب الذهن . ذاهل . ذُهول . مُنغمِس في خيالاته . غارق في أحلامه

wooll'en, wool'en, *n*., *a*. من جُوخ . صُوفي . (معمول) من الصوف . قماش صوفي

wooll'ẹnṡ, *n. pl.* أجواخ . أقمشة (أو) ألبسة صوفية . صُوفيات

wool(l)'y, *a.* (-ier, -iest) صوفي . كالصوف . مُغَشَّى بالصوف (أو) ما يشابهه

wool(l)'y, *a.* مُشَوَّش . غامِض . مُغَمْغَم

word [werd], *n.* كلمة . لفظة . مُفْرَدة . حديث (أو) مَقال قصير = كلمة . أمر . وعد . عهد . خَبَر

in a —, بالاختصار . بكلمة واحدة

by — of mouth, شفهيًا . مشافهة

He is a man of his —, صادق الوَعْـد . صادق القول

to be as good as his —, يَفي بوعـده

a good —, توصية بخير . قال عنه خيرًا

word [werd], *v.* عَبَّر بالكلام . كَتَب

word'ẽd [werd-], *a.* مَقُول . مَصُوغ في عبارة (أو) كلمات

word for word, كلمةً بكلمة . نصًّا بحسب الأصل

wordṡ, *n. pl.* كلمات . مُناقَرة في الكلام (عن غضب)

big —, فَخفَخة . فَيش . تبجح

to eat his —, نَكَل عن قوله الأول

wor'diness [wer-], *n.* إطناب في الكلام . كَثْرَةُ الكلام . الإكثار من الكلام (أو) الكلمات . سَرَف الكلام

word'ing [werd-], *n.* اختيار العِبارة . عِبارة . أُسلوب التعبير . نَص

word'less [werd-], *a.* صامت . ليس لديه ما يَقولُه . بدون كلمات (أو) تعبير . لا يُعَبَّر عنه . لا يمكن التعبير عنه

wor'dy [werdi], *a.* (-ier, -iest) مُكثِر (أو) مُسهِب (في الكلام أو الكلمات)

wôre, *v., p. of* wear

work [werk], *n.* عَمَل . شُغل = حِرفة (أو) مهنة . صُنع . مُهِمَّة . واجب . حاصِل (العمل) . عمل خَيْري . صَنيع

in —, في العمل . في الوظيفة

out of —, بلا عَمَل . عاطِل (عن العمل)

work [werk], *v.* (worked *or* wrought, working) عَمِل . أَعْمَل . عَمَّل . [شَغَّل] . [اشتغل] . صَنَع . جَدَّ (في العمل) = تَعَمَّل . أثار . أهاج . سَبَّب . سار (أو) جرى ببُطء (أو) بجهد . صار . اختمر . اشتغل (الدواء)

to — on, اشتغل (في) . عَمِل (أو) أثَّر (في)

to — out, استخرج . استنبط . حَلَّ . حسب . قَدَّر . خَطَّط . بلَغ . أنهك . أجهد . وضع التفاصيل

to — up, أهاج . طَوَّر . نشّأ . درس

wor'kable [werk-], *a.* تُمكن معاملته . تمكن معالجته (أو) التصرّف بـه . يمكن تشغيلُه . يمكن عَمَلُه (أو) العَمَل فيه (أو) عليه . يمكن تطبيقه (في العمل)

work'aday [werk-], *a.* خاص بالعمل . دنيَوِي . مُعتاد (يوميًا) . مُبتَذَل . مُمِلّ . رتيب

work'day [werk-], *n., a.* يوم عملٍ (غير يوم الراحة) . وقت العمل . خاص بالعمل . عملي

worked up, مُهتاج . متوتر الأعصاب

wor'kẹr [werk-], *n.* فاعل . عامل . صانع . عَمَّال

work'fellōw [werkfelō], *n.* رفيق في العمل = رَصِيف . زَمِيل

work'house [werk-], *n.* مَهن الفُقراء . مَهن إصلاحي (للمجرمين الصغار الجُرم)

wor'king [werk-], *n.* عَمَل . كيفية (أو) أُسلوب العَمَل . حَرَكَة . مَجرى . مَنجم . مَحجَر . تفاعُل

wor'king [werk-], *a.* خاصّ بالعمل . عامِل . مُستَعمَل . مَشغول في العمل . كافٍ . وافٍ بالحاجة . مضبوط (يمكن العمل به) . يمكن تشغيله

in — order, في حالةٍ صالحة للعمل (كما يجب) . في سلامة من العمل . في عَمَلٍ سليم (أو) منتظم

wor'king-man [werk-], *n.*; *pl.* -men عامِل . فاعِل

working committee (party), فريق (أو) لجنة دِراسِيّة (لمشكلةٍ ما)

work'man [werk-], *n.*; *pl.* -men عامِل . صانِع . فاعِل . ماهِن

work'manlike [werk-], *a.* حَسن الصَنعة . مُتقَن . ماهِر . مُبتَذَل

work'manship [werk-], *n.* صَنعَة . فنّ (أو) مَهارة الصنع (أو) العَمَل . جَودة العَمَل (أو) أُسلوبه . نَوعِيَّة (أو) جَودة الصنع = [مَصنَعِيَّة] . عَمَل . صُنع

work'rōōm [werk-], *n.* غرفة العمل . مَشغَل . [وَرْشة] . مَحرَف

works [werks], *n. pl.* مَصنَع . مَعمَل . الأجزاء المُحرِّكة (في آلة) . مُنشآت = [أشغال]

work'shop [werk-], *n.* مَعمَل . مَشغَل . مَحرَف

work'-to-rule [werk-], *n.* عمل اقتصاري = تخفيض العمال للإنتاج بالتزام قواعد السلامة والأمان في العمل

world [werld], *n.* أرض . دنيا . عالَم . نَجم . كوكب سَيّار . مخلوقات . كَوْن . عالَمون . كَثير . عظيم

in the —, في الوجود . أبداً

a man of the —, رجلُ دنيا . رجل مُتمَرِّس بأمور الدنيا (أو) يعيش لدنياه

for all the —, تماماً . (ولا) لأي شيء . مهما عَظُم . مهما كان الاعتبار . من جميع الوجوه . لأي سبب

to think the — of him, أكبره . أجلّه . أعجب به أيما إعجاب

The New W—, العالم الجديد : أمريكا الشمالية والجنوبية

The Old W—, العالم القديم : آسيا وأوروبا وأفريقيا

wor'ldliness [wer-], *n.* دُنيَوِيَّة . الحرص على الدنيا ومَتاعِها

wor'ldly [wer-], *a.* (-ier, -iest) دُنيَوِي . مُحِبّ للدنيا . حَريصٌ على الدنيا ومَتاعِها

world'-power, *n.* دولة عَظيمة (لها وزن عالمي)

world'-wide, *a.* شامِل للعالم . (مُنتَشِر في جميع الدنيا . عامّ في جميع العالم

worm [werm], *n.* دُودَة . شيء يشبه الدودة في التوائه مثل حَرد الدَّولَب . حَشرة . شخص مَهين مُحتَقَر = نَغَفة = دودة

Even a — may turn, حتى الحِرباء إذا أُكرِه صَلّ

worm [**werm**], *v.* . تَنَسَّسَ منه الخَبَر زَحَفَ (أو) دَبَّ (كالدودة) . تَنَسَّسَ (أو) استَلَّ (الشيءَ) . تَخَشَّشَ = تَسَلَّلَ (في الشيء) . نقّى من الدود

worm'-eaten, *a.* نَخَره الدود . أَكَله الدود . مُسَوَّس . انقضى عهدُه

worms [**wer-**], *n. pl.* مرض دودي

worm'wood [**werm-**], *n.* . ذقن الشيخ . صاب . خَتْرَف . شَيْبَة . إفسنتين . شِيح . خَتْرَق

worm'y [**wer-**], *a.* (-mier, -miest) دُودِيّ . دائد . مُدَوَّد . نَخَره الدود

wôrn, *v., pp. of* wear . بالٍ = جارِن خَلَق = لَبِيس = رَثّ . مُتْعَب . مَنهوك . مَلبوس . مَبْرِيّ

wôrn'-out, *a.* . [مَهري] = خَلَق . رَثيث = دَرِيس . مَنهُوك القُوّة . مُبتَذَل . فَقَد طلاوتَه (أو) جِدَّتَه . مضى عهدُه

worr'ied [**wurid**, *the* **u** *as in* **but**], *a.* . قَلِق . مَهموم . ساهِم الوجه . مشغول البال (أو) الخاطر

worr'ier [**wur-**, *the* **u** *as in* **but**], *n.* (شخص) شديد القَلَق = مِقلاق

wo'rry [**wuri**, *the* **u** *as in* **but**], *n.* قَلَق . بَلْبَال . اشتغال (أو) تشويش البال . هَمّ . اضطراب البال

wo'rry [**wuri**], *v.* (-rried, -rrying) اضطرب بالُه . قَلِق . أَقْلَق (البالَ) . أَضْجَر . أَزْعَج . أغاظ . عَضّض = عَضْعَض . تناوله بأسنانه ونَفَضه

Don't —! لا بأسَ عليك ! لا عليك !

worse [**wers**], *n.* الأسوأ (أو) الأردأ (من . . .)

worse, *a.* أسوأ . أردأ . أرْذَل . شَرّ (من) . أنكى . أدهى . أمرّ

worse, *ad.* أسوأ . أشَدّ = أبرَح

wor'sen [**wer-**], *v.* . تَرَدّأ = رَدُؤ = ساء . ازداد سوءًا . سَوّأ = رَدّأ = أرْدأ

wor'sening [**wer-**], *n.* . استرداء . تَرَدُّؤ . تَسَوُّء

wor'ship [**wer-**], *n.* . عِبادَة . تَعَبُّد . صلاة . سعادة (أو) فضيلة (رئيس البلدية أو القاضي مثلًا)

wor'ship [**wer-**], *v.* (-shipped, -pping) عَبَد . تَعَبَّد . أعَزّ (إلى حَدِّ العبادة) . صَلّى

wor'shipful [**wer-**], *a.* صاحب السعادة (أو) الفضيلة . الأكرَم

wor'shipper [**wer-**], *n.* . عابد . مُتَعَبِّد . مُصَلٍّ

worst [**werst**], *n.* . (شيء) أسوأ ما يكون . أسوأ الحالات = حَزبة . أسوأ (ما عنده) . أسوأ شيء . شَرُّ ما يُخشى

to do his —, . لِيَصْنَعْ ما بدا له . أن يَعمَل أسوأ ما عنده

if the — comes to the —, عند الحَزبة واللَّزبة . في أسوأ الحالات

worst [**werst**], *a(d)*. . الأسوأ . الأردأ . شَرّ (الحالات) . أسوأ ما يكون . أشدّ

worst [**werst**], *v.* . غَلَب . انتصر (على) . هَزَم

wor'stēd [**wustid**], *n., a.* نوع من الجُوخ . من هذا الجُوخ

worth [**werth**], *n.* . قيمة . أهمية . مَزِيَة . جَدَارة . استحقاق . فَضل . قَدْر . سَوِيّة = ما يَسواه الشيء = شَرْوَى

worth [**werth**], *a.* . جدير . أهل (لِ) . يستحق . يَسْوَى

for all he is —, بأقصى المستطاع

for what it is —, على عِلَّاته

wor'thily [wer-], *ad.* بصلاحٍ . بجدارة . بأهلية

worth'lĕss [werth-], *a.* لا قيمةَ له . لا غَناء عنده . لا يُفيد . سَقط . دُون . لا خيرَ (فيه)

worth'while [werthhw-], *a.* فيه طائل . فيه غَناء (أو) مَزِيـة . يَسْوَى . يستحق

wor'thy [wer-], *n.* (شَخص) فاضِل . جليل . أفضل . أَمْثَل . وَجيه

wor'thy [wer-], *a.* (-ier, -iest) حَرِيّ (به) . جَدِير . صالح . لائق . أهل . حَقيق . مُستَحِق . في محلّه

would [wụd], *v., p. of* will أبى إلَّا (أنْ) . عاود . وَدَّ (لو) . ليت . هَل له (أنْ) . كان بودِّه (أنْ . . .) . هـلَّا . لو (أنْ) . سَ (أو) سوف للمستقبل في الزمان الماضي . حَبَّذا لو

would'-bē, *a(d)., n.* يَطمع أن يكون . مُتَمَنٍّ . مُدَّعٍ . مُتظاهِر . مُنتَحِل . مَقصودٌ (به)

wouldn't = would not

wouldst [wudst], *v.*: thou wouldst = you would

wound [wōōnd], *n.* جَرْح . كَلْم . ضَرَر . أذى

wound, *v.* جَرَح . أَمَضَّ . آلم (أو) آذى (الشعور . . .) . أضَرَّ

wound [wound], *v., p. of* wind

— up, عنده كلام كثير يقوله بعد . متوتر الأعصاب

wōve, *v., p. of* weave

wōv'ẹn, *v., pp. of* weave

wrack [rak], *n.* حُطام . دَمار . تَلَف . حَميل البحر = ما يُلقيه من نبـات (وغيره) على الشاطئ = دُمَال البحر . جَفل = سحاب رقيق . (نبات) فُوكُوس

wraith [rāth], *n.* شَبح . خيال . طَيف (قبل موت الشخص أو بعده مباشرة) . (شخص) كالخيال نُحولًا

wranġ'le [r-], *v.* تعالَج (أو) تَصاخب (أو) تصايح (في الجِدال) . قاول بشدة . شادّ

wranġ'le, *n.* شِجار . مصاخَبة (أو) مُصايحة . مُقاوَلة شديدة

wrap [rap], *n.* شَملة . لِفاع . مِشْمَلة

wrap, *v.* (-pped, -pping) لَفَّ . غَلَّف . لَحَّف . لَفَّع . زَمَّل . تَلفَّع . تَلَفَّف . أدرج . جلَّل . تكمكم

to be wrapped up in, عاكف (على) . مُنغَمِس (في)

wrapp'ẹr [r-], *n.* غِلَاف . لِفَاف . شَملة . مِلحَف . صِوَان

wrapp'ing [r-], *n.* غِلَاف . لِفاف . مادة لفّ

wrapt [rapt], *a.* = wrapped

wrath [rôth], *n.* حَنَق . اضطِرام (أو) فَورة غَضَب = وَغرة . تَغَيُّظ . سُخط شديد

wrath'fụl [rôth-], *a.* حانِق . في فَورَة الغضب . مُتغَضِّب . شديد السُخط

wreak [rēk], *v.* فَشَّ (غضبَه أو . . . على) . أنزَل (بِهِ) . صَبَّ (عليه)

wreath [rēth], *n.; pl.* wreaṭhs إكليل (من الزهور والأوراق) . ضَفيرة . لَفيفَة . دُوَّارَة

wreathe [rēṭh], *v.* جمع على هيئة إكليل . كَلَّل = زَيَّن بالأكاليل . ضَفَر . أحاط (أو) أطاف (بِ) = نطّق . التفّ . تحوّى . تلوّى (حَوْلَ)

to be —d in smiles, فَشَت على وجهه الابتسامات

wreck [rek], *n.* تحطُّم . انحطام . انكسار (السفينة) . دَمار . عَطَب . هَدَم = حُطام . تلف شديد

wreck [rek], *v.* حطَم . عطِب . أعطب . نكَب . دمَّر . باقتْ السفينة

wreck'age [rekij], *n.* حُطام = أنقاض = هَدَم

wreck'ẹr [rekẹr], *n.* حطّام . نقّاض . نقال أنقاض . مُستنقِذ الحُطام

wren [ren], *n.* (طائر) النُمْنُمة = نقشارة

wrench [rench], *n.* ليَة بانتزاع . نتخة . ملخة

wrench [rench], *n.* مِفكّ . محلال . حزازة (في القلب) . لوعة (الفراق)

wrench [rench], *v.* لوى وانتزع . نتَخ . خلَع (أو) فكّ (المفصِل) . نزَع

wrest [rest], *n.* انتزاع . اغتصاب . تعسُّف . تحريف

wrest [rest], *v.* انتقش (الشيء) = انتزع . امتلخ . حرَّف = حوّر = عسَف

wre'stle [resl], *n.* مصارَعة . صِراع . مُجاهَدة

wre'stle, *v.* صارَع . غالَب (في المُصارعة) . جاهَد . قاوم (بشدة)

wre'stlẹr [reslẹr], *n.* مُصارِع

wretch [rech], *n.* شَقِي . سَفِيل . رَذْل . فَسْل = مُستَرْذَل رَدِيّ

wretch'ĕd [rech-], *a.* مسكين . شَقِي . مُستَرْذَل . دُون . سَقَط

wretch'ĕdness, *n.* مَسكَنة . شقاء . رَذالة . سَقاطة

wriġ'ġle [riġl], *v.* عَرقَص = ارتعص = تَبَرْعَص = تبعصص = تلوّى وتعوّج . تلظلظت (الحيّة) . فَلَص (أو) تفلّص (من) = تملَّص . فالص (أو) تفالص = تفلّت . تراوغ

wriġ'ġle, *n.* ارتعاص . تفلُّص . مُفالَصة

wrīght [rīt], *n.* صانِع . عامِل . كاتب (أو) مؤلِّف

wring [riṅg], *v.* (wrung, wringing) لوى (بشدة) = عَفَص . عصَر . اعتصر = اغتصب = اعتفص . [مَعَص] . استلّ . ابتزّ . فرَك . حزّ (في القلب)

wring [riṅg], *n.* عَفصة . عَصرة . حَزّة . [مَعصة]

wriṅg'ẹr [riṅg-], *n.* عَصّارة = آلة تعصُر الماء من الثياب

wriṅg'ing [riṅg-], *a.* يَعصُر ماء . ينعصر منه الماء

wrink'le [rinkl], *n.* غضْن . تجعيدة . تَشَنُّجة

to give a —, وَطّش له = أعطاه تلميحًا مفيدًا في عمله

wrink'le [rink-], *v.* تشنّن . تغضّن = تكرّش . قطّب

wrist [rist], *n.* سِنط = رُسْغ = مِعصَم

wrist'band [rist-], *n.* ضِمادة الكُم حول الرسغ

wrist'watch [ristwoch], *n.* ساعة يدَوِيّة

writ [rit], *n.*, *v.* كِتاب = شيء مكتوب . أمْر (رسمي أو من محكمة) . كَتَب

write [**rīt**], *v.* (wrote, written, writing) كَتَب . خطّ . دوَّن . ألَّف
to — down, دوَّن . بَخَس
to — off, شَطَب (على) . أبطل = رَمَّج
to — out, كَتَب (نقلاً) = نَسَخ
to — up, كتب (بالتفصيل) . غالى (في القيمة أو الثمن) . مَدَح (كتابةً) . غالى . أطنب

wrīt'er [**rīt-**], *n.* كاتب . خطّاط . مؤلِّف . أديب

wrīṭhe [**rīṭh**], *v.* عَوَّج (وأخرج عن الشكل) . لوَّى . تقلَّب = تلوَّص . تلوَّى . تحوَّى . تململ . تضوَّر (أو) تصلَّق (ألمًا أو غمًّا) . تحرَّق

wrīt'ing [**rīt-**], *n.* كتابة . كِتْبَة . خطّ . مكتوب . تأليف

writt'en [**rit-**], *a., pp. of* write مخطوط . مكتوب (خطًّا)

wrong [**ronġ**], *ad.* خطأً . ظُلْمًا . بُطلانًا
to go —, غَلِط . انتكس في الإثم . بطَل عملُه . سار على غير الصواب = التاث . فَسَد . إختلّ

wrong [**ronġ**], *a.* حَرَام . خطأ . على باطل . [مَغلوط] . فيه خَلَل . مُبطِل . آثِم

wrong [**ronġ**], *v.* جار (أو) ظَلَم . ضامَ . أخطأ . أساءَ . تجنَّى (على) . آذى . أخلَّ (مع)

wrong [**ronġ**], *n.* حَرَام . ظُلْم . باطِل . خطأ . ضَرَر . إساءة . جَنَف

wronġ'dōing [**ronġ-**], *n.* ضَيم . بغي . معصية . جَوْر . إخطاء . حَرام . شرّ

wronġ'fụl [**ronġ-**], *a.* جانف . جائر . خاطِئ . باطِل . غير عادل

wronġ'-head'ĕd [**ronġ-hed-**], *a.* مُبْطِل = على غير حقٍّ . على ضلال . معانِد بالباطل = مُكابِر . يابس الرأي

wrōte [**rōt**], *v., p. of* write

wroth [**rōṭh, roth**], *a.* غاضِب . مُغْضَب . حانِق

wrôught [**rôt**], *a.* مصنوع . مَعمول

wrôught, *v.; p., pp. of* work صَنَع . عَمِل . مصنوع . مُسوًّى

wrought iron, حديد ليِّن ذو ألياف = حديد مُليَّف . حديد الدَّق

wrung [**rung**], *v.; p., pp. of* wring

wrȳ [**rī**], *a.* (-ier, -iest) مُلوًّى = أصعر . متصعِّر . مُتعوِّج = [ألوَق] . أعصل . أضجم (الفم) . أصعر (الرقبة) . اشمئزازًا . مُزْوَرّ . أقعم . أجوَق (الوجه) . فيه مَرارة

wrȳ'neck [**rī-**], *n.* (طائر) اللَّوَّاء

wych hazel, *n.* = witch hazel

X

X, x [eks], *n.; pl.* X's, x's الحرف الرابع والعشرون

xanth-, xantho- [zan-], *pref.* داخِلة بمعنى أصفر

xan'thin [zan-], *n.* صَفار = مادة صبغية توجد في الأزهار (أو) النباتات الصفراء

xeb'ec [ze-], *n.* شَبَّاك = مركب بحري صغير له ثلاث سوارٍ

xenoġ'amy [z-], *n.* التلقيح بين نوعين مختلفين (من النبات) . تضريب النبات = تلقيح بعضه ببعض

xenophōb'ia [z-], *n.* بُغْض الغرباء (أو) الأجانب

xiph'oid [zif-], *n.* عُلْعُل = رَهابة

Xmas [kris'mas], *n.* عيد الميلاد

X'-ray, *n.; pl.* -rays شُعاع سيني . شُعاع إكس . صورة بالأشعة السينية

X'-ray, *a.* بالأشعة السينية . خاص بالأشعة السينية

X'ray, *v.* صوَّر بالأشعة السينية (أو) عالج بها (أو) فَحَص بها

xyl-, xylo- [zȳ-], *pref.* داخلة بمعنى خشب (أو) خشبي

xȳl'ẹm [zī-], *n.* النسيج الخشبي (أو) القسم الخشبي من النبات

xȳl'ophōne [zī-], *n.* آلة موسيقية ذات قضبان خشبية متراصفة يُعزَف عليها بالمطارق

xys'tus [z-], *n., pl.* -stī ساباط مَسقوف للتمرينات الرياضية عند الإغريق يستعمل في أوقات البرد والمطر

Y

Y, y [wī], *n.; pl.* Y's, y's الحرف الخامس والعشرون

yacht [yot], *n.* يَخْت = قارب للنُزْهة (أو) للسباق

yacht, *v.* ركب اليخت . سابق باليخت . سافر على اليخت

yacht'ing [yot-], *n.* ركوب اليخت . التَنَزه على اليخت

yachts'man [yots-], *n., pl.* -men صاحب اليخت . مُجري اليخت

yaff'le, *n.* (طائر) نقّار الخشب الأخضر = القِرّاع الأخضر

yahōō', *n.* شخص بهيمي

Yah'weh, -veh [yâwā, -vā], *n.* إله إسرائيل

yak, *n.* خُشْغاء = قُوناش = ثَوْرٌ طويل الشعر يعيش في التيبت وأواسط آسيا

yāle, *n.* حيوان خرافي له أنياب وقرون

yam, *n.* نبات دِيُسقُوري = نبات مُتَسلّق له جَذْرٌ نَشَوِيّ طويلٌ كالجزر (من نوع البطاطا الحلوة) = إغنام = بَسِلَّة اليهود

yank, *v.* نتخ . نَتَش . جَذَب بسرعة = امتلخ = نَدَل . خَلَع . تقلّع (في مِشيته)

yank, *n.* نَتْخَة . نَتْشَة . مَلْخة . خلعة

Yank'ee, *n.* أمريكي من الولايات الشمالية (أو) من الولايات المتحدة

yâ'ourt [-oort], *n.* = yog(h)urt

yap, *n.* وَقْوَقة عموماً = نبحة . وَعْوَعة . لَغ

yap, *v.* (-pped, -pping) = وَقْوَق نَبَح . وَعْوَع . وَقْوَق (أو) فَقفَق (في الكلام) = وَطْوَط . هَذرم . لَقلَق (في الكلام)

yârd, *n.* عارضة السارية = راجع السارية

yârd, *n.* [أرْشين] = يَرْد(ة) = مقياس للطول = ٩١,٦ سنتمترًا . ساحَة . رَحبة . صَحن (الدار) . حَوْش (أو) حظيرة

yârd'age [-ij], *n.* الطول باليَرْدات . المساحة باليَرْدات المربعة . حَظر (أو) زَرْب الماشية . أجرة الحَظْر

yârd'-ârm, *n.* أحد طرفي العارضة (أو الراجع) التي تَدْعم الشراع المُربَّع

yârd'stick, *n.* مِقياس بطول يَرْدٍ واحد . هِنْدازة . مِعيار

yârn, *n.* فَتيل . خَيط غَزْلٍ . قِصة مُغرِبة . حِكاية . نَسيجة = قِصَّة مُلَفَّقة

to spin a —, سَرَج أَسْرُوجة = قَصَّ قِصَّةً مُطوَّلة مُغرِبة

yârn, *v.* قَصَّ . حَكَى . لَفَّق . نَسَج قِصَّةً حاكها (أو) زَوَّرها

ya'rrōw [-ō], *n.* = (نبات) زَهرَ القنديل نبات له أوراق مُفلَّجة وعناقيد من الزهر

yash'mak, *n.* يَشْمَق = لِثام كانت تلبسه المرأة المسلمة . نِقاب

yat'aghan [-ġan], *n.* سيف مُقوَّس (للأتراك)

yaw, *n., v.* عَوجَة . مَيلَة . عَرَّج = عَوَّج = حادَ (عن استقامة الطريق) . تَموَّج (في سيره) = إنعاج

yawl, *n.* شَلَنديَة = قارب له ساريتان من الأمام والخلف والكبرى منها في الأمام

yawn, *n.* تَثاؤب . ثُؤَباء

yawn, *v.* تثاءب . فغر (فَمه) . إنفغر . ضَجِر . تناعَس

yawn'ing, *a.* مُنْفَغِر = مُنفَتِح على شكل هُوة (أو) غَوْر

yaws, *n.* داء العُلَّيق = مرض جلدي في المناطق الحارة

yd. = yard

yē, *prn.* = you

yea [yā], *ad., n.* نَعَم . حَقاً . أَيسٌ . إي . صوت أَيسِي (عند التصويت) وهو ضد الصوت اللَّيسِي

year, *n.* سنة . عام . حَول

bissextile —, سنة كبيسة = ٣٦٦ يوماً (ميلادية) (أو) ٣٥٥ (هجرية)

calendar, civil, or legal —, سنة زمنية من ١ يناير (كانون الثاني) إلى ٣١ ديسمبر (كانون الأول)

fiscal —, سنة مالية تنتهي (بِ) ٥ ابريل (نيسان)

leap —, سنة كبيسة

lunar —, سنة قمرية = ٣٥٤ يوماً

white —, سنة شهباء

a —, سنوياً . بالسنة . كل سنة

— in — out, سنة بعد سنة على الدوام

— of grace, سنة مسيحية (أو) ميلادية

year'book, *n.* نشرة سنوية . كتاب سنوي (يحتوي معلومات عمومية)

year'ling, *n., a.* حَوليّ (من الحيوانات) = الذي سِنه عامٌ واحد . عمره سنة واحدة

year'ly, *ad.* مرةً في السنة . سَنوياً . مسانهةً . سنةً فسنة . كلَّ سنة

year'ly, *a.* سَنَوِي . كُلّ عام . لمدة سنة . بالسنة

yearn [yern], *v.* اشتاق . حَنّ . صَبا . ناق . تَحَنَّن (على) . حَنا (على)

yearn'ing [yern-], *n.* شَوْق . حَنين . حُنُوّ . تُروع . غَليل . صَبابة . حَنّة

yeast, *n.* خَميرة . قرص خميرة . حَزاز

yeast'y, *a.* (-tier, -tiest) (كلامٌ) هِفّ = خفيف سخيف . خَميري . مُزْبِد . مُتَمَخِّض . مُضْطَرِب

yell, *n.* صَرخة = صَيحة شَديدة = زَعقة . فَديد . زِياط . زَهْزَقة (في الضحك)

yell, *v.* صَيَّح . صَرَخ . زَعَق . فَدَّ . صَلَق . زَيَّط . [دَبَّ الصوتَ] = قَمَط . زَهزَق (ضاحكًا) . ألَّ = صاح شديدًا

yell'ōw [-ō], *n.* صُفْرة . لون أصفر . مُحُّ البيضة = صُفرتها (أو) [صَفارها] . صُفار . (مَرَض) اليَرَقان

yell'ōw, *v.* صَفِر . إصْفَرَّ

yell'ōw, *a.* أصفر . جبان . نَذْل . خسيس . مولع بنشر الأخبار المثيرة

— bunting, = yellow-hammer

— fever, الحُمَّى الصَّفراء

— flag, العلم الأصفر (دلالة على وجود مرض معدٍ) .

— peril, الخطر الأصفر

yellow press, الجرائد المُعْنَاة بنشر الحوادث المثيرة

— weed, بُلَيْحة . بُلَيحاء . لَبَرون

— w-hammer [-ōh-], *n.* (طائر) الصُّفارِيّة . (طائر) الخُضَيْراء

yell'ōwish [-ō-], *a.* مائل (أو) ضارب إلى الصُفرة . مُصفَرّ

yell'ow-rocket, *n.* حشيشة النجّارين . الجرجير الأصفر

yell'owṡ [-oz], *n. pl.* (مرض) اليَرَقان . يَرَقان (النبات) ، يَرقان (الحيوانات)

yelp, *n.* نُباح = ضُباح . نَبحة

yelp, *v.* نبح = ضَبح

yen, *n.* شَوْق . حَنّة = تَوْق شديد . حَنين

yen, *n.* وَحدة النقد في اليابان والقيمة شلنان تقريبًا

yeo'man [yō-], *n.; pl.* -men مُزارِع مَلّاك . خَوَلِيّ (أو) تابع (للأمير) = يَريس . فارس مُتَطوّع لخدمة الأمير . ضابط صغير (في بحرية الولايات المتحدة) للأعمال المكتبية

— of the guard, أحدأفراد الحَرَس الملكي

yeo'manry [yō-], *n.* أعيان العامة . خَوَل (أو) أتباع (الأمير) . فرسان مُتطوّعة لخدمة الأمير

yes, *ad.* نَعَم . أجَل . بَلَى

yes, *n.; pl.* yeses . نَعَم . جواب بِنَعَم . جواب إيجابي . صوت إيجابي

yes'-man, *n.; pl.* -men إمَّرَة = رجل (أو) شخص يُطيع كُلَّ آمِر

yes'tẹrday, *n.* أمسِ = البارح . يوم أمسِ . أمسِ

day before —, أمسِ الأول . أول من أمس

yes'tẹrday, *ad.* أمسِ . يومَ أمسِ . البارِحَ . في اليوم البارِح . قبل زمن غير طويل

yes'tẹr-ēve, *n.* مساء أمسِ . مساءَ يوم أمس . أمسِ مساءً . مساء البارح

yes'tẹrnīght [**-nīt**], *n.* = البارحة = الليلة الماضية

yes'teryear, *n.* السنة الماضية . في الماضي القريب

yet, *ad.* بعدُ . [لِسَّة] . حتى الآن . لا يزال . يوماً ما . في وقتٍ ما . حتى ذلك الوقت

as —, حتى الآن

nor —, وَلَا (حتى . . .)

yet, *con.* ولكن . مع ذلك . مع (أو) بيدَ (أو) غيرَ (أنَّ)

yew [**ū**], *n.* شَجَرة (أو) خشب الطَّقْسوس وهو نوع من السرو

Yidd'ish, *n.* لهجة ألمانية يستعملها اليهود (مع كلمات عبرانية)

yield, *n.* رَيْع . غَلَّة . حاصل . مَحْصول

yield, *v.* رَيَع = أَغَلَّ . أنتج . أعطى . سَمَح (بِ) . أغَر . أجدى . أوْرَث

yield, *v.* طاع = أسمح = انقاد . استسلم . استلان . أذْعن . طاوع . تَنَحَّى . تَخَلَّى (عن) . أخلى (عن) . عَنَا = استكان

to — to no one in, لا يُقِرّ لِأحد بالفضلِ (عليه) في . . .

yield'ing, *n.* مُطاوِع . سَهل القِياد . مِذعان . مُلاين . مُساير

Y. M. C. A. = Young Men's Christian Association جمعية الشبان المسيحية

yōd'ẹl, *v.* (-del(l)ed, -del(l)ing) [هَوْدَل] = غَنَّى برفع الصوت ثم بخفضه على التتابع . صَوَّت (أو) نادى بهذه الطريقة

yōd'ẹl, *n.* [هَوْدَلَة] = غناء (أو) نداء برفع الصوت وبخفضه على التوالي

yō'ġa, *n.* طريقة صوفية هندوكية تؤدي إلى الوصول إلى الله

yoġ'urt, yoġh'ourt, yoġh'urt [**yoġẹrt**], *n.* لَبَن حامض . [لَبَن زبادي] . [لَبَن]

yōke, *n.* نِير = آلة الفَدَّان . مِقْرَن . طَوْق (أو) لَبَب الثوب = عاتقه = ما أحاط بالرقبة والكتفين منه . حُجْزَة المئزر . نِير (العبودية) . حُكْم . أَسْر . سَيْطرة

a — of oxen, فَدَّان (من الثيران)

The — of a garment, لَبَب الثوب = ما أحاط منه بالعُنق وحول الكتفين والصدر . عاتِق الثوب

yōke, *v.* شَدّ (إلى) . قَرَن . رَبَط . تلاءم (مع)

yōke'fellōw [**-ō**], *n.* رَصيف = شريك في العمل . زَميل . قَرين . عَشير(ة) (في الزواج) . لَفيف

yōk'ẹl, *n.* شَخص رِيفي . فَلاّح . جِلْف . فَدْم

yōlk [**yōk**], *n.* مُحّ البَيْضَة = آحُها (أو) صُفرتها (أو) عِرْقِيلها

yōlk [**yōk**], *n.* إفراز دُهْني في جلود الغنم يليّن الصوف

yon, *a(d).* = yonder

yon'dẹr, *a(d).* هُناك . تِلْكَ

yôre, *n., ad.* قِدَماً . فيما مَضَى . قديماً . الماضي البعيد . السنين الماضية . في الزمان القديم

of —, من قديم . في الماضي . في الأيام الخالية

Yôrk, *n.* مدينة في شمال انكلترا

Duke of —, ابن الملك ادوارد الثالث (١٣٦١ — ١٤٠٢)

House of —, أسرة ملكية انكليزية (١٤٨٥ – ١٦٦١)

Yorkshire pudding, قُرْصَة من الدقيق مَلْبُوكة بالبيض والماء والحليب مقلية (تؤكل مع اللحم)

you [ū], *prn.* أنتَ . أنتِ . أنتما . أنتم . أنتن

you'd [ūd] = you had, you would

you'll [ūl] = you will, you shall

young [yunġ], *n.* صِغار . فِراخ . جِراء . أطفال . أحداث

with —, حُبلَى (وخصوصاً لأنثى الحيوان)

young [yunġ], *a.* صغير . حَدَث . صَغير السن . فتي . شاب . حديث العهد . في أول العمر . في مبدأ حداثته . في أوّله

youngʹling [yunġ-], *n.* نَبْتة صغيرة . جَذَع = صغيرٌ (من الإنسان أو الحيوان)

youʹngster [yunġ-], *n.* وَلَد (نشيط) . فُرفُور = جَذَع = جَذَعة = شاب حَدِيث . حَدَث . يافِع . صَبي

youʹnkẹr [yun-], *n.* حَدَث = جَذَع

yôur [yôr], *a.* you صفة التملك من الضمير

— book, كتابُكَ . كتابكِ . كتابكم . كتابكما

yôu're [yôr] = you are

yôurṡ [yôrz], *prn.* لكَ . لكِ . لكما . لكُم . لكُنّ

yôurselfʹ [yôr-], *prn.; pl.* -selves [-vz] نفسُكَ (للتأكيد بعد الضمير أو الإسم)

yôurselveṡʹ [-vz], *prn. pl. of* yourself أنفُسُكما . أنفُسُكُم . أنفُسُكُنّ

youth [ūth], *n., a.; pl.* youths [-ṭhz] صِغرة = مَصغر . فَتاء = شَباب . حَداثة . شُبُوبية . شَباب = شُبّان . للشَّباب

youthʹfụl [ūth-], *a.* فتيّ . حديث السن . حديث . غَض . جديد

youth hostel, نُزُل الشباب . مَنزل لِمَبيت الشَّباب

you've [ūv] = you have

yowl, *n., v.* أعوَل . عَوِيل . عَوَى . عُواء

yuccʹa, *n.* إبرة آدم = نبات له أزهار كبيرة بيضاء (أو) بنفسجية

Yūle [ūl], *n.* عيد الميلاد . موسم عيد الميلاد

Yule log, حَطبة ضخمة تُحرَق في عيد الميلاد

Yūleʹtīde [ūl-], *n.* عيد الميلاد . موسم عيد الميلاد

Y. W. C. A. = Young Women's Christian Association جمعية الشابات المسيحية

Z

Z, z [zed], *n.*; *pl.* Z's, z's الحرف السادس والعشرون وهو الآخر

zān'y, *n.* مُهَرِج = جعيدي

Zanzibâr', *n.* زَنجبار . زنجي بَرّ . زَنجبَر . بَرّ الزَّنج

zeal, *n.* نَخوة . غَيْرَة . حَمِيَّة . حِرص وهِمَّة . هِمَّة

zeal'ot [zel-], *n.* هُمام . ذو نَخوة (أو) غيرة (شديدة) . غَيُور (مُتَشَدِّد) . مُتَعَصِّب . حَمِيس . أَحْمَس

Zeal'ot [zel-], *n.* أحد أفراد فرقة الأحامِس اليهود الذين ثاروا ضد الرومان

zeal'otry [zel-], *n.* حماسة مُفرِطة . غيرة مفرطة . تعصّب

zeal'ous [zel-], *a.* حَرِيص . غَيُور . مُتَحَمِّس . مُنْدَفِع

zēb'ra, *n.* عَيْر الزَّرَد . حِمار الزَّرَد

— crossing, مُجَزَّع = مقطع الشارع يكون بخطوط سوداء وبيضاء = مُجزَّع

zēb'rass, *n.* حيوان متولّد من الحمار وحمار الزرد

zēb'ū, *n.* ثور دَرْباني (له سَنام)

zẽmin'dâr, *n.* مَلّاك أرض (في الهند)

zẽnâ'na, *n.* خِدْر النساء من الطبقة العالية في الهند

zen'ith, *n.* السَّمت = (نقطة) سَمت الرأس . أَوْج . كبد السماء

zeph'yr[-ẹr], *n.* الريح الغربية = رِيح الدَّبور . نَسيم . ريح ليِّنة = رُخاء . خيط غزل دقيق ناعم . نسيج هَفهاف (أو) شَفّ

Zepp'elin, *n.* مُنطاد الزبلين

zēr'ō, *n.*; *pl.* -o(e)s صِفر . دَرَجة الصفر . لا شيء . شخص صِفر = هو لا شيء = نَكِرَة

— hour, الساعة الفاصلة . ساعة الحسم = الساعة التي عندها يكون مبدأ العمل (أو) العمليات الحربية

at —, دون (٥٠٠) قدم ارتفاعاً في الجو

zest, *n.* طَعْم . تابَل (يُطَيَّب به الطعام) . تَلَذُّذ . استلذاذ . إستمتاع . وَلَع . حماسة وتَلَذُّذ . إقبال ورغبة = نَفس

zest'ful, *a.* مُمتِع . مُلَذّ . باستمتاع

Zeus [zūs], *n.* زِفس = إله الآلهة عند الإغريق

zig'zag, *n.* خطّ (أو) طريق مُتَعَرِّج (أو) مُتعَكِّس . خط مُعَرَّج (أو) مُعَرْجَن . عُرجونة = إحدى ليّات الخط المعرَّج

zig'zag, *a.* مُعَقرَب = مُعَرَّج = مُعَرْجَن . مُتعكِّس

zig'zag, *v.* (-gged, -gging) تَعَقرَب = تَعَرَّج = تَعَرْجَن . تَعَكَّس (كالحية في سيرها) . عَصَّل (السهمُ في طريقه)

zinc, *n.* توتيا معدنية = زِنك = خارصين . خارصيني

zinc, *v.* (zin(c)ked, zin(c)king) طلى (أو) غَشّى بالزنك (أو) الخارصين

zinc, *a.* من التوتيا المعدنية . من الزنك

zinc'ic [-k-], *a.* زِنكي . من الزنك . فيه زنك (أو) خارصين

علم الحيوان

حيوانات الشرق الاوسط

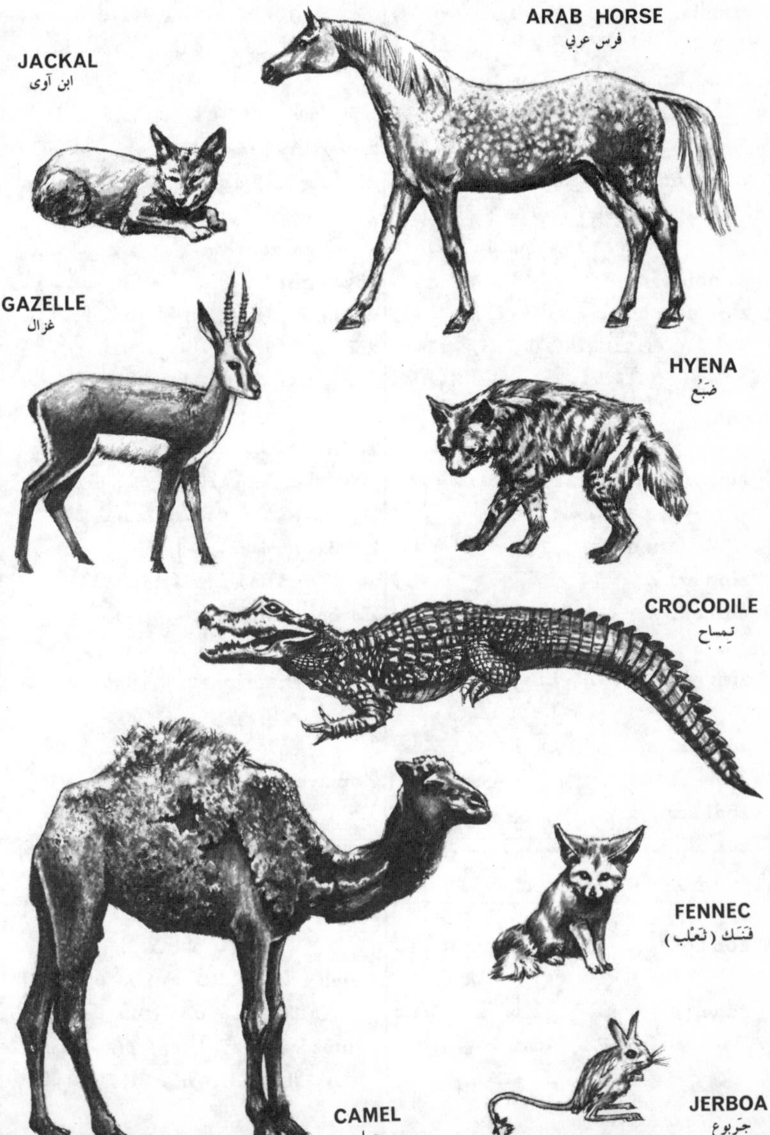

zinck′y, zink′y, zinc′y, *a.* = zincic

zinn′ia, *n.* زِنّيّة = (نبات) من الزهور البستانية (على اسم Zinn العالم النباتي)

Zī′on, *n.* صَهيُون . جبل القدس المقدّس . القُدس . دولة العبرانيين الدينية . الكنيسة المسيحية . المملكة السماوية

Zī′onism, *n.* الصّهيونية = حركة سياسية بين اليهود منذ ١٨٩٧ لإعادة اليهود إلى فلسطين وتأسيس وطن لهم

Zī′onist, *n.* صهيوني

zip, *n.* زَفّة = زَفزَفَة = أَزّة = صوت يُشبِه زفيف الرَّصاصة المُنطلِقة في الهواء . زَفيف = خِفّة وقُوّة

zip, *v.* (-pped, -pping) أَزَّ . زَفزَف . زَفَّ = خَفَّ وأسرع

zip, *n.* زَمّام = شِدَاد (أو) رِباط مُتحَرِّك يُزَم به الثوب (أو) غيره

— fastener, زَمّام

zipp′ẹr, *n.* زَمّام

zir′con, *n.* اسباذشت = معدن بلوري يستعمل بعضُه أحجارًا نفيسة

zith′ẹr(n), *n.* سِنطِير = آلة موسيقية وترية يُعزَف عليها بالأنامِل

zōd′iac, *n.* مِنطقة البروج (في السماء) . فلك البروج

zōdī′acal, *a.* خاص بمنطقة البروج

zōn′al, *a.* مِنطقي . مفروز إلى مناطق

zōn′ary, *a.* مجعول على شكل حِزام (أو) أحزِمة

zōn′āte, *a.* مُعلَّم بحلقات (أو) أطواق مُلوّنة

zōne, *n.* إحدى المناطق الخمس على سطح الأرض = مِنطَقة . نِطاق = زُنّار . حِزام . قِطاع كُرة

zōne, *v.* قَسَّم مناطِقَ . نطَّق = ألبس النِطاق (أو) المنطقة . أحاط به كالنِطاق = نَطّق = طوَّق . تَنَطَّق = لبس المِنطقة (أو) الزُنّار

zōō, *n.* حديقة الحيوانات (البرية)

zōō′gamy [zō-o-], *n.* التناتج الحيواني

zōolo′gical, *a.* حيواني . متعلق بالحيوانات ومعيشتها (أو) بعلم الحيوان

— gardens, حديقة الحيوانات

zōol′ogist, *n.* عالم بعلم الحيوان

zōol′ogy, *n.* علم الحيوان

zōōm, *v.* زَمزم = أحدث صوتًا له دَوِيّ وطنين . زَوَّف = ارتفع في الجو فجأةً . اندفع في الجو فجأة

zōōm, *n.* هَزِيم = زَمزَمة . ترويف الطائرة = ارتفاعها (أو) اندفاعها في الجو فجأة . ارتفع صاعدًا (كالأسعار) = شَحَط

Zorōas′tẹr [-rō-as-], *n.* زَرْدَشت . زَارْدَشت . زَارْهَشت . زَرَادَشت

Zorōas′trian, *n., a.* زَرَادَشتي . زَرْدَشتي . مَجُوسي

Zorōas′trianism, *n.* الدين الزَرْدَشتي (أو) الثَنَوِيّة وهي القول بوجود إلٰهين . المَجُوسِيّة

Zou′ave [zōō-âv], *n., a.* = زُوَاوِي جندي جزائري في الجيش الفرنسي

zounds, *int.* تبًّا ! تعسًا ! (كلمة أو عبارة تُقال عند الغضب أو الدهشة)

Zūl′ū, *n.; pl.* -lus أحد أفراد قبيلة الزولو في أفريقيا الجنوبية الشرقية

zwieb′ack, *n.* [قِرشَلي] = خبز (أو) كَعك على شكل صفائح رقيقة تُحَمَّص بالفُرن

zymōs′is [*or* zȳ-], *n.; pl.* -sēs تَخَمُّر . اختمار . المرض الاختماري (أو) الإنتاني

APPENDIX I
COMMON ABBREVIATIONS

a., ampère
A.A., Automobile Association
A.A.A., Amateur Athletic Association
A.B., able-bodied seaman
A.B.C., alphabet(ical order)
a.c., alternating current
a/c., account
acc., account
A.D. *(anno Domini)*, in the year of our Lord; after the birth of Jesus Christ
A.D.C., aide-de-camp
ad., advertisement
ad lib. (Lat. *ad libitum*), at pleasure
advt., advertisement
A.H. *(anno Hegirae)*, in the Muslim era (since A.D. 622)
a.m. (Lat. *ante meridiem*), before noon
A.M.I.C.E., Associate Member of Institution of Civil Engineers
Apr., April
Ar., Arabic
arr. (in time-tables for railways, etc.), arrives
Ass., **Assoc.**, Association
Asst., Assistant
Aug., August
A.V., Authorised Version of the Bible
avdp., avoirdupois
Ave., Avenue

b., born; (in cricket) bowled, bye
B.A., Bachelor of Arts
Bart., Baronet
B.B.C., British Broadcasting Corporation
B.C., before (the birth of) Christ
B.Ch., **B.Chir.**, Bachelor of Surgery
B.D., Bachelor of Divinity
B.E.A.(C.), British European Airways (Corporation)
B.F.B.S., British and Foreign Bible Society
B.L., Bachelor of Law
bldg., building
B.Litt., Bachelor of Letters
B.O.A.C., British Overseas Airways Corporation
Brig. (-Gen.), Brigadier (-General)
Bros., (in names of business firms, etc.) brothers
B.Sc., Bachelor of Science
B.t.u., **B.Th.U.**, British Thermal Unit
B.V.M., Blessed Virgin Mary

C., (*centum*) hundred
C., Centigrade
c., cent(s); century; (Lat. *circa*) about; cubic; centimetre; (in cricket) caught
c. & b., (in cricket) caught and bowled
Cantab., of Cambridge University
Cantuar., (Archbishop) of Canterbury
Capt., Captain
Card., Cardinal
c.c., cubic centimetre
C.D., Corps Diplomatique
C.E., Church of England
Cent., Centigrade
cent., century
cf., (Lat. *confer*) compare
ch., **chap.**, chapter
Chas., Charles
C.I.D., Criminal Investigation Department
c.i.f., (commercial use) cost, insurance, freight
C-in-C., Commander-in-Chief
Cm., centimetre
Cmdr., Commander
C.M.S., Church Missionary Society
CND., Campaign for Nuclear Disarmament
C.O., Colonial Office; commanding officer; conscientious objector (to military service)
Co., company, county
c/o., (used in addressing letters to a person in the) care of . . .
C.O.D., cash (to be paid) on delivery; Concise Oxford Dictionary
C. of E., Church of England
Col., Colonel
Coll., College
Cons., Conservative (in politics)
Co-op., Co-operative Society
Corp., **Cpl.**, Corporal
C.P., Communist Party
cp., compare
C.P.O., Chief Petty Officer
Cr., creditor
cu., **cub.**, cubic
C.U.P., Cambridge University Press
cwt., hundredweight

d., date; daughter; penny, pence; died
d.c., direct current
D.C., (U.S.A.) District of Columbia
D.C.L., Doctor of Civil Law
D.D., Doctor of Divinity
Dec., December
deg., degree
dep., (in time-tables for railways, etc.) departs

dept., department
D.Lit., Doctor of Literature
D.Litt., Doctor of Letters
D.M., Doctor of Medicine
D.Mus., Doctor of Music
do., ditto
dol., dollar(s)
doz., dozen
D.P., displaced person
D.Ph(il)., Doctor of Philosophy
Dr., Doctor, debtor
dram. pers., (Lat. *dramatis personae*) characters of a play
D.Sc., Doctor of Science
d.t(s.), **D.T.**, delirium tremens
D.V., (Lat. *Deo volente*) if God so wills

E., East
E. & O.E., errors and omissions excepted
Ebor., (Archbishop) of York
E.C., East Central (London postal district)
ed., editor, edited by
E.E.C., European Economic Community (Common Market)
e.g., (Lat. *exempli gratis*) for example
E.R., Elizabeth Regina (Queen Elizabeth II of Great Britain)
Esq., Esquire
etc., (Lat.) *et cetera*
et. seq., (Lat. *et sequentia*) and what follows
exc., except

F., Fahrenheit
f., feet; feminine; foot
F.A., Football Association
Fahr., Fahrenheit
F.A.O., Food and Agriculture Organization
F.B.I., Federation of British Industries; Federal Bureau of Investigation (U.S.A.)
F.C., Football Club
fcap., **fcp.**, foolscap
Feb., February
fig., figure; diagram
Flt-Lt., **-Sgt.**, Flight-Lieutenant, -Sergeant
F.M., Field Marshal
F.O., Foreign Office; Flying Officer
f.o.b., (commercial use) free on board
Fr., Father; French
fr., franc(s)
Fri., Friday
F.R.C.M., **F.R.C.P.**, **F.R.C.S.**, Fellow of the Royal College of Music (Physicians, Surgeons)
F.R.S., Fellow of the Royal Society
ft., foot, feet
fur., furlong

g., acceleration due to gravity; gramme(s)
gal., gallon(s)
Gen., General
G.H.Q., General Headquarters
G.I., (U.S.A.) government issue; enlisted soldier
gm., gramme(s)
G.M.T., Greenwich Mean Time
G.P., general practitioner
G.P.O., General Post Office
gr., grain(s); grammar
gym., gymnasium

h. & c., hot and cold (water)
H.B.M., Her (*or* His) Britannic Majesty
H.E., His Excellency
Heb., Hebrew
H.H., His (*or* Her) Highness; His Holiness (the Pope)
H.M., Her (His) Majesty
H.M.S., Her (His) Majesty's Ship
H.O., Home Office
Hon., Honorary; The Honourable
Hon. Sec., Honorary Secretary
h.p., horse-power; hire purchase
H.Q., Headquarters
H.R.H., His (*or* Her) Royal Highness
hr(s)., hour(s)

ib., **ibid.**, ibidem
i/c., in charge
i.e., (Lat. *id est*) that is
I.L.O., International Labour Organization
in., inch(es)
Inc., Incorporated
incog., incognito
incl., inclusive; including
inst., instant, of the present month; institute
I.O.U., I owe you
I.Q., intelligence quotient
it., **ital.**, italic (type)

Jan., January
J.P., Justice of the Peace (magistrate)
jr., **jun.**, junior
Jun., June
Jul., July

K.C., King's Counsel
kg., kilogram
km., kilometre
K.O., knock-out (boxing)
Kt., Knight
kw., kilowatt

L., Latin
l., left; line; litre(s)
Lab., Labour (in politics)
lab., laboratory
lat., latitude
Lat., Latin
lb., pound(s) in weight
l.b.w., (cricket) leg before wicket
Legco., Legislative Council
Lib., Liberal (in politics)
Lieut., Lieutenant
Lieut.-Col., **-Gen.**, **-Gov.**, Lieutenant-Colonel, -General, -Governor
Litt. D., Doctor of Letters
ll., lines
Ll.B., Bachelor of Laws
L.M.S., London Missionary Society
long., longitude
LP., long-playing (record)
L.S.D., (= £.s.d.) pounds, shillings, and pence
Lt., Lieutenant
Lt.-Col., **Lt.-Comm.**, Lieutenant Colonel, -Commander
Ltd., Limited
Lt.-Gen., **Lt.-Gov.**, Lieutenant-General, -Governor
l.w.m., low-water mark

M., Monsieur (French for Mr.)
m., masculine; married; metre(s); mile(s); million(s); minute(s)
M.A., Master of Arts
Maj., Major
Maj-Gen., Major-General
Mar., March
matric., matriculation
M.B., Bachelor of Medicine
m.b., millibar(s)
M.C., Master of Ceremonies
M.C.C., Marylebone Cricket Club
M.Ch., Master of Surgery
M.D., Doctor of Medicine
memo., memorandum
Messrs., Messieurs
mg., milligramme(s)
misc., miscellaneous
Mlle., Mademoiselle
MM., Messieurs (pl. of M.)
mm., millimetre(s)
Mme., Madame
M.O., Medical Officer; money order
M.O.H., Medical Officer of Health; Ministry of Health
Mon., Monday
M.P., Member of Parliament; Military Police
m.p., melting point
m.p.g., **m.p.h.**, miles per gallon, miles per hour
Mr., **Mrs.**, (see the dictionary)
Ms., **MS.**, manuscript
M.Sc., Master of Science
MSS., manuscripts
Mt., Mount
Mus.B., **Mus.D.**, **Mus.M.**, Bachelor (Doctor, Master) of Music
M.V., Motor Vessel

N., North; new
n., neuter; nominative; noon; noun
N.A.A.F.I., (also Naafi), Navy, Army, and Air Force Institute
N.A.T.O., North Atlantic Treaty Organization
N.B., (Lat. *nota bene*) note carefully
N.C.O., non-commissioned officer
nem.con., (Lat. *nemine contradicente*) with no-one raising an objection
N.H.S., National Health Service
N°, No., (pl. N^{os}, Nos.) number(s)
Nov., November
nr., near
N.T., New Testament
N.Y., New York
N.Z., New Zealand

ob., (Lat. *obiit*) died
O.C., Officer Commanding
Oct., October
oct., octavo
O.E.E.C., Organization for European Economic Co-operation
O.H.M.S., On Her (His) Majesty's Service
O.K., all correct, agreed
op., (music) opus
opp., opposite
O.T., Old Testament
O.U.P., Oxford University Press
Oxf., Oxford
Oxon., of Oxford University; Oxfordshire
oz., ounce

p., page; participle; past
P.A., Personal Assistant
p.a., per annum
P. & T., Posts and Telegraphs Department
par., paragraph
P.C., police constable; Privy Council(lor)
p.c., per cent; postcard
pd., paid

P.E.N. Club, (an international association of) Poets, Playwrights, Essayists, Editors and Novelists
per pro., (Lat. *per procurationem*) by proxy
P.G., paying guest
Ph.D., Doctor of Philosophy
pl., plural
P.M., Prime Minister; Provost Marshal
p.m., (Lat. *post meridiem*) after noon; post-mortem
P.M.G., Postmaster-General
P.O., Petty Officer; Pilot Officer; postal order; Post Office
pop., population
P.O.W., prisoner of war
p.p., past participle
pp., pages
P.P.C., (Fr. *pour prendre congé*) to take leave
P.P.S., Parliamentary Private Secretary
pr., pair
pref., prefix
Pres., President
Prof., Professor
pro tem., (Lat. *pro tempore*) for the time
prox., (Lat. *proximo*) of next (month)
P.S., postscript
P.T., physical training
pt., part; pint; port
Pte., Private (soldier)
P.T.O., Please turn over
P.W.D., Public Works Department

Q., Queen
Q.C., Queen's Counsel (barrister)
Q.E.D., (Lat. *quod erat demonstrandum*) which had to be shown or proved
qr., quarter
qt., quart(s)
q.v., (Lat. *quod vide*) which see

R., Railway: Regina (Queen), Rex (King); river
r., right
R.A., Royal Academy, Royal Academician
R.A.C., Royal Automobile Club
R.A.F., Royal Air Force
R.A.M., Royal Academy of Music
R.C., Red Cross; Roman Catholic
R.C.M., Royal College of Music
R.D., refer (a worthless cheque) to drawer
rd., road
R.D.C., Rural District Council
Re., rupee
recd., received
Regt., Regiment
Rev., **Revd.**, Reverend
R.I.P., (Lat. *requiesca(n)t in pace*) May he (she, they) be at rest
R.N., Royal Navy
rom., roman (type)
r.p.m., revolutions per minute
R.S., Royal Society
Rs., rupees
R.S.P.C.A., Royal Society for the Prevention of Cruelty to Animals
R.S.V.P., (Fr. *répondez s'il vous plaît*) Please reply
Rt. Hon., Right Honourable
Rt. Rev., Right Reverend
R.V., Revised Version (of the Bible)
Ry., Railway

S., Saint; South
s., second; shilling; singular; son
S.A., Salvation Army; South Africa
Sat., Saturday
sch., school
Sec., Secretary
sec., second; secondary
Sen., **Senr.**, Senior
Sept., September
Sergt., **Sgt.**, Sergeant
sh., shilling(s)
S.J., Society of Jesus
Soc., Socialist
S.O.S., call of distress (from ships, aircraft, etc.)
S.P.C.K., Society for Promoting Christian Knowledge
S.P.G., Society for the Propagation of the Gospel
sq., square
Sr., Senior
s.s., steamship
St., Saint; Strait; Street
st., stone (fourteen lb.); (cricket) stumped
stg., sterling
Sun., Sunday
sup., **superl.**, superlative
Supt., Superintendent

t., ton(s)
T.B., tuberculosis
Thurs., Thursday
T.O., turn over
Treas., Treasurer
T.T., Teetotaller; total abstainer
T.U.C., Trades Union Congress
Tues., Tuesday
T.V., television
TWA, Trans World Airlines

U.A.R., United Arab Republic
U.D.C., Urban District Council
U.K., United Kingdom
ult., (Lat. *ultimo*) of last month
U.N., United Nations
U.N.E.S.C.O., United Nations Educational, Scientific, and Cultural Organization
Univ., University
U.N.O., United Nations Organization
U.S., U.S.A., United States (of America)
U.S.S.R., Union of Soviet Socialist Republics

v., verse; versus; (Lat. *vide*) see; volt(s)
V.C., Vice-Chancellor; Victoria Cross
V.D., Venereal Disease
Ven., Venerable
v.g., very good
VHF, very high frequency
V.I.P., very important person
viz., (Lat. *videlicet*) namely
vol., volume
v.p.p., Value Payable (on delivery by) Post
vv., verses

W., west
w., watt; wife; with
W.C., West Central (London postal district)
w.c., water-closet
W.D., War Department
Wed., Wednesday
W.H.O., World Health Organization
W.I., West Indies
W/L., wave length
Wm., William
W.O., War Office; Warrant Officer
w.p., weather permitting
W/T., wireless telegraphy, telephony
wt., weight

Xmas, Christmas

yd(s)., yard(s)
Y.H.A., Youth Hostel Association
Y.M.C.A., Young Men's Christian Association
yr(s)., year(s); your(s)
Y.W.C.A., Young Women's Christian Association

APPENDIX II
MEASURES, WEIGHTS, ETC.

Long Measure

12 inches	= 1 foot
3 feet	= 1 yard
22 yards	= 1 chain
220 yards	= 1 furlong
8 furlongs	= 1 mile
1,760 yards	= 1 mile
3 miles	= 1 league

Nautical Measure

6 feet	= 1 fathom
608 feet	= 1 cable
6,080 feet	= 1 *sea* mile

Square Measure

144 sq. inches	= 1 sq. foot
9 sq. feet	= 1 sq. yard
484 sq. yards	= 1 sq. chain
4,840 sq. yards	= 1 acre

Cubic Measure

1,728 cubic inches	= 1 cubic foot
27 cubic feet	= 1 cubic yard

Weight (Avoirdupois)

16 drams	= 1 ounce
16 ounces	= 1 pound (7,000 grains)
14 pounds	= 1 stone
2 stone	= 1 quarter
4 quarters (or 112 pounds)	= 1 cwt. (hundredweight)
20 cwt.	= 1 ton

Physical Measures

1 micron (μ)	= 0·001 millimetres
1 micromicron (μμ)	= 0·000001 millimetres
1 angstrom unit	= 0·0001 micron (μ) = 0·1 μμ

Troy Weight

24 grains	= 1 pennyweight (dwt.)
20 pennyweights	= 1 ounce
12 ounces	= 1 pound (5,760 grains)

Astronomical Measure

1 light year	= $9{\cdot}4627 \times 10^{12}$ kilometres
1 parsec	= $3{\cdot}084 \times 10^{13}$ kilometres

Liquid Measure

4 gills	= 1 pint
2 pints	= 1 quart
4 quarts	= 1 gallon

Dry Measure

2 gallons	= 1 peck
4 pecks	= 1 bushel
8 bushels	= 1 quarter

THE METRIC SYSTEM

Temperature

°Centigrade		°Fahrenheit
−30		−22
−20		−4
−17·8		0
−10		14
−5		23
0	freezing point	32
5		41
10		50
15		59
20		68
25		77
30		86
36·9	normal body temperature	98·4
40		104
100	boiling point	212

Conversion 5°C = 9°F. To convert °F to °C, subtract 32 and multiply by $\frac{5}{9}$.

Capacity and Volume

1 litre = $1\frac{3}{4}$ pints (liquid measure)
1 pint = 0·568 litre
1 gallon = 4·55 litres

Weights

10 milligrams = 1 centigram
1,000 grams = 1 kilogram (2·2046 lb.)
1,000 kilograms = 1 tonne (0·9842 ton)

Area

10,000 sq. metres = 1 hectare (2·471 acres)
1 acre = 0·405 hectare
1 sq. mile = 2·599 sq. kilometres

Length

10 millimetres = 1 centimetre (0·3937 inches)
100 centimetres = 1 metre (39·37 inches)
1,000 metres = 1 kilometre (0·62137 mile or about $\frac{5}{8}$ mile)

British Coinage (£. s. d.)

(till February 1971)

£1 = 20 shillings = 240 pence

Coins halfpenny	$\frac{1}{2}$*d.*	shilling	1/-, 1*s.*
penny	1*d.*	two shillings (florin)	2/-, 2*s.*
threepence	3*d.*	half-crown, half a crown	2/6, 2*s.* 6*d.*
sixpence	6*d.*		
Notes ten shillings	10/-, 10*s.*	five pounds	£5
one pound	£1	ten pounds	£10

British Decimal Coinage (£p)

(after February 1971)

£1 = 100 new pence

Coins $\frac{1}{2}$ new penny (= 1·2*d.*)	5 new pence (= 1*s.*)
1 new penny (= 2·4*d.*)	10 new pence (= 2*s.*)
2 new pence (= 4·8*d.*)	50 new pence (= 10*s.*)

Notes £1, etc.

£29·00	twenty-nine pounds
£29·26	twenty-nine pounds 26 (= twenty-six n.p.)
£0·08$\frac{1}{2}$ (*or* 8$\frac{1}{2}$p)	eight and a half new pence

ROMAN NUMERALS

I	= 1	XI	= 11	XXX	= 30	CCCC or CD	= 400
II	= 2	XII	= 12	XL	= 40	D	= 500
III	= 3	XIII	= 13	L	= 50	DC	= 600
IV	= 4	XIV	= 14	LX	= 60	DCC	= 700
V	= 5	XV	= 15	LXX	= 70	DCCC	= 800
VI	= 6	XVI	= 16	LXXX	= 80	CM	= 900
VII	= 7	XVII	= 17	XC	= 90	M	= 1,000
VIII	= 8	XVIII	= 18	C	= 100	MM	= 2,000
IX	= 9	XIX	= 19	CC	= 200	$\overline{V}$	= 5,000
X	= 10	XX	= 20	CCC	= 300		

SIGNS AND SYMBOLS

MATHEMATICS

+	plus
−	minus
±	plus or minus
×	multiplied by
÷	divided by
>	is greater than
<	is less than
∷	sign of proportion
∠	angle
√	square root
°	degrees
′	minutes ($\frac{1}{60}$ degrees)
″	seconds ($\frac{1}{3600}$ degrees)
=	equals
≠	is not equal to
≥ *or* ≧	is greater than or equal to
≤ *or* ≦	is less than or equal to
≯	is not greater than
≮	is not less than
∟	right angle
⊥	is perpendicular to
$\parallel$	is parallel to
△	triangle
( ) *or* [ ]	the enclosed quantities or elements are to be taken together
π	pi
∪	union of sets
∩	intersection of sets
⊂	is included in as a subset of
⊆	is a subset of
∈	is an element of or contained in
∉	is not an element of
{*a*, *b*}	set containing the elements *a* and *b*
{ } *or* ∅	empty set
$\mid$	such that
∴	therefore
∞	infinity
$\lvert\ \rvert$	absolute value of

COMMERCE AND FINANCE

$	dollar
¢	cent
£	pound (sterling)
@	at (price of unit)
%	per cent

PUNCTUATION

,	comma
;	semicolon
:	colon
.	full-stop
?	question mark
!	exclamation point
( )	parentheses
[ ]	brackets
{ }	brace
’	apostrophe
—	dash
-	hyphen
“ ”	opening and closing quotation marks
‘ ’	opening and closing single quotation marks
〃	ditto marks
´	acute accent
`	grave accent
ˆ	circumflex accent
˜	tilde
¨	diaeresis
ç	cedilla
*** *or* ...	ellipsis
*	asterisk
†	dagger
§	paragraph

MISCELLANEOUS

©	copyright
®	registered trademark
&	and
′	feet
″	inches
c/o	care of (in addresses)
♂ *or* ♂	male
♀	female
0	of undetermined sex
†	died

APPENDIX III
COMMON SUFFIXES

-able, -ible (Used to make adjs.) *a* that can be, is liable to be: *imaginable; eatable; taxable; curable b* having the qualities of: *peaceable; comfortable c* likely to: *knowledgeable; suitable*

-ably, -ibly (Used to make advs. from adjs. ending in -able, -ible) *peaceably; knowledgeably; justifiably; tolerably; understandably*

-age (Used to make compound nouns) *a* fees for, or the cost of using: *postage; wharfage b* condition of: *bondage c* action of *passage; breakage d* system of: *coinage*

-al (Used to make adjs. from nouns) *national; constitutional; monumental; baptismal*

-(a)n (Used to make nouns and adjs.) connected with a place or an organization: *African; republican; Anglican* (See also **-ian**)

-ance, -ence (Used to make compound nouns) *a* quality, state, or act: *annoyance; absence; avoidance; dependence b* what is . . . (e)d: *contrivance; inheritance c* agent of: *hindrance; conveyance*

-ant, -ent *a* (Used to make nouns from verbs) one that does: *dependant; assistant; student b* (Used to make adjs. from verbs) doing: *triumphant; dependent*

-ar (Used to make nouns) One that does: *bursar; registrar*

-ary, -ory (Used to make adjs.) *a* used as: *exemplary; cautionary; advisory; explanatory b* being: *customary; contradictory c* (Used to make (nouns) *doing: boundary; commentary*

-bility (Used to make abstract nouns from adjs. ending in -ble) *capability; reliability*

-ble (Used to make adjs.) *capable; reliable*

-dom (Used to make nouns) *a* state of being: *freedom; martyrdom b* rank, position, lands of: *kingdom, dukedom*

-ed, -d (Used to make past tense and past participle) *forced; bridged*

-en (Used to make verbs) *a* from adjs: *shorten; deepen; harden b* from nouns: *lengthen; strengthen; harden*

-(e)n (Used to make adjs. from nouns) *a* denoting material: *woollen; wooden b* showing resemblance to: *silken; golden*

-(e)r (Used to form the comparative) *stronger; smaller; wider*

-er, -or (Used to make nouns) *a* person or thing that does: *commander; admirer; learner; survivor; elevator; tin-opener b* person who lives in: *villager; Londoner*

-(e)ry (Used to make nouns) *a* place for . . . ing: *refinery; cannery b* state or condition of: *slavery c* occupation: *archery; embroidery d* class of goods: *confectionery; jewellery*

-ese (Used to make adjs. or nouns from the names or countries or towns) *Milanese; Japanese*

-ess (To make feminine) *heiress; poetess; hostess; lioness*

-(e)st (Used to form the superlative) *longest; smallest; weakest*

-ful *a* (Used to make nouns) quantity or capacity: *handful; basketful b* (Used to make adjs.) quality: *hopeful; youthful c* new words, differing from original meanings: *awful; careful; hateful; needful*

-hood (Used to make compound nouns) *a* time or condition of being: *boyhood; manhood b* group or society of: *priesthood; brotherhood*

-ian (Used to make nouns and adjs.) of, having to do with: *Christian; electrician; musician; Austrian* (See also -an)

-ic(al) (Used to make adjs.) having the properties or nature of: *alcoholic; sulphuric; artistic; alphabetic(al); geometric(al)*

-ify (Used to make verbs) make or become: *simplify; solidify; glorify*

-ing Added to the roots of verbs to make *a* the present participle and the participal adj: *interesting; amusing b* the gerund: *swimming c* thing produced: *filings; binding d* collective nouns: *shipping; washing*

-ish (Used to make adjs.) *a* as of, like, suitable for: *foolish; childish b* somewhat: *oldish c* tending towards (especially with names of colours): *brownish; blueish*

-ism (Used to make abstract nouns of beliefs, ideas) *Mohammedanism; socialism*

-ist (Used to make nouns) person concerned with: *tobacconist; pianist; violinist*

-itis (Used to make nouns, especially names of inflammatory diseases) *appendicitis; bronchitis*

-ize (Used to make verbs) make or become: *harmonize; anglicize; italicize; materialize*

-less (Used to make adjs.) *a* without: *childless, homeless; hopeless b* too many to count: *countless; numberless b* that does not: *ceaseless; endless; tireless*

-logist (Used to make nouns) expert in, student of: *geologist; biologist*

-logy (Used to make nouns, especially names of doctrines or sciences) *geology; biology*

-ly *a* (Used to make adverbs from adjs.) *recently; quickly b* (Used to make adjs. from nouns) like, of, suited to: *manly; brotherly; ghostly c* (Used to make adjs. and adverbs from nouns) *gloomily; daily; monthly*

-ment (Used to make nouns) act, fact, or state of . . . ing or being . . . (e)d: *enjoyment; management; amazement; improvement*

-most (Used with prepositions, etc., to make superlative adjs.) *inmost; topmost*

-ness (Used to make nouns) condition of being: *goodness; blackness; carefulness*

-(i)ous (Used to make adjs.) of, like, having: *ambitious; religious; zealous; joyous*

-ship (Used to make nouns) *a* state or quality of being: *membership; friendship b* skill: *horsemanship c* position or rank: *headship; lordship*

-tion (Used to make nouns) *a* act or state of . . . ing: *opposition; action; addition b* condition of being . . . ed: *exhaustion*

-tude (Used to make nouns) *gratitude; altitude*

-ty, -ety, -ity (Used to make abstract nouns) *loyalty; piety; penalty; priority*

-wise (Used to form adverbs of direction) *lengthwise; clockwise*

-y (Used to make adjs. from nouns) like, covered with, having the nature of: *icy; smoky; muddy; funny; wiry; woolly*

APPENDIX IV
IRREGULAR VERBS

abide/abode, abided/abode, abided
arise/arose/arisen
awake/awake/awaked, awoke
be (am, is; are)/was, were/been
bear/bore/borne, bore
beat/beat/beaten
become/became/become
befall/befell befallen
beget/begot/begotten
begin/began/begun
behold/beheld/beheld
bend/bent/bent
bereave/bereaved, bereft/bereaved, bereft
beseech/besought/besought
beset/beset/beset
bespeak/bespoke/bespoken, bespoke
bestride/bestrode/bestridden, bestrid, bestride
bet/bet, betted/bet, betted
betake/betook/betaken
bethink/bethought/bethought
bid/bade, bid/bidden, bid
bind/bound/bound
bite/bit/bitten, bit
bleed/bled/bled
blend/blended, blent/blended, blent
bless/blessed/blessed, blest
blow/blew/blown
break/broke/broken
breed/bred/bred
bring/brought/brought
broadcast/broadcast, broadcasted/broadcast, broadcasted
browbeat/browbeat/browbeaten
build/built/built
burn/burned, burnt/burned, burnt
burst/burst/burst
buy/bought/bought
cast/cast/cast
catch/caught/caught
chide/chid/chidden, chid
choose/chose/chosen
cleave/clove, cleft/cloven, cleft
cling/clung/clung
clothe/clothed, clad/clothed, clad
come/came/come
cost/cost/cost
creep/crept/crept
crow/crowed, crew/crowed
cut/cut/cut
dare/dared, durst/dared
deal/dealt/dealt
dig/dug/dug

do/did/done
draw/drew/drawn
dream/dreamed, dreamt/dreamed, dreamt
drink/drank/drunk
drive/drove/driven
dwell/dwelt/dwelt
eat/ate/eaten
fall/fell/fallen
feed/fed/fed
feel/felt/felt
fight/fought/fought
find/found/found
flee/fled/fled
fling/flung/flung
fly/flew/flown
forbear/forbore/forborne
forbid/forbade, forbad/forbidden
forecast/forecast, forecasted/forecast, forecasted
forego/forewent/foregone
foreknow/foreknew/foreknown
foresee/foresaw/foreseen
foretell/foretold/foretold
forget/forgot/forgotten
forgive/forgave/forgiven
forgo/forwent/forgone
forsake/forsook/forsaken
forswear/forswore/forsworn
freeze/froze/frozen
gainsay/gainsaid/gainsaid
get/got/got (U.S.A. gotten)
gild/gilded, gilt/gilded
gird/girded, girt/girded, girt
give/gave/given
go/went/gone
grave/graved/graven, graved
grind/ground/ground
grow/grew/grown
hamstring/hamstringed, hamstrung/ hamstringed, hamstrung
hang/hung, hanged/hung, hanged
have (has)/had/had
hear/heard/heard
heave/heaved, hove/heaved, hove
hew/hewed/hewed, hewn
hide/hid/hidden, hid
hit/hit/hit
hold/held/held
hurt/hurt/hurt
inlay/inlaid/inlaid
keep/kept/kept
kneel/knelt/knelt
knit/knitted, knit/knitted, knit
know/knew/known
lay/laid/laid
lead/led/led
lean/leant, leaned/leant, leaned
leap/leapt, leaped/leapt, leaped
learn/learnt, learned/learned, learnt
leave/left/left
lend/lent/lent
let/let/let
lie/lay/lain
light/lit, lighted/lit, lighted
load/loaded/loaded, laden
lose/lost/lost
make/made/made
mean/meant/meant
meet/met/met
melt/melted/melted, molten
misdeal/misdealt/misdealt
misgive/misgave/misgiven
mislay/mislaid/mislaid
mislead/misled/misled
mistake/mistook/mistaken
misunderstand/misunderstood/ misunderstood
mow/mowed/mown
outbid/outbid/outbidden, outbid
outdo/outdid/outdone
outgo/outwent/outgone
outgrow/outgrew/outgrown
outride/outrode/outridden
outrun/outran/outrun
outshine/outshone/outshone
outspread/outspread/outspread
outwear/outwore/outworn
overbear/overbore/overborne
overcast/overcast/overcast
overcome/overcame/overcome
overdo/overdid/overdone
overdraw/overdrew/overdrawn
overeat/overate/overeaten
overfeed/overfed/overfed
overgrow/overgrew/overgrown
overhang/overhung/overhung
overhear/overheard/overheard
overlay/overlaid/overlaid
override/overrode/overridden
overrun/overran/overrun
oversee/oversaw/overseen
overset/overset/overset
overshoot/overshot/overshot
oversleep/overslept/overslept
overspread/overspread/overspread
overtake/overtook/overtaken
overthrow/overthrew/overthrown
partake/partook/partaken
pay/paid/paid
put/put/put
read/read/read
rebuild/rebuilt/rebuilt
recast/recast/recast
relay/relaid/relaid
rend/rent/rent
repay/repaid/repaid
reset/reset/reset